Gienke / Kämpf
**Handbuch Produktion**

Bleiben Sie einfach auf dem Laufenden:
**www.hanser.de/newsletter**
Sofort anmelden und Monat für Monat
die neuesten Infos und Updates erhalten.

Helmuth Gienke
Rainer Kämpf

# Handbuch Produktion

Innovatives Produktionsmanagement:
Organisation, Konzepte, Controlling

HANSER

*Die Herausgeber:*
Helmuth Gienke, EBZ Beratungszentrum GmbH, Wurmlinger Straße 33, 70597 Stuttgart
Prof. Rainer Kämpf, Mutzenreisstraße 48, 73760 Ostfildern

Bibliografische Information Der Deutschen Bibliothek
Die Deutsche Bibliothek verzeichnet diese Publikation in der DeutschenNationalbibliografie; detaillierte bibliografische Daten sind im Internet über <http://dnb.d-nb.de> abrufbar.

ISBN: 978-3-446-41025-1

Die Wiedergabe von Gebrauchsnamen, Handelsnamen, Warenbezeichnungen usw. in diesem Werk berechtigt auch ohne besondere Kennzeichnung nicht zu der Annahme, dass solche Namen im Sinne der Warenzeichen- und Markenschutzgesetzgebung als frei zu betrachten wären und daher von jedermann benutzt werden dürften.

Alle in diesem Buch enthaltenen Verfahren bzw. Daten wurden nach bestem Wissen erstellt und mit Sorgfalt getestet. Dennoch sind Fehler nicht ganz auszuschließen.
Aus diesem Grund sind die in diesem Buch enthaltenen Verfahren und Daten mit keiner Verpflichtung oder Garantie irgendeiner Art verbunden. Autoren und Verlag übernehmen infolgedessen keine Verantwortung und werden keine daraus folgende oder sonstige Haftung übernehmen, die auf irgendeine Art aus der Benutzung dieser Verfahren oder Daten oder Teilen davon entsteht.

Dieses Werk ist urheberrechtlich geschützt.
Alle Rechte, auch die der Übersetzung, des Nachdruckes und der Vervielfältigung des Buches, oder Teilen daraus, vorbehalten. Kein Teil des Werkes darf ohne schriftliche Genehmigung des Verlages in irgendeiner Form (Fotokopie, Mikrofilm oder einem anderen Verfahren), auch nicht für Zwecke der Unterrichtsgestal-tung – mit Ausnahme der in den §§ 53, 54 URG genannten Sonderfälle –, reproduziert oder unter Verwendung elektronischer Systeme verarbeitet, vervielfältigt oder verbreitet werden.

Die inhaltliche Zusammenstellung der vorliegenden Ausgabe entstand unter Mitarbeit der WB-Redaktion.

© 2007 Carl Hanser Verlag München
www.hanser.de
Gesamtlektorat: Dipl.-Ing. Volker Herzberg
Herstellung: Oswald Immel
Coverconcept: Marc Müller-Bremer, Rebranding, München, Germany
Titelillustration: Atelier Frank Wohlgemuth Bremen
Umschlaggestaltung: MCP • Susanne Kraus GbR, Holzkirchen
Satz: TGK Wienpahl, Köln
Druck und Bindung: Druckhaus „Thomas Müntzer" GmbH, Bad Langensalza
Printed in Germany

## Vorwort

Die Leistungsfähigkeit eines Unternehmens hängt heute zunehmend von der Fähigkeit ab, auf Marktanforderungen schnell und flexibel reagieren zu können. Das erfordert Spitzenleistungen in Organisation und Abläufen, den Einsatz neuester Informationstechniken und –systeme, sowie das ständige Bestreben nach Innovation und Qualität. Dies alles kann nur unter Einbeziehung aller Mitarbeiter im Unternehmen erreicht werden, wenn man auf langfristigen Erfolg abzielt. Hier rückt der Mitarbeiter als »flexibelste Ressource« oder als »Erfolgsfaktor eines Unternehmens« wieder in den Mittelpunkt der Betrachtung.

Für das Management ergibt sich damit die Herausforderung auf den verschiedensten Gebieten und Disziplinen ständig mit neuen Konzepten, Techniken und Methoden konfrontiert zu werden, diese verstehen und bewerten zu müssen, um für den ständigen Wandel des Unternehmensumfeldes gewappnet zu sein.

Für ein Produktionsunternehmen bedeutet dies, durch die Anwendung innovativer Instrumente und Methoden, Ressourcen und Aufgaben im Sinne des Kunden so einzusetzen, zu koordinieren und zu steuern, dass die resultierenden Produkte und Dienste wirtschaftlich und gemäß den Kundenerfordernissen fertiggestellt werden.

Dies beschreibt den Umfang der Aufgaben und Instrumente, die unter dem Begriff »Produktionsmanagement« in diesem Buch zusammengefasst sind. Ihre Kenntnis und praxisgerechte Anwendung ist eine der Voraussetzungen für das Management erfolgreicher Unternehmen. Spezialisten und Praktiker haben ihr Know-How und ihre Erfahrungen zu wesentlichen Themen des Produktionsmanagements in dieses Buch eingebracht, um Ihnen Anleitungen und Hilfen für Ihre tägliche Arbeit zu geben.

Stuttgart, Oktober 2006

*Helmuth Gienke*
*Rainer Kämpf*

## Die Autoren

**Lothar Aldinger**
Dr.-Ing. Lothar Aldinger ist Leiter Qualitätsmanagement Sechs Sigma der DaimlerChrysler AG.
Er wurde während seiner Tätigkeit beim IPA der Fraunhofer Gesellschaft zum Dr. Ing. promoviert. Nach seiner Promotion war er viele Jahre in verschiedenen Ländern für Daimler Benz als Führungskraft tätig, unter anderem als Stellvertreter des Vorstandes Produktion und Personal bei Mercedes Benz of South Africa.

**Rüdiger Bechstein**
Diplomkaufmann Rüdiger Bechstein ist Leiter Human Resources Alfred Kärcher GmbH & Co.KG in Winnenden.
Aufbauend auf eine Ausbildung zum Bankkaufmann in Einbeck studierte er Betriebswirtschaftslehre an der Universität Erlangen-Nürnberg. Anschließend war er zunächst Bildungsreferent in der Deutschen Bank Zentrale Frankfurt, dann Leiter der Weiterbildung im Hauptfilialbezirk Leipzig. Nach seiner Zeit als Leiter der Personalentwicklung bei Weidmüller Interface in Detmold wechselte er zur U.I. Lapp GmbH nach Stuttgart als Leiter Personalwesen. Seit 1.1.2003 ist er bei der Alfred Kärcher GmbH & Co.KG in Winnenden tätig.

**Andreas Borgert**
Dipl.-Wirtschafts-Ing. Andeas Borgert ist Vorstand der Logteam AG.
Nach einer Marineoffizierslaufbahn und dem Studium an der Technischen Universität Fredriciana zu Karlsruhe ist er seit fast 30 Jahren im Bereich Automotive als Organisator und Berater tätig. Er ist Gründungsmitglied des AKJ-Automotive - Arbeitskreis für Logistik und Produktionsmanagement. Die LOC-Team AG, deren Vorstand Herr Borgert ist, befasst sich mit den Themenfeldern Supply-Chain Management, Logistik Strategien und Konzepte, Full-Service-Supplier-Konzepte und deren Umsetzung, Einführung von Produktions-Systemen, Design von Produktionsprozessen, Entwicklung und Umsetzung von Konzepten zum Product-Lifecycle-Management.

**Helmuth Gienke**
Dipl.-Ing. Helmuth Gienke ist geschäftsführender Gesellschafter der EBZ Beratungszentrum GmbH in Stuttgart.
Er hat in Hamburg Maschinenschlosser gelernt, die Ingenieurschule und die Universität besucht und mit dem Dipl.-Ing. (Maschinenbau) abgeschlossen. Seit mehr als 35 Jahren realisiert er Organisationsprojekte in Produktion, Konstruktion und Logistik, unter anderem auch mit sehr frühen Anwendungen auf den Gebieten CIM, Toyota Production System und Fraktale Fabrik.

**Rainer Kämpf**
Dr.-Ing. Rainer Kämpf ist Professor für Produktionsmanagement und internationale Logistik an der European School of Business (ESB) in Reutlingen.
Er studierte Elektrotechnik an der Universität Stuttgart. Nach dem Studium war er mehr als 10 Jahre beim Fraunhofer Institut für Produktionstechnik und Automatisierung (IPA) in Stuttgart tätig. Er promovierte an der Universität Stuttgart zum Dr.- Ing. im Bereich Maschinenbau und folgte dann einem Ruf an die ESB.

**Detlef Kaul**
Herr Kaul ist Geschäftsbereichsleiter Produktionsmanagement der Interflex Datensysteme GmbH & Co. KG
Parallel zur Ausbildung als technischen Zeichner absolvierte er das Abitur am Abendgymnasium in Düsseldorf. Das anschließende Studium zum Wirtschaftsinformatiker bildete die Grundlage

für die Entwicklung und Projektierung von Softwarelösungen für die Produktion. Seine Praxiserfahrung basieren auf den Führungsaufgaben bei der IBM Deutschland und als BDE Operation Manager mit deutschlandweiter Ausrichtung. Heute entwickelt und konzipiert er neue Strukturen und Implementierungsverfahren für das Produktionsmanagement der Zukunft bei der Interflex Datensysteme GmbH & Co. KG. Europas Marktführer in Komplettsystemen für Zeit, Zutritts- und Produktionslösungen.

**Dietmar Lohr**
Dipl. Math. (FH) Dietmar Lohr ist geschäftsführender Gesellschafter der cogimo GmbH.

Seit 15 Jahren beschäftigt er sich mit der Einführung von ERP-Systemen speziell für Serienfertigungsunternehmen im Mittelstand. Im Vordergrund steht seit mehreren Jahren das SAP-System. Er beschränkt sich während einer solchen Einführung nicht nur auf die Software als solches, sondern realisiert während der Projektlaufzeit auch geeignete Organisationskonzepte. In seiner Freizeit hält er Vorlesungen über Prozessoptimierung in der Logistik und Produktion an der European School of Business (ESB) in Reutlingen und betreibt eine Internet-Wissensplattform für Serienfertigungsunternehmen (www.agilas.org).

**Ute Mussbach-Winter**
Dipl.-Ing. Ute Mussbach-Winter ist Wissenschaftlerin beim Fraunhofer Institut für Produktionstechnik und Automatisierung und Lehrbeauftragte der Universität Stuttgart für das Fachgebiet Auftragsmanagement.

Sie studierte Maschinenbau an der Universität Stuttgart und ist seit vielen Jahren beim IPA tätig. Ihre Arbeitsschwerpunkte liegen auf dem Gebiet der Produktionsplanung/-steuerung, der Geschäftsprozessoptimierung und in neuerer Zeit auch E-Business.

**Gerd Rücker**
Dipl.-Ing. Gerd Rücker ist Leiter Geschäftsbereich Vertrieb der becos GmbH in Stuttgart.

Er hat Elektrotechnik mit Schwerpunkt Ingenieurinformatik an der Universität Stuttgart studiert. Nach seinem Studium beschäftigte er sich zunächst 9 Jahre mit der Entwicklung und Einführung von Produktionsmanagement-Systemen und übernahm dann als Projektleiter das Management großer EDV-Projekte in unterschiedlichen Kundenbranchen. Seit 1999 ist er für den Vertrieb der becos GmbH verantwortlich.

**Rainer Schleidt**
Dipl. Ing. Rainer Schleidt ist Berater und Geschäftsführer der Borretty & Schleidt Consulting GmbH im Büro Rhein-Main.

Seine Arbeitsgebiete sind die Realisierung von Veränderungsprozessen, die Unterstützung von Arbeitsgruppen und Projektteams durch Teamentwicklungs- und Kommunikationsmaßnahmen sowie die Einführung von Projektmanagement in Unternehmen. Zuvor hat er jeweils mehrere Jahre bei den Industrieunternehmen Siemens und Mannesmann, sowie im Geschäftsbereich Change Management der Beratungsgesellschaft Andersen Consulting gearbeitet.

**Siegfried Stender**
Dr.-Ing. Dipl.-Wirtsch.-Ing. Siegfried Stender ist der Leiter der Abteilung Produktions- und Anlagenmanagement am Fraunhofer Institut für Produktionstechnik und Automatisierung (IPA) in Stuttgart.

Seit mehr als zehn Jahren beschäftigt er sich mit Industrieprojekten in den Bereichen Instandhaltungsmanagement, Produktionsorganisation und Logistik, auch im Zusammenhang mit der »Fraktalen Fabrik«. Herr Dr. Stender leitete Projekte in diesen Bereichen in den Branchen Energiewirtschaft, Automobil-, Flugzeug- und Elektronikindustrie, Krankenhaus, Öffentlicher Nahverkehr und Lebensmittelindustrie in Großbetrieben und in der mittelständischen Industrie.

| | |
|---|---|
| **Grundlagen des Produktionsmanagements** | I ▶ |
| **Produktionsorganisation** | II ▶ |
| **Personalmanagement** | III ▶ |
| **Produktionsanlagen** | IV ▶ |
| **Produktionsplanung und -steuerung** | V ▶ |
| **Produktionscontrolling** | VI ▶ |
| **Methodenbank** | VII ▶ |

**SOLUTIONS FOR THE *AGILE ENTERPRISE***

# Nicht der Große schlägt den Kleinen...

# ...sondern der Schnelle den Langsamen

IFS ist ein weltweit agierender schwedischer Anbieter von Unternehmenssoftware mit über 20 Jahren Erfahrung. Das Portfolio von IFS umfasst Lösungen, die es Unternehmen ermöglichen schnell und flexibel auf veränderte Marktbedingungen zu reagieren. IFS Applications unterstützt mittelständische Unternehmen mit internationalen Ansprüchen — ist einfach zu implementieren, umzugestalten und schnell an neue Technologien adaptierbar.

IFS Applications bietet umfangreiche ERP-Funktionalität einschließlich Customer Relationship Management (CRM), Supply Chain Management (SCM), Product Lifecycle Management (PLM), Corporate Performance Management (CPM), Enterprise Asset Management (EAM) sowie Maintenance, Repair and Overhaul (MRO).

In der Produktion garantiert IFS Applications einfache, automatisierte Abläufe für alltäglichen Aufgaben und gleichzeitig ein effizientes Management von Ausnahmesituationen. Die leistungsfähige, vielseitige Lösung optimiert Planung, Durchführung, Überwachung und Analyse für alle Fertigungstypen in allen Phasen des Fertigungsprozesses. IFS unterstützt das Prinzip des „Lean Manufacturing" sowie die Mischfertigung, bei der verschiedene Fertigungstypen harmonisch im gleichen System zusammenwirken.

IFS Applications ebnet Unternehmen den Weg — Agilität durch Technologie — Entwickelt für höchsten Nutzen — Beweglichkeit zum besten Preis.

Suchen Sie eine neue Unternehmenssoftware? Besuchen Sie uns unter www.ifsde.com um herauszufinden wie IFS die Wettbewerbsfähigkeit Ihres Unternehmen optimieren könnte.

---

IFS — THE GLOBAL ENTERPRISE APPLICATIONS COMPANY

**www.IFSDE.com**

# Inhaltsübersicht

## 1 Grundlagen des Produktionsmanagements

| | | |
|---|---|---|
| 1.1 | Ziele, Strategien und Aufgaben des Produktionsmanagements | 5 |
| 1.2 | Elemente des Produktionsmanagements | 9 |
| 1.2.1 | Strukturen | 9 |
| 1.2.2 | Prozesse | 14 |
| 1.2.3 | Ressourcen | 21 |
| 1.3 | Zentrale Aufgabenstellungen des Produktionsmanagements | 25 |
| 1.3.1 | Aufgabenstellungen im strategischen Produktionsmanagement | 26 |
| 1.3.2 | Aufgabenstellungen im operativen Produktionsmanagement | 29 |
| 1.3.3 | Herausforderungen für das Produktionsmanagement | 32 |

## 2 Produktionsorganisation

| | | |
|---|---|---|
| 2.1 | Ziele, Strategien und Aufgaben der Produktionsorganisation | 41 |
| 2.1.1 | Der Begriff »Organisation« in einem Produktionsunternehmen | 41 |
| 2.1.2 | Aufbauorganisation in einem Produktionsunternehmen | 43 |
| 2.1.3 | Ablauforganisation in einem Produktionsunternehmen | 49 |
| 2.1.4 | Ziele der Produktionsorganisation | 51 |
| 2.2 | Strukturplanung zur Festlegung der Produktionsorganisation | 56 |
| 2.2.1 | Auswahl der Fertigungsart | 56 |
| 2.2.2 | Auswahl der Fertigungsform | 58 |
| 2.2.3 | Bildung von Struktureinheiten | 63 |
| 2.3 | Flexible, automatisierte Produktionssysteme | 69 |
| 2.3.1 | Merkmale flexibler, automatisierter Produktionssysteme | 69 |
| 2.3.2 | Typen flexibler, automatisierter Produktionssysteme | 74 |
| 2.4 | Mitarbeiterorientierte Organisationsformen | 88 |
| 2.4.1 | Von der tayloristischen Organisation zu autonomen, gruppenarbeitsorientierten Produktionsstrukturen | 88 |
| 2.4.2 | Schlanke Produktion (Toyota Production System) | 97 |
| 2.4.3 | Gruppenarbeit | 105 |
| 2.4.4 | Fraktale Organisation | 118 |
| 2.4.5 | Vergleich der mitarbeiterorientierten Organisationsformen | 128 |
| 2.5 | Unternehmensübergreifende Organisationsformen | 147 |
| 2.5.1 | Virtuelle Organisationen | 147 |
| 2.5.2 | Virtuelle Unternehmen | 151 |
| 2.5.3 | Produktionsnetzwerke | 163 |
| 2.5.4 | Manufacturing on Demand in Produktionsnetzwerken | 176 |
| 2.5.5 | Prozessorientierte Unternehmensorganisation | 188 |
| 2.5.6 | Lieferantenmanagement | 203 |
| 2.6 | Ganzheitliche Produktionssysteme | 227 |
| 2.6.1 | Die wirtschaftliche Situation produzierender Unternehmen | 227 |
| 2.6.2 | Begriffsbestimmung – Ganzheitliche Produktionssysteme (GPS) | 229 |
| 2.6.3 | Harte und weiche Faktoren eines GPS | 232 |
| 2.6.4 | Aufbau und Elemente eines GPS | 233 |
| 2.6.5 | Zusammenfassung: Begriff, Ansatz und Struktur des GPS | 239 |

# 3 Personalmanagement

| | | |
|---|---|---|
| 3.1 | Ziele, Strategien und Aufgaben des Personalwesens | 247 |
| 3.1.1 | Unterstützung der Ziele und Strategien des Unternehmens | 247 |
| 3.1.2 | Rekrutierung neuer Mitarbeiter als Kernkompetenz der Personalexperten | 249 |
| 3.1.3 | Förderung der Führung und Zusammenarbeit im Unternehmen | 250 |
| 3.2 | Mitarbeiterauswahl und -beschaffung | 251 |
| 3.2.1 | Grundlagen der Mitarbeiterauswahl und -beschaffung | 251 |
| 3.2.2 | Der Rekrutierungsprozess im Überblick | 262 |
| 3.2.3 | Analyse der Bewerbungsunterlagen | 264 |
| 3.2.4 | Bewerberinterviews als Instrument der Personalauswahl | 271 |
| 3.3 | Mitarbeiterführung | 279 |
| 3.3.1 | Einige grundsätzliche Überlegungen zum Thema Mitarbeiterführung | 279 |
| 3.3.2 | Die Führungskraft in der Produktion | 285 |
| 3.4 | Mitarbeiterentwicklung und -qualifizierung | 297 |
| 3.4.1 | Bedeutung, Ziele und Teilfunktionen der Personalentwicklung | 297 |
| 3.4.2 | Personalentwicklung als Prozess | 299 |
| 3.4.3 | Maßnahmen der Personalentwicklung | 304 |
| 3.4.4 | Auswahl externer Trainer und Trainingsanbieter | 308 |
| 3.4.5 | Lehr- und Lernmanagement | 310 |
| 3.4.6 | Personalentwicklung und Transfersicherung als Führungsaufgabe | 317 |
| 3.5 | Systematische Mitarbeiterbeurteilung | 318 |
| 3.5.1 | Vom Mitarbeiterwunsch zum organisierten Feedback | 318 |
| 3.5.2 | Die Einführung von Beurteilungssystemen | 321 |
| 3.5.3 | Beurteilungskriterien und Beurteilungsskalen | 323 |
| 3.5.4 | Beurteilungsfehler | 325 |
| 3.5.5 | Spielregeln für die Vorbereitung und Durchführung von Beurteilungsgesprächen | 327 |

# 4 Produktionsanlagen

| | | |
|---|---|---|
| 4.1 | Ziele, Strategien und Aufgaben der Produktionsanlagenplanung | 333 |
| 4.1.1 | Aufgaben der Produktionsanlagenplanung | 333 |
| 4.1.2 | Rahmenkonzept | 336 |
| 4.1.3 | Anforderungen an Mitarbeiter, Bauten und Maschinen | 338 |
| 4.2 | Fabrikplanung | 341 |
| 4.2.1 | Standortwahl | 341 |
| 4.2.2 | Bebauungsplanung | 354 |
| 4.2.3 | Materialflussanalyse | 369 |
| 4.2.4 | Transportsysteme | 382 |
| 4.2.5 | Lagersysteme | 400 |
| 4.2.6 | Produktion in Industrieparks | 413 |
| 4.3 | Instandhaltung der Produktionsanlagen | 436 |
| 4.3.1 | Einführung | 436 |
| 4.3.2 | Der Begriff Instandhaltung | 438 |
| 4.3.3 | Abhängigkeit der Instandhaltungsaufgaben von der Art der Anlagen | 440 |
| 4.3.4 | Kosten und Leistung – das Ablaufdilemma der Instandhaltung | 444 |
| 4.3.5 | Relevante Methoden und Konzepte der Instandhaltung | 473 |
| 4.3.6 | Instandhaltung in der Umsetzung | 477 |
| 4.3.7 | Instandhaltungsplanungs- und -steuerungssysteme (IPS) zur Unterstützung der Ablauforganisation | 492 |
| 4.3.8 | Instandhaltungsstrategien: Anspruch und Wirklichkeit | 511 |
| 4.3.9 | Outsourcing in der Instandhaltung | 531 |

## 5 Produktionsplanung und -steuerung

| | | |
|---|---|---|
| 5.1 | Ziele, Strategien und Aufgaben der Produktionsplanung und -steuerung | 551 |
| 5.1.1 | Was ist Produktionsplanung? | 551 |
| 5.1.2 | Transformationsprozess und Ressourcen | 553 |
| 5.1.3 | Die Verbindung der Ressourcen über Beziehungsstrukturen | 556 |
| 5.1.4 | Der Bedarf als auslösende Größe | 563 |
| 5.1.5 | Wirtschaftlichkeit der ERP-Systeme | 572 |
| 5.2 | Elemente der Produktionsplanung und -steuerung | 579 |
| 5.2.1 | Produktionsprogrammplanung und Angebotserstellung | 579 |
| 5.2.2 | Fertigungsablaufplanung/Montageplanung | 584 |
| 5.2.3 | Kapazitätswirtschaft | 588 |
| 5.2.4 | Materialwirtschaft | 598 |
| 5.2.5 | Einführung in die Produktionsdatenerfassung PDE | 611 |
| 5.2.6 | Überblick über die Modelle flexibler Arbeitszeitgestaltung in der Produktion | 638 |
| 5.3 | Instrumente der Produktionssteuerung | 662 |
| 5.3.1 | Allgemein | 662 |
| 5.3.2 | Fertigungssteuerungssysteme | 666 |
| 5.3.3 | Werkstattsteuerung | 668 |
| 5.4 | Informationsbasis der Produktionsplanung und -steuerung | 671 |
| 5.4.1 | Stückliste | 671 |
| 5.4.2 | Arbeitsplan | 676 |
| 5.4.3 | Materialdaten | 680 |
| 5.4.4 | Kostendaten | 682 |
| 5.4.5 | Losgröße | 683 |
| 5.4.6 | Dispositionsart | 685 |
| 5.5 | Einführung von PPS-Systemen | 686 |
| 5.5.1 | Vorbereitung | 686 |
| 5.5.2 | Projektstart | 689 |
| 5.5.3 | Ablauforganisation | 690 |
| 5.5.4 | Einführung | 691 |
| 5.5.5 | Ausbildung | 693 |
| 5.5.6 | Fehlerbehebung | 694 |
| 5.5.7 | Ergebnisüberprüfung | 695 |
| 5.6 | Ablösung von PPS-Systemen | 696 |
| 5.6.1 | Ausgangssituation | 696 |
| 5.6.2 | Die Auswahl eines neuen PPS-/ERP-Systems | 698 |
| 5.6.3 | Der Umstellungsprozess | 699 |
| 5.6.4 | Schlussbetrachtung | 722 |
| 5.7 | ERP nutzen ohne Wenn und Aber –Tuning von ERP-Anwendungen | 723 |
| 5.7.1 | Ziele und Aufgaben des ERP-System-Tunings | 723 |
| 5.7.2 | Voraussetzungen für eine erfolgreiche ERP-System-Anwendung im Unternehmen | 724 |
| 5.7.3 | Analyse der bestehenden Anwendung | 730 |
| 5.7.4 | Der Tuning-Prozess | 734 |
| 5.7.5 | Fazit | 740 |

## 6 Produktionscontrolling

| | | |
|---|---|---|
| 6.1 | Ziele, Strategien und Aufgaben des Produktionscontrollings | 745 |
| 6.1.1 | Aufgaben des Produktionscontrollings | 745 |
| 6.1.2 | Datenerfassung für das Produktionscontrolling | 748 |
| 6.1.3 | Bewertende Auftragsdatenerfassung | 784 |

| | | |
|---|---|---|
| 6.2 | Kennzahlensysteme | 787 |
| 6.2.1 | Grundlagen zur Kennzahlenbildung | 787 |
| 6.2.2 | Kennzahlen zur Produktivität | 794 |
| 6.2.3 | Kennzahlen zur Logistik | 798 |
| 6.2.4 | Kennzahlen zum Materialfluss | 803 |
| 6.2.5 | Sonstige technische Kennzahlen | 807 |
| 6.2.6 | Zielorientiertes Management | 814 |

## 7 Methodenbank

| | | |
|---|---|---|
| 7.1 | Produktionsmanagement | 849 |
| 7.1.1 | Aktives Ideenmanagement (AIM) | 849 |
| 7.1.2 | Benchmarking | 854 |
| 7.1.3 | Kontinuierlicher Verbesserungsprozess (KVP) | 858 |
| 7.1.4 | Workshops | 863 |
| 7.1.5 | Wissensmanagement: Theoretische Grundlagen und praktische Anwendungen | 868 |
| 7.1.6 | KAIZEN | 884 |
| 7.1.7 | Die »Wissenschaftliche Methode« für Verbesserungen im TPS | 899 |
| 7.2 | Personalmanagement | 905 |
| 7.2.1 | Führung in der Matrixorganisation | 905 |
| 7.3 | Produktionsanlagen | 917 |
| 7.3.1 | Poka Yoke | 917 |
| 7.4 | Prozesse | 923 |
| 7.4.1 | Wertstromdesign | 923 |
| 7.4.2 | Kostenvorteile durch Prozessverbesserungen | 935 |
| 7.4.3 | Eine Methode für Prozessanalyse und Prozessdesign | 954 |
| 7.5 | Produktionsplanung und -steuerung | 970 |
| 7.5.1 | KANBAN | 970 |
| 7.5.2 | Methoden der Kapazitätsplanung | 978 |
| 7.5.3 | Verfahren zur Losgrößenberechnung | 990 |
| 7.5.4 | Wie viel KANBAN braucht man? | 1002 |
| 7.5.5 | Just-in-Time/Just-in-Sequence | 1009 |
| 7.5.6 | Fortschrittszahlen | 1018 |
| 7.6 | Produktionscontrolling | 1052 |
| 7.6.1 | Zielverfolgungs- und Zielanreizsysteme | 1052 |
| 7.6.2 | Balanced Scorecard (BSC) | 1071 |
| 7.6.3 | Zielfindung und Zielverankerung | 1092 |
| 7.7 | Qualitätsmanagement | 1103 |
| 7.7.1 | Quality Function Deployment (QFD) | 1103 |
| 7.7.2 | Fehlermöglichkeits- und Einfluss-Analyse (FMEA) | 1110 |
| 7.7.3 | European Quality Award (EQA) | 1123 |
| 7.7.4 | ISO-9000-Normen in der Praxis | 1131 |
| 7.7.5 | Six Sigma: Ein Weg zur Verbesserung der Produkt- und Prozessqualität | 1141 |
| 7.7.6 | Malcolm Baldrige National Quality Award | 1184 |
| 7.7.7 | Six Sigma in der Logistik | 1193 |

Stichwortverzeichnis ... 1219

# I
# Grundlagen des Produktionsmanagements

# Inhalt

| | | |
|---|---|---|
| 1.1 | Ziele, Strategien und Aufgaben des Produktionsmanagements | 5 |
| 1.2 | **Elemente des Produktionsmanagements** | 9 |
| 1.2.1 | Strukturen | 9 |
| 1.2.2 | Prozesse | 14 |
| 1.2.3 | Ressourcen | 21 |
| 1.2.3.1 | Der Begriff Ressource | 21 |
| 1.2.3.2 | Nutzung der Ressourcen | 22 |
| 1.3 | **Zentrale Aufgabenstellungen des Produktionsmanagements** | 25 |
| 1.3.1 | Aufgabenstellungen im strategischen Produktionsmanagement | 26 |
| 1.3.1.1 | Strategische Produktionsprogrammplanung | 26 |
| 1.3.1.2 | Festlegen der Kernkompetenzen | 27 |
| 1.3.1.3 | Festlegen der Produktionsstandorte | 28 |
| 1.3.2 | Aufgabenstellungen im operativen Produktionsmanagement | 29 |
| 1.3.2.1 | Operative Produktionsprogrammplanung | 29 |
| 1.3.2.2 | Bereitstellungsplanung | 29 |
| 1.3.2.3 | Durchführungsplanung | 30 |
| 1.3.3 | Herausforderungen für das Produktionsmanagement | 32 |

## 1.1 Ziele, Strategien und Aufgaben des Produktionsmanagements

*von Rainer Kämpf*

Der Begriff »Produktion« wird in der Praxis und in der Literatur verschieden verwendet. Nach ihrem Begriffsumfang lassen sich drei Bedeutungen unterscheiden:

- Produktion als beliebige Kombination von Produktionsfaktoren. Sie umfasst somit alle betrieblichen Funktionen.
- Produktion als betriebliche Leistungserstellung.
- Produktion als Synonym für Fertigung.

Generell hat sich die zweite Bedeutung des Begriffs, also die betriebliche Leistungserstellung, durchgesetzt. Entsprechend dem betrieblichen Wertefluss sind darin unter anderem Auftragsabwicklung, Forschung und Entwicklung, Beschaffung und Absatz enthalten.

**Produktion als betriebliche Leistungserstellung**

Das Folgende bezieht sich im Wesentlichen auf die industrielle Produktion. Zum einen handelt es sich bei der industriellen Produktion um eine Sachgüterproduktion, die auf ingenieur- und betriebswissenschaftlichen Planungen beruht. Zum anderen geht die Produktion mit einer Konzentration der Produktionsfaktoren bzw. Ressourcen einher.

Die Fähigkeit zur Dienstleistung hingegen wird für Industrieunternehmen aufgrund der informations- und produktionstechnischen Entwicklungen der letzten Jahre sowie des steigenden Anteils interner und externer Dienstleistungen am betrieblichen Leistungsprozess immer wichtiger. Im industriellen Anlagenbau entfallen in vielen Fällen mehr als 50 % der Herstellkosten auf interne und externe Dienstleistungen wie Konstruktion, Entwicklung, Installation, Überwachung und Instandhaltung. So lassen sich die meisten Produktionsunternehmen als integrierte Produktions- und Dienstleistungsunternehmen auffassen.

Aufgrund divergierender Auffassungen über den Inhalt der Produktion und die damit zusammenhängenden Führungsaufgaben existieren eine Vielzahl unterschiedlicher Definitionen des Begriffs »Produktionsmanagement«. So wird vielerorts unter Produktionsmanagement lediglich die Produktionsplanung und -steuerung (PPS) verstanden. Ohne auf die verschiedenen Definitionen und ihre Abgrenzung zur Produktionswirtschaft, zur Produktionstheorie oder zur Produktionslehre im Einzelnen einzugehen, wird hier ein wesentlich weiter gefasster Begriff nach Pfeifer zugrunde gelegt:

Aufgaben, Menschen, Maschinen und Materialien sind so einzusetzen, zu steuern und zu koordinieren, dass Produkte und Dienste als Resultat dieses Wirkens in der erforderlichen Menge und Qualität, zum festgelegten Zeitpunkt unter geringstem Kosten- und Kapitalaufwand fertig gestellt werden.

**Definition nach Pfeifer**

## 1.1 Ziele, Strategien und Aufgaben des Produktionsmanagements

**Systemorientierte Betrachtung von Produktionsunternehmen**

Moderne Produktionsunternehmen sind komplexe, nur noch schwer überschaubare Wirkungsgefüge. Insbesondere bei großen Unternehmen mit einem breiten und tiefen Erzeugnisspektrum, unterschiedlichen Produktionstypen und verteilten Standorten erfordert die hohe Anzahl unterschiedlicher Betrachtungsobjekte und deren Beziehungen einen systemorientierten Gestaltungsansatz. Der Vorteil eines Systemansatzes besteht darin, dass durch die Definition von Subsystemen und Systemelementen die Komplexität des Gesamtsystems Unternehmen reduziert wird, ohne dass das Beziehungsgeflecht zwischen den einzelnen Systemelementen vernachlässigt wird.

**Funktionen des Produktionsmanagements**

Basierend auf diesem Systemansatz gehören somit zu den Funktionen des Produktionsmanagements die Lenkung, Gestaltung und Entwicklung von Produktionsunternehmen, wobei neuere Sichtweisen insbesondere die Systemgestaltung und -entwicklung als Managementfunktionen hervorheben.

Die steigenden Anforderungen insbesondere an das Management produzierender Unternehmen erfordern einen ganzheitlichen Managementansatz. Das St.-Galler-Management-Konzept, das auf dem dargestellten Systemansatz von Ulrich beruht, unterscheidet zwischen den drei Ebenen des normativen, strategischen und operativen Managements. Während normatives und strategisches Management im Wesentlichen Gestaltungs- und Entwicklungsfunktionen haben, kommt dem operativen Management schwerpunktmäßig die Lenkungsfunktion zu. Die drei Managementebenen werden in vertikaler Betrachtungsweise unter Aktivitäts-, Struktur- und Verhaltensaspekten gegliedert, so dass sich der Bezugsrahmen des St.-Galler-Management-Konzepts in neun Betrachtungsfelder gliedert.

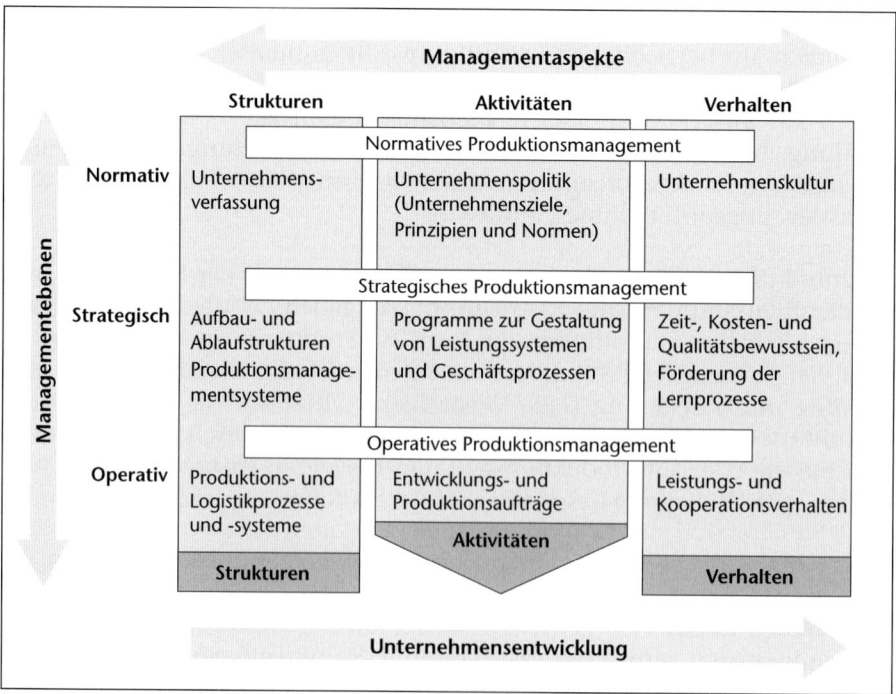

*Abb. 1: Produktionsmanagement im St.-Gallener-Management-Konzept*

Die systemtheoretische Ausrichtung des St.-Galler-Management-Konzepts erlaubt die rekursive Übertragung des generellen Management-Ansatzes auf einzelne Subsysteme, wie z.B. Unternehmenstypen, -bereiche oder -funktionen, und damit auch auf Produktionsunternehmen und Teile davon. Das normative Management eines Produktionsunternehmens unterscheidet sich nicht wesentlich von dem anderer Unternehmen. Es werden die generellen Unternehmensziele, Prinzipien, Normen sowie die Unternehmenskultur festgelegt, die die Lebens- und Entwicklungsfähigkeit des Unternehmens sicherstellen sollen. Das übergeordnete Unternehmensziel eines produzierenden Betriebes ist typischerweise die Existenzsicherung. Generelle Ziele können sein:

**St.-Galler-Management-Konzept**

- ausgewogene Erfüllung der Bedürfnisse der verschiedenen Anspruchsgruppen (Partner – z.B. Kunden, Lieferanten, Anteilseigner und Mitarbeiter)

- Gewinnung oder Festigung einer bedeutenden Position in
  - einer Branche
  - einer Technologie (z.B. Lasertechnologie) oder
  - bezüglich eines Werkstoffes (z.B. Spezialglas)

- Konzentration auf die Prozesse größter Wertschöpfung unabhängig von den traditionellen Stärken des Unternehmens bzw. der Branche zwecks Erhaltung der Unternehmensstandorte und der Unternehmensgröße

Auf der Ebene des strategischen Produktionsmanagements, dessen Hauptaufgabe der Aufbau, die Nutzung und die Pflege von strategischen Erfolgspotenzialen ist, wird die Unternehmensmission in Programme zur Gestaltung von Leistungssystemen und Geschäftsprozessen umgesetzt. Die Umsetzung der Programme wird unterstützt durch geeignete Organisationsstrukturen (Aufbauorganisation, Projektkonstitutionen usw.) sowie durch Produktionsmanagementsysteme (PPS, Controllingsysteme usw.). Durch die Förderung des Zeit-, Qualitäts- und Kostenbewusstseins sind gleichzeitig die verhaltensseitigen Voraussetzungen für die erfolgreiche Umsetzung der Programme zu schaffen. Dem operativen Management kommt die Aufgabe zu, die Vorgaben des strategischen Managements, z.B. durch Planung und Steuerung von Entwicklungs- oder Produktionsaufträgen, umzusetzen.

**Strategisches versus operatives Produktionsmanagement**

Auch die Aufgaben des Gestaltens und Lenkens lassen sich den drei Managementebenen zuordnen. Die Gestaltungsfunktion wird vom normativen und strategischen Management durch Aufbau, Pflege und Ausbeutung von Erfolgspotenzialen geleistet. Erfolgspotenziale sind produkt- und marktspezifische Voraussetzungen für die Realisierung von Wettbewerbsvorteilen, sie sind Erfahrungen mit Technologien (z.B. Motorenbau oder Chipfertigung), mit Märkten (z.B. Entwicklung neuer Märkte oder Aufbau leistungsfähiger Vertriebsorganisationen) oder mit sozialen Prozessen (z.B. Kooperationsfähigkeit).

Die Lenkungsfunktion ist Aufgabe des operativen Produktionsmanagements, d.h., die normativen und strategischen Vorgaben werden in Operationen umgesetzt. Das operative Produktionsmanagement umfasst den Vollzug der leistungs-, finanz- und informationswirtschaftlichen Prozesse eines produzierenden Unternehmens. Dazu gehören hauptsächlich die Aktivitäten zur Planung und Steuerung der Geschäftsprozesse. Hinzu kommt die Förderung der Effektivität des Mitarbeiterverhaltens im sozialen Bezug. Diese drückt sich vor allem in der Kooperation und in der Kommunikation von sozial relevanten Inhalten aus.

Die Instrumente (Methoden und Hilfsmittel) der Planung und Steuerung eines produzierenden Unternehmens determinieren maßgeblich die Struktur des operativen Produktionsmanagements. Wegen der großen Bedeutung dieser Instrumente für die Effektivität und Effizienz eines produzierenden Unternehmens wird dieser Aspekt im Folgenden näher beleuchtet.

Das strategische Produktionsmanagement umfasst produkt- und prozesszentrierte Aktivitäten. Die produktseitigen Aktivitäten bestehen aus der Produktprogramm- und Beschaffungsgestaltung sowie der Gestaltung von Leistungssystemen. Die prozessseitigen Aktivitäten bestehen aus der Gestaltung der Geschäftsprozesse und der Produktionsprogrammgestaltung. Diese sind von den Aktivitäten des operativen Produktionsmanagements zu unterscheiden, wie z.B. das Planen und Steuern der Geschäftsprozesse oder die Produktplanung und -entwicklung. Trotz der hier getroffenen Aufteilung in die Aktivitäten des strategischen und des operativen Produktionsmanagements ist von Interdependenzen zwischen den Managementebenen auszugehen.

| Aufgabenbereiche des operativen Produktionsmanagements ||
|---|---|
| **Materialwirtschaft** | **Fertigungswirtschaft** |
| Versorgungsaufgabe, die den Einkauf, die Disposition und die Lagerhaltung umfasst sowie die Steuerung des gesamten Materialflusses vom Lieferanten bis zum Kunden (nach Grochla) | Umfasst den wirtschaftlichen Einsatz und die optimale Kombination der elementaren Produktionsfaktoren »menschliche Arbeitsleistung«, »Betriebsmittel« und »Werkstoffe« zur Hervorbringung verwertbarer Leistungen (nach Pfeifer) |
| keine materielle Zustandsänderung, nur Zeit- und Ortsveränderungen | materieller Zustand (Gestalt, Zusammensetzung) ändert sich |
| z.B. Bedarfsermittlung, Bestandsführung, Beschaffung, Verteilung | z.B. Produkt- und Produktionsprogrammplanung, Fertigungsplanung, Fabrikplanung, Fertigungssteuerung, Qualitätssicherung, Instandhaltung |

*Abb. 2: Aufgabenbereiche des operativen Produktionsmanagements*

## 1.2 Elemente des Produktionsmanagements

### 1.2.1 Strukturen

*von Rainer Kämpf*

Die Strukturen eines Unternehmens sind das Ergebnis eines Strukturierungsprozesses, in dem grundsätzliche Lösungen zur Gestaltung von Arbeitsabläufen und betrieblichen Funktionen mit Hilfe einer iterativen Vorgehensweise entwickelt werden. Der Strukturierungsprozess bestimmt somit maßgeblich die Wirtschaftlichkeit des Unternehmens und ist aufgrund seiner Komplexität sehr anspruchsvoll.

**Strukturierung eines Unternehmens**

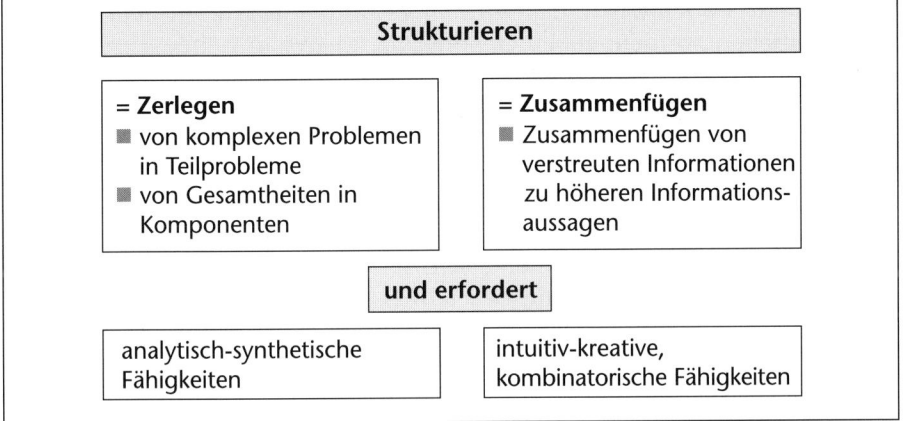

*Abb. 1: Der Strukturierungsprozess*

Im Zusammenhang mit dem Strukturierungsprozess rückt der Begriff der Struktureinheit in den Vordergrund der Betrachtung. Eine Struktureinheit soll hier verstanden werden als ein Baustein oder Konstruktionselement komplexer Strukturen, das eine bestimmte Funktion durchführt. Die planerische Aufgabe besteht bei der Bildung von Struktureinheiten hauptsächlich darin, Elemente der Struktureinheit und ihre Beziehungen zu definieren. Es sind verschiedene Vorgehensweisen zur Bildung von Struktureinheiten und zur strategischen Neuausrichtung eines Produktionsunternehmens bekannt. Die wichtigsten sind:

**Bildung von Strukturelementen**

- Segmentierung
- Fertigungsinseln
- Gruppenarbeit
- Profit-Center

Seit den achtziger Jahren hat sich vor allem das Konzept der Segmentierung als wichtigster Strukturierungsansatz erwiesen. Diesen Ansatz zur Bildung von Struktureinheiten beschreibt Wildemann als Fertigungssegmentierung. Dabei wird ein Produktionsunternehmen hinsichtlich seiner Erfolgsfaktoren in einzelnen Segmenten betrachtet. Eine Segmentierung kann hinsichtlich der Kriterien

**Strukturierung durch Segmentierung**

## 1.2 Elemente des Produktionsmanagements

- Standort,
- Personal,
- Produkt,
- Produktstruktur,
- Betriebsmittel,
- Organisation und
- Funktionen

durchgeführt werden. Der Vorteil der Betrachtung in Segmenten besteht darin, dass sofort zu erkennen ist, woher besondere Stärken und Schwächen des Unternehmens kommen, wo Engpässe vorhanden sind oder wo sich die schwächsten Glieder befinden. Die Problematik der Segmentierung besteht jedoch darin, dass einmal gewählte Strukturen über der Zeit fortgeschrieben werden. In einer zunehmend dynamischen Umwelt der Fabrik können aber vermeintliche Stärken sehr schnell in entscheidende Wettbewerbsnachteile umschlagen. Die maßgebliche Anforderung an die Struktureinheiten einer Fabrik ist somit eine hohe Strukturdynamik.

**Strukturdynamik in der Fraktalen Organisation**

Eine Weiterentwicklung der Segmentierung, die diesen Anforderungen gerecht wird, ist die Fraktale Organisation. Sie geht von dem Gedanken einer Gliederung in selbstähnliche, sich selbst organisierende, dynamische Einheiten aus, die als Fraktale bezeichnet werden. Der Begriff »Fraktal« entstammt der Lehre der fraktalen Geometrie. Die Fraktale Organisation beschreibt einen ganzheitlichen Lösungsansatz, um die Eigendynamik von teilautonomen Strukturen zu initiieren, zu stärken und zu lenken.

**Top-down-Planung, Bottom-up-Planung**

Es lassen sich zwei verschiedene Vorgehensweisen zur Strukturierung ableiten:

- **Top-down-Vorgehensweise:** Durch die schrittweise Zerlegung einer Funktion (oder eines Prozesses) in einzelne Struktureinheiten werden neue Strukturen entwickelt. Ziel der Strukturierung ist es, sämtliche entstehenden Elemente einheitlich auf den Gesamtnutzen auszurichten.

- **Bottom-up-Vorgehensweise:** Relativ isolierte Struktureinheiten werden festgelegt, gegebenenfalls einzeln optimiert und anschließend zu neuen Strukturen zusammengefügt.

**Down-up-Planung oder Iteratives Gegenstromverfahren**

Die bei der Strukturplanung von Unternehmen vorherrschende Vorgehensweise der Top-down-Planung führt zwar zu einem einheitlichen und schlüssigen Planungsergebnis, doch die fehlende oder ungenügende Beteiligung der zu nutzenden Bereiche führt zu Informations- und Identifikationsproblemen und erschwert oder verhindert dadurch die erfolgreiche Realisierung des Planungsergebnisses. Deshalb sollte die Top-down-Planung mit der Bottom-up-Planung kombiniert werden, damit die Planungserkenntnisse »von oben« mit den Planungserkenntnissen »von unten« zusammenfließen und so eine Optimierung der Einzelergebnisse erfolgen kann.

Diese Synthese der beiden Planungsverfahren wird in der Literatur als Down-up-Planung oder Iteratives Gegenstromverfahren bezeichnet. Die Integration der beiden Planungskonzepte erfordert es, dass Mitarbeiter aus allen Hierarchieebenen des Unternehmens an der Planung beteiligt sind.

**Strukturplanung im Produktionsunternehmen**

Die Strukturplanung hat im Fall der Neuplanung und der grundlegenden Umplanung von Produktionsunternehmen die Aufgabe, technisch, organisatorisch und ökonomisch funktionsfähige Struktureinheiten zu generieren, die eine Startstruktur für die Produktionsprozesse eines Unternehmens bilden. Diese Startstruktur beinhaltet alle wesentlichen Funktionen der Fabrikabläufe. Die Aufgabe der Mitarbeiter in den operativen Bereichen ist es dann, diese Struktur den sich ändernden Anforderungen anzupassen und somit eine Nachsteuerung des Produktionsunternehmen an die zunehmende Dynamik der Umwelt zu ermöglichen.

**Ablauf der Strukturplanung im Produktionsunternehmen**

Basierend auf den Vorgaben der Zielplanung und der Ist-Analyse werden zunächst alternative Strukturkonzepte einer Fabrik entwickelt, die bevorzugte Variante ausgewählt und Form einer Soll-Struktur beschrieben, die dann zur Ausführungsplanung weitergegeben wird: Der Detaillierungsgrad des zu planenden Systems nimmt dabei von Schritt zu Schritt zu, wogegen die Freiheitsgrade der Planung ständig abnehmen.

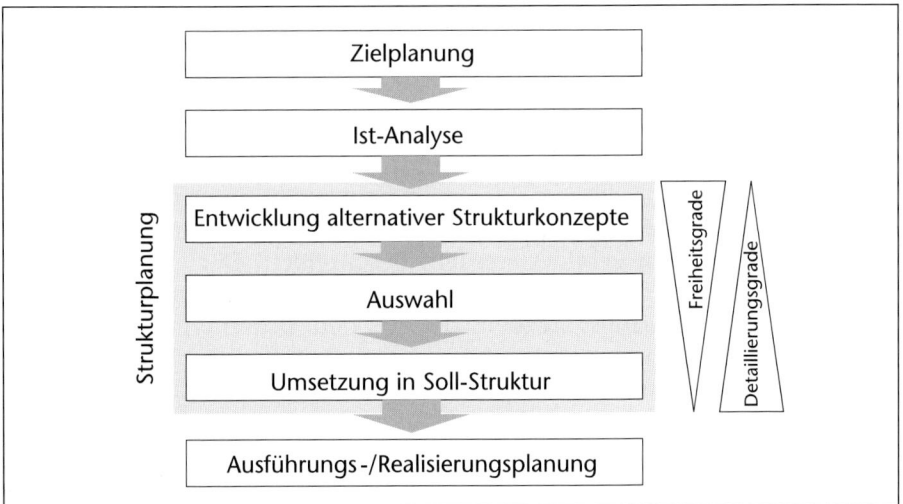

*Abb. 2: Ablauf der Strukturplanung (Eversheim/Schuh, Betriebshütte Produktion und Management)*

**Entwicklung von Strukturkonzepten**

Der erste Schritt der Strukturplanung, die Entwicklung von Strukturkonzepten, ist die kreativ anspruchsvollste Phase der Planung. Sie stellt einen zeit- und kostenaufwendigen Prozess dar, der in mehrere Stufen unterteilt werden muss. Ausgehend von der Planungsaufgabe wird mit jeder weiteren Planungsstufe versucht, sich dem Planungsziel – dem Soll-Strukturkonzept – möglichst weit anzunähern. Jeder einzelne Planungsschritt liefert neue Informationen, die in den sich anschließenden und auch in parallel laufenden Planungsstufen berücksichtigt werden müssen. Aus diesem Grund ist in dieser Phase der Strukturplanung eine enge Zusammenarbeit und Abstimmung aller an der Planung beteiligten Personen in Form eines Projektteams erforderlich. Diese Vorgehensweise gewährleistet einen

## 1.2 Elemente des Produktionsmanagements

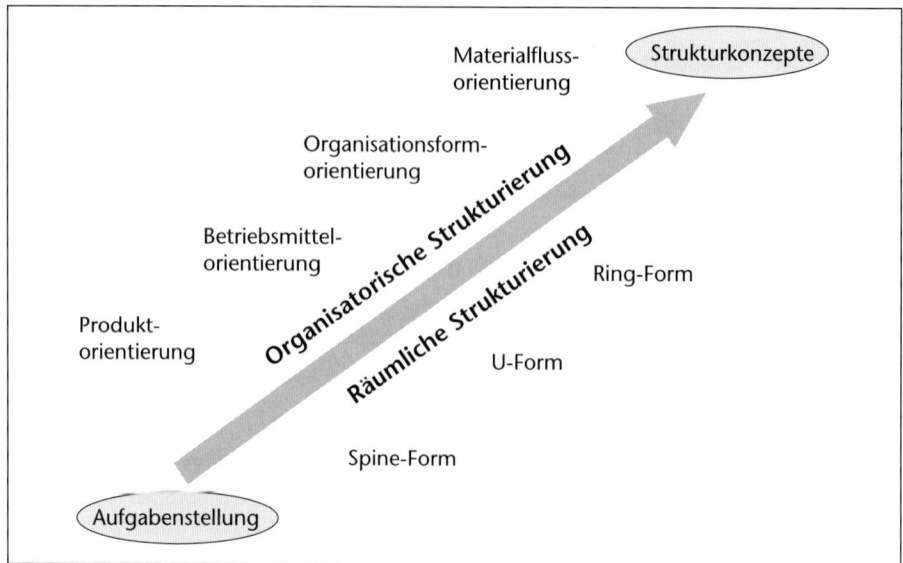

*Abb. 3: Entwicklung von Strukturkonzepten (Beispiel Fabrikstruktur) (Vollmer/Bertagnolli, Produktionsbereiche planen und gestalten)*

in sich schlüssigen und reibungsarmen Planungsablauf, was sich in einer guten Planungsqualität und einer schnellen Planungsdurchlaufzeit widerspiegelt.

Ein Strukturkonzept stellt eine Überlagerung von verschiedenen Strukturen dar. Zur Visualisierung der verschiedenen Strukturierungsprinzipien dienen Organisationsstrukturbilder, die den Optimierungsgesichtspunkt, unter dem die Struktureinheiten gebildet werden, beschreiben. Der erste Abschnitt des Strukturplanungsprozesses, die Erarbeitung alternativer Strukturkonzepte, basiert auf den Planungsvorgaben, die aus den Unternehmenszielen im Rahmen der Zielplanung abgeleitet werden, den Randbedingungen, die im Rahmen der Ist-Analyse erhoben wurden, und den Informationen über die erforderlichen Prozesse und Ausrüstungen.

**Netzwerk der Strukturgenerierung**

Das Kernstück stellt dabei das Netzwerk der Strukturgenerierung dar. Es setzt sich aus vier Elementen zusammen:

- Bildung von Struktureinheiten
- Vernetzung
- Dimensionierung
- Anordnung

**Methoden und Hilfsmittel zur Strukturgenerierung**

Innerhalb des Strukturgenerierung werden bestimmte Methoden und Hilfsmittel eingesetzt. Die wichtigsten sind:

- Clusteranalyse
- Nutzwertanalyse
- Sensitivitätsanalyse
- Simulation

Ein entscheidender Punkt bei der Strukturgenerierung ist, dass es sich dabei um ein Netzwerk von Aufgaben handelt, die parallel behandelt werden müssen. Die Generierung von Struktureinheiten erfolgt in einem iterativen Prozess, der durch sich abwechselnde Aufgaben gekennzeichnet ist.

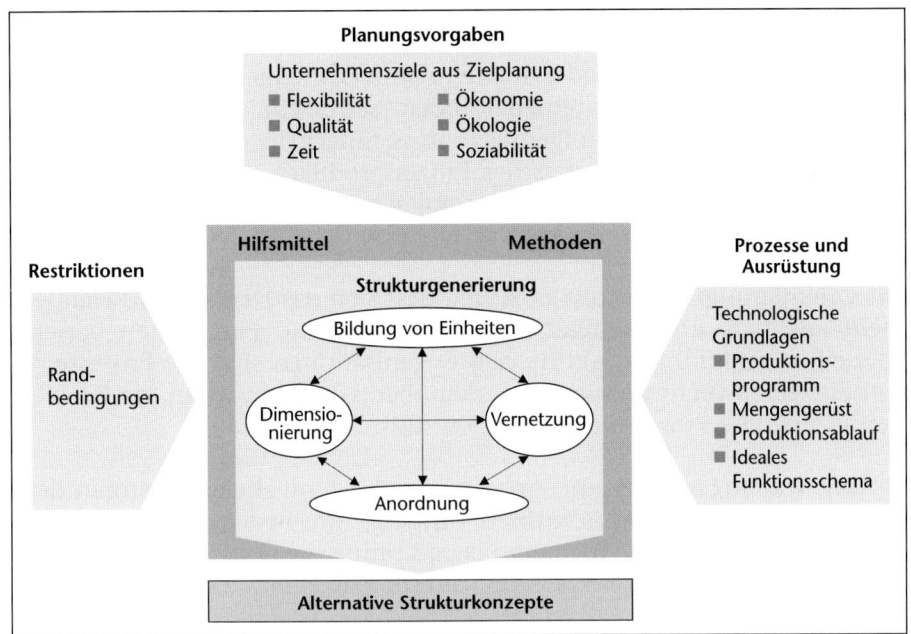

*Abb. 4: Netzwerk der Strukturgenerierung (Eversheim/Schuh, Betriebshütte Produktion und Management)*

## Literaturempfehlungen

*Eversheim, W.; Schuh, G.:* Betriebshütte Produktion und Management. Berlin, Heidelberg, New York 1996.

*Bullinger, H.-J.; Warnecke, H.-J.:* Neue Organisationsformen im Unternehmen. Berlin, Heidelberg, New York 1996.

*Vollmer, E.; Bertagnolli, P.:* Produktionsbereiche planen und gestalten. In: Der Teamleiter, Stuttgart 1994.

*Warnecke, H.-J.:* Aufbruch zum Fraktalen Unternehmen. Berlin, Heidelberg, New York 1995.

### 1.2.2 Prozesse

*von Rainer Kämpf*

**Wertschöpfung** — Der Begriff Prozess steht für die Abkehr von der klassischen, nach Funktionen organisierten Struktur hin zu einer an Abläufen orientierten horizontalen Struktur. Dabei wird ein Prozess definiert als ein Bündel von Aktivitäten, für das ein oder mehrere unterschiedliche Inputs benötigt werden. Jeder Prozess hat einen Kunden, sei es ein externer Kunde des Unternehmens oder der folgende Prozess innerhalb des Unternehmens. Für den Kunden muss mittels des Prozessprodukts eine möglichst hohe Wertschöpfung erzielt werden. Dafür müssen Prozesse unabhängig von der bestehenden Aufbauorganisation gesehen werden.

**Detaillierungsniveaus** — Die Orientierung am Prozess bedeutet, dass sich das Denken und Handeln mehr auf Ziele und weniger auf Hierarchien und Funktionen bezieht. Speziell in funktional strukturierten Organisationen sind die Prozesse für den Einzelnen nicht unmittelbar erkennbar, vor allem wenn die Funktionen in mehrere Prozesse eingebunden sind.

Je nach Umfang können für Prozesse verschiedene Hierarchiestufen definiert werden, die sich durch ihren Umfang, ihre Bedeutung für das Unternehmen sowie ihren Abstraktionsgrad unterscheiden. So kann ein Prozess in Teil- bzw. Subprozesse bis hin zu einzelnen Aktivitäten zerlegt werden.

*Abb. 1: Prozesshierarchie*

**Hauptprozesse und Geschäftsprozesse** — Unter einem Unternehmensprozess wird ein Prozess verstanden, der durch seine Leistungserstellung für eine Anspruchsgruppe des Unternehmens einen Mehrwert generiert. Ein solcher Unternehmensprozess kann theoretisch als eigenständiger Unternehmensbereich organisiert werden, zum Beispiel als Cost- oder Profitcenter. Ein Hauptprozess realisiert konkrete Leistungsmerkmale für einen Unternehmensprozess, während ein Geschäftsprozess Verbindung einzelner Aktivitäten darstellt.

## Abwicklungs- und Strukturprozesse

Die Prozesse ergeben in ihrer Gesamtheit die Struktur des Unternehmens. Innerhalb der Struktur kann nach Abwicklungs- und Strukturprozessen unterschieden werden. Abwicklungsprozesse haben im Wesentlichen die Aufgabe, eine für den externen Kunden vorgesehene Leistung zu erstellen; durch die Wertschätzung des Kunden wird auf diese Weise der operative Erfolg realisiert. Der Abwicklungsprozess wird für jeden Kunden vollständig durchlaufen. Er hat repetitiven Charakter und soll die im Unternehmen vorhandenen Fähigkeiten effizient nutzen. In Abwicklungsprozessen werden typischerweise keine neuen Fähigkeiten aufgebaut, es entstehen jedoch Erfahrungskurveneffekte aufgrund des häufigen Durchlaufs.

Der Aufbau von Fähigkeiten, ebenso wie die in der dynamischen Umwelt notwendige Pflege der Fähigkeiten, wird durch Strukturprozesse sichergestellt. Im Gegensatz zu Abwicklungsprozessen werden sie normalerweise einmalig durchlaufen. Auch Führungsprozesse können als Strukturprozesse eingeordnet werden. Unter Führungsprozessen werden Prozesse verstanden, die die Geschäftsleitung unterstützen.

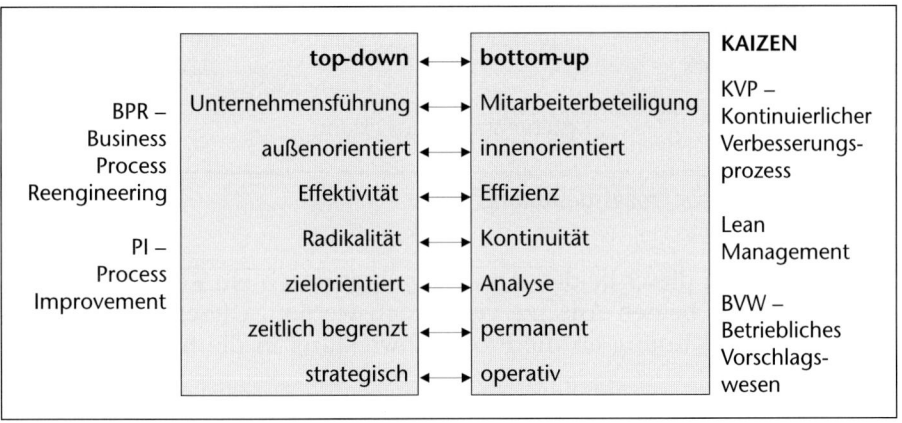

Abb. 2: Ansätze zur Prozessgestaltung

Prinzipiell werden zwei Arten der Gestaltung von Geschäftsprozessen unterschieden: die amerikanisch geprägten, top-down-orientierten Ansätze der radikalen Veränderung und die eher japanisch geprägten, bottom-up-orientierten Ansätze der kontinuierlichen Verbesserung.

## Top-down-orientierte Ansätze

Business Process Reengineering (BPR) ist beispielsweise eine aus den USA stammende Methode zur radikalen Erneuerung und Umorganisation von Unternehmen und ihren strategischen Ausrichtungen. Gezielt werden Strukturen aufgebrochen und Abläufe erneuert. Das angestrebte Resultat sind Verbesserungen um Größenordnungen in den Zielgrößen Kosten, Qualität, Service und Zeit. BPR ist ein planungsgestütztes Vorgehen, in dem ausgehend vom Kundennutzen top-down die neue organisatorische Gestaltung des Unternehmens ermittelt wird, um einen fundamentalen, quantensprungartigen Fortschritt zu ermöglichen.

## Bottom-up-orientierte Ansätze

Gegenpol zu den top-down-orientierten Ansätzen zur radikalen Unternehmensrevolution sind japanisch geprägte Methoden der kontinuierlichen

## 1.2 Elemente des Produktionsmanagements

Prozessverbesserung (Kaizen, Kontinuierlicher Verbesserungsprozess, betriebliches Vorschlagswesen). Bei diesen Gestaltungsansätzen steht das »Process Improvement« im Vordergrund, d.h. die Kunst, durch eine Vielzahl kleiner, immer wieder gemachter Schritte die Prozesse ständig zu verbessern. Ausgangspunkt der bottom-up-orientierten Gestaltungsansätze ist somit nicht eine Prozessvision, sondern der bestehende Prozess, der nach Effizienzkriterien optimiert wird. Diese Ansätze institutionalisieren den permanenten Veränderungsprozess und verbessern die Effizienzziele der bestehenden Prozesse getragen von der Akzeptanz der Mitarbeiter.

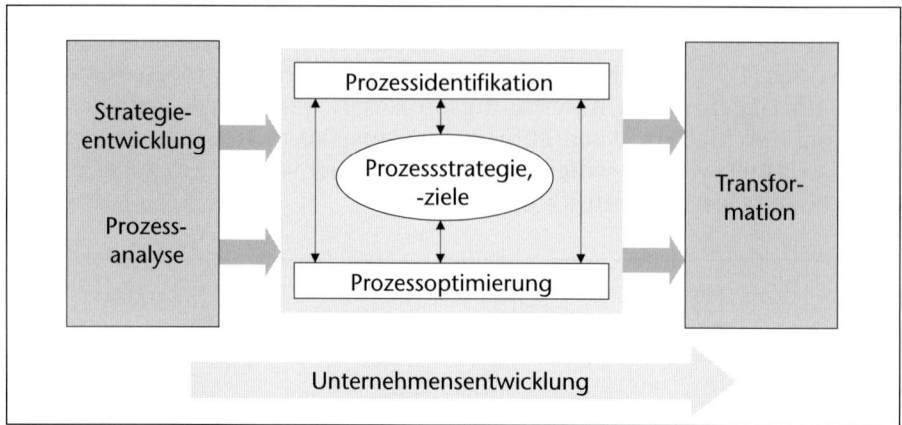

*Abb. 3: Konzept zur Prozessgestaltung*

**Konzept zur Prozessgestaltung**

Eine Integration dieser beiden Ansätze gelingt durch ein Konzept, in dem die Vorteile der beiden Ansätze verbunden werden. Dieses Konzept gliedert sich in Anlehnung an die Projektabwicklung in die Bausteine

- Prozessanalyse,
- Strategieentwicklung,
- Prozessidentifikation,
- Prozessoptimierung und
- Transformation.

Die Strategieentwicklung und die darauf folgende Prozessidentifikation sind Aufgaben des Top-Managements. Die Prozessanalyse, die Prozessoptimierung und die Transformation erfolgt durch die Prozessbeteiligten.

**Strategieentwicklung und Prozessidentifikation**

In der Strategieentwicklung arbeitet das Management die aktuelle markt- und unternehmensseitige Situation auf und analysiert mögliche Entwicklungsrichtungen des Unternehmens. Dazu werden zum einen die zukünftig wichtigen strategischen Erfolgspositionen identifiziert, die das Unternehmen besetzen will. Aus der Veränderung der Strategischen Erfolgspositionen und einer Analyse der Management-Profile des St.-Galler-Management-Konzepts werden die Prozessziele abgeleitet. Ausgehend von der unternehmerischen Vision und den daraus abgeleiteten Geschäftsmissionen können die Prozesse identifiziert werden, mit denen sich die Unternehmung auf die zukünftigen Anforderungen konzentrieren will. Ziel der Prozessidentifikation ist es, die bedeutenden Prozesse zu benennen und ein gemeinsames Verständnis für den zu erfüllenden Kundennutzen sowie über die für die Durchführung notwendigen Fähigkeiten zu schaffen. Dafür existieren zwei Ansätze.

**Identifizierungsansätze**

Der Ansatz der situativen Identifikation geht davon aus, dass jedes Unternehmen spezifische, nur ihm eigentümliche Prozesse hat. Die situativen Merkmale, die zur Abgrenzung der Prozesse führen, sind derart spezifisch, dass sie sich nicht wiederholen. Der zweite Ansatz unterstellt, dass in allen Unternehmen immer die gleichen Prozesstypen vorkommen, die jeweils unternehmens- bzw. branchengerecht präzisiert werden. Diese Überlegungen sind die Grundlage der aggregiert differenzierungsfähigen Leistungsprozesse:

- Kundennutzen-Optimierungsprozess
- Marktkommunikationsprozess
- Produkt- und Leistungsbereitstellungsprozess
- Logistik- und Serviceprozess
- Auftragsabwicklungsprozess
- Rentabilitäts- und Liquiditätssicherungsprozess
- Kapazitätssicherungsprozess
- Strategieplanungs- und -umsetzungsprozess
- Personalplanungs- und Motivationsprozess

Ein Vorteil der Idee der idealtypischen Prozesse besteht darin, dass die vorgegebene Systematik die Überwindung tradierter Strukturen erleichtert. Ein Nachteil kann langfristig in einer großen Selbstähnlichkeit der Prozesse und damit in geringen Differenzierungsmöglichkeiten von Wettbewerbern liegen.

Für die auf die Prozessidentifikation folgende strategische Bewertung werden Prozesse meist bezüglich ihrer Effizienz analysiert, d.h. nach ihrer Wirtschaftlichkeit eingeschätzt. Dabei besteht die Gefahr, dass ein Gestaltungsprojekt, das nach Effizienzkriterien optimiert, zum Kostensenkungsprogramm degeneriert, ohne die sich bietende Chance einer grundlegenden strategischen Neuausrichtung zu nutzen.

**Prozessanalyse mit dem Prozessportfolio**

Zur Wahrung dieser Option müssen, basierend auf dem Konzept der Strategischen Erfolgspositionen nach Pümpin, neben der Effizienz zwei weitere Aspekte berücksichtigt werden. Einerseits muss die Orientierung am Wettbewerb erfolgen, andererseits sind die Prozesse im Sinne von Effektivität dahingehend zu bewerten, wie stark sie den Kundennutzen fördern bzw. den Aufbau oder die Erhaltung von Strategischen Erfolgspositionen ermöglichen.

**Kompetenzprozess**

Eine solche gleichzeitige Erfassung der Effizienz und der Effektivität von Prozessen unter Beachtung der Wettbewerbssituation ist in einem Prozess-

## 1.2 Elemente des Produktionsmanagements

portfolio möglich, das von diesen beiden Größen aufgespannt wird. Die Positionierung der Prozesse auf der Effizienzachse richtet sich nach der Wirtschaftlichkeit des jeweiligen Prozesses im Vergleich zu der der wichtigsten Wettbewerber. Ist die Wirtschaftlichkeit mit derjenigen der bedeutendsten Konkurrenten vergleichbar, hat der Prozess eine mittlere Effizienz; ist sie besser, so nennt man den Prozess einen Kompetenzprozess.

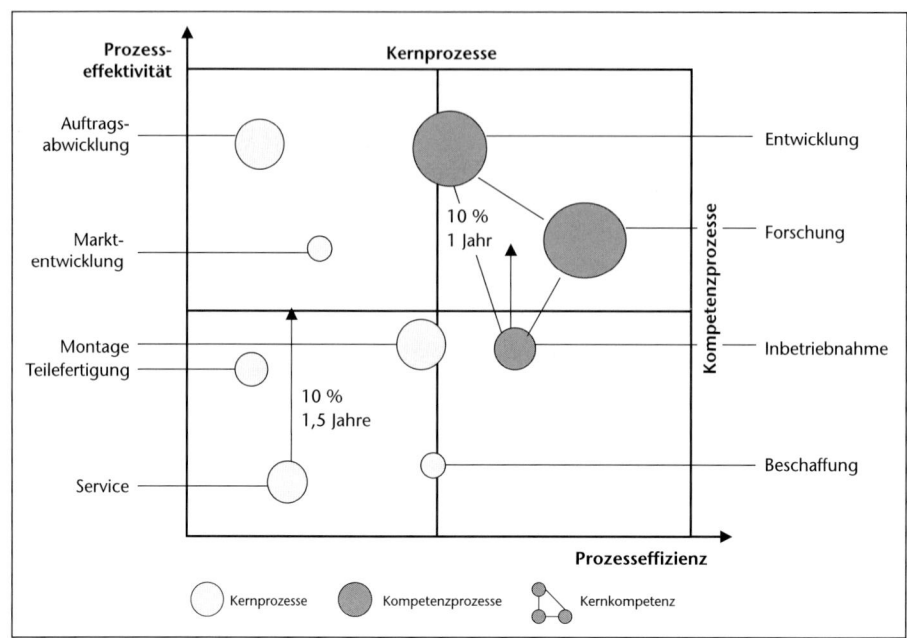

*Abb. 4: Prozessportfolio (Eversheim/Schuh, Betriebshütte Produktion und Management)*

**Kernprozess**  Der Ermittlung des Effektivitätswerts eines Prozesses liegen die Strategischen Erfolgspositionen zugrunde. Für alle im Prozessportfolio zu positionierenden Prozesse werden individuelle Zielerreichungsgrade definiert. Die Skalen sind dabei anhand qualitativer Bewertungskriterien aufzubauen, die sich an den für die Unternehmung zukünftig wichtigen Strategischen Erfolgspositionen orientieren. Hat ein Prozess einen überdurchschnittlich hohen Zielerreichungsgrad, so wird er als Kernprozess bezeichnet.

Auch Kernkompetenzen lassen sich in einem Prozessportfolio darstellen. Eine Kernkompetenz hängt von der Leistungsfähigkeit mehrerer Prozesse ab. Somit lässt sich eine Kernkompetenz als eine Gruppe miteinander verbundener Prozesse im Prozessportfolio kennzeichnen, die mehrheitlich aus Kern- und Kompetenzprozessen bestehen. Die Prozesse, die als relevant für den Unternehmensfokus erkannt wurden, sind im Prozessportfolio zu positionieren. Positionieren bedeutet, durch Analysen Prozessbewertungen bezüglich der Prozesseffizienz und -effektivität zu erhalten. Durch die Positionierung ist die Ausgangssituation des Unternehmens beschrieben.

**Festlegung der Prozessstrategien**  Im ausgefüllten Prozessportfolio sind nun die Entwicklungsrichtungen der Prozesse, d.h. die Prozessstrategien, festzulegen. Abgeleitet aus den Ergebnissen der Strategieentwicklung sowie der Prozesspositionierung müssen die Prozesse priorisiert werden, und es ist zu prüfen, welche Strategien erreichbar und welche verkraftbar sind. Dabei sind zwei Gestaltungsregeln zu beachten:

- Es werden entweder Effizienz- oder Effektivitätssteigerungen vorgegeben.
- Es werden nur wenige Prozesse umgestaltet, damit sich das Unternehmen auf die dringlichsten Veränderungen konzentrieren kann.

Im Idealfall werden die Prozessstrategien zusätzlich mit dem Grad der Verbesserung und einem festgelegten Zeitpunkt der Zielerreichung eindeutig definiert. Dabei kann eine weitere Konkretisierung durch die Definition von Prozessbudgets und Prozessverantwortlichen erreicht werden. Zusammen mit den erarbeiteten Zielsetzungen ist so ein eindeutiger Orientierungsrahmen für die Prozessoptimierung geschaffen.

Mit der Identifizierung der Prozesse und der Ausformulierung der Prozessziele sowie der Prozessanalyse ist der Handlungsbedarf für die Prozessoptimierung definiert. Zur Prozessoptimierung wird dann der integrierte prozessorientierte Unternehmensentwurf erstellt. Die in der Prozessanalyse dokumentierten Teilprozesse werden dazu zu den identifizierten Prozessen neu zusammengefügt. Durch die Weiterverwendung der analysierten Prozesse werden gleichzeitig die in der Prozessanalyse erarbeiteten Schwachstellen und Ursachen sowie die daraus abgeleiteten Maßnahmen zur Effizienzsteigerung genutzt.

**Prozessoptimierung**

Die Anforderungen und Prozesse, die nicht durch existierende Teilprozesse realisiert werden können, müssen neu erarbeitet werden. Dabei bieten »Best-Practice«-Lösungen oder »Best-In-Class«-Beispiele, die leicht auf die betrieblichen Gegebenheiten angepasst werden können, eine Orientierung.

Neben der Gestaltung der Prozesse kommt ihrer Vernetzung im Unternehmen entscheidende Bedeutung zu. Die Definition von Schnittstellen und die Berücksichtigung von Abhängigkeiten zwischen den Prozessen werden zum Prozessmodell des Unternehmens zusammengefasst. Auch die Harmonisierung unterschiedlicher Betrachtungsweisen der Prozesse, z.B. aus strategischer und operativer Sicht, wird durch das Prozessmodell ermöglicht.

**Vernetzung der Prozesse im Unternehmen**

Von entscheidender Wichtigkeit ist die Beteiligung der Mitarbeiter am Transformationsprozess. In die Prozessanalyse ist der größte Teil der Mitarbeiter eingebunden. Die Ableitung von Schwachstellen, Ursachen und ersten operativen Maßnahmen zeigen Lösungsmöglichkeiten und leiten gleichzeitig das Umdenken ein. Ängste in der Belegschaft, die sonst häufig durch Veränderungsprozesse ausgelöst werden, können so vermieden werden, es wird ein positives Innovationsklima geschaffen. Somit wird der Transformationsprozess schon in der Prozessanalyse eingeleitet.

**Mitarbeiterbeteiligung als Erfolgsfaktor des Transformationsprozesses**

Gleichzeitig werden strategische Vorgaben durch die Übertragung auf Prozesse in der Prozessidentifikation bekannt gemacht und als nachvollziehbare Zielvorgabe für die operative Prozessoptimierung formuliert. Dem Umdenkprozess der Mitarbeiter wird dadurch eine Richtung gegeben.

## Literaturempfehlungen

*Eversheim, W.; Schuh, G.:* Betriebshütte Produktion und Management. Berlin, Heidelberg, New York 1996.

*Bullinger, H.-J.; Warnecke, H.-J.:* Neue Organisationsformen im Unternehmen. Berlin, Heidelberg, New York 1996.

*Hammer, M.; Champy, J.:* Business Reengineering. Frankfurt, New York 1994.

*Imai, M.:* KAIZEN. München 1993.

*Pümpin, C.:* Management strategischer Erfolgspositionen. Bern 1986.

## 1.2.3 Ressourcen

*von Helmuth Gienke/Rainer Kämpf*

### 1.2.3.1 Der Begriff Ressource

Den Ressourcen werden im volkswirtschaftlichen Umfeld nach altem Muster die Faktoren Arbeit, Kapital und Boden zugerechnet. Eine andere Aussage lautet dagegen, dass ein Unternehmen für den Erfolg mindestens zwei der drei Faktoren

- Marktzugang,
- innovatives Produkt,
- Kapital

benötigt. In der Gegenwart wird die Ressource »Information« hoch bewertet. Der Begriff Ressourcen bedarf also einer Definition.

In diesem vorwiegend auf Produktionsmanagement ausgerichteten Zusammenhang erfahren diese Faktoren eine Spezifizierung auf

- Personal,
- Betriebsmittel,
- Material,
- Zeit und
- Information.

Die Aufgabe des Produktionsmanagements ist es, mit diesen Ressourcen ein Optimum an Gütern zu produzieren.

Der Begriff »Personal« umfasst alle Mitarbeiter, die direkt oder indirekt bei der betrieblichen Leistungserstellung beteiligt sind. Eingeschlossen sind alle Bereiche der Wertschöpfungskette von der Beschaffung, Entwicklung, Produktion bis hin zur Distribution und dem Kundenservice. Betrachtet werden die Zuverlässigkeit, das Wissen und die Erfahrung, die Entwicklungsmöglichkeiten, der Einsatz für die Ziele des Unternehmens und der Organisationseinheit, die Flexibilität und Kooperationsfähigkeit sowie die Produktivität. Alle modernen Produktionsorganisationen gehen davon aus, dass die Mitarbeiter und deren Potenzial die wichtigste Ressource eines Unternehmens sind.

Der allgemeine Begriff »Betriebsmittel« ist in der VDI-Richtlinie 2815 erklärt als Gesamtheit der Anlagen, Geräte und Einrichtungen, die zur betrieblichen Leistungserstellung dienen. Sie werden in verschiedene Gruppen eingeteilt:

## 1.2 Elemente des Produktionsmanagements

- Ver- und Entsorgungsanlagen
- Fertigungsmittel
- Mess- und Prüfmittel
- Fördermittel
- Lagermittel
- Mittel der Organisation
- Innenausstattung
- Grundstücke, Gebäude
- sonstige Hilfsmittel

**Fertigungsmittel** Unter dem Begriff »Fertigungsmittel« werden alle Einrichtungen zusammengefasst, die zur direkten oder indirekten Form-, Substanz-, oder Zustandsänderung mechanischer bzw. chemisch-physikalischer Art von Werkstücken beitragen. Sie dienen zur Durchführung der Fertigungsverfahren Urformen, Trennen, Fügen, Beschichten und Ändern der Stoffeigenschaften. Sie beinhalten Werkzeuge, Vorrichtungen und Maschinen.

**Material** Als Material gelten hier alle Rohstoffe, Hilfsstoffe, Zulieferteile und Handelswaren sowie die Roh-, Halb- und Fertigfabrikate in der Produktion bzw. die Fertigwaren im Absatzbereich.

**Zeit** Die verfügbare Zeit ist in diesem Zusammenhang die Differenz zwischen Ideenfindung, mindestens aber Beginn der Produktion und Abgabe des Produktes an den Kunden. Es ist erwiesen, dass erfolgreiche Unternehmen schneller mit ihren Produkten am Markt sind als weniger erfolgreiche. Der Schluss, dass eine schnelle Reaktion einen erheblichen Wettbewerbsvorteil darstellt, liegt nahe. Im Gegensatz zu anderen Ressourcen kann die Zeit nicht beschafft, sondern nur genutzt werden.

**Information** Die Information ist das Wissen über Produkte, Produktionsverfahren und Kundenbedarf, die Kenntnis über den aktuellen Materialfluss und die Qualität sowie die Kenntnis über die verfügbaren Ressourcen. Zur Entscheidungsfindung über optimale Maßnahmen benötigt man Informationen, die von den Mitarbeitern informal oder über die Systeme der Betriebsinformatik bereitgestellt werden. Dazu gehören unter anderem Betriebsdatenerfassung, Zielverfolgungssysteme, Fertigungs- und Werkstattsteuerungssysteme und Qualitätssteuerungssysteme.

Technologisches Wissen wird im Allgemeinen einer zentralen Organisationseinheit zugeordnet. Dies hat den Vorteil, dass es schnell dem innerbetrieblichen Bedarfsträger vermittelt werden kann, aber den Nachteil, dass eben dieser Bedarfsträger nicht weiß, dass dieses Wissen vorhanden ist.

### 1.2.3.2 Nutzung der Ressourcen

**Optimale Nutzung der Ressourcen** Diese Ressourcen gilt es optimal zu nutzen, um mit wenig Aufwand und schnell die Produkte zu erstellen, die der Abnehmer, im Endeffekt der einzelne Mensch, wünscht. Es liegt auf der Hand, dass bei dieser Vielzahl von Faktoren erhebliche Abhängigkeiten bestehen und dass eine Maßnahme die Nutzung einer Ressource verbessern, die einer anderen dagegen verschlechtern wird. Hinzu kommt, dass ein produzierendes Unternehmen sehr komplex ist und darum in einzelne Bereiche untergliedert ist, weil es sonst nicht mehr lenkbar ist. Diese Untergliederung optimal zu gestalten ist eine wesentliche Aufgabe der Betriebsorganisation.

Die Entscheidungen werden von Menschen getroffen, die für einen abgegrenzten Aufgabenbereich verantwortlich sind. Um trotzdem eine Nutzung der Ressourcen zu erreichen, die für das Unternehmen optimal ist, ist es wünschenswert, dass die Ziele der einzelnen Mitarbeiter sich von den Unternehmenszielen ableiten und diese unterstützen. Aus dieser Erkenntnis wurden Organisationsprinzipien entwickelt (Fraktale Fabrik, Lean Production), die sich grundsätzlich vom klassischen Taylorismus unterscheiden.

Die Planung der Ressourcen ist eine Querschnittsfunktion im Unternehmen. Sie umfasst die Beschaffung, die Einsatzplanung, die Pflege und die Verwaltung der Ressourcen. Die Ressourcenbeschaffung definiert Art, Zeit und Bedarf der einzusetzenden Ressource. Die Einsatzplanung hat die Zielsetzung, die richtige Menge einer Ressource zum richtigen Zeitpunkt am vorgegebenen Ort bereitzustellen, die Verwaltung der Ressourcen gibt Auskunft über Menge und Zustand der insgesamt im Produktionsunternehmen verfügbaren Ressourcen. Damit lassen sich die Planungsaufgaben im Wesentlichen auf eine Mengen-, Termin- und Kapazitätsplanung reduzieren. Abhängig vom Ressourcentyp werden hierbei verschiedene betriebliche Funktionen beteiligt.

**Ressourcenauswahl, Einsatzplanung und Verwaltung**

|  | **Auswahl** | **Einsatzplanung** | **Verwaltung** |
|---|---|---|---|
| **Material** | Entwicklung<br>Konstruktion | Materialwirtschaft<br>Materialdisposition | Bestandsmanagement<br>Materialverwaltung |
| **Betriebsmittel** | Arbeitsvorbereitung<br>Fertigungsplanung | Fertigungswirtschaft<br>Fertigungssteuerung | Betriebsmittelverwaltung |
| **Personal** | Personalbedarfsentwicklung<br>Pesonalbeschaffung | Personaleinsatzplanung<br>Personalentwicklung | Personalverwaltung |

*Abb. 1: Zuordnung der Ressourcenplanung zu den betrieblichen Funktionen*

Die Ressourcen Zeit und Information müssen von allen Bereichen geplant werden. Für Material ist die Mengenplanung Teil eines Aufgabenfeldes, das in der Praxis häufig unter dem Begriff »Materialwirtschaft« zusammengefasst wird. Aufgabe der Mengenplanung ist es, den Bedarf an Eigenfertigungs- und Fremdteilen nach Art, Menge und Bereitstellungstermin zu bestimmen. Sie ist deshalb für die Sicherstellung einer ständigen Materialverfügbarkeit zuständig, um so den störungsfreien Ablauf z.B. in der Fertigung zu gewährleisten.

**Zeit-, Informations- und Materialplanung**

## 1.2 Elemente des Produktionsmanagements

**Planung der Betriebsmittel** — Für Betriebsmittel ist die Termin- und Kapazitätsplanung ein Teil der Zeitwirtschaft, die – ähnlich wie die Mengenplanung – auch steuernde und überwachende Anteile enthält. Ziel der Termin- und Kapazitätsplanung ist einerseits eine hohe und gleichmäßige Auslastung der Betriebsmittel, andererseits eine schnelle Reaktion auf Marktanforderungen und die Marktchancen. Sie hat die Aufgabe, die Fertigungsaufträge den verfügbaren Kapazitäten zuzuordnen. Grundlage hierfür sind neben den Ergebnissen aus der Mengenplanung die Angaben aus dem Arbeitsplan. Die Termin- und Kapazitätsplanung bezieht die indirekten Bereiche Konstruktion und Arbeitsvorbereitung mit ein und erfolgt in der Einzelfertigung primär auftragsbezogen, in der Serienfertigung dagegen produktbezogen.

**Personalplanung** — Die Planung der Ressource Personal erfolgt in verschiedenen Stufen. Zur Personalplanung gehören die Personalbedarfsermittlung, -qualifikation und -beschaffung. In der Personalbedarfsermittlung wird die erforderliche personelle Kapazität in quantitativer, qualitativer und zeitlicher Hinsicht bestimmt. Die Personalqualifikation macht die Mitarbeiter mit neuen Anforderungen bekannt und bietet den Mitarbeitern Gelegenheit, sich hierfür fortzubilden. Die Personalbeschaffung beseitigt personelle Unterdeckungen in quantitativer, qualitativer und zeitlicher Hinsicht, z.B. durch Einstellung oder Umbesetzung von Mitarbeitern. Im Rahmen der Einsatzplanung wird der Personaleinsatz durch Eingliederung der Mitarbeiter in den betrieblichen Leistungsprozess vollzogen. In der Personalentwicklung werden die Mitarbeiter hinsichtlich ihrer Leistungsfähigkeit durch gezielte Schulungsmaßnahmen weiterentwickelt.

### Literaturempfehlungen

*Eversheim, W.; Schuh, G.:* Betriebshütte Produktion und Management. Berlin 1995.

*Bullinger, H.-J.; Warnecke, H.-J.:* Neue Organisationsformen im Unternehmen. Berlin 1996.

*Warnecke, H.-J.:* Der Produktionsbetrieb. Berlin 1993.

## 1.3 Zentrale Aufgabenstellungen des Produktionsmanagements

*von Rainer Kämpf*

Das Produktionsmanagement vereint die klassischen Disziplinen der Industriebetriebslehre und der Produktionswirtschaft: »Produktionsmanagement umfasst die zielorientierte Planung, Organisation, Durchsetzung und Kontrolle industrieller Wertschöpfungs- und Leistungserstellungsprozesse.« Die Durchführung aller Aufgabenstellungen im Produktionsmanagement wird anhand eines Zielkatalogs, der einen zu erreichenden Optimalzustand beschreibt, hinsichtlich ihrer Zielerfüllung bewertet und gegebenenfalls korrigiert. In diesem Zielkatalog stehen auf strategischer Ebene Überlegungen zur Positionierung des Unternehmens im Markt, auf operativer Ebene Fragen der innerbetrieblichen Verbesserung der Produktionsprozesse im Vordergrund. Typische Zielsetzungen des strategischen und operativen Produktionsmanagements zeigt Abbildung 1.

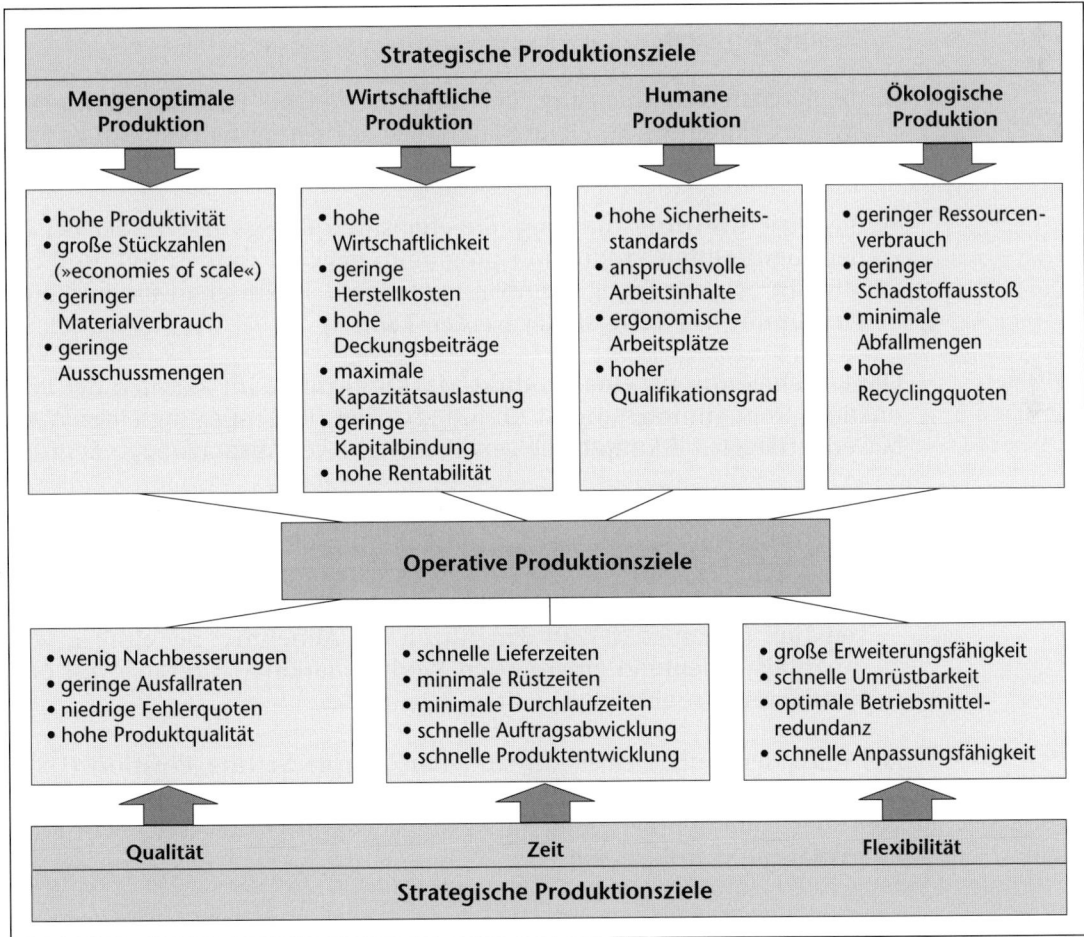

*Abb. 1: Zielsetzungen für das strategische und operative Produktionsmanagement*

## 1.3 Zentrale Aufgabenstellungen des Produktionsmanagements

### 1.3.1 Aufgabenstellungen im strategischen Produktionsmanagement

#### 1.3.1.1 Strategische Produktionsprogrammplanung

**Kundenbedürfnisse im Produktionsprogramm abbilden**

Das Abbilden von Kundenbedürfnissen im Produktionsprogramm ist ein Erfolgsfaktor. Daher muss die Weiterentwicklung des Produktionsprogramms als dynamische und unternehmensweite Aufgabe verstanden werden. Impulse können und müssen von vielen Bereichen (F&E, Kunden, Lieferanten, Konkurrenten, Wissens- und Informationsmanagement, Finanzierung usw.) ausgehen, um programmplanerische Entscheidungen auf eine breite Wissensgrundlage zu stellen und somit die Entscheidungssicherheit zu erhöhen. Die vorhandenen Impulse müssen zügig in Produktinnovationen umgesetzt werden (Innovationsmanagement). Die Erhöhung der Umsetzungsgeschwindigkeit von Entscheidungen geschieht dabei durch Analyse des Feedbacks von der Programmplanung in andere Bereiche (integrierte Planung), z.B. in

- die **Finanzplanung**. Sie beantwortet die Frage, welche Finanzmittel für die Einführung und Fertigung neuer Produkte zu welchen Zeitpunkten erforderlich sind.

- die **Bereitstellungsplanung**. Sie beschreibt, welches Personal, welche Anlagekapazitäten und welche Materialien zur Fertigung bestimmter Produkte in welcher Periode notwendig sind.

- die **Durchführungsplanung**. Sie ergibt den Fertigungstyp, der bei einem bestimmten Produktionsprogramm gewählt werden soll, und beschreibt, wie der Fertigungsablauf bei einem spezifischen Produktionsprogramm sinnvoll gestaltet werden kann.

Die Entscheidung für eine **Produkt-Markt-Strategie** im Rahmen der Produktionsprogrammplanung ist unmittelbar mit der Festlegung einer Wettbewerbsstrategie verknüpft, die gemäß Porter zwei Ausprägungen kennt:

- **Kosten/Preisführerschaft**. Zielsetzung ist es, der kosten- und preisgünstigste Anbieter der Branche zu sein.

- **Differenzierung**. Das Unternehmen strebt den Status der »Einzigartigkeit« an, indem es sich in den Augen der Abnehmer bei einigen von ihnen als bedeutend eingestuften Produktmerkmalen positiv von den Wettbewerbern abhebt (Qualität, Zeit usw.).

Ziel muss der Aufbau oder Ausbau einer **Unique Selling Position (USP)** sein. Hier ist zu entscheiden, in welchen Teilbereichen (oder auch insgesamt) das Unternehmen eine Wachstums-, Stabilisierungs- oder Schrumpfungsstrategie verfolgen soll.

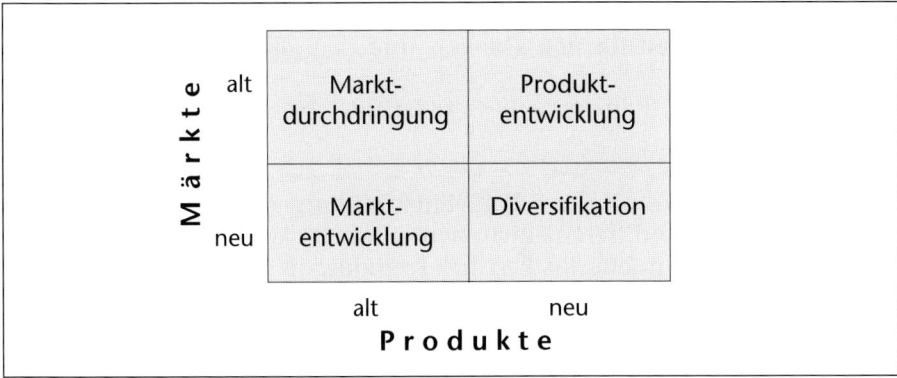

*Abb. 1: Strategien zur Diversifizierung (vgl. Ansoff)*

Die Optimierung der Tiefe und Breite des Absatzsortiments erfolgt unter Berücksichtigung folgender Determinanten:

- die **Absatzverbundenheit** der Produkte. Konkurrieren oder unterstützen sich die Produkte gegenseitig in ihrem Absatzverlauf?

- die **Fertigungsverwandtschaft** der Produkte. Ergeben sich Kostenersparnisse durch Nutzung gleicher Aggregate?

- die **Materialverwandtschaft** der Produkte. Kommt es zu Kostendegressionseffekten aufgrund der Verwendung ähnlicher Materialien?

Für die Programmplanung kommen folgende Instrumente zum Einsatz:

- **Kreativitätstechniken** zum Finden von Produktideen.

- **Wertanalyse** zur Verbesserung der Produktgestaltung im Hinblick auf die Produktionsdurchführung.

- **Lebenszyklusmanagement** zur Modifikation oder Elimination von Produkten.

- **Optimierungsrechnungen** mit linearen Modellen zur Unterstützung von Entscheidungen über die Eliminierung oder Einführung von Produkten.

### 1.3.1.2 Festlegen der Kernkompetenzen

Für die Festlegung von Kernkompetenzen muss zunächst die Frage beantwortet werden, welche Arten der Leistungserstellung im Unternehmen durchgeführt werden sollen (Make-or-Buy-Entscheidung). Mögliche Entscheidungskriterien sind:

*Festlegung der Kernkompetenzen durch Make-or-Buy-Entscheidung*

- **Kapazitätskriterien.** Bei Kapazitätsunterauslastung: Erbringung der Leistungserstellung im eigenen Unternehmen (»Make«). Bei Kapazitätsüberauslastung: Vergabe der Leistungserstellung an fremdes Unternehmen (»Buy«).

- **Sicherheitskriterien.** Vergleich der Parameter Qualität, Termintreue und Verantwortlichkeit für den »Make«- und den »Buy«-Fall.

- **Kostenkriterien.** Kann eine bessere Qualität bei niedrigeren Kosten erreicht werden?

Erfahrungsgemäß lohnt eine »Buy«-Entscheidung nur, wenn mindestens eine 20 %ige Kostendifferenz zwischen externem und internem Anbieter liegt, da sonst eventuelle Risiken bei Fremdbezug nicht gedeckt werden können.

### 1.3.1.3 Festlegen der Produktionsstandorte

*Festlegung des Produktionsstandorts nach Produkt-, Markt- und Organisationsfaktoren*

Folgende Arbeitsschritte sind zu erledigen:

1. Auswahl entscheidungsrelevanter Standortfaktoren
2. Bewertung und Gewichtung der Standortfaktoren
3. Ermittlung des standortabhängigen Gewinns

In der Praxis häufig anzutreffende Standortstrategien sind:

- **Produktsegmentierung** (Aufbau strategischer Geschäftsfelder)

- **verfahrensorientierte Dreiteilung der Standorte** (Vorfertigung, Fertigung, Montage)

- **Regionalisierung des Fertigungsverbundes** (bei marktspezifischen, sich schnell umschlagenden Produkten).

## 1.3.2 Aufgabenstellungen im operativen Produktionsmanagement

### 1.3.2.1 Operative Produktionsprogrammplanung

Auf der Basis zuvor erarbeiteter Absatzpläne werden die konkreten Fertigungsmengen spezifischer Perioden ermittelt. Eine der Hauptaufgaben dabei ist die zeitliche Abstimmung der **Produktions- und Absatzmengen**. Man unterscheidet hier zwei Extreme:

- **Synchronisation:** Produktions- und Absatzmengen stimmen in allen Teilperioden überein.

- **Totale Emanzipation:** Konstanz der Produktionsmengen in den Teilperioden bei schwankenden Absatzmengen (Folge: Aufbau eines Lagers).

Bei ausschließlicher Betrachtung der Kosten gilt die Optimierungsregel: Produktions- und Absatzprogramm sollten derart aufeinander abgestimmt werden, dass die **Summe aus Lagerhaltungs- und Produktionskosten minimal wird**.

*Hauptaufgabe: zeitliche Abstimmung der Produktions- und Absatzmengen*

### 1.3.2.2 Bereitstellungsplanung

Die Bereitstellungsplanung beschäftigt sich mit der Fragestellung, wie die zur Fertigung des Produktionsprogramms erforderlichen Produktionsfaktoren in der benötigten Menge zur rechten Zeit am rechten Ort bei möglichst geringen Kosten verfügbar gemacht werden. Bereitstellungsaufgaben sind für einige Faktoren (z.B. menschliche Arbeit) neben dem Produktionsbereich auch in anderen Unternehmensbereichen wahrzunehmen. Die Ermittlung von Menge und Termin erfolgt im Rahmen der **Bedarfsermittlung**. Dazu werden folgende Verfahren eingesetzt:

*Hauptaufgabe: Bereitstellung der Produktionsfaktoren*

- **Verbrauchsorientierte Bedarfsermittlung:** Der zukünftige Materialbedarf wird auf der Basis von Verbrauchszahlen vergangener Zeiträume prognostiziert (z.B. durch Mittelwertbildung).

- **Programmgesteuerte Bedarfsermittlung:** Der Materialbedarf für ein gegebenes Produktionsprogramm wird über Stücklisten aufgelöst.

- **Heuristische Bedarfsermittlung:** Der Bedarf wird auf der Basis subjektiver Schätzungen des Disponenten vorgenommen.

Bei der Bedarfsermittlung stößt man meist auf das Optimierungsproblem, gleichzeitig die Bestände und damit die Kapitalbindung zu senken, eine hohe Lieferbereitschaft sicherzustellen und die Materialbereitstellungskosten zu minimieren. Mit Hilfe von Lagerhaltungsmodellen wird unter Berücksichtigung vorhandener Restriktionen (Lagerraum, Budget, Handling) die optimale Bestellmenge ermittelt.

### 1.3.2.3 Durchführungsplanung

**Hauptaufgabe: wirtschaftliche Abwicklung der Produktion**

Ziel der Durchführungsplanung ist die wirtschaftliche Abwicklung der Produktion. Den Rahmen setzen hier die der Produktion zugrunde liegenden Produktionsprogramme und Produktionsprozesse. Kernaufgaben sind die **Festlegung von Fertigungslosgrößen** und die **Ablaufplanung**. Dabei sind eine Vielzahl von lang-, mittel- und kurzfristigen Handlungsmöglichkeiten des Produktionsbereichs festzulegen (siehe Abb. 1)

| | |
|---|---|
| **Integrierte Betrachtung ist notwendig** | ■ innerbetriebliche Standorte für Aggregate oder Abteilungen <br> ■ innerbetriebliche Transportvorgänge <br> ■ Struktur von Fabrikgebäuden <br> ■ Fertigungsverfahren (Werkstattfertigung, Fließfertigung usw.) <br> ■ Maschinisierungsgrad der Fertigung |
| **Struktur der Produktion** | ■ Anzahl und Art der einzelnen Fertigungsstufen sowie deren Kapazitäten <br> ■ Anzahl und Art der Fertigungsstationen (Arbeitsplätze) in den einzelnen Fertigungsstufen |
| **Schnittstellen zwischen Produktions- und Personalplanung** | ■ Zuordnung von Personen zu Fertigungsstationen <br> ■ Zusammensetzung von Gruppen und Abteilungen |
| **Detailplanung, Feinabstimmung und Koordinierung** | ■ Einsatzmengenverhältnisse der Faktoren bei bestimmten Organisationstypen <br> ■ Reihenfolge der Produktbearbeitung in den einzelnen Fertigungsstationen (Reihenfolge- bzw. Ablaufplanung, Fertigungssteuerung) <br> ■ Terminplanung <br> ■ Lagerhaltung in der Produktion und dementsprechend Losgrößenbildung |

*Abb. 1: Handlungsmöglichkeiten der Produktion im Rahmen der Durchführungsplanung (vgl. Bloech)*

Sofern nicht identische Erzeugnisse aus denselben Aggregaten gefertigt werden (gemeinsame Produktion, bei der Serien- oder Sortenfertigung der Fall) müssen die Fertigungslosgrößen optimiert werden Dabei. existieren zwei Ziele, zwischen denen Zielkonkurrenz herrscht:

■ Unterbrechungsfreie Fertigung eines Fertigungsloses und damit Einsparung von Umrüst- und Anlaufvorgängen.

■ Minimierung von Lagerhaltungskosten, die durch große Losgrößen entstehen.

Teil der Durchführungsplanung ist auch die Ablaufplanung, die die **Minimierung von Rüst-, Verzugs- und Kapitalbindungskosten** anstrebt. Dabei ist die Zielkonkurrenz zwischen einer »Minimierung der Gesamtdurchlaufzeit« und einer »Maximierung der Kapazitätsauslastung« zu berücksichtigen (»Dilemma der Ablaufplanung«). In der Reihenfolgeplanung wird ein zulässiger Belegungsplan erarbeitet und die Bearbeitungsreihenfolge (Welche Arbeitsschritte werden auf welcher Maschine bei welchem Produkt wann ausgeführt?) unter Minimierung der (Um-)Rüstkosten ermittelt.

### 1.3.3 Herausforderungen für das Produktionsmanagement

*Handlungsbedarf: Kernkompetenzorientierung, globale Wertschöpfungsnetzwerke*

Für das **strategische Produktionsmanagement** ergibt sich folgender Handlungsbedarf:

- Die Produkt-Markt-Ausrichtung muss im Hinblick auf eine Optimierung der Wertschöpfungskette vorgenommen werden: strikte **Kernkompetenzorientierung**.

- Je nach Branche müssen Unternehmen Kooperationen in einem **Wertschöpfungsnetzwerk** mit längerfristigem Charakter oder in Form temporärer **Wertschöpfungspartnerschaften** in virtuellen Unternehmen eingehen.

- **Standortentscheidungen** werden nicht mehr von einem Unternehmen getroffen, sondern müssen von allen Netzwerkpartnern in Übereinstimmung getroffen werden.

*Handlungsbedarf: globale, unternehmensübergreifende Planung und Steuerung*

Das **operative Produktionsmanagement** muss sich der strategisch notwendigen Bildung global operierender Wertschöpfungsnetzwerke anpassen. Das heißt:

- Es müssen deutlich mehr Interaktionspartner an verschiedenen Orten in der Welt berücksichtigt werden.

- Materialflüsse, Terminierungen und Qualitätsaspekte müssen unternehmensübergreifend geplant und gesteuert werden.

Die daraus ableitbare Vielzahl von Einzelzielen ist in Abbildung 1 dargestellt.

| | |
|---|---|
| Unternehmensübergreifendes Lean-Production-Konzept | ■ Optimierung unternehmensübergreifender Materialfluss- und Informationsflusssysteme durch JIT, CIM, SCM usw. <br> ■ TQM entlang der gesamten Wertschöpfungskette <br> ■ Simultaneous Engineering und Steigerung der Entwicklungsflexibilität; retrogrades Vorgehen bei der Produktentwicklung |
| Produktionstechnische Voraussetzung für Mass Customization schaffen | ■ Produktplattformen so einführen, dass die wirtschaftlich optimale Balance zwischen Einheitlichkeit und Unterscheidbarkeit gefunden wird; Normierung <br> ■ Darstellen der Wahlmöglichkeiten für den Kunden, z.B. im Internet <br> ■ Wirtschaftlich angezeigte Reduzierung der Durchlaufzeiten |
| Sonstige wichtige Aspekte | ■ Controlling für das gesamte Unternehmensnetzwerk mit geeigneten Schlüsselkennzahlen betreiben <br> ■ Bereitstellungsplanung nach der Bedeutsamkeit und der Vorhersagbarkeit der Produktionsfaktoren ausrichten (ABC- und XYZ-Analyse) <br> ■ Abbau des Umlaufvermögens |

*Abb. 1: Zielsetzungen des operativen Produktionsmanagements*

**Literaturempfehlungen**

*Grab, Rolf:* Produktion und Beschaffung. München 1998

*Bloech, J./Bogaschewsky, R./Götze, U./Roland, F.:* Einführung in die Produktion. Heidelberg 1998

*Porter, M. E.:* Wettbewerbsvorteile. Frankfurt, New York 1989

*Ansoff, H. I.:* Strategies for Diversification. In HBR, Vol. 35. 1957

*Hahn, O.:* Allgemeine Betriebswirtschaftslehre. München, Wien 1994

# II

# Produktions-organisation

# Inhalt

| | | |
|---|---|---|
| 2.1 | **Ziele, Strategien und Aufgaben der Produktionsorganisation** | 41 |
| 2.1.1 | Der Begriff »Organisation« in einem Produktionsunternehmen | 41 |
| 2.1.2 | Aufbauorganisation in einem Produktionsunternehmen | 43 |
| 2.1.2.1 | Aufgabenanalyse | 43 |
| 2.1.2.2 | Aufgabensynthese | 45 |
| 2.1.3 | Ablauforganisation in einem Produktionsunternehmen | 49 |
| 2.1.4 | Ziele der Produktionsorganisation | 51 |
| 2.2 | **Strukturplanung zur Festlegung der Produktionsorganisation** | 56 |
| 2.2.1 | Auswahl der Fertigungsart | 56 |
| 2.2.1.1 | Einmalfertigung | 56 |
| 2.2.1.2 | Einzel- und Kleinserienfertigung | 56 |
| 2.2.1.3 | Serienfertigung | 56 |
| 2.2.1.4 | Massenfertigung | 57 |
| 2.2.1.5 | Kriterien für die Einteilung | 57 |
| 2.2.2 | Auswahl der Fertigungsform | 58 |
| 2.2.2.1 | Punktfertigung, Baustellenfertigung, Werkbankfertigung | 58 |
| 2.2.2.2 | Werkstattfertigung | 58 |
| 2.2.2.3 | Gruppen-/Linienfertigung | 58 |
| 2.2.2.4 | Insel-/Zellenfertigung | 59 |
| 2.2.2.5 | Fließfertigung, Reihenfertigung | 60 |
| 2.2.2.6 | Kriterien für die Einteilung | 61 |
| 2.2.3 | Bildung von Struktureinheiten | 63 |
| 2.2.3.1 | Produktorientierte Strukturierung | 63 |
| 2.2.3.2 | Fertigungsformorientierte Strukturierung | 64 |
| 2.2.3.3 | Materialflussorientierte Strukturierung | 64 |
| 2.2.3.4 | Produktstrukturorientierte Strukturierung | 64 |
| 2.2.3.5 | Betriebsmittelorientierte Strukturierung | 65 |
| 2.2.3.6 | Personal-/Tätigkeitsorientierte Strukturierung | 65 |
| 2.2.3.7 | Werkstofforientierte Strukturierung | 65 |
| 2.2.3.8 | Kommunikationsorientierte Strukturierung | 65 |
| 2.2.3.9 | Auswahl der Strukturierungsprinzipien | 66 |
| 2.3 | **Flexible, automatisierte Produktionssysteme** | 69 |
| 2.3.1 | Merkmale flexibler, automatisierter Produktionssysteme | 69 |
| 2.3.2 | Typen flexibler, automatisierter Produktionssysteme | 74 |
| 2.3.2.1 | NC-/CNC-/DNC-Maschine | 74 |
| 2.3.2.2 | Bearbeitungszentrum (BAZ) | 77 |
| 2.3.2.3 | Flexible Fertigungszelle | 78 |
| 2.3.2.4 | Autonome Fertigungsinsel | 80 |
| 2.3.2.5 | Konventionelle Fertigungssysteme | 81 |
| 2.3.2.6 | Fest verkettete Mehrmaschinensysteme | 82 |
| 2.3.2.7 | Flexibel verkettete Mehrmaschinensysteme | 84 |
| 2.4 | **Mitarbeiterorientierte Organisationsformen** | 88 |
| 2.4.1 | Von der tayloristischen Organisation zu autonomen, gruppenarbeitsorientierten Produktionsstrukturen | 88 |
| 2.4.1.1 | Adam Smith – Das System der Arbeitsteilung | 88 |

| | | |
|---|---|---|
| 2.4.1.2 | Frederick Winslow Taylor – Taylorismus | 89 |
| 2.4.1.3 | Henry Ford – Massenfertigung durch optimierten Produktionsfluss | 90 |
| 2.4.1.4 | Alfred Sloan – Dezentralisierung des Unternehmens und Arbeitsteilung im Management | 92 |
| 2.4.1.5 | Nachkriegszeit – Pyramidenförmige Hierarchien mit zentraler Planung und Steuerung | 92 |
| 2.4.1.6 | Wandel des Marktes und Abkehr von der arbeitsteiligen, funktionalen Organisation | 93 |
| 2.4.1.7 | Prozessorientierung und Integration von direkten (wertschöpfenden) und indirekten Bereichen | 95 |
| 2.4.1.8 | Fertigungsinseln, Gruppenarbeit, autonome Organisationseinheiten | 96 |
| 2.4.2 | Schlanke Produktion (Toyota Production System) | 97 |
| 2.4.2.1 | Hintergründe | 97 |
| 2.4.2.2 | Unterschiede zu taylorschen Methoden | 99 |
| 2.4.2.3 | Elemente der Schlanken Produktion | 100 |
| 2.4.3 | Gruppenarbeit | 105 |
| 2.4.3.1 | Ziele der Gruppenarbeit | 105 |
| 2.4.3.2 | Grundformen der Gruppenarbeit | 106 |
| 2.4.3.3 | Gruppenarbeit und Kontinuierlicher Verbesserungsprozess (KVP) | 112 |
| 2.4.3.4 | Einführung von Gruppenarbeit | 113 |
| 2.4.4 | Fraktale Organisation | 118 |
| 2.4.4.1 | Was ist eine Fraktale Organisation? | 118 |
| 2.4.4.2 | Vorteile und Auswirkungen der Einführung des Fraktalen Unternehmens | 120 |
| 2.4.4.3 | Die betriebliche Navigation | 123 |
| 2.4.5 | Vergleich der mitarbeiterorientierten Organisationsformen | 128 |
| 2.4.5.1 | Warum ist die Fraktale Fabrik erfolgreicher als Gruppenarbeit? | 128 |
| 2.4.5.2 | Die Ebene »Kultur« | 131 |
| 2.4.5.3 | Die Ebene »Strategie« | 134 |
| 2.4.5.4 | Die Ebene »sozio-informelles Verhalten« | 137 |
| 2.4.5.5 | Die Ebene »wirtschaftliche Aspekte« | 139 |
| 2.4.5.6 | Die Ebene »Information« | 142 |
| 2.4.5.7 | Die Ebene »Prozesse und Materialfluss« | 144 |
| | | |
| **2.5** | **Unternehmensübergreifende Organisationsformen** | **147** |
| 2.5.1 | Virtuelle Organisationen | 147 |
| 2.5.2 | Virtuelle Unternehmen | 151 |
| 2.5.2.1 | Zielsetzung, Aufgaben und Merkmale | 151 |
| 2.5.2.2 | Lebensphasen eines virtuellen Unternehmens | 157 |
| 2.5.2.3 | Aufgaben des Managements in virtuellen Unternehmen | 158 |
| 2.5.3 | Produktionsnetzwerke | 163 |
| 2.5.3.1 | Von lokalen Werkstätten zu globalen Produktionsnetzwerken | 163 |
| 2.5.3.2 | Aufbau von Produktionsnetzwerken | 165 |
| 2.5.3.3 | Konsequenzen für das Produktionsmanagement in Produktionsnetzen | 170 |
| 2.5.4 | Manufacturing on Demand in Produktionsnetzwerken | 176 |
| 2.5.4.1 | Ausgangssituation für Unternehmen | 176 |
| 2.5.4.2 | Manufacturing on Demand – ein Lösungsansatz | 177 |
| 2.5.4.3 | Leistungsmerkmale des Manufacturing on Demand | 178 |
| 2.5.4.4 | Mass Customization – eine spezielle Ausprägung des Manufacturing on Demand | 183 |
| 2.5.4.5 | Abgrenzung des Begriffes Mass Customization | 186 |

| | | |
|---|---|---|
| 2.5.5 | Prozessorientierte Unternehmensorganisation | 188 |
| 2.5.5.1 | Zielsetzung, Aufgaben und Merkmale | 188 |
| 2.5.5.2 | Prozesse der Wertschöpfungskette | 189 |
| 2.5.5.3 | Prozessorientierte Reorganisation | 198 |
| 2.5.5.4 | Ausprägung einer Prozessorganisation | 200 |
| 2.5.6 | Lieferantenmanagement | 203 |
| 2.5.6.1 | Wachsende Bedeutung der Beschaffung | 203 |
| 2.5.6.2 | Der Prozess des Lieferantenmanagements | 204 |
| 2.5.6.3 | Die Beschaffungsstrategie | 205 |
| 2.5.6.4 | Die sieben Prozessstufen | 206 |
| 2.5.6.5 | Die Bildung von geeigneten Lieferantenklassen | 210 |
| 2.5.6.6 | Kriterien der Lieferantenbewertung | 212 |
| 2.5.6.7 | Methoden der Lieferantenbewertung | 222 |
| **2.6** | **Ganzheitliche Produktionssysteme** | **227** |
| 2.6.1 | Die wirtschaftliche Situation produzierender Unternehmen | 227 |
| 2.6.2 | Begriffsbestimmung – Ganzheitliche Produktionssysteme (GPS) | 229 |
| 2.6.3 | Harte und weiche Faktoren eines GPS | 232 |
| 2.6.4 | Aufbau und Elemente eines GPS | 233 |
| 2.6.4.1 | Zielsetzung und Struktur | 233 |
| 2.6.4.2 | Elemente eines GPS | 234 |
| 2.6.4.3 | Zusammenfassung der empirischen Befunde | 238 |
| 2.6.5 | Zusammenfassung: Begriff, Ansatz und Struktur des GPS | 239 |

## 2.1 Ziele, Strategien und Aufgaben der Produktionsorganisation

*von Rainer Kämpf*

### 2.1.1 Der Begriff »Organisation« in einem Produktionsunternehmen

Im Mittelpunkt der organisatorischen Gestaltung eines Unternehmens stehen immer die durchzuführenden Unternehmensaufgaben. Sie sind die wichtigsten Anknüpfungspunkte zur Gestaltung der Organisation. In einem Industrieunternehmen sind dies beispielsweise die Aufgaben der Bereiche Beschaffung, Produktion, Absatz, Forschung und Entwicklung und nicht zuletzt der weite Bereich der Verwaltungsaufgaben. Ziel der organisatorischen Gestaltung ist es, geeignete Strukturen für eine insgesamt bestmögliche Erfüllung der unternehmerischen Aufgaben zu schaffen. Vor diesem Hintergrund kann der Organisationsbegriff für Produktionsunternehmen folgendermaßen abgegrenzt werden:

> »Organisation« umfasst die formale Strukturierung des Unternehmens in definierte Einheiten und die Festlegung ihrer Ablaufbeziehungen zueinander hinsichtlich der Erfüllung unternehmerischer Aufgaben.

Die formale Strukturierung des Unternehmens wird zum einen durch gesetzliche Vorschriften bestimmt und findet ihren Ausdruck in der äußeren Organisation, d.h. in der Rechtsform des Unternehmens, wie beispielsweise Gesellschaft mit beschränkter Haftung (GmbH), Aktiengesellschaft (AG) oder Kommanditgesellschaft (KG), um nur einige wichtige zu nennen. Unabhängig von der Rechtsform ist zum anderen die innere Organisation des Unternehmens zu sehen, die mit den Begriffen »Aufbauorganisation« und »Ablauforganisation« beschrieben wird. Aufbau- und Ablauforganisation sind aber keine voneinander unabhängigen Phänomene, sondern zwei sich ergänzende Bestandteile einer Organisation. So verkettet die Ablauforganisation die Tätigkeiten zur Erfüllung von Unternehmensaufgaben, wie z.B. Auftragsabwicklung oder Personaleinstellung, und verbindet so die in der Aufbauorganisation beschriebenen unternehmensspezifischen Organisationseinheiten logisch miteinander.

Die gleichrangige Betrachtung der Aufbau- und Ablauforganisation sowie die Berücksichtigung der Wechselwirkungen zwischen beiden Bestandteilen gilt heute als ein wesentliches Grundprinzip moderner Organisationsgestaltung. Gleichgültig, ob die Organisationsgestaltung primär auf die Gestaltung der Aufbau- oder Ablauforganisation zielt, für das Gesamtergebnis der Organisationsgestaltung sind immer auch die Rückwirkungen auf den anderen Bestandteil der Unternehmensorganisation maßgebend. Dass dabei der Ausgangspunkt der Gestaltung heute verstärkt auf der Ablauforganisation liegt, ist leicht nachvollziehbar. Sind es doch die im

Unternehmen ablaufenden Prozesse, die die Unternehmensleistung und damit den Kundennutzen erzeugen. Nicht vergessen werden darf dabei aber, dass nur Organisationen mit einem harmonisierten Zusammenwirken von Ablauf- und Aufbauorganisation in der Lage sind, ihre Unternehmensaufgaben effektiv wahrzunehmen, auf veränderte Umfeldbedingungen schnell zu reagieren und somit den Kundennutzen nachhaltig zu erzeugen. Aufbau und Ablauf werden deshalb nicht mehr als zwei voneinander trennbare, sondern als stark vernetzte statische und dynamische Bestandteile der Unternehmensorganisation verstanden, die es im Rahmen der Organisationsgestaltung integriert zu betrachten und dementsprechend ganzheitlich zu gestalten gilt.

**Aufbau- und Ablauforganisation auf Kunden ausrichten**

Die Ausrichtung der gesamten Aufbau- und Ablauforganisation auf die Erzielung eines definierten Kundennutzens ermöglicht es, die gesamte Unternehmensorganisation auf unternehmerisches Handeln zu beziehen, das sich am Markt – in der Beziehung zum Kunden – entscheidet. Optimierte, kundengerichtete Aufbau- und Ablauforganisationen – insbesondere hinsichtlich der für den Kunden relevanten Schlüsselkriterien Kosten, Zeit und Qualität – sind direkt in Kundennutzen umsetzbar. Bei der zunehmenden Außenorientierung der Unternehmensorganisation darf jedoch nicht der Fehler begangen werden, die im Unternehmen tätigen Mitarbeiter zu vernachlässigen. Denn letztendlich ist es die Leistung aller Mitarbeiter, die den Kundennutzen erzeugt und damit den Unternehmenserfolg erst ermöglicht. Deshalb ist im Rahmen einer modernen, integrativen Organisationsgestaltung unbedingt auch ein Gleichgewicht zwischen humanitären und ökonomischen Zielen herzustellen, um den gewünschten Erfolg zu erzielen.

## 2.1.2 Aufbauorganisation in einem Produktionsunternehmen

Hinsichtlich der Gestaltung der Aufbauorganisation liegt der Fokus der Betrachtungen auf der Aufgabengliederung, der Bildung von Organisationseinheiten (Stellen und Abteilungen) und den Weisungs- und Informationsbeziehungen zwischen den Organisationseinheiten. Die Schlüsselfrage lautet: »Wer macht was?« Diese Frage führt zur quantitativen und qualitativen Zuordnung von Aufgaben auf menschliche Aufgabenträger (personale Zuordnung). Dementsprechend wird unter Aufbauorganisation die hierarchische Gliederung des Unternehmens in so genannte Organisationseinheiten unterschiedlichen Umfangs verstanden, wie z.B. Werk, Hauptabteilung, Abteilung, Meisterbereich, Arbeitsgruppe. Im Brennpunkt stehen somit Probleme der Hierarchie, Fragen der horizontalen und vertikalen Verteilung von Aufgaben und Kompetenzen, sowie der Breite und Tiefe der Aufbaustruktur. Dabei machen der Prozess der Gliederung und kritischen Würdigung der im Unternehmen installierten Aufgaben – zusammen als Aufgabenanalyse bezeichnet – sowie die Aufgabenverknüpfung zu zielwirksamen Strukturen (Synthese) den Kern des Gestaltungsprozesses aus. Das Ergebnis dieses Strukturierungsprozesses ist eine Organisationsstruktur, die die gebildeten organisatorischen Einheiten, wie etwa Unternehmensabteilungen oder Produktionsbereiche, mit ihren formalen Beziehungen beschreibt.

**Aufbauorganisation – Wer macht was?**

### 2.1.2.1 Aufgabenanalyse

Das allgemeine Organisationsproblem eines Unternehmens ist ein Zuordnungsproblem. Die drei Organisationsfaktoren

- Mensch,
- Sachmittel (Ressourcen) und
- Aufgabe

**Organisation als Zuordnungsproblem Mensch, Sachmittel, Aufgabe**

sind einander so zuzuordnen, dass diejenigen erstrebten Leistungen entstehen, die sich aus der Gesamtaufgabe des Unternehmens ergeben. Eine Aufgabe entsteht in der Regel aus einer Bedürfnis- oder Mangellage, in die sich ein Unternehmen einschaltet. Betriebliche Daueraufgaben werden ebenfalls auf bestimmten Bedürfnissen beruhen. Der Inhalt dieser Aufgabe ist gekennzeichnet durch

- das Ziel, das durch eine Leistung schrittweise erreicht werden soll,
- das Objekt, an dem die Leistung vorgenommen wird und
- die Zeit, in welcher die Aufgabe zu erfüllen ist.

Neben dieser unternehmensplanerischen Sicht können die Aufgaben im Betrieb auch von anderen Standpunkten aus, wie z.B. den technischen, soziologischen, psychologischen, juristischen oder informationellen, betrachtet werden. Dadurch ergeben sich jeweils unterschiedliche Schwerpunkte in der Problemstellung, in der Vorgehensweise, bei der Lösung und bei den verwendeten Hilfsmitteln und Methoden.

**Bestandsaufnahme der Teilaufgaben und Zusammenhänge**

Bei der Aufgabenanalyse werden – aus der Erfahrung abgeleitet – die tatsächlich vorhandenen oder vorzusehenden Teilaufgaben festgestellt. Es handelt sich also um ein empirisches Verfahren der Bestandsaufnahme, das in der Sammlung und Ordnung der mit der Gesamtaufgabe zusammenhängenden analytischen Teilaufgaben besteht.

Die global formulierte Gesamtaufgabe des Unternehmens wird durch den Prozess einer mehrstufigen Analyse in solche Teilaufgaben aufgegliedert, die sich auf nicht mehr als eine Person verteilen lassen. Diese konkreten Teilaufgaben werden als Elementaraufgaben bezeichnet. Die Aufgliederung der Gesamtaufgabe kann nach unterschiedlichen Merkmalen vorgenommen werden:

**Gliederungsmerkmale der Gesamtaufgabe**

- Verrichtung (z.B. Beschaffung, Fertigung, Lagerung, Verkauf usw.),
- Objekt (Produkt A, B, C oder Rohstoffe D, E, F usw.),
- Rang (Entscheidungsaufgaben oder Ausführungsaufgaben),
- Phase (Planung, Realisation, Kontrolle),
- Zweckbeziehung (direkte Tätigkeit im Fertigungsprozess, indirekte Tätigkeit in der Verwaltung).

Jedes der oben genannten Gliederungsmerkmale liefert zunächst eine Breitengliederung der Gesamtaufgabe. Eine mehrmalige Verwendung dieser Merkmale nacheinander führt zur Tiefengliederung. Es kann also auf verschiedenen Gliederungsstufen nach jeweils verschiedenen Unterverrichtungen und Unterobjekten immer feiner gegliedert werden. Die Gliederungsmerkmale können sich in den verschiedenen Stufen der Analyse abwechseln.

*Beispiel:* Ein Kraftfahrzeughersteller gliedert sich nach den Produkten in die Bereiche »Pkw« und »Nutzfahrzeuge«. Durch weitere Untergliederung – jetzt nach dem Merkmal Verrichtung – entstehen innerhalb des Bereichs »PKW«, die einzelnen Verrichtungen »Entwicklung«, »Fertigung«, »Vertrieb«, »Kaufmännische Verwaltung«. Die Verrichtung »Fertigung« weiter untergliedert führt zu den Teilbereichen »Arbeitsvorbereitung«, »Betrieb«, »Qualitätskontrolle«. Diese Gliederung lässt sich noch einige Stufen weiter fortführen.

Die Grenze für eine weitere Untergliederung der Aufgaben ist da gegeben, wo von vornherein feststeht, dass bei der anschließenden Aufgabensynthese die aufgespaltenen Aufgabenteile wieder zusammengefasst werden müssten. Dies bedeutet, dass schon in der Phase der Analyse Überlegungen zur Synthese angestellt werden müssen. Für den in der Praxis kaum auftretenden Fall freier organisatorischer Gestaltung – außer den Unternehmenszielen sind keine innerbetrieblichen Gegebenheiten zu berücksichtigen – genügt zur Festlegung der Gliederungstiefe allein die Orientierung am Grad der angestrebten Arbeitsteilung. Meist ist die Organisation eines Unternehmens jedoch gebunden an

- im Betrieb befindliche personelle Aufgabenträger,
- bereits feststehende Mensch-Maschine-Systeme,
- vorhandene sachliche Mittel und
- den fixiert vorliegenden zeitlichen Aufgabenanfall.

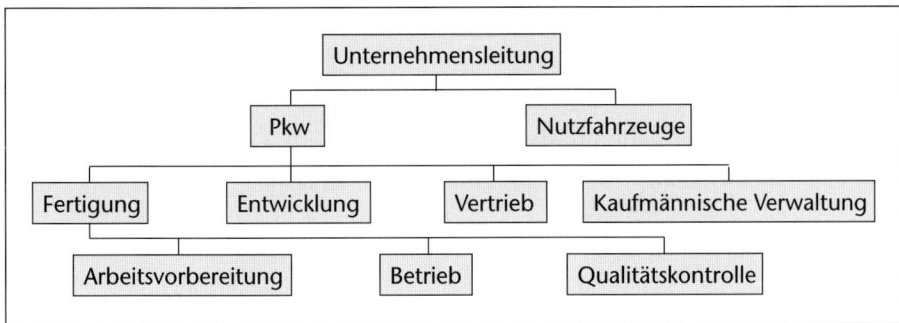

Abb. 1: Beispiel für die Gliederung eines Kraftfahrzeugherstellers

### 2.1.2.2 Aufgabensynthese

Die Aufgabensynthese umfasst das Problem der Zusammenfassung analytischer Teilaufgaben zu aufgaben- und arbeitsteiligen Einheiten, die in ihren Verknüpfungen die organisatorische Aufbaustruktur entstehen lassen. Ziel der Aufgabensynthese ist es, die im Rahmen der Aufgabenanalyse gewonnenen Elementaraufgaben zu Aufgabengruppen zusammenzufassen, die dann in Abhängigkeit von ihrem Umfang einer oder mehreren Personen zugeordnet werden. Dieser Vorgang wird als Stellenbildung bezeichnet. Die Stelle als kleinste Einheit in der Struktur eines Unternehmens ist einem Systemelement gleichzusetzen und stellt das Arbeitsgebiet einer Person dar, der zur Aufgabenerfüllung der nötige Raum und die erforderlichen Sachmittel zur Verfügung gestellt werden.

*Zusammenfassung zu aufgaben- und arbeitsteiligen Organisationseinheiten*

Die Stellenbildung geschieht im Hinblick auf Personen bestimmter Eigenschaften und Qualifikationen und stellt einen Zentralisations- bzw. Dezentralisationsvorgang dar:

*Zuordnung Mitarbeiter zu Organisationseinheit*

- **Zentralisation** gibt dabei an, dass gleichartige Aufgabenelemente aus dem Gesamtkomplex der Unternehmensaufgabe einer Stelle oder Abteilung ungetrennt zugeordnet werden. Zum Beispiel können sämtliche Aufgaben, die mit der elektronischen Datenverarbeitung zu tun haben, der zentralen Abteilung »EDV« zugewiesen werden.

- **Dezentralisation** bedeutet, dass gleichartige Aufgabenelemente auf mehrere organisatorische Einheiten (Stellen, Abteilungen usw.) verteilt werden. Anstelle der oben genannten zentralen EDV-Abteilung kann es in jeder Abteilung EDV-Spezialisten und EDV-Komponenten geben. Programme werden dezentral erstellt und möglicherweise auf einer zentralen Anlage abgearbeitet.

Außerdem ergibt sich bei der Stellenbildung gleichzeitig der Aufbau einer Struktur, die den Zusammenhang zwischen allen Stellen wiedergibt. Diese Struktur lässt sich unter verschiedenen Gesichtspunkten betrachten:

*Strukturmerkmale*

- Der **Verteilungszusammenhang** gibt die Zuordnung der Aufgaben auf die einzelnen Stellen wieder. Die Elementaraufgaben werden so miteinander kombiniert, dass für jede Stelle sinnvoll zusammenhängende Aufgabengruppen entstehen. Die Stellenbildungsmerkmale ergeben sich aus:

    – der Person, der die Aufgaben übertragen werden,

    – den fünf aufgabenanalytischen Merkmalen (Verrichtung, Objekt, Rang, Phase, Zweckbeziehung),

    – den übrigen Bestimmungselementen der Aufgabe (Arbeitsmittel, Raum und Zeit).

    *Beispiel:* Bei der Werkstattfertigung liegt eine Zentralisation nach dem Merkmal »Verrichtung« vor; hier werden z.B. die Drehmaschinen in der Dreherei, die Fräsmaschinen in der Fräserei usw. zentralisiert. Dagegen ist die Fließfertigung nach dem Merkmal »Objekt« zentralisiert. Die Arbeitsplätze werden so angeordnet, wie es vom Objekt (den zu fertigenden Produkten) verlangt wird.

- Der **Leistungszusammenhang** drückt die Rang- und Weisungsbeziehungen innerhalb der Stellenstruktur aus. Hier wird festgelegt, welche Stelle für welche Entscheidungen verantwortlich ist, welche anderen Stellen ihr direkt unterstellt sind und welcher Stelle sie selbst unterstellt ist.

- Der **Stabszusammenhang** sieht nur Entlastung der Instanzen »Stabsstellen« oder »Stabsabteilungen« vor, die für die Entscheidungsvorbereitung verantwortlich sind.

- Der **Kollegienzusammenhang** bestimmt die zeitlich begrenzte Zusammenarbeit mehrerer Stellen in bestimmten Gremien (Ausschuss, Projektgruppe, Team usw.). Bei der eigentlichen Stellenbildung sind fünf verschiedene Gestaltungsmöglichkeiten zu unterscheiden:

    – persönliche Stellenbildung (Aufgabenkomplex wird auf eine bestimmte Person oder Gruppe zugeschnitten),

    – sachliche Stellenbildung (nach Produkten oder Tätigkeiten),

    – formale Stellenbildung (Rang-, Phasen- und Zweckzentralisation),

    – Gruppenbildung nach Mittelzentralisation (nach Maschinengruppen oder Maschinenanordnungen),

    – Stellenbildung durch Raum- und Zeitzentralisation.

- Der **Arbeitszusammenhang** legt Informationsbeziehungen und Arbeitsbeziehungen zwischen den verschiedenen Stellen fest. Es wird geregelt, welche Stellen welche anderen Stellen mit welchen Informationen zu versorgen haben (Informationsfluss) und welche Arbeitsprojekte an welche anderen Stellen weiterzugeben sind (Materialfluss); das wird auch als Ablauforganisation bezeichnet.

Ergebnis dieser Zentralisationsvorgänge sind verteilungs- und zuordnungsreife Stellen. Ihr Sachgebiet bleibt bei einem Wechsel der Aufgabenträger erhalten.

Um eine klare, lückenlose und überlappungsfreie Zuständigkeitsordnung innerhalb und zwischen den einzelnen Stellen zu schaffen, werden einige zusätzliche Hilfsmittel benötigt, die dieses gewährleisten:

*Hilfsmittel zur Organisationsbeschreibung*

- Organisationsplan,
- Funktionsdiagramm,
- Stellenbeschreibung.

Sie bilden zusammen die vollständige Beschreibung des Aufbaus einer Organisation.

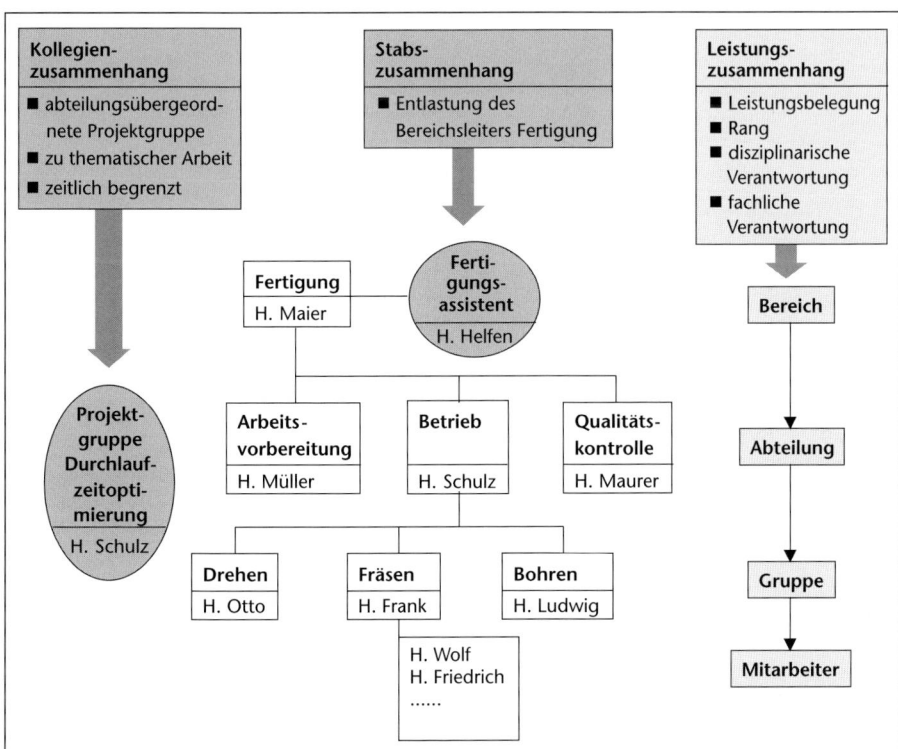

Abb. 2: *Leistungs-, Stabs-, Kollegienzusammenhang im Organisationsplan (Auszug)*

Der Organisationsplan zeigt im Allgemeinen lediglich die Unterstellungsverhältnisse (gelegentlich unter Einbeziehung der funktionalen Weisungsbefugnis), nicht aber die Aufgabenverteilung. Das Zusammenwirken verschiedener Stellen bei gemeinsamer Aufgabenerfüllung ist im Wesentlichen aus dem Funktionsdiagramm zu ersehen. Die Stellenbeschreibung bringt die detaillierte Beschreibung aller organisatorisch bedeutsamen Regelungen, die für eine einzelne Stelle Gültigkeit haben und Voraussetzung für einen reibungsfreien Betriebsablauf sind.

Ausgehend von der Systemgrenze des Unternehmens zur Umwelt und den damit festgelegten Schnittstellen wird die Funktion des Unternehmens im übergeordneten System beschrieben. Aus diesen »Anforderungen« an das Unternehmen und den selbst definierten Unternehmenszielen ergibt sich durch fortschreitende Detaillierung eine Hierarchie von Aufgaben. Durch Zuordnung der Systemelemente (Mensch, Betriebsmittel) zu den Aufgaben und durch die Zusammenfassung von Systemelementen zu Subsystemen (Abteilungen) ergibt sich schließlich die Struktur oder Aufbauorganisation des Produktionsbetriebes.

### 2.1.3 Ablauforganisation in einem Produktionsunternehmen

Die Frage »Was ist wann in welcher Reihenfolge zu tun?« leitet über zur Ablauforganisation, die auf einem Verständnis von Organisation als ein dynamisches Phänomen in Zeit und Raum basiert, bei dem der Prozess, der Ablauf der Aufgabenerfüllung, im Vordergrund der Betrachtungen steht. Dabei stehen insbesondere Bearbeitungsvorgänge, -reihenfolgen, -zeiten, -prioritäten sowie der Transport von Informationen und Sachgütern bei der Abwicklung von Aufträgen ebenso im Mittelpunkt wie beispielsweise die Ausgestaltung und räumliche Anordnung von Arbeitsplätzen. Die Ablauforganisation regelt somit den grundsätzlichen Ablauf der normalen Geschäftsvorfälle, um ein rationelles und einheitliches Vorgehen sicherzustellen. Sie verfolgt sowohl erfolgsbezogene, zeitliche als auch qualitative Ziele, wie z.B.:

*Ablauforganisation – Was ist wann in welcher Reihenfolge zu tun?*

- Maximierung der Kapazitätsauslastung,
- Verringerung der Durchlauf-, Warte- und Leerzeiten,
- Reduktion der Kosten der Vorgangsbearbeitung,
- Qualitätssteigerung der Vorgangsbearbeitung und der Arbeitsbedingungen,
- Optimierung der Arbeitsplatzanordnung

und stellt somit ein Instrument zur Beherrschung von Handlungskomplexität mittels Standardisierung und Routinisierung dar.

Auf den Grundprinzipien der Aufgabenanalyse und -synthese entwickelte Kosiol analog die Arbeitsanalyse und -synthese. Die Arbeitsanalyse gibt einen Überblick über alle anfallenden, auf Stellen bzw. Abteilungen zu verteilenden Arbeitsteile je nach gewählter Gliederungstiefe. Im Zuge der Arbeitssynthese werden die analytisch gewonnen elementaren Arbeitsteile nach den Verrichtungs-, Objekt-, Rang- oder Phasenmerkmalen zusammengefasst. Dieser Ansatz ist eine Weiterentwicklung der Ablauforganisation als Arbeitsorganisation und greift dabei einzelne Teilprobleme heraus.

- Arbeitsverteilung  Die Personalausstattung ist in vielen Fällen bereits vorgegeben und kann nicht völlig geändert werden. So stimmt oft die Qualifikation der Mitarbeiter nicht mit den Anforderungen des Arbeitsganges überein. Ziel ist es nun, diese Differenz zu minimieren.

- Gruppierung  Hier können sich Probleme mit der Gruppierung von Arbeitsmitteln ergeben, wie zum Beispiel die Anordnung von Maschinen. Es können aber auch Probleme bei der Gruppierung von Arbeitssubjekten (z.B. Größe von Arbeitsgruppen oder -kolonnen) und Arbeitsobjekten (z.B. Losgrößen) auftreten.

- Reihenfolge: Dieses Problem betrifft sowohl die zeitliche als auch die räumliche Anordnung von Abläufen und beschränkt sich nicht nur auf die Reihenfolge innerhalb eines Vorgangs, sondern schließt auch die Koordination mehrerer Abläufe – in zeitlicher und räumlicher Hinsicht – mit ein.
- Leistungsabstimmung: Die Leistungen einzelner Arbeitsträger müssen zeitlich und mengenmäßig synchronisiert werden.
- Transport: Da die Arbeitsträger an unterschiedlichen Standorten tätig sind, müssen die Arbeitsobjekte zwischen ihnen transportiert werden. Besonders relevant für dieses Problem sind die Transportkostenminimierung sowie die Transportwegoptimierung.

## 2.1.4 Ziele der Produktionsorganisation

Die Ziele einer organisatorischen Erneuerung im Unternehmen sind gleichermaßen Kosten, Zeit und Qualität. Grundsätzlich soll mit diesen Zielgrößen die prinzipielle Forderung nach minimierten Kosten und Zeitanteilen bei gleichzeitig höchstmöglicher Qualität realisiert werden. Dabei stellen die drei Zielgrößen die Eckpunkte eines magischen Dreiecks dar, bei dem sich zwei Parameter (in Grenzen) unabhängig voneinander wählen lassen und der dritte zur abhängigen Variablen wird. Aufgrund einer Vielzahl möglicher Zielkonflikte sind die drei Zielgrößen prinzipiell als gegenläufig einzustufen, denn beim Versuch, eine der Zielgrößen zu maximieren, wird nur allzuoft der Erfüllungsgrad einer anderen Zielgröße verschlechtert. Ein derartiger Konflikt ist z.B. häufig im Bereich der Forschung und Entwicklung zu beobachten, wo oftmals die zeitoptimierte Markteinführung von Produkten mit der Folge einer verbesserten Ausschöpfung der Marktpotenziale mit dem Ziel der Kosteneinsparungen konkurriert.

Im Rahmen einer ganzheitlichen Organisationsgestaltung, die gleichermaßen auf die Veränderung der Ablauf- und Aufbauorganisation zielt, lässt sich eine Harmonisierung aller drei Zielgrößen durch die Formulierung und Realisierung möglichst neutraler, vor allem aber komplementärer Ziele erreichen und somit ein Gesamtoptimum ermitteln. Neutrale Ziele liegen dann vor, wenn die Erfüllung einer Zielgröße auf die gleichzeitige Erfüllung einer anderen Zielgröße keinen Einfluss hat. Bewirkt hingegen die (zunehmende) Erfüllung einer Zielgröße eine gleichzeitige (zunehmende) Erfüllung einer anderen Zielgröße, so liegt Zielkomplementarität vor. Komplementäre Ziele sind z.B. häufig in den Produktions- und Logistikbereichen zu realisieren, wo eine Verringerung der Durchlaufzeit oft mit Kostensenkungsmaßnahmen, wie etwa der Reduzierung der Bestandskosten, der Flächennutzungskosten, der internen Transportkosten und der Personalkosten, verbunden ist.

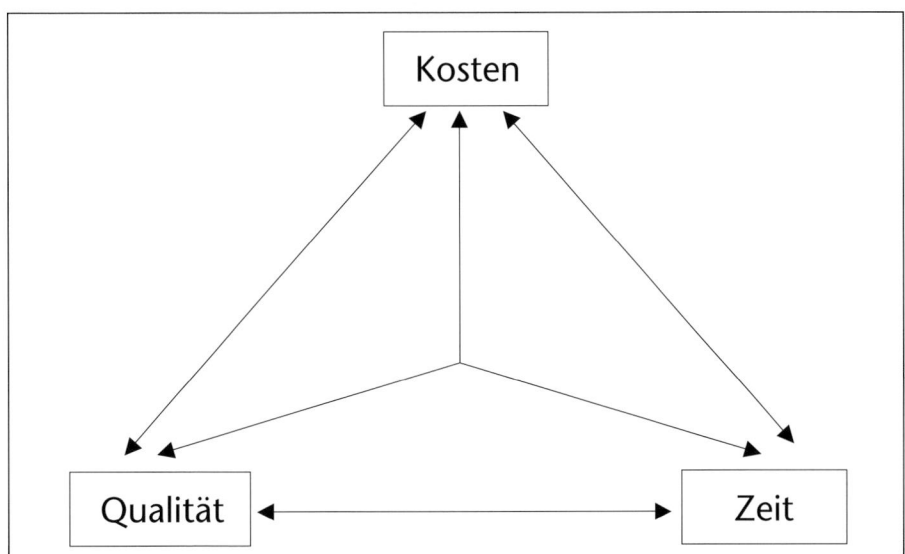

*Abb. 1: Zielgrößen einer Produktionsorganisation*

## 2.1 Ziele, Strategien und Aufgaben der Produktionsorganisation

Zur Harmonisierung der drei Zielgrößen ist es erforderlich, alle Zielgrößen in einem gemeinsamen Zielsystem abzubilden und bezüglich ihrer Relevanz für das Unternehmen zu gewichten. Diese Abbildung stellt sicher, dass alle relevanten Wechselwirkungen erfasst sind und bei der Organisationsgestaltung Berücksichtigung finden. Sollen mögliche Maßnahmen zur Erneuerung der Aufbau- und Ablauforganisation beurteilt werden, können die einzelnen Erfüllungsgrade ermittelt und gewichtet werden. So wird eine Priorisierung alternativer Maßnahmen möglich.

**Logistikkosten als wesentlicher Kostenfaktor neben Aufwandskosten**

Wenn in diesem Kontext heutzutage von Kosten gesprochen wird, dann nicht mehr in der eindimensionalen Betonung des Prozessaufwandes, der über Jahrzehnte hinweg die Gestaltung von Unternehmen geprägt hat. Von zunehmender Bedeutung sind die Logistikkosten (im weitesten Sinne) zur Koordination des inner- und überbetrieblichen Material- und Informationsflusses, die als zweiter großer Bereich zu betrachten sind. Die Kontrolle und Minimierung von Kosten ist nur eine Zielgröße. Sie ist ein »Muss« beim Wettbewerb mit Konkurrenten, die dem Kunden einen gleichen oder ähnlichen Nutzen bieten. Der Nutzen, ausgedrückt im Preis, muss über den Kosten liegen.

**Faktor Zeit bestimmt heute den Unternehmenserfolg mit: Time-to-Market, Time-to-Customer**

Der Nutzen kann aber zudem verstärkt über die Zielgröße »Zeit« ausgedrückt werden. Zeitliche Aspekte haben dabei für den Kunden und das Produktionsunternehmen die gleiche Bedeutung. So ist für das Unternehmen die Zeit nicht nur die zunehmende Schlüsselgröße für die Kapitalbindung in der logistischen Kette, sondern auch bestimmende Größe für den Unternehmenserfolg, der heute mehr denn je von der schnellen Umsetzung neuer Technologien in neue Produkte (Time-to-Market) und einer termingerechten und kurzfristigen Auslieferung der Produkte an den Kunden (Time-to-Customer) abhängt.

Die Zielgröße »Zeit« gewinnt gegenüber den Kosten zwar immer mehr an Bedeutung, sie kommt aber in den Unternehmen heute häufig noch viel zu wenig zum Tragen. Diese Tatsache ist wesentlich in den heute vielfach noch installierten, tradierten tayloristischen Arbeitsorganisationen begründet: Arbeitsabläufe sind in Teile zerlegt und dem einzelnen Mitarbeiter sind klar definierte, standardisierte Aufgaben zugewiesen, die er in Abgrenzung von den Tätigkeiten anderer zu erfüllen hat. Es erfolgt eine ausgeprägte Planung dieser zergliederten Abläufe; die Kooperation zwischen den einzelnen Arbeitsschritten muss durch besondere Funktionsebenen erzwungen und überwacht werden. In diesem Umfeld ist Zeit – vor allem unter Produktivitäts- und Kostenaspekten – zwar durchaus eine Leitvariable für die einzelnen Prozessschritte bzw. für die direkten wertschöpfenden Tätigkeiten; der beträchtliche Zeitverbrauch für die Koordinierung und Abstimmung des komplexen Gesamtsystems wird jedoch vernachlässigt. Die Gesamtdurchlaufzeit eines Produktes vom Auftragseingang im Vertrieb über die Herstellung in der Produktion bis zur Auslieferung im Versand (Time-to-Customer) ist deshalb in vielen Unternehmen oft zu lang und dies, obwohl für den Kernbereich der Produktion eine Reihe von Einflussgrößen und Abhängigkeiten bereits bekannt sind.

So ist im Produktionsbereich die mittlere Durchlaufzeit (DLZ) eine Funktion unter anderem der Einflussgrößen:

- Prozesszeit; sie ist die Summe von mittlerer Transport- und Durchführungszeit und somit das theoretische Minimum der DLZ,

- Rüstzeit,

- Bestandsgröße vor den Produktionseinrichtungen und

- Kapazitätsauslastung.

Am Beispiel der Durchlaufzeit wird eine im Bereich des gesamten Unternehmens immer wiederkehrende Problematik deutlich: die Konkurrenz zwischen mehreren Zielgrößen, in diesem Fall Kosten und Zeit. Als Entscheidungshilfe wären in diesem Fall die Produktionskosten als Funktion der mittleren Durchlaufzeit zu bestimmen. Von der Durchlaufzeit abhängig sind bei gegebener Produktionskapazität in erster Linie die Kosten für Materialfluss, Auftragsabwicklung und Umlaufvermögen. Diese Kostenarten stellen einen nicht unwesentlichen Teil der gesamten Betriebsleistung dar und können, bezogen auf die eigene Wertschöpfung, in Betrieben mit Variantenvielfalt eine Logistikkostenrate von bis zu 30 % haben.

Die Reduzierung der Durchlaufzeiten ist jedoch nur ein Aspekt des immer entscheidender werdenden Zeitwettbewerbs. Von ausschlaggebender Bedeutung ist insbesondere die Innovationszeit. Die Innovationszeit (Time-to-Market) umfasst denjenigen Zeitraum, der von der Produktidee bis zur Präsentation des Produktes am Markt vergeht. In vielen Branchen ist dabei folgende Entwicklung zu beobachten: Die Innovationszeiten werden, bedingt durch zunehmend komplizierte Technologien, immer länger, gleichzeitig werden aber die Produktlebenszeiten, d.h. derjenige Zeitraum, in dem sich ein Produkt am Markt befindet, durch Innovationssprünge immer kürzer, so dass sich insgesamt die Amortisationszeit, d.h. die Zeit, die zur Deckung der Entwicklungskosten durch den Produktverkauf zur Verfügung steht, zunehmend verkürzt. Negativ auf die Innovationszeit wirkt sich zudem der heute in den Entwicklungsprozessen installierte hohe Anteil an vermeidbarer Doppelarbeit aus. Die Ursachen sind oftmals darin begründet, dass mit jedem Innovationszyklus ein vollkommen neues Produkt entwickelt wird und die bereits bestehenden marktfähigen Systeme viel zu selten weiterentwickelt bzw. in neue Produkte integriert werden. Hier müssen sowohl im Unternehmen als auch in Bezug auf die Integration von Zulieferern in den Produktentwicklungsprozess neue Wege gegangen werden, insbesondere vor dem Hintergrund, dass die Zeit, innerhalb derer angemessene Preise am Markt erzielt werden können, oftmals auf nur wenige Monate schrumpft.

Insgesamt ist abzusehen, dass sich die Dominanz der Zielgröße »Zeit« im Rahmen der Organisationsgestaltung noch mehr verstärken wird, als dies heute bereits der Fall ist. Zu beachten gilt es in diesem Zusammenhang jedoch, dass sich die gesteckten Zeitziele stets am Nutzen für den Kunden orientieren und nicht bis ins Extreme gesteigert werden.

Stalk/Hout haben die Erfahrungswerte aus großen Unternehmen in vier Regeln zusammengefasst, die die Grundpotenziale in der Zielgröße »Zeit« zum Ausdruck bringen sollen. Sie gelten für produktions- und dienstleistungsorientierte Betriebe gleichermaßen:

- Die »0,05-bis-5-Regel« besagt, dass die eigentliche Wertschöpfung in vielen Unternehmen nur in 0,05 % bis 5 % der Zeit passiert, die der gesamte Prozess der Auftragserfüllung benötigt.

- Die »3/3-Regel« besagt, dass der resultierende Zeitverlust etwa gleichmäßig auf die Wartezeiten bis zur Fertigstellung des Loses, zu dem das Produkt gehört, bis zur Fertigstellung des vorausgehenden Loses oder bis zur Weiterleitung des Loses zur nächsten Wertschöpfungsstufe zurückzuführen ist.

- Die »1/4-2-20-Regel« gibt wieder, dass die Reduzierung des Zeitverbrauchs für die Leistungserstellung um ein Viertel zu einer Verdoppelung der Produktivität von Arbeit und Umlaufvermögen führen kann; und dies bei möglichen Kostenreduzierungen von bis zu 20 %.

- Schließlich soll die »3x2-Regel« zum Ausdruck bringen, dass Unternehmen, die den Zeitverbrauch im Wertschöpfungsprozess erfolgreich reduziert haben, dreimal so schnell wachsen wie der Branchendurchschnitt bei einer doppelt so hohen Gewinnmarge.

Die Bedeutung der Zielgröße »Qualität« zeigt sich z.B. in den verstärkten Bemühungen vieler Unternehmen um eine Zertifizierung nach ISO 9000. Für manche Kunden im In- und Ausland ist dies schon heute eine Voraussetzung für einen Vertragsabschluss. Zudem ist im Seriengeschäft eine Auditierung der Qualitätsmanagementsysteme (QM-Systeme) der Zulieferer üblich geworden. Hierbei überprüft der Serienhersteller vielfach anhand eigener Maßstäbe das QM-System des Zulieferers. Neben der Festlegung kundenkonformer Anforderungen ist die Abstimmung der QM-Systeme von Kunde und Lieferant von besonderer Bedeutung. Dadurch kann z.B. der Prüfaufwand an der Schnittstelle zwischen beiden Unternehmen deutlich reduziert und die Stabilität des gesamten Systems erhöht werden.

**Qualität in der Produktion wird vorausgesetzt – nicht erprüft**

In der betrieblichen Praxis setzt sich zunehmend ein Qualitätsverständnis durch, das besagt, dass Qualität prinzipiell durch die Anforderungen des Kunden definiert wird und nicht »erprüft« werden kann, sondern vielmehr produziert werden muss. Dies bedeutet, dass die Arbeitsabläufe und -verfahren verstärkt im Blickpunkt des Interesses stehen und entsprechend den Kundenanforderungen so auszurichten sind, dass Fehler möglichst erst gar nicht entstehen können. Treten trotzdem Fehler auf, ist die Ursache zu analysieren und deren Beseitigung anzustreben. Ziel ist somit die permanente Verbesserung im Hinblick auf die Realisierung des Idealziels von »null Fehlern«.

Von besonderer Bedeutung ist dabei auch die Erkenntnis, dass nicht nur im Zusammenhang mit Produkteigenschaften von Qualität gesprochen werden darf. Im Sinne eines übergreifenden Ansatzes sind die Qualität des Entwurfs in der Produktentwicklungsphase sowie die Qualität des Prozesses bei der Kundenauftragserfüllung in der Produktion genauso qualitätsentscheidende Größen wie die Produktqualität als Ergebnis der gesamten Prozesskette. Entsprechend diesem Ansatz wird unter der Prozessqualität neben der Qualität technischer Prozesse insbesondere auch die Fähigkeit dienstleistender und planender Unternehmensbereiche verstanden. Nur wenn in diesen indirekten Bereichen qualitativ einwandfreie Ergebnisse erarbeitet werden, kann in den direkten Bereichen ein Produkt hergestellt werden, das den Qualitätsanforderungen genügt. Ein aufgrund fehlerhafter Zeichnungen hergestelltes Produkt erfüllt die Qualitätsanforderungen der Kunden ebenso wenig wie ein Produkt mit Fertigungsfehlern.

## 2.2 Strukturplanung zur Festlegung der Produktionsorganisation

*von Rainer Kämpf*

Bei der Wahl der Fertigungs- und Funktionssysteme soll in der Strukturplanungsphase bereits eine technisch und wirtschaftlich optimale Lösung angestrebt werden, ohne jedoch die technischen Einzelheiten und die detaillierten Kostenfaktoren zu kennen. Die Lösung dieses Problems erfordert eine intensive Zusammenarbeit des Strukturplaners mit dem Produktionssystemplaner, da zwischen der Auswahl der Produktionssysteme und der Anordnung der Produktionsmittel eine enge, gegenseitige Beziehung besteht. Für die Auswahl von Fertigungssystemen sind zwei grundsätzlich verschiedene Beschreibungsformen zu unterscheiden:

- Fertigungsart
- Fertigungsform

### 2.2.1 Auswahl der Fertigungsart

*Häufigkeit der Leistungswiederholung*

Die Fertigungsart wird charakterisiert durch die Häufigkeit der Leistungswiederholungen im Produktionsprozess. Eine Differenzierung erfolgt anhand der Auflagenhöhe von Fertigungsaufträgen und der Wiederholhäufigkeit gleicher oder ähnlicher Fertigungsobjekte. Die Fertigungsart hat maßgebend Einfluss auf die Gestaltung des Produktionsprozesses. Bestimmt werden die Gestaltung des Fertigungsablaufs, der Vorbereitungsgrad der Fertigung sowie die Flexibilität und der Automatisierungsgrad der Fertigungsmittel. Es lassen sich die im Folgenden geschilderten Merkmalsausprägungen definieren:

#### 2.2.1.1 Einmalfertigung

Die Produktion ist gekennzeichnet durch geringe Auflagestückzahlen und Einmalcharakter. Durch die Einmaligkeit herzustellender Erzeugnisse sind nur geringe Vorbereitungen in der Fertigung notwendig, technische Unterlagen damit auf ein Mindestmaß beschränkt.

#### 2.2.1.2 Einzel- und Kleinserienfertigung

In dieser Fertigungsart werden geringe Stückzahlen mit einer geringen Wiederholhäufigkeit produziert. Aufgrund der Mehrfachfertigung von Teilen werden die technischen Unterlagen vollständig aufbereitet.

#### 2.2.1.3 Serienfertigung

Im Fall der Serienfertigung werden große Auflagestückzahlen mit geringer bis großer Wiederholhäufigkeit hergestellt. Der hohe Anteil an Wiederholungen im Produktionsprozess erfordert im Hinblick auf eine möglichst kostengünstige Produktion einen hohen Vorbereitungsaufwand. Im Bereich der Fertigung zeichnet sich ein hoher Spezialisierungs- und Automatisierungsgrad der Fertigungsmittel ab.

#### 2.2.1.4 Massenfertigung

Die Massenfertigung kann als Extremfall der Serienfertigung angesehen werden. Die Auflagehöhe der Fertigungsaufträge ist sehr groß, die Wiederholhäufigkeit von gleichen bzw. fast gleichen Fertigungsobjekten ebenfalls. Der Fertigungsablauf ist über längere Zeiträume konstant. Durch den hohen Grad an Wiederholungen im Produktionsprozess ist eine optimale Vorbereitung notwendig. Die Fertigungsmittel sind ebenfalls hoch spezialisiert, wodurch die hohe Störempfindlichkeit von Massenfertigungen begründet werden kann.

#### 2.2.1.5 Kriterien für die Einteilung

Die Einteilung richtet sich primär nach dem mengenmäßigen Auftragsumfang und nach der Art des Auftragdurchlaufs. Die zu wählende Fertigungsart ist somit hauptsächlich vom Produktionsprogramm, der Produktstruktur und dem Produktionsablauf abhängig. Besondere Bedeutung kommt der Kennzeichnung von Produktgruppen bzw. Teilefamilien zu, die auf die gleiche oder ähnliche Art und mit Hilfe der gleichen Produktionsmittel gefertigt werden können.

| Stückzahl-charakter | Fertigungsart | Kennzeichen |
|---|---|---|
| Einzel-fertigung | Einmal-fertigung | ■ Erzeugnisse werden nur einmal hergestellt<br>■ Auftragsproduktion, d.h. Fertigung nach Kundenwunsch<br>■ hoher Kosten- und Zeitanteil entfällt auf Vorbereitungsaufgaben (Projektierung, Konstruktion) |
| | Wiederhol-fertigung | ■ Erzeugnisse werden in größeren, unregelmäßigen Abständen hergestellt<br>■ bei Auftragswiederholung verminderter Vorbereitungsaufwand |
| Mehrfach-fertigung | Varianten-fertigung | ■ ähnliche Erzeugnisse desselben Grundtyps<br>■ im Allgemeinen gleicher Fertigungsablauf für alle Varianten |
| | Serien-fertigung | ■ begrenzte Stückzahl<br>■ Bildung von Fertigungslosen<br>■ meist Auftragsproduktion |
| | Massen-fertigung | ■ große Stückzahlen<br>■ häufige Prozesswiederholung<br>■ Fertigung für anonymen Markt |

*Abb. 1: Charakteristische Merkmale der Fertigungsarten (Warnecke, Der Produktionsbetrieb)*

### 2.2.2 Auswahl der Fertigungsform

**Anordnung und Abstimmung der Fertigungsmittel**

Die Fertigungsform kennzeichnet die räumliche Anordnung und die kapazitätsmäßige Abstimmung der Fertigungsmittel sowie deren Transportbeziehungen. Es können die im Folgenden aufgeführten Merkmalsausprägungen unterschieden werden:

#### 2.2.2.1 Punktfertigung, Baustellenfertigung, Werkbankfertigung

**Ortsfeste Fertigungsobjekte**

Eine Punktfertigung liegt vor, wenn die benötigten Fertigungsmittel an einem ortsfesten Fertigungsobjekt zusammengefasst werden. Die Fertigungsmittel können sowohl ortsfest als auch ortsveränderlich sein. Die Baustellenfertigung wird üblicherweise bei Arbeitsgegenständen (Werkstücken) eingesetzt, die nicht oder nur schwer zu bewegen sind. Als Beispiel hierfür sind der Schiffsbau oder der Anlagenbau zu nennen. Unter der Werkbankfertigung versteht man ein System, bei dem das Werkstück beziehungsweise kleinere Aufträge an einem Arbeitsplatz komplett gefertigt werden. Die Werkbankfertigung ist demzufolge überwiegend im Handwerk anzutreffen, wohingegen in Industriebetrieben derartige Strukturen nur in Randbereichen auftreten, beispielsweise in der Betriebsschlosserei.

#### 2.2.2.2 Werkstattfertigung

**Bildung organisatorischer Einheiten**

Die in der Klein- und Mittelserienfertigung am häufigsten anzutreffende Organisationsform ist die Werkstattfertigung oder auch das Verrichtungsprinzip. Beim Verrichtungsprinzip erfolgt die Anordnung der Betriebsmittel und der Einsatz der Arbeitskräfte in der Art, dass Maschinen und Arbeitsplätze mit gleichartigen Arbeitsverrichtungen zu organisatorischen Einheiten, wie Fräserei, Dreherei usw., zusammengefasst werden. Charakteristisch für die Werkstattfertigung ist das Fehlen fester Transportbeziehungen zwischen den Fertigungsmitteln. Dadurch kann eine hohe Elastizität und Anpassungsfähigkeit gegenüber den wechselnden Anforderungen des Produktionsprozesses garantiert werden.

Diesen Vorteilen steht ein hoher Transportaufwand und mangelnde Transparenz des Fertigungsprozesses gegenüber. Aufgrund fehlender kapazitätsmäßiger Abstimmungen der Fertigungsmittel entstehen Warteschlangen vor den Engpassarbeitsplätzen.

#### 2.2.2.3 Gruppen-/Linienfertigung

**Zusammenfassung der Fertigungsmittel**

Bei der Gruppenfertigung werden die zur Bearbeitung ähnlicher Fertigungsobjekte benötigten Fertigungsmittel räumlich zusammengestellt. Die Fertigungsmittel sind dabei vielfach mit flexiblen Transportmitteln verbunden. Bei einer Linienfertigung sind die Fertigungsmittel nach der Ablauffolge angeordnet und durch einfache Transporteinrichtungen verbunden. Sowohl die Gruppen- als auch die Linienfertigungen sind in der Regel gegenüber Änderungen der Fertigungsablauffolge flexibel.

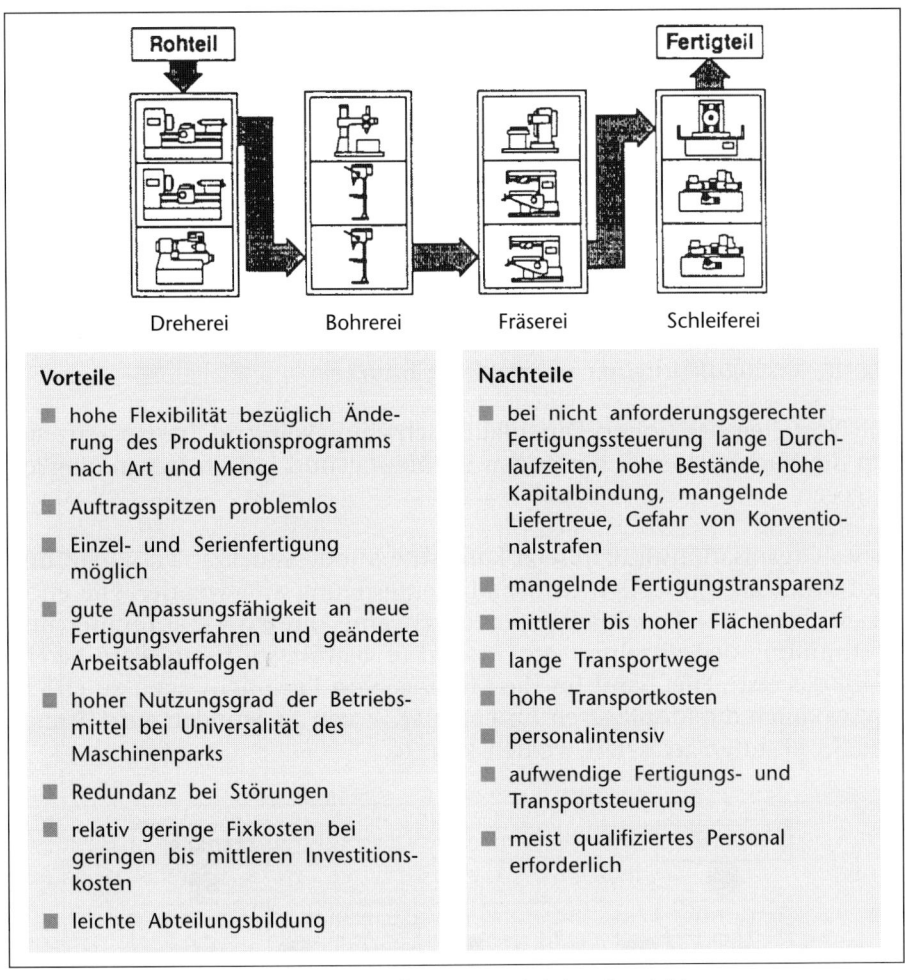

Abb. 1: Werkstattfertigung (Warnecke, Der Produktionsbetrieb)

### 2.2.2.4 Insel-/Zellenfertigung

Die Inselfertigung ist dadurch charakterisiert, dass bei diesem Prinzip die zur vollständigen Bearbeitung mehrerer Teilefamilien notwendigen Betriebsmittel unterschiedlichster Fertigungsverfahren zu einer organisatorischen Einheit zusammengefasst werden. Das Tätigkeitsfeld der Mitarbeiter einer Fertigungsinsel wird um die Funktionen Fertigungsfeinplanung, -steuerung und -kontrolle erweitert. Dadurch unterliegt die Fertigungsinsel als Organisationseinheit weitestgehend der Selbststeuerung der dort beschäftigten Mitarbeiter.

*Zusammenfassung der Betriebsmittel*

Der Vorteil dieses Organisationstyps besteht darin, dass durch den Verzicht auf eine strenge Arbeitsteilung innerhalb dieses Mikroorganismus kleine Regelkreise geschaffen werden. Dies führt zu einer Erhöhung der Flexibilität, Verbesserung der Transparenz und einer Verkürzung der Durchlaufzeiten. Nachteilig wirkt sich hingegen aus, dass in der Regel nur die so genannten Führungsmaschinen ausgelastet sind. Von den Mitarbeitern erfordert dieser Organisationstyp eine höhere Qualifikation und ein hö-

### 2.2.2.5 Fließfertigung, Reihenfertigung

**Herstellungsablauf als Kriterium für Anordnung**

Das Fließprinzip wird dadurch charakterisiert, dass die einzelnen Arbeitsplätze/Maschinen entsprechend der Reihenfolge des Arbeitsablaufes zur Herstellung eines Produktes angeordnet sind. Die Fertigungsstruktur ist also objekt- bzw. erzeugnisorientiert ausgerichtet, weshalb gelegentlich auch der Begriff »Erzeugnisprinzip« Verwendung findet.

Den Vorteilen der hohen Durchlaufgeschwindigkeit und Transparenz stehen die Nachteile einer fehlenden Flexibilität und hohen Störanfälligkeit entgegen.

Dieses Organisationsprinzip setzt konstante Mindeststückzahlen voraus und wird somit ausschließlich in der Massenfertigung angewendet. Die enorme Senkung der Durchlaufzeiten durch eine direkte Verknüpfung und Abstimmung der einzelnen Arbeitsschritte veranlasste Henry Ford bereits 1913, das erste Fließband für die Montage von Personenwagen zu errichten, wodurch die Montagezeit für einen PKW von 14 Stunden auf 1 Stunde und 33 Minuten reduziert werden konnte.

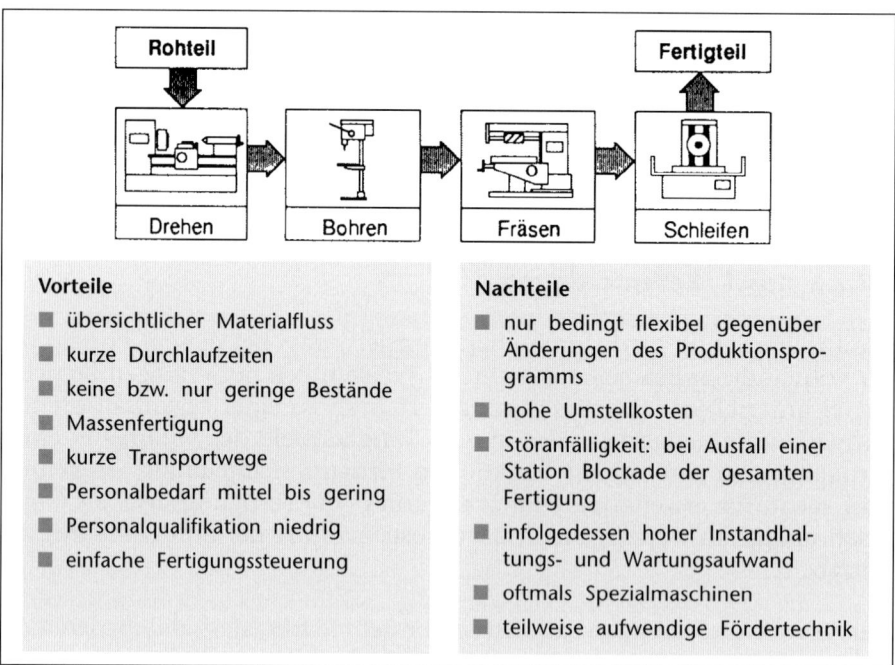

*Abb. 2: Fließfertigung (Warnecke, Der Produktionsbetrieb)*

Je nachdem, ob eine zeitliche Bindung zwischen den Arbeitsplätzen vorliegt oder nicht, unterscheidet man die Begriffe Reihenfertigung und Fließfertigung. Bei der Reihenfertigung besteht keine unmittelbare zeitliche Abhängigkeit zwischen den einzelnen Operationen. Die optimale Kapazitätsnutzung der unterschiedlichen Betriebsmittel wird durch die Installation von Pufferstrecken realisiert.   **Reihenfertigung**

Die Fließfertigung ist durch einen zeitlich gebundenen Arbeitsablauf gekennzeichnet. Der Durchlauf des zu fertigenden Produktes wird zeitlich so abgestimmt, dass zwischen den Arbeitsplätzen keine ablaufbedingten Wartezeiten entstehen.   **Fließfertigung**

Der Grundgedanke dieses Organisationsprinzips ist eng mit dem Begriff »Arbeitsteilung« verbunden. Darunter wird ganz allgemein die Aufteilung eines bestimmten Arbeitsumfanges auf mehrere Personen bzw. Arbeitssysteme verstanden, mit dem Ziel, durch die Spezialisierung der Einzelaufgaben eine Verbesserung des Wirkungsgrades einzelner Arbeitssysteme zu erreichen. Man unterscheidet in diesem Zusammenhang folgende grundsätzliche Möglichkeiten:   **Arbeitsteilung**

- Mengenteilung
- Artteilung

### 2.2.2.6 Kriterien für die Einteilung

Bei der Mengenteilung wird ein Arbeitsauftrag derart aufgegliedert, dass von jeder Kapazitätseinheit der gesamte Arbeitsinhalt an einer Teilmenge des Arbeitsauftrages auszuführen ist. Die Artteilung hat zur Folge, dass mehrere Kapazitätseinheiten jeweils einen Teil des Arbeitsinhalts an der Gesamtmenge des Arbeitsauftrages auszuführen haben.

In den meisten Betrieben mit Mehrproduktfertigung können bestimmte Fertigungsarten in verschiedenen Fertigungsformen organisiert sein. Demnach kann beispielsweise eine Serienfertigung zum einen als Werkstattfertigung, zum anderen aber auch als Gruppenfertigung durchgeführt werden. Eine endgültige Festlegung der günstigsten Fertigungsformen kann erst dann getroffen werden, wenn die genauen Arbeitsabläufe und die Anzahl der erforderlichen Fertigungseinrichtungen aus der Produktionssystemplanung bekannt sind. Erst dann kann ermittelt werden, welche verschiedenen Teile bei gemeinsamer Bearbeitung, z.B. in einer Gruppenfertigung, genügend Maschinenauslastung für eine wirtschaftliche Fertigung ergeben.   **Zuordnung der Fertigungsarten und -formen**

| Kriterien | Merkmalsausprägung | | | |
|---|---|---|---|---|
| | Baustellenfertigung | Werkstattfertigung | Gruppen-/ Linienfertigung | Fließfertigung |
| Räumliche Anordnung der Fertigungsmittel | Zusammenfassung von Fertigungsmitteln am ortsfesten Fertigungsobjekt | Verrichtungsbezogene Zusammenfassung | objektbezogene Zusammenfassung | |
| | | | weitgehend in Fertigungsablauffolge | in Fertigungsablauffolge |
| kapazitätsmäßige Anordnung der Fertigungsmittel | nicht vorhanden | | weitgehende Abstimmung | exakte Abstimmung |
| Transportbeziehungen zwischen den Fertigungsmitteln | nicht vorhanden | freie Transportbeziehungen | weitgehend feste Transportbeziehung | feste Transportbeziehung |

*Abb. 3: Charakteristische Merkmale der Fertigungsformen*

### 2.2.3 Bildung von Struktureinheiten

Die Bildung von Struktureinheiten stellt das erste Element der Strukturgenerierung dar. Sie hat die Generierung von Einheiten (Gebäude, Betriebsbereiche, Produktionseinheiten, Arbeitssysteme sowie Einheiten der indirekten Funktionen) auf den Betrachtungsebenen der Strukturplanung zum Ziel. Diese Ebenen entsprechen weitgehend den Ebenen der Strukturkonzepte. Sie werden noch um die Ebene der Standortstruktur ergänzt, in der die Position der Fabrik in einem Unternehmensverbund oder in einem Wirtschaftsraum berücksichtigt wird (z.B. Anbindung an Zulieferer, Lohnniveau der Region usw.).

Für die Gestaltung von anforderungsgerechten Fabrikstrukturen sind folgende Grundsätze zu berücksichtigen:

*Grundsätze zur Gestaltung von Fabrikstrukturen*

- Ausrichtung an den fabrikspezifischen Anforderungen des Marktes
- Orientierung an den unternehmerischen Zielsetzungen
- Umsetzung einer produktorientierten Aufgabenerfüllung
- Erweiterung des Betrachtungsraums entlang der Logistik- bzw. Wertschöpfungskette
- Erweiterung der Aufgaben einer Einheit durch Integration indirekter Funktionen
- Eigenverantwortung der Einheiten bzgl. Aufgabenerfüllung, Herstellkosten, Termineinhaltung, Service usw.

Die Bildung von Einheiten kann durch die Clusteranalyse unterstützt werden. Sie erfolgt durch die Anwendung und Kombination verschiedener Prinzipien der Strukturbildung. Diese Strukturierungsprinzipien beschreiben und charakterisieren den Optimierungsgesichtspunkt, unter dem die Einheiten gebildet werden. Wesentliche Prinzipien zur Strukturbildung sind Folgende:

*Prinzipien der Strukturbildung*

#### 2.2.3.1 Produktorientierte Strukturierung

Bei der produktorientierten Strukturbildung erfolgt eine Trennung in Produktgruppen, die in ihrer Funktion, Bauart und Marktausrichtung prinzipiell unterschiedlich sind und dadurch unabhängige Einheiten ergeben. Anhand des prognostizierten Produktionsvolumens muss entschieden werden, ob sich der Aufbau von eigenständigen Einheiten unter Auslastungsgesichtspunkten lohnt. Die Produktorientierung stellt in gewisser Weise ein übergeordnetes Konzept dar, da jede produktorientierte Einheit die gesamte Wertschöpfungskette der nachfolgenden Strukturierungsebenen beinhaltet, wodurch innerhalb eines Produkts eine weitere Aufteilung unter weiteren Strukturierungsprinzipien nötig wird.

> **Beispiel**
> Eine Firma stellt Schraubzwingen, Möbelrollen und Mülleimer her und produziert diese jeweils in einem separaten Gebäude.

### 2.2.3.2 Fertigungsformorientierte Strukturierung

Treten innerhalb einer Produktgruppe Varianten mit hohen Stückzahlen und solche mit relativ geringen Stückzahlen auf, kann innerhalb einer produktorientierten Einheit entlang der Logistikkette eine Trennung in fertigungsformorientierte Bereiche erfolgen. Es entstehen parallele Einheiten, die wiederum die gesamte Wertschöpfungskette des entsprechenden Bereichs beinhalten.

> **Beispiel**
>
> Produktvarianten mit hohen Stückzahlen (»Renner«) werden auf einer automatisierten Linie in Serie gefertigt, Varianten mit mittleren Stückzahlen (»Läufer«) werden auf flexiblen, verketteten Einrichtungen produziert. Sondervarianten (»Exoten«) werden in Werkstattfertigung hergestellt.

### 2.2.3.3 Materialflussorientierte Strukturierung

Dieses Strukturierungsprinzip weist eine produktbezogene Gliederung mit einer Hauptmaterialflussrichtung auf und ist für unterschiedliche Produktgruppen mit ähnlichen technologischen und ablaufbedingten Anforderungen geeignet. Diese Einteilung bietet die Möglichkeit, die Struktureinheiten entsprechend der bestehenden Materialversorgungs- und -entsorgungsbedingungen, der vor- und nachgelagerten Einheiten sowie des Transportsystems anzupassen. Diese Einheiten werden im Layout entsprechend dem Materialflussaufkommen und der Richtung des Materialflusses angeordnet.

> **Beispiel**
>
> In der Walzstraße eines Stahlwerks werden in hintereinander geschalteten Anlagen 10-mm-, 5-mm- und 2-mm-Bleche hergestellt.

### 2.2.3.4 Produktstrukturorientierte Strukturierung

Durch die Gliederung in Einheiten entsprechend der Integrationsebenen eines Produkts (Vor- bzw. Baugruppenmontage, Endmontage usw.) ergeben sich produktstrukturorientierte Einheiten, die über ihre Ecktermine miteinander verknüpft sind.

> **Beispiel**
>
> Ein Automobilhersteller montiert in einer Vormontagezone Autotüren und stellt diese zu einem bestimmten Zeitpunkt an einem bestimmten Ort des Endmontagebandes bereit.

### 2.2.3.5 Betriebsmittelorientierte Strukturierung

Ausschlaggebend für eine Einteilung in betriebsmittelorientierte Einheiten können der Einsatz von Spezialmaschinen, die Trennung aufgrund von unterschiedlichen Umweltanforderungen sowie Arbeitsschutzvorschriften sein. Eine zentrale Rolle spielen die Verfügbarkeit von Energieanschlüssen sowie die Be- und Entlüftungseinrichtungen bei der Verarbeitung von gefährlichen Gütern. Zudem kann der Traglast- und Einsatzbereich der Hallenkräne ein wesentliches Kriterium darstellen. Dieser Typ der Bereichseinteilung erfordert jedoch einen erhöhten Synchronisationsaufwand der Struktureinheiten.

> **Beispiel**
>
> Betriebsmittel für Präzisionsbearbeitung werden zusammen in einem klimatisierten, schwingungsisolierten Raum aufgestellt, um die geforderte Genauigkeit zu erreichen.

### 2.2.3.6 Personal-/Tätigkeitsorientierte Strukturierung

Bei dieser Form der Aufteilung werden die Einheiten nach der benötigten Personalqualifikation oder den durchzuführenden Tätigkeiten gebildet. Die qualifikationsbezogene Einteilung der Einheiten richtet sich in erster Linie nach der Personalart und nach der Erfordernis eigenständiger Kompetenzbereiche. Neben der reinen Arbeitsaufgabe stehen hier aber auch Personalfragen wie Entlohnungssysteme, Arbeitszeitmodelle und das Selbstverständnis der Mitarbeiter im Vordergrund.

> **Beispiel**
>
> In einem Kalibrierlabor werden Know-how und Prüftechnologie konzentriert, um zentral Kalibriertätigkeiten durchzuführen.

### 2.2.3.7 Werkstofforientierte Strukturierung

Hier werden Einheiten nach Art und Eigenschaft der verarbeiteten Materialien (Kunststoffe, Metalle oder Empfindlichkeit, Gefährlichkeit usw.) gebildet.

> **Beispiel**
>
> Stähle und Leichtmetalle werden an verschiedenen Stellen bearbeitet, um eine Vermischung der Späne und die damit verbundenen Entsorgungsprobleme zu vermeiden.

### 2.2.3.8 Kommunikationsorientierte Strukturierung

Bei dieser Form der Einteilung werden Bereiche, die einen intensiven Informationsaustausch erfordern, zu Einheiten zusammengefasst.

> **Beispiel**
>
> Der Forschungs- und Entwicklungsbereich oder auch der Prototypen- und Werkzeugbau unterhalten enge gegenseitige Kontakte und werden daher nebeneinander angeordnet.

### 2.2.3.9 Auswahl der Strukturierungsprinzipien

**Übertragbarkeit auf indirekte Fabrikbereiche**

Diese Strukturierungsprinzipien, die hier vornehmlich für die direkten Bereiche der Produktion aufgezeigt wurden, können im Sinne einer ganzheitlichen Strukturplanung ebenso gut auf die Strukturierung der indirekten Bereiche einer Fabrik übertragen werden. Bei der Strukturierung indirekter Bereiche können auch andere Prinzipien in den Vordergrund treten, z.B. die Kunden-/Auftragsorientierung in der Auftragsabwicklung, die Projektorientierung oder die Funktionsorientierung in F&E-Bereichen usw.

**Visualisierung der Strukturierungsprinzipien**

Zur Visualisierung der Strukturierungsprinzipien werden Strukturbilder verwendet, die in graphischer Form den Optimierungsgesichtspunkt, unter dem die Struktureinheiten gebildet werden, verdeutlichen. Man unterscheidet Strukturbilder, die nach

- Markt- bzw. Kundenanforderungen,
- Prozessanforderungen und
- Fähigkeitsanforderungen

ausgerichtet sind. Dabei können Aspekte wie Zusammengehörigkeiten, Abstoßungen, Flussrichtungen oder Trennungen zwischen verschiedenen Einheiten dargestellt werden. In der Praxis besteht selten die Möglichkeit, sich auf ein einziges Prinzip festzulegen. Die Schwierigkeit für die reine Anwendung eines Prinzips liegt – insbesondere in der Einzel- und Serienfertigung – häufig darin, dass die Kapazitäten und die Stückzahlen nicht ausreichen, um z.B. produkttyp- bzw. variantenspezifische Einheiten zu schaffen.

**Mischformen durch Überlagerung**

Praxistaugliche Lösungen für die Abgrenzung von Struktureinheiten stellen meist Mischformen dar, die durch die Überlagerung verschiedener Strukturierungsprinzipien entstehen. Im ersten Schritt listet der Planer die für das Unternehmen relevanten Strukturbilder in einer Matrix auf und überlagert sie der Reihe nach. Bei der Überlagerung ist zu beachten, dass eine Orientierung an Markt- oder Kundenanforderungen als Ausgangsstruktur sehr restriktiven Charakter für die Struktur der Fabrik hat. Eine Orientierung der Ausgangsstruktur an Fähigkeitsanforderungen hingegen bietet die meisten Freiräume für die weitere Strukturierung.

**Bildung von Strukturkombinationen**

Durch die Überlagerung der Strukturierungsprinzipien entstehen Strukturkombinationen, die neue, kleinere Struktureinheiten enthalten. Diese Struktureinheiten werden auf ihre Lebensfähigkeit hin untersucht, indem sie einer Plausibilitätsprüfung unterzogen werden. Dabei überprüft man, ob sie den gestellten Anforderungen entsprechen und ob sich ihre Arbeits-

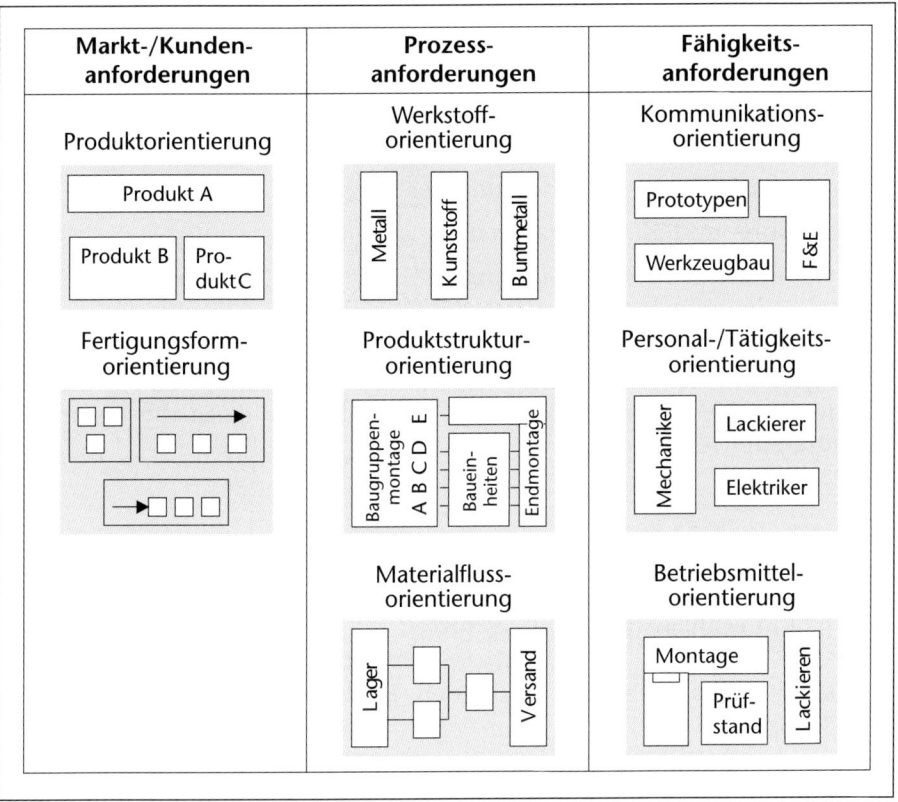

Abb. 1: *Strukturbilder der organisatorischen Struktur (Eversheim/Schuh, Betriebshütte Produktion und Management)*

inhalte wirtschaftlich organisieren lassen. Strukturkombinationen, welche die Anforderungen nicht erfüllen, werden gestrichen. Die verbleibenden Kombinationen werden im nachfolgenden Schritt wiederum mit den verbliebenen Strukturbildern überlagert und die Ergebnisse auf Plausibilität und Wirtschaftlichkeit geprüft. Die Überlagerung wird so lange fortgesetzt, bis ein oder auch mehrere Erfolg versprechende Strukturkonzepte entwickelt sind. Die einzelnen Bestandteile eines solchen Strukturkonzepts sind die gesuchten Struktureinheiten.

**Bewertung und Auswahl der Strukturkonzepte**

Die Bewertung und Auswahl der Strukturkonzepte erfolgt am zweckmäßigsten mit Hilfe einer Nutzwertanalyse. Zur Beurteilung der Strukturkonzepte werden Bewertungskriterien aufgestellt, die sich zum einen aus den Kriterien zur Strukturbildung, zum anderen aus dem Unternehmenszielsystem ableiten.

**Bewertungskriterien**

Die folgenden Bewertungskriterien haben sich in der Praxis bewährt:

- Gestaltung von Arbeitsumfang, -ablauf und -umfeld
- Möglichkeit von Job Enrichment und Job Enlargement
- durchgängige Verantwortungsbereiche
- Durchlaufzeit

- Organisations- und Steuerungsaufwand
- Fertigungssicherheit (Was passiert beim Ausfall von Betriebsmitteln?)
- Transparenz der Abläufe
- Reaktionsfähigkeit auf Mengenveränderung
- Reaktionsfähigkeit auf Änderung der Losgröße
- Transport- und Handlingaufwand
- Flexibilität bei Produktänderungen
- Betriebsmittelauslastung

Die Unternehmensleitung ermittelt in einem Workshop die für das Projekt relevanten Bewertungskriterien, anhand derer dann die bevorzugte Variante ermittelt wird.

**Literaturempfehlungen**

*Eversheim, W.; Schuh, G.:* Betriebshütte Produktion und Management. Berlin, Heidelberg, New York 1996.

*Warnecke, H.-J.:* Der Produktionsbetrieb. Berlin, Heidelberg, New York 1993.

*Wiendahl, H.-P.:* Betriebsorganisation für Ingenieure. München, Wien 1986.

## 2.3 Flexible, automatisierte Produktionssysteme

*von Rainer Kämpf*

### 2.3.1 Merkmale flexibler, automatisierter Produktionssysteme

Der Zwang zu immer kürzeren Durchlaufzeiten bei gleichzeitig ständig sinkenden Losgrößen und einer stetigen Zunahme der Teilevielfalt stellt die Unternehmen zunehmend vor Probleme, die mit den klassischen Fertigungsstrukturen nicht mehr ohne weiteres lösbar sind. Die veränderten wirtschaftlichen Rahmenbedingungen im Umfeld der Unternehmen sowie die technischen Entwicklungen im Hinblick auf eine zunehmende Automatisierung und Flexibilisierung haben dazu beigetragen, dass sich die Produktionsphilosophie zunehmend gewandelt hat.

Um diesen Herausforderungen gerecht zu werden, wurde durch die ständigen Leistungssteigerungen in der NC-Technologie sowie den zunehmenden Einzug von EDV-Systemen im Fertigungsbereich eine neue Generation von Fertigungssystemen entwickelt, die flexiblen, automatisierten Produktionssysteme. Verallgemeinert versteht man darunter alle Arten von Produktionseinrichtungen, bei denen mehrere, sich ergänzende Einzelfunktionen sowohl bei der Bearbeitung und Montage als auch im Material- und Informationsfluss weitestgehend selbstständig ablaufen. Ein wesentliches Merkmal ist die informationstechnische Verknüpfung der einzelnen Komponenten des Systems.

**Selbstständig ablaufende, sich ergänzende Einzelfunktionen**

Zielsetzung ist, Fertigungssysteme einzuführen, die eine wesentlich höhere Produktivität bei einer gleichzeitig hohen Flexibilität aufweisen, wobei die Systemkomponente Mensch weitestgehend vom eigentlichen Arbeitstakt der Maschine entkoppelt wird. Der Einsatzbereich beschränkt sich nicht nur auf kleinere und mittlere Betriebe. Bei entsprechender Auslegung der Systemkomponenten lassen sich derartige Systeme sowohl bei Einzel- und Kleinserien als auch im Bereich der Massenfertigung einsetzen. Entscheidend für den Aufbau und die Leistungsfähigkeit ist unter anderem die geforderte Flexibilität. Da dieser Begriff häufig im Zusammenhang mit flexiblen, automatisierten Produktionssystemen auftaucht, soll er im Folgenden näher erläutert werden.

**Hohe Produktivität bei hoher Flexibilität**

Der Begriff Flexibilität beschreibt die Fähigkeit einer Produktionsanlage, innerhalb einer bestimmten Zeitspanne für verschiedene Aufgaben einsatzfähig zu sein. Je größer die Verschiedenartigkeit dieser Aufgaben und je geringer der Umstellungsaufwand (Zeit und Kosten) zwischen diesen Aufgaben ist, desto höher ist die Flexibilität. Anhand der verschiedenen Definitionen wird deutlich, dass mit dem Begriff »Flexibilität« konkrete Anforderungen verbunden sind, die sich direkt auf die Systemkonfiguration auswirken.

## 2.3 Flexible, automatisierte Produktionssysteme

| | |
|---|---|
| **Kurzfristige Flexibilität** | Umrüstaufwand bei bekannten Arbeitsaufgaben |
| **Langfristige Flexibilität** | Aufwand für die Umstellung bei nicht voraussehbaren Änderungen im Produktionsprogramm (technische und zeitliche Kapazität) |

| | |
|---|---|
| **Produktflexibilität** | Fähigkeit zur Fertigung von bekannten Aufgaben in beliebiger Reihenfolge |
| **Mengenflexibilität** | Möglichkeit zur Erhöhung/Verringerung der Produktionsleistung unter Berücksichtigung technisch-wirtschaftlicher Gesichtspunkte |
| **Anpassflexibilität** | Anpassungsfähigkeit von Bearbeitungs-, Materialfluss- und Informationssystemen bei völliger Änderung des Produktionsprogramms |
| **Erweiterungsflexibilität** | Möglichkeit der Leistungssteigerung von bestehenden Produktionssystemen durch Integration von weiteren Bearbeitungs-, Materialfluss- und Informationseinrichtungen |

*Abb. 1: Beschreibung der verschiedenen Flexibilitätsarten*

**Aufbau flexibler, automatisierter Produktionssysteme**

Für die Beschreibung flexibler, automatisierter Produktionssysteme ist es wichtig, zunächst den generellen Aufbau derartiger Systeme näher zu beleuchten. Die Abbildung gibt einen groben Überblick, aus welchen Teilsystemen und Hauptkomponenten sich ein flexibles, automatisiertes Produktionssystem zusammensetzt, und zwar unabhängig von der Systemgröße und dem realisierten Automatisierungsgrad. Unterschieden werden die verschiedenen Ausführungsformen in einstufige und mehrstufige Systeme.

Einstufige Systeme sind dadurch gekennzeichnet, dass sämtliche für einen gewünschten Produktionsfortschritt notwendige Arbeitsaufgaben an einem Produkt vollständig auf einer Bearbeitungsstation durchgeführt werden können.

Bei mehrstufigen Systemen müssen die Werkstücke mehrere Bearbeitungsstationen durchlaufen, um den gewünschten Arbeitsfortschritt erzielen zu können. Daraus ergeben sich immer dann zwingend mehrstufige Produktionssysteme, wenn die Komplettbearbeitung eines Teiles nicht auf einer Bearbeitungsstation durchführbar ist. Weitere Merkmale ergeben sich durch den Automatisierungsgrad der Systeme, wodurch eine entscheidende Erhöhung der Nutzungszeit einzelner Komponenten und damit ein wirtschaftlicher Einsatz derart kapitalintensiver Anlagen gewährleistet wird.

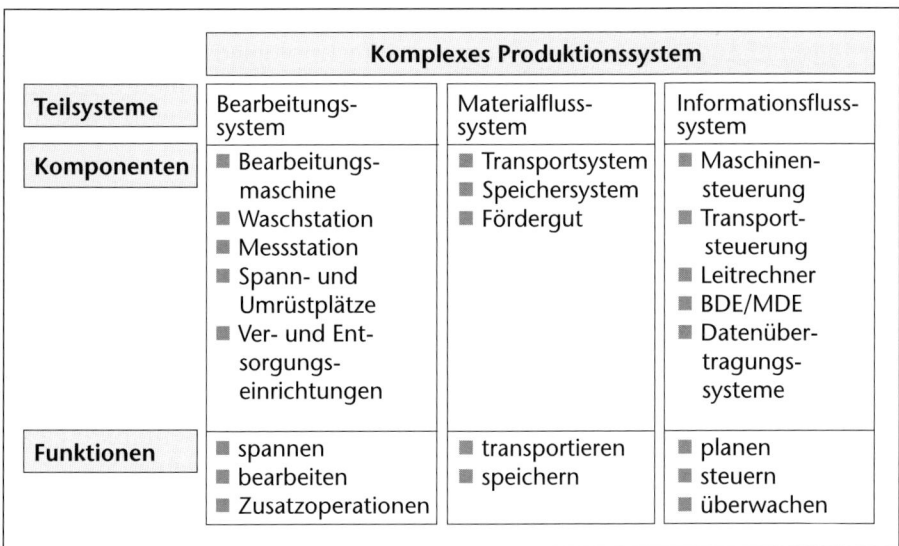

*Abb. 2: Komponenten eines flexiblen, automatisierten Produktionssystems*

**Mechanisierung** ist die Substitution von menschlicher durch mechanische Leistung unter Verwendung von technischen Hilfsmitteln. **Automatisieren** heißt, einen Vorgang darüber hinaus mit technischen Mitteln so einzurichten, dass der Mensch weder ständig noch in einem erzwungenen Rhythmus für den Ablauf des Vorgangs tätig zu werden braucht. Einzelne Vorgänge oder komplette Fertigungsabläufe werden selbsttätig in programmierter Weise durchgeführt. Es werden also über das Antreiben der Maschine hinaus nach Automatisierungsgrad steuernde, regelnde, optimierende oder lernende Funktionen von der Maschine übernommen.

Eine **Fertigungsmaschine** ist dadurch gekennzeichnet, dass der Antrieb zur Erzeugung der Bearbeitungskräfte und möglichst auch der Antrieb der Bewegungen zur Erzeugung der geometrischen Form der Werkstücke nicht manuell erfolgt. Der Benennung »-maschine« wird das Fertigungsverfahren, für das die Maschine hauptsächlich gebaut ist und/oder der Automatisierungsgrad vorangestellt (z.B. Biegemaschine, NC-Fräsmaschine). Können mehrere Verfahren angewandt werden, so wird der Ausdruck »Bearbeitungs-« vorangestellt und entsprechend ergänzt (z.B. Bearbeitungsmaschine für Drehteile).

**Automaten** sind Fertigungsmaschinen, bei denen neben den Antrieben auch alle Schalt-, Steuerungs- und Handhabungsfunktionen für den automatischen Ablauf eingerichtet sind. Entsprechend dem Anteil der automatisierten Funktionen unterscheidet man teil-automatisierte und vollautomatisierte Maschinen. Die Automatisierungsmöglichkeiten in der Fertigung können zusätzlich nach **Haupt- und Nebenfunktionen** differenziert werden. Zur Automatisierung des eigentlichen Bearbeitungsvorgangs (**Hauptfunktion**) ist die Steuerung zu automatisieren, in einem weiteren Schritt kann durch Messaufnehmer der Prozess überwacht und eine Regelung in Abhängigkeit von Messgrößen aufgebaut werden. Die Automatisierungsfähigkeit einer Maschine wird in erster Linie durch die Art der

**Mechanisierung und Automatisierung**

Steuerung bestimmt. Die Steuerdaten setzen sich je nach Automatisierungsgrad aus technischen (Geometrie-, Technologiedaten) und organisatorischen Steuerdaten (Material-, Produktionsplanungs-, Identifikationsdaten) zusammen. Bei der Automatisierung der Steuerung wird zwischen starrer und flexibler Automatisierung unterschieden.

**Starre und flexible Automatisierung**

Erfolgt die Steuerung der Bearbeitung mechanisch (z.B. Kurven- und Nockensteuerungen), pneumatisch oder hydraulisch, so liegt eine **starre Automatisierung** vor. Dabei sind Funktionsabläufe durch die Schaltung bzw. Verdrahtung festgelegt und nur mit relativ hohem Aufwand veränderbar. Mechanische Steuerungen haben sich als sehr robust und sicher, jedoch auch verschleißbehaftet erwiesen. Sie sind durch einen erhöhten Platzbedarf für die Aufbewahrung des Programmspeichers (z.B. Steuerkurven) und eine zeitaufwendige Umrüstung und eine eingeschränkte Flexibilität gekennzeichnet. Bei pneumatischen oder hydraulischen Steuerungen sind Aufbau und Wartung der Steuerung aufwendig. Sie haben sich jedoch insbesondere in explosionsgefährdeter Umgebung durchgesetzt.

Elektrische Steuerungen sind Kontaktsteuerungen, wobei die Kontakte in der Regel als Schließer und Öffner realisiert sind und von Hand, mechanisch oder elektromagnetisch betätigt werden. Änderungen sind mit großem Aufwand verbunden, da das Programm durch eine fixe Drahtverbindung realisiert ist. Hier ermöglichen Kreuzschienenverteiler eine relativ schnelle Umprogrammierung des Steuerablaufs durch Stecker oder Schalter.

Die Vorteile der **flexiblen Automatisierung** durch programmierbare elektronische Steuerungen liegen in der leichten Anpassung an unterschiedliche, häufig wechselnde Aufgabenstellungen sowie der Verschleißfreiheit.

**Nebenfunktionen** sind alle Funktionen, die nicht direkt an der Wertschöpfung beteiligt sind. Um den Anforderungen eines höheren Automatisierungsgrads gerecht zu werden, sind insbesondere Maßnahmen bzgl. Werkzeug- und Werkstückhandhabung sowie Überwachungs- und Kontrollfunktionen zu ergreifen, die bisher manuell ausgeführte Tätigkeiten ersetzen.

**Werkzeugsystem = Werkzeug + Werkzeugwechsel- + Werkzeughandhabungssystem**

Voraussetzung einer automatisierten Werkzeugbereitstellung sind

- **Werkzeugaufnahmesysteme**, die das Werkzeug aufnehmen und gleichzeitig einen Bezugspunkt für die Voreinstellung festlegen. Sie können modular aufgebaut sein.

- **Werkzeugvoreinstellung** ermöglicht die definierte Einstellung und Vermessung des Werkzeugs zu einem Bezugspunkt, wodurch der Steuerung die Werkzeugposition im Raum bekannt ist.

- **Werkzeugcodierung** erlaubt schnelles Auffinden des im Programm angesprochenen Werkzeugs. Die Codierung kann am Werkzeug selbst z.B. durch Strichcode, auf einem Speicherchip oder als feste oder variable Platzcodierung der Magazinplätze im Werkzeugspeicher erfolgen.

- **Werkzeugspeichersysteme** garantieren die an die jeweilige Maschine angepasste Bereitstellung der Werkzeuge in Trommel-, Scheiben-, Teller-, Kugelmagazinen oder Kassetten.

- **Werkzeugwechseleinrichtungen** erlauben schnelles Austauschen der Werkzeuge hauptzeitparallel, wodurch die Wirtschaftlichkeit der Maschine aufgrund einer höheren Ausnutzung steigt.

Werkzeuge, Werkzeugwechsel- und Werkzeughandhabungseinrichtungen bilden zusammen das **Werkzeugsystem**.

Die Automatisierung der **Werkstückbereitstellung** ermöglicht das Senken der Nebenzeiten; Spannen, Ausrichten sowie Be- und Entladen, indem diese Funktionen außerhalb des Arbeitsbereichs der Maschine und während der Hauptzeit durchgeführt werden. Der Einsatz von **Palettenspeichersystemen** mit **Palettencodierung und -wechseleinrichtung** verringert zusätzlich die Notwendigkeit eines direkten Bedienereingriffs in den Fertigungsprozess. Das Werkstück wird meist manuell, hydraulisch oder pneumatisch aufgespannt, wobei z.B. modulare Raster oder Nutenspannsysteme zum Einsatz kommen. Palettenspeichersysteme wie Rundmagazine oder Palettenpool ermöglichen die Bereitstellung von mehreren aufgespannten Werkstücken außerhalb des Arbeitsraums. Palettenwechselrichtungen (z.B. Drehtische) bringen das aufgespannte Werkstück dann auf die Maschine. Einrichtungen zur Handhabung von Werkstücken werden im **Werkstückhandhabungssystem** zusammengefasst.

Werkstückbereitstellungssystem = Palettenspeicher + Palettencodierung + Palettenwechseleinrichtung + Werkstückhandhabungssystem

Mittels direkter oder indirekter Messverfahren eventuell **integrierter Messstationen** können Werkzeug- und Werkstückzustände vor, während und nach der Bearbeitung zur Überwachung im Rahmen der Qualitätssicherung erfasst werden. Die Steuerung berechnet anhand der ermittelten Zustände Korrekturdaten und leitet entsprechende Maßnahmen ein. Die Überwachung der Maschine auf einwandfreie Funktion erfolgt in den meisten Fällen durch Kraft- und Körperschallsensoren, die bei Überschreiten einer Toleranzgrenze Alarmfunktionen auslösen. Die Systemverfügbarkeit kann durch die Automatisierung der Überwachungs- und Diagnosefunktionen bei gleichzeitiger Senkung des Personaleinsatzes erhöht werden.

### 2.3.2 Typen flexibler, automatisierter Produktionssysteme

*von Rainer Kämpf*

#### 2.3.2.1 NC-/CNC-/DNC-Maschine

**Von Numerical Control (NC) zu Computerized Numerical Control (CNC)**

Bei **NC-gesteuerten (Numerical Control-)Maschinen** werden Weg- und Schaltbefehle in Form von Zahlencodes schrittweise zusammengestellt und über automatisch lesbare Datenträger (z.B. Lochstreifen) eingelesen. Wird die Steuerinformation rechnerintern verwaltet, so spricht man von **CNC-Steuerungen (Computerized Numerical Control)**. CNC-Steuerungen sind numerische Steuerungen, die einen oder mehrere frei programmierbare Mikroprozessoren besitzen und vor allem zur Steuerung von Verfahrbewegungen verwendet werden. Der NC-Kern wird auf dem Mikroprozessor ausgeführt und bestimmt das Verhalten der NC-Maschine. Durch das Erzeugen und Festlegen der Steuerfunktion im NC-Kern entsteht eine hohe Flexibilität sowie die Möglichkeit der Anpassung. Die Funktionsmerkmale werden dabei im Wesentlichen durch die Programmierung des Rechners bestimmt. Im NC-Programm sind die Informationen zur Bearbeitung eines Werkstückes abgelegt. Bei CNC-Steuerungen kann zur Senkung der Ausschusskosten beim Einfahren neuer Programme eine Möglichkeit zur Simulation des Fertigungsvorganges enthalten sein. Überdies können SPC- (Statistical-Process-Control-)Module zur Unterstützung der Qualitätssicherung in die Steuerung integriert sein.

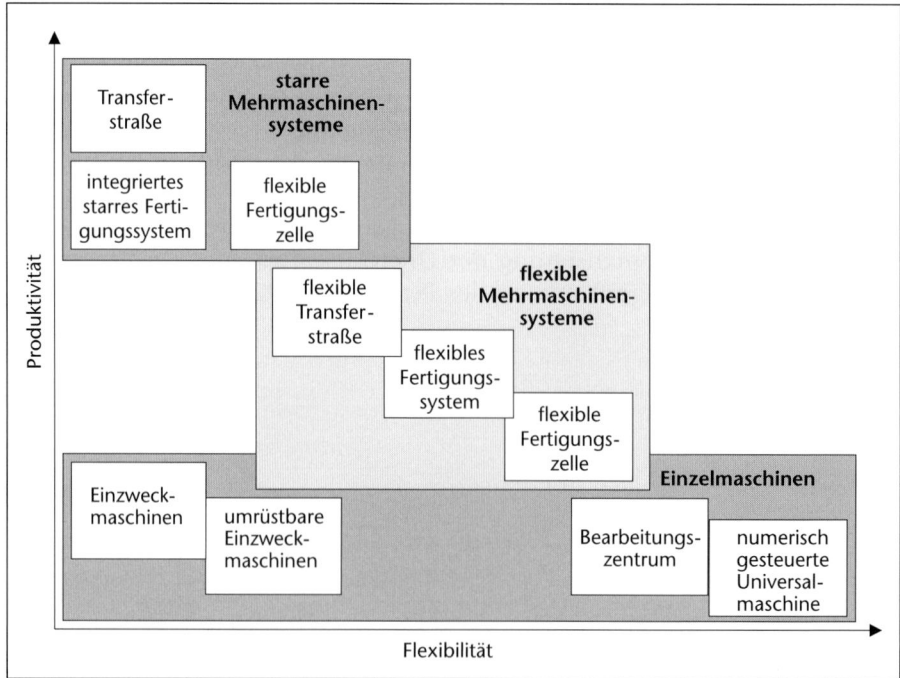

*Abb. 1: Produktivität und Flexibilität von verschiedenen Fertigungssystemen (vgl. Betriebshütte)*

In der Anfangszeit waren die numerischen Steuerungen noch fest verdrahtet (NC) und die Programme wurden über Lochstreifen eingegeben. Änderungen im Programm waren nur durch Neueingabe eines (geänderten) Lochstreifens möglich. Der Einsatz eines Mikrocomputers als numerische Steuerung ermöglichte hier eine wesentlich flexiblere Handhabung. Die Programmierung an der Maschine kann durch eine einfache interaktive Benutzerschnittstelle realisiert werden. Komfortabler sind Steuerungen mit integrierter **werkstattorientierter Programmierung**, bei denen geometrische und technologische Informationen getrennt und leicht verständlich an der Maschine programmiert werden können. Diese Programmierung kann zusätzlich parallel zur Bearbeitung anderer Werkstücke auf der Maschine erfolgen.

**Werkstattorientierte Programmierung – einfacher, flexibler, interaktiv**

Für den Austausch und das Speichern von Programmen sind Datenschnittstellen vorzusehen. Gebräuchlich sind Lochstreifen, Magnetbandkassetten oder Disketten. Ist die CNC-Steuerung der einzelnen Maschine an einen übergeordneten Leitrechner, den sog. **DNC-Rechner (DNC = Direct Numerical Control)** angeschlossen, übernimmt dieser die Verwaltung und Zuteilung der NC-Programme und erlaubt – beim Betrieb von mehreren CNC-Maschinen – einen direkten Datenaustausch der Maschinen innerhalb eines Rechnernetzes. In den DNC-Systemen der 1. Generation hatte der Rechner im Wesentlichen eine Briefträgerfunktion. Da die Speicher in den CNC-Steuerungen noch nicht ausreichten, ganze Teileprogramme aufzunehmen, mussten die Daten blockweise in Echtzeit übergeben werden. Der ausschließlich zu diesem Zweck zu betreibende Rechner- und Verkabelungsaufwand hat sich in vielen Fällen als ökonomisch nicht vertretbar erwiesen. Die fortschreitende Entwicklung der Mikroprozessortechnik hat dazu geführt, dass neue Steuerungen mit größerer Speicherkapazität hier Verbesserungen brachten. An die Stelle der zeitkritischen Übertragung kleiner Informationsblöcke trat bei diesen DNC-Systemen der 2. Generation die Übertragung kompletter Teileprogramme an die angeschlossenen Maschinen. Auf Seiten des Leitrechners wurden so Kapazitäten für zusätzliche Aufgaben im Bereich der Maschinendiagnose frei.

**DNC-Betrieb: Verwaltung und Zuteilung der Programme durch den zentralen DNC-Rechner direkt an die Maschinen**

Heute im Zeichen zunehmenden Einsatzes von Fertigungszellen und -inseln ist DNC eine unabdingbare Voraussetzung für einen durchgängigen Datenfluss bis zu den unmittelbar an der Fertigung beteiligten Bereichen. Physikalisch erfolgt die Anbindung direkt an entsprechend ausgerüstete CNC-Maschinen oder über nachrüstbare DNC-Terminals (mit Puffermöglichkeit) auf der Basis von normierten Protokollen. Inhaltlich wurde jedoch das DNC-Anforderungsprofil stark ausgeweitet. Gefordert sind nicht wie in der zweiten DNC-Generation nur die Möglichkeiten zur Anforderung des Teileprogramms und dessen Übertragung, sowie die globale Feststellung des Anlagenzustands durch den Leitrechner. Die heutigen DNC-Systeme der 3. Generation sehen sich einer Fülle von neuen Aufgaben gegenüber:

## 2.3 Flexible, automatisierte Produktionssysteme

**Erweiterung der DNC-Aufgaben: Überwachung und Meldung des Anlagenzustand bzw. des Fertigungsfortschritts an Leitrechner**

- Detaillierte Übertragung des Anlagenzustands
- Meldung des Fertigungsfortschritts
- Einbeziehung von Messmaschinen, Werkzeugeinstellgeräten und Handhabungssystemen
- Diagnosemeldungen
- Rückübertragung von an der Maschine modifizierten Teileprogrammen bei entsprechender Kennzeichnung dieser Programme.

CNC-Maschinen sind der Ausgangspunkt einer flexiblen, rechnerunterstützten Fertigung und deshalb in allen Bereichen der Fertigungstechnik anzutreffen. Stand der Technik sind beispielsweise CNC-gesteuerte

- Bohrmaschinen,
- Fräsmaschinen,
- Drehmaschinen,
- Stanz- und Nibbelmaschinen,
- Abkantmaschinen,
- Rohrbiegemaschinen,
- Drückmaschinen,
- Erodiermaschinen,
- Laserbearbeitungsmaschinen und
- Messmaschinen.

**Erweiterung der CNC-Aufgaben: Diagnose, Rückmeldung, Verschleißkorrektur, Standzeitüberwachung und Simulation**

Eine einfache CNC-Maschine verfügt in der Regel noch über keine automatischen Werkstückwechseleinrichtungen. Die Fortschritte in der Mikroprozessortechnik haben dazu geführt, dass die CNC-Steuerungen über die Grundfunktionen jeder numerischen Steuerung, der Steuerung der Relativbewegung zwischen Werkzeug und Werkstück hinaus, eine Reihe von wichtigen Zusatzfunktionen übernommen haben, wie z.B.

- maschinen- und steuerungsinterne Diagnose,
- Betriebsdatenerfassung (BDE),
- Maschinendatenerfassung (MDE),
- Werkzeugverschleißkorrektur,
- Standzeitüberwachung der Werkzeuge,
- Programmerstellung und Korrektur direkt an der Maschine (CNC-Steuerungen verfügen in der Regel über einen eigenen Bildschirm),
- grafische Simulation der Bearbeitung am Bildschirm der Steuerung,
- Bedienerführung und
- DNC-Betrieb.

### 2.3.2.2 Bearbeitungszentrum (BAZ)

Ein **Bearbeitungszentrum (BAZ)** ist eine vollautomatisierte Maschine, auf der unterschiedliche Werkstücke in beliebiger Reihenfolge bearbeitet und mehrere Verfahren vollwertig verwirklicht werden können. Abgesehen vom Werkstückwechsel laufen alle Funktionen einschließlich des Werkzeugwechsels vollautomatisch ab. Ein Bearbeitungszentrum zeichnet sich durch Flexibilität hinsichtlich des Anwendungsfeldes und durch eine große Anzahl von einsetzbaren Werkzeugen aus, die in einem eigenen Werkzeugspeicher bereitgestellt werden. Ein Bearbeitungszentrum ist eine mehrachsige NC-gesteuerte Maschine, die zur Bearbeitung meist prismatischer Werkstücke eingesetzt wird. Ein Kennzeichen eines BAZ ist die Integration von mehreren Bearbeitungsverfahren in eine Maschine, beispielsweise für fräsende und bohrende Bearbeitung von Werkstücken, wobei in der Regel die Grundfunktion einer Fräsmaschine vorgegeben ist. Ein wesentlicher Vorteil dieses Maschinenkonzeptes besteht darin, dass die Werkstücke in einer Aufspannung von mehreren Seiten (max. fünf Seiten) bearbeitet werden können. Die Bearbeitungsgenauigkeit einer solchen Maschine ist somit sehr hoch, da ein Umspannen der Werkstücke entfällt. Ein weiteres wichtiges Merkmal eines BAZ ist der automatische Werkstück- und Werkzeugwechsel, der programmgesteuert ausgeführt wird. Bearbeitungszentren werden als Horizontal- bzw. Vertikalmaschinen auf dem Markt angeboten und durch die Anzahl der Achsen, durch die Größe des Arbeitsbereiches, durch den Antrieb bzw. die Maschinenleistung und durch die Anzahl der im direkten Zugriff befindlichen Werkzeuge klassifiziert.

*Bearbeitungszentrum: unterschiedliche Werkstücke in beliebiger Reihenfolge bearbeiten*

■ **Werkzeugspeicher**

In der Praxis finden unterschiedliche Werkzeugspeicher Verwendung. Je nach Anzahl der zu speichernden Werkzeuge werden Revolvermagazine, Trommelmagazine oder Teller- und Kettenmagazine eingesetzt. Diese Magazine unterscheiden sich hinsichtlich der Speicherkapazität und der Zugriffsart. Einige Hersteller bieten zusätzlich einen Wechsel des Werkzeugmagazins an (Werkzeugaustausch), so dass eine hohe Flexibilität hinsichtlich des zu bearbeitenden Werkstückspektrums gegeben ist.

■ **Werkzeugwechsel**

Das zu einem BAZ gehörende Werkzeugwechselsystem ist je nach Konstruktion der Maschine und des Werkzeugspeichers meist als Doppelgreifer konzipiert, wodurch die Nebenzeiten einer Maschine, die durch den Werkzeugwechsel anfallen, minimiert werden können.

■ **Werkstückwechsel**

Eine weitere Reduzierung der Nebenzeiten wird durch den automatischen Werkstückwechsel erreicht. Je nach Ausrüstung des BAZ werden die Werkstücke z.B. auf einem Drehtisch vom Maschinenbediener aufgespannt. Während das erste Teil bearbeitet wird, erfolgt das Ausrichten und Aufspannen eines zweiten Werkstückes auf der anderen Seite des Drehtellers von Hand. Ausgebaute Systeme verwenden für den Werk-

## 2.3 Flexible, automatisierte Produktionssysteme

stückwechsel Paletteneinheiten, auf die außerhalb des BAZ vom Bediener das Werkstück aufgebaut wurde.

■ **Steuerung**

Die Steuerung eines BAZ ist eine CNC-Steuerung, die entsprechend dem Ausbau der Maschine die Zusatzfunktionen für Werkzeug- und Werkstückwechsel beinhaltet.

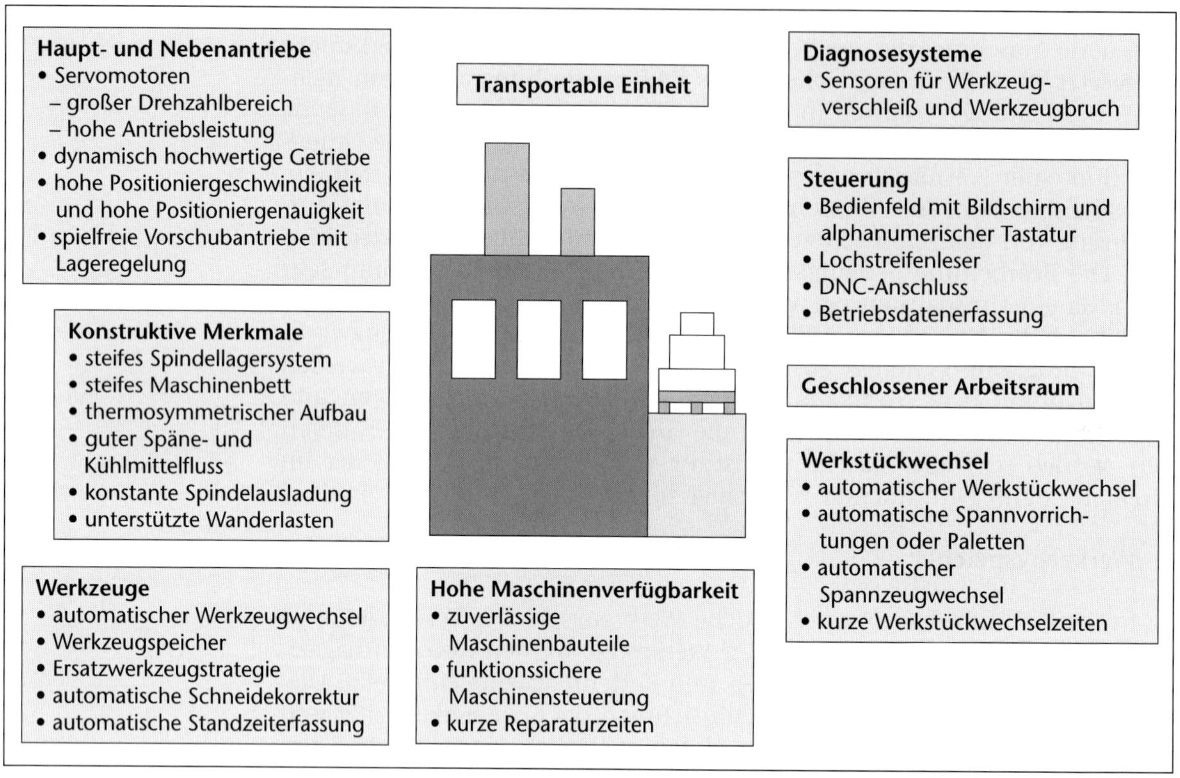

**Haupt- und Nebenantriebe**
- Servomotoren
  - großer Drehzahlbereich
  - hohe Antriebsleistung
- dynamisch hochwertige Getriebe
- hohe Positioniergeschwindigkeit und hohe Positioniergenauigkeit
- spielfreie Vorschubantriebe mit Lageregelung

**Konstruktive Merkmale**
- steifes Spindellagersystem
- steifes Maschinenbett
- thermosymmetrischer Aufbau
- guter Späne- und Kühlmittelfluss
- konstante Spindelauslastung
- unterstützte Wanderlasten

**Werkzeuge**
- automatischer Werkzeugwechsel
- Werkzeugspeicher
- Ersatzwerkzeugstrategie
- automatische Schneidekorrektur
- automatische Standzeiterfassung

**Transportable Einheit**

**Hohe Maschinenverfügbarkeit**
- zuverlässige Maschinenbauteile
- funktionssichere Maschinensteuerung
- kurze Reparaturzeiten

**Diagnosesysteme**
- Sensoren für Werkzeugverschleiß und Werkzeugbruch

**Steuerung**
- Bedienfeld mit Bildschirm und alphanumerischer Tastatur
- Lochstreifenleser
- DNC-Anschluss
- Betriebsdatenerfassung

**Geschlossener Arbeitsraum**

**Werkstückwechsel**
- automatischer Werkstückwechsel
- automatische Spannvorrichtungen oder Paletten
- automatischer Spannzeugwechsel
- kurze Werkstückwechselzeiten

*Abb. 2: Merkmale eines Bearbeitungszentrums*

BAZ werden in der Regel bei Klein- und Mittelserienfertigung eingesetzt und sind schon bei geringen Stückzahlen komplizierter Werkstücke wirtschaftlich. Durch Erweiterung eines BAZ mit den erforderlichen Zusatzeinrichtungen zum bedienerlosen Schichtbetrieb entsteht eine flexible Fertigungszelle.

### 2.3.2.3 Flexible Fertigungszelle

*Flexible Fertigungszelle: bedienerlose Komplettbearbeitung*

Eine **flexible Fertigungszelle** enthält verschiedene Bearbeitungsstationen zur Komplettbearbeitung von Werkstücken (z.B. Fertigungsmaschinen in Universal- oder Sonderbauart, Bearbeitungszentrum), die durch entsprechende Zusatzeinrichtungen in der Lage sind, eine begrenzte Zeit bedienerlos zu arbeiten. Die dazu benötigten Zusatzeinrichtungen sind:

■ **Werkstückspeicher und Werkstückwechseleinrichtung**

Für den bedienerlosen Betrieb der Zelle ist ein ausreichend großer Werkstückspeicher nötig, der die Werkstücke auf Paletten oder als Einzelteile zur Bearbeitung bereit hält. Der Werkstückwechsel erfolgt automatisch. Ein Speicher zur Aufnahme der fertig bearbeiteten Teile ist erforderlich. Beide Teilespeicher können auch zu einem Speicher zusammengefasst sein. Hier ist durch geeignete Maßnahmen (z.B. Palettencodierung) dafür zu sorgen, dass bereits bearbeitete Teile nicht wieder in die Maschine gelangen.

■ **Werkzeugspeicher und Werkzeugwechseleinrichtung**

Die Zelle wird automatisch mit Werkzeugen beschickt. Um die Anwendungsbereiche durch Fertigung einer Vielzahl verschiedener Teile zu erhöhen und um bei Ausfall bzw. Grenzverschleißüberschreitung eines Werkzeugs eine ausreichende Anzahl von Schwesterwerkzeuge bereitzustellen, ist insbesondere im Hinblick auf die bedienarme Schicht der Trend zu einem Zugriff auf einen großen Werkzeugvorrat zu verzeichnen. Aus diesem Grund werden flexible Bearbeitungszellen sehr häufig mit sehr großem Werkzeugspeicher ausgerüstet.

■ **Werkzeugüberwachung**

Die eingesetzten Werkzeuge müssen bezüglich Bruch und Verschleiß überwacht werden. Ein Umschalten auf Schwesterwerkzeuge (identische Werkzeuge, die als Ersatz bereits in Werkzeugspeicher enthalten sind) bei Überschreiten einer Verschleißgrenze sollte möglich sein.

■ **Bearbeitungskontrolle/Qualitätskontrolle**

Die Maßhaltigkeit der produzierten Werkstücke ist durch geeignete Einrichtungen zu prüfen. Dies kann durch Einsetzen eines in die Werkzeughalterung passenden Messfühlers direkt in der Maschine oder außerhalb durch separate Messeinrichtungen geschehen. Eine direkte Beeinflussung der Werkzeugkorrekturwerte aufgrund der Messergebnisse ist vorteilhaft.

■ **Ergänzende Einrichtungen**

In eine flexible Fertigungszelle können automatisierte Einrichtungen zum Reinigen, Prüfen, Entgraten und andere die Bearbeitung ergänzende Funktionen integriert sein.

Der Programmspeicher der CNC-Steuerung in der flexiblen Fertigungszelle muss genügend groß zur Aufnahme aller Teileprogramme für die im Werkzeugspeicher zur Bearbeitung anstehenden Werkstücke sein. Die flexible Fertigungszelle kann auch in ein DNC-System eingebunden sein. Das Be- und Entladen der Paletten erfolgt in der Regel manuell durch den Bediener vor oder nach der bedienerlosen Schicht. Die Größe der erforderlichen Werkstückspeicher hängt von der mittleren Bearbeitungszeit für ein

Werkstück ab. Diese sollte nicht zu kurz sein, da sonst der Speicher sehr groß angelegt werden muss und die Aufwendungen für Spannmittel steigen. Richtwert ist hier etwa 30 Min. beim Betrieb mit Paletten und 3 Min. bei einzeln zugeführten Werkstücken.

Überwacht und gesteuert wird die flexible Fertigungszelle über einen übergeordneten Leitrechner und Steuerungsrechner, der den Maschinen die Daten der anstehenden Werkstücke zur Verfügung stellt.

### 2.3.2.4 Autonome Fertigungsinsel

*Autonome Fertigungsinsel: Komplettbearbeitung von Teilefamilien organisiert und durchgeführt von Mitarbeitern*

Die **Autonome Fertigungsinsel** stellt einen weiteren Grundbaustein der flexiblen Fertigung dar. In der Autonomen Fertigungsinsel werden alle Arbeitsplätze, die zur weitgehenden Fertigbearbeitung einer Werkstückfamilie notwendig sind, räumlich und organisatorisch zusammengefasst. Eine Werkstückfamilie, auch Teilefamilie genannt, ist eine Anzahl von Werkstücken, die gleiche Bearbeitungsmerkmale (geometrische Form, Bearbeitungsverfahren etc.) aufweisen.

Charakteristika der Autonomen Fertigungsinsel sind

- die Zusammenfassung von Werkstücken mit gleichen Bearbeitungsmerkmalen zu Teilefamilien;

- die räumliche und ablauforganisatorische Zusammenfassung möglichst aller zur Komplettbearbeitung einer Teilefamilie nötigen Betriebsmittel;

- die Übertragung aller direkten und möglichst vieler indirekter Funktionen an die Inselmitarbeiter. Besonders wichtig ist hier die interne, autonome Disposition der an die Insel übergebenen Aufträge durch die Mitarbeiter selbst;

- die Unterstützung der planerischen Aufgaben der Mitarbeiter durch einen Inselrechner;

- der Einsatz in der Klein- und Einzelserienfertigung.

Der Begriff der Autonomie beinhaltet, dass die Mitarbeiter die interne Disposition der vom übergeordneten PPS-System an die Autonome Fertigungsinsel übergebenen Fertigungsaufträge in Abhängigkeit vom vorgegebenen Endtermin selbstständig und eigenverantwortlich vornehmen. Hierzu stehen entsprechende, rechnerunterstützte Planungshilfsmittel zur Verfügung. Das tayloristische Prinzip der Arbeitsteilung wird hier aufgelöst, da die Mitarbeiter sowohl direkte Funktionen wie Werkstückbearbeitung und Kontrolle als auch indirekte wie Arbeitsplanung und Fertigungssteuerung übernehmen. Die Autonome Fertigungsinsel enthält, der Forderung nach Komplettbearbeitung einer Teilefamilie folgend, automatisierte Maschinen (NC-, CNC- Maschinen, flexible Fertigungszellen), konventionelle Maschinen und Handarbeitsplätze. Es ist anzustreben, dass alle Mitarbeiter der Insel alle Funktionen ausüben können.

Die nötigen Investitionsaufwendungen zur Einrichtung einer Autonomen Fertigungsinsel sind, im Gegensatz zu denen von flexiblen Fertigungssystemen, relativ gering. Dies liegt an der bei flexiblen Fertigungssystemen geforderten vollständigen Material- und Informationsflussverkettung. Somit ist das Konzept der Autonomen Fertigungsinsel für kleine und mittelständische Unternehmen besonders attraktiv.

### 2.3.2.5 Konventionelle Fertigungssysteme

Als konventionellen Fertigungssysteme werden in der Regel numerisch gesteuerte **Universalmaschinen** oder **Bearbeitungszentren** eingesetzt, wenn eine hohe Flexibilität bei einer zwangsläufig geringen Produktivität gefordert ist. Höhere Produktivitäten können nur unter Verringerung der Flexibilität durch Einzweckmaschinen oder umrüstbare **Einzweckmaschinen** erreicht werden. Die Bearbeitungszentren und die Einzweckmaschinen können in drei verschiedenen **Fertigungsformen** eingesetzt werden: in der Werkstattfertigung, in der Gruppenfertigung und der Fließfertigung.

Die **Werkstattfertigung** zeichnet sich dadurch aus, dass der zeitliche Ablauf an die Losfertigung geknüpft ist, d.h. das Los bleibt bei der gesamten Fertigung zusammen. Dies führt dazu, dass bei jeder Fertigungsoperation gewartet werden muss, bis die anderen Werkstücke fertig sind. Erst nach der Fertigung des ganzen Loses wird dieses zur nächsten Fertigungseinrichtung transportiert. Wegen der Vielzahl und Vielfalt und des ständigen Wechsels der Werkstücke ist eine geregelte zeitliche Abstimmung nicht möglich. Um trotzdem eine gute Maschinenauslastung und kurze Durchlaufzeiten zu erreichen, muss erheblicher Aufwand bezüglich Kapazitätsterminierung und Fertigungssteuerung betrieben werden.

*Fertigungsformen in konventionellen Fertigungssystemen: Werkstattfertigung, Gruppenfertigung, Fließfertigung*

Ein anderes wesentliches Merkmal der Werkstattfertigung besteht in der räumlichen Anordnung der Maschinen. Fertigungssysteme, die gleiche Verrichtungen ausüben, werden zusammengefasst, z.B. zu einer Dreherei oder Fräserei. Der Materialfluss und der Werkzeugfluss sind dadurch gekennzeichnet, dass ein stetiger Fluss fehlt, dass Teile vielmehr durch Personen transportiert werden. Dies erfolgt schrittweise und unregelmäßig.

Folgende Vor- und Nachteile für die Werkstattfertigung lassen sich aufführen:

**Vorteile:**

- Die räumliche Anordnung ähnlicher Maschinen erleichtert die Planung der Maschinenhalle, da z.B. für die Bodenbelastung gleichartige Belastungen zugrunde gelegt werden können.

- Das Personal und das Fertigungssystem können sehr flexibel eingesetzt werden.

- Das beaufsichtigende Personal besitzt eine gute Übersicht über die Maschinen.

**Nachteile:**

- Es müssen sehr lange Transportwege und hohe Transportkosten berücksichtigt werden.

- Lange Durchlaufzeiten und entsprechend hoher Kapitalaufwand beeinflussen die Fertigung.

- Es besteht ein großer Raumbedarf an Maschinen für die Zwischenlagerung der Bauteile.

Die Nachteile können z.B. durch ein zentrales Zwischenlager oder durch eine zentrale Arbeitsverteilung verringert werden.

Bei der **Gruppenfertigung** werden Maschinen und Handarbeitsplätze verschiedener Art und Funktion örtlich zusammengefasst, um eine Reihe gleicher, gleichartiger oder verwandter Teilprozesse auszuführen. Als Maschinen werden häufig Universalmaschinen eingesetzt, wobei sich die Gruppenfertigung gegenüber der Werkstattfertigung durch einen wesentlich geringeren Transportaufwand auszeichnet. Rüstzeiten sind ebenfalls geringer, da in der Regel nur ähnliche Teile hergestellt werden. So eignet sich die Gruppenfertigung auch für kleinere Stückzahlen. Die Gruppenfertigung kann als Zwischentyp zwischen Werkstattfertigung und Fließfertigung mit der räumlichen Anordnung der Fließfertigung und dem zeitlichen Ablauf der Werkstattfertigung betrachtet werden.

Die Maschinen für die Gruppenfertigung sind üblicherweise Universalmaschinen, zwischen denen keine Abtaktung erfolgt. Aus diesem Grund sind Zwischenlager (Puffer) erforderlich.

Die **Fließfertigung** ist durch eine räumliche Anordnung der Fertigungsstellen in der Reihenfolge der durchlaufenden Operationen charakterisiert. Die Fertigungsoperationen sind abgestimmt, so dass eine gewisse Taktung möglich ist. Die zeitliche Abstimmung kann aber dazu führen, dass bestimmte Maschinen voll ausgelastet sind, während andere Maschinen nur wenig ausgelastet sind, was zu einer schlechten Gesamtausnutzung führt. In der Fließfertigung werden häufig Spezialmaschinen eingesetzt, da eine weitgehende Arbeitsspezialisierung vorhanden ist.

### 2.3.2.6 Fest verkettete Mehrmaschinensysteme

*Fest verkettete Mehrmaschinensysteme: Translatorische Takttischmaschinen, Rundtakttischmaschinen, Transferstraßen*

**Fest verkettete Mehrmaschinensysteme** sind auf eine spezielle Bearbeitungsaufgabe zugeschnitten. Dies äußert sich in der Regel darin, dass nur ein Werkstück, evtl. mit kleinen Variationen, bearbeitet werden kann. Ist die Bearbeitungsaufgabe für eine Bearbeitungsstation zu umfangreich, so wird sie nicht allein auf einer Bearbeitungsstation durchgeführt, sondern auf verschiedene Stationen verteilt. Das Werkstück wird hierbei linear von Station zu Station weiterbefördert (z.B. Transferstraße) oder über Rundtische verteilt (z.B. Rundtakttischanlage). **Translatorische Takttischmaschinen** setzt man bei ein- und mehrseitiger Bearbeitung kompletter Werkstücke mittlerer und hoher Stückzahl ein, die Bohr-, Senk-, Gewinde- und Fräsoperationen erfordern. Entsprechend der Fertigungsaufgabe werden die Werkstücke an allen Bearbeitungsstationen vorbeigeführt und an allen Stationen gleichzeitig bearbeitet. Hierzu werden die Bearbeitungseinheiten entsprechend der vorgewählten Vorschubgeschwindigkeit auf die Werkstücke zubewegt. Sobald alle Bearbeitungsstationen ihren Arbeitsgang beendet haben, taktet der Tisch um einen Schritt weiter. Nach jedem Arbeitstakt ist ein Werkstück fertig. Es kann von Hand oder mittels einer Handhabungseinrichtung der Maschine entnommen werden.

Bei **Rundtakttischmaschinen** führt der Maschinentisch keine translatorische, sondern eine rotatorische Bewegung durch. An jeder Station wird eine andere Operation durchgeführt. Wesentliche Vorteile der Rundtakttischmaschinen liegen in ihrer hohen Produktivität, die hier durch folgende Eigenschaften gekennzeichnet ist: Die Spannzeiten fallen in die Hauptzeit, es entsteht ein kontinuierlicher Arbeitsablauf bei einer hohen Ausbringrate. Ferner benötigt die Maschine wenig Platz und hat einen vergleichsweise geringen Anschaffungspreis. Allerdings wird für jede Werkstückgeometrie eine spezielle Spannvorrichtung benötigt. Diese Art von Maschinen wird vorwiegend in der Groß- und Mittelserienfertigung eingesetzt.

**Transferstraßen** bestehen aus einer Vielzahl hintereinander gereihter Bearbeitungsstationen, wie z.B. Dreh-, Bohr- und Fräsmaschinen, die durch eine automatische Werkstücktransporteinrichtung räumlich und evtl. auch zeitlich miteinander verkettet sind. Der Arbeitsfortschritt geschieht getaktet oder mit Zwischenpuffern ungetaktet. Sobald eine der getakteten Maschinen alle Bearbeitungseinheiten ihrer jeweiligen Aufgabe erfüllt hat, werden die Werkstücke um einen Taktweg zur nächsten Bearbeitungsstation weiterbefördert. Aufgrund der geringen Flexibilität und der hohen Investitionskosten sind solche Anlagen nur in der Großserienproduktion wirtschaftlich einsetzbar.

Die Weiterentwicklung hinsichtlich Steuerungs- und Antriebstechniken sowie der Datenverarbeitung führten zu der Entwicklung **flexibler Transferstraßen**. Sie dienen zur Herstellung eines Teilespektrums, an dessen Produktion jeweils die gleichen Maschinenstationen in derselben Reihenfolge beteiligt sind. Es handelt sich hier meistens nicht um Einzweckmaschinen mit festvorgegebenen Werkzeugen, sondern um Bearbeitungsmaschinen mit Werkzeugmagazin und Werkzeugwechseleinrichtungen. Der Materialfluss wird auch hier in getakteter oder, bei Verwendung von Zwischenpuffern, in nicht getakteter Weise vorgenommen. Die Flexibilitätserhöhung bei flexiblen Transferstraßen durch den Einsatz CNC-gesteuerter Bearbeitungsstationen mit Einzelwerkzeugbearbeitung hat gegenüber der starren Transferstraße mit angepassten Mehrspindelbohrköpfen den Nachteil einer stark reduzierten Produktivität. Aus diesem Grund wird in zunehmender Weise versucht, die Mehrspindeltechnologie in flexible Transferstraßen zu integrieren. Hierbei müssen aber auch die Mehrspindelköpfe auswechselbar sein.

## 2.3.2.7 Flexibel verkettete Mehrmaschinensysteme

**Flexibel verkettete Mehrmaschinensysteme: flexibles Fertigungssystem**

Ausgehend von der Forderung, ein Fertigungssystem zu schaffen, das gleichzeitig die konträren Ziele einer noch relativ hohen Produktivität bei hoher Flexibilität gut verbindet, wurden so genannte **flexible Fertigungssysteme (FFS)** oder auch **flexibel verkettete Mehrmaschinensysteme** entwickelt.

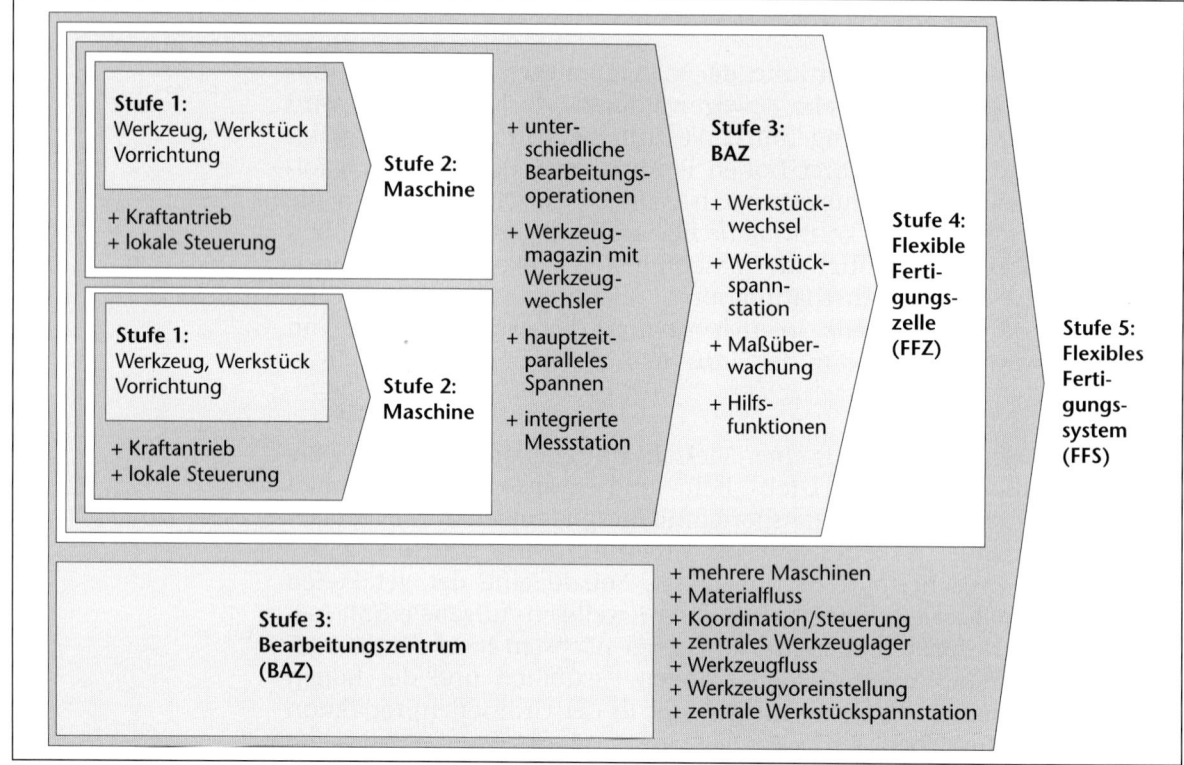

*Abb. 3: Komponenten verschiedener Fertigungssysteme (vgl. Betriebshütte)*

Flexible Fertigungssysteme setzen sich aus numerisch gesteuerten Bearbeitungszentren und anderen flexiblen Einrichtungen (z.B. Messmaschinen) zusammen, die über ein automatisches, rechnergestütztes Werkstücktransportsystem verknüpft sind. Auch die automatisch bedienbaren Werkstückspeicher für Roh- und Fertigteil sind mit dem Transportsystem gekoppelt. Die Zuführung der Werkstücke geschieht über fahrerlose Flurförderfahrzeuge, Rollengänge oder Palettenübergabeeinrichtungen. Der Materialfluss ist nicht richtungsgebunden. Werkzeuge werden mithilfe von speziellen Fördereinrichtungen und Handhabungssystemen ebenfalls automatisch bereitgestellt bzw. gewechselt.

Die einzelnen Fertigungseinrichtungen arbeiten unabhängig voneinander und ermöglichen die Komplettbearbeitung von Rohteilen oder Halbzeugen. Die Konzeption von flexiblen Fertigungssystemen ist auf die Anforderungen der Einzel-, der Kleinserien-, insbesondere der Ersatzteil- und der Teilefamilienfertigung zugeschnitten.

Die optimale Maschinenaufstellung bzw. die optimale Aufbaustruktur des FFS ist von der Anzahl der Maschinen und vom Teilespektrum abhängig. Die einfachste Anordnung von Maschinen erfolgt in einer Linienstruktur. Bei hoher Anzahl von Maschinen empfiehlt sich die Aufstellung in Ring-, Flächen- oder Leiterstruktur.

**Aufbau von FFS in Linie-, Ring-, Flächen- oder Leiterstruktur**

- **Linienstruktur**

  Hierbei werden die Maschinen rechts und links der Transportlinie angeordnet. Für die Versorgung mit Werkstücken werden in der Regel schienengebundene Transportsysteme eingesetzt. Der Vorteil der Linienstruktur liegt darin, dass nur wenig Platz benötigt wird und Erweiterungen sehr einfach zu realisieren sind. Allerdings wird durch diesen Aufbau die Wartung und ein manueller Werkstückwechsel bei Störungen im Transportsystem sehr erschwert.

- **Ringstruktur**

  Das Fördersystem ist hier oval, ringförmig oder rechteckig angeordnet, wobei die Versorgung von einer zentralen Stelle aus erfolgt. Die Bearbeitungsmaschinen sind auch hier rechts und links des Transportsystems angeordnet. Die Ringstruktur besitzt die gleichen Nachteile wie die Linienstruktur.

- **Flächenstruktur**

  Die Maschinen werden bei Flächenstruktur auf den zur Verfügung stehenden Flächen nach systemabhängigen oder fertigungstechnischen Gesichtspunkten aufgestellt. Der Werkstücktransport erfolgt über induktiv geführte Transportwagen oder durch Flächen-Portalroboter. Die Vorteile dieser Struktur sind die gute Zugänglichkeit zu den Maschinen und die gute spätere Erweiterungsmöglichkeit. Nachteilig sind hierbei der große Flächenbedarf und die langen Fahrstrecken für das Transportsystem.

- **Leiterstruktur**

  Die Paletten mit den Werken fahren auf einem Fördersystem um die Maschinen und warten in Eingangspufferstrecken, bis die zugewiesene Maschine frei ist. Als Transportsystem eignen sich Staurollen-Fördersysteme oder Doppelgurt-Transportbänder. Die Struktur hat den großen Nachteil, dass die Maschinen von dem Transportsystem eingeschlossen und dadurch nur sehr schwer zugänglich sind.

Ein typisches FFS besteht aus folgenden Komponenten:

- **Lager für Roh- und Fertigteile:** Zur Speicherung von Rohteilen und Zulieferteilen werden Regalsysteme verschiedener Aufbauformen benötigt.

- **Lager für Spannmittel:** Hier werden die für den manuellen Spannvorgang benötigten Spannelemente und Werkzeuge gelagert.

- **Rüstplatz für Rohteile:** Hier erfolgt die Montage der Rohteile auf Paletten, zumeist von Hand.

- **Puffer für Rohteile:** Um einen mannarmen Schichtbetrieb aufbauen zu können, müssen in einem Palettenpuffer genügend Rohteile fertig gespannt bereitgestellt werden.

- **Transportsystem für Werkstücke:** Es werden in der Praxis Kettenförderer, Bandförderer oder fahrerlose Transportsysteme eingesetzt.

- **Fertigungseinrichtungen:** NC-, bzw. CNC-Bearbeitungsmaschinen, Bearbeitungszentren, NC-gesteuerte Fräs- oder Bohrmaschinen, Waschmaschinen, Prüf- und Signiermaschinen etc. werden je nach zu bearbeitenden Werkstückspektren in FFS eingesetzt.

- **Werkzeuglager:** Lagerpaletten für Werkzeuge mit einer Werkzeugvoreinstellung, Werkzeugtransportsystem etc.

- **Werkzeugvoreinstellung:** Zur Korrektur der Werkzeugparametersätze in NC-Programmen wird die Werkzeugvoreinstellung benötigt.

- **Maschinensteuerungen:** Die Steuerungen der einzelnen Maschinen können NC- oder CNC-Steuerungen sein. Auch werden SPS und Steuerungen für Industrieroboter in FFS eingesetzt.

- **Werkzeugtransportsystem:** Für den Werkzeugtransport werden verschiedene Transportsysteme eingesetzt. Neben Industrierobotern erfolgt der Werkzeugaustausch zwischen Werkzeuglager und Werkzeugwechselsystem an der Maschine oft von Hand.

- **Bedienpult:** Hier werden Steuerungs- und Überwachungsaufgaben vom Bedienpersonal ausgeführt.

Die Steuerung des Fertigungsvorganges erfolgt in der Regel durch horizontale und vertikale Vernetzung der einzelnen Maschinensteuerungen, Robotersteuerungen und speicherprogrammierbaren Steuerungen untereinander und mit dem übergeordneten zentralen Fertigungsleitrechner. Der Informationsaustausch der einzelnen Steuerungen erfolgt über ein geeignetes Netzwerk, dessen Aufbau besondere Aufmerksamkeit bezüglich der Schnittstellen und der Protokolle erfordert.

Die Bedienung eines FFS erfordert qualifizierte Mitarbeiter, die in der Regel kleine Handhabungsfunktionen und Überwachungs- und Steuerungsfunktionen übernehmen müssen.

Die Vorteile eines FFS gegenüber anderen Fertigungskonzepten lassen sich wie folgt zusammenfassen:

- **Hohe Produktivität bei gleichzeitiger Flexibilität**, d.h. schnelle Adaption des Konzepts an ein geändertes Teilespektrum.

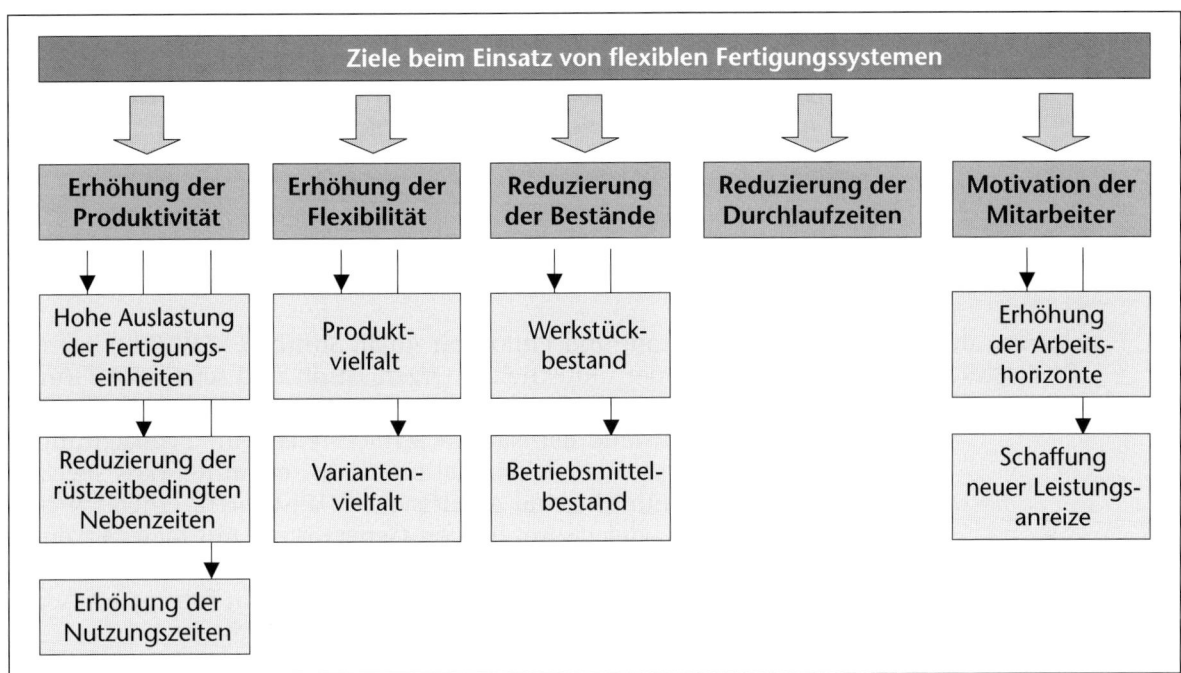

*Abb. 4: Ziele des Einsatzes von flexiblen Fertigungssystemen (vgl. Betriebshütte)*

- **Hohe Wirtschaftlichkeit.** Mit einem an ein Produktionsspektrum angepassten FFS lassen sich kleine bis mittlere Stückzahlen wirtschaftlich fertigen, da die Nebenzeiten gering sind und ein schnelles Umstellen auf ein anderes Produktionsspektrum möglich ist.

- **Gute Ausbaufähigkeit.** Bei Änderung der Produkte in Richtung höherer Komplexität oder weiterer erforderlicher Bearbeitungsvorgänge lassen sich FFS durch zusätzliche Maschinen, Transportsysteme, Lagerbereiche oder andere Komponenten erweitern.

Bei großen Stückzahlen bzw. großer Ausbringungsmenge des gleichen Produktes ist die Bearbeitung auf einem FFS nicht mehr wirtschaftlich. Für diesen Fall ist die Übertragung des Produktes auf eine flexible Transferstraße sinnvoller. Kennzeichen eines solchen Systems ist der in eine Richtung ablaufende Materialfluss, der, abhängig von der langsamsten Systemeinheit, getaktet abläuft. Problematisch ist im Allgemeinen das Umrüsten einer Transferstraße auf ein neues Produkt, da Maschinen, Transport- und Informationssysteme optimal auf das jeweilige Werkstück angepasst werden müssen.

## 2.4 Mitarbeiterorientierte Organisationsformen

### 2.4.1 Von der tayloristischen Organisation zu autonomen, gruppenarbeitsorientierten Produktionsstrukturen

*von Rainer Kämpf*

#### 2.4.1.1 Adam Smith – Das System der Arbeitsteilung

**Steigerung der Produktivität**

Der englische Ökonom und Philosoph Adam Smith (1723–1790) begründete die Prinzipien der industriellen Organisation und setzte den Grundstock der funktionalen Unternehmensorganisation. In seinem bekanntesten Werk »Der Wohlstand der Nation« schilderte er seine Beobachtungen in einer englischen Stecknadelfabrikation. Smith erkannte, dass spezialisierte Arbeiter, die nur einzelne Arbeitsschritte ausführen, erheblich produktiver sind als die gleiche Anzahl von Generalisten. Aus dieser Erkenntnis leitete Smith seinen Grundsatz der Arbeitsteilung ab. Dieser besagte, dass Arbeitsteilung zu einer Steigerung der Produktivität führt. Laut Adam Smith beruht dieser Vorteil auf drei wesentlichen Faktoren:

1. der größeren Geschicklichkeit jedes einzelnen Arbeiters
2. der Zeitersparnis, da kein Wechseln der Tätigkeit mehr nötig ist
3. der technologischen Entwicklung – durch den Einsatz von Maschinen wird eine zusätzliche Arbeitserleichterung erzielt

---
- Grundsatz der Arbeitsteilung ⇨ Produktivität
- Vorteil der Arbeitsteilung
  - größere Geschicklichkeit
  - Zeitersparnis
  - Einsatz von Maschinen
- »Programmierung« und Kontrolle des Arbeiters
---

*Abb. 1: Adam Smith (1723–1790)*

**Entfaltung der Bürokratie**

Die Beschäftigten in einer von der Arbeitsteilung geprägten Unternehmung schließen nie eine Aufgabe ab, sondern führen immer nur kleine Teilarbeitsschritte durch. Mit Beginn des Eisenbahnbaus in Nordamerika gelangten die Thesen von Adam Smith auch über den Atlantik. Hier wurden die Erkenntnisse weiterentwickelt und eine neuartige Unternehmensstruktur, die Bürokratie, entfaltete sich. Gerade bei Bau und Organisation der Eisenbahn war das bürokratische System von großem Nutzen und hielt Mitte des 19. Jahrhunderts Einzug in die gesamte Wirtschaft.

Der Arbeiter erfuhr eine zunehmende »Programmierung«, da zusammen mit der Arbeitsteilung für alle Situationen Regeln aufgestellt wurden. Die Einhaltung dieser Regelwerke wurde über ein ständig wachsendes Berichtswesen kontrolliert. Eine weitere Entwicklung, die sich aus der Spezialisierung der Arbeit ergab, war die Einführung von klaren Kompetenz- und Kommandostrukturen. Diese Ausprägung der Arbeitsteilung fand ihren vorläufigen Höhepunkt im Taylorismus.

### 2.4.1.2 Frederick Winslow Taylor – Taylorismus

Der Taylorismus ist inzwischen ein Synonym für die funktionale Unternehmensorganisation. Frederick Winslow Taylor (1856–1915) verfeinerte das System der Arbeitsteilung. Für Taylor stand eindeutig die Steigerung der Produktivität im Vordergrund seines Strebens. Damit, so glaubte Taylor, ließe sich auch der Wohlstand des Arbeiters steigern. Das Bild des Arbeiters im 19. Jahrhundert wurde von Marx mit den Attributen austauschbar, ungeschult und besitzlos beschrieben. Taylor versteht den Arbeiter, in seinem Hauptwerk »Principles of Scientific Management« als Bestandteil einer großen Maschinerie. Der Arbeiter hat in diesem System ein beschränkte Anzahl an operativen, repetitiven und routinemäßigen Aufgaben zu erfüllen.

**Funktionale Unternehmensorganisation**

- Arbeitsteilung zum Wohl des Arbeiters
- Arbeiter als Bestandteil einer großen Maschinerie ⇨ normierte Abläufe
- Fragmentierung und Analyse von Bewegungen
- technische Abteilungen statt Vorarbeitern
- Polarisierung der Beschäftigten
  - Werker
  - Angestellte

*Abb. 2: Frederick Winslow Taylor (1856–1915)*

Taylor entwickelt seine Grundsätze als Vorarbeiter bei der Midval Steel Company in Philadelphia. Seine Versuche, Zeit- und Bewegungsstudien stehen im krassen Gegensatz zu den damaligen Arbeitspraktiken. Er fragmentiert und analysiert Bewegungsabläufe und setzt die besten Sequenzen zu normierten Bewegungen zusammen. In detaillierten Anweisungen an die Arbeiter schreibt er den Arbeitern sogar die Pausen vor. Mit diesen Normabläufen will Taylor gegen das Bummeln am Arbeitsplatz vorgehen. Darin sieht Taylor einen groben Verstoß der Arbeiter gegen ihre Pflicht, Arbeitsleistung zu erbringen. Durch die zunehmende Mechanisierung der Arbeit seien vor allem die Facharbeiter zu wenig ausgelastet. Um dem entgegenzuwirken, führt Taylor ein Akkordsystem ein, das überdurchschnittliche Arbeit belohnt und langsames Arbeiten bestraft.

**Normierung der Abläufe**

*»Als Systembauer, dem es darauf ankam, innerhalb des von ihm geschaffenen Systems Ordnung herzustellen und alle Vorgänge zu beherrschen, gab sich Taylor nicht damit zufrieden, Maschinen neu zu entwerfen und neue Möglichkeiten für das Zusammenwirken von Mensch und Maschine zu finden; sein Bestreben war es vielmehr, den ganzen Arbeitsplatz oder die ganze Fabrik zu einer leistungsfähigen Produktionsmaschine umzugestalten.« (Huges, Die Erfindung Amerikas)*

## 2.4 Mitarbeiterorientierte Organisationsformen

Um die Gedankengänge Taylors und die Philosophie der funktionalen Organisation noch weiter zu verdeutlichen, ist es nötig, einen Überblick über das Arbeitsumfeld zu dieser Zeit zu erhalten: Einem Auftrag folgte ein schriftliche Produktionsanweisung an die Arbeiter. Diese Anweisungen wurde von den Vorarbeitern erstellt. Sie legten das Produktionsverfahren und die benötigten Bauteile fest und sorgten für ausreichende Rohstoffe. Der Arbeiter meldete jedes fertig gestellte Teil dem Vorarbeiter und bekam von ihm das Material für das nächste Teil. Der Vorarbeiter überwachte den Produktionsprozess, ohne über genaue Zeitvorgaben zu verfügen. Somit war es fast unmöglich, die einzelnen Arbeitsschritte aufeinander abzustimmen. Folge waren Verzögerungen und lange Wartezeiten.

**Berücksichtigung der Zeitkomponente**

Dieser Zustand widersprach Taylors Wunsch nach Produktivitätssteigerung zutiefst. Er führte deshalb besondere technische Abteilungen ein, die die Vorarbeiter bei der Produktionsplanung und Materialbestellung ablösten. Außerdem legten diese Abteilungen genau fest, welches Material von welchem Arbeiter an welcher Maschine bearbeitet wurde. Die Zeit- und Bewegungsstudien ermöglichten außerdem, fortan die Zeitkomponente zu berücksichtigen. Die Arbeiter bekamen nun Vorgaben, wann ein Arbeitsvorgang durchzuführen war und wie viel Zeit dafür veranschlagt worden war. Das Feedback über das Berichtswesen diente dem Planungsbüro als Kontrolle der angesetzten Normzeiten. Diese Änderungen führten dazu, dass der Materialfluss um ein Vielfaches verbessert werden konnte und zusätzlich die Kostenabrechnung deutlich erleichtert wurde.

**Trennung von direkten (wertschöpfenden) und indirekten Bereichen**

Taylors Managementsystem ist heute unter den Begriffen »funktionales« oder »wissenschaftliches Management« bekannt. Sein System stellte eine Wende in der Beziehung zwischen Arbeitern und Unternehmensführung dar. Taylor hatte eine Polarisierung der Beschäftigten durchgeführt: Es gab nun die Werker, die in den direkt wertschöpfenden Bereichen tätig waren, und die Angestellten, die nur indirekt zur Wertschöpfung beitrugen. Der Gedanke der Produktivitätssteigerung und Arbeitsspezialisierung wurde in den folgenden Jahrzehnten und dem beginnenden Massenmarkt immer weiter ausgebaut.

### 2.4.1.3 Henry Ford – Massenfertigung durch optimierten Produktionsfluss

**Einführung von Fließbändern**

Henry Ford (1863–1947) war einer derjenigen, die den Taylorismus weiterentwickelten, auch wenn er bestritt, davon inspiriert worden zu sein. Ford zerlegte die Arbeiten ebenfalls in kleinste, wiederholbare Aufgaben. Er benötigte keine Monteure mehr, die ganze Autos bauten, sondern Arbeiter, die festgelegte Tätigkeiten ausführten. Jedoch bestand sein Netz von ineinander greifenden Arbeitsschritten nicht aus Arbeitern und Vorarbeitern, wie dies bei Taylor der Fall war, sondern aus Transportwegen, Förder- und Fließbändern. Die Fabrik am Highland Park, in der das Fließband erfunden wurde, stellte ein völlig neues System der Massenproduktion dar. In einem genau gelenkten und kontrollierten Fluss von Energie und Material entstanden in bislang unbekanntem Umfang Automobile für den Massenmarkt.

- vollkommen neues System der Massenproduktion
- Netz aus Förderbändern
- niedrige Preise für Massenkonsum:
  - optimaler Produktionsfluss
  - Modell T
- erheblich Vereinfachung der Automontage
- Koordination von Menschen und Tätigkeiten um ein Vielfaches erschwert

*Abb. 3: Henry Ford (1863–1947)*

**Reibungsloser Produktionsfluss**

Ford konzentrierte sich auf den Produktionsfluss. Diese Idee hatte er von der Energieversorgung übernommen. Er verlangte, dass produzierte Autos sofort von den Händlern abgenommen werden sollten, um einen optimalen Materialfluss zu gewährleisten. Für Ford stand das System an erster Stelle. Er forderte von seinen Mitarbeitern, dass sie die besten Spezialmaschinen entwerfen sollten. Ebenso wichtig war es, die Maschinen so anzuordnen, dass zusammen mit den Fördersystemen für Material ein reibungsfreier Fluss der Teile durch die Fabrik ermöglicht wurde.

So benötigte man noch zu Beginn der Produktionstätigkeit 12,5 Stunden für die Fertigung eines Autos, 1925 rollte alle 30 Sekunden ein Modell T vom Band. Zu diesem Fördersystem zählten nicht nur die Fließbänder, die die Autos transportierten. Ein eigenes Eisenbahnnetz und eigene Energieproduktionen versorgten die Werke mit Rohstoffen und Energie. Auch die Autoteile wurden in eigenen Fordwerken hergestellt. Sogar Erz- und Kohleminen zählten zum Unternehmen. Außerdem organisierte sich der Vertrieb über Vertragshändler im ganzen Land.

**Das Auto als Massenprodukt**

Ford war fest davon überzeugt, dass das Automobil ein Erzeugnis für die Massenproduktion und damit den Massenkonsum sei. Er war entschlossen, sein Modell T dem Durchschnittsamerikaner und Millionen von Farmern zu verkaufen. Dazu verlangte er von seinen Managern, niedrige Preise zu schaffen, um den Massenkonsum anzuregen. Durch den fortlaufenden Produktionsfluss und die Konzentration auf ein einziges, das Modell T, gelang es, die Herstellungskosten drastisch zu senken. Der Preis für das Grundmodell konnte so von $ 990 auf $ 440 gesenkt werden.

Neben all diese Erfolgen zeichnete sich aber schon bald ein Problem der funktionalen Unternehmensorganisation ab. Die Automontage wurde erheblich vereinfacht, »*aber den Prozess der Koordinierung der Menschen, die diese Tätigkeiten verrichteten, und die Zusammenführung der Ergebnisse ihrer Arbeit zu einem vollständigen Fahrzeug ungleich schwerer.*« (Hammer/Champy, Business Reengineering). Doch noch blieb die funktionale Organisation das Erfolgsrezept auf den Massenmärkten der Welt.

#### 2.4.1.4 Alfred Sloan – Dezentralisierung des Unternehmens und Arbeitsteilung im Management

**Komplettierung der Arbeitsteilung**

Alfred Sloan behob die Probleme, die Ford Ende der zwanziger Jahre seine Marktführerschaft kosteten. Sloan stand an der Spitze von General Motors und verfeinerte und vervollständigte das System der Massenproduktion von Henry Ford. Damit schuf er den Prototypen eines modernen Managementsystems. Er errichtete kleine, dezentralisierte Unternehmenseinheiten, die von einer Konzernzentrale aus überwacht wurden. Den Führungskräften genügte es, die Auswertung der Produktions-, Umsatz-, Lager- oder sonstiger Finanzzahlen zu sehen, um zu erkennen, wie gut die einzelnen Bereiche arbeiteten. Als Chef von General Motors führte er für jedes Automodell und jede Fahrzeugkomponente einen eigenen Geschäftsbereich ein.

- Verfeinerung des Systems der Massenproduktion
- Dezentralisierung der Unternehmenseinheiten
- Arbeitsteilung auf Managementebene
   ⇨ Finanzmanager und Marketingexperten
- Komplettierung der Arbeitsteilung
- Wegbereiter für expansive Unternehmenspolitik

*Abb. 4: Alfred Sloan*

Außerdem wandte er nun auch den Grundsatz der Arbeitsteilung auf Managementebene an. Folge dieser Entwicklung war, dass die Unternehmensleiter keine technischen Spezialkenntnisse mehr benötigten. Ihre Fähigkeiten sollten im Bereich des Finanzwesens angesiedelt sein. Die technischen Fachgebiete wurden von Spezialisten geleitet und überwacht. Neben technischen Experten tauchten nun auch Finanzmanager und Marketingfachleute in den Unternehmensleitungen auf.

**Konzernbildung**

Durch die von Sloan erwirkten Änderungen in der Unternehmensorganisation wurde die Arbeitsteilung komplettiert. Taylor und Ford hatten sie bereits auf Fabrikebene durchgeführt, doch erst jetzt hatte sich die Arbeitsteilungen auch in den Fachabteilungen durchgesetzt. Die funktionale Organisation im Massenmarkt war um einen weiteren Schritt gereift. Damit hatte Sloan die Tür zu einer expansiven Unternehmenspolitik aufgestoßen und den Weg in Richtung Konzernbildung eingeleitet.

#### 2.4.1.5 Nachkriegszeit – Pyramidenförmige Hierarchien mit zentraler Planung und Steuerung

Der letzte Schritt hin zum heutigen funktionalen Management vollzog sich in den Nachkriegsjahren. Zwischen 1945 und 1960 folgte auf die mageren Kriegsjahre ein enormes wirtschaftliches Wachstum, ausgelöst durch eine riesige Nachfrage nach Gütern aller Art. Dieser Nachholbedarf der Konsumenten löste einen Wirtschaftsboom aus, der nur mittels eines reformierten Organisationsmodells zu bewältigen war. In dieser Zeit entstanden Weiterentwicklungen der tayloristischen Planungsmodelle. Diese waren notwendig geworden, um den schnell wachsenden Massenmarkt zu bedienen und dabei die eigenen, wachsenden Strukturen noch kontrollieren zu können.

- enormes Wirtschaftswachstum
- Nachholbedarf der Konsumenten
- Weiterentwicklung des tayloristischen Modells
- wachsender Massenmarkt ⇨ schnell wachsende Strukturen
- Konzernleitung, Controller, Planer; Revisoren
- Zerlegung der Büroarbeiten
- immer komplexere Pyramidenstruktur

*Abb. 5: Nachkriegszeit*

Die Konzernleitung fällte sämtliche organisatorischen Entscheidungen. Sie bestimmte, welche Geschäftsbereiche mit welchen finanziellen Mitteln ausgestattet wurden. Auch die Ergebnisvorgaben erhielten die Abteilungen von den Führungskräften. Ein umfangreicher Stab von Controllern, Planern und Revisoren kümmerte sich um die Prüfung der Leistungsdaten und begann sich zunehmend in die Planungstätigkeit des operativen Managements einzumischen.

**Machtposition der Konzernleitung**

Um auch weiterhin mit der wachsenden Nachfrage Schritt halten zu können, mussten die Firmen auf immer komplexere Organisationssysteme zurückgreifen. Die pyramidenförmigen Strukturen eigneten sich sehr gut dafür, Erweiterungen des Unternehmen durchzuführen und gleichzeitig Kontrolle und Planung beizubehalten. Der zunehmende technische Fortschritt der sechziger Jahre führte zu einer weiteren Aufteilung der Arbeit. Inzwischen waren auch im Büro die meisten Tätigkeiten in einfache, wiederholbare Abläufe zerlegt worden, was insgesamt zu einer Verkürzung der Arbeitszeiten führte.

**Zunehmende Komplexität der Organisation**

### 2.4.1.6 Wandel des Marktes und Abkehr von der arbeitsteiligen, funktionalen Organisation

Die Macht der Kunden hatte sich seit den frühen achtziger Jahren verstärkt. Aus einem Anbietermarkt war ein Käufermarkt geworden. Der Mangel war dem Überangebot und einem Verdrängungswettbewerb gewichen. Anstelle von Verfügbarkeit legten die Verbraucher nun ihr Augenmerk auf Qualität, Wertbeständigkeit und Individualität. Die Intensivierung des Wettbewerbs bedingte eine noch stärkere Fokussierung auf Preis und Qualität. Die zunehmende Globalisierung und der Abbau der Handelsschranken brachten nicht nur neue Wettbewerber, sondern auch eine gesteigerte Produktvielfalt auf die Märkte. Der permanente Wandel wird zur Konstante, das Tempo des Wandels hat sich entscheidend erhöht. Der Pro-

**Vom Anbietermarkt zum Käufermarkt**

duktlebenszyklus wird immer kürzer und damit der Druck auf Produktentwicklung und -einführung immer größer. Unternehmen müssen also immer schneller und flexibler am Markt agieren können.

**Verringerung der Flexibilität**

Die sich ständig ändernden Bedingungen im wirtschaftlichen, sozialen und betrieblichen Umfeld der Unternehmen machen es heute notwendig, auch die Organisationsstrukturen an diesen Wandel anzupassen. Die zunehmende Vergrößerung der Unternehmen und die gleichzeitige Fragmentierung der Arbeiten blähte den mittleren Teil des Organigramms im Laufe der Zeit immer mehr auf. Dazu verkomplizierten sich die Prozesssteuerung und die begleitenden Tätigkeiten immer weiter. Die überladenen Verwaltungsapparate führten mit der Zeit zu Phänomenen wie den »diseconomies of scale«. Für die Produktion oder die Bereitstellung einer Dienstleistung war also ein überproportional steigender Verwaltungsaufwand nötig. Kunden sind heute jedoch nicht mehr bereit, diese kostenintensiven Strukturen zu finanzieren.

Zwar versuchte man mit Mitteln wie Teamarbeit, Job Rotation, Job Enlargement und Enrichment sich in der immer komplexeren Koordination der Unternehmen zurechtzufinden, doch stellte sich allmählich heraus, dass das Problem tief greifender war. Es galt, nicht die Symptome zu behandeln, sondern das inzwischen über 200 Jahre alte System von Adam Smith neu zu überdenken. Die bisherige Ausrichtung auf Kostenstellen und ein hierarchisches Positionsdenken hatten die Unternehmen starr, bürokratisch und inflexibel werden lassen. Die Zusammenarbeit der einzelnen Unternehmensteile wurden dadurch erschwert.

**Abnahme der Wertschöpfung**

Die Rezession zu Beginn der neunziger Jahre verstärkte diese Forderungen deutlich. Vor allen im industriellen Bereich stieg der Aufwand für begleitende Tätigkeiten enorm an. Direkte Wertschöpfung fand dagegen in immer geringerem Umfang statt. Gründe sind hohe Durchlauf- und Rüstzeiten sowie aufwendige Qualitätskontrollen bei geringer Auslastung. Die funktionale Organisation erwies sich als immer weniger zeitgemäß. Es wurde erforderlich, die Kopf- und Handarbeit wieder zusammenzurücken und sich auf den so genannten Workflow zu konzentrieren. Ende der achtziger Jahre hatte sich bereits unter dem Begriff des »Business Reengineering« eine neue Form der Unternehmensorganisation gebildet. Der Blick war nun auf die Prozessorientierung gerichtet.

---

- größere Unternehmen und Arbeitsteilung
  ⇨ Aufblähung des mittleren Managements
- Marktveränderungen:
  – Kunden
  – Wettbewerb
  – Wandel
- fortschreitende Abnahme der direkte Wertschöpfung

---

*Abb. 6: Grenzen der funktionalen Organisation*

### 2.4.1.7 Prozessorientierung und Integration von direkten (wertschöpfenden) und indirekten Bereichen

Die Trennung von Hand- und Kopfarbeit in den Unternehmen hat ihren Ursprung und ihre Berechtigung im tayloristischen Weltbild der Arbeit. Die Zergliederung der ehemals rein manuellen bzw. teilautomatisierten Arbeitsprozesse bis in kleinste Arbeitsschritte brachte zwangsläufig die Entstehung und den fortschreitenden Ausbau der vorbereitenden und begleitenden Funktionsbereiche mit sich. Um Mengeneffekte zu realisieren, Qualifizierungsaufwände niedrig zu halten, Kapazitäten auszulasten und Märkte für Kunden, die willige Abnehmer waren, zu befriedigen, war die Spezialisierung erforderlich. Eine Polarisierung der Unternehmensbereiche fand statt: auf der einen Seite die Werker in den direkten wertschöpfenden Produktionsbereichen und auf der anderen Seite die Angestellten in den indirekten, nichtwertschöpfenden Funktionsbereichen.

**Reorganisation der Strukturen**

Mit der Abkehr der Kunden weg vom Massenprodukt hin zu individuell zugeschnittenen Produkten und spezifischen Problemlösungen wuchs die Vielfalt, der Mengenbedarf sank, und das betriebliche Chaos nahm zu. Die Planer planten immer mehr mit den genauesten Methoden, und die Produktionsleute rüsteten ihre Maschinen immer häufiger um. Mit der Rezession Anfang der neunziger Jahre wurde plötzlich offensichtlich, was alle schon wussten, aber keiner wahrhaben wollte: Die betrieblichen Strukturen passten nicht mehr zu den benötigten Prozessen. Zu viel Aufwand in den indirekten Bereichen für zu wenig Wertschöpfung in den direkten Produktionsbereichen. Hohe Durchlaufzeiten, aufwendige Qualitätssicherung und geringe Auslastung der Kapazitäten führten in vielen Fällen zu einer kostenintensiven und nicht mehr wettbewerbsfähigen Produktherstellung.

**Ganzheitliche Aufgabenbearbeitung**

Die Zusammenführung von Hand- und Kopfarbeit, oder anders formuliert, die Rückführung von ganzheitlicher Aufgabenbearbeitung in die Tätigkeitsbilder der arbeitenden Menschen wird derzeit von vielen Arbeitswissenschaftlern gefordert. Das kann bedeuten, dass die Feingliederung der Arbeitsabläufe und die Zuordnung der Teilaufgaben in die Kompetenzbereiche verschiedener Bearbeiter neu überdacht und reorganisiert werden müssen. Tatsächlich findet bereits in vielen Unternehmen ein solcher Prozess statt.

**Autonomie und Eigenverantwortung**

Kristallisationspunkt ist dabei die Integration der indirekt produktiven Aufgaben im Produktionsbereich in das Tätigkeitsspektrum der direkt tätigen Mitarbeiter. Transport- und Materialbereitstellungsaufgaben sowie Selbstprüfung bilden häufig die erste Stufe einer Integration. Darauf aufbauend ergeben sich Möglichkeiten einer qualitativ höherwertigen Aufgabenintegration durch die Einbeziehung von Aufgabeneinteilung, Ablaufplanung, Wartungsaufgaben, Rüst- und Einrichtarbeiten. Abgerundet werden diese Tätigkeiten auf einer dritten Stufe der Integration, wenn weitgehende Autonomie im Handeln und Entscheiden am Einzelarbeitsplatz oder in Gruppenarbeitssystemen erreicht wird. Störungsbeseitigung bzw. Reparaturaufgaben, Controlling und Personalverantwortung, Problemlösungsprozesse und Qualifizierungsaufgaben, planende und steuernde

Tätigkeiten sind als integrale Bestandteile einer umfassenden Arbeitsaufgabe die Voraussetzung für diese Autonomie.

Derartige Arbeitssysteme zeichnen sich durch wenige Verbindungsstellen zu vor- und nachgelagerten Bereichen und in der Regel durch ein hohes Maß an eigenverantwortlichem Handeln aus. Die Transparenz der internen Ablauforganisation nimmt für außenstehende Betrachter ab. Das bedeutet, dass mit zunehmendem Integrationsgrad auch eine Abnahme bzw. Verschiebung von »Machtbesitz« verbunden ist. Die Chancen solcher eigenständigen Organisationseinheiten lassen sich durch eine Reihe von Eigenschaftswörtern verdeutlichen: klein, flexibel, qualifiziert, schnell, unbürokratisch, kommunikativ, kooperativ, problemlösungsorientiert und ressourcenschonend. Der wirtschaftliche Erfolg stellt sich folgerichtig mit der Erschließung derartiger »Soft-Potenziale« ein, denn die organisatorischen und personellen Reibungsverluste, die aus Schnittstellenübergängen, Hierarchiestufen, Zuständigkeitsdebatten, Absicherungs- und Verwaltungsaufwänden, Informationsverlusten etc. resultieren, lösen sich auf.

### 2.4.1.8 Fertigungsinseln, Gruppenarbeit, autonome Organisationseinheiten

**Produktorientierung** Mit der Einführung der Fertigungsinseln wurde ein erster Schritt in diese Richtung bereits in den auslaufenden siebziger und in den achtziger Jahren unternommen. Stark produktionsorientiert und an den technologischen Gegebenheiten festgemacht, wurde das vorherrschende Verrichtungsprinzip in den Unternehmen erstmalig von der produktorientierten Zusammenstellung der erforderlichen Maschinen im »Inselprinzip« durchbrochen. Damit waren gleichzeitig Möglichkeiten zur Integration indirekter Aufgaben gegeben.

**Gruppenarbeit** In der Folge setzten sich Ende der achtziger und Anfang der neunziger Jahre die gruppenarbeitsorientierten Produktionsstrukturen in vielen Bereichen der Wirtschaft durch. Vor allem in den produktiven Bereichen der Unternehmen, beispielsweise in der Teilefertigung oder Montage, wurden teamfähige Personalstrukturen eingeführt. Wenn auch heute noch lange nicht von autonomen Organisationseinheiten gesprochen werden kann, so befinden sich doch viele Unternehmen auf dem Weg dorthin. Die Gestaltungsperspektiven zur Erschließung von Ratio-Potenzialen auf diesem Gebiet sind noch lange nicht erschöpft.

### Literaturempfehlungen

*Bullinger, H.-J.; Warnecke, H.-J.:* Neue Organisationsformen im Unternehmen. Berlin, Heidelberg, New York 1996.

*Freilinger, C.; Klis, N. A.:* Organisation 2000. Wiesbaden 1994.

*Hammer, M.; Champy, J.:* Business Reengineering. Frankfurt, New York 1994.

*Huges, T. P.:* Die Erfindung Amerikas. München 1991.

## 2.4.2 Schlanke Produktion (Toyota Production System)

*von Helmuth Gienke*

### 2.4.2.1 Hintergründe

Der Begriff »Schlanke Produktion« wurde im Team von Jim Womack, Dan Jones und Dan Ross im International Motor Vehicle Program geprägt, das als »die MIT-Studie« bekannt geworden ist. In der japanischen Automobilindustrie entspricht dem die Bezeichnung »Toyota Production System«, die hier synonym verwendet wird. Das Verfahren ist unter vielen verschiedenen Namen kopiert worden. Es zeichnet sich durch einige revolutionäre Ausprägungen aus, die der japanischen Automobilindustrie einen derartigen Produktivitätsschub gaben, dass die übrigen Hersteller und die Zulieferer bestrebt waren, so schnell wie möglich das System kennen zu lernen und selbst anzuwenden.

**Schlanke Produktion = Toyota Production System**

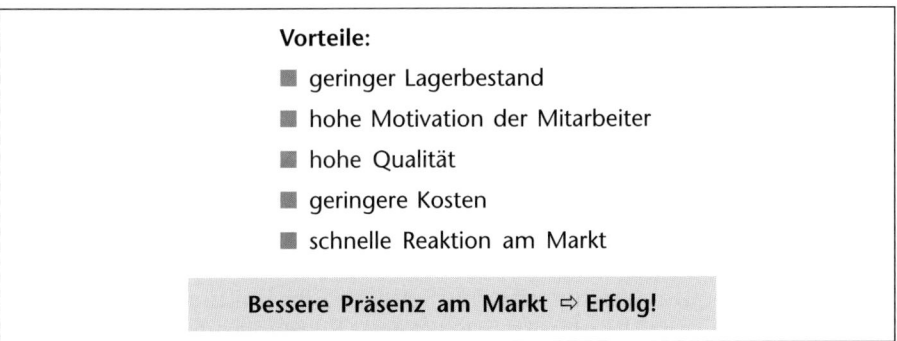

Abb. 1: Vorteile der Schlanken Produktion

Der zentrale Begriff ist die Vermeidung von Verschwendung (Muda), die aber von einem auf den ersten Blick verwirrenden Umgang mit Fertigungskapazitäten begleitet ist. So werden Vorgänge, die zur Minderung der Maschinenkapazitäten führen, nicht sorgfältig analysiert und optimiert, sondern der bisher maximale Ausstoß als Maßstab genommen. Angestrebt wird – mit entsprechender Rücksichtslosigkeit bei der Reduzierung der Rüstzahlen – die Fertigung einzelner Teile. Erst bei gezielter Analyse und ganzheitlicher Betrachtung werden die Hintergründe und Auswirkungen erkennbar.

**Reduzierung der Verschwendung**

Als Begründer des Toyota Production System werden Eiji Toyoda und Taiichi Ohno angesehen. Wer immer es war, den Anstoß gab die Situation der japanischen Automobilindustrie. Sie erzwang spezifische Maßnahmen, die überraschende Ergebnisse zeigten. Obgleich diese Ergebnisse den herrschenden Ansichten widersprachen, wurden sie akzeptiert, und das Unternehmen zog entsprechende Konsequenzen.

## 2.4 Mitarbeiterorientierte Organisationsformen

**Besondere Umstände ...**

Die Situation des Unternehmens Toyota war gekennzeichnet durch folgende Umstände:

- Ausländische Hersteller waren vom japanischen Markt verbannt.
- Der japanische Automarkt war durch die herrschende Armut sehr eng.
- Um diesen engen Markt stritten sich mehrere Hersteller.
- Produktionsmaschinen gab es nur für große Betriebe mit hohen Stückzahlen, die in Japan nicht abgesetzt werden konnten.
- Toyota musste seinen Mitarbeitern eine Arbeitsplatzgarantie geben, nachdem Überkapazitäten abgebaut waren.
- Das zuständige Ministerium (MITI) verlangte die Fusion der Autohersteller zu einigen wenigen Unternehmen.

**... erfordern besondere Maßnahmen**

Diese Situation führte bei Toyoda und Ohno nicht zu einer Anpassung im Sinne von Akzeptanz und Resignation. Es regte sie vielmehr an, ihre unternehmerischen Fähigkeiten einzusetzen und Wege zur Lösung der Situation zu suchen. Zuerst galt es, für die überdimensionierten Anlagen eine bessere Auslastung zu schaffen. Problematisch war, dass die Fertigung kleiner Lose häufiges Umrüsten erforderte. Die ersten Versuche mit der Aufforderung an alle Mitarbeiter, die Zeiten für die einzelnen Rüstvorgänge zu reduzieren, waren so erfolgreich, dass sich daraus eine Produktionsmethode entwickelte, die bahnbrechende Ergebnisse hatte. In der Folge wurden, aufbauend auf diesen Erkenntnissen, neue Verfahren für Betriebe entwickelt, die nur bedingt für die Schlanke Produktion geeignet sind (Fraktale Fabrik, Vital Enterprise usw.). Die Schlanke Produktion wird aber nach wie vor besonders im Autobau angewandt oder sogar neu eingeführt.

**Grundsätze der Schlanken Produktion**

Für die Schlanke Produktion oder das Toyota Production System gibt es keine abgeschlossene Theorie oder ein Verfahren, das man ohne eigene Kreativität einführen kann. Es sind vielmehr die Grundsätze und Methoden, die zu den verschiedenen Ausprägungen führen.

Vereinfacht ausgedrückt sind dies folgende:

- Es wird nur das erarbeitet, was benötigt wird, und nur zu dem Zeitpunkt, wann es benötigt wird. Dies gilt für die Menge, für die Organisation und für die Produkteigenschaften, alles andere ist Verschwendung. Dies bezeichnen wir als **abnehmerorientierte Produktion**.

- Zu jedem auftretenden Fehler werden mit hoher Priorität die Ursachen gesucht und Lösungen erarbeitet, um den Fehler zu beseitigen. Diese nennen wir **fehlerfreie Produktion**. Sie geht über Zero Defect hinaus.

- Alle Mitarbeiter und auch die externen Zulieferer sind aufgefordert, die Produkte und Verfahren ständig zu verbessern, und partizipieren am Betriebsergebnis. Wir verwenden hier den Begriff **optimale Produktion**.

Zur Realisierung dieser Grundsätze wurden verschiedene Methoden entwickelt, die ebenso Bestandteil der Schlanken Produktion sind. Diese Methoden werden im Folgenden erläutert. Die wichtigsten sind die unten aufgeführten, wobei wir weitgehend die eingeführten Ausdrücke verwenden, auch wenn sie im atlantischen Bereich häufig nicht exakt im eigentlichen Sinn des Toyota Production System begriffen werden:

**Unterstützende Methoden**

- **KANBAN** als Hilfsmittel zur Just-in-time-Produktion, die den zeitlichen und mengenorientierten Aspekt der abnehmerorientierten Produktion betrifft.
- **KAIZEN**, das zur ständigen Anpassung an die jeweilige Situation anregt und als permanenter Prozess zu begreifen ist.
- **Management by View**, wofür alle Abläufe so gestaltet werden, dass man Unregelmäßigkeiten durch bloßes Hinsehen erkennt.
- **Narrensicherheit (Poka Yoke)**, mit der man alle Abläufe möglichst fehlersicher gestaltet.
- **Quality Circle**, die freiwillige Bereitschaft, im Team Abläufe zu verbessern.
- **Jidoka**, mit dem ein Vorgang gestoppt wird, wenn erkannt wird, dass er fehlerhaft abläuft.

### 2.4.2.2 Unterschiede zu taylorschen Methoden

Ein wesentliches Element der Schlanken Produktion ist, dass die einzelnen Komponenten ineinander greifen und dadurch Sachzwänge geschaffen werden, die zur Befolgung der Grundsätze führen. Zum Beispiel erzwingt die Just-in-time-Produktion eine weitgehend fehlerfreie Anlieferung der Bauteile und damit eine höhere Qualität. Weiterhin ist auffällig, dass die Kooperation mehrerer Instanzen oder Organisationseinheiten ein wesentliches Element ist, was zum Abbau der Bürokratie und zur Verteilung der Verantwortung auf die einzelnen Mitarbeiter führt. Dies trägt zur gegenseitigen Anerkennung und zu mehr Verantwortungsbewusstsein bei.

**Zugprinzip statt Schubprinzip**

Ein signifikanter Unterschied gegenüber dem Taylorismus ist, dass nicht der Output in der Menge zählt (Schubprinzip), sondern die exakte Bedienung der Abnehmerwünsche (Zugprinzip). Grundlage hierfür ist die Erkenntnis, dass man nicht durch Arbeit Werte schafft, sondern durch die Bedarfsdeckung. Fehler werden bei der Schlanken Produktion in der laufenden Produktion beseitigt, notfalls mit Anhalten der Produktion durch den Mitarbeiter, der den Fehler entdeckt, was bei einer herkömmliche Fertigung zumindest der Entscheidung der Schichtaufsicht bedarf. Transportbänder, auf denen Werkstücke zu einer Reihe von mehreren Mitarbeitern transportiert werden, damit diese sich willkürlich die Teile nehmen, die sie bearbeiten wollen, sind absolut verpönt. Trotzdem zeigt sich auch in Europa, dass mit dem herkömmlichen Verfahren die Ausfallzeit der Fertigung höher ist als in der Schlanken Produktion.

## Philosophien

Taylor:
»Bewege das Teil und sorge für Ausstoß!«

Ohno:
»Produziere nur fehlerfreie Teile!«

*Abb. 2: Unterschiedliche Grundsätze*

**Anwendungsbereiche der Schlanken Produktion**

Das Toyota Production System ist als Schlanke Produktion ohne wesentliche Probleme in der westlichen Welt einsetzbar. Toyota hatte sich nach einer Erprobungsphase bei Nummi, dem gemeinsamen Unternehmen von General Motors und Toyota, entschlossen, auch in Amerika Fabriken mit dem Toyota Produktionssystem zu erstellen. Als Ergebnis bewirkt die Schlanke Produktion gegenüber tayloristischen Verfahren

- weniger Ausschuss,
- geringeren Lagerbestand,
- geringere Herstellungskosten und
- eine schnellere Reaktion auf geänderte Marktänderungen.

### 2.4.2.3 Elemente der Schlanken Produktion

**Reduzierung der Verschwendung**

Verschwendung und deren Reduzierung ist eines der zentralen Anliegen der Schlanken Produktion. Als Verschwendung wird alles angesehen, was nicht unmittelbar dem abzusetzenden Produkt dient oder dessen Kosten ohne Aussicht auf einen adäquaten Mehrerlös erhöht. Vereinfacht wird gesagt, dass diese Aktivitäten keine Werte schaffen. Dazu gehören neben Abfall auch Funktionen des Produktes, die vom Kunden nicht genutzt werden, alle Tätigkeiten, die nicht zur Fertigung gehören, Lagerbestände usw. Es wird akzeptiert, dass man Verschwendung in dieser Definition nicht vollkommen beseitigen kann. Der Druck, sie zu verringern, soll aber aufrechterhalten werden.

**Geeignete Methoden**

Zur Vermeidung der Verschwendung gehört im ersten Schritt, dass Verschwendung erkannt wird. Eine wichtige Methode ist hierzu das Management by View, mit dem aufgedeckt wird, wo Verschwendung durch fehlerhafte Produktion, Lagerbestände, nichtsynchronisierte Fertigung und Umwege entsteht. Mehrere Methoden haben die Aufgabe, Verschwendung zu vermeiden. Hierzu gehört in erster Linie das Konzept der so genannten Quality Circle als Mittel zur Ermittlung von Verbesserungen. Weiterhin dient die Methode Just-in-time dazu, Bestände zu reduzieren und Störungen im Produktionsablauf zu ermitteln.

Eine weitere, für die tayloristischen Betriebe ungewohnte Methode ist Jidoka. Sie ist dadurch gekennzeichnet, dass eine Produktionsanlage oder ein Vorgang angehalten wird, wenn eine Unregelmäßigkeit oder ein Fehler entsteht. Die Anlagen werden entweder automatisch gestoppt oder durch den Mitarbeiter, der den Fehler entdeckt, z.B. durch eine Reißleine (bei Porsche hat diese Leine den Spitznamen »Wendelinleine« nach dem Vornamen des Vorstandsvorsitzenden, was zeigt, wie überraschend diese Methode selbst für erfahrene Autobauer ist). Damit können die Ursachen von Fehlern exakter geklärt werden. Interessant ist, dass mit dieser Methode die Ausfallraten der Anlagen nicht steigen, sondern nach den vorliegenden Erfahrungen sogar reduziert werden. Vor allem kann man sich bei der Fehlersuche auf die nähere Umgebung des Punktes konzentrieren, bei dem der Fehler entdeckt wurde.

**Mitarbeiterorientierung**

Den Mitarbeitern wird in der Schlanken Produktion erheblich mehr Verantwortung und Freiheit übertragen als in tayloristischen Strukturen. Insbesondere ist hier auch die Teamorientierung wichtig – nicht nur, weil die Mitarbeiter sich bei der Ideenfindung gegenseitig bestärken, sondern auch aus der Erkenntnis heraus, dass der Mensch eher geneigt ist, eine Entscheidung zu fällen, wenn sie von einem Team akzeptiert wird. Der Koordination des Teams dient die gemeinsame Zielsetzung, die durch Zielanreizsysteme unterstützt wird.

Zur Verringerung der Verschwendung wird angestrebt, möglichst viele Aktivitäten in der Produktion zu konzentrieren. Das bedeutet, dass Verantwortung und Entscheidungsbefugnis im hohen Maße auf die unteren Hierarchieebenen in der Produktion verlagert und der planende Überbau reduziert wird. Dies hat zur Folge, dass an die Mitarbeiter höhere Anforderungen gestellt werden als in der tayloristischen Struktur. Die Arbeitskräfte können nur erkennen, dass ihre Arbeit wertvoll ist, wenn Mitarbeiter ausschließlich dazu eingesetzt werden, eine noch höhere Wertschöpfung der Produkte zu erreichen.

*Konzentration der Aktivitäten*

Wichtiges Element der Schlanken Produktion ist, den größtmöglichen Nutzen aus der aktuellen Personalsituation und den beschäftigten Arbeitskräften zu ziehen. Es wurde ein System aufgebaut, bei dem besonderes Gewicht auf die menschlichen Belange, insbesondere auf folgende Punkte, gelegt wurde:

*Der Mensch im Mittelpunkt*

- Ausschaltung von unnötigen Tätigkeiten der Arbeiter
- Beachtung der Arbeitssicherheit
- Selbstentfaltung der Fähigkeiten der Arbeiter durch Übertragung von größerer Verantwortung und Autorität

Angestrebt wird außerdem, die Arbeitskräfte von manuellen Tätigkeiten zu befreien, die physiologisch für Menschen nicht geeignet sind. Gefährliche, gesundheitsschädigende, monoton sich wiederholende ebenso wie körperlich schwere Arbeiten werden mechanisiert, automatisiert und die

Mitarbeiter von dieser Tätigkeit befreit. Abgebaut werden Tätigkeiten des Mitarbeiters als Ergebnis von Schwierigkeiten und Fehlern. Durch konsequentes Anwenden von Jidoka wird diese Art von überflüssigen Aktivitäten stark reduziert.

*Mitarbeitermotivation durch Mitarbeiterbeteiligung*

Heute ist es ein internationales Anliegen geworden, den Mitarbeiter aktiv am Betrieb und der Weiterentwicklung der Produktionsstätten zu beteiligen und ihn in die Lage zu versetzen, seine Fähigkeiten voll zu entfalten. Ein erster Schritt in dieser Richtung ist das Recht und die Pflicht aller Arbeiter in der Produktion, die Produktionslinie, an der sie arbeiten, anzuhalten, wenn irgendwelche Unregelmäßigkeiten entstehen. Dies kann beispielsweise der Fall sein, wenn der Mitarbeiter sich außerstande fühlt, Schritt zu halten, oder wenn er ein falsches oder fehlerhaftes Teil entdeckt.

Der zweite Schritt ist, dass in allen Produktionsstätten die Mitarbeiter über die Auftragsreihenfolge, in der die Einzelteile hergestellt werden sollen, und über den Stand des Produktionsfortschrittes informiert sind. Deshalb wird die tatsächliche Entscheidungsautorität über die Arbeitseinteilung und Überstunden an das Team delegiert. Dadurch wird es jedem Team gestattet, Produktionsaktivitäten ohne Anordnungen der Betriebsleitung zu entfalten.

Der dritte Schritt ist, dass jeder Arbeitnehmer das Recht hat, die Verbesserung eines von ihm festgestellten Nachteils vorzunehmen. Mit der Just-in-time-Methode werden Prozessstufen und Werkstätten so gestaltet, dass bei übersehenen Schwierigkeiten das Band sofort stillsteht und damit die ganze Fabrik beeinträchtigt wird. Dadurch kann die Notwendigkeit für Verbesserungen von jedem leicht eingesehen werden. Mit der Methode Management by View werden Arbeitsplätze so eingerichtet, dass Schwierigkeiten und Unstimmigkeiten sofort sichtbar sind. Damit erkennen die Mitarbeiter die eigenen Reserven für Verbesserungen, und die Akzeptanz derartiger Maßnahmen steigt.

Ein weitere Aspekt, nämlich die gegenüber der Gründergeneration höheren Ansprüche der Nachkriegsgeneration an die Arbeitsumgebung, ist hier nahtlos zu integrieren. Außerdem werden aus der Erkenntnis, dass der Mensch nicht fehlerfrei arbeitet, alle Vorgänge so gestaltet, dass sie möglichst auch bei Fehlbedienung keine Probleme mit sich bringen.

### Fertigung nach Bedarf

Fertigung nach Bedarf bedeutet, dass nur produziert bzw. Leistung erbracht wird, wenn der Bedarf eines Abnehmers vorliegt. Damit wird die Produktion aus anderen Gesichtspunkten, z.B. zur Auslastung der Anlagen, vermieden. Damit verbundene Probleme, wie z.B. unverkäufliche Ware, treten gar nicht erst auf. Die erste Forderung der »Fertigung zum Bedarfszeitpunkt« ist, dass alle Fertigungsstufen in die Lage versetzt werden, schnell genaue Kenntnis über die »erforderliche Zeit und Menge« zu gewinnen. Bei dem üblichen Produktionssystem wird diese Forderung folgendermaßen erfüllt:

- Die Produktionsvorgaben für das Produkt werden unter Berücksichtigung der verschiedenen Einzelteil-Produktionsvorgaben und der Richtlinien für diese Herstellungsstufen ausgearbeitet.

- In diesen Prozessstufen werden die Einzelteile in Übereinstimmung mit ihren Vorgaben hergestellt, wobei die Methode »Die vorhergehende Prozessstufe liefert die Einzelteile an die folgende« Anwendung findet.

- Bei dieser Methode ist es jedoch sehr schwierig, die Produktion an Änderungen anzupassen. Um die erste Bedingung realisieren zu können, wendet die Schlanke Produktion die umgekehrte Methode an: »Die nachfolgende Prozessstufe ruft die Teile von der vorhergehenden Stufe ab«.

Dies lässt sich folgendermaßen begründen: »Fertigung zum Bedarfszeitpunkt« ist die Herstellung von Teilen in den verschiedenen Prozessstufen, in den benötigten Mengen, zum erforderlichen Zeitpunkt zur Montage z.B. eines Fahrzeugs als Endprodukt des Unternehmens. Vor diesem Hintergrund ist die Endmontagelinie, in der das Fahrzeug fertig gestellt wird, diejenige Prozessstufe, die exakt den erforderlichen Zeitpunkt und die Menge der Einzelteile bestimmt.

**Vorgaben durch das Endprodukt**

Demzufolge werden durch die Endmontage die notwendigen Teile zum erforderlichen Zeitpunkt von der vorhergehenden Prozessstufe abgerufen. Die vorhergehende Prozessstufe produziert dann die Teile, die von der nachfolgenden Stufe abgerufen worden sind. Für die Herstellung dieser Teile erhält die vorhergehende Stufe die erforderlichen Teile von der jeweils davor liegenden Stufe. Durch eine derartige Verbindung aller Prozessstufen wird es für das gesamte Unternehmen möglich, die »Fertigung zum Bedarfszeitpunkt« ohne die Notwendigkeit langwieriger Produktionsaufträge für jede einzelne Prozessstufe anzuwenden.

Die zweite Forderung der »Fertigung zum Bedarfszeitpunkt« ist, dass alle Stufen den Zustand anstreben, bei dem jede Stufe nur ein Stück herstellen und weiterleiten kann und darüber hinaus – sowohl an der Maschine als auch zwischen den einzelnen Stufen – nur ein Stück als Vorrat hat. Dies bedeutet, dass es den Prozessstufen in keinem Fall erlaubt ist, eine zusätzliche Menge herzustellen und eine Bevorratung innerhalb der Prozessstufen vorzunehmen. Deshalb darf jede Prozessstufe nur ein Stück herstellen und weiterleiten – passend zu dem Produkt, das die Endmontagelinie verlassen soll.

**Losgröße eins**

### Stabilisierung der Produktion

Eine wichtige Komponente der Schlanken Produktion ist die Vergleichmäßigung der Produktion. Anzustreben ist also,

- die Produktion ohne Zwischenfälle laufen zu lassen,
- alle Umstellungen zur Routine werden zu lassen,
- möglichst viele Teile zu standardisieren und
- eine gleichmäßige Abnahme zu erreichen.

**Kein Widerspruch**  Die Produktion soll ohne überraschende Aktivitäten ablaufen, die den Mitarbeiter zu überhasteten und damit kostenerhöhenden Aktivitäten veranlassen. Außerdem müssen bei schwankender Produktion Kapazitäten vorgehalten werden, die nur selten genutzt werden. Angesichts der Forderung nach »Losgröße eins« erscheint das widersprüchlich. Beide Ansätze sind aber vorteilhaft, und damit erklärt sich die Forderung, beide zu realisieren:

- Standardisieren der Produkte unter weitgehender Verwendung identischer Baugruppen

- Reduzieren der Rüstzeiten, um schneller auf geänderte Nachfrage zu reagieren

- Vermeidung von Störungen im Betrieb durch ständige Verbesserung der Anlagen und der Produktionsverfahren

- Vorratshaltung bei Fertigprodukten, so dass die Nachfrage an zu fertigenden Teilen einigermaßen konstant ist, aber nicht so groß, dass Störungen im Betrieb dadurch verdeckt werden

Auch hier zeigt sich wieder, dass die Anstrengungen sich ergänzen müssen und widersprüchliche Forderungen nicht einfach als unerfüllbar hingenommen werden dürfen.

## 2.4.3 Gruppenarbeit

*von Rainer Kämpf*

### 2.4.3.1 Ziele der Gruppenarbeit

Historische Modelle von Gruppenarbeit setzten am Gedanken der Humanisierung des Arbeitslebens an und zielten primär auf die Verbesserung der Arbeitsbedingungen. Diese in der Regel staatlich geförderten Modelle hatten in den verhältnismäßig wenigen Betrieben, in denen sie entwickelt und erprobt wurden, insularen Charakter und wurden nach Auslaufen der Förderung häufig wieder eingestellt. Obwohl, wie sich heute bestätigt, wertvolle Erfahrungen zur Gestaltung von Gruppenarbeit gesammelt werden konnten (als Referenzbetriebe galten Volvo im schwedischen Kalmar und Uddevalla), gelang es nicht, Ausstrahlungskraft auf eine größere Anzahl von Betrieben zu entfalten. Gruppenarbeitsmodelle passten nicht zum damaligen Organisationsverständnis und zum vorherrschenden (negativen) Menschenbild vieler Führungskräfte. Außerdem standen sie in der Kritik, Effizienzaspekte zu vernachlässigen.

**Humanisierung als Grundgedanke**

Mit Erscheinen der MIT-Studie zur Schlanken Produktion von Toyota und deren Gruppenarbeitskonzept setzte ein Umdenken ein. Vor dem Hintergrund des Niedergangs der amerikanischen Automobilindustrie Anfang der achtziger Jahre und dem rasanten Aufstieg japanischer Hersteller begannen auch andere Fertigungsbetriebe, sich mit dieser Produktionsform zu beschäftigen. Höhere Qualität, höhere Flexibilität der Beschäftigten und höhere Effizienz wurden im Wesentlichen nicht durch Technik, sondern durch eine grundlegend veränderte Kommunikations- und Kooperationsstruktur in allen Bereichen des Unternehmens erzielt.

Zu den Eckpfeilern dieses neuen Produktionskonzeptes, dessen Kern eine neue, spezifische Form von Gruppenarbeit darstellt, gehören folgende Punkte:

**Verantwortung und Qualifikation als Basis**

- Abflachung der Hierarchien

- Dezentralisierung von Verantwortung

- Integration von Instandhaltungs- und Qualitätssicherungstätigkeiten in die Produktion

- Selbststeuerung und Selbstkontrolle eines Produktionsabschnitts durch Gruppen

- Kaizen (ständiger Wandel zum Besseren, in Deutschland als KVP = Kontinuierlicher Verbesserungsprozess adaptiert), d.h. die Beteiligung der Beschäftigten an die Optimierung des Arbeitsplatzes, der Arbeitsumgebung und der Arbeitsorganisation

In Abkehr von tayloristischen Arbeitseinsatzformen tragen die Beschäftigten nicht mehr nur für ihren unmittelbaren Arbeitsplatz Verantwortung, sondern sind zuständig für den reibungslosen Ablauf der Produktion in ihrem Gruppenbereich. Aufgrund einer breiten Qualifikationsgrundlage (multi-skilling)

- sind die Gruppenmitglieder bei der Arbeitsausführung flexibler,
- kennen die Probleme an den verschiedenen Arbeitsplätzen genauer,
- können sich deshalb besser darauf einstellen und
- sich bei Schwierigkeiten oder Engpässen gegenseitig unterstützen.

Bei kleineren technischen Defekten wird nicht mehr auf die Instandhaltung gewartet (und entsprechende Stillstandzeiten in Kauf genommen), sondern sie werden selbst behoben. Die Gruppenmitglieder müssen außerdem ihr Arbeitshandeln nicht nur auf Quantität ausrichten, sondern verstärkt auf Produktqualität achten. Hinzu kommt, dass die Gruppe Planungsaufgaben bewältigen muss:

- Arbeitseinsatzplanung
- Planung der Maschinenauslastung
- Maschinenbelegungsplanung
- Planung der Urlaubsabwesenheiten
- Erstellung von Qualifizierungsplänen

### 2.4.3.2 Grundformen der Gruppenarbeit

In der betrieblichen Praxis liegt weder eine einheitliche Abgrenzung der Begriffe Team und Gruppe vor, noch eine einheitliche inhaltliche Orientierung (insbesondere im Hinblick auf die Mitarbeiterqualifizierung bzw. -flexibilität sowie auf einen erweiterten Entscheidungsspielraum). Soll in der betrieblichen Praxis aufgrund einer spezifischen Problemlage eine angemessene Form der Gruppenarbeit etabliert werden, ist es für alle beteiligten betrieblichen Partner von größter Wichtigkeit, ein einheitliches Vokabular und Verständnis von bestimmten Gruppenarbeitsformen zu entwickeln. Dies gilt auch für die damit jeweils verbundenen Zielsetzungen, Inhalte und Konsequenzen bezüglich Aufgaben-, Kompetenz- und Verantwortungsverteilung und somit bezüglich Änderungen der gesamten Organisations- und Führungsstruktur.

*Klassifizierung der Gruppenarbeitsformen*

Gruppenarbeitsformen lassen sich auf einer ersten Betrachtungsebene anhand der Kriterien »zeitliche Dauer der Zusammenarbeit« und »Art der organisatorischen Verankerung« unterscheiden:

**Temporär-parallele Gruppenarbeit**

Zeitlich begrenzte Zusammenarbeit, wobei die Gruppenarbeitsform kein fester Bestandteil der Aufbauorganisation ist. In diese Gruppenarbeitsgrundform lassen sich einordnen:

- **Task-forces**, deren Gruppenmitglieder verschiedenen Hierarchie- und Arbeitsbereichen angehören und nach fachlichen Gesichtspunkten ausgewählt werden. Sie werden gelegentlich auch als **Werkstattzirkel** bezeichnet.

- **Wertanalysegruppen**, in denen wesentliche Prinzipien der Qualitätszirkel auf die Führungsebene übertragen und mit den Systematiken der Wertanalyse kombiniert werden.

- **Projektgruppen**, in denen komplexe und zeitlich befristete oder einmalige, meist neuartige Problemstellungen von Zeit zu Zeit oder innerhalb eines begrenzten, aber größeren zusammenhängenden Zeitraumes bearbeitet werden.

**Temporär-integrierte Gruppenarbeit**

Zeitlich begrenzte Zusammenarbeit, wobei die Gruppenarbeitsform ein Bestandteil einer größeren Organisationseinheit innerhalb der Aufbauorganisation ist. Hier sind zu nennen:

- **Werkstattzirkel**, deren Gruppenmitglieder verschiedenen Hierarchieebenen eines Arbeitsbereiches angehören.

- **Qualitätszirkel**, die vorwiegend Mitarbeiter der ausführenden Ebene an der Lösung betrieblicher Probleme beteiligen. Qualitätszirkel kommen in der Regel periodisch zusammen.

- **Team Work Management**, in dem Mitglieder der Führungsebene zu Gruppen zusammengefasst werden, um orientiert an gemeinsam gesetzten Zielvorstellungen Probleme zu diskutieren, Entscheidungen herbeizuführen und kollektive Verantwortung zu tragen.

- **Lerngruppen**, deren primäres Ziel die Informationsvermittlung, Förderung der Fach-/Sozialkompetenz der Mitarbeiter und der Zusammenarbeit sowie die Lösung arbeitsbezogener Probleme ist. Spezielle Formen sind die z.B. bei BMW und Bosch entwickelte **Lernstatt** (Lernen in der Werkstatt) sowie Anlaufgespräche zur Unterstützung der Einführung neu entwickelter Produktlinien bei Produkt- und Prozessinnovationen.

**Permanent-parallele Gruppenarbeit**

Dauerhafte Zusammenarbeit, wobei die Gruppenarbeitsform kein fester Bestandteil der Aufbauorganisation ist. Zu dieser Gruppenarbeits-Grundform gehören beispielsweise:

- **Planungsteams**, in denen Sachbearbeiter aus unterschiedlichen Funktionsbereichen, z.B. über ein System aus Auftragsklärungs-, Termin- und Auftragsnachbesprechungen, regelmäßig zusammenkommen. Diese Form ist in der Regel vorzufinden, wenn eine dauerhafte Zusammenlegung der Sachbearbeiter aus räumlichen und personalkapazitären Gründen nicht möglich, aufgrund der Komplexität der zu bearbeitenden Problemstellung jedoch erforderlich ist.

## 2.4 Mitarbeiterorientierte Organisationsformen

**Permanent-integrierte Gruppenarbeit**

Dauerhafte Zusammenarbeit, wobei die Gruppenarbeitsform ein eigenständiger Bestandteil der Aufbauorganisation ist. Hierzu zählen:

- **tayloristische Arbeitsgruppen**, in denen die Mitarbeiter zu qualifikatorisch homogenen, funktionsorientierten Einheiten in einem stark arbeitsteiligen Umfeld bei zentralistischer Planung, Steuerung und Kontrolle zusammengefasst sind.

- **Lean-Gruppen** und **Inseln**, qualifikatorisch inhomogene, produkt- bzw. prozessorientierte Gruppen mit eingeschränktem Entscheidungsspielraum.

- **(Teil-)Autonome Arbeitsgruppen** und **Inseln**, denen ebenfalls die Erstellung eines kompletten Produktes/Teilproduktes oder einer sonstigen Leistung (Kernaufgabe) einschließlich notwendiger indirekter Aufgaben bei weitgehender qualifikatorischer Homogenität und erweitertem Entscheidungsspielraum übertragen werden.

Die größte Bedeutung im Hinblick auf Verbesserungs- und insbesondere Rationalisierungspotenziale haben die produktorientierten Lean- und (Teil-)Autonomen Gruppenarbeitsformen. Da sie gleichzeitig auch den tief greifendsten Einfluss auf die Gestaltung von Organisations- und Führungsstrukturen haben, sollen diese Formen der Gruppenarbeit im weiteren deutlicher voneinander abgegrenzt werden. Eine Abgrenzung zwischen Lean- und Teilautonomen Gruppenarbeitskonzepten kann nach struktur- und managementorientierten Klassifizierungsmerkmalen vorgenommen werden.

**Strukturmerkmale**

Strukturmerkmale, die für eine Unterscheidung von Lean-Gruppen und Teilautonomen Gruppen herangezogen werden können, sind:

- Ressourcenflexibilität (z.B. Qualifikationsstruktur)
- Art der Koppelung zwischen den Arbeitssystemelementen (z.B. Puffergrößen)
- Freiheitsgrade der Arbeitsausführung (Standards für die Ablauforganisation wie Kanban etc.)
- Aufgabenstruktur (Integration von zusätzlichen Aufgaben)

**Universalqualifikation**

Um eine möglichst hohe gegenseitige Vertretbarkeit zu erreichen und gegen Unsicherheiten in der Zukunft gewappnet zu sein, wird bei der **Teilautonomen Gruppe** die Universalqualifikation der Gruppenmitglieder angestrebt (»Jeder kann alles«). Vorteile sind eine hohe Flexibilität in Bezug auf Stückzahlschwankungen, bei Personalausfall (Urlaub, Krankheit), flexibler Arbeitseinsatz und eine hohe Qualifikation. Gerade die Qualifikation wirkt sich vorteilhaft aus in Bezug auf Prozess- und Produktqualität, schnellere Umstellung auf neue Produkte und höhere Ausnutzung der Produktionsanlagen.

In der **Lean-Gruppe** existiert dagegen eine höhere Spezialisierung der Gruppenmitglieder. Hier bilden sich abhängig von der Auftragsstruktur und den strukturellen Gegebenheiten des Arbeitssystems spezialisierte Qualifikationen heraus. So werden zwar von einem Gruppenmitglied meist mehrere Arbeitsplätze beherrscht, die Ausführung ist aber vom Ablauf her genau mit den Tätigkeiten der anderen Gruppenmitglieder »verzahnt«, so dass ein Arbeitsplatzwechsel unter hohem Zeitdruck und genauer Einhaltung von Abläufen erfolgt. Ein Abweichen von diesem Ablauf würde das Funktionieren der ganzen Gruppe in Frage stellen. Es ist klar, dass sich bei einer solchen Arbeitsorganisation ablaufbedingt eine rein zweckspezifische Qualifikationsstruktur herausbildet.

*Spezialisierung*

Erzwungen wird die »Verzahnung« der Arbeitsabläufe bei der **Lean-Gruppe** durch die Reduzierung der Puffer zwischen den Arbeitsplätzen. Puffer werden bei der Lean-Gruppe nach dem Kaizen-Prinzip möglichst vermieden, wobei als Ideal die Puffergröße »n = 1« angesehen wird. Letzteres wird begründet mit der Grundauffassung, dass Puffer nur die Funktion haben, ablauforganisatorische Mängel zu verdecken. Das Kapitalbindungsargument spielt demgegenüber nur eine untergeordnete Rolle. Die Folge dieser Philosophie ist eine extreme Verkettung der Arbeitsplätze und eine hohe Störanfälligkeit. Gerade diese Störanfälligkeit wird genutzt, um ablauforganisatorische Schwachstellen aufzudecken und abzustellen, wodurch kurzfristig hohe Produktivitätssteigerungen erreicht werden können.

*Verzahnung der Arbeitsabläufe*

Im Gegensatz zur Lean-Gruppe werden bei der **Teilautonomen Gruppe** großzügig bemessene Puffer zwischen den Arbeitsstationen belassen, um die hohe Personaleinsatzflexibilität der Gruppenmitglieder ausnutzen zu können. Rationalisierungseffekte ergeben sich bei hohen Flexibilitätsanforderungen an die Gruppe. Die Teilautonome Gruppe bleibt im Gegensatz zur Lean-Gruppe arbeitsfähig, wenn bei schwankenden Auftragslagen die Personalstärke der Gruppe angepasst werden muss. Voraussetzung für diese ständige Abstimmung von Auftragslage und jeweils erforderlicher Personalkapazität ist dann neben dem Vorhandensein von Puffern zusätzlich Arbeitszeitflexibilisierung.

*Puffer zwischen Arbeitsstationen*

Bedingt durch den hohen Standardisierungsgrad der Ablauforganisation und durch die »Prozessgetriebenheit« der Tätigkeitsausführungen ist der dispositive Entscheidungsspielraum der **Lean-Gruppe** gering. Die bewusste Koppelung der Arbeitsstationen durch Puffer bei der **Teilautonomen Gruppe** dagegen ermöglicht in hohem Maße flexibles und vorausschauendes Handeln der Gruppenmitglieder, vorausgesetzt, dass das übergeordnete Dispositionssystem (PPS oder Leitstand) Aufträge mit ausreichend großen Vorlaufzeiten einsteuert (Auftragspools). Die angestrebte Universalqualifikation erhöht zusätzlich die Handlungsmöglichkeiten im Arbeitsprozess. Damit sind Teilautonome Gruppen flexibler und weniger störanfällig als Lean-Gruppen.

*Entscheidungsspielraum*

Sowohl bei der **Lean-Gruppe** als auch bei der **Teilautonomen Gruppe** wird angestrebt, Aufgaben und Tätigkeiten, die vormals zentralen Verantwortungsbereichen zugeordnet waren, in den Aufgabenbereich der Gruppe zu integrieren. Zum einen um alle prozessrelevanten Tätigkeiten in den

*Integration von Aufgaben in die Gruppe*

Verantwortungsbereich der Gruppe zu integrieren und damit die Qualität des Arbeitsprozesses zu verbessern, zum anderen aus Rationalisierungserwägungen, da hierdurch Arbeitsplätze in den indirekten Bereichen abgebaut werden können.

*Managementmerkmale*

Zu den Managementmerkmalen gehören:

- das Durchsetzungssystem (Standardisierung, Zielvereinbarung)
- das Legitimationssystem (autoritär versus demokratisch, Führungsstile)
- das Motivationssystem (Entgeltsystem, Anforderungswechsel, Identifikation mit den Aufgaben, Wichtigkeit der Aufgabe, Autonomie, Rückmeldung über das Arbeitsergebnis etc.)
- der Entscheidungsspielraum (Selbstorganisation versus Fremdsteuerung)
- Arbeitsethos (Einstellung zur Arbeit, Zielsetzung der Arbeitsgestaltung, Führungsstil)
- Art der Aktivitäten der Kontinuierlichen Verbesserung (Kaizen, Qualitätszirkel etc.).

*Standardisierte Ablauforganisation*

Die Ablauforganisation ist in der **Lean-Gruppe** weitgehend standardisiert. Die fehlenden Puffer zwischen den Arbeitsstationen erfordern einen »one best way«. Die zentrale Produktionssteuerung wird ersetzt durch organisatorische Regelungen (z.B. Kanban). Erwartet wird von den Mitarbeitern deshalb vor allem die korrekte und gewissenhafte Einhaltung dieser Regelungen.

*Zielvereinbarungen*

Bei der **Teilautonomen Gruppe** werden dagegen Ziele mit der Gruppe vereinbart. Solche Ziele können sich auf die Produktivität und die Produkt- und Prozessqualität beziehen. Wesentlich ist, dass der Gruppe die Art und Weise der Zielerreichung selbst überlassen wird. Dies erfordert von den Vorgesetzten einen kooperativen Führungsstil. Es werden keine einseitigen Vorgaben gemacht, sondern die Situation der Gruppe und die Interessen der Gruppenmitglieder werden bei der gemeinsamen Vereinbarung der Gruppenziele berücksichtigt. Bei der Umsetzung der Gruppenziele werden die Vorgesetzten und das Fachpersonal zu Beratern der Gruppen. Man könnte auch von einer Dienstleistungsfunktion sprechen. Das Weisungsrecht der Vorgesetzten bleibt meist unberührt, so dass es sich vor allem um eine Frage der Haltung und des Führungsstils handelt.

*Gruppensprecher*

Für die **Lean-Gruppe** wird ein Gruppensprecher ernannt. Dem Prinzip »mehr Demokratie im Betrieb« entsprechend wird bei der **Teilautonomen Gruppe** der Gruppensprecher gewählt. Dieser Unterschied resultiert aus den unterschiedlichen Traditionen der beiden Gruppenarbeitsformen.

*Motivation durch Sozialleistungen*

Bei der **Lean-Gruppe** wird über vom Unternehmen gewährte soziale Zusatzleistungen (z.B. hohe Arbeitsplatzsicherheit, Beteiligung am Unternehmensgewinn etc.) angestrebt, die Verpflichtung des Mitarbeiters gegenüber dem Unternehmen zu erhöhen und somit seine Leistungsbereitschaft zu fördern. Das Bewertungssystem von Mitarbeitern orientiert sich deshalb vor allem an »Arbeitseinstellung und Arbeitsverhalten« der einzelnen Gruppenmitglieder (Personalbeurteilung durch den Vorgesetzten).

Bei der **Teilautonomen Gruppe** werden dagegen Faktoren, die aus dem Arbeitsinhalt resultieren, z.B. Autonomie, Möglichkeiten der Selbstbestimmung, Verantwortung usw., als bestimmend für die Motivation angesehen. Diese Faktoren sind abhängig von der Aufgabenstruktur und den Möglichkeiten für zur Selbstorganisation in der Gruppe. Wie die Gruppe sich letztendlich selbst organisiert und wie sich einzelne Gruppenmitglieder in der Gruppe verhalten, ist somit für die Bewertung der Gruppenleistung weniger von Bedeutung. Bewertet wird in erster Linie nicht das Verhalten einzelner Gruppenmitglieder, sondern das Gruppenergebnis im Verhältnis zu den vereinbarten Gruppenzielen (in der Regel Flexibilitäts-, Produktivitäts- und Qualitätsziele). Aus der unterschiedlichen Bewertung resultieren unterschiedliche Strukturen im Entgeltsystem, wobei die Bedeutung der Leistungsbestandteile bei der Lean-Gruppe häufig überschätzt wird.

*Motivation durch Eigenverantwortung*

Die ablauforganisatorischen Standards werden in der **Lean-Gruppe** meist von oben durchgesetzt. Dies geschieht auch vor dem Hintergrund, dass es aufgrund der starken Kopplung der Arbeitsstationen nur einen »one best way« gibt. Im Gegensatz hierzu werden den **Teilautonomen Gruppen** bei der Ausführung der Tätigkeiten erhebliche Freiräume gelassen, so dass es in jeder Arbeitssituation prinzipiell mehrere Handlungsmöglichkeiten gibt, von denen die Gruppe die beste auswählen kann.

*Ablauforganisation*

Getragen von Prinzipien wie »Demokratie im Betrieb«, »Möglichkeiten der Persönlichkeitsentwicklung in der Arbeit«, »Autonomie«, »Selbstverwirklichung« etc. stehen bei der **Teilautonomen Gruppe** die Arbeitsinhalte (Vielseitigkeit, Wertigkeit, Struktur) sowie die Freiheitsgrade bei der Arbeitsausführung (freie Bestimmung der Arbeitszeit, Handlungsspielräume, relative Weisungsungebundenheit etc.) im Vordergrund. Aus diesem Grunde wird mit der Gruppe im Wesentlichen nur noch das Ergebnis vereinbart. Bei der Lean-Gruppe ist die gewissenhafte Einhaltung von Standards unerlässlich. Deshalb wird die Verpflichtung gegenüber dem Unternehmen gefördert und erwartet.

*Arbeitsethos*

Sowohl die Lean-Gruppe als auch die Teilautonome Gruppe realisieren in der Regel Aktivitäten der Kontinuierlichen Verbesserung, die außerhalb der bestehenden Arbeitsstruktur stattfinden. Bei der **Lean-Gruppe** nehmen alle Gruppenmitglieder an »Kaizen«-Aktivitäten in ihrem Arbeitsbereich teil. Dies impliziert schon eine Verpflichtung zur Teilnahme. Bei der **Teilautonomen Gruppe** können Gruppenmitglieder zusätzlich zu den Aktivitäten aus regelmäßigen Gruppenbesprechungen (innerhalb der Arbeitszeit) freiwillig in Qualitätszirkeln Verbesserung für ihren Verantwortungsbereich herbeiführen.

*Kontinuierliche Verbesserung*

## 2.4 Mitarbeiterorientierte Organisationsformen

|  | Unterschiede/Merkmale | Lean-Gruppe | (Teil-)Autonome Gruppe |
|---|---|---|---|
| **Struktur** | Resourcenflexibilität | mittlere Flexibilität beim Personaleinsatz | hohe Flexibilität beim Personaleinsatz |
|  | Kopplung der Arbeitsplätze | keine Puffer zwischen den Arbeitsstationen | Puffer zwischen den Arbeitsstationen |
|  | Freiheitsgrade der Arbeitsausführung | dispositiver Entscheidungsspielraum gering | dispositiver Entscheidungsspielraum hoch |
|  | Aufgabenstruktur | Integration von nicht arbeitsplatzbezogenen Tätigkeiten in den Aufgabenbereichen der Gruppe ||
| **Management** | Weisungssystem | steile Hierarchie | flache Hierarchie |
|  | Legitimation | Ernennung eines Gruppenleiters durch den Vorgesetzen (autoritär) | Wahl eines Gruppensprechers durch die Gruppe (demokratisch) |
|  | Durchsetzung | Festlegung von Standards | Zielvereinbarung |
|  | Motivation | mehr extrinsisch | mehr intrinsisch |
|  | Entscheidungsspielraum | Fremdsteuerung | Selbstorganisation |
|  | Arbeitsethos | es zählt die Einstellung (Loyalität) | es zählt das Ergebnis |
|  | Kontinuierliche Verbesserung | Kaizen | Qualitätszirkel |

*Abb. 1:* Vergleich Lean-Gruppe versus (Teil-)Autonome Gruppe
(Krings/Havertmann/Otzipka, Ausprägung aktueller Formen von Gruppenarbeit)

### 2.4.3.3 Gruppenarbeit und Kontinuierlicher Verbesserungsprozess (KVP)

**Arbeitsgestaltung als Gruppenaufgabe**

Die Aufgaben der Gruppenmitglieder erschöpfen sich bei Gruppenarbeit in der Regel längst nicht mehr mit der Arbeitsausführung. Mit dem so genannten Kontinuierlichen Verbesserungsprozess wird Arbeitsgestaltung als Gruppenaufgabe thematisiert. Damit werden Arbeitsanforderungen auf eine Ebene gestellt, die sich bisher ausschließlich an spezielle Abteilungen des Managements (z.B. Industrial Engineering) richteten und für Produktionsarbeiter keine Bedeutung hatten.

**Leitidee**

Die Leitidee der unterschiedlichen Formen des Kontinuierlichen Verbesserungsprozesses geht auf das japanische Kaizen-Konzept zurück. Indem die Optimierung des Arbeitsplatzes, der Arbeitsumgebung und der Arbeitsorganisation zur ständigen Aufgabe auch der Produktionsarbeiter gemacht wird und damit die rigide Trennung von Arbeitsausführung (Handarbeit) und Arbeitsgestaltung (Kopfarbeit) gelockert wird, durchbricht dieses Konzept das traditionelle Rationalisierungs- und Innovationsverständnis. Die zentrale Orientierung richtet sich dabei weniger auf Technik und konventionelles Expertenwissen als vielmehr auf das Erfahrungswissen aller (Produktions-)Mitarbeiter.

Um Rationalisierungsreserven zu erschließen und betriebliche Verbesserungen zu realisieren, die eine tatsächliche Verbesserung der Arbeitsumgebung, des Arbeitsplatzes oder der Arbeitssituation für die Beschäftigten darstellen, bedarf es der engen Kooperation mit den Beschäftigten selbst. Sie kennen die anfallenden Probleme am besten und haben nicht selten auch konkrete Lösungsvorschläge im Kopf.

Sicherlich hat das traditionelle BVW-System Möglichkeiten gegeben, einzelne Anregungen zur Kenntnis zu bringen. KVP meint jedoch mehr: Die Beschäftigten sollen in die Lage versetzt werden, permanent die Situation ihres Bereichs zu hinterfragen, Probleme zu analysieren, zu ihrem Ursprung zurückzuverfolgen und Lösungen zu erarbeiten. Notwendige Voraussetzung ist zum einen eine erweiterte Qualifikation (Problemlösungsmethoden, Visualisierung etc.) und zum anderen die Unterstützung durch entsprechende Abteilungen.

**KVP als beteiligungsorientiertes Rationalisierungsinstrument**

KVP kann als beteiligungsorientiertes Rationalisierungsinstrument begriffen werden. Seine Entwicklung ist aufs Engste mit einem Prozess der ständigen Neustandardisierung – als spiralförmige Aufwärtsbewegung vorstellbar – verbunden. KVP bedeutet permanente Infragestellung erreichter Standards. Sobald ein neuer Standard erreicht wird, gilt es, ihn zu verbessern. Sobald sich Verbesserungen als tragfähig erwiesen haben, werden diese zum neuen Standard verallgemeinert usw. KVP setzt eine Dynamik in Gang, die erhebliche Optimierungs- und Rationalisierungspotenziale erschließt. Aus wirtschaftlichen Erwägungen ist dies zweifelsohne wünschenswert. Für die Beschäftigten ist KVP widersprüchlich. Einerseits kann es Leistungsverdichtung und möglicherweise Einsparung von Arbeitsplätzen bedeuten, andererseits werden dadurch Angebote gemacht, den eigenen Arbeitsplatz mitzugestalten und Probleme nach eigenen Vorstellungen aktiv zu lösen.

#### 2.4.3.4 Einführung von Gruppenarbeit

Die Einführung von Gruppenarbeit ist mit vielen Problemen verbunden. Gestiegene Anforderungen an Leistung, Verantwortung und Einsatzbereitschaft müssen mit Anforderungen humaner und solidarischer Arbeitsbedingungen austariert werden. Gruppenarbeit stellt die traditionelle Aufgabenverteilung und die etablierten Hierarchien in Frage und stößt somit teilweise auf Widerstände bei betrieblichen Gruppen, die mit einem Status- oder gar Funktionsverlust bedroht sind. Während belastende Arbeitsbeanspruchungen innerhalb der Gruppe gleichmäßiger auf »viele Rücken« verteilt werden, verlieren diejenigen, die bislang davon »verschont« geblieben sind, ihre verhältnismäßig privilegierte Stellung etc. Wird bei der Einführung von Gruppenarbeit versucht, ein ausgewogenes Verhältnis von Effizienzsteigerung und Verbesserung der Arbeitsbedingungen zu realisieren, so sind einige Rahmenbedingungen zu erfüllen:

**Ausgewogenheit zwischen Effizienzsteigerung und Arbeitsbedingungen**

#### Bedingung 1: Aufgaben der Arbeitsgruppe

Gruppen müssen in aller Regel im Rahmen betrieblicher Zielvorgaben in einem bestimmten abgegrenzten Arbeitsbereich eine gemeinsame Arbeits-

**Selbstständige, gestalterische und problemlösende Tätigkeit**

aufgabe selbstständig bearbeiten. Die Arbeitsaufgabe ist häufig so zugeschnitten, dass indirekte Tätigkeiten wie Planung, Instandhaltung, Qualitätskontrolle etc. zumindest zu gewissen Anteilen in die direkte wertschöpfende Tätigkeit, die Produktion, integriert sind. Neben diesen Tätigkeiten regulieren Gruppen häufig die optimale Maschinen- und Anlagenauslastung inklusive der Freiplanung.

In vielen Fällen umfasst die Aufgabe der Arbeitsgruppe im Rahmen Kontinuierlicher Verbesserungsprozesse auch arbeitsgestalterische und problemlösende Tätigkeiten. Darüber hinaus regeln die Gruppen in vielen Fällen die Pausen- und Urlaubsplanung. Bei einer entwickelten Gruppenarbeit stellen die Gruppen im Rahmen betrieblicher Notwendigkeiten Qualifizierungspläne auf und arbeiten neue Mitarbeiter ein. Auch zur Lösung sozialer Probleme kann die Gruppe befähigt werden.

Zu den Aufgaben der Gruppenmitglieder gehört schließlich auch die ständige Lösung betrieblicher Probleme. Im Kontinuierlichen Verbesserungsprozess soll jedes Gruppenmitglied sein Erfahrungswissen systematisch in die Optimierung und Gestaltung des Arbeitsplatzes, der Arbeitsumgebung und der Arbeitsorganisation einbringen. Dazu werden Methoden der Problemanalyse, der Problemverfolgung, der Lösungsentwicklung und der Visualisierung angewendet. Bei der Ausgestaltung entsprechender Konzepte werden Fragen virulent, inwieweit die Gruppe Einfluss auf Themen von KVP nehmen kann, inwieweit die Gruppe bei der Durchführung von KVP überhaupt beteiligt (und dazu qualifiziert) wird, welche Ergebnisse schließlich umgesetzt werden etc.

**Bedingung 2: Selbstorganisation der Arbeitsgruppe**

**Zielvorgaben zur Selbstkontrolle**

In Fällen gelungener Gruppenarbeit sind die Gruppenmitglieder (etwa 8–15 pro Gruppe) ausreichend fachlich, methodisch und sozial qualifiziert, um die Arbeitsaufgaben im oben beschriebenen Umfang in ihrem Bereich zu überwachen und zu koordinieren. Dazu sollte die Gruppe so flexibel sein, dass die Gruppenmitglieder in der Lage sind, zumindest zwischen einigen der Teilaufgaben zu wechseln. Wer, wann, wo, wie lange eingesetzt wird, entscheidet zunächst die Gruppe. Damit ist die Gruppe nicht der Pflicht entbunden, die Arbeitsstandards und Zielvorgaben einzuhalten, allerdings ändert sich die Form der Kontrolle. Sie erfolgt nicht mehr in Form ständiger direkter Vorgesetztenkontrolle, sondern als Selbstkontrolle innerhalb der Gruppe und als Kontrolle des Arbeitsergebnisses im Sinne einer Überprüfung des Erreichens der (vorab vereinbarten) Ziele.

**Bedingung 3: Gruppengespräche und Gruppensprecher**

**Gruppensprecher als Moderator, Initiator und Schnittstelle**

Die Gruppe führt normalerweise in regelmäßigem Turnus während der Arbeitszeit Gruppengespräche durch. Diese sind kein Selbstzweck, sondern wesentliche Voraussetzung dafür, dass die Gruppen ihren Aufgaben überhaupt gerecht werden können. Sie dienen dazu, die Arbeitseinsatzplanung durchzuführen, um technische, organisatorische und soziale Probleme zu erörtern und Verbesserungsmaßnahmen zu diskutieren.

Ein von der Gruppe akzeptierter Gruppensprecher (überwiegend gewählt)

- bereitet normalerweise die Gruppengespräche vor und leitet diese,
- dokumentiert die sachlichen Ergebnisse,
- achtet darauf, dass Beschlüsse, Vorschläge etc. nicht in Vergessenheit geraten,
- stellt die Vertretung der Gruppe nach außen hin dar (d.h. dem Meister gegenüber),
- ist Übermittler extern getroffener Entscheidungen,
- soll zur »Pflege« der Gruppenarbeit beitragen, die Gruppe motivieren und Streitigkeiten schlichten.

**Bedingung 4: Die neue Rolle des Meisters**

Mit der Einführung von Gruppenarbeit verändert sich die Aufgabe des mittleren Managements. Meister werden zunächst einmal Aufgaben und Kompetenzen an die Gruppe abgeben und empfinden dies häufig als Entmachtung und Statuseinbuße, so dass sie nicht unbedingt als Promoter und Entwickler von Gruppenarbeit im eigenen Betrieb fungieren. Allerdings hat sich gezeigt, dass in den meisten Betrieben die Meister zukünftig als Betreuer der Gruppenarbeit gebraucht werden. Damit wandelt sich die Meisterrolle allerdings drastisch. Der Meister wird zur Führungskraft, die mehrere Gruppen koordiniert und betreut. Betreuen heißt u.a.,

*Meister als Coach der Gruppe*

- dass Sorge dafür getragen wird, dass die Gruppen ausreichend qualifiziert und motiviert sind,
- dass das soziale Klima der Gruppen intakt ist,
- dass die Gruppen Vorschläge zur Verbesserung des Arbeitsablaufs machen und diese Vorschläge auch umgesetzt werden etc.

Der Meister sorgt überdies für die gruppenübergreifende Koordination und den gruppenübergreifenden Personalausgleich. Er bleibt für Fragen der Eingruppierung und der Leistungsbewertung zuständig und behält seine Anweisungsbefugnis. Weiter reichende Meister-Konzepte sehen ihn auch in der Rolle des Prozessberaters/Personalentwicklers.

**Bedingung 5: Qualifizierung der Gruppenmitglieder**

Entsprechend ihren Aufgaben brauchen die Gruppen fachliche, methodische und soziale Qualifizierung. Ohne sie kann eines der zentralen Funktionsprinzipien von Gruppenarbeit, der flexible Einsatz von Mitarbeitern, nicht funktionieren. Normalerweise wird in beteiligungsorientierten Verfahren ausgehandelt, welche zusätzlichen Qualifikationen zur Erreichung der gewünschten Flexibilität einer Gruppe gebraucht werden und welches Gruppenmitglied für welche Qualifizierung in Frage kommt.

*Methodische, fachliche und soziale Qualifizierung*

Neben der Qualifizierung der Gruppen (etwa zu Sinn, Zweck und Funktionsprinzipien der Gruppenarbeit, Methoden der Gesprächsführung, der

Problemanalyse und -lösung oder eben auch der fachlichen Qualifizierung) bedarf es der Schulung der Gruppensprecher, der Meister und der mittleren Vorgesetzten. Häufig werden zur Kostenreduzierung Kaskaden- und Train-the-Trainer-Verfahren eingesetzt, so dass zunehmend betriebsintern Schulungen durchgeführt werden können.

**Bedingung 6: Neue Kommunikations- und Kooperationsstrukturen**

*Aufbau einer Top-down-/Bottom-up-Kommunikation*

Gruppenarbeit lebt von funktionierender Kooperation: Kooperation der Gruppenmitglieder untereinander, Kooperation zwischen den Gruppen, zwischen Abteilungen, Kooperation insbesondere aber auch in der vertikalen Dimension, d.h. zwischen unterschiedlichen Hierarchiestufen. Kooperationen basieren auf Vertrauensbeziehungen. Damit wird deutlich, dass die Kommunikation über betriebliche Regularien und Standards nicht einseitig »top-down« laufen kann, sondern dass Kommunikationsströme auch umgekehrt, von unten nach oben, »bottom-up«, laufen. Probleme der einzelnen Mitarbeiter, ihre Vorschläge, ihr Erfahrungswissen müssen über möglichst wenige Umwege und über möglichst wenige Hierarchiestufen schnell nach oben kanalisiert werden.

Gleichzeitig müssen die Organisationsstrukturen so ausgerichtet werden, dass es möglich ist, in unterschiedlichen Gremien unter Beteiligung der Betroffenen bei der Problembearbeitung in kurzer Zeit zu Resultaten zu gelangen, d.h. somit akzeptierte Verbesserungsmaßnahmen durchzuführen.

Erste Voraussetzung für das Gelingen der Verbesserung von Kommunikations- und Kooperationsstrukturen stellt der Aufbau eines betrieblichen Kommunikationsnetzwerks dar. In der Regel wird ein Steuerkreis aus entscheidungsrelevanten Hauptakteuren betrieblicher Reorganisationsprozesse gebildet, in dem Konzepte entwickelt werden, Vorgehen und Umsetzung abgestimmt und der Implementationsverlauf evaluiert wird. Zudem werden häufig Teams oder Koordinatoren bestimmt, die in enger Zusammenarbeit mit dem Steuerkreis die Einführung von Gruppenarbeit bereichsbezogen initiieren und betreuen. In aller Regel bildet sich ein weiteres Netzwerk aus Arbeitskreisen, Gesprächsrunden etc., in denen wichtige Einzelprobleme bearbeitet werden.

**Bedingung 7: Entlohnung**

*Entlohnungssysteme aufbauend auf Motivation, Qualifikation und Flexibilität*

Die Einführung von Gruppenarbeit sollte mit der Anpassung des betrieblichen Entlohnungssystems einhergehen. Die Flexibilität der Gruppe setzt voraus, dass die Beschäftigten über ihre jeweils gerade ausgeübte Tätigkeit hinaus qualifiziert und damit an unterschiedlichen Arbeitsplätzen tätig sind. Deshalb müssen Entlohnungssysteme entwickelt werden, die nicht nur die momentan abgeforderte, sondern die generell vorhandene Qualifikation berücksichtigen. Entlohnungssysteme sind so zu gestalten, dass zum einen Motivation zur Qualifikation geschaffen und zum anderen die erreichte Qualifikationsstufe/Flexibilität honoriert wird. Dies bedeutet, dass nicht alle Gruppenmitglieder gleich zu entlohnen sind. Die Eingruppierung erfolgt entsprechend der jeweiligen Qualifikationsprofile der Beschäftigten. Insbesondere ist das Verhältnis von individueller Leistung und

Gruppenleistung sowie das Verhältnis der Leistung zwischen unterschiedlichen Gruppen zu klären. Und schließlich erhebt sich mit der Aufgabe, KVP durchzuführen, die Frage, wie die Bereitschaft zur ständigen Einbringung von Verbesserungsvorschlägen und Problemlösungen (individuell und auf Gruppenebene) motiviert und honoriert werden kann.

**Bedingung 8: Externe Beratung**

Gruppenarbeit bedeutet eine grundlegende Veränderung der Arbeitsorganisation. Dabei kann nicht auf Patentrezepte zurückgegriffen werden. Der Betrieb muss, anknüpfend an seine existierenden Strukturen, eigene Lösungen entwickeln. Ein Berater kann dabei

**Externe Berater zur Unterstützung der Umsetzung**

- Reflexionsprozesse anregen und organisieren,

- neue Sichtweisen anstoßen, den Aufbau eines Kommunikationsnetzwerks unterstützen,

- Impulse für die Weiterentwicklung geben und

- bei der Durchsetzung und Einführung im Unternehmen durch seine Erfahrung und Unabhängigkeit den betroffenen Mitarbeitern helfen, organisatorische, methodische oder kapazitive Schwierigkeiten zu überwinden.

Die operative Umsetzung bleibt letztendlich allerdings immer Aufgabe des Unternehmens bzw. seiner Mitarbeiter.

**Literaturempfehlungen**

*Antoni, C. H.:* Gruppenarbeit in Deutschland – Eine Bestandsaufnahme. In: Zink, K. (Hrsg.): Erfolgreiche Konzepte zur Gruppenarbeit – Aus Erfahrungen lernen. Neuwied 1995.

*Bullinger, H.-J.; Warnecke, H.-J.:* Neue Organisationsformen im Unternehmen. Berlin, Heidelberg, New York 1996.

*Kopp, R.:* Bewältigung betrieblicher Komplexität im Team. In: Kämpf, R. (Hrsg.): Gruppenarbeit im Fertigungsbetrieb. Stadtbergen 1998.

*Kopp, R.; Winter, M.:* Verzweifelt gesucht: Die neue Meisterrolle. In: Zf. Arbeit 2/1996.

*Krings, K.; Havertmann, W.; Otzipka, J.:* Ausprägung aktueller Formen von Gruppenarbeit. In: Kämpf, R. (Hrsg.): Gruppenarbeit im Fertigungsbetrieb. Stadtbergen 1998.

### 2.4.4 Fraktale Organisation

*von Rainer Kämpf*

#### 2.4.4.1 Was ist eine Fraktale Organisation?

Die Organisation unserer Fabriken ist durch vertikale, hierarchische Strukturen gekennzeichnet. Produktionsaufgabe und Geschäftsprozesse sind hingegen horizontal orientiert. Dies führt in der Regel zu Zeit- und Informationsverlusten sowie zu mangelnder Zuständigkeit. Schon seit langem versuchen wir, dieser Problematik durch Projektmanagement Herr zu werden. Das Konzept der Fraktalen Organisation kann man auch als einen Ansatz bezeichnen, nicht vertikale, sondern horizontale Strukturen und Abläufe als den Normalfall im Sinne einer Bildung von Geschäfts- und Prozesseinheiten zu betrachten. Jedes Fraktal ist im größeren wie im kleineren Umfang eine solche horizontale Einheit, die markt- und produktorientiert oder technologiegesteuert zu gestalten ist. So sollen möglichst kleine und schnelle Regelkreise entstehen, wobei die zur Lösung der Aufgaben notwendige Kommunikation direkt in den jeweils betroffenen Fraktalen abgewickelt wird, da die erforderlichen Funktionen in Form von Mitarbeitern und Betriebsmitteln den Fraktalen direkt zugeordnet sind.

Die Einführung der Fraktalen Organisation hat umfassende Auswirkungen auf alle Unternehmensbereiche. Dazu gehören die Unternehmensstrategie, die Aufbau- und Ablauforganisation, die Technologieentwicklung, die Menschenführung und nicht zuletzt auch die Weiterbildung. Die Fraktale Organisation bietet die Chance, die Stärken der deutschen Industrie – Ausbildung, Fachkompetenz, den Wunsch zur Selbstentfaltung und Individualität – zu vereinen und die dadurch bedingten Nachteile des Ressort- und Kostendenkens zu überwinden Die Konzeption der Fraktalen Organisation verfolgt nicht den Grundgedanken, gänzlich neue Organisationsformen zu schaffen. Dies wäre kurzfristig auch gar nicht möglich. Der neue Ansatz besteht darin, Erkenntnisse, Erfahrungen und bestehende Lösungen in einem größeren Zusammenhang nutzbar zu machen und sie in einer langfristigen Vision umzusetzen.

**Fraktale – Basiselemente selbstähnlicher Strukturen**

Der Begriff »Fraktal« stammt aus der mathematisch-geometrischen Beschreibung natürlicher Strukturen bei lebenden Organismen und von Materie. Kennzeichen dieser Fraktale (von lat. fractus = gebrochen, fragmentiert) ist die Selbstähnlichkeit: Jedes Bruchstück (Fraktal) eines Ganzen enthält wiederum die Gesamtstruktur des Ganzen. Die Verwendung dieses Begriffes im Rahmen der Unternehmensgestaltung verdeutlicht die Selbstähnlichkeit von Unternehmen und einzelnen Fraktalen. Alle Fraktale des Unternehmens (Bereiche, Teams, Mitarbeiter) sind selbstständige und eigenverantwortliche Unternehmenseinheiten, in denen die Unternehmensziele und unternehmerisches Denken und Handeln gelebt werden. Fraktale sind Unternehmen im Unternehmen. Jedes Fraktal verfolgt im Kleinen die Ziele des Gesamtsystems und betreibt weitgehend Selbstorganisation und Selbstoptimierung. Selbstorganisation, Selbstähnlichkeit und Dynamik haben deshalb unter den im Folgenden aufgeführten Merkmalen der Fraktalen Organisation eine zentrale Bedeutung.

**Selbstähnlichkeit** beschreibt

- die strukturelle Eigenschaft der organisatorischen Gestaltung,
- die Art und Weise der Leistungserstellung,
- das Formulieren und Verfolgen vom Zielen.

**Zielorientierung**

- Fraktale vereinbaren ihre Ziele selbst.
- Diese richten sich nach dem Unternehmenszielsystem, ständig stattfindende Messung und Bewertung der Leistung von Fraktalen.

**Selbstorganisation**

- Fraktale organisieren sich selbst.
- Dies betrifft sowohl die operative Ebene (z.B. Verwendung angepasster Methoden zur Prozessbeherrschung) als auch die taktische und strategische Ebene (z.B. Strukturbildungsprozesse).

**Dynamik/Vitalität**

- hohe Reaktionsgeschwindigkeit zur schnellen Anpassung des Unternehmens an geänderte Rahmenbedingungen
- Vitalität = Herausfinden und Nutzen von Erfolgsfaktoren

**Selbstoptimierung**

- eigenverantwortliches Handeln der Fraktale
- Evaluierung der eigenen Effektivität
- Überprüfung der Zielerfüllung

*Merkmale der Fraktalen Organisation*

Das Fraktale Unternehmen ist definiert als ein offenes System, das aus selbstständig agierenden und in ihrer Zielausrichtung selbstähnlichen Einheiten – den Fraktalen – besteht. Durch die Dynamik der Fraktale bildet das Fraktale Unternehmen im Ganzen einen vitalen Organismus. Ein Fraktal setzt sich jeweils aus einer Gruppe von Beschäftigten zusammen, die eine umfassende, ganzheitliche Aufgabe innerhalb einer internen oder externen Kunden-Lieferanten-Kette übernimmt. Eigenverantwortlich verfolgt ein Fraktal relevante Unternehmensziele für seinen Tätigkeitsbereich. Dem Mitarbeiter werden großzügige Gestaltungsspielräume eingeräumt, die sich nicht nur auf einzelne Arbeitsplätze beziehen, sondern ebenso auf die Strukturen innerhalb der Fraktale und auf die Beziehungen zwischen den Fraktalen.

*Unternehmen im Unternehmen*

Für jedes Fraktal müssen Ziele definiert und bereitgestellt werden. Um die Kundenorientierung im gesamten Unternehmen zu verinnerlichen, müssen diese Ziele bestimmte Anforderungen erfüllen. Sie müssen

*Fraktale brauchen Zielvorgaben*

- im Einklang mit den Unternehmenszielen stehen,
- mit den vor- und nachgelagerten Einheiten abgestimmt sein,
- an Prozessen und nicht an Strukturen orientiert sowie
- machbar und überschaubar sein.

**Merkmale von Fraktalen**

Fraktale zeichnen sich folgendermaßen aus:

- Fraktale sind selbstähnlich, jedes leistet Dienste.
- Fraktale betreiben Selbstorganisation:
    - operativ: Die Abläufe werden mittels angepasster Methoden optimal organisiert.
    - strategisch: In einem dynamischen Prozess erkennen und formulieren die Fraktale ihre Ziele sowie die internen und externen Beziehungen. Fraktale bilden sich um, entstehen neu und lösen sich auf.
- Das Zielsystem, das sich aus den Zielen der Fraktale ergibt, ist widerspruchsfrei und muss der Erreichung der Unternehmensziele dienen.
- Fraktale sind über ein leistungsfähiges Informations- und Kommunikationssystem vernetzt. Sie bestimmen Art und Umfang ihres Zugriffes auf Daten.
- Die Leistung des Fraktals wird ständig gemessen und bewertet.

### 2.4.4.2 Vorteile und Auswirkungen der Einführung des Fraktalen Unternehmens

**Mitarbeiter als Mittelpunkt der Organisation**

Das Fraktale Unternehmen ist ein integrierender Ansatz, der neben den Dimensionen Technik und Organisation besonders die Dimension Mensch als Unternehmenspotenzial berücksichtigt. Ausgangspunkt aller Überlegungen des Fraktalen Unternehmens sind die Mitarbeiter. Sie sind Hoffnungsträger und Potenziale des Unternehmens. Bedeutende Leistungsfaktoren sind die Qualifikation und die Motivation der Mitarbeiter. Ausgehend vom Menschen als Mittelpunkt des Unternehmens müssen neue Werte und Leitbilder geschaffen werden, die diese Betrachtungsweise unterstützen. Häufig stehen sie den bisher vorherrschenden tayloristischen Denkweisen diametral gegenüber.

**Fraktale Organisation ist prozessorientiert**

Ein Fraktal ist verantwortlich für einen Geschäftsprozess mit definierten Ein- und Ausgangsgrößen. Es integriert verschiedene Funktionen, die zur Lösung der Aufgaben erforderlich sind. Es optimiert sich, indem es die am besten passenden Methoden zur Lösung der jeweiligen Aufgabe anwendet. Daraus ergeben sich Vorteile, für die hier nur einige Beispiele aufgeführt werden können:

- Förderung und Nutzung aller Kreativitätspotenziale
- interdisziplinäre Zusammenarbeit

- ständiger Lernprozess
- kurze und schnelle Kommunikation
- bessere betriebswirtschaftliche Erfassung der Prozesse und Produkte
- bessere Zuordnung der Kosten
- Koppelung von Einkommensverbesserungen an die Leistung des Fraktals

Die Identifikation der Prozesse geht vor allem vom Beziehungsgeflecht zwischen den Fraktalen aus. Beziehungen bedeuten in diesem Fall den Fluss von Material, Informationen sowie personelle Kontakte. Jedes Unternehmen muss für sich selbst, ausgehend von seinen (dynamischen) Zielsystemen, die wesentlichen Fraktale im Unternehmen identifizieren und gestalten, damit unternehmensspezifische Erfolgspotenziale zur Geltung kommen.

Das Ziel dieser Produktionsstruktur liegt in der Fähigkeit zu unternehmerischem Denken und Handeln aller Bereiche und aller Mitarbeiter. Jedes Fraktal, also letztendlich jeder Arbeitsplatz, ist als eigenständiges Unternehmen zu betrachten. Eine bestimmte Leistung ist komplett zu erbringen und eine Aufgabenlösung selbstständig einzuleiten. Die Aspekte

- Qualität,
- sparsamer Umgang mit Ressourcen,
- Zuverlässigkeit,
- Geschwindigkeit,
- Termintreue etc.

spielen bedeutende Rollen. Treten Probleme (z.B. Kapazitätsengpässe) bei der Erfüllung von Anforderungen an das Fraktal auf, so kann kurzfristig von außen Unterstützung von zentralen Dienstleistungsbereichen oder anderen Fraktalen gefordert werden.

Es ist notwendig, immer neue Erfolgsfaktoren für das Unternehmen zu finden mit dem Ziel, eine selbstständige Strukturierung der Fraktale zu gewährleisten. Fraktale sollen sich ohne äußeren Zwang selbstständig gruppieren, um dem Ganzen zu dienen. Mit einer internen Selbstorganisation der Fraktale wird die Durchsetzung von Ideen durch selbstständiges Verbessern unterstützt, egal woher die Ideen kommen. Aus diesem Grund müssen bei Weiterbildungsmaßnahmen nicht nur fachliche Inhalte vermittelt, sondern beispielsweise auch soziale Aspekte (z.B. Konfliktbewältigung) berücksichtigt werden. Führungsstile von Vorgesetzten müssen den Mitarbeitern die Möglichkeit zur Entfaltung ihrer Fähigkeiten geben. Verantwortung und Kompetenz müssen delegiert und alle Voraussetzungen für eine erfolgreiche Arbeit – vor allem Zusammenarbeit – der Mitarbeiter vonseiten des Vorgesetzten geschaffen werden.

**Kontinuierliche Verbesserung im Rahmen der Selbstorganisation**

Als wichtigster Motivationsbereich werden nach wie vor monetäre Anreize gesehen. Für Unternehmen ist es entscheidend, den richtigen Beurteilungsmaßstab für ihre Mitarbeiter zu finden. In einem Fraktal sind alle an der

**Motivation auch durch monetäre Anreize**

Zielerreichung beteiligt. Damit betrifft die Leistungsbewertung jeden in gleicher Weise. Im Konzept des Fraktalen Unternehmens wird Kritik an Individualbewertungssystemen geübt, weil dafür ein hoher Kosten- und Verwaltungsaufwand nötig wird, der nicht durch das Ergebnis gerechtfertigt ist. Deshalb wird eine leistungsbezogene Entlohnung angestrebt, welche die Leistung des Fraktals als Grundlage hat.

Die Selbstorganisation im Fraktalen Unternehmen ist mehr als Gruppenarbeit. Eine gesamtheitliche, gemeinsam zu bearbeitende Aufgabenstellung muss verbunden sein mit der Schaffung erforderlicher Freiräume und – nicht zuletzt – der Verantwortlichkeit für das Ergebnis. Beispiele aus der Praxis zeigen, wie Unternehmen und Mitarbeiter hiervon profitieren:

**Vorteile der Selbstorganisation**

- Die Gestaltung der Arbeitssysteme orientiert sich an den tatsächlichen Erfordernissen.
- Ressourcen werden optimal genutzt.
- Verbesserungsmöglichkeiten und notwendige Veränderungen werden unmittelbar sichtbar gemacht und auch umgesetzt.
- Die Planungstiefe wird optimiert; in vielen Fallen sinkt sie erheblich.
- Die Kundenorientierung des Unternehmens kann ohne nennenswerten Aufwand deutlich gesteigert werden.
- Der Wunsch des Mitarbeiters nach Selbstverwirklichung am Arbeitsplatz wird erfüllt.

Bei alledem ist eine ganzheitliche Orientierung erforderlich:

**Konsequenzen der ganzheitlichen Steuerung**

- Dezentrale Entscheidungen erfordern entsprechende Informationen. Für ihre Aufbereitung und Verbreitung sorgen Navigationssysteme – beispielsweise durch die kontinuierliche Darstellung relevanter Zielgrößen.
- Das Zielsystem des Unternehmens ist selbstähnlich. Jede Einheit hat ihre eigene, konsistente Aufgabenstellung, die sich widerspruchsfrei dem globalen Unternehmensziel unterordnet.
- Jede Einheit wird in einem iterativen Prozess abgesteckt, an dem »Oben« und »Unten« gleichermaßen beteiligt sind.

Das ambitionierteste Merkmal der Fraktalen Fabrik ist ihre Dynamik. Der schnelle Wandel im Umfeld des Unternehmens, insbesondere der Märkte, wird nicht als Problem oder Störgröße angesehen, sondern als Wettbewerbschance:

**Merkmale der Dynamik**

- Eine absatzgesteuerte Produktion passt ihre Kapazitäten kurzfristig dem Bedarf an.
- Das Unternehmen entwickelt sich kontinuierlich weiter, ohne dass hierzu Weisungen oder Projekte nötig sind.

- Nicht mehr sinnvolle Strukturen werden aufgelöst.
- Neue Aufgaben führen auch zu neuen Strukturen.

Die Umgestaltung von Unternehmen muss nicht durch einen einmaligen Kraftakt erfolgen, zumal hier die Gefahren des Widerstandes und damit des Scheiterns groß sind. Zweckmäßiger erscheint ein Vorgehen in überschaubaren Schritten, die nicht unbedingt in der hier skizzierten Reihenfolge gegangen werden müssen. Je nach den herrschenden Bedingungen können die einzelnen Schritte mehr oder weniger schnell ausgeführt werden. Pausen zwischen den Schritten sind notwendig, damit Führungskräfte lernen, die neue Organisation mit Leben zu erfüllen, und damit sich alle Mitarbeiter an die neuen Bedingungen gewöhnen können. Außerdem muss die Unternehmensführung noch Zeit für andere wesentliche Tätigkeiten, insbesondere für die strategische Ausrichtung des Unternehmens, haben.

*Kontinuierliche Unternehmensentwicklung*

Für ein allmähliches Voranschreiten sind jedoch rechtzeitiges Beginnen und Einsehen in die Notwendigkeit einer Umformung der Organisation erforderlich. Einmalige Kraftakte, auch im Sinne von »Feuerwehraktionen«, erfordern dagegen spürbaren Leidensdruck, der alle Motive des Widerstands bedeutungslos macht.

### 2.4.4.3 Die Betriebliche Navigation

Das Umfeld von Produktionsbetrieben ist von einer zunehmenden Dynamik gekennzeichnet. Wirtschaftliche, technologische und gesellschaftliche Bedingungen ändern sich mit hoher Geschwindigkeit. Ganze Produktionsbereiche drohen in nahe gelegene Billiglohnländer verlagert zu werden. Vor diesem Hintergrund gewinnt die Forderung nach Aktivierung sämtlicher innerbetrieblicher Potenziale ein zusätzliches Gewicht. Ziel ist ein vitales Unternehmen. Vitalität bezeichnet die Fähigkeit des Unternehmens zum Wandel aus eigener Kraft mit dem Ziel der permanenten Harmonisierung von Umfeldanforderungen und Unternehmensleistung. Die Harmonisierung bedeutet dabei einerseits die Anpassung an die Anforderungen des Umfelds und andererseits die aktive Gestaltung des Umfelds. Dabei steht das Ideen- und Kreativitätspotenzial der Mitarbeiter im Mittelpunkt. Hauptforderung ist, Organisationsformen und Instrumente zu realisieren, um die Potenziale der Mitarbeiter für die kontinuierliche Unternehmensentwicklung nutzen zu können.

*Aktivierung innerbetrieblicher Potenziale*

Dazu wurde die Betriebliche Navigation als ein Verfahren zur Steuerung der kontinuierlichen Unternehmensentwicklung in teilautonom strukturierten Unternehmen entwickelt. Unter Navigation wird in diesem Zusammenhang die Koordination der Bewegungen der Fraktale im Zielraum verstanden, da diese sich durch eine Verschiebung des Zielsystems notwendigerweise umgestalten und verändern müssen. Die Navigation wird von den Fraktalen selbstständig vorgenommen und nur in Ausnahmefällen durch eine der zentralen Stellen koordiniert. Mit Methoden der Navigation kann eine strategische Ausrichtung des Unternehmens stattfinden.

## 2.4 Mitarbeiterorientierte Organisationsformen

**Betriebliche Navigation als Motor und Steuerrad**

Dieser Begriff ist der Nautik entlehnt und umfasst dort die Bestimmung des Standorts, die Ermittlung der Abweichung von der Soll-Position und die zielorientierte Vorgabe für den weiteren Kurs. Übertragen auf den betriebs- und produktionswirtschaftlichen Bereich wird das Betriebliche Navigationssystem definiert als ein dezentrales, prozessorientiertes Managementinformationssystem, basierend auf einem mehrdimensionalen Zielsystem für teilautonom strukturierte Unternehmen.

Adäquat der Struktur des kybernetischen Regelkreises (Zielvorgabe, Rückmeldung der Ist-Werte und Abweichungsanalyse) lassen sich für das Informationskonzept der Betrieblichen Navigation folgende Aufgaben ableiten:

- Ziele definieren/bereitstellen
- Informationen rückmelden
- Auswertungen erstellen und Abweichungen analysieren

Aus Anwendersicht sind die bestimmenden Merkmale des Betrieblichen Navigationssystems folgende:

- Teamorientierung
- Zielorientierung
- Ergebnisrückführung und
- Visualisierung

**Selbstcontrolling der Fraktale**

Die Gewährung der Gestaltungsspielräume kommt durch die konsequente Dezentralisierung von Entscheidungen zum Ausdruck. Hierzu müssen Management- und Controllingaufgaben verstärkt auf die Mitarbeiter übertragen und mit Wertschöpfungsaufgaben auf der Ausführungsebene integriert werden. Dieses Konzept der Verlagerung von Controllingtätigkeiten in den Wertschöpfungsprozess steht im Einklang mit dem derzeit viel diskutierten Begriff des Selbstcontrollings. Jeder Mitarbeiter wird dabei Teilfunktionen eines Controllers ausüben.

**Multiples Zielsystem statt Kennzahlen**

Das Controlling im herkömmlichen Sinne, als Lieferant entscheidungsrelevanter Informationen für die Unternehmensführung, ist nur bedingt als Steuerungsinstrument der Fraktale geeignet. Die durch das Controlling generierten Informationen sind zunächst einmal Kennzahlen aus dem Bereich der Kostenrechnung und der Finanzwirtschaft. Größen aus diesen beiden Bereichen sind allerdings zur Steuerung eines Fraktalen Unternehmens nicht ausreichend. Insbesondere der Qualitäts- und Zeitwettbewerb haben in den letzten Jahren stark an Bedeutung gewonnen. Deshalb muss ein Steuerungssystem im Fraktalen Unternehmen über ein multiples Zielsystem verfügen.

Während das traditionelle Controlling darauf ausgerichtet ist, entscheidungsrelevante Informationen für die Unternehmensführung zu liefern, ist diese Zielgruppe als Adressat von Informationen im Rahmen eines Fraktalen Unternehmens zu eng gefasst. Ein Kontinuierlicher Verbesserungsprozess im Fraktalen Unternehmen kann nur stattfinden, wenn die Mitglieder eines Fraktals imstande sind, einen Verbesserungsbedarf zu erkennen. Daher ist ausgehend vom Zielsystem der Unternehmung ein geeignetes Kennzahlensystem zur Messung der Zielerreichung zu installieren und kontinuierlich weiterzuentwickeln. Dieses Kennzahlensystem ist bis zur operativen Ebene herunterzubrechen. Kennzahlen sind derart zu formulieren, dass diese für ein Fraktal messbar und durch dieses beeinflussbar sind.

Entscheidungsrelevante Informationen liefert das traditionelle Controlling in der Regel erst nach Ablauf einer bestimmten Abrechnungsperiode. Diese Zeiträume haben sich zur Steuerung von Fraktalen als zu lang und zu undifferenziert erwiesen. Die im Wertschöpfungsprozess angesiedelten Fraktale benötigen Informationen über auftretende Störungen innerhalb einer angemessenen Frist, um entsprechend handeln zu können.

Abhängig vom Inhalt der Kennzahl müssen der Aktualisierungszyklus und die Informationsbereitstellung unterschiedlich sein. Während eine Kennzahl wie der Nacharbeitsanteil ständig kontrolliert werden sollte und damit täglich zur Verfügung stehen muss, reicht es aus, die Umschlagshäufigkeit nur einer monatlichen Überprüfung zu unterziehen. Um ein Optimum für das gesamte Unternehmen zu erreichen und ein Ausscheren einzelner Fraktale zu verhindern, muss sich die dezentrale Entscheidungsfindung an übergeordneten Orientierungspunkten ausrichten. Vor diesem Hintergrund wurde zur Steuerung der kontinuierlichen Unternehmensentwicklung die Betriebliche Navigation entwickelt mit dem Ziel, die Mitarbeiterpotenziale im Hinblick auf die Unternehmensentwicklung zu aktivieren und mit der Kundenorientierung zu verknüpfen.

**Grundlagen und Merkmale**

Eine gezielte Nutzung der gewährten Planungs-, Entscheidungs- und Handlungsspielräume ist nur dann möglich, wenn die einzelnen Fraktale auf allen Unternehmensebenen für sie relevante Impulse zur Verbesserung bekommen. Diese Impulse setzen genaue Vorstellungen bei den Mitarbeitern voraus, welche Aufgaben und damit verbundenen Wettbewerbsanforderungen sie in ihrer Arbeit verwirklichen müssen. Unter diesem Blickwinkel stellen die Lösungsansätze aus dem Bereich des Benchmarking eine Grundlage dar.

Die Aufgaben und Wettbewerbsanforderungen müssen transparent gemacht und auf allen Unternehmensebenen und in allen Fraktalen in ebenen- und fraktalspezifischer Weise repräsentiert sein. Die Gestaltungsspielräume und die Wettbewerbsanforderungen sind so zu vermitteln, dass für die Mitarbeiter verwertbare Informationen im Sinne einer optimalen Initiierung von Verbesserungsprozessen bereitgestellt werden.

Merkmale der Betrieblichen Navigationssysteme sind

- Teamorientierung,
- Prozessorientierung,
- Zielorientierung,

- Ergebnisrückführung und
- Visualisierung.

**Koordination der Verbesserungsprozesse**

Neben der dauerhaften Initiierung von Verbesserungsprozessen kommt der Koordination dieser Verbesserungsprozesse eine zentrale Bedeutung zu. Die Lösungen zur Harmonisierung der Schnittstellen wurden vor dem Hintergrund einer teilautonomen Unternehmensstrukturierung neu überdacht. Die Lieferbeziehungen zwischen den Fraktalen dienen als Basis für die horizontale Vereinbarung von Zielen. Die Ziele von Fraktalen werden so auf der Wertschöpfungsebene durch die internen Kunden beeinflusst. Dies stützt das prozessorientierte Denken und Handeln. Die einzelnen Fraktale sind über die Zielvereinbarungen zu einem ganzheitlichen System integriert. Hierzu werden im Unternehmen durch einen Übersetzungsprozess mehrdimensionale Zielsysteme aus den Zielen des Gesamtunternehmens abgeleitet. Die Transparenz der Ziele im Betrieblichen Navigationssystem wird für alle Fraktale durch eine standardisierte Darstellung gewährleistet.

**Management by Objectives**

Als Grundlage zur Koordination der verschiedenen Fraktale mit den verschiedenen Verbesserungsprozessen dient der Lösungsansatz des »Management by Objectives« (Führen durch Zielvereinbarungen). Die einzelnen Fraktale mit ihren Mitarbeitern orientieren sich an einem Zielsystem. Klar definierte, fraktalspezifische Ziele dienen zur Ausrichtung und Fokussierung der unternehmerischen Dynamik.

Anforderungen an ein Zielsystem sind:

- **Die Ziele müssen messbar sein.**

  Das bedeutet, dass sie quantifizierbar sind und die Bewertung nach allgemein akzeptierten und sachdienlichen Maßstäben erfolgt. Nur so können sie als Ziele gelten, die es zu erreichen gilt und die modifizierbar und anpassbar sind.

- **Die Ziele müssen erreichbar sein.**

  Dazu gehört, dass sie im Rahmen des Möglichen liegen und die erforderlichen Maßnahmen durch das Team beeinflussbar sind. Es gilt, die Ziele so weit aufzuspalten, dass die erforderlichen Aktivitäten der Mitarbeiter sichtbar sind, weil die Ziele sonst ignoriert werden.

- **Die Ziele und ihre Maßstäbe müssen transparent sein.**

  Der Mitarbeiter muss die Möglichkeit haben zu erkennen, warum er oder das Team sein Ziel nicht erreicht hat und mit welchen Maßnahmen er gegensteuern kann.

Darüber hinaus müssen die einzelnen Fraktale wissen, durch welche Arbeitshandlungen und -strategien sie zur Aufgabenerfüllung und Zielerreichung beitragen können. Der Erwerb dieses Wissens setzt wiederum voraus, dass die Fraktale kontinuierlich Rückmeldungen über die Ergebnisse ihres Arbeitsverhaltens einholen oder erhalten. Diese Rückmeldungen erlauben dann eine Selbst- und Fremdbewertung des Ausmaßes der tatsächlichen Aufgabenerfüllung und Zielerreichung. Zielabweichungen können so ermittelt und in einem fortlaufenden Optimierungsprozess in selbst organisierter Weise reduziert werden.

Um die relevanten Informationen den Mitarbeitern zu vermitteln, kommt der Aufbereitung eine zentrale Rolle zu. Die graphische Visualisierung wurde im Betrieblichen Navigationssystem als Lösungsansatz herangezogen und bestimmt die Oberfläche und Handhabung des Navigationssystems. Selbstorganisation und -optimierung der Fraktale setzen sowohl eine klare Zielorientierung und Rückmeldungen über den Fortschritt der Zielerreichung als auch eine erweiterte Kompetenz der Mitarbeiter voraus. Die Ziele und damit verbunden die Rückmeldungen müssen hierbei dynamisch sein.

**Visualisierung – Management by View**

**Literaturempfehlungen**

*Bullinger, H.-J.; Warnecke, H.-J.:* Neue Organisationsformen im Unternehmen. Berlin, Heidelberg, New York 1996.

*Kämpf, R.:* Fraktale Fabrik. In: Kämpf, R. (Hrsg): Gruppenarbeit im Fertigungsbetrieb. Stadtbergen 1996.

*Warnecke, H.-J.:* Aufbruch zum Fraktalen Unternehmen. Berlin, Heidelberg, New York 1995.

*Warnecke, H.-J.:* Die Fraktale Fabrik. Berlin, Heidelberg, New York 1992.

### 2.4.5 Vergleich der mitarbeiterorientierten Organisationsformen

*von Helmuth Gienke*

#### 2.4.5.1 Warum ist die Fraktale Fabrik erfolgreicher als Gruppenarbeit?

*Die Fraktale Fabrik ist umfassender*

Die Fraktale Fabrik ist das Ergebnis der Analysen verschiedener moderner, besonders der japanischen Produktionsverfahren lange vor der Studie Lean-Production. Grundsätze der Überlegungen, die zum Konzept der Fraktalen Fabrik führen, sind unter anderem die Ford-Studie von 1980 und mehrere Unternehmen, deren außergewöhnliche Erfolge am Markt auffielen.

Die Fraktale Fabrik ist ein integrierender Ansatz, der neben den Dimensionen Technik und Organisation besonders die Dimension Mensch als Unternehmenspotenzial berücksichtigt. Kennzeichen der Fraktale (von lat. fractus = gebrochen, fragmentiert) ist die Selbstähnlichkeit, d.h., jedes Bruchstück (Fraktal) eines »Ganzen« enthält wiederum die Gesamtstruktur des Ganzen. Die Verwendung dieses Begriffes im Rahmen der Unternehmensgestaltung verdeutlicht die Selbstähnlichkeit von Unternehmen und einzelnen Fraktalen: Alle Fraktalen des Unternehmens (Bereiche, Teams, Mitarbeiter) sind selbstständige und eigenverantwortliche Unternehmenseinheiten, in denen die Unternehmensziele und unternehmerisches Denken und Handeln gelebt werden. *Fraktale sind Unternehmen im Unternehmen.*

*Fraktale sind Unternehmen im Unternehmen*

Fraktale sollen sich ohne äußeren Zwang selbstständig gruppieren, um dem Ganzen zu dienen. Mit einer internen Selbstorganisation der Fraktale wird die Durchsetzung von Ideen durch selbstständiges Verbessern unterstützt. Aus diesem Grund müssen bei Weiterbildungsmaßnahmen nicht nur fachliche Inhalte vermittelt werden, sondern unter anderem auch soziale Aspekte (z.B. Konfliktbewältigung) berücksichtigt werden. Führungsstile von Vorgesetzten müssen den Mitarbeitern die Möglichkeit zur Entfaltung ihrer Fähigkeiten geben. Verantwortung und Kompetenz müssen delegiert und alle Voraussetzungen für eine erfolgreiche Arbeit – vor allem Zusammenarbeit – der Mitarbeiter von Seiten des Vorgesetzten geschaffen werden. Die wesentlichen Führungsgrößen der Fraktalen Fabrik sind die Ziele, deshalb ist die Relevanz des Zielfindungsprozesses groß. Er beinhaltet – neben der eigentlichen Zieldefinition – ebenfalls den Abstimmungsprozess zwischen allen Beteiligten, um somit eine breite Akzeptanz zu garantieren. In diesem Abstimmungsprozess wird für jedes Fraktal ein individuelles, aktuelles und konsistentes Zielsystem vereinbart.

*Mit Navigation zum Ziel*

Ein weiteres Gestaltungskonzept im Fraktalen Unternehmen ist die Navigation. Unter Navigation wird die Koordination der Bewegungen der Fraktale im Zielraum verstanden, da diese sich durch eine Verschiebung des Zielsystems notwendigerweise umgestalten und verändern müssen. Die Navigation wird von den Fraktalen selbstständig vorgenommen und nur in Ausnahmefällen durch eine der zentralen Stellen koordiniert. Mit Methoden der Navigation kann eine strategische Ausrichtung des Unternehmens stattfinden. Informations- und Kommunikationssysteme haben in der dezentralen Struktur der Fraktalen Fabrik eine bedeutende Stellung. Sie sind die Werkzeuge zur Verbesserung des Informationsflusses für das Fraktale Unternehmen und müssen ebenfalls nach dem Prinzip der Vereinfachung gestaltet werden. Neue Lösungen für Informations- und Kommunikationssysteme müssen neben der Unterstützung einzelner Arbeitsaufgaben auch Navigationssysteme zur Optimierung der Fraktale enthalten.

**Die Fraktale Organisation ist erfolgreich**

Die Fraktale Organisation wurde bisher schon in weit über 100 Unternehmen eingeführt und umgesetzt. Das Spektrum dieser Unternehmen reicht dabei vom typischen Mittelständler bis zu einzelnen Konzernbereichen. Die Branchenzugehörigkeit geht vom klassischen Maschinenbau über die Zulieferindustrie bis hin zu Dienstleistungsunternehmen. Generell kann gesagt werden, dass jedes Unternehmen seinen eigenen Weg zur Fraktalen Fabrik gewählt hat. Dies ist vor dem Hintergrund der verschiedenen Ausgangssituationen hinsichtlich

- wirtschaftlicher Stellung des Unternehmens,
- gelebter Unternehmenskultur,
- strategischer Ausrichtung des Unternehmens,
- Mitarbeitermotivation und -qualifikation und
- vorhandener Kommunikations- bzw. Informationsmechanismen

durchaus verständlich. Besonders durch die Ausrichtung auf den Mitarbeiter ergeben sich unterschiedliche Vorgehensweisen wie auch ein unternehmensspezifisches Verständnis der Fraktalen Organisation, die zu ganz unterschiedlichen Ausprägungen eines Fraktalen Unternehmens führen. So wurde in einem Unternehmen der Schwerpunkt auf den Aufbau interdisziplinärer Arbeitsteams in der Produktion unter Einbeziehung der Arbeitsvorbereitung, Qualitätssicherung, Fertigungssteuerung und Beschaffung gelegt, während es sich bei einem anderen Unternehmen wesentlich um die Umsetzung einer KVP-Methodik mit integriertem Anreizsystem über Prämien handelt oder um die Einführung eines unternehmenszielbasierten Navigationssystems. Jeder Weg zum Fraktalen Unternehmen ist dabei richtig, wenn er die Mitarbeiter durch erhöhte Verantwortung und Selbstorganisation motivieren kann, ihre Tätigkeit im Sinne der Unternehmensziele zu optimieren.

**Auch die Schlanke Produktion ist erfolgreich**

Das Problem, das sich für jeden ergibt, der sich mit dem Toyota Production System (Lean Production) auseinander gesetzt hat, ist, die Erfahrungen der japanischen Industrie auf europäische Verhältnisse anzuwenden. Einige Betriebe, die nach diesem Prinzip organisiert sind, haben gezeigt, dass man japanische Verfahren grundsätzlich auch nach Europa übertragen kann. Mit den japanischen Methoden in Europa kann man den Produktivitätsvorsprung jedoch nicht umkehren, noch nicht einmal erreichen. Die rational definierten Komponenten des Systems, wie zum Beispiel die Idee der Verschwendung und der materiellen Anreize, sind, wenn auch mit Anpassungsschwierigkeiten, transferierbar. Die ideelle Ausrichtung auf das Ziel Gemeinschaft dagegen ist nicht in voller Konsequenz übertrag-

## 2.4 Mitarbeiterorientierte Organisationsformen

bar. Die Analyse führte zur Folgerung, dass die Unternehmenskultur beeinflusst werden muss, um die Vorteile speziell deutscher Mitarbeiter (hoher Ausbildungsstand und Individualität) zur Stärkung der Wettbewerbsfähigkeit zu nutzen. Der Mitarbeiter muss sich freier entfalten, um seine Fähigkeiten für den Betrieb einzusetzen.

**Gruppenarbeit ist zu eng begrenzt**

Die klassische Methode zur Lösung dieses Problems war die Gruppenarbeit. Diese Methode versagte fast immer, die Gründe sind vielfältig, hauptsächlich aber eine mangelhafte Durchdringung in allen Ebenen der Unternehmenskultur. Die Gruppe wurde entweder zu einem Bollwerk gegen den Rest des Unternehmens, zu einem unbeweglichen Komplex, der mangels eigener Zielsetzung auf Impulse von außen wartete, oder zu einem Konglomerat, das eigene Ziele verfolgte, teilweise sich sogar auf die eigenen Probleme konzentrierte.

Dennoch zeigte das japanische Umfeld, dass die Gruppe schlagkräftiger sein kann als der einzelne, hierarchisch geführte Mitarbeiter. Jetzt galt es, herauszufinden, wie man diese Erkenntnis in Europa nutzen kann.

Aus den bisherigen Erfahrungen ergibt sich, dass die Vernetzung der bisher egozentrisch ausgerichteten Gruppen im Unternehmen erforderlich ist. Mit dem Gestaltungsprinzip »Selbstähnlichkeit« aller Ebenen des Betriebes kann dieses Ziel erreicht werden. Aus dieser Überlegung wird ein Modellansatz für das Vorgehen und die Gestaltung der Fraktalen Fabrik zugrunde gelegt, der sechs Ebenen umfasst:

**Die Fabrik in sechs Ebenen**

- Kultur
- Strategie
- sozio-informelles Verhalten
- wirtschaftliche Aspekte
- Information
- Prozesse und Materialfluss

Mehr Autonomie für den Einzelnen erfordert überschaubare Einheiten, Verringerung der gegenseitigen Abhängigkeiten durch Zusammenfassen von Funktionen und einheitliche Zielsetzung. Die Gestaltung der Ebenen muss sich also an diesen Punkten orientieren.

Mit diesem methodischen Ansatz unterscheidet sich die Fraktale Fabrik von herkömmlichen Strukturen. Zum Beispiel umfasst der moderne Ansatz der logistischen Kette nur die Ebenen »wirtschaftliche Aspekte«, »Information« sowie »Prozesse und Materialfluss«, wobei die Abläufe im Vordergrund stehen. Damit integriert dieser Ansatz zwar alle Logistikfunktionen aus funktionaler Sicht, gewährleistet aber die ständigen Veränderungen im turbulenten Umfeld nicht.

Beim gruppentechnologischen Ansatz werden die Ebenen sozio-informelles Verhalten und Information, teilweise auch die wirtschaftlichen Aspekte in den Vordergrund gestellt, während die Ablauforganisation schwerpunktmäßig im Gruppenprozess gestaltet wird. Die kulturelle und strategische Ebene wird nicht betrachtet, wodurch die Eingliederung der Gruppe in vertikal übergeordnete (zusammenfassende) Organisationseinheiten vernachlässigt wird.

Gruppenarbeit, im geringeren Maße auch Lean Production, bewirken eine Optimierung im abgegrenzten Bereich, ohne damit zwangsläufig Vorteile für das gesamte Unternehmen zu erzielen. Keiner dieser Ansätze gewährleistet die schnelle Anpassung an veränderte Gegebenheiten und Zielsetzungen. Es gilt, die Voraussetzungen zu schaffen, dass sich die Strukturen dynamisch den Veränderungen anpassen. Dieses bedingt eine zusammenfassende, hierarchisch gegliederte Struktur, um die Zielsetzung der einzelnen Elemente oder Fraktale aus der Gesamtzielsetzung des Unternehmens zu erarbeiten.

**Optimierung im abgegrenzten Bereich vermeiden**

Weil die Autonomie der Gruppen und der einzelnen Mitarbeiter zur schnellen Anpassung gewährt bleiben muss, sind adäquate neue Lenkungsmechanismen erforderlich. Hierzu dient ein Zielsystem mit der Zielvereinbarung innerhalb der Hierarchie und der Zielverfolgung einschließlich erforderlicher Anreizsysteme. Das Zielsystem eines Fraktals soll mehrere Komponenten umfassen, die von den Unternehmenszielen abgeleitet werden, woraus sich ergibt, dass auch die Fraktale sich an diesem Umfeld orientieren müssen. Dieses wiederum wird durch die Selbstähnlichkeit der Ziele erreicht.

**Durch Autonomie Anpassungen beschleunigen**

Um den einzelnen Mitarbeiter in die Verantwortung einzubinden, ist besonderer Wert auf die Visualisierung der Information für das Lenkungssystem zu legen. Diese Lenkungsinformation umfasst zum Beispiel Ziele, deren Bedeutung, Ausprägungen und Größen sowie den aktuellen Stand der Zielerreichung in allen definierten Ausprägungen.

**Management by View**

Im turbulenten Umfeld werden sich die Unternehmensziele und folgerichtig auch die aktuellen, vereinbarten Ziele kurzfristig ändern. Gerade um diese Änderungen durchzusetzen, müssen die aktuellen Ziele und der aktuelle Stand der Zielerreichung visualisiert werden, und zwar nicht nur für das jeweilige Fraktal, sondern auch für das Umfeld des Fraktals bis zum gesamten Unternehmen. Damit wird die Vernetzung der Einheiten trotz deren Autonomie im Fraktalen Unternehmen erreicht. Diese Autonomie und deren Vernetzung ist die Voraussetzung für hohe Effizienz und schnelle Anpassungsfähigkeit.

### 2.4.5.2 Die Ebene »Kultur«

Die Ebene Kultur beschreibt das Unternehmen als eine Lebensgemeinschaft mit ihren Wert-, Orientierungs- und Verhaltensmustern. In der Fraktalen Fabrik kommt dieser Ebene eine besondere Bedeutung zu, weil deren Ausprägung das Verhalten der Mitarbeiter sehr stark beeinflusst. Wenn die Verantwortung von der Führungsebene auf die ausführende Ebene verlagert wird, dann muss man diese auch respektieren und entsprechende Mittel (Entscheidungsfreiheit, Zielsystem, Information und Anerkennung) bereitstellen.

*Die Auswirkungen der Kultur sind schlecht messbar*

Der Einfluss der Unternehmenskultur auf den Geschäftserfolg ist nicht direkt messbar. Weil zudem die Wirkung eines Wandlungsprozesses erst mit Zeitverzögerung eintritt, wurde dieser Ansatz bislang vernachlässigt. Man hat übersehen, dass durch Einbindung der Mitarbeiter in die Verantwortung für den Unternehmenserfolg eine tief greifende, nachhaltige Verbesserung der Wettbewerbsposition möglich ist. Da die Unternehmenskultur ein gewachsenes System von Anschauungs- und Verhaltensmustern ist, das von der überwiegenden Mehrzahl der Mitarbeiter akzeptiert werden muss, können diese Veränderungen nicht durch oktroyierte Grundsätze oder durch mechanische Methoden durchgeführt werden. Nicht akzeptierte Grundsätze werden bewusst oder unbewusst verfremdet oder sogar boykottiert.

*Die Fraktale Fabrik arbeitet vorwiegend mit Zielen*

Ziele und deren Verfolgung sind ein wichtiges Element der Fraktalen Fabrik. Sie herauszuarbeiten, zu quantifizieren und ständig anzupassen ist eine Basisfunktion. Zwei Voraussetzungen machen die Fraktale Fabrik zu einem schlagkräftigen Unternehmen: Autonomie der Fraktale und abgestimmte, schnell durchsetzbare und nachvollziehbare Zielsysteme.

In einem Umfeld mit schnell wechselndem Verhalten der Kunden ist die Anpassung der Produktion an die geänderten Verhältnisse wichtiger als je zuvor. Diese Anpassung wird in der Fraktalen Fabrik durch das Zielsystem erreicht. Das Zielsystem besteht aus einem Komplex quantifizierter und messbarer Ziele, die mit den Mitarbeitern abgestimmt sind, aus Zielverfolgungssystemen, die Zielgrößen und Istgrößen nachvollziehbar und anschaulich gegenüberstellen, und einem Anreizsystem für die Mitarbeiter, sich für die Zielerreichung einzusetzen und sie als eigenes Anliegen zu betrachten.

*In der Lean Production sind Ziele nicht immer klar*

Auch die Lean Production kennt implizit Ziele, die aber durch die Vermittlung mittels Überzeugungsarbeit und die strenge Bindung an fixierte Vorschriften nur langsam durchzusetzen sind. Die Vorschriften können zwar im Konsens mit der Gruppe geändert werden, sind aber bis zur Änderung verbindlich.

*In der Gruppenarbeit haben Ziele nur geringe Bedeutung*

In der Gruppenarbeit sind solche marktwirtschaftlichen Ziele nur möglich, wenn die Gruppe ein vertriebsfähiges Produkt herstellt, die Gruppe somit im Wesentlichen isolierte Aufgaben erfüllen soll. Die Ursache ist, dass die Gruppe nur unzureichend in das Gesamtgeschehen integriert ist.

Der Mitarbeiter ist das wichtigste Element der Fraktalen Fabrik. Diese Tatsache drückt sich darin aus, dass das Modell der Fraktalen Fabrik die Ebene Kultur umfasst. Im System Gruppenarbeit ist der Mensch ein Element der Gruppe und aufgefordert, sich dort zu integrieren. Die Lean Production geht ebenso wie die Fraktale Fabrik von der zentralen Bedeutung der menschlichen Aktivitäten für das Unternehmen aus.

## 2.4.5 Vergleich der mitarbeiterorientierten Organisationsformen

### Ebene Kultur

| Ausprägung | | | | Umfeldeinflüsse | | | |
|---|---|---|---|---|---|---|---|
| Fraktale Fabrik | Lean Production | Klassische Gruppenarbeit | | Fraktale Fabrik | Lean Production (Europa) | Lean Production (Japan) | Klassische Gruppenarbeit |
| Fraktale werden ausschließlich aufgrund definierter Maßstäbe bewertet | Das Ziel ist optimale Bedienung des Kunden in Service und Preis | Gruppen bekommen Ziele gesetzt, die sie realisieren müssen | | + leistungsorientierte Gesellschaft | + leistungsorientierte Gesellschaft | + Verantwortung für die Gemeinschaft als Erziehungsziel | + leistungsorientierte Gesellschaft |
| Die Struktur der Fraktale passt sich aufgrund des Soll/Ist-Vergleichs den wechselnden Zielen und Umfeldbedingungen an | Alles, was nicht dazu dient, ist Verschwendung | Die Ziele sind meist betriebsinterne Ziele | | + rational bestimmtes Verhalten | + rational bestimmtes Verhalten | + ausgeprägter Pragmatismus | + rational bestimmtes Verhalten |
| Die Mitarbeiter vereinbaren und realisieren gemeinsam und eigenverantwortlich die Ziele innerhalb des Werterahmens | Der Mitarbeiter ist Teil der Gruppe und die Gruppe ist für ihn verantwortlich | Die Gruppe ist unzureichend in das Betriebsgeschehen integriert | | + Streben nach individueller Anerkennung | + Betriebsverfassungsgesetz sichert die Mitwirkung der Belegschaft bei der Gestaltung der Arbeitsbedingungen | + Das Supremat des Seniors ist akzeptiert | − tradierte Verhaltensweisen |
| | Alle Mitarbeiter sind sich über die grundsätzlichen Werte/Verhaltensweisen einig | Die Kulturebene ist von der Gruppenarbeit nicht betroffen | | + Betriebsverfassungsgesetz sichert die Mitwirkung der Belegschaft bei der Gestaltung der Arbeitsbedingungen | − tradierte Verhaltensweisen | + Das Qualitätsniveau der Mitarbeiter wird auf einem Standard gehalten | − Das Qualitätsniveau der Mitarbeiter ist unterschiedlich |
| Die Zielerreichung wird den Mitarbeitern transparent gemacht | Alle Maßnahmen und Ziele, die die jeweilige Einheit betreffen, werden den Mitarbeitern offen dargelegt | Die Gruppe versteht sich als eigenständige Einheit im Unternehmen | | − tradierte Verhaltensweisen | − Streben nach individueller Anerkennung | + Marktorientierung der japanischen Gesellschaft | − Autonomiestreben ist Bestandteil des sozialen Umfeldes |
| | | | | − kein durchgängiges Bewusstsein der Mitarbeiter über die Unternehmensziele | − kein durchgängiges Bewusstsein der Mitarbeiter über die Unternehmensziele | − Spitzenqualifikation von Mitarbeitern ist selten | |

### 2.4.5.3 Die Ebene »Strategie«

**Jedes Unternehmen verfolgt eine Strategie**

Eine einheitliche, den operierenden Organisationseinheiten vertraute Strategie ist Basis für die erfolgreiche Arbeit eines Unternehmens. Unter Strategie im Sinne des Fraktalen Unternehmens versteht man aber nicht nur die Marktstrategie, sondern eine ganzheitliche, alle Elemente und Ebenen des Unternehmens umfassende Zielrichtung zur optimalen Bedienung der potenziellen Kunden.

Diese Strategie führt nicht zum gewünschten Erfolg, wenn die umfassende Umsetzung in das Tagesgeschäft ausbleibt. Die durchgreifende Umsetzung erfordert zielgerichtetes, strategiekonformes Handeln aller Mitarbeiter. Basis sind eine entsprechende Produktionsstruktur und Zielfindungs- und Zielverfolgungsmechanismen im Betrieb. Außerdem müssen sich die Mitarbeiter mit den Elementen der Unternehmensstrategie vertraut gemacht haben.

**Ziele und Strategie müssen konform sein**

Die Teams oder Fraktale können eigene Strategien entwickeln, um die für sie heruntergebrochenen Ziele zu erreichen. Da diese Ziele aber von den Unternehmenszielen abgeleitet werden und die Mitarbeiter durch Anreizsysteme und Zielverfolgungssysteme motiviert sind, sich auf die Erfüllung dieser Ziele zu konzentrieren, werden diese Strategien auch der Unternehmensstrategie entsprechen.

**In der Fraktalen Fabrik werden Ziele vereinbart**

Wie bereits mehrfach erwähnt, werden Ziele in der Fraktalen Fabrik vereinbart und sind das wesentliche Element, eine Strategie als Teil der Unternehmenskultur. Durch die Ableitung von den Unternehmenszielen sind sie einander selbstähnlich. Die Zielvereinbarungsmethoden dienen dazu, die Ziele akzeptiert und allgemein bekannt zu machen. Die Ziele müssen klar definiert werden und quantifizierbar sein, um ihren Erfüllungsgrad verfolgen und darstellen zu können. Dieses dient im Wesentlichen dem Anreiz des Fraktals und weniger der Fremdkontrolle durch die Vorgesetzten. Wenn der Erfüllungsgrad der Ziele nicht verfolgt werden kann, fehlt ein wesentliches Motiv, sich zu engagieren. Die Ziele müssen realistisch und erreichbar sein. Werden die Ziele in diesem Kontext erarbeitet und formuliert, sind sie zwangsläufig in direkte Aufgabenerfüllung umsetzbar. Die Fraktale werden ausschließlich an der Erfüllung dieser Ziele gemessen und nicht an tradierten Nebenzielen.

**In der Lean Production sind Ziele meist nur informal**

In der Lean Production sind die Ziele nur undeutlich und informal formuliert. Die Ursache ist die unbewusste Abneigung der Japaner, Ansichten präzise auszudrücken. Die Absicht des Unternehmens wird den Mitarbeitern durch mündliche und plakative Kommunikation vermittelt, ohne die erforderliche klare Formulierung.

**Gruppenarbeit kennt nur eigene Ziele**

In der klassischen Gruppenarbeit werden die Ziele von den Vorgesetzten definiert und der Gruppe vorgegeben. Da aber in der Zwischenzeit allgemein bewusst ist, dass die Beteiligung der Betroffenen ein gutes Hilfsmittel zur Durchsetzung ist, hat sich dieses Verhalten gewandelt und die Ziele werden im Normalfall mit den Mitarbeitern definiert, allerdings unter starker Dominanz der Vorgesetzten.

Das Führungsprinzip der Lean Production ist intensiv durch das kulturelle Umfeld geprägt. Die Fraktale Fabrik will die Leistungsbereitschaft der Mitarbeiter durch eine hohe Motivation steigern. Bei dem hohen Individualisierungsgrad der mitteleuropäischen Gesellschaft sind hierzu Selbststeuerung und Erfolgserlebnisse Voraussetzung, die durch den hohen Grad an Autonomie und die Leistungsanreize des Zielsystems erreicht werden.

**Kultur prägt das Prinzip der Lean Production**

In der Gruppenarbeit hat der Mitarbeiter zwar innerhalb der Gruppe relativ hohe Freiheit. Er muss aber die Ergebnisse liefern, die ihm vorgegeben werden. Die Mitarbeiter erkannten schnell, dass man ihre Vorstellungen nicht wirklich ernst nahm.

Das Fraktale Unternehmen hat durch die Autonomie und Leistungsanreize optimale Voraussetzungen für Innovationen. Durch gesonderte Zielsetzung, zum Beispiel das Ziel, neue Produkte zu entwickeln, kann eine innovative Einstellung noch stärker herausgefordert werden.

**Anreize zur Innovation**

Das Konzept des Fraktalen Unternehmens zeichnet sich durch hohe Flexibilität aus. Schnelle Vereinbarung akzeptierter und allgemein bekannter Ziele ermöglichen schnelle Reaktionen der Produktion auf geänderte Rahmenbedingungen. Die Lean Production ist hier zwiefältig: Einerseits wirkt sich das Bestreben nach stetiger Fertigung als Reduzierung der Flexibilität aus, dem aber andererseits das allgemein bewusste Bestreben nach optimaler Kundenwunscherfüllung gegenübersteht. Die klassische Gruppenarbeit ist nur bedingt flexibel durch die überschaubaren Gruppen. Zusätzliche Veränderungen müssen von außen durchgesetzt werden, was sich häufig so darstellt, dass die bisherige Gruppe aufgelöst und neu konfiguriert wird.

## 2.4 Mitarbeiterorientierte Organisationsformen

**Ebene Strategie**

| Ausprägung | | | Umfeldeinflüsse | | | |
|---|---|---|---|---|---|---|
| Fraktale Fabrik | Lean Production | Klassische Gruppenarbeit | Fraktale Fabrik | Lean Production (Europa) | Lean Production (Japan) | Klassische Gruppenarbeit |
| Die Ziele werden hierarchisch heruntergebrochen | Da die Ziele durch Training vermittelt werden, ist eine Änderung nur relativ langfristig möglich | Strategische Ziele sind keine Ziele der Gruppe | + marktwirtschaftliche Orientierung | + marktwirtschaftliche Orientierung | + Dienstleistungskultur und Erkenntnis, dass jeder Mensch und damit auch jeder Markt individuell bedient werden will | + erfolgsorientiertes Weltbild |
| Das Fraktal hat durch die Autonomie und die Leistungsanreize optimale Voraussetzungen für Innovationen | Die Erfüllung der Kundenwünsche ist oberstes Ziel | Die Ziele werden meist von den Vorgesetzten vorgegeben | + zielorientiertes Arbeiten | + zielorientiertes Arbeiten | + pragmatisches Denken | – individuelle Lebensziele der Menschen |
| Fraktale sind autonom und können sich dadurch schnell anpassen | Ständige Verbesserung der Qualität ist wesentliches Element der Lean Production | Die Gruppe hat eine fest umrissene Aufgabe | + Erfolgsorientierung | + Erfolgsorientierung | + gesamtheitliches Verantwortungsbewusstsein | + Akzeptanz betrieblicher Hierarchie |
| Ein Ziel der fraktalen Fabrik kann sein, die Qualität zu verbessern | Bestand ist Verschwendung | Die Kundenausrichtung spielt bei der Gruppenarbeit eine untergeordnete Rolle | + gut ausgebildete Mitarbeiter | + gut ausgebildete Mitarbeiter | + kulturelles Umfeld, die Ergebnisse der eigenen Tätigkeit zu perfektionieren | – starkes Traditionsgefühl |
| | Gegenseitige Abhängigkeit von Zulieferern und Abnehmern | Die Flexibilität ist abhängig vom Autonomiegrad der Gruppe | – starkes Traditionsgefühl | – starkes Traditionsgefühl | – starkes Traditionsgefühl | – tayloristische Tradition |
| | | Die Qualität wird im Rahmen der allgemeinen Qualitätspolitik des Unternehmens behandelt | – tayloristische Tradition | – tayloristische Tradition | – enge Fachausbildung | |
| | | | – hierarchische Unternehmenskultur | – hierarchische Unternehmenskultur | – Vorschriftentreue als Prinzip der Lean Production | |
| | | | – individuelle Lebensziele der Menschen | – individuelle Lebensziele der Menschen | | |

### 2.4.5.4 Die Ebene »sozio-informelles Verhalten«

Die sozio-informelle Ebene umfasst die Gesamtheit aller psychischen, sozialen und informellen Faktoren, die das Beziehungsgefüge aller Mitarbeiter des Unternehmens bestimmen und beeinflussen.

*Die Beziehungen der Mitarbeiter*

Aus den Analysen der Grundlagen der japanischen Produktionsverfahren, die Auslöser für die neuen Produktionsphilosophien waren, kommt die Erkenntnis, dass der informelle Austausch von Ideen und Ansichten Voraussetzung für die Kreativität ist und das zielorientierte Handeln verstärkt.

Voraussetzung für die geforderte Autonomie der Teams sind klare Strukturen und Kompetenzen, die es ermöglichen, die definierten Aufgaben ohne hierarchische Barrieren durchzuführen. Dazu gehört, dass die Mitarbeiter bereit sind, Verantwortung für ihr Handeln zu übernehmen und entsprechend Entscheidungen zu treffen, deren Konsequenzen sie zu tragen haben. Während die Lean Production auf Beteiligung am Gesamtergebnis und Anerkennung aus der Gruppe bzw. der Gesamtheit der Betriebsangehörigen setzt, steht bei der Fraktalen Fabrik das Streben nach Erfüllung einer übernommenen Aufgabe und der direkte monetäre Beitrag im Vordergrund.

*Autonome Teams*

Da alle modernen Produktionsphilosophien auf gruppendynamische Effekte bauen, wird dem Kooperationsaspekt besondere Aufmerksamkeit gewidmet. Kooperation ist erforderlich, weil die Führung nicht mehr nach tayloristischem Muster verrichtungsbezogen ist, sondern die Erfüllung von Aufgaben als Ziel hat.

*Gruppendynamische Effekte sind Basis aller modernen Produktion*

Die Gruppenarbeit setzt den Schwerpunkt auf die Kooperation im eigenen Team und vernachlässigt die übergreifende Kooperation zugunsten einer strengeren Führung. Die Lean Production setzt auf die Einstellung des Mitarbeiters zum gesamten Betrieb.

Die Fraktale Fabrik wird durch Ziele gesteuert. Bei der Durchführung der Aktivitäten zur Zielerreichung ist die Zusammenarbeit mit anderen Fraktalen erforderlich, die dabei nicht durch zusätzliche Hierarchieebenen laufen darf.

Da die direkte Kontrolle des Mitarbeiters gering entwickelt ist oder sogar fehlt, muss auf die Motivation ein besonderes Gewicht gelegt werden. In der klassischen Gruppenarbeit werden der Gruppe definierte Aufgaben gestellt, die sie dann weitgehend autonom durchführen soll. In der Lean Production werden besondere Erfolge öffentlich, z.B. durch einen Aushang, anerkannt. Die Fraktale Fabrik gewährt dem Mitarbeiter weitestgehende Autonomie. Die Ergebnisse seiner Arbeit werden ständig visualisiert und mit den vereinbarten Zielen verglichen. Seine Erfolge werden sofort dokumentiert und allen sichtbar gemacht.

## 2.4 Mitarbeiterorientierte Organisationsformen

### Ebene sozio-informelles Verhalten

| Ausprägung | | | | Umfeldeinflüsse | | | |
|---|---|---|---|---|---|---|---|
| Fraktale Fabrik | Lean Production | Klassische Gruppenarbeit | | Fraktale Fabrik | Lean Production (Europa) | Lean Production (Japan) | Klassische Gruppenarbeit |
| Selbstähnliche Struktur (Fraktale) | Senioritätsprinzip | Einbindung in die Unternehmenshierarchie | | + Individualismus ist kultureller Hintergrund | + hohe Disziplin | + Senioritätsprinzip als kulturelles Leitbild | + breite Fachausbildung |
| Volle Verantwortung der Mitarbeiter für die eigenen Handlungen | Unterstützung zum Konsens bei allen Entscheidungen | Bildung relativ autonomer Gruppen | | + hohe Bereitschaft zur Übernahme persönlicher Verantwortung | − Kompetenz und Wettbewerb höher eingestuft als Seniorität | + Harmoniestreben als kulturelles Leitbild | + Druck der Gruppe auf diejenigen, die geringe eigene Leistung bringen |
| Anerkennung und Lob | Die Gruppe hat die Verantwortung für Leistung und Verhalten des Einzelnen | | | + Leitbild des ständigen Lernens wird propagiert | − individuelles Profilierungsstreben ausgeprägt | + Formalismus ist akzeptiert | − herkömliche Strukturen weitgehend übernommen |
| Unterstützung eigenverantwortlichen Handelns durch Anreizsysteme | Leistungs- und Teamfähigkeit vor der Einstellung des Mitarbeiters geprüft (Assessment) | | | + Streben, von der Gruppe wegen eigener Kenntnisse anerkannt zu werden | + breite Fachausbildung | + Der Mensch als Bestandteil der Gruppe ist kulturelles Leitbild | − geringe Neigung, sich mit einer Gruppe zu identifizieren |
| Mitverantwortung zur Zielerreichung durch Teilnahme an der Zielvereinbarung | Verantwortung für das gesamte Unternehmen wird herausgestellt | | | + Akzeptanz zielorientierten Handelns | + Leitbild des ständigen Lernens wird propagiert | + Familie als weit gefasster Begriff im kulturellen Umfeld | − Individualismus und Streben nach individueller Profilierung verstärken die negativen Aspekte |
| Kooperationsfähigkeit wird aktiv unterstützt | Mitarbeiter erhalten einen erheblichen Teil des Einkommens abhängig vom Unternehmensergebnis | | | − ausgeprägter Individualismus | − Abneigung gegen besondere Befähigungsprüfung | + Ordnungsstreben hoch entwickelt | |
| Finanzielle Anreize durch Prämiensystem | | | | | − Familienbegriff nur auf Eheverbände bezogen | − geringe Bereitschaft zur Übernahme persönlicher Verantwortung | |

### 2.4.5.5 Die Ebene »wirtschaftliche Aspekte«

Auf der wirtschaftlichen Ebene wird über die Ressource »Kapital« und deren Einsatz für eine optimale Produktion verfügt. Die Aktivitäten der Menschen zur Verbesserung der Produktionsmethoden und Produkte haben besonders in diesem Jahrhundert zu großen Erfolgen geführt, mit der Folge, dass Anlagen schnell veralten, Produkte, die jahrzehntelang marktbeherrschend waren, nicht mehr gefragt sind, alles Phänomene, die man unter dem Begriff »Schnelllebigkeit« subsumiert.

Der Aspekt »Geld«

Schneller Wandel des Umfeldes erfordert kurzfristige Anpassung. Diese Folgerung hat in allen modernen Produktionsphilosophien dazu geführt, dass das Augenmerk auf Flexibilität gelegt wird, wozu die Mitarbeiter in den Entscheidungsprozess eingebunden werden müssen. Diese Veränderungsfähigkeit erfordert die Bereitschaft zu Investitionen und beeinflusst die laufenden Kosten durch Prozess- und Produktgestaltung.

Investitionen und laufende Kosten sind in der klassischen Betriebsführung streng getrennt. Investitionen werden in einem gesonderten Verfahren durchgesetzt oder verhindert. Strenge Wirtschaftlichkeitsbetrachtungen mit ausgeklügelten Methoden (Discounted Cashflow, Return of Investment usw.) sollen dazu dienen, mit den bereitgestellten Finanzmitteln optimale Ergebnisse zu erzielen.

Auf Unternehmensebene werden diese Ergebnisse kumuliert und die Maßnahmen den finanziellen Zielen des Unternehmens angepasst. Die Geschäftsführung bzw. der Vorstand behält sich die letzte Entscheidung bis teilweise zu marginalen Beträgen vor. Diese Methode ist zwar durchaus geeignet in Zeiten einer Entwicklung mit geringer Dynamik, ist aber für ein sich schnell wandelndes Umfeld ungeeignet.

Wenn alle finanziellen Ziele zu hoch angesiedelt sind

Dieser Prozess ist langwierig und für alle Beteiligten unerfreulich. Um Mittel zu bekommen, werden negative Verhaltensmuster (Verleugnung von Einsparpotenzial, Vortäuschen von Ausgaben und Kostenverschiebung) verstärkt. Ein schnelles, zielgerichtetes Reagieren auf Veränderungen ist blockiert, ebenso wie der Anreiz, mit neuen Ideen auf allen Ebenen die Wettbewerbsfähigkeit zu verbessern.

Die wirtschaftliche Ebene in der klassischen Gruppenarbeit ist nicht gesondert ausgeprägt und wird vom Verhalten des gesamten Unternehmens gesteuert. Die wirtschaftliche Autonomie der Gruppe ist gering.

Strukturen der wirtschaftlichen Ebene

Die wirtschaftliche Ebene ist gekennzeichnet durch drei Ausprägungen:

- Investitionsverhalten
- Kostenstruktur
- Ergebnisverantwortung

Das Investitionsverhalten eines Fraktalen Unternehmens oder der Lean Production wird durch die Absicht bestimmt, den Mitarbeitern Freiheit zur Gestaltung der Arbeitsumgebung und der Abläufe zu geben. Diese erfordert die Möglichkeit, ohne die Risiken eines externen Genehmigungsverfahrens Investitionen im möglichst weitgehend gestalteten Rahmen zu tätigen.

Da die Mitarbeiter der Fraktalen Fabrik die Konsequenzen abhängig von der Zielerfüllung erfahren, in Form von Einkommenseinbußen oder bis zur Ausweitung oder Auflösung des Fraktals, sind sie in der Lage und motiviert, weitgehend eigenverantwortlich zu entscheiden. Die Grenze sollte erst dort liegen, wo die Existenz des übergeordneten Fraktals gefährdet ist, und erst dort sollte sich das übergeordnete Fraktal Entscheidungen vorbehalten.

Die Lean Production wird im fertigenden Umfeld vom Ziel geprägt, Verschwendung zu vermeiden. Dahinter verbirgt sich die Suche nach der wirtschaftlichsten Lösung zur Erstellung eines Produktes. Mit einem moderaten Entscheidungsspielraum sind die Teams hier durchaus in der Lage, frei zu entscheiden, und das Management muss sich erst bei höheren Investitionen mit der Frage auseinander setzen.

**Kostenrechnung nach Bedarf**  Die Kostenrechnung ist von den besonderen Ausprägungen der beiden Philosophien bestimmt. Die Fraktale, mit eigener, gemeinsamer Zielsetzung und häufig eigenen Budgets, müssen nicht identisch sein mit der Kostenstellenstruktur.

In der Lean Production gibt es nur eine grobe Kostenrechnung. Grund ist, dass alle Aktivitäten auf Verbesserung der Situation des gesamten Unternehmens gerichtet sein sollen, da können isolierte Verbesserungen, einer Kostenstelle mit dem Ziel, die Situation dieser Kostenstelle zu verbessern, hinderlich sein.

Entsprechend der Kostenstruktur ist die Ergebnisverantwortung aufgeteilt. In der Fraktalen Fabrik ist jedes Fraktalmitglied zuerst für die Erreichung der Ziele verantwortlich, erst in zweiter Linie für den Kostenbogen. Auch bei der Lean Production hat die Kostenstelle und die Ergebnisverantwortung für eine Kostenstelle eine untergeordnete Bedeutung. Im Vordergrund steht das Gesamtergebnis.

## 2.4.5 Vergleich der mitarbeiterorientierten Organisationsformen

### Ebene wirtschaftliche Aspekte

| Ausprägung | | | | Umfeldeinflüsse | | | |
|---|---|---|---|---|---|---|---|
| Fraktale Fabrik | Lean Production | Klassische Gruppenarbeit | | Fraktale Fabrik | Lean Production (Europa) | Lean Production (Japan) | Klassische Gruppenarbeit |
| Innerhalb definierter Rahmen freie Entscheidung der Fraktale | Nur grobe Kostenabrechnung | Zentrale Investitionspolitik | | + zielorientiertes Handeln der Menschen | + Erziehung zur Kreativität | + fortschrittsorientierte Grundhaltung | Keine gesonderten Einflüsse |
| Kostenstellenstruktur nicht unbedingt identisch mit der Fraktalstruktur | Entscheidungsfindung im Verbesserungsvorschlagswesen | Kein eigener Entscheidungsspielraum in der Gruppe | | + Erziehung zur Kreativität | – Skeptizismus gegen extern veranlasste Veränderungen | + Einordnung in die Gruppe als Leitbild | |
| Budgetbildung als Leistungsanreiz unabhängig von der Kostenrechnung möglich | Gesamtheitliches Kostendenken im Vordergrund | Gruppe ist entweder eine Kostenstelle oder in eine Kostenstelle integriert | | + pragmatische Grundhaltung | – individuelle Prägung der Gruppenmitglieder | + Gruppendenken umfasst auch übergeordnete Gruppen | |
| Interdependenzen zwischen beiden Systemen sind durch geeignete Zielstruktur für das Fraktal zu erstellen | Verantwortung für das Gesamtergebnis steht im Vordergrund | Keine gesonderte Kostenrechnung | | + einkommensorientierte Mitarbeiter | | + Die Ziele der übergeordneten Gruppen werden als eigene Ziele akzeptiert | |
| | | Keine Verantwortung für die übergeordnete oder kostenstellenexterne Kostenstruktur | | – eigene Ziele der Individuen | | – gering ausgeprägte Flexibilität | |

### 2.4.5.6 Die Ebene »Information«

*Nur mit guten Informationen kann man entscheiden*

Der Information kommt in einem modernen Betrieb eine höhere Bedeutung zu als in bisherigen Produktionsstrukturen. Wenn die Mitarbeiter selbst entscheiden sollen, müssen sie ausreichende Kriterien für die Beurteilung der Alternativen haben. Wenn sie verändern sollen, um den Betrieb den Anforderungen des Marktes besser anzupassen, müssen sie Ziele vermittelt bekommen und selbst Ziele definieren, dazu ist Information über das Umfeld und die eigenen Möglichkeiten erforderlich. Wenn Prozessketten optimiert werden sollen, ist Information über die Tätigkeiten und Probleme der benachbarten Betriebsteile erforderlich. Wenn funktionale Strukturen des Produktes verbessert werden sollen, ist Information über die Anforderungen und Möglichkeiten erforderlich.

*Information nicht zurückhalten*

Der Spruch: »Wenn Siemens wüsste, was Siemens weiß« zeigt zwei Probleme des Informationsaustausches auf, einerseits den Widerstand, Informationen weiterzugeben, andererseits das Dilemma, aus der Fülle der Informationen die relevanten zu selektieren.

Im straff geführten tayloristischem Betrieb der Vergangenheit war es ausreichend, dem Mitarbeiter die Tätigkeiten zu beschreiben, die er auszuführen hat. Weitere Informationen hätten ihn zu einem Verhalten bewegt, das von dem geplanten Prozess abweicht, und möglicherweise, weil sie prinzipiell lückenhaft sind, zu fehlerhaftem, nachteiligem Handeln geführt.

Die herkömmliche Gruppenarbeit definiert die Art der Verrichtung nur grob und überlässt es der Gruppe, sie zu gestalten, hat aber darüber hinaus eine Informationsphilosophie, die sich nicht wesentlich von der in tayloristischen Betrieben unterscheidet.

Die Lean Production setzt auf transparente Abläufe und klare Schnittstellen und erwartet, dass dadurch die Kommunikation zwischen den Bereichen verbessert wird. Durch die unternehmensweit definierten Ziele und die kulturell ausgeprägte Bereitschaft zur Kooperation werden diese Ansätze verstärkt.

Das Fraktale Unternehmen setzt auf klare Vereinbarungen über die Schnittstellen zwischen den Fraktalen, die im Dialog ausgearbeitet und bei Bedarf ebenfalls im Dialog modifiziert werden. Die systemimmanente Veränderungskultur muss als Gegengewicht gegen das Beharrungsvermögen solcher Absprachen eingesetzt werden. Durch diese Eigenschaften wird der Informationsaustausch zwischen den Fraktalen gefördert.

*Information visualisieren*

Beiden Systemen gemeinsam ist die Visualisierung. Das Fraktale Unternehmen hat aufgrund der klaren, quantifizierten Ziele dabei eine wesentlich formalistischere Struktur der Informationsbereitstellung, während die Lean Production ihren Schwerpunkt in informalen Darstellungen hat.

## 2.4.5 Vergleich der mitarbeiterorientierten Organisationsformen

### Ebene Information

| Ausprägung | | | Umfeldeinflüsse | | | |
|---|---|---|---|---|---|---|
| **Fraktale Fabrik** | **Lean Production** | **Klassische Gruppenarbeit** | **Fraktale Fabrik** | **Lean Production (Europa)** | **Lean Production (Japan)** | **Klassische Gruppenarbeit** |
| Kunden-/Lieferantenbeziehungen zwischen den Teams | Gruppengespräche als Basis für Kommunikation | Abkapselung der Gruppen als Folge mangelnder Integration | + Kostenbewusstsein als Grundeinstellung | + Streben nach weitgehender Information | + Teamarbeit aufgrund des kulturellen Leitbildes | + Kostenbewusstsein als Grundeinstellung |
| Direkte Kontakte zwischen den Bereichen als Kommunikationsprinzip | Konzentration auf die wesentlichen Daten | Gruppengespräch als Kommunikationsprinzip | + Streben nach weitgehender Information | − Streben nach individueller Profilierung | + Bereitschaft, Teamziele als eigene Ziele zu akzeptieren | − Information wird als Machtfaktor angesehen |
| Visualisierung der Ziele und der Zielverfolgung | Management by View als Informationsprinzip | Keine besonderen Informationsmittel oder Informationstechnologie | + kurzfristiger Informationsbedarf erfordert moderne Technik | − Sicherheitsdenken | + Pragmatismus | |
| Information wird bereichsübergreifend bereitgestellt | Prozesse werden überschaubar gestaltet | | − Sicherheitsdenken | − Furcht vor Verlust des Arbeitsplatzes | + schnelle Adaption neuer Ideen | |
| Modernste Kommunikationstechnik wird voll genutzt | Plakative Gestaltung der Information | | − Furcht vor Verlust des Arbeitsplatzes | − Streben nach individueller Profilierung | − geringe Neugier | |
| | Direkte Kontakte zwischen Mitarbeitern und Vorgesetzten | | − Abneigung gegen große Technologiesprünge | − Abneigung gegen große Technologiesprünge | − Abneigung gegen Entscheidungen | |

### 2.4.5.7 Die Ebene »Prozesse und Materialfluss«

Der geänderte Markt hat Auswirkungen auf den Prozess und den Materialfluss. Nicht mehr allein der Preis ist bei gleicher Funktion und Produktqualität entscheidend, sondern es gelten komplexere Strukturen, die vom Betrieb mehr Flexibilität erfordern. Kurze Lieferzeiten bedingen möglichst weitgehende Vormontage. Daraus ergeben sich auch Forderungen an die Produktgestaltung. Die Forderung nach kurzfristiger Betriebsbereitschaft des ausgelieferten Produktes bedingt weitgehend vereinfachte Schnittstellen zum Umfeld und Transparenz der Anschlussmöglichkeiten. Zusätzlich sind erweiterte und unterschiedliche Anforderungen an Funktionalität und Gestaltung zu berücksichtigen, die eine größere Variantenvielfalt erfordern.

*Der Prozess im Wandel*

Der Prozess selbst ist Gegenstand stetigen Wandels, um Änderungen des Marktes und neuere Erkenntnisse im eigenen Betrieb zu berücksichtigen. Es ist leicht einsichtig, dass Herstellungsverfahren mit unveränderlicher Technologie schnell veralten und unwirtschaftlich werden. Die Umkehrung ist, dass sich der Betrieb mit schnellen Änderungen wettbewerbsfähig erhalten muss, wenn er nicht unwirtschaftlich werden und damit verschwinden soll. Alle modernen Produktionsmethoden beinhalten Lösungen für diese Forderung, wenngleich sie bei der herkömmlichen Gruppenarbeit am wenigsten ausgeprägt ist.

Bei allem Wandel gibt es doch Prinzipien, die typisch für die einzelnen Ausprägungen sind. Die offene Produktionsstruktur mit der uneingeschränkten Forderung nach Optimierung bei der Lean Production und beim Fraktalen Unternehmen öffnet auch die Möglichkeiten für die Vergabe von Leistungen an fremde Unternehmen (Outsourcing). Outsourcing ist allerdings in Deutschland durch die mangelnde Kooperationsbereitschaft erschwert, wenn es auch Gegenbeispiele gut funktionierender Kooperation auf Basis eines sorgfältig aufgebauten Vertrauensverhältnisses gibt. Die klassische Gruppenarbeit hat auch hier keine besondere Ausprägung, das bedeutet, dass die Entscheidungen nicht in der Gruppe fallen, sondern von außen vorgegeben werden.

*Automatisierungspolitik*

In der Automatisierungspolitik gibt es grundsätzliche Unterschiede der Philosophien. Die Lean Production in ihrem Ursprung als Toyota Production System hat als Maxime, dass alle häufig wiederkehrenden, kraftfordernden oder langweiligen Arbeiten automatisiert werden. Im Fraktalen Unternehmen gilt der Grundsatz, dass die Entscheidung über Automatisierung bestimmter Aufgaben beim Fraktal liegt und nahezu ausschließlich von dessen Streben nach Zielerfüllung bestimmt wird.

Die Integration der Aufgaben in der Prozesskette ist Kennzeichen moderner Produktionsphilosophien. In der klassischen Gruppenarbeit werden die von außen vorgegebenen Aufgaben in der Gruppe selbst den Mitgliedern zugeordnet, wobei die Verteilung auf einzelne Arbeitsplätze der Gruppe überlassen wird. In der Lean Production wird durch den Drang nach Verbesserung und die Kooperation zwischen den Teams der bisherige Arbeitsfluss immer in Zweifel gezogen und angestrebt, ihn zu verbessern. Da

## Vergleich der mitarbeiterorientierten Organisationsformen 2.4.5

### Ebene Prozesse und Materialfluss

| Ausprägung | | | Umfeldeinflüsse | | |
|---|---|---|---|---|---|
| Fraktale Fabrik | Lean Production | Klassische Gruppenarbeit | Fraktale Fabrik | Lean Production (Europa) | Lean Production (Japan) | Klassische Gruppenarbeit |
| Geschlossene Prozesskette durch einheitliche Zielsetzung gefördert | Geschlossene Prozesskette durch Streben nach Optimierung des Materialflusses | Keine besondere Outsourcingspolitik | + Bereitschaft zur selbstkontrollierten Veränderung | + Bereitschaft zur selbstkontrollierten Veränderung | + Bereitschaft zur Kooperation hoch | + marktorientiertes Denken |
| Enge Zusammenarbeit mit den Zulieferern | Enge Anbindung der Zulieferer | Gebrochene Prozesskette durch mangelhafte Integration | + individuelle Flexibilität hoch | + Bereitschaft, das eigene Tun kritisch zu hinterfragen | + pragmatisches Denken | – Sicherheitsdenken |
| Entscheidung über Automatisierung liegt in den Händen der Fraktale | Bestreben, alle routinemäßigen Arbeitsvorgänge zu automatisieren | Verteilung der Verrichtungen wird in der Gruppe definiert | + kostenbewusstes Denken | + kostenbewusstes Denken | + hohe Sicherheit des Arbeitsplatzes | – Streben nach individueller Profilierung |
| Weitgehende Autonomie der Teams bei der Verbesserung von Produkten und Prozessen | Anzreiz, Produkte und Prozesse ständig zu verbessern (Kai Zen) | | + hohe Entscheidungsfreude | – geringe Bereitschaft zur Kooperation | + Zufriedenheit mit gesellschaftlicher Anerkennung | |
| Strukturen sollen sich zielorientiert gestalten | Strukturen werden weitgehend festgeschrieben | | – geringe Bereitschaft zur Kooperation | – geringe Mobilität der Betriebe | + teamorientiertes Leitbild | |
| | | | – breite Streuung der Betriebe innerhalb Europas | – breite Streuung der Betriebe innerhalb Europas | – Neigung, Qualität höher zu bewerten als Kosten | |
| | | | – Angst vor Arbeitsplatzverlust | – Angst vor Arbeitsplatzverlust | | |
| | | | | – Neigung zu perfekten Lösungen | | |

Brüche im Produktionsfluss durch Warteschlangen vor einem Arbeitsplatz als Verschwendung angesehen werden, wird auch hier ein Druck zur Integration von Arbeitsgängen sichtbar. Im Fraktalen Unternehmen wirkt die weitgehend einheitliche Zielsetzung der selbstähnlichen Fraktale fördernd auf die Integration von Arbeitsschritten, wobei auch hier die Zielorientierung Maßstab ist. Die betroffenen Fraktale können dabei frei über die Aufgabenerfüllung entscheiden, notfalls auch mit finanziellem Ausgleich zwischen den Fraktalen.

**Literaturempfehlungen**

*Hartmann, M. (Hrsg.):* Dynapro II, Logis-Verlag, Stuttgart 1997.

*Kühnle, H.; Spengler, G.:* Wege zur Fraktalen Fabrik.
    io Management Zeitschrift, Verlag Industrielle Organisation, Zürich 1993.

*Warnecke, H.-J.:* Aufbruch zum Fraktalen Unternehmen. Springer-Verlag, Berlin u. Heidelberg 1995.

## 2.5 Unternehmensübergreifende Organisationsformen

### 2.5.1 Virtuelle Organisationen

*von Rainer Kämpf*

Die zunehmende Globalisierung und die damit zusammenhängende verstärkte Konkurrenz stellen an die Unternehmen neben dem verschärften Preis- und Zeitwettbewerb durch veränderte Kundenwünsche und die Übergänge zu regional unterschiedlichen Märkten heterogene Anforderungen, die von herkömmlichen Unternehmensgebilden nur schwer erfüllbar sind. Große und international tätige Firmen mögen noch gewisse Chancen haben, diesen Anforderungen zu genügen. Mittlere und kleine Firmen sind hingegen von dieser Situation überfordert. Für die Wertschöpfung, die zur Kundenleistung führt, bedeutet dies das Zurückgreifen auf Wertschöpfungspartner durch den Aufbau von strategischen Kooperationen.

**Virtuelle Organisation – zeitlich begrenzter Kooperations- und Leistungsverbund**

Erfolgreiche Unternehmen werden sich durch situatives, vorteilwahrendes und strategisches Handeln gegenüber ihren Mitbewerbern abgrenzen müssen. Nicht mehr die finanzielle Macht eines Betriebes wird den Markt beherrschen, sondern zeitlich begrenzte Kooperations- oder Leistungsverbünde. Sie entstehen in den schnelllebigen Märkten ebenso schnell wie sie auch wieder zerfallen, ohne dass für einen einzelnen Wertschöpfungsprozess langfristige Investitionen getätigt werden müssen.

Diese Unternehmen sind nicht mehr materielle, sondern virtuelle Einheiten. Sie bilden gegenüber dem Kunden eine Unternehmenskooperation, die ihm den Eindruck vermittelt, die Leistung aus einer Hand, das heißt von einem Unternehmen, zu beziehen. »Ziele der virtuellen Organisation sind die Überwindung räumlicher und zeitlicher Begrenzungen sowie des Widerspruchs von Zentralisierung und Dezentralisierung und damit die Erschließung der Vorteile verteilten Operierens, dezentral verteilten Wissens und lokaler Präsenz« (Scholz 1994).

Virtuelle Organisationen werden auch als fluide, temporär begrenzte Netzwerke rechtlich selbstständiger Unternehmen, Institutionen und/oder Einzelpersonen verstanden, die sich vorrangig mit ihren Kernkompetenzen an einer Leistungserstellung gegenüber einem Dritten beteiligen. Da die Identität einer Organisation durch ihre Grenzen bestimmt wird, werden die Identitäten bei flexibler Grenzziehung unschärfer. Gleichzeitig wird der Aktionsradius erheblich erweitert und die Unvorhersagbarkeit des Verhaltens von Organisationen erhöht. Der physische Standort einer unternehmerischen Wertschöpfung verliert immer mehr an Bedeutung, was zu erheblichen Zeiteinsparungspotenzialen durch eine starke Verkürzung der Entwicklungszeiten führt.

**Informationssysteme zur Koordination in Netzwerken**

Allerdings sind hierzu koordinierende Prozesse und Strukturen aufzubauen, die diese Unvorhersehbarkeit beherrschbar machen. Neben einem Regelwerk für die operative Arbeit kommt hier der Informationstechnik eine entscheidende Stellung zu. Sie ermöglicht eine koordinierte, verteilte Leistungserstellung und verbindet örtlich getrennte Kernkompetenzen gegenüber dem Markt zu einer Einheit. Virtuelle Organisationen erfordern daher hochflexible, integrierte Datenverarbeitungssysteme, die Hilfsmittel wie

- elektronische Produktkataloge,
- kooperative Informationssysteme,
- elektronische Organisationshandbücher,
- Groupware,
- Führungsinformationssysteme und
- computergestützte Organisationstools

zur Verfügung stellen.

**Charakteristische Merkmale** Rodler charakterisiert eine virtuelle Organisation durch die folgenden Punkte:

- Sie verfolgt mehr als nur ein Geschäftsziel und besteht aus drei oder mehr Partnern.

- Es besteht kein gemeinsamer juristischer oder hierarchischer Überbau (GmbH, AG, Hierarchieplan für das Gesamtsystem etc.), in dem einer der Partner zugleich Mehrheitsgesellschafter mit Alleinentscheidungsbefugnis ist, außer zur Erreichung eines spezifischen, definierten und projektierten (im Sinne von Ressourcen und Budget bzw. Forecast) Ziels.

- Es erfolgt keine gemeinsame Finanzierung und Bilanzierung, außer zur Erreichung eines spezifischen, definierten und projektierten (im Sinne von Ressourcen und Budget bzw. Forecast) Ziels.

- Es gibt keine Mehrheitsgesellschafter mit Alleinentscheidungsbefugnis in einer gemeinsam gegründeten (Projekt-)Gesellschaft (z.B. einer externen Network-Management- und/oder -Marketing-Organisation).

- Im Rahmen einer Marketingvereinbarung erfolgt eine wechselseitige Nutzung von Logo und Markenzeichen.

- Über die Beteiligung an der virtuellen Organisation wird innerhalb der eigenen Organisation eine entsprechende Kommunikation und Information gepflegt, interne Ansprechpartner werden benannt.

- Die virtuelle Organisation wird in eine Vertical Value Chain mit synergetischen oder komplementären Komponenten eingeordnet, die bei der Erreichung eines Ziels von einem Partner allein nicht gewährleistet wäre, oder wenn ja, dann nur unter großen Aufwendungen.

- Es wird eine gemeinsame Strategie verfolgt, die als letzte Konsequenz profit-sensitive ist, also die Umsatz- und Gewinnsteigerung eines jeden Partners als Ziel hat.

- Es erfolgt keine Marktkonzentration, obgleich eine virtuelle Organisation als Vorstufe (test our partner) zu »festeren Bindungen wie Strategische Allianzen etc.« fungieren könnte.

- Allen Partner wird schriftlich bestätigt, dass keine Akquisitionsabsichten gegenüber anderen Partnern (auch nicht von Konzerntöchtern oder -müttern) bestehen bzw. es erfolgt eine sofortige Meldung derartiger Absichten an alle Partner.

- Es gibt gemeinsam erarbeitete »policies«. Nur durch Ratifizierung werden neue Partner aufgenommen. Mindeststandards sind
    - Marketing Agreements,
    - Aufbau und Nutzung eines gemeinsamen Workgroup-Informationssystems,
    - die Pflicht zur Anmeldung (und digitalen) Dokumentation aller innerhalb der oder über die virtuelle Organisation akquirierten Projekte,
    - das Vetorecht jeden Mitglieds bei der Aufnahme neuer Mitglieder und
    - der Ausschluss existierender Mitglieder bei Zuwiderhandlungen gegen das Basis-Regelwerk.

**Vorteile virtueller Organisationen bei hoher Marktunsicherheit und Produktkomplexität**

Für die Abgrenzung der virtuellen Organisation von artverwandten Formen wie etwa der »modularen Organisation« oder »strategische Netzwerken« verwendet Picot (1996) als Unterscheidungsmerkmale die Marktunsicherheit, die sich auch in der Reaktionsfähigkeit und der Flexibilität der Organisationsform auf Veränderungen des Marktes widerspiegelt, sowie die Produktkomplexität, die wiederum verbunden ist mit kleinen Stückzahlen,

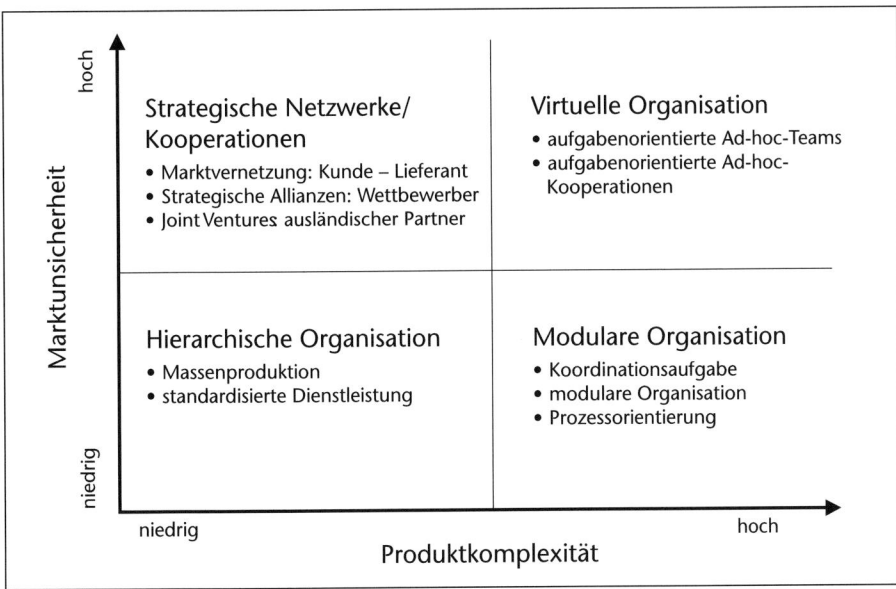

*Abb. 1: Abgrenzung der virtuellen Organisation nach Picot (1996)*

hohem technologischen Standard und aufwendiger Entwicklungsarbeit. Die virtuelle Organisation ist bei hoher Produktkomplexität und hoher Marktunsicherheit eindeutig vorteilhaft, da sie in diesem Umfeld über die Vorzüge einer hohen Flexibilität und einer hinsichtlich Breite und Tiefe in Summe umfangreichen Kompetenz für die verschiedensten Aufgabenstellungen verfügt.

## 2.5.2 Virtuelle Unternehmen

*von Rainer Kämpf*

### 2.5.2.1 Zielsetzung, Aufgaben und Merkmale

Die Probleme der Unternehmen haben sich auch nach den Restrukturierungsmaßnahmen von »Lean«, »Reengineering«, »Prozessorientierung« oder »TQM« noch nicht nachhaltig verbessert. Grund hierfür ist die starke Fokussierung dieser Restrukturierungsansätze auf das »Cost Reengineering«. Die Unternehmen konzentrierten sich darauf, das bestehende Leistungsangebot auf die Kernleistungen zu reduzieren und deren Erbringung mit immer weniger Ressourcen und besserer Qualität zu perfektionieren. Vernachlässigt wurde hierbei die Frage, wie mit den vorhandenen Ressourcen strategische Wettbewerbsvorteile zu erreichen sind (Hamel/Prahalad 1994). Es werden Strategien benötigt, um

- neue Märkte zu schaffen,
- neue Produkte (Systemlösungen) anzubieten und
- Flexibilität in der Reaktion auf Markterfordernisse zu besitzen.

Insbesondere kleinen und mittelständischen Unternehmen fehlt es an den notwendigen Ressourcen, um allein allen drei Herausforderungen zu begegnen. Erforderlich sind Organisationskonzepte, die es erlauben, eine für die Erweiterung der verfügbaren Ressourcenpotenziale notwendige (virtuelle) Größe zu erreichen, ohne der oft mit Größe assoziierten Unflexibilität zu unterliegen. Ein Lösungsansatz zur Erfüllung dieser Anforderung liegt in der Kooperation von Unternehmen. Bekannte Beispiele sind Kooperationen wie Joint Ventures oder Strategische Allianzen, die vertraglich fixiert sind (Picot/Reichwald 1996).

**Erweiterung der Ressourcen durch virtuelle Unternehmen**

Ein Vorteil der vertraglichen Fixierung von Kooperationen ist eine Begrenzung der Transaktionskosten, nachteilig ist aber die unbefriedigende dynamische Rekonfigurierbarkeit in der Reaktion auf kurzfristig auftretende Markterfordernisse. In virtuellen Unternehmen wird dieser Nachteil vermieden, da dort die Kopplung der Unternehmen lose ist. Die in der Regel mit der Kooperation unabhängiger Unternehmen verbundenen steigenden Transaktionskosten werden in virtuellen Unternehmen unter anderem durch den Einsatz moderner Informations- und Kommunikationstechnologie im Rahmen gehalten. Als Transaktionskosten bezeichnet man diejenigen Kosten, die zur Koordination wirtschaftlicher Aktivitäten notwendig sind. Es handelt sich um Kosten der Information und Kommunikation, die zur Vorbereitung, Durchführung und Überwachung von Arbeitsteilung und Tausch erforderlich sind.

> **Definition**
> »Ein virtuelles Unternehmen ist eine Kooperationsform rechtlich unabhängiger Unternehmen, Institutionen und/oder Einzelpersonen, die eine Leistung auf der

## 2.5 Unternehmensübergreifende Organisationsformen

> Basis eines gemeinsamen Geschäftsverständnisses erbringen. Die kooperierenden Einheiten beteiligen sich an der Zusammenarbeit vorrangig mit ihren Kernkompetenzen und wirken bei der Leistungserstellung gegenüber Dritten wie ein Unternehmen. Dabei wird auf die Institutionalisierung zentraler Managementfunktionen zur Gestaltung, Lenkung und Entwicklung des virtuellen Unternehmens durch die Nutzung geeigneter Informations- und Kommunikationstechnologien weitgehend verzichtet.« (Fischer 1996)

**Grundanforderungen des virtuellen Unternehmens**

Die Anwendung der Organisationsform des virtuellen Unternehmens kann in erster Näherung durch folgende Grundanforderungen beschrieben werden:

- sorgfaltige Planung von Produkt (z.B. durch modulare Konzeptionen oder Teilsysteme) und Prozess (d.h. Berücksichtigung der Produktnutzungsdauer beim Kunden), gegebenenfalls mit Simulation

- produkt- und leistungsgerechte Integration von Zulieferbetrieben

- eindeutige vertragliche Festlegung von Produkt- und Prozessspezifikationen während des gesamten Produktionszyklus

- detaillierte Organisation der kompletten Leistungserstellung durch Integration des Know-hows aller an der Wertschöpfungskette Beteiligten

- prozessübergreifende, permanente Kommunikation zwischen allen Beteiligten unter Zuhilfenahme innovativer und angepasster IuK-Technik

**Bündelung von »Best-of-class«-Kernkompetenzen**

Aus institutioneller Sicht ist ein virtuelles Unternehmen in der Innensicht eine Kombination von »Best-of-class«-Kernkompetenzen kooperierender, rechtlich selbstständiger Unternehmen. Sie werden für die Dauer der Erreichung eines bestimmten Geschäftszwecks ohne Rücksicht auf Unternehmens- und gegebenenfalls auch Staatsgrenzen mit Hilfe moderner IuK-Technik lose gekoppelt. Dabei wird weitgehend auf die Institutionalisierung von Leitungs- und Kontrollmechanismen verzichtet, sondern vielmehr auf gegenseitigem Vertrauen gebaut, das durch die Existenz einer »Win-win-Situation« unterstützt wird.

**Geteiltes Risiko**

Jedes Mitglied hat prinzipiell Zugriff auf die im gesamten Netzwerk vorhandenen Ressourcen. Das Risiko, gerade in größeren Projekten, wird mit den Partnern geteilt. Für den Kunden, also aus Außensicht eines virtuellen Unternehmens, ist die Virtualität des Unternehmens bzw. der vorgelagerten Wertschöpfungskette nicht sichtbar. Er erhält nach wie vor ein Produkt aus einer Hand (one face to the customer), kann allerdings mit niedrigeren Preisen, einem größeren Angebot und steigendem Service rechnen. Die Folge der Etablierung dieser Organisationsform ist die Entwicklung eines neuen Selbstverständnisses eines Unternehmens. Nicht mehr Unternehmensgrenzen, sondern einzelne, durch Geschäftsprozesse realisierte Kernkompetenzen und Leistungen übernehmen identitätsbildende Funktionen.

| Merkmale aus institioneller Sicht | Merkmale aus funktionaler Sicht |
|---|---|
| ■ rechtlich unabhängige Einheiten<br>■ komplementäre »Best-of-class«-Kernkompetenzen<br>■ zeitlich begrenzt<br>■ Ressourcen-, Knowledge-, Risk-Sharing<br>■ Einsatz von Informations- und Kommunikationstechnik<br>■ keine Konkurrenz/gemeinsamer Geschäftszweck<br>■ keine Leitung, Kontrolle/basierend auf Vertrauen | ■ unabhängig von Gesellschaftsform<br>■ Koordination und Lenkung von Kernkompetenzen<br>■ lernende und adaptive Orientierung<br>■ überlegene Informationsverarbeitungs-Fähigkeiten<br>■ »Value-adding«-Geschäftsprozesse |

*Abb. 1: Funktionale und institutionelle Merkmale virtueller Unternehmen*

Die Organisation des Wertschöpfungsprozesses in einem virtuellen Unternehmen ist gekennzeichnet durch den temporären Charakter. Voraussetzung für eine Zusammenarbeit in zeitlich begrenzten Verbünden ist Vertrauen. Dieses Vertrauen umfasst sowohl die Partner innerhalb eines Teilunternehmens des gesamten virtuellen Unternehmens als auch die Verhältnisse zwischen den einzelnen Betrieben dieser Strategischen Allianz. Dieses Vertrauen ist Grundbedingung, da aufgrund der kurzen Produktlebens- und Investitionszyklen die Zeit nicht ausreicht, dieses Vertrauen parallel zu einer sich entwickelnden Arbeits- und Wirtschaftsbeziehung aufzubauen.

**Vertrauen der Partner als Basis eines virtuellen Unternehmens**

Vertrauen ist innerhalb eines virtuellen Unternehmens genauso wie bei den Interaktionen auf den Märkten von erheblicher Bedeutung. Man denke nur an Güter, die – anders als kurzlebige Wegwerfartikel – längere Zeit im Einsatz sind. Wichtig für die Kunden ist hier die Sicherstellung von Ersatzteildiensten. Gerade diese Versorgung aber wird virtuellen Unternehmen nicht ausreichend zugetraut, während herkömmlichen Betrieben, die schon heute mit diesem Teil des Kundendienstes erheblich in Bedrängnis kommen, eben dieses Vertrauen entgegengebracht wird.

Die Auflösung und Neustrukturierung der bestehenden Verhältnisse beschränkt sich im virtuellen Unternehmen nicht nur auf die Außenkontakte. Auch die Einbindung der Arbeitnehmer in den Wertschöpfungsprozess wird anders verlaufen. Der Ersatz der bekannten hierarchischen Organisations- und Führungsstrukturen vor allem mittlerer und großer Unternehmen wird in einem solchen Konzept die Bedeutung und Wirkungsmöglichkeit des Individuums wesentlich steigern. Auch hier sind »qualifizierte und motivierte Mitarbeiter ein Schlüsselfaktor zur Umsetzung strategischer, technischer und organisatorischer Innovationen« (Well 1996).

**Selbstständigkeit der Mitarbeiter – Voraussetzung in virtuellen Unternehmen**

Stärker noch als die anderen besprochenen Unternehmensstrategien erfordert das virtuelle Unternehmen von den Mitarbeitern eine Selbstständigkeit in der Entscheidung und die Fähigkeit, neue, bisher unbekannte Situationen zu strukturieren. Dies betrifft sowohl die konkreten Arbeitsaufgaben als auch die Gestaltung der Arbeitsumgebung und die rechtliche Form der Zusammenarbeit. Outsourcing- und Cost- bzw. Profit-Center-Strukturen, wie wir sie heute bereits kennen, werden in stärkerem Umfange als bisher die Zusammenarbeit innerhalb der Betriebe und vor allem auch in virtuellen Unternehmen prägen. Die einzelnen Wertschöpfungsketten stellen dann eine Aneinanderreihung der zum Prozess erforderlichen Kompetenzen dar.

**Merkmale virtueller Unternehmen**

Ein virtuelles Unternehmen ist somit eine zeitlich befristete, zwischenbetriebliche Kooperation mehrerer rechtlich unabhängiger Unternehmen in einem informationstechnisch unterstützten Wertschöpfungsnetzwerk, das

- innerhalb kürzester Zeit für einen einheitsbildenden Auftrag entsteht (Faktor: kurze Reaktionszeit),

- dem Kunden durch die Integration der Kernkompetenzen einzelner Unternehmen individualisierte Produkte und Dienstleistungen erstellt (Faktor: Synergie, Leistungssteigerung, Kundennähe), wobei das Netzwerk ohne physische und juristische Körperschaften (Aufbau- und Ablauforganisation, Abteilungen, Regelwerke, rechtliche Körperschaft) auskommt, die durch eine schlanke Koordinationsstelle ersetzt werden (Lean Organization).

Nach dem Vier-Merkmal-Schema (Scholz 1994) können die virtuellen Unternehmen folgendermaßen konkretisiert werden:

### Merkmal 1: Konstituierende Charakteristika
- einheitliches Auftreten gegenüber dem Kunden
- Gesamtoptimierung der ganzen Wertschöpfungskette

### Merkmal 2: Fehlende physikalische Attribute
- kein gemeinsames juristisches Dach
- keine gemeinsame Verwaltung/Zentrale

### Merkmal 3: Spezielle Zusatzspezifikationen
- ausgereifte Informationstechnologie
- absolutes gegenseitiges Vertrauen
- Vorhandensein von individuellen Kernkompetenzen
- keine Konkurrenzsituation

### Merkmal 4: Nutzeneffekte
- Flexibilität und Anpassungsfähigkeit
- Nutzung eines gemeinsamen Synergiepotenzials

Die Organisationsform der virtuellen Unternehmung hat gegenüber anderen Formen den Vorteil, dass sich die Kooperation nicht auf einzelne Bereiche wie zum Beispiel Entwicklung, Vertrieb oder Netzwerkwartung beschränkt, sondern in der Regel die Produktion mit einschließt und dadurch wesentliche Skaleneffekte erst ermöglicht. Reiss (1996) weist auf die Kosteneffizienz virtueller Unternehmen hin: »Diese wird möglich, weil virtuelle Gebilde weitestgehend nach dem Prinzip der verteilten Systeme funktionieren: Im Zentrum wird bestenfalls ein Koordinator in Form eines ›Maklers‹ gebraucht, der das Netz konfiguriert und bestimmte Außenbeziehungen des Netzes zu Auftraggebern unterhält. Alle restlichen Service-Arbeiten für den Netzbetrieb übernehmen die dezentralen Einheiten als Kompetenzzentren.«

**Stärken des virtuellen Unternehmens**

Die Aufteilung von Markterschließungskosten auf die Mitgliedsunternehmungen des virtuellen Unternehmens senkt für die einzelnen Mitglieder die Markteintrittsbarrieren. Kleineren Unternehmen wird durch den Verbund mit Partnerunternehmen oftmals erst der Markteintritt ermöglicht. Eine Unternehmung kann damit, obwohl sie relativ klein bleibt, eine erhebliche virtuelle Größe erreichen. Zudem ist eine virtuelle Organisation weniger durch »politische« Organisationseinheiten belastet – sie ist primär missions- und nicht politikgetrieben und kommt daher mit einem kleineren Verwaltungs-Overhead aus. Dadurch und durch die Tatsache, dass sich jedes Unternehmen auf seine Kernkompetenz konzentriert, entstehen Zeitersparnisse, weil verschiedene Fragestellungen wie Produktdesign, Vertrieb, Werbung etc. für das einzelne Partnerunternehmen nicht anfallen.

**Vereinfachung des Markteintritts für kleinere Unternehmen**

Virtuelle Unternehmen ermöglichen den Mitgliedsunternehmen einen einfacheren Zugang zu schwer transferierbaren Ressourcen und ermöglichen damit deren effiziente Nutzung. Durch virtuelle Unternehmen werden unter anderem die Ressourcen

**Effiziente Nutzung von Ressourcen**

- Entwicklungskapazität,
- Produktionskapazität und
- Zugang zu den Distributionskanälen

zusammengeführt, um Entwicklungs- und Lieferzeiten sowie Markteintrittsbarrieren zu senken und so schnell auf technologischen Wandel oder sich ändernde Kundenbedürfnisse reagieren zu können. Know-how ist eine weitere, bedeutende Ressource, mit der die virtuelle Unternehmung vorteilhaft umgeht: Durch die Zusammenführung von Unternehmungen, die ihre Kernkompetenzen verfügbar machen, kann benötigtes Know-how gezielt und schnell beschafft und eingesetzt werden.

Aufgrund der Nutzung meist vorhandener Kapazitäten der Mitgliederunternehmungen ist der Kapitalbedarf zum Aufbau einer virtuellen Unternehmung sowie das Risiko gegenüber dem Aufbau einer vergleichbaren, konventionellen Unternehmung sehr gering, weshalb auch Liquidität eine Ressource ist, mit der die virtuelle Unternehmung vorteilhaft umgeht.

## 2.5 Unternehmensübergreifende Organisationsformen

**Schwächen des virtuellen Unternehmens**

Als besonders gravierend bei der Auflösung konventioneller Unternehmensstrukturen stuft Reiss (1996) die Auflösung des klassischen Arbeitsverhältnisses ein. An die Stelle der engen Bindung, wie dies speziell in Europa lange Zeit Tradition war, treten lockere Formen der Personalüberlassung und auch der freien Mitarbeit. Virtuelle Strukturen vermitteln ihren Mitgliedern kein ausgeprägtes Gefühl der Zugehörigkeit und damit der sozialen Sicherheit. Die Symbole der Zugehörigkeit (eigener Schreibtisch, gleich bleibender Kollegenkreis etc.) fehlen. Auch Vorgesetzte verfügen nicht mehr über »ihre persönlichen« Mitarbeiter.

Auch hinsichtlich der extrem hohen Flexibilität, besonders der Anpassungsgeschwindigkeit von Mitarbeitern, sind Zweifel anzumelden. Die Erfahrung lehrt, dass »Menschen nicht so hochgradig umstellungsfähig sind wie Maschinen und deshalb Übergangszeiten benötigen für geistige Umrüstaktivitäten« (Reiss 1996).

**Fehlende soziale und materielle Sicherheit**

Netzwerkorganisationen vermitteln ihren Mitgliedern kaum materielle oder soziale Sicherheit. In diesem Zusammenhang ist die Forderung von Mitarbeitern bzw. Gewerkschaften nach festen, starren Arbeitsregeln zu sehen; allerdings schränken diese Forderungen die Reaktionsmöglichkeiten eines Unternehmens auf Veränderungen am Markt zusätzlich ein. Als weiteres Problem führt Reiss (1996) an, dass projektförmig angelegte, temporäre Netze gar nicht die Zeit zur Entfaltung einer eigenen Kultur haben – virtuelle Unternehmen müssen daher, wie bereits dargestellt, auf einer Vertrauenskultur basieren, was in der Praxis häufig Probleme mit sich bringt.

**Gefahren und Risiken**

Schräder (1996) weist darauf hin, dass den Chancen der Zusammenarbeit in einer virtuellen Unternehmung die Gefahr des Kontroll- und Knowhow-Verlustes über Tätigkeiten, die nicht zu den Kernkompetenzen einer Unternehmung gehören, gegenübersteht. »Für die Mitgliederunternehmungen ist die Vernachlässigung des Aufbaus und der Pflege von (neuen) Kernkompetenzen eine ernsthafte Gefahr, da diese Kompetenzen durch Kooperation in virtuellen Unternehmungen leicht beschafft werden können. Virtuelle Unternehmungen sollten deshalb von Mitgliederunternehmungen nicht als Chance betrachtet werden, den Rekonfigurationsdruck des Marktes auf die Unternehmung abzuschwächen, da dies direkt die Flexibilität des Mitglieds mindert.«

| Potenziale | Risiken |
|---|---|
| ■ erhöhte Flexibilität | ■ Kompetenzverlust |
| ■ Möglichkeiten zur Kostensenkung | ■ Verlust der Marktnähe |
| ■ Eröffnung neuer Marktchancen | ■ Infrastrukturkosten |
| ■ Realisierung von Zeitvorteilen | ■ fehlende Unternehmenskultur |
| ■ veränderte Situation der Mitarbeiter | ■ unterschiedliche Zielsetzungen der Beteiligten |
| ■ Zugang zu »fremden« Ressourcen | ■ gesamtwirtschaftliche Kosten (z.B. Arbeitslosigkeit) |
| ■ interorganisationales Lernen | ■ fehlende Akzeptanz durch die Kunden |
| ■ Kundenvorteile | |

*Abb. 2: Erfolgspotenziale und Risiken eines virtuellen Unternehmens*

## 2.5.2.2 Lebensphasen eines virtuellen Unternehmens

Einige wichtige Leitfragen sollten vor dem Aufbau von virtuellen Unternehmen bedacht werden:

> **Checkliste: Leitfragen zum Aufbau virtueller Unternehmen**
> 
> ❑ Sind für ein neues Produkt die infrastrukturellen Ressourcen, Forschung und Entwicklung, Kosten und Risiken sinnvoll teilbar?
> ❑ Können Produktentwicklungsmöglichkeiten durch die Verknüpfung eigener mit fremden Kernkompetenzen verbessert werden?
> ❑ Kann durch die Integration von verteiltem Wissen quer über das Unternehmen der Produktentwicklungsprozess verkürzt werden?
> ❑ Kann durch die gebildeten Partnerschaften Zutritt zu neuen Märkten geschaffen werden und eröffnen sich dadurch Möglichkeiten, das Vertrauen neuer Kunden zu gewinnen?
> ❑ Unterstützt die virtuelle Organisation den eigenen Veränderungsprozess weg vom Produktverkäufer hin zum Problemlöser?

*Abb. 3: Checkliste Leitfragen*

Sind diese prinzipiellen Vorüberlegungen durchgeführt und der Entschluss gefasst worden, ein virtuelles Unternehmen aufzubauen, so sind die folgenden vier Lebensphasen zu durchlaufen (Mertens/Faisst 1995):

- Phase 1: Anbahnung und Partnersuche
- Phase 2: Vereinbarung
- Phase 3: Durchführung
- Phase 4: Auflösung und Rekonfiguration

**Phase 1 – Anbahnung und Partnersuche**

In der Literatur findet sich häufig die Ansicht, dass die Gründung virtueller Unternehmen zurzeit überwiegend auf einen Visionär bzw. auf eine mehr oder weniger zufällige Begebenheit zurückgeht. Diese Annahme trifft nur insofern zu, als es sich bei der Gründung um kleine Unternehmen handelt. Hier geht die Initiative zur Bildung eines virtuellen Unternehmens oft von einem Kernunternehmen aus. Geht es jedoch um größere Unternehmen, ist es mehr die strategische Notwendigkeit der Schaffung von Erfolgspotenzialen, die die Gestaltung eines virtuellen Unternehmens bewirkt. Die Partnersuche könnte in Zukunft über internetbasierte Kataloge unterstützt werden, in denen Unternehmen ihre Kernkompetenzen präsentieren. Die Fülle der so zur Verfügung stehenden Informationen wird die Entstehung eines neuen Berufszweigs, den Informationsbrokern, forcieren. Sie werden bei Bedarf Unternehmen bei der Partnersuche unterstützen und gegebenenfalls Aufgaben in virtuellen Unternehmen wahrnehmen. Diese Phase 1 muss sehr sorgfältig durchgeführt anhand festzulegender Kriterien durchgeführt werden.

## 2.5 Unternehmensübergreifende Organisationsformen

**Phase 2 – Vereinbarung**  
In Phase 2 werden die Rahmenvereinbarungen der Zusammenarbeit bestimmt. Insbesondere werden Regeln der Arbeitsteilung, der Ressourcenzuordnung und des Verfahrens abgestimmt und die für die Koordination notwendige gemeinsame Infrastruktur festgelegt. Die Aufgaben in dieser Phase sind sehr schwierig, da der richtige Mittelweg zwischen einer Überreglementierung, die die Flexibilität einschränkt, und einer ungenügenden Reglementierung, die erhöhte Koordinationskosten verursacht, gefunden werden muss. Bisher liegen erst wenige Erfahrungen dazu vor.

**Phase 3 – Durchführung**  
In der Durchführungsphase (Phase 3) geht es um die Koordination der Leistungserstellung. Vermutlich werden die in Phase 2 getroffenen Vereinbarungen nicht ausreichen, so dass ständig Anpassungen vorgenommen werden müssen. Die einzelnen Partner werden Restrukturierungen unternehmen, um sich den Gegebenheiten innerhalb des Unternehmensnetzwerkes anzupassen.

**Auflösung und Rekonfiguration**  
Wenn der Geschäftszweck, der zur Gründung des virtuellen Unternehmens geführt hat, erfüllt ist, löst sich das virtuelle Unternehmen in dieser Konfiguration auf (Phase 4). Das Verfahren der Auflösung sollte bereits während der Vereinbarungsphase festgelegt werden.

### 2.5.2.3 Aufgaben des Managements in virtuellen Unternehmen

Die Implementierung des Konzepts des virtuellen Unternehmens bedeutet neue Herausforderungen an das Management. Neben der klassischen Managementaufgabe in einem Unternehmen bekommt im virtuellen Unternehmen das Informationsmanagement eine überragende Bedeutung. Ohne ein geeignetes Informationssystem mit entsprechender informations- und kommunikationstechnologischer Infrastruktur ist insbesondere ein wirkungsvolles Koordinations- und Kooperationsmanagement in virtuellen Unternehmen kaum erreichbar. Zusätzlich sind im virtuellen Unternehmen generell zwei Managementebenen zu unterscheiden:

- das Management des ganzen virtuellen Unternehmens (Ebene 1) und

- das Management eines einzelnen beteiligten Partnerunternehmens (Ebene 2).

#### Ebene 1: Allgemeines Management in virtuellen Unternehmen

##### 1a   Management in Partnerunternehmen

**Entwicklung/Erhalt herausragender Kernkompetenzen**  
Ein Einzelunternehmen ist nicht automatisch für die Gewinn bringende und dauerhafte Teilnahme an virtuellen Unternehmen qualifiziert. Dem Unternehmen entstehen die Anforderungen, es unter Einhaltung der eigenen Ziele passend für die Unternehmenskultur und Unternehmenspolitik des virtuellen Unternehmens zu gestalten oder zu erhalten. Zu den wichtigsten Anforderungen gehört die Entwicklung bzw. der Erhalt einer oder mehrerer herausragender Kernkompetenzen auf der Basis einzigartiger Res-

sourcen (z.B. Know-how), um im wachsenden Wettbewerb bestehen zu können. Dabei sollte zum Erhalt der wirtschaftlichen Eigenständigkeit darauf geachtet werden, nicht zu viele Aufgabenbereiche zu externalisieren.

In einer engen Zusammenarbeit von Unternehmen droht auch die Gefahr des Verlustes der Einzigartigkeit der eigenen Ressource. Dem kann begegnet werden, indem versucht wird, nicht die Ressource selbst, sondern die daraus resultierende Leistung zur Verfügung zu stellen. Gleichzeitig sollten die zwischenbetrieblichen Beziehungen besonders gepflegt werden, da der Wert der eigenen erbrachten Leistung bei einem externen Kunden zunehmend erst in der Zusammenarbeit mit den Partnern entsteht (Well 1996).

**Verlust der Einzigartigkeit der eigenen Ressource**

Eine weitere wichtige Managementaufgabe ist die ständige Überwachung von Risiken und Chancen des Unternehmens. Ein virtuelles Unternehmen sichert nicht automatisch die Existenz des Einzelunternehmens. So muss das Einzelunternehmen darauf reagieren, wenn es durch das virtuelle Unternehmen neue Erfolgspotenziale erkennt. Genauso muss es allerdings auch frühzeitig möglichen Bedrohungen der eigenen Marktposition durch das virtuelle Unternehmen begegnen.

**Überwachung von Risiken und Chancen**

## 1b Management in virtuellen Unternehmen

Es existieren drei Hauptaufgaben des Managements virtueller Unternehmen:

1. die Pflege einer Unternehmenskultur,
2. die Entwicklung grundlegender Regeln der Zusammenarbeit sowie
3. die Lokomotion der Kooperation.

Virtuelle Unternehmen verzichten weitestgehend auf die Institutionalisierung zentraler Funktionen, um größtmögliche Flexibilität und Kreativität zu ermöglichen. Als Kompensation zu den fehlenden zentralen Funktionen bedarf es des Aufbaus einer besonderen Kultur innerhalb des virtuellen Unternehmens, die insbesondere auf Vertrauen, Verantwortung, gemeinsamen Werten und Offenheit beruht.

**Pflege einer Unternehmenskultur**

Aber auch eine ausgezeichnete Unternehmenskultur kann das Zusammenwirken der Partner nicht ausreichend regeln. Hierfür werden zumindest einige grundlegende explizite Regeln bzw. Standards benötigt, für deren evolutive Entwicklung das Management zu sorgen hat.

**Entwicklung von Regeln für die Zusammenarbeit**

Kooperationen, in denen Menschen eingebunden sind, ausschließlich auf die eigenmotivierten und freiwilligen Beiträge der Partner zu stützen, steht im Konflikt mit einigen menschlichen Eigenschaften. Zur Beseitigung dieses Konflikts ist eine ständige Lokomotion der Kooperation, die auch eine Überwachung der Kooperationsprämissen beinhaltet, sinnvoll. Voraussetzung zur Lokomotion ist die Schaffung geeigneter Rahmenbedingungen, die die Kooperation inklusive der Vermittlung von Vertrauen und gemein-

**Lokomotion der Kooperation**

samen Werten und die Einhaltung von Regeln ermöglicht bzw. erleichtert. Moderne IuK-Technologien können hier einen Beitrag leisten.

**Ebene 2: Informationsmanagement in virtuellen Unternehmen**

Das Informationsmanagement ist für den Informationsfluss im Unternehmen zuständig. Hierzu nimmt es die Aufgaben der Gestaltung des betrieblichen Informationssystems und des Betriebs der informations- und kommunikationstechnischen Infrastruktur wahr (Ferstl 1994).

### 2a  Informationsmanagement in Partnerunternehmen

*Hohe Anforderungen an betriebliches Informationssystem*

Der temporäre Charakter virtueller Unternehmen erfordert von den potenziellen Teilnehmern die Fähigkeit zum problemlosen An- und Abkoppeln. Aus informationstechnologischer Sicht stellt diese Forderung außerordentlich hohe Anforderungen an das betriebliche Informationssystem. Das Informationsmanagement hat hierbei die Aufgabe, das eigene Informationssystem für die Anforderungen der Teilnahme an virtuellen Unternehmen fit zu machen. Ausgangspunkt hierzu ist die Analyse der Chancen und Risiken moderner (überbetrieblicher) Informationssystem-Konzepte im Rahmen der strategischen Unternehmensplanung.

Hierzu gehört das Erkennen der Chance, auf der Basis der Potenziale weltweiter Vernetzung über Kooperationen die nutzbaren Ressourcen, das nutzbare Know-how und die Marktreichweite zu geringen Transaktionskosten zum Teil erheblich zu erweitern. Auf der anderen Seite muss erkannt werden, welche Gefahren ein Verpassen der technologischen Entwicklung in sich birgt. In der internen strategischen Analyse werden die Stärken und Schwächen des eigenen Informationssystems in Bezug auf die Eignung für die Partizipation an virtuellen Unternehmen bestimmt.

*Flexibilität für Zusammenarbeit mit wechselnden Partnern*

In der Verantwortung des Informationsmanagements liegt nun die Entwicklung eines Generalbebauungsplans des Informationssystems, der den Anforderungen einer informationstechnisch gestützten Kooperation mit wechselnden Kooperationspartnern gerecht wird. Diese Flexibilität kann unter Verwendung des objektorientierten Paradigmas erreicht werden. Das Informationssystem wird als Menge lose gekoppelter Komponenten entwickelt, deren Innensicht verdeckt bleibt und die mit anderen Komponenten über nach außen fest definierte Schnittstellen Nachrichten austauschen. Auf diese Weise wird die Kopplung mit anderen inner- oder außerbetrieblichen Komponenten sehr flexibel.

*Schaffung offener Strukturen*

Voraussetzung hierfür ist die Schaffung einer offenen informations- und kommunikationstechnischen Infrastruktur. Die Existenz geeigneter Informations- und Kommunikationstechnologie allein reicht allerdings nicht aus. Deren Nutzung muss auch zielgerichtet gelenkt werden, was zu den Aufgaben des Informationsmanagements zählt.

## 2b Informationsmanagement in virtuellen Unternehmen

Wie bereits beschrieben, deutet das Adjektiv »virtuell« auf das Fehlen einiger physikalischer Strukturmerkmale eines Unternehmens hin. Diese »Virtualisierung eines Unternehmens« fällt sehr stark in den Aufgabenbereich des Informationsmanagements, da sie über die Gestaltung des Informationssystems erreicht wird.

Das strategische Informationsmanagement muss Chancen und Gefahren insbesondere neuer Informations- und Kommunikationstechnik für das virtuelle Unternehmen erkennen und abwägen. Virtuelle Unternehmen sind der Konkurrenz, gegenüber der es Wettbewerbsvorteile zu erhalten gilt, und Risiken ausgesetzt. Auf der anderen Seite existieren jedoch zahlreiche Chancen, beispielsweise in der Nutzung neuer Technologien zur umfangreichen Ausschöpfung der im virtuellen Unternehmen vorhandenen Ressourcen und Marktzugänge. Hierdurch können unter anderem Preis-, Zeit- und Kostenvorteile, die stärkere Bindung von Kunden und Markteintrittsbarrieren für Mitbewerber geschaffen werden.

*Erkennen von Chancen und Gefahren*

Das zwischenbetriebliche Informationssystem des virtuellen Unternehmens muss ständig den neuen Möglichkeiten angepasst werden. Das bedeutet die Bereitstellung einer geeigneten offenen und flexiblen zwischenbetrieblichen informations- und kommunikationstechnischen Infrastruktur und gegebenenfalls die Planung und Entwicklung spezifischer Anwendungssysteme für virtuelle Unternehmen, möglichst auf der Basis von Standards. Das könnten beispielsweise Systeme zur Koordination der zwischenbetrieblichen Geschäftsprozesse sein, wie

*Ständige Adaptation des Informationssystems*

- Workflow-Managementsysteme (WFMS),

- Scheduler oder Projektmanagementsysteme,

- ein elektronisches Organisationshandbuch, in dem wichtige organisatorische Informationen allen Partnern im virtuelle Unternehmen leicht zugänglich gemacht werden und so das Navigieren innerhalb des Netzwerkes vereinfacht oder

- neuartige Kostenrechnungssysteme.

## Literaturempfehlungen

*Arnold, O.; Faisst, W.; Härtling, M.; Sieber, P.:* Virtuelle Unternehmen als Unternehmenstyp der Zukunft. In: HMD Nr. 185, 1995.

*Bullinger, H.-J.; Warnecke, H.-J.:* Neue Organisationsformen im Unternehmen. Berlin, Heidelberg, New York 1996.

*Ferstl, O.K.:* Informationsmanagement. In: Lexikon Informatik und Kommunikationstechnik. München 1994.

*Fischer, K.:* Intelligente Agenten für das Management virtueller Unternehmen. InformationManagement 1/1996, München 1996.

*Hamel, O.; Prahalad, C.K.:* Competing for the future. Boston 1994.

*Mertens, P.; Faisst, W.:* Virtuelle Unternehmen – eine Organisationsstruktur für die Zukunft? In: technologie & management 2/1995.

*Picot, A.:* Restrukturierungskonzepte: Methodischer Wechsel von Organisationsmoden? Office Management 7–8/1996, Düsseldorf 1996.

*Picot, A.; Reichwald, R.; Wigand, R.T.:* Die grenzenlose Unternehmung. Wiesbaden 1996.

*Reiss, M:* Virtuelle Unternehmung – organisatorische und personelle Barrieren. Office Management 5/1996, Düsseldorf 1996.

*Rodler, B.:* Megatrend Virtualisierung. VNC – Virtual Network Consult GmbH. Internet: www.vnc.de/virtuelle-organisation.htm

*Scholz, C.:* Die virtuelle Organisation als Strukturkonzept der Zukunft? Arbeitsbericht Nr. 30, Universität Saarbrücken 1994.

*Schräder, A.:* Management virtueller Unternehmen. Frankfurt/New York 1996.

*Well, B.:* Ressourcenmanagement in strategischen Netzwerken. In: Hinterhuber, H. et al. (Hrsg.): Das Neue Strategische Management. Wiesbaden 1996.

## 2.5.3 Produktionsnetzwerke

*von Rainer Kämpf*

### 2.5.3.1 Von lokalen Werkstätten zu globalen Produktionsnetzwerken

Die sich Mitte der achtziger Jahre abzeichnende weltweite wirtschaftliche Krisensituation führte zu einem einschneidenden Paradigmenwechsel. Kundenorientierung mit den priorisierten Zielen: Zeit und Qualität rückte zunehmend in den Mittelpunkt. Es folgten daran ausgerichtete Managementprinzipien, wie Total Quality Management, Kaizen etc. Diese Prinzipien zielten vornehmlich auf eine Verbesserung der Produktion. In den frühen neunziger Jahren wurden prozessorientierte Gestaltungsansätze entwickelt. Im Fokus stand die Orientierung aller Unternehmensabläufe an den Anforderungen des Kunden. Ansätze wie Business Process Reengineering oder Lean Management wurden populär. Mitte der neunziger Jahre wurde der Betrachtungsbereich über die Unternehmensgrenzen hinaus erweitert. Erste virtuelle Unternehmen entstanden. Gleichzeitig zeichnete sich ein Trend zur Verlagerung (Outsourcing) von Entwicklungs- und Produktionskompetenz für ganze Module und Systeme ab. Hierdurch entwickelten sich Netzwerke von Zulieferern, die Hersteller in mehreren Produktions- und Hierarchiestufen mit Teilen und Komponenten beliefern. Die heutige Situation ist geprägt durch eine hohe Technologiedynamik, komplexe Produkte mit hoher Funktionsintegration und diversifizierte Produktionskompetenzen. Technologie- und Prozesswissen ist weltweit verteilt. Deshalb kann und muss der Prozessgedanke ausgedehnt werden auf die betriebsübergreifende Leistungserstellung.

*Prozessdenken erleichtert betriebsübergreifende Leistungserstellung*

Angesichts der starken Dynamik in immer wettbewerbsintensiver werdenden Märkten und der zum Teil völlig unterschiedlichen Erfolgsfaktoren auf den einzelnen Wertschöpfungsstufen ist kaum ein Unternehmen mehr in der Lage, alle Markt- und Wettbewerbsanforderungen auf sämtlichen Stufen selbst abzudecken. Selbst wenn die Mittel eines Unternehmens grundsätzlich dafür vorhanden wären, reicht häufig die Zeit nicht mehr aus, das erforderliche Know-how ausschließlich intern aufzubauen. Ein Unternehmen wird sich daher auf diejenigen Segmente der Wertschöpfungskette konzentrieren, in denen es seine besonderen Kompetenzen hat und somit seinen optimalen Wertschöpfungsbeitrag sieht. Dieser Trend zur unternehmens- und kernkompetenzbezogenen Segmentierung erfordert jedoch eine verstärkte Zusammenarbeit der Unternehmen entlang der Wertschöpfungskette, um die gestellten Anforderungen und Aufgaben bestmöglich bewältigen zu können. In Folge entstehen zunehmend vernetzte Unternehmen, denen es gelingt, die individuellen Kernkompetenzen verschiedener Unternehmen und Unternehmenseinheiten entlang der Wertschöpfungskette zu integrieren. Sie verknüpfen dabei unterschiedliche organisatorische Gestaltungsstrategien und nutzen neue Möglichkeiten der informations- und kommunikationstechnischen Vernetzung. Vernetzte Organisationsformen basieren auf der Vernetzung standortverteilter, ggf. auch mobiler interner und externer Organisationseinheiten, die an einem

*Trend zur unternehmens- und kernkompetenzbezogenen Segmentierung erfordert Kooperation der Unternehmen entlang der Wertschöpfungskette*

## 2.5 Unternehmensübergreifende Organisationsformen

koordinierten arbeitsteiligen Wertschöpfungsprozess beteiligt sind (vgl. Picot/Neuburger). Die individuelle Aufgabe determiniert jeweils die Struktur des Netzwerkes. Dadurch verfügen vernetzte Organisationsformen über mehr Kapazitäten und Ressourcen als andere Organisationskonzepte und sind in der Lage, schnell und flexibel auf Kunden- und Marktanforderungen zu reagieren.

*Grundbausteine vernetzter Unternehmen: modulare Einheiten mit dezentraler Entscheidungskompetenz, individueller Kompetenz und Ergebnisverantwortung*

Die Grundbausteine vernetzter Unternehmen sind modulare Einheiten, also relativ kleine, überschaubare Systeme mit dezentraler Entscheidungskompetenz und Ergebnisverantwortung. Sie setzen sich aus Aufgabenträgern zusammen, die intern oder extern angesiedelt sind und durchaus unterschiedlichen rechtlichen Institutionen angehören können. Problem- und aufgabenbezogen sind sie flexibel zu inneren und äußeren Netzen zu konfigurieren, um bestimmte Ziele realisieren zu können. Die einzelnen Module weisen unterschiedliche, heterogene Leistungsprofile hinsichtlich ihrer Stärken und Kompetenzen auf. Jedes Modul beschränkt sich auf seine Kernkompetenzen, so dass insgesamt ein Netz verschiedener Kernkompetenzen an der Aufgabenabwicklung beteiligt ist. Neben vielen anderen liegt genau hierin ein erheblicher Vorteil vernetzter Organisationsformen gegenüber anderen Unternehmensstrukturen. Schließlich können die modularen Einheiten räumlich und zeitlich verteilt sein. Ihre Zugehörigkeit bzw. Nichtzugehörigkeit unterliegt dynamischer Rekonfiguration. Die Möglichkeiten neuer informations- und kommunikationstechnischer Infrastrukturen und insbesondere telekooperativer Aufgabenbewältigung sind damit konstituierend für das Entstehen vernetzter Organisationsformen.

*Informations- und Kommunikationstechnik sichern die Flexibilität und Funktion vernetzter Unternehmensstrukturen*

Vernetzte Unternehmen sind somit als dynamische Netzwerke darstellbar, deren Netzknoten einzelne Module in Form von Organisationen, Organisationseinheiten, Teams oder (Tele-)Arbeitsplätzen darstellen, die sich auf der Basis von informations- und kommunikationstechnischen Infrastrukturen entlang des gesamten Wertschöpfungsprozesses flexibel konfigurieren. Konkret lassen sich verschiedene Ausprägungsformen unterscheiden, die von reinen Ad-hoc-Netzwerken, deren Teilnehmer sich für ein Projekt zusammenschließen, bis hin zu längerfristig orientierten Netzwerken, in denen ein Unternehmen eine Art Broker-Funktion übernimmt, reichen können.

Es liegt nahe, dass die Bildung derartiger vernetzter Organisationsformen weit reichende Auswirkungen sowohl auf die Führung als auch auf typische Funktionen im Unternehmen hat. Welche Konsequenzen sich für das Produktionsmanagement ergeben und wie ein Produktionsmanagement in vernetzten Unternehmen in Grundzügen ausschauen könnte, soll im Folgenden diskutiert werden.

## 2.5.3.2 Aufbau von Produktionsnetzwerken

Im Gegensatz zu Unternehmensnetzwerken, wie die virtuellen Unternehmen oder Zulieferverbünde, bei denen vornehmlich Bauteile und Komponenten verteilt werden, ist eine Produktionsverteilung entsprechend einer Technologie- und Prozesssicht erforderlich. Produktionsaufträge werden dadurch nach Technologie- und Kompetenzbedarfen verteilt. Diese Sichtweise führt jedoch zu einer steigenden Komplexität und neuen Herausforderungen hinsichtlich der Gestaltung und des Betriebs von Produktionsnetzwerken.

Organisationsstruktur, Kooperationsrichtung, Art der Kooperationsausführung und der betrachteten Schnittstellen bestimmen die Eigenschaften von Produktionsnetzwerken

| Lokal zentrierte Wertschöpfung | Global verteilte Wertschöpfung |
|---|---|
| *Zuordnung von Teilen/Komponenten zu Standorten* | *Zuordnung Produktionsstufen zu Standorten* |
| Charakteristika: | Charakteristika: |
| ■ produktstrukturorientierte Sichtweise bei Standortauswahl | ■ (produktions-)prozessorientierte Sichtweise bei der Standortauswahl |
| ■ auftragsbezogene Kapazitäts- und Investitionsplanung | ■ technologieorientierte Zuordnung von Produktionsstufen zu Ressourcen |
| ■ Allokation der vollständigen technologischen Kompetenz an einem Standort | ■ Bündelung regional vorhandener technologischer Fähigkeiten und Kompetenzen |
| ■ einfacher Planungsprozess | ■ hohe Planungs- und Betriebskomplexität |
| ■ geringer Logistik- und Steuerungsaufwand | |

*Abb. 1: Verteilte Produktionsnetzwerke (vgl. Eversheim)*

Nicht alle Formen der kooperativen Produktion sind geeignet, Leistungen in einem Netzwerk zu erbringen. Relevante Unterscheidungsmerkmale für Produktionsnetzwerke sind:

■ **Organisationsstruktur:**

Es lassen sich strategische, operative und regionale Netzwerke sowie virtuelle Unternehmen unterscheiden. Bei strategischen Netzwerken stehen Unternehmen resp. Standorte in einer langfristigen Zulieferbeziehung zu einem Kunden. Bei operativen Netzwerken werden kurzfristige Kapazitätsengpässe durch andere Standorte abgedeckt. Als virtuelle Unternehmen werden Verbünde von Unternehmen bezeichnet, die für die Bearbeitung von Kundenaufträgen temporär ihre Ressourcen bereitstellen.

■ **Kooperationsrichtung:**

Werden im Netzwerk jeweils verschiedene Wertschöpfungsstufen durch die einzelnen Standorte bedient, liegt eine vertikale Kooperationsrichtung vor. Werden auf einer Wertschöpfungsstufe Kapazitätsbedarfe zwischen Unternehmen und Standorten aufgeteilt, liegt eine horizontale Kooperationsrichtung vor. Letztere ist insbesondere bei der Zielsetzung zweckmäßig, Investitionen in Betriebsmittel zu minimieren.

- **Art der Kooperationsausführung:**

Ein Produktionsnetzwerk kann nur aus unternehmensinternen Einheiten bestehen – zum Beispiel bei großen Unternehmen mit mehreren Standorten. Weitere Formen werden durch einen Verbund aus einem produzierenden Unternehmen und dessen Zulieferern realisiert oder aus einem Verbund ohne hierarchische Abhängigkeiten.

- **Art der betrachteten Schnittstellen:**

Der Leistungsaustausch zwischen den »Knoten« im Netz erfolgt über »Schnittstellen«. Man unterscheidet Leitungs- und Ausführungsschnittstellen. Erste dienen der überbetrieblichen Kommunikation vor der eigentlichen Kooperationsdurchführung (z.B. vertragliche Vereinbarungen) oder in Konfliktfällen. Die Leitungsschnittstellen sind somit im Wesentlichen für die grundsätzliche Organisationsgestaltung im Netzwerk von Bedeutung. Über Ausführungsschnittstellen wird der physische Austausch von Leistungen durchgeführt. Werden Ressourcen (zum Beispiel bei Joint Ventures) von den beteiligten Unternehmen gleichzeitig genutzt, so wird von Poolingschnittstellen gesprochen. Reine Übertragungsaufgaben von Information und Material werden über so genannte Transferschnittstellen abgewickelt.

*Betrachtungsebenen eines Produktionsnetzwerks: Standort und Netzwerk*

Für Gestaltung und Betrieb von Produktionsnetzwerken ist eine hierarchische Differenzierung der Betrachtungsebenen notwendig. Unterschieden werden:

- **Standortebene:**

Hier werden alle standortbezogenen Aspekte der verschiedenen Produktionssysteme betrachtet. Jedes einzelne Produktionssystem muss separiert von den anderen geplant und betrieben werden.

- **Netzwerkebene:**

Standortübergreifende Aspekte wie z.B. die zwischenbetriebliche Logistik, überbetrieblicher Leistungsaustausch oder die Verteilung von Aufträgen werden in dieser Ebene behandelt.

*Ziele, Restriktionen und Umwelteinflüsse bilden die Basis zur Definition der Auftragsmodule*

Für die Planung und Gestaltung von Produktionsnetzwerken ergeben sich folgende Aufgabenstellungen, die für beide Betrachtungsebenen relevant sind:

- **Vorgabe von Zielen für das Produktionsnetzwerk**

Die Konfiguration von Netzwerken entspricht einer Auswahl von möglichen »Knoten« und einer Zuordnung der Auftragsmodule zu diesen

Knoten. Basis für diese Zuordnung ist der Vergleich zwischen Bedarfen des Netzwerkes und Angeboten der Standorte. Die Bedarfe sind abgebildet in den Auftragsmodulen, die Angebote in den Produktionsmodulen. Um diesen Vergleich fundiert durchführen und das Ergebnis des Vergleiches auch argumentieren zu können, ist eine klare und verständliche Vorgabe von Zielen für das Produktionsnetzwerk notwendig. Zwei Arten von Zielen sind zu beachten:

- **Ziele bezüglich der Produktion im Netzwerk**

  Sie beschreiben den Zustand des Produktionssystems im Betrieb. Entsprechende Zielsysteme werden in der Regel unter Verwendung prozessbezogener Kennzahlen, wie Kosten oder Durchlaufzeiten, aufgebaut.

- **Ziele bezüglich der Netzwerkimplementierung**

  Die Umsetzung eines Netzwerks wird sinnvollerweise als Investitionsvorhaben betrachtet. Als projektbezogene Zielgrößen lassen sich daher vor allem die Höhe und der zeitliche Verlauf der Zahlungsströme festhalten.

Der Ablauf der Zielplanung ist in Abbildung 2 dargestellt. Erster Schritt ist die Analyse und Prognose der Markt- und Unternehmenssituation. Dieser Schritt führt zur Ableitung eines Produktionsprogramms. Bei der Definition des Produktionsprogramms können einerseits schon produzierte Produkte berücksichtigt oder auch neue Produkte aufgenommen werden. Daten aus der Produktentwicklung und Technologieplanung müssen aufgenommen werden. Sie sollten so genau wie nötig vorliegen, das heißt so weit detailliert werden, dass die Auftragsmodule im folgenden Schritt definiert werden können. Aus der Definition der Auftragsmodule resultiert (mindestens) das unmittelbare Ziel, eine bestimmte erforderliche Stückzahl zu produzieren. Weitergehende Ziele, zum Beispiel Kosten- und Zeitziele, werden im letzten Schritt vorgegeben. Diese Ziele können sich auf einzelne oder eine Gruppe von Auftragsmodulen beziehen. Weitere Vorgaben sind Standards, die sich auf verschiedene Abläufe und Ressourcen der Produktion, z.B. Maschinen oder Werkzeuge, beziehen können.

Neben den Zielen müssen auch Restriktionen und Umfeldeinflüsse beachtet werden. Sie sollten möglichst früh bekannt sein, damit die weitere Netzwerkplanung beschleunigt durchgeführt werden kann. Relevante Umfeldeinflüsse sind zum Beispiel marktbedingte Stückzahlschwankungen oder Local-Content-Forderungen. Stückzahlschwankungen müssen bei der Definition der Auftragsmodule berücksichtigt werden, um den richtigen Leistungsbedarf dynamisch zu adressieren. Local-Content-Forderungen können dazu führen, dass bestimmte Kombinationen von Auftragsmodulen zu Standorten vorgegeben und nicht planerisch beeinflussbar sind, da ein bestimmter Anteil der gesamten Wertschöpfungskette in einem bestimmten Land produziert werden muss.

## 2.5 Unternehmensübergreifende Organisationsformen

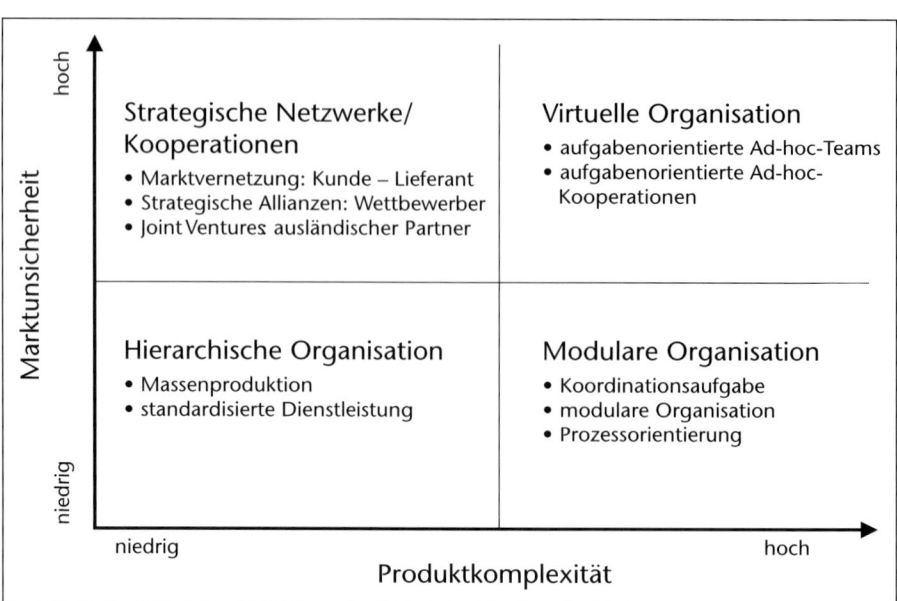

Abb. 2: Aufgaben und Ablauf der Zielplanung (vgl. Eversheim)

### ■ Definition von Auftragsmodulen

*Auftragsmodule werden auf Standorte im Netzwerk verteilt und führen dort zur Bildung von leistungsorientierten Produktionsmodulen*

Aufgabe der Netzwerkgestaltung ist die Zuordnung von Produktions- und Kapazitätsbedarfen zu Kapazitätsangeboten. Einzelne Aufträge müssen dazu nicht nur hinsichtlich produktorientierter, sondern auch in Bezug auf technologie- und prozessorientierte Merkmale beschrieben werden. Am Lehrstuhl für Produktionssystematik des WZL wurde dazu das Konzept der Auftragsmodule entwickelt. Diese werden integriert abgebildet und stellen mögliche Teilaufträge des gesamten Auftrags dar. Ziel ist es, einen Auftrag so zu strukturieren, dass einzelne Module auf einzelne »Knoten« im Netzwerk verteilt werden können. Auf dieser Basis lassen sich an den einzelnen Standorten so genannte Produktionsmodule definieren. In diesen sind Produktionsressourcen des Standortes – beispielsweise Betriebsmittel und Mitarbeiter – leistungsorientiert zusammengefasst.

Für die Definition der Auftragsmodule wird ein Produktionsauftrag für ein Produkt in zwei Dimensionen hierarchisch aufgespalten und in Einzelaufträge strukturiert: Die erste Dimension entspricht dabei der montageorientierten Produktstruktur. Die zweite Dimension entspricht den erforderlichen Prozessen der Produkterstellung. Dazu gehören Produktionsprozesse, die der direkten Wertschöpfung in den Standorten dienen, und Logistikprozesse, die die Materialversorgung bzw. den Materialaustausch zwischen den Standorten beschreiben. Der gesamte Produktionsprozess lässt sich somit auf der Netzwerkebene durch die Einplanung von vier verschiedenen Auftragstypen darstellen:

- Fertigungsaufträge,

- Montageaufträge,

- Transportaufträge für den zwischenbetrieblichen Transport von Teilen, Komponenten oder Produkten sowie

- Lageraufträge im Sinne einer beabsichtigten Unterbrechung einer Materialbewegung zwischen zwei Standorten.

Entsprechend dieser Klassifizierung können die Auftragsmodule für ein zu produzierendes Produkt gebildet und beschrieben werden. Eine vollständige Beschreibung eines derartigen Moduls umfasst folgende technische Spezifikationen:

- Produktdaten, zum Beispiel Geometriedaten und Qualitätsanforderungen,

- Prozessdaten, zum Beispiel Prozessparameter und Betriebsmittelanforderungen,

- allgemeine Produktionsprogrammdaten, zum Beispiel Stückzahlen und Produktionsdauer.

■ **Zuordnung der Auftragsmodule zu Produktionsstandorten**

Die Auftragsmodule müssen mit den Standorten bzw. den Produktionsmodulen verglichen werden. Zuerst wird im Rahmen einer Grobauswahl die Anzahl möglicher Standorte begrenzt. Im nächsten Schritt werden die Produktionsmodule abgebildet. Dies ist wichtig, um das Leistungsangebot der Standorte verfügbar zu haben. Die ist in der Regel ein einmaliger Aufwand, der bei späteren Planungen wieder verwendet werden kann. Nachdem die Standorte vorausgewählt und für diese die Leistungsangebote festgelegt worden sind, wird im nächsten Schritt die Feinplanung vorgenommen. Dabei findet die tatsächliche Kapazitäts- und Investitionsplanung für die Auftragsmodule in den Standorten sowie die Planung der zwischenbetrieblichen Logistik auf der Netzwerkebene statt. Für jedes Auftragsmodul müssen die bestehenden Ressourcen zugeordnet bzw. neue Ressourcen eingeplant werden. Diese Zuordnung oder Neuplanung stellt die Basis für die nachfolgende Bewertung dar.

## 2.5 Unternehmensübergreifende Organisationsformen

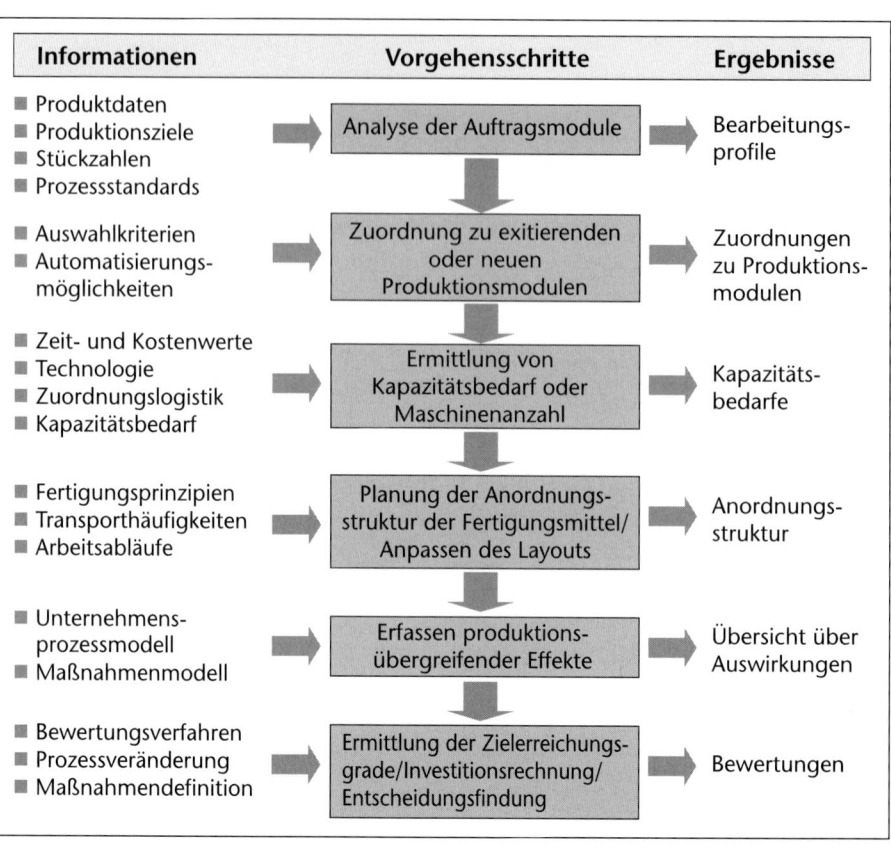

*Abb. 3: Aufgaben und Ablauf der Feinplanung auf Standortebene (vgl. Eversheim)*

### 2.5.3.3 Konsequenzen für das Produktionsmanagement in Produktionsnetzen

**Komplexität des Produktionsmanagements steigt durch Einbeziehung von Dienstleistungskomponenten**

Aufgabe des Produktionsmanagements ist das Management und die Organisation des gesamten Produktionsprozesses. In klassischen Ansätzen teilt man häufig das Produktionsmanagement in Produktionsplanung und Produktionssteuerung, wobei zur Planung üblicherweise die Planung des Produktprogramms und die Planung des Produktionsprozesses gezählt werden. Im Zuge der zunehmenden Bedeutung von Dienstleistungen und der zu beobachtenden Entwicklung zur Dienstleistungsgesellschaft darf sich dabei der Produktionsbegriff nicht mehr nur auf die Produktion bzw. die Erstellung von Sachgütern beziehen, sondern muss Dienstleistungen mit berücksichtigen. Immer mehr setzt sich der Begriff des Leistungsbündels durch, das sowohl aus Sachgütern als auch aus Service- und Dienstleistungskomponenten besteht. Diese Entwicklung erhöht sicherlich die Komplexität des Produktionsmanagements und hat erhebliche Konsequenzen für die Gestaltung und Organisation des Produktionsprozesses. Vor dem Hintergrund der durch derartige Entwicklungen steigenden Komplexität des Produktionsmanagements ist im Folgenden ausgehend von der oben getroffenen Unterscheidung in Planung des Produktprogramms und Planung und Steuerung des Produktionsprozesses zu zeigen, wie sich das Produktionsmanagement in vernetzten Unternehmen darstellen könnte.

### Planung des Produktprogramms

An die Planung des Produktprogramms stellen sich zunächst durch die steigende Bedeutung von Dienstleistungen sowie die Forderung nach Leistungsbündeln neue Anforderungen. An die Stelle der Planung des aus Sachgütern bestehenden Programms tritt die Planung von Leistungsbündeln. Kundenorientiert sind Sachgüter und Dienstleistungen zu einem Gesamtprodukt oder einer Gesamtleistung zu bündeln, die z.T. selbst, z.T. fremd, z.T. physisch/real, z.T. digital erstellt werden. Die Komplexität der Programmplanung erhöht sich dadurch zweifelsohne. Dies gilt unabhängig von zugrunde liegenden Organisationsformen. Vernetzte Organisationsformen können jedoch helfen, diese Komplexität zu vermindern. Ein vernetztes Unternehmen verfügt über ein sehr viel höheres Potenzial an Ressourcen und Kompetenzen sowie über sehr viel mehr Kapazität, als es in seinem Kernbereich als rechtliche Unternehmenseinheit aufgrund der dort verfügbaren menschlichen, technischen, infrastrukturellen oder finanziellen Ressourcen besitzt. Vernetzungen mit Geschäftspartnern in allen Funktionsbereichen erweitern räumliche und fachliche Kapazitäten. So erhöhen z.B. Vernetzungen mit Marktpartnern das Produkt- und Dienstleistungsspektrum. Selbst Vernetzungen mit Wettbewerbern einer Branche sind interessant, wenn eine temporär erweiterte Produktionskapazität – z.B. für die Bewältigung eines Großauftrages wie der Bau eines Flughafens, der ein Einzelunternehmen überfordern würde – erforderlich ist. Vernetzten Unternehmen gelingt es dadurch viel eher, kundenorientierte Leistungsbündel zu planen und in das Produktprogramm aufzunehmen als herkömmlichen, eher hierarchisch orientierten Unternehmen mit einer tendenziell hohen Leistungstiefe. Bei der Planung der Leistungsbündel stehen nicht die installierten Kapazitäten und Ressourcen oder feste unternehmerische Kostengesichtspunkte im Vordergrund, sondern das Kundenproblem und die Anforderungen des Marktes sowie die durch das Netzwerk zur Verfügung gestellten potenziellen Ressourcen. Sie geben die Grenzen für die Planung und Zusammenstellung des Produktprogramms vor, und nicht mehr nur interne Fähigkeiten und Ressourcen. Letztlich erhöht sich dadurch auch die Flexibilität, da Leistungsbündel je nach Kunden- und Marktsituation flexibler geändert oder angepasst werden können als bei klassischen Unternehmensstrukturen, wo nicht zuletzt aufgrund hoher Fixkosten eine stärkere Ressourcenorientierung vorherrsche. Insgesamt gelingt es damit vernetzten Unternehmen, die im Zusammenhang mit der Planung des Produkt- und Leistungsprogramms entstehende Komplexität zu verringern, die Vielfalt an potenziellen Partnern und damit die Flexibilität und Marktorientierung bei der Planung des Leistungsbündels zu erhöhen.

*Produktionsnetzwerke verringern die Komplexität bei der Planung des Produkt- und Leistungsprogramms und erhöhen die Vielfalt, die Flexibilität und Marktorientierung bei der Planung des Leistungsbündels*

### Planung des Produktionsprozesses

Ähnliches gilt auch für die Planung des Produktionsprozesses. Das Prinzip der Vernetzung erlaubt eine produkt- bzw. leistungsbündelabhängige Konfiguration der jeweils qualifiziertesten Kompetenzen zur Erstellung der Leistungsbündel. Jedes Unternehmen kann sich auf seine Kernkompetenzen konzentrieren und gleichzeitig enge Kooperationen mit Partnern eingehen. Beispiele hierfür gibt es gegenwärtig insbesondere im Bereich der

*Bündelung der am besten geeigneten Kompetenzen im Netzwerk – abhängig von Produkt- oder Dienstleistungsangebot*

Internet-Start-ups, aber auch bei Unternehmen in etablierten Branchen wie z.B. der Textilindustrie. Firmen wie z.B. PUMA konzentrieren sich auf ihre Kernkompetenzen – die Weiterentwicklung der Marke und die Entwicklung der Produkte – und lagern konsequent sämtliche übrigen Prozesse aus. In Folge entstehen weltweit umspannende Netzwerke, die insbesondere aus Lieferanten, Produzenten, Logistikdienstleistern und Händlern bestehen. In Abhängigkeit des zugrunde liegenden Produktes bzw. Leistungsbündels werden diejenigen Unternehmen in die Planung des Produktionsprozesses und damit das Netzwerk einbezogen, die die bestmögliche Erstellung des Produkts ermöglichen. Damit lässt sich in vernetzten Unternehmen das Prinzip der Marktorientierung nicht nur – wie oben im Zusammenhang mit der Planung des Produktprogramms gezeigt – in Richtung der Kunden, sondern auch im Hinblick auf Erzeuger und Produzenten sehr viel besser realisieren als durch herkömmliche Organisationsformen. Unabhängig von Raum und Zeit lassen sich jeweils die Produzenten und Dienstleister in vernetzte Unternehmen integrieren, die bestimmte Aufgaben und Probleme im Vergleich zu anderen Marktteilnehmern besser bewältigen können. Bei der Planung des Produktionsprozesses ist daher nicht mehr die Frage nach den vorhandenen Ressourcen entscheidend. Viel wichtiger ist vielmehr das Wissen darüber, welche Ressourcen und welche Kompetenzen notwendig sind, um die Kundenbedürfnisse bestmöglich zu befriedigen, und wo diese Ressourcen zu finden sind, um sie dann durch entsprechende organisatorische und informations- und kommunikationstechnische Gestaltung in den Netzwerkverbund zu integrieren.

*Flexible Reaktion auf Kundenwünsche und Marktveränderungen durch flexible Konfiguration des Netzwerks*

Letztlich ist dadurch auch die Flexibilität der Planung sowohl in qualitativer als auch in quantitativer Hinsicht zu erhöhen. Verändern sich beispielsweise plötzlich die Qualitätsanforderungen auf der Seite der Kunden, lassen sich in vernetzte Unternehmen schnell und flexibel die Akteure integrieren, die diesen Qualitätsansprüchen genügen können. Änderungen in den quantitativen Anforderungen wie z.B. die Erhöhung oder Verminderung des Bedarfs führen entsprechend zur (vorübergehenden) Integration weiterer Produzenten oder zum Ausschluss von Produzenten. Marktveränderungen oder Veränderungen in den Kundenbedürfnissen lässt sich dadurch eher gerecht werden als in anderen Organisationsformen. In der Textilindustrie wird dieses Prinzip deutlich: Je nach zugrunde liegender Qualität und Zielgruppe werden in die Planung des Produktionsprozesses unterschiedliche Produzenten einbezogen. Ergebnis ist ein mehr oder weniger weltumspannendes Produktionsnetzwerk, das sich bei Bedarf flexibel neu konfigurieren und anpassen lässt. Voraussetzung hierfür ist jedoch eine informations- und kommunikationstechnische Vernetzung, die diese Flexibilität der unternehmensübergreifenden Zusammenarbeit auch auf technischer Ebene erlaubt und sie nicht aufgrund langwieriger Standard- und Prozessabstimmungen oder Vertragsverhandlungen einschränkt.

### ■ Steuerung des Produktionsprozesses

*Komplexität der Prozesssteuerung ist abhängig vom Prozesstyp*

Welche konkreten Anforderungen sich an die Steuerung von Produktionsprozessen in vernetzten Unternehmen stellen, hängt letztlich von der Art des zugrunde liegenden Produktionsprozesses ab. Grob kann sich die Steuerung beziehen auf

- automatisierte, elektronische Produktionsprozesse,
- Produktionsprozesse innerhalb von Ad-hoc-Netzwerken,
- Produktionsprozesse innerhalb von Broker-Netzwerken.

Liegt ein automatisierter Produktionsprozess zugrunde, ist der Prozess detailliert programmiert und vorgegeben. Es liegt eine Art interorganisationales Fließband vor, dessen Fertigungsstufen auf mehrere Unternehmen verteilt sind. Die Steuerung dieser Fertigungsstufen erfolgt weitgehend elektronisch. Sie ist in erster Linie für den reibungslosen und effizienten Ablauf des Produktionsprozesses verantwortlich. Die Fertigstellung eines (Teil-)Produktes in einem Unternehmen stößt automatisch und online die Fertigung eines (Teil-)Produktes in der nächsten Fertigungsstufe in einem anderen Unternehmen an. Da dieser Ablauf detailliert vorgegeben und programmiert ist, stellen sich an die Steuerung keine besonderen spezifischen Anforderungen.

Dies ist etwas anders bei der Steuerung von Produktionsprozessen, die im Rahmen von interorganisationalen Ad-hoc-Netzwerken oder Netzwerken mit Brokern ablaufen. Ad-hoc-Netzwerke können als eine Art Projekt entstehen, im Rahmen dessen ein bestimmter Produktionsauftrag realisiert wird. Ein mit einem bestimmten Auftrag versehenes Unternehmen sucht sich die entsprechenden Partner für die Realisierung dieses Produktionsauftrages. Dabei kann es sich prinzipiell um jedes Unternehmen innerhalb eines Produktionsnetzwerkes handeln. Beim Netzwerk mit Broker übernimmt dagegen ein Unternehmen eine Art Broker-Funktion. Seine primären Aufgaben liegen in der Konfiguration der notwendigen Kompetenzen für einen bestimmten Produktionsauftrag sowie in der Steuerung seiner Abwicklung. Beide Fälle – das Ad-hoc-Netzwerk und das Broker-Netzwerk – lassen sich im Vergleich zu dem zuvor angesprochenen elektronisch gesteuerten Produktionsprozess als Einzelfertigung charakterisieren. Hieraus resultieren erhebliche Anforderungen an die Steuerung des Produktionsprozesses. Sie lässt sich nur bis zu einem gewissen Grad elektronisch unterstützen und verlangt darüber hinaus Führungs- und Managementaktivitäten, die sich auf mehrere Unternehmen beziehen. Dies erhöht die Komplexität, denn bis heute gibt es nur wenige Untersuchungen darüber, wie sich Führung in vernetzten Unternehmensstrukturen konkret gestaltet, welche Führungsinstrumente zur Anwendung kommen oder wie Manager mit dem Phänomen verteilter Leistungserbringung umgehen. Diese Aspekte des sog. Telemanagements, also der Koordination und Motivation räumlich verteilter Akteure, haben jedoch entscheidenden Einfluss auf den Erfolg von Produktionsprozessen in vernetzten Unternehmen. Denn gerade in standortverteilten, vernetzten Unternehmen entstehen dezentrale Handlungsspielräume, die einer effizienten Umsetzung des Produktionsprozesses u.U. entgegenstehen.

Schließlich muss die Zusammenarbeit der verschiedenen Netzwerkpartner während des Produktionsprozesses effizient koordiniert und organisiert werden. Das Produktionsmanagement ist hier durch entsprechende Controlling-Instrumente zu unterstützen. Wichtig ist dabei, dass sich das Controlling-Verständnis auf die Steuerung des gesamten unternehmensüber-

**Koordination und Organisation der Prozesse durch Informations- und Kommunikationstechnik sowie durch Managementtechniken für verteilte Leistungserbringung**

greifenden Produktionsprozesses bezieht und nicht nur auf einzelne Teilprozesse. Notwendig sind Instrumente, die die reibungslose Erstellung des gesamten Produktionsprozesses ermöglichen. Neben entsprechend weiterentwickelten Konzepten des internen und externen Rechnungswesens zählen hierzu möglicherweise die Gestaltung von Anreizsystemen, durch die insbesondere zu gewährleisten ist, dass die externen Partner die ihnen sich eröffnenden Freiräume im Sinne des Auftraggebers und nicht primär für eigene Interessen ausnützen.

Zur Koordination und Organisation der effizienten Zusammenarbeit gehört auch die Abstimmung der jeweiligen Produktionsprozesse einschließlich ihrer informations- und kommunikationstechnischen Basis. Die Realisierung eines effizienten Produktionsprozesses erfordert einen reibungslosen Austausch der jeweils erforderlichen Daten und Informationen. Können die IuK-Systeme der Unternehmen im Netzwerk nicht problemlos miteinander kommunizieren, lässt sich die dargestellte Flexibilität bei der Planung und Gestaltung des Produktionsprozesses kaum realisieren. Aufgabe eines so verstandenen Schnittstellenmanagements ist daher auch, sog. »Steckdosen« sowohl auf iuk-technischer Ebene als auch auf organisatorischer Ebene zu realisieren, um die Durchgängigkeit des Informationsflusses und der Teilprozesse zu gewährleisten. Für die Steuerung des jeweiligen Teilprozesses sind dann wiederum die jeweiligen Unternehmen verantwortlich. Damit verlagern sich in vernetzten Unternehmen die Aufgaben des Produktionsmanagements immer mehr auf die Ebene der unternehmensübergreifenden Steuerung und Koordination des Produktionsprozesses, während die Steuerung der einzelnen Teilprozesse auf die am Netzwerk beteiligten Unternehmen dezentralisiert werden kann.

Trotz einer erhöhten Delegation in vernetzten Unternehmen ist für die Gesamtkoordination des Produktionsprozesses ein Mindestmaß an übergeordneter Steuerung und Kontrolle notwendig, und es ist zu überlegen, welche Rolle hier der Einsatz von Tele-Medien spielen kann, denn Konzepte der standortverteilten Steuerung – wie sie oben skizziert wurden – erfordern weit mehr den Einsatz von Medien, als dies bisher in klassischen Unternehmensstrukturen der Fall war. Die Zusammenarbeit mit standortverteilten Unternehmen führt ständig zur Frage, wie die räumliche Distanz am besten zu überbrücken ist.

Wird die Produktion auf mehrere Unternehmen und Standorte verteilt, greifen herkömmliche Kontrollmechanismen, wie sie aus klassischen Produktionsbetrieben oder hierarchischen Industrieunternehmen bekannt sind, immer weniger. Notwendig sind andere Methoden der Steuerung und Überwachung, die den Anforderungen einer standortverteilten Steuerung gerecht werden. In der Literatur spricht man in diesem Zusammenhang von »Management by Wire«, einem Konzept, unter das sämtliche Methoden der standortverteilten Steuerung subsumiert werden können. Beispiele sind Methoden der indirekten Führung, zu denen beispielsweise entsprechende Zielvereinbarungen, Mechanismen des Self-Controlling sowie insbesondere der Aufbau von Vertrauen zählt.

Sowohl im Zusammenhang mit der Konfiguration des vernetzten Unternehmens als auch während der Koordination der beteiligten internen und externen Module wird deutlich, dass Vertrauen ein wichtiges Koordinationsinstrument für das Gelingen vernetzter Organisationsformen darstellt. Die geringe vertragliche Sicherheit, ein u.U. häufiger Partnerwechsel, die Koordination standortverteilter Module sowie nicht zuletzt die Verschiebung und Überwindung von räumlichen sowie organisatorischen Grenzen erweitert bestehende bzw. schafft neue Handlungsspielräume, in denen das Verhalten der Mitarbeiter und Kooperationspartner nicht mehr allein durch konventionelle (hierarchische) Kontrollmaßnahmen mit persönlicher Präsenz oder durch vollständige Verträge an Märkten in die gewünschte Richtung gesteuert werden kann. Die Ausfüllung des hierdurch entstehenden »Vakuums« setzt ein gewisses Maß an Vertrauen voraus, das gerade in vernetzten Unternehmen nicht leicht zu erzeugen ist. Der konsequente Aufbau von Vertrauensbeziehungen spielt daher eine ganz wesentliche Rolle. Die Gestaltung der institutionellen Rahmenbedingungen vernetzter Organisationsformen muss so erfolgen, dass Reputationsmechanismen wirksam werden können und auch Dritte entsprechende Anreize haben, Sanktionen gegenüber vertrauensbrüchigen Netzwerkpartnern durchzusetzen. Vertrauen unterstützende Werte oder »Vertrauensregeln« können dabei auch implizit entstehen. Ein Beispiel für eine »interorganizational governance structure« findet sich bei Mathews. Die von ihm in Netzwerken festgestellten »Regeln der Vertrauensbildung« betreffen die Selbstständigkeit, die gegenseitige Bevorzugung, den Ausschluss von Konkurrenz, die gegenseitige Nichtausbeutung, Flexibilität und Wahrung der Geschäftsautonomie, die demokratische Verfassung, die Maßnahmen bei Nichtbeachtung der Regeln, den Ein- und Austritt von Firmen in das Netzwerk sowie die Beziehungen der Netzwerkmitglieder zu externen Dritten. Diese Regeln entstanden implizit und stellen jetzt eine wichtige Basis für das Netzwerk dar.

**Vertrauen als Koordinationsinstrument in vernetzten Strukturen – »interorganizational governance structure«**

## 2.5 Unternehmensübergreifende Organisationsformen

### 2.5.4 Manufacturing on Demand in Produktionsnetzwerken

*von Rainer Kämpf*

#### 2.5.4.1 Ausgangssituation für Unternehmen

*Veränderungen von Märkten, Kundenanforderungen und Produkten bilden die Ausgangssituation für Manufacturing on Demand*

In den vergangenen Jahren hat sich die Lage für die Unternehmen auf den Märkten zunehmend erschwert. Die Marktsituation, die Anforderungen an die Produkte und auch die Kunden haben sich verändert. Darüber hinaus haben Unternehmen vor allem in Deutschland mit der Fixkostenbelastung zu kämpfen.

■ **Veränderung der Marktsituation**

Die marktseitigen Einflüsse auf die Unternehmen sind heutzutage turbulent. Diese Turbulenz zeigt sich besonders im Verlauf der Auftragseingänge. Aufgrund kurzfristiger Schwankungen und Zyklen in der Nachfrage ist diese für Unternehmen kaum verlässlich prognostizierbar. Teilweise gibt es Schwankungen im Auftragseingang von mehr als 50 %. Problematisch für Unternehmen können auch starke Schwankungen der Nachfrage zwischen den einzelnen Produktgruppen sein.

Durch den Druck des internationalen Wettbewerbs verfällt oftmals der Preis für Produkte. Zudem sind technisches Know-how und neue Technologien durch die schnelle Kommunikation heute in kürzester Zeit weltweit verfügbar. Das hat zur Folge, dass technologische Neuerungen alleine keine dauerhaften Vorteile mehr bieten.

■ **Veränderung der Anforderung an Produkte**

Produkte werden aufgrund steigender Markt- und Umweltanforderungen sowie zunehmenden Funktionsumfangs immer komplexer. Gleichzeitig steigen die Anforderungen an die Qualität und Zuverlässigkeit unaufhaltsam. Die Produktlebenszyklen werden zunehmend kürzer, das heißt, dass »alte« Produkte immer schneller vom Markt verdrängt werden. Aufgrund der immer kürzeren Produktlebensdauer verfällt auch der Preis für die Produkte immer schneller. Die Unternehmen stehen unter dem Druck, in immer kürzer werdenden Intervallen neue, noch bessere Produkte auf den Markt zu werfen bzw. vorhandene Produkte zu verbessern (»permanentes Upgrading«). Während die Stückzahlen pro Produkt sinken, steigt die Variantenvielfalt. Darüber hinaus erhöht sich die Anzahl an kundenspezifischen Produkten ständig.

■ **Veränderungen der Kunden**

Die Kunden verlangen zunehmend kundenspezifische Produkte oder ganze, speziell auf sie zugeschnittene Problemlösungspakete. Gleichzeitig werden die akzeptierten Lieferzeiten immer kürzer und das Qualitätsbewusstsein der Kunden steigt. Dies hat höhere Anforderungen an Sicherheit und Zuverlässigkeit der Produktion sowie der gesamten Supply Chain zur Folge.

- **Fixkostenbelastung**

In Deutschland haben die Unternehmen mit sehr hohen Fixkosten zu kämpfen, die vor allem von den hohen Personalkosten verursacht werden. Diese lassen sich kurzfristig nicht verändern. Das hat zur Folge, dass die Unternehmen gezwungen sind, immer an der oberen Kapazitätsgrenze zu produzieren, um ihre Kosten zu decken und einen Erlös zu erwirtschaften. Die Unternehmen können sich folglich nicht konsequent auf die geforderte, immer stärker auftragsorientierte Produktion einstellen und ihre Flexibilität an die Schwankungen des Markts anpassen.

### 2.5.4.2 Manufacturing on Demand – ein Lösungsansatz

Mit starren Strukturen, wie sie heute noch in sehr vielen Unternehmen üblich sind, lassen sich die heutigen Anforderungen an Unternehmen nicht mehr bewältigen. Es muss neue Konzepte geben, die dynamisch auf Veränderungen reagieren können. Die Kapazitäten müssen sich kurzfristig verändern lassen, Qualität, Menge, Kosten und Liefertermin den spezifischen Kundennachfragen entsprechen. Kurzfristige Produktwechsel in der Produktion erfordern eine drastische Reduzierung der Planungs- und Umrüstzeiten. Es werden Strukturen benötigt, die jeweils nur die Elemente in die Produktion einbinden, die aktuell notwendig sind. Es muss also in offenen Netzwerken produziert werden.

*Manufacturing on Demand erfordert hohe Flexibilität hinsichtlich Kapazität, Produktwechsel und Planung*

Eine Produktionsweise, die alle oben genannten Punkte erfüllt, wird auch als **Manufacturing on Demand** bezeichnet werden.

---

**Anforderungen an diese neuen Konzepte:**

- Kapazitäten müssen kurzfristig veränderbar sein.
- Qualität, Menge, Kosten und Liefertermine müssen flexibel an spezifische Kundenanforderungen anpassbar sein.
- Kurzfristige Produktwechsel in der Produktion müssen möglich sein.
- Planungs- und Umrüstzeiten müssen gekürzt werden.

Eine Produktionsweise, die alle diese Anforderungen erfüllt, kann als **Manufacturing on Demand** bezeichnet werden.

---

*Abb. 1: Manufacturing on Demand – Produktion im dynamischen Umfeld*

Das Manufacturing on Demand verändert die Unternehmensstrukturen nachhaltig. Es hebt ab auf eine Produktion nur im Kundenauftrag und setzt sehr flexible Leistungseinheiten voraus. Der Auftragsdurchlauf vom Kunden zum Kunden wird extrem beschleunigt. In dieser Art der Produktion besteht die Gefahr, dass der mittel- und langfristigen Orientierung zu wenig Beachtung geschenkt wird. Es ist deshalb erforderlich, diese Organisation in ein globales System zu integrieren. Komponentenfertigung und Montage werden darin in ein Netzwerk als autonome Leistungseinheit integriert. Das Auftragsmanagement geschieht kundenspezifisch und wird auf bestimmte Marktsegmente ausgerichtet. Zur temporären Adaption der Kapazitäten an der Nachfrage werden externe Leistungseinheiten bei Bedarf als virtuelle Elemente zugeschaltet. Schon frühzeitig müssen Unternehmen deshalb klären, welche Leistungseinheiten oder Zulieferer netzwerkfähig sind. Im Rahmen eines strategischen Beschaffungsmarketings lässt sich anhand von Kompetenzkriterien heraus finden, wer die notwendige Qualifikation besitzt. Zugang zu diesem Netzwerk haben nur Leistungseinheiten, die den Bedingungen des Netzwerkes hinsichtlich Kompetenz, Funktion, informationstechnischer Schnittstellen und Qualität genügen.

### 2.5.4.3 Leistungsmerkmale des Manufacturing on Demand

Die Leistungsmerkmale des Manufacturing on Demand sind im Einzelnen:

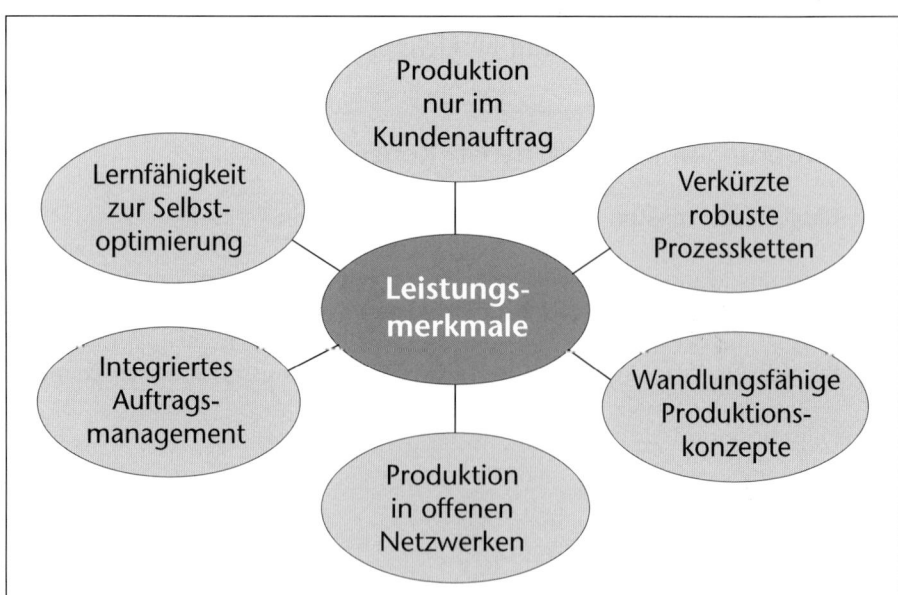

*Abb. 2: Leistungsmerkmale des Manufacturing on Demand*

- **Produktion nur im Kundenauftrag**

Das charakteristischste Leistungsmerkmal des Manufacturing on Demand ist die Produktion nur im Kundenauftrag. Es wird nicht mehr wie bisher in optimierten Losen gearbeitet, sondern jedes Teil wird individuell gefertigt (»One-Piece-Flow«). Voraussetzung hierfür ist die Möglichkeit, jeden Kundenauftrag individuell zu verfolgen. Mittels »Customizing« wird versucht, jedem Kunden das »optimale, direkt auf ihn zugeschnittene Produkt« herzustellen.

---

**Modulare Produkte bestehen aus einzelnen Modulen, die**

- alle geschlossene Funktionseinheiten bilden und mit anderen Modulen austauschbar sind;

- standardisiert sind und nur noch kundenspezifisch konfiguriert werden;

- klar definierte Schnittstellen zwischen den Modulen haben.

---

*Abb. 3: Modularisierung der Produkte*

Die Kunden haben die Auswahl zwischen verschiedenen Modulen (Antriebsmodule, Getriebemodule, Cockpit ...), sowie einem breiten Spektrum von Komponenten (Außenspiegel, Halogen-Beleuchtung ...), oft in vielen verschiedenen Varianten. Die Möglichkeiten hierbei sind beinahe unerschöpflich. Module bilden geschlossene Funktionseinheiten (eines so genannten »modularen Produkts«) und sind mit anderen Modulen austauschbar. Die Schnittstellen zwischen den Modulen sind klar definiert, so dass sich die verschiedenen Module problemlos zusammenstellen lassen. Alle Module sind standardisiert und werden (nur noch) kundenspezifisch konfiguriert.

**Modulare Produkte – Voraussetzung für Manufacturing on Demand**

Damit steht die Produktion von modularen Produkten im Gegensatz zur Einzelfertigung der konventionellen Technik. Bei der konventionellen Einzelfertigung wird auch kundenspezifisch produziert, jedoch gibt es hier keine standardisierten Elemente und kaum vorgefertigte Produkte. Alle Teile werden einzeln in der Reihenfolge angefertigt, in der sie benötigt werden, und individuell angepasst. Erst nachdem die Teilefertigung abgeschlossen ist, kommt es zur Montage. Bei der modularen Fertigung werden Einzelteile und Komponenten angeliefert und daraus gleichzeitig die verschiedenen Module gefertigt. Verschiedene Abteilungen sind jeweils für verschiedene Module verantwortlich. Am Ende werden dann die einzelnen Module zusammengesetzt.

- **Konventionelle Einzelfertigung:**
  - Fertigung der Teile in der Reihenfolge, in der sie benötigt werden
  - Nach Abschluss der Teilefertigung: Montage
- **Modulare Fertigung:**
  - Anlieferung der Einzelteile und Komponenten
  - Gleichzeitige Fertigung der verschiedenen Module
  - Verschiedene Abteilungen sind für verschiedene Produktionsschritte/Module verantwortlich.
  - Zusammensetzen der Module

*Abb. 4: Modularisierung der Produktion*

- **Verkürzte robuste Prozessketten**

Um eine schnelle Reaktion auf den Kundenauftrag zu ermöglichen, müssen die zu seiner Erfüllung notwendigen Prozessketten kurz und gegenüber möglichen Turbulenzen störungsresistent sein. Man unterscheidet zwischen zwei verschiedenen Prozessketten:

- *Prozesskette Produktidee – Marktreife Produkte*

  Bei dieser Prozesskette muss beachtet werden, dass es regional unterschiedliche Funktions-, Qualitäts- und Leistungsanforderungen gibt. Produkte, die sich auf einem regionalen Markt bewährt haben, sind nicht automatisch global erfolgreich.

  Darüber hinaus hängt der Markterfolg zunehmend auch davon ab, ob regionale Beiträge zur Produktion und Fertigung geleistet werden. Beispiele für regionale Beiträge können Kooperationen, Bezug von Komponenten aus dem jeweilgen Land oder die Nutzung der vorhandenen Infrastruktur sein.

  Um erfolgreich zu sein, benötigt das Manufacturing on Demand Instrumente, um schneller mit marktreifen Produkten auf dem Markt erscheinen und regionale Ressourcen optimal nutzen zu können. Absatz- und Beschaffungsmärkte müssen konsequent und global beobachtet werden.

- *Prozesskette Angebot – Auftrag – Fertigung – Lieferung*

  Bei dieser Prozesskette geht in den Unternehmen heute sehr viel Zeit verloren. Würden schon die Angebote direkt auf den jeweiligen Kunden zugeschnitten, könnte dadurch wertvolle Zeit eingespart werden. Weitere Möglichkeiten, Zeit einzusparen, bieten Netzwerke. Über Netzwerke können Angebot und Spezifikationen direkt mit dem Kunden verhandelt werden. Bedarf und Bedarfsänderungen lassen sich über Netzwerke erfassen und in die Auftragssteuerung integrieren. Diese und andere Maßnahmen verkürzen die Prozesskette.

- **Wandlungsfähige Produktionskonzepte**

Beim Manufacturing on Demand steht die Erfüllung von Kundenanforderungen in Bezug auf die Individualität des zu liefernden Produktes und seiner Qualität im Mittelpunkt. Um diesen Anforderungen gerecht zu werden, müssen die Produktionssysteme so gestaltet sein, dass sie häufige Produktwechsel in der Produktionsreihenfolge und Generationenfolge reibungsfrei überstehen. Nicht nur das Produktionssystem als Ganzes, sondern alle Teilsysteme müssen entsprechend dem Kapazitätsbedarf kurzfristig veränderbar sein. Dies ist auf unterschiedliche Art und Weise möglich:

*Kundenanforderungen im Mittelpunkt von Manufacturing on Demand*

- durch den Einsatz universeller und sich ersetzender Maschinen,

- durch das so genannte »Soft-tooling«, worunter der Austausch von Programmen zu verstehen ist,

- durch das so genannte »Hard-tooling« bzw. den Austausch von Werkzeugen und Maschinenkomponenten,

- durch den Austausch von Maschinen,

- durch Variation des Layouts und der Logistik.

Neben der Erfüllung von Kundenanforderungen in Bezug auf Individualität des zu liefernden Produktes und seiner Qualität hat beim Manufacturing on Demand die Terminzusage höchste Priorität. Die auf die Kunden zugeschnittenen Produkte müssen schnellstmöglich lieferbar sein. Durchlaufzeiten müssen so weit wie möglich gekürzt werden.

Hierzu liefert das Konzept des »fraktalen Unternehmens« interessante Lösungsansätze. Beim »fraktalen Unternehmen« wird versucht, durch Dezentralisierung, Eigenverantwortung und Selbstorganisation mehr Dynamik und dadurch schnellere und bessere Reaktionsfähigkeit auf sich ergebende Nachfrageschwankungen zu erreichen. Das Unternehmen wird also in verschiedene dezentrale Bereiche oder Organisationseinheiten eingeteilt, die zwar in ein Kommunikationsnetz eingebunden, ansonsten aber weitgehend autonom sind und einen abgeschlossenen Aufgaben- und Verantwortungsbereich haben. Die Organisationseinheiten organisieren und optimieren sich selbst nach vorgegebenen und vereinbarten Zielen. Je nach Aufgabenstellung müssen sie sich neu anpassen, werden in die Prozesskette mit einbezogen oder bleiben draußen. Nur wenn es zur Verkürzung der Prozesskette und zur wirtschaftlichen Fertigung unbedingt notwendig ist, wird an einem Ort zusammengearbeitet. Durch diese Art der Organisation wird viel Zeit eingespart.

*Fraktale Organisation unterstützt die Umsetzung von Manufacturing on Demand*

## 2.5 Unternehmensübergreifende Organisationsformen

Ein weiterer Vorteil der Einteilung in verschiedene Organisationseinheiten oder Bereiche liegt in der erhöhten Transparenz. Dadurch, dass einzelne Prozesse in dezentrale Bereiche eingeteilt werden (die für die Planung, Durchführung und Kontrolle »ihrer« Prozesse verantwortlich sind), wird die Komplexität innerhalb der Produktion als Ganzes reduziert. Planung und Steuerung werden so erleichtert. Zudem stehen die Organisationseinheiten im Wettbewerb zueinander. Dadurch, dass sie weitgehend autonom arbeiten, ist ihre Leistung leichter bewert- und vergleichbar. Wenn das Unternehmen mit der Leistung einer Organisationseinheit nicht zufrieden ist, besteht die Möglichkeit des Leistungszukaufs.

### Produktion in offenen Netzwerken

*Manufacturing on Demand sinnvoll im Produktionsnetzwerk einführen*

Um die extreme Kapazitätsflexibilität und kürzeste Lieferzeiten, die vom Manufacturing on Demand gefordert werden, zu bewältigen, ist es notwendig, in offenen Netzwerken zu produzieren. An der Spitze eines solchen offenen Netzwerkes steht das Unternehmen, welches das gesamte System, d.h. Produkt und Produktion im Netzwerk beherrscht. Dieses Unternehmen, auch Systemführer genannt, muss sich bei (verschiedenen) Komponentenherstellern (= Zulieferern) mit Teilen versorgen. Die Komponentenhersteller wiederum beziehen ihre Teile von verschiedenen Teileherstellern. Systemführer, Komponenten- und Teilehersteller sind alle autonome Leistungseinheiten und bilden ein offenes Netzwerk. Zugang zu diesem Netzwerk haben nur die Unternehmen und Zulieferer, deren Produkte und Komponenten bestimmte Kriterien erfüllen. Heute suchen Unternehmen verstärkt weltweit nach Zulieferern, von denen sie Produkte und Komponenten zu niedrigen Kosten und mit ausreichender Kapazität beziehen können (»Global Sourcing«). Lieferanten können im offenen Netzwerk je nach Bedarf zugeschaltet, gewechselt oder aufgegeben werden. Die Lieferanten werden auch als »virtuelle Elemente im offenen Netzwerk« bezeichnet, wobei der Begriff »virtuelle Elemente« von der Bezeichnung »virtuelles Unternehmen« abgeleitet ist.

Beim Manufacturing on Demand kommt es sehr häufig zu großen Bedarfsschwankungen und damit zu unterschiedlichen Auslastungen der Kapazität. Daraus resultiert die Notwendigkeit, bei hoher Nachfrage vorübergehend externe Leistungseinheiten als virtuelle Elemente zuzuschalten. Je nach Kapazitätsauslastung und abhängig von dem, was produziert wird, kann sich so die Struktur des Unternehmens ändern.

### Integriertes Auftragsmanagement

Beim Manufacturing on Demand muss der Weg vom Kunden zum Kunden (Auftrag – Lieferung) durchgängig organisiert sein. Sobald ein Auftrag vom Kunden kommt, wird dieser in einen bestimmten Produktionsauftrag umgesetzt. Dies geschieht mit Hilfe durchgängiger Informationssysteme, die stets zur richtigen Zeit am richtigen Ort die notwendigen Aktivitäten auslösen.

■ **Lernfähigkeit zur Selbstoptimierung**

Auf turbulenten Märkten, auf denen sich Einflussgrößen und Faktoren ständig ändern, ist es notwendig, dass die Unternehmen ihre Produktion ständig verbessern. Nur ein lernfähiges Unternehmen kann zur Selbstoptimierung gelangen. Diese Optimierung muss beim Manufacturing on Demand lokal und selbständig stattfinden, damit die notwendige Lernintensität und -geschwindigkeit erreicht wird. Nur durch eine hohe Lernintensität und -geschwindigkeit zahlt sich die hohe Flexibilität des Manufacturing on Demand auch finanziell aus.

*Produktivität, Wertschöpfung, Flexibilität, Qualität, Rentabilität und Umweltverträglichkeit – Arbeitspunkte des KVP bei Manufacturing on Demand*

In der Industrie wird der ständige Verbesserungsprozess auch als industrielles Lernen bezeichnet. Zielsetzungen und Inhalte des industriellen Lernens sind beispielsweise:

- Die Produktivität eines Unternehmens lässt sich durch die Konzentration auf die Wertschöpfung steigern. Durch die Konzentration auf die Wertschöpfung wird Verschwendung im Betrieb vermieden.

- Flexibilität und Qualität lassen sich dadurch erhöhen, dass Prozesse sicherer gestaltet werden. Je sicherer die Prozesse in ihren jeweiligen Arbeitsbereichen betrieben werden, umso geringer sind die Nutzungsverluste in der Produktion. Fehler und Störungen in der Produktion lassen sich durch eine präventive Qualitätssicherung und konsequente Anwendung der Methoden des Qualitätsmanagements reduzieren.

- Die Rentabilität lässt sich durch moderne Maschinen steigern. Mithilfe moderner Maschinen lassen sich Prozesse sicher betreiben, die sich früher im Grenzbereich von Qualität und Leistung befanden. Durch neue Höchstleistungstechnologien, Sensoren, Prozessüberwachungssysteme usw. werden Maschinen zunehmend zu autonomen Fertigungszellen und -systemen.

- Die Umweltverträglichkeit der Produktion kann durch den Einsatz lernfähiger/evolutionärer Produktionssysteme erhöht werden.

### 2.5.4.4 Mass Customization – eine spezielle Ausprägung des Manufacturing on Demand

Mass Customization bedeutet auf Deutsch soviel wie »kundenindividuelle Massenproduktion« und setzt sich aus den beiden eigentlich gegensätzlichen Begriffen »Mass Production« (Massenproduktion) und »Customization« (kundenindividuelle Aufmachung) zusammen.

*Mass Customization verbindet Mass Production und Customization*

Der Begriff Mass Customization tauchte erstmals im Jahre 1987 auf. Ausgangspunkt war die zunehmende Individualisierung der Nachfrage. Alte Massenmärkte begannen, allmählich zu zerfallen und teilten sich in immer kleinere Marktsegmente. Immer mehr Unternehmen waren gezwungen, zusätzliche Produktvarianten anzubieten, um die Wünsche der Kunden zu erfüllen. Die Kosten für die Unternehmen stiegen durch die Entwicklung immer neuer Produktvarianten drastisch an, trotzdem konnten die Unternehmen die notwendige Flexibilität auf Kundenwünsche nicht liefern.

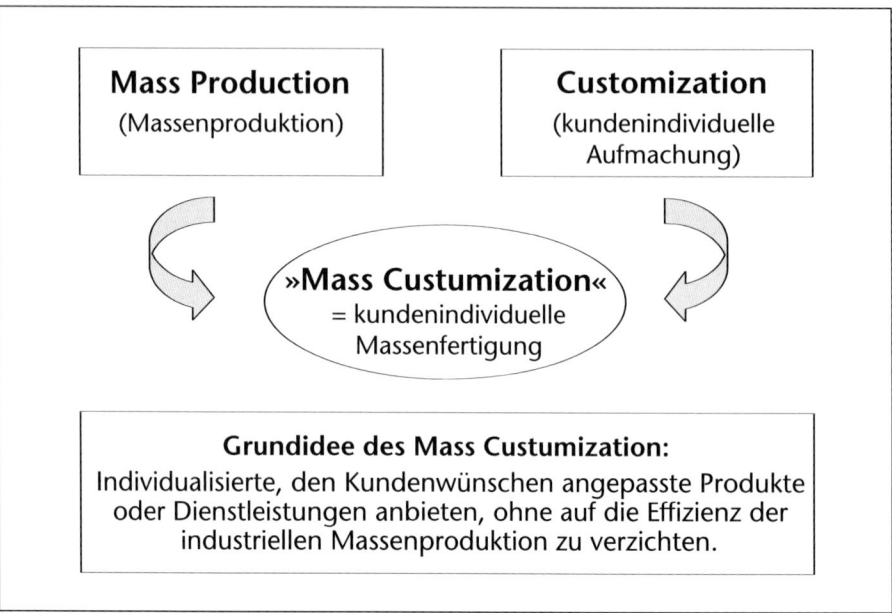

Abb. 5: Mass Customization – Definition

Die Strategie des Mass Customization ist es, einem relativ großen Absatzmarkt individualisierte, den Kundenwünschen angepasste Produkte oder Dienstleistungen (sog. »Customized Products«) anzubieten, ohne auf die Effizienz der industriellen Massenfertigung zu verzichten. Dabei sollen die Kosten ungefähr denen einer massenhaften Fertigung vergleichbarer Standardgüter entsprechen. Durch die Informationen, die im Zuge des Individualisierungsprozesses erhoben werden, soll eine dauerhafte, individuelle Beziehung zu jedem Abnehmer aufgebaut werden.

Möglich ist Mass Customization vor allem dank moderner Informationstechnologien wie dem Electronic Commerce. In vielen Fällen wurde erst durch das E-Commerce eine effiziente Individualisierung der Leistungserstellung erlaubt.

*Arten des Mass Customization: Style Customization, Best (Matched) Fit, Custom Fit*

Im Allgemeinen wird zwischen drei Arten des Mass Customization unterschieden:

- Bei der **Style Customization** sind die Individualisierungsmöglichkeiten für den Kunden eingeschränkt. Er kann sich nur für bestimmte optische Varianten entscheiden, z.B. Farben, Stoffe usw.

- Beim **Best (Matched) Fit** wird aus verschiedenen bestehenden Produktteilen das Produkt erstellt, das den Wünschen des Kunden am ehesten entspricht.

- Beim **Custom Fit** werden bestimmte Produktteile speziell für den Kunden gefertigt. Aus den speziell für den Kunden gefertigten und standardisierten Teilen wird das individualisierte Endprodukt hergestellt.

Charakteristisch für Mass Customization sind folgende Aspekte:

- **Einbindung des Kunden in den Leistungserstellungsprozess**

Um flexible, kundenindividuelle Produkte und Dienstleistungen herstellen zu können, müssen die Kunden in den Leistungserstellungsprozess integriert werden. Vor der Fertigung des kundenindividuellen Produktes müssen die Kunden genaue Informationen über die von ihnen gewünschten Produktmerkmale bereitstellen. Dieser Prozess wird beim Mass Customization als Individualisierungsinformation bezeichnet. Optimalerweise läuft der Vorgang der Erhebung der Individualisierungsinformation so einfach wie möglich ab. Für den Kunden (und für das Unternehmen) soll der Vorgang möglichst wenig komplex und mühelos sein.

- **Modulare Produkt- und Leistungsarchitektur**

Grundlage der Produktentwicklung im Mass Customization ist eine modulare Produkt- und Leistungsarchitektur. Alle kundenspezifischen Produkte bestehen aus einer begrenzten Anzahl standardisierter und individualisierter modularer Komponenten (inklusive begleitender Dienstleistungen), die untereinander kompatibel sind und aus denen eine kundenspezifische Endleistung erbracht wird.

- **Differenzierung durch Varietät**

Mass Customization hebt sich insbesondere durch die hohe Anzahl an Varianten von der Konkurrenz ab. Produkte werden in so vielen Varianten angeboten, dass die Wünsche jedes relevanten Kunden erfüllt werden. Die Differenzierung ist jedoch nicht nur über die Varietät möglich. Die Erstellung kundenbezogener Dienstleistungen, ein besonderes Produktimage oder ein hoher Lieferservicegrad können ebenso Differenzierungsoptionen sein.

- **Preis eines vergleichbaren Standardgutes**

Charakteristisch für das Mass Customization ist, dass die kundenspezifischen Produkte zu einem Preis angeboten werden, der in etwa dem Preis für ein vergleichbares Standardgut entspricht, bzw. zu einem Preis, den die Käufer vergleichbarer Standardgüter bereit sind zu zahlen. Diese Preise sollen durch die Effizienzvorteile einer kundenindividuellen Massenproduktion erreicht werden und nicht durch Kreuzsubventionierungen innerhalb des Unternehmens. Eine kundenindividuelle Massenproduktion bringt mit sich, dass immer erst auf Bestellung produziert wird. Dadurch können Unternehmen besser planen, sparen Lagerhaltungskosten und können das »Moderisiko« minimieren (vor allem in der Bekleidungsindustrie ist das »Moderisiko« ein großes Problem, da sich Kleidung, sobald sie aus der Mode gekommen ist, nur sehr schwer und mit großen Preisreduktionen verkaufen lässt).

■ **Großer Absatzmarkt**

Im Gegensatz zum klassischen Manufacturing on Demand zielt Mass Customization auf einen großen Absatzmarkt. Es werden Güter und Dienstleistungen produziert, für die es eine große Käuferschaft gibt. Dabei kann der relevante Markt viele Millionen Menschen umfassen (z.B. in der Bekleidungsindustrie), bei anderen Produkten (wie z.B. bei Fertighäusern) kann schon ein Markt von einigen hundert Abnehmern ein großer Massenmarkt sein. Die einzelnen Kunden unterscheiden sich bezüglich ihrer Wünsche an bestimmte Eigenschaften des jeweiligen Produktes.

■ **Aufbau einer dauerhaften Kundenbeziehung**

Die Unternehmen, die das Konzept des Mass Customization umsetzen, haben die Möglichkeit, die aus der Interaktion mit den Kunden gewonnenen Informationen zum Aufbau einer dauerhaften Kundenbeziehung zu nutzen. Durch solche dauerhaften Kundenbeziehungen können Unternehmen sich einen bedeutsamen Wettbewerbsvorteil sichern.

### 2.5.4.5 Abgrenzung des Begriffes Mass Customization

■ **Mass Customization = Einzelfertigung?**

*Mass Customization – Einzel-, Varianten- oder Massenfertigung?*

Obwohl beim Mass Customization individualisierte, kundenspezifische Produkte und Dienstleistungen hergestellt werden, darf das Mass Customization nicht mit Einzelfertigung gleichgesetzt werden. Während die Kunden bei der klassischen Einzelfertigung von Grund auf neue Produkte kreieren können, ist dies beim Mass Customization nicht möglich. Bei Mass Customization sind die Möglichkeiten zur Individualisierung von Produkten von vornherein eingeschränkt. Individualisiert werden die Produkte nur an einigen für den Kunden relevanten Komponenten.

■ **Mass Customization = Variantenfertigung?**

Mass Customization ist deutlich von einer Variantenfertigung zu unterscheiden. Bei der Variantenfertigung kommt es zu keiner Kommunikation mit dem Kunden. Über den Handel wird den Kunden, die dem Unternehmen nicht einzeln bekannt sind, eine so große Auswahl unter verschiedenen ähnlichen Produkten angeboten, dass sie ein Produkt finden, das ihren Wünschen ungefähr entspricht. Die Produkte werden aufgrund einer Absatzprognose, also quasi »auf Verdacht«, vorgefertigt und nicht erst produziert, nachdem eine Bestellung eingegangen ist.

■ **Worin unterscheidet sich das Mass Customizing vom klassischen Manufacturing on Demand?**

Sowohl beim Mass Customization als auch beim Manufacturing on Demand wird nur im Kundenauftrag produziert. Der Hauptunterschied zwischen Mass Customization und dem klassischen Manufacturing on Demand liegt darin, dass es sich beim Mass Customization um eine Form der Massenfertigung handelt. Mass Customization zielt immer auf einen großen Absatzmarkt. Dadurch werden beim Mass Customization vor allem Produkte gefertigt, für die es eine große Zahl von Käufern gibt, z.B. Bekleidung, Schuhe usw. Beim klassischen Manufacturing on Demand ist die Losgröße viel kleiner und die Produkte sind viel spezieller und komplexer, z.B. Schiffe, Maschinen, Kraftwerke usw.

**Literaturempfehlung**

*Aupperle, G.:* Optimized Capacity Adjustment for a cast effective fulfilment of customer requirements under a Manufacturing on Demand Stragegy. Quelle: Intelligent Manufacturing, Automation & Networking 1998 – Vol. 1 (1998), S. 213–214.

*Bischoff, J.:* Wandlungsfähige Fabrik. Quelle: Produkte mit technischer Intelligenz entwickeln, herstellen und betreiben (1999), S. 28–36.

*Eversheim, W./Schellberg, O./Terhaag, O.:* Gestaltung und Betrieb von Produktionsnetzwerken. In: Produktions- und Logistikmanagement in virtuellen Unternehmen und Unternehmensnetzwerken, Berlin, Heidelberg, New York 2000.

*Picot, A./Neuburger, R.:* Grundzüge eines Produktionsmanagements in vernetzten Organisationen. In: Produktions- und Logistikmanagement in virtuellen Unternehmen und Unternehmensnetzwerken, Berlin, Heidelberg, New York 2000.

*Piller, F. T.:* Mass Customization – Ein wettbewerbsstrategisches Konzept im Informationszeitalter. Deutscher Universitätsverlag, Wiesbaden 2003.

*Sihn, W.:* Manufacturing on Demand – Anpassung der Fertigungssteuerung an die moderne Produktion. Quelle: Flexible Fertigungssteuerung für eine auftragsgerechte Produktion und termingetreue Lieferung (1998) Getr. Z.

*Westkämper, E.:* Fabriken der neuen Generation. 5. Stuttgarter Innovationsforum, Stuttgart 1997.

*Westkämper, E.:* Wandlungsfähige Unternehmensstrukturen – Manufacturing on Demand. Quelle: Kundenorientierte Planung der Produktion – Methoden und Instrumente effektiver Grobplanung (1997), S. 9–19.

*Westkämper, E.:* Manufacturing on Demand in Production Networks. Quelle: CIRP Annals Manufacturing Technology 46 (1997), Nr. 1, S. 329–334.

## 2.5.5 Prozessorientierte Unternehmensorganisation

*von Rainer Kämpf*

### 2.5.5.1 Zielsetzung, Aufgaben und Merkmale

*Wertschöpfungsketten – zentrale Elemente der Prozessorganisation*

Eine in funktionale Verantwortungsbereiche gegliederte Organisation stärkt die Stellung der Fachbereiche, fördert aber in aller Regel das Entstehen von Bereichsegoismen mit der Tendenz zur »lokalen« Informationshoheit. Informationsbedarf für nachgelagerte Bereiche bleibt dann »abholbereit« liegen. Wenn z.B. im Bereich der Produktionsplanung und Steuerung Informationen über Auftragsverschiebungen verzögert weitergeleitet werden, können notwendige Reaktionen in der Fertigung nur noch mit hohem Aufwand umgesetzt werden.

Deshalb setzen viele Unternehmen heute auf die Abkehr von der funktionalen hin zur prozessorientierten Unternehmensorganisation. Notwendig dazu sind integrierte Unternehmensstrukturen, die Kunden, Lieferanten und Dienstleister mit einbeziehen und sich am Kundenauftrag als ganzheitlichem Prozess der Auftragsabwicklung orientieren. Entscheidend ist die Integration von Kosten, Qualität und Zeit als kritische Erfolgsfaktoren in einem Konzept, das einen unternehmensspezifischen Alleinstellungsanspruch gestattet.

Die qualitative, kostenmäßige und zeitliche Dimensionierung einer Leistung wird durch die Eigenheiten der Wertschöpfungskette bestimmt. Die »Wertkette« setzt sich aus Aktivitäten des Marketing, Entwicklung, Produktion, Distribution, Verkauf und Service zusammen. Sie werden von indirekten Aktivitäten wie Rechnungswesen, Controlling, Logistik, Personalentwicklung etc. begleitet bzw. unterstützt.

Qualität, Kosten und zeitlicher Bezug einer Leistung werden jedoch nicht durch die Wertkette per se, sondern durch ihre Organisation beeinflusst. Die Organisation der Wertkette erhält in der Prozessorganisation ihre konkrete Ausgestaltung. Sie ordnet einzelne wertschöpfende Aktivitäten (Teilprozesse) nach unterschiedlichen Kriterien, wobei diverse Varianten von rein funktionaler bis hin zur prozessorientierten Gliederung denkbar sind.

Die Abbildung 1 zeigt Beispiele für die unterschiedliche Organisation eines Prozesses. In Typ 1 werden einzelne funktional differenzierte Prozesssegmente durch unterschiedliche Aufgabenträger arbeitsteilig und in geteilter Verantwortung realisiert. In Typ 2 wird die Integrationsaufgabe der Prozesssegmente einem »Schnittstellenmanager«, dem »Process Owner« – oder »Case Manager« übertragen. Es handelt sich hier um matrixartige Koordinationsmuster. In Typ 3 schließlich übernimmt das »Prozessteam« die Verantwortung für die Durchführung des Gesamtprozesses. Beispiele hierfür sind die im Maschinenbau inzwischen häufig anzutreffenden technischen Auftrags- und Einkaufsteams, in denen Kommissionierung, Termingrobplanung, Konstruktionsanpassung, Disposition von Fertigungsaufträgen, Beschaffung und Disposition von Kaufteilen sowie Arbeitsvorbereitung integriert bearbeitet werden.

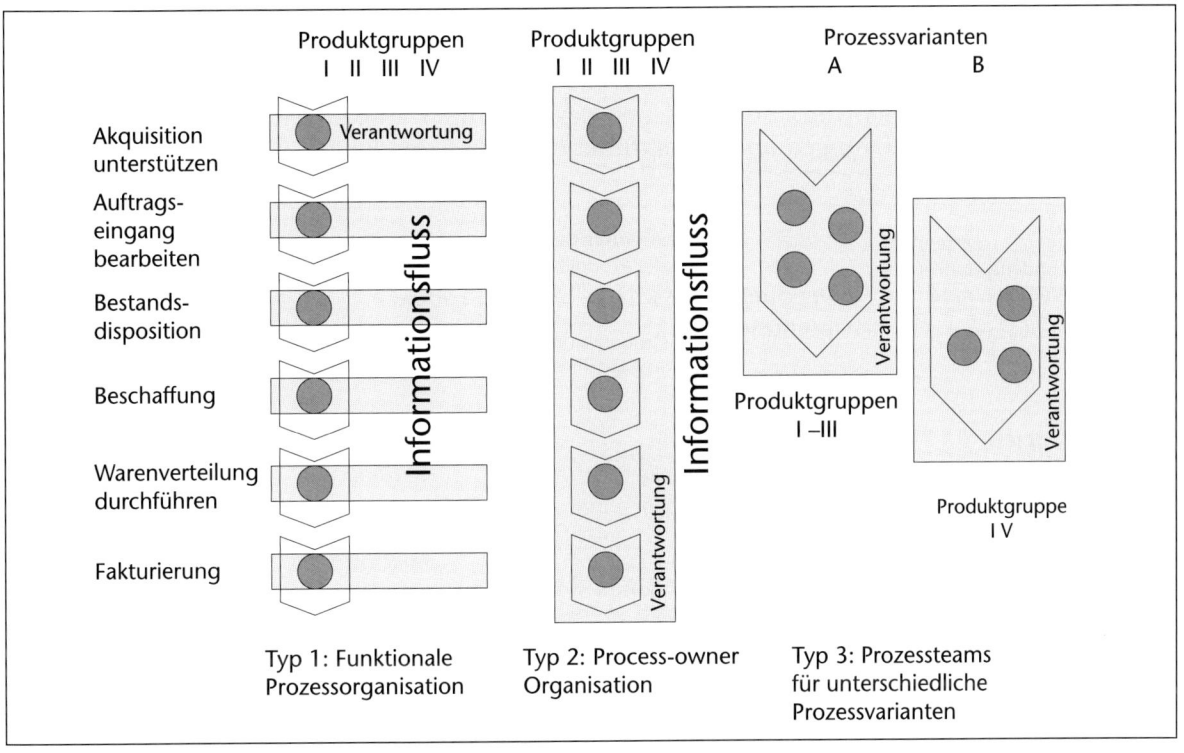

*Abb. 1: Alternative Organisationsformen von Prozessen (vgl. Weber/Baumgarten)*

Diese Leistungsprozesse im Unternehmen und in seinem direkt mit der Leistungserstellung verbundenen Umfeld werden in der Logistischen Prozesskette (Supply Chain) zusammengefasst. Damit werden in einer unternehmensbezogenen Sichtweise sämtliche Planungs-, Entwicklungs-, Beschaffungs-, Produktions- und Distributionsaufgaben vom Kundenkontakt bis zur Auslieferung angesprochen. Im modernen Verständnis ist hier auch die Entsorgung und Wiederverwertung eingeschlossen. Die Steuerung und Koordination der Material- und Informationsflüsse ist ein zentraler Bestandteil der logistischen Prozesskette. Sie verläuft im Unternehmen über die Produktionsstufen beschaffungsseitig bis zu den Lieferanten, distributionsseitig bis zum Kunden.

**Supply Chain – Summe der Leistungserstellungsprozesse in der logistischen Kette**

### 2.5.5.2 Prozesse der Wertschöpfungskette

**I) Produktentstehungs- und Entwicklungsprozess**

Der Produktentstehungs- und Entwicklungsprozess bildet den Ausgangspunkt im Produktlebenszyklus. Wesentliches Ergebnis ist die Fertigstellung der Produktspezifikation und die Erstellung funktionsfähiger Produktprototypen durch die Mitarbeiter, u.a. der Entwicklung, Konstruktion, Planung, des Versuchs und des Prototypenbaus. Aus der Betrachtung der logistischen Kette findet der Anstoß zur Produktentwicklung über die Kundenanforderungen (Konzeptspezifikation) in der Produktplanung statt.

**Ergebnis: komplette Produktspezifikation und Prototyp**

## 2.5 Unternehmensübergreifende Organisationsformen

In Abstimmung mit den Kunden werden Ideen- und Konzepte konkretisiert, markt- und kundenspezifisch durchdacht und auf Realisierung geprüft. Vielfach notwendig ist die systematische Ermittlung der Kundenwünsche, auf denen das Lastenheft aufbaut, d.h. die Liste der Anforderungen an Produktfunktionen und -merkmale.

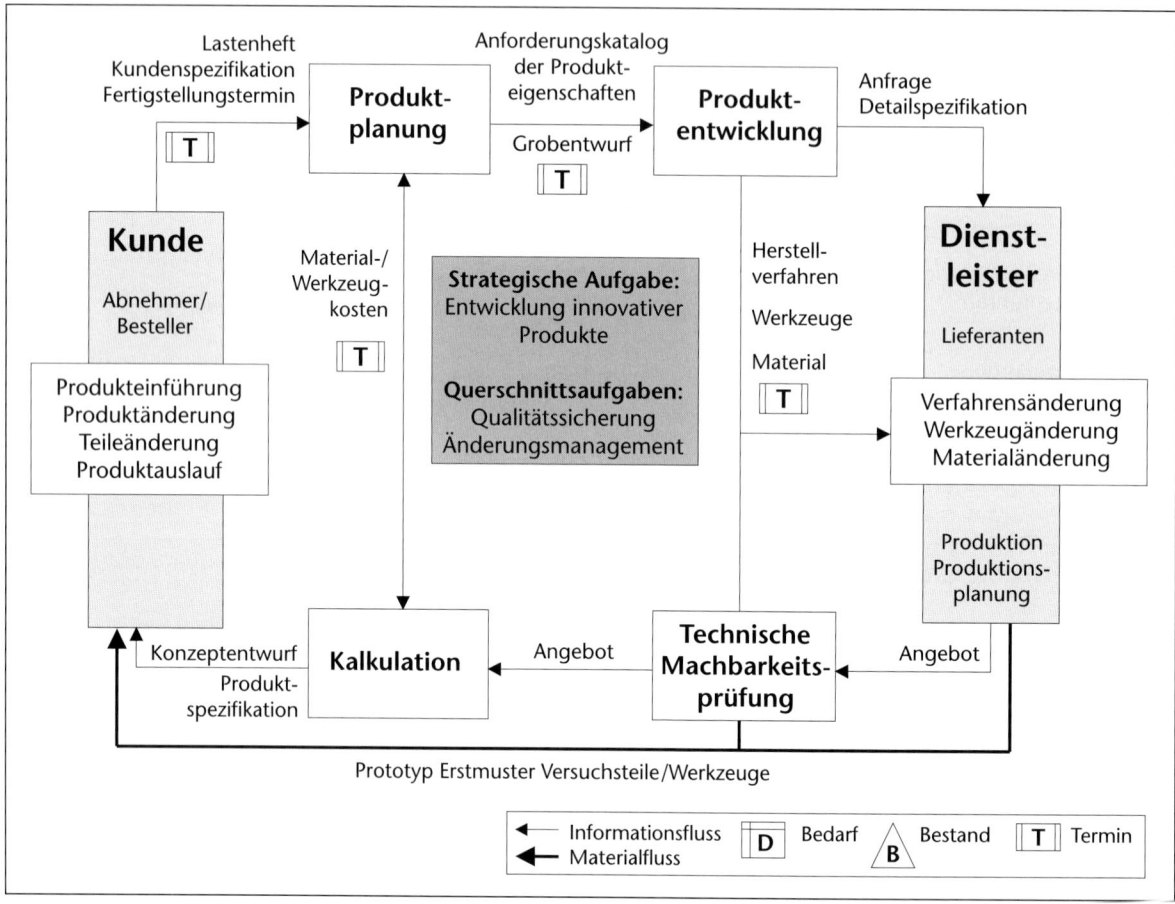

Abb. 2: Produktentstehungs- und Entwicklungsprozess (vgl. Thaler)

Die **Produktplanung** hat in einer frühen Phase die Aufgabe, die vom Kunden geforderten Produkt- und Qualitätsmerkmale festzulegen. Hierfür sorgt ein Abgleich zwischen Markterfordernissen und technischer sowie wirtschaftlicher Machbarkeit.

Die **Produktentwicklung** umfasst vor allem die Aufgaben der Definition und Realisierung technischer Produktspezifikationen, insbesondere Konzept- und Ideenentwicklung, Vorentwicklung, Grobentwurf, Detailentwicklung und Konstruktion, Versuchsplanung, bis hin zum Produktionsbeginn. An Bedeutung gewonnen hat die recycling- und demontagegerechte Konstruktion.

Lieferantenseitig werden im Prozess externe und interne Dienstleister eingebunden, um Leistungen bzw. Produkte und Know-how bezüglich Komponenten, Material, Verarbeitungsverfahren, Werkzeugen oder Anlagen in die möglichen Lösungskonzepte einzubringen. Interne Dienstleister sind beispielsweise Arbeitsvorbereitung, Versuch, Logistik, Einkauf oder Fertigung.

Die **technische Machbarkeitsprüfung** engt über die Versuchplanung, die Versuchsdurchführung und den Prototypenbau die Zahl der technisch realisierbaren Lösungskonzepte ein. Andererseits ist eine wirtschaftliche Betrachtung der Lösungsalternativen über die **Produktkalkulation** notwendig.

Strategische Aufgaben liegen in der Entwicklung neuer, innovativer Produkte, die für viele Unternehmen mit einer Intensivierung der Forschung und Entwicklung verbunden ist.

Als Querschnittsaufgabe in der logistischen Kette müssen im Produktentstehungs- und Entwicklungsprozess Aufgaben der **Qualitätssicherung** und des **Änderungsmanagements** wahrgenommen werden. Als Grundlage hierfür dienen Verfahrens- und Arbeitsanweisungen für die speziellen Abläufe, die üblicherweise in einem unternehmensspezifisch erstellten Qualitätssicherungshandbuch dokumentiert werden.

Das Änderungsmanagement deckt die unterschiedlichen Änderungsaufgaben im Rahmen der Produkteinführung bis zum Produktauslauf ab. Laufende Teile und Komponentenänderungen sowie Verfahrens- und Werkzeugänderungen müssen beherrscht werden.

## II) Auftragsgewinnungsprozess

Im Auftragsgewinnungsprozess werden die für das Unternehmen relevanten Kundenaktivitäten durchgeführt. Wesentliches Ergebnis sind realisierte, d.h. verbindliche Bestellungen, die sich als Auftragseingänge im Auftragsbestand niederschlagen. Der Anstoß im Auftragsgewinnungsprozess findet vor allem über Anfragen des Kunden statt, zudem gehen direkte Bestellungen ein.

**Ergebnis: verbindliche Bestellungen im Auftragseingang**

Über die **Anfragebearbeitung** werden Kundenanfragen entgegengenommen. Eine zügige und kompetente Anfragebearbeitung und die Trennung in Routine- und Sonderanfragen für unterschiedliche Fragestellungen, Produktbereiche oder Kundengruppen ist in der Regel sinnvoll.

Die **Auftragsabklärung** klärt ggf. technische Fragen, voraussichtliche Liefertermine, verfügbare Mengen oder Materialreservierungen. Hierzu erfolgt auch die Abstimmung in weiteren internen und externen Prozessen, insbesondere mit der Produktionsprogrammplanung, aber beispielsweise auch mit der Konstruktion, der Entwicklung und den Lieferanten.

Die **Produktionsplanung** ist als Dienstleister in den Prozess eingebunden und liefert Angaben darüber, welche der angefragten Artikel oder Produkte aktuell verfügbar sind und mit welchen voraussichtlichen Lieferterminen zu rechnen ist. Eingehende Anfragen werden i.d.R. hinsichtlich der verfügbaren Lagerbestände, der belegten sowie der freien Produktions-

## 2.5 Unternehmensübergreifende Organisationsformen

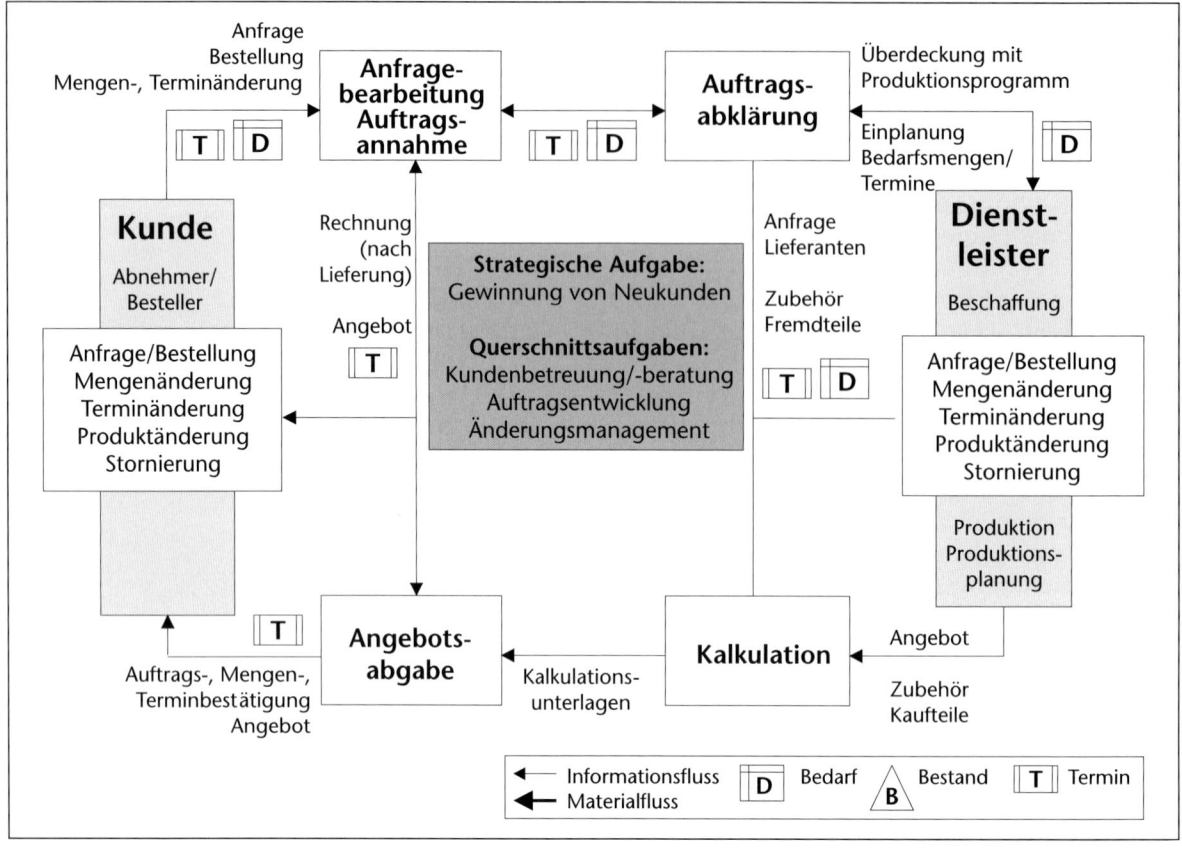

Abb. 3: *Auftragsgewinnungsprozess (vgl. Thaler)*

kapazitäten beurteilt. Um den Kunden Aussagen liefern zu können, wird die Angebotserstellung und Lieferzeitabschätzung vielfach rechnerunterstützt durchgeführt. Bei Bestellung werden die Aufträge dann eingeplant

Die **Beschaffung** ist üblicherweise als Dienstleister über die Anfragebearbeitung und die Auftragsabklärung in den Prozess eingebunden. Neben dem benötigten Anteil an Fremdmaterial werden u.a. auftragsspezifische Zubehörteile oder Sonderzubehör beschafft.

Die **Angebotskalkulation** setzt den Angebotspreis fest. Damit ist die Voraussetzung zur Angebotsabgabe erfüllt, wenn Mengen, Termine, Material, Vormaterial oder Zubehör feststehen. Die Angebotskalkulation setzt u.a. voraus, dass aktuelle Stammdaten der Stücklisten und Materialpositionen vorliegen. Bestellungen des Kunden gehen schließlich über die **Auftragsannahme** ein und ggf. vorreservierte Produktionskapazitäten werden danach in das laufende Produktionsprogramm eingeplant. Die **Auftragsbestätigung** schließt den Kommunikationskreis zum Kunden und dokumentiert verbindlich die zugesicherten Leistungen des Angebots, wie Artikel, Preise, Liefertermin sowie Konditionen. Nach erfolgter Lieferung kann hieraus die Rechnungsstellung veranlasst werden.

## III) Produktionsplanungsprozess

Der Produktionsplanungsprozess umfasst die produktionslogistischen Planungsaufgaben vor dem eigentlichen Produktionsbeginn. Dies sind Produktionsprogrammplanung, Mengenplanung, Kapazitäts- und Terminplanung sowie die Produktionsvorbereitung.

**Ergebnis: eingeplante Aufträge und Bestellungen sowie Liefertermine und Liefermengen**

Wesentliches Ergebnis sind eingeplante Bestellungen und Aufträge sowie die bestätigten Angaben zu Liefertermin und Liefermenge. Der Anstoß im Produktionsplanungsprozess findet über eingegangene Bestellungen statt, die aus dem Auftragsgewinnungsprozess resultieren. Diese müssen i.d.R. mit dem laufenden Produktionsprogramm abgeglichen werden.

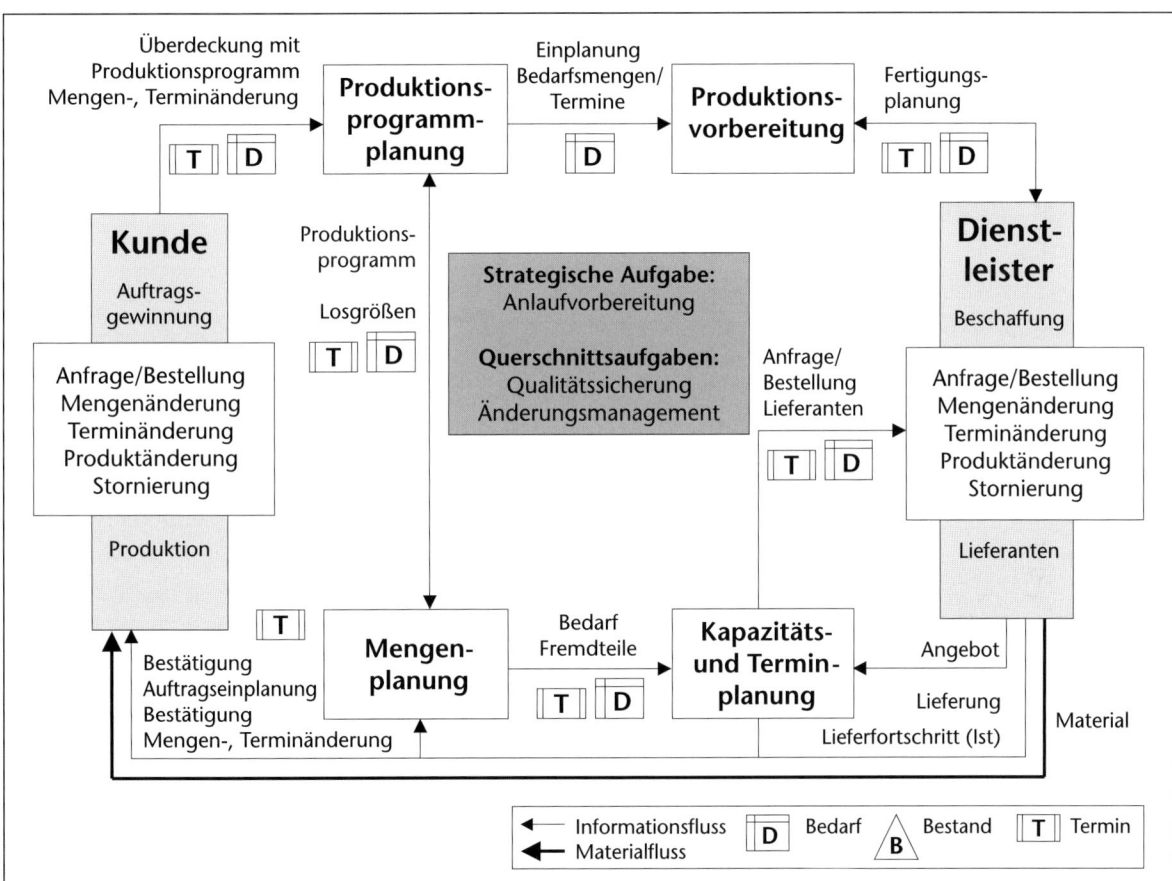

*Abb. 4: Produktionsplanungsprozess (vgl. Thaler)*

Die **Produktionsprogrammplanung** erhält Anfragen und liefert Aussagen, welche der angefragten Artikel aktuell verfügbar sind und mit welchen voraussichtlichen Lieferterminen zu rechnen ist. Bei Bestellungen wird über die Schnittstelle zur Produktion (interner Dienstleister) die aktuelle Kapazitätssituation überprüft.

Die **Mengenplanung** ermittelt über das Produktionsprogramm günstige Fertigungslosgrößen und Beschaffungsmengen, um durch Bündelung der eingegangenen Bedarfsmengen wirtschaftlich produzieren zu können.

Über die **Kapazitäts- und Terminplanung** wird ein Abgleich von Kapazitätsbedarf und Kapazitätsangebot vorgenommen sowie die Terminrechnung durchgeführt.

Die **Produktionsvorbereitung** umfasst die Planung aller notwendigen Betriebsmittel und Arbeitsunterlagen bis zur Fertigungsfreigabe.

Die **Beschaffung** erhält aus der Bedarfsermittlung den Anteil an Fremdteilen, der extern beschafft wird. Neben dem normalen Anteil an Fremdteilen, die beim Lieferanten bestellt werden, müssen häufig auch auftragsspezifische Zubehörteile oder Sonderzubehör beschafft werden. Auch hier sind Liefertermine und Liefermengen anzufragen und abzuklären.

Im Produktionsplanungsprozess werden darüber hinaus die Querschnittsaufgaben **Qualitätssicherung**, **Anlaufvorbereitung** und **Änderungsmanagement** durchgeführt.

### IV) Beschaffungsprozess

*Ergebnis: Materialbedarf zur Sicherstellung der mengen- und termingerechten Materialversorgung*

Der Beschaffungsprozess begleitet und erfüllt alle beschaffungslogistischen Aufgaben bis zur Warenannahme und Rechnungsprüfung und umfasst die Bedarfsermittlung, Lieferantenauswahl, Bestandsplanung und -führung sowie die Bestellabwicklung.

Wesentliches Ziel ist die Sicherstellung der mengen- und zeitgerechten Versorgung des Unternehmens mit Beschaffungsgütern. Hierzu wird als eine wesentliche Eingangsgröße der Materialbedarf ermittelt.

Über die **Bedarfsermittlung** werden die benötigten Teile, Komponenten, Roh-, Hilfs- und Betriebsstoffe festgelegt, die fremdbeschafft werden müssen. Dazu erfolgt ein Abgleich mit dem Materialbestand. Im Ergebnis wird der benötigte Bedarf über die Bestellabwicklung beim Lieferanten geordert.

Die **Bestandsplanung und -führung** stellt den laufenden Abgleich des eingehenden Bedarfs mit dem aktuell verfügbaren Materialbestand sicher. Hiermit ist eine Disposition und Planung der Versorgung an Beschaffungsgütern verbunden. Weitere Aufgaben sind die Bestandsverfolgung, beispielsweise für kritische Teile, die Wiederbeschaffung für den laufenden Bedarf sowie die Bestandsoptimierung.

Die **Bestellabwicklung** deckt die operativen Aufgaben des Beschaffungsprozesses ab, wie Einholen von Angeboten, Angebotsvergleich, Angebotsauswertung, Auslösung des Eingangstransportes, Wareneingangserfassung sowie Rechnungsprüfung.

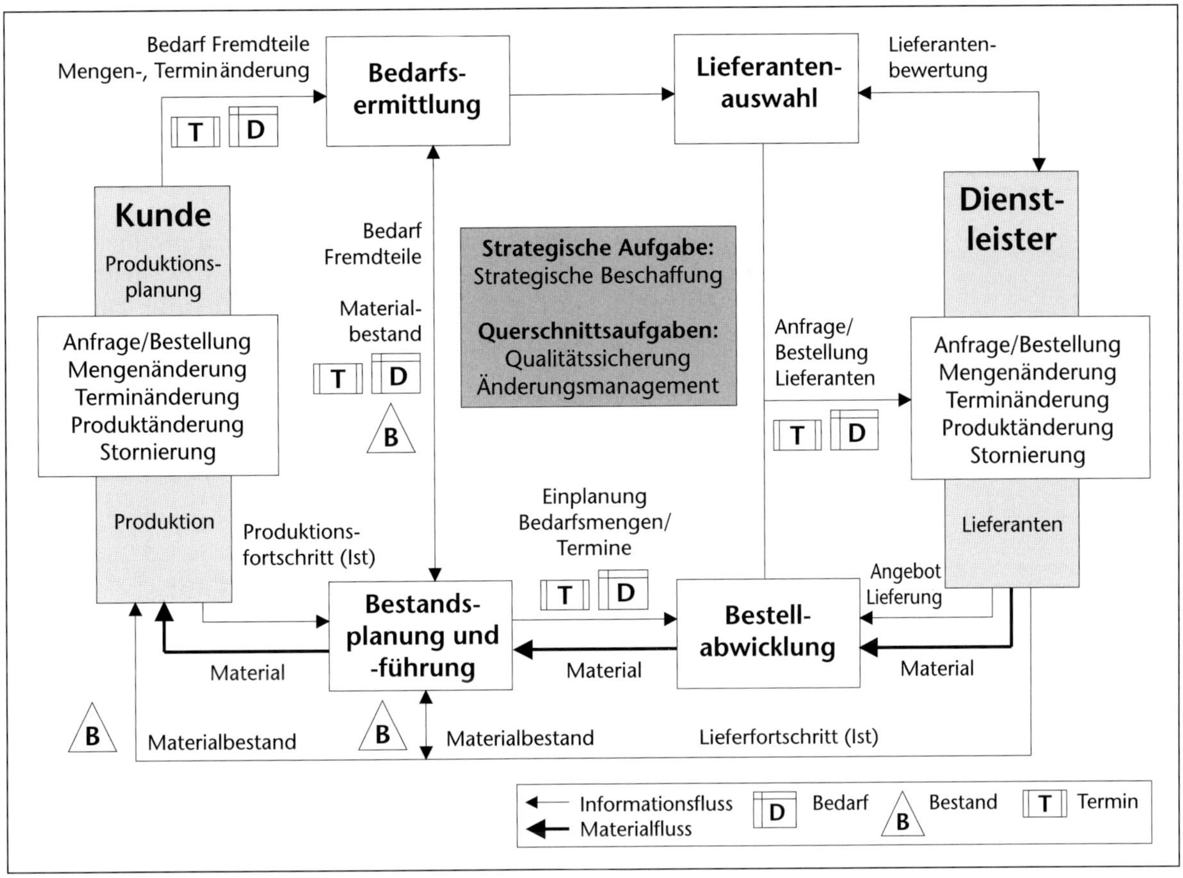

## Prozessorientierte Unternehmensorganisation 2.5.5

*Abb. 5: Beschaffungsprozess (vgl. Thaler)*

Die **Lieferantenauswahl** ist im Zusammenhang mit der **strategischen Beschaffung** zu sehen. Da in den meisten Unternehmen laufend nach günstigen und innovativen Lieferanten gesucht wird, nimmt die Suche nach neuen Beschaffungsquellen oft einen hohen Stellenwert ein. Hierzu ist es vor allem wichtig, Lieferanten systematisch auszuwählen und zu bewerten sowie hierzu spezifische Bewertungskriterien aufzustellen. Neben der Lieferantenauswahl und -bewertung sind weitere strategische Aufgaben das Festlegen von Zielpreisen und Konditionen, von Rahmenvereinbarungen sowie von Vergabestrategien u.v.m.

Die **Qualitätssicherung** stellt im Beschaffungsprozess eine Querschnittsaufgabe dar. Neben den Qualitätsprüfungen im Wareneingang gewinnt die Zertifizierung bzw. Auditierung des Materiallieferanten an Bedeutung. Das **Änderungsmanagement** stellt im Beschaffungsprozess die durchgängige Änderung von Bedarfsmengen, Terminen oder von Änderungen des Produktes sicher, wie beispielsweise bei Materialsubstitution.

## 2.5 Unternehmensübergreifende Organisationsformen

### V) Produktionsprozess

**Ergebnis: fertige Produkte aus der betrieblichen Leistungserstellung**

Der Produktionsprozess bildet im direkten Bereich, d.h. in Fertigung und Montage, den Schwerpunkt der betrieblichen Leistungserstellung zur Güterherstellung.

Aufgabe der Produktionsmitarbeiter, beispielsweise von Montage- und Fertigungsteams, ist die Herstellung und Überwachung der zu produzierenden Produkte. Dazu verantworten die Produktionsmitarbeiter bzw. -teams i.d.R. alle laufenden Aufgaben zur kurzfristigen Fertigungssteuerung, Durchführung und Fertigstellung der Aufträge.

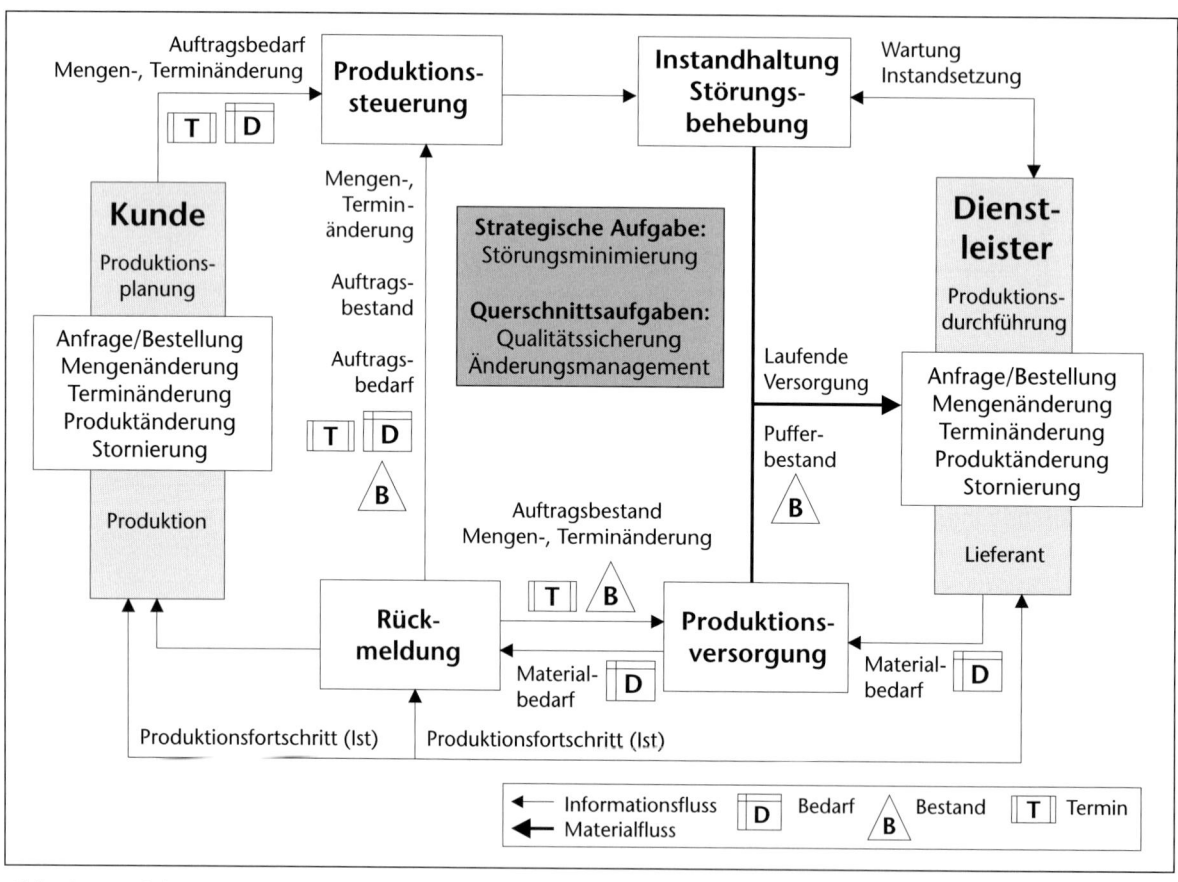

*Abb. 6: Produktionsprozess (vgl. Thaler)*

Die **Produktionssteuerung** überwacht mithilfe der Auftragsfortschrittskontrolle, d.h. Rückmeldung beendeter Aufträge, den laufenden Stand der Produktion. Zur Auftragsterminüberwachung erfolgen üblicherweise Rückmeldungen des Bearbeitungsstandes über die Betriebsdatenerfassung. Werden Aufträge durch unvorhergesehene Ereignisse früher bzw. später fertig gestellt, wird die Maschinenbelegung im Rahmen der kurzfristigen Termin- und Kapazitätssteuerung optimiert.

Aus Gründen der Auslastung wird die kurzfristige Belegung meist direkt auf Maschinen- und Anlagenebene durchgeführt. Sie sorgt beispielsweise bei Eil- und Sonderaufträgen für die notwendige Fertigungsflexibilität.

Werden neue Aufträge eingeplant, so wird bei Auftragsfreigabe in der Regel geprüft, ob das benötigte Material vorhanden und die Betriebsmittel verfügbar sind. Aufgabe der **Materialbereitstellung** ist es, die Versorgung der laufenden Produktion mithilfe produktionsnaher Lager- und Pufferbestände zu sichern.

Zur **Produktionsdurchführung** gehört die **Instandhaltung**, das **Einrichten, Rüsten** und die **Störungsbehebung**. Durch vorbeugende **Instandhaltung** wird versucht, Störungen sowie Stillstands- und Liegezeiten zu minimieren. Zur Erhöhung der Fertigungsflexibilität und Prozesssicherheit werden Aufgaben wie die maschinennahe Materialversorgung und -bereitstellung, Ersatzteildisposition oder Störungsmanagement in Produktionscenter übertragen.

Nach der Auftragsfertigstellung gelangen Waren üblicherweise über die Warenausgangskontrolle und Verpackung in den Versand. Dort schließt sich der Distributionsprozess mit der Lieferung zum Kunden an.

Im Produktionsprozess werden die Querschnittsaufgaben **Qualitätssicherung** sowie **Änderungsmanagement** durchgeführt, hauptsächlich bezogen auf Mengen und Termine.

### VI) Distributions- und Entsorgungsprozess

Der Distributions- und Entsorgungsprozess stellt im Produktlebenszyklus die Marktabdeckung mit produzierten Waren und Gütern sowie deren Rücknahme und stoffliche Wiederverwertung sicher. Hauptziel im Distributionsprozess ist die anforderungsgerechte Marktabdeckung, die unter Zeit-, Raum- und Mengengesichtspunkten durchgeführt wird. Als wichtiges Ziel der Distribution ist üblicherweise eine hohe Lieferzuverlässigkeit zu erreichen.

**Ergebnis: anforderungsgerechte Versorgung der Kunden mit Produkten bzw. deren Rücknahme und stoffliche Weiterverwendung**

Neben der »kundenseitigen« Distribution wird auch teilweise die unternehmensinterne Materialbereitstellung mit dem Begriff **Materialdistribution** bezeichnet.

Im **Entsorgungsprozess** steht die Abfallvermeidung und -wiederverwertung im Vordergrund. Hierzu gehört u.a. das Sammeln, Selektieren, Erfassen und Verwerten von Rückständen. Die Rücknahme und stoffliche Wiederverwertung von Produkten gewinnt dabei an Bedeutung.

Produzierte Waren gelangen über den Produktionsprozess von der **Warenverteilung** – mithilfe der Transportlogistik und ggfs. mit Zwischenlagerung – über die **Warenlieferung** zum Besteller (Abnehmer). Die **Warenverteilung** und **Lagerung** ist zur Entkopplung von Zeit, Raum und Warenmenge notwendig. Zur **Warenlieferung** wird eine spezifische Lagerhaltungs- und Transportstrategie erstellt.

## 2.5 Unternehmensübergreifende Organisationsformen

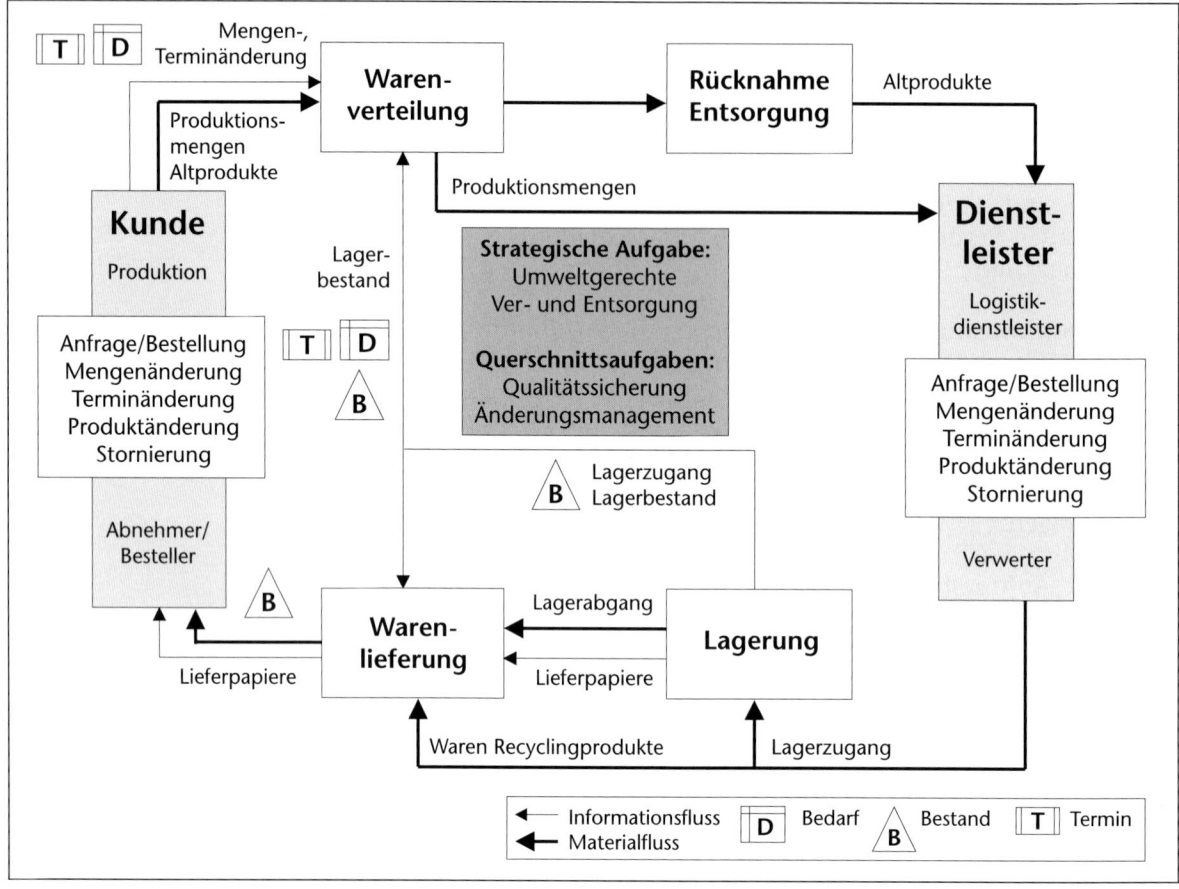

Abb. 7: Distributions- und Entsorgungsprozess (vgl. Thaler)

Als strategische Aufgabe im Distributions- und Entsorgungsprozess wird die umweltgerechte Ver- und Entsorgung angesehen. Querschnittsaufgaben sind wie in anderen Prozessen das Beherrschen von Änderungen, hier insbesondere von Störungen, sowie die durchgängige Qualitätssicherung.

### 2.5.5.3 Prozessorientierte Reorganisation

**Business Process Reengineering zur Einführung der Prozessorganisation**

Ausgangspunkt für die Realisierung funktionsübergreifender Prozesse ist die Identifikation der einzelnen Aktivitäten. Aufgrund von Arbeitsteilung und funktionalen Verflechtungen ist eine Leistungsprozessabgrenzung dabei häufig nicht ohne weiteres möglich: Das Business Process Reengineering kann dabei wertvolle Hilfe leisten.

Die Bildung neuer abgrenzbarer Leistungsprozesse lässt sich grundsätzlich aus vier Ansätzen heraus entwickeln:

- Schwachstellenanalyse,
- Benchmarking,
- Referenzmodelle,
- Rethink.

Die Aufnahme des Ist-Zustandes im Rahmen einer Schwachstellenanalyse deckt vorhandene Probleme auf und zeigt auf, in welchen Bereichen durch Parallelisierung bzw. Eliminierung von Arbeitsschritten wesentliche Vereinfachungen gegenüber dem Ist-Zustand möglich sind. Durch Benchmarking werden Leistungsvergleiche mit anderen Bereichen oder Standorten des eigenen Unternehmens (internes Benchmarking) wie auch mit Konkurrenzunternehmen (externes Benchmarking) mittels Kennzahlen angestellt. Referenzmodelle zur Unterstützung der Neugestaltung von Geschäftsprozessen werden häufig dort bevorzugt, wo Standardsoftware zum Einsatz kommen soll; mithilfe von Ablaufdiagrammen zeigen die Modelle, wie die Prozesse unter Einsatz von Standardsoftware ablaufen können. Schließlich beinhaltet der Rethink-Ansatz den völligen Neuentwurf von Geschäftsprozessen ohne Orientierung am Ist-Zustand; hierbei wird versucht, durchgehende Geschäftsprozessketten mit möglichst wenigen Schnittstellen zu definieren. Nicht vermeidbare Schnittstellen sind so zu gestalten, dass Material-, Daten- und Informationsflüsse ein Minimum an Reibungsverlusten aufweisen.

In Prozessketten sind grundsätzlich vier Typen von Prozessen enthalten: Bearbeiten, Prüfen, Transportieren, Puffern bzw. Lagern. Während das Bearbeiten einen wertschöpfenden Prozess darstellt, handelt es sich bei den Übrigen i.w. um Ressourcen verbrauchende Vorgänge; im Hinblick auf eine Prozessorganisation der betrieblichen Logistik sind daher zu unterscheiden:

- primäre, direkt wertschöpfende Prozesse, die zwar gestrafft und vereinfacht, aber nicht eliminiert werden können;

- sekundäre, indirekt wertschöpfende Prozesse (z.B. Qualitätsprüfung, Lagerung, Transport), deren Funktion und Beitrag zur Wertschöpfung analysiert werden muss und welche nicht nur gestrafft und vereinfacht, sondern potenziell auch substituiert oder eliminiert wurden können;

- nicht wertschöpfende Prozesse, die eliminiert werden sollten (z.B. das Weiterreichen von Auftragsunterlagen von Abteilung zu Abteilung bei funktionsorientierten Strukturen).

Zur Restrukturierung von Prozessketten ist dem Ist-Zustand ein Soll-Zustand gegenüberzustellen; Ziel dabei ist, eine Prozesskettenstruktur zu finden, welche ein Minimum an Schnittstellen enthält. Hierfür sind folgende Ansatzpunkte gegeben:

- Zusammenfassen (z.B. Komplettbearbeitung),
- Parallelisieren (z.B. mittels Simultaneous Engineering),
- Erweitern (Insourcing),
- Verkürzen (Outsourcing),
- Eliminieren (Technologische Diskussion),
- Vertauschen (Zeitpunkt in der Prozesskette, ab dem das Produkt kundenspezifisch gefertigt wird).

**Restrukturierung der Prozessketten durch Zusammenfassen, Parallelisieren, Erweitern, Verkürzen, Eliminieren oder Vertauschen**

### 2.5.5.4 Ausprägung einer Prozessorganisation

Folgendes Beispiel einer erfolgreichen Logistik-Reorganisation soll die Zusammenhänge verdeutlichen (vgl. ausführlich Mayer).

Ein mittelständisches Unternehmen stellt zum einen speziell entwickelte Komponenten für die Automobilindustrie her, zum anderen Standardkomponenten für Firmen der verschiedensten Branchen wie auch kundenspezifische Modifikationen in Klein- und Mittelserien. Der bisherige Ablauf der Kundenauftragsabwicklung ist in Abbildung 8 skizziert. Aufgrund der strukturimmanenten Vielzahl von Abteilungsschnittstellen waren Unterbrechungen des Bearbeitungsflusses mit entsprechenden Transport- und Liegezeiten, Rückfragen und Prozessschleifen an der Tagesordnung. Darüber hinaus wurden die Prozesse am kompliziertesten Fall ausgerichtet, um die Abläute zu vereinheitlichen; dies führte allerdings dazu, dass für vollständig geklärte Standardaufträge (immerhin 70 % der Fälle) dieser festgelegte Ablauf überflüssig war und lediglich Durchlaufzeit und Aufwand in den betrachteten Bereichen erhöhte.

Im Rahmen einer Prozessanalyse wurde festgestellt, dass 30 % der Kapazität der beteiligten Kostenstellen für nicht wertschöpfungserhöhende Aktivitäten vergeudet wurde. Bei jedem zweiten Auftrag traten Probleme mit der Verfügbarkeit von Eigen- und Fremdteilen auf; darüber hinaus wurden vom Vertrieb Aufträge angenommen, obwohl die verfügbare Kapazi-

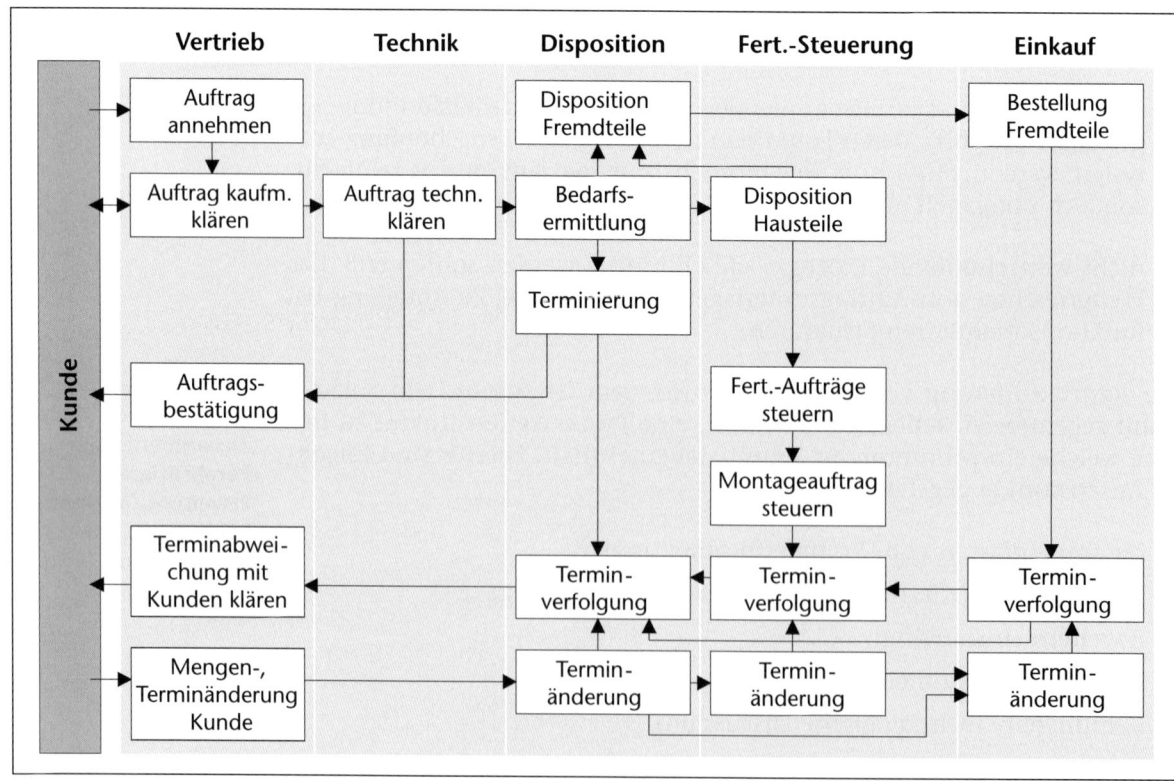

*Abb. 8: Traditionelle Form der Kundenauftragsabwicklung (vgl. Mayer)*

tät nicht ausreichend war. In Verbindung mit langen Durchlaufzeiten und Abstimmungsschleifen im Informationsprozess resultierten deutlich höhere Prozesskosten als die Benchmarks von Wettbewerbern.

Die vollständige Reorganisation der Prozesse und Strukturen führte zum Aufbau von separaten **Auftragsabwicklungszentren** als Profit Centers für die folgenden Marktsegmente:

- Großserien für die Automobilindustrie,
- Groß- und Kleinserien als Lagerartikel für den breiten Markt,
- kundenspezifische/auftragsbezogene Klein- und Mittelserien.

In den neu geschaffenen Auftragszentren wurden alle Aktivitäten von der Auftragsannahme über die Fertigungssteuerung bis hin zu Materialdisposition und Bestellung zusammengefasst (vgl. Abb. 9). Parallel dazu wurde auch in der Fertigung eine prozessorientierte Neustrukturierung durch-

**Auftragszentren als ein Instrument zur Umsetzung der Prozessorganisation**

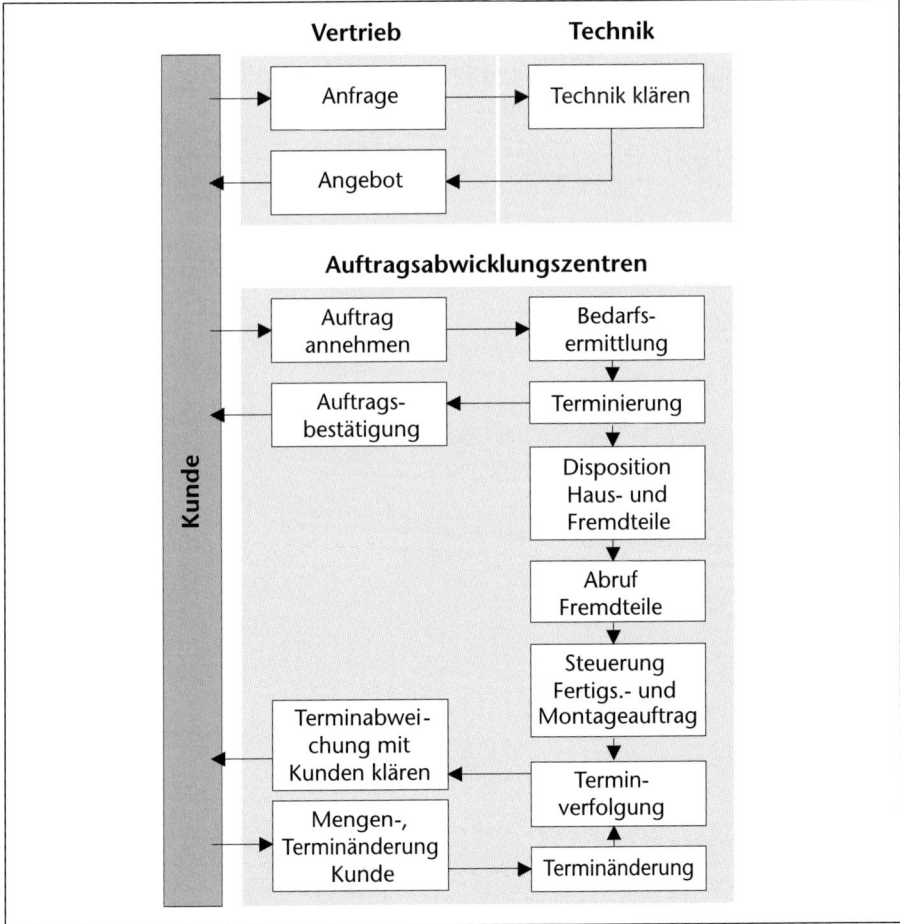

*Abb. 9: Prozessorientierte Aufgabenintegration bei Kundenauftragsabwicklung (vgl. Mayer)*

geführt. Ein Jahr nach der Neustrukturierung zeigten sich im Vergleich zur Ausgangssituation folgende Ergebnisse:

- Die Produktivität konnte um 15 % erhöht werden.
- Der Work-in-Process reduzierte sich um 40 %.
- Die Durchlaufzeit wurde halbiert.
- Die Termineinhaltung erhöhte sich von 75 % auf 95 % der Aufträge.
- Die Prozesskosten der Wettbewerber konnten unterschritten werden.

**Literaturempfehlungen**

*Weber, J.; Baumgarten, H. (Hrsg.):* Handbuch Logistik: Management von Material- und Warenflussprozessen. Stuttgart 1999.

*Mayer, R.:* Auftragsabwicklungszentren als Ergebnis radikaler Neugestaltung von Prozessen. Controller magazin, Nr. 1, 1966.

*Thaler, K.:* Supply Chain Management: Prozessoptimierung in der logistischen Kette. Köln 2003.

## 2.5.6 Lieferantenmanagement

*von Rainer Kämpf*

### 2.5.6.1 Wachsende Bedeutung der Beschaffung

Die Bedeutung der Beschaffung für ein Unternehmen hat sich über die Jahre hinweg stark verändert. Früher wurde dem Einkauf eher eine operative Funktion zugeschrieben. Aufgaben des Einkaufs waren es, Preisverhandlungen zu führen, Bestellungen durchzuführen, Lieferungen und Rechnungen zu prüfen sowie die Administration. Bei Vertragsverhandlungen mit Lieferanten spielte vor allem die Preisfrage eine Rolle. Aber die eigentliche Bedeutung innerhalb der gesamten Wertschöpfungskette wurde verkannt.

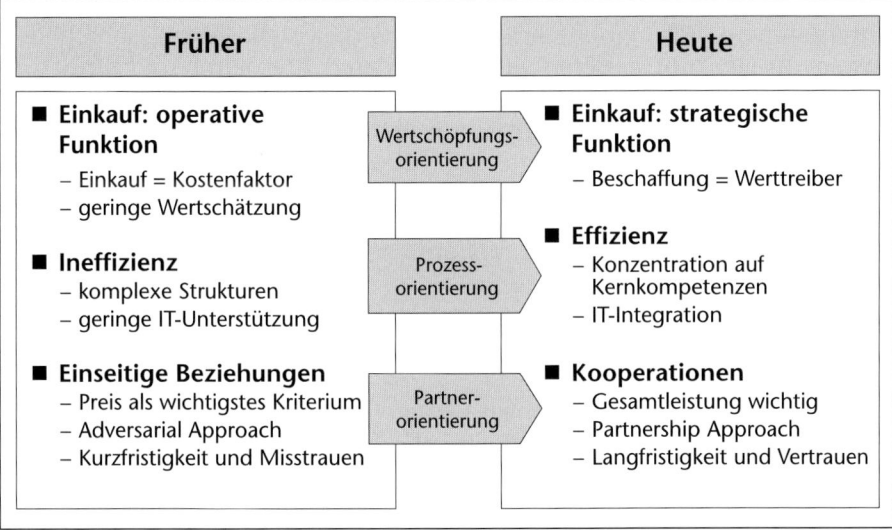

Abb. 1: Wachsende Bedeutung der Beschaffung

Heute sind die Unternehmen bestrebt, ihre internen Leistungsketten zu optimieren. Der Begriff Supply Chain Management beschreibt die Verbesserung des Material- und Informationsflusses zwischen allen Teilnehmern innerhalb der Wertschöpfungskette eines Unternehmens. Erstes Kettenglied ist der Einkauf und somit der Werttreiber für das ganze Unternehmen. Somit ist das eigene Leistungsverhältnis eines Unternehmens direkt abhängig von der Einkaufsleistung. In Einkaufsabteilungen wird zwar häufig versucht, Einkaufsleistungen zu verbessern, jedoch häufig erst bei auftretenden Schwierigkeiten bezüglich Qualität, Konditionen oder Terminen. Das bedeutet, dass nur dann auch ein Wettbewerbsvorteil gegenüber Konkurrenten erreicht werden kann, wenn mit den besten Lieferanten zusammengearbeitet wird.

Heutzutage wird es schwieriger und wichtiger, geeignete Lieferanten auszuwählen, denn durch die Globalisierung der Märkte hat sich die Anzahl potenzieller Zulieferer sehr stark vergrößert.

**Auch der Lieferant trägt zur Qualität bei**

Viele Betriebe arbeiten heute mit produktionssynchronen Beschaffungskonzepten, d.h. es wird versucht, Lagerbestände möglichst zu minimieren, indem »die Lieferungen erst in dem Moment erfolgen, in dem die eigene Leistungserbringung diese benötigt«. Man spricht bei diesen Konzepten auch häufig von Just-in-Time (JIT)-Lieferungen. Ähnlich verhält es sich mit dem verbreiteten Konzept des Outsourcings, wenn z.B. einzelne Fertigungsabläufe von externen Dienstleistern übernommen werden. Der Lieferant muss hinsichtlich Qualität, Liefertermin und -menge kurz-, mittel- und langfristig ein verlässlicher Partner des Kunden sein. Dazu ist es notwendig, alle Abnehmer-Lieferanten-Beziehungen zu gestalten, zu lenken und zu entwickeln. Diese Aufgabenstellung wird unter dem Begriff Lieferantenmanagement zusammengefasst.

*Produktionsmanagement ist auch Lieferantenmanagement*

Ein erfolgreiches Lieferantenmanagement bringt in finanzieller Hinsicht zwei wesentliche Vorteile mit sich. Zum einen können Kostenvorteile erreicht werden, denn der Einkauf beeinflusst bis zu 60 % der Kosten eines Unternehmens. Als logische Konsequenz wirken sich die angesprochenen Kostenvorteile zum anderen direkt auf den Unternehmensgewinn und damit auch auf die Rentabilität eines Unternehmens aus. Die Unternehmensberatung Bain & Company untersuchte diese Auswirkungen auf Gewinn und Rentabilität. Es zeigte sich, dass bei einer Einsparung im Einkauf von nur einem Prozentpunkt in der Konsumgüterbranche ein Gewinnpotenzial von bis zu 4 % und im Handel sogar von bis zu 37 % besteht (gemessen nach EBIT = Earnings Before Interests and Tax).

### 2.5.6.2 Der Prozess des Lieferantenmanagements

Das Lieferantenmanagement spielt heute eine zentrale Rolle innerhalb des Beschaffungsprozesses und umfasst alle Schritte von der Identifikation potenzieller Lieferanten über die Bewertung der Lieferanten bis hin zur Kontrolle und Steuerung der Lieferanten-Abnehmer-Beziehung. Von großer Bedeutung sind hierbei der Austausch und das Management von Informationen zwischen den Phasen des Beschaffungs- und Lieferantenmanagements. Zum Beispiel müssen zur Identifikation neuer oder vorhandener Lieferanten neben Informationen über die Bedarfs- und Beschaffungssituation auch Daten durch die Beschaffungsmarktforschung oder durch interne Informationsquellen bereitgestellt werden. Umgekehrt können die Daten, die im Rahmen des Lieferantenmanagements gewonnen werden, als Informations- und Ausgangsbasis für einzelne Aktivitäten in der Beschaffungsmarktforschung dienen.

Der Prozess des Lieferantenmanagements als Weiterentwicklung der traditionellen Beschaffung ist heute zunehmend von wettbewerbsentscheidender Bedeutung. Ziel eines optimalen Lieferantenmanagements ist es, bei minimalen Beschaffungskosten und hoher Beschaffungseffizienz eine langfristige Versorgungssicherheit zu gewährleisten. Diese angestrebte Kombination aus Kostenführerschaft und Differenzierungsstrategie setzt das konsequente Ausnutzen von Kostenvorteilen bzw. Kosteneinsparpotenzialen voraus sowie eine hohe Innovationsfähigkeit und die Definition von Qualitäts- und Zeitzielen.

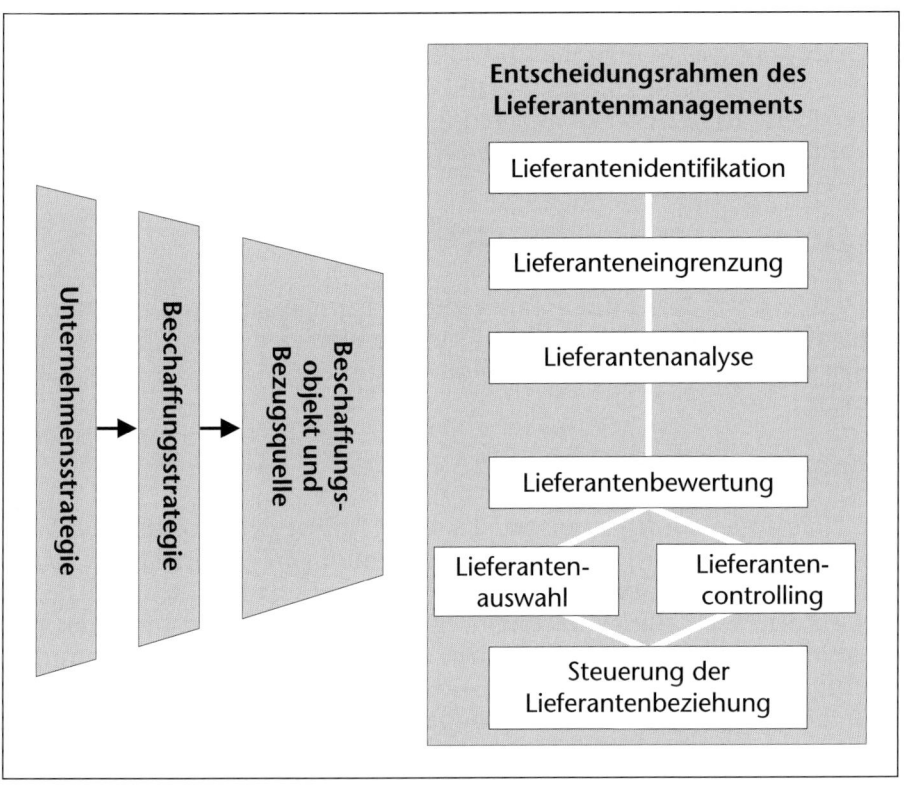

Abb. 2: Der Prozess des Beschaffungs- und Lieferantenmanagement
(Quelle: Janker, 2004)

### 2.5.6.3 Die Beschaffungsstrategie

Zentrales Steuerungsinstrument des Lieferantenmanagements ist die Beschaffungsstrategie, welche wiederum von der übergeordneten Unternehmensstrategie des jeweiligen Unternehmens geprägt ist. Je nach Größe und Philosophie des Unternehmens wird eine individuell auf das Unternehmen zugeschnittene Beschaffungsstrategie entwickelt, mit der im Anschluss alle Aktivitäten im Rahmen des Lieferantenmanagements, wie z.B. die Definition der zu beschaffenden Objekte sowie deren Bezugsquellen, abgestimmt werden.

Die Beschaffungsstrategie entscheidet über Multiple oder Single Sourcing, d.h. ob ein bestimmtes Objekt nur von einem oder von verschiedenen Lieferanten bezogen werden soll und bestimmt die Leistungs- und Wertschöpfungstiefe eines Unternehmens, d.h. evaluiert die Frage, ob ein für die Produktion benötigtes Teil selbst gefertigt, oder eingekauft werden soll (make-or-buy).

**Beschaffungsstrategie wird in die Unternehmensstrategie integriert**

Somit ist die Beschaffungsstrategie zwar kein aktives Element des Lieferantenmanagements, hat jedoch maßgeblichen Einfluss auf alle zu fällenden Entscheidungen und wird zur Steuerung durch den Einkauf vorgegeben.

Wenn z.B. die Senkung von Materialkosten das oberste Ziel eines Beschaffungsvorgangs ist, werden die Auswahl- und Bewertungskriterien der Lieferanten entsprechend angepasst und gewichtet, d.h. es kommt dem Kriterium »Preis« in Relation zu anderen Bewertungskriterien wie etwa »Qualität« und »Lieferservice« eine entsprechend größere Bedeutung zu.

#### 2.5.6.4 Die sieben Prozessstufen

Der Prozess des Lieferantenmanagements kann in sieben Unterprozesse gegliedert werden, welche teilweise ineinander greifen. In ihrer Summe bilden diese Prozesse den Entscheidungsrahmen des Lieferantenmanagements.

**Stufe 1: Lieferantenidentifikation**

Die Lieferantenidentifikation ist der erste Schritt des Prozesses und beschäftigt sich mit der Frage: Welche Lieferanten gibt es überhaupt? Ausgehend von einem konkreten Bedarf werden alle Hersteller identifiziert, die dem in der Beschaffungsstrategie festgelegten Anforderungsprofil des Unternehmens entsprechen und das benötigte Objekt auf dem Beschaffungsmarkt anbieten. Die Suche nach Unternehmen, die das gewünschte Produkt herstellen oder herstellen können, kann durch die Anlegung und Nutzung von Technologie- oder Lieferantendatenbanken unterstützt werden. Bei Spezialprodukten ist es sinnvoll, die Suche auf Anbieter von ähnlichen Produkten zu erweitern. Zusammen mit der Lieferanteneingrenzung bildet die Lieferantenidentifikation die Lieferantenvorauswahl.

**Stufe 2: Lieferanteneingrenzung**

*Durch Eingrenzung Übersichtlichkeit schaffen*

Welche der identifizierten Anbieter kommen als Lieferanten für das Unternehmen in Frage bzw. scheiden aus? Mit Lieferanteneingrenzung wird der Teilprozess bezeichnet, bei dem aus der Menge der potenziellen Zulieferunternehmen diejenigen ausgewählt werden, die den Preis- und Leistungsanforderungen des beschaffenden Unternehmens entsprechen. Da es dem beschaffenden Unternehmen in der Regel nicht möglich ist, alle potenziellen Anbieter auf dem Beschaffungsmarkt zu bewerten, ist eine Eingrenzung auf einige wenige notwendig. Zur Eingrenzung werden Informationen aus der Beschaffungsmarktforschung herangezogen. Bewährte Methoden der Lieferantenein- bzw. -ausgrenzung sind die Ermittlung von K.o.-Kriterien, Lieferantenfragebögen sowie Zertifikate und Auszeichnungen. Ausgrenzungskriterien können Ansprüche an die Qualität der Produkte sein, aber auch andere Faktoren wie Ansprüche an eine umweltgerechte Produktion, oder der Wunsch, dass der Lieferant aus derselben Region wie der Abnehmer kommen soll, können eine Rolle spielen.

**Stufe 3: Lieferantenanalyse**

*Den besten Lieferanten identifizieren*

Ziel der Lieferantenanalyse ist es, die am besten geeigneten Lieferanten für das beschaffende Unternehmen zu bestimmen. Sie beschäftigt sich mit der Frage: Wie sind die zur Entscheidung relevanten Merkmale bei den verbleibenden, in Frage kommenden Lieferanten ausgeprägt? Hierzu werden die Ergebnisse aus der Lieferantenvorauswahl zusammengetragen und strukturiert. Neben der Untersuchung der wirtschaftlichen, ökologischen und technischen Leistungsfähigkeit der Zulieferer anhand von Daten und Bilanzkennzahlen sollte hierbei auch die zukünftige Beziehung zwischen Lieferant und Abnehmer beleuchtet werden, um sich möglicherweise ergebende wechselseitige Abhängigkeiten und Konkurrenzbelieferungen frühzeitig zu erkennen und in die Bewertung mit einfließen lassen zu können. Entscheidungsrelevante Kriterien in der Lieferantenanalyse sind z.B. Preis, Lieferqualität, Lieferzeit, Lieferflexibilität und Servicegrad.

**Stufe 4: Lieferantenbewertung**

Unter Lieferantenbewertung versteht man die systematische, umfassende Beurteilung der Leistungsfähigkeit bereits ausgewählter Lieferanten. Steigende Qualitätsanforderungen sowie der Trend hin zur Lieferantenintegration machen eine fundierte Lieferantenbewertung heute unentbehrlich. Die Lieferantenbewertung gibt Antworten auf die Frage: Inwieweit werden die einzelnen Anforderungen von den in Frage kommenden Lieferanten erfüllt? Und: Bewertet die Leistungsfähigkeit der einzelnen Anbieter aufbauend auf den Ergebnissen der Lieferantenanalyse? Ziel der Lieferantenbewertung ist neben der Sicherstellung leistungsfähiger Lieferquellen die Steuerung der Lieferantenbeziehung, die Pflege und Entwicklung der Lieferantenbeziehung, die objektive und transparente Gestaltung des Entschei-

*Die Qualitäten der Lieferanten bewerten*

- **Lieferantenidentifikation**
  - »Wer liefert was?«, Gelbe Seiten
  - Technologie- und Lieferantendatenbanken

- **Lieferanteneingrenzung**
  - K.o.-Kriterien
  - Lieferantenfragebögen
  - Zertifikate und Auszeichnungen

  } Lieferantenvorauswahl

- **Lieferantenanalyse**
  - erste grobe Beurteilung der Leistungsfähigkeit
  - wirtschaftlich, technologisch, ökologisch

- **Lieferantenbewertung**
  »Die systematische, umfassende Beurteilung der Leistungsfähigkeit bereits ausgewählter Lieferanten«
  - nur bei strategisch wichtigen Lieferanten
  - Bewertungskriterien: möglichst viele, quantitative und qualitative
  - regelmäßig, min. 1-mal jährlich
  - Einbindung des Lieferanten (Transparenz)

*Abb. 3: Prozessstufen des Lieferantenmanagements 1–4*

dungsprozesses sowie die Erhaltung und Stärkung der eigenen Wettbewerbsfähigkeit.

Für die Bewertung der Leistungsfähigkeit eines Lieferanten müssen Verfahren herangezogen werden, die für jede Entscheidungssituation aussagekräftige Ergebnisse liefern können. Auf die einzelnen Verfahren wird später noch detaillierter eingegangen werden. Wichtig ist, dass möglichst viele Bewertungskriterien verarbeitet und sowohl quantitativ messbare als auch qualitative Kriterien berücksichtigt werden. Es werden sieben Hauptbewertungskriterien unterschieden, die noch näher erläutert werden.

Bewertet werden müssen vor allem strategisch wichtige Lieferanten und solche mit hohem Optimierungspotenzial. Im Idealfall sollte die Bewertung mindestens einmal jährlich erfolgen und die Ergebnisse gemeinsam mit dem Lieferanten besprochen werden.

### Stufe 5: Lieferantenauswahl

*Nicht nur nach Kostenkriterien den Lieferanten auswählen*

Mit der Lieferantenauswahl wird der Entscheidungsprozess abgeschlossen. Im Rahmen einer strategischen Lieferantenauswahl werden Erfolgspotenziale für das Unternehmen ermittelt und das optimale Portfolio an Zuliefererfirmen zusammengestellt. Anschließend werden mittels der operativen Lieferantenauswahl an diesen Lieferantenkreis konkrete Aufträge über bestimmte Beschaffungsobjekte vergeben. Bei der Auswahl der Lieferanten sollten sowohl die Ergebnisse der Lieferantenbewertung als auch die in der Lieferantenanalyse beschriebene Beziehung zwischen Lieferant und Abnehmer in die Entscheidungsfindung einbezogen werden.

### Stufe 6: Lieferantencontrolling

*Die Qualität des Lieferanten sicherstellen*

Mit Lieferantencontrolling wird die fortlaufende Überprüfung und Überwachung der Leistungserfüllung der Lieferanten bezeichnet. In regelmäßigen Abständen wird überprüft, ob die als positiv bewerteten Merkmalsausprägungen der ausgewählten Lieferanten auch laufend, d.h. während der Dauer der Lieferbeziehung, erfüllt werden. Im Voraus werden die zu erreichende Ziele hinsichtlich der oben genannten Bewertungskriterien festgelegt sowie die Prozesse und Kompetenzen definiert. Bei Nichterreichung der Zielvorgaben ist der Lieferant entweder dazu angehalten, seine Unternehmensprozesse zu optimieren oder der Abnehmer trennt sich von dem Lieferanten. In diesem Fall beginnt der Prozess des Lieferantenmanagements von vorn mit der Lieferantenidentifikation (Suche nach »Ersatz«) und andere Zulieferfirmen erhalten die Chance auf eine zukünftige Zusammenarbeit mit dem Unternehmen.

Zum Aufgabenspektrum des Lieferantencontrollings gehört auch die Wareneingangsprüfung sowie die Sammlung und Bereitstellung von lieferantenspezifischen Informationen und damit die Schaffung einer Informationsbasis für künftige Auswahlentscheidungen. Da der Controllingaufwand sehr kostenintensiv ist, können nicht alle Lieferanten mit der gleichen Intensität überwacht werden. Eine Lösung bietet die Lieferantenstrukturanalyse, mit deren Hilfe sich die Zulieferer nach Wichtigkeit und damit Aufwand einteilen lassen.

**Stufe 7: Die Steuerung der Lieferantenbeziehung**

Wie kann man erreichen, dass sich die Lieferanten bemühen, in Zukunft den Anforderungen noch besser zu entsprechen? Ziel aller Aktivitäten im Lieferantenmanagement ist eine Steigerung der Leistung der Lieferbeziehungen bei gleichzeitiger Senkung der Beschaffungskosten. Die Lieferantenauswahl und das Lieferantencontrolling sind die beiden Hauptkomponenten zur Steuerung der Lieferantenbeziehung.

**Gute Beziehungen schaffen**

Um die Leistungsstruktur seines Lieferantenstammes fortwährend zu optimieren und den sich ändernden Bedingungen anzupassen, sollte das abnehmende Unternehmen bestrebt sein, die Leistungsfähigkeit seiner Zulieferer durch gezielte Steuerungsmaßnahmen zu beeinflussen. Damit diese Steuerungsmaßnahmen auch zum gewünschten Erfolg führen, ist es auf die Kooperation der Lieferanten und auf deren Akzeptanz hinsichtlich der Art und Weise der Leistungserfassung angewiesen. Hierbei gelten drei Grundregeln:

1. Die Kriterien und Verfahren der Lieferantenbewertung sollten allen Lieferanten bekannt sein (Transparenz).

2. Jeder Lieferant sollte neben seinen eigenen auch die Ergebnisse der Zulieferkonkurrenz erhalten (ermöglicht den Zulieferern einen Leistungsvergleich im Sinne eines Benchmarkings).

- **Lieferantenauswahl**
  - strategisch: Ermittlung von Erfolgspotenzialen u. Zusammenstellung eines optimalen Lieferantenportfolios
  - operativ: konkrete Vergabe von Aufträgen

- **Lieferantencontrolling**
  »Die fortlaufende Überprüfung und Überwachung der Leistungserfüllung der Lieferanten«
  - im Voraus: Zielevereinbarung
  - regelmäßige Kontrolle: Ziele erreicht?
    - **Konsequenzen bei Nichterreichung**
    - Optimierung
    - Ausphasen

- **Steuerung der Lieferantenbeziehung**
  »Gezielte Steuerung der Leistungsfähigkeit der Lieferanten«
  - 3 Grundregeln: Transparenz, Benchmarking, Lieferantenleitfaden

*Abb. 4: Prozessstufen des Lieferantenmanagements 5–7*

3. Das Anforderungsprofil, welches an den Zulieferer gestellt wird, sowie die Qualitätsrichtlinien des Abnehmers sollten in einem Lieferantenleitfaden schriftlich ausformuliert werden.

#### 2.5.6.5 Die Bildung von geeigneten Lieferantenklassen

*Nach welchen Merkmalen werden die Lieferanten klassifiziert?*

Aufgrund der oben bereits angesprochenen Kostenintensität der Lieferantenbewertung und des Lieferantencontrollings ist es sinnvoll, die Lieferanten ihrer Bedeutung für den Abnehmer nach in eine Rangfolge zu bringen. Es gilt, Schwerpunkte zu bilden und nur solche Lieferanten einem intensiven Lieferantenmanagement zu unterziehen, die für den eigenen Unternehmenserfolg eine entscheidende Rolle spielen. Hierbei angewandte Methoden werden im Folgenden kurz erläutert.

1. **Die ABC-Analyse**

In der Betriebswirtschaft ist die ABC-Analyse ein traditionelles Verfahren zur Bestimmung der Wichtigkeit eines Objektes. Mit ihrer Hilfe ist es möglich, ein realistisches Bild der Ist-Situation zu erstellen, welches das Verhältnis von Aufwand und Ertrag widerspiegelt. Die ABC-Analyse hilft, Wesentliches von Unwesentlichem zu trennen, Rationalisierungsschwerpunkte zu erkennen, die Wirtschaftlichkeit zu steigern und wichtige Entscheidungen zu untermauern.

Bei der ABC-Analyse im Lieferantenmanagement ist der prozentuale Anteil am gesamten Einkaufsvolumen entscheidend für die Klassifizierung der Zuliefererunternehmen in A- B- und C-Lieferanten:

- **A-Lieferanten:** A-Lieferanten gelten als die wichtigsten, weil umsatzstärksten Lieferanten. Aufgrund ihres hohen Anteils am Gesamteinkaufsvolumen müssen sie bevorzugt behandelt werde. Die Beziehung zwischen Hersteller und Lieferant ist meist sehr eng. Alle Systemlieferanten fallen in diese Kategorie, da sie dem weiterverarbeitenden Unternehmen oft durch Übernahme von zusätzlichen Aufgaben einen besonders großen Nutzen bringen. Nach dem »Pareto-Prinzip« werden idealerweise mit nur 20 % der Lieferanten 80 % des Umsatzes erzielt.

- **B-Lieferanten:** Ca. 20 % bis 30 % der Zulieferer eines Unternehmens entfallen auf diese Klasse. B-Lieferanten zeichnen sich durch eine mittlere Wichtigkeit für das abnehmende Unternehmen und mittlere Umsatzstärke aus. Die Beziehung zwischen Abnehmer und Lieferant ist hier weniger intensiv als zwischen Geschäftspartnern der A-Gruppe. Der Anteil der B-Lieferanten am gesamten Einkaufsumsatz liegt in der Regel zwischen 10 % und 25 %.

- **C-Lieferanten:** Die Gruppe der C-Lieferanten ist die mengenmäßig stärkste Fraktion. In Klasse C sind 70 % bis 80 % der Zulieferer enthalten. Entsprechend gering ist der Umsatz, den sie generieren, welcher nur bei etwa 5–15 % am Gesamteinkaufsvolumen liegt. Aufgrund des niedrigen Umsatzbeitrags gilt es, die Zahl an C-Lieferanten möglichst gering zu halten und die Beziehungen zu ihnen kostenarm zu gestalten.

| Kategorie | Wertanteil (Eigenumsatz) | Mengenanteil (Zahl der Lieferanten) |
|---|---|---|
| A-Gruppe | ca. 60–85 % | ca. 10–20 % |
| B-Gruppe | ca. 10–25 % | ca. 20–30 % |
| C-Gruppe | ca. 5–15 % | ca. 70–80 % |

Abb. 5: *Idealtypische Verteilung der Lieferanten bei der ABC-Analyse*
(Quelle: Optimales Lieferantenmanagement)

Die grafische Auswertung der ABC-Analyse ergibt die Lorenzkurve:

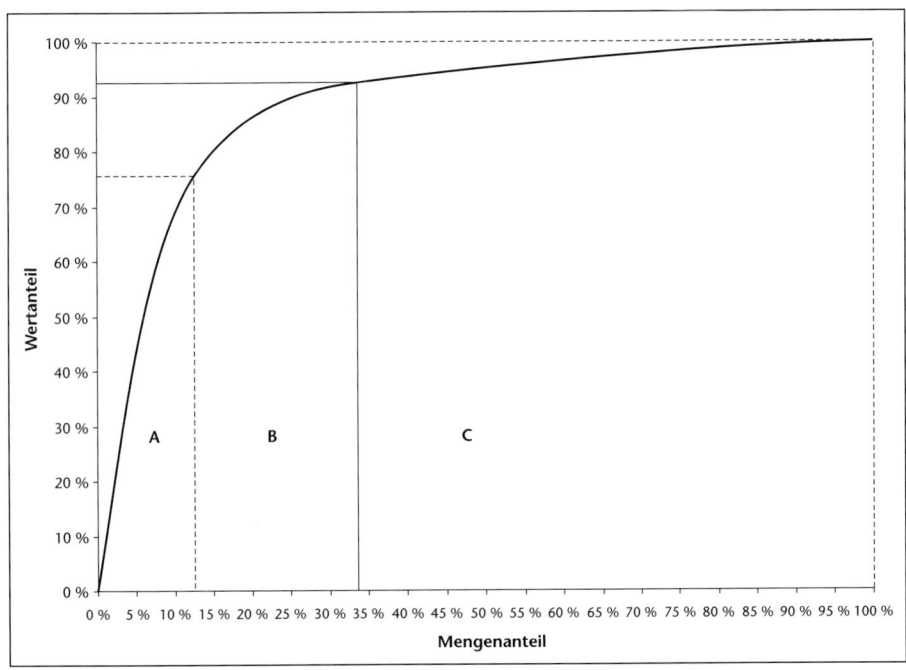

Abb. 6: *Grafische Darstellung der ABC-Analyse: Lorenzkurve*
(Quelle: Optimales Lieferantenmanagement)

## 2. Die Wertigkeits-Risiko-Matrix

Zusätzlich zur ABC-Analyse, welche ausschließlich die Wertigkeit eines Lieferanten ermittelt, kann es sinnvoll sein, bei der Klassifizierung der Zulieferer zusätzlich die Höhe des Einkaufs- bzw. Versorgungsrisikos zu berücksichtigen. Versorgungsrisiken sind zum Beispiel regelmäßige Verspätungen oder extrem lange Lieferzeiten. Lieferanten gelten immer dann als risikoreich, wenn sie zu einem bestimmten Zeitpunkt einziger Anbieter am Beschaffungsmarkt sind und es für sie keine Alternative gibt. Das Einkaufsrisiko ist immer dann gering, wenn es viele vergleichbare Anbieter für ein

**Risiko beurteilen**

Produkt gibt und so ein natürlicher Wettbewerb unter den Lieferanten besteht.

Mithilfe der Wertigkeits-Risiko-Matrix wird der Lieferantenkreis in »Potenzial-, Wagnis-, Standard- und Flaschenhalslieferanten« eingeteilt. Die Matrix zeigt, dass ein A-Lieferant, der einen hohen Gewinneinfluss (=Wertigkeit) hat, gleichzeitig ein Wagnis-Lieferant sein kann, wenn das Risiko, bei ihm einzukaufen, als hoch eingeschätzt wird. In diesem Fall wird eine vertikale Zusammenarbeit mit dem Lieferanten empfohlen, welche durch längerfristige Verträge abgesichert ist. Favorisiert wird der Potenzial-Lieferant, der sich neben einem hohen Gewinneinfluss durch ein niedriges Risiko auszeichnet. Hier sind viele leistungsfähige Anbieter auf dem Markt und es gilt, Marktpotenziale systematisch auszuschöpfen. Dieses Ausnutzen der Nachfragemacht und die Stimulierung des Wettbewerbs werden als aktives Beschaffungsmarketing bezeichnet. Effizient abgewickelt werden sollten Bestellungen von Normteilen beim Standard-Lieferanten, welcher sich durch geringes Versorgungsrisiko, sowie geringen Einfluss auf den Gewinn auszeichnet. Das Versorgungsrisiko bei Flaschenhals-Lieferanten kann durch Lagerhaltung abgefangen werden. Dieses Mittel ist hier angesichts der niedrigen Wertigkeit der Güter (= geringe Kapitalbindung) zu vertreten. So kann diese Klassifizierungsmethode dem Einkäufer als strategischer Handlungsleitfaden dienen und ihm helfen, effizienter und zielgerichteter zu agieren.

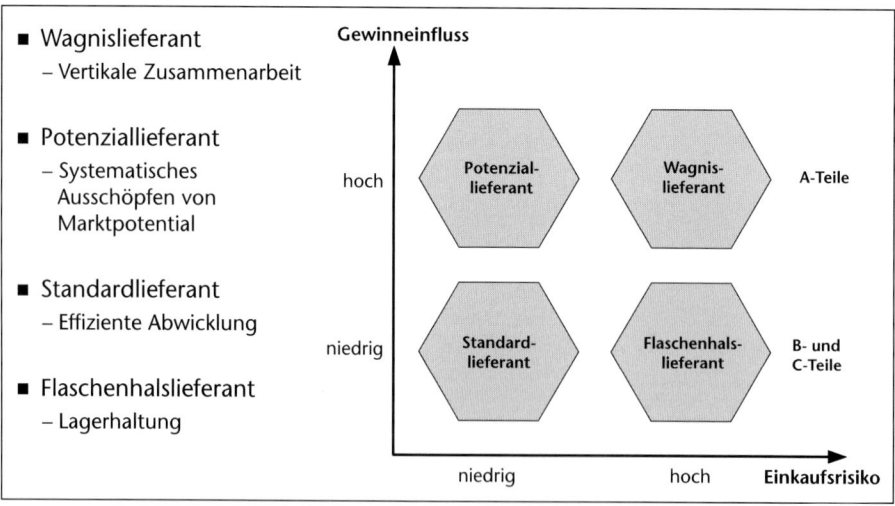

Abb. 7: Wertigkeits-Risiko-Matrix
(Quelle: in Anlehnung an Holtmann, 2002 und Arnold, 1995)

### 2.5.6.6 Kriterien der Lieferantenbewertung

Die Bedeutung des Lieferantenmanagements wurde zu Anfang schon diskutiert. Zentraler Aspekt des kompletten Prozesses des Lieferantenmanagements ist die Lieferantenbewertung, wobei in der Literatur auch häufig von Lieferantenrating gesprochen wird. Der Begriff Rating drückt noch deutlicher aus, dass es um eine »objektive Bewertung und Klassifizierung geht, an welche die Vergabe einer Note geknüpft ist«.

In der jüngeren Vergangenheit, vor allem mit der Diskussion um Basel II, tauchte der Begriff Rating meist in Zusammenhang mit der Kreditwürdigkeit von Unternehmen und der Bonität von Schuldnern auf.

**Auch für Lieferantenqualität gibt es ein Rating**

In Bezug auf das Lieferantenmanagement bedeutet der Begriff allerdings die kritische, strukturierte und regelmäßige Überprüfung und Bewertung bestehender und potenzieller Lieferanten unter Betrachtung verschiedener Kriterien. Unterschiedliche Voraussetzungen müssen dabei von diesen Kriterien erfüllt werden. Zum Ersten dürfen keine Lieferanten bevorzugt behandelt werden, sondern für alle müssen gleiche Regeln gelten. Des Weiteren müssen die Kriterien transparent und vor allem auch nachvollziehbar sein. Außerdem muss festgelegt werden, dass gewisse K.o.-Kriterien nicht durch andere Kriterien kompensiert werden können. Zuletzt sollen die Kriterien die Kooperation zwischen Lieferant und Abnehmer fördern und zu Verbesserungen führen und deshalb von beiden Seiten akzeptiert werden und nicht ein Instrument der Machtdemonstration darstellen.

Ein weiterer Aspekt, der bei der Aufstellung eines Kriterienkataloges zu beachten ist, ist die Anzahl an eingesetzten Kriterien. Falls der Zulieferer auf zu wenige Kriterien untersucht wird, läuft man automatisch Gefahr, dass Eigenschaften des Lieferanten, im positiven wie im negativen Sinne, verdeckt werden können und man kein aufschlussreiches Bild erhält. Auf der anderen Seite bereitet die Verwendung von zu vielen Kriterien Schwierigkeiten bei der Informationsbeschaffung und verursacht zudem hohe Kosten. Deshalb sollte von Anfang an bei der Erstellung eines Kriterienkataloges die Möglichkeit der Informationsbeschaffung berücksichtigt werden.

Ein weiterer Punkt, der beachtet werden sollte, ist die Korrelation von Kriterien. Zwei oder auch mehrere Kriterien können sich untereinander beeinflussen, sodass sie möglicherweise mehrfach gewichtet werden.

Meist sind in der Praxis die Parameter Preis, Qualität und Lieferservice von vorrangiger Bedeutung. Sie bilden jedoch nur einige eines umfassenden Katalogs verschiedener Kriterien, die im Folgenden näher betrachtet werden sollen.

**Rating umfasst mehr als Preis, Qualität und Lieferservice**

Für alle Kriterien gilt, dass man sie in subjektive und objektive Kriterien unterteilen kann. Als Beispiel eines objektiven Kriteriums ist der Durchschnittspreis eines zu beschaffenden Teiles zu nennen. Schwieriger verhält es sich zum Beispiel mit der zukünftigen Kooperationsfähigkeit des Lieferanten. In diesem Fall ist die Bewertung viel stärker subjektiv gefärbt, da eine genaue Vorhersage nicht getroffen werden kann.

Es ist zu beachten, dass für subjektive Kriterien mehrere verantwortliche Personen zur Bewertung des Lieferanten eingesetzt werden sollten, um möglichst viele Meinungen zu erhalten. Hierzu sollte ein Team zusammengestellt werden, das möglichst aus verschiedenen Bereichen im Unter-

**Bei subjektiven Kriterien mehrere Meinungen hören**

nehmen besteht, d.h. Mitarbeiter aus dem Einkauf, der Fertigungsplanung, der Produktion, und dem Qualitätsmanagement etc. sollten integriert werden.

| Preis | ■ Listenpreis vs. Nettopreis<br>■ Konditionenmodelle:<br>– Funktionsrabatte<br>– Mengenrabatte<br>– Lieferbedingungen<br>– Zahlungsbedingungen<br>■ Folgekosten |
|---|---|
| Qualität | ■ Vergleich von angebotener und erbrachter Leistung<br>■ Qualität hat direkten Einfluss auf:<br>– Kostenminimierung<br>– Kundenempfinden des Endprodukts<br>– Absatzchancen des Endprodukts |
| Lieferservice | ■ Anforderungen an Lieferanten:<br>– Lieferzuverlässigkeit<br>– Lieferzeit<br>– Lieferhäufigkeit<br>– Flexibilität<br>■ hohe Bedeutung von Lieferservice bei produktionssynchronem Beschaffungssystem<br>■ bei Lieferant erhöhte Kosten und Kapitalbindung |

*Abb. 8: Produktbezogene Kriterien der Lieferantenbewertung*

■ **Preis**

Wie bereits ausgeführt, spielte in der Vergangenheit, aber auch heute noch, im Einkauf der Einkaufspreis die vorwiegende Rolle bei der Auswahl von Lieferanten.

Um Preise verschiedener Lieferanten vergleichbar machen zu können, darf man sich nicht auf den Listenpreis beschränken. Denn kaum ein Unternehmen kauft in der Praxis Waren oder Dienstleistungen zu Listenpreisen ein. Vielmehr wird in den meisten Fällen eine Preisreduzierung durch besondere Rabatte oder Konditionen erreicht, die den letztendlichen Einkaufspreis ergeben.

Solche Rabatte oder Konditionen können in verschiedenen Arten auftreten. Bei Funktionsrabatten werden dem Abnehmer der Waren Preisreduzierungen dafür gewährt, dass er bestimmte Funktionen wie z.B. Barzahlung oder Selbstabholung übernimmt.

Sehr verbreitet sind ebenfalls Mengenrabatte, die aufgrund der Abnahme von großen Mengen bei einem bestimmten Auftrag oder mehreren Aufträgen über eine Zeitperiode hinweg ausgesprochen werden. Ziel des Lieferanten ist es, Stammkunden zu gewinnen, die langfristig mit ihm planen.

Auch Lieferbedingungen können einen starken Einfluss auf den Einkaufspreis haben. Denn hier entscheidet es sich, auf welche Art die Ware geliefert wird und wer für die Transport- und Versicherungskosten aufzukommen hat. Diese Eigenschaften werden für gewöhnlich vertraglich zwischen Lieferant und Abnehmer in den Incoterms (International Commercial Terms) geregelt.

Neben dem Einkaufspreis spielen für viele Einkäufer auch die Zahlungsbedingungen eine wesentliche Rolle. Bei einer angespannten Liquiditätslage in einem Unternehmen mag der Kauf auf Zahlungsziel besonders positiv bewertet werden, um die finanzielle Notlage zu überbrücken. Dem entgegen kann ein liquides Unternehmen durch schnelle Überweisung oder gar Barzahlung der Waren eine Preisreduzierung durch Skontokonditionen erhalten.

Anhand der eben aufgezeigten Konditionen und Rabatte kann der letztendliche Netto-Preis von einer Ware oder Dienstleistung errechnet werden, zu dem sie vom Lieferanten eingekauft wird. Abbildung 9 stellt ein Beispiel einer solchen Nettopreiskalkulation für ein Kleinprodukt mit einem Brutto-Listenpreis von 4 Euro dar.

|  | Konditionen in Prozent | Preiskalkulation in Euro | Prozent vom Bruttopreis |
|---|---|---|---|
| **Bruttopreis** |  | 4,00 | 100,00 |
| – Mehrwertsteuer | 16,00 | 0,64 |  |
| **= Nettopreis** |  | 3,36 | 84,00 |
| – Skonto | 3,00 | 0,10 |  |
| – Mengenrabatt | 3,50 | 0,12 |  |
| – Frühbezugsrabatt | 1,25 | 0,04 |  |
| – Gewährleistungsbonus | 1,00 | 0,03 |  |
| **= Netto-Netto-Preis** |  | 3,07 | 77,00 |

*Abb. 9: Beispiel Nettopreiskalkulation*
  *(Quelle: In Anlehnung an Disselkamp, 2004)*

Bei der Betrachtung des Beispiels fällt auf, dass der Netto-Netto-Preis auf verschiedene Arten berechnet werden kann. In diesem Beispiel wurden die Rabatte jeweils auf den Nettopreis bezogen. Bei großem Geschick eines Einkäufers könnte jedoch auch erreicht werden, dass die Rabatte jeweils auf den Bruttopreis bezogen werden, sodass eine größere Preisreduktion erreicht wird.

## 2.5 Unternehmensübergreifende Organisationsformen

**Nettopreise sind nicht die einzigen Kosten**

Die Errechnung des Nettopreises an sich ist jedoch noch nicht aufschlussreich genug. Denn neben den reinen Einkaufspreisen können noch weitere nicht unerhebliche Kosten in der Folge auftreten.

Solche Folgekosten können beispielsweise durch die Administration von sehr komplexen Konditionenmodellen entstehen, da sehr viel Zeit für die Bestellung, die Rechnungsprüfung sowie die Erstellung von Statistiken und ähnlichem aufgewendet werden muss. Einzelne Konditionen klingen möglicherweise verlockend, produzieren jedoch erhöhte Folgekosten. Ein Beispiel hierfür ist die Anlieferung in das Zentrallager eines Abnehmers, der dann die Folgekosten der Belieferung der einzelnen Standorte selbst vornehmen und finanzieren muss.

Als Fazit lässt sich sagen, dass nach der Berechnung des Nettopreises stets auch die Folgekosten betrachtet werden müssen, um dann abzuwägen, ob die Preisvorteile sich im Endeffekt bezahlt machen.

---

- Wettbewerbsfähigkeit des Angebotes: Wie hoch ist der Stückpreis? Wie hoch sind die Werkzeugkosten und sonstige Belastungen? Wie sieht der Gesamtpreis aus?
- Wie viel Rabatt bekomme ich bei Bestellmengenerhöhung?
- Ist das gebotene Preisniveau auch für die Beschaffung von kleinen Serien interessant?
- Wie errechnet sich der gebotene Betrag? Wie sehen die Kalkulationen der Lieferanten aus?
- Bietet der Lieferant später Ersatzteile zum gleichen Preis an oder ändert sich dann das Preisniveau?

---

*Abb. 10: Typische Fragestellungen bei der Lieferantebewertung bezüglich Preis*

### ■ Qualität

**Qualität des Lieferanten vielschichtig beurteilen**

Neben dem Einkaufspreis steht die Qualität als Kriterium für Lieferantenbewertungen an oberster Stelle. Qualität lässt sich definieren als »die anhand von vorgegebenen, vereinbarten oder erwarteten Merkmalen gemessene Eigenschaft einer Einheit, eines Produktes/Dienstleistung, eines Prozesses oder einer gesamten Organisation oder Organisationseinheit«.

Das Kriterium Qualität muss vor allem in zweierlei Hinsicht untersucht werden. Es muss sowohl die Qualität der angebotenen Leistung als auch die der erbrachten Leistung analysiert werden, wodurch sich ein Vorher-Nachher-Vergleich ergibt.

**Entspricht die Qualität des Angebotes den Tatsachen?**

Der Qualitätsaspekt muss in erster Linie produktbezogen betrachtet werden. Er stellt eine wichtige Grundlage zur Kostenminimierung dar, denn durch zufriedenstellende Qualität der Produkte eines Zulieferers können Ausschusskosten möglichst gering gehalten werden. Außerdem ist die Qualität der eingekauften Produkte oder Dienstleistungen von großer Wichtigkeit bezogen auf die Absatzchancen des Endproduktes. Die Qualität hat direkten Einfluss auf das Endprodukt des Abnehmers und somit auf das Kundenempfinden.

- Ist der Lieferant zertifiziert (z.B. ISO, VDA, etc.)? Wie sehen die Zertifikatsansprüche unseres Unternehmens aus?
- Wurde der Lieferant von unserem Unternehmen nach unseren Ansprüchen auditiert?
- Wie ökologisch ist der Lieferant in der Lage zu produzieren? Wie umweltfreundlich sind seine Prozesse?
- Auf welche Produkte ist der betreffende Lieferant eigentlich spezialisiert?
- Welche Maschinen und Technologien hat der Hersteller im Einsatz? Auf welchem technischen Niveau steht er?
- Wie hochwertig sind die von ihm gelieferten Musterteile?
- Wie zufrieden sind wir mit der von diesem Unternehmen bisher gelieferten Ware? Wie hoch sind die Fehlerquoten der Teile (gemessen meistens in ppm: parts per million)?

*Abb. 11: Typische Fragestellungen bei der Lieferantenbewertung bezüglich Qualität*

- **Lieferservice**

Das Bewertungskriterium Lieferservice ist ein sehr komplexer Aspekt im Rahmen der Lieferantenbewertung. Die alleinige Betrachtung der Lieferzuverlässigkeit ist nicht ausreichend. Weitere wichtige Aspekte sind die Lieferzeit, d.h. die »Zeitspanne zwischen Auftragseingang und Wareneingang«, und die Lieferhäufigkeit, d.h. die Anzahl an Lieferungen innerhalb eines bestimmten Zeitraums. Lieferzeit und Lieferhäufigkeit spielen gerade bei produktionssynchronen Beschaffungssystemen eine wichtige Rolle. Es muss sichergestellt sein, dass die Waren in relativ kurzen und regelmäßigen Zeitabständen zum Abnehmer gelangen, um Lagerbestände als Puffer zu minimieren.

Des Weiteren muss sich ein Lieferant als flexibel und lieferfähig erweisen. Diese Forderung vonseiten des Abnehmers verursacht aufseiten des Lieferanten erhöhte Kosten und Kapitalbindung, da er größere Lagerbestände halten muss, um flexibel reagieren zu können.

Je stärker der Abnehmer ein produktionssynchrones Beschaffungssystem implementiert hat, desto wichtiger wird für ihn das Kriterium des Lieferservice bei der Lieferantenauswahl. Bei unregelmäßigen Anlieferungen oder gar Lieferausfällen droht ihm im schlimmsten Fall ein Produktionsstopp. Als Beispiel hierfür ist der japanische Autohersteller Toyota zu nennen, der 1997 seine Anzahl an Lieferanten stark reduziert hatte und in hohem

*Lieferung in den Produktionsablauf integrieren*

## 2.5 Unternehmensübergreifende Organisationsformen

Maße abhängig war von den JIT-Lieferungen eines Zulieferers von Bremsteilen (Aisin Seiki). Bei Feuerausbruch in den Fabrikationshallen des Zulieferers musste Toyota in der Folge seine Produktion in Japan für eine ganze Woche einstellen.

> - Hat der Lieferant Entwicklungsleistungen angeboten? Wie innovativ und kooperativ ist der Lieferant in der Zusammenarbeit mit unseren Ingenieuren?
> - Welche Kapazitätsreserven weist er aus? Wie flexibel kann er auf Mengenbedarfsänderungen reagieren?
> - Wie sehen die angebotenen Dienstleistungen nach dem Kauf aus? Habe ich Anspruch auf Reparaturleistungen oder Ersatzteile?
> - Besitzt das Unternehmen einen eigenen Werkzeugbau?
> - Wie viele Muster werden geliefert bis zur Freigabe?
> - Wie gut hat der Lieferant bisher Liefertermine eingehalten und wie hoch sind seine Lieferzeiten?
> - Ist der Lieferant bereit, ein Konsignationslager zu betreiben oder gar Just-in-time zu beliefern?
> - Wie flexibel ist der Lieferant bei Änderungen der Produktspezifikationen?
> - Wie sind die Kommunikationsmittel des Lieferanten? Kann er DFÜ einsetzen?
> - Wie sieht es mit der Bereitschaft zum E-Commerce aus? Können Kataloge erstellt und auf unsere Online-Plattform geladen werden (speziell bei C-Teilen und Nicht-Produktionsmaterial Lieferanten)?

*Abb. 12: Typische Fragestellungen bei der Lieferantenbewertung bezüglich Lieferservice*

Die drei bisher vorgestellten Kriterien waren produktbezogen. Aber es gilt noch weitere Kriterien zur Bewertung der wirtschaftlichen Lage eines Lieferanten zu betrachten und zu dessen grundsätzlicher Eignung als Partner. Deshalb wird im Folgenden näher auf die Kriterien Finanzkraft, Innovationskraft, Kooperationskraft und soziale, ökologische und gesellschaftspolitische Faktoren eingegangen.

### ■ Finanzkraft

*Hat der Lieferant eine Zukunft?*

Eine Lieferantenbewertung, die die Finanzkraft eines Zulieferers nicht berücksichtigt, ist nicht vollständig und kann hohe Risiken mit sich bringen. Die wirtschaftliche Lage muss untersucht werden, da ein Lieferant auch selbst in der Lage sein muss, seine Materialien und Werkzeuge, die er zur Leistungserbringung benötigt, im Voraus zu finanzieren.

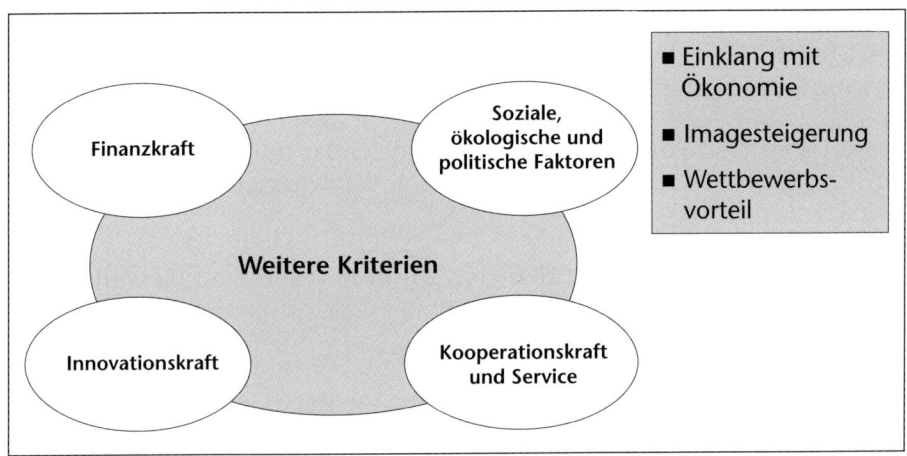

*Abb. 13: Weitere Kriterien der Lieferantenbewertung*

Die wirtschaftliche Lage eines Unternehmens kann auf unterschiedliche Arten, meist unter Zuhilfenahme verschiedener Kennzahlenanalysen, untersucht werden. Im Folgenden soll näher auf die Bewertung der Finanzlage, der Ertrags- und Vermögenslage, sowie der Liquidität eingegangen werden. Es sei an dieser Stelle angemerkt, dass hier keine detaillierte Übersicht über die verschiedenen Kennzahlen gegeben werden soll, sondern ein allgemeiner Überblick.

Zur Untersuchung der Finanzlage eignen sich die drei Kennzahlen: Cashflow, Kreditorenlaufzeit und das dynamische Betriebsergebnis.

»Der Cashflow ist eine Größe, die angibt, welchen Mittelzufluss ein Unternehmen in einer Periode aus dem Umsatzprozess erwirtschaftet hat und was somit unterjährig für Investitionen, Tilgungszahlungen oder Gewinnausschüttung zur Verfügung steht (Finanzmittelüberschuss).« Die Kennzahl spiegelt somit gut die finanzielle Unabhängigkeit des Lieferanten in finanzieller Hinsicht wider und inwiefern er seine Betriebstätigkeit selbst finanzieren kann.

Die Kreditorenlaufzeit ermittelt den »Zeitraum, der zwischen dem Rechnungseingang und der Bezahlung« der durchschnittlichen Verbindlichkeiten liegt.

Weist ein Betrieb eine vergleichsweise hohe Kreditorenlaufzeit auf und hat gleichzeitig hohe kurzfristige Bankverbindlichkeiten, kann dies ein möglicher Hinweis auf Zahlungsschwierigkeiten des Unternehmens sein.

Das dynamische Betriebsergebnis gibt Aufschluss darüber, ob ein Unternehmen seine kurzfristigen Verbindlichkeiten aus dem eigenen Betriebsergebnis finanzieren kann und ist somit ebenfalls nützlich für die Untersuchung der Finanzlage.

Die Ertragslage bündelt die Daten, die über den Gewinn eine Unternehmens Aufschluss geben. Dieser kann auf verschieden Arten bestimmt werden, wie z.B. dem als EBIT (Earnings before interest and taxes) bekannten Betriebsergebnis oder dem Jahresüberschuss bzw. -fehlbetrag, der aus der Gewinn- und Verlustrechnung entnommen werden kann.

Diese Daten sind jedoch nur schwer vergleichbar und müssen deshalb in ein Verhältnis gesetzt werden, woraus sich die unterschiedlichen Rentabilitätskennzahlen ergeben.

**Rentabilität ist vielschichtig**

Die Umsatzrentabilität setzt den Gewinn in Relation zum Gesamtumsatz eines Unternehmens und misst somit die Gewinnspanne pro verkauftes Produkt.

Die Eigenkapitalrendite setzt den Gewinn in Relation zum eingesetzten Eigenkapital und zeigt somit Anteilseignern, ob ihre Investition in das Unternehmen rentabler als andere Anlagemöglichkeiten ist. Bei einer schlechten Eigenkapitalrendite ist es wahrscheinlich, dass der Zulieferer Schwierigkeiten haben wird, Finanzmittel zu erhalten. Erweitert man nun dieses Konzept und berücksichtig nicht nur das eingesetzte Eigenkapital, sondern auch das Fremdkapital, erhält man die Gesamtkapitalrendite als Kennzahl.

Die Vermögenslage kann anhand der Eigenkapitalquote analysiert werden. Sie zeigt den prozentualen Anteil des Eigenkapitals am Gesamtkapital. Für die Lieferantenbewertung ist eine hohe Eigenkapitalquote positiv zu werten, da dies eine »weitgehende Unabhängigkeit von Kreditgebern wie z.B. Banken« bedeutet.

Eine weitere wichtige Kennzahl zur Bestimmung der Vermögenslage ist der Anlagedeckungsgrad. Das Anlagevermögen, also langfristig gebundene Vermögensgegenstände wie Maschinen, Grundstücke und Fabriken, sollte möglichst auch mit langfristigem Kapital finanziert sein. Denn ansonsten können plötzliche Zahlungsschwierigkeiten dazu führen, dass Produktionsanlagen verkauft werden müssen, was logischerweise negative Auswirkungen auf den Abnehmer des Lieferanten hat.

Um solch ein Problem des Konkurses, wie zuletzt angedeutet, möglichst vermeiden zu können, sollte auch stets die Liquidität eines Zulieferers überprüft werden, bevor man eine Beziehung mit ihm eingeht. Dazu untersucht man den Liquiditätsgrad des Unternehmens und versucht gleichzeitig zu bestimmen, welcher Anteil des Umsatzes in kurzfristigen Verbindlichkeiten gebunden ist.

■ **Innovationskraft**

**Der Lieferant trägt durch Innovationen zur eigenen Marktstellung bei**

Lieferanten können eine wichtige Innovationsquelle für einen Abnehmer darstellen. Letzterer kann versuchen, Innovationen vonseiten des Lieferanten zu übernehmen und in seinen Fertigungsprozess einzugliedern.

»Innovationen sind der Motor der langfristigen Wettbewerbsfähigkeit«, da sie ein Unternehmen und dessen Produkte differenzieren und ein wichtiger Beitrag sind für die Positionierung als Kosten- oder Nutzenführer.

Weiterhin können Innovationen zu einem bedeutenden Umsatzwachstum verhelfen.

Innovationen können in unterschiedlicher Form auftreten, z.B. als Produktinnovation, Prozessinnovation oder organisatorische Innovation.

Um von diesen Vorteilen der Innovation profitieren zu können, muss versucht werden, die innovativen Fähigkeiten des Lieferanten zu beurteilen. Hierzu eignet sich die Messung der Häufigkeit von Innovationen eines Lieferanten, deren Erfolgsquote und Wert sowie seine Aufwendungen im Bereich Forschung und Entwicklung (F&E).

An dieser Stelle sollte erwähnt werden, dass man sich vorab auch über den Kundenstamm eines Lieferanten informieren sollte. Denn bei einer engen Zusammenarbeit mit dem Lieferanten im Bereich Innovation droht natürlich auch ein erhöhtes Risiko des Know-how-Transfers weg vom Abnehmer und hin zu möglichen Konkurrenten.

**Gegen Know-how-Transfer absichern**

■ **Kooperationskraft und Servicebereitschaft**

Heute ist bei Unternehmen, speziell aus der Industrie, festzustellen, dass die Kooperation mit dem Lieferanten großgeschrieben wird. Diese Entwicklung lässt sich einerseits mit der immer geringer werdenden Fertigungstiefe bei Unternehmen erklären. Andererseits werden Innovationen immer aufwendiger und teurer für Unternehmen, sodass Kooperation zu Kosteneinsparungen und Synergieeffekten führen können.

Die Kooperationsfähigkeit eines Zulieferers zu beurteilen, verlangt zum größten Teil subjektive Einschätzungen. Deshalb sollte, wie bereits vorher erläutert, darauf geachtet werden, dass zur Bewertung der Kooperationsfähigkeit ein Team eingesetzt wird, welches möglichst aus Mitarbeitern verschiedener Unternehmensbereiche besteht.

Diese Mitarbeiter müssen Einschätzungen treffen bezüglich der Frage, wie der Lieferant wohl in Problem- und Fehlerfällen reagieren wird. Außerdem muss die Flexibilität des Lieferanten untersucht werden, inwiefern er offen für kurzfristige Änderungen ist. Eine offene Kommunikation zwischen den beiden Partnern und eine frühzeitige Unterrichtung über Probleme fördern das gegenseitige Vertrauen und damit die Kooperationsfähigkeit.

■ **Soziale, ökologische und gesellschaftspolitische Faktoren**

Das Ziel von immer mehr Unternehmen ist es, soziale, ökologische und gesellschaftspolitische Faktoren in Einklang mit der Ökonomie bringen.

**Das Image mitbewerten**

Das fördert nicht nur das Image des jeweiligen Unternehmens in der Gesellschaft, sondern kann auch zu Wettbewerbsvorteilen führen, da heute ökologisch hergestellte Produkte sehr beliebt sind.

Ebenso müssen auch gesellschaftspolitische Kriterien berücksichtigt werden, da sie ausschlaggebend für eine Lieferantenbeziehung sein können. So

## 2.5 Unternehmensübergreifende Organisationsformen

wurden beispielsweise in der Folge des letzten Irakkrieges deutsche und französische Zulieferer in der amerikanische Wirtschaft boykottiert aufgrund der ablehnenden Haltung Frankreichs und Deutschlands gegenüber dem Krieg. Hier standen die gesellschaftspolitischen Faktoren im Vordergrund, obwohl die ausländischen Zulieferer vielleicht billiger waren oder bessere Qualität geliefert hätten.

- Welche Referenzen kann der Lieferant vorweisen? Hat er schon mit Wettbewerbern zusammengearbeitet?
- Auf welchen Messen ist der Lieferant vertreten?
- Wie offen zeigt sich das Unternehmen, sich mit uns über seine Kosten zu unterhalten und seine Prozesse in Abstimmung mit uns zu optimieren?
- Wie sehen die Liquidität und die Bonität der Firma aus? Kann sie unsere Anfrage überhaupt bewältigen? Wie lange befindet sich das Unternehmen schon auf dem Markt?
- Wie hoch ist der Umsatzanteil des Unternehmens mit uns? Macht sich das Unternehmen von uns abhängig?
- Wie ist das Unternehmen geführt?
- Der geografische Ort der Bezugsquelle kann auch wichtig sein. Will ich lokal oder global beschaffen? Dieser Punkt ist auch ist auch in Bezug auf Goodwill interessant, weil eine Firma auch Imagepolitik durch lokales Beschaffen oder Beschaffen in Dritte-Welt-Ländern betreiben kann.

*Abb. 14: Weitere Fragestellungen bei der Lieferantenbewertung*

### 2.5.6.7 Methoden der Lieferantenbewertung

**Methodenangebot** Anhand geeigneter Methoden gilt es nun die zuvor erläuterten Kriterien zu einer aufschlussreichen Bewertung eines Lieferanten zu formen. Sowohl in der Literatur als auch in der Praxis existiert eine Vielzahl von verschiedenen Methoden von Portfolio-Analysen über Wertanalysen bis hin zur Balance Scorecard. Im Folgenden werden beispielhaft einige Methoden erläutert. Die ersten drei Methoden beziehen sich auf die bereits vorgestellten Kriterien und dienen ausschließlich der Bewertung, die Methoden 4–6 ergänzen noch den Aspekt der längerfristigen Lieferantenentwicklung.

#### 1. Einfaktorenvergleich

Die Methode des Einfaktorenvergleichs ist mit relativ wenig Aufwand verbunden und infolgedessen Kosten sparend und schnell. Hierbei beschränkt man sich auf ein Kriterium bei gleichzeitiger Vernachlässigung aller anderen Kriterien. Häufig handelt es sich um einen Preis-, Lieferzeit- oder Qualitätsvergleich. Voraussetzung hierfür muss sein, dass man davon ausgehen kann, dass sich das von dem Lieferanten zu beschaffende Produkt

- **Einfaktorenvergleich**
  - Beschränkung auf ein Kriterium
  - Voraussetzung: kaum Unterscheidung bei anderen Kriterien
  - praktisch für C-Teile oder Normteile
  - wenig Aufwand, Kosten sparend
- **Mehrfaktorenvergleich**
  - gleichzeitiger Vergleich mehrerer Kriterien
  - genaueres Ergebnis
  - zeitintensiv, aufwendig
  - K.o.-Kriterien hilfreich
- **Ratingmatrix**
  - Bewertung verschiedener Kriterien
  - Notenvergabe von 1 bis 4 (sehr gut bis schlecht)
  - Bewertungsraster festlegen
  - individuelle Anpassung durch Gewichtungsfaktor
  - weitere Subkriterien möglich

*Abb. 15: Methoden der Lieferantenbewertung*

hinsichtlich der anderen Kriterien nicht bzw. kaum unterscheidet. Dies ist hauptsächlich auf die Beschaffung von C-Teilen oder Normteilen zutreffend. Beim Einkauf von Schrauben zum Beispiel ist es wahrscheinlich, dass ein Maschinenhersteller auf die Preisunterschiede der einzelnen Lieferanten achtet, da er davon ausgehen kann, dass die Qualität in allen Fällen identisch ist.

## 2. Mehrfaktorenvergleich

Der Mehrfaktorenvergleich produziert ein genaueres Ergebnis im Vergleich zum Einfaktorenvergleich. Hier wird nicht nur ein Kriterium verglichen, sondern gleichzeitig werden mehrere Vergleiche, wie beispielsweise im Bereich Preis, Lieferzeit, Qualität, Lieferzuverlässigkeit angestellt. Daraus wird ein Gesamtergebnis für die einzelnen Lieferanten abgeleitet.

Es wird schnell deutlich, dass diese Methode zeitintensiver und aufwendiger ist als der Einfaktorenvergleich, da mehr Information beschafft und abgewogen werden müssen. Deshalb ist es wichtig, K.o.-Kriterien festzulegen, die helfen, einen Lieferanten schnell ausschließen zu können, falls er dagegen verstößt.

## 3. Rating-Matrix

Bei der Rating-Matrix werden alle potenziellen Lieferanten für eine Ware oder eine Dienstleistung gegenübergestellt und in den einzelnen Kategorien bewertet. Dabei werden Noten von 1 bis 4 vergeben, wobei 1 die beste

**Komplexe Zusammenhänge als Matrix darstellen**

und 4 die schlechteste Note darstellt. So können Stärken und Schwachstellen der einzelnen Lieferanten aufgezeigt werden.

Um möglichst objektiv bewerten zu können, ist es sinnvoll, zu Beginn ein Bewertungsraster für die Kategorien festzulegen. Als Beispiel kommt jeder Lieferant, der das zu beschaffende Teil für unter 10 Euro anbieten kann, die Note 1. Die Note 2 erhalten die Lieferanten, die bis 15 Euro anbieten, die Note 3 für bis zu 20 Euro und schließlich für über 20 Euro.

Hervorzuheben ist, dass die Rating-Matrix individuell abgestimmt werden kann auf die Prioritäten eines Unternehmens, indem die verschiedenen Kategorien eine Gewichtung erhalten. So kann beispielsweise ein Unternehmen, welches den Anspruch hat, im Markt Kostenführer zu sein, besonders das Kriterium »Preis/Kosten« betonen. Ebenso kann ein Nutzenführer die Kriterien »Qualität, Innovationskraft und eventuell sozial, ökologische und gesellschaftspolitische Kriterien« hervorheben.

Die folgende Tabelle stellt ein Beispiel einer solchen Rating-Matrix dar mit unterschiedlicher Gewichtung der verschiedenen Kriterien.

| Rating Lieferant A | Gewichtung | Skala | | | | Gesamtnote |
|---|---|---|---|---|---|---|
| | | 1 | 2 | 3 | 4 | |
| Preis/Kosten | 0,25 | x | | | | 0,25 |
| Qualität | 0,30 | | x | | | 0,60 |
| Lieferservice | 0,15 | | | x | | 0,45 |
| Innovationskraft | 0,10 | | | x | | 0,30 |
| Kooperationsfähigkeit | 0,05 | x | | | | 0,05 |
| Finanzkraft | 0,05 | | | x | | 0,15 |
| Versorgung | 0,05 | | x | | | 0,10 |
| Soziale, ökologische, politische Kriterien | 0,05 | | x | | | 0,10 |
| Gesamtnote Lieferant A | 1,00 | | | | | 2,00 |

*Abb. 16: Beispiel einer Rating-Matrix für Lieferant A mit Gewichtungsfaktor*

Hinter den Hauptkriterien kann sich eine große Vielzahl von weiteren Subkriterien verbergen, wie sie zuvor vorgestellt wurden. Somit ergibt sich eine sehr detaillierte und umfassende Bewertung der verschiedenen Lieferanten.

#### 4. Lieferantenaudit

**Den Lieferanten regelmäßig besuchen**

Unter Lieferantenaudit versteht man »ein bei einem Lieferanten durchgeführtes Qualitätsaudit«. Diese Firmenbesuche sind eine wichtige Methode im Rahmen des Lieferantenmanagements. Sie sind für die Geschäftsbeziehungen mit dem Lieferanten sehr förderlich und sind vor allem auch ein

Instrument, um die zuvor festgelegte Lieferantenbewertung vor Ort zu überprüfen. Die Bewertungen einzelner Kriterien können bestätigt oder gegebenenfalls korrigiert werden.

Natürlich darf nicht außer Acht gelassen werden, dass der Lieferant sich bei einem Besuch möglichst gut darstellen wird, um einen möglichst positiven Eindruck zu hinterlassen.

Aufgrund des hohen Zeitaufwands eines Lieferantenaudits und den damit verbundenen Kosten können sie nur für einzelne, aber sehr wichtige, Lieferanten durchgeführt werden. Dieser Kreis wird sich auf die A-Lieferanten und möglicherweise noch auf ein paar der leistungsstarken B-Lieferanten beschränken.

Am Ende eines Lieferantenaudits ist es wichtig, die Ergebnisse zu reflektieren und anschließend zu dokumentieren, um sie dann »anhand eines Besuchsberichts direkt in das praktische Lieferantenmanagement einfließen« zu lassen.

## 5. Zertifizierungen

Eine weitere Methode zur kontinuierlichen Untersuchung der Qualitätsfähigkeit eines Lieferanten ist die Prüfung auf Vorhandensein einer Zertifizierung nach DIN EN ISO 9000 ff. oder einer anderen adäquaten Qualitätsnorm. Mit Zertifizierung ist in diesem Zusammenhang eine amtliche Bescheinigung über die Implementierung eines Qualitätssicherungssystems gemeint.

»Ein Qualitätssicherungssystem umfasst alle Tätigkeiten und Zuständigkeiten im gesamten Unternehmen und zielt auf eine bessere Unternehmensqualität ab.«

Basis eines jeden solchen Systems ist das Qualitätssicherungshandbuch, in dem Prozesse, Zuständigkeiten und Tätigkeiten dokumentiert werden. Die Zertifizierungen werden von offiziellen Prüfstellen durchgeführt und verliehen. Die Vorteile des Lieferanten, der eine Zertifizierung nach DIN EN ISO 9000 oder einer ähnlichen Norm besitzt, sind, dass neue Mitarbeiter leichter angelernt werden können und bestehende Mitarbeiter aufgrund der dokumentierten Prozesse besser geschult sind. Weiterhin hat ein Lieferant mit Zertifizierung einen Wettbewerbsvorteil gegenüber Konkurrenten ohne Zertifizierung und kann so einfacher potenzielle Neukunden gewinnen.

Für den Abnehmer ist es von Vorteil, dass er nicht mehr jeden Lieferanten selbst auditieren muss und so Kosteneinsparungen erreicht werden können, da dies nun von einem unabhängigen Dritten vorgenommen wird. Weiterhin ist mit der Zertifizierung eine kontinuierliche Kontrolle der Qualitätssicherung eines Lieferanten garantiert, da die »Erneuerung des Zertifikates durch eine erneute Auditorenprüfung« in einem Abstand von drei Jahren erforderlich ist.

### 6. Lieferanten des Jahres

**Lieferanten loben**

Eine weitere Methode, um fortwährend die Beziehungen zwischen Lieferant und Abnehmer zu optimieren, ist den Lieferanten für seine guten Leistungen und seine Kooperationsfähigkeit zu würdigen und auszuzeichnen.

Dies ist in der Praxis sehr gängig und erfolgt meistens mit der Auszeichnung »Lieferant des Jahres« (engl.: Supplier of the Year Award) Diese Auszeichnungen stützen sich auf die zuvor erläuterten Bewertungskriterien und sollen für den Lieferanten Anreiz sein, auch in Zukunft diese überdurchschnittlich gut zu erfüllen. Die Auszeichnung kann in Form einer Urkunde oder gar eines Pokals verliehen werden, meist von der Geschäftsleitung des Abnehmers. Diese Art der Auszeichnung ist bei Zulieferern sehr beliebt, da sie das öffentliche Image positiv beeinflussen und gleichzeitig eine gute Referenz für zukünftige Geschäftsbeziehungen darstellt.

Wichtig ist, dass bei dieser Methode darauf geachtet wird, dass parallel zur Auszeichnung auch »die Lieferanten angeschrieben werden, welche nicht Lieferant des Jahres geworden sind«. Dies soll bezwecken, den anderen Lieferanten ihre Schwächen und Verbesserungspotenziale zu erläutern, welche ihnen die Auszeichnung verwehrt haben. Neben der konstruktiven Kritik soll versucht werden, den Lieferanten zu einer besseren Leistung im Folgejahr zu motivieren.

| Lieferantenaudit | Zertifizierung | Lieferant des Jahres |
|---|---|---|
| ■ Überprüfung der Lieferantenbewertung vor Ort<br>■ hohe Kosten und Zeitaufwand<br>■ Ergebnisse reflektieren und dokumentieren<br>■ Eindruck realistisch? | ■ Prüfen auf Vorhandensein von DIN EN ISO 9000 (+)<br>■ Auditierung durch Dritten => Kosteneinsparung<br>■ kontinuierliche Kontrolle der Qualitätssicherung<br>■ Wettbewerbsvorteil für Lieferant | ■ Auszeichnung für die besten Lieferanten<br>■ Imagesteigerung und gute Referenz für Lieferant<br>■ Benachrichtigung der »Verlierer« mit dem Ziel:<br>  – konstruktive Kritik<br>  – Motivation |

*Abb. 17: Weitere Methoden zur Lieferantenbewertung*

**Literaturempfehlung**

*Arnold, U.:* Beschaffungsmanagement, Stuttgart, 1997.

*Bain & Company:* Einkaufsstrategien – Herausforderungen für Top-Manager, 2002.

*Disselkamp, M./Schüller, R.:* Lieferantenrating – Instrumente, Kriterien, Checklisten, Wiesbaden, 2004.

*Holtmann, J.:* Erfolgreiche Einkaufspraxis, Renningen, 2002.

*Janker, C. G.:* Multivariante Lieferantenbewertung, Wiesbaden 2004.

## 2.6 Ganzheitliche Produktionssysteme

*von Rainer Kämpf*

### 2.6.1 Die wirtschaftliche Situation produzierender Unternehmen

Die Mehrzahl der Unternehmen agiert heute in Käufermärkten, die durch einen hohen Wettbewerbsdruck gekennzeichnet sind. Der Kunde hat die Auswahl aus hochwertigen Sachgütern in zahllosen Varianten. Er verlangt ihre Verfügbarkeit in kürzester Zeit und zu niedrigen Preisen. Produktqualität, Durchlaufzeit, Liefertreue sowie Produktivität sind daher entscheidende Leistungskennzahlen, wenn es darum geht, in solchen Märkten zu bestehen. Eine isolierte Betrachtung dieser rein quantitativen Seite ist jedoch nicht ausreichend. Sie muss um eine qualitative Ebene erweitert werden. Spath sieht drei neue qualitative, organisatorische Herausforderungen:

*Das gegenwärtige turbulente Umfeld bringt völlig neue Anforderungen an produzierende Unternehmen mit sich*

- ansteigende Komplexität der Prozesse und Produkte,
- zunehmende Kundenforderung nach ständiger Produktinnovation,
- Unsicherheit bedingt durch täglich schwankende Stückzahlen, hohe Frequenz der Wettbewerberwechsel und steigende Dynamik der Finanzmärkte.

Die von den neuartigen Märkten geforderte Dynamik veränderte die Art und Weise, über Produktion zu denken. Westkämper sieht, speziell für produzierende Unternehmen, die beste Reaktion auf die Komplexität in der Erreichung von größtmöglicher Wandlungsfähigkeit. Durch sie könnten gleichfalls Produktivität und Liefertreue gesichert werden. Er schlägt folgende Ansatzpunkte vor, mit denen Wandlungsfähigkeit sichergestellt werden soll:

- Kurzfristige Adaption bzw. Anpassung
- Langfristige, vorausschauende und proaktive Gestaltung von Strukturen und Prozessen
- Abkehr von quasistationären Zuständen, hin zur Dynamik von Strukturen und Prozessen
- Lokale Beherrschung situativer Lösungsvielfalt von tayloristischen bis hin zu selbst organisatorischen Ansätzen
- Globale Koordination offener Netzwerke zur wirtschaftlichen Nutzung von Ressourcen
- Auftragsmanagement mit kurzfristiger Reaktionsfähigkeit auf Auftragseingang unter Nutzung des Marktes der verfügbaren Ressourcen
- Technische Wandlungsfähigkeit durch Konfigurationsmöglichkeit der Betriebsmittel

## 2.6 Ganzheitliche Produktionssysteme

**Die Vielzahl unterschiedlicher Ansätze generiert Insellösungen und führt zu Vertrauensverlust in der Belegschaft**

Als Reaktion auf diese Tendenzen wurde eine Vielzahl von Systemen, Methoden und Instrumenten – insbesondere japanische Praktiken – übernommen oder entwickelt, und eingesetzt, um in diesem neuartigen Umfeld bestehen zu können. In der Literatur werden im dazu Wesentlichen drei Problembereiche beschrieben:

- Die unterschiedlichen Programme zielen auf verschiedenste Schwerpunktthemen ab: Fließfertigung verringert beispielsweise die Durchlaufzeit, Jidoka den Personalaufwand für Qualität und Poka-Yoke die Fehlerrate. Rationalisierung findet also »oftmals nicht mehr als systematischer Prozess statt, sondern in Form von Kampagnen«.

- Das gesamte Produktionssystem über Bereichsgrenzen wird unzureichend berücksichtigt. So bleiben »Insellösungen« »auf einzelne Produktionsabteilungen beschränkt und können daher allenfalls suboptimale Wirkungen erzielen«.

- Die große Anzahl unterschiedlicher Projekte führt bei Belegschaft und Führungskräften mit der Zeit zu einem Vertrauensverlust. Anfängliche Motivationserfolge und Dynamisierungseffekte unter den Mitarbeitern nehmen mit fortschreitendem Implementierungsgrad immer stärker ab.

Daher richten viele produzierende Unternehmen bereits seit längerem ihre Produktionssysteme grundsätzlich neu aus. Als zukunftsweisendes Konzept zur Erreichung von Wettbewerbsfähigkeit gilt die Idee vom Ganzheitlichen Produktionssystem (GPS). Durch die Konsolidierung und Koordination aller Aktivitäten im Unternehmen auf das zentrale Ziel, kundenorientiert und wirtschaftlich zu produzieren, wird eine ganzheitliche Optimierung der Unternehmenssituation herbeigeführt.

## 2.6.2 Begriffsbestimmung – Ganzheitliche Produktionssysteme (GPS)

Weil das Konzept des GPS in erster Linie aus der betrieblichen Praxis stammt, ist es schwierig, zu einer allgemein gültigen Begriffsdefinition zu kommen. Daher soll nun zunächst der Begriff aus dem Kontext gelöst betrachtet werden, um zu einem ersten Verständnis zu kommen.

■ **Produktion**

Im Allgemeinen stimmen neuere Quellen darin überein, dass sich der Begriff der Produktion »auf alle Vorgänge, bei denen mit Hilfe von Sachgütern und Dienstleistungen andere Sachgüter und Dienstleistungen hergestellt werden« erstreckt. »Produktion im technischen Sinn [hingegen] umfasst alle Aktivitäten, die darauf abzielen ein Gut in wenigstens einer seiner Eigenschaften zu verändern.« Unter Produktion ist somit nicht nur der Unternehmensbereich gemeint, in dem produziert wird. Vielmehr umfasst Produktion alle Aufgabenstellungen des Produktionsprozesses. Dies sind (neben Fertigen und Montieren) auch Aufgabenstellungen wie Disposition und Logistik, Planung und Steuerung, Wartung und Instandhaltung sowie operative Qualitätssicherung. Dazu kommt eine angemessene Personalentwicklung – also die Information, Qualifizierung und Einbindung der Mitarbeiter. Nur wenn alle diese Aufgabenstellungen geeignet organisiert sind, kann der Prozess des Produzierens optimal laufen.

■ **System**

Ein System ist definiert als »in Beziehung miteinander stehende Elemente, die in irgendeiner Weise eine Ganzheit bilden«. Die Elemente sind organisatorische Lösungen (beispielsweise im Produktionssystem: Gruppenarbeit, KANBAN, Qualitätssicherungsmethoden oder Personalentwicklungsmaßnahmen), die sorgfältig aufeinander abgestimmt werden, so dass sie sich gegenseitig verstärken. Richtig aufgestellt ergibt das System mehr als die Summe seiner Elemente. In Bezug auf Unternehmen bestehen die Beziehungen unter den einzelnen Elementen darin, dass sie »sich Mitarbeiter, Material, Information, Infrastruktur und finanzielle Resourcen teilen und auf die Erfüllung gesetzter Unternehmensziele ausgerichtet sind«.

■ **Ganzheitlich**

Ganzheitlich bedeutet »auf eine Ganzheit (= eine aus zusammengehörigen Teilen bestehende Einheit) bezogen, über einzelne Fächer o.Ä. hinausgreifend und so einen größeren Zusammenhang darstellend«. Ganzheitlichkeit hat mehrere Gesichtspunkte, die mit folgenden Stichworten belegt werden können:

**Ganzheitlich – umfassend, durchgängig, bruchlos**

- **umfassend** – es werden alle Aufgabenstellungen des Produzierens abgedeckt. Für alle Funktionen der zu gestaltenden Prozesse werden geeignete Lösungen realisiert.

- **durchgängig** – es gibt keine Lücken im Prozess. Für alle Prozess-Schritte sind Aufgabenstellung und Ziele bekannt, es gibt ein geeignetes Verfahren sowie passende Hilfsmittel, die Mitarbeiter sind qualifiziert und befugt. Durchgängigkeit bedeutet nicht notwendigerweise, dass alles bis ins letzte Detail durchgeplant und schriftlich dokumentiert sein muss.
- **bruchlos** – es gibt keine organisatorischen Brüche im Unternehmen. Ganz offensichtlich wird dies, wenn manuell Daten von einem EDV-System in ein anderes übertragen werden oder wenn Mitarbeiter Material von einem Behälter in einen anderen umpacken. Nicht ganz so offensichtlich – aber mit enormen Auswirkungen – sind Brüche in der Zusammenarbeit von Produktion und Konstruktion.

**GPS – ein sozio-technisches System**

Hinrichsen stellt fest, dass das GPS »implizit [...] auf dem sozio-technischen Systemansatz und dem Standardisierungsgedanken« basiert. Er versteht unter dem sozio-technischen Systemansatz die Fähigkeit, »sowohl technisch-organisatorische als auch personell-organisatorische Konzepte zu einem Gesamtsystem« integrieren zu können. Dies geschieht »mit dem Anspruch, Mensch, Technik und Organisation so miteinander in Einklang zu bringen, dass das Unternehmen seinen Anforderungen seitens seiner aktuellen und potenziellen Kunden, seiner Mitarbeiter und Shareholder möglichst weitgehend gerecht wird und seine Ziele erreicht«. Bei ihm liegt damit der Schwerpunkt auf der Integrationsfähigkeit des GPS, das heißt auf seiner Fähigkeit, als ordnender Rahmen für verschiedenste technische und personelle Konzepte zu funktionieren. Der bedeutsame Vorteil liegt auf der Hand: Neben der Möglichkeit zur zielgerichteteren Ausrichtung von Verbesserungsbemühungen kann auch deren Konsolidierung erfolgen. So können nicht nur alle Unternehmensbereiche, die von einer Optimierungsmaßnahme betroffen sind, bestimmt und bei deren Planung und Umsetzung adäquat einbezogen werden; es ist ebenfalls möglich, existente aber redundante Maßnahmen zu identifizieren und zu einer zentralen Bemühung zusammenzuführen. GPS muss als eine dauerhafte Verbesserungsbemühung wahrgenommen werden. Das gibt den Durchführenden und/oder Betroffenen das Gefühl einer Kontinuität und beugt Ermüdungserscheinungen vor.

Mit der so gezeigten Integrationsfähigkeit des GPS-Ansatzes ist also zumindest ein Teil der »Ganzheitlichkeit« erklärt. Durch Berichtigung des sozio-technischen Systemansatzes des GPS ist diese Integrationsfähigkeit jedoch um einen weiteren Aspekt zu ergänzen. Die deutsche MTM-Vereinigung definiert im Zusammenhang mit GPS, dass »ganzheitlich bedeutet, dass der Betrachtungsumfang die gesamte Wertschöpfungskette umfasst«, und bezieht sich dabei also auf die Ausdehnung des sozio-technischen Systems. Somit wird deutlich, dass nicht nur die Möglichkeit zur Integration unterschiedlichster Methoden zum GPS-Ansatz gehört, sondern ganz im Sinne der eingangs erwähnten rein wörtlichen Definition auch der weite Umfang der betrachteten Bereiche und Funktionen. Dies beinhaltet eine umfassende Betrachtung der gesamten Unternehmensprozesse vom

»reinen Produktionsprozess« bis hin zu den Prozessen der Auftragserfüllung, der Beschaffung, der Produktentwicklung und des Vertriebs.

Das nach Hinrichsen zweite Charakteristikum des GPS-Ansatzes ist der Standardisierungsgedanke. Er begründet dies damit, dass es zur wirtschaftlichen Bearbeitung komplexer Aufgaben einer Arbeitsteilung bedarf. Diese macht wiederum Prozesse der Kooperation erforderlich. Die Bewältigung dieses so genannten Dualproblems der Organisation erfolgt mit Hilfe von Regeln und Standards.

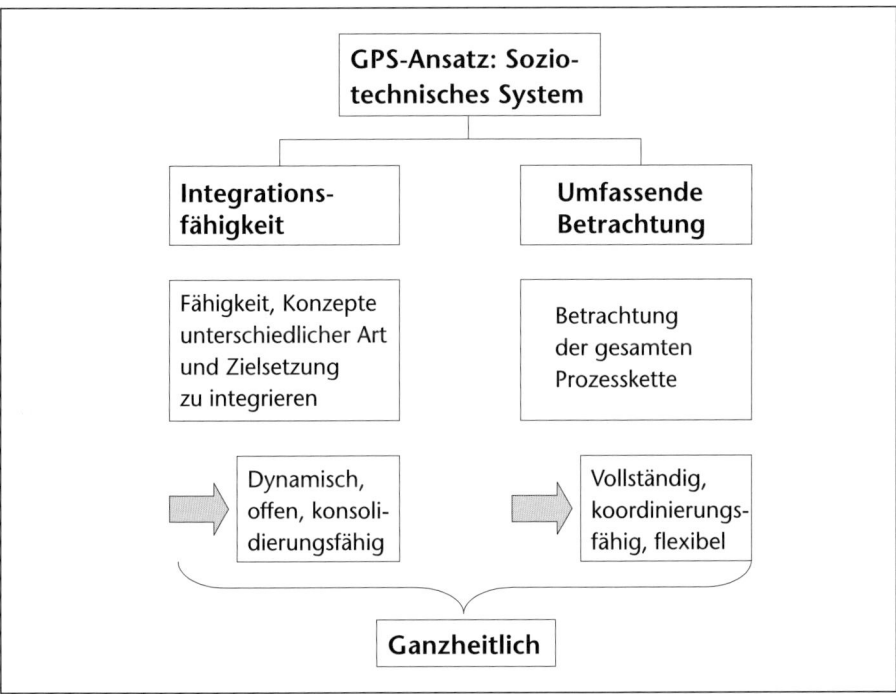

*Abb. 1: GPS als sozio-technisches System*

### 2.6.3 Harte und weiche Faktoren eines GPS

**Abhängig vom unternehmerischen Selbstverständnis können GPS harte oder weiche Faktoren besonders betonen**

Der »Geist« eines GPS entsteht durch die Art und Weise, wie ein GPS vom Unternehmen in der Praxis interpretiert wird. Nach Korge kann die Struktur oder der Mensch in den Mittelpunkt gestellt werden. Er sieht diese beiden Möglichkeiten als Extrempunkte eines Kontinuums, auf dem sich Unternehmen entsprechend ihrer aktuellen Situation platzieren.

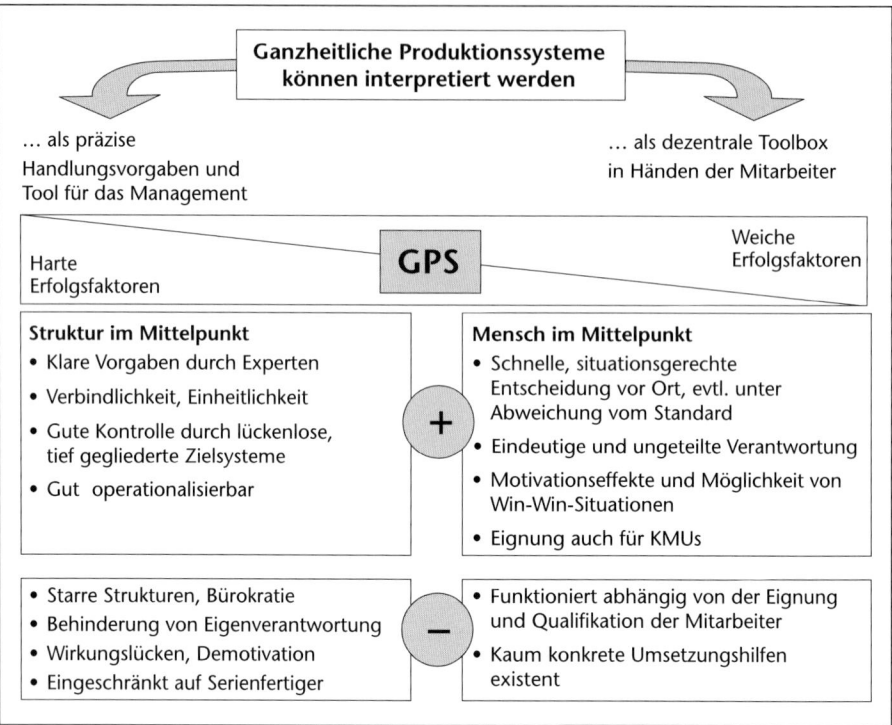

*Abb. 2: Interpretationsansätze zum GPS (nach Korge)*

Die Entscheidung, in welche Richtung ein Unternehmen sein eigenes GPS auslegen sollte, hängt stark von folgenden Umständen ab:

- Art der Aufträge (Klein- oder Großserien),
- Größe des Unternehmens,
- Motivations- und Bildungsniveau der Mitarbeiter oder
- Komplexität der zu bewältigenden Aufgaben.

Im Grunde stellt sich aber hierbei die Frage nach der Sichtweise des Unternehmens auf den Menschen. Eine realitätsgerechte Zusammenführung und ein effektives Zusammenwirken der einzelnen GPS-Elemente ist nur möglich, wenn das Potenzial und die Fähigkeiten der Mitarbeiter auf allen Ebenen nutzbar gemacht werden. Deshalb gewinnen diese »weichen« Faktoren zunehmend an Bedeutung. Bei der Neueinführung eines GPS ergibt sich sogar die Frage nach der Durchsetzbarkeit, wenn harte Faktoren im Vordergrund stehen, da neue Organisationskonzepte nur einvernehmlich mit den Mitarbeitern umgesetzt werden können.

## 2.6.4 Aufbau und Elemente eines GPS

### 2.6.4.1 Zielsetzung und Struktur

Die Problematik, dass sich derzeit noch kaum ein einheitliches Begriffsverständnis bezüglich des Ganzheitlichen Produktionssystems herausgebildet hat, setzt sich fort, wenn es darum geht, seinen Aufbau zu beschreiben.

Das GPS findet seine Existenzberechtigung darin, dass es der Erreichung der Unternehmensziele dienlich ist. Winnes sieht drei feste, generische Ziele für ein GPS: Vermeidung von Muda, Qualität, Mitarbeiterzufriedenheit, die er aus den von ihm als dominierend betrachteten Unternehmenszielen Rentabilität, Kunden- und Mitarbeiterzufriedenheit ableitet. Diesen Zielen des Produktionssystems untergeordnet findet sich die eigentliche GPS-Struktur. Wie eingangs ausführlich gezeigt worden ist, sind GPS vom Ansatz her integrationsfähig und umfassend. Dies spiegelt sich nun im Charakter der den Zielen untergeordneten Stufen des GPS wider. In der Art eines Baukastensystems werden den festgelegten Zielen folgend die weiteren Bestandteile ausgewählt. Dabei erfolgt eine Kategorisierung der verschiedenen Bausteine (wie z.B. KANBAN, Standardisierung oder Gruppenarbeit) in drei Ebenen.

**Unternehmensziele sind das übergeordnete Leitbild der Struktur**

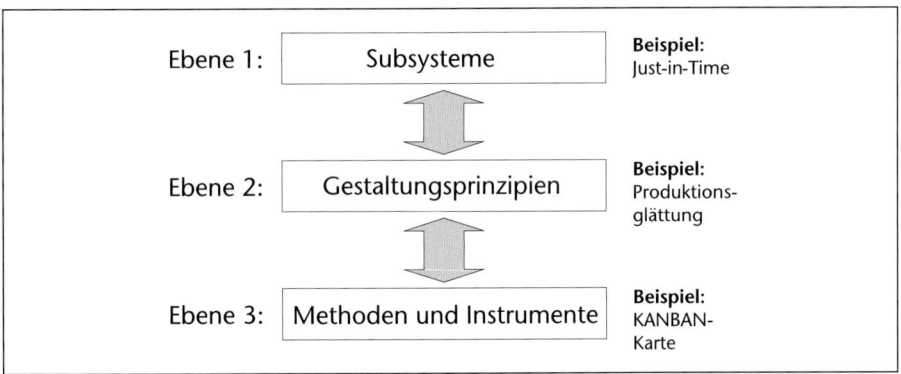

*Abb. 3: Benennung der Bausteine des GPS*

- **Ebene 1: Subsysteme**

  Auf der obersten Ebene finden sich die umfassendsten Bestandteile des GPS, die als System jeweils aus einer Menge von einzelnen Prinzipien und Instrumenten bestehen. Diese stehen untereinander in Beziehung und bilden gemeinsam ein großes Ganzes, das auf die Erreichung der Ziele ausgerichtet sein muss.

  **Kategorisierung eines GPS**

- **Ebene 2: Gestaltungsprinzipien**

  Anforderungen an ein GPS sind unter anderem Flexibilität sowie eine langfristige Ausrichtung des Produktionssystems. Daher ergibt sich für die Gestaltung des GPS das Problem, langfristig dynamisch und offen bleiben zu müssen, bei gleichzeitig konsistenter Zielausrichtung. Diese

## 2.6 Ganzheitliche Produktionssysteme

Anforderung wird durch die Bestimmung und Nutzung der Gestaltungsprinzipien erfüllt.

■ **Ebene 3: Methoden und Instrumente**

Diesen Gestaltungsprinzipien werden nun Instrumente oder auch Methoden zugeordnet, die als konkretes Hilfsmittel zu deren Umsetzung im operativen Bereich dienen. Dabei soll eine Methode ein den Instrumenten noch etwas übergeordneter Baustein sein, der durchaus wieder Instrumente umfassen kann, aber nicht muss. Analog können auch Instrumente eigenständig einem Gestaltungsprinzip zugeordnet werden.

Die Umsetzung kann verschiedene konzeptionelle Formen annehmen. Ein Gestaltungsprinzip kann direkt durch ein Instrument umgesetzt werden: ein Problemverfolgungsblatt ermöglicht z.B. die Umsetzung des Kontinuierlichen Verbesserungsprozesses (KVP). Die meisten dieser »Problemlösungshilfen« sind aber nicht unmittelbare Instrumente, wie etwa Checklisten oder Regelblätter, sondern Methoden wie z.B. ein Ishikawa-Diagramm.

### 2.6.4.2 Elemente eines GPS

**Fünf Subsysteme eines GPS**

Scholtz, Korge und Schlauß haben fünf »Handlungsfelder« (hier: Subsysteme) identifiziert, die zur Strukturierung übernommen werden sollen: Prozess- und Arbeitsorganisation, JIT-Logistik, Robuste Prozesse, KVP, Professionelle Arbeitsroutinen und Visuelles Management. Zu diesen Subsystemen führen sie jeweils auch Gestaltungsprinzipien auf und ordnen Methoden zu, die als Anhaltspunkte für die Analyse der GPS dienen können. Es sei jedoch nochmals deutlich darauf hingewiesen, dass es nicht um eine Einschätzung einzelner GPS geht, sondern um die Erstellung eines Gesamtbildes von GPS aus dem Status quo der Praxis. Da es sich bei diesen Handlungsfeldern inhaltlich um bereits bekannte Konzepte handelt, die lediglich neu organisiert werden, wird auf eine eingehende Beschreibung verzichtet.

■ **Prozessorientierung und Arbeitsorganisation**

Prozessorientierung meint die Organisation des Unternehmens nach Prozessen an Stelle von Funktionen. Unter Arbeitsorganisation ist die Gestaltung von Tätigkeitsinhalt und Arbeitsumfeld sowie -abläufen zu verstehen. Es fallen also beispielhaft Fragen von »Anordnung der Werkzeuge« über »Mitbestimmung« bis hin zu »Zielvereinbarungen« darunter. Abbildung 4 zeigt, welche Elemente aus dem Subsystem Prozess- und Arbeitsorganisation von den unterschiedlichen Unternehmen genutzt werden. Die Informationen hierzu sind aus verschiedenen Quellen zusammengestellt worden, die in den Literaturempfehlungen angegeben sind.

| Knorr-Bremse | Qualifizierte und zielorientierte Mitarbeiter | | | | | |
|---|---|---|---|---|---|---|
| Vaillant | Dezentrale Verantwortung | | | | | |
| Audi | Gruppenarbeit | | | | | |
| Valeo | Teamentwicklung/ Qualifizierung | Polyvalenz/ Polykompetenz | Gruppen-arbeit | (TPM) | | Zielverein-barungen |
| Ford | Gruppenarbeit („Gruppe des Monats") | Führen durch Beispiel | | | Training | |
| Festo | Lohn-system | Dezentrale Leistungs-einheiten | Werksstruktur (u.a. Dezentra-lisierung, Gruppenarbeit) | Personal-börse | Qualifizie-rung | Arbeitszeit-modell |
| Siemens | Bedarfs-orientierte Arbeits-zeiten | Ergebnis-orientierte Entlohnung | Kompetenz-management/ Mehrfach-qualifikation | Personifi-zierte Ver-antwortung/ Prozess-ownership | Offene Kommuni-kation/Unter-nehmerisches Denken | Gruppenarbeit |
| Daimler-Chrysler | Führung (u.a. Zielvereinbarungen, Beurteilungssystem) | | | Beteiligung und Entwick-lung von Mitarbeitern | | Gruppenarbeit |

Abb. 4: *Elemente des Subsystems Prozess- und Arbeitsorganisation in den GPS verschiedener Unternehmen*

■ **Just-in-Time-Logistik**

Die Idee von Just-in-Time ist einfach: »Making only what is needed, only when it is needed, and only in the amount that is needed.« Es haben sich mittlerweile verschiedene Gestaltungsprinzipien etabliert, an denen entlang man sich bei der Umsetzung eines JIT-Systems orientieren kann. Eine Übersicht über die von den Unternehmen als Bestandteile des GPS genannten Elemente, die diesem Subsystem zugeordnet werden können, gibt Abbildung 5.

| Knorr-Bremse | Produktion im Fluss | | | |
|---|---|---|---|---|
| Vaillant | One-Piece-Flow | | | |
| Audi | Materialsysteme | | | |
| Valeo | JIT & just enough | | | |
| Ford | Marktplätze (zentrale, JIT-belieferte Materialstellen) | | KANBAN | |
| Festo | KANBAN | | One-Piece-flow | |
| Siemens | JIT-Fraktale | Pullsteuerung | Fließprinzip | |
| Daimler-Chrysler | Produktions-glättung | Pull-Produktion | Fließ-fertigung | Takt-fertigung |

Abb. 5: *Elemente des Subsystems JIT-Logistik in den GPS verschiedener Unternehmen*

## 2.6 Ganzheitliche Produktionssysteme

■ **Robuste Prozesse**

Prozesse sind dann robust, wenn sie die von ihnen erwarteten Ergebnisse auch unter Belastung erbringen können, ohne dass Notmaßnahmen eingeleitet werden müssen. Hierzu ist ein Mechanismus der Fehlervorbeugung, -erkennung und -behebung notwendig, der unterschiedliche Formen annehmen kann. Abbildung 6 zeigt im Überblick, in welcher Form dies in den betrachteten GPS der Fall war.

| Knorr-Bremse | Sichere Prozesse und Produkte | | | |
|---|---|---|---|---|
| **Vaillant** | Problemlösungsprozess | | | |
| **Audi** | Lösung von Problemen | | | |
| **Valeo** | Auto Quality | Selbstaudits | Problemlösungsprozess | Problem- und Ideenspeicher |
| **Ford** | Planung und Errichtung robuster Fertigungsprozesse | | Prozesskontrolle | Fehlervorbeugungsmethoden |
| **Festo** | Keine Aussage | | | |
| **Siemens** | Prozessgerechte Produktgestaltung | | | |
| **Daimler-Chrysler** | Schnelle Problemerkennung und Fehlerbeseitigung | Stabile Prozesse/ präventives Qualitätsmanagement | Ganzheitliche Anlagenbetreuung | Qualitätsregelkreise |

*Abb. 6: Elemente des Subsystems Robuste Prozesse in den GPS verschiedener Unternehmen*

■ **Kontinuierlicher Verbesserungsprozess (KVP)**

Methoden dazu können Workshops und Formblätter als Denkanstöße und Strukturierungshilfen sein – der Erfolg aber steht und fällt mit der Einstellung der Mitarbeiter. Daher könnte man den KVP als besondere Herausforderung für das Management, und seinen Erfolg als Indikator für dessen Akzeptanz sehen.

Abbildung 7 stellt hier zusammen, in welchen Formen der KVP in den betrachteten GPS auftaucht. Für ein besseres Verständnis werden konkretere Elemente aufgeführt, wo verfügbar.

■ **Standardisierte Arbeit**

Standardisierte Arbeit gilt grundsätzlich als Voraussetzung für einen funktionierenden KVP, da sie Abweichungen erst definiert und sichtbar macht. Dabei sollte Standardisierung immer angemessen stattfinden, d.h. auf die spezifischen Besonderheiten der Prozesse und Umgebungen Rücksicht nehmen. In Abbildung 8 sind diejenigen GPS-Bausteine, die sich dem Subsystem Standardisierte Arbeit zuordnen lassen, aufgeführt.

| Knorr-Bremse | Verschwendung eliminieren | |
|---|---|---|
| Vaillant | Qualitätsverbesserungsprozess<br>1. Qualitätsplanung<br>2. Qualitätsorganisation<br>3. Qualitätsaudit<br>=> definierter & standardisierter Prozess-Flow für die Qualitätsverbesserung | Kaizen (Dezentraler Verbesserungsprozess ohne Gutachtergremium, Annahme und Bearbeitung durch Einreicher und Führungskraft, Terminplanung für Umsetzung verpflichtend, Einfache & objektive Prämierung, auch: Team-Kaizen (bis 6 Personen)) |
| Audi | KVP (Kerninhalte: Optimierung bestehender Prozesse mittels KVP operativ & KVP-Workshop; Probleme werden analysiert und Lösungen erarbeitet; Festlegung von Maßnahmen, Verantwortlichkeiten & Terminen) | |
| Valeo | Kaizen, Monthly Meetings, Daily Meetings, Ideenmanagement, Roadmaps (= Definitionen von Reifestufen mit Maßnahmen) | |
| Ford | Qualitätssysteme, Vorbeugende Instandhaltung | („Jeden Tag wird insgesamt zwei Stunden lang mit den einzelnen Teamchefs besprochen, wie sich die Arbeit noch besser organisieren lässt, um unnötige Wege, Arbeitsunfälle und Ausfallzeiten zu vermeiden.") |
| Festo | KVP | |
| Siemens | Kontinuierlicher Verbesserungsprozess (KVP, TPM, six sigma, 8D Report, Benchmarking und Best Practice Sharing, Ermittlung von Verbesserungspotenzialen in KVP-Workshops; definierter KVP-Prozess (Zeitrahmen etc.); Ausbildung von Moderatoren; gezielte Auswahl der beteiligten Mitarbeiter; vorgeschaltete Aufwand-Nutzen-Analyse; Benchmarking und Best Practice Sharing) | |
| Daimler-Chrysler | KVP (Beseitigung von Verschwendung (Planen, Tun, Checken, Agieren) (PTCA); 7 Arten der Verschwendung; 5 Warums (5 Ws); Grafische Ablaufanalyse; mKVP – mitarbeitergetragener KVP; eKVP – expertengetragener KVP; KVP-Workshop; Änderungsmanagement; Praxisvergleich; Simultaneous Engineering (SE)) | |

*Abb. 7: Elemente des Subsystems Kontinuierliche Verbesserungsprozesse (KVP) in den GPS verschiedener Unternehmen*

| Knorr-Bremse | Keine Aussage | |
|---|---|---|
| Vaillant | Standardisierung | |
| Audi | Standardisierte Arbeit | Arbeitsplatzorganisation |
| Valeo | Standardisierung auch bei Zulieferern | |
| Ford | Vorgabe einzelner Prinzipien, Ausgestaltung am Standort | |
| Festo | Keine Aussage | |
| Siemens | Standardisierung und eindeutige Prozessdefinitionen | |
| Daimler-Chrysler | Standardisierte Methoden und Prozesse (verbindlich) | |

*Abb. 8: Elemente des Subsystems Standardisierte Arbeit in den GPS verschiedener Unternehmen*

■ **Visuelles Management**

Unter Visuellem Management ist die Nutzung optischer Hilfsmittel zur Steuerung der Produktionsabläufe und Tätigkeiten der Mitarbeiter zu verstehen. Abbildung 9 zeigt, welche Elemente des Visuellen Managements in den betrachteten GPS eingesetzt werden.

## 2.6 Ganzheitliche Produktionssysteme

| Knorr-Bremse | Keine Aussage | |
|---|---|---|
| Vaillant | 5S | |
| Audi | Visuelles Management (Standards, Ziele, Bedingungen für Produktion, Kennzahlen, Prozesse, Bereichsfarben, Sicherheitsschilder, Beschriftungen) | |
| Valeo | Kommunikationsboards | Visuelles Management |
| Ford | Kennzeichnung der minimalen und der maximalen Bestandsmengen an der Linie | |
| Festo | Sauberkeit und Ordnung | Visualisierung |
| Siemens | Visualisierung (Management by Objectives) | |
| Daimler-Chrysler | Visuelles Management (Produktionsprozesse, Bodenmarkierungen, Kennzeichnungen, Beschriftungen) | 5A (5S) |

*Abb. 9: Elemente des Subsystems Visuelles Management in den GPS verschiedener Unternehmen*

### 2.6.4.3 Zusammenfassung der empirischen Befunde

Es überrascht kaum, dass sich die Handlungsfelder von Scholtz, Korge und Schlauß in den meisten Unternehmen wiederfinden, da diese ihre Kategorisierung nach eigenem Bekunden aus der Praxis abgeleitet haben. Auffällig ist jedoch, dass insbesondere kleine Unternehmen völlig eigene Konzeptionen von GPS umsetzen. In der zusammenfassenden Übersicht (Abbildung 10) tritt dies besonders deutlich hervor.

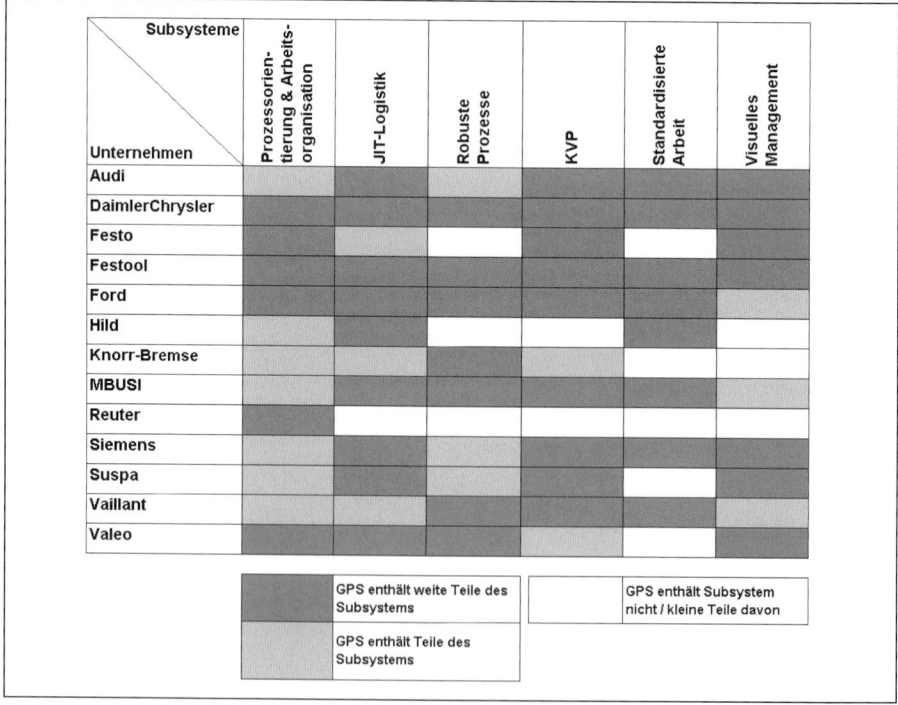

*Abb.10: Überblick über die Subsysteme der betrachteten GPS*

## 2.6.5 Zusammenfassung: Begriff, Ansatz und Struktur des GPS

GPS breiten sich von der Automobilindustrie aus auf alle Branchen aus. Gründe hierfür sind die erfahrungsgemäß hohen Verbesserungspotenziale und ein Druck von Seiten großer Unternehmen auf ihre Zulieferer zur Umsetzung. Dabei ist dieser Ausbreitungsprozess keineswegs abgeschlossen. Zielgruppe des GPS sind solche Unternehmen, die nach einem koordinierenden und konsolidierenden Ordnungsrahmen für ihre Modernisierungsaktivitäten suchen. Die Fähigkeit des GPS, genau diesen Rahmen darzustellen, liegt in seinem integrationsfähigen und umfassenden Ansatz begründet, welcher sich in der Struktur widerspiegelt. Ausgehend von strategischen Unternehmenszielen werden Ziele unmittelbar für das GPS bestimmt und in Gestaltungsprinzipien umgesetzt. Diese stellen Richtlinien für die Integration bestehender und die Auswahl neu zu implementierender Methoden und Instrumente dar. Gestaltungsprinzipien mit gemeinsamer Zielrichtung können in Subsystemen zusammengefasst werden. Zum Verständnis dieser Struktur ist wichtig, dass die Elemente jeder dieser drei Stufen systemische Eigenschaften, also multiple Beziehungen zu Elementen höherer und/oder niedrigerer Ebenen haben können. Die Quantifizierung der Intensität einer solchen Beziehung wird als Zielbeitrag bezeichnet. Dieser wird dazu verwendet, eine zielführende Auswahl von Elementen vorzunehmen. Grundsätzlich kann ein GPS in zwei Richtungen interpretiert werden: Entweder wird es als Managementinstrument mit strikten Handlungsvorgaben oder als dezentrale Toolbox in den Händen der Mitarbeiter gesehen. Tendenziell werden letzterem Weg die größeren Potenziale zugesprochen, wenn dies auch für große Serienfertiger anders sein kann. Schließlich ist für die Unterscheidung einzelner Elemente wichtig, die Wirkungszusammenhänge zu analysieren.

### Literaturempfehlung

*Brocker, U.:* Vorwort. In: Institut für angewandte Arbeitswissenschaft e.V. Ganzheitliche Produktionssysteme – Gestaltungsprinzipien und deren Verknüpfung. S. 9–13. Köln: Wirtschaftsverlag Bachem, 2002.

*DaimlerChrysler:* Das Mercedes-Benz Produktionssystem – Systembeschreibung. 2. Überarbeitete Version 17. Januar 2000.

*Dunkler, O.:* Einführung eines Produktionssystems. In: IIR, Institute for International Research Ganzheitliche Produktionssysteme: Fachkonferenz 24. und 25. September 2001. Kapitel 2. Sulzbach: IIR Deutschland, 2001.

*Fischer, H./Salwiczek, P.:* Auf neuen Wegen zu neuen Zielen – das ganzheitliche Produktionssystem GPS. REFA-Nachrichten 6/2002 S. 16–22.

*Heizmann, J.:* Audi Produktions System APS – Vorlesungsreihe Wertschöpfungs-Management. http://www.tcw.de/veranstaltungen/neue_produktionssysteme/vortrag_audi.pdf, 2003.

*Hinrichsen, S.:* Ganzheitliche Produktionssysteme – Begriff, Funktionen, Stand der Umsetzung. In: Zeitschrift für Unternehmensentwicklung und Industrial Engineering 6/2002 S. 251–255.

*Hummel, V.:* Management von Unternehmensnetzwerken auf dem Weg zur Business Excellence. In: Business Excellence: Praxisbeispiele – Forschungsansätze – Visionen. Fraunhofer IPA Seminar F66. S. 177–191, Stuttgart, 2001.

*IAO:* Ganzheitliche Produktionssysteme (GPS) – Einführung, Aufbau, Wirkungsweise, typische Bausteine, Potenziale, Konfiguration und Implementierung. Institut für Arbeitswirtschaft und Organisation der Fraunhofer Gesellschaft. http://www.produktionssysteme.iao.fhg.de/, 2002.

*Korge, A.:* Konzepte Ganzheitlicher Produktionssysteme. Stuttgart: Fraunhofer IAO, Stuttgart, 2002.

*Korge, A.:* Nichts ist so praktisch wie eine gute Theorie. In: Spath, D.: Ganzheitlich produzieren – Innovative Organisation und Führung. S. 170–186. Stuttgart: Log_X, 2003.

*MTM:* Das ganzheitliche Produktionssystem – Management Summary. Deutsche MTM-Vereinigung e.V. http://www.dmtm.com/newsimages/27288baa.pdf, 2002.

*Reuter, K.-H.:* Innovationen schaffen. In: Spath, D.: Ganzheitlich produzieren – Innovative Organisation und Führung. S. 140–145. Stuttgart: Log_X, 2003.

*Schonberger, R.:* (1988) Produktion auf Weltniveau: Wettbewerbsvorteile durch integrierte Fertigung. Frankfurt, 1988.

*Spath, D./Korge, A./Scholtz, O.:* Ganzheitliche Produktionssysteme – eine neue Chance für produzierende Unternehmen. In RATIO, 3/2003, Stuttgart: RKW Baden-Württemberg. S. 9–11.

*Spath, D.:* Ganzheitlich Produzieren – Innovative Organisation und Führung. Stuttgart: Log_X, 2003.

*Theile, K.:* Ganzheitliches Management – Ein Konzept für Klein- und Mittelunternehmen. Bern: Haupt, 1996.

*Thomas, M.:* Von der Linienführung zum Produktionssystem. In: Spath, D.: Ganzheitlich produzieren – Innovative Organisation und Führung. S. 122–126. Stuttgart: Log_X, 2003.

*Warnecke, H.-J.:* Leitvorstellungen ganzheitlicher, effizienter Produktionskonzepte. In: Künzer, V./Meyer, U./Wegner, K. (Hrsg.): Moderne Arbeits- und Produktionskonzepte. S. 7–17. Köln, 1992.

*Westkämper, E.:* Das EFQM Excellence Modell und die moderne Unternehmensorganisation. In: TQM im Mittelstand. Fraunhofer IPA Seminar F38 S. 7–18. Stuttgart, 1998.

*Winnes, R.:* Die Einführung industrieller Produktionssysteme als Herausforderung für Organisation und Führung. Seminarreihe 2002. Karlsruhe: Technische Hochschule.

# III

# Personal-
# management

# Inhalt

| | | |
|---|---|---|
| **3.1** | **Ziele, Strategien und Aufgaben des Personalwesens** | 247 |
| 3.1.1 | Unterstützung der Ziele und Strategien des Unternehmens | 247 |
| 3.1.2 | Rekrutierung neuer Mitarbeiter als Kernkompetenz der Personalexperten | 249 |
| 3.1.3 | Förderung der Führung und Zusammenarbeit im Unternehmen | 250 |
| **3.2** | **Mitarbeiterauswahl und -beschaffung** | 251 |
| 3.2.1 | Grundlagen der Mitarbeiterauswahl und -beschaffung | 251 |
| 3.2.1.1 | Fragen und Entscheidungen vor der Einstellung neuer Mitarbeiter | 251 |
| 3.2.1.2 | Der Bewerber als Kunde | 252 |
| 3.2.1.3 | Stellenbeschreibungen als Grundlage der Personalbeschaffung | 254 |
| 3.2.1.4 | Von der Stellenbeschreibung zum Anforderungsprofil | 255 |
| 3.2.1.5 | Wege zum Bewerber | 257 |
| 3.2.2 | Der Rekrutierungsprozess im Überblick | 262 |
| 3.2.3 | Analyse der Bewerbungsunterlagen | 264 |
| 3.2.3.1 | Sichtprüfung der Bewerbungsunterlagen | 264 |
| 3.2.3.2 | Die Interpretation des Lebenslaufs | 265 |
| 3.2.3.3 | Die Zeugnisse von Schulen und Hochschulen | 267 |
| 3.2.3.4 | Arbeitszeugnisse | 268 |
| 3.2.3.5 | Rating der Bewerbungen | 269 |
| 3.2.4 | Bewerberinterviews als Instrument der Personalauswahl | 271 |
| 3.2.4.1 | Ziele, Grenzen und Erfolgsfaktoren von Bewerberinterviews | 271 |
| 3.2.4.2 | Telefoninterviews als wirtschaftlich sinnvolle Alternative | 273 |
| 3.2.4.3 | Die organisatorische Vorbereitung von Bewerberinterviews | 273 |
| 3.2.4.4 | Die inhaltliche Vorbereitung von Vorstellungsgesprächen | 275 |
| 3.2.4.5 | Eine sinnvolle Vorgehensweise für Bewerberinterviews | 276 |
| 3.2.4.6 | Die Kunst der richtigen Frage | 278 |
| **3.3** | **Mitarbeiterführung** | 279 |
| 3.3.1 | Einige grundsätzliche Überlegungen zum Thema Mitarbeiterführung | 279 |
| 3.3.1.1 | Was Führen heißt | 279 |
| 3.3.1.2 | Die Führungssituation und ihre Einflussfaktoren | 281 |
| 3.3.1.3 | Führungsstile und ihre Auswirkung | 282 |
| 3.3.2 | Die Führungskraft in der Produktion | 285 |
| 3.3.2.1 | Aufgaben im Überblick | 285 |
| 3.3.2.2 | Informieren, kommunizieren, symbolisieren | 286 |
| 3.3.2.3 | Ziele vereinbaren und kontrollieren | 289 |
| 3.3.2.4 | Aufgaben, Befugnisse und Verantwortung delegieren | 292 |
| 3.3.2.5 | Anerkennen, kritisieren und beurteilen | 292 |
| **3.4** | **Mitarbeiterentwicklung und -qualifizierung** | 297 |
| 3.4.1 | Bedeutung, Ziele und Teilfunktionen der Personalentwicklung | 297 |
| 3.4.2 | Personalentwicklung als Prozess | 299 |
| 3.4.2.1 | Der PE-Prozess im Überblick | 299 |
| 3.4.2.2 | Die Beteiligten am PE-Prozess | 299 |
| 3.4.2.3 | Die Analyse des Bildungsbedarfs | 300 |
| 3.4.2.4 | Bildungsplanung und Budgetierung | 301 |
| 3.4.2.5 | Konzeption von PE-Maßnahmen | 302 |
| 3.4.3 | Maßnahmen der Personalentwicklung | 304 |

| | | |
|---|---|---|
| 3.4.3.1 | PE-Maßnahmen im Überblick | 304 |
| 3.4.3.2 | Außerbetriebliche Seminare und Lehrgänge | 305 |
| 3.4.3.3 | Inhouse-Seminare | 306 |
| 3.4.3.4 | Computer Based Training | 306 |
| 3.4.4 | Auswahl externer Trainer und Trainingsanbieter | 308 |
| 3.4.5 | Lehr- und Lernmanagement | 310 |
| 3.4.5.1 | Lerninhalte und Ziele | 310 |
| 3.4.5.2 | Lehr- und Lernphasen | 311 |
| 3.4.5.3 | Der Faktor »Zeit« im Training | 314 |
| 3.4.5.4 | Die Rolle des Trainers | 315 |
| 3.4.6 | Personalentwicklung und Transfersicherung als Führungsaufgabe | 317 |
| **3.5** | **Systematische Mitarbeiterbeurteilung** | **318** |
| 3.5.1 | Vom Mitarbeiterwunsch zum organisierten Feedback | 318 |
| 3.5.2 | Die Einführung von Beurteilungssystemen | 321 |
| 3.5.3 | Beurteilungskriterien und Beurteilungsskalen | 323 |
| 3.5.4 | Beurteilungsfehler | 325 |
| 3.5.5 | Spielregeln für die Vorbereitung und Durchführung von Beurteilungsgesprächen | 327 |

## 3.1 Ziele, Strategien und Aufgaben des Personalwesens

*von Rüdiger Bechstein*

In den allermeisten Produktionsstätten ist die Zahl der Mitarbeiter deutlich kleiner als noch vor einigen Jahrzehnten. Viele einfache Tätigkeiten sind mittlerweile durch Maschinen übernommen worden. Die Arbeitsaufgaben wurden anspruchsvoller und die erforderlichen Qualifikationen größer. In gleichem Maße änderte sich das Selbstverständnis für die Aufgaben der Personalabteilung weg von der anfangs dominierenden Personalverwaltung. Natürlich gehört auch heute noch die Beachtung einer Vielzahl von gesetzlichen Regeln und die Schaffung interner Regelwerke zu den Aufgaben des Personalwesens. Im Rahmen dieser Darstellung werden Themen des Arbeitsrechts und der Personalverwaltung jedoch nicht behandelt.

### 3.1.1 Unterstützung der Ziele und Strategien des Unternehmens

Das Personalwesen ist dem Kernauftrag des Unternehmens verpflichtet und muss seinen Beitrag zu dessen Wertschöpfung leisten. Der Ruf nach Spitzenleistungen zur Erhaltung der Wettbewerbsfähigkeit für die Zukunft gilt auch für die Mitarbeiter der Personalabteilungen. Nur wenn sie sich dem hohen Anspruch unterwerfen, den sie üblicherweise an die Auswahl neuer Mitarbeiter haben, so werden die Personalverantwortlichen ihre Rolle als kompetente Berater und Partner der Unternehmungsleitungen bei der Umsetzung der Strategien wahrnehmen können.

*Berater und Partner der Unternehmensleitung*

Die Ziele des Personalwesens sollten in engem Zusammenhang mit den Zielen des Unternehmens und der einzelnen Unternehmensteile stehen. Daher ist es notwendig, die Mitarbeiter in Personalfunktionen in allen wichtigen Fragen auf dem Laufenden zu halten. Wenn möglich sollten die Personalfachleute an den Zielfindungsprozessen beteiligt werden. So wird gewährleistet, dass das Personalwesen sich mit den aktuellen Zielen des Unternehmens identifiziert und bei der Erledigung seiner eigenen Aufgaben in die richtige Richtung wirkt. Nur dann werden die Ressourcen innerhalb des Personalbereichs unternehmenszielorientiert eingesetzt.

*Kenntnis der Unternehmensziele*

Soweit die Kompetenz und Akzeptanz dafür vorhanden ist, sind Personalfachleute aufgrund ihrer neutralen Stellung gut geeignet, als Moderatoren an Zielfindungsprozessen mitzuwirken. Von den jeweils aktuellen Unternehmens- oder Bereichszielen sind dann die Ziele des Personalwesens abzuleiten.

*Personalexperten als Moderatoren*

Unabhängig von den Unternehmenszielen gibt es Ziele, die vom Personalwesen dauerhaft verfolgt werden. Dazu gehört neben der Einhaltung aller personalrelevanten Rechtsnormen das möglichst reibungslose Zusammenwirken der Mitarbeiter im Unternehmen. Das gilt sowohl für die Zusammenarbeit auf Mitarbeiterebene als auch für das Verhältnis zwischen

*Personalfachleute als Mittler*

## 3.1 Ziele, Strategien und Aufgaben des Personalwesens

Geschäftsführung, allen Ebenen der Führungskräfte und den übrigen Mitarbeitern.

**Personalexperten als »Change Agents«**

Um die Voraussetzung für notwendige Veränderungen zu schaffen, hat ein modernes Personalwesen auch die Wandlungsbereitschaft und -fähigkeit der Mitarbeiter zum Ziel. Für die Mitarbeiter in Personalfunktionen bedeutet dies, permanent ihre eigene Glaub- und Vertrauenswürdigkeit unter Beweis zu stellen. Sie sind auch gefragt als »Kümmerer« für die Belange der Beschäftigten. Andernfalls können sie ihre Rolle als »Change Agents« im Unternehmen nicht wirkungsvoll wahrnehmen.

## 3.1.2 Rekrutierung neuer Mitarbeiter als Kernkompetenz der Personalexperten

Bei der Beschaffung von neuen Mitarbeitern sind die Fachleute der Personalabteilung besonders gefragt. In wirtschaftlich guten Zeiten findet ein Wettlauf um qualifizierte Mitarbeiter statt. Von Unternehmen nicht beeinflussbare Faktoren führen regelmäßig zu Engpässen in bestimmten Segmenten des Arbeitsmarktes. Die Fragen, die die Personalfachleute beantworten müssen, lauten:

- Wo finden wir geeignete Kandidaten zur Deckung unseres Personalbedarfs?

- Wie machen wir diese Kandidaten auf unser Unternehmen aufmerksam?

- Wie gewinnen wir sie als Bewerber? Wie überzeugen wir unsere Bewerber, dass wir das richtige Unternehmen sind?

Die Personalexperten sorgen durch ihre methodische Vorgehensweise für einen effizienten Rekrutierungsprozess. Außerdem binden sie die in diesen Angelegenheiten meist weniger erfahrenen Führungskräfte der Fachabteilungen in das Verfahren ein. Die Einstellung neuer Mitarbeiter ist mit einer hohen Verantwortung verbunden. Fehler können für beide Seiten sehr teuer werden.

**Effizienz durch methodisches Vorgehen**

Mit der Unterzeichnung eines Arbeitsvertrages wird nur der Beginn eines gemeinsamen Weges von Bewerber und Unternehmen markiert. Daher ist in der Startphase nach der Arbeitsaufnahme noch eine intensivere Betreuung durch die Personalabteilung erforderlich.

### 3.1.3 Förderung von Führung und Zusammenarbeit im Unternehmen

Unternehmen funktionieren nur, wenn Führungskräfte und Mitarbeiter zusammenarbeiten und nicht gegeneinander. Der regelmäßige Kontakt mit Mitarbeitern und Vorgesetzten ermöglicht den Personalbetreuern eine gute Kenntnis der Führung und Zusammenarbeit und des Betriebsklimas im Unternehmen.

**Führungsgrundsätze, Beurteilungsverfahren, Personalentwicklung**

Aufgabe der Personalabteilung ist der Aufbau und die Weiterentwicklung von Instrumenten, die den Führungskräften und Mitarbeitern die Zusammenarbeit erleichtern sollen. Hierzu gehören unter anderem Führungsgrundsätze und Beurteilungsverfahren. Außerdem ist die Personalabteilung gelegentlich als neutraler Moderator zwischen Vorgesetzten und Mitarbeitern gefragt. Allen Führungskräften sollte die Personalabteilung auch als kompetenter Berater für die eigene Führungspraxis zur Verfügung stehen. Dies beinhaltet den gesamten Fragenkomplex der Personalentwicklung.

## 3.2 Mitarbeiterauswahl und -beschaffung

*von Rüdiger Bechstein*

### 3.2.1 Grundlagen der Mitarbeiterauswahl und -beschaffung

#### 3.2.1.1 Fragen und Entscheidungen vor der Einstellung neuer Mitarbeiter

Bevor mit der Beschaffung neuer Mitarbeiter von außen begonnen wird, sollten sinnvollerweise einige Fragen vorher beantwortet werden. Vakanzen und Neueinstellungen bieten häufig die Chance zu grundsätzlichen Veränderungen. Deshalb sollte die Gelegenheit genutzt werden, Anforderungen von Fachabteilungen in Frage zu stellen:

*Nicht einfach »loslegen«*

---

**Checkliste: Fragen und Entscheidungen**

**Fragen zur Wirtschaftlichkeit und Notwendigkeit der Einstellung**

- Wird ein neuer Mitarbeiter wirklich benötigt?
- Reicht künftig eine Teilzeitkraft zur Erledigung der Aufgaben aus?
- Können bisher ausgeführte Aufgaben abgeschafft oder outgesourct werden?
- Gibt es interne Kapazitätsreserven (Abbau von Fehlzeiten, veränderte Arbeitszeitmodelle ...)?

**Fragen zur Organisationsentwicklung**

- Sind Personalaufbau und Struktur sinnvoll?
- Stimmt das bisherige Konzept der Stelle?
- Ist es sinnvoll, vor einer Neueinstellung die Aufgaben im Bereich oder bereichsübergreifend anders zu verteilen oder zu reorganisieren?
- Bietet eine Neueinstellung die Chance zur Verbesserung der Gesamtorganisation, z.B. durch den Einkauf nicht vorhandenen Know-hows?

**Prüfung interner Lösungen**

- Ist die zu besetzende Stelle für vorhandene Mitarbeiter eine berufliche Perspektive?
- Gibt es geeignete interne Bewerber oder Interessenten, die Interesse an einer solchen Position haben?
- Besteht die Möglichkeit, einen in einem anderen Bereich überflüssig gewordenen Mitarbeiter sinnvoll unterzubringen?
- Ist die Stelle geeignet für die Übernahme eines Auszubildenden?
- Kann die Vakanz aktiv benutzt werden für Personalentwicklungsaktivitäten (Austauschprogramme, Job-Rotation ...)?

→

## 3.2 Mitarbeiterauswahl und -beschaffung

> **Zukunftsorientierte Definition der Aufgaben und Anforderungen**
> - Wie werden sich die Aufgaben und Prozesse in dieser Abteilung in Zukunft verändern?
> - Welche Aufgaben muss der Mitarbeiter heute und in Zukunft erledigen oder nicht mehr erledigen?
> - Welche Anforderungen muss der Mitarbeiter schon heute erfüllen, um auch in Zukunft erfolgreich sein zu können?
> - Welches Entwicklungspotenzial muss der Mitarbeiter mitbringen?

*Abb. 1: Checkliste zu Fragen und Entscheidungen*

### 3.2.1.2 Der Bewerber als Kunde

**Ein gegenseitiger Werbungsprozess**

Der Begriff »Bewerbung« suggeriert, dass es sich um eine einseitige Angelegenheit handelt, bei der der Bewerber sich dem Unternehmen anbietet. Im Kontakt zwischen Bewerbern und Unternehmen sind die Handlungsmöglichkeiten jedoch nicht einseitig zu Gunsten der Unternehmen festgelegt. Jeder Bewerber hat im Verlauf des gesamten Bewerbungsprozesses zu jedem Zeitpunkt die Möglichkeit, seine Bewerbung zurückzuziehen. Dies gilt umso mehr für Kandidaten, die sich in einem ungekündigten Arbeitsverhältnis befinden oder zu einer am Arbeitsmarkt gerade sehr stark nachgefragten Personengruppe gehören. Bei näherer Betrachtung befinden sich Unternehmen und Bewerber in einem gegenseitigen »Werbungsprozess«.

Um im gesamten Prozess der Personalbeschaffung interessante Kandidaten bei der Stange zu halten, ist eine durchgehend professionelle Abwicklung erforderlich. Dies beginnt mit der richtigen Einstellung und dem Können der damit betrauten Mitarbeiter. Alle Bewerber haben zu Recht grundlegende Erwartungen, die in Abbildung 2 dargestellt sind.

**Die Bewerberverwaltung als Visitenkarte des Unternehmens**

Vor dem Hintergrund der Überlegung, dass das Unternehmen auch um den Bewerber wirbt und sich im Wettbewerb mit anderen Arbeitgebern befindet, sollte die Bewerberverwaltung nicht als notwendiges Übel, sondern als Chance zur Differenzierung genutzt werden. Bewerber sind positiv angetan von angenehmen Telefongesprächen mit Mitarbeitern in der Personalabteilung, zügiger und regelmäßiger Korrespondenz mit ansprechend formulierten Briefen und einer gut gestalteten Anfahrtsskizze für das erste Interview.

Jeder Bewerber sollte wie ein Kunde behandelt werden. Das gilt auch für Bewerber, die gleich bei der ersten Sichtung der Unterlagen für eine Beschäftigung im Unternehmen nicht in Frage kommen. Unprofessionalität spricht sich herum. Vielleicht hat der abgelehnte Bewerber Sohn oder Tochter, die für einen Ausbildungsplatz in Frage kommen würden. Möglicherweise hat er bei seinem jetzigen Unternehmen Einfluss auf Beschaffungsprozesse, die auch die Produkte oder Dienstleistungen des auf Personalsuche befindlichen Unternehmens berühren. Es gibt genügend gute

| Erwartungen | Aktivitäten im Unternehmen | Begründung | Praxistipp |
|---|---|---|---|
| Vertraulichkeit | ■ keine Hinweise an unbeteiligte Dritte innerhalb und außerhalb des Unternehmens<br>■ keine Einholung von Referenzen ohne vorherige Abstimmung mit dem Bewerber | ■ Kandidaten, die sich in einem ungekündigten Arbeitsverhältnis befinden, könnten bei ihrem bisherigen Arbeitgeber Nachteile erleiden | ■ interessante Bewerber in der engeren Auswahl werden im Rahmen des zweiten Interviews ausdrücklich um Referenzen gebeten |
| Sorgfalt im Umgang mit Bewerbungsunterlagen | ■ sorgfältige Verwaltung der Bewerbungsunterlagen<br>■ Rückgabe in einwandfreiem Zustand | ■ Unterlagen bleiben bis zu einer Einstellung Eigentum des Bewerbers, nur das Anschreiben verbleibt im Unternehmen | ■ Einsatz einer professionellen Software für das Bewerbermanagement<br>■ keine Weitergabe von Originalunterlagen an Fachabteilungen |
| Reaktionszeit | ■ angemessene Antwort auf Bewerbungseingang<br>■ regelmäßige Informationen über den Status der Bewerbung | ■ Bewerber möchten wissen, woran sie sind | ■ Festlegung von internen Standards<br>■ systematische Wiedervorlage |
| Höflichkeit und Freundlichkeit | ■ Professionalität bei Bewerberkorrespondenz und Telefonkontakt | ■ Briefe, eMails und Telefonate prägen das Bild des Bewerbers vom Unternehmen | ■ Telefontraining für die beteiligten Mitarbeiter<br>■ Überprüfung der vorhandenen Musterbriefe, evtl. externe Unterstützung |
| Reisekosten | ■ Zahlung der entstandenen Fahrtkosten innerhalb einer angemessenen Frist | ■ soweit nicht im Vorfeld ausdrücklich ausgeschlossen, hat der Bewerber einen Anspruch auf die Erstattung von Reisekosten | ■ Merkblatt und Formular für Reisekosten mit Terminbestätigung vor dem Interview an Bewerber senden |

*Abb. 2: Umgang mit Erwartungen von Bewerbern in der Praxis*

Gründe, alle Bewerbungen gleichermaßen professionell zu handhaben, denn Bewerber nehmen den Umgang mit ihrer Bewerbung persönlich – wer kann es ihnen verdenken?

### 3.2.1.3 Stellenbeschreibungen als Grundlage der Personalbeschaffung

Eine Stellenbeschreibung steckt jeweils den Grobrahmen der Aufgaben eines Mitarbeiters ab. Sie stellt keine abschließende Beschreibung dar und beinhaltet nicht alle Details des jeweiligen Aufgabengebietes. Dennoch bietet sie eine gute Grundlage für die Aktivitäten zur Besetzung einer Stelle.

| Inhalt | Fragestellung | Beispiel |
|---|---|---|
| Stellenbezeichnung | Wie lautet die offizielle Bezeichnung der Stelle? | Leiter/-in Zentrale Dienste |
| Ziel der Stelle | Warum existiert die Stelle überhaupt? | Sicherstellen reibungsloser und effizienter Prozesse in den Bereichen<br>■ Postein- und -ausgang<br>■ Hauspost<br>■ Besucherempfang<br>■ Telefonzentrale<br>■ Fuhrpark |
| Vorgesetzter | Wie lautet die Stellenbezeichnung des Vorgesetzten? | Leiter/-in Personal |
| Unterstellte Mitarbeiter | Wie lauten die Stellenbezeichnungen der unterstellten Mitarbeiter? | ■ Mitarbeiter/-in Poststelle<br>■ Mitarbeiter/-in Empfang Telefonzentrale<br>■ Mitarbeiter/-in Archiv<br>■ Mitarbeiter/-in allgemeine Verwaltung |
| Aufgaben | Wie lauten die Hauptaufgaben, die der Stelleninhaber zu erfüllen hat? | ■ Führung der Mitarbeiter<br>■ Rationalisierung und kontinuierliche Verbesserung der Prozesse der Abteilung<br>■ Sicherstellung der technischen Ausstattung<br>■ Verwaltung des Fuhrparks |
| Befugnisse | Welche Kompetenzen hat der Mitarbeiter? | ■ Verfügungen aus genehmigtem Budget bis € 1.000 |
| Entscheidungsvorbehalte des Vorgesetzten | Was muss der direkte Vorgesetzte entscheiden? | ■ Verfügungen über € 1.000<br>■ Verfügung außerhalb des genehmigten Budgets<br>■ Einstellung neuer Mitarbeiter/Aushilfen<br>■ Schulungskosten<br>■ Reisekosten/Spesen |
| Zusammenarbeit | Mit welchen Abteilungen arbeitet der Stelleninhaber hauptsächlich zusammen? | ■ Vertrieb (Rechnungsdruck)<br>■ Einkauf (Verträge mit Dienstleistern)<br>■ EDV |
| Berichterstattung | Worüber ist der Vorgesetzte zu informieren? | ■ Unfälle Fuhrpark<br>■ Ausfall der Telefonanlage über 30 Minuten |

*Abb. 3: Beispiel für eine Stellenbeschreibung*

Die aktuelle Stellenbeschreibung sollte vom Vorgesetzten und Stelleninhaber unterschrieben werden und von Zeit zu Zeit, idealerweise im Vorfeld von Beurteilungs- und Jahresgesprächen, aktualisiert werden. Falls eine neue Stelle geschaffen wird, sollte vom Vorgesetzten und der Personalabteilung zunächst ein Entwurf zur Stellenbeschreibung erstellt werden, der später anhand der Praxis überprüft und fortgeschrieben wird.

### 3.2.1.4 Von der Stellenbeschreibung zum Anforderungsprofil

Eine Stellenbeschreibung sagt konkret wenig aus über die Anforderungen, die ein Stelleninhaber erfüllen muss, um erfolgreich zu sein. Neben der Stellenbeschreibung sind weitere Informationsquellen zur Feststellung der Anforderungen heranzuziehen. Zunächst bietet sich ein Gespräch mit dem bisherigen Stelleninhaber oder mit einem Vorgänger an. Dann sollte der direkte Vorgesetzte befragt werden. Weitere wichtige Hinweise können künftige Kollegen geben, die sich mit dem neuen Mitarbeiter in einem Kunden-Lieferanten-Verhältnis befinden. In manchen Fällen ist es sinnvoll, Fachleute aus anderen Abteilungen des Hauses zu befragen, insbesondere wenn es um spezifisches Fachkönnen geht. In allen Fällen ist ein Gespräch wirkungsvoller als eine schriftliche Abfrage, weil dabei gezielt nachgefragt werden kann.

*Informationen aus dem direkten Umfeld*

Gerade wenn es sich bei der zu besetzenden Stelle um eine hochgradige Spezialistenfunktion handelt und ein entsprechendes Know-how im Unternehmen nicht zur Verfügung steht, können Externe wertvolle Hinweise geben. Wird beispielsweise eine neuartige Technologie eingeführt, kann der Lieferant der in diesem Zusammenhang angeschafften neuen Maschinen einen Beitrag leisten. Darüber hinaus lassen sich Hochschulkontakte auch für diese Fragestellung nutzen.

*Spezialwissen von außen*

Zur Analyse der Anforderungen dienen folgende Fragen, die teilweise aus der Stellenbeschreibung heraus zu beantworten sind:

- Welches sind die wichtigsten Aufgaben?
- Mit welchen Personen wird der Mitarbeiter hauptsächlich zu tun haben?
- Welches sind die »schönen« Seiten dieser Stelle?
- Welches sind die eher »unangenehmen« Seiten dieser Stelle?
- Welche fachliche Aus- und Weiterbildung sollte der Stelleninhaber haben?
- Welche beruflichen Erfahrungen sollte ein Stelleninhaber haben?
- Welche besonderen Anforderungen stellt das betriebliche Umfeld an einen Stelleninhaber?
- Welche persönlichen Eigenschaften sollte ein Stelleninhaber mitbringen?
- Welche Perspektiven bieten sich dem Stelleninhaber?

Gelegentlich fällt es schwer, notwendige Eigenschaften und Kompetenzen zu beschreiben. Dann kann es hilfreich sein, zu fragen: Welche Eigenschaften könnten zum Misserfolg führen?

Zur besseren Übersicht lassen sich die meisten Anforderungen in vier Kompetenzbereiche gliedern:

- Fachkompetenz
- Methodenkompetenz
- Sozialkompetenz
- persönliche Kompetenz/Persönlichkeit

Um den Grad der Notwendigkeit der einzelnen Anforderungen in einem Anforderungsrpfil systematisch zu erfassen, bieten sich Skalen an:

**Fachkompetenz (inkl. Ausbildung/Studium)**
Kaufmännische Berufsausbildung ○ ○ ○ ○ ○
Geschick im Umgang mit technischen Geräten ○ ○ ○ ○ ○
Erweiterte Kenntnisse Controlling ○ ○ ○ ○ ○
Tabellenkalkulation (Excel) ○ ○ ○ ○ ○
Textverarbeitung (Word) ○ ○ ○ ○ ○
Englisch fließend in Wort und Schrift ○ ○ ○ ○ ○
Pkw-Führerschein ○ ○ ○ ○ ○

**Methodenkompetenz**
Arbeitsorganisation ○ ○ ○ ○ ○
Zeitmanagement ○ ○ ○ ○ ○
Organisationstalent ○ ○ ○ ○ ○
Präsentationstechnik ○ ○ ○ ○ ○

**Sozialkompetenz**
Teamfähigkeit ○ ○ ○ ○ ○
Kommunikationsfähigkeit ○ ○ ○ ○ ○
Konfliktfähigkeit ○ ○ ○ ○ ○
Verhandlungsgeschick ○ ○ ○ ○ ○

**Persönliche Kompetenz/Persönlichkeit**
Belastbarkeit/Stressbewältigung ○ ○ ○ ○ ○
Flexibilität ○ ○ ○ ○ ○
Initiative ○ ○ ○ ○ ○
Entscheidungsverhalten/-freude ○ ○ ○ ○ ○
Einsatzbereitschaft ○ ○ ○ ○ ○
Vorbildfunktion ○ ○ ○ ○ ○

Je nach Notwendigkeit wird ein Kreuz weiter rechts auf der Skala gesetzt. Man kann auch mit weniger Abstufungen arbeiten oder auch nur verbal einzelne Kategorien festlegen, z.B. »Muss«, »Soll« und »Kann«. Dabei spielt es keine Rolle, unter welcher Kompetenzkategorie eine Anforderung auftaucht.

### 3.2.1.5 Wege zum Bewerber

Um die richtigen Personen von außerhalb für das Unternehmen zu finden, ist zunächst der Kontakt zu möglichen Kandidaten herzustellen. Es bieten sich verschiedene Wege der Personalbeschaffung an:

> **Wege der Personalbeschaffung im Überblick:**
> - Zusammenarbeit mit dem Arbeitsamt
> - Personalanzeige in Zeitungen und Fachzeitschriften
> - Stellenangebot in einer Jobbörse im Internet
> - Zeitarbeit und Interimsmanagement
> - Einsatz von Personalberatern
> - Messen als Personalmärkte
> - Schul- und Hochschulkontakte

Auch wenn der Ruf der Arbeitsämter und deren Leistungsfähigkeit sehr unterschiedlich sind, lohnt sich grundsätzlich eine Zusammenarbeit und ein guter Kontakt zu den für die Betreuung von Unternehmen zuständigen Beratern. Die Bundesanstalt für Arbeit bietet beispielsweise mit dem Stellen-Informations-System (SIS) eine kostenlose Internetplattform (www.arbeitsamt.de) für offene Stellen an. Darüber hinaus haben Arbeitgeber die Möglichkeit, im Arbeitgeber-Informations-System (AIS) nach möglichen Kandidaten Ausschau zu halten. Für die Suche nach Ausbildungsplatzbewerbern spielt das Arbeitsamt eine wichtige Rolle.

Das klassische Instrument für die Suche nach Mitarbeitern ist im deutschsprachigen Raum immer noch die Stellenanzeige in der Tageszeitung. Mit einer Stellenanzeige werden nicht nur aktiv auf Stellensuche befindliche Personen angesprochen, sondern auch viele Zeitungsleser, die mehr oder weniger regelmäßig aus Neugier oder Zeitvertreib den Stellenteil durchblättern. Die Unternehmen erreichen auch Leser, die aktuell gar keine Stelle suchen, vielleicht aber durch eine Anzeige zum Nachdenken angeregt werden. Außerdem werden interessante Stellenanzeigen zuweilen weitergegeben. Neuere Formen der Bewerberansprache wie Internet-Stellenbörsen haben zwar deutlich zugenommen, werden aber auch in Zukunft nicht die Personalanzeige verdrängen.

*Die gute alte Stellenanzeige*

Für die Platzierung von Anzeigen gibt es Stellenmärkte in regionalen und überregionalen Tageszeitungen, Wochenzeitungen und Fachzeitschriften. Bei der Wahl des Mediums, in dem eine Stellenanzeige veröffentlicht werden soll, sind einige Vorüberlegungen notwendig. Für sehr einfache Tätigkeiten oder Aushilfsjobs sind kostenlose Anzeigenblätter geeignet. Die Lokalzeitung und die regionale Tageszeitung bietet sich an für die Suche nach Fachkräften, falls vor Ort oder in der Region ein ausreichendes Bewerberpotenzial vorhanden ist. Für die Suche nach Führungskräften und Spezialisten haben sich überregionale oder bundesweite Tageszeitungen etabliert. Ein Blick in den jeweilgen Stellenteil zeigt, ob sich die geplante Anzeige dort in »guter Gesellschaft« befindet.

*Auf die richtige Zeitung kommt es an*

## 3.2 Mitarbeiterauswahl und -beschaffung

**Vermeintlich einfache Positionen schwierig zu besetzen**

Auch wenn es sich »nur« um eine Fachposition wie einen Kunststoffformgeber handelt, kann eine Anzeigenschaltung in der Lokalpresse ins Leere laufen. Experten einer Fachrichtung sind unter Umständen nur in bestimmten Regionen vorhanden, gehören aber nicht unbedingt zu den Lesern bundesweiter Tageszeitungen. Sie lassen sich eventuell ansprechen durch eine Stellenanzeige in einer Fachzeitschrift (»Kunststoff«) oder in einer Lokalzeitung, die in einem Ort mit Bewerberpotenzial beheimatet ist. Ist auf diesem Wege eine Ansprache nicht möglich, sind andere weiter unten beschriebene Wege zu überlegen.

**Kompetente Helfer für die Anzeigenschaltung**

Bei der Schaltung einer Stellenanzeige sind Anzeigenagenturen behilflich, ohne dass dadurch Mehrkosten für das Unternehmen entstehen. Sie erhalten von den Zeitungen einen Agenturrabatt, der ihren Aufwand abdeckt. Anzeigenagenturen sind behilflich bei der Auswahl des Mediums. Als Entscheidungsgrundlage sollten neben den Anzeigenpreisen die Mediadaten der jeweiligen Zeitung herangezogen werden: Verbreitungsgebiet, Auflage und Zusammensetzung der Leserschaft.

**Auch Personalberatungen helfen bei Anzeigen**

Die meisten Personalberatungen bieten, auch wenn es nur eine zusätzliche Dienstleistung ist, ebenfalls einen Anzeigenservice an. Dies geschieht häufig über eigene Medienagenturen. Sie kümmern sich um die Gestaltung, das Texten und die Schaltung von Anzeigen sowie die Verwaltung der eingehenden Bewerbungen. Dabei kann die Anzeige so anonymisiert sein, dass das suchende Unternehmen nicht erkennbar ist. Auf Wunsch treffen die Personalberatungen im Rahmen des Anzeigenservice bereits eine Vorauswahl der Bewerbungen, damit sich das Unternehmen nicht mit offensichtlich unpassenden Kandidaten beschäftigen muss. Ein relativ unbekanntes Unternehmen kann durch den Anzeigenservice von der Bekanntheit und dem Image einer Personalberatung profitieren.

**Das Aussehen nicht dem Zufall überlassen**

Da sich eine Stellenanzeige in einem Umfeld mit anderen teilweise sehr professionell gestalteten Personalanzeigen befindet, sollte die Gestaltung nicht dem Zufall überlassen werden. Ob Ihre Marketing- oder Werbeabteilung ein Anzeigenkonzept gestaltet oder eine auf Personalmarketing spezialisierte Agentur tätig wird, ist unerheblich. In jedem Fall muss das Layout einer Stellenanzeige bestimmte Kriterien erfüllen:

> **Anforderungen an die Gestaltung einer Stellenanzeige:**
> - Übersichtlichkeit durch klare Gliederung und ausreichende Freiräume
> - Positionsbeschreibung sollte »ins Auge springen«
> - ausreichend große Schrift, mindestens 9 pt
> - ansprechender Text
> - Übereinstimmung mit dem Corporate Design
> - eine der Position angemessene Anzeigengröße

Die Größe einer Personalanzeige ist in diesem Zusammenhang von Bedeutung, weil Bewerber implizit ihre Gehaltserwartungen auch von der Anzeigengröße beeinflussen lassen. Um den Wirkungsgrad zu steigern, sollte ein einmal gewähltes Anzeigenkonzept über einen längeren Zeitraum beibehalten werden. Dadurch wird der Wiedererkennungseffekt gewährleistet. Neben der graphischen Gestaltung ist der Text von entscheidender Bedeutung. Der Leser erwartet vom Unternehmen Antworten auf verschiedene Fragen. Diese Fragen sollten klar und prägnant – ohne umständliche Ausschweifungen – beantwortet werden:

**Fragen der Leser von Personalanzeigen:**
- Wer ist das Unternehmen?
- Welche Position ist zu besetzen?
- Welche Aufgaben sind zu erledigen?
- Welche Anforderungen muss ein Bewerber erfüllen?
- Welche Gründe sprechen für eine Bewerbung?
- Wie soll ein Bewerber in Kontakt mit dem Unternehmen treten?

Damit das Unternehmen die richtigen Bewerbungen in der gewünschten Qualität und Anzahl erhält, ist die Formulierung der Anforderungen von besonderer Bedeutung. Eine zu enge Beschreibung kann zu einer zu geringen Bewerberquote führen, eine zu weite Öffnung der möglichen Qualifikationen zu einer Lawine ungeeigneter Bewerber.

In den vergangenen Jahren ist es zu einer enormen und für Unternehmen und Stellensuchende unübersichtlichen Ausweitung des Angebots von Jobbörsen im Internet gekommen. Inzwischen hat jedoch eine Konsolidierung begonnen, die vermutlich noch weiter voranschreiten wird. Dass die Jobbörsen mit zum Teil erheblichen Mängeln behaftet sind, belegt eine Untersuchung der Stiftung Warentest im März 2002. Die folgende Übersicht zeigt die Stellenangebote deutscher Jobbörsen.

| Webadresse | Anzahl der Stellen |
|---|---|
| www.arbeitsamt.de | 373.300 |
| www.worldwidejobs.de | 87.500 |
| www.versum.de | 85.000 |
| www.jobpilot.de | 39.000 |
| www.jobjet.de | 26.400 |
| www.stellenmarkt.de | 14.000 |
| www.stepstone.de | 11.000 |
| www.jobonline.de | 10.800 |
| www.stellenanzeigen.de | 10.500 |
| www.monster.de | 8.000 |
| www.jobmonitor.com | 7.500 |
| www.jobscout24.de | 6.200 |
| www.jobs.de | 5.200 |
| www.jobware.de | 5.200 |
| www.mamas.de | 4.500 |

*Abb. 4: Deutsche Jobbörsen im Internet (Angaben der Anbieter im März 2002, Quelle: Stiftung Warentest, 2002)*

**Kombinationen sind oftmals sinnvoll**

Neben den oben genannten und vielen anderen Jobbörsen haben Tageszeitungen eigene Webseiten, auf denen sie von ihnen veröffentlichte Printanzeigen meist für mehrere Wochen präsentieren. Personalberatungen haben häufig ebenfalls eigene Jobbörsen, um die von ihnen betreuten Rekrutierungsaktionen zu unterstützen. Eine professionelle Darstellung offener Positionen auf der Unternehmenshomepage gehört heute ebenfalls zum Standard. Es sollte jedoch auf Aktualität geachtet werden, damit es nicht zu peinlichen Situationen mit möglichen Interessenten führt. Die Alternative entweder Stellenanzeige im Internet oder in einer Tageszeitung stellt sich in der Regel nicht. Um die Nutzer beider Medien anzusprechen, empfiehlt sich häufig eine Kombination aus beidem.

Ist eine Position kurzfristig oder nur vorübergehend zu besetzen, bieten Zeitarbeitsfirmen entsprechende Dienste an. Dies gilt sowohl für sehr einfache Tätigkeiten im gewerblichen Bereich als auch für Spezialisten wie beispielsweise Bilanzbuchhalter oder Konstrukteure. Auch wenn die laufenden Kosten für einen Zeitarbeiter deutlich höher als für einen Mitarbeiter des Unternehmens sind, ergeben sich verschiedene Vorteile aus der Zusammenarbeit mit einem professionell arbeitenden Dienstleister.

> **Argumente für den Einsatz von Zeitarbeit**
> - keine Kosten für Personalsuche durch Anzeige
> - Vorauswahl durch Mitarbeiter der Zeitarbeitsfirma
> - kurzfristige Verfügbarkeit
> - geringes Fehlbesetzungsrisiko durch kostenlose Probearbeit
> - bei Wegfall des Bedarfs kurzfristig wieder zu verabschieden
> - Übernahme in ein festes Arbeitsverhältnis i.d.R. später möglich

**Management auf Zeit möglich**

Auch im Bereich des gehobenen Managements werden befristet Mitarbeiter von außen eingesetzt. Die Vermittlung von Führungskräften für das so genannte Interimsmanagement wird üblicherweise von Personalberatungen, teilweise auch von darauf spezialisierten Managementberatungen angeboten. Im Gegensatz zum klassischen Unternehmensberater, der selbst nur beratend tätig wird, übernimmt der in der Regel langjährig berufserfahrene Interimsmanager eine konkrete Führungsaufgabe im Unternehmen.

In vielen Fällen kommen Unternehmen mit ihren Möglichkeiten zur Personalsuche an natürliche Grenzen. So wird gelegentlich ein neuer Mitarbeiter gesucht, während der Vorgänger noch im Unternehmen tätig ist. Eine offene Personalanzeige könnte in einer solchen Situation zu Verwirrungen im Unternehmen führen. Eine anzeigengestützte verdeckte Suche durch eine Personalberatung ermöglicht eine diskrete und professionelle Vorgehensweise. Bei bestimmten Positionen, die nicht mittels Personalanzeigen besetzt werden sollen oder können, erlaubt die Direktansprache (»Headhunting«) die Identifikation von wechselwilligen Kandidaten. Dabei werden zwischen Unternehmen und Personalberatung Zielfirmenlisten abgestimmt, in denen nach den geeigneten Personen recherchiert werden soll. Idealerweise werden dem Unternehmen nur Kandidaten für eine Endrunde vorgestellt, die zur Position und zum Unternehmen passen und wechselwillig sind.

**Gute Abstimmung mit Personalberatern erforderlich**

Auch Personalberater können nur erfolgreich arbeiten, wenn sie im Vorfeld alle notwendigen Informationen erhalten haben. Auf der Seite des Unternehmens bedeutet dies, dass ein ausführliches »Briefing« des Beraters stattfinden muss. Dabei ist es hilfreich, wenn der Berater das Unternehmen nicht nur bei einer einmaligen Aktivität begleitet, sondern über eine längere Zeit eine vertrauensvolle Zusammenarbeit stattfindet. Dadurch wird gewährleistet, dass der Berater die notwendige Passung zwischen der Unternehmenskultur und den Kandidaten der engeren Wahl feststellen kann. Außerdem kann das Unternehmen von dem in der jeweiligen Personalberatung vorhandenen Bewerberpool profitieren.

**Messen als Personalmärkte**

Die alljährlich stattfindende Hannover Messe, manche Branchen- und Regionalmessen, auf denen Unternehmen mit ihren Produkten oder Dienstleistungen vertreten sind, bieten gute Gelegenheiten, Kontakte zu potenziellen Mitarbeitern herzustellen. Ob sich ein spezieller Messeauftritt als Arbeitgeber lohnt, sollte im Einzelfall entschieden werden. Dasselbe gilt auch für in den vergangenen Jahren etablierte spezielle Rekrutierungsmessen für Hochschulabsolventen. Der mit der Teilnahme an einer Personalmesse verbundene Aufwand lohnt sich nur, wenn eine ausreichende Zahl von Vakanzen vorhanden ist und konkrete Einstellungen im Nachlauf einer solchen Veranstaltung erfolgen.

**Nachwuchssicherung durch Schul- und Hochschulkontakte**

Für Unternehmen, die selbst Ausbildungsplätze anbieten oder Hochschulabsolventen einstellen wollen, können Kontakte zu Schulen und Hochschulen wertvoll für die Ansprache dieser Zielgruppen sein. Diese Kontakte sind aber nur fruchtbar, wenn für beide Seiten ein Nutzen daraus entsteht. Dieser kann durch Werksbesichtigungen, Praktika, Studien- und Diplomarbeiten hergestellt werden. Darüber hinaus ist die Kreativität im Unternehmen gefragt: Womit können wir der Schule oder Hochschule Nutzen stiften? Welchen Nutzen können wir für das Unternehmen erzielen? Die Beantwortung dieser Fragen sollte nicht dem Zufall überlassen werden. Hier kann ein unternehmensspezifisches Personalmarketingkonzept eine wertvolle Grundlage bilden.

### 3.2.2 Der Rekrutierungsprozess im Überblick

**Schnelligkeit ist gefragt**

Sobald die Bewerbungsunterlage im Briefkasten des Unternehmens gelandet sind, läuft die Zeit, und ihr Wert nimmt stetig ab. Kandidaten auf der Suche nach einer beruflichen Veränderung unternehmen häufig parallele Aktivitäten am Stellenmarkt. In einer engen Arbeitsmarktsituation kommt es nicht selten vor, dass qualifizierte Kandidaten gleichzeitig mehrere Angebote von verschiedenen Arbeitgebern vorliegen haben. Wer als Arbeitgeber hier mithalten will, muss sich um eine auch unter zeitlichen Aspekten professionelle Gestaltung des Rekrutierungsprozesses bemühen.

Der Faktor Zeit spielt bei der Personalsuche eine wichtige Rolle. Das gilt insbesondere auch für den Kündigungszeitpunkt eines Kandidaten, der seinen Arbeitsvertrag bereits unterschrieben hat. Hier können wenige Tage Verzug bedeuten, dass ein Kündigungstermin verpasst wird und der Idealkandidat beispielsweise erst drei Monate später seine Stelle antreten kann.

**Unnötige Wartezeiten vermeiden**

Wenn im Rahmen der Personalsuche zwischen Personalabteilung und Fachabteilung nur das möglichst schnelle Erscheinen einer Personalanzeige abgestimmt wurde, bleibt der Gesamtprozess hinter einer optimierten Vorgehensweise weit zurück. Was nützt es, wenn ein Stapel interessanter und bereits vorsortierter Bewerbungsunterlagen in der Personalabteilung »schmort«, aber der künftige Vorgesetzte gerade in einen mehrwöchigen Urlaub abgereist ist? Es leuchtet ein, dass möglichst ein zeitlicher Gesamtablauf mit Terminoptionen für Vorstellungsgespräche vereinbart werden sollte, damit keine unnötigen Wartezeiten entstehen. Abbildung 1 gibt einen Überblick über die einzelnen Phasen einer Rekrutierungsmaßnahme.

**Auf das richtige Timing kommt es an**

Aus Abbildung 1 ist ersichtlich, dass eine Rekrutierungsmaßnahme von der Vorbereitung bis zum Vertragsangebot bei planmäßigem Verlauf etwa 8–10 Wochen dauern kann. Über diesen gesamten Zeitraum müssen die Kandidaten, die sich in der engeren Wahl befinden, bei Laune gehalten werden. Um diesen ohnehin schon langen Zeitraum nicht noch unnötig zu verlängern und den Wirkungsgrad der Rekrutierungsmaßnahme zu erhöhen, muss das richtige »Timing« gewählt werden.

**Wichtige Termine beachten und nutzen**

Feststehende, nicht vom Unternehmen zu beeinflussende Termine müssen berücksichtigt werden. Ferienzeiten wirken sich ungünstig aus auf den Erfolg von Personalanzeigen und bei Terminvereinbarungen mit Bewerbern bzw. internen Interviewpartnern. So genannte »Brückentage« hingegen eignen sich gut für Vorstellungsgespräche, da die Kandidaten meist ohne Probleme Urlaub nehmen können, ohne dass es bei ihrem bisherigen Arbeitgeber auffällt. Messetermine bieten gute Gelegenheiten für Interviewtermine, wenn die Bewerberzielgruppe ohnehin zu den Messebesuchern oder Ausstellern zählt. Hier kann sich das Unternehmen auf seinem Messestand in besonderer Weise präsentieren und hat beim Standpersonal ohnehin eine geballte Präsenz von eigenen Fach- und Führungskräften als Gesprächspartner.

| Phase | Maßnahme | Aktivitäten | Verantwortlich | Dauer |
|---|---|---|---|---|
| 1 | Vorbereitung | Abgleich Personalplanung | Personalreferent | 2 Wochen |
|   |   | Genehmigung der Stelle | Geschäftsleitung |   |
|   |   | Anforderungsprofil | Fachabteilung |   |
|   |   | Suchstrategie und Medienplan | Personalreferent |   |
|   |   | »Briefing« mit Zeitplan und Terminabstimmung | Personalreferent und Fachabteilung |   |
|   |   | Gestaltung und Schaltung der Anzeige | Personalreferent und Agentur |   |
|   |   | innerbetriebliche Stellenausschreibung | Personalreferent |   |
| 2 | Bewerbungseingang | Bewerberverwaltung:<br>■ Eingangsbestätigungen<br>■ Vollständigkeitsprüfung<br>■ K.-o.-Auslese | Personalassistent/-in | 2 Wochen |
| 3 | Bewertung | »Rating« der Bewerbungen | Personalreferent | pro Bewerbung je nach Qualität wenige Minuten bis zu einer halben Stunde |
| 4 | Auswahl | Festlegung der Kandidaten für erstes Interview | Personalreferent und Fachabteilung | Gesprächstermin |
| 5 | Bewerberverwaltung | Einladen/Terminvereinbarungen, Vertrösten, Absagen | Personalassistent/-in | 1 Woche |
| 6 | Interviews | Erstgespräche mit Bewerbern inkl. Bewertung | Personalreferent und Fachabteilung | 1–2 Wochen |
| 7 | Bewerberverwaltung | Einladen/Terminvereinbarungen, Vertrösten, Absagen | Personalassistent/-in |   |
| 8 | Interviews | Zweitgespräche mit Bewerbern inkl. Bewertung | Personalreferent und Fachabteilung | 1–2 Wochen |
| 9 | Bewerberverwaltung | Einladen/Terminvereinbarungen, Vertrösten, Absagen | Personalassistent/-in |   |
| 10 | Angebot | Termin für Vertragsangebot | Personalreferent und Fachabteilung | 1–2 Wochen |

*Abb. 1: Die Phasen einer Rekrutierungsmaßnahme*

### 3.2.3 Analyse der Bewerbungsunterlagen

#### 3.2.3.1 Sichtprüfung der Bewerbungsunterlagen

*Sinnvolle Aufgabenverteilung*

Personalreferenten und Personalleiter kümmern sich üblicherweise nicht selbst um die Bewerberverwaltung. Im Rahmen der Bearbeitung des Bewerbungseingangs kann die erste Sichtprüfung der Unterlagen bereits durch den/die Personalassistenten/-in erfolgen. Je nach Berufserfahrung können auch weitergehende Aufgaben delegiert werden.

Idealerweise werden bereits eindeutig uninteressante Bewerbungsunterlagen nach K.-o.-Kriterien aussortiert und fehlende Unterlagen von interessanten Kandidaten nachgefordert. Abbildung 1 gibt einen Überblick über mögliche Kriterien bei der Sichtprüfung. Einzelne Beobachtungen sollten nicht überbewertet werden. Viele oberflächliche Feststellungen werden im Nachhinein zwar bestätigt, andere werden jedoch auch widerlegt.

*Unterschiedliche Maßstäbe anwenden*

Wichtig bei der Sichtprüfung ist jedoch, nicht bei allen Bewerbergruppen denselben Maßstab anzulegen. Exzellent aufbereitete Unterlagen kann man erwarten von Direktionssekretärinnen oder Grafikdesignern, da die profes-

| Kriterium | Beobachtung | Mögliche Interpretation | Mögliche »Entschuldigung« |
|---|---|---|---|
| Optischer Eindruck | ■ verschmutzte Unterlagen, Knicke<br>■ schlechte Papier- oder Druckqualität | ■ mangelnde Sorgfalt<br>■ kein wirkliches Interesse | ■ keine |
| Text | ■ fehlerhaftes Anschreiben<br>■ umständliches und weitschweifendes Anschreiben | ■ Rechtschreibschwäche<br>■ mangelnde Sorgfalt<br>■ Bewerber ist nicht in der Lage, sich auf das Wesentliche zu beschränken | ■ Bewerber wurde von seiner kleinen Tochter gestört<br>■ Bewerber ist ungeübt und unsicher im Bewerben |
| Bewerbungsfoto | ■ Urlaubsfoto, Automatenfoto | ■ mangelnde Ernsthaftigkeit der Bewerbung | ■ Bewerber war in Eile, hatte kein Foto zur Hand und kurzfristig keine Gelegenheit für einen Fototermin |
| Lebenslauf | ■ Lücken im Lebenslauf | ■ Bewerber hat etwas zu verbergen | ■ Bewerber hatte einen privaten Schicksalsschlag zu verkraften und musste eine Auszeit nehmen |
| Anlagen | ■ fehlende Zeugnisse<br>■ aufgrund des Werdegangs aufgeblähte Sammlung nicht mehr relevanter Zeugnisse | ■ Bewerber hat schlechte Noten und will sie nicht bekannt geben<br>■ Bewerber ist nicht in der Lage, sich auf das Wesentliche zu beschränken | ■ Bewerber hatte keine Zeit, kurzfristig Kopien anzufertigen |

*Abb. 1: Die Sichtprüfung der Unterlagen*

sionelle Gestaltung von Schriftstücken zu ihren Aufgaben gehört. Mit der Bewerbungsunterlage liegt bereits die erste Arbeitsprobe vor.

Von Bewerbern mit kaufmännischer Ausbildung oder Studium, aber auch von Schulabgängern sollten gute Unterlagen eine Selbstverständlichkeit sein. Immerhin bereiten viele Schulen ihre Schulabgänger auf den Einstieg ins Berufsleben vor. Dazu gehören auch Bewerbungstrainings mit Tipps für die Gestaltung der Bewerbungsunterlagen.

Bei Bewerbern für sehr einfache Hilfstätigkeiten sind klassische Bewerbungsunterlagen eher eine Seltenheit. Ausländische Bewerber tun sich ebenfalls häufig schwer mit den hierzulande üblichen Maßstäben. In anderen Kulturkreisen wird teilweise wenig Wert auf Zeugnisse und Bescheinigungen gelegt, so dass die in Deutschland üblichen Unterlagen nicht erwartet werden können.

*Ausländische Bewerber*

### 3.2.3.2 Die Interpretation des Lebenslaufs

Die Daten eines Lebenslaufs spielen bei der Analyse der Bewerbungsunterlagen eine wichtige Rolle. Lebensläufe beruhen immer auch auf persönlichen Entscheidungen. Das beginnt bereits mit der Wahl eines Ausbildungsberufs oder einer Studienrichtung. Ein gutes Stück weit ist daher jeder Bewerber für seinen Lebenslauf selbst verantwortlich.

*Verantwortung für den Lebenslauf*

Idealerweise sollte ein Bewerber eine Tätigkeit jeweils mindestens drei Jahre ausgeübt haben, um in ihr nachhaltig Berufserfahrung zu sammeln. Jüngere Bewerber befinden sich noch in der Orientierungsphase, so dass auch kürzere Zeitabschnitte plausibel sind. Bei einem Missgriff ist auch ein kurzes Gastspiel von weniger als einem Jahr plausibel. Bewerber in mittlerem Alter sollten ihre Orientierungsphase abgeschlossen haben und eine Position eher drei bis fünf Jahre innegehabt haben. Ein jahrzehntelanges Verharren auf einer Stelle spricht eher nicht für einen Bewerber. Positiv ist jedoch der langjährige Verbleib in einer Unternehmensgruppe zu werten, wenn dort unterschiedliche Aufgaben in verschiedenen Bereichen wahrgenommen wurden.

*Sinnvolle Werdegänge*

Man findet in Lebensläufen jedoch auch Fremdeinflüsse und für den Einzelnen schicksalhafte Faktoren wieder: Konjunkturzyklen, Unternehmenspleiten, Umstrukturierungen, Standortverlagerungen etc. Hinzu kommen noch individuelle Faktoren wie persönliche Schicksalsschläge oder der Fall, dass z.B. die Chemie mit dem neuen Chef einfach nicht stimmt. Daraus können sich für den Bewerber ungeplante Stellenwechsel ergeben.

*Fremdeinflüsse berücksichtigen*

Es gibt also gute Gründe, wenn einzelne Lebensläufe nicht einer Bilderbuchkarriere entsprechen. Blickt man nur oberflächlich hin, kann es passieren, dass interessante Bewerbungen aufgrund eines »krummen« Lebenslaufs zu früh aussortiert werden. Deshalb sollten Lebensläufe nicht überinterpretiert werden. Folgende Fragen sollten Sie sich jedoch bei der Analyse von Lebensläufen stellen:

### 3.2 Mitarbeiterauswahl und -beschaffung

**Checkliste: Analyse von Lebensläufen**

- Ist die geforderte Berufserfahrung beim Bewerber inhaltlich und zeitlich vorhanden?
- Sind alle im Lebenslauf genannten Stationen mit Zeugnissen belegt?
- Sind die Zeitangaben im Lebenslauf und den Zeugnissen gleich lautend?
- Gibt es Lücken im Lebenslauf, die nicht ohne weiteres nachvollziehbar sind?
- Zieht sich ein sinnvoller roter Faden durch den Werdegang?
- Ist die Bewerbung auf die vakante Position plausibel, also z.B. kein beruflicher Abstieg?
- Gibt es interessante Zusatzqualifikationen?
- Sind die angegebenen Zeiträume angemessen, z.B. Dauer eines Studiums, Innehaben einer bestimmten Position?
- Lassen sich aufgrund der Freizeitaktivitäten Rückschlüsse ziehen auf Eigenschaften des Bewerbers?

*Abb. 2: Checkliste zur Analyse von Lebensläufen*

**Fragen für Interviews notieren**

Aus der Analyse des Lebenslaufs zusammen mit der weiter unten beschriebenen Prüfung der Zeugnisse lassen sich wichtige Hinweise für die Bewertung der eingegangenen Bewerbungen finden. Auslandsaufenthalte unterstützen Angaben über Fremdsprachenkenntnisse, räumliche Veränderungen sprechen für Mobilität, Freizeitaktivitäten geben Hinweise auf Interessen und Neigungen. Aus den Informationen des Lebenslaufs ergeben sich bereits in diesem Stadium Fragen für spätere Interviews. Diese sollten bereits bei ihrem ersten Auftreten stichwortartig festgehalten werden.

Zur systematischen Bearbeitung aller eingehenden Bewerbungen bietet sich eine Tabelle mit den wichtigsten Anforderungen an. Für jeden Kandidaten wird notiert, inwieweit aufgrund der vorliegenden Unterlagen die wesentlichen Anforderungen erfüllt sind. Dabei sind qualitative Abstufungen sinnvoll. Abbildung 3 zeigt ein Beispiel.

| Name, Alter, Wohnort | Fundierte Kenntnisse in der Elektrotechnik | Vertriebs-erfahrung | Gute Englisch-kenntnisse | Bemerkungen und Fragen |
|---|---|---|---|---|
| Max Muster, 39, Mainz | + | − | ++ | ■ Branchenkenntnis,<br>■ langjähriger Vereins-vorsitzender: Mobilität? |
| Jens Job, 33, Koblenz | + | ++ | ? | ■ Lücken im Lebenslauf<br>■ kurzfristige Stellenwechsel? |
| Gerd Geld, 48, Gießen | ++ | ++ | ++ | ■ USA-Aufenthalt<br>■ beruflicher Abstieg?<br>■ Gehaltswunsch realistisch? |
| Norbert Nichts, 42, Neuwied | − | − | − | ■ weiß nicht, was er will, ungeeignet |
| Bruno Bastler, 27, Bonn | ? | + | 0 | ■ sehr viele Hobbys: berufliche Motivation? |
| Legende: ++ wird in idealer Weise erfüllt, + wird erfüllt, O wird teilweise erfüllt, − wird nicht erfüllt, ? fraglich ||||| 

*Abb. 3: Systematischer Überblick über die vorhandenen Bewerbungen*

Je nach Ausbeute einer Rekrutierungsaktion in Bezug auf Anzahl und Qualität der vorliegenden Bewerbungen muss nun entschieden werden, welchen Kandidaten sofort abgesagt wird und welche Bewerbungen genauer bewertet werden. Der Bewerber Norbert Nichts in Abbildung 3 ist für die zu besetzende Stelle nicht geeignet, da er keine der wesentlichen Anforderungen erfüllt. Die in der Tabelle gesammelten Informationen werden im weiteren Bewerbungsprozess ergänzt und konkretisiert.

### 3.2.3.3 Die Zeugnisse von Schulen und Hochschulen

Bei Bewerbungen um einen Ausbildungsplatz können Schulnoten eine wichtige Rolle spielen. Wer sich für einen Ausbildungsplatz zum Industriekaufmann bewirbt, sollte zumindest gut rechnen und schreiben können, denn beides wird im späteren Beruf verlangt. Noten in den Fächern Mathematik und Deutsch geben wichtige Hinweise in diese Richtung. Außerdem belegen gute Zeugnisnoten, dass ein Schüler unter den gegebenen Bedingungen im Schulsystem erfolgreich war. Ein Schüler, der nur mit Ach und Krach seinen Realschulabschluss geschafft hat, wird sich vermutlich auch in der Berufsschule schwer tun.

**Berufsbezogene Schulnoten beachten**

Je länger jedoch ein Schulabschluss zurückliegt, desto weniger aussagekräftig sind die Noten für die aktuelle Beurteilung des Bewerbers. Es gibt gute Beispiele von »Spätzündern«, die erst mit zunehmendem Alter die Bedeutung von Leistung begriffen haben.

Es gibt renommierte Universitäten und Fachhochschulen, die einerseits für eine exzellente Ausbildung, andererseits aber für eine strenge Notenvergabe bekannt sind. Außerdem können die Maßstäbe von Lehrstuhl zu Lehrstuhl unterschiedlich sein. Abschlussnoten von Hochschulabsolventen sind untereinander nur schwer vergleichbar. Innerhalb gewisser Grenzen ist auch eine um ein oder zwei Semester erhöhte Studiendauer akzeptabel, ohne dass man gleich auf einen Bummelstudenten schließen muss. Schlechtere Noten und längere Studienzeiten geben Anlass, im Interview hinterfragt zu werden.

**Hochschulzeugnisse sind kaum vergleichbar**

Neben der formalen Hochschulqualifikation können Angaben über Praktika und Werkstudententätigkeiten wertvolle Hinweise zur Praxistauglichkeit von Bewerbern liefern. Dies gilt insbesondere für freiwillige Praktika, da sie auch die Interessen und Neigungen der Studenten widerspiegeln.

**Praktika**

Wurden neben einer Berufstätigkeit abends und am Wochenende anerkannte Weiterbildungen (Industriefachwirt IHK, Technischer Betriebswirt IHK) absolviert oder berufsbegleitend akademische Abschlüsse erreicht, deutet dies auf Einsatzbereitschaft und Durchhaltevermögen hin. Auch hier sind gute Noten nicht selbstverständlich.

**Anerkannte Weiterbildungen**

### 3.2.3.4 Arbeitszeugnisse

Beim Ausscheiden aus einem Unternehmen haben Mitarbeiter zumindest Anspruch auf ein einfaches Zeugnis, das Angaben über Art und Zeitraum der Beschäftigung macht. Außer bei einer sehr kurzen Betriebszugehörigkeit kann ein Mitarbeiter auch ein qualifiziertes Zeugnis mit Aussagen über seine Führung und Leistung verlangen. In der Formulierung sind die Arbeitgeber jedoch nicht frei, sondern müssen sich an gewisse Spielregeln halten. Die Aussagen müssen wahr, vollständig und wohlwollend sein und dürfen keine Geheimcodes enthalten. Daraus ergibt sich, dass grundsätzlich keine negativen Aussagen gemacht werden dürfen.

Auch dem Laien ist allgemein bekannt, dass Zeugnisse in Deutschland nach bestimmten, allgemein anerkannten und in Teilbereichen von den Arbeitsgerichten festgelegten Regeln abgefasst werden. Man kann regelrecht von einer Zeugnissprache sprechen. Das erleichtert die Interpretation, weil es eindeutige Abstufungen gibt. Nicht alle Zeugnisse werden jedoch von Profis formuliert. So kommt es zu wohl gemeinten Aussagen, die im Zeugnis jedoch einen schlechten Eindruck vermitteln. Gerade bei Zeugnissen, die in sehr kleinen Unternehmen ausgestellt wurden, muss man gelegentlich ein Auge zudrücken.

*Angemessenheit im Umfang* — Unabhängig vom Inhalt und der Formulierung des Zeugnisses stellt sich die Frage nach der Angemessenheit im Umfang. Wenn ein Mitarbeiter nach 15 Jahren als Führungskraft in einem Unternehmen nur eine knappe DIN-A4-Seite als Zeugnis erhält, könnte das zunächst auf Faulheit der zuständigen Personalabteilung schließen lassen. Näher liegt jedoch die Vermutung, dass der Mitarbeiter sich nicht besonders verdient gemacht hat und dass sein Einsatz im Unternehmen eher von untergeordneter Bedeutung war. Je wichtiger ein Mitarbeiter für ein Unternehmen war, desto eher findet man eine ausführliche Würdigung seiner persönlichen Leistungen im Zeugnis wieder. Bei einem sehr langen Zeugnis (mehr als zwei Seiten) hat vermutlich der Mitarbeiter selbst maßgeblich zur Erstellung beigetragen.

*Angemessenheit im Inhalt* — Im Hauptteil eines Zeugnisses werden die Aufgaben des Mitarbeiters beschrieben, sein Werdegang im Unternehmen, die ihm übertragene Verantwortung sowie die Art und Weise, wie er seine Aufgaben wahrgenommen hat. Hier stellt sich die Frage nach der Angemessenheit im Inhalt. Wird einem langjährigen Produktmanager nur die regelmäßige Pflege des Katalogs bescheinigt, fehlen wesentliche Teile der für einen Produktmanager allgemein üblichen Aufgaben. Ebenfalls im Hauptteil finden sich Aussagen zur Persönlichkeit. Im Rahmen der Bewerberauswahl stellt sich die Frage: Passt die hier beschriebene Persönlichkeit zur neu zu besetzenden Aufgabe? Soweit der Mitarbeiter Führungsverantwortung hatte, ist eine Aussage zum Führungsverhalten zu erwarten. Abbildung 4 zeigt Beispiele für Aussagen in der allgemein üblichen Zeugnissprache:

| Note | Beispiel für eine zusammenfassende Leistungsbeurteilung |
| --- | --- |
| sehr gut | ... hat die ihm übertragenen Aufgaben stets zu unserer vollsten Zufriedenheit erledigt |
| gut | ... stets zu unserer vollen Zufriedenheit erledigt |
| befriedigend | ... stets zu unserer Zufriedenheit erledigt |
| mangelhaft | ... im Großen und Ganzen zu unserer Zufriedenheit erledigt |
| ungenügend | ... hat sich bemüht, die ihm übertragenen Aufgaben zu unserer Zufriedenheit zu erledigen |

*Abb. 4: Aussagen in Zeugnissen*

**Sozialverhalten**

Da die meisten Mitarbeiter nicht als Einzelkämpfer tätig sind, spielen Aussagen zum Sozialverhalten, also dem Umgang mit ihrem Umfeld, eine wichtige Rolle. Allein durch die Reihenfolge der Nennung verschiedener Personengruppen ergibt sich eine Aussage. Die richtige Reihenfolge lautet: Vorgesetzte, Kollegen und Mitarbeiter. Wird der Vorgesetzte weiter hinten genannt, war das Verhältnis vermutlich nicht ungetrübt.

**Austrittsgründe**

Die Umstände für den Austritt aus einem Unternehmen können vielfältig sein. Hinweise darauf ergeben sich aus relativ standardisierten Formulierungen: Hat das Unternehmen dem Mitarbeiter gekündigt, führt dies zur Formulierung »... verlässt uns zum ...«. Ein unüblicher Austrittstermin (kein Quartals- oder Monatsende) könnte ein Hinweis auf eine fristlose Kündigung sein. Wenn der Mitarbeiter selbst gekündigt hat, bescheinigt man ihm, dass der Weggang »... auf eigenen Wunsch« erfolgte. Wurde ein Aufhebungsvertrag abgeschlossen, findet sich die Formulierung »... im gegenseitigen Einvernehmen«.

Man muss also sehr genau hinsehen, um mit Zeugnissen wirklich etwas anfangen zu können. Dies gilt umso mehr, als nicht alle Arbeitgeber der Ausstellung von Zeugnissen besondere Bedeutung beimessen. Häufig werden Arbeitgeber, wenn sie sich in beiderseitigem Einvernehmen von einem Mitarbeiter trennen wollen, bereits im Aufhebungsvertrag ein gutes Zeugnis zusichern.

### 3.2.3.5 Rating der Bewerbungen

Gerade bei größeren Bewerberzahlen ist eine Systematik für die Bearbeitung der Unterlagen sinnvoll. Es bietet sich an, eindeutige Klassifizierungen vorzunehmen, um die Bewerberverwaltung zu vereinfachen. In der Regel genügen vier Kennzeichen, die den aktuellen Status wiedergeben. Abbildung 5 zeigt ein Beispiel.

Der Vorschlag für das Rating sollte vom Personalreferenten erstellt werden. Da in Fachabteilungen häufig zusätzliche Informationen zu den fachlichen Erfordernissen vorhanden sind, sollte das Rating in einem gemeinsamen Gespräch festgelegt werden. Daraus ergeben sich dann die nachfol-

| Rating | Aktivität | Bewerbergruppe | Begründung |
|---|---|---|---|
| A | ■ Anschauen | ■ alle Bewerber, bei denen sich ein Vorstellungsgespräch lohnt | ■ diese Bewerber erfüllen alle wesentlichen Anforderungen in idealer Weise |
| B | ■ Behalten | ■ alle Bewerbungen, die zunächst als Reserve für die Kandidatenauswahl behalten werden | ■ diese Bewerber erfüllen nicht alle Anforderungen an die Stelle, wären jedoch als Kandidaten geeignet |
| P | ■ Prüfen für anderweitige Verwendung<br>■ Weitergabe an andere Personalreferenten<br>■ Bewerberpool | ■ alle Bewerbungen, die evtl. für andere Positionen interessant sind | ■ diese Kandidaten bringen Voraussetzungen mit, die für andere Stellen interessant sein könnten |
| X | ■ Absagen | ■ ungeeignete Kandidaten | ■ diese Bewerber sind für die ausgeschriebene Stelle nicht geeignet<br>■ sie kommen auch für andere Stellen im Unternehmen nicht in Frage |

*Abb. 5: Die Klassifizierung von Bewerbungen*

genden Maßnahmen. Die weiter oben gezeigte Tabelle 2 wird um die Spalte »Rating« ergänzt. Dadurch lassen sich auch Standardprogramme mit einfachen Sortierfunktionen für die Bewerberverwaltung nutzen.

Die im Rahmen der Analyse der Bewerbungsunterlagen aufgetauchten Fragen und Einschätzungen dienen der Vorbereitung der Vorstellungsgespräche. Diese Vorbereitung sollte vor den Gesprächen abgeschlossen sein. Ein Blättern in den Unterlagen im Beisein eines Bewerbers wirkt unprofessionell.

## 3.2.4 Bewerberinterviews als Instrument der Personalauswahl

### 3.2.4.1 Ziele, Grenzen und Erfolgsfaktoren von Bewerberinterviews

Schriftliche Bewerbungsunterlagen bieten eine gute Grundlage für erste Vorentscheidungen in einem Rekrutierungsprozess. Um weitere Entscheidungen zu treffen, wird in den meisten Fällen mindestens ein Bewerberinterview geführt. Mit der Durchführung von Bewerberinterviews werden unterschiedliche Ziele verfolgt:

Ziele auf der Seite des Unternehmens:

- positive Darstellung des Unternehmens gegenüber dem Bewerber
- Klärung der aus der Analyse der Bewerbungsunterlagen offen gebliebenen Fragen
- Überprüfung der Eignung des Bewerbers für die ausgeschriebene Position
- Feststellung, ob der Bewerber in die Unternehmenskultur passt
- Kennenlernen des Bewerbers durch den künftigen Vorgesetzten
- Abgleich der Erwartungen zwischen Unternehmen und Bewerber

Ziele auf der Seite des Bewerbers:

- positives »Verkaufen« gegenüber dem Unternehmen
- Kennenlernen des Unternehmens und des Vorgesetzten
- Klärung offener Fragen aus der Personalanzeige
- Überprüfung, ob die Aufgabe den eigenen Neigungen entspricht
- Feststellung, ob die Unternehmenskultur gefällt

Die Ziele von Unternehmen und Bewerber ergeben in wichtigen Punkten eine Übereinstimmung. Beide Seiten haben die Gelegenheit, einen persönlichen Eindruck von ihrem Gegenüber zu »erleben«. Wisssenschaftliche Untersuchungen haben gezeigt, dass Gespräche, die allein auf der Basis vermeintlicher oder tatsächlich vorhandener Menschenkenntnis durchgeführt werden, nicht zum Erfolg führen. Ein vernünftiges Maß an Vorhersagekraft wird erst erreicht, wenn häufig auftretende Mängel beseitigt oder zumindest eingedämmt werden.

**Menschenkenntnis reicht nicht**

*Tab. 1: Häufige Fehlerquellen im Bewerberinterview*

| Fehlerquelle | Beispiele |
| --- | --- |
| Vorbereitung | ■ Interviewer nehmen sich nicht genügend Zeit für die Auswertung der Bewerbungsunterlagen.<br>■ zu wenig Kenntnis über die genauen Anforderungen der zu besetzenden Position |
| Überforderte Gesprächspartner | ■ Vorgesetzte aus der Fachabteilung sind ungeübt, unsicher und verhalten sich unangemessen. |
| Redezeit | ■ falsche Verteilung der Redezeit zugunsten der Interviewer<br>■ Bewerber kommt nicht zu Wort |
| Ungünstige Frageformen | ■ Falsche Fragetechnik führt nicht zu sinnvollem und flüssigem Gesprächsverlauf. |
| Mangelnde Informationsgewinnung | ■ Interviewer hören nicht richtig zu und machen zu wenig Notizen.<br>■ Mehrere Kandidaten können später aus dem Gedächtnis heraus nur unzureichend verglichen werden. |
| Beurteilungsfehler | ■ Vorwegnahme der Entscheidung während des ersten Eindrucks<br>■ Sympathie- oder Antipathieeffekt<br>■ selektive Wahrnehmung: Interviewer hört nur, was er hören will |
| Ziellose und unstrukturierte Interviews | ■ Konkrete Anforderungsprofile werden vorher nicht erstellt.<br>■ Fragen werden wahllos aus dem Gesprächsverlauf heraus formuliert. |

Um eine Vergleichbarkeit zwischen verschiedenen Bewerbern herstellen zu können, empfiehlt sich zumindest eine halb strukturierte Vorgehensweise. Da die Personalauswahl für beide Seiten wie eine Investitionsentscheidung mit zum Teil erheblichen Auswirkungen verbunden ist, sollte dieses »Erlebnis« seitens des Unternehmens möglichst wenig dem Zufall überlassen werden.

**Erfolgsfaktoren für Auswahlgespräche:**

- systematische und gründliche Vorbereitung
- Strukturierung der Interviews (Leitfaden)
- mehrere Interviewer, z.B. aus Personal- und Fachabteilung
- ausführliche schriftliche Dokumentation
- systematische Bewertung

Die Qualität der Auswahlgespräche hängt natürlich wesentlich davon ab, wie die Interviewer ihre Rolle wahrnehmen. Für sie ergeben sich folgende Aufgaben:

**Die Rolle der Interviewer:**

- Schaffung einer angenehmen Gesprächsatmosphäre
- positive Vorstellung des Unternehmens
- Moderation und Zeitmanagement des Vorstellungsgesprächs
- Formulierung der richtigen Fragen
- genaues Zuhören
- Dokumentation der Antworten
- Abschlussbewertung der Erkenntnisse aus dem Interview

Für Fach- und Führungskräfte außerhalb der Personalabteilung ist zumindest ein Basistraining zur Gesprächsführung im Einstellungsinterview sinnvoll.

### 3.2.4.2 Telefoninterviews als wirtschaftlich sinnvolle Alternative

Die Einladung von Bewerbern zu einem Vorstellungsgespräch ist mit einem erheblichen Aufwand verbunden. Dazu gehören die Arbeitszeit der am Gespräch beteiligten Personen sowie die Reisekosten der Bewerber. Je nach Ausbeute an Bewerbungen bietet es sich an, vorab statt eines klassischen Bewerbungsgesprächs zunächst ein kürzeres Telefoninterview durchzuführen. Dadurch ergeben sich enorme Einspareffekte, wenn das Unternehmen nach dem Telefoninterview offensichtlich ungeeignete Kandidaten aus dem weiteren Bewerbungsprozess aussondern kann.

*Rationalisierung per Telefon*

Auch wenn kein ausgefeiltes Telefoninterview stattfinden soll, bietet ein Telefonat die Möglichkeit, offene Fragen zu klären oder auch fehlende Unterlagen anzufordern. Dabei ist bereits beiläufig ein erstes Kennenlernen möglich. Insbesondere für die Besetzung von Positionen, bei denen es auf kommunikative Fähigkeiten ankommt, ist ein ausführliches Telefoninterview gut geeignet. Das Telefonat mit dem Bewerber dient beispielsweise für Mitarbeiter in einer Telefonzentrale, im Call-Center oder in einem Sekretariat bereits als »Praxistest«.

*Telefoninterviews als Praxistest*

Bei Telefonkontakten mit dem Bewerber ist jedoch darauf zu achten, dass sich der Bewerber in einer für das Telefonat geeigneten Situation befindet. Dies sollte gleich zu Beginn geklärt werden. Im Zweifelsfall ist es besser, einen für beide Seiten günstigen Telefontermin zu vereinbaren.

### 3.2.4.3 Die organisatorische Vorbereitung von Bewerberinterviews

Zur Vorbereitung gehören auch organisatorische Aspekte. Die **Terminabstimmung** mit dem Bewerber sollte telefonisch oder per Mail erfolgen.

### 3.2 Mitarbeiterauswahl und -beschaffung

**Organisation tut Not**

Eine schriftliche Einladung per Brief mit relativ kurzer Vorlaufzeit führt häufig zu Terminabsagen der Bewerber. Wenn der Termin abgestimmt wurde, sollte der Bewerber eine **schriftliche Einladung** erhalten, in der seine Gesprächspartner genannt werden. Außerdem sind eine **Anfahrtskizze** und ein Hinweis auf Anreisemöglichkeiten mit öffentlichen Verkehrsmitteln selbstverständlich. Es bietet sich an, mit der Einladung den Personalbogen des Unternehmens mitzuschicken. Um keine falschen Erwartungen hinsichtlich der Übernahme von **Reisekosten** zu wecken, sollte das Unternehmen die Spielregeln für die Kostenübernahme zusammen mit einem Abrechnungsformular der Einladung beifügen. Die meisten Bewerber freuen sich, wenn sie bereits an der Pforte oder am **Empfang** des Unternehmens spüren, dass sie erwartet werden.

**Das Timing muss stimmen**

Für die Durchführung der Bewerbergespräche sollten alle Teilnehmer aus dem Unternehmen eine angemessene Zeit einkalkulieren. Der Bewerber ist gleichzeitig Gast des Unternehmens und Kunde im gegenseitigen Auswahlprozess. So sollte er auch behandelt werden. Eine zu **knappe Zeitplanung** kann dazu führen, dass der Bewerber warten muss und Gesprächspartner aus dem Unternehmen unvorbereitet in das Vorstellungsgespräch kommen. Das macht einen sehr schlechten Eindruck und hinterlässt beim Bewerber einen Beigeschmack von mangelnder Wertschätzung.

**Nachsicht mit dem Bewerber**

Andererseits kann es vorkommen, dass der Bewerber aufgrund von ihm nicht zu vertretender Ereignisse zu spät zum Termin kommt. Selbst Bewerber, die eine angemessene Reservezeit einkalkuliert haben, können sich um eine Viertelstunde verspäten. Dadurch sollte der Zeitplan im Unternehmen nicht aus der Bahn geworfen werden. Je nach Position im Unternehmen können Vorstellungsgespräche von 45 bis zu 90 Minuten dauern. Nach dem Gespräch sollten sich die internen Teilnehmer noch Zeit nehmen für Auswertung.

**Den Bewerber als Gast behandeln**

Neben dem zeitlichen Ablauf spielt auch der **Ort**, an dem das Vorstellungsgespräch stattfindet, eine wichtige Rolle. Der Bewerber sollte sich auch in dem Raum, in dem das Interview stattfindet, als Gast oder Kunde fühlen. Dazu gehört eine entsprechende **Bewirtung** mit Kaffee, Tee und Kaltgetränken. An einem runden Tisch lässt es sich leichter sprechen, als wenn sich einer der Beteiligten hinter seinem Schreibtisch verbarrikadiert.

**Störungen unbedingt vermeiden**

Damit sich beide Seiten voll auf das Bewerberinterview konzentrieren können, sollten alle Störungen durch klingelnde Telefone und Handys unterbleiben. Ist eine Störung von vornherein zu erwarten, sollte sie dem Bewerber gleich zu Beginn avisiert werden. Dadurch werden Irritationen vermieden. Dasselbe gilt für Gespräche, an denen einzelne Gesprächspartner nicht in voller Länge teilnehmen. Es ist für Bewerber nicht nachvollziehbar, wenn sie mehrfach dieselben Fragen beantworten müssen, weil ein »wichtiger«, aber zeitlich kaum verfügbarer Gesprächspartner erst später dazustößt, trotzdem aber noch Fragen auftischt, die bereits besprochen wurden, und außerdem vorzeitig wieder den Raum verlässt.

**Mehr als nur ein Gespräch**

Auch für Vorstellungsgespräche gilt: Ein Bild sagt mehr als tausend Worte. Daher sollten im Vorstellungsgespräch **Möglichkeiten zur Visualisie-**

**rung** vorhanden sein, z.B. ein Flipchart oder ein Tageslichtprojektor. Broschüren oder Produkte des Unternehmens sind nützliches **Anschauungsmaterial**. Gerade bei produzierenden Unternehmen muss das Vorstellungsgespräch nicht ausschließlich in einem Besprechungsraum stattfinden, sondern kann durch eine **Betriebsführung** ergänzt werden. Jeder Bewerber ist natürlich neugierig, seinen möglichen neuen Arbeitsplatz zu sehen und Kollegen und Mitarbeiter kennen zu lernen. Wenn modern ausgestattete **Arbeitsplätze** und ein angenehmes Umfeld werbewirksam genutzt werden können, sollte dies im Rahmen des Bewerbungsprozesses geschehen. Möglicherweise ist es sinnvoller, erst in einem Zweitgespräch oder im Rahmen von Vertragsverhandlungen dem neuen Arbeitsplatz einen Besuch abzustatten. Die Entscheidung hierüber sollte nach Abwägung der Gegebenheiten vor Ort getroffen werden.

### 3.2.4.4 Die inhaltliche Vorbereitung von Vorstellungsgesprächen

Ein Vergleich von Bewerbern macht nur Sinn, wenn alle mit demselben Maßstab gemessen werden. Eine aktuelle **Stellenbeschreibung** für die zu besetzende Stelle sowie ein systematisch erstelltes **Anforderungsprofil** dienen als Grundlage für die Auswahl der Kandidaten. Um eine gleich bleibende Qualität der Gespräche zu gewährleisten, bietet sich an, aus dem Anforderungsprofil einen schriftlichen **Interviewleitfaden** für die jeweilige zu besetzende Position vorzubereiten. Kernstück eines solchen Leitfadens sind die Anforderungen an die zu besetzende Stelle. Diese werden ergänzt um **Beispielfragen**, die zur Erkundung der Eignung dienen. Um möglichst nahe an die tatsächliche Eignung eines Bewerbers heranzukommen, sollten theoretische Fragen vermieden werden. Zur Voraussage über künftiges Verhalten ist ein **Rückgriff auf konkretes Verhalten in der Vergangenheit** am ehesten Erfolg versprechend.

**Aus Anforderungen Fragen ableiten**

Bei der vorangegangen Analyse der Bewerbungsunterlagen sind bereits Fragen und Hinweise zur Vorbereitung der Vorstellungsgespräche aufgetaucht. Diese werden für den jeweiligen Bewerber auf dem Leitfaden ergänzt. Im Rahmen der Vorbereitung des Vorstellungsgesprächs sollten die Interviewer abstimmen, wer welche Frage stellt. Ein Wechsel der Fragesteller führt zur Belebung des Gesprächs.

*Tab. 2: Beispiel für einen Interviewleitfaden*

| Anforderung | Beispielfragen | Notizen | Bewertung | | | |
|---|---|---|---|---|---|---|
| | | | – – | – | + | ++ |
| Initiative | Gab es in der Vergangenheit Situationen, die durch Ihre Initiative gerettet wurden? Wenn ja, welche waren das? | | | | | |
| Ausdauer | Erzählen Sie mir von einer Situation, in der Sie an die Grenzen Ihrer Belastbarkeit gekommen sind! | | | | | |
| Flexibilität | Berichten Sie mir von einer Situation, die mit bisherigen Erfahrungen nicht zu meistern war. Was taten Sie? | | | | | |
| Zielstrebigkeit | Schildern Sie mir eine ziemlich aussichtslose Aufgabe, die Sie doch noch gemeistert haben! | | | | | |
| Verhandlungsgeschick | Beschreiben Sie Situationen, in denen Ihr Verhandlungsgeschick Ihrem Unternehmen zum Erfolg verholfen hat! | | | | | |
| Strukturiertes Denken und Handeln | Erzählen Sie mir von dem kompliziertesten Projekt, an dem Sie je gearbeitet haben. Was war das? Was haben Sie getan? | | | | | |

### 3.2.4.5 Eine sinnvolle Vorgehensweise für Bewerberinterviews

Falls mehrere Gesprächspartner aus dem Unternehmen teilnehmen, sollten sie vorher eine gemeinsame Vorgehensweise abstimmen. Dies gilt insbesondere für Vorgesetzte, die nur wenig Erfahrung in der Personalauswahl haben. Üblicherweise sorgt der Mitarbeiter aus der Personalabteilung für die »Moderation« und führt die Beteiligten durch das Gespräch.

*Eindrücke gemeinsam bewerten*

Für die Interviewer ist das Vorstellungsgespräch damit noch nicht abgeschlossen. Jetzt gilt es, die im Interview gewonnenen Eindrücke abzugleichen und zu bewerten. Auch dieser Schritt sollte systematisch und auf die Anforderungen der zu besetzenden Stelle bezogen erfolgen. Manche Kandidaten werden aufgrund von wenigen K.-O.-Kriterien spontan aussortiert. Bei den anderen lohnt sich das **Festhalten offen gebliebener Fragen** und das **Formulieren von Thesen und Vermutungen**, die in einem weiteren Gespräch nützlich sind. Außerdem sollte an dieser Stelle darüber nachgedacht werden, ob sich der Bewerber eventuell eher für eine andere Position im Unternehmen eignet.

*Tab. 3: Die Phasen eines Bewerberinterviews im Überblick*

| Phase | Ziel | Inhalte | Bemerkungen |
|---|---|---|---|
| Eröffnung 5 Minuten | ■ Atmosphäre schaffen <br> ■ Lampenfieber beim Bewerber abbauen <br> ■ miteinander warm werden (»Warming-up«) | ■ Begrüßung <br> ■ Vorstellung <br> ■ »Smalltalk« über Anreise <br> ■ Anbieten von Getränken <br> ■ bei großer Hitze evtl. Ablegen des Jacketts anbieten, »Marscherleichterung« | Beim Bewerberinterview ist es wie beim Sport: Nur wenn sich die Teilnehmer vor dem Start richtig »aufwärmen«, kann ein professionelles Gespräch ohne (Ver-)Zerrung stattfinden. |
| Orientierung 5–10 Minuten | ■ Information des Bewerbers über das Unternehmen <br> ■ Erläuterung der Rolle der Teilnehmer <br> ■ Ablauf des Gesprächs erläutern | ■ Kennt der Bewerber das Unternehmen oder seine Produkte bereits? <br> ■ Gibt es Bekannte im Unternehmen? <br> ■ kurze Vorstellung des Unternehmens <br> ■ Erläuterung der Vorgehensweise und der Zeitplanung für das Gespräch | Diese Phase darf nicht ausufern! <br> Einige wenige Folien können zur Unternehmenspräsentation dienen. <br> In dieser Phase sollte noch nicht über die künftige Aufgabe oder Abteilung gesprochen werden. |
| Interviewphase 1 10–15 Minuten | ■ Klärung der Motivation des Bewerbers <br> ■ Sammlung von fehlenden Informationen aus den Bewerbungsunterlagen | ■ Bewerber führt chronologisch durch seinen Lebenslauf <br> ■ Interviewer stellen Ergänzungsfragen | Der Bewerber darf nicht den Eindruck gewinnen, dass seine Gesprächspartner die Bewerbungsunterlagen nicht gelesen haben. |
| Informationsphase 5–10 Minuten | ■ Erläuterung der Aufgabe im Unternehmen <br> ■ Klärung der für den Bewerber offenen Fragen zur Position | ■ Aufgabenstellung <br> ■ Verantwortung <br> ■ Rahmenbedingungen <br> ■ Perspektiven <br> ■ Bewerber hat die Möglichkeit zu Fragen | Um den Bewerber nicht zu einem »gewünschten« Verhalten zu bringen, dürfen die sich ergebenden Anforderungen an den Bewerber nicht expliziert werden. |
| Interviewphase 2 15–20 Minuten | ■ Feststellung, wie gut der Bewerber die Anforderungen der Stelle erfüllt | ■ Beispiele aus persönlicher Berufspraxis <br> ■ positive/negative Erlebnisse des Bewerbers <br> ■ Herangehensweise an künftige Aufgaben im Unternehmen | Hier geht es nicht darum, Wissen abzufragen. <br> Die Fragen werden aus den Anforderungen abgeleitet. |
| Abschlussphase 5–10 Minuten | ■ Klärung der »Hardfacts« <br> ■ Erläuterung der weiteren Vorgehensweise <br> ■ angenehmer Abschluss | ■ Kündigungsfrist <br> ■ bisheriges Gehalt und finanzielle Erwartungen <br> ■ Zeitplan für weitere Schritte <br> ■ Vereinbarung von Referenzen | Hier sollte geklärt werden, ob der Kandidat sich anderweitig beworben hat und in welchem Stadium sich die Bewerbungen befinden. |

### 3.2.4.6 Die Kunst der richtigen Frage

**Führen durch Fragen**

Das wichtigste Handwerkszeug für den Einsatz in Bewerberinterviews ist die Fragetechnik. Mit den richtigen Fragen wird der Bewerber durch das Gespräch »geführt«. Wenn mehrere Interviewer teilnehmen, sollten sie sich beim Stellen der Fragen abwechseln.

Einige Frageformen sind nicht hilfreich und sollten vermieden werden:

- Suggestivfragen: »Sie sind doch auch der Meinung, dass ...«
- geschlossene Fragen, die nur mit Ja oder Nein beantwortet werden können
- Entscheidungsfragen (entweder-oder)
- Wissensfragen, die einen Prüfungscharakter haben

Diese Fragearten bringen ein Vorstellungsgespräch kaum voran. Sie führen in der Regel nicht zu neuen Erkenntnissen. Stattdessen können Sie beim Bewerber – insbesondere bei **Suggestivfragen** – einen Beigeschmack der Manipulation hinterlassen.

**Keinen »Fragensalat« anbieten**

Da die Aufnahmekapazität jedes Menschen begrenzt ist, sollten alle Fragen immer nur einzeln gestellt werden. Die **Anhäufung mehrerer Fragen**, die sich der Bewerber alle merken und hintereinander beantworten soll, führt zu Verwirrung. Wenn eine Fragestellung verschiedene Aspekte hat, kann der Interviewer mit einer Frage beginnen und je nach Antwortverhalten weitere Fragen einzeln »nachlegen«.

In Bewerberinterviews sollten **prägnante und kurze Fragen** zur Anwendung kommen. Minutenlange Vorreden, die erst spät in Fragen münden, dienen eher der Selbstdarstellung des Interviewers als der Erkundung des Kandidaten. Die Fragen sollten so gestellt werden, dass der Bewerber in mehreren Sätzen darauf antworten kann. Dafür sind am ehesten **offene Fragen** (W-Fragen: warum, wie, ...) geeignet, die nicht mit Ja oder Nein beantwortet werden können.

## 3.3 Mitarbeiterführung

*von Rainer Schleidt*

### 3.3.1 Einige grundsätzliche Überlegungen zum Thema Mitarbeiterführung

#### 3.3.1.1 Was Führen heißt

Etymologisch betrachtet ist Führen »das schwache Zeitwort von Fahren«, sinngemäß bedeutet es »etwas zum Fahren zu bringen«. Damit wird ausgedrückt, was für eine Führungskraft keineswegs in jeder Situation selbstverständlich ist, nämlich dass sie die Kraft und die Autonomie besitzt, eine Situation auch tatsächlich gestalten zu können, sie eben »zum Fahren« (oder ans Laufen) zu bringen. Der Ermessens- und Handlungsspielraum einer Führungskraft ist nie unbegrenzt und wird sicher in manchen Situationen als zu eingeschränkt erlebt.

Umgekehrt wird es wahrscheinlich keine Führungskraft geben, die ausschließlich »Opfer« einer Situation ist, in die andere oder irgendwelche Umstände sie bringen. Würde eine Führungskraft nur noch re-agieren, anstatt zu agieren, wäre sie bestenfalls eine »Aus-Führungskraft« für situative Forderungen und Sachzwänge.

Irgendwo zwischen den beiden angedeuteten Extrempunkten, zwischen der totalen Autonomie einerseits und der totalen Fremdsteuerung anderseits, liegt die subjektive Wahrheit jeder Führungskraft. Subjektiv deshalb, weil jede Führungskraft ihre Situation auf der Basis ihrer eigenen Wahrnehmungen deutet. Wesentliche Elemente dieser Deutung sind – neben intersubjektiven Einflussfaktoren, auf die wir noch zu sprechen kommen – die eigenen Wertvorstellungen, die Einstellungen, die dem Einzelnen inzwischen selbstverständlich geworden sind und deshalb häufig nicht mehr bewusst reflektiert werden.

*Wertvorstellungen beeinflussen Führungsverhalten*

Wertvorstellungen sind Wahrnehmungsfilter: »Man sieht nur, was man sehen will« oder eigentlich präziser »Man sieht nur, was man sehen kann«. Führung ist somit ein Produkt der persönlichen Wahrnehmung. Dies wird immer dann deutlich, wenn eine Führungskraft mitbekommt, dass eine andere unter ansonsten gleichen Umständen anders handelt, oder wenn sie sich entschließt – z.B. nach einem Seminarbesuch –, einmal in einer bestimmten Situation selbst anders zu handeln, als sie es normalerweise tun würde. Dann stellt sie nicht selten überrascht fest, dass auch die Reaktionen der Umwelt entsprechend anders ausfallen.

*Wertvorstellungen beeinflussen Wahrnehmung*

Die eigenen Wertvorstellungen beeinflussen aber nicht nur die Wahrnehmung und damit indirekt das Führungsverhalten, sondern Letzteres auch ganz direkt. Wenn z.B. Pflichtbewusstsein einen wichtigen Wert für jemanden darstellt, dann wird er auch pflichtbewusst führen, ein gewisses Pflichtbewusstsein von den Geführten verlangen usw. Führung kann daher niemals »neutral«, niemals wertfrei sein und somit ein bestimmter Führungsstil auch nicht grundsätzlich »objektiv richtig« oder »objektiv falsch«.

*Wertvorstellungen steuern Verhalten direkt*

## 3.3 Mitarbeiterführung

Wichtig ist allerdings, dass die Wertvorstellungen der Organisation (oder allgemeiner: der Umwelt), in der eine Führungskraft führt, ihre eigenen Wertvorstellungen und die Wertvorstellungen der von ihr geführten Mitarbeiter ein gewisses Maß an Übereinstimmung aufweisen. Ansonsten kommt es zu Konflikten und Verständnisproblemen, die sich erfahrungsgemäß weder durch eindeutige Verfahrensanweisungen noch durch engmaschiges Controlling oder Ähnliches vermeiden lassen. Etwas pointiert lässt sich sagen, dass Führen häufig einer »Self-Fulfilling-Prophecy« gleicht, wie es die beiden Beispiele zeigen:

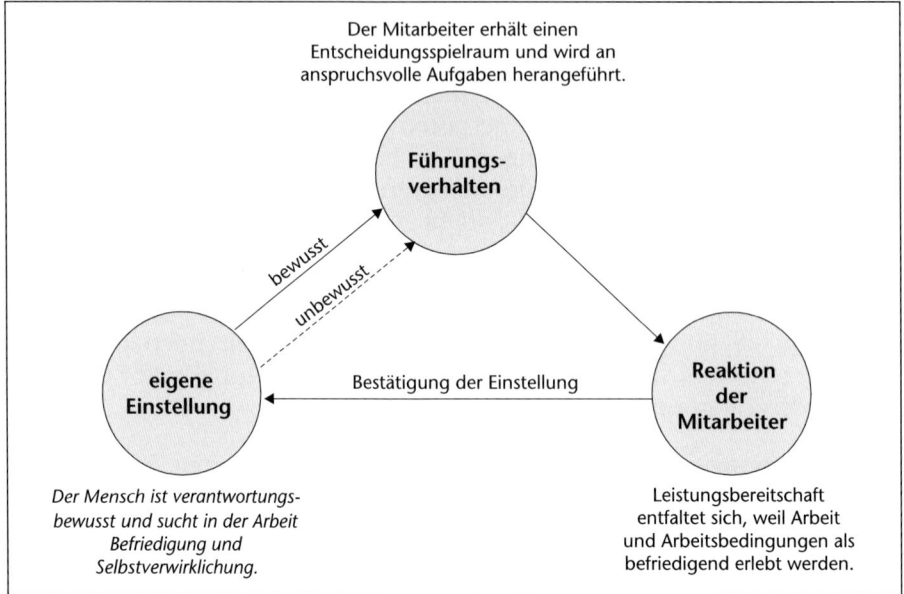

*Abb. 1: Self-Fulfilling-Prophecy I*

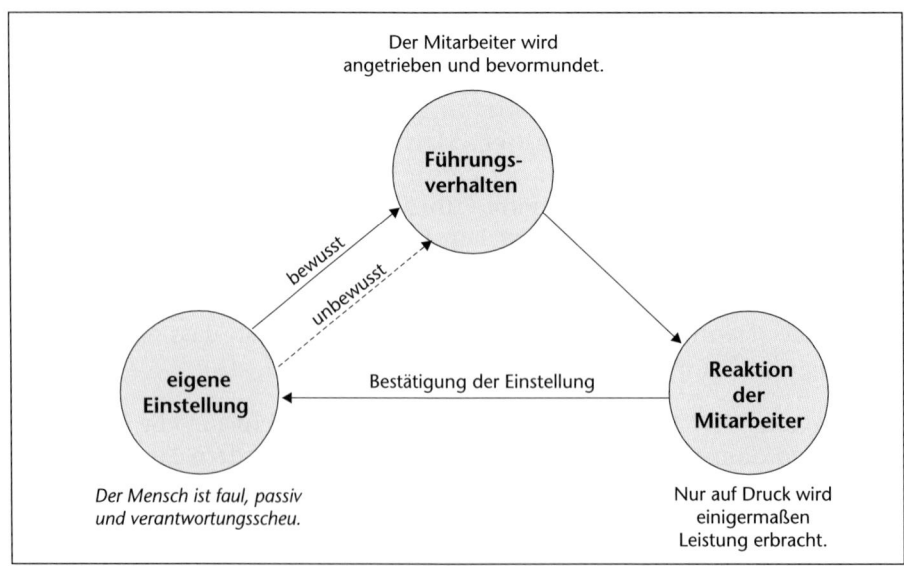

*Abb. 2: Self-Fulfilling-Prophecy II*

### 3.3.1.2 Die Führungssituation und ihre Einflussfaktoren

Wir haben bereits festgestellt, dass die eigenen Wertvorstellungen einer Führungskraft einen wesentlichen Einfluss auf ihr Führungsverhalten haben. Darüber hinaus gibt es aber eine ganze Reihe von Faktoren außerhalb der Person der Führungskraft, die dieses Verhalten beeinflussen. In Abbildung 3 sind einige dieser Faktoren dargestellt.

**Situatives Führen ist unabdingbar**

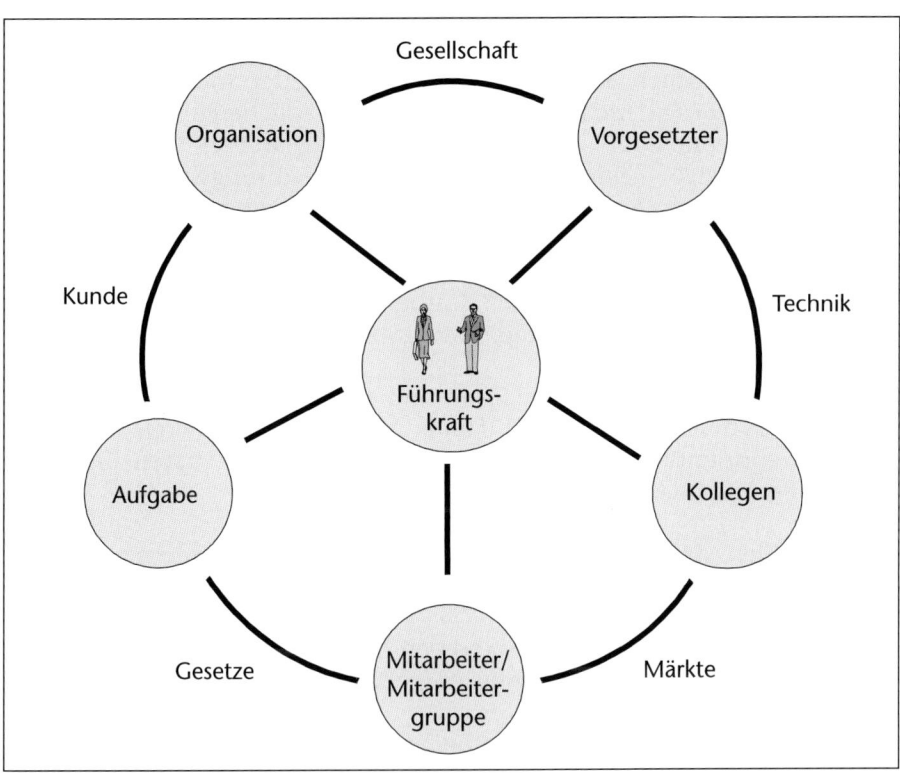

*Abb. 3: Einflussfaktoren auf die Führungssituation*

So macht es zum Beispiel einen Unterschied, ob eine Führungskraft für eine Gruppe »harter Männer« verantwortlich ist, die für die sichere Bedienung und Überwachung der Schmelzöfen in einem Stahlwerk zuständig sind, oder für ein interdisziplinäres Spezialistenteam, das die Produktionsabläufe in der Chip-Herstellung verbessern soll. In Bezug auf die Mitarbeiter stellt sich grundsätzlich die Frage nach dem richtigen Maß zwischen der aus Gerechtigkeitsgründen notwendigen Gleichbehandlung aller Mitarbeiter und der aus Motivationsgründen notwendigen Berücksichtigung individueller Bedürfnissen und Charakterunterschiede. Jede Führungskraft, die regelmäßig mit der Besetzung von (Sonder-)Schichten zu Weihnachten und Silvester betraut ist, weiß, wovon hier gesprochen wird.

Zusammenfassend lässt sich sagen, das Führung einerseits den situativen Anforderungen genügen muss und daher »situatives Führungsverhalten« unabdingbar ist, um mit unterschiedlichen Herausforderungen adäquat umzugehen. Unreflektierte Wertvorstellungen können einem angemesse-

**Unreflektierte Wertvorstellungen behindern Führung**

nen situativen Führen entgegenstehen. Anderseits braucht jede Führungskraft zu ihrer überlebensnotwendigen Handlungsentlastung klare und bewusste Wertvorstellungen. Sie braucht einen »Führungsstil«, d.h. eine konkrete Vorstellung davon, wie sie grundsätzlich zu führen gedenkt, um sich nicht in endlosen Detailabwägungen über Dutzende möglicher Verhaltensalternativen in Standardsituationen zu verlieren.

### 3.3.1.3 Führungsstile und ihre Auswirkung

**Aufgabenorientierung versus Mitarbeiterorientierung**

Was macht eigentlich einen Führungsstil aus? Oder anders gefragt: Auf der Basis welcher Kriterien lassen sich unterschiedliche Führungsstile vergleichen und voneinander unterscheiden? Häufig werden zwei – voneinander unabhängige – Dimensionen gewählt, um Führungsstile zu beschreiben: Aufgabenorientierung und Mitarbeiterorientierung.

**Auswirkungen auf die Arbeitsmotivation**

Der Grad der Aufgabenorientierung ist ein Maß dafür, wie stark sich die Führungskraft in den Prozess der Bearbeitung und Lösung der fachlich-sachlichen Aufgaben ihrer Mitarbeiter einbringt:

- Definiert sie lediglich grobe Ziele und überlässt es den Mitarbeitern, diese herunterzubrechen und daraus Aktivitäten abzuleiten (= geringe Aufgabenorientierung)? Definiert sie selbst alle Aktivitäten im Detail (= hohe Aufgabenorientierung)?

- Kontrolliert sie nur die fertigen Endergebnisse und die Erreichung der Ziele (= geringe Aufgabenorientierung)?

- Kontrolliert sie die Umsetzung und den Erfolg jedes einzelnen Teilschritts auf dem Weg zum Ziel (= hohe Aufgabenorientierung)?

Der Grad der Mitarbeiterorientierung beschreibt, wie stark und mit welcher Einstellung sich eine Führungskraft um ihre Mitarbeiter als Menschen kümmert:

- Ist sie für persönliche Sorgen und Nöte stets ansprechbar (= hohe Mitarbeiterorientierung)?

- Oder will sie davon gar nichts wissen (= geringe Mitarbeiterorientierung)?

- Interessiert sie sich stark (= hohe Mitarbeiterorientierung) für persönliche Vorlieben, Hobbys, das private Umfeld und die soziale Integration der Mitarbeiter im Betrieb, in der Abteilung und in der Gruppe?

- Kümmert sie sich überhaupt nicht um diese »Randerscheinungen« (= geringe Mitarbeiterorientierung)?

**Welcher Führungsstil in welcher Situation**

Wer situatives Führen fordert (oder davon schreibt), muss die Frage beantworten, welcher Führungsstil in welchen Situationen angemessen ist. Abbildungen 3 und 4 versuchen dazu einige Hinweise zu geben.

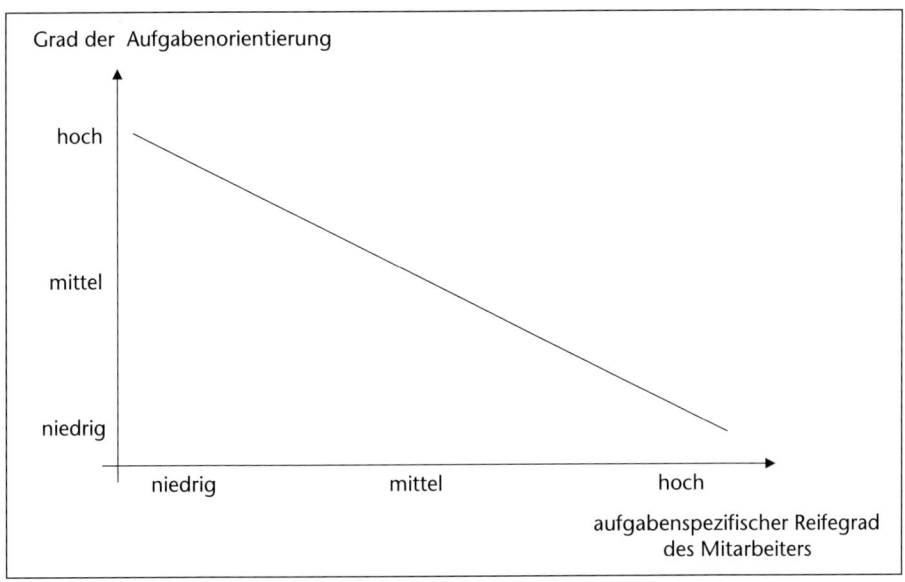

Abb. 4: *Aufgabenorientierung und Reifegrad des Mitarbeiters*

■ Grundsätzlich gilt, je qualifizierter der Mitarbeiter für seine jeweils zu erledigenden Aufgaben ist, umso geringer sollte die Aufgabenorientierung der Führungskraft ausfallen.

**Aufgabenorientierung**

■ Umgekehrt bedeutet dies, je unerfahrener der Mitarbeiter in fachlich-sachlichen Belangen ist, umso intensiver muss die Führungskraft sich um eine genaue Zergliederung, intensive Unterstützung und feinmaschige Steuerung des Mitarbeiters bei der Aufgabenerledigung kümmern.

Dieser Sachverhalt ist leicht einsichtig und klingt vielleicht sogar trivial. Allerdings gibt es nicht wenige Führungskräfte, die ungeachtet unterschiedlicher Erfahrungen ihren Stil »fahren« und z.B. auch erfahrenere Mitarbeiter im Detail anweisen und bei der Umsetzung »pingelig« auf deren Finger schauen. Oder sie vereinbaren nur sehr grobe Ziele, reden vom Mitarbeiter als »eigenverantwortlichem Unternehmer im Unternehmen« und fragen nicht danach, ob der Mitarbeiter die fachlichen Erfahrungen und das notwendige Wissen für diese Herausforderung schon mitbringt oder erst noch dazu angeleitet werden muss.

Hinsichtlich der Mitarbeiterorientierung gilt: Eine hohe Mitarbeiterorientierung (sofern sie nicht generell unangemessen ist, z.B. wenn sich die Führungskraft als »Psychotherapeut« für private Probleme des Mitarbeiters aufspielt) schadet nie und keinem. Sie kann nur nützen. Sie wirkt sich positiv auf das Verhältnis zwischen Führungskraft und Mitarbeiter aus. Aber sie kostet die Führungskraft zweifelsohne auch Zeit und Engagement. Dazu kann die Frage formuliert werden: Wie viel Mitarbeiterorientierung ist »notwendig«? Das folgende Bild liefert eine Aussage.

**Mitarbeiterorientierung**

3.3 Mitarbeiterführung

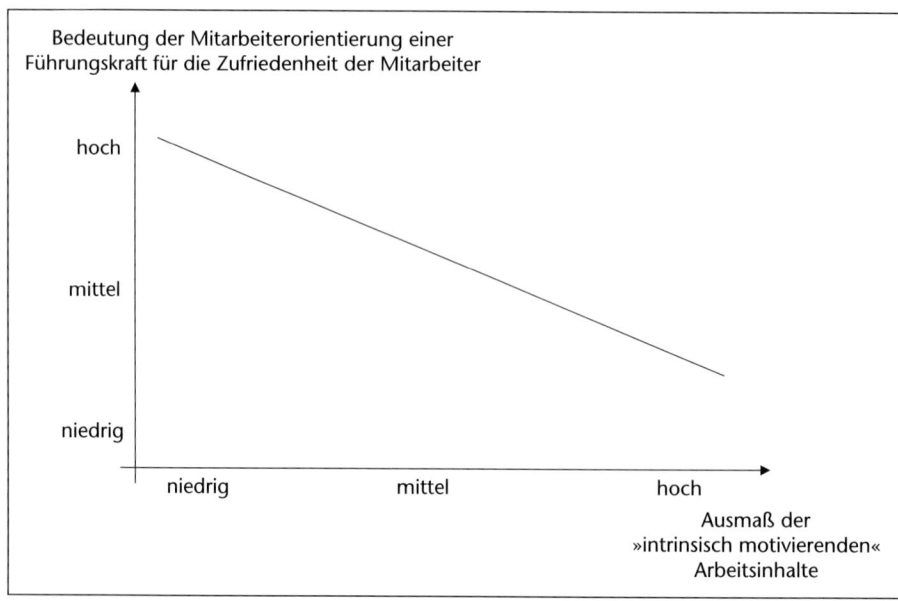

Abb. 5: Mitarbeiterorientierung und Mitarbeiterzufriedenheit

Je weniger die Arbeitsinhalte den Mitarbeiter (intrinsisch) motivieren, umso mehr ist der Mitarbeiter auf ein gutes Verhältnis zwischen seiner Führungskraft und ihm (bzw. zwischen den Kollegen insgesamt) angewiesen. Umso notwendiger wird also eine hohe Mitarbeiterorientierung. Vereinfacht ausgedrückt könnte man sagen: Ein Mitarbeiter, der hochstandardisierte Fließbandarbeiten verrichtet, ist deutlich mehr auf die Mitarbeiterorientierung seiner Führungskraft angewiesen als beispielsweise ein KVP-Koordinator, der alle kreativen und sonstigen Spielräume hat, sich täglich selbst in und mit seinen beruflichen Aufgaben zu verwirklichen.

**Reflektion des eigenen Handelns**

So simpel dies vielleicht klingen mag, auch Sie sollten sich bei dieser Gelegenheit fragen, für wen oder was Sie sich als Fertigungsleiter oder Meister mehr Zeit nehmen: Für ein »Schwätzchen« bei einer Tasse Kaffee mit einem Ihrer »kreativen Köpfe«, der eine gute Ausbildung und eine Tätigkeit mit viel Gestaltungsspielraum hat, oder für ein menschliches Gespräch am Band oder am Verpackungsautomaten mit einem angelernten Arbeiter?

Bei aller Notwendigkeit zur situativen Führung ist klar, dass das individuelle Eingehen auf jede Situation und jeden Menschen auf praktische Grenzen stößt. Je mehr Mitarbeiter Sie führen müssen/dürfen, umso eher ist dies der Fall. Entscheidend ist jedoch, sich stets der Notwendigkeit zur situativen Führung bewusst zu sein, um alle sinnvollen und machbaren Möglichkeiten auszuschöpfen und das Führungsverhalten eben nicht nur an eigenen Präferenzen (oder am eigenen inneren Befinden) festzumachen. Und dies ist keine leichte Sache.

## 3.3.2 Die Führungskraft in der Produktion

### 3.3.2.1 Aufgaben im Überblick

Die folgende Abbildung zeigt die Aufgaben, die jede Führungskraft leisten muss.

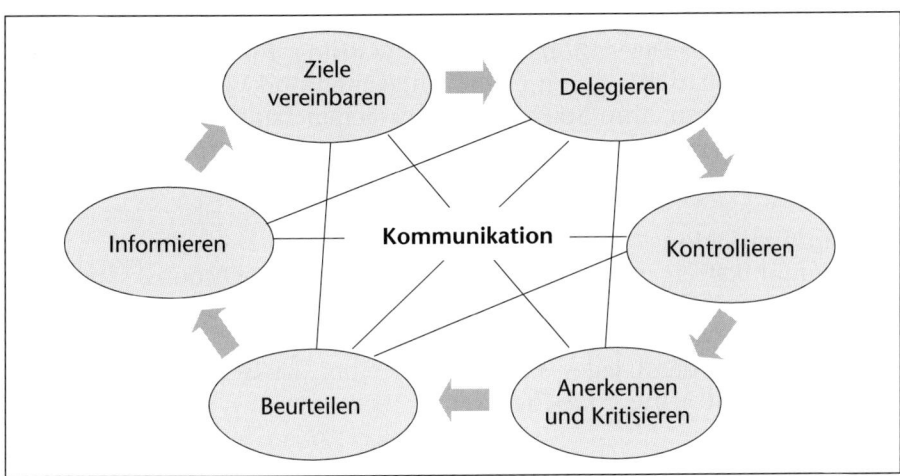

*Abb. 1: Der Führungskreislauf*

Zunächst erhalten Sie einige kurze Erläuterungen, was sich hinter jedem Kreis verbirgt. In den folgenden Abschnitten werden dann die Aufgaben im Detail erläutert.

- **Informieren**
  Die Führungskraft gibt den Mitarbeitern die Möglichkeit, ihre Aufgaben in einem größeren Rahmen zu sehen, setzt sie in die Lage, selbstständig das Richtige zu tun.

- **Ziele vereinbaren**
  Den Mitarbeitern muss das Arbeitsziel klar sein. Soweit möglich und sinnvoll sollten die Mitarbeiter an der Festlegung der Ziele beteiligt werden.

- **Delegieren von Aufgaben, Befugnissen und Verantwortung**
  Selbstständig seine Aufgabe erledigen heißt, die erforderlichen Entscheidungsbefugnisse zu haben und für das Ergebnis verantwortlich zu sein. Delegation von Handlungsverantwortung garantiert, dass vorhandene Fähigkeiten bestmöglich genutzt werden.

- **Kontrollieren**
  Kontrolle liefert für Führungskraft und Mitarbeiter wichtige Informationen. Sie ist ein Hilfsmittel, um Fehler zu erkennen und zu vermeiden, und dient dazu, künftig Dinge anders und besser zu machen.

- **Anerkennen und Kritisieren**
  Einsatz und Engagement der Mitarbeiter hängen wesentlich von der Anerkennung ab, die die Führungskraft den Mitarbeitern zollt. Kritik sollte immer sachlich, begründet und nicht entmutigend vorgebracht werden.

- **Beurteilen**
  Mitarbeiterbeurteilung ist die Grundlage für den richtigen Einsatz der Mitarbeiter, für Delegation von Verantwortung, für Förderung und Beförderung. Beurteilungen müssen Fähigkeiten und Verhalten der Mitarbeiter aufzeigen, ihre Stärke und Schwächen berücksichtigen und in Beziehung gesetzt werden zu den Anforderungen ihrer jeweiligen Arbeitsaufgaben.

- **Kommunikation**
  Kommunikation ist das Mittel, das bei der Wahrnehmung sämtlicher Führungsaufgaben benötigt wird. Der Kommunikationswissenschaftler Paul Watzlawick stellt zu Recht fest, dass man nicht nicht kommunizieren kann, denn jedes Verhalten in einer »zwischen-persönlichen« Situation hat Mitteilungscharakter.

### 3.3.2.2 Informieren, kommunizieren, symbolisieren

*Identifikation mit der Aufgabenstellung*

Führungskräfte und Mitarbeiter haben bei der Lösung von Problemen oft unterschiedliche Vorstellungen. Daher ist es wichtig, die jeweiligen Vorstellungen kennen zu lernen und Missverständnisse auszuräumen. Häufig beruhen sie nur darauf, dass Menschen zwar dasselbe sagen, aber etwas anderes meinen. Daher müssen Sie als Führungskraft überprüfen, ob die Mitarbeiter Sie richtig verstanden haben und ob Sie die Mitarbeiter richtig verstanden haben.

Mitarbeiter setzen sich stärker für eine Aufgabe ein, wenn ihnen Zusammenhänge, Bedeutung und Hintergründe der Aufgabe verständlich sind. Eine gemeinsames Durchsprechen dieser Punkte ermöglicht den Mitarbeitern, sich eher mit einer Aufgabe zu identifizieren. Die Leistungsbereitschaft der Mitarbeiter wird zusätzlich erhöht, wenn dabei auf die Interessen der Mitarbeiter eingegangen wird – soweit dies möglich ist und sich die Interessen des Einzelnen mit den Unternehmensinteressen verbinden lassen oder ihnen zumindest nicht entgegenstehen. Dies gelingt nur, wenn die Gesprächspartner (Führungskraft und Mitarbeiter) einander wirklich zuhören, was jedoch gelegentlich schwer fällt – häufig auch (gerade) Führungskräften. Einige Störfaktoren, die das Zuhören erschweren, sind z.B.:

*Störfaktoren beim Zuhören ...*

- die Geräuschkulisse in der Produktionshalle
- Besprechungen/Gespräche dauern zu lange, die Konzentration der Beteiligten lässt nach.
- Man glaubt, bereits zu wissen, was der andere sagen will.
- Man fürchtet, selbst nicht zu Wort zu kommen.

- Antipathie gegenüber dem Gesprächspartner
- Formulierung der eigenen (Gegen-)Aussage
- die eigene Ungeduld oder Nervosität

Durch gezieltes Bewusstmachen dieser Schwachstellen und entsprechende Maßnahmen kann die Führungskraft diese »Zuhörfallen« beseitigen.

**... und ihre Beseitigung**

- Für ein wichtiges Gespräch über die neuen Aufgaben eines Mitarbeiters kann beispielsweise anstelle des Pausenraums ein Besprechungsraum außerhalb der Produktion belegt werden.
- Die Konzentration lässt sich durch ausreichende Frischluftzufuhr verbessern.
- Die eigene Geduld beim Zuhören wird dadurch gefördert, dass für dieses Gespräch eine halbe Stunde fest im Terminplan blockiert wurde und man sich bewusst vornimmt, den Mitarbeiter zunächst ausreden zu lassen, und erst dann den eigenen Standpunkt darlegt.

Gutes Zuhören erfordert,

- dem Sprechenden ungeteilte Aufmerksamkeit zu schenken,
- ihn ausreden zu lassen,
- Blickkontakt zu halten,
- eine zugewandte Körperhaltung einzunehmen und
- das aufmerksame Zuhören durch unterstützendes Kopfnicken und gelegentliche Kurzäußerungen zu unterstreichen.

Es heißt aber auch, die richtige Wahrnehmung zu fördern:

- bei Unklarheiten wegen fehlender Information: offene Fragen stellen
- bei unklarer Ausdrucksweise des/der Redenden: geschlossene Kontrollfragen stellen
- wenn nötig, Fragen begründen
- gestellte Fragen nie selbst beantworten
- Kernaussagen in eigenen Worten zusammenfassen

**Sach- und Beziehungsebene**

Besonders wichtig für das Ge- bzw. Misslingen von Gesprächen ist, dass Kommunikation nie nur auf der Sachebene, sondern immer auch auf der Beziehungsebene stattfindet. Angeblich »rein Inhaltliches« enthält immer auch Emotionales bzw. wird emotional verstanden. Hier öffnet sich ein breiter Raum für Missverständnisse. Diese drohen vor allem dann, wenn eine eher sachlich gemeinte Nachricht emotional verstanden wird – wenn Sender und Empfänger sich also auf unterschiedlichen Ebenen bewegen:

**Beispiel: Kommunikation auf unterschiedlichen Ebenen**

Die Führungskraft fragt, weil sie morgens ihre Uhr im Bad liegen gelassen hat, den Mitarbeiter: »Wissen Sie, wie spät es ist?« Der Mitarbeiter antwortet: »Es ist nicht meine Schuld, dass die Lieferung noch nicht fertig zusammengestellt ist.«

*Wertschätzung ausdrücken*

Neben der Weitergabe von Informationen hat die Kommunikation zwischen Führungskraft und Mitarbeitern stets auch eine symbolische Bedeutung. Sie führt den Mitarbeitern das Interesse der Führungskraft an ihnen und ihrer Arbeit vor Augen. Nicht selten sind es die einfachen Gesten, die die nachdrücklichste symbolische Wirkung entfalten. Wer erinnert sich nicht mindestens an einen Werks-, Produktions- oder Technischen Leiter, der jeden Morgen all seinen Mitarbeitern persönlich die Hand zu drücken pflegte, wenn er durch die Werkhalle ging – ein Stück symbolische Kommunikation, die Wertschätzung ausdrückte.

Nicht wenige »einfache Mitarbeiter an der Maschine« vermissen heute genau diese Form der Wertschätzung seitens ihrer Führungskräfte. Früher war sie eben »billig« zu haben, denn sie kostete »nur« Zeit und brauchte keine Zugeständnisse, kein Fachwissen, keine klaren Aussagen. In Zeiten, in denen die Zeit zu einem der kostbarsten Produktionsgüter geworden ist, ist diese Form der wertschätzenden Kommunikation allerdings scheinbar »unbezahlbar« geworden.

*Persönliche Zuwendung zeigen*

Der Autor hat immer wieder die Erfahrung gemacht, dass gerade Mitarbeiter in Produktionsbereichen über mangelnde Kommunikation und einen ungenügenden Informationsfluss klagen. Wenn man genauer hinterfragt, um welche Informationen es dabei geht und was sich die Mitarbeiter wirklich wünschen, stellen sich immer wieder nur kleine sachliche Defizite heraus. Überwiegend wünschen sich die Mitarbeiter mehr persönliche Zuwendung und eben (ohne es so zu benennen) symbolische Gesten. Deshalb hier noch einige weitere Beispiele für symbolische Kommunikation im Produktionsbereich:

**Beispiele: Symbolische Kommunikation**

- der Gang durch die Werkhalle und das (nicht gespielte!) Interesse am Gespräch mit einzelnen (immer wieder anderen) Mitarbeitern
- die **nicht** getragene Krawatte
- das auf der Produktionsbereichs- oder Betriebsversammlung ausgesprochene öffentliche Lob für das Engagement und die erzielten Erfolge
- die liebevoll gestaltete Weihnachts- oder Betriebsfeier, bei der nicht auf den Pfennig geschaut wird
- das abendliche Bier beim Seminarbesuch, das die Firma dem Teilnehmer bezahlt
- die Gelegenheit für den Facharbeiter, eine Fachmesse besuchen zu dürfen
- die angemessen einfache Ausdrucksweise der Führungskraft (»die hat den Leuten aufs Maul geschaut«) unter Verzicht auf »hochtrabende« Fremdworte
- usw.

### 3.3.2.3 Ziele vereinbaren und kontrollieren

Ziele definieren zukünftige Ergebnisse. Ziele stellen somit eine Handlungsaufforderung dar. Die Maßnahmen, mit denen die Ziele erreicht werden sollen, werden später noch erarbeitet. Ziele zu vereinbaren ist notwendig und sinnvoll, weil gute Ziele viele Vorteile mit sich bringen:

**Ziele als Handlungsaufforderung**

- Ziele sind sinngebend.
- Ziele geben Orientierung und führen zu einer klaren Positionierung.
- Ziele gewähren Handlungsfreiräume in Bezug auf die Auswahl zielführender Maßnahmen.
- Ziele führen zu erhöhter Identifikation mit der Aufgabe.
- Ziele vermitteln den Mitarbeitern Erfolgserlebnisse.
- Ziele zwingen zu eigenverantwortlichem Denken und Handeln.

Es gibt in einem Unternehmen oder auch im Produktionsbereich nie nur ein Ziel. Daher können und sollten Ziele geordnet werden, wodurch horizontal und vertikal gegliederte Zielsysteme entstehen. Auf der horizontalen Ebene unterscheidet man unterschiedliche Zielfelder, z.B. ökonomische Ziele, technische Ziele, soziale Ziele usw. Vertikal ergibt sich eine Zielordnung durch Zweck-Mittel-Beziehungen zwischen Zielen. Dazu zeigt Abbildung 2 ein Beispiel:

**Horizontale und vertikale Ziele**

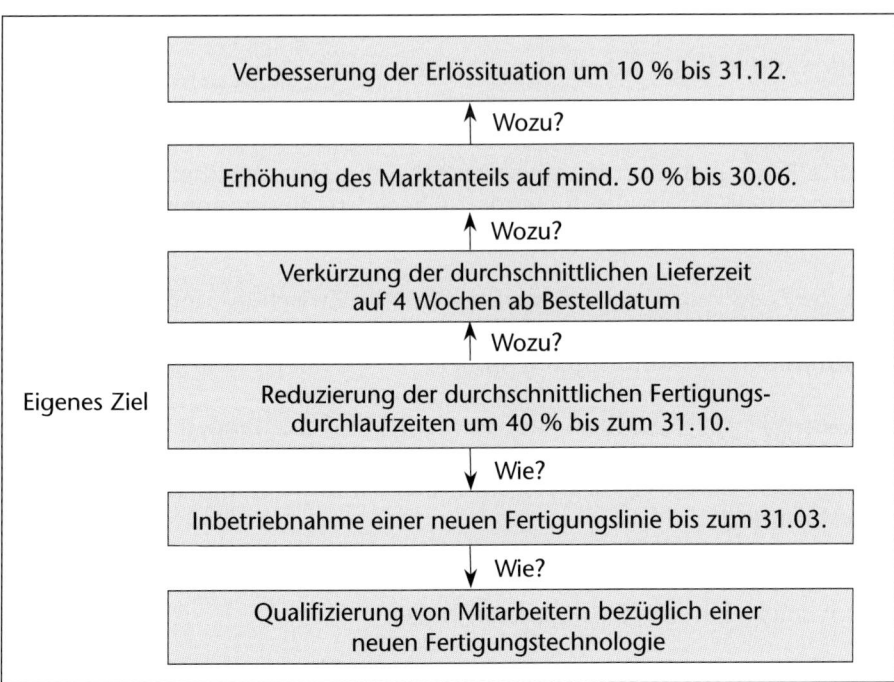

*Abb. 2: Zielordnung durch Zweck-Mittel-Beziehungen*

3.3 Mitarbeiterführung

In konkrete Handlungen umgesetzt, bedeutet dies: Wenn es das Ziel der Geschäftsleitung ist, die Marktanteile einer Produktreihe zu erhöhen, um die Erlössituation zu verbessern, kann es (neben anderen) ein Ziel für Ihren Chef – den Gesamtleiter Technik – sein, die Lieferzeit für diese Produktreihe zu reduzieren. Daraus ergibt sich (ebenfalls neben anderen) das Ziel für Sie, für diese Produktreihe die Durchlaufzeiten in der Produktion zu reduzieren. Dies erreichen Sie unter anderem durch die Inbetriebnahme einer neuen Fertigungslinie. Dies wiederum ist ein Ziel für den Projektleiter, der von Ihnen mit dieser Aufgabe betraut wird. Ein Unterziel (neben anderen) im Projekt ist dann die Qualifizierung der Mitarbeiter für die neue Fertigungslinie.

**Keine Einengung des Lösungsspielraums**

Für die Führungskraft kommt es darauf an, eine angemessen detaillierte Zielsetzung für sich und die Mitarbeiter ihres Bereichs zu entwickeln. Angemessen detailliert heißt, so weit heruntergebrochen, dass die Ziele greifbar werden, aber nicht so weit, dass es sich bereits um Maßnahmen handelt, die den Lösungsspielraum einengen. Keine ganz leichte Aufgabe! Zunächst sollte jede Führungskraft für sich selbst folgende Fragen beantworten:

- Was soll erreicht werden?
- Warum soll es gemacht werden?
- Wie kann es im Einzelnen durchgeführt werden?
- Welche Hilfsmittel gibt es?
- Wer soll daran beteiligt werden?
- Bis wann soll die Arbeit abgeschlossen sein?
- usw.

**Zielvereinbarungsgespräche mit allen Beteiligten**

Dann gilt es, Zielvereinbarungsgespräche mit den Beteiligten zu führen. Dazu hat sich das in der folgenden Checkliste zusammengefasste Vorgehen bewährt (siehe Abb. 3).

**Kontrolle der fachlich-sachlichen Zielerreichung**

Sind die Ziele vereinbart, müssen regelmäßig Zwischen- und Endergebnisse kontrolliert werden. Grundsätzlich gibt es drei Bereiche, die von der Führungskraft zu kontrollieren sind:

- Kontrolle, ob der Mitarbeiter mitdenkt und mithandelt

- Kontrolle, ob er seinen Delegationsbereich im abgesprochenen Rahmen wahrnimmt

- Kontrolle des Führungsverhaltens der Mitarbeiter, wenn diese wiederum selbst Mitarbeiter zu führen haben

> **Checkliste: Zielvereinbarungsgespräche führen**
>
> ❏ Sorgen Sie für eine ruhige und entspannte Gesprächsatmosphäre!
>
> ❏ Erläutern Sie den Sinn und Zweck von Zielvereinbarungen!
>
> ❏ Erläutern Sie die übergeordneten Ziele (des Unternehmens, des Bereichs, Ihrer Abteilung ...)!
>
> ❏ Lassen Sie den Mitarbeiter seine Vorstellungen zu den Zielen seiner Arbeit erläutern. Erläutern Sie danach Ihre Vorstellungen. Bei unerfahrenen und/oder unrealistischen Mitarbeitern kann auch die umgekehrte Reihenfolge sinnvoll sein.
>
> ❏ Legen Sie gemeinsam Ziele fest und besprechen Sie dabei unbedingt auch, wie und wann diese Ziele gemessen werden und welche Voraussetzungen (z.B. Schulung des Mitarbeiters) zur Zielerreichung notwendig sind.
>
> ❏ Ziehen Sie am Ende des Zielvereinbarungsgesprächs stets eine positive Schlussbilanz.

*Abb. 3: Checkliste Zielvereinbarungsgespräche*

**Durchführung der Kontrolle**

Für die Durchführung der Kontrolle sollten folgende Punkte beachtet werden:

- Ehe Kontrollen ein- und durchgeführt werden, werden alle Mitarbeiter über den Zweck und die Art der Kontrollen informiert. Alle Heimlichkeit ist fehl am Platz!
- Soll-Werte werden nach Möglichkeit mit den betroffenen Mitarbeitern diskutiert und festgelegt.
- Die Werte, an denen die Zielerreichung kontrolliert wird, sollten tatsächlich aussagekräftig sein.
- Auftretende Abweichungen zwischen Soll und Ist werden gemeinsam geklärt.
- Kontrolle hilft, bessere Ergebnisse zu erzielen, darf aber nicht Strafe sein.
- Sachlichkeit und Fairness sind oberstes Gebot!

**Zielabweichung erfordert Maßnahmen**

Bei drohender oder bereits erfolgter Zielabweichung muss die Führungskraft je nach Situation unterschiedliche Maßnahmen ergreifen:

- Coaching des verantwortlichen Mitarbeiters
- Schulung des Mitarbeiters oder Bereitstellung von zusätzlichem Know-how
- Bereitstellung zusätzlicher Ressourcen
- Maßnahmen zur Einsparung von Kosten
- Reduzierung des ursprünglich verabredeten Leistungsumfangs, um den vereinbarten Termin zu retten usw.

Wird die Zielerreichung nicht ausreichend kontrolliert, führt sich der gesamte Prozess der Zielvereinbarung ad absurdum.

#### 3.3.2.4 Aufgaben, Befugnisse und Verantwortung delegieren

Selbstständigkeit erfordert Kenntnisse, Fähigkeiten und Erfahrungen. Dies gilt jedoch auch im umgekehrten Fall: Vorhandenes Können verlangt nach Selbstständigkeit. Es bestimmt wesentlich deren Umfang. Selbstständig seine Aufgaben erledigen heißt, die erforderlichen Entscheidungsbefugnisse zu haben und für das Ergebnis verantwortlich zu sein. Aufgaben, Entscheidungsbefugnisse und Verantwortung müssen einander entsprechen.

*Delegation schafft Freiräume*

Die Delegation der Handlungsverantwortung – konsequent durchgeführt – garantiert, dass vorhandene Fähigkeiten bestmöglich genutzt werden. Und sie verschafft der Führungskraft die Zeit, die sie für die Wahrnehmung ihrer Führungsaufgaben braucht. Die Delegation von Verantwortung ist das Kernstück der kooperativen Führung. Zu unterscheiden ist davon die üblicherweise stattfindende Delegation von Arbeit. Bei dieser wird der Mitarbeiter lediglich mit der Ausführung einer Aufgabe beauftragt. Die Führungskraft kann zu jeder Zeit in die Arbeit hineinreden, Anordnungen treffen und die Tätigkeit einem anderen übertragen.

*Delegation von Verantwortung*

Bei der Delegation von Verantwortung erledigt der Mitarbeiter nicht nur die Arbeit, sondern er erhält auch die entsprechenden Befugnisse oder Kompetenzen. Der Mitarbeiter entscheidet und handelt in einem fest umgrenzten Aufgabenbereich selbstständig, muss dann aber auch seine Entscheidungen und Handlungen verantworten. Bevor jedoch Verantwortung delegiert wird, müssen einige Voraussetzungen geschaffen werden:

- systematische Information der Mitarbeiter

- ausreichende Fachkenntnisse und Berufserfahrung als Voraussetzung dafür, dass ein Mitarbeiter überhaupt fähig ist, die Verantwortung zu tragen

- Befugnisse und Verantwortung sind klar abzugrenzen

Die letzte Verantwortung für die zielentsprechende Erledigung einer Aufgabe bleibt stets bei der Führungskraft. Insofern werden streng genommen nur Befugnisse übertragen. Allerdings hat die Verantwortung der Führungskräfte nach der Delegation einen anderen Schwerpunkt: Sie ist in erster Linie für die Führung der Mitarbeiter verantwortlich, also für die Freiheit, die sie diesen lässt.

#### 3.3.2.5 Anerkennen, kritisieren und beurteilen

*Motivation und Verbesserung der Arbeitsergebnisse*

Dass der andere gute Arbeit leistet, ist für uns selbstverständlich geworden, denn wofür wird er denn sonst bezahlt. Deshalb gilt: Nicht nur gute und herausragende, sondern auch gleichmäßige Leistungen sollen anerkannt werden! Die Mitarbeiter haben ein erstaunlich gutes Gespür dafür, wann und wie viel Anerkennung angemessen ist bzw. gezollt wird.

Anerkennung erzeugt Genugtuung und Ansporn, Arbeitsfreude und Schaffensdrang, neue Initiative und Verantwortungsgefühl, Selbstsicherheit, sowie Zufriedenheit mit und bei der Arbeit. Verschiedene Untersuchungen bestätigen die Alltagserfahrung, wonach sich Anerkennung positiv auf die Einstellung zur Arbeit und das Arbeitsergebnis auswirkt:

- 91 % verbesserten nach einer Anerkennung ihre persönliche Leistung.

- Arbeitsgruppen, denen man regelmäßig für gute und gleichmäßige Leistungen Anerkennung aussprach, übertrafen in ihrer Leistung diejenigen Gruppen zwischen 15 und 25 %, die man nur auf Mängel in ihrer Arbeit hinwies.

**Bedenken gegenüber Anerkennung**

Wenn es um Anerkennung geht, werden gelegentlich folgende Bedenken geäußert:

- Angst vor Verantwortung (man will sich in seiner Leistungsbewertung nicht festlegen)

- Angst vor einem Leistungsrückgang der Mitarbeiter (Argument: Anerkennung macht übermütig, dann strengt sich überhaupt niemand mehr an)

- Angst vor erhöhten Ansprüchen der Mitarbeiter (persönliche Bevorzugung, materielle Besserstellung)

- Angst vor negativer Auswirkung bei denen, die nicht gelobt werden und die die Anerkennung eines anderen gleichzeitig als Tadel gegen sich selbst betrachten

**Vorgehensweise**

Richtiges Anerkennen will in der Tat gelernt sein, um negative Begleiterscheinungen zu vermeiden. Dazu empfiehlt sich das in Abbildung 4 auf der folgenden Seite dargestellte Vorgehen.

**Vorsichtiger Umgang mit Kritik**

Kritik sollte nur dann geübt werden, wenn sie berechtigt ist. Nicht jede Kleinigkeit darf zum Gegenstand der Kritik gemacht werden. Oft genügt nur ein einfacher, sachbezogener Hinweis. Ist es jedoch notwendig, muss klare und sachliche Kritik geübt werden.

Oft liegen die Gründe, die zu Kritik führen, nicht bei den Mitarbeitern, ihren Fähigkeiten, ihrer Umsicht und ihrem guten Willen, sondern in technischen und organisatorischen Gründen. Vielleicht auch durch falsche Zielsetzung, Information, Delegation oder Kontrolle (siehe Führungskreislauf) bei Führungskräften selbst. Deshalb ist zuweilen Selbstkritik des Kritisierenden unerlässlich.

> **Checkliste: Richtig Anerkennung zollen**
>
> ❏ Anerkannt wird nicht die Person, sondern die sachliche Leistung – dadurch entsteht keine unmittelbare persönliche Diffamierung oder Herabsetzung anderer. Der selbstständige Mitarbeiter identifiziert sich sowieso mit seiner Arbeit und wird Ihre Anerkennung auch auf seine Person beziehen.
>
> ❏ Zollen Sie bei gegebenem Anlass sofort Anerkennung! Kritisieren würde man ja auch unmittelbar ...
>
> ❏ Erkennen Sie Leistung nach Inhalt, Dauer und Form maßvoll an.
>
> ❏ Sprechen Sie keine schematische Anerkennung aus.
>
> ❏ Loben Sie Einzelne nicht vor einer Gruppe.
>
> ❏ Stellen Sie keine Abwesenden heraus.
>
> ❏ Machen Sie keine Unterschiede zwischen einzelnen Mitarbeitern beim Anerkennen einer Gruppenleistung, verteilen Sie auch keine Zensuren.
>
> ❏ Berücksichtigen Sie persönliche Eigenarten Ihrer Mitarbeiter: Zurückhaltende oder Schüchterne werden erleichtert und sicherer, Geltungsbedürftige eventuell überheblich – also maßvolle und angemessene Anerkennung.

*Abb. 4: Checkliste Anerkennung*

**Fehler beim Kritisieren**

Folgende Fehler treten beim Kritisieren häufig auf:

- unsachliche und ungeprüfte Behauptungen (Übertreibungen, Ungenauigkeit)

- persönliche Angriffe

- Herausstellen eigener Überheblichkeit (Gefahr für Autorität bei evtl. späteren eigenen Fehlern)

- ironische, zynische und dadurch sehr verletzende Kritik (Kritik »unterhalb der Gürtellinie« führt oft zu dauernder Feindschaft)

- Kritik vor Dritten

- Kritik unter Zeitdruck (im Vorbeigehen, zwischen Tür und Angel) bringt Ärger, wird aber oft nicht sachlich ernst genommen

- zu viel Kritik auf einmal (es wird nichts behalten)

- unkontrolliertes Abreagieren von eigenem Ärger (kann den Falschen treffen, nur weil er gerade über den Weg läuft)

Für ein sachliches Kritikgespräch hat sich folgendes Vorgehen bewährt: **Vorgehensweise**

---

**Checkliste: Kritikgespräche führen**

❑ Prüfen Sie vorab genauestens die Fakten.

❑ Bleiben Sie beherrscht und bewahren Sie Ruhe.

❑ Halten Sie Dritte fern. Kritik findet nur unter vier Augen statt.

❑ Stellen Sie positive Berührungspunkte her: Führen Sie erst auf, was gut war – früher oder bei anderen Aufgaben!

❑ Kritisieren Sie angemessen und maßvoll.

❑ Kritisieren Sie nur die Sache.

❑ Berücksichtigen Sie die Verfassung des/der Kritisierten – manche werden unsicher, manche aufsässig. Wirken Sie dann ausgleichend!

❑ Geben Sie Gelegenheit zur Stellungnahme, damit kein Widerstand zurückbleibt.

❑ Geben Sie Hinweise und Hilfen zur Verbesserung und zum Abstellen der Fehler. Üben Sie konstruktive Kritik.

❑ Regen Sie zur Selbsteinsicht an, dann erfolgen Verhaltensänderungen leichter.

❑ Äußern Sie Zuversicht, dass es in Zukunft besser gelingt.

❑ Schließen Sie Kritikgespräche versöhnlich ab und zeigen Sie, dass Sie vergessen können. Die Zusammenarbeit muss ja auch in Zukunft weitergehen.

---

*Abb. 5: Checkliste Kritikgespräche*

Um wirkungsvolle, effektive personalpolitische Maßnahmen vornehmen und steuern zu können, sind personenbezogene Angaben zur Arbeitsleistung der Mitarbeiter erforderlich. Deshalb kann heute auf eine Mitarbeiterbeurteilung nicht verzichtet werden. Zielsetzung der Mitarbeiterbeurteilung ist dabei folgende: **Personalpolitik erfordert Mitarbeiterbeurteilung**

- Berücksichtigung der Kenntnisse und Fertigkeiten für den Personaleinsatz

- Weiterentwicklung der vorhandenen Kenntnisse und Fertigkeiten

- Bereitstellen der Grundlage für ein offenes und sachliches Gespräch mit dem Mitarbeiter über die Beurteilung seiner Leistungen

- Veränderung der Mitarbeiterführung im Hinblick auf mehr Offenheit in der Kommunikation und Transparenz in den Förderkriterien

- möglichst objektive Gegenüberstellung von der Anforderungsstruktur der Aufgabe und den Möglichkeiten der Mitarbeiter

## 3.3 Mitarbeiterführung

**Einzelschritte beim Beurteilungsprozess**

Ein verantwortungsbewusste Beurteilung setzt beim Beurteiler Grundkenntnisse des Beurteilungsprozesses und seiner Schwierigkeiten voraus. Der Beurteilungsprozess lässt sich in drei Einzelschritte zerlegen:

### Schritt 1: Beobachten

Beobachten heißt, in einem ausreichend langen Zeitraum möglichst viele Beispiele aus verschiedenen Situationen ohne persönliche Vorurteile miteinander zu vergleichen, um das Typische, Beispielhafte zusammenfassen zu können.

### Schritt 2: Beschreiben

Beschreiben heißt, in Worten auszudrücken, was man tatsächlich beobachtet hat – ohne dazu wertend Stellung zu beziehen und ohne Spekulationen zu Motiven und Einstellungen des anderen anzustellen.

### Schritt 3: Beurteilen

Beurteilen heißt, ein Urteil abgeben über sachliche Leistungen, persönliches Verhalten und beobachtete Eigenschaften eines Mitarbeiters. Beurteilung ist die Bewertung beobachtbarer Tatsachen im Vergleich mit der Norm der übrigen Mitarbeiter. Beurteilen heißt nicht moralische Stellungnahme oder persönliche Interpretation einer beobachtbaren Tatsache.

**Literaturempfehlung**

*Neuberger, Oswald:* Führung. Ideologie – Struktur – Verhalten. Stuttgart 1984.

## 3.4 Mitarbeiterentwicklung und -qualifizierung

*von Rüdiger Bechstein*

### 3.4.1 Bedeutung, Ziele und Teilfunktionen der Personalentwicklung

Niemand zweifelt ernsthaft daran, dass Unternehmen einem permanenten Veränderungsdruck unterliegen. Bei ausreichender finanzieller Ausstattung oder Kreditwürdigkeit ist jedes Unternehmen in der Lage, die aktuellen technischen Entwicklungen durch entsprechende Investitionen nachzuvollziehen oder sogar vorwegzunehmen. Wenn allen miteinander im Wettbewerb befindlichen Unternehmen die gleichen technischen Systeme zur Verfügung stehen (z.B. SAP), entscheiden der Umgang der Menschen mit der Technik und das Zusammenwirken der Mitarbeiter über den möglichen Wettbewerbsvorsprung. Hier setzt die Aufgabe der Personalentwicklung ein. Die zentrale Bedeutung der Personalentwicklung (PE) besteht darin, die Lern- und Wandlungsfähigkeit der Unternehmen und ihrer Mitarbeiter sicherzustellen, dem Lernen die richtige Zielrichtung zu geben und für die notwendige Geschwindigkeit zu sorgen.

*Personalentwicklung ermöglicht Wettbewerbsvorteile*

Unternehmen und Mitarbeiter verbinden mit Personalentwicklung teils übereinstimmende, teils voneinander unabhängige Ziele. Diese sind in Abbildung 1 dargestellt:

*Ziele der Personalentwicklung*

| Ziele der Personalentwicklung aus Unternehmenssicht | Ziele der Personalentwicklung aus Mitarbeitersicht |
|---|---|
| ■ Erhaltung und Verbesserung der Wettbewerbsfähigkeit | ■ Aktivierung bisher nicht genutzter Kenntnisse und Fähigkeiten |
| ■ Sicherung des notwendigen Bestandes an Fach- und Führungskräften | ■ Anpassung der persönlichen Qualifikation an die Anforderung des Arbeitsplatzes |
| ■ Anpassung der Qualifikationen an aktuelle und künftige Arbeitsplatzerfordernisse | ■ Schaffung von Aufstiegsvoraussetzungen |
| ■ Vorbereitung der Mitarbeiter auf verantwortungsvollere Aufgaben | ■ Erhöhung der individuellen Mobilität am externen Arbeitsmarkt |
| ■ Verbesserung von Sozial- und Leistungsverhalten der Mitarbeiter (Teamfähigkeit) | ■ Sicherung und Verbesserung der erreichten beruflichen und gesellschaftlichen Stellung |
| ■ Unabhängigkeit vom externen Arbeitsmarkt | ■ Übernahme größerer Verantwortung |
| ■ Vermittlung von Zusatzqualifikationen als Grundlage einer größeren Flexibilität und Anpassungsfähigkeit beim Personaleinsatz | ■ Verbesserung der Chancen zur Selbstentfaltung |
| | ■ Sicherung eines ausreichenden Einkommens |
| ■ Förderung und Festigung der Persönlichkeit insbesondere jüngerer Mitarbeiter | ■ Selbstverwirklichung durch größere Verantwortung |

*Abb. 1: Ziele der Personalentwicklung*

**Teilfunktionen der Personalentwicklung**

Um Personalentwicklung professionell sicherstellen zu können, müssen verschiedene Teilfunktionen wahrgenommen werden. In manchen Unternehmen gibt es zentrale PE-Funktionen, die ein großes Spektrum selbst abdecken. Das wird beispielhaft deutlich am Auszug aus einer Funktionsbeschreibung des »Leiter Personalentwicklung« eines mittelständischen Unternehmens:

- Beratung und Unterstützung der Geschäfts- und Unternehmensbereiche in allen Fragen der Personalentwicklung
- Begleitung von Veränderungsprozessen im Unternehmen
- Durchführung einer Bildungsbedarfsanalyse für alle Weiterbildungsmaßnahmen
- Auswahl kompetenter interner und externer Trainer bzw. Referenten und Aushandeln der Konditionen
- Mitarbeit in betrieblichen und überbetrieblichen Arbeitskreisen, Gremien und Projektgruppen zum Themengebiet Personalentwicklung und Weiterbildung und diesbezüglich Vertretung des Unternehmens nach außen
- Referententätigkeit in ausgewählten Seminaren, Weiterbildungsveranstaltungen und Vorträgen
- Aufbau eines Berichtswesens zur Personalentwicklung (PE-Datenbank)
- permanente Information von Geschäftsleitung und Personalleitung über geplante und realisierte Personalentwicklungs- und Weiterbildungsmaßnahmen
- Projektleitung für ausgewählte Projekte
- Betreuung der Veranstaltungsreihe »Führungskräfteforum«

Alle Teilfunktionen lassen sich reduzieren auf die Frage, ob es sich um die Entwicklung einzelner Mitarbeiter handelt (individuelle Personalentwicklung), ob es um die Entwicklung einer Gruppe geht (Teamentwicklung) oder ob ganze Unternehmensbereiche entwickelt werden sollen (Organisationsentwicklung).

## 3.4.2 Personalentwicklung als Prozess

### 3.4.2.1 Der PE-Prozess im Überblick

Die Flut an Werbung für Seminare und Konferenzen lädt dazu ein, spontan den einen oder anderen Mitarbeiter »mal eben« zum Seminar zu schicken – es kann doch nicht schaden? Bekannte Namen auf der Referentenliste, Fachleute aus erfolgreichen Unternehmen, interessante Veranstaltungstitel – dadurch lässt sich mancher Entscheider schnell zu einer Fehlinvestition verleiten.

Ohne systematische Analyse des tatsächlichen Bildungsbedarfs und ohne professionelle Auswahl der richtigen Maßnahme verpufft ein Großteil der in einem Schulungsbudget zur Verfügung gestellten Mittel. Voraussetzung für eine effektive und effiziente Personalentwicklung ist die Beherrschung der wesentlichen Teile eines durchgängigen Prozesses.

**Bedarfsanalyse und Maßnahmen**

### 3.4.2.2 Die Beteiligten am PE-Prozess

Je nach Fragestellung sind sehr unterschiedliche Personen im Unternehmen am PE-Prozess beteiligt. Dabei hat jeder seine eigene Rolle, die sinnvoll wahrgenommen werden muss. Die folgende Abbildung gibt einen entsprechenden Überblick:

| Beteiligte | Aufgaben | Fragestellungen |
|---|---|---|
| Unternehmensleitung | ■ Vorgabe strategischer Ziele für die Personalentwicklung<br>■ Budgetierung angemessener Finanzmittel für die Personalentwicklung | ■ Welche großen Veränderungen im Unternehmen oder außerhalb erfordern ein besonderes Augenmerk der am PE-Prozess Beteiligten? |
| Personalabteilung oder PE-Fachleute | ■ Steuerung des PE-Prozesses, Zurverfügungstellung der Instrumente und Systeme, Beratung der anderen am PE-Prozess Beteiligten<br>■ Überblick über die Entwicklungen auf dem Gebiet der Personalentwicklung | ■ Wie wird die Personalentwicklung sinnvoll organisiert?<br>■ Wie werden Unternehmensleitung und Mitarbeiter befähigt, ihre Rollen im PE-Prozess wahrzunehmen? |
| Führungskräfte | ■ Beurteilung der Mitarbeiter<br>■ Feststellung des individuellen Bildungsbedarfs<br>■ Potenzialeinschätzung<br>■ Transferunterstützung | ■ Welche PE-Maßnahmen sind erforderlich, damit der Mitarbeiter künftig seine Aufgaben professionell erledigen kann?<br>■ Welche (anderen) Aufgaben könnte der Mitarbeiter künftig übernehmen? |
| Mitarbeiter | ■ Äußerung der eigenen Erwartungen und Wünsche bezüglich der Personalentwicklung | ■ Was fehlt mir, damit ich meine Aufgaben gut erfüllen kann?<br>■ In welche Richtung möchte ich mich entwickeln? |
| Fachabteilungen, Experten | ■ Hinweis auf Entwicklungen, die zu Bildungsbedarf führen werden | ■ Welche neuen Arbeitsverfahren erfordern neue Kompetenzen?<br>■ Welche technologischen Trends haben Auswirkungen? |

*Abb. 2: Die Beteiligten am PE-Prozess*

### 3.4.2.3 Die Analyse des Bildungsbedarfs

**Verfahrensweisen**  Es gibt zahlreiche Möglichkeiten, den PE-Prozess im Unternehmen mit Leben zu füllen. Welches Verfahren im Einzelfall angewendet wird, hängt von der jeweiligen Situation im Unternehmen ab. Damit Personalentwicklung nicht zum Selbstzweck wird, ist eine fundierte Feststellung der an die Mitarbeiter gerichteten Anforderungen notwendig. Dies geschieht üblicherweise im Rahmen der Bildungsbedarfsanalyse. Dabei bieten sich zwei verschiedene Herangehensweisen an.

**Bottom-up-Ansatz**  Beginnt man die Bildungsbedarfsanalyse auf der Ebene der Mitarbeiter, so handelt es sich um einen »Bottom up«-Ansatz. Der individuelle Bedarf einzelner Mitarbeiter und der übergreifende Bedarf bestimmter Mitarbeitergruppen kann mit einfachen Methoden ermittelt werden:

- Gespräche mit Mitarbeitern und Vorgesetzten
- Formulare und Fragebögen
- Analyse von Arbeitsplätzen, Stellenbeschreibungen und Anforderungsprofilen
- Auswertung von Beurteilungen
- Zuhilfenahme der Ergebnisse von Audits und Revisionsberichten, Fehlerstatistiken etc.

**Top-down-Verfahren**  Will man eher großflächige Veränderungen und strategische Ziele mit PE-Maßnahmen unterstützen, wird der strategierelevante Bedarf im »Top-down«-Verfahren ermittelt. Anhaltspunkte hierfür ergeben sich aus der Unternehmensstrategie bzw. den Teilstrategien einzelner Bereiche sowie aus der Investitionsplanung. Der daraus abzuleitende PE-Bedarf lässt sich in Workshops mit Fach- und Führungskräften ermitteln. Ein Workshop zur Bildungsbedarfserhebung könnte beispielsweise folgendermaßen aussehen:

**Teilnehmer:** Fach- und Führungskräfte eines Bereichs, interne und externe Kunden, Lieferanten, Experten aus der Wissenschaft

**Schritt 1:** Feststellung der relevanten Trends (Markt, Technologie ...)

**Schritt 2:** Was muss unser Unternehmensbereich tun, um auch in drei bis fünf Jahren noch erfolgreich zu sein?

**Schritt 3:** Welche Anforderungen ergeben sich daraus an die Mitarbeiter?

**Schritt 4:** Für welche Mitarbeitergruppen ergibt sich daraus PE-Bedarf?

**Schritt 5:** Welche PE-Bedarfe müssen mit Priorität bearbeiten werden?

### 3.4.2.4 Bildungsplanung und Budgetierung

Auf der Basis der Bildungsbedarfserhebung erfolgt die Bildungsplanung. Vor dem Hintergrund knapper Ressourcen müssen Prioritäten festgelegt werden. Hohe Priorität haben in der Regel Maßnahmen, die notwendig gewordene Veränderungsprozesse im Unternehmen unterstützen. Auch aus der Investitionsplanung ergeben sich Bildungsbedarfe, die unbedingt in entsprechenden PE-Maßnahmen münden. Was nützt beispielsweise die Anschaffung neuer Maschinen, wenn niemand sie bedienen kann. Eine Zusammenstellung der Pflichtthemen ergibt den Sockel an Bildungsmaßnahmen, der bei der weiteren Bildungsplanung mit berücksichtigt werden muss. Die Leitfragen zur Bildungsplanung lauten:

*Festlegung von Prioritäten*

**Frage 1:** Welche Veränderungen im Unternehmen stehen zu welchem Zeitpunkt an und sollen durch PE-Maßnahmen unterstützt werden?

*Leitfragen zur Bildungsplanung*

Für die größeren Veränderungsprojekte (z.B. SAP-Einführung) empfiehlt sich die Einrichtung spezieller Teilprojekte »Qualifizierung« mit separaten Bildungsbudgets.

**Frage 2:** Welche Bildungsmaßnahmen stehen in direktem Zusammenhang mit der Leistungsfähigkeit des Unternehmens?

Soweit es sich um fachlichen Bildungsbedarf handelt, können die Prioritäten häufig am ehesten durch die jeweiligen Fachabteilungen festgelegt werden. Stellt man ihnen ein eigenes Budget für die Fachausbildung zur Verfügung, stärkt man dadurch unter Umständen die Identifikationen der Fach- und Führungskräfte mit dem Weiterbildungsgeschehen. Es sollte ihr Ziel sein, den größtmöglichen Nutzen aus den vorhandenen Mitteln zu ziehen.

**Frage 3:** Welche Themengebiete sollen durch interne Referenten oder Multiplikatoren umgesetzt werden?

Der Einsatz interner Trainer reduziert auf den ersten Blick die zu budgetierenden Kosten. Allerdings ist eine wirkungsvolle Trainertätigkeit nur nach einer angemessenen mehrtägigen Trainerqualifizierung sinnvoll. Darüber hinaus wird der Vorbereitungsaufwand für interne nebenamtliche Trainer meist unterschätzt. Auch für Bildungsmaßnahmen, in denen Mitarbeiter des Unternehmens als Trainer tätig sind, sollten angemessene Mittel zur Verfügung gestellt werden.

Der Planung von Bildungsmaßnahmen zur Förderung der Führung und Zusammenarbeit im Unternehmen sollte ein besonderer Stellenwert beigemessen werden. Die PE-Maßnahmen für Führungskräfte sollten sich an der gewünschten Unternehmenskultur ausrichten. Ein zentral durch PE-Experten verantwortetes Budget bietet den Vorteil, dass es nicht zu gut

*Führungstraining sollte längerfristig angelegt sein*

gemeinten »Schnellschüssen« einzelner Unternehmensteile kommt, sondern zu einer abgestimmten, längerfristig angelegten Vorgehensweise.

Um die Führungskompetenz im Unternehmen sicherzustellen, sollten für jede Führungskraft ausreichende Mittel zur Verfügung gestellt werden. Für die Unterstützung der Zusammenarbeit in den einzelnen Abteilungen bietet sich die Definition von standardisierten PE-Modulen an (Standortbestimmung, Teamentwicklung ...). Erfahrungsgemäß sollte im Durchschnitt mindestens ein Tag pro Jahr für alle Mitarbeiter mit ihren Vorgesetzten und einem neutralen Moderator reserviert werden.

**Erstellung von Bildungsbudgets**

Für die Erstellung von Bildungsbudgets werden unterschiedliche Verfahren angewendet. Analog zur Bildungsbedarfserhöhung kommen Bottom-up- und Top-down-Vorgehensweisen zum Einsatz. Neben der separaten Budgetierung großflächiger PE-Projekte spielt die Fortschreibung von Erfahrungswerten und die Vorgabe von Richtwerten eine Rolle. Manche Unternehmen schreiben die PE-Budgets als festen Prozentsatz zum Umsatz oder zu den Personalkosten fest. Andere legen für jeden Mitarbeiter je nach Funktion und Hierarchiestufe Budgetwerte fest. Für Vorgesetzte sind solche Vorgaben sehr hilfreich, da sie damit bereits im Rahmen von Beurteilungs- und Fördergesprächen einen gewissen Planungsspielraum für die Weiterbildung ihrer Mitarbeiter haben.

In Schönwetter-Phasen wird allgemein eher großzügig mit Bildungsmitteln umgegangen. Andererseits trifft es die PE-Budgets meist zuerst, wenn wirtschaftlich schwierige Situationen eintreten. Antizyklisches Verhalten im Sinne einer Unterstützung der Leistungsfähigkeit des Unternehmens durch PE-Maßnahmen in Krisenzeiten ist kaum zu beobachten.

### 3.4.2.5 Konzeption von PE-Maßnahmen

Wenn ein über einzelne Mitarbeiter hinausgehender Bildungsbedarf erkannt wurde und eine schnelle Deckung des Bedarfs durch intern oder extern vorhandene PE-Bausteine nicht möglich ist, sind grundlegende Fragen zu klären. Die folgende Abbildung gibt einen Überblick.

| Fragen | |
|---|---|
| Zielgruppe | ■ Bei welcher Mitarbeitergruppe besteht Bildungsbedarf?<br>■ Welche Tätigkeit üben diese Mitarbeiter aus? |
| Unternehmerische Ziele | ■ Was soll sich nach erfolgreicher Durchführung der PE-Maßnahme verändert haben?<br>■ Woran kann man messen, ob die Maßnahme erfolgreich war?<br>■ Gibt es von PE-Maßnahmen unabhängige Möglichkeiten, die unternehmerischen Ziele zu erreichen? |
| Ziele der PE-Maßnahme | ■ Inwieweit sollen sich nach der PE-Maßnahme Wissen, Können und Einstellung der Mitarbeiter verändert haben?<br>■ Ist für den Erfolg der PE-Maßnahme eine Veränderung der Organisation oder von Spielregeln im Unternehmen notwendig? |

| | |
|---|---|
| **Inhalte** | ■ Welche Lerninhalte sollen vermittelt werden (grobe Übersicht)?<br>■ In welcher Tiefe sollen diese Inhalte vermittelt werden (Zuordnung zu Lernzielen)?<br>■ Wie soll die Maßnahme aufgebaut sein?<br>■ In welchem Stil sollen die Inhalte vermittelt werden (z.B. konservativ, progressiv)?<br>■ Welche besonderen Wünsche gibt es seitens des internen Auftraggebers?<br>■ Was kann aus Vorhandenem genutzt werden?<br>■ Inwieweit soll die neue PE-Maßnahme in größere Zusammenhänge integriert werden? |
| **Projekt-planung** | ■ Wer soll welche Teilaufgaben übernehmen (Entwicklung, Einführung, Produktion etc.)?<br>■ Welche Budgetvorgabe gibt es?<br>■ Bis wann soll die Maßnahme abgeschlossen sein?<br>■ Wann wird die Maßnahme zum ersten Mal angeboten?<br>■ Wie oft wird die Maßnahme durchgeführt?<br>■ Über welchen Zeitraum soll die Maßnahme durchgeführt werden?<br>■ Welche organisatorischen Rahmenbedingungen gibt es?<br>■ Wer soll die Maßnahme durchführen?<br>■ Welche Medien kommen in Frage?<br>■ Welche Einschränkungen (Rechnertyp etc.) gibt es z.B. bei technischen Ausrüstungen?<br>■ Wie hoch ist der Aktualisierungsaufwand? |

*Abb. 3: Fragen zur Entwicklung von PE-Maßnahmen*

**Eigenentwicklung oder Fremdbezug**

Eine wichtige Entscheidung im Bereich der Personalentwicklung betrifft die Eigenentwicklung und -durchführung oder den Fremdbezug entsprechender PE-Dienstleistungen. Die unternehmensinterne Entwicklung und Durchführung gewährleistet Praxisnähe durch Unternehmensorientierung. Andererseits gibt es gelegentlich Akzeptanzprobleme bei den Mitarbeitern (»der Prophet im eigenen Land«). Darüber hinaus ist die notwendige methodisch-didaktische Kompetenz im Unternehmen nicht immer vorhanden.

**Vorteile externer PE-Dienstleister**

Die Entwicklung und Durchführung von Bildungsmaßnahmen durch Externe bringt einige Vorteile mit sich. Aufgrund des Kunden-Lieferanten-Verhältnisses ist ein starker Qualitätsdruck auf die Anbieter möglich. Externe sind nicht betriebsblind und steuern unternehmens- und branchenübergreifende Erfahrungen bei. Unter Umständen ist der Einkauf bereits entwickelter Bildungsmaßnahmen kostengünstig möglich. Die Einbeziehung externer PE-Dienstleister erhöht die Flexibilität, leider aber auch die Kosten.

### 3.4.3 Maßnahmen der Personalentwicklung

#### 3.4.3.1 PE-Maßnahmen im Überblick

**Unterscheidungskriterien für PE-Maßnahmen**

Es gibt eine Vielzahl alternativer Maßnahmen der Personalentwicklung. Soll ein Mitarbeiter beispielsweise seine Kenntnisse der englischen Sprache verbessern, könnte er abends einen Sprachkurs besuchen, mit CBT-(Computer Based Training-)Kursen Selbstlernen praktizieren, ein mehrwöchiges Praktikum in einem befreundeten Unternehmen in England oder den USA absolvieren oder an einem internationalen Projekt mitarbeiten, in dem die Arbeitssprache Englisch ist. Eine sinnvolle Unterscheidung von PE-Maßnahmen lässt sich vornehmen, indem man das Verhältnis der Aktivitäten zur aktuellen beruflichen Aufgabe feststellt.

**PE into-the-job**

Aktivitäten, die zur Einführung in eine neue Tätigkeit dienen, fasst man unter dem Begriff »PE into-the-job« zusammen. Dazu gehören Maßnahmen der beruflichen Erstausbildung, Einarbeitungsprogramme, Einweisung/Unterweisung am neuen Arbeitsplatz, Anlernprogramme und Trainee-Ausbildungen. Die Dauer von PE-Maßnahmen into-the-job erstreckt sich von kurzen, mehrstündigen Unterweisungen bis zu mehrjährigen Programmen.

**PE on-the-job**

Eine weitere Gruppe von PE-Maßnahmen findet am Arbeitsplatz – on-the-job – statt. Dazu gehören die Unterweisungen am Arbeitsplatz, Anleitung und Beratung durch Vorgesetzte, Kollegen und Experten (Coaching), Wechsel der Arbeitsaufgaben (Job-Rotation), Übertragung von Sonderaufgaben (Stellvertreter, Assistenz, Nachfolger ...) und die Mitwirkung in Projektgruppen.

**PE near-the-job**

Darüber hinaus gibt es PE-Maßnahmen, die in engem Zusammenhang mit der beruflichen Aufgabe near-the-job durchgeführt werden. Dazu gehören alle Arten von Zirkelarbeit (Qualitätszirkel, KVP-Gruppen), Fachkreise (z.B. Fachkreis Kunststofftechnologie), spezielle Lernarbeitsplätze bzw. Lernstatt-Einrichtungen.

**PE off-the-job**

Ein Großteil der klassischen PE-Maßnahmen findet »off-the-job« ohne Bezug zum Arbeitsplatz statt. Dazu gehören alle Seminare und Lehrgänge die inhouse oder extern durchgeführt werden, Fernlehrgänge, Fallstudien und Planbeispiele, Übungsfirmen und Besuch einer Corporate University. Bei allen PE-Maßnahmen off-the-job stellt sich die Frage der Anwendung des Erlernten auf die aktuelle oder künftige Arbeitsaufgabe (Transferproblematik).

**PE along-the-job**

Unter laufbahnbezogener Personalentwicklung, »PE along-the-job«, versteht man die zeitlich übergreifende Verknüpfung von verschiedenen PE-Maßnahmen, z.B. im Rahmen von Karriere- und Förderungsprogrammen. Basis für laufbahnbezogene Personalentwicklung bilden in der Regel längerfristig formulierte PE-Konzepte.

**PE out-of-the-job**

Für Mitarbeiter, die sich aus der aktuellen Arbeitsaufgabe verabschieden, existieren zuweilen PE-Maßnahmen »out-of-the-job«. Zum einen dienen solche Maßnahmen dazu, die Beschäftigungsfähigkeit andernorts zu ermöglichen. Andere Programme dienen dazu, verdiente langjährige Mitarbeiter auf den Ausstieg aus dem Berufsleben vorzubereiten.

### 3.4.3.2 Außerbetriebliche Seminare und Lehrgänge

Neben der Unterweisung am Arbeitsplatz gehören externe Seminare und Lehrgänge zu den am häufigsten zum Einsatz kommenden Maßnahmen der Personalentwicklung. Die Flut der Anbieter und Angebote ist unüberschaubar.

Offene Seminare geben allen, die Interesse haben, die Möglichkeit zur Teilnahme. Teilweise gibt es Einschränkungen, wenn bestimmte Kenntnisse vorausgesetzt werden. Bei Seminaranbietern, die auf der Basis von Mitgliedschaften organisiert sind, findet häufig eine Preisdifferenzierung statt, so dass Mitgliedsfirmen oder Einzelmitglieder Preisvorteile haben. Je nach Nutzung des Seminarangebots kann sich eine Mitgliedschaft gut bezahlt machen.

*Offene Seminare*

Offene Seminare dauern meist nur wenige Tage. Dadurch fehlen die Teilnehmer nicht zu lange in ihrem Betrieb. Auch wenn die längere Seminardauer inhaltlich notwendig wäre, müssen die Seminaranbieter auf die Verkäuflichkeit der Seminarplätze achten. Der Wirkungsgrad offener Seminare ist allerdings begrenzt. Die Teilnehmer lernen Inhalte, die nicht auf ihr Unternehmen zugeschnitten sind. Für allgemein gültige Fragestellungen haben offene Seminare dennoch ihre Berechtigung. Beispiele sind durch Gesetze festgelegte Themenkreise (z.B. Zollseminar für Exportsachbearbeiter) und allgemein gültiges Fachwissen (Wirtschaftsenglisch). Hierzu bieten die Industrie- und Handelskammern relativ preiswerte Veranstaltungen an.

*Begrenzter Wirkungsgrad*

Neben den ein- oder mehrtägigen Seminaren gibt es Lehrgänge, die sich über einen längeren Zeitraum erstrecken. Häufig ist ein besonderes Eigeninteresse der Teilnehmer vorhanden, wenn dadurch ein individuelles Bildungsziel zu erreichen ist, beispielsweise ein Abschluss als Technischer Betriebswirt (IHK). Die Inhalte dieser Lehrgänge sind nur zu einem Teil für die Erledigung der aktuellen beruflichen Tätigkeit notwendig, schaffen aber die Voraussetzungen für die künftige Übernahme weiterführender Aufgaben.

*Lehrgänge*

Da die Kosten meist mehrere tausend Mark betragen, sollte jedes Unternehmen klare Richtlinien für die Förderung festlegen. Dazu gehört auch die Regelung für den Fall der Kündigung durch den Mitarbeiter. Wenn ein Mitarbeiter sich sehr starke Hoffnungen auf einen baldigen »Aufstieg« nach Abschluss eines Lehrgangs gemacht hat, werden sich diese Erwartungen nicht immer sofort erfüllen. Für den Mitarbeiter schafft ein zusätzlicher Abschluss meist einen höheren Marktwert am Arbeitsmarkt. Damit nicht der Aufstieg in einem fremden Unternehmen gefördert wird, ist eine vertragliche Bindung im gesetzlich zugelassenen Rahmen sinnvoll.

*Richtlinien für die Förderung von Lehrgängen*

Da ein Seminarplatz in außerbetrieblichen Veranstaltungen meist erheblich teurer ist als in internen Bildungsmaßnahmen, ist eine sorgfältige

*Sorgfältige Auswahl und Qualitätskontrolle*

**Fernlehrgänge**   Auswahl und differenzierte Qualitätskontrolle erforderlich. Dies sollte möglichst zentral im Unternehmen erfolgen. Manche Seminaranbieter arbeiten selbst nach hohen Qualitätsstandards, so dass dort weniger Steuerungsaufwand anfällt.

Einer besonderen neutralen Überprüfung unterliegen Fernlehrgänge. Die staatliche Zentralstelle für Fernunterricht (ZFU) überprüft die Angebote aller Anbieter inhaltlich, didaktisch und in Bezug auf die Rahmenbedingungen der Teilnahme. Das Lehrgangsmaterial ist speziell auf das Selbstlernen ausgerichtet und die Teilnehmer werden während der Lehrgangsdauer fachlich betreut. Für manche Lehrgänge gibt es Präsenzphasen, in denen Seminare zur Prüfungsvorbereitung oder Abrundung des Wissens durchgeführt werden.

Die Aneignung von Wissen über Fernlehrgänge ermöglicht auch Mitarbeitern, die aus unterschiedlichen Gründen nicht an Seminaren teilnehmen können, sich weiterzuqualifizieren. So kann beispielsweise ein für zwei Jahre in ein Joint-Venture-Unternehmen nach China entsandter Mitarbeiter sich per Fernlehrgang auf die Prüfung zum Technischen Betriebswirt (IHK) vorbereiten. Allerdings ist der Erfolg beim Fernlernen nicht vorprogrammiert. Seitens des Teilnehmers wird ein enormes Maß an Eigeninitiative, Disziplin und Zeitmanagement erwartet, sonst droht diese Bildungsmaßnahme zu scheitern.

### 3.4.3.3 Inhouse-Seminare

Verschiedene Gründe sprechen für die Durchführung von Seminaren im Unternehmen selbst (Inhouse-Seminare). Bei einer entsprechend großen Zahl von Teilnehmern aus den eigenen Reihen ist die Inhouse-Durchführung wirtschaftlicher. Für die Teilnehmer an einem zweitägigen offenen Seminar »Einstieg ins moderne Sekretariat« in München im Jahr 1998 betrug die Teilnehmergebühr bei einem bekannten Seminar- und Konferenzanbieter 1.590 DM. Die Weiterbildungsabteilung eines Unternehmens konnte dieselbe Trainerin für ein Tageshonorar von 2.500 DM buchen. Darüber hinaus ergeben sich durch die Durchführung in Eigenregie Möglichkeiten zur Anpassung der Lerninhalte an das eigene Unternehmen. Außerdem ist die Unterstützung des Praxistransfers durch einen externen Trainer wirkungsvoller, wenn er die Verhältnisse im jeweiligen Unternehmen besser kennt.

### 3.4.3.4 Computer Based Training

Der Einzug der Computer in die Unternehmen machte auch vor der Personalentwicklung nicht Halt. Großunternehmen wie die Deutsche Post AG nutzten Computer Based Training (CBT), um dadurch Seminarkosten in Millionenhöhe einzusparen. Insbesondere bei großen Zielgruppen von Tausenden von Mitarbeitern lohnt sich die Entwicklung eigener Lernprogramme. Nach recht dürftigen Anfängen existiert mittlerweile ein breites Angebot an frei käuflichen CBT-Programmen, allerdings mit enormem Qualitätsgefälle.

Der Einsatz von professionellem CBT hat viele Vorteile. Der Lerner kann sein Lerntempo und seinen Lernweg selbst bestimmen. Er erarbeitet sich sein Wissen selbst. Dadurch wird das Verstehen und Behalten gefördert. Der Einsatz der multimedialen Möglichkeiten spricht verschiedene Wahrnehmungskanäle und Lerntypen an. Auch komplexere Lerninhalte sind durch CBT anschaulich zu vermitteln. Außerdem ist die Integration von Lernerfolgskontrollen möglich, wodurch die Motivation der Teilnehmer erhöht werden kann.

**Vorteile des CBT**

Darüber hinaus gibt es organisatorische Vorteile. Die Wissensvermittlung ist nicht mehr an Seminarräume und Seminarzeiten gebunden. Manche Unternehmen stellen die Lernsoftware auf dem Arbeitsplatzrechner zur Verfügung, andere stellen spezielle Lernstationen zur Verfügung oder leihen Software plus Laptop aus, so dass das Lernen auch zu Hause stattfinden kann.

Durch den Wegfall von Reisekosten zu Seminaren, Trainerkosten und sonstigen Seminarkosten ergeben sich enorme Einsparpotenziale. Rentabel ist der Einsatz von selbst erstellten CBT nur bei großen Teilnehmerzahlen. Inzwischen gibt es ein breites Angebot an qualitativ hochwertigen Lernprogrammen zu moderaten Preisen, beispielsweise zum Erlernen von Softwareprogrammen oder für die Auffrischung von Fremdsprachenkenntnissen. Jeder Anschaffung sollte jedoch eine kritische Prüfung vorangehen.

Als Nachteil ist zu nennen, dass das Lernen meist isoliert stattfindet. Ein Austausch unter den Lernenden ist in den meisten Fällen nicht vorgesehen. Die Einbindung von CBT in größere PE-Maßnahmen erhöht die Effizienz des Lernens. So könnten verschiedene CBT-Lerner an einem darauf aufbauenden Workshop teilnehmen. Auch eine Betreuung durch Tutoren, wie sie im klassischen Fernlehrgang stattfindet, ist mittels neuer Medien (eMail, Telekonferenz ...) möglich, so dass es nicht zur Isolierung der Teilnehmer kommen muss.

**Nachteile des CBT**

### 3.4.4 Auswahl externer Trainer und Trainingsanbieter

Aufgrund der enormen Multiplikatorwirkung von Trainern sollte deren Auswahl mindestens so sorgfältig erfolgen wie die Rekrutierung von Mitarbeitern. Der Einsatz eines ungeeigneten Trainers führt durch die zeitliche Einbindung ganzer Gruppen von Mitarbeitern über meist mehrere Tage zu einer enormen Ressourcenverschwendung. Eine gründliche Vorauswahl durch PE-Experten reduziert den Aufwand für alle an der weiteren Trainerauswahl beteiligten Personen.

| Phase | Vorgehensweise | Fragestellung |
|---|---|---|
| **Phase 1:** Allgemeine Vorauswahl | Auswertung der allgemeinen Unterlagen eines Trainers<br>Trainerprofil:<br>■ beruflicher und akademischer Werdegang<br>■ Trainerausbildung<br>■ Referenzen<br>■ Seminarangebot | ■ Machen die Unterlagen einen professionellen Eindruck?<br>■ Hat der Trainer den richtigen Werdegang, um als Fachmann für das Thema zu gelten?<br>■ Hat der Trainer bereits für vergleichbare Unternehmen gearbeitet? |
| **Phase 2:** Erstkontakt mit dem Trainer | ■ kurze Schilderung des Bildungsbedarfs und der Aufgabenstellung im Unternehmen<br>Einholung von Informationen über:<br>■ Erfahrungen in Bezug auf die Aufgabenstellung<br>■ erfolgreich abgeschlossene Maßnahmen<br>■ Vorgehensweise<br>■ für das eigene Thema relevante Referenzen<br>■ zeitliche Verfügbarkeit<br>■ Preise/Honorare<br>■ Bitte um Zusendung ausführlicher Unterlagen | ■ Welchen allgemeinen, persönlicher Eindruck macht der Trainer?<br>■ Wie viel Erfahrung hat der Trainer in dem gesuchten Fach?<br>■ Steht der Trainer zeitlich angemessen zur Verfügung?<br>■ Liegen die Kosten im Rahmen der Möglichkeiten?<br>■ Lohnt es sich, den Trainer zu einem persönlichen Gespräch einzuladen? |
| **Phase 3:** Einholen von Referenzen | ■ Rücksprache mit mehreren Unternehmen, in denen der Trainer bereits zum gesuchten Thema tätig war | ■ Wie zufrieden waren andere Unternehmen mit der Leistung des Trainers?<br>■ Waren auch noch andere empfehlenswerte Trainer im Einsatz?<br>■ Wie war die allgemeine Zusammenarbeit mit dem Trainer? |
| **Phase 4:** Entsendung eines Pilotteilnehmers | ■ Befragung des Trainers, ob er auch in offenen Seminaren zum Einsatz kommt<br>■ Auswahl und Entsendung eines kritischen Mitarbeiters als Seminar-»Scout« | ■ Besteht die Möglichkeit, einen Mitarbeiter als Testkandidaten in ein Training zu entsenden? |

*Abb. 1: Maßnahmen zur Vorauswahl von Trainern durch PE-Experten*

Bei der weiteren Auswahl sollten Fach- und Führungskräfte hinzugezogen werden, die die Fachkompetenz des Trainers beurteilen können:

| Phase | Vorgehensweise | Fragestellung |
|---|---|---|
| **Phase 1:** Einladung von Trainern zur Vorstellung im Unternehmen<br>**Teilnehmer aus dem Unternehmen:** Personalentwicklung und Fachexperten | ■ kurze Einführung und Information über das Unternehmen<br>■ Trainer hat die Gelegenheit, sich vorzustellen<br>■ Schilderung der Aufgabenstellung<br>■ Trainer hat die Gelegenheit, erste Ideen zur Vorgehensweise vorzutragen<br>■ Trainer wird gebeten, eine Kostprobe aus seinem Repertoire zum Thema zu geben | ■ Gelingt es dem Trainer, einen guten Kontakt herzustellen?<br>■ Wie wirkt der Trainer auf andere?<br>■ Kann der Trainer gut zuhören?<br>■ Stellt der Trainer die richtigen Fragen?<br>■ Geht der Trainer auf die speziellen Bedürfnisse des Unternehmens ein?<br>■ Kann sich der Trainer spontan auf die Situation einstellen? |
| **Phase 2:** Trainerbriefing und Angebotsanfrage | ■ ausführliche Information des Trainers über das Unternehmen, die zu trainierende Zielgruppe und die konkrete Aufgabenstellung (Unterlagen/Gespräche) | ■ Stellt sich der Trainer dem Thema angemessen auf das Unternehmen, die Zielgruppe und die Aufgabenstellung ein? |
| **Phase 3:** Vergleich der Angebote verschiedener Trainer | Auswertung der Angebote:<br>■ Trainingskonzept<br>■ Inhalte und Methoden<br>■ Honorar<br>■ Nebenkosten<br>■ Absagefristen und -kosten | ■ Hat der Trainer die Aufgabenstellung verstanden?<br>■ Stimmen die Trainingsinhalte mit dem Bildungsbedarf im Unternehmen überein?<br>■ Sind die Konditionen akzeptabel? |
| **Phase 4:** Pilottraining | ■ Zusammenstellung einer repräsentativen Teilnehmergruppe für eine erste kurze Trainingseinheit | ■ Wie erleben die Teilnehmer den Trainer?<br>■ Sind auch »Fachleute« von der Kompetenz überzeugt?<br>■ Arbeitet der Trainer effektiv und effizient? |

*Abb. 2: Maßnahmen zur Auswahl von Trainern*

### 3.4.5 Lehr- und Lernmanagement

#### 3.4.5.1 Lerninhalte und Ziele

Ein erster Schritt bei der Entwicklung von Bildungsmaßnahmen ist die Definition des Themas in Bezug auf die Zielgruppe. In einem Brainstorming mit Fachleuten, Vorgesetzten und Teilnehmern lassen sich relativ schnell mögliche Lerninhalte zusammenstellen. Ebenso hilfreich ist ein Blick in die Fachliteratur oder eine Durchsicht vergleichbarer Bildungsangebote. Häufig ergeben sich Themenlisten, die mit Blick auf knappe Ressourcen nicht abzuarbeiten sind. Außerdem sind in vielen Fällen nicht alle gesammelten Inhalte für die Zielgruppe relevant.

*Themenvielfalt erfordert didaktische Reduktion*

Die Fülle möglicher Themen und Inhalte wird im Rahmen einer didaktischen Reduktion auf die Zielgruppe zugeschnitten. Die zentrale Fragestellung – provokativ formuliert – lautet: Was geht das Thema die Zielgruppe an? Es fallen diejenigen Aspekte heraus, die zwar aus Sicht einzelner am Brainstorming Beteiligter wichtig erscheinen, aber nicht mit Priorität für die betriebliche Zielgruppen bearbeitet werden müssen.

*Formulierung von Lernzielen*

Lernziele beschreiben inhaltlich, was eine Bildungsmaßnahme bewirken soll. Sie definieren das gewünschte Endverhalten der Zielgruppe und geben an, was die Teilnehmer am Ende des Lerngeschehens wissen und können sollen, welche Einstellung sie haben und wie sie sich verhalten sollen. Je nach angesprochenem Lernbereich werden folgende Lernziele unterschieden:

- **Kognitive Lernziele** beschreiben Bereiche des Wissens und Denkens.

- **Psychomotorische Lernziele** handeln von der Koordination von Bewegungsabläufen.

- **Affektive Lernziele** formulieren gefühlsmäßige Einstellungen und Werthaltungen.

Für einen Fahrschüler ergeben sich Lernziele aus allen drei Bereichen. Die Kenntnis der Verkehrsregeln gehört in den Bereich der kognitiven Lernziele. Die Koordination der Füße beim Anfahren am Berg ist nur möglich, wenn psychomotorisches Lernen stattgefunden hat. Wichtige affektive Lernziele beim Autofahren sind Angstfreiheit und Gelassenheit (im Gegensatz zu Nervosität).

*Unterscheidung nach Abstraktions- bzw. Genauigkeitsgrad*

Bei der Konzeption von Bildungsmaßnahmen ist es sinnvoll, auch nach dem Abstraktions- bzw. Genauigkeitsgrad der Lernziele zu unterscheiden.

- **Richtlernziele** sind eher allgemeiner Art (z.B. Verantwortungsbewusstsein) und beziehen sich nicht auf einzelne Bildungsmaßnahmen.

- **Groblernziele** dienen als übergeordnete Ziele für eine bestimmte Weiterbildungsmaßnahme (z.B. erfolgreicher Verhandeln).

- Die konkreten Ziele einer einzelnen Lernsequenz werden als **Feinlernziele** bezeichnet. Sie sind präzise formuliert und oft direkt überprüfbar (z.B. konkrete Anwendung einer bestimmten Fragetechnik).

- Unter »operationalisierten« **Lernzielen** versteht man Lernziele, die ein beobachtbares Endverhalten genau darstellen, die Bedingungen (z.B. Hilfsmittel) angeben und die Beurteilungskriterien (Zeit, Qualität) nennen.

**Bedeutung der Lernziele**

Die Bedeutung der sorgfältigen Festlegung von Lernzielen wird häufig unterschätzt. Lernziele sind Orientierungshilfe für Seminarteilnehmer. Sie ermöglichen ein zielorientiertes Lernen und erleichtern Wissensaufnahme und Behalten. Für Führungskräfte, die ihre Mitarbeiter zu Bildungsmaßnahmen entsenden wollen, bieten Lernziele eine gute Entscheidungsgrundlage. Außerdem sind Lernziele unabdingbar, wenn es um die Konzeption und Qualitätskontrolle von Bildungsmaßnahmen geht.

### 3.4.5.2 Lehr- und Lernphasen

Für die Entwicklung von Bildungsmaßnahmen bietet sich ein Phasenmodell an, um einzelne Lernsequenzen sinnvoll zu gestalten:

- Zu Beginn jeder Lerneinheit ist ein gelungener Einstieg erforderlich. Die **Einstiegsphase** dient dazu, die Lernenden auf den weiteren Lernprozess vorzubereiten.

- Die Vermittlung der Lerninhalte findet in der darauf folgenden **Informationsphase** statt.

- In der **Aktivierungsphase** wird das Thema bei den Lernenden nachhaltig verankert.

- Am Ende einer Lerneinheit steht die **Kontrollphase**. Sie dient dazu, den Lernfortschritt festzustellen.

In einem Seminar werden diese Phasen immer wieder durchlaufen. Die »Lernschleife« nach Bandura verdeutlicht, dass eine Verknüpfung einer Lerneinheit mit den vorangegangenen und nachfolgenden Lernaktivitäten sinnvoll ist (siehe Abbildung 1).

Aufgrund der Bedeutung einer durchdachten Trainingsgestaltung wird im Weiteren noch genauer auf die einzelnen Phasen der Wissensvermittlung eingegangen.

**Das »Warming-up«**

In der Einstiegsphase werden die Weichen für den weiteren Lernprozess gestellt. Der erste Eindruck der Teilnehmer entscheidet häufig über den weiteren Erfolg. Wie im Sport, so muss auch hier zunächst ein »Warming-up« erfolgen. Gerade am Beginn mehrtägiger Seminare sollte auf das zwischenmenschliche Aufwärmen besonderer Wert gelegt werden. Unbekannte sollen sich kennen lernen, Schüchterne ihre Berührungsängste

## 3.4 Mitarbeiterentwicklung und -qualifizierung

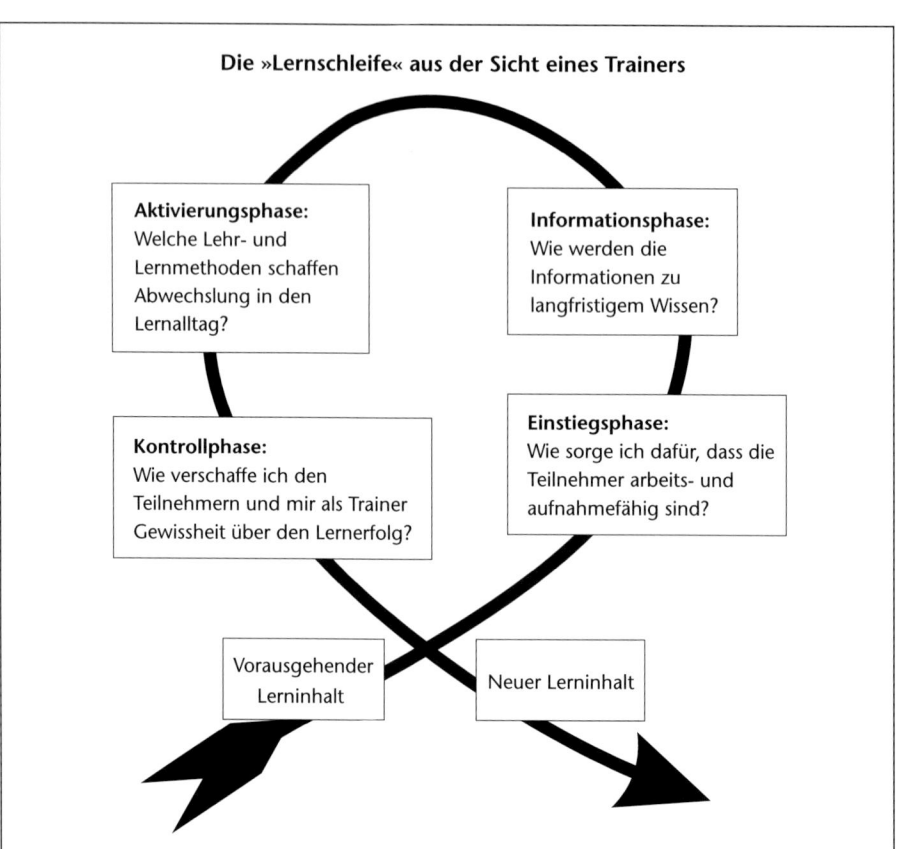

Abb. 1: Lernschleife nach Bandura

und ihr Lampenfieber verlieren, und für alle Beteiligten soll eine angstfreie und lernfördernde Atmosphäre geschaffen werden. Auch bei kurzen internen Seminaren, bei denen sich alle Beteiligten kennen, ist ein Aufwärmen hilfreich für den Lernerfolg. Gerade wenn die Teilnehmer wenige Minuten zuvor noch am Arbeitsplatz waren, sollte ein »Umschalten« auf die Lernsituation bewusst herbeigeführt werden.

**Neugier schafft Lernmotivation**

Der inhaltliche Einstieg dient dazu, Interesse zu wecken für die Beschäftigung mit dem Thema. Man kann nicht immer davon ausgehen, dass Interesse aktuell vorhanden ist. Gerade bei der Vermittlung betrieblicher Pflichtthemen (Arbeitssicherheit, Umweltschutz ...) ist die Schaffung einer Erstmotivation wichtig. Der Trainer hat die Gelegenheit, durch Fragen festzustellen, welche Erfahrungen mit dem Thema bei den Teilnehmern bereits vorhanden sind. Für den Einstieg bieten sich provokante Thesen, markante Fallbeispiele, aussagekräftige Illustrationen und zahlreiche andere »Wecker« an. Der Phantasie sind kaum Grenzen gesetzt.

**Berücksichtigung verschiedener Lerntypen**

Die Phase der Informationsvermittlung dient dazu, allen Teilnehmern ein vorher festgelegtes Wissen zu vermitteln und die Grundlage für die dauerhafte Speicherung des Wissens zu schaffen. In der Informationsphase kommen verschiedene Methoden und Medien zum Einsatz, z.B. Trainervortrag, Film, Video, Texte. Um verschiedene Lerntypen im Seminar anzusprechen, sollen in dieser Phase möglichst viele Sinne der Teilnehmer angesprochen werden.

Nur wenige Menschen sind in der Lage, Wissen in abstrakten Formeln aufzunehmen. Die meisten bevorzugen Augen (visueller Lerntyp) und Ohren (auditiver Lerntyp) als »Eingangskanäle« für neues Wissen. Darüber hinaus gibt es Menschen, die gern durch Anfassen und Fühlen lernen (haptischer Lerntyp), andere sind praktisch veranlagt und lernen durch aktives Tun (praktischer oder motorischer Lerntyp). Auf die Methoden und Medien zur Wissensvermittlung wird an anderer Stelle nochmals eingegangen.

**Learning by doing**

Das aktive Erarbeiten und Aneignen des Lernstoffs findet in der Aktivierungsphase statt. Ausgehend von der Erkenntnis, dass nur das Wissen nachhaltig verankert wird, das sich der Mensch selbst erarbeitet hat, sollen möglichst alle Teilnehmer der Bildungsmaßnahme in die Lerninhalte aktiv involviert werden. Dies kann in unterschiedlichen Sozialformen (Einzel- oder Gruppenarbeit) und Methoden (z.B. Rollenspiel, Planspiel, Fallbearbeitung) erfolgen. Bei mehrtägigen Seminaren sollte darauf geachtet werden, dass in den verschiedenen Lerneinheiten nicht zu häufig die gleichen Sozialformen und Methoden zum Einsatz kommen, da sonst ein Ermüdungseffekt eintritt.

**Überprüfung des Lernfortschritts**

In der Kontrollphase am Ende einer Lerneinheit geht es darum, den Lernfortschritt zu überprüfen und das Gelernte »abzufragen«. Die Abfrage des Wissens kann spielerisch (Quiz, Rollenspiel) oder aber ernsthaft (Test, Praxisfall) erfolgen. Je nach Lernfortschritt kann der Trainer entweder im Stoff weiter voranschreiten oder zur nächsten Lerneinheit übergehen. Bei größeren Bildungsmaßnahmen dienen Kontrollphasen dazu, den Erfolg bei der Zusammenführung der einzelnen Themengebiete zu überprüfen.

**Ansatzpunkte zum Praxistransfer**

Ein wichtiger Aspekt, der beim Trainingsdesign nicht vernachlässigt werden darf, ist die Transferunterstützung. Mit Transfer ist in diesem Zusammenhang die Anwendung des Erlernten auf die eigene Berufspraxis des jeweiligen Teilnehmers gemeint. In manchen Phasenmodellen zur Gestaltung von Lernprozessen wird eine eigene Transferphase vorgeschlagen. Bei genauerem Hinsehen sind in allen oben beschriebenen Lernphasen durch die Art und Weise der Gestaltung Ansatzmöglichkeiten vorhanden, um den Transfer des Wissens zu ermöglichen oder wenigstens zu erleichtern. Hierzu gehört beispielsweise die Integration realistischer Aufgabenstellungen der Lernenden in die Informationsphase, die Erarbeitung individueller Checklisten für die eigene Praxis durch die Teilnehmer in der Aktivierungsphase und die Durchführung von Rollenspielen auf der Basis von aktuellen Fragestellungen der Teilnehmer in der Kontrollphase.

Darüber hinaus ist es sinnvoll, der Vorbereitung des Praxistransfers am Ende einer mehrtägigen Bildungsmaßnahme ausreichend zusätzliche Zeit zur Verfügung zu stellen. In dieser Zeit können die Teilnehmer jeder für sich eigene Realisierungsstrategien erarbeiten. Dies ist insbesondere hilfreich, wenn es um Führungs- und Verhaltenstraining geht und wenn der

### 3.4 Mitarbeiterentwicklung und -qualifizierung

Transfer nicht ausschließlich vom Lernerfolg des Teilnehmers selbst abhängig ist.

**Dokumentation des Trainingsdesigns**

Zur Dokumentation eines Trainingsdesigns bietet sich eine Tabelle im DIN A4-Querformat an. In ihr werden die wesentlichen Hinweise zur späteren Durchführung übersichtlich dargestellt.

| Nr. | Zeit | Arbeitsform, Methode | Ziel, Lernziel | Vorgehensweise | Hinweise |
|---|---|---|---|---|---|
| 1 | 10 Min. | Partner-Interview | Aufwärmen | ■ die Seminarteilnehmer suchen sich einen Interviewpartner, den sie bisher noch nicht kennen | ■ vorbereitetes Formular »Steckbrief« austeilen |
| 2 | 20 Min. | Plenum | Kennenlernen | ■ die Interviewpartner stellen sich gegenseitig vor<br>■ pro Teilnehmer steht jeweils maximal eine Minute zur Verfügung | ■ die ausgefüllten Steckbriefe werden im Seminarraum aufgehängt, um ein Nachlesen zu ermöglichen |
| 3 | 15 Min. | Präsentation | Einführung | ■ Überblick über den »Roten Faden« des Seminars | ■ Folien 1 und 2 |

*Abb. 2: Auszug aus einem Trainingsdesign am Beispiel der Einstiegsphase*

#### 3.4.5.3 Der Faktor »Zeit« im Training

**Tagesrhythmus unterstützt Lernerfolg**

Lebenslanges Lernen wird als beruflicher Erfolgsfaktor allgemein anerkannt. Die Bereitschaft zur Teilnahme an Qualifizierungsmaßnahmen ist erfahrungsgemäß sehr groß. Trotzdem ist die Seminarsituation für viele Teilnehmer immer wieder gewöhnungsbedürftig. Zu sehr unterscheidet sich das strukturierte Lernen und der Trainingsrhythmus vom gewohnten Arbeitsalltag. Umso mehr ist es notwendig, die menschliche Leistungsfähigkeit im Tagesrhythmus mit ihren Schwankungen bei der Gestaltung von Bildungsmaßnahmen zu berücksichtigen. Leistungshöhepunkte können effektiv genutzt werden, und die Belastung »schwächerer« Phasen mit zu schwerer Kost kann vermieden werden.

**Leistungskurve im Tagesverlauf**

Der Vormittag mit seinem Leistungshöhepunkt bietet Zeit für anspruchsvolle und komplizierte Lerninhalte. Im Leistungstief nach dem Mittagessen sind spielerische und weniger anstrengende Lerninhalte sinnvoll. Im Rahmen einer Einführungsschulung für neue Mitarbeiter bietet sich der Betriebsrundgang für die Zeit nach dem Mittagessen an – quasi als Verdauungsspaziergang. Im Verlauf des Nachmittags steigt die Leistungskurve wieder an, so dass auch wieder alle möglichen Inhalte und Methoden zum Einsatz kommen können. Auch der frühe Abend kann für Weiterbildungszwecke sehr gut genutzt werden.

Den Leistungsabfall der Seminarteilnehmer kann man durch frühzeitige, kurze Pausen verzögern. Der optimale Erholungseffekt der Pausen ist nach etwa zehn Minuten bereits erreicht. Sorgen Sie für regelmäßige Kurzpausen mit Sauerstoffzufuhr, Bewegung und Entspannung. Die menschliche Konzentrationsfähigkeit ist begrenzt. Auch wenn die Teilnehmer normalerweise einen Achtstundentag haben, sollten im Seminar als reine Lehr-/Lernzeit maximal sechs Stunden angesetzt werden, wenn in ihnen effektiv gearbeitet wird. Wenn das Leistungstief nach dem Mittagessen nicht zu tief sein soll, sorgen Sie für leichte und gesunde Kost für die Seminarteilnehmer. Für die Pausen am Vor- und Nachmittag kann ein Obstkorb eine sinnvolle Ergänzung sein.

**Pausen machen sich bezahlt**

Infolge von betrieblichen Sparmaßnahmen wird regelmäßig die Durchführung von Seminaren in Hotels in Frage gestellt. Tatsächlich ist es nicht unbedingt erforderlich, Bildungsmaßnahmen mit fachlichen Schwerpunkten mit Übernachtung und Vollpension anzubieten. Im Falle von Führungs- und Verhaltenstrainings sind die durch die Durchführung im Hotel entstehenden Zusatzkosten jedoch meist mehr als gerechtfertigt. Trainer und Teilnehmern haben größere Zeitautonomie, werden weniger durch das Betriebsgeschehen gestört und können die Abende für geplante und ungeplante Lerneinheiten nutzen. Darüber hinaus findet auch beim anschließenden geselligen Beisammensein noch so manche unerwartete Wissensvermittlung zum Beispiel durch kollegiale Beratung statt.

**Plädoyer für Seminare in Hotels**

Bei bundesweit tätigen Großunternehmen dauerten noch vor einigen Jahren zentral durchgeführte Seminare in der Regel jeweils eine Woche. Die weite Anreise der Teilnehmer sollte sich lohnen und die unternehmenseigenen Schulungszentren konnten mit einer durchgängigen Belegung rechnen. Inzwischen sind Wochenseminare eher die Ausnahme. Die Aufteilung der Wissensvermittlung auf mehrere kürzere Sequenzen hat zwar organisatorische Nachteile, fördert aber durch die Verteilung des Lernens über einen längeren Zeitraum den Praxistransfer. Zwischen zwei Lernblöcken erledigte »Hausaufgaben« und die mit dem neu erworbenen Wissen gemachten positiven und negativen Erfahrungen können für den weiteren Lernprozess im »Follow-up«-Seminar nutzbar gemacht werden.

**Verteiltes Lernen sichert den Erfolg**

### 3.4.5.4 Die Rolle des Trainers

Nicht jeder Experte ist in der Lage, sein Wissen weiterzuvermitteln. Jedem von uns fallen Beispiele ein aus der eigenen Schulzeit, aus trockenen Vorlesungen an der Universität, langweiligen Fachreferaten und leider auch aus betrieblichen Bildungsmaßnahmen. Natürlich muss ein Trainer wissen, wovon er spricht. Die notwendige Fachkompetenz wird vorausgesetzt. Dazu gehört ein großes Maß an Erfahrung und ein aktuelles, zeitgemäßes Wissen. Um das Fachwissen an andere weitervermitteln zu können, ist Methodenkompetenz im Sinne eines beherrschten Handwerkzeugs erforderlich, beispielsweise Präsentations- und Moderationstechnik.

**Fach- und Methodenkompetenz sind selbstverständlich**

## 3.4 Mitarbeiterentwicklung und -qualifizierung

Die Trainertätigkeit findet nicht im luftleeren Raum statt. Unabdingbare Voraussetzung für die erfolgreiche Durchführung von Seminaren ist eine ausgeprägte Sozialkompetenz. Ein Trainer muss mit Menschen umgehen und auf ihre Bedürfnisse eingehen können, ohne das Seminarziel aus den Augen zu verlieren. Auch bei Erfüllung der im Zusammenhang mit Fach-, Methoden- und Sozialkompetenz angedeuteten Anforderungen bleibt ein »Restrisiko« für die Rolle des Trainers bestehen. Von der ersten bis zur letzten Minute im Seminar ist ein professioneller Umgang des Trainers mit sich selbst erforderlich. Zu dieser so genannten persönlichen Kompetenz oder auch Selbstkompetenz gehören erfolgreiche Stressbewältigung, Kritikfähigkeit, ein schonender Umgang mit den eigenen Ressourcen und die Fähigkeit, sich immer wieder selbst zu motivieren.

**Professionell im Umgang mit anderen und sich selbst**

Für eine erfolgreiche Durchführung von Trainingsmaßnahmen, insbesondere im Verhaltensbereich, kann der Einsatz eines Trainerteams sinnvoll sein. Die Seminargestaltung erfolgt im »Team-teaching«. Das Trainerteam ist gemeinsam für die Steuerung des Lernprozesses verantwortlich, ohne dass im Vorfeld eine exakte Reihenfolge der Beiträge des Einzelnen fixiert wurde. Durch die Präsenz verschiedener Referenten erhalten die Teilnehmer eine größere Auswahl an möglichen Identifikationspersonen. Die Identifikation mit dem einen oder anderen Trainer kann die Lernmotivation deutlich erhöhen. Durch den Wechsel der Akteure bleibt die Aufmerksamkeit der Teilnehmerrunde länger erhalten. In heiklen Situationen haben zwei Trainer bessere Chancen, den Überblick zu behalten und eine zielgerichtete Steuerung des Lerngeschehens sicherzustellen. Gruppenarbeiten können besser betreut werden, wenn mehrere Trainer aktiv sind.

**«Team-teaching» als hohe Schule der Trainertätigkeit**

Team-teaching erfordert eine hohe Kompetenz der beteiligten Personen und ein konstruktives partnerschaftliches Verhältnis. Rivalität und Profilierungssucht sind hier fehl am Platz. Bei manchen Aufgabenstellungen bietet sich ein Zusammenwirken interner und externer Referenten an. Um ein sinnvolles Zusammenspiel zu ermöglichen, ist in solchen Fällen eine gründliche gemeinsame Vorbereitung erforderlich.

Im Rahmen von verhaltensorientierten Seminaren bildet eine vertrauensvolle, geschützte Lernatmosphäre eine wesentliche Voraussetzung für den Lernerfolg. Der Trainer muss seiner Rolle als Vertrauensperson der Teilnehmer in jedem Falle gerecht werden. Üblicherweise werden zu Beginn von Führungs- und Verhaltenstrainings entsprechende Spielregeln vereinbart.

## 3.4.6 Personalentwicklung und Transfersicherung als Führungsaufgabe

**Vermeidung von Transferlücken**

In der betrieblichen Bildungsarbeit geht es nicht nur um die Vermehrung des Wissens und Könnens einzelner Mitarbeiter, sondern um einen Beitrag zum Erfolg des Unternehmens. Dieser Beitrag ist in der Regel nur erfolgreich, wenn eine sinnvolle und nachhaltige Übertragung des Gelernten in die Praxis erfolgt. Die meisten von uns kennen die Euphorie am Ende von Seminaren mit guten Vorsätzen bei allen Teilnehmern! Bereits am ersten Tag zurück am Arbeitsplatz beginnt es zu »bröckeln«. Der Weiterbildungserfolg bleibt hinter den Erwartungen und Möglichkeiten deutlich zurück. Experten sprechen in diesem Zusammenhang von der Transferlücke.

**Transferförderung und -kontrolle**

Die Ursachen für das Auftreten der Transferlücke liegen nur zum Teil in einer mangelhaften Weiterbildungsmaßnahme. Insbesondere die Vor- und Nachbereitungsphasen werden von den beteiligten Führungskräften und Mitarbeitern vernachlässigt. Führungskräfte sollten vor Beginn einer Personalentwicklungsmaßnahme mit den Teilnehmern über ihre Erwartungen sprechen und Vereinbarungen – möglichst schriftlich – für die Umsetzung des Wissens treffen. Dazu kann auch die Stellung einer Praxisaufgabe gehören: Der Teilnehmer kann dann die Bildungsmaßnahme gezielt nutzen, um die Praxisaufgabe zu lösen. Nach dem Ende des Seminars beginnt die kritische Phase des Transfers. Hier besteht für den Vorgesetzten die Aufgabe der Transferförderung und -kontrolle. Zur Transferförderung gehört auch, dass dem Mitarbeiter die erforderlichen Ressourcen zur Umsetzung des Gelernten zur Verfügung gestellt werden.

**Grenzen der Lernfähigkeit**

Bei Lerninhalten, die auf eine Verhaltensänderung abzielen, gibt es eine Reihe von wichtigen Randbedingungen, die nur zum Teil vom Mitarbeiter beherrschbar sind. Zunächst muss jeder Seminarteilnehmer überhaupt motiviert sein und eine Verhaltensänderung wollen. Ohne individuelles Wollen wird der gewünschte Erfolg ausbleiben. Es nützt also nichts, einen Mitarbeiter zur Teilnahme an einem Verhaltenstraining zu »verdonnern«. Darüber hinaus muss ein entsprechendes Potenzial vorhanden sein. Nicht jeder Mitarbeiter ist für alles geeignet, persönliches Können ist nicht beliebig veränderbar. Daher ist es die Aufgabe des Vorgesetzten, die Eingangsvoraussetzungen seines Mitarbeiters für die Teilnahme am Training festzustellen.

## 3.5 Systematische Mitarbeiterbeurteilung

*von Rüdiger Bechstein*

### 3.5.1 Vom Mitarbeiterwunsch zum organisierten Feedback

**Mitarbeiter erhalten zu wenig Rückmeldung**

»Erhalte ich ausreichendes Feedback von meinem Vorgesetzten, so dass ich jederzeit weiß, wie es um meine Leistung steht?« Auf diese oder ähnliche Fragen in Mitarbeiterbefragungen erreichen die meisten Unternehmen ernüchternde Ergebnisse. Das überrascht die Vorgesetzten mehr als die Mitarbeiter.

Leider sind nicht alle Vorgesetzten Naturtalente oder einschlägig ausgebildete Kommunikationsexperten. Das in Führungs- und Verhaltenstrainings häufig verwendete »Johari«-Fenster (benannt nach seinen beiden Autoren **Jo** Luft und **Harry** Ingham) macht deutlich, worum es bei dem Thema Feedback geht. Das Modell geht von einem unterschiedlichen Wissensstand über die Persönlichkeit eines Menschen aus. Die folgende Abbildung bezieht das Johari-Modell auf die Führungssituation. Führungskraft und Mitarbeiter haben einen unterschiedlichen Kenntnisstand in Bezug auf die Person des Mitarbeiters.

| | | dem Mitarbeiter ... | |
|---|---|---|---|
| | | bekannt | unbekannt |
| der Führungskraft ... | bekannt | Arena | Blinder Fleck |
| | unbekannt | Fassade | Unbewusstes |

Systematisches Feedback führt zu einer Vergrößerung der »Arena«: Der Mitarbeiter erfährt etwas über sich selbst, das ihm bisher unbekannt war. Dadurch verkleinert sich der blinde Fleck. Der folgende Ausschnitt aus dem Johari-Modell zeigt die Wirkung von Feedback:

| dem Mitarbeiter ... | |
|---|---|
| bekannt | unbekannt |
| Arena | Blinder Fleck |

Die Wirkung des Feedbacks →

Andererseits gibt es auch Bereiche, die dem Mitarbeiter selbst bekannt sind, dem Vorgesetzten aber nicht. Gelingt es, eine Atmosphäre des Vertrauens und der Offenheit herzustellen, lässt sich die Arena auch aus dem Blickwinkel der Führungskraft vergrößern. Die bisherige Fassade verkleinert sich. Der folgende Ausschnitt zeigt die Wirkung der Offenheit: Die Führungskraft erfährt etwas über den Mitarbeiter, das ihr bisher verborgen war.

*Offenheit vergrößert die »Arena«*

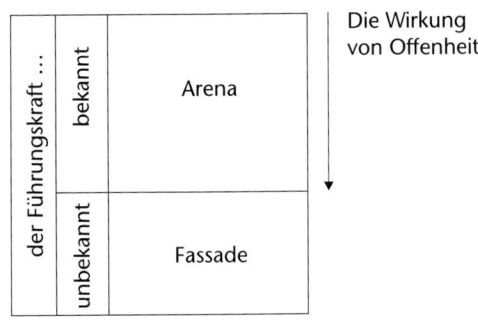

Lässt man die Vorgesetzten mit dem Wunsch der Mitarbeiter nach regelmäßigem Feedback allein, werden nur wenige ihr Führungsverhalten nachhaltig verändern. Einige werden sich ein eigenes System so gut es geht schaffen. Andere wenden ein System an, das sie selbst in einem anderen Unternehmen kennen gelernt haben. Das führt zur Verwirrung der Mitarbeiter, insbesondere wenn sie von einer Abteilung in die nächste wechseln. Daher ist es sinnvoll und notwendig, durch die Einführung verbindlicher Systeme und Hilfestellungen eine Grundlage für alle Führungskräfte und Mitarbeiter zu schaffen.

*Verbindliche Systeme sind sinnvoll*

Bei der Einführung von Systemen zur Beurteilung von Mitarbeitern, in denen das Mitarbeitergespräch in den Vordergrund gestellt wird, ist häufig der Einwand von Vorgesetzten zu hören: Warum sollen wir jährlich ein Mitarbeitergespräch führen – wir reden doch jeden Tag miteinander. Tatsache ist jedoch, dass ein systematisches Feedback nur selten vorkommt. Die täglichen Gespräche dienen in der Regel eher der Klärung von Sachfragen als der Verbesserung des Mitarbeiters. Als Vorteile der Durchführung systematischer Mitarbeiterbeurteilungen ergeben sich:

*Das tägliche Gespräch reicht nicht aus*

- Die Führungskräfte erhalten ein einheitliches Instrumentarium, um ihre Führungsaufgabe wirksamer wahrnehmen zu können.

- Die Führungskräfte haben die Möglichkeit, sich systematisch mit der Leistung ihrer Mitarbeiter auseinander zu setzen.

- Wird die Beurteilung zur regelmäßigen Pflicht, kommt es seltener zu »bösen Überraschungen« für einzelne Mitarbeiter. Jeder Mitarbeiter erhält Rückmeldungen, wo er steht und woran er ist.

- Jeder Mitarbeiter hat die Chance, seine Stärken und Schwächen zu erkennen und mit dem Vorgesetzten über Möglichkeiten zur persönlichen Weiterentwicklung zu sprechen.

- Durch ein unternehmenseinheitliches Instrumentarium mit festgelegten Beurteilungskriterien werden die Beurteilungen der Mitarbeiter vergleichbar.

**Auch negative Rückmeldungen schaffen Perspektiven**

Die Einbettung der Mitarbeiterbeurteilung in ein System zur langfristigen Personalentwicklung ermöglicht auch den Mitarbeitern, die negative Rückmeldungen erhalten, nach vorne zu blicken. So lassen sich Leistungs- und Verhaltensmängel der Vergangenheit mit einer Lern- und Entwicklungsperspektive für die Zukunft verbinden.

**Automatismus bei der Entgelterhöhung vermeiden**

Die direkte Verknüpfung eines Beurteilungsgesprächs mit der Lohn- und Gehaltsfindung ist wenig hilfreich. Vorgesetzte und Mitarbeiter haben den Kopf nicht frei für den differenzierten Austausch zu allen Aspekten der Leistung und des Verhaltens, wenn das Thema »Geld« mitschwingt, denn: Bei Geld hört bekanntlich die Freundschaft auf. Andererseits ist die völlige Irrelevanz von Beurteilungen auf die Entlohnung von Mitarbeitern auch nicht nachvollziehbar. Empfehlenswert ist der Tenor: Gute Beurteilungen sind gute Voraussetzungen für eine wohlwollende Überprüfung der Entlohnung. Jedoch kann eine solche Überprüfung auch aufgrund anderer Kriterien negativ ausfallen. Vielleicht überschätzt der Mitarbeiter seinen »Marktwert«?

## 3.5.2 Die Einführung von Beurteilungssystemen

Beurteilungssysteme lassen sich nicht durch die Verteilung von Formularen einführen, insbesondere nicht durch Online-Beurteilungsformulare, die vom Vorgesetzten kommentarlos an den Mitarbeiter per Mail versandt werden. Ebenso wenig lässt sich jedes beliebige System zu jedem Zeitpunkt in jedem Unternehmen einführen. Vielmehr gilt es, eine maßgeschneiderte Gesamtkonzeption zu schaffen, die im Unternehmen Akzeptanz und durchgängige Anwendung findet. Dazu gehört auch die Beteiligung von im Unternehmen anerkannten und glaubwürdigen Führungskräften und Mitarbeitern bei der Ausarbeitung des Systems. Auf die Frage der betrieblichen Mitbestimmung soll an dieser Stelle nicht näher eingegangen werden.

**Eine professionelle Einführung sichert den Erfolg**

Die Einführung eines Systems zur systematischen Beurteilung von Mitarbeitern sollte sehr sorgfältig geplant werden, um eine nachhaltige Verankerung im Unternehmen sicherzustellen.

### Vorbereitung:

- Festlegung der unternehmensspezifischen Grundlagen, auf denen das Beurteilungssystem aufgebaut werden soll (z.B. Leitbild, Führungsgrundsätze, Unternehmensziele, ...)

- Definition der Anforderungen, denen das Beurteilungssystem genügen soll

- Auswahl der Personen, die bei der Einführung mitwirken sollen (Projektleiter, externe Beratung, Steuerkreis, ...)

- Formulierung des konkreten Projektauftrages

- Abstimmung der Vorgehensweise mit Geschäftsführung und Betriebsrat

### Entwicklung des Beurteilungssystems:

- Entscheidung über die grundlegende Systematik der Leistungsbeurteilung

- Definition der Beurteilungskriterien

- Festlegung der Skalensystematik

- Erarbeitung der Spielregeln für die Anwendung des Beurteilungssystems

- Gestaltung der Formulare und begleitenden Unterlagen (Informationsmaterial, Leitfaden und/oder Checkliste für die Vorbereitung und Durchführung, ...)

- Vorstellung des Grobkonzepts vor ausgewählten Führungskräften, Mitarbeitern, Betriebsräten außerhalb der Projektgruppe

- Weiterentwicklung des Verfahrens auf der Basis des Feedbacks

- Sorgfältige Auswahl von repräsentativen Pilotbereichen
- Pilotanwendung durchführen, auswerten und Ergebnisse in Beurteilungssystem einarbeiten
- Gegebenenfalls Abschluss einer Betriebsvereinbarung

**Einführung des Beurteilungssystems:**

- Konsequente Schulung der Führungskräfte in der Anwendung des Systems und der Gesprächsführung
- Information der Mitarbeiter
- Begleitung der Einführung durch interne und/oder externe Experten
- Review der Anwendung des Systems, ggf. Nachschulung

### 3.5.3 Beurteilungskriterien und Beurteilungsskalen

Wesentlicher Bestandteil von Beurteilungssystemen sind die Kriterien, anhand derer die Mitarbeiter beurteilt werden sollen. In der Praxis finden sich für gewerbliche Mitarbeiter häufig einfachere Beurteilungssysteme mit wenigen Kriterien, die sich überwiegend im Bereich der Leistungsergebnisse und des Leistungsverhaltens bewegen. Abbildung 1 gibt einen Überblick über häufig anzutreffende Beurteilungskriterien:

| Beurteilungskategorie | Beurteilungskriterien |
|---|---|
| Leistungsergebnis und Leistungsverhalten | ■ Arbeitsmenge<br>■ Arbeitsqualität<br>■ Arbeitstempo<br>■ Arbeitseinsatz<br>■ Ausdauer und Belastbarkeit<br>■ Selbstständigkeit<br>■ Zuverlässigkeit<br>■ Termineinhaltung<br>■ Arbeitsplanung und Organisation |
| Sozialverhalten | ■ Kommunikationsfähigkeit<br>■ Informationsverhalten<br>■ Zusammenarbeit<br>■ Konfliktfähigkeit |
| Fachwissen und Lernen | ■ Fachkenntnisse<br>■ Lernfähigkeit<br>■ Bereitschaft zur Weiterbildung<br>■ Weitergabe von Wissen |
| Persönlichkeit | ■ Flexibilität<br>■ Bereitschaft zur Übernahme von Verantwortung<br>■ Initiative<br>■ Kreativität<br>■ Lernfähigkeit |
| Führungsverhalten | ■ Ziele setzen und vereinbaren<br>■ Planung und Koordination<br>■ Delegation und Kontrolle<br>■ Mitarbeiter beurteilen und fördern<br>■ Vorbildverhalten<br>■ Entscheidungsfreude<br>■ Durchsetzungsvermögen |

*Abb. 1: Häufig anzutreffende Beurteilungskriterien*

## 3.5 Systematische Mitarbeiterbeurteilung

**Praxisnähe sichert Akzeptanz**

Die Anzahl der Beurteilungskriterien sollte einerseits eine differenzierte Beurteilung ermöglichen, andererseits jedoch auch praktikabel sein. Nur wenn ein Kriterium auch anhand von beobachtbaren Verhaltensweisen zu beurteilen ist, ist es tauglich für die Praxis. Erscheinen einzelne Kriterien zu weit hergeholt oder praxisfern, verliert das gesamte System an Akzeptanz.

Um eine einheitliche Verwendung des Beurteilungssystems zu ermöglichen, werden in der Praxis Beurteilungsskalen verwendet. Empfehlenswert sind Skalen mit fünf oder sieben Stufen. Sie ermöglichen eine differenzierte Beurteilung, ohne jedoch eine Scheingenauigkeit vorzutäuschen.

Die zentrale Fragestellung einer Leistungsbeurteilung ist: Inwieweit erfüllt der Mitarbeiter die an ihn durch seine Aufgabenstellung im Betrieb gestellten Anforderungen? Abbildung 2 zeigt beispielhaft eine Fünfer-Skala mit der Beschreibung der Beurteilungsstufen:

| Der Mitarbeiter erfüllt die Anforderungen des Beurteilungsmerkmals nicht | Der Mitarbeiter erfüllt die Anforderungen des Beurteilungsmerkmals teilweise | Der Mitarbeiter erfüllt die Anforderungen des Beurteilungsmerkmals zu 100 % | Der Mitarbeiter übertrifft die Anforderungen des Beurteilungsmerkmals teilweise | Der Mitarbeiter übertrifft die Anforderungen des Beurteilungsmerkmals in großem Umfang |
|---|---|---|---|---|
| 1 | 2 | 3 | 4 | 5 |

*Abb. 2: Beispiel für eine Fünfer-Skala zur Beurteilung von Mitarbeitern*

## 3.5.4 Beurteilungsfehler

Auch ein gut konzipiertes Beurteilungssystem verhindert nicht das Auftreten von Beurteilungsfehlern. Idealerweise müsste bei entsprechend großer Zahl von beurteilten Mitarbeitern die Verteilung der Beurteilungspunkte einer Normalverteilung unterliegen. Abbildung 1 zeigt ein Beispiel für die Normalverteilung bei der Anwendung von Beurteilungsskalen.

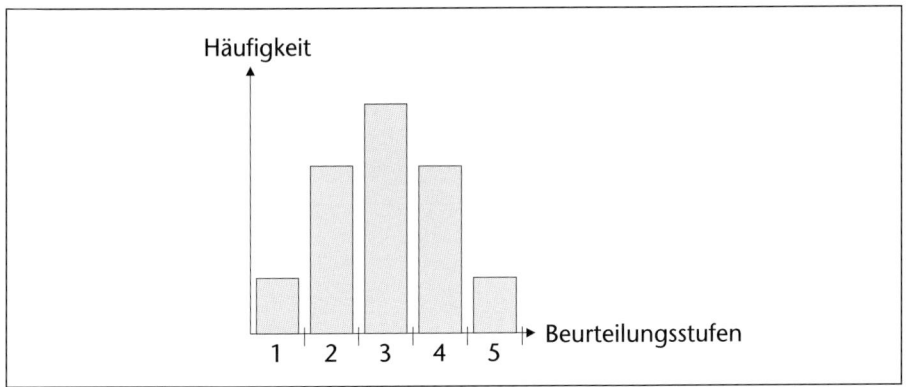

*Abb. 1: Normalverteilung*

Beurteilungen sind immer subjektiv, auch wenn das Ziel von Beurteilungssystemen ist, die Subjektivität zu reduzieren. Jeder Beurteiler hat unterschiedliche Ansichten und Vorlieben, eine unterschiedliche Vorstellung davon, wie streng oder weniger streng man mit anderen Menschen umgehen sollte. Das spiegelt sich auch in der Anwendung von Beurteilungssystemen wider. Aus diesen Eigenarten und menschlichen Schwächen der Beurteiler resultieren unterschiedliche Beurteilungsfehler:

**Menschliche Schwächen führen zu Beurteilungsfehlern**

| Halo-Effekte | Ein positiv beurteiltes Merkmal überstrahlt ein anderes Merkmal. |
|---|---|
| Tendenz zur Milde | Der Vorgesetzte ist grundsätzlich gutmütig und beurteilt daher generell sehr wohlwollend. |
| Tendenz zur Strenge | Der Vorgesetzte setzt sehr hohe Maßstäbe an seine Umwelt und beurteilt eher zu streng. |
| Tendenz zur Mitte | Der Vorgesetzte verwendet die vorhandene Skala nur eingeschränkt. Er stuft alle Mitarbeiter eher im mittleren Bereich ein. |
| Hierarchie-Effekt | Der Vorgesetzte geht davon aus, dass hierarchisch höher eingestufte Mitarbeiter bessere Beurteilungen erhalten sollten. |

*Abb. 2: Beurteilungsfehler im Überblick*

## 3.5 Systematische Mitarbeiterbeurteilung

Die folgend Abbildung verdeutlicht die Beurteilungsfehler »Tendenz zur Mitte«, »Tendenz zur Milde« und »Tendenz zur Strenge«.

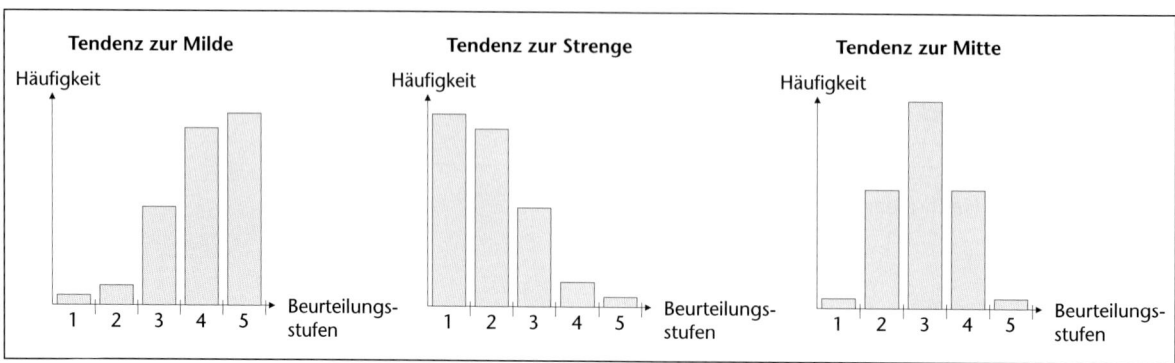

*Abb. 3: Typische Beurteilungsfehler*

## 3.5.5 Spielregeln für die Vorbereitung und Durchführung von Beurteilungsgesprächen

Die gewünschte positive Wirkung von Beurteilungsgesprächen tritt nur ein, wenn von den Führungskräften eine Reihe von notwendigen Spielregeln eingehalten wird. Zunächst geht es dabei um die grundlegende Einstellung des Vorgesetzten. Die Basis für ein gelungenes Gespräch ist eine offene und ehrliche Grundhaltung – Echtheit statt Schauspielerei. Nach einer kurzen Aufwärmphase sollten die Aussagen zur Beurteilung direkt erfolgen, ohne Umwege und Versteckspiel hinter Floskeln. Unabhängig vom Tenor des Beurteilungsgesprächs ist außerdem eine wertschätzende Grundhaltung notwendig. Wenn der Mitarbeiter spürt, dass der Vorgesetzte ihn trotz teilweise negativer Rückmeldung als Mensch wertschätzt, ist ein positiver Ausblick in die gemeinsame Zukunft eher möglich. Wird jedoch eine schlechte Beurteilung noch mit geringschätzigem Verhalten des Vorgesetzten gepaart, wird die Rückmeldung vom Mitarbeiter eher als »Verurteilung« denn als Lernhilfe für die Zukunft erlebt.

**Spielregeln sorgen für positive Gespräche**

Darüber hinaus gibt es weitere Spielregeln für Beurteilungsgespräche:

### Spielregeln für die Vorbereitung:

- Einen Termin vereinbaren und dabei ausreichend Zeit einplanen
- Störungen ausschließen (Telefon, Besucher, …)
- Klären, inwieweit der Mitarbeiter das Beurteilungssystem kennt
- Die Gesprächsinhalte sorgfältig vorbereiten
- Dem Mitarbeiter Gelegenheit zur Vorbereitung geben (Selbstbeurteilung)

### Spielregeln für die Durchführung:

- Freundliche Begrüßung und Aufwärmen zu Beginn
- Das System erklären – je nach Vorkenntnissen des Mitarbeiters
- Auf die Besonderheiten des Beurteilungszeitraums eingehen
- Die einzelnen Beurteilungskriterien besprechen
- Selbstbild des Mitarbeiters klären
- Abweichende Meinung des Mitarbeiters als Selbstbild stehen lassen
- Beobachtungen und Beispiele als Gründe für die Beurteilung wiedergeben
- Ausdrücklich zu Fragen auffordern
- Hilfestellung für Verhaltensänderungen anbieten
- Ausblick auf die zukünftige Zusammenarbeit geben
- Vereinbarungen für die Zukunft treffen (Coaching, Seminare)
- Sich bestätigen lassen, dass die Beurteilung erläutert wurde

Nur durch die Verteilung von Informationsbroschüren, Formularen und Checklisten lässt sich die durchgängige und sinnvolle Anwendung eines Beurteilungssystems nicht sicherstellen. Alle Führungskräfte sollten eine ihren Vorkenntnissen entsprechende Schulung erhalten. Dazu gehört sowohl das Wissen über die Nutzung des im Unternehmen eingeführten Beurteilungssystems als auch ein Training zur Gesprächsführung in Beurteilungsgesprächen. Gerade auf die unangenehmen Seiten eines Gesprächs, in denen es um negative Rückmeldungen an den Mitarbeiter geht, sollten die Vorgesetzten besonders gut vorbereitet sein.

# IV
# Produktionsanlagen

# Inhalt

| | | |
|---|---|---|
| **4.1** | **Ziele, Strategien und Aufgaben der Produktionsanlagenplanung** | 333 |
| 4.1.1 | Aufgaben der Produktionsanlagenplanung | 333 |
| 4.1.2 | Rahmenkonzept | 336 |
| 4.1.3 | Anforderungen an Mitarbeiter, Bauten und Maschinen | 338 |
| **4.2** | **Fabrikplanung** | 341 |
| 4.2.1 | Standortwahl | 341 |
| 4.2.1.1 | Bestimmende Kriterien | 341 |
| 4.2.1.2 | Anforderungsprofil | 342 |
| 4.2.1.3 | Faktoren für die Standortwahl | 343 |
| 4.2.1.4 | Erläuterungen zu gemeindespezifischen Faktoren (A) | 346 |
| 4.2.1.5 | Erläuterungen zu grundstücksspezifischen Faktoren (B) | 348 |
| 4.2.1.6 | Auswahl des Standortes | 352 |
| 4.2.2 | Bebauungsplanung | 354 |
| 4.2.2.1 | Ziel der Bebauungsplanung | 354 |
| 4.2.2.2 | Ablauf der Bebauungsplanung | 354 |
| 4.2.2.3 | Der Idealplan | 355 |
| 4.2.2.4 | Der Realplan | 355 |
| 4.2.2.5 | Die Erstellung des Generalbebauungsplanes | 363 |
| 4.2.2.6 | Zusammenfassung | 367 |
| 4.2.3 | Materialflussanalyse | 369 |
| 4.2.3.1 | Der Materialfluss | 369 |
| 4.2.3.2 | Zielsetzung und Aufgaben | 370 |
| 4.2.3.3 | Vorgehensweise bei der Materialflussanalyse | 370 |
| 4.2.3.4 | Ermittlung des repräsentativen Zeitraumes | 371 |
| 4.2.3.5 | Ermittlung der repräsentativen Artikel | 373 |
| 4.2.3.6 | Aufnahme des innerbetrieblichen Materialflusses | 374 |
| 4.2.3.7 | Ergebnisdarstellung der Materialflussanalyse | 377 |
| 4.2.4 | Transportsysteme | 382 |
| 4.2.4.1 | Arten von Transportsystemen | 382 |
| 4.2.4.2 | Außerbetriebliche Transportsysteme | 382 |
| 4.2.4.3 | Innerbetriebliche Transportsysteme | 393 |
| 4.2.4.4 | Förderhilfsmittel | 398 |
| 4.2.5 | Lagersysteme | 400 |
| 4.2.5.1 | Bodenlager | 400 |
| 4.2.5.2 | Blocklager | 402 |
| 4.2.5.3 | Zeilenlager | 403 |
| 4.2.5.4 | Regallager | 403 |
| 4.2.5.5 | Lagerung auf Förderanlagen | 410 |
| 4.2.5.6 | Automatisierungsgrad des Lagers | 410 |
| 4.2.6 | Produktion in Industrieparks | 413 |
| 4.2.6.1 | Einführung | 413 |
| 4.2.6.2 | Indikatoren und potenzielle Treiber des Konzepts Industriepark | 413 |
| 4.2.6.3 | Begriffsbestimmung | 415 |
| 4.2.6.4 | Anwendungsbereiche/internationaler Vergleich | 417 |
| 4.2.6.5 | Praxisbeispiel | 419 |

| | | |
|---|---|---|
| 4.2.6.6 | Verwandte Konzepte und neue alternative Entwicklungen | 420 |
| 4.2.6.7 | Neue alternative Entwicklungen | 426 |
| 4.2.6.8 | Trends | 433 |
| **4.3** | **Instandhaltung der Produktionsanlagen** | **436** |
| 4.3.1 | Einführung | 436 |
| 4.3.2 | Der Begriff Instandhaltung | 438 |
| 4.3.3 | Abhängigkeit der Instandhaltungsaufgaben von der Art der Anlagen | 440 |
| 4.3.4 | Kosten und Leistung – das Ablaufdilemma der Instandhaltung | 444 |
| 4.3.4.1 | Kennzahlen, Controlling und Benchmarking in der Instandhaltung | 446 |
| 4.3.4.2 | Budgetplanung in der Instandhaltung | 459 |
| 4.3.5 | Relevante Methoden und Konzepte der Instandhaltung | 473 |
| 4.3.5.1 | Outsourcing | 473 |
| 4.3.5.2 | IH-Organisation – zentral, dezentral, integriert | 474 |
| 4.3.5.3 | Total Productive Maintenance (TPM) | 475 |
| 4.3.5.4 | Teleservice | 475 |
| 4.3.6 | Instandhaltung in der Umsetzung | 477 |
| 4.3.6.1 | Die Ablauforganisation in der Instandhaltung: zentral, dezentral oder integriert? | 477 |
| 4.3.7 | Instandhaltungsplanungs- und -steuerungssysteme (IPS) zur Unterstützung der Ablauforganisation | 492 |
| 4.3.7.1 | Einführung | 492 |
| 4.3.7.2 | Aufgaben eines IPS | 492 |
| 4.3.7.3 | Funktionen eines IPS | 494 |
| 4.3.7.4 | Vorgehen zur Implementierung | 502 |
| 4.3.7.5 | Aspekte in der Anwendung von IPS | 503 |
| 4.3.7.6 | IPS in unterschiedlichen Instandhaltungsorganisationen | 507 |
| 4.3.7.7 | Fazit | 510 |
| 4.3.8 | Instandhaltungsstrategien: Anspruch und Wirklichkeit | 511 |
| 4.3.8.1 | Was ist Instandhaltungsstrategie? | 511 |
| 4.3.8.2 | Was ist das Ziel der Instandhaltung? | 511 |
| 4.3.8.3 | War das schon immer so, oder wie hat sich die Instandhaltung in den letzten Jahren entwickelt? | 512 |
| 4.3.8.4 | Welcher Aufwand verbirgt sich hinter der Instandhaltung? | 513 |
| 4.3.8.5 | Die Maßnahmen der Instandhaltung bilden das Gerüst der Strategie | 513 |
| 4.3.8.6 | Wesentliche Arten von Instandhaltungsstrategien | 519 |
| 4.3.8.7 | Was ist die richtige Strategie? | 522 |
| 4.3.8.8 | Anspruch und Wirklichkeit der Strategieplanung | 530 |
| 4.3.9 | Outsourcing in der Instandhaltung | 531 |
| 4.3.9.1 | Einführung | 531 |
| 4.3.9.2 | Ist die Make-or-buy-Entscheidung ein uraltes Thema? | 531 |
| 4.3.9.3 | Wie läuft die Entscheidungsfindung für Eigenleistung oder Fremdvergabe von Instandhaltungsleistungen ab? | 534 |
| 4.3.9.4 | Vorteile des Outsourcings | 535 |
| 4.3.9.5 | Nachteile des Outsourcings | 536 |
| 4.3.9.6 | Umkehrung der Fragestellung: Was ist die sinnvolle Kerneigenleistung der Instandhaltung? | 538 |
| 4.3.9.7 | Wie wird die Kerneigenleistungstiefe (KET) bestimmt? | 539 |
| 4.3.9.8 | Vorgehensweise zur Fremdvergabe | 541 |

# 4.1 Ziele, Strategien und Aufgaben der Produktionsanlagenplanung

*von Helmuth Gienke/Rainer Kämpf*

## 4.1.1 Aufgaben der Produktionsanlagenplanung

Produktionsanlagen sind alle Einrichtungen zur Produktion materieller Güter. Die Elemente sind  **Definition**

- Grundstücke,
- Bauten,
- Maschinen,
- Werkzeuge,
- Hilfsmittel und
- die organisatorischen Konzepte.

Die Produktionsanlagenplanung hat die Aufgabe, die Zusammenstellung und Gestaltung der Elemente so zu planen und zu realisieren, dass die Produktion der ausgewählten Güter entsprechend der Ziele des Unternehmens mit optimalem Ressourcenaufwand durchgeführt werden kann. Sie hat verschiedene Auslöser:  **Auslöser**

- neue Produkte, die zu einer partiellen oder umfassenden Änderung oder sogar einem Neubau führen können
- Verlagerung des Standortes aus verschiedenen Gründen (Verschlechterung der Bedingungen am alten Standort durch gesetzliche Auflagen, Verschlechterung der Verkehrsanbindung, ungenügende Anpassungsfähigkeit an wirtschaftliche Produktion)
- veraltete Produktionsanlagen (schlechte Anpassungsfähigkeit, mangelnde Akzeptanz durch die Belegschaft)
- Rationalisierung mit neuen Maschinen oder Abläufen
- neue Produktionsverfahren
- Ausweitung der Produktion
- Verringerung der Produktion

Als Folge dieser Auslöser gibt es durch die vorgegebenen Bedingungen mehrere Ausprägungen der Aufgabe:  **Ausprägungen**

| nach der Ausrichtung | nach den Voraussetzungen |
|---|---|
| ■ Produkt definiert, gezielte Einrichtung für dieses Produkt<br>■ Einrichtung für ein variables Produktspektrum in verschiedenen Graden | ■ Neubau auf leerem Gelände<br>■ Neubau auf bereits benutztem Gelände<br>■ vorhandene Anlagen umbauen<br>■ Organisation verbessern |

*Abb. 1: Ausprägungen der Produktionsanlagenplanung*

Zusätzlich kann die Standortsuche Bestandteil der Fabrikplanung sein, die von verschiedenen Einflüssen, wie zum Beispiel Transportkosten, kulturellem Umfeld und gesetzlichen Randbedingungen, bestimmt wird.

**Gezielte Ausrichtung auf ein Produkt**

Steigende Variantenzahl, ständig neue Materialien, schnelle Entwicklung der Verfahren und der Organisation scheinen die gezielte Einrichtung einer Fabrik auf ein einziges Produkt zur Ausnahme zu machen. Tatsächlich aber können die Kostenvorteile einer derartigen Lösung so groß sein, dass eine gezielte Anlage wirtschaftlich ist. Ein typisches Beispiel ist das Werk der MCC für den Kleinwagen Smart. Das Werk ist so gestaltet, dass sogar die Zulieferer Fabrikanlagen haben, die quasi Bestandteil des MCC-Werkes und nahtlos in den Materialfluss integriert sind.

Weitere Beispiele für die Ausrichtung der Produktionsanlage auf ein Produkt sind Kraftwerke, Bergwerke, Getränkeabfüllanlagen usw. All diese Beispiele sind Anlagen, die Massengüter herstellen. Wenn die gezielte Ausrichtung auf ein Produkt sich durch höhere Produktivität für die erwartete Stückzahl amortisiert, ist es meist sinnvoll, die Anlage zur optimalen Herstellung dieses Produktes zu erstellen und auf eine flexible Anpassungsmöglichkeit zu verzichten.

**Einheitliches Schema bei der Planung**

Bei der Vorgehensweise zur Planung von Produktionsanlagen kann man ein einheitliches Schema anwenden. Werden vorhandene Einrichtungen übernommen, beispielsweise Standorte oder ganze Anlagenteile, so entfallen die entsprechenden Schritte oder die vorhandenen Einrichtungen sind als feststehende Größen in diesem Prozess zu berücksichtigen. Der Entwicklungsprozess kann teilweise mehrfach durchlaufen werden, wenn die definierte Form nicht realisiert werden kann – beispielsweise wenn kein optimaler Standort gefunden wird.

Im ersten Schritt sind die Anforderungen und Ziele präzise zu definieren. Danach wird ein Rahmenkonzept für die Strukturierung der Fertigung erstellt, mit dem die Gestaltung der erforderlichen Flächen und Bauten definiert wird. Dann wird das erforderliche Grundstück ausgewählt. In der nächsten Stufe wird die Materialflussplanung erstellt, die Auskunft über die Struktur der Werkstätten und Aufstellung der Anlagen geben soll. Im Anschluss erfolgt die Betriebsmittelaufstellplanung und die Erstellung der Ausführungsplanung. Parallel zu diesen Arbeiten wird die erforderliche Organisation konzipiert.

*Abb. 2: Schema zur Produktionsanlagenplanung*

Für die Produktionsanlagenplanung gibt es eine Fülle von Hilfsmitteln. Moderne Systeme sind Simulationssysteme zur Ablaufsimulation, um das zeitliche Verhalten und den Materialfluss optimal zu gestalten, und die Modellierung der Produktionsanlagen mittels Informationstechnik, um Schwachstellen bei der Wegeplanung und der Betriebsmittelaufstellung zu erkennen.

**Werkzeuge der Produktionsanlagenplanung**

Es ist sinnvoll, die Planung von Produktionsanlagen als Projekt zu gestalten und mit einem gesonderten Team durchzuführen. Nur so ist sichergestellt ist, dass die Beteiligten nicht durch die Priorität des Tagesgeschäftes an der erforderlichen Gründlichkeit gehindert werden. Wenn man nicht mit der entsprechenden Sorgfalt plant und die Risiken abschätzt, sind Fehlinvestitionen bei der Errichtung einer Fabrik an der Tagesordnung.

**Projekt und Projektteam**

### 4.1.2 Rahmenkonzept

**Markt und Unternehmensziele als bestimmende Größe**

Im Mittelpunkt des Rahmenkonzeptes stehen zwei bestimmende Größen: das Produkt und dessen Markt auf der einen Seite und die Unternehmensziele auf der anderen Seite. Art, Mengen und Lebensdauer des Produktes werden vom Markt bestimmt, und dieser reagiert auf den wirtschaftlichen, emotionellen oder arbeitserleichternden Wert des Produktes im Verhältnis zu Preis, Qualität und Service sowie auf die Konjunktur. Um die voraussichtlich erforderliche Produktionskapazität zu ermitteln, sind die Möglichkeiten des Marktes unter Berücksichtigung der Einflussgrößen zu bestimmen. In Verbindung mit den Unternehmenszielen erhält man eine Aussage über die Absatzmengen, Lebensdauer und Zielkosten des Produktes oder des Produktspektrums.

**Standortfaktoren**

Auf Basis dieser Erkenntnisse kann man die Fertigungsverfahren definieren und eine Abschätzung der voraussichtlichen Anforderungen an die Mitarbeiter, z.B. bezüglich Ausbildungsniveau, Flexibilität, treffen. Diese Fragen sind unter Umständen für die Standortauswahl wichtig. Weiterhin können die Konfiguration der Maschinen, ein grobes Logistikkonzept und die Konfiguration der Bauten definiert werden. Eine weitere wichtige Komponente sind die Anforderungen an lokale Vorschriften oder, falls der Standort bereits bestimmt ist, die Überprüfung des bisherigen Konzeptes auf Verträglichkeit mit diesen Auflagen. Dazu gehört auch die Aufstellung der Emissionswerte, die Überprüfung der ökologischen Faktoren, eventuelle Kapazitätsplanungen aufgrund zulässiger Betriebszeiten, Anfahrts- und Transportwege, besonders bei Schwertransporten usw.

**Konfiguration**

Die Konfiguration der Anlagen und damit der Bauten wird nicht zuletzt bestimmt durch das logistische Konzept und die organisatorische Gestaltung der Produktion. Bei der Planung einer Fabrikanlage steht die räumliche Anordnung der Betriebsfunktionen im Vordergrund. Basis sind die Gegebenheiten des Grundstückes und der Materialfluss. Diese Tatsache allein unterstreicht die Bedeutung der Planungstätigkeit, die durch die Langfristigkeit ihrer Auswirkungen noch zusätzlich unterstrichen wird.

In allen Planungsfällen liegen Eingangsdaten in mehr oder minder genauem Kenntnisstand und unterschiedlicher Dynamik vor. Als Anordnungskriterium wird in allen Fällen der Materialfluss der jeweiligen Stufe verwendet, um mittels diverser

- manueller Planungsverfahren oder
- EDV-gestützter Planungsverfahren

optimale, gute oder überhaupt Anordnungen zu erzeugen. In praktisch allen Planungsfällen ist eine meist erhebliche Anzahl von Randbedingungen bzw. Restriktionen zu beachten, die die prinzipielle Freiheit der Anordnung stark einschränken. Außerdem sind in allen Plänen noch weitere Zielvorstellungen zu verwirklichen, die nur mittelbar durch das Ziel eines aufwandsminimalen Materialflusses abgedeckt werden und in vielen Fällen sogar gegenläufig sein können.

**Änderung des logistischen Konzepts**

Der Anstoß für die Änderung des logistischen Konzeptes kann sich aus Problemen im Ist-Zustand ergeben:

- hohe Transportkosten
- schlechte Flächennutzung (niedrige Flächenproduktivität)
- Notwendigkeit zum Austausch unwirtschaftlicher Maschinen
- Technologieschwierigkeiten (Qualität, Kosten, Konkurrenz), Unfälle und Ausfälle im Transportbereich
- unübersichtliche Verhältnisse im Lager- und Fertigungsbereich
- verstopfte Verkehrswege
- lange Durchlaufzeiten
- überfüllte Lager

Aus diesen Anlässen ergibt sich als Zielsetzung meist die Rationalisierung oder Verbesserung der bestehenden Verhältnisse, ohne wesentliche Erweiterungsabsichten.

Daneben steht als globaler Anlass noch das Wachstum des Betriebes, das eine Erweiterung der Fabrikanlagen erfordert. Meist liegen diesem Anlass folgende Absichten der Unternehmensleitung zugrunde:

- Einführung neuer zusätzlicher Produkte
- Produktionssteigerung bei bestehenden Erzeugnissen
- Aufnahme von Handelswaren

**Neubau, Erweiterung oder Umbau**

Allen Anlässen ist gemeinsam, dass überlegt und dann entschieden werden muss, ob das gesetzte Ziel, sei es Rationalisierung oder Kapazitätserweiterung, am besten, d.h. am wirtschaftlichsten, durch

- den Neubau einer Fabrikanlage,
- die Erweiterung derselben oder
- durch eine Umstrukturierung

erreicht werden kann. Es werden sicher Fälle auftreten, in denen alle Möglichkeiten weiterverfolgt werden müssen, aber häufig ist es durchaus möglich, bereits im Vorfeld der Planung eine Entscheidung zu treffen.

### 4.1.3 Anforderungen an Mitarbeiter, Bauten und Maschinen

**Alte Bauten sind schwer zu nutzen**

Das Problem vieler Unternehmen besteht darin, dass sie am Anfang des 21. Jahrhunderts die Bürde eines organisatorischen Aufbaus zu tragen haben, der im 19. Jahrhundert entstand und im 20. Jahrhundert gute Dienste geleistet hat. Zukünftig müssen gänzlich neue Wege beschritten werden. Diese Forderung ist die Ursache für die heutige Unruhe in der Philosophie der Betriebsführung. Toyotas Produktionssystem (Lean Production), die vitale Fabrik, das Fraktale Unternehmen, das virtuelle Unternehmen usw. sind Ansätze zur Veränderung. Allen ist gemeinsam, dass der Schwerpunkt auf der Forderung nach mehr Flexibilität und der damit verbundenen Forderung nach stärkerer Beteiligung des Menschen an allen Unternehmensaktivitäten liegt.

| | |
|---|---|
| **Taylorismus** | Vorplanung und Aufteilung der Arbeit in einfache Schritte |
| **Gruppenarbeit** | Bildung abgeschlossener Einheiten mit definierten Aufgaben |
| **Schlanke Produktion** (Toyota Production System) | Vermeidung nichtwertschöpfender Tätigkeiten durch Kontinuierliche Verbesserung |
| **Fraktale Fabrik** | Bildung selbstähnlicher Teams und Führung durch abgesprochene Zielvorgaben für alle Mitarbeiter |

*Abb. 1: Vier Varianten zur Produktionsorganisation*

Die Forderung nach mehr Flexibilität im Lieferprogramm und in der Produktion verlangt eine erhöhte Flexibilität des Mitarbeiters, sowohl im persönlichen Einsatz als auch in seinen technologischen Aktivitäten. Um dieses zu erreichen, also den Mitarbeiter zu motivieren, sich adäquat zu verhalten, muss er über die Gründe dieser Forderungen informiert sein. Er muss die Unternehmensziele erkennen und verfolgen sowie über geänderte Unternehmensziele schnell informiert werden (siehe Abb. 2).

**Fabrik der Zukunft**

Die Fabrik der Zukunft ist von überschaubaren, autonomen Teams gebildet, die durch Zielorientierungssysteme informiert und motiviert sind. Sie müssen die Bereitschaft zeigen, zur Durchsetzung dieser Ziele mit anderen Teams zu kommunizieren. Dies erfordert Verhaltensänderungen in den Führungsebenen, was prinzipiell akzeptiert ist, aber in den folgenden Bereichen auch einen Wandel in allen Schichten des Unternehmens:

- Kultur
- Strategie
- soziologisch-psychologisches Verhalten
- wirtschaftliche Aspekte
- Information
- Prozesse und Materialfluss

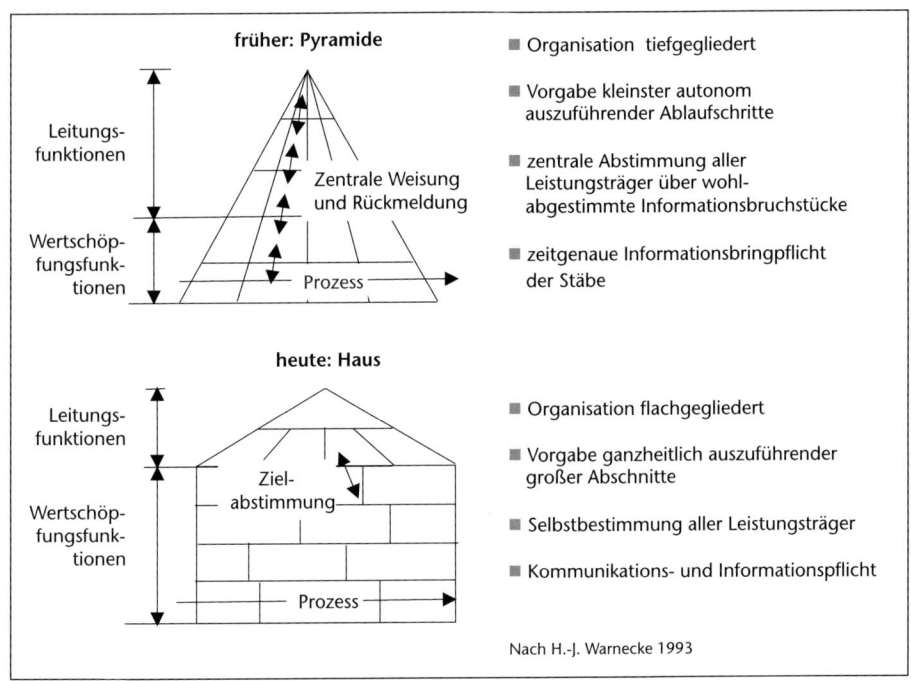

Abb. 2: *Entwicklung des sozialen Systems in der Produktion*

Die Ursache für diese Änderung ist der verschärfte Wettbewerb durch schnelleren Wandel der Fertigungsverfahren und der Organisation, deren Kenntnisse nicht nur durch die verbesserten Kommunikationsmöglichkeiten (geringere Reisekosten, Internet, globale Kooperationen) in kürzerer Zeit verbreitet werden als früher, sondern die auch durch neue Ideen, die infolge der verbesserten Kooperation schneller generiert werden, sich rascher weiterentwickeln können.

**Ursachen des Wandels**

Dieser Wandel fordert Flexibilität – nicht nur von den Mitarbeitern, sondern genauso von den Fabrikanlagen. Es gibt genügend Beispiele aus der Vergangenheit, dass neue Technologien und Organisationsformen bald wieder überholt sind, was sich primär im Austausch von Maschinen und Änderungen der Abläufe zeigt, sekundär aber auch die Gestalt und die Anordnung der Bauten oder sogar Standorte schnell veralten lässt, wenn sie nicht flexibel genug gestaltet sind.

Ein signifikantes, allgemeines Beispiel ist der Wandel von Einzelarbeitsplätzen zum Zusammenschluss mehrerer Arbeitsplätze mit dem Ziel, die Kooperation zu verbessern, Materialflüsse zu vereinfachen und die Durchlaufzeiten zu senken. Diese Organisationsänderung führt nicht nur zu einer Umgruppierung der Maschinen, sondern hat Auswirkungen auf alle Bereiche der Produktion, z.B. neue Maschinen und Transportmethoden, vereinfachte Arbeitsvorbereitung, Modifikation der Qualitätssteuerung, Änderung der Arbeitszeit und nicht zuletzt die neuen Anforderungen an die Mitarbeiter, von denen nicht nur Fachkenntnisse, Pflichtgefühl und Arbeitseinsatz gefordert wird, sondern ebenso die Fähigkeit zur Kooperation und zur Übernahme von Verantwortung.

### 4.1 Ziele, Strategien und Aufgaben der Produktionsanlagenplanung

**Literaturempfehlungen**

*Eversheim, W.:* Prozessorientierte Unternehmensorganisation. Berlin 1995.

*Eversheim, W.; Schuh, G. (Hrsg.):* Hütte – Produktion und Management – »Betriebshütte«. Berlin 1996.

*Warnecke, H.-J.:* Revolution der Unternehmenskultur. Berlin 1993.

## 4.2 Fabrikplanung

### 4.2.1 Standortwahl

*von Helmuth Gienke/Rainer Kämpf*

#### 4.2.1.1 Bestimmende Kriterien

Die Auswahl eines Standortes für eine Produktionsanlage gehört zu den wichtigsten Aufgaben, die im Rahmen einer Fabrikplanung gelöst werden müssen, weil diese Entscheidung für lange Zeit praktisch nicht mehr geändert werden kann. Es ist deshalb notwendig, für die Standortplanung die besten verfügbaren Methoden anzuwenden.

Der beste Standort im Vergleich zu anderen Standorten ist derjenige, der die bewertbaren und nichtbewertbaren Anforderungen des Betriebes optimal erfüllt. Das bedeutet, dass nicht nur die größtmögliche Rentabilität, sondern die gesamten Unternehmensziele für die Wahl eines Standortes entscheidend sind. Trotzdem stellen meist die Kosten den ausschlaggebenden Faktor dar, denn die übrigen Ziele sind häufig standortunabhängig oder mehrere Standorte liefern den gleichen Beitrag zu den Unternehmenszielen.

*Rentabilität und Unternehmensziele*

Die Rentabilität ergibt sich dann aus

$$\text{Rentabilität} = (\text{Erlös} - \text{Kosten}) / \text{erforderliches Kapital}$$

Folgt man diesen Überlegungen, so ist es notwendig, die standortabhängigen Anteile

*Kostenbetrachtung*

- des Erlöses,
- der Kosten und
- des Kapitalbedarfs

zu ermitteln. Vereinfachungen bei der Rechnung können sich ergeben, wenn einige dieser Größen, z.B. Erlös und Kapitalbedarf, nicht durch die Standortwahl beeinflusst werden, d.h. konstant sind. Dann wäre der kostenminimale Standort der optimale Standort. Dabei ist der Sonderfall denkbar, dass wenige Kostenarten standortabhängig sind, z.B. bei einer Rohstoff erzeugenden Fabrik Transport- und Energiekosten, während die anderen Kostenarten nahezu konstant sind.

Für den allgemeinen Fall ist die Rentabilitätsfunktion über den gesamten Flächenbereich, in dem der Standort liegen soll, zu berechnen. Diese räumliche Funktion gilt es nun zu maximieren. Möglicherweise hat sie örtliche Maxima, die nur dann erfasst werden können, wenn sehr viele Punkte der Funktion berechnet werden, was mit einem erheblichen Aufwand verbunden ist. Die Funktion ist jedoch häufig gar nicht für alle Punkte in-

*Beschränkung auf bestimmte Kostenarten*

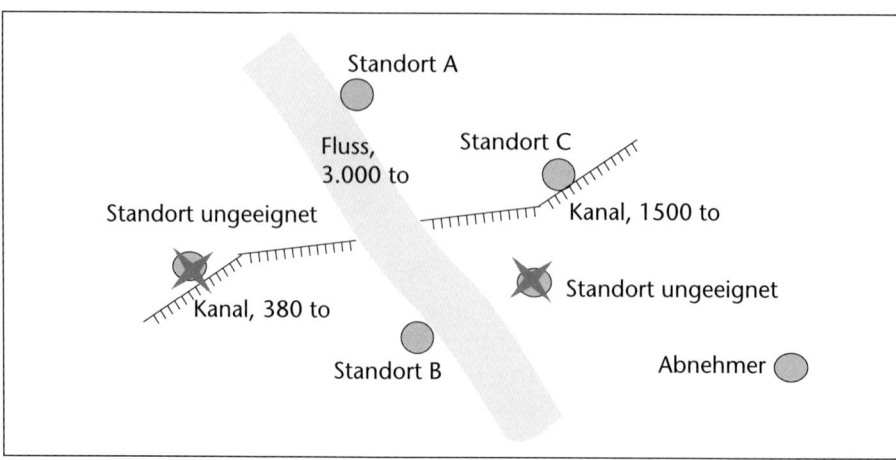

*Abb. 1: Verfügbare Standorte*

teressant, sondern nur für diejenigen, die auch als Standort verfügbar sind. Deshalb genügt in diesen Fällen ein Vergleich der Rentabilität an den zur Verfügung stehenden Grundstücken.

Da man keine freie Wahl der Grundstücke hat, ist es in technisch hoch entwickelten Ländern also nicht sinnvoll, den optimalen Standort aufgrund der Kostensituation als Punkt irgendwo beliebig auf der Landkarte zu errechnen. Es ist vielmehr notwendig, zunächst mögliche Standorte, d.h. verfügbare Grundstücke, zu betrachten.

**Beschränkung auf verfügbare Standorte**

Um nicht aus zu vielen Grundstücken auswählen zu müssen, sollte man zunächst die ungefähre Region festlegen, an der sich der Standort befinden soll. Dies könnte z.B. aufgrund einer ganz einfachen Transportkostenrechnung geschehen. In dieser Region recherchiert man verfügbare Grundstücke, wobei aufgrund grob angegebener Anforderungen die Zahl der Angebote eingeschränkt werden sollte. Aus den angebotenen Grundstücken sind dann geeignete und aus diesen die optimale Liegenschaft zu ermitteln. Für die Überprüfung der Eignung und auch für die Optimierung mit Hilfe von Bewertungsziffern können einzelne Standortfaktoren zugrunde gelegt werden.

### 4.2.1.2 Anforderungsprofil

**Feststellung der Erfordernisse**

Zunächst sollte man sich über die Anforderungen klar werden, die man an ein Gelände stellen muss. Dazu gehört

- die ganz grobe Festlegung der Region, in der die Fabrik errichtet werden soll,
- die ungefähre Größe,
- der Zuschnitt des Geländes,
- die gewünschte Verkehrslage,

- der Bedarf an Energie und Wasser sowie
- die ungefähre Zahl der Beschäftigten.

Die Anforderungen sind so festzulegen, wie sie dem zukünftigen Bedarf entsprechend auftreten. Näheres dazu wird im Unterkapitel 4.2.1.3 »Faktoren für die Standortwahl« ausgeführt. Für die Einholung von Angeboten genügt zunächst eine Zusammenstellung der Anforderungen in dieser groben Form. In der Tabelle »Planrichtdaten für die Grundstückssuche« sind die Anforderungen einer Fabrik für Rohstoffe zusammengefasst.

---

- Wasserstandort an Rhein/Main mit Umschlagmöglichkeit für 180 000 t/Jahr Schuttgut (Steine) in 1000 t Schiffen,
- uneingeschränkter Zugang für Lkw und Gleisanschluss
- Größe ca. 48 000 m², Verhältnis Uferlänge/Geländetiefe ca. 1:2, Bebauung ca. 30 %
- Bebauungshöhe Punktbebauung 27 m
- Boden für normale Industriebelastung (20 t/m²) geeignet und hochwassersicher
- Anschluss für 12 MW Elektrische Leistung, Erdgas
- Staub- und Schallemission

---

*Abb. 2: Planungsrichtdaten für die Grundstücksuche einer Rohstofffabrik*

Stehen die Richtdaten fest, ist es möglich, Angebote einzuholen – beispielsweise durch die Schaltung von Annoncen in regionalen Amtsblättern und überregionalen Tageszeitungen, in denen die ungefähren Wünsche genannt werden. Auch Gemeinden oder Regionalverbände in den in Frage kommenden Gegenden sind bereit, Angebote abzugeben. Manche Industrie- und Handelskammern halten Übersichten über das Industriegeländeangebot in ihrem Bereich bereit. Aus diesen sind die Daten über ausgewiesene Industrieflächen für zusätzliche Ansiedlung mit Preisen, Besitzverhältnissen, Energie- und Wasserpreisen, Möglichkeiten von Gleisanschluss, Zahlen über Wohnbevölkerung sowie Aus- und Einpendler usw. ersichtlich.

**Einholen von Angeboten**

Zum Vergleich der Angebote empfiehlt es sich, einheitliche Fragebogen an alle Anbieter zu verschicken – die Fragebogen sollen über Standortbedingungen am Ort allgemein und über spezielle Bedingungen des Grundstücks Auskunft geben. Der Fragebogen muss für jedes Projekt neu entworfen werden. Bei der Gestaltung seines Inhalts kann man sich an den im Folgenden dargestellten Standortfaktoren orientieren.

**Vergleichbarkeit der Angebote**

### 4.2.1.3 Faktoren für die Standortwahl

Die Faktoren für die Standortwahl teilt man zweckmäßig in

- gemeindespezifische Standortfaktoren und
- grundstücksspezifische Standortfaktoren

**Gemeindespezifische und grundstücksspezifische Bewertungsfaktoren**

ein. Dies erleichtert die Übersicht und vereinfacht die Erfassung der Faktoren, wenn aus einer Gemeinde mehrere Grundstücke angeboten sind. Auf der Grundlage dieser Annahmen ergeben sich folgende Standortfaktoren:

| A | Gemeindespezifische Standortfaktoren |
|---|---|
| 1 | **Verkehrslage** |
| 1.1 | Entfernungen zu Lieferanten, Abnehmern bzw. Auslieferungslagern und Lohnbetrieben, Kundendiensten usw. |
| 1.2 | Kommunikationsmöglichkeiten: Post, Bank, Verbände, Forschungsinstitute usw. |
| 1.3 | Lage im Straßennetz: Autobahnen, Bundesstraßen usw. |
| 1.4 | Lage im Eisenbahnnetz: Hauptstrecken, Container-Terminals |
| 1.5 | Lage zu Kanälen |
| 1.6 | Lage zu Flughäfen |
| 2 | **Arbeitskräfte** |
| 2.1 | Zahl der verfügbaren Arbeitskräfte: Einwohnerzahl des Ansiedlungsortes und der umliegenden Gemeinden, Wachstumsrate der Bevölkerung, Zahl der Ein- und Auspendler |
| 2.2 | Zusammensetzung der Arbeitskräfte: Gliederung in männliche und weibliche Arbeitskräfte, möglicherweise verfügbare Führungskräfte, Facharbeiter, angelernte Arbeiter, Hilfsarbeiter |
| 2.3 | Qualität der Arbeitskräfte, besondere Arbeitsfähigkeiten, Industriegewöhnung, Arbeitsmoral in der Gemeinde, Menschenschlag |
| 2.4 | Lohnhöhe: Arbeitslöhne (tarifliche, übertarifliche), freiwillige Sozialleistungen |
| 2.5 | Arbeitszeit: Arbeitszeiten (Überstunden), Urlaubsdauer, lokale Feiertage, Schichtarbeit |
| 2.6 | Wohnungen: neue Wohnungen, Wohnungsbau erforderlich, Förderung des Wohnungsbaus durch Staat oder Gemeinde |
| 3 | **Verkehrstechnische Erschließung** |
| 3.1 | Straßenanschluss: Art, Zustand, Kostenträger der Erschließung |
| 3.2 | Bahnanschluss: Lage, Entfernung von Bahnstation, Kostenträger der Einrichtung |
| 3.3 | Kanalanschluss |
| 3.4 | Eigener Flugplatz |
| 4 | **Energieversorgung** |
| 4.1 | Elektrizität |
| 4.1.1 | Anschluss: Art der Zuführung, Spannung und Leistung, Entfernung der Entnahmestelle vom Gebäude, Kostenträger der Erschließung |
| 4.1.2 | Arbeits- und Leistungspreis |

| | |
|---|---|
| 4.2 | Gas |
| 4.2.1 | Anschluss: Art der Versorgung: Stadtgas, Ferngas, Entfernung der Anschlussstelle vom Gelände, Kostenträger der Erschließung |
| 4.2.2 | Kubikmeterpreis |
| 4.3 | Warmwasser, Heizdampf (Anschluss an Fernleitung) |
| 4.4 | (eventuell) Heizöl und Kohle |
| **5** | **Wasserversorgung** |
| 5.1 | Aus dem öffentlichen Netz |
| 5.1.1 | Anschluss: Art der Zuführung, Entfernung der Anschlussstelle von Gelände, Kostenträger der Erschließung |
| 5.1.2 | Leistungsfähigkeit des Anschlusses |
| 5.1.3 | Beschaffenheit des Wassers: Härte, mittlere Temperatur |
| 5.1.4 | Preis |
| 5.3 | Eigene Wasserversorgung (Tiefbrunnen) |
| 5.3.1 | Möglichkeit der Erbohrung |
| 5.3.2 | Zulässige Menge |
| 5.3.3 | Beschaffenheit des Wassers: Härte, mittlere Temperatur |
| **6** | **Kulturelles Umfeld** |
| 6.1 | Schulen, Fortbildung: Universitäten, Fachschulen, Oberschulen, Mittelschulen, Volkshochschulen, Bildungsinstitute |
| 6.2 | Kultur und Erholung: Theater, Konzerte, Erholungsgebiete |
| 6.3 | Landschaftscharakter: bergig, flach, hügelig usw. |
| 6.4 | Gesundheitsvorsorge: Ärzte, Krankenhäuser usw. |
| 6.5 | Lebenshaltungskosten |
| 6.6 | Politische und religiöse Einstellung der Bevölkerung in der Gemeinde |
| **7** | **Klima: Temperatur, Luftfeuchtigkeit, Niederschläge, Luftdruck** |
| **8** | **Steuern, Vergünstigungen, Beschränkungen** |
| 8.1 | Gewerbesteuersatz |
| 8.2 | Grund- und Baulandsteuer |
| 8.3 | Finanzkraft der Stadt oder Gemeinde |
| 8.4 | Mögliche Vergünstigungen: Sonderabschreibungen, Staatskredite, Steuererlass, Erschließung, günstiger Energie- und Wasserbezug usw. |
| **9** | **Besondere Auflagen (z.B. Bebauung bis zu bestimmtem Termin)** |
| **B** | **Grundstücksspezifische Standortfaktoren** |
| **1** | **Gelände** |
| 1.1 | Geländegröße |
| 1.2 | Geländepreis |

## 4.2 Fabrikplanung

| 1.3 | Sonstige Geländeeigenschaften |
|---|---|
| 1.3.1 | Geländeform |
| 1.3.2 | Bodenstruktur, Bodenbelastbarkeit, Geländeorientierung (Himmelsrichtungen), Dienstbarkeiten |
| 1.3.3 | Bebauungsvorschriften |
| 1.3.4 | Bisherige Nutzung (störende oder geeignete Gebäude) |
| 1.3.5 | Spätere Zukaufsmöglichkeiten (Verkaufsrechte, Optionen usw.) |
| 1.3.6 | Grundwasserstand (unter Geländeniveau) |
| 1.3.7 | Hochwassergefahr |
| 2 | **Abwasserbeseitigung:** Art der Kanalisation, Möglichkeit des Anschlusses an öffentliche Kanalisation, Kostenträger der Erschließung |
| 3 | **Abfallbeseitigung:** eigene oder öffentliche Abfallbeseitigung, Kosten |
| 4 | **Nachbarbetriebe:** Zahl und Art der Betriebe, mögliche Zusammenarbeit, Belästigung der fremden Betriebe durch den eigenen Betrieb, Belästigung des eigenen Betriebes durch fremde Betriebe |

*Abb. 3: Standortfaktoren*

### 4.2.1.4 Erläuterungen zu gemeindespezifischen Faktoren (A)

**1 Verkehrslage**

Die Entfernung der Gemeinde zu Orten, zu denen Material- oder Informationsbeziehungen bestehen, sollten möglichst klein sein. Für die Materialflussbeziehungen gilt dies insbesondere bei sehr materialintensiven Betrieben, bei Informationsflussbeziehungen dürfte dies beinahe für jeden Betrieb wichtig sein.

*Straßen- und Schienenverkehr*

Günstige Verkehrsnetze sind ein enormer Vorteil. Dies gilt für das Straßennetz, für die Nachbarschaft von Autobahnen mit Anschlusspunkten oder von Bundesstraßen. Ähnlich wichtig für viele Betriebe ist eine günstige Lage im Eisenbahnnetz, d.h. in der Nähe von Hauptstrecken oder die Nachbarschaft von Container-Terminals.

*Schifffahrt, Luftverkehr*

Die Bedeutung von Kanälen ist im Sinken begriffen. Sie sind nur noch für Großmengen sehr billiger Rohstoffe wirtschaftlich, weil der Transport von Gütern auf dem Kanal so viel Zeit kostet, dass die billige Fracht durch die Nachteile der langen Transportzeit kompensiert wird. Aus der Automobilindustrie liegen für die Vereinigten Staaten ebenso wie für Deutschland Beispiele vor, dass ein verfügbarer Wasserweg aufgrund der Zeitverluste nicht mehr genutzt wird. Dagegen wird eine günstige Lage zu Flughäfen vor allem für Überseetransporte immer interessanter, da der schnellere Transport via Flugzeug bei Berücksichtigung der Kapitalkosten in vielen Fällen schon günstiger ist als der Schiffstransport.

## 2 Arbeitskräfte

Die Zahl der verfügbaren Arbeitskräfte ist schwer im Voraus zu bestimmen. Die Gemeindeverwaltung ist meist in der Lage, genaue Angaben über die Entwicklung der Zahl der Arbeitskräfte in den vergangenen Jahren zu machen. Sie wissen auch, wie viele Arbeitskräfte im Ort wohnen, wie viele am Ort beschäftigt sind und ob Arbeitskräfte ein- oder auspendeln. Die Zahl der freien Arbeitskräfte ist jedoch nie genau feststellbar – ebenso wenig, wie sie sich in einer zukünftigen Periode entwickeln wird. Die Gemeinden sind meist daran interessiert, weitere Industriebetriebe anzusiedeln, und sind daher geneigt, die Entwicklung auf dem Arbeitsmarkt optimistisch darzustellen. Sie können aber ebenso wenig wie der Betrieb selbst die Entwicklung des Arbeitsmarktes mit Sicherheit voraussagen.

Ein wichtiger Faktor ist das (Aus-)Bildungsniveau der Bevölkerung am geplanten neuen Standort. In diesem Zusammenhang ist das Kriterium zu sehen, ob Arbeitskräfte bereits in der Industrie tätig waren und welche Fähigkeiten in der vorhandenen Industrie ausgebildet wurden. Weiter ist von Bedeutung, ob die potenziellen Mitarbeiter mit modernen Produktionsmethoden vertraut sind und bereit, Verantwortung für autonomes Handeln zu übernehmen. Davon hängen in starkem Maße die Anlernkosten der Arbeitskräfte für die neue Fertigung ab. Die Länge der Anlernzeit wird häufig unterschätzt, sie kann in ländlichen Gegenden mehrere Jahre betragen.

**Bildungsniveau**

Dem Autor ist ein Fall bekannt, in dem das Anlernen einer Arbeiterschaft von etwa 5.000 Personen sieben Jahre dauerte. Da auch bei Minderleistung garantierte Mindestlöhne bezahlt werden mussten und durch mangelnde Kenntnisse eine erhebliche Fehlproduktion anfiel, liefen in dieser Zeit Kosten in der Höhe auf, wie sie für die Errichtung der neuen Fabrikgebäude und die Ausstattung mit Maschinen und Werkzeugen investiert werden mussten. Dieses Beispiel kann sicher nicht verallgemeinert werden, gibt aber doch ein Bild von den Schwierigkeiten und Kosten eines Neuaufbaus.

Wie weit man Arbeitskräfte, insbesondere Führungskräfte, z.B. aus dem Stammhaus für das neue Werk gewinnen kann, hängt von Faktoren wie Wohnungssituation, Schulung und Fortbildung, Kultur und Erholung sowie Gesundheitsfürsorge, aber auch Lebenshaltungskosten ab. Eine Rolle spielt sicher auch der landschaftliche Charakter des neuen Standorts. Er sollte sich nicht zu stark von den Gegebenheiten am Standort des Stammbetriebes unterscheiden, und wenn dann höchstens in positiver Hinsicht.

**Persönliche Bedürfnisse und Vorlieben**

Die vorteilhaften Kultur- und Erholungsmöglichkeiten der Stadt München haben sehr zu ihrer Attraktivität für Führungskräfte beigetragen. Ähnliches gilt meist für den ganzen süddeutschen Raum. Dies lässt sich oft direkt in Kosten ausdrücken: So werden für Spitzenkräfte im Ruhrgebiet auch heute noch erheblich höhere Gehälter gezahlt als in Süddeutschland.

### 3 Klima

Das Klima in einer Region kann Einfluss auf die Produktion haben, z.B. bei Textilprodukten oder bei anderen Faserstoffen. Es ist aber heute nicht mehr von einer so universellen Bedeutung wie noch vor wenigen Jahrzehnten, da die Schaffung eines günstigen Raumklimas in einer Fabrikanlage kein unüberwindliches Hindernis mehr darstellt. Zur Erreichung wirklich konstanter Klimabedingungen in einer Produktion ist ohnehin eine Klimaanlage erforderlich. Interessant sind die klimatischen Bedingungen aber für die Höhe der Investitions- und Betriebskosten der Klimaanlage. Diese hängen nämlich sehr stark von der Differenz zwischen gewünschtem Klima und außerhalb des Betriebs vorhandenem Klima ab. Nicht zuletzt kann starker Schneefall Transporte beeinträchtigen und dadurch eine größere Bevorratung erforderlich machen.

### 4 Steuern, Vergünstigungen, Beschränkungen

Die von der öffentlichen Hand gegebenen Vergünstigungen sollten, insbesondere wenn sie nur einmalig gewährt werden, die Standortwahl nicht entscheidend beeinflussen. Interessanter sind längerfristige Bedingungen wie eine gute Finanzkraft der Stadt oder Gemeinde oder ein niedriger Gewerbesteuerhebesatz. Wenn jedoch die Wahl getroffen ist, sollten mögliche Vergünstigungen weitgehend ausgenützt werden. Dabei können die Kosten des Anschlusses an Straßen, für Energie und Wasser sowie Abwasserleitungen usw. große Beträge ausmachen, die möglicherweise von der Gemeinde übernommen werden.

### 5 Besondere Auflagen

Auf besondere Auflagen sollte man sich, so sehr sie aus Sicht der Gemeinde verständlich sind, nach Möglichkeit nicht einlassen. Eine vorgeschriebene Bebauung bis zu einem bestimmten Termin kann bei plötzlich verschlechterter Konjunktur eine sehr erhebliche Belastung bedeuten. Selbst die Möglichkeit, dass das Werk aufgrund veränderter Bedingungen in der vorgesehenen Gemeinde und auf dem vorgesehenen Grundstück überhaupt nicht gebaut wird, darf nicht völlig außer Acht gelassen werden.

#### 4.2.1.5 Erläuterungen zu grundstücksspezifischen Faktoren (B)

### 1 Gelände

Von den grundstücksspezifischen Standortfaktoren sind diejenigen, die das Gelände betreffen, die wichtigsten. Die Entscheidung, wie groß das zu erwerbende Gelände gewählt wird, hat im Allgemeinen weit reichende Folgen. Sie ist deswegen so schwierig, weil man weder die Entwicklung des Grundstückpreises noch die Entwicklung des Flächenbedarfs eines Unternehmens genau vorausberechnen kann. Grundsätzlich kann man sagen, dass das Gelände lieber größer gewählt werden sollte, als es dem momentanen Bedarf entspricht.

Die Bestimmung der Geländegröße hängt eng mit der Bestimmung des überschaubaren Planungszeitraums zusammen. Wenn man eine gut geplante Anlage anstrebt, die auch erweiterungsfähig ist, so ist es notwendig, vor Beginn des ersten Bauabschnittes den Generalbebauungsplan für das Gelände festzulegen. Da dies nur für einen planerisch überschaubaren Zeitpunkt möglich ist, muss zuerst die Frage nach dem Planungszeitraum geklärt sein. Es ist zu berücksichtigen, dass der Grad der Genauigkeit mit der Länge des Planungszeitraums immer mehr abnimmt. Jedoch kann über die Verhältniszahlen von Flächen zu Umsatz die erforderliche Grundfläche für das Ende des Planungszeitraums neu berechnet werden.

**Geländegröße**

Die Frage, ob das ganze Gelände sofort gekauft werden soll oder nur das für den ersten Bauabschnitt erforderliche und der restliche Teil beispielsweise durch Einräumung einer Option gesichert wird, kann nicht allgemein gültig beantwortet werden. In der Überlegung müssen in jedem Fall Faktoren wie Geländepreistendenz, Zinsen für aufgewendetes Kapital, Steuern, Sicherstellung des Geländes, Nebenkosten für das überschüssige Gelände sowie das Planungsrisiko berücksichtigt werden.

**Grundstückserwerb**

Von den übrigen Geländeeigenschaften ist insbesondere die Bodenstruktur von großer Bedeutung. Vor dem endgültigen Kauf des Grundstücks empfiehlt sich auf jeden Fall eine genaue Untersuchung. Erste Aussagen können geologische Landkarten geben, eindeutige Auskunft erhält man nur nach Durchführung einer großen Zahl von Bohrungen. Sparmaßnahmen bei der Baugrunduntersuchung können zu Überraschungen führen, besonders wenn ungewöhnliche Bauten erforderlich sind.

**Bodenstruktur**

Bei den Bebauungsvorschriften interessiert besonders, zu welcher Art von Baugebieten das Grundstück gehört. Davon hängt das zulässige Maß der baulichen Nutzung ab. Die Zugehörigkeit zu einem Industriegebiet ist für Industriebauten am günstigsten, weil dort im Allgemeinen die zulässigen Verhältniszahlen

**Bebauungsvorschriften**

- Gebäudegrundflächen/Grundstücksfläche = Grundflächenzahl und
- Gebäudebaumassen/Grundstücksfläche = Baumassenzahl

am höchsten sind. Dort dürfen auch »erheblich belästigende« Gewerbebetriebe errichtet werden. Wurde das Gelände schon vorher genutzt, können vorhandene Gebäude oder Altlasten (Bodenverschmutzung) hohe Kosten verursachen, wenn sie beseitigt werden müssen. Selten wird es möglich sein, Gebäude in einen neuen Bauplan einzubeziehen, ohne die beste Lösung der Neuplanung zu verlassen. Im Allgemeinen ist es auf lange Sicht sinnvoller, Bauten abzubrechen, wenn sie nicht wirklich einwandfrei in den Generalbebauungsplan hineinpassen.

Dem Grundwasserstand ist besondere Aufmerksamkeit zu widmen, besonders dann, wenn Keller gebaut werden sollen.

## 2 Verkehrstechnische Erschließung

Im Hinblick auf die mögliche Entwicklung des Eisenbahnverkehrs, insbesondere auch unter Berücksichtigung zukünftiger Bestimmungen und der Verwendung von Containern, ist es zweckmäßig, wenn ein Fabrikneubau auf alle Fälle zu irgendeinem Zeitpunkt mit einem Gleisanschluss versehen werden kann. Selbst wenn der Güterverkehr bei der traditionsbehafteten Bahn skeptisch beurteilt wird, liegt hier dennoch ein erhebliches Rationalisierungspotenzial.

**Eigener Flugplatz für Kleinflugzeuge**

Die Lage an einem Kanal ist für den Transport von Stückgut außer bei sehr sperrigem und schwerem Gut aus den unter Punkt »Verkehrslage« (A 1) genannten Gründen meist unnötig. Hingegen ist eine Start- und Landebahn für Kleinflugzeuge oft von großem Nutzen, wenn die Fahrzeit zu einem öffentlichen Flugplatz zu lang ist. Auch kleinere Unternehmen in ländlichen Gegenden haben schön häufig von dieser Möglichkeit Gebrauch gemacht. Sie können damit im Kundenverkehr und bei der Versorgung mit dringenden Gütern eine verkehrsmäßig ungünstige Lage weitgehend kompensieren.

## 3 Energieversorgung

Die Frage der Versorgung mit elektrischer Energie sollte vor Ankauf eines neuen Fabrikgeländes geklärt werden. Man kann ein Elektrizitätswerk zur kostenfreien Heranführung elektrischer Energie im Vorfeld der endgültigen Entscheidung für oder gegen einen Standort meist leichter für ein Grundstück begeistern als erst bei Baubeginn. Das gilt umso mehr, als die örtlichen Elektrizitätswerke häufig die interessierten Gemeinden als Gesellschafter in ihrem Unternehmen haben. Auch hier gilt aber, dass Konkurrenzangebote eingeholt werden sollten, auch wenn die Versorgung durch den ehemaligen Konzessionsinhaber einfacher ist. Besonders wenn man Leistungsspitzen in die Nacht verlegen kann, empfiehlt es sich, hart zu verhandeln, denn bei einer derartigen Lastkurve ist der Verhandlungsspielraum groß. Benötigt man nur geringe Mengen Stadt- oder Erdgas, diese aber unbedingt, z.B. zum Flammhärten, ist eine Lösung mit Flaschengas unter Umständen billiger als ein Bezug durch Rohrleitungen.

Zuletzt ist noch der in manchen Städten mögliche Bezug von Warmwasser oder Heizdampf aus Kraftwerken mit Kraft-/Wärmekopplung zu erwähnen. Auch hierbei muss die Kalkulation im Vordergrund stehen. Dabei sollte unbedingt die voraussichtliche Entwicklung der Tarifpreise berücksichtigt werden, auf die das beziehende Unternehmen keinen Einfluss hat.

## 4 Wasserversorgung

Während das Klima und die Frage der Energieversorgung heute viel von ihrer Bedeutung für die Standortbestimmung verloren haben, gewinnt die Versorgung mit Wasser stetig an Bedeutung. Das gilt zwar für fertigungstechnische Betriebe weniger als für energie- und verfahrenstechnische, trotzdem ist man auch bei der Planung von Unternehmen aus der Fertigungstechnik gezwungen, der Wasserfrage Aufmerksamkeit zu schenken. Im

Anforderungsprofil muss klargelegt werden, welcher Tagesdurchschnitts- und welcher Spitzenverbrauch erwartet wird. Der Spitzenverbrauch ist für die Dimensionierung der Rohrleitung maßgeblich. Er kann aber durch ein betriebseigenes Wasserreservoir reduziert werden, das sich nicht zuletzt aus Gründen der Brandbekämpfung ohnehin empfiehlt.

Wegen der hohen Kosten für das aus dem öffentlichen Netz bezogene Wasser ist es immer zweckmäßig, eigene Tiefbrunnen zu bohren, wenn das Gelände eigenes Wasser führt. Mit den zuständigen Behörden ist darüber zu verhandeln, ob die Wasserentnahme aus dem Boden mit Rücksicht auf den Grundwasserspiegel beschränkt bleiben muss. Es empfiehlt sich, im Kaufvertrag eine schriftliche Festlegung darüber vorzusehen, wie viel Wasser aus dem Gelände entnommen werden darf.

*Tiefbrunnen als Alternative bzw. Ergänzung*

Vor dem Kauf des Grundstücks sollten Wasserproben entnommen werden. Auch sollte man das Wasser bakteriologisch untersuchen lassen, um es gegebenenfalls als Trinkwasser benützen zu können. Sollte das Wasser hierfür nicht geeignet sein so kann es trotzdem für industrielle Zwecke brauchbar sein. Dann würde jedoch ein getrenntes Verteilungsnetz für Gebrauchswasser notwendig.

*Wasserqualität*

## 5 Abwasserbeseitigung

Abwasserleitungen können bei felsigem Gelände sehr teuer werden. Es ist daher zu prüfen, welcher Teil der Kanalisation schon vorhanden ist – was bei manchem bereits vorbereiteten Fabrikgelände der Fall sein kann – und welcher Teil noch angelegt werden muss. Ferner muss geprüft werden, ob die Abwässer durch natürliches Gefälle in das öffentliche Kanalsystem abfließen können oder ob Abwasserpumpen notwendig sind.

Die Einleitung giftiger, saurer oder alkalischer Abwässer ist durch Wasserschutzgesetze unterbunden worden. Es ist zu prüfen, ob eine öffentliche Neutralisations- und Entgiftungsanlage zur Verfügung steht und wie hoch die Leitungskosten für den Transport der Abwässer zu dieser Anlage sind oder ob eine eigene Anlage erforderlich ist.

*Gewässerschutz*

## 6 Abfallbeseitigung

Die betriebliche Abfallbeseitigung gewinnt vor allem bei großem Anfall an Bedeutung. Eine in der Gemeinde vorhandene öffentliche Müllverbrennungsanlage mit freier Kapazität ist von Vorteil.

## 7 Nachbarschaft

Grundstücksnachbarn können bei der Grundstückswahl möglicherweise ein Nachteil, eventuell auch ein Vorteil sein. Daher ist etwa zu untersuchen, ob der eigene Betrieb durch Nachbarn belästigt wird, sei es durch Geruch, Rauch bzw. Staub, besondere chemische Verbindungen und Lärm oder Erschütterungen. Zu prüfen ist auch, ob der eigene Betrieb eventuell Nachbarn, insbesondere Wohnsiedlungen, belästigen wird und welche Entfernungen zu bzw. von Nachbarn einzuhalten sind. Nachbarbetriebe bieten jedoch auch die Möglichkeit der Zusammenarbeit, sei es durch Benutzung gemeinsamer Einrichtungen wie Pförtner, Kantine, Gemeinschaftsräume oder die kollektive Benützung von Härtereien, Großmaschinen usw.

#### 4.2.1.6 Auswahl des Standortes

**Eignung des Grundstücks**

Aus der Anzahl der angebotenen Grundstücke sind diejenigen auszuwählen, die sich prinzipiell für die zu planende Fabrikanlage eignen. Dabei sollten die Grundstücke ausscheiden, deren Bedingungen den Anforderungen, die mindestens an das Grundstück gestellt werden, nicht genügen. Aus verbleibenden geeigneten Standorten wird dann später möglichst derjenige, der die größte Rentabilität erbringt, als optimaler Standort ausgewählt.

**Der Auswahlprozess**

Um Anforderungen und Bedingungen miteinander vergleichen zu können, werden beide genau erfasst. Eine Liste der Anforderungen erstellt man am besten aus der Liste der Faktoren für die Standortwahl, indem man bei jedem Faktor die qualitative und quantitative Anforderung, die man an ihn stellt, einträgt. Aus der Liste der Standortfaktoren können in diesem Schritt einige Kriterien gestrichen werden, deren Vorhandensein zwar wünschenswert ist, aber nicht erforderlich. Ein bestimmter Landschaftscharakter mag zwar angenehm sein, aber nicht unbedingt erforderlich – eine passende Grundstücksgröße oder die ausreichende Anzahl an verfügbaren Arbeitskräften hingegen schon.

**Beseitigung von Mängeln**

Ein Bedarf, dem nicht direkt, sondern nur mit zusätzlichen finanziellen Aufwendungen entsprochen werden kann, sollte nicht als Ausschlusskriterium gesehen werden. So lässt sich ein fehlender Straßenanschluss fast immer und ein fehlender Bahnanschluss sehr häufig, allerdings u.U. mit sehr hohen Aufwendungen, herstellen. Bei schlechtem Ausbildungsstand der Arbeiter wird man eine lange Anlernzeit und entsprechende Mehrkosten beachten müssen. Solche unangenehmen Bedingungen schließen eine Eignung nicht aus, sie gehen aber später bei der Ermittlung des optimalen Standorts entsprechend negativ in die Bewertung ein.

Ob Gemeinden und Grundstücke bestimmte Bedingungen erfüllen, kann man aus dem ausgefüllten Fragebogen, eventuell mitgeschickten Zusatzinformationen wie Plänen, Landkarten, Gutachten usw. und über telefonische oder schriftliche Rückfragen ermitteln. Im Vergleich der Faktoren wird nun festgestellt, ob die Bedingungen der möglichen Standorte (Angebote) den unbedingten Anforderungen genügen. Der Vergleich der quantitativ angegebenen Faktoren dürfte sehr eindeutig ausfallen, während sich beim Vergleich der qualitativ angegebenen Faktoren Schwierigkeiten ergeben können. Hierbei muss die Möglichkeiten der Auslegung durch genauere Beschreibungen eingeschränkt werden.

Als Ergebnis des Vergleichs erhält man nun Grundstücke die für die Fabrikanlage geeignet sind. Aus den geeigneten Grundstücken ist nun das für den Betrieb günstigste auszusuchen.

**Ermittlung des optimalen Standorts**

Wie bereits eingangs definiert wurde, gilt als optimaler Standort derjenige, der die Anforderungen des Betriebs bestmöglich erfüllt und für diesen Betrieb den größtmöglichen Erfolg bringt. Unter Erfolg wird dabei die größtmögliche Rentabilität verstanden, wobei die Rentabilität als

$$\text{Rentabilität} = (\text{Erlös} - \text{Kosten})/\text{betriebsnotwendiges Kapital}$$

definiert ist. Wenn gleicher Kapitaleinsatz und gleiche Erlöse unterstellt werden, sind die Kosten das entscheidende Kriterium. Wie sich das auswirkt, zeigt ein Beispiel.

|  |  | Standort A | Standort B | Standort C |
|---|---|---|---|---|
| Kaufpreis | EU | 15.000.000 | 0 | 10.000.000 |
| Investitionen | EU | 0 | 12.000.000 | 9.600.000 |
| Kapitaldienst | EU/a | 1.200.000 | 960.000 | 1.570.000 |
| Transportkosten | EU/a | 2.800.000 | 3.200.000 | 2.500.000 |
| Strom | EU/a | 1.100.000 | 750.000 | 1.100.000 |
| Sonstiges | EU/a | 300.000 | 200.000 | 280.000 |
| **Summe** | EU/a | **5.400.000** | **5.110.000** | **5.450.000** |

*Abb. 4: Kostenvergleich für drei Standorte*

Diese ist ein singuläres Verfahren, weil nur ein Kriterium, nämlich die Kosten, entscheidend ist. Sind mehrere Kriterien zu berücksichtigen, wird die Auswahl mit den bekannten Methoden der Entscheidungsfindung, wie z.B. der Nutzwertanalyse, durchgeführt.

**Literaturempfehlung**

*Eversheim, W.; Schuh, G. (Hrsg.):* Hütte – Produktion und Management – »Betriebshütte«. Berlin 1996.

### 4.2.2 Bebauungsplanung

*von Helmuth Gienke/Rainer Kämpf*

#### 4.2.2.1 Ziel der Bebauungsplanung

**Der Materialfluss bestimmt den Bebauungsplan**

Das Ziel der Bebauungsplanung ist eine materialflussoptimale Anordnung der Betriebsfunktionen auf einem oder mehreren Grundstücken, die dynamische Prozesse wie

- Erweiterungen und
- Produktstrukturverschiebungen

so weit wie möglich berücksichtigt und allen Randbedingungen und Vorschriften – soweit nötig und wirtschaftlich – Rechnung trägt.

Bei der Erstellung eines Bebauungsplanes muss auf einen guten Personalfluss geachtet werden, und Verflechtungen zwischen Material- und Personalfluss sollten weitgehend vermieden werden. Bei der inneren und äußeren Gestaltung der Fabrikanlage ist den Gesichtspunkten der Ästhetik Rechnung zu tragen. Eine gut geplante, gestaltete und ausgestattete Fabrikanlage übt eine Werbewirkung sowohl auf die Mitarbeiter als auch auf potenzielle Kunden aus. Besondere Bedeutung hat in den letzten Jahren vor allem die Forderung nach Flexibilität in jeder Beziehung erlangt.

#### 4.2.2.2 Ablauf der Bebauungsplanung

**Generalbebauungsplan**

Schwerpunkt dieses Abschnitts ist die optimale Zuordnung der einzelnen Betriebsbereiche oder Werkseinheiten auf dem vorhandenen Baugelände. Bei einer Werksneuplanung erstellt man dazu einen Generalbebauungsplan. Dieser sollte eine materialflussgerechte und möglichst im Rahmen der Vorschriften vollständige Bebauung des Geländes in mehreren Stufen ermöglichen. Der Plan soll außer sämtlichen Bauten auch Verkehrsanlagen und Haupttransportwege enthalten.

Ein Generalbebauungsplan weist in groben Zügen aus, welche Flächen für die verschiedenen Nutzungsarten einer Fabrik vorgesehen sind. Außerdem wird aufgezeigt, welche der vorhandenen Flächen für die erste Baustufe in Anspruch genommen werden. Der Generalbebauungsplan soll aber grundsätzlich die Gesamtbebauung des Geländes vorsehen und ermöglichen. Die sich durch Bauvorschriften (z.B. Baumassenzahl, Geschossflächenzahl, Pkw-Einstellplätze etc.) ergebenden Möglichkeiten sollten vollständig genutzt werden. Die Gebäudeanordnung soll einen Materialfluss mit optimalem Aufwand ermöglichen. Dabei hat der Materialfluss im voll ausgebauten Zustand den höchsten Stellenwert.

Ein Generalbebauungsplan hat also wesentliche Vorteile: **Vorteile**

- Bei der Erstellung von Bauten oder schwer zu verlegenden Verkehrswegen (Kanäle, Eisenbahn) werden eventuell weitere Baustufen berücksichtigt.

- Weitere Baustufen erfordern weniger Aufwand und eine kürzere Genehmigungszeit.

- Der Materialflussverlauf ist von der ersten Baustufe an optimal.

### 4.2.2.3 Der Idealplan

Zuerst erstellt man sinnvollerweise einen Idealplan. Der Idealplan entspricht demjenigen Bebauungsplan, den man verwirklichen würde, wenn es keinerlei Einschränkungen wie örtliche Bauvorschriften, Geländeeigenschaften o.Ä. gäbe. Der Idealplan sollte möglichst so gestaltet sein, dass er, wenn er verwirklicht würde, die geringsten laufenden Kosten verursachen würde. Veränderliche Kosten sind dabei die Kosten für Transporte von Material, Information und Energie und die Kosten, die unabhängig davon durch Geh- oder Fahrzeiten von Personen entstehen.

Da im Generalbebauungsplan die Lage der Werkseinheiten zueinander und zu den Verkehrsanschlüssen nach außen festgelegt wird, gilt allgemein, dass die Lage der Betriebe möglichst kurze Wege zur Folge haben sollte. Für die Transportkosten kann man näherungsweise eine lineare Abhängigkeit von der Entfernung annehmen. Man erfasst am besten die durchschnittlichen Kosten von Material-, Informations- und Energiefluss sowie für den Personenverkehr pro Entfernungseinheit bezogen auf eine repräsentative Zeiteinheit zwischen den einzelnen Zonen. Dabei geht man von den entsprechenden transportierten Mengen aus. Der Idealplan sollte bezüglich des gewählten Standortes so weit wie möglich verwirklicht werden. **Kurze Wege sparen Kosten**

### 4.2.2.4 Der Realplan

Aus dem Idealplan wird nun der Realplan entwickelt. In ihm müssen vor allem die Eigenschaften des in Frage kommenden Geländes berücksichtigt werden. Man unterscheidet dabei natürliche und künstliche Geländeeigenschaften: **Berücksichtigung von Beschränkungen**

**Natürliche Geländeeigenschaften**
- Topographie des Grundstücks (Flach-, Hoch- oder Terrassenbauweise)
- Bodentragfähigkeit und Baugrundstruktur (weicher Boden oder Felsen)

**Künstliche Geländeeigenschaften**
- behördliche Vorschriften (Abstände, Höhen, Überbauungsgrad)

- Lage von Verkehrs-, Energie- und Wasseranschlüssen und der vorhandenen Hindernisse auf dem Grundstück (Gebäude, Hochspannungsleitungen etc.)
- Umgebungseinflüsse (Emissionen, Immissionen)

Die Erstellung eines Generalbebauungsplanes erfordert die Ausarbeitung folgender Punkte:

**Untersuchung über die verkehrsmäßige Geländeerschließung**

Die Verkehrswege eines Betriebes werden

- erstens von der Zuordnung zum öffentlichen Verkehrsnetz,
- zweitens von der Beschaffenheit und der Oberflächengestaltung des Geländes und
- drittens vom Verlauf der Baulinien bestimmt.

Zur Abwicklung des außerbetrieblichen Materialflusses bieten sich aus dem öffentlichen Verkehrsnetz – je nach dem Standort des Betriebs – Straßen, Bahnlinien, Schifffahrtskanäle und Fluglinien an. Berücksichtigt werden muss außerdem (speziell beim Materialfluss 2. Ordnung) die Abwicklung des Personen- und Materialflusses zwischen den einzelnen Betriebseinheiten, nicht zu vergessen die Lage und Bemessung der Wendeflächen, Verladebereiche und Werkseingänge.

**Flächenermittlung**

*Verfahren*

Für die Erstellung eines Bebauungsplanes ist es von grundlegender Bedeutung, einen möglichst guten Überblick über die zu schaffenden Flächen zu gewinnen. Diese möglichst genaue Bestimmung der Betriebsfläche ist die Grundlage für alle folgenden Planungsschritte. Grundsätzlich sind zwei Vorgehensweisen möglich:

- deterministisch von innen nach außen
- mittels Kennzahlen von außen nach innen

*Flächengliederung als Basis*

Beide Vorgehensweisen setzen das Vorhandensein einer Flächengliederung voraus. Aus ihr heraus können einerseits betriebsspezifische Kennzahlen ermittelt werden, andererseits bietet sie die Gewähr dafür, dass keine wesentlichen Flächen vergessen werden. In der Literatur gibt es eine Anzahl von Vorschlägen, wie eine Flächengliederung aussehen soll:

- Flächengliederung nach DIN 18 227
- Flächengliederung nach WTZ Bautechnische Projektierung
- Flächengliederung nach Rockstroh usw.

*Flächengliederung nach Podolsky*

Je nachdem, ob es sich um Architekten, Maschinenbauer oder Fabrikplaner handelt, sind die Gliederungsvorschläge an den Stellen besonders fein, wo es dem jeweiligen Verfasser relevant erscheint. Für die Arbeit in der

Praxis hat sich die im Folgenden wiedergegebene Flächengliederung nach Podolsky bewährt. Sie basiert auf der Gliederung nach DIN 18 227.

Die Bebauungsfläche ist die im Flächennutzungsplan für verschiedene Nutzungen ausgewiesene Fläche. Die möglichen Nutzungsarten sind:

**Definition der Nutzungsart**

- Wohnfläche B
- gemischte Baufläche M
- gewerbliche Baufläche G
- Sonderbaufläche S

Das durch einen Industriebetrieb als Produktionsstandort nutzbare Grundstück gehört im Allgemeinen der gewerblichen Baufläche an, die sich wiederum in

- Fläche für Gewerbegebiete GE bzw.
- Fläche für Industriegebiete GI

aufteilt. Im Normalfall liegen die Grundstücke in Industriegebieten GI. Der für eine Generalbebauungsplanung eigentlich interessante Punkt ist die Grundstücksfläche und die Frage, inwieweit der vorhandene Flächenbedarf (Gesamtgeschossfläche plus unbebaute Fläche) durch diese abgedeckt bzw. überdeckt wird.

Die Bestimmung der Grundstücksgröße bereitet meist keine Schwierigkeiten, da in den meisten Fällen ein Grundstück mit bekannter Fläche zur Verfügung steht. Nur im Planungsfall »Standortsuche« muss die erforderliche Größe des Grundstücks bestimmt werden. Dies kann über

**Bestimmung der erforderlichen Grundstücksfläche**

- betriebsinterne Kennzahlen,
- Werte anderer Firmen,
- branchenbezogene Kennzahlen

erfolgen. Grundsätzlich muss vor der Verwendung jeder Art von Kennzahlen gewarnt werden, da sie durch

- unterschiedliche innerbetriebliche Verhältnisse,
- uneinheitliche Eckdaten bei der Ermittlung,
- Fehlentwicklungen im Ist-Zustand,
- Technologieunterschiede

so stark streuen, dass eine halbwegs verlässliche Abschätzung des eigenen Flächenbedarfs mit ihnen nicht oder kaum vorgenommen werden kann.

Ein relativ verlässliches Instrument sind betriebsinterne Kennzahlen. Da sie meist anhand des Ist-Zustands ermittelt werden, haben sie den Nachteil, dass die schlechten Verhältnisse des Ist-Zustandes in die Planung übernommen werden. Allerdings kann der Planer bei ihrer Verwendung keine

**Betriebsinterne Kennzahlen**

großen Fehler machen, und eine schnelle überschlägige Ermittlung des Flächenbedarfs ist mit ihrer Hilfe möglich.

Grundsätzlich ist jedoch die zeitaufwendigere Vorgehensweise der Flächenbedarfsermittlung von innen nach außen anzuraten. Auf diesem Weg werden realistische Werte ermittelt und die jeweiligen Risiken durch spezielle Zuschläge an den entsprechenden Stellen abgedeckt. Diese Variante kann sowohl zur Bestimmung der erforderlichen Grundstücksfläche als auch zur Bestimmung der Bruttofläche für ein Werk herangezogen werden.

Die Vorgehensweise ist in beiden Fällen wie folgt:

- Man ermittelt über mehrere Stufen den Bedarf an Produktionsflächen und macht entsprechende Zuschläge für Nebenflächen, Funktionsflächen und Sozialflächen und erhält so die Bruttofläche.

- Durch einen weiteren Zuschlag für Konstruktionsfläche erhält man die Gesamtgeschossfläche, die den Flächenbedarf des Betriebs repräsentiert.

Für die Umsetzung der Gesamtgeschossfläche in die Außenmaß- bzw. die bebaute Fläche muss Klarheit darüber herrschen, welche Flächen in mehrstöckigen Bauten und welche Flächen in Flachbauten bereitgestellt werden müssen oder können. Von hier ist durch Abschätzung der unbebauten Fläche relativ leicht die Mindestgrundstücksfläche zu ermitteln. In jedem Planungsfall »Bebauung« muss jedoch die Brutto- bzw. Gesamtgeschossfläche des Werkes, Gebäudes usw. ermittelt werden. Deren wesentlichster Anteil ist die Produktionsfläche, die sich entsprechend der Flächengliederung weiter unterteilen lässt.

**Ermittlung des Flächenbedarfs für die Produktion**

Für die Bestimmung der Produktionsfläche beginnt man grundsätzlich auf der Ebene der Arbeitsplätze und ermittelt deren Fläche. Aufgrund der langfristigen Entwicklung

- der Produktionsstückzahlen,
- der Produktionstechnologie,
- der Beschäftigtenzahl und
- der Flächenproduktivität

muss man den Flächenbedarf schätzen. Ferner muss geschätzt bzw. ermittelt werden,

- welche Arbeitsplätze/Anlagen überhaupt vorhanden sein müssen,
- welche Anzahl welcher Arbeitsplätze/Anlagen vorzusehen ist,
- ob Arbeitsplätze durch andere ersetzt werden (Ist – Soll) und
- ob Anlagen durch andere ersetzt werden (Ist – Soll).

**Mitwirkende bei der Planungsarbeit**

Werkstatt für Werkstatt des neuen bzw. zu verlagernden Betriebs muss analysiert, auf Schwachstellen und Risiken untersucht und neu konzipiert werden. Dazu sind die jeweiligen Mitarbeiter der Arbeitsvorbereitung und des Betriebes in die verantwortliche Planungsarbeit einzubeziehen. Bei einer vollständigen Neuplanung mit neuen Produkten und Produktionstechnologien wird dies sicher aufwendig sein, eventuell muss man auf externe Spezialisten (Berater, Herstellerfirmen etc.) zurückgreifen. Bei der Verlagerung eines Produktionsbetriebes ist es weniger kompliziert, da auf einen Ist-Zustand zurückgegriffen werden kann, der nur noch analysiert und extrapoliert werden muss. Wird nur ein zusätzliches Gebäude auf einem bereits bebauten Grundstück geplant, kann man sich meist auf wenige Werkstätten beschränken. Generell ist hervorzuheben, dass im Hinblick auf die Planungsqualität und Akzeptanz der Ergebnisse innerhalb des Planungsprojekts die enge Zusammenarbeit zwischen Fabrikplanung, Arbeitsvorbereitung und Betrieb besonders wichtig ist.

Auf diese Weise wird also der Flächenbedarf der Produktion Punkt für Punkt ermittelt. Die Größe der neu geplanten Werkstätte, z.B. einer Dreherei, sollte dabei nicht nur die Summe der Arbeitsplatzflächen $F_{ma}$ sein, sondern auch die sonstigen Flächen beinhalten, die zur Funktion innerhalb des Gesamtbetriebsgeschehens notwendig sind:

- Meisterbüros
- Kommunikationsflächen für Teamarbeit
- Verkehrswege innerhalb der Werkstatt, Kostenstelle, Abteilung
- Werkstattlager, Pufferflächen
- Flächen für Medienversorgung und -verteilung

Um alle diese Flächen einzuschließen, ist es sinnvoll, ein Probelayout der Werkstatt zu erstellen, die geforderten Funktionen mental oder rechnerunterstützt durchzuspielen und anschließend den entsprechenden Flächenbedarf festzulegen. Für grobe Abschätzungen kann man davon ausgehen, dass die Werkstattfläche $F_w$ etwa doppelt so groß sein sollte wie die Summe aller Arbeitsplatzflächen $F_{ma}$.

**Verwaltungsfläche und Büroarbeitsfläche**

Der Bedarf an Verwaltungsfläche kann über spezifische Standards ermittelt werden, die sich an der Funktion der Mitarbeiter in der Verwaltung orientieren. Die Verwaltungsfläche bzw. die Nettofläche eines Verwaltungsgebäudes setzt sich aus der Büroarbeitsplatzfläche und der Bürozusatzfläche zusammen. Die Büroarbeitsplatzfläche orientiert sich primär an der Funktion der Mitarbeiter in der Verwaltung und an der Stellung in der Hierarchie. Für eine Überschlagsrechnung kann man pro in der Verwaltung Beschäftigtem eine Büroarbeitsplatzfläche von 12 m² ansetzen.

**Bürozusatzfläche**

Die Bürozusatzflächen sind die Flächen, die für eine Funktionsfähigkeit der Verwaltung zusätzlich zu den Büroarbeitsplatzflächen erforderlich sind. Sie müssen nicht in jeder Verwaltung vollständig vorkommen. Die Bürozusatzflächen sind von der Anzahl der in der Verwaltung Beschäftigten abhängig. Für Überschlagsrechnungen kann ein Bedarf von 5 m² Bürozusatzfläche für jeden Mitarbeiter in der Verwaltung angenommen werden. Damit ergibt sich zusammen mit der Büroarbeitsplatzfläche eine Verwaltungsnutzfläche von 17 m² pro Mitarbeiter in der Verwaltung.

**Ermittlung der gesamten Geschossfläche**

Soll die Gesamtgeschossfläche eines Verwaltungsgebäudes ermittelt werden, muss dazu noch

- die Nebenfläche,
- die Funktionsfläche,
- die Sozialfläche und
- die Konstruktionsfläche

hinzugezählt werden, soweit sie im Gebäude mit untergebracht werden sollen. Den größten Anteil an der Funktionsfläche nimmt mit über 70 % die Fläche für Heizung, Lüftung und Klimatisierung ein.

**Sozialeinrichtungen**

Der letzte wesentliche Anteil der Bruttofläche wird durch die Sozialeinrichtungen belegt. Sie werden unterteilt in

- Einrichtungen zur Verpflegung,
- Einrichtungen für Bildung und Erholung,
- Einrichtungen für medizinische Betreuung.

Auch ihr Anteil ist von der Gebäudeform abhängig und beträgt nach Untersuchungen zwischen 1 und 3 % der Bruttofläche.

**Ermittlung der Lagerfläche**

Unter dem Begriff Lagerflächen versteht man:

- Flächen für Warenannahme und Versand
- Flächen für Lager

Die Flächen, die Warenannahme und Versand durchschnittlich beanspruchen, können mit etwa 3 % der Produktionsfläche angesetzt werden. Obwohl dieser Wert durch die Praxis bestätigt wird, ist es sicherer, ihn durch ein Probelayout zu verifizieren. Die Lagerfläche selbst kann in

- eine Fläche für Rohstofflager,
- eine Fläche für Fertigwarenlager sowie
- eine Fläche für Zwischenlager

aufgegliedert werden. Die Flächenberechnung von Lagern wird durch die unterschiedlichen Vorstellungen der Unternehmen zur Frage der Lagerbewirtschaftung sehr schwierig. Am sichersten ist auch hier die Methode, sich jedes Lager einzeln vorzunehmen und sich Klarheit zu verschaffen über

- Bestände,
- Bewegungen und
- Lagertechnik.

Aus den Beständen lässt sich im Normalfall das erforderliche Nettolagervolumen in Palettenstellplätzen oder ähnlichen Angaben berechnen.

**Bewegungsdaten**

Die Bewegungsdaten geben Aufschluss darüber, welche Leistungsdaten die Fördertechnik des Lagers zu erbringen hat. Anhand der Bestands- und Leistungsdaten muss eine Lagertechnik ausgewählt werden, aus der wiederum ein bestimmter Flächenbedarf resultiert. Für sehr grobe Betrachtungen und als Richtwert, um das eigene Unternehmen einordnen zu können, ist es in jedem Fall angebracht, bei der Berechnung der Lagerflächen Fachleute aus den betroffenen Unternehmensbereichen (Einkauf, Vertrieb, Materialwirtschaft und Logistik) hinzuzuziehen.

**Ermittlung der Nebenflächen**

Die Nebenflächen eines Produktionsgebäudes sind die baulich abgeteilten oder kenntlich gemachten Flächen, die dem Personen- und Warenverkehr und den sanitären Bedürfnissen der Belegschaft dienen. Sie teilen sich auf in

- Verkehrsflächen (horizontal, vertikal) und
- sanitäre Anlagen.

Der Anteil der Nebenflächen an der Bruttofläche ist sehr stark von der Gebäudeform abhängig. Er beinhaltet die sanitären Anlagen, die unter Beachtung von DIN 18 228 zu gestalten sind. Die Sanitärfläche für Verwaltungsgebäude lässt sich mit dem Richtwert:

> Sanitärfläche = 0,5 m² pro Arbeitsplatz

überschlägig bestimmen. Unter Bruttofläche werden die Funktionsflächen verstanden. Funktionsflächen sind Flächen, die überwiegend der Aufrechterhaltung der Funktionsfähigkeit des Gebäudes dienen. Typische Funktionsflächen sind beispielsweise Flächen für Heizungs- und Klimaanlagen sowie die Wasserversorgung. Die Größe der Funktionsflächen hängt stark von den Produkten und den Produktionstechnologien ab. Darüber hinaus ist noch ein gewisser Einfluss der Gebäudeform festzustellen.

**Flächenbedarf**

Mit Hilfe dieser Flächengliederung und der grob skizzierten Berechnungsmethoden können durch eine einfache Addition der Einzelflächen für alle Planungsfälle die entsprechenden Gesamtdaten ermittelt werden. Sie stellt also die Grundlage für alle behandelten Planungsfälle dar. Ausgehend vom kleinsten Element »Arbeitsplatz« wird je nach Planungsfall durch Verdichtung über mehrere Stufen der entsprechende Flächenbedarf ermittelt.

**Auswahl eines geeigneten Rasters**

Wichtig bei der Planerstellung ist die Festlegung von Rastermaßen für das zu bebauende Grundstück. In der Regel überzieht man ein einigermaßen ebenes Gelände mit einem Netz paralleler und senkrecht dazu verlaufender Linien, so dass bevorzugt quadratische Flächen entstehen. Diese Linien sind eine Orientierungshilfe bei der Erstellung der Gebäude, dem Bau von Verkehrswegen usw. Gebäudewände sollten möglichst nur auf Linien des Rasters und Stützen nur auf Schnittpunkten zweier Linien errichtet werden.

**Ausrichtung des Rasters**

Die Ausrichtung des Rasters auf dem Gelände erfolgt z.B. nach Himmelsrichtungen, parallel zu Hauptgrenzen des Geländes oder nach vorhande-

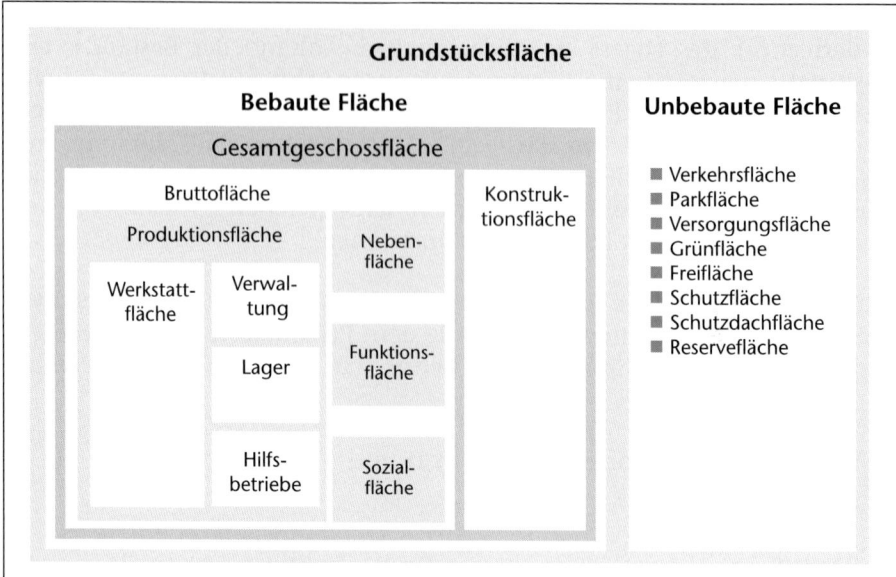

*Abb. 1: Grobgliederung der Grundstücksflächen*

nen Verkehrsanlagen (Kanal, Bahnlinie). Zuweilen wird die Orientierung des Rasters durch vorgegebene Baulinien oder durch die Geometrie des Areals bestimmt. Die sinnvolle Ausrichtung des Rasters und die Auslegung der Abmessungen der verschiedenen Planungselemente als ganzes Vielfaches des Rastermaßes gewährleistet eine optimale Bebauung des Grundstückes.

Die Vorteile bei der Verwendung eines geeigneten Rasternetzes sind:

- Übersichtlichkeit der Anlage
- Baukosten geringer, da Verwendung genormter Teile (Fertigteile)
- mögliche Erweiterungen sind leichter und schneller durchführbar
- weitere Anbauten und Erweiterungen passen in das vorhandene System
- vereinfachte Errichtung der Gebäude durch Verwendung der auf das Gelände gesetzten Hauptmaßsteine
- Rasternetz als Orientierungshilfe bei der Errichtung von Wänden, Stützen und Verkehrswegen

Folgende Rastersysteme werden heute hauptsächlich angewandt:

- **Raster (DIN 4171 bzw. DIN 4172):** Das Raster in DIN 4172 basiert auf dem Maß 2,5 cm. Darauf ist in DIN 4171 das Grundmaß 2,5 m sowie das Vielfache dieses Maßes festgelegt.

- **International gebräuchliches Rastermaß, niedergelegt im Arbeitsblatt 01 »Industriebau-Moduln, Vorzugsmaße«:** Das Grundmodul beträgt 100 mm, das Großmodul 600 mm.

Rastermaße sind jeweils ganzzahlige Vielfache der Moduln. Die Größe ist entsprechend der speziellen betrieblichen Gegebenheiten auszuwählen.

Die Medienversorgung bezieht sich auf

**Medienversorgung**

- die Energieversorgung der Werksanlagen,
- die Heizanlagen,
- Transformatoren,
- Lüftungs- und Klimaanlagen,
- Warmwasserversorgung,
- Druckluftversorgung sowie
- Gasversorgung usw.

Grundsätzlich muss bei der Planung dieser Anlagen entschieden werden, ob zentral (günstigere Investitions- und laufende Kosten) oder dezentral (bei einem Defekt wird nicht der ganze Betrieb blockiert, die Anzahl der Leitungen ist geringer) versorgt wird. Es ist ebenfalls angebracht, eine Wirtschaftlichkeitsrechnung durchzuführen, auf deren Basis eine Entscheidung hinsichtlich Fremdbezug oder Eigenerzeugung (z.B. von Elektrizität) getroffen werden kann. Weiter ist zu beachten, dass z.B. Hauptversorgungskanäle nicht unter den Verkehrswegen verlegt werden.

### 4.2.2.5 Die Erstellung des Generalbebauungsplanes

Der Generalbebauungsplan stellt ein langfristiges Konzept dar. Eine günstige Anpassung an die jeweiligen Erfordernisse (Flächen) und Möglichkeiten (Investitionskosten) wird mit einer Untergliederung in mehrere Baustufen erreicht. Maximal 20 % des zur Verfügung stehenden Geländes sollen im ersten Bauabschnitt überbaut werden, damit ein stetes Wachstum des Betriebes gewährleistet werden kann. Die benötigten Gebäude der Energieversorgung, Nebenbetriebe, Lager und Verwaltung werden – zumindest im Rohbau – auf die Endausbaustufe ausgelegt. Die Anzahl bzw. Größe der Baustufen sollte so ausgelegt sein, dass nur in Intervallen von jeweils zwei Jahren gebaut werden muss.

**Baustufen**

Bei der Ausarbeitung des Generalbebauungsplanes ist im Hinblick auf spätere Baustufen zu beachten, dass Reserveflächen für Erweiterungen nicht unterschätzt werden. Beste Voraussetzung für eine spätere Erweiterung ist eine übersichtliche und regelmäßige Gliederung. Die Gebäude müssen auch gegenüber Verkehrsachsen so platziert sein, dass Erweiterungsmöglichkeiten bestehen. Verbindungsstellen nach außen (Wareneingang, Versand, Lager) müssen in der Lage berücksichtigt werden. Grundsätzlich sollte die Erweiterungsrichtung senkrecht zum Hauptmaterialfluss verlaufen. Dadurch bleibt die Güte des Materialflusses bei allen Baustufen gleich und die Beeinflussung der laufenden Produktion auf ein Minimum begrenzt.

Der Materialfluss und die auftretenden Randbedingungen sind die Kriterien für die Wahl der Bebauungsformen. Grundsätzlich werden zwei Bebau-

**Bebauungsformen**

ungsformen unterschieden: eine aufgelockerte oder eine kompakte Bauweise.

**Aufgelockerte Bebauung**

- Die aufgelockerte Bebauung bietet die Möglichkeit, den einschränkenden Bedingungen und unterschiedlichsten Anforderungen einzelner Betriebe gerecht zu werden.

- Vorteil dieser Bebauungsform sind einfachere Erweiterungen.

- Nachteilig sind die hohen Transportkosten und die größere Anzahl an Materialfluss-Schnittstellen mit den dafür notwendigen Umladevorgängen.

**Kompakte Bauweise**

- Heute wird so weit wie möglich die kompakte Bauweise angestrebt.

- Vorteile sind der günstigere Materialfluss, ein hoher Automatisierungs- und Organisationsgrad, geringerer Grundstücksbedarf, geringer Aufwand an Heiz- und Kühlenergie sowie für die Gebäudeerhaltung.

- Nachteile sind ungünstigere Erweiterungsmöglichkeiten und Anpassungsmöglichkeiten an neue Technologien, außerdem eine geringere Anpassung an ungünstige Geländeformen.

**Bautypen** Die Ermittlung der innerhalb der festgelegten Rastermaße für die neue Anlage vorzusehenden Bautypen ist eine wichtige Aufgabe bei der Bearbeitung des Generalbebauungsplanes. Die Anwendung der verschiedenen Bautypen

- Mehrgeschossbau,
- Flachbau,
- Hallenbau

ist abhängig vom Verwendungszweck. Nach ihrem jeweiligen Zweck lassen sich die Gebäude so gliedern, dass sich spezifische funktionelle Anforderungen ergeben, so z.B. Produktion, Lager, Verwaltung usw. Aufgrund des hohen Anteils der Baukosten an der Gesamtinvestition ist bezüglich des Verwendungszwecks der Gebäude eine hohe Flexibilität erforderlich. Daher findet heute der so genannte »Universalbau« Verwendung, es sei denn, ein Spezialbau ist unumgänglich oder eine langfristige Verwendung des Gebäudes ist gesichert.

**Typ 1: Mehrgeschossbau (Hochbau)**

Die Geschosszahl ist unabhängig davon, ob in kompakter oder in aufgelockerter Bauweise gebaut wird. Anwendung findet dieser Bautyp

- bei hohen Bodenpreisen,
- bei begrenzter Ausdehnungsmöglichkeit,

- bei der Produktion hochwertiger Güter mit niederer Transportintensität und langen Arbeitsprozessen in den einzelnen Stockwerken (Foto-, Schmuck-, Uhren-, elektronische Industrie),

- bei kontinuierlichen Prozessen, bei denen die Produkte durch die Schwerkraft in die tiefer gelegenen Geschosse gelangen (Papier-, Nahrungsmittel-, Genussmittel-, Textilindustrie),

- bei vertikalem Materialfluss allgemein.

**Vorteile der Geschossbauweise**

- kleiner Grundstücksbedarf
- niedrige Kosten für Klimatisierung und Heizung
- einfache Abtrennungsmöglichkeiten von Abteilungen und Arbeitsplätzen

**Nachteile der Geschossbauweise**

- die Deckentragfähigkeit ist begrenzt
- Schwingungs- und Erschütterungsempfindlichkeit
- höhere Anforderungen an den Baugrund

### Typ 2: Flachbau

Angewendet wird diese Bauweise bei schweren oder sperrigen Produktionseinrichtungen (großer Materialfluss pro Zeiteinheit), bei Einrichtungen mit starker Erschütterungswirkung (Maschinenbau, Gießerei), bei Einrichtungen, die große zusammenhängende Flächen benötigen (Spinnereien, Druckereien, Kabelwerke).

**Vorteile**

- nahezu unbegrenzte Fußbodenbelastung
- niedrigere Baukosten pro m$^2$ und m$^3$
- gute Betriebsübersicht und Überwachung
- ausschließlich horizontaler Materialfluss und
- einfache Erweiterungsmöglichkeit

**Nachteile**

- großer Platzbedarf
- hohe Heizungskosten
- lange Transportwege

### Typ 3: Hallenbau

Hallenbauten können Bauwerke von beträchtlicher Höhe und Grundfläche sein. Die Flächenausnutzung wird nicht durch Pfeiler oder Stützen verringert. Hallenbauten finden Anwendung, wenn

- schwere und sperrige Erzeugnisse mit Kränen bewegt werden (Lokomotiven-, Schiffsmotoren-, Turbinen-, Kessel- und Waggonbau),
- schwere und hohe Maschinen aufgestellt werden müssen (Pressen, Walzstraßen, Papiermaschinen),
- Lagerhallen benötigt werden,
- eine Fertigung in mehreren Ebenen verläuft (Montagestraßen im Automobilbau).

**Vorteile**

- komplexer dreidimensionaler Materialfluss möglich
- geschossartige Einbauten (Montagestraßen)
- Gestaltungsmöglichkeiten durch Zwischendecken (Büroabteile)
- verschiedene Fördermittel einsetzbar
- unterschiedliche Halleneinteilung bezüglich Höhe und Spannweite möglich
- gute Fundamentierungsmöglichkeiten auf gewachsenem Boden

**Nachteile**

- Sozial- und Nebenräume müssen besonders gebaut werden (Anbau oder Unterkellerung der Halle)
- große Bauflächen sind erforderlich
- aufwendige Dachkonstruktionen

*Beleuchtung der Fabrikationsbereiche* — Um eine ausreichende Lichtstärke in den Fabrikationsbereichen zu gewährleisten, kann auf eine künstliche Beleuchtung nicht verzichtet werden. Durch besondere Dachformen wird versucht, den Anteil der natürlichen Beleuchtung so groß wie möglich zu halten. Eine gleichmäßige Beleuchtung größerer Flächen lässt sich am besten durch ein Oberlicht erreichen. Verwirklichen lässt sich dies mit Flachdächern, denen Lichtkuppeln oder Satteloberlichter aufgesetzt wurden. Eine weitere Möglichkeit sind Shed-Dächer. Zusätzlich zu den Oberlichtern sind in den Begrenzungswänden noch Fensterbänder einzuplanen, die außer der Nutzung der natürlichen Lichtquelle dazu beitragen, die Beziehung zur Umwelt zu erhalten.

*Transportorganisation* — Welche Bauform und welcher Bautyp nun Anwendung findet, kompakte oder aufgelockerte Bebauung mit Hoch-, Flach- oder Hallenbauweise, hängt nicht alleine von der Fertigung eines bestimmten Produktes ab. Zweifellos ist das Produktionsprogramm ein Haupteinflussfaktor, der sich auf alle Planungsaufgaben auswirkt. Aber außer diesem Faktor gibt es noch einen weiteren, der nicht minder bedeutsam ist: das Fördersystem.

Durch die Auswahl eines Fördersystems werden die Gebäudeabmessungen mitbestimmt. Vor der Festlegung der Bauform ist ein geeignetes Fördersystem auszuwählen – vorausgesetzt, die zu transportierenden Güter bezüglich Menge pro Zeiteinheit sind bekannt. Die Transportorganisation ist in mancher Hinsicht entscheidend für den Transportablauf und damit für den Materialfluss im Betrieb überhaupt.

Für jedes im Flächennutzungsplan ausgewiesene Grundstück ist in der Baunutzungsverordnung das Maß der baulichen Nutzung nach oben limitiert. Die Angabe erfolgt durch drei Kennwerte:

**Gesetzliche Vorschriften und Randbedingungen**

- Grundflächenzahl GRZ
- Baumassenzahl BMZ
- Geschossflächenzahl GFZ

In Gewerbe- und Industriegebieten ist im Allgemeinen eine Grundflächenzahl GRZ von 0,8 und eine Baumassenzahl BMZ von 3–9 zugelassen. Weitere Vorschriften und Empfehlungen, die vor allem auf die Ausgestaltung einer Fabrikanlage Einfluss nehmen, sind folgende:

- Vorschriften der Berufsgenossenschaften
- Unfallverhütungsrichtlinien
- DIN-Normen
- VDI-Richtlinien
- Vorschriften der Sachversicherer
- Emissionsschutzgesetz
- Landesbauordnung
- Betriebsverfassungsgesetz
- Arbeitsstättenverordnung

Da sie aber im Einzelfall materialflussgünstige Anordnungen verhindern oder recht aufwendig machen können und meist den Flächenbedarf vergrößern, sind sie bei den Planungsarbeiten frühzeitig zu beachten.

### 4.2.2.6 Zusammenfassung

Das Ergebnis der Bebauungsplanung ist also:

- der Generalbebauungsplan
    - mit Ausbaustufen (räumlich und zeitlich fixiert)
    - mit Gebäudeanordnungen
    - mit Bautypen
    - mit Energiezentrale
- Schnittstellen nach außen mit Verkehrsanbindung etc.
- die Gesamtflächenübersicht
    - in Ausbaustufen gegliedert
    - nach Gebäuden (Geschossen) gegliedert (Belegungsplan)
    - nach Funktionen gegliedert (Flächenbilanz)

- das Materialflusskonzept je Ausbaustufe
  - innerbetriebliches Förderkonzept
  - An- und Ablieferung (Rohware, Fertigware)
- das Personalflusskonzept je Ausbaustufe
- das Energiever- und -entsorgungskonzept je Ausbaustufe
- der Investitionsplan nach Ausbaustufen gegliedert

Der Aufwand, der zur Erstellung des Generalbebauungsplanes nötig war, und die »Ehrfurcht« vor der Anzahl der getroffenen Entscheidungen führt oft dazu, dass der Plan – in seiner Eigenschaft als Konzept auf einer bestimmten Datenbasis (Informationsstand) aufbauend – verkannt und als heilige Kuh behandelt wird. Mit anderen Worten: Man ist so froh, dass man einen Generalbebauungsplan zustande gebracht hat, und man würde alles tun, um ihn nicht ändern zu müssen. Diese Einstellung ist falsch und gefährlich. Der Bebauungsplan muss regelmäßig überprüft und neuen Entwicklungen angepasst werden. Nur so ist seine Aussagefähigkeit über den gesamten Planungszeitraum zu erhalten, und nur auf diese Weise können teure Fehlinvestitionen vermieden werden.

## 4.2.3 Materialflussanalyse

*von Helmuth Gienke/Rainer Kämpf*

### 4.2.3.1 Der Materialfluss

Beim Materialfluss handelt es sich um die Bewegung stofflicher Güter innerhalb eines vorgegebenen räumlichen Bereiches, wobei Weg, Geschwindigkeit und Menge pro Zeiteinheit veränderlich sein können. Materialflusssysteme decken ein äußerst vielschichtiges Aufgabengebiet ab, das vom Transport kleinster Volumina über geringe Entfernungen bis zur Bewältigung riesiger Gewichte über Kontinente hinweg reicht. Es gibt mehrere Möglichkeiten, dieses breite Spektrum unterschiedlichster Aufgaben einzuteilen. Die wohl bekannteste Gliederung benutzt die Materialflussstufen (vgl. VDI-Richtlinie 3300).

**Begriffe**

- **Materialfluss 1. Stufe:** Standort des Unternehmens oder des Werkes

**Materialflussstufen**

- **Materialfluss 2. Stufe:** Lage der Betriebe (Werkseinheiten) innerhalb des Werkes zueinander (Generalbebauungsplan)

- **Materialfluss 3. Stufe:** Materialfluss innerhalb der Werkseinheiten, z.B. Gebäude, Werkshallen usw. (Maschinenaufstellung)

- **Materialfluss 4. Stufe:** Materialfluss am Arbeitsplatz selbst

Eine zweite, ebenso gebräuchliche Einteilung verwendet den Innovationsgrad als Einteilungskriterium und untergliedert in Neuplanung, Erweiterungsplanung und Umstellungsplanung.

**Neu-, Erweiterungs- und Umstellungsplanung**

Die Materialflussgestaltung ist von mehreren Faktoren abhängig, die je nach Branche, Betriebsart, Betriebsgröße und Fertigungstyp sowie Betriebsorganisation unterschiedlichen Einfluss haben. Der Materialfluss als betriebliche Aufgabe kann nie isoliert betrachtet werden, denn er erlangt seine Bedeutung erst in seinen Beziehungen zum Betrieb, zu Gebäuden, Maschinen und zur Fertigung selbst.

**Materialflussgestaltung**

Die Einflussfaktoren lassen sich folgendermaßen zusammenfassen:

**Einflussfaktoren**

- räumliche Einflussfaktoren
- fertigungstechnische Einflussfaktoren
- fördertechnische Einflussfaktoren
- dynamische Betriebsgeschehen

Die Reihenfolge der Faktoren sagt nichts über ihre Bedeutung aus. Die Intensität des Einflusses hingegen ist abhängig von den individuellen Verhältnissen im Einzelfall. Er unterliegt nicht nur starken Schwankungen innerhalb einer Branche mit annähernd gleichen Produktionsverhältnissen, sondern auch innerhalb eines Betriebes zwischen den einzelnen

Betriebsteilen. So können z.B. bei einer Fertigung, die sich in kontinuierlichem Ablauf durchführen lässt, die räumlichen Einflüsse bedeutungslos werden im Vergleich zu den fertigungstechnischen und fördertechnischen, die dann absolut dominieren.

#### 4.2.3.2 Zielsetzung und Aufgaben

*Informationsbasis für die Fabrikplanung*

Wesentlicher Bestandteil einer Fabrikplanung ist die detaillierte Analyse des vorhandenen Materialflusses, aus der Rückschlüsse für die Auswahl, Dimensionierung, Anordnung und Organisation der Fertigungs-, Lager- und Transporteinrichtungen gewonnen werden. Die Ergebnisse der Materialflussanalyse ergeben somit eine wichtige Informationsbasis für alle folgenden Planungsaufgaben.

*Ausgangspunkt Analyse Ist-Zustand*

Die Materialflussanalyse basiert auf einer Erfassung des Ist-Zustandes. Der Ist-Zustand stellt dabei nicht unbedingt den Anhaltspunkt für den Soll-Zustand dar, vielmehr dient er zur Kontrolle der Richtigkeit und Vollständigkeit der entwickelten Vorstellungen und zur Schaffung eines Problembewusstseins beim Planer. Dabei werden folgende Daten ermittelt:

- Art und Ausdehnung, evtl. auch das Gewicht der zu transportierenden Objekte
- die Mengen, die innerhalb eines bestimmten Zeitraums an einen bestimmten Ort bewegt werden müssen

#### 4.2.3.3 Vorgehensweise bei der Materialflussanalyse

*Ansatzpunkte zur Materialflussanalyse*

Es gilt, folgende Fragen zu beantworten:

- Welches Betriebsmittel steht mit welchem anderen Betriebsmittel in Verbindung?
- In welcher Reihenfolge werden die Betriebsmittel angelaufen?
- Welche Mengen werden zwischen den einzelnen Betriebsmitteln bewegt?

Darüber hinaus sind folgende Punkte zu berücksichtigen:

- Erfolgt das Um-, Auf- und Abladen rationell?
- Werden sinnvolle Transporteinheiten gebildet?
- Werden die geeigneten Transportmittel eingesetzt?

Von besonderem Interesse bei der Betrachtung des Materialflusses sind vielfach die Nahtstellen zwischen System und Umwelt (Beschaffungsmarkt/ Produktion/Absatzmarkt), zwischen Fabrikbereichen (verschiedenen Werken) oder Abteilungen. Zur Beantwortung der Fragen müssen vor allem die folgenden Daten erhoben werden:

- transportierte Mengen
- Art der Transportmittel
- Transportlosgrößen
- absendende und empfangende Abteilungen

Die ersten Fragen, die bei der Materialflussuntersuchung zu stellen sind, müssen demzufolge lauten:

- Welche Teile (repräsentative Teile)?
- Welche Mengen?
- In welchen Zeiträumen (repräsentativer Betrachtungszeitraum) wird gefertigt, transportiert und gelagert?

Aufgrund der Breite des Produktionsspektrums liefern die Untersuchungen in der Regel eine erhebliche Datenmenge. Diese muss auf ein erträgliches Maß reduziert werden. Deshalb wird die Untersuchung auf einen repräsentativen Teil des gesamten Produktspektrums beschränkt und der Betrachtungszeitraum begrenzt. Es lässt sich nicht eindeutig sagen, ob es zweckmäßiger ist, zuerst die repräsentative Artikelgruppe zu bestimmen und danach den Betrachtungszeitraum zu wählen oder umgekehrt. In den meisten Fällen liefert folgende Vorgehensweise befriedigende Ergebnisse:

*Repräsentative Teile in einem repräsentativen Betrachtungszeitraum*

- grobe Festlegung eines längeren Produktionszeitraumes (z.B. eine, zwei oder fünf vergangene Umsatzperioden) und Analyse der Umsatzentwicklung
- Reduktion des vorläufig gewählten Zeitraumes auf den repräsentativen und überschaubaren Betrachtungszeitraum (z.B. ein Monat, ein Quartal)
- Untersuchung der Umsatzzahlen und Umsatzverteilung auf die Produkte (z.B. mittels ABC-Analyse, siehe unter 4.2.3.5) und Auswahl der repräsentativen Artikel

### 4.2.3.4 Ermittlung des repräsentativen Zeitraumes

Meistens erfolgt die Festlegung des Betrachtungszeitraumes rein intuitiv. Dies kann jedoch zu erheblichen Fehlern im Verlauf der weiteren Planung führen. Werden nämlich bei der Bildung von Kennzahlen Mengen- oder Wertgrößen auf diesen willkürlich gewählten Zeitraum bezogen, so können Fehlinterpretationen des Ist-Zustandes auftreten.

Sollte man sich aus Mangel an statistischem Material oder unter Zeitdruck doch zur intuitiven Festlegung des repräsentativen Zeitraumes entschließen müssen, empfiehlt es sich, über protokollierte Mitarbeiterbefragungen eine begründete Entscheidung zu treffen. Mitarbeiter der Bereiche Arbeitsvorbereitung, Verkauf und Einkauf sollten unbedingt dazu gehört werden, ob Abschnitte der letzten Umsatzperiode als repräsentativ angese-

## 4.2 Fabrikplanung

hen werden können (die Zahlen der letzten Periode sind meist leichter erfassbar und aktuell).

**Randbedingungen**

Allgemein gilt:

- Perioden saisonaler Höchst- oder Tiefstwerte des Umsatzes oder der Produktionsauslastung sind als Betrachtungszeitraum ungeeignet.

- Perioden mit starken saisonalen Verschiebungen im Produktionsprogramm (Modeartikel, Weihnachtssortimente) dürfen nicht als Betrachtungszeitraum gewählt werden.

- Problematisch erweist sich die Auswahl des Betrachtungszeitraumes bei sehr dynamischen Entwicklungsphasen eines Betriebes.

**Methoden zur Bestimmung**

Zur systematischen Auswahl eines repräsentativen Zeitraumes gibt es zwei gebräuchliche Vorgehensweisen:

> **Methode 1: Bildung eines theoretischen Zeitraumes mit durchschnittlichen Umsatzwerten**
>
> Oft lässt sich sehr einfach ein theoretischer, repräsentativer Zeitraum ermitteln. Die Division der Umsatzwerte eines längeren Zeitraumes (z.B. ein Jahr) pro Artikel oder Artikelgruppe durch die Zahl der Teilabrechnungsperioden (z.B. Monate, Quartal) ergibt einen durchschnittlichen, theoretischen Umsatzwert pro Artikel und Monat oder Quartal. Diese Vorgehensweise lässt mit ausreichender Genauigkeit die prozentuale Verteilung des Umsatzes auf die einzelnen Umsatzträger erkennen.

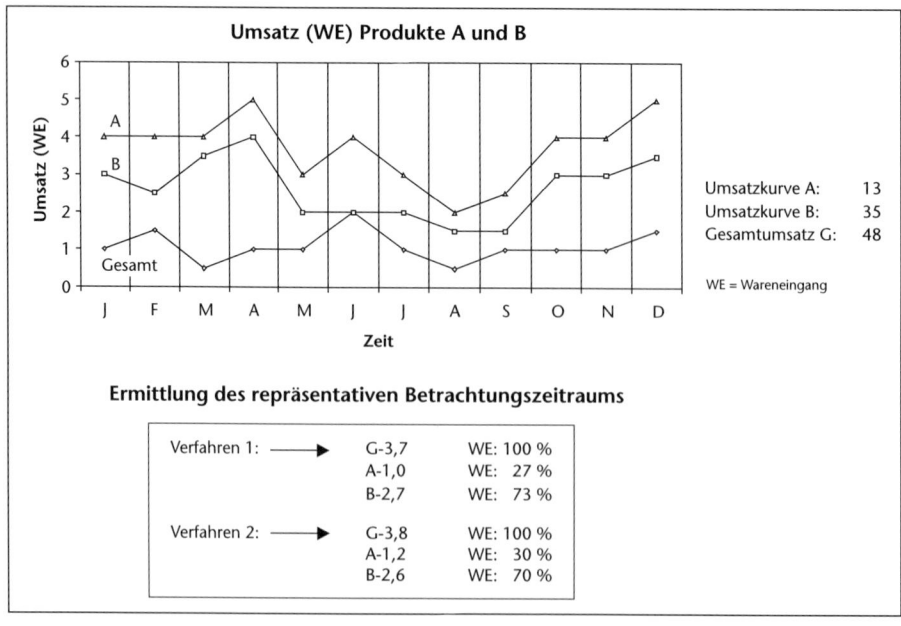

Abb. 1: *Systematische Ermittlung des repräsentativen Zeitraums*

**Methode 2: Die Ermittlung eines theoretischen Zeitraumes durch Stichproben**

Bei starken und unregelmäßigen Umsatzschwankungen, sowohl qualitativer als auch quantitativer Art, lässt sich folgendes Verfahren anwenden: Stichprobenartig werden aus einem längeren Umsatzzeitraum Teilperioden gewählt und die Verteilung des Umsatzes auf die einzelnen Umsatzträger ermittelt. Dabei können sowohl systematische (z.B. jeder zweite, dritte oder sechste Monat) oder willkürliche Stichproben gezogen werden. Die Umsatzwerte der gezogenen Teilperioden werden addiert und durch Division durch die Zahl der gezogenen Stichproben repräsentative Umsatzwerte pro Artikel gebildet.

Selbstverständlich können die Stichprobenwerte vor der Addition mit Gewichtungsfaktoren multipliziert werden (z.B. jüngere Daten erhalten bei der Mittelwertbildung stärkere Gewichtung als Daten weiter zurückliegender Umsatzperioden). Eine graphische Darstellung der Umsatzentwicklung lässt wegen ihrer Anschaulichkeit zu, gezielte Stichproben zu ziehen. Dies kann, ähnlich wie die gewichtete Mittelwertbildung, vorteilhaft bei der Trendentwicklung des Umsatzes sein.

### 4.2.3.5 Ermittlung der repräsentativen Artikel

Folgende Verfahren zur Ermittlung der repräsentativen Artikel sind gebräuchlich:

*Methoden zur Ermittlung*

**Methode 1: Betrachtung von Zufallsteilen**

Aus den Verkaufsstatistiken oder Produktionsstatistiken eines willkürlich bestimmten Zeitraumes wird eine zufällige Anzahl von Artikeln ausgewählt (z.B. jeder dritte, vierte, zehnte oder hundertste Artikel). Dieses Verfahren ist nur anwendbar bei sehr breitem Artikelsortiment (Lager, Kleinteilefertigung). Gleichzeitig wird mit dieser Stichprobenauswahl der Betrachtungszeitraum begrenzt. Es muss gewährleistet sein, dass die Umsatzzahlen pro ermitteltem Artikel repräsentativ verteilt sind. Dies bedeutet jedoch, dass die verbleibende Datenmenge immer noch sehr hoch sein wird und nur mit EDV verarbeitet werden kann. Im Rahmen der Fabrikplanung eignet sich dieses Verfahren vor allem zur direkten Analyse der innerbetrieblichen Transporte und ist weniger geeignet, Rückschlüsse vom Outputstrom auf innerbetriebliche Verhältnisse zuzulassen.

**Methode 2: Ermittlung von Teilefamilien**

Können bei der systematischen Untersuchung einer Umsatzperiode Teilefamilien (z.B. Typenreihen) gefunden werden, so ist es in der Regel zulässig, einen oder wenige typische Vertreter jeder Teilefamilie mit den Verkaufs- oder Produktionszahlen zu beaufschlagen. Eine Statistik, in der sämtliche Teilefamilien nach abnehmendem Umsatzanteil geordnet sind, erlaubt zu prüfen, ob sämtliche Teilefamilien berücksichtigt werden müssen. Es kann sich bei dieser Untersuchung auch ergeben, dass Teile, die sich keiner Teilefamilie zuordnen lassen, einen so geringen Umsatzanteil haben, dass sie unberücksichtigt bleiben.

## 4.2 Fabrikplanung

> **Methode 3: Ermittlung repräsentativer Teile durch ABC-Analyse**
>
> Die zuverlässigste Methode zur Ermittlung der repräsentativen Artikel ist die ABC-Analyse des Umsatzes des repräsentativen Zeitraumes. Neben der Analyse des Betrachtungszeitraumes auf der Grundlage der Umsatzverteilung kann die Untersuchung auch für Verkaufszahlen, Gewinnwerte und Transportkosten pro Artikel durchgeführt werden.

**Die ABC-Analyse**

Bei der ABC-Analyse ist folgendermaßen vorzugehen: Eine Liste mit sämtlichen verkauften Produkten einer repräsentativen Periode enthält folgende Angaben:

- Artikelbezeichnung
- verkaufte Stückzahl
- Erlös pro Stück
- Gewinn pro Stück
- Gesamterlös pro Artikel
- Gesamtgewinn pro Artikel

Diese Liste wird nach einem Sortierkriterium, z.B. verkaufte Stückzahl oder Umsatz bzw. Gewinn pro Artikel, abnehmend oder aufsteigend geordnet. Dabei erweist es sich als zweckmäßig, nicht nur absolute Werte des Sortierkriteriums zu betrachten, sondern auch relative Werte in die Liste aufzunehmen. Werden die Listenwerte graphisch aufgetragen, so ergibt sich mit branchenabhängigen Abweichungen ein Kurvenverlauf, der gewöhnlich eine 80/20-Verteilung erkennen lässt. Diese Verteilungskurve besagt, dass 20 % des Artikelspektrums 80 % der verkauften Stückzahlen (oder des Umsatzes) erbringen. Diese Verschiebung zugunsten weniger Artikel ist bei Massenfertigung ausgeprägter als bei Einzelfertigung. Die Betrachtung des Materialflusses kann in der Regel auf die Artikel beschränkt werden, die 75–85 % des gewählten Sortierkriteriums ausmachen. Häufig wird man in der Praxis mit einem geringeren Anteil zu planen haben, da bei vielen kleinen und auch mittleren Betrieben kein zuverlässiges Zahlenmaterial zugänglich ist (siehe Abb. 2).

### 4.2.3.6 Aufnahme des innerbetrieblichen Materialflusses

**Qualitativer und quantitativer Materialfluss**

Der Materialfluss wird beschrieben durch seine Struktur und durch die Mengen. Man spricht deshalb vom qualitativen und quantitativen Materialfluss. Die Struktur des Materialflusses wird gebildet durch Anzahl und Art der Betriebsmittel und die Reihenfolge des Durchlaufs der Produkte durch den Betrieb. Die Mengen des Materialflusses werden durch die Verkaufszahlen bzw. durch die Produktionszahlen vorgegeben. Bei der Struktur des Materialflusses lassen sich zwei Extreme erkennen:

- **Polystruktur:** Viele verschiedene Produkte durchlaufen viele Fertigungsstellen; es ergibt sich daraus eine sehr stark vernetzte Struktur.

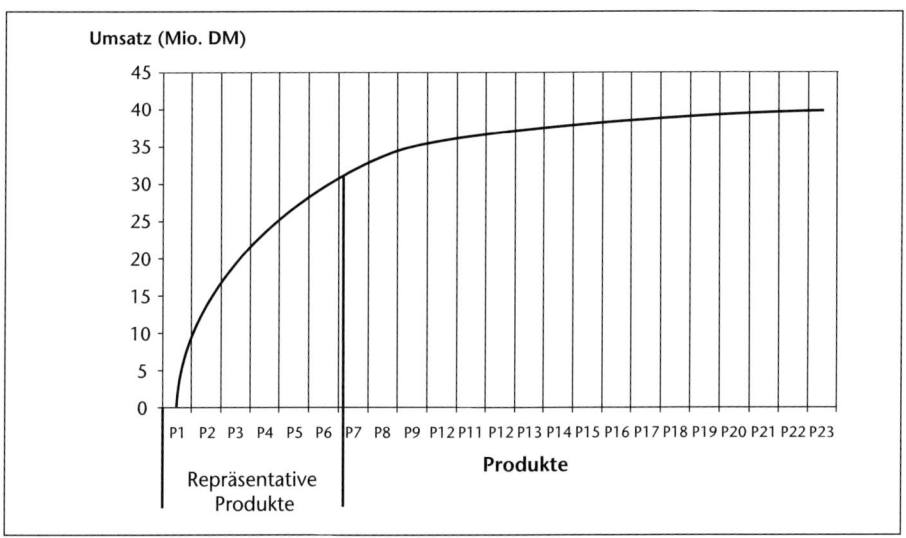

*Abb. 2: ABC-Verteilung Umsatz/Produkt*

- **Monostruktur:** Wenige verschiedene Produkte durchlaufen wenige Fertigungsstellen; es ergibt sich daraus oft eine linienförmige Struktur und für nahezu jedes einzelne Produkt eine eigene Linie.

Prinzipiell gibt es zwei Verfahren, um den innerbetrieblichen Materialfluss zu ermitteln: die direkte Materialflussaufnahme und die indirekte Materialflussaufnahme.

**Verfahren zur Ermittlung**

> **Methode 1: Direkte Materialflussermittlung**
>
> Die direkte Materialflussermittlung im Betrieb weist eine Reihe von Nachteilen auf, die es angebracht erscheinen lassen, diese Methode so weit wie möglich zu vermeiden. In der Praxis kommt es jedoch häufig vor, dass keine Betriebsstatistiken geführt werden, die hinreichend Aufschluss über den innerbetrieblichen Materialfluss geben könnten, so dass die direkte Materialflussermittlung oftmals nicht zu umgehen ist.

Die direkte Erhebung muss Auskunft über mindestens folgende Punkte geben:

- Datum bzw. Zeitraum der Erhebung
- transportierte Menge (Stück, Kilogramm, Transporteinheiten, Paletten)
- Art des Transportmittels
- absendende Abteilung
- Adresse der empfangenden Abteilung

Diese Angaben können auf zwei verschiedene Arten gewonnen werden:

**Verfahrensweisen**

- Der Transportarbeiter führt Listen, in die er jeden Transport mit den gewünschten Angaben einträgt.

- An Transportkreuzungspunkten werden sämtliche Transportbewegungen und die nötigen Angaben ermittelt.

**Nachteile**

Beide Erhebungsverfahren weisen jedoch Nachteile auf:

- Die Erhebungen können nicht ohne Störungen des Betriebsablaufes erfolgen (Unruhe).
- Die Erhebungen gestalten sich sehr langwierig. Der Erhebungszeitraum sollte keinesfalls unter vier Wochen liegen.
- Die Erhebungsdaten sind zeitabhängig (Produktionsschwankungen).
- Die Erhebungen übernehmen sämtliche Fehler des Ist-Zustandes (Fehler der Produktionsplanung).
- Die ermittelten Werte können keinesfalls repräsentativ für einen längeren Materialflusszeitraum sein, so dass sie anfällig gegen Einwände sind. Durch subjektive Interpretation der ermittelten Werte gelangt damit zwangsläufig früher oder später wiederum Intuition in die Planung.
- Bei dynamischen Betrieben ist diese Art der Materialflusserhebung nicht durchführbar.

**Das Multimoment-Verfahren**

Aufgrund der Nachteile der beiden oben genannten Verfahren wird nachfolgend als weitere Methode das Multimoment-Verfahren ausgeführt: Das Multimoment-Verfahren (MM-Verfahren) ist ein statistisches Verfahren, mit dem Zeitanteile betrieblicher Vorgänge durch stichprobenweises Beobachten ermittelt werden können.

**Vorgehensweise**

Das Beobachtungsobjekt (Werkzeugmaschine, Laufkran, Flächenbelegung, Arbeitskraft etc.) wird nicht ununterbrochen wie bei einer Langzeitstudie, sondern in unregelmäßigen Zeitabständen beobachtet. Das Ergebnis von MM-Aufnahmen sind Prozentzahlen, die angeben, mit welchen Anteilen bestimmte beobachtete Größen an der Gesamtzahl der Beobachtungen beteiligt waren (z.B. Fahren eines Staplers mit Last: 20 %; Last heben oder senken: 24 % der Beobachtungen). Aus dem jeweiligen Anteil einer Teiltätigkeit an der Anzahl der Beobachtungen wird auf den entsprechenden Anteil an der Beobachtungszeit geschlossen. Dies entspricht im Rahmen der statistischen Sicherheit (95 %) dem Zeitanteil am gesamten Untersuchungszeitraum.

**Einsatzbereiche**

Materialflussuntersuchungen durch MM-Verfahren können sich auf folgende Gebiete erstrecken:

- Transportgüter
- Transportwege
- Transportmittel
- Transportarten
- Transportmengen

- Transportzeiten
- Auslastung der Transportmittel etc.

> **Methode 2: Die indirekte Materialflussermittlung**
> Empfehlenswert, weil zuverlässiger, ist die indirekte Materialflussermittlung. Sie lässt sich ohne Störungen des normalen Betriebsablaufs durchführen. Als Grundlage dienen Arbeitspapiere der repräsentativen Artikel (Arbeitsgangfolgen), Umsatzstatistiken der repräsentativen Artikel und des repräsentativen Zeitraums, Kostenstellenverzeichnis und Stücklisten.

Werden in einem Betrieb verschiedene Förderhilfsmittel (Paletten, Schäferkästen, Gitterbox) verwendet und schwankt das Gewicht bzw. das Volumen der im Betrieb transportierten Artikel sehr stark, so erweist sich bei dieser Methode die Auswahl der Transporteinheit als sehr problematisch. — **Nachteile**

Bei der indirekten Materialflussaufnahme ist folgendermaßen zu verfahren: — **Vorgehensweise**

- Zerlegen der repräsentativen Teile mit Hilfe der Stücklisten in Baugruppen bzw. Einzelteile
- Ermittlung der Gesamtzahl der Baugruppen bzw. Einzelteile pro Betrachtungszeitraum
- Ermittlung der Arbeitsfolgen (Kostenstellenfolgen) der Baugruppen bzw. Einzelteile
- Darstellung des Materialflusses

Bei der Ermittlung des Materialflusses sollte ebenfalls nach dem Prinzip der fortschreitenden Verfeinerung vorgegangen werden. Es erweist sich als vorteilhaft, zunächst den Materialfluss von Kostenstellengruppe zu Kostenstellengruppe zu untersuchen und darzustellen. Die gilt vor allem dann, wenn der Organisationstyp der Fertigung beibehalten werden soll. Im Anschluss daran werden in der Detailuntersuchung die Verknüpfungspunkte der Kostenstellengruppen und die Einzelmaschinen untersucht. Dieses Vorgehen lässt häufig bereits an dieser Stelle organisatorische Mängel in der Fertigung erkennen: so beträgt z.B. die Materialbewegung innerhalb einer Kostenstelle oder Abteilung ein Vielfaches des Materialstromes zu dieser Abteilung. — **Vom Groben ins Feine**

### 4.2.3.7 Ergebnisdarstellung der Materialflussanalyse

Die Darstellung des Materialflusses hängt sehr stark ab vom konkreten Problem, von der Individualität des Planers und von der weiteren Verarbeitung der Information. Werden die Daten maschinell weiterverarbeitet, wird man die Darstellung in Zahlen, am häufigsten in Matrizenform, wählen. Sollen die Daten manuell verarbeitet werden, wird man sich wegen der leichteren Einprägsamkeit und der größeren Anschaulichkeit für graphische Darstellungen entschließen.

**Farbigkeit der Darstellungen**

Eine wesentliche Hilfe bei der geistigen Verarbeitung des Datenmaterials ist das Element Farbe in der Darstellung: sei es nun, dass Materialflusswerte verschiedener Produkte in verschiedenen Farben in die Matrix eingetragen werden oder die Mengenströme verschiedener Produkte in verschienen Farben im Diagramm dargestellt werden. Auch die farbige Abgrenzung einzelner Betriebsmittelbereiche, Organisations- oder Funktionsbereiche bei der lagegerechten Materialflussdarstellung erhöht wesentlich die Anschaulichkeit.

Problematisch und meist unübersichtlich erweist sich die Darstellung des Materialflusses in Bauplänen oder Maschinenaufstellungsplänen. Diese Aufbereitung mag geeignet sein, unbefriedigende Materialflussverhältnisse deutlich hervorzuheben, sie erhöht jedoch keineswegs die Transparenz des Materialflusses.

### Darstellung der Materialflussstruktur

Die Struktur des Materialflusses lässt sich in der Regel aus den Arbeitsablaufplänen erkennen. Sie zeigen die Wechselbeziehungen von Betriebsmitteln in Richtung und Reihenfolge. Dabei lässt sich feststellen, dass eine Strukturveränderung jeweils dann eintritt, wenn Beziehungen geschaffen werden, die bisher noch nicht vorhanden waren. Bei der Darstellung der Materialflussstruktur in Matrizenform lässt sich Folgendes hervorheben: Die Diagonale der Matrix muss leer bleiben, d.h., die Matrix muss schleifenfrei sein. Ist die Diagonale besetzt, so sind die gewählten Betriebsmittel weiter aufzugliedern, also optimale Betriebsmittelzuordnungen auch innerhalb der zuvor gewählten Abteilungen zu suchen (siehe Abb. 3).

### Qualitativ-quantitative Materialflussdarstellung

Während die Strukturdarstellung des Materialflusses nur Richtung und Reihenfolge der Wechselbeziehungen zwischen Betriebsmitteln erkennen lässt, geben die qualitativ-quantitativen Darstellungen auch Aufschluss über die Stärke dieser Beziehungen. Die Dimension dieser Beziehungsstärke ist jeweils eine Leistungsgröße, z.B. Paletten/Zeiteinheit, kg/Zeiteinheit, $m^3$/Zeiteinheit oder Transportbeziehungen/Zeiteinheit. Die Darstellung der Materialflussstärke kann ebenfalls rein zahlenmäßig in Matrizenform oder graphisch im Diagramm erfolgen. Es erweist sich auch hier als vorteilhaft, die Farbe als Ausdruckselement zu benutzen. Werden die Transportbeziehungen in verschiedene Stärkeklassen eingeteilt, so lassen sich diese Klassen graphisch sehr übersichtlich in verschiedenen Farben im Materialflussdiagramm darstellen.

**Übersichtlichkeit der Darstellung**

Die Übersichtlichkeit der graphischen Darstellungsarten lässt sich erhöhen,

- wenn die Breite der Verbindungslinien zwischen den einzelnen Betriebsmitteln proportional zur Stärke der Transportbeziehungen gezeichnet wird,

- wenn die Verbindungslinien zwischen den einzelnen Betriebsmitteln weitgehend überschneidungsfrei bleiben und

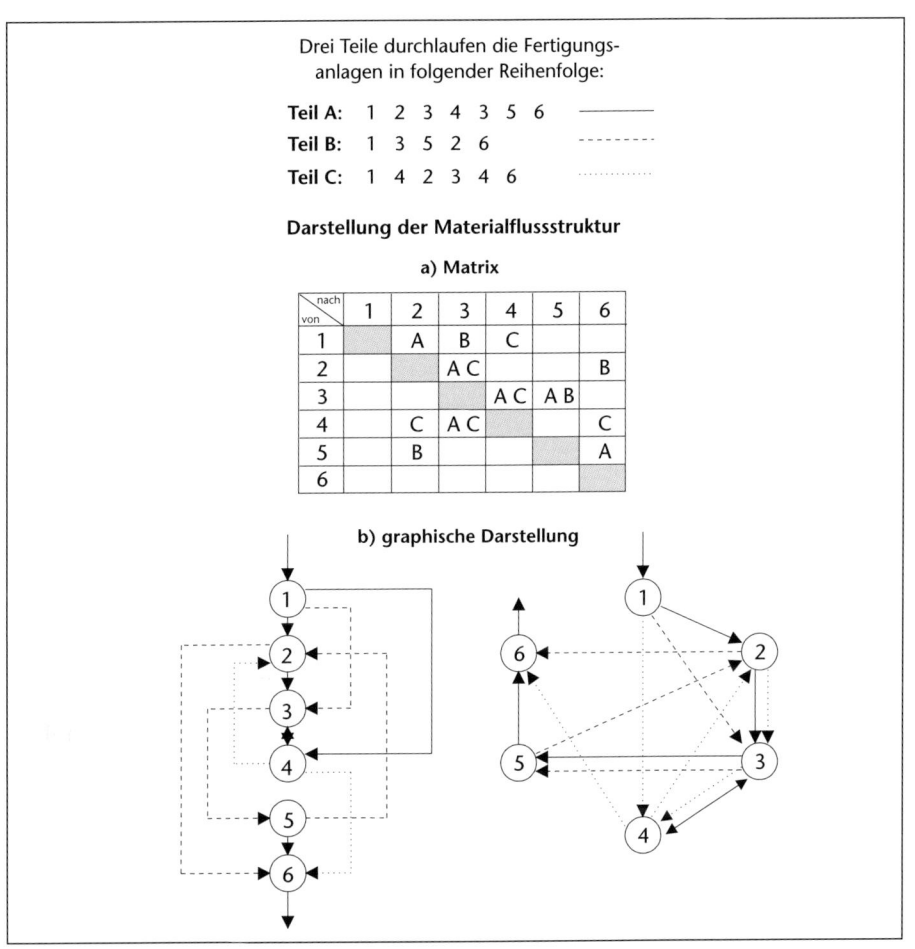

Abb. 3: *Qualitative Materialflussstruktur*

- wenn die Größe der Knoten des Netzwerkes (die Betriebsmittel) proportional zur Menge gezeichnet wird, die den jeweiligen Knoten durchströmt, denn in der Regel gilt für den Knoten: zuströmende Menge = abgehende Menge. Dies gilt nicht für Montagevorgänge, Verpackungsvorgänge oder Vorgänge der Transportlosgrößenumstrukturierung.

Problematisch in der graphischen Darstellung erweisen sich Materialflüsse, die eine sehr starke Vernetzung aufweisen und deren Transportintensitäten zwischen den einzelnen Betriebsmitteln nahezu gleich stark sind (siehe Abb. 4).

**Darstellungsprobleme**

## Weitere Möglichkeiten der Materialflussdarstellung

In Abhängigkeit vom konkreten Planungsfall können weitere Darstellungsarten des Materialflusses gewählt werden:

- Die Darstellung des Materialflusses in einer Dreiecksmatrix ist dann anwendbar, wenn die Richtungsbeziehungen zwischen den einzelnen Betriebsmitteln unberücksichtigt bleiben können.

## 4.2 Fabrikplanung

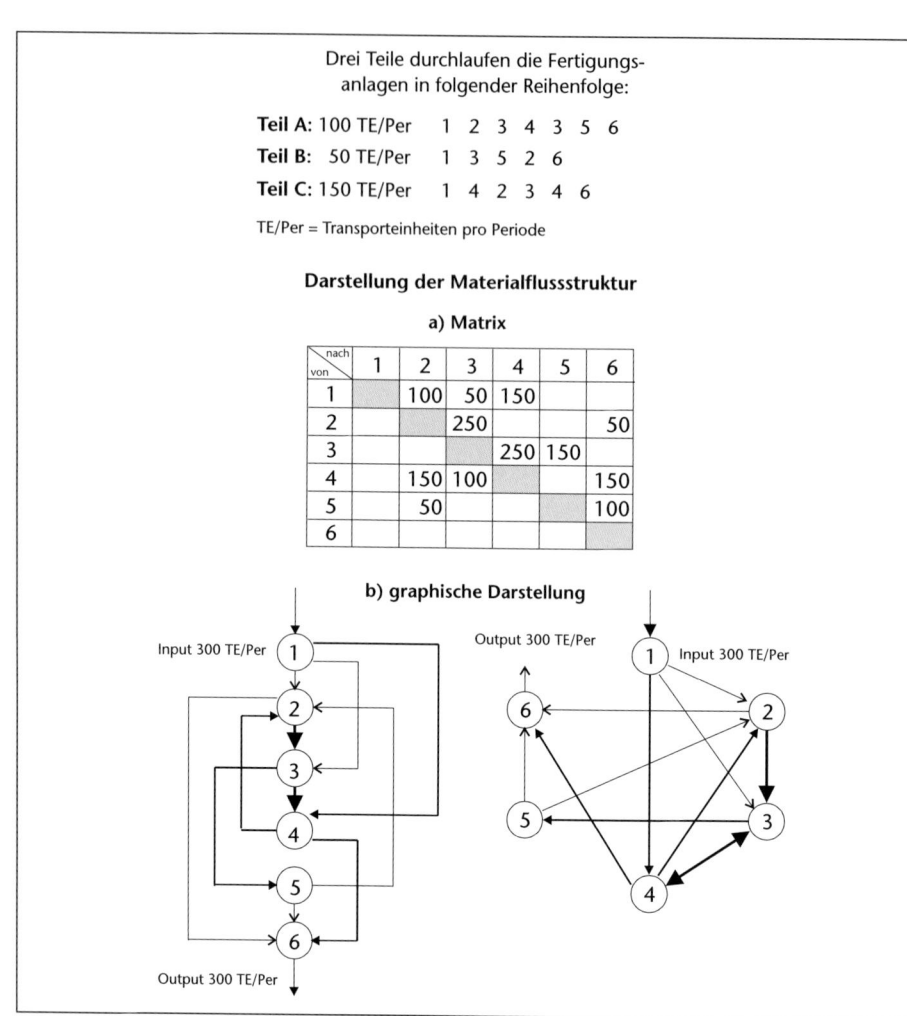

*Abb. 4: Qualitativ-quantitative Materialflussdarstellungsformen*

- Bei einer Darstellung als lagegerechtes Materialflussdiagramm werden die einzelnen Knoten des Netzwerkes entsprechend der Lage der Flächenschwerpunkte der Betriebsmittel maßstabsgerecht angeordnet.

**Vorteile des lagegerechten Materialflussdiagramms**

Ein lagegerechtes Materialflussdiagramm in Verbindung mit einer qualitativ-quantitativen Materialflussmatrix erlaubt eine sehr aufschlussreiche Betrachtung des Materialflusses. Trägt man in der Matrix die Betriebsmittel entsprechend ihrer Anordnung im Betriebsbereich ein, so erlaubt die Auswertung der Matrix, den Anteil der rücklaufenden Materialbewegungen ins Verhältnis zum vorwärts schreitenden Anteil zu setzen. Sie bietet zugleich die Möglichkeit, die Güte einer Planungsvariante zu beurteilen, indem die Materialflussbeziehungen mit der Entfernung, über die sie sich erstrecken, multipliziert werden und das Verhältnis Vorwärtsbewegungen/rücklaufende Bewegungen als Gütemaßstab verwendet wird.

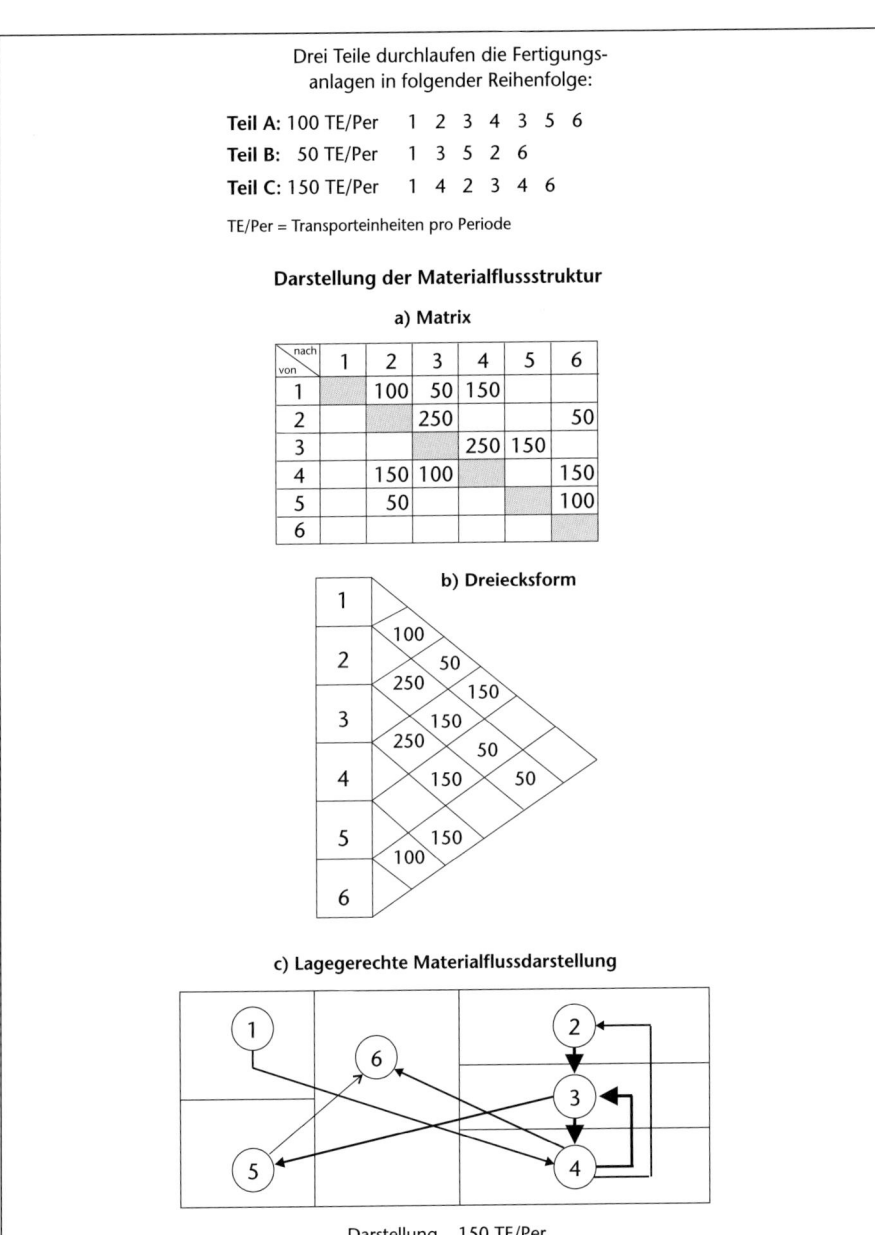

Abb. 5: Sonstige Formen der Materialflussdarstellung

### 4.2.4 Transportsysteme

*von Helmuth Gienke/Rainer Kämpf*

#### 4.2.4.1 Arten von Transportsystemen

Die Überwindung räumlicher Distanzen, also der Transport von Roh-, Hilfs- und Betriebsstoffen, unfertigen Erzeugnissen, Fertigerzeugnissen und Waren zählt zu den logistischen Hauptaufgaben in einer Wertschöpfungskette. Somit muss auch den dafür eingesetzten Instrumenten – den Transportsystemen – besondere Aufmerksamkeit gewidmet werden. Prinzipiell sind zwei Gruppen von Transportsystemen zu unterscheiden:

- außerbetriebliche Transportsysteme
- innerbetriebliche Transportsysteme

**Unterschiede**  Der außerbetriebliche Transport befördert Güter vom Lieferanten zum jeweils betrachteten Unternehmen und von diesem zu seinen Kunden. Anstelle der Begriffe »fördern« oder »befördern« lässt sich auch der Begriff »transportieren« verwenden. Innerbetriebliche Transportsysteme haben die Aufgabe, die Raumüberwindung von Objekten innerhalb des Unternehmens bzw. innerhalb von Betriebsstätten zu bewerkstelligen. Der Transport vollzieht sich dabei innerhalb von Baulichkeiten oder zwischen Baulichkeiten. Die Instrumente, die zum Transport eingesetzt werden, bezeichnet man im Gegensatz zu den in außerbetrieblichen Transportsystemen eingesetzten Verkehrsmitteln als Fördermittel (vgl. DIN 30781).

#### 4.2.4.2 Außerbetriebliche Transportsysteme

**Aufgaben**  Für den außerbetrieblichen Transport gibt es die folgenden Verkehrsträger:

- Straßenverkehr
- Schienenverkehr
- Schiffsverkehr
- Luftverkehr
- Kombinierter Verkehr
- Rohrleitungsverkehr

Abbildung 1 zeigt Beurteilungskriterien, die bei der Auswahl von außerbetrieblichen Transportsystemen zu berücksichtigen sind. Sie werden nur zum Teil vom Unternehmen beeinflusst. Es handelt sich dabei in erster Linie um rechtliche Kriterien, Kostenkriterien, Leistungskriterien und die Infrastruktur.

| Beurteilungskriterien für außerbetriebliche Transportsysteme ||||
|---|---|---|---|
| **Rechtliche Kriterien** | **Infrastruktur** | **Kostenkriterien** | **Leistungskriterien** |
| ■ Gesetze und Verordnungen zum Straßenverkehr<br>■ Fahrverbote zu bestimmten Zeiten<br>■ Umweltschutzgesetzgebung<br>■ Vorschriften über Steuern und Abgaben<br>■ Gefahrgutvorschriften<br>■ Einspruchsmöglichkeiten von Anliegern<br>■ Einfluss des Staates auf die Tarife u.a. | ■ Straßen- und Schienennetz<br>■ Lage der Standorte<br>■ Gewerbepolitik<br>■ Klima<br>■ Einstellung der Bevölkerung u.a. | ■ Frachtkosten<br>■ Transportnebenkosten wie<br>  – Straßenbenutzungsgebühren<br>  – Hafengebühren<br>  – Standgelder<br>  – Zölle<br>■ Handlingskosten<br>■ sonstige Logistikkosten<br>■ Kostenauswirkungen außerhalb der Logistik | ■ Transportzeit<br>■ Transportfrequenz<br>■ technische Eignung der Transportart<br>■ Vernetzungsfähigkeit<br>■ Flexibilität Anfangs- und Endpunkt der Transportart<br>■ Zuverlässigkeit<br>■ Nebenleistungen |

*Abb. 1: Beurteilungskriterien für außerbetriebliche Transportsysteme (Schulte, Logistik)*

## 1 Straßengüterverkehr

Im Straßengüterverkehr werden Kombiwagen, Lieferkraftwagen und Lastkraftwagen als Solofahrzeuge sowie Lastzüge eingesetzt, wobei die Lastkraftwagen hinsichtlich des Transportvolumens die größte Rolle spielen. Die Höhe der Frachtkosten hängt von der Beförderungsstrecke, dem Gewicht der Ladung und der Güterart ab. Nach den Trägern des Straßengüterverkehrs und gleichzeitig nach Tätigkeitsbereichen und Genehmigungsmodalitäten unterscheidet man folgendermaßen:

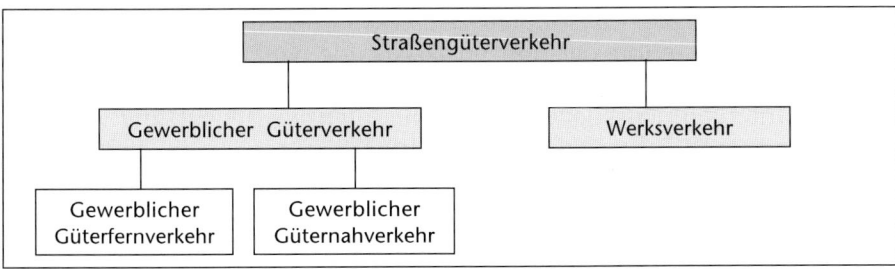

*Abb. 2: Einteilung des Straßengüterverkehrs*

Der Güterfernverkehr wird zzt. durch den »Reichskraftwagentarif« (RKT) mit seinem Bestandteil »Kraftverkehrsordnung für den Güterfernverkehr mit Kraftfahrzeugen« (KVO) geregelt. Zum Betreiben des Güterfernverkehrs ist eine Konzession erforderlich.

**Güterfernverkehr**

## 4.2 Fabrikplanung

**Güternahverkehr** — Für den Güternahverkehr gelten die entsprechenden Vorschriften des Handelsgesetzbuch (HGB), die durch »Allgemeine Beförderungsbedingungen für den gewerblichen Güternahverkehr mit Kraftfahrzeugen« (AGNB) und die »Allgemeinen Deutschen Spediteurbedingungen« (ADSp) ergänzt bzw. abgeändert werden. Darüber hinaus findet der »Tarif für den Güternahverkehr mit Kraftfahrzeugen« (GNT) zwingend Anwendung. Für den gewerblichen Güternahverkehr ist keine Konzession, sondern eine Genehmigungsurkunde erforderlich.

**Grenzüberschreitender Verkehr** — Im grenzüberschreitenden Verkehr ist das »Übereinkommen über den Beförderungsvertrag im internationalen Straßengüterverkehr« (CMR = Convention relative au contrat de transport international des merchandises car route) maßgeblich.

**Werksverkehr** — Der Werksverkehr wird von Unternehmen mit eigenen Fahrzeugen und eigenem Personal allein für den eigenen Bedarf durchgeführt und ist nicht genehmigungspflichtig.

**Perspektiven des Straßengüternahverkehrs** — Der Straßengüterverkehr hat in Deutschland und darüber hinaus nahezu in ganz Europa eine große Bedeutung gewonnen. Durch die Schaffung der EU sind einige Barrieren gefallen, die den Straßengüterverkehr bislang nicht unerheblich behindert haben. Der zukünftige Straßengütertransport wird gekennzeichnet sein durch

- den Wegfall bzw. die Vereinfachung von Grenzformalitäten und damit verkürzte Transportzeiten mit entsprechender Kostensenkung,
- einen vereinfachten Marktzugang,
- Wegfall des Verbotes der Durchführung innerstaatlicher Transporte durch außerstaatliche Transportunternehmen,
- stärkere Konkurrenz,
- leistungsbezogene Tarife und
- mittel- bis langfristig insgesamt eine Verbilligung der Transporte.

Effizienzsteigerungen im Straßengüterverkehr lassen sich u.a. erreichen durch eine Verbesserung der Fahrzeugauslastung, vor allem durch Reduzierung des Leerfahrtenanteils mit Hilfe börsenähnlicher Informationssysteme und Unternehmenskooperationen, die intensivierte Nutzung von Tourenplanungs- und Fahrzeuginformationssystemen sowie eine Reduzierung des auslastungsschwachen Werksverkehrs durch den gewerblichen Straßengüterverkehr. Hemmnisse ergeben sich durch die Überlastung der Straßen, Restriktionen im Transitverkehr, ungleichmäßige Belastungen mit entsprechenden Engpässen und die mangelnde Kommunikation und Organisation zwischen den Trägern des Straßengüterverkehrs innerhalb Deutschlands und international.

Der Straßengüterverkehr zeichnet sich durch folgende Vorteile aus:

**Einsatzkriterien des Straßengüterverkehrs**

- hohe Flexibilität im Hinblick auf die Annahme-, Ablieferungs- und Transporttermine und die Umdispositionsmöglichkeiten von Gütern und Transportmitteln
- permanent möglicher Einsatz in der Haus-zu-Haus-Beförderung
- flächendeckende Güterverteilung im 24-Stunden-Takt
- relative hohe Schnelligkeit
- relativ niedrige Stillstands- und Wartezeiten
- relativ geringes Transportrisiko
- rationale Flächenbedienung
- güter- und mengenangepasster Einsatz von Fahrzeugen (z.B. Kühltransporter, Silofahrzeuge, Tankfahrzeuge, Schwerlasttransporter)

Nachteilig wirken sich aus:

- Verkehrsstörungen
- Witterungseinflüsse
- Einschränkungen bei Gefahrengütern
- eingeschränktes Transportvolumen
- rechtliche Einschränkungen

## 2 Schienenverkehr

Träger des Schienengütertransports ist in erster Linie die Deutsche Bahn AG, ergänzt durch einige private Bahnen, die nicht ins Gewicht fallen. Die Bahn ist bestrebt, ihre Angebote ständig zu verbessern, was u.a. durch folgende Angebotspolitik geschieht:

**Neue Angebote im Schienenverkehr**

- **Kombinierter Verkehr:** Forcierter Aufbau von Punkt-Punkt-Linienverbindungen.

- **Eurail Cargo:** Verbindung der europäischen Wirtschaftszentren in garantierter Qualität Tag A/Tag C bis 1.500 km.

- **Cargo 2.000:** Neues Produktions- und Angebotssystem für den Teilladungsmarkt. Ein neu entwickelter mittelgroßer Container, die »Cargobox«, wird im Hauptlauf in einem Linienzugsystem mit weitgehend automatisierter Umschlagtechnik befördert. Die Sammlung und die Verteilung werden per Lkw auf der Straße vorgenommen.

- **Ganzzugverkehr:** Die Position im »klassischen« Massengutgeschäft soll verteidigt werden. Auf neuen Märkten sollen die Positionen ausgebaut werden, beispielsweise durch Zwischenwerksverkehre.

- Weitere Zusammenfassung des Stützpunktnetzes mit dem Ziel der Schaffung von etwa 40 großen Frachtzentren. Diese Zentren sind nach Realisierung umladefrei im »Nachtsprung« miteinander verbunden.

Die Bahn ist bestrebt, ihr Schienennetz auszubauen, eng mit ihren Partnern im Ausland zu kooperieren und mit ihnen gemeinsame Projekte zu entwickeln. Ein solches stellt z.B. die Magnetschnellbahn dar. Effizienzverbesserungen bei der Bahn sind möglich durch die weitere Umsetzung der rechnergestützten Zugsteuerung (Computer Integrated Railroading, CIR), die Einführung eines ökonomischen Trassenmanagements zur optimalen wirtschaftlichen Nutzung von Engpasstrassen sowie die Verbesserung des Auslastungsgrades von Zügen und Waggons.

Eine von vielen Seiten geforderte Verlagerung des Straßengüterverkehrs auf den Schienenverkehr in größerem Ausmaß ist gegenwärtig illusorisch. Dem stehen Kapazitätsgründe bei der Bahn, Qualitätsgründe, geografische aber auch technische und organisatorische Gründe entgegen.

**Einsatzkriterien Schienenverkehr**

Die Hauptvorteile des Schienenverkehrs bestehen in

- der Unabhängigkeit vom Straßenverkehr,
- der Unabhängigkeit von Sonntags- und Feiertagsfahrverboten auf der Straße,
- der Eignung für sehr viele Güterarten einschließlich sehr schwerer und sperriger Güter sowie für Massengüter,
- geringen Einschränkungen beim Transport von Gefahrengütern,
- der Möglichkeit der Beförderung von Großsendungen mit hohem Wert wie Maschinen, Kraftfahrzeugen, Militärfahrzeugen u.a.,
- dem kostengünstigen Langstreckentransport,
- dem relativ sicheren Transport,
- dem relativ umweltfreundlichen Transport und
- der Möglichkeit, Gleisanschlüsse für Industrieunternehmen mit Hilfe der Bahn zu errichten.

Den genannten Vorteilen steht eine Reihe von Nachteilen entgegen, etwa

- feste Bindung an Fahrpläne,
- Monopolstellung des Hauptbetreibers,
- hohes Defizit mit der Neigung zu Tariferhöhungen und
- Unterlegenheit gegenüber dem Straßengüterverkehr im Nah- bzw. Flächenverkehr.

## 3 Seegütertransport

Der Seegütertransport gehört zum Verkehrsträger »Schiffsverkehr« und ist die bedeutsamste Transportart im interkontinentalen Handel, vor allem auf langen Strecken. Seine Vorteile liegen in der Kostengünstigkeit, insbesondere gegenüber dem Lufttransport, der vielfach die einzige Konkurrenz darstellt, der Möglichkeit zum Massentransport auf langen Strecken, der Eignung besonders zum Transport von Gütern, die nicht zeitkritisch sind, und in der Möglichkeit zum Transport von Gütern, die aufgrund besonderer Eigenschaften nur schwer mit anderen Transportmitteln zu befördern sind. Beim Seegütertransport unterscheidet man die Linienschifffahrt und die Trampschifffahrt.

*Transport auf langen Strecken*

Die Linienschifffahrt ist dadurch gekennzeichnet, dass sie planmäßig auf festgelegten Routen verkehrt und dass Frachtraten festgesetzt werden, die für eine bestimmte Zeit gelten. Die Vorteile der Linienschifffahrt liegen vor allem in

*Linienschifffahrt*

- dem Einsatz von Schiffen mit guter Klassifizierung,
- der guten Ausrüstung der Schiffe mit Ladegeschirr,
- der Terminkenntnis für Exporteur und Importeur mit den sich daraus ergebenden Dispositionsmöglichkeiten und
- der Kenntnis der Seewege und Häfen.

Die Trampschifffahrt befördert Massengüter im »Gelegenheitsverkehr«. Bei dieser Transportart werden Charterverträge für einzelne oder sämtliche Laderäume in der Regel über Makler abgeschlossen. Die Preise werden durch den Markt geregelt.

*Trampschifffahrt*

Die Trampschifffahrt zeichnet sich durch folgende Vorteile aus:

- keine Bindung an die conference terms (c.t.), sondern Frachtraten nach Angebot und Nachfrage; Dumpingpreise und »Sonderangebote« sind häufig festzustellen
- Einsatzmöglichkeit auf allen Seewegen und mit selbst gewählten Häfen

Den Vorteilen stehen aber auch einige Nachteile gegenüber:

- Mehrere Verfrachter mit konträren Seewegs- und Hafenwünschen können die Transportzeit verlängern.
- Die Liegezeiten sind nicht von vornherein fixiert.
- Die Schiffe können für manche Ladungen ungeeignet sein.
- »Leerkosten« für ungenutzte Frachträume können entstehen.
- Die Bonität der Reederei und der eingesetzten Schiffe kann nicht erstklassig sein.

### 4.2 Fabrikplanung

**Container als Förderhilfsmittelstandard**

Eine große Rolle beim Seegütertransport spielen die Container. Laut ISO-Empfehlung 668 (DIN 30791) ist ein Container durch folgende Merkmale charakterisiert:

- von dauerhafter Beschaffenheit, genügend widerstandsfähig für den Wiederholungsgebrauch
- dafür gebaut, die Güter auf einem Transportmittel oder auf mehreren Transportmitteln ohne Umpackung der Ladung zu befördern
- für den mechanischen Umschlag geeignet
- leicht be- und entladbar
- Rauminhalt von mindestens 1 m³

Der Vorteil der Container liegt in ihrer Normung. Diese ermöglicht eine Transportkette (Container-Transportkette), die das Umladen der Güter überflüssig macht und ein Umsetzen von einem Verkehrsträger auf einen anderen gestattet. Es kann davon ausgegangen werden, dass im Handel mit Übersee die hochwertigen Güter in erster Linie per Container befördert werden. Selbstverständlich eignet sich nicht jedes Gut für den Containertransport.

**Voraussetzungen für den Containertransport**

Vor einer Containerverladung sind folgende Punkte zu prüfen:

- Sind die Kolli nach Größe und Gewicht containerisierbar?
- Ist der Auftrag containergerecht (optimale Füllung des Containers)?
- Werden von der in Auswahl genommenen Reederei Container akzeptiert und zu welchen Bedingungen?
- Welcher Containertyp eignet sich für den Transport der Ware und steht dieser mit der üblichen Notizzeit zur Verfügung?
- Ist die Infrastruktur für den Vor- und Nachlauf eines Containers vorhanden?
- Welche örtlichen Gegebenheiten sind bei der Auslieferung des Containers bis zum Kunden zu beachten?
- Ist der Kunde technisch darauf eingerichtet, auf seinem Betriebsgelände Container zu entladen?
- Ist das Ladungsgut im Sinne der Transportvorschriften als Gefahrengut eingestuft?
- Welche Verpackung ist unter Berücksichtigung des gesamten Transportweges geeignet?

**Weitere Beförderungsmöglichkeiten**

Im Überseeverkehr wurde eine Reihe von Beförderungsmöglichkeiten entwickelt, auf die hier nur am Rande eingegangen werden kann. Es handelt sich hierbei um folgende:

- **An-/Ablieferungsstatus:** z.B. Haus-Haus-Transport, Haus-Pier-Verkehr, Pier-Haus-Verkehr, Beförderung von Stückgutsendungen in Reederei-Einsammelcontainern u.Ä.

- **Konferenzlinien/Kontaktbindung:** Konferenzlinien befördern regelmäßig in bestimmte Gebiete mit einer Reihe von Schifffahrtsdienstleistungen zu festen Tarifen.

- **Konferenzunabhängige Linie:** Outsider befördern zu günstigen Tarifen, aber ohne breit gefächerte Dienstleistungen.

- **Non Vessel Operating Common Carrier (NVOCC):** Container werden von einem Unternehmen zur Verfügung gestellt und mit diversen Verkehrsträgern transportiert.

Der Erfolg des Container-Verkehrs ist u.a. auf Container-Informations- und Kommunikationssysteme zurückzuführen: z.B. Seedos, Taldos, Condicos, Contradis, Ships u.a.

## 4 Binnenschifffahrt

Die Binnenschifffahrt gehört ebenfalls zum Verkehrsträger »Schiffsverkehr« und eignet sich vornehmlich für den Transport von Massengütern, die nicht schnellstens befördert werden müssen. Eine Sonderstellung nehmen die Short-Sea-Verkehre in Europa ein. Es handelt sich dabei um Transporte entlang der Küsten und auf Flüssen und Kanälen innerhalb Europas, die das europäische Straßen- und Schienensystem entlasten. Im Wesentlichen werden im Schifffahrtsgütertransport die in Abbildung 3 dargestellten Schiffstypen eingesetzt. Welche Schiffe in Anspruch genommen werden, hängt von der Qualität, Kapazität und Geschwindigkeit des Schiffes, seiner Eignung für das jeweilige Transportgut und den anzufahrenden Hafen, den Transportkosten, der Qualität der Mannschaft, dem Ruf der Reederei u.Ä. ab.

**Transport von Massengütern**

Die Vorteile der Binnenschifffahrt liegen in

**Einsatzkriterien Binnenschifffahrt**

- der Kostengünstigkeit des Transports,
- der Massenleistungsfähigkeit und
- der Umweltfreundlichkeit.

Nachteile ergeben sich aus

- dem geringen Streckennetz,
- der Witterungsabhängigkeit und
- nicht unerheblichen Kosten für Handling und Umschlag beim Fehlen geeigneter Anlegestellen am Entladungsort.

| | |
|---|---|
| Schubschiffe | ■ in der Binnenschifffahrt eingesetzte Motorschiffe zur Bewegung eines Schubverbandes |
| Stückgutfrachter | ■ Motorschiffe, die auf hoher See, in der Küstenschifffahrt sowie in Binnengewässern Stückgut befördern |
| Schüttgutfrachter | ■ Motorschiffe, die auf hoher See, in der Küstenschifffahrt sowie in Binnengewässern Schüttgut befördern |
| Tanker | ■ Frachtschiffe für den Fließguttransport mit großer Länge<br>■ sie werden als Hochsee- und als Binnenschiffe gebaut |
| Containerschiffe | ■ in der Regel als Hochseeschiffe eingesetzte offene Frachtschiffe<br>■ die Laderäume enthalten senkrechte, zellenförmige Führungsschächte für die Container<br>■ unter Deck lassen sich bis zu neun Lagen, über Deck bis zu vier Lagen Container stapeln |
| Feeder | ■ zum Transport von Containern im Kurzstrecken- und Zubringerdienst im Nahbereich einer kontinentalen Hafenkette eingesetzt<br>■ weitaus kurzer und weniger leistungsfähig als Containerschiffe |
| Swim-in-swim-out-Schiffe | ■ zum Transport von Binnenschifffahrtsverkehrsmitteln über See als Sonderbauart konstruierte Spezialschiffe |
| Roll-in-roll-off-Schiffe | ■ zum Transport von Straßen- und Schienenverkehrsmitteln eingesetzte Spezialschiffe<br>■ in erster Linie auf relativ kurzen Strecken fahrend, u.a. im Mittelmeer, in der Nord- und Ostsee, in der Irischen See, im Gebiet der großen Seen u.Ä. |
| Barge-Carrier | ■ Trägerschiffe, die in einer Binnengewässer-Hochsee-Binnengewässer-Transportkette eingesetzt werden<br>■ Binnenschiffe und Leichter sind das Transportgut |

*Abb. 3: Schiffstypen im Schiffsgüterverkehr (Ehrmann, Logistik)*

## 5 Luftfrachttransport

Der Transport selbst geschieht größtenteils durch Linienfluggesellschaften. Rund 75 % des gesamten Luftfrachtverkehrsaufkommens bezogen auf die verkauften Tonnenkilometer (Revenue Tons Kilometer, RTK) erfolgt im Linienverkehr. Der Luftfrachttransport wird in Passagiermaschinen, in Kombinationsflugzeugen und reinen Frachtflugzeugen durchgeführt.

Die Luftfrachttransportkette entsteht wie folgt:

**Luftfracht-transportkette**

- Abholen der Waren durch den Spediteur (Consolidator) beim Versender
- Bündelung nach Eilbedürftigkeit, Größe, Menge, Gewicht zu Sammelladungssendungen und eventuelle Zwischenlagerung
- Verzollung der Ware im grenzüberschreitenden Verkehr
- Transport per Linienmaschine oder Frachtflugzeug zum Bestimmungsflughafen
- ggf. Zollabfertigung
- ggf. Zwischenlagerung
- Abholen der Ware durch einen Spediteur und Zustellung an den Empfänger mit Lkw

Seit Beginn der achtziger Jahre des 20. Jahrhunderts spielt der Integrator im Luftfrachttransport eine bedeutende Rolle. Der Integrator verfügt über eine eigene oder gemietete Luftflotte vom kleinen Transportflugzeug bis zum Großraumfrachtflugzeug und über Bodentransportmittel. Er bietet Expressleistungen und »door-to-door-Leistungen« an, garantiert Laufzeiten und offeriert günstige Komplettpreise. Sein Auftreten hat dem Luftfrachtmarkt wichtige Impulse gegeben. Die Waren befinden sich während des »door-to-door-Transportes« lediglich etwa zu 10–20 % in der Luft, die restliche Zeit sind sie am Boden (Transport vom Versender zum Flughafen und vom Flughafen zum Empfänger, Umschlag, Lagerung, Zollabfertigung), was die Entscheidung für ein anderes Transportmittel erleichtern kann.

**Integrator**

Bei der Entscheidung für den geeigneten Transportweg sollten nicht nur die reinen Transportkosten berücksichtigt werden, sondern auch die anfallenden Nebenkosten für Anlieferung, Verpackung u.Ä. Weitere Entscheidungskriterien sind die Verkürzung der Lagerhaltungsdauer durch den schnellen Transport, die Verminderung von Kapitalbindungskosten oder Einsparungen bei den Versicherungsbeiträgen, die im Luftverkehr niedriger sind als bei anderen Verkehrsträgern.

**Einsatzkriterien Luftfrachttransport**

Neben der kurzen Beförderungsdauer über große Entfernungen, der Transportsicherheit und Transporthäufigkeit ist es für die Effizienz des Luftfrachtmarktes entscheidend, dass dem Kunden

- »maßgeschneiderte« Leistungen zu akzeptablen Preisen angeboten werden,
- ein weltweites Flugnetz existiert,
- weltweite »door-to-door-Lösungen« zur Verfügung gestellt werden,
- Komplettangebote möglichst aus einer Hand offeriert werden,
- eine permanente Laufzeit- und Wegkontrolle existiert,
- hohe Produkt- und Servicequalität geboten wird und
- eine einheitliche und zentrale Betreuung sichergestellt wird.

Der Luftfrachttransport bietet sich demnach an bei hochwertigen, zeitkritischen Gütern und ist gekennzeichnet durch

- kurze Beförderungszeiten,
- Überbrückung großer Distanzen,
- große Zuverlässigkeit,
- große Transporthäufigkeit,
- hohe Transportkosten,
- relativ niedrige Beförderungskapazität und
- noch relativ wenige Standorte.

### 6 Kombinierter Transport

Aus Gründen der Wirtschaftlichkeit, aber auch der Verkehrsinfrastruktur wird die Güterbeförderung häufig nicht nur mit einem Transportmittel vorgenommen, sondern mehrere Transportmittel werden zu einer Transportkette kombiniert.

*Einsatzkriterien kombinierter Transport*

Die Vorteile des Straßen-, Schienen-, Wasser- und Luftverkehrs werden miteinander verbunden. Als Nachteil ergibt sich in der Regel eine längere Transportzeit als mit nur einem Transportmittel, bedingt durch den Warenumschlag und die Abhängigkeit von Fahrplänen. Je länger allerdings eine Fahrstrecke ist, umso mehr werden diese Nachteile kompensiert. Mögliche Kombinationsformen zeigt Abbildung 4.

| Kombinationsform | Charakteristika |
|---|---|
| **Huckepackverkehr mit den folgenden Formen** | ■ Kombination von Straßen- und Schienentransport |
| | ■ Der Transport zum Bahnhof des Versenders und vom Bahnhof des Empfängers erfolgt per Lkw. |
| **Rollende Landstraße** | ■ Vollständige Last- oder Sattelzüge werden auf Spezialwaggons der Bahn befördert. |
| | ■ Üblicherweise fährt der Lkw-Fahrer im Personenwaggon (Liegewagen) mit. |
| **Transport von Sattelanhängern** | ■ Sattelanhänger werden mittels eines Kranes auf Spezialwaggons verladen. |
| | ■ Die Zugmaschine wird nicht mitbefördert. |
| **Transport von Wechselbehältern** | ■ Containerähnliche Behälter werden mit Kranen verladen und befördert. |
| **Kombinierter Containerverkehr** | ■ Container werden mit mehreren Verkehrsmitteln befördert. |
| | ■ Praktisch bieten sich alle Kombinationen zwischen Straße, Schiene, Luftfahrt und Seefahrt an. |

| Kombinationsform | Charakteristika |
|---|---|
| Ro-Ro-Verkehr | ■ Landfahrzeuge werden teilweise auf Schiffen befördert.<br>■ Man spricht auch von der »schwimmenden Landstraße«. |
| Lash-Verkehr<br>(lighter aboard ship) | ■ Kombination von Binnenschifffahrt und Seeschifffahrt<br>■ Per Kran werden schwimmende Leichter auf Seeschiffe verladen und mit diesen befördert. |

Abb. 4: Formen des kombinierten Transports (Ehrmann, Logistik)

### 7 Rohrleitungstransport

Der Rohrleitungstransport dient der Beförderung flüssiger und gasförmiger Güter wie Wasser, Erdöl mit seinen Produkten und Erdgas. Verkehrsweg, Transportgefäß und Transportmittel sind bei dieser Transportart identisch. Mit Hilfe fest installierter Maschinen oder der Schwerkraft wird der Transport in Gang gesetzt.

Vorteile des Rohrleitungstransports ergeben sich aus

**Einsatzkriterien Rohrleitungstransport**

- seiner Umweltfreundlichkeit,
- der hohen Zuverlässigkeit,
- der Wetterfestigkeit,
- der Unabhängigkeit von Verkehrswegen und
- der relativen Diebstahlsicherheit.

Nachteile sind

- die hohen Errichtungs- und Revisionskosten,
- die Gefahr des »Anzapfens« der Pipelines durch Unbefugte und
- umständliche Genehmigungsverfahren.

#### 4.2.4.3 Innerbetriebliche Transportsysteme

Die bei der Konzipierung innerbetrieblicher Transportsysteme zu verfolgenden Ziele zeigt Abbildung 5.

**Aufgaben und Ziele**

Zur Bewältigung der innerbetrieblichen Transportaufgaben ist eine Vielzahl von Fördermitteln konstruiert worden, so dass ein Überblick schwer fällt. Welche Fördermittel eingesetzt werden, hängt von den folgenden Faktoren ab:

**Fördermittelarten**

- verfügbare Mittel
- Unternehmensgröße
- innerbetriebliche Standorte
- Art der Fertigungsverfahren
- Förderstrecken
- Förderungsgeschwindigkeit und Förderungsintensität
- Art und Ausmaße der zu fördernden Güter
- Automatisierungsgrad des Betriebes
- Elastizität des Betriebes u.Ä.

| Ziele | Zielinhalte |
|---|---|
| **optimale Nutzung** | ■ minimale Transportkosten<br>■ minimale Leerwege<br>■ hohe funktionale und zeitliche Auslastung |
| **hoher Servicegrad** | ■ kurze Auftragswartezeiten<br>■ niedrige Transportzeiten |
| **hohe Flexibiltät** | ■ breites Spektrum an Transportgütern<br>■ leichte Anpassung an betriebliche Umstellungen |
| **hohe Transparenz** | ■ Informationen über die aktuelle Situation<br>■ verursachungsgerechte Kostenverrechnung<br>■ Erzeugung von Kennzahlen |

Abb. 5: *Ziele innerbetrieblicher Transportsysteme (Schulze/Weber, Einbindung konventioneller Flurförderzeuge in ein CIM-Konzept)*

Nimmt man eine Systematisierung der Fördermittel vor, bietet sich zunächst eine Unterteilung in die Klassen Stetigförderer und Unstetigförderer an. Darüber hinaus existieren jedoch weitere Einteilungskriterien wie z.B. die Flurbindung, der Automatisierungsgrad, die Beweglichkeit oder der Antrieb.

## 1 Stetigförderer

Stetige Fördermittel werden verwendet, wenn feste Transportstrecken vorhanden sind, die einen kontinuierlichen Materialfluss ermöglichen. Zu den Stetigförderern zählen hauptsächlich folgende:

- Rollenbahnen
- Röllchenbahnen
- Scheibenrollbahnen
- Gurtförderer
- Stapelförderer
- Kreisförderer
- Unterflurförderanlagen

| | Flurbindung | Automatisierungsgrad | Beweglichkeit | Antrieb | Fördermittelarten |
|---|---|---|---|---|---|
| Stetigförderer | flurgebunden | maschinell | ortsfest | Zugmittel | ■ Unterflurschleppkettenförderer |
| | aufgeständert | maschinell | ortsfest | ohne Zugmittel | ■ Rollenbahn<br>■ Schwingförderer |
| | aufgeständert | maschinell | ortsfest | Fördermedium | ■ Hydraulikförderer<br>■ Pneumatikförderer |
| | aufgeständert | maschinell | ortsfest | Schwerkraft | ■ Rollenbahn<br>■ Röllchenbahn<br>■ Kugelbahn<br>■ Rutsche<br>■ Fallrohr |
| | flurfrei | maschinell | ortsfest | Zugmittel | ■ Kreisförderer<br>■ Schleppkreisförderer |
| Unstetigförderer | flurgebunden | manuell | geführt fahrbar | Einzelantrieb | ■ Regalbediengerät |
| | flurgebunden | manuell | frei fahrbar | Einzelantrieb | ■ Schlepper<br>■ Wagen<br>■ Gabelhubwagen<br>■ Stapler<br>■ Luftfilmtransporter |
| | flurgebunden | maschinell | geführt fahrbar | Einzelantrieb | ■ Regalbediengerät<br>■ Umsetzer<br>■ Verschiebewagen<br>■ automatisches Flurförderzeug |
| | flurgebunden | maschinell | frei fahrbar | Einzelantrieb | ■ automatisches Flurförderzeug |
| | aufgeständert | maschinell | ortsfest | Einzelantrieb | ■ Aufzug |
| | aufgeständert | maschinell | geführt fahrbar | Einzelantrieb | ■ Kanalfahrzeug<br>■ Verteilfahrzeug |
| | flurfrei | manuell | geführt fahrbar | Muskelkraft | ■ Trolleybahn<br>■ Rohrbahn |
| | flurfrei | manuell | geführt fahrbar | Einzelantrieb | ■ Brückenkran<br>■ Hängekran<br>■ Stapelkran<br>■ Konsolkran<br>■ Drehkran<br>■ Portalkran |
| | flurfrei | maschinell | geführt fahrbar | Einzelantrieb | ■ automatischer Kran<br>■ Elektrohängebahn<br>■ Kleinbehältertransportsystem |

*Abb. 6: Einteilung Fördermittel (Jünemann, Materialfluß und Logistik)*

- Kettenförderer
- Rutschen
- Wendelrutschen
- Wendelförderer
- Becherwerke

Diese Fördermittel spielen vor allem in der Massenfertigung eine große Rolle. Sie transportieren die Güter bis zur Entnahme, die unterschiedlich erfolgen kann, automatisch, mechanisch oder manuell.

**Einsatzkriterien Stetigförderer**

Stetige Fördermittel weisen als Vorteile aus

- die Einsatzbereitschaft während 24 Stunden,
- den niedrigen Mitarbeiterbedarf und
- relativ niedrige Betriebskosten.

Nachteile ergeben sich durch

- die hohen Investitionskosten,
- die Wirtschaftlichkeit erst bei größerer Auslastung,
- die mangelnde Möglichkeit eines anderweitigen Einsatzes und
- große Materialflussprobleme bei einem Ausfall.

## 2 Unstetigförderer

Unstetigförderer unterscheiden sich von den Stetigförderern dadurch, dass sie die Transportrichtung größtenteils bestimmen können und dass während ihrer Transportwege Unterbrechungen möglich sind. Abbildung 7 zeigt eine Typisierung der Unstetigförderer.

### 2a Hebezeuge

**Ortsfeste Hebezeuge**

Hebezeuge können ortsfest und fahrbar sein. Ortsfeste Hebezeuge sind Aufzüge und spezielle Hebebühnen. Sie werden in mehrstöckigen Gebäuden eingesetzt und dienen der Beförderung von Personen und Gütern in vertikaler Richtung.

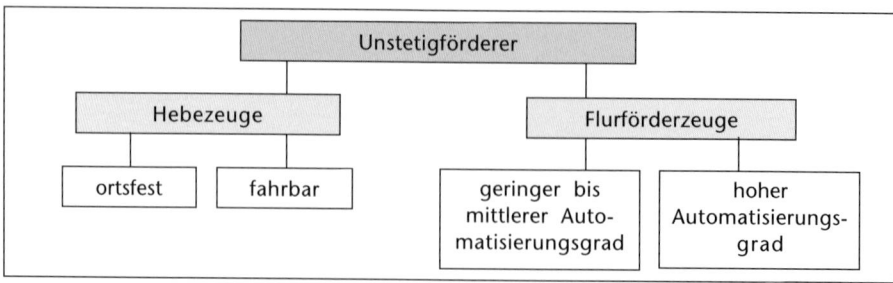

*Abb. 7: Typisierung Unstetigförderer*

Zu den fahrbaren Hebezeugen zählen entweder als frei fahrbare oder geführt fahrbare Hebezeuge in erster Linie Brückenkrane, Hängekrane, Drehkrane, Stapelkrane, Portalkrane, Laufkrane sowie Fahrzeugkrane.

**Fahrbare Hebezeuge**

Der Vorteil dieser Krane besteht darin, dass sie keine Bodenflächen als Transportwege blockieren, sondern die Raumdecken ausnutzen. Fahrbare Hebezeuge werden mit verschiedenen Lastaufnahmevorrichtungen ausgestattet. Ihr Nachteil liegt in ihrer relativen Starrheit. Krane zeichnen sich dadurch aus, dass sie nicht an Wege (Fluren) gebunden sind und große Flächen und die ganze Höhe des Lagers bedienen können. Sie sind in der Lage, Güter aufzunehmen, in mehrere Richtungen zu transportieren, zu stapeln und abzulegen.

**Krane**

### 2b Flurförderzeuge

Flurförderzeuge benötigen Flure, d.h. Wege, auf denen sie sich zwischen den gelagerten Gütern bewegen. Diese Wege müssen ausreichend dimensioniert sein. Flurförderzeuge können manuell oder maschinell betrieben werden, sind frei fahrbahr oder geführt fahrbar und können einen geringen bis mittleren oder einen hohen Automatisierungsgrad haben.

Unter den Flurförderzeugen mit geringem bis mittlerem Automatisierungsgrad nehmen die Stapler, was die Menge der eingesetzten Förderzeuge anbelangt, den ersten Rang ein. Stapler sind dadurch gekennzeichnet, dass bei ihnen im Gegensatz zu den Wagen der »Lastangriff« außerhalb der Radbasis geschieht. Bei der Auswahl der Stapler sind die Antriebsart, der konstruktive Aufbau, die benötigte Arbeitsfläche, die Tragkraft sowie der Einsatzbereich (innen/außen) zu berücksichtigen. Es befindet sich eine Vielzahl von Staplern mit verschiedenen Gabelsystemen im Einsatz, auf die hier nicht im Einzelnen eingegangen werden kann. Gebräuchliche Stapler sind:

**Stapler**

- **Frontstapler** mit der zu befördernden Last freitragend vor den Vorderrädern. Der Fahrer sitzt in Richtung des Fördergutes. Diese Stapler werden innen wie außen eingesetzt und zeichnen sich durch die Möglichkeit hoher Traglasten und großer Geschwindigkeiten aus.

- **Schubmaststapler** werden in erster Linie zur Lagerung von Paletten in Gebäuden eingesetzt. Der Fahrer sitzt quer zur Fahrtrichtung. Um die Lasten aufzunehmen und abzugeben, muss der Mast bis an die Vorderräder geschoben werden, während des Transportes wird er wieder in die Ausgangslage gebracht. Diese Form der Stapler können für große Gewichte nicht eingesetzt werden und eignen sich schlecht für Transporte außerhalb der Gebäude.

- **Gabelhubwagen** können handbetrieben oder elektroangetrieben werden. Mit ihnen werden Paletten bewegt und bis zu 4 m angehoben (Gabelhochhubwagen).

- **Seitenstapler** transportieren Langgut, deshalb befindet sich ihr Schiebemast quer zur Fahrtrichtung.

- **Schmalgangstapler** gibt es mit Schwenkhub- oder Teleskopgabel mit und ohne hebbaren Bedienkorb und mit starrer Gabel. Sie zeichnen sich durch große Arbeitsgeschwindigkeiten aus, haben seitliche Schienenführung im Arbeitsgang, haben die Eigenschaft der Diagonalfahrt und können sehr schnell am Einsatzort positioniert werden.

Zu den Flurförderzeugen mit hohem Automatisierungsgrad zählen die Regalbediengeräte und die fahrerlosen Transportsysteme (FTS).

**Regalbediengeräte** Regalbediengeräte bedienen rechnergesteuerte Lagerplätze, sie fahren diese an und sind in der Lage, automatisch ein- und auszustapeln. Wegen ihrer Arbeitsgeschwindigkeit, der guten Steuerbarkeit und des geringen Raumbedarfs können sie als besonders wirtschaftlich angesehen werden.

**Fahrerlose Transportsysteme** Fahrerlose Transportsysteme verfügen über keine festen mechanischen Führungen; ihren Weg zeichnet man durch am Boden optisch, magnetisch oder induktiv verlegte Leitlinien oder mit Hilfe von rechnergespeicherten Umweltmodellen (Bildverarbeitung, Ultraschall) vor. Fahrerlose Transportsysteme haben eine physische (Fahrzeug, Fahrkurs, Lastübergabe) und eine informatorische Ebene (Fahrzeug- und Anlagensteuerung). Die Fahrzeugsteuerung bewirkt die Zielsteuerung, die Anlagensteuerung soll Kollisionen unmöglich machen.

### 4.2.4.4 Förderhilfsmittel

Zu der Logistik-Hardware sind auch die Förderhilfsmittel zu zählen. Sie haben die Aufgabe, Ladeeinheiten zu bilden, d.h. mehrere einzelne Güter zu größeren Transporteinheiten zu kombinieren. Förderhilfsmittel werden auch als Transporthilfsmittel, Ladehilfsmittel, Lagerhilfsmittel oder Packmittel bezeichnet. Die Förderhilfsmittel sollen das Ladegut schützen, das Auf- und Abladen erleichtern, die Gestaltung des Transports rationalisieren, eine gute Lagerfähigkeit herstellen und bei der Identifikation der Ladegutart unterstützen.

**Einsatzkriterien Förderhilfsmittel** Bei der Entscheidung für geeignete Förderhilfsmittel sind folgende Prinzipien zu beachten:

- Ladeeinheit = Transporteinheit = Lagereinheit
- Auswahl kostengünstiger Förderhilfsmittel, aber: die billigsten Förderhilfsmittel sind nicht gleichzeitig die sichersten
- Beschränkung auf möglichst wenige Förderhilfsmittelarten
- Einsatz von möglichst vielen mehrfach verwendbaren Förderhilfsmitteln
- Verwendung möglichst vieler genormter Förderhilfsmittel
- Auswahl von Förderhilfsmitteln, die nicht rücktransportiert werden müssen, sondern Bestandteil eines Pools sein können (z.B. bei Kabeltrommeln)
- Verwendung umweltschonender bzw. leicht zu entsorgender Materialien
- Verwendung international gebräuchlicher Förderhilfsmittel

Förderhilfsmittel können nach mehreren Gesichtspunkten eingeteilt werden. Häufig wird nach Paletten, formstabilen Behältern, forminstabilen Behältern und sonstigen Förderhilfsmitteln unterschieden.

| Unterscheidungsmerkmal | Zugehörende Förderhilfsmittel |
|---|---|
| **Paletten** | ■ Flachpaletten<br>■ Rungenpaletten<br>■ Behälterpaletten (Gitterboxenpaletten, Vollwandboxpaletten, Tankpaletten, Silopaletten) |
| **formstabile Behälter** | ■ Kasten<br>■ Kartons<br>■ Styropor-Verpackungen<br>■ Fässer<br>■ Dosen, Kanister<br>■ Flaschen u.a |
| **forminstabile Behälter** | ■ Säcke<br>■ Beutel |
| **sonstige Förderhilfsmittel** | ■ Rollen<br>■ Gebinde u.a |

Abb. 8: *Zusammenstellung der Förderhilfsmittel (Ehrmann, Logistik)*

Eine weitere verbreitete Einteilung der Förderhilfsmittel unterscheidet in tragende, umschließende und abschließende Förderhilfsmittel. Daraus ergibt sich die in Abbildung 9 dargestellte Übersicht.

| tragende Förderhilfsmittel | ■ Flachpaletten<br>■ Werkstückträger |
|---|---|
| umschließende Förderhilfsmittel | ■ Gitterboxpaletten<br>■ Paletten mit Aufsetzrahmen<br>■ Kästen |
| abschließende Förderhilfsmittel | ■ Großbehälter wie Container, Wechselpritschen für LKW<br>■ Kisten<br>■ Fässer<br>■ Kartons<br>■ Kanister u.a. |

Abb. 9: *Einteilung der Förderhilfsmittel (Ehrmann, Logistik)*

## Literaturempfehlungen

*Ehrmann, H.:* Logistik. Ludwigshafen 1995.

*Jünemann, R.:* Materialfluß und Logistik. Berlin, Heidelberg, New York 1989.

*Schulte, C.:* Logistik. München 1995.

*Schulze, L.; Weber, U.:* Einbindung konvetioneller Flurförderzeuge in ein CIM-Konzept. In: Betriebsleiter, München 1987.

### 4.2.5 Lagersysteme

*von Rainer Kämpf*

**Aufgaben der Lagerung**

Die Lagerung hat die Aufgabe der Zeitüberbrückung zwischen Warenverfügbarkeit und Bedarf. Im Interesse des Flussprinzips sollte die Logistik zwar dazu beitragen, dass eine Lagerhaltung ganz entfällt oder zumindest nur im geringen Umfang erforderlich wird, jedoch kann dieses Postulat aus nahe liegenden Gründen nicht erfüllt werden. Die Logistik kann allerdings dazu beisteuern, dass Lagerfunktionen möglichst optimal erfüllt werden. Es handelt sich dabei um die folgenden Funktionen:

- Sicherungsfunktion
- Ausgleichsfunktion
- Spekulationsfunktion
- Sortierfunktion
- Kostensenkungsfunktion

Um die genannten Lagerfunktionen ausüben zu können, sind eine Reihe von Einrichtungen zu schaffen, diverse Techniken einzusetzen und organisatorische Regelungen zu treffen, die zu einem Gesamtsystem Lager zusammengefasst werden. Die Lagertechnik bzw. Lagereinrichtungstechnik prägt die Lagerart bzw. den Lagertyp. In welchem Ausmaß dies der Fall ist, lässt sich erkennen, wenn man die Strukturierung der Lagerarten betrachtet.

**Lagerarten**

Lager lassen sich nach mehreren Gesichtspunkten strukturieren. Abbildung 1 zeigt eine Einteilung nach Lagerarten und die dazugehörenden Unterscheidungsmerkmale.

**Lagertechnik**

Unter der Lagertechnik sind die technischen Lagersysteme zu verstehen. Dazu gehören:

- Bodenlager ohne Lagerhilfsmittel
- Blocklager
- Zeilenlager
- Regallager

#### 4.2.5.1 Bodenlager

**Aufbau**

Die reinen Bodenlager, auch Flachlager genannt, ermöglichen die einfachste Form der Lagerung. Die Lagergüter werden verpackt oder unverpackt flach auf den Boden gelegt. Diese Lagerungsform ermöglicht einen problemlosen Zugriff auf die Lagergüter, vorausgesetzt, es werden entsprechende Lagerwege geschaffen. Das FiFo-Prinzip (First-in-First-out) wird durch das Bodenlager gewährleistet.

| Lagerart | Unterscheidungsmerkmal |
|---|---|
| ■ Eigenlager<br>■ Fremdlager<br>■ Kommissions- bzw.<br>■ Konsignationslager | Eigentümer |
| ■ Beschaffungslager<br>■ Absatzlager | Marktbeziehung |
| ■ Zentrallager<br>■ dezentrales Lager | Zentralisierungsgrad |
| ■ Hauptlager<br>■ Nebenlager | Bedeutung |
| ■ Eingangslager<br>■ Zwischenlager<br>■ Absatzlager | Wertschöpfungsprozess |
| ■ Materiallager<br>■ Fertigproduktlager<br>■ Handelswarenlager<br>■ Werkzeuglager<br>■ Ersatzteillager<br>■ Büromateriallager u.a. | gelagerte Güter |
| ■ Außenlager<br>■ internes Lager | Standort |
| ■ offenes Lager<br>■ halb offenes Lager<br>■ festes Gebäude<br>■ flaches Gebäude<br>■ hohes Gebäude | Lagerbauweise |
| ■ statisches Lager<br>■ dynamisches Lager | Position des Lagergutes während der Lagerdauer |
| ■ manuell bedientes Lager<br>■ mechanisiertes Lager<br>■ automatisiertes Lager | Automatisierungsgrad |
| ■ Bodenlager ohne Lagerhilfsmittel<br>■ Blocklager<br>■ Zeilenlager<br>■ Regallager | Lagertechnik |
| ■ Regallager<br>■ Palettenlager<br>■ Behälterlager<br>■ Schranklager<br>■ Vitrinenlager u.Ä. | Lagereinrichtungen |
| ■ Lager mit Stetigförderern<br>■ Lager mit Unstetigförderern | Lagertransportmittel |

*Abb. 1: Einteilung der Lagerarten*

**Einsatzkriterien Bodenlager**

Die Bodenlager bieten sich besonders für sperrige Güter an. Für die Lagerung vieler Güter kann der Raum in voller Flächenausdehnung und voller Höhe genutzt werden. Eine Sonderform sind die Schüttlager für Lagergüter wie Getreide.

### 4.2.5.2 Blocklager

**Aufbau**

Bei der technisch sehr unkomplizierten Blocklagerung werden die Lagergüter in großen Blocks auf dem Boden gelagert. Werden die Güter gestapelt, muss auf eine druck- bzw. reißunempfindliche Verpackung geachtet werden. Theoretisch können die Lagerräume bis unter die Decke ausgenutzt werden, doch hängt dies neben der Güterart und Verpackung von den Raumeigenschaften ab. Als besonders vorteilhaft erweisen sich Blocklager, wenn keine große Artikelvielfalt gelagert wird und größere Mengen der einzelnen Lagergüter vorliegen. Blocklager findet man u.a. in:

- der Baustoffindustrie
- dem Baustoffhandel
- der Getränkeindustrie
- der Lebensmittelindustrie
- der Papierindustrie

Um Raum zu sparen und gleichzeitig die Lagergüter vor Beschädigung zu schützen, werden diese oft auf Paletten oder in Containern positioniert.

**Einsatzkriterien Blocklager**

Vorteile der Blocklagerung bestehen in

- den niedrigen Investitionskosten,
- den in der Regel geringen Lagerkosten,
- der Flexibilität,
- einer geringen Störanfälligkeit,
- dem geringen Personalbedarf und
- den häufig niedrigen Anforderungen an das Lagergebäude.

Nachteile ergeben sich dadurch, dass

- bei einer größeren Artikelzahl keine Transparenz besteht,
- die Produktentnahme nur von wenigen Stellen möglich ist,
- das FiFo-Prinzip nicht eingehalten werden kann,
- die Bestandsführung und Bestandskontrolle erschwert ist,
- nur geringe Automatisierungsmöglichkeiten gegeben sind und
- eine Beschädigungsgefahr beim Handling besteht.

### 4.2.5.3 Zeilenlager

Von Zeilenlagern spricht man, wenn die Güter auf dem Lagerboden in Zeilen gelagert werden; dadurch wird der Zugriff zu den Lagergütern erleichtert, der Raumbedarf jedoch größer. **Aufbau**

Die Vor- und Nachteile der Zeilenlagerung sind im Wesentlichen die gleichen wie bei der Blocklagerung. **Einsatzkriterien Zeilenlager**

### 4.2.5.4 Regallager

Bei der Regallagerung erfolgt die Lagerung in mehreren Ebenen mit Hilfe eines Regalsystems. Der direkte Zugriff auf die gelagerten Güter ist jederzeit möglich, die Raumausnutzung sehr günstig. Regale existieren in den unterschiedlichsten Ausführungen und werden aus verschiedenen Materialien hergestellt. Die Regallagerung kann statisch oder dynamisch erfolgen. **Aufbau**

Eine statische Lagerung liegt vor, wenn die Lagergüter von der Einlagerung bis zur Auslagerung nicht mehr bewegt werden, z.B. beim Palettenlager. Bei einer dynamischen Lagerung finden vor der Auslagerung noch Bewegungen statt, wobei folgende Möglichkeiten bestehen: **Statische oder dynamische Lagerung**

- Bewegung der Lagergüter in feststehenden Regalen, z.B. Durchlaufregalen
- Bewegung der Lagergüter mit den Regalen (bewegte Regale, feststehende Lagereinheiten, z.B. Umlaufregale)
- Bewegung der Lagergüter auf Fördermitteln mit Lagerfunktion, z.B. Rollbahnen oder Hängebahnen mit Lagerfunktion

Im Folgenden werden wichtige Regallager-Formen dargestellt.

#### 1 Fachboden-Regallager

Fachboden-Regale setzen sich aus Ständern und Fachböden zusammen. Letztere werden eingehängt oder eingeschraubt. Als Zubehörteile stehen **Aufbau**

- Schubladen,
- ausziehbare Fachböden,
- Trennbleche,
- Muldeneinsätze,
- Seitenwände,
- Rückwände,
- Haken u.a.

zur Verfügung, was die Regale für eine Reihe unterschiedlicher Lagergüter geeignet macht. Die Regalhöhen sind unterschiedlich, die »Standardhöhe« beträgt etwa 2 m. Dies macht eine manuelle Bedienung ohne besondere Hilfsmittel möglich. Für Regale bis zu einer Höhe von etwa 8 m benötigt man Leitern oder Stapler. Werden mehrere Regale mit »Normalhöhe« aufeinander gesetzt, entsteht eine Geschossanlage. Diese wird durch Aufzüge oder eingebaute Treppen bedient.

**Einsatzkriterien Fachbodenlager**

Vorteile der Fachboden-Regallager sind

- die gute Raumausnutzung,
- die direkte Zugriffsmöglichkeit zu den gelagerten Gütern,
- die Flexibilität,
- die Möglichkeit zu hoher Umschlagsleistung,
- die einfache Lagerorganisation,
- die guten Kontrollmöglichkeiten der Bestände,
- die geringe Störanfälligkeit,
- relativ niedrige Investitionskosten und
- relativ niedrige laufende Kosten.

Nachteile resultieren aus

- den geringen Automatisierungsmöglichkeiten,
- der vielfach nicht sehr günstigen Greifposition im unteren und oberen Bereich,
- dem großen körperlichen Kraftaufwand,
- häufig auftretenden Temperatur- und Feuchtigkeitsproblemen,
- der nur eingeschränkt möglichen Einhaltung des FiFo-Prinzips.

### 2 Paletten-Regallager

**Aufbau**

Paletten-Regallager nehmen auf Paletten zusammengefasste Güter auf. Die Regale sind nicht mit Regalböden, sondern Auflageträgern ausgestattet. Folgende Formen der Paletten-Regallager lassen sich unterscheiden:

- **Einplatzregallager:** Hier wird das Lagergut auf zwei Konsolen je Feldebene positioniert. Die Möglichkeit der Höhenverstellung der Konsolen gestattet, Paletten unterschiedlicher Höhen zu lagern.

- **Mehrplatzregallager:** ermöglichen die Lagerung mehrerer Paletten nebeneinander. Dies wird möglich durch die Installierung von Längstraversen.

- **Paletten-Flachregallager:** eignen sich für große Sortimente bei großen Mengen an Sortimentseinheiten. Die Ladevorgänge werden meistens mit Gabelstaplern, Hochregalstaplern, Stapelkränen oder Regalförderzeugen vorgenommen.

Die Vorteile des Paletten-Flachregallagers ergeben sich aus seiner

- hohen Anpassungsfähigkeit an unterschiedliche Lagergüter,
- Erweiterungsmöglichkeit,
- guten Zugriffsmöglichkeit zu jedem Artikel,
- Transparenz,
- günstigen Organisationsmöglichkeit,
- guten Bestandsüberwachung und
- Automatisierungsmöglichkeit.

**Einsatzkriterien Paletten-Flachregallager**

Nachteile entstehen durch

- den hohen Platzbedarf,
- häufig lange Wegstrecken,
- das Ausfallrisiko bei Automatisierung,
- den hohen Personaleinsatz bei manueller Bedienung und
- die nur eingeschränkt mögliche Beachtung des FiFo-Prinzips.

### 3 Paletten-Hochregallager

Paletten-Hochregallager können eine Höhe von 40–45 m erreichen. Es wird unterschieden, ob

**Aufbau**

- die Regale in der Höhe aufgestellt werden (Einbau-Hochregallager) oder
- die Regale gleichzeitig tragende Elemente für das Dach und die Wände sind (gebäudetragende Silobauweise).

Das Einbau-Hochregallager verursacht hohe Baukosten, so dass bei einer Neuerrichtung der Silobauweise der Vorzug zu geben ist. Paletten-Hochregallager mit geringen Höhen von 8,5–10,5 m werden mit Schubmaststaplern, bei Höhen bis ca. 14 m mit Schmalgangstaplern und Lager bis 45 m Höhe mit schienengeführten Regalförderzeugen bedient.

Beim herkömmlichen Paletten-Hochregallager erfolgt die Zu- und Abförderung an der Stirnseite der Hochregale, während so genannte integrierte Hochregallager längs der Regalwand und auf unterschiedlichem Höhenniveau bedient werden. Dieses Lager übt auch Förder- und Verteilfunktionen aus. Paletten-Hochregallager bieten sich im Rahmen der chaotischen Lagerung an, bei der die Lagerplätze frei wählbar sind. Voraussetzung dafür ist eine computergestützte Lagerführung.

**Besonderheiten der Zu- und Abförderung**

Das Paletten-Hochregallager hat eine Reihe von Vorteilen:

**Einsatzkriterien Paletten-Hochregallager**

- hohe Anpassungsfähigkeit an unterschiedliche Lagergüter
- gute Zugriffsmöglichkeit zu jedem Artikel

- Transparenz
- günstige Organisationsmöglichkeit
- gute Bestandsüberwachung
- in der Regel hoher Automatisierungsgrad
- niedriger Personalbedarf
- hohe Umschlagsleistung

Nachteile sind:

- großer Investitionsaufwand
- geringe Ausbaumöglichkeit
- großer Fördermittelbedarf
- Störanfälligkeit beim Ausfall wichtiger Elemente

### 4 Kragarmregallager

**Aufbau** Die Regale im Kragarmregallager bestehen aus Ständern mit ein- und zweiseitig auskragbaren Armen. Auf diesen Armen wird in erster Linie Langgut gelagert, also Rohre, Balken, Bretter, Stangen u.Ä. Die Lagerung der Güter erfolgt entweder einzeln oder in Bündelung bzw. in Stapelung oder als Behälterlagerung. Die Bedienung erfolgt mit geeigneten Staplern.

**Einsatzkriterien Kragarmregallager** Die Hauptvorteile liegen

- im Einzelzugriff,
- in der Transparenz,
- in den niedrigen Investitionsaufwendungen und
- in der kompakten Lagerung.

Als Nachteil wirkt sich vor allem der große Raumbedarf für die Bedienvorgänge aus.

### 5 Wabenregallager

**Aufbau** Das Wabenregal wird auch als Köcherregal oder Langgutregal bezeichnet. Wie der Name schon ausdrückt, dient dieses Regal vorwiegend der Lagerung von Langgut. Beim Wabenregal befinden sich die Regalebenen übereinander, wobei jede Regalebene ihrerseits wieder horizontal unterteilt wird. Betrachtet man die Regale von der Stirnseite, bietet sich einem das Bild einer Wabe. Die Regaltiefe erstreckt sich bis zu 6 m. Der Lagerung dienen in der Regel Aufnahmebehälter wie Langgut-Paletten oder Langgut-Kassetten. Oft weisen die Fächer Rollbahnen auf, um unhandliche oder schwere Güter besser ein- und auslagern zu können.

Vorteile liegen in

- der guten Zugriffsleistung,
- der Anpassungsfähigkeit,
- der Lagerkapazität für die Lagerung vieler unterschiedlicher Artikel und
- der guten Raumvolumennutzung.

**Einsatzkriterien Wabenregallager**

Als nachteilig erweisen sich

- der niedrige Automatisierungsgrad und
- die relativ hohen Investitionsaufwendungen.

## 6 Durchlauf-Regallager

Die Durchlauf-Regallager zählen zu den dynamischen Lagersystemen. In einer Regalkonstruktion sind Regalkanäle nebeneinander und übereinander angeordnet. Die Ein- und Auslagerung erfolgt von verschiedenen Stellen aus, nämlich von den sich gegenüber befindlichen Kanalöffnungen.

**Aufbau**

Das Lagergut lagert hintereinander und wird mit Hilfe der Schwerkraft oder mittels Antriebsaggregaten von der Einlagerungs- zur Auslagerungsstelle bewegt. In der Regel kann ein Antrieb je Kanal eingesetzt werden. Bei dem Einsatz der Schwerkraft zur Fortbewegung der Ladegüter muss für einen geeigneten Neigungswinkel gesorgt und eine Bremsvorrichtung eingebaut werden. Die Beschickung behindert die Entnahme grundsätzlich nicht. Die zu lagernden Güter müssen sachgerecht verpackt oder auf entsprechenden Ladehilfsmitteln positioniert sein.

Je nach Form, Größe, Gewicht u.Ä. werden in den Kanälen verschiedene Fördersysteme praktiziert:

- Tragrollen für schwere Lasten auf Paletten oder in Behältern mit glattem Boden; bei horizontaler Anordnung elektromotorischer Antrieb

- Röllchenbahnen, Röllchenschienen für leichte bis mittelschwere Lasten in Behältern mit glattem Boden oder Führungsprofilen

- L-Profile für leicht rutschende Lasten mit oder ohne Gleitkufen oder für mittelschwere bis schwere Lasten mit Rollvorrichtungen an der Behälterunterseite

- Fachböden für leicht rutschende Lasten oder für mittelschwere Lasten mit Roll- oder Gleitvorrichtungen

Die Vorteile der Durchlauf-Regallager bestehen in der

**Einsatzkriterien Durchlauf-Regallager**

- Möglichkeit zur Einhaltung des FiFo-Prinzips,
- hohen Raumausnutzung,

- hohen Zugriffs- und Entnahmeleistung,
- guten Automatisierungsmöglichkeit,
- Anpassungsfähigkeit innerhalb bestimmter Grenzen,
- einfachen Organisierbarkeit und
- leichten Bestandsüberwachung.

Nachteile ergeben sich dadurch, dass

- nicht jeder Ladungsträger uneingeschränkt einsetzbar ist,
- Lagergut im Kanal liegen bleiben kann,
- immer nur ein bestimmter Ladungsträger berücksichtigt werden kann,
- verschiedene technische Sicherungen eingebaut werden müssen,
- hohe Wartungskosten entstehen,
- je nach technischer Ausstattung hohe Investitionskosten entstehen können,
- Störanfälligkeit gegeben ist,
- Durchlaufregale relativ starr sind und
- die Kommissionierung aufwendig verlaufen kann.

### 7 Einschub-Regallager

**Aufbau** Einschub-Regallager, die ebenfalls dynamischen Charakter haben, stellen eine Sonderform der Durchlauf-Regallager für Paletten dar, die eine gute Qualität aufweisen müssen. Eine Palette wird auf die Rollbahn eines Kanals gebracht und durch die nächste Palette weitergeschoben.

### 8 Verschiebe-Regallager

**Aufbau** Die gleichfalls zu den dynamischen Systemen zählenden Verschiebe-Regallager eignen sich besonders gut, wenn auf allerengstem Raum eine Vielzahl von unterschiedlichen Teilen im Einzelzugriff zu halten ist. Da jedoch immer nur ein Gang im direkten Zugriff ist, liegt eine Einschränkung in der Zugriffsgeschwindigkeit vor. Für den nächsten Gang müssen die Regale verschoben werden. Bei dieser Lagerform werden Paletten- oder Fachregale auf seitlich verfahrbare Fahrgestelle gesetzt. Diese Schlitten bewegen sich auf Lauf- und Führungsschienen mitsamt den Regalaufbauten. Der Antrieb kann manuell oder maschinell erfolgen.

**Einsatzkriterien Verschiebe-Regallager** Vorteile von Verschiebe-Regallagern zeigen sich in der

- guten Flächen- und Raumnutzung,
- Übersichtlichkeit,
- Möglichkeit der Einhaltung des FiFo-Prinzips,
- Eignung für die »chaotische Lagerung«

- Möglichkeit zum Einzelzugriff auf jeden Lagerplatz und
- Möglichkeit der geschützten Lagerung durch geschlossene Regalzeilen.

Nachteile ergeben sich vor allem aus

- der geringen Zugriffsleistung,
- der kaum vorhandenen Automatisierbarkeit,
- der schlechten Erweiterungsmöglichkeit,
- den hohen Investitionsaufwendungen und
- der schlechten Kommissionierungsmöglichkeit.

## 9 Umlauf-Regallager

**Aufbau**

Die dynamischen Umlauf-Regallager findet man in einer horizontalen und einer vertikalen Form, wobei in der Regel zwei Lagerblöcke existieren, die sich aus hintereinander errichteten Einzelregalen zusammensetzen. Die Fachboden- oder Paletten-Regale werden auf Schienen geführt.

Wird ein Regal am ortsfesten Zugriffsort positioniert, müssen die Regale verfahren und umgesetzt werden. Hierbei sind bei Regalanlagen mit zwei Lagerblöcken alle Regale zu bewegen. Bei Umlauf-Regalen, die nach dem Vertikalprinzip arbeiten, sind an der Stirnseite Aufzüge zum Umsetzen zu installieren.

**Einsatzkriterien Umlauf-Regallager**

Vorteile liegen in

- der guten Automatisierbarkeit,
- der guten Raumausnutzung,
- der Gewährleistung des FiFo-Prinzips,
- der guten Organisationsmöglichkeit,
- dem möglichen Schutz der gelagerten Güter und
- der guten Kommissionierungsmöglichkeit.

Als Nachteile sind zu nennen

- die relativ geringe Flexibilität,
- die hohen Investitionsaufwendungen,
- die hohen Wartungskosten,
- die erschwerte Ausbaumöglichkeit,
- das Ausfallrisiko.

### 10 Paternoster-Regallager

**Aufbau**    Beim Paternoster-Regal werden Lastaufnahmevorrichtungen (Fachböden) zwischen zwei parallele, vertikal (auch z.T. horizontal) umlaufende Ketten eingehängt. Die Ketten werden in der Regel mit einem Elektromotor angetrieben (vor- oder rücklaufend). Der Antrieb und die Steuerung bewirken den Transport der angeforderten Fachebene zur Entnahmeöffnung.

Verbreitete Formen des Paternoster-Regals sind

- der Schrankpaternoster für Akten, Ersatzteile, Kleinteile u.a.,
- der Etagenpaternoster für Langgut und Ballen und
- der Schwerpaternoster für Lasten bis zu 50 t mit Bedienung durch Stapler und Krananlagen.

**Einsatzkriterien Paternoster-Regal**    Die Vorteile der Paternoster-Regallager resultieren aus

- der guten Flächen- und Raumnutzung,
- der sauberen Lagerungsmöglichkeit,
- der Zugriffsmöglichkeit nur für berechtigte Personen,
- der guten Automatisierbarkeit,
- der Möglichkeit zur Einhaltung des FiFo-Prinzips und
- der guten Kommissionierbarkeit.

Nachteile bestehen aufgrund

- der relativ hohen Investitionsaufwendungen,
- der schlechten Ausbaumöglichkeit,
- der nicht sehr großen Flexibilität,
- der Gefahr von Störungen, die die Entnahme unmöglich machen.

#### 4.2.5.5 Lagerung auf Förderanlagen

Bei dieser Form der Lagerung handelt es sich lediglich um eine Zwischenlagerung im Fertigungsprozess. Als Förderanlagen kommen Stetigförderer in Frage.

#### 4.2.5.6 Automatisierungsgrad des Lagers

Entsprechend dem Automatisierungsgrad eines Lagers ergeben sich als Lagerformen

- das manuelle Lager,
- das mechanisierte Lager und
- das automatisierte Lager.

Wenn man eine solche Einteilung der Lager vornimmt, muss man sich darüber im Klaren sein, dass die einzelnen Lagerformen in Reinkultur nur sehr selten anzutreffen sind, sondern dass Mischformen vorherrschen.

### Manuelle Lager

Manuelle Lager sind heute die Ausnahme und finden sich nur noch in wenigen Wirtschaftszweigen und bei geringen Unternehmensgrößen. Im Handwerk und im Handel sind sie noch relativ häufig anzutreffen. Im klassischen manuellen Lager geschieht die Ein- und Auslagerung durch Krafteinsatz der Mitarbeiter, handgetriebene Geräte dienen als Hilfsmittel. Dazu zählen beispielsweise Handkarren, Kommissionierungskörbe, Leitern u.Ä.

*Aufbau*

Nicht verwechselt werden dürfen manuelle Lager mit Lagern, die hoch technisiert sind, in denen jedoch manuell vorzunehmende Tätigkeiten erforderlich sind.

### Mechanisierte Lager

Werden die im Lager eingesetzten Einrichtungen durch Energien wie Elektro- oder Kraftstoffenergie betrieben, liegt ein mechanisiertes Lager vor. Bei den mechanisch betriebenen Einrichtungen handelt es sich vor allem um Transportmittel. Eine Mechanisierung der Lager in den letzten Jahren wurde erforderlich, weil

*Aufbau*

- die zu lagernden Güter immer mehr zunahmen,
- der Zugriff zu den Lagergütern immer schneller erfolgen musste,
- die Beförderungsgeschwindigkeit erhöht werden musste,
- die Lager immer größer wurden (flächen- und höhenmäßig) und
- die Gütervielfalt zunahm.

Aus den genannten Gründen wurde eine Vielzahl von technischen Einrichtungen geschaffen und immer wieder weiterentwickelt. Dadurch ist man in der Lage, immer schwerere Lasten immer schneller und immer höher zu transportieren, wobei die Transportsicherheit immer größer wurde. Flurfreie Fördermittel, vor allem aber Flurfördermittel haben eine moderne Lagerung erst ermöglicht.

### Automatisierte Lager

Wenn die Lagerbedienung nicht mehr durch den Menschen, sondern durch ferngesteuerte Anlagen erfolgt, liegt ein automatisiertes Lager vor. Dem Menschen fallen lediglich bestimmte Überwachungs- und Steuerungsaufgaben zu. Erfolgen auch diese automatisch, ist ein vollautomatisches Lager gegeben.

*Aufbau*

Die Automatisierung spielt vor allem in Hochregallagern eine wichtige Rolle. Die dort vorhandene Lagerkapazität kann nur dann effektiv genutzt werden, wenn man den Material- und Informationsprozess miteinander koppelt und dazu echte aktuelle Materialfluss- und Bestandsführungsinformationen, so genannte Materialfluss- und Bestandsführungs- bzw. Regalabbilder, einsetzt. Die damit verbundene Informationsverarbeitung lässt sich nur mit Hilfe der EDV vornehmen.

**Literaturempfehlungen**

*Bichler, K., Schröter, N.:* Praxisorientierte Logistik. Stuttgart, Berlin, Köln 1995.

*Ehrmann, H.:* Logistik. Ludwigshafen 1995.

*Kettner, H. u.a.:* Leitfaden der systematischen Fabrikplanung. München, Wien 1984.

*Schulte, C.:* Logistik. München 1995.

*Stadler, H.:* Gestaltung von Lagersystemen. In: Isenmann (Hrsg.): Logistik. Landsberg a. Lech 1994.

*Venitz, M.:* Lager-, Puffer-, Bereitstellungsstrategien und Systeme. In: Schmidt, J.: (Hrsg.): Logistik – Grundlagen, Konzepte, Realisierung, Braunschweig, Wiesbaden 1993.

*Warnecke, H.-J.:* Der Produktionsbetrieb. Berlin, Heidelberg, New York 1993.

## 4.2.6 Produktion in Industrieparks

*von Rainer Kämpf*

### 4.2.6.1 Einführung

Der Begriff Industriepark tritt erstmalig in den 60er Jahren auf. Er bezeichnet eine industriell bzw. gewerblich erschlossene Fläche, die der gemeinschaftlichen Nutzung durch mehrere Unternehmen dient. Durch die zunehmende Verwendung und Entstehung von Industrieparks in der Praxis ergeben sich zahlreiche Definitionsansätze. Übereinstimmend werden in allen die folgenden Charakteristika genannt: die gemeinsame Nutzung einer Fläche durch mehrere Unternehmen und die Existenz eines öffentlichen oder privaten Trägers für die Zwecke der Planung sowie der Erschließung und des Betriebs des Parks.

Die Aufgaben des in der Regel unabhängigen Trägers – d.h. der Flächennutzer ist nicht identisch mit dem Flächenanbieter – beinhalten immer die Planung und Erschließung; während des Betriebs variieren jedoch die Aufgabenbereiche von der Bereitstellung gemeinsamer Dienstleistungen und Einrichtungen bis hin zu der Betreuung der angesiedelten Unternehmen. Hierbei können spezielle Einrichtungen, wie z.B. Bank, Kantine und Wachdienst als notwendige Bestandteile eines Industrieparks erachtet werden.

**Der Betrieb ist Teil einer Gesamteinrichtung**

Praxisbeispiele wie die Versorgung der Endmontage des Werks von Audi in Ingolstadt, die Ansiedlung von Lieferanten für die Endmontage von DaimlerChrysler in Rastatt, der Innovationspark in Wackersdorf für die Endmontage von BMW in Regensburg und München oder, wie später im Text dargelegt, die Produktion des Ford Focus im Saarland zeigen, dass sich der Industriepark, insbesondere im Rahmen der Just-in-Time-Versorgung in der Automobilindustrie, etabliert hat.

Auch wenn dieser Begriff seit den 90er Jahren vermehrt verwendet wird, fehlt bisher noch eine Einordnung und Fixierung des Begriffs. Folglich wird meist von dem Konzept Industriepark gesprochen; d.h., dass das Konzept »als eine meist induktiv gewonnene, systematische Interpretation von Erfahrungen – oft verbunden mit einem Handlungswissen – unter einem generalisierten Begriff zusammengefasst wird«. Hieraus folgt, dass Konzepte häufig stark von der Anwendungsnähe und dem Handlungsbezug geprägt sind und dass eine Vereinbarkeit mit einem theoretischen Ansatz zur Fundierung des Konzepts nur implizit vorhanden ist.

**Meist Automotive, aber das ist zu eng**

### 4.2.6.2 Indikatoren und potenzielle Treiber des Konzepts Industriepark

Die folgende Betrachtung der Indikatoren, die mit dem Konzept des Industrieparks in Verbindung gebracht werden, dient der späteren genaueren Begriffsbestimmung. Die vier unterschiedlichen Indikatoren werden in Abbildung 1 dargestellt:

## 4.2 Fabrikplanung

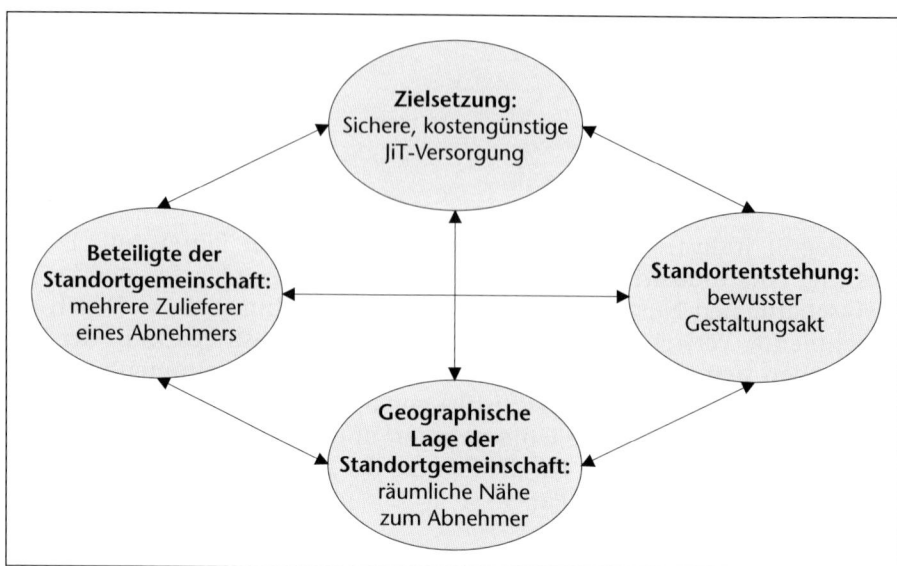

*Abb. 1: Indikatoren des Konzepts Industriepark*

Die Zielsetzungen beziehen sich auf die Erhöhung der Sicherheit und Kosteneinsparungen bei der JiT-Versorgung der Produktion des Abnehmers. Die Sicherheit lässt sich durch eine Steigerung der Flexibilität, Zuverlässigkeit und Schnelligkeit der Prozessabwicklung erzielen. Die Erschließung von Synergiepotenzialen und eine kostengünstigere Konfiguration des Logistiksystems können die erwünschten Kosteneinsparungen bewirken.

*Der Industriepark ist gezielt entwickelt*

Als weitere Indikatoren können genannt werden: die räumliche Nähe des Standorts zum Abnehmer, die räumlich konzentrierte Ansiedelung mehrerer Zulieferer eines Abnehmers oder beauftragter Dienstleister an diesem Standort, was mit der Entstehung einer Standortgemeinschaft verbunden ist, sowie die Standortentstehung durch einen bewussten Gestaltungsakt.

*Kurze Wege = geringe Bestände*

Ein hoher Anteil an JiT-Versorgung ist ein Treiber für die Zielsetzung. Da dieses JiT-Konzept bei der Versorgung mit hochwertigen Teilen bei einem relativ gleichmäßigen, gut prognostizierbaren und starken Verbrauch eingesetzt wird, wird das Ziel verfolgt, eine bestandslose, zumindest bestandsarme Versorgung und damit Reduzierung der Lagerkosten, eine Verbesserung des Lieferservices sowie eine Steigerung des Qualitätsniveaus zu erreichen. Aus der Notwendigkeit dieser Zielsetzungen lassen sich wiederum die Treiber eines großen Kostendrucks, hoher logistischer Anforderungen und des Vorhandenseins von Potenzialen für den Aufbau von partnerschaftlichen Beziehungen ableiten. Bestandteil der Rahmenbedingungen einer JiT-Versorgung ist es, immer variantenreichere und großvolumigere Teile bei kurzen Vorsteuerzeiten anzuliefern, was dazu beiträgt, dass eine räumliche Nähe zum Abnehmer notwendig ist (geographische Lage der Standortgemeinschaft). Als Ursache für die kurze Vorsteuerzeit kann die Flexibilisierung der Produktion genannt werden. Die Variantenvielfalt und das Volumen der Teile sind in der reduzierten Lieferantenanzahl, der geringeren Fertigungstiefe und der Vielzahl der Ausstattungsvarianten begründet.

| Indikatoren | Potenzielle Treiber |
|---|---|
| Zielsetzung | ■ hoher Anteil JiT-Versorgung<br>■ hoher Kostendruck<br>■ hohe logistische Anforderungen<br>■ Potenzial für partnerschaftliche Beziehungen zwischen Zulieferer und Abnehmer |
| Geographische Lage der Standortgemeinschaft | ■ geringe Lieferantenanzahl<br>■ geringe Fertigungstiefe<br>■ Vielzahl Ausstattungsvarianten<br>■ hohe Flexibilisierung der Produktion |
| Beteiligte der Standortgemeinschaft | ■ Kooperationsbereitschaft der Zulieferer und Dienstleister |
| Standortentstehung | ■ Bereitschaft zur Aufgabenwahrnehmung |

*Abb. 2: Indikatoren und potenzielle Treiber des Konzepts Industriepark*

Die Senkung der Infrastrukturkosten und der erleichterte Aufbau partnerschaftlicher Beziehungen soll durch die gemeinsame Ansiedelung von mehreren Zulieferern oder beauftragten Dienstleistern an einem Ort (Beteiligte der Standortgemeinschaft) gesichert werden. Als Voraussetzung hierfür ist die Kooperationsbereitschaft seitens der Zulieferer und Dienstleister anzusehen. Für die Planung und Durchführung der Gestaltung des Industrieparks muss die Bereitschaft zur Aufgabenwahrnehmung im Rahmen der Standortentstehung vorhanden sein.

Letzteres wird meist vom Abnehmer, d.h. vom fokalen Unternehmen, wahrgenommen. Fokale Unternehmen sind für die strategische Führung innerhalb strategischer Netzwerke verantwortlich, d.h. sie treffen strategisch bedeutsame Entscheidungen und übernehmen die Koordination sowie Kontrolle der strategischen Aufgaben. Als strategische Netzwerke bezeichnet man »Formen der unternehmensübergreifenden, vertikalen, langfristig stabilen Zusammenarbeit zwischen mehr als zwei Unternehmen«.

**Die Aufgabenverteilung ist geplant**

### 4.2.6.3 Begriffsbestimmung

Zur Definition des Konzeptes Industriepark ist es hilfreich, die Begriffsinhalte über begriffskonstituierende Merkmale festzulegen. In Abbildung 3 sind diese grafisch dargestellt.

Das Merkmal der **Zielsetzung** spiegelt die Sicht der Institution wider, welche die Standortentstehung beschleunigt und entsprechende Aufgaben übernimmt. Dies variiert somit über Kosteneinsparungen und Serviceverbesserungen in der Beschaffungslogistik bis hin zum Aufbau und der Absicherung enger Geschäftsbeziehungen.

| Zusammenfassung Industriepark ||
|---|---|
| **Zielsetzung** | Kosteneinsparungen und Serviceverbesserungen in der Beschaffungslogistik sowie Aufbau und Absicherung enger Geschäftsbeziehungen |
| **Geographische Lage der Standortgemeinschaft** | Nähe zum Abnehmer (Automobilhersteller) |
| **Beteiligte der Standortgemeinschaft** | Zulieferer eines Abnehmers und/oder eingeschalteter Dienstleister |
| **Aufgaben bei Standortentstehung** | Gesamtheitliche Planung verbunden mit der Erstellung eines Erschließungs- und Ansiedlungsplan |
| **Aufgaben beim Standortbetrieb** | *Gemeinschaftlich:* Bereitstellung und Instandhaltung der Infrastruktur<br><br>*Einzelwirtschaftlich:* Durchführung abnehmerspezifischer Logistik- und Fertigungsprozesse durch die Beteiligten |

*Abb. 3: Begriffskonstituierende Merkmale*

**Gezielte Suche nach dem geeigneten Standort**

Das Merkmal der **geographischen Lage** beinhaltet die relevanten Standortfaktoren, aus denen sich die geographische Lage ergibt (siehe III.). Die Merkmalausprägung kann mit dem Standortfaktor »Entfernung der Standortgemeinschaft vom Abnehmer« angegeben werden. Die Beteiligten der Standortgemeinschaft charakterisieren die Unternehmen, welche im Industriepark angesiedelt sind, und deren Beziehungen untereinander. Die Hauptausprägung ist sicherlich, dass die angesiedelten Unternehmen Zulieferer eines Abnehmers sind.

Beim Merkmal der **Aufgaben bei der Standortentstehung** ist es wichtig, die Aufgabeninhalte und Aufgabenträger zu definieren. Die Ausprägung dieses Merkmal umfasst Formen der gesamtheitlichen Planung (z.B. mit der Erstellung eines Erschließungs- und Ansiedlungsplans) und des Planungsträger (z.B. Abnehmer).

Das letzte Merkmal beschäftigt sich mit den **Aufgaben beim Standortbetrieb**. Hierbei sind zum einen die Aufgaben des Trägers (z.B. Bereitstellung und Instandhaltung der Flächen, Gebäude und Infrastruktur) und andererseits die Aufgaben der angesiedelten Unternehmen (z.B. Entwicklung und Durchführung abnehmerspezifischer Logistik- und Fertigungsprozesse) wichtig. Es muss folglich zwischen gemeinschaftlichen und einzelwirtschaftlichen Aufgaben unterschieden werden.

**Der Industriepark dient einem gemeinsamen Ziel**

Aus der Summe dieser begriffskonstituierenden Merkmalen und dem Wissen über die Indikatoren und potenziellen Treiber des Konzepts Industriepark lässt sich nun eine präzise und valide Begriffsdefinition bestimmen:

> Unter einem **Industriepark** wird eine abnehmernahe, gemeinschaftliche Ansiedelung von mehreren Zulieferern in der Regel eines Abnehmers und/oder beauftragten Dienstleisters verstanden. Die Entstehung des Standorts erfolgt durch eine gesamtheitliche Planung. Während des Betriebs des Standorts werden einerseits die gemeinschaftlichen Flächen, Gebäude und Infrastruktureinrichtungen bereitgestellt und instandgehalten, andererseits führen die angesiedelten Unternehmen im Industriepark abnehmerspezifische Logistik- und Fertigungsprozesse durch. Zielsetzung der Einrichtung eines Industrieparks sind Kosteneinsparungen und Serviceverbesserungen in der Beschaffungslogistik sowie Aufbau und Absicherung enger Geschäftsbeziehungen.

### 4.2.6.4 Anwendungsbereiche/internationaler Vergleich

Wie bereits dargelegt worden ist, ist das Konzept Industriepark vornehmlich in der Automobilindustrie anzutreffen. Im Folgenden soll diskutiert werden, inwiefern das Konzept auch auf andere Branchen wie die Maschinenbau-, Elektro- und Chemieindustrie übertragbar ist.

Im Gegensatz zur Automobilindustrie ist die Maschinenbaubranche von Kleinserien- und Sonderfertigungen geprägt, d.h. der Verbrauch ist nach Art und Häufigkeit stark diskontinuierlich und lässt sich kaum in enge Beziehungen zwischen Zulieferern und Abnehmern einordnen. Folglich sind die Rahmenbedingungen für eine JiT-Versorgung nicht gegeben, es ergeben sich also keine Potenziale durch partnerschaftliche Beziehungen. Ferner ist in der mittelständisch geprägten Branche die Kooperationsbereitschaft sowie -fähigkeit zwischen Zulieferern und Abnehmern eher schwach ausgebildet. Das Konzept des Industrieparks ist daher für die Maschinenbaubranche im Allgemeinen eher wenig erfolgversprechend, es sei denn, »die Zulieferer werden durch die Konstruktion der Maschine bestimmt und es entsteht eine Abhängigkeit des Abnehmers vom Zulieferer«.

*Industrieparks im Maschinenbau eher selten*

In der Chemieindustrie wird das Konzept der Chemieparks angewendet, d.h. dass verschiedene an den Produktionsprozessen beteiligte Unternehmen an einem Ort angesiedelt sind. Die dort ansässigen Unternehmen gehören häufig zu einem gemeinsamen Unternehmen. Daher sind die Logistiksysteme im Chemiepark speziell auf die zu beschaffenden und zu verarbeitenden Güter abgestimmt. Dies liegt darin begründet, dass sich durch Verkäufe von Unternehmensteilen und durch die Errichtung von Holdings mit selbständigen Unternehmen die Fertigungstiefe in einigen Unternehmen stark verringert hat und daher mit dem gestiegenen Beschaffungsvolumen hohe logistische Anforderungen (z.B. Lagerung, Transport, Umschlag) einhergehen.

*Industrieparks in der Chemieindustrie*

Die Elektroindustrie ist geprägt von einer hohen »Heterogenität der Strukturen«. Zum einen ist die Elektroindustrie von sachlich und zeitlich sehr eng gekoppelten Produktionssystemen gekennzeichnet, die meist über JiT-Versorgung stattfindet. Daher bestehen teilweise langfristige, enge Partnerschaften; teilweise fehlen kooperative Strukturen völlig, da diese aufgrund eines enormen Drucks in den Preisverhandlungen nicht gewünscht sind.

*Industrieparks in der Elektroindustrie*

Es spiegelt sich also in den Beziehungen zwischen Abnehmern und Zulieferern die Macht des Abnehmers wider.

Zusammenfassend lässt sich folglich feststellen, dass das Konzept Industriepark hauptsächlich in der Automobilindustrie vorteilhaft ist und daher in diesem Bereich Anwendung findet. Dies liegt darin begründet, dass viele der genannten Treiber weder in der Maschinenbau- noch in der Elektroindustrie von Bedeutung sind. In der Chemieindustrie sind einige dieser Treiber anzutreffen, jedoch haben sich aufgrund historischer Entwicklungen und logistischer Anforderungen erhebliche Besonderheiten in Form des Chemieparks herausgebildet.

**Industrieparks in anderen Ländern**

Die Betrachtung, inwiefern sich das Konzept Industriepark auf andere Länder übertragen lassen kann, soll am Beispiel der USA und Japans erörtert werden, da diese beiden Länder ebenfalls über eine stark ausgeprägte Automobilindustrie verfügen. In diesem Zusammenhang sollen nicht die deutschen Automobilhersteller betrachtet werden, die im Ausland produzieren, da diese dort meist ein aus Deutschland importiertes, auf die Globalisierungsprobleme der Zulieferindustrie zugeschnittenes Konzept benutzen.

Bei den US-amerikanischen Automobilherstellern wurde lange an der vertikalen Integration festgehalten und folglich spielte die Erhöhung des Anteils der JiT-Versorgung, die Reduzierung der Lieferantenanzahl und die Reduzierung der Fertigungstiefe keine große Rolle. Inzwischen jedoch werden in den USA auch diese Veränderungen forciert. Aufgrund der großen Distanzen sind aber die Beziehung zwischen Abnehmer und Zulieferer weniger eng. Um den damit verbundenen Kostendruck auf die Logistik durch die Verwendung bestandsarmer Beschaffung zu bewältigen, greifen die Hersteller als Alternative zum Konzept Industriepark immer mehr auf zentrale Logistikdienstleister zurück, die für die Abwicklung der kompletten Beschaffungslogistik verantwortlich sind.

**Industrieparks in Japan**

Da die JiT-Versorgung japanischen Ursprungs ist, findet man traditionell bei den dortigen Automobilproduzenten einen hohen Anteil an JiT-Versorgung, eine geringe Fertigungstiefe und trotzdem eine geringe Lieferantenanzahl. In Japan spielen vor allem die partnerschaftlichen Zulieferer-Abnehmer-Beziehungen, die vor dem Hintergrund der Keiretsu zu sehen sind, eine wichtige Rolle. Ein Keiretsu bezeichnet eine Unternehmensgruppe von Industrieunternehmen, Handelsunternehmen und Banken, welche zentral geführt wird und welche die Aktivitäten der beteiligten Unternehmen abstimmt. Folglich bestehen zwischen den Unternehmen finanzielle und soziale Verflechtungen, z.B. in Form von gegenseitigen Kapitalbeteiligungen oder Gründung gemeinsamer Einrichtungen. Daher stellen die Automobilhersteller fokale Unternehmen dar und viele der Zulieferer sind nahezu vollständig wirtschaftlich von einem Abnehmer abhängig. Diese hierarchische Struktur hat dazu geführt, dass sich Zulieferer schon lange in unmittelbarer Nähe zum Abnehmer angesiedelt haben.

Zusammenfassend lässt sich folglich sagen, dass die Treiber des Konzepts Industriepark in Japan traditionell sehr stark ausgeprägt sind, dies jedoch nicht notwendigerweise zu einer gemeinsamen Ansiedelung führt, da die Zulieferer bereits abnehmernah angesiedelt sind. In den USA ist der Treiber der partnerschaftlichen Beziehungen weniger wichtig, so dass sich aufgrund der übrigen Treiber andere alternative Konzepte herausgebildet haben. Folglich ist das Konzept Industriepark im Vergleich mit den USA und Japan eher ein rein deutsches Phänomen.

### 4.2.6.5 Praxisbeispiel

Ein gutes Praxisbeispiel für die Anwendung des Konzepts Industriepark in Deutschland im Bereich der Automobilindustrie, insbesondere der JiT-Versorgung, ist der Produktionsstandort Saarlouis. Hier fertigt Ford im »Ford-industrial-supplier-park« den Ford Focus. An diesem Beispiel zeigt sich deutlich eine abnehmernahe, gemeinschaftliche Ansiedelung von mehreren Zulieferern bei einem Abnehmer mit der Zielsetzung von Kosteneinsparungen und Serviceverbesserungen in der Beschaffungslogistik sowie dem Aufbau und der Absicherung enger Geschäftsbeziehungen zwischen den Partner.

**Autoland Saar**

Im Sog der verhältnismäßig guten Automobilkonjunktur in Deutschland konnten auch die saarländischen Hersteller von Kraftwagen und Kraftwagenteilen in 2001 zulegen. In den 17 Betrieben, die die amtliche Statistik in dieser Branche an der Saar verzeichnet, wurde 2001 ein Umsatz von 9,3 Mrd. Euro erwirtschaftet, 36 % mehr als im Jahr davor. (Hierzu ist allerdings einschränkend anzumerken, dass ein Teil des Anstiegs auf Umgruppierungen von Betrieben des Maschinenbaus zum Fahrzeugbau beruht. Aber auch ohne diesen statistischen Hinzugewinn war die Umsatzsteigerung noch beachtlich.)

Wie im Bund wurden auch an der Saar fast 60 % des Umsatzes im Ausland erzielt. Anders als im Bund sind an der Saar jedoch die Inlandsumsätze deutlich stärker gestiegen als die Erlöse im Ausland. Der Grund hierfür ist der hohe Anteil von Automobilzulieferern im Saarland, die mit ihren Komponenten und Systemen praktisch alle namhaften deutschen Automobilproduzenten beliefern. Die herausragende Bedeutung der saarländischen Automobilindustrie kommt schon darin zum Ausdruck, dass sie »mit gut 23.000 Arbeitsplätzen mehr als ein Fünftel aller Industriearbeitsplätze im Saarland stellt und beinahe jeden zweiten Euro aller Industrieumsätze erwirtschaftet«. Berücksichtigt man zudem, dass auch andere Branchen wie die Stahlindustrie, der Maschinenbau, die Elektroindustrie, die Metallindustrie sowie die Gummi- und Kunststoffindustrie mehr oder weniger Vorprodukte für die Autoindustrie fertigen, dann erhält die Automobilindustrie ein noch höheres Gewicht als Arbeitgeber. »Insgesamt hängen heute mehr als 42.000 Arbeitsplätze in der Saarindustrie direkt oder indirekt vom Automobilbau ab. Das sind rund 40 % aller Industrie-

*Das Saarland ist international geprägt*

arbeitsplätze«. Deshalb spricht man auch vom »Autoland Saar«. Ohne die Stärke der Automobilindustrie, die in den vergangenen drei Jahrzehnten stetig zugenommen hat, hätte das Saarland die Krisen der Montanindustrie und den dadurch ausgelösten tief greifenden Strukturwandel nicht so erfolgreich bewältigen können. Insofern ist es nicht zuletzt ein Verdienst der saarländischen Automobilindustrie, dass der ehemalige Montanstandort Saar heute eine moderne Industrie- und Dienstleistungsregion ist.

*Industrieparks unterstützten den Wandel*

Namhafte Großbetriebe, aber auch zahlreiche leistungsfähige kleine und mittlere Unternehmen fertigen in modernen Produktionsstätten hochwertige Fahrzeugkomponenten und Ausrüstungsteile. Ob Reifen oder Getriebe, Einspritzpumpen oder Katalysatoren, Bremsen oder Kupplungsscheiben, Installationsmaterial oder Autoelektronik, Gummi- oder Kunststoffteile, Gesenkschmiede- oder Gussteile; von A wie Akkumulatoren bis Z wie Zylinderblöcke gibt es kaum ein Vormaterial oder Zulieferteil, das nicht im Saarland hergestellt wird. Eine wachsende Zahl von Autoherstellern bezieht zudem wesentliche Teile ihrer Ausrüstung insbesondere in der Automatisierungs-, Förder- und Mess- und Kontrolltechnik aus dem Saarland.

### »Ford Focus«: made in Saarlouis

Einziger Automobilhersteller im Saarland sind die Ford-Werke in Saarlouis mit rund 7.000 Beschäftigten. Seit Mitte August 1998 wird in Saarlouis der Ford »Focus« produziert. Seitdem sind in Saarlouis bereits »mehr als 1.4 Mio. Ford Focus vom Band gelaufen. Der Ford Focus ist in den Jahren 2000 und 2001 auf allen fünf Kontinenten das meistverkaufte Pkw-Modell gewesen«. Das Ford-Werk in Saarlouis arbeitet seit der Markteinführung des Focus im Dreischichtbetrieb. Täglich verlassen 1.930 Autos die Produktionsbänder des Herstellers an der Saar.

### 4.2.6.6 Verwandte Konzepte und neue alternative Entwicklungen

**Industriecluster**

Als Industriecluster werden Agglomerationen, mit anderen Worten geographische Konzentrationen, von Unternehmen, die entweder miteinander in einer vertikalen Verbindung innerhalb der Wertschöpfungskette stehen oder zu einem ähnlichen Wirtschaftszweig gehören, bezeichnet. Das wohl bekannteste Beispiel hierfür stellt das Silicon Valley, der Stanford Industrial Park, dar. Andere Beispiele sind der Weinanbau in der Champagner-Region und Blumencluster in den Niederlanden. Ergänzend zu den Unternehmen, die den Kern dieser Cluster bilden, siedeln sich außerdem zahlreiche zusätzliche Betriebe in diesen Gebiet an, die weitere Dienstleistungen bereitstellen.

*Dienstleistungsbetriebe unterstützen den Industriepark*

Hierzu zählt einerseits der technische Support, wie z.B. Versorgungs- und Instandhaltungsunternehmen, sowie die operative Unterstützung, wie z.B. Banken, Versicherungen und Unternehmensberatungen.

Diese Standortgemeinschaft besteht also aus rechtlich und wirtschaftlich unabhängigen Unternehmen, die sich aufgrund diverser Faktoren entschieden haben, sich in einer Gegend niederzulassen und Geschäftsbeziehungen aufzubauen. Besondere Standortfaktoren sind i.d.R. ausschlaggebend für die Entwicklung derartiger Cluster.

Es ist zu bemerken, dass die Entstehung einem »natürlichen« Wachstum unterliegt und nicht von einem Betreiber überwacht und kontrolliert wird. Basierend auf den Regeln von Angebot und Nachfrage lassen sich hier Firmen nieder. Obwohl keine Wahrnehmung für die gemeinsamen Einrichtungen besteht und sich die Unternehmen primär auf die eigenen Geschäfte oder die unmittelbaren Beziehungen zu anderen Unternehmen konzentrieren, wissen sie, dass sie sich für den Standort engagieren müssen, um die Agglomerationsvorteile zu erhalten. Das Ergebnis sind Lobby-Gruppen, die sich für Subventionen und Zuwendungen engagieren, und ein »kollektives Bewusstsein« um die Infrastruktur aufrechtzuerhalten.

**Freiwilliges Engagement für die Qualität des Standortes**

Um das Beispiel von Silicon Valley wieder aufzugreifen, liegt hier der Ursprung in der Errichtung einer Forschungseinrichtung der amerikanischen Luftwaffe, die wegen der relativen Abgeschiedenheit in dieser Gegend gebaut wurde. Die Bedürfnisse dieser Labors zogen nach kurzer Zeit bereits weitere Forschungsinstitute an. Dieser Prozess nahm seinen Lauf und so entstand hier eins der größten Technologiezentren der Welt.

**Silicon Valley: einst gebaut in menschenleerem Raum**

Die Vorteile solcher Konzentrationen für die einzelnen Unternehmen lässt sich durch die Agglomerationsvorteile erklären. Hierzu zählen im Bereich der Industriecluster vor allem die Möglichkeit einer intensiven wirtschaftlichen Verflechtung zwischen den Unternehmen, die Präsenz der jeweiligen vertikalen Wertschöpfungskette und interne Ersparnisse durch eine Reduktion der Transaktionskosten. Die Nachteile resultieren von den steigenden Faktorpreisen, z.B. steigende Grundstückspreise und Gehälter, und Verknappungserscheinungen dieser Faktoren, z.B. Überlastung der Infrastruktur und niedrige Arbeitslosigkeit.

**So schafft man blühende Landschaften**

Ein verwandtes Konzepte zu den Industrieclustern stellen die Industriedistrikte dar. Bei Industriedistrikten handelt es sich um eine Agglomeration von kleineren und mittleren Unternehmen (KMU), die sich aufgrund einer engen sozialen Struktur, bzw. familiärer Verbindungen oder einer gemeinsamen Geschichte in der gleichen Gegend niedergelassen haben, wie z.B. Juden im Diamanthandel in Antwerpen.

Wie bereits aufgeführt, ist die Entwicklung der Industriecluster nicht geplant, sondern folgt einer »natürlich Entwicklung«. Zwar kann auf das Investitionsverhalten durch Subventionen von staatliche Institutionen eingewirkt werden, aber dies hat nur einen begrenzten Effekt, da diese nur indirekt Einfluss ausüben.

### Industrie- bzw. Gewerbegebiete

Im Gegensatz zu den Industrieparks und -clustern werden die Industrie- bzw. Gewerbegebiete aktiv und direkt von der öffentlichen Hand, z.B. von Gemeinden und Kreisen, klassifiziert. Anhand der Baunutzungsverordnung werden der Zweck des Gebiet, die Art der Anlagen und die Nutzungsarten festgelegt.

Industriegebiete »dienen ausschließlich der Unterbringung von Gewerbebetrieben, und zwar vorwiegend solcher Betriebe, die in anderen Baugebieten unzulässig sind«. Hierbei kann es sich um Gewerbebetriebe aller Art, Lagerhäuser und öffentliche Betriebe handeln. Ausnahmeregelungen treffen auf diverse Gebäude, die eine unterstützende Funktion haben, wie z.B. Wohnung für Betriebspersonal und soziale Einrichtungen, zu.

**Gewerbegebiete sind keine Industrieparks**

Der Zweck der Gewerbegebiete allerdings ist stärker eingeschränkt, da hier nur »nicht erheblich belästigende Gewerbebetriebe« untergebracht werden dürfen, was dazu führt, dass diese speziell für Geschäfts- und Bürogebäude gedacht sind, wobei allerdings auch hier die Ausnahmeregelungen dementsprechend angepasst sind.

Häufig wird die Entwicklung solcher Gebiete von anderen Instrumenten der Raumwirtschaftsplanung und -politik begleitet. Die folgende Abbildung zeigt exemplarische einige dieser Instrumente.

| Instrument der Raumwirtschaftsplanung | Beispiele |
|---|---|
| Informationen über Standorteigenschaften | Standortmarketing, Broschüren |
| Bereitstellung von Infrastruktur | Fernstraßen und Bildungseinrichtungen |
| Finanzielle Anreize | Verbilligte Darlehen, Zinszuschüsse, steuerliche Maßnahmen, Vergabe von öffentlichen Aufträgen |
| Administrative Erleichterungen | Verkürzte, bzw. vereinfachte Genehmigungs- verfahren |

*Abb. 2: Instrumente der Raumwirtschaftsplanung*

Die Entwicklung solcher Gebiete wird als Instrument für wirtschaftspolitische Standort- und Ansiedlungspolitik genutzt. Dementsprechend ist die Zielsetzung, wie z.B. Wachstums- oder Stabilisierungsmaßnahmen und Gerechtigkeitsziele, klar formuliert.

**Gewerbegebiete sind Mittel der Standortpolitik**

Zu den wachstumspolitischen Ziele könnten unter anderem der Ausbau der Arbeits- bzw. Ausbildungsplätze, die Erhöhung des regionalen Sozialproduktes oder die Stärkung der regionalen Steuereinnahmen zählen. Zu den Stabilisierungsmaßnahmen gehört z.B. die Diversifikation der lokalen Branchenstruktur. Gerechtigkeitsziele beinhalten Ausgleichsziele, wie z.B. die Förderungen von strukturell schwächeren Regionen, wie z.B. Ostdeutschland, und Versorgungsziele, wie z.B. die Sicherung der Versorgung der Bevölkerung.

Die Standortentscheidung der Unternehmen entspricht nicht mehr den lokalen Standortfaktoren, sondern den externen Faktoren, die durch die öffentliche Hand hinzugefügt wurden, um den Standort attraktiver zu machen. Diese können in Push- und Pull-Faktoren unterteilt werden. Zu den Push-Faktoren gehört die räumliche Begrenzung der Baumöglichkeiten, da Unternehmen gezwungen werden, sich in einer bestimmten Gegend niederzulassen. Zu den Pull-Faktoren gehören die diversen anderen Instrumente der Raumwirtschaftspolitik, da Unternehmen von diesen angezogen werden.

Resultierend aus dieser Struktur wird die Entscheidung von Unternehmen über eine Ansiedlung in solche Gebiete aus ausschließlich individualistischen Gründen getroffen und nicht wegen der Möglichkeit von Synergien durch Beziehung mit den anderen vertretenen Unternehmen, was zu dem Fehlen einer kohärenten und homogenen Struktur, z.B. durch gemeinsame Einrichtungen, führt. Dies ist der Hauptunterschied von Industrie- bzw. Gewerbegebieten zu den anderen Alternativen.

**In Gewerbegebieten fehlt meist das gemeinsame Interesse**

### Logistikzentren

Logistikzentren grenzen sich von den anderen Alternativen ab, indem sie ausschließlich auf Unternehmen in der Logistikbranche zielen. Hier findet eine Agglomeration von diversen ergänzenden logistischen Dienstleistungen statt. Logistikzentren gibt es in vielen verschiedenen Formen:

- Güterverkehrszentren (GVZ)
- Güterverteilzentren (GVtZ)
- Logistische Dienstleistungszentren (LDZ)
- Transportgewerbegebiete (TGG)
- Zentren für Produktionslogistik (ZPL)
- Frachtzentren
- Transitterminals
- Distributionszentren

Logistikzentren bieten je nach Art und Standort eine Vielzahl von logistischen Dienstleistungen an. Das Ziel dieser Logistikzentren ist es, die Güterströme zu rationalisieren und effizienter zu gestalten. Häufig bilden sie Teil der Logistikkette und sind Umschlagplatz zwischen verschiedenen Verkehrsmethoden und Logistikanbietern. Hier werden verschiedene Sendungen je nach Zielort umgeladen neu gebündelt und kommissioniert. Zusätzlich erfüllen sie auch eine Lager-, bzw. Pufferfunktion für die Güterflüsse ihrer Kunden.

In der Praxis lässt sich eine eindeutige Abgrenzung häufig nicht vornehmen, da eine Vermischung der einzelnen Arten von Logistikzentren statt-

**Reine Logistikzentren sind eher die Ausnahme**

findet. Als Beispiel kann hier genannt werden, wenn ein Logistikzentrum gleichzeitig die Funktionen eines Zentrums für Produktionslogistik, da es Nahe am produzierten Gewerbe situiert ist, und eines Distributionszentrums, da es auch in der Nähe des Absatzmarkts für ein anderes Produkt zu finden ist, erfüllt.

Die Entwicklung und Standortwahl solcher Logistikzentren ist häufig abhängig von den vorherrschenden Marktgegebenheiten und der genauen Funktion. Der Grad der Vernetzung zwischen den einzelnen Unternehmen variiert und reicht von komplett autonomen Firmen, die keine Geschäftsbeziehungen unterhalten, bis zu der Gründung einer gemeinsamen Firma, bzw. einem Joint Venture, die das Logistikzentrum verwaltet und die Interesse der beteiligten Firmen vertritt.

Repräsentativ für die Vielzahl von Variationen wird am Beispiel der Güterverkehrszentren exemplarisch versucht, die Bedeutung der Logistikzentren zu beschreiben.

### Güterverkehrszentren (GVZ)

**Spezialfall Güterverkehrszentrum**

Ein GVZ »ist ein transportlogistischer Knotenpunkt, an dem mehrere Anbieter logistischer Dienstleistungen angesiedelt sind, der an mindestens zwei Verkehrsträger – insbesondere Straße und Schiene – angebunden ist, der sich an der Schnittstelle von Nah- sowie Fernverkehr befindet und in dem systematisch Synergiepotenziale bei der Erbringung vielfältiger logistischer sowie die Logistik unterstützender Dienstleistungen genutzt werden«.

**Synergie durch freiwillige Zusammenarbeit**

Um die angesprochenen Synergiepotenziale zu realisieren, bedarf es einer engen und langfristigen Zusammenarbeit zwischen den einzelnen Logistikunternehmen, die jedoch weiterhin rechtlich und wirtschaftlich unabhängig voneinander bleiben. Die Kooperation kann so weit führen, dass eine gemeinsame Firma gegründet wird, um den Informationsfluss zu systematisieren und die Logistik effizienter zu gestalten. Beispiele für GVZ sind vor allem an Umschlagplätzen von Lkw auf den Schienenverkehr und im Bereich der City-Logistik anzutreffen.

Das Hauptziel der GVZ ist es, die Produktivität der Logistikkette zu erhöhen. Diese hat speziell in den vergangen Jahren an Bedeutung gewonnen, da die Auslastung der Fahrzeuge kontinuierlich gesunken ist, was zu steigenden Kosten in der Logistikbranche geführt hat. Dies lässt sich auf die folgenden Punkte zurückführen:

- Verkehrsflächenknappheit,
- steigende Wartezeiten an den Rampen,
- Lieferzeitbeschränkungen,
- steigende Anzahl der Spezialfahrzeuge,
- zeitliche Unterschiede zwischen Angebot und Nachfrage;
- bei Rundfahrten liegt die durchschnittliche Auslastung nur bei 50 %.

Zusätzlich zu der Reduktion der oben genannten Probleme erbringt ein GVZ auch diverse positive Effekte, wie z.B. die Möglichkeit, komplexere und vielfältigere Logistikleistungen anzubieten.

Diese Vorteile, bzw. die Verminderung von Nachteilen, kann man an zwei Beispielen konkretisieren.

**Wettbewerbsvorteile durch Vielfältigkeit**

a) Steigerung der Auslastung

Zwei Logistikunternehmen, ABC GmbH und XYZ AG, müssen je aus unterschiedlichen Orten eine gewisse Menge an Gütern nach A transportieren. Da aber beide Transporte weniger als halb voll sind, ist die Auslastung sehr gering. Durch Teilnahme an einem GVZ könnten die Waren auf einen dritten Betreiber oder einen der zwei Betreiber umgeladen werden, um die Auslastung, bzw. die Produktivität zu erhöhen, so dass nur noch ein Fahrzeug gebraucht wird.

b) Erhöhung der Auslastung bei Rundfahrten

Bei dem Zusammenschluss zweier GVZs und einer flächendeckenden Verbreitung können auf einer Rundfahrt weitere Waren durch die Fahrzeuge bei einem anderen GVZ aufgenommen werden, um das Problem »des leeren Fahrzeuges« zu vermeiden.

In beiden Fällen bedarf es einer engen Zusammenarbeit zwischen den einzelnen Unternehmen, den so genannten Nutzern, was häufig durch die Gründung einer GVZ-Betreibergesellschaft erreicht wird. Das Ausmaß der Kooperation hängt von der Bereitschaft der einzelnen Unternehmen, gewisse Funktionen, wie z.B. Wartung der Fahrzeuge, der Infrastruktur und der Lager, Auftragsvergabe und Einkauf, und Ressourcen, wie z.B. die Bereitstellung oder »Pooling« von Lagerkapazität, Fahrzeugen und Mitarbeitern, für die Betreibergesellschaft bereitzustellen. Diese Integration birgt eine Vielzahl von Chancen, durch z.B. Kostenminderung, aber auch Risiken, durch z.B. eine höhere Abhängigkeit und die Möglichkeit des Verlustes von Informationen an die Konkurrenz.

**Vorteile der GVZ für die Gemeinschaft**

Neben den Vorteilen für die betroffenen Unternehmen birgt ein GVZ auch viele gesamtwirtschaftliche Vorteile. Neben den ökonomischen Zielen, wie z.B. Verkehrsminderung und -verlagerung, erfüllt ein GVZ auch regionale wirtschaftspolitische Ziele, wie z.B. die Sicherung von Arbeitsplätzen und die Förderung von KMU. Daher hat auch die öffentliche Seite ein starkes Interesse an diesen GVZ, so dass regelmäßig von der öffentlichen Hand direkte Beteiligungen bei der Gründung der GVZ-Betreiberfirmen erworben werden oder diese direkt als Initiatoren auftreten. Als Initiatoren entscheiden sie über die geographische Lage des Standortes, die von einer Vielzahl von Faktoren abhängt. Bei der Verteilung der GVZ existieren zwei kontroverse Ansätze: Einerseits ein enges Netz mit relativ kleinen Zentren gegenüber einem relativ weitläufigen Netz mit größeren Zentren.

#### 4.2.6.7 Neue alternative Entwicklungen

Die alternativen Ansätze zu den Industrieparks zielen einerseits auf eine Erhöhung der Produktivität und auf eine Senkung der Kosten auf Seiten der Unternehmen, aber anderseits auch auf eine Verbesserung der wirtschaftspolitischen Faktoren ab. Die neueren Entwicklungen auf diesem Gebiet versuchen diese Tendenz aufzugreifen und weiter zu vertiefen.

**Vernetzung**

Unter der Vernetzung versteht man den Aufbau von Netzwerken und Kooperationen zwischen mehreren Industriepark, bzw. den alternativen Ansätzen zu den Industrieparks, um zusätzliche Wertschöpfung zu ermöglichen. Solch eine Vernetzung kann in zwei Arten unterteilt werden: eine regionale und eine internationale Vernetzung. Diese beiden Alternativen bilden aber nur die Extreme eines Kontinuums, da theoretisch eine Vielzahl von Kombinationen über die Ausrichtung und Größe solcher Netzwerke besteht.

Anhand von zwei Beispielen, einem regionalen Netzwerk, Last Mile Logistik, und einem internationalen Netzwerk, it-parcs, soll erklärt werden, inwieweit diese Vernetzung Vorteile für die betroffenen Unternehmen bringt. Erst werden die Beispiel vorgestellt um später die relativen Vorteile zu diskutieren.

a) **Last Mile Logistik Netzwerk GmbH**

*Last Mile Logistik: eine Frage der Organisation*

Das Last Mile Logistik Netzwerk (LMLN) wurde von den Gemeinden Gelsenkirchen, Herne und Herten gegründet. Es verfügt über 170 ha, verteilt auf mehrere Gelände, darunter einen Hafen, einen chemischen und mehrere klassische Industrieparks, einen GVZ und mehrere Industrie- und Gewerbegebiete. Es verfügt über ausgezeichnete Verkehrsinfrastruktur durch Anbindung an drei Autobahnen und an den Rhein-Herne-Kanal. Die hervorragende Lage inmitten des Ruhrgebiets ermöglicht das Erreichen von über 9 Mio. Menschen innerhalb einer Autostunde.

Die Gemeinden erhoffen sich durch den Aufbau solch eines Netzwerks, mehr Unternehmen in diese Gegend zu ziehen. Die spezifischen Vorteile für diese Unternehmen lassen sich dadurch erklären, dass ein Betreiber eine Vielzahl von Dienstleistungen anbietet und somit nur mit einem Ansprechpartner verhandelt werden muss.

Des Weiteren kann dadurch ein ganzheitliches Konzept für alle Bereiche der Produktion und der Logistik geschaffen werden, was die Bedürfnisse der Unternehmen besser abdecken kann. Beispielsweise kann ein KMU alle Bedürfnisse, wie zum Beispiel die Produktion und Distribution, in einer geographischen Gegend ansiedeln und muss nicht lange Transportwege in Kauf nehmen, um sich anderweitig niederzulassen. Das Gleich gilt auch für größere Unternehmen.

Zusätzlich zu den bereits ansässigen Industrieunternehmen haben sich bereits namhafte Logistikunternehmen, wie z.B. Aldi, Dachser, Lidl, UPS und Phoenix im LMLN niedergelassen.

**b) it-parcs**

It-parcs ist ein Joint Venture zwischen IVG und DeTe Immobilien, der Immobilientochter der Deutschen Telekom. Das Netzwerk umspannt weltweit über 15 verschiedene Industrieparks in fünf verschiedenen Ländern, darunter Deutschland, USA und Japan, und planmäßig sollen weitere sechs Parks in vier neuen Ländern, darunter England, Singapur und Frankreich, in den nächsten fünf Jahren eröffnet werden. Dies geschieht parallel zur Einbindung von weiteren 50 bis 100 bereits existierenden Parks im gleichen Zeitraum. It-parcs haben sich auf die Technologiebranche spezialisiert.

*Informationstechnologien gebündelt*

Anhand der folgenden Abbildung lässt sich das Konzept der it-parcs einfach darstellen. Von den Eigentümern, bzw. Investoren engagiert, verwaltet it-parcs weltweit Industrieparks, bzw. die Gebäude in den Industrieparks. Für die Eigentümer birgt das eine Vielzahl von Vorteilen, da entweder ein erfahrener Betreiber das Management der Parks übernimmt oder sie von erfahrenen Betreibern beraten werden. It-parcs versucht einen Markennamen auf dem Gebiet der Industrieparks zu etablieren. Des Weiteren ist resultierend aus der Teilnahme an it-parc die Mitgliedschaft an dem weltweiten Netzwerk gesichert, was potenziell die Attraktivität des Parks für neue Mieter erhöht.

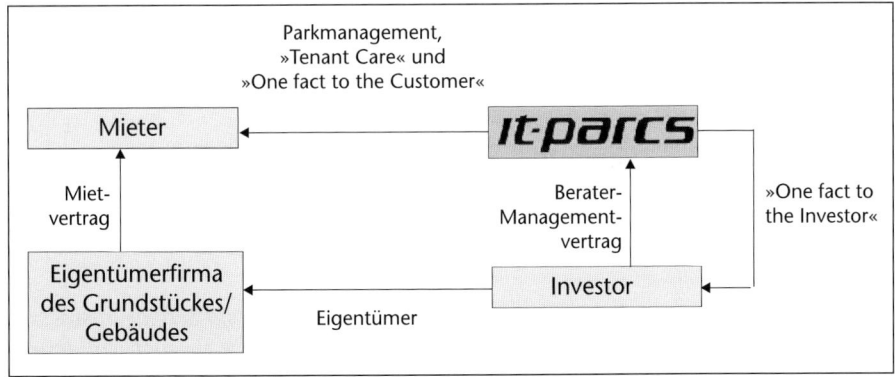

*Abb. 3: Das Konzept von it-parcs*

Zusätzlich zu den klassischen Dienstleistungen eines Industrieparkbetreibers bietet it-parcs ein erweitertes Angebot, entweder aus eigener Quelle oder durch Partnerunternehmen, das alle potenziellen Bedürfnisse des Mieters abdecken an, wie z.B. von Facility Management und Marketing über Project Development zur Finanzberatung und Venture Capital.

Aus logistischer Sicht bietet außer diesen Dienstleistungen das bestehende globale Netzwerk, besonders für Großunternehmen, ein großes Potenzial:

*Vorteil durch die globale Anbindung*

- Bei der internationalen Expansion werden die Transaktionskosten gesenkt, da auf einen bewährten Partner vertraut werden kann. Dies gilt einerseits für die Suche des Standortes und auch für das Angebot an Dienstleistungen.

- Auch bei kurzfristigen Kapazitätsproblemen oder Expansionsplänen helfen die it-parcs weltweit durch die Bereitstellung von spekulativ gebauten Büro- und Lagerräumen zu günstigeren Preisen, was zu einer flexibleren Planung seitens der Unternehmen führt.

- Die direkte Vernetzung der Industrieparks erleichtert den weltweiten Informationsfluss durch eine Reduktion der Schnittstellen.

Im Gegensatz hierzu stehen die Nachteile der Teilnahme an solch einem Netzwerk:

- Abhängigkeit von der Zuverlässigkeit des Betreibers, das Netzwerk instand zu halten;

- das Netzwerk ist abhängig von einer gewissen Anzahl von Mietern, was im Fall von Mieterausfällen zum Zusammenbruch führen könnte.

**c) Eco-Industrieparks**

Neben einer ethischen Verpflichtung sind Unternehmen zusätzlich durch einen weltweiten Trend zu einer ökologischer Denkweise gezwungen, die negativen Effekte ihrer Handlungen auf die Umwelt zu minimieren. Hierbei stehen die Abfallvermeidung und die Abfallverwertung, bzw. -lagerung, also die Entsorgungslogistik im Vordergrund. Des Weiteren zählen auch Punkte wie die Versorgungs-Logistik, z.B. durch einen ökologischen Transport von Gütern, dazu.

Das Konzept der Eco-Industrieparks (EIP) greift diesen Punkt auf, da es eine Weiterentwicklung der klassischen Industrieparks mit dem Ziel, neben einer wirtschaftlichen auch eine umweltbewusste Gemeinschaft zu schaffen, ist.

»*An eco-industrial park is a community of manufacturing and service businesses seeking enhanced environmental and economic performance through collaboration in managing environmental and resource issues including energy, water, and materials. [...] The goal of an EIP is to improve economic performance of the participating companies while minimising their environmental impact.*«

Die Aspekte eines EIP greifen ganzheitlich in den Aufbau und die Struktur eines Industrieparks ein. Idealerweise sollte das Konzept bereits vor, bzw. während der Planungsphase integriert werden.

»*Imagine what a team of designers could come up with if they were to start from scratch, locating and specifying industries and factories that had potentially synergistic and symbiotic relationships.*«

Bei der Entscheidung, welche Unternehmen sich in einem EIP niederlassen sollen, wird präzise ausgewählt, inwieweit sie nicht nur wirtschaftliche Geschäftsbeziehungen, sondern auch ökologische Beziehungen aufbauen können. Der Umfang dieser Zusammenarbeit soll weit über das staatlich festgelegte Niveau und internationale Standards, z.B. ISO 14.000, für Umweltschutz gehen.

**Eco-Industrieparks sind nicht nur wirtschaftlich bestimmt**

Neben einer effizienteren Anordnung der diversen Firmen in einem Industriepark, was zu einer Minderung der Transportwege führt, zielt EIP vor allem auf die Entsorgungslogistik, die direkt mit in den Park eingebunden wird. Das bedeutet, dass z.B. Recyclinganlagen vor Ort erbaut werden.

Aber ein EIP geht noch einen Schritt weiter, da das ultimative Ziel eine Transformation des generierten Abfalls in ein Kuppelprodukt (Byproduct) ist. Es muss eine Symbiose zwischen den einzelnen Teilnehmern hergestellt werden, so dass der Abfall einer Firma zum Rohstoff der anderen wird. Es ist verständlich, dass nicht das gesamte Spektrum an Abfall konvertiert werden kann, aber eine Maximierung dieser Konversionsquote stellt das unmittelbare Ziel dar. Welche Abfälle umgewandelt werden können, wird in einem späteren Beispiel näher gebracht.

Die Vorteile eines EIP sind für die nähere Umgebung, z.B. die Gemeinde oder den Kreis, eindeutig: Zusätzlich zu einem attraktiven Standortfaktor, der wiederum zur Schaffung von Arbeitsplätzen beitragen kann etc., werden die negativen Effekte, wie Verschmutzung und Abfall, bei Definition auf ein Minimum reduziert.

Auf Seiten der Unternehmen wiederum führt die Teilnahme an einem EIP auch zu multiplen Vorteilen, die alle auf dem Fundament der Umweltschonung basieren.

Ein EIP integriert auch andere weiter verbreitete Produktionskonzepte wie Lean Production, Kanban und Kaizen, die auf effizienterer Nutzung der Ressourcen basieren. Diese effizientere Nutzung der Ressourcen durch moderne Produktionstechniken zusätzlich zu der Absatzmöglichkeit der Abfälle, bzw. der Eliminierung der Kosten der Abfallbeseitigung, stärkt die Kosten, bzw. die Ertragsseite der Unternehmen.

An dieser Stelle ist jedoch aufzuführen, dass nicht alle modernen Produktionsmethoden, die parallel zu einer effizienter Nutzung der Ressourcen führen, auch gleichzeitig umweltfreundlicher sind. Als Beispiel hierfür kann das Just in Time (JIT) Konzept aufgeführt werden, da »steigende Bedienfrequenzen mit zugleich sinkenden und variablen Sendungsgrößen bei gleichzeitiger Abnahme der Regelmäßigkeit von Transporten […] die Gefahr steigender Umweltbelastungen durch das JIT Konzept« beinhaltet.

Ein zweiter Vorteil ist die Reduktion der administrativen Kosten, um die staatlichen Umweltregelungen zu erfüllen, da man davon ausgehen kann, dass sie sowieso bei einem EIP Konzept erreicht werden.

Neben den rein monetären Vorteilen kann mit einer Steigerung des Ansehens des Unternehmens gerechnet werden, da wie die Financial Times es schreibt »social responsibility currently fashionably« ist. Dies wiederum führt potenziell zu einer Vielzahl von weiteren Vorteilen, die von einer Stärkung der Marktposition über Mitarbeitermotivation bis zu einem gestiegenen Absatz reichen könnten.

Um diese Vorteile zu realisieren, müssen anfänglich einige Probleme überwunden werden. Dieses Hürden sind unter anderem:

- das Problem, Investoren von einem unbekannten Konzept zu überzeugen;

- komplexe Organisation des Transfers der Kuppelprodukte;

- Gefahr eines fluktuierenden Angebots der Kuppelprodukte;

- vorsätzlicher Bruch der gesetzlichen Abfallregelung, da nicht normale Recyclingkanäle benutzt werden;

- Abhängigkeit von anderen Firmen.

Der größte Teil der Probleme kann jedoch durch eine detaillierte Planung überwunden werden.

Im folgenden Abschnitt soll anhand eines Beispieles, dem Kalundborg EIP (Dänemark), die Struktur eines EIP dargestellt werden. Hier werden auch einige Abfälle erwähnt, die potenziell als Ressourcen wiederverwendet werden können.

*Kalundborg EIP (Dänemark)*

In Kalundborg hat sich ein kompletter Industriepark um den Anchor-Mieter, das Kohlekraftwerk, angesiedelt. Ein Großteil aller vom Kraftwerk verursachten Abfälle wird durch die umgebende Industrie aufgenommen, aber das Kraftwerk selbst nimmt Abfalle von den umliegenden Firmen ab. Das wohl Interessanteste an diesem weltweit ersten EIP jedoch ist, dass dieser Park nicht von Anfang an geplant war.

*»I was asked to speak on ›how you designed Kalundborg‹. We didn't design the whole thing. It wasn't designed at all. It happened over time.«*

Der Park entstand aus einer Reihe von unkoordinierten Verträgen zwischen den einzelnen Firmen, was jedoch weltweit zum Beispiel für eine Vielzahl von systematisch angelegten Parks wurde. Erstaunlicherweise hat dieses Konzept besonders in den Vereinigten Staaten Anklang gefunden, wo bereits einige ähnliche EIP konstruiert wurden.

### d) Virtuelle Industrieparks

Um das Konzept des virtuellen Industrieparks (VIP) vorzustellen, soll vorher der Begriff des virtuellen Unternehmens (VU) erläutert werden, da diese beiden Ansätze starke Ähnlichkeiten aufweisen.

In der Literatur ist eine Vielzahl von verschiedenen Definitionen von VU aufzufinden, wobei diese teilweise widersprüchlich sind. Die folgende Definition spiegelt die geläufige Begriffsbestimmung wider:

**Der virtuelle Industriepark: im Prinzip nicht standortgebunden**

»*The virtual corporation is a temporary network of independent companies – suppliers, customers, even erstwhile rivals – linked by information technology to share skills, costs, and access to on another's markets. It will have neither central office nor organisation chart. It will have no hierarchy, co vertical integration. Instead proponents say, this new evolving model will be fluid and flexible – a group of collaborators that quickly unite to exploit a specific opportunity.*«

In anderen Worten, in einem VU gruppiert sich eine Vielzahl von verschiedenen Unternehmen ohne formelle Struktur zusammen, um ihre Geschäftsinteressen zu vertreten. Andere Autoren konkretisieren diese Begriffsbestimmung durch Erstellung von Listen über die Definitionsmerkmale, wie z.B. Kemmner et al.: 10 Merkmale und Eigenschaften von VUs.

Diese Definition ermöglicht es uns jetzt zu analysieren, inwieweit dieses Konzept auf Industrieparks übertragbar ist. Natürlich ist das genaue Ausmaß der Übertragung abhängig von der Art des Industrieparks. Diesbezüglich kann der von Mertens et al. eingeführte Begriff des »Virtualitätsgrades« benutzt werden.

Einige Beispiele solcher Anwendungen im Bereich der Industrieparks wurden bereits aufgeführt, wie z.B. die Schaffung von Lobbygruppen oder die Gründung eines Joint Ventures. Diese beiden Beispiele widersprechen der oben genannten Definition bezüglich erstens dem zeitlichen und zweitens dem organisatorischen Faktor. Die in Industrieparks aufzufindenden Kooperationen sind nicht zeitlich begrenzt, da es sich i.d.R. bei Standortfragen um sehr langfristige Projekte handelt. Des Weiteren sind die bisher aufgeführten Beispiele an teils strikte, vertraglich geregelte Formen gebunden, was der Flexibilität eines VUs widerspricht. Dem entgegen lässt sich die Entwicklung eines »kollektiven Bewusstseins« innerhalb eines Industrieparks als ein primäres Beispiel für ein VU nennen. Des Weiterem stellen EIP auch ein Beispiel einer virtuellen Kollaboration in einem Industriepark dar, da hier aktiv nach Kollaborationspartnern gesucht wird, um die Produktion effizienter zu gestalten.

**Temporär oder auch nicht**

Unabhängig von diesen konkreten Beispielen wird jetzt versucht, anhand der Definition des VU eine generelle Struktur eines VIP herzuleiten, wobei die genaue Zielsetzung seitens der Betreiber eine Steigerung der Attraktivität des Industrieparks durch Kooperationen, und seitens der Nutzer bzw. Mieter die Möglichkeit von Kooperationen mit anderen ansässigen Unternehmen ist. Der letztere Punkt beinhaltet diverse Vorteile für die Unternehmen, die durch die räumliche Nähe hervorgerufen werden, nämlich in erster Linie ein Reduzieren der Logistikkette oder die Reduktion der Transaktionskosten. Der Aufbau dieser Geschäftsbeziehung liegt jedoch bei den Betreibern des Industrieparks. Dies lässt sich dadurch erklären, dass Unternehmen, die potenzielle Geschäftsbeziehungen nicht als einen wichtigen Entscheidungsfaktor sehen und eher auf andere Standortfaktoren fokussiert sind, und es sich häufig um Niederlassung größerer Unternehmen handelt, die solche Kooperationsentscheidungen eher auf einer höheren Hierarchieebene treffen. Um die Möglichkeiten einer Umsetzung zu prüfen, muss man sich auf die Betreiberseite konzentrieren und die verschiedenen Arten der Zusammenarbeit analysieren, um zu sehen, welche Arten von Kooperation möglich sind, was natürlich auch voraussetzt, dass die Unternehmen bereit sind, solche Kooperationen einzugehen. Bei VU wird auch versucht, eine kohärente Struktur nach außen zu schaffen. Dass aber, um solch eine Kooperation zu schaffen, eine innere gegeben sein muss, soll hier im Vordergrund stehen.

|  | Branche ||
|---|---|---|
|  | Andere | Gleiche/Ähnliche |
| **Dienstleistungen** | **Berater/Support** z.B. Consulting-Firma, Ärzte, Softwareunternehmen, Buchhaltung, Frisör, Post, Sekrätersservice, Sport und Fitness, Restaurants, Post, Facility Management, Konferenzräume, Übersetzer usw. | **Berater/Partnerschaft** z.B. Marketing, Lobbying, Beratung, Knowledge-Management usw. |
| **Güter** | **Lieferant/Abnehmer** z.B. Büromaterial, Supermarkt, Rohstoffe, Teilprodukte usw. | **Partnerschaft** z.B. Einkaufs- und Verkaufsgemeinschaft |

*Abb. 4: Arten der Kooperation zwischen Firmen in einem Industriepark*

Die Arten der Kooperation und Beispiele sind in obiger Abbildung dargestellt. Es ist zu beachten, dass einige Kooperationsarten, speziell im Bereich der Dienstleistungen und teilweise auch bei den Gütern, direkt vom Betreiber des Parks erfüllt werden können, wobei bei großen Firmen diese auch intern geregelt sein können.

Um diese Kooperationen zu ermöglichen, muss der Betreiber die geeignete Infrastruktur bereitstellen. Dies kann, nur um ein paar Beispiele zu nennen, von Kennlernveranstaltungen über einen Park-Newsletter, bzw. Internetseite, bis zu aktiven Zusammenführungen reichen.

**Die Grenzen sind fließend** Nachdem das Konzept eines VUs auf einen Industriepark angewandt wurde, stellt sich die Frage ob und inwieweit das eigentliche Konzept noch besteht. Durch das Eingreifen eines externen Betreibers in das Geschehen reduziert sich der Virtualitätsgrad, da normalerweise von einem Zusammenschluss aus eigenem Interesse ausgegangen wird. Dennoch kann davon ausgegangen werden, dass potenziell, das heißt wenn eine richtige Mischung an Firmen anzutreffen ist, das zu Beginn durch den Betreiber geführte VU, bzw. VIP sein »Eigenleben« entwickeln kann. Die gilt speziell für die Ansiedlung von diversen Support-Dienstleistungen, die wegen ihrer kleinen Größe sich schneller an wechselnde Nachfrage anpassen können.

Auch die bereits angesprochenen Unstimmigkeiten mit der eigentlichen Definition bezüglich der zeitlichen und organisatorischen Faktoren halten weiter stand.

Das Bestehen eines Betreibers kann auch als eine Verbesserung eines klassischen VU gesehen werden, da die Kernkompetenzen, der dort niedergelassen Unternehmen, nicht im Bereich des Betreibens von Industrieparks liegt und diese Funktion sozusagen an den Betreiber outgesourct wurden. Dies führt zu einer geänderten, bzw. angepasste Definition.

### 4.2.6.8 Trends

Alternative Ansätze und neuere Entwicklungen zu Industrieparks sollen die Situation der betroffenen Unternehmen verbessern. Dies ist der »natürliche« Verlauf in einer Marktwirtschaft, wobei hier ein paar besondere Trends hervorzuheben sind.

Durch eine stärkere Einbindung des logistischen Umfelds, einerseits geographisch und anderseits in die Abläufe, wird eine effizientere Produktion ermöglicht. Dies führt erstens zu Kostenreduktionen durch eine Minderung der Transport- und Transaktionskosten durch u.a. eine Reduktion der Transportzeiten. Zweitens ist eine bessere aber auch flexiblere Planung seitens der Unternehmen möglich. Diese Entwicklungen sind besonders wichtig, da sie einen volkswirtschaftlichen Wachstumsimpuls geben.

Bei diesem Trend darf der gesamtwirtschaftliche Aspekt nicht vergessen werden. Hierzu kann man das volkswirtschaftliche Konzept der Externen Effekte hinzuziehen. Hier ist anzumerken, dass sowohl positive als auch negative externe Effekte zu Wohlfahrtsverlusten führen. Bei Betrachtung aus dieser Perspektive kann man erkennen, dass einerseits die negativen Effekte, wie z.B. Verschmutzung und Benutzung der Verkehrsmittel, abnehmen. Anderseits profitieren die Unternehmen, da andere Firmen zum Beispiel für die produktive Nutzung der Abfälle zahlen, was auch zu einer Reduktion der positiven externen Effekte führt. Zu dem letzteren Punkt ist zusätzlich aufzuführen, dass, um ein gesamtwirtschaftliches Optimum zu erreichen, eine gewisse Menge an Abfällen produziert werden muss. Daher ist eine produktive Nutzung der Abfälle ein positiver Externer Effekt und nicht ein negativer Effekt.

### Weiterführende Literatur

*Arnold, O.; Härtling, M.:* Virtuelle Unternehmen: Begriffbildung und -diskussion. Arbeitspapier aus der Reihe »Informations- und Kommunikationssysteme als Gestaltungselement virtueller Unternehmen«, Universitäten Bern, Leipzig, Erlangen-Nürnberg, 1995

*Autschbach, J.:* Internationale Standortwahl: Direktinvestitionen der deutschen Automobilindustrie in Europa, Gabler Verlag, Deutscher Universitäts-Verlag, 1997

*Byrne, J. A.:* The Virtual Corporation, in Business Week (8.2.1993), S. 93–103

*Cohen-Rosenthal, E.; McGalliard, T.; Bell, M.:* Designing Eco-Industrial Parks: The North American Experience, Cornell university Centre for the Environment (USA), 1997

*Hummel, B.:* Internationale Standortentscheidung: Einflußfaktoren, informatorische Fundierung und Unterstützung durch computergestützte Informationssysteme, Rudolf Haufe Verlag, Freiburg, 1997

*Ihde, G. B.:* Transport, Verkehr, Logistik, München: Verlag Franz Vahlen, 1991

*Kemmner, G.-A.; Gillessen, A.:* Virtuelle Unternehmen: Ein Leitfaden zum Aufbau und zur Organisation einer mittelständischen Unternehmenskooperation, Heidelberg: Physica Verlag, 2000

*Klingen, H.; Litzenburger, G.:* Die Saarländische Automobilindustrie – Motor des Strukturwandels, IHK Saarland, 2002

*Last Mile Logistik Netzwerke GmbH:* Werbebroschüre, Herne, 2002

*Lowe, E.:* The Eco-Industrial Park: A Business Environment for a Subtainable Future, Presented at Designing, Financing and Building the Industrial Park of the Future Workshop, San Diego (USA), 1995

*Lowe, E.; Warren, J. L.:* The Source of Value: An Executive Briefing and Sourcebook on Industrial Ecology, Richland (USA), Washington: Pacific Northwest National Laboratory, 1996

*Mertens, P.; Griese, J.; Ehrenberg, D.:* Virtuelle Unternehmen und Informationsverarbeitung, Berlin: Springer Verlag, 1998

*Pfohl, H.-C.:* Unternehmensführung und Logistik: Ökologische Herausforderungen an die Logistik in den 90er Jahren (8. Fachtagung der Deutschen Gesellschaft für Logistik, 4. Mai 1993, Darmstadt), Berlin: Erich Schmidt Verlag, 1993

*Stölzle, W.; Gareis, K. (Hrsg.):* Integrative Management- und Logistikkonzepte, Wiesbaden: Gabler, 2002

*Tress, R.:* Das GVZ als infrastukturelle Schnittstelle des Güterverkehrs, Düsseldorf, 1984

*Wagner, G. R., Stork, C.:* Umweltbedingte Unternehmenschancen und -risiken der Logistikkonzepte, in: Pfohl, H.-C. (1993): Unternehmensführung und Logistik: Ökologische Herausforderungen an die Logistik in den 90er Jahren (8. Fachtagung der Deutschen Gesellschaft für Logistik, 4. Mai 1993, Darmstadt), Berlin: Erich Schmidt Verlag, 1993, S. 1 ff.

*Weber, J.:* Handbuch Logistik: Management von Material- und Warenflußprozessen, Stuttgart: Schäffer/Poeschel Verlag, 1999

**Internet**

*www.conversion.org*
Centre for Economic Conversion (September 1997) Technical Brief 7: Eco-Industrial Parks: Economic Advantage through Environmental Performance

*www.cef.cornell.edu/wie/EIDP/glossy.html*
Cornell University Work and Environment Initiative (1995) Eco-Industrial Development Program

*www.ford.de*
Ford Deutschland GmbH

*www.iso.org*
International Standard Organisation

*www.it-parcs.com*
it-parcs

*www.last-mile-logistik.de*
Last Mile Logistik Netzwerk GmbH

## 4.3 Instandhaltung der Produktionsanlagen

*von Siegfried Stender*

### 4.3.1 Einführung

Der Wettbewerb im Markt verschärft sich – »Time-to-market« spielt eine immer größere Rolle. Wie hätten sonst einige namhafte Automobilhersteller den »Diesel-PKW-Boom« Ende der neunziger Jahre in Deutschland »verschlafen« können? Höchste Qualität alleine reicht nicht mehr, um im Wettbewerb mitspielen zu können und zu den führenden Unternehmen zu gehören. Marktgerechte und variantenreiche Produkte sind notwendig, und mit ihnen eine anpassungsfähige und flexible Produktion. Was bedeutet dies für die Instandhaltung?

**Steigende Komplexität und Fehleranfälligkeit**

Bis zum Anfang der neunziger Jahre stand der Umgang mit der zunehmenden Anlagenkomplexität im Vordergrund. Gleichzeitig hielt die Elektronik Einzug in die Produktion und in die Maschine. Dieser Prozess ist noch lange nicht abgeschlossen, die Anforderungen steigen nach wie vor. Jeder, der mit Software und Hardware zu tun hat – und sei es nur der PC am Arbeitsplatz –, weiß, dass das Zusammenspiel der einzelnen Komponenten komplexer wird und dass oft ein erheblicher Aufwand betrieben werden muss, um teilweise einfachste Fehler oder Störungen zu finden und zu beheben.

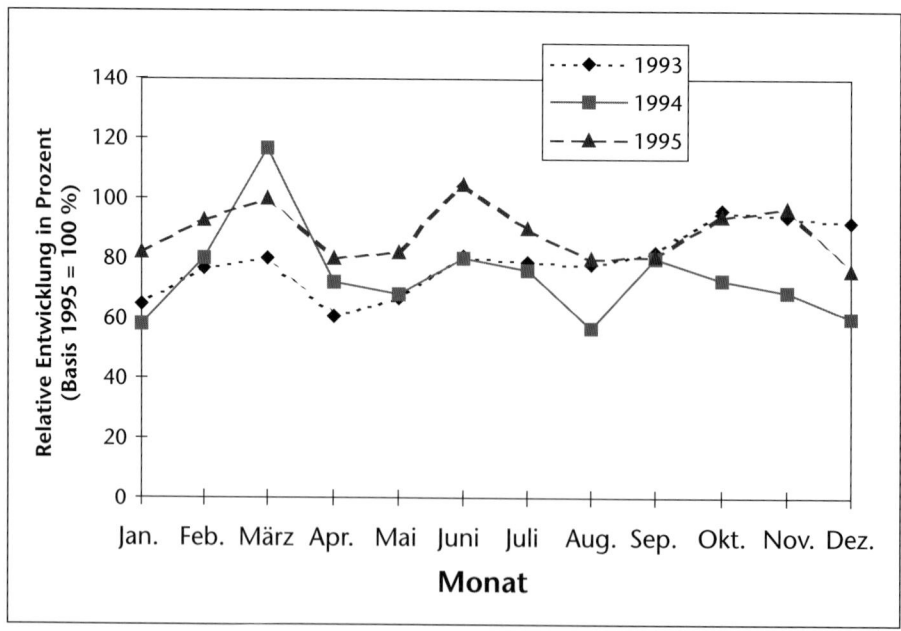

*Abb. 1: Auftragseingänge in einem mittelständischen Unternehmen*

Doch getrieben vom Marktwettbewerb ist mittlerweile die Flexibilität in der Produktion ein wesentliches Kriterium für den Erfolg eines Unternehmens. Die schnelle Reaktion auf Auftragsschwankungen – wie in Abbildung 1 anhand der erheblichen Schwankungen in den Auftragseingängen dreier Vergleichsjahrgänge erkennbar – sowie die Fähigkeit, kürzere Produktzyklen mit häufigeren Produktwechseln in der Produktion zu »handeln«, entscheiden über den Erfolg und manchmal auch über das Überleben eines Unternehmens. Nach diesen Anforderungen ausgerichtete Produktionssysteme sind die neue Herausforderung für die Instandhaltung, die mit den bisherigen Anforderungen schon genügend zu kämpfen hatte.

**Flexibilität als Herausforderung für die Instandhaltung**

Doch bevor die bisherigen Anforderungen sowie die Reaktionen auf diese und auf die neuen Herausforderung etwas ausführlicher diskutiert werden, sollen noch einige grundlegende Sachverhalte rund um den Begriff »Instandhaltung« geklärt und erläutert werden.

### 4.3.2 Der Begriff Instandhaltung

**Teilaspekte der Instandhaltung**

Geht man mit dem normierten Blick der DIN 31051 an den Begriff Instandhaltung heran, ist eigentlich alles klar. Die Instandhaltung umfasst demnach die drei Teilaspekte

- Inspektion,
- Wartung und
- Instandsetzung.

**Instandhaltung und Instandsetzung**

Vertieft man sich in diese Begriffe, wird schnell deutlich, dass landläufig die Begriffe Instandhaltung und Instandsetzung durcheinander gebracht werden. Instandhaltung ist eben nicht nur Instandsetzung oder Reparatur. Dies wird zwar oft darunter verstanden, hinzu kommen aber auch vorbeugende, geplante Tätigkeiten, wie

- die Inspektion (ich analysiere den Zustand einer Anlage) und
- die Wartung (ich führe zustandserhaltende Maßnahmen durch).

**Fehlender Zusammenhang von Kosten und Nutzen**

Vorbeugende, geplante Maßnahmen kosten Geld, das ausgegeben werden muss, ohne dass genau nachgewiesen werden kann, dass dieses Geld auch wirklich etwas bringt – dieser Aspekt wird später noch weiter vertieft. Weil dem so ist – dass Kosten und Leistung der Instandhaltung häufig nicht in direkten Zusammenhang gesetzt werden können –, scheuen sich viele Unternehmen, hierfür Geld auszugeben. In zahlreichen Firmen findet sich im Instandhaltungsbudget ein Anteil von unter 20 % für geplanten Maßnahmen.

**Vielschichtigkeit des Aufgabengebietes**

Die Klarheit eines Begriffes und seine Anwendung im Alltag stehen oft in direkter Beziehung zueinander – für den Begriff Instandhaltung scheint dieses in seiner Umkehrung zu gelten. Denn geht man in die Betriebe und fragt Instandhalter nach ihren Aufgaben, reicht die Unterteilung des Begriffes Instandhaltung in Inspektion, Wartung und Instandsetzung nicht aus und hilft nur bedingt weiter. Denn die Instandhalter – und insbesondere diejenigen, die ihre Aufgaben sehr verantwortungsvoll wahrnehmen – tun wesentlich mehr.

**Präventive Maßnahmen**

Dazu gehören insbesondere die Maßnahmen mit vorausschauendem Charakter, die auf eine Verbesserung hinauslaufen. Treten permanent Probleme an einer Anlage auf, beispielsweise Leckage an einer Dichtung beim Einsatz von Flüssigkeiten mit hohen Temperaturen, so sprechen wir von Instandsetzung, wenn die Dichtung ausgetauscht wird. Beobachten wir alle vier Wochen den Zustand der Dichtung und prüfen, ob Leckage auftritt, so ist dies eine geplante Inspektion. Wechseln wir die Dichtung nach einer Beanstandung in Folge der Inspektion oder sogar regelmäßig, beispielsweise alle drei Monate, so ist dies eine Wartung. Richtig gut ist der Instandhalter aber erst, wenn er sich Gedanken macht, wie er dieses Problem dauerhaft abstellen kann, beispielsweise durch Verwendung eines anderen Werkstoffes.

**Inbetriebnahme neuer Anlagen**

Ebenfalls sehr weitsichtig ist, wenn Instandhalter bei der Inbetriebnahme neuer Anlagen mitarbeiten oder diese Aufgabe sogar als Projektleiter wahrnehmen. Wissen und Motivation, die während dieser Phase entstehen – sozusagen nebenbei – sind sehr wertvoll für den späteren Betrieb und können in dieser Effizienz und Tiefe nur selten nachgeholt werden.

Beide Beispiele zeigen Tätigkeiten, die in der Praxis von Instandhaltern ausgeführt werden. Sie sind zwar wertvoll für das Unternehmen und für die Motivation des Instandhalters, passen aber nicht so recht in den DIN-Begriff.

Zu den außer der Reihe übernommenen Aufgaben zählen nicht selten »Nebentätigkeiten« wie

- Umzüge,
- Durchführung von Bestuhlungen,
- Pflege der Außenanlagen etc.

**Die »Nebentätigkeiten« der Instandhaltung**

Selbst nach langjährigem Einblick in die Instandhaltungsabteilungen unterschiedlicher Unternehmen ist man immer wieder erstaunt, was von der Instandhaltungsabteilung alles abgewickelt wird. Abbildung 1 zeigt die üblichen Tätigkeiten einer Instandhaltungsabteilung in der Zuordnung zu verschiedenen Maßnahmenarten.

| | | | geplante Maßnahmen | | einmalig | nicht geplant | geplant (adaptive and perfective maintenance) |
|---|---|---|---|---|---|---|---|
| | | | zyklische Maßnahmen | | | | |
| | | | ereignisabhängig | zeitabhängig | | | |
| Instandhaltung, Standards nach DIN | | Inspektion | | X | X | (X) | |
| | | Instandsetzung | X | X | X | | |
| | | Wartung | (X) | (X) | X | X | X | X | X |
| Tätigkeiten des Instandhaltungspersonals | | Umbauten | | X | (X) | X | X | X |
| | | Umzug | | X | | X | X | (X) |
| | | Neueinrichtung | | X | | X | (X) | X |
| | | Inbetriebnahme | | X | | X | (X) | X |
| | | etc. | | | | | |

mögliche Revisionsmaßnahmen
mögliche Projektmaßnahmen

dringend ▓
nicht dringend ☐

vorbeugende Instandhaltung (preventive maintenance)
(alle Maßnahmen mit vorbeugendem Charakter)

vorausschauende Instandhaltung
(predictive maintenance)
(wenn zukunftsbezogen)

korrektive Instandhaltung
(corrective maintenance)
(dringender Teil)

*Abb. 1: Tätigkeiten einer Instandhaltungsabteilung*

All dies darf nicht vergessen werden, wenn es um den Begriff Instandhaltung geht, und im Weiteren über praxisgerechte Methoden und Verfahren zu einer optimalen, also kosten- und leistungsgerechten, Instandhaltung gesprochen werden soll.

### 4.3.3 Abhängigkeit der Instandhaltungsaufgaben von der Art der Anlagen

Ein weiterer Aspekt findet in der Betrachtung der Instandhaltung häufig zu wenig Beachtung. Kommen zwei Instandhalter aus zwei verschiedenen Unternehmen zusammen, so fällt es ihnen leicht, über Instandhaltung im Allgemeinen zu sprechen. Geht es jedoch in die Tiefe und werden Strategien, Abläufe und Wichtigkeit von Maßnahmen diskutiert, stoßen sie auf erhebliche Unterschiede. Woran kann dies liegen?

*Instandhaltungsobjekte bestimmen die Instandhaltungsaufgaben*

Die Aufgaben der Instandhaltung werden durch die Art der zu betreuenden Anlagen, Maschinen, Gebäude, Fahrzeuge etc. bestimmt. Abhängig von der Art des Instandhaltungsobjektes (einige sprechen von »Equipment«, was aber im Deutschen sehr theoretisch klingt) gibt es hier ganz unterschiedliche Anforderungen, Strategien und Arten der Instandhaltungsabwicklung.

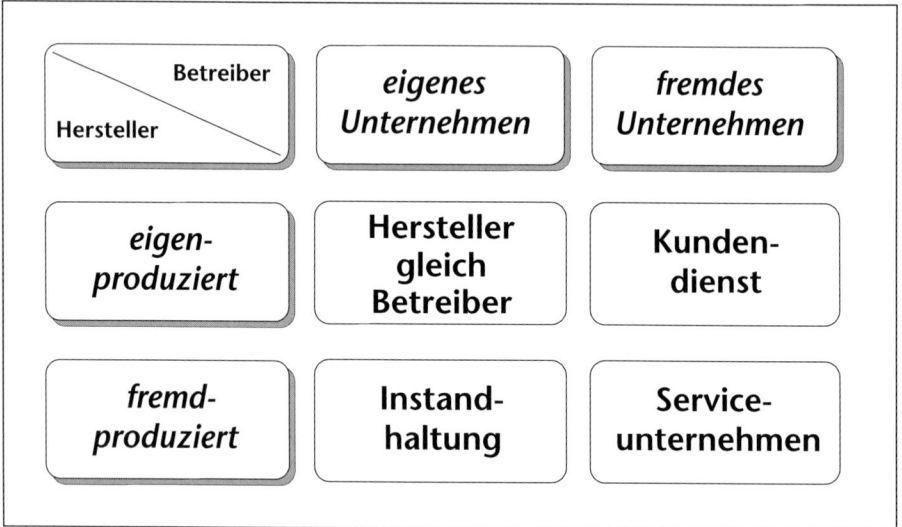

Abb. 1: Typologie der Instandhaltung

*Instandhaltung ist nicht gleich Kundendienst*

Bevor wir uns zwei Beispielen zuwenden, um die Unterscheidung in Instandhaltungsobjekte und zugehörige Instandhaltungsbedarfe besser verstehen zu können, muss noch ein grundsätzlicher Zusammenhang erläutert werden (siehe auch Abbildung 1): Die Instandhaltung betreut die Anlagen – meist verschiedener Hersteller – im eigenen Unternehmen. Betrachten wir einen Kundendienst, so wird klar, dass von ihm im Wesentlichen die gleichen Instandhaltungsaufgaben wahrgenommen werden. Der Unterschied zur Instandhaltung liegt in den Antworten auf folgende Fragen:

- Wem gehören die zu betreuenden Anlagen?
- Wer ist der Hersteller der zu betreuenden Anlagen?

Die Instandhaltung ist für die Anlagen fremder Hersteller im eigenen Unternehmen verantwortlich – der Kundendienst betreut die im eigenen Unternehmen hergestellten Anlagen/Maschinen, die in verschiedensten Unternehmen eingesetzt werden, also den eigenen Kunden. Alle im Weiteren zu diskutierenden Fragen, wie beispielsweise zur Instandhaltungsstrategie und -abwicklung oder zu Informationsbedarfen etc., sind für beide »Typologien« relevant. Die einzusetzenden Methoden sind jedoch auf den Einzelfall anzupassen und zu übertragen.

**Unterscheidungsmerkmal Herstellung**

So unterscheidet sich beispielsweise das Ersatzteilwesen in beiden Fällen erheblich: Im Falle der eigenen Instandhaltung ist man auf die Ersatzteildokumentation mehrerer Hersteller angewiesen, die Bestellabwicklung hat diese Hersteller und Lieferanten zu berücksichtigen. Dies schafft erhebliche Probleme, beispielsweise in der Aktualität der Dokumentation oder in der Gestaltung der Beschaffungsvorgänge mit den einzelnen Lieferanten/Herstellern.

**Konsequenzen für das Ersatzteilwesen**

Anders ist dies beim Kundendienst. Die Ersatzteildokumentation wird im eigenen Unternehmen erstellt, was ganz andere Möglichkeiten hinsichtlich des Zugriffs und der Aktualität mit sich bringt. Auch bei der Ersatzteilebeschaffung ist die Situation ganz anders gelagert. Hier kann im Lager aufgrund der großen Anzahl gleicher Maschinen und Anlagen, die zu betreuen sind, mit viel größeren Mengen disponiert werden.

Abbildung 1 zeigt neben den beiden exemplarisch beschriebenen Formen noch zwei weitere, die sich aus einer systematischen Betrachtung der beiden oben gestellten Fragen ergeben. Wichtig für den weiteren Zusammenhang ist, dass sich aus der Typologie unterschiedliche Blickwinkel auf die Aufgabe Instandhaltung ergeben, die für den Einzelfall zu berücksichtigen sind.

| Unternehmenstyp | Objekt | | |
|---|---|---|---|
| | Beschreibung | Anzahl | Typenvielfalt |
| Verkehrsbetrieb | Verkehrsmittel z.B. U-Bahn | hoch | minimal |
| Kraftwerk | 1 Kraftwerksblock | 1 | »gering« viele Strukturebenen |

*Abb. 2: Verschiedene Instandhaltungsobjekte*

Kommen wir nun zu den unterschiedlichen Instandhaltungsobjekten und den sich daraus ableitbaren unterschiedlichen Anforderungen an die Instandhaltungsaufgaben. Zwei Bespiele verdeutlichen diese Unterscheidung:

Als Beispiel für ein komplexes Objekt betrachten wir ein Kraftwerk. Dabei handelt es sich (sehr vereinfacht dargestellt) um eine einzige Anlage, die sich jedoch in sehr viele einzelne Elemente gliedert: in Kraftwerksblöcke,

**Anforderungen durch ein komplexes Objekt**

Teilanlagen, Maschinen, Hauptbaugruppen, Baugruppen, Komponenten etc. Zudem ist jede Kraftwerksanlage im Wesentlichen ein Unikat, wobei einzelne Kraftwerksblöcke an dem einen oder anderen Standort möglicherweise baugleich sein können.

Die Unterschiede zu anderen Instandhaltungsobjekten (kurz: IH-Objekten) werden jedoch schnell klar, wenn wir uns beispielsweise eine U-Bahn ansehen (siehe auch Abbildung 2).

**Anforderungen durch viele gleiche Objekte**

Eine U-Bahn wird in einem Verkehrsbetrieb eingesetzt und von ihrem Typ sind in der Regel eine Vielzahl von Fahrzeugen im Betrieb. Es besteht also eine hohe Redundanz an Fahrzeugen. Fällt eines aus, so kann es (je nach Höhe der Fahrzeugreserve mehr oder weniger problemlos) ersetzt werden. Zudem bestehen neuere Fahrzeuggenerationen aus vielen Tauschkomponenten. Ist das Klimagerät eines Fahrzeuges defekt, wird es ausgetauscht. Das Fahrzeug ist nach kurzer Zeit wieder im Einsatz. Das Klimagerät kann dann in aller Ruhe instand gesetzt werden.

**Verfügbarkeitsanforderung bei größerer Anzahl gleicher Objekte**

Festzuhalten ist, dass die Verfügbarkeitsanforderungen bei dieser Art von Instandhaltungsobjekten im Vergleich zu einem Kraftwerk wesentlich geringer sind – hervorgerufen durch

- eine hohe Zahl gleichzeitig im Einsatz befindlicher Fahrzeuge,
- die vorhandene Fahrzeugreserve (Austauschbarkeit der Objekte) und
- das Konstruktionsprinzip der Fahrzeuge mittels Tauschkomponenten (Austauschbarkeit der Objekte).

Spannend ist natürlich die Höhe der Fahrzeugreserve oder die Anzahl der im Lager befindlichen einsatzbereiten Austauschkomponenten. Beides verursacht Kapital- und Vorhaltungskosten, die der erhöhten Verfügbarkeit gegenüberzustellen sind.

**Verfügbarkeitsanforderung bei einem einzelnen, sehr komplexen Objekt**

Die Situation in einem Kraftwerk erfordert einen gänzlich anderen Umgang mit dem Thema Verfügbarkeit. Natürlich gibt es auch hier Redundanzen durch den Kraftwerksverbund. Fällt ein Kraftwerk aus, kann die Lücke außer in absoluten Spitzenlastzeiten problemlos durch andere Kraftwerke ausgeglichen werden. Der Sicherung der Verfügbarkeit stehen jedoch ganz andere Kosten gegenüber. So liegen zwischen den Anschaffungskosten für Kraftwerke und U-Bahnen Faktoren von 10 bis über 100. Diese Differenzen spiegeln sich auch bei den Kosten eines Ausfalls wider. Vereinfacht gilt: Ist bei einem Kraftwerk eine Komponente defekt, steht in vielen Fällen der ganze Kraftwerksblock still. Die Kosten eines derartigen Ausfalls sind enorm.

Diese beiden Beispiele verdeutlichen, dass unterschiedliche IH-Objekte ganz unterschiedliche Instandhaltungsweisen benötigen. In Abbildung 3 sind weitere Objektarten (Krankenhaus, Gießerei etc.) aufgeführt, die Liste ließe sich noch beliebig fortsetzen.

| Unternehmenstyp | Art, Beschreibung (Auswahl) | Anzahl | Typenvielfalt | Verfügbarkeitsanforderung | Notwendigkeit einer Strukturierung |
|---|---|---|---|---|---|
| Verkehrsbetrieb | ■ Verkehrsmittel U-Bahn | ■ hoch | ■ minimal | ■ hohe Redundanz<br>■ gering | ■ mittel |
| Kundendienst | ■ Betreuung des Produktes »Schleifmaschine« beim Kunden | ■ hoch | ■ gering | ■ hoch<br>■ Kundenaufträge meist gleichgewichtet | ■ hoch |
| Kraftwerk | ■ 1 Kraftwerksblock | ■ 1 | ■ auf Strukturebene hoch | ■ sehr hoch | ■ sehr hoch |
| Gießerei | ■ wenige Engpassanlagen (Öfen),<br>■ viele Nichtengpassanlagen (z.B. Werkzeugmaschinen im Vorrichtungsbau) | ■ gering<br>■ mittel | ■ gering<br>■ hoch | ■ sehr hoch<br>■ gering | ■ mäßig<br>■ gering |
| Flugzeughersteller | ■ viele unterschiedliche Maschinen,<br>■ verkettete Maschinen,<br>■ Fertigungszentren,<br>■ Montageeinrichtungen | ■ hoch<br>■ hoch<br>■ hoch<br>■ hoch | ■ hoch<br>■ mäßig<br>■ mäßig<br>■ mäßig | ■ gering, da Redundanz<br>■ hoch<br>■ hoch<br>■ mittel | ■ gering<br>■ mäßig<br>■ mäßig<br>■ gering |
| Krankenhaus | ■ Gebäude, spezielle Räume (OP)<br>■ Großanlagen (comp. unterst. Röntgenanlagen)<br>■ Geräte | ■ gering<br>■ gering<br>■ sehr groß | ■ gering<br>■ gering<br>■ sehr groß | ■ sehr hoch<br>■ sehr hoch<br>■ mittel | ■ gering<br>■ mäßig<br>■ minimal |

*Abb. 3: Weitere Instandhaltungsobjektarten*

### 4.3.4 Kosten und Leistung – das Ablaufdilemma der Instandhaltung

Harte Konkurrenz auf den Märkten hat für die Unternehmen eine sehr hohe Kostensensibilität zur Folge. Alle entstehenden Kosten werden laufend auf den Prüfstand gestellt. Insbesondere die indirekten Bereiche, die nicht direkt im Wertschöpfungsprozess eingegliedert sind, stehen im Blickfeld des Controllings. Dazu gehört auch die Instandhaltung.

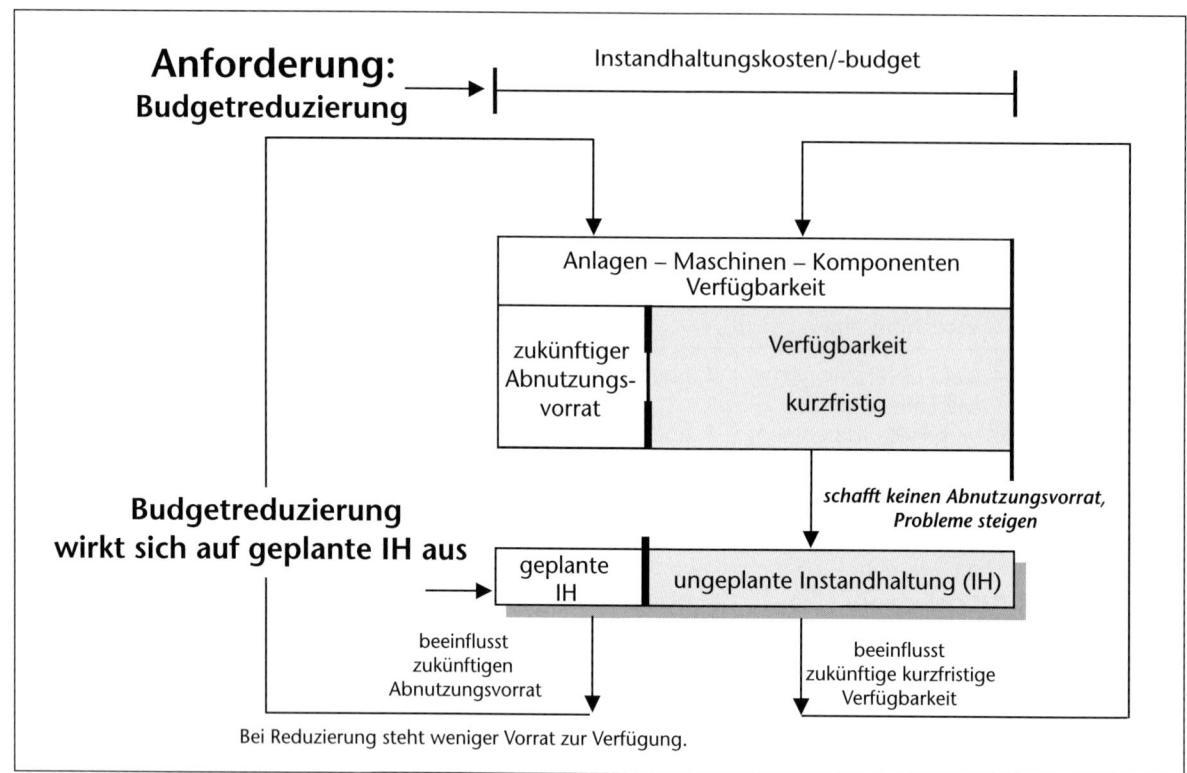

*Abb. 1: Das Dilemma der Instandhaltung*

»Feuerwehr-Strategie« statt Vorbeugung

Aber die Instandhaltung hat ein weiteres Problem: Laufen die Anlagen problemlos, entstehen vereinfacht ausgedrückt Kosten, insbesondere für das Personal, ohne dass dessen Leistung erkennbar wäre. Erst wenn es zu einer Störung kommt, ist der Einsatz des Instandhalters offensichtlich – und damit die Aufwendungen berechtigt. Das ist sicher ein Grund, warum die »Feuerwehr-Strategie« in vielen Unternehmen, insbesondere der Stückgutindustrie, so weit verbreitet ist. Geld für Instandhaltung wird erst ausgegeben, wenn es zu einer Störung kommt. Dann ist die Wirkung der Instandhaltung augenscheinlich – und kein Controller kann Instandhaltungsmaßnahmen verhindern, wenn die Fertigung steht.

Für den Instandhalter selbst ist es eine große Bestätigung, wenn bei einer ernsten Störung alle Blicke auf ihn gerichtet sind, während er zielsicher und schnell das Problem beheben kann. Damit beweist er zwar, wie wichtig er ist, genau genommen ist es dann jedoch schon zu spät. Eine Störung ist eine unvorhergesehene Abweichung vom geregelten Ablauf mit mehr oder weniger ernsten Folgen. Ziel sollte daher vor allem sein, es gar nicht zu diesem unvorhergesehenen Ereignis kommen zu lassen, anstatt dafür zu sorgen, dass das Problem im Ernstfall schnell und effektiv behoben werden kann.

Diese Prävention geschieht quasi im Verborgenen. Die Wirkung selbst tritt erst viel später dadurch ein – wenn nämlich nichts passiert und es zu keiner Störung kommt. Die Gestaltung der Prävention geht mit der Unsicherheit über die Wirkung der präventiven Maßnahmen einher. Dies (ver-)führt häufig zu der Frage, ob es nicht ausreicht, im Vorfeld weniger zu tun, weil damit ja Kosten gespart werden können.

**Einsparungen am falschen Ende**

Aufgabe der Instandhaltung ist es, durch geplante Maßnahmen Abnutzungsvorrat für die Anlagen zu erzeugen. So kann es zu keinem unvorhergesehenen Ausfall kommen. Erreicht der Abnutzungsvorrat sein unteres Limit, wird neuer Abnutzungsvorrat geschaffen, bevor es zu einem ungeplanten Ausfall kommt – oder die Anlage/das Bauelement wird ersetzt. Das Problem der Instandhaltung ist es, dass sie den Verlauf des Abnutzungsvorrates nicht genau bestimmen kann. Damit ist der richtige Zeitpunkt für die Maßnahmen ungewiss und eine latente Neigung vorhanden, diesen Zeitpunkt herauszuzögern, da jeder Schritt Geld kostet.

**Schaffung von Abnutzungsvorrat**

Das Dilemma der Instandhaltung ist (siehe Abbildung 1), dass sie einerseits einen guten Job machen und Verfügbarkeitsvorrat erzeugen will, dass sie andererseits aber den (insbesondere kurzfristigen) Effekt ihrer einen Verfügbarkeitsvorrat erzeugenden Maßnahmen nur schwer nachweisen kann. Die Instandhaltung ist für ihre Kosten verantwortlich, sie muss sie transparent machen und gegenüber dem Management rechtfertigen. Je mehr ein Management an kurzfristigen Erfolgen interessiert ist, desto schwerer kann ein Instandhalter sein eher langfristig orientiertes Budget rechtfertigen. Er ist damit in der schwächeren Position und muss mit weniger Geld auskommen.

**Kurzfristiges Denken statt langfristiger Planung ...**

Dies hat aber weniger Maßnahmen zur Schaffung von langfristigem Verfügbarkeitsvorrat zur Folge, denn das Budget ist an den kurzfristigen Maßnahmen zur Störungsbehebung orientiert. Gefährlich wird es dann, wenn immer mehr Verfügbarkeitsvorrat zur Neige geht und nicht genügend neuer geschaffen wird: Es wird mehr Geld für die kurzfristige Störungsbehebung benötigt. Die Kritik am Instandhalter wächst, da die Anlagen immer häufiger ungeplant gestört sind und das Instandhaltungsbudget zudem ansteigt. An die Schaffung von langfristigem Verfügbarkeitsvorrat ist nicht mehr zu denken, der Instandhalter hetzt jetzt nur noch den aktuellen Problemen hinterher. Leider ist dieses Szenario kein Ausnahmefall, sondern Alltag in vielen Unternehmen.

**... und die Folgen**

### 4.3.4.1 Kennzahlen, Controlling und Benchmarking in der Instandhaltung

*Was bringen Kennzahlen?*

Eine Kennzahl verdichtet meist komplexe Zusammenhänge zu einem Wert oder einer Zahl. Das ist ideal, um sich im »Dickicht« der Einflüsse, Meinungen und Informationen zurechtzufinden. Hinter der Kennzahl »Fertigungskosten pro Stück« verbergen sich alle Aufwände, Einflüsse, Zusammenhänge, die die Produktion eines »Stückes« ausmachen.

Insbesondere im Management, wo es um das bewusste »Steuern« einer Produktion oder einer Instandhaltung geht, ist es wichtig, dieses »Dickicht« zu durchdringen und Überblick zu gewinnen. Kennzahlen verschaffen diesen Überblick, verdichten alle Einflüsse und eignen sich hervorragend zur Steuerung.

Damit kann der schon beschriebene Instandhaltungsregelkreis aktiviert werden, dadurch können Strategien geschaffen und umgesetzt werden. Damit ist es letztendlich möglich, eine Instandhaltung zu hoher Leistung zu führen und die Kosten »im Griff« zu behalten.

*Gefahren in der Interpretation einer Kennzahl*

Natürlich liegen in dieser Verdichtung auch große Gefahren. Es wird nur über eine Kennzahl diskutiert; was sich dahinter verbirgt, ist nicht erkennbar. Und dann passieren sehr verkürzte, aber für die Sache vielleicht schädliche Dikussionen, weil der Hintergrund einer Kennzahl nicht offensichtlich ist. Die Diskussion um die Senkung der Instandhaltungskosten ist ein gutes Beispiel dafür. Hinter den »Kosten der Instandhaltung« verbirgt sich die volle Komplexität zur Erstellung der Instandhaltungsleistung. Wird aber nur auf die Kosten geschaut, geht der Zusammenhang zur Leistung verloren. Eine Forderung »Reduktion der Instandhaltungskosten« führt zwar zum Ergebnis einer durch die Kennzahl erkennbaren Kostenreduktion, die Wirkung auf die Leistung bleibt aber offen. Damit ist der Einfluss der Kennzahl IH-Kosten auf andere Größen nicht in der Kennzahl beschrieben. Die Wirkung ist somit ungewiss. Eine Reduktion kann somit auch großen Schaden für das Unternehmen anrichten.

Fazit ist, dass der sinnvolle Umgang mit Kennzahlen voraussetzt, zu wissen, wie sich eine Kennzahl zusammensetzt, und insbesondere auch zu wissen, was die Veränderung einer Kennzahl bewirkt. Zur Beschreibung der Wirkung reicht meist eine einzelne Kennzahl nicht aus, sondern es müssen weitere Kennzahlen hinzugezogen werden. Oder es ergeben sich neue Kennzahlen, die sich aus vorhandenen Kennzahlen zusammensetzen. So ist das oben beschriebene Problem beispielsweise durch einen Leistungsindex Instandhaltung zu lösen. Eine solche Kennzahl könnte der Quotient aus den Kosten und der Leistung sein.

**Kennzahlen als Führungsinstrument in der Instandhaltung**

*Controlling-Systematik*

Kennzahlen dienen als Führungsinstrument im Management und damit auch in der Instandhaltung. Sie helfen insbesondere wie oben schon beschrieben in der Koordination der Instandhaltungsaufträge nach dem

Prinzip des Instandhaltungsregelkreises. Die Kosteninformationen zur Planung eines Auftrages, aber auch zur Abwicklung und zur Abrechnung können zu Kennzahlen zusammengefasst werden. So kann das Controlling eines einzelnen Auftrages durch Gegenüberstellung der geplanten zu den tatsächlich aufgetretenen Kosten erfolgen. Aber auch Verdichtungen bis hoch zur gesamten Instandhaltungsabteilung sind sinnvoll und helfen für ein laufendes Controlling des Instandhaltungsbudgets.

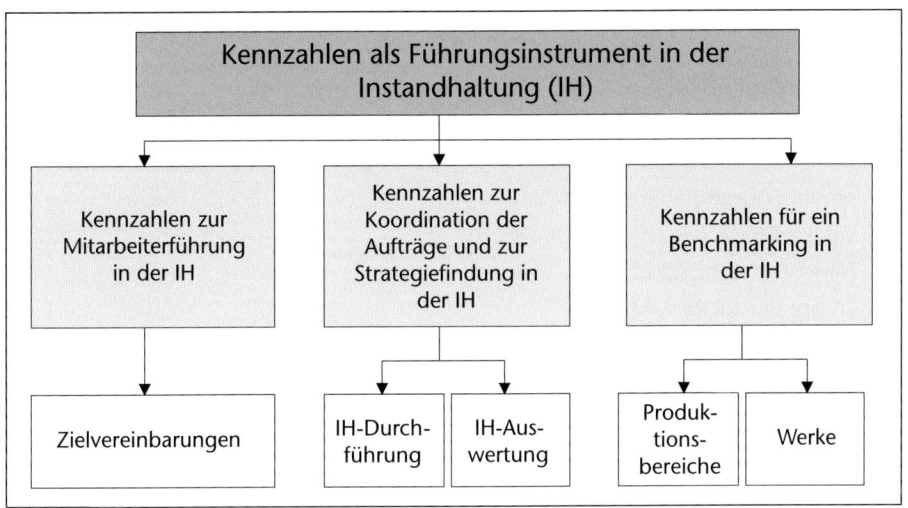

Abb. 2: Kennzahlen als Führungsinstrumente in der IH

Sinnvoll ist eine monatliche Aufteilung der Plankosten aller Aufträge und die anschließende Gegenüberstellung der tatsächlich angefallenen Kosten sowie der eingegangenen Obligos. Dann kann monatsaktuell bei größeren Abweichungen gegengesteuert werden. Damit gibt es kein »großes Erwachen« zum Jahresende über ausufernde Instandhaltungskosten.

Diese Controlling-Systematik setzt jedoch den leichten Zugriff und die Verdichtungsmöglichkeit der notwendigen Daten voraus. Ohne elektronisches Auftragsabwicklungssystem, i.d.R. ein IPS-System, ist dies jedoch nur unzureichend möglich. Insbesondere wenn die Fremdleistungsaufträge und die Material- bzw. Ersatzteilkosten mit berücksichtigt werden, ist klar, dass eine Vielzahl an Informationen zusammengefügt und verdichtet werden muss.

**IPS-Systeme erleichtern das Controlling**

Neben der Aufgabe zur Steuerung der Instandhaltung dienen Kennzahlen auch zur Koordination und zur Führung des Instandhaltungspersonals.

## Mögliche Kennzahlen in der Instandhaltung

Es gibt eine Vielzahl an Kennzahlen für die Instandhaltung. Die Abbildung 3 listet einen kleinen Ausschnitt auf. Ein Blick darauf wirft sofort die Frage auf, welche Kennzahlen überhaupt sinnvoll sind. Eine allumfassende Antwort kann da nicht gegeben werden, sondern bestimmend muss der Verwendungszweck sein.

## 4.3 Instandhaltung der Produktionsanlagen

> **IH-Objekte/Anlagevermögen**
> - Anzahl der für die IH relevanten Anlagenobjekte
> - Höhe des zu betreuenden immobilen Anlagevermögens
> - Höhe des zu betreuenden mobilen Anlagevermögens
> - durchschnittliche Nutzungsdauer der Anlageobjekte
> - durchschnittlicher Auslastungsgrad der Anlageobjekte
> - durchschnittliche technische Verfügbarkeit der Anlageobjekte
> - Strukturgrad der Anlagen (zur Auftragszuordnung bis zu wie viel Ebenen?)
>
> **IH-Aufbauorganisation**
> - IH-Organisation (1 – zentral, 2 – dezentral, 3 – integriert)
> - Anzahl IH-Mitarbeiter
> - Anzahl Führungskräfte in der IH
> - durchschnittliches MA-Alter in der IH
> - TPM-Umsetzungsgrad
> - Anzahl Produktions-MA
>
> **IH-Ablauforganisation**
> - Anzahl IH-Aufträge pro Jahr
> - Anzahl IH-Stunden pro Jahr
> - Strukturtiefe IH-Auftrag
>   (1 – Sammelauftrag pro Anlage, 2 – Einzelauftrag pro Maßnahme)
> - Grad der Auftragsprioritätensteuerung
> - Anzahl IH-Fremdstunden pro Jahr
> - Auswertungsgrad Rückmeldungen (quantitativ)
> - EDV-Unterstützung im IH-Ablauf
>   (1 – IPS, 2 – Std.-Controlling, 3 – SAP IPS, 4 – Sonstiges)
>
> **vorbeugende IH**
> - Anzahl geplante IH-Stunden/Aufträge pro Jahr
> - Anzahl ungeplante IH-Stunden/Aufträge pro Jahr
> - Anzahl Wartungsstunden/-aufträge
> - Anzahl Inspektionsstunden/-aufträge
>
> **Kosten/Controlling in der IH**
> - Höhe der IH-Kosten (Immobilien)
> - Höhe der IH-Kosten (Mobilien)

*Abb. 3: Beispiel für mögliche Kennzahlen der Instandhaltung*

**Kennzahlen zur Absicherung** — Eine Kennzahl um der Kennzahl willen zu bilden, ist nicht zielführend. Leider werden in vielen Unternehmen Kennzahlen zur Absicherung der eigenen Person oder des eigenen Aufgabenfeldes genutzt. Dazu werden Kennzahlen gebildet, die nur diesem Zweck dienen, und häufig sogar vorbeugend, ohne dass schon ein konkreter Grund zur Rechtfertigung vorliegt. Die Sinnfälligkeit dieses Vorgehens soll an dieser Stelle nicht weiter diskutiert werden. Es ist damit nur eine weitere Facette der Verwendung von Kennzahlen angesprochen.

Kosten und Leistung – das Ablaufdilemma der Instandhaltung 4.3.4

**Anforderungen an Kennzahlen**

Kennzahlen sollten nur gebildet werden, wenn sie für die Steuerung des Auftragsprozesses, der Strategieplanung, der Mitarbeiterführung oder einem Benchmarking dienen. Es sollten so wenige Kennzahlen wie möglich gebildet werden. Aber sie sollten aussagefähig sein und auch Zusammenhänge aufzeigen können. Die Definitionen müssen eindeutig und bekannt sein. Die Wirkungen bei Veränderungen der Kennzahlen müssen bekannt und auch bewusst gesteuert werden. Kennzahlen sollten regelmäßig gebildet werden und Basis für Entscheidungen sein. Und zu guter Letzt sollten Kennzahlen mit beherrschbarem Aufwand erstellt werden können.

### Controlling und Kennzahlenvergleiche

Der Begriff Controlling ist mit der Kostensituation eines Bereiches verbunden, Controlling wird immer im Zusammenhang der Auswirkungen auf die Kosten gesehen. Dies ist richtig und wichtig, verkürzt aber die Möglichkeiten, die mit dem Instrumentarium des Controllings möglich sind.

**Performance-Kennzahlen**

Als Messgrößen und damit als Basis für ein weitergehendes Controlling können Performance-Kennzahlen eingesetzt werden, die nur indirekt die Kostensituation, dafür aber die Leistungsfähigkeit einer Instandhaltung darstellen. Dazu gehören technische Indikatoren und Messwerte, die direkt an den einzelnen Anlagen abgegriffen werden.

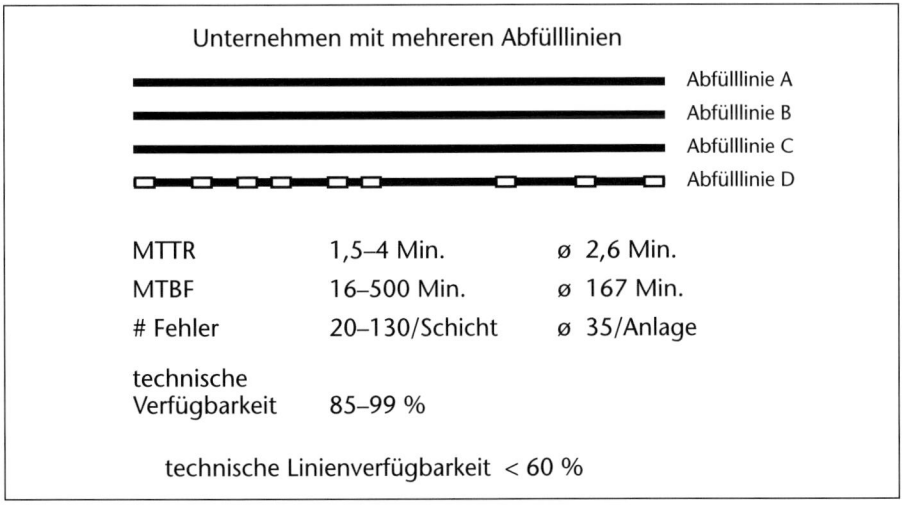

*Abb. 4: Mögliche Performance-Kennzahlen am Beispiel einer Abfülllinie*

In dem Beispiel eines Unternehmens der Getränkeindustrie mit mehreren Flaschenabfülllinien sind beispielsweise die Fehlerraten (hier durchschnittlich 35 pro Anlage pro Schicht) interessant, da die Dauer und Häufigkeit des Auftretens eines Fehlers die Verfügbarkeit der Anlage bestimmt.

Zwei Kennzahlen sind mittlerweile üblich, wenn es um die Diskussion der Dauer eines Fehlers und die Häufigkeit seines Auftretens geht:

## 4.3 Instandhaltung der Produktionsanlagen

- MTTR, mean time to repair – die mittlere Reparaturzeit
- MTBF, mean time between failures – die mittlere Zeit zwischen dem Auftreten der Fehler.

**MTTR** Die MTTR bezieht sich auf die durchschnittliche Reparaturdauer und ist von der Dauer eines Fehlers zu unterscheiden. Streng genommen misst die MTTR die Zeit vom Beginn einer Reparatur (Instandsetzung) bis zur Beendigung der Maßnahme. Diese Reparaturzeit und die zugehörigen Zeitpunkte sind von der Dauer eines Fehlers zu unterscheiden. Tritt der Fehler auf, beginnt erst das Benachrichtigungsprozedere, bis ein Instandhalter eintrifft und mit der Fehlersuche beginnt. Womöglich muss ein zweites Gewerk hinzugezogen werden, wird ein Ersatzteil benötigt oder muss aus Dringlichkeitsgründen eine andere Reparatur erst fertig gestellt werden. Ob das nun so ist, hängt natürlich vom jeweiligen Einzelfall ab. Dieses Szenario soll nur verdeutlichen, was die MTTR ist und was eben nicht. Wichtig ist also die genaue Kenntnis und richtige Anwendung dieser Kennzahl. Was nicht heißt, dass in vielen Anwendungsfällen der Vorgang zur Instandsetzung plus seiner Nebenzeiten (Diagnose, Wegezeiten, Wartezeiten etc.) zusammengenommen und in die Kennzahl »gepackt« wird.

**MTBF** Die MTBF ist die interessantere Kennzahl, hier spielt die genaue Erfassung der richtigen Zeitpunkte zwar ebenfalls eine Rolle, aber Ungenauigkeiten in der Definition sind i.d.R. nicht so gravierend, da der Zeitraum zwischen einer Instandsetzungsmaßnahme normalerweise die Instandsetzungszeit um ein Vielfaches übertrifft.

**Verfügbarkeit** Bei der Ermittlung der Verfügbarkeit einer Anlage fließen die Ausfalllängen einzelner Fehler an einzelnen Komponenten in die Verfügbarkeit der Anlage ein. Dies gilt allerdings nur, wenn der Ausfall einer Komponente den Ausfall der ganzen Anlage bedeutet. Ansonsten, wenn die Anlage weiterlaufen kann, ist zwar der Fehler aufgetreten und muss behoben werden, die Verfügbarkeit der Anlage ist jedoch nicht beeinflusst.

**Verkettung von Anlagen** Gleiches gilt, wenn eine Gesamtanlage wie beispielsweise die Flaschenabfülllinien aus mehreren Anlagen besteht. Dort sind die einzelnen Anlagen hintereinander geschaltet und streng miteinander verkettet. Das bedeutet, fällt eine einzelne Anlage aus, steht die ganze Linie. Allerdings sind zwischen den einzelnen Anlagen Pufferstrecken eingebaut, so dass der Ausfall einer Anlage nicht sofort den Ausfall der Linie bedeutet. Interessant ist aber die Auslegung dieser Pufferstrecken. Denn diese hängen einerseits vom durchschnittlichen Ausfallverhalten und der Ausfalllänge (MTTR) der einzelnen Anlagen ab. In obigem Beispiel muss also die Pufferstrecke einen Ausfall von 2,6 Minuten durchschnittlich bis 4 Minuten max. überbrücken können, ohne dass die Linie zum Stehen kommt.

Andererseits kosten Pufferstrecken Geld, da sie technisch realisiert werden müssen und auch erhöhter Materialbedarf abgedeckt werden muss. Zudem müssen die einzelnen Anlagen innerhalb der Linie diese bei einem Fehler aufgelaufenen Puffer auch abarbeiten können. Das heißt sie müssen schneller laufen können, was zudem auch erhöhte Anforderungen an die Steuerung der Anlage stellt. Dass dieses Optimum in obigem Beispiel noch nicht erreicht worden ist, zeigen die Kennzahlen. Zwar haben die einzelnen Anlagen technische Verfügbarkeiten zwischen 85 und 99 %, die Linie hat jedoch »nur« eine technische Verfügbarkeit von 60 %.

**OEE**

Neben den Kennzahlen zur technischen Verfügbarkeit ist natürlich interessant, wie viel Output eine Anlage tatsächlich bringt. Damit ist die »verkaufbare« Stückzahl gemeint, die Stückzahl mit geforderter i.O. Qualität. Bezogen auf diese Größe ist die technische Verfügbarkeit nur eine Komponente, die den tatsächlichen Output einer Anlage beeinflusst. Daneben spielen u.a. Einflüsse der Materialbereitstellung, des Rüstzyklus und der Qualität eine Rolle. Die Kennzahl zur tatsächlichen Ausbringungsmenge wird Gesamteffektivität oder im angloamerikanischen Raum OEE (overall equipment effectiveness) genannt.

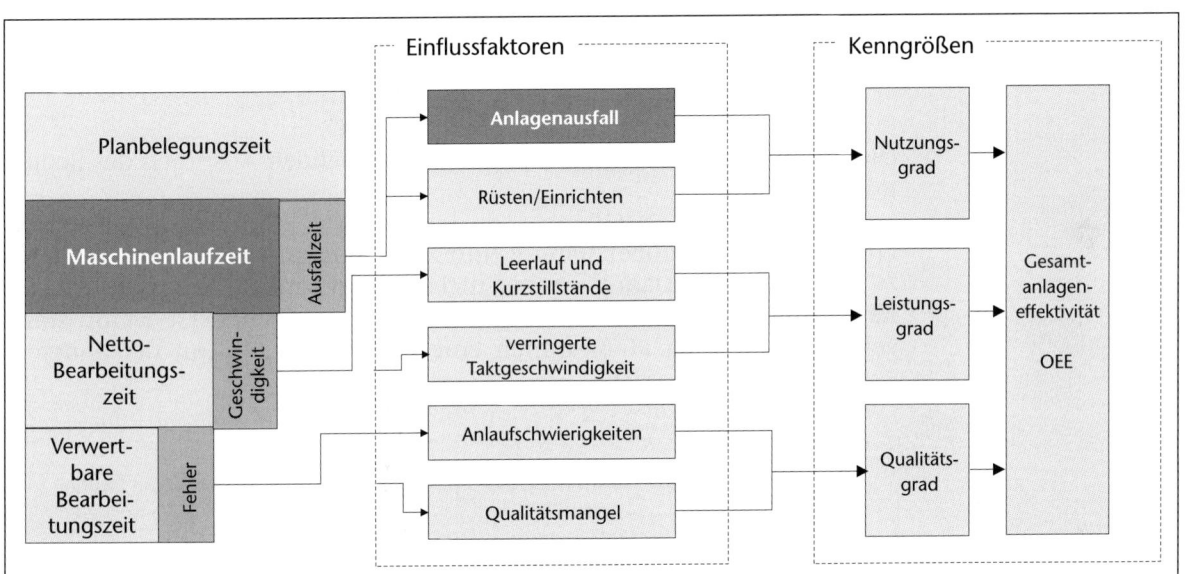

*Abb. 5: Definition der Gesamtanlageneffektivität*

Ausgehend von der Planbelegungszeit sind die verschiedenen Einflüsse bzw. »Zeitfresser« zu erkennen, wann die Anlage innerhalb der Planbelegung nicht läuft oder nur mit verminderter Leistung betrieben wird. Anhand dieser Kennzahl wird deutlich, dass die Instandhaltung nur eine Komponente im komplexen Fertigungsgeschehen ist. Wenn die technische Verfügbarkeit sehr gut ist, heißt das eben noch nicht, dass die Anlage optimal läuft! Trotzdem ist hohe technische Verfügbarkeit eine der Voraussetzungen für ein gutes OEE.

### Benchmarking

»Benchmarking ist ein kontinuierlicher Prozess, Produkte, Dienstleistungen, Verfahren und Prozesse an den härtesten Konkurrenten zu messen.« Diese Definition aus dem Rechtschreibduden 1998 zeigt schon die zwei wesentlichen Elemente des Benchmarkings auf:

- sich mit anderen zu messen (»den härtesten Konkurrenten«),
- dieses »Messen« als kontinuierlichen Prozess zu begreifen.

Diese auf den ersten Blick so einfach erscheinenden Elemente bergen beim genaueren Betrachten jedoch erhebliche Schwierigkeiten, auf die gleich eingegangen wird. Vorweg ist jedoch noch ein weiterer Aspekt zu beleuchten, der durch die oben herangezogene Definition nur unzureichend ausgedrückt wurde:

**Ziele des Benchmarkings**

Was ist das Ziel eines Benchmarkings?

- Sich zu messen, um damit zu sehen auf welchem Rang man steht?
- Zu fragen, warum ein anderer besser ist, und zu versuchen ihn zu kopieren?
- Den Besseren zu überrunden, wozu das reine »Kopieren« meist jedoch nicht ausreicht?

Die Reihenfolge dieser Fragen zeigt den wachsenden Anspruch des Benchmarking-Ziels.

Ein einfache Gegenüberstellung hilft zu erkennen, wo man im Vergleich zu anderen steht. Damit ist aber nicht geklärt, warum man selber einen Rang A und andere einen Rang B einnehmen. Denn erst wenn dieses geklärt ist, können Maßnahmen eingeleitet werden, kann der andere – Bessere – kopiert werden.

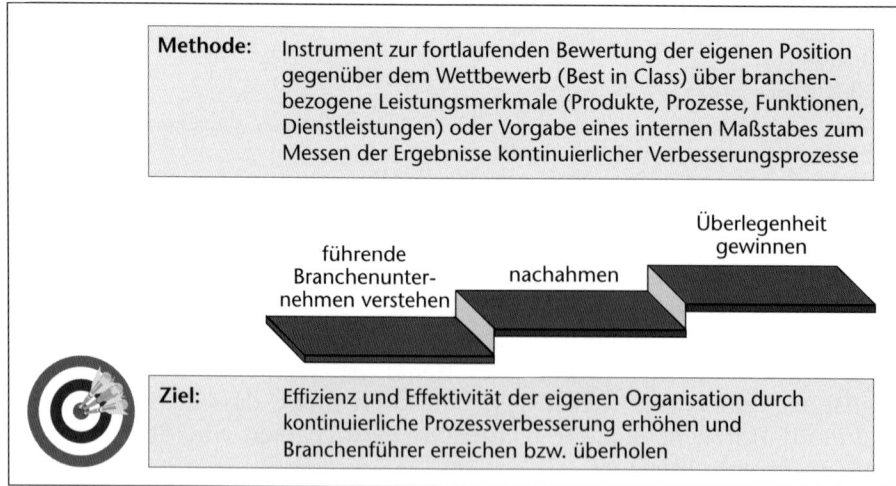

Abb. 6: Benchmarking-Methode

**»Kopieren« ist zu wenig**

Aber reicht »kopieren« aus? Japanische Unternehmen haben in den 70er und teilweise noch in den 80er Jahren viel kopiert und sind dafür oft belächelt worden. Weil das Ergebnis (die Kopie) i.d.R. schlechter war als das Original. Zudem benötige ich Zeit, um zu kopieren. Diese Zeit wird der Kopierte (wenn er sich fortwährend anstrengt) aber ebenfalls nutzen.

Er kann damit seinen Vorsprung halten, denn die Kopie erreicht nur das vorhergehende Niveau. Vorausgesetzt wird hierbei natürlich, dass der Kopierte die gleichen Anstrengungen unternimmt wie der Kopierende, um seinen Vorsprung zu halten. Allein das war schon ein Grund, warum japanische Unternehmen immer besser wurden, weil sie ganz einfach das Gleiche wie ihre Konkurrenz getan haben, aber konsequenter und besser.

Um jedoch »auf die Überholspur zu gelangen« und nachhaltig besser zu werden als die bisher Besseren, reicht Kopieren nicht aus. Da geht es dann darum, den Besseren sehr genau zu verstehen und diese Kenntnisse mit eigenen Stärken und weiteren Kenntnissen zu verknüpfen, um daraus Überlegenheit gegenüber den vormals Besseren zu erlangen.

Damit ist das eigentliche Ziel und der Anspruch des Benchmarkings ausgedrückt. Das ist wichtig. Denn zu häufig wird Benchmarking auf die reine Positionsbestimmung oder ein einfaches Kopieren verkürzt!

Und wie geschieht nun das »Messen«, das, wie oben schon angedeutet, auf den ersten Blick so einfach erscheint?

**Wie soll gemessen werden?**

- Was und wie soll gemessen werden, um es vergleichen zu können?
- Womit soll die gemessene Größe verglichen werden?
- Wie entsteht die Differenz zwischen den verglichenen Größen?
- Wie kann ich erreichen, dass die gemessene Größe zur besten wird?

Um miteinander vergleichen zu können, muss bekannt sein, wie sich die Vergleichsgröße zusammensetzt. Das setzt eine Definition dieser Größe voraus, die nachvollziehbar ist und nach deren Definition auch die Vergleichsgrößen erstellt werden können.

Die Instandhaltungskostenrate ist eine weit verbreitete Kennzahl für die Performance einer Instandhaltungsabteilung. Wie setzt sich diese Größe zusammen, was ist deren Definition?

Die Instandhaltungskostenrate ist der Quotient aus jährlichen Instandhaltungskosten zum Anschaffungswert.

Aber was sind die Instandhaltungskosten? Im Einführungskapitel oben sind schon mögliche Tätigkeitsarten der Abteilung Instandhaltung aufgeführt worden. So gehören beispielsweise Umzüge, Umbauten, Abbauten und konstruktive Verbesserungen ebenfalls zum Leistungsportfolio einer Instandhaltungsabteilung. Und jetzt muss gerechnet werden: Was soll zu den IH-Kosten gezählt werden und was nicht, um in die Vergleichsgröße einzufließen?

Die gleiche Fragestellung ergibt sich bezüglich des Anschaffungswertes. Den Anschaffungswert einer 30 Jahre alten Anlage mit den heutigen Instandhaltungskosten in Relation zu setzen, ist sicher nicht sinnvoll. Daher wird der Wert auf die heutige Zeit »hochgerechnet«. Man betrachtet hierzu entweder den indizierten Anschaffungswert – d.h. die Inflationsrate wird berücksichtigt – oder den Wiederbeschaffungswert – d.h. neben der Inflations- wird auch die Innovationsrate berücksichtigt. Welche Methode sinnvoll ist, bedarf einer eigenständigen Diskussion. Hier soll nur aufgezeigt werden, wie unterschiedlich gerechnet werden kann. Und weil hinter beiden Methoden Rechenaufwand steht, wird manchmal der Einfachheit halber der Feuerversicherungswert herangezogen, »weil der ja schon vorliegt«.

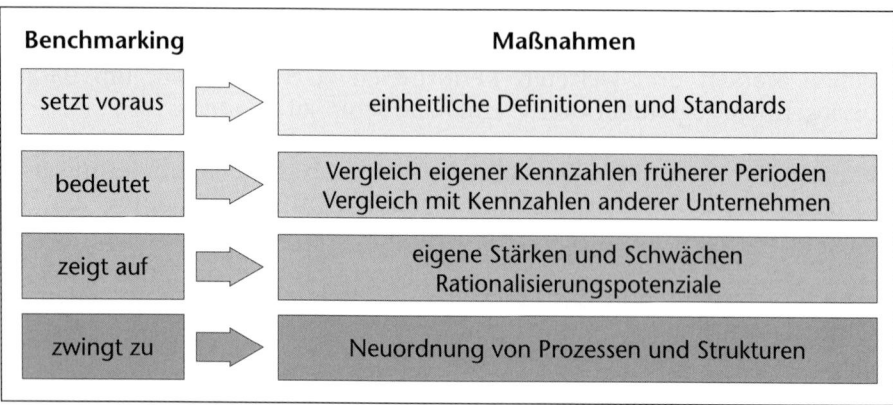

Abb. 7: *Voraussetzungen und Auswirkungen des Benchmarkings*

Dieses Beispiel zur Berechnung der Instandhaltungskostenrate zeigt, wie wichtig die Definition der für ein Benchmarking verwendeten Größen ist. Denn wenn die eine Größe mit einer zweiten Größe verglichen werden soll, müssen sie sich gleichartig zusammensetzen. D.h. die Instandhaltungskostenraten zweier Anlagen, die verglichen werden sollen, müssen sich gleichartig zusammensetzen. Ansonsten werden »Äpfel mit Birnen« verglichen.

**Vergleiche zwischen verschiedenen Unternehmen**

Geschieht dieser Vergleich innerhalb eines Unternehmens, so kann die Definition leicht festgelegt werden – auch in Abhängigkeit der vorhandenen Daten, bzw. des Aufwandes, diese Daten zu erzeugen. Soll jedoch ein Vergleich über die Unternehmensgrenzen hinweg vollzogen werden, so ist das viel schwieriger. Denn jedes Unternehmen behandelt die Eingangsgrößen zur IH-Kostenrate anders. Das heißt, es muss erst eine gemeinsame, praktikable Definition erarbeitet werden, dann sind die Daten zu erheben und zu berechnen, bevor konkret miteinander verglichen werden kann.

Anschließend ist festzulegen, womit die gemessene Größe verglichen werden soll. Mehrere (aufeinander folgende) Jahre – Anlagen, Betriebsteile, Standorte eines Unternehmens – oder Vergleiche zweier oder mehrerer Unternehmen kommen in Frage. Was sinnvoll ist, hängt von der Zielstellung des Benchmarkings ab. Wichtig bleibt, nicht nur die Größen an sich zu ermitteln, sondern die zugrunde liegenden Prozesse zu beleuchten.

**Hinter die Kennzahl schauen!**

Für das Beispiel Instandhaltungskostenrate bedeutet dies, Differenzen in den Kosten (gleiche Definitionen vorausgesetzt) zu hinterfragen. Das kann ein Hinweis auf unterschiedliche Instandhaltungseffizienz sein. Voraussetzung ist jedoch, dass anlagenbedingte Unterschiede der zu vergleichenden Unternehmen sinnvoll berücksichtigt werden. Dazu können Differenzen in der Technologie, das Alter der Anlagen, verschiedene Fertigungsbedingungen, unterschiedliche gesetzliche Rahmenbedingungen gehören. Ist all dies berücksichtigt, gilt es die Prozesse zu hinterfragen, die zu verschiedenen Kosten führen. Wobei auch hier auf die einheitliche Definition und somit die direkte Vergleichbarkeit geachtet werden muss. Die Prozesse sind es schließlich, die zu Stärken bzw. Schwächen der Vergleichspartner führen.

**Die Umsetzung ist entscheidend**

Der entscheidende Teil eines Benchmarkings folgt jedoch erst jetzt. Denn das Wissen um die eigene Situation mit Stärken und Schwächen führt noch zu keiner Änderung und damit zu einer Verbesserung. Erst das Umsetzen in neue und nicht nur kopierte, sondern mit den eigenen Stärken kombinierte Prozesse führt zur Überlegenheit, die das Ziel eines Benchmarkings ist.

Und in der Definition des Duden ist ein weiteres Element enthalten, das mit dem Begriff des Benchmarkings »landläufig« nur selten verbunden ist. Es geht um den dauerhaften Erfolg, auch darum, eine einmal erreichte Spitzenposition nicht gleich wieder abzugeben. Für den dauerhaften Erfolg reicht ein einmaliges Benchmarking nicht aus. Das ständige Vergleichen muss zur Basis der Strategie- und Entscheidungsfindung in der Instandhaltung werden. Natürlich ist dies mit zeitlich fortgeschriebenen Kennzahlen am einfachsten und – wenn sinnvoll etabliert – auch mit vertretbarem Aufwand machbar. Dazu dienen Kennzahlensysteme, die später noch vertiefend angesprochen werden.

Umsetzung, KVP[1]

- Auswahl der Unternehmensbereiche für die Realisierung der aufgezeigten Potenziale
- Erarbeitung einer Prioritätenliste (A-Potenziale) für die durchzuführenden Maßnahmen
- Bildung von verantwortlichen Realisierungsteams (Task Forces)
- Formulierung der bei der Umsetzung zu erreichenden Ziele
- Einleitung von Maßnahmen zur Potenzialerschließung
- Kontrolle des Umsetzungserfolges
- ggf. weitere Anpassung der Abläufe über einen Kontinuierlichen Verbesserungsprozess
  - periodische Sammlung neuer Daten, Überführung des Projektes in einen dauerhaften Prozess
  - Anpassung der Messlatte
  - Infragestellung des »Besten« und Suche eines neuen Vorreiters

*Abb. 8: Umsetzungsphase – KVP[1]*

---

1 Kontinuierlicher Verbesserungsprozess

**Aufwand für ein externes Benchmarking**

Aber auch der Aufwand für ein externes Benchmarking sollte nicht schrecken, dieses in genügendem Abstand dauerhaft zu wiederholen. Erfahrungen zeigen, dass insbesondere in der einheitlichen Definition und erstmaligen Datenerhebung der größte Aufwand liegt. Sind die Kennzahlen definiert und die notwendigen Auswertungsroutinen im entsprechenden DV-System programmiert, kommen die notwendigen Ergebnisse quasi auf »Knopfdruck«.

Was bleibt, ist der Aufwand in der Interpretation. Und ein noch viel größerer Aufwand steckt in der Ableitung der nächsten Schritte, wie Verbesserungen hergeleitet oder weitergeführt werden können. Aber diese Arbeit gehört zur essentiellen Aufgabe eines jeden Managers in der Instandhaltung. Das hat ein guter Manager voranzutreiben, die Methode des Benchmarkings ist hierzu ein »nur« unterstützendes Element.

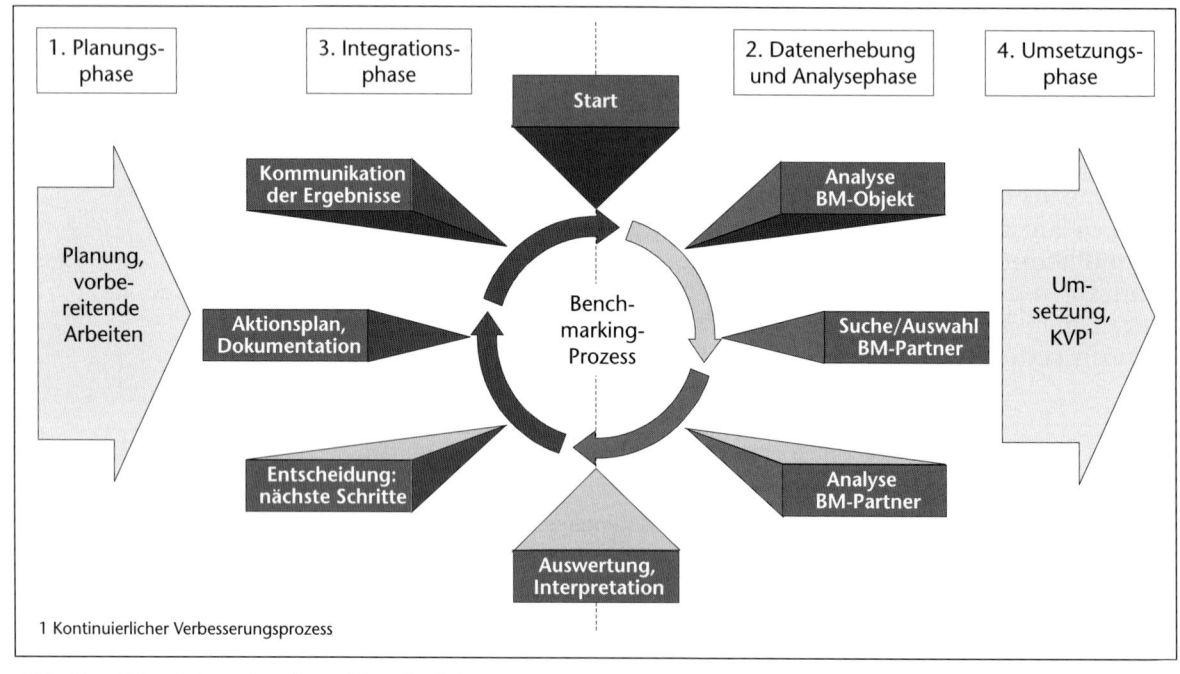

*Abb. 9: Ablauf eines Benchmarking-Projektes*

**Wann sind Vergleichspartner zu suchen?**

Steht ein Benchmarking-Projekt an, stellt sich die Frage einerseits nach den zu betrachtenden Bereichen und andererseits nach den Vergleichspartnern – externe Unternehmen, Standorte oder Teilbereiche des gleichen Unternehmens. Üblich ist, mit allen Beteiligten die zu vergleichenden Bereiche festzulegen und dann in den Vergleich einzusteigen. Es kann aber für ein Unternehmen auch sinnvoll sein, seine Problemfelder festzulegen und anschließend dann dazu die Vergleichspartner zu suchen. Dabei ergibt sich jedoch die Schwierigkeit, ob die Vergleichspartner ebenfalls Interesse an diesen Bereichen haben. Denn nur ein »Geben und Nehmen« macht einen offenen Vergleich möglich – jeder Partner muss vom Vergleich profitieren.

## Kosten und Leistung – das Ablaufdilemma der Instandhaltung 4.3.4

Nicht zu verachten sind mögliche Argumente gegen ein Benchmarking. So ist insbesondere mit Mitarbeitern abzuklären, welche Auswertungen gefahren werden und wozu diese genutzt werden, um bereits im Vorhinein möglichen »Überwachungsängsten« vorzubeugen. Auch das oben schon angesprochene Vergleichen von »Äpfeln mit Birnen« ist vorab zu klären. Wobei der Genauigkeitsgrad eines Vergleiches auch nicht unbegrenzt in die Höhe getrieben werden sollte, da jede Genauigkeitserhöhung i.d.R. mehr Aufwand bedeutet, und da damit erhöhte Kosten verbunden sind – die 80/20- Regel hilft da weiter.

**Argumente gegen das Benchmarking**

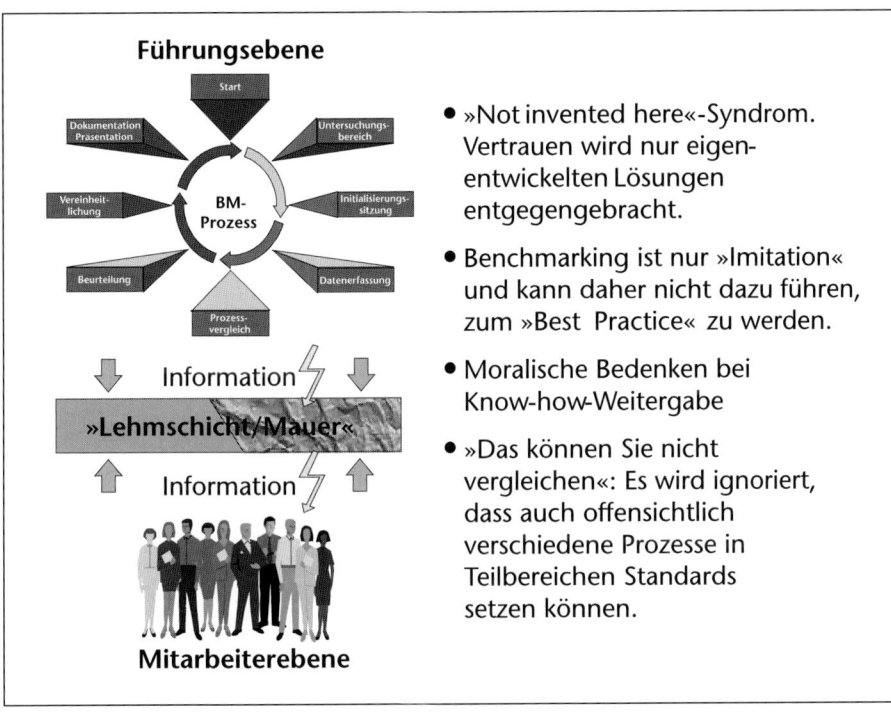

Abb. 10: Argumente gegen ein Benchmarking

Wie nun konkret die Ergebnisse eines Benchmarkings aussehen können, zeigen die Abbildungen 11 und 12. Hier wurden mehrere Unternehmen der gleichen Branche miteinander verglichen (siehe Abb. 12) bzw. drei Standorte eines Unternehmens, wobei die Standorte international verteilt sind. Aus Datenschutzgründen wurden die Werte leicht modifiziert, die Größenordnungen der Ergebnisse sind jedoch beibehalten.

## 4.3 Instandhaltung der Produktionsanlagen

| Ziel: Vergleich verschiedener Standorte hinsichtlich Effizienz der Anlagennutzung | | | |
|---|---|---|---|
|  | **Standort 1** | **Standort 2** | **Standort 3** |
| Zeitspezifische Linien-Produktionsmenge in [Stk/Std] | 1.600 | 1.150 | 850 |
| Anlageneffektivität in [%] | 64,6 | 63,9 | 60,7 |
| Mitarbeiterspezifische Produktionsmenge [1.000 Stk / MA · Jahr] | 431,9 | 380,1 | 195,6 |
| Mitarbeiterspezifische Personalkosten [T €/MA] | 89,9 | 71,3 | 30,0 |
| Personalkostenanteil [%] | 78,9 | 64,3 | 57,0 |
| Stückkosten [ €/Stk] | 0,28 | 0,25 | 0,49 |
| Instandhaltungskostenrate [%] | 7,9 | 9,6 | 0,0 |
| Alter der Linien [Jahre] | 10,1 | 5,1 | 3,9 |

*Abb. 11: Benchmarking-Ergebnisse, Elektroindustrie*

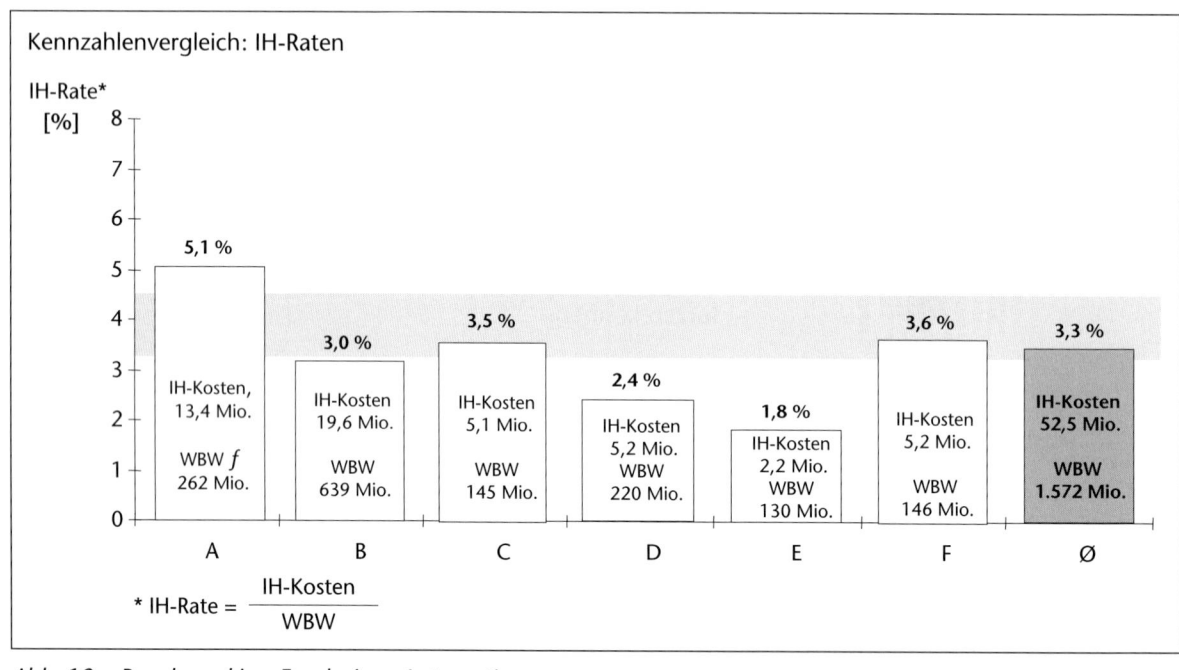

*Abb. 12: Benchmarking-Ergebnisse, Automotive*

### 4.3.4.2 Budgetplanung in der Instandhaltung

Aufgabe der Abteilung Instandhaltung ist es, die Verfügbarkeit der ihr zugeordneten Anlagen, Maschinen und Geräten kostenoptimal sicherzustellen. Diese einfach zu formulierende Aufgabenstellung wäre leicht(er) zu lösen, wenn bekannt wäre, was in der Zukunft mit einer Anlage geschieht.

Theoretisch kann von dem vorhandenen Nutzenvorrat einer Anlage gesprochen werden und dem Verlauf seiner Abnahme. Ist der Verlauf der Abnahme des Nutzenvorrates und insbesondere auch der Eintrittszeitpunkt einer beträchtlichen Beeinträchtigung der Funktion der Anlage bekannt, d.h. es tritt ein Schaden ein, dann kann gezielt durch Maßnahmen eingegriffen werden. Damit können punktgenau Maßnahmen durchgeführt werden, die der Verflachung der Abnutzungskurve dienen und damit die Anlagenlaufzeit bis zum Eintritt eines Schadens verlängern. Ebenso kann vor Eintritt eines Schadens – ebenfalls punktgenau – die Anlage instand gesetzt werden. Damit wird ihr Abnutzungsvorrat i.d.R. wieder auf 100 % angelegt.

**Nutzenvorrat einer Anlage**

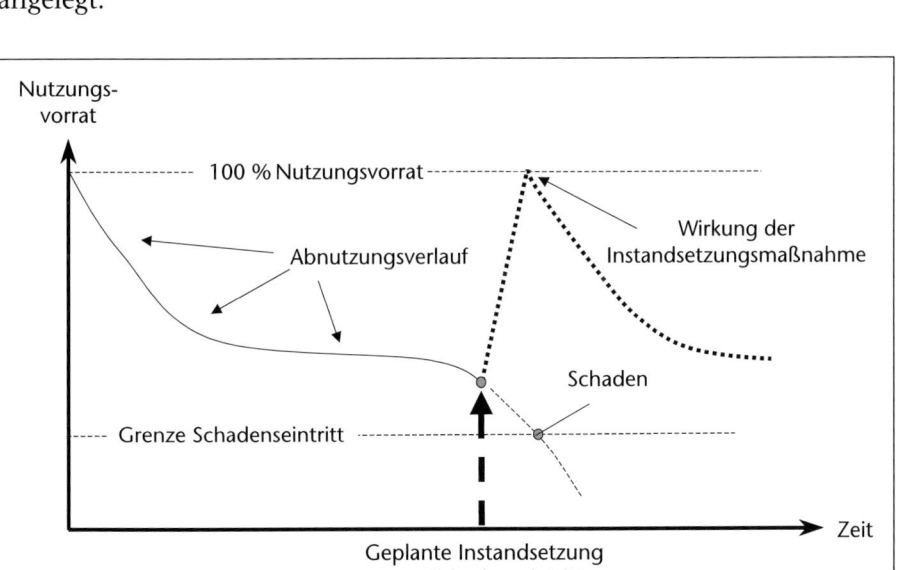

*Abb. 13: Abnutzungsvorrat*

Bleiben wir im theoretischen Bild, dass all dieses vorhersehbar wäre, dann könnte die Instandhaltung genau auf diese punktgenauen Maßnahmen eingestellt werden, es würde nicht zu wenig, aber auch nicht zu viel getan. Alles würde vorausschauend und geplant durchgeführt, damit wäre eine 100 %-Verfügbarkeit hergestellt, abzüglich der notwendigen Instandsetzungszeiten. Die sind aber planbar und damit in vielen Fällen auf Produktionsleerzeiten zu verlegen.

### 4.3 Instandhaltung der Produktionsanlagen

Die Realität sieht aber leider ganz anders aus!

Die Zukunft ist leider nicht vorhersehbar und damit verfinstert sich das schön und glänzend gemalte Bild. Es besteht erhebliche Unsicherheit in der Gestaltung der Instandhaltungsmaßnahmen zu einer Anlage, im Kapitel »Instandhaltungsstrategien« ist dieses Thema schon aufgezeigt worden.

**Unsicherheit über das richtige, optimale Instandhaltungsprogramm**

Bezogen auf alle von einer Instandhaltungsabteilung zu betreuenden Anlagen vervielfacht sich die Unsicherheit über das richtige, optimale Instandhaltungsprogramm mit der Anzahl der zu betreuenden Anlagen.

Damit ist ein Instandhaltungsprogramm unter Risikoaspekten zu betrachten, was bisher in Deutschland im Gegensatz zum angloamerikanischen Raum wenig Beachtung fand.

Im Folgenden soll ein risikoorientiertes Verfahren vorgestellt werden, das dem Instandhaltungsplaner Unterstützung bei der Lösung zweier Entscheidungsprobleme bietet:

1. Wie ist das Instandhaltungsbudget einer Instandhaltungsabteilung optimal zu bemessen und

2. welche Maßnahmen sind an den jeweiligen Anlagen, Maschinen und Geräten innerhalb des verfügbaren Budgets durchzuführen?

**Budgethöhe und Risiko**

Neben der Unsicherheit in der Festlegung eines richtigen, optimalen Instandhaltungsprogramms unterliegt die Instandhaltung als indirekter Bereich einem erhöhten Kostendruck. Denn steigender Wettbewerb im Markt bedeutet für die Unternehmen, nach rationelleren Abläufen zu suchen und schlichtweg Kosten zu sparen. Aus der Unsicherheit in der Entscheidung über ein Instandhaltungsprogramm können zwei alternative Richtungen resultieren: ein erhöhtes Budget, um möglichst zukünftigen Eventualitäten vorzubeugen oder aus Kostensenkungsgesichtspunkten ein reduziertes Budget und damit verbunden die Bereitschaft, ein erhöhtes Risiko einzugehen.

Oft ist die Entscheidungsbasis auch sehr unzureichend, d.h. es liegen wenig oder keine Informationen über den Anlagenzustand vor, eine Diagnose – idealerweise auf Basis entsprechender Technologien – liegt nicht vor bzw. wird nicht durchgeführt. Auch führt die zunehmende Automatisierung verbunden mit hohem Verkettungsgrad zu höherer Komplexität, was der Entscheidungssicherheit i.d.R. abträglich ist.

**Verschieben von Maßnahmen**

Jahresbezogen definierte Instandhaltungsbudgets reichen nicht mehr aus, um die für alle zu betreuenden Anlagen technisch notwendigen Einzelmaßnahmen durchzuführen. Da große Unsicherheit vorherrscht, ist die Verlockung insbesondere aus Sicht der Geldmittel groß, Instandhaltungsmaßnahmen zu verschieben.

Aber die in diesem Zusammenhang zu treffenden Entscheidungen

*»Instandhalten – Produzieren – Kosten reduzieren«*

sind unter Risikoaspekten zu betrachten, d.h. im Hinblick darauf, was konkret das Verschieben einer einzelnen Instandhaltungsmaßnahme bewirkt. Dabei spielt insbesondere das einzugehende wirtschaftliche Risiko die entscheidende Rolle.

Es soll nun eine Verfahrensweise vorgestellt werden, die das Problem zu lösen hilft, im Rahmen eines engen Instandhaltungsbudgets ein risikominimales Instandhaltungsprogramm zu planen und umzusetzen. Damit soll die notwendige Verfügbarkeit der Anlagen und Maschinen sichergestellt und dem Unternehmen ein technisch störungsfreies Produzieren gewährleistet werden.

**Risikominimales Instandhaltungsprogramm**

Zwei Fragen sind zu beantworten:

- Wie hoch sollte das Instandhaltungsbudget optimal bemessen sein?

- Welche Maßnahmen sollten innerhalb des verfügbaren Budgets durchgeführt und welche können in das nächste Jahr verschoben werden?

Bisher wurde nur von den Kosten gesprochen, die einzelne Maßnahmen und damit ein vollständiges Instandhaltungsprogramm verursachen. Der steigende Kostendruck des Marktes verleitet dazu, den reinen Kostenaspekt in den Vordergrund zu stellen und Budgetkürzungen ohne Gedanken an möglicherweise eintretende Konsequenzen an die Instandhaltung weiterzugeben.

Es ist jedoch sehr wohl zu hinterfragen, ob ein kurzfristiger Erfolg durch Senkung der direkten Instandhaltungskosten nicht von einem Vielfachen an Mehrkosten an anderen Stellen im Unternehmen begleitet wird.

Dabei sei angemerkt, dass es hier nicht um Risiken für Mensch und Umwelt geht. Sicherheitsrelevante Maßnahmen müssen selbstverständlich durchgeführt werden und stehen nicht zur Diskussion.

Vielmehr werden im Folgenden wirtschaftliche Risiken betrachtet: Produktionsausfälle, Verfügbarkeitsminderung, Qualitätsprobleme und Schäden der Anlagen. Für diesbezügliche präventive Instandhaltungsmaßnahmen besteht Entscheidungsfreiheit. Doch was bringt eine bestimmte Maßnahme für das Unternehmen und welches Risiko wird bei Verschiebung in eine spätere Periode eingegangen?

**Wirtschaftliche Risiken durch unterlassene Instandhaltung**

Während die direkten Instandhaltungskosten geplanter Maßnahmen leicht abschätzbar sind, wird ihr Nutzen selten beziffert. Der Grund hierfür liegt in der Komplexität und schwierigen Beschreibbarkeit der zugrunde liegenden Wirkzusammenhänge. Konsequenzen von Instandhaltungsentscheidungen sind zeitlich verzögert und werden erst in den Folgejahren sichtbar. Der Versuch einer Quantifizierung scheint zunächst gewagt und wirkt daher abschreckend. Dabei wird aber übersehen, dass eine ungenaue Schätzung eine bessere Entscheidungsgrundlage bietet als überhaupt keine Schätzung.

**Qualität der Entscheidungen**

## 4.3 Instandhaltung der Produktionsanlagen

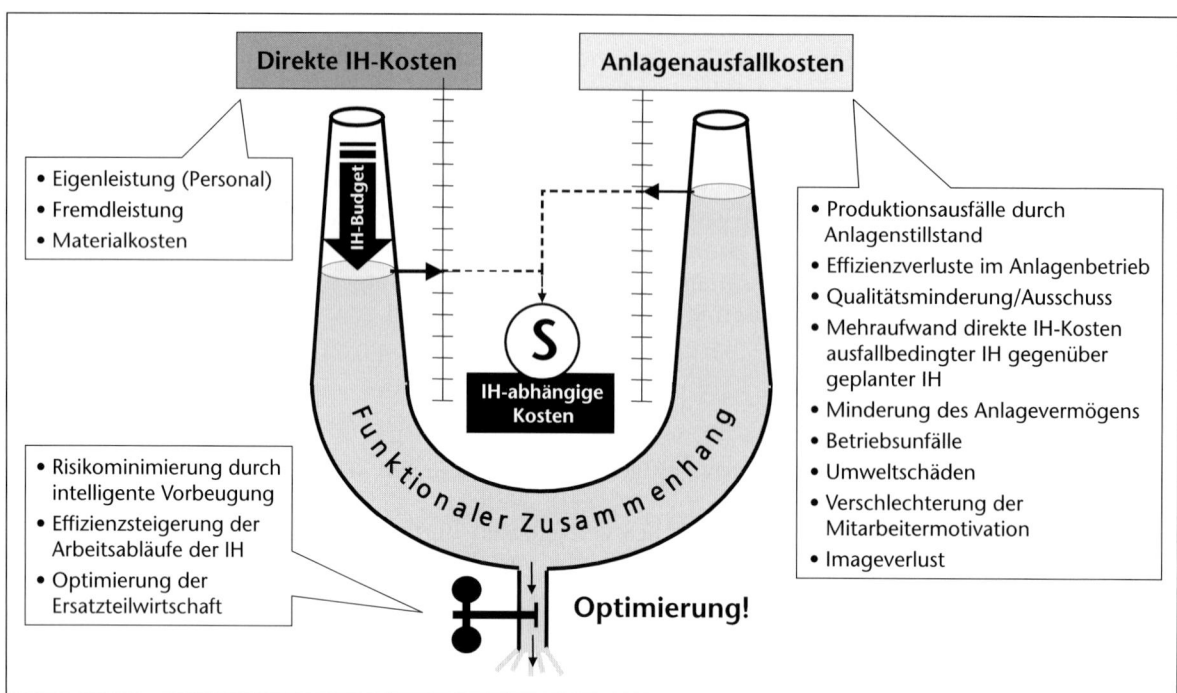

Abb. 14: Ganzheitliche Betrachtung aller instandhaltungsabhängigen Kosten

Die Qualität der Entscheidungen zum Instandhaltungsprogramm und -budget beeinflusst ganz wesentlich die Zuverlässigkeit der Produktionsmittel und damit die Höhe störungsbedingter Kosten. Es erscheint daher unverständlich, dass Entscheidungen zur Verwendung dieser finanziellen Mittel in der Praxis häufig aus »dem Bauch heraus« ohne eingehende Untersuchung getroffen werden, zumal ein beträchtlicher Anteil des Instandhaltungsbudgets für präventive Maßnahmen aufgewendet wird.

Hierfür gibt es verschiedene Gründe: Instrumente zur Entscheidungsunterstützung stehen nicht oder nur unzureichend zu Verfügung. Am Markt befindliche IPS-Systeme helfen zwar präventive Maßnahmen zu verwalten, Entscheidungsunterstützung bieten sie aber nicht.

Ebenso erschweren Kommunikationsprobleme den Entscheidungsprozess der Budgetierung und Programmplanung der Instandhaltung. Die hierbei erforderlichen Entscheidungen werden auf der Schnittstelle zwischen betriebswirtschaftlichen und technischen Unternehmensfunktionen getroffen. Dabei treffen technische und betriebswirtschaftliche Interessen und Argumentationsweisen aufeinander. Dieser Umstand macht einerseits die Notwendigkeit marktbedingter Budgetkürzungen schwer vermittelbar. Andererseits gelingt es der Instandhaltung oft nicht, die Konsequenzen einer Budgetkürzung auch für Nicht-Techniker schlüssig darzustellen.

**Fokussierung auf die direkten Instandhaltungskosten**

Für die Instandhaltung resultiert hieraus oft eine Fokussierung auf die direkten Instandhaltungskosten und eine Vernachlässigung der Anlagenausfallkosten. Nicht ohne Grund wird die Instandhaltung auch heute noch häufig nicht als Kostenverursacher gesehen. Ihre »Leistung«, Kosten zu vermeiden, fehlt in der üblichen Sicht auf die Instandhaltung. Damit ist die Senkung von direkten Instandhaltungskosten der bestimmende Maßstab für den Erfolg einer Instandhaltungsabteilung. Im Fokus der Betrachtung sollte aber die Summe aus direkten Instandhaltungskosten und Anlagenausfallkosten stehen – somit wie überall im betrieblichen Umfeld Aufwand und Nutzen in ein sinnvolles, optimales Verhältnis gebracht werden.

Es gilt also, mit neuen Ansätzen Lösungen für die beschriebenen Fragestellungen zu finden. Hierzu ist ein Wechsel der Blickrichtung notwendig. Die Frage darf nicht lauten »Welche Kosten verursacht die Instandhaltung?«, sondern »Welche Kosten vermeidet die Instandhaltung?«

**Welche Kosten vermeidet die Instandhaltung?**

Wie aber quantifiziert man die » zu vermeidenden« Kosten? Zur Beantwortung dieser Fragen ist zunächst zu definieren, welche Kosten überhaupt vermieden werden sollen oder können. Neben den direkten Instandhaltungskosten sind dies insbesondere die Anlagenausfallkosten (Stillstandskosten, entgangene Deckungsbeiträge etc).

Bei der Quantifizierung sind nun zwei Aspekte zu berücksichtigen: Zum einen handelt es sich um zukünftige Kosten, deren Höhe man nicht mit Sicherheit angeben, vielfach aber schätzen oder analytisch herleiten kann. Zum anderen entstehen diese Kosten nicht in jedem Fall, sondern nur bei Eintritt einer Störung, deren Eintrittswahrscheinlichkeit ebenfalls hergeleitet oder grob geschätzt wird. Es sind also zwei Faktoren zu berücksichtigen:

**Risiko**

- potenzielle Ausfallkosten und
- die Wahrscheinlichkeit ihres Auftretens (Ausfallwahrscheinlichkeit).

Das Produkt aus beiden Faktoren wird als Risiko definiert:

*Risiko = potenzielle Ausfallkosten · Ausfallwahrscheinlichkeit [DIN EN 1050]*

Nach dieser Definition ist das Risiko eine monetäre Kenngröße zur Quantifizierung der »zu vermeidenden« Kosten. Ziel muss es nun sein, das Risiko und damit die Ausfallfolgekosten so weit wie möglich zu senken.

Wie senkt man aber das Risiko? Für jede Einzelmaßnahme ist das Risiko bei Verschiebung zu quantifizieren. Aufgabe der Instandhaltungsplaner ist es, ein Instandhaltungsprogramm im Rahmen des verfügbaren Instandhaltungsbudgets zu erstellen, bei dem die Summe der Risiken der eingeplanten Maßnahmen maximiert wird, da so maximal viele Kosten »vermieden« werden. Es geht also darum, die richtigen vorbeugenden Instandhaltungsmaßnahmen zum richtigen Zeitpunkt durchzuführen.

Risiko ist hier in einem positiven Sinne zu verstehen. Es dient als Entscheidungsgrundlage, um Instandhaltungsressourcen nutzbringender einzusetzen. Risikoorientierte Instandhaltungsstrategien haben in den USA in den letzten Jahren weite Verbreitung gefunden und werden dort mit

### 4.3 Instandhaltung der Produktionsanlagen

Erfolg eingesetzt, insbesondere in der Petrochemie, Energie- und Gaswirtschaft. In Deutschland sind diese Ansätze bislang wenig bekannt.

**Was ist die Leistung der Instandhaltung?**

Will man die Instandhaltung so organisieren, dass sie bei minimalem Input (direkte Instandhaltungskosten bzw. Instandhaltungsbudget) einen maximalen Output (Instandhaltungsleistung) liefert, so ist zunächst die Frage zu klären, was die Leistung der Instandhaltung ist und wie sie quantifiziert werden kann.

Hierzu bietet sich eine Gliederung in drei Leistungsbereiche an:

1. Störungsbehebung: Störungen sind schnell, nachhaltig und kostengünstig zu beheben. Dieser Aspekt ist primär eine Frage der Arbeitsorganisation.

2. Präventive Instandhaltung: Störungen sind vor Eintreten durch präventive Maßnahmen zu vermeiden. Anders ausgedrückt hat die Instandhaltung die Aufgabe, das Risiko und damit die Anlagenausfallkosten zu minimieren.

3. Schwachstellenbeseitigung und Verbesserung.

Die Leistungsbereiche 2 und 3 sind primär in der Phase der Programmplanung und Budgetierung beeinflussbar und wesentliche Erfolgsfaktoren der Instandhaltung.

**Jahresbezogenes Instandhaltungsbudget**

Notwendig ist ein Entscheidungsunterstützungs-Werkzeug, das Budget- und Maßnahmenentscheidungen in der Instandhaltungsplanung quantifizierbar macht und auf eine belastbare Basis stellt. Ziel dabei ist die Optimierung des Input-Output-Verhältnisses der Instandhaltung.

Fokus der Planung ist die Erstellung des i.d.R. jahresbezogenen Instandhaltungsbudgets. Darauf basierend kann der Instandhaltungsplaner die eintretenden Ereignisse berücksichtigen und das Instandhaltungsprogramm kontinuierlich im Jahresverlauf anpassen. Systematisch werden die zur Entscheidung stehenden Maßnahmen überprüft und einerseits ihr Risiko bei Verschiebung und andererseits ihr Verbesserungseffekt kritisch ins Verhältnis zum Aufwand, also zu den erforderlichen Instandhaltungskosten gesetzt.

**Durchführen oder Verschieben**

Bezogen auf eine Planungsperiode (Jahr) lässt sich das Entscheidungsproblem für jede zur Entscheidung stehende Instandhaltungsmaßnahme auf zwei Alternativen reduzieren:

- Durchführung,
- Verschiebung, d.h. Nicht-Durchführung.

Es sind also Ja/nein-Entscheidungen zu treffen. Die zentrale Rolle bei der Entscheidungsfindung spielen folgende drei Variablen, die bezüglich jeder einzelnen Instandhaltungsmaßnahme zu ermitteln sind:

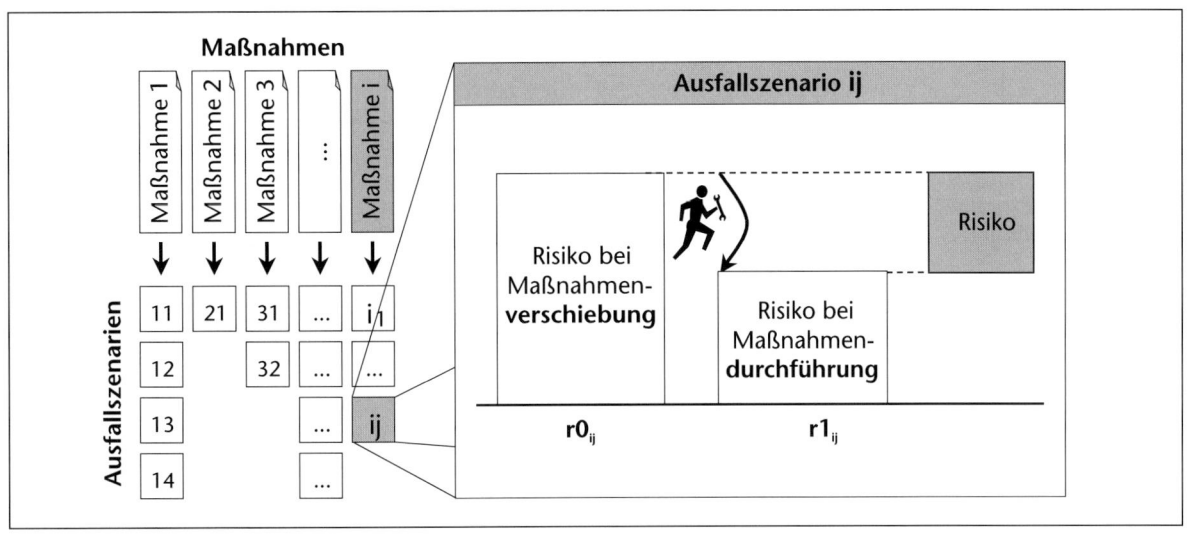

*Abb. 15: Szenarienbildung zur Risikobestimmung*

1. Direkte Instandhaltungskosten bei Durchführung,

2. wirtschaftliches Risiko bei Verschiebung (potenzielle Anlagenausfallkosten), bzw. vermiedenes Risiko bei Durchführung,

3. Verbesserungspotenzial (Nutzen) bei Durchführung.

Mithilfe des beschriebenen risikoanalytischen Ansatzes werden mögliche Konsequenzen von Maßnahmenverschiebungen (oder -streichungen) monetär quantifiziert und damit die wirtschaftlichen Folgen transparent gemacht. Zudem wird die Wirtschaftlichkeit von Verbesserungsmaßnahmen bewertet, neben Laufzeit verlängernden Maßnahmen, wie beispielsweise dem Einsatz neuer verschleißarmer Materialien, auch indirekte Wirkungen der Maßnahmen, wie beispielsweise die Reduzierung von Energiekosten durch konstruktive Änderungen. Wichtig ist hierbei, dass die Bewertung monetär erfolgt und nicht z.B. in Form eines abstrakten Punktesystems. Nur so kann der Nutzen von Maßnahmen ins Verhältnis zu ihren jeweiligen direkten Instandhaltungskosten gesetzt werden.

**Kosten-Nutzen-Verhältnis von Instandhaltungsmaßnahmen**

Welche Informationen sind nun erforderlich, um die notwendigen Maßnahmeninhalte zu bestimmen und ihre Kosten, Risiken sowie Verbesserungspotenziale zu ermitteln?

**Fachwissen der Mitarbeiter**

Hauptinformationsquelle ist das instandhaltungsbezogene Fachwissen der Mitarbeiter. Um dieses optimal nutzen zu können, wird ein interdisziplinäres Team aus Experten verschiedener Funktionen (Schlosser, Elektriker, Ingenieure usw.) gebildet. Das Team hat die Aufgabe, die erforderlichen Analysen durchzuführen. Dieses muss systematisch erfolgen und ist entsprechend zu dokumentieren.

Das in den »Köpfen« verteilte Wissen wird auf diese Weise »zu Papier gebracht«, zentral erfasst und für die Risikobewertung nutzbar gemacht.

#### 4.3 Instandhaltung der Produktionsanlagen

Dies ist insbesondere im Hinblick auf Wissensverluste durch Mitarbeiterfluktuation von großer Bedeutung. Verlässt ein erfahrener Mitarbeiter die Instandhaltungsabteilung oder gar das Unternehmen, so ist sein Wissen für die Instandhaltung des Unternehmens verloren.

**Systematische Erfassung aller Maßnahmen**

Zunächst sind systematisch alle zur Entscheidung stehenden Maßnahmen anlagenbezogen mit den zu erwartenden direkten Instandhaltungskosten zu erfassen. Darüber hinaus werden Restriktionen mit aufgenommen, die in der Planung zu berücksichtigen sind. Hierzu gehören wechselseitige Beziehungen zwischen den Maßnahmen. Beispielsweise schließen sich die Reparatur und der zeitgleiche Austausch eines Aggregats gegenseitig aus.

Insbesondere Maßnahmen zur Anlagenverbesserung und zur Schwachstellenbeseitigung sollten immer wieder in den Vordergrund gestellt werden. »Keine Maßnahme ohne Verbesserung« sollte das Credo einer risikobewussten Instandhaltungsplanung sein.

Gesetzlich vorgeschriebene Maßnahmen werden gesondert ausgewiesen, da bei diesen keine Entscheidungsfreiheit besteht. Es ist darauf zu achten, dass keine Maßnahmen durch voreilige Selektion von vornherein ausgeschlossen werden, etwa mit der Begründung, das Budget sei ohnehin zu gering oder eine Verbesserungsmaßnahme zu teuer.

Maßnahmen, die reinen Verbesserungscharakter haben, werden in einer Wirtschaftlichkeitsrechnung hinsichtlich ihres jährlichen Einsparungseffektes untersucht.

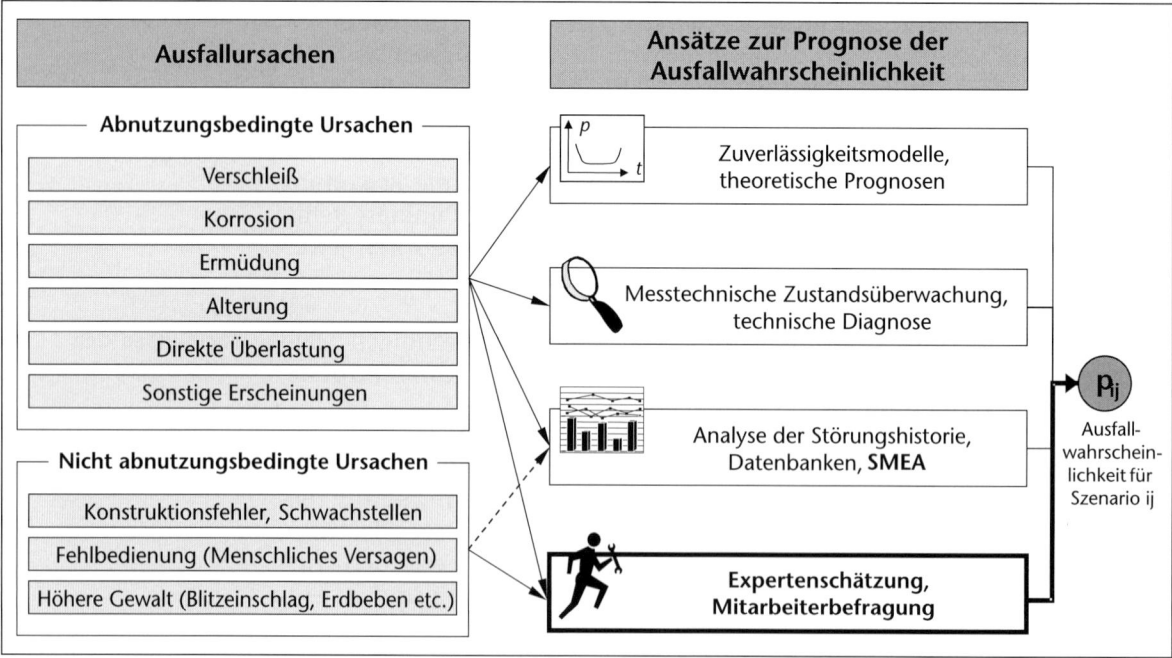

*Abb. 16: Ausfallursachen und Ansätze zur Bestimmung der Ausfallwahrscheinlichkeit*

## Kosten und Leistung – das Ablaufdilemma der Instandhaltung 4.3.4

Anschließend wird das Risiko bei Verschiebung der einzelnen Maßnahmen ermittelt. Im Gegensatz zur Erfassung der Maßnahmeninhalte erfolgt die Risikobestimmung nicht anlagenbezogen, sondern maßnahmenbezogen. Denn an einer Anlage können unterschiedliche Maßnahmen je nach Inhalt unterschiedliche Risiken bei Verschiebung bedeuten. Nicht jede Maßnahme an einem wichtigen Objekt ist auch eine wichtige Maßnahme.

Um den Aufwand zu minimieren wird die Risikobestimmung nur für ausgewählte Maßnahmen vorgenommen. Auswahlkriterium sind die direkten Instandhaltungskosten. Für alle unter einem definierten Schwellwert liegenden Maßnahmen wird eine Ad-hoc-Entscheidung getroffen.

Für jede Maßnahme sind die beiden Risikokomponenten »Ausfallwahrscheinlichkeit« und »potenzielle Ausfallfolgen« getrennt voneinander zu erfassen.

Die Ausfallwahrscheinlichkeit wird i.d.R. aus Schätzungen der Mitarbeiter nach verschiedenen Kriterien abgeleitet, wobei der Zustand der jeweiligen Anlagen eine entscheidende Rolle spielt.

**Ausfallwahrscheinlichkeit**

Sind Anlagenhistorien in einem IPS-System über einen genügend langen Zeitraum vorhanden, so können diese Daten zur statistischen Ermittlung des Ausfallverhaltens verwendet werden. Zudem können theoretische, mathematische Modelle zum Ausfallverhalten herangezogen werden.

Das potenzielle Störungsausmaß wird bestimmt aus den zu erwartenden Produktionsausfällen, zusätzlichen Instandhaltungskosten und eventuellen Haftungsschäden.

Den Hauptanteil des wirtschaftlichen Schadens verursachen zumeist Produktionsausfälle. Diese setzten sich zusammen aus der Stillstandsdauer und dem monetär abgeschätzten Ausfall pro Zeiteinheit. Dabei sind eine Reihe von zusätzlichen Faktoren zu berücksichtigen. Eine Störung bewirkt nicht zwingend einen Produktionsausfall. Beispielsweise können Stillstände durch redundante Anlagen oder Pufferlager (vorübergehend) kompensiert werden.

**Produktionsausfälle**

Die Wirkungsketten bei Ausfällen werden in einem Modell in Form von Wenn-dann-Beziehungen erfasst (Fällt Anlage A aus, dann fällt auch Anlage B aus, aber nur, wenn Bedingung C erfüllt ist, etc.). Das Modell wird sukzessive im Verlauf der Risikobewertung aufgebaut. Eine langwierige Modellierung im Vorfeld ist nicht erforderlich, so dass sofort mit der Planung begonnen werden kann.

Neben Produktionsausfällen ist der Zusatzaufwand abzuschätzen, der durch ungeplante Instandsetzung nach Eintritt einer Störung entsteht. Im Gegensatz zu geplanten und vorbereiteten Maßnahmen sind diese deutlich teurer. Ebenso sind eventuelle Haftungskosten, Folgeschäden an anderen Anlagen und der Investitionsbedarf bei Neubeschaffung von Anlagen – wenn eine Instandsetzung nicht mehr wirtschaftlich ist – zu berücksichtigen.

All diese Faktoren werden strukturiert und sinnvollerweise EDV-unterstützt abgefragt. Dem Instandhalter wird hierdurch eine Methodik an die Hand gegeben, mit dem er systematisch alle relevanten Faktoren erfassen kann, ohne wichtige Aspekte zu übersehen.

Die so ermittelte Kenngröße »Risiko« ist zwar mit Ungenauigkeiten behaftet, da sie zum Teil auf Schätzungen beruht. Die Erfahrung zeigt aber, dass hiermit eine fundierte Entscheidungsgrundlage zur Verfügung steht, die hilft, Entscheidungen sicherer als bisher zu treffen.

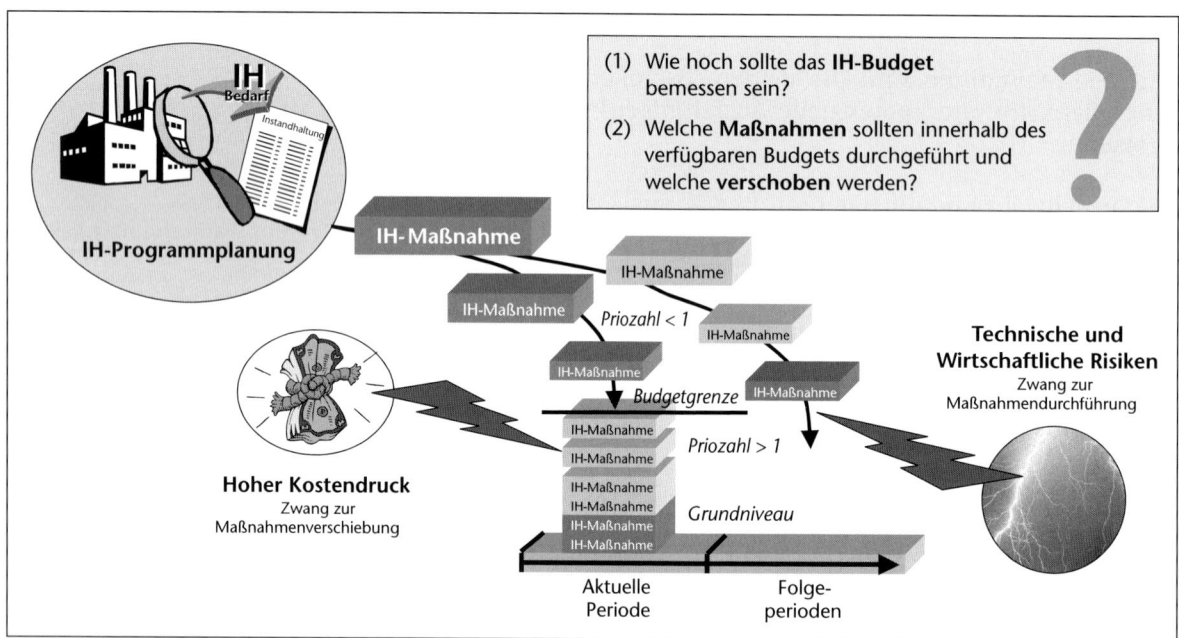

*Abb. 17: Instandhaltungsprogrammplanung nach Risikopriorisierung*

Das Budget wird jahresbezogen festgelegt, das Instandhaltungsprogramm dagegen monatlich neu angepasst. Das Verfahren gliedert sich daher in zwei Phasen:

**Phase 1: Strategische Budgetplanung, Festlegung der durchzuführenden Maßnahmen und Bestimmung der Budgethöhe**

Diese findet am Jahresende vorausschauend für das nächste Jahr statt. Ziel ist die Festlegung des Instandhaltungsbudgets für das folgende Jahr. Gesucht ist das Budget, bei dem sich die Summe aus den direkten Instandhaltungskosten aller Instandhaltungsmaßnahmen und die Kosten des potenziellen Risikos eintretender Anlagenausfälle die Waage halten.

**Verbesserungsmaßnahmen**  Das »Zünglein« an dieser Waage sind die Verbesserungsmaßnahmen. Denn ohne sie würden – über einen längeren Zeitraum von mehreren Jahren betrachtet – nur Maßnahmen verschoben werden. Ihre Durchführung steht aber irgendwann trotzdem an. Der Kosteneffekt über mehrere Jahre hinweg betrachtet ist somit praktisch gleich null.

Für ein separat betrachtetes Budgetjahr bedeutet jedoch eine Verschiebung sofort eine gleichzeitige Kostenverschiebung mit unmittelbarer Wirkung auf das Budget des aktuellen zu planenden Jahres. Im Horizont eines Budgetjahres ist dies natürlich sehr verlockend. Aber irgendwann muss die Maßnahme durchgeführt werden. In der Instandhaltung können Probleme nur selten »ausgesessen« werden. Der Verbrauch des Anlagennutzenvorrates lässt sich durch Maßnahmenverschiebung zwar variieren, aber nicht abstellen.

Verbesserungsmaßnahmen dagegen beeinflussen sehr wohl den Nutzenvorratsverlauf. Standzeitverlängerungen bis hin zu vollständiger Eliminierung von Maßnahmen sind die positive Folge von Verbesserungen.

Im Sinne von »die beste Instandsetzung ist die, die nicht mehr anfällt« muss es Ansporn eines jeden Instandhalters sein, nicht die Anlagen nach ihrem Ausfall schnell zu reparieren, so dass der Betrieb rasch wieder aufgenommen werden kann. Sondern es gilt, diese Ausfälle möglichst auszumerzen oder, wenn das wirtschaftlich nicht vertretbar ist, zumindest die Anzahl ihres Auftretens deutlich zu reduzieren.

Natürlich muss ein Instandhalter einen Anlagenausfall, wenn dieser denn eingetreten ist, rasch beheben. Doch das ist der zweite Schritt seines Wirkens. Erst gilt es, das Auftreten dieser Störungen möglichst vollständig zu vermeiden.

**Risikoorientierte Prioritätszahl**

Der Aufwand einer einzelnen Maßnahme stellt sich durch die Kosten für ihre geplante Durchführung und der Kostenwirkung des Verbesserungseffektes im zu planenden Jahr dar. Dem steht der Nutzen gegenüber, dass eine Störung nicht eintritt und diese Maßnahme ungeplant durchgeführt werden muss. Die negativen Begleiterscheinungen wie höherer Aufwand bei der ungeplanten Durchführung sowie Schäden und Folgeschäden durch das ungeplante Auftreten treten ebenfalls nicht ein. Der Nutzen kann monetär durch die Risikofunktion dargestellt werden (siehe oben). Das Verhältnis von Nutzen zu Aufwand führt zu einer risikoorientierten Prioritätszahl für eine einzelne Maßnahme. Solange der Nutzen größer dem Aufwand ist – damit die risikoorientierte Prioritätszahl größer 1 ist –, lohnt sich die Durchführung dieser Maßnahme. Ist die Risikokennzahl kleiner 1, ist eine Verschiebung und Neukalkulation im übernächsten Jahr sinnvoller.

Nach dieser Verfahrensweise liegen zwei Ergebnisse vor:

Einerseits sind alle Maßnahmen, die aufgrund der Risikobetrachtung sinnvollerweise im zu planenden neuen Jahr durchzuführen sind, bestimmt. Zudem können sie in der Reihenfolge ihrer Wichtigkeit/Höhe ihrer Risikoprioritätszahl aufgelistet werden. Damit können wichtige von weniger wichtigen unterschieden werden.

Andererseits lässt sich die Budgethöhe direkt ableiten. Denn die Summe der Kosten aller Maßnahmen, deren Risikoprioritätszahl größer 1 ist, ergibt das Instandhaltungsbudget für das nächste Jahr. Darin sind dann

### 4.3 Instandhaltung der Produktionsanlagen

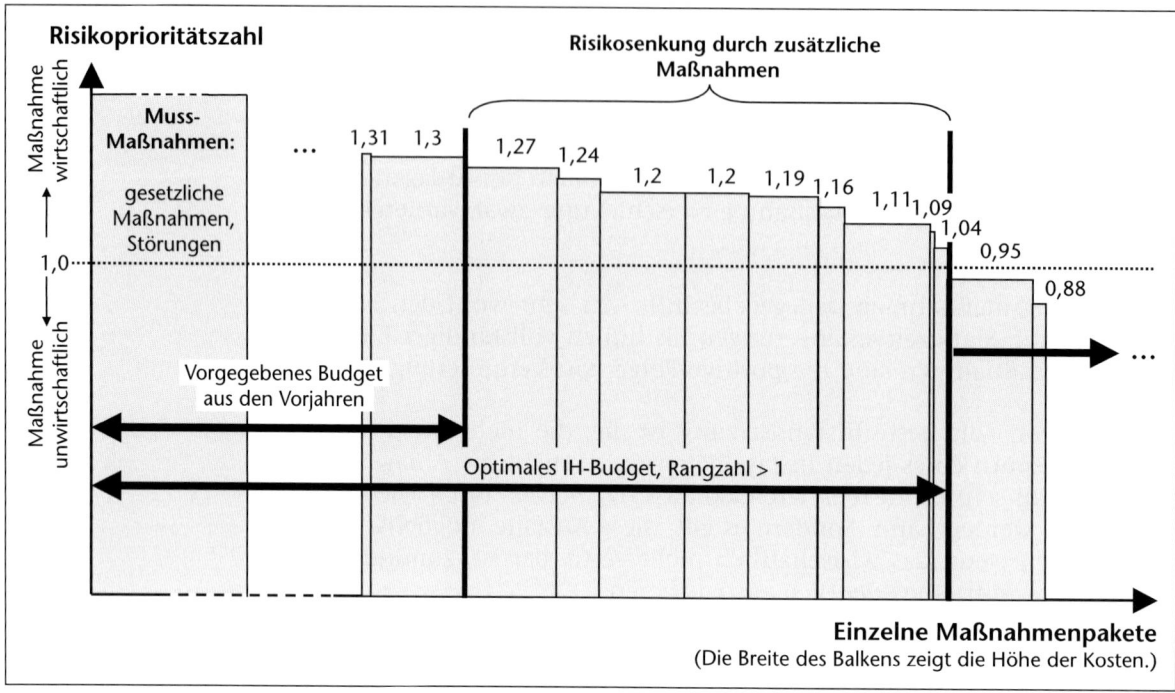

Abb. 18: Sensibilitätsanalyse zum Instandhaltungsbudget, Beispiel

alle Maßnahmen enthalten, die sinnvollerweise im nächsten Jahr durchgeführt und nicht verschoben werden sollten.

Die betriebliche Realität wird vermutlich sein, dass trotz dieser systematischen Vorgehensweise ein »Verhandeln« des Budgets für die Instandhaltung auch weiterhin erforderlich ist. Aber das »Verhandeln« hängt nun nicht mehr allein am Geschick der verhandelnden Parteien, von denen der Instandhalter meist in einer schlechteren Ausgangssituation ist. Nun kann er auf ein logisch und systematisch ermitteltes Budget verweisen, dass insbesondere auch die betriebswirtschaftliche Sicht beinhaltet.

**Phase 2: Anpassung des Instandhaltungsprogramms im Jahresverlauf und Budgetcontrolling**

Diese Phase beginnt mit Start des in Phase 1 budgetierten Jahres. Das Budget ist jetzt fixiert. Aufgabe ist es nun, das Instandhaltungsprogramm im Rahmen des Budgets kontinuierlich zu aktualisieren und zu überprüfen. Neue Maßnahmen kommen hinzu. Andere müssen verschoben werden, weil das Budget nicht mehr für alle vorgesehenen Maßnahmen ausreicht. Störungsbedingte Maßnahmen verschlingen möglicherweise Budgetanteile, die ursprünglich für präventive Maßnahmen vorgesehen waren, so dass letztere verschoben werden müssen. Um ein ausgewogenes Maß aus Planungsaufwand und Planungsaktualität zu gewährleisten, erfolgt die Aktualisierung monatlich.

Auch in dieser Phase werden für jede Maßnahme die drei Entscheidungskriterien direkte Instandhaltungskosten, Risiko und Verbesserungspotenzial verwendet. Im Jahresverlauf wird das verbleibende Budget monatlich mit den noch ausstehenden eingeplanten Maßnahmen abgeglichen und das Instandhaltungsprogramm an die neue Situation angepasst. Die in Phase 1 beschriebene Vorgehensweise generiert für jede neu hinzukommende Maßnahme ebenfalls eine Risikoprioritätszahl. Das jeweils risikooptimale Instandhaltungsprogramm ergibt sich aus der Reihenfolge der Maßnahmen nach der Höhe ihrer Risikoprioritätszahl und damit ihrer Wichtigkeit.

**Drei Entscheidungskriterien: Instandhaltungskosten, Risiko und Verbesserungspotenzial**

Dabei ist jetzt die unterjährig fixe Budgetgrenze zu beachten. Alle Maßnahmen – entsprechend in der Reihenfolge ihrer Wichtigkeit – bis zur Budgetgrenze können berücksichtigt werden. Die weniger wichtigen, oberhalb der Budgetgrenze liegenden Maßnahmen entfallen.

Auch der umgekehrte Fall ist möglich:

Fallen im laufenden Jahr weniger Störungen an bzw. werden für die budgetierten Maßnahmen weniger Geldmittel aufgewendet als vorgesehen, können entsprechend der Prioritätsreihenfolge »herausgefallene« Maßnahmen zurückgeholt werden. Bei Maßnahmen mit einer Prioritätszahl unter 1 ist dies aber nicht sinnvoll, da bei ihnen die Aufwand-Nutzen-Relation negativ ist.

Voraussetzung für diese Vorgehensweise ist die monatliche Aktualisierung maßnahmenbezogener Kostendaten der bereits durchgeführten Maßnahmen. Idealerweise werden diese von einem IPS-System zur Verfügung gestellt (Instandhaltungsaufträge mit Ist-Kosten und verfügten Kosten).

**Die monatliche Aktualisierung**

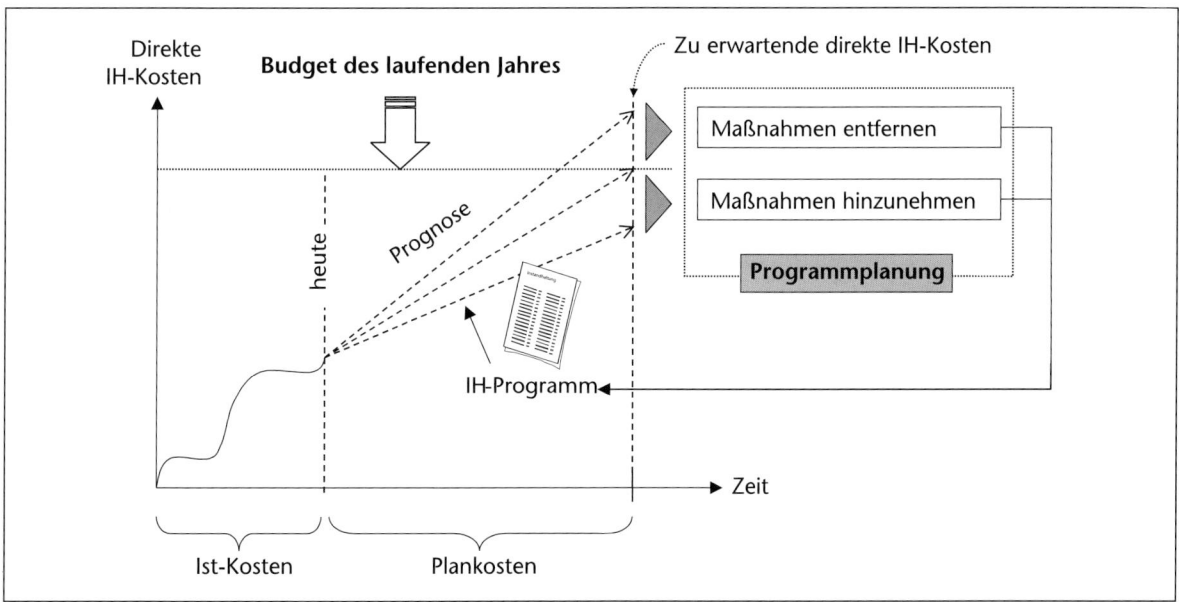

*Abb. 19: Unterjährige Instandhaltungsprogrammplanung*

Mit dem Ziel der Budgeteinhaltung, wird kontinuierlich eine Prognose der am Jahresende zu erwartenden Instandhaltungskosten erstellt. Monatlich wird diese automatisch aus den bereits angefallenen Ist-Kosten, den noch zu erwartenden störungsbedingten Instandhaltungskosten und den geplanten Kosten des restlichen Instandhaltungsprogramms ermittelt.

Das vorgestellte risikoorientierte Verfahren erhöht zunächst den Planungsaufwand. Dem steht jedoch eindeutig der Nutzen gegenüber: Die Instandhaltungsressourcen werden effektiver eingesetzt, das eingegangene Risiko reduziert und damit die Gesamtkosten gesenkt.

**Kurz- bis mittelfristiger Erfolg**

Insbesondere wird aber mittelfristig der Instandsetzungsaufwand durch die Verbesserungsmaßnahmen reduziert. Der Nutzenvorrat der einzelnen Anlagen wird nachhaltiger ausgeschöpft.

Kennzeichnend für das Verfahren ist:

- Es findet eine »Philosophie«-Änderung statt: Vorbeugen und Verbessern statt Reparieren.

- Kurz- bis mittelfristig wird die Instandhaltungseffizienz erhöht, d.h. der Kosten-Leistungs-Grad der Instandhaltung wird dauerhaft verbessert.

- Entscheidungen zur Instandhaltungsprogrammplanung und -budgetierung stehen auf einer belastbaren Basis und sind konkret nachvollziehbar.

- Budgets werden durch konsequentes Controlling eingehalten, Überschreitungen vermieden.

- Das Verfahren setzt bereits in der jahresbezogenen Budgetplanung an und unterstützt den Instandhaltungsplaner durchgängig bis hin zur kontinuierlichen Anpassung des Instandhaltungsprogramms im Jahresverlauf.

- Der einseitige Blick auf die direkten Instandhaltungskosten wird aufgebrochen und auf die Leistungsseite der Instandhaltung gelenkt. »Welche Kosten vermeidet die Instandhaltung?« statt »Welche Kosten verursacht die Instandhaltung?«

- Das anlagen- und maßnahmenbezogene Wissen der Mitarbeiter wird aktiv genutzt.

- Vorteil für den Budgetverantwortlichen: Das Verfahren hilft bei der optimalen Verwendung des Budgets und liefert eine Argumentationshilfe bei der Begründung von wirtschaftlich vorteilhaften Maßnahmen.

## 4.3.5 Relevante Methoden und Konzepte der Instandhaltung

Die Frage, die sich stellt, ist: Wie kann dieses Dilemma entweder ganz vermieden werden oder welche Möglichkeiten gibt es, wenn es eingetreten ist? Verfolgt man die Instandhaltungsszene über die letzten 10 bis 15 Jahre, wurden viele Ansätze propagiert und umgesetzt, um die Instandhaltung effizienter zu gestalten und um der Bedrängnis zu entkommen. Ob die bisher eingesetzten Ansätze die richtigen waren und ob sie positive Auswirkungen gezeigt haben, muss in vielen Fällen jedoch bezweifelt werden. Der Wunsch nach neuen und besseren Methoden ist groß.

Zur Einstimmung werden nachfolgend einige bereits praktizierte, aber auch neue Ansätze dargestellt. Welche weiteren Ansätze es gibt, wie die zugehörigen Methoden und Werkzeuge im Detail aussehen und wie ihre Eignung im Einzelfall ist, wird in weiteren Folgen erläutert. Dabei spielen

**Alte und neue Ansätze**

- die kurz- und langfristige Unternehmenssituation unter Marktbedingungen,

- die Typologie der Instandhaltung sowie

- der Zusammenhang zwischen Unternehmenstyp und Instandhaltungsobjekten

eine bedeutende Rolle. Jede Instandhaltung ist anders und damit ist der Erfolg der einzusetzenden Methoden und Ansätze immer spezifisch zu sehen.

### 4.3.5.1 Outsourcing

Die Instandhaltung steht als nicht produktive Einheit unter hohem Druck, Kosten zu sparen. Da ist der Gedanke nicht fern, Teile der Instandhaltungsaufgaben nach außen fremd zu vergeben. Es gibt sogar Unternehmen, die alle Instandhaltungsaufgaben auslagern und keine eigene Instandhaltungsabteilung mehr haben. Die Motivation dahinter ist natürlich, den Personalkostenblock der Instandhaltung in Fremdleistungskosten zu verwandeln. Damit können Schwankungen im Instandhaltungsbedarf besser ausgeglichen werden. Außerdem sind Fremdleistungskosten variable Kosten, sie können in schwierigen Zeiten viel leichter reduziert werden. Zudem sind externe Stundensätze häufig günstiger als die eigenen. Dies betrifft insbesondere

**Umwandlung von Personalkosten in Fremdleistung**

- den unteren Qualifikationsbereich (einfache Handwerkertätigkeiten, Reinigungsarbeiten),

- komplette Objektkategorien, wie beispielsweise Gebäude, Tore oder Stapler und

- den oberen Qualifikationsbereich/Spezialistentätigkeiten, wie beispielsweise Arbeiten an speziellen Maschinensteuerungen.

### 4.3 Instandhaltung der Produktionsanlagen

**IH-Abteilung als Cost- oder Profit-Center**

Zudem gibt es Bestrebungen, die Instandhaltungsabteilung in ein Cost- bzw. Profit-Center zu verwandeln oder sie sogar als eigenständiges Unternehmen auszugründen. Auch treten vermehrt Dienstleister auf, die alle Instandhaltungsaufgaben und teilweise auch das bisherige Instandhaltungspersonal übernehmen. Hier verspricht man sich eine deutlich höhere Produktivität bei der Abwicklung der Instandhaltungsaufgaben, zudem wird das Unternehmen flexibler – unter anderem durch die Umwandlung von fixen in variable Kosten.

**Nachteile des Outsourcings**

Die Nachteile des Outsourcings liegen insbesondere

- in der Abhängigkeit von Externen,
- im eintretenden Know-how-Verlust sowie
- in der nachlassenden Anlagenkenntnis.

Häufig stellen sich auch die Kosteneinsparungen nicht in dem erwarteten Ausmaß ein, da die internen und externen Stundensätze nicht so einfach nebeneinander gestellt werden können. Overhead-Kosten, Betreuungskosten oder Kosten für die Abstimmung zwischen mehreren externen Gewerken werden häufig zu oberflächlich kalkuliert. Die Entscheidung für oder gegen teilweises bzw. sogar vollständiges Outsourcing verlangt somit ein umfangreiches Instrumentarium zur Entscheidungsunterstützung und zur Umsetzung.

#### 4.3.5.2 IH-Organisation – zentral, dezentral, integriert

**Know-how-Bündelung bei zentraler Organisation**

Klassisch ist die Instandhaltungsabteilung eine zentral organisierte Abteilung im Unternehmen. Dies hat den Vorteil einer Know-how-Bündelung und der eindeutigen Weisungsbefugnis. Oft führt diese Form jedoch zur Unflexibilität, da alle Einsatzentscheidungen der Instandhalter zentral gefällt werden. Damit verfolgt die Instandhaltung ihr Interesse, die Anlagen optimal zu erhalten, während sich die Produktion dem Wunsch nach Ausbringung verschrieben hat. Daraus entsteht ein enormes Konfliktpotenzial, was häufig zu suboptimalen Entscheidungen führt.

**Flexibilität bei dezentraler/integrierter Organisation**

Um diesen Interessenkonflikt zu lösen, werden Instandhalter dezentral bestimmten Anlagen oder Anlagenbereichen zugeordnet, in Fertigungsteams integriert und der Fertigung unterstellt. Dies hat den Vorteil einer deutlich höheren Flexibilität und Reaktionsgeschwindigkeit. Zudem bekommt der Instandhalter sein »Baby« zugewiesen, er muss sich aber auch um dessen Ausbringung kümmern. Nachteile machen sich

- beim Know-how-Verlust,
- bei der Auslastung der Instandhaltungsmitarbeiter und
- bei der Koordination übergreifender Instandhaltungsaufgaben

bemerkbar. Daher verlangt die Gestaltung einer optimalen Instandhaltungsorganisation ein vielfältiges Instrumentarium. Zudem sind neben den bereits angesprochenen positiven und negativen Auswirkungen auch Fragen zu beantworten, die nicht technischer Natur sind, sondern im zwischenmenschlichen und psychologischen Bereich liegen.

### 4.3.5.3 Total Productive Maintenance (TPM)

Ein Ansatz, der schon über 30 Jahre alt ist und in Japan sehr erfolgreich angewendet wird, ist das Prinzip der »Total Productive Maintenance« (TPM). Dahinter steht der Gedanke, dem Produktionsmitarbeiter einen engen Bezug zur Maschine zu geben, indem er die Anlage pflegt und eintretende Probleme frühzeitig erkennt. Somit steht als Erstes die konsequente Reinigung einer Anlage und das Aufräumen des Arbeitsplatzes an, um Fehlerquellen zu erkennen. Dies wird bewusst vom Bedienpersonal ausgeführt, um den Bezug zur Anlage und zu den auftretenden Problemen herzustellen. In weiteren Schritten wird gemeinsam mit den Produktionsmitarbeitern an einer dauerhaften Behebung dieser Probleme gearbeitet, was oft den Umbau der Anlage zur Folge hat. Wurden traditionell beispielsweise alle sich bewegenden Teile einer Maschine hinter Türen versteckt, so werden diese nun durch Glastüren transparent gemacht, um Fehler frühzeitig erkennen und die Anlage besser beobachten zu können.

Die TPM-Umsetzung erfolgt in mehreren Schritten über die Wartung der Anlagen bis zur autonomen Instandhaltung durch die Produktionsmitarbeiter. Dabei interessiert nicht nur der technische Aspekt an einer Anlage, gleichzeitig werden auch Probleme bei der Qualität und der Ausbringungsmenge einbezogen. Als Maßzahl für den dauerhaften Erfolg wird die produzierte Menge Gutstück über einen langen Zeitraum herangezogen.

**Umsetzung in mehreren Schritten**

### 4.3.5.4 Teleservice

Ein anderer neuer Ansatz für die Instandhaltung ist die Idee, eine Anlage aus der Ferne zu beobachten und bei Problemen zu unterstützen, ohne dass der Experte direkt vor Ort sein muss. Dies erhöht die Reaktionsgeschwindigkeit im Problemfall und bündelt das Expertenwissen ohne die zeitaufwendige persönliche Anwesenheit. Getrieben wird dieser Ansatz von neuen Technologien in der Datenübertragung, insbesondere im mobilen Bereich, bis hin zum Einsatz des im Prinzip weltweit zur Verfügung stehenden Internets. Zudem stehen durch den Einsatz der immer komplexer werdenden Anlagensteuerungen viele Daten über den Maschinenzustand zur Verfügung, die sozusagen kostenlos abgegriffen werden können (Abbildung 1).

**Beobachtung einer Anlage aus der Ferne**

Insbesondere Anlagenhersteller haben ein großes Interesse an diesen Technologien, um im ersten Schritt den Servicetechnikereinsatz wesentlich effizienter gestalten zu können. Mittel- bis langfristig ergeben sich dadurch neue Potenziale im Service bis hin zu neuen Geschäftsmodellen. Damit können Hersteller anstatt einer Anlage beispielsweise auch deren Verfügbarkeit oder eine definierte Ausbringungsmenge verkaufen. Ein »Produkt«, das nur erstellt werden kann, wenn der Hersteller die Anlage zumindest

**Effizienter Serviceeinsatz**

über eine gewisse Phase im Anlagenlebenslauf in permanentem »Zugriff« hat.

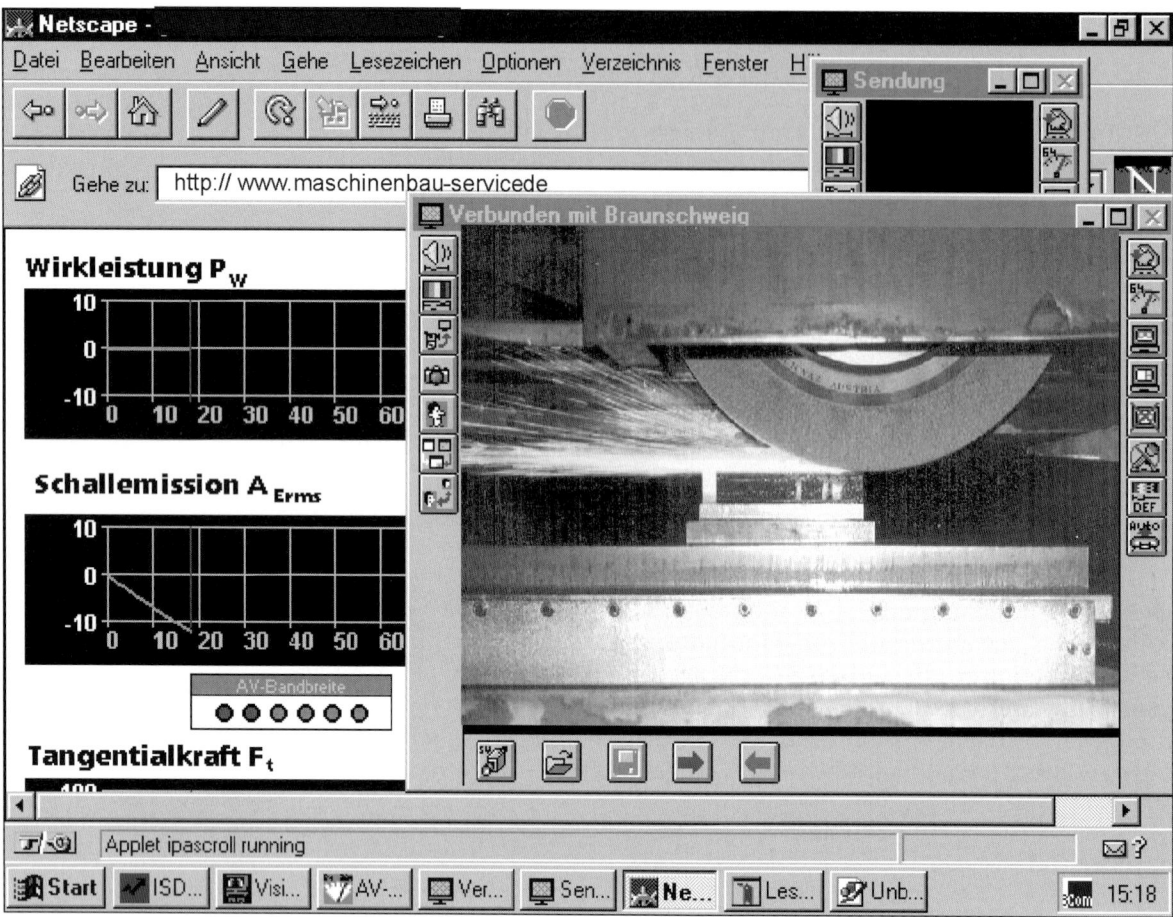

Abb. 1: *Zugriff auf den Maschinenzustand – Übertragung von Daten und Bildinformation*

**Qualifizierte Unterstützung von außen** Für die Instandhaltung des Anlagenbetreibers ergibt sich damit eine neue, hoch qualifizierte Unterstützung von außen. Einsätze von Servicetechnikern werden wesentlich effizienter und damit preiswerter, die Anlagenverfügbarkeit steigt, weil schneller und besser reagiert werden kann. Wenn der Betreiber eine definierte Ausbringungsmenge statt einer Anlage einkauft, ist dies sozusagen eine weitere Form des Outsourcings von Instandhaltungsaufgaben.

## 4.3.6 Instandhaltung in der Umsetzung

Die gegenwärtige Realität in der Instandhaltung von Unternehmen ist häufig geprägt vom Dilemma der Instandhaltung und zu wenig durch konsequentes, systematisches Vorgehen. Es wird nur reagiert und nicht agiert. Einige Ansätze zur Verbesserung wurden angesprochen, die im Weiteren vertieft werden sollen. Diese Ansätze verlangen ein logisches, auf das Unternehmen abgestimmtes Vorgehen. Und begonnen wird mit den einfachen, leicht umzusetzenden Dingen.

*Realität vor Zukunftsperspektiven*

Die Schaffung von Transparenz, das gemeinsam abgestimmte Zusammenspiel zwischen Instandhaltung und Produktion und die Motivation der Mitarbeiter sind die entscheidenden Schritte, die zu gehen sind. Dazu sollen die bereits genannten und weitere Methoden im richtigen Mix beitragen.

### 4.3.6.1 Die Ablauforganisation in der Instandhaltung: zentral, dezentral oder integriert?

Bevor wir in die Diskussion einsteigen, welche der drei mittlerweile üblichen Organisationsformen der Instandhaltung – zentral, dezentral oder integriert – die geeignetste ist, und Vor- und Nachteile abwägen, soll ein kurzer Überblick über das Prinzip und das Funktionieren einer Ablauforganisation gegeben werden. Die integrierte Variante wird auch als »dezentrale Anlagen- und Prozessverantwortung« (DAPV) bezeichnet.

#### Analogie zum technischen Regelkreis

Zur Beschreibung des grundsätzlichen Prinzips für eine Ablauforganisation, unabhängig von dem Einsatzzweck in der Instandhaltung oder in anderen Organisationseinheiten, kann eine Analogie zum technischen Regelkreis herangezogen werden.

Wie bei diesem bekannten Modell wird für eine Regelstrecke von einem Regler ein Soll-Wert (Stellgröße) als Ziel vorgegeben. Eine Messeinrichtung (Messglied) nimmt die Ist-Daten und Abweichungen vom Soll-Wert während der Durchführung auf und übermittelt diese Informationen (Regelgrößen) an den Regler, der mit Hilfe eines Rückkopplungsmechanismus verbesserte Soll-Informationen vorgibt und Störgrößen berücksichtigen kann. Durch Berücksichtigung des Ist-Zustandes und Anpassen des Regelwertes im Steuerelement wird beim nächsten Zykluslauf eine adaptive Regelung (verbesserte Anpassung) des Ablaufes vorgenommen.

*Funktionsweise technischer Regelkreis*

Für die Ablauforganisation in der Instandhaltung gilt das gleiche Prinzip (siehe Abb. 1): Der Soll-Wert ist der Instandhaltungsauftrag, die Durchführungsstrecke entspricht der Auftragsausführung, die Messeinrichtung (Messglied) ist die Rückmeldung und der Vergleich aus Auftrag und Rückmeldung ergibt den Rückkopplungsmechanismus aus dem neue/angepasste Aufträge abgeleitet werden. Die Ablauforganisation ist somit charakterisiert durch die im nächsten Abschnitt beschriebene, noch weiter zu detaillierende Ablauffolge.

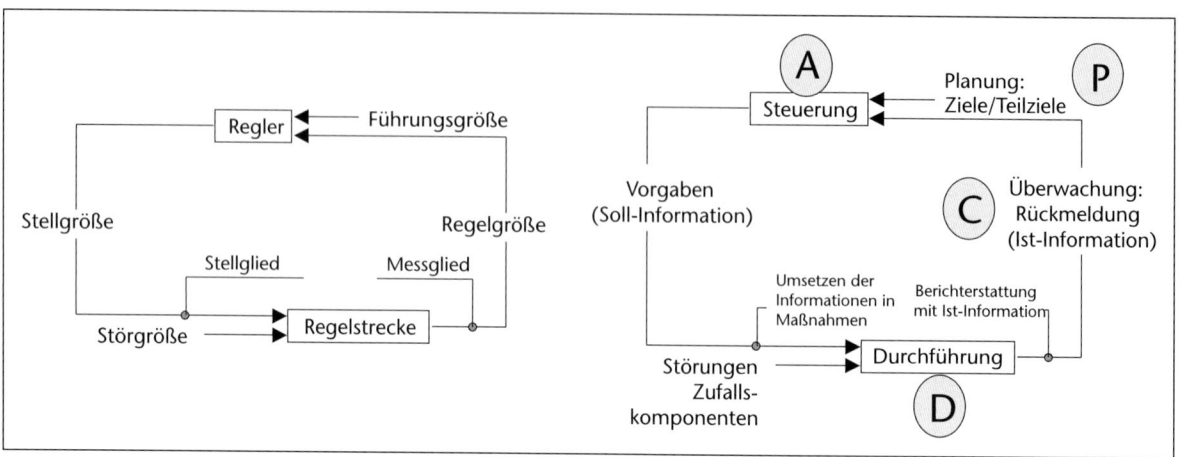

Abb. 1: Analogie zum technischen Regelkreis

### Das Prinzip der Ablauforganisation in der Instandhaltung

Mit der Instandhaltungsablauforganisation wird die Koordination aller Instandhaltungsaktivitäten sichergestellt. Dabei erfolgt die Auftragsausführung in vielen Unternehmen nicht nur durch Instandhaltungsgruppen, sondern wird teilweise oder sogar vollständig durch Fertigungsgruppen (mit entsprechender Instandhaltungsqualifikation) ausgeführt. Dass Fertigungsgruppen Instandhaltungsaufgaben übernehmen, ist natürlich der Diskussionspunkt unterschiedlicher Varianten zur Ablauforganisation – dieser Punkt wird gleich vertieft erläutert und diskutiert.

**Die Ablauforganisation ist mehrdimensional**

Der Ausführungsprozess zur Instandhaltung verläuft mehrdimensional, d.h., einer oder mehrere Werker einer Instandhaltungsgruppe oder einer Fertigungsgruppe mit jeweils gleicher Qualifikation können an einer oder an mehreren verschiedenen Aktivitäten beschäftigt sein. Die Instandhaltungsaufträge können aber auch von verschiedenen Instandhaltungsgewerken oder Fertigungsgruppen abgewickelt werden, so dass mehrere Qualifikationen an einem Auftrag beteiligt sind. Die Arbeit aller Gewerke, Fertigungsgruppen und Teams greift ablauftechnisch und/oder zeitlich ineinander und bestimmt den Ausführungsprozess zur Instandhaltung.

**Das Modell der Ablauforganisation**

Die Analogie zum technischen Regelkreis hilft zur Beschreibung eines Modells zur Ablauforganisation, in dem die Folge von Planung, Steuerung und Durchführung dargestellt wird. Als Regelinstrument wirkt die Überwachung jeweils rückwirkend auf die vorhergehende Funktion. Das zentrale Überwachungsinstrument ist die Budgetierung, die sich auf einen definierten Zeitraum von beispielsweise einem Geschäfts- oder Kalenderjahr bezieht. Die in dem Modell idealisierten Positionen der Funktionen Planung, Steuerung und Durchführung zeigen die Überlappung des Zyklus an. In Form von Berichten und Auswertungen ergeben sich aus den laufenden Steuerungs- und Durchführungsprozessen Regelinformationen für den neuerlichen Planungsprozess der nächsten Budgetierungsperiode.

Dabei ist die Budgetsituation die zentrale Größe für die Gestaltung der nächsten Periode.

**Die Budgetsituation als zentrale Gestaltungsgröße**

Sämtliche Aktivitäten innerhalb eines Jahres beziehen sich auf das vorgegebene Budget. Die Entscheidung, welche Aktivitäten durchgeführt werden, steht unter dem Blickwinkel des vorgegebenen Budgetrahmens. Insbesondere die planbaren und vorbeugenden Maßnahmen der Instandhaltung stehen im Zielkonflikt der Budgeteinhaltung. Die Störungen als unabdingbare Ad-hoc-Maßnahmen sind weniger betroffen, da sie aufgrund ihres zumeist unmittelbar verfügbarkeitserhaltenden Charakters eine sehr hohe Durchführungspriorität haben. Bei knappen Budgetmitteln werden geplante Maßnahmen aufgrund von Störungen auf einen späteren Budgetierungszeitraum verschoben.

Zur Planung im Ausführungsprozess gehört, in Abgrenzung zum Begriff Disposition einer einzelnen Instandhaltungsaktivität, die vorbereitende Koordination aller Instandhaltungsaktivitäten. Sie besteht aus den Funktionen Arbeitsvorbereitung (für planbare Tätigkeiten und zur Unterstützung bei Störungen), Reihenfolgeplanung, Kapazitätsabgleich und Optimierung.

**Planung**

Die Steuerung beinhaltet die kurzfristige Koordination der Aktivitäten, wozu ebenfalls die Funktionen Reihenfolgeplanung, Kapazitätsabgleich und Optimierung gehören. Diese Funktionen können jedoch nicht in der gleichen Detailliertheit wie in der Planung durchgeführt werden, hier geht es nur um die Abweichungen. Wichtig zur Steuerung ist eine möglichst zeitnahe Rückmeldung der Aktivitäten, so dass steuernd eingegriffen werden kann.

**Steuerung**

Die Durchführung bezieht sich auf die eigentliche Ausführung der Aktivitäten.

**Durchführung**

Die Kontrolle ist ein wesentliches Moment, um auf den Ausführungsprozess einwirken zu können. Sie besteht aus dem Aufnehmen der Situation bei der Durchführung aktueller sowie abgeschlossener Aktivitäten. Auf diesen Informationen basiert die Planung (abgeschlossene Aktivitäten) und Steuerung (aktuelle Aktivitäten).

**Kontrolle**

Diesen auf den ersten Blick kompliziert erscheinenden Prozess zur Ablauforganisation der Instandhaltung gibt es in kleinen und in großen Unternehmen mit rein zentraler Organisation oder mit hohem Dezentralisationsgrad. Der Unterschied liegt nicht im Prozess an sich, sondern in seiner Gestaltung bzw. konkreter, von wem welche Aufgaben (Elemente des Ablaufprozesses) in welcher Form wahrgenommen werden. Das bedeutet, dass für Unternehmen mit 200 Mitarbeitern und zehn Instandhaltern dieser Ablaufprozess im Wesentlichen von einem Instandhaltungsmeister wahrgenommen wird, der als Mittel seinen Verstand, sein Wissen und seine große Erfahrung anwendet. Neben einem recht einfachen Stundenverrechnungssystem und einer einfachen Wartungssystematik gibt es in so einem Unternehmen vielleicht keine wesentlichen weiteren Organisationsmittel.

**Ablauforganisation in kleinen und großen Unternehmen**

Im Gegensatz dazu wird in einem Unternehmen mit 200 zentralen Instandhaltern eine Arbeitsvorbereitungsgruppe benötigt, ein Instandhaltungsleitstand zur Koordination aller Arbeiten und ein DV-unterstütztes Instandhaltungssystem zur effektiven Gestaltung des Ablaufes und zur Schaffung der notwendigen Transparenz.

**Die Unterscheidung der Ablauforganisation bei zentralen sowie dezentralen bzw. integrierten Strukturen**

Was ist nun der wesentliche Unterschied in der Gestaltung der Ablauforganisation zwischen einer zentralen und einer dezentralen Struktur?

*Ablauforganisation in einer zentralen Struktur*

Bei einer zentralen Organisationsform sind die vier Elemente Planung, Steuerung, Durchführung und Kontrolle personell und organisatorisch voneinander getrennt. Man kann sogar sagen, je ausgeprägter die Trennung dieser Elemente auf Personen und Abteilungen ist, desto höher ist der Grad der Zentralisation. Umgekehrt zeichnet sich eine dezentrale Organisation dadurch aus, dass diese vier Elemente bzw. diese vier Aufgaben von einer Gruppe oder einem Team (eventuell sogar von einer einzigen Person) wahrgenommen werden. Natürlich gibt es vielfältige Variationen in die eine oder andere Richtung, zudem sind auch Mischformen möglich.

Bei zentral ausgerichteten Strukturen im Unternehmen findet die Funktionstrennung dadurch ihren Ausdruck, dass sämtliche Instandhaltungsaufgaben im Unternehmen von einer zentralen Instandhaltungsabteilung wahrgenommen werden und die Fertigung nicht beteiligt ist. Innerhalb dieser zentralen Instandhaltungsabteilung wird die Funktion Planung von anderen Personen oder Unterabteilungen wahrgenommen als die Funktion Steuerung (Leitstand), Durchführung (Werker) und Kontrolle (Werkstattschreiber).

*Ablauforganisation in einer dezentralen Struktur*

Werden dagegen alle Elemente der Ablauforganisation von einem Team übernommen, so sprechen wir von einer dezentralen Organisationseinheit. In dieser dezentralen Organisationseinheit werden dann verschiedene Aufgabeninhalte wahrgenommen, also neben der eigentlichen Fertigungsaufgabe indirekte, nicht direkt wertschöpfende Tätigkeiten wie beispielsweise Instandhaltungsaufgaben. Zudem können in das Fertigungsteam Mitarbeiter mit Instandhaltungsqualifikationen (ehemalige Mitarbeiter der Abteilung Instandhaltung) integriert sein. Wir sprechen dann von einer integrierten Instandhaltungsorganisation. Die Ablauforganisation mit den Elementen Planung, Steuerung, Durchführung und Kontrolle wird von diesem Team gemeinsam und selbstständig wahrgenommen.

Bei dezentralen/integrierten Organisationsformen findet somit eine weit reichende Funktionsverdichtung statt, die einerseits die Aufgaben Planung, Steuerung, Durchführung, Überwachung zusammenfasst, die andererseits aber auch bisher im Unternehmen strikt getrennte Bereiche wie beispielsweise Fertigung, Qualität und Instandhaltung zu prozessorientierten Gruppen oder Teams vereint.

## Probleme der Schnittstellen in der Ablauforganisation

Die Regelkreissystematik kann meistens in der Praxis nicht so realisiert werden, wie dies ideal bisher dargestellt wurde. Denn, wenn man dies so wie beschrieben durchführen wollte, müssten alle notwendigen Informationen zu dieser Regelkreissystematik unmittelbar und permanent bereitgestellt sein. Eine zeitnahe Planung, die die aktuellen Geschehnisse in der Instandhaltungsdurchführung berücksichtigen soll – beispielsweise bedeutet das Auftreten einer zusätzlichen Instandsetzung, nachdem ein Getriebe geöffnet wurde, Mehrarbeit und wirkt sich auf die Kapazitätsplanung aus –, kann nur erfolgen, wenn ein direkter Informationsfluss zwischen Instandhaltungsdurchführung und Planung vorhanden ist. Das bedeutet, dass alle in diesem Prozess involvierten Mitarbeiter (sowie die automatisierten Systeme) möglichst zeitnah ihre jeweils notwendigen Informationen erhalten. Dies ist in der Regel jedoch nicht der Fall. Es gibt erhebliche Aktualitäts- und Informationsprobleme. Von einer durchgängigen Transparenz kann nicht die Rede sein.

**Probleme mit der Aktualität**

Der Einsatz von DV-Unterstützung in der Ablauforganisation ist ein mögliches Mittel, diesen Transparenzproblemen entgegenzuwirken. Die DV, i.d.R. Instandhaltungsplanungssysteme (IPS), ist die Basis für eine größere Transparenz, um kürzere Abstimmungszyklen zu schaffen.

Durch die Trennung der zur Ablauforganisation gehörenden Elemente Planung und Steuerung, Durchführung und Kontrolle entsteht diese Problematik der Aktualitäts- und Informationsdiskrepanz insbesondere zwischen den internen Schnittstellen, beispielsweise zwischen der Planung und der Steuerung. Innerhalb eines Bereiches (beispielsweise Planung) stehen noch alle Informationen zur Verfügung, die physisch (in der Planungsabteilung) vorliegen. Dort sind die Unterlagen zu den Anlagen zusammengefasst, es kann direkt auf die jeweiligen Arbeitspläne zu den Anlagen oder auf die Ersatzteillisten zugegriffen werden. Hier werden auch alle zur Ausführung notwendigen Informationen bereitgestellt.

**Probleme durch Schnittstellen**

Dann ergibt sich jedoch ein »Bruch« zu den nächsten Ausführungsschritten, insbesondere wenn dies auch jeweils wieder eigenständige Bereiche sind. Von der Planung zur Steuerung, von der Steuerung zur Ausführung, von der Ausführung zur Kontrolle und von der Kontrolle zurück zur Planung treten interne Schnittstellen auf. Denn in den Schnittstellen oder »Brüchen« zwischen diesen eigenständigen Funktionen liegen Wegezeiten, müssen Erläuterungen gegeben werden, sind Abstimmungen notwendig und treten immer wieder Wartezeiten auf. Man versucht zwar, Arbeiten zu bündeln, um diese Schnittstellenverluste zu reduzieren und die Abstimmungszeiten zu verkürzen, nimmt aber damit eine Erhöhung der Auftragsdurchlaufzeit in Kauf (eine Maßnahme wird erst dann durchgeführt, wenn ihr »Stapel« dran ist). Die wöchentliche Abstimmung zwischen Instandhaltung und Fertigung ist ein Beispiel für diese Bündelung. Alle aufgetretenen Probleme werden für dieses Gespräch gesammelt, um dort geklärt zu werden. Der »Stapel« kann aber erst nach einer Woche im Zuge der wöchentlichen Abstimmung – also maximal bis zu einer Woche nach

**Probleme durch Warte- und Wegezeiten**

Eintreten des Ereignisses – behandelt werden. Im Prinzip ergibt sich ein klassisches Losgrößenproblem wie in der Fertigung. Man versucht, Losgrößen zu bilden, und erhält die damit verbundene Losgrößenproblematik. Mit dem Unterschied jedoch, dass die Lose nicht technologieabhängig sind (Maschinenumrüstungen), sondern aufgrund von Schnittstellen selbst verursacht sind und zu großer Intransparenz führen.

### In zentralen Strukturen liegen »gerichtete« Informationen vor

Traditionelle Organisationen sind funktionsorientierte, mehr- oder vielstufige Hierarchien mit zentraler Ausprägung. Sie bergen neben den oben schon besprochenen Nachteilen das Problem der »gerichteten« Informationskanäle in sich.

»Gerichtete« Information

Abstrakt ausgedrückt bedeutet »gerichtete Information« die Übermittlungen von Anweisungen, Informationen und Berichten jeweils nur von unten nach oben bzw. von oben nach unten entsprechend der hierarchischen Organisationsstruktur im Unternehmen. Ein Vorgesetzter gibt Anweisungen an die Mitarbeiter seiner Abteilung/seines Bereiches weiter, umgekehrt berichtet der Mitarbeiter seinem direkten Vorgesetzten.

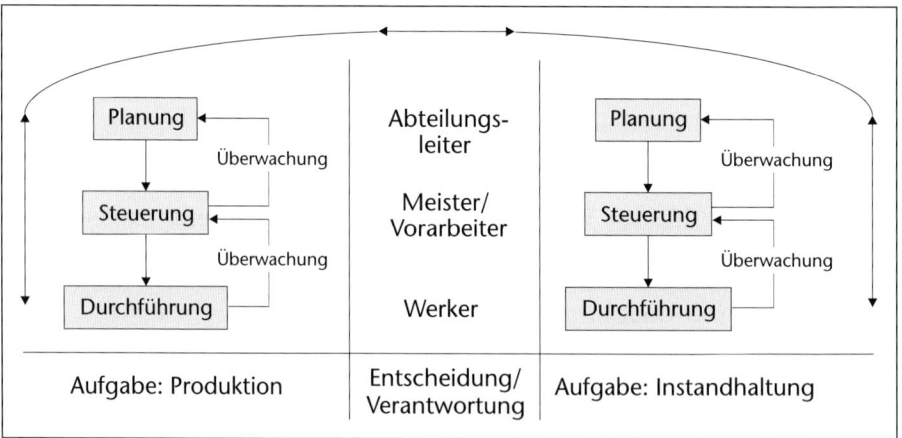

*Abb. 2: Informationsweg bei hierarchischer Struktur*

Kein abteilungsübergreifender Informationsaustausch

Abteilungsübergreifender Informationsaustausch findet nicht statt – die Querverbindung zum Informationsaustausch, der direkte Kontakt eines Instandhaltungswerkers mit einem Produktionswerker ist nicht möglich. Die Information fließt über den Instandhaltungsvorgesetzten oder eine dafür zuständige Leitungsstelle zum Produktionsvorgesetzten (oder zum Produktionsdisponenten) und von ihm zum Produktionswerker (Abb. 2). Durch die Funktionstrennung Planung, Steuerung, Durchführung, Kontrolle kann der »Durchführende« keine Planungs- und Steuerungsfunktionen übernehmen und somit ad hoc keine Arbeit beginnen. Es müssen erst alle Stufen durchlaufen werden, bevor die »Durchführung« beginnen kann.

Man kann jetzt einwenden, dass diese Situation trotz hierarchischer Strukturen in der Praxis so nicht vorliegt, sondern dass in den Unternehmen selbstverständlich der Produktionsmitarbeiter mit dem Instandhaltungswerker spricht, Informationen ausgetauscht und kleinere Probleme ad hoc gelöst werden. Genauer betrachtet sind dies jedoch in der Regel Dinge, die keine größeren Entscheidungen nach sich ziehen und die keine größere Verantwortung bedeuten. Die wichtigen Dinge werden jedoch über den beschriebenen Weg – sozusagen als »gerichtete« Information – weitergegeben.

**Wie läuft es in der Praxis?**

Steht beispielweise die Entscheidung an, eine Anlage wegen einer dringend notwendigen Reparatur abzuschalten, obwohl auf ihr gerade ein Auftrag mit hoher Priorität gefertigt wird, dann wird der »gerichtete« Weg über die Hierarchien gegangen. Dies ist der springende Punkt, der hier gemeint ist. Die wichtigen Informationen, sobald verantwortliche Entscheidungen notwendig sind, fließen den »gerichteten« Weg und führen zu einer erheblichen Starrheit des Systems.

Facetten und Variationen liegen natürlich in den Unternehmen vielfältig vor, machen jedoch häufig den Informationsfluss und das Kompetenzgefüge noch komplizierter.

Warum ist nun ein direkter Kontakt, eine direkte Informationsverbindung gerade bei größeren, verantwortlichen Entscheidungen nicht möglich?

Bei gerichteten, hierarchischen Informationsstrukturen fließen relevante Informationen bei den Leitungsstellen, beim Vorgesetzten zusammen. Weitergegeben werden nur isolierte Detailinformationen. Deswegen kann oder – im Sinne dieser Struktur deutlicher ausgedrückt – soll der Instandhaltungswerker nicht direkt mit dem Produktionswerker kommunizieren. Der Instandhaltungswerker weiß nicht, ob er ein Problem an einer Maschine sofort beheben kann, da er einerseits nicht weiß, ob er Zeit dafür hat (seine Prioritäten und seine Zeiteinteilung werden von seinem Vorgesetzten oder einem Disponenten vorgenommen), und er andererseits nicht weiß, ob die Maschine zur Reparatur abgeschaltet und aus der Produktion genommen werden kann. Zu diesen Entscheidungen ist er nicht befugt (disziplinarisch, aber auch arbeitsrechtlich), hat häufig nicht den notwendigen Ausbildungsstand und zudem wird es ihm auch nicht zugetraut.

**Vorteil der »gerichteten« Information**

Ein möglicher direkter Kontakt zum Produktionswerker hilft dem Instandhalter jetzt auch nicht weiter, denn der Produktionswerker weiß ebenfalls nicht, wie seine Auslastung im Zusammenspiel des gesamten Fertigungsgeschehens ist. Dafür ist sein Disponent zuständig, der die Fertigungsauftragseinteilung, die Prioritätsvergabe und die Kapazitätsauslastung vornimmt.

Nun wird deutlich, dass bei gerichteten hierarchischen Strukturen die Information vom Produktionswerker über den Produktionsdisponenten zum Instandhaltungsdisponenten läuft, ja laufen muss, um von dort den Instandhaltungswerker zu erreichen.

Damit wird ein klar geregeltes Vorgehen erreicht, in dem die Verantwortlichkeiten sauber abgegrenzt sind. Von dieser Seite her ist gegen dieses Prinzip auch nicht unbedingt etwas einzuwenden.

*»Gerichtete« Wege bei komplexen Organisationen und geringer Informationsverbreitung*

Warum sind nun diese gerichteten Informationsstrukturen gerade in der Vergangenheit sehr sinnvoll gewesen und können auch heute in der Diskussion um mehr dezentrale Strukturen nicht einfach »über den Haufen geworfen werden«, solange nicht notwendige Voraussetzungen für dezentrale Strukturen geschaffen sind?

Der wesentliche Vorteil der »gerichteten« Information ist das Zusammenlaufen der Informationen an einem zentralen Knoten. In diesen zentralen Stellen kann der Überblick gehalten werden und der gesamte Abstimmungsprozess wird dadurch überschaubar. Die ausschließliche Kommunikation über zentrale Stellen erlaubt eine geordnete Verknüpfung von Informationen, weil alle zur Abstimmung notwendigen weiteren Informationen an dieser Stelle ebenfalls vorhanden sind. Das wesentliche Argument für gerichtete zentrale Strukturen ist demnach, dass ein sehr vielfältiger und komplexer Ablauf in der Fertigung und Instandhaltung auf diesem Wege steuerbar ist und dass damit in der Vergangenheit recht gute Erfahrungen gemacht wurden. Eine unmittelbare, hierarchieüberschreitende Abstimmung auf unteren Ebenen ist nach diesem Prinzip nicht sinnvoll (oder wird bewusst untersagt), da dort nicht alle notwendigen Informationen vorliegen.

Zudem ist es auf den ersten Blick auch einfacher, Informationen zusammenzufassen und in zentralen Stellen zu koordinieren. Alle unteren Ebenen mehr oder weniger zeitgleich mit den benötigten Informationen zu versorgen ist ein erheblicher Aufwand, der nur durch entsprechende Informationsunterstützung und -technik realisierbar ist.

### Zentrale, hierarchisch gegliederte Organisationen sind unflexibel

*Schwerfälligkeit des Abstimmungsprozesses*

Festzuhalten bleibt, je mehr Stufen in dem Abstimmungsprozess vom Auftreten eines Problems bis zu seiner Behebung vorhanden sind, desto schwerfälliger wird der gesamte Ausführungsprozess. Denn in zentralen, hierarchischen Strukturen muss zwischen jeder Ebene ein Abstimmungsprozess stattfinden und oftmals ist diese Kommunikation selbst Quelle von Problemen. Häufig sind dies Kleinigkeiten, die die Probleme ausmachen: Einer der beteiligten Mitarbeiter ist gerade nicht am Schreibtisch, ist im Urlaub oder sogar krank bzw. nimmt an einer Schulung teil.

*Unflexible Organisationen*

Damit entstehen unflexible Organisationsformen mit erheblicher Komplexität. Je größer sie sind, desto mehr Zeit und Energie müssen sie zur Bewältigung der Abstimmung zwischen den einzelnen Funktionsbereichen aufwenden. Die fehlende Flexibilität, die heute zunehmend gefordert wird, ist eines der wesentlichen Kriterien gegen dieses Konzept. Trotz seiner Vorteile und seines Funktionierens in der Vergangenheit sind zentrale, mehrstufige Organisationen für heutige Verhältnisse »überholungsbedürftig«

geworden. Die Unternehmen sind einem enormen Konkurrenzdruck ausgesetzt. Sie können oft nur durch einen Zeitvorsprung bestehen, indem sie einfach schneller sind (oder werden) als ihre Wettbewerber. Dazu ist jedoch eine hochflexible Organisation im Unternehmen erforderlich, in der Abstimmungen sehr schnell laufen müssen.

**Was ist nun der Vorteil von dezentralen Strukturen in der Ablauforganisation der Instandhaltung?**

Durch dezentrale Organisationsstrukturen kann eine erhebliche Reduzierung in der Komplexität der Abstimmungsprozesse herbeigeführt werden, denn die mehrstufige Koordination entfällt. Damit läuft der Abstimmungsprozess schlicht schneller, das Unternehmen wird flexibler und kann sich sofort auf neue Marktverhältnisse einstellen.

**Reduzierung der Komplexität im Ablauf**

Somit ist es nahe liegend, durch eine Aufhebung von funktionsorientierten Abteilungen wie beispielsweise Produktion (Menge), Instandhaltung (Anlage), Logistik (Zeit) und Qualität zu prozessorientierten Abteilungen (Gruppen oder Teams) zu gelangen, in denen neben der Hauptaufgabe Produktion auch die Teilaufgaben der ursprünglichen Funktionen Logistik, Instandhaltung und Qualität geleistet werden.

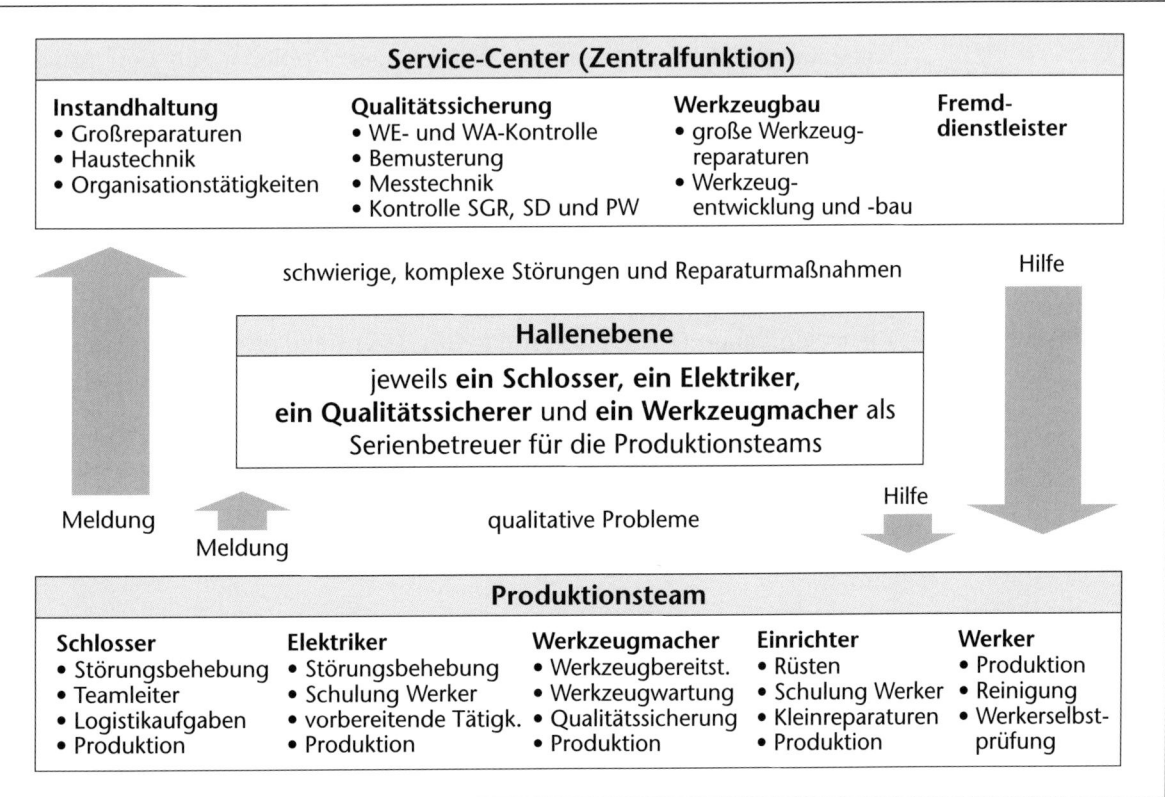

*Abb. 3: Neue Aufgabenverteilung mit Produktionsteams*

Die bisherigen indirekten Abteilungen Logistik, Instandhaltung und Qualität geben Aufgaben an die neu zu gestaltenden Produktionsgruppen oder -teams ab (siehe Abb. 3). In den integrierten Organisationsansätzen geben sie auch ihr Personal in die Produktionsgruppen. D.h., die Mitarbeiter müssen nicht wie bei den rein dezentralen Ansätzen entsprechend geschult werden, um die neuen Aufgaben wahrnehmen zu können, sondern die Aufgaben werden von den »alten« Mitarbeitern in der neuen Organisation erledigt.

Zentrale Stellen für Logistik, Instandhaltung und Qualität bleiben dann bestehen, wenn spezielle Aufgaben mit hohem funktionsspezifischem Knowhow durchzuführen sind.

**Neue Rolle der indirekten Dienstleister**

Auf jeden Fall ist aber die Größe der verbleibenden zentralen Stellen neu zu diskutieren, da ihr Aufgabenumfang reduziert wird bzw. sich verändert.

Zudem sind die Verantwortlichkeiten neu zu gestalten, denn es wird ein klares Kunden-Lieferanten-Verhältnis eingeführt. Die zentralen Stellen sind »nur« noch Dienstleister und werden von der Produktion/den Produktionsteams beauftragt. Die mit diesem Ansatz neu gebildeten Produktionsteams helfen, die bisherige Komplexität in der Organisation des Produktionsprozesses zu reduzieren und ihn schneller und damit flexibler werden zu lassen.

Mit der Schnelligkeit und Flexibilität sind Effekte verbunden wie beispielsweise kürzere Durchlaufzeiten oder weniger Probleme mit den Anlagen durch besseren Umgang mit ihnen, was sich in niedrigen Instandsetzungskosten ausdrückt. Zudem kann bei der Integration von Personal in die dezentralen Stellen das Produktionspersonal reduziert werden, woraus sich auch Kostenvorteile ableiten lassen.

Und was sind die Nachteile?

**Aufgabenanreichung in Produktionsteams**

Es sind nicht nur die Nachteile aufzuzählen, sondern hier müssen nun die wesentlichen Diskussionspunkte um dezentrale, prozessorientierte Strukturen beleuchtet werden. Denn dezentrale/integrierte Produktionsgruppen/ -teams verlangen eine deutliche Aufgabenanreichung gegenüber traditionellen Produktionsbereichen, die aber auch realisiert werden muss. D.h., es muss die notwendige Qualifikation vorhanden sein, was bedeutet, dass die Mitarbeiter entweder zu Generalisten werden oder die Teams – in der integrierten Organisationsvariante (DAPV-Ansatz) – interdisziplinär zusammengestellt werden müssen.

**Spezialisten oder Generalisten?**

Anders ausgedrückt ist genau dies das Spannungsfeld, ob eine Dezentralisierung wirklich Vorteile bringt (funktioniert) und wie ausgeprägt sie gestaltet werden kann. Und gerade die Frage, wie viele zusätzliche Aufgabeninhalte durch die neu geschaffenen Gruppen/Teams abgewickelt werden können, ist entscheidend. Oder ist es nicht sinnvoller, einen großen Anteil der Tätigkeiten und insbesondere diejenigen, die spezielles Wissen erfordern, bei den Spezialisten zu belassen und nicht in die Gruppen/ Teams – sozusagen den Generalisten – zu geben?

**Die Qualifikation ist das eigentliche Problem**

Wenn wir etwas »weiterbohren« und diesem »auf den Grund« gehen, kommen wir zum eigentlichen Problemkreis: Wie sind die notwendigen Qualifikationen zu etablieren und wie ist insbesondere auch die Verantwortung für die sachgerechte Ausführung der Tätigkeiten sicherzustellen, die zudem natürlich den gesetzlichen Vorgaben zu entsprechen hat? Und dabei geht es nicht nur darum, wie die notwendige Qualifikation aufgebaut werden kann, sondern insbesondere auch darum, wie diese Qualifikation auf Dauer gehalten bzw. weiter ausgebaut werden kann.

Die nachfolgenden Fragen zeigen, an was alles zu denken ist, wenn man sich vertieft mit dem Problemkreis Qualifikation und dem Verhältnis Generalist zu Spezialist bzw. Integration von Fachpersonal in Produktionsteams auseinander setzt:

- Welches Potenzial haben die Mitarbeiter, was können sie an Qualifikation erlangen und wo sind die Grenzen?

    Beispiel: Weiterqualifizierung, Kenntnisse der elektronischen/mechatronischen Systeme sind nicht jedem Fertigungsmitarbeiter zu vermitteln – manche wollen das auch gar nicht!

- Welche dieser Tätigkeiten führen die Mitarbeiter im Produktionsteam regelmäßig durch und können sie damit ihr Wissen, ihre Kenntnisse und Fertigkeiten halten bzw. erweitern?

    Beispiel: Die Behebung von Problemen in der Maschinensteuerung verlangt gewisse Programmierkenntnisse, die schnell verloren gehen, wenn sie nicht laufend trainiert werden.

- Wie weit kann ich in der Aufgabenvielfalt gehen, welche Aufgaben sind zumutbar bzw. finde ich Mitarbeiter, die diese Breite abwickeln können?

    Beispiel: Es ist häufig schwierig bzw. unmöglich, beispielsweise Elektriker mit Produktionsaufgaben zu betrauen. Sie sind für diese Produktionsaufgaben häufig überqualifiziert und somit unterfordert. Dies führt zu erheblichen Motivationsproblemen.

- Wie teuer werden die Mitarbeiter in den Produktionsteams, wenn sie zusätzliche Qualifikationen erlangen?

    Zudem ergibt sich die Frage, wie ausgewogen die Teams in der Entlohnung bei unterschiedlichen Qualifikationen sind.

Das sind einige von vielen weiteren Fragen, die sich bei der Gestaltung von dezentralen oder auch integrierten Organisationsformen ergeben. Dezentrale Organisation haben den klaren und oft entscheidenden Vorteil der deutlich höheren Flexibilität. Alle obigen Fragen können beantwortet werden, wenn der Wille da ist, in diese Richtung zu gehen. Und der ist naturgemäß größer, wenn auf der »grünen Wiese« geplant wird oder wenn der »Leidensdruck« erheblich ist.

## 4.3 Instandhaltung der Produktionsanlagen

### Ein Beispiel für eine Neuausrichtung der Instandhaltung

Aus der bisherigen Darstellung und Diskussion der unterschiedlichen Ansätze zur Instandhaltungsorganisation ergibt sich nun die Frage, was die richtige Handlungsanleitung für das jeweilige Unternehmen ist. Anhand eines Beispielunternehmens soll ein möglicher Weg angedeutet werden.

Zum richtigen Verständnis ist die Ausgangssituation des Unternehmens zu betrachten. Jedes Unternehmen ist anders und Methoden und Konzepte müssen individuell auf jedes Unternehmen und auf die jeweilige Situation ausgerichtet werden (siehe hierzu auch »Typologie der Instandhaltung«).

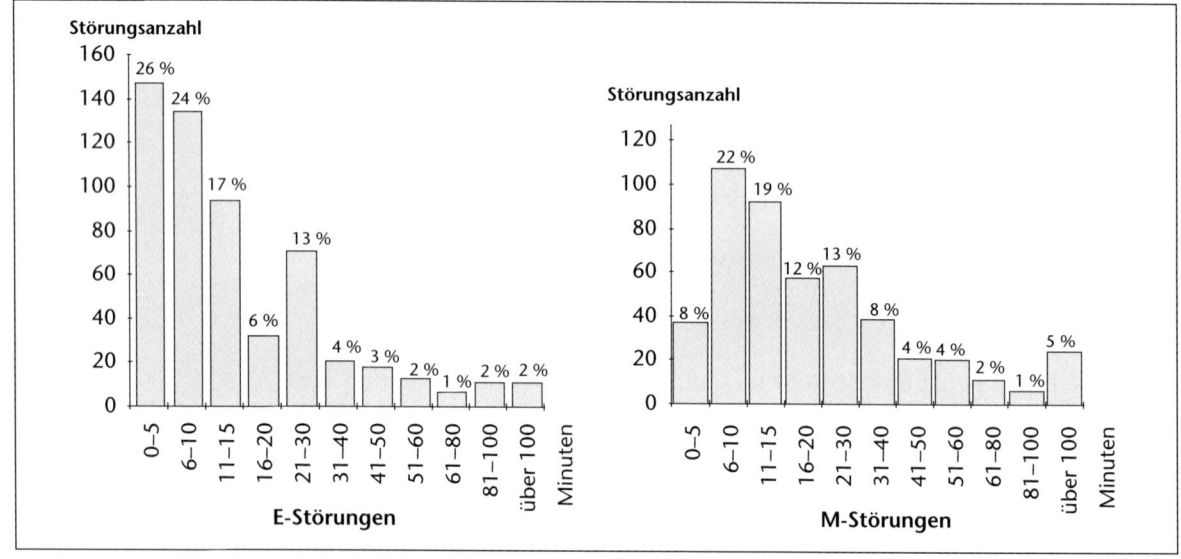

*Abb. 4: Ausgangssituation im Beispielunternehmen – Anzahl und Dauer der Störungen*

**IPS-System wird eingesetzt**

In dem hier betrachteten Beispielunternehmen wird zur effizienten Gestaltung der Ablauforganisation ein IPS-System eingesetzt. Für unseren Zusammenhang ist wichtig, dass diesem Unternehmen damit ein großer Datenpool zur Verfügung steht, aus dem Wissen abgeleitet werden kann. Mittels dieser Daten fällt es leichter, Analysen durchzuführen, die interessante Aussagen zur Problematik der Instandhaltungssituation in dem Unternehmen liefern.

**Kurzzeitige Störungen sind das Problem**

Beispielsweise kann anhand der Statistik des Ausfallverhaltens von Anlagen in Abbildung 4 gezeigt werden, dass ein erheblicher Anteil der Störungen im Unternehmen kurzfristigen Charakter hat. Über 50 Prozent der aufgetretenen Störungen dauern weniger als 15 Minuten. Damit ergibt sich ein Hinweis darauf, dass eine Vielzahl der auftretenden Störungen das Wissen vor Ort an der Anlage verlangen, wie mit diesen Störungen umzugehen ist, so dass sie entweder sehr schnell behoben werden oder – viel sinnvoller – möglichst derart behoben werden, dass sie nicht mehr auftreten.

Organisatorisch lässt sich daraus ableiten, dass entweder Instandhaltungsmitarbeiter direkt vor Ort sein müssen, die ohne administrativen Aufwand sofort eingreifen können. Oder es ist die Möglichkeit zu prüfen, inwieweit Produktionsmitarbeiter diese Störungen eigenständig beheben können.

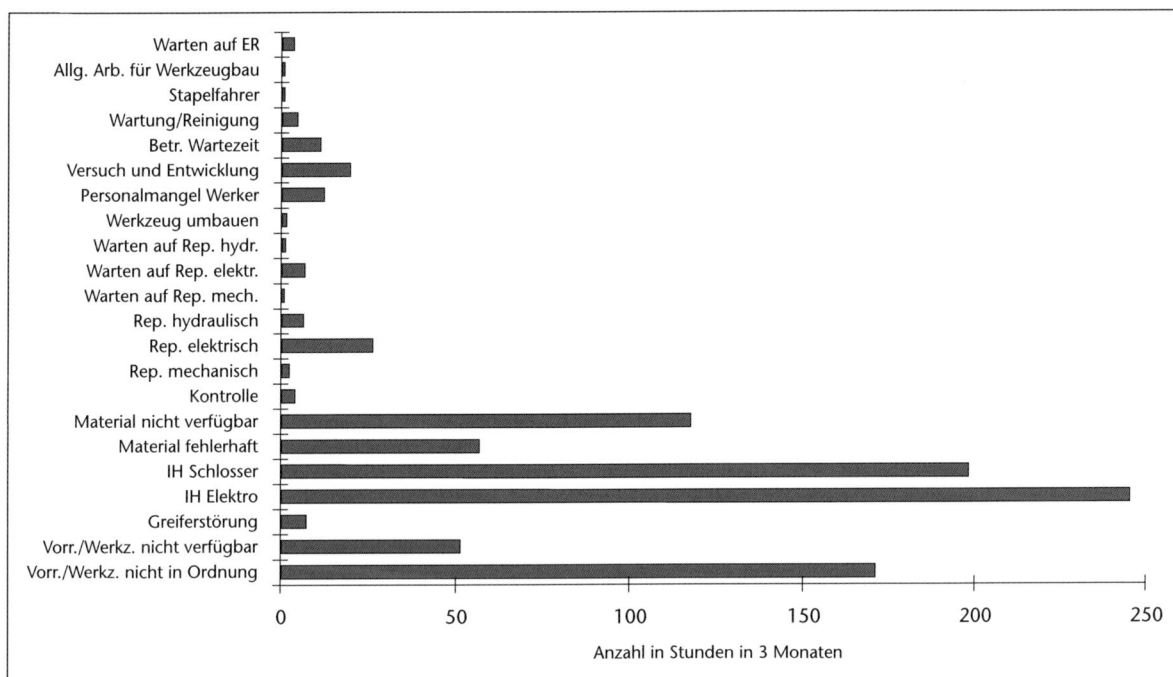

Abb. 5: Aufschlüsselung der Unterbrechungsgründe nach Stunden

Hierzu ist es nun notwendig, die vorliegende Störungen genauer zu beleuchten. Abbildung 5 zeigt alle Gründe für Produktionsunterbrechungen, summiert nach den in drei Monaten angefallenen Stunden. Hier werden neben den durch Instandhaltung verursachten Unterbrechungen auch die übrigen Gründe für Produktionsstillstände aufgezeigt. Dies waren insbesondere Logistikprobleme (Material nicht verfügbar bzw. fehlerhaft) sowie Probleme im Werkzeugbereich. Somit wurde für dieses Unternehmen Produktionsteams vorgeschlagen, die neben Produktions-Know-how auch Kenntnisse und Fähigkeiten für Instandhaltungsaufgaben, Logistik und Werkzeugverwaltung und -pflege mitbrachten (siehe Abb. 3).

**Integration ist hier die vorgeschlagene Lösung**

Den notwendigen Qualifikationsbedarf – bezogen auf die einsetzbaren Mitarbeiter und die sich ergebende Aufgabe direkt aus der Produktion sowie der dazukommenden indirekten Tätigkeiten – zeigt Abbildung 6.

Abschließend sei noch darauf hingewiesen, dass diese Untersuchungen und Vorschläge sich auf das analysierte Unternehmen beziehen. In diesem Unternehmen sind die Anlagen weniger kapitalintensiv, teilweise redundant und erfordern kaum spezifische Qualifikationen im Produktionsprozess. Damit bieten sich mehrfunktionale Produktionsteams und ein DAPV-Konzept mit Integration von Instandhaltungspersonal an.

## 4.3 Instandhaltung der Produktionsanlagen

| Qualifikationsbedarf Produktionsteam 911 | |
|---|---|
| **Aufgaben** | **Qualifikation** |
| **Maschinenbedienung und -einrichtung** | |
| Teile abnehmen Krupp | 1 |
| Coilwechsel selbstständig durchführen (Maschine A) | 1 |
| Coilwechsel selbstständig durchführen (Maschine B) | 2 |
| Maschine selbstständig führen ohne Rüsten (Maschine B) | 2 |
| Maschine selbstständig führen ohne Rüsten (Folgeverbund) | 3 |
| Maschine selbstständig führen mit Rüsten (Maschine A) | 4 |
| Maschine selbstständig führen mit Rüsten (Maschine B) | 4 |
| Produktionsbedingte Störungen erkennen (Maschine A) | 4 |
| Produktionsbedingte Störungen erkennen (Maschine B) | 4 |
| Werkzeugerprobung | 5 |
| **Personalplanung** | |
| Organisation Umfeld | B |
| Tagesplan/Wochenplan | C |
| Personal ausbilden | D |
| Teamleitung (Akzeptanz) | E |
| Personalgesamtplanung/Urlaubs-Freischichtplanung | E |
| Kostenverantwortung | E |
| Führungsverantwortung | E |
| **Logistik** | |
| Werksinterne Transporte verarbeiten | A |
| In Zusammenarbeit mit Steuerung Ablauf festlegen | C |
| **Legende:** | |
| 1 einfache Tätigkeit/ohne Ausbildung | |
| 2 angelernte Tätigkeit/ohne Ausbildung | |
| 3 höherwertige Tätigkeit/Metallfachausbildung | |
| 4 qualifizierte Tätigkeit/Metallfachausbildung/produktionsbez. Erfahrung notwendig | |
| 5 »Führungs-«Tätigkeit/Meister- oder Technikerausbildung | |
| A Teamfähigkeit, Zuverlässigkeit, Kostenbewusstsein, Staplerführerschein | |
| B Organisationsfähigkeit, Verantwortungsbewusstsein | |
| c technische Kenntnisse | |
| D technische Erfahrung | |
| E Führungsfähigkeit | |

*Abb. 6: Ermittlung des Qualifikationsbedarfes*

Betrachten wir im Vergleich ein Unternehmen mit sehr kapitalintensiven Anlagen im Drei-Schicht-Betrieb und mit hoher Erfahrungsanforderung in der Produktion, so ist vermutlich von einer Integration von IH-Mitarbeitern abzuraten. Hier spricht einerseits der Know-how-Verlust bei den Instandhalter durch die Ausübung der anspruchsvollen Produktionstätigkeit und andererseits die lange Einlernzeit gegen eine Integration. Instandhaltungs-Know-how vor Ort durch rasch einsetzbare Instandhalter und das Hinführen der Produktionsmitarbeiter an Instandhaltungsprobleme könnten eine sinnvolle Variation der bisher vorgestellten Organisationskonzepte sein.

**Integration nicht immer sinnvoll**

**Fazit**

Der Weg der Organisation von einer zentralen, hierarchischen zu einer dezentralen, prozessorientierten Organisation bedeutet eine Verlagerung von Aufgaben und Verantwortlichkeiten aus der Abteilung Instandhaltung hin zur Produktion. Es sollen prozessorientiert die Aufgaben an denjenigen gehen, der sie am besten und im Sinne des Unternehmens nur durch möglichst reibungslose Prozesse am sinnvollsten erfüllt.

Es gibt kein »Patentrezept«, wonach sich die Frage nach dem richtigen Maß an Dezentralität allgemein gültig beantworten lässt. Es bleibt nur der teilweise sehr mühsame Weg, aus der Situation und den Problemen im Unternehmen abzuleiten, wie ein möglichst reibungsloser Prozess zu gestalten ist. Das hat unternehmensindividuell zu erfolgen und ist auch ein »lebender« Weg, der immer wieder neu hinterfragt werden muss.

### 4.3.7 Instandhaltungsplanungs- und -steuerungssysteme (IPS) zur Unterstützung der Ablauforganisation

#### 4.3.7.1 Einführung

Die Ablauforganisation der Instandhaltung kann als Abfolge von Planung, Steuerung, Ausführung und Kontrolle beschrieben werden. In Analogie zum technischen Regelkreis wurde oben gezeigt, wie die Gestaltung dieser Abfolge in einer zentralen, dezentralen oder integrierten Organisation aussieht. Im Folgenden soll dargestellt werden, wie das zugehörige Werkzeug zur effizienten Gestaltung einer Ablauforganisation auszusehen hat, das üblicherweise als Instandhaltungsplanungs- und -steuerungssystem (IPS) bezeichnet wird.

**IPS notwendig?** Da ergibt sich sofort die Frage: Braucht man überhaupt ein IPS und wenn ja, welches? Die Frage stellt sich einfach, die Antwort ist umso schwieriger.

Einerseits wurde schon festgestellt, dass jedes Unternehmen und seine Instandhaltung verschieden sind, somit kann über die Einsatznotwendigkeit eines IPS keine pauschale Antwort gegeben werden. Und welches System das richtige ist, ist noch schwieriger zu beantworten. Es gibt eine Vielzahl unterschiedlicher Systeme am Markt, die verschiedene Einsatzzwecke haben: Beispielsweise enthalten sie spezifische Funktionen, es sind branchenausgerichtete Systeme, oder es handelt sich um komplexe integrierte Systeme, in denen das Thema Instandhaltung nur ein Modul ist.

Über IPS-Systeme ist schon viel diskutiert worden, viele Unternehmen setzen solch ein System ein – trotzdem gibt es noch genügend Unternehmen, die sich nach einer solchen Lösung erst jetzt umschauen. Für diese ist die eben gestellte Frage natürlich hochinteressant. Aber mit dem Kauf eines solchen Systems ist es nicht getan, viele (neue) Probleme kommen erst mit dem Einsatz. Aus diesen Erfahrungen zu lernen ist für beide Gruppen interessant:

- für diejenigen, die vor oder in der Entscheidung sind, um dies schon im Vorfeld zu berücksichtigen,
- für die IPS-Praktiker natürlich, um ihren Einsatz zu optimieren und von Erfahrungen anderer zu lernen.

#### 4.3.7.2 Aufgaben eines IPS

**Daten sammeln** Vereinfacht ausgedrückt hat ein IPS zwei Aufgabenstellungen:

1) Daten über die Anlagen zu sammeln – um Transparenz herzustellen.

   Damit sind einfache, aber wichtige Fragen zu beantworten, beispielsweise: Wie hoch sind die Instandhaltungskosten für eine Anlage im Jahr? Fragt man einen Controller, so kann er die Frage nur für eine

Kostenstelle beantworten, weil das für ihn der relevante Bezug ist (z.B. zur Stundensatzberechnung). Das heißt, Unternehmen, die kein IPS einsetzen, haben enorme Probleme (Aufwendungen), diesen Bezug zur Anlage herzustellen. Mit IPS ist das sozusagen nur ein »Knopfdruck«. Und die Kosten sind nur eine – wenn auch sehr wichtige – Größe, um Transparenz über eine Anlage herzustellen.

2) Steuerung des täglichen Ablaufes in der Instandhaltung. Dabei umfasst ein IPS alle Bereiche der Instandhaltungsablauforganisation.

**Steuern der Ablauforganisation**

Der Einsatz eines IPS dient dazu, die Informationstransparenz im Instandhaltungsablauf zu erhöhen, um den Kreislauf von Planung, Steuerung, Durchführung und Überwachung aufzuzeigen und soweit möglich die Kosten und Auswirkungen für den Betriebsablauf darzustellen und Stellgrößen zur Optimierung zu erhalten.

So bieten IPS beispielsweise gute Möglichkeiten zur Beschreibung der durchzuführenden Aktivitäten in Arbeitsanweisungen bzw. Arbeitsplänen oder schaffen Verbindungen zur Materialwirtschaft durch Auflistung des benötigten Materials zu einer durchzuführenden Maßnahme. Zudem haben diese Systeme recht komplexe Funktionen zur Abbildung der Zyklussteuerung für geplante Maßnahmen wie Inspektionen und Wartungen. In Abbildung 3 ist der Auftragsdurchlauf beispielhaft dargestellt.

- Dokumentation der IH-Objekte, der IH-Aufträge (geplant und abgearbeitet), der Listen und Arbeitspläne
- Auftragsplanung, -steuerung und -überwachung von IH-Maßnahmen
- Erfassung und Auswertung von Anlagenhistorien
- Grundlage für innerbetriebliche Leistungsverrechnungen, die auf IH-Leistungen beruhen (Controllingfunktion, Verrechnung von Personalleistungen, Materialkosten etc.)
- Übersicht über Materialwirtschafts-/Ersatzteildaten mit Bestellfunktion

IPS-Systeme
- besitzen Datenbankcharakter
- schaffen Transparenz über das IH-Geschehen und die IH-Planung
- ermöglichen beliebig bereiten Zugriff auf Informationen
- erlauben die DV-gestützte Weiterverarbeitung von Daten

*Abb. 1: Aufgaben von IPS-Systemen*

### 4.3.7.3 Funktionen eines IPS

**Stammdaten**

**Instand zu haltende Objekte**

Zu den wesentlichen Stammdaten in einem IPS gehören die Informationen über all das, was die Instandhaltung zu betreuen hat: die instand zu haltenden Maschinen, komplexe verkettete Maschinen – beispielsweise Transferstraßen –, Anlagen, Aggregate von Maschinen sowie deren Elemente. Der Einfachheit halber sollen diese als »Instand zu haltende Objekte« bezeichnet werden, die im IPS die Ansprechadresse zur Auftrags- und Kostenzuordnung darstellen.

Neben den Objektstammdaten benötigt ein IPS weitere Basisdaten, die im System angelegt und gepflegt werden müssen. Dazu gehören Daten

- über die Gewerke, die Instandhaltungsmaßnahmen durchzuführen haben,
- über Hilfsmittel, Betriebsmittel etc., die zur Durchführung der Arbeiten erforderlich sind,
- über Ersatzteile und Materialien
- sowie über weitere Verzeichnisse wie beispielsweise über die im Unternehmen vorhandenen Kostenstellen.

**Objektstammdaten**

Was ein Stammdatenkatalog beinhaltet, zeigt sich am Beispiel der Objektdaten. Zur Beschreibung des einzelnen Objektes zählen Informationen über die Anlage/Maschine, den Maschinentyp sowie Verweise auf Zeichnungen und Herstellerstücklisten. Es gehören dazu weiterhin technische Informationen zur Maschine, Informationen zum Hersteller, zum Anschaffungszeitpunkt, zum Anschaffungswert etc. Nicht zu vergessen sind Aussagen über die Nutzungszeit, die Garantiezeit und den Standort der Maschine. Letzterer ist wichtig für die Wegezeitminimierung, so dass der Instandhaltungswerker gezielt die betreffende Maschine aufsuchen kann. Fehlzeiten können so vermieden werden. Dazu gehören auch Bilder und Zeichnungen zu dem Objekt (siehe Abb. 2).

**Objektstruktur**

Neben der Definition eines Objektes bieten IPS der verschiedenen Anbieter meist die Möglichkeit, die Objektstruktur im System abzubilden. Dadurch können Aufträge auch den Aggregaten, den Komponenten und Baugruppen einer Anlage zugeordnet werden. Die differenzierte Auftragszuordnung hat den Vorteil, dass Auswertungen, Kostenanalysen sowie die Dokumentation direkt für die Aggregate erfolgen können.

Ersatzteile und gegebenenfalls Materialien gehören ebenfalls zu den Informationen, die als Stammdaten zur Auftragsdurchführung wichtig sind. In der Regel werden die Ersatzteile nicht nur als Stammsätze mit beschreibenden Merkmalen geführt, sondern mit den Materialwirtschaftsinformationen wie beispielsweise vorhandene Lagermenge, Umschlagshäufigkeit, nächster Bestellpunkt etc. verknüpft.

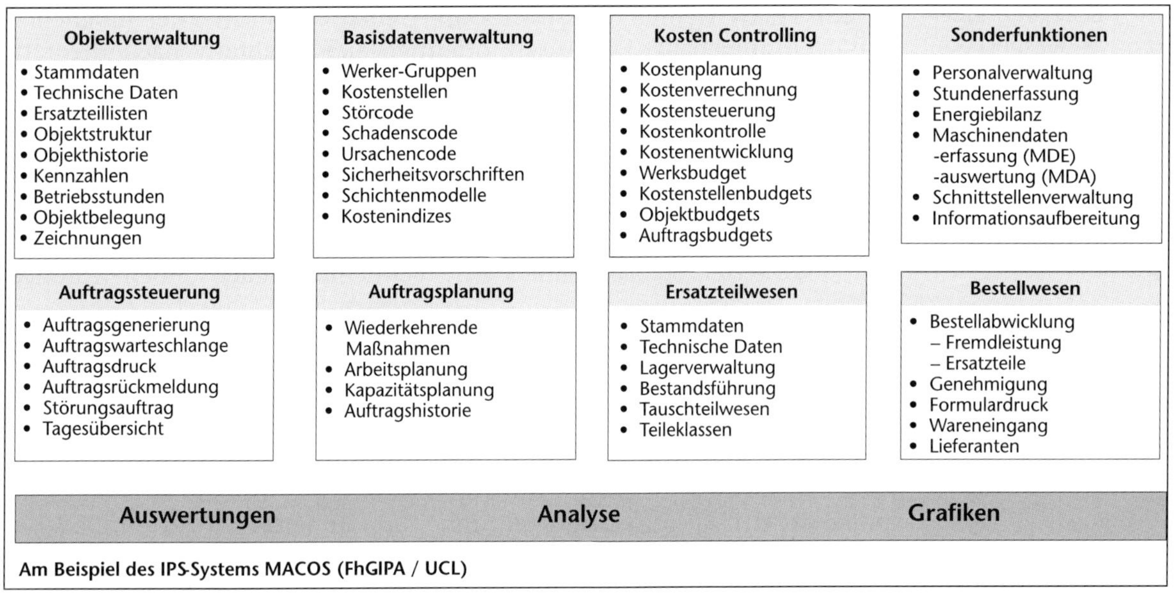

| Objektverwaltung | Basisdatenverwaltung | Kosten Controlling | Sonderfunktionen |
|---|---|---|---|
| • Stammdaten<br>• Technische Daten<br>• Ersatzteillisten<br>• Objektstruktur<br>• Objekthistorie<br>• Kennzahlen<br>• Betriebsstunden<br>• Objektbelegung<br>• Zeichnungen | • Werker-Gruppen<br>• Kostenstellen<br>• Störcode<br>• Schadenscode<br>• Ursachencode<br>• Sicherheitsvorschriften<br>• Schichtenmodelle<br>• Kostenindizes | • Kostenplanung<br>• Kostenverrechnung<br>• Kostensteuerung<br>• Kostenkontrolle<br>• Kostenentwicklung<br>• Werksbudget<br>• Kostenstellenbudgets<br>• Objektbudgets<br>• Auftragsbudgets | • Personalverwaltung<br>• Stundenerfassung<br>• Energiebilanz<br>• Maschinendaten<br>  -erfassung (MDE)<br>  -auswertung (MDA)<br>• Schnittstellenverwaltung<br>• Informationsaufbereitung |
| **Auftragssteuerung** | **Auftragsplanung** | **Ersatzteilwesen** | **Bestellwesen** |
| • Auftragsgenerierung<br>• Auftragswarteschlange<br>• Auftragsdruck<br>• Auftragsrückmeldung<br>• Störungsauftrag<br>• Tagesübersicht | • Wiederkehrende Maßnahmen<br>• Arbeitsplanung<br>• Kapazitätsplanung<br>• Auftragshistorie | • Stammdaten<br>• Technische Daten<br>• Lagerverwaltung<br>• Bestandsführung<br>• Tauschteilwesen<br>• Teileklassen | • Bestellabwicklung<br>  – Fremdleistung<br>  – Ersatzteile<br>• Genehmigung<br>• Formulardruck<br>• Wareneingang<br>• Lieferanten |

**Auswertungen** — **Analyse** — **Grafiken**

Am Beispiel des IPS-Systems MACOS (FhGIPA / UCL)

*Abb. 2: IPS-Module und -Funktionen*

## Nummerntechnik und Klassifikation

Jeder, der mit großen Datenbeständen auf einem Rechner gearbeitet hat, weiß, dass Suchen und Finden zentrale Themen im effizienten Umgang mit Informationen sind. Zum schnellen Auffinden einer Information ist der Schlüsselbegriff (Nummer), unter dem diese Information abgelegt ist, ausschlaggebend. Deswegen sollte ein IPS eine Logik zur Klassifikation anbieten, über die gesucht, aber auch verdichtet werden kann.

Die Gestaltung der Nummern, die aus einer Folge von Zahlen und/oder Zeichen bestehen, ist abhängig vom jeweiligen Anwendungsfall. Grundsätzlich gibt es die Möglichkeit der rein identifizierenden, beispielsweise in aufsteigender Reihenfolge zu vergebenden, sowie der sprechenden, der klassifizierenden Nummer. Beim sprechenden Aufbau einer Identifizierungsnummer erfolgt eine Vermischung der Objektidentifizierung mit der Objektklassifizierung, indem an die Objektklassifizierungsnummer eine Zählnummer angehängt wird. Damit ist das Objekt eindeutig von ähnlichen anderen Objekten mit gleicher Klassifizierungsnummer unterschieden.

**Gestaltung einer Nummer**

Ein Klassifikationsbegriff fasst mehrere Elemente durch übergeordnete Merkmale zu einer Stammdatengruppe zusammen. Er ist eindeutig beschreibbar und mit einem eindeutigen Schlüsselbegriff (z.B. einer Klassifizierungsnummer) versehen. Klassifikationen existieren somit für Maschinen und Ersatzteile sowie für die Zusammenfassung mehrerer Werker in einer Instandhaltungs- oder zu einer Qualifikationsgruppe. Allgemein dient die Klassifikation der Verdichtung von Informationen auf einer höheren Ebene nach sinnvollen und notwendigen Kriterien.

**Klassifikation**

## 4.3 Instandhaltung der Produktionsanlagen

**Erstellung einer Klassifikation**

In der Praxis werden Klassifikationssystematiken nach zwei möglichen Ansätzen aufgebaut. Ein Ansatz orientiert sich qualitativ nach theoretischen Gegebenheiten, d.h., es wird versucht, beispielsweise die Instandhaltungsobjekte nach ihrer Technologie einzuordnen und die weitere Struktur abzuleiten. Dies erfolgt vorwiegend unabhängig von dem vorhandenen Maschinenpark. Der zweite Ansatz ermittelt diese Zusammenhänge quantitativ. Alle in Frage kommenden Objekte werden in einer Datei gesammelt und nach technischen, kaufmännischen und anderen Merkmalen ausgewertet, so dass daraus eine Verdichtung nach diesen Kriterien erfolgt.

### Auftragsdaten

Die Auftragsdaten teilen sich in zwei Gesichtspunkte. Zum einen stellt sich die Frage nach der Auslösung eines Auftrages, d.h.: Zu welchem Zeitpunkt ist der Auftrag durchzuführen? Zum anderen wird der Inhalt des Auftrages geplant: Wer soll mit welchen Hilfsmitteln welche Art von Tätigkeit an welcher Anlage durchführen?

**Auslösearten**

Zur Auslösung eines Auftrages können vier Auslösearten unterschieden werden:

- aufgrund von Störungen – nicht planbare Aktivitäten

- geplante Aktivitäten, die einmalig und nicht nach einer vorgegebenen Strategie auftreten

- planbare zyklische Aktivitäten, deren Auslösung nach einer Strategie erfolgt

- planbare voneinander abhängige Aktivitäten, deren Auslösung aufgrund einer vorausgegangenen Aktivität erfolgt

**Zyklische Auslösung**

Die zyklische Auslösung eines Auftrages basiert auf einer »Strategie«, in der die Intervalle für vorbeugende Maßnahmen wie Inspektionen, Wartungen und vorbeugende Instandhaltungen bei berechnetem, prognostiziertem oder geschätztem Abnutzungsverhalten festgelegt sind.

Zustands- oder auf den Zeitablauf bezogene Parameter versuchen das Abnutzungsverhalten der Maschine herzuleiten. Bei einem zeitbezogenen Parameter steuert ein Intervallwert basierend auf der Kalenderzeit die Auslösung der präventiven Maßnahme. Demgegenüber dienen beispielsweise die Betriebsstunden als Zustandsparameter. Sie sind in der Regel der bessere Gradmesser für das Abnutzungsverhalten, aber aufwendiger zu pflegen. Bei Überschreitung dieses Sollwertes für den Maschinenzustand wird die präventive Maßnahme eingesteuert. Allgemein ist ein Sollwert entweder durch die Neuterminierung des Zyklus (Betriebsstunden, Zeitintervall) oder durch eine Grenzwertüberschreitung bestimmt (Beispiel: Ölstand zu niedrig).

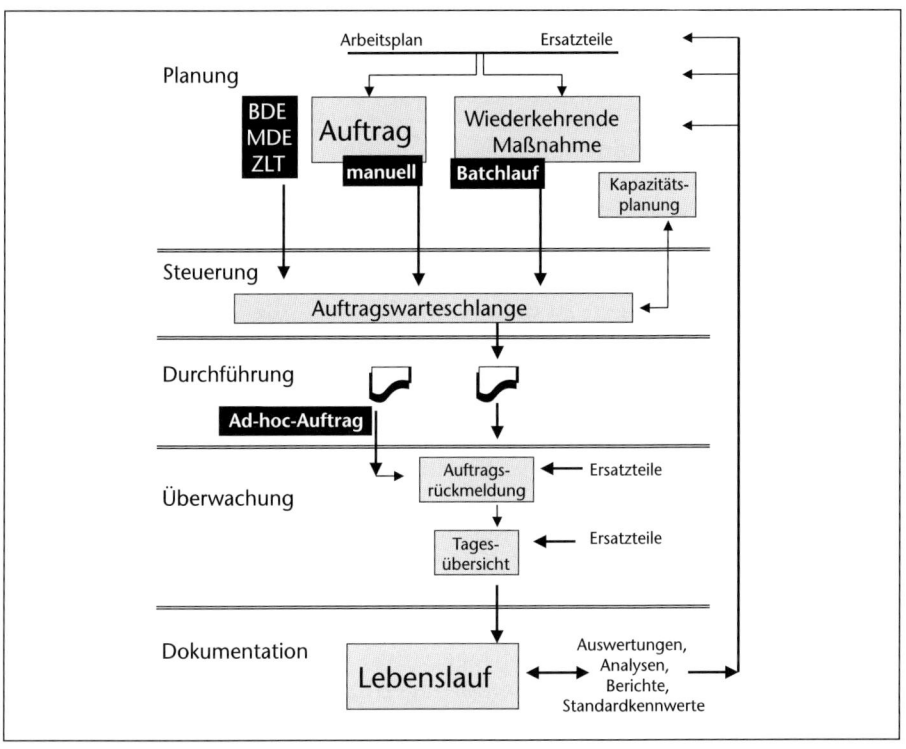

Abb. 3: Beispielhafter Auftragsdurchlauf

Die Planung des Arbeitsinhaltes eines Auftrages erfolgt in Form eines kurzen Textes oder systematischer (aufwendiger) in einem Arbeitsplan. In Letzterem wird die Art der Arbeit, die Bestimmung der notwendigen Qualifikationen zur fachgerechten Durchführung sowie die Festlegung der notwendigen Hilfsmittel wie Werkzeuge, Zeichnungen, Arbeitsplätze etc. festgehalten. Darüber hinaus sind die Ersatzteile und die Verbrauchsmaterialien (beispielsweise Schmiermittel) zu bestimmen. Zur Durchführung werden die notwendigen Parameter in Arbeitsbeschreibungen oder Arbeitsplänen festgelegt. In einfachen Systemen zur Auftragsabwicklung spricht man auch von Tätigkeitsbeschreibungen. Diese enthalten jedoch im Gegensatz zu den Arbeitsplänen keine Hinweise auf Ersatzteile, Materialien, Zeichnungen oder sonst notwendige Hilfsmittel, sondern lediglich eine Beschreibung der durchzuführenden Tätigkeit. Zudem fehlen Zeitvorgaben, so dass eine Kapazitätsplanung nicht möglich ist.

Arbeitsplan

Die Notwendigkeit der Definition von Arbeitsplänen leitet sich aus dem Aufkommen von gleichen bzw. ähnlichen Arbeiten ab. Hier spielt die Unternehmenstypologie eine entscheidende Rolle. So beträgt in vielen innerbetrieblichen Instandhaltungsabteilungen der Anteil ungeplanter Tätigkeiten (Störungen) bis zu 80 %. In diesem Fall ist der Aufbau eines differenzierten Arbeitsplanwesens nur dann zu rechtfertigen, wenn der Anteil präventiver Maßnahmen erhöht werden soll, um den Störungsanteil zu reduzieren. Ansonsten reichen einfache Tätigkeitsbeschreibungen aus.

Im Gegensatz dazu finden sich bei einem Serviceunternehmen fast ausschließlich geplante Aktivitäten. Die Definition von Arbeitsplänen ist allein schon zur Kostenkalkulation in der Angebotsphase notwendig.

Auch die Art der Instandhaltungsobjekte deutet auf die Notwendigkeit von Arbeitsplänen hin. So ist beispielsweise bei einem Verkehrsbetrieb mit vielen gleichen Verkehrsmitteln der Arbeitsanfall immer ähnlich, so dass sich fast alle Aktivitäten planen und in Arbeitsplänen vordefinieren lassen. Neben der Unternehmenstypologie sind Arbeitspläne aus sicherheitstechnischen Überlegungen zu definieren, da damit die sachgerechte Durchführung nach gewissen Sicherheitsvorschriften gewährleistet werden kann.

**Auftragsnummer** Die Aufträge werden nach Abstimmung der Personalkapazität und der Bereitstellung notwendiger Ersatzteile in den Ausführungsprozess eingesteuert. Durch die Vergabe einer Auftragsnummer kann die Maßnahme eindeutig angesprochen werden, d.h., Kosten können zugeordnet und die Maßnahme kann unter dieser Kennung in einer Historie abgelegt und gegebenenfalls ausgewertet werden.

**Arten von Aufträgen** Darüber hinaus werden Aufträge nach Einzel-, Sammel- und Daueraufträgen, nach Eigen- und Fremdaufträgen und aus abwicklungstechnischen Gründen nach Haupt- und Unteraufträgen unterschieden.

Eine Sonderform der nicht zyklischen Aufträge sind Projekte. Für ein Projekt existiert ein Leitauftrag, zu dem in zeitlicher Abhängigkeit (Start- oder Endtermin) weitere Aufträge definiert werden. Die Organisation der zeitlichen Abhängigkeit erfolgt meist mit Verfahren der Netzplantechnik.

**Kapazitätsplanung/Ressourcensteuerung**

Die Einsteuerung der Arbeiten sollte erst erfolgen, wenn die notwendigen Ressourcen bereitgestellt sind. Die Planung der Ressourcen vollzieht sich zum einen in der Kapazitätsplanung, worunter die Personaleinteilung und die Verteilung der zur Verfügung stehenden Personalstundenpotenziale zu verstehen sind. Zum anderen gehört zur Ressourcenplanung die Abstimmung mit der Materialwirtschaft. Nur wenn das Material bereitgestellt ist, sollte ein Auftrag zur Durchführung in die Werkstatt eingesteuert werden.

**Arten von Ressourcen** Nicht vergessen werden darf, dass es weitere, häufig ebenfalls knappe Ressourcen geben kann, die genau geplant werden müssen. Dazu gehören beispielsweise Arbeitsbühnen und Hebezeuge (Kräne).

Zur Personaleinteilung und Stundenplanung gibt es einfache Kapazitätsplanungsverfahren, die dem Stundenbedarf – resultierend aus den verschiedenen Aufträgen – die Kapazität der Werkergruppen gegenüberstellen. Je nachdem, wieweit die Kapazität der verschiedenen Werkergruppen ausgelastet ist, werden die zugehörigen Arbeiten zur Ausführung aktiviert. Da in der Regel die Vergabe der Aufträge auf einem Wochenzyklus beruht, d.h., anfangs der Woche wird die entsprechende Kapazität für die Woche errechnet, findet die tatsächliche Einsteuerung der Arbeiten (Feinsteuerung) innerhalb einer Werkergruppe (z.B. Meisterbereich) statt. Aufwendigere Verfahren beinhalten einen Algorithmus, der die Belastung in Abhängigkeit der zeitlichen Dauer eines Auftrages berücksichtigt. Zur Einlastung werden alle Aufträge summiert, bis die Kapazitätsgrenze erreicht ist, wobei die Aufträge nach ihren Arbeitsgängen gesplittet werden können. Nicht einlastbare Aufträge oder Teilaufträge werden automatisch weiter in die Zukunft verschoben. Die Auswahl des Kapazitätsplanungsverfahrens ist von der Typologie des Unternehmens abhängig. In Instandhaltungsabteilungen mit vielen Mitarbeitern, die einen großen Steuerungsaufwand zu bewältigen haben, ist ein aufwendigeres Verfahren zu wählen. Ebenso ist die Art der Arbeiten zu berücksichtigen, d.h., es ist die Frage zu klären, inwieweit Aufträge gesplittet werden können.

**Kapazitätsplanungsverfahren**

Ein weiterer wichtiger Punkt in der Ressourcenplanung ist die Berücksichtigung der Freistellung der Maschinen durch die Fertigung. Die Einbeziehung dieses zusätzlichen Planungsparameters bedeutet die Optimierung in Zielrichtung Zusammenlegung von Aufträgen an einer Maschine, insbesondere unter Berücksichtigung zukünftiger zyklischer Maßnahmen (Wartungen) an der Maschine.

**Abstimmung mit der Fertigung**

Zudem ist denkbar, Instandhaltungsaufträge wie normale Fertigungsaufträge im Produktionsplanungs- und -steuerungssystem (PPS) einzulasten. Bei Auslastungskonflikten kann je nach Dringlichkeit (Höhe der Priorität) entschieden werden, ob entweder der Instandhaltungsauftrag oder der Fertigungsauftrag zu verschieben ist. Dieser Zusammenhang ist im PPS leicht darstellbar, Konflikte können so elegant transparent und lösbar gemacht werden.

### Rückmeldeverfahren

Nach Durchführung der Arbeiten werden die angefallenen Informationen in der Rückmeldung protokolliert. Dabei handelt es sich um die durchgeführten Tätigkeiten, die angefallenen Stunden, die verbrauchten Materialien/Ersatzteile sowie Informationen über Stör- und Ausfallgründe, technische Ursachen etc.

Bei unterbrochenen Aufträgen wird der Ausführungsstand ebenfalls mit Hilfe der Rückmeldung aufgezeichnet. Eine Auftragsunterbrechung findet statt, wenn beispielsweise Material fehlt oder ein Auftrag mit höherer Priorität aufgrund einer Störung eingesteuert wird.

**Auftragsunterbrechung**

Zur Rückmeldung kommen verschiedene Verfahren zur Anwendung. Üblich ist, dass der Werker einen Beleg zur Arbeitsausführung erhält, mit dem er seine Arbeit nach der Durchführung rückmelden kann. Die Einzelrückmeldung wird in der Instandhaltungsleitstelle oder den Meisterbüros bearbeitet und dient zur Fortschrittsüberwachung sowie häufig auch zur Lohnabrechnung. Im IPS stehen sie in einer Historie für Auswertungszwecke zur Verfügung.

**Einzelrückmeldung**

### 4.3 Instandhaltung der Produktionsanlagen

- Arten von Rückmeldungen
  - Sammelrückmeldung
  - Einzelrückmeldung
- Organisation der Rückmeldung
  - manuell
  - DV-unterstützt
- technische Hilfsmittel zur Rückmeldung
  - BDE-Geräte
  - Eingabeterminals direkt an Maschine
  - Barcode-fähige Lesegeräte
- Integration der Rückmeldeinformation
  - technische Informationen → IH, Qualität, Konstruktion
  - Zeitinformationen → AV, PPS, Zeitwirtschaft

*Abb. 4: Auftragsrückmeldung*

**Technische Realisierung der Rückmeldung**

Gut ausgestattete Instandhaltungsabteilungen bieten ihren Werkern die Möglichkeit, direkt über BDE-Terminals zurückzumelden. An den Terminals können definierte Kodierungen und Istzeiten eingetragen werden. Ebenso gibt es Instandhaltungsabteilungen, die dem Werker den Eintrag der Rückmeldung direkt in ein Instandhaltungssystem ermöglichen, beispielsweise mittels eines tragbaren PCs mit Datenschnittstelle. Oder es stehen an den relevanten Maschinen intelligente Terminals zur Verfügung, die Verbindung zum IPS herstellen. In der Praxis liegen in der Regel Kombinationen dieser technischen Möglichkeiten zur Rückmeldung vor.

**Sammelrückmeldung**

Neben den Einzelrückmeldungen gibt es Verfahren zur Sammelrückmeldung. In bestimmten Zeitabständen (beispielsweise zum Wochenende) werden alle durchgeführten Arbeiten (Aufträge) auf einem Sammelbeleg zurückgemeldet. Dies dient der Lohnabrechnung, denn das System verbucht die Stunden auf die einzelnen Aufträge automatisch. Die technischen Rückmeldeinformationen, die zur Auswertung wichtig sind, werden ebenfalls automatisch direkt auf den Auftrag geschrieben.

### Kostencontrolling

**Budgetgrenze**

Die Kostenkontrolle ist das wichtigste Hilfsmittel zur Regelung des Gesamtablaufes und zur Steuerung der Instandhaltung. Die Planung und Steuerung aller Instandhaltungsaktivitäten vollzieht sich unter dem Gesichtspunkt, möglichst das vorgegebene Budget nicht zu überschreiten. Hiervon sind die geplanten Maßnahmen besonders betroffen, da ihre Ausführung eher verschoben und/oder reduziert werden kann als die der ungeplanten Maßnahmen (Ablaufdilemma in der Instandhaltung). Die Störungsbehebung hat in der Regel einen unmittelbaren Einfluss auf die

Verfügbarkeit einer Anlage, so dass die Maßnahmen eine sehr hohe Priorität erhalten und möglichst schnell durchgeführt werden müssen. Die geplanten sowie vor allem die zyklischen Maßnahmen erwirken meist keinen offensichtlichen Verfügbarkeitsgewinn, so dass ihre Durchführung oft schon vor Erreichen der Budgetgrenze verschoben wird.

**Überwachung und Auswertungen**

Das Kostencontrolling ist nicht das einzige Mittel zur Regelung des Instandhaltungsgeschehens. Es gibt auch organisatorische Regelungsparameter wie die Überwachung der Maßnahmendurchführung. Beispielsweise wird geprüft, ob der geplante Endtermin der Maßnahme überschritten ist. Wenn dies der Fall ist, müssen die Ursachen ermittelt und notwendige weitere Maßnahmen eingeleitet werden. Weiterhin wird die Summe der auf einen Auftrag angefallenen Stunden durch Gegenüberstellung von Plan- und Istzeiten überwacht. Hierbei auftretende Abweichungen haben Auswirkungen auf den Planungsprozess, die Vorgaben müssen eventuell revidiert werden. Möglichst genaue Planstundenvorgaben sind für die Kapazitätsplanung, die Abstimmung mit anderen Unternehmensbereichen (Fertigung bei »Instandhaltungsabteilung«, Vertrieb bei »Serviceunternehmen«) und für die Einhaltung des Planbudgets wichtig.

*Endterminüberwachung*

Des Weiteren lassen sich technische Regelungsparameter ermitteln, die ebenfalls die Instandhaltungsaktivitäten beeinflussen. Hierzu gehören Angaben über das Ausfallverhalten einer Anlage (Ausfallhäufigkeit, Ausfallzeit) sowie Messdaten zum Abnutzungsgrad eines Anlagenelementes, beispielsweise in Form eines spezifischen Schwingungsverhaltens.

*Überwachung technischer Regelungsparameter*

Die aufwendigen Analysen zur Prognostizierung des Ausfallverhaltens einer Anlage aufgrund der Abnutzungsgradüberwachung lohnen sich nur bei Schwerpunktmaschinen, von deren Verfügbarkeit der Unternehmenserfolg maßgeblich abhängt. Hierzu sind aufwendige Messreihen erforderlich, die entsprechende technische Hilfsmittel und Messinstrumente voraussetzen. Bei Anlagen, die über eine Maschinendatenerfassung (MDE) bzw. über eine zentrale Leittechnik (ZLT) überwacht sind, erfolgt die Übermittlung der technischen Zustandsdaten direkt in das IPS, in dem die Daten automatisch ausgewertet und notwendige Maßnahmen abgeleitet werden können. Voraussetzung ist allerdings, dass entsprechende Messpunkte eingerichtet werden, die von der MDE und/oder ZLT abgegriffen werden.

*Maschinendatenerfassung und zentrale Leittechnik*

Als weitere Informationsquelle zur Planung und Steuerung der Instandhaltung dient die Anlagenhistorie. Dazu werden spezifische Auswertungen entweder direkt im IPS oder über eine Datenschnittstelle mit Hilfe eines Kalkulationsprogramms durchgeführt. So lassen sich komplexe Fragestellungen beantworten, die Transparenz in das Instandhaltungsgeschehen bringen und zur Entscheidungsunterstützung dienen.

*Anlagenhistorie*

### 4.3.7.4 Vorgehen zur Implementierung

**Stärken-Schwächen-Profil zur Positionsbestimmung**

Vor der Auswahl und Einführung eines IPS sollte eine gründliche Positionsbestimmung der Instandhaltung und der durchzuführenden Aufgaben stattfinden. Zu häufig wird der Fehler gemacht, sich mit dem IPS zu beschäftigen, ohne über die Notwendigkeit und die Einsatztiefe nachzudenken.

Zudem sollten die internen Abläufe auf den Prüfstand gestellt werden. Auch hier findet sich häufig der Fehler, dass die bisherigen Abläufe einfach beibehalten werden – und das System sogar aufwendigst angepasst wird. Auch sollte eine Veränderung nicht vom System vorgeschrieben werden, so dass das System die Abläufe bestimmt.

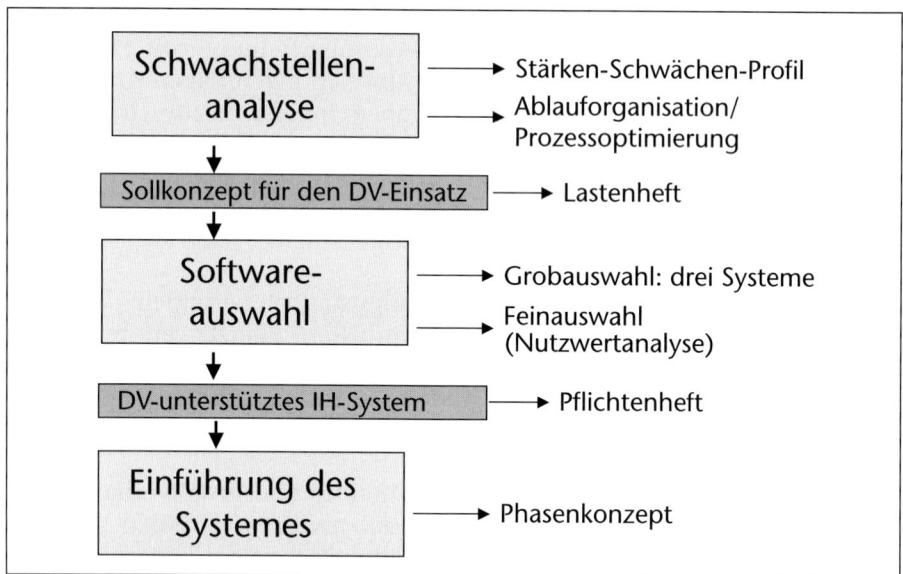

*Abb. 5: Einführungsschritte IPS*

Ideal ist es, eine Schwachstellenanalyse im Unternehmen bezüglich der Instandhaltungsaufgaben durchzuführen mit dem Ziel, die Abläufe zu vereinfachen und zu straffen. Das Ergebnis muss ein verbessertes Kosten-Leistungs-Verhältnis der Instandhaltungsabwicklung sein. Wenn zur Erreichung dieses Zieles neben der Veränderung der Ablauforganisation auch der Einsatz eines IPS als Werkzeug steht, ist die Schrittfolge und Bedeutung richtig gesetzt.

Dann können die notwendigen Aufgaben hin zum Betrieb des IPS durchgeführt werden: Systemauswahl, gegebenenfalls Systemanpassung (Customizing), Einführung und Mitarbeiterschulung.

Nicht zu vergessen ist der wichtige Punkt des Datenaufbaus, der unter dem Gesichtspunkt zu stehen hat,

**Erzeugen der Daten**

- nur die wesentlichen und wichtigen Daten aufzunehmen,

- diejenigen Daten aufzunehmen, die später auch (z.B. für Auswertungen) verwendet werden,

- die Daten effizient zu strukturieren (Nummern und Klassifizierungen),

- Mitarbeiter im Umgang mit den Daten zu schulen, so dass eine hohe Datenqualität sichergestellt werden kann.

Schließlich unterliegen Unternehmen, aber auch deren Prozesse und Mitarbeiter einer hohen Dynamik. Änderungsanforderungen an das System sind nach einer gewissen Betriebszeit völlig normal und idealerweise schon bei der Systemimplementierung zu berücksichtigen. Waren beispielsweise Schnittstellen bei Einführung des DV-Systems direkt zu den Anlagen noch kein Thema, so kann zum Beispiel eine MDE-Anbindung von Schlüsselanlagen direkt an das IPS zur Zustandsübertragung (und automatischen Fehlermeldung) schon bald interessant werden, um den zunehmenden Aufwand zur Auftragserstellung zu begrenzen.

**Änderungen am System**

### 4.3.7.5 Aspekte in der Anwendung von IPS

Geht man mit dem üblichen betriebswirtschaftlichen Verständnis an diese Frage, so ist die Antwort ganz einfach:

**Lohnt sich der Einsatz eines IPS?**

- Kosten: Software, Hardware, Schulungen und laufender Betrieb

- Erträge (Nutzen): Transparenz, Reduzierung IH-Kosten, Reduzierung Ersatzteilbestand etc.

In Abbildung 6 ist eine Gegenüberstellung von Kosten und Nutzen erkennbar, hier wurde auch ein Amortisationszeitpunkt errechnet (vereinfacht, ohne Barwertbetrachtung).

**Amortisation des Systems**

Damit ist die Eingangsfrage jedoch nur teilweise beantwortet. Denn entscheidend für den Erfolg des Einsatzes eines IPS (wie fast immer beim Softwareeinsatz) ist dessen Nutzung durch die Instandhaltungsmitarbeiter.

Es reicht nicht, nur betriebswirtschaftlich zu rechnen, sondern der laufende Betrieb des Systems, der sich insbesondere durch die Akzeptanz der Mitarbeiter zeigt, ist ein entscheidender, aber nicht quantifizierbarer Erfolgsgarant.

Durch den Einsatz eines IPS fallen nach einer gewissen Anfangszeit sehr viele Informationen an.

**Das Problem der Datenberge**

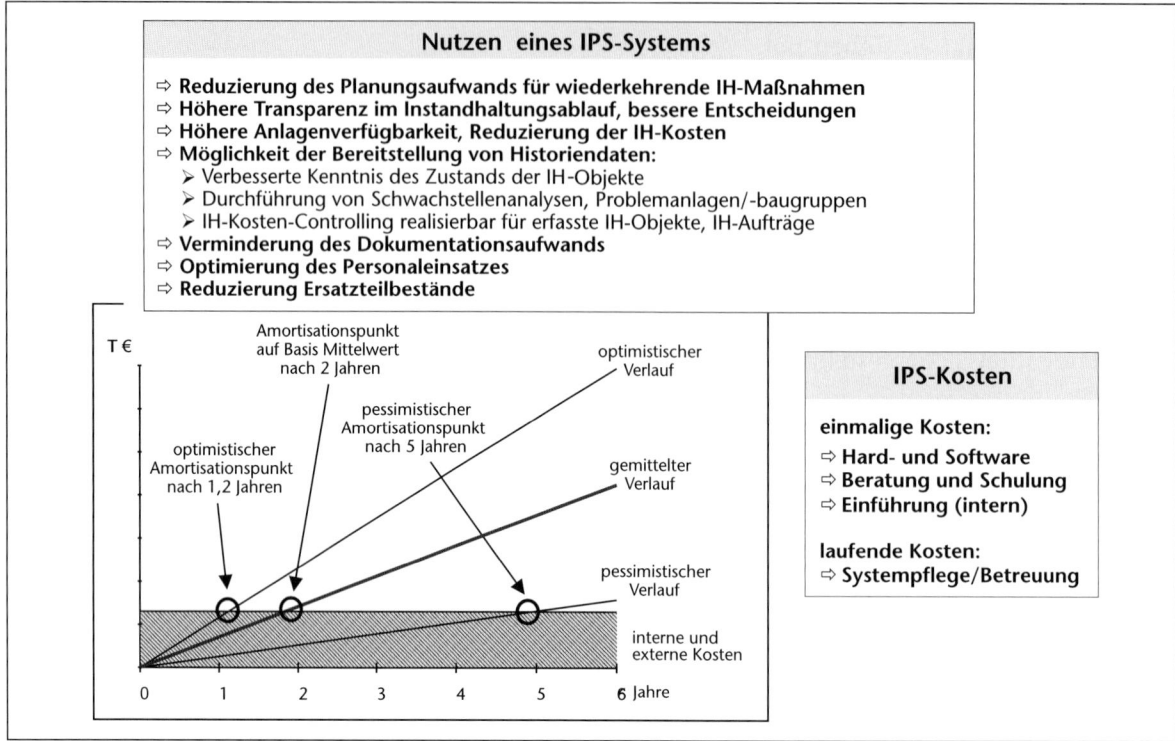

Abb. 6: Wirtschaftlichkeitsbetrachtung

Nun stellt sich die Frage, ob diese Informationen auch konsequent zur Instandhaltungsplanung genutzt werden. Dies ist leider in der Praxis nur unzureichend der Fall.

*Auswertungen und Datenqualität*  Es fallen sehr große Datenmengen an – regelrechte Datenberge. Aber nur selten werden intensive Auswertungen gefahren, die diesen »Informationsschatz« heben. Und nicht selten sind solche Auswertungen auch gar nicht sinnvoll, weil die mangelnde Datenqualität keine aussagefähigen Auswertungen zulässt.

*Rückmeldeinformationen*  Die Aufnahme der Rückmeldeinformationen ist ein Beispiel hierfür, da sie häufig nicht zeitnah genug aufgenommen werden können oder aufgrund manueller Meldungen nur unzureichende Datenqualitäten besitzen. Es fallen entweder sehr wenig Informationen mit unzureichender Datenqualität an oder es wird eine Vielzahl von Informationen generiert, die für die Planung und Steuerung des Instandhaltungsgeschehens nicht nutzbar sind oder nur unzureichend verwendet werden können. So werden häufig erhebliche Mengen an Lebenslaufdaten angesammelt, die qualifizierte Nutzung dieser Daten zur Planung des Instandhaltungsablaufs erfolgt jedoch nur selten. Auch wird der Rückschluss aus Lebenslaufdaten für die Planung von Instandhaltungsmaßnahmen von den Systemen nur wenig unterstützt. Es liegen zwar mittlerweile recht komfortable Auswertungswerkzeuge vor, die Logik zur Auswertung und die richtige Interpretation der Daten muss jedoch vom Bediener ohne Systemunterstützung vorgenommen werden.

Hierzu sind einerseits qualifizierte Mitarbeiter notwendig, die aber andererseits auch über das notwendige Zeitpotenzial verfügen müssen. Und manchmal fehlt es an beidem.

**Qualifizierte Mitarbeiter sind notwendig**

Eine der zentralen Fragen beim geplanten Einsatz eines IPS ist, ob ein integriertes System eingesetzt werden soll, dass die Aufgabe IPS-Funktionalität nur als einen Baustein unter vielen anderen beinhaltet. In der Regel werden diese Systeme als ERP-Systeme (ERP: Enterprise Resource Planning) bezeichnet, worin sich auch deren Funktionsvielfalt ausdrückt. Sie decken sozusagen die gesamte Ablauforganisation eines Unternehmens ab, vom Auftragseingang über die Produktions- und Logistiksteuerung bis zum Versand. Zudem erfolgt darüber die Rechnungsstellung, die Buchhaltung und die Erstellung des BAB (Betriebsabrechnungsbogens), der G+V sowie der Bilanz. Häufig sind weitere Module angekoppelt, beispielsweise für das Personalwesen, das Qualitätsmanagement, das Kundenmanagement (CRM-Funktionalitäten) und für die Instandhaltung.

**Heute üblicherweise eingesetzte IH-Systeme**

Alternativ zu einem integrierten System werden eigenständige IPS-Systeme am Markt angeboten, die speziell auf den Bedarf einer Instandhaltungsabteilung ausgerichtet sind. Zudem gibt es Systeme, die auf spezielle Einsatzzwecke ausgerichtet sind, wie beispielsweise mit einer zusätzlichen Funktion zur »Freischaltung« für den Einsatz in Kraftwerken.

**Eigenständiges IPS**

Die eigenständigen Lösungen werden vom »Instandhalter« häufig präferiert, weil er ein auf seine Belange zugeschnittenes System erwirbt. Argumente, die für eine solche Lösung sprechen, sind die spezifische Funktionalität, eine einfache Bedienbarkeit und die Unabhängigkeit von integrierten Lösungen. Denn steht bei einer integrierten Lösung ein Releasewechsel an, müssen alle Anwender im Unternehmen, so auch die Instandhalter, umsteigen – ob sie wollen oder nicht. Auch der umgekehrte Fall kann von Nachteil sein: Möchte der Instandhalter eine neuere Version, weil diese eine von ihm gewünschte Funktionalität enthält, muss er die anderen mitziehen – oder warten, bis die anderen so weit sind.

**Vor- und Nachteile**

Natürlich haben auch die integrierten Systeme Vorteile: Sie benötigen keine Schnittstellen und viele Hilfsfunktionen werden bereitgestellt, darum braucht sich die Instandhaltung nicht zu kümmern (z.B. Kostenstellen, Stundensätze, Rechnungsverarbeitung etc.). Auch wird der Systemsupport zentral übernommen, darum muss sich die Instandhaltung ebenfalls nicht kümmern. Zudem sind die Informationsstände immer aktuell, d.h., wird in einem Lager ein Teil durch die Fertigung entnommen, ist der neue Bestand sofort im System sichtbar – auch für den Instandhalter.

Die Argumente für oder gegen ein integriertes bzw. eigenständiges IPS lassen sich noch beträchtlich erweitern – letztlich muss jedes Unternehmen für sich entscheiden.

Ein wichtiges Argument wird aber häufig vergessen: Das System muss im Alltag funktionieren. Das bedeutet, es braucht Akzeptanz einerseits beim Anwender, aber auch bei der Führung. Die Qualität im Umgang mit dem System durch den Anwender bestimmt die Qualität der Dateninhalte, auf

**Akzeptanz beim Anwender und bei der Führung**

## 4.3 Instandhaltung der Produktionsanlagen

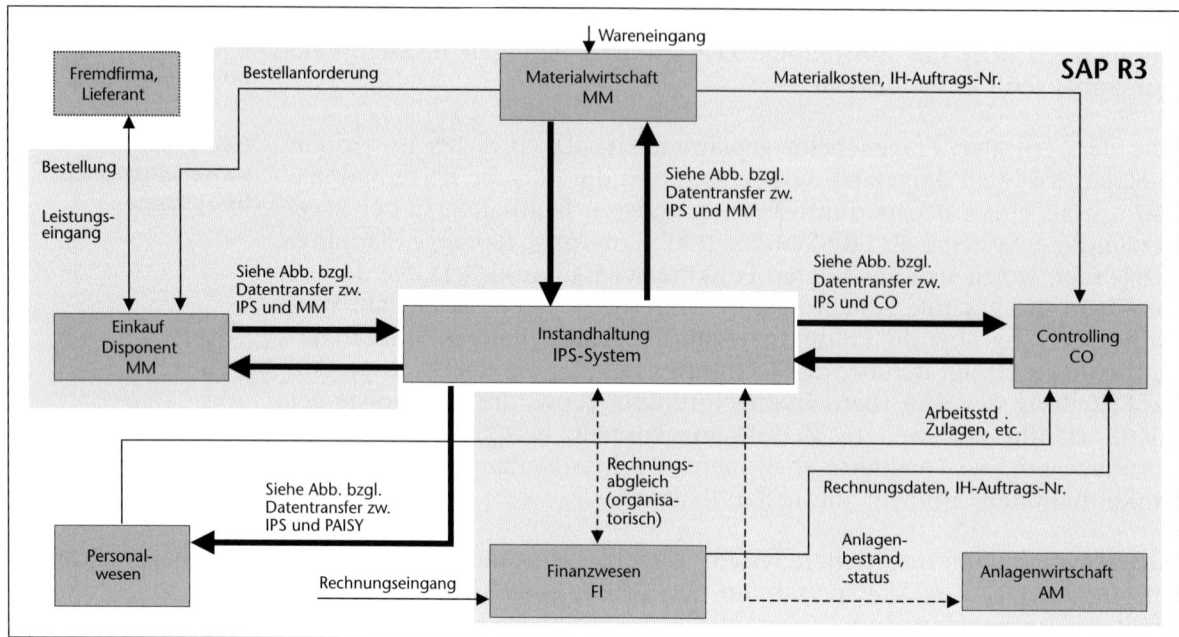

Abb. 7: Datenverbindungen in einem integrierten IPS

die alles Weitere aufbaut – sind die Daten gut gepflegt, kann der Instandhaltungsablauf entschieden unterstützt werden. Steht die Führung »hinter« dem System, ist der Aufwand zum Betrieb des Systems problemlos argumentierbar, auch wenn er nur bedingt »rechenbar« ist.

Nur wenn beides stimmt, kann der IPS-Einsatz dauerhaft zum Erfolg werden.

**Und was bringt die Zukunft?** Von der Technologie her ist zum einen der massive Preisverfall an CPU-Zeit zu sehen, mit einer rasanten Erhöhung der Prozessorleistungen. Die Leistungsfähigkeit der Rechner hat sich in den vergangenen Jahren einerseits dramatisch erhöht, andererseits sind die Kosten für diese Rechenleistung drastisch gefallen. Dies hat dazu geführt, dass DV-Lösungen – Hardware- und Software zusammengenommen als Lösung für ein Problem – mittlerweile erheblich preiswerter realisierbar sind.

**Soft- und Hardware verursachen nur einen geringen Teil der Kosten** Man kann sogar sagen, dass dies für den Betrieb eines IPS gar nicht die wesentlichen Kostenpositionen sind. Diese liegen vielmehr in der anfänglichen und permanenten Schulung der Mitarbeiter im Umgang mit dem System. Zudem liegen die Kosten in der laufenden Pflege der Daten, die jedoch oft sträflich vernachlässigt wird. Aber nur mit laufend gepflegten Daten lassen sich sinnvolle Auswertungen durchführen. Und dazu ist es eben notwendig, dass beispielsweise alle Veränderungen an einer Maschine oder Anlage auch im IPS nachvollzogen werden.

**Benutzerführung** Der deutliche Sprung in der Leistungsfähigkeit der Rechner lässt eine weitere wesentliche Entwicklungen in der Mensch-Maschine-Kommunikation erwarten. Die Entwicklung hin zu »Windows«-Systemen hat ja schon eine deutliche Verbesserung in der Benutzerführung gebracht. Denn die Ein-

und Ausgabe von Daten – besser Informationen – in bzw. aus dem Rechner ist entscheidend im pragmatischen Umgang mit DV-Systemen für den Anwender. Hier sollen ja keine neuen DV-Profis herangebildet werden, sondern umgekehrt müssen die DV-Systeme derart einfach und entsprechend der natürlichen Denk- und Handlungsweise des Menschen gestaltet sein, dass eine hohe und schnelle Akzeptanz in der Bedienung dieser Systeme erreicht werden kann.

Weitere Schritte zeichnen sich ab, denkt man an Sprach- und Handschriftenerkennung. Zudem ist ein Zusammenwachsen von PC und Handy bzw. PDA denkbar: Zum Abruf eines Auftrages wird das IPS angewählt und der Rechner liest per Sprachausgabe den nächsten durchzuführenden Auftrag vor. Genauso kann dann die Quittierung per Spracheingabe erfolgen.

**Mögliche zukünftige Funktionalitäten**

Der Zeichnungszugriff ist im Prinzip schon Stand der Technik, hier geht es um die Mobilität durch Notebooks aber auch durch futuristische Lösungen wie beispielsweise das Tragen einer Datenbrille, die dem Betrachter die Information mobil liefert. Die ganze Palette des Multimedia ist denkbar und wird teilweise schon eingesetzt, womit insbesondere Filmsequenzen – beispielsweise Einbauanleitungen – gemeint sind.

Und ein weiterer Schritt wird die Einbindung des Internets sein, so dass teure Diagnosedienste beispielsweise nur bei Bedarf – on demand – angefordert werden. Der Internetzugriff ist technisch kein Problem, wobei in der Praxis dieses Medium zz. noch wenig Verwendung findet. Das liegt weniger am Verlegen von Datenleitungen beispielsweise an die Maschine, sondern vielmehr an den Ängsten der EDV-Abteilungen vor Datenverlust, unberechtigten Zugriffen und Virenbefall.

### 4.3.7.6 IPS in unterschiedlichen Instandhaltungsorganisationen

Insbesondere in zentralen Instandhaltungsorganisationen ist EDV-Unterstützung notwendig, um den Abstimmungsprozess zwischen den verschiedenen Abteilungen zu verkürzen und die oben aufgezeigten Probleme der hierarchisch, gerichtet laufenden Informationen meistern zu können. Damit wird im Prinzip ein Schritt zur Dezentralisierung getan, zur Dezentralisierung der Information. Dies ist ein wichtiger Punkt, der später bei der Diskussion von Informationssystemen für dezentrale und integrierte Organisationsstrukturen noch detaillierter behandelt wird.

**Einsatz eines IPS in zentralen Instandhaltungsorganisationen**

Ein DV-System versucht auf das Zeitverhalten eines Regelkreises Einfluss zu nehmen. Je mehr Stellen (Abteilungen, Mitarbeiter, Kompetenzträger) in einem Regelkreiszyklus involviert sind, desto aufwendiger werden Abstimmungen, die zu einem optimalen Regelergebnis führen sollen. Eine hohe Anzahl Stufen in diesem Regelmechanismus macht das Gesamtsystem schwerfälliger. Je dynamischer nun innere wie äußere Einflüsse sind, je schneller innere und äußere Änderungen gegenüber dem Ausgangszustand eine Anpassung (adaptive Regelung) notwendig machen, desto höher sind die Anforderungen an das Zeitverhalten in diesem Regelmechanismus.

**Zeitverhalten im Regelkreis**

4.3 Instandhaltung der Produktionsanlagen

Um schnellere Abläufe in zentralen Strukturen zu erreichen, wurde und wird zunehmend DV-Technik eingesetzt mit dem Ergebnis, dass in zentralen Organisationen zwar die Transparenz erhöht werden kann und dass Abstimmungsprozesse zügiger durchgeführt werden, dass aber damit nur die Wirkung, nicht jedoch die Ursache bekämpft wird. Denn das effektivere Element zur Verbesserung des Regelmechanismus ist nicht die Beschleunigung der Abstimmungsprozesse, sondern die radikale Vermeidung von Abstimmungen durch Reduzierung der Anzahl Stufen in der Ablauforganisation. Die Dezentralisierung durch Funktionsintegration geht direkt das Problem – die Ursache – an, indem die Schnittstellen verringert werden.

**Zusätzliche Komplexität durch EDV**

DV-Systeme dagegen können zwar durch Informationstransparenz Verbesserungen im Ablauf erzielen, reduzieren aber nur die Auswirkungen – durch Beschleunigung des Abstimmungsprozesses – unter Inkaufnahme einer zusätzlichen Komplexität, die der EDV.

Durch den Einsatz von DV-Systeme nimmt die Komplexität der Abläufe im Unternehmen noch weiter zu. Steht die EDV-Anlage, so bricht im Extrem die gesamte Ablauforganisation zusammen. Durch Redundanz der DV-Systeme kann zwar Abhilfe geschaffen werden, die Komplexität wird jedoch noch weiter erhöht bei entsprechenden Kosten und immer komplizierter werdenden Zusammenhängen. Zudem wurde die DV meist zentral in den Unternehmen eingeführt mit zentralen Systemen. Die Einführung erfolgte in verschiedenen Stufen und mit unterschiedlichen DV-Generationen (Hard- und Software). Das Abstimmen dieser Systeme untereinander und auf die individuellen Belange einer Abteilung und ihrer Mitarbeiter macht diese Systeme derart aufwendig, dass sie im Betrieb zu teuer werden. Trotzdem können sie die individuellen Belange nur ungenügend abdecken.

Mit dem Zugreifen auf DV-Unterstützung ergibt sich somit neben dem eigentlichen Problem der Ablauforganisation das zweite Problem eines DV-Systems und der damit verbundenen zusätzlichen Komplexität. Wobei dies, wie gesagt, nur die Wirkung, nicht jedoch die Ursache bekämpft. Da mit dem DV-System elementar in den Ablaufprozess eingegriffen wird, ist in vielen Fällen nicht mehr eindeutig zu trennen, ob bei auftretenden Problemen die Ursache bei der DV oder in der Ablauforganisation zu suchen ist.

**Einsatz eines IPS bei dezentralen/ integrierten Strukturen**

Betrachtet man die DV-Entwicklung der vergangenen Jahre und die Tendenzen, die sich zukünftig abzeichnen, so ist eine konsequente Umsetzung von dezentralen Strukturen ohne die bisherige und die zukünftig sich abzeichnende Entwicklung im Bereich der elektronischen Datenverarbeitung nicht möglich.

**Vereinfachung des Informationsflusses**

Zur Realisierung von dezentralen sowie integrierten Strukturen sind bisher zentral geführte Verantwortlichkeiten zu dezentralisieren, die von zentralen Leitungsstellen in die dezentralen Einheiten/Teams verlagert werden. Die Teams entscheiden, steuern und regeln selbstständig. Innerhalb dieser Teams kann der Informationsfluss zur Ablauforganisation von Instandhaltungstätigkeiten gegenüber großen zentralen Organisationen wesentlich vereinfacht werden. Denn der Ablauf innerhalb eines Teams ist erheblich überschaubarer. Vieles ist (und soll) durch Zuruf geschehen, um eine viel höhere Komplexität zu erzielen.

Wieweit zur Ablaufsteuerung DV-Unterstützung notwendig ist, kann pauschal nicht gesagt werden. Erst einen Auftrag im System zu schreiben, bevor eine Maßnahme durchgeführt werden kann, hemmt in einem kleinen Team den Ablauf. Die Flexibilität geht verloren. Andererseits ist es sehr sinnvoll, über alles, was mit den Anlagen geschieht, »Buch« zu führen. Sicher ist jedoch, dass dieser Prozess des Dokumentierens sehr einfach gestaltet sein muss. Ansonsten wird der Effekt der Dezentralisierung durch Überorganisation innerhalb der Gruppe/des Teams wieder aufgesogen.

Zur Kommunikation Teams mit der »Außenwelt«, d. h. anderen Produktionsteams oder zentralen Service-Centern, ist eine sehr intensive Kommunikation und Informationsabstimmung unbedingt notwendig. Denn um Verantwortung ausüben zu können, müssen den Teams auch die relevanten Größen zur Ausübung der Verantwortung für das Treffen von Entscheidungen transparent gemacht werden. Das bedeutet, dass alle zur Steuerung notwendigen Informationen den dezentralen Einheiten zur Verfügung gestellt werden müssen. In konventionellen, gerichteten Strukturen sind diese Informationen auf zentrale Stellen konzentriert und liegen im Prinzip nur einmal vor, wohingegen bei dezentralen Strukturen eine erhebliche Informationsredundanz notwendig ist, da jede Gruppe/jedes Team diese gleichen Informationen benötigt.

**Informationen zum Team**

Dieser Mehrbedarf an Information wird im direkten Vergleich zum gerichteten, hierarchischen Informationsablauf deutlich. Ein wesentliches Merkmal der gerichteten Information ist, dass bei komplexen Zusammenhängen alle Informationen zu einem Knoten, einer Leitungsstelle zusammenlaufen. Dort sind alle Informationen vorhanden, dort können umfangreiche Zusammenhänge gestaltet werden.

**Mehrbedarf an Information**

Anders ausgedrückt, ist die Verdichtung aller relevanten Informationen zeitlich wie örtlich auf einen Punkt – der von denjenigen nutzbar ist, die Steuerungsaufgaben zu erledigen haben – ein wesentliches Merkmal, um diese Steuerungsaufgaben wahrnehmen zu können. Genau diese Informationen müssen bei einem dezentralen Ablauf den mit der Steuerung Beauftragten zur Verfügung gestellt werden, jeder Gruppe/jedem Team bzw. einzelnen Mitgliedern dieser dezentralen Einheiten. Nur wenn die zur Steuerung notwendigen Informationen der Gruppe transparent sind, kann die Steuerungsaufgabe qualifiziert wahrgenommen werden und es kommt zu dem gewünschten Ergebnis.

Damit ergibt sich eine beträchtlichen Redundanz an Information, die – auf den ersten Blick – einen erheblichen Nachteil gegenüber konventionellen Strukturen bedeutet. Dadurch wird der Vorteil der Auflösung von Komplexität durch die Vervielfachung der gleichen Informationen/Ressourcen aufgehoben. Allerdings kann durch geschickte Nutzung moderner Informationstechnologien dieser Nachteil behoben werden, indem – pauschal ausgedrückt – die notwendige Redundanz durch Informationstechnik (Automatisierung) kompensiert wird.

**Permanenter Zugriff auf alle relevanten Informationen**

Dazu ist die örtliche Auftrennung der Information von einem zentralen Ort notwendig, die Informationen müssen dezentralisiert werden, müssen ihre örtliche Gebundenheit aufgeben. Ebenso ist der direkte, permanente zeitliche Zugriff auf die notwendigen Informationen zu gewährleisten, so dass von jeder dezentralen Einheit unmittelbar auf relevante Informationen zugegriffen werden kann. Dies ist natürlich nur mit entsprechender technischer Unterstützung mittels moderner Informationsverarbeitung zu bewältigen. Denn die alleinige örtliche Auftrennung der Informationen und das physische Zur-Verfügung-Stellen an jedem Ort würde eine Vervielfachung der bei zentralen Strukturen nur einmal vorhandenen Information bedeuten.

**Vermeidung von Redundanz**

Durch eine geeignete DV-Unterstützung ist es jedoch zu erreichen, dass die Informationen an jedem beliebigen Ort transparent werden und zur Verfügung stehen, ohne dass die Informationen physisch mehrmals vorhanden sein müssen. Damit wird Redundanz vermieden, durch DV-Technik wird ein unmittelbarer Zugriff auf die Information von jedem beliebigen Ort aus möglich.

Es muss auch nicht nur DV-Technik sein, allein die Installation von Funktelefonen kann eine Aufhebung der örtlichen Gebundenheit von Information bedeuten. Zu beachten ist jedoch, dass die Koordination der verschiedenen Beteiligten in diesem Informationsnetzwerk software- und wichtiger noch, systemseitig geregelt wird. Im Wesentlichen betrifft dies die Regelung der Verantwortlichkeiten und Zugriffsmodi, so dass damit die Ablauforganisation bei dezentralen Strukturen sichergestellt werden kann und kein allgemeines Chaos ausbricht.

#### 4.3.7.7 Fazit

Bleibt abschließend festzustellen, ob die Ausgangsfragen beantwortet sind?

**Zweckgerichteter Einsatz**

Die Notwendigkeit eines IPS ist in der Regel nicht zu bestreiten. Viel wichtiger ist der zweckgerichtete Einsatz, das heißt: Wie viel Aufwand darf der Einsatz eines solchen Systems verlangen? Dazu spielen die Unternehmensgröße und die Art der IH eine wichtige Rolle.

Nicht beantwortet werden kann die Frage, welches System das richtige ist. Dafür muss eine Positionsbestimmung und ein Auswahlprozess wie beschrieben durchgeführt werden. Jedes Unternehmen muss selbst die richtige Antwort finden.

**Akzeptanz**

Zum Erfolg wird der Einsatz eines IPS aber erst, wenn das System beim Anwender und beim Entscheider Akzeptanz findet und wenn gekonnt mit den Daten umgegangen wird.

## 4.3.8 Instandhaltungsstrategien: Anspruch und Wirklichkeit

### 4.3.8.1 Was ist Instandhaltungsstrategie?

Bevor wir uns vertieft den verschiedenen Instandhaltungsstrategien zuwenden, ist vorab kurz zu klären, was eine Strategie bedeutet und was unter diesem Begriff zu verstehen ist:

»*Der Mensch erfand die »Spitze« und erkannte damit das Kernstück aller Strategie: Die Konzentration bescheidener Kräfte auf einen winzigen Punkt verleiht eine ungeheure Durchschlagskraft. Der schwache Mensch konzentrierte seine bescheidene Kraft auf die Spitze einer Waffe. So konnte er jeden Bären erlegen.*« (Bruno Klumpp)

Es gibt mehrere Definitionen zum Begriff Strategie, dieses Beispiel orientiert sich am Nutzen einer Strategie und bringt somit den Begriff auf den »Punkt«.

Was versteht man nun unter dem Begriff »Instandhaltungsstrategie«? In der Literatur wird darunter die »*Art und Weise der Instandhaltung konkreter Objekte, Arbeitsmittel und Arbeitsmittelsysteme verstanden. Eine Instandhaltungsstrategie beschreibt Regeln über die Art und Weise, in der

- *Instandhaltungsarten,*
- *Instandhaltungsumfänge,*
- *Zeitpunkte oder Intervalle ihrer Durchführung*

*gewählt werden.*«

**Der Begriff Instandhaltungsstrategie**

Anders ausgedrückt beschreibt eine Instandhaltungsstrategie die Vorgehensweise, wie man mit geringstmöglichem Aufwand das Ziel der Instandhaltung erreicht. Damit gilt es diese drei Elemente zu vertiefen:

- Was ist das Ziel der Instandhaltung?
- Welchen Aufwand muss ich betreiben/welche Ressourcen benötige ich, um das Ziel zu erreichen?
- In welchen Maßnahmen, zu welchen Zeitpunkten und in welcher Schrittfolge mündet der Aufwand bzw. teile ich die benötigten Ressourcen ein?

### 4.3.8.2 Was ist das Ziel der Instandhaltung?

Grundsätzlich hat die Instandhaltung die Aufgabe, den Abnutzungsvorrat einer Anlage zu beobachten und vor Erreichen einer Untergrenze (Ausfall bzw. wesentliche Beeinträchtigung der Eigenschaften) neuen Abnutzungsvorrat bereitzustellen. Einfach ausgedrückt kann man auch sagen, bevor eine Anlage ausfällt, ist sie zu reparieren. Somit ist es das wesentliche Ziel

**Abnutzungsvorrat**

einer Instandhaltungsstrategie, die Maschinen und Anlagen verfügbar zu halten.

Etwas differenzierter ausgedrückt könnte eine Instandhaltungsstrategie folgende Zielkriterien beinhalten:

- *»Für Betrachtungseinheiten, die in einem Maschinen- oder Anlagensystem einen Kapazitätsengpass darstellen und evtl. außerdem eine Zuverlässigkeitsschwachstelle sind, ist das Ziel der Instandhaltung, eine maximale Produktionsleistung, minimale Produktionsverluste und maximale zeitliche Verfügbarkeit zu garantieren.*

- *Für Nicht-Engpassbetrachtungseinheiten ist auf minimale Instandhaltungskosten zu achten.*

- *Für Betrachtungseinheiten, die weder ständig Engpass noch Nicht-Engpass sind, sind Kosten als auch Produktionsverluste zu berücksichtigen.«*

### 4.3.8.3 War das schon immer so, oder wie hat sich die Instandhaltung in den letzten Jahren entwickelt?

**Kurzer Abriss der Entwicklung der Instandhaltung**

Für die Funktion Instandhaltung im Unternehmen sind die Anforderungen in der Vergangenheit sehr stark gestiegen und die Aufgaben haben sich deutlich gewandelt. Man kann aus der Vergangenheit heraus drei wesentliche Phasen unterscheiden. So lagen die Anforderungen in den frühen 50er Jahren bei der rein reaktiven Instandhaltung, d.h. es wurden erst Aktivitäten initiiert, wenn eine Anlage ausgefallen war. Die Reparatur von Störungen war in dieser Zeit die wesentliche Aufgabe der Reparaturabteilungen (siehe Abb. 1).

In der zweiten Phase rückte der Aspekt der Vorbeugung ins Blickfeld der Diskussion, der Aufgabenumfang umfasste nun auch Wartung, Inspektionen und vorbeugende Tätigkeiten. Ab diesem Zeitpunkt kann von Instandhaltung (im Sinne der DIN) gesprochen werden. Höhere Verfügbarkeiten, längere Anlagenlebensdauer und insbesondere der Fokus auf Kosten waren der Ausgangspunkt der Aufgabenverlagerung von der Reparatur zur Instandhaltung.

In der dritten Phase, in der wir uns heute befinden, sind die Anforderungen an die Instandhaltung wegen noch höherer Verfügbarkeits- und Zuverlässigkeitsanforderungen weiter gestiegen. Zudem sind Aspekte der Sicherheit, des Umweltschutzes sowie höchste Qualitätsanforderungen an das Produkt weitere wesentliche Einflussgrößen. Die Kostendiskussion wird mittlerweile noch intensiver geführt, was sich natürlich gravierend auf die Instandhaltungsstrategie auswirkt. Im intelligenten Instandhaltungsmanagement sollte jedoch nicht die reine Kostenreduzierung, sondern die »Wirkung« der Instandhaltung bei höchster Kosteneffizienz im Vordergrund stehen.

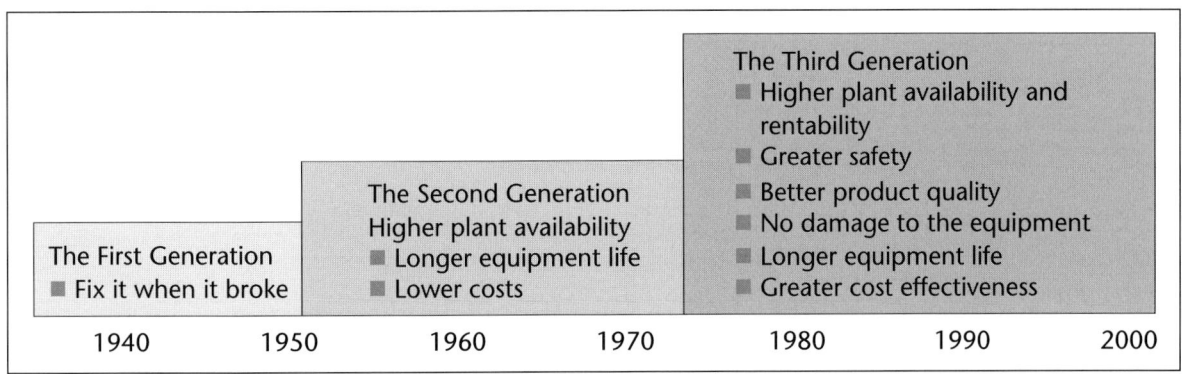

Abb. 1: Wachsende Anforderungen an die Instandhaltung
(Quelle: A. Katchmar, Reliability Centered Maintenance)

#### 4.3.8.4 Welcher Aufwand verbirgt sich hinter der Instandhaltung?

Die Antwort ergibt sich aus der Summe der durchgeführten Maßnahmen und der dazu benötigten Ressourcen. Betriebswirtschaftlich gesehen verbergen sich hinter dem Begriff »Aufwand« die Größen Zeit und Menge, die sich monetär darstellen lassen.

*Zeit und Menge ergibt den Aufwand*

Einfach ausgedrückt bedeutet das: Alle Ersatzteile, Materialien und Betriebsmittel, die für eine Maßnahme benötigt werden, sowie die Stunden der Handwerker und benötigten Betriebsmittel ergeben die Kosten. Die Kosten aller Aufträge addiert ergibt den gesamten Aufwand für die Instandhaltung.

Somit ist der Begriff Aufwand gleichzusetzen mit den entstandenen Kosten und geringstmöglicher Aufwand bedeutet minimale Kosten. Die geforderte Verfügbarkeit mit minimalen Kosten zu erreichen, ist also das eigentliche Ziel der Instandhaltungsstrategie. Das ist nicht einfach, ich erinnere an das »Dilemma der Instandhaltung«.

#### 4.3.8.5 Die Maßnahmen der Instandhaltung bilden das Gerüst der Strategie

Kenne ich die Maßnahmen, die durchzuführen sind, muss ich ihnen nur noch Ressourcen zuweisen (welche Werker führen die Tätigkeiten mit welchen Ersatzteilen und Betriebsmitteln durch), eine optimale Reihenfolge finden und darauf hoffen, dass Zufälligkeiten nicht auftreten. Aber genau Letzteres macht es so schwer, einen optimalen Maßnahmenmix zu finden. Denn erstens können nicht alle Maßnahmen vorgeplant werden und zweitens treten während der Durchführung häufig nicht vorhersehbare Probleme auf.

Zur Bestimmung der durchzuführenden Maßnahmen muss zwischen verschiedenen Maßnahmenarten unterschieden werden. Abbildung 2 versucht

*Instandhaltungsmaßnahmenarten*

### 4.3 Instandhaltung der Produktionsanlagen

| | | mögliche Revisionsmaßnahmen | | | | mögliche Projektmaßnahmen |
|---|---|---|---|---|---|---|
| | | geplante Maßnahmen | | | nicht geplant | geplant (Adaptive and Perfective Maintenance) |
| | | zyklische Maßnahmen | | einmalig | | |
| | | ereignis-abhängig | zeit-abhängig | | | |
| Instandhaltung Standards nach DIN | Inspektion | | X | X | (X) | |
| | Instandsetzung | X | X | X | | |
| | Wartung | (X) | (X) | X | X X | X X |
| Tätigkeiten des Instandhaltungs-personals | Umbauten | | X | (X) | X X | X |
| | Umzug | | X | | X X | (X) |
| | Neueinrichtung | | X | | X | (X) X |
| | Inbetriebnahme | | X | | (X) | X |
| | etc. | | | | | |

vorbeugende Instandhaltung (Preventive Maintenance)
(alle Maßnahmen mit vorbeugendem Charakter)

vorausschauende Instandhaltung (Predictive Maintenance)
(wenn zukunftsbezogen)

korrektive Instandhaltung (Corrective Maintenance)
(dringender Teil)

dringend / nicht dringend

*Abb. 2: Instandhaltungsmaßnahmen*

eine Gliederung, die zeigt, welche Maßnahmenart welche Eigenschaft hat: vorbeugend, vorausschauend oder korrektiv. Zudem werden Zyklus, Planungsgrad und Zugehörigkeit zu einem größeren Maßnahmenpaket (Projekt, Revision) unterschieden. Mit dieser Abbildung wird auch der Versuch unternommen, die eher deutsche und die anglo-amerikanische Sichtweise zu verbinden.

Die Maßnahmen zur Instandhaltung sind folgendermaßen voneinander abzugrenzen:

- **Zyklische Maßnahmen** (Periodic Maintenance) werden auch als wiederkehrende Maßnahmen bezeichnet. Hierzu zählen alle nach einem bestimmten Zyklus wiederkehrenden gleichen Maßnahmen, wie beispielsweise Inspektionen und Wartungen.

- **Zustandsabhängige Maßnahmen** (Condition-based Maintenance) werden nach Erreichen eines definierten Zustandes ausgelöst. Sie sind mit den zyklischen Maßnahmen gleichzusetzen, wobei mit »Zustand« das Erreichen eines technischen Grenzwertes oder das Ablaufen eines Zeitabschnittes gemeint ist.

- **Geplante Maßnahmen** (Planned Maintenance) sind alle Maßnahmen, die erst nach einer Vorplanungsphase durchgeführt werden. Zu den geplanten Maßnahmen gehören auch die zyklischen Maßnahmen sowie die Maßnahmen innerhalb einer Revision, soweit sie vorgeplant sind.

- **Ungeplante Maßnahmen**, auch Störungen, »Feuerwehr«-Maßnahmen oder Ad-hoc-Maßnahmen genannt, sind im Gegensatz zu den geplanten Maßnahmen diejenigen, die sofort nach Auftreten des Störfalles durchgeführt werden.

- **Vorbeugende Maßnahmen** (Preventive Maintenance) sind alle Maßnahmen, die einen Anlagenausfall verhindern helfen und somit vorbeugenden Charakter haben. Dazu gehören zyklische Maßnahmen, aber auch geplante, einmalig durchgeführte Maßnahmen.

- **Predictive Maintenance** ist eine weitere im anglo-amerikanischen Sprachraum übliche Unterscheidung, die man im Deutschen nicht findet. Hierunter werden zukünftig notwendige Maßnahmen verstanden. Sie fallen in den obigen Definitionen unter die zyklischen Maßnahmen.

- **Corrective Maintenance**, bei der es sich um die eigentliche Notfallwartung handelt.

- **Adaptive Maintenance**, d.h. Anpassung des Anwendungssystems an eine veränderte Umwelt wie beispielsweise Betriebssystemänderungen.

- **Perfective Maintenance**, d.h. eine Erweiterung des Funktionsumfanges und eine Verbesserung der Leistung.

- Ein **Projekt** hat einen abgrenzbaren Anfang, ein abgrenzbares Ende und einen einmaligen Charakter. Zu den Projekten gehören beispielsweise die Installation von größeren Anlagen oder Umbauten im Kraftwerk. Problematisch ist hier die Abgrenzung zum Begriff Instandhaltung, da diese Maßnahmen zum Projekt im definierten Sinne nicht unter den Begriff Instandhaltung fallen. In der Praxis einer Instandhaltungsabteilung gehören sie jedoch häufig ebenfalls dazu, da solche Maßnahmen in vielen Fällen ebenfalls von ihr durchzuführen sind.

- Eine **Revision** ist eine Großinstandhaltungsmaßnahme, mit in der Regel einer Vielzahl geplanter Aktivitäten – den Maßnahmen zur Revision – mit vorbeugendem Charakter, die voneinander abhängig in einem bestimmten Zeitraum durchzuführen sind. Zu einer Maßnahme im Rahmen einer Revision gehört das Zerlegen einer Maschine oder Anlage, das Überholen, Aufarbeiten oder Austauschen von Elementen dieser Maschine oder Anlage sowie das anschließende Zusammenbauen. Ungeplante Maßnahmen können während einer Revision auftreten, indem beispielsweise beim Öffnen eines Maschinenelementes ein größerer Verschleiß als erwartet und vorgeplant aufgetreten ist und hierfür eine zusätzliche Arbeit sofort durchzuführen ist. Revisionen werden bisher wie Projekte geführt, obwohl sie regelmäßig auftreten und damit keinen einmaligen Charakter haben.

Zu beachten ist außerdem, dass die Durchführung einer einzelnen Maßnahme zur Instandhaltung i.d.R. aus mehreren Teilaktivitäten besteht:

- Disposition der Teilaktivität, Wegezurücklegen, Fehlersuche, Materialbeschaffung und Ausführung,

mit jeweils unterschiedlichem zeitlichen Anteil, wobei zur Durchführung einer Aktivität einzelne Teilaktivitäten mehrmals vorkommen können. Zusätzliche Wegezeiten beispielsweise treten durch mehrmalige Materialbeschaffung öfter auf oder entfallen, wenn nur geplante Materialien notwendig sind.

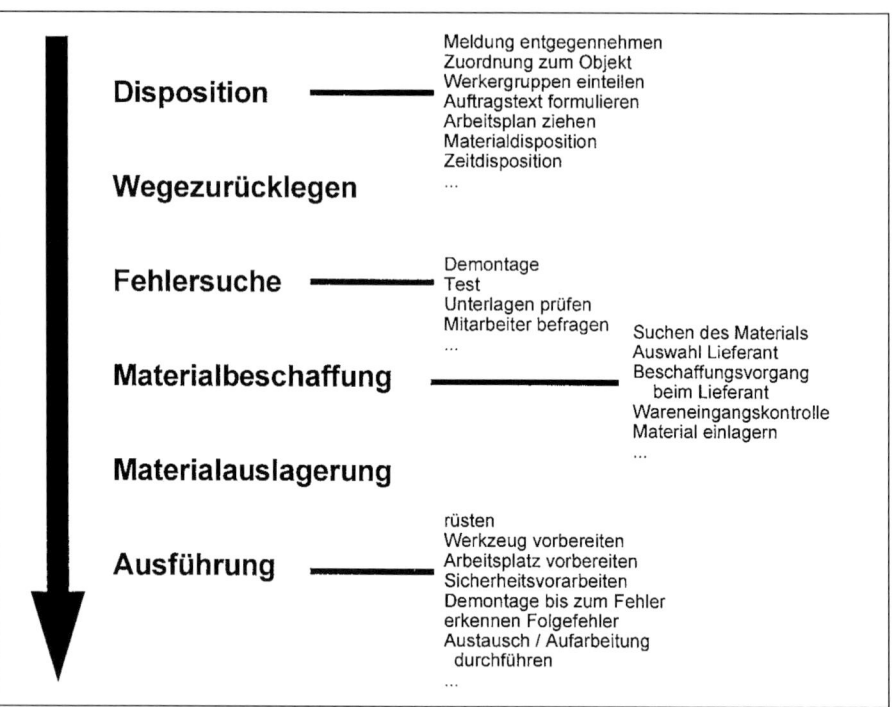

Abb. 3: Teilaktivitäten während einer einzelnen Maßnahme

**Wie entstehen die Inhalte zu den Maßnahmen?**

Die Beschreibung der Eigenschaften der Maßnahmen beantwortet aber noch nicht die Frage, wie man denn nun zu Maßnahmen kommt, wie sich die Maßnahmeninhalte herleiten lassen.

Maßnahmen dürfen »um Gottes willen« nicht aus Selbstzweck gebildet werden, sondern leiten sich aus dem Zustand der Instandhaltungsobjekte ab. Wenn die Schadensgrenze erreicht ist, muss neuer Abnutzungsvorrat geschaffen werden – es muss eine Instandhaltungsmaßnahme durchgeführt werden. Idealerweise ist der Ursprungszustand (Neuzustand) wieder hergestellt.

**Kenntnis der Anlagen**

Das bedeutet aber, dass man seine Maschinen und Anlagen (Instandhaltungsobjekte) genau kennen muss:

- In welchem Zustand ist die Anlage?
- Wann erreicht die Anlage die Schadensgrenze?
- Kann ich bis zur Schadensgrenze warten oder muss schon vorher eingegriffen werden, um größere Schäden und Gefährdungen zu vermeiden?
- Was ist zu tun, wenn die Schadensgrenze bzw. der Zeitpunkt zum Aktivwerden erreicht wird?

Zur Beantwortung dieser Fragen hilft technischer Sachverstand und der übliche Pragmatismus. Damit können die akuten Probleme gelöst werden, diejenigen Einzelfälle, in denen akute Entscheidungen anstehen.

**RCM-Konzept**

Sollen diese Fragen jedoch systematisch und nicht ad hoc beantwortet werden, so kann man sich einer Vorgehensweise bedienen, die aus dem anglo-amerikanischen Raum kommt und dort schon seit vielen Jahren mit zunehmendem Erfolg angewendet wird. RCM – Reliability Centered Maintenance – entstand ursprünglich in der Luftfahrtindustrie und basiert auf einer der FMEA (Fehlermöglichkeiten- und Einflussanalyse) vergleichbaren Systematisierung.

Der Ansatz des RCM ist geprägt durch die Überlegung, dass vorbeugende Maßnahmen zur Vermeidung von Anlagenausfällen sehr kostenintensiv sein können. Es ist zu ermitteln, ob die vorbeugenden Maßnahmen nicht teurer sind als der Anlagenausfall und die auftretenden Folgekosten. Insbesondere wenn redundante (Bypass) oder mehrfach redundante Systeme vorhanden sind, stellt sich die Frage, ob vorbeugende Maßnahmen sinnvoll sind. Denn der »Bypass« soll ja wirken, wenn die Komponente ausfällt. Wozu also noch vorbeugen, wenn eine Sicherung eingebaut ist? Bei Anlagen mit hoher Redundanz, bestimmt durch die Technologie oder durch gesetzliche Auflagen, wie z.B. bei kerntechnischen Anlagen, ist dies besonders zu berücksichtigen.

Idealerweise sollten vorbeugende Maßnahmen nur dann durchgeführt werden, wenn sie preiswerter als die Kosten eines Ausfalls und dessen Folgen sind. Die richtige Kalkulation der Folgekosten und deren Bewertung ist selbstverständlich eine der Hürden in diesem Konzept, die genommen werden müssen.

**Ausfallverhalten von Anlagen**

Das unterschiedliche Ausfallverhalten von nicht baugleichen Komponententypen ist ein neuer Aspekt, der durch RCM in die Diskussion gebracht wird. Waren in den Jahren der reaktiven Instandhaltungsphilosophie die Überlegungen ausschließlich von einer Ausfallkurve geprägt, die eine höhere Ausfallrate am Ende der Lebensdauer eines Anlagenelementes zur Grundlage hatte, so wechselte die Philosophie in der Phase der vorbeugenden Instandhaltung zur »Badewannenkurve« mit erhöhtem Ausfallrisiko zu Beginn und gegen Ende der Anlagenlebenszeit. Das RCM-Konzept berücksichtigt darüber hinaus ein wesentlich differenzierteres Ausfallver-

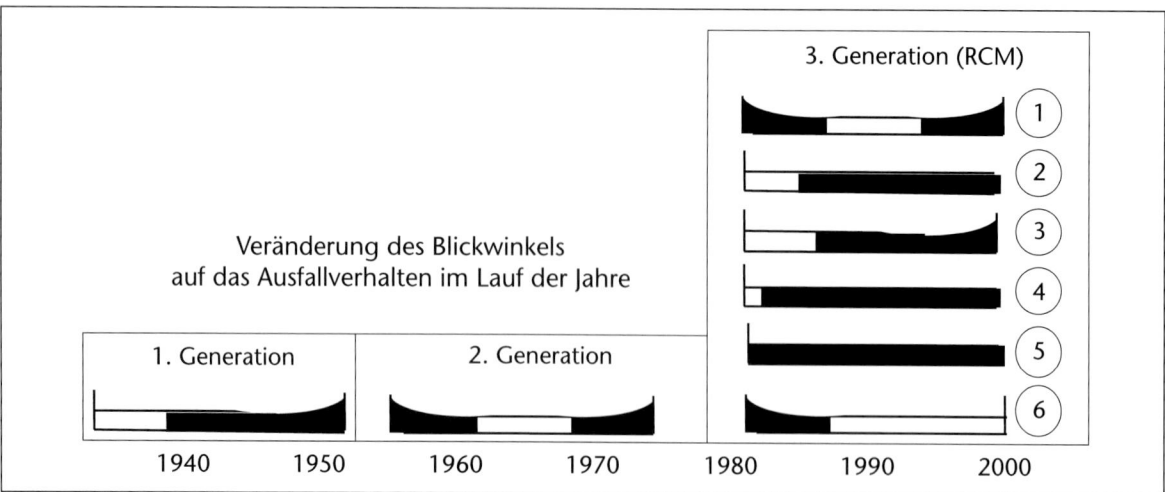

*Abb. 4: Ausfallverhalten von Anlagen (Quelle: A. Katchmar: Reliability Centered Maintenance)*

halten mit sechs unterschiedlichen Ausfallkurven (siehe Abb. 4). Diese differenzierte Betrachtung ist notwendig, wenn das Verhalten einer Anlage bzw. deren Elemente zur Analyse des Anlagenausfallrisikos herangezogen werden soll.

Im Detail wird unterschieden zwischen

- den Funktionen einer Anlage, welche sie in welcher Leistungsfähigkeit zu erfüllen hat,
- den Fehlern, die aus den Funktionen resultieren können,
- den Ursachen, die diesen Fehlern zugrunde liegen,
- den physischen Auswirkungen auf die Anlage und die Folgen auf weitere Anlagen, dem Produktionsprozess oder weiteren Auswirkungen, bspw. Sicherheit oder Umwelt.

Im RCM-Konzept werden systematisch die Funktionen einer Anlage daraufhin untersucht, wie Ausfälle in diesen Funktionen sich andeuten und eintreten, was die Folgen eines Ausfalles sind und wie sie verhindert werden können. Nach diesen Vorarbeiten wird eine Identifikation der Systemfunktionen und der hierfür bedeutsamen Bauteile vorgenommen. Aus dieser Systematik heraus sind Maßnahmen zu definieren, die eine Beeinträchtigung der Funktionen verhindern.

**Aufwand durch RCM** Aus einer Risikoanalyse und -bewertung heraus ergeben sich Maßnahmen zur Vorbeugung von Ausfällen an kritischen Bauteilen, die einer Wirtschaftlichkeitsbewertung unterzogen werden. Dabei ist nach den Auswirkungen der Funktionsbeeinträchtigung/des Funktionsausfalles zu priorisieren. Damit kann ein angemessener Aufwand beschrieben werden, da die Problematik in der Anwendung des RCM im Aufwand der Maßnahmenerstellung, aber insbesondere auch in der Maßnahmenabwicklung liegt.

Ebenfalls wird untersucht, was getan werden kann, wenn es keine geeignete Maßnahme zur Vorbeugung gibt. Hierbei spielen ebenfalls Kostengesichtspunkte eine Rolle. Es wird hinterfragt, ob die Kosten der Maßnahmen zur Vorbeugung oder Verhinderung von Ausfällen geringer sind als die Kosten des Ausfalles und evtl. entstehender Folgekosten.

### 4.3.8.6 Wesentliche Arten von Instandhaltungsstrategien

Die Festlegung der richtigen Strategie und damit einhergehend die Fragen nach der Richtigkeit des Zyklus und des richtigen Inhaltes der gewählten Strategie birgt eine erhebliche Brisanz. Aus der Vergangenheit heraus zeichnet sich ein Trend von einer rein störungsbedingten Instandhaltung (Breakdown Maintenance) über die intervallabhängige (Inspection and Repair, Time-based Maintenace) zu einer zustandsorientierten Instandhaltung (Condition-based Maintenance) ab (siehe Abb. 5).

Abb. 5: Drei wesentliche Instandhaltungsstrategiearten

Betrachten wir im Folgenden die drei wesentliche Instandhaltungsstrategien:

■ **Die fehlerabwartende, störbedingte (Feuerwehr-)Strategie**

Kennzeichnend bei dieser Strategie ist, dass gewartet wird, bis ein Problem auftritt. Eine Instandhaltungsmaßnahme wird erst aufgrund eines Ausfalles oder einer Störung an einer Komponente, Maschine bzw. Anlage eingeleitet. Es wird somit bewusst auf vorbeugende Maßnahmen (Inspektionen oder Wartungen) verzichtet.

Betrachtet man die sechs Ausfallkurven, wie Ausfälle auftreten können, so ist diese Strategie dann anwendbar, wenn die Ausfallrate konstant ist und der Verzicht auf Vorbeugung zu keiner Erhöhung der Fehlerrate führt. Bei elektronischen Bauteilen ist dies der Fall oder verallgemeinert bei allen Komponenten, die keinem nachweisbarem Verschleiß unterliegen.

Diese Strategie ist ebenfalls auf Komponenten und Maschinen anwendbar, bei denen der Nutzungsgrad gering und die Auswirkungen eines Ausfalles ebenfalls vernachlässigbar sind. Dies betrifft Auswirkungen beispielsweise auf den Produktionsprozess, auf Personen oder die Umwelt.

**Wann ist die ausfallbedingte Strategie sinnvoll?**

Bei geringwertigen Anlagenteilen und für den Produktionsprozess unbedeutenden Komponenten ist diese Strategie sinnvoll. Bei hochwertigen und für den Produktionsprozess bedeutenden Komponenten kann einer Störung durch Verdopplung dieser Komponente vorgebeugt werden. Durch diese Redundanz wird somit bei einem Ausfall der Anlagenkomponente der Ausfall der ganzen Anlage verhindert, indem kurzfristig die Komponente durch ihre Ersatzkomponente ausgetauscht wird. Die Verfügbarkeit kann problemlos aufrechterhalten werden, eventuell auftretende Sicherheitsprobleme können vermieden werden.

Die Strategie der Redundanz wird beispielweise bei Rohrleitungssystemen durch Bypass-Schaltung einer zweiten Leitung angewendet. Die ausgefallene Komponente ist unverzüglich aus dem aktuellen Betriebsgeschehen auskoppelbar. Sie kann in einer planbaren Maßnahme instand gesetzt oder erneuert werden, ohne dass es zu Verfügbarkeitsproblemen kommt.

*»Zur Gewährleistung der Anlagensicherheit und Zuverlässigkeit steigt der Aufwand für Prüfungen, und das Konzept der Instandhaltung ist neu zu überdenken. Deshalb gewinnt die Zustandsbewertung mehr und mehr an Beachtung. Weltweit ist man darauf orientiert, von festen Instandhaltungszyklen und festem Instandhaltungsumfang überzugehen auf größere Flexibilität. ... Es gibt zwei Varianten für das Konzept der zustandsbezogenen Instandhaltung:*

*Während des Reparaturstillstandes werden die Möglichkeiten und Grenzen für die Zustandsbewertung genutzt. Bei dieser Variante muss ein hoher operativer Anteil beim Instandsetzungsgeschehen einkalkuliert werden. Kurzfristig aus den Diagnosen erforderliche Maßnahmen verursachen höhere Kosten; die Stillstandszeit wird sich unter Umständen verlängern.*

*Es wird rechtzeitig vor dem geplanten Instandsetzungsstillstand ein zusätzlicher Stillstand für die Befundaufnahmen angeordnet. Dadurch gelänge es zwar, die Reparaturdispositionen in materieller und technischer Hinsicht zu verbessern, aber die notwendigen Vorleistungen in einem zusätzlichen Stillstand sind für das Vorhaben einer zustandsbezogenen Instandhaltung insgesamt natürlich mit zu kalkulieren.«* (R. Kolb 1991)

### ■ Vorbeugende, intervallabhängige Strategie

Diese Strategie findet immer dann Anwendung, wenn die Komponente oder Anlage einem Verschleiß unterliegt und dieser durch eine vorbeugende Maßnahme (z.B. Wartung) positiv beeinflusst werden kann.

Da jedoch der Verschleißverlauf häufig nicht bekannt ist bzw. nur mit hohem Aufwand ermittelt werden kann, setzt man entsprechend eines Zeitzyklus diese Maßnahme an. Dabei hofft man, dass keine Probleme innerhalb des Zeitzyklus auftreten. Aber genau hierin liegt die Schwierigkeit, da einerseits ein zu enger Zyklus zu hohe Kosten verursacht, andererseits aber eine starke Ausweitung das Risiko eines Ausfalles ansteigen lässt.

Die Kenntnis der Abnutzung und des Ausfallzeitpunkts einer technischen Betrachtungseinheit hängt vor allem vom zeitlichen Ausfallverhalten, der objektspezifischen Beanspruchung und der gewünschten Nutzungszeit der technischen Betrachtungseinheit ab. Zusätzlich beeinflussen Störgrößen, wie Belastungsschwankungen, Umwelteinflüsse und Bedienfehler eine Vorhersage des möglichen Ausfalltermins. Um das Risiko eines nicht geplanten Ausfalls zu reduzieren, wird meist lange vor dem tatsächlichen Ausfallzeitpunkt eine geplante Instandsetzung oder ein geplanter Teiletausch durchgeführt. Ein vorzeitiger Teiletausch lässt u.U. die effektive Nutzungsdauer eines Objekts deutlich unter die mögliche Betriebszeit sinken.

Die Notwendigkeit einer vorbeugenden Instandhaltung muss für jedes Bauteil einer technischen Betrachtungseinheit getrennt – seiner funktionalen Bedeutung im Objekt entsprechend – beurteilt werden. Dies kann nach folgenden Kriterien erfolgen:

**Wann vorbeugende Instandhaltung?**

- Ausfallart der instand zu haltenden Betriebseinheit

- Gesundheitsgefährdung von Anlagenbedienern und Beeinträchtigung der Umwelt im Schadensfall

- Art und Umfang technischer Folgeschäden und indirekter Folgekosten.

Bei der zeitabhängigen Strategie sind grundsätzlich zwei Vorgehensweisen der Intervallbildung möglich:

- Während der Objektlebensdauer werden in gleich bleibenden Intervallen vorbeugende Maßnahmen (Wartungen, Inspektionen, geplante Instandsetzungen) durchgeführt. Dies erfolgt unabhängig von der tatsächlichen, abnutzungsbedingten Erforderlichkeit des Termins. Das Intervall richtet sich hierbei nach Schätz- bzw. Erfahrungswerten des Instandhaltungsexperten, in das i.d.R. hohe Sicherheitsspannen eingerechnet sind. Der Gesamtaufwand für vorbeugende Instandhaltungsmaßnahmen wird damit in Summe über die gesamte Lebensdauer eines Objekts betrachtet sehr hoch mit der Folge hoher direkter Instandhaltungskosten.

- Die Alternative zu zeitlich fixen Intervallen ist die variable Gestaltung von Intervallen und Terminen für vorbeugende Maßnahmen während der Lebensdauer einer technischen Betrachtungseinheit. Die Variabilität hängt dabei im Wesentlichen von der Betriebsdauer, der Beanspruchung und der jeweiligen Bedeutung des Objekts für den Gesamtprozess ab. Vielfach hängt die Entscheidung über die Wahl des jeweils geeigneten Intervalls vom Ergebnis regelmäßig durchgeführter Inspektionen ab, die Kenntnisse über den aktuellen Abnutzungszustand eines Objekts liefern. Hier liegt bereits eine enge Parallele zu der dritten Strategieart, der Inspektionsstrategie vor.

Für diese Vorgehensweise sprechen vor allem auch wirtschaftliche Gründe, viele vorbeugende Maßnahmen sind so preiswert, dass eine Prüfung ihrer Notwendigkeit durch eine Inspektion zu aufwendig wäre.

■ **Ideal ist die dritte Instandhaltungsstrategie, die zustandsabhängige Strategie**

**Technische Diagnostik**

Die zustandsorientierte Instandhaltung ist sicherlich die effektivste Form einer Instandhaltungsstrategie: Eine Maßnahme wird so kurz wie möglich vor dem Zeitpunkt durchgeführt, an dem eine Anlage oder ein Anlagenelement ausfällt. Dazu ist jedoch die genaue Kenntnis des Anlagenzustandes erforderlich, dessen qualifizierte Erfassung insbesondere wegen des Nachrüstaufwandes von Altanlagen nur für bestimmte Anlagen und Anlagenelemente durchgeführt wird. Voraussetzungen wie beispielsweise »prüf- und wartungsfreundliche Konstruktionen« oder die »Ausrüstung der Anlagen mit Überwachungseinrichtungen« sind teilweise nur bei Neuanlagen zu realisieren. Die technische Diagnostik ist somit die wesentliche Voraussetzung für eine zustandsorientierte Instandhaltung, die sich in Zukunft noch intensiv weiterentwickeln wird. Zur Verbesserung der Erfassungsmethoden, gerade auch im Hinblick auf ihren kostengünstigen Einsatz, werden zz. erhebliche Anstrengungen unternommen.

Durch regelmäßige Inspektionen wird der Zustand einer Anlage (Zustandsdiagnose) nach festgelegten Kriterien überprüft, d.h. ist der Grenzwert erreicht, so wird durch eine vorplanbare Maßnahme das verbrauchte Anlagenelement ausgetauscht oder aufbereitet, so dass sich anschließend die Anlage wieder in ihrem Ausgangszustand befindet (Herstellung von neuem Abnutzungsvorrat). Damit wird der Nutzenverbrauch permanent bis zur Erreichung des Grenzwertes (der Nutzenvorrat ist verbraucht) überprüft. Die Unsicherheit zufällig auftretender Störungen ist damit beherrschbar.

**Folgeaufwendungen**

Zu den zustandsabhängigen Instandsetzungen zählen außerdem alle nicht vorhersehbaren Ereignisse, die als Folge einer durchgeführten Maßnahme während der Instandsetzung erkannt werden. Erst durch Öffnen eines Getriebes kann der wirkliche Schaden festgestellt werden, somit können erst dann Aktivitäten eingeleitet werden. Dies ist ein wichtiger Aspekt bei der Durchführung von Instandhaltungsmaßnahmen, denn eine nicht vorhersehbare Abnutzung wird natürlich im Rahmen dieser Maßnahmen behoben, die hierzu zusätzlichen Arbeiten sind jedoch nicht planbar. Sie erhöhen den zeitlichen und kostenmäßigen Aufwand u.U. erheblich.

#### 4.3.8.7 Was ist die richtige Strategie?

**Bewertung einer Strategie**

Eine Instandhaltungsstrategie muss – nachdem sie geplant ist – bewertet werden. Da stellt sich sofort die Frage, was der Bewertungsmaßstab dafür ist. Das können die Instandhaltungskosten des letzten Jahres sein, die den zu erwartenden Kosten der neuen Strategie gegenüberzustellen sind. Darüber hinaus können als Bewertungsgrößen die Verfügbarkeit sowie die Produktqualität (anhand der Ausschussmengen) betrachtet werden.

In jedem Fall muss auch untersucht werden, wie sich Instandhaltungsstrategien auf das spezifische Ausfallverhalten der technischen Objekte auswirken und wie davon der Produktionsprozess betroffen ist (siehe Abb. 6).

Entscheidend ist natürlich die Zielstellung. Das heißt, stehen die Kosten, die Verfügbarkeit oder die Gesamtkosten für das Unternehmen und damit die Auswirkungen der Instandhaltung auf die Produktion im Zielfokus? Die Instandhaltungsstrategieplanung muss klar zwischen den Zielgrößen unterscheiden, erst dann kann ein Optimum gefunden werden.

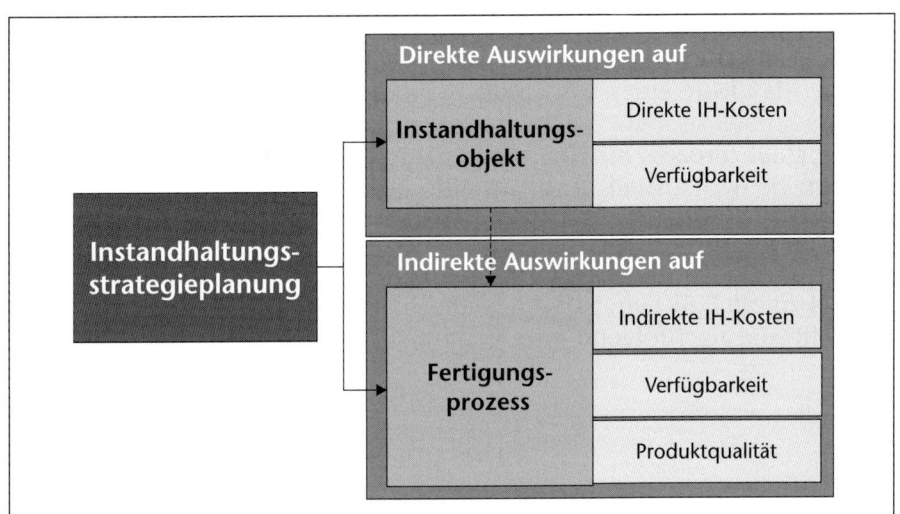

*Abb. 6: Auswirkungen der IH-Strategieplanung*

Wenn die Zielstellung klar ist und damit der Bewertungsmaßstab feststeht, bleibt das Problem, eine Optimierung möglichst praktikabel zu gestalten. Konkret heißt das, was ist zu tun bei redundanten Maschinen mit geringen Wiederbeschaffungswerten, die nur lose in verkettete Fertigungs- und Materialflusssysteme eingebunden sind und ein geringes Risikopotenzial bei störungsbedingten Ausfällen aufweisen? Ist in diesem Fall die Feuerwehrstrategie die kostengünstigste, da die möglicherweise eintretende Situation eines Ausfalls unkritisch ist?

Und was ist bei komplexen Anlagen, die nicht verkettet sind und bei denen keine Redundanz vorliegt? Umgekehrt, was ist bei Anlagen, die komplex und stark verkettet sind, aber keine Diagnoseeinrichtung haben? Diese Fragen lassen sich beliebig weiterführen.

Simulationswerkzeuge helfen zur Entscheidungsunterstützung. Damit können unterschiedliche Instandhaltungsstrategien getestet werden – die Aus-

**Instandhaltungssimulation**

wirkungen auf die Verfügbarkeiten und damit auf die Produktion (Kosten, Mengen, Engpässe etc.) werden transparent.

So zeigt sich, dass sowohl eine gezielte Planung des erforderlichen Instandhaltungsumfanges als auch eine Reduzierung instandhaltungsbedingter Produktionsverluste zu deutlichen Produktivitätssprüngen in der Instandhaltung, aber auch im Produktionsablauf führen können.

Dies ist Grund genug, um sich über die geeignete Vorgehensweise, Strategie und Auswirkungen der praktizierten Instandhaltung Gedanken zu machen. Ein erster guter Schritt in Richtung einer geplanten, vorbeugenden Instandhaltung war und ist die Einführung und Nutzung so genannter IPS- oder CMMS-Systeme (Computerised Maintenance Management Systems). Mit diesen datenbankbasierten Systemen lassen sich unter anderem Instandhaltungsaufträge einplanen, auswerten und die verursachten Kosten rückverfolgen.

Mit Hilfe dieses softwaregestützten Verfahrens ist es möglich, eine nach Instandhaltungskosten und technischer Verfügbarkeit optimale Strategie für jede Maschine eines betrachteten Produktionsprozesses zu ermitteln. Darüber hinaus sind auch die Ergebnisse der Instandhaltungsstrategieplanung für den Prozess miteinander verketteter Anlagen ermittelbar. Diese bestehen in den Ausfall- und Ausfallfolgekosten der Instandhaltung sowie in der Verfügbarkeit des Herstellungsprozesses oder betrachteter Teilprozesse.

Um dies zu ermöglichen, ist das Verfahren in drei wesentliche Hauptschritte unterteilt, die nachfolgend grob dargestellt werden (siehe Abb. 7).

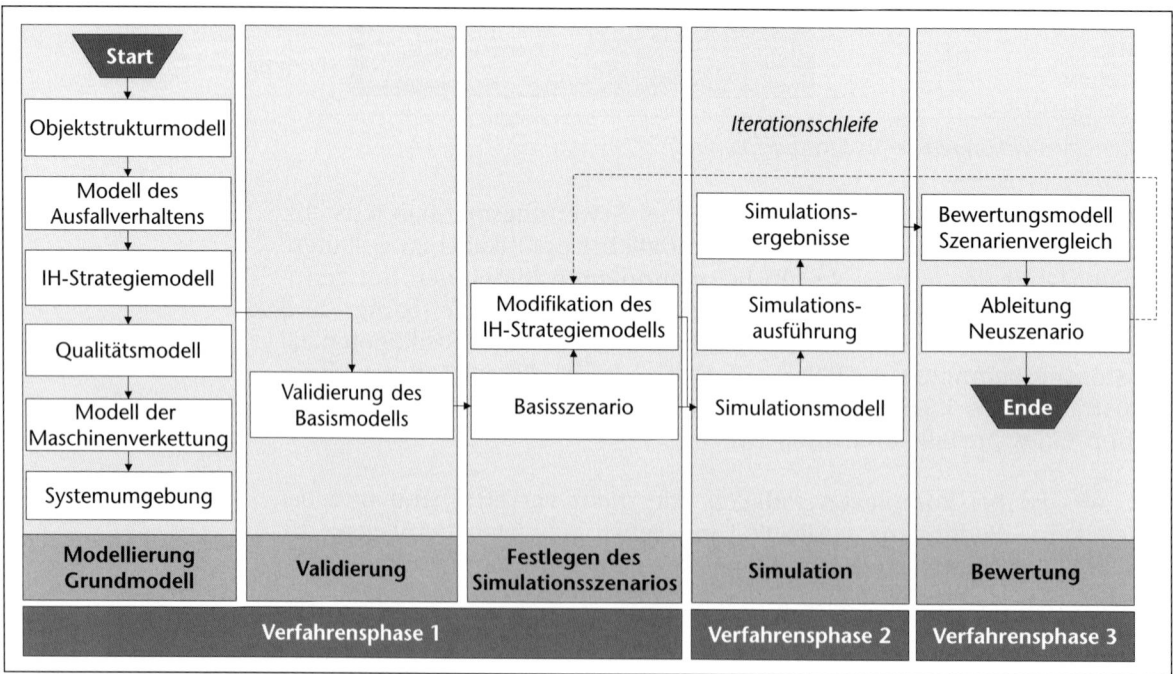

*Abb. 7: Ablauf des Simulationsverfahrens*

Instandhaltungsstrategien: Anspruch und Wirklichkeit 4.3.8

In Verfahrensphase 1 müssen die benötigten Modellstrukturen für das Verfahren aufgebaut, parametriert und validiert werden. Dies erfolgt mit Hilfe eines Modellierungstools, das die objektorientierte Verarbeitung und Strukturierung von Daten unterstützt. In dieser Phase der Modellierung werden einmalig folgende Strukturen aufgebaut:

**Aufbau eines Simulationsmodells**

- Abbildung der Maschinen und Komponenten
- Abbildung des Ausfallverhaltens von technischen Objekten
- Abbildung der bestehenden Instandhaltungsstrategien nach der Unterscheidung in ausfallorientierte Strategie, zeit-/intervallbasierte Strategie und zustandsorientierte Strategie oder Inspektionsstrategie
- Abbildung der produktionsspezifischen Daten im Prozessmodell
- Abbildung der Parameter der Systemumgebung

Anschließend werden die Modellstrukturen mit den benötigten Parametern des abzubildenden Systems gefüllt. In Abbildung 8 ist dargestellt, wie durch Parametervariation unterschiedliche Verhaltensweisen einer Anlage über ihren Lebenslauf abgebildet werden können. Neben der typischen »Badewannen«-Kurve können auch andere Ausfallmuster wie beispielsweise konstantes Ausfallverhalten über den Lebenslauf oder ansteigendes Ausfallverhalten am Lebenslaufende abgebildet werden.

Die Validierung der Modelldaten stellt sicher, dass eine hinreichende Übereinstimmung zwischen Modell und Realität vorliegt.

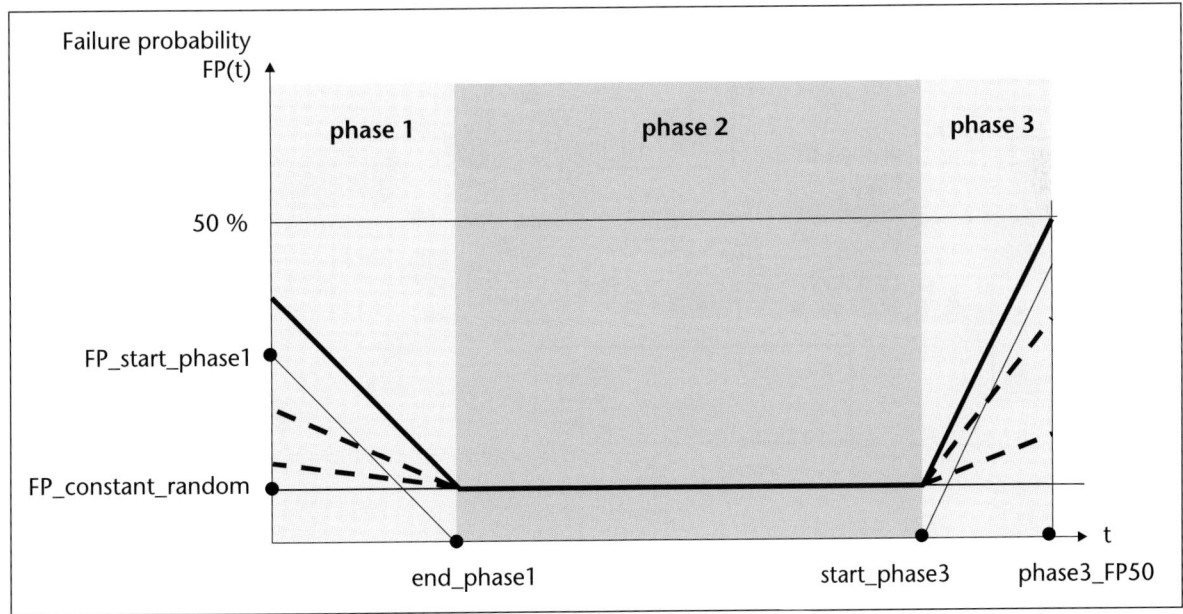

*Abb. 8: Fehlerverhalten einer Anlage und Parametervariation*

4.3 Instandhaltung der Produktionsanlagen

Im zweiten Verfahrensschritt wird ein Simulationsmodell aufgebaut, in das die zeitdynamischen Daten über eine Schnittstelle aus dem Grundmodell der Phase 1 in das Simulationsmodell transferiert und im Rahmen der Simulationsausführung verarbeitet werden. Nach dem Simulationslauf werden die Ergebnisdaten in eine Ausgabedatei übernommen und gespeichert.

Zur Bewertung der Ergebnisdaten eines Simulationslaufs werden die erzeugten Daten in Verfahrensschritt 3 zurück in das Modellierungstool transferiert und dort grafisch und analytisch dargestellt. Analog zu einem Regelkreis nimmt der Verfahrensanwender – zum Beispiel der Instandhaltungsplaner – Veränderungen an den Parametern des Instandhaltungsstrategiemodells vor und stößt eine erneute, zeitdynamische Verarbeitung der modifizierten Modellparameter in Phase 2 und 3 an. Die dabei ermittelten Ergebnisse des Simulationslaufs werden anschließend vom System einer erneuten Bewertung unterzogen.

**Anwendung der Simulation**  Das Beispiel vom Einsatz des Simulationswerkzeuges in einem Unternehmen der Kraftfahrzeug-Zulieferindustrie zeigt das Potenzial der Simulation.

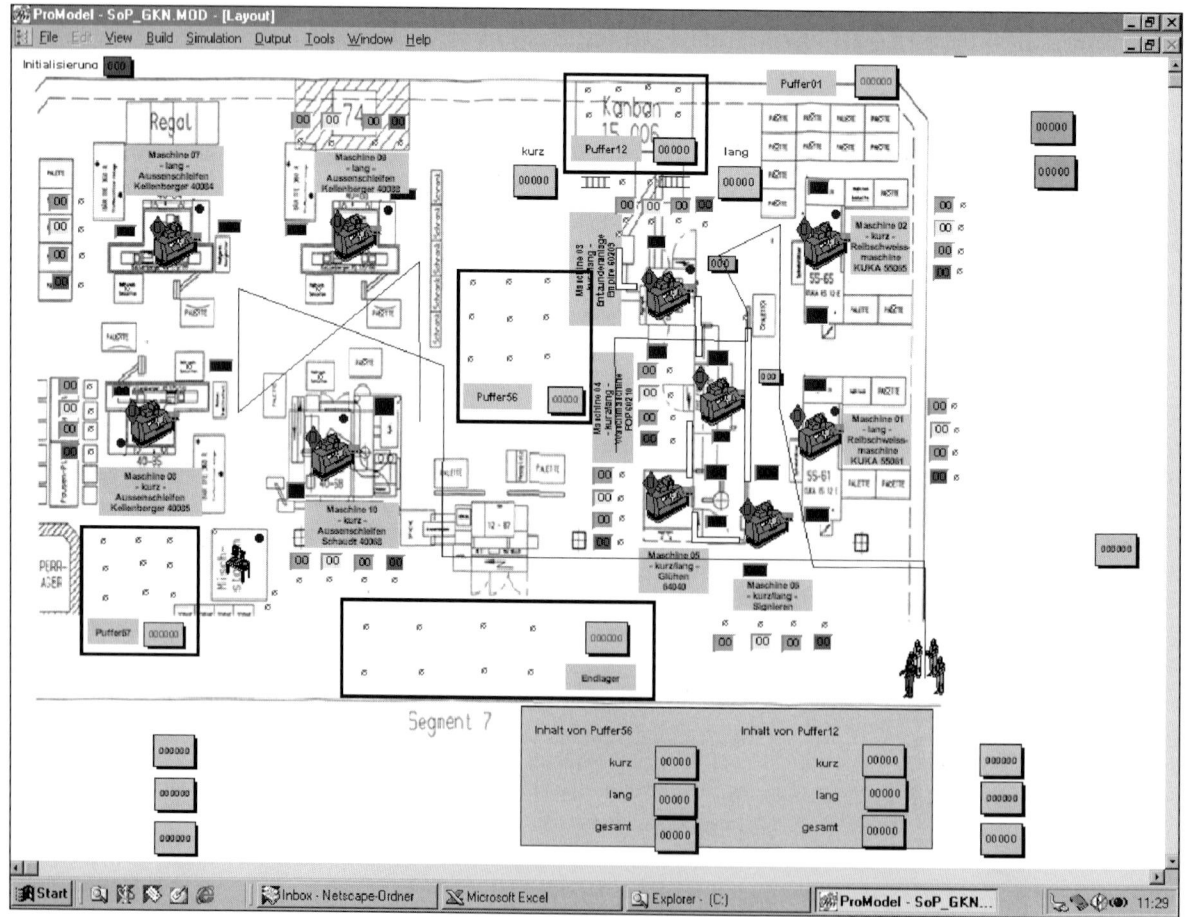

*Abb. 9: Darstellung des Layouts und des simulierten Materialflusses*

Ein Teilbereich der Produktion – mehrere Produktionsmaschinen und eine Roboterzelle – wurde in dem Simulationsmodell abgebildet (siehe Abb. 9). Dabei konnte der Materialfluss verschiedener Produkte und die sich je nach Menge und Maschinenstatus bildenden Material-Puffer abgebildet werden. Zu den Maschinen wurden Ausfallraten und weitere statistische Daten hinterlegt. Das Ausfallverhalten wurde durch Ausfallkurven in Form der oben beschriebenen Parametervariation abgebildet.

In diese Situation konnten verschiedene Instandhaltungsstrategien eingespielt werden. Dabei wurden die Unterschiede zur vorherrschenden Ist-Situation durch die Simulation abgeleitet und die Vergleiche in grafischer Form dargestellt. Die Ergebnisse zeigen, dass die Auswirkungen auf verschiedene Parameter sehr unterschiedlich sind, dass aber im Zusammenspiel verschiedener Kriterien für die oben beschriebene Situation die Strategie »Maximierung der Zustandsorientierung durch häufigere Inspektionsintervalle« die geeigneteste ist.

Die Erfahrungen beim Einsatz des Simulationswerkzeuges zeigen aber auch, dass mit dem Einsatz dieser Werkzeuge erhebliche Aufwendungen verbunden sind. Je genauer die Ergebnisse sein sollen, desto mehr Aufwand erfordert die Vorbereitung und Durchführung der Simulation. Zudem liegen viele notwendige Daten oft nicht vor, hier sind Abschätzungen notwendig.

**Einfacheres Werkzeug zur Simulation**

Aus diesem Grund soll abschließend ein wesentlich einfacheres Werkzeug – »Instandhaltungs-Cockpit« – vorgestellt werden, das in der Anwendung und im Handling wesentlich einfacher gestaltet ist. Mit diesem »Instandhaltungs-Cockpit« lassen sich Szenarien durchspielen, die gute Ergebnisse für viele Anwendungsfälle in der Instandhaltung liefern. Die Aufwendungen sind deutlich geringer gegenüber einer umfangreichen Simulation.

Dabei werden Vereinfachungen bezüglich der Anlagen und ihrer Komponenten vorgenommen (siehe Abb. 10) sowie die Auswirkungen der Instandhaltungsmaßnahmen auf den Verfügbarkeitsvorrat abgeschätzt.

**Arbeitsweise des IH-Cockpits**

Die Szenarien werden mit Hilfe eines Tabellenkalkulationsblattes durchgerechnet und in einer Grafik gegenübergestellt. Die Berechnungen erfolgen pro A-Maschinen/Anlagen, die übrigen Maschinen werden in einer Position zusammengefasst oder gar nicht berücksichtigt. Dies ist eine der oben angesprochenen wesentlichen Vereinfachungen, aber genau dadurch bleibt dieser Ansatz pragmatisch und aufwandsarm (siehe Abb. 11).

Weiterhin werden pro Maschine/Anlage die zu erwartenden Aufwandsstunden den zu erwartenden Produktionsausfallkosten gegenübergestellt. Über alle Maschinen/Anlagen hinweg lässt sich dies in zwei Kostengrößen fassen: die Instandhaltungskosten und die durch die Instandhaltung verursachten Kosten.

## 4.3 Instandhaltung der Produktionsanlagen

**Je genauer das geforderte Ergebnis, desto höher der Aufwand/die Komplexität!**

**Vereinfachung**

- Konzentration auf A-Maschinen/Anlagen, restl. Anlagen »ein Topf«
- Planbelegung auf 3–6 Monate bezogen auf Produkt/Produktklasse mit Beanspruchungsindex
- Berücksichtigung Verkettung über Ausfallkompensationsgrad
- Anlagenstruktur kann über Ausfallkompensation berücksichtigt werden, ist aber i.d.R. nicht sinnvoll (Komplexität)

**Abschätzungen**

- Auswirkungen der Maßnahmen auf den Verfügbarkeitsvorrat aktuelles Jahr (Periode)/Folgejahr (Folgeperiode) → indirekt über Ausfallrate

**Ergebnisse**

- Gegenüberstellung Kosten durch Instandhaltung ↔ Ausfallkosten

**Nutzen**

- Entscheidungshilfe/Sprachrohr

*Abb. 10: Das Instandhaltungs-Cockpit als vereinfachte Form einer Simulation*

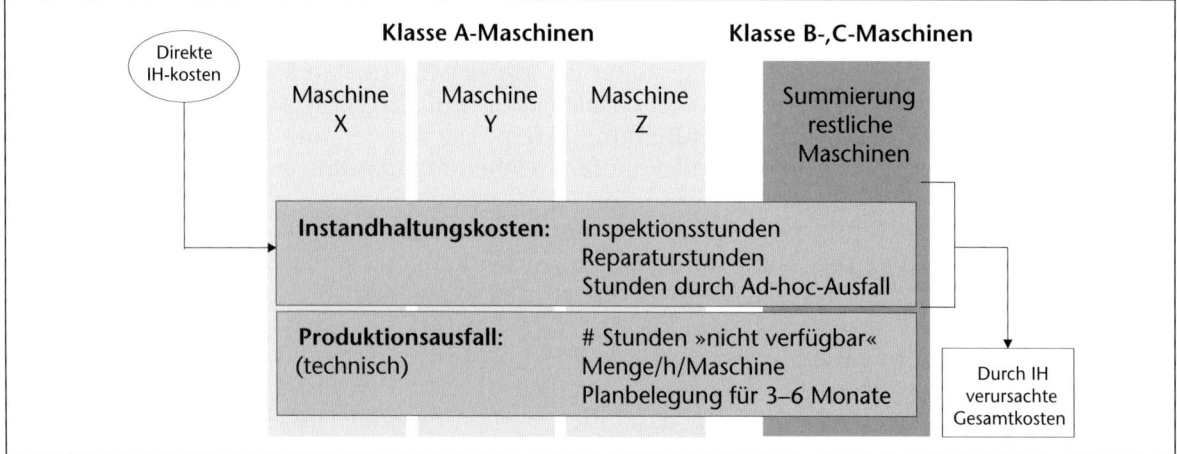

*Abb. 11: Instandhaltungs-Cockpit – Berechnungen durch ein Tabellenkalkulationsblatt*

Veränderungen der Anteile von vorbeugenden zu Ad-hoc-Stunden unter Berücksichtigung der Produktionsauslastung wirken sich auf die Anlagenverfügbarkeiten und damit auf die Produktionskosten aus. Damit können nun verschiedene Szenarien durchgerechnet und direkt miteinander verglichen werden. Abbildung 12 zeigt einen Vergleich des Istzustandes zu einer betont vorbeugenden Strategie und einer »Feuerwehr«-Strategie.

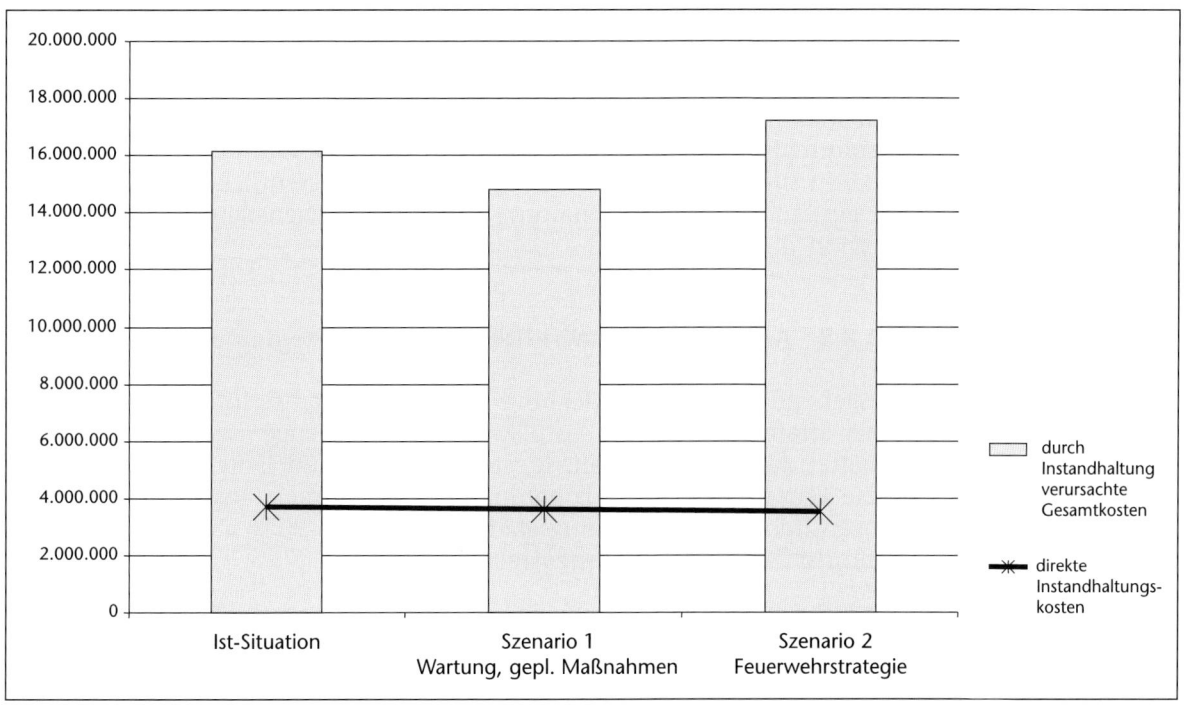

*Abb. 12: Ergebnis eines Strategievergleiches, dargestellt im Instandhaltungs-Cockpit*

Ergebnis:

- Die Feuerwehrstrategie verursacht die geringsten IH-Kosten, aber die höchsten Gesamtkosten.

- Die vorbeugende Strategie verursacht zwar höhere IH-Kosten, aber die geringsten Gesamtkosten, und ist daher vorzuziehen.

Erste Praxistests zeigen, dass trotz dieser Vereinfachungen und Abschätzungen ableitbare Ergebnisse erzielt werden können.

Beiden Werkzeugen gemeinsam ist, dass sich mit den durchgeführten Vergleichen leicht eine Idealstrategie (Best-of-Strategie) für die Instandhaltung ermitteln lässt. Dabei werden aus den durchgeführten Experimenten die besten Ergebnisse hinsichtlich Kosten und Verfügbarkeit herausgefiltert.

**Vorteile der Simulation**

Die Simulationstechnik erweist sich in diesem Zusammenhang als eine gute Methode, um die komplexen Zusammenhänge in und zwischen den Teilmodellen sowie die Zeitdynamik der »Vorausplanung« abzubilden. Vergleicht man auf der Basis der Daten unterschiedlicher Instandhaltungsabteilungen die aktuell gehandhabte Form maschinenspezifischer Instandhaltungsstrategien mit der bestmöglichen Strategieplanung, so lassen sich deutliche Kosten- und Verfügbarkeitsdifferenzen (bis zu 20 % Differenz in den Ergebniswerten zwischen dem zugrunde liegenden Basis-Szenario (Ist-Situation) und dem bestmöglichen Szenario (Soll-Situation) ausmachen.

Insbesondere kann dargestellt werden, wie sich die derzeit durchgeführte Instandhaltung auf die Produktions- und Materialflussprozesse in einem Unternehmen auswirken und zu welchen Folgen mangelnde Verfügbarkeit von Maschinen führen kann. Eine enge ganzheitliche Betrachtung von Instandhaltungsplanungsprozessen und deren Auswirkungen in der Produktion sind damit möglich. Dies stellt einen wesentlichen Gesichtspunkt für eine moderne Instandhaltung als indirekte Dienstleistung für die Produktion dar.

### 4.3.8.8 Anspruch und Wirklichkeit der Strategieplanung

Ausgehend von der Entwicklung ist über viele Jahre hinweg der Wunsch einer Strategie, die mehr Vorplanung und vorbeugende Maßnahmen beinhaltet, latent vorhanden. Je nach Branche und Unternehmen hat die reine Feuerwehrstrategie zunehmend abgenommen. Insbesondere in der Prozessindustrie sind Planungsgrade zwischen 60–80 % aller im Jahr durchgeführten Maßnahmen festzustellen.

Trotzdem bleibt auch hier wie in allen anderen Branchen das ungute Gefühl, ob man nicht durch weniger Vorbeugung Kosten sparen kann, ohne die Verfügbarkeit einzuschränken. In Konsequenz begibt sich das Instandhaltungsmanagement auf den unsicheren Pfad, genau dies zu tun. In der Hoffnung, dass dieses auch eintritt: geringere Kosten ohne wesentliche Auswirkungen auf die Anlagen und Produktionsprozesse.

**Vorgehensweise zur Strategieplanung**

Die oben vorgestellten Methoden sollen helfen, diese Unsicherheit zu überwinden:

- Mehr Systematik
- Konzentration auf die Funktionen der einzelnen Anlagen und Maschinen
- Betrachtung der möglichen Fehler und deren Auswirkungen
- Ableitung der wichtigsten Maßnahmen und Erstellung einer Instandhaltungsstrategie
- Ableitung und Gegenüberstellung alternativer Szenarien ausgehend von der Strategie

Ganz wichtig ist aber, bei der Gegenüberstellung der Strategien auch die Auswirkungen zu betrachten und zu bewerten. Genau damit soll eine Veränderung der Blickrichtung erzielt werden: Von der Betrachtung der Kosten der Instandhaltung hin zur Wirkung (Leistung) der Instandhaltung.

## 4.3.9 Outsourcing in der Instandhaltung

### 4.3.9.1 Einführung

Die Situation, in der heute unsere Unternehmen stehen, ist in den bisherigen Beiträgen schon mehrfach angesprochen worden. Veränderte Marktanforderungen – die sich im Nachfrageverhalten für individuelle Produkte und dynamische Anforderungen bezüglich der Nachfragebedienung widerspiegeln –, zunehmende Globalisierung der Märkte sowie durch eine ansteigende Dynamik der Wirtschaft eine sich für Unternehmen in Deutschland dramatisch verschärfende Wettbewerbssituation sind einige Kernaussagen. Heutzutage können Unternehmenserfolge nur dann zufrieden stellend erzielt werden, wenn wesentliche Wettbewerbsfaktoren, wie Kundenzufriedenheit, Kosten, Qualität und Wissen, parallel und kontinuierlich verbessert werden.

Die Unternehmen suchen nach Möglichkeiten und Methoden, die ihnen diese Zielstellung möglichst nachhaltig gewährleistet. Deswegen stellen Unternehmen aller Branchen sich heute intensiver als in der Vergangenheit die Frage, inwieweit Funktionen, die nicht zu den Kernkompetenzen zählen, ausgelagert werden können. Neben den herkömmlichen Make-or-buy-Entscheidungen von Produkten und Dienstleistungen werden insbesondere auch die »indirekten Bereiche« der Unternehmen, – somit auch die Instandhaltung – in die Diskussion um die Fremdvergabe von Leistungen zur Erschließung von Einsparungspotenzialen mit einbezogen.

### 4.3.9.2 Ist die Make-or-buy Entscheidung ein uraltes Thema?

Die Frage des Make-or-buy ist ein altes Thema. Auch wenn reißerisch in Publikationen oder auf Kongressen auf die Dringlichkeit und Aktualität dieses Themas hingewiesen wird, vor 20 Jahren war Outsourcing auch schon ein dringendes Thema.

Damit liegen jede Menge an Erfahrungen (positive und negative) vor, auch gibt es viele Veröffentlichungen zu diesem Thema.

Der gesamte Outsourcing-Prozess, von der Identifikation von potenziellen Outsourcing-Leistungen über die Vertragsgestaltung bis hin zur Implementierung, wird im »Leitfaden zum Outsourcing von unternehmensnahen Dienstleistungen« beschrieben (vgl. Zahn (1998)). Der Leitfaden erfasst die Outsourcing-Thematik in ihrer Gesamtheit und erstellt ein Phasenkonzept für die Handhabung von Outsourcing-Vorhaben. Er stellt jedoch keine Entscheidungs- bzw. Handlungsgrundlage dar, sondern vielmehr eine Diskussionsbasis und Checkliste für eine praktische Analyse der Outsourcing-Thematik.

**Veröffentlichungen zum Outsourcing**

Die besondere Stellung der Instandhaltung, die im hohen Maße mit verantwortlich für die Gewährleistung einer hohen Anlagenverfügbarkeit und somit für die termin-, kosten- und qualitätsgerechte Herstellung der Produkte ist, wird in diesem Leitfaden nur untergeordnet betrachtet. In an-

### 4.3 Instandhaltung der Produktionsanlagen

deren Veröffentlichungen zum Outsourcing in der Instandhaltung werden schwerpunktmäßig das Vorteilspotenzial, die Restriktionen, die verschiedenen Typen des Outsourcings und die Unterschiede der Anbieter von Outsourcing-Leistungen dargestellt (vgl. Bloß (1996), Schimmelpfeng (1999), Kuhn (1997), Brumby (1999)). Eine Vorgehensweise für die Vergabe von Instandhaltungsleistungen wird von Schimmelpfeng (1999) beschrieben. Diese Vorgehensweise in Anlehnung an die VDI-Richtlinie 2899 geht von definierten IH-Leistungsumfängen aus, die mit Hilfe eines Kriterienkatalogs, der sich aus organisatorischen, inhaltlich-technischen und wirtschaftlichen Kriterien zusammensetzt, auf ihre Eignung zur Fremdinstandhaltung hin untersucht werden.

Interessant bleibt aber die Frage, warum der Zulauf zu diesem doch schon sehr alten Thema nach wie vor hoch ist und wie sich heutige Entwicklungen im Outsourcing darstellen.

Bisherige Outsourcing-Aktivitäten im Bereich Instandhaltung haben sich hauptsächlich auf die Eignung definierter Leistungspakete zur Fremdvergabe, den Formen des Outsourcings und der Auswahl des Instandhaltungs-Dienstleisters konzentriert.

**Erweiterte Aufgabenumfänge**  Neu ist, Leistungen stärker zu bündeln und damit größere Umfänge zu vergeben. So werden beispielsweise nicht einzelne Aufgaben, sondern die komplette Instandhaltung der Stapler eines Unternehmens vergeben.

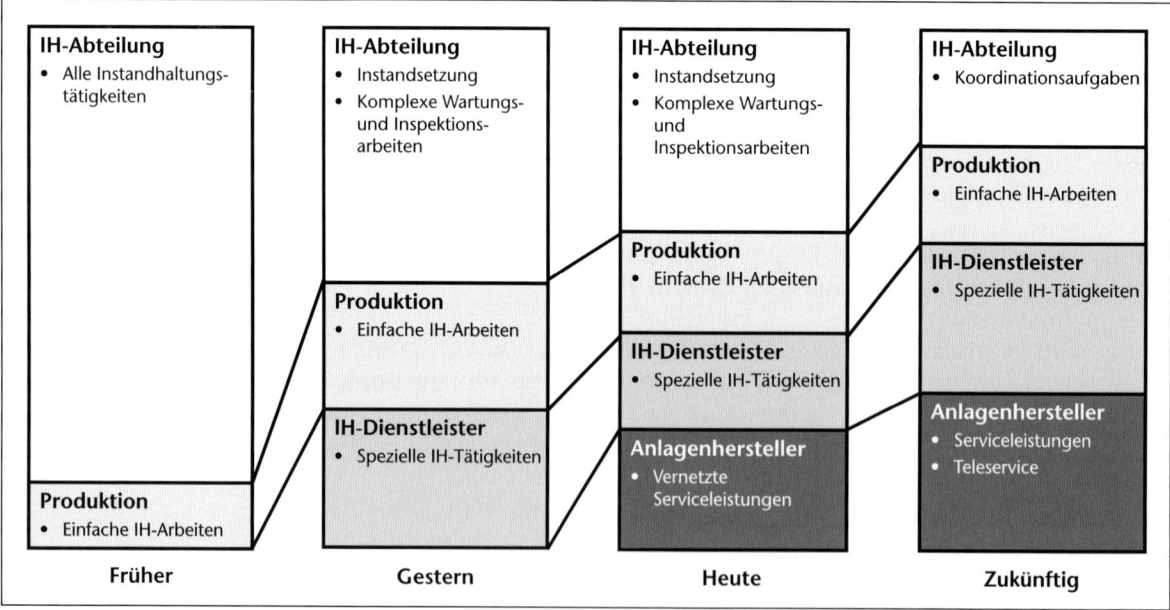

*Abb. 1: Der Wandel in den Aufgaben der Instandhaltung (FIR 2002)*

Außerdem ist das Outsourcing von Instandhaltungsleistungen in produktionsnahen Bereichen – die früher nie zur Diskussion standen – eine neue Erscheinungsform. Dieser Trend zeigt sich beispielsweise in Unternehmen der chemischen Industrie, die alle Instandhaltungsleistungen zur Diskussion stellen. Insbesondere in dieser Branche gibt es Unternehmen, die keine eigene Instandhaltung mehr betreiben. Das stellt natürlich wesentlich höhere Anforderungen an den Outsourcing-Nehmer, da erhebliche Auswirkungen auf die Produktion/Fertigung zu erwarten sind. Diese Anforderungen spiegeln sich in der Qualität der Instandhaltungsarbeiten, der wirtschaftlichen Ausführung sowie in kurzen Reparaturzeiten bei Anlagenstörungen wider.

**Der Anbietermarkt von Outsourcing**

Der Anbietermarkt von Instandhaltungs-Fremdleistungen hat sich in den letzten Jahren ebenfalls stark verändert. Neben den herkömmlichen Outsourcing-Nehmern, wie z.B. kleinen Instandhaltungsspezialisten, Service-Abteilungen von Maschinenherstellern und mittelgroßen Fremdinstandhaltungsallroundern, haben sich in den letzten Jahren neue Unternehmensstrukturtypen herausgebildet. Shareholder-Value-Ansätze führen insbesondere in Unternehmen der Prozessindustrie zur Abspaltung eigenständiger mittlerer und kleiner Unternehmen. Diese Ausgründungen von Instandhaltungsabteilungen müssen Instandhaltungsaufgaben dezentral übernehmen, die bisher in der Verantwortung zentraler Instandhaltungsabteilungen der Unternehmen lagen.

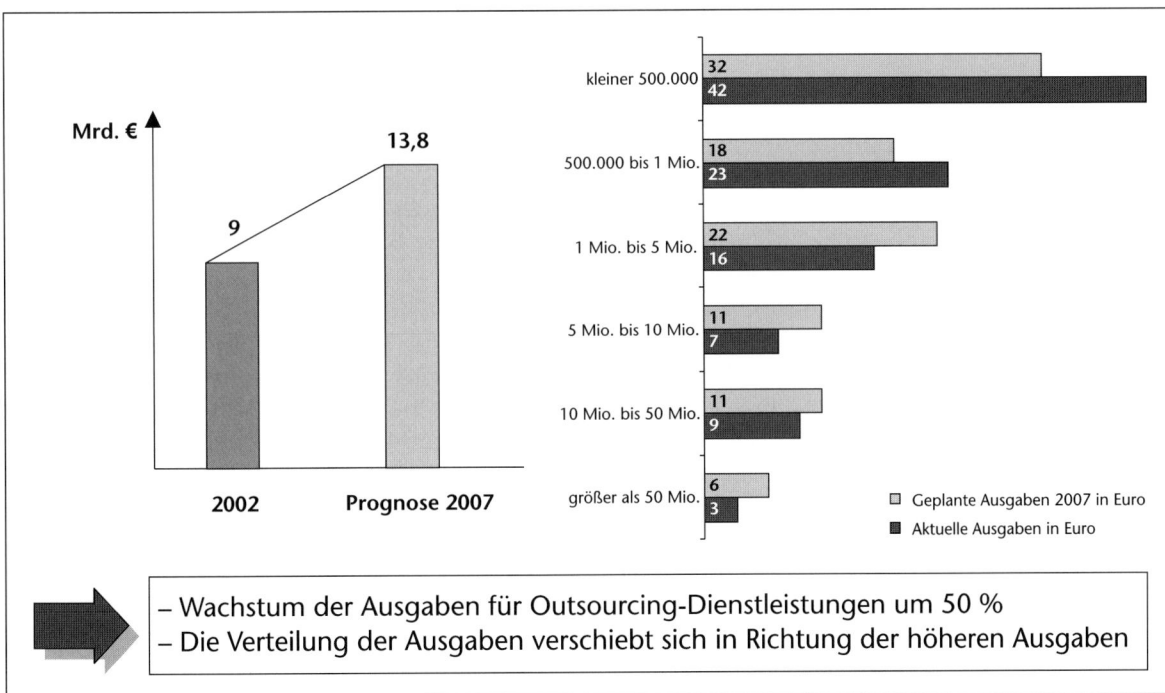

Abb. 2: Jährliche Ausgaben für Outsourcing-Dienstleistungen heute und in fünf Jahren (Fink 2002)

Diese Veränderungen im Markt lassen sich an der erwarteteten Verschiebung zu immer größeren Leistungseinheiten erkennen, die nachgefragt werden (Abbildung 2). Eine folgerichtige Entwicklung stellen globale Anbieter von Instandhaltungsleistungen dar. Diese großen Alleskönner mit (inter-) nationalem Kundenkreis sind meist als Unternehmensnetzwerk organisiert.

**Neue Technologien**

Auch die Maschinenhersteller haben ihr Leistungsangebot von reinen Maschinen- und Ersatzteillieferanten mit zugehörigen Kundendienstabteilungen bis hin zu Anlagenbetreibern ausgebaut.

Neue Kommunikations- und Informationstechnologien, wie z.B. die internetbasierten Mehrwertdienste, öffnen weitere Möglichkeiten des Outsourcings. Durch Teleservice, internetbasierte Analyse und Ferndiagnose wird einerseits der Zugriff auf die Maschinen durch Spezialisten von außen ermöglicht, andererseits entstehen hieraus neuartige Perspektiven für Outsourcing-Nehmer.

### 4.3.9.3 Wie läuft die Entscheidungsfindung für Eigenleistung oder Fremdvergabe von Instandhaltungsleistungen ab?

**Entscheidungen auf Kostenbasis**

Die Entscheidungen für die Fremdvergabe von Instandhaltungsdienstleistungen erfolgen in der Praxis meist auf Kostenbasis. Als weitere Auswahlkriterien für Fremdinstandhalter sind die zeitliche Verfügbarkeit und die Qualität der Leistungserbringung zu nennen.

Der Vergleich relevanter Kostendaten ist das in der Praxis dominierende Instrument zur Unterstützung der Entscheidungsfindung. Es wird hierbei der Versuch unternommen, entscheidungsrelevante Kosten der Eigenleistung mit Fremdbezugskosten zu vergleichen. Die Nachteile dieser Verfahren liegen vor allem in der mangelnden Abschätzbarkeit relevanter Kosten und der Unsicherheit der Abschätzung von Kostenentwicklungen in der Zukunft.

**Qualitative Faktoren zur Entscheidung**

Da bei Outsourcing-Entscheidungen eine Reihe qualitativer Faktoren eine erhebliche Rolle spielen, die in kostenrechnerischen Ansätzen nicht berücksichtigt werden können, wurden Checklisten und Argumentenbilanzen entwickelt. Checklisten bestehen aus einer einfachen Auflistung von Vor- und Nachteilen des Outsourcings. Argumentenbilanzen beinhalten in Bilanzform Argumente für und gegen das Outsourcing bezüglich explizit aufgeführter Kriterien, die mit unterschiedlichen Gewichten in die Outsourcing-Entscheidung einfließen können. Eine Argumentenbilanz systematisiert die in Verbindung mit Outsourcing erörterten Kriterien und dient der Entscheidungsunterstützung, wenn Kriterien durch Verfahren der Nutzwertanalyse quantifiziert und gewichtet werden. Der Ansatz der Argumentenbilanzen liefert gute Orientierungspunkte, ist aber auf Grund seines Checklisten-Charakters und der damit verbundenen Menge an entscheidungsrelevanten Kriterien starker Kritik hinsichtlich Praktikabilität und Zuverlässigkeit unterworfen. Der Kriterienaufstellung fehlt oft die inhaltliche Systematik; auch die Operationalisierung und das Zusammenspiel der als entscheidungsrelevant bezeichneten Kriterien bleiben unbestimmt.

Ein weiterer Ansatz zur Entscheidungsfindung sind Portfolio-Analysen. Ziel der Portfolio-Analyse ist es, Unternehmensressourcen in solche Geschäftsfelder zu lenken, in denen Wettbewerbsvorteile generiert werden können. Als exemplarischer Vertreter kann Picot (1991) herausgegriffen werden, der im Rahmen einer Portfolio-Matrix für das Outsourcing den »Know-how-Barrieren für das Outsourcing« die »Spezifität, strategische Bedeutung, Unsicherheit, Häufigkeit« gegenüberstellt und daraus Normstrategien als Gesamtempfehlung ableitet. Die wesentlichen Vorteile der Portfolio-Technik liegen in der Reduzierung der Komplexität und der leichten Nachvollziehbarkeit. Diesen Vorteilen stehen die Nachteile der statischen Betrachtung des Problemfeldes aus nur zwei Dimensionen und die Tatsache, dass nur Trendaussagen für die Gestaltung der Outsourcing-Entscheidung möglich sind, gegenüber.

| Gründe für Fremdleistung | Gründe für Eigenleistung |
|---|---|
| ➤ Es stehen keine Personalressourcen zur Verfügung | ➤ Schnelle Reaktion ist oftmals bei Fremdleistern nicht möglich |
| ➤ Es wird ein nicht vorhandenes Know-how zur Durchführung der Maßnahme benötigt | ➤ Höhere Motivation |
| ➤ Fehlende Spezialwerkzeuge/ Betriebsmittel zur Durchführung der Maßnahme | ➤ Know-how-Sicherung für eigene Verfahren, Prozesse, techn. Standards notwendig |
| ➤ Maßnahme ist kein Kerngeschäft der eigenen Instandhaltung | ➤ Fehlende Orts- bzw. Ablaufkenntnisse |
| ➤ Die Maßnahme kann wesentlich günstiger durchgeführt werden | ➤ Bestimmungen aus dem Arbeitnehmerüberlassungsgesetz können nicht eingehalten werden |
|  | ➤ Bessere Qualifikationeneinschätzung |

*Abb. 3: Mögliche Gründe für Eigen- bzw. Fremdleistung*

### 4.3.9.4 Vorteile des Outsourcings

Die Potenziale durch die Vergabe von Leistungen der Instandhaltung sind insbesondere die Flexibilisierung der Fixkosten, die Vermeidung von Investitionen in »kurzlebiges« Know-how sowie die Effizienzsteigerung in der Instandhaltung durch Bündelung spezifischen Know-hows beim Outsourcing-Nehmer.

### 4.3 Instandhaltung der Produktionsanlagen

**Personalkapazität und Qualifikation**

Weiterhin spielt die Flexibilisierung der Personalkapazität eine sehr entscheidende Rolle, sei es wegen Personalknappheit bei größeren Anlagenproblemen oder auch das immer schwierige Thema der Personalqualifizierung. Die immer komplexer und von der Technologie anspruchsvoller werdenden Anlagen verlangen ein hochspezifisches Know-how, das vorzuhalten für einen einzelnen Betrieb schnell kostenmäßig problematisch werden kann. Das Personal muss aktuell geschult sein und ist wegen der hohen Qualifikation sehr teuer. Die hochkomplexen Anlagen verlangen zwar im Problemfall den schnellen, sehr qualifizierten Einsatz. Das reicht aber oft nicht aus, das spezifisch qualifizierte Personal dauerhaft auszulasten, was zu Kosten- aber auch zu Motivationsproblemen führt.

**Argumente für Outsourcing**

Weitere Argumente für das Outsourcing können u.a. sein:

- die rationellere Durchführung der Instandhaltungs-Tätigkeiten
- das Aufbrechen von oft historisch gewachsenen Strukturen
- Kosteneinsparungen aufgrund geringerer Stundensätze beim Outsourcing-Nehmer
- Enlastung des internen Managements
- Konzentration auf eigene Stärken
- Zugang zu modernster Technologie ohne eigene Investitionen

#### 4.3.9.5 Nachteile des Outsourcings

**Befragung zum Outsourcing**

Eine von Accenture im Rahmen einer Outsourcing-Studie durchgeführte Befragung von 200 Führungskräften großer Unternehmen aus dem deutschsprachigen Raum (vgl. FINK (2002)) verdeutlicht die Problematik, in der sich viele Unternehmen heute befinden. Einerseits ist der Trend zur Fremdvergabe von Funktionen ungebrochen, was sich unter anderem im prognostizierten Wachstum des deutschen Markts für Outsourcing von heute 9 auf rund 13,8 Milliarden Euro in den kommenden fünf Jahren widerspiegelt. Andererseits urteilten circa 30 Prozent der Befragten skeptisch über den Erfolg und den erzielten Nutzen ihrer Outsourcing-Projekte.

**Entwicklungen in der Prozessindustrie**

Diese Entwicklungen werden durch Erfahrungen im Rahmen von durchgeführten Industrieprojekten in der Instandhaltung gestärkt. Während einerseits Unternehmen der Prozessindustrie (insbesondere Energieversorgungs- und Chemieunternehmen) intensiv über die Fremdvergabe von Instandhaltungsleistungen, bis hin zur Komplettvergabe der Instandhaltung, diskutieren, wird in anderen Branchen, wie zum Beispiel Automobilzulieferer, eher darüber nachgedacht, ob die richtigen Instandhaltungsleistungen fremd vergeben wurden bzw. welche Instandhaltungsleistungen wieder einem Re-Insourcing unterzogen werden. Ein Re-Insourcing, das einige unzufriedene Unternehmen inzwischen vollzogen haben, ist bereits nach kurzer Zeit durch den Verlust des Know-hows nur unter großen Anstrengungen, Kosten und erheblichem Zeitaufwand möglich.

## Befragung von 200 Führungskräften

| Vorteile | Mittelwert in Punkten | Mittelwert in Punkten | Risiken |
|---|---|---|---|
| Erhöhte Kostenflexibilität bei Kapazitätsschwankungen | 386 | 389 | Hohe Abhängigkeit von externem Dienstleister |
| Zugang zu spezialisierten Ressourcen | 369 | 357 | Komplexe Integration der Prozesse mit langen Vorlaufzeiten |
| Leistungssteigerung im Kerngeschäft durch Konzentration auf eigene Stärken | 362 | 354 | Know-how-Verlust in den ausgelagerten Bereichen |
| Erschließung von Kostensenkungspotenzialen | 351 | 350 | Verschlechterung des Arbeitsklimas durch Arbeitsplatzabbau |
| Verbesserte Kostenplanbarkeit | 343 | 348 | Hohe Kosten eines Dienstleisterwechsels |
| Zugang zu innovativem Technologie- und Methoden-Know-how | 342 | 333 | Keine präzise festgeschriebene Service-Level-Agreements |

500 Punkte = sehr großer Vorteil/sehr hohes Risiko; 400 Punkte = goßer Vorteil/hohes Risiko; 300 Punkte = mittlerer Vorteil/mittleres Risiko; 200 Punkte = geringer Vorteil/geringes Risiko; 100 Punkte = kein Vorteil/kein Risiko

*Abb. 4: Chancen und Risiken des Outsourcings (FAZ 2002)*

Als gefährlichster Risikofaktor erweist sich somit die Abhängigkeit vom Outsourcing-Nehmer. Mit der Übertragung von Tätigkeiten an Instandhaltungsdienstleister wird auch spezifisches Know-how über die Betriebsmittel übertragen. Auf Grund des hohen strategischen Stellenwertes der Instandhaltung für produzierende Unternehmen wird somit auch der Einfluss auf das Produktionsergebnis übertragen. Nach Stabenau (1995) kann sogar von »Outsourcing ist wie eine Amputation ...« gesprochen werden. Diese Abhängigkeit von Outsourcing-Nehmern schließt weitere Nachteile mit ein, beispielsweise schlechterer Service für kleinere Kunden gegenüber Großkunden bei Engpasssituationen sowie erschwerter Schutz von sensiblen Informationen und speziellem Know-how.

**Abhängigkeit vom Outsourcing-Nehmer**

Um das Spannungsfeld zwischen Know-how-Erhaltung und der Abhängigkeit vom Outsourcing-Nehmer zu reduzieren, müssen Outsourcing-Entscheidungen sorgfältig geplant, gesteuert und überwacht werden.

Neben der Abhängigkeit sind als Risikofaktoren die mangelhafte Einflussnahme und Koordinationsprobleme zu nennen. In die Praxis umgesetzte Outsourcing-Modelle haben gezeigt, dass sich die Einbindung der Outsourcing-Nehmer in die bestehenden Unternehmensprozesse als ein weiteres Problemfeld herauskristallisiert hat. Outsourcing-Entscheidungen haben immer auch Auswirkungen auf die Gesamtorganisation der Unternehmen, diese Auswirkungen reichen von der Anpassung der Abläufe über die angepasste Organisation der Instandhaltungsbteilungen bis hin zur völligen Umorientierung der Instandhaltung. Bei vollständiger Auslagerung zu externen Dienstleistern wird der Wandel von »Ausführung der Instandhaltungsleistungen« zum »Fremdfirmenmanagement« besonders deutlich.

**Problem der Leistungsüberwachung**

Neben Problemen in der Koordination der Fremdleister zeichnen sich auch Probleme im Bereich der Leistungsüberwachung ab. Diese reichen vom Auftragscontrolling bis hin zur Qualitätsüberwachung und Beurteilung der durchgeführten Instandhaltungstätigkeiten durch Fremdleister.

### 4.3.9.6 Umkehrung der Fragestellung: Was ist die sinnvolle Kerneigenleistung der Instandhaltung?

Die bisherige und allgemein übliche Betrachtung des Themas Outsourcing im Bereich Instandhaltung beschäftigt sich hauptsächlich mit der Thematik, ob definierte Leistungspakete sich für eine Fremdvergabe eignen, und wenn ja, welche Form des Outsourcings, bzw. welcher Anbieter der Fremdleistung in Frage kommt. Zu fragen ist aber, ob hier nicht der zweite Schritt vor dem ersten gemacht wird.

**Beitrag der eigenen Instandhaltung**

Die erste Frage sollte doch lauten: Was ist denn für ein Unternehmen der unbedingt notwendige Beitrag einer eigenen Instandhaltung?

Der Fokus der Fragestellung wird also verschoben: Erst ist zu klären, welche Leistungen durch eine eigene Instandhaltung erbracht werden sollen. Was soll aus einer strategischen Sicht und einer Risikoperspektive heraus mit einer eigenen Instandhaltung durchgeführt werden?

**Übrige Leistungen fremdvergeben?**

Erst wenn diese Frage gestellt und ausführlich beantwortet ist, stellt sich das zweite Fragenbündel:

Was sind die verbliebenen Leistungen, die nicht zur Kerneigenleistung gehören, können diese wirtschaftlich fremdvergeben werden und in welcher Form soll das geschehen?

Die Einhaltung dieser Reihenfolge der Fragen zur Kerneigenleistung und zum Outsourcing bewahrt die Unternehmen vor oft quälenden und permanent wiederkehrenden Diskussionen um weiteres Outsourcing oder ein verstärktes Insourcing als gegenläufiger Trend.

Mit dieser Reihenfolge und den dahinter sich verbergenden Methoden ist eine Systematik vorhanden, die Fragen richtig zu stellen und die richtigen Antworten zu erhalten.

**Laufende Prüfung der Kerneigenleistung**

Das heißt aber nicht, dass wenn die Kerneigenleistung der Instandhaltung einmal festgelegt ist, dieses für immer »gottgegeben« ist. Die äußeren Rahmenbedingungen der Unternehmen ändern sich ständig, die Märkte unterliegen einem immer schneller werdenden Wandel. Somit ist es schon zum Überleben absolut notwendig, alles ständig zu hinterfragen.

Entscheidend ist aber, dass dieses sehr systematisch geschieht. Das bedeutet, dass ein Anforderungs-/Lösungs-Set geschaffen werden muss. Damit ist dann, je nachdem wie sich das Umfeld verschiebt, die jeweils optimale Antwort/Lösung bzw. Methode gefunden.

## 4.3.9.7 Wie wird die Kerneigenleistungstiefe (KET) bestimmt?

Die Kerneigenleistungstiefe beschreibt die Instandhaltungsleistungen, die zur Sicherung der Wettbewerbsfähigkeit des Unternehmens durch die interne unternehmenseigene Instandhaltung ausgeführt werden müssen. Die Bestimmung der Kerneigenleistungstiefe erfolgt in mehreren Stufen.

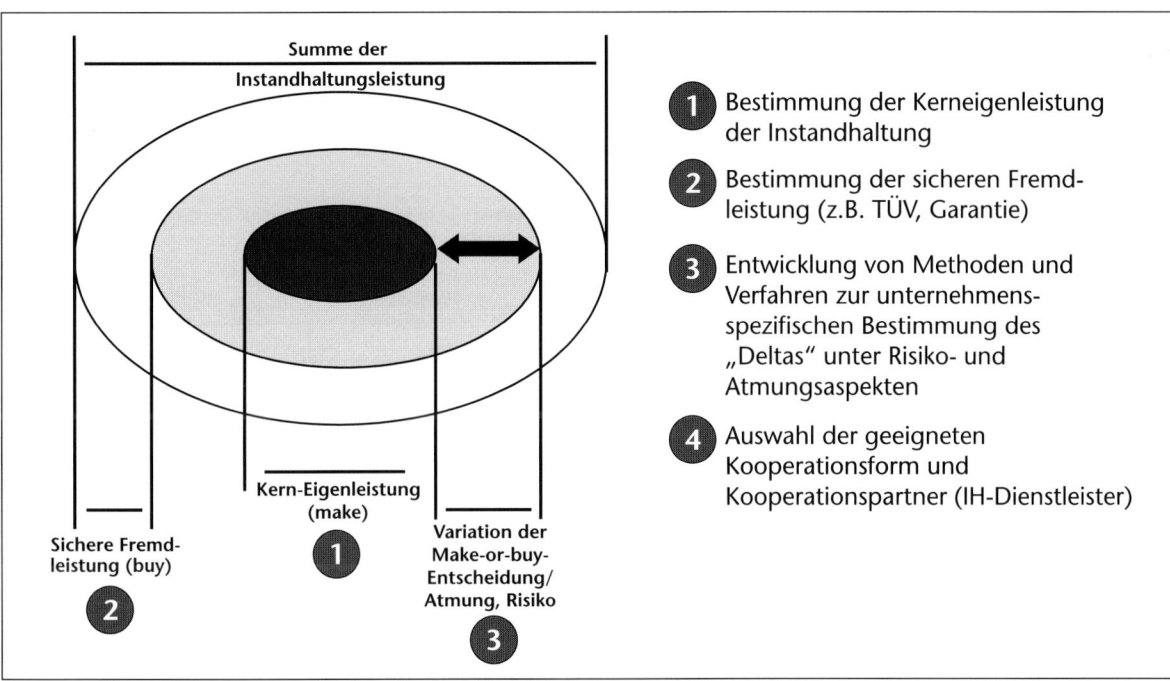

Abb. 5: Bestimmung der Kerneigenleistungstiefe (KET)

In der ersten Stufe werden die Kernkompetenzen der Unternehmung ermittelt und somit die Wettbewerbsvorteile gegenüber den Konkurrenten bzw. die Alleinstellungsmerkmale auf dem Markt untersucht. Im Hinblick auf die Know-how-Erhaltung und damit auf die Reduzierung der Abhängigkeit von Instandhaltungsdienstleistern werden die Kernkompetenzen des Unternehmens bezüglich Produkten, Prozessen und Technologien ermittelt. Die Ableitung der Eigenleistungstiefe aus den Kernkompetenzen wird leistungs- und objektbezogen durchgeführt. Bei der leistungsbezogenen Betrachtung werden sämtliche Einzelleistungen der Anlagenwirtschaft betrachtet und auf ihren Zusammenhang mit den abgeleiteten Kernkompetenzen überprüft. Im Rahmen der objektbezogenen Betrachtung werden sämtliche Instandhaltungsleistungen für ausgewählte Instandhaltungsobjekte, wie beispielsweise für eine Lackieranlage oder eine bestimmte Montagelinie, unter dem Fokus Kernkompetenz betrachtet.

**Wettbewerbsvorteile gegenüber Konkurrenz**

Die Betrachtung der Instandhaltungsleistungen unter dem Fokus Kernkompetenz reicht zur Bestimmung der Kerneigenleistungstiefe jedoch nicht aus. Eine Engpassmaschine zum Beispiel, die nicht zu den Kernkompetenzen der Unternehmung gehört, kann bei Störung erhebliche Auswirkun-

**Betrachtung von Engpassmaschinen**

gen auf die komplette Produktion und damit auch auf die Wettbewerbsfähigkeit der Unternehmung haben.

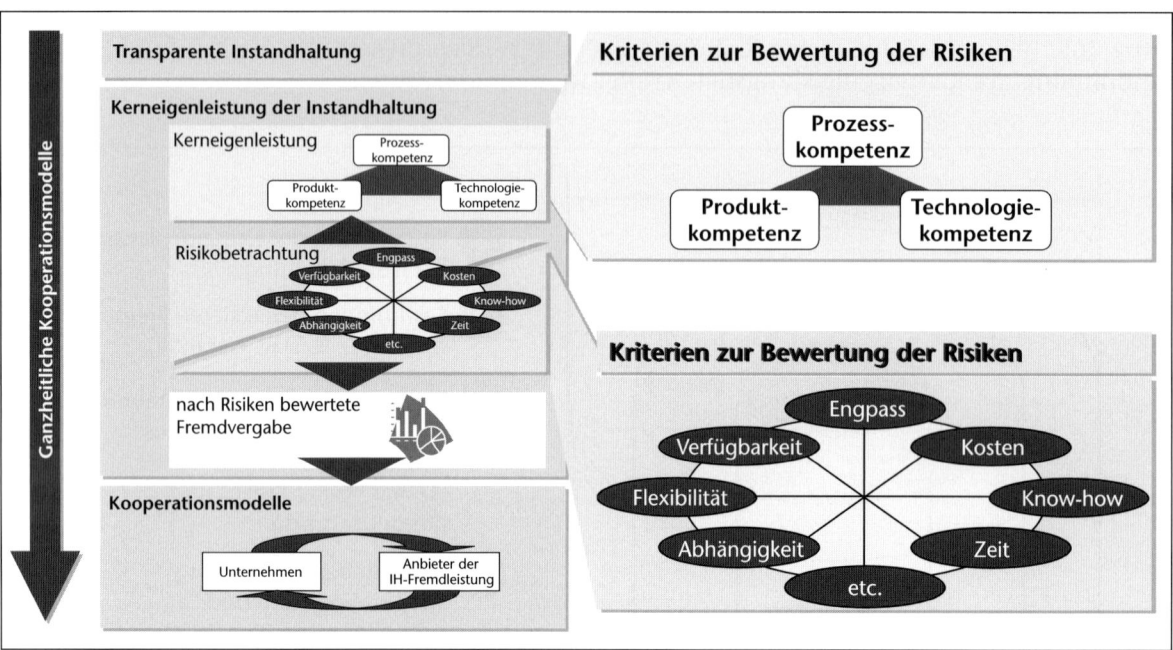

Abb. 6: KET – Verfahren, Vorgehensweise

**Risikobetrachtung** Diese Problematik wird in der zweiten Stufe zur Bestimmung der Kerneigenleistungstiefe, der Risikobetrachtung, untersucht. Das Risiko, das ein Unternehmen bei Vergabe von Instandhaltungsleistungen eingeht, setzt sich aus einer Vielzahl von Faktoren zusammen. Neben den Kriterien Know-how-Verlust und der dadurch entstehenden Abhängigkeit von Instandhaltungsdienstleistern, die bereits bei der Ermittlung der Kernkompetenzen einfließen, kommen u.a. Anforderungen bezüglich der Anlagenverfügbarkeit, der Wahrung von Betriebsgeheimnissen, der Ausbringungsmenge, der Qualität der Instandhaltung, der Zeit, der Flexibilität und der Kosten zum Tragen. Um diese Vielzahl von Einzelkriterien zur Bestimmung der Kerneigenleistung der Instandhaltung und deren Wirkzusammenhänge bewerten zu können, wird ein multikriterielles Entscheidungsunterstützungssystem zur Risikobewertung herangezogen. Der Einsatz dieses multikriteriellen Entscheidungsverfahrens ermöglicht eine Ordnung der Alternativen durch Auswertung der Präferenzen des Entscheidungsträgers. Für die Kerneigenleistungstiefe der Instandhaltung ergibt dies eine Ordnung der einzelnen Instandhaltungstätigkeiten nach deren Risiko bei einer möglichen Fremdvergabe. Das Ordnungskriterium Risiko ist hierbei das übergeordnete Kriterium eines hierarchisch aufgebauten Kriterienbaums, der die oben aufgeführten Einzelkriterien zusammenfasst. Eine Zuordnung der einzelnen Instandhaltungstätigkeiten in verschiedene Kategorien, wie z.B. »Risiko vernachlässigbar« oder »Risiko sehr hoch« ist mit diesen Verfahren ebenfalls möglich. Die Kategorien werden auf Grundlage der Kriterienausprägungen bestimmt und ermöglichen die Realisierung von verschiedenen

Zielmodellen, z.B. die Kostenreduktion in der Instandhaltung oder die Risikominimierung.

Auf Basis der somit ermittelten Kerneigenleistungstiefe der Instandhaltung, also der sicheren Eigenleistung, können die restlichen Instandhaltungsleistungen, je nach Risikokategorie und Zielmodell, an externe Instandhaltungsdienstleister vergeben werden.

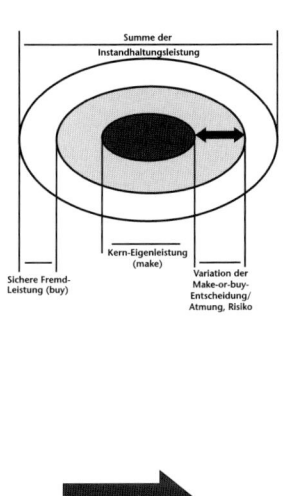

- Gezielte Vergabe von IH-Leistungen an externe Dienstleister unter Berücksichtigung des damit verbundenen Risikos
- Minimierung der Abhängigkeit von externen IH-Dienstleistern durch konsequente Bestimmung der Kerneigenleistungstiefe
- Sicherung des eigenen Know-hows und gezielter Know-how-Transfer vom Outsourcing-Nehmer zur eigenen Instandhaltung
- Vermeidung von Investitionen in kurzlebiges Know-how
- Vermeidung von Re-Insourcing-Projekten und den damit verbundenen Kosten und Aufwendungen
- Transparenz bezüglich der Kernkompetenzen
- Optimierung des Kosten-Nutzen-Verhältnisses in der Instandhaltung

- Ausnutzung der Rationalisierungspotenziale in der IH
- Senkung der Instandhaltungskosten
- Erhöhung der Anlagenverfügbarkeit

*Abb. 7: KET-Verfahren, Nutzen*

**Referenzmodell zur Entscheidungsunterstützung**

Um dem Anspruch der Wandlungsfähigkeit bei sich ständig verändernden Marktbedingungen gerecht zu werden, ist es sinnvoll, die gefundenen Anforderungs- > Lösungsrelationen in einem Referenzmodell zu hinterlegen.

Einfach ausgedrückt: Ändern sich die Anforderungen aufgrund von Markt-/Unternehmensbedingungen, kann auf das Referenzmodell zugegriffen werden und der optimale Lösungs-Set (Was sind die Kerneigenleistungen der Instandhaltung in der neuen Situation?) herausgelesen werden. Das geschieht hoch systematisch sozusagen als Regelvorgang (Regelprozess). Lähmende Diskussionen im Unternehmen über Outsourcing/Insourcing erübrigen sich. Alles was nicht Kerneigenleistung ist, kann fremdvergeben werden.

### 4.3.9.8 Vorgehensweise zur Fremdvergabe

Wenn der Umfang der auszugliedernden Leistungen geklärt ist, geht es anschließend um die Art der Zusammenarbeit mit einem externen Dienstleister.

Dabei ist für die Leistungen, die extern ausgeführt werden sollen, festzulegen, ob es sich um einzelne Leistungen handelt, die jeweils vor ihrem Anfall neu extern angefragt werden. Oder handelt es sich um größere Leistungspakete, die für einen längeren Zeitraum mit einem Rahmenvertrag vereinbart werden sollen, dessen einzelne Leistungen dann im Bedarfsfall abzurufen sind?

**Formen der Instandhaltungsdienstleistung**

Bei beiden beschriebenen Formen gilt das »Aufmaß« der durchzuführenden Arbeit als Abrechnungsgegenstand, der natürlich vorher exakt vereinbart werden muss.

Soll mit einem externen Dienstleister eine längerfristige Kooperation über einen definierten Leistungsumfang bis hin zur Komplettvergabe der Instandhaltung geschlossen werden, sind weitergehende Formen der Leistungsabrechnung zu erwägen. Dabei geht es um Bonus-/Malusregelungen über eine festzulegende Leistungs- oder Optimierungsgröße.

Grundsätzlich lassen sich folgende Formen des Outsourcings unterscheiden:

- Fremdvergabe bei akutem Bedarf mit einzelner separater Beauftragung

- Vereinbartes Leistungspaket mit einem einzelnen Dienstleister über einen längerfristigen Zeitraum

- Kooperation mit einem externen Dienstleister über einen »in sich geschlossenen« Leistungsinhalt – beispielsweise die Instandhaltung aller Stapler im Unternehmen

- Kooperation mit einem Dienstleister, an dem eine Kapitalbeteiligung besteht bzw. der als Ausgründung aus dem beauftragenden Unternehmen entstanden ist

**Kenntnis des Dienstleistermarktes**

Ist der Umfang und anschließend auch die Form der extern nachzufragenden Dienstleistung geklärt – wobei meistens mehrere der oben beschriebenen Arten oder Mischformen vorkommen –, sind die am Instandhaltungsmarkt verfügbaren Instandhaltungs-Dienstleister hinsichtlich ihres Leistungsangebots zu untersuchen und die Vergabebedingungen für einzelne Instandhaltungsleistungen zu beleuchten.

Da auch dieses »permanent« zu erfolgen hat, sollte hierfür ebenfalls eine systematische Vorgehensweise entwickelt werden. Dabei wird ausgehend von der Bewertung der Dienstleistungsqualität der durchgeführten Instandhaltungs-Dienstleistung eine Bewertung des Dienstleisters abgeleitet. Die Dienstleistungsqualität setzt sich aus den Potenzialen des Dienstleisters, den Prozessen der Leistungserbringung und den eigentlichen Ergebnissen zusammen.

**Auswahl eines Dienstleisters oder Kooperationspartners**

Der Auswahlprozess gestaltet sich im Prinzip wie ein einzelnes Projekt mit definierter Aufgabenstellung, erwartetem Ergebnis und festgelegtem Zeitrahmen. In jedem Fall ist es sinnvoll, diese Arbeit systematisch anzugehen. Zeichnet sich ab, dass die externe Dienstleistersuche kein Einzelfall bleibt – was in den meisten Unternehmen der Fall sein wird –, sind die Vorgehensweise, die gemachten Erfahrungen und Ergebnisse derart zu dokumentieren, dass auf sie leicht zugegriffen werden kann. Auch sollten neue Erkenntnisse leicht ablegbar sein, dass sozusagen ein lernendes System entsteht. Damit wird aus dem einmaligen Projekt ein Regelprozess.

Die eigentlichen Auswahlschritte können sein:

- Exakte Beschreibung der anzufragenden Leistungen in einem Leistungsverzeichnis
- Erstellung von Auswahlkriterien zur Bewertung der anzufragenden Dienstleister
- Standardisierung der Angebotsanfragen
- Herstellung von Markttransparenz, welche Dienstleister in Frage kommen
- Stellung der Anfragen an die Dienstleister, Vereinbarung von Besprechungs-/Besichtigungsterminen
- Prüfung der Angebote nach Preis, Leistung, erwarteter Qualität und Zuverlässigkeit
- Prüfung des versprochenen Leistungsspektrums (ggfs. Arbeitsproben)
- Prüfung von möglichen Referenzen der angefragten Dienstleister
- 1- oder 2-stufiger Auswahlprozess
- Vergabeverhandlungen, Vertragsabschluss
- Etablierung des Dienstleisters, Aufbau eines beiderseitigen Vertrauensverhältnisses

Ein 2-stufiger Auswahlprozess bietet sich an, wenn der zu vergebende Umfang einen bestimmten Betrag übersteigt (z.B. 50.000 €), wenn insbesondere die zeitliche Bindung längerfristig sein soll (z.B. größer ½ Jahr) und wenn es eine große Anzahl von Dienstleistungsanbietern gibt (z.B. mehr als drei Anbieter). Dann wird in der ersten Stufe eine Vorauswahl durchgeführt (beispielsweise auf Basis der eingeholten Angebote) und in der 2. Stufe aus zwei bis drei vorausgewählten Dienstleistern der geeignetste bestimmt – indem beispielsweise intensive Gespräche mit den vorausgewählten Unternehmen geführt werden.

Ansonsten ist das einfachere einstufige Verfahren vorzuziehen: in einem Schritt anzufragen und auszuwählen.

Die Zusammenarbeit mit einem Dienstleister, unabhängig von der Form und der Intensität der Zusammenarbeit, ist auf Dauer nur dann erfolgreich, wenn der Inhalt und die Art und Weise der Dienstleistung oder Kooperation möglichst eindeutig beschrieben sind. Hierzu helfen ein ausführliches Leistungsverzeichnis bei der Ausschreibung und ein geeigneter Vertrag über die Dienstleistung bzw. Kooperation.

**Zusammenarbeit mit einem Dienstleister**

Aber letztendlich gilt hier das Gleiche wie im übrigen Geschäftsleben: Verträge sind wie das Sicherheitsnetz bei einem Seiltänzer – die Kunst findet auf dem Seil statt und nicht im Sicherheitsnetz!

**Literaturempfehlungen**

*Bloß, C.:* Organisation der Instandhaltung. Gabler Edtion Wissenschaft, 1996

*Brumby, L.:* Leistungsbewertung in der Instandhaltung, in: Tagungsunterlagen IIR-Konferenz »Leistungs- und Kostenbewertung in der Instandhaltung«, Frankfurt, 12. März 1999

*Fink, D.:* Wachsende Bedeutung des strategischen Outsourcing. In: FAZ, Nr. 185, 2002, S. 17

*Institute of Management and Consulting Sciences* (ersch. in Frankfurter Allgemeine Zeitung FAZ, 12.08.2002, S. 17) (Accenture Studie 2002)

*Kuhn, A.:* Outsourcing in der Instandhaltung – im Spannungsfeld zwischen Kostenentlastung und Abhängigkeit. In: Tagungsunterlagen Management Cirle Konferenz »Outsourcing Instandhaltung«. Frankfurt am Main, 1997

*Marktspiegel Instandhaltungsmanagement*, FIR Aachen, 2002

*Picot, A.:* Ein neuer Ansatz zur Gestaltung der Leistungstiefe. In: Zeitschrift für betriebswirtschaftliche Forschung, 43 Jg., 1991, S. 336–357

*Schimmelpfeng, K.:* Outsourcing von Instandhaltungsleistungen – ein Vorgehensmodell. In: Outsourcing-Projekte erfolgreich realisieren, hrsg. von F. Wißkirchen, 1999, S. 115–135

*Stabenau, E.:* Total Outsourcing in der Logistik? In: Logistik Heute, Nr. 12, 1995, S. 49

*Zahn, E.:* Leitfaden zum Outsourcing von unternehmensnahen Dienstleistungen. Stuttgart, 1998

# V

# Produktionsplanung und -steuerung

# Inhalt

| | | |
|---|---|---|
| **5.1** | **Ziele, Strategien und Aufgaben der Produktionsplanung und -steuerung** | 551 |
| 5.1.1 | Was ist Produktionsplanung? | 551 |
| 5.1.2 | Transformationsprozess und Ressourcen | 553 |
| 5.1.2.1 | Produktion ist ein Transformationsprozess | 553 |
| 5.1.2.2 | Die Ressource Zeit | 553 |
| 5.1.2.3 | Die Ressource Kapazität | 554 |
| 5.1.2.4 | Die Ressource Material | 555 |
| 5.1.3 | Die Verbindung der Ressourcen über Beziehungsstrukturen | 556 |
| 5.1.3.1 | Was sind Beziehungsstrukturen? | 556 |
| 5.1.3.2 | Die Darstellung von Beziehungsstrukturen | 557 |
| 5.1.3.3 | Die verschiedenen Sichtweisen der Beziehungsstrukturen | 559 |
| 5.1.3.4 | Alternativen und Varianten | 561 |
| 5.1.4 | Der Bedarf als auslösende Größe | 563 |
| 5.1.5 | Wirtschaftlichkeit der ERP-Systeme | 572 |
| 5.1.5.1 | Grundlagen | 572 |
| 5.1.5.2 | Wirtschaftlichkeitsbeurteilung in Stufen | 573 |
| 5.1.5.3 | Monetäre Wirtschaftlichkeit | 574 |
| 5.1.5.4 | Beispiel | 576 |
| **5.2** | **Elemente der Produktionsplanung und -steuerung** | 579 |
| 5.2.1 | Produktionsprogrammplanung und Angebotserstellung | 579 |
| 5.2.1.1 | Produktionsprogrammplanung | 579 |
| 5.2.1.2 | Angebotserstellung | 582 |
| 5.2.2 | Fertigungsablaufplanung/Montageplanung | 584 |
| 5.2.3 | Kapazitätswirtschaft | 588 |
| 5.2.3.1 | Kapazitätsbedarfsplanung | 588 |
| 5.2.3.2 | Kapazitätsangebotsplanung | 589 |
| 5.2.3.3 | Ausgleichsmechanismen | 591 |
| 5.2.4 | Materialwirtschaft | 598 |
| 5.2.4.1 | Materialbedarfsplanung | 598 |
| 5.2.4.2 | Materialbestandsplanung | 605 |
| 5.2.4.3 | Ausgleichsmechanismen | 608 |
| 5.2.5 | Einführung in die Produktionsdatenerfassung PDE | 611 |
| 5.2.5.1 | Ziel und Aufgabe der PDE | 611 |
| 5.2.5.2 | Instrumente der PDE | 615 |
| 5.2.5.3 | Einbindung der PDE in die Organisation | 620 |
| 5.2.5.4 | Einführung und Betrieb der PDE | 631 |
| 5.2.6 | Überblick über die Modelle flexibler Arbeitszeitgestaltung in der Produktion | 638 |
| 5.2.6.1 | Grundtypen der Arbeitszeitmodelle | 638 |
| 5.2.6.2 | Arbeitszeitflexibilisierung in der Produktion | 640 |
| 5.2.6.3 | Schichtarbeitssysteme zur Optimierung der Produktionszeiten | 646 |
| 5.2.6.4 | Praxisbeispiele für die Optimierung der Arbeitszeit in der Produktion | 650 |
| 5.2.6.5 | Bewertung des Instrumentariums zur Beschäftigungssicherung in der Produktion | 660 |

| | | |
|---|---|---|
| **5.3** | **Instrumente der Produktionssteuerung** | 662 |
| 5.3.1 | Allgemein | 662 |
| 5.3.1.1 | Ausprägungen | 662 |
| 5.3.1.2 | Zielkonflikte | 663 |
| 5.3.1.3 | Die Produktionssteuerung als Informationszentrum | 664 |
| 5.3.2 | Fertigungssteuerungssysteme | 666 |
| 5.3.2.1 | Unterschiede zwischen mittelfristiger und kurzfristiger Steuerung | 666 |
| 5.3.2.2 | Die Planung der Ressourcen | 666 |
| 5.3.2.3 | Ergänzung durch weitere Systeme | 666 |
| 5.3.2.4 | Welche Art von Unterstützung für die Fertigungssteuerung? | 667 |
| 5.3.3 | Werkstattsteuerung | 668 |
| 5.3.3.1 | Warum Werkstattsteuerung? | 668 |
| 5.3.3.2 | Anforderungen an die Werkstattsteuerung | 669 |
| **5.4** | **Informationsbasis der Produktionsplanung und -steuerung** | 671 |
| 5.4.1 | Stückliste | 671 |
| 5.4.2 | Arbeitsplan | 676 |
| 5.4.3 | Materialdaten | 680 |
| 5.4.4 | Kostendaten | 682 |
| 5.4.5 | Losgröße | 683 |
| 5.4.6 | Dispositionsart | 685 |
| **5.5** | **Einführung von PPS-Systemen** | 686 |
| 5.5.1 | Vorbereitung | 686 |
| 5.5.2 | Projektstart | 689 |
| 5.5.3 | Ablauforganisation | 690 |
| 5.5.4 | Einführung | 691 |
| 5.5.5 | Ausbildung | 693 |
| 5.5.6 | Fehlerbehebung | 694 |
| 5.5.7 | Ergebnisüberprüfung | 695 |
| **5.6** | **Ablösung von PPS-Systemen** | 696 |
| 5.6.1 | Ausgangssituation | 696 |
| 5.6.2 | Die Auswahl eines neuen PPS-/ERP-Systems | 698 |
| 5.6.3 | Der Umstellungsprozess | 699 |
| 5.6.3.1 | Projektmanagement | 702 |
| 5.6.3.2 | Projektvorbereitung | 707 |
| 5.6.3.3 | Systemimplementierung | 709 |
| 5.6.3.4 | Inbetriebnahme | 717 |
| 5.6.4 | Schlussbetrachtung | 722 |
| **5.7** | **ERP nutzen ohne Wenn und Aber – Tuning von ERP-Anwendungen** | 723 |
| 5.7.1 | Ziele und Aufgaben des ERP-System-Tunings | 723 |
| 5.7.1.1 | Auslöser eines ERP-System-Tunings | 723 |
| 5.7.2 | Voraussetzungen für eine erfolgreiche ERP-System-Anwendung im Unternehmen | 724 |
| 5.7.2.1 | Zielfindung und Zielüberprüfung | 724 |
| 5.7.2.2 | Akzeptanz der ERP-Anwendung im Unternehmen | 725 |
| 5.7.2.3 | Aktuelle und korrekte Stammdaten | 725 |
| 5.7.2.4 | Aktuelle und korrekte Auftragsdaten | 727 |
| 5.7.2.5 | Qualität der Rückmeldedaten | 727 |

| | | |
|---|---|---|
| 5.7.2.6 | Angepasste Ablauf- bzw. Aufbauorganisation | 728 |
| 5.7.2.7 | Schulung der Mitarbeiter | 729 |
| 5.7.3 | Analyse der bestehenden Anwendung | 730 |
| 5.7.3.1 | Vorgehensweise | 730 |
| 5.7.3.2 | Überprüfung der Akzeptanz | 730 |
| 5.7.3.3 | Überprüfung der Datenaktualität und -richtigkeit | 731 |
| 5.7.3.4 | Analyse des Aufwandes für den Betrieb dieser Anwendung | 732 |
| 5.7.3.5 | Ermittlung der Ursachen für die erkannten Schwachstellen | 733 |
| 5.7.4 | Der Tuning-Prozess | 734 |
| 5.7.4.1 | Alternative System-Tuning oder Systemablösung? | 734 |
| 5.7.4.2 | Datenbereinigung und -aktualisierung | 735 |
| 5.7.4.3 | Optimierung des Methodeneinsatzes | 737 |
| 5.7.4.4 | Organisationsentwicklung | 737 |
| 5.7.4.5 | Schulung der Anwender hinsichtlich der funktional logischen Zusammenhänge und der Nutzungsmöglichkeiten des ERP-Systems | 738 |
| 5.7.4.6 | Maßnahmenplan | 738 |
| 5.7.5 | Fazit | 740 |

## 5.1 Ziele, Strategien und Aufgaben der Produktionsplanung und -steuerung

*von Helmuth Gienke*

### 5.1.1 Was ist Produktionsplanung?

Mit Produktionsplanung und -steuerung (PPS) seien zunächst alle betrieblichen Funktionen angesprochen, die unmittelbar der Planung und Steuerung des Bedarfs und der Herstellung von Erzeugnissen dienen. Darunter fallen sowohl Bedarfsmengen, die dem gesamten zu planenden Bereich in Form von Kundenaufträgen vorgegeben werden, als auch diejenigen, die Ergebnisse von Planungsschritten sind. Dieses sind einerseits prognostizierte Bedarfsmengen für Enderzeugnisse (also den Bereich verlassende Erzeugnisse), andererseits Sekundärbedarfe für Baugruppen, Einzelteile und Rohmaterialien, die aus dem Bedarf für Enderzeugnisse abgeleitet werden können. Bedarfseinplanungen werden durch die Erfüllung innerbetrieblicher Produktions- und Beschaffungsaufträge realisiert. Die Funktion Produktionsplanung und -steuerung ist ein essenzieller Bestandteil des Supply Chain Management.

**Definition**

Produktionsplanung und -steuerung als Unternehmensfunktion hat die Aufgabe, die Herstellung von Produkten in einem Unternehmen hinsichtlich

**Aufgaben**

- Mengen
- Terminen
- Ressourcen und Einsatzfaktoren
- Kosten

zu planen und zu steuern. Dazu bedarf es zuerst der Abstimmung zwischen der zu produzierenden Menge, die sich aus der Absatzplanung ergibt, und den Produktionsmöglichkeiten. Hierfür sollen die vorhandenen Einrichtungen so genutzt werden, dass die Ziele, die sich aus den Unternehmenszielen ergeben, erreicht werden. Für die Funktion Absatzplanung trägt die Produktionsplanung durch die Information über die Produktionsmöglichkeiten und -kosten zu der meist in einem Iterationsprozess erstellten Absatzstrategie bei. Das Ergebnis ist das Produktionsprogramm.

Je nach Ausprägung haben diese Aufgaben in der Serienfertigung und der Auftragsfertigung unterschiedliche Bedeutung für die eigentliche Produktion und deren Planung.

Das Ziel der Produktionsplanung und -steuerung war in der Vergangenheit vorwiegend die Kostensenkung. Weiterhin sollten Materialbestände gesenkt, die Produktionsplanung mit weniger Aufwand durchgeführt und die Maschinenauslastung verbessert werden.

**Ziele**

In der letzten Zeit treten andere Aspekte in den Vordergrund, nämlich durch bessere Information die Durchlaufzeiten und damit die Lieferzeiten zu senken (was automatisch auch die Materialbestände reduziert) und zuverlässige Liefertermine zu erhalten. Nicht mehr der Preis und die Produktqualität stehen im Vordergrund, sondern die Erfüllung aller Kundenwünsche als Basis des Total-Quality-Management-Konzeptes (TQM).

Eine optimale Produktionsplanung und -steuerung verfolgt also folgende Ziele:

- schnellere Lieferungen
- Halten von Terminen
- Erfüllen von Kundenwünschen
- bessere Nutzung der Produktionsmittel
- Senkung des Lagerbestandes
- Senkung der Durchlaufzeiten
- Beeinflussung der Durchlaufzeiten
- kostengünstige Einführung von Konstruktionsänderungen
- Mitarbeitermotivation durch Information

Dabei sind aus Absatzprognosen und Aufträgen für Erzeugnisse Teilaufgaben für die einzelnen betrieblichen Funktionsträger zu bestimmen und durch Vergabe von Aufträgen an diese Funktionsträger sowie an unternehmensexterne Stellen die Herstellung der Produkte zu sichern. Wesentliche Kenngrößen der Aufträge sind der beauftragte Aufgabenumfang sowie der durch Termine definierte Zeitrahmen, in dem der Auftrag auszuführen ist. Oft werden im Verlauf der Auftragsausführung die Teilaufträge über mehrere Detaillierungsstufen in weitere Teilaufträge unterteilt.

## 5.1.2 Transformationsprozess und Ressourcen

### 5.1.2.1 Produktion ist ein Transformationsprozess

Die Realisierung jedes Produktionsgeschehens vollzieht sich durch produktive betriebliche Systeme. Produktionsverfahren werden in einem Transformationsprozess verwendet, bei dem Rohmaterialien zu absatzbestimmten Gütern umgeformt werden. Dieser Prozess wird als »Herstellung von Produkten« bezeichnet. Für die Zwecke der Produktionsplanung genügt es, sich auf die Betrachtung der Elementarverfahren und der wichtigsten Ressourcen zu beschränken. Dazu zählen die menschliche Arbeitsleistung, die Betriebsmittel und die Materialien.

**Von Rohmaterialien zu Gütern**

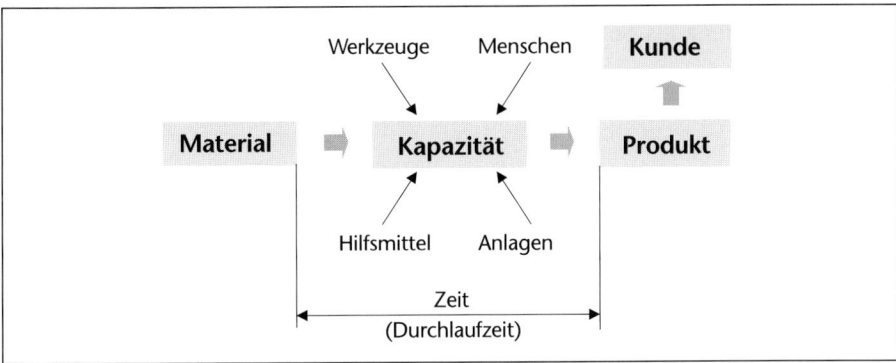

*Abb. 1: Transformationsprozess*

»Herstellung« bedeutet im obigen Sinne die Umformung und Zusammenfügung von Material zu einem Produkt. Dazu benötigt man neben Material noch weitere Ressourcen, die unter weitgehender Vermeidung von Verschwendung eingesetzt werden sollen. Da Lagerbestand Kosten verursacht, versucht man, auch diesen so gering wie möglich zu halten. Daraus ergibt sich die Forderung nach termingerechter Fertigung, die den Faktor »Zeit« zum Bestandteil dieser Aktivitäten macht.

**Der Einsatz von Ressourcen**

Der Einsatz weiterer Produktionsfaktoren wie Information und Kommunikation, die von der klassischen Betriebswirtschaft nicht betrachtet werden, ist nur bedingt Gegenstand bisheriger PPS und erfordert die Nutzung multimedialer Systeme, besonders der Spracheingabe. Die Forschung auf diesem Gebiet ist noch in den Anfängen.

### 5.1.2.2 Die Ressource Zeit

Die erste Ressource ist die Zeit. Zeit ist der Ablauf des Geschehens, die Aufeinanderfolge von Ereignissen, repräsentiert durch einen Zeitstrahl. Ein Ereignis wiederum ist ein Geschehen oder ein Vorkommnis.

**Definition**

Wenn man die Aufeinanderfolge von Ereignissen darstellen und zudem die zeitliche Distanz dieser Ereignisse zueinander ausdrücken will, um sie

5.1 Ziele, Strategien und Aufgaben der Produktions-planung und -steuerung

als Planwerte vorgeben und überwachen zu können, dann benötigt man ein Zeitmodell.

**Das diskontinuierliche Zeitmodell**

Eine kontinuierliche Zeitmenge gibt ein Abbild des wirklichen Zeitverlaufs wieder. In der täglichen Praxis ist die Zeit unterteilt in Zeiteinheiten, deren kleinste als Sekunden und deren Bruchteile definiert sind. Das Zeitmodell der Praxis ist also diskontinuierlich, dennoch kann jeder Zeitpunkt mit entsprechend vielen Kommastellen beliebig genau definiert werden. In der Planung und Steuerung ist die diskontinuierliche Zeitabbildung erforderlich, weil die Verarbeitungssysteme digital arbeiten.

Eine beliebig genaue Darstellung ist dagegen nicht notwendig, weil

- die Vorgänge eine gewisse Zeit benötigen, die in fast allen Fällen erheblich länger als Sekunden ist,

- durch Störungen auch in den vorhergehenden Funktionen Abweichungen von der Planung entstehen, die erheblich länger als Minuten sind,

- die Korrektur zu genauer Werte bei Abweichungen einen überflüssigen Aufwand (= Verschwendung) verursachen.

**Genauigkeit des Zeitrasters**

Man schränkt also die Zeitmenge ein, zieht die Ereignisse auf Punkte zusammen und erhält so ein Zeitraster. Ereignisse, die zu beliebig verteilten Zeitpunkten liegen, werden einem Punkt dieses Zeitrasters zugeordnet. Das Raster kann zum Beispiel Sprünge in Wochengröße, Tagesgröße, Schichten oder Stunden haben. Die Genauigkeit dieses Zeitrasters hängt von der Art der Fertigung ab, der Trend geht aber zu einem feineren Raster als bisher, manchmal auch zu einem Minutenraster.

**Betriebskalender oder Betriebszeit**

Daneben wird der Zeitursprung häufig abweichend von der normalen Tageszeit definiert, um die betriebsbedingten Gegebenheiten (Nachtschichten, Freischichten und Betriebsurlaub) zu berücksichtigen. Man spricht dann vom Betriebskalender, seltener auch von der Betriebszeit.

### 5.1.2.3 Die Ressource Kapazität

**Definition**

Die zweite Ressource ist die Kapazität. Zur Produktion benötigt man Produktionsmittel wie Menschen, Maschinen, Werkzeuge und Vorrichtungen, die nicht verbraucht werden, sondern – sieht man von Ermüdung und Verschleiß ab – nach dem Produktionsprozess unverändert zur Verfügung stehen. Der einzige Verbrauch an diesen Ressourcen ist die zeitliche Verfügbarkeit. Man spricht dann von Kapazitäten. Kapazitäten haben die Eigenschaft, dass sie nur von einer begrenzten Anzahl von Verrichtungen gleichzeitig genutzt werden können, häufig nur von einer.

Die Betrachtung betrifft also im Wesentlichen die zeitliche Belegung durch die verschiedenen Verrichtungen. Oft ist aber auch die mengenmäßige Belegung von Bedeutung, die meist nur für ein Produkt geeignet ist, aber z.B. bei Öfen über die Betrachtung des Volumens auch von mehreren Produkten genutzt werden kann.

### 5.1.2.4 Die Ressource Material

Die dritte Ressource ist das Material. Unter Material versteht man stoffliche Substanzen, die durch den Produktionsprozess in ihren Eigenschaften oder Formen verändert werden und danach in dieser Form nicht mehr zur Verfügung stehen. Man bezeichnet das als Verbrauch, obwohl die Materie natürlich nach wie vor existent ist.

**Definition**

Material hat die Eigenschaft, dass es nur einmalig für eine Verrichtung verfügbar ist, die Betrachtung betrifft also die Relation der Menge verbrauchten Materials zu einem End- oder Zwischenprodukt. Die zeitliche Komponente der Ressource Material ist dadurch gekennzeichnet, dass es möglichst genau zum Bedarfszeitpunkt verfügbar, also am Ort des Bedarfs in der erforderlichen Form vorhanden und nutzbar sein muss.

### 5.1.3 Die Verbindung der Ressourcen über Beziehungsstrukturen

*von Helmuth Gienke*

#### 5.1.3.1 Was sind Beziehungsstrukturen?

**Ressourcen sind verbunden über Beziehungsstrukturen**

Das Ergebnis einer Produktion ist ein Produkt, das zumindest aus einem Rohteil, in der Regel aus mehreren Teilen bzw. Komponenten besteht, die durch Prozesse verändert, verbunden oder verschmolzen werden. Für diese Prozesse benötigt man Ressourcen wie Matererial (Rohstoffe, Chemikalien, Halbfabrikate usw.) und Anlagen (Maschinen, Werkzeuge, Hilfsmittel usw.). In der Produktionsplanung und -steuerung ist von besonderer Bedeutung, die Ressourcen für einen Prozess bzw. Teilprozess zu kennen, um sie zum gleichen Zeitpunkt an dem Ort des Prozesses bereitzustellen, bzw. sicherzustellen, dass sie zu diesem Zeitpunkt verfügbar sind. Dabei kann es erforderlich sein, einen Prozess, z.B. eine Zerspanung an einer Baugruppe (z.B. Turbinengehäuse innen drehen), in mehrere Teilprozesse zu zergliedern, um die Zeit einzuplanen, Werkzeuge nachzurüsten oder eine teilweise Demontage nach einem Arbeitsschritt durchzuführen.

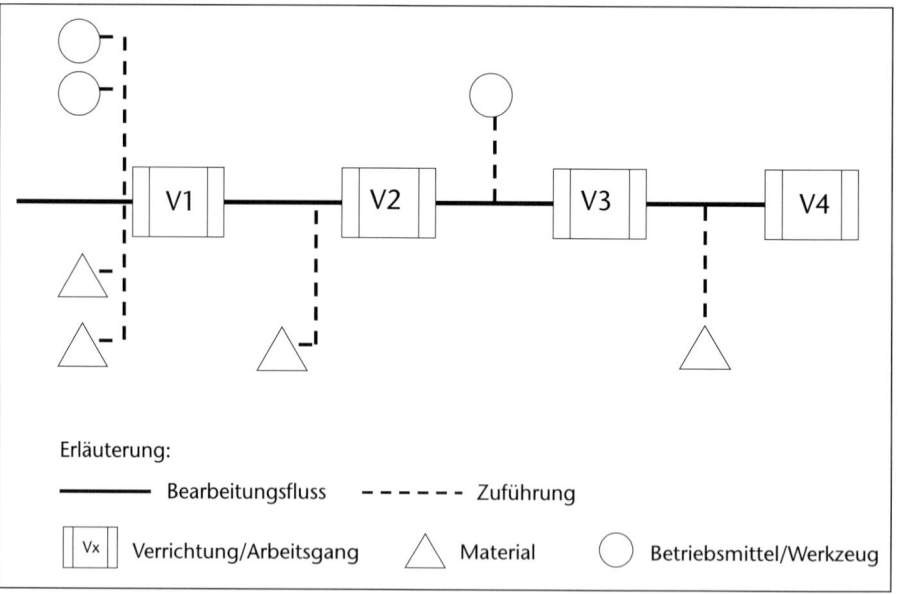

*Abb. 1: Schema einer Fertigungsstruktur*

Die klassische Materialwirtschaft hat sich nur um die zuzuführenden Materialkomponenten gekümmert. Das kann zu Konflikten führen, wenn die Fertigung mit wechselnden Prioritäten und häufigen Änderungen in der Planung arbeitet, um einen schnell variierenden Markt zu bedienen. Dann ist es schwierig sicherzustellen, dass die Materialwirtschaft das Material bereitgestellt haben wird, wenn es aufgrund der geänderten Terminlage erforderlich ist, weil die Information über die Änderung nicht automatisch weitergegeben wird.

Die logistische Kette hat in einem solchen Fall einen Bruch. Es ist sinnvoll, die Materialwirtschaft und Werkstattsteuerung zu integrieren. Deshalb können in modernen Produktionssteuerungsverfahren auch die übrigen Ressourcen, wie Mitarbeiter, Maschinen, Formen, Werkzeuge usw. synchron geplant und gesteuert werden. Dazu müssen die Beziehungsstrukturen aller erforderlichen Ressourcen in einer baumartigen Struktur dargestellt werden können.

**Keine geschlossene logistische Kette**

Die klassische Aufteilung zwischen Arbeitsplänen und Stücklisten gibt es zumindest in der Informationstechnologie nicht mehr. Das bedeutet nicht, dass man die Stücklisten und Arbeitspläne nicht getrennt ausdrücken kann, durch Selektionskriterien ist das nach wie vor möglich. Für diese Art des Datenaufbaus haben sich Ausdrücke wie Fertigungspläne oder synchronisierte Fertigungspläne eingebürgert.

### 5.1.3.2 Die Darstellung von Beziehungsstrukturen

Es ergibt sich also ein Beziehungssystem zwischen den Ressourcen und den Aufgaben. Die Darstellung erfolgt meist als Arbeitspläne und Stücklisten in Form der Gozintographen (von »goes into«, nicht von dem angeblichen italienischen Mathematiker Tepartzet Gozinto), die angeben, welche Teile für eine Baugruppe benötigt werden und welche Verrichtung oder welcher Arbeitsgang diese Teile mit welchen Ressourcen fügt bzw. bearbeitet. Bei dieser Darstellung wird häufig im Bereich Verrichtungen oder Arbeitspläne stark vereinfacht, weil Ressourcen, die in ausreichender Menge auch ohne entsprechende Aufträge zur Verfügung stehen, nicht aufgeführt werden. Dieses betrifft zum Beispiel einfache Werkzeuge, meist Hilfs- und Betriebsstoffe, Transporteinrichtungen usw.

**Gozintograph**

Für Material gibt es wichtige Gründe, auch Schüttgut mit in die Strukturen aufzunehmen. So kann sich der Mitarbeiter bereits alle Materialien bereitstellen, die er benötigt und auch überprüfen, ob er alle vorgesehenen Teile montiert hat. Außerdem ist eine komplette Materialliste für die Dokumentation und die Ersatzteilversorgung erforderlich.

Je nach Nutzen der Information für eine Fertigungsplanung, für eine vollautomatisierte Steuerung oder die Zwischenstufen kann der Umfang der vernachlässigten Ressourcen unterschiedlich sein.

**Nicht alles muss angegeben werden**

Für die Fertigungsplanung sind

- Materialien wie Schüttgut und Standardhalbfabrikate sowie
- kurze Arbeitsgänge, die keine Maschinen benötigen (z.B. Entgraten),
- Formen und Schablonen, die selten benutzt werden und daher mit hoher Sicherheit verfügbar sind,
- Standardwerkzeuge

und Ähnliches nicht relevant.

Für ein vollautomatisiertes System, dessen Daten vollständig von den Strukturen bereitgestellt werden, sind alle Angaben erforderlich. Die kann zum Beispiel für die Steuerung chemischer Prozesse der Fall sein.

Im Normalfall wird weder eine reine Fertigungsplanung noch eine vollautomatisierte Steuerung angewandt, die Tiefe der Angaben liegt also zwischen beiden Extremen.

Die Gozintographen beschreiben

- die Art der erforderlichen Ressource durch einen Identifikationscode oder einen Querverweis auf den Stammsatz der Ressource,

- bei Materialien zusätzlich die Menge des erforderlichen Materials,

- bei einer Maschine, einem Werkzeug, einer Vorrichtung oder ähnlichen Betriebsmitteln zusätzlich die Dauer der erforderlichen Benutzung; selten ist es erforderlich, auch die Menge der benötigten Betriebsmittel anzugeben,

- Gültigkeitszeitraum der Struktur.

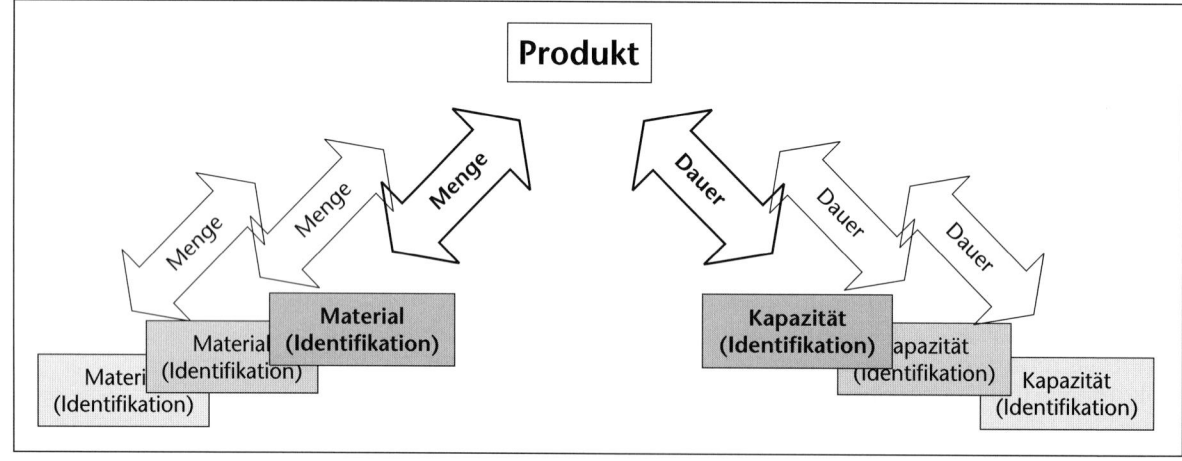

*Abb. 2: Beziehungsstrukturen*

Eventuell können noch Angaben über Ausschussmengen, Losgrößen usw. erforderlich sein.

**Baukästen reduzieren den Aufwand**

Ressourcen können einzelne Elemente oder zusammengefasste Gruppen sein. Einzelne Elemente sind z.B. Maschinen, einzelne Werkzeuge, einzelne Bauteile. Interessanter in diesem Zusammenhang sind Gruppen. Im Bereich Material sind das teilweise komplexe Strukturen, wie Ölpumpen oder Elektromotoren, aber auch Baugruppen, die getrennt im eigenen Betrieb gefertigt werden und dann insgesamt eingebaut werden, wie z.B Lagerböcke oder Regelungen. Bei Maschinen und Werkzeugen ist die Gruppenstruktur nicht so eindeutig. Vorrichtungen, die recht komplex sein können, oder Werkzeugsätze sind hierfür Beispiele.

Beim Darstellen der Beziehungsstrukturen werden diese Gruppen als gesamte Gruppe mit einem Gozintographen aufgeführt, also nicht die einzelnen Elemente der Gruppe. Das hat den Vorteil, dass diese Gruppen (Baugruppen, Vorrichtungen usw.) auch bei Mehrfachverwendung für verschiedene Produkte nur einmal definiert werden müssen.

Die informationstechnische Speicherung ist unterschiedlich. Häufig werden die Beziehungen über Pointer dargestellt, die verkettet sind. Aber etwa genauso häufig sind die Beziehungen in Tabellen als Listen gespeichert.

Neben der rein direktionalen bestehen auch mengenmäßige Verknüpfungen, die bei den Materialstrukturen angeben, welche Mengen (Stück, Meter, Liter usw.) eingehen, bei den übrigen Ressourcen die Dauer der Belegung, bei feineren Modellen auch den Beginn der Belegung nach dem Start der Verrichtung. Zusätzlich können noch zwischen den Ressourcen Beziehungen bestehen, beispielsweise die Aussage, welche Vorrichtung auf welcher Maschine genutzt wird. Ebenso sind darunter Beziehungen zur erwarteten Menge der Fehlfabrikate (Ausschuss) und Übergangszeiten zwischen zwei Verrichtungen zu verstehen.

**So werden Mengen angegeben**

Diese Beziehungen sind bidirektional, denn die Angaben, welche Ressourcen bei der Erfüllung einer einzelnen Aufgabe erforderlich sind, dienen genauso dazu, zu ermitteln, wie weit die Ressourcen mit der Gesamtheit der anstehenden Aufgaben ausgelastet sind.

### 5.1.3.3 Die verschiedenen Sichtweisen der Beziehungsstrukturen

Die ursprüngliche Stückliste ist eine Liste der Bauteile in einer Konstruktionszeichnung. Bei der wenig organisierten Produktion der Vergangenheit war diese Methode voll ausreichend. In der Zwischenzeit ist aber der Organisationsgrad in allen Gewerken der Produktion stark verbessert worden, besonders im Bereich der Logistik (z.B. Materialbeschaffung, Montage und Versand) und der Qualitätssicherung. Aus dieser Tatsache ergeben sich die unterschiedlichen Betrachtungsweisen der Strukturen.

**Das Beispiel der Lampe vom Baumarkt**

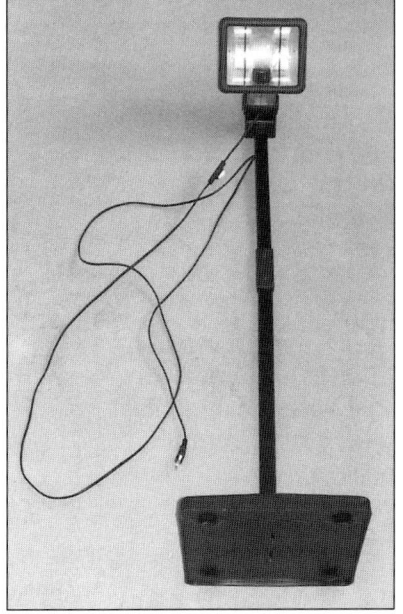

Hier ist als Beispiel eine Stehlampe aus einem Baumarkt herangezogen. Die Lampe ist etwa 1,70 m hoch, besteht aus einem Fuß, einer Lampenstange und dem Lampenkopf mit Stromkabel und Birnenfassung.

*Abb. 3: Das fertige Produkt*

So jedenfalls betrachtet die **Konstruktion** die Strukturen aus einer funktionsorientierten Sicht, wobei die mechanische Realisierung außen vor bleibt. Die Lampe wird aufgegliedert in Funktionsgruppen, die zur Erfüllung einer Funktion erforderlich sind. Sie werden unabhängig von ihrer technischen Anordnung zusammengefasst. Es kann durchaus sein, dass aus Sicht der Konstruktion Bauteile von mehreren Funktionsgruppen gestaltet werden. In diesem Fall bilden Fuß und Lampenstange eine konstruktive Einheit.

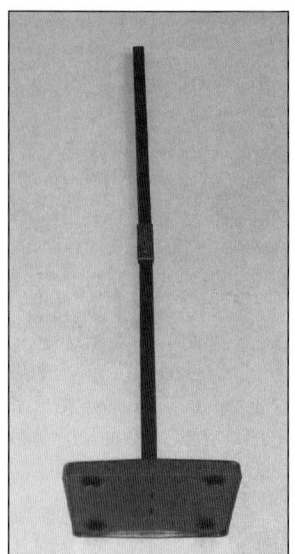

Abb. 4: Die Sicht der Konstruktion

Die **Fertigung** dagegen betrachtet die Struktur aus fertigungstechnischer Sicht mit starker Auflösung in einzelne Bauteile, z.B. den Fuß aus Bodenblech, Stabilitätsgewicht und Deckplatte in Einheit mit den zwei Teilen der Lampenstange und deren Laschenverbindung. Im Maschinenbau, wenn gemeinsame Bearbeitung, zum Beispiel zur Erzielung glatter Flächen oder konzentrischer Bohrungen, erforderlich ist, werden Teile gemeinsam betrachtet.

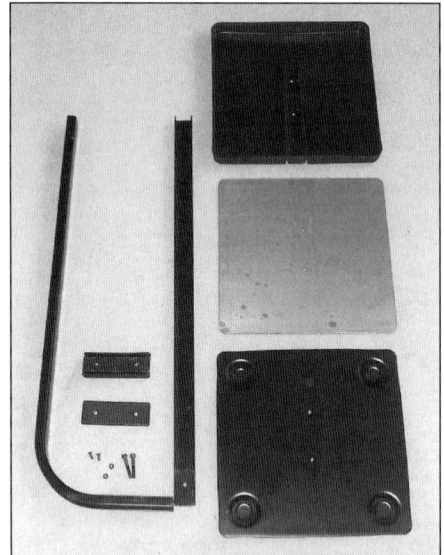

Abb. 5: Die Sicht der Produktion

Die **Montage** betrachtet die Strukturen aus der Sicht der Montagereihenfolge, der Vormontage und der Funktionserprobung. Das baut meist auf der Sichtweise der Fertigung auf, aber es kann Ausnahmen geben, wenn zuerst nur Teile einer Baugruppe mit Teilen einer anderen montiert werden, z.B. die Kurbelwelle in ihre Lager gelegt wird, ehe die Pleuel montiert werden.

Analog betrachtet der **Versand** die Strukturen versandorientiert, also eventuell als vormontierte Einheiten in versandgerechter Form und Größe. Das kann durchaus bedeuten, dass über die Grenzen von Funktions- und Baugruppen hinweg versandfähige Bauteile durch Demontage erstellt werden, deren einziger logischer Zusammenhalt die Versandfähigkeit ist. Stücklisten, die Teilegruppen aus-

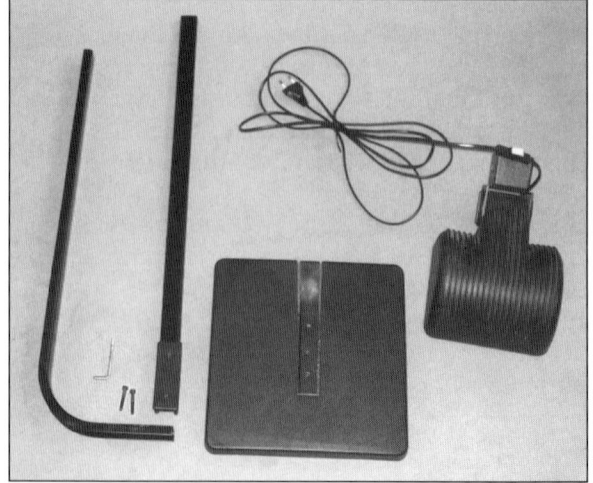

Abb. 6: Die Sicht des Versandes

schließlich nach Versandgesichtspunkten strukturieren, sind jedoch sehr selten. Im Fall der Lampe z.B. ist der Fuß eine Versandeinheit, die Lampenstange wird in ihren beiden Hälften getrennt betrachtet, wobei die Lasche einem der beiden Teile zugeordnet wird. Die Schrauben für die Verbindung von Fuß und Stange werden extra versandt, zusätzlich noch ein Schlüssel für die Befestigung durch die Innensechskantschrauben, denn es handelt sich um ein Produkt für den Baumarktkunden.

Für die Fertigung und die Kalkulation ist die synchronisierte Kombination aus Materiallisten (Stücklisten) und Arbeitsganglisten (Arbeitsplänen) üblich. Diese Kombination wird meist als »Fertigungsplan« bezeichnet. Die Trennung zwischen Arbeitsplänen auf der einen Seite und Stücklisten auf der anderen Seite ist überholt. Dagegen werden verschiedene Arten der Stückliste aus dem Fertigungsplan extrahiert. Allgemein üblich ist die Strukturstückliste, die detailliert die Baukastenstruktur des Produktes darstellt. Die Mengenstückliste ist eine Zusammenstellung aller Materialkomponenten des Produktes ohne Darstellung der Struktur, also der einzelnen Baukästen. Die Stücklistenarten werden im Beitrag »Informationsbasis der Produktionsplanung und -steuerung« detailliert beschrieben.

**Eine synchronisierte Struktur**

### 5.1.3.4 Alternativen und Varianten

Zu allen Ressourcen können auch eine Anzahl von Alternativbeziehungen bestehen. Ihre Aktivierung gestattet es, die Produktionsaufgabe zu erfüllen, wenn aus irgendeinem Grunde das ursprüngliche Verfahren nicht angewandt wird. Sie führen also zum gleichen Produkt. Das ist im einfachsten Fall die Möglichkeit, ein Bauteil selbst zu fertigen oder zu beziehen. Häufig werden andere Werkzeugmaschinen als Alternativen vorgesehen, es können aber auch ganze Verfahren sein. Selbst alternative Materialien, meist höherwertige können vorgesehen werden.

Diese Alternativbeziehungen sind nicht zu verwechseln mit Varianten. Varianten sind ähnliche Teile, die aber in definierten Eigenschaften voneinander abweichen. Die Eigenschaften können Farbe, Abmessungen, einzelne Bauteile oder Baugruppen oder ähnliche Eigenschaften sein. Sie werden häufig als Merkmalsausprägungen bezeichnet. Bei Varianten sind die Beziehungen mit Selektionskriterien versehen, die es erlauben, aufgrund der Merkmalsausprägungen des Endproduktes spezifische Beziehungen zu aktivieren oder zu deaktivieren. So können für ähnliche Produkte die Beziehungsstrukturen zusammengefasst und damit der Aufwand für Erstellung und Pflege reduziert werden.

**Alternativen vs. Varianten**

Moderne Fertigungssteuerungsysteme (ERP, PPS u.Ä.) verfügen über einen Variantengenerator. Ein Variantengenerator ermöglicht die Erstellung von variablen Ressourcenlisten (Fertigunsplänen) anhand vorher definierter Formeln und eventuell der Wertebereiche. Ausgangspunkt des Variantengenerators ist die Definition eines Fertigungsplanes mit den unterschiedlichen Materialpositionen, Arbeitsgängen oder Variantenpositionen. Die Generatoren nutzen eine Merkmalsleiste, in der die kennzeichnenden

**So definiert man Varianten**

Unterschiede der Varianten mit ihrem Wertebereich hinterlegt sind. Anschließend erstellt der Variantengenerator die passende Ressourcenliste für die angegebenen Werte der einzelnen Merkmale.

**Erleichterung bietet ein Variantengenerator**

Je Ressourcenposition wird eine Formel hinterlegt, die vom Varianten-Generator interpretiert wird. Dabei kann die Formel die Ressourcenposition verändern:

- Änderung der Einsatzmenge
- Änderung der Zeiten TR, TN und TE
- Komplettes Auslassen der Ressourcenposition
- Alternativ-Baum

Durch den Einsatz eines Variantengenerators wird der Verwaltungsaufwand der Stammdaten noch einmal erheblich reduziert sowie gleichzeitig die Erstellung und Kalkulation von individuellen Varianten stark beschleunigt.

**Aufbau einer Datenstruktur**

Mit diesen Ansätzen wird die Grundlage für den Aufbau einer Datenstruktur geschaffen. Neben dem Ziel, das PPS mit Daten zu versehen, dienen diese Beschreibungen der Dokumentation der Herstellungsverfahren zur Wissensverbreitung und zur Qualitätsicherung. Außerdem kann man durch Bewertung der einzelnen Ressourcen die Herstellungskosten abschätzen.

## 5.1.4 Der Bedarf als auslösende Größe

*von Helmuth Gienke*

Die auslösende Größe für die Produktion ist der Bedarf. Dieser Begriff in diesem Zusammenhang bedarf der Präzision. Korrekt ist, dass der Bedarf hinsichtlich Artikel, Termin, Menge und Qualität vom Kunden bestimmt wird. Aus diesem Kundenwunsch leiten sich die Anforderungen an die Produktion ab.

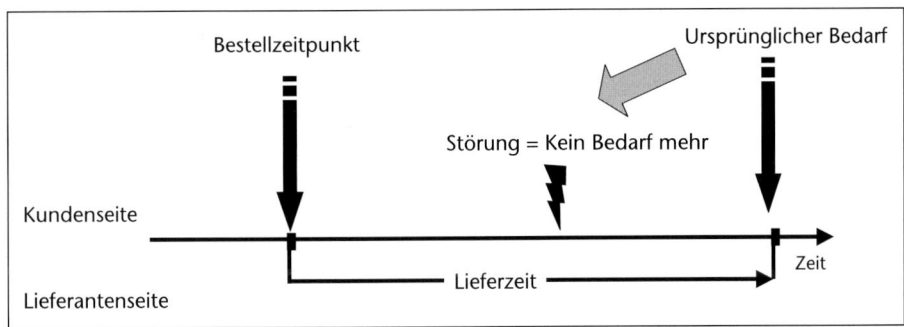

*Abb. 1: Kundenwunsch und Liefermöglichkeit*

Der Termin ist eine wesentliche Bedingung des Bedarfs, auch wenn er problematisch ist. Auch wenn der Kunde einen bestimmten Termin vorgibt, so ist er für ihn mit einer gewissen Unsicherheit verbunden, denn dieser Termin kann durch andere Einflüsse obsolet sein, z.B durch einen Brand in seiner Wohnung bzw. in seinem Betrieb.

Eine Terminvorgabe, die nicht auf »sofort« lautet, ist immer durch die Liefermöglichkeit und Zuverlässigkeit des Lieferanten verursacht, weil der eigentliche Terminwunsch des Kunden, »sofort« nicht realisierbar ist.

**Der Kundenwunschtermin ist »sofort«**

Für den Betrieb folgt daraus, dass diese Bedingungen, Termintreue und Lieferzeit, unter Beachtung der wirtschaftlichen Randbedingungen reduziert werden sollen, um die Wettbewerbsfähigkeit zu erhöhen. Fritten Lay, ein amerikanische Lebensmittelhersteller, wirbt zum Schrecken der Kostenrechner mit der Zusage, jede Lieferung am Tag nach der Bestellung auszuliefern, unabhängig vom Umfang, den Transportwegen und den Wetterbedingungen. Mit dieser Zusage ist Fritten Lay sehr erfolgreich am amerikanischen Markt, weil sie den Kunden ermöglicht, verbrauchsnäher zu disponieren.

Die Lieferung kann nur bei einem entsprechenden Lagerbestand kurzfristig bedient werden, aber auch dann ist eine gewisse Lieferfrist erforderlich. Diese Frist ergibt sich aus der Abwicklung des Auslagerungsvorganges, also Bestimmung des Lagerplatzes, Transport zum Versand einschließlich Wartezeit auf das Transportmittel usw. Hinzu kommt, dass ein Lagerbestand mit erheblichen Kosten verbunden ist, die sich nicht nur aus

Kapitaldienst und Lagerkosten ergeben, sondern zusätzlich noch Verluste durch nicht mehr absetzbare Artikel, sei es durch Verbesserungen des Produktes oder Überlagerung, bringen. Man strebt also an, den Lagerbestand so gering wie noch mit den Lieferzielen vertretbar zu halten.

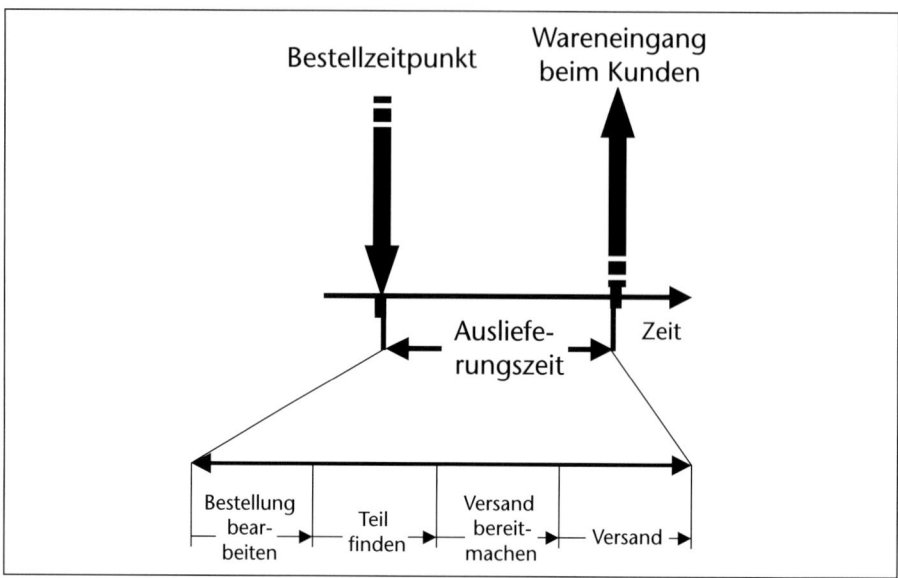

*Abb. 2: Lieferung ab Lager*

Häufig wird in modernen Produktionsbetrieben angeblich erst produziert, wenn der Auftrag vorliegt, aber das ist nicht korrekt. Es müssen auch dann Teile bereits fertig sein, die eine zu lange Fertigungsdauer haben. Bei einem Verbrennungsmotor z.B. müssen die Gussteile gegossen werden und auskühlen, bevor sie bearbeitet werden und dazu die Formen bereits hergestellt sein.

**Reine Fertigung nach Auftrag gibt es nicht**

Der Bedarf, der die Produktion auslöst, ist, wie oben ausgeführt, zum Zeitpunkt der Produktion häufig nicht bekannt und muss prognostiziert werden. Die Methoden zur Bedarfsprognose sind im Methodenteil beschrieben. Die Prognose muss ständig überprüft werden, um Abweichungen im Verfahren möglichst schnell zu erkennen.

Bei Fertigteilen, die an den Kunden geliefert werden, also dem Primärbedarf, ist ein Vergleich mit den eingegangenen Aufträgen meist ausreichend und am wirtschaftlichsten. Bei Teilen, die nicht für den Kunden als Fertigteile produziert werden, ist eine Bestandsanalyse meist hilfreicher. Weicht der tatsächliche Bestand vom geplanten Bestand ab oder hat er eine Tendenz nach höheren oder geringeren Beständen, ist die Prognose fehlerhaft, vorausgesetzt, es wurde nach dem Plan produziert.

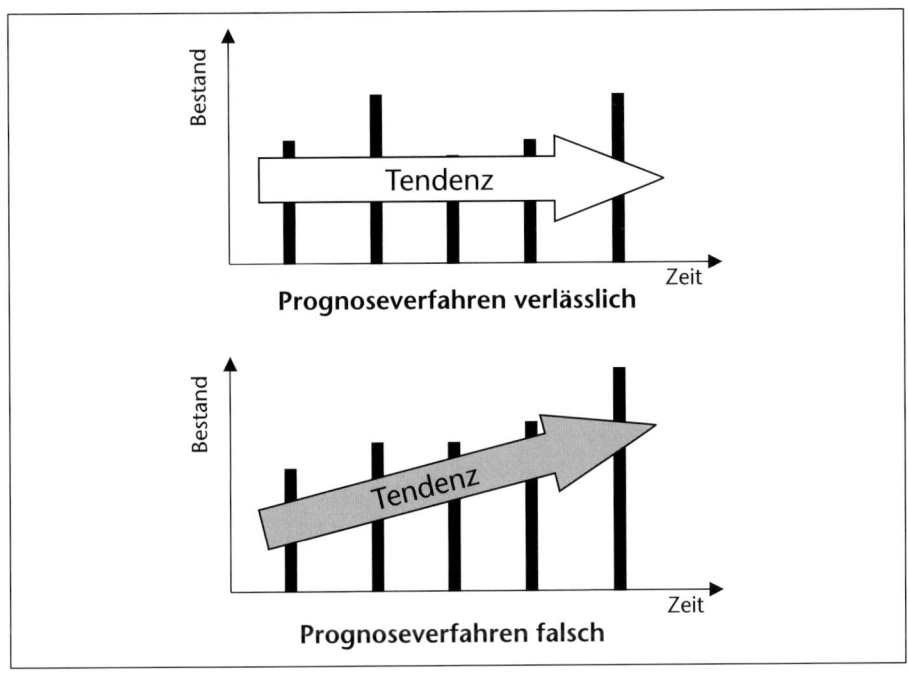

*Abb. 3: Bestandscontrolling*

Zusätzlich zum Kundenbedarf kann ein möglicher Bedarf definiert werden, der auf Lager produziert werden kann, um die Fertigung auszulasten. Diese Methode ist aber aus der Mode gekommen, weil man im Gegensatz zu früher nicht nur die Lagerkosten zur Beurteilung der Wirtschaftlichkeit heranzieht, sondern auch die Nebenkosten, wie veraltete Teile, Verzögerung bei der Einführung moderner Konstruktionen oder Fertigungsverfahren und nicht zuletzt auch die verspätete Fehlererkennung.

**Unmodern: Produktion zur Kapazitätsauslastung**

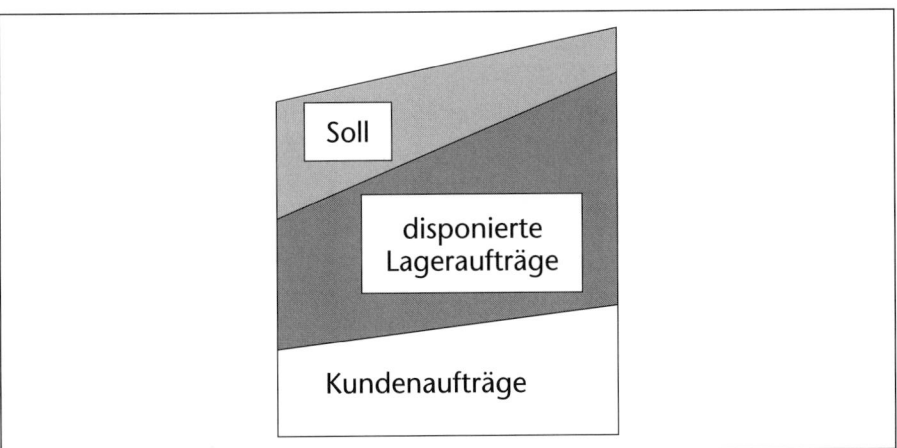

*Abb. 4: Kapazitätsauslastung durch »Sollware«*

Der unter diesen Prämissen (Kundenaufträge und Prognose) ermittelte Primärbedarf wird mit dem eventuellen Lagerbestand abgeglichen und bildet dann den Produktionsplan. Eventuell ist noch eine grobe Prüfung der Kapazität sinnvoll, mit Kennzahlen oder Kapazitätsangaben auf Produktebene oder Werkstattebene.

**So ergibt sich die Priorität**

Bei der Bedienung dieses Bedarfes spielt auch die Priorität eine Rolle, mit der die Aufträge bei Kapazitätsengpässen zu bedienen sind. Diese wird durch die Unternehmenspolitik bestimmt, ein Beispiel für die erforderliche Zusammenarbeit zwischen Produktion und den übrigen Unternehmensteilen, z.B Marketing. So hing in einem Betrieb eines Automobilzulieferers in der Arbeitsvorbereitung, der die Disposition angegliedert war, ein Spruch an der Wand: »Wenn DaimlerChrysler die Stirn runzelt, steht der Betrieb Kopf«. Die Priorität wird meist erhöht, wenn der Lieferzeitpunkt näher kommt. Diese Verfahren ist fragwürdig.

Bei dem Lagerbestand ist noch zu berücksichtigen, dass bereits Teile in Auftrag sind oder schon produziert werden, aber noch nicht fertig sind und außerdem über einen eventuell vorher eingeplanten, aber geänderten Bedarf hinausgehen. Das gilt besonders auch für andere Produkte, die die gleichen Ressourcen benötigen.

Vor der Verfügbarkeit von informationsverarbeitenden Systemen war dieser Abgleich ein Problem, das entweder nur grob gelöst wurde oder aufwendig durch Fortschrittszahlen in den einzelnen Fertigungsstufen. Die komplexe Fragestellung wird im Folgenden deutlich. Abhängig von der dem Produktionssystem gestellten Aufgabe zur Erfüllung eines vorgegebenen Produktionsplans muss ermittelt werden, welche Mengen der im ERP-System abgebildeten Ressourcen erforderlich sind. Diese Mengen werden meist durch die Auflösung der Fertigungspläne oder der Stücklisten und Arbeitspläne ermittelt.

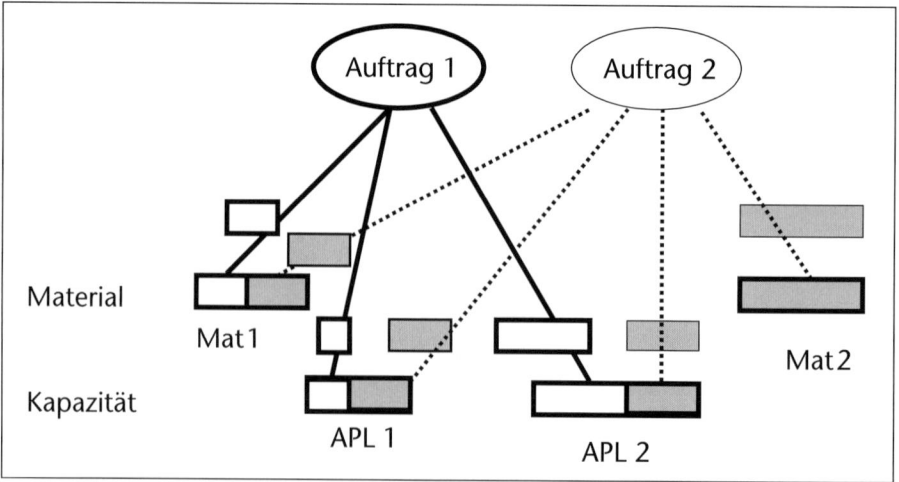

*Abb. 5: Vereinfachtes Netzwerk*

Dieses Beispiel ist natürlich stark vereinfacht. Man stelle sich die Darstellung vor, wenn gleichzeitig sechs Aufträge mit je 40.000 Eigenfertigungsteilen und 260.000 Einkaufsteilen neu eingelastet werden.

Die Ressourcen können in unterschiedlichen Zuständen sein. Das Material kann im Bestand vor der Fertigung oder an unterschiedlichen Stellen der Fertigung liegen. Maschinen, die zur Bearbeitung der Teile in der Produktion und der neu hinzukommenden Teile erforderlich sind, können verplant sein durch andere Aufträge und eingeschränkte Verfügbarkeit haben, z.B. durch Wartung oder Schichtpläne.

Diese Betrachtung ist nicht nur für das Teil als Verkaufsprodukt erforderlich, sondern auch für die Teile, die als Zuführteile produziert oder beschafft werden bis zum kleinen Nippel. Das ganze Netzwerk ist nur sehr aufwendig abbildbar, zumal die Zusammenhänge nicht nur recht komplex sind, sondern auch durch Engpässe Terminverschiebungen erforderlich sein können, die wiederum auf die Ausgangstermine Einfluss haben können. Da unsere Betriebe aber auch schon vor der Einführung der Informationstechnik produziert haben, ist es prinzipiell beherrschbar. Die Schwierigkeit ist heute, dass der Druck auf die Lieferfristen als Wettbewerbsfaktor dazu zwingt, diese Aufgaben so genau wie möglich zu lösen und das ist durch Informationssysteme wie ERP wesentlich verbessert. Das klassische System hat zuerst den Materialnachschub gesichert, indem es für Hausaufträge geschätzte Durchlaufzeiten annahm, und anschließend die Termineinplanung durchgeführt, ohne die Durchlaufzeiten in Frage zu stellen. Damit wurde bei Terminänderungen keine Rückmeldung erzwungen, dass der ganze Auftrag verzögert ist.

**Ohne EDV ist das nicht mehr beherrschbar**

Dieser Bruch in der logistischen Kette ist heute nicht mehr tragbar. Ziel ist es, ein gesamtheitliches Netzwerk aufzubauen, in dem sowohl die Materialversorgung als auch die Kapazitätsauslastung zusammenhängend dargestellt und erkannt werden.

**Keinen Bruch in der logistischen Kette zulassen**

Daneben sind Ressourcen erforderlich, die nicht abgebildet werden, aber eigentlich für alle anfallenden Arbeiten ausreichend verfügbar sein sollten. Außerdem wird Material für die technische Beschreibung abgebildet, das als Schüttgut nicht auftragsbezogen disponiert wird und ebenfalls ausreichend verfügbar sein muss.

Das eigentliche Problem der Produktionsplanung besteht darin, den zeitgenauen, optimierten Ressourcenbedarf zur Erfüllung der Produktionsaufgaben zu ermitteln. Das Ergebnis der Darstellung dieses Ressourcenbedarfs enthält also die terminliche und mengenmäßige Abstimmung zwischen den einzelnen einzusetzenden Ressourcen. Diese Aufgabe kann sinnvoll nur gelöst werden, wenn man die Produkte stufenweise auflöst und plant. Dies gilt unbedingt, wenn man Mehrfachverwendung von Ressourcen für verschiedene Produkte nutzt. Diese Ressourcen können dabei sowohl Material (Baugruppen, Bauteile, Halbfabrikate oder Rohmaterial) als auch Kapazitäten sein.

**Abstimmung von Termin und Menge**

5.1 Ziele, Strategien und Aufgaben der Produktions-planung und -steuerung

| Art | Abbildung im Fertigungsplan | Bedarf ermittelt |
|---|---|---|
| Mitarbeiter | als Gruppe oder als Arbeitsplatz | zeitgenau ermittelt |
| Handwerkzeug oder -maschinen | nicht abgebildet | kein Bedarf ermittelt |
| Hilfs- und Betriebsstoffe | nicht abgebildet | kein Bedarf ermittelt |
| Vorrichtungen | eventuell abgebildet | eventuell ermittelt |
| Maschinen | fast vollständig abgebildet | meist ermittelt |
| Werkzeuge | selten abgebildet, evtl. über NC-Programm | wenn erforderlich, zeitgenau ermittelt |

*Abb. 6: Ressourcen und Disposition*

Abhängig davon, ob die gegenseitige Abhängigkeit von Stellen oder Ressourcen betrachtet werden soll oder nicht, sind zur Ressourcenbedarfsplanung unterschiedlich aufwendige Modelle zu erstellen. Sie unterscheiden sich in der Genauigkeit der zeitlich kapazitiven Abbildung der Situation und der Genauigkeit der Abbildung der Beziehungen zwischen dem jeweiligen Ressourcenbedarf. Neben den Algorithmen des PPS-Systems sind noch das Zeitraster und die Menge der abgebildeten Ressourcen bestimmend für diese Möglichkeiten. Die Abstimmung des Modells mit den Anforderungen des Betriebes an die Genauigkeit zur Erreichung seiner Ziele ist eine wesentliche Aufgabe bei der Auswahl und der Einführung eines ERP-Systems.

**Der Bedarf entsteht kaskadenartig**

Wie bereits oben angerissen, werden zur Deckung des Bedarfs in Kaskadenform meist andere Baugruppen oder Bauteile benötigt. Diese können entweder von einem anderen Unternehmen oder Betrieb beschafft oder im eigenen Betrieb gefertigt werden.

**Ressourcenverfügbarkeit**

Für die Ressourcen – abgesehen vom Material – ist die Definition der Verfügbarkeit recht einfach: Die Ressource kann entweder zum Zeitpunkt verfügbar sein oder nicht. Aber auch hier gibt es manchmal Einschränkungen, wenn nämlich die Ressource nicht mit voller Kapazität verfügbar ist. Dabei gibt es verschiedene Gründe für die Nichtverfügbarkeit, zum Beispiel durch Instandhaltungsmaßnahmen oder Nutzung für andere Produkte, durch Schichteinteilung, Urlaubspläne usw.

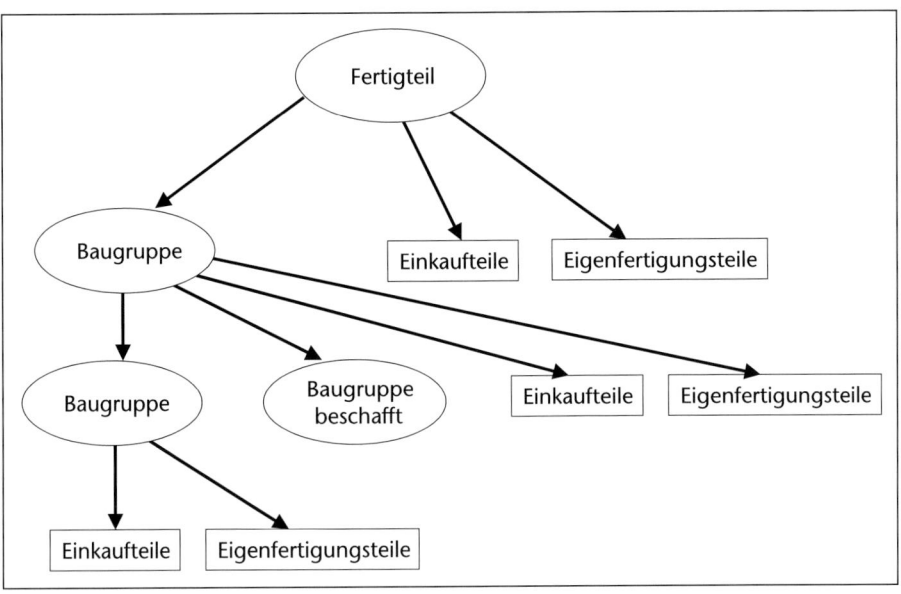

*Abb. 7: Bedarfskaskade*

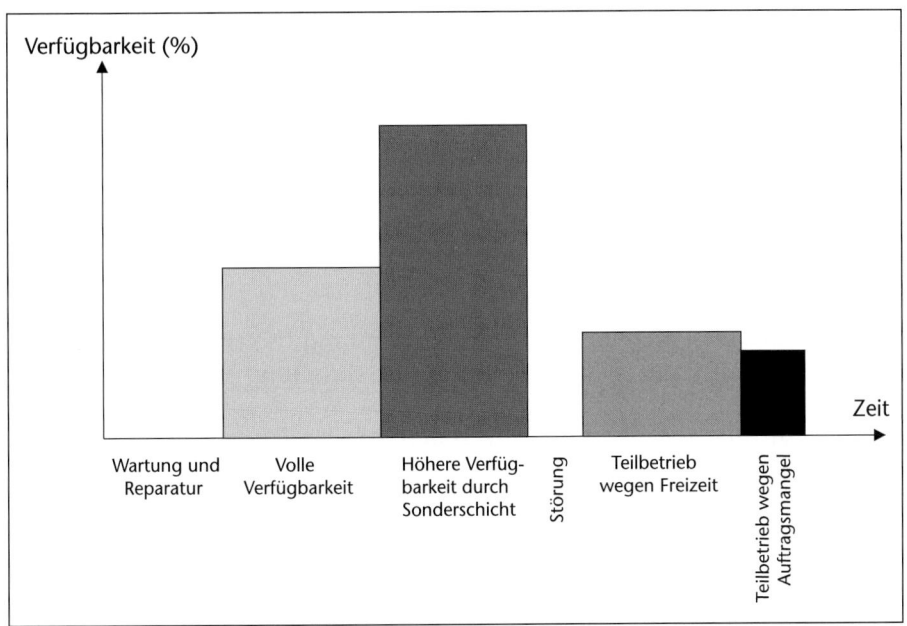

*Abb. 8: Verfügbarkeit von Anlagen*

Diese Gründe sollten dem Disponenten bekannt sein, um je nach Priorität bei Bedarf diese Ressource eventuell durch geeignete Maßnahmen verfügbar zu machen. Derartige Maßnahmen können zum Beispiel die Verschiebung von Instandhaltungsmaßnahmen oder anderer Aufträge sein. Wenn eine Maschine nicht mit voller Kapazität verfügbar ist, sollte der Grund mit angegeben sein und für den Disponenten erkennbar dargestellt werden.

Ein wichtiger Punkt, der häufig von den ERP-Systemen nicht unterstützt wird, ist die Eignung bestimmter Arbeitsplätze oder Maschinen für ein bestimmtes Bauteil. Häufig wird nämlich aus einer Gruppe gleichartiger Maschinen eine derart umgebaut, dass ein bestimmtes Teil nur auf diesem Arbeitsplatz gefertigt oder zumindest einfacher gefertigt werden kann als auf den anderen. Vereinfacht gesagt ist für die anderen Bauteile die Planung auf der Arbeitsplatzgruppe ausreichend, für dieses Teil aber nicht. Es kann dann die Kapazität der Gruppe ausreichend sein, aber speziell diese Maschine überlastet sein. Dieses Problem muss meist aufgrund der Erfahrung des Disponenten erkannt und gelöst werden.

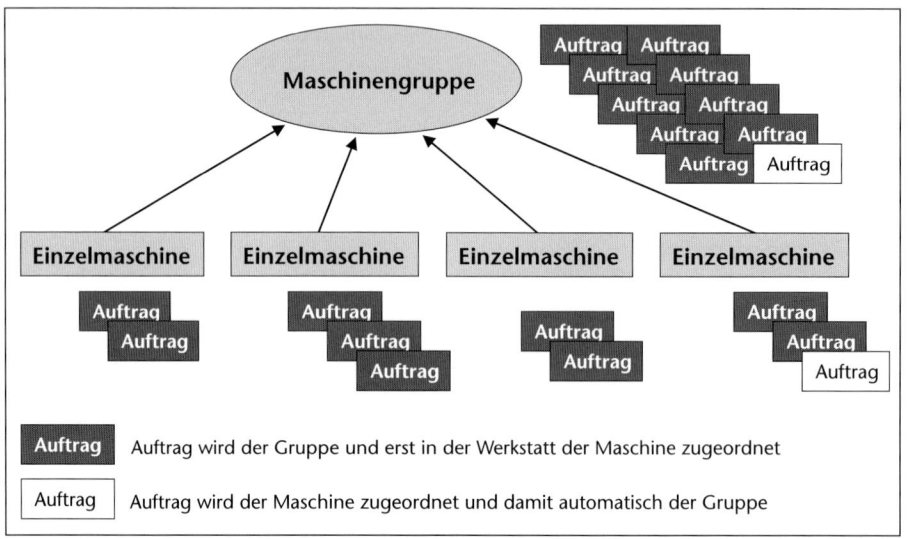

*Abb. 9: Struktur von Maschinengruppen*

Bei Material hat es sich eingebürgert, den Bestand in verschiedene Klassen zu unterteilen. Wichtig ist die Erkenntnis, dass man eine Aussage über Bestände, für die keine Lagerung definiert ist, wie Baugruppen in der Fertigung, nur durch vollkommene Verbuchung der Zu- und Abgänge erreichen kann. Steht zu einem Zeitpunkt einem Bedarf ein adäquater verfügbarer Bestand aller erforderlichen Ressourcen gegenüber, kann die Produktion erfolgen.

**Lose klein halten**  Die Losgröße hat einen selten beachteten Einfluss auf die Fertigung. Wenn die Lose zu groß sind, kann es passieren, dass das einzelne Los nicht mehr in vorhandene Lücken in der Kapazitäsbelegung passt und dann andere Aufträge verschoben werden müssen und damit deren Liefertermin kritisch wird. Es gilt also auch aus diesem Grund, die Lose möglichst klein zu halten.

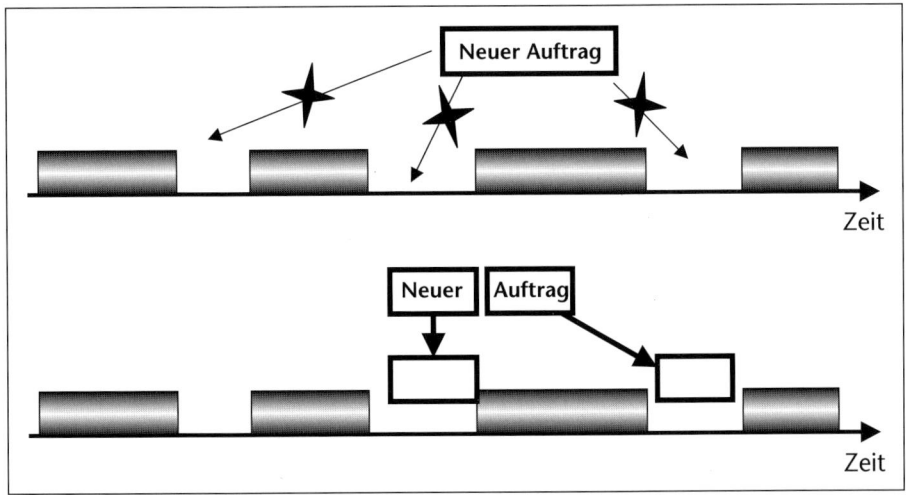

*Abb. 10: Losgrößen und Kapazitäten*

### 5.1.5 Wirtschaftlichkeit der ERP-Systeme

*von Helmuth Gienke*

#### 5.1.5.1 Grundlagen

**Ziele definieren**

Um eine Wirtschaftlichkeitsrechnung für eine Investition zu erstellen, ist es erforderlich, die Ziele dieser Investition klar zu definieren. Diese Erkenntnis bringt nun beim Einsatz von Informationssystemen ein kleines Problem, nur wenige Anwender sind sich im Klaren darüber, welche Ziele mit einem Informationssystem erreicht werden können.

Die mit dem Einsatz von ERP verbundenen Ziele haben in den letzten Jahren einen Wandel erlebt. Steht klassisch noch

- die Senkung der Fabrikbestände,
- die bessere Auslastung der Produktionsmittel

im Vordergrund, lauten die meist genannten Ziele heute:

- kürzere Durchlaufzeiten,
- höhere Termintreue,
- höhere Flexibilität bei Änderungen.

Die klassischen Ziele lassen sich noch einigermaßen abschätzen, auch wenn der Erfolg nicht eindeutig nachvollziehbar ist. Der Lagerbestand ist abhängig vom Produktionsspektrum und von einer Vielzahl weiterer Funktionen. Die Auslastung der Maschinen kann durch relativ geringfügige Änderungen des Produktionsprogramms stark beeinflusst werden, und zwar in negativer wie in positiver Richtung.

**Marktorientierte Ziele abschätzen**

Die marktorientierten Ziele lassen sich mit den klassischen Methoden der Betriebswirtschaft nun gar nicht mehr abschätzen, ein Phänomen, auf das in der letzten Zeit in mehreren Veröffentlichungen hingewiesen wurde. Wir müssen uns im Klaren sein, dass wir hier auf Schätzungen und Modellrechnungen angewiesen sind. Es wäre nun aber völlig falsch, an dieser Stelle zu resignieren und auf jede Rechnung zu verzichten. Es gibt Erfahrungswerte, dass durch den erfolgreichen Einsatz eines ERP-Systems

- die Durchlaufzeit und damit auch der Materialbestand um etwa 20 % gesenkt,
- die Kapazitätsauslastung um ca. 5 % gesteigert,
- die Termintreue und die Flexibilität wesentlich erhöht

werden kann.

**So viel ist machbar**

Sinnvoller Einsatz bedeutet aber, dass ein recht hoher Aufwand für die Einführung und den Betrieb des Systems geleistet werden muss. Dieser

Aufwand kann zu erhöhten Personalkosten in der Fertigungssteuerung führen. Wie gesagt, kann, muss aber nicht. Hier ist eine sehr sorgfältige Analyse erforderlich, denn es sind zwei Alternativen zu betrachten:

- Die Fertigungssteuerung ist auf einem hohen Standard und arbeitet sehr erfolgreich mit den bisherigen Methoden. Dann treten die oben genannten Einsparungen eventuell nicht in dieser Höhe ein, weil ein großer Teil vorweggenommen wurde. Dieser Fall ist aber recht selten, denn ein Betrieb, der in der Vergangenheit in die Fertigungssteuerung so viel investiert hat, hat meist schon ein ausgefeiltes ERP-System. Die Vorteile eines moderneren Systems wären dann hauptsächlich in der größeren Flexibilität und der damit verbundenen Verbesserung der Marktstellung.

- Die Fertigungssteuerung soll mit weniger Aufwand arbeiten, was zu Lasten der Qualität der Arbeit geht. Dann treten die Vorteile der Materialbestandssenkung und der höheren Kapazitätsauslastung nicht in diesem Maße ein, geschweige denn die Auswirkungen auf die Marktstellung.

Tatsache ist, dass 79 % der Industriebetriebe über eine EDV-unterstützte Fertigungssteuerung verfügen, der Einsatz des Hilfsmittels ist aber meist derart mangelhaft, dass die Vorteile nicht erreicht werden. Das hat zur Folge, dass PPS in vielen Betrieben mit „Papier produzierendes System" übersetzt wird. Die Ursache ist häufig, dass in der Einführung gravierende Fehler gemacht wurden, sei es, dass ein ungeeignetes System ausgewählt wurde, dass die Rückmeldungen zu eng mit der Bruttolohnermittlung verknüpft wurden, dass das Verständnis für die Aufgaben einer modernen Fertigungssteuerung fehlt oder die Einarbeitung der Mitarbeiter nicht ausreichend war. Meist sind mehrere dieser Fehler die Ursachen.

Zusammengefasst gilt, dass die Erfolge mit ERP nicht exakt ermittelt werden können und dass man einen nicht unerheblichen Aufwand für die Einführung und den Betrieb des ERP-Systems berücksichtigen muss. Man sollte sich also auf die sichere Seite legen.

**Wie kommen wir an zuverlässige Zahlen?**

### 5.1.5.2 Wirtschaftlichkeitsbeurteilung in Stufen

Aus den oben gesagten Gründen ergibt sich, dass bei der Beurteilung der Wirtschaftlichkeit von Informationssystemen in Stufen vorgegangen werden sollte, weil die Aussagen über die Veränderungen im Kostengefüge mit unterschiedlicher Sicherheit gemacht werden können. Außerdem ist noch zu unterscheiden in

- monetäre Wirtschaftlichkeit und
- qualitativen Nutzen.

In dieser Abhandlung ist nur die monetäre Wirtschaftlichkeit betrachtet, weil die steuerlichen Auswirkungen quantifiziert werden sollen. Aber auch die monetäre Wirtschaftlichkeit ist nur schwer zu ermitteln.

**Quantifizieren der Auswirkungen**

Es gibt einfach quantifizierbare Faktoren und schwer quantifizierbare Faktoren. Einfach quantifizierbare Faktoren sind Ausgaben und Einnahmen, die sich bezüglich des zugrundel iegenden Mengenansatzes (Mengengerüst) und dessen Bewertung in Geldeinheiten (und somit monetär) verhältnismäßig leicht für die betriebswirtschaftliche Betrachtung ausdrücken lassen. Insgesamt gesehen sind diese Faktoren Basis der aus der Literatur bekannten Verfahren der Investitionsrechnung für Einzelkomponenten. Die hierbei auch bei der Beurteilung von Systemen zu beachtenden Grundsätze und Überlegungen sind weiter unten dargestellt.

Bei schwer quantifizierbaren Faktoren handelt es sich um Effekte, die sich erst aus Umrechnungen und meist auch betriebswirtschaftlich fundierten Annahmen und Schätzungen ergeben; zum Beispiel ein DV-gestütztes Steuerungssystem ermöglicht es, die Bestellungen und Lieferungen schneller und genauer als bisher durchzuführen. Hieraus erwächst als monetär bewertbarer Vorteil, dass die Bestände besser als bisher reduziert werden können. Außerdem reduziert sich die Zahl der überalterten Lagerbestände und deren Abwertungen.

**Alle Faktoren berücksichtigen**

Die Ermittlung der Wirtschaftlichkeit komplexer Systeme aufgrund einfach quantifizierbaren Faktoren reicht selten alleine aus, um mit einiger Sicherheit das optimale System zu finden. In der zweiten Stufe der Wirtschaftlichkeitsbeurteilung gilt es deshalb, auch den Nutzen solcher Faktoren zu beurteilen, die sich nur schwer quantifizieren oder sogar nur qualitativ erfassen lässt. Es handelt sich um weitere Vor- und Nachteile im Zusammenhang mit den zukünftigen Anforderungen an das System.

Aus diesen Überlegungen ergibt sich eine stufenweise Vorgehensweise zur Beurteilung der Wirtschaftlichkeit.

Stufe a: Ermittlung der monetären Wirtschaftlichkeit aufgrund einfach quantifizierbarer Faktoren

Stufe b: Ermittlung der monetären Wirtschaftlichkeit aufgrund schwer quantifizierbarer Faktoren

Stufen a und b ergeben die monetäre Wirtschaftlichkeit.

Stufe c: Ermittlung des qualitativen Nutzens aufgrund nicht monetär erfassbarer Faktoren

Stufe d: Wirtschaftlichkeitsbeurteilung unter Verwendung quantitativer und qualitativer Faktoren

### 5.1.5.3 Monetäre Wirtschaftlichkeit

**Leicht quantifizierbare Einsparungen**

Der wesentliche, direkt messbare Effekt eines ERP-Systems ist die Senkung der Bestände an Fertigware, unfertigen Erzeugnissen und RHB-Stoffen. In der Praxis gibt es aber gerade auf diese Komponenten erhebliche Einflüsse. Bekannt sind die Bestandssenkungsaktionen zum Stichtag, die alle Mitarbeiter des Betriebes verpflichten, den Materialbestand für diesen Tag extrem niedrig zu halten. Nach diesem Stichtag schnellen die Bestände dann in die Höhe, weil jeder das gewohnte Sicherheitspolster anstrebt. Gerade mit einem ERP-System mit funktionierender Materialwirtschaft lässt sich aber ein gleitender Materialbestand ermitteln, der auch zwischen den Stichtagen einen sinnvollen Verlauf ermöglicht. Die Auswirkungen dieser Möglichkeit gehören zu den schwer bewertbaren Komponenten, an dieser Stelle sollen nur die direkten monetären Auswirkungen ermittelt werden. Das ERP-System ermöglicht es, einerseits den Bestand zuverlässig zu ermitteln und andererseits die Bestandssenkungen zu bewerten. Die monetären Auswirkungen ergeben sich aus der Senkung der Kapitalbindung und des Kapitaldienstes. Meist weniger ins Gewicht fällt die Reduzierung des Lagerflächenbedarfs und die Auswirkungen auf die Transporte.

**Schwer quantifizierbare Einsparungen**

Mit einem ERP-System kann man den Materialfluss steuern und damit die Auslastung der Arbeitsplätze erhöhen. Außerdem ergibt sich durch die geringere Durchlaufzeit, die mit der Senkung der Bestände verbunden ist, eine Reduzierung der nicht absetzbaren Produkte, weil die Produktion näher am Marktbedarf erfolgt. Die monetären Auswirkungen sind noch einigermaßen abschätzbar. Sehr viel schwieriger sind weitere Auswirkungen abzuschätzen, die aber oft einen erheblich höheren Einfluss haben als die bisher genannten. Durch die höhere Termintreue und die kürzere Lieferzeit verbessert sich die Marktstellung des Unternehmens.

In der aktuellen Diskussion gewinnt der Produktionsfaktor »Information« ein immer stärkeres Gewicht. In der klassischen Betriebswirtschaftslehre dagegen wird ihm nur eine untergeordnete Bedeutung gegeben, weil er nicht monetär bewertbar und daher nur schwer zu erfassen ist.

*Wie bewertet man Information?*

Der Nutzen der Information gliedert sich hauptsächlich in folgende Gebiete:

- den externen Nutzen durch Verbesserung der Kundennähe,

- den externen Nutzen durch höhere Reagibilität auf Marktanforderungen,

- den internen Nutzen durch verstärkten Kundenbezug in der Auftragsabwicklung, auch in den internen Beziehungen,

- den internen Nutzen durch Bewusstseinsbildung der Mitarbeiter über die Bedeutung der Qualität und Termintreue,

- den internen Nutzen durch Lockerung der personellen Abhängigkeit infolge der Möglichkeit, Prozess-Know-how leichter allgemein verfügbar zu machen.

### Qualitativer Nutzen

In allen folgenden Annahmen gehen wir von einem gut funktionierenden ERP-System mit aktuellen Daten aus.

Bis auf die Reagibilität auf Marktanforderungen werden diese Komponenten durch ein ERP-System unterstützt.

Die Verbesserung der Termintreue, die kürzere Durchlaufzeit und die höhere Flexibilität, die mit einem ERP-System erreicht werden, stärken die Kundennähe und bringen damit einen Wettbewerbsvorteil. Wenn dann die Auftragsabwicklung noch teamorientiert strukturiert wird, hat man durch die ständige Information über die Auftragssituation und Terminlage eine Möglichkeit, die erfahrungsgemäß für jedes produzierende Unternehmen erhebliche Vorteile bringt.

*Durch Information besser entscheiden*

Die gleiche Aussage gilt auch für die internen Lieferbeziehungen, nicht nur durch den Bezug zum Kundenauftrag, sondern durch die Möglichkeit, die Auswirkungen einer verspäteten Zulieferung transparent zu machen. Dem Mitarbeiter wird bewusst gemacht, welche Schwierigkeiten der Kollege hat, wenn er selber verspätet weitergibt, oder welche Schwierigkeiten der zuliefernde Kollege hat, einen Termin einzuhalten. Da diese Information schon frühzeitig vorliegt, können die Mitarbeiter durch Absprachen die Auswirkungen reduzieren. Hiermit wird auch die Kooperation und das gegenseitige Vertrauen innerhalb der Belegschaft verstärkt.

*Personengebundenes Wissen sicher machen*

Ganz anders liegt der Fall bei der Bereitstellung von Angaben über Verfahren und Qualitätsforderungen. Besonders in der Verfahrenstechnik und ähnlichen Bereichen ist das entsprechende Wissen häufig gezielt bei langjährigen Mitarbeitern gespeichert entweder im Gedächtnis oder in schwer interpretierbaren Notizen.

Dieses individuelle Wissen birgt nicht nur die Gefahr des Verlustes in sich, wenn der Mitarbeiter ausfällt ohne die Kenntnis weitergegeben zu haben, sondern beeinträchtigt auch das Betriebsklima dadurch, dass unverständliche Entscheidungen gefällt werden, jedenfalls aus der Sicht des Nicht-Eingeweihten. Wenn es gelingt, dieses Wissen über Arbeitspläne und Prozessangaben publik zu machen, bringt das erhebliche qualitative Vorteile. Es ist zwar unbestritten, dass diese Veröffentlichung schwierig ist, doch zeigt die Erfahrung, dass es praktiziert wird, wenn bei einer Person der Anfang gemacht wird. Auch wenn dieses Wissen teilweise dennoch zurückgehalten wird, ist die Offenlegung eines wesentlichen Teils des Knowhows schon ein nicht zu unterschätzender Vorteil.

#### 5.1.5.4 Beispiel

Im folgenden Beispiel werden die Daten eines Maschinenbauunternehmens für ein Muster einer Wirtschaftlichkeitsrechnung ausgewertet. Die Angaben sind zwar repräsentativ, können aber in einzelnen Fällen stark abweichen, wobei der bisherige Organisationsgrad, die Art der Fertigung und die Kundenbeziehungen Einfluss haben. Es gibt auch heute noch Produktionszweige, bei denen die Termintreue zwar höchste Priorität hat, kürzere Lieferzeiten aber keinen Wettbewerbsvorteil bringen, z.B. Komponenten für größere Anlagen oder Fahrzeugausrüstungen. In jedem Fall müssen die Auswirkungen individuell abgeschätzt werden, deswegen steht die folgende Zusammenstellung nur als ein Beispiel für das Verfahren einer groben Abschätzung.

Unterstellt wird ein Werkzeugmaschinenbauer mit folgenden Kennzahlen:

| Umsatz | | 340.000 T € |
|---|---|---|
| Personalaufwand | | 130.000 T € |
| Materialaufwand | | 150.000 T € |
| Vorräte | Roh-, Hilfs- und Betriebsstoffe | 40.000 T € |
| | halbfertige Erzeugnisse | 47.000 T € |
| | fertige Erzeugnisse und Waren | 34.000 T € |
| Mitarbeiter | | 1.800 |

Diese Zahlen entstammen einem Geschäftsbericht einer größeren Maschinenfabrik. Die Ausgangswerte sind also realistisch, die folgenden Annahmen sind Schätzungen, die aus Erfahrungen in anderen Unternehmen stammen.

| Aufwand | | einmalig € | ständig €/Jahr |
|---|---|---|---|
| extern | Standardsoftware | 230.000 | 25.300 |
| | Anpassungen | 328.000 | 48.200 |
| | Datenbanksoftware | 128.000 | 7.680 |
| | Hardware (Ergänzungen) | 980.000 | 59.800 |
| | | 1.666.000 | 140.980 |
| intern | Einführungsschulung | 370.000 | |
| | Basisdatenanpassung | 560.000 | |
| | Mehrkosten Mitarbeiter durch höhere Qualifikation | | 350.000 |
| | | 1.280.000 | 350.000 |
| **Gesamter Aufwand** | | **2.946.000** | **490.980** |

## 5.1 Ziele, Strategien und Aufgaben der Produktions-planung und -steuerung

| Vorteile | | einmalig € | ständig €/Jahr |
|---|---|---:|---:|
| Einsparungen: | | | |
| Bestandssenkung: | RHB (15 %) | 6.000.000 | |
| | unfertige Erzeugnisse (15 %) | 7.000.000 | |
| | Fertigwaren (20 %) | 7.000.000 | |
| | Reduzierung des Fertigungsaufwands (3 %) | | 3.300.000 |
| | Reduzierung des Materialaufwands (1 %) | | 1.400.000 |
| Umsatzsteigerungen durch kürzere Lieferzeiten und höhere Termintreue (5 % von 340.000.000 €/Jahr) | | | 3.700.000 |
| **Gesamter Nutzen** | | 20.000.000 | 8.400.000 |
| **Wirtschaftlichkeit vor Steuern** | | 17.000.000 | 7.910.000 |

Als Folgerung zeigt sich, dass ein ERP-System eine lohnende Investition ist, vorausgesetzt es ist richtig und zielgerecht eingesetzt und genutzt.

## 5.2 Elemente der Produktionsplanung und -steuerung

*von Ute Mussbach-Winter*

### 5.2.1 Produktionsprogrammplanung und Angebotserstellung

#### 5.2.1.1 Produktionsprogrammplanung

Unter der Produktionsprogrammplanung wird eine Zielvereinbarung zwischen allen am Wertschöpfungsprozess beteiligten Unternehmensbereichen verstanden. Diese Zielvereinbarung enthält Festlegungen, welche Erzeugnisse nach Art, Menge und Termin in welchen Planperioden bzw. zu welchem Termin herzustellen sind. Zum Einsatz kommt die Produktionsprogrammplanung bei Unternehmen mit Lagerfertigung oder aber bei Firmen, die aufgrund ihrer Durchlauf- bzw. Wiederbeschaffungszeiten die Beschaffung von Rohmaterial und Zukaufteilen sowie die Fertigung von Einzelteilen und Baugruppen bereits einleiten müssen, bevor die Kundenaufträge vorliegen, in die diese Komponenten letztendlich eingehen. An der Produktionsprogrammplanung sind zumindest Vertrieb, Logistik, Fertigung sowie Unternehmensleitung beteiligt. Der Planungshorizont der Produktionsprogrammplanung ist langfristig angelegt und umfasst in der Regel mehrere Monate oder auch ein Jahr.

*Zielvereinbarung der einzelnen Unternehmensbereiche*

Basis für die Produktionsprogrammplanung sind die Absatzprognosen des Vertriebs für die einzelnen Produkte bzw. für Produktgruppen sowie bereits bekannte Kundenaufträge oder andere geplante Produktionsaufgaben. Im Einzelnen sind diese Informationen in Abbildung 1 zusammengestellt.

*Wie wird ein Produktionsprogramm erstellt?*

| Produktionsprogramm | | | | |
|---|---|---|---|---|
| prognostizierte Aufträge | | | erteilte Aufträge | |
| Lageraufträge (kundenanonym) | Ersatzteil- und Kleinaufträge | Produktions-Engineering-aufträge | Produktions-Engineering-aufträge | interne Entwicklungsaufträge |
| | prognostizierte Grundlast | prognostizierte Kundenaufträge | Kundenaufträge | |

*Abb. 1: Zusammensetzung des Produktionsprogramms (nach Hackstein)*

Aus diesen Informationen wird zunächst ein Entwurf der Produktionsprogrammplanung erstellt, der hinsichtlich der Ressourcenbelastung (Anlagen, Personal etc.), der Bestands- sowie der Umsatz- bzw. Erlösentwicklung ausgewertet wird. Erfahrungsgemäß führt dieser erste Entwurf, was die Ziele der Unternehmensleitung angeht, nicht zu den gewünschten Ergebnissen. Er muss deshalb so lange überarbeitet werden, bis er die vorgegebenen Kriterien erfüllt. Dabei können sowohl Veränderungen an den Absatzprognosen wie auch am Ressourcenangebot (z.B. Kapazitätsaufbau/-verlagerung) vorgenommen werden.

*Der Entwurf als erster Schritt*

## 5.2 Elemente der Produktionsplanung und -steuerung

**Das verabschiedete Programm**

Im letztendlich verabschiedeten Produktionsprogramm sind die so genannten Primärbedarfe, also die Bedarfe an verkaufsfähigen Erzeugnissen, mit ihren Fälligkeitsterminen festgelegt. Es ist somit der Ausgangspunkt für eine detaillierte Kapazitäts- und Materialbedarfsplanung im Unternehmen. Für die im Unternehmen zu fertigenden Produkte (Eigenfertigungsteile) sind in den nachfolgenden Schritten der Termin-, Kapazitäts- und Materialbedarfsplanung die Primärbedarfe so weit aufzubrechen, dass letztendlich ausführbare Fertigungsaufträge mit Mengen und Terminen sowie Bestellvorschläge für die zu beschaffenden Rohmaterialien vorliegen. Enthält das Absatzprogramm auch Güter, die vom Unternehmen nicht selbst hergestellt werden, so sind auch diese im Beschaffungsbereich entsprechend zu planen. Dabei müssen besonders die terminlichen Möglichkeiten des Lieferanten – vor allem die Lieferfristen – berücksichtigt werden. Die Aufgaben der Produktionsplanung zeigt Abbildung 2 im Überblick.

| Absatzplanung | Bestandsplanung |
|---|---|
| Sie legt fest, in welchen Perioden welche Mengen eines vorgegebenen Erzeugnissortiments lieferbar sein sollen. Sie wird in der Regel für Erzeugnisgruppen durchgeführt, wenn aufgrund der hohen Anzahl der Erzeugnisse eine Planung auf Erzeugnisebene aus Aufwandsgründen nicht ratsam ist. Die Daten für den Absatzplan werden entweder aus Absatzprognosen oder aus Vorgaben der Gewinn- und Umsatzplanung abgeleitet. | Ziel der Bestandsplanung ist es, einerseits keine hohen Lagerbestände vorzuhalten und andererseits das Auftreten von Fehlmengen zu vermeiden, um das zur Realisierung der gewünschten Absatzmengen benötigte Material rechtzeitig bereitzustellen. Dazu ist es erforderlich, die Bevorratungsebenen für die einzelnen Erzeugnisse oder Erzeugnisgruppen festzulegen. |
| **Primärbedarfsplanung** | **Ressourcengrobplanung** |
| Innerhalb der Primärbedarfsplanung wird der Nettoprimärbedarf ausgewiesen, d.h. die im Unternehmen zu produzierenden Erzeugnisse, verkaufsfähigen Baugruppen, Ersatzteile und kundenanonyme Vorprodukte. | In der Ressourcengrobplanung wird überprüft, ob die Absatzpläne und Produktionsprogramme mit den vorhandenen Ressourcen realisierbar sind, d.h., die nach Art, Menge und Termin festgelegten Bedarfe an Erzeugnissen und/oder Komponenten werden grob eingeplant und mit den verfügbaren Ressourcen abgeglichen. |

*Abb. 2: Aufgaben der Produktionsprogrammplanung*

Für die Ermittlung des Ressourcenbedarfs im Rahmen der Produktionsprogrammplanung stehen zwei Methoden zur Verfügung, die Repräsentativ- und die Referenzmethode.

**Repräsentativmethode**

Bei der Repräsentativmethode wird die Kapazitätsbelegung je Bereich aus den Planstückzahlen und den Belegungszeiten von Repräsentativprodukten ermittelt. Ein Produkt kann als repräsentativ bezeichnet werden, wenn es als typisch hinsichtlich seiner Kapazitätsanforderungen anzusehen ist. Die Planstückzahlen erhält man durch Division des prognostizierten Umsatzes durch den Verkaufspreis des repräsentativen Produkts. Die Planstück-

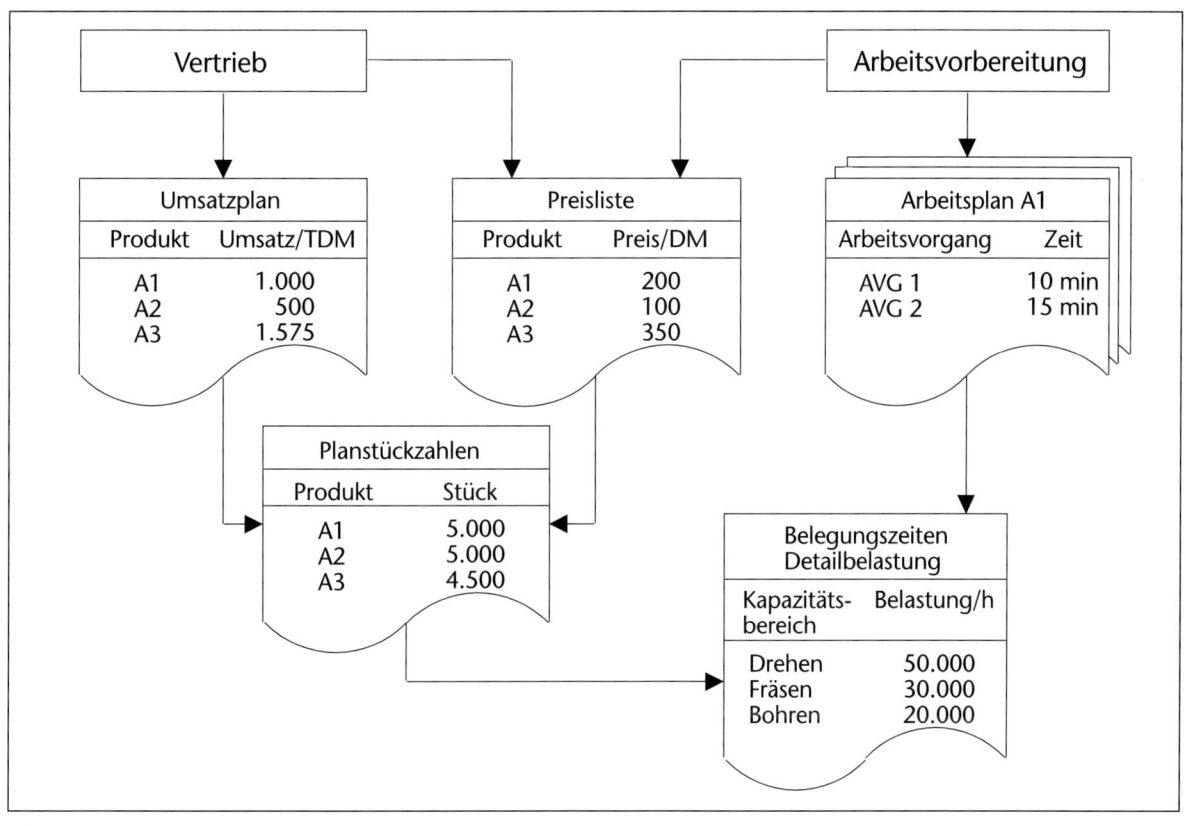

Abb. 3: Repräsentativmethode

zahlen werden mit den Belegungszeiten aus den Arbeitsplänen multipliziert. Als Ergebnis erhält man die Belastung der einzelnen Kapazitätsbereiche durch das neue Produktionsprogramm (vgl. Abbildung 3).

Bei der Referenzmethode wird zunächst aus den geplanten Umsatzzahlen für die einzelnen Produktgruppen, den Resultaten der Nachkalkulation vergangener Perioden und einem Umrechnungsfaktor (im Beispiel aus Abbildung 4: 100 DM/h) der Gesamtjahresbedarf an Arbeitsstunden ermittelt. Der Gesamtjahresbedarf an Arbeitsstunden wird über so genannte Referenzwerte in Form von Verhältniszahlen, die aus den tatsächlichen Belegungszeiten vergangener Planungsperioden statistisch ermittelt werden, auf die einzelnen Werkstätten und Maschinengruppen aufgeteilt. Die Referenzmethode berücksichtigt auch Ausschussarbeiten, Reparaturaufträge usw. Sie ist besonders dann geeignet, wenn sich die Zusammensetzung des Produktionsprogramms über Jahre hinaus nicht oder nur wenig ändert.

**Referenzmethode**

## 5.2 Elemente der Produktionsplanung und -steuerung

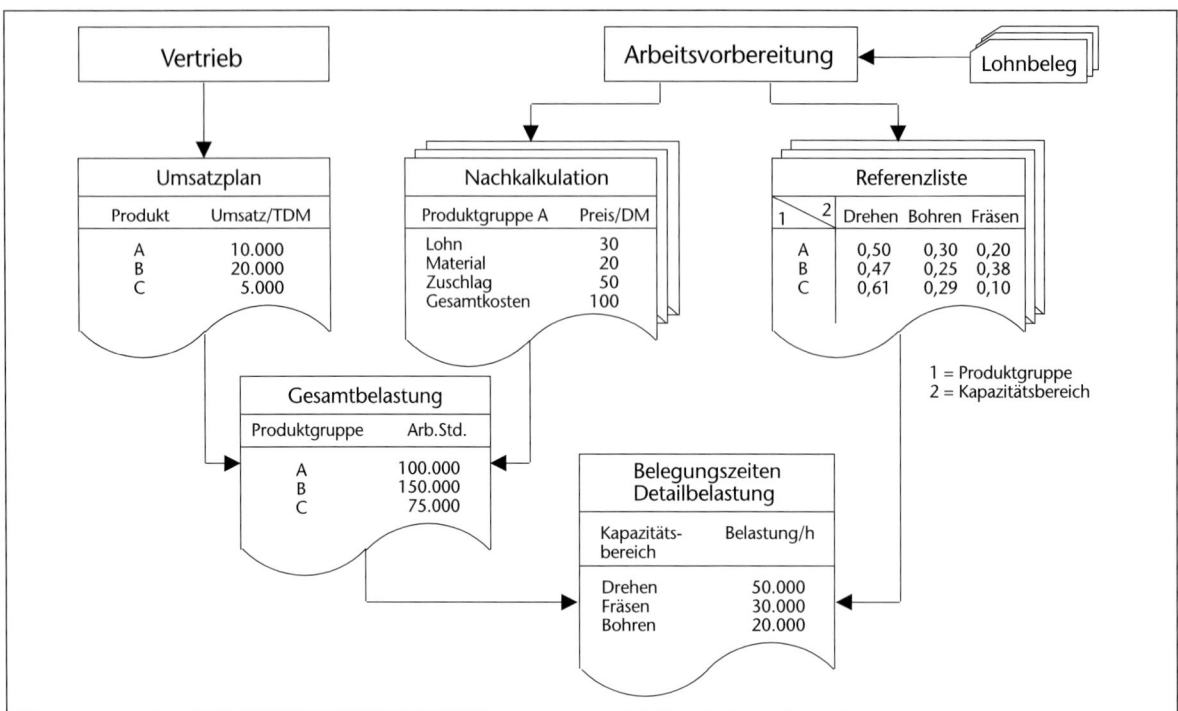

Abb. 4: Referenzmethode

### 5.2.1.2 Angebotserstellung

**Prüfung der technischen Machbarkeit, Vorkalkulation**

Die beiden ersten der in Abbildung 5 genannten Schritte zur Angebotserstellung (das Prüfen der technischen Machbarkeit sowie das Erstellen einer Vorkalkulation zur Herstellkostenermittlung und somit zur Festlegung des Angebotspreises) sind nur bei der kundenauftragsbezogenen Fertigung neuer Produkte erforderlich. Bei Wiederhol- oder Lagerfertigung liegen diese Daten bereits vor.

**Ermittlung bzw. Überprüfung des Liefertermins**

In allen Fällen ist bei der Angebotserstellung eine Liefererminermittlung durchzuführen oder der vom Kunden gewünschte Liefertermin auf seine Realisierbarkeit zu prüfen. Dies erfolgt auf Basis der in den Arbeitsplänen enthaltenen Vorgabezeiten bzw. den Wiederbeschaffungszeiten in den Teilestammdaten/Materialstammdaten. In Verbindung mit der Liefererminermittlung empfiehlt sich eine grobe Ressourcenbelegung, bei der zumindest für Engpassressourcen geprüft wird, ob sie im Bedarfszeitraum zur Verfügung stehen. Ist dies der Fall, werden sie für das Angebot reserviert. Ansonsten muss ein Liefertermin unter Berücksichtigung der verfügbaren Ressourcen ermittelt werden (siehe Abbildung 5).

**Auftrag oder Ablehnung des Angebots**

Für das Angebot ergibt sich daraus ein möglicher Liefertermin, eine Belegungsübersicht der einzelnen Kapazitätsbereiche und die zur Einhaltung dieser Liefertermine notwendigen, spätesten Bestelltermine. Ein Angebot besteht so lange, bis daraus entweder ein Auftrag wurde oder das Angebot vom Interessenten abgelehnt wird.

| 1. Prüfung der technischen Machbarkeit | 3. grobe Ermittlung bzw. Überprüfung des Liefertermins |
|---|---|
| ■ stehen die erforderlichen Ressourcen, die Mitarbeiterqualifikationen und das technische Know-how im Unternehmen zur Verfügung<br><br>■ evtl. Detaillierung der Erzeugnisspezifikation | |
| 2. Vorkalkulation | 4. grobe Ressourcenbelegung |

*Abb. 5: Aufgaben der Angebotserstellung*

Abbildung 6 zeigt die Kostenfaktoren, die in eine Angebotskalkulation eingehen. Informationsquelle für die Materialkosten sind die Stückliste, die in den Teilestammsätzen angegebenen Preise pro Einheit für die benötigten Materialien sowie die Bedarfsmenge aus den Angebotsdaten. Die Mitarbeiter- und die Maschinenkosten werden entsprechend aus den Arbeitsplandaten abgeleitet. Sofern Stücklisten und Arbeitspläne (bei neuen Erzeugnissen) noch nicht vorliegen, müssen diese Daten bestmöglich geschätzt werden. Die Kosten für Vorrichtungen etc. werden beispielsweise über separate Kalkulationen oder das Einholen von Angeboten ermittelt, während die in den indirekten Bereichen entstehenden Kosten über betriebsspezifisch definierte Zuschlagsätze (Gemeinkosten) einbezogen werden.

**Welche Kostenfaktoren sind zu berücksichtigen?**

| Herstellkosten | | Zuschläge |
|---|---|---|
| Aufwand für Ressourcen<br><br>■ Materialkosten<br>■ Mitarbeiterkosten<br>■ Maschinenkosten | Kosten für<br><br>■ Vorrichtungen<br>■ Werkzeuge<br>■ Hilfs- und Betriebsstoffe<br>■ Bauten<br>■ Anlagen<br>■ usw. | Berücksichtigung der Kosten, die in den indirekten, d.h. nicht der Fertigung zuzuordnenden Bereichen (z.B. Vertrieb, Konstruktion, Disposition) entstehen |

*Abb. 6: Kostenfaktoren bei der Angebotserstellung*

### 5.2.2 Fertigungsablaufplanung/Montageplanung

**Schritte der Fertigungsablaufplanung**

Für die aus der Produktionsprogrammplanung bzw. den Kundenaufträgen resultierenden Primärbedarfe wird in der Materialbedarfsplanung zunächst geprüft, welche der benötigten Enderzeugnisse, Halbfabrikate und Rohmaterialien vom Lager entnommen werden können und welche noch zu produzieren oder zu beschaffen sind. Für die aufgrund der Materialbedarfsplanung zu produzierenden Güter ermittelt die Fertigungsablaufplanung die Ausführungstermine für die einzelnen Arbeitsgänge (vgl. Abbildung 1). Diese Terminermittlung erfolgt unter Einbeziehung von Stücklisten-, Arbeitsplan- und Kapazitätsdaten sowie von Auftragsänderungen und Rückmeldungen aus der Fertigung.

**Durchlaufterminierung**

In vielen Betrieben wird diese Terminermittlung als so genannte Durchlaufterminierung zunächst ohne Berücksichtigung des verfügbaren Kapazitätsangebots vorgenommen. Erst in einem nächsten Schritt erfolgt dann die Belegung der Kapazitäten, in dem der Kapazitätsbedarf für die neu eingeplanten Aufträge zu dem bereits bestehenden addiert wird. Dabei ist darauf zu achten, dass der kumulierte Kapazitätsbedarf das vorhandene Kapazitätsangebot (innerhalb der zulässigen Toleranzgrenzen) nicht übersteigt. Wird diese Toleranz nach oben hin überschritten, so muss der aktuell eingeplante oder ein bereits früher eingeplanter Auftrag so lange verschoben werden, bis genügend Kapazität zur Verfügung steht.

**Terminierungsverfahren**

Je nachdem, ob es sich bei den vorliegenden Eckterminen um Endtermine (spätester Fertigstellungstermin) oder um früheste Starttermine handelt, erfolgt die Berechnung der Arbeitsgangtermine über eine Rückwärts- oder eine Vorwärtsterminierung.

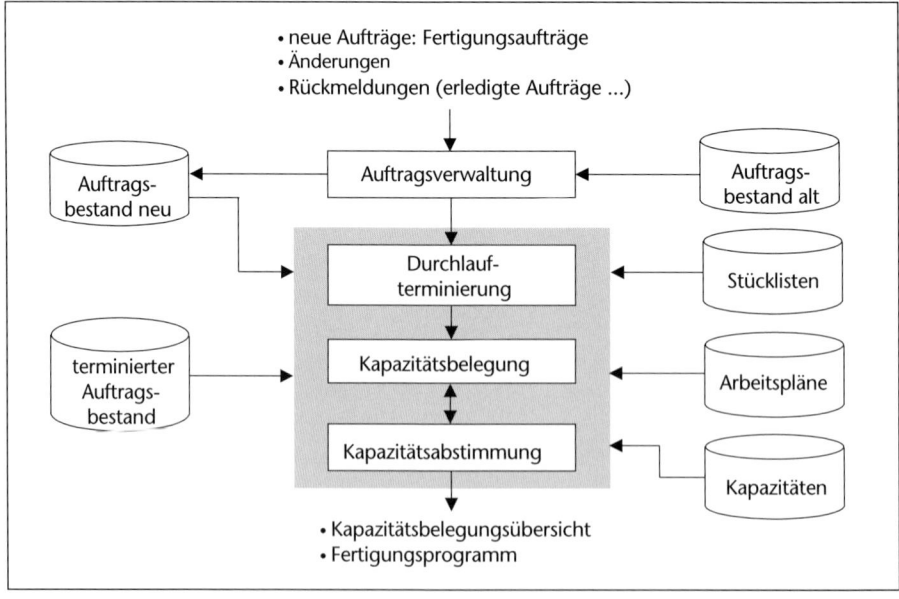

*Abb. 1: Ablauf der Terminplanung*

## Fertigungsablaufplanung/Montageplanung 5.2.2

**Rückwärtsterminierung**

Bei der Rückwärtsterminierung wird – vom Endtermin des letzten Arbeitsgangs ausgehend – über die dazwischenliegenden Arbeitsgänge der Starttermin des ersten Arbeitsgangs ermittelt. Die Rückwärtsterminierung wird eingesetzt, wenn die Endtermine der Aufträge (z.B. Auslieferung an Kunden) vorgegeben sind und ihre Einhaltung Ziel der Planung ist. Liegt der bei der Rückwärtsterminierung ermittelte Starttermin in der Vergangenheit, erfolgt die Terminfestlegung als Kombination von Vorwärts- und Rückwärtsterminierung.

**Vorwärtsterminierung**

Die Vorwärtsterminierung beginnt mit dem vorgegebenen Starttermin des ersten Arbeitsgangs und bestimmt durch fortlaufende Addition der Arbeitsganglaufzeiten die Anfangs- und Endtermine der einzelnen Arbeitsgänge und den möglichen Fertigstellungstermin. Sie wird angewandt z.B. bei der Terminierung von Eilaufträgen (Fertigstellung zum frühestmöglichen Zeitpunkt) und bei der Angebotsterminierung.

**Mittenterminierung**

Oftmals ist es erforderlich, einen bestimmten Arbeitsgang zu einem festgelegten Termin einzuplanen (z.B. Zwischenabnahme mit Kunden oder Behörden). Ausgehend von diesem Termin sind dann die Start- und Endtermine der vor- und nachgelagerten Arbeitsgänge zu ermitteln. Diese Terminierungsweise wird als Mittenterminierung bezeichnet. Diese zeichnet sich dadurch aus, dass ausgehend von einem vorgegebenen Termin im Fertigungsablauf der früheste Endtermin des Auftrags über eine Vorwärts- und der späteste Starttermin über eine Rückwärtsterminierung ermittelt wird.

Die verschiedenen Terminierungsarten sind in Abbildung 2 und 3 auf der folgenden Seite nochmals graphisch dargestellt.

**Kapazitätsterminierung**

Die Terminierung mit Kapazitätsgrenzen (Kapazitätsterminierung) kann, wie auch die Durchlaufterminierung, als Vorwärts-, Rückwärts- oder Mittenterminierung erfolgen. Wesentlich bei der Kapazitätsterminierung ist, dass bei der Festlegung der arbeitsgangbezogenen Start- und Endtermine für jeden Arbeitsgang geprüft wird, ob die für den einzuplanenden Arbeitsgang benötigte Kapazität in ausreichendem Umfang vorhanden ist. Trifft dies nicht zu, wird der Arbeitsgang so lange in Richtung Zukunft bzw. Gegenwart verschoben, bis ein Zeitraum mit ausreichender Kapazität gefunden ist.

Die Kapazitätsterminierung reduziert die Gefahr von Terminüberschreitungen oder zu früher Fertigstellung der Aufträge. Sie erlaubt eine Senkung der in den Arbeitsganglaufzeiten angesetzten Liegezeiten und somit eine engere Kalkulation der Durchlaufzeiten. Allerdings erfordert sie für eine zuverlässige Planung auch genaue und aktuelle Informationen über das zu verplanende Kapazitätsangebot und den Kapazitätsbedarf. Voraussetzung hierfür ist eine kontinuierliche Aktualisierung der Arbeitspläne und des Kapazitätskalenders der Maschinen und Arbeitsplätze.

**Darstellung der Planungsergebnisse**

Die Ergebnisse der Fertigungsablaufplanung sollten zweckmäßigerweise aus Auftrags- und aus Kapazitätssicht dargestellt werden. Neben der Darstellung mittels Tabellen und Listen (am Bildschirm) werden von den meisten Terminplanungssystemen auch graphische Darstellungen angeboten.

## 5.2 Elemente der Produktionsplanung und -steuerung

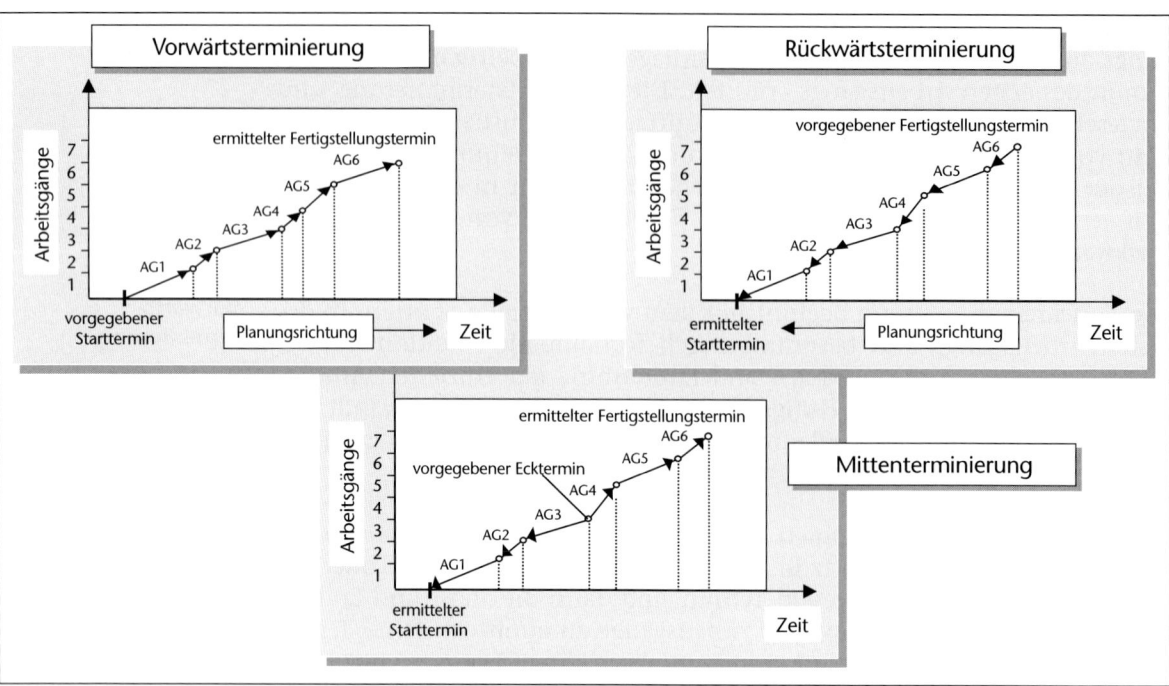

Abb. 2: Terminplanung ohne Berücksichtigung von Kapazitätsgrenzen

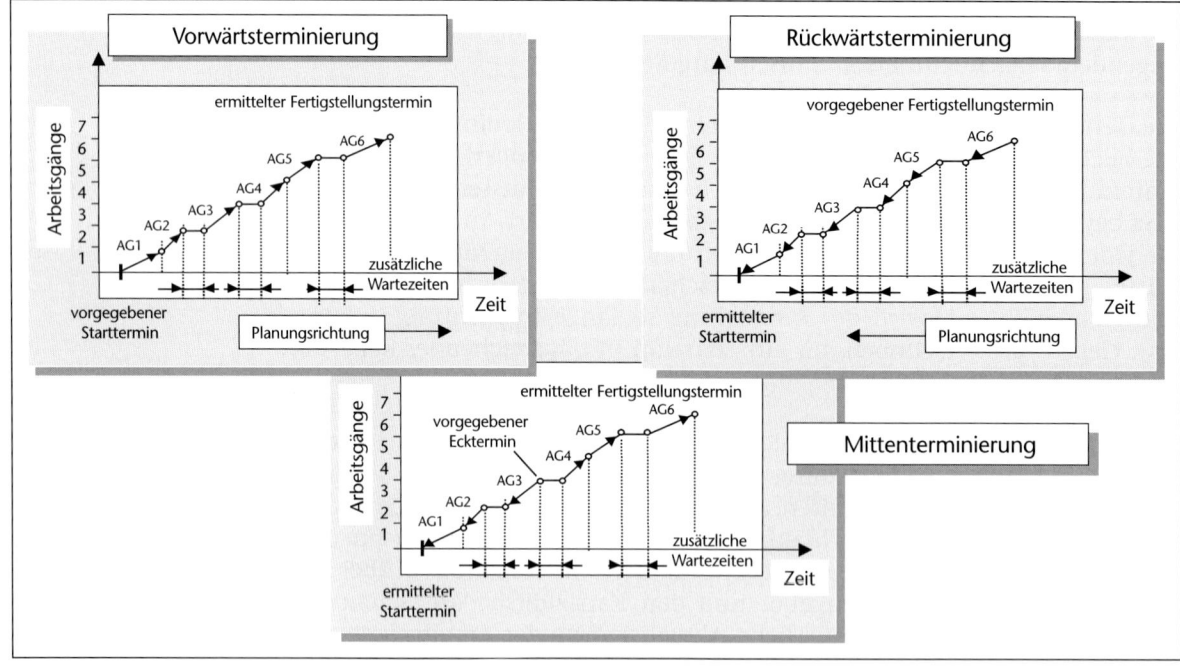

Abb. 3: Terminplanung mit Berücksichtigung von Kapazitätsgrenzen

Graphische Darstellungen ermöglichen einen schnelleren, wenngleich auch zunächst gröberen Überblick über die Termin- und Kapazitätssituation in der Fertigung.

Abbildung 4 zeigt beispielhaft das Balkendiagramm eines Fertigungsauftrages mit den Durchlaufzeitelementen der einzelnen Arbeitsvorgänge sowie den Belegungszustand einer Kapazitätsgruppe in einem ausgewählten Zeitraum. Nähere Informationen über die Kapazitätsbelastung oder die genauen Termine erhält man bei Bedarf durch einen Blick in die Detailinformationen (Tabellen etc.).

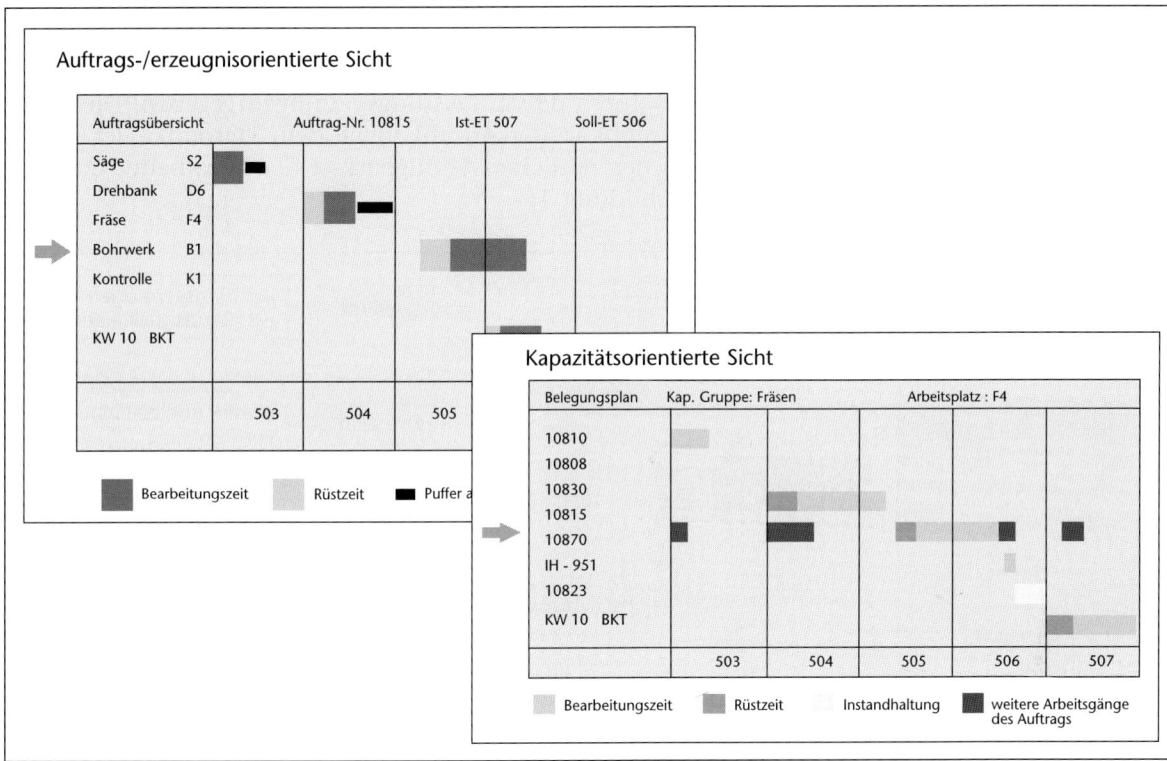

Abb. 4: Beispiel für die graphische Darstellung der Planungsergebnisse

### 5.2.3 Kapazitätswirtschaft

Im vorangehenden Kapitel wurde auf die Terminermittlung ohne und mit Berücksichtigung des verfügbaren Kapazitätsangebots eingegangen. Offen blieb dabei die Frage, wie sich der Kapazitätsbedarf und das Kapazitätsangebot errechnen. Dies ist Gegenstand der beiden folgenden Kapitel.

#### 5.2.3.1 Kapazitätsbedarfsplanung

Die Kapazitätsangebot einer Fertigung besteht aus Menschen und Betriebsmitteln, die sich im Hinblick auf die Erfüllung bestimmter Aufgaben qualitativ und quantitativ beschreiben lassen. Die qualitative Kapazität eines Menschen ist durch dessen Leistungsangebot (z.B. Berufsqualifikation), die eines Betriebsmittels durch dessen Leistungsvermögen gegeben. Die quantitative Kapazität besteht in der Anzahl sowie dem Zeitpunkt des möglichen Einsatzes und der zeitlichen Verfügbarkeit der Mitarbeiter oder Betriebsmittel (vgl. Abbildung 1).

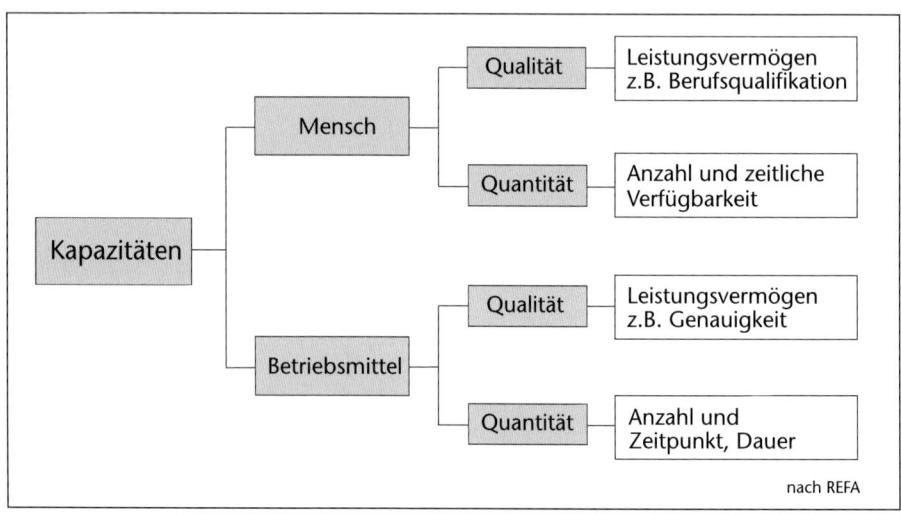

*Abb. 1: Gliederung der Kapazitäten*

**Gliederung der Kapazitäten**

Die Kapazitäten in der Produktion werden nach VDI in fünf Stufen unterteilt (vgl. Abbildung 2). Darüber hinaus kann auch auf andere Art und Weise untergliedert werden: z.B. nach Kostenstellen oder über die Zusammenfassung aller Kapazitäten, die zur Produktion eines Erzeugnisses benötigt werden, zu einer »Erzeugniskapazität« (vgl. Abbildung 2).

Im Prinzip entstehen bei der Durchlaufterminierung für alle Kapazitätseinheiten Kapazitätsbelastungsprofile. Es ist häufig aber nicht sinnvoll, die Planung bis auf die Ebene der einzelnen Maschine zu detaillieren. Vielmehr ist es in den meisten Fällen ausreichend, sich bei de Planung auf gröbere Kapazitätseinheiten, z.B. Maschinengruppen, zu beschränken und eine detaillierte Kapazitätsplanung erst im Rahmen der kurzfristigen Fertigungssteuerung/Werkstattsteuerung vorzunehmen. Eine Ausnahme bil-

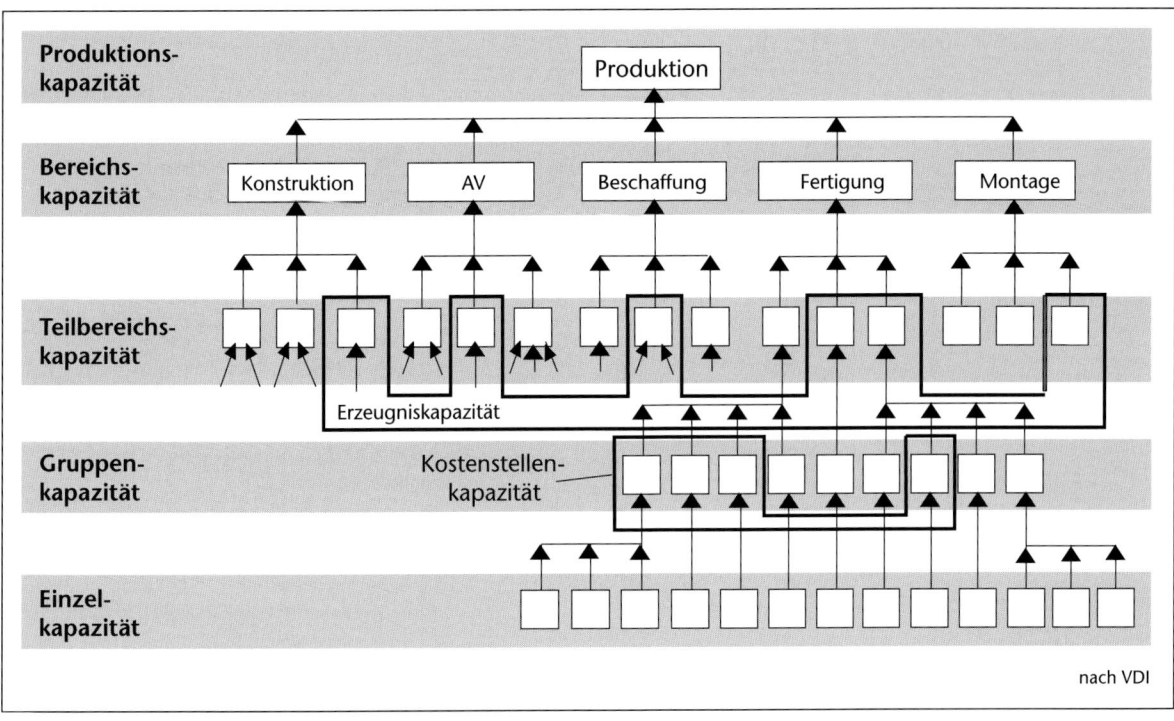

*Abb. 2: Kapazitätseinheiten der Produktion*

det jedoch die Kapazitätsplanung bei Engpassanlagen und -arbeitsplätzen. Sie müssen bereits bei der mittelfristigen Planung als eigenständige Kapazitätseinheit betrachtet werden.

Offen ist nun die Frage, wie sich der Kapazitätsbedarf errechnet. Ausgangsinformationen für die Ermittlung des Kapazitätsbedarfs sind die Auftragsdaten in Verbindung mit den Arbeitsplandaten. Aus den Auftragsdaten sind die zu fertigende Auftragsmenge sowie Start- und Endtermin eines Auftrags zu entnehmen. Die Arbeitsplandaten geben Auskunft über die erforderlichen Bearbeitungszeiten (Stückzeiten) und ggf. Rüstzeiten für die einzelnen Arbeitsgänge sowie die benötigte Kapazitätseinheit. Aus diesen Informationen errechnet sich der Kapazitätsbedarf je Arbeitsgang wie folgt:

**Ermittlung des Kapazitätsbedarfs**

> Kapazitätsbedarf/Arbeitsgang = Rüstzeit + Stückzeit x Auftragsmenge

### 5.2.3.2 Kapazitätsangebotsplanung

Wesentliche Voraussetzung für die Termin- und Kapazitätsplanung ist die Kenntnis der effektiv verplanbaren Kapazität. Sie leitet sich, wie Abbildung 3 zu entnehmen ist, aus der theoretisch verfügbaren Kapazität (d.h. 24 Stunden pro Tag und 365 Tage pro Jahr) ab.

## 5.2 Elemente der Produktionsplanung und -steuerung

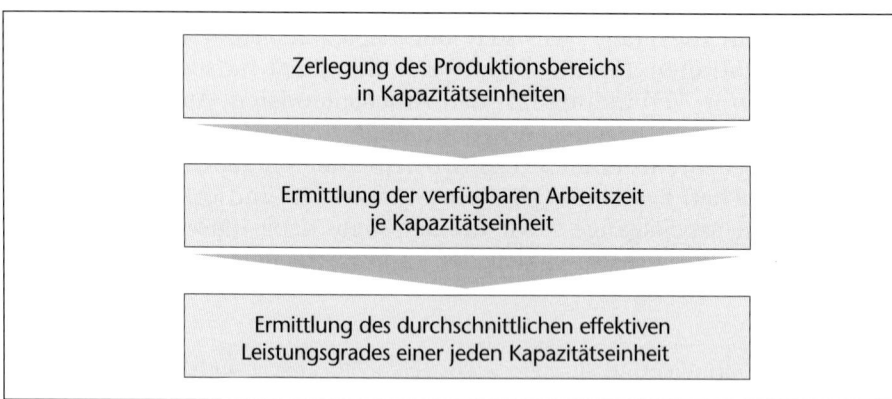

Abb. 3: Definition der Kapazitäten

**Stufenweise Ermittlung des Kapazitätsangebots**

Die Ermittlung des Kapazitätsangebots erfolgt in drei Stufen. In der ersten Stufe wird der Produktionsbereich in Kapazitätseinheiten, z.B. Maschinengruppen, zerlegt. In der zweiten Stufe wird für jede Kapazitätseinheit ermittelt, wie lange sie in jeder Planungsperiode zur Verfügung steht. Die Maßeinheit dafür ist z.B. Stunden/Tag oder Stunden/Periode. Bei der Ermittlung der Kapazität ist zu beachten, dass von einer praktisch nutzbaren Kapazität ausgegangen wird. In der dritten Stufe wird für jede Kapazitätseinheit der durchschnittlich erreichte Leistungsgrad ermittelt.

Abb. 4: Schritte der Kapazitätsangebotsermittlung

Als graphische Darstellungsform für die Kapazitätssituation kommen häufig so genannte Kapazitätsgebirge zum Einsatz. Die Säulen des Gebirges zeigen den Kapazitätsbedarf bzw. die Kapazität an, die durch die Arbeitsgänge der Fertigungsaufträge verursacht werden.

### 5.2.3.3 Ausgleichsmechanismen

Bei der Kapazitätsanpassung wird, wie bereits unter 7.3.2 Fertigungsablaufplanung/Montageplanung erwähnt, zu dem schon bestehenden Kapazitätsbedarf der neue Bedarf addiert. Dabei muss darauf geachtet werden, dass der kumulierte Kapazitätsbedarf innerhalb der zulässigen Toleranzgrenzen des Kapazitätsbestandes bleibt. Wird diese Toleranz nach oben hin überschritten, so muss der Kapazitätsbedarf angepasst werden, indem der aktuell eingeplante oder ein bereits früher eingeplanter Auftrag so lange verschoben oder verändert werden, bis genügend Kapazität zur Verfügung steht. Lässt sich der Kapazitätsbedarf nicht reduzieren, muss versucht werden, das Kapazitätsangebot zu erhöhen. Liegt hingegen der Kapazitätsbedarf unter dem Angebot des Bestands, kann eine weiterer Auftrag eingeplant werden.

Für die Anpassung des Kapazitätsbedarfs an den Kapazitätsbestand stehen die in Abbildung 5 aufgezeigten Möglichkeiten zur Verfügung.

*Anpassung des Kapazitätsbedarfs*

Die erste Möglichkeit stellt die Mengenvariation dar, bei der die Auftragsmenge, z.B. die Stückzahl der durch den Auftrag zu produzierenden Teile, verändert wird. Bei einer Mengenänderung zum Ausgleich eines bestehenden Kapazitätsengpasses wird die ursprünglich geplante Auftragsstückzahl des zuletzt eingeplanten oder ggf. auch eines anderen Auftrags so weit reduziert, dass die zur Verfügung stehende Kapazität zur Bearbeitung des Auftrags reicht. Allerdings darf die Auftragsmenge nur so weit gesenkt werden, dass die vorliegenden Teilbedarfe noch termingerecht gedeckt werden können. Durch eine solche Reduzierung der Auftragsmenge vermindert sich der Kapazitätsbedarf bei all denjenigen Anlagen und Arbeitsplätzen, bei denen die Belegungsdauer stückzahlabhängig ist (wie z.B. bei Fräsmaschinen, Drehmaschinen oder Handarbeitsplätzen).

*Mengenvariation*

Bei der Kapazitätsvariation erfolgt eine örtliche Verlagerung von Aufträgen weg von der Engpasskapazität auf andere Anlagen und Arbeitsplätze (oder auch zu Fremdfertigern) mit einem vergleichbaren Leistungsangebot, die im Bedarfszeitraum noch über ausreichend Kapazität verfügen. Die örtliche Verlegung von Aufträgen als Maßnahme zum Ausgleich von Kapazitätsengpässen bietet die Chance, die ursprünglich geplanten Auftragstermine, insbesondere den Liefertermin, weiterhin einhalten zu können. Diese Chance ist bei der dritten Möglichkeit zur Anpassung des Kapazitätsbedarfs, der Zeitvariation, nicht mehr gegeben.

*Kapazitätsvariation*

Bei der Zeitvariation werden einzelne Arbeitsgänge eines Auftrags oder der ganze Auftrag so lange in Richtung Gegenwart oder auch Zukunft verschoben, bis das Kapazitätsangebot auf der betrachteten Anlage oder dem Arbeitsplatz ausreicht, um den Kapazitätsbedarf abzudecken. Das zeitliche Verschieben von Aufträgen und Arbeitsgängen ist im Prinzip nur möglich, wenn ein ausreichender Zeitpuffer vorhanden ist, da sonst der Fertigstellungstermin des verschobenen Auftrags gefährdet ist.

*Zeitvariation*

Selbstverständlich lassen sich die verschiedenen Möglichkeiten zur Anpassung des Kapazitätsbedarfs auch miteinander kombinieren, um eine mög-

## 5.2 Elemente der Produktionsplanung und -steuerung

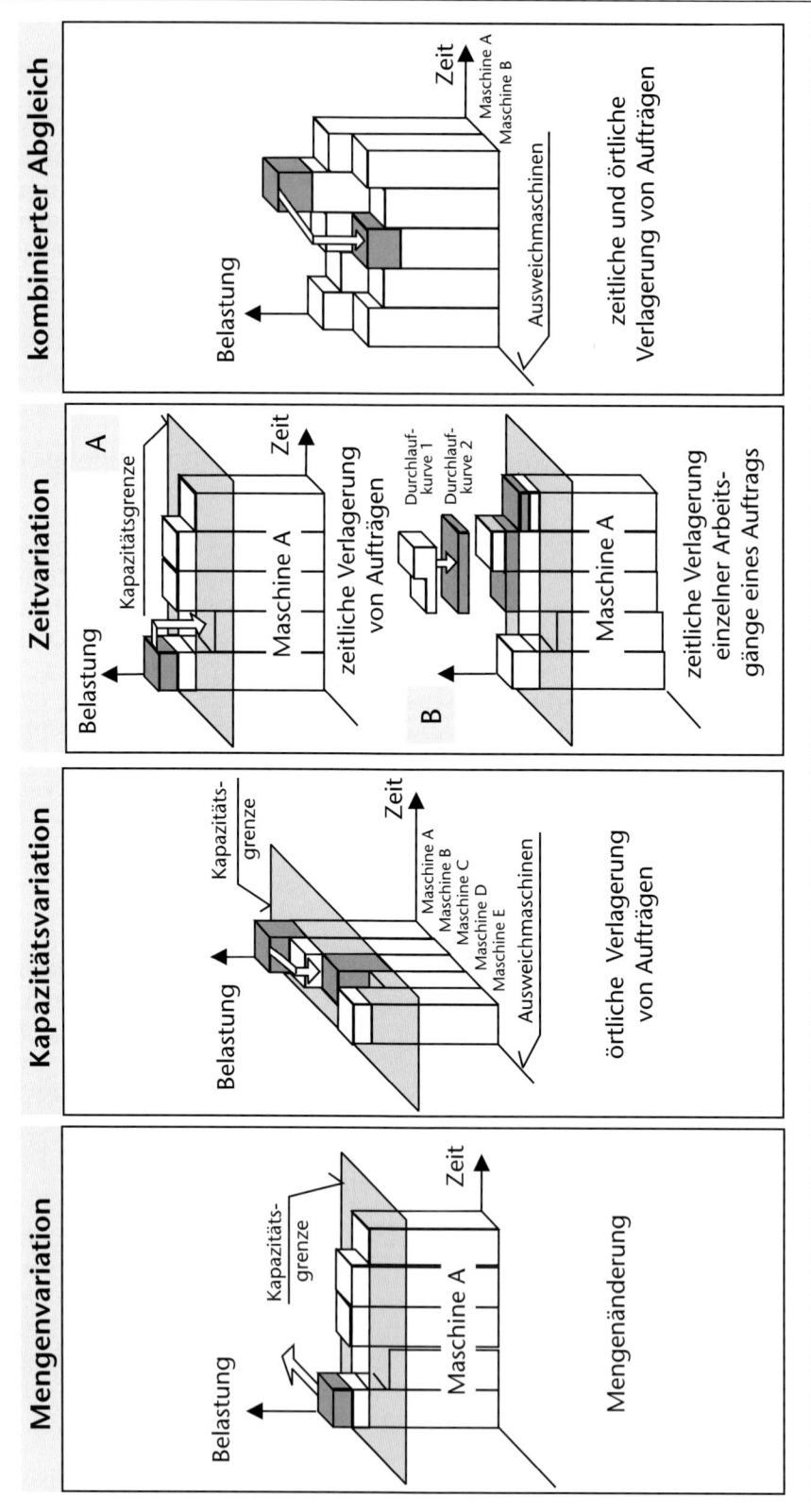

Abb. 5: Anpassung des Kapazitätsbedarfs

lichst gute Kapazitätsbelegung unter Einhaltung der vorgegebenen Termine zu erzielen.

Oftmals reichen die Möglichkeiten der Kapazitätsanpassung nicht aus, um eine zufrieden stellende Kapazitätsbelegung zu erzielen und gleichzeitig die Termine einzuhalten. In diesen Fällen muss dann versucht werden, das Kapazitätsangebot anzupassen. Zur Anpassung des Kapazitätsbestands an einen erhöhten oder reduzierten Kapazitätsbedarf können die in Abbildung 6 dargestellten Maßnahmen ergriffen werden.

*Anpassung des Kapazitätsangebots*

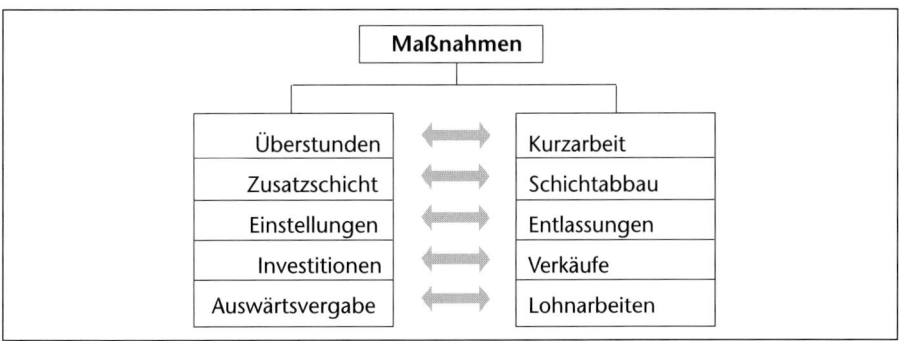

*Abb. 6: Maßnahmen zur Anpassung des Kapazitätsangebots*

Einige der genannten Punkte sind kurzfristig durchführbar, andere hingegen wie Einstellungen bzw. Entlassungen sowie Investitionen bzw. der Verkauf von Unternehmensbereichen oder Teilen davon müssen schon in der langfristigen Planung berücksichtigt werden. Außerdem sind diese Schritte mit Ausnahme der beiden letzten (Auswärtsvergabe – Lohnarbeiten) von der Zustimmung der Unternehmensleitung bzw. des Betriebsrats abhängig.

Ergänzt werden muss diese Aufstellung noch um zwei Maßnahmen, durch deren Einsatz sich die Kapazität eines Fertigungsbereichs zwar nicht erhöhen lässt, aber eine Kapazitätsverminderung verhindert werden kann. Es handelt sich hierbei zum einen um den Einsatz von Springern für ausgefallene Mitarbeiter und zum anderen um die Durchführung regelmäßiger Inspektionen. Durch regelmäßige Kontrolle anfälliger Maschinenelemente und der Einplanung der notwendigen Instandsetzungsarbeiten in Zeiten, in denen die betreffende Maschine ohnehin nicht läuft, lassen sich die Stillstandszeiten durch unvorhergesehene Ausfälle verringern.

Nachdem durch die Anpassung des Kapazitätsbedarfs und/oder des Kapazitätsangebots eine ausgeglichene Kapazitätsbelastung erzielt wurde, sind die auf eine Kapazitätseinheit eingeplanten Aufträge in eine optimale Abarbeitungsreihenfolge zu bringen und zwar so, dass die bereits feststehenden Endtermine nicht gefährdet werden. Dies ist die Aufgabe der Reihenfolgeplanung. Durch eine geschickte Sequenz der Auftragsreihenfolge auf einer Anlage oder an einem Arbeitsplatz lassen sich z.B. Rüstzeiten und somit Kosten sparen oder gezielt Aufträge in ihrem Fertigungsdurchlauf beschleunigen.

*Reihenfolgeplanung*

## 5.2 Elemente der Produktionsplanung und -steuerung

**Optimalplanungs- und Näherungsverfahren**

Zur Festlegung der Auftragsreihenfolge steht eine ganze Reihe unterschiedlicher Verfahren zur Verfügung. Dabei lassen sich grundsätzlich Optimalplanungs- und Näherungsverfahren unterscheiden. Im Gegensatz zu den Optimalplanungsverfahren (z.B. lineare Programmierung) sind die Näherungsverfahren in der betrieblichen Praxis erheblich effizienter einzusetzen. Sie liefern jedoch keine exakten Ergebnisse und sind in der Regel auf einen bestimmten Problemtyp beschränkt. In die Kategorie der Näherungsverfahren fallen z.B. Spezialheuristiken, Prioritätsregeln, Simulation, Expertensysteme oder genetische Algorithmen.

**Einsatz von Spezialheuristiken**

Spezialheuristiken werden dann eingesetzt, wenn komplexe Steuerungsnotwendigkeiten bestehen. Sie werden jeweils für die Lösung einer einzigen Aufgabe entwickelt. Antwortzeit, Ergebnisgüte und Richtigkeit sind meist gut. Der Endanwender kann solche Heuristiken häufig schwer durchschauen und anpassen, da aufgrund der Komplexität der Modellerstellung häufig externe Spezialisten herangezogen werden.

**Prioritätsregeln**

Prioritätsregeln bestimmen nach einfachen Rechenregeln die Reihenfolge der Auftragsbearbeitung und finden vor allem als lokale Steuerungsstrategien in der Praxis ihre Anwendung. Die Regeln basieren auf Bearbeitungszeiten bzw. Fertigstellungszeiten oder werden aus mehreren Variablen dynamisch errechnet. Das Ergebnis wird weiterhin durch spezifische Randbedingungen und die jeweilige Zielfunktion beeinflusst. Prioritätsregeln bieten daher keine generelle Lösung für Auftragsreihenfolgebildung, genügen jedoch den Steuerungsanforderungen lokaler unkritischer Koordinationsmechanismen. In Abbildung 7 sind einige der gängigsten Prioritätsregeln zusammengestellt.

Bei den aufgelisteten Regeln handelt es sich um eindimensionale Regeln, d.h. bei der Errechnung der Prioritätskennzahl für einen Auftrag wird jeweils nur ein Kriterium berücksichtigt. Die einfachste eindimensionale Prioritätsregel ist »First in – first out«. Darüber hinaus gibt es mehrdimensionale Prioritätsregeln. Sie werden durch Verknüpfung mehrerer eindimensionaler Regeln gebildet.

---

**Prioritätsregeln:**

- die kürzeste Bearbeitungszeit (KOZ-Regel, »kürzeste Operationszeit«)
- die längste Bearbeitungszeit
- der geringster Zeitpuffer bis zum Liefertermin (»Schlupfzeitregel«)
- die größte Zahl noch unerledigter Arbeitsgänge
- die längste Wartezeit vor der Maschine (Fifo-Regel, »First in – first out«)
- die größte Kapitalbindung
- die geringsten Umrüstkosten
- die höchste externe Priorität (»Chefauftrag«)
- die stärkste Reduktion der Übergangszeiten (die in der Durchlaufterminierung vorgenommen wurde)

---

*Abb. 7: Prioritätsregeln*

Die Simulationstechnik und somit auch der Einsatz simulationsbasierter Verfahren in der Fertigungssteuerung findet in der industriellen Praxis eine zunehmend häufigere Anwendung. Ein Modell des Systems wird mit Hilfe der vom Simulationssystem vorgegebenen Sprachelemente aufgebaut und anschließend ereignisorientiert abgearbeitet. Dabei wird die Abbildung hochkomplexer Systeme durch Techniken wie Objektorientierung, Hierarchisierung oder Parametrierung vereinfacht. Durch Einsatz dieser Techniken lässt sich der Erstellungs- und Pflegeaufwand bei ausreichender Anschaulichkeit und Genauigkeit gering halten.

**Einsatz von simulationsbasierten Verfahren**

Die ereignisorientierte Abarbeitung erlaubt eine effiziente Darstellung beliebig vieler paralleler Prozesse über die Zeit. Vor dem Einsatz sind jedoch mehrere Simulationsläufe notwendig, wobei die Eingangsparameter in Bezug auf die im Modell abgelegten Randbedingungen bewertet werden. Die Interpretation der Ergebnisse sowie die Schlussfolgerungen hinsichtlich der Änderung der Eingangsparameter für den nächsten Lauf bleiben dem Anwender überlassen. Der Einsatz von Simulationssystemen in der Fertigungssteuerung scheint Erfolg versprechend, da die Abbildung der Problemstellung mit allen relevanten Objekten und Randbedingungen in einer einfach zu bedienenden Form unterstützt wird. Nachteilig sind die fehlende Unterstützung der Optimierung, die beim Anwender leicht zu einer Überforderung führen kann, sowie die teilweise langen Rechenzeiten.

Bei den expertensystembasierten Verfahren werden formal abgebildetes Wissen und Problemlösungsstrategien des Personals der Arbeitsvorbereitung und Fertigungssteuerung sowie erfahrungsgemäße Randbedingungen realer Prozesse auf Terminierungsaufgaben angewendet.

**Einsatz von expertensystembasierten Verfahren**

Die Vorteile expertensystembasierter Verfahren nach Steinmann:

- das heuristische Vorgehen, d.h. die ausschließliche Berücksichtigung erfolgreicher Möglichkeiten

- der Problembereich muss nicht vollständig beschrieben sein

- die Lernfähigkeit

Bei diesen Verfahren steht die optimale Reaktion auf den realen Prozess im Vordergrund, dessen Planabweichung stets minimal gehalten werden soll. Sie sind auf eine kurzfristige und einfache Optimierung ausgerichtet. Langfristig liefern diese Verfahren nur ungenügende Ergebnisse. Ein weiterer Nachteil kann aus der Verwendung des Erfahrungsschatzes der Mitarbeiter resultieren, da möglicherweise im Unternehmen etablierte, jedoch unbegründete Terminierungsregeln eine bessere Problemlösung verhindern.

Genetische Algorithmen basieren auf Erkenntnissen aus dem Bereich der biologischen Evolution. Danach haben sich diejenigen Arten durchgesetzt, die an den Problemraum am besten angepasst waren bzw. die besten Problemlösungsstrategien beherrschten. Diese Wirkungszusammenhänge hat Darwin als Erster schlüssig erklärt. Ihre Komplexität lässt sich durch einen sehr effizienten Algorithmus begründen. Die meisten Algorithmen arbeiten nach folgendem Schema:

**Betrachtung genetischer Algorithmen**

## 5.2 Elemente der Produktionsplanung und -steuerung

1. Schritt: Ausgangslösung(en) erstellen
2. Schritt: Lösung(en) bewerten
3. Schritt: wenn Abbruchkriterium erreicht ist → Ende, sonst weiter bei Schritt 3
4. Schritt: Erfolg versprechende Lösung(en) auswählen

Die Erstellung der Ausgangslösung erfolgt entweder zufällig oder durch eine vorgeschaltete Heuristik. Die Bewertung wird unter Berücksichtigung der Randbedingungen und der Zielfunktion durchgeführt. Die Randbedingungen sollten möglichst weich, also als Teil der Zielfunktion formuliert werden. Dies verhindert eine vorschnelle Konvergenz in ein lokales Optimum.

**Reduzierung der Durchlaufzeiten**

Um Liefertermine einhalten zu können, müssen oftmals Durchlaufzeiten gesenkt werden. Die Maßnahmen zur Durchlaufzeitreduzierung lassen sich in längerfristig einzuplanende und kurzfristig durchführbare einteilen. Kurzfristig durchführbare Maßnahmen bedürfen in der Regel keiner langen vorausschauenden Planung und größtenteils auch keiner Zustimmung von Unternehmensleitung oder Betriebsrat (Ausnahme: Überstunden). Im Gegensatz dazu verändern längerfristige Maßnahmen häufig die Struktur des Betriebes und müssen daher von Unternehmensleitung und ggf. Betriebsrat genehmigt werden. Eine Übersicht über die Maßnahmen zur Durchlaufzeitverkürzung gibt Abbildung 8.

| mittel- und langfristige Maßnahmen | kurzfristige Maßnahmen |
|---|---|
| ■ Verkürzung der Liegezeiten durch<br>  – Rationalisierung<br>  – Automatisierung<br>■ Fremdvergabe von Aufträgen<br>■ Kapazitätserhöhung z.B.:<br>  – Überstunden<br>  – zusätzliche Schicht<br>  – zusätzliche Maschine<br>■ Kapazitätsbedarfs-Verminderung z.B.:<br>  – Verkleinerung der Losgröße | ■ Splittung<br>■ Überlappung<br>■ Arbeitsganggruppenbildung<br>■ Verkürzung von Liegezeiten durch hohe Prioritäten<br>■ Überstunden |

*Abb. 8: Maßnahmen zur Durchlaufzeitverkürzung*

**Splittung**

Als Splittung bezeichnet man die Aufteilung eines Auftrags/Fertigungsloses in Teillose, bei denen der gleiche Arbeitsgang gleichzeitig auf verschiedenen Maschinen ausgeführt wird. Dadurch lässt sich die Bearbeitungszeit verkürzen. Nachteil dieses Verfahrens ist, dass bei jeder Maschine die volle Rüstzeit anfällt und Vorrichtungen mehrfach vorhanden sein müssen.

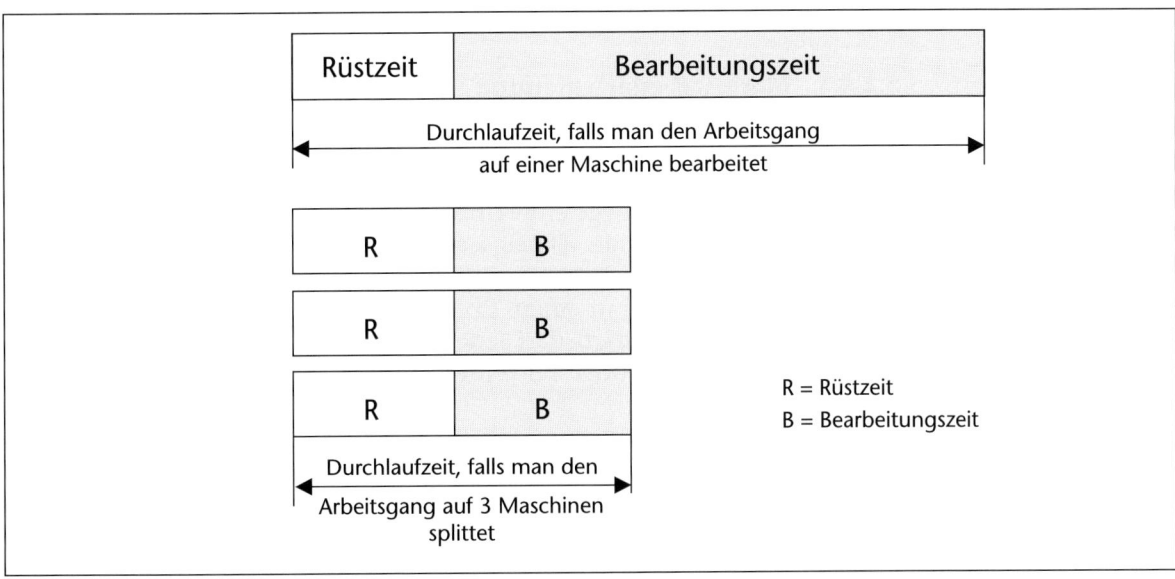

*Abb. 9: Splittung*

Bei einer Überlappung wird der (n + 1)-te Arbeitsgang gestartet, bevor alle Teile eines Fertigungsauftrags den n-ten Arbeitsgang durchlaufen haben. Hierzu sind jedoch zusätzliche Transportkapazitäten notwendig, die die einzelnen Teillose zum nächsten Arbeitsplatz bringen. Ist die Bearbeitungszeit des nachfolgenden Arbeitsgangs geringer als die des vorausgehenden, muss darauf geachtet werden, dass dies nicht zu einem Leerlauf am Folgearbeitsplatz führt.

**Überlappung**

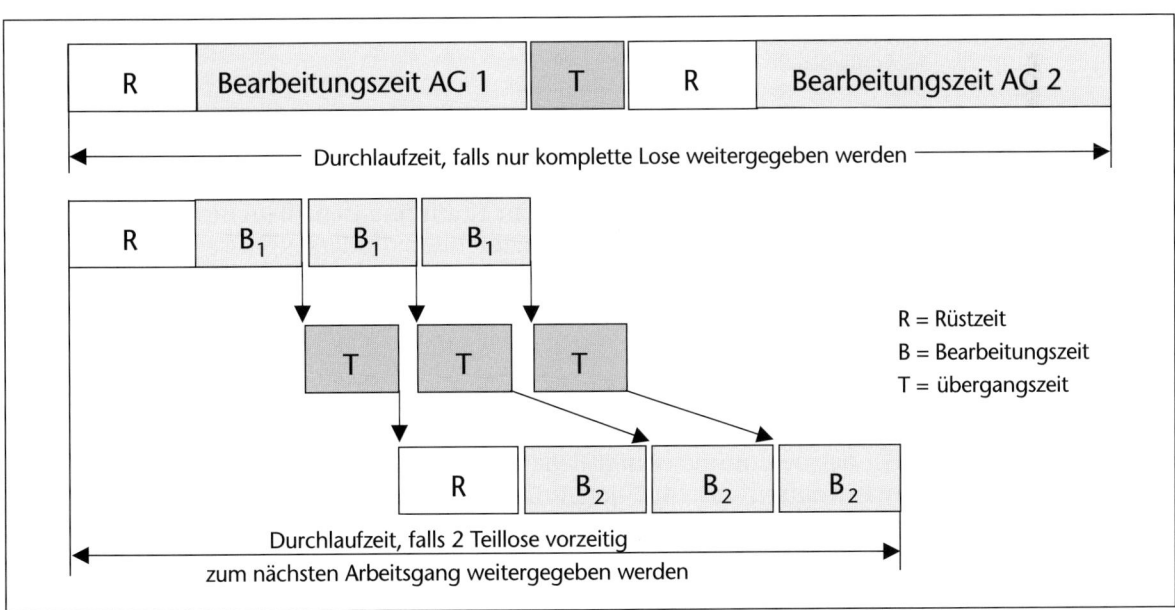

*Abb. 10: Überlappung*

### 5.2.4 Materialwirtschaft

#### 5.2.4.1 Materialbedarfsplanung

**Materialbedarfsarten**  Materialbedarfe werden üblicherweise in Primär-, Sekundär- und Tertiärbedarfe sowie in Brutto- und Nettobedarfe unterteilt (vgl. Abbildung 1). Der ersten Gliederungsart liegt eine Unterscheidung nach der verwendenden Erzeugnisebene zugrunde. Dabei kann das gleiche Erzeugnis sowohl als Sekundär- als auch als Primärbedarf eingestuft werden (Sekundärbedarf: Verwendung als Bauteil in einem Enderzeugnis; Primärbedarf: Verwendung als Ersatzteil). Der Primärbedarf leitet sich entweder aus der Produktionsprogrammplanung ab oder bei reiner Kundenauftragsfertigung direkt aus den Aufträgen.

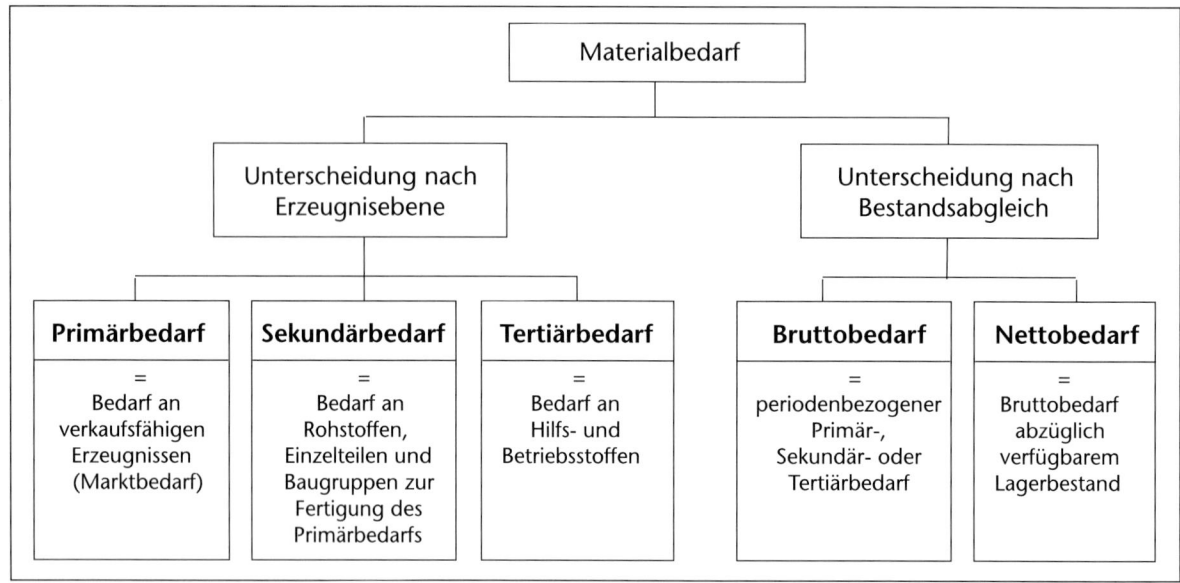

*Abb. 1: Bedarfsarten*

Für die Ermittlung des Bedarfs an Komponenten (Baugruppen, Einzelteile, Rohmaterial) für die zu produzierenden Enderzeugnisse sowie an Hilfs- und Betriebsstoffen stehen die in Abbildung 2 aufgeführten Methoden zur Verfügung.

**Deterministische Bedarfsermittlung**

Bei der deterministischen Bedarfsermittlung geht man von bekannten Primärbedarfen aus. Aus den Primärbedarfen für die einzelnen Erzeugnisse wird mittels einer Stücklistenauflösung anhand der Erzeugnisstruktur der genaue Sekundärbedarf, d.h. der Bedarf an Komponenten, ermittelt. Dabei wird in jedem Auflösungsschritt der Bruttobedarf errechnet, indem der Nettobedarf der höheren Erzeugnisstufe mit der Anzahl der je Stufe benötigten Baugruppen und Einzelteile multipliziert wird. Dieser Bruttobedarf wird um die am Lager verfügbaren Baugruppen und Einzelteile ver-

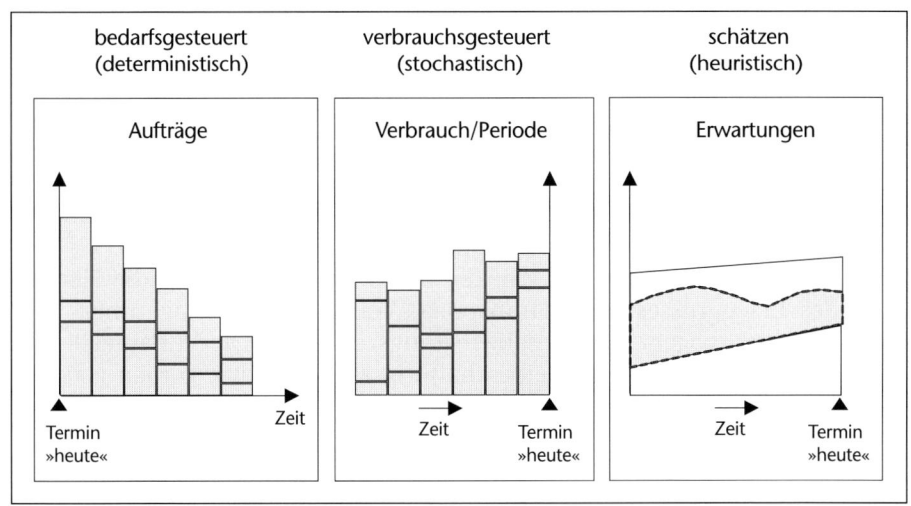

Abb. 2: Methoden der Bedarfsermittlung

mindert. Daraus ergibt sich der Nettobedarf für die aktuelle Erzeugnisstufe (vgl. Abbildung 3).

Diese Nettobedarfe, die gekennzeichnet sind durch die Artikelnummer, die Bedarfsmenge sowie den Bedarfstermin, sind die Grundlage für die Bildung der Fertigungs- und Fremdbeschaffungsaufträge. Die errechneten Nettobedarfsmengen für ein Produkt werden jedoch in den meisten Fällen nicht einzeln zum Bedarfstermin gefertigt oder beschafft, sondern z.B. nach Wirtschaftlichkeitskriterien (Buchungsgrößen, Lieferzyklen etc.) zu

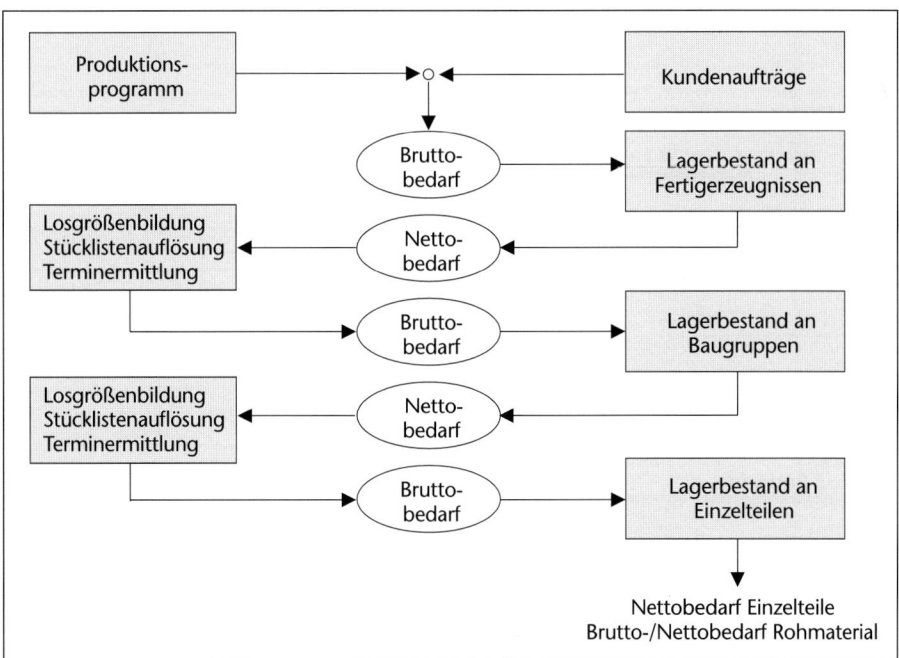

Abb. 3: Ablauf der Brutto-/Nettobedarfsrechnung

## 5.2 Elemente der Produktionsplanung und -steuerung

**Vorlaufzeit** — Losen zusammengefasst. Auf die zur Losgrößenbildung zur Verfügung stehenden Verfahren wird in einem späteren Kapitel eingegangen.

**Vorlaufzeit** Um Erzeugnisse zu einem festgelegten Termin fertig stellen zu können, müssen die in das Erzeugnis einfließenden Komponenten (Baugruppen und Einzelteile) vor dem festgelegten Termin zur Verfügung stehen. Die Zeitspanne zwischen dem Fertigstellungstermin des Erzeugnisses und dem Fertigstellungs- bzw. Verfügbarkeitstermin für die Komponenten wird als Vorlaufzeit bezeichnet. Sie deckt z.B. die Bearbeitungszeiten für die Herstellung des Erzeugnisses sowie Transport-, Warte-, Ein-/Auslagerungs- und organisationsbezogene Auftragsabwicklungszeiten ab. Die Vorlaufzeit wird auch Beschaffungs- oder Wiederbeschaffungszeit oder kurz Vorlauf genannt (vgl. Abbildung 4).

**Wiederbeschaffungszeiten** Die deterministische Bedarfsermittlung bietet die Möglichkeit, die zur Herstellung der verkaufsfähigen Erzeugnisse benötigten Komponenten genau zum Bedarfstermin in der benötigten Menge zu beschaffen. Das Risiko, die falschen Teile zu beschaffen, die dann lange Zeit am Lager liegen und zu guter Letzt möglicherweise verschrottet werden müssen, besteht bei der deterministischen Bedarfsermittlung im Prinzip nicht. Allerdings lassen sich auch bei vorliegenden Kundenaufträgen häufig nicht alle Komponenten deterministisch ermitteln.

Der Grund hierfür ist, dass bei vollständig deterministischer Bedarfsermittlung die Lieferzeit für den Kundenauftrag so lang wäre wie die Summe aller Durchlauf- bzw. Wiederbeschaffungszeiten auf dem kritischen Pfad.

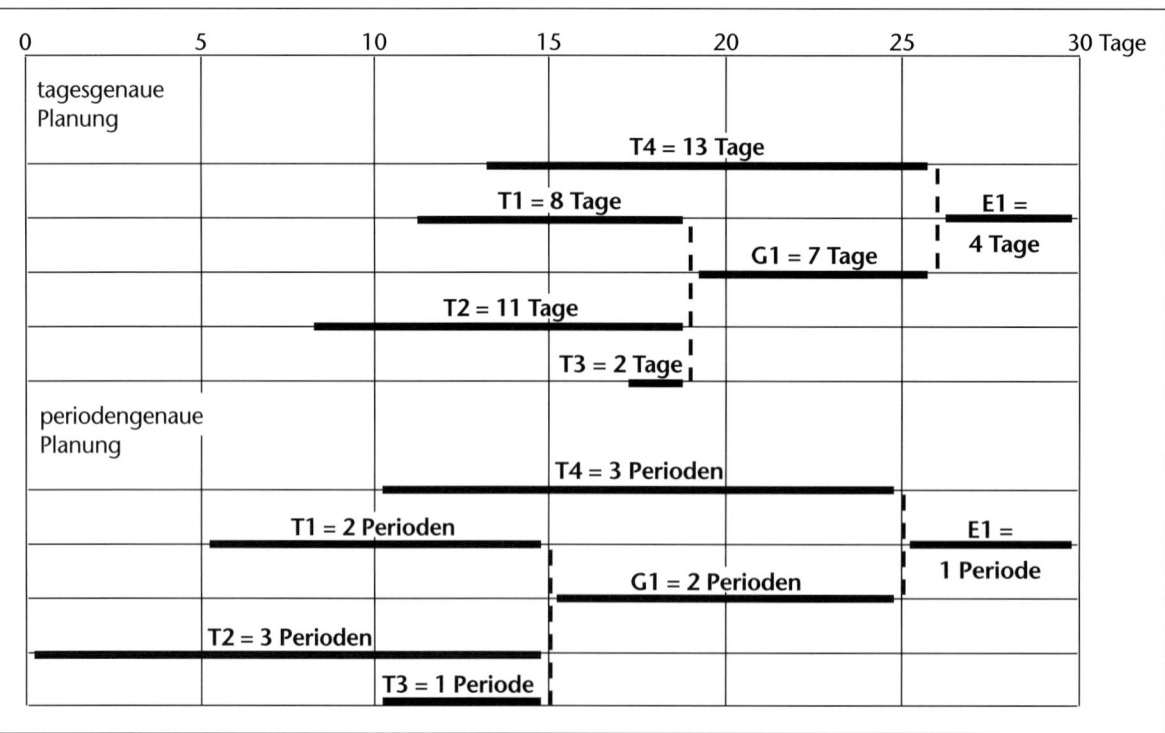

*Abb. 4: Auftragsnetz und Wiederbeschaffungszeit*

Sie würden damit in vielen Fällen eine Größe annehmen, die vom Kunden nicht mehr akzeptiert wird. Deshalb müssen diejenigen Komponenten verbrauchsgesteuert disponiert werden, die bei einer festgelegten Lieferzeit für einen Kundenauftrag und einem Auftragseingang per heute bereits in der Vergangenheit hätten bestellt werden müssen (Abbildung 5).

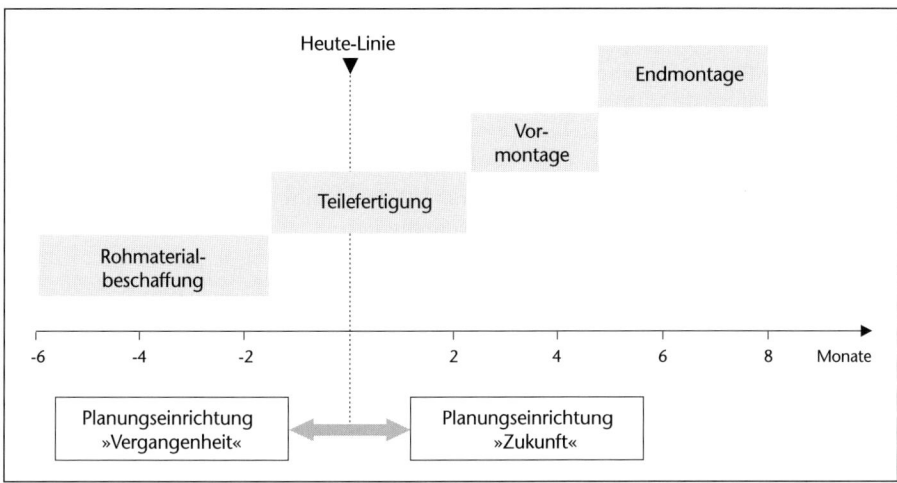

Abb. 5: Planungshorizont und Durchlaufzeit

**Verbrauchsgesteuerte Bedarfsermittlung**

Der verbrauchsgesteuerten Bedarfsermittlung liegen Verbrauchswerte aus der Vergangenheit zugrunde. Sie beruht also auf statistischen Daten. Hierzu zählen die Nachfragestatistik des Produktes und bestimmte Marktfaktoren. Diese Auftragsprognose ist dann Basis des Primär- und Sekundärbedarfs. Sie ermittelt den Sekundärbedarf direkt mit Hilfe von mathematisch-statistischen Methoden. Das setzt natürlich voraus, dass das Unternehmen den Nachfrageverlauf des prognostizierten Teiles bzw. der Baugruppe kennt. Die anzuwendenden mathematisch-statistischen Prognoseverfahren ermitteln aus diesen Vergangenheitswerten Abschätzungen für einen begrenzten Zeitbereich in der Zukunft, die mit einer von der Repräsentanz des zugrunde gelegten Verbrauchsverhalten abhängigen Wahrscheinlichkeit eintreffen können.

Die stochastische Bedarfsermittlung wird zum einen dann angewandt, wenn aufgrund sehr langer Wiederbeschaffungszeiten oder nicht vorhandener Stücklisten bzw. Arbeitspläne eine deterministische Bedarfsermittlung nicht möglich ist. Zum anderen setzt man sie häufig bei Artikeln von geringem Wert ein, da dort eine deterministische Bedarfsermittlung oft zu aufwendig ist.

Für die stochastische Bedarfsermittlung stehen verschiedene, mathematisch recht einfache Methoden zur Verfügung (Abbildung 6). Insbesondere die gleitende Mittelwertbildung und die Exponentielle Glättung 1. Ordnung sind in vielen EDV-gestützten Materialplanungssystemen verfügbar. Allerdings ist die Prognosegüte der einfacheren Verfahren bei komplizierten Nachfrageverläufen oftmals unzureichend.

## 5.2 Elemente der Produktionsplanung und -steuerung

| Methode | Formel für Beschreibung | Eigenschaften |
|---|---|---|
| Einfacher Mittelwert | $V_{n+1} = \dfrac{1}{n} \sum_{i=1}^{n} T_i$ <br><br> $V_{n+1}$ = Vorhersage für Periode n + 1 <br> $T_i$ = Nachfragewert der Periode i <br> n = Periodennummer | ■ wachsender Einfluss nicht mehr aktueller Daten <br> ■ große Datenmenge bzw. hoher Speicherbedarf |
| Gleitender Mittelwert | $V_{n+1} = \dfrac{1}{m} \sum_{i=1+n-m}^{n} T_i$ <br><br> $V_{n+1}$, $T_i$, n = wie oben <br> m = Periodennummer | ■ bessere Reaktion auf Bedarfsschwankungen (wenn n klein) <br> ■ kleinere Datenmenge bzw. geringerer Speicherbedarf |
| Gewogener gleitender Mittelwert | $V_{n+1} = \dfrac{1}{\sum_{j=1}^{m} G_j} \sum_{i=1+n-m, j=1}^{i=n, j=m} G_j T_j$ <br><br> $G_j$ = Gewichtungsfaktor | ■ höhere Gewichtung des Einflusses aktueller Daten <br> ■ aufwendigere Berechnung <br> ■ laufende Kontrolle der Gewichtung erforderlich |
| Exponentielle Glättung 1. Ordnung | $V_{n+1} = V_n + \alpha (T_n - V_n)$ <br><br> $V_n$ = Vorhersage für lfd. Periode n <br> $T_n$ = Nachfragewert für lfd. Periode n <br> $\alpha$ = Glättungsfaktor $0 < \alpha < 1$ | ■ einfache Berechnung <br> ■ niedriger Speicherbedarf <br> ■ Reaktion über $\alpha$ einstellbar <br> $\alpha$ klein = träge Reaktion <br> $\alpha$ groß = nervöse Reaktion |

*Abb. 6: Methoden der verbrauchsgesteuerten Bedarfsermittlung*

**Kriterien für die Auswahl des geeigneten Verfahrens**

Deshalb stellt sich hier natürlich die Frage, wann welches Verfahren am geeignetsten ist. Kriterien für die Verfahrensauswahl sind im Wesentlichen:

- der Nachfrageverlauf (gleich bleibend, trendförmig, saisonabhängig)
- die Differenz Vorhersage zu Ist-Werten (Fehlerminimum)
- die Reaktion auf echte Bedarfsänderungen, aber Unempfindlichkeit gegenüber Zufallsschwankungen
- die Anforderungen an die EDV
- die Einfachheit und Verständlichkeit für die betriebliche Praxis

Abbildung 7 auf der folgenden Seite zeigt exemplarisch die Reaktionsfähigkeit verschiedener Bedarfsvorhersagemethoden bezogen auf eine gegebene Nachfragekurve.

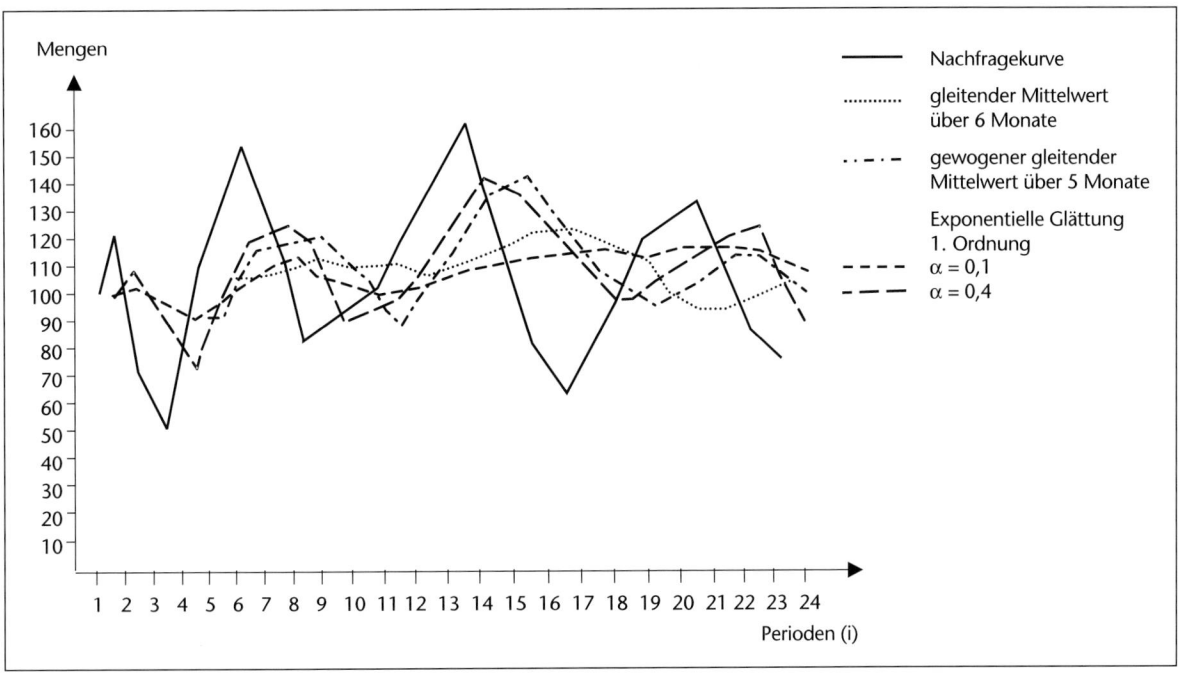

*Abb. 7: Vergleich der Bedarfsvorhersagen*

Bei der Durchführung von Prognosen auf Basis von Vergangenheitswerten weichen Prognose und tatsächlicher Verbrauch in aller Regel voneinander ab. Die Abweichungen können im Anschluss an eine Normalvorhersage ermittelt und nach dem Verfahren des gleitenden Durchschnitts oder der exponentiellen Glättung fortgeschrieben werden. Durch die Fortschreibung der positiven und negativen Vorhersagefehler ergibt sich die so genannte mittlere absolute Abweichung. Sie wird MAD genannt (medium absolute deviation). Die Gesamtvorhersage erhält man durch Addition des MAD-Werts multipliziert mit dem Faktor für die gewünschte Lieferbereitschaft und der Normalvorhersage (vgl. Abbildung 8).

Das Maß für die Lieferbereitschaft ist der Servicegrad. Er beschreibt den Anteil an direkt aus dem Lagerbestand zu befriedigenden Bedarfe bezogen auf die gesamte Anzahl von Bedarfsanfragen an das Lager. Bei hohem Servicegrad ist darauf zu achten, dass er nicht durch überhöhte Bestände erreicht wird. Oftmals wird nämlich einer Nichtverfügbarkeit von Material durch unnötig hohe Bestände vorgebeugt. Damit steigen die Lagerkosten und die Kapitalkosten für das gekaufte Material. Zusätzlich müssen bei sich änderndem Erzeugnisspektrum regelmäßig große Mengen an nicht mehr benötigten Teilen verschrottet oder unter Wert verkauft werden (vgl. Abbildung 9).

**Lieferbereitschaft**

## 5.2 Elemente der Produktionsplanung und -steuerung

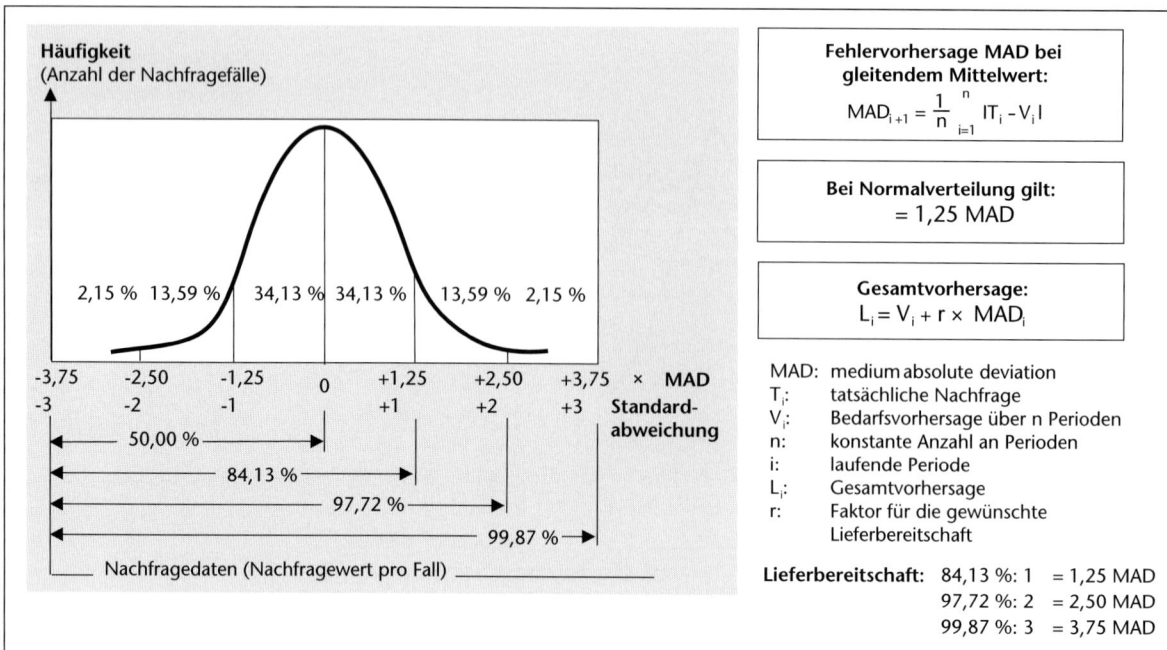

Abb. 8: *Lieferbereitschaft und Fehlerwahrscheinlichkeit*

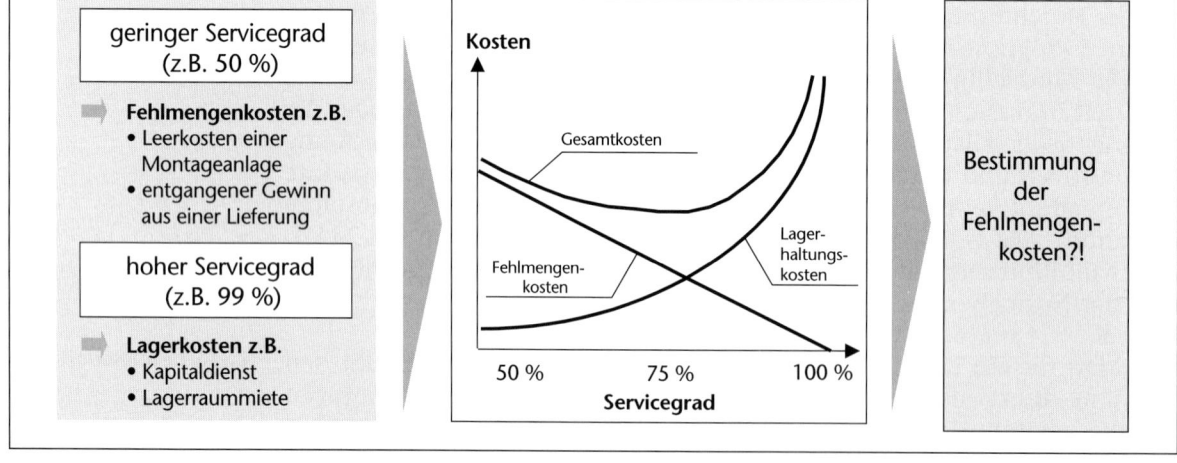

Abb. 9: *Lieferbereitschaft und Kosten*

### Heuristische Bedarfsermittlung

Die heuristische Bedarfsermittlung beruht auf einer Schätzung. Eine solche Schätzung kann entweder als Analog- oder als Intuitivschätzung erfolgen. Bei der Analogschätzung werden die Ergebnisse der Vorhersage für vergleichbare Materialien oder Erzeugnisse auf andere Materialien oder Erzeugnisse übertragen. Demgegenüber liegt bei der Intuitivschätzung eine auf Erfahrungen oder Vermutungen beruhende Meinung über den mutmaßlichen Bedarf in der Zukunft vor. Es liegen also keine numerischen Daten zugrunde.

## 5.2.4.2 Materialbestandsplanung

Das Lagern von Gütern bindet Kapital, braucht Platz und setzt Güter der Verderblichkeit, dem Altern, der Beschädigung oder der Zerstörung aus. Eine Lagerführung hat also nur dann Sinn, wenn die bevorrateten Güter nach einer genügend kurzen Zeit auch verbraucht werden. Eine möglichst genaue Bedarfsvorhersage hilft, dies zu erreichen.

Das Lagern von Enderzeugnissen, Halbfabrikaten und Rohmaterialien ist jedoch dann unvermeidbar, wenn in einem Fertigungsprozess die vom Kunden zugestandene Lieferfrist kleiner ist als die gesamte Beschaffungszeit für das auszuliefernde Enderzeugnis. Ein weiterer Grund zum Aufbau eines Lagers liegt jedoch auch in der Planung und Steuerung der betrieblichen Logistik selbst. Lager dienen zum Speichern von Gütern über die Zeit. Sie dienen als Spielraum zum Abstimmen der mit der Zeit verfallenden Kapazitäten (Menschen, Maschinen, Werkzeuge usw.) auf die Nachfrage nach Gütern (Ausgleichsfunktion). Darüber hinaus kann ein Lager auch aus technologischen Gründen angelegt werden (z.B. bei erforderlichen Alterungsprozessen) oder um günstige Einkaufsmöglichkeiten zu nutzen (z.B. bei Rohmaterialien wie Kupfer u.Ä. → Spekulationsfunktion). Einen Überblick über die verschiedenen Funktionen von Lagern gibt Abbildung 10.

**Lagerfunktionen**

| Ausgleichsfunktion | Technologische Funktion |
|---|---|
| Dieser Puffer zwischen Produzent und Konsument dient einmal zum Ausgleich der Bedarfsschwankungen infolge ungenauer Prognose und Programmzahlen, und zum anderen zum Auffangen von Beschaffungsschwierigkeiten infolge von Kapazitätsschwankungen, Werkzeugdefekten, Personalausfällen, Lieferverzögerungen durch den Lieferanten und fehlerhafter Qualität. | Diese dient einerseits dazu, für bestimmte Materialien, z.B. Holz, eine gleich bleibende Funktion oder Qualität zu garantieren. Anderseits kann damit eine so genannte Umformfunktion verbunden sein, wie Entspannen, Trocknen, Altern, Gären u.a.m. |
| **Vorsorgefunktion** | **Spekulationsfunktion** |
| Sie dient zur Überbrückung von Beschaffungsschwierigkeiten in Krisenzeiten. | Sie dient zur Ausnutzung der Preisschwankungen auf den Weltmärkten. |

*Abb. 10: Funktion der Lager*

Unter Bestandsführung versteht man das mengenmäßige Erfassen und Verbuchen der in einem Unternehmen vorhandenen Materialien und Materialflüsse sowie der Informationen über geplante Bestände und Materialbewegungen (z.B. aufgrund von Bestellungen).

**Bestandsführung**

## 5.2 Elemente der Produktionsplanung und -steuerung

**Errechnung des Lagerbestandes**

Die Errechnung des Lagerbestandes läuft nach folgendem recht einfachen Verfahren ab:

> alter Lagerbestand + Zugang − Abgang = neuer Lagerbestand

**Bestandsarten**

In der Bestandsführung werden die in Abbildung 11 gezeigten Bestandsarten unterschieden. Abbildung 12 zeigt die verschiedenen Bestandsarten im Zusammenhang.

| Lagerbestand | Bestellungsbestand |
|---|---|
| ist der körperliche Bestand, der sich in einem speziellen, als Lager deklarierten Bereich befindet. | ist der Bestand an noch nicht gelieferten Bestellungen, wobei die Bestellungen interne Betriebsaufträge oder externe Lieferantenbestellungen sein können. |
| **Werkstattbestand** | **Reservierter Bestand** |
| ist derjenige körperliche Bestand, der sich zur Weiterverarbeitung außerhalb eines Lagers in einem Fertigungsbereich (Werkstatt) befindet. | ist der Teil des Bestandes, der zum Verbrauch für eingeplante Aufträge vorgesehen ist. |
| **Sicherheitsbestand** | **Verfügbarer Bestand** |
| ist der Teil des Lagerbestandes, der für Planabweichungen oder außergewöhnliche Ereignisse gedacht ist, für die normale Bedarfsdeckung also nicht herangezogen werden soll. | ist derjenige Bestand, über den zurzeit frei verfügt werden kann, der also zur Deckung zusätzlicher Bedarfe herangezogen werden kann. |

*Abb. 11: Bestandsarten*

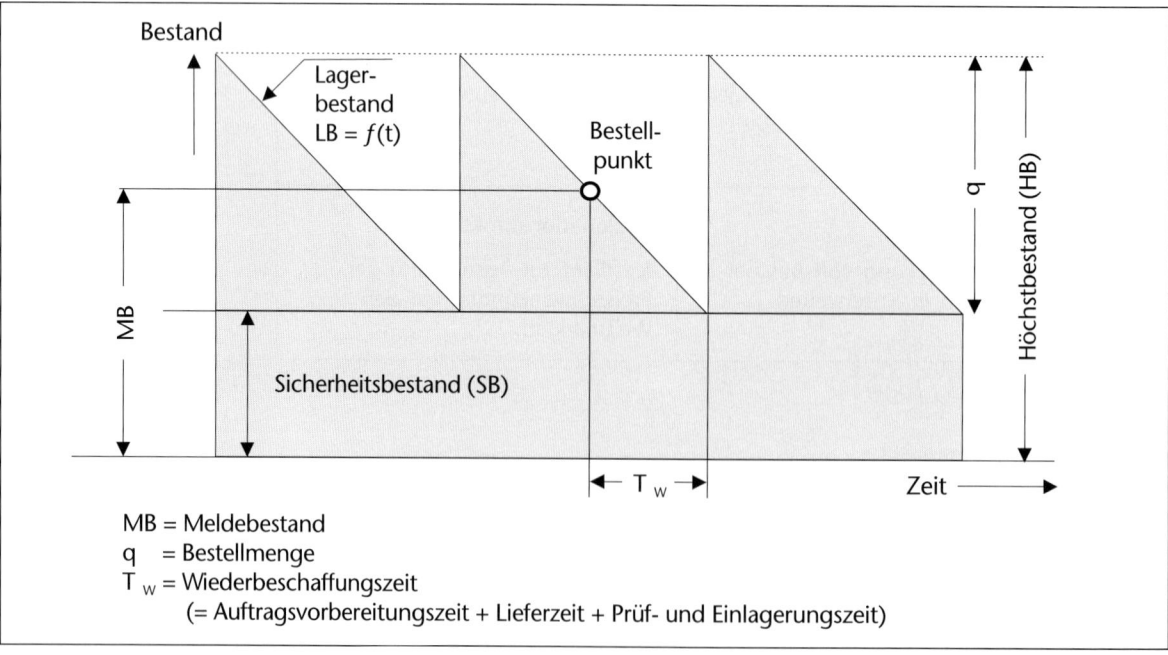

*Abb. 12: Lagerbestandsmodell*

Der Lagerbestand beschreibt den zum Überprüfungszeitpunkt körperlich vorhandenen Teilebestand. Der Sicherheitsbestand umfasst einen Mengenpuffer zur Abdeckung von Vorhersage-, Liefer- und Bestandsunsicherheiten. Er sollte bei »normalem« Zu- und Abgangsverhalten im Lager nicht verwendet werden. Der Bestellpunkt (Meldebestand) beschreibt die Bestandshöhe, bei der eine Bestellung auszulösen ist. Sein Wert errechnet sich normalerweise aus dem Verbrauch, der innerhalb der Wiederbeschaffungszeit des entsprechenden Teils zu erwarten ist, zuzüglich dem Sicherheitsbestand. Als Höchstbestand bezeichnet man üblicherweise den maximal zugelassenen Bestand eines Teils im Lager. Der Bestellpunkt wird mit dem verfügbaren Lagerbestand des betrachteten Artikels verglichen. Unterschreitet der verfügbare Lagerbestand den Bestellpunkt, wird eine neue Bestellung ausgelöst.

**Lagerstrategien**

Um einen kostenoptimalen Kompromiss zwischen hoher Lieferbereitschaft und niedrigen Lagerbeständen zu erreichen, werden in der Bestandsplanung geeignete Dispositionsverfahren und -parameter bestimmt sowie die Bevorratungsebenen festgelegt. Dies führt zu Lagerstrategien, die sich für die zu bevorratenden Artikel unterscheiden lassen nach Art und Zeitpunkt der Bestandsüberprüfung sowie der Vorgehensweise bei der Bestellmengenfestlegung. Die Abbildungen 13 und 14 zeigen insgesamt sechs unterschiedliche Strategien. Über die Wahl der Lagerstrategie lassen Bestands- und Auflage-/Bestellkosten sowie Fehlmengenkosten steuern.

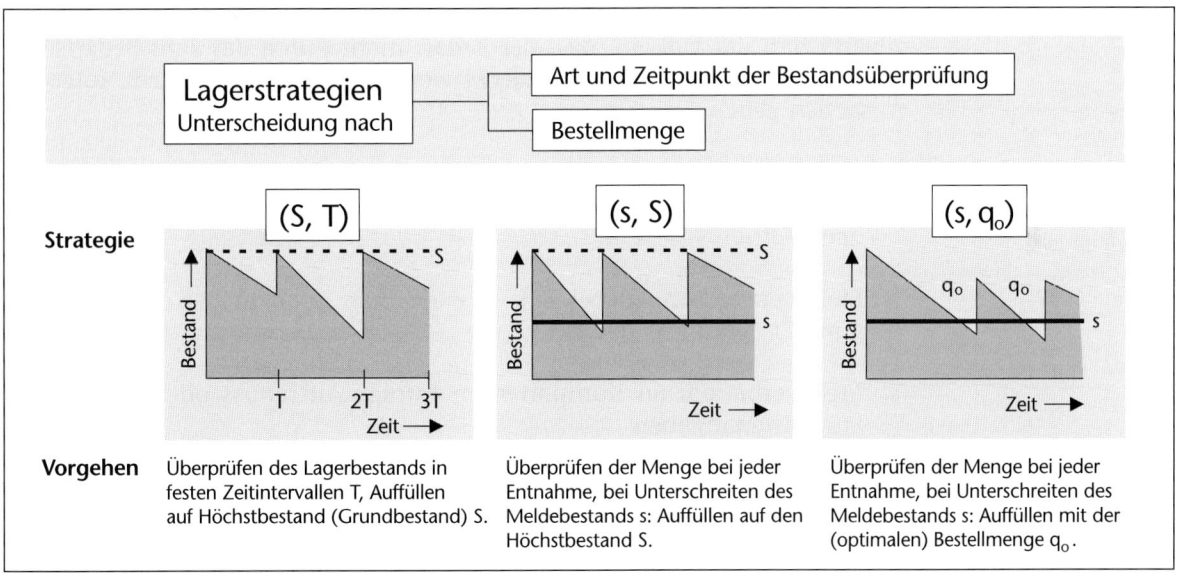

*Abb. 13: Strategien zur Bestandsplanung I*

## 5.2 Elemente der Produktionsplanung und -steuerung

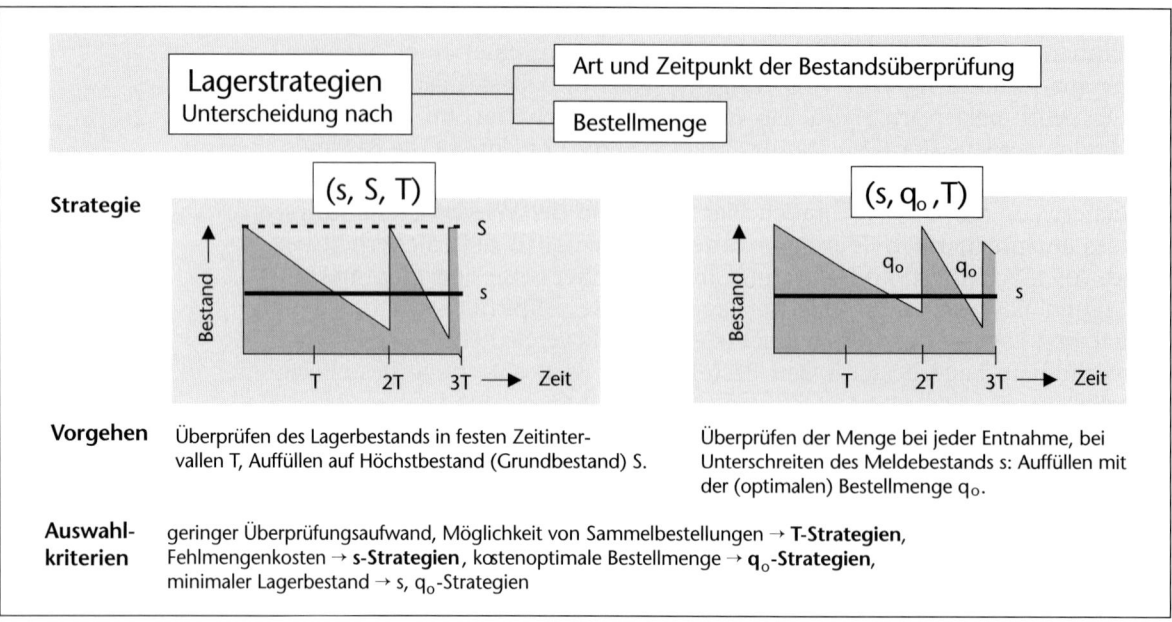

Abb. 14: Strategien zur Bestandsplanung II

### 5.2.4.3 Ausgleichsmechanismen

**Materialengpässe** Analog der Situation in der Kapazitätswirtschaft tritt auch in der Materialwirtschaft der Fall ein, dass der Bedarf nicht durch das zum Bedarfszeitpunkt vorliegende Angebot gedeckt werden. Dafür kann es z.B. folgende Ursachen geben:

- kurzfristige Auftragseingänge, bei denen die benötigten Komponenten nicht lagerhaltig sind und auch nicht mehr rechtzeitig beschafft werden können

- Lieferverzögerungen bei Zukaufteilen oder auch in der eigenen Fertigung

- Mehrverbrauch an Komponenten infolge Ausschuss oder fehlerhafter Stücklistenangaben

- Fehler in der Bestandsführung, die einen höheren Lagerbestand ausweisen als tatsächlich vorhanden

In der Materialwirtschaft sind somit ebenfalls Mechanismen erforderlich, mit denen die Differenz zwischen Bedarf und Angebot, in diesem Fall Materialbedarf und Materialangebot, ausgeglichen werden kann.

In Abbildung 15 sind einige gängige Maßnahmen zum Ausgleich von Materialengpässen zusammengestellt.

> **Maßnahmen zur Behebung von Materialengpässen**
>
> - Mengenvariation
> - Zeitvariation
> - Reservierungsänderung
> - Einsatz von Alternativmaterial/-teilen
> - Nutzung alternativer Beschaffungswege

*Abb. 15: Maßnahmen zum Ausgleich von Materialengpässen*

**Mengenvariation**

Zeichnet sich ein Materialengpass ab, dann liegt es nahe – analog dem Verfahren bei Vorliegen eines Kapazitätsengpasses – zu prüfen, ob es zur Abdeckung eines übergeordneten Bedarfes nicht ausreicht, nur eine Teilmenge der ursprünglich geplanten Auftragsmenge zu fertigen, und zwar in der Höhe, wie die verfügbaren Komponenten ausreichen. Damit nicht Kosten für die Abwicklung eines zusätzlichen Auftrags über die zunächst nicht gefertigte Menge auflaufen, sollte diese, soweit möglich, mit nachfolgenden Bedarfen wieder zu einer optimalen Losgröße zusammengefasst werden.

**Zeitvariation**

Lässt sich der bestehende Materialengpass nicht über eine Anpassung der Auftragsmenge beheben, gilt es zu prüfen, inwieweit durch eine zeitliche Verschiebung des vom Materialengpass betroffenen Auftrags in Richtung Zukunft und eventuellem Stauchen der nachfolgenden Arbeitsgänge der Engpass behoben werden kann.

**Reservierungsänderung**

Sofern das aktuell für einen Auftrag als Engpass ermittelte Material bzw. die Teile zwar noch im Unternehmen verfügbar, jedoch schon für einen anderen Auftrag reserviert sind, besteht weiterhin grundsätzlich die Möglichkeit, die bestehende Reservierung für das Engpassmaterial bzw. die -teile aufzuheben und das frei werdende Material ganz oder teilweise einem anderen Auftrag zuzuordnen. Bei Reservierungsänderungen ist allerdings sehr genau zu prüfen, ob dadurch nicht derjenige Auftrag, für den das Material ursprünglich reserviert war, wegen eines nun bestehenden Materialmangels in Terminverzug gerät. In einem solchen Fall ist unter Berücksichtigung der Unternehmensziele abzuwägen, bei welchem Auftrag ein Terminverzug den geringsten Schaden verursachen würde (Mehrkosten z.B. für separate Auslieferung, Verzugkosten gegenüber Kunden, Imageverlust etc.).

**Verwendung von Alternativmaterial**

Ist in der Stückliste eines Erzeugnisses für die nicht in ausreichender Menge vorhandene Stücklistenposition ein Alternativmaterial/-teil (z.B. andere Schrauben) aufgeführt, besteht die Möglichkeit, das Alternativmaterial einzusetzen, sofern es in ausreichender Menge verfügbar ist. Beim Einsatz von Alternativmaterial ist allerdings auch zu prüfen, ob sich dadurch der Fertigungsablauf ändert (z.B. längere Bearbeitungszeiten wegen eines größeren Zerspanvolumens) und ein anderer Arbeitsplan herangezogen werden muss.

## 5.2 Elemente der Produktionsplanung und -steuerung

**Nutzung alternativer Beschaffungswege**

Als letzte Maßnahme zur Behebung von Materialengpässen soll hier noch die Nutzung von alternativen Beschaffungswegen sein. Darunter wird z.B. die fallweise Eigenfertigung von Teilen verstanden, die sonst von einem Zulieferer bezogen werden. Ein andere Möglichkeit ist die Beschaffung über andere Lieferanten, von denen die betreffenden Teile sonst nicht bezogen werden, weil sie z.B. schlechtere Konditionen bieten. Bei der Nutzung alternativer Beschaffungswege handelt es sich jedoch um eine Maßnahme, die im Gegensatz zu den zuvor genannten Maßnahmen meist nicht kurzfristig nutzbar ist. Allerdings zeigen sich viele Materialengpässe auch nicht erst kurz vor Fertigungsbeginn, sondern bereits dann, wenn der Auftrag eingeht und die erste Materialbedarfsermittlung durchgeführt wird. In diesen Fällen kann auf diese Maßnahme zurückgegriffen werden.

Selbstverständlich können die hier aufgeführten Maßnahmen auch miteinander kombiniert werden, um so trotz aller widrigen Umstände noch das bestmögliche Fertigungsergebnis zu erzielen.

### Literaturempfehlungen

*div. Verfasser:* Betriebshütte (z.B. Kap. 14 – PPS und Kap. 18 – Logistik und Produktionscontrolling). Berlin, Heidelberg, New York 1996.

*Kurbel, K.:* Produktionsplanung und -steuerung. Methodische Grundlagen von PPS-Systemen. München 1998.

*Luczak, H.; Eversheim, W. (Hrsg.):* Schotten, M.: Produktionsplanung und -steuerung. Berlin, Heidelberg, New York 1998.

*Much, D.; Nicolai, H.:* PPS-Lexikon. Berlin 1995.

*Schönsleben, P.:* Integrales Logistikmanagement: Planung und Steuerung von umfassenden Geschäftsprozessen. Berlin, Heidelberg, New York 1998.

*Schulte, J.:* Werkstattsteuerung mit genetischen Algorithmen und simulativer Bewertung. Berlin, Heidelberg, New York 1995.

*Warnecke, H.-J.:* Der Produktionsbetrieb (Band 1). Berlin, Heidelberg, New York 1995.

*Wiendahl, H.-P.:* Betriebsorganisation für Ingenieure. München, Wien 1997.

*Wiendahl, H.-P.:* Fertigungsregelung: Logistische Beherrschung von Fertigungsabläufen auf Basis des Trichtermodells. München, Wien 1997.

## 5.2.5 Einführung in die Produktionsdatenerfassung PDE

*von Detlef Kaul*

### 5.2.5.1 Ziel und Aufgabe der PDE

Einleitung

Für die Steuer- und Regelungsfunktionen ist die moderne Produktionsplanung und -steuerung auf aktuelle Informationen über das Geschehen der Produktion angewiesen. Um jederzeit eine transparente Übersicht über die Produktion zu haben und kurzfristig reagieren zu können, reicht es nicht, die Rückmeldungen über traditionelle Papierbelege zu organisieren. Vielmehr müssen die Daten direkt am Entstehungsort erfasst und online verarbeitet werden. Zur Erhaltung bzw. Steigerung der Wettbewerbsfähigkeit forcieren viele Unternehmen im Produktionsbereich und darüber hinaus das Denken in Prozess-/Wertschöpfungsketten. Ein Ansatzpunkt zur Lösung dieses Zielkonfliktes liegt im Management der Komplexität in heterogenen Produktionssystemen. Die Produktionsdatenerfassung wird daher nicht mehr als Summe einzelner Teilfunktionen gesehen, sondern als System untereinander vernetzter Prozesse und Informationen.

*Produktionsdatenerfassung als System vernetzter Prozesse*

Ziel der Produktionsdatenerfassung

Die Bemühungen zur Optimierung der Unternehmensprozesse beschränken sich heute nicht mehr alleine auf die Produktion. Der Fokus rückt auf die Vernetzung interner und externer Produktions- und Dienstleistungselemente im Sinne einer ganzheitlichen Geschäftsprozessoptimierung.

Der Wandel hin zur ganzheitlichen Betrachtungsweise und zur weiteren Beschleunigung von Material- und Informationsflüssen über die komplette Wertschöpfungskette vom Lieferanten bis zum Kunden gelingt nur auf der Basis moderner Technologie, die Transparenz der Ist-Zustände und -Prozesse zeitnah gewährleistet. Die Transparenz erschöpft sich heute nicht mehr in der Auftragsauswertung am Ende des Monats, sondern bedeutet, zu jedem Zeitpunkt über die Auftragslage, den Bearbeitungsstand einzelner Aufträge informiert zu sein. Nur vollständig bekannte Ressourcen, Zustände und Abläufe ermöglichen ein wirkungsvolles Bestehen am Markt.

*Zustände und Prozesse zeitnah darstellen*

Die praktische Entwicklung geht von manuellen Tastatureingaben von per Beleg angelieferten Daten hin zu automatisierten oder teilautomatisierten Verfahren aus.

Ziel ist es, den Mitarbeiter in der Produktion zu entlasten und einfache wiederholende Aufgaben automatisiert ausführen zu können. Manchmal lässt sich der Erfassungsvorgang nicht ganz automatisieren. Dann kommt es zu einer Mischform aus automatisierten und manuellen Erfassungsvorgängen.

**Aufbau und Struktur der Daten**

Welche Daten werden erfasst? Im Zentrum der betrieblichen Datenerfassung stehen die Rückmeldungen aus den Fertigungsprozessen, die in der Produktionsplanung und -steuerung benötigt werden. Im Wesentlichen werden die Zustände und Übergänge von einem Prozess zum anderen gemeldet, um den Produktionsablauf zu sichern. Als verbindendes Element zwischen ERP-System und Produktion bzw. Automation der Produktion integriert die PDE folgende Bereiche:

- Bestimmung der effektivsten Arbeitsgangfolge
- Steuerung der Anlagen
- Verwaltung aller Ressourcen
- Prozessmanagement
- Leistungsanalyse
- Qualitätsmanagement
- Instandhaltungsmanagement
- Maschinen- und Stördatenerfassung
- Betriebsdatenerfassung
- Chargenrückverfolgung
- Personalmanagement
- Dokumentenmanagement

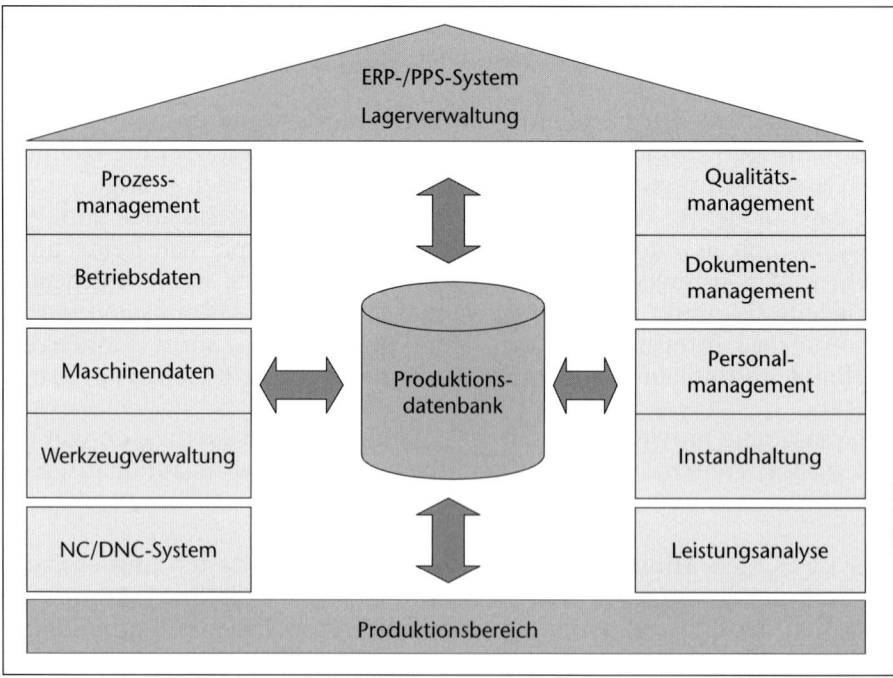

*Abb. 1: Komponenten der PDE*

Mit den aktuell erfassten Daten aus der Produktion werden die Statusinformationen der Bewegungsdaten fortgeschrieben. Darüber hinaus liefern diese Daten Zustandsinformationen zu den Stammdaten. Die Bewegungsdaten entstehen häufig als Plandaten, die anschließend realisiert werden sollen, z.B. geplante Lagerzugänge, geplante Fertigungsaufträge. Dies spiegelt sich auch in den Attributen der Bewegungsdaten wider. So weisen Auftragsdaten üblicherweise eine Datengruppe mit Planwerten (geplanter Start, geplantes Ende, geplante Gutmenge, geplanter Ausschuss etc.) sowie eine korrespondierende Datengruppe mit realisierten Istwerten (Ist-Start, Ist-Ende, realiserte Gutmenge, angefallender Ausschuss etc.) aus.

Neben den Produktionsdaten werden auch Daten über den Personaleinsatz und die Materialbewegungen benötigt. Die Meldungen dienen dem »Monitoring« aktueller und fehlerfreier Daten für die Termin- und Mengenplanung sowie aktuellen Informationen über Auftragsfortschritt und Kapazitätsbelegung. Die betrieblichen Daten beziehen sich hauptsächlich auf Zeiten, Ressourcen, Menschen und Aufträge:

**Vielschichtige Produktionsdaten notwendig**

- Personaldaten: Anwesenheitszeiten, Fehlzeiten, Wartezeiten, Zuschläge, ...

- Auftragsdaten: Auftragsfortschrittsdaten – Auftragsnummer, Kundennummer, Auftragszustand, Artikel, Menge, Änderungsdienst, ...

- Maschinenbelegungszeiten: Hauptnutzungszeiten, Leerzeiten, Rüstzeiten, Transport- und Umschlagszeiten, Fehlzeiten, Belegungszustand, ...

- Bewegungs- und Bestandsdaten: Ist-Stati Lagerbestände, Ist-Stati und Meldungen Produktion, Fertigung, Transport, Kommissionierung, Wareneingang/-ausgang, Materialmeldungen

- Prozess-, Qualitäts- und Instandhaltungsdaten: Maschinendaten wie Kapazitäten, Qualitäten, Mengen, Durchsatz, Störzeiten, Status

Die Informationen und Ergebnisse der PDE werden sowohl für diskrete Fertigung und Montage als auch für die Prozessfertigung zur Verfügung gestellt. Dabei werden die Daten so aufbereitet, dass zur Entscheidungsunterstützung des Managements die notwendigen Beurteilungsgrundlagen geschaffen werden.

Über Parameter können Entscheidungen getroffen werden, die dann für die zyklische automatische Regelung gelten. Jeder Rechenzyklus baut auf den aktuellen Ergebnissen der Produktion und den aktualisierten Vorgaben des PDE-Systems auf. Mit dieser Synchronisation werden Störungen und Abweichungen in der Realisierung berücksichtigt. In Anlehnung an den Fertigungsbereich wird auch das Management der Qualitätsarbeit mit den Aufträgen so verknüpft, dass bei der Simulation der Produktion die im Produktionsprozess integrierte und den Produktionsprozess begleitende Qualitätskontrolle in der Terminierung und der Ressourcenverfügbarkeit enthalten sind. Dies betrifft neben der Verwendbarkeit der eingegangenen Lieferungen ebenso die produktionsbegleitende Kontrolle, die statistische

**Begleitung des Produktionsprozesses**

Prozesskontrolle und das Prüfmittelmanagement. Dadurch wird die gewünschte hochtransparente Produktionslogistik unterstützt:

- Produktionsplanung und -steuerung (PPS): übergreifende Materialwirtschaft, organisatorische Lagersteuerung, Transportsteuerung, Kommissionierung, Materialfluss-Steuerung und Logistik

- Zeitwirtschaft (Termin-/Kapazitätsplanung): kurzfristige Fertigungssteuerung, Werkstattüberwachung, Leitstand, Zeiterfassung und Terminüberwachung der Aufträge

- Technische Anlagensteuerung: leittechnische Konzepte mit organisatorischem Auftragsablauf, z.B. Transportsteuerung, technische Lagersysteme

- Qualitätssicherung: Erfassen der Daten mit unterschiedlichen Qualitätsmerkmalen, ggf. qualitative Einzelobjektverfolgung

- Betriebliches Rechnungswesen: Kostenrechnung mit Datenerfassung für die Nachkalkulation

- Personalwesen: Datenerfassung für die Arbeitszeiten, Teilarbeitszeit, flexible Arbeitszeit, Gleitzeit, Lohnabrechnungen (Leistungsumfang bei Akkord, Prämienlöhne)

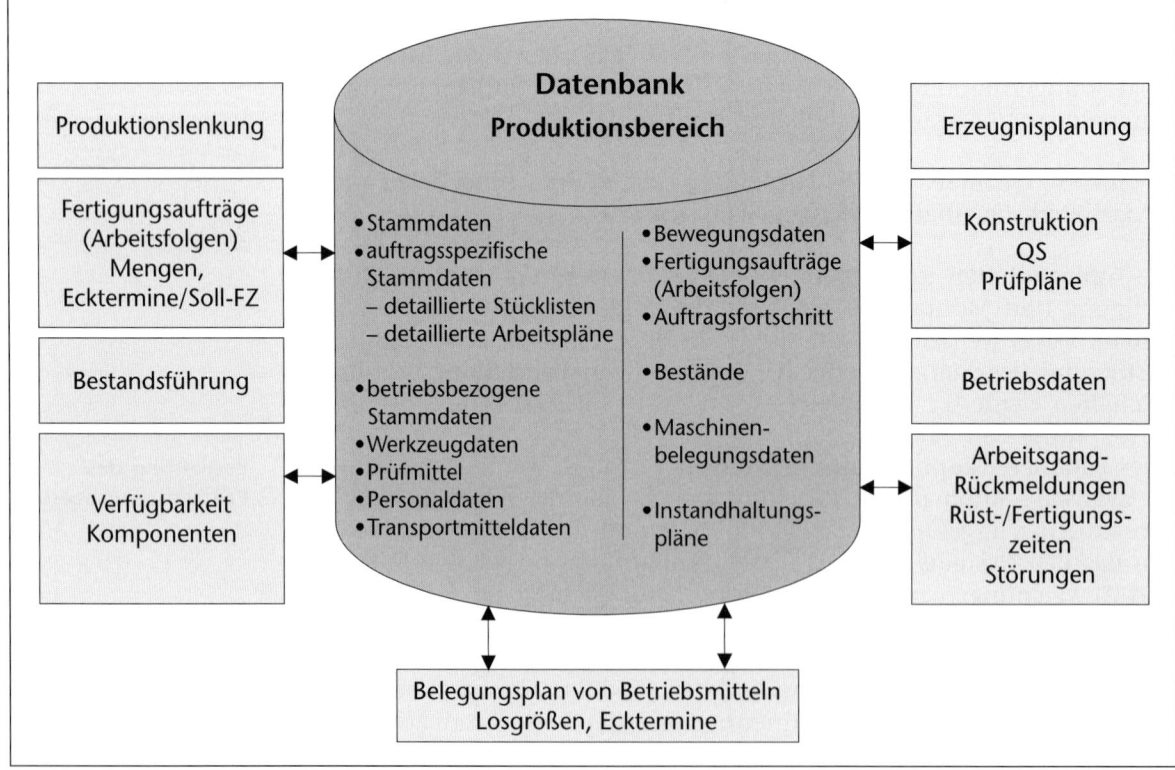

*Abb. 2: Planungsdaten im PDE-Bereich*

- Produktions-Monitoring: Laufende Informationen über die betrieblichen Abläufe, Schwachstellenanalysen, Maschinennutzungsüberwachung (Zeitgrößen, Störgründe, Maschinenprozessdaten, Prozessüberwachung)

- Instandhaltung: Plandaten, umfassende Datenerfassungsaufgaben, Diagnosesysteme

- Sonstige Aufgabengebiete: Wägedatenerfassung, Tankdatenerfassung, Kantinendatenerfassung, Zutrittskontrolle

### 5.2.5.2 Instrumente der PDE

**Systeme zur Produktionsdatenerfassung**

Wesentliches Merkmal der Produktionsdatenerfassung ist das IT-gestützte Erfassen von Informationen am Entstehungsort in der Produktion. Die erfassten Daten werden meist in dedizierten Produktionsdatensystemen oder, im Fall von MDE, in den jeweiligen CAM-Systemen gesammelt. Dort werden sie vorverarbeitet (Primärverarbeitung) und anschließend an andere Systeme (z.B. Produktionsplanung und -steuerung) zur Sekundärverarbeitung weitergereicht.

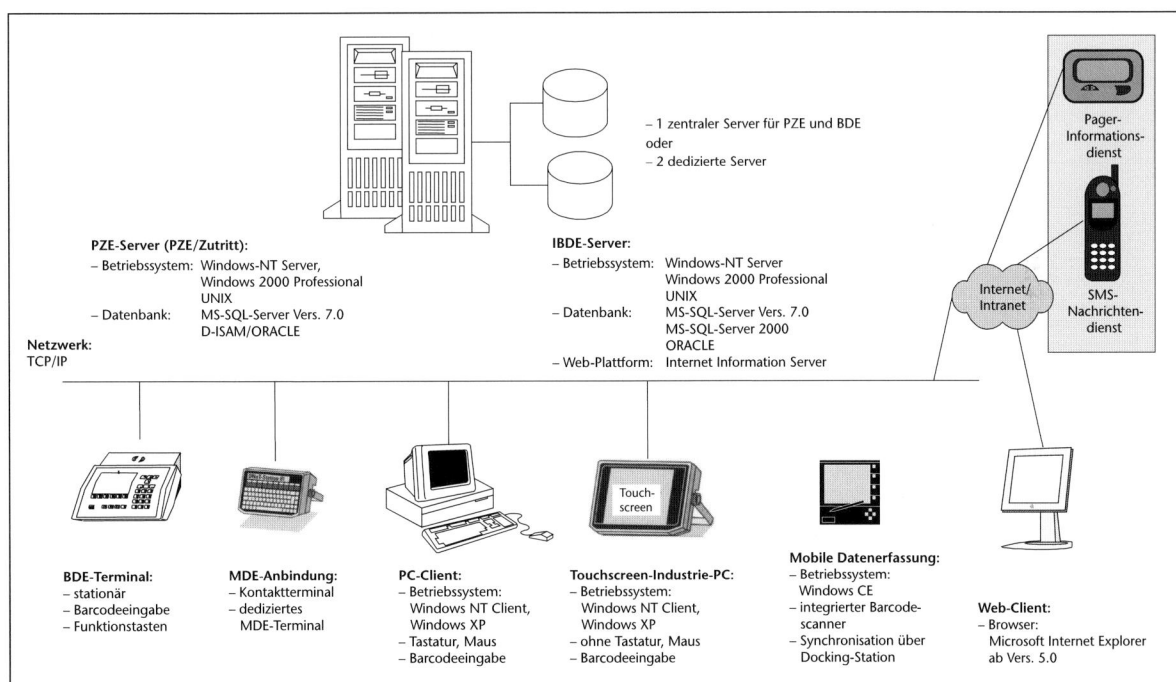

*Abb. 3: Instrumente der Datenerfassung*

### BDE-Terminals

Für den häufig rauen Einsatz in der Industrie müssen BDE-Geräte eine Reihe erhöhter Anforderungen befriedigen. Hierzu zählen elektro-magnetische Verträglichkeit, Blitzschutz, Temperatur- und Feuchteresistenz, Schlag-, Staub/Spritzwasser- und Ölschutz.

Normen, die hierbei beachtet werden müssen:

- IEC 801 EMV Elektro-magnetische Verträglichkeit
- VDE 0878 Störaussendung und Funkschutz
- VDE 0805/IEC 950 Gerätesicherheit
- IEC 68-2 Temperatur- und Feuchteprüfung
- DIN 40050 Schutz gegen Staub, Spritzwasser, Öl usw.
- SN 29066-8 Schadgasprüfung
- IEC 68-2 Vibrationstest, Prüfung der mechanischen Stabilität

Die Terminals werden als ganze Familien beziehungsweise Serien oder Modellreihen einschließlich spezieller, auch unterschiedlicher Anschlusseinheiten geliefert. Funktional werden nicht an allen Betriebspunkten komplette BDE-Terminals benötigt. Oft reichen abgesetzte Einheiten, wie Ausweisleser, Anzeigen, Signalgeber, die vom nächsten BDE-Terminal angesteuert beziehungsweise abgefragt werden. Das Spektrum der BDE-Terminals reicht funktional vom Einfachterminal am Arbeitsplatz über Terminals für Informationsknotenpunkte und Maschinenterminals zur automatischen Datenübernahme aus der Steuerung oder von Sensoren bis zu Terminals mit PC-Leistung.

### Normale Terminals und PCs

Aufgrund der zunehmenden DV-Durchdringung der Unternehmen werden auch in der Produktion zunehmend normale Terminals und PCs eingesetzt. An Stellen, wo die Geräte keinen besonderen Immissionen ausgesetzt sind, können Terminals und PCs sowohl für BDE als auch andere Aufgaben eingesetzt werden, z.B. an der Materialausgabestelle oder der einfachen Erfassung von Kostenstellenwechseln.

### Datenträger zur Identifizierung

Um die Eingabe der Informationen zu beschleunigen und Falscheingaben zu reduzieren, werden Datenträger eingesetzt, deren Informationen über Lesegeräte erfasst werden können. Durchgesetzt hat sich hier der Barcode, der preiswert auf Papier angebracht werden kann, z.B. auf den Fertigungspapieren oder als Aufkleber. Die Scanner für den Barcode können an BDE-Terminals oder PCs angeschlossen werden. Daneben werden weitere Datenträger wie Magnet- oder Chipkarte für spezielle Aufgaben eingesetzt, z.B. als Datenträger an Werkstücken, die lackiert werden.

## Mobile Datenerfassung

Bei mobilen Anlagen oder Erfassungsstellen werden Erfassungsgeräte eingesetzt, die online über Infrarot angeschlossen sind oder offline erfassen und zu einem späteren Zeitpunkt ausgelesen werden. So können Datenerfassungsgeräte an Transportsystemen wie Gabelstapler montiert werden oder ein Mitarbeiter kann bei einer Begehung Daten erfassen. Neben der dezentralen flexiblen Erfassung der Informationen und der Übergabe der Daten an festen Punkten über eine Cradle- oder auch Docking-Station können die erfassten Daten auch drahtlos übertragen werden. Mobile Datenerfassung mit der Möglichkeit der bedarfsabhängigen, drahtlosen Kommunikation zwischen den Mobilgeräten und den stationären Systemteilen nimmt in der Produktion immer mehr zu. Die Kommunikation erfolgt mittels Datenfunk (DF), oder mit anderen Medien, wovon die Infrarot-Übertragung (IR) derzeit innerbetrieblich noch die größte Bedeutung hat.

## Maschinendatenerfassung (MDE)

Die Erfassung von Leistungs- und Zustandsdaten direkt an der Maschine wird für produzierende Unternehmen immer wichtiger, um einem zunehmenden Wettbewerb, kleineren Chargen und dem ständig steigenden Kostendruck wirkungsvoll begegnen zu können. Darüber hinaus ermöglichen Maschinendaten ein aktives Instandhaltungsmanagement zur Maximierung der Kapazitätsverfügbarkeit und der Planung strategischer Ersatz- und Investitionsentscheidungen. Mit der automatischen Anbindung an die Maschine ergeben sich folgende Nutzenpotenziale:

- Transparenz in der Produktion
- Wegfall manueller Meldungen über die Buchungsdialoge
- Automatisches Erfassen von Betriebszuständen
- Automatisches Erfassen von Stückzahlinformationen
- Automatisches Erfassen von Störgründen
- Umfangreiches und detailliertes Monitoring
- Detaillierte Laufzeitanalyse der Maschine
- Detaillierte Schwachstellenanalyse
- Erweiterte Soll-Ist-Vergleiche auf Arbeitsgang-, Auftrags- und Maschinenebene
- Bereitstellung aussagekräftiger Produktionskennzahlen für das Controlling
- Verbesserte Qualität der betrieblichen Information hinsichtlich
  - Zeiten
  - Stückzahlen
  - Störgründen

Zur Anbindung der Maschinen stehen folgende Varianten zur Verfügung:

- Anbindung über Digital-Input-Karte
- Anbindung über Digital-Input-Com-Box
- Anbindung über OPC-Client-Server-Verbindung
- Anbindung über Feldbus/Profibus
- Anbindung über ASCII-Datei

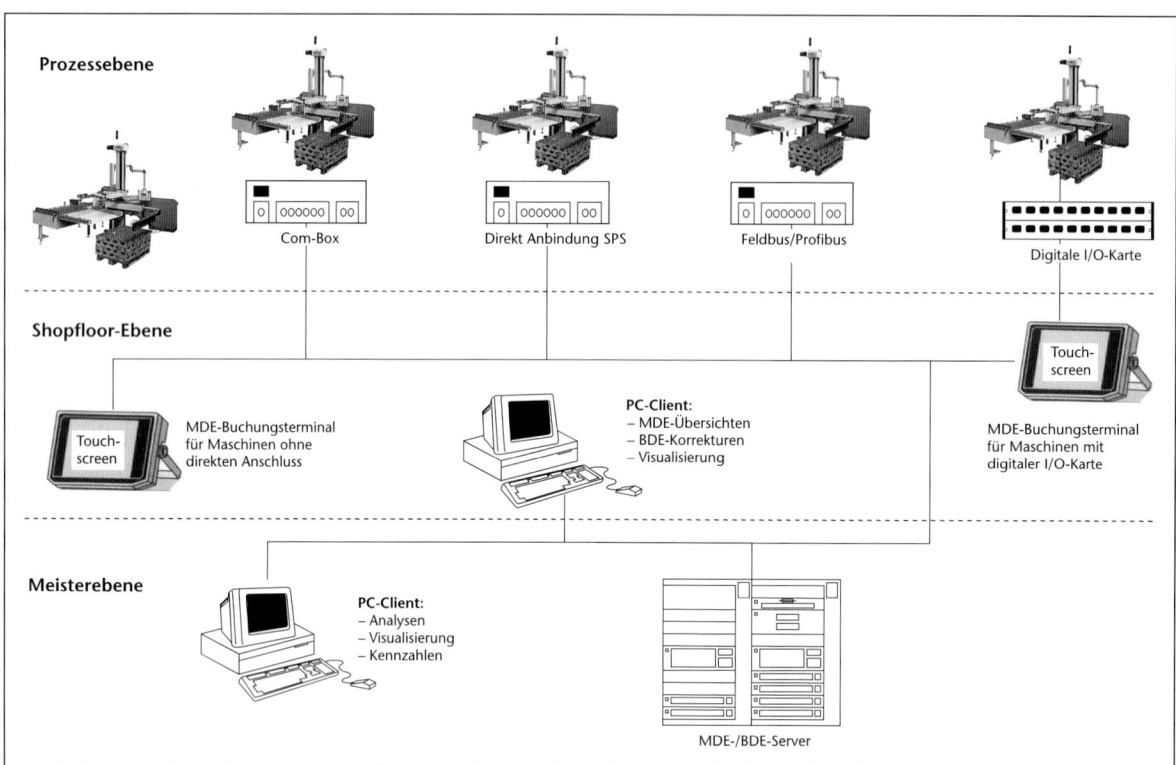

*Abb. 4: Anbindungsvarianten von Maschinen*

Die Statusübergänge (z.B. von Maschine in Produktion zu Maschine gestört) können flexibel definiert und individuell einzelnen Signalen oder Meldungen bzw. Kombinationen aus Signalen und Meldungen zugeordnet werden. Integrierte Timer erkennen auch dann einen Statusübergang sicher, wenn die Maschine selbst ihren Zustand nicht ändert (z.B. Maschine nicht produktiv, wenn fünf Sekunden lang kein Stückzahlimpuls empfangen wird).

Die Zuordnung der Maschinensignale zum aktuellen Auftrag/Arbeitsgang erfolgt durch einen gesonderten BDE-Buchungsdialog.

## Direkte Datenerfassung (NC/DNC)

Die Prozessdaten können automatisch an den Produktionsanlagen erfasst werden. Die Daten werden dabei entweder aus den Prozessoren der Steuerungen ausgelesen (z.B. bei CNC-Maschinen) oder über spezielle Sensoren ermittelt (z.B. an einem Transportband). Typische Informationen, die auf diese Weise gewonnen werden, sind:

- Umdrehungszahlen,
- Hubzahlen,
- Takte,
- Zeitdauern,
- Temperatur.

Der Umfang der NC-Integration erstreckt sich dabei über eine breite Strecke im betrieblichen Umfeld:

- Erstellen und Ablage von fertigungstechnischen Zeichnungen ausgehend von der Konstruktionszeichnung
- Übernahme in das NC-Programmiersystem
- Festlegung gewisser Fertigungsparameter
- Ablage der maschinenunabhängigen NC-Programme
- Postprozessorlauf über PDE-System und Ablage der maschinenabhängigen NC-Programme
- Übermittlung der NC-Programme an das DNC-System

Sind die Entfernungen in Ihrer Fertigung gering, das heißt DNC-Rechner und Maschinen sind max. 20 Meter voneinander entfernt, sieht DNC-Implementierung folgendermaßen aus: Auf einem Rechner wird eine Remote DNC-Software installiert. Sollten mehrere Maschinen (max. 8) angeschlossen werden, wird zusätzlich eine achtfach-serielle Karte installiert. Dann werden serielle Leitungen vom Rechner zu den Maschinen verlegt (pro Maschine eine Leitung). Die Entfernung zwischen PC und Maschinen sollte nicht mehr als 20 Meter betragen.

Sind die Entfernungen in einem Betrieb größer, kommt eine andere Remote-Variante zum Einsatz: Auf einem Rechner wird ebenfalls eine Remote DNC-Software installiert. Die Verbindung zu den Maschinen wird nicht über serielle Leitungen, sondern über Ethernetverkabelung realisiert. Ein COM-Server wird zwischen PC und Maschinen ins Ethernet eingebunden und stellt die DNC-Verbindung her.

Mit Hilfe des Dateimanagement-Systems ist auch das Archivieren von NC-Programmen, die an der Steuerung erstellt wurden, möglich. Das Dateimanagement-System erfolgt über vordefinierte Schreib- und Lesepfade, die für jede angeschlossene Maschine in der Remote DNC-Software gespeichert sind.

### Datenerfassung über Waagen

Werden statistische Daten der Waren- und Güterbewegung aufgenommen, ist neben der Anwesenheit und der Qualität auch die Gewichtserfassung von Bedeutung. Moderne Waagen erlauben es, Mengen automatisch datentechnisch zu erfassen. Insbesondere in der Form der elektronischen Zählwaagen werden sie in PDE-Konzepte auch zum Zweck der Material- und Sendungsverfolgung integriert.

Die Anbieter von Waagen liefern heute entsprechende Schnittstellen zu BDE-Terminals, bieten eigene Terminals oder ganze Wägesysteme mit Rechnern an. Nicht nur die Waage, sondern zusätzlich die Datentechnik ist in Hardware und Software eichfähig gestaltet.

### Datenkommunikation

Wurden in der Vergangenheit bei Produktionsdaten vor allem systemspezifische Leitungen und Übertragungsverfahren verwendet, werden heute die Übertragungswege mehrfach genutzt (Bussysteme). So werden von den Produktionsdaten unabhängige, für sonstige innerbetriebliche Datenübertragungen vorgesehene Übertragungswege in Form lokaler Netzwerke (LAN) unterschiedlicher Leistung eingesetzt. In der Produktion haben sich verschiedene Übertragungswege etabliert:

- Backbones (häufig als Lichtleiter-LAN)
- Token-Ring
- Bussysteme (Ethernet/TCP-IP)
- Intranet
- Internet

LANs unterlagert sind Feldbus-Lösungen mit kleinen Datenmengen, aber kurzen Antwortzeiten. Ziel und Weg in der Produktion ist die Nutzung weniger Feldbus- bzw. Bussysteme, um eine einfache Wartung zu gewährleisten und möglichst wenige Schnittstellen pflegen zu müssen.

#### 5.2.5.3 Einbindung der PDE in die Organisation

**PDE und Enterprise Ressourcen Planning (ERP)**

*Durchgängige Betrachtung der Fertigungsaufträge*

Innovative ERP-Systeme stellen das Fundament der Planung und Steuerung aller Geschäftsprozesse dar. Dies wird auch in Zukunft so sein. Vom Lager bis zur Auslieferung unterstützen ERP-Systeme die sichere und konsistente Planung und Optimierung dieser Wertschöpfungsprozesse. Die Leistungserbringung erfolgt die durch Zuordnung von Personal- und Sachmittel-Ressourcen zu Aufträgen.

Damit kann der Anwender termingerecht und kostengünstig die benötigten Mengen mit optimiertem Material und Zeitaufwand produzieren. Dabei ist eine durchgängige Bearbeitung der Fertigungsaufträge gesichert, welche die Anforderungen der auftragsbezogenen Einzelfertigung, der auftragsbezogenen Wiederholfertigung, der Serienfertigung und der Variantenfertigung erfüllt.

Die gestufte Planung erlaubt eine simultane Betrachtung des Materials und der Kapazität sowohl im Grob- als auch im Feinplanungsbereich. In allen Phasen der Planung und Steuerung helfen die umfangreichen Simulationen, eine optimale Produktion »durchzuspielen«.

Für die kundenauftragsbezogenen Fertigungsaufträge mit hoher Varianz bzw. mit Einzelfertigungscharakter bieten die ERP-Systeme höchsten Komfort bei der Komposition von Fertigungsaufträgen. Hier kann der Anwender sowohl auf auftragsneutrale Standardstrukturen (z.B. Stücklisten oder Arbeitspläne) als auch auf aktuelle oder archivierte Strukturen von Fertigungsaufträgen zurückgreifen.

Die traditionelle Zentralisierung der Produktionsplanung und -steuerung und die Abbildung von dezentralen Fertigungsstrukturen in einem einzigen Modell stehen im Widerspruch zur in den modernen Produktionskonzepten angestrebten Selbstorganisation, da die Daten der Feinplanung dem Planer im Produktionsbereich keine Planungs- und Entscheidungsspielräume belassen.

**Selbst organisierende Systeme**

Der Lösungsansatz der Produktionsdatenerfassung liegt in der Schaffung und Lenkung sich selbst organisierender Systeme, die in der Lage sind, sich an externe und interne Störungen anzupassen, um auf diese Weise Planabweichungen zu verhindern und die gleichzeitig im Hinblick auf die Prozessoptimierung der Fertigungsebene integriert sind. Die Organisation der PDE-Systeme erfolgt in transparenten Strukturen, deren Ebenen nach den Prinzipien der Steuerung oder Regelung gekoppelt sind und einen Beitrag zur Erfüllung dieser Zielstellung leisten.

### PDE und Qualitätsmanagementsysteme (CAQ)

**CAQ-Kontrolle für den Arbeitsfortschritt**

Moderne PDE-Systeme integrierten CAQ-Systeme multifunktional und bilden wesentliche Aufgaben der Qualitätssicherung ab. Zum einen ist die Qualitätsbewertung der Chargen, Teile oder Baugruppen erforderlich zur Freigabe für die weitere Verwendung und damit auch mittelbar der Lieferant für die PDE. Zum anderen werden die Werte der Qualitätsbeurteilung benutzt, um die dynamische Zuteilung und Reservierung von Chargen, Einzelteilen oder Baugruppen sicherzustellen. Die Werte der CAQ-Kontrollen werden im Sinne des Arbeitsfortschritts interpretiert (auch eine auf »Skip« gesetzte Prüfung oder Kontrolle liefert ein Datum bzgl. Zeit und

Arbeitsfortschritt für die BDE). Die Funktionen des Systembereichs CAQ können eigenständig oder kombiniert eingesetzt werden:

- **CAQ-Prüfplanung**
  Die Prüfplanung als Arbeitsvorbereitung der Prüfdurchführung wird mit Katalogen, Normtabellen und Formelwerken unterstützt.

- **CAQ-Normenverwaltung**
  Die Normenverwaltung ermöglicht die Integration von Werksstandards und nutzerspezifischen Vorschriften für die Kontrolle.

- **CAQ-Wareneingang**
  Diese Funktion unterstützt die Wareneingangsprüfung von Bauteilen, Baugruppen oder Rohmaterialien insbesondere bei der Organisation in Liefernetzwerken.

- **CAQ-Warenausgang**
  Die Warenausgangsprüfung dient zum einen der eigenen Kontrolle der Fertigwaren vor der Lagerung oder Auslieferung. Zum anderen wird mit ihr der Nachweis über die beherrschte Produktion erbracht, die Erzeugnishersteller von Einzelteil- oder Baugruppenlieferanten fordern.

- **CAQ Statistische Prozesskontrolle**
  Die Anwendung der statistischen Prozesskontrolle erfordert eine statistisch gesicherte Grundgesamtheit der erfassten Werte. Dies ist unter den gegenwärtigen Innovationsraten aber immer weniger gegeben. Vor der Konzeption des Einsatzes sind die Prozess- und Maschinenfähigkeit sowie die möglichen Einsatzbedingungen zu sichern. Ist eine Anwendungsmöglichkeit gegeben, sind die Regelkreise für die Kontrolle effizient bedienbar.

- **CAQ-Maschinenfähigkeit**
  Die Untersuchung der Maschinenfähigkeit und damit die Ermittlung der Verteilung ist Grundvoraussetzung für eine statistische Prozesskontrolle.

- **CAQ-Audit**
  Audits im eigenen Betrieb, bei Zulieferern und in den vorbereitenden Bereichen sind zum Nachweis der Lieferfähigkeit im Rahmen des Qualitätsmanagements zunehmend auch formalisiert nachzuweisen.

- **CAQ-EMPB**
  Für die Erstbemusterung gelten im Rahmen der Liefernetzwerke verschiedener Herstellerverbände genormte Vorschriften. Das Programm unterstützt die Erstbemusterung in den verschiedenen Phasen des Produktlebenszyklus. Dies gilt auch in Verbindung mit der Prüfplanung, wenn die Serienfertigung auf Basis der Erstmusters beginnt.

- **CAQ-PMÜ**
  Die Prüfmittelverwaltung mit Unterstützung der Überwachung (Kalibriervorschriften, Nachweis der Verwendung der Prüfmittel, Registrie-

rung aller Daten im Lebenszyklus eines Prüfmittels) dient der Planung von Produktion (Einsatzmöglichkeiten der Prüfmittel) und Kalibrierung. Werden die Daten aus dem ERP-System selbst geliefert, unterstützen die CAQ-Systeme rudimentär die PDE, um die Interfaces der ERP-Systeme zu bedienen.

**PDE und Projekt- und Qualitätsmanagementsysteme (PQM)**

Die Projektmanagementsysteme bieten die Möglichkeit zur ständigen Verbesserung der Projektabläufe. Durch umfassende Kontrolle von Projektabläufen, Ressourcen und Kosten sowie die ständige Optimierung zukünftiger Projektplanungen auf Basis der erfassten Daten können erhebliche Kosteneinsparungen erzielt werden.

*Qualitätsorientierte Projektabwicklung*

Die PQM-Systeme unterstützen eine qualitätsorientierte Projektabwicklung durch eine durchdachte Verbindung von herkömmlichem Projektmanagement und Qualitätsmanagement. Dazu wird die Darstellungsform des Phasenmodells genutzt, die alle typischen Projektphasen eines Unternehmens (Meilensteine, Audits, Reviews, FMEAs) individuell abbildet.

Die Auswertungen der Planabweichungsanalyse mit Kategorisierung häufig auftretender Fehler liefern entscheidende Erkenntnisse für die qualitative Optimierung zukünftiger Projekte. QM-Reports können direkt in MS Word oder Excel erstellt werden und über Schnittstellen direkt an das PDE-System weitergeleitet werden. Zusätzlich können im Rahmen einer kompletten Dokumentenverwaltung beliebige Dokumente – E-Mails, Faxe, Word-Dokumente, Excel-Tabellen usw. – mit integrierter Versionsverwaltung implementiert und jederzeit abgerufen werden. Dazu gehören im Einzelnen:

- Netzplan, Gantt-Diagramm
- Planabweichungsanalyse
- QM-Reports
- Skill-Management
- Dokumentenverwaltung
- Critical Path
- Aufgabenunterbrechung
- Stundenerfassung/To-Do-Liste
- Prognosen
- Multiuser- und Multiprojektfähigkeit
- Internetanbindung
- Meilenstein-Trend-Analyse (MTA)
- Standortverwaltung
- Knowledgebase für Bestcase-Worstcase-Prognosen
- Vorgesetztenstruktur

## PDE und Fertigungsleitstand (FLS)

**Feinplanung und Steuerung der Aufträge**

Durch den Einsatz eines Fertigungsleitstandes werden die Durchlaufzeiten der Aufträge verkürzt, die Liefertermintreue erhöht, die Ressourcenauslastung verbessert, sowie eine höhere Transparenz im Prozess erreicht. Der Leitstand unterstützt die Feinplanung und Steuerung der Aufträge unter Berücksichtigung der vorhandenen, endlichen Kapazitäten der Ressourcen. Es ist möglich, verschiedene Planungen miteinander zu vergleichen und sich anschließend auf eine Variante festzulegen.

Auf der Grundlage von Grobplanungsdaten führt der Anwender mit Hilfe des Leitstands wahlweise eine manuelle, halb- oder vollautomatische Feinplanung durch, wobei ihm mit der vollgrafischen Plantafel und dem Simulationsmode bequeme Hilfsmittel zur Verfügung stehen. Aufträge können von einem PPS-System übernommen und an ein BDE-System weitergegeben werden. Von diesem können Fortschrittsmeldungen aus der Produktion übernommen und an das PPS-System weitergereicht werden.

Zu den wesentlichen Funktionen des Leitstandes gehören:

- Verwaltung von Artikeln, Stücklisten, Arbeitsplänen, Kundenaufträgen, ...

- Disposition (automatisch, manuell im Dialog, Netzdisposition, Engpassdisposition, grafisch und manuell über Listen (Drag&Drop))

- Planerische Maßnahmen (Splitten, Überlappen, Raffen, ...)

- Prozessfortschrittsmeldungen (Beginn, teilfertig, Rüstende, ...)

- Aktualisierung der Gesamtplanung, wobei automatisch Lücken geschlossen und nicht erlaubte Überlappungen bereinigt werden

- Simulation (Anlegen von Szenarien, Alternativplanungen, ...)

- Leitstands-Viewer im Intranet/Internet

- Auswertung der Ist-Daten, von Simulations- und Beobachterszenarien und Vergleiche

- Multiuser-Fähigkeit

## PDE und Prozessleitsysteme (PLS)

**Ganzheitliche Prozessbeurteilung**

Moderne Prozessleitsysteme ermöglichen die vollständige und integrierte Darstellung aller Fertigungsabläufe und der mit ihnen verbundenen Prozesse. PLS berücksichtigt auch Logistikketten mit Einbindung externer Zulieferer, unterschiedliche Maschinen- und Anlagenzustände sowie im Produktionsverlauf gesammelte Qualitätsdaten. Eine ganzheitliche Prozessbeurteilung ist Voraussetzung für die Abbildung folgender Leistungsmerkmale:

- Aktuelle Gesamtsicht auf die wichtigen und kritischen Punkte der Produktion und deren Zusammenhänge
- Überwachung der Anlagenzustände und der Automatisierungstechnik (Verarbeitung)
- Erkennen von Fehlerhäufung und Möglichkeit der Fehlerverfolgung (Analyse)
- Beauftragung von Entstörpersonal (Steuerung)
- Verfolgung des Material- und Fertigungsflusses
- Anbindung von Zulieferparks (Supply-Chain-Monitoring)
- Integration dezentraler Einzelsysteme der Fertigungssteuerung und -planung
- Frühzeitige und schnelle Entscheidungs- und Eingriffsmöglichkeiten
- Versorgung dezentraler Leitstände mit Informationen aus der Leitwarte
- Versorgung der Bürowelt mit Informationen aus dem Produktionsprozess
- Effiziente Zusammenführung von Kontroll- und Betriebsführungsaufgaben
- Verringerung von Verlustzeiten
- Minimierung von Fehlbauten
- Reduzierung von Nacharbeit
- Integration von Planung und Produktion
- Integration der Supply-Chain der Logistik
- Steigerung von Effizienz und Qualität der Prognosen und schließlich auch der Produkte

**PDE und Workflow (WF)**

Unter Workflow-Management wird die Unterstützung der Bearbeitung und Steuerung von Geschäftsvorgängen verstanden. Ein Workflow oder Geschäftsprozess besteht aus einer Reihe von Aktivitäten zur Erreichung eines Prozessziels, die von Aufgabenträgern durchzuführen sind.

**Workflow und Produktionsdatenmanagement ergänzen sich**

Arbeitspläne sind seit langem das Hilfsmittel, um Fertigungsprozesse der industriellen Produktion zu beschreiben. Zusammen mit den Stücklisten definieren sie die notwendigen Produktionsschritte von den Rohmaterialien bis zu den Endprodukten und stellen die wichtigsten Grunddaten der Produktionsplanungs- und -steuerungssysteme dar.

Somit können sich Methoden und Verfahren des Produktionsdatenmanagements und des Workflow-Managements gegenseitig unterstützen und es können bei der Implementierung der jeweiligen Informationssysteme Synergien genutzt werden. So kann das Workflow-Management sicherlich gewinnbringend auf die lange Erfahrung des Produktionsdatenmanagements zur Beschreibung von Produktionsprozessen, z.B. auf bewährte Methoden zur Erfassung zeitlicher Vorgangsdauern wie MTM und REFA bei der Arbeitsplanerstellung, und auf arbeitswissenschaftliche Erkenntnisse zu Gestaltung von Abläufen zurückgreifen.

Aber auch die Fertigung kann das Konzept zur Steuerung von Geschäftsprozessen auf die Produktionsprozesse übertragen. Damit wird die Flexibilität gewonnen, Produktionsprozesse umzugestalten und beispielsweise bisher indirekt durchgeführte Tätigkeiten in den Produktionsprozess zu integrieren, wie dies z.B. für kundenauftragsbezogene Fertigung sinnvoll ist.

Wie bei den Informationssystemen der Fertigung können beim Workflow-Management mehrere Abstraktionsebenen unterschieden werden. Die Prozessbeschreibungen der Geschäftsvorfälle sind (z.B. mit der Methode der ereignisgesteuerten Prozesskette) auf der Ebene der Workflow-Modelle beschrieben.

Die Anordnungen der Ebenen verdeutlicht, dass die Workflow-Instanzen mit den Bewegungsdaten der Fertigungsinformationssysteme (z.B. Fertigungsaufträge) und die Workflow-Modelle mit den Stammdaten (Arbeitspläne) vergleichbar sind (vgl. auch Tabelle). Gleichzeitig ist aber auch erkennbar, dass die Geschäftsprozessmodelle der Informationsmodellebene der Fertigungsinformationssysteme mit den gleichen Methoden dargestellt werden können, so dass eine gemeinsame Beschreibungssprache nahe liegt.

Vergleich der produktions- und workflow-spezifischen Begriffe:

| Produktion | Workflow |
|---|---|
| Betriebsmittel, Arbeiter Stelle | Workflow-Teilnehmer |
| Arbeitsgang Funktion | Aktivität |
| manueller Arbeitsgang | manuelle Aktivität |
| CNC-Arbeitsgang | automatisierte Aktivität |
| Arbeitsplan | Prozessdefinition |
| Arbeitsplanerstellung | Prozessdefinitionsmodus |
| Arbeitsplanpflege | Prozessdefinitionsänderung |
| Fertigungsauftrag | Workflow-Instanz |
| Betriebsmittelbelegung | Kontrollflusssteuerung |
| Arbeitsvorrat | To-Do-Liste |
| Auftrags- und Terminverfolgung | Überwachung, Monitoring |
| Betriebsdaten | Workflow-Kontrolldaten |
| Chargen, Qualitätsdaten | Audit-Daten |

Bei der Übertragung des Workflow-Managements auf die Fertigung stellen die Fertigungs- und Montagearbeitsgänge die einzelnen im Prozess durchzuführenden Aktivitäten dar. Betrachtet man die Geschäftsprozesse eines Industrieunternehmens einschließlich der vor- und nachgelagerten Aufgaben der indirekten Bereiche, so sind auch einige PPS-Funktionen Aktivitäten im Sinne von Workflow, z.B. die Materialbedarfsplanung und die Losgrößenplanung. In der Fertigung werden derartige Aufgaben im Rahmen der Fertigungs- oder Werkstattsteuerung vorgenommen, wo Fertigungsaufträge bzw. einzelne Arbeitsgänge den Mitarbeitern zugeführt werden.

Auch ein DNC-Betrieb hat derartige Aufgaben mit der Verteilung von NC-Programmen zu den einzelnen CNC-Maschinen zu übernehmen. Die Ablaufsteuerung benötigt Informationen über die jeweils aktuell laufenden Prozesse, weshalb die Produktionsdatenerfassung ebenfalls in diese Funktionsgruppe einzuordnen ist.

Die in der Zeit- und Kapazitätswirtschaft durchgeführten Funktionen stellen erweiterte Koordinationsaufgaben dar, da sie eine Planung der Prozessabläufe vornehmen. Diese Funktionen gehen aber über die übliche Koordinationsunterstützung von Workflow-Management-Systemen hinaus.

### PDE und Betriebsdatenerfassung (BDE)

Die Betriebsdatenerfassung liefert aktuelle Informationen über den Zustand der Fertigung hinsichtlich der Fertigungsaufträge, Arbeitsplätze oder Maschinen. Es unterstützt die bequeme Erfassung aller Ereignisse, die für den Auftragsfortschritt, die betriebliche Kostenrechnung oder für Akkord- bzw. Prämienverrechnung von Bedeutung sind.

**Ist-Zustand über Auftragsfortschritt und Ressourcen**

Die wichtigsten Aufgaben der BDE sind die zeitnahe, benutzerfreundliche und fehlerfreie Erfassung von Daten aus der Fertigung, sowie deren Plausibilisierung, Verwaltung und Weitergabe. Dies wird durch die elektronische Erfassung der Stempelungen gewährleistet. Nach der Erfassung werden die Daten entsprechend plausibilisiert und intern weiterverarbeitet. Durch eine spezielle Kommunikationssoftware lassen sich anschließend die Daten an benachbarte Applikationen übergeben. Nach der Verarbeitung können die Daten beispielsweise für Auswertungen (z.B. Auftragsfortschrittsliste, Auftragszeitenliste usw.) aufbereitet werden.

Die Bereitstellung der Daten erfolgt in der Regel über Standardauswertungen mittels Reportungtools (z.B. Crystal Report). Mit individuellen Auswertungen lassen sich auch spezielle Anforderungen der einzelnen Anwender abbilden. Die Rückmeldung der Arbeitsgänge erfolgt zeitnah und vereinfacht sich für den Anwender durch entsprechende Buchungsdialoge. Bei größeren Projekten verbessert sich die Fortschrittskontrolle und die mitlaufende Kalkulation lässt sich zeitnaher gestalten.

Die Nachkalkulation wird präziser. Die Daten werden transparenter und gestatten ein verbessertes Controlling. Durch exakte und aktuelle Daten wird die innerbetriebliche Leistungsverrechnung vereinfacht und die Grundlagen für die Qualitätssicherung gelegt.

Die Erfassung von Fertigungsdaten erfolgt über spezielle Datenerfassungsterminals oder über Softwareterminals, die auf PCs unter der Microsoft Windows-Oberfläche erhältlich sind. Die Terminalkommunikation erfolgt über eine hardwareunabhängige Schnittstelle, die es ermöglicht, inhomogene Terminalstrukturen zu bedienen.

Planungsrelevante Aufträge können vom vorgelagerten Planungssystem übernommen und Fortschrittsmeldungen an dieses zurückgegeben werden. Diese Kommunikation ist mit verschiedenen PPS-Systemen (z.B. SAP R/3, BaaN usw.) möglich. Ebenfalls besteht die Möglichkeit, die BDE als Rückmeldesystem für den Fertigungs-Leitstand zu nutzen.

**Personalzeitmanagement PZE**

*Flexible Arbeitszeitgestaltung*

Die Personalzeiterfassung unterstützt wirkungsvoll die Arbeit der Personalabteilung, indem durch elektronisches Stempeln das manuelle, personal- und zeitaufwändige Auswerten der Stempelkarten entfällt. Hierbei werden Stempelungen elektronisch erfasst, ausgewertet, plausibilisiert und weiterverarbeitet.

In der Personalzeiterfassung wird ein Regelwerk aus Bezugsarten und Zeitkonten abgebildet, das die betrieblichen Vergütungsregeln aus der Betriebsvereinbarung und dem Tarifvertrag widerspiegelt. Als Ergebnis der Personalzeit-Verrechnung werden Daten an ein angeschlossenes Lohn- und Gehaltssystem übertragen. Klassische Anwendungsgebiete sind:

- Projektplanung und Controlling
- Montageplanung
- Serviceabwicklung
- Instandhaltung
- Qualitätssicherung

Durch die elektronische Erfassung der Stempelungen wird die Menge der Eingabefehler vermindert. Die elektronische Verarbeitung der Daten bietet eine höhere Datensicherheit und Transparenz. Mitarbeiter können sich die aktuellen Salden ihrer Zeitkonten direkt an den dezentralen elektronischen Erfassungsgeräten anzeigen lassen. So wird die Personalabteilung wirksam von Auskunftsfunktionen entlastet. Die transparente Ermittlung der Lohndaten vom System sichert den Wegfall der manuellen Auswertung der Stempelkarten. Der schubweise Arbeitsanfall vor der Monatsabrechnung im Lohnbüro wird durch die tägliche Bearbeitung der Ausnahmen und Besonderheiten wirksam abgebaut.

Die Verwaltung der Arbeitszeitmodelle aller Mitarbeiter lässt eine wirksame Personalplanung und -steuerung zu. Wenn einzelne Mitarbeiter vom vereinbarten Arbeitszeitmodell abweichen, dann wird das automatisch vom System erkannt, und es werden entsprechende Warnungen geliefert.

Mit einer integrierten Zutrittskontrolle können die Zutrittsberechtigungen verwaltet werden. Es besteht die Möglichkeit, Zeitzonen als auch Raumzonen zu verwalten. Daraus werden dann Stammsätze generiert, die dann in die entsprechenden Zutrittsterminals geladen werden. Durch die Online-Plausibilitätsprüfung aller »Kommt«- und »Geht«-Stempelungen werden fehlerhafte Eingaben erkannt und zurückgewiesen. Die Personalabteilung erhält aktuelle Übersichten über Abwesenheiten, Schichten und Überzeiten der Belegschaft. Personaldisponenten sehen tatsächliche und geplante An- und Abwesenheitszeiten des Personals.

Dem Trend zur Flexibilisierung der Arbeitszeit wird durch freie Definierbarkeit von Arbeitszeitregelungen Rechnung getragen. Zukünftige neue Arbeitszeitmodelle können jederzeit definiert werden. So werden Ihre Betriebsvereinbarungen zu den Themen Arbeitszeit, Überstunden und Zuschläge heute und künftig wirkungsvoll unterstützt. Auch nachträglich können rückwirkend geltende Regelungen von Betriebsvereinbarungen umgesetzt werden. Die PZE ermittelt automatisch die sich ergebenden Differenzen für bereits übertragene Lohndaten bzw. setzt die Verrechnung neu auf für Zeitbereiche mit noch nicht übertragenen Lohndaten.

Die Personalzeiterfassung ermöglicht die individuelle Definition von Zeitkonten (Gleitzeit, Überstunden, Vorholzeit, Urlaub etc.) über frei definierbare Kontolaufzeiten (z.B. Tag, Monat, Jahr). Die Zeitkonten können mit Sollwerten (z.B. Soll-Arbeitszeit/Woche, maximaler Gleitsaldo etc.) sowie mit betriebsspezifischen Übernahme- bzw. Vergütungsregeln versehen werden. Zum Übertragungszeitpunkt stehen für jede Person und jeden Abrechnungszeitraum alle Zeiten mit den zugehörigen Bezugs- und Lohnarten bereit. Durch die Nutzung bestehender Standard-Schnittstellen zu Lohnsystemen verschiedenster Anbieter (z.B. DATEV, Varial, PAISY, Loga ...). können die Daten leicht an andere Systeme (PDE) übertragen werden.

**Datenschutz und Mitbestimmung der Mitarbeiter**

*Leitsätze*

1. Das Bundesdatenschutzgesetz ist ein zugunsten der Arbeitnehmer geltendes Gesetz im Sinne von § 80 Abs. 1 Nr. 1 BetrVG.

2. Der Arbeitgeber ist nach § 80 Abs. 2 Satz 1 BetrVG verpflichtet, den Betriebsrat umfassend über alle Formen der Verarbeitung personenbezogener Daten der Arbeitnehmer zu unterrichten. Darauf, ob diese Datenverarbeitung gegen Vorschriften des Bundesdatenschutzgesetzes verstößt oder Mitbestimmungsrechte des Betriebsrats auslöst, kommt es nicht an.

3. Die Unterrichtungspflicht des Arbeitgebers entfällt nicht dadurch, dass die Datenverarbeitung nicht im Betrieb selbst, sondern bei einem anderen Unternehmen einer Unternehmensgruppe erfolgt.

### Direkter Personenbezug

**Verarbeitung von personenbezogenen Betriebsdaten**

Es gilt der Grundsatz, dass ein direkter Personenbezug betrieblicher Daten nur dort bestehen darf, wo dies gesetzlich gefordert oder betrieblich unumgänglich ist. Unter direktem Personenbezug wird verstanden, dass in den im jeweiligen System gespeicherten Daten über Arbeitsabläufe oder betriebliche Verhältnisse die Personen der Mitarbeiterinnen oder Mitarbeiter identifiziert sind (z.B. durch den Namen, die Personalnummer oder ein vergleichbares identifizierendes Merkmal).

Grundsätzlich können Namen oder sonstige direkt personenidentifizierende Merkmale zur Kenntlichmachung von Ansprechpersonen oder verantwortlichen Personen verwendet werden; doch in diesem Fall werden keine statistischen oder vergleichenden Auswertungen zur Verfügung gestellt, in denen Namen der Mitarbeiter erscheinen.

Wenn darüber hinaus ein direkter Personenbezug von Betriebsdaten vorliegt, dann ist der Grundsatz der strikten Zweckbindung für die Verarbeitung solcher Daten einzuhalten. In diesem Fall sollten die Systemteile mit einer Verarbeitung direkt personenbezogener Betriebsdaten einschließlich des Verwendungszwecks für die personenbezogene Verarbeitung festgelegt werden.

### Speicherfristen

Betriebsdaten in personenbezogener, überwachungsgeeigneter Form werden nur so lange gespeichert, wie dies zur Steuerung des Arbeitsablaufs bzw. zur Erfüllung des jeweiligen Verwendungszwecks geboten ist. Sie sind sodann zusammenzufassen oder zu anonymisieren, und zwar in einer Form, in der ein Personenbezug der Daten nicht mehr erkennbar ist.

### Örtliche Begrenzung überwachungsgeeigneter Daten

Überwachungsgeeignete Betriebsdaten bedürfen so lange einer besonderen Behandlung, wie sie auf die Person von Mitarbeitern beziehbar sind. Die Verarbeitung personenbezogener überwachungsgeeigneter Daten erfolgt vorrangig am Ort ihrer Entstehung oder am Ort der zweckgebundenen Weiterverarbeitung; dies ist in der Regel die Abteilung. Die hiermit angestrebte örtliche Begrenzung wird durch eine entsprechende Regelung über Vergabe der Zugriffsberechtigungen unterstützt, d.h. der Arbeitszusammenhang für die erlaubten Zugriffsberechtigungen soll möglichst eng mit dem Entstehungs- bzw. Weitervereinbarungsort dieser Daten übereinstimmen.

### 5.2.5.4 Einführung und Betrieb der PDE

**Organisation der Prozesse**

Dem PDE-Management fällt zunehmend die zentrale Aufgabe des Schnittstellenmanagements und der Integration, d.h. der Koordination der Produktionsbereiche durch die planerische Gestaltung der Potenziale und der Informationsflüsse, zu.

Ausgehend von den traditionellen Organisationsstrukturen, die unter den Voraussetzungen relativ stabiler Fertigungsbedingungen entwickelt wurden, führt die wachsende Komplexität des Produktionsprozesses zu einem überproportionalen Anstieg der Koordinationskosten und damit zu steigenden Stückkosten des dispositiven Faktors. Diese zusätzlichen komplexitätsbedingten Kosten verringern die Effizienz des Produktionsprozesses und der damit verbundenen Produktionsdaten.

Das klassische, auf eine vertikale und horizontale Fragmentierung der Prozesse ausgerichtete Produktionsdaten-Management gerät zunehmend an den Rand seiner Integrations- und Koordinationsfähigkeit. Die Ursachen hierfür sind, dass der Produktionsprozess durch seine Heterogenität und Vernetzung hochkomplex ist.

Werden die auf- und ablauforganisatorischen Strukturen nicht an die Anforderungen, die sich aus der angestrebten hohen Transparenz im Produktionsmanagement ergeben, angepasst, so führt dieses zu einer Zunahme der Koordinationskosten und damit verbunden zu einer geringeren Effizienz des Prozesses.

Die grundlegende Frage, die mit der Organisation der PDE verbunden ist, ist somit die, ob eine geringe Komplexität und eine hohe Effizienz der Prozesse zeitgleich realisiert werden können. Dabei liegt die Herausforderung für die Produktionslogistik in der Bewältigung der Varietätsasymmetrie zwischen den dynamischen Fertigungsprozessen und dem Produktionssystem. Ein weiterer Aspekt sind die mit der Einführung einer Produktionsdatenerfassung verbundenen Kosten:

**Herausforderung für die Produktionslogistik**

**Investitionskosten**

- Auswahl und Beschaffung von Hardware, Software, Personal (Spezialisten)
- Softwareanpassungen und Test
- Inbetriebnahme (Anpassen der Arbeitsabläufe, Mitarbeiterschulung, Anfangsausfälle von Betriebsmitteln, ...)
- Hardware- und Softwarekosten bis zur Implementierung
- Servicekosten bis zur Implementierung

**Laufende Kosten**

- Kosten für Programmpflege und -weiterentwicklung
- Kosten für Pflege der Arbeitsanweisungen
- Kosten für Betreuung der Anwendung
- Hard- und Softwarekosten
- Servicekosten
- Kosten für Datenerfassung
- Kosten für Datenauswertung
- Kosten durch Programm- oder Anwendungsfehler

Anstatt immer komplexere und aufwändigere PDE-Systeme zu entwickeln, die das für die Planung relevante Betriebsgeschehen möglichst genau abbilden sollen, gilt es, die Organisationsstrukturen an die geänderten Anforderungen anzupassen. Der hierfür notwendigen Integration von Organisationsstruktur, Produktionsprozess sowie Planungs- und Informationssystemen wurde bisher in der Produktionslogistik zu wenig Aufmerksamkeit geschenkt.

Für ein neues Instrumentarium zur Optimierung des PDE-Prozesses können die folgenden Anforderungen abgeleitet werden:

- Unterstützung der mittelfristigen Produktionsprogrammplanung

- Abbildung des Informationsflusses durch das Produktionssystem mit dem Ziel, die gezielte Planung der Effektivität und der Effizienz des Prozesses zu unterstützen

- Integration heterogener, teilautonomer Produktionsstrukturen, wobei in jedem der durch Modularisierung entstandenen Produktionsbereiche ein auf die spezifischen Anforderungen abgestimmtes Planungs- und Steuerungssystem eingesetzt werden kann

Die Komplexität der PDE-Systeme erfordert dabei die Konzentration auf das Wesentliche. Die Planungsphilosophie kann mit »Durchgängigkeit und Schnelligkeit der Planung sind wichtiger als Genauigkeit im Detail« beschrieben werden.

Durch die Modularisierung der PDE-Systeme entstehen heterogene Produktionsbereiche, für deren Abstimmung an den Schnittstellen neue Modelle und Koordinationsinstrumente zu entwickeln sind. Demgegenüber bewirkt das Systemdenken einen Paradigmenwechsel. Das PDE-System wird nicht mehr als Summe einzelner Teilfunktionen gesehen, sondern als System untereinander vernetzter Prozesse. Die Verlagerung des Fokus von den einzelnen Systemelementen auf die Struktur und das Verhalten des Gesamtsystems stellt die Unternehmensorganisation in den Mittelpunkt.

Eine Entscheidung bezogen auf ein einzelnes Element des Produktionssystems erfolgt unter dem Aspekt seines Beitrages zur Leistung des ganzen Systems. Die Produktionsvorgänge sind dabei eng mit dynamischen Aktivitäten verknüpft, teilweise sogar untrennbar miteinander verbunden und können somit nur simultan betrachtet werden.

Im Rahmen der Lenkung des Produktionsprozesses sind an eine PDE-Einführung folgende Anforderungen zu stellen:

- Die Möglichkeit einer dynamischen Betrachtung des Verhaltens des Produktionssystems mit dem Ziel, die Wirkung mehrerer Entscheidungsalternativen bezogen auf zukünftige Zustände der permanenten und temporären Elemente transparent zu gestalten

- Das Aufzeigen von Wirkungszusammenhängen bezogen auf die Sach- und Wertziele des Unternehmens, insbesondere an der Schnittstelle Produktionssystemkunde mit dem Ziel der Auswahl der Alternative mit der größtmöglichen Zielunterstützung

- Lieferung realistischer Zielvorgaben für die nachgelagerte Lenkungsebene und damit verbunden die Reduzierung der Ungewissheit der Entscheidungsträger in der Produktion

Die Integration von planenden und ausführenden Tätigkeiten sowie indirekten Funktionen in den Fertigungsbereichen führt zu einer ganzheitlichen, prozessorientierten Aufgabenwahrnehmung und einem Abbau der organisatorischen Schnittstellen und bildet somit die Grundlage für eine logistikgerechte Gestaltung der PDE-Systeme.

**Phasenmodel zur Einführung**

Grundsätzlich kann die Einführung und der Betrieb von Produktionsdaten-Managementsystemen in drei wesentliche Blöcke unterteilt werden. Diese sind charakterisiert durch:

1. **Infrastruktur-Maßnahmen**
   Hierunter versteht man die grundlegenden, organisatorisch erforderlichen Maßnahmen, die zur Erfüllung der Ziele im Unternehmen ergriffen werden müssen und die losgelöst von den Fertigungsprozessen und/oder den Produktionsmaschinen sind.

2. **Projektbezogene Maßnahmen**
   Hier kommen die Maßnahmen zum Tragen, die im Grundsatz zwar unternehmensspezifisch festgelegt werden, aber in gewissen Grenzen fertigungsprozess- und/oder anlagenspezifisch variiert werden können.

3. **Datenmodell erstellen**
   Für die erfolgreiche Kommunikation zwischen den unterschiedlichen Produktions- und Informationsbereichen ist es notwendig, ein übergreifendes Datenmodell zu erstellen.

## 5.2 Elemente der Produktionsplanung und -steuerung

Als Hilfe für den leichteren Einstieg in die unternehmensspezifischen Anforderungen soll das nachfolgende Phasenmodell dienen. Die folgenden Aktivitäten geben einen Überblick über die weiteren Arbeitsschritte innerhalb der drei Blöcke:

- **Infrastruktur-Maßnahmen**
  Verantwortliche im Unternehmen hinsichtlich ihrer Aufgaben und die Befugnisse definieren und benennen

- **Projektbezogene Maßnahmen**
  Rahmenbedingungen bezüglich Anlagen und fertigungsspezifischen Forderungen an Ausführung und Abnahme definieren

- **Datenmodell erstellen**
  - Datenmodell hinsichtlich des internen und externen Datenflusses sowie der Archivierung und Auswertung aufbauen (Datenbank), beschreiben und auf Effizienz überprüfen
  - Systemgrenzen festlegen und beschreiben

Zur Um- und Durchsetzung aller relevanter Maßnahmen ist es notwendig, in Abhängigkeit von der Unternehmensgröße einen oder mehrere Verantwortliche im Unternehmen zu benennen und mit entsprechenden Befugnissen auszurüsten. Diese PDE-Verantwortlichen sollten durch geeignete Schulungsmaßnahmen hinreichende Kenntnisse über die Systeme

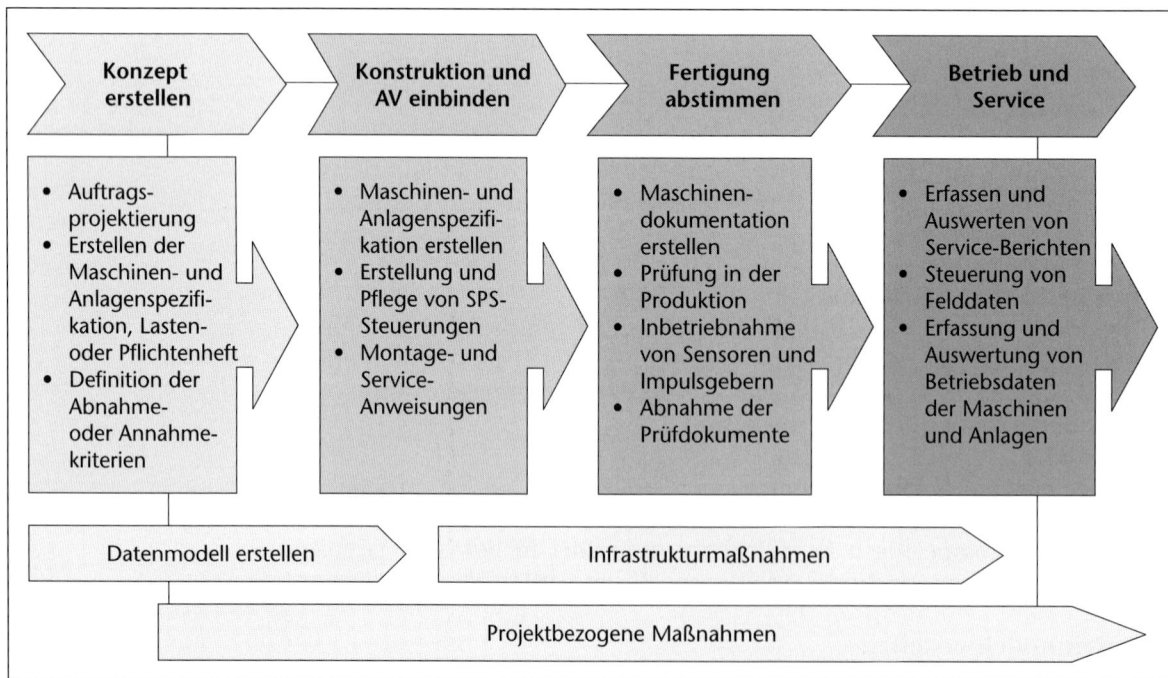

*Abb. 5: Einführungsphasen für die PDE*

erlangt haben, um Auswirkungen von erforderlichen Maßnahmen abschätzen zu können.

Ob die Verantwortlichen in die Unternehmensorganisation mit einer Stabs- oder Linienfunktion eingebunden werden, ist von Unternehmen zu Unternehmen zu überdenken. Beachtet werden sollte jedoch, dass diese Verantwortlichen eine hohe Affinität zur Technik und den zu bearbeitenden Projekten bzw. Aufträgen im Unternehmen haben sollten.

Die Projektabwicklung sollte durch die folgenden Projektphasen realisiert werden:

- Konzept erstellen, d.h. Auftrags-Projektierung, Erstellen der Maschinen-/Anlagenspezifikation, Lasten- oder Pflichtenheft; Definition der Abnahme- oder Annahmekriterien

- Entwicklung und Konstruktion, d.h. innovative Maschinen- bzw. Anlagenentwicklung, konstruktive Umsetzung der Spezifikation; Erstellung und Pflege von SPS Steuerungen, Montage- und Service-Anweisungen, Berücksichtigung von Informationen aus vergangenen Projekten

- Fertigung und Montage, d.h. Herstellung der Maschinendokumentation, Prüfung in der Produktion, Montage und Inbetriebnahme von Sensoren und Impulsgebern, Abnahme; Erfassung und Auswertung der Prüfdokumente

- Betrieb und Service, d.h. Erfassen und Auswerten von Service-Berichten, Steuerung von Felddaten in die Entwicklung; laufende Erfassung und Auswertung von Betriebsdaten der Maschinen und Anlagen

Abhängig von der Unternehmensgröße und Unternehmensstruktur kann ein Koordinator benannt werden, der sämtliche PDE-Aktivitäten steuert und überwacht. Hierzu könnte auch die Organisation von Erstellung und Pflege der erforderlichen Datenbanken gehören. Er sollte der kompetente Ansprechpartner für die Belange der Produktionsdaten sein und im eigenen Unternehmen den PDE-Gedanken fördern und tragen.

**Datenmodell aufbauen**

Das Datenmodel kennzeichnet die grundsätzliche Art und Weise, wie das für die einzelnen Phasen festgelegte PDE-Konzept im Unternehmen umgesetzt wird. Das gesamte Datenmodell sollte in Form einer Verfahrensanweisung beschrieben sein. Beim Datenmodell ist darzustellen, wie und von wem Informationen über den gesamten Projektverlauf bereitgestellt und welche relevante Tätigkeiten zur Datenermittlung durchgeführt werden. Es ist zu beschreiben, wie diese Daten aufbereitet, ausgewertet und dann so archiviert werden, dass jederzeit und zuverlässig darauf zurückgegriffen werden kann.

Ein besonderes Augenmerk ist darauf zu richten, wie das Unternehmen aus bisherigen Erfolgen und/oder Fehlern gelernt hat. Es ist weiterhin zu beschreiben, wie und aus welchen Quellen, Daten und Informationen eine kontinuierliche Verbesserung, zum Beispiel der Maschinen und Anlagen hinsichtlich ihrer Zuverlässigkeit und Verfügbarkeit, herbeigeführt wird und wie diese Informationen im Unternehmen verbreitet werden.

Beim Datenmodell für die Sammlung externer Daten und Informationen werden im Wesentlichen die Wege beschrieben, die zur Rückmeldung über Felddaten, wie laufende Maschinenkennzahlen etc. genutzt werden. Das Unternehmen sollte sich bemühen, diese Informationen schon am Ort der Erstellung so zu erfassen, dass diese bereits strukturiert sind und somit ohne größeren Zeitaufwand direkt in die PDE-Datenbank übertragen werden können.

Die Erfassungsstruktur am Beispiel einer Maschine/Anlage sollte dabei folgende Punkte berücksichtigen:

- Stationsnummer, Kennzeichnungsnummer der Maschine/Anlage z.B. bei verketteten Anlagen

- Prozesskennzeichnung: Beschreibung des Maschinen- bzw. Anlagenprozesses

- Bauteilfehler: Beschreibung des ursächlichen Fehlers, der zum Maschinen-/Anlagenstillstand geführt hat

- Fehlercode; zur besseren Auswertung der Fehler sollte er definiert sein, z.B. als Zahlenkennzeichnung über: Ursache, Art, Verursacher

- Zeit des Ereignisses: Datum, Uhrzeit, ggf. genaue Angabe der Schicht

- Maschinenstillstandzeit: Zeit, in der die Maschine/Anlage auf Grund eines Fehlers nicht produzieren kann, in der Regel etwa Reaktionszeit und Reparaturzeit

- Gesamtzeit der Maschine/Anlage

- Stillstände der Maschinen/Anlagen sind ebenfalls in Anzahl und Dauer zu erfassen

- Laufzeit der Anlage, d.h. die Zeit, in der die Maschine/Anlage tatsächlich produziert hat

- Qualitätslage; Erfassung und Auswertung, z.B. bei Serien oder der Massenproduktion

Als letzter Schritt im Rahmen der Festlegungen zu Infrastrukturmaßnahmen ist darzustellen, wie unternehmensspezifische PDE-Daten zusammengetragen und so verdichtet werden können, dass fundierte Aussagen über den Zustand aller am Produktionsprozess beteiligter Systeme getroffen werden können.

**Schlussbetrachtung**

Bereits in den achtziger Jahren versuchten innovative Vordenker die Vision eines übergreifenden Informationsmanagements in der Produktion in die Realität umzusetzen. Damals ist diese Vision allerdings an den mangelnden technischen Möglichkeiten der Informationstechnologie gescheitert. Offene Programmierwerkzeuge, zentrale Datenbankstrukturen und einheitliche Kommunikationsstandards waren nicht verfügbar. Somit haben sich in der Vergangenheit vielfältige Insellösungen verbreitet, die sich ausschließlich auf die Bewertung der Fertigungsprozesse konzentrierten.

Die Verwendung eines einheitlichen Kommunikationsstandards zwischen den Systemen ist im neuen Millennium die Voraussetzung für eine effiziente und vor allem nutzenorientierte Verdichtung aller Zahlen, Daten und Fakten in einer Unternehmensstruktur. Nur auf diesem Weg können die Bereiche Produktionssteuerung, Administration, Betriebs- und Maschinendatenerfassung, Lagerwirtschaft und das Qualitätsmanagement sinnvoll miteinander verknüpft werden.

Aufgrund der technologischen Hindernisse waren in der Vergangenheit keine durchgängigen Lösungen oder Ansätze vorhanden, die in der Lage waren, Service- und Fertigungsprozesse durch eine sinnvolle Datenverdichtung objektiv zu bewerten. Die Fragmentierung und Diversifizierung vieler Märkte ist aber maßgeblich für die Notwendigkeit verantwortlich, auf IT-Technologien zurückzugreifen, die eine solche Beurteilung gewährleisten können.

### 5.2.6 Überblick über die Modelle flexibler Arbeitszeitgestaltung in der Produktion

*von Detlef Kaul*

#### 5.2.6.1 Grundtypen der Arbeitszeitmodelle

Einführung

In den letzten Jahren haben sich, ausgelöst durch die Notwendigkeit der Erhaltung der Wettbewerbsfähigkeit der Unternehmen und aufgrund der Entwicklungen der Gesetzgebung und der Tarifverträge, eine Vielzahl von Modifikationen und Abwandlungen der bisher praktizierten überwiegend starren Arbeitszeitregelungen entwickelt.

Traditionelle Arbeitszeitformen zeichnen sich größtenteils durch starre Regelungen aus, welche nur geringfügige Gestaltungsmöglichkeiten aufweisen. Starre Arbeitszeiten beinhalten eine bestimmte Anzahl von Wochenstunden, beispielsweise 38,5 Wochenstunden, die für alle Mitarbeiter eines Betriebs gelten und gleichzeitig eine bestimmte tägliche Arbeitszeit von z.B. 7,7 Arbeitsstunden pro Tag mit festem Arbeitsbeginn und Arbeitsende beinhalten.

**Abweichung von Arbeitszeiten und Betriebszeiten**

Mit Hilfe flexibler Arbeitszeitmodelle ist es nun möglich, die traditionellen und starren Arbeitszeitregelungen beweglicher zu gestalten, um auf branchen-, betriebs- und mitarbeiterspezifische Umstände und Bedürfnisse reagieren zu können. Flexible Arbeitszeitmodelle zeichnen sich somit in Abgrenzung zu den traditionellen Arbeitszeitformen in erster Linie dadurch aus, dass die Arbeitszeitbedingungen und Anwesenheiten der Mitarbeiter unterschiedlich sein, die Mitarbeiter die eigenen Arbeitszeitstrukturen mitgestalten und die individuellen Arbeitszeiten zum Teil erheblich von den Betriebszeiten abweichen können.

Welche Modelle flexibler Arbeitszeitgestaltung in der betrieblichen Praxis existieren, zeigen die folgenden Grundtypen der Arbeitszeitflexibilisierung, die mit ihren zahlreichen Gestaltungsvarianten sowie Vor- und Nachteilen auf Arbeitgeber- und Arbeitnehmerseite im Einzelnen vorgestellt werden.

Prinzipiell lassen sich alle Formen und Modelle flexibler Arbeitszeitgestaltung auf verschiedene Grundtypen zurückführen, die zudem auch alle miteinander kombinierbar sind.

- Arbeitszeitkonten
- Teilzeitkonten
- Arbeitsplatzteilung
- Abrufarbeit
- Schichtarbeit
- Vertrauensarbeitszeit

## Möglichkeiten der flexiblen Arbeitszeit: Dauer, Lage, Verteilung

*Normalarbeitszeit*

Als Normalarbeitszeit wird eine der Vollzeitbeschäftigung entsprechende Arbeitszeit von 35 bis 40 Stunden bezeichnet, die sich tagsüber auf fünf Wochentage, in der Regel Montag bis Freitag, verteilt und in der Lage nicht variiert.

Ein Normalarbeitsverhältnis ist demnach eine dauerhafte Vollzeitbeschäftigung mit einer gleichmäßigen, nicht variierenden Verteilung der Arbeitszeit tagsüber von Montag bis Freitag.

*Gestaltungsparameter der Arbeitszeit*

Die Dauer der Arbeitszeit wird durch das Volumen der vertraglich vereinbarten Arbeitszeit, also normalerweise die Arbeitsstunden pro Woche, festgelegt.

Mit der Lage der Arbeitszeit wird festgelegt, wann die individuellen Arbeitszeitstrecken (am Tag, in der Woche, im Monat) beginnen und enden. Beginn und Ende können festgelegt oder veränderbar sein. Die Verteilung der Arbeitszeit besagt, wie viele Stunden pro Tag oder Tage pro Woche gearbeitet wird und ob diese Arbeitseinheiten stets gleich sind oder variieren können.

Starre Arbeitszeitmodelle mit Arbeitszeiten zwischen acht und fünf Uhr an fünf Tagen in der Woche gehören mehr und mehr der Vergangenheit an.

Rahmenbedingungen, wie Auftragsschwankungen in der Produktion, Arbeitszeitwünsche und Zeitsouveränität der Mitarbeiter oder Serviceansprüche der Kunden stellen Anforderungen an die Dauer und Lage von Betriebszeiten und dadurch an die Gestaltung und Einteilung der individuellen Arbeitszeiten, die mit einem auf Normalarbeitszeiten beruhenden Arbeitszeitsystem nur schwerlich und nicht mehr lange zu erfüllen sind.

**Auftragsschwankungen und individuelle Arbeitszeiten**

Dieses wird schnell deutlich, wenn man sich eine in der Praxis weit verbreitete Problemsituation vor Augen führt:

Ein Unternehmen im produzierenden Gewerbe muss, um in den Saisonhochphasen die Aufträge erfüllen zu können, einen kontinuierlichen Schichtbetrieb aufrecht erhalten und auch in der Verwaltung lange Servicezeiten gewährleisten, um den ganzen Tag von 7 bis 20 Uhr für Kunden erreichbar zu sein. Gleichzeitig ist der Betrieb besonders in der Fertigung auf hoch qualifizierte Fachkräfte angewiesen, welchen er attraktive Arbeitsbedingungen bieten muss, um diese im Unternehmen zu halten.

Die Schilderung dieser in vielen Unternehmen weit verbreiteten Situation verdeutlicht, dass die Anforderungen, welche hinsichtlich der Flexibilität an die Betriebe gestellt werden, durch ein starres Arbeitszeitsystem kaum

**Starre Systeme sind kostenintensiv**

erfüllt werden können, da mit solchen Arbeitszeiten weder realisiert werden kann, dass die konjunkturellen, saisonalen oder sonstigen Schwankungen durch unterschiedlich intensiven Arbeitseinsatz bewältigt werden, ohne kostspielige Überstundenzuschläge zahlen zu müssen, noch dass die Wünsche und Erwartungen der Mitarbeiter bezüglich der Vereinbarung ihres Privatlebens mit den beruflichen Pflichten erfüllt werden.

Darüber hinaus ist es auch nicht möglich, längere Betriebszeiten mit einem im gleichen Rhythmus arbeitenden Mitarbeiterstamm zu verwirklichen.

Stattdessen ist eine andere, flexiblere Gestaltung der Arbeitszeit notwendig: Arbeitszeitgestaltungen, mit deren Hilfe es möglich ist, flexibel auf die Wünsche und Anforderungen der beteiligten Akteure – Arbeitgeber, Arbeitnehmer und Kunden – reagieren zu können.

Welche Faktoren der Arbeitszeit müssen jedoch veränderbar sein, um diese flexibel gestalten zu können?

Laut der genannten Definition ist ein Normalarbeitsverhältnis dadurch gekennzeichnet, dass bei diesem die Arbeitszeit gleichmäßig über einen Zeitraum, z.B. eine Woche, verteilt ist und innerhalb dieses Zeitraums nicht variieren darf. Können Arbeitgeber und/oder Arbeitnehmer aber über die Lage, Dauer und Verteilung z.B. der täglichen oder wöchentlichen Arbeitszeit innerhalb eines festgelegten Rahmens eigenständig entscheiden, wird unter flexiblen Arbeitszeiten gearbeitet.

### 5.2.6.2 Arbeitszeitflexibilisierung in der Produktion

Die Arbeitszeit wird durch ihre zeitliche Lage und Dauer, den so genannten chronologischen und chronometrischen Faktoren, sowie durch die Verteilung bestimmt. Ist mindestens einer dieser drei Faktoren permanent veränderbar, liegen »flexible Arbeitszeiten« vor.

Oft wird flexible Arbeitszeit in Abgrenzung zur Normalarbeitszeit in der Form definiert, dass alle von der Normalarbeitszeit abweichenden Formen von Arbeitszeitregelungen als flexible Arbeitszeitmodelle bezeichnet werden. Diese Kategorisierung lässt jedoch außer Acht, dass auch verhältnismäßig starre Arbeitszeitformen, wie beispielsweise Gleitzeitregelungen, Teilzeitarbeit, Überarbeit (d.h. Überstunden und Mehrarbeit mit tariflich vereinbartem Zuschlag), Wochenendarbeit und besonders Schichtarbeit zu wechselnden, aber nach wie vor festen Zeitabschnitten, die es zum Teil schon seit den Anfängen der industriell organisierten Erwerbsarbeit gibt, von vornherein zu den flexiblen Arbeitszeitmodellen gerechnet werden müssten, obwohl sie mitunter ausgesprochen unflexibel sein können.

**Dispositionsentscheidung der Arbeitszeit**

Ausschlaggebendes Merkmal von flexiblen Arbeitszeitsystemen ist somit weniger die Abgrenzung derselben von normaler Arbeitszeit beziehungsweise die starre Verkürzung oder Verschiebung von Arbeitszeitblöcken (wie es beispielsweise bei nicht flexibilisierter, einfacher Teilzeit oder Schichtarbeit der Fall ist), sondern zur Flexibilität von Arbeitszeitsystemen gehört sowohl für Arbeitgeber als auch für Arbeitnehmer ein bestimmtes Maß an Dispositions- und Entscheidungsspielraum über die Lage, die Dauer und die Verteilung der individuellen Arbeitszeit.

Arbeitszeitflexibilisierung sollte daher von herkömmlichen Arbeitszeitsystemen dadurch abgegrenzt werden, dass alle jene Arbeitszeitsysteme als flexibel bezeichnet werden, in denen die Einflussmöglichkeiten von Arbeitgebern und Arbeitnehmern auf die Verteilung und Gestaltung der Arbeitszeit gestiegen sind, und diese somit flexibilisiert werden können.

**Gestaltungsmöglichkeiten**

Durch welche Veränderungen an bestehenden Arbeitszeitregelungen kann die Flexibilisierung von Arbeitszeitsystemen nun aber eigentlich erreicht werden?

Durch die flexible Handhabung von Lage und Verteilung der individuellen Arbeitszeit kann eine Vielzahl von flexiblen Arbeitszeitregelungen realisiert werden.

Durch einen flexiblen Umgang mit den Parametern Lage und Verteilung können also bereits sehr leicht Arbeitszeitmodelle realisiert werden, bei denen die Anforderung an das Modell darin besteht, Arbeitszeitvolumina innerhalb festgelegter Zeiträume variabel verschieben zu können.

Arbeitszeitkontenführungen, Vertrauensarbeitszeitregelungen, Schichtarbeitsmodelle und Telearbeitsverhältnisse sind auf diese Weise in allen erdenklichen Variationen, Abwandlungen und Ausprägungen konstruierbar.

*Lage, Verteilung und Dauer der Arbeitszeitflexibilisierung*

Nimmt man zu den Gestaltungsparametern Lage und Verteilung nun noch die dritte Komponente hinzu, die Dauer oder das Volumen von Arbeitszeiten, wird schnell deutlich, dass die durch die Variabilität der Lage und Verteilung entstandenen flexiblen Arbeitszeitmodelle zum einen durch Variationen im Arbeitsvolumen, also der Stundenzahl, noch weiter flexibilisiert werden können und zum anderen neue flexible Arbeitszeitmodelle hinzukommen: nämlich jegliche Formen der Teilzeitarbeit – von der klassischen Teilzeitstelle über Teilungen von Arbeitsplätzen (»Job-Sharing«-Modelle) bis zur Abrufarbeit.

**Variable Lage der Arbeitszeit**

**Beschreibung der Arbeitzeitkonten**

Arbeitszeitkonten ersetzen das traditionelle und starre Muster der gleichmäßig über die Arbeitswoche verteilten Vertragsarbeitszeit und eröffnen sowohl Arbeitnehmern als auch Arbeitgebern die Möglichkeit, die individuelle Arbeitszeit flexibel zu gestalten. Auf einem persönlichen Zeitkonto des Mitarbeiters werden tagesbezogene Abweichungen zwischen der vereinbarten und der tatsächlich geleisteten Arbeitszeit saldiert. Mit Hilfe von Arbeitszeitkonten können somit in einem festgelegten Umfang Zeitguthaben und Zeitschulden gebildet werden, die jedoch innerhalb eines festgelegten Zeitraums ausgeglichen werden müssen. Durch Arbeitszeitkonten werden somit die Möglichkeiten erheblich ausgeweitet, die tägliche, wöchentliche und monatliche Arbeitszeit zu variieren. Die daraus resultierende Steigerung der Gestaltungsoptionen führt sowohl auf Arbeitgeber- als auch auf Arbeitnehmerseite zu erheblichen Vorteilen.

*Varianten der Arbeitszeitkonten*

Unter dem Begriff Arbeitszeitkonto werden die unterschiedlichsten Arbeitszeitmodelle diskutiert. So werden Arbeitszeitkonten im Wesentlichen nach deren zeitlichem Regulierungsrahmen unterschieden. Dabei lassen sich zwei Grundtypen unterscheiden:

- Kurzzeitkonten
- Langzeitkonten

Zu den Kurzzeitkonten zählen alle Arbeitszeitkonten, deren Bezugs- beziehungsweise Ausgleichszeitraum weniger als ein Jahr beträgt. Deshalb existieren verschiedene Varianten von Kurzzeitkonten, die im Folgenden näher vorgestellt werden sollen:

*Gleitzeit*

Die verbreitetste Form von Arbeitszeitkontenführung ist die Gleitzeit, die gewissermaßen die Urform des Arbeitszeitkontos darstellt und in einfache und qualifizierte Gleitzeit unterschieden werden kann. Im Rahmen der einfachen Gleitzeit hat der einzelne Arbeitnehmer die Möglichkeit, Beginn und Ende der täglichen Arbeitszeit innerhalb bestimmter Grenzen frei zu wählen. Die Dauer der täglichen Arbeitszeit liegt jedoch fest. Bei der qualifizierten Gleitzeit kann der Arbeitnehmer hingegen sowohl über die Lage als auch über die Dauer der täglichen Arbeitszeit entscheiden. Bei der Gleitzeit existiert eine tägliche oder wöchentliche Regelarbeitszeit, bei der die Beschäftigten innerhalb einer Kernarbeitszeit (z.B. 9.00–15.00 Uhr) anwesend sein müssen, den Rest ihrer Arbeitszeit jedoch innerhalb der Rahmenarbeitszeit (z.B. 7.00–19.00 Uhr) verteilen dürfen. Überstunden werden nach einer festgelegten Gleitzeitübertragsregelung gemäß eines vertraglichen Vergütungsmodus oder einer Freizeitregelung ausgeglichen.

*Jahresarbeitszeitkonto*

Mit der Bezeichnung Jahresarbeitszeitkonto werden alle Arbeitszeitkontenmodelle zusammengefasst, bei denen der traditionell starre Wochen- oder Monatsbezug (Gleitzeitkonto) durch einen Jahresbezug (Jahresarbeitszeitkonto) ersetzt wird. Durch diese Verlängerung des Bezugs- und Ausgleichszeitraums ist es sowohl für den Arbeitgeber als auch für den Arbeitnehmer möglich, das vertraglich vereinbarte Arbeitszeitvolumen mehr oder weniger flexibel auf der Zeitachse zu verteilen. Voraussetzung ist, dass der

Arbeitszeitsaldo im Jahresdurchschnitt mit der vertraglich vereinbarten Arbeitszeit übereinstimmt und das Arbeitszeitkonto idealerweise einmal in zwölf Monaten die Nulllinie durchläuft.

*Ampelkonto*

Eine Erweiterung des einfachen Arbeitszeitkontenmodells ist das Ampelkonto. In der betrieblichen Praxis werden hierbei für den Fall, dass der Ausgleich des Arbeitszeitkontos in dem vorgesehenen Ausgleichszeitraum nicht durchgeführt wird, »Warnsysteme« eingerichtet. Mitarbeiter und Vorgesetzte beobachten hierbei den Stundensaldo des Arbeitnehmers und kontrollieren permanent, ob das Arbeitszeitkonto »überzulaufen« droht oder – im selteneren Fall – übermäßig viel Freizeit genossen wird.

Es werden drei verschiedene Phasen unterschieden:

- Grünphase (beispielsweise bis +/– 30 Stunden) – die Mitarbeiter tragen die Verantwortung über die Arbeitszeit alleine.

- Gelbphase (beispielsweise bis +/– 40 Stunden) – erfordert das Zusammenwirken von Mitarbeitern und Vorgesetzten, um wieder in die Grünphase zurückzukehren.

- Rotphase (beispielsweise bis +/– 60 Stunden) – die Vorgesetzten sorgen dafür, dass die Arbeitszeitsalden der Mitarbeiter wieder in den gelben und grünen Bereich zurückgeführt werden.

Durch eine konsequente Beobachtung und Regulierung von Arbeitszeitkonten kann sichergestellt werden, dass sich keine Zeitguthaben ansammeln, die durch Freizeitausgleich quasi nicht mehr abgebaut werden können. Die Stundenvorgaben, wann die Gelb- und die Rotphase einsetzt, sind in den Unternehmen je nach Bedarf unterschiedlich hoch.

*Arbeitszeitkorridor*

Eine etwas restriktivere und arbeitgeberfreundliche Form des Kurzzeitkontenmodells ist der Arbeitszeitkorridor, da dieser dem Arbeitgeber unter Vorankündigung und in einem festgelegten Rahmen die Entscheidungskompetenz über Lage und Dauer der täglichen Arbeitszeit gibt. Im Rahmen einer Arbeitszeitkorridorregelung hat der Arbeitgeber die Möglichkeit, die vertraglich festgelegte Arbeitszeit innerhalb bestimmter Ober- und Untergrenzen in Abhängigkeit vom Arbeitsaufkommen zu bestimmen. Er ist beispielsweise in der Lage, die wöchentliche Arbeitszeit bei einer vertraglichen Durchschnittsarbeitszeit von 35 Stunden in der Woche zwischen 40 und 30 Stunden zu variieren. In der Regel wird eine Arbeitszeitkorridorregelung mit der Führung eines Kurzzeitkontos mit festgelegtem Ausgleichszeitraum verbunden, um sicherzustellen, dass der Arbeitnehmer im Durchschnitt auf seine vertraglich vereinbarte Arbeitszeit kommt.

## 5.2 Elemente der Produktionsplanung und -steuerung

*Langzeitkonto*

Langzeitkonten dienen in erster Linie dem langfristigen Ansparen von Arbeitszeitguthaben. Mit Hilfe solcher Ansparkonten ist es möglich, Arbeitsstunden, die über die normale Regelarbeitszeit hinaus geleistet worden sind, auf einem separaten Arbeitszeitkonto anzusparen. Das entstandene Arbeitszeitguthaben kann mit unterschiedlichen Zielsetzungen genutzt werden: Abhängig von dem Ansparzeitraum ist es möglich, das Arbeitszeitguthaben entweder zu einem zeitweiligen Ausstieg aus dem Berufsleben, einem so genannten Sabbatical, zu nutzen oder, wie beim Lebensarbeitszeitkonto, mit dem Ziel, in den vorzeitigen Ruhestand gehen zu können.

*Sabbatical*

Werden Arbeitszeitguthaben lange genug aufgespart, können sie für ein so genanntes Sabbatical verwendet werden. Das Sabbatical ist ein vom Unternehmen gebilligter Langzeiturlaub – in der Regel zwischen drei und zwölf Monaten –, an dessen Ende der Arbeitnehmer in das Unternehmen und im Idealfall an seinen alten Arbeitsplatz zurückkehrt. Während des Sabbaticals bleibt es den Arbeitnehmern freigestellt, welche Wünsche und Ziele sie in der neu gewonnenen Freizeit verwirklichen. Ob diese nun in der Erfüllung des lang ersehnten Traums einer Weltreise oder in einer intensiven Familienphase liegen, ob der Langzeiturlauber die Zeit nutzt, um neue Zukunftsperspektiven zu entwickeln oder sich im Selbststudium oder durch Fortbildungen konkrete Kentnisse angeignet, bleibt dem temporären Aussteiger freigestellt. Obwohl der Arbeitnehmer sehr frei entscheiden kann, wie er die Auszeit nutzt, wird trotzdem deutlich, dass nicht nur der Mitarbeiter, sondern auch sein Arbeitgeber von der Auszeit und der (wieder)erstarkten Leistungsfähigkeit und Motivation, den neuen Ideen und dem gewachsenen Wissens- und Erfahrungshorizont des zudem ausgeruhten und ausgeglichenen Mitarbeiters profitiert.

*Lebensarbeitszeitkonto*

Im Gegensatz zu Kurzzeitkonten, auf welchen abzuleistende und abgeleistete Arbeitszeiten gegeneinander aufgerechnet werden, wird auf einem Langzeit- beziehungsweise Lebensarbeitszeitkonto »überschüssige« Arbeitszeit, die nicht relativ zeitnah in Freizeit ausgeglichen wird, gutgeschrieben. Zum Ansparen dieser überschüssigen Zeit wird in Abweichung zu der (tarif-) vertraglich vereinbarten Arbeitszeit ein zusätzliches Stundenkontingent vereinbart (z.B. eine 40- statt 38,5-Stundenwoche), welches Woche für Woche auf ein zusätzlich zu dem normalen Kurzzeitkonto bestehendes Langzeitkonto gebucht wird (d.h. 1,5 Std./Woche) und für längere Freizeitblöcke, eine kürzere Lebensarbeitszeit, den gleitenden Übergang in den Ruhestand oder Weiterbildung genutzt werden kann.

**Warum Arbeitszeitkonten? Vor- und Nachteile des Modells**

*Arbeitszeitkonten sind weit verbreitet*

Arbeitszeitkonten sind das am weitesten verbreitete Arbeitszeitmodell. Der Grund dafür liegt in der Vielseitigkeit dieses Modells: Arbeitszeitkonten machen es nicht nur möglich, optimal auf schwankende Auftragslagen zu reagieren, sondern bewirken es auch, produktiver und kosteneffizienter zu arbeiten und Betriebs- und Servicezeiten auszuweiten, Mitarbeitern mehr Zeitautonomie zu gewähren und eine gegenseitige Vertrauenskultur aufzubauen sowie Arbeitszeit auch für Weiterbildungszwecke zu verwenden.

*Zur optimalen Reaktion auf schwankende Auftragslagen*

Es sind in erster Linie Arbeitszeitkonten, mit deren Hilfe Unternehmen flexibel auf saisonale oder konjunkturelle Schwankungen im Arbeitsaufkommen reagieren können, da sowohl Arbeitnehmer als auch Arbeitgeber mit diesem Arbeitszeitmodell in der Lage sind, ein über einen längeren Zeitraum, z.B. ein Monat oder besser noch ein Jahr, verteiltes Arbeitszeitbudget flexibel einzusetzen. Beim Jahresarbeitszeitkonto wird beispielsweise der traditionell starre Wochen- oder Monatsbezug (Gleitzeitkonto) durch einen Jahresbezug (Jahresarbeitszeitkonto) ersetzt. Durch diese Verlängerung des Bezugs- und Ausgleichszeitraums und der damit verbundenen Flexibilisierung der täglichen, wöchentlichen und monatlichen Arbeitszeit ist es sowohl für den Arbeitgeber als auch für den Arbeitnehmer möglich, das vertraglich vereinbarte Arbeitszeitvolumen entsprechend dem Arbeitsaufkommen je nach Arbeitszeitmodell mehr oder weniger flexibel auf der Zeitachse zu verteilen und somit flexibel auf saisonale oder unvorhergesehene Auftragsschwankungen zu reagieren. Voraussetzung ist, dass der Arbeitszeitsaldo im Jahresdurchschnitt mit der vertraglich vereinbarten Arbeitszeit übereinstimmt und das Arbeitszeitkonto idealerweise einmal in zwölf Monaten die Nulllinie durchläuft. Genau darin liegt jedoch oft das Problem, da in den meisten Branchen und Unternehmen die Jahressollarbeitszeit eben nicht exakt planbar ist und deshalb oft auch nicht eingehalten wird. Eine Möglichkeit, den Stand des Stundensaldos auf dem Jahresarbeitszeitkonto trotzdem kontrollierbar zu halten, ist die Arbeitszeitsteuerung mit Hilfe von Ampelkonten.

**Schnelle Reaktion auf wechselnden Bedarf**

*Zur Ausweitung von Betriebs- und Servicezeiten und Reduktion von Kosten*

Betriebs- oder Ansprechzeiten, die über den gewöhnlichen Arbeitstag eines Angestellten hinausgehen und somit länger als acht Stunden betragen, sind in nahezu allen Unternehmen eine Selbstverständlichkeit. Während in produzierenden Unternehmen oft mit Schichtarbeitsmodellen gearbeitet wird, wenn längere Betriebszeiten durch verschiedene Beschäftigte mit versetzten Arbeitszeiten besetzt werden sollen, werden im Dienstleistungssektor beziehungsweise in der Verwaltung versetzte Arbeitszeiten in der Regel durch eine variable Personaleinsatzplanung verwirklicht. Unabhängig davon, ob diese Abdeckung der Ansprechzeiten dadurch erfüllt wird, dass zeitautonome Teams ihre Arbeitszeiten eigenständig untereinander absprechen und die Arbeitsplätze besetzen oder dass die Abteilungsleitung mit oder ohne Absprache mit den Mitarbeitern einen Dienstplan aufstellt –, Arbeitszeitkonten werden in der Regel in beiden Fällen zum Einsatz kommen.

Die flexible Anpassung an Kundenwünsche und allgemeine Änderungen der Ladenöffnungszeiten sollten in betriebswirtschaftlich sinnvoller Weise verwirklicht werden: Ausreichend lange Ansprechzeiten in den kundennahen Bereichen wie Vertrieb und Beratung in Industriebetrieben oder Verlängerung der Öffnungszeiten und Verlängerung der Erreichbarkeit in Dienstleistungsbetrieben können mittels Arbeitszeitkonten bedarfsgerecht und flexibel gestaltet werden.

*Weitere Vor- und Nachteile*

Darüber hinaus existieren weitere Vor- und Nachteile für Arbeitgeber und Arbeitnehmer, die bei der Zeiterfassung mit Hilfe von Arbeitszeitkonten entstehen.

Vorteile auf Arbeitgeberseite:

- bessere Synchronisation von Markt- und Betriebsbedingungen durch die Anpassung der Arbeitszeit an die betrieblichen Anforderungen
- schnellere Reaktionsmöglichkeiten auf Markt- und Kundenerfordernisse
- effektiverer Einsatz der Arbeitskräfte
- optimierte Anlagennutzungszeiten
- bessere Arbeitsmotivation und höhere Arbeitszufriedenheit
- Vermeidung von Überstundenzuschlägen und Kurzarbeit
- kundengerechte Öffnungs-, Service- und Ansprechzeiten
- geringere Leerzeiten und Lagerkosten
- kürzere Produktions- und Lieferzeiten
- Sicherung des Betriebs in krisenhaften Zeiten

Nachteil auf Arbeitgeberseite:

- höherer Verwaltungsaufwand bei flexiblen im Gegensatz zu pauschalen Arbeitszeitregelungen

Vorteile auf Arbeitnehmerseite:

- Steigerung der Zeitsouveränität der Mitarbeiter
- gesteigerte Möglichkeiten für eine lebensphasengerechte Arbeitszeitgestaltung

Nachteil auf Arbeitnehmerseite:

- Verzicht auf Gehaltsverbesserungen durch Überstundenzuschläge

### 5.2.6.3 Schichtarbeitssysteme zur Optimierung der Produktionszeiten

Unter dem Arbeitszeitmodell der Schichtarbeit wird die Aufteilung der betrieblichen Arbeitszeit in mehrere Zeitabschnitte mit versetzten Anfangszeiten beziehungsweise unterschiedlicher Lage sowie unter Umständen unterschiedlicher Dauer verstanden. Auf diese Weise kann die tägliche

Betriebszeit in unterschiedliche Zeitabschnitte unterteilt werden, wobei jeweils eine Gruppe von Schichtarbeitern durch eine andere Gruppe an demselben Arbeitsplatz abgelöst wird. Ziel dieser Arbeitsablösung ist, die Betriebszeit über die individuelle Arbeitszeit auszudehnen, so dass Produktions-, Service- oder Ansprechzeiten unabhängig von den Anwesenheitszeiten einzelner Mitarbeiter verlängert werden können.

*Varianten der Schichtarbeit*

Bei der Gestaltung von Schichtarbeitssystemen sind zahlreiche Variationsmöglichkeiten vorhanden. So reicht die Spannbreite der praktizierten Schichtsysteme von einfachen, diskontinuierlichen Einschicht- oder Zweischichtmodellen (z.B. Tagschicht und Nachtschicht im Wechsel außerhalb des Produktionsbereichs) über Teilzeit-Vollzeit-kombinierte Schichtmodelle bis hin zu vollkontinuierlichen Schichtsystemen, mit deren Hilfe ein Rundum-die-Uhr-Schichtbetrieb und die Sicherstellung der fortlaufenden Arbeit an Wochenenden und Feiertagen ermöglicht werden kann.

Die Betriebszeit kann somit, in Abhängigkeit von der Dauer der täglichen Betriebszeit (z.B. 6.00 bis 22.00 Uhr oder Rund-um-die-Uhr), in verschiedene Schichten, wie Früh-, Spät-, Nacht- und Freischicht, eingeteilt werden.

Die gesetzliche Grundlage für die Gestaltung von Schichtarbeitssystemen ist das Arbeitszeitgesetz (ArbZG). Die Gestaltungsspielräume über Lage und Dauer sowie über Verteilung und Rhythmus der Arbeitszeit werden hier geregelt. Gleichzeitig wird im ArbZG den Tarifpartnern jedoch auch eine verhältnismäßig große Handlungsautonomie zugebilligt, so dass Schichtarbeitssysteme in Abhängigkeit von den betrieblichen und branchenspezifischen Rahmenbedingungen sehr unterschiedlich gestaltet sein können.

*Warum Schichtarbeit? Vor- und Nachteile des Modells*

Sowohl der steigende Wettbewerbsdruck als auch die zunehmende Technisierung der Arbeitsabläufe führen dazu, dass Kosteneinsparungen zur Verbesserung der Wettbewerbsfähigkeit und die Amortisation erhöhter Investitionskosten insbesondere durch eine effektivere Ausnutzung der Produktionsanlagen, einer Ausdehnung der Maschinenlaufzeiten, einer besseren Gewährleistung der Arbeitsplatzausnutzung und einer Verbesserung der Kapazitätsauslastung erreicht werden können. Ein Instrument, um diese Ziele zu erreichen, ist die Entkopplung von individuellen Arbeitszeiten und betrieblichen Funktionszeiten.

**Ausnutzung der Produktionsanlagen**

*Aspekte bei der Einführung von Schichtarbeit*

Schichtarbeit ist bei allen betriebswirtschaftlichen Vorzügen ein Flexibilisierungsinstrument, das bei nicht optimaler Gestaltung sowohl soziale und gesundheitliche Belastungen auf Seiten der Arbeitnehmer nach sich ziehen kann, als auch zu einer nicht optimalen Betriebsorganisation führt. Um diese Beeinträchtigungen zu vermeiden und die Arbeitszufriedenheit und somit die Leistungsfähigkeit der Schichtarbeiter zu erhöhen, sollten

**Soziale Bedürfnisse der Arbeitnehmer berücksichtigen**

im Rahmen der Einführung und Gestaltung von Schichtarbeitssystemen verschiedene Grundsätze beachtet und verwirklicht werden.

Obwohl Schichtarbeit unter anderem aufgrund der Unregelmäßigkeit der Arbeitszeit zu wechselnden Tageszeiten aus sozialen und gesundheitlichen Gründen für den Arbeitnehmer nicht unproblematisch ist, ist dieses flexible Arbeitszeitmodell aus technologischen, produktionstechnischen, wirtschaftlichen und versorgungsinfrastrukturellen Gründen in vielen Branchen und Unternehmen nicht wegzudenken.

*Varianten der Schichtarbeitszeit*

Bei der Gestaltung von Schichtarbeitssystemen sind zahlreiche Variationsmöglichkeiten vorhanden. So reicht die Spannbreite der praktizierten Schichtsysteme von einfachen, diskontinuierlichen Einschicht- oder Zweischichtmodellen (z.B. Tagschicht und Nachtschicht im Wechsel außerhalb des Produktionsbereichs) über Teilzeit-Vollzeit-kombinierte Schichtmodelle bis hin zu vollkontinuierlichen Schichtsystemen, mit deren Hilfe ein Rund-um-die-Uhr-Schichtbetrieb und die Sicherstellung der fortlaufenden Arbeit an Wochenenden und Feiertagen ermöglicht werden kann. Bei all diesen Schichtsystemen kann zwischen Wechselschichtsystemen, bei welchen der Betrachtungszeitraum des Wechsels einem Tag entspricht, und rollierenden Schichtsystemen unterschieden werden, bei welchen das Schichtsystem innerhalb einer Woche oder einem längeren Zeitraum durchlaufen wird.

*Diskontinuierliches System mit sonntäglichem Produktionsstillstand und kurzzyklischer Vorwärtsrotation*

Gearbeitet wird in sieben Schichtbelegschaften und einer individuellen regelmäßigen Wochenarbeitszeit von 37,42 Arbeitsstunden pro Woche. Samstags wird darüber hinaus nur in der Frühschicht gearbeitet, dafür aber mit Dreifachbesetzung. Da in diesem und in den folgenden Beispielen die vom Unternehmen gewünschte Betriebszeit wesentlich länger ist als die individuelle Arbeitszeit der einzelnen Arbeitnehmer, wurde ein Schichtsystem mit einer rollierenden Sechs-Tage-Woche eingeführt, bei dem am Samstag jedoch nur die Frühschicht stattfindet. Die einzelnen Schichten (Früh-, Spät-, Nacht-, Freischicht) rollieren mit kurzen Zyklen durch die Arbeitswochen, so dass die Schichtarbeiter nicht zu lange zu den jeweiligen Tageszeiten arbeiten. Dadurch können die Belastungen besonders in der Nachtschicht gering gehalten werden. Die Freischichten dienen der Regeneration und der Gewährleistung des Zeitausgleichs zwischen der vereinbarten und tatsächlich abgeleisteten Arbeitszeit. Um zu vermeiden, dass freie Tage die Arbeitsblöcke beziehungsweise Arbeitswochen zu sehr zerstückeln, und um alle Mitarbeiter in regelmäßigem Abstand in den Genuss eines langen Wochenendes kommen zu lassen, rollieren auch die freien Wochentage durch die Wochen.

Ein Instrument, um diese Ziele zu erreichen, ist die Entkopplung von individuellen Arbeitszeiten und betrieblichen Funktionszeiten. Dieses Ziel kann mit Hilfe von Schichtarbeitssystemen problemlos erreicht werden, da mit Hilfe dieses Arbeitszeitmodells die tägliche Betriebszeit verlängert werden kann, ohne zuschlagspflichtige Überstunden vergüten zu müssen.

Trotz dieser Vorteile bergen Schichtarbeitssysteme natürlich auch Nachteile und Risiken. So sind neben dem erhöhten Organisations- und Kooperationsaufwand auf der Arbeitgeberseite, der zusätzliche Kapazitäten bindet, insbesondere die verhältnismäßig hohe psychische und physische Belastungen für die Arbeitnehmer, die wiederum Auswirkungen auf den Krankenstand und die Leistungsfähigkeit haben, zu nennen. Die gesundheitlichen und sozialen Belastungen der Schichtarbeit können abhängig vom Schichtsystem jedoch relativiert werden. Die Schichten sollten daher, z.B. durch eine Verlängerung der Schichtrhythmen bei Wechselschicht oder durch eine Aufstockung des Schichtmodells auf ein Vier-Schichtsystem, bezüglich ihrer Lage und Dauer so geplant werden, dass die Arbeitsbelastung des Einzelnen nicht zu hoch wird.

Gestaltungsempfehlungen zur Einführung von Schichtsystemen:

- Wie viele Schichten benötigen Sie? Soll der Betrieb vollkontinuierlich geführt werden oder reichen Früh- und Spätschicht?

- Wie wollen Sie die Schichtübergabe organisieren? Ist hierfür ein Überschneidungszeitraum der Schichten notwendig?

- Wie sind die Wünsche der Beschäftigten hinsichtlich der Schichtzuordnung? Sollen alle Schichten von jeder Gruppe turnusmäßig durchlaufen werden (Wechselschicht) oder gibt es Schichtarbeiter, die bestimmte Schichten fest übernehmen wollen?

- Müssen alle Schichten (auch Nacht- und Wochenendschicht) gleich stark besetzt werden?

- Wollen oder können Sie Teilzeitkräfte in das Schichtsystem integrieren?

- Gibt es unbedingt erforderlich Zeitpunkte für den Schichtbeginn und das Schichtende oder können Sie diese flexibilisieren?

- Wollen Sie im Rahmen der Schichtarbeit mit Arbeitszeitkonten arbeiten, die es den Mitarbeitern ermöglichen, Zeitguthaben bzw. -schulden aufzubauen und Dispositionsschichten zu nehmen?

- Wollen Sie einen festen langfristigen Schichtplan erstellen oder benötigen Sie in Abhängigkeit von den Rahmenbedingungen kurzfristige und regelmäßig neu zu erstellende Schichtpläne? Welche Vor- und Nachteile bieten beide Varianten?

- Wollen Sie das Schichtsystem mit anderen Modellen der Arbeitszeitflexibilisierung, wie z.B. Zeitkonten, Gleitzeit oder Teilzeit, kombinieren?

- Ist es sinnvoll, möglich und erwünscht, die Organisation und Koordinierung der Einsatzzeiten in die Hände zeitautonomer Gruppen zu legen und diese ihre Schichtpläne und somit die Arbeitserfüllung selbstverantwortlich organisieren zu lassen?

- Wie wollen Sie saisonale Schwankungen mit Ihrem Schichtsystem ausgleichen?

- Welche Möglichkeiten haben Arbeitgeber und Arbeitnehmer innerhalb des Schichtsystems, zusätzliche Schichten einzufordern bzw. Dispositionsschichten zu nehmen? Wissen Sie über die gesetzlichen und tariflichen Regelungen Bescheid?

- Wie werden besonders belastende Schichten vergütet? Welche gesetzlichen Grundlagen gibt es diesbezüglich?

- Haben Sie die Belegschaft bzw. den Betriebsrat in die Planungen für die Änderung des bestehenden Arbeitszeitsystems miteinbezogen?

- Wie viele Arbeitsplätze müssen Sie zu den verschiedenen Arbeitszeiten besetzen und wie viele Beschäftigte sind dazu optimalerweise notwendig?

- Steht eine ausreichende Anzahl qualifizierter Arbeitskräfte in allen Schichten zur Verfügung?

- Haben Sie bei Erwägungen zu Einsparungen von Arbeitskräften die steigende Beanspruchung der verbleibenden Beschäftigten berücksichtigt?

- Ist es möglich, auf starre Anfangszeiten zu verzichten und stattdessen eine individuelle Einflussnahme der Beschäftigten z.B. in Form gleitender Anfangszeiten zu ermöglichen?

#### 5.2.6.4 Praxisbeispiele für die Optimierung der Arbeitszeit in der Produktion

**1. Anpassung der Arbeitszeit an die Kapazitätsschwankungen**

Bedingt durch die Rezession Mitte der 90er Jahre sah sich das Unternehmen mit einem Rückgang des Auftragsvolumens und starken Schwankungen im Auftragseingang konfrontiert. Der Auftragshorizont beträgt nur wenige Wochen. Um die Kunden dennoch zuverlässig und innerhalb kurzer Zeit beliefern zu können, erfolgt die Fertigung in zwei Stufen: einer kundenanonymen Vorproduktion der Komponenten und einer kundenspezifischen Endmontage nach Bestellung.

Das Unternehmen hielt es für erforderlich, schneller auf veränderte Marktbedingungen reagieren zu können. In der Flexibilisierung der Arbeitszeit im Produktionsbereich sah man eine Möglichkeit zur Sicherung der Wettbewerbsposition. Mit einem neuen Modell zur Gestaltung der Arbeitszeit sollten

- die Arbeitszeit an Kapazitätsschwankungen angepasst werden,
- Kosten reduziert und damit Arbeitsplätze gesichert werden und
- die Zeitsouveränität für den Mitarbeiter verstärkt werden.

Ein konstruktives Verhältnis zum Betriebsrat sowie motivierte und gut qualifizierte Mitarbeiter ermöglichten nach intensiven Diskussionen die Vereinbarung folgenden Arbeitszeitmodells:

Die regelmäßige wöchentliche Arbeitszeit beträgt derzeit 35 Stunden pro Woche.

Um den geschilderten komplexen Bedingungen im Unternehmen gerecht zu werden und die Kapazitätsschwankungen in der Produktion ausgleichen zu können, haben die Betriebsparteien in einer Rahmenregelung eine sehr flexible Verteilung des Arbeitszeitvolumens zugelassen. Dieser Rahmen wird von den Arbeitsvertragsparteien ausgefüllt. So ist eine Flexibilisierung der wöchentlichen Arbeitszeit innerhalb der folgenden Grenzen vereinbart:

Minimum: 21 Stunden, Maximum: 48 Stunden.

Tägliche Schwankungen sind in folgendem Rahmen möglich: Minimum 4 Stunden, Maximum: 10 Stunden.

Als Regelarbeitstage sind die Werktage von Montag bis Freitag von 07.00 Uhr bis 14.45 Uhr (7 ¼ Stunden) vorgesehen. Um einen hohen Auftragsbestand entsprechend den Kundenwünschen schnell bearbeiten zu können, ist in der Betriebsvereinbarung vorgesehen, dass die Mitarbeiter nach Abstimmung mit dem betrieblichen Vorgesetzten freiwillig (zuschlagsfrei) samstags arbeiten können.

Täglicher Arbeitszeitrahmen:

Das Unternehmen arbeitet einschichtig. Frühester Arbeitsbeginn ist 06.00 Uhr. Als spätestes Arbeitsende ist 19.45 Uhr festgelegt.

Dem Grundgedanken folgend, die Zeitsouveränität der Arbeitnehmer zu verstärken, bestimmen die Mitarbeiter die Arbeitszeit innerhalb des Arbeitszeitrahmens nach folgender Maßgabe selbst.

Grundsätzlich soll durch die Flexibilisierung eine möglichst optimale Anpassung der individuellen Arbeitszeit an die zu bewältigenden Aufgaben und Produktionsziele gewährleistet werden. Da im Unternehmen in Gruppen gearbeitet wird, sind Flexibilisierungswünsche der Mitarbeiter so mit den Kollegen der eigenen Gruppe oder der eigenen Abteilung abzustimmen, dass dadurch das Erreichen der Arbeitsziele nicht gefährdet wird und eine Information des direkten Vorgesetzten sichergestellt ist. Nur bei Vorliegen betrieblicher Notwendigkeiten können Arbeitszeitveränderungen von den verantwortlichen Vorgesetzten angeordnet werden.

Im Falle einer von der Unternehmensleitung angeordneten und planbaren Veränderung der täglichen Soll-Arbeitszeit beträgt der Ankündigungszeitraum drei Arbeitstage. Bei unvorhersehbaren und nicht planbaren Ereignissen kann, in Abstimmung mit den betroffenen Mitarbeitern, ausnahmsweise auch eine Abweichung von der Regelarbeitszeit ohne Ankündigungsfrist erfolgen.

Wird ein Freizeitausgleich in ganzen Tagen für den Mitarbeiter angeordnet, gilt ein Ankündigungszeitraum von mindestens fünf Tagen. Ein Ausbezahlen von Zeitguthaben ist nur in Ausnahmefällen und nach vorheriger Abstimmung mit Personalabteilung und Betriebsrat möglich.

Mehrarbeitszuschläge fallen bei einer Überschreitung der wöchentlichen Arbeitszeit von 48 Stunden bzw. einer Überschreitung des Zeitguthabens von +70 Stunden an. Die Mehrarbeit wird entsprechend den Bestimmungen des Tarifvertrages vergütet.

Die Möglichkeiten zur Gestaltung der Arbeitszeit erfordern die Nutzung von Arbeitszeitkonten. Als Ausgleichszeitraum für diese Konten ist das Kalenderjahr vorgesehen.

Um Guthaben und Defizite steuern zu können, wird das Zeitkonto als »Ampelkonto« geführt, das heißt, der Stand von Zeitguthaben bzw. -defiziten wird in drei Phasen eingeteilt (außertarifliche Angestellte sind davon ausgenommen).

Guthaben und Schulden können bis zu jeweils maximal 70 Stunden erworben werden. In diesem Rahmen sind folgende Phasen vereinbart worden:

- Grüne Phase: +/− 40 Stunden, keine Eingriffe.

- Gelbe Phase: +/− 40 bis 60 Stunden, Beobachtung durch den verantwortlichen Vorgesetzten.

- Rote Phase: ab +/− 60 Stunden, in Mitarbeitergesprächen werden konkrete Vereinbarungen für einen Zeitausgleich getroffen. Auf Wunsch erhält der Betriebsrat eine Liste der davon betroffenen Mitarbeiter.

Voraussetzung für das Funktionieren eines solchen Ampelkontensystems ist ein reibungsloser Informationsfluss zwischen Mitarbeitern und direktem Vorgesetzten. Die oben angesprochene gute Unternehmenskultur ermöglicht, dass der Vorgesetzte jederzeit über Arbeits- und Freizeitwünsche seiner Mitarbeiter informiert ist und er im Gegenzug die Mitarbeiter über den jeweiligen Arbeitsanfall unterrichtet.

**Fazit:**

Die Gestaltung der flexiblen Arbeitszeit im Unternehmen erfolgte in enger Abstimmung mit organisatorischen Veränderungen (z.B. der Einführung von Gruppenarbeit). Durch die Maßnahmen war das Unternehmen in der Lage, auf die schwankenden Kundenerfordernisse zu reagieren. Aufgrund des guten Verhältnisses zwischen Geschäftsführung, Betriebsrat und Beschäftigten war es möglich, in vertrauensvoller Zusammenarbeit Regelungen wie diejenige des Ampelkontos und die notwendigen Absprachen innerhalb der Gruppen mit Leben zu erfüllen.

Die zu Beginn beschriebene Rezessionsphase dauert weiter an. Aufgrund der flexiblen Regelung konnte auf eine Freisetzung von Mitarbeitern weitgehend verzichtet werden.

## 2. Verbesserung der Termintreue bei unzyklischem Auftragseingang

Das Unternehmen arbeitet ausschließlich auf Projektbasis und liefert Leuchtenprogramme für Industriebauten, Kultureinrichtungen, Bürobauten und Einkaufszentren. Das Produktionsprogramm und der daraus resultierende Kapazitätsbedarf sind abhängig von Anzahl und Größe der Projekte, die vom Vertrieb akquiriert werden. Daher ist die Auftragslage unvorhersehbar und unterliegt unzyklisch großen Schwankungen. Die Einsteuerung der Aufträge in der Produktion erfolgt äußerst kurzfristig. Dies führte in der Vergangenheit oft dazu, dass Liefertermine nicht eingehalten werden konnten.

Um weiterhin am Markt bestehen zu können, sollten durch eine flexible Gestaltung der Arbeitszeit folgende Verbesserungen erreicht werden:

- kürzere Lieferzeiten und höhere Termintreue,

- höhere Flexibilität und Eigenverantwortung der Mitarbeiter durch stärkere personenorientierte Zeitsouveränität.

Gemeinsam mit dem Betriebsrat wurde in vertrauensvoller Zusammenarbeit ein Arbeitszeitmodell entwickelt. Es entspricht den vorgegebenen Zielsetzungen im Sinne »Nicht so flexibel wie möglich – sondern so flexibel wie notwendig« und nimmt auf die persönlichen Interessen der Mitarbeiter Rücksicht.

Die durchschnittliche wöchentliche Arbeitszeit richtet sich nach dem jeweiligen Arbeitsvertrag und beträgt 35 bzw. 40 Stunden. Davon abweichend kann die individuelle tägliche Arbeitszeit zwischen 4 und 10 Stunden und die wöchentliche Arbeitszeit +/– 20 % zur vertraglichen wöchentlichen Arbeitszeit schwanken.

Dies bedeutet, dass die wöchentliche Schwankungsbreite für Mitarbeiter mit 35-Stunden-Woche 28 bis 42 Stunden betragen kann und für Mitarbeiter mit 40-Stunden-Woche 32 bis 48 Stunden. Der wöchentliche Regelarbeitszeitraum umfasst im Dreischichtsystem die Zeit von Montag 6.00 Uhr bis Samstag 6.00 Uhr.

Die wöchentliche Betriebsöffnungszeit wird festgelegt von Montag 6.00 Uhr bis Samstag 18.00 Uhr. Die Zeit am Samstag zwischen 6.00 Uhr und 18.00 Uhr wird in Abhängigkeit der Auftragslage genutzt.

Die Pausenregelung sieht für einen 4-Stunden-Arbeitstag einen Abzug von 15 Minuten und ansonsten einen Abzug von 45 Minuten Pause vor.

Der Saldo auf dem Zeitkonto kann max. 50 Stunden betragen. Diese engen Kontengrenzen genügen den derzeitigen Anforderungen im Unternehmen. Bei Beendigung des Arbeitsverhältnisses werden Minusstunden mit dem letzten Monatsentgelt verrechnet; Plusstunden werden vergütet.

Das Zeitkonto ist in drei Phasen aufgeteilt:

- Grüne Phase: 0 bis 25 Stunden. Der Mitarbeiter kann über diese Zeitspanne frei verfügen.

- Gelbe Phase: 25 bis 40 Stunden. Vorgesetzter und Mitarbeiter klären den weiteren Auf- bzw. Abbau des Zeitsaldos.

- Rote Phase: 40 bis 50 Stunden. Veranlassung konkreter Maßnahmen zum Auf- bzw. Abbau des Zeitsaldos.

Der Zeitsaldo muss innerhalb eines Zeitraumes von 12 Monaten mindestens einmal ausgeglichen sein (0 Stunden). Mehrarbeit sind die Stunden über 120 % der individuellen wöchentlichen Arbeitszeit und auf Anordnung am Samstag geleistete Arbeitszeit. Auf Wunsch des Mitarbeiters können geleistete Mehrarbeitsstunden auf dem Zeitkonto gutgeschrieben werden. Die Zuschläge werden in jedem Fall ausgezahlt.

Samstagsarbeit ist zwischen 6.00 Uhr und 18.00 Uhr möglich. Möchte der Mitarbeiter auf eigenen Wunsch während dieser Zeit arbeiten, hat er darüber den Vorgesetzten zu informieren. Diese Zeit fließt auf das Arbeitszeitkonto und ist keine zuschlagspflichtige Mehrarbeit.

**Fazit:**

Mit dem Arbeitszeitmodell ist das Unternehmen in der Lage, auf die schwankenden Marktbedingungen (Projekte) kurzfristig zu reagieren und die Terminanforderungen zu erfüllen. Zugleich kann bei Bedarf die Betriebszeit von 120 Stunden auf 132 Stunden erweitert werden.

Die Mitarbeiter identifizieren sich mit dieser bereits seit mehreren Jahren praktizierten Regelung und nutzen die eröffneten Spielräume verantwortungsvoll zur Zufriedenheit der Kunden.

Zugleich wurde mit Blick auf die Einsparpotenziale dieses Arbeitszeitmodells eine zweijährige Arbeitsplatzgarantie derart verbunden, dass keine betriebsbedingten Kündigungen ausgesprochen werden.

## 3. Wie können Sie starke Auftragsschwankungen bewältigen?

Das Unternehmen unterliegt aufgrund seines Produktspektrums mittel- bis langfristigen Schwankungen der Nachfrage. Diese orientiert sich im Inland im Wesentlichen an der Auftragssituation der Baubranche. Zugleich wird diese Nachfragesituation überlagert durch Spitzen aus internationalen Großprojekten. Die Kapazitätsauslastung der Fertigung schwankt dabei um +/– 50 % bezogen auf die Normalauslastung.

Das Unternehmen fertigt auf kapitalintensiven Maschinen und Anlagen. Die Produktion ist sehr energieaufwendig. Die Anlagen können entsprechend der Nachfrageschwankungen ein- und ausgeschaltet werden.

Die Produkte sind Normartikel, die in verschiedenen Abmessungen und unterschiedlicher Oberflächenbeschaffenheit gefertigt werden. Insgesamt werden mehr als 200 Varianten angeboten. Deshalb ist eine Fertigung auf Lager nur sehr begrenzt möglich und auf Halbfertigprodukte beschränkt. Die Fertigungsaufträge basieren auf Kundenbestellungen und internen Anforderungen; dabei wird versucht, interne Aufträge zu vermeiden.

Bei dem Unternehmen handelt es sich um ein Traditionsunternehmen, das in den letzten Jahren durch erhebliche Investitionen den Standort modernisiert und damit aufgewertet hat. Die Wettbewerbssituation ist derzeit positiv und die Beschäftigungslage gilt als sicher. Die Zusammenarbeit zwischen Geschäftsführung und Betriebsrat ist konstruktiv; beide Seiten sind stets um einvernehmliche Lösungen bemüht.

Das Unternehmen benötigt zur optimalen Anpassung der Arbeitszeit an die saisonalen Nachfrageschwankungen und zur Erreichung von Wettbewerbsvorteilen gegenüber der Konkurrenz ein flexibles Arbeitszeitsystem. Zugleich soll dieses Arbeitszeitsystem transparent für die Mitarbeiter sein, um damit die Attraktivität des Unternehmens zu gewährleisten.

Die durchschnittliche wöchentliche Arbeitszeit beträgt 35 Stunden und muss innerhalb eines Ausgleichszeitraums von 12 Monaten erreicht werden.

Die tägliche Arbeitszeit beträgt ohne Pause zwischen 5 und 9 Stunden. In »Normalzeiten« werden 7,5 Stunden je Schicht gearbeitet. Die Abweichung von dieser »Normalarbeitszeit« wird nach Maßgabe der betrieblichen Erfordernisse und mit einer Ankündigungsfrist von 2 Wochen vereinbart. Die nach dem Arbeitszeitgesetz mögliche Arbeitszeit von 10 Stunden pro Tag wurde nicht in Erwägung gezogen, da die überwiegend körperlich sehr anstrengende Arbeit den Mitarbeitern nicht über 9 Stunden pro Tag zugemutet werden soll.

Die wöchentliche Arbeitszeit wird in der Regel gleichmäßig auf die Wochentage Montag bis Freitag verteilt. Übersteigt die wöchentliche Arbeitszeit 40 Stunden, kann aufgrund der hohen körperlichen Belastung der Mitarbeiter die Arbeitszeit auch auf 6 Wochentage von Montag bis Samstag verteilt werden. In Phasen kurzer Wochenarbeitszeit kann diese auch auf weniger als 5 Arbeitstage pro Woche verteilt werden. Wird die damit mögliche Produktionszeit von 45 Stunden pro Woche durch eine zusätzliche Produktionsschicht überschritten, wird diese Schicht als Mehrarbeit mit den tarifvertraglichen Zuschlägen ausbezahlt. Auf Wunsch einzelner Mitarbeiter besteht die Möglichkeit, die erarbeiteten Stunden dem Arbeitszeitkonto gutzuschreiben und in Freizeit auszugleichen. Eine kurzzeitige Überschreitung der 45 Stunden pro Woche stellt keine Mehrarbeit im Sinne des Tarifvertrages dar, sondern fließt ausschließlich dem Arbeitszeitkonto zu.

Sollten aus Kapazitätsgründen Schichten an Sonn- und Feiertagen nötig sein, fließen diese nicht auf das Arbeitszeitkonto, sondern werden mit den entsprechenden tarifvertraglichen Zuschlägen bezahlt.

Das Unternehmen arbeitet mit dieser Arbeitszeitregelung in einem Zweischichtrhythmus. Die jeweils gültigen Schichtpläne werden per Aushang bekannt gegeben. Die tägliche Arbeitszeit beginnt frühestens um 04.00 Uhr und endet spätestens um 24.00 Uhr. Auf diese Regelung verständigten sich die Betriebsparteien unter Berücksichtigung der Anbindung an öffentliche Verkehrsmittel.

Die Differenz zwischen der tarifvertraglichen bzw. der individualvertraglichen Arbeitszeit und der tatsächlich geleisteten Arbeitszeit wird auf einem mitarbeiterindividuellen Arbeitszeitkonto verbucht.

Bei Arbeitsunfähigkeit bzw. an Urlaubstagen bleibt das Konto unverändert. Bei tageweisem Freizeitausgleich wird ein Fünftel der tarifvertraglichen bzw. individualvertraglichen Wochenarbeitszeit vom Zeitkonto abgebucht. Für jeden Mitarbeiter besteht die Möglichkeit, nach Absprache mit seiner Führungskraft bzw. seiner Gruppe Freizeit aus dem Arbeitszeitkonto tage- oder stundenweise zu entnehmen.

Führungskräfte und Mitarbeiter sorgen gemeinsam für den Ausgleich des Zeitkontos innerhalb von 12 Monaten. Dabei gilt das Arbeitszeitkonto bei jedem Nulldurchgang des Saldos als ausgeglichen.

Wenn das Zeitkonto einen Saldo von + 120 bzw. – 80 Stunden aufweist, ist eine Warngrenze erreicht. Spätestens zu diesem Zeitpunkt werden zwischen Führungskraft und Mitarbeiter Maßnahmen zur Korrektur der Arbeitszeitsalden besprochen und eingeleitet (z.B. Umverteilung der Arbeit auf Kollegen).

Die Betriebsparteien haben Wert darauf gelegt, dass bei Erreichen der Kontengrenzen kein Automatismus entsteht, der Zeit in Geld umwandelt. Dies wäre ein falsches Signal, das die Zeitverbrauchskultur fördert.

Mit Einführung dieses Arbeitszeitmodells wird für alle Mitarbeiter ein verstetigtes Monatsentgelt entsprechend dem Tarifvertrag eingeführt.

**Fazit:**

Die vorausgegangene starre Arbeitszeitregelung führte dazu, dass auf Phasen geringer Auslastung (und entsprechender Dehnung der Arbeit) Phasen mit bezahlter Mehrarbeit folgten. Die dadurch verursachte Erhöhung der Stückkosten wird durch die neue Arbeitszeitregelung vermieden.

Zusätzlich strukturiert das Unternehmen die betriebliche Ablauf- und Aufbauorganisation um. Durch die geplante Einführung eines erfolgs- und/oder leistungsabhängigen Bonus sollen die Mitarbeiter gezielt am Erfolg des Unternehmens profitieren.

### 4. Optimierung der Liefertreue

Das mittelständische Unternehmen stellt Elektrizitätsverteilungs- und Schalteinrichtungen her. Die Fertigung erfolgt zu 95 % durch eine auftragsanonyme Vorproduktion. Auf einen konkreten Auftrag hin wird die entsprechend vorproduzierte Ware nach Kundenwünschen ergänzt und fertig gestellt. Damit besteht eine direkte Kundenbindung, die mit einem sehr kurzen Planungshorizont verbunden ist.

Zudem unterliegt das Unternehmen starken Kapazitätsschwankungen. Die Schwankungsbreite des monatlichen Auftragseingangs beträgt bis zu 60 %.

Seit 1980 bemühen sich die Betriebsparteien erfolgreich darum, durch flexible Gestaltung der Arbeitszeit die Wettbewerbsfähigkeit zu verbessern und damit Arbeitsplätze zu sichern. Aufgrund der langen und intensiven Zusammenarbeit hat sich ein Vertrauensverhältnis zwischen Geschäftsführung und Mitarbeitern aufgebaut, welches die Basis für weitere notwendige Flexibilisierungen darstellte. Ein neues Arbeitszeitmodell musste nach Auffassung der Betriebsparteien folgende Maßgaben erfüllen:

- die Sicherung der bestehenden und die Schaffung neuer Arbeitsplätze,
- die Steigerung der Wettbewerbsfähigkeit und Verbesserung der Liefertreue durch Flexibilisierung der Betriebsnutzungszeit,
- die Steigerung der Eigenverantwortung der Mitarbeiter und
- die Senkung der Personalkosten durch den Wegfall von bezahlter Mehrarbeit.

In intensiver Zusammenarbeit konnte folgende Regelung getroffen werden:

- Das Arbeitszeitmodell nutzt konsequent die oben beschriebene gute und vertrauensvolle Unternehmenskultur. Dementsprechend kann jeder Mitarbeiter täglich die Dauer und Lage seiner Arbeitszeit nach seinen individuellen Bedürfnissen innerhalb der nachfolgend dargestellten Grenzen selbst bestimmen, soweit es die betrieblichen Belange zulassen. Die

Berücksichtigung der betrieblichen Belange liegt in der Eigenverantwortung der Mitarbeiter. Der direkte betriebliche Vorgesetzte hat darauf hinzuwirken, dass die betrieblichen Belange genügend Beachtung finden.

- Die regelmäßige wöchentliche Arbeitszeit beträgt derzeit 35 Stunden pro Woche.

- Die komplexen Rahmenbedingungen und die erheblichen Kapazitätsschwankungen in der Produktion erfordern eine flexible Verteilung des Arbeitszeitvolumens. Dabei haben die Mitarbeiter folgende durch Unternehmen und Betriebsrat vereinbarte Vorgaben zu beachten.

- Die tägliche Rahmenarbeitszeit liegt – abgesehen vom Schichtbetrieb – zwischen 06.00 Uhr und 20.00 Uhr.

- Als Regelarbeitstage sind die Werktage von Montag bis Freitag vorgesehen. Samstagsarbeit kann – soweit eine betriebliche Notwendigkeit besteht – auf freiwilliger Basis zwischen 06.00 Uhr und 13.00 Uhr erfolgen.

- Im Rahmen eines Vollzeitarbeitsverhältnisses ist eine tägliche Mindestarbeitszeit von 5,0 Stunden und eine Höchstarbeitszeit von 10,0 Stunden vorgesehen. Ohne Absprache mit dem Vorgesetzten ist das früheste Arbeitsende 15.00 Uhr.

- In Eigenverantwortung des Mitarbeiters kann das Zeitguthaben bzw. die Zeitschuld bis zu 30 Stunden betragen. Bei betrieblicher Notwendigkeit ist es in Abstimmung mit dem direkten Vorgesetzten möglich, auf freiwilliger Basis ein Zeitguthaben von maximal 100 Stunden aufzubauen.

### 5. Wie können Sie die Ansprechzeiten von Abteilungen auf die Bedürfnisse der Kunden ausrichten?

Das Unternehmen fertigt mit ca. 300 Mitarbeitern hydraulische Komponenten und Anlagen für den Maschinen-, Fahrzeug- und Luftfahrzeugbau. Durch hohe Anstrengungen in Forschung und Entwicklung genießt es ein international hohes Ansehen und ist bestrebt, weltweit kurzfristig lieferfähig zu sein. Verwaltung und Fertigung sollen sich an den Interessen der Kunden, insbesondere einer möglichst schnellen Lieferfähigkeit orientieren. Das Unternehmen sieht den Kunden als «Arbeitgeber» und ist bestrebt, diesem einen umfassenden Service zu gewährleisten. Mit dem Arbeitszeitmodell soll deshalb erreicht werden, dass

- auch kurzfristige Kundenwünsche (z.B. Ersatzteilbestellung) innerhalb weniger Tage erfüllt werden können,

- Leerlaufzeiten in der Fertigung vermieden werden,

- Mehrarbeitszuschläge entfallen,

- Länge und Dauer der Arbeitszeit der konkreten Auftragslage angepasst werden können und die Mitarbeiter Zeitsouveränität gewinnen.

Vor Einführung des neuen Arbeitszeitmodells wurde die erforderliche Flexibilität durch zum Teil erhebliche Mehrarbeit erreicht. Das Lohnniveau war dadurch gestiegen, die Mitarbeiter hatten sich an den höheren Verdienst gewöhnt.

Es war nicht einfach, den Betriebsrat und die Belegschaft zu überzeugen, zukünftig auf Mehrarbeit und die oben erwähnten höheren Verdienste zu verzichten. Die als Ausgleich angebotene Zeitsouveränität war zunächst für die Mitarbeiter wenig attraktiv. Aus Konkurrenzgründen war es dennoch notwendig, die Arbeitszeitflexibilität ohne die zusätzliche Kostenbelastung durch Mehrarbeit zu erreichen.

Es wird keine feste Arbeitszeit für die einzelnen Abteilungen und Mitarbeiter des Unternehmens geregelt. Die Betriebsvereinbarung sieht vielmehr vor, dass die Arbeitszeit grundsätzlich im Zeitraum von 06.00 Uhr bis 19.00 Uhr erbracht werden kann. Innerhalb dieser Rahmenzeit werden von den Vorgesetzten unter Einbeziehung der Mitarbeiter qualifizierte Funktionszeiten festgelegt, die sich an Kunden- und/oder betrieblichen Bedürfnissen orientieren. Die Bereichsleitungen informieren den Betriebsrat über die gefundenen Lösungen. Bei der Abstimmung innerhalb der Abteilungen und Gruppen werden die betrieblichen Erfordernisse und die privaten Belange der Beschäftigten gegeneinander abgewogen. Kommt keine Einigung zustande, wird der Betriebsrat eingeschaltet.

Alle Mitarbeiter haben ein Zeitkonto, das von + 140 bis – 70 Stunden schwanken kann.

Mehrarbeit ist grundsätzlich zu vermeiden.

Erreicht das Zeitguthaben die Hälfte der Obergrenze, beraten Vorgesetzte und Mitarbeiter, wie mittelfristig verfahren wird.

Geschäftsbereichsleiter und Betriebsrat analysieren die Kontenstände in regelmäßigen Abständen.

**Fazit:**

Es ist gelungen, sowohl die Ansprechbarkeit des Unternehmens für die weltweiten Kunden zu erhöhen, als auch die auftragsbezogene Fertigung stärker an die Bedürfnisse der Kunden, insbesondere durch eine möglichst zeitige Lieferung anzupassen. Zugleich haben die Mitarbeiter Freiräume bei der Gestaltung ihrer eigenen Arbeitszeit gewonnen, die auch an persönlichen Belangen und Bedürfnissen orientiert sind.

Interessenkonflikte in Abteilungen und Gruppen als Folge der Flexibilisierungen lassen sich nicht ausschließen, konnten aber bislang ohne förmliche Einschaltung des Betriebsrates gelöst werden.

### 5.2.6.5 Bewertung des Instrumentariums zur Beschäftigungssicherung in der Produktion

Verzicht auf Produktivität hat den größten Anteil an der Beschäftigungssicherung (60 Prozent). Dieses Instrument birgt hohe Risiken. Es ist äußerst kostspielig (rund 3 Prozent der Lohn- und Gehaltssumme), geht entsprechend zu Lasten der Erträge und ist deshalb für gewinnschwache Unternehmen keine Lösung und für gewinnstarke Fertigungsbetriebe nur begrenzt durchhaltbar. In der Regel folgt dieser Art von Durchhaltepolitik, wenn sich die damit verbundenen Erwartungen nicht zeitnah erfüllen, ein umso stärkerer Personalabbau. Es wäre daher sinnvoll, Beschäftigungssicherung zukünftig in stärkerem Umfang mit kostengünstigeren und flexibleren Instrumenten zu betreiben.

Kurzarbeit ist eine bessere, aber keine optimale Alternative. Sie verteuert ebenfalls die Lohnstückkosten, da der Personalaufwand nicht in gleichem Maße wie die Arbeitszeit zurückgefahren werden kann. Es müssen nicht nur der Arbeitgeberanteil an den Sozialversicherungsbeiträgen in Vollzeithöhe weiter bezahlt werden, sondern darüber hinaus auch der Arbeitnehmeranteil für das ausgefallene Entgelt. Es laufen auch die übrigen gesetzlichen und tariflichen Personalzusatzkosten (z.B. Urlaub, Feiertage, Sonderzahlungen, Vermögenswirksame Leistungen) ungekürzt weiter. In einigen Tarifgebieten sind tarifliche Zuschläge zum Kurzarbeitergeld vereinbart. Eine Reduzierung der Wochenarbeitszeit von 35 auf 30 Stunden durch Kurzarbeit erhöht die Lohnkosten je Stunde um rund 10 Prozent. Das sind fast zwei Drittel dessen, was eine entsprechende Arbeitszeitverkürzung mit vollem Lohnausgleich kosten würde.

Hinzu kommen der administrative Aufwand und die Regulierung durch Gesetz/Verordnungen. So wird Kurzarbeitergeld grundsätzlich nur gewährt, wenn der Arbeitsausfall unvermeidbar ist, d.h. wenn im Betrieb alle zumutbaren Vorkehrungen getroffen wurden, den Eintritt des Arbeitsausfalls zu verhindern. Dabei müssen unter dem Vorbehalt der wirtschaftlichen Zumutbarkeit auch im Betrieb mögliche Arbeitszeitschwankungen genutzt werden (§ 170 Abs. 4 SGB III). Es müssen zumindest dann, wenn in einer Betriebsvereinbarung als Zweck einer Flexibilisierungsregelung u.a. auch der Ausgleich von konjunkturell bedingten Arbeitszeitschwankungen genannt ist, alle diesbezüglichen Flexi-Möglichkeiten ausgeschöpft sein, bevor Kurzarbeit genehmigt werden kann.

Überstunden (bezahlte) sind als Instrument der Arbeitszeitflexibilisierung nur begrenzt tauglich. Erstens sind Überstunden ebenfalls teuer (Zuschläge bis zu 50 %), zweitens werden Überstunden heute auch in guten Konjunkturzeiten kaum noch aus konjunkturellen Gründen gefahren. Dementsprechend gering ist das Potenzial, das im Abschwung abgebaut werden kann (s.o.), drittens gibt es keinen weiteren Flexibilisierungsspielraum nach unten, wenn die konjunkturelle Mehrarbeit bei null angekommen ist, und last but not least sind Überstunden politisch belastet.

Die meisten Überstunden, die es in der Industrie noch gibt, haben strukturelle Ursachen. Insoweit sind sie für viele Kleinbetriebe und einige Branchen (z.B. Schiffbau, Montagebereiche) jedoch nach wie vor von existenzieller Wichtigkeit.

Zeitkonten sind schon in der heutigen Form das effizienteste Instrument zur Beschäftigungssicherung. Sie sind kostengünstig und mit weniger Problemen beladen (keine Arbeitsplatzgarantie, keine Lohneinbußen). Die heutigen Flexibilisierungsmöglichkeiten bieten daher eine gute Basis, um auch bei extremeren Konjunkturausschlägen Wirkung zu entfalten.

## 5.3 Instrumente der Produktionssteuerung

*von Helmuth Gienke*

### 5.3.1 Allgemein

#### 5.3.1.1 Ausprägungen

Die Steuerung der Produktion dient der Anpassung der Planung an aktuell eingetretene oder zu erwartende Ereignisse (Störungen, Bedarfe, Kapazitäten) unter Berücksichtigung der jeweiligen Ziele des Betriebes. Diese Steuerung bedarf der Entscheidung durch den Menschen, der sich hierzu mit der erforderlichen Information versorgen muss.

**Konflikte durch unterschiedliche Ziele**

Das herausragende Merkmal sind dabei Zielkonflikte, die entstehen, wenn mehrere Ziele sich gegenseitig beeinflussen (z.B. Senkung der Durchlaufzeiten und Senkung der Rüstvorgänge), aber auch durch unterschiedliche Ziele der einzelnen Bereiche.

| Ziel | Voraussetzung | Nebeneffekt |
|---|---|---|
| Senkung der Durchlaufzeiten | kürzere Wartezeiten kleinere Lose | mehr Rüstvorgänge |
| Senkung der Rüstvorgänge | größere Lose | längere Durchlaufzeiten |

*Abb. 1: Zielkonflikte*

Bei diesen Zielkonflikten müssen die Mitarbeiter entscheiden, welche Gewichtung den einzelnen Zielen in diesem Fall gegeben wird und welche Maßnahmen sich daraus ergeben.

**Weitere Konfliktfelder**

Daneben gibt es aber noch Faktoren, die sich durch die Fertigungsverfahren, die Kontinuität der Produkte und die Fertigungstiefe ergeben. Weiterhin spielt eine wesentlich Rolle, wie weit der Betrieb zentralisiert ist. Während für Unternehmen mit Einzel- und Kleinserienfertigung die Termintreue im Vordergrund steht, ohne dabei die Kosten zu vernachlässigen, hat bei Serienfertigung der Kostenaspekt einen höheren Stellenwert. Außerdem arbeitet die Serienfertigung mit Teilen und Verfahren, die sich über lange Zeiträume wiederholen, während die Auftragsfertigung häufig ständig wechselnde Teile produziert, für die Kapazitätsbedarf und Fertigungsverfahren in unterschiedlicher Tiefe durchgeführt wurden. Bei einer kontinuierlichen Fertigung kann man sich meist auf Störungsbeseitigung und Anpassung der Kapazität beschränken, während bei einer Fertigung mit häufigen Modifikationen zusätzlich die unterschiedlichen Verknüpfungen zwischen den Arbeitsplätzen, Rüstvorgänge, Änderungen sowie die damit verbundenen Termin- und Qualitätsabweichungen beachtet werden müssen.

Zur Lösung dieser Probleme benutzt man unterschiedliche Verfahren, die sich neben den benutzten Methoden (KANBAN, MRPII, ERP z.B.) durch folgende Merkmale unterscheiden:

**Unterschiedliche Verfahren zur Problemlösung**

| | |
|---|---|
| ■ grobe Definition der Verrichtung mit weitgehendem Rückgriff auf menschliche Erfahrung | ■ exakte Definition der Verrichtung bis zu den verwendeten Werkzeugen und Messinstrumenten |
| ■ langfristiger Planungshorizont mit wenig Änderungen aufgrund aktueller Ereignisse, ergänzt durch menschliche Aktivitäten | ■ kurzfristiger Planungshorizont mit schneller Reaktion auf aktuelle Ereignisse |
| ■ Steuerung mit besonderen, manuell geführten Verfahren | ■ Steuerung durch Informationstechnologie mit automatischer Datenerfassung |
| ■ einheitliche Steuerung im ganzen Betrieb | ■ verteilte Steuerungssysteme entsprechend den Anforderungen der einzelnen Betriebsteile |

*Abb. 2: Unterscheidungsmerkmale der Problemlösungsverfahren*

Obgleich bei der Betrachtung dieser Tabelle der Eindruck entsteht, dass die rechts stehenden Ausprägungen moderner sind, weil sie mehr den Anforderungen einer Steuerung entsprechen, sind die links stehenden Maßnahmen in vielen Fällen die bessere Lösung. Diese Systeme treten in unterschiedlichen Kombinationen mit allen Zwischenstufen auf. In vielen Fällen, besonders in Betrieben, die nicht nach tayloristischen Verfahren organisiert sind, ist die erste Stufe der Produktionssteuerung nur grob und langfristig, während die Steuerung an den einzelnen Arbeitsplätzen oder Bereichen mit unterschiedlichen Systemen entsprechend den jeweiligen Anforderungen durchgeführt wird. Besonders bei dieser Lösung können einzelne Bereiche die ganze Bandbreite der Ausprägungen aufzeigen.

### 5.3.1.2 Zielkonflikte

Ziele gibt es in Unternehmen in verschiedenen Varianten. Meist haben die einzelnen Bereiche des Unternehmens unterschiedliche Absichten, teilweise sind die Ziele in den Abteilungen auch gegenläufig.

Die Mitarbeiter des Vertriebs wollen möglichst alle Kundenanforderungen bedienen. Sie sind deshalb an einer hohen Lieferbereitschaft interessiert, auch wenn dies auf Kosten vorgehaltener Fertigwarenbestände erfolgen muss. Dass dabei viele Teile auf Lager liegen, die auch später nicht mehr verkauft werden können, wird meist nicht dem Vertrieb angelastet. Der Einkauf will günstige Lieferkonditionen erreichen. Um eine rechtzeitige Bereitstellung des benötigten Materials sicherzustellen, besteht – vor allem bei längeren Lieferzeiten – der Wunsch, Lieferungen frühzeitig zu erhalten. Der Produktionsleiter strebt eine gleichmäßige und hohe Auslastung der vorhandenen Personal- und Betriebsmittelkapazitäten an.

**Ziele und Zielkonflikte**

## 5.3 Instrumente der Produktionssteuerung

**Wie wirken sich Zielkonflikte aus?**

Die genannten Ziele führen zu einer Erhöhung des Materialbestandes. Die Senkung des Materialbestands ist jedoch aus verschiedenen Gründen eine der wesentlichen Voraussetzungen für die Sicherstellung einer hohen Rentabilität und damit ein strategisches Unternehmensziel. Die Forderung nach Just-in-time-Produktion, Losgröße Eins und Senkung der Logistik-Kosten bei besserer Leistung zeigen, dass die Notwendigkeit erkannt wurde, den Materialdurchlauf zu optimieren und dadurch die Materialbestände signifikant zu senken. Eine bereichsübergreifende logistische Zielsetzung ist also die Bestands- oder Durchlaufoptimierung, was jedoch den oben angeführten Zielen entgegensteht.

Aber auch in der bereichsinternen Zielsetzung gibt es im Allgemeinen Widersprüche. Einer Senkung der Durchlaufzeit steht entgegen, dass damit eine höhere Flexibilität verbunden ist, die z.B. durch mehr Umrüstanforderungen mit höheren Produktionskosten und verringerter Ausnutzung der Produktionsanlagen verbunden ist.

**Was benötigen Mitarbeiter, um Zielkonflikte zu lösen?**

Viele dieser Konflikte lassen sich durch einheitliche Zielvereinbarungen im gesamten Unternehmen lösen, manche nur durch technische Verbesserungen. In vielen Fällen muss aber der Mitarbeiter bei der Steuerung unter Abwägung von Prioritäten entscheiden. Wichtig ist, dass ihm Zielmanagementsysteme mit Instrumenten zur Zielverfolgung und Zielabwägung geboten werden. Denn um entscheiden zu können, benötigt der Mitarbeiter Informationen, die einerseits die Situation beschreiben, andererseits die Auswirkungen von Maßnahmen quantifizieren und die Zielgewichtung darstellen.

**Zielmanagementsysteme sind rar**

Ein Zielmanagementsystem ist in den informationstechnisch unterstützten Produktionssteuerungssystemen (noch) nicht integriert. Auch die Darstellung der Auswirkung von Maßnahmen ist nicht umfassend realisiert. Einzig die Beschreibung der Situation wird von den meisten dieser Systeme unterstützt, häufig aber nicht in der Form, die man zur Entscheidung benötigt: sei es aufgrund mangelnder Genauigkeit, durch fehlende Angaben oder durch Zeitverzögerungen bei der Rückmeldung. Der Mitarbeiter muss demnach häufig aufgrund seiner Erfahrung und seiner qualitativen Beurteilung der Situation die sinnvollen Maßnahmen treffen.

### 5.3.1.3 Die Produktionssteuerung als Informationszentrum

**Mehr als nur die Steuerung der Produktion**

Mit der Dezentralisierungswelle, die auf unsere Betriebe zukommt (Fraktale Fabrik, Lean Production), wird auch die Bereitstellung von Informationen für die ausführenden Ebenen einen höheren Stellenwert erhalten als bisher.

**Transparenz des Werkstattgeschehens**

Unbestritten ist, dass die bessere Auslastung der Produktionskapazitäten eines der Primärziele eines PPS-Systems ist, gleichgültig welchen Rang sie einnimmt. Es leuchtet ein, dass dieses Ziel mit einem System zur Produktionssteuerung zu erreichen ist, auch bereits mit einem einfachen Materialflusssystem. Der Anwender erhält einen Überblick, welche Arbeitsgänge für den betrachteten Arbeitsplatz im Auftragsvorrat sind, und kann bei

Unterlast eingreifen, indem er entweder Termine verschiebt oder mit speziellen Aufträgen auf Vorrat diesen Arbeitsplatz belegt. Auch über Verzögerungen durch Materialmangel wird er informiert und kann dementsprechend reagieren. Diese Information dient der »Transparenz des Werkstattgeschehens«, die auch eines der häufig genannten Ziele ist.

Unter Transparenz des Werkstattgeschehens fallen aber noch mehr Informationen. Man muss sich das Geschäft in einer Produktionssteuerung vor Augen halten, um zu verstehen, welche Vorteile mit dieser Informationsmöglichkeit verbunden sind. Die Produktionssteuerung, wenn sie gut organisiert und schlagkräftig ist, dient als Auskunftszentrale für die Produktion, den Vertrieb, den Versand und häufig auch die Kunden.

**Die Produktionssteuerung als Auskunftsstelle**

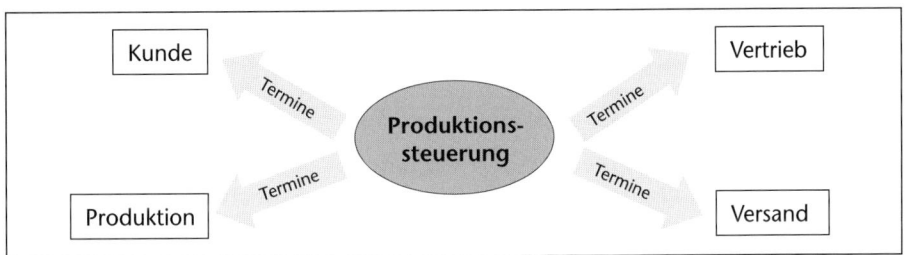

*Abb. 3: Die Produktionssteuerung als Auskunftsstelle*

Anfragen über den zu erwartenden Lagereingang, über den Stand besonderer Aufträge und Ähnliches laufen in der Produktionssteuerung ein. Diese Anfragen dienen natürlich nicht dem Selbstzweck, sondern der Anfragende erhofft sich, durch direkten Kontakt mit der Produktionssteuerung seine Schwierigkeiten beseitigen zu können.

Je unbefriedigender die Termintreue der Produktion ist, desto häufiger treten solche Anfragen und die anschließenden Wünsche nach Terminverkürzung auf. Für die Produktionssteuerung haben diese Anfragen zwei Nachteile: Erstens kostet die Antwort und deren Vorbereitung Zeit. Zweitens sind Auskünfte nicht immer abzuschlagen, vor allem wenn der Gesprächspartner ein wichtiger Kunde ist oder entsprechend hoch in der Unternehmenshierarchie steht.

**Mangelnde Termintreue bewirkt häufige Anfragen**

Änderungen in der Priorität wirken sich fast immer auf die Termine anderer Aufträge aus. Nur wenn der Produktionssteuerer über ausreichende Informationen zu diesen Auswirkungen verfügt, kann er beurteilen, welche Konsequenzen sich ergeben, und entsprechend argumentieren. Damit kann der Kreis der Änderungsanforderungen und die daraus resultierenden neuen Forderungen argumentativ unterbrochen werden, und die Fertigung ist nicht ständig mit neuen Terminen konfrontiert. Auch wird der Aufwand reduziert, weil eine Frage schneller beantwortet werden kann.

**Abhilfe durch Information**

### 5.3.2 Fertigungssteuerungssysteme

#### 5.3.2.1 Unterschiede zwischen mittelfristiger und kurzfristiger Steuerung

Der Unterschied zwischen einer mittelfristigen und kurzfristigen Steuerung ist nicht eindeutig festzulegen. Als Faustformel kann gelten, dass eine Reaktion auf ein Ereignis (Terminverzögerung, Störung) als kurzfristig gelten kann, wenn sie bereits im nächsten Arbeitsgang an diesem Arbeitsplatz oder an diesem Werkstück eine neue Planung bewirkt. Reagiert die Planung deutlich später, häufig erst am Folgetag, handelt es sich um eine mittelfristige Planung.

**Fertigungssteuerung arbeitet mittelfristig**

Eine Fertigungssteuerung als zentrales System kann, grob gesprochen, im mittelfristigen Bereich, selten im kurzfristigen Bereich, arbeiten. Im kurzfristigen Bereich wird die Werkstattsteuerung eingesetzt. Es gibt allerdings Produktionsarten (z.B. Schwermaschinenbau, optische Großteile), in denen ein Arbeitsgang durchaus eine oder mehrere Wochen dauern kann und eine als kurzfristig bezeichnete Steuerung ebenfalls diesen Zeitraum umfasst. Auch im Planungsbereich kann man entsprechend klassifizieren. Bei einer Fertigungssteuerung im mittelfristigem Bereich arbeitet man mit einem Planungsbereich von etwa 100 Arbeitsgängen je Arbeitsplatz.

#### 5.3.2.2 Die Planung der Ressourcen

**Vereinfachte Betrachtungsweise der Ressourcen**

Moderne Fertigungssteuerungssysteme betrachten zwar mehrere Ressourcen gleichzeitig, aufgrund der Datenmenge und dem damit verbundenen Pflegeaufwand ist es aber sinnvoll, nur wenig Werkzeuge und Vorrichtungen einzubeziehen. Die Arbeitsgänge sind darum meist stark vereinfacht und beschreiben vorzugsweise den eigentlichen Arbeitsplatz (z.B. eine Werkzeugmaschine) und eventuell eine Vorrichtung. Beim Material werden häufig nur ein Führungsteil oder eigengefertigte bzw. auftragsbezogen disponierte Teile betrachtet. Sind an bestimmten Arbeitsplätzen mehr Ressourcen zu beachten, bedarf es meist einer Ergänzung, die entweder als IT-unterstützte Steuerung oder durch manuelle und erfahrungsgestützte Aktivitäten der Werkstatt geleistet werden (vgl. Abbildung 1).

#### 5.3.2.3 Ergänzung durch weitere Systeme

**Steuerungssysteme bei heterogener Fertigung**

Neben der Ergänzung bei Bedarf im Rahmen der Steuerung mehrerer Ressourcen gibt es noch andere Gründe für den Einsatz weiterer Systeme. Weil der Planungsalgorithmus für die gesamte Fertigung einheitlich ist, kann die Fertigungssteuerung zuverlässige Aussagen nur bei homogener Fertigung liefern. Dies ist z.B. dann der Fall, wenn keine Zusammenfassung unterschiedlicher Aufträge in einem gemeinsamen Arbeitsgang erfolgt, wie es zum Beispiel in Autoklaven, Brennöfen oder ähnlichen Einrichtungen praktiziert wird. Auch bei einer Fertigung mit Fertigungszentren, bei denen ein Werkteil in mehreren Arbeitsgängen auf einer Maschine bearbeitet wird, ohne den eigentlichen Arbeitsplatz zu verlassen, sollte man die Fertigungssteuerung durch andere Verfahren ergänzen.

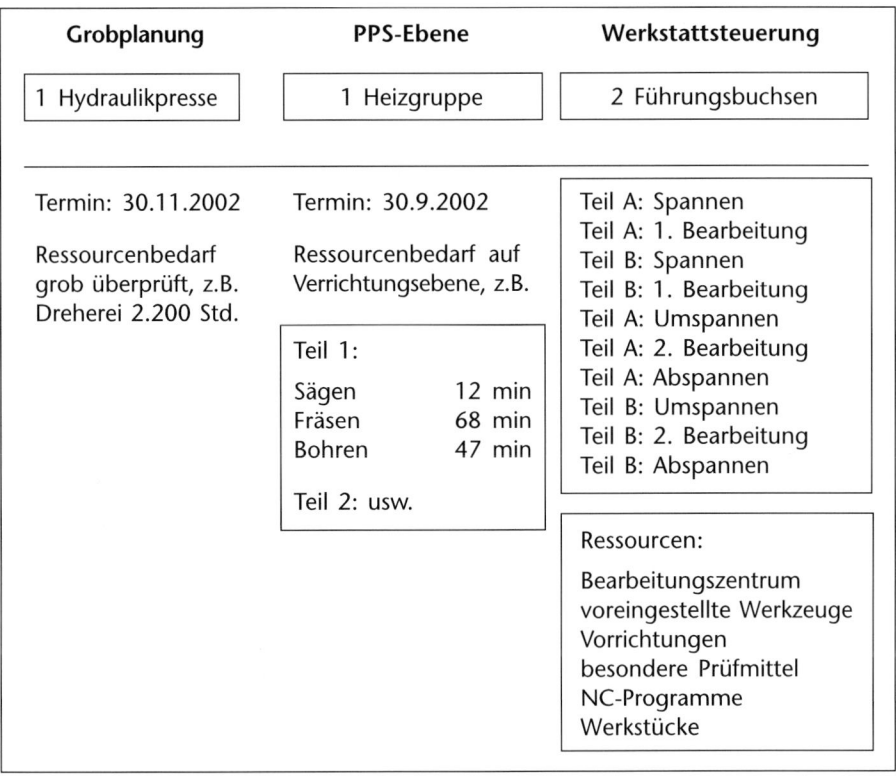

Abb. 1: Ebenen der Produktionssteuerung

### 5.3.2.4 Welche Art von Unterstützung für die Fertigungssteuerung?

Für die Fertigungssteuerung nutzt man Systeme mit unterschiedlichen Ausprägungen. Manuelle Version sind bei sehr gleichmäßiger Serienfertigung für die Steuerung häufig ausreichend, z.B. als KANBAN, Fortschrittszahlen u.Ä. Der scheinbare Nachteil eines höheren Aufwands durch fehlende Automatisierung wird dadurch kompensiert, dass die Steuerung am Arbeitsplatz einfach und ohne Probleme integriert werden kann. Man muss aber beachten, dass besonders bei KANBAN-Anwendungen der Pflegeaufwand hoch sein kann.

*Es muss nicht immer IT sein*

Eine komplexere Fertigung mit unterschiedlichen Bearbeitungsverfahren bedarf aber eines durch Informationstechnologie unterstützten Systems, das allgemein als PPS-System (Produktionsplanungs und -steuerungssystem) bezeichnet wird. Mit welcher Genauigkeit die einzelnen Arbeitsgänge und der Bedarf an Ressourcen beschrieben werden, muss durch einen Vergleich zwischen Aufwand und erzieltem Vorteil entschieden werden. Es gibt Systeme, die eine hohe Genauigkeit erlauben, dabei aber nicht nur erhebliche Rechner- und Speicherkapazität benötigen, sondern auch einen großen Pflegeaufwand erfordern.

*Kein vollständiger Verzicht auf IT*

### 5.3.3 Werkstattsteuerung

#### 5.3.3.1 Warum Werkstattsteuerung?

Für die termingerechte Fertigstellung eines Kundenauftrags ist vor dem Hintergrund knapper Liefertermine und immer komplexerer Erzeugnisse ein Instrumentarium notwendig, das die verschiedenen Fertigungsprozesse koordiniert, den auszuführenden Fertigungsvorgängen die erforderlichen Betriebsmittel zuteilt und die Bereitstellung des benötigten Materials sicherstellt. Diese Aufgabe wird von PPS-Systemen meist nur unvollkommen übernommen.

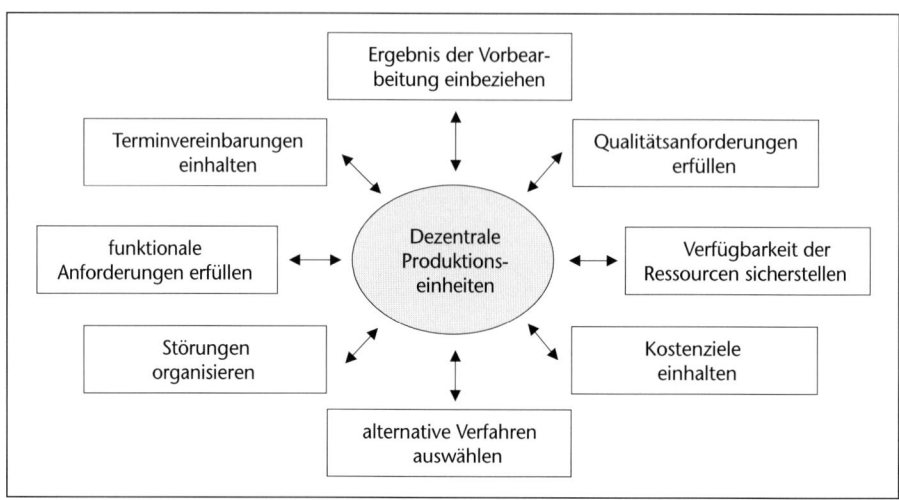

*Abb. 1: Dezentrale Produktionseinheiten*

**Unzureichende Genauigkeit der PPS-Systeme**

Die meisten eingesetzten PPS-Systeme planen in zu großen Zyklen und nehmen auf die Erfordernisse der Betriebsebene wenig Rücksicht. So werden Kostenstellen, Kapazitäten, Zeiten und Mengen nur abstrakt und in grober Detaillierung verwaltet. Als kleinste zu verplanende Zeiteinheit (Zeitraster) wird meist ein Tag vorgegeben. Deshalb können die Fertigungsvorgänge ebenfalls nur tagesgenau eingeplant werden, obwohl ihre eigentliche Fertigungszeit wesentlich kürzer ist, auch wenn eine höhere Genauigkeit vorgetäuscht wird. Die Ungenauigkeit wird ersichtlich, wenn man bedenkt, dass die Übergangszeiten zwischen den einzelnen Arbeitsplätzen, die eigentlich den Arbeitsvorrat darstellen, in Tagen, minimal in Schichten angegeben, werden (vgl. Abbildung 2).

Die Reihenfolgeplanung berücksichtigt nicht die Erfahrungen und Anforderungen der Fertigung, sondern erfolgt ausschließlich nach der Terminlage mit mehr oder minder zufälligen Zwischenterminen. Kurzfristige Änderungen des Fertigungsablaufs aufgrund von Eilaufträgen oder Störungen werden erst mit erheblichem Verzug berücksichtigt und kommen in der Regel zu spät. Für die Koordination von Bearbeitungs- und Transportvorgängen, die direkt mit der Ausführung der eingeplanten Fertigungsvorgänge verbunden sind, ist ein Zeitraster im Stunden-, teilweise sogar im Minutenbereich erforderlich.

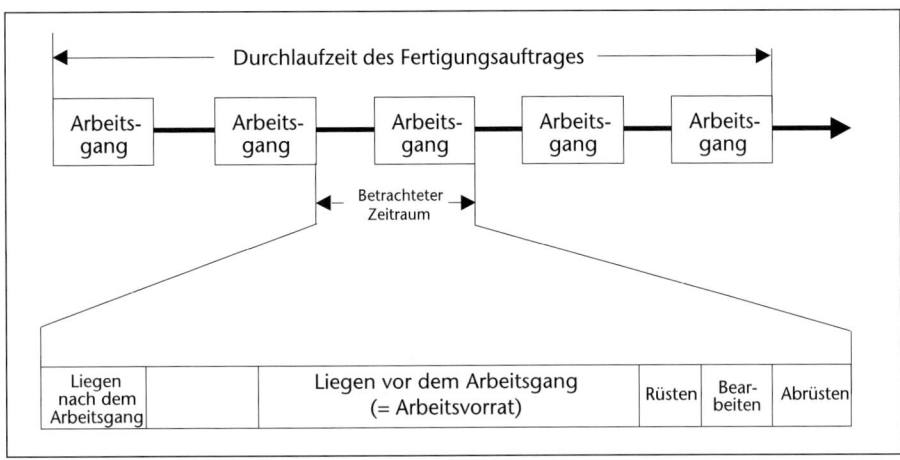

Abb. 2: *Arbeitsvorrat und Übergangszeiten*

Die daraus resultierende Informationsmenge übersteigt die Leistungsfähigkeit und das Reaktionsverhalten eines PPS-Systems. Auch werden an den einzelnen Arbeitsplätzen unterschiedliche Anforderungen an die Genauigkeit der Planung gestellt. Daher ist es nicht sinnvoll, die Planungsgenauigkeit im PPS-System unnötig zu erhöhen. Vielmehr sollten diese Aufgaben an die produzierenden Einheiten übertragen werden, die damit eine Werkstattsteuerung durchführen.

**Überforderung der PPS-Systeme durch die Informationsmenge**

### 5.3.3.2 Anforderungen an die Werkstattsteuerung

Die Werkstattsteuerung steuert die Fertigungsaufträge unter Einbeziehung aller Informationen der organisatorischen bzw. technischen Planungsebene sowie des aktuellen Status der zum Einsatz kommenden Betriebsmittel. Sie lenkt die einzelnen arbeitsgangbezogenen Werkstattaufträge im kurzfristigen Bereich und überwacht ihre Durchführung. Diese Steuerung erfolgt meist durch die Mitarbeiter am Arbeitsplatz aufgrund von Ereignissen, die im Idealfall durch geeignete Organisationsmaßnahmen bereichsübergreifend visualisiert sind (management by view).

**Steuerung durch Mitarbeiter am Arbeitsplatz**

Die Mitarbeiter an den Arbeitsplätzen oder in der Werkstatt nutzen die Angabe der Fertigungssteuerung als Richtlinie. Zur Unterstützung gibt es verschiedene einfache Hilfsmittel, beispielsweise:

**Hilfsmittel zur Unterstützung**

- eine Kartei, in der die Laufkarten nach Ablieferungstermin sortiert sind und die der Mitarbeiter nach seinem Ermessen unter Einhaltung der Liefertermine abarbeitet

- einen Raum, in dem der Arbeitsvorrat nach Prioritäten derart aufgereiht wird, dass man die einzelnen Teile sieht und den der Mitarbeiter ebenfalls nach seinen Optimierungskriterien abarbeiten kann

- traditionelle Leitstände, in denen die Aufträge durch Karten dargestellt sind, die eine variable Reihenfolgeplanung ermöglichen

**Elektronische Werkstattsteuerungssysteme**

Selten sind elektronische Werkstattsteuerungssysteme (Leitstände, lokale PPS u.Ä.) eingesetzt. Auf Störungen der Betriebsmittel oder des Ablaufs einzelner Fertigungsvorgänge muss innerhalb des Leitsystems flexibel reagiert werden können. Die Anforderungen an die Flexibilität eines Leitsystems erstrecken sich in diesem Zusammenhang auf das Ausnutzen von Reaktionsmöglichkeiten der Betriebsmittel selbst, aber auch auf die Gestaltung des Fertigungsablaufs, der bei Vorliegen einer Störung entsprechend anzupassen ist.

**Arbeitsstationen als autonome Einheiten**

Werden verschiedene Betriebsmittel und/oder Werker zu einer organisatorischen, fertigungstechnischen oder ablauforientierten Einheit zusammengeschlossen, so ergeben sich Arbeitsstationen, die aufgrund der Komplexität, der Verkettung bzw. des Automatisierungsgrades ihrer Betriebsmittel oder der Qualifikation der zugehörenden Werker unterschiedlich autonom agieren können. Diese Arbeitsstationen sind vom Leitsystem entsprechend ihrer Autonomie zu steuern, d.h., die Anforderungen an die Flexibilität eines Leitsystems müssen zusätzlich diesen strukturabhängigen Aspekt beinhalten.

## 5.4 Informationsbasis der Produktionsplanung und -steuerung

*von Helmuth Gienke*

### 5.4.1 Stückliste

Aufgabe der Stückliste ist es, den Aufbau eines Produkts hinsichtlich der gegenseitigen Zuordnung von Baugruppen und Einzelteilen nach Art und Menge zu beschreiben. Da die Stückliste für ein Unternehmen einen zentralen Informationsträger darstellt, ist deren geeigneter Aufbauform besondere Bedeutung beizumessen. Folgende Anforderungen werden dabei an den Aufbau der Stückliste gestellt:

- Berücksichtigung der Erzeugnisgliederung
- Übersichtlichkeit
- geringstmögliches Datenvolumen
- geringer Stücklistenumfang
- maschinelle Verarbeitbarkeit
- einfacher Änderungsdienst
- wenig aufwendige Bedarfsrechnung

Abbildung 1 zeigt verschiedenen Darstellungsformen von Stücklisten. Während sich die analytischen Stücklistenformen direkt aus der Struktur eines Erzeugnisses ableiten, beschreiben synthetische Stücklisten den strukturellen Zusammenhang zwischen Erzeugnissen, Baugruppen und Teilen über ein Erzeugnis hinaus. Die Definition verschiedener Stufen innerhalb der Erzeugnisstruktur ermöglicht die Zusammenfassung verschiedener Teile bzw. Baugruppen entsprechend dem Fertigungsablauf oder zur Vereinfachung der Disposition.

**Aufgaben der Stückliste**

**Darstellungsformen der Stückliste**

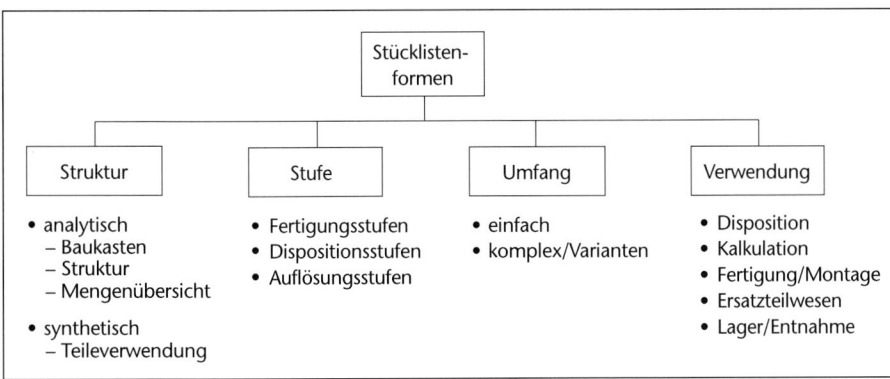

*Abb. 1: Die Darstellungsformen der Stückliste*

**Analytische Stücklistenformen**

Beispiele für analytische Stücklistenformen sind

- die Strukturstückliste
- die Baukastenstückliste
- die Mengenübersichtsstückliste

In der Strukturstückliste ist der strukturelle Aufbau eines Erzeugnisses in verschiedenen Baugruppenebenen und Einzelteilen abgebildet. Dabei erscheinen mehrfach im Erzeugnis verwendete Baugruppen und Teile auch mehrfach an verschiedenen Stellen in der Strukturstückliste, was die Bedarfsrechnung und den manuellen Änderungsdienst wesentlich erschwert.

Die Baukastenstückliste enthält je Baugruppe nur die Untergruppen bzw. Einzelteile, die unmittelbar in diese übergeordnete Baugruppe eingehen. Damit gibt es für jede Baugruppe im Unternehmen nur genau eine Stückliste. Da diese Stücklistenform keine Gesamtdarstellung der Erzeugnisstruktur mehr enthält, kommt sie praktisch nur bei einer EDV-Verwaltung der Stücklisten zum Einsatz. Da jede Baugruppe nur einmal gespeichert wird, ist die Baukastenstückliste für die EDV-Bearbeitung aufgrund ihres geringen Speichervolumens und einem erleichterten Änderungswesen besonders geeignet.

Die Mengenübersichtsstückliste enthält je Erzeugnis alle Einzelteile mit ihren Mengenangaben. Da eine Erzeugnisstruktur aus dieser Stücklistenform nicht erkannt werden kann, ist sie nur für einfache und wenig gegliederte Erzeugnisse geeignet (vgl. Abbildung 2).

**Synthetische Stücklistenformen**

Als Beispiel für eine synthetische Stücklistenform sei der Teileverwendungsnachweis angeführt. Während die analytischen Stücklistenformen die (analytische) Frage beantworten »Woraus besteht ein Erzeugnis bzw. eine Baugruppe?«, ist es Aufgabe des Teileverwendungsnachweises, Antwort auf die (synthetische) Fragestellung »In welcher Baugruppe ist ein bestimmtes Teil enthalten?« zu geben. Der Teileverwendungsnachweis ist sozusagen die Umkehrung der Stücklistenstruktur, mit dem z.B. dem Änderungsdienst aufgezeigt werden kann, auf welche Baugruppen sich eine bestimmte Einzelteiländerung auswirkt (vgl. Abbildung 3).

**Nutzung zur Teiledisposition**

Die Gliederung der Stückliste in Stufen wird am häufigsten zur Unterstützung der Teiledisposition verwendet. Dazu werden innerhalb der Stückliste alle Einzelteile und Baugruppen, die gemeinsam zu bestellen oder zu fertigen sind, zu einer Dispositionsstufe zusammengefasst. Die Zuordnung richtet sich zeitlich nach dem ersten Bedarf für das entsprechende Teil. Zu diesem Zeitpunkt erfolgt die Disposition auch für diejenigen Mengen des Teils, die erst zu einem späteren Zeitpunkt in das Erzeugnis einfließen (vgl. Abbildung 4).

Abbildung 5 fasst die Anwendungskriterien und Anforderungen an die verschiedenen Stücklistenformen zusammen.

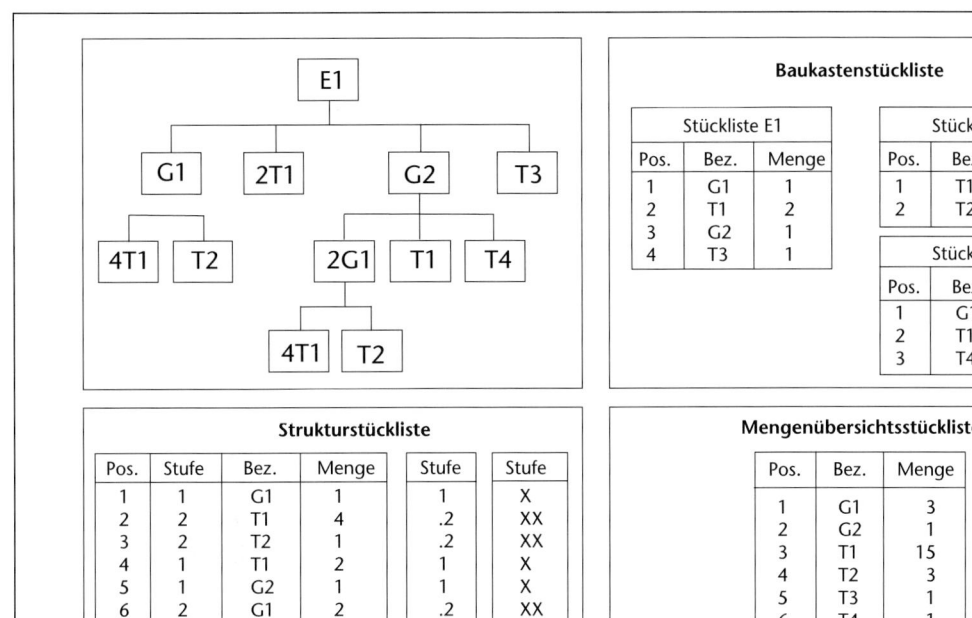

Abb. 2: *Analytische Stücklistenformen*

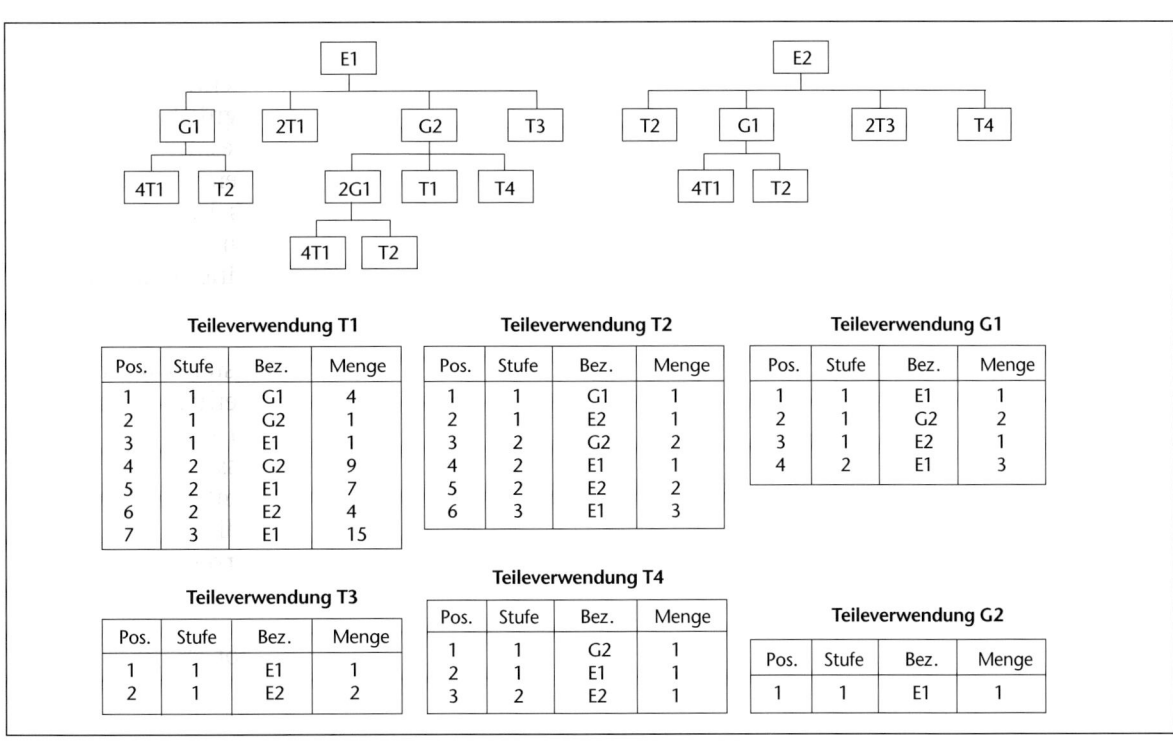

Abb. 3: *Synthetische Stücklistenformen – Teileverwendungsnachweis*

## 5.4 Informationsbasis der Produktionsplanung und -steuerung

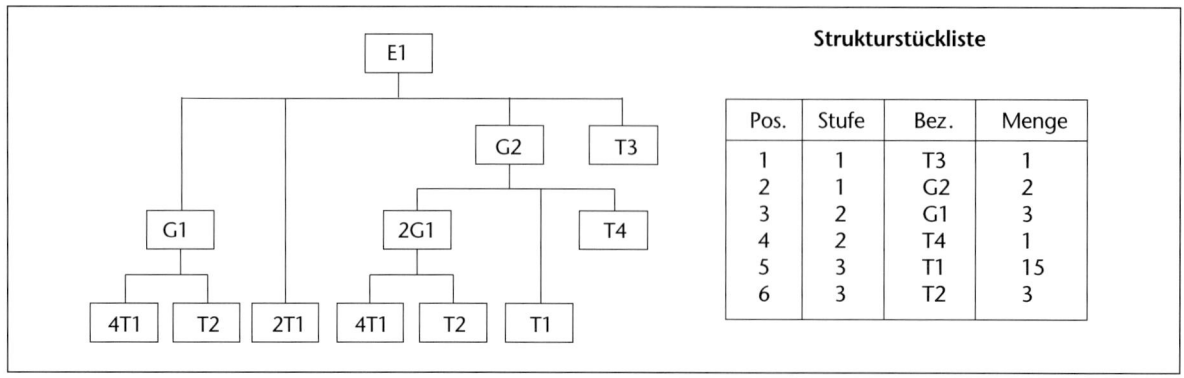

Abb. 4: *Stücklistengliederung nach der Dispositionsstufenmethode*

| | Anwendung/Anforderung | MÜ | S | B |
|---|---|---|---|---|
| **Anwendung** | Einfache Erzeugnisse | x | | x |
| | Gegliederte Erzeugnisse ohne Zwischenlagerung, geringe Wiederverwendung | | x | x |
| | Gegliederte Erzeugnisse mit hoher Wiederverwendung | | | x |
| | Vormontage von Baugruppen | | | x |
| | Erzeugnisse mit geringer Fertigungstiefe | x | x | x |
| | Erzeugnisse mit hoher Fertigungstiefe | | | x |
| | Sonderfertigung mit hoher Systematik | | | x |
| | Lagerfertigung | | | x |
| | Vor-/Nachkalkulation | x | | x |
| | Terminplanung | | x | x |
| **Anforderung** | Erkennen des Strukturzusammenhanges | – | + | • |
| | Übersichtlichkeit bei komplexen Erzeugnissen | – | • | + |
| | Änderungsdienst | + | – | + |
| | Wiederverwendung von Baugruppen | – | – | + |
| | Bedarfsermittlung für ein Erzeugnis | • | + | • |
| | Bedarfsermittlung für ein Produktionsprogramm | – | – | + |
| | zeitlich differenzierte Bedarfsermittlung | – | + | + |
| | geringer Speicherbedarf | + | – | + |
| | Ableitung anderer Stücklistenarten | – | – | + |
| | Teileverwendungsnachweis | • | • | + |

**Legende:**

MÜ = Mengenübersicht  
S = Strukturstückliste  
B = Baukastenstückliste  

x = Zuordnung der Stücklistenart zur Anwendung  

+ = Anforderung erfüllt  
• = Anforderung bedingt erfüllt  
– = Anforderung nicht erfüllt  

Abb. 5: *Stücklistenverwendung*

Die Auflösung der Stückliste erfolgt schwerpunktmäßig nach drei Gesichtspunkten. Zum einen dient sie der Darstellung des konstruktiven Aufbaus, etwa für Zwecke der Konstruktion, der Qualitätssicherung oder aus ähnlichen Gründen.

**Darstellung des konstruktiven Aufbaus**

Zum Zweiten dient sie der Materialversorgung. Zu diesem Zweck werden meist die einzelnen Bauteile aufgelöst und überprüft, ob die Elemente verfügbar oder zu beschaffen sind. Sind die betrachteten Elemente (Baukästen oder Einzelteile) verfügbar oder extern zu beschaffen, erfolgt keine weitere Auflösung, das betrachtete Element kann bereitgestellt werden. Ist dies nicht der Fall, wird eine weitere Ebene aufgelöst, bis man zu einem beschaffbaren Teil oder einem Material kommt.

**Materialversorgung**

Drittens dient die Auflösung der Kostenkalkulation. Die Auflösung erfolgt dann bis zum untersten Element, und ab diesem werden nach oben die Kosten für die einzelnen Elemente und Baukästen aus deren Struktur ermittelt und in den Stammsätzen gespeichert. Besteht Teilemehrfachverwendung, kann die Auflösung mit den Elementen beendet werden, für die die Kosten bereits ermittelt sind.

**Kostenkalkulation**

### 5.4.2 Arbeitsplan

**Wichtigster Informationsträger für die Produktion**

Der Arbeitsplan gilt zusammen mit Stücklisten und Zeichnungen als wichtigster Informationsträger für die Produktion. Die Verwendung des Arbeitsplans zur Dokumentation, wie und womit Erzeugnisse, Baugruppen oder Teile hergestellt werden sollen, erfordert einen hohen eindeutigen und vollständigen Informationsgehalt, der nach REFA folgendermaßen definiert wird:

> **Definition nach REFA:**
> 
> »Im Arbeitsplan ist die Vorgangsfolge zur Fertigung eines Teils, einer Gruppe oder eines Erzeugnisses beschrieben; dabei sind mindestens das verwendete Material sowie für jeden Arbeitsvorgang der Arbeitsplatz, die Betriebsmittel, die Vorgabezeit und gegebenenfalls die Lohngruppe angegeben.«

**Informationsgehalt**

Bereits im Aufbau des Arbeitsplans sind drei unterschiedliche Gruppen von Informationen enthalten, die sich auf den Arbeitsplan selbst, den Fertigungszustand des herzustellenden Teils bzw. der Baugruppe sowie auf die einzelnen durchzuführenden Arbeitsvorgänge beziehen:

**I  Angaben zum gesamten Arbeitsplan**

- Identifizierung
- Art des Arbeitsplans
- Stückzahlbereich
- Aktualitätsangaben
- Ursprungsangaben
- Angaben zu Umfang und Vollständigkeit
- Sachbearbeitungsbereich

**II  Sachabhängige Angaben zum Ausgangs- bzw. Fertigungszustand**

- Identnummer Fertigteil
- Identnummer Ausgangsteil
- Zeichnungsnummer Fertigteil
- Zeichnungsnummer Ausgangsteil
- Benennung Fertigteil/Ausgangsteil
- Klassifizierungsnummer Fertigteil/Ausgangsteil
- Teilefamiliennummer Fertigteil
- Werkstoff Ausgangsteil
- Basismenge und Mengeneinheit Ausgangsteil
- Rohmaße und Rohgewicht Ausgangsteil

## III Arbeitsvorgangsabhängige Angaben

- Beschreibung Arbeitsvorgang
- Kennzeichnung Arbeitsplatz
- Kennzeichnung Fertigungshilfsmittel
- Basisstückzahl (bei gleichzeitiger Bearbeitung)
- Lohngruppe
- Lohnart
- Rüstzeit
- Stückzeit
- Zeiteinheit
- Verfahren der Zeitvorgabe
- Verknüpfung
- Überlappung/Splittung (zeitlich/mengenmäßig)
- Ein- und Aussteuerungshinweise

**Auftragsneutraler und auftragsbezogener Arbeitsplan**

Die Erstellung von Arbeitsplänen erfolgt in den meisten Fällen auftragsneutral und auf der Basis von Zeichnungen und Stücklisten für einen vorgegebenen Stückzahl- und Losgrößenbereich. Erst bei der Erteilung eines Kunden- oder Fertigungsauftrags kann bei Bedarf der konkrete, auftragsbezogene Arbeitsplan erzeugt werden. Zur Sicherstellung einer wirtschaftlichen Fertigung sollte vor Ableitung der Auftragspapiere die Gültigkeit des Arbeitsplans für die dem Fertigungsauftrag zugrunde liegenden organisatorischen Vorgaben (wie z.B. die Losgröße) überprüft werden.

**Aktualität**

Die vielfältige Verwendung des Arbeitsplans in den Bereichen

- Fertigungsplanung
- Fertigungssteuerung
- Entwicklung und Konstruktion
- Qualitätssicherung
- Produktionsprogrammplanung
- Investitionsplanung und -rechnung
- Absatzplanung
- Bestandsplanung (Material, Ressourcen)
- Kalkulation
- Kosten- und Leistungsvergleich
- Lohnabrechnung

führt zwangsweise zur Forderung nach korrekten und aktuellen Arbeitsplänen, die im Rahmen der konventionellen und der zunehmend rechnergestützten Planung zu erzeugen sind.

## 5.4 Informationsbasis der Produktionsplanung und -steuerung

**Erstellung des Arbeitsplanes**

Bei der Erstellung eines Arbeitsplanes sind folgenden Planungsaufgaben zu erledigen:

### Beratung mit der Konstruktion
- Überprüfung der Konstruktionsunterlagen
- Erfassung der Fertigungsmöglichkeiten

### Festlegung des Ausgangsmaterials
- Halbzeugbestimmung
- Werkstoffbestimmung
- Rohmaßfestlegung
- Gewichtsberechnung

### Bestimmung der Arbeitsvorgangsfolge
- Festlegen der Arbeitsinhalte
- Reihenfolgeermittlung
- Berücksichtigung von Alternativen
- Wirtschaftlichkeitsvergleich

### Festlegung des Arbeitssystems
- Maschinenauswahl
- Zuordnung der Fertigungsmittel
- Werkzeugvorauswahl

### Bildung von Teilarbeitsvorgängen
- Untergliederung eines Arbeitsvorgangs
- Erstellung von Arbeitsanweisungen

### Vorgabezeitermittlung
- Werkzeugfestlegung
- Festlegung der Einstelldaten von Maschinen
- Schnittwertermittlung
- Ermittlung von Haupt-, Neben- und Rüstzeiten
- Berücksichtigung von Erhol- und Verteilzeiten
- Berechnung der Auftragszeit

### Angaben zur Entlohnung
- Festlegung der Lohnart
- Bestimmung der Lohngruppe bzw. des Arbeitswertes

**Fertigungsplan zur synchronen Planung**

Um den Materialbedarf den einzelnen Arbeitsgängen zeitgenau zuzuordnen (synchrone Planung), werden Stückliste und Arbeitsplan häufig in einer gemeinsamen Struktur erstellt, bei der zu einem Arbeitsgang jeweils das erforderliche Material und die erforderlichen Werkzeuge angegeben und gespeichert werden. Damit kann das Material zu Beginn des Arbeitsganges bereitgestellt werden, was besonders bei langen Durchlaufzeiten eines Auftrages (z.B. durch viele einzelne oder lange Arbeitsgänge) wirtschaftlicher ist. Der gemeinsame Plan wird dann als Fertigungsplan bezeichnet.

### 5.4.3 Materialdaten

**Stammdaten und Strukturverbindungen**

Die Materialdaten sind als Stammsätze gespeichert und über Strukturverbindungen in Fertigungsplan oder Stückliste zu Baukästen strukturiert. Es kann sich um

- einzelne Teile
- Materialien in Stückform
- Halbzeuge (Stangenmaterial, Bleche)
- Rohmaterial
- Baugruppen oder
- Fertigteile

handeln. Eine Besonderheit sind die nicht existierenden Teile, so genannte Pseudoteile, die aus steuerungstechnischen Gründen in den Plan eingefügt werden.

Die Teile werden über Bezeichnungen identifiziert, die aber teilweise recht komplex aufgebaut sind und meist nicht für den Zugriff z.B. über Schlüssel geeignet sind. Häufig sind sie auch nicht eindeutig, sondern werden erst durch die Zuordnung zu einem Auftrag oder Produkt eindeutig bestimmt.

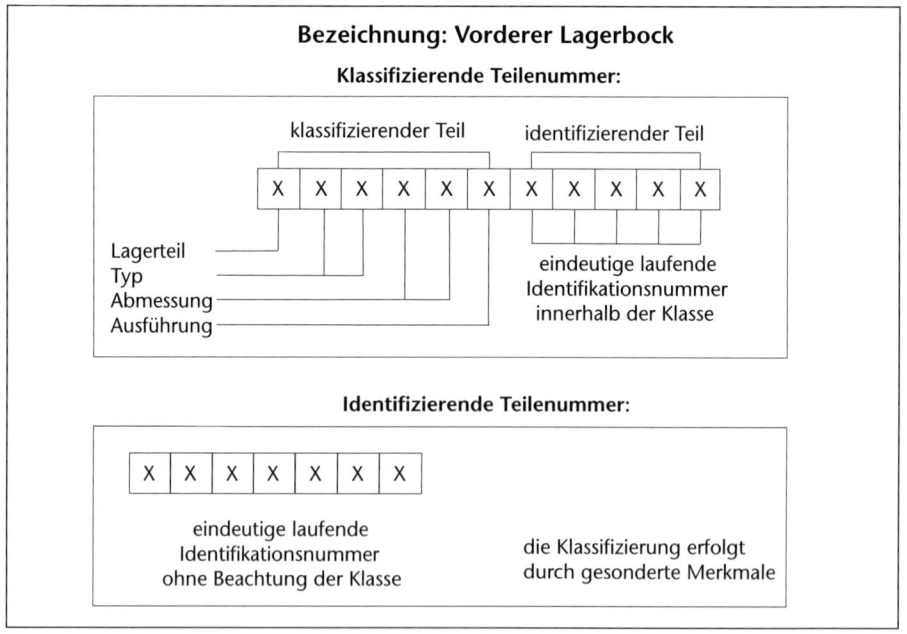

*Abb. 1: Teilenummern*

**Klassifizierende Teilenummern**

Aus diesem Grunde erfolgt die systemtechnische Identifikation über Teilenummern, die häufig rein nummerisch, teilweise auch alphanummerisch sind. Teilenummern sind für jedes Teil unterschiedlich und können in laufender Reihenfolge vergeben werden oder klassifizierend aufgebaut sein.

Meist sind sie klassifizierend, um sie einfacher zu identifizieren oder einprägsamer zu machen. Man bezeichnet sie auch als sprechende Teilenummern.

Da die Struktur der Produkte sich über einen gewissen Zeitraum ändern kann, besteht bei klassifizierenden Nummernsystemen die Gefahr, dass Teile erfasst werden müssen, die nicht mehr in das Schema einzuordnen sind. Man spricht dann vom »Bruch« oder vom »Platzen« des Nummernsystems, einige nennen das Ergebnis auch ein »stammelndes System«. Die Folgen sind noch überschaubar, wenn mit diesem System keine Auswertungen, also Gruppenbildungen in Statistiken und Übersichten, verbunden sind.

**Trennung von Identifizierung und Klassifizierung**

In der Einzelfertigung wird für Wiederholteile häufig eine Identifizierungs-Nummer verwendet, für rein auftragsbezogene Teile dagegen z.B. die Auftragsnummer mit Stücklisten-Nummer und laufender Position.

**Lösungen bei Einzelfertigung**

Auswertungen sollten immer ein Klassifizierungssystem nutzen, in dem die einzelnen Materialteile mit Klassenausprägungen versehen sind. Häufig findet man parallel mehrere Klassensysteme, z.B. eine vertriebsorientierte, eine technische und eine betriebswirtschaftliche Klassifizierung. Dazu gibt es in fast allen Systemen noch einen Suchbegriff, der ebenfalls ein klassifizierendes Merkmal ist.

### 5.4.4 Kostendaten

**Kalkulationsbasis** Jedes industrielle Handeln ist wirtschaftlich motiviert. Kosten zu kalkulieren und angefallene Kosten zu ermitteln ist dabei eine wesentliche Aufgabe, zu der ein PPS-System einen Beitrag leisten kann, denn Erzeugnis- und Fertigungsstruktur, durchgeführte Arbeiten sowie eingesetzte Ressourcen sind in den Stammdaten und über Rückmeldungen aufgeführt. Diese Kosten verursachenden Faktoren müssen bewertet und gespeichert werden.

Jeder Ressourcentyp hat dabei unterschiedliche Kategorien. Beim Material sind es die Beschaffungskosten, also der Einkaufspreis (eventuell zuzüglich der Beschaffungsgemeinkosten) oder die Herstellkosten. Diese Angaben werden häufig verfeinert. So kann statt der Beschaffungskosten der durchschnittliche Preis des Lagerbestandes oder der Wiederbeschaffungspreis benutzt werden. Auch die Herstellkosten können variable Herstellkosten oder Gesamtherstellkosten sein. Man kann aber davon ausgehen, dass nur eine automatische Pflege dieser Daten zufrieden stellende Ergebnisse bringt. Die manuelle Pflege ist meist unvollkommen, da im Gegensatz zu den anderen Angaben keine Sachzwänge mit den Zahlen verbunden sind.

## 5.4.5 Losgröße

Die Losgröße ist die Mindestmenge, in der ein Teil beschafft oder gefertigt wird. Man unterscheidet hierbei fertigungstechnisch und wirtschaftlich orientierte Losgrößen. Im ersten Fall ergeben sich die Losgrößen aus verfahrens- oder betriebsmittelbedingten Randbedingungen. So kann zum Beispiel bei einem Stanzprozess aufgrund der verwendeten Werkzeuge immer nur eine konstante Menge an Teilen gleichzeitig hergestellt werden. Die Losgröße ergibt sich somit als Einfaches oder Vielfaches dieser konstanten Teilemenge.

*Die optimale Losgröße*

Die wirtschaftlich orientierte Losgröße ergibt sich aus der Gegenüberstellung von losgrößenabhängigen Beschaffungskosten, losgrößenunabhängigen Bestellkosten und Kosten für die Lagerhaltung.

*Die wirtschaftliche Losgröße*

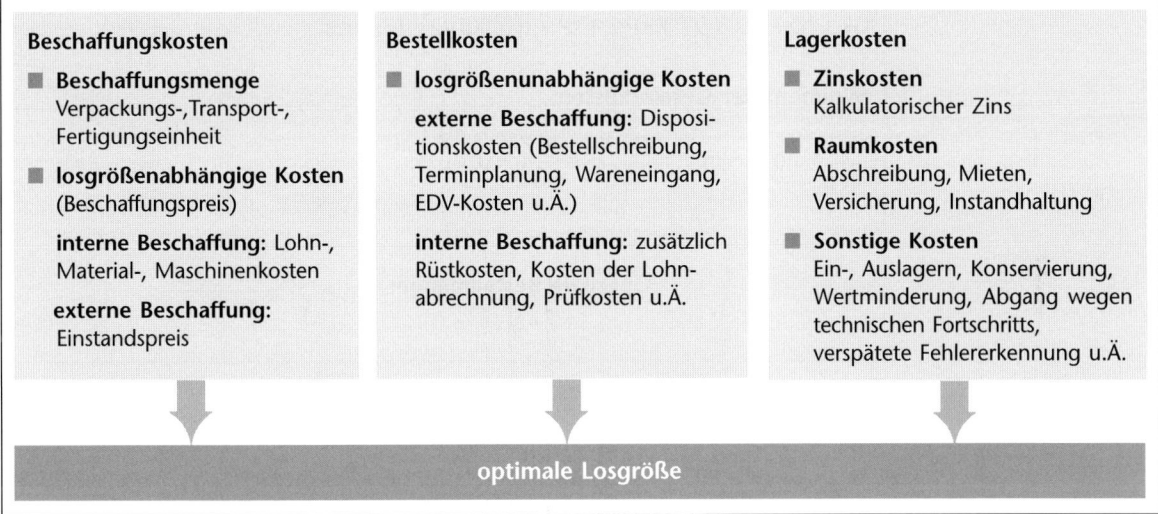

Abb. 1: Bestimmungsgrößen für die optimale Losgröße

Die teilweise gegenläufigen Kostengrößen werden im Rahmen der Losgrößenberechnung, die zyklisch in einem Unternehmen durchgeführt wird, hinsichtlich der zu beschaffenden (oder zu fertigenden) Stückzahl zu einem gemeinsamen Optimum gebracht, d.h., es wird die optimale Losgröße berechnet, bei der die Gesamtkostenkurve ihren Minimalwert erreicht.

Abbildung 2 beschreibt – aus einer Vielzahl unterschiedlicher Methoden zur Bestimmung der optimalen Losgröße heraus – das gebräuchlichste Verfahren nach Andler. Einen großen Einfluss auf die Losgröße haben in der Fertigung die Rüstkosten. Es gibt daher Ansätze, die optimale Losgröße mit »eins« (ein Stück) zu definieren, weil man sagt, dass dann der Druck zur Reduzierung der Rüstkosten steigt. Unbestritten ist, dass Qualitätsgesichtspunkte, der Einfluss eines schnelllebigen Marktes und das Streben nach wirtschaftlicher Fertigung einen Einfluss auf die optimale Losgröße haben und die Andlersche Formel eine zu hohe Zahl für die Losgröße liefert. Trotzdem ist die Formel als erster Anhaltspunkt geeignet.

*Die Andlersche Losgröße ist zu groß*

## 5.4 Informationsbasis der Produktionsplanung und -steuerung

---

**Beschaffungskosten:**

$BK = Q \cdot P$

$Q$ = gesamter Jahresbedarf [Stück/Jahr]
$P$ = Beschaffungspreis [Euro/Stück]

**Bestellkosten:**

$BE = n \cdot KB$
$n = Q/q$
$BE = Q/q \cdot KB$

$n$ = Bestellhäufigkeit [Anzahl/Jahr]
$KB$ = Kosten je Bestellung [Euro/Bestellung]
$q$ = Bestellmenge [Stück/Bestellung]

**Lagerhaltungskosten:**

$LK = q/2 \cdot (P + KB/q) \cdot Z/100$

$q/2$ = Durchschnittsbestand
$Z$ = Lagerkostensatz [%]
$KB/q$ = Bestellkosten/Stück [Euro/Stück]

**Gesamtkosten:**

$GK = BK + BE + LK$
$GK = Q \cdot P + (Q \cdot KB)/q + (P \cdot q + KB)/2 \cdot (Z/100)$

**Minimum der Gesamtkosten:**

$$\frac{d\,GK}{d\,q} = 0 \quad \Rightarrow \quad \frac{-Q \cdot KB}{q^2} + \frac{P \cdot Z}{200} = 0$$

**Optimale Bestellmenge:** $\quad q_o = \sqrt{\dfrac{Q \cdot KB \cdot 200}{P \cdot Z}}$

---

*Abb. 2: Herleitung der Andlerschen Losgrößenformel*

Die Losgröße ist im Teilestamm gespeichert, es gibt aber fast nie eine Unterteilung in eine Losgröße für die Eigenfertigung und die externe Beschaffung.

## 5.4.6 Dispositionsart

In klassischen PPS-Systemen sind für die Disposition mehrere Arten vorgesehen, meist:

- auftragsbezogene Disposition: für einen bestimmten Auftrag

- bedarfsbezogene Disposition: für einen bestehenden Auftrag oder einen vorhergesagten Bedarf aus einer Prognose, aber nicht ausschließlich für den Auftrag

- bestandsbezogene Disposition: Disposition dann, wenn der Bestand auch unter Berücksichtigung der Beschaffungs- und Bedarfssituation unter einen entweder fest vorgegebenen oder durch Algorithmen als erforderlich angesehenen Mindestbestand sinkt

**Dispositionsdaten in den Materialangaben**

Für diese Teile wird im Allgemeinen eine Bestandsführung durchgeführt, in der die Zugänge durch Beschaffung oder Eigenproduktion, die Abgänge und die prognostizierten Bewegungen abgeglichen werden. Das gilt nicht für so genanntes Schüttgutmaterial, meist geringwertiges Material, das bestandsbezogen disponiert wird, aber nicht in der Bestandsführung enthalten ist. Die Mindestmenge wird durch Sicht bestimmt und überprüft. Außerdem gibt es noch Teile, die nicht disponiert werden, sondern automatisch durch die Fertigungsvorgänge entstehen.

**Bestandsführung**

Für die einzelnen Dispositionsarten gibt es in den Stammsätzen der jeweiligen Teile ein Feld, in dem häufig verschlüsselt ist, ob das Teil noch nachbestellt werden kann oder nicht mehr, weil es ausläuft. In diesem Fall wird manchmal auch gefordert, ein Ausweichteil über dessen Teilenummer zu definieren.

Die Beschaffung erfolgt entweder durch Eigenfertigung oder durch externe Beschaffung. Auch kann es vorkommen, dass ein Teil wechselweise extern oder durch Eigenproduktion beschafft wird, abhängig von Termin- und Auslastungssituation. Es kann unterschiedliche Mengeneinheiten bei Disposition und Bestellung geben, z.B. Beschaffung in Tonnen und Disposition in laufenden Metern. Zu diesem Zweck gibt es Umrechnungsfaktoren, die den einzelnen Stammsätzen zugeordnet sind. Auch diese Angaben sind in den Stammsätzen der einzelnen Teile verschlüsselt. Zusätzlich sind noch Querverweise auf den oder die Lieferanten als Hinweis für den Beschaffer vorgesehen.

**Externe Beschaffung oder Eigenfertigung**

Eine weitere erforderliche Angabe ist die Aussage, in welcher Mindestmenge bei einem Fehlbestand bestellt wird. Bei einer auftragsbezogenen Disposition ist es natürlich immer die Bedarfsmenge, bei den anderen Arten kann es aber auch eine wirtschaftliche Losgröße sein, eine Mindestbestellmenge oder eine Verpackungseinheit. Diese Information wird meist mit der Dispositionsart gemeinsam verschlüsselt, obwohl es eigentlich eine separate Information ist.

**Mindestmengen**

zusätzlich kann noch eine Angabe über die Beschaffungszeit erforderlich sein, die entweder manuell eingegeben und gepflegt wird, aus geglätteten Werten des bisherigen Verlaufs mit einem Sicherheitszuschlag ermittelt oder aus der Auflösung der Fertigungsunterlagen kalkuliert wird.

## 5.5 Einführung von PPS-Systemen

*von Helmuth Gienke*

### 5.5.1 Vorbereitung

**PPS braucht Ziele**

Die wichtigste Maßnahme bei der Einführung eines PPS-Systems ist, zu definieren, welche Ziele man erreichen will und wie das zukünftige PPS-System diese Ziele unterstützen soll. Ziele sind nur dann echt, wenn sie quantifiziert und erreichbar sind. Dieser banale Satz wird leider häufig nicht beachtet. Wir haben in Umfragen bewusst nach der Priorität des Zieles »Transparenz« gefragt und eine überraschend hohe Priorität dieses Pseudozieles gefunden. Realistische Ziele sind Kostensenkung, Termintreue und Senkung der Durchlaufzeiten, die mit dem Hilfsmittel Transparenz erreicht werden sollen.

**Falsche Ziele**
- wir müssen PPS haben
- PPS ist technologischer Standard
- moderner Betrieb hat moderne EDV
- einen Zustand-wie-er-ist automatisieren
- BDE einführen

**Pseudoziele**
- Flexibilität in der Produktion
- Transparenz des Geschehens

**Legale Ziele**
- kürzere Durchlaufzeiten
- termintreuere Lieferungen
- geringerer Lagerbestand
- bessere Nutzung der Produktionsmittel
- Beeinflussen der Durchlaufzeiten
- kostengünstigere Einführung von Konstruktionsänderungen
- möglichst späte Berücksichtigung von Kundenwünschen
- schnellere Lieferung

*Abb. 1: Ziele für ein PPS-System*

**Ziele müssen echt und akzeptiert sein**

An diesen Zielen muss sich die Auswahl eines PPS orientieren. Deshalb müssen sie von allen Beteiligten akzeptiert werden. Wenn das System über die Funktionen eines Planungssystems hinaus für die Steuerung genutzt werden soll, muss es den Benutzern die erforderlichen Auskünfte jederzeit korrekt zur Verfügung stellen. Im Produktionsprozess sind kurzfristige Entscheidungen erforderlich, die schnell verfügbare Informationen verlangen. Liegen diese Informationen nicht vor oder sind sie nicht richtig, besteht die Gefahr, dass falsch entschieden wird und damit unnötig Ressourcen verbraucht werden.

Das neue PPS-System soll die Situation in der Werkstatt möglichst genau und schritthaltend abbilden. Fertigungssteuerung ist ein Prozess und damit müssen die Grundsätze eines Prozesssteuerungssystems im PPS-System realisiert werden. Fast immer ist aber die Reaktion im Mehr-Minuten-Bereich schnell genug. Entscheidend ist, dass die richtigen Informationen im Dialog zur Verfügung gestellt werden, und das bedeutet, dass sie online verarbeitet werden.

*PPS muss jederzeit genau sein*

Ein gewichtiges Augenmerk sollte auf die Möglichkeit gelegt werden, über definierte Schnittstellen das PPS um zusätzliche Komponenten (besonders um Werkstattsteuerungssysteme) zu erweitern. Ziel aller Aktivitäten ist ein rechnerintegriertes System. Die nahe liegenden Funktionen sind also z.B. der Anschluss einer maschinellen Betriebsdatenerfassung, eines Werkzeugverwaltungssystems, von DNC-Systemen, von Stücklisten- und Arbeitsplangeneratoren usw. Außerdem muss es über geeignete Internet-Schnittstellen die Verbindung zu anderen Unternehmen ermöglichen.

*Schnittstellen zu anderen Systemen*

Die Auswahl eines PPS-Systems ist eine langfristige Entscheidung, die das Unternehmen häufig zehn bis fünfzehn Jahre festlegt. In dieser Zeit wird sich ein Betrieb in seiner Struktur und seiner Produktionsart radikal ändern. Das PPS-System muss darum verbesserungsfähig sein und mit geringem Aufwand an den jeweiligen Bedarf angepasst werden können, da sonst die Gefahr besteht, dass Entwicklungen gebremst werden, weil »das PPS das nicht zulässt«.

*PPS muss zukunftssicher sein*

Die Belastung eventuell vorhandener Rechnersysteme wird häufig übertrieben. Die Erfahrung zeigt, dass die hauptsächlichen Kosten nicht durch die Hard- und Software entstehen, sondern durch Mitarbeiteraufwand und entgangene Gewinne bei einem unzureichenden System. Es ist richtig, hier zugunsten besserer Wirkung des Systems einen höheren Aufwand zu akzeptieren, denn ein schlecht geeignetes System verursacht wesentlich höhere Kosten im Nutzerbereich als eventuelle Mehrkosten für ein besser entsprechendes Produkt. Hier gilt die alte Qualitätsweisheit, dass das gerade geeignete und die Anforderungen erfüllende System das richtige System ist und dass die Übererfüllung der Anforderungen genau so ein Qualitätsmangel ist wie Untererfüllung.

Die Kriterien für einen Anforderungskatalog müssen ausgewogen bewertet werden. Der Anforderungskatalog wird sinnvollerweise zwei Ebenen haben:

*Realistischer Anforderungskatalog*

- eine grobe Aufstellung von wichtigen Anforderungen, die eine Vorauswahl zulassen

- eine feinere Gliederung zur Bewertung der Funktionalität für die endgültige Auswahl

**Überprüfung alter Verfahren**

Im Anlagenbau existiert aus alten Zeiten das Kennwort oder die Baunummer. Prioritäten kann man setzen, indem man das Kennwort mit einer hohen Dringlichkeit belegt. Eine häufige Forderung an PPS-Systeme im Anlagenbau ist folgerichtig, dass das Kennwort mitgeschleppt wird, obwohl die Funktion hier keinen Sinn hat. Man darf nicht wie bisher pauschal Prioritäten für alle Arbeitsgänge eines Auftrages setzen, denn terminbestimmend sind die Arbeitsgänge, die auf dem jeweiligen kritischen Pfad liegen und die man mit konventionellen Mitteln nicht erkennt. Solche Beispiele für Relikte aus der Vergangenheit findet man in allen Branchen, hier ist nur ein einziges aufgeführt. Der Anforderungskatalog an ein neues PPS-System sollte frei sein von derartigen traditionsbedingten Forderungen.

## 5.5.2 Projektstart

An einem Projekt zur Einführung eines neuen Systems sollten alle Betroffenen beteiligt werden. Für den Umfang der Teilnahme gibt es mehrere Ebenen, die von einer ständigen oder zeitweisen Mitarbeit am Projekt über Teilnahme an Entscheidungsgremien bis zur einfachen Information reichen. Wichtig ist, dass die Beteiligten Gelegenheit zur Aussprache haben und auch auf ihre Probleme, und sei es in einem werksinternen Rundschreiben, eingegangen wird.

**Beteiligung der Betroffenen**

Eine weitere Notwendigkeit für die Einführung ist, dass die Basisdaten wie Stücklisten und Arbeitspläne den neuen Anforderungen entsprechen. Häufig werden Daten aus alten Systemen, wie z.B. Kalkulation oder alten PPS-Systemen, übernommen. Diese Daten sind fast immer unzureichend. Wenn ein neues System mit höheren Anforderungen an die Genauigkeit, an die Aussagefähigkeit und an die Zuverlässigkeit eingeführt wird, müssen die Daten den neuen Anforderungen entsprechen. Werden die vorhandenen Daten nur einer flüchtigen Kontrolle unterzogen, werden erhebliche Verzögerungen bei der Einführung die Folge sein oder das System sogar scheitern, weil die ungenauen Daten zu falschen Ergebnissen führen. Vereinfacht gesagt: Wenn Sie ein neues System haben wollen, wollen Sie auch neue Funktionen nutzen und dafür sind bessere Daten erforderlich als für die bisherigen einfacheren Funktionen.

**Zweckmäßige Basisdaten**

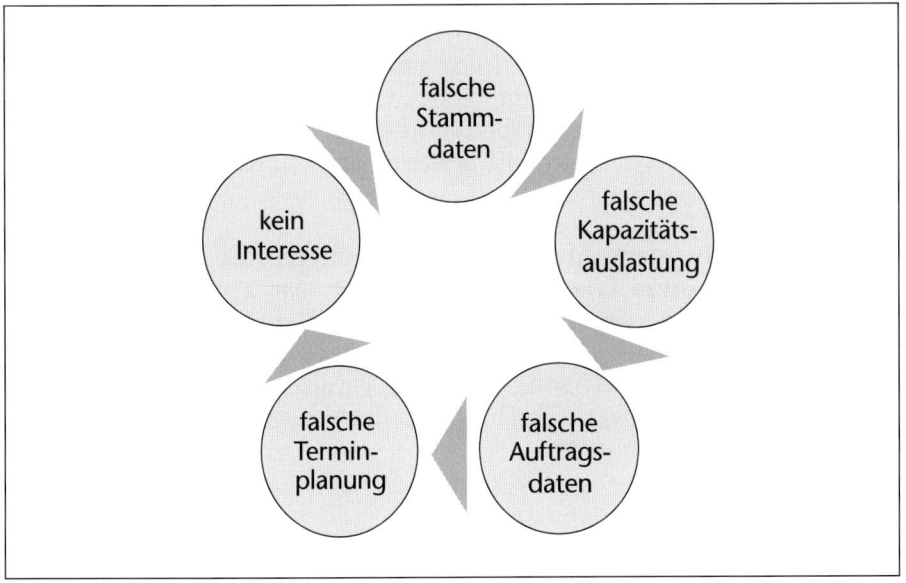

*Abb. 1: Kreislauf fehlerhafter Daten*

### 5.5.3 Ablauforganisation

**Anpassung der Organisation**

Die Aufgaben, die heute die Fertigungssteuerung übernimmt, waren auch früher zu bewältigen. Dies geschah aber mit anderen Hilfsmitteln und über eine andere Organisation. Zur Lösung der Aufgaben wurden im Zusammenspiel mit der vorhandenen Aufbauorganisation Hilfsmittel entwickelt, die in einem permananten Entwicklungsprozess zu einer Anpassung der Organisation führten. Diese berücksichtigt den Aufwand durch die bisherigen Methoden und die Verteilung des Aufwandes auf die Organisationseinheiten. Mit neuen Methoden und neuen Informationen sind geänderte Aufgaben und Abläufe erforderlich, und damit ändert sich auch der Arbeitsanfall. Darum ist es sinnvoll, die Funktionen neu aufzuteilen.

**Delegieren der Termintreue**

Es hat sich bewährt, die Verantwortung für die Termintreue so nahe wie möglich an die produzierenden Stellen zu delegieren, wenn man dafür sorgt, dass die entsprechenden Informationen dort bereitgestellt werden. Dem Meister sollte nicht nur die Verantwortung für die Qualität und die Kapazitätsausnutzung überlassen werden, sondern ebenso die Verantwortung für die Termintreue, wobei Maßnahmen zu ergreifen sind, damit die Ziele sich nicht gegenseitig stören.

**Realistische Termine**

Zur Termintreue gehören realistische Termine. Häufig werden, um die Auswirkung von Terminüberschreitungen zu mindern, falsche, also zu frühe Termine, in die Fertigung gegeben. Da der Fertigung das natürlich bekannt ist, werden diese Termine ignoriert und entsprechende Überschreitungen gleich eingeplant. Diese in der bisherigen Praxis übliche Methode führt aber bei einem modernen Informationssystem zu Fehlern. Die Auslastung der Arbeitsplätze stimmt nicht, der Materialfluss ist falsch abgebildet und die unrealistischen Produktionsdaten und Termine führen dazu, dass den Daten des Systems nicht geglaubt und damit das komplette System ignoriert wird.

**Falsche Informationen sind wertlos**

Ein Informationssystem mit falschen Informationen ist wertlos und eine Fehlinvestition. Diese Erkenntnis kann nicht klar genug herausgestellt werden: Wenn man in einem modernen PPS-System mit falschen Zahlen arbeitet, sollte man sich den ganzen Aufwand lieber sparen. Damit kann das System nicht zur Fertigungssteuerung genutzt werden, sondern bestenfalls zur Planung, deren Ergebnisse dann von den ausführenden Stellen korrigiert werden müssen.

## 5.5.4 Einführung

Die Strategie zur Einführung eines PPS-Systems muss sorgfältig geplant werden. Dazu gehören Maßnahmen zur Änderung der Organisation und zur Schaffung der personellen Voraussetzungen. Diese Maßnahmen sind in einem Stufenplan sowohl als Reihenfolge der funktionalen Einführung als auch als Reihenfolge der betroffenen Abteilungen festzulegen. Man sollte nicht den Fehler machen, die Steuerung der gesamten Produktion auf einen Schlag umzustellen, denn dann setzen sich Fehler, die während der Einführung auftreten (sie treten garantiert auf), sofort bis zur Lieferfähigkeit fort.

**Planung der Einführung**

Die funktionale Einführung legt fest, in welcher Reihenfolge die einzelnen Anwendungen des PPS-Systems einzuführen sind. Dabei sind folgende Punkte zu beachten:

**Funktionale Einführung**

- Die Produktion muss nach der herkömmlichen Weise für die offenen Funktionen weitergesteuert werden.

- Es darf nicht zu viel parallel laufen, denn das verzögert den Drang zur Ablösung des alten Systems und kostet Aufwand.

- Die jeweiligen Schnittstellen zwischen dem alten und dem neuen System müssen sorgfältig entworfen werden.

- Die Bedienung der Schnittstellen erfordert Aufwand.

Man erkennt, dass leicht der Weg des geringeren Widerstandes eingeschlagen wird und – weil man den Aufwand scheut – nicht die optimale Vorgehensweise umgesetzt wird. Die Konsequenz ist, dass die Einführung länger dauert und mehr Aufwand erfordert.

Die zweite Abstufung, die abteilungsweise Einführung nämlich, leuchtet eher ein, nur sind mittlerweile die Produktionsabläufe so verzahnt, dass auch dieses Verfahren nicht einfach ist. Trotzdem ist stufenweise Einführung der richtige Weg, will man nicht wesentliche Funktionen des Unternehmens lahm legen.

**Abteilungsweise Einführung**

Auch bei sorgfältiger Vorbereitung treten im laufenden Betrieb Fehler auf, weil die Anforderungen, die zum Beispiel an Hochsicherheitssysteme gestellt werden, unwirtschaftlich hohe Analyse- und Testkosten verursachen. Mit manchen Fehlern kann man sicherlich leben, aber es gibt viele, die ein Auffangsystem erfordern. Dieses Auffangsystem soll natürlich nicht so einfach sein, dass der Druck zur Fehlerbehebung fehlt. Es sollte aber Bestandteil einer Einführungsstrategie sein, wobei man berücksichtigen muss, dass Fehler, deren Auftreten man vorhergesehen hat, auch schon im Test gefunden und beseitigt werden können.

**Fehler sind unvermeidbar**

Es ist sicherlich nicht ausreichend, von prognostizierten Fehlern aus die Sicherheitsmaßnahmen zu definieren. Vielmehr muss man von den Anforderungen der Ablauforganisation ausgehen und für die einzelnen Funk-

**Ausweichsystem für die Einführung**

tionen Ausweichsysteme definieren, unabhängig davon, ob man dort mit dem Auftreten von Fehlern rechnet oder nicht. Selbstverständlich gehört auch die Definition des Testverfahrens für die installierten und einzuführenden Systeme in diese Strategie. Die Systeme sind dabei in ihrer Gesamtheit, also Software, Hardware, deren Einsatz und die Ablauforganisation, zu testen.

## 5.5.5 Ausbildung

Der Ausbildung wird leider viel zu wenig Bedeutung beigemessen. Unsere Erfahrung zeigt, dass nicht nur die Bedienung des Systems trainiert werden muss, sondern viel intensiver noch die geänderte Methodik der Fertigungssteuerung mit einem neuen Verfahren. Die anderen Informationen und Abläufe widersprechen teilweise dem bisherigen Erfahrungsschatz, der durch langjährige Nutzung des bisherigen Verfahrens mit seinen Schwächen und Ungenauigkeiten entwickelt wurde. Der Mitarbeiter erhält Informationen einer anderen Qualität, mit denen er anders reagieren muss und zu denen er ein höheres Vertrauen haben kann als zu den bisher verfügbaren. Dazu gehört aber auch, dass er versteht, wie die Informationen entstehen und welche Möglichkeiten sie bieten.

**Bedeutung der Ausbildung**

Ein prozessorientiertes PPS-System zeigt den aktuellen Zustand an und liefert die erforderlichen Informationen, um den weiteren Verlauf des Fertigungsprozesses so zu beeinflussen, dass die Auswirkungen von Störungen möglichst gering gehalten werden. Das ist gegenüber der häufig praktizierten Terminjagd ein völlig anderes Steuerungskonzept. Diese Änderung zieht sich durch alle Führungsebenen, da jetzt auch der Werker erkennen kann, welche Auswirkungen Störungen haben.

**Terminjäger werden überflüssig**

Die Ausbildung bewirkt, dass eine andere Verhaltensweise praktiziert wird – eine wichtige Maßnahme bei der Einführung eines PPS-Systems. Den Mitarbeitern muss aufgezeigt werden, dass sie mit der Verarbeitung der neuen Informationen Arbeit in höherer Qualität und mit wichtigen Auswirkungen leisten.

### 5.5.6 Fehlerbehebung

**Aufdeckung von Fehlern**

Bei der Einführung eines PPS-Systems kommen Fehler zutage. Früher waren dies häufig Programmfehler und Rechnerausfälle. Diese Ausfälle sind heute bedeutungslos, denn die Hardware ist sehr stabil und die Softwarehäuser haben erkannt, dass Qualitätsmängel sehr kritisch beurteilt werden. Die nach wie vor zum Vorschein kommenden Fehler treten gleichsam in Schichten auf. Sie werden teilweise von schwerwiegenderen Mängeln so lange verdeckt, bis diese behoben sind. Dieses Phänomen bewirkt, dass die Einführung meist länger dauert als angenommen. Es ist aber äußerst wichtig, die Fehler so zügig zu beseitigen, wie sie erkannt werden. Fehlerhafte Informationen demotivieren die Nutzer und sind eine starke Belastung.

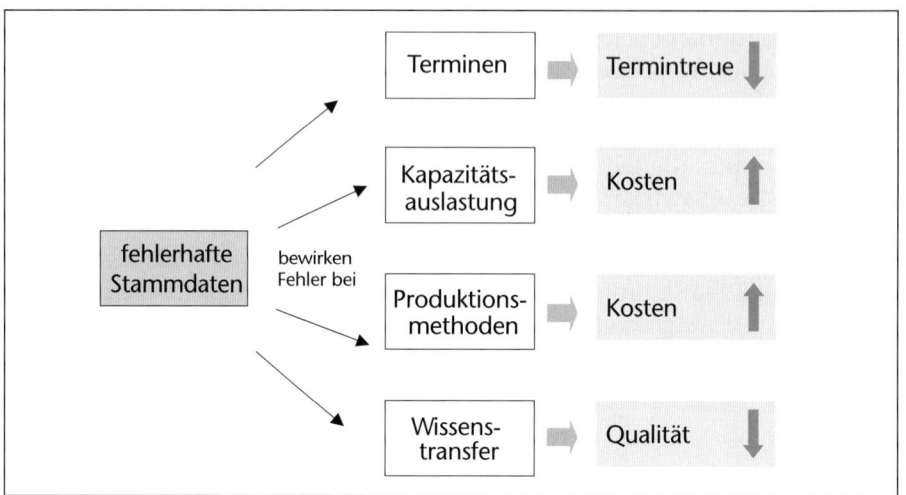

*Abb. 1: Fehler und deren Folgen*

**Ursachen von Fehlern**

Meist sind für die oberste Schicht der Störungen fehlerhafte Stammdaten die Ursache. Die sicherste Methode (nach einer visuellen Kontrolle), solche Fehler zu entdecken, ist der Vergleich mit den Ist-Daten. Voraussetzung ist, dass richtig zurückgemeldet wird. Dies erreicht man auf Dauer nur, wenn man den Abweichungen konsequent und schnell nachgeht und die Ursachen beseitigt.

Je nach Aufwand, der dafür aufgebracht wird, kann die Einführung eines PPS-Systems vom Start des Projektes an zwei bis fünf Jahre dauern. Es wäre fahrlässig, dies zu unterschätzen. Auch unter optimalen Bedingungen, zum Beispiel gute und korrekte Stammdaten, transparente Produktionsabläufe und hohe Motivation der Beteiligten, kommt man auf eine Einführungsdauer von etwa einem Jahr, aber diese Situation ist sehr selten. Es gilt in jedem Fall, dass die Motivation und die Befreiung der Mitarbeiter von der Angst vor den neuen Aufgaben entscheidende Faktoren für eine erfolgreiche Einführung sind.

## 5.5.7 Ergebnisüberprüfung

Die erfolgreiche Einführung erkennt man daran, dass die Ergebnisse akzeptiert und daraus die richtigen Schlüsse gezogen werden. Es gilt, erkannte Fehler in den Basisdaten (falsche Zeitvorgaben, falsche Kapazitäts- und Baugruppenstrukturen usw.) zu korrigieren, um die restlichen Unsicherheiten zu beseitigen. Jetzt kann man mit Diagnosen feststellen, wo Kapazitätsengpässe (permanent auf dem kritischen Pfad einzelner Aufträge) und wo Kapazitätsreserven sind. Mit dieser Erkenntnis erhält man eine objektive Messgröße für Überlegungen zur Umstrukturierung der Produktion und der Marktaktivitäten und kann so weitere gezielte Anstrengungen zur Verbesserung der Marktposition vornehmen. Mit einem guten PPS-System und dessen Integration in das betriebliche Umfeld erhält man

**Kriterien einer erfolgreichen Einführung**

- verbindliche und schnelle Aussagen über verlässliche Termine
- Senkung der Produktionskosten durch bessere Nutzung der Kapazitäten
- Senkung der Durchlaufzeiten durch eine verlässliche Steuerung
- eine verbesserte Marktposition, die wichtig für den Wettbewerb auf dem Weltmarkt aus einem Hochlohnland heraus ist und den Bestand Ihres Unternehmens sichert

## 5.6 Ablösung von PPS-Systemen

*von Ute Mussbach-Winter*

### 5.6.1 Ausgangssituation

Diskussionen um die Ablösung des aktuell eingesetzten PPS- bzw. ERP-Systems (die Begriffe werden im Folgenden auch synonym verwendet) werden in Unternehmen in regelmäßigen Abständen geführt. Die Gründe dafür sind vielfältig. Von den Anwendern kommt die Forderung häufig dann, wenn sie z.B. mit den Planungsergebnissen oder mit dem Leistungsumfang des Systems nicht mehr zufrieden sind. Aus der EDV-Abteilung kommt der Vorschlag zur Ablösung des bestehenden Anwendung oft dann, wenn es sich um ein System handelt, das vom Anbieter nicht mehr gewartet wird oder dessen Wartungs- und Betriebskosten überdurchschnittlich hoch sind.

**Gründe für ein neues PPS-System**

Nachfolgend sind eine Reihe von Gründen zusammengestellt, die in einem Unternehmen dazu führen können, dass über die Ablösung des laufenden PPS-Systems nachgedacht wird:

- unzureichende Funktionalität
- unbefriedigende Planungsergebnisse
- System wird vom Anbieter nicht mehr weiterentwickelt und gewartet
- System läuft auf veralteter Hardware
- Weiterentwicklung und Betrieb zu teuer (z.B. bei veraltetem Systemkonzept oder bei Individuallösung)

An dieser Stelle muss jedoch gesagt werden, dass nicht alle der genannten Gründe unmittelbar eine Ablösung zur Folge haben müssen. Gerade wenn von Seiten der Anwender unzureichende Funktionalität oder schlechte Planungsergebnisse als Argument für die Notwendigkeit einer Systemablösung angeführt werden, sollte genau geprüft werden, welche Planungsergebnisse als unbefriedigend deklariert werden bzw. welche Funktionalität vermisst wird. In manchem Unternehmen stellt sich bei diesen Recherchen heraus, dass der Auslöser für die Unzufriedenheit mit dem laufenden System mangelnde Kenntnisse der Anwender über die Leistungsfähigkeit des Systems sind.

**Mangelnde Systemkenntnisse der Nutzer**

Diese Situation trifft man häufig dann an, wenn neue Mitarbeiter ausschließlich mündlich von den bisherigen Stelleninhabern in eine neue Tätigkeit eingeführt werden. Hat in diesem Fall der bisherige Stelleninhaber die Möglichkeiten des Systems nicht gekannt oder nicht genutzt und sich auch nicht mit den erweiterten Leistungen neuer Releases auseinander gesetzt, wird er dieses Wissen auch nicht an seinen Nachfolger weitergeben. Das Anwenderwissen nimmt auf diese Art und Weise immer mehr ab. Lässt sich in einem Unternehmen ein solcher Fall erkennen, kann durch gezielte Schulungs- und eventuelle organisatorische Maßnahmen die kurzfristige Ablösung eines PPS-Systems vermieden werden. Das Unternehmen spart somit erheblich, denn die Durchführung einiger Anwenderschulungen ist wesentlich billiger als die Umstellung auf ein neues System.

### 5.6.2 Die Auswahl eines neuen PPS-/ERP-Systems

Hat die kritische Überprüfung der Notwendigkeit eines neuen PPS-/ERP-Systems ergeben, dass die Ablösung des Altsystems für das Unternehmen einen Nutzenvorteil bringt, gilt es als Nächstes, ein neues, besser geeignetes System auszuwählen. Dieser Vorgang ist bei der Vielzahl der am Markt angebotenen ERP-Systeme nicht immer einfach. Der Markt unterliegt einem permanenten Wandel – Anbieter firmieren um oder schließen sich zusammen, Systeme kommen neu auf den Markt, werden umbenannt, oder ihre Weiterentwicklung wird eingestellt. Für Unternehmen, die auf der Suche nach einem neuen System sind, erfordert dies deshalb eine sorgfältige Analyse des Marktes und eine systematische Vorgehensweise bei der Entscheidungsfindung.

Prinzipiell läuft die Auswahl einer Nachfolgelösung für ein bestehendes PPS-System gleich ab wie die erstmalige Auswahl einer PPS- bzw. ERP-Anwendungssoftware. Es soll deshalb an dieser Stelle nicht weiter auf den Auswahlprozess eingegangen werden.

## 5.6.3 Der Umstellungsprozess

Mit der Auswahl eines neuen ERP-Softwarepakets ist erst etwa ein Fünftel des Gesamtaufwands für die Ablösung einer bestehenden PPS-Anwendung geleistet worden. Die restlichen Aufwendungen folgen bei

- der Systemimplementierung und gegebenenfalls
- der Softwareanpassung sowie
- der Umstellung der Anwendungsgebiete.

Dabei sind im Wesentlichen, ebenso wie bei der erstmaligen Einführung eines ERP-Systems, folgende Arbeiten zu erledigen:

*Vorgehensweise bei der Ablösung eines PPS-Systems*

- Benennung eines Projektteams und Verabschiedung der Projektorganisation
- Kennenlernen der neuen Software (Anwendungsprogramme, Tools etc.) durch das Projektteam
- Festlegung der Umstellungsstrategie, Erarbeitung des Terminplans für die Umstellung
- Überprüfung und gegebenenfalls Optimierung der unternehmensinternen Abläufe
- Installation und unternehmensspezifische Konfiguration der Anwendungssoftware (Customizing)
- Planung, Vorbereitung und Durchführung der eventuell erforderlichen Anpassungen/Erweiterungen am Softwarepaket (Schnittstellen, Anpassungsprogrammierung)
- Aufbereitung von Stamm- und Bestandsdaten (aus dem Altsystem) und Übernahme in das neue ERP-System
- Umstellung der Arbeitsgebiete mit paralleler Anpassung der Strukturorganisation und des Informationsflusses an die neue EDV-Umgebung

Im Gesamten betrachtet lässt sich der Umstellungsprozess in die in Abbildung 1 aufgeführten Aufgabenblöcke unterteilen. Dabei umfasst ein Aufgabenblock zwischen zwei und fünf Phasen des Umstellungsprozesses. Vergleicht man die in diesen Aufgabenblöcken beschriebenen Aufgaben mit den Einführungsstrategien der verschiedenen ERP-Systemanbieter bzw. -Einführungspartner, so zeigen sich hier im Einzelfall geringe Abweichungen. Dies ist darauf zurückzuführen, dass jeder Anbieter bzw. Einführungspartner die Schwerpunkte unterschiedlich setzt. Die Aufgabenbeschreibung ist deshalb als exemplarisch anzusehen.

## 5.6 Ablösung von PPS-Systemen

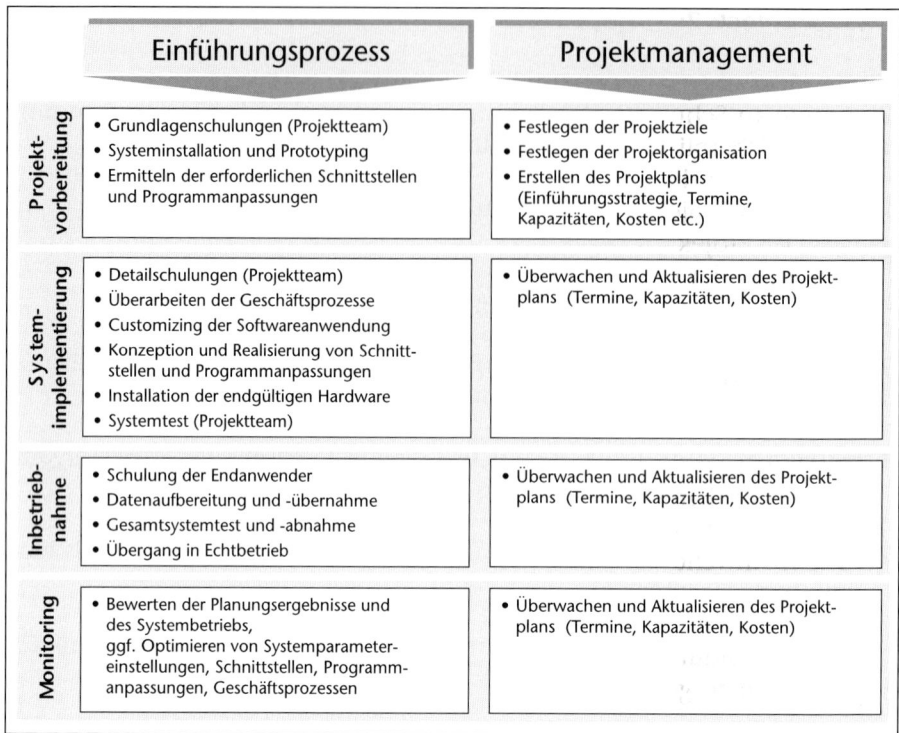

*Abb. 1: Phasen der Systemumstellung*

### Aufgabenblock 1: Projektmanagement (siehe unter 5.6.3.1)

**Aufgaben des Projektmanagements**

Der mit Sicherheit wichtigste Aufgabenblock ist das Projektmanagement. Denn nur ein gut organisiertes Projekt lässt einen erfolgreichen Projektabschluss unter Einhaltung von Terminen und Kosten erwarten. Das Projektmanagement erstreckt sich über den gesamten Umstellungsprozess von der Projektvorbereitung bis zur Inbetriebnahme und Optimierung des neuen ERP-Systems. Zu den Aufgaben des Projektmanagements gehört eine umfassende Vorbereitung des Projekts:

- Festlegen der Projektziele
- Aufbau einer durchgängigen Projektorganisation
- Erstellen eines Projektplans mit Terminen, Personalbedarf (Kapazitäten) und Kosten

Während der gesamten Projektlaufzeit obliegen dem Projektmanagement folgende Aufgaben:

- Projektsteuerung und -überwachung
- Projektdokumentation
- Information der Unternehmensleitung und des Gesamtunternehmens über den Projektverlauf

## Aufgabenblock 2: Projektvorbereitung (siehe unter 5.6.3.2)

Während der Projektvorbereitung macht sich das Projektteam durch die Teilnahme an Schulungen mit dem neuen System vertraut und verschafft sich einen Überblick über die bei der Umstellung zu erledigenden Aufgaben (z.B. notwendige organisatorische Anpassungen). Diese Aufgaben werden in einem Projektplan mit Terminen und Zuständigkeiten zusammengefasst. Der Projektplan stellt die Zusammenfassung aller durchzuführenden Aufgaben dar und dient später der Termin- und Kostenkontrolle. Sinnvollerweise wird er vom unternehmensinternen Projektmanagement gemeinsam mit dem Implementierungsteam des Systemanbieters erstellt, um dessen Erfahrungen bei der Einführung von ERP-Systemen mit einzubeziehen.

*Vorgehensweise bei der Projektvorbereitung*

Es bietet sich an, bereits im Rahmen der Projektvorbereitung in Zusammenarbeit mit dem Systemanbieter eine auf das Unternehmen abgestimmte Testumgebung für das neue ERP-System mit einem lauffähigen System (prototypische Anwendung) aufzubauen. Eine solche Testumgebung ermöglicht es dem Projektteam, das neue System besser kennen zu lernen und ausgewählte Szenarien durchzuspielen, um erste Informationen über die zukünftige Abbildung der Geschäftsprozesse sowie eventuell notwendige Anpassungen zu gewinnen.

## Aufgabenblock 3: Systemimplementierung (siehe unter 5.6.3.3)

Während dieser Phase wird die prototypische Anwendung weiterentwickelt, bis sie für den Echtbetrieb geeignet ist. Ebenso werden die Mitglieder des Projektteams (Key User) so qualifiziert, dass sie in der Lage sind,

*Ablauf der Systemeinführung*

- Konzepte für die Nutzung des ERP-Systems zu erarbeiten,
- das System zu konfigurieren und Daten aufzubereiten sowie
- die Schulung und Betreuung der Anwender beim Übergang in den Echtbetrieb vorzunehmen (Train-the-Trainer-Konzept).

Bevor jedoch alle späteren Anwender geschult und somit in das Projekt eingebunden werden, sollten sämtliche Systemeinstellungen, insbesondere Schnittstellen und Softwareanpassungen, getestet sein. Damit wird sichergestellt, dass möglichst wenige Fehler bei der Umstellung auftreten, die zu Vertrauensverlusten gegenüber dem neuen System und Frustration bei den Anwendern führen könnten. Detaillierte Systemtests gehören deshalb ebenfalls zu den Aufgaben dieser Projektphase.

## Aufgabenblock 4: Inbetriebnahme (siehe unter 5.6.3.4)

Hier werden die letzten Voraussetzungen für den Übergang zum Echtbetrieb des neuen Systems geschaffen. Im Vordergrund stehen:

*Verfahren bei der Inbetriebnahme*

## 5.6 Ablösung von PPS-Systemen

- umfangreiche Anwenderschulungen
- Schaffung der EDV-technischen Voraussetzungen (Inbetriebnahme der endgültigen Hardware etc.)
- Aktualisierung der Stamm- und Bewegungsdaten
- Übernahme der Daten in das neue System

**Aufgabenblock 5: Monitoring und Systemoptimierung**

*Gründe für die Systemoptimierung*

In diesem Aufgabenblock geht es darum, die nach der Einführung im Echtbetrieb auftretenden Probleme zu erkennen und durch weitere Anpassungen (Parameterkonfiguration, Überprüfung von Schnittstellen etc.) zu beseitigen. So wird das System schrittweise für den Anwendungsalltag optimiert.

### 5.6.3.1 Projektmanagement

*Definition von Projektzielen*

Eine eindeutige und klare Zielformulierung ist die Grundvoraussetzung für ein erfolgreiches Einführungsprojekt. Die Ziele dienen als Wegweiser für die Festlegung der Vorgehensweise und legen den Maßstab für die projektbegleitende und abschließende Beurteilung des Projekts fest. Bei den Projektzielen sind zwei Arten von Zielen zu unterscheiden, und zwar die Systemziele und die Einführungsziele (vgl. Abbildung 2).

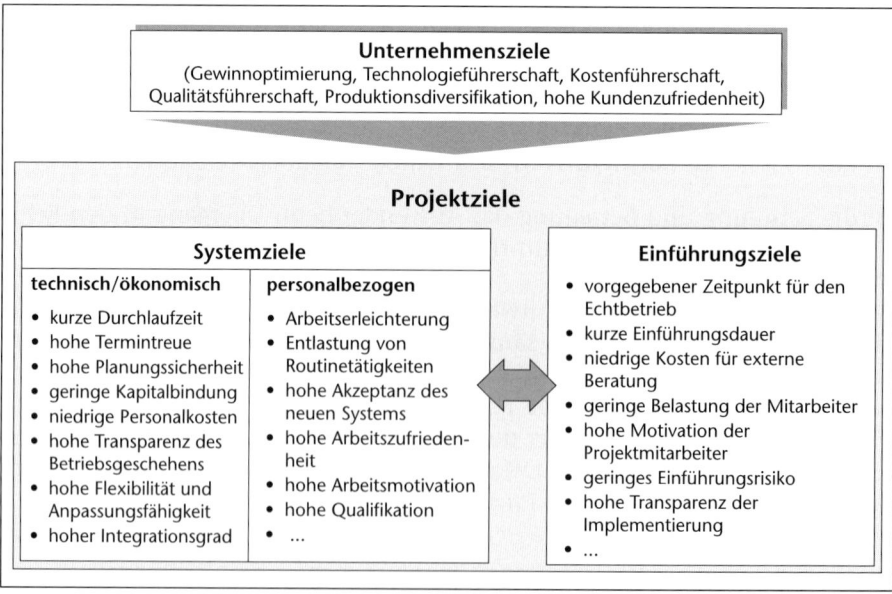

*Abb. 2: Struktur und Beziehungen von Projektzielen*

In den Systemzielen wird festgelegt, was mit der Umstellung auf ein neues ERP-System erreicht werden soll. Mit den Einführungszielen werden die Rahmenbedingungen für die Umstellung definiert (z.B. zeitlicher Rahmen,

Budget). Einführungsziele stellen einen unmittelbaren Zusammenhang zum Einführungserfolg her. Sowohl System- als auch Einführungsziele werden nicht frei definiert, sondern sind immer an den individuellen Unternehmenszielen und der Unternehmensstrategie auszurichten.

Damit die Erfüllung der Projektziele im Verlauf der Projektdurchführung hinreichend bewertet werden kann, müssen objektiv beobachtbare Merkmale definiert werden. Zur Beurteilung der Kostenziele wird daher ein Budget festgelegt, für die Beobachtung der Zeitziele erfolgt die Erstellung eines Projektplans. Qualitätsziele sind hingegen nur schwerlich in objektive Größen zu fassen, so dass sich hier Maßnahmen zur Förderung der Qualität, beispielsweise ein kooperativer und partizipativer Einführungsstil unter Einbeziehung der Anwender und Nutzer, empfiehlt.

**Einrichtung von Projektteams**

Größe, Struktur und Zusammensetzung eines Projektteams sind abhängig vom Projektumfang und der Dimension der anstehenden Aufgaben. Häufig wird ein Projektteam definiert, das von einer Projektleitung geführt wird. Sie kann aus einem oder mehreren Projektleitern bestehen (bei ERP-Projekten in der Regel auch ein Projektleiter von Seiten des Systemanbieters bzw. Einführungs-/Implementierungspartners), von denen sich jeder um einen bestimmten Projektbereich kümmert. Die geeignete Projektorganisation ist vom Unternehmen individuell zu bestimmen. Abbildung 3 zeigt exemplarisch die Projektorganisation mit einem Projektlenkungsausschuss und mehreren fachbezogenen Teilprojektteams.

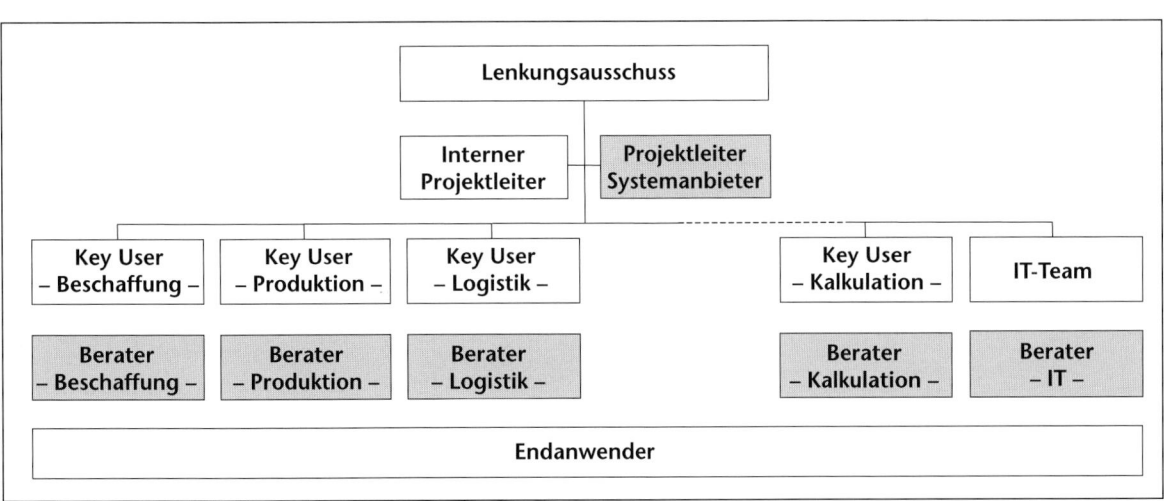

*Abb. 3: Beispiel für den Aufbau eines Projektteams*

Für alle gewählten Instanzen ist vor Projektbeginn festzulegen, welche Aufgaben, Kompetenzen und Verantwortungen wahrzunehmen sind. Dies erhöht, neben der Vermeidung von Reibungsverlusten, die Identifikation aller Beteiligten mit dem Projekt.

**Aufgaben des Projektleiters**

Der Erfolg eines Projektes hängt – und dies gilt auch für Projekte zur Umstellung auf ein neues ERP-System – entscheidend von der Wahl des Projektleiters ab. Er hat eine Vielzahl zentraler Aufgaben auszuführen, die ein breites Spektrum an Fähigkeiten erfordern. Die wesentlichen Aufgaben eines Projektleiters bei der neuen Einführung eines ERP-Systems sind nachfolgend zusammengefasst:

- Definition und Strukturierung der Aufgabenstellung
- Planung, Steuerung und Überwachung (Termine, Kapazitäten, Kosten)
- Organisation des Projektteams
- Führung der Projektmitglieder
- Koordination der Projektarbeiten in den Fachabteilungen
- Information der Projektmitglieder
- Moderation von Workshops
- persönliche Verantwortung für das Projekt
- Berichterstattung an die Unternehmensleitung

**Der ideale Projektleiter**

Um diese Aufgaben möglichst gut erfüllen zu können, muss allen voran der Projektleiter selbst vom Projekt überzeugt und in der Lage sein, die Anwender von der Qualität der Projektergebnisse zu überzeugen. Neben hoher Fach- und EDV-Kompetenz (Qualifikationsprofil) muss er in starkem Maße über soziale Kompetenzen verfügen, das heißt Motivation und Konfliktbewältigung im Projektverlauf bewältigen können. Er soll auf diesem Wege die Fachabteilungen in das Projekt integrieren und ein zügige Konsensbildung fördern. Ebenso wichtig ist eine gut ausgeprägte Methodenkompetenz für das Erkennen auftretender Probleme, deren Ursachen und für deren Bewältigung. Die Anforderungen an einen Projektleiter sind in Abbildung 4 zusammengefasst.

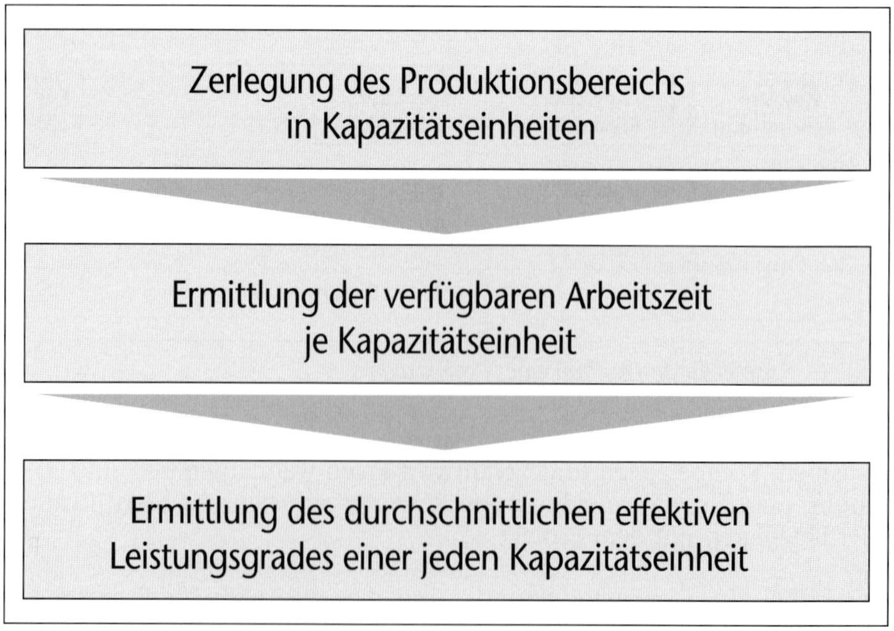

Zerlegung des Produktionsbereichs in Kapazitätseinheiten

↓

Ermittlung der verfügbaren Arbeitszeit je Kapazitätseinheit

↓

Ermittlung des durchschnittlichen effektiven Leistungsgrades einer jeden Kapazitätseinheit

*Abb. 4: Anforderungen an einen Projektleiter (Quelle: nach Schmitz 1998)*

Nun stellt sich in vielen Fällen die Frage, ob überhaupt ein explizit benannter Projektleiter benötigt wird. Mit dem Einsetzen eines Projektleiters soll vor allem erreicht werden, dass durch die Personifizierung der Verantwortung für das Projekt klare und eindeutige Informations- und Entscheidungswege geschaffen werden. Wichtig ist, dass die Projektleitung von Beginn an in einer Hand liegt und vom Projektleiter kontinuierlich als Haupttätigkeit durchgeführt wird. Auf jeden Fall muss die Unternehmensleitung den Projektleiter direkt unterstützen. Ansonsten wird das Projekt immer Nebensache bleiben, und der Projektablauf sowie letztendlich auch das Projektergebnis werden darunter leiden.

Das Projektteam besteht über die gesamte Projektdauer hinweg aus Mitarbeitern, die aus den Fachabteilungen rekrutiert werden, um den Projektleiter bei der Erreichung des Projektziels zu unterstützen. Mitarbeiter, die in das Projektteam aufgenommen werden, sollten

**Aufbau des Projektteams**

- das Unternehmen gut kennen,
- in ihrem Fachgebiet fundierte Kenntnisse besitzen,
- wirtschaftlich denken,
- motiviert sein und
- Freude an der Teamarbeit haben.

Die Arbeit des Projektteams beginnt bei der Ablösung eines PPS-Systems meist mit der Beteiligung an der Auswahl des neuen Systems. Während des Umstellungsvorgangs selbst gehören zu den Aufgaben des Projektteams (Key User) beispielsweise

**Aufgaben des Projektteams**

- die Überprüfung der aktuellen Geschäftsprozesse,
- die Unterstützung des/der externen Berater (vom Anbieter oder Einführungspartner) bei der unternehmensspezifischen Einrichtung des Systems (Customizing) bzw. das Customizing selbst,
- die Aufbereitung von Stamm- und Bewegungsdaten für die Datenübernahme,
- die Durchführung von Systemtests und die Abnahme des Systems sowie
- die Schulung der Endanwender.

Die Fachabteilungen stellen die betreffenden Mitarbeiter fest oder zu einem bestimmten Teil für die Mitarbeit am Projekt ab. Dabei ist davon auszugehen, dass die Projektteammitglieder während des gesamten Umstellungsprozesses etwa 70 bis 80 % ihrer Arbeitszeit mit projektbezogenen Tätigkeiten belegt sind. Da es sich bei den Projektteammitgliedern im Regelfall um genau diejenigen Mitarbeiter handelt, die auch an anderen Stellen im Unternehmen benötigt werden, ist es die Aufgabe der Geschäftsleitung, diese Mitarbeiter von ihren sonstigen Arbeiten, insbesondere vom

## 5.6 Ablösung von PPS-Systemen

Tagesgeschäft, weitestgehend zu entlasten. Insbesondere im Mittelstand ist diese Forderung aufgrund der meist knappen Personalkapazitäten oft kaum zu erfüllen. Dennoch sollte im Sinne eines erfolgreichen Projektes alles versucht werden.

**Projektlenkungsausschuss** Der Projektlenkungsausschuss dient als oberste Kontroll- und Konfliktlösungsinstanz. Er sollte nur aus leitenden Führungskräften bzw. aus Kompetenzträgern vom Projekt wesentlich betroffener Bereiche oder Disziplinen bestehen. Die Mitglieder treffen Entscheidungen hinsichtlich der Wahl des Projektleiters sowie der Strategiefestlegung und übernehmen die bereichsübergreifende Abstimmung der Projektergebnisse.

**Projektplanung** Innerhalb der Planung des Projektablaufs kommt der Auswahl der Umstellungsstrategie eine entscheidende Rolle zu. Die Umstellungsstrategie legt auf übergeordneter Ebene den zeitlichen Ablauf fest. Unterschieden werden im Allgemeinen die in Abbildung 5 aufgeführten Einführungsstrategien.

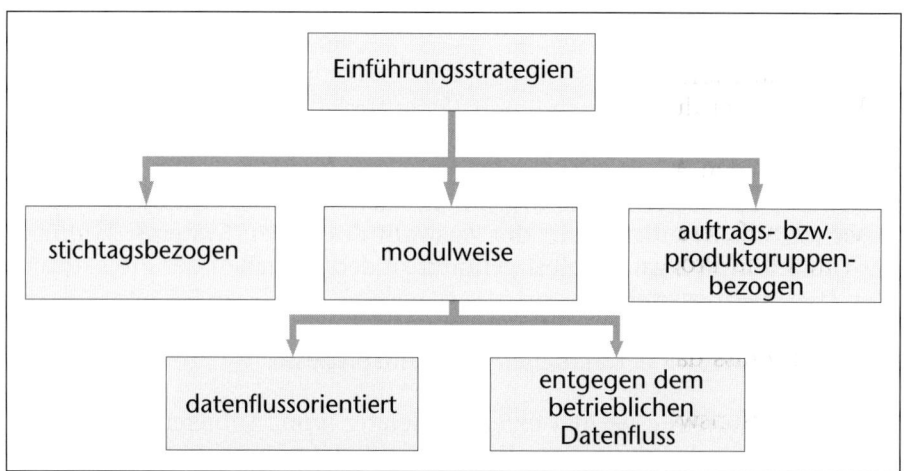

*Abb. 5: Strategien zur Einführung von ERP-Systemen*

Hinsichtlich der Vor- oder Nachteile der genannten Einführungsstrategien gibt es keine einheitlichen Befunde. Sie hängen jeweils von den betrieblichen Rahmenbedingungen ab. Die stichtagsbezogene Einführung hat sich beispielsweise vor allem in mittelständischen Unternehmen mit einer begrenzten Anzahl unterschiedlicher Standorte bewährt, da die Programmierung temporärer Schnittstellen und die parallele Pflege zweier Systeme entfällt (spart Ressourcen und Geld). Letzteres spricht im Mittelstand insbesondere wegen der meist kleinen EDV-Teams für diese Vorgehensweise.

**Erarbeitung der Umstellungsstrategie** Zur Festlegung der Umstellungsreihenfolge wird bei stufenweiser Einführung mit dem Implementierungspartner die Umstellungsstrategie einschließlich des Terminplans erarbeitet. In der Umstellungsreihenfolge wird festgelegt, welche Teilbereiche in welcher Reihenfolge und wann umgestellt werden sollen. Dabei kann der Einstieg, je nach Unternehmen, an unterschiedlichen Stellen erfolgen.

Der Umstellungsterminplan wird unter Berücksichtigung der verfügbaren Mitarbeiterkapazitäten auf Grundlage der Umstellungsstrategie aufgestellt. Dabei dient die Umstellungsreihenfolge in diesem Zusammenhang als Basis für die Netzplanerstellung. Im Netzplan selbst sind dann bereits der Zeitaufwand und der Mitarbeiterbedarf für die einzelnen Realisierungsblöcke abgeschätzt. Die Abschätzung der Zeitbedarfe sollte unbedingt in Zusammenarbeit mit einem qualifizierten Mitarbeiter des Implementierungspartners erfolgen, da Kernarbeiten, Leerzeiten etc. bei der Ermittlung häufig unterschätzt werden. Auf die Projektplanung, seine Methoden und Hilfsmittel soll an dieser Stelle nicht weiter eingegangen werden.

**Festlegung des Terminplans**

### 5.6.3.2 Projektvorbereitung

Die Phase der Projektvorbereitung umfasst für das Projektteam

- die Schulung des Projektteams in ausgewählten Funktionen des neuen Systems (Grundlagenschulung) sowie die Schulung der Systemadministratoren,

- die Installation des neuen ERP-Systems im Unternehmen und das Einrichten einer durchgängigen Testumgebung,

- eventuell den Aufbau einer prototypischen Anwendung sowie

- das Identifizieren und Priorisieren möglicherweise erforderlicher Schnittstellen und Programmanpassungen.

Bevor mit den eigentlichen Arbeiten zur Ablösung des Altsystems begonnen wird, muss das Projektteam durchgängig mit

**Schulung des Projektteams zu Projektbeginn**

- der Funktionsweise des neuen ERP-Systems,

- dem Funktionsumfang der zum Einsatz kommenden Module sowie

- den bei der Umstellung einzusetzenden Softwarewerkzeugen (z.B. zur Prozessmodellierung oder zur Reportgenerierung)

vertraut gemacht werden. Nur so können im weiteren Projektverlauf qualifizierte Entscheidungen getroffen werden. Es ist deshalb wichtig, gleich zu Projektbeginn eine erste Schulung des Projektteams einzuplanen.

Die Betreuung der anwendereigenen Systeminstallation setzt voraus, dass die zukünftigen Systemadministratoren mit dem System und seiner Konfiguration vertraut sind. Sie müssen die Materie sehr gut beherrschen, um Probleme bei der Konfiguration erkennen und auf ihre möglichen Ursachen zurückführen zu können. Die Schulung der Systemadministratoren sollte ebenfalls zu Beginn des Projekts erfolgen, damit sie bereits mit der Betreuung der Testumgebung Erfahrungen sammeln können. Schulungsinhalte sind hier primär die technischen Aspekte von Hard- und Software und die unternehmenseigene Systemumgebung. Es ist sinnvoll, aus Sicher-

## 5.6 Ablösung von PPS-Systemen

**Die Testumgebung**

heitsgründen stets zwei Mitarbeiter als Systemadministratoren auszubilden, auch wenn für das Tagesgeschäft einer ausreichend wäre.

Eine der ersten Aufgaben im Zuge der Projektvorbereitung ist das Einrichten einer in EDV-technischer Hinsicht vollständigen Testumgebung. Hierbei ist die neue ERP-Software mit allen später zum Einsatz kommenden Modulen/Funktionsblöcken, beispielsweise durch Installationen auf einem separaten Testsystem, zu installieren. Das Einrichten der Testumgebung bietet dem Projektteam und im weiteren Projektverlauf auch den Endanwendern die Möglichkeit, die neue Software durch Schulung und Ausprobieren kennen zu lernen, ohne irgendwelche realen Daten oder Einstellungen nachhaltig zu verändern.

**Vorteile des Prototyping**

In dieser Testfirma werden exemplarisch die wesentlichen Geschäftsprozesse abgebildet, also z.B. für ein repräsentatives Erzeugnis bzw. eine Auftragsart ein durchgängiger Auftragsabwicklungsprozess von der Angebotserstellung bis zur Versandabwicklung. Dabei werden eventuelle Abstimmungsprobleme zwischen der Organisation des Unternehmens und der Standardversion des ERP-Systems aufgedeckt. Inkongruenzen fließen dann in die Planung des weiteren Projektverlaufs ein.

Durch einen Vergleich der aktuellen und zukünftigen Datenmodelle kann bereits der Aufbereitungs- und Übernahmeaufwand abgeschätzt werden. So wird der Prototyp sukzessive durch Abstimmung mit der Unternehmensorganisation und das Hinzunehmen weiterer Produkte, Auftragstypen etc. aufgebaut. Die Installation des neuen ERP-Systems und das Einrichten der Testumgebung erfolgt zweckmäßigerweise durch den Implementierungspartner, um seine Erfahrungen und Systemkenntnisse zu nutzen sowie Gewährleistungsansprüche gegenüber dem Anbieter nicht zu verwirken.

**Notwendigkeit von Programmanpassungen und Schnittstellen**

Spätestens im Verlauf des Prototyping lässt sich genauer erkennen, zu welchen anderen im Unternehmen vorhandenen EDV-Anwendungen Schnittstellen von Seiten des neuen ERP-Systems bzw. Programmanpassungen notwendig sind. Häufig wird die Zusammenstellung der gewünschten Schnittstellen und vor allem der Programmanpassungen so lang, dass es weder aus finanziellen Gesichtspunkten noch aus der Sicht des späteren Systembetriebs sinnvoll ist, diese alle zu realisieren. Häufig sind viele der geforderten Programmanpassungen nicht wirklich notwendig, sondern resultieren aus dem Wunsch der Anwender, heutige (oftmals auch ungünstige) Abläufe unverändert in das neue System zu übernehmen. Es ist deshalb auf jeden Fall ratsam, die Notwendigkeit der geforderten Schnittstellen und vor allem Programmanpassungen kritisch zu hinterfragen und die durchzuführenden Maßnahmen mit Prioritäten zu versehen.

### 5.6.3.3 Systemimplementierung

In der Phase der Systemimplementierung ist die Schulung des Projektteams zu vertiefen. War es das Ziel der ersten Schulungen, den Mitgliedern des Projektteams einen Überblick über das Gesamtsystem zu vermitteln, so sollen sie durch die im Rahmen der Systemimplementierung vorzunehmenden Einweisungen detaillierte Kenntnisse in dem jeweils von ihnen vertretenen Arbeitsgebiet bekommen. Ihr Wissen muss so weit ausgebaut werden, dass sie später selbst in der Lage sind, Schulungen – und zwar für die Endanwender – durchzuführen.

*Schulung des Projektteams in relevanten Systemfunktionen*

Die Schulungen des Projektteams können in unterschiedlicher Form erfolgen. Unterschieden werden im Allgemeinen:

*Organisation der Schulungen*

- Informationsschulungen
- Standardschulungen
- Individualschulungen

Welche Schulungsform für welche Schulung gewählt wird, hängt beispielsweise vom Schulungsziel, von der Anzahl der Schulungsteilnehmer und nicht zuletzt vom Schulungsbudget ab. Nachfolgend werden die oben aufgeführten Schulungsformen kurz charakterisiert, um eine Entscheidungshilfe zu geben, welche Schulungsform wann auszuwählen ist.

Informationsschulungen dienen der allgemeinen Grundinformation beispielsweise über das Thema ERP und den Funktionsumfang des Systems. Sie sollen einen Überblick über die Leistungsfähigkeit des neuen Systems ermöglichen und die Mitarbeiter in kurzer Zeit und mit geringem Aufwand auf einen vergleichbaren Wissensstand bringen. An ausgewählten Informationsschulungen sollte auch die Geschäftsleistung teilnehmen, um während des Einführungsverlaufs eventuell auftretende Schwierigkeiten und Ergebnisse besser beurteilen zu können. Informationsschulungen können von entsprechend qualifizierten Mitgliedern des Projektteams oder auch vom Implementierungspartner durchgeführt werden.

*Informationsschulungen*

Standardschulungen werden in der Regel vom Systemanbieter, häufig in seinen Räumen, durchgeführt. Die Schulungsteilnehmer kommen in der Regel aus unterschiedlichen Unternehmen. Deshalb wird die Funktionsweise des Systems anhand von allgemeinen Beispieldaten standardisiert vermittelt. Die verschiedenen Mitarbeiter werden meist nur in den für sie unmittelbar relevanten Themengebieten geschult. Dadurch lassen sich im Unternehmen auch bei wenigen Schulungsteilnehmern für ein bestimmtes Themengebiet die Schulungskosten niedrig halten. Nachteil dieser Schulungsart ist, dass unternehmensspezifische Probleme unberücksichtigt bleiben und daher ein gutes Abstraktionsvermögen der Teilnehmer vorauszusetzen ist. Außerdem können unter Umständen erhebliche Reisekosten anfallen, wenn die Schulungen beim Systemanbieter stattfinden.

*Standardschulungen*

**Individualschulungen**  Als Individualschulungen werden Schulungen bezeichnet, die inhaltlich und von den Datenbeispielen her auf das einführende Unternehmen ausgerichtet sind und unternehmensspezifische Problemstellungen berücksichtigen. Somit können auch bei Teilnehmern mit geringerem Abstraktionsvermögen in relativ kurzer Zeit Erfolge erzielt werden. Die Schulungsteilnehmer kommen bei Individualschulungen ausschließlich aus dem Unternehmen.

Individualschulungen werden häufig als Inhouse-Schulungen durchgeführt und bieten damit die Möglichkeit, Teilzeitschulungen (z.B. täglich vier Stunden) abzuhalten. Teilzeitschulungen erlauben es den Mitarbeitern, vor oder nach der Schulung an ihrem Arbeitsplatz das Tagesgeschäft zu erledigen, so dass dann nicht so viel nachgearbeitet werden muss. Außerdem sind Teilzeitschulungen meist effizienter, weil die Konzentrationsfähigkeit weniger strapaziert wird. Die Individualschulung empfiehlt sich auch für die Schulung der Endanwender. Dabei agieren die Mitglieder des Projektteams als Trainer (Train-the-Trainer-Konzept). Auf diese Weise lassen sich die ansonsten hohen Kosten der Individualschulungen reduzieren.

**Schulung von kompletten Prozessabläufen**  Sowohl bei Standard- als auch bei Individualschulungen sollten nicht einzelne Funktionen isoliert, sondern immer kürzere Prozessabläufe geschult werden, um bei den Schulungsteilnehmern ein umfassenderes Prozessverständnis aufzubauen. Besonders hohe Erkenntniszuwächse ergeben sich dann, wenn ein kompletter Auftragslauf mit firmenspezifischen Daten im System simuliert und durchgearbeitet wird. Die Anwender gewinnen damit die größtmögliche Prozessübersicht und lernen die umfangreichen Funktionalitäten des Systems in der Form kennen, wie sie für ihr Tagesgeschäft benötigt werden.

Die aktive Mitarbeit der Schulungsteilnehmer (z.B. die Möglichkeit, selbst am System zu arbeiten) ist sowohl bei der Standard- als auch bei der Individualschulung gefordert. Dies erfordert bei Inhouse-Schulungen die Verfügbarkeit von EDV-technisch gut ausgestatteten Schulungsräumen.

**Feinkonzeption (Customizing)**  Unter Einbeziehung der Erkenntnisse aus dem Systemprototyping erfolgt im Zuge der Systemimplementierung das vollständige Customizing der neuen Software. Beim Customizing wird mit Hilfe von systemzugehörigen Anpassungshilfsmitteln (z.B. Modellierungswerkzeugen, Masken- bzw. Reportgeneratoren) das System an das Unternehmen angepasst. Es sollte immer angestrebt werden, die Geschäftsprozesse des Unternehmens, soweit irgendwie möglich, über die Standardfunktionalitäten des ERP-Systems abzudecken, bevor über Programmanpassungen nachgedacht wird.

Gängige Hilfsmittel beim Customizing eines ERP-Systems sind z.B.:

- Modellierungswerkzeuge
- Parametrisierung (Systemparameter, Programmablaufsteuerung)
- Listengeneratoren (Listen, Formulare, Fertigungspapiere, Bestellscheine)
- Maskengeneratoren (Erzeugung bzw. Veränderung von Masken)
- Regelwerke (Produktkonfiguration, Disposition)

Bei der ERP-Einführung ist es von besonderer Bedeutung, dass die Mitarbeiter die bereichsübergreifenden Zusammenhänge bei der Abwicklung von Aufträgen, die Unternehmensrandbedingungen und eventuell vorliegende Reorganisationskonzepte kennen sowie auch die Leistungsmerkmale und die Arbeitsweise der neuen ERP-Software verstehen. Für fachliche Diskussionen ist ein einheitliches Begriffsverständnis der Mitarbeiter notwendig. Hilfreich sind hier die bei der Modellierung der Auftragsabwicklungsprozesse entstehenden Ablaufbeschreibungen. Sie verdeutlichen die Zusammenhänge zu vor- und nachgelagerten Tätigkeiten und dienen der Festigung des Begriffsverständnisses. Je nach Aufbau und Ablaufbeschreibung lassen sich daraus nahezu alle wesentlichen Informationen für eine Beurteilung und Optimierung der Prozessqualität sowie zur Konfiguration des ERP-Systems übernehmen.

**Modellierung**

Bei der Verwendung von Modellen muss allerdings beachtet werden, dass diese bei der tatsächlichen Realisierung häufig wieder verlassen werden müssen, da sie lediglich eine Vereinfachung der Realität darstellen. Ebenso führen direkt in der ERP-Standardsoftware vorgenommene Modifikationen nicht automatisch in das Modell zurück. Dies liegt in der meist unzureichenden Kopplung der zurzeit verfügbaren Modellierungswerkzeuge zu den ERP-Systemen begründet.

Die Anpassung durch Parametrisierung findet bei nahezu allen Standard-ERP-Systemen Anwendung. Teilweise sind die Parameter bereits durch den Systemanbieter mit Default-Werten vorbelegt. Diese müssen dann auf ihre Zweckmäßigkeit und Abstimmung mit dem Soll-Konzept überprüft werden.

**Parametrisierung**

Report- und Maskengeneratoren sowie Regelwerke stehen jedoch nicht bei allen Standard-ERP-Systemen zur Verfügung, obwohl sie zur Gestaltung der Schnittstelle zwischen ERP-System und Anwender von großer Bedeutung sind. Sie entscheiden darüber, welche Informationen dem Anwender zur Verfügung gestellt und welche bzw. wie effizient Daten erfasst werden.

**Report- und Maskengeneratoren, Regelwerke**

Die Organisation eines Unternehmens, das heißt die Ablauf- und Aufbauorganisation, sollte regelmäßig dahingehend überprüft werden, ob sie noch zu den aktuellen Geschäftstätigkeiten und Unternehmensteilen passt. Veränderungen der Unternehmensgröße und -struktur, des Leistungsangebots, der Kunden- bzw. Lieferantenstruktur sowie der Einsatz neuer Hilfsmittel (z.B. Umstellung auf ein neues EDV-Programm in einem Aufgabenbereich) führen dazu, dass eine zu einem bestimmten Zeitpunkt optimale Organisation veraltet, umständlich und teuer wird und die Erfüllung der Unternehmensziele nicht mehr zufrieden stellend unterstützt.

**Konzeption organisatorischer Maßnahmen**

Die Einführung eines neuen ERP-Systems ist ein geeigneter Zeitpunkt, die bestehende Organisation einer kritischen Prüfung zu unterziehen und dort, wo es sinnvoll ist, Veränderungen in Richtung einer optimierten Abwicklung der Geschäftsprozesse vorzunehmen. Dabei sollte darauf geachtet werden, dass die neu gestalteten Prozesse durch die Standardfunktionalitäten des neuen ERP-Systems unterstützt werden. Häufig kann durch eine

## 5.6 Ablösung von PPS-Systemen

geschickte Anpassung der Organisation im Unternehmen eine Anpassungsprogrammierung im neuen ERP-System vermieden werden.

Abbildung 6 gibt einen Überblick, welche organisatorischen Vorbereitungsmaßnahmen die Umstellung auf ein neues ERP-System erfordert.

*Abb. 6: Organisatorische Vorbereitungsmaßnahmen (Quelle: nach Finger 1996)*

**Erforderliche organisatorische Vorbereitungen**

Kritisch zu betrachten sind neben den Nummernsystemen (besteht die Gefahr des »Platzens« in absehbarer Zukunft?) auf jeden Fall die aktuellen Abläufe und Prozesse, vor allem auch in Bezug auf das Zusammenspiel der verschiedenen, an einem Prozess beteiligten Abteilungen bzw. Aufgabenbereiche. Häufig haben sich im Laufe der Zeit Abläufe mit Schleifen, ungünstige Aufgabenzuordnungen zu Instanzen etc. entwickelt, die zu einer unflexiblen, eventuell personalintensiven, ineffizienten, schwerfälligen und somit überteuerten Organisation geführt haben.

Eng verbunden mit der Ablauforganisation ist die Aufbauorganisation. Die Reorganisation der Prozesse führt in der Regel zu einer Neuverteilung der Aufgaben und somit zu einer Veränderung und Weiterentwicklung des Tätigkeitsspektrums bei den einzelnen Mitarbeitern. Entsprechend den neuen Aufgabenbereichen sind die Teams neu zusammenzufassen und in eine logisch durchgängige Struktur zu bringen. Hinsichtlich der organisatorischen Veränderungen, insbesondere der Optimierung der Geschäftsprozesse, stellt sich immer wieder die Frage, wann diese am günstigsten aktiviert werden – vor oder nach der Umstellung auf das neue System. Abbildung 7 und 8 zeigen mögliche Probleme bei der Wahl der einen oder anderen Vorgehensweise.

Der Umstellungsprozess 5.6.3

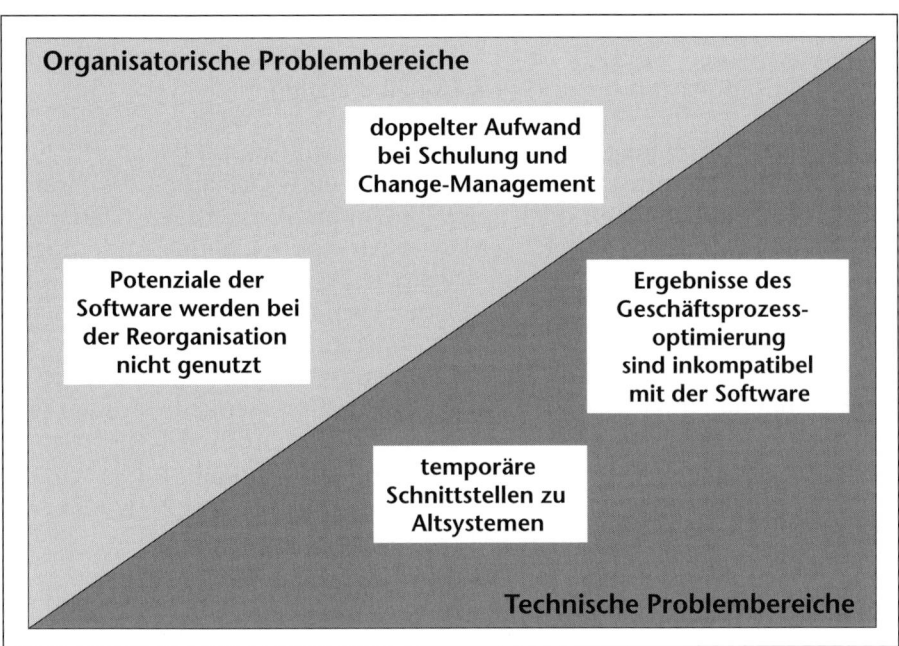

*Abb. 7: Potenzielle Problembereiche bei der Geschäftsprozessoptimierung vor Einführung des neuen ERP-Systems*

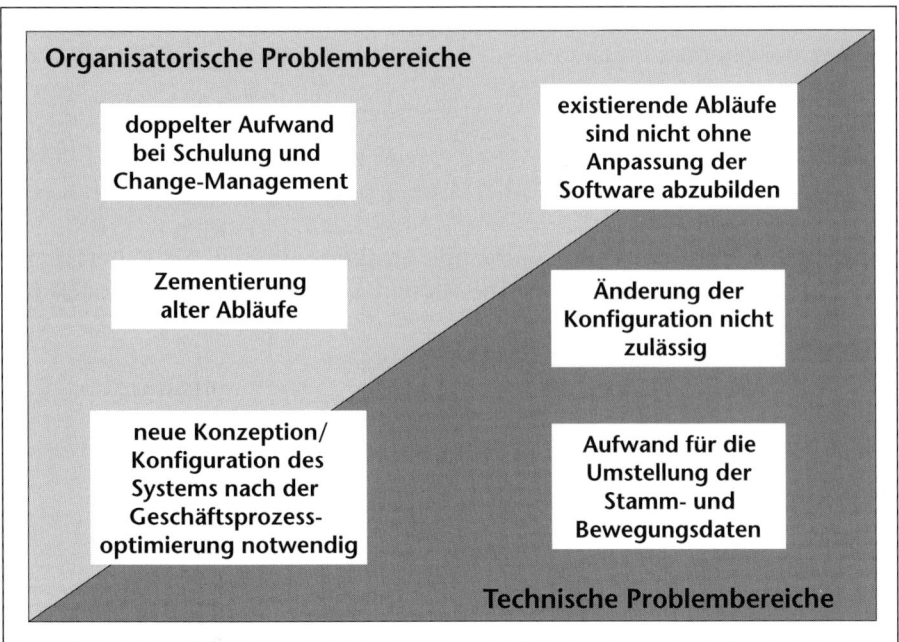

*Abb. 8: Potenzielle Probleme bei der Geschäftsprozessoptimierung nach Einführung des neuen ERP-Systems*

In der Praxis hat es sich bei Systemumstellungen als vorteilhaft herausgestellt, wenn Änderungen in der Organisation umgesetzt werden, bevor sich das neue System eingespielt hat. Als günstig hat sich erwiesen, die Änderungen spätestens zum Zeitpunkt der Umstellung auf das neue Sys-

*Änderungen spätestens zum Zeitpunkt der Umstellung*

## 5.6 Ablösung von PPS-Systemen

tem wirksam werden zu lassen. Vieles kann aber erfahrungsgemäß vorher umgesetzt werden. Sinnvoll ist es auch, ein Rahmenkonzept der zukünftigen Organisationsstruktur und Prozesse zu erstellen.

**Durchführung von Programmanpassungen**

Wenn die zur Verfügung stehenden Anpassungshilfsmittel (Parameter etc.) nicht ausreichen, müssen die Anforderungen entweder durch die Einbindung von Fremdsystemen oder durch Programmanpassungen (Datenmodell, Programmcode) realisiert werden. Allzu weit reichende Änderungen sollten jedoch nicht vorgenommen werden. Zum einen ist die Releasefähigkeit der Anpassungen vielfach nicht gewährleistet, zum anderen haben die Programmanpassungen unter Umständen nicht unmittelbar erkennbare Auswirkungen auf andere Programmteile und führen dort zu Fehlern, die im Unternehmen in langwierigen Prozessen aufgefunden und beseitigt werden müssen. Anpassungskosten und Aufwand wachsen so schnell ins Unermessliche und mindern die Zufriedenheit und Akzeptanz mit dem neuen System. Ein gewisser Anpassungsaufwand ist jedoch aus ablauflogischen Gründen oft unvermeidbar und auch sinnvoll.

**Konfiguration von Schnittstellen**

Zur Einbindung eines ERP-Systems in die organisatorische Landschaft eines Unternehmens gehört für die einzubindenden Fremdsysteme die Konfiguration von Schnittstellen. Häufig vorkommende Schnittstellen sind beispielsweise diejenigen zu

- Betriebsdatenerfassungssystemen,
- Personalzeiterfassungssystemen,
- CAD-Systemen,
- CAQ-Systemen sowie
- Lagerverwaltungssystemen.

Hinzu kommen, sofern entsprechende Funktionalitäten nicht bereits im ERP-System vorhanden sind, Schnittstellen zu Softwareanwendungen für

- Finanzbuchhaltung,
- Anlagenbuchhaltung,
- Kostenrechnung,
- Lohn- und Gehaltsabrechnung,
- SCM,
- CRM etc.

Die Integration häufig einzubindender Fremdsysteme unterstützen viele ERP-Systemanbieter mit Standardschnittstellen. Der Standardisierungsgrad der Schnittstelle beeinflusst den Einführungsaufwand sehr stark. Deshalb gilt: je höher der Standardisierungsgrad, desto geringer der Einführungsaufwand.

**Schnittstellentechnologien**

Die Anbindung fremder Systeme an offene Schnittstellen stellt eine komplexe Aufgabe im Rahmen der Einführung eines ERP-Systems dar. Für die Realisierung solcher Schnittstellenlösungen können verschiedene Schnittstellentechnologien angewendet werden.

Für die Integration unterschiedlicher Anwendungen und Programme muss der Datenfluss zwischen ihnen direkt geregelt werden – quasi als Punkt-zu-Punkt-Verbindung. Dies kann folgendermaßen erfolgen:

- synchron per Programmschnittstelle (beispielsweise mit Remote Procedure Call) bzw. Datenbankaufruf (beispielsweise mit SQL, ODBC) oder

- asynchron durch File-Transfer (EDI/Data-Transport) bzw. Nachrichten-Austausch wie Messaging-Queueing-Software (EDI-Konverter/Messaging-Tools/Data Translation).

Die Integration verschiedener EDV-Systeme über Punkt-zu-Punkt-Verbindungen hat zur Folge, dass von jedem zu integrierenden System spezifische Schnittstellen zu allen Systemen, mit denen kommuniziert werden soll, geschaffen und später bei Änderungen auch gepflegt werden müssen. Die Pflege dieser Schnittstellen ist häufig sehr zeitaufwändig und fehleranfällig.

**EAI-Software-Tools**

Eine neuere Möglichkeit zur Integration unterschiedlicher EDV-Anwendungen bieten EAI-(Enterprise-Application-Integration-)Software-Tools. EAI soll helfen, Geschäftsprozesse systemübergreifend abzubilden, so dass verschiedene Softwareanwendungen sowohl innerhalb als auch außerhalb des Unternehmens miteinander kommunizieren können. Mit dem Einsatz von EAI-Tools können Probleme bei der Anwendungs- und Datenintegration konzeptionell und programmiertechnisch beseitigt werden.

EAI-Software ist ein neuer Typus von »intelligenter« Middleware, mit der sich der Aufwand für die Verknüpfung unterschiedlicher Anwendungen senken lässt. Sie ist vor allem deshalb notwendig, weil Anbieter von betriebswirtschaftlicher ERP-Standardsoftware mit ihren Produkten nicht alle Geschäftsmodelle und -dimensionen abbilden können. EAI-Software bildet nicht nur das Rückgrat für die technische Verbindung zwischen Anwendungen, sondern berücksichtigt auch die betriebswirtschaftlichen Anforderungen von ERP-, SCM- und CRM-Systemen. EAI-Produkte versprechen eine schnelle und pflegeleichtere Integration, indem sie die beteiligten Systeme auf Anwendungs- und Prozessebene koppeln und die darunter liegende Funktionalität für den Anwender verbergen. EAI-Lösungen

- übernehmen die Datentransformation,

- verfügen über regelbasierte Maschinen (Engines),

- helfen bei der Workflow-Steuerung und

- stellen Adapter oder Connectoren zur Anbindung vorhandener Anwendungen bereit (Legacy-Systeme).

## 5.6 Ablösung von PPS-Systemen

**Systemtest durch das Projektteam**

Bevor mit der Schulung der Endanwender und der in der Regel sehr aufwändigen Datenaufbereitung und -übernahme begonnen wird, ist es auf jeden Fall empfehlenswert, die gesamte neue ERP-Anwendung, einschließlich der Schnittstellen zu anderen Anwendungssystemen und eventueller Anpassungsprogrammierungen, einem umfassenden Test zu unterziehen. Damit wird vermieden, dass die Endanwender mit instabilen Programmen und unterschiedlichen Maskenaufbauten konfrontiert werden, was oftmals Verärgerung und Frustration zur Folge hat. Diese Tests werden durch das Projektteam durchgeführt.

**Richtig testen!**

Zu den Aufgaben der Testphase gehört das Überprüfen

- der Abstimmung des ERP-Systems mit den Geschäftsprozessen des Unternehmens,
- der Fehlerfreiheit eventueller Anpassungsprogrammierungen und Schnittstellen zu Fremdsystemen,
- der Einstellung der Planungsparameter und
- des Kenntnisstandes der Mitarbeiter (insbesondere der Projektmitarbeiter).

Durch systematische, durchgängige Tests können viele Unstimmigkeiten und Defizite vor der Aufnahme des Echtbetriebs aufgedeckt werden. Ein systematischer Test umfasst die drei Phasen

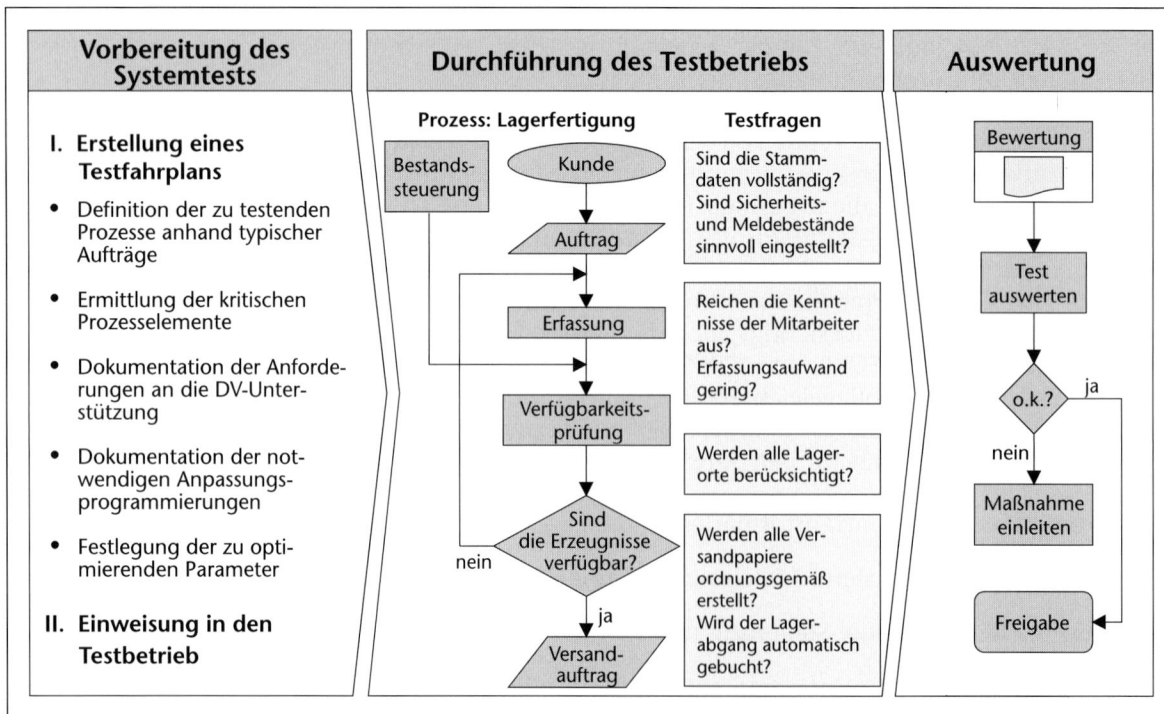

*Abb. 9: Tätigkeiten bei der Vorbereitung und Durchführung des Systemtests (Quelle: nach Schmitz 1998)*

- Vorbereitung des Tests,
- Durchführung des Tests und
- Auswertung.

Welche Tätigkeiten in den einzelnen Phasen auszuführen sind, ist anhand eines Beispiels in Abbildung 9 dargestellt.

**Phase 1: Vorbereitung**

Die Testvorbereitung umfasst die Erstellung einer Arbeitsunterlage in Form des Testfahrplans, die Vorbereitung der Projektmitarbeiter auf den Test, die Abbildung typischer Geschäftsprozesse im ERP-System und die Festlegung des Testablaufs.

**Phase 2: Durchführung**

Die Durchführung des Tests erfolgt im Allgemeinen prozessorientiert. Diese Vorgehensweise trägt dazu bei, eventuelle Mängel in der Durchgängigkeit der EDV-Unterstützung und Interdependenzen von Parametereinstellungen zu erkennen.

**Phase 3: Auswertung**

Zur Auswertung der Tests werden beispielsweise Planungsergebnisse analysiert oder geprüft, ob Informationen richtig an die festgelegten Empfänger weitergeleitet werden. Wenn sich bei der Testauswertung Mängel zeigen, müssen geeignete Gegenmaßnahmen getroffen und erneut Tests vorgenommen werden, bis die Freigabe für die letzte Phase des Umstellungsprojekts erfolgen kann.

### 5.6.3.4 Inbetriebnahme

Das neu einzuführende ERP-System stellt für die Endanwender ein neues Werkzeug/Hilfsmittel dar, das sie bei der Durchführung ihres Tagesgeschäftes bestmöglich unterstützen soll. Damit sie es umfassend nutzen können, müssen sie wissen, was es kann und wie es funktioniert. Diese Kenntnisse über Funktionsumfang und Funktionsweise sind den Anwendern vor der Inbetriebnahme des Systems in Schulungen und fachlichen Diskussionen zu vermitteln. In den Schulungen sollte neben der Vermittlung der reinen Systemkenntnisse auch auf weiter reichende Themen eingegangen werden, wie etwa die Bedeutung der Leistung der Mitarbeiter für den Einführungserfolg und den Unternehmenserfolg.

**Schulung der Endanwender**

Schulungsformen (Informations-, Standard-, Individualschulung) und -umfang sowie der Schulungszeitpunkt sind die wichtigsten Entscheidungen, die in diesem Zusammenhang zu fällen sind. Aufgrund großer Unterschiede bezüglich Schulungsqualität und Schulungskosten werden Schulungen stets unternehmens-, wenn nicht gar mitarbeitergruppenspezifisch festgelegt. Für die Schulung der Endanwender empfiehlt sich in den meisten Fällen die

5.6 Ablösung von PPS-Systemen

Individualschulung, und zwar durch die Mitglieder des Projektteams (Key User).

**Wie viel Schulung brauchen der Endanwender?** Für die Zufriedenheit der Mitarbeiter ist der Schulungszeitpunkt so zu wählen, dass der Zeitraum zwischen der Schulung und der konkreten Anwendung der Schulungsinhalte in der Praxis möglichst gering wird. Hinsichtlich des Schulungsumfangs hat sich in der Praxis eine Schulungsdauer zwischen fünf und neun Tagen bewährt, wobei laut empirischen Untersuchungen die höchste Teilnehmerzufriedenheit bei einer durchschnittlichen Schulungsdauer von zwölf Tagen zu verzeichnen war.

Schulungsinhalt und Schulungsumfang wirken sich sehr stark auf die Zufriedenheit der Mitarbeiter und die Akzeptanz des neuen Systems aus, so dass ihre Wichtigkeit im Rahmen der Systemeinführung nicht unterschätzt werden darf. Leider geben viele Unternehmen ansehnliche Beträge für Software und Hardware aus und sparen dann bei externen Beratungskosten und Anwenderschulungen. Diese Verfahrensweise führt in vielen Fällen dazu, dass das neu eingeführte System nicht optimal genutzt wird und sich die angestrebten Verbesserungen nicht wie geplant einstellen.

**Abbau von Misstrauen und Vorbehalten** Mitunter reichen Systemschulungen alleine nicht aus, um alle Anwender zu motivieren, das neue System konsequent anzuwenden. Vorteile und Erleichterungen, die mit der Anwendung verbunden sind, müssen in diesen Fällen nochmals besonders verdeutlicht werden. Eine außerordentliche Motivation ist oft besonders wichtig bei langjährigen Mitarbeitern, die stark in den betrieblichen Routinen verwurzelt sind und Widerstände gegen organisatorische Änderungen aufgebaut haben. Häufig werden diese nur deswegen abgelehnt, weil die neue Lösung nicht richtig verstanden wurde. In diesem Zusammenhang sind Kontrollen in der Übergangsperiode wichtig, ob das neue System auch wirklich angewendet wird und nicht »zur Sicherheit« auch noch frühere Unterlagen weitergepflegt werden und so Doppelarbeit erledigt wird.

**Datenaufbereitung und -übernahme** Ein wichtiger Erfolgsfaktor für die erfolgreiche Einführung eines neuen ERP-Systems ist die Gewährleistung einer hohen Datenqualität. Die Datenqualität ist an betriebsseitigen und systemseitigen Merkmalen festzumachen.

- **Betriebsseitige Merkmale** beziehen sich auf die in das System eingegebenen Werte. Zu ihnen gehören die Fehlerhaftigkeit, Aktualität, Detailliertheit oder die Vollständigkeit von Daten.

- **Systemseitige Merkmale** (Darstellung der Daten an der Benutzerschnittstelle etc.) sind beispielsweise Redundanz, Verständlichkeit, Transparenz und Relevanz der Daten.

**Datenbereinigung und -aktualisierung** Bei der Eingabe oder Übernahme von Stamm- und Bewegungsdaten sind vor allem die betriebsseitigen Merkmale zu prüfen. Insbesondere bei den Stammdaten steht es mit der Fehlerhaftigkeit und der Aktualität häufig nicht zum Besten. Artikelstämme, Stücklisten und Arbeitspläne, um nur die wichtigsten Datenarten zu nennen, beinhalten häufig Datensätze von nicht mehr existierenden Artikeln, oder sie sind unvollständig bzw. fehlerhaft. Werden diese Datensätze unverändert in das neue System übernommen, sind unrealistische Planungsergebnisse und ein unbefriedigender Systembetrieb vorprogrammiert. Deshalb ist es unabdingbar, die Daten im Zuge der Übernahme zu bereinigen und zu aktualisieren.

Da bei der Einführung eines neuen ERP-Systems in der Regel weder Stamm- noch Bewegungsdaten durchgängig neu erfasst, sondern, soweit sinnvoll, elektronisch aus dem Altsystem übernommen werden, sind die zu übernehmenden Daten am besten vor oder bei der Übernahme zu prüfen, zu bereinigen und zu aktualisieren. Diese Arbeiten werden am effektivsten von fachkundigen Sachbearbeitern aus den Fachabteilungen in Zusammenarbeit mit dem EDV-Team durchgeführt.

Hinsichtlich der Datenübernahme lassen sich grundsätzlich drei Arten unterscheiden:

**Arten der Datenübernahme**

- **Interpretative Datenübernahme**
  Hierbei wird die Bedeutung der Werte von Datenfeldern aus dem alten System interpretiert und im neuen System abgebildet. Die Datenaufbereitung kann vor, während oder nach der Übernahme erfolgen. Zur Aufbereitung oder Interpretation der betriebsseitigen Daten werden Referenztabellen verwendet oder sogar mathematische Operationen über mehrere Datenfelder im alten System angewendet.

- **Automatisierte 1:1-Datenübernahme**
  Hier wird bei der Datenübernahme maximal ein Abgleich unterschiedlicher Datenfeldbezeichnungen vorgenommen, die Datenbereinigung kann vor oder nach der Übernahme erfolgen.

- **Manuelle Datenübernahme**
  Die Daten werden, sofern die dafür notwendigen Informationen zur Verfügung stehen, während der Eingabe überarbeitet.

Bei der Datenübernahme und -bereinigung spielt auch die Parameterfestlegung eine Rolle. Als Parameter werden Datenfelder bezeichnet, die dem Benutzer die Möglichkeit geben, das Verhalten des ERP-Systems zu steuern und seine Planungsergebnisse zu beeinflussen (z.B. Dispositionsart für einen Artikel). Sie dienen daher, im Gegensatz zu administrativen Daten, nicht der Abbildung der Realität, sondern können vom Anwender nach Bedarf eingestellt werden. Bei den Parametern lassen sich hinsichtlich ihrer Wirkungsweise unterscheiden:

**Parameterfestlegung**

- Parameter zur Auswahl von Methoden und Verfahren (z.B. Auswahl von Dispositionsverfahren)

- Parameter, die die Verarbeitung innerhalb vorgegebener Methoden und Verfahren beeinflussen (z.B. Koeffizienten von Prognosemodellen, Art der Verrechnung von Bedarfen aus Kundenaufträgen)

- Daten, die von Methoden und Verfahren verarbeitet werden (z.B. Arbeitsvorgangszeiten, Mindestbestände, Vorgriffshorizont etc.)

- Parameter zur Ablaufsteuerung (auslösendes Ereignis für die Arbeitspapiererstellung, Ort des Arbeitspapierdrucks, Art und Zahl der Arbeitspapiere, Zwangsbedingungen für eine Auftragsfreigabe, Rückmeldepflichten von Arbeitsvorgängen, Art der Lagerbestandsführung)
- systeminterne Parameter (Zugriffsberechtigungen, Zeitpunkt von Datensicherungen etc.)

Zusätzlich kann unterschieden werden in:

- globale Parameter
- materialspezifische Parameter
- kundenspezifische Parameter
- auftragsartenabhängige Parameter
- arbeitsplatzspezifische Parameter
- arbeitsvorgangsspezifische Parameter

**Kriterien für die Parametereinstellung**

Bei der Einstellung der Parameter sollte so vorgegangen werden, dass möglichst viele in Abhängigkeit von bereits eingegebenen Parametern abgeleitet werden können. Beim Aufbau der Stammdaten geht man im Allgemeinen so vor, dass man zunächst die Artikelstämme anlegt, da diese zur Erstellung von Stücklisten und Arbeitsplänen benötigt werden. Vorbereitend müssen zur Arbeitsplanerstellung alle Arbeitsplätze festgelegt worden sein. Da die Parameter meist in den Stammdaten abgelegt werden, sollte die Reihenfolge der Parametereinstellung der des Stammdatenaufbaus entsprechen.

**Einteilung der Parametereinstellung**

Die Parametereinstellung selbst lässt sich in folgende Bereiche einteilen:

- **Initialeinstellung:** Die Parameterinitialeinstellung wird sowohl während der Einführungsphase als auch im laufenden Betrieb durchgeführt, beispielsweise wenn neue Prozesse abgebildet oder neue Materialien aufgenommen werden.

- **Parametertuning:** Das Parametertuning wird hingegen nur bei laufendem Betrieb vorgenommen, mit dem Ziel, das System an die sich ändernden Einflussgrößen anzupassen.

Die Dauer der Einstellung kann erheblich verkürzt werden, wenn die Parameter mit numerischen Werten bei der Initialeinstellung mit groben Einstellwerten vorbelegt werden und ein exaktes Tuning erst im laufenden Betrieb erfolgt, wenn die Auswirkungen der Parametereinstellungen erkennbar sind.

**Gesamtsystemtest und -abnahme durch die Anwender**

Analog zum Test des Systems durch das Projektteam empfiehlt sich unmittelbar vor dem endgültigen Übergang in den Echtbetrieb mit den dafür notwendigen Daten eine Simulation des Gesamtsystems unter Miteinbeziehung aller Anwender. Die Simulation wird so lange wiederholt, bis das Risiko für den Übergang auf ein vertretbares Minimum gesunken ist. Für die Durchführung dieser Tests gelten die gleichen Regeln und Empfehlungen wie bereits beim Systemtest des Projektteams beschrieben.

Als Zeitpunkt für die Vorbereitung des letztendlichen Übergangs in den Echtbetrieb empfiehlt sich ein Termin, zu dem der allgemeine Betrieb ruht, beispielsweise ein Wochenende oder den Jahreswechsel. Dies hat sich als zweckmäßig erwiesen, da die Aufnahme des Echtbetriebs auch bei sorgfältiger Vorbereitung vom gesamten Projektteam nochmals »vollen Einsatz« fordert. Vor dem Übergang müssen die Bewegungsdaten auf den letzten Stand gebracht werden, also gegebenenfalls nochmals Datenübernahme bzw. -erfassung. Es muss ein erster Planungslauf unter Einbeziehung aller Schnittstellen zu eingebundenen Systemen durchgeführt und bewertet werden, eventuell sind auch in den über die Schnittstellen eingebundenen anderen Anwendungssystemen Einstellungen zu verändern usw.

**Übergang in den Echtbetrieb**

Diese Tätigkeiten laufen nicht immer störungsfrei ab. In solchen Fällen ist wichtig, ausreichend Zeit zu haben, um den einen oder anderen Vorgang wiederholen zu können. Falls man sich für einen zeitweisen Parallelbetrieb des alten und neuen Systems entscheidet, müssen die Daten während dieser Zeit permanent zwischen den beiden Systemen abgeglichen werden.

Ob alle Parameter richtig eingestellt und die Geschäftsprozesse immer der Realität entsprechend modelliert wurden, zeigt sich in vollem Umfang erst, wenn das neue System einige Tage und Wochen im Einsatz ist. Deshalb sollten in der ersten Zeit nach der Umstellung der Systembetrieb und die Planungsergebnisse besonders kritisch betrachtet werden. Dort, wo sich Ungereimtheiten zeigen oder wo Anwender unzufrieden sind, sollte versucht werden, etwa durch Änderungen von Parametereinstellungen nachhaltig Verbesserungen zu erzielen. An dieser Stelle soll darauf hingewiesen werden, dass Systemmonitoring und -optimierung nicht nur in der ersten Zeit nach der Umstellung notwendig und sinnvoll sind, sondern über die gesamte Einsatzdauer des Systems hinweg (siehe auch Kapitel 6.6.1). Wird dies vernachlässigt, sind baldige Klagen der Anwender über das System nicht auszuschließen.

**Systemmonitoring und -optimierung**

### 5.6.4 Schlussbetrachtung

**Die wichtigsten Erfolgsfaktoren**

Die Ablösung eines bestehenden PPS-Systems kostet ein Unternehmen viel Zeit und Geld. Umso wichtiger ist es, dass zum einen die Umstellung auf das richtige System erfolgt und zum anderen der Umstellungsprozess so reibungsarm wie möglich vor sich geht. Nachfolgend sind die wesentlichen Erfolgsfaktoren bei der Einführung eines neuen ERP-Systems zusammengestellt, deren Berücksichtigung einen erfolgreichen Projektablauf nachhaltig unterstützt.

- Auswahl eines anforderungsgerechten ERP-Systems

- Definition der Projektziele unter Einbeziehung der strategischen Unternehmensziele

- direkte Unterstützung der Projektleitung durch die Unternehmensleitung

- Partizipation der Fachabteilungen

- konsequente Zuordnung von Verantwortlichkeiten und Weisungsbefugnissen an das Projektteam

- Konzentration auf das Wesentliche unter Vermeidung allzu weit reichender Systemanpassungen

**Literaturempfehlungen**

*Finger, J.:* Managementaufgabe PPS-Einführung. Düsseldorf 1996.

*Grupp, B.:* Softwarepakete zur Produktionsplanung und -steuerung. Renningen, Malmsheim 1994.

*Schmitz, R.:* Einführung von ERP-Systemen. In: Luczak, H.; Eversheim, W. (Hrsg.): Produktionsplanung und -steuerung – Grundlagen, Gestaltung und Konzepte. Berlin, Heidelberg 1998.

## 5.7 ERP nutzen ohne Wenn und Aber – Tuning von ERP-Anwendungen

*von Ute Mussbach-Winter, Helmuth Gienke*

### 5.7.1 Ziele und Aufgaben des ERP-System-Tunings

#### 5.7.1.1 Auslöser eines ERP-System-Tunings

Erhebungen zum Einsatz von rechnergestützten ERP-Systemen in Industrieunternehmen zeigen, dass der überwiegende Teil dieser Unternehmen ein solches System mindestens für ausgewählte Funktionen im Einsatz haben. Am häufigsten werden im Produktionsbereich die Funktionen Teilestammdatenverwaltung, Stücklistenverwaltung, Bedarfsermittlung, Bestellrechnung, Bestandsführung, Fertigungsauftragsverwaltung und Arbeitsplanorganisation unterstützt. Erst danach folgen mit einigem Abstand qualifizierte Terminierungsfunktionen. In Gesprächen mit Unternehmen kommt immer wieder zum Ausdruck, dass viele mit ihrem ERP-Systemeinsatz nicht zufrieden sind. Zurückgeführt wird dies häufig auf eine schlechte Übereinstimmung der Planungsergebnisse mit der betrieblichen Realität, eine unzulängliche funktionale Unterstützung durch das ERP-System, eine unzureichende Auskunftsfähigkeit bezüglich Arbeitsfortschritt und Ressourcenverfügbarkeit, einen hohen Datenpflegeaufwand sowie die unzureichende Erfüllung der definierten ERP-Ziele. Diese Mängel bewirken in den meisten der untersuchten Unternehmen, dass die Planungsergebnisse des ERP-Systems nicht oder nicht mehr akzeptiert und im Betrieb umgesetzt werden. Damit werden die Erwartungen an die Stärkung der Wettbewerbsfähigkeit des Unternehmens durch den Einsatz eines ERP-Systems nicht erfüllt, der Begriff ERP-System erhält ein negatives Image.

**Warum ERP-System-Tuning?**

Die für den ERP-System-Einsatz verantwortliche betriebliche Instanz (z.B. AV- oder IT/Org-Leiter) sollte die Einleitung geeigneter Maßnahmen zum Tuning der ERP-Anwendung veranlassen, sobald sie ein Nachlassen der Akzeptanz feststellt. Mangelnde Akzeptanz ist jedoch nicht der einzige Grund für die Überprüfung eines ERP-System-Einsatzes. Handlungsbedarf für eine solche Maßnahme besteht z.B. auch dann, wenn sich die Ziele der Produktionsplanung und -steuerung bzw. Logistik ändern, innerbetriebliche Umstellungen anstehen oder neue marktseitige Anforderungen zu erfüllen sind.

### 5.7.2 Voraussetzungen für eine erfolgreiche ERP-System-Anwendung im Unternehmen

Ob eine ERP-System-Anwendung in einem Unternehmen als nützliches Hilfsmittel oder als Hemmschuh für die Abwicklung des Tagesgeschäftes angesehen wird, hängt von einer Reihe von Faktoren ab, auf die im Folgenden eingegangen wird.

#### 5.7.2.1 Zielfindung und Zielüberprüfung

*Wann ist eine ERP-Anwendung erfolgreich?*

Der Einsatz eines ERP-Systems kann dann als erfolgreich bezeichnet werden, wenn die zum Zeitpunkt der Systemeinführung festgelegten und ggf. später aktualisierten Systemziele in hohem Umfang erreicht werden. Solange in einem Unternehmen ein unterschiedliches Verständnis darüber besteht, welchen Nutzen der Einsatz eines ERP-Systems im Unternehmen bringen soll, wird es immer Mitarbeiter geben, die das eingesetzte System »mies machen« und auf diese Weise dazu beitragen, dass nicht mehr durchgängig mit dem ERP-System gearbeitet wird.

Der Zielformulierung und der Akzeptanz der Ziele im Unternehmen kommt deshalb eine entscheidende Rolle zu. Ausgehend von den unternehmensspezifischen Leitbildern und den daraus abgeleiteten Strategien zu ihrer Operationalisierung werden Zielsetzungen für die Neuorientierung der Organisation wesentlich durch wirtschaftlich-finanzielle und sozio-psychologische Aspekte geprägt. Zur Formulierung des Zielsystems empfiehlt sich der Aufbau einer Zielstruktur, die im Unternehmen in gemeinsamen Projektsitzungen erarbeitet, bewertet und verabschiedet wird. Häufig aufgeführte Ziele für den Einsatz eines ERP-Systems in einem Unternehmen sind in Abbildung 1 zusammengestellt.

---

**Optimierung unternehmensinterner Abläufe durch ...**

- Integration und Automatisierung der Aufgaben der Geschäftsprozesse in einem Unternehmen
- unternehmensweiten Informationsfluss
- Konsistenz und Aktualität der Daten
- Standardisierung der Daten
- Anwendung einheitlicher Methoden bei äquivalenten Aufgaben
- Nutzung der Vorteile von Standardsoftware

Ziel → bestmögliche Erfüllung der Unternehmensziele

---

*Abb. 1: Ziele einer ERP-Anwendung*

Der Prozess der gemeinsamen Zielfindung bewirkt, dass Projektziele, Lösungsansätze und Vorgehensweisen für alle Projektbeteiligten transparent gemacht werden, und trägt so zur Verankerung des Projekts im Unternehmen bei. Die dadurch erreichte Erhöhung der Akzeptanz seitens der Mitarbeiter im Unternehmen steigert maßgeblich die Effizienz der ERP-Anwendung.

### 5.7.2.2 Akzeptanz der ERP-Anwendung im Unternehmen

Wie bereits angesprochen, ist die wichtigste Voraussetzung für den Erfolg eines ERP-Systems die Akzeptanz durch die Anwender. Sie ist die Basis für eine durchgängige Nutzung des Systems und für eine zeitnahe und korrekte Erfassung bzw. Bearbeitung von Vorgängen im System. Voraussetzung für eine hohe Systemakzeptanz ist, dass das Geschehen im Unternehmen möglichst genau abgebildet wird. Fehlerhafte, veraltete Information oder unplausible Angaben führen unweigerlich zu einer Minderung der Akzeptanz und damit auch zu einer Minderung des Erfolges. Die Auswirkungen fehlerhafter Planungsergebnisse zeigt Abbildung 1.

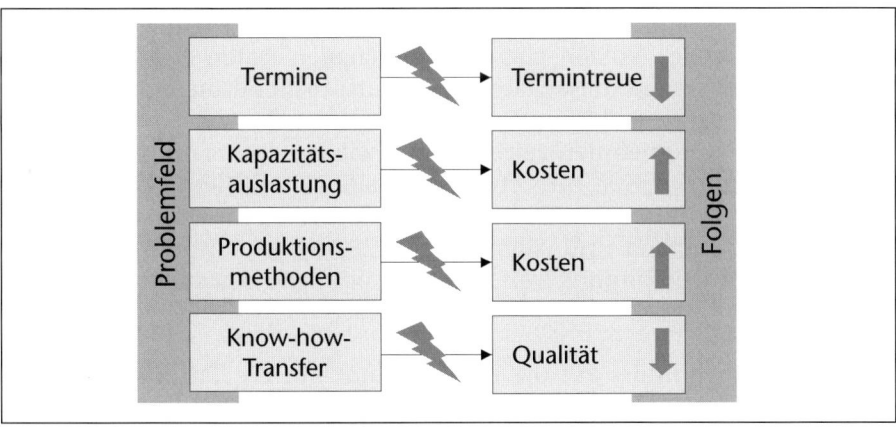

*Abb. 2: Problemfelder und ihre Folgen*

Wenn das System über die Funktionen eines Planungssystems hinaus für die Steuerung genutzt werden soll, muss es den Benutzern die Möglichkeit bieten, jederzeit die erforderlichen Auskünfte korrekt und zeitnah zu erhalten. Grund hierfür sind die im Produktionsprozess erforderlichen kurzfristigen Entscheidungen, die zuverlässige Informationen verlangen. Sind die vorliegenden Informationen nicht richtig, besteht die Gefahr, dass falsch entschieden wird.

### 5.7.2.3 Aktuelle und korrekte Stammdaten

In ERP-Systemen gibt es eine Vielfalt von Stammdaten. Stammdaten beschreiben z.B. die Erzeugnisstruktur, den Fertigungsablauf und den Ressourcenbedarf, also den Material- und Zeitbedarf an den Arbeitsplätzen sowie den Bedarf sonstiger Fertigungsmittel. In Abbildung 3 sind die wesentlichen Stammdatengruppen aufgeführt.

*Warum sind aktuelle und korrekte Stammdaten so wichtig?*

Der Aufwand für die Pflege der Daten, den die jeweilige Organisationseinheit bereit ist zu leisten, orientiert sich an den Zielen der jeweiligen Orga-

### 5.7 ERP nutzen ohne Wenn und Aber – Tuning von ERP-Anwendungen

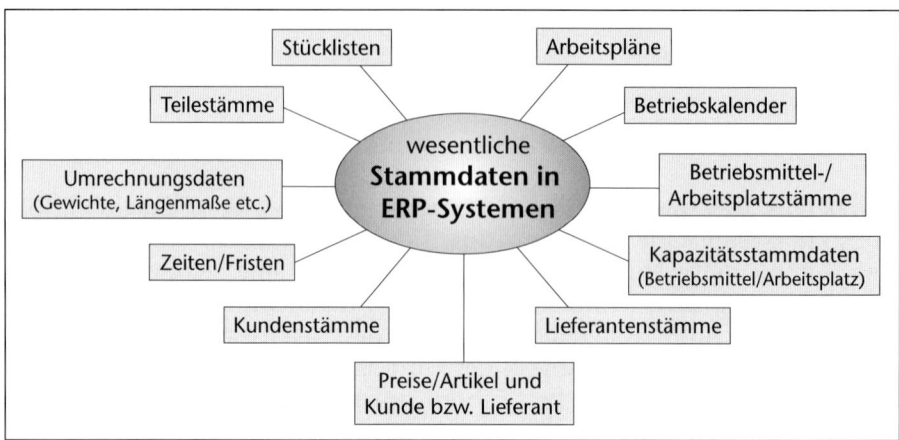

*Abb. 3: Stammdaten in ERP-Systemen*

nisationseinheit bzw. an dem Nutzen, den sie aus den Daten zieht. Wenn diese Ziele bzw. der Nutzen auch mit ungenauen Daten erreicht werden können, dann werden diese Daten auch entsprechend ungenau ermittelt und nur grob gepflegt. Sie sind dann weder aktuell noch korrekt. Untersuchungen in Unternehmen zeigen immer wieder, dass Stammdaten nicht die erforderliche Qualität hinsichtlich Aktualität, Vollständigkeit und Genauigkeit aufweisen und damit zu nicht oder nicht vollständig verwertbaren Ergebnissen und Aussagen des ERP-Systems führen. Ihnen ist deshalb bei der Überprüfung von ERP-Anwendungen besondere Beachtung zu schenken.

Einen weiteren Einfluss auf die Datenqualität übt die Tatsache aus, dass es in jedem System Nebenziele gibt, die zu opportunistischen Angaben führen. Beispielsweise werden bei der Kalkulation häufig aus marktstrategischen Gesichtspunkten Verschiebungen in den Stammdaten vorgenommen, so dass die Inhalte dieser Stammdatenfelder in anderen Unternehmensbereichen nicht verwendet werden können und dort nochmals lokal gepflegt werden müssen (vgl. Abb. 4).

Für die richtige Datenpflege ist das Bewusstsein Voraussetzung, dass die Daten auch von anderen Organisationseinheiten genutzt werden. Fehlt diese Einsicht und hält z.B. die Fertigungssteuerung die Auftragslage nicht

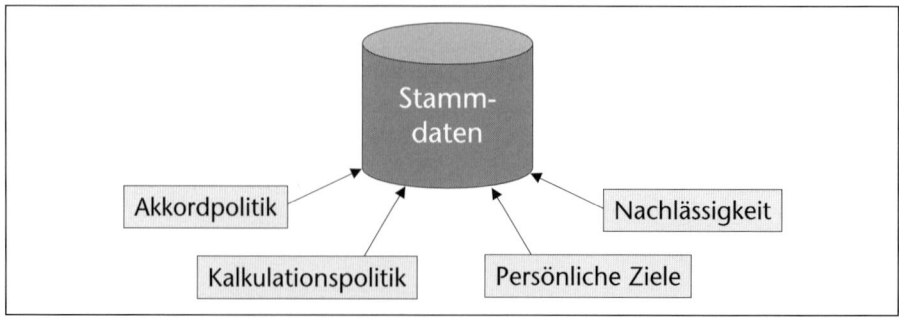

*Abb. 4: Stammdaten und Nebenziele*

korrekt nach, wird auch in anderen Organisationseinheiten nur in dem Maße auf die Genauigkeit der Stammdaten geachtet, wie dies für die eigene Arbeit erforderlich ist. Diese Verhaltensweise kann leicht zu einem Rückkopplungsprozess führen: Weil die Daten falsch sind, werden die anderen Organisationseinheiten ihre eigenen Methoden nutzen und z.B. die Auftragslage auch nur unvollkommen im System abbilden. Da durch das unzureichende Abbild der Auftragslage die Stammdaten nicht genutzt werden, werden sie nur unvollkommen gepflegt und jeder fühlt sich bestätigt. Ein solcher Kreislauf lässt sich auch anhand anderer Beispiele aufzeigen. Sie alle bieten interessante Ansätze für eine Verbesserung der ERP-Anwendungen.

### 5.7.2.4 Aktuelle und korrekte Auftragsdaten

Auftragsdaten beschreiben die einzelnen Fertigungsaufträge, also welche Teile oder Produkte zu welchem Termin und in welcher Menge zu fertigen sind. Aufgrund dieser Angaben wird in Verbindung mit den Stammdaten der voraussichtliche Fertigungsablauf terminiert und damit auch die Auslastung der Arbeitsplätze und die Termine für die Materialbereitstellung ermittelt.

Nun gibt es in der Fertigung einen ehernen Grundsatz: nichts läuft so ab, wie es geplant ist. Daraus ergibt sich, dass diese Plandaten für den Auftragsdurchlauf der Realität angepasst werden, also mit den vorhandenen Ressourcen abgeglichen und Verschiebungen der Liefertermine sowie Störungen im Produktionsablauf berücksichtigt werden müssen. Es leuchtet ein, dass hier ein gewisser Aufwand zu tätigen ist, der unterbleibt, wenn z.B. fehlerhafte Stammdaten nicht den angestrebten Nutzen erwarten lassen.

### 5.7.2.5 Qualität der Rückmeldedaten

Rückmeldungen zum Auftragsfortschritt und zur Betriebsmittel- bzw. Personalverfügbarkeit geben ein Abbild des tatsächlichen Betriebsgeschehens. Sie zeigen an, ob Abweichungen vom Plan aufgetreten und welcher Art diese Abweichungen sind. Für eine Steuerung sind Rückmeldungen lebensnotwendig. Unterbleiben die Rückmeldungen oder werden sie zu spät vorgenommen, setzt die Planung auf überholte Vergangenheitsdaten und schreibt diese fehlerhafte Situation so weit fort, dass keine realistische Aussage mehr möglich ist.

**Konsequenzen mangelhafter Rückmeldedaten**

Rückmeldungen müssen, sieht man von Fertigungsprozessen mit automatisierter Datenerfassung ab, von den Mitarbeitern getätigt werden. Diese Rückmeldungen legen, wenn sie korrekt und zeitnah getätigt werden, Schwachstellen im Fertigungsprozess offen, z.B. stark schwankende Bearbeitungszeiten oder die bevorzugte Bearbeitung ausgewählter Produkte. Die Furcht vor Nachteilen oder sogar tatsächliche Nachteile führen dazu, dass diese Rückmeldungen verzögert durchgeführt oder verfälscht (manipuliert) werden. Sie sind damit nicht mehr als Basis für eine echte Steuerung verwendbar. Auch hier wird dieser Aufschaukelungsprozess deutlich:

- falsche Rückmeldungen
- falsche Auftragslage
- falsche Steuerungsentscheidungen
- usw.

#### 5.7.2.6 Angepasste Ablauf- bzw. Aufbauorganisation

**Unternehmensorganisation und ERP-Anwendung müssen zusammenpassen**

Unternehmen unterliegen ständigen Veränderungen – Aufgaben werden in andere Bereiche/Werke verlagert, Produktionsprozesse verändern sich, neue Planungsverfahren sowie neue EDV-Systeme werden eingeführt, um nur einige Beispiele zu nennen. Diese Veränderungen erfordern es, die aktuellen Geschäftsprozesse immer wieder auf ihre Sinnfälligkeit hin zu überprüfen und ggf. neu zu gestalten, d.h. die Funktionen neu aufzuteilen und die verfügbaren Hilfsmittel, insbesondere die Informations- und Kommunikationstechnologien bestmöglich zu nutzen. Sind die Abläufe und auch die Aufbauorganisation nicht optimal auf die strukturellen Rahmenbedingungen im Unternehmen ausgerichtet, werden Zeit und Ressourcen verschenkt, indem z.B. Vorgänge häufiger als erforderlich zwischen verschiedenen Organisationseinheiten hin- und hergereicht oder identische Vorgänge mehrfach ausgeführt werden. Das Leistungsangebot moderner IT-Lösungen, wie z.B. ein modernen ERP-System, kann in diesen Fällen nicht in vollem Umfang ausgeschöpft werden und der erwartete Nutzen tritt nicht wie geplant ein (vgl. Abb. 5).

*Abb. 5: Organisation und ERP*

Im betrieblichen Alltag fällt es oft schwer, die Notwendigkeit von ablauf- und aufbauorganisatorischen Veränderungen den davon betroffenen Mitarbeitern deutlich zu machen. Teilweise haben sie in der Vergangenheit die aktuell angewandten Lösungen selbst mitentwickelt, mit dem Ziel ihre Arbeit unter den gegebenen Randbedingungen optimal durchzuführen können. Es fällt ihnen schwer, sich davon zu trennen. Dieses Phänomen gilt jedoch nicht nur für die Ablauforganisation, sondern ebenso für technische Entwicklungen. Die ersten Autos sahen aus wie Pferdekutschen ohne Pferde. In Bezug auf die Geschäftsprozessgestaltung wirkt sich dieses Verhalten allerdings nachteiliger aus, weil der Anreiz fehlt, die neuen IT-Systeme zweckentsprechend zu nutzen.

### 5.7.2.7 Schulung der Mitarbeiter

Viele Fehler bei der Ausführung von Tätigkeiten, so auch beim Arbeiten mit ERP-Systemen, entstehen dadurch, dass der Ausführende nicht genau weiß,

- wozu er letztendlich eine bestimmte Tätigkeit ausführt,
- warum er sie in der von ihm angewandten Art und Weise durchführt,
- welche Möglichkeit (Funktionen) das von ihm benutzte Werkzeug/Hilfsmittel bietet und
- wie sein Arbeitsergebnis weiter verwendet wird.

Dies gilt auch für die Anwender von ERP-Systemen und führt bei diesen dazu, dass z.B.

- Daten (sowohl Bewegungs- als auch Stammdaten) nicht, fehlerhaft, unvollständig oder zu spät erfasst,
- funktionsbezogen ungeeignete Methoden festgelegt oder
- Ergebnisse des ERP-Systems falsch interpretiert

werden.

Fehlende oder fehlerhafte Daten sowie ungeeignete Methoden bewirken jedoch zwangsläufig, wie bereits oben angesprochen, nicht oder nur mit Mühen realisierbare ERP-Ergebnisse. Demzufolge sind bei einem unzureichenden Wissensstand der Anwender über die funktional logischen Zusammenhänge und den Leistungsumfang des von ihnen benutzten ERP-Systems überhöhter Arbeitsaufwand, Demotivation und Misserfolg schon fast vorprogrammiert.

Ein besonderes Augenmerk ist deshalb der Überprüfung der Systemkenntnisse bei den Anwendern und, wo erforderlich, der Anwenderschulung zu widmen. Häufig wird bei der Einführung von ERP-Systemen der Fehler gemacht, nur die Bedienung des Instrumentariums zu trainieren und den Rest der Einsicht der Anwender zu überlassen. Auf den Anwender kommen aber neue Abläufe zu, die er erkennen muss und die eine Anpassung seiner Arbeitsweise erfordern. Er muss darüber hinaus erkennen, dass er andere Informationen als bisher zur Verfügung hat, die er anders auswerten und nutzen kann.

**Warum ist die Schulung der Mitarbeiter für eine erfolgreiche ERP-System-Anwendung so wichtig?**

### 5.7.3 Analyse der bestehenden Anwendung

#### 5.7.3.1 Vorgehensweise

**Analysieren einer ERP-System-Anwendung**

Im Anschluss an die Zielfindung- bzw. -verankerung ist zu ermitteln, wie groß die Defizite hinsichtlich der Zielerfüllung sind und worin die Ursachen für die mangelhafte Zielerfüllung liegen. Die Analyse einer bestehenden ERP-Anwendung gliedert sich in folgende Schritte:

1. Betriebsstruktur erheben.
   Hierzu wird ein Erhebungsbogen zur Betriebsanalyse genutzt.

2. Analyse der Produktion im Rahmen einer Betriebsbesichtigung.
   Anhand eines Kriterienkatalogs werden die Rahmenbedingungen für die Zielerreichbarkeit sowie die Schwachstellen der bisherigen ERP-Anwendung beurteilt.

3. Analyse der bestehenden ERP-Anwendung im Hinblick auf die Erreichbarkeit der festgelegten Ziele.

4. Dokumentation der Schwachstellen.

Für die Analyse der bestehenden Anwendung empfiehlt sich der Einsatz von Checklisten, die als Leitfaden und Dokumentationshilfsmittel dienen (vgl. Abb. 1).

```
Raster
    der Absatzplanung:                    Monate _____ Ist, _____ Soll
    der langfristigen Produktionsplanung: Monate _____ Ist, _____ Soll
    der kurzfristigen Produktionsplanung: Monate _____ Ist, _____ Soll

Anzahl
    Positionen der Materialbedarfsplanung: _____ im Monat
    Positionen im Einkauf:                 _____ im Monat
    Positionen im Lager:                   _____
    Lagerorte: _____, Lagerbereiche: _____, Lagerplätze: ca. _____
```

*Abb. 1: Ausschnitt aus dem Erhebungsbogen*

#### 5.7.3.2 Überprüfung der Akzeptanz

Akzeptanz ist ein subjektiver Vorgang, der aber mit objektiven Kriterien ermittelt werden kann. Fehlende Akzeptanz bewirkt, dass die anfallenden Arbeiten nicht oder mit anderen Methoden durchgeführt werden. Dieses sind zwar nur Indizien für eine fehlende Akzeptanz, aber sie zeigen die Auswirkungen dieses Mangels sehr klar. Es gilt hier noch nicht, zu beurteilen, was Ursachen und Folgen fehlender Akzeptanz sind. Die folgenden Beispiele skizzieren Situationen, bei denen die Akzeptanz im Betrieb fehlt. Mangelnde Akzeptanz bewirkt in den meisten der untersuchten Unternehmen, dass die Planungsergebnisse des ERP-Systems nicht oder nicht mehr angenommen und im Betrieb umgesetzt werden. Häufig wird zur Unterstützung der Planungsaufgabe ein manuelles oder einfaches PC-gestütztes Schattensystem aufgebaut (z.B. EXCEL-Auswertungen). Schattensysteme sind zwangsläufig mit zusätzlichen Datenerhebungen und redundanten Datenbeständen verbunden. Sie bedeuten deshalb Doppelarbeit und bergen Gefahren hinsichtlich der Datenkonsistenz in sich. Dass sie Mehrkosten verursachen, bedarf keiner besonderen Erwähnung.

Ein weiteres Kriterium für die Akzeptanz eines Systems ist der Umgang der Mitarbeiter mit dem System in Ausnahmesituationen, z.B. kurzfristig eingeschobenen Aufträgen, Terminverschiebungen oder Ausfall des Systems. Da solche Ereignisse in jedem Betrieb auftreten, sollten dazu Prozesse bestehen, nach denen bei Eintreten einer Ausnahmesituation auch gehandelt wird. Ein Indiz für die Akzeptanz einer ERP-Anwendung ist weiterhin die schnelle Meldung von Beanstandungen oder von Verbesserungsvorschlägen. Bei einer Datenausgabe in Form von Listen sind z.B. Anmerkungen in Form auf den Listen ein eindeutiger Beweis dafür, dass man sich mit den Listen auseinander gesetzt hat.

Nicht ganz so klar ist die Frage zu beantworten, ob regelmäßig und zeitnah zurückgemeldet wird. Hier kann eine stichprobenweise Überprüfung der fertig gestellten Aufträge bzw. Arbeitsgänge helfen. Die Ursachen für ein unregelmäßiges bzw. verspätetes Rückmelden können unterschiedlich sein, zeigen jedoch Mängel im Gesamtsystem auf und sind mit Sicherheit ein Symptom für eine schlechte Akzeptanz.

Ein weiteres Kriterium zur Beurteilung der Akzeptanz einer ERP-Anwendung ist der Umgang mit den Begleitpapieren. Soweit man mit Begleitpapieren arbeitet (und die meisten Anwender machen das noch), zeigen zentral gelagerte Begleitpapiere, die keine mehr sind, dass man nicht mit dem System, sondern mit Papieren steuert, und das System nur zur Erstellung von Papieren nutzt.

Eine Überprüfung des Systemeinsatzes anhand dieser Kriterien gibt eine schnelle Information über die Nutzung des Systems und seine Akzeptanz im Unternehmen.

### 5.7.3.3 Überprüfung der Datenaktualität und -richtigkeit

Ähnlich wie bei der Überprüfung der Akzeptanz gibt es auch für die Aktualität und Richtigkeit der Information Anzeichen, die aber in diesem Falle viel aussagekräftiger sind. Wie bereits erwähnt, stellen Aktualität und Richtigkeit der Daten in einer ERP-Anwendung eine wichtige Voraussetzung für realisierbare Ergebnisse und die sinnvolle Nutzung des Systems dar. Die Konsequenzen fehlerhafter Stammdaten sind in Abbildung 2 veranschaulicht. Doch welches sind die Kriterien der Datenaktualität und -richtigkeit?

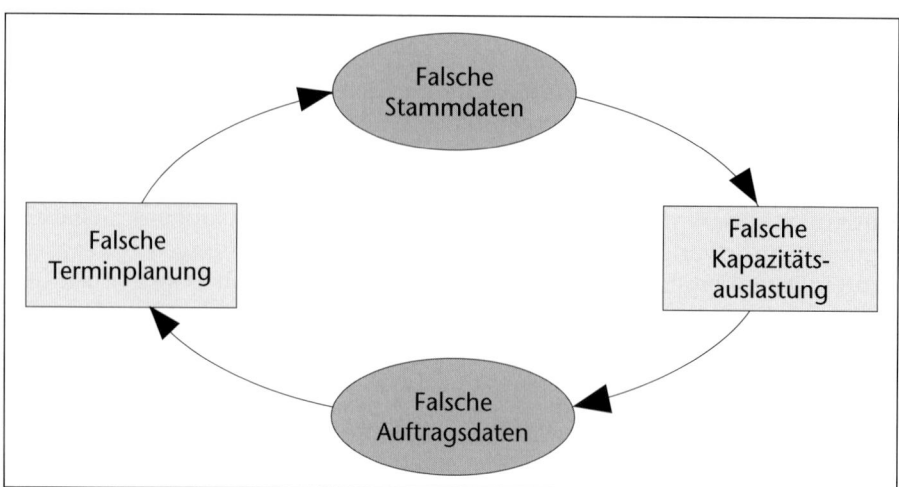

*Abb. 2: Auswirkung mangelnder Akzeptanz*

Die erste Analyse zeigt, ob der ausgewiesene Arbeitsvorrat mit dem tatsächlichen übereinstimmt. Dies kann man durch Stichproben an ausgewählten Arbeitsplätzen ermitteln. Man benutzt hierzu z.B. eine Liste des Arbeitsvorrates für verschiedene Arbeitsplätze (ca. 20), und vergleicht die vor dem Arbeitsplatz liegenden Aufträge mit dem im ERP-System ausgewiesenen Arbeitsvorrat.

Eine weitere Analyse umfasst die Prüfung, ob alle offenen Termine in der Zukunft liegen. Hier kann es einige Abweichungen geben, die man nicht überbewerten sollte. Die große Masse der Termine sollte jedoch tatsächlich in der Zukunft liegen. Ist dies nicht der Fall, muss von einer unzureichenden Akzeptanz und in der Folge davon von einer mangelhaften Pflege sowohl der Bewegungs- als auch der Stammdaten ausgegangen werden. Das Gleiche gilt, wenn die Angaben über die Arbeitsplatzauslastung nicht plausibel sind, also unrealistische Angaben gemacht werden, gleich ob die Auslastung unglaubwürdig hoch oder niedrig ist.

Diese Analysen sollen schnell Mängel aufzeigen und nicht der Ursachenforschung dienen. Die Ursachenforschung muss gezielt und unter Berücksichtigung des gesamten Mängelkomplexes erfolgen. Es gilt also hier noch nicht, dass man den Dingen schon auf den Grund geht.

### 5.7.3.4 Analyse des Aufwandes für den Betrieb dieser Anwendung

Der Aufwand für den Betrieb einer ERP-Anwendung muss den Anforderungen angepasst sein. Ist der Aufwand zu hoch, auch subjektiv zu hoch, führt das dazu, dass

- oberflächlich gearbeitet wird, um Zeit zu sparen,
- durch Verlagern von Arbeiten in lastschwache Zeiten eine Entlastung gesucht wird,

- die Arbeit an »Spezialisten« delegiert wird oder
- sogar andere Arbeiten mit dem Attribut „für ERP" versehen werden.

An diesen Punkten setzt die Analyse an. Wird der Aufwand als zu hoch angesehen, kann es aber auch bedeuten, dass der Nutzen durch das ERP-System noch nicht akzeptiert ist. Eine klare Aussage kann gemacht werden, wenn es eine eigene Organisationseinheit für die Datenpflege oder eine Stundenerfassung für den ERP-Aufwand gibt, denn die Daten sollen dort gepflegt werden, wo sie entstehen. Dazu gehört auch die Schritt haltende Erfassung der Rückmeldungen. Ist sie nicht realisiert, so ist das Rückmeldeverfahren zu aufwendig und muss rationalisiert werden.

#### 5.7.3.5 Ermittlung der Ursachen für die erkannten Schwachstellen

Jeder Mensch ist im Grundsatz bestrebt, die ihm übertragenen Aufgaben möglichst vollkommen, jedoch mit geringem Aufwand durchzuführen. Gelingt ihm dieses nicht, so können die Ursachen unter anderem mangelnde Motivation, falsche Hilfsmittel oder unsachgemäßer Einsatz von Hilfsmitteln sein. Diese Erkenntnis kann auch für den Einsatz einer ERP-Anwendung genutzt werden.

Die erkannten Schwachstellen sind häufig die Auswirkungen von Mängeln, die im Vorfeld der Anwendung liegen und teilweise auch erst in der Kombination mehrerer Komponenten Auswirkungen haben. Für eine erfolgreiche Verbesserung der Organisation ist es daher entscheidend, die tatsächlichen Ursachen für die erkannten Schwachstellen zu finden. Es ist falsch, sie auf Fehlverhalten von Mitarbeitern zurückzuführen. Vielmehr müssen die Ursachen für diese Haltung erkannt und beseitigt werden.

Dieser Prozess wird dadurch erschwert, dass bei einer mangelhaften Anwendung Widerstände und Vorurteile bestehen, die für eine sachliche Betrachtung der Ursachen hinderlich sind. Einem Instrumentarium zur Aufdeckung dieser Ursachen kommt darum besondere Bedeutung zu. Nur wenn diese Ursachen aufgedeckt sind, kann man die Mängel beseitigen.

### 5.7.4 Der Tuning-Prozess

#### 5.7.4.1 Alternative System-Tuning oder Systemablösung?

Viele ERP-Systeme werden heute nicht ihren Möglichkeiten entsprechend genutzt. Der Grund hierfür ist ihre mangelnde Akzeptanz bei den Mitarbeitern, die auf fehlerhafte oder unplausible Informationen des ERP-Systems sowie auf die Unkenntnis der globalen Zusammenhänge im ERP-System zurückzuführen ist. Wettbewerbsvorteile für das Unternehmen z.B. durch eine größere Kundennähe, höhere Termintreue und Flexibilität werden dadurch verschenkt.

*Ansatzpunkte für das Tuning einer ERP-System-Anwendung*

Wird für eine bestehende ERP-Anwendung dieser Sachverhalt erkannt, bedarf sie einer Überarbeitung. Für eine Überarbeitung kommen normalerweise zwei Wege in Frage. Dies ist zum einen die Überarbeitung und Optimierung der bestehenden Anwendung, also das System-Tuning, oder die Ablösung des aktuell eingesetzten ERP-Systems durch eine neue ERP-Lösung. Die Ablösung eines vorhandenen ERP-Systems ist in der Regel dann zweckmäßig, wenn die Zielüberprüfung ergeben hat, dass die angestrebten Ziele mit diesem System nicht erreicht werden können. In diesen Fällen würden mit Zusatzaufwendungen für das installierte System, wie z.B. Softwareanpassungen (Änderungen, Erweiterungen) oder Hardwareerweiterungen allenfalls kurzzeitige, meist mit hohem Aufwand erkaufte Verbesserungen erzielt.

Hat die Zielüberprüfung gezeigt, dass das aktuell eingesetzte System die betrieblichen Anforderungen vom Prinzip her erfüllen kann, gilt es als Nächstes, die Ursachen für die bisher mangelhafte Funktionserfüllung zu ermitteln. Erfahrungen der Autoren und diverser auf diesem Gebiet tätigen Institutionen und Beratungsunternehmen haben gezeigt, dass sich die Ursachen grundsätzlich vier Schwerpunkten zuordnen lassen (siehe Abb. 1).

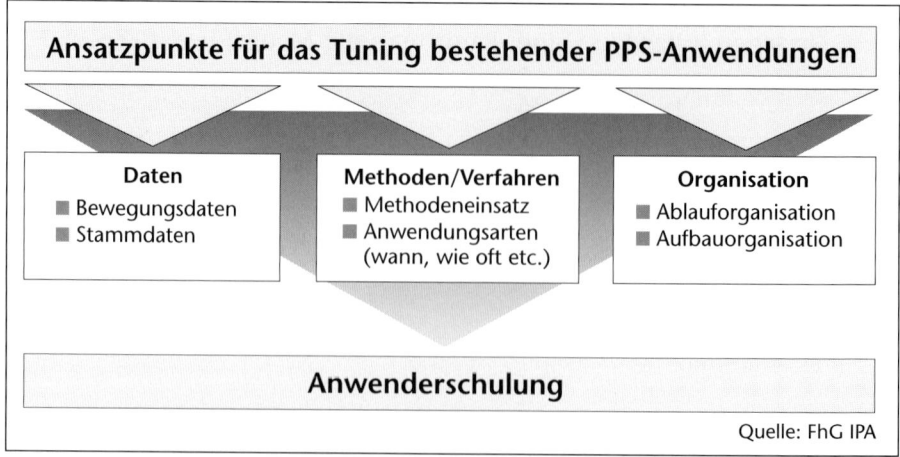

*Abb. 1: Ansatzpunkte zum Tuning*

Viele Fehler bei der Ausführung von Tätigkeiten, so auch beim Arbeiten mit ERP-Systemen, entstehen dadurch, dass der Ausführende häufig nicht genau weiß,

- wozu er letztlich eine bestimmte Tätigkeit ausführt,
- warum er sie in der von ihm angewandten Art und Weise durchführt bzw. durchführen muss,
- wie sein Arbeitsergebnis weiter verwendet wird.

Die Folgen davon sind, wie bereits beschrieben, eine unzureichende Pflege der Systemdaten und ein Vorbeiarbeiten am System. In den folgenden Abschnitten wird beschrieben, welche Maßnahmen ergriffen werden müssen, um die Qualität der Systeminformationen zu verbessern und damit Akzeptanz und Nutzen der ERP-Anwendung (wieder) zu erhöhen.

### 5.7.4.2 Datenbereinigung und -aktualisierung

**Pflege von Stamm- und Auftragsdaten**

Fehlerhafte Daten, insbesondere Stammdaten, entstehen auf verschiedenen Wegen. Die häufigste Ursache ist, dass auftretenden Fehlern aus Zeitmangel nicht nachgegangen wird. Man behilft sich und ein echter, erfolgreicher Einsatz des ERP-Systems ist dadurch nicht möglich. Die Fehlerbehebung muss deshalb systematisch angegangen werden. Dies erfordert zum einen, dass für alle gespeicherten Daten, insbesondere für die Stammdaten, die Verantwortlichkeit hinsichtlich der Datenpflege eindeutig geregelt ist. Den Verantwortlichen obliegt es, ggf. in Absprache mit anderen Anwendern den bestehenden Datenbestand zu bereinigen und nicht mehr aktuelle Daten zu löschen (z.B. alte Teilestämme, Stücklisten). Im Anschluss daran gilt es fehlerhafte Daten zu korrigieren sowie fehlende Daten zu ergänzen. Hier stellt sich insbesondere bei den das Planungsverhalten des ERP-Systems unmittelbar beeinflussenden Daten, den sog. Parametern, die Frage nach den richtigen Werten (z.B. Dispositionsverfahren oder Losgrößen in der Materialdisposition). Diese Festlegung ist häufig nicht einfach zu beantworten, da Wechselwirkungen zwischen den einzelnen Parametern selbst und den verwendeten Verfahren bestehen. Sie muss deshalb wohl überlegt durch gut geschulte und erfahrene Anwender, evtl. in Zusammenarbeit mit externen Spezialisten vorgenommen werden.

Parallel zur Bereinigung und Aktualisierung der Daten im Rahmen des Tunings muss durch organisatorische Maßnahmen sichergestellt werden, dass die neuerliche Entstehung fehlerhafter Daten minimiert und die bereinigten Daten aktuell gehalten werden. Dies erfordert neben der bereits angesprochenen Festlegung der Datenpflegeverantwortung die Festschreibung, wann und wie oft die einzelnen Daten zu pflegen sind bzw. welche Ereignisse einen Datenpflegevorgang auslösen. Diesbezüglich gilt noch anzumerken, dass unter Aufwandsgesichtpunkten die Daten nur so genau bzw. so oft aktualisiert werden sollten, wie dies für die geforderte Güte der dadurch beeinflussten ERP-Ergebnisse notwendig ist. Unnötig genau oder häufig erfasste Daten führen zu unnötigen Kosten (Zeitaufwand für Datenermittlung/-pflege, Speicherplatz etc.).

Bei entscheidungstabellen- oder wissensbasierten Systemen gelten die hier für Daten getätigten Aussagen sinngemäß für die Pflege der Regeln bzw. der Wissensbasis.

**Verbesserung des Rückmeldeverhaltens**

Die Rückmeldung von Ereignissen und Mengen wird von den produzierenden Bereichen meist als lästiges Übel betrachtet. Die Verfügbarkeit von aktuellen und korrekten Rückmeldedaten ist aber für die Errechnung realistischer Planungsvorgaben durch ein Planungs- und Steuerungssystem Voraussetzung. Es ist anzustreben, den Aufwand möglichst gering zu halten. Der Umfang ergibt sich aus der Zielsetzung der Anwendung.

Es gibt außerdem einige Hindernisse, die die Rückmeldebereitschaft negativ beeinflussen. Die Verbindung der Auftragsfortschrittsmeldung mit der Bruttolohnermittlung erfordert besondere Maßnahmen. Ein Leistungslohnempfänger strebt danach, immer Minuten in Reserve zu haben, um gegen Leistungsschwankungen abgesichert zu sein. Diese bilden das so genannte Vorderwasser und sind für die Lohnzahlung duldbar. Für die Auftragsfortschrittsmeldung kann man das Vorderwasser aber nicht akzeptieren, weil man den Arbeitsgang erst nach der Rückmeldung als durchgeführt erkennt. Dies kann, wenn ein großes Vorderwasser aufgebaut wird, erst geraume Zeit (evtl. mehrere Tage) nach der tatsächlichen Beendigung eines Arbeitsgangs oder Auftrags sein. Es gibt aber bewährte Verfahren, zum Beispiel Lohnkonten und vereinbarte Leistungsgrade, um dieses Problem zu entschärfen.

Genauso gravierend in der Auswirkung ist die Meldung fehlerhafter Teile. Diese Qualitätsdaten zwingen zur Fehlerbekennung, was jeder gerne vermeidet. Hier hilft nur eine Bewusstseinsbildung und die Identifizierung mit den Unternehmenszielen. Auch dieses Problem ist in mehreren Anwendungen gelöst.

Generell gilt, den Aufwand für Rückmeldungen möglichst gering zu halten. Neben technischen Hilfsmitteln sollte man sorgfältig ermitteln, welche Daten manuell zurückzumelden sind und welche aus anderen abgeleitet bzw. automatisch erfasst werden können. Zurückzumelden ist, was Bedeutung für die Fertigungssteuerung hat, wie abgearbeitete Arbeitsgänge und Mengen, erforderliche Qualitätsdaten, Lohndaten und Daten für die Kostenermittlung. Man sollte anstreben, möglichst viel abzuleiten. Wichtig ist, dass man die Bedeutung der Daten für die Anwendungen herausstellt. Zusätzlich kann man mit Sachzwängen ein richtiges Rückmeldeverhalten bewirken, zum Beispiel, dass ein Arbeitsgang nicht begonnen oder rückgemeldet werden kann, so lange der Vorgängerarbeitsgang nicht zurückgemeldet ist. Die Methoden sind fallweise zu erarbeiten. Es ist wichtig, zu erkennen, dass die Qualität der ERP-Anwendung von den Rückmeldungen abhängt.

### 5.7.4.3 Optimierung des Methodeneinsatzes

Für jede der Funktionen eines ERP-Systems (z.B. Bedarfsermittlung, Bestellmengenrechnung etc.) steht eine mehr oder weniger große Anzahl unterschiedlicher Methoden zur Verfügung. Jede dieser Methoden hat ihren spezifischen Einsatzbereich. Dort führt sie zu umsetzbaren, zielkonformen Planungsergebnissen, während sie in anders strukturierten Unternehmen bzw. bei anderen Produktspektren, in denen die von der Methode geforderten Eingangsgrößen nicht oder nicht in der gewünschten Form vorliegen, versagt.

Im Hinblick auf die Optimierung des Methodeneinsatzes sind für die einzelnen Funktionen eines ERP-Systems die geeigneten Methoden auszuwählen und zuzuordnen. Da das Eignungsprofil einer Methode in der Regel nicht deckungsgleich ist mit dem betrieblichen Anforderungsprofil der verwendeten Funktion, muss vom Prinzip her die Methode mit der größten Überdeckung ausgewählt werden. Kriterien für die Analyse der eingesetzten bzw. einzusetzenden Methoden sind in Abbildung 2 aufgeführt. Die softwaremäßige Zuordnung von ausgewählter Methode zu Funktion erfolgt je nach Art des ERP-Systems z.B. parametergesteuert oder bei regelbasierten Systemen durch die Eingabe entsprechender Regeln.

**Analysekriterien**
- betriebliche Planungsphilosophie
- erforderliche bzw. erreichbare Planungsgenauigkeit
- Verfügbarkeit von Ausgangsdaten
- Rechenaufwand

Abb. 2: Analyse der eingesetzten Methoden

### 5.7.4.4 Organisationsentwicklung

Analysiert man die Schwachpunkte bei »tuningbedürftigen« ERP-Anwendungen, dann ergibt sich in nahezu allen Fällen Handlungsbedarf im Hinblick auf die betriebliche Ablauforganisation. Neue Aufgaben auf der einen, entfallende Aufgaben auf der anderen Seite oder personelle Veränderungen bei den ausführenden Instanzen führen im Laufe des Lebenszyklus auch einer anfangs optimalen ERP-Anwendung zu einer trägen Ablauforganisation mit vielen Schleifen und Umwegen.

Eine flexible, schlagkräftige und kundenorientierte Ablauforganisation ist jedoch gekennzeichnet durch

- kurze, einfach strukturierte Informationswege,
- klar abgegrenzte Aufgaben- und Verantwortungsbereiche mit prozesskettenorientierter Aufgabenzuordnung,
- unkomplizierte, einfach handhabbare Hilfsmittel,
- dezentrale Organisationsstrukturen.

Diese gilt es mit einer Anpassung der Ablauforganisation und gegebenenfalls auch der Aufbauorganisation zu schaffen.

### 5.7.4.5 Schulung der Anwender hinsichtlich der funktional logischen Zusammenhänge und der Nutzungsmöglichkeiten des ERP-Systems

Ein besonderes Augenmerk ist der Anwenderschulung zu widmen. Hierbei wird häufig der Fehler gemacht, nur die Bedienung eines Instrumentariums zu trainieren und den Rest der Einsicht der Anwender zu überlassen. Auf den Anwender kommen aber neue Abläufe zu, die er erkennen muss und die eine Anpassung seiner Arbeitsweise erfordern. Er muss erkennen, dass er andere Informationen zur Verfügung hat als bisher, dass er diese Informationen anders auszuwerten hat und auch anders reagieren kann.

Die Schulung der Anwender sollte deshalb drei Ziele verfolgen:

- Sichere Verfahrensabwicklung durch den Anwender,
- Nutzung aller in dem ERP-System steckenden Möglichkeiten,
- Überzeugung des Anwenders von der Zweckmäßigkeit des zur Verfügung stehenden Instrumentariums.

### 5.7.4.6 Maßnahmenplan

Klassische Kosten-Nutzen-Analysen sind bei unternehmensstrategischen Betrachtungen nicht ausreichend. Der Aufwand ist zwar noch relativ einfach abzuschätzen, aber bei der Ermittlung des Nutzens ist man auf die Abschätzung schwer quantifizierbarer monetärer und nicht monetärer Nutzenfaktoren angewiesen.

Diese Schwierigkeiten müssen aber überwunden werden, um die beteiligten Stellen vom Sinn der resultierenden Maßnahmen zu überzeugen und einen Maßstab zu haben, mit welcher Genauigkeit bestimmte Funktionen zu realisieren sind. Die Literatur zeigt verschiedene Möglichkeiten zur Bewertung des qualitativen Nutzens.

Die bewerteten Maßnahmen sind in einer Liste zusammenzustellen und nach ihrer zeitlichen Durchführungsreihenfolge zu ordnen (vgl. Abb. 3). Hierbei sind als Nebenbedingung die Ziele des Projektes, deren Gewichtung und sachlich begründete Zusammenhänge zu berücksichtigen.

Da in mittelständischen Betrieben meist keine Organisationsspezialisten beschäftigt sind, sind für diese Aufgaben entsprechende personelle Voraussetzungen zu schaffen. Dieser Instanz kommt u.a. die Aufgabe zu, bei der Zusammenstellung und Bewertung der Maßnahmen mitzuwirken sowie die sachlich begründeten Zusammenhänge aufzubereiten und für die Entscheidungsphase transparent zu machen. Hierfür stehen ihr die Methoden moderner Wirtschaftsinformatik, zum Beispiel Unternehmensdatenmodelle und Funktionsnetze, zur Verfügung.

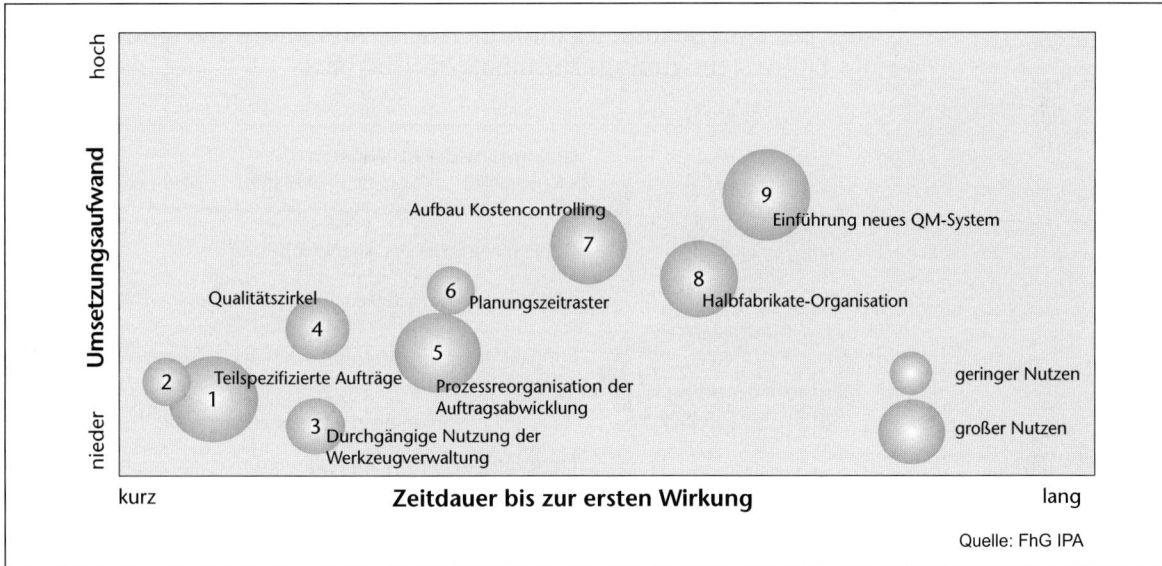

Abb. 3: *Prioritäten im Maßnahmenplan*

### 5.7.5 Fazit

Viele Unternehmen sind mit ihrem ERP-Systemeinsatz nicht zufrieden. Der Grund hierfür liegt z.B. in der schlechten Übereinstimmung der Planungsergebnisse mit der betrieblichen Realität, der geringen Flexibilität auf geänderte betriebliche Anforderungen, der unzureichenden Auskunftsfähigkeit bezüglich Arbeitsfortschritt und Ressourcenverfügbarkeit, dem hohem Wartungsaufwand, den Kosten und der unzureichenden Erfüllung der definierten ERP-Ziele. Wie der Beitrag zeigt, kann diese Unzufriedenheit eine Vielzahl unterschiedlicher Ursachen haben, die es mit geeigneten Maßnahmen zu beseitigen gilt. Dazu gehört neben der Verarbeitung aktueller Daten mit angepassten Methoden die Neugestaltung der Ablauforganisation unter Einbeziehung der Möglichkeiten des eingesetzten Systems. Des Weiteren müssen die Anwender durch Schulungsmaßnahmen über die vom System gebotenen Möglichkeiten, ihre Wechselwirkungen und den Zweck des Systemeinsatzes informiert sein. Abbildung 1 zeigt die Schritte eines ERP-System-Tunings nochmals im Überblick.

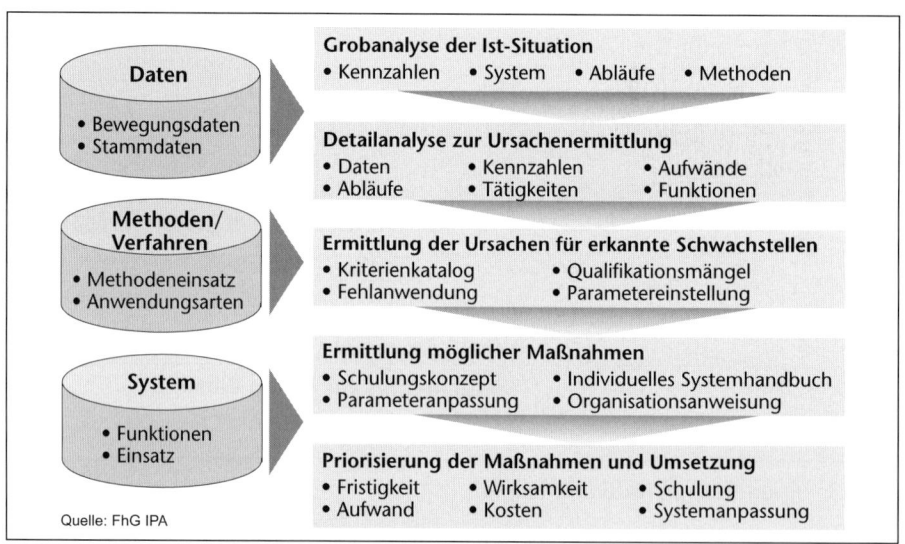

*Abb. 1: Vorgehensweise beim ERP-System-Tuning*

Ein richtig genutztes ERP-System erhöht den Markterfolg eines Unternehmens z.B. durch mehr Transparenz über das Betriebsgeschehen, höhere Termintreue, kürzere Durchlaufzeiten und letztendlich Kostenreduzierung.

### Literatur

*Hannen, C./Nicolai, H.:* ERP-Systeme ablösen oder überarbeiten? FIR+IAW-Mitteilungen 3/1993.

*Kämpf, R./Gienke, H.:* Sanierung von ERP-Anwendungen Planung+Produktion (1993) Nr. 11, S. 21–24.

*Mussbach-Winter, U.:* Mit ERP-Tuning schneller am Markt. Vortragsmanuskript IPA-Technologie-Forum »ERP in neuem Gewand«, Stuttgart, 1993.

# VI

Produktions-
controlling

# Inhalt

| | | |
|---|---|---|
| **6.1** | **Ziele, Strategien und Aufgaben des Produktionscontrollings** | 745 |
| 6.1.1 | Aufgaben des Produktionscontrollings | 745 |
| 6.1.2 | Datenerfassung für das Produktionscontrolling | 748 |
| 6.1.2.1 | Einführung | 748 |
| 6.1.2.2 | Personalzeiterfassung | 749 |
| 6.1.2.3 | Auftragsdatenerfassung | 753 |
| 6.1.2.4 | Projektdatenerfassung | 763 |
| 6.1.2.5 | Maschinendatenerfassung | 773 |
| 6.1.3 | Bewertende Auftragsdatenerfassung | 784 |
| **6.2** | **Kennzahlensysteme** | 787 |
| 6.2.1 | Grundlagen zur Kennzahlenbildung | 787 |
| 6.2.1.1 | Einführung | 787 |
| 6.2.1.2 | Klassifizierung von Kennzahlen | 788 |
| 6.2.1.3 | Allgemeine Anforderungen an Kennzahlen | 790 |
| 6.2.1.4 | Nutzung der Kennzahlen als Lenkungsinstrument | 791 |
| 6.2.2 | Kennzahlen zur Produktivität | 794 |
| 6.2.2.1 | Allgemeines | 794 |
| 6.2.2.2 | Kostenbezogene Kennzahlen | 795 |
| 6.2.2.3 | Unbewertete Kennzahlen | 797 |
| 6.2.3 | Kennzahlen zur Logistik | 798 |
| 6.2.4 | Kennzahlen zum Materialfluss | 803 |
| 6.2.4.1 | Allgemeines | 803 |
| 6.2.4.2 | Engpassanalyse | 804 |
| 6.2.4.3 | Sonstige Elemente des Materialflusses | 805 |
| 6.2.5 | Sonstige technische Kennzahlen | 807 |
| 6.2.5.1 | Kennzahlen zur Servicequalität | 807 |
| 6.2.5.2 | Kennzahlen zum Mitarbeiterverhalten | 809 |
| 6.2.5.3 | Sonstige Kennzahlen | 811 |
| 6.2.6 | Zielorientiertes Management | 814 |
| 6.2.6.1 | Unternehmenssteuerung früher und heute | 814 |
| 6.2.6.2 | Performance-Measurement-Systeme | 818 |
| 6.2.6.3 | Erstellung einer Balanced Scorecard | 824 |
| 6.2.6.4 | Bewertung der Balanced Scorecard | 839 |

## 6.1 Ziele, Strategien und Aufgaben des Produktionscontrollings

### 6.1.1 Aufgaben des Produktionscontrollings

*von Helmuth Gienke*

Eine wichtige Aufgabe des Produktionsmanagements ist die Steuerung der Vorgänge in der Produktion unter technischen und logistischen Gesichtspunkten. Produktionsabläufe, Fertigungsverfahren, Wartungsverfahren, Investitionen und Umbauten sind hinsichtlich der anzustrebenden Ziele optimal zu gestalten und zu entwickeln. Die Ziele ergeben sich abhängig vom Zielspektrum der betrachteten Organisationseinheit (z.B. Verbesserung der Abläufe, Reduzierung des Fertigungsaufwandes, Verbesserung der Anlagenverfügbarkeit, der Qualität, der Termintreue und analoger Ziele).
Steuerung der technischen Vorgänge

Um das Verbesserungspotenzial zu erkennen, benötigt man Information über Fehlerquellen, zeitliche Abläufe, besondere Ereignisse und Engpässe. Die klassische Betriebsabrechnung kann diese Daten nur bedingt liefern, denn sie betrachtet fast nur die Symptome, nämlich die finanzielle Seite, mit der das tatsächliche Geschehen unzureichend abgebildet wird. Sie hat die Aufgabe, Unternehmensziele durchzusetzen, soweit sie die wirtschaftlichen Aspekte betreffen, und Analysewerkzeuge für die Diagnose des gesamten Aufwandes der Produktion zu liefern, nicht aber technische Aspekte zu diagnostizieren und nur selten z.B. Qualitätsziele zu verfolgen.
Informationsbedarf

Zur Erläuterung einige Beispiele für Informationen, die von der Betriebsabrechnung nur unzureichend geliefert werden:
Informationsdefizite bei der Betriebsabrechnung

- Fehlerhäufungen bei bestimmten Arbeitsgängen werden nur anhand der Abfall- oder Ausschusskosten ermittelt.

- Verlängerte Durchlaufzeiten schlagen sich in den Bestandswerten unzureichend nieder.

- Mangelnde Termintreue wird nie den Ursachen zugerechnet, sondern allenfalls als Pauschalwert mit internen Verzugskosten dargestellt.

Generell gilt, dass besonders die Ursachen nicht oder nur unzureichend erfasst werden. Verteilung der Werte über Zeiträume, die geringer sind als die Abrechnungsperiode (z.B. einzelne Schichten), können nicht dargestellt werden. Daten über die Verfügbarkeit von einzelnen Anlagen und Werkzeugen sind selten Gegenstand des unternehmensweiten Berichtswesens.

Der Unterschied zum wirtschaftlichen Controlling wird auch dadurch aufgezeigt, dass sich die Berufsorganisation der Controller in den USA, das Controllers Institute of America, 1962 in Financial Executives Institute umbenannte. Im technischen Controlling spielen monetäre Größen nur dann eine Rolle, wenn sie eindeutig als Aufwand für einen definierten technischen Tatbestand zu identifizieren sind.
Unterschiede zum Controlling

## 6.1 Ziele, Strategien und Aufgaben des Produktionscontrollings

**Kennzahlen**  Das Produktionscontrolling dient der Bereitstellung von Daten, die über die von der Betriebsabrechnung erfassten hinausgehen. Damit werden Kennzahlen gebildet, die das Geschehen in der Fertigung und der Werkstatt gezielt darstellen. Das Produktionscontrolling lebt also hauptsächlich von Kennzahlen.

Typische Größen für die Kennzahlenbildung sind neben ähnlichen Werten, aus denen in Kombination mit anderen (v.a. Zeitwerten) Kennzahlen gebildet werden, folgende:

- Durchlaufzeiten der Aufträge gesamt und der einzelnen Aufträge
- Arbeitsvorrat (Anzahl der Aufträge) an den einzelnen Arbeitsplätzen
- Terminverzug nach Aufträgen aufgegliedert
- Ausstoß in zeitlicher Verteilung
- Lagerumschlagshäufigkeit
- Störungen nach Dauer und Ursache an den einzelnen Arbeitsplätzen
- Verfügbarkeit
- Bestände in der Fertigung und am Lager
- Losgrößen
- Rüstzeiten und Häufigkeit
- Messwertverteilungen
- Ausschussdaten
- Werkzeugstandzeiten
- Auslastung der Arbeitsplätze
- Materialverfügbarkeitsdaten
- Flächenbedarf

**Nutzung der Kennzahlen**  Kennzahlen werden im Produktionscontrolling zu folgenden Zwecken herangezogen:

- Sie dienen der Diagnose des Zustandes der Produktion als Hilfsmittel für eine Entscheidung über Maßnahmen zur Zielerreichung.
- Mit entsprechenden Kennzahlen, die nicht identisch mit den Kennzahlen zur Diagnose sein müssen, kann der Grad der Zielerreichung festgestellt werden.
- Als Nebeneffekt können entsprechende Kennzahlen zur Information und Motivation der Mitarbeiter genutzt werden.
- Kennzahlen können mit den Kennzahlen anderer Organisationseinheiten verglichen werden und damit ein internes und externes Benchmarking vorgenommen werden.

Kennzeichnend für die Vorgänge in komplexen Strukturen ist, dass die Fehler zwar leicht zu entdecken sind, die Ursachen aber vielfältig sein können. An einem Beispiel soll das erläutert werden. Die Vorbedingungen für eine termingetreue Produktion sind im Wesentlichen:

- Informationen und deren Akzeptanz über die Terminvorgaben
- eine genaue Planung oder ausreichende Flexibilität
- Termintreue der Vorlieferanten
- Verfügbarkeit der Werkzeuge, Maschinen und Vorrichtungen

Termintreue wiederum ist Voraussetzung für kurze Durchlaufzeiten und damit verbunden Bedingung für geringe Lagerbestände. Daraus folgt, dass unter anderem Voraussetzung für die Senkung der Lagerbestände die Verfügbarkeit der Werkzeuge zum erforderlichen Zeitpunkt ist. Diese Abhängigkeiten sind ohne ausreichendes Produktionscontrolling nicht zu diagnostizieren. Grundsätzlich gilt, dass Kennzahlen im Produktionscontrolling Hinweise auf Eigenheiten liefern sollen, die behindernd für die Zielerreichung sind. Nach diesen Gesichtspunkten sind die erforderlichen Kennzahlen zu gestalten.

Da nur die Mitarbeiter der jeweiligen Organisationseinheit in der Lage sind, hier gestaltend einzugreifen, müssen die Kennzahlen den Anforderungen der betroffenen Organisationseinheit entsprechen und von diesen definiert und ausgewertet werden. Dass übergeordnete Organisationseinheiten eventuell andere Kennzahlen benötigen, ergibt sich aus dieser Feststellung.

Die einzelnen Betrachtungssichten kann man untergliedern in

- interne Sachverhalte, die keine direkte Auswirkung nach außen haben: z.B. Produktivität und die Struktur der Abläufe;
- Sachverhalte mit gemischten Auswirkungen, die sowohl interne Auswirkungen wie auch direkte Auswirkungen in Bereiche außerhalb des Betriebes haben: z.B. Qualität der Produkte (Nachbesserungskosten im Betrieb, Reklamationen von anderen Mitarbeitern), Durchlaufzeiten (Lagerbestände im Betrieb, Lieferzeiten nach außen);
- Sachverhalte, die fast ausschließlich externe Auswirkungen haben: z.B. Reklamationen und Nachbesserungen.

**Innere und äußere Auswirkungen**

Die Aufgaben des Produktionscontrollings erhalten eine zusätzliche Bedeutung durch die schnellen Änderungen in allen Lebensbereichen, die unser Zeitalter der Umbrüche und des Wandels kennzeichnen. Durch schnelle Anpassung der Unternehmensziele an geänderte Voraussetzungen veralten die Erfahrungen aus der Vergangenheit teilweise so dramatisch, dass man von der Erfahrung als Summe der Vorurteile spricht. Tatsache ist, dass ein Verhalten, das veralteten Zielen entspricht, für geänderte Ziele nicht mehr nutzbar ist. Große Lose zum Beispiel, durch die die durch Rüstzeiten bedingten Ausfälle reduziert werden sollten, sind heute meist nicht mehr einzuhalten. Damit kommt der Dauer des Rüstvorganges eine neue Bedeutung zu. Aus diesem Grunde ist es entscheidend, dass die Kennzahlen der Durchsetzung der von den Unternehmenszielen abgeleiteten Bereichsziele dienen und dementsprechend schnell angepasst werden müssen.

**Zeitalter der Umbrüche**

### 6.1.2 Datenerfassung für das Produktionscontrolling

*von Gerd Rücker*

#### 6.1.2.1 Einführung

Um den geschilderten Aufgaben des Produktionscontrollings gerecht werden zu können, ist der Einsatz geeigneter Informationssysteme vorzusehen. Hierbei kann unterschieden werden zwischen Erfassungs-, Auswerte- und Analyse- und Kommunikations- und Schnittstellensystemen.

Zu den Erfassungssystemen zählen:

- Personalzeiterfassung
- Auftragsdatenerfassung
- Projektdatenerfassung
- Maschinendatenerfassung
- Qualitätsdatenerfassung

Zu den Auswerte- und Analysesystemen zählen:

- Reportgeneratoren
- Data Warehouse
- Balanced Scorecard

Zu den Kommunikations- und Schnittstellensystemen zählen:

- Enterprise Application Integration (EAI)-Werkzeuge
- Mail-Systeme
- Workflow-Systeme

In den folgenden Beiträgen wird für den Aufbau eines Produktionscontrollings von einem integrierten System ausgegangen, das aus den oben genannten Einzelmodulen besteht, die nahtlos ineinander greifen.

Die Einzelkomponenten bilden im Übrigen auch die Bestandteile eines Manufacturing Execution Systems (MES), das gemäß Definition der MESA-Organisation (www.mesa.org) noch durch folgende Module, die ebenfalls wesentliche Dateninhalte für das Produktionscontrolling liefern, ergänzt wird:

- Fertigungsleitsystem
- Labormanagement
- Produktmanagement
- Servicemanagement
- Prozessmanagement
- Dokumentenverwaltung

Die Aufgabe der Erfassungssysteme liegt darin, die Datenbereitstellung für das Produktionscontrolling zu gewährleisten. Moderne Erfassungssysteme können die einzelnen Komponenten nach Anforderung der Aufgabenstellung beliebig kombinieren und auch nachträglich zuschalten, ohne einen Systemwechsel zu erfordern. Hierauf sollte bereits bei der Auswahl eines einzelnen Bausteins geachtet werden, um zu einem späteren Zeitpunkt nicht unnötige Kosten in Kauf nehmen zu müssen.

### 6.1.2.2 Personalzeiterfassung

Die Leistungen eines Personalzeiterfassungssystems sind vermutlich allgemein bekannt, so dass auf eine ausführliche Aufzählung an dieser Stelle verzichtet werden kann. Im Rahmen eines Produktionscontrollingsystems kommt der Personalzeiterfassung jedoch eine weitergehende Bedeutung zu, als sie sich aus der üblichen Zeiterfassung und Lohn- und Gehaltsabrechnung ergibt. Bei Personalzeiterfassungssystemen unterscheidet man üblicherweise solche, die

- bewertende Funktion haben und
- Vorrechnerlösungen sind.

**Bewertende Personalzeitsysteme**

Bewertende Personalzeitsysteme übernehmen neben der reinen Erfassung der Mitarbeiterbuchungen (Kommen, Gehen, Dienstgang etc.) auch die Ermittlung der so genannten Nettozeiten sowie der zu bezahlenden Zuschläge.

Unter Nettozeit wird die Zeit verstanden, die sich aus der Differenz zwischen der Gehen- und der Kommen-Buchung abzüglich eventueller Pausen ergibt. Zuschläge errechnen sich üblicherweise über die Berücksichtigung gemäß Betriebsvereinbarung zuschlagspflichtiger Zeiträume (z.B. Überstunden, Spätschicht, Nachtarbeit etc.).

*Zeit ist nicht gleich Zeit*

Es ist leicht nachzuvollziehen, dass eine korrekte Bewertung zunächst eine exakte Abbildung der betrieblichen Vereinbarungen erfordert. Hierzu verfügen bewertende Personalzeitsysteme neben der eigenen Verwaltungsfunktion für die Mitarbeiterstammsätze auch über die Möglichkeit, Tages- und Wochenmodelle zu verwalten, und je Mitarbeiter und Zeitraum die erforderliche Menge an Zeitkonten bereitzustellen, über die die Zuschläge summiert werden können. Darüber hinaus werden noch Urlaubsansprüche, Gleitzeitsalden, Krankheitstage etc. verwaltet.

*Eine korrekte Bewertung ist erforderlich*

Bewertende Personalzeiterfassungssysteme verfügen weiterhin in der Regel über komfortable und umfangreiche Funktionen zur

- Korrektur von Fehlbuchungen,
- Pflege von geplanten Abwesenheiten (Urlaub, Freizeitausgleich, Wehrdienst etc.),

- Pflege von ungeplanten Abwesenheiten (Krankheit),
- Reporting.

Bewertende Personalzeitsysteme eignen sich damit zum eigenständigen Einsatz ohne weitere Systeme für die umfassende Bereitstellung aller personalzeitrelevanten Kenngrößen.

**Vorrechnerlösungen**

*Prüfen, ob alles auf dem großen Rechner verarbeitet werden muss*

Im Gegensatz zu bewertenden Personalzeitsystemen sind Vorrechnerlösungen immer nur in Verbindung mit einem übergeordneten System, wie z.B. einem ERP-System, arbeitsfähig. Sie dienen in diesem Fall als Schnittstellenlösung zwischen den Erfassungsstationen und dem übergeordneten System und übernehmen darüber hinaus höchstens die Prüfung, ob ein Mitarbeiter überhaupt berechtigt ist, an einem Terminal zu buchen oder nicht.

Die über die Terminals erfassten Buchungen werden als so genannte Zeitpunktbuchungen direkt an das übergeordnete System durchgereicht und von diesem weiterverarbeitet. Das übergeordnete System übernimmt alle oben beschriebenen Bewertungsfunktionen und stellt die dazu notwendigen Verwaltungsfunktionen zur Verfügung.

Vorrechnerlösungen eignen sich damit ausschließlich in Verbindung mit einem übergeordneten Personalzeitwirtschafts- oder ERP-System, wobei darauf zu achten ist, dass dieses übergeordnete System die im Einzelfall benötigte Flexibilität zur Abbildung der Betriebsvereinbarung aufweist.

Demzufolge verfügen reine Vorrechnerlösungen auch nicht über die bei bewertenden Systemen vorhandenen Korrektur-, Pflege- und Reportingfunktionen, da diese über das übergeordnete System ohnehin bereitgestellt werden müssen.

Bei Einsatz einer Vorrechnerlösung kann dann wiederum ein Auftragszeiterfassungssystem zum Einsatz kommen, das eigenständig bewertet oder ebenfalls als Vorrechnerlösung ausgeprägt ist. Im ersten Fall müssen die zur Bewertung benötigten Informationen wie Mitarbeiterstämme, Pausenmodelle etc. vom übergeordneten System importiert werden, im zweiten Fall muss das übergeordnete System selbst für die korrekte Bewertung der Auftragszeitbuchungen sorgen.

**Abgrenzung zwischen bewerteter Personalzeiterfassung und Vorrechnerlösung**

Wie in den vorhergehenden Abschnitten ausgeführt, gibt es zwischen den beiden Arten der Personalzeiterfassungssysteme wesentliche Unterschiede in der Bearbeitung der erfassten Daten. Damit erhebt sich die Frage, für welchen Anwendungsfall welches Systemmodell geeignet ist.

Die nachfolgende Tabelle soll die wesentlichen Merkmale beider Modelle zusammenfassen und damit dem Leser Bewertungskriterien an die Hand geben, um das für seinen Anwendungsfall geeignete Modell ermitteln zu können.

| Fragestellung | | | Empfehlung |
|---|---|---|---|
| **Allgemeines** | | | |
| Ist ein übergeordnetes Personalwirtschafts- oder ERP-System bereits vorhanden? | Ja | Verfügt dieses über die Möglichkeit, die Betriebsvereinbarung korrekt abzubilden? | Ja: Fragen zur Organisation abklären<br>Nein: Bewertendes Personalzeitsystem |
| | | Verfügt dieses über geeignete Schnittstellen für andere Systeme? | Ja: Fragen zur Organisation abklären<br>Nein: Fragen zur Auftragsdatenerfassung abklären |
| | Nein | | Bewertendes Personalzeitsystem |
| Ist die Beschaffung eines übergeordneten Personalwirtschafts- oder ERP-Systems geplant? | Ja | Siehe oben | |
| | Nein | | Bewertendes Personalzeitsystem |
| **Organisation** | | | |
| Sollen Personalzeiten für Produktionsmitarbeiter durch die Meister korrigiert werden? | Ja | | Bewertende Systeme verfügen üblicherweise über einen Korrekturdialog, der speziell für Meister freigeschaltet werden kann; Vorrechnerlösungen erfordern den Zugang zum übergeordneten System |
| | Nein | | Allgemeine Fragen und Fragen zur Auftragsdatenerfassung abklären |
| Sollen Personalabwesenheiten für Produktionsmitarbeiter durch die Meister gepflegt werden? | Ja | | Bewertende Systeme verfügen üblicherweise über einen Dialog zur Pflege der Abwesenheitszeiten, der speziell für Meister freigeschaltet werden kann; Vorrechnerlösungen erfordern den Zugang zum übergeordneten System |
| | Nein | | Allgemeine Fragen und Fragen zur Auftragsdatenerfassung abklären |

Wie aus der Aufstellung ersichtlich, gibt es nur wenige Anwendungsfälle, für die eine eindeutige Empfehlung zu Gunsten einer Vorrechnerlösung ausgesprochen werden kann. Häufig sind dann noch andere Aspekte bei der Auswahl maßgebend:

- Kostensituation
- Vorhandenes Know-How in der Organisation
- Erweiterbarkeit hinsichtlich neuer Anforderungen
- Technologie
- Unternehmens-/systempolitische Aspekte

**Bedeutung von Personalwirtschaftssystemen für die übrigen Module**

*Personalwirtschaftssysteme gehören dazu*

Personalwirtschaftssysteme haben für die übrigen Module eine weitreichende Bedeutung. Im Einzelnen sind sie der Lieferant folgender Daten:

- Arbeitszeitbeginn

  Als Arbeitszeitbeginn wird häufig der Zeitpunkt verstanden, der mit der Kommen-Buchung fixiert ist. Manche Personalzeitsysteme erlauben die Definition einer so genannten Wegezeit, die auf den Zeitpunkt der Kommen-Buchung aufgeschlagen wird und so für einen um die Wegezeit späteren Arbeitszeitbeginn sorgt.

- Arbeitszeitende

  Unter Arbeitszeitende wird häufig der Zeitpunkt verstanden, der mit der Gehen-Buchung fixiert ist. Manche Personalzeitsysteme erlauben die Definition einer so genannten Wegezeit, die vom Zeitpunkt der Gehen-Buchung abgezogen wird und so für ein um die Wegezeit früheres Arbeitszeitende sorgt.

- Rahmenzeit vor und nach Arbeitszeitbeginn und -ende

  Über die Rahmenzeit wird im Personalwirtschaftssystem definiert, ob eine bereits vor dem eigentlichen Arbeitszeitbeginn bzw. nach dem Arbeitszeitende gebuchte Zeit dem Mitarbeiter gutgeschrieben wird oder nicht. Im Zusammenhang mit einer Auftragsdatenerfassung ergibt sich hierbei die Frage, ob innerhalb der Rahmenzeit gebuchte Bearbeitungszeiten als solche auf den Arbeitsvorgang gebucht werden sollen oder nicht. Hierbei ist zu bedenken, dass ein Soll-Ist-Vergleich der geplanten zur tatsächlichen Bearbeitungszeit ohne Berücksichtigung der Rahmenzeit nicht das korrekte Ergebnis liefert.

- Pausen

  Bei Pausen wird zwischen fixen und variablen Pausen unterschieden. Während die Zeitdauer für fixe Pausen in jedem Fall von der Anwesenheitszeit abgezogen wird, ist dies bei variablen Pausen nur dann der

Fall, wenn die Pause explizit als solche vom Mitarbeiter gebucht wird. Auftragsdatenerfassungssysteme berücksichtigen üblicherweise die fixen Pausen ebenfalls ohne gesonderte Buchung, während zur Berücksichtigung variabler Pausen ebenfalls spezielle Buchungen notwendig sind.

### 6.1.2.3 Auftragsdatenerfassung

Der Begriff Auftragsdatenerfassung wird in dieser Abhandlung zur korrekten Unterscheidung zu den Maschinendaten anstelle des sonst oft auch anzutreffenden Begriffs »Betriebsdatenerfassung« verwendet.

Unter Auftragsdaten werden alle zu einem Fertigungsauftrag, genauer zu einem speziellen Arbeitsvorgang eines Fertigungsauftrags gehörenden und durch die Produktionsmitarbeiter erfassten Daten verstanden.

**Was umfasst die Auftragsdatenerfassung?**

Der Begriff des Fertigungsauftrags dürfte allgemein bekannt sein, so dass an dieser Stelle auf eine Begriffsdefinition verzichtet werden kann. Da die Datenerfassung nach obiger Begriffsdefinition auf Ebene eines Arbeitsvorgangs erfolgt, ergeben sich die auf den Fertigungsauftrag bezogenen Daten durch eine korrekte Aggregation (Summe, Durchschnittsbildung etc.) aller Daten auf Arbeitsvorgangsebene.

Um den Auftragsdurchlauf durch die Produktion sowie den aktuellen Zustand, in dem sich der einzelne Arbeitsvorgang befindet, eindeutig identifizieren zu können, eignet sich die Klassifizierung über den jeweiligen Status (Auftragsstatus, Arbeitsvorgangsstatus). Es liegt auf der Hand, dass der Auftragsstatus vom Arbeitsvorgangsstatus abhängt.

#### Datenerfassung

Die Datenerfassung erfolgt schritthaltend, d.h. parallel zur Produktion. Hierzu sind geeignete Erfassungsstationen in der Produktion vorzusehen, über die die Produktionsmitarbeiter ihre Buchungen ausführen können. Neben den auftragsrelevanten Buchungen empfiehlt sich, die Erfassungsstation auch für andere Buchungen wie z.B. Personalzeit- oder Qualitätsbuchungen zu nutzen und gegebenenfalls für weitere Nutzungsarten vorzubereiten.

Bei der Anzahl der benötigten Erfassungsstationen ist darauf zu achten, dass die Wege vom Arbeitsplatz zur Erfassungsstation im Verhältnis zur durchschnittlichen Bearbeitungszeit eines Arbeitsvorgangs nicht zu lang sind. Natürlich ist diese Vorgabe bei einer Ausstattung im Verhältnis 1:1 erfüllt, d.h. jeder Arbeitsplatz verfügt über seine eigene Erfassungsstation. Ein solches Ausstattungsverhältnis ist unter Kosten-Nutzen-Aspekten nur in den seltensten Fällen gerechtfertigt, viel eher wird eine Erfassungsstation für eine Gruppe von Arbeitsplätzen angestrebt, so dass sich die Anzahl der benötigten Stationen in vertretbarem Rahmen halten lässt.

### Buchungsarten

Die Erfassung der an den Arbeitsvorgängen durchgeführten Arbeiten erfolgt mittels der durch die Produktionsmitarbeiter an speziellen Erfassungsstationen durchgeführten Buchungen. Eine Buchung ist dabei gekennzeichnet durch mindestens folgende Informationen:

- Zeitstempel (Datum und Uhrzeit der Buchung)
- Art der Buchung, z.B. Rüsten, Arbeitsvorgang Start etc.
- Identifikation des Arbeitsvorgangs, auf den sich die Buchung bezieht
- Identifikation des Produktionsmitarbeiters, der die Buchung durchführt
- weitere Bearbeitungsinformationen wie z.B. Stückzahlen, Ausschussgrund etc.

*Beginn- und Endezeit erfassen*

Mit der jeweils ersten Buchung wird systemintern ein Zeitabschnitt, das so genannte Buchungsintervall, eröffnet, das mit der zugehörigen zweiten Buchung geschlossen wird. Da beide Buchungen über jeweils einen eigenen Zeitstempel verfügen, werden diese auch Zeitpunktbuchung genannt. Der zwischen den beiden Zeitstempeln liegende Zeitraum definiert die Intervalllänge.

Die Zeitpunktbuchung eignet sich damit besonders für alle Buchungen in der Produktion und für alle Tätigkeiten, bei denen der exakte Beginn und deren Bearbeitungsunterbrechung bzw. -ende festgehalten werden soll.

*Häufig reicht auch die Dauer*

Bei der Zeitraumbuchung erfolgt die Buchung nicht über zwei, sondern lediglich über eine Buchung, bei der nicht Beginn- und Endezeitpunkt festgehalten werden, sondern lediglich die Intervalllänge. Die Zeitraumbuchung eignet sich damit besonders für alle Tätigkeiten, bei denen es nicht auf den exakten Beginn und das exakte Ende der Tätigkeit ankommt. Hierzu zählen z.B. Konstruktions-, Montage- oder Baustellentätigkeiten.

### Buchungslogik

Unter Buchungslogik wird die Buchungsabfolge verstanden, die notwendig ist, ein vollständiges Zeitintervall, das den Beginn und das Ende eines zusammenhängenden Bearbeitungsschrittes definiert, zu erzeugen. Anzutreffen sind die Buchungslogiken

- Start-Stop-Logik und
- Start-Start-Logik.

*Wie viele Buchungen braucht man?*

Bei der Start-Stop-Logik wird das Buchungsintervall über die Start-Buchung und die Ende-Buchung definiert. Damit sind immer zwei Buchungen notwendig, um einen Zeitabschnitt (z.B. Rüsten, Störung etc.) zu melden.

Bei der Start-Start-Logik wird das Buchungsintervall über die Start-Buchung geöffnet, wobei diese ein eventuell zuvor geöffnetes Buchungsintervall automatisch schließt und den zugehörigen Arbeitsvorgang auf »Unterbrochen« setzt. Damit reduziert sich die Anzahl der zur Definition eines Zeitabschnitts notwendigen Buchungen auf in der Regel eine einzige je Buchungsvorgang. Die Ausnahme hiervon bildet die Fertigmeldung, mit der der Arbeitsvorgang endgültig abgeschlossen wird.

Üblicherweise werden wegen der geringeren Anzahl auszuführender Buchungen solche Erfassungssysteme bevorzugt, bei denen nach der Start-Start-Logik gebucht werden kann.

**Voraussetzungen für Start-Start-Logik**

Damit die Start-Start-Logik einwandfrei funktionieren kann, ist es notwendig, neben den Auftragsdaten noch über ein auftragsübergreifendes Merkmal zu verfügen, über das der bisher aktuelle Arbeitsvorgang identifiziert werden kann. Dies ist in der Regel der buchende Mitarbeiter. Da Auftragsdatenerfassungssysteme nach dem Betriebsverfassungsgesetz mitbestimmungspflichtig sind, ist die Erfassung des Produktionsmitarbeiters nicht immer möglich. In diesem Fall sollte auf eine personenneutrale Mitarbeiternummer, ersatzweise auf den Arbeitsplatz gebucht werden. Bei der Buchung auf den Arbeitsplatz ist allerdings anzumerken, dass eine Auftrennung des gebuchten Zeitintervalls in Maschinen- und Personalzeit, wie sie aus Sicht des Produktionscontrollings sinnvoll ist, nur eingeschränkt möglich ist.

### Freigabelogik

Unter Freigabelogik werden die notwendigen Voraussetzungen zusammengefasst, unter denen ein Arbeitsvorgang bebucht werden darf. Einschränkende Kriterien können beispielsweise sein:

**Plausibilität: Kann überhaupt angefangen werden?**

- fehlende oder unzureichende Stückzahlen des Vorgängerarbeitsgangs
- fehlender Abschluss des Vorgängerarbeitsgangs
- fehlendes Material
- fehlende Freigabe der im Vorgängerarbeitsgang gefertigten Teile durch die Qualitätssicherung

Moderne Auftragsdatenerfassungssysteme erlauben eine weitgehend freie Definition der Freigabekriterien, so dass situationsgerecht auf die jeweils eintretenden Ereignisse reagiert werden kann. In aller Regel werden dem Produktionsmitarbeiter auch nur solche Arbeitsvorgänge zur Bebuchung angeboten, für die alle definierten Freigabekriterien erfüllt sind. Damit kann zu jedem Zeitpunkt dynamisch auf die jeweils aktuelle Fertigungssituation kurzfristig reagiert und die Sicherung einer optimalen Produktionsfolge unterstützt werden.

### Organisationsformen

Im Sinne der Auftragsdatenerfassung sind folgende Organisationsformen zu unterstützen:

- Mehrmaschinenbedienung,
- Mehrpersonenbedienung,
- Sammelarbeitsgänge,
- Gruppenarbeit,

wobei alle genannten Organisationsformen auch in Kombination vorkommen können. Wichtig in diesem Zusammenhang ist, dass das Erfassungssystem die von den Arbeitsvorgängen zur Bearbeitung benötigte Zeit in Personal- und Maschinenzeit korrekt aufteilen kann. Nur in diesem Fall ist gewährleistet, dass über das Produktionscontrolling Zeitdauer und eventuell zugehörige Bearbeitungskosten korrekt ermittelt werden können.

**Nutzungsformen der Erfassungsstationen**

Neben der Auftragsdatenerfassung können die Erfassungsstationen je nach Anforderungsfall für weitere Nutzungsformen verwendet werden. Verbreitete Nutzungsformen sind:

- Erfassung von Personalzeiten
- Erfassung von Zeiträumen
- Erfassung fertigungsauftragsneutraler Daten (z.B. Gemeinkosten)
- Erfassung von Maschinendaten
- Erfassung von Qualitätsdaten

Darüber hinaus können bei entsprechender technischer Ausstattung die Erfassungsstationen auch als »Informationsdrehscheibe« für den Produktionsmitarbeiter dienen und ihm die zum jeweiligen Zeitpunkt benötigten Informationen liefern. Beispiele hierfür sind:

- Gültige NC-Programme für den Arbeitsvorgang
- Zeichnungen
- Fertigungsanweisungen
- Prüfanweisungen
- Bearbeitungshistorie des Produktionsmitarbeiters, z.B. für den aktuellen Monat
- Aktuell erreichte Prämie des Produktionsmitarbeiters

*Umsatzinformationen schaffen hohe Akzeptanz*

Speziell die beiden letztgenannten Informationen sorgen für eine erhöhte Akzeptanz des Systems bei den Produktionsmitarbeitern, da sie ihre persönlich erbrachte Leistung selbstständig abrufen und die ermittelten Ergebnisse nachvollziehen können.

Ergänzend hierzu können über die Erfassungsstation auch Funktionen angeboten werden, die es dem Produktionsmitarbeiter erlauben, mit seinen Vorgesetzten auch dann in Kontakt zu treten, wenn diese gerade nicht erreichbar sind. Beispiele hierfür sind:

- Mail an den Meister; werden die möglichen Mails standardisiert, können diese einfach per Codeziffer ausgewählt werden

- Beantragen von Abwesenheitszeiten (Urlaub, Freischicht etc.)

Die Vorgesetzten können dann die notwendigen Schritte veranlassen und die vorliegende Genehmigung an den Produktionsmitarbeiter weiterleiten.

**Arten der Erfassungsstationen**

Technisch sind heute sehr unterschiedliche Arten der Erfassungsstationen realisierbar. Moderne Erfassungssysteme erlauben hierbei den gemischten Einsatz aller Arten, so dass die Wahl der Erfassungsstation ausschließlich durch die Anforderungen des Erfassungsprozesses abhängig gemacht werden kann. Im Einzelnen lassen sich die Erfassungsstationen zunächst klassifizieren in

- Online-Erfassungsstationen, die ständig mit dem Serversystem verbunden sind

- Offline-Erfassungsstationen, die ohne ständige Kommunikation mit dem Serversystem arbeiten

Online-Erfassungsstationen verfügen über eine direkte Anbindung an das Serversystem, so dass Plausibilitätskontrollen unmittelbar durchgeführt werden können und im Fehlerfall der bedienende Produktionsmitarbeiter sofort eine Fehlermeldung erhält. Damit wird hohe Datenqualität erreicht, wobei allerdings darauf geachtet werden sollte, dass die Plausibilitätskontrolle nicht zu eingrenzend definiert wird. Die Online-Anbindung ist heute die am meisten verbreitete Form, da zwischenzeitlich auch in der Produktion stabile Netzwerkverhältnisse vorausgesetzt werden können. Allerdings verfügen die Online-Erfassungsgeräte in der Regel zumindest über eine eingeschränkte Offline-Fähigkeit, so dass ein kurzfristiger Ausfall des Netzwerks zu keinen Datenverlusten führt. Alternativ zu den fest verlegten Netzwerkleitungen halten langsam auch drahtlose Verbindungen, die so genannten WLANs (= Wireless Local Area Network), Einzug in die Unternehmen und bieten überall dort Vorteile, wo eine flexible, schnell an neue Umgebungssituationen anpassbare Aufstellung der Erfassungsstationen gefordert wird oder der Aufbau einer feste Verkabelung zu hohe Kosten verursachen würde. Allerdings sollte man hierbei bedenken, dass zum einen die Netzgeschwindigkeit gegenüber fest verlegten Netzwerken geringer ist und ein gewisses Sicherheitsrisiko hinsichtlich des Datenschutzes nicht vollständig ausgeschlossen werden kann, da die Ausbreitung der Funkwellen naturgemäß nicht am Werksgelände Halt macht.

**Eigenschaften von Online-Erfassungsstationen**

Offline-Erfassungsstationen verfügen über keine direkte Anbindung zum Serversystem. Damit ist eine sofortige Prüfung entweder gar nicht möglich

## 6.1 Ziele, Strategien und Aufgaben des Produktionscontrollings

**Eigenschaften von Offline-Erfassungsstationen**

oder macht es notwendig, einen umfangreichen Datenbestand (z.B. gültige Auftrags- und Arbeitsvorgangsnummern) auf das Erfassungsgerät zu übertragen. Allerdings ist auch in diesem Fall eine dynamische Reaktion auf eintretende Ereignisse (z.B. Sperren von Teilen für die weitere Bearbeitung durch die Qualitätssicherung, Verletzung von Freigabekriterien) in der Produktion nicht möglich.

Die nachfolgende Tabelle fasst die Besonderheiten der unterschiedlichen zum Einsatz kommenden Technologien zusammen.

| Technologie | Besonderheit |
|---|---|
| **Online-Erfassungsgeräte** | |
| Dediziertes Terminal | Spezielle Erfassungshardware mit alphanumerischem oder grafikfähigem Monitor und einer beschränkten Anzahl an frei belegbaren Tasten;<br><br>Vorteile:<br>– robuster Aufbau<br>– integrierbare Ausweislesemodule<br>– lange Ersatzteilliefergarantie<br>– geringer Stromverbrauch<br><br>Nachteile:<br>– eingeschränkte Darstellungsmöglichkeiten |
| Industrie-PC | Gekapseltes Personalcomputersystem mit vollgrafischem Monitor<br><br>Vorteile:<br>– robuster Aufbau (bis IP 65)<br>– bekannte Windows-Oberfläche<br>– hohe Flexibilität hinsichtlich der Einsatzgebiete<br>– lange Ersatzteilliefergarantie<br>– geringer Stromverbrauch<br><br>Nachteile:<br>– nicht immer vorhandene Integrationsmöglichkeit von Ausweislesemodulen<br>– hohe Anschaffungskosten |
| Büro-PC | Aus dem Bürobereich bekanntes Personalcomputersystem mit Standardmonitor; zur Vermeidung von Virenproblemen empfiehlt sich die Aufstellung ohne Disketten- und CD-ROM-Laufwerk. Zur Vermeidung von Vandalismus empfiehlt sich der Einbau in einen abgeschlossenen Container<br><br>Vorteile:<br>– bekannte Windows-Oberfläche<br>– hohe Flexibilität hinsichtlich der Einsatzgebiete<br>– günstige Anschaffungskosten<br><br>Nachteile:<br>– Ausweislesemodule nur als externes Zusatzgerät erhältlich<br>– nur in Bereichen einsetzbar, die einer Büroumgebung weitgehend entsprechen<br>– keine Ersatzteilliefergarantie<br>– hoher Stromverbrauch |

| Technologie | Besonderheit |
|---|---|
| Slim-PC mit Browser-Oberfläche | In das Intranet integriertes Personal-Computer-System, das in der Regel über keine Laufwerke (Diskette, CD-ROM, Festplatte) verfügt; im Spezialfall nur Browser-Oberfläche. <br><br>Vorteile: <br>– bekannte Browser-Oberfläche <br>– Applikation muss nicht installiert werden, da serverbasierte Web-Seiten <br>– relativ günstige Anschaffungskosten <br><br>Nachteile: <br>– Ausweislesemodule nur als externes Zusatzgerät erhältlich <br>– nur in Bereichen einsetzbar, die einer Büroumgebung weitgehend entsprechen <br>– Internet-Applikationen verfügen über kein vorbestimmbares Antwort-Zeit-Verhalten, d.h. die Antwort des Servers auf die Benutzereingabe schwankt je nach Netzbelastung <br>– keine Ersatzteilliefergarantie <br>– relativ hoher Stromverbrauch |
| **Offline-Erfassungsgeräte** | |
| Handhelds mit speziellem Betriebssystem | Handhelds sind in den verschiedensten Ausprägungen und Ausstattungen am Markt verfügbar, so dass für jeden Anwendungsfall das geeignete Gerät gefunden werden kann <br><br>Vorteile: – kleine Abmessungen, geringes Gewicht <br><br>Nachteile: <br>– je nach Ausprägung nur eingeschränkte Robustheit <br>– spezielles Betriebssystem erfordert gesonderte Applikationsentwicklung <br>– relativ hohe Anschaffungskosten |
| Handhelds mit Windows-Betriebssystem | Handhelds mit Windows-Betriebssystem finden langsam Einzug in den Markt, so dass für immer mehr Anwendungsfälle geeignete Geräte gefunden werden <br><br>Vorteile: <br>– kleine Abmessungen, geringes Gewicht <br>– Windows-Betriebssystem stellt weitgehende Kompatibilität zu den Unternehmensapplikationen her <br><br>Nachteile: <br>– je nach Ausprägung nur eingeschränkte Robustheit <br>– relativ hohe Anschaffungskosten |

## Plausibilisierung

Plausibilitätskontrollen haben die Aufgabe, die Korrektheit der Daten sicherzustellen und Fehleingaben, die später aufwändig korrigiert werden müssen, zu verhindern. Soweit haben sie auch ihre Berechtigung. Im Produktionsalltag gestalten sie sich allerdings als äußerst schwer definierbar; sie sollen nicht nur fehlerhafte Daten vermeiden, sondern der Mitarbeiter soll bei der Buchung nicht unnötig behindert werden.

Nach den Erfahrungen des Autors sorgen zu eng ausgelegte Plausibilitätskontrollen für eine stark sinkende Akzeptanz des Auftragsdatenerfassungssystems und führen nicht selten zu dessen völliger Ablehnung.

## 6.1 Ziele, Strategien und Aufgaben des Produktionscontrollings

Einige Beispiele aus der Praxis sollen dem Leser einen Eindruck über die Gesamtproblematik vermitteln und ihn für seine eigene Situation sensibilisieren.

| Negative Beispiele | Anmerkungen |
|---|---|
| **Beispiel 1:**<br>Nur der den Arbeitsvorgang beginnende Mitarbeiter darf diesen Fertig melden. | **Ausgangssituation:**<br>Hintergrund war, dass das Unternehmen den Verdacht hatte, dass Mitarbeiter ohne sich abzumelden, das Unternehmen vorzeitig verlassen, die Auftragszeit aber trotzdem auf den Mitarbeiter gebucht wurde.<br><br>**Effekt 1:**<br>Bei Schichtübergabe kam es häufig vor, dass der Arbeitsvorgang noch nicht abgeschlossen war und ohne explizite Abmeldung an den Kollegen aus der Nachfolgeschicht übergeben wurde. Die Plausibilitätskontrolle wies jedoch dessen berechtigte Fertigmeldung ab.<br><br>**Effekt 2:**<br>Hin und wieder wurden Mitarbeiter während ihrer Arbeitszeit krank und mussten das Unternehmen vorzeitig verlassen. Da das Abmelden des Arbeitsvorgangs unterblieb, konnte der Arbeitsgang durch den einspringenden Kollegen nicht Fertig gemeldet werden.<br><br>**Effekt 3:**<br>In allen o.g. Fällen konnte der nachfolgende Arbeitsgang über die Freigabelogik nicht gestartet werden, da hierzu dieser Fertig gemeldet sein musste. |
| **Beispiel 2:**<br>Die Überprüfung der gemeldeten Stückzahl soll dann einen Fehler melden, wenn die Summe aus gemeldeter Gut- und Ausschussmenge größer als die Soll-Menge ist | **Ausgangssituation:**<br>In der Vergangenheit mit manueller Stückzahlmeldung und nachträglicher Erfassung durch die Arbeitsvorbereitung war es häufig vorgekommen, dass Zahlendreher (»950« anstelle »590«) bzw. zusätzliche Ziffern angehängt wurden (»10.000« anstelle »1.000«). Dies sollte mit Einführung des Erfassungssystems von Beginn an ausgeschlossen werden.<br><br>Bei der Definition der Plausibilitätskontrolle wurde eine mögliche Mehrproduktion gegenüber der Soll-Stückzahl ausgeschlossen, allerdings kam sie in der Praxis vor.<br><br>**Effekt:**<br>Die tatsächlich produzierte Menge konnte nicht erfasst werden, da die Plausibilitätskontrolle dies definitionsgemäß verhinderte. Die Produktionsmitarbeiter buchten nach anfänglicher Kritik schließlich immer die »gewünschte« und nicht die tatsächlich produzierte Menge. |

In beiden Fällen wurde nach anfänglichem Widerstand seitens der Produktionsleitung, die maßgeblich an deren Definition beteiligt war, die Plausibilitätskontrolle aufgegeben bzw. sinnvoll gelockert, so dass eine korrekte Buchung durch die Produktionsmitarbeiter möglich wurde. Fataler weise waren diese allerdings vom System nicht mehr überzeugt und es bedurfte großer Anstrengungen, diese wieder von der Korrektheit der ermittelten Produktionsdaten zu überzeugen und für korrekte Dateneingaben zu motivieren.

| Positive Beispiele | Anmerkungen |
|---|---|
| **Beispiel 1:** Jeder Mitarbeiter kann einen Arbeitsvorgang Fertig melden, wobei im Fall einer Fertigmeldung durch einen anderen als den startenden Mitarbeiter für diesen keine Zeitgutschrift erfolgt | **Ausgangssituation:** Hintergrund war, dass das Unternehmen den Verdacht hatte, dass Mitarbeiter vorzeitig ohne sich abzumelden, das Unternehmen verlassen, die Auftragszeit aber trotzdem auf den Mitarbeiter gebucht wurde.<br><br>**Effekt:** Der weitere Arbeitsablauf wurde nicht gehindert, allerdings erhielt der Mitarbeiter, der sich nicht korrekt am Arbeitsvorgang abgemeldet hatte, keine Zeitgutschrift, sondern musste diese nachträglich beim Meister anfordern. Die hieraus resultierenden notwendigen Korrekturen konnten sehr schnell gegen null gesenkt werden. |
| **Beispiel 2:** Die Überprüfung der gemeldeten Stückzahl soll dann einen Fehler melden, wenn die Abweichung der Summe aus gemeldeter Gut- und Ausschussmenge zur Soll-Menge größer 10 % ist. Auch in diesem Fall soll die Buchung durchgeführt werden können, allerdings soll die Weitermeldung an das übergeordnete ERP-System nur nach vorheriger manueller Freigabe durch den Meister erfolgen. | **Ausgangssituation:** In der Vergangenheit mit manueller Stückzahlmeldung und nachträglicher Erfassung durch die Arbeitsvorbereitung war es häufig vorgekommen, dass Zahlendreher (»950« anstelle »590«) bzw. zusätzliche Ziffern angehängt wurden (»10.000« anstelle »1.000«). Dies sollte mit Einführung des Erfassungssystems von Beginn an ausgeschlossen werden.<br><br>Bei der Definition der Plausibilitätskontrolle wurde eine mögliche Mehr-/Minderproduktion gegenüber der Soll-Stückzahl nicht grundsätzlich ausgeschlossen.<br><br>**Effekt:** Die tatsächlich produzierte Menge konnte immer korrekt erfasst werden, wobei die im Fehlerfall vorgesehene Korrekturmöglichkeit die gröbsten Fehleingaben wirkungsvoll verhinderte. |

In beiden Fällen konnte die Produktion reibungslos weiterarbeiten, allerdings ist eine hundertprozentige Absicherung gegen Fehleingaben nicht möglich. Speziell Mengenprüfungen lassen scheinbar immer Spielraum für Fehleingaben. Hier sollte jedoch bedacht werden, dass der nachfolgende Arbeitsschritt in der Regel mit der gemeldeten Stückzahl des Vorgängerarbeitsgangs als zu produzierende Soll-Stückzahl arbeitet. Da dies bei zu großen Stückzahl wegen der dann fehlenden Teile nicht möglich ist, ergibt sich innerhalb kürzester Zeit ein gruppendynamischer Prozess der betroffenen Kollegen untereinander.

**Spannungsfeld zwischen Datenqualität und Mitarbeitermotivation**

Bei der Einführung eines Auftragsdatenerfassungssystems sind in der Regel zwei gegenläufige Aspekte zu berücksichtigen: die beauftragende Organisationseinheit verspricht sich von der Einführung eines solchen Systems weitgehende Informationen über offensichtliche und verdeckte Schwachstellen und das Erkennen von Optimierungspotenzialen. Um dies zu erreichen, ist eine die aktuelle Situation in der Produktion widerspiegelnde hohe Qualität der erfassten Daten notwendig.

## 6.1 Ziele, Strategien und Aufgaben des Produktionscontrollings

**Mehrarbeit für Produktionsmitarbeiter muss akzeptiert werden**

Die Produktionsmitarbeiter dagegen werden damit konfrontiert, dass sie für das Buchen Mehrarbeit aufwenden zu müssen, oftmals ohne erkennbaren Nutzen für sie selbst. In Verbindung mit mangelhafter Information über die Weiterverarbeitung der Daten und fehlendem Rückfluss von Informationen aus dem Auftragsdatenerfassungssystem an den Produktionsmitarbeiter wird dieses schnell als Überwachungssystem eingestuft und boykottiert. Der Boykott erfolgt dabei in der Regel durch schlechte Datenqualität, d.h. die Produktionsmitarbeiter führen die geforderten Buchungen zwar aus, aber beispielsweise zeitversetzt oder durch unzutreffende oder wenig aussagefähige Eingaben (z.B. »Sonstiges« als Ausschussgrund).

**Geeignete Maßnahmen zur Sicherung der Akzeptanz**

Werden diese gegensätzlichen Positionen nicht von Beginn an als solche erkannt und erfolgt eventuell die Einführung des Systems ohne ausreichendes Wissen und Einbeziehen der betroffenen Mitarbeiter, sind Akzeptanzprobleme vorprogrammiert. Darüber hinaus werden die gewonnenen Informationen nicht oder nur unzureichend die Erkenntnisse erbringen, die mit der Einführung des Systems verbunden wurden.

Dem kann wirkungsvoll begegnet werden, indem

- von Beginn an alle betroffenen Mitarbeiter über die Ziele des Systems informiert werden,

- die Information an die betroffenen Mitarbeiter umfassend und offen erfolgt,

- die betroffenen Mitarbeiter aus dem System mit für sie relevanten Informationen versorgt werden,

- die betroffenen Mitarbeiter bereits in die Definitionsphase eingebunden sind und, wann immer möglich, von ihnen angemeldete Bedenken und Verbesserungswünsche aufgenommen und im System berücksichtigt werden,

- wenn möglich Funktionen integriert werden, die die persönlichen Informationsbedürfnisse der Mitarbeiter abdecken (z.B. Urlaubsantrag, Prämienfaktor etc.),

- in die Projektgruppe auch Mitglieder der späteren Anwender der Produktion integriert sind; diese können bei der Einführung auch die Schulung der Kollegen übernehmen und als »Key-User« für Rückfragen zur Verfügung stehen.

### Verbindung von Arbeitsvorgang zum Fertigungsauftrag

Wie bereits ausgeführt, erfolgt die Buchung normalerweise auf den jeweiligen Arbeitsvorgang und nicht direkt auf den Fertigungsauftrag. Damit auch der Fertigungsauftrag immer die korrekten Informationen (Fertigungsfortschritt, gefertigte Stückzahlen, Bearbeitungszeiten, Durchlaufzeiten etc.) enthält, müssen die eingehenden Buchungen durch das Auftragsdatenerfassungssystem auch auf den Fertigungsauftrag durchgebucht werden.

Die nachfolgende Tabelle zeigt beispielhaft einige über die Buchungen der Produktionsmitarbeiter erfassten Daten und deren Auswirkung auf den Status von Arbeitsvorgang und Fertigungsauftrag. Für die übrigen Daten des Fertigungsauftrags gelten die Abhängigkeiten analog.

| Buchung | Erfasstes Datum | Status Arbeitsvorgang | Status Fertigungsauftrag |
|---|---|---|---|
| Rüststart | Basis-Daten: Datum, Uhrzeit, evtl. Personalnummer, evtl. Maschine | Rüsten | Abhängig von den Statuswerten (= Zuständen) der übrigen Arbeitsvorgänge des Fertigungsauftrags |
| AG Start | Basis-Daten | In Arbeit | Siehe oben |
| AG unterbrochen | Basis-Daten, zusätzlich Mengendaten (Gutmenge, evtl. Nacharbeitsmenge, evtl. Ausschussmenge und -grund) | Unterbrochen | Siehe oben |
| AG Störung | Basis-Daten, zusätzlich: Störgrund | Störung | Störung (unter der Annahme, dass ein Fertigungsauftrag immer gestört ist, wenn mindestens ein AG im Status Störung ist) |
| AG Fertig | Basis-Daten, zusätzlich: Mengendaten | Fertig | Abhängig von den Statuswerten (= Zuständen) der übrigen Arbeitsvorgänge des Fertigungsauftrags |

### 6.1.2.4 Projektdatenerfassung

In verschiedenen Fällen ist der aus dem vorhergehenden Kapitel »Auftragsdatenerfassung« verwendete Auftragsbegriff als Strukturbegriff, auf den die durchgeführten Arbeiten/Tätigkeiten gebucht werden, nicht zutreffend. Beispiele hierfür sind die klassischen Dienstleistungs- sowie Montage-, Service-, Entwicklungs- oder Konstruktionstätigkeiten.

*Der Auftragsbegriff passt nicht immer*

Für diese sollen der Aufgabenstellung entsprechende Tätigkeiten erfasst werden, die auf Strukturbegriffe wie »Projekt«, »Teilprojekt« oder »Hauptbaugruppe« zurückgehen. Die nachfolgenden Bilder sollen den abstrakten Strukturbegriff anhand eines Beispiels aus dem Anlagenbau veranschaulichen. Hierbei wird die Projektstruktur sowohl aus technischer als auch organisatorischer Sicht dargestellt.

*Die auftragsneutrale Erfassung erfolgt besser über Tätigkeiten*

Hierbei wird Folgendes deutlich:

- Das Projekt wird über drei bzw. vier Strukturebenen beschrieben.

- Je nach Sichtweise sind die Strukturebenen über »Hauptbaugruppe«, »Baugruppe« und »Komponente« bei der technischen Sicht bzw. »Teilprojekt«, »Hauptbaugruppe«, »Baugruppe« und »Komponente« bei der organisatorischen Sicht definiert.

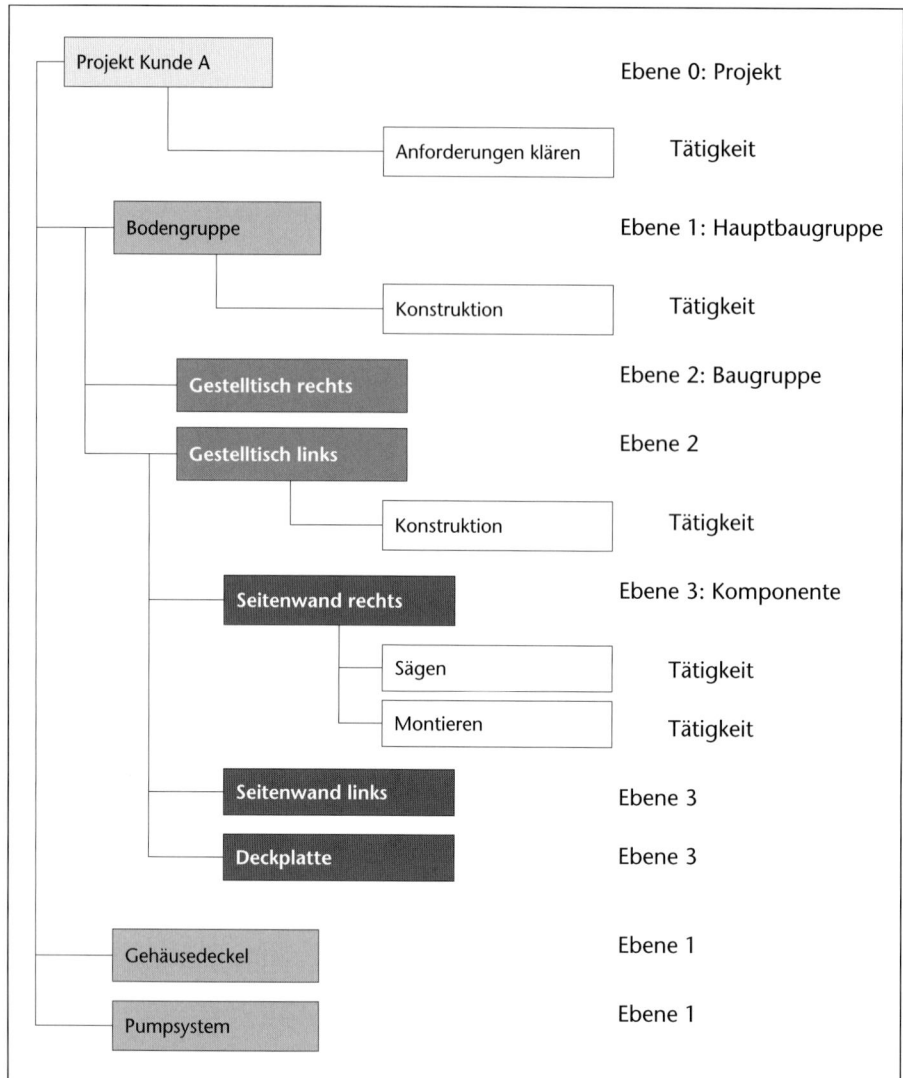

*Abb. 1: Projektstruktur aus technischer Sicht*

- Die Projektstruktur entscheidet über die Anzahl der Elemente auf den einzelnen Strukturebenen; eine systemtechnische Limitation ist nicht gegeben.

- Auf allen Ebenen sind Tätigkeiten buchbar, das gilt auch für die oberste Ebene, das Projekt selbst.

- Je Strukturebene sind definierte Tätigkeiten zugeordnet, deren Zeitdauern erfasst werden sollen.

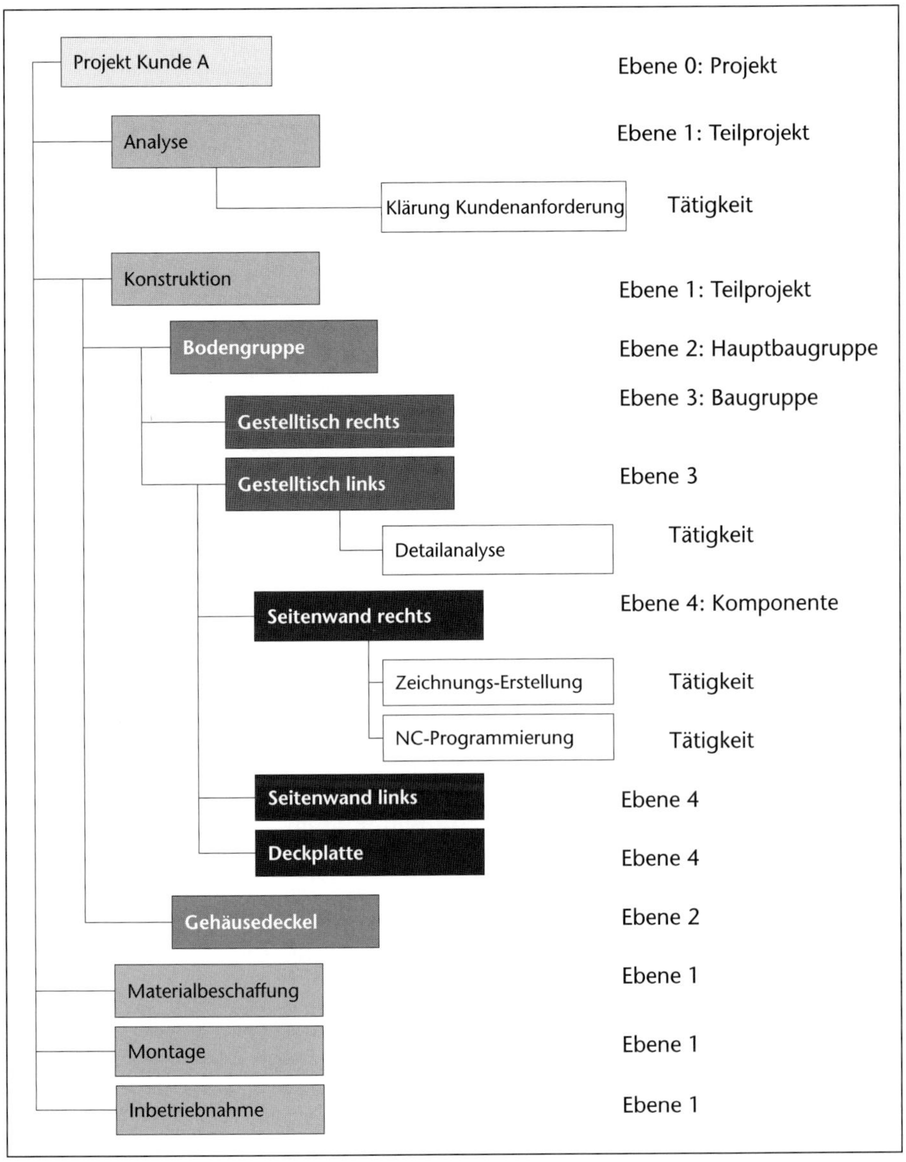

## Projektstruktur

```
Projekt Kunde A                                    Ebene 0: Projekt
├── Analyse                                        Ebene 1: Teilprojekt
│   └── Klärung Kundenanforderung                  Tätigkeit
├── Konstruktion                                   Ebene 1: Teilprojekt
│   ├── Bodengruppe                                Ebene 2: Hauptbaugruppe
│   │   ├── Gestelltisch rechts                    Ebene 3: Baugruppe
│   │   ├── Gestelltisch links                     Ebene 3
│   │   │   └── Detailanalyse                      Tätigkeit
│   │   ├── Seitenwand rechts                      Ebene 4: Komponente
│   │   │   ├── Zeichnungs-Erstellung              Tätigkeit
│   │   │   └── NC-Programmierung                  Tätigkeit
│   │   ├── Seitenwand links                       Ebene 4
│   │   └── Deckplatte                             Ebene 4
│   └── Gehäusedeckel                              Ebene 2
├── Materialbeschaffung                            Ebene 1
├── Montage                                        Ebene 1
└── Inbetriebnahme                                 Ebene 1
```

*Abb. 2: Projektstruktur aus organisatorischer Sicht*

Für den Aufbau des Controllings ist darauf zu achten, dass die Tätigkeiten über alle Projekte hinweg einheitlich definiert und verwendet werden. Andernfalls sind projektübergreifende Auswertungen und Analysen nicht möglich.

**Für das Controlling ist die einheitliche Definition wichtig**

Ob der technischen oder der organisatorischen Sicht der Vorzug zu geben ist, kann sich allein aus dem im Betrieb bereits verwendeten Organisationsbegriff entscheiden, da über das Controlling die eine Sicht aus der anderen heraus abgebildet werden kann. Allerdings erfordert, gleiche Detailtiefe in der technischen Abbildung vorausgesetzt, die organisatorische Sicht eine zusätzliche Ebene.

Der Vollständigkeit halber sei erwähnt, dass die Projektdatenerfassung nicht nur im Produktions- und produktionsnahen Bereich zur Anwendung kommt, sondern auch für produktionsfremde Branchen geeignet ist. Beispiele hierfür sind

- Prüfleistungen,
- Vertrieb/Außendienst,
- Rechtsanwälte,
- medizinische Dienste.

### Datenerfassung

Die Datenerfassung unterscheidet

- die sog. Zeitmengenbuchung z.B. am Ende eines Tages, die damit nicht schritthaltend zum Arbeitsfortschritt erfolgt,
- die sog. Zeitpunktbuchung, die damit schritthaltend zum Arbeitsfortschritt erfolgt.

*Die Tätigkeit bestimmt die Art der Datenerfassung*

Welche der beiden Arten der Datenerfassung zur Anwendung kommt, hängt zum einen ab vom Bereich, in dem die Leistung erbracht wird. Zum anderen spielt es eine Rolle, inwieweit die Tätigkeit aus Sicht des Leistungserbringenden überhaupt schritthaltend erfasst werden kann. In Einzelfällen wird für denselben Mitarbeiter auch die Kombination aus beiden Buchungsarten angetroffen.

Für die Aufgabenstellung im Controlling spielt es jedoch nur eine untergeordnete Rolle, welches Verfahren zur Datenerfassung angewandt wird, so dass auch hier allein die Kundenanforderungen entscheiden.

### Buchungsarten

Die Erfassung der an den Strukturelementen durchgeführten Tätigkeiten erfolgt mittels der durch die Mitarbeiter an speziellen oder bereits vorhandenen Erfassungsstationen durchgeführten Buchungen. Bei der Buchung selbst unterscheidet man:

- **Zeitmengenbuchung**

*Der exakte Zeitpunkt ist nicht immer wichtig*

Eine Zeitmengenbuchung ist gekennzeichnet durch die Angabe einer Dauer, wobei der Zeitpunkt, zu dem die Tätigkeit begonnen wurde, nicht miterfasst wird.

*Ein guter Buchungsdialog unterstützt den Mitarbeiter bei der Buchung*

Die Erfassung der einzelnen Tätigkeiten und deren Dauern (= Zeitmengen) erfolgt in der Regel über einen Buchungsdialog, der gleichzeitig die an diesem Tag gebuchten Anwesenheitszeit als Nettozeit, d.h. nach Abzug aller Pausen, anzeigt. Jede gebuchte Zeitmenge reduziert damit die noch zur Verfügung stehende »Restmenge«, von der wiederum die nächste gebuchte Zeitmenge abgezogen wird. Eine Restmenge größer null zeigt damit sofort sog. »unproduktive« Zeiten.

Die Zeitmengenbuchung gibt keinen Aufschluss über die Zeitpunkte, zu denen die Tätigkeiten konkret erbracht wurden, lässt aber dennoch eine eindeutige Aussage zu über

- produktive Zeiten und
- unproduktive Zeiten,

die innerhalb eines Tages geleistet wurden, welcher Art die Leistung (=Tätigkeit) war und auf welche Strukturelemente die Leistung gebucht wurde.

■ **Zeitpunktbuchung**

Eine Zeitpunktbuchung ist gekennzeichnet durch die Angabe eines Start- und Ende-Zeitpunktes, innerhalb denen die Leistung erbracht wurde. Die Dauer errechnet sich dann aus der Differenz zwischen Ende- und Startzeitpunkt automatisch, so dass diese nicht gesondert erfasst werden muss. Die Buchungslogik entscheidet darüber, ob die Buchung des Startzeitpunkts ausreicht oder auch der Endezeitpunkt explizit gebucht werden muss.

*Je nach Buchungslogik genügt der Startzeitpunkt*

Unabhängig von der Buchungsart ist eine Buchung neben den o.g. Angaben gekennzeichnet durch mindestens folgende Informationen:

*Eine Buchung besteht aus mehr Informationen als Zeitpunkt und -dauer*

■ Tätigkeit

■ Identifikation des Strukturelements, auf das sich die Buchung bezieht; je nach Ebene sind hierfür die Auswahl der jeweiligen Strukturelemente auf den einzelnen Ebenen notwendig

■ Identifikation des Mitarbeiters, der die Buchung ausführt

■ Zusatzinformationen und -leistungen wie z.B. Reisekosten, Einsatzmaterial, Kopierarbeiten etc.

Im Sonderfall kann die Erfassung von Buchungen auf die einzelnen Strukturelemente durch dieselbe Person sowohl als Zeitraum als auch Zeitpunkt sinnvoll sein. Beispiele hierfür sind:

■ Konstruktionsmitarbeiter erfassen üblicherweise ihre Tätigkeit als Zeitraumbuchung. Wenn sie allerdings Prüfungen an den Teilen durchführen, sollten diese aus Gründen der exakten Dokumentation als Zeitpunktbuchung erfolgen.

■ Montagemitarbeiter erfassen üblicherweise ihre Tätigkeit als Zeitpunktbuchung. Wenn sie allerdings auf Gerüsten Arbeiten ausführen, ist eine Zeitpunktbuchung der einzelnen Tätigkeit nicht sinnvoll, da die Mitarbeiter dann erst umständlich das Gerüst verlassen müssten, um die Buchung auszuführen.

**Ein Arbeitstag teilt sich in mehrere Abschnitte**

In beiden Fällen »teilt« sich damit der Arbeitstag in Zeitabschnitte, die per Zeitmengenbuchung und solche, die über Zeitpunktbuchungen bebucht werden. Für die Erfassungssoftware bedeutet dies allerdings, dass von der zur Verfügung stehenden Restmenge nicht nur die Pausen von der Anwesenheitszeit abgezogen werden müssen, sondern auch die über Zeitpunktbuchungen definierten Zeiträume.

### Buchungslogik

Unter Buchungslogik wird die Buchungsfolge verstanden, die notwendig ist, um ein vollständiges Zeitintervall, das den Beginn und das Ende eines zusammenhängenden Tätigkeitsschritts definiert, zu erzeugen. Für die Zeitpunktbuchungen (und nur für diese) sind folgende Buchungslogiken anzutreffen:

- Start-Stop-Logik
- Start-Start-Logik

**Start und Ende der Tätigkeit wird gebucht**

Bei der Start-Stop-Logik wird das Buchungsintervall über die Start-Buchung und die Ende-Buchung definiert. Damit sind immer zwei Buchungen notwendig, um einen Zeitabschnitt (z.B. Analyse, Konstruktion etc.) zu melden.

**Die Start-Buchung reicht in den meisten Fällen aus**

Bei der Start-Start-Logik wird das Buchungsintervall über die Start-Buchung geöffnet, wobei diese ein eventuell zuvor geöffnetes Buchungsintervall automatisch schließt und die zugehörige Tätigkeit unterbricht. Damit reduziert sich die Anzahl der zur Definition eines Zeitabschnitts notwendigen Buchungen auf in der Regel eine einzige je Buchungsvorgang. Die Ausnahme hiervon bildet die Fertigmeldung, mit der die Tätigkeit endgültig abgeschlossen wird.

Üblicherweise werden wegen der geringeren Anzahl auszuführender Buchungen solche Erfassungssysteme bevorzugt, bei denen nach der Start-Start-Logik gebucht werden kann.

### Freigabelogik

**Strukturelemente können nur bebucht werden, wenn sie dazu freigegeben sind**

Unter Freigabelogik werden die notwendigen Voraussetzungen zusammengefasst, unter denen ein Strukturelement bebucht werden darf. Im Gegensatz zu Fertigungsaufträgen, die über eine verkettete Reihe von Arbeitsgängen beschrieben werden, sind bei der Projektstruktur üblicherweise keine solche feste Reihenfolge und Abhängigkeiten vorgegeben. Damit sind in der Regel keine Einschränkungen hinsichtlich der Bebuchbarkeit der Strukturelemente vorgesehen.

Ungeachtet dessen kann es durchaus Sinn machen, einzelne Teilstrukturen zunächst zur Buchung zu sperren, um Fehlbuchungen zu vermeiden. Beispiele hierfür wären:

- Konstruktion erst nach Abschluss der Analyse
- Inbetriebnahme erst nach Fertigstellung der Montage
- Service erst nach Abschluss der Inbetriebnahme
- nach Abschluss der Inbetriebnahme nur noch Service

### Organisationsformen

Im Sinne der Projektdatenerfassung ist davon auszugehen, dass ein Strukturelement in der Regel von mehr als einem Mitarbeiter bebucht wird. Damit addieren sich die Personalzeiten über alle Mitarbeiterbuchungen auf. Zur korrekten Ermittlung der Bearbeitungskosten muss damit darauf geachtet werden, dass die mitarbeiterbezogenen Kostensätze aktuell gepflegt und korrekt zugeordnet sind.

**Dasselbe Strukturelement wird von vielen Mitarbeitern bebucht**

### Erfassungsstationen

Zur Erfassung der Projektdaten sind geeignete Erfassungsstationen vorzusehen, über die die Buchungen durch die Mitarbeiter erfasst werden können. Je nach Identifikation der Strukturelemente (eindeutiger Barcode, Einzeleingabe der Schlüsselwerte je Ebene) und Umgebungsbedingungen empfiehlt es sich, den Erfassungsdialog über dedizierte Erfassungsterminals oder über eine PC-Oberfläche bzw. über eine Web-Oberfläche anzubieten.

Neben der Projektdatenerfassung können die Erfassungsstationen je nach Anforderungsfall für weitere Nutzungsformen verwendet werden. Verbreitete Nutzungsformen sind:

**Erfassungsstationen können vielfach eingesetzt werden**

- Erfassung von Personalzeiten
- Erfassung von Auftragsdaten (vgl. hierzu auch Kapitel Auftragsdatenerfassung)
- Erfassung projektneutraler Daten (z.B. Reisekosten, Spesen, Auslagen)

Darüber hinaus können bei entsprechender technischer Ausstattung die Erfassungsstationen auch als »Informationsdrehscheibe« für den Produktionsmitarbeiter dienen und ihm die zum jeweiligen Zeitpunkt benötigten Informationen liefern. Beispiele hierfür sind:

**Zusätzliche Informationen sorgen für erhöhte Akzeptanz**

- Zeichnungen
- Ausführungsanweisungen
- Projektdokumente

- Bearbeitungshistorie des Projektmitarbeiters, z.B. für den aktuellen Monat
- Übersicht über Anwesenheits- und Projektzeit, z.B. für den aktuellen Monat
- Übersicht über Reisekosten und sonstige Auslagen

Speziell die letztgenannten Informationen sorgen für eine erhöhte Akzeptanz des Systems bei den Mitarbeitern, da sie ihre persönlich erbrachte Leistung selbstständig abrufen und die ermittelten Ergebnisse nachvollziehen können.

Ergänzend hierzu können über die Erfassungsstation auch Funktionen angeboten werden, die es dem Projektmitarbeiter erlauben, mit seinen Vorgesetzten und Kollegen auch dann in Kontakt zu treten, wenn diese gerade nicht erreichbar sind. Beispiele hierfür sind:

- Mailfunktionalität; werden die möglichen Mails standardisiert, können diese einfach per Codeziffer ausgewählt werden
- Beantragen von Abwesenheitszeiten (Urlaub, Dienstreisen etc.)

Die Vorgesetzten können dann die notwendigen Schritte veranlassen und die vorliegende Genehmigung an den Projektmitarbeiter weiterleiten.

Technisch sind heute sehr unterschiedliche Arten der Erfassungsstationen realisierbar. Moderne Erfassungssysteme erlauben hierbei den gemischten Einsatz aller Arten, so dass die Wahl der Erfassungsstation ausschließlich durch die Anforderungen des Erfassungsprozesses abhängig gemacht werden kann. Im Einzelnen lassen sich die Erfassungsstationen zunächst klassifizieren in

- Online-Erfassungsstationen, die ständig mit dem Serversystem verbunden sind, und
- Offline-Erfassungsstationen, die ohne ständige Kommunikation mit dem Serversystem arbeiten.

*Eigenschaften von Online-Erfassungsstationen*

**Die direkte Anbindung an das Serversystem bringt sofortige Rückmeldung**

Online-Erfassungsstationen verfügen über eine direkte Anbindung an das Serversystem, so dass Plausibilitätskontrollen unmittelbar durchgeführt werden können und im Fehlerfall der bedienende Mitarbeiter sofort eine Fehlermeldung erhält. Damit wird eine hohe Datenqualität erreicht, wobei allerdings darauf geachtet werden sollte, dass die Plausibilitätskontrolle nicht zu eingrenzend definiert wird. Im Rahmen der Projektzeiterfassung wird sich die Plausibilitätskontrolle auf den Abgleich der erfassten Zeitmengen auf die Strukturelemente zur Netto-Anwesenheitszeit beschränken lassen.

Online-Erfassungsdialoge lassen sich sowohl auf dedizierten Erfassungsterminals, als auch über PC- und inter-/intranetfähigen Browserdialogen bereitstellen. Moderne Erfassungssysteme ermöglichen die gleichzeitige Mischung unterschiedlicher Dialogumgebungen, so dass die Anwenderanforderungen vorrangig den Ausschlag geben.

*Eigenschaften von Offline-Erfassungsstationen*

Offline-Erfassungsstationen verfügen über keine direkte Anbindung zum Serversystem. Damit ist eine sofortige Prüfung entweder gar nicht möglich oder macht es notwendig, einen umfangreichen Datenbestand (z.B. gültige Strukturelemente und Tätigkeitsschlüssel) auf das Erfassungsgerät zu übertragen.

**Hohe Flexibilität wird nur offline erreicht**

Eine interessante Variante für die Projektdatenerfassung ist die Bereitstellung spezieller Erfassungsdialoge auf Handheld-, Palmtop- oder Handy-Basis. Gerade für Projektmitarbeiter, die nicht ständig ein Notebook mitführen müssen, stellen diese Geräte die attraktivste Alternative dar.

### Verknüpfung von Projektdaten zu Auftragsdaten

In vielen Bereichen, in denen die Projektdatenerfassung eingeführt wird, besteht aus Controlling-Aufgaben heraus eine Notwendigkeit zur Verknüpfung der Daten mit klassischen Fertigungsaufträgen. Als Beispielbranchen seien der Anlagen- und Maschinenbau mit eigener Produktion oder Herstellbetriebe mit Produktions- und Montagebereich genannt.

Um die bereichsübergreifende Konsolidierung der Daten zu erreichen, ist ein bereichsübergreifend gültiger Schlüsselbegriff notwendig, damit die über die unterschiedlichen Strukturbegriffe gebuchten Ist-Zeiten und deren Kosten ermittelt werden können. Solche übergreifende Schlüsselbegriffe können sein:

**Die Verbindung schafft ein Schlüsselbegriff**

- Kundenauftragsnummer
- individuell vergebene Projektnummer
- Artikelnummer

Wichtig ist, dass sowohl die Projektstrukturelemente wie auch die Fertigungsaufträge diesen Schlüsselbegriff kennen und an die jeweiligen Datenerfassungssysteme weitergeben.

### Spannungsfeld zwischen Datenqualität und Mitarbeitermotivation

Bei der Einführung eines Projektdatenerfassungssystems sind in der Regel zwei gegenläufige Aspekte zu berücksichtigen: Die beauftragende Organisationseinheit verspricht sich von der Einführung eines solchen Systems weitgehende Informationen über die aktuelle Zeit- und daraus resultierende Kostensituation. Um dies zu erreichen, ist eine hohe Qualität der erfassten Daten notwendig, die die aktuelle Situation über die Projektaufwände widerspiegelt.

## 6.1 Ziele, Strategien und Aufgaben des Produktionscontrollings

**Die Mitarbeiter müssen für die Buchung Zeit aufwenden**

Die an der Projektdatenerfassung teilnehmenden Mitarbeiter dagegen werden damit konfrontiert, für das Buchen Mehrarbeit aufwenden zu müssen, oftmals ohne erkennbaren Nutzen für sie selbst. In Verbindung mit mangelhafter Information über die Weiterverarbeitung der Daten und fehlendem Rückfluss von Informationen aus dem Projektdatenerfassungssystem an den Mitarbeiter wird dieses schnell als Überwachungssystem eingestuft und boykottiert. Der Boykott erfolgt dabei in der Regel durch schlechte Datenqualität, d.h. die Mitarbeiter führen die geforderten Buchungen zwar aus, aber beispielsweise stark zeitversetzt oder durch unzutreffende oder wenig aussagefähige Eingaben (z.B. alle Projektarbeiten eines Tages werden mit derselben Zeitmenge bebucht).

**Die Sicherung der Akzeptanz erfordert geeignete Maßnahmen**

Werden diese gegensätzlichen Positionen nicht von Beginn an als solche erkannt und erfolgt evtl. die Einführung des Systems ohne ausreichendes Wissen und Einbeziehen der betroffenen Mitarbeiter, sind Akzeptanzprobleme vorprogrammiert. Darüber hinaus werden die gewonnenen Informationen nicht oder nur unzureichend die Erkenntnisse erbringen, die mit der Einführung des Systems verfolgt wurden.

Dem kann wirkungsvoll begegnet werden, indem

- von Beginn an alle betroffenen Mitarbeiter über die Ziele des Systems informiert werden,

- die Information an die betroffenen Mitarbeiter umfassend und offen erfolgt,

- die betroffenen Mitarbeiter aus dem System mit für sie relevanten Informationen versorgt werden,

- die betroffenen Mitarbeiter bereits in die Definitionsphase eingebunden sind und, wann immer möglich, von ihnen angemeldete Bedenken und Verbesserungswünsche aufgenommen und im System berücksichtigt werden,

- wenn möglich Funktionen integriert werden, die die persönlichen Informationsbedürfnisse der Mitarbeiter abdecken (z.B. Urlaubsantrag, Prämienfaktor etc.),

- in die Projektgruppe auch Mitglieder der späteren Anwender integriert sind; diese können bei der Einführung auch die Schulung der Kollegen übernehmen und als »Key-User« für Rückfragen zur Verfügung stehen.

### Verbindung von Strukturelement und Projekt

**Sämtliche erfasste Tätigkeiten werden auf das Projekt durchgebucht**

Wie bereits ausgeführt, erfolgt die Tätigkeitsbuchung normalerweise auf das jeweilige Strukturelement (»Hauptbaugruppe«, »Baugruppe« etc.) und eventuell auch direkt auf das Projekt selbst. Damit das Projekt immer die korrekten Informationen (Projektfortschritt, aufgelaufene Tätigkeitszeiten, Durchlaufzeiten etc.) enthält, müssen die eingehenden Buchungen auf

Tätigkeitsebene durch das Projektdatenerfassungssystem auch auf das nächst höhere Strukturelement und über alle Ebenen hinweg bis auf das Projekt durchgebucht werden.

### 6.1.2.5 Maschinendatenerfassung

Der Begriff Maschinendatenerfassung, kurz MDE, wird bei den einzelnen Anwendern und Anbietern häufig unterschiedlich verwendet. Während die einen hierunter ganz allgemein jegliche Erfassung von Maschinendaten verstehen, unabhängig davon, wie diese erfasst werden, sprechen andere nur dann von einer Maschinendatenerfassung, wenn eine direkte Anbindung an die Maschine erfolgt.

Im Sinne dieses Kapitels ist es zunächst unerheblich, wie die Maschinendatenerfassung erfolgt. Um dem interessierten Leser einen Überblick über die heute vorhandenen Möglichkeiten zu geben, sollen die einzelnen Erfassungsarten nachfolgend kurz beleuchtet werden.

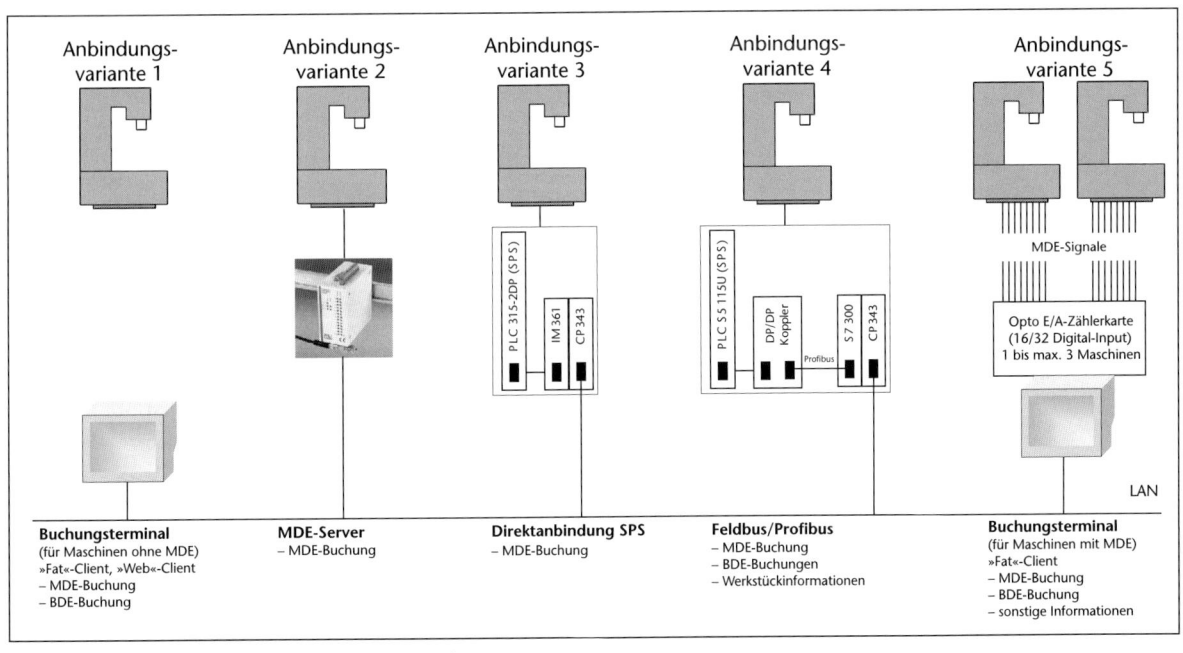

*Abb. 3: Erfassungsarten von Maschinendaten*

**Erfasste Datenarten**

Als Maschinendaten können erfasst werden:

- **Betriebszustände**

  Betriebszustände kennzeichnen die aktuelle »Arbeitsform« der Produktionseinrichtung. Im Allgemeinen werden folgende Betriebszustände unterschieden (fallweise ist die Liste zu erweitern):

- Maschine Aus
- Handbetrieb
- Einrichtbetrieb
- Wartung
- Automatikbetrieb

■ **Störungen**

*Eine Störung ist eine besondere Betriebsart*

Eine Störung kann im engeren Sinn auch als eine spezielle Betriebsart der Maschine bezeichnet werden, wegen ihrer Bedeutung im Rahmen des Controllings und der Schwachstellen-Analyse kommt ihr jedoch eine besondere Bedeutung zu, die eine gesonderte Betrachtung notwendig macht.

– *Organisationsstörungen*

*Organisationsstörungen werden durch keine Maschinenstörung ausgelöst*

Unter Organisationsstörungen werden solche Störungen verstanden, die die Bearbeitung verhindern, aber im engeren Sinne durch keine Maschinenstörung verursacht sind (z.B. »Material fehlt«, »falsche Zeichnung« etc.). Diese Organisationsstörungen wirken sich zwar unterbrechend auf den aktuell in Bearbeitung befindlichen Arbeitsvorgang aus, haben jedoch keine Auswirkung auf die Maschinenverfügbarkeit, da dieser die Störung nicht zugerechnet werden kann.

– *Maschinenstörungen*

Unter Maschinenstörung werden solche Störungen verstanden, die durch eine Maschinenstörung im tatsächlichen Wortsinn verursacht werden (z.B. »Werkzeugbruch«, »elektrische Störung«, »Schutztüre offen« etc.). Die Maschinenstörungen wirken sich zum einen auf die Maschinenverfügbarkeit aus, da die Maschine nicht mehr produzieren kann, und haben damit gemäß der definierten Statusübergänge (siehe hierzu Kapitel 6.1.2.2, Abschnitt Verbindung von Arbeitsvorgang zum Fertigungsauftrag) Auswirkung auf den aktuell in Bearbeitung befindlichen Arbeitsvorgang.

■ **Prozessdaten**

Prozessdaten können unterschieden werden in:

– *Digitale Prozessdaten*

*Digitale Prozessdaten werden über Dauer- oder Impulssignale repräsentiert*

Unter digitalen Prozessdaten werden solche Daten verstanden, die durch einen digitalen Wert (»An«, »Aus«, »Null«, »Eins«) repräsentiert und entweder als Dauersignal oder Impulssignal von der Maschinensteuerung an die dafür vorgesehenen Ausgänge angelegt werden. Hierzu zählen vor allem die Betriebsarten und Störsignale, die weiter oben schon erläutert wurden.

Zu den Dauersignalen zählen z.B. die oben beschriebenen Betriebsarten und Störungen; sobald eine solche erreicht ist, bleibt diese bis zum Erreichen der nächsten bestehen.

Unter einem Impulssignal versteht man ein kurzzeitiges Schalten eines Signalpegels, d.h. das Signal wird für eine kurze Zeitspanne geschaltet und fällt dann automatisch wieder auf den Nullpegel zurück. Hierzu zählen vor allem Stückzahlimpulse, wobei im häufigsten Fall lediglich die produzierte Stückzahl von der Maschine erfasst wird und nur in wenigen Fällen die Maschine Impulse für »Gut«- und »Ausschuss«-Stückzahl meldet.

- *Analoge Prozessdaten*

    Unter analogen Prozessdaten werden solche Daten verstanden, die im Idealfall durch eine zeitlich kontinuierliche Verlaufskurve dargestellt werden können. Beispiele hierfür sind: Temperaturen, Drücke, Vorschubgeschwindigkeit, Durchflussmengen etc. Alternativ zu einem zeitlich kontinuierlichen Signalverlauf lassen sich solche analogen Werte auch nur zu einem definierten Zeitpunkt darstellen. Beispiele hierfür sind Messwerte zur Beurteilung einer Gut-/NIO-Situation des gefertigten Teils.

    **Analoge Prozessdaten lassen sich als Kurve darstellen**

- *Alphanumerische Prozessdaten*

    Unter alphanumerischen Prozessdaten werden solche Daten verstanden, die einen komplexeren Aufbau aufweisen und damit geeignet sind, das Prozessergebnis detailliert zu beschreiben. Beispiele hierfür sind Serialnummern, die von der Maschinensteuerung automatisch vergeben und auf das Werkstück aufgebracht werden.

    **Alphanumerische Prozessdaten können komplexe Informationen beschreiben**

## Manuelle Maschinendatenerfassung

Die manuelle Erfassung der vorgenannten Datenarten erfolgt in der Regel über einen Erfassungsdialog, der entweder ohne Integration in eine Auftragsdatenerfassungs-Lösung oder als integraler Bestandteil einer solcher bereitgestellt werden kann.

*Erfassung von Betriebsarten*

Die Betriebsarten werden über jeweils einen Erfassungsdialog erfasst, wobei je nach Buchungslogik entweder Beginn- und Endezeitpunkt (Start-Stop-Logik) der jeweiligen Betriebsart oder nur der Beginnzeitpunkt (Start-Start-Logik) gebucht werden (siehe hierzu Kapitel 6.1.2.2, Abschnitt Buchungslogik). Im zweiten Fall schließt das System das Intervall mit der nächsten Start-Buchung automatisch ab.

**Betriebsarten werden mit der Auftragsbuchung mitgebucht**

Im Falle einer integrativen Maschinen- und Auftragsdatenerfassung werden in der Regel die Betriebsarten der Maschine implizit mit der zugehörigen Buchung der Auftragsdatenerfassung mitgebucht (z.B. Buchung AG Rüst-Start bucht gleichzeitig Start Betriebsart Rüsten für die Maschine mit).

## 6.1 Ziele, Strategien und Aufgaben des Produktionscontrollings

*Erfassung von Störungen*

**Störungsbuchungen unterbrechen den laufenden Auftrag**

Die beiden Störungsarten werden entweder über zwei getrennte Erfassungsdialoge gebucht, wobei in beiden Fällen der aktuelle Arbeitsvorgang unterbrochen wird und der Störgrund, z.B. über eine Auswahlliste der Störgrund-Schlüssel, zugeordnet werden kann. Alternativ kann die Störerfassung auch über einen Dialog erfolgen, wobei dann über den Störgrund-Schlüssel die Unterscheidung zwischen den Störarten vorgenommen werden muss. Im Fall der integrativen Maschinen- und Auftragsdatenerfassungs-Lösung wird in der Regel die Störung der Maschine implizit mit der zugehörigen Buchung der Auftragsdatenerfassung mitgebucht (z.B. Buchung Start Maschinenstörung bucht gleichzeitig den Arbeitsvorgang und die Maschine auf Störung).

*Erfassung von Prozessdaten*

■ Digitale Prozessdaten

**Digitale Prozessdaten kann der Mitarbeiter erfassen**

Die Erfassung von digitalen Prozessdaten im oben definierten Sinn erfolgt in der Regel im Rahmen der Auftragsdatenerfassung, z.B. als Teilmengen- oder Fertigmengen-Meldung über die dafür vorgesehenen Buchungsdialoge. Hierbei gibt der Mitarbeiter dann auch die aus seiner Sicht korrekten Teilmengen für die Gut- und NIO-Stückzahl an.

■ Analoge Prozessdaten

**Analoge Prozessdaten sind manuell nur begrenzt erfassbar**

Die manuelle Erfassung von Analogdaten ist nur möglich, wenn die zu erfassende Datenmenge auf wenige Werte beschränkt bleibt. Damit ist eine Erfassung von Zeitreihen nicht möglich, eine Erfassung von Einzelwerten kann jedoch möglich sein.

■ Alphanumerische Prozessdaten

**Die manuelle Erfassung alphanumerischer Prozessdaten ist fehleranfällig**

Die manuelle Erfassung von alphanumerischen Prozessdaten ist nur dann möglich, wenn der Produktionsprozess selbst lang genug dauert, um die notwendigen Eintragungen in einer Erfassungsmaske vornehmen zu können. Nach Meinung des Autors ist aus Effizienzgründen selbst in diesem Fall von der manuellen Erfassung abzusehen, da darüber hinaus das Risiko einer fehlerbehafteten Erfassung sehr groß ist.

*Vor- und Nachteile der manuellen Maschinendatenerfassung*

**Vor- und Nachteile sind projektspezifisch abzuwägen**

Die Vor- und Nachteile der manuellen Maschinendatenerfassung lassen sich wie folgt zusammenfassen:

■ Vorteile:

– geringe Kosten für die Erfassungshardware; insbesondere wenn die Maschinendatenerfassung kombiniert wird mit der Auftragsdatenerfassung, fallen keine zusätzlichen Kosten an.

- Die Erfassung von Störungen erfolgt sofort mit dem richtigen Schlüsselwert.
- Keine Eingriffe in die Programme der Maschinensteuerungen sind zur Aufbereitung der zu erfassenden Daten notwendig.

■ Nachteile:

- Die Erfassung erfolgt zeitversetzt zum tatsächlichen Ereigniseintritt.
- Die Qualität der erfassten Daten ist abhängig von der Beurteilung der erfassenden Person.
- Die Erfassung von Zeitreihen ist nicht möglich.

### Automatische Maschinendatenerfassung

Im Gegensatz zur manuellen Erfassung ist bei der automatischen Datenerfassung eine direkte Kopplung zur Produktionsanlage vorhanden, über die die Informationen gesammelt und zur weiteren Verarbeitung an das Serversystem übergeben werden.

**Direkte Anbindung der Produktionsanlage ist Voraussetzung der automatischen Erfassung**

Das grundsätzliche technische Konzept zeigt die nachfolgende Abbildung.

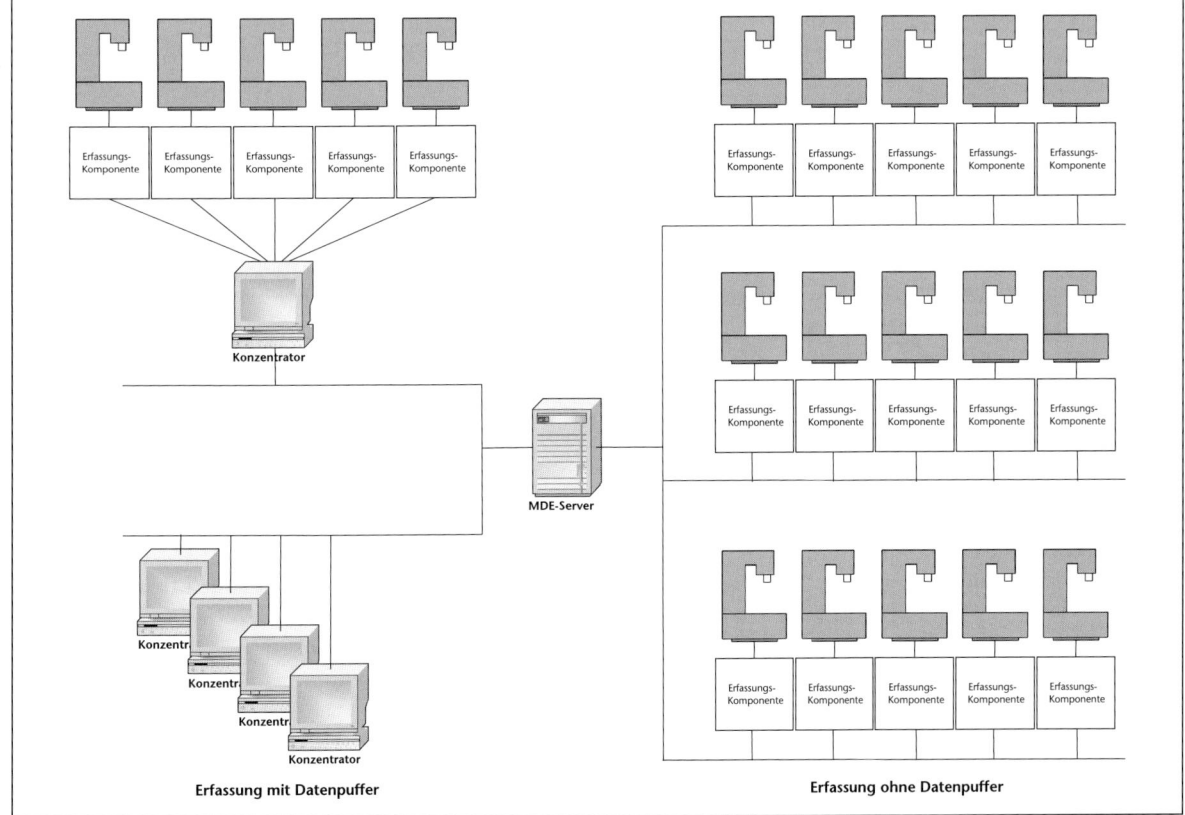

*Abb. 4: Technische Konzepte der automatischen MDE*

Hierbei können zwei Erfassungsarten unterschieden werden:

- Erfassung ohne Datenpuffer

**Die direkte Verbindung zum Server ist günstiger, birgt aber auch Risiken**

In diesem Fall besteht eine direkte Verbindung zwischen dem Erfassungsgerät an der Produktionsanlage und dem Serversystem, die über fest installiertes oder Funk-Netzwerk realisiert ist. Da zwischenzeitlich auch im Produktionsumfeld von einer stabilen Netzwerk-Verbindung ausgegangen werden kann, ist dies die zwischenzeitlich am häufigsten anzutreffende Form der Anbindung. Sie hat allerdings den Nachteil, dass auf Grund des fehlenden Datenpuffers ein Datenverlust unvermeidbar ist, wenn das Netzwerk nicht zur Verfügung stehen sollte.

- Erfassung mit Datenpuffer

**Konzentratoren entkoppeln die Datenströme und übernehmen auch Filterfunktionen**

In diesen Fall werden die von der Maschine gelieferten Daten zunächst im Erfassungsgerät selbst oder einem diesen vorgelagerten Konzentrator zwischengepuffert, bevor sie an das Serversystem weitergegeben werden. Im Regelfall ist dabei die Pufferung nur dann aktiv, wenn die Netzwerkverbindung zwischen Konzentrator und Datenserver nicht verfügbar ist, so dass sich diese Erfassungsart im Standardfall wie eine Erfassung ohne Datenpuffer verhält. Ergänzend hierzu sei angemerkt, dass der Konzentrator die Datenströme entkoppeln und Filterfunktionen übernehmen kann, die sonst den Datenserver erheblich belasten würden. So kann z.B. der Konzentrator die von der Maschine erfassten Daten zunächst mit den bereits erfassten Daten vergleichen und nur dann an den Datenserver weiterleiten, wenn sich diese inhaltlich geändert haben.

*Erfassung digitaler Signale*

**Digitale Signale lassen sich u.a. über spezielle Baugruppen erfassen**

Zur Erfassung digitaler Signale werden Schnittstellen-Baugruppen eingesetzt, deren Eingänge direkt mit der Signalebene der Steuerung per Leitung verbunden werden. Um eine galvanische Trennung beider Systeme sicherzustellen, ist darauf zu achten, dass die Eingänge der Schnittstellen-Baugruppe optoentkoppelt ausgeführt sind. Über die Erfassungssoftware ist die Beschaltung des jeweiligen Eingangssignals in seiner Bedeutung entweder fest vorgegeben (Eingangspin 1 bedeutet Stückzahl-Zähler Gut-Teile, Eingangspin 5 bedeutet Störung) oder variabel parametrisierbar.

**Es stehen eine Vielzahl an Baugruppen zur Verfügung**

Die Schnittstellen-Bauguppen waren bisher überwiegend als PC-Einsteckkarten ausgeführt, mit zunehmendem Aufbau an fest installierter bzw. funkbasierender Netzwerk-Infrastruktur auch in der Produktionshalle gewinnen die LAN (Local Area Network)- bzw. WLAN (Wireless Local Area Network)-basierenden Komponenten jedoch zunehmend an Bedeutung.

**Analoge Signale werden über die Maschinensteuerung oder Analog-/Digital-Wandler erfasst**

*Erfassung analoger Signale*

Für die Erfassung analoger Signale werden, sofern die Daten nicht durch die Steuerung selbst bereitgestellt werden können, Analog-Digital-Wandler-Baugruppen (A/D-Wandler) eingesetzt, die von der Erfasssungssoftware über intelligente Schnittstellen abgefragt werden und die erfassten Daten als binäre Informationen übergeben. Die Problematik bei der Erfassung analoger Werte auf Basis einer A/D-Wandler-Baugruppe liegt darin, dass die Kennlinien, nach der die Analogsignale digitalen (Ziffern-)Informationen zugeordnet werden, identisch zu der Kennlinie des Signalgebers der Maschine sein müssen, soll das erfasste Ergebnis gleich dem an der Maschine angezeigten Wert sein. Um dies zu gewährleisten, gibt es zwei Möglichkeiten: Die Kennlinie lässt sich softwaremäßig einstellen und korrigiert eventuell den hardwareseitig erfassten Wert; die andere Möglichkeit liegt darin, dass die Steuerung den ihrerseits ermittelten Wert übergeben kann und damit kein zusätzlicher Wandler benötigt wird.

Zur Anbindung der Prozessebene an die automatische Maschinendatenerfassung stehen mehrere Möglichkeiten zur Verfügung, die je nach Anwendungsfall auch in Kombination eingesetzt werden können.

■ **Erfassung über die digitale I/O-Ebene**

Über die Anbindung der digitalen I/O-Ebene (Input/Output-Ebene) der Maschinensteuerung können ausschließlich digitale Signale erfasst werden. In der Mehrzahl der Anwendungsfälle reicht dies vollständig aus, da die Maschinensteuerung die wichtigsten Informationen wie

**Digitale Signale liefern in vielen Fällen bereits die benötigten Informationen**

– Betriebsart,
– Stückzahl,
– Störung,
– Störgrund,

zumindest theoretisch zur Verfügung stellen kann. In der Praxis können allerdings Probleme auftreten, die eine Bereitstellung dann doch verhindern. So ist zunächst sicherzustellen, dass die Signale auch an der I/O-Leiste der Maschine zum Abgriff anstehen. Dies erfordert in der Regel eine Änderung des Steuerungsprogramms, die hinsichtlich des noch freien Speichers und der Auswirkung auf die Programmlaufzeit für das eigentliche Steuerungsprogramm untersucht werden muss. Darüber hinaus erfordert die Bereitstellung des Signals einen freien Ausgang je Signal auf der Digitalbaugruppe der Maschinen-Steuerung. Über eine datentechnische Verknüpfung von zwei oder mehr Signalen lassen sich mehr Informationen abrufen, als physikalische Signale zur Verfügung stehen.

■ **Erfassung über Feldbus**

Feldbussysteme sind schon länger auf dem Markt und wurden ursprünglich aus der Überlegung heraus entwickelt, den Verdrahtungsaufwand zwischen der Steuerung bzw. Auswerteeinheit und den Sensoren und Aktoren gegenüber einer direkten Verbindung drastisch zu senken. Darüber hinaus erlauben sie einen bidirektionalen Informationsaustausch, so dass neben den eigentlichen Prozessdaten wie Messwerte (z.B. Temperatur) und Steuergrößen (z.B. Drehzahl) auch Parameter wie Messbe-

**Feldbussysteme erlauben einen bidirektionalen Informationsaustausch**

reich, Messstellenkennzeichen, Filtereigenschaften, Wartungs- und Störsignale etc. übertragen werden können.

**Feldbussysteme sind in unterschiedlichen Ausprägungen etabliert**

Die unterschiedlichen Anforderungen an Feldbussysteme, die Vielzahl der technischen Lösungsmöglichkeiten und letztendlich auch unternehmenspolitische Aspekte haben bis heute zu einer großen Anzahl an unterschiedlichen Feldbussen geführt. Verbreitete Feldbussysteme sind:

- CAN steht für Controler Area Network und wurde von den Firmen Bosch und Intel ursprünglich als Bussystem für Fahrzeuge (Autobus) entwickelt.

- Die Feldbusse PROFIBUS, P-NET und FIP zählen zu den Universalbussen, die einen relativ breiten Bereich der in MSR-Anlagen (= Messen-Steuern-Regeln) auftretenden Kommunikationsaufgaben verarbeiten können.

- Der nach DIN E 19258 genormte INTERBUS-S-Profibus ist auf Grund seiner speziellen Ausprägung in der Lage, auch zeitkritische Steuerungsaufgaben abzuwickeln.

- Der gemäß DIN 66348 genormte »DIN-Messbus« wurde konzipiert als Schnittstelle für die industrielle Mess- und Prüftechnik, Fertigungsüberwachung, rechnergesteuerte Qualitätssicherung sowie zur Betriebs- und Maschinendatenerfassung. Insbesondere erfüllt er die Anforderungen an eichpflichtigen Messeinrichtungen.

- Das LON-Konzept wurde von der Firma Echelon entwickelt und hebt sich durch einige Besonderheiten von den übrigen Bussystemen ab und bietet die Voraussetzungen für komplexe Netzwerkstrukturen, die z.B. insbesondere in der Gebäude- und Haustechnik entscheidend sind, aber auch in vielen industriellen Automationssystemen Vorteile mit sich bringen können.

Für alle genannten Buskonzepte stehen in der Regel firmenspezifische Kommunikationsbausteine zur Integration in Steuerungs- und Erfassungssysteme zur Verfügung.

■ **Erfassung über OPC**

**OPC definiert eine herstellerunabhängige, offene Kommunikationsschnittstelle**

OPC (= OLE for Process Control) definiert eine offene Schnittstelle, über die PC-basierte Softwarekomponenten Daten austauschen und die Kommunikation zwischen Software-Applikationen mit heterogenen Datenquellen, wie z.B. Prozessdaten von Geräten in einer Fabrikhalle oder Datenbanken in Business-Applikationen, über eine einheitliche Schnittstelle erlaubt. Sie basiert auf den Windows-Technologien OLE (= Object Linking and Embedding), COM (= Component Object Model) und DCOM (= Distributed COM), dem De-facto-Standard zum Austausch von Daten zwischen Applikationen sowohl auf lokalen Plattformen als auch remote über LAN- oder WLAN-Netzwerke. Die Aufgabe der OPC-Schnittstelle ist es dabei, Software-Applikationen von den Details der Kommunikation mit unterschiedlichen Datenquellen abzuschirmen.

Die Standardisierung wurde durch die im September 1996 in den USA gegründete OPC Foundation vorangetrieben, die bereits knapp zwei Jahre später ca. 150 Mitglieder besitzt, darunter alle bedeutenden, weltweit aktiven Hersteller von Automatisierungssystemen wie Fisher-Rosemount, Siemens, Trebing & Himstedt, Rockwell Automation, ABB, Wonderware, National Instruments und Honeywell. Heute ist davon auszugehen, dass Softwarekomponenten zur Datenerfasssung auf Basis OPC für eine große Anzahl an Maschinensteuerungen und Erfassungshardware vorhanden sind.

**Die Standardisierung wird offensiv vorangetrieben**

Der wesentliche Unterschied zu den bisher vorgestellten Erfassungsarten ist, dass über den OPC-Client, in diesem Fall das Maschinendaten-Erfassungssystem, alle in der Steuerung verfügbaren Informationen über deren OPC-Server auf der Basis eines einheitlichen, firmenunabhängigen Protokolls abgefragt bzw. gesetzt werden können. Damit lassen sich auch komplexe Automatisierungs- und Erfassungsaufgaben umsetzen.

**OPC erlaubt die Umsetzung komplexer Aufgabenstellungen**

### Abgrenzung zwischen manueller und automatischer Maschinendatenerfassung

Im Sinne eines Controlling-Ansatzes ist es nicht ganz unerheblich, wie die Erfassung der Maschinendaten realisiert ist, da die gewonnenen Ergebnisse je nach Anbindungsart unterschiedlich ausfallen.

So ist es offensichtlich, dass bei einer manuellen Erfassung nur eine eingeschränkte Menge an Daten erfasst werden kann und die Qualität der erfassten Daten sowie der Zeitpunkt der Erfassung von der erfassenden Person bestimmt werden, während bei der automatischen Erfassung die Datenqualität allein durch die Fähigkeit der Maschinensteuerung bestimmt wird und der Zeitpunkt der Erfassung exakt dem Zeitpunkt des Ereigniseintritts entspricht.

**Die manuelle Erfassung erlaubt nur eine eingeschränkte Erfassung**

Damit eignet sich die manuelle Erfassung vor allem für solche Prozesse, die auf Grund ihrer Durchlaufzeit genügend Zeit für die Datenerfassung lassen und/oder deren Produktionsanlagen über Steuerungen verfügen, die nur eine geringe Datenqualität liefern, die nur mit erheblichem Aufwand verbessert werden kann.

Die Beschränkung der zu erfassenden Datenmenge, wie sie bei der manuellen Datenerfassung vorhanden ist, entfällt naturgemäß bei der automatischen Erfassung und ist nur limitiert durch die Frequenz, d.h. auf die Zeiteinheit, innerhalb derer die Daten anfallen. Darüber hinaus ist die Qualität der erfassten Daten nicht von der erfassenden Person bestimmt, so dass sich hieraus eine zumindest neutralere Beurteilung der Information ergibt.

**Bei der automatischen Erfassung können nahezu unbegrenzt viele Daten mit hoher Qualität erfasst werden**

Die automatische Erfassung ist damit in all den Anwendungsfällen unerlässlich, bei denen auf Grund der zu erfassenden Stückzahl und/oder sonstiger Prozessdaten eine manuelle Erfassung nicht in Frage kommt und die Protokollierung des Prozessgeschehens keine Abweichung vom tatsächlichen Prozessablauf zulässt.

**Erwartungen an eine Maschinendatenerfassung**

An eine Maschinendatenerfassung werden je nach Unternehmen zwar unterschiedliche Erwartungen gestellt werden, allerdings lassen sich einige Erwartungen sicherlich unternehmensübergreifend formulieren. Hierbei ist nach Ansicht des Autors zu unterscheiden in Erwartungen, die positiv, und solche die negativ besetzt sind. Unter positiv besetzten Erwartungen sollen solche zusammengefasst werden, die vorrangig die Wettbewerbs- und Innovationsfähigkeit des Unternehmens unterstützen. Demgegenüber werden unter negativ besetzten Erwartungen solche verstanden, die vorrangig der Unterstützung der Unternehmenskultur dienen (selbst wenn die Unternehmen dies selbst so niemals bestätigen würden).

Die nachfolgende Aufstellung soll einige Beispiele der in den Unternehmen anzutreffenden Erwartungen aufzeigen und den Leser anregen, diese durch eigene Erwartungen zu ergänzen.

- Positiv besetzte Erwartungen
  - Verbesserung der Transparenz der aktuellen Situation
  - Verbesserung der Schwachstellenanalyse
  - Gewinnen von Trendaussagen
  - Ableiten von Maßnahmen und Zielkorrekturfaktoren

- Negativ besetzte Erwartungen
  - verbesserte Kontrolle der Mitarbeiter
  - Überwachung der Mitarbeiter

**Verbindung der Maschinendaten zu Auftragsdaten**

Die Maschinendatenerfassung kann ohne Bezug zu den auf der Maschine bearbeiteten Aufträgen bzw. deren Arbeitsgängen eingesetzt werden, der vollumfängliche Vorteil erschließt sich jedoch nur, wenn dies in Verbindung zu diesen erfolgt.

*Auftragsneutrale Maschinendatenerfassung*

Bei der auftragsneutralen Maschinendatenerfassung besteht keine systemtechnische Verbindung zwischen den erfassten Maschinen- und den über die Auftragsdatenerfassung erfassten Auftragsdaten. Diese muss im Bedarfsfall manuell über die Zeitachse hergestellt werden. Damit lassen sich zwar innerhalb der einzelnen Systeme Rückschlüsse auf z.B. die Maschinenverfügbarkeit oder die produzierten Stückzahlen ziehen und für Controllingzwecke nutzen, allerdings sind erweiterte Aussagen wie z.B. die innerhalb eines Auftrags aufgelaufenen Störzeiten nur sehr schwer bzw. nicht möglich (dies gilt zumindest, wenn innerhalb der Auftragsdatenerfassung auch keine manuelle Maschinendatenerfassung erfolgt).

Demzufolge ist das Haupteinsatzgebiet einer auftragsneutralen Maschinendatenerfassung die Sammlung von Informationen über das Lauf- und Störverhalten von (oft) teueren Produktionsanlagen oder Engpassmaschinen. Ergänzend hierzu bietet sich der Einsatz zur Unterstützung der Inbetriebnahmephase der Produktionsanlage an.

*Auftragsbezogene Maschinendatenerfassung*

Bei der auftragsbezogenen Maschinendatenerfassung besteht eine system- und datentechnische Verbindung der über die Maschinen- und Auftragsdatenerfassung erfassten Daten. Hierzu werden die über die Maschinendatenerfassung erfassten Daten automatisiert dem über die Auftragsdatenerfassung gebuchten Auftrag zugeordnet. Die auftragsbezogene Maschinendatenerfassung hat gegenüber der auftragsneutralen nachfolgende Vorteile:

- Reduktion des Erfassungsaufwands für den Mitarbeiter: Da die prozessrelevanten Informationen wie z.B. Stückzahlen automatisch verbucht werden können, müssen diese nicht manuell erfasst werden.

- Erhöhte Genauigkeit: Da die prozessrelevanten Informationen wie z.B. Betriebsartenwechsel zum Zeitpunkt des Ereigniseintritts direkt verbucht werden, entfällt der bei einer manuellen Erfassung übliche Zeitversatz. Darüber hinaus erfolgt die Erfassung exakt nach Definition und damit unabhängig von einer Mitarbeiter-Interpretation.

Demzufolge ist der Einsatz immer dann sinnvoll, wenn einzelne Produktionsanlagen oder die Produktion im Ganzen innovatorisch weiterentwickelt werden soll, z.B. im Rahmen einer optimalen Planung oder eines verbesserten Logistikkonzepts, oder wenn die Mitarbeiterbelastung zur Protokollierung der Produktionsdaten nachhaltig reduziert werden soll.

### 6.1.3 Bewertende Auftragsdatenerfassung

*von Gerd Rücker*

Bewertende Auftragsdatenerfassungssysteme übernehmen neben der reinen Erfassung der Buchungen (Rüsten, Start, Störung etc.) auch die Ermittlung der Personal- und Maschinenzeiten als so genannte Nettozeiten.

Wie bei den bewertenden Personalzeitsystemen auch werden die ermittelten Zeitdifferenzen um eventuelle Pausen bereinigt, wobei bei der Auftragszeiterfassung die Bewertung ungleich komplexer ausfällt, müssen doch die Organisationsformen mit berücksichtigt werden.

**Voraussetzungen für eine korrekte Bewertung**

Somit ist leicht nachzuvollziehen, dass eine korrekte Bewertung eine exakte Kenntnis über die an der Bearbeitung mitarbeitenden Personen, deren Zeitpunkte und -räume, zu denen sie an der Bearbeitung mitgewirkt haben, und deren Arbeitszeit- und Pausenmodelle voraussetzt. Hierzu verfügen solche bewertenden Systeme über die entsprechenden Verwaltungsfunktionen bzw. Übernahmefunktionen zum Import der benötigten Daten aus dem vorhandenen Personalzeitsystem.

**Funktionen bewertender Auftragsdatenerfassungssysteme**

Bewertende Auftragsdatenerfassungssysteme verfügen darüber hinaus in der Regel über komfortable und umfangreiche Funktionen

- zur Korrektur von Fehlbuchungen
- zur Freigabe der Arbeitsvorgänge zur Bebuchung
- zur Überprüfung und ggfs. Freigabe der Rückmeldung an das übergeordnete ERP-System
- zur Fertigungsauftragsanlage, falls kein ERP-System verfügbar ist
- für den Druck der Fertigungspapiere
- für das Monitoring der Produktion bzw. des Produktionsabschnitts
- für das Reporting

Bewertende Auftragsdatenerfassungssysteme eignen sich damit zum eigenständigen Einsatz in Verbindung mit einem ERP- und Personalzeitsystem und liefern in Kombination mit Letzterem dem ERP-System die korrekten Netto-Auftragszeitmegen auf Arbeitsvorgangs- und Fertigungsauftragsebene.

### Vorrechnerlösung

Im Gegensatz zu bewertenden Auftragsdatenerfassungssystemen sind Vorrechnerlösungen immer nur in Verbindung mit einem übergeordneten ERP-System arbeitsfähig. Sie dienen in diesem Fall als reine Schnittstellenlösung zwischen den Erfassungsstationen und dem übergeordneten System und übernehmen allenfalls die Prüfung, ob ein Mitarbeiter überhaupt berechtigt ist, an einem Terminal zu buchen oder nicht.

Die über die Terminals erfassten Buchungen werden als so genannte Zeitpunktbuchungen direkt an das übergeordnete System durchgereicht und von diesem weiter verarbeitet. Das übergeordnete System übernimmt damit alle oben beschriebenen Bewertungsfunktionen und stellt die dazu notwendigen Verwaltungsfunktionen zur Verfügung.

Vorrechnerlösungen eignen sich damit ausschließlich in Verbindung mit einem übergeordneten ERP-System, wobei darauf zu achten ist, dass dieses übergeordnete System die im Einzelfall benötigte Funktionalität zur korrekten Bewertung unter Berücksichtigung der anzutreffenden Organisationsformen aufweist.

Demzufolge verfügen reine Vorrechnerlösungen auch nicht über die bei bewertenden Systemen vorhandenen Korrektur-, Druck- und Reportingfunktionen, da diese über das übergeordnete System ohnehin bereitgestellt werden müssen.

Darüber hinaus fehlen bei Vorrechnerlösungen in der Regel die Möglichkeiten zur Erfassung von Zeitraumbuchungen.

**Abgrenzung zwischen bewerteter Auftragsdatenerfassung und Vorrechnerlösung**

Wie in den vorhergehenden Abschnitten ausgeführt, gibt es zwischen den beiden Arten der Auftragsdatenerfassung wesentliche Unterschiede in der Bearbeitung der erfassten Daten. Damit erhebt sich die Frage, für welchen Anwendungsfall welches Systemmodell geeignet ist.

Die nachfolgende Tabelle soll die wesentlichen Merkmale beider Modelle zusammenfassen und damit dem Leser Empfehlungen an die Hand geben, um das für seinen Anwendungsfall geeignete Modell zu ermitteln.

Wie aus der Aufstellung ersichtlich, gibt es nur wenige Anwendungsfälle, für die eine eindeutige Empfehlung zu Gunsten einer Vorrechnerlösung ausgesprochen werden kann. Häufig sind dann noch andere Aspekte bei der Auswahl maßgebend:

- Kostensituation
- Vorhandenes Know-how in der Organisation
- Erweiterbarkeit hinsichtlich neuer Anforderungen
- Technologie
- Unternehmens-/systempolitische Aspekte

Auch nach Betrachtung der oben genannten Aspekte empfiehlt sich in aller Regel der Aufbau eines bewertenden Auftragsdatenerfassungssystems.

## 6.1 Ziele, Strategien und Aufgaben des Produktionscontrollings

| Fragestellung | | | Empfehlung |
|---|---|---|---|
| **Allgemeines** | | | |
| Ist ein übergeordnetes ERP-System vorhanden? | Ja | Verfügt dieses über die Möglichkeit, die Organisationsformen abzudecken? | Ja: Fragen zur Organisation abklären<br>Nein: Bewertendes Auftragsdatenerfassungssystem |
| | | Verfügt dieses über geeignete Schnittstellen für den Datenaustausch? | Ja: Fragen zur Organisation abklären<br>Nein: Erfassung nur über den ERP-eigenen Dialog möglich |
| | Nein | | Bewertendes Auftragsdatenerfassungssystem |
| Ist die Beschaffung eines übergeordneten ERP-Systems geplant? | Ja | Siehe oben | |
| | Nein | | Bewertendes Auftragsdatenerfassungssystem |
| Soll ein integriertes MES-System aufgebaut werden? | Ja | | Bewertendes Auftragsdatenerfassungssystem |
| | Nein | | Fragen zur Organisation abklären |
| **Organisation** | | | |
| Sollen Korrekturen durch die Meister durchgeführt werden? | Ja | Sollen die Meister mit dem übergeordneten ERP-System arbeiten? | Ja: Allgemeine Fragen abklären<br>Nein: Bewertendes Auftragsdatenerfassungssystem |
| | Nein | | Vorrechnerlösung; dieser Fall kann in der Praxis jedoch nahezu ausgeschlossen werden |

## 6.2 Kennzahlensysteme

*von Helmuth Gienke*

### 6.2.1 Grundlagen zur Kennzahlenbildung

#### 6.2.1.1 Einführung

Die Analyse von Vorgängen und Sachverhalten ist das Ziel des technischen Controllings. Dieser Aufgabe dienen Kennzahlen, die durch zielgerichtete Verdichtung erfasster Daten und Darstellung von Beziehung durch Kombination dieser Daten komplexe Zusammenhänge, deren Abhängigkeiten und Entwicklung transparenter machen sollen. Technisches Controlling lebt von einer variablen und umfangreichen Palette von Kennzahlen. Der Nutzer muss sich aber bewusst sein, dass die Kennzahlen nicht die Realität selbst sind, sondern nur ihr Abbild darstellen. Ihre Genauigkeit und Aussagekraft sind nicht absolut, sondern von der Qualität der Daten, der Realitätsnähe des Abbildungsmodells und der Aktualität der Datenbereitstellung abhängig.

*Kennzahlen als Basis für technisches Controlling*

Beispiele für Kennzahlen sind:

*Beispiele*

- Aufwand/Umsatz [DM/DM]
- Fehler/Arbeitsgang [Stück/Stück]
- Terminverzug/Auftrag [d/Stück]
- Fläche/Arbeitsstunden [$m^2$/Stunde]

Die wichtigsten Elemente einer Kennzahl sind:

- Informationscharakter
- Quantifizierbarkeit
- spezifische Form der Information

In ihrem Informationscharakter kommt zum Ausdruck, dass Kennzahlen Urteile über wichtige Sachverhalte und Zusammenhänge ermöglichen sollen. Die Quantifizierbarkeit ist eine Eigenschaft von Variablen, die – messtheoretisch gesprochen – die genannten Sachverhalte und Zusammenhänge auf einem metrischen Skalenniveau messen und somit relativ präzise Aussagen ermöglichen. Die spezifische Form schließlich soll es ermöglichen, komplizierte Strukturen und Prozesse auf relativ einfache Weise darzustellen, um einen möglichst schnellen und umfassenden Überblick insbesondere für Führungsinstanzen zu erlauben.

*Informationen über Sachverhalte*

Das technische Controlling betrachtet den innerbetrieblichen Teil des gesamten betrieblichen Realgüterprozesses. Dieser Teil umfasst den Bereich zwischen Beschaffung und Absatz und kann die verschiedenen Produktionsprozesse, innerbetriebliche Logistik und Entwicklung enthalten, die eine große Vielfalt an Produktionskennzahlen impliziert und erforderlich macht.

**Definition** Eine Definition von Kennzahlen lautet:

> **Kennzahlen informieren komprimiert über einen quantitativ gemessenen Sachverhalt.**

**Zielorientierung** Kennzahlen müssen sich am Bedarf orientieren, also Aussagen über Vorgänge ermöglichen, die der Nutzer beeinflussen kann, um die angestrebten Ziele zu erreichen. Kennzahlen sollen die Zustände oder Zusammenhänge verdichtet beschreiben, um komplexe Vorgänge und Strukturen begreifbar zu machen und die Basis für Entscheidungen zu liefern. Das Ergebnis von Entscheidungen sollen Maßnahmen sein, die Veränderungen bewirken.

Sinnvolle Kennzahlen können sowohl veränderliche Vorgänge beschreiben, um einen Zielzustand zu erreichen, als auch besondere Situationen, um sie mit der gleichen Situation an organisatorisch oder örtlich unterschiedlichen Stellen zu vergleichen. Die Auswertung von Kennzahlen kann außerdem bewirken, dass der Nutzer andere Kennzahlen zur genaueren Analyse für erforderlich hält. Sie werden in unterschiedlichen Verdichtungsstufen von der Beschreibung eines Vorganges bis zur summarischen Aussage auf Betriebsebene gebildet. Fast immer beschreiben sie Zeitreihen, betrachten also einen Vorgang periodisch über einen längeren Zeitraum.

### 6.2.1.2 Klassifizierung von Kennzahlen

**Klassifizierungskriterien** Kennzahlen lassen sich nach verschiedenen Kriterien klassifizieren. Die bedeutendsten Kriterien sind:

- Form
- Objektbezug
- Zielorientierung
- Wirkungsbereich

**Formale Klassifizierung** Eine formale Klassifizierung ist – abhängig von der Berechnungsart – in absolute Zahlen und Verhältniszahlen möglich.

**Absolute Zahlen**

- Mengenzahlen (Produktionsmenge)
- Summen (Gesamtbedarf eines Rohstoffs)
- Differenzen (Maßabweichungen, Terminverzögerungen)
- Durchschnittszahlen (durchschnittliche Übergangszeiten eines Auftrages)

**Verhältniszahlen**

- Beziehungszahlen (Produktionskoeffizienten, d.h. Einsatzmenge pro Outputeinheit)

- Gliederungszahlen (Anteil der Rüstzeit an der Gesamtauftragszeit)
- Indexzahlen (Beschäftigungsgrad, gemessen als Verhältnis der tatsächlichen Produktionsmenge zur Normalmenge)

Ein weiteres Einteilungskriterium ist der Objektbezug, also der durch sie beschriebene Gegenstand. Hier sind zu unterscheiden:

**Klassifizierung nach Objektbezug**

**Mengengrößen**

- als Ereignis (Fehlerhäufigkeit, Ausfallzahlen)
- als Bestand (Lagerbestand eines Gutes)
- als Bewegung (Produktionsmenge)
- als Bedarf (Materialbedarf)

**Zeitgrößen**

- als Termine (z.B. Fertigstellungstag eines Auftrags)
- als Fristen (z.B. Durchlaufzeit)

**Wertgrößen in Geldeinheiten**

Ein drittes Merkmal für Kennzahlen im technischen Controlling ist die Zielorientierung. Sie betrifft die Aussage darüber, ob die Zahl dienen soll:

**Klassifizierung nach Zielorientierung**

- zur Ursachenforschung für ein erkanntes Problem,
- der Überprüfung, wieweit ein angestrebtes Ziel erreicht ist,
- zur Überprüfung der Auswirkungen einer Maßnahme,
- zum Vergleich mit gleichartigen Vorgängen oder
- als Zeitreihe zur Überwachung eines eingestellten Zustandes.

Das vierte Merkmal betrifft den Wirkungsbereich der Kennzahl. Die Kennzahl kann

**Klassifizierung nach ihrem Wirkungsbereich**

- sich auf einen Vorgang an einer Stelle beziehen,
- übergeordnete Vorgänge in mehreren Organisationseinheiten betreffen,
- sich auf mehrere Betriebe beziehen oder
- sich auf ein Produkt mit mehreren Vorgängen, z.B. Arbeitsschritten, beziehen.

| | | |
|---|---|---|
| **Ausführende Ebene** | ⊃ | Fehler/Arbeitsgang |
| **Bereichsleitung** | ⊃ | Fehler/Auftrag |
| | ⊃ | Fehlerkosten/Auftrag |
| **Unternehmensleitung** | ⊃ | Fehlerkosten/Umsatz |

*Abb. 1: Hierarchien der Kennzahlen*

**Klassifizierung nach dem Wirkungsbereich**

Kennzeichnend ist weiterhin die Stellung der abgebildeten Größen im Produktionsprozess. Danach gibt es Kennzahlen für

- den Verbrauch (Einsatzgütermengen, -zeiten, -werte),
- die Erzeugung (Produktmengen, Fertigstellungszeiten) sowie
- als Kombination für das Verhältnis Erzeugung zu Verbrauch (Produktionskoeffizienten und Produktivitätswerte).

### 6.2.1.3 Allgemeine Anforderungen an Kennzahlen

**Definition der Kennzahl durch den Nutzer**

Die Kennzahl muss den Informationsbedarf des Nutzers decken. Dieser Bedarf ergibt sich aus der präzisen Formulierung der Verwendung dieser Kennzahl und des zugrunde liegenden Zieles. Für den Aufbau eines Kennzahlensystems ist entscheidend, dass diese Komponenten einvernehmlich und eindeutig von den Betroffenen definiert sind.

**Aufgaben und Funktionen von Kennzahlen**

Grundsätzlich können Kennzahlen zwei verschiedenen Aufgaben dienen:

- Sie können zum einen ein Instrument der sachlichen Führung sein. Die Kennzahl dient dabei einer Orientierung der Prozesssteuerung an markanten Größen im betroffenen Bereich.
- Zum anderen können sie der organisatorischen Führung dienen. Die Kennzahl wird dann dazu eingesetzt, in der organisatorischen Hierarchie mit wenigen Führungsgrößen zu lenken.

Kennzahlen in der Problemanalyse können auch zwei Funktionen übernehmen:

- Sie können als Indikatoren zur Problemwahrnehmung beitragen oder
- erlauben unter Umständen eine Ursachenanalyse erkannter Probleme.

**Verwendung zur Problemwahrnehmung**

Die Problemwahrnehmung unterstützen solche Kennzahlen, die durch ihre Entwicklung frühzeitig auf mögliche Schwachstellen hinweisen. Dies erfordert eine periodische Beobachtung. So kann z.B. eine allzu starke Abweichung einer Kennzahl von ihrem Sollwert oder ein auffälliges Anwachsen bzw. Zurückgehen zeitlich aufeinander folgender Werte ein Hinweis auf die Notwendigkeit einer genaueren Untersuchung andeuten. Die Ursachen können Qualitätsprobleme sein, aber ebenso in anderen Größen des Produktionsprozesses verborgen sein, wie zum Beispiel Zeitverzug und Rüstvorgänge.

**Verwendung zur Ursachenanalyse**

Bei der Verwendung von Kennzahlen zur Ursachenanalyse geht man im Gegensatz zur Problemwahrnehmung von bereits erkannten Problemen aus. Für diese Probleme werden Entstehungsgründe gesucht. Diese Kennzahlen können dabei durchaus nur temporären Bestand haben, und die Ermittlung sowie die Darstellung können nach Behebung des Problems eingestellt werden.

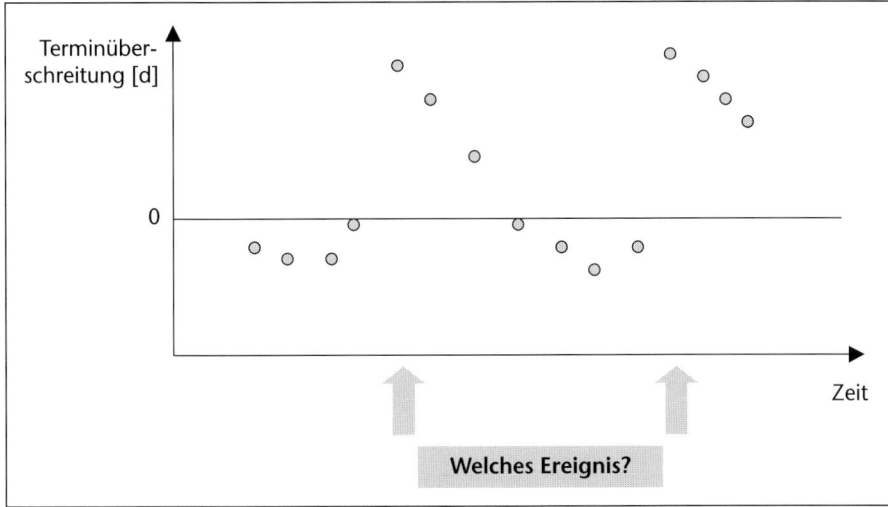

*Abb. 2: Problemanalyse*

### 6.2.1.4 Nutzung der Kennzahlen als Lenkungsinstrument

Bei der Lenkung durch Kennzahlen muss man unterscheiden zwischen Eigenlenkung und hierarchischer Lenkung.

**Eigenlenkung und hierarchische Lenkung**

- Die Eigenlenkung dient der internen Lenkung eines Teams oder einer einzelnen Person als weitgehend autonome Einheit.

- Unter hierarchischer Lenkung versteht man die Führung durch eine übergeordnete Instanz.

Die zur Eigenlenkung erforderlichen Kennzahlen werden von der Einheit selbst gestaltet und verfolgt. Generell gilt, dass die hierarchische Lenkung analog arbeitet. Zwar werden die Kennzahlen von der übergeordneten Instanz definiert, aber sowohl von der ausführenden Einheit als auch von der übergeordneten Instanz verfolgt. Die ausführende Einheit kann von diesen Kennzahlen zusätzlich korrespondierende Kennzahlen ableiten. Ein Maß für die Autonomie der ausführenden Instanz ist das Verhältnis von der Menge der eigengenutzten Kennzahlen zur Menge der von der übergeordneten Instanz vorgegebenen.

Die Kennzahlen dienen bei der Lenkung

- als vorgegebene Zielgröße (Vorgabezweck),

- zur Messung von Erreichungsgraden bestimmter Zielgrößen und

- der Motivation, da in ihr die Erwartungshaltung der übergeordneten Einheit konkretisiert wird.

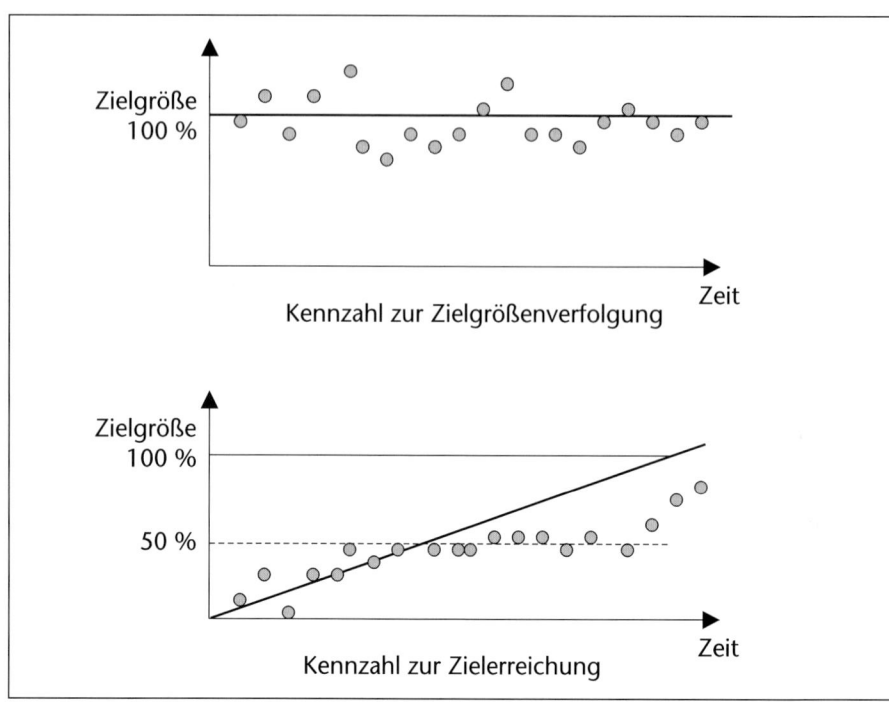

*Abb. 3: Kennzahlen zur Ziellenkung*

Zur hierarchischen Lenkung werden meist Kennzahlen benutzt, die optimale und wünschenswerte Zielfunktionswerte kennzeichnen. Durch die Vorgabe gewinnen sie eine herausgehobene Stellung in der Planung und fungieren als Teilziele.

**Motivation durch Kennzahlen**

Wie stark die Vorgabe der Motivation dient, hängt davon ab, wie sie im Einzelnen gestaltet wird und inwiefern sie von weiteren Maßnahmen begleitet wird, etwa einer Kontrolle oder einer Abweichungsanalyse. Kennzeichnend ist auch hier die Nutzung durch die ausführende Einheit: Je höher diese Nutzung ist, desto eher erfüllt sie den Zweck als Motivationsinstrument. Der Kontrolle kommt in diesem Zusammenhang nicht nur eine aufdeckende, sondern auch eine vorbeugende Funktion zu. Durch das Wissen um die Existenz von Kennzahlen wird in vielen Fällen genauer auf die Vorgabegröße geachtet und im Durchführungsprozess versucht, Abweichungen erst gar nicht entstehen zu lassen.

**Beeinflussung von Kennzahlen**

Wie die genannten Teilfunktionen der hierarchischen Lenkung erfüllt werden, hängt grundsätzlich davon ab, ob es sich um eine direkt oder indirekt beeinflussbare Kennzahl handelt.

- Bei einer direkt beeinflussbaren Kennzahl kann die ausführende Einheit durch passende Maßnahmen das gewünschte Soll in exakter Höhe einhalten. Beispielsweise kann die Zahl der Rüstvorgänge durch die Losgröße der einzelnen Produktionslose beeinflusst werden.

- Bei indirekt beeinflussbaren Kennzahlen ist dies nicht möglich. Hier kann zwar der Entscheidungsträger durch geschicktes Handeln die Kennzahl in die richtige Richtung bewegen, der Zusammenhang zwischen Maßnahmen und Wirkungen auf die Kennzahl ist aber indirekter Art.

Dies gilt beispielsweise für den Grad der Lieferbereitschaft in der Materialwirtschaft. Zwar hat der Entscheidungsträger die Lagerbestände in der Hand, nicht aber die Nachfrage und damit die Lagerabgänge. Ein vorgegebener Wert kann daher nicht exakt getroffen werden. Beispiele indirekt beeinflussbarer Kennzahlen im Produktionsbereich sind:

- Arbeitsproduktivität
- Kapazitätsauslastung
- Lagerumschlagszahlen

**Grenzen von Kennzahlen**

Grenzen des Kennzahleneinsatzes im Produktionsbereich liegen nicht nur dort vor, wo sie ein unpassendes Instrument sind, sondern auch in der Erhebung der Kennzahlen selbst. Auch können durch übertriebene Kennzahlengläubigkeit Probleme entstehen. Daher sollte nicht vergessen werden, dass Kennzahlen Situationen und Zusammenhänge nur komprimiert beschreiben. Eine Untersuchung des benutzten Kennzahlensystems bei Diskontinuitäten sichert die Gültigkeit.

**Literaturempfehlungen**

*Domescke, W.; Scholl, A.; Voß, S.:* Produktionsplanung. Berlin 1993.

*Horváth, P.:* Controlling. München 1994.

*Preißler, P.:* Controlling. Landsberg a. Lech 1994.

### 6.2.2 Kennzahlen zur Produktivität

#### 6.2.2.1 Allgemeines

**Was ist Produktivität?** Produktivität steht für das Verhältnis von Aufwand zu Erfolg. Zur Definition des Aufwands werden häufig die Kosten herangezogen, die aber nur eine unzureichende Lösung der Aufgabe ermöglichen. Kosten repräsentieren den Aufwand nur sehr grob. Sie sind nur dann das genaue Maß, wenn sie dem Produkt eindeutig zugeordnet werden können und den gesamten Aufwand repräsentieren. Das ist fast nie der Fall, weil übergeordnete Kosten, z.B. Grundstückkosten, Kapitaldienst und Verwaltungskosten, nicht eindeutig verursachungsgerecht zugeordnet werden können. Aus diesem Grunde werden Zuschläge in Form von Gemeinkosten o.Ä. als Hilfskonstruktionen eingesetzt, die für das technische Controlling nur unzureichend nutzbar sind.

**Kosten als Maßstab für Aufwand** Aufwand kann aber auch in anderen Einheiten aufgezeigt werden, z.B. Zeiten oder Vorgänge, hinter denen unterschiedliche Zeiten stehen. Erfolg bemisst sich am Ausstoß. Dieser wird häufig am Begriff »Wertschöpfung« gemessen. Allerdings ist dieser Begriff nicht klar definiert. Im strengen Sinn ist Wertschöpfung die Differenz zwischen dem Marktwert eines Teils bzw. seiner Komponenten vor der Bearbeitung verglichen mit dem nach der Bearbeitung. Ein halb bearbeitetes Teil hat aber häufig keinen Marktwert, also werden ersatzweise die Kosten für die Bearbeitung herangezogen. Da Kosten aber die andere Komponente der Produktivität sind, ergibt diese Rechnung immer die gleiche Aussage über die Produktivität.

**Produktivitätssteuerung durch Ziele** Kennzahlen zur Produktivität müssen sich, wie immer im technischen Controlling, an den Zielen orientieren. Die Definition eine Zieles in Form von beispielsweise »Erhöhung der Produktivität um 5 %« ist nicht ausreichend. Es muss definiert werden, wie man die Produktivität misst und welche Komponenten betroffen sind.

Ein klares und eindeutiges Maß scheint zu sein, das Verhältnis Umsatz zu Gesamtkosten um 5 % zu erhöhen. Diese setzt aber voraus, dass die Marktpreise sich zumindest kontinuierlich entwickeln. Für das technische Controlling, das heißt für Maßnahmen direkt in der Produktion, ist diese Zielvorgabe also nicht geeignet. Sehr wohl dagegen ist die Vorgabe geeignet, die Kosten gegenüber den kalkulierten Kosten um 5 % zu senken. Dies gilt freilich nur dann, wenn die Kalkulationsverfahren nicht verändert werden und für spezifische Kosten, zum Beispiel Löhne und Materialkosten, die Werte aktualisiert werden. Diese Einschränkungen zeigen, dass Kostenziele zwar eine wichtige Komponente zur Rationalisierung sind, sie aber nur unter genauer Analyse zur Bewertung und Steuerung von Maßnahmen in der Produktion herangezogen werden können.

**Kennzahlenkategorien** Unbeeinflusst von Geldwertschwankungen sind dagegen Zeiten, physikalische Definition des Materialeinsatzes und ähnliche Größen. Kennzahlen zur Produktivität im technischen Controlling gibt es daher in zwei Kategorien:

- bewertete Ziele
- Ziele mit direkten Größen

In der klassischen Betriebswirtschaft gibt es diese Unterschiede nicht, weil sich die Steuerung über Kosten hervorragend zur Außensteuerung von Betrieben eignet. Die Umsetzung in den Betrieben selbst erfordert aber ein genaueres Vorgehen, wenn sie zu optimalen Verfahren führen soll.

Zur Verbesserung der Produktivität gibt es zwei Ansätze, deren Einfluss parallel betrachtet und optimiert werden muss:

**Prozesskosten und Verrichtungskosten**

- die Betrachtung der Prozesskosten, also der gesamten Kosten von der Entwicklung oder dem Kundenauftrag bis zum ausgelieferten Produkt
- die Betrachtung der Verrichtungskosten, das heißt der Kosten an den einzelnen Arbeitsplätzen einschließlich der Kosten für den Wechsel von einem Produkt zu einem anderen, also der Rüstkosten und der Vorrichtungskosten

### 6.2.2.2 Kostenbezogene Kennzahlen

Grundsätzlich richten sich die Kennzahlen nach den Zielen. Objekte für eine Produktivitätsverbesserung sind neben dem Ergebnis als Gesamtbetrachtung die kostenverursachenden Größen, die optimiert werden sollen:

- Herstellkosten
- Fertigungskosten
- Materialkosten
- Maschinenkosten
- Lohnkosten
- Betriebsstoffverbrauchskosten
- Rüstkosten

Diese Kosten kann man dem einzelnen Produkt oder einem Bereich zuordnen. Der Bereich kann dabei auch ein einzelner Arbeitsplatz sein. Weiterhin kann man die Kosten für ein einzelnes Produkt in einem Bereich betrachten, was aber meist nur für ausgesprochene Serienfertigung sinnvoll ist.

**Herstellkosten**

Herstellkosten sind die gesamten Kosten für die Erstellung eine Produktes oder für die Durchführung einer Verrichtung. Der Umfang der Zuordnung einzelner Kostenarten zu den Herstellkosten ist abhängig von der Art und dem Umfang der angewandten Kostenrechnung, umfasst aber im Normalfall die in der Abbildung aufgeführten Komponenten.

**Fertigungskosten**

Die Fertigungskosten umfassen die Kosten für die Verrichtung des Bearbeitungsvorganges ohne Material und häufig ohne Betriebsstoffverbrauch,

## 6.2 Kennzahlensysteme

```
        Materialkosten
      + Maschinenkosten
      + Personalkosten
      + Betriebsstoffkosten
      + Nebenkosten
      _____
      = Fertigungskosten
```

*Abb. 1: Fertigungskosten*

manchmal auch ohne Maschinenkosten. Auch hier kann man produktbezogen oder bereichsbezogen zuordnen.

**Materialkosten** Die Materialkosten sind die Kosten für das eingesetzte Material, die Maschinenkosten für den Einsatz der Maschinen, auch hier eventuell mit Hilfs- und Betriebsstoffkosten.

**Betriebsstoffkosten** Die Betriebsstoffkosten werden dann gesondert betrachtet, wenn sie relevant sind, zum Beispiel bei energieintensiven Herstellverfahren oder dem Einsatz von Gasen.

**Nebenkosten** Die Nebenkosten ergeben sich aus den Kosten von Einheiten, die nicht direkt am Produktionsprozess beteiligt sind, z.B. Führungspersonal, Verwaltungspersonal oder arbeitsvorbereitende Stellen.

**Messung der Produktivität** Die Produktivität kann dadurch verbessert werden, dass die Kosten gesenkt werden. Die hiermit verbundenen Kennzahlen können sich auf absolute Werte beziehen, z.B. Kosten pro Monat. Das ist die einfachste Methode, die Ergebnisse sind dann häufig interpretierbar und Gegenstand von Ausreden (z.B. größere Mengen oder ungünstige Mischung der Produkte). Eine bessere Aussage erhält man, wenn man die Werte in Bezug zum Ausstoß setzt, zum Beispiel zum Umsatz, gewertet zu Verkaufs- oder Verrechnungspreisen. Aber auch hier sind Interpretationen möglich. Eine recht aussagekräftige Bezugsgröße ist das Verhältnis der tatsächlichen Kosten zu den kalkulierten Kosten, also mit der Produktivitätskennzahl $K_p$:

---

**Messung der Produktivität mit $K_p$**

$K_p$ = angefallene Kosten/kalkulierte Kosten

$K_p$ wird entweder für das Produkt oder für die Einheit im gesamten Zeitraum berechnet, also:

$K_{p\,Produkt}$ = angefallene Kosten/kalkulierte Kosten für ein Produkt

$K_{p\,Bereich}$ = angefallene Kosten/kalkulierte Kosten aller im Zeitraum durchgeführten Verrichtungen im Bereich

### 6.2.2.3 Unbewertete Kennzahlen

Zur Verbesserung der Produktivität kann man grundsätzlich die kostenabhängigen Kennzahlen auf originäre Größen zurückführen, also zum Beispiel auf Fertigungsstunden oder Materialverbrauch in physikalischen Größen wie kg oder m². Der Vorteil dieser Methode ist, dass man direkt die Ursachen erkennt. Nachteilig ist aber, dass bei unterschiedlichen spezifischen Kosten, z.B. höheren Maschinenkosten für eine leistungsfähigere Maschine, nicht die optimalen Kosten erkannt werden.

**Bestimmung des originären Aufwands**

Die Zeit bzw. deren Verbrauch ist eine wichtige Einheit, die bestimmend ist für die Produktivität. Neben den direkten Bearbeitungsvorgängen wird Zeit insbesondere bei Wartezeiten verbraucht, die durch Stillstände, Rüstzeiten u.Ä. entstehen. Zur Reduzierung des Zeitverbrauches oder zum Vergleich mit ähnlichen Bedingungen werden also Kennzahlen gebildet. Diese setzen die verbrauchte Zeit in Relation

**Zeit bestimmt die Produktivität**

- zur kalkulierten Zeit,
- zum Wert der erzeugten Güter (entweder zu Verkaufspreisen oder zu Verrechnungspreisen),
- zu anderen Zeiten und
- zur verarbeiteten Menge o.Ä.

Beispiele sind »Zeit pro Rüstvorgang« und »Ausfallzeit zur gesamten Schichtzeit«. Weiterhin kann man durch Senkung der Zahl bestimmter Vorgänge (z.B. Rüstvorgänge) Rationalisierungserfolge erzielen. Ausfallzeiten werden durch besondere Ereignisse erzeugt, zum Beispiel Werkzeugbruch oder Materialmangel (durch verspätete Anlieferung erforderlicher Teile). Die Analyse der Ausfallgründe und der Stillstandszeiten gehört darum schon seit langem zum Repertoire der Betriebsanalyse.

### 6.2.3 Kennzahlen zur Logistik

**Logistik als Schlüssel zum Erfolg**

Logistik hat für den Markt der Gegenwart und die Marktpräsenz eines Unternehmens eine zentrale Bedeutung. Die Aufgabenbereiche der Logistik umfassen auf der einen Seite sämtliche klassischen Transport-, Lager- und Umschlagsvorgänge im und zwischen Unternehmen, auf der anderen Seite die dispositiven Arbeiten, zum Beispiel die Vorschau für den Bedarf an Material, Werkzeugen und Hilfsmittel. Die zentrale Aufgabe der Logistik ist das Management der gesamten Prozesskette der Unternehmensaktivität und schließt Lieferanten und Kunden mit ein.

Dabei kann man in einem Betrieb drei Bereiche der Logistik unterscheiden:

- Beschaffungslogistik (Bestelldisposition)
- Produktionslogistik (Produktionsplanungssystem)
- Distributionslogistik (Versanddisposition)

Das gesamte Themenspektrum der Logistik wird im Praxishandbuch Logistik abgedeckt, das im Fachverlag Deutscher Wirtschaftsdienst ebenfalls in dieser Reihe herausgegeben wird. In diesem Werk greifen wir daher nur die Produktionslogistik heraus.

**Der Wandel der Anforderungen**

Die Entwicklung der Logistik ist im Wesentlichen durch die Entwicklung seit etwa 1980 gekennzeichnet. In dieser Zeit war die bestandsarme Produktion mit den Begriffen KANBAN und Just-in-time-Produktion (fertigungssynchrone Beschaffung) Thema. Diese betriebsübergreifenden Verfahren haben großen Einfluss auf die Produktionslogistik, wobei die Verfahren zwischen den betriebsinternen Stellen und den externen Lieferanten identisch sein können.

Andererseits kommt neuen technischen Lösungen im Bereich der Produktionslogistik – wie zum Beispiel automatischen Lager- und Fördersystemen, Scanning und ähnlichen informationstechnischen Entwicklungen – wachsende Bedeutung zu, die es zu integrieren gilt. Die Ziele, die mit einem Logistikcontrolling verbunden sind, sind zum einen natürlich die Optimierung der Kosten, zum anderen aber die zuverlässige, zeit-, mengen- und qualitätsgerechte Anlieferung der Teile.

Auch im Logistikbereich arbeitet das technische Controlling mit Kennzahlen aus bewerteten und unbewerteten Größen. Die unbewerteten Größen haben aber hier eine wesentlich höhere Bedeutung als im Bereich der Produktivität. Kennzahlen dienen folgenden Zwecken:

- Operationalisierung von Zielen und Zielerreichung
- Erkennung von Leistungsveränderungen
- Erkennen und Beseitigen von Schwachstellen
- Steuerung von Unternehmensprozessen

## Kennzahlen zur Logistik  6.2.3

Die Formulierung und Präzisierung von Zielen reicht nicht aus, um ein zielorientiertes Handeln zur Optimierung der Logistik zu erreichen. Ziele sind erst dann geeignet als Steuerinstrument für bereichsexterne und -interne Steuerung (also für Vorgaben von hierarchisch übergeordneter Stelle und Anreiz für eigene Aktivitäten), wenn sie quantifiziert und mit Messwerten nachvollziehbar sind. Hier sind Schwierigkeiten absehbar, da die Logistik eine Dienstleistungsfunktion und sehr schwer zu messen ist.

*Ziele nachvollziehbar machen*

Welche und wie viele Kenngrößen konkret für jede mit Logistik befasste Einheit ausgewählt und festgelegt werden sollen, ist nicht einfach zu bestimmen. Das Logistikcontrolling muss in diesem Aufgabenfeld ein Planungssystem aufbauen und für die Planungsfelder die passenden Entscheidungsmethoden und benötigten Informationen bereitstellen. Um diesen wesentlichen Teil des »Tagesgeschäftes« erledigen zu können, ist ein hohes Maß an Kommunikationsfähigkeit nötig, da viele Logistikentscheidungen andere Unternehmensbereiche betreffen.

Der Planung von Zielsystemen und deren Abstimmung mit den Unternehmenszielen ist eine bedeutende Aufgabe des technischen Controllings. In der Vergangenheit wurden die Logistikvorgänge selten analysiert und keine eindeutigen Ziele definiert, um sie zu ändern. Ein solches Vorgehen bringt keine wesentliche Verbesserung. Folglich muss der Logistikcontroller Planungstechniken und -verfahren zur Definition und zum Nachhalten des Zielsystems entwickeln und anwenden.

*Planung von Zielsystemen*

Die »Top-down«-Methode wird von der Unternehmungsleitung entwickelt. Das Prinzip dieser Methode ist, die Unternehmensziele festzulegen und zu propagieren. Um ein Gesamtzielsystem festzulegen, berücksichtigt das Management die Vergangenheitswerte, die wichtigen Veränderungen der Logistikaufgaben und die Zielvorstellungen. Innerhalb des Gesamtzielsystems werden für die einzelnen Bereiche hierarchisch die Bereichszielsysteme abgeleitet.

In einem einzelnen Bereich sind dabei folgende Aktivitäten erforderlich:

*Aktivitäten*

- Beschreibung von logistischen Funktionen im Bereich der physischen und dispositiven Logistik und begriffliche Abgrenzungen zu anderen Leistungsarten
- Ist-Analyse zum Stand der Logistikleistungserfassung (Lokalisierung der Leistungserbringung)
- Konzeptvorschlag zur Ausprägung eines Kennzahlensystems

Damit ergibt sich ein Instrument für folgende Ziele:

*Ziele*

- Aufbau eines Führungsinstruments zur Steuerung der Aktivitäten im Bereich
- Unterstützung der operativen Planung
- Instrument zur Analyse von Schwachstellen im Materialfluss

- Budgetüberwachung und Durchführung von Abweichungsanalysen
- Nutzung der Logistikleistung zur Kostenverrechnung auf Produkte, Produktgruppen, Kundenaufträge

**Dispositive Leistungen der Logistik**

Unter dispositiven Logistikleistungen werden alle Aufgaben und Funktionen verstanden, die zur Führung, Steuerung und Wahrnehmung der physischen Logistik erforderlich sind. Andere Bereiche gehören ebenfalls dazu, wie z.B. die Bestelldisposition, die Produktionsplanung und -steuerung.

Die physische Logistik umfasst die Hauptfunktionen Transport, Lagerung, Kommissionierung und Verpackung einschließlich der Bereitstellung von Material und Werkzeugen zur Bearbeitung.

**Definition von Kennzahlen**

Voraussetzung für den Aufbau eines effizienten Logistikcontrollings ist eine geeignete Leistungserfassung. Hierzu müssen die Kennzahlen definiert werden, die die logistische Leistung detailliert genug beschreiben. Im Detail sollen diese Kennzahlen folgenden Zwecken dienen:

- Operationalisierung von Zielen und Zielerreichung
- Erkennung von Leistungsveränderungen
- Definition von Zielgrößen
- Steuerung von Unternehmensprozessen

Bei der Definition der Kennzahlen ist natürlich zu beachten, ob der Aufwand zur Erfassung und Bereitstellung der Kennzahlen dem angestrebten Vorteil entspricht.

**Begrenzung der Datenmengen**

Hier ist zu berücksichtigen, dass der Gesamtkomplex aus Verbesserung der Abläufe und Aufwand für die Datenerfassung einen deutlichen Vorteil ergeben muss. Außerdem muss bedacht werden, dass eine Überzahl erfasster Größen bei den Mitarbeitern das Gefühl weckt, extrem genau kontrolliert zu werden. Ein System zur Verbesserung innerbetrieblicher Abläufe, das von den Mitarbeitern nicht getragen wird, ist aber erfolglos.

Es gibt mehrere Unternehmensbereiche, in denen diese Leistungsgrößen genutzt werden:

- in der Produktion
- in der Materialverwaltung
- in der Bestelldisposition
- in der Distribution

**Leistungsdaten Materialverwaltung**

In der Materialverwaltung geht es dabei um die Leistungsgrößen der Warenannahme, der Gabelstaplertruppe, des Lagers und des werksinternen Transportsystems. In der Materialverwaltung werden in großem Umfang logistische Leistungen erbracht, zum Beispiel die Lagerung von Roh-, Hilfs- und Betriebsstoffen und Fertigprodukten. Folgende Einzelleistungen für das Lager der RHB (Roh-, Hilfs- und Betriebsstoffe) sind charakteristisch:

- Eingangsregistrierung LKWs, Waggons
- zentrale Warenannahme von Kleingütern
- Abfertigung der LKWs und Waggons
- Probeentnahmen zur Qualitätskontrolle und Weiterleitung der Proben
- Wahrnehmung diverser Aufgaben wie Erfassung der Wareneingänge, Lagerplatzverwaltung etc.

Beim Transport der Fertigerzeugnisse innerhalb des Werksgeländes werden folgende Einzelfunktionen unterschieden:

- Transport der Fertigerzeugnisse aus der Fertigung in das Fertigwarenlager
- Transport vom Fertigwarenlager oder direkt aus der Fertigung zu den Speditionsdiensten

Im Bereich der Warenannahme haben sich folgende Leistungsdaten als geeignet erwiesen:

**Leistungsdaten Warenannahme**

- Zahl der Packstückbewegungen
- Zahl der abgefertigten Ladungsträger
- Zahl der Probeentnahmen
- Zahl der Personalstunden
- Anwesenheitsquote

Im Bereich der Gabelstaplertruppe sind andere Leistungsgrößen von Interesse, wie z.B.:

**Leistungsdaten Gabelstapler**

- Zahl der abgefertigten LKWs und Waggons
- Zahl der Entladungen mit und ohne Hilfsmittel
- Zahl der Betriebsstunden der Staplerfahrzeuge

Der Leistungsumfang im Lager lässt sich außerdem in einen physischen und einen administrativen Teil unterscheiden.

**Leistungsdaten Lager**

- Zu den physischen Aufgaben gehören die Eingangslagerung, Lagerung und Auslagerung der Packstücke. Damit werden wesentliche Leistungsdaten wie Zahl eingelagerter, ausgelagerter, umgelagerter, gelagerter Packstücke verbunden.
- Zu den administrativen Tätigkeiten zählt die Erfassung der Warenbewegungen im Lagerverwaltungssystem.
- Weitere Leistungsdaten sind minimale und maximale Belegung des Lagers, Dauer der Einlagerung je Packstück, geleistete Personalstunden etc.

**Leistungsdaten Bestelldisposition**

Die Bestelldisposition hat die Aufgabe, Material bei den einzelnen Lieferanten abzurufen. Der Leistungsumfang wird wesentlich durch die Zahl der verschiedenen Lieferanten bestimmt. Geeignete Leistungskennzahlen, die dazu dienen, den Erfüllungsgrad der Aufgabe zu messen, sind:

- Zahl der zu disponierenden A-, B- und C-Teile
- Lieferantenzahl
- Zahl der zu betreuenden Artikel
- Anteil neuer Artikel, neuer Lieferanten
- Zahl der Spezialartikel
- Zahl der Reklamationen
- Fehlmengenzahl

Diese Aufstellung lässt sich auf andere Bereiche erweitern, wobei aber immer die Verhältnismäßigkeit der Mittel in Betracht gezogen werden muss.

**Literaturempfehlung**

*Pradel, U.-H. (Hrsg.):* Praxishandbuch Logistik. Grundwerk Köln 2000.

## 6.2.4 Kennzahlen zum Materialfluss

### 6.2.4.1 Allgemeines

Die zeitliche und räumliche Bewegung der für die Erstellung eines Produktes erforderlichen Materialien, also Rohmaterialien, Halbfertig- und Fertigprodukte, ist eines der wesentlichen Elemente für die Effizienz und die Wettbewerbsfähigkeit eines Betriebes. Dieses Verhalten ist mit dem Begriff Materialfluss beschrieben. Durch den Materialfluss wird nicht nur der Bestand an Material an den verschiedenen Stellen im Betrieb bestimmt, sondern auch die Geschwindigkeit der Reaktion in der Produktion.

**Bedeutung für die Wettbewerbsfähigkeit**

So hängt die Geschwindigkeit, mit der Kundenaufträge erfüllt werden, von einem effizienten Materialfluss ab. Durch einen ungünstigen Materialfluss entstehen Wartezeiten im Betrieb, die den Zeitraum zwischen Kundenauftragseingang und Auslieferung verlängern. Außerdem kann durch einen optimalen Materialfluss der Zeitraum zwischen dem Entstehen und dem Erkennen eines Fehlers verkürzt und damit nicht nur eine fehlerhafte Produktion vermieden, sondern durch schnelle Reaktion auch die Haftung für Folgeschäden verringert werden. Daneben wird die Reaktionsgeschwindigkeit auf neue Erkenntnisse und geänderte Kundenanforderungen verbessert, weil sich die Bestände an veralteten oder nur schwer nutzbaren Teilen reduzieren und damit Produktionskapazität für die Deckung des aktuellen Marktbedarfs freigesetzt wird.

Einem optimalen Materialfluss müssen daher besondere Anstrengungen gelten. Es ist aber nur schwer möglich, durch einfache administrative Maßnahmen diese Verbesserung zu gestalten und zu erhalten, weil das Zusammenspiel unterschiedlichster Komponenten berücksichtigt werden muss.

**Gestaltung des Materialflusses**

Im Wesentlichen wird der Materialfluss durch die Tatsache bestimmt, dass ein Endprodukt meist aus mehreren Einzelteilen besteht, die an unterschiedlichen Arbeitsplätzen zu unterschiedlichen Zeiten bearbeitet werden. Zusätzlich besteht meist die Notwendigkeit, ein Teil in mehreren Arbeitsgängen an verschiedenen Arbeitsplätzen zu bearbeiten. Zudem werden im Betrieb mehrere Produkte gleichzeitig bearbeitet, wenn auch mit unterschiedlichen Zeitverschiebungen, so dass sich die Komplexität des entstehenden Netzes erhöht. Die Durchlaufzeit eines Teils zwischen zwei Arbeitsplätzen, auch als Übergangszeit bezeichnet, wird nicht durch die Transportzeit zwischen diesen Plätzen bestimmt, sondern hauptsächlich durch die Wartezeit auf den Beginn der Bearbeitung, die den Arbeitsvorrat bildet.

Dieser Arbeitsvorrat wird von den Mitarbeitern meist als Sicherheitspolster angesehen, um die Beschäftigung in der nächsten Zeit sicherzustellen. Um ihn zu reduzieren, sind einige Maßnahmen erforderlich, die das Vertrauen in eine engere Planung schaffen. Voraussetzung ist eine hohe Termintreue in allen Ebenen der Fertigung. Für eine termingerechte Fertigung ist nicht nur die Verfügbarkeit des Arbeitsplatzes zum erforderlichen Zeitpunkt entscheidend, sondern ebenso die erforderlichen Werkzeuge und Hilfsmittel.

**Bedeutung des Arbeitsvorrats**

## 6.2 Kennzahlensysteme

*Abb. 1: Übergangszeit*

**Bedeutung der Werkzeuge und Hilfsmittel**

Diese Anforderung ist unabhängig davon, ob es sich um vorhandene Hilfsmittel handelt, die vom Werker an einer Werkzeugausgabe abgeholt werden müssen, von einer Logistikeinheit bereitgestellt werden, oder ob die Werkzeuge einer vorhergehenden Bearbeitung bedürfen, beispielsweise in einer Werkzeugvoreinstellung, einem Vorrichtungsbau oder einer Werkzeuginstandsetzung. Nebenbei können auch fehlende Fertigungsunterlagen aus der Konstruktion oder der Arbeitsvorbereitung oder auch der nicht anwesende Spezialist für bestimmte Arbeitsgänge Mängel im Materialfluss verursachen.

Ein Materialflusscontrolling als Bestandteil des technischen Controllings sollte diese Einflüsse aber nur so weit analysieren, wie sie entscheidend für die Qualität des aktuellen Materialflusses sind, und dabei auch die wirtschaftliche Verhältnismäßigkeit berücksichtigen.

### 6.2.4.2 Engpassanalyse

**Entstehung eines Engpasses**

Ein gravierender Mangel im Materialfluss ist ein Engpass in der Fertigungskapazität. Ein derartiges Vorkommnis führt zu einem Materialstau vor dem Arbeitsplatz und damit zu einer Verlängerung der Durchlaufzeit. Beide Indizien können durch eine geeignete Kennzahlbildung dargestellt werden. Grundsätzlich gibt es hier zwei Arten von Engpässen:

- Der erste ist ein permanenter Engpass, der zu einem stetig steigenden Bestand vor dem Arbeitsplatz führt, weil der Bestand auch bei geringem Anfall an neuer Arbeit auch nicht mehr abgearbeitet werden kann.

- Der zweite ist ein temporärer Engpass, der zu schwankendem Bestand führt, weil in lastarmen Zeiten der Arbeitsvorrat abgebaut wird.

**Durchlaufzeit bestimmt Materialfluss**

Es ist etwas aufwendiger, den Materialbestand vor dem Arbeitsplatz zu quantifizieren, als die Durchlaufzeit oder die damit verbundene Wartezeit mit einem PPS-System zu ermitteln. Die Durchlaufzeit kann aber bei den einzelnen Teilen sehr stark schwanken, wenn die Teile nicht streng nach der Reihenfolge abgearbeitet werden, was die Regel ist. Aussagerelevant ist darum nur ein Durchschnittswert, der eventuell mit der Dauer der Verrichtung oder dem Wert des Teiles gewichtet ist. Auf jeden Fall bedürfen stark schwankende Durchlaufzeiten über die einzelnen Teile oder Werksaufträge einer besonderen Analyse, um die Ursachen zu ermitteln oder eventuell am Steuerungsverhalten Änderungen vorzunehmen.

Wenn man den Materialbestand betrachtet, etwa durch Zählung oder als Arbeitsvorrat aus einem PPS-System ermittelt, ist die Analyse dagegen sehr viel komplexer, weil man mit diesem Pauschalwert nur arbeiten kann, wenn man zusätzliche Klassifizierungen vornimmt, etwa nach Teileklassen oder Umfang der Bearbeitung.

Über die Ursachen eines permanenten Engpasses kann man sich schnell Klarheit verschaffen, wenn der Arbeitsanfall größer ist als die Kapazität. Schwieriger wird es, wenn die Kapazität zwar ausreichend, das Durchlaufzeitverhalten aber trotzdem unbefriedigend ist. Aussagen erhält man durch Teileklassifizierung nach variierenden Merkmalen und Analyse an den relevanten Teilen. Die Ursachen können trotzdem schwer zu bestimmen sein, z.B. umfangreiche und zeitraubende Wartezeiten auf Zulieferer von Vormaterial oder Werkzeugen bei bestimmten Arbeiten oder einfach das menschliche Bestreben, unangenehme Arbeiten hinauszuschieben.

**Ursachen von Engpässen**

Ein wichtiges Element des Materialflusses ist die Termintreue. Meist ist es ausreichend, die verzögerten Arbeitsgänge auszuweisen. Es gibt zwar immer Ansätze, den Wert mit heranzuziehen, doch realistisch betrachtet sind diese Zahlen nur interessant, wenn sie Auswirkungen auf den Endtermin des betroffenen Produkts oder durch Folgewirkung, beispielsweise Blockade eine Arbeitsplatzes, auch auf andere Produkte haben. Besonders der zweite Fall ist extrem schwer ausfindig zu machen, denn durch einen Ketteneffekt können mehrere andere Aufträge oder auch Arbeitsgänge dazwischenliegen.

**Termintreue**

### 6.2.4.3 Sonstige Elemente des Materialflusses

Die Losgröße hat einen bedeutenden Einfluss auf den Materialfluss, besonders bei stark schwankendem Arbeitsinhalt der einzelnen Lose. Zudem haben große Lose weitere Nachteile, wie zum Beispiel die schlechtere Fehlerdiagnose und -prävention, weil bei der Aufdeckung eines Fehlers bereits eine größere Anzahl von Teilen produziert wurde und die Ursachen nicht mehr derart eindeutig aufgedeckt werden können wie bei kleineren Losen. Nicht umsonst ist in den letzten Jahrzehnten den Methoden der Losgrößenbildung erhebliche Aufmerksamkeit gewidmet worden.

**Bedeutung der Losgröße**

Auch die Kennzahlen zur Losgrößenbildung orientieren sich an den Zielen. Bei der Entscheidung über die Losgröße liegen hier Flexibilität und Rüstkosten im Widerspruch. Die Lagerkosten werden häufig zugunsten der Flexibilität vernachlässigt. Um eine Aussage über die optimale Losgröße in

**Bedeutung der Kennzahlen**

Hinblick auf die Flexibilität zu treffen, hat es sich bewährt, nicht einfach die Losgrößen zu betrachten. Vielmehr sollten die Losgrößen in Kombination mit dem Arbeitsinhalt in Bearbeitungsminuten/Stück entweder insgesamt, an einem erkannten Engpass oder am Arbeitsgang mit dem maximalen Arbeitsinhalt multipliziert werden.

**Stillstand und seine Ursachen** Ein weiterer Aspekt ist der Stillstand von Anlagenteilen aufgrund von Materialmangel. Auch hier gilt, dass der Stillstand für die Betrachtung des Materialflusses nicht gewichtet werden sollte, weil dann wesentliche Aspekte der Folgen nicht berücksichtigt werden. Die Auswirkung auf die Auslastung der Anlagen ist Gegenstand einer gesonderten Betrachtung.

## 6.2.5 Sonstige technische Kennzahlen

### 6.2.5.1 Kennzahlen zur Servicequalität

Neben dem Preis-Leistungs-Verhältnis der verkauften Güter hat der Service für die Marktstellung des Unternehmens eine herausragende Bedeutung. Kostenführerschaft ist in Mitteleuropa nicht mehr darstellbar, wir können nur noch im Rahmen des tolerierten Spielraums durch besondere Vorzüge wettbewerbsfähig sein. Dabei spielen nicht nur die Personalkosten einschließlich der Nebenkosten eine Rolle, sondern auch die starke Reglementierung und tradiertes Verhalten. Nicht umsonst verbinden viele Bürger moderner Industriestaaten mit der europäischen Industrie den Begriff »Museum«.

**Der unbekannte Kunde**

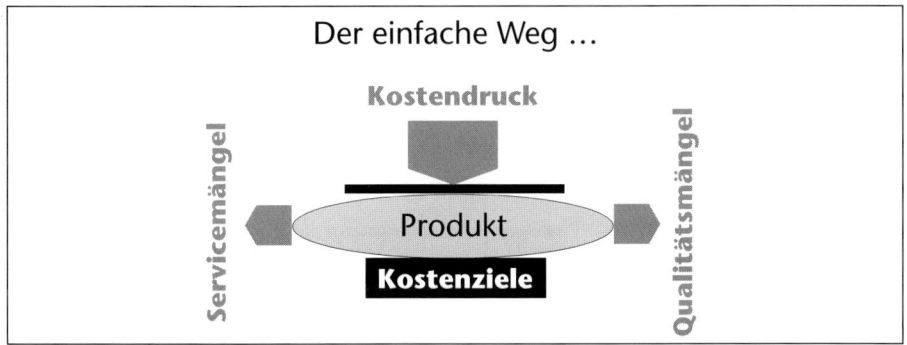

Abb. 1: Den Kostendruck nicht zu Lasten der Qualität verringern

Auch die viel gerühmte Qualität der deutschen Produkte ist heute selbstverständlicher Bestandteil des weltweiten Angebotes, besonders des asiatischen Kontinents. Die Forderung ist also, diese Nachteile auszugleichen und durch andere Vorzüge den Kunden vom eigenen Angebot zu überzeugen.

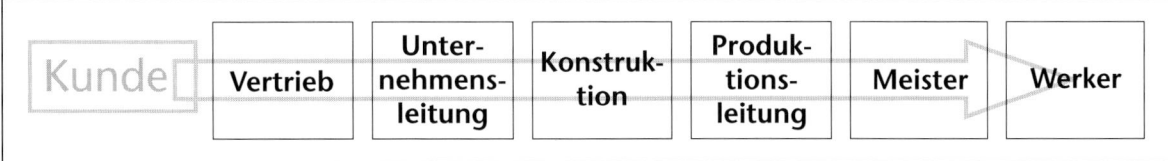

Abb. 2: Der Betrieb muss den Kunden kennen

Mit der Forderung, die Fertigung solle den Kunden kennen, war die Produktion in der Vergangenheit nicht befasst. Sie erhielt einen Produktionsauftrag einschließlich einer mehr oder minder genauen Beschreibung des zu fertigenden Produktes und einen Termin. Dieser Auftrag wurde erledigt, wobei in Ausnahmefällen nach der eigenen operativen Situation entschieden wurde. Nur selten wurde der Bezug zum Endabnehmer den Mitarbeitern bewusst.

**Die Fertigung soll den Kunden kennen**

**Der Kunde, das unbekannte Wesen**

Selbst im Anlagenbau, der die Produkte häufig nach Kundenspezifikation fertigt, blieb den eigentlich fertigenden Betriebsteilen der Kunde – außer über ein Kennwort, das die zu erstellende Anlage bezeichnete – verborgen, wenn er nicht durch Inspektionen die Fertigungsschritte überwachte. Seine Vorstellungen, sein eigentlicher Bedarf und Möglichkeiten zur Verbesserung seiner Zufriedenheit blieben unerkannt. Es gab auch keinen Zwang für die Fertigung, diese Eigenheiten zu kennen.

In der Serienfertigung ist der Kunde völlig unbekannt und Erkenntnisse, die zur Verbesserung der Kundenzufriedenheit genutzt werden könnten, dringen nicht in das Bewusstsein der Mitarbeiter. Damit können sie auch keinen Beitrag zum optimalen Service liefern, sieht man einmal von der Einhaltung der Produktqualitätsansprüche ab, wie sie vom Qualitätswesen erstellt werden.

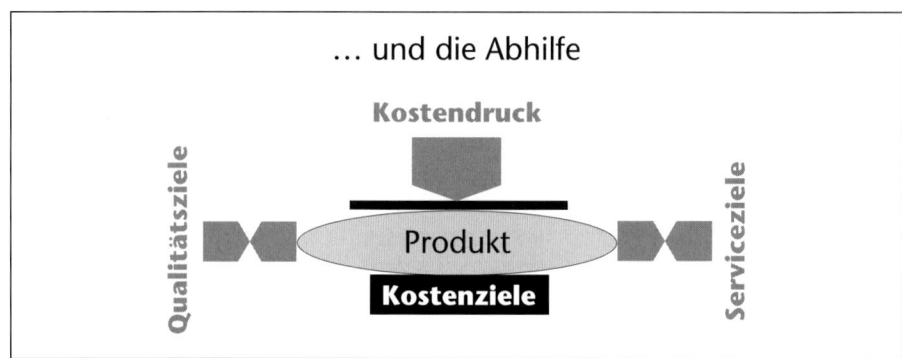

*Abb. 3: Durch Zielverfolgung Qualitätsmängel vermeiden*

Um diese Situation zu verbessern, ist es erforderlich, in die Bereichsziele Ziele zur Verbesserung der Servicequalität zu integrieren.

**Wettbewerbsziele in der Produktion**

Ausgehend von den strategischen Unternehmenszielen, ergeben sich Serviceziele, von denen sich die Bereichsziele ableiten. Auf diese Ziele wirken sich neben den Unternehmenszielen die Anforderungen der Kunden aus. Die gesamten Anforderungen, besonders die Gewichtung der einzelnen Komponenten, sind abhängig von der jeweiligen Branche. Während der Betriebssicherheit einzelner Produkte, zum Beispiel im Anlagenbau, extrem hohe Bedeutung gegenüber dem Preis beigemessen wird, hat im Konsumgüterbereich der Preis eine wesentlich höhere Bedeutung, besonders dann, wenn schneller Ersatz bereitgestellt werden kann. Diese Differenzierung zeigt sich natürlich auch in den Zielen der Produktion.

**Typische Ziele zur Serviceverbesserung**

Kennzahlen zu typischen Zielen, allerdings mit unterschiedlicher Gewichtung, sind:

- **Produktqualität:** gekennzeichnet zum Beispiel durch die Anzahl der Reklamationen je ausgelieferter Produkte oder je Zeitraum

- **kurze Reaktionszeiten:** schnelle Lieferung, gekennzeichnet durch die Differenz zwischen Kundenanfrage bzw. Auftrag und Auslieferung

- **Termintreue:** die Verzögerung gegenüber dem Lieferziel in Tagen, eventuell gewichtet mit dem Auftragswert

- **funktionsgerechte Gestaltung:** kann durch Befragungen bei den Nutzern der Produkte ermittelt werden und betrifft besonders die Konstruktion. Kennzahlen hierzu können Ergebnisse der Nutzwertanalysen sein

Weitere Kennzahlen sind, je nach Branche, beispielsweise:

*Branchenabhängige Ziele*

- zur **Qualität des Kundendienstes:** Anzahl der Einsätze, Zeit zwischen Anforderung und Einsatz oder Behebung der Störung, Erreichbarkeit der Ansprechpartner (Anzahl Anrufe je Bedarfsfall) usw.

- zur **Geschwindigkeit der Inbetriebnahme beim Kunden:** die Zeit zwischen Anlieferung und voller Funktionsfähigkeit

- zur **Qualität der Dokumentation:** die Zahl der Anfragen zu Problemen, die mit der Dokumentation bereits geklärt sein sollten

- zur **Flexibilität:** Angabe des letzten Änderungstermins, bei dem Änderungen der Kundenwünsche ohne erhebliche Mehrkosten und Terminverzögerung berücksichtigt werden können; Angabe des letzten Termins, bei dem Änderungen der Kundenwünsche mit definierten Aussagen über Kosten, aber ohne Änderung des Termins berücksichtigt werden können

Die erforderlichen Kennzahlen ergeben sich aber, wie oben erwähnt, erst durch die definierten Ziele, die von der Branche, aber auch von der Marktsituation abhängig sind, und dann zur Beseitigung der Schwächen im Service dienen. Meist sollen die Kennzahlen Mängel oder Schwachpunkte beseitigen, aber auch zur Stabilisierung eines bereits guten Zustandes können die Kennzahlen benutzt werden. Wichtig ist, dass die Mitarbeiter diese Kennzahlen sehen und angehalten werden, sich mit den Zielen zu identifizieren.

*Kennzahlen dienen der Verbesserung*

### 6.2.5.2 Kennzahlen zum Mitarbeiterverhalten

Die Fähigkeit der Mitarbeiter hinsichtlich

- der Motivation,
- der Flexibilität,
- der Beherrschung neuer Verfahren,
- der Eignung für neue Organisationsformen und
- der Fähigkeit, zielorientiert zu arbeiten,

sind in Zukunft entscheidend für den Erfolg eines Unternehmens. Im Rahmen dieser Ausführungen werden die Bereiche betrachtet, die Einfluss auf die Erfolge der Betriebseinheit bei der Erreichung der Betriebs- oder Unternehmensziele haben.

**Aussagen zur Mitarbeitermotivation**

Mit Sicherheit ist die Motivation der Mitarbeiter schwer zu beurteilen. Indizien für eine angemessene Motivation sind neben gezielten Umfragen, die aber nicht periodisch sein müssen, Kennzahlen wie Fehlzeiten, Krankenzeiten, Wechsel auf eigenen Wunsch und ähnliche Faktoren, die das Engagement der Mitarbeiter beschreiben.

Ein weiteres interessantes Kriterium ist die Beteiligung an Verbesserungsvorschlägen. Hierfür ist aber das klassische europäische Vorschlagswesen nicht geeignet, weil es durch seinen strengen Formalismus eher verhindernd wirkt. Mit einer fördernden Organisation können dagegen die Mitarbeiter motiviert werden, sich aktiv an der Gestaltung des Arbeitsplatzes und den Produktionsabläufen zu beteiligen. Hierzu gehören schnelle Reaktion auf die Vorschläge und einfache, transparente Verfahren. Interessant ist, dass die finanziellen Anreize eher nebensächlich sind, was sich mit der Erkenntnis deckt, dass qualifizierte Mitarbeiter ihre Motivationspotenziale im Bereich Anerkennung und Selbstverwirklichung haben (Warnecke 1995).

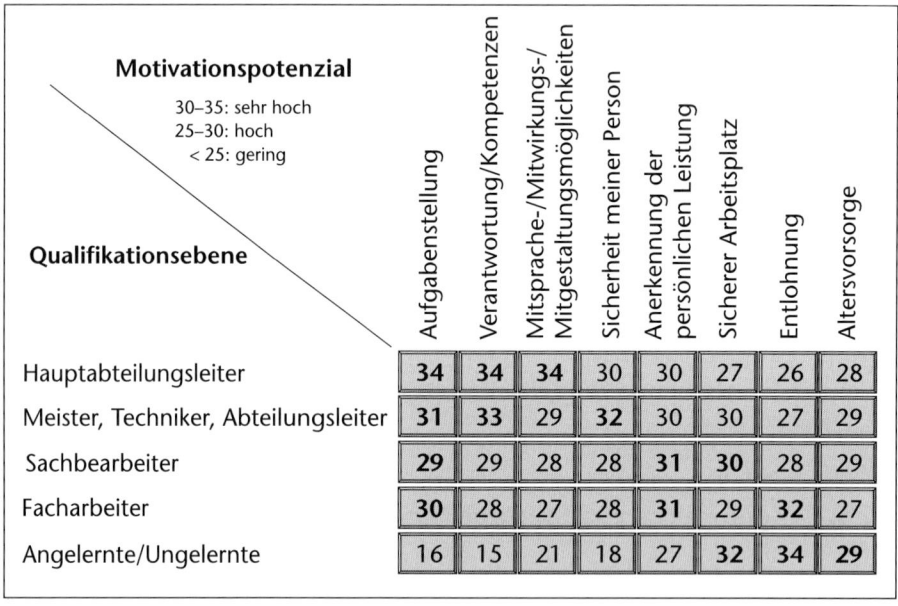

Abb. 4: *Motivationspotenziale (Quelle: Warnecke, Aufbruch zum Fraktalen Unternehmen)*

**Beurteilung der Mitarbeiterbeteiligung**

Zur Beurteilung der Mitarbeiterbeteiligung sind zwei Zahlen besonders geeignet: das Verhältnis der eingereichten Vorschläge und der angenommenen Vorschläge zur Mitarbeiterzahl, aufgeteilt auf Teams, Fraktale oder Gruppen. Zur Verbesserung des Verfahrens können die Realisierungszeiten als Differenz zwischen Umsetzung und Einreichung betrachtet werden. Diese können eventuell mit einem Wert, zum Beispiel dem Nutzen oder den Realisierungskosten, gewichtet sein.

**Ermittlung der Auswirkungen von Arbeitszeitanpassungen**

Bei schwankender Auftragslage ist wichtig, dass die Arbeitszeiten dieser Situation angepasst werden können. Dies kann durch Zeitkonten und Ausgleichsmechanismen geschehen, aber auch durch den Einsatz einzelner Mitarbeiter für unterschiedliche Aufgaben. Die Auswirkungen dieser Maßnahmen beschreibt als einfachste Kennzahl die Arbeitszeit über bestimmte Perioden, z.B. Wochen oder Monate, eventuell im Verhältnis zum Umsatz oder dem Auftragseingang in dieser Zeit. Arbeitszeitschwankungen können aber auch andere Ursachen haben als die Beschäftigungslage.

Aussagekräftiger und genauer ist die Abweichung zwischen der Gesamtheit des vorkalkulierten, möglichst auch zeitlich eingeplanten Arbeitseinsatzes und den tatsächlich aufgewandten Zeiten. Die tatsächlich aufgewandten Zeiten sollen dabei die gesamten Zeiten sein, um Ausweichmöglichkeiten einzuschließen und zu reduzieren. Die Aufteilung zwischen produktbezogener Arbeit und sonstigen Aufwendungen ist nicht hilfreich, weil eine Vorkalkulation bereits Maßstäbe setzt und angestrebt wird, diese Maßstäbe zu erfüllen. Darum ist eine Erfassung von Ist-Zeiten je Verrichtung, Arbeitsgang oder Auftrag meist manipuliert.

**Kennzahl zur Einsatzmöglichkeit eines Mitarbeiters**

Interessant ist eine Kennzahl, die aussagt, ob ein Mitarbeiter an unterschiedlichen Arbeitsplätzen beschäftigt werden kann. Diese Fähigkeit ist besonders bei wechselnden Produktionsverfahren wichtig, um zu gewährleisten, dass den Anforderungen Folge geleistet werden kann. Dies gilt nicht nur für die Auslastung der Mitarbeiter, sondern genauso für Durchlaufzeiten und die Qualität der Produkte.

**Beteiligung an Gruppenprojekten**

Die produktive Teilnahme der Mitarbeiter an Gruppenprojekten, heute eine wesentliche Voraussetzung für effiziente Produktion, lässt sich leider nur sehr schwer in Kennzahlen fassen. Die schlichte Teilnahme kann man noch anhand der Zeiterfassung belegen, die Qualität dieser Teilnahme entzieht sich jedoch der Kenntnis. Eine subjektive Beurteilung der Qualität, z.B. durch den Teamleiter oder die Kollegen, wäre zwar möglich, ist aber mit Sicherheit durch Sympathien und Antipathien verfälscht. So bleibt hier grundsätzlich nur die Beurteilung der Gesamtheit durch das Ergebnis der Arbeiten. Zur Lenkung des einzelnen Mitarbeiters muss man auf gruppendynamische Prozesse setzen.

### 6.2.5.3 Sonstige Kennzahlen

Neben den oben angesprochenen Themen, für die Kennzahlen zur Zielverfolgung und -visualisierung ermittelt werden können, gibt es noch eine Vielzahl von Gebieten, die Gegenstand einer Zieldefinition sein können und für die dann Kennzahlen definiert werden. Die wichtigsten sind

- Qualitätsstrategien, über die im entsprechenden Kapitel berichtet wird,

- Anlagenoptimierung, z.B. Auslastungen erhöhen und Rüstzeiten reduzieren, und

- Lieferantenstrategien, mit denen die Unternehmensziele erreicht werden sollen.

**Kennzahlen zur optimalen Auslegung der Anlagen**

Zur Anlagenoptimierung gehören Aussagen über

- Verfügbarkeit,
- Gründe für Ausfälle und Störungen,
- Auslastung,
- Reparatur und Wartungsaufwand und
- Werkzeugverbrauch.

**Kennzahlen zur Beurteilung der Nichtverfügbarkeit**

Diese Aussagen werden in fast jedem Betrieb genutzt. Die Verfügbarkeit kann in Zeiten der Produktionsfähigkeit oder als Differenz zum Ausfall aufgrund von Störungen gemessen werden. Genauer und für die Optimierung geeigneter ist eine Aussage, die berücksichtigt, ob eine Anlage dann verfügbar ist, wenn sie benötigt wird. Hierbei mindern Ausfälle die Verfügbarkeit nur signifikant, wenn Bearbeitungsvorgänge an der Anlage geplant sind. Um trotzdem eine aussagekräftige Zahl zu erhalten, sollte als verfügbare Zeit nur die Zeit der Beschäftigung in Relation gesetzt werden. Nachteilig ist hierbei, dass ein Vergleich mit anderen Anlagen nur eingeschränkt möglich ist. Auf der anderen Seite wird aber ein Anreiz geschaffen, sinnvolle Wartungsarbeiten in beschäftigungslose Zeiten zu verlegen.

Das Ziel einer hohen Maschinenauslastung birgt die Gefahr in sich, dass Produkte erstellt werden, für die der Bedarf noch nicht absehbar ist. Aus diesem Grunde verliert die hohe Auslastung zunehmend an Bedeutung. Dies sei nur als Beispiel angeführt, zur Verfügbarkeit von Anlagen gibt es umfangreiche Literatur.

Der Reparatur- und Wartungsaufwand ist meist abhängig von der Zahl der Betriebsstunden. Die Beurteilung der Wirtschaftlichkeit ist aber eine andere Sache. Maschinen, die nur selten genutzt werden, können trotz hohem Wartungsaufwand wirtschaftlich sein, wenn das Ersetzen zu aufwendig ist.

**Kennzahlen zur Beurteilung der Ressourcen**

Interessant sind Kennzahlen zum Verbrauch von Ressourcen, zum Beispiel Betriebsstoffverbrauch oder Energieverbrauch, der entweder auf die Periode, den Umsatz oder die Betriebsstunden beziehungsweise den Arbeitseinsatz bezogen werden kann. In diesem Zusammenhang sei eine Kennzahl zur Flächennutzung erwähnt. Sie kommt beispielsweise dann zum Einsatz, wenn ein Betrieb keine Expansionsmöglichkeit hat, aber die Produktion steigern will. Die genannten Beispiele sind als Platzhalter für ähnliche Probleme zu sehen.

Allgemein genutzt werden Aussagen über die Arbeitsproduktivität, entweder im Geldwert oder als Relation zu Kalkulationsansätzen. Auch hier gilt, dass Produktion nicht unbedingt Wert schafft, und deswegen die absetzbare Menge im Vordergrund stehen sollte.

Im Zusammenhang mit Ausschuss und Abfällen sind die Materialausnutzungsgrade zu betrachten. Die Materialnutzung kann einerseits durch eine geringere Ausschussquote, ebenso aber durch Verringerung von prozessverursachten Abfällen erreicht werden. Diese Kennzahlen sind ebenfalls Kennzahlen zum Verbrauch der Ressourcen.

Die Reihe lässt sich nahezu beliebig fortsetzen, entscheidend ist die Aussage, dass Kennzahlen zur Visualisierung der Ziele einer Organisationseinheit dienen sollen. Diese Ziele sind natürlich von den Unternehmenszielen abhängig, genauso aber von der jeweiligen Produktionsart.

**Literaturempfehlungen**

*Eversheim, W.; Schuh, G.* (Hrsg.): Hütte – Produktion und Management – »Betriebshütte«. Berlin 1996.

*Warnecke, H. J.* (Hrsg.): Aufbruch zum Fraktalen Unternehmen. Berlin, Heidelberg 1995.

### 6.2.6 Zielorientiertes Management

*von Rainer Kämpf*

#### 6.2.6.1 Unternehmenssteuerung früher und heute

**Wettbewerbsumfeld im Informationszeitalter**

Zu Beginn der Industrialisierung waren die Märkte geprägt von einer Vielzahl an Käufern und wenigen Anbietern. Aufgrund der immens hohen Nachfrage konnten Unternehmen problemlos standardisierte Massenprodukte anbieten. »They can have whatever colour they want as long as it is black.« Die Macht der Produzenten hätte Henry Ford wohl kaum treffender zum Ausdruck bringen können. Jedoch haben sich diese »bequemen« wirtschaftlichen Rahmenbedingungen im Verlauf des 20. Jahrhunderts drastisch geändert. Beschleunigung des Wandels und zunehmende Komplexität aller menschlichen Einrichtungen prägen unsere Zeit. Viele sprechen vom sog. »Age of Discontinuity«. Dieses äußert sich bspw. in

- verschärftem Wettbewerb zwischen den Konkurrenten,
- Wettbewerb auf internationaler und globaler Ebene,
- veränderten Wertvorstellungen und Lebensstilen in fast allen Gesellschaften, die sich in differenzierten Kundenanforderungen und abnehmender Kundenbindung niederschlagen,
- Zunahme der staatlichen Eingriffe und Reglementierungen,
- Beschleunigung des technischen Fortschritts, was kürzere Innovations- und Produktlebenszyklen bewirkt.

Diese Veränderungen führten zu einer Verlagerung der Marktmacht von den Produzenten zu den Kunden. Durch innovative Produkte und Dienstleistungen wird versucht, den steigenden Kundenerwartungen gerecht zu werden, die Kunden zufrieden zu stellen und an das Unternehmen zu binden. Die Bedürfnisse und Besonderheiten des lokalen Kunden müssen trotz steigender Globalität berücksichtigt werden.

*Soft Facts bestimmen zunehmend den Unternehmenserfolg*

In einem derart hart umkämpften Markt genügt es nicht mehr, sein Hauptaugenmerk auf harte betriebswirtschaftliche Fakten wie Umsatz- und Ertragszahlen zu richten. Soft Facts wie Mitarbeitermotivation und Kundenloyalität gewinnen zunehmend an Bedeutung. Immaterielle Werte wie Innovationsfähigkeit, Know-how der Mitarbeiter, Kundenbindungsfähigkeit und Effizienz der innerbetrieblichen Entscheidungsprozesse sind ausschlaggebend für die zukünftigen Entwicklungen der Unternehmen.

*Neue Werttreiber: Intangible Assets*

Dabei blieb die Bedeutung von Strategien zur Schaffung langfristiger Wettbewerbsvorteile unberührt. Was sich jedoch geändert hat, ist, wie Wert in der neuen Ökonomie geschaffen wird. Die neuen Werttreiber sind Intangible Assets, d.h. immaterielle Werte – die unumstrittenen Erfolgsfaktoren des Informationszeitalters.

Darüber hinaus verschafft sich in wachsendem Maße die Erkenntnis Raum, dass der Erfolg der Unternehmensführung langfristig davon abhängig ist, inwieweit das Management sein Unternehmen nicht nur als Cash-cow, sondern auch als ein sozio-technisches System betrachtet. Dies bedeutet, dass die Höhe und Nachhaltigkeit des wirtschaftlichen Erfolgs von Unternehmen zunehmend davon abhängt, inwieweit es gelingt, einen Ausgleich oder »Balance« zwischen den Anforderungen der einzelnen Stakeholder zu schaffen. Um neben der traditionellen Interessengruppe der »Shareholder« auch für die sonstigen »Stakeholder« – Kunden, Mitarbeiter, Lieferanten, Gläubiger etc. – wertsteigernd zu wirken, müssen Strategien für alle Beteiligten nachvollziehbar und greifbar sein. Die zentrale Herausforderung für Unternehmen besteht darin, die verschiedenen, teilweise konträren, Ziele der Interessengruppen in einer ausgewogenen Art zusammenzuführen.

*Balance zwischen dem Nutzen für Stakeholder und Shareholder bringt langfristig Wettbewerbsvorteile*

**Herkömmliche Managementsysteme und ihre Grenzen**

Das Top-Management hat die Aufgabe, ein Unternehmen zu steuern, das aufgrund seiner Komplexität die Grenzen der Informationsverarbeitungskapazität einzelner Individuen übersteigt. Aus diesem Grund hat man versucht, den Informationsumfang, den Manager selbst verarbeiten müssen, zu reduzieren und das Unternehmen sowie seine Entwicklungen durch eine begrenzte Anzahl von Informationen zu beschreiben. Zu diesem Zweck wurden Kennzahlensysteme entwickelt. Darunter »... wird im Allgemeinen eine Zusammenstellung von quantitativen Variablen verstanden, wobei die einzelnen Kennzahlen in einer sachlich sinnvollen Beziehung zueinander stehen, einander ergänzen oder erklären und insgesamt auf ein gemeinsames übergeordnetes Ziel ausgerichtet sind«.

*Kennzahlen/-systeme zur Reduzierung des Informationsumfangs für das Management*

In der Literatur finden sich verschiedene Kennzahlensysteme zur Steuerung eines Unternehmens. Das wohl bekannteste System dieser Art ist das Dupont-Schema, das von der Maximierung des Gewinns in Relation zum Kapitaleinsatz als oberstes Unternehmensziel ausgeht. Entsprechend wird der Return on Investment (ROI) als Spitzenkennzahl verwendet. Durch rechentechnische Aufspaltung werden seine wesentlichen Einflussfaktoren aufgezeigt.

Zu Henry Fords Zeiten genügten derartige finanzielle Steuerungssysteme, um eine effiziente Allokation von Finanz- und Sachkapital zu ermöglichen und den finanziellen Erfolg der Unternehmen kontinuierlich zu überwachen. Da sich die Wirtschaft jedoch insgesamt von einer Sachanlagen-intensiven zu einer Intangibles-intensiven Wirtschaft gewandelt hat, ist das Geschick eines Unternehmens, seine Sachanlagen oder nicht physischen Vermögenswerte zu mobilisieren und zu verwerten, viel wichtiger geworden, als in Sachanlagen zu investieren und deren Nutzen zu steuern.

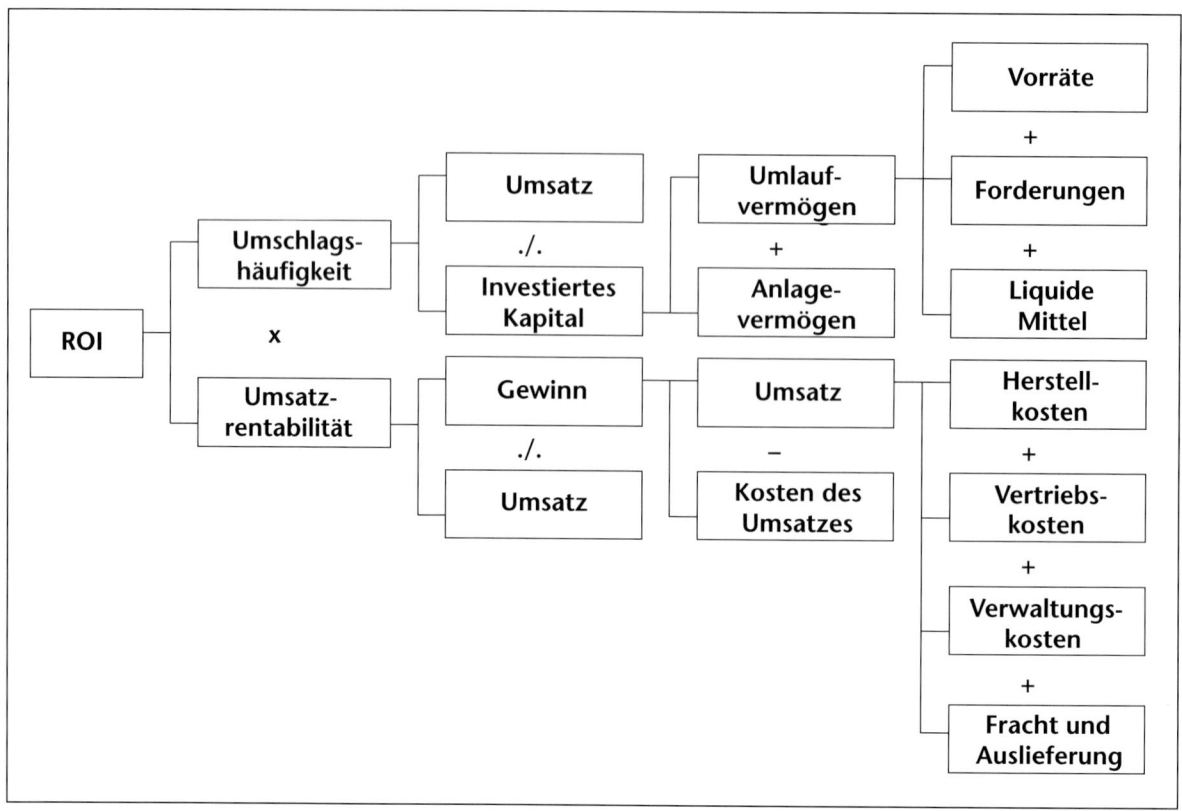

Abb. 1: Das Dupont-Schema (vgl. Zimmermann, Jöhnk)

Im Hinblick auf Intangible Assets besteht ein wesentlicher Unterschied zwischen alter und neuer Ökonomie darin, dass keine 1:1-Beziehung zwischen dem Intangible Asset, wie z.B. dem Wissen der Mitarbeiter, und dem finanziellen Ergebnis besteht. Dies bedeutet, dass die Schritte, die zur endgültigen Wertgenerierung führen, erst beschrieben werden müssen. Finanzielle Kennzahlensysteme produzieren jedoch immer nur Snapshots: Sie sind nicht in der Lage, die zeitliche Logik von Ursache und Wirkung, d.h. die Beziehung zwischen heutigem Handeln und dessen langfristigen Auswirkungen darzustellen.

Als problematisch wird v.a. die Annahme hinsichtlich der obersten Unternehmensziele beurteilt. Die Wahl einer periodenbezogenen finanziellen Größe als Spitzenkennzahl impliziert die Maximierung des Periodenerfolges, d.h. des kurzfristigen finanziellen Erfolges. Dieser wird jährlich bzw. vierteljährlich anhand der Zahlen der Bilanz sowie der Gewinn- und Verlustrechnung gemessen. Die sachlichen Vermögensgegenstände werden bewertet – sowohl immaterielle als auch intellektuelle Vermögensgegenstände bleiben außen vor – und damit die erfolgskritischsten Faktoren für nachhaltiges Wachstum im Informationszeitalter.

Die Eindimensionalität dieser Systeme, d.h. die Überbetonung von kurzfristigen, finanzwirtschaftlichen Ergebnissen kann Unternehmen jedoch dazu verleiten, kurzfristig zu hoch zu investieren und die langfristige Wertschöpfung zu vernachlässigen, weshalb zunehmend erfolgskritische Investitionslücken bei immateriellen Werten auftreten. »Im internen Wettbewerb um Ressourcen und Positionierung etabliert sich dabei häufig eine Kultur des ›Quick Wins‹, die auf kurzfristige Erfolge abzielt.«

**Überbetonung finanzwirtschaftlicher Ergebnisse führt zu einer Kultur der »Quick Wins«**

Finanzielle Kennzahlen sind außerdem sehr vergangenheitsorientiert. Sie messen heute den Erfolg gestriger Leistungen, geben jedoch keinerlei Auskunft bezüglich der künftigen Wertschöpfung und Innovationen. Eine differenzierte Beurteilung von einzelnen Maßnahmen zur Sicherung des langfristigen Erfolgs des Unternehmens ist mit ihrer Hilfe kaum möglich, da nichtfinanzielle, qualitative Kennzahlen nicht integraler Bestandteil der monatlichen oder quartalsweisen Berichterstattung sind.

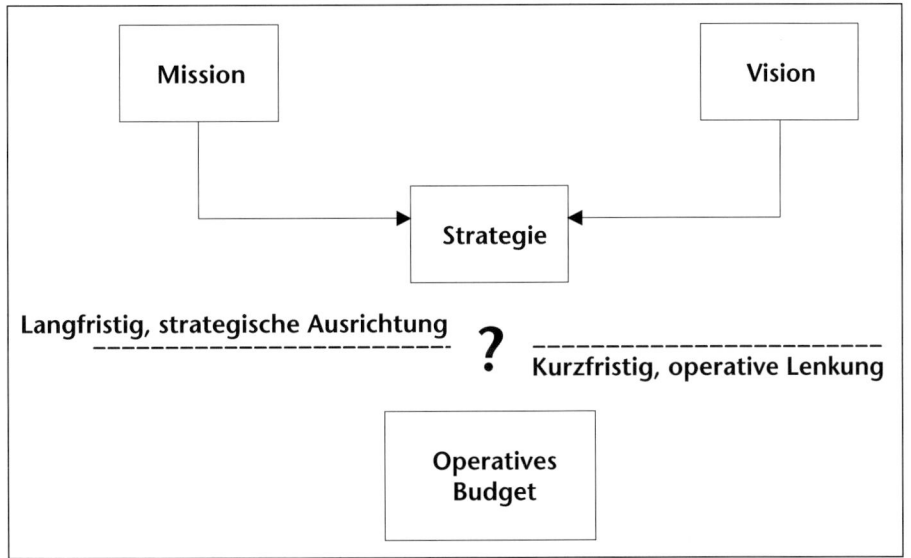

*Abb. 2: Methodischer Bruch zwischen Strategie und Budget (vgl. Friedag/Schmidt)*

Darüber hinaus sind diese Managementsysteme sehr stark vom operativen Alltagsgeschäft geprägt. Die Verbindung zum strategischen Konzept eines Unternehmens fehlt. Man spricht deshalb von einem methodischen Bruch zwischen langfristiger, strategischer Ausrichtung und kurzfristiger, operativer Lenkung eines Unternehmens. Budgets werden in der Regel aus den Ist-Daten des Unternehmens, d.h. den Ist-Daten vergangener Perioden, abgeleitet. Die Vergangenheit wird in die Zukunft fortgeschrieben. Strategische Ansätze werden nicht berücksichtigt und folglich nicht im operativen Budget verankert. Deshalb ist eine Fortschrittskontrolle hinsichtlich der Strategieumsetzung nicht möglich. Ebenso wenig ermöglichen es diese Systeme den Unternehmen, aus ihren Fehlern zu lernen.

**Methodischer Bruch zwischen langfristiger, strategischer Ausrichtung und kurzfristiger operativer Lenkung eines Unternehmens**

Jedoch ist ausdrücklich darauf hinzuweisen, dass die Philosophie herkömmlicher Managementsysteme, z.B. die Steigerung des Unternehmenswertes und damit des Vermögens der Anteilseigner, nicht unbrauchbar ist. Sie wird mit dem entsprechenden Modell nur nicht auf nachvollziehbare und transparente Weise geplant, gesteuert, kontrolliert und verbessert. Die Verankerung der Strategie im operativen Alltagsgeschäft gelingt unzureichend. Darüber hinaus fordert die zunehmende Bedeutung immateriellen Vermögens, dass sog. nichtfinanzielle Kennzahlen in Managementsysteme integriert werden, um Investitionen in zukunftsorientierte immaterielle Bereiche wie z.B. Produkt- und Prozessinnovation, Mitarbeiterfähigkeiten und Wissensmanagement anzustoßen.

Die Unzulänglichkeiten herkömmlicher Managementmethoden lassen sich wie folgt zusammenfassen:

- keine Verbindung zur Unternehmensstrategie; ausschließlich operative und vergangenheitsorientierte Kennzahlensysteme

- Fokus auf finanzielle Größen des traditionellen Rechnungswesens; mangelnde Berücksichtigung nichtmonetärer Leistungstreiber

- Unternehmenssteuerung ist nicht möglich, da lediglich Symptome und keine Ursachen betrachtet werden

- Erarbeitung, Verfolgung und Rückkopplung der Kennzahlen werden nicht problematisiert; fehlende Einbindung ins Managementsystem

### 6.2.6.2 Performance-Measurement-Systeme

**Idee der Performance-Measurement-Systeme**

*Performance-Measurement-Systeme schließen die Lücke zwischen Strategie und Umsetzung*

Gemeinsames Zeichen der Performance-Measurement-Systeme ist ihre Verbindung zur Unternehmensstrategie, welche durch die Einbindung nichtmonetärer Kennzahlen hergestellt wird. Diese Systeme sollen die Performance-relevanten Daten sammeln, relevante Kennzahlen berechnen sowie die Daten über einen längeren Zeitraum speichern und den Entscheidungsträgern zugänglich machen. Nachstehend sind zehn Kriterien aufgeführt, die ein gutes Performance-Measurement-System ausmachen:

- Einbindung und Messung sowohl finanzieller als auch nichtfinanzieller Performance-Indikatoren

- möglichst wenige Indikatoren pro Führungskraft, um eine Informationsflut zu verhindern

- Innovation als zentraler Bestandteil des Wettbewerbs

- zufriedene Kunden als Voraussetzung für den Unternehmenserfolg

- Aktualität der Kennzahlen

- Vorbildfunktion des Managements
- Mitarbeiter als wichtigste Know-how-Träger
- Prozessdenken statt Abteilungsdenken
- Datengewinnung ohne großen Zusatzaufwand
- Einbindung von Frühindikatoren

In diesem Sinne kann die BSC als Performance-Measurement-System verstanden werden. Jedoch unterscheidet sie sich merklich von allen anderen Performance-Measurement-Systemen, denn mit ihrer Hilfe kann die langfristige Entwicklung eines Unternehmens geplant, gesteuert, kontrolliert, aber auch angepasst werden. Damit ist die BSC mehr als nur ein operatives Messsystem, das dem Unternehmen finanzielle und nichtfinanzielle Daten für die kurzfristige Kontrolle und Steuerung liefert. Die BSC als strategisches Managementsystem ermöglicht Unternehmen, ihre Strategie langfristig verfolgen zu können sowie deren Entwicklung zu planen, zu steuern, zu kontrollieren und anzugleichen.

**Balanced Scorecard (BSC) zur Planung, Steuerung, Kontrolle und Anpassung eines Unternehmens**

### Das Konzept der Balanced Scorecard

Ursprünglich ist das Konzept der Balanced Scorecard das Resultat eines Forschungsprojektes, das Anfang der neunziger Jahre unter der Leitung von Robert S. Kaplan, einem Professor der Harvard Business School, und David P. Norton, CEO des Nolan Norton Institutes, in Zusammenarbeit mit zwölf amerikanischen Unternehmen durchgeführt wurde. Es wurde erstmals 1992 in der Harvard Business Review vorgestellt.

»Die Balanced Scorecard soll eine an der Strategie ausgerichtete Unternehmenssteuerung unterstützen.« Dazu übersetzt sie Vision und Strategie eines Unternehmens in ein geschlossenes Bündel qualitativer und quantitativer Zielsetzungen und Kennzahlen, die den Rahmen für ein strategisches Leistungsmessungs- und Managementsystem bilden. Um dem Dilemma einer einseitigen finanziellen Betrachtung zu entgehen, wird versucht, die wesentlichen Informationen über die zukünftigen Entwicklungen des Unternehmens in einer ausgewogenen Art zu erfassen, darzustellen und zu kommunizieren.

**BSC zur Unterstützung einer strategieorientierten Unternehmenssteuerung**

In diesem Sinn wird die Unternehmensleistung aus verschiedenen Perspektiven beleuchtet, innerhalb derer anhand entsprechender Leitfragen strategische Ziele formuliert werden. Kaplan/Norton sehen in ihrer Grundkonzeption vier Perspektiven vor: eine finanzielle Perspektive, eine Kundenperspektive, eine Perspektive der internen Geschäftsprozesse sowie eine Lern- und Entwicklungsperspektive. Dadurch werden die Erfolgspotenziale und ihre Leistungstreiber im Gegensatz zu früheren Jahren auf mehreren Feldern angesiedelt.

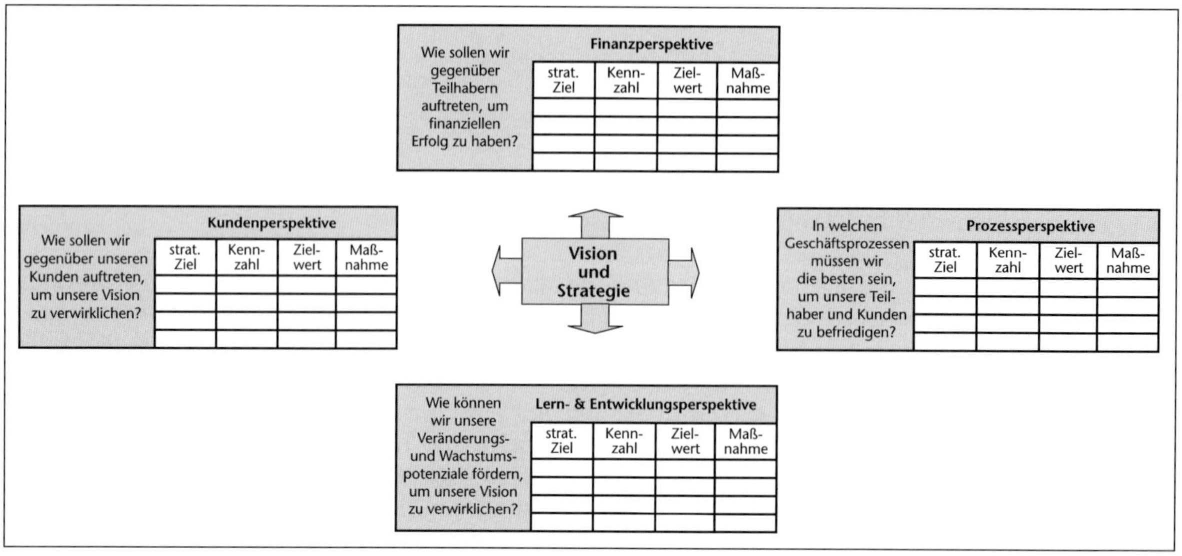

*Abb. 3: BSC als Rahmen der Strategieumsetzung in operative Größen (vgl. Kaplan, Norton)*

Um die Realisierung der strategischen Ziele zu überprüfen, werden sie anschließend in Kennzahlen überführt und durch Vorgabewerte konkretisiert. Durch die Verknüpfung der finanziellen Steuerungsgrößen über Ursache-Wirkungsketten mit ihren wesentlichen Leistungstreibern hinsichtlich Kunden, interner Prozesse sowie Lernen und Entwickeln werden Vision und Strategie für die einzelnen Mitarbeiter greifbar und im operativen Tagesgeschäft verankert. Der Ansatz »Management by Objectives« wird auf strategische Größen ausgedehnt.

Die »Balance« bzw. die »Ausgewogenheit« steht im Zentrum des BSC-Ansatzes. Diesem Grundsatz wird in mehrerer Hinsicht Rechnung getragen:

- Berücksichtigung kurzfristig orientierter finanzieller Ziele sowie langfristig orientierter nicht finanzieller Ziele zur Schaffung zukünftiger Wettbewerbsvorteile

- Einbindung sowohl traditioneller finanzieller Ergebniskennzahlen als auch nichtfinanzieller Treibergrößen

- Berücksichtigung harter, d.h. objektiver als auch weicher, d.h. subjektiver Faktoren

- Gleichgewicht zwischen externen und internen Perspektiven

**BSC als Grundlage zur praktischen Umsetzung einer wert- und strategieorientierten Führungskonzeption**

Die Balanced Scorecard dient der unternehmensspezifischen Umsetzung von Vision und Strategie in operative Kennzahlen. Alle Aktionen, Projekte und Initiativen in einem Unternehmen sollen im Gesamtkontext nachvollziehbar, messbar und steuerbar werden. Jedoch ist die BSC nicht nur ein »Übersetzungsprogramm« der Unternehmensstrategie in ein operatives Steuerungssystem, sondern vielmehr die Grundlage zur praktischen Umsetzung einer wert- und strategieorientierten Führungskonzeption.

## Die Balanced Scorecard als strategisches Managementsystem

Die BSC stellt nicht nur ein neues Kennzahlensystem dar, sondern vielmehr ein strategisches Managementinstrument als Bindeglied zwischen der Strategieentwicklung und ihrer Umsetzung. Auf diesem Gebiet konstatieren Kaplan/Norton derzeit erhebliche Defizite. Sie unterscheiden vier Barrieren der Strategieumsetzung.

»All diese Hindernisse« sollen durch den Einsatz der BSC überwunden werden, denn nach ihrer Einführung wird die BSC in die strategischen Managementprozesse integriert und steuert sie. Damit werden die Prozesse auf die Strategie ausgerichtet.

| Vision Barrier | Strategien können nicht in konkrete Steuerungsgrößen übersetzt werden und werden deshalb in Unternehmen nicht verstanden. |
|---|---|
| People Barrier | Strategien werden nicht mit den Zielvorgaben des Einzelnen bzw. des Teams/der Abteilung verknüpft. |
| Ressource Barrier | Es besteht keine Verbindung zwischen Strategie und operativer Planung, d.h. kurz- und langfristiger Ressourcenallokation. |
| Management Barrier | Die operativen Kontrollen dominieren zu Lasten der strategischen Kontrollen – taktisches überwiegt strategisches Feedback. |

*Abb. 4: Traditionelle Barrieren der Strategieumsetzung (vgl. Ehrmann, Kaplan/Norton)*

Die BSC hat jedoch den Charakter eines Führungssystems. Ein System, das es erlaubt, Unternehmen mit Kennzahlen strategisch zu führen. Das es erlaubt, Strategien für alle Mitarbeiter verständlich zu machen und das daraus wachsende Feedback wieder in die Strategien einfließen zu lassen. Ebenso erlaubt es Strategien im Alltag zu verankern, weil die Kennzahlen Bestandteil der operativen Systeme werden können.

In diesem Sinne meistert die BSC kritische Managementprozesse, die eine erfolgreiche Strategieumsetzung bedingen:

**BSC hilft bei der Umsetzung kritischer Managementprozesse**

- **Klären und Herunterbrechen von Vision und Strategie:** Der Entwicklungsprozess einer BSC führt zur Klärung sowie zum Konsens hinsichtlich Vision und Strategie innerhalb des Managements. Die BSC schafft ein gemeinsam getragenes Modell des Unternehmens, zu welchem jeder Beteiligte seinen Beitrag leisten kann.

- **Kommunikation und Verknüpfung strategischer Ziele und Maßnahmen:** Mittels der BSC kommuniziert das Top-Management seine strategischen Ansätze zur weiteren Ausgestaltung in das Unternehmen hinein. Dadurch wird allen Mitarbeitern signalisiert, welche strategischen Ziele für den Erfolg des Unternehmens angestrebt werden müssen.

- **Planung, Festlegen von Zielen und Abstimmung strategischer Initiativen:** Indem Kennzahlen und Zielwerte für die jeweiligen Hierarchiestufen festgelegt werden, wird die Strategie in der operativen Planung verankert. Eine strategieorientierte Ressourcenverteilung initiiert wiederum strategiekonforme Maßnahmen zur Unterstützung des langfristigen Erfolgs des Unternehmens.

- **Verbesserung von strategischem Feedback und Lernen:** Der traditionell hierarchische Prozess zur Strategieformulierung und -implementierung ist nach Kaplan/Norton durch einen mangelhaften Feedback-Prozess gekennzeichnet. Die Rückkopplung erfolgt nur auf operativer Ebene als »Single-Loop-Lernen«: Abweichungen lösen lediglich Anpassungsmaßnahmen aus, um das anvisierte Ziel doch noch zu erreichen. Mit Hilfe der BSC soll dagegen die Rückkopplung auf die Strategie bezogen werden und einen durch »Double-Loop-Lernen« charakterisierten strategischen Lernprozess fördern: Auch die Strategie selbst steht auf dem Prüfstand.

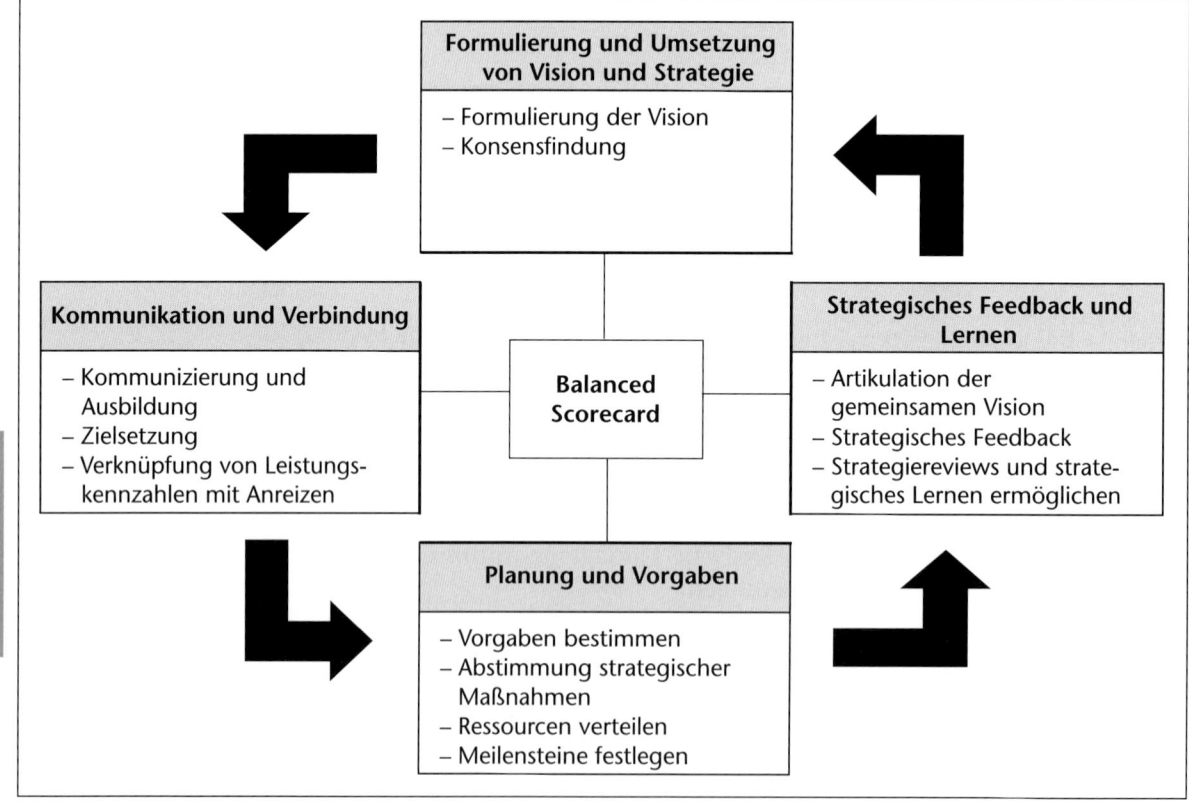

*Abb. 5: Die BSC als strategischer Handlungsrahmen (vgl. Kaplan/Norton)*

Damit initiiert bzw. institutionalisiert die BSC einen strategischen Lernprozess. Die Kennzahlentableaus werden regelmäßig in einem Top-down-Verfahren von der obersten Managementebene bis zu den einzelnen Mitarbeitern hinuntergebrochen. Im Gegenzug erfolgt dann ein strategisches Feedback – die Kennzahlen sowie die strategischen Hypothesen und Voraussetzungen werden in ihrer Gültigkeit bottom-up überprüft und ggf. angepasst. Es entsteht eine sog. lernende Organisation, denn der strategische Lernprozess führt in den nächsten Prozess der Visions- und Strategiefindung, in dem die Ziele aus den verschiedenen Perspektiven überdacht, aktualisiert und ersetzt werden und auf diese Weise die aktuellsten Erkenntnisse aus den strategischen Ergebnissen mit den für die nächsten Perioden benötigten Leistungstreibern in Einklang gebracht werden.

**BSC als Motor der lernenden Organisation**

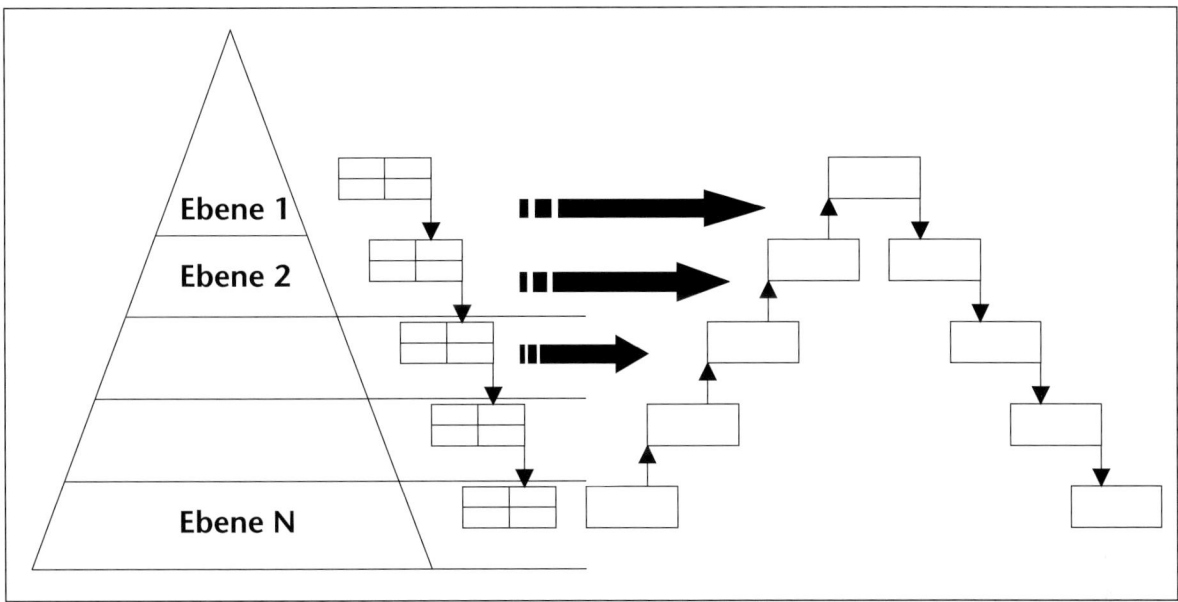

*Abb. 6: Ein strategischer Lernprozess wird institutionalisiert*

Die Vorteile der BSC als strategischem Führungs- und Steuerungsinstrument in einem Unternehmen lassen sich folgendermaßen zusammenfassen:

- Rückmeldung bezüglich dem Fortschritt der Strategie
- Strategisches Lernen und Feedback-Prozesse
- Miteinbeziehung der unteren Managementebenen
- Interaktiver Prozess: permanente Strategieentwicklung und -anpassung
- Ausrichtung und Fokus des Unternehmens auf strategisch Relevantes

### 6.2.6.3 Erstellung einer Balanced Scorecard

Um Vision und Strategie im operativen Tagesgeschäft zu verankern, hat sich im Laufe der Zeit folgender Ablauf bewährt:

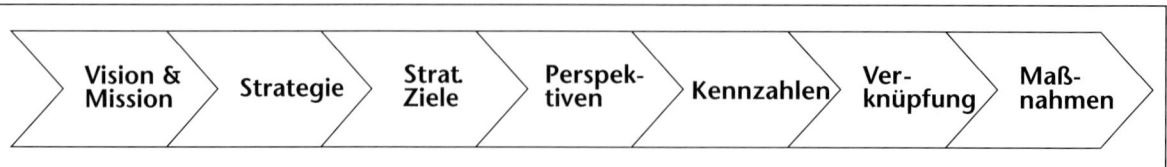

*Abb. 7: Methodischer Ablauf zur Erstellung einer BSC (vgl. Bernhard)*

Aus einer Unternehmensvision und -strategie formuliert die BSC strategische Ziele, Kennzahlen und Maßnahmen zu den verschiedenen Perspektiven, die über Ursache-Wirkungszusammenhänge miteinander in Verbindung stehen.

**Ausgangspunkt: Vision und Mission**

**Leitbilder als Grundlage – Mission (externe Sicht) und Vision (interne Sicht)**

Leitbilder stellen die Grundlage der Unternehmensführung dar. Einerseits verdeutlichen sie den Mitarbeitern die Hauptziele und Rahmenbedingungen des Unternehmensgeschehens. Andererseits sind sie Ausdruck der Unternehmensidentität im Hinblick auf die Öffentlichkeit. Sie definieren zwei Sichten auf das Unternehmen, eine externe Sicht (Mission) und eine interne Sicht (Vision):

- **Mission:** Sie beschreibt, wie Externe – also bspw. Kunden, Wettbewerber, Lieferanten etc. – das Unternehmen sehen sollen und gibt Antwort auf die Fragen: »Wer wollen wir sein? Was bieten wir an? Wie wollen wir sein?« Dabei geht es v.a. um die Bestimmung der Kompetenz des Unternehmens, um das Besondere des eigenen Leistungsspektrums für die nach Problemlösungen suchenden Kunden. Zur Vermittlung der Mission sollte ein möglichst eingängig formulierter Begriff oder Slogan gefunden werden, mit dem das Unternehmen in der Öffentlichkeit positiv aufgenommen werden will und »eine langfristige und nachhaltige Erinnerung an das Unternehmen und das Produkt« garantiert. Damit charakterisiert sich die Mission vorwiegend über ihre Außenwirkung.

- **Vision:** Im betriebswirtschaftlichen Sinn ist unter einer Vision eine generelle unternehmerische Leitidee zu verstehen, die zwar szenarische, aber dennoch realistische und glaubwürdige Aussagen hinsichtlich einer anzustrebenden und im Prinzip auch erreichbaren Zukunft formuliert. Eine Vision vermag ein attraktives Bild der zukünftigen Unternehmensentwicklung aufzuzeigen. Sie gibt eine Antwort auf die Frage, wohin sich ein Unternehmen langfristig entwickeln will. Visionen sollen die Leistungsbereitschaft der Menschen fördern und ihrer Arbeit einen Sinn geben. Als Antwort auf die Frage »Was wollen wir mittel- bzw. langfristig erreichen?« ist sie hauptsächlich nach innen gerichtet und ermöglicht es allen Mitarbeitern zu verstehen, wofür sie arbeiten und ihre Kräfte mobilisieren.

Mission und Vision sind der Ausgangspunkt des unternehmerischen Tuns, welches in der Organisation von zielgerichtetem strategischen Handeln besteht. Sie geben der Planung, der Organisation und dem Handeln eine stringente Richtung. Um also strategisches Denken in strategisches Handeln umzusetzen, benötigt ein Unternehmen eine möglichst konkrete Vorstellung seiner Mission und seiner Vision. Sie sind Voraussetzung einer erfolgreichen BSC-Einführung.

## Strategie: Unternehmensspezifischer Weg zur Vision

### Strategiebegriff

Aus dem Griechischen stammend steht die Strategie ursprünglich für die militärische Heerführung und die geschickte Vorplanung. Im betriebswirtschaftlichen Sinn bedeutet dies, Grundsatzentscheidungen zu treffen, die sämtliche Unternehmensbereiche betreffen. Durch Strategien werden wesentliche unternehmerische Absichten in die Realität umgesetzt. Mit ihrer Hilfe versucht »ein Unternehmen, seine Stärken und die sich ihm bietenden Chancen bestmöglich zu nutzen sowie Schwächen und Gefahren zu vermeiden«.

*Strategien zeigen den Weg zur Umsetzung der Leitbilder*

Im Rahmen der BSC gibt eine Strategie Aufschluss darüber, wie die Vision realisiert werden soll. Sie zeigt die unternehmensspezifischen Wege ihrer Verwirklichung. Als ein Bündel von integrierten Maßnahmen zur Schaffung anhaltender Wettbewerbsvorteile dient sie der unternehmensweiten Kommunikation der Vision. Denn diese kann nur bei entsprechender Bekanntheit als Antriebsfeder des betrieblichen Handelns fungieren. Als zunehmend problematisch erweist sich jedoch die zunehmend kürzere Gültigkeitsdauer von Strategien im Vergleich zu Vision und Mission.

Soll eine BSC in einem Unternehmen eingeführt werden, so setzt dies beim Topmanagement einen Konsens bezüglich der verfolgten Strategie voraus. Diese soll mit Hilfe der BSC lediglich in den operativen Bereich transferiert und messbar gemacht werden. Als Instrument zur Strategieformulierung erweist sich die BSC jedoch als ungeeignet. Besteht in einem Unternehmen allerdings nur eine vage Vorstellung bezüglich der verfolgten Strategie, so kann sie jederzeit als »Katalysator« im Prozess der präziseren Strategieformulierung dienen.

### Strategiearten

Grundsätzlich sollte eine Strategie einem Unternehmen dabei helfen, sich im Wettbewerb gegenüber seinen Konkurrenten erfolgreich durchzusetzen. Auf der Marktseite ist es dazu notwendig, Merkmale – seien es Produkte,

Dienstleistungen, Verhaltensweisen, Imagekomponenten, Preise usw. – zu entwickeln und anzubieten, die der Wettbewerb in dieser Form nicht bietet. Auch auf der Prozessseite können ausgewählte Prozessmerkmale implementiert werden, mit denen man gegenüber dem Wettbewerb einen Vorsprung herausarbeiten kann. Kaplan/Norton nähern sich der Strategie »aus der Richtung der Markt- und Kundensegmente, die bedient werden sollen, der Identifizierung der kritischen internen Prozesse, die die Einheit beherrschen muss und der Wahl der individuellen und der Unternehmenspotenziale, welche für interne Ziele, Kundenziele und finanzielle Ziele benötigt werden.« Sog. strategische Stoßrichtungen müssen festgelegt werden, d.h. wenige, relativ allgemeine Grundstatements, die die Strategie des Unternehmens kurz beschreiben. Es handelt sich um richtungsweisende Impulse, die im Unternehmen umgesetzt werden müssen, um auf den strategisch gewünschten Kurs zu kommen.

| Produkt / Markt | Alt | Neu |
|---|---|---|
| Alt | Marktdurchdringung | Produktentwicklung |
| Neu | Marktentwicklung | Diversifikation |

*Ansoffs Produkt/Markt-Matrix*

| Vorteile / Bereiche | Tiefere Kosten | Differenzierung |
|---|---|---|
| Breites Ziel | Kostenführerschaft | Differenzierung |
| Enges Ziel | Fokus auf Kosten | Fokus auf Differenzierung |

*Porter-Matrix*

Abb. 8: *Marketingtheorien: Ansoffs Produkt/Markt-Matrix und Porter-Matrix*

Da sich die meisten Unternehmen dabei an den klassischen Marketingtheorien orientieren, sollen einige Grundtypen kurz skizziert werden:

- Marktverhaltensstrategien: Angriffs-, Verdrängungs-, Status-quo- und Konfliktvermeidungsstrategien

- Marktfeldstrategien: Marktdurchdringungs-, Produktentwicklungs-, Marktentwicklungs- und Diversifikationsstrategien

- Wettbewerbsvorteile: Kostenführerschaft, Differenzierung, Fokus auf Kosten, Fokus auf Differenzierung

An dieser Stelle soll erneut darauf hingewiesen werden, dass die Wahl der Strategie sowie der strategischen Stoßrichtungen unternehmensindividuell erfolgt. Ein Unternehmen muss diejenigen Strategien wählen, mit deren Hilfe es ihm gelingen soll, eine gewünschte strategische Position zu erreichen.

## Ableitung strategischer Ziele und Maßnahmen

Die strategischen Stoßrichtungen werden in eine begrenzte Anzahl von strategischen Zielen überführt. Die Strategien werden umgesetzt, d.h. durch die strategischen Ziele konkretisiert und zu Maßnahmen umgeformt. Die strategischen Ziele sind das Herzstück einer BSC. Bei mangelnder Klarheit hinsichtlich der umzusetzenden Strategie können sie auch anhand sog. »Business Driver« hergeleitet werden. Dabei handelt es sich um eine Liste von Zielen, die zur Strategieerreichung beitragen und Erfolgsfaktoren für das Unternehmen darstellen. Durch Gruppieren können daraus strategische Ziele abgeleitet werden.

**Strategien konkretisieren sich in Zielen, die durch Einleiten von Maßnahmen erreicht werden**

## Zielcharakter

»Ziele sind Absichtserklärungen der Leistungsfunktionen eines Unternehmens, sie peilen einen zukünftigen Zustand an, ... der nach Inhalt, Zeit und Ausmaß genau bestimmt ist.« Im Gegensatz zu operativen Zielen charakterisieren sich strategische Ziele jedoch durch eine hohe Wettbewerbsrelevanz und eine hohe Handlungsnotwendigkeit. Sie betreffen das ganze Unternehmen, sind langfristig angelegt und weisen häufig eher qualitative als quantitative Charakterzüge auf. Sie werden vom Top-Management in Zusammenhang mit der strategischen Planung formuliert.

## Zielanforderungen

Eine BSC muss sich auf die wenigen entscheidenden strategischen Ziele beschränken, die den Erfolg der Strategie maßgeblich beeinflussen. Normalerweise sind dies höchstens 20, d.h. ca. fünf Ziele pro Perspektive. Sie sollten aktionsorientiert und so konkret wie möglich formuliert sein. Außerdem müssen sie hochgradig handlungsnotwendig und wettbewerbsrelevant sein. In diesem Sinne haben Horváth & Partner einen Filter zur Ableitung strategischer Ziele entwickelt:

Ziele, die eine hohe Handlungsnotwendigkeit, aber kaum Wettbewerbsrelevanz aufweisen, bleiben ebenso ausgeklammert wie Ziele mit hoher Wettbewerbsrelevanz, aber geringer Handlungsnotwendigkeit. Letztere stellen Standards im Wettbewerb dar, sog. »Hygienefaktoren«, die das Unternehmen i.d.R. bereits bietet. Wird der Standard jedoch nicht erfüllt, so ist das strategische Ziel aufgrund der dann gegebenen hohen Handlungsrelevanz in die BSC zu integrieren. Damit soll den aus Abweichungen resultierenden deutlichen Wettbewerbsnachteilen entgegengewirkt werden.

Schließlich sollte darauf geachtet werden, dass die strategischen Ziele denselben Konkretisierungsgrad aufweisen, d.h. ein Gemisch aus zu pauschalen Zielen mit großem Interpretationsspielraum und zu konkreten Zielen ist zu vermeiden. Dabei hängt der maximal zu erreichende Konkretisierungsgrad von der Hierarchieebene ab, für die eine BSC entwickelt wird. So sind strategische Ziele auf Konzernebene aufgrund ihres größeren Gültigkeitsbereichs i.d.R. allgemeiner formuliert. Mitarbeiter der verschiedenen

Hierarchiestufen müssen sog. Subziele für ihren Arbeitsbereich daraus ableiten können.

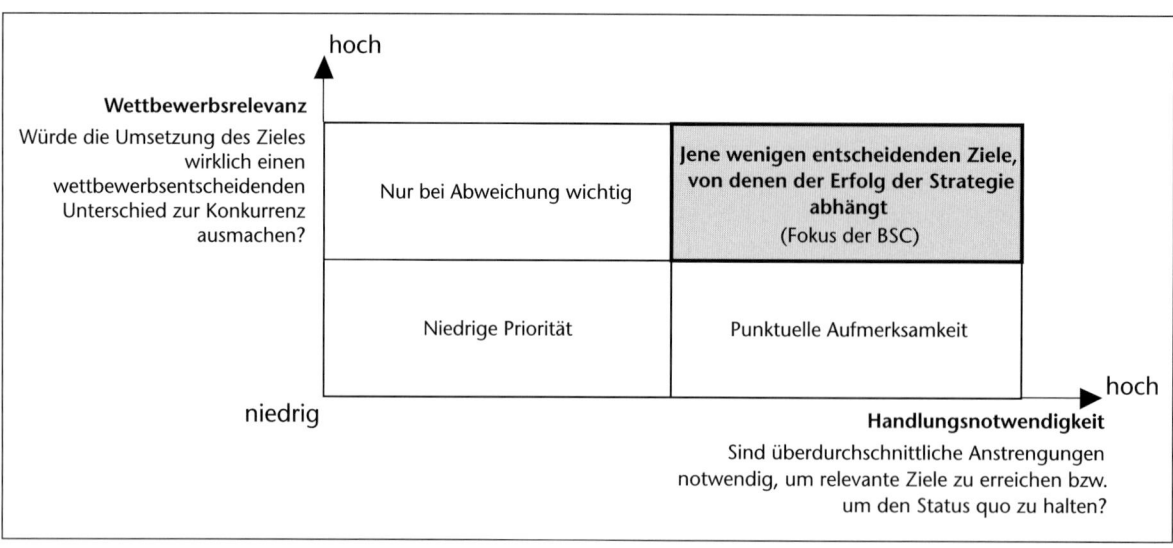

Abb. 9: Der Horváth & Partner-Filter zur Ableitung strategischer Ziele

Obwohl Kaplan/Norton die Formulierung ehrgeiziger Ziele verlangen, sollten die Zielsetzungen realistisch, d.h. mit normalen Anstrengungen erreichbar sein. Darüber hinaus sind Konsistenz und Aktualität der Ziele regelmäßig zu überprüfen, Zielkonflikte herauszuarbeiten und veraltete Zielvorgaben zu eliminieren. Nicht zuletzt müssen die Ziele transparent, d.h. eindeutig, klar und verständlich formuliert sein.

### Die Scorecard-Perspektiven

Perspektiven strukturieren den Zielfindungsprozess

Ein Unternehmen stellt ein komplexes Gebilde dar – eine Tatsache, der bislang nicht in ausreichendem Maß Rechnung getragen wurde. Wie bereits mehrfach erwähnt, beschränkte sich die Betrachtung bislang ausschließlich auf finanzielle Begebenheiten. Kaplan/Norton vergleichen dies mit dem Cockpit eines modernen Flugzeugs, in dem es nur ein einziges Steuerungsinstrument gibt.

Jedoch kann ein Unternehmen aus mehreren Blickwinkeln betrachtet werden, die auf die Erreichung der Ziele einen maßgeblichen Einfluss ausüben oder davon betroffen sind. Die Operationalisierung der Strategie muss anhand dieser Perspektiven vorgenommen werden. Wichtig ist nur, die für die jeweilige Vision/Mission und Strategie wesentlichen Sichtweisen herauszufiltern. Diese Vorgehensweise ermöglicht zweierlei:

- Einerseits wird die ganze Komplexität der betriebswirtschaftlichen Leistungserstellung wahrgenommen.

- Andererseits konzentriert sich das Unternehmen auf die wesentlichen Faktoren dieser Komplexität und reduziert sie auf diese Aspekte.

Es geht um eine ausgewogene Identifikation und Einbeziehung aller für den Unternehmenserfolg wesentlichen Potenziale. Wir sichern uns damit jenen weiten Blick, der gute Strategien erst ermöglicht. Und den wir brauchen, um die potenziellen Kräfte unseres Unternehmens freizusetzen und auf die strategischen Ziele zu lenken. Die Perspektiven liefern ein Bild der Ergebnisse des laufenden Geschäfts (Finanzen und Kunden), aber auch der Treiber zukünftiger Leistungen (Prozesse und Mitarbeiter).

Die Wahl der Perspektiven erfolgt unternehmensindividuell. Stellvertretend für die Vielzahl an möglichen Perspektiven sollen hier die von Kaplan/Norton vorgeschlagenen vier Grundperspektiven erläutert werden. Dabei weisen die Autoren selbst auf den heuristischen Charakter ihrer Perspektiven hin: »Man sollte jedoch bedenken, dass die Scorecard als Schablone und nicht als Zwangsjacke gedacht ist. Es gibt keine mathematische Formel, die beweist, dass vier Perspektiven notwendig und ausreichend sind. Wir müssen noch sehen, wie Unternehmen mit weniger als vier Perspektiven zurechtkommen. Je nach Branchenbedingungen und Geschäftsstrategie könnte sogar eine weitere Perspektive notwendig sein.

**Finanzperspektive**

Die finanzielle Perspektive ist letztlich die entscheidende und damit wichtigste Perspektive innerhalb einer Balanced Scorecard, da sie die Einsicht ermöglicht, ob die Realisierung der Unternehmensstrategie eine Ergebnisverbesserung bedeutet. Sie dient als Fokus für die anderen Perspektiven, was auf die Überlegung zurückzuführen ist, dass der langfristige finanzielle Erfolg das oberste Ziel eines Unternehmens ist.

*Langfristiger finanzieller Erfolg als oberstes Unternehmensziel*

Vor diesem Hintergrund nehmen die Kennzahlen der Finanzperspektive eine Doppelrolle ein: Sie definieren einerseits die von einer Strategie erwartete finanzielle Leistung und stellen andererseits das Endziel für die übrigen Perspektiven dar. Deren Ziele und Kennzahlen müssen über sog. Ursache-Wirkungs-Beziehungen mit den finanziellen Zielen verbunden sein.

Innerhalb der Finanzperspektive kommt der Spitzenkennzahl eine besondere Bedeutung zu. Ihre Wahl hängt von der unternehmerischen Zielsetzung ab. Dabei haben rein rendite- oder gewinnorientierte Kennzahlensysteme, wie z.B. der Return on Investment (ROI), an Bedeutung verloren. Der Trend geht vielmehr in Richtung wertorientierter Kennzahlen, wie Economic Value Added (EVA), bzw. in Richtung der Discounted-Cashflow (DCF)-Konzepte.

Jedoch sollten die finanziellen Ziele in Abhängigkeit von der Stufe des Lebenszyklus, auf der sich das Unternehmen befindet, gewählt werden. Abbildung 10 soll die Eigenschaften der einzelnen Phasen verdeutlichen sowie mögliche Zielsetzungen aufzeigen. Da der Übergang zwischen den Phasen fließend verläuft und ihre Dauer variieren kann, ist es sinnvoll, die Finanzziele mindestens einmal pro Jahr zu überprüfen.

| Lebenszyklusstufe | Eigenschaften | Mögliche strategische Zielsetzungen |
|---|---|---|
| Wachstum | Anfangsphase des Lebenszyklus, Produkte haben enormes Wachstumspotenzial, negativer Cashflow und niedere Kapitalrendite | Vorgabe prozentualer Ergebnis- und Umsatzwachstumsraten hinsichtlich der Zielmärkte |
| Reife | Gute Kapitalrendite, Investitionen werden zur Überbrückung von Engpässen und zur Kapazitätserweiterung durchgeführt | Steigerung der Rentabilität |
| Ernte | Nutzung vorhandener Potenziale, Investitionsstopp | Maximierung des Cashflow |

*Abb. 10: Strategische Zielsetzungen für verschiedene Zyklusphasen (vgl. Kaplan/Norton)*

Ausgehend von den finanziellen Zielen werden in kaskadischer Form die strategischen Zielsetzungen der restlichen Perspektiven festgelegt.

**Kundenperspektive**

*Erfüllung der Kundenwünsche bestimmt den finanziellen Erfolg des Unternehmens*

Der Weg zur Erreichung der monetären Ziele führt nur über den Kunden, der die Produkte und Dienstleistungen des Unternehmens nachfragt und dem Unternehmen damit Finanzmittel zuführt. Somit steht die Erfüllung der Kundenwünsche und -erwartungen im Zentrum dieser Perspektive. Dabei geht es zunächst darum, diejenigen Kunden- und Marktsegmente zu identifizieren, in denen das Unternehmen konkurrenzfähig sein soll. Zielmärkte und Zielgruppen müssen klar definiert und abgegrenzt werden. Dies bedeutet konsequenterweise, sich nicht nur für etwas zu entscheiden, sondern auch gegen etwas.

Die meisten Unternehmen verwenden zwei Kennzahlenbündel innerhalb ihrer Kundenperspektive:

- Die Grundkennzahlen bzw. Ergebniskennzahlen, die fast jedes Unternehmen gleichermaßen verwendet. Dazu gehören Kennzahlen bezüglich des Marktanteils, der Kundentreue, der Kundenakquisition, der Kundenzufriedenheit und der Kundenrentabilität. Sie berichten über den Erfolg der Strategieumsetzung in den Zielsegmenten.

- Das zweite Bündel bezieht sich auf die spezifischen Leistungstreiber der Kundenergebnisse. Sie beantworten die Frage, was ein Unternehmen seinen Kunden bieten muss, um einen möglichst hohen Grad an Treue, Zufriedenheit, Akquisition und Marktanteil zu erreichen. Die Leistungstreiber stellen die »Value Proposition« bzw. das »Wertangebot« dar, die das Unternehmen den Kunden- und Marktsegmenten übermitteln will. Das Wertangebot wird dabei unternehmensspezifisch entwickelt. Kaplan/Norton unterscheiden jedoch drei Faktoren: Produkt- und Serviceeigenschaften (Funktionalität, Qualität und Preis), Image bzw. Reputation und Kundenbeziehungen (Qualität der Kauferfahrung und persönliche Beziehungen).

Somit verfügt jedes Unternehmen trotz meist übereinstimmender Ergebniskennzahlen hinsichtlich seiner Kunden über segmentspezifische Leistungstreiber, die dafür ausschlaggebend sind, dass seine Kunden abwandern oder treu bleiben, und die es vom Wettbewerb differenzieren.

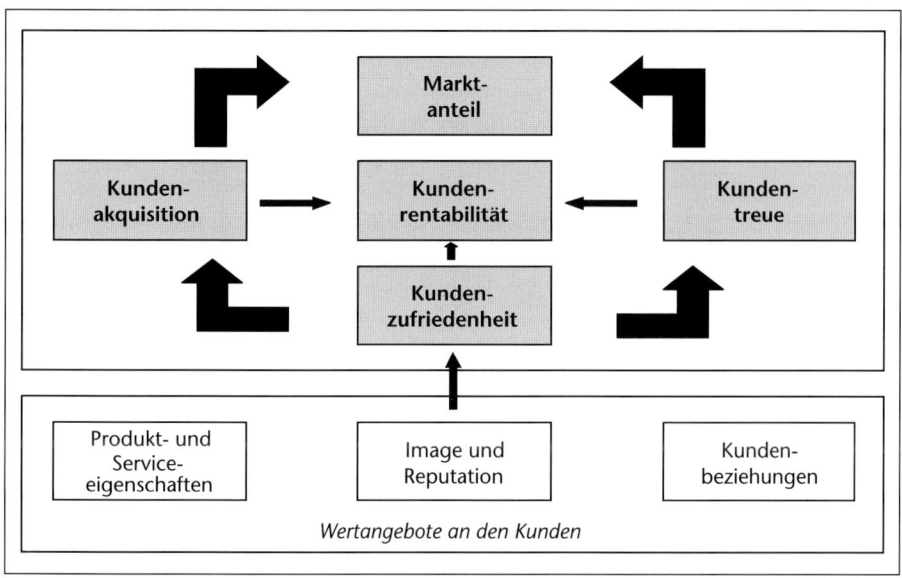

Abb. 11: Die Kernkennzahlen der Kundenperspektive (vgl. Kaplan/Norton)

### Interne Prozessperspektive

Kundenwünsche können nur dann effektiv erfüllt werden, wenn die Geschäftsprozesse so gestaltet sind, dass sie entsprechend attraktive Produkte und Dienstleistungen hervorbringen können. Es geht also um die Frage, welche Prozesse das Unternehmen hervorragend beherrschen muss, um Kundenwünsche zu erfüllen und damit Kundenzufriedenheit und letztlich die Finanzziele zu erreichen. Dabei stehen Kontrolle und Verbesserung bestehender Prozesse im Hintergrund. Vielmehr sollen diejenigen Prozesse identifiziert werden, die sich als am erfolgskritischsten für die Durchsetzung der Unternehmensstrategie erweisen. Dabei ist es durchaus denkbar, dass solche Prozesse gegenwärtig noch nicht durchgeführt werden oder nicht durchgeführt werden können.

*Erfüllung von Kundenwünschen erfordert effiziente Geschäftsprozesse*

Zur Systematisierung der Prozesse eignet sich am besten die Wertschöpfungskette. Dabei ist eine vollständige Betrachtung entsprechend der folgenden Abbildung unabdingbar: vom Innovationsprozess über die internen Betriebsprozesse bis hin zu den Kundenprozessen.

*Abb. 12: Das generische Wertkettenmodell (vgl. Kaplan/Norton)*

Kaplan/Norton unterteilen die interne Wertschöpfungskette in drei Bereiche:

- Innerhalb des Innovationsprozesses werden aufkommende bzw. latente Wünsche der Kunden erforscht und sodann Produkte bzw. Dientsleistungen geschaffen, die diesen Wünschen entsprechen.

- Innerhalb der Betriebsprozesse werden bereits existierende Produkte und Dienstleistungen produziert und an die Kunden geliefert.

- Serviceleistungen nach dem eigentlichen Kauf eines Produktes bzw. einer Dienstleistung schließen die Wertschöpfungskette ab.

Die Integration des langfristig orientierten Innovationsprozesses zur Sicherung des zukünftigen Erfolgs sowie der zukünftigen Wettbewerbsfähigkeit des Unternehmens stellt hierbei den innovativsten Aspekt der BSC dar.

**Lern- und Entwicklungsperspektive**

*Qualifizierte und motivierte Mitarbeiter sichern den langfristigen Erfolg des Unternehmens*

Mitarbeiter stellen eine ganz besondere Ressource für Unternehmen dar. Ihre Qualifikation und Motivation sind ausschlaggebend für den Unternehmenserfolg. Vor dem Hintergrund einer ausschließlichen Bewertung kurzfristiger finanzieller Leistung wurden Investitionen in Mitarbeiterpotenziale, Systeme und Prozesse bislang jedoch zu wenig gefördert, da sich derartige Maßnahmen im Rechnungswesen als Periodenkosten niederschlagen.

Die Lern- und Entwicklungsperspektive entwickelt nun jedoch Ziele und Kennzahlen, die eine lernende und sich entwickelnde Organisation fördern sollen. Sie identifiziert diejenige Infrastruktur, die ein Unternehmen schaffen muss, um langfristige finanzielle Wachstumsziele zu erreichen. Dabei betont sie die Wichtigkeit von Investitionen in die Zukunft. Unternehmen müssen in ihre Infrastruktur investieren, um die Lücke zwischen vorhandenen Potenzialen an Mitarbeitern und Systemen und den zur Erfüllung der Unternehmensstrategie notwendigen Ressourcen zu schließen.

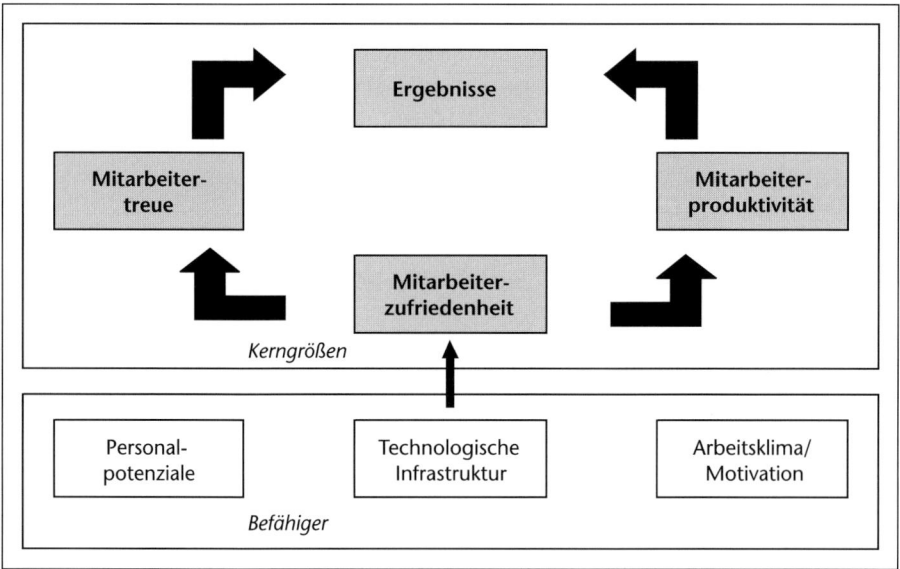

*Abb. 13: Der Rahmen für die Kennzahlen der Potenzialperspektive (vgl. Kaplan/ Norton)*

Eine Hauptgruppe aus drei mitarbeiterorientierten Kennzahlen – Zufriedenheit, Produktivität und Treue – liefert laut Kaplan/Norton Ergebniskennzahlen bezüglich der Investitionen in Mitarbeiter und Systeme. Die dazugehörigen Leistungstreiber teilen die Autoren wiederum in drei Bereiche: Mitarbeiterpotenziale, Potenziale von Informationssystemen sowie Motivation, Empowerment und Zielausrichtung.

**Bestimmung von Kennzahlen**

**Aufgabe der Kennzahlen im Rahmen der BSC**

Um für alle Mitarbeiter des Unternehmens transparent und nachvollziehbar zu werden, müssen Strategien sowie die strategischen Ziele konkretisiert werden – konkretisiert in Form von Kennzahlen. Darunter werden quantitative Daten verstanden, die als eine bewusste Verdichtung der komplexen Realität über zahlenmäßig erfassbare betriebswirtschaftliche Sachverhalte informieren sollen. Ausgehend von den strategischen Zielen sind die Kennzahlen der BSC betriebsindividuell festzulegen und können nicht aus betriebswirtschaftlichen Modellen als »Standardrezeptur« übernommen werden. Dabei handelt es sich ausschließlich um strategische Kennzahlen.

*Kennzahlen machen die Zielerreichung sichtbar*

Mit Hilfe der Kennzahlen werden Visionen und Strategien kommuniziert, da die ihnen zugrunde liegenden Vorstellungen konkret, fassbar und transparent dargestellt werden. Sie sind Grundlage einer zielgerichteten Kommunikation. Das Verhalten der Mitarbeiter kann in die gewünschte Richtung gelenkt werden. Dabei werden ganz bewusst diejenigen Informationen ausgewählt, die hinsichtlich der strategischen Unternehmensführung für maßgeblich gehalten werden, denn die Begrenzung der strategischen Ziele darf keinesfalls durch einen Wildwuchs an Kennzahlen ausgeglichen werden. Kaplan/Norton sind der Meinung, dass drei bis fünf Kennzahlen pro strategischem Ziel ausreichen sollten. Dabei sind strategische Relevanz, Messbarkeit sowie Kosten, Erhebungsfrequenz und Akzeptanz ausschlaggebende Kriterien für die Wahl einer Kennzahl.

**Strategisch führen mit Hilfe von Kennzahlen**

**Kennzahlen zeigen den Weg zu langfristigem Erfolg**

Die BSC hat den Anspruch, eine an der Unternehmensstrategie ausgerichtete Unternehmensführung zu unterstützen. Strategisch führen bedeutet, in die Zukunft führen, einen mittel- bis langfristigen Zeitraum zu steuern. Dabei muss jedoch die Verbindung zur Gegenwart, zum Budget erhalten bleiben. Es gilt also, den Widerspruch zwischen strategischer Zukunftsorientierung und gegenwartsbezogener Budgetierung zu überwinden, um möglichst frühzeitig Informationen darüber zu bekommen, ob sich das Unternehmen auf dem »richtigen Weg« hinsichtlich der Strategieimplementierung befindet. Zu diesem Zweck werden zwei Kennzahlentypen unterschieden:

- **Spätindikatoren:** Sie zeigen auf, ob ein Ziel in der vergangenen Periode erreicht wurde. Fehlentwicklungen bzw. Abweichungen werden erst dann angezeigt, wenn sie bereits eingetreten sind. Sie lassen jedoch offen, wie es um den Zielerreichungsgrad zukünftiger Ziele steht. Spätindikatoren definieren folglich die Endpunkte, die langfristig angestrebt werden.

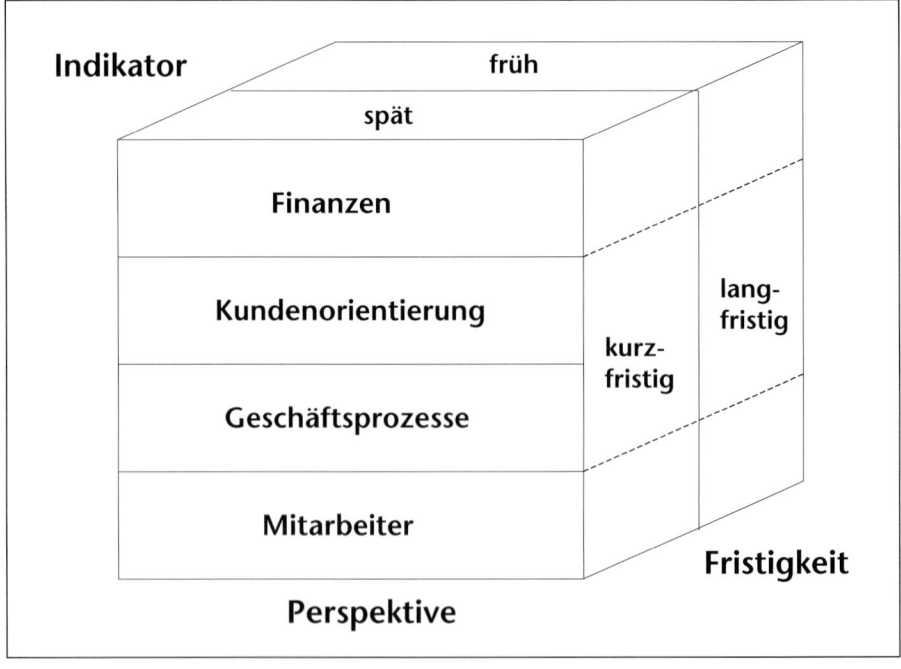

*Abb. 14: Dreidimensionalität der Kennzahlen einer BSC (vgl. Friedag/Schmidt)*

- **Frühindikatoren:** Sie messen Ursachen für Wirkungen, die in der Zukunft liegen, d.h. sie stellen diejenigen Vorgänge in den Vordergrund, die schon zum heutigen Zeitpunkt dazu beitragen, dass zukünftige Ziele bzw. Ergebnisse erreicht werden. Im Gegensatz zu Spätindikatoren, die in unterschiedlichen Branchen gleichermaßen verwendet werden können, da die verfolgten Ziele ähnlich sind, reflektieren die Frühindikatoren die Besonderheiten der Unternehmensstrategie.

Als Strategiemittler und Verbindungsglied zum operativen Ablauf sind die Kennzahlen dreidimensional zu betrachten und zu definieren: innerhalb verschiedener Perspektiven, mit unterschiedlichem Zeithorizont sowie als Früh- bzw. Spätindikator.

**Anforderungen an das Kennzahlensystem**

Eine gute BSC sollte aus einer gesunden Mischung von Spätindikatoren (Ergebniskennzahlen) und Frühindikatoren (Leistungstreibern) bestehen, denn Ergebniskennzahlen ohne Leistungstreiber zeigen nicht, wie die Ergebnisse erreicht werden sollen. Umgekehrt erzielen Leistungstreiber ohne Ergebniskennzahlen zwar kurzfristige Verbesserungen, lassen jedoch nicht erkennen, ob diese auch zu einer verbesserten Finanzleistung führen.

*BSC: ein ausgewogenes Kennzahlensystem aus Ergebniskennzahlen (Spätindikatoren) und Leistungstreibern (Frühindikatoren)*

Um mit Kennzahlen führen zu können, muss für jede Kennzahl ein Zielwert (Soll-Wert) festgelegt werden, welcher die vollständige Beschreibung eines strategischen Zieles abschließt und gleichzeitig die »Messlatte« für die Zielerreichung repräsentiert. Dabei kann auf Erfahrungswerte oder auf Benchmarks zurückgegriffen werden. Langfristig angelegte Ziele sollten in sog. »Meilensteine« unterteilt werden, die sich dem Endziel in realistischen Etappen nähern. Die Festlegung von Zielwerten eröffnet einen Regelkreis, in dem regelmäßig Ist-Werte ermittelt werden, Soll-Ist-Vergleiche stattfinden und der Grad der Zielerreichung gemessen werden kann. Es findet eine kontinuierliche Fortschrittskontrolle statt. Bei Abweichungen können die Gründe analysiert und Maßnahmen eingeleitet werden, die die aufgetretenen Probleme künftig vermeidbar bzw. die Risiken beherrschbar machen. Gegebenenfalls können auch die Soll-Werte an veränderte Rahmenbedingungen angepasst werden. Dies sollte jedoch erst bei Überschreitung bestimmter Schwellenwerte erfolgen, denn die Mitarbeiter sollten die Abweichungen innerhalb bestimmter Toleranzgrenzen selbst kompensieren können.

Für jede Kennzahl sollten Verantwortliche bestimmt werden, wobei gilt, geteilte Verantwortung ist keine Verantwortung. Nur eindeutig festgelegte Zuständigkeiten führen zur Umsetzung. Dabei wirkt die Verknüpfung der Kennzahlen mit dem Vergütungssystem und damit die Honorierung der zusätzlichen Verantwortung zusätzlich motivierend.

## Ursache-Wirkungs-Zusammenhänge

### Rolle von Ursache-Wirkungs-Ketten im Rahmen der BSC

**Ursache-Wirkungs-Ketten zur Durchdringung und Sichtbarmachung komplexer wirtschaftlicher, organisatorischer, gesellschaftlicher und sozialer Abhängigkeiten**

Durch die Wahl geeigneter Perspektiven wird die Komplexität des Unternehmens reduziert. Sie wird durchschaubarer. Da sie jedoch nicht aufgehoben werden sollte, muss der komplexe Zusammenhang zwischen den einzelnen Kennzahlen rekonstruiert werden. Dies geschieht mit Hilfe sog. Ursache-Wirkungs-Ketten, die generell dazu dienen, komplexe wirtschaftliche, organisatorische, gesellschaftliche und soziale Abhängigkeiten zu durchdringen. Dabei dürfen keinesfalls alle logischen Ursache-Wirkungs-Ketten zwischen einem strategischen Ziel und allen anderen dargestellt werden, sondern es müssen genau diejenigen Zusammenhänge herausgefiltert werden, die bei der Definition der strategischen Ziele maßgeblich waren. Damit repräsentieren die Ursache-Wirkungs-Ketten ein logisches Strategiemodell, das die Gedankengänge der Manager visualisiert.

Da eine Strategie ein Bündel von Hypothesen über Ursache und Wirkung ist, sollte das Kennzahlensystem diese Beziehungen (Hypothesen) zwischen Zielen und Kennzahlen der verschiedenen Perspektiven deutlich machen. Dabei sollten sich die Ursache-Wirkungs-Ketten idealerweise durch alle Ebenen der BSC ziehen.

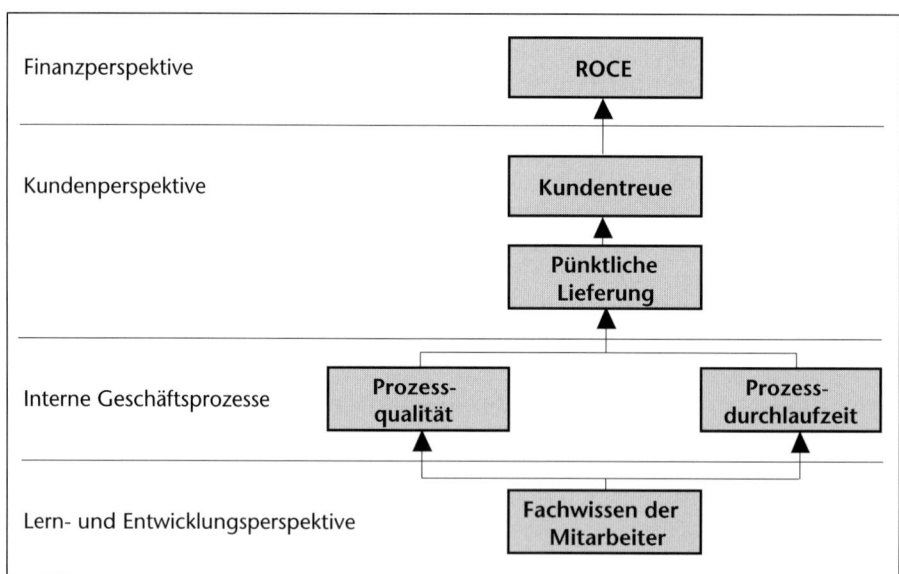

*Abb. 15: Ursache-Wirkungs-Zusammenhänge in der BSC (vgl. Kaplan/Norton)*

Die einzelnen Perspektiven sind jedoch nicht gleichrangig. Die Finanzperspektive bildet stets den Endpunkt der Ursache-Wirkungs-Ketten und dient damit als Fokus für die anderen Perspektiven. Eine derartige Verknüpfung verhindert, dass Investitionen, Initiativen und Aktionen zum Selbstzweck in die Welt gesetzt werden. Sie dienen stets dem obersten finanziellen Ziel des Unternehmens. Aus diesem Grund muss jede Kennzahl einer BSC Teil einer Ursache-Wirkungs-Kette sein, die in einem finanziellen Ziel endet.

Die BSC ist somit keine Sammlung von isolierten Kennzahlen, sondern spezifiziert vielmehr, wie Verbesserungen in operativen Leistungen in verbesserter finanzieller Leistung resultieren. Sie demonstriert die strategische Richtung, d.h. die Art und Weise, wie Investitionen in Mitarbeiter, Informationstechnologie sowie Produkt- und Dienstleistungsinnovationen das zukünftige finanzielle Ergebnis gravierend verbessern können. Der langfristige finanzielle Erfolg kann so auf seine Quellen zurückverfolgt werden. Der Zusammenhang zwischen den unternehmensspezifischen Leistungstreibern und ihren finanziellen Ergebnissen wird für den Einzelnen nachvollziehbar.

**Gewinnung von Ursache-Wirkungs-Zusammenhängen**

Nach Küpper gibt es grundsätzlich zwei Möglichkeiten, Ursache-Wirkungs-Ketten für ein Kennzahlensystem herzuleiten: einerseits die logische Herleitung und andererseits die Ableitung aus der Empirie (Erfahrung).

- Die logische Herleitung setzt an den definitionslogischen Beziehungen an, d.h. insbesondere den mathematischen Transformationen, um die Struktur zwischen den Kennzahlen festzulegen. Als bekannter Vertreter lässt sich das Dupont-System anführen. Es handelt sich damit um geschlossene Kennzahlensysteme, in denen die Beziehungen eindeutig definiert und nachvollziehbar sind.

- Empirisch fundierte Kennzahlensysteme werden dagegen auf der Grundlage realer Begebenheiten gebildet, wobei sich erneut zwei Vorgehensweisen anbieten:

    - Die empirisch-theoretische Vorgehensweise formuliert auf der Basis theoretischer Konzepte Hypothesen hinsichtlich der Zusammenhänge der Realität, welche empirisch zu prüfen sind.

    - Die empirisch-induktive Vorgehensweise versucht, Kennzahlen auf Basis von Erfahrungswissen zu gewinnen, wobei statistische Verfahren der Datenauswertung herangezogen werden. Kaplan/Norton verweisen bspw. auf die Korrelationsanalyse, um aus vorhandenem Datenmaterial Kennzahlen zu gewinnen.

Bleibt nun noch zu klären, welches Verfahren für die Herleitung der Ursache-Wirkungs-Ketten im Sinne der BSC herangezogen werden sollte:

- Dabei sind der logischen Herleitung aufgrund der hohen Anforderungen an die Strukturiertheit der abzubildenden Zusammenhänge erhebliche Grenzen gesetzt. Es dürfte unrealistisch sein, die Größen einer Unternehmensstrategie definitionslogisch miteinander verknüpfen zu können.

- Das empirisch-induktive Verfahren leitet die Ursache-Wirkungs-Ketten aus gegebenem Datenmaterial ab, d.h. letztlich aus Ist-Daten, die zwangsläufig vergangenheitsorientiert sind.

- Die empirisch-theoretische Vorgehensweise dagegen kann das Erfahrungswissen der Führungskräfte bewusst nutzen, was in folgender Aussage deutlich wird: »Die Führungskräfte werden durch die BSC dazu aufgefordert, quasi eine Geschäftstheorie aufzustellen: Aus der Strategie heraus lassen sich dann geschäftsspezifische Ursache-Wirkungs-Beziehungen ableiten, die Beziehungsstärke kann möglichst genau quantifiziert werden, und auch Reaktionszeiten zwischen Veränderungen der Größen ... lassen sich abschätzen.« Auch Weber/Schäffer meinen, dass die Aufstellung der Wirkungshypothesen zwischen nichtfinanziellen und finanziellen Kenngrößen Anlass zur Explizierung von Erfahrungswissen und Diskussion im Managementteam geben.

Vor diesem Hintergrund ist die empirisch-theoretische Vorgehensweise wohl am geeignetsten, um die Ursache-Wirkungs-Zusammenhänge einer Balanced Scorecard abzuleiten.

**Ableiten strategischer Maßnahmen**

*Festlegung und Umsetzung von zielgerichteten Maßnahmen bringt die Strategie zum Leben*

Nachdem strategische Ziele festgelegt wurden, muss nun bestimmt werden, mit welchen Mitteln das vorgegebene Soll erreicht werden kann. Damit kommt im letzten Schritt der BSC-Erstellung der Grundsatz »From Strategy to Action« zum Tragen. Es werden strategische Maßnahmen, d.h. Projekte oder Initiativen definiert, die für die Erreichung der strategischen Ziele und damit für die Strategieumsetzung notwendig sind.

Strategische Maßnahmen resultieren folglich nicht aus dem Tagesgeschäft, sondern werden von den strategiebildenden Instanzen festgelegt. Dabei genießen die betroffenen Bereiche ein Vorschlagsrecht, denn sie sind letztlich für die Durchführung verantwortlich. Normalerweise werden zuerst laufende Projekte und Programme hinsichtlich ihres Beitrags zur Strategieumsetzung bewertet. Anschließend werden zusätzliche strategische Maßnahmen erarbeitet und budgetiert. Durch eine grobe Abschätzung des erforderlichen Aufwands wird ersichtlich, ob eine Maßnahme überhaupt berücksichtigt werden kann. Aufgrund begrenzter Managementkapazitäten und Finanzbudgets findet somit ein natürliches Auswahlverfahren statt. Die festgehaltenen Maßnahmen werden in einem letzten Schritt im Hinblick auf ihren Ressourcenaufwand und ihre Bedeutung für die BSC priorisiert. Um eine Versandung zu verhindern, werden Termine fixiert und Verantwortliche benannt. Durch ein geeignetes Maßnahmencontrolling wird schließlich die Durchführung gesteuert. Dabei werden diejenigen Maßnahmen beibehalten, die optimal zur Erreichung der Zielwerte beitragen. Teilweise müssen sie etwas abgeändert bzw. verbessert werden. Ungeeignete Maßnahmen werden eliminiert und durch neue ersetzt.

Während die meisten Autoren zuerst die Kennzahlen bestimmen und dann entsprechende Maßnahmen zur Erreichung des Soll definieren, stellen Friedag/Schmidt die Maßnahmen und die sie ausführenden Akteure in den Vordergrund, nicht die Kennzahlen. Diese sind davon abgeleitete Größen, die helfen sollen, die verantwortlichen Akteure zu führen. Die Autoren empfehlen deshalb, mit der Ableitung geeigneter Maßnahmen zur Erreichung der strategischen Ziele zu beginnen und erst im Anschluss geeignete Kennzahlen festzulegen. Dies scheint insofern sinnvoll, als dass sich die Kennzahlen aus den zu messenden Maßnahmen ergeben.

### 6.2.6.4 Bewertung der Balanced Scorecard

Die BSC repräsentiert zunächst nur einen Denkrahmen, der hinsichtlich der Anzahl sowie der inhaltlichen Ausformulierung der einzelnen Perspektiven unternehmensindividuell angepasst werden kann – ein »neutrales« Konzept also, das unabhängig von einzelnen Managementinstrumenten anwendbar ist. Aufgrund großer Gestaltungsfreiräume stellt jede konkrete BSC ein Unikat dar!

**BSC – Modetrend oder Allheilmittel**

Allerdings wird gerade hinsichtlich der vielen Gestaltungsmöglichkeiten bemängelt, dass sich wenige konkrete Ausführungen zu Ablaufschemata finden. Es fehlt ein dezidiertes Vorgehensmodell, das es erleichtert, die strategischen Ziele zu quantifizieren und geeignete Frühindikatoren zu identifizieren. Wie soll die BSC auf untere Hierarchieebenen heruntergebrochen bzw. die Ursache-Wirkungs-Ketten quantifiziert werden? Die Ermittlung der Reaktionszeiten, das Abschätzen der Beziehungsstärke sowie das Erkennen von Veränderungen zwischen den einzelnen Größen sind in der Praxis oft mit Schwierigkeiten verbunden.

Jedoch repräsentiert die BSC einen durchgängigen Planungsprozess, der die Teilprozesse Strategieentwicklung, Zielformulierung, Maßnahmenplanung und Budgetierung beinhaltet. Dabei liegt ihr Fokus auf der Strategieumsetzung, d.h. der Übersetzung der Strategie in operative Maßnahmen.

Da Konsens und Commitment hinsichtlich der Vision und der Strategie Voraussetzung für eine erfolgreiche Strategieumsetzung sind, bietet die BSC die einmalige Chance, oft nur vage Vorstellungen innerhalb des Top-Managements in konkrete Ziele, Kennzahlen und Maßnahmen zu überführen. Des Weiteren eignet sich die BSC hervorragend, um Mitarbeitern die Strategie zu vermitteln. Diese können erkennen, auf welche Ziele es ankommt, in welchem Zusammenhang diese Ziele stehen und wie sie selbst durch strategiekonformes Verhalten zur Zielerreichung beitragen können. Ein von allen gemeinsam getragenes Strategieverständnis baut Akzeptanzprobleme sowie die Angst vor Kontrolle ab. Die BSC fördert das Wir-Gefühl, die Identifikation mit der eigenen Arbeit und dem Unternehmen. Das Unternehmenswissen wächst und erfahrungsgemäß auch die Bereitschaft, Wissen auszutauschen.

Jedoch verstehen viele Unternehmen die BSC als ein um nichtfinanzielle Kennzahlen ergänztes Kennzahlensystem – ein Instrument des strategischen Controllings durch das Top-Management. Ihr Potenzial, die Individualziele der Mitarbeiter mit der Unternehmensstrategie zu verbinden, bleibt ungenutzt.

Als Kommunikationsmedium berücksichtigt die BSC die kognitiven Grenzen der menschlichen Aufnahmefähigkeit. Sie konzentriert sich auf das Wesentliche – priorisiert betriebliche Zielgrößen. Umfangreiche, unübersichtliche Informationen werden auf die strategisch relevanten reduziert, wodurch ein benutzerfreundliches Informations- und Reporting-System geschaffen und sowohl die horizontale Kommunikation zwischen den Bereichen als auch die vertikale Zusammenarbeit über die Hierarchieebenen verbessert werden. Um jedoch diejenigen strategischen Kennzahlen zu identifizieren, die die Ziele am besten messen, darf der Fokus nicht zu früh auf ihre technische Realisierbarkeit gelegt werden.

Schließlich ist die BSC kein starres Konzept. Sie lebt und unterstützt eine kontinuierliche Weiterentwicklung der Strategie. Regelmäßiges Messen des Zielerreichungsgrads bewirkt eine höhere Rückkopplung zwischen operativer Ebene und Management bzw. Strategie. Das Unternehmen wird für strategische Fragen sensibilisiert, ein strategischer Lernprozess institutionalisiert. In Strategie-Workshops werden Aktualität von Vision und Strategie überprüft. Die sie beschreibenden Ziele, Ursache-Wirkungs-Ketten und Kennzahlen können an veränderte Rahmenbedingungen angepasst werden.

Die BSC erlaubt es erstmalig, Unternehmensstrategien zu beschreiben und »managebar« zu machen. Handlungsdefizite bezüglich der Unternehmensziele werden aufgehoben, Unternehmen nicht mehr nur rein finanziell geführt, mangelnde Strategieorientierung sowie starke Vergangenheitsorientierung werden durch verbessertes strategisches Denken und Handeln bei allen Mitarbeitern ersetzt. Insgesamt positive Praxiserfahrungen bezeugen die Funktionalität des Ansatzes und sind ein deutliches Zeichen dafür, dass es sich bei der BSC nicht nur um einen Modetrend handelt. Allerdings kann auch eine BSC keine Garantie für den nachhaltigen Erfolg eines Unternehmens gewähren. Sie bietet keinen Ersatz für eine fehlende Strategie bzw. fehlende Ziele und kann auch nicht ohne die volle Unterstützung und Mitarbeit sowohl des Top-Managements als auch der Mitarbeiter eingeführt werden. Jedoch besteht die große Chance, die Mängel im Prozess der Strategieimplementierung zu beseitigen oder zumindest ihre negativen Effekte nachhaltig zu mildern.

**Literaturempfehlungen**

*Bernhard, M.G.:* Strategieumsetzung durch Balanced Scorecard: Kennzahlensysteme entwickeln und Managementprozesse steuern, in: Bernhard, M.G./Hofschröer, S. (Hrsg.), Report Balanced Scorecard: Strategien umsetzen, Prozesse steuern, Kennzahlen entwickeln, Düsseldorf Publishing, 2001.

*Ehrmann, H.:* Kompakt-Training Scorecard, Kiehl-Verlag, Ludwigshafen, 2002.

*Friedag, H.R./Schmidt, W.:* Balanced Scorecard – Mehr als ein Kennzahlensystem, Haufe-Verlag, München, 2001.

*Horvath, P./Kaufmann, L.:* Balanced Scorecard – Ein Werkzeug zur Umsetzung von Strategien, in: Harvard Business Manager, 20. Jg., 1998.

*Kaplan, R.S./Norton, D.P.:* Balanced Scorecard; Strategien erfolgreich umsetzen, Schäffer-Poeschel, Stuttgart, 1997.

*Kaplan, R.S./Norton, D.P.:* Die strategiefokussierte Organisation: Führen mit Balanced Scorecard, Schäffer-Poeschel, Stuttgart, 2001.

*Weber, J./Schäffer, U.:* Balanced Scorecard & Controlling: Implementierung – Nutzen für Manager und Controller – Erfahrungen in deutschen Unternehmen, Gabler-Verlag, Wiesbaden, 2000.

# VII

# Methodenbank

# Inhalt

| | | |
|---|---|---|
| **7.1** | **Produktionsmanagement** | 849 |
| 7.1.1 | Aktives Ideenmanagement (AIM) | 849 |
| 7.1.1.1 | Kreativität | 849 |
| 7.1.1.2 | Vorgehensweise und Eigenschaften | 850 |
| 7.1.1.3 | Umsetzung eines AIM-Konzeptes | 851 |
| 7.1.2 | Benchmarking | 854 |
| 7.1.2.1 | Definition | 854 |
| 7.1.2.2 | Vorgehensweise | 856 |
| 7.1.3 | Kontinuierlicher Verbesserungsprozess (KVP) | 858 |
| 7.1.3.1 | Definition und Struktur eines KVP-Projektes | 858 |
| 7.1.3.2 | KVP-Module | 860 |
| 7.1.4 | Workshops | 863 |
| 7.1.4.1 | Grundlagen | 863 |
| 7.1.4.2 | Grundregeln für die Planung von Workshops | 863 |
| 7.1.4.3 | Ablauforganisation | 864 |
| 7.1.4.4 | Fehlerursachen | 865 |
| 7.1.4.5 | Arten von Workshops | 865 |
| 7.1.5 | Wissensmanagement: Theoretische Grundlagen und praktische Anwendungen | 868 |
| 7.1.5.1 | Einleitung | 868 |
| 7.1.5.2 | Wissen | 869 |
| 7.1.5.3 | Wissensmanagement | 870 |
| 7.1.5.4 | Zusammenfassung | 876 |
| 7.1.5.5 | Praktische Anwendungen | 877 |
| 7.1.5.6 | Zusammenfassung | 882 |
| 7.1.6 | KAIZEN | 884 |
| 7.1.6.1 | Historischer Hintergrund und Ursprung | 884 |
| 7.1.6.2 | Begriffsklärung | 884 |
| 7.1.6.3 | Philosophie des Kaizen-Konzeptes | 887 |
| 7.1.6.4 | Zielsetzungen | 891 |
| 7.1.6.5 | Werkzeuge | 892 |
| 7.1.6.6 | Umsetzung | 896 |
| 7.1.7 | Die »Wissenschaftliche Methode« für Verbesserungen im TPS | 899 |
| **7.2** | **Personalmanagement** | 905 |
| 7.2.1 | Führung in der Matrixorganisation | 905 |
| 7.2.1.1 | Ausgangssituation | 905 |
| 7.2.1.2 | Effizienzsteigerungen durch institutionalisierte Konflikte? | 906 |
| 7.2.1.3 | Die Rolle der Matrix-Führungskräfte | 908 |
| 7.2.1.4 | Verhaltensimplikationen für die Mitarbeiter | 911 |
| 7.2.1.5 | Anforderungen an Führungskräfte und Mitarbeiter in der Matrixorganisation | 914 |
| **7.3** | **Produktionsanlagen** | 917 |
| 7.3.1 | Poka Yoke | 917 |
| 7.3.1.1 | Ausgangsbasis | 917 |
| 7.3.1.2 | Fehlermanagement | 918 |
| 7.3.1.3 | Regulierungsmechanismen | 921 |

| | | |
|---|---|---|
| **7.4** | **Prozesse** | 923 |
| 7.4.1 | Wertstromdesign | 923 |
| 7.4.1.1 | Einleitung | 923 |
| 7.4.1.2 | Durchführung des Wertstromdesigns | 923 |
| 7.4.2 | Kostenvorteile durch Prozessverbesserungen | 935 |
| 7.4.2.1 | Vorgehen | 935 |
| 7.4.2.2 | Fallbeispiel | 939 |
| 7.4.3 | Eine Methode für Prozessanalyse und Prozessdesign | 954 |
| 7.4.3.1 | Einführung | 954 |
| 7.4.3.2 | Elemente und Schritte beim methodischen Vorgehen | 955 |
| 7.4.3.3 | Erstellung der Prozessübersicht | 957 |
| 7.4.3.4 | Prozessanalyse/Prozessdesign | 959 |
| 7.4.3.5 | Erstellen der Prozess-Struktur-Matrix (PSM) | 965 |
| 7.4.3.6 | Dokumentation der Prozesse | 967 |
| **7.5** | **Produktionsplanung und -steuerung** | 970 |
| 7.5.1 | KANBAN | 970 |
| 7.5.1.1 | Was ist KANBAN? | 970 |
| 7.5.1.2 | Arten des KANBAN | 972 |
| 7.5.1.3 | Verschwendung | 973 |
| 7.5.1.4 | Einführung des KANBAN | 974 |
| 7.5.1.5 | Vorteile des KANBAN | 976 |
| 7.5.2 | Methoden der Kapazitätsplanung | 978 |
| 7.5.2.1 | Einleitung | 978 |
| 7.5.2.2 | Klassifizierungskriterien | 978 |
| 7.5.2.3 | Klassifizierungsschema | 979 |
| 7.5.2.4 | Beschreibung der einzelnen Kapazitätsplanungsmethoden | 980 |
| 7.5.3 | Verfahren zur Losgrößenberechnung | 990 |
| 7.5.3.1 | Einführung | 990 |
| 7.5.3.2 | Statische Losgrößenverfahren | 991 |
| 7.5.3.3 | Periodische Losgrößenverfahren | 993 |
| 7.5.3.4 | Optimierende Losgrößenverfahren | 994 |
| 7.5.3.5 | Berechnung der Andler'schen Losgröße | 996 |
| 7.5.3.6 | Losgrößenansatz bei einstufigem, variablem Bedarf | 997 |
| 7.5.4 | Wie viel KANBAN braucht man? | 1002 |
| 7.5.5 | Just-in-Time/Just-in-Sequence | 1009 |
| 7.5.5.1 | Begriffe | 1009 |
| 7.5.5.2 | Entstehung und Entwicklung des JIT-Konzepts | 1009 |
| 7.5.5.3 | Bausteine des JIT-Konzepts | 1009 |
| 7.5.5.4 | Potenziale und Rahmenbedingungen des JIT-Konzepts | 1015 |
| 7.5.5.5 | Probleme bei der Anwendung und Umsetzung des JIT-Konzepts | 1016 |
| 7.5.6 | Fortschrittszahlen | 1018 |
| 7.5.6.1 | Einsatzgebiet der Fortschrittszahlen | 1018 |
| 7.5.6.2 | Zielsetzung für das Informationssystem | 1018 |
| 7.5.6.3 | Abgrenzung zu bestehenden Steuerungskonzepten | 1019 |
| 7.5.6.4 | Funktionsweise der Fortschrittszahlen | 1021 |
| 7.5.6.5 | Abgleich der Fortschrittszahlen-Regelkreise | 1023 |
| 7.5.6.6 | Nutzen von Fortschrittszahlen | 1028 |
| 7.5.6.7 | Fortschrittszahlen in einer ERP-Anwendung | 1029 |
| 7.5.6.8 | Frühwarnsystem | 1031 |

| | | |
|---|---|---|
| 7.5.6.9 | Planung | 1041 |
| 7.5.6.10 | Materialanforderungen nach Datum/Uhrzeit | 1050 |

## 7.6 Produktionscontrolling .................................................. 1052

| | | |
|---|---|---|
| 7.6.1 | Zielverfolgungs- und Zielanreizsysteme | 1052 |
| 7.6.1.1 | Einführung | 1052 |
| 7.6.1.2 | Anforderungen an das System | 1056 |
| 7.6.1.3 | Fallbeispiele | 1057 |
| 7.6.1.4 | Simulationsparameter | 1062 |
| 7.6.1.5 | Methoden der Formelvorgabe | 1067 |
| 7.6.2 | Balanced Scorecard (BSC) | 1071 |
| 7.6.2.1 | Einführung | 1071 |
| 7.6.2.2 | Charakteristika der Balanced Scorecard | 1072 |
| 7.6.2.3 | Ziele der Balanced-Scorecard-Einführung | 1081 |
| 7.6.2.4 | Implementierungsprozess der Balanced Scorecard | 1083 |
| 7.6.3 | Zielfindung und Zielverankerung | 1092 |
| 7.6.3.1 | Visionen, Ziele und Zielsysteme im Unternehmen | 1092 |
| 7.6.3.2 | Zielfindung | 1094 |
| 7.6.3.3 | Zielverankerung | 1099 |

## 7.7 Qualitätsmanagement .................................................. 1103

| | | |
|---|---|---|
| 7.7.1 | Quality Function Deployment (QFD) | 1103 |
| 7.7.1.1 | Definition und Ablauf des QFD | 1103 |
| 7.7.1.2 | Erstellung der Produktplanungstafel (Haus der Qualität – House of Quality) | 1105 |
| 7.7.2 | Fehlermöglichkeits- und Einfluss-Analyse (FMEA) | 1110 |
| 7.7.2.1 | Was versteht man unter Fehlermöglichkeits- und Einfluss-Analyse? | 1110 |
| 7.7.2.2 | Systematische Vorbereitung und Einstieg | 1110 |
| 7.7.2.3 | Das FMEA-Formular | 1112 |
| 7.7.3 | European Quality Award (EQA) | 1123 |
| 7.7.3.1 | Ablauf des Verfahrens | 1123 |
| 7.7.3.2 | Das EFQM-Modell und seine Kriterien | 1124 |
| 7.7.3.3 | Bewertungs- und Notierungsverfahren im Rahmen des EQA | 1126 |
| 7.7.4 | ISO-9000-Normen in der Praxis | 1131 |
| 7.7.4.1 | Grundlagen und Anwendungsfelder der ISO-9000-Normen | 1131 |
| 7.7.4.2 | Erläuterung der fünf ISO-9000-Normen | 1131 |
| 7.7.4.3 | Die QM-Elemente der ISO-9000-Norm | 1133 |
| 7.7.4.4 | Einführung eines ISO-9000-QM-Systems | 1136 |
| 7.7.4.5 | Das QM-Handbuch | 1137 |
| 7.7.4.6 | Zertifizierung und Registrierung | 1138 |
| 7.7.5 | Six Sigma: Ein Weg zur Verbesserung der Produkt- und Prozessqualität | 1141 |
| 7.7.5.1 | Einleitung | 1141 |
| 7.7.5.2 | Historie | 1142 |
| 7.7.5.3 | Einordnen | 1145 |
| 7.7.5.4 | Verstehen | 1149 |
| 7.7.5.5 | Unterstützen | 1171 |
| 7.7.5.6 | Einführen und Anwenden | 1173 |
| 7.7.5.7 | Fazit | 1178 |
| 7.7.6 | Malcolm Baldrige National Quality Award | 1184 |
| 7.7.6.1 | Entstehung und Geschichte | 1184 |
| 7.7.6.2 | Organisation | 1184 |

| | | |
|---|---|---|
| 7.7.6.3 | Voraussetzung und Anforderungen | 1186 |
| 7.7.6.4 | Kategorien und Bewertungskriterien | 1187 |
| 7.7.6.5 | Gewinner des Awards | 1190 |
| 7.7.6.6 | Resümee | 1192 |
| 7.7.7 | Six Sigma in der Logistik | 1193 |
| 7.7.7.1 | Einleitung | 1193 |
| 7.7.7.2 | Grundprinzipien von Six Sigma | 1195 |
| 7.7.7.3 | Logistik – eine Bündelung wichtiger Kernprozesse des Unternehmens | 1197 |
| 7.7.7.4 | Erkenntnisse | 1216 |
| 7.7.7.5 | Zusammenfassung | 1217 |

## 7.1 Produktionsmanagement

### 7.1.1 Aktives Ideenmanagement (AIM)

*von Rainer Kämpf*

#### 7.1.1.1 Kreativität

Die Nutzung der Kreativitätspotenziale aller Mitarbeiter im Sinne des Unternehmens erfordert eine vertiefende Beschäftigung mit dem Phänomen »Kreativität«. Zu unterscheiden ist die »normative« von der »forschenden« Kreativität. Die normative Kreativität ermöglicht ein zielgerichtetes Optimieren und Lösen von Problemen; die forschende Kreativität deckt Handlungsfelder auf, in denen überhaupt Optimierungspotenziale vorhanden sind. Im Fraktalen Unternehmen existiert daher eine Methode zur Kanalisierung beider Kreativitätsformen: das Aktive Ideenmanagement (AIM).

*Kreativitätsformen*

Zur Entfaltung der normativen Kreativität werden mit den Fraktalen

*Normative Kreativität*

- die Fraktalleistungen,
- die Fraktalziele,
- die Ressourcen und
- der eingeräumte eigenverantwortliche Handlungsspielraum

vereinbart. Die mit den Fraktalen vereinbarten Ziele sollten Qualitäts-, Wirtschaftlichkeits-, Termin- und Servicemerkmale der Fraktalleistungen ganzheitlich abdecken. Diese Verschiedenartigkeit der Ziele sichert letztlich auch, dass die Optimierungsarbeit interessant bleibt und der Ideenfluss nicht abebbt, wie es bei eindimensionalen Zielen oft festgestellt werden konnte.

Um die forschende Kreativität des Menschen zielgerichtet zu nutzen, ist das Betriebliche Vorschlagswesen (BVW) ein seit langem bekanntes Instrument. Konventionell organisierte BVW gaben in der Vergangenheit jedoch – abgesehen von einzelnen herausragenden Beispielen – kaum Anlass zu Erfolgsmeldungen. Innerhalb des BVW sind innovative Methoden und Lösungen

*Betriebliches Vorschlagswesen (BVW)*

- zum innerbetrieblichen Marketing,
- zur Flexibilisierung der Einrichtungsmöglichkeiten,
- zur Motivation der Gutachter und
- zur drastischen Beschleunigung der Bearbeitung vor allem kleiner Ideen und Vorschläge

erforderlich. Die Lösung für den letztgenannten Aspekt liegt in der Ergänzung des konventionellen Vorschlagswesens (»großer Regelkreis«) um einen zusätzlichen »kleinen Regelkreis«, der schnell, unbürokratisch und

## 7.1 Produktionsmanagement

fraktalintern Ideen und Verbesserungsvorschläge zur Umsetzung und Anerkennung führen kann.

**Prämien** Die Kanalisierung der normativen Kreativität erfolgt im Fraktalen Unternehmen also mittels eines Systems zur gezielten Optimierung (»Optimierungssystem«), für die forschende Kreativität hingegen als »Innovationssystem« mit »kleinem und großem Regelkreis«. Für Innovationsvorschläge ist der Einsatz monetärer Anreize in Form von Prämien geeignet. Für Optimierungsaktivitäten muss diese Frage differenzierter beantwortet werden: Nicht die Optimierungstätigkeit an sich ist im Fraktalen Unternehmen eine besondere Leistung, sondern überdurchschnittliche Optimierungsergebnisse.

### 7.1.1.2 Vorgehensweise und Eigenschaften

Im Folgenden wird das Vorgehen bei einem AIM-Projekt kurz dargestellt:

**Projektablauf**
- Es wird der »kollegiale Dienstweg« eingeschlagen (das heißt, Führungskräfte fungieren als Förderer, Betreuer, Wegbereiter, Fachleute und Berater in Bezug auf personen-/teambezogen abgegebene Vorschläge).

- AIM-Koordinatoren werden als Experten für Prozessplanung, Koordination und Kommunikation eingerichtet.

- Verhaltensweisen, die das Unternehmen fördern will, sollten besonders anerkannt werden (d.h. vielfältige quantifizierbare und nichtquantifizierbare Kriterien).

- Alle Mitarbeiter werden in Bezug auf Verbesserungsaktivitäten gleich behandelt und anerkannt.

- Sowohl Geld- und Sachprämien als auch andere Formen der Anerkennung (z.B. bessere Aufstiegsmöglichkeiten) sind möglich.

**Vorteile des AIM** Damit besitzt das Aktive Ideenmanagement folgende positiven Eigenschaften:

- Es gibt viele Vorschläge durch die Verbindung von Mitarbeiten, Mitwissen, Mitdenken, Mitgestalten, Mitentscheiden, Mitumsetzen und Mitverantworten.

- Man bringt den Mitarbeitern Vertrauen entgegen, um ihre Kreativität zu fördern.

- Die Vorschläge betreffen ausnahmslos den eigenen Pflichtenkreis.

- Die Entwicklung von Verbesserungsvorschlägen ist der Regelfall, nicht die Ausnahme; damit ist das Einbringen von Vorschlägen normale, selbstverständliche Praxis.

- Die gesamte Belegschaft bemüht sich um Verbesserungsvorschläge, nicht nur einzelne Mitarbeiter.

- Das Hauptaugenmerk wird auf kundenorientierte Prozesse, nicht auf einzelne, wenig bedeutende Missstände gerichtet.

- Vorschläge werden von Teams in Kooperation entwickelt und nicht von Einzelpersonen, die andere Mitarbeiter als Konkurrenz empfinden.

- Die Führungskräfte werden mit einbezogen.

- Die Anerkennung erfolgt nicht nur über Geldprämien.

- Vorschläge werden sofort bekannt gemacht. Sie müssen nicht unbedingt aufgeschrieben werden.

### 7.1.1.3 Umsetzung eines AIM-Konzeptes

**Top-Management**

Grundvoraussetzung des AIM-Erfolgs und deshalb der allererste Schritt des Projektes ist es, eine gezielte Identifikation und Motivation des Top-Managements für das AIM-Projekt sicherzustellen und damit den Gedanken »top-down« in das Unternehmen zu tragen. Nur durch eine positive Grundhaltung und die Unterstützungsbereitschaft der Führungskräfte kann die Akzeptanz und Mitwirkung der Mitarbeiter an der Basis gewährleistet werden. Vor allem die Präsentation des AIM-Programms, seiner Grundsätze und seines potenziellen Werts für das Unternehmen und die Mitarbeiter muss immer im Namen des Top-Managements erfolgen.

**Projektorganisation**

Eine intensive Partizipation der Mitarbeiter aus unterschiedlichen Hierarchieebenen – im Sinne eines Konsensmanagements – steigert die Qualität des gesuchten AIM-Konzeptes und erhöht dessen Akzeptanz. Aus diesem Grund wird unter dem Motto »Keiner ist so fähig wie alle« eine Projektorganisation aufgebaut, die entsprechend der Gestaltungsaufgabe die Mitarbeiter des Unternehmens zunehmend als aktiv Beteiligte in das AIM-Projekt einbezieht.

**Pilotbereich**

Um von Anfang an ein durchgängiges Gesamtkonzept unter Berücksichtigung der Belange aller Fraktale zu gewährleisten, wird ein Planungsteam initiiert. Mitarbeiter verschiedener Fachbereiche erarbeiten gemeinsam ein ganzheitliches AIM-Konzept. Darauf aufbauend werden dann mehrere Realisierungsteams in einem Pilotbereich gegründet. Die Notwendigkeit, sich bei der Einführung von AIM auf einen Pilotbereich zu beschränken, ergibt sich zum einen aus der Unternehmensgröße und zum anderen aus der Erfordernis, die einzelnen Mitarbeiter aktiv und fachlich intensiv im Umgang mit AIM zu betreuen bzw. zu schulen.

**Auswertung von Vorschlägen**

Basiert ein Vorschlag auf einer eigenen Initiative bzw. freiwilligen Aktion der Mitarbeiter, so ist dieser den Innovationssystemen zuzuordnen. Ein fraktalübergreifender Vorschlag, der mehrere Arbeitsgebiete betrifft, wird im »großen Regelkreis« bei dem AIM-Koordinator des Unternehmens ein-

gereicht. Dieser entscheidet innerhalb eines klar definierten Zeitraums gemeinsam mit themenbezogenen Gutachtern und der AIM-Kommission (Arbeitgeber- und Arbeitnehmervertreter) über die Beurteilung, die Umsetzung und die einmalige Anerkennung des Vorschlags. Wurde der Vorschlag von einer Einrichtergemeinschaft, d.h. von mehreren Mitarbeitern zusammen, erarbeitet und eingereicht, entscheidet diese über die Verteilung der Anerkennung selbst. Das System für die Überprüfung und Auswertung der Vorschläge wird so ausgestaltet, dass alle Mitarbeiter des Unternehmens, unabhängig von ihrer Qualifikation, gleich behandelt werden. Zu- oder Abschläge zu einer Geldprämie sind nicht vorgesehen.

**Der AIM-Pate**

Fraktalinterne, d.h. den eigenen Arbeitsbereich betreffende Ideen und Vorschläge werden bei dem jeweiligen Vorgesetzten oder dem zuständigen »AIM-Paten« im Rahmen des »kleinen Regelkreises« eingereicht und mit ihm besprochen. Der Pate ist ein Förderer des AIM-Programms, der als Informant und Ansprechpartner vor Ort fungiert und gezielt vorschlagsschwache Mitarbeiter fördert. Wird der Vorschlag positiv bewertet, so betreut der Vorgesetzte den Vorschlag bis zur Umsetzung.

**Umsetzungs- und Prämienbudget**

Jedem Bereich des Unternehmens wird für den »kleinen Regelkreis« jährlich ein Umsetzungs- sowie ein Prämienbudget zur Verfügung gestellt. Für das AIM-Initiierungsjahr wurde das Budget in einem Anwendungsfall folgendermaßen festgelegt:

> **Beispiel Umsetzungs- und Prämienbudget**
>
> Vereinbart ist für dieses Jahr, dass ein Vorschlag pro Mitarbeiter eingereicht wird. Für den »kleinen Regelkreis« wird eine maximale Prämienhöhe definiert. Überschreitet die Prämie für einen Vorschlag die 200-DM-Grenze, so wird der Verbesserungsvorschlag als hervorragend angesehen und in den »großen Regelkreis« an den AIM-Koordinator weitergereicht. Als Vorabprämie werden dem Mitarbeiter jedoch sofort die schon feststehenden 200,– DM ausgezahlt. Da im »kleinen Regelkreis« gezielt schnell umsetzbare Vorschläge gefördert werden sollen, beträgt auch das Umsetzungsbudget 200,– DM pro Mitarbeiter.

Diese Vorgehensweise stellt sicher, dass die bereichsinternen Budgets nicht von wenigen, aber wertvollen Vorschlägen ausgeschöpft werden.

**Das Optimierungsteam**

Die aufgrund von Zielvereinbarungen in fraktalinternen Teams erarbeiteten Ideen und Vorschläge hingegen sind den Optimierungsteams zuzuordnen. Das Team beurteilt die Güte der Lösung selbst und zeichnet auch für die Umsetzung des Vorschlags verantwortlich. Für die Realisierung steht dem Team wiederum ein Umsetzungsbudget zur Verfügung. Wird im Rahmen der Optimierungssysteme eine Lösung erarbeitet, die zusätzlich fraktalübergreifend mit enormen Rationalisierungspotenzialen verbunden ist, so steht es dem Optimierungsteam frei, die Lösung als Verbesserungsvorschlag im »großen Regelkreis« einzureichen.

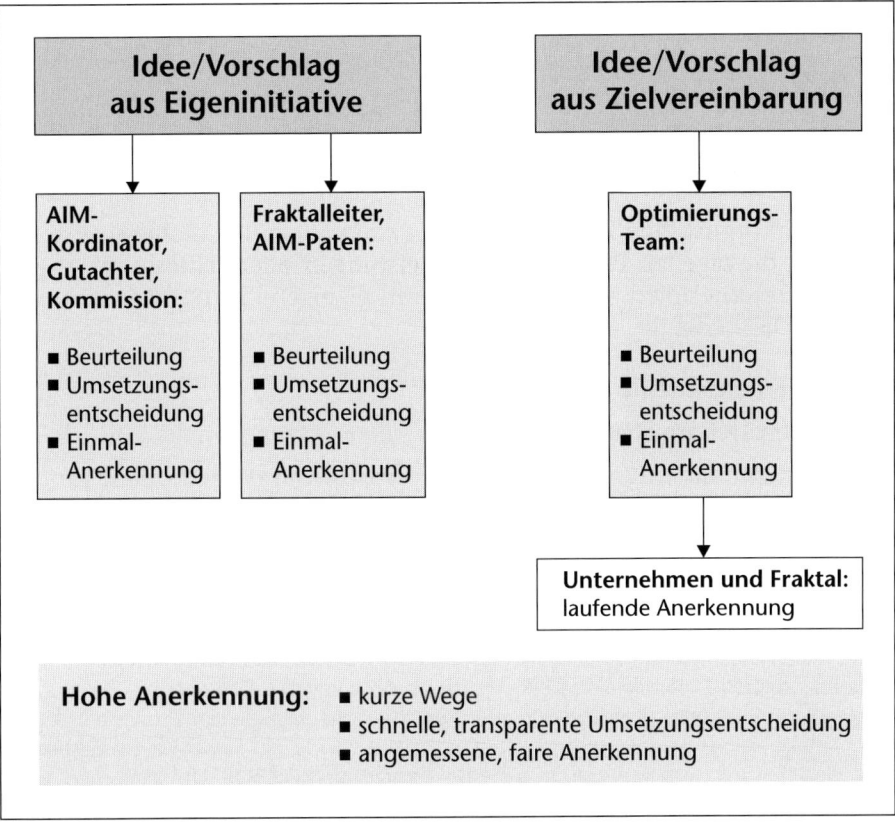

*Abb. 1: Ablauforganisatorische Aspekte des AIM*

**Literaturempfehlung**

*Sihn, W.; König, St.; Kristof, R.*: Aktives Ideenmanagement (AIM) – Dienstleistungen kreativer gestalten. In: Warnecke, H. J. (Hrsg.): Aufbruch zum Fraktalen Unternehmen. Berlin, Heidelberg, New York 1995.

### 7.1.2 Benchmarking

*von Rainer Kämpf*

#### 7.1.2.1 Definition

**Begriff Benchmarking**

Benchmarking ist eine kontinuierliche, systematische Vorgehensweise mit dem Ziel, die eigenen Produkte, Dienstleistungen oder Prozesse mit denen anderer Unternehmen zu vergleichen, um die eigene Lernfähigkeit zu verbessern. Das bedeutet, Benchmarking

- ist eine permanente Handlung,
- erfordert dynamische Analysen und
- untersucht die zugrunde liegenden Prozesse und Methoden, um die Quelle des Wettbewerbsvorteils zu finden.

> **Beispiel XEROX**
>
> Starke Marktanteilsverluste veranlassten XEROX, das Programm »Leadership Through Quality« zu initiieren. Analysierte XEROX bisher die direkten Wettbewerber durch Kostenvergleiche, parallele Produktvergleiche und Reverse Engineering, so wurde Anfang der achtziger Jahre ein stärkerer Fokus auf die Analyse der Prozesse gelegt. Die Orientierung an der »Industry Best Practice« wurde ein wesentlicher Bestandteil des Verbesserungsprogramms. Heute benchmarkt XEROX Unternehmen wie American Express für den Prozess der Erstellung von Kundenrechnungen, Procter & Gamble für Marketingprozesse und Toyota im Rahmen des Total Quality Management.

**Drei Untersuchungstypen**

Grundsätzlich ist festzustellen, dass prinzipiell alles, was beobachtbar ist, auch gebenchmarkt werden kann: Produkte, Prozesse, unterstützende Funktionen und Leistungskennzahlen. Hinsichtlich des Umfanges der Benchmarking-Aktivitäten sind drei Untersuchungstypen zu unterscheiden, die auch in Kombination angewendet werden können:

- **Internes Benchmarking:** Vergleich von Daten unternehmensinterner Abteilungen, Divisionen etc.
- **Wettbewerbsbezogenes Benchmarking:** Leistungsdaten der stärksten Wettbewerber werden analysiert und mit den eigenen Daten verglichen.
- **Funktionales Benchmarking:** branchenbezogene sowie branchenübergreifende Analyse der »Best Practices«, d.h. Analyse der Arbeitsprozesse oder Vorgehensweisen bei Unternehmen, die in diesen Bereichen führend sind.

**Vergleichsdimensionen**

Benchmarking ist eine vergleichende, analytische Tätigkeit. Das hier vorgestellte Modell ist ein konzeptioneller Leitfaden zur Fokussierung auf vier wesentliche Phasen eines Benchmarking-Projektes. Durch das Aufteilen des Modells entlang seiner Achsen lassen sich verschiedene Vergleichsdimensionen verdeutlichen.

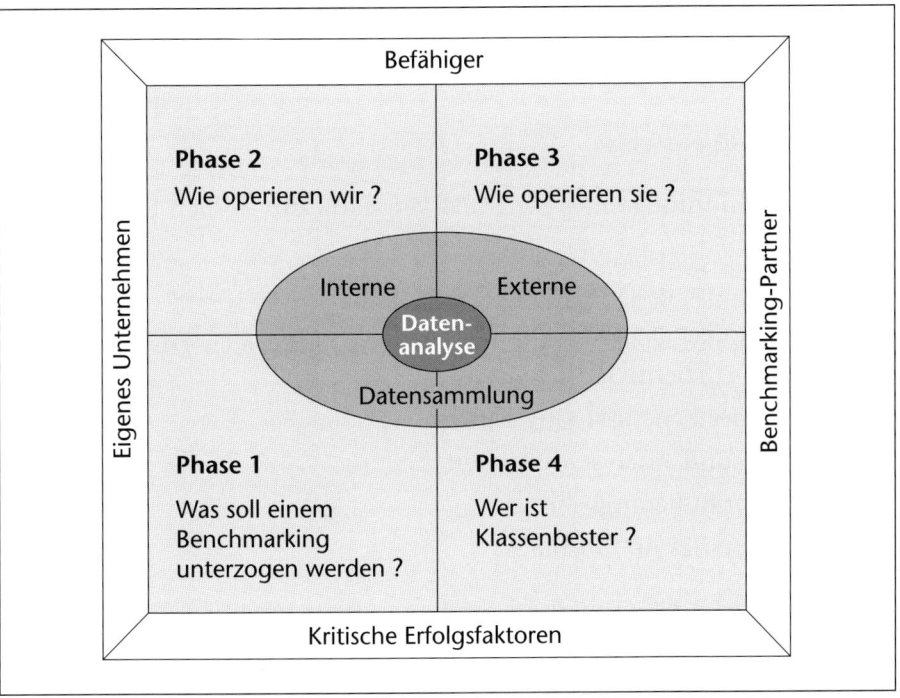

*Abb. 1: Benchmarking-Modell*

Die linke Hälfte des Modells in Abbildung 1 bezieht sich auf das eigene Unternehmen und seine kritischen Erfolgsfaktoren. Die hier gesammelten und analysierten Daten betreffen die eigenen Prozesse, Methoden und Praktiken, also die »Befähiger«, die es einem Unternehmen ermöglichen, seine Leistung zu erbringen. Sie genau zu verstehen ist der Zweck dieser Dimension.

**Eigenes Unternehmen**

Die rechte Hälfte stellt die Dimension des Benchmarking-Partners dar. Dieser ist der Beste in seiner Klasse in Bezug auf die identifizierten kritischen Erfolgsfaktoren. Das Ziel ist es herauszufinden, welche Prozesse, Praktiken und Methoden ihn befähigen, der Klassenbeste zu sein.

**Benchmarking-Partner**

Die untere Hälfte des Modells führt zum Vergleich der eigenen Leistung mit der des Klassenbesten in Bezug auf jeden der kritischen Erfolgsfaktoren. Das Ergebnis ist eine quantitative Analyse der relevanten internen Daten sowie auch der externen Daten über den Benchmarking-Partner. Dieser primäre Vergleich liefert die so genannte Benchmarking-Lücke.

**Benchmarking-Lücke**

Die obere Hälfte des Modells stößt letztendlich zum eigentlichen Kern des Benchmarking vor. In dieser Dimension wird verglichen, wie man selbst im Vergleich zum Klassenbesten operiert. Dabei konzentriert man sich auf diejenigen Prozesse, Praktiken und Methoden, die überlegene Leistungen ermöglichen. Das Verstehen der Gründe für die Unterschiede liefert den entsprechenden Einblick für die notwendigen Änderungen zur Verbesse-

**Bestmögliche Praktiken**

rung der eigenen Leistung. Durch die Übernahme der bestmöglichen Praktiken ergibt sich die Möglichkeit, selbst der neue Klassenbeste zu werden.

### 7.1.2.2 Vorgehensweise

**Verlauf eines Benchmarking-Projektes**

Bei der Durchführung eines Benchmarking-Projektes werden folgende Phasen durchlaufen:

- Festlegung des Benchmarking-Gegenstands
- Ermittlung des Benchmarking-Teams (Erfahrungswert sechs bis acht Personen als effiziente Gruppenstärke)
- Auswahl der Benchmarking-Partner
- Erhebung und Analyse der Daten
- Strategieformulierung
- Erstellung eines Aktionsplans

**Praktische Umsetzung**

Eine erfolgreiche Benchmarking-Studie resultiert in einem tief greifenden Verständnis der momentanen und zukünftigen Lücken zwischen der eigenen Leistung und der des Klassenbesten sowie der Praktiken und Methoden, die diese überlegene Leistung möglich machen. Damit verbunden ist ebenso die Erkenntnis der daraus resultierenden Änderungen, um selber der neue Klassenbeste zu werden. Es wird jedoch keine einzige Verbesserung stattfinden, wenn die Ergebnisse der Benchmarking-Studie nicht in den täglichen Arbeitsablauf eingebettet werden. Dies fällt am leichtesten, wenn Benchmarking ein fester Bestandteil des Qualitätsmanagements und damit des Verbesserungsprozesses der Organisation ist.

**Ständige Neuanpassung**

Es versteht sich von selbst, dass nach Erreichen der Benchmark neue Ziele definiert werden müssen. Um Klassenbester zu bleiben, bedarf es der stetigen Verbesserung der Prozesse, Methoden und Praktiken. Die in Abbildung 2 dargestellte Rückkopplungsschleife repräsentiert den Bedarf für eine periodisch wiederkehrende Neuanpassung. Benchmarks sind damit nicht statisch, sondern müssen regelmäßig überprüft und zu einem festen Bestandteil jeder Geschäftsplanung werden.

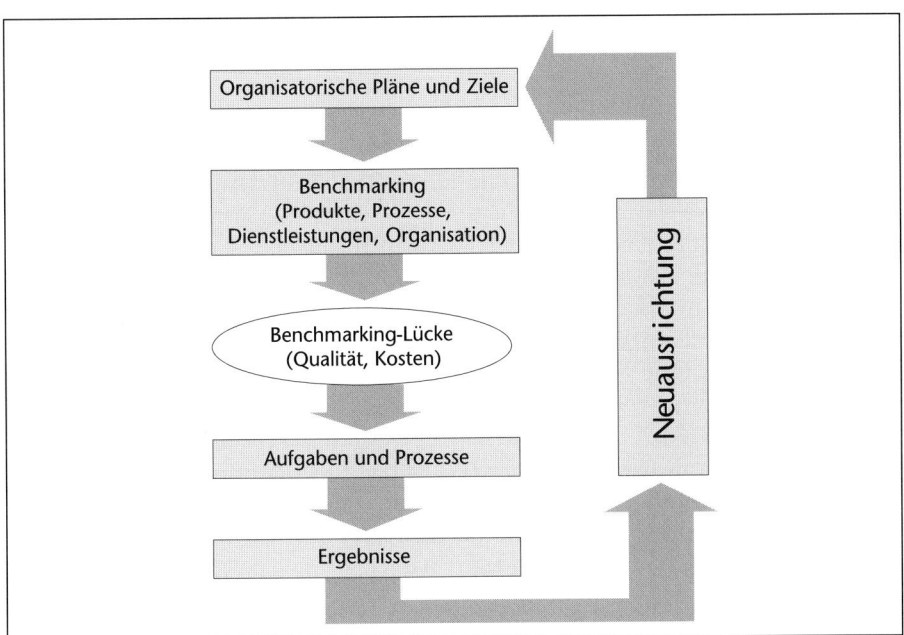

*Abb. 2: Benchmarking als Element der Geschäftsplanung*

**Literaturempfehlungen**

*Kämpf, R.; Weber, M.:* Informations- und Controllingsysteme: Instrumente zur Umsetzung von Benchmarking in der Praxis. IIR-Tagung Benchmarking im Einkauf. Düsseldorf, 17.–19.01.95.

*Richtert, U.:* Benchmarking – ein Werkzeug des Total Quality Management. In: OZ 40 (1995) 3 und 4. München 1995.

### 7.1.3 Kontinuierlicher Verbesserungsprozess (KVP)

*von Rainer Kämpf*

#### 7.1.3.1 Definition und Struktur eines KVP-Projektes

Der von VW geprägte Begriff des KVP (Kontinuierlicher Verbesserungsprozess) geht auf das aus Japan importierte KAIZEN zurück und heißt nichts anderes als Kostensenkung durch permanente Verbesserungen, die von den Mitarbeitern selbst initiiert werden. Der Kontinuierliche Verbesserungsprozess ist wiederum eine Fortentwicklung des Betrieblichen Vorschlagswesens, mit dem Anspruch, weniger bürokratisch und dafür zielgerichteter zu arbeiten und quasi zum »Selbstläufer« zu werden (Lernende Organisation). Unter KVP ist somit die verinnerlichte Denk- und Handlungsweise zu verstehen, jeden Zustand in Frage zu stellen, nach seiner Verbesserung zu suchen und möglichst schnell die dazugehörigen Maßnahmen zu realisieren. Der KVP besteht aus folgenden Phasen:

**Stufe 1: Organisierter KVP**

*Restrukturierung* — Im Rahmen des organisierten KVP soll mit Hilfe eines Expertenteams eine umfassende Restrukturierung des Betrachtungsbereichs zur Verbesserung der Wettbewerbsfähigkeit auf Benchmark-Niveau durchgeführt werden.

**Stufe 2: Mitarbeiterorientierter KVP**

*Schwachstellen ausmerzen* — Die Mitarbeiter sollen verstärkt in ihrem eigenen Verantwortungsbereich nach Schwachstellen und Verbesserungspotenzialen suchen und Maßnahmen möglichst schnell umsetzen. Dazu sind Einzel- und Teamaktivitäten der Mitarbeiter und Führungskräfte notwendig, die das Ziel haben, konkret Verschwendung zu identifizieren und die Anteile der Wertschöpfung an den Tätigkeiten zu erhöhen.

Ein bereits erfolgreich praktizierter Ansatz, um Mitarbeiteraktivitäten in Gang zu setzen, sind so genannte KVP-Umsetzungsworkshops. Ziele von KVP-Umsetzungsworkshops sind zum einen die Reduzierung verschiedener Arten von Verschwendung (nichtwertschöpfende Tätigkeiten, z.B. Wege, Bewegungen, Bestände usw.) und zum anderen die Qualifizierung und Sensibilisierung der Mitarbeiter.

| Organisierter KVP | Mitarbeiter-KVP |
|---|---|
| ■ Bereinigung der Datengrundlage, z.B.:<br>  – Überprüfung Fertigungszeiten<br>  – Aktualisierung Fertigungspläne<br>■ Überprüfung von Arbeitsabläufen, z.B.:<br>  – Beseitigung von Verschwendung<br>  – nichtwertschöpfende Tätigkeiten<br>■ Nutzung Maschinenpark z.B.:<br>  – Optimierung Laufzeiten<br>  – Abbau von Überkapazitäten<br>■ Beseitigung von Störungen durch z.B.:<br>  – organisatorische Maßnahmen<br>  – technische Maßnahmen<br>  – Qualifizierungen<br>■ Visualisierungs-/KVP-Ecke<br>■ Umsetzung vorhandener Maßnahmen | ■ Einbeziehung der Mitarbeiter<br>  – Information<br>  – Einbringen von Ideen<br>■ Sammlung von Problemen, Ursachen und Lösungsmöglichkeiten aus Mitarbeitersicht, z.B.:<br>  – Optimierung Arbeitsplatz<br>  – Verringerung von Wegzeiten<br>  – Verringerung von Beständen<br>  – Optimierung Werkzeuge<br>■ Maßnahmenplanung und -umsetzung |

*Abb. 1: Ziele des organisierten KVP und des Mitarbeiter-KVP*

**1. Information der Mitarbeiter in der Montage**
- KVP-Philosophie
- Rollen der Beteiligten
- Stufe 1: Organisierter KVP
- Stufe 2: Mitarbeiter-KVP

**2. Bildung eines KVP-Teams**
- Teamleiter
- Meister
- Mitarbeiter
- AW
- Planung
- BR
- NN
- KVP-U
- 2 Lehrlinge zur sofortigen Umsetzung von Vorschlägen

**3. Schulung Grundlagen (1/2 Tag)**
- KVP-Philosophie
- KVP-Denkweisen
- KVP-Systeme
- Konkretes Vorgehen im Workshop

**4. Vor-Ort-Optimierung in der Werkstatt (2 Tage)**
- Analyse Ist-Situation: Taktzeit, Layout, Bestände, Qualität, besondere Probleme
- Suche nach Verbesserungsmöglichkeiten: Layout, Wegzeiten, Werkzeug, verbesserte Arbeitsplatzanordnung, Austaktung
- sofortige Umsetzung durch KVP-Werkstätten
- Suche nach Verbesserungen

**5. Aufbereiten Ergebnisse/Maßnahmenplan**
- Darstellung Einzelmaßnahmen
- Darstellung vorher/nachher
- KVP-Maßnahmenplan
- Darstellung Produktivitätsänderung, Flächenänderung, Änderung der Bestände

**6. Start des Mitarbeiter-KVP**
- Information der Mitarbeiter über Änderungen
- Wahl KVP-Ansprechpartner
- Schulung KVP-Ansprechpartner
- Aufbau Visualisierung
- ca. 20-minütige Mitarbeiter-KVP-Sitzungen

*Abb. 2: Ablauf eines KVP-Umsetzungsworkshops an einem Beispiel in der Endmontage Großserie*

### 7.1.3.2 KVP-Module

Das KAIZEN-Institut definiert KVP-Module zur Umsetzung und Einleitung des KVP-Prozesses. Diese bilden zunächst die Grundlage der KVP-Philosophie und dienen außerdem dazu, Diagnosen der KVP-Kultur und Mitarbeiterzufriedenheit zu erstellen. Wesentliche KVP-Module sind

- Zielfindungs- und Zielvereinbarungsworkshops,
- Teamentwicklung in allen Hierarchiestufen,
- Umsetzungsworkshops,
- Vorgesetzten-Audits sowie
- das von der European Foundation for Quality Management (EFQM) entwickelte Self-Assessment.

**Zielfindungs- und Zielvereinbarungsworkshops**

Zielvereinbarungen sind die Entwicklungsleitlinien eines KVP-Prozesses. Sie müssen quantifizierbar und für jeden Mitarbeiter verständlich und umsetzbar sein. Deshalb werden aus den Unternehmenszielen operationalisierbare Zielvorgaben für einzelne Funktionen oder Gruppen abgeleitet (Zielpyramide), die mit den betroffenen Mitarbeitern diskutiert und in Aktivitäten, Termine sowie Überprüfungsmechanismen umgesetzt werden. Die Ermittlung dieser Zielpyramide erfolgt im Rahmen von Zielfindungs- bzw. Zielvereinbarungsworkshops unter Beteiligung von Vertretern aller betrieblichen Funktionen und Hierarchieebenen. Die Teilnehmerzahl dieser Workshops sollte 15 nicht überschreiten, für die Moderation empfiehlt sich die Verwendung eines externen Coachs.

**Teams und teilautonome Gruppen**

Aus der Zielvereinbarung heraus entstehen prozessübergreifende Teams und teilautonome Gruppen. Diese erhalten zunächst ein gezieltes Training in allen KVP-Denkweisen, -Methoden und -Werkzeugen und werden bei ihren Sitzungen von ausgebildeten Moderatoren gecoacht.

**Umsetzungsworkshops**

Um die hohe Motivation schneller Erfolge zu nutzen, wird die Realisierung in prozessübergreifenden und prozessschrittinternen Umsetzungsworkshops durchgeführt. Diese dauern drei bis fünf Tage und werden von den betroffenen Führungskräften und Mitarbeitern mit Unterstützung von Spezialisten selbst realisiert. Erfahrungswerte zeigen, dass in solch kurzen Workshops die Beteiligten die Durchlaufzeit ihrer Prozesse bis auf ein Zehntel gekürzt, die Bestände auf ein Fünftel verringert und gleichzeitig die Ausbeute ohne Nachbesserung um den Faktor drei erhöht haben. Derartige Erfolge können nach anfänglichen Widerständen und großer Skepsis wahre Begeisterung hervorrufen.

**Vorgesetzten-Audits**

Voraussetzung für solche Erfolge ist eine öffentliche Visualisierung aller Probleme und eine gewissenhafte Kontrolle der Verbesserungen. Damit die Wellen der Begeisterung nicht wieder verebben, werden Vorgesetzten-Audits durchgeführt. Hier inspiziert der Leitungskreis den Stand aller vereinbarten Maßnahmen im monatlichen Rhythmus, ist dadurch einerseits bestens informiert und gibt andererseits durch die Audits ständig neue Impulse für weitere Aktivitäten und Verbesserungen.

Das EFQM-Self-Assessment beinhaltet eine Methodik zur Entwicklung eines unternehmensspezifischen Fragenkatalogs für die kontinuierliche Selbstbewertung. Dazu werden Textkriterien und Bewertungsmaßstäbe angegeben, die dann unternehmensspezifisch detailliert und gewichtet werden. Abbildung 3 zeigt die Testkriterien des EFQM-Self-Assessment. Die angegebenen Zahlen stellen die für jedes Kriterium maximal erreichbare Punktzahl dar.

**EFQM-Self-Assessment**

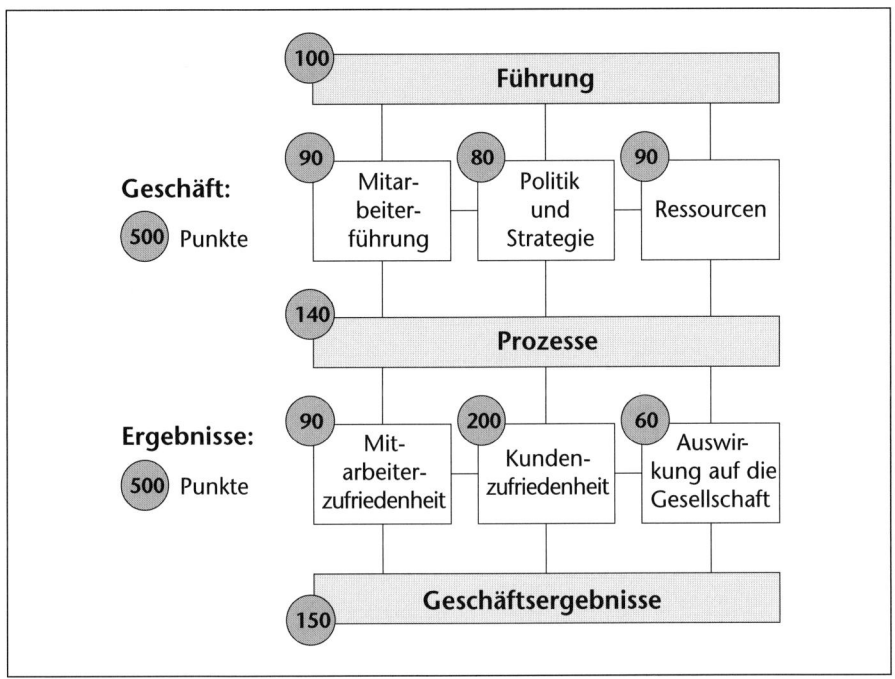

*Abb. 3: EFQM-Testkriterien*

Häufig wird behauptet, die Module von KVP könnten erst angewendet werden, wenn alle Stufen der Restrukturierung und des Reengineering abgeschlossen sind. Richtig ist, dass es keinen Zweck hat, teilautonome Gruppen zur ständigen Verbesserung ihres Arbeitsbereichs flächendeckend einzuführen, solange die Restrukturierung nicht durchgeführt ist. Abgesehen davon bietet KVP eine Reihe von Modulen, die auch in Phasen innovativer Erneuerung eines Unternehmens eingesetzt werden können oder besser – eingesetzt werden sollten, um den kulturellen Boden für nachhaltige und rasche Veränderungen vorzubereiten. So steigern alle KVP-Ansätze die Akzeptanz und verbessern das Situationsbewusstsein der Betroffenen. Erst daraus resultieren Veränderungsbereitschaft für Ressourcenanpassungen und Restrukturierungsmaßnahmen. Das Gleiche gilt für das Prozess-Reengineering. Die Wirksamkeit der einzelnen KVP-Module zur Unterstützung der Veränderungen zeigt Abbildung 4:

**Zeitpunkt des Einsatzes**

|  | Situation bewusst machen | Veränderungsbereitschaft | Veränderung unterstützen | Erfolge messen | Veränderung stabilisieren |
|---|---|---|---|---|---|
| EFQM-Selfmanagement | + | 0 | – | 0 | – |
| KVP-Diagnosen | 0 | 0 | – | 0 | – |
| KVP-Grundlagen | + | + | – | – | – |
| Zielfindungsworkshops | + | + | – | 0 | – |
| Prozessanalysen | + | + | – | + | – |
| Zielvereinbarungen | – | + | – | + | + |
| Teamentwicklung | 0 | + | + | – | + |
| Umsetzungsworkshops | + | 0 | + | 0 | – |
| Moderatoren-Ausbildung | – | – | + | – | + |
| Vorgesetzten-Audits | + | 0 | + | + | + |

*Abb. 4: Wirksamkeit der KVP-Module*

**Literaturempfehlungen**

*Dreisbach, B.:* Der kontinuierliche Verbesserungsprozess zum selbstlernenden Unternehmen. In: ZWF 90 (1995) 4. München 1995.

*Imai, M.:* KAIZEN – Der Schlüssel zum Erfolg der Japaner im Wettbewerb. München 1992.

*Teufel, P.:* Kampf der Verschwendung. Lean-Management-Seminar bei Siemens, München 17./18.03.92.

## 7.1.4 Workshops

*von Rainer Kämpf*

### 7.1.4.1 Grundlagen

Workshops sind in der heutigen Unternehmenswelt ein beliebtes Mittel, um durch Teamarbeit relevante Ergebnisse zu erzielen. Ein Workshop ist daher mit einem Meeting oder einer Sitzung vergleichbar, in der sich eine Personengruppe zur Besprechung und Erarbeitung von Sachverhalten oder zur Entscheidungsfindung trifft. Entscheidend ist jedoch die Zielsetzung der Zusammenkunft, d.h. sollen lediglich wichtige Informationen oder sogar beschlussfähige Handlungsalternativen zur Lösung von dringenden Problemen erstellt werden. Exemplarische Anlässe für einen Workshop sind:

**Workshop, Meeting, Sitzung**

- Koordinierung von Marketingkampagnen
- Festlegung neuer Unternehmensstrategien
- kreative Erarbeitung neuer Produktlinien
- Festlegung und Zuordnung von Aufgaben und Verantwortlichkeiten von Mitarbeitern

Um eine optimale Gesprächssituation zu schaffen, werden firmeninterne hierarchische Strukturen für die Dauer des Workshops häufig aufgegeben. Das Team sollte demnach frei von externen Zwängen zusammenkommen, um in gelöster Atmosphäre anstehende Probleme zu erörtern. Bei der Konzeption und anschließenden Einladung zum Workshop sind fünf Grundregeln zu beachten:

### 7.1.4.2 Grundregeln für die Planung von Workshops

**Regel 1: Information über die Zielsetzung im Vorfeld**
Die schriftliche Einladung muss Hinweise darauf enthalten, dass das Treffen zu einem definierten Ergebnis führen wird (z.B. »Erarbeitung einer Kriterienliste für die Softwareauswahl«).

**Regel 2: Workshop = Arbeitssitzung**
Die Erarbeitung der Ergebnisse findet im Workshop statt und nicht in der Vor- oder Nachbereitungsphase.

**Regel 3: Richtige Medienauswahl**
Der Veranstalter sollte geeignete Medien zur Zielerreichung festlegen und bereitstellen (z.B. ruhiger Sitzungsraum, Flip-Chart, Overheadprojektor etc.).

**Regel 4: Gute Vorbereitung der Teilnehmer**
Die Teilnehmer sind mit den entsprechenden Informationen im Voraus ausgestattet worden und weisen auch das notwendige Fachwissen auf.

**Regel 5: Auf den Moderator kommt es an**
Ein kompetenter Moderator, der auch zu den Teilnehmern passt, muss im Vorfeld bestimmt werden.

### 7.1.4.3 Ablauforganisation

**Inhaltliche Vorbereitung**

Eine erfolgreiche Workshopvorbereitung besteht aus den drei Komponenten

- Inhalt,
- Organisation sowie
- teilnehmende Personen.

Bei der inhaltlichen Planung des Workshops wird auf die Frage eingegangen, welche Themen mit welchen Mitteln zu welchen Zielen führen sollen. Der Moderator hat dabei verschiedene Probleme im Vorfeld zu klären:

- optimale Hinführung zum Thema (Vortrag, Demo)
- lückenlose Zeiteinteilung
- geeignete Methoden und Techniken (Rollenspiele, Gruppenarbeit)
- Einsatz von Sitzungsunterlagen etc.

**Organisationsaufgaben**

Die Hauptverantwortung der allgemeinen Organisation liegt beim Moderator. Er muss dabei auf wesentliche Punkte wie z.B. auf

- Raumausstattung (Helligkeit, PC, Leinwand),
- Präsentationsmaterial (Folien, Disketten, Broschüren),
- Arbeitsmaterial (Papier, Stifte, Leerfolien),
- Erfrischungen (Speisen und Getränke) und
- Personal (Service, Protokollführer)

achten. Unterstützung erfährt der Moderator in den meisten Fällen durch einen verantwortlichen Mitarbeiter, der sich um das Drucken der Teilnehmerlisten und Namensschilder sowie um die Reservierung der Räume und das Versenden der Einladungen kümmert.

**Spielregeln**

Die Spielregeln eines Workshops wie z.B.

- kurz gefasste Statements,
- persönlicher Respekt untereinander,
- Orientierung am Sachverhalt usw.

sollten jedem Teilnehmer bekannt sein. Weiterhin hat der Moderator der Veranstaltung darauf zu achten, dass die eingeladenen Personen im Voraus ausreichend informiert wurden und ihre Rolle innerhalb der Sitzung genau kennen. Zudem sollten sie die Namen der anderen Teilnehmer erfahren.

### 7.1.4.4 Fehlerursachen

Ein Workshop gilt dann als gescheitert, wenn das im Vorfeld bestimmte Ziel nicht oder nur teilweise erreicht wurde. Mögliche Ursachen für das Scheitern von Workshops sind:

**Gescheiterte Arbeitstreffen**

- mangelnder Sachverstand der Teilnehmer
- unklare Zielvorgaben
- Disziplinlosigkeit, aber auch zu viele Höflichkeitsrituale
- zu langatmige Ausführungen
- Rivalitäten
- Störungen durch Telefon
- mangelhafte Unterlagen
- unklare Arbeitsanweisungen
- unpassender Raum und ungünstige Sitzordnung

In der Regel wird der Moderator für das Scheitern eines Workshops verantwortlich gemacht und an seiner Kompetenz zum Führen von Sitzungen gezweifelt. Fehler in der Vorbereitungsphase werden durch eine geschicktere Organisation ausgebügelt, Fehler in der Durchführung jedoch lassen häufig auf eine falsche Gesprächsleitung schließen. Diese sollte dem Teilnehmerkreis und den Umständen entsprechend angepasst sein. Bei einer zu laschen Führung kann Chaos oder Langeweile entstehen, während eine äußerst straffe Gesprächsführung u.U. Trotzreaktionen oder Versagensängste bzw. Denkblockaden (Kreativitätsstau) bei den Anwesenden hervorrufen kann.

**Falsche Gesprächsführung**

### 7.1.4.5 Arten von Workshops

#### Planungsworkshop

In jedem Unternehmen müssen Pläne für den normalen Geschäftsalltag und für außerordentliche Situationen bereitliegen (z.B. Lieferpläne, Terminpläne, Finanzpläne etc.). Pläne sind meistens spekulativ, da sie zukunftsorientiert angelegt wurden. Aus diesem Grund sollten wichtige Pläne immer im Team erarbeitet werden, auch wenn in einer Konferenz lange Diskussionen drohen. Andererseits ist es fast unmöglich, Pläne in einem Konsens von mehr als vier Personen zu erstellen. Abhilfe schafft hier ein Verfahren, bei welchem ein kleiner Arbeitskreis von drei bis vier ausgewählten Fachleuten die notwendigen Pläne erarbeitet, in einer größeren Konferenz präsentiert und dabei Verbesserungsvorschläge sowie neue Ideen aufnimmt. Ein Planungsprozess innerhalb eines Workshops umfasst dabei verschiedene Gliederungspunkte:

**Kleine Arbeitskreise**

- Was soll erreicht werden? (Ziele, Aufgabenumfang, Qualitätsansprüche, sonstige Erwartungen)

- Welche Bedingungen gelten? (Termine, Finanzen, Gesetze, Corporate Identity, Sicherheitsvorschriften)
- Was wird benötigt? (Personal, Material, Budget, geistige Unterstützung)
- Wie sieht die spezielle Vorgehensweise aus?

**Problemfindungsworkshop**

*Schwachstellen herausfiltern*

Diese Form des Workshops zielt darauf ab, eventuell zukünftig auftretende bzw. latente Probleme aufzufinden und zu analysieren. So können mögliche Schwachstellen und potenzielle Gefahren (z.B. Reorganisation durch neue Softwareeinführung) in einem Unternehmen direkt entdeckt und entsprechend bekämpft werden. Aufgabe dieses Workshops ist die kritische Betrachtung von Situationen oder Problemfeldern sowie das Sammeln von Hinweisen auf Schwachstellen und deren informative Aufbereitung für die Geschäftsleitung. Die eigentliche Problemlösung und Ursachenanalyse sollte in einem eigenen Workshop betrieben werden.

**Workshop zur Risikoanalyse**

*Mitarbeiter untersuchen Risiken*

Durch Risikoanalysen kann verhindert werden, dass es in einem Unternehmen zu Problemen, Engpässen, Krisen oder Katastrophen kommt. In einem entsprechenden Workshop sollte folgenden Fragen nachgegangen werden:

- Was kann passieren? (Risiken erkennen, Schwachstellen aufdecken, mögliche Schäden abschätzen)
- Was muss getan werden, damit es nicht passiert? (Verhindern, Gefahren umgehen, gute Vorbereitung, andere genügend vorbereiten)
- Was muss getan werden, wenn es doch passiert? (Vorgehensstrategie für den jeweiligen Schadensfall)

*Risiko- und Krisenmanagement*

In diesem Zusammenhang fallen häufig die Begriffe des Risiko- und Krisenmanagements. Während das Risikomanagement schon im Vorfeld des Schadensereignisses mögliche Gefahrenquellen aufdeckt, tritt das Krisenmanagement erst im Nachhinein in Erscheinung. Letzteres dient nicht dazu, Schuldige ausfindig zu machen oder Verantwortlichkeiten festzustellen. Vielmehr hat diese Form des Managements das Ziel, Tatsachen und Fakten zu sammeln und aufzubereiten, damit Folgeschäden so gering wie möglich ausfallen. Für die Problemlösungsstrategien des Risikomanagements sind jedoch Workshops zur Risikoanalyse eine gute Ausgangsbasis für aktives Handeln.

**Workshop zur Strategieentwicklung**

*Strategie bestimmt die Zielrichtung*

Zukunftsträchtige Strategien sind in Zeiten zunehmenden Wettbewerbs und neuer Märkte ein wichtiger Faktor für Unternehmen. Strategien müssen jedoch in Workshops ausführlich entwickelt und laufend kontrolliert wer-

den, um die richtige Zielrichtung und damit den wirtschaftlichen Erfolg zu gewährleisten. Dazu gehören folgende Schritte:

- Bestimmen der Zielrichtung
- Positionierung des eigenen Unternehmens (Auftrag, Märkte, Produkte)
- Untersuchung der Marktsituation (Entwicklungen und Trends)
- Untersuchung der unternehmensinternen Situation (Stärken-/Schwächenanalyse)
- Zielformulierungen
- Analyse der Auswirkungen
- Entwicklung von Plänen
- regelmäßige Kontrollen

**Verkaufsworkshop**

Bei dieser Art von Workshop geht es darum, Vertriebsmitarbeiter für ihre Innen- und Außendiensttätigkeiten beim Kunden ausreichend zu schulen. Eine entsprechende Sitzung sollte nach folgendem Muster ablaufen:

**Optimale Kundenbetreuung**

- Sammeln aller Vor- und Nachteile der eigenen Produkte
- Analyse der potenziellen Kunden
- Form der Darstellung der eigenen Produkte
- mögliche Einwände der Kunden
- Entwicklung einer Gesprächsregie
- Training durch Rollenspiele

Auf diese Weise lassen sich individuelle Muster erstellen, anhand derer der Vertriebsmitarbeiter Beratungsgespräche beim Kunden optimal trainieren und schließlich erfolgreich anwenden kann.

**Literaturempfehlung**

*Kellner, H.:* Konferenzen, Sitzungen, Workshops effizient gestalten. München 1995.

### 7.1.5 Wissensmanagement: Theoretische Grundlagen und praktische Anwendungen

*von Rainer Kämpf*

#### 7.1.5.1 Einleitung

Wissen bestimmt zunehmend den Unternehmenswert. Der US-Managment-Professor J. B. Quinn erklärt, dass häufig drei Viertel des generierten Mehrwerts auf spezifisches Wissen zurückgeführt werden kann. Skandia publiziert Wissensbilanzen, die den Goodwill in Wissen, Fähigkeiten, Reputation etc. aufspalten, um das intellektuelle Kapital des Unternehmens transparent zu machen.

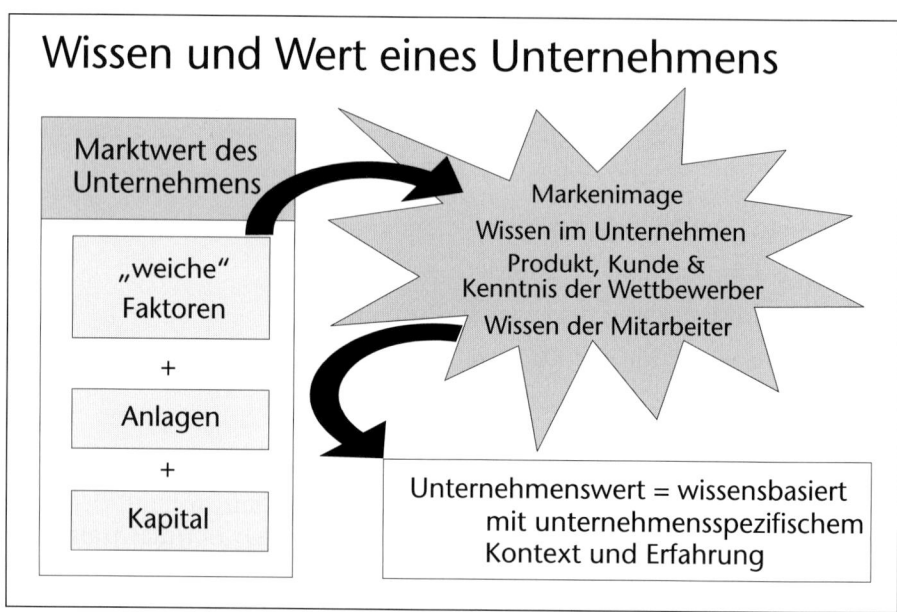

*Abb. 1: Wissensmanagement und Unternehmenswert (vgl. GartnerGroup)*

»Wissen als Wettbewerbsfaktor hat schlagartig den Sprung in die Schlagzeilen der Wirtschaftspresse geschafft«. Wissensmanagement-Arbeitsgruppen werden gegründet, Vorstandsvorsitzende beschäftigen sich damit und Workshops werden angeboten. Unternehmen wie Herlitz, Siemens, 3M, Hewlett-Packard, Ernst & Young und Skandia haben das Wissen zum Kernelement der Unternehmenskultur und -strategie gemacht.

**Wissen als Wettbewerbsvorteil: wissensintensive Produkte, Wissensnationen, Wissensgesellschaft**

Die wachsende Bedeutung von Wissen als Wettbewerbsvorteil kann durch drei Faktoren begründet werden: In der heutigen Wissensgesellschaft werden anstelle von arbeits- und kapitalintensiven jetzt zunehmend wissensintensive Produkte bzw. Dienstleistungen verkauft. Im Zuge der Globalisierung sind die »Wissensnationen« und nicht mehr die Industrienationen führend. Physische Arbeiten wandern in Schwellen- und Entwicklungsländer. Strukturwandel und Globalisierung werden von den Entwicklungen der letzten Jahre in der Informations- und Kommunikationstechnologie angetrieben. Riesige Datenmengen könnten gespeichert, ausgetauscht und »global« und interaktiv bearbeitet werden. Eine weltweite Informationstransparenz wurde geschaffen, was sich in schnellen Marktveränderungen und höheren Innovationsgeschwindigkeiten auswirkt. Letztlich ist eine Wissensgesellschaft entstanden, in der Wissen über Innovations- und Wettbewerbsfähigkeit entscheidet.

Wissen stellt somit eine Herausforderung dar, die jedoch durch Wissensmanagement (im Folgenden: WM) bewältigt werden kann. Um in das WM einsteigen zu können, muss erst geklärt werden, was Wissen überhaupt ist.

### 7.1.5.2 Wissen

Wissen kann wie in folgender Wissenstreppe von North definiert werden. Wissen ist hierbei »der Prozess der zweckdienlichen Vernetzung von Informationen«. D.h. Wissen ist das Resultat aus der Anwendung von Informationen bei einem bestimmten Problem. Es bietet dadurch eine Handlungsorientierung, die zu Aktionen führt. Erst bei der Umformung in Handlungen erhält Wissen einen Wert.

**Wissen ist der Prozess der zweckdienlichen Vernetzung von Informationen**

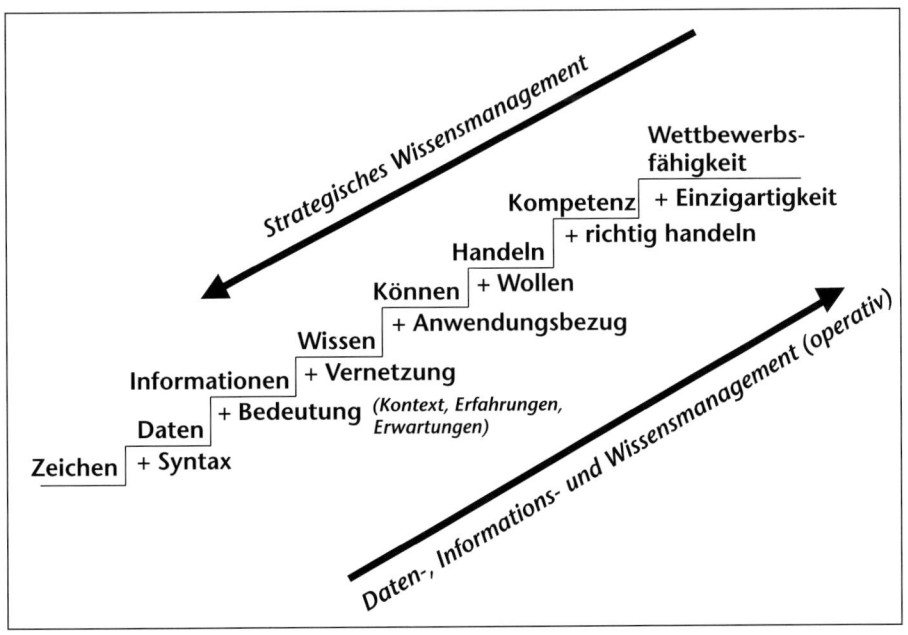

Abb. 2: *Strategisches und operatives Wissensmanagement (vgl. North)*

Wissen umfasst sowohl Fakten, als auch individuelles Erfahrungswissen. Wissen ist nicht beliebig übertragbar, da es immer an Personen gebunden ist, in einer bestimmten Situation entstand, d.h. kontextspezifisch ist, und von individuellen Erfahrungen geprägt ist. Daher kann keine »Wissensda-

**Wissen ist personen- und kontextspezifisch**

tenbank« existieren. Es gibt nur »Datenbanken, die Teilbereiche von Wissen als Informationen ablegen«, da Wissen die Gesamtheit der Kenntnisse, Fähigkeiten und Fertigkeiten, die Personen zur Problemlösung einsetzen, darstellt.

Wissen ist heute entscheidender Wettbewerbsfaktor. Somit müssen die klassischen Produktionsfaktoren der Volks- und Betriebswirtschaftslehre um den Produktionsfaktor Wissen erweitert werden. Wissen besitzt hierbei die Besonderheit, dass es durch Gebrauch wertvoller wird.

### 7.1.5.3 Wissensmanagement

Aufgaben

*Wissensmanagment macht Wissen optimal nutzbar*

Jedes Unternehmen »besitzt« Wissen, das jedoch meist nicht optimal genutzt wird. Dies belegt folgende Aussage von interviewten Führungskräften:

»Wenn wir wüssten, was unser Unternehmen weiß, dann könnten wir Kundenwünsche besser erfüllen, innovative Produkte früher anbieten, schneller auf Marktveränderungen reagieren und unsere Produktivität steigern. Kurz gesagt, wir könnten schneller besser werden.«

WM bietet eine Lösung des oben geschilderten Problems, indem es Möglichkeiten bietet, auf die Wissensbasis des Unternehmens Einfluss zu nehmen. Die Wissensbasis umfasst alle Daten, Informationen, Fähigkeiten und alles Wissen zur Bewältigung der Unternehmensaufgaben. Die Aufgaben des WM sind lt. von Krogh und Venzin (1995) wie folgt:

- Wissenserschließung für alle Mitarbeiter, die dieses Wissen benötigen
- Wissensbereitstellung am Ort und zur Zeit der Entscheidung
- Erleichterung der Wissensentwicklung
- Schaffung von Wissenstransparenz, so dass jeder Mitarbeiter Wissen leicht finden kann
- Umsetzung obiger Kompetenzen in neue Produkte bzw. Dienstleistungen

Wie jedoch WM »gestaltet wird, welche Strategien und welche Methoden verfolgt werden, ist dabei für jede Organisation unterschiedlich und muss individuell ermittelt werden.«

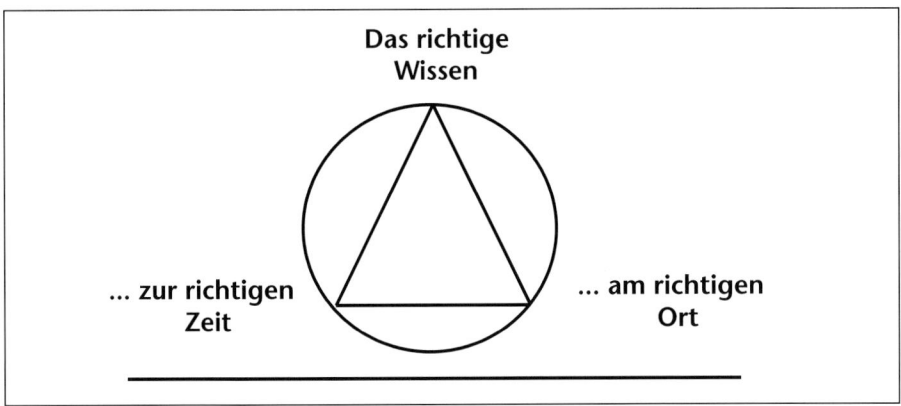

*Abb. 3: Aufgaben und Ziele von Wissensmanagement (vgl. North)*

### Ganzheitlicher Ansatz

Oft werden mit WM einzelne Informations- und Kommunikationstechnologien verbunden, wie auch in Abbildung 4 gezeigt wird. Dies ist falsch. WM ist ein ganzheitlicher Ansatz, der sich nicht nur auf Technologie beschränkt. Dieser wird anhand des 3-Säulen-Modells skizziert.

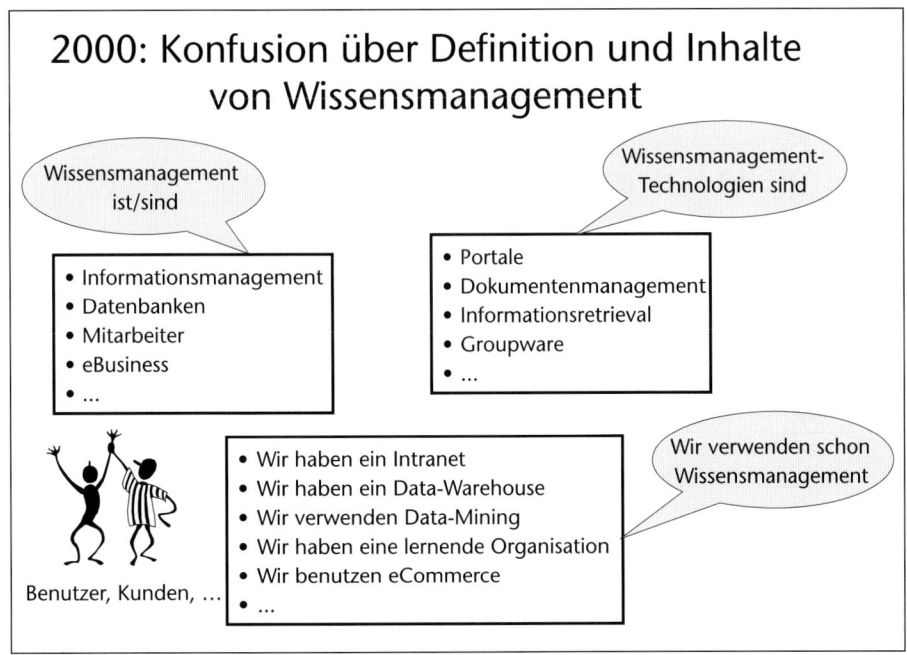

*Abb. 4: Bedeutungsvielfalt von Wissensmanagement (vgl. GartnerGroup)*

WM schließt nicht nur die Technologie, sondern auch die Menschen und die Organisation ein. WM ist daher als wissensorientiertes Konzept zu verstehen, das sich im gesamten Unternehmen auswirkt. Denk- und Verhaltensweisen müssen in die Unternehmenskultur aufgenommen und als Kernbestandteil der Unternehmensphilosphie akzeptiert werden.

**Zur Umsetzung von Wissensmanagement muss die Unternehmenskultur angepasst sein**

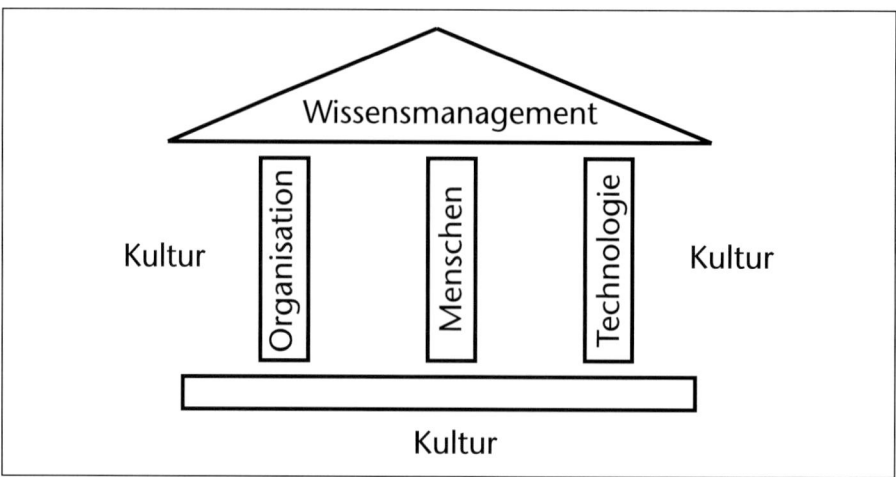

*Abb. 5: 3-Säulen-Modell des Wissensmanagements (vgl. Schönherr)*

Wissen kann durch fehlende Integration des WM-Konzeptes in die Unternehmenskultur verloren gehen. Wenn bspw. aufgrund einer »Wissen ist Macht«-Einstellung oder einer »Was bringt es mir, anderen mein Wissen mitzuteilen?«-Einstellung Mitarbeiter sich weigern, ihr Wissen zur Verfügung zu stellen, kann WM nicht erfolgreich betrieben werden. Somit muss WM Mitarbeiter zum gegenseitigen Lernen und aktiven Wissensaustausch ermutigen und dies belohnen bzw. anerkennen (bspw. im Bonus). »The cultural dimensions of KM will overshadow technology in most firms.«

*Abb. 6: Die kulturelle Dimension von Wissensmanagement (vgl. GartnerGroup)*

Nachdem Aufgaben und Ansatz diskutiert wurden, ergibt sich für das Wissensmanagement folgende Definition:

»*Wissensmanagement ist eine formale, strukturierte Vorgehensweise zur Verbesserung der Generierung, Verteilung und Nutzung von Wissen in einer Organisation. Es ist ein formaler Prozess, in dem das Wissen eines Unternehmens den Wert des Unternehmens vergrößert.*«

**Wissensmanagement – ein formaler Prozss, in dem das Wissen eines Unternehmens seinen Wert vergrößert**

### Bausteine des Wissensmanagements

In der Vergangenheit wurden verschiedenste WM-Konzepte entwickelt. Beispielhaft seien hier angeführt:

- »Knowledge Cycle« des Research-Unternehmens GartnerGroup,
- »APQC/Andersen-Rahmenkonzept« vom American Productivity and Quality Center und der Unternehmensberatung Arthur Andersen oder
- das Konzept von Probst et al. »Bausteine des Wissensmanagements«.

Das letzte der genannten Konzepte von Probst et al. soll an dieser Stelle näher erläutert werden. Es hilft bei der Analyse, deutet auf Problemfelder hin und strukturiert mögliche WM-Aktivitäten. Es unterscheidet einen »inneren und äußeren Kreislauf«. Der äußere Kreislauf bildet die klassischen, strategischen Managementkomponenten Zielsetzung, Umsetzung und Bewertung ab. Der innere Kreislauf beschäftigt sich mit der Umsetzung bzw. der Problemlösung. Der Problembereich wird in die Komponenten Wissensidentifikation, -entwicklung, -verteilung, -bewahrung und -nutzung untergliedert, welche ein in der Praxis übliches Modell zur WM-Durchführung bzw. Identifikation von WM-Problemen stellen. Sie müssen immer abhängig voneinander und nicht isoliert betrachtet werden.

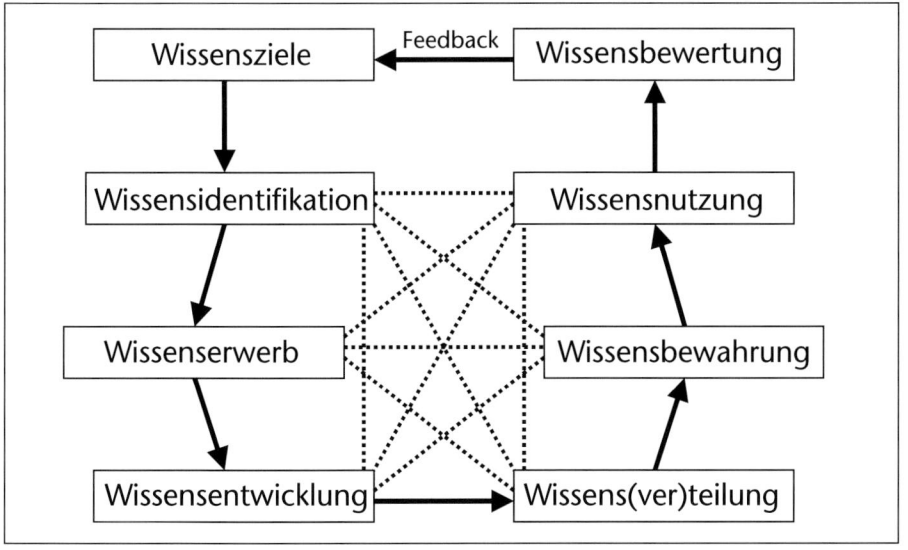

*Abb. 7: Bausteine des Wissensmanagements (vgl. Probst et al.)*

| | |
|---|---|
| **Festlegung von Wissenszielen** | **Wissensziele** müssen klar und konkret vom Management festgelegt, laufend überprüft und ggfs. veränderten Rahmenbedingungen angepasst werden. |
| | Des Weiteren muss Wissen im Unternehmen selbst und im Wissensumfeld analysiert, identifiziert und beschrieben werden. In der heutigen Informationsflut muss ein Überblick durch Schaffung einer angemessenen Transparenz ermöglicht werden. |
| **Strukturierung des Wissens nach Schlüsselwörtern** | Dabei ist eine »Kontextualisierung« nötig, d.h. die Strukturierung nach Schlüsselwörtern, die ein späteres Auffinden erleichtert. Da (s. Kapitel 7.1.5.2) Wissen personengebunden und kontextspezifisch ist, kann eine reine Technologielösung nicht zur gewollten Wissenstransparenz führen. |
| **Unternehmenskultur unterstützt die Bereitstellung von Wissen** | Zur **Wissensidentifikation** wird zusätzlich der Mensch benötigt werden, der sein Wissen z.B. im persönlichen Gespräch zur Verfügung stellt. Das Gespräch muss jedoch zuvor durch eine Plattform bzw. eine Unternehmenskultur ermöglicht werden. |
| **Externes Wissen identifiziert Best Practices und unterstützt deren Anwendung** | Es folgt der **Wissenserwerb**. Dies ist die Einführung von externem Wissen und kann durch Rekrutierung qualifizierter Mitarbeiter, Kooperation bzw. Übernahme anderer Unternehmen und durch Erwerb von Stakeholderwissen geschehen. Außerdem kann Wissen direkt in Form von Datenbanken, Lernsoftware, Patenten und Lizenzen gekauft werden. Zur Identifikation des jeweiligen Bedarfs hat sich die Benchmarking-Methode etabliert. Beim Benchmarking werden Prozesse, Dienstleistungen, Produkte, Strategien etc. des eigenen Unternehmens mit denen der besten Mitbewerber verglichen. Dabei werden »Best Practices« identifiziert und für das eigene Unternehmen angepasst. Andersen verfügt bspw. über einen Katalog von »Best Practices« unter dem Namen »Global Best Practices«. |

### Global Best Practices
**Evolve: to undergo changes and develop into a higher, better form**

To survive in today's business environment, you have to be smarter, faster and better than ever before. You need the best business practices behind your decisions and actions. In the current economy, as in any economy, best business practices produce results. It's just that now the stakes are higher, the competition is fiercer and there is more to lose. And more to win.

*Abb. 8: Global Best Practices (vgl. Andersen)*

| | |
|---|---|
| **Wissen trägt zur Weiterentwicklung des Wissens bei** | Der »Schritt« **Wissensentwicklung** ergänzt den Wissenserwerb. Hierbei wird intern die Entwicklung neuer Fähigkeiten und Produkte und besserer Ideen und Prozesse gefördert. Dabei sollen vom Management im Rahmen eines WM-Konzeptes Rahmenbedingungen für die Mitarbeiter geschaffen werden, die diese motivieren, neues Wissen zu entwickeln. Dies kann durch eine Entlastung und Gewährung größerer Freiräume, eine fehlertolerante |

Unternehmenskultur und eine Zuteilung von Aufgaben entsprechend der Interessensgebiete der Mitarbeiter geschehen. Eine weitere Methode ist, Teamarbeit zu fördern, wobei bei der Zusammensetzung des Teams auf verschiedene, sich ergänzende Persönlichkeiten und Fertigkeiten (Sachkenntnis, Fähigkeiten der Lösung von Problemen und des Umgangs miteinander) mit einem Grundkonsens geachtet werden muss. Es muss unbedingt eine offene Atmosphäre und ein vielfacher Austausch von Ideen vorliegen. Besonders wichtig ist, am Ende Projekterfahrungen festzuhalten und zukünftigen Teams bereitzustellen. Dies kann in Form von bei Projektende vorgeschriebenen »Debriefings« geschehen. Diese sollen Erfolgsfaktoren, Schwierigkeiten und Lerninhalte in Form von »lessons learned« festhalten.

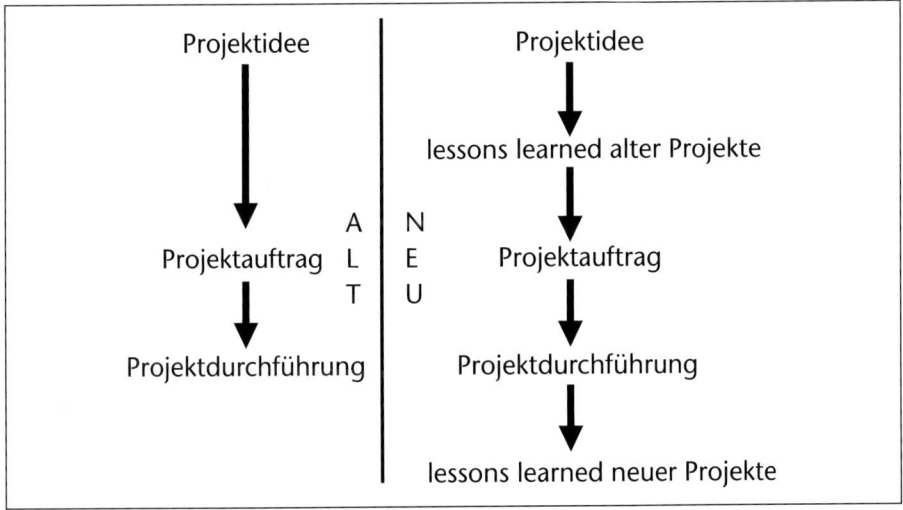

Abb. 9: *Projektabwicklung und Wissensmanagement (vgl. Probst et al.)*

Beim WM ist die **Wissens(ver)teilung**, also die Kommunikation bzw. Verbreitung von Wissen, zentral. Erfahrungen sollen ver-/geteilt werden, indem sie möglichst schnell auf Personen oder Systeme verteilt werden, so dass sie für alle nutzbar sind und eine Multiplikation von Wissen möglich ist. Der gleichzeitige Austausch von Wissen soll zu neuem Wissen führen. Wissen kann bspw. durch Technologie oder Job-Rotation übertragen werden. *»Knowledge that doesn't flow doesn't grow and eventually ages and becomes obsolete and useless«.*

Zentrale Wissenverteilung stellt schnelle Nutzung von Wissen sicher

Die **Wissensbewahrung** gehört zu den wichtigsten WM-Aufgaben und ist in drei Schritte untergliedert. Der erste – die Selektion – trennt nicht aufbewahrungswürdiges von wertschöpfendem Wissen. Unter wertschöpfend versteht man das Wissen, welches zukünftig im Unternehmen relevant bzw. nötig ist. Im zweiten Schritt wird Wissen im Gedächtnis der Menschen (individuell oder kollektiv, bspw. in Projektteams) oder in elektronischer Form gespeichert. Schließlich muss gespeichertes Wissen aktualisiert werden, da Wissen permanent erweitert bzw. durch neues Wissen ersetzt

Wertschöpfendes Wissen muss bewahrt werden und schnell verfügbar bzw. nutzbar sein wird. Zusätzliche Aufgabe des WM ist es, auftretende Probleme folgender Gestalt zu lösen: Besonders »höhere« Mitarbeiter haben wenig Zeit, um Wissen zu erfassen, und Wissen kann verloren gehen, bspw. endgültig durch Kündigungen, pensionierte Mitarbeiter, Outsourcing, Teamwechsel, Systemabstürze etc. oder vorübergehend durch Krankheit, Sabotage, Systemüberlastungen etc.

Sobald Wissen erkannt und kommuniziert wird, sollen durch **Wissensnutzung** neue Produkte bzw. Dienstleistungen angeboten werden können. Dabei soll WM durch eine besonders nutzerfreundliche (schnelle, übersichtliche, jederzeit und überall verfügbare) Wissensinfrastruktur den produktiven Einsatz des Wissens für das Unternehmen gewährleisten. Nicht die alleinige Identifikation und Verteilung, sondern nur eine erfolgreiche Wissensanwendung stellt einen wertschöpfenden Prozess dar. Dabei müssen Probleme wie Nutzungsbarrieren (bspw. Ansehensverlust bei Verwendung fremden Wissens) gelöst werden.

*Zielorientiertes Wissen sichert die Effizienz des Wissensmanagemants*

Schließlich muss in Form einer **Wissensbewertung** der Wissensbestand gemessen und bzgl. der Erfüllung der anfangs gestellten Ziele bewertet werden. Dies ist nötig, um die Effizienz des WM zu überprüfen und Probleme bei der Umsetzung von WM-Konzepten lösen zu können. Dabei sollte man zur Übersichtlichkeit vier Indikatorenklassen einführen (Balanced Scorecard-Ansatz). Nach Bewertung der Wissensbasis kann schließlich dieser Wert evtl. eine besonders hohe Börsenkapitalisierung rechtfertigen (siehe Kapitel 7.1.5.1).

### 7.1.5.4 Zusammenfassung

WM schafft, erfasst, selektiert, aktualisiert und strukturiert Wissen, macht es zugänglich (Zurverfügungstellung bzw. Vermittlung von Wissensträgern) und fördert die Nutzung. WM ist nicht der Einsatz einer IT-Lösung, sondern ein Management-Konzept, das sich im gesamten Unternehmen auswirkt, kontinuierlich anhand zuvor definierter Ziele bewertet werden muss und für ein »Überleben« in der heutigen Wissensgesellschaft entscheidend ist.

*»Viele Unternehmen vernachlässigen zunächst den Prozessaspekt des WM. Ein Projekt wird initiiert, [...] Zeit und Arbeit in den Aufbau der Wissensbasis und begleitende Maßnahmen investiert. Wie aber nach Ende der Projektphase die Pflege der Wissensbasis und deren Ausbau sichergestellt wird, ist häufig ungeklärt. Wichtig wäre dabei das Verständnis von erfolgreichem WM als einem* **kontinuierlichen Prozess***, der von der Wissensgenerierung über das Evaluieren und Filtern von Wissen, dem Speichern und Katalogisieren bis hin zur Verteilung und Nutzung und wiederum Schaffung von neuem Wissen reicht.«*

### 7.1.5.5 Praktische Anwendungen

**Wissens(land)karten**

In vielen Großunternehmen wissen Führungskräfte nicht, welche Mitarbeiter über für sie kritisches Wissen verfügen. In diesem Fall können Wissenslandkarten eingesetzt werden, die die Frage »Welches Wissen ist wo?« beantworten. Sie beziehen sich auf den Baustein »Wissensidentifikation« des vorgestellten Modells von Probst et al. und ermöglichen eine Wissenstransparenz im Unternehmen. Mit der abgebildeten, fiktiven Wissenskarte lässt sich bspw. die Frage »Wer besitzt Erfahrungen im Aufbau einer Informationsstrategie unter Berücksichtigung der Informationsqualität?« beantworten. So kann bei Problemen schnell auf Kompetenzen anderer Mitarbeiter zurückgegriffen werden.

**Wissenskarten zur Wissensidentifikation**

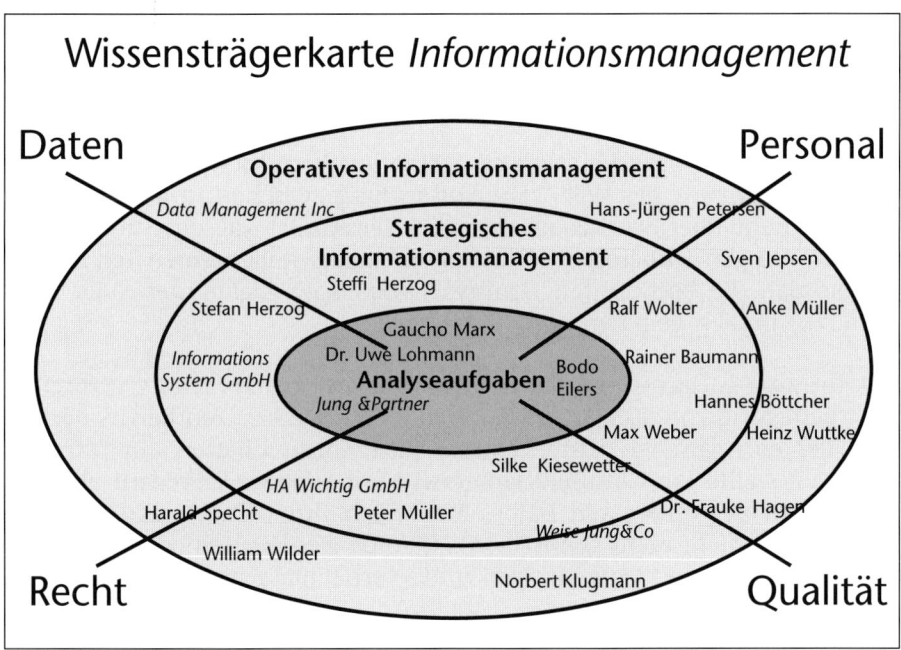

*Abb. 10: Wissensträgerkarten (vgl. North)*

Wissenskarten erfüllen somit folgende Funktionen:

- Sie machen das vorhandene Wissen transparent,
- sie stellen schnell den Zugang zu anderen Mitarbeitern her,
- sie zeigen Lücken im Wissensbestand (hier z.B. auf der operativen Ebene des Datenmanagements, das allein durch Dritte erbracht wird) und
- sie dienen zur Erfolgsmessung (Veränderungen auf der Wissenskarte gut sichtbar).

Wissenskarten sind Metainformationssysteme, die den Weg zum Wissen aufzeigen, jedoch selbst keine Wissensinhalte als solche enthalten.

»*In its simplest form, a knowledge map is a straightforward directory pointing people who need access to knowledge to the places where it can be found.*«

### Intranet

**Intranet als Kommunikations- und Anwendungsplattform des Wissensmanagements**

Internettechnologie kann im Rahmen des WM in Form des Inter-, Extra- und Intranets genutzt werden. Das Internet ist der Öffentlichkeit zugänglich. Dagegen ist das Intranet ein unternehmensinternes Netzwerk, das Unternehmensinformationen enthält, die nur für autorisierte Mitarbeiter zugänglich sind. Es ist möglich, es zur Verteilung von Informationen, aber auch als Kommunikations- und Anwendungsplattform zu nutzen. Hierbei verwendete Intranet-Dienste sind z.B.: Verzeichnisse (Mitarbeiter, Abteilungen, Mailinglisten), Wissen/Informationen (Artikel, Dokumente, Werbemittel), Anwendungen (Telefonbuch, Suchen, Blackboard) und Kommunikation (Feedback).

Das Intranet gilt als »wichtigste informationstechnische Vorraussetzung für die Einführung des WM«. Die Verbindung zwischen Intra- und Internet geschieht über Schutzeinrichtungen (Firewalls), die das Intranet vor dem Eindringen Unbefugter schützen. Extranets stellen einen Teil des Intranets dar, die bestimmten Gruppen, wie bspw. Lieferanten oder Partnern, zugänglich gemacht wird.

Das Intranet ist ein wesentliches WM-Tool und bereits relativ verbreitet. Laut Befragung von 405 Organisationen in Europa besitzen bereits 64 Prozent der europäischen Unternehmen und Körperschaften ein Intranet. Dennoch stellte die Cranfield University fest: »Über 60 Prozent aller Intranet-Systeme werden ein halbes Jahr nach ihrer Einführung von den Mitarbeitern nicht mehr genutzt.« Als Gründe werden »schlechte Planung« infolge spontaner Entscheidungen und »vernachlässigte Pflege« genannt.

### Web-Content-Management

**Content-Management zur Strukturierung des Wissens**

Intranet- und Extranet-Lösungen entwickeln sich sehr schnell und tendenziell unkontrolliert, so dass meist veraltete Informationen, »tote« Links und unauffindbare Dokumente Unzufriedenheit beim Mitarbeiter bzw. beim Partner auslösen. Grund dafür ist, dass die manuelle Pflege oft nicht gewährleistet ist. Die Lösung ist ein Web-Content-Management-System, welches Informationen strukturiert und verwaltet, auf diese Art und Weise konsistente und aktuelle Informationen liefert und so die Informationsqualität sicherstellt.

»Dabei bedeutet Content Management [...] die Verwaltung von Inhalten, wobei das Augenmerk vor allem auf der Aktualität, Zuverlässigkeit, Konsistenz und Erschließbarkeit der Inhalte liegt. [...] Das Content Management

ist die zentrale Herausforderung für alle Unternehmen, die mit Kunden und Mitarbeitern im Inter-, Extra- und Intranet effizient kommunizieren oder Knowledge Management betreiben wollen.«

Web-Content-Management besitzt u.a. folgende Aufgaben:

- Die Verwaltung einer großen Datenmenge schließt inhaltliche Organisation und Strukturierung (bspw. nach Organisationseinheiten, nach Aufgaben, nach Produkten etc.) im Menü mit ein. Dies erfolgt über eine Klassifizierung anhand von Metainformationen, die bei der Erstellung von Objekten diesen zugeordnet werden. Metainformationen sind in diesem Fall bspw. Autoreninformationen, Indexterme, Erstellungsdatum, Änderungsdatum, Lebensdauer, Sprachinformationen, Klassifikationsinformationen, Dateiformate, Dateigrößen etc. Zum Beispiel können Preislisten mit bestimmten Lebensdauern automatisch gelöscht oder Daten nach einem gewissen Zeitraum abgefragt werden.

- Ein Link-Management pflegt die existierenden Hyperlinks. Sobald ein Dokument gelöscht wird, werden alle darauf verweisenden Links gelöscht bzw. korrigiert.

- Eine Benutzer- und Zugriffsverwaltung kann auf verschiedenen Ebenen (pro Absatz, pro Seite, pro Ordner etc.) erfolgen. Dabei ist es psychologisch sinnvoll, nicht das vollständige Verzeichnis anzuzeigen und nach Authentifizierung zu fragen, sondern nur die leseberechtigte Auswahl durch dynamisch generierte Menüs anzuzeigen.

- Ein Web-Content-Management-System umfasst Import- und Exportschnittstellen. Erstere sind zum Beispiel für einen Intranet-Aufbau sehr wichtig. Letztere werden bspw. für das Downloaden von Offline-Versionen benötigt.

- Außerdem können Texte dezentral ohne SML- oder HTML-Kenntnisse erstellt werden, denn ein Web-Content-Management-System kann i.d.R. neben Web-Content auch heterogene Objekte (Word, pdf etc.) managen.

- Im Rahmen des Versionsmanagements wird ein »Gedächtnis des Unternehmens« aufgebaut. Hierbei wird eine selbstgewählte Anzahl von historischen Versionen zurückbehalten und somit ein Rückblick erhalten.

Die spezifischen Anforderungen eines Unternehmens an das Content-Management können dadurch ermittelt werden, dass interne Prozesse anhand des nachfolgenden Content-Lifecycle-Modells strukturiert werden. Hierbei können Problemfelder identifiziert werden, die evtl. durch ein Content-Management-System zu beheben sind.

*Content-Lifecycle-Management sorgt für die Aktualität des Wissens*

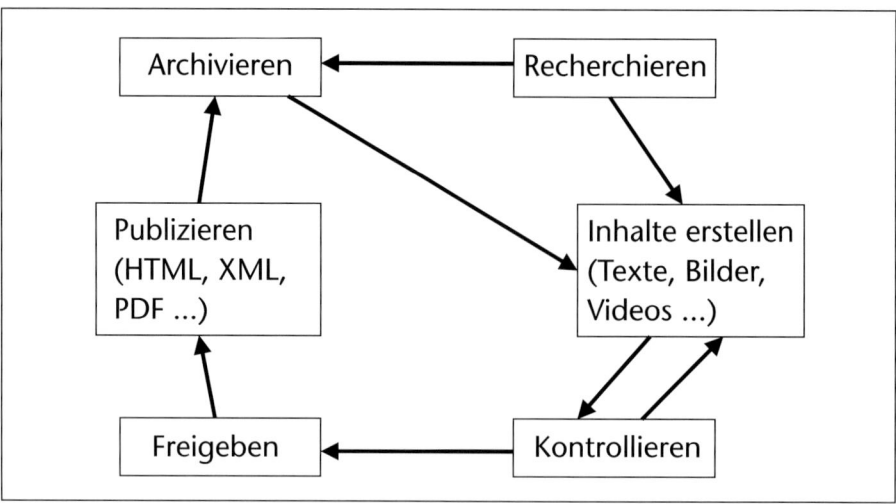

*Abb. 11: Content-Lifecycle-Modell (vgl. North)*

### Suchmaschinen

**Suchmaschinen erleichtern den Zugriff auf Wissen**

Für einen effektiven Umgang mit dem unternehmensinternen Netz benötigt man eine Suchmaschine. Diese sollte sich nicht auf die Verwaltung großer Datenmengen oder auf einzelne Applikationen konzentrieren, sondern auf die Integration heterogener Systeme und Datenformate und auf die Indizierung wechselnder und wachsender Inhalte.

### Data Warehouses

**Data Warehouses als zentraler Wissensspeicher**

Meist existieren viele verschiedene Datenbanken in einem Unternehmen (Kundendatenbank, Vertriebsdatenbank mit Umsatzzahlen, Marketingdatenbank mit Zahlen der letzten Aktionen etc.), dies teilweise ohne Abfragemöglichkeit. Daten liegen dabei in verschiedenen Formaten vor (Word-Datei, Excel-Sheet, verschiedenste Datenbankformate). Um schnellen Zugriff auf entscheidungsrelevante Informationen zu haben, ist oft ein Data Warehouse – eine zentrale Datenbank – nötig, das Daten periodisch aus den einzelnen operativen Systemen holt, sie sammelt und konsolidiert, Unwichtiges herausfiltert und sie themenspezifisch ordnet. Am Schluss werden die Daten mit Zusatzinformationen versehen – den Metadaten. Da ein Data Warehouse alle operativen Datenbanken (und externe Daten) enthält, wird eine unternehmensweite und nicht abteilungsspezifische Sicht ermöglicht.

In Abbildung 12 wird der Transformationsprozess in einem Data Warehouse beschrieben: Danach werden unternehmensinterne (operativer Datenbestand) und firmenexterne Daten (Marktforschungsinstitute, Fachverbände) durch Transformationsprogramme ins Data Warehouse übernommen. Da sowohl externe Quellen als auch das operative System unterschiedliche Datenstrukturen und -formate verwenden, müssen die daraus resultierenden unterschiedlichen Datenformate über sog. Transformationsprogramme in ein einheitliches Format gebracht werden. Anwender erhalten schließlich über die Metadaten einen schnellen Zugriff auf den gesamten aufbereiteten Datenbestand des Unternehmens. Metadaten definieren hierbei die enthaltenen Daten anhand von Beschreibungen und Views, die für Zugriffs- und Navigationswege im Data Warehouse entscheidend sind, und anhand von Angaben über Datenherkunft und Transformationsprozesse. Auf diese Daten können dann die Anwender über verschiedene Applikationen zugreifen und in der Datenbank navigieren, Informationen abfragen und anschließend analysieren.

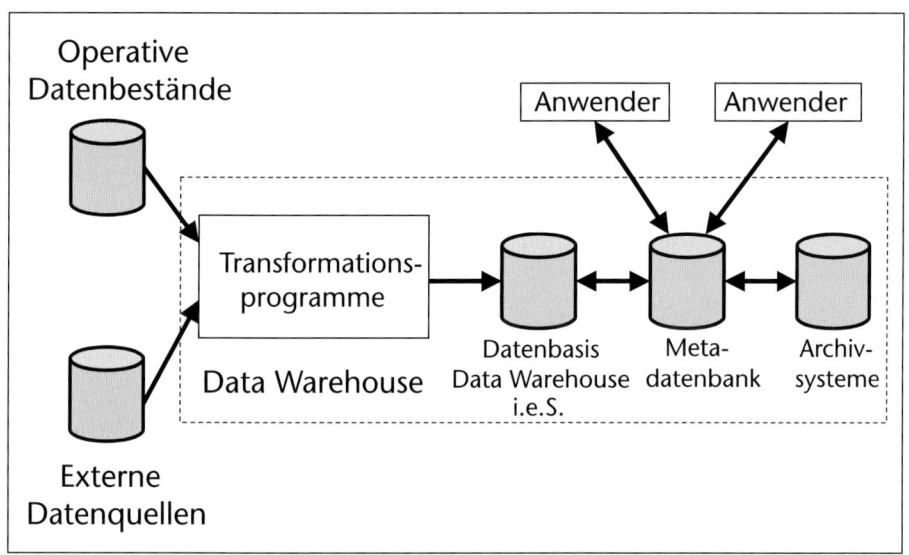

*Abb. 12: Data Warehouse (vgl. Pantelic, North)*

Zum Herausfiltern von entscheidungsrelevanten Informationen stehen zwei Werkzeuge zur Verfügung: OLAP und Date Mining. OLAP fasst Daten in einem mehrdimensionalen Würfel zusammen. Der Nutzer kann Kriterien auswählen und miteinander kombinieren, bspw. verwendet der Marktforscher die Kriterien Zeit, Gebiet und Produkt in einem Datenwürfel und erhält das gewinnbringendste Produkt. Data Mining erforscht hingegen unbekannte Zusammenhänge zwischen den Daten. Auf diese Weise fand eine Handelskette heraus, dass abends oft Bier und Windeln zusammen gekauft werden, da junge Väter nach der Arbeit bei dem Kauf von Windeln sich gerne mit einem Bier belohnen. Danach wurden beide Produkte nebeneinander gestellt.

### Groupware

Hinter dem Groupware-Begriff steht das Konzept des Computer Supported Cooperative Work (CSCW), das anhand aller möglichen Mittel Gruppenprozesse unterstützt und auf diese Weise die Effizienz und Effektivität erhöht. CSCW befasst sich mit der Zusammenarbeit räumlich oder zeitlich

*Groupware ermöglicht verteilte Nutzung zentralisierten Wissens*

entfernter Menschen bzw. Arbeitsgruppen. Groupware ist die Software zur Unterstützung der kooperativen Arbeit. Es gibt hierbei fünf Typen von Groupware:

- Messaging-Systeme, wie bspw. E-Mail-Systeme, übertragen Botschaften mit denen Nachrichten in Textform oder als Voice- bzw. Videomail an Verteilerlisten gesendet werden können. Hierbei wird die zeitliche Entfernung überwunden, da asynchron kommuniziert werden kann.

- Konferenzsysteme überwinden die räumliche Entfernung. Beispiele sind textbasierte oder Audio-, Video- oder Desktop-Konferenzsysteme für die synchrone Kommunikation.

- Bulletin-Board-Systeme ermöglichen es dem Benutzer, Nachrichten zu hinterlassen, die von Interessenten gelesen werden können.

- Workgroup-Computing-Systeme unterstützen die Kooperation einer Arbeitsgruppe. So helfen bspw. Terminplanungssysteme den Gruppenmitgliedern, den Überblick über ihre Termine zu behalten.

- Workflow-Management-Systeme modellieren und simulieren Arbeitsabläufe. Des Weiteren können diese mit ihnen ausgeführt und gesteuert werden.

BP hat 1994 im Rahmen des Projekts »Virtual Teamwork« 13 Mio. Dollar für Groupware-Tools ausgegeben. Diese Summe hat sich jedoch bereits ein Jahr später durch Entstehung von mehreren hundert Gemeinschaften und Wissensnetzwerken bezahlt gemacht. Marktführer im Bereich Groupware ist das Produkt Notes der IBM-Tochter Lotus.

### 7.1.5.6 Zusammenfassung

WM-Tools genießen aufgrund von hohen Kosten, häufigen Abbrüchen, Erfolglosigkeit und schwerer Messbarkeit des Nutzens einen schlechten Ruf. Doch trotzdem sind sie von enormer Bedeutung. Auch wenn viele Unternehmen bereits WM-Konzepte umgesetzt haben, gehen laut IDC allein in den 500 größten US-Unternehmen noch pro Jahr 12 Mrd. Dollar durch ungenügendes WM verloren. Daher wird der Markt für WM-Tools über jährliche Wachstumsraten von über 30 Prozent verfügen.

Bisher wurden die wichtigsten technologischen Tools wie Wisssenskarten, Intranet, Content-Management, Data Warehouses usw. besprochen. Was dabei unberücksichtigt blieb, sind mitarbeiterbezogene Konzepte und Möglichkeiten, Wissen gezielt zu erfassen und auszutauschen. Ein Beispiel hierfür wären Wissensgemeinschaften, die zum Austausch von Interpretationen verschiedener Informationen dienen. Im Gegensatz bspw. zur reinen Datenablage im Intranet wird hier Information am Leben erhalten. Auf diesem Konzept basierend veranstaltet z.B. IBM zweimal im Jahr Wissenskonferenzen, zu denen jeweils ungefähr 200 wechselnde Teilnehmer eingeladen werden.

Das Wichtigste ist, jedes WM-Tool nach den Anforderungen einzelner Unternehmensbereiche bzw. Mitarbeiter, und nicht nach deren systemtechnischen Leistungen auszusuchen. Eine große Versuchung bei der Implementierung von WM sind die Möglichkeiten der Informationstechnologie. Unternehmen bauen große intranetbasierte WM-Systeme auf, die später weder gefüllt noch genutzt werden. Wichtig ist daher eine pragmatische, auf die Unternehmensbedürfnisse abgestimmte Infrastruktur. Es sollte keine neue Datenbank aufgebaut werden, sondern ein System, das hilft, aus vorhandenen Daten Wissen zu generieren.

**Literaturempfehlungen**

*Bach, V./Volgler, P./Österle, H. (Hrsg.):* Business Knowledge Management: Prasixerfahrungen mit Intranet-basierten Lösungen, Springer, 1999

*Davenport, T.H./De Long, D.W./Beers, M.:* Successful Knowledge Management Projects, In: Sloan Management Review, Winter 1998

*GartnerGroup (Harris, K./Austin, T./Fenn, J./Hayward, S./Cushman, A.):* Strategic Analysis Report: The Impact of Knowledge Management on Enterprise Architecture, RAS Services, R-09-6188, 25. Oktober 1999

*North, K.:* Wissensorientierte Unternehmensführung: Wertschöpfung durch Wissen, Gabler, Wiesbaden, 1998

*Probst, G./Raub, S./Romhardt, K.:* Wissen managen: Wie Unternehmen ihre wertvollste Ressource optimal nutzen, Gabler, Wiesbaden, 1997

*Schönherr, M.:* Wissensmanagement im Unternehmen, in: Krallmann, Hermann/Frank, Helmut/Gronau, Norbert: Systemanalyse im Unternehmen, Oldenburg, 1999

### 7.1.6 KAIZEN

*von Rainer Kämpf*

#### 7.1.6.1 Historischer Hintergrund und Ursprung

**KAIZEN – Bestandteil des Toyota-Produktionssystems**

Nach dem Zweiten Weltkrieg war die Ausgangslage für die japanische Wirtschaft sehr ungünstig. Ein kleiner Binnenmarkt, die Abhängigkeit von Exporteuren, der Mangel an Kapital und Devisen sowie die durch die Besatzungsmacht starken Gewerkschaften und die übermächtig erscheinende ausländische Konkurrenz kennzeichneten die schwierige Situation.

Als es dem Automobilhersteller Toyota finanziell sehr schlecht ging und die Unternehmensführung 15 % der Belegschaft entlassen wollte, protestierten die Gewerkschaften. Toyota musste sich infolge eines Kompromisses verpflichten, den verbleibenden 85 % eine lebenslange Beschäftigungsgarantie zu versichern. In diesem Zusammenhang wurde es also für Toyota wichtig, den größtmöglichen Nutzen aus dem Know-how seiner Mitarbeiter zu ziehen und diese immer weiter zu schulen bzw. zu fördern. Aus dieser Bedingung entstand, zusammen mit den Überlegungen von Taiichi Ohno, dem Produktionsverantwortlichen, das Toyota-Produktionssystem, dessen Kernelement sicherlich das KAIZEN-Konzept ist.

Lagen die japanischen Autobauer noch Ende des Krieges weit hinter den westlichen Firmen zurück, zeigte bereits die von J. P. Womack im Jahre 1990 durchgeführte MIT-Studie über die »Zweite Revolution in der Automobilindustrie« die neue Rangordnung auf. Die Produktion japanischer Untenehmen, so zeigt die Studie, war nun weit aus produktiver und kostengünstiger.

Ein großer Teil dieses Erfolges wird dem KAIZEN zugeschrieben, dessen weltweite Verbreitung vor allem auf ein 1986 von Masaaki Imai veröffentlichtes Buch mit dem Titel »KAIZEN« zurückzuführen ist. Imai stützte seine Überlegungen darin auf Gedanken von Deming und Juran, welche als Begründer des TQM und Wegbereiter des KVP-Konzepts angesehen werden. Er führte diese unter der Überschrift »KAIZEN« weiter aus. Im Folgenden werden die Begriffe KAIZEN und KVP definiert und näher erklärt.

#### 7.1.6.2 Begriffsklärung

**KAIZEN und KVP – zwei Begriffe für das Gleiche**

Die Umsetzung des KAIZEN-Gedankens erfolgt in anderen Industrienationen unter der Bezeichnung »Kontinuierlicher Verbesserungsprozess« (KVP), d.h. Kaizen und KVP bezeichnen weitgehend das Gleiche. Allerdings sei an dieser Stelle bemerkt, dass KVP in der Praxis sehr unterschiedlich in den Unternehmen verstanden wird. So ist es meist näher am Betrieblichen Vorschlagswesen als am KAIZEN.

Wörtliche übersetzt heißt KAIZEN: Ersatz (Kai) des Guten (Zen) durch das Bessere. KAIZEN bedeutet nicht nur Produktverbesserung, sondern auch

> Ersatz **(KAI)** des Guten **(ZEN)** durch das Bessere
>
> **KAIZEN** ist eine Managementkonzeption japanischer Unternehmen, um auf dem Weg zum Guten durch laufende Produkt- und Prozessverbesserungen ständige Kostensenkungen zu realisieren.
>
> - Nach japanischem Verständnis ist sowohl das Arbeitsleben, als auch das Sozial- und Privatleben von der Geisteshaltung des KAIZEN durchzogen.
> - Für viele Japaner ist das Konzept der ständigen Verbesserung so nahe liegend, dass sie sich seiner oft nicht einmal bewusst sind.
> - Die Umsetzung des KAIZEN-Gedankens erfolgt in anderen Industrienationen unter der Bezeichnung „Kontinuierlicher Verbesserungsprozess (KVP)"

*Abb. 1: Begriffsbestimmung KAIZEN*

die Verbesserung sämtlicher Vorgänge von der Idee über die Fertigstellung bis hin zur Vermarktung und Kundenpflege, einschließlich der stetigen Weiterentwicklung des arbeitenden Menschen.

In der Literatur finden sich jedoch unterschiedliche Definitionen zum Thema KAIZEN. So existieren recht eng gefasste, auf den Produktionsprozess beschränkte, Definitionen zu diesem Thema. Nach der Definition von Schneck beispielsweise ist KAIZEN eine Managementkonzeption japanischer Unternehmen, um auf dem Weg zum Guten durch laufende Produkt- und Prozessverbesserungen ständige Kostensenkung zu realisieren.

Sein Begründer Imai allerdings vereinigt unterschiedliche Managementideen bzw. Methoden, wie z.B. Kundenorientierung, Qualitätskontrolle, Kanban, Arbeitsdisziplin, Just-in-Time-Liefersysteme oder Kleingruppenarbeit unter dem Kaizen-Schirm. Nach Imai ist KAIZEN die philosophische Grundlage aller Methoden und Konzepte eines Unternehmens und ist »der Schlüssel zum Erfolg im Wettbewerb«.

Nach japanischem Verständnis ist sowohl das Arbeitsleben, aber auch das Sozial- und Privatleben von der Geisteshaltung des KAIZEN durchzogen. Für viele Japaner ist das Konzept der ständigen Verbesserung so nahe liegend und natürlich, dass sie sich seiner oft nicht einmal bewusst sind.

**KAIZEN – die Philosophie zur systematischen Beseitigung von Verschwendung**

Sind die verschiedenen Definitionen des KAIZEN und KVP zwar bezüglich ihres Anwendungsgebietes und der Bedeutung im Unternehmen unterschiedlich, beruht die gemeinsame Philosophie auf der »systematischen Beseitigung von Verschwendung (jap. Muda) und der zielgerichteten Problembehebung durch Optimierung von Arbeitsabläufen und Prozessen in allen Unternehmensbereichen durch die Nutzung des Ideenpotenzials und der Intelligenz aller Mitarbeiter«.

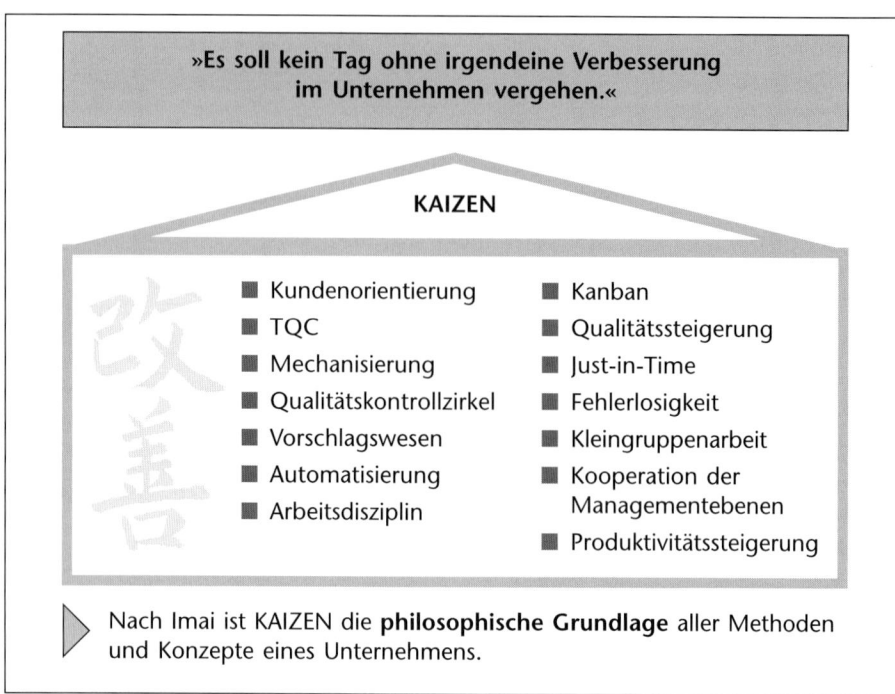

*Abb. 2: KAIZEN-Philosophie*

In einem gut geplanten KAIZEN-Programm unterscheidet Imai, abhängig von der Intensität in Management-, Gruppen- und mitarbeiterorientiertes KAIZEN.

|  | Managementorientiertes KAIZEN | Gruppenorientiertes KAIZEN | Personenorientiertes KAIZEN |
|---|---|---|---|
| Einbeziehung | Manager und Spezialisten | Teilnehmer eines QC-Zirkels | alle |
| Bereich | Schwerpunkt auf Systemen und Verfahren | innerhalb eines Arbeitsbereichs | am eigenen Arbeitsplatz |
| Dauer | Projektdauer | ca. 5 Monate | immer |
| Verbesserungen (Anzahl) | vom Management vorgegeben | 2–3 pro Jahr | viele |
| System | Projektteam aus Stab und Linie | Aktivitäten von Kleingruppen | Vorschlagswesen |
| Kosten der Umsetzung | meist kleine Investitionen | meist gering | gering |
| Ergebnisse | neues System und verbesserte Anlagen sowie verbesserte Leistungsfähigkeit des Managements | verbesserte Arbeitsverfahren, verbesserte Arbeitsmoral, Überarbeitung von Standards, Mitwirkung, Lernchancen | Verbesserung vor Ort, verbesserte Arbeitsmoral, KAIZEN-Bewusstsein, Selbstentfaltung |

*Abb. 3: Segmente des KAIZEN*

### 7.1.6.3 Philosophie des Kaizen-Konzeptes

KAIZEN ist keine Methode, die eine bestimmte Vorgehensweise definiert. Es ist vielmehr eine innere Einstellung zur Arbeit – eine Denkweise, die von allen Mitarbeitern verstanden, verinnerlicht und gelebt werden muss.

**KAIZEN ist keine Methode, sondern eine Denkweise**

Laut Imai liegt der KAIZEN-Philosophie die Annahme zugrunde, dass jedes System ab dem Zeitpunkt seiner Einrichtung dem Zerfall preisgegeben ist, wenn es nicht ständig erneuert bzw. verbessert wird. Die Botschaft von KAIZEN beinhaltet, dass kein Tag ohne irgendeine Verbesserung im Unternehmen vergehen soll. KAIZEN ist somit die Philosophie der kontinuierlichen Veränderung und der Flexibilität, um auf die Veränderungen der Umwelt zu reagieren.

*Abb. 4: KAIZEN – systematische Beseitigung von Verschwendung*

■ **Vermeidung jeglicher Verschwendung**

Die betrieblichen Prozesse lassen sich in wertschöpfende und nicht wertschöpfende Tätigkeiten einteilen. Im Idealfall sollten ausschließlich wertschöpfende Tätigkeiten, d.h. für die der Kunde bereit ist zu zahlen, ausgeführt werden. Dies ist jedoch in fast keinem Unternehmen der Fall. Der Schwerpunkt von KAIZEN-Aktivitäten besteht darin, diese nicht wertschöpfenden Tätigkeiten, welche also die Kundenzufriedenheit nicht erhöhen und somit eine Verschwendung von Ressourcen darstellen, zu minimieren.

Bereits 1978 betonte Taiichi Ohno die Bedeutung der systematischen Eliminierung von jeglicher Verschwendung. Hierzu ist es notwendig, die Entstehungsarten zu kennen. Ohno grenzt dabei folgende sieben Arten der

Verschwendung voneinander ab: Überproduktion, langes Warten, unnötige Transport- und Mitarbeiterbewegungen, hohe Lagerbestände, Nachbesserungen fehlerhafter Produkte und nicht sachgerechter Technologieeinsatz.

Zur Vermeidung dieser Verschwendungsarten analysieren im Sinne von KAIZEN in einem ersten Schritt alle Mitarbeiter des Unternehmens immer wieder die betrieblichen Prozesse darauf hin, vorhandene Fehler aufspüren sowie Mängel und Hindernisse im Aufgabenvollzug zu identifizieren. In einem zweiten Schritt werden die festgestellten Differenzen in kleinen Gruppen besprochen und Verbesserungsmöglichkeiten gesucht, die sich möglichst ohne größere Investitionen schnell umsetzen lassen.

■ **Prinzip der kleinen Schritte**

Die Philosophie des KAIZEN lässt sich mit einer Schildkröte vergleichen, die langsam aber beständig nach dem Grundsatz »Der Weg ist das Ziel« ihre Position schrittweise verbessert. Demnach sollten auch scheinbar irrelevante Ansätze aufgegriffen werden, da sie in Summe oft eine Verbesserung erzielen, die aufgrund der allmählichen Entwicklung aus interner Sicht kaum wahrnehmbar ist. Nach dem japanischen Grundsatz des KAIZEN trägt jede kleine Optimierung zum Gesamtergebnis bei und bindet jeden Einzelnen in diesen Prozess mit ein.

Neben diesem Weg der kleinen, gibt es auch den der großen Schritte – der Innovation, um Fortschritte zu erzielen.

| KAIZEN ist ein kontinuierlichen Prozess, **Innovation** hingegen ein einmaliges abgeschlossenes Phänomen ||
|---|---|
| **KAIZEN** | **Innovation** |
| Effekt ||
| • langfristig und andauernd, aber undramatisch | • kurzfristig, aber dramatisch |
| Tempo ||
| • kleine Schritte | • große Schritte |
| zeitlicher Rahmen ||
| • kontinuierlich und steigend | • unterbrochen und befristet |
| Protagonisten ||
| • jeder Firmenangestellte | • wenige »Auserwählte« |
| Erfolgsorientierung ||
| • Mensch | • Technik |
| praktische Voraussetzungen ||
| • kleines Investment, großer Einsatz zur Erhaltung | • großes Investment, geringer Einsatz zur Erhaltung |
| Vorteil ||
| • hervorragend geeignet für eine langsam ansteigende Wirtschaft | • hauptsächlich geeignet für eine rasch ansteigende Wirtschaft |

*Abb. 5: Gegenüberstellung KAIZEN – Innovation*

Während es sich also bei KAIZEN um einen kontinuierlichen Prozess handelt, ist die Innovation ein einmaliges, abgeschlossenes Phänomen. Im Rahmen von BPR-Projekten beispielsweise, welche fast ausschließlich in westlichen Unternehmen durchgeführt werden, gilt es die Veränderungen gezielt herbeizuführen. Dabei kommt es zu größeren sprunghaften Verbesserungen nach der Devise »Cut once but deep« (Hammer, Chamby).

Obwohl es zunächst auf den ersten Blick so aussieht, als seien KAIZEN und Innovation gegensätzlich, können und müssen beide kombiniert werden, um die langfristige Wettbewerbsfähigkeit des Unternehmens zu sichern. Oft lassen die kleinen Verbesserungsmaßnahmen des KAIZEN sogar erst die großen Veränderungen richtig wirksam werden. Da sich der revolutionäre Leistungsstand, welcher nach einer erfolgreichen Innovation erreicht wird, stetig verschlechtert, müssen nachfolgend dauerhafte KAIZEN-Aktivitäten folgen, um diesen zu erhalten und weiter zu verbessern. Imai sagt sogar, dass KAIZEN und Innovation untrennbare Zutaten, Bestandteile des Fortschritts sind.

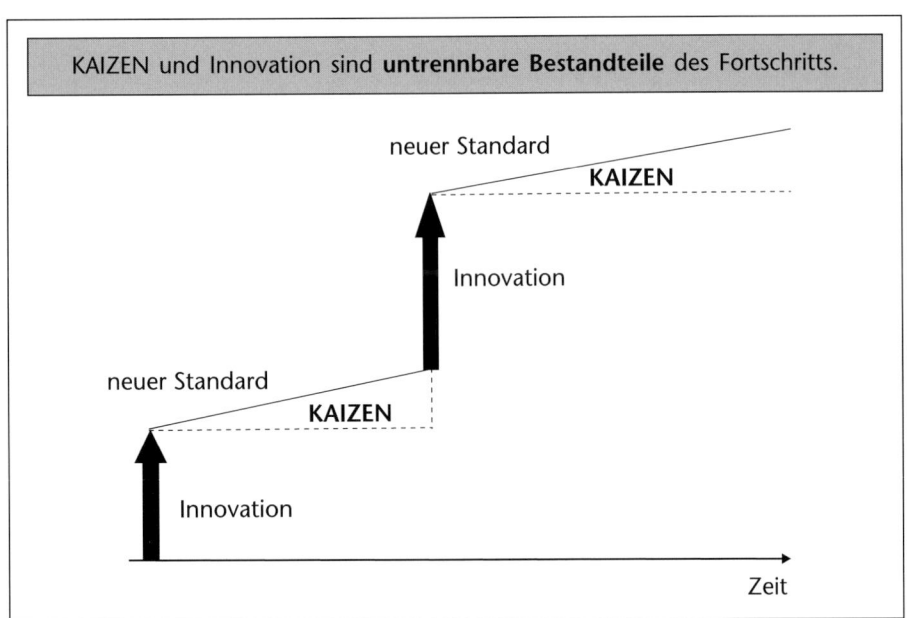

*Abb. 6: Kombination von KAIZEN und Innovation*

### ▪ Prozessorientierung

Eine der wesentlichen Rahmenbedingungen für KAIZEN ist die konsequente Prozessorientierung. Dies verlangt einen Wandel von einer ergebnisorientierten zu einer prozessorientierten Kultur. Nach Imai müssen zunächst die Prozesse verbessert werden, bevor verbesserte Ergebnisse zu erwarten sind. Deshalb berücksichtigt das japanische Management beispielsweise für die Leistungsbewertung von Mitarbeitern verstärkt auch Verhaltensaspekte, wie Einsatzbereitschaft und Bemühen. Der Mitarbeiter soll so mittel- bis langfristig zu besseren Leistungen motiviert werden. Das Ergebnis an sich ist jedoch keineswegs unerheblich, es ist jedoch nicht das einzig Wichtige. Nach Imai »ist der Weg zum Schrein fast so wichtig wie das Gebet vor dem Altar«.

Ein wichtiger Punkt ist die Rolle des Managers im prozessorientierten KAIZEN-Konzept. Er soll, neben seiner Kontrollfunktion, den Mitarbeitern hauptsächlich bei ihren Bemühungen helfend und unterstützend, gewissermaßen als Coach, zur Seite stehen.

In der prozessorientierten Betrachtungsweise ist außerdem das Prinzip des internen Kunden der KAIZEN-Philosophie begründet, welches unter anderem im Folgenden besprochen wird.

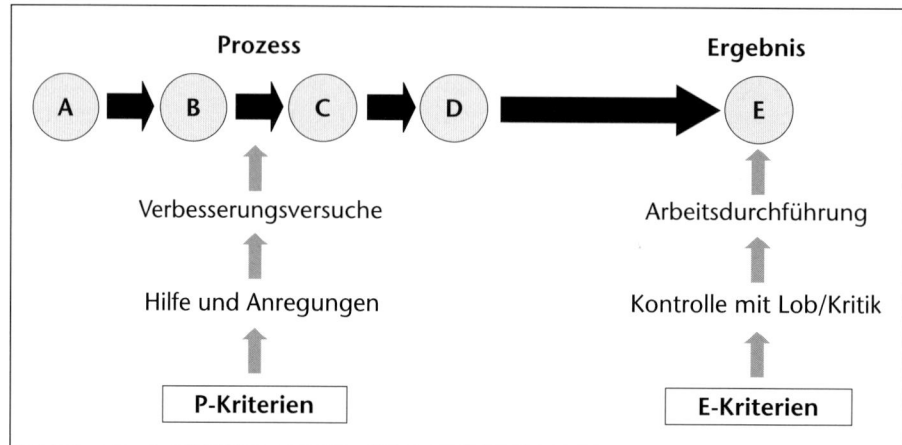

*Abb. 7: Prozessorientierte Kriterien (P) vs. ergebnisorientierte Kriterien (E)*

### ■ Kundenorientierung

Im KAIZEN hat die Zufriedenstellung des Kunden »allerhöchstes Gebot«, denn nur wirklich zufriedene Kunden schaffen einen Wettbewerbsvorteil für das Unternehmen. Mit der absoluten Orientierung an den Bedürfnissen des Kunden ist der erste Schritt zur Zufriedenstellung der Kunden getan. Sollte der Kunde jedoch, aus welchem Grund auch immer, mit dem Produkt/der Dienstleistung nicht zufrieden sein, ist ein positiver Umgang mit der Beschwerde unverzichtbar. So würde man in Japan z.B. bei Reklamationen nie eine Argumentation hören, die den Fehler dem Kunden zuschreibt.

Darüber hinaus erweitert KAIZEN den herkömmlichen Kundenbegriff um den Begriff des internen Kunden. Der interne Kunde ist eine Zweigstelle im Betrieb. Wenn also Stelle A ein Produkt herstellt, das in Stelle B weiterverarbeitet werden muss, so ist Stelle B der interne Kunde von A. Falls Stelle B Mängel am Produkt erkennt, so teilt es Stelle A diese mit, um Folgefehler zu vermeiden. Der Lieferant ist somit bemüht, nur fehlerfreie Leistung an den nächsten Prozess weiterzugeben. Häufig treten Probleme bzw. Verschwendung eben an diesen Schnittstellen im Unternehmen auf, welche innerhalb des KAIZEN beispielsweise mithilfe der Kanban-Methode gelöst werden.

■ Mitarbeiterorientierung

Prozessorientiertes Denken ist stark mitarbeiterorientiert, da die Anstrengungen der Mitarbeiter, die Prozesse zu verbessern, für den anschließenden Erfolg ausschlaggebend sind. KAIZEN setzt daher die Mitarbeiterorientierung an die erste Stelle, im Gegensatz zu TQM, das die Kundenorientierung, und Lean Management, das die Prozessorientierung in den Vordergrund stellt.

Bei KAIZEN steht der Mensch allein im Mittelpunkt, denn ein Unternehmen kann nur dann erfolgreich sein, wenn jeder einzelne Mitarbeiter rückhaltlos sein Wissen, Können und kreatives Potenzial einbringt. Dadurch entsteht ein Klima, das eine Organisation in Richtung »lernendes« Unternehmen in Bewegung setzt, welches Probleme als Chance zur Verbesserung ansieht, weniger als Hindernis.

Ein weiterer wichtiger Punkt ist der Umgang mit der Hierarchie im Unternehmen. Striktes hierarchisches Denken ist mit KAIZEN nicht vereinbar, obwohl auch in KAIZEN-Unternehmen Hierarchiestufen bestehen. Im Unterschied zu »westlichen« Unternehmen, bei denen meist nur die obersten Führungsebenen an Veränderungen beteiligt sind, werden hier alle Mitarbeiter an den Änderungen im Unternehmen beteiligt. Gerade dies birgt ein großes Potenzial für das Unternehmen in sich. Um hierfür eine echte Beteiligung der Mitarbeiter zu erreichen, ist die Delegation von Verantwortung und Beteiligung an Entscheidungsprozessen unabdingbare Voraussetzung (Bottom-up-Prinzip).

### 7.1.6.4 Zielsetzungen

■ Harte Ziele

Durch KAIZEN sollen die Unternehmensergebnisse mittel- bis langfristig gestärkt werden. Konkret soll dieses Ziel durch die Vermeidung jeglicher Verschwendung, ständige Verbesserung der Prozesse, Produkte und Leistungen sowie eine schnelle und flexible Anpassung an veränderte Bedingungen und Erwartungen erreicht werden. Zusätzlich gilt es Arbeit höchster Qualität (Null-Fehler-Prinzip) und termingerecht mit einem Minimum an Assets herzustellen, also hohe Produktivität zu erreichen. All diese genannten Unterziele, die klarerweise starke Interpendenzen untereinander aufweisen, sollen letztendlich jedoch zur Erreichung der Oberziele – Steigerung der Wettbewerbsfähigkeit und Kundenzufriedenheit – beitragen.

Harte Ziele von KAIZEN: Steigerung von Wettbewerbsfähigkeit und Kundenzufriedenheit

■ Weiche Ziele

Neben den »harten« Zielen werden durch KAIZEN auch weiche Zielsetzungen, die sich schwer quantifizieren lassen, verfolgt. Interdisziplinäre, intensive Teamarbeit, die bereits angesprochene Einbindung aller Hierarchieebenen, sowie Identifikation der Mitarbeiter mit dem Unternehmen im Sinne einer Kulturveränderung sind nur einige Beispiele dafür. Im Wesentlichen liegt der Fokus auf die Steigerung der Mitarbeiterzufriedenheit. Dies ist verbunden mit höherem Engagement, vielen Verbesserungs-

Weiche Ziele von KAIZEN: Kulturveränderung im Unternehmen

vorschlägen und geringeren Fehlzeiten. Die positive Grundhaltung der Mitarbeiter hat wiederum Effekte auf die Erreichung der ökonomischen Ziele des Unternehmens.

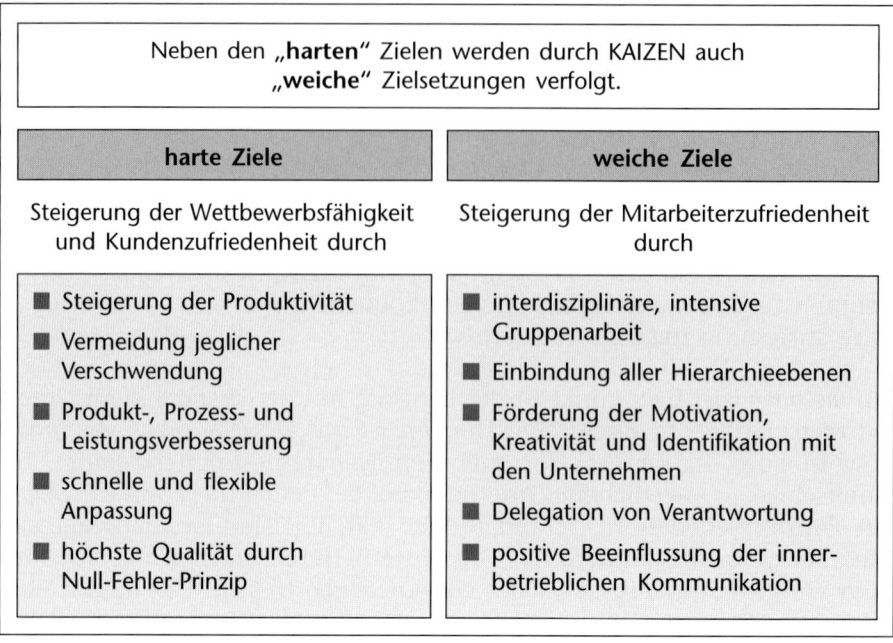

Abb. 8: Zielsetzung von KAIZEN

### 7.1.6.5 Werkzeuge

Um KAIZEN im Unternehmen umzusetzen, stehen dem Management zahlreiche, sehr unterschiedliche Werkzeuge zur Verfügung. Im Folgenden werden die wichtigsten durchleuchtet.

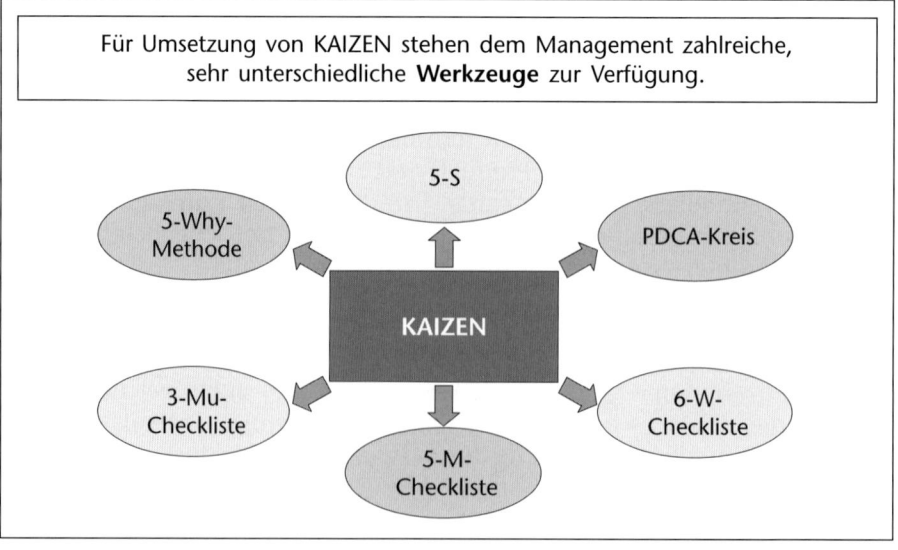

Abb. 9: Werkzeuge des KAIZEN

■ **Checklisten**

Es gibt eine Vielzahl von KAIZEN-Checklisten, die sowohl den Arbeitern als auch dem Management helfen sollen, sich stets der Verbesserungsmöglichkeiten bewusst zu sein. Nach Imai ist »der Ausgangspunkt jeder Verbesserung, genau zu wissen, wo man steht«.

Unter diesen zählt die 3-Mu-Checkliste sicherlich zu den bekanntesten. Verbesserungspotenzial kann demnach durch Beseitigung von Verschwendung (Muda), Überlastung (Muh) oder Abweichung (Mura) ausgemacht werden. Diese drei Kriterien gilt es an verschiedenen Orten im Unternehmen zu überprüfen.

Ein weiteres Element ist die 6-W-Checkliste, die als Standardtechnik des Projektmanagements im KAIZEN gilt und dabei konsequent eingesetzt wird. »Wer« bezieht sich auf die Festlegung der Verantwortlichkeiten, »Was« auf die Spezifizierung und die exakte Zielsetzung des Projektes, »Wo« auf die Abgrenzung des Aktionsfeldes, »Wann« auf einen genauen Zeit- und Aktionsplan, »Warum« soll den Grund für Durchführung hinterfragen und das »Wie« die Methodik, die dabei angewandt werden soll. Eine weitere ist die 5-M-Checkliste. Hier handelt es sich um die Faktoren Mensch, Maschine, Messung, Material, Methode, die immer wieder auf Verbesserungsmöglichkeiten hin geprüft werden sollen.

■ **5-Why-Methode**

Die Basis des Toyota-Produktionssystems ist nach Ohno das fünfmalige Fragen mit »Warum«, wann immer ein Problem auftaucht. Er führte hierfür den Begriff 5-Ws ein, der auch von Imai wenig später aufgegriffen wurde. Durch das fünfmalige Wiederholen der Frage soll die genaue Fehler- oder Problemursache herausgefunden und schon Hinweise auf dessen Lösung generiert werden.

■ **5-S-Bewegungen**

Ein wichtiges Thema im KAIZEN ist die Ordnung und Sauberkeit. Mit Hilfe der 5-S soll der Sollzustand der Arbeitsplätze erreicht und erhalten werden. Die 5-S-Kampagne (5-A im Deutschen) beschäftigt sich mit fünf Punkten: Seiri (Aussortieren), Seiton (Aufräumen), Seiso (Arbeitsplatz sauber halten), Seiketsu (Abmachungen zur Regel machen), Shitsuke (alle Punkte ständig verbessern und einhalten). Häufig werden diese fünf Begriffe auch im Rahmen des visuellen Managements an den Arbeitplätzen aufgehängt. Hierdurch wird eine klare Arbeitsumgebung geschaffen und mögliches »Muda«, beispielsweise in Form von Suchzeiten für Werkzeuge, vermieden. Die Einführung der 5-S kann schrittweise erfolgen. Der letzte Schritt ist dabei die Einführung des PTCA-Kreises, auf den im Weiteren eingegangen wird.

## 7.1 Produktionsmanagement

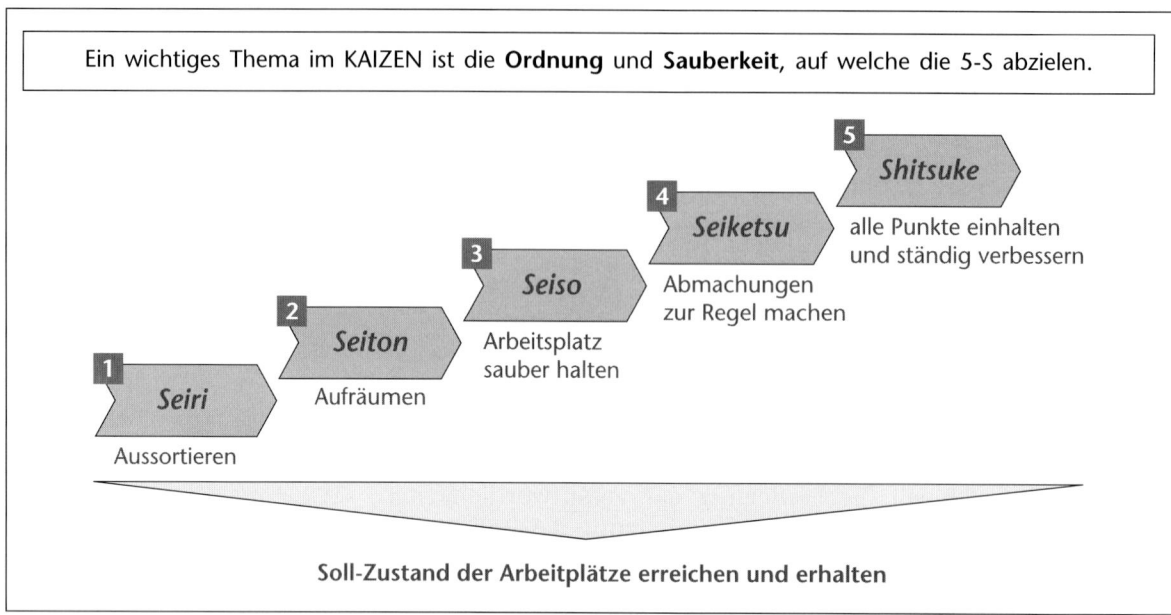

*Abb. 10: Die 5-S-Methode*

| 5-S | Startphase (1) | Verbessern (2) | Standardisieren (3) | Gewohnheit (4) |
|---|---|---|---|---|
| Aussortieren | Das Nützliche vom Unnützen trennen. | Klassifizierung der wichtigen Dinge | Die Entrümpelungsregeln erstellen und verbessern. | P D C A |
| Aufräumen | Das Unnütze wegschmeißen. | Einfache Ordnungsregeln aufstellen und umsetzen. | Audits zur Verbesserung der Standards | |
| Reinigung | erstmalige Reinigung des Bereiches | Schwierig zu reinigende Bereiche lokalisieren und dort für Verbesserungen sorgen. | Den Grund der Verschmutzung herausfinden und beseitigen. | |
| Ordnung | erste Standards | Visualisierung einführen. | AA und Prozeduren zur Aufrechterhaltung der Ordnung | |
| Disziplin | Sich daran gewöhnen, die 5-S anzuwenden und die geltenden Regeln am Arbeitsplatz zu respektieren. | | | Ideal-zustand |

*Abb. 11: Die schrittweise Einführung von 5-S*

### ■ PTCA-Kreis

Hierbei handelt es sich um eine Abwandlung des Deming-Kreises. Während dieser auf die Notwendigkeit der beständigen Interaktion zwischen Forschung, Entwicklung, Produktion und Verkauf abzielt, wird mithilfe des PTCA-Kreises eine kontinuierliche Verbesserung jeder Managementaktivität erreicht.

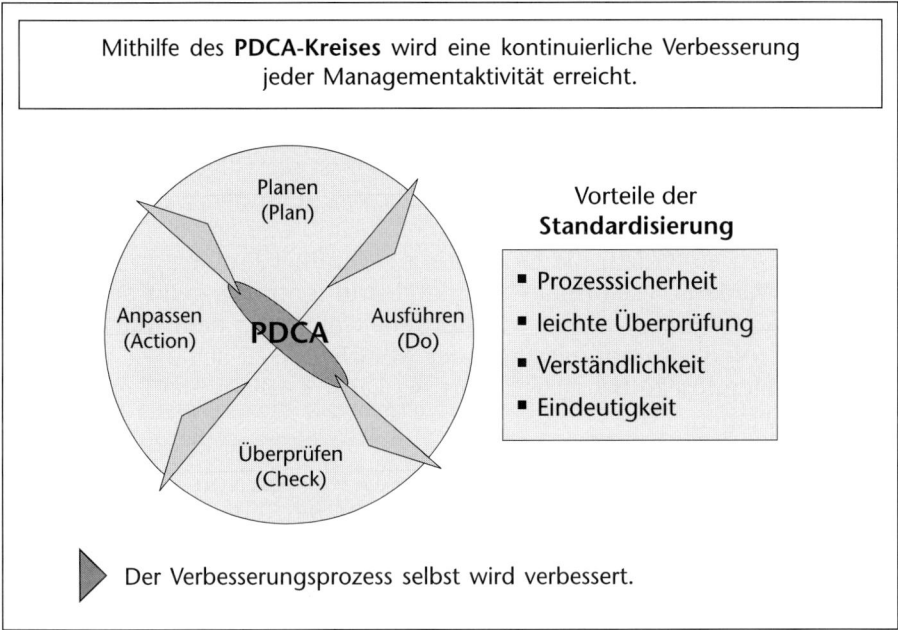

Abb. 12: Der PTCA-Kreis

Als erster Schritt wird der Ist-Zustand analysiert, Informationen über Probleme gesammelt sowie hierfür spezifische Verbesserungsmaßnahmen untersucht und ausgewählt (Planen). Sobald dieser Plan fertig ist, wird er in einem zweiten Schritt umgesetzt (Tun). Die sich daraus ergebenden Ergebnisse werden ausgewertet und insbesondere geprüft, inwieweit die gesetzten Verbesserungsziele erreicht wurden (Checken). Ist das Ergebnis positiv, werden die Arbeitsmethoden als neuer Standard festgelegt. War die Änderung hingegen nicht erfolgreich, wird sie verworfen oder der Zyklus mit geänderten Rahmenbedingungen durchlaufen (Aktion). Auf diese Weise wird sichergestellt, dass der neue Zustand als Standard festgeschrieben und fortan mit den neuen, verbesserten Methoden gearbeitet wird. Da sich ein Zyklus ständig wiederholt, gilt der neue Standard wieder als Ausgangsbasis für die nächsten Verbesserungsschritte unter Anwendung des PTCA-Zyklus.

#### 7.1.6.6 Umsetzung

■ **Probleme und Risiken**

*Der Erfolg, aber auch der Misserfolg von KAIZEN, basiert auf der Überzeugung und dem Verhalten der Mitarbeiter*

Durch die Einführung von KAIZEN werden zum einen neue Verfahrensweisen in der Organisation integriert, zum anderen ändern sich die Anforderungen an das Verhalten sowie das Rollenverständnis aller Mitarbeiter. An dieser Stelle seien zumindest kurz die dadurch möglicherweise auftretenden Probleme genannt.

KAIZEN baut auf den aktiv nachdenkenden Mitarbeitern auf. Nun könnte es jedoch sein, dass diese nun alle bestehenden Prozesse hinterfragen und so ein »überkritisches« Verhalten im Unternehmen Einzug hält. Lange Diskussionen und wenig produktive Arbeit ist die Folge. Hier muss also ein Mittelmaß zwischen Handeln und Denken gefunden werden.

Bedeutsam ist außerdem die Einstellung gegenüber Problemen im Unternehmen. Werden diese oftmals verdrängt und ignoriert, gerät der Verbesserungsprozess immer wieder ins Stocken. Gelingt es dem Management nicht, das »Verschwendungsauge« der Mitarbeiter zu schärfen und eine aktive Problemlösekultur zu schaffen, so kann KAIZEN nicht erfolgreich betrieben werden.

Ein zentrales Element des KAIZEN ist die Delegation von Verantwortung an den Ort des Geschehens. Wo aber ist die Grenze des Mitentscheidens der Arbeiter? Diese Frage birgt Konfliktpotenzial in sich. Darüber hinaus ist vorstellbar, dass die den Mitarbeitern zusätzlich gewährten Freiräume, welche zu selbstständigerem, eigenverantwortlicherem Verhalten ermuntern sollen, auch manchmal missbraucht werden. Durch die beständigen Veränderungen im Unternehmen kann es außerdem zu Abstimmungs- und Koordinationsproblemen kommen, sollte zu viel auf einmal verbessert werden. Andererseits ist auch denkbar, dass sich nicht alle Mitarbeiter in KAIZEN beteiligen, aufgrund einer möglichen Resistenz gegenüber Neuem, was zu einer »Zweiklassengesellschaft« in der Organisation führen könnte.

Mit den hier erwähnten Risiken sollte jedoch keineswegs der Eindruck erweckt werden, KAIZEN sei eine gefährliche und höchst riskante Managementmethode – denn gerade das Gegenteil ist zutreffend.

■ **Erfolgsfaktoren**

Der Erfolg von KAIZEN hängt stark vom konsequenten Einbezug aller Mitarbeiter und Führungskräfte sowie des Betriebrats ab. Jeder Einzelne sollte den KVP-Gedanken verinnerlichen und erfolgreich daran mitwirken können. Hierzu gilt es zunächst die Ängste und Bedenken bezüglich Veränderungen im Rahmen von Informationsveranstaltungen sowie durch offene Kommunikation und gute Visualisierung durch das Management abzubauen.

Selbstverständlich ist auch die Motivation der Mitarbeiter für KAIZEN von entscheidender Bedeutung für den Erfolg. Dafür ist die absolute Überzeu-

gung des Managements für KAIZEN sowie Gestaltungsfreiräume für eigenständig eingebrachte Verbesserungen der Arbeiter notwendig. Auch die Qualität der Mitarbeiterbeziehungen muss stimmen, um KAIZEN erfolgreich umzusetzen, was durch verstärkte Gruppenarbeit erreicht werden kann.

Der Wille ist das eine, das Know-how dagegen das andere. Essenziell ist die methodische KAIZEN-Qualifizierung der Mitarbeiter. Dazu muss das Qualitäts- und Problembewusstsein der Mitarbeiter durch Trainings- und weitere KAIZEN-Workshops gesteigert werden.

Doch nicht nur die Einstellung und das Know-how der Mitarbeiter zu KAIZEN ist entscheidend, ebenso wichtig sind Kenntnisse über den gesamten Betriebsablauf. Der Mitarbeiter muss umfassende Einblicke in sämtliche Prozessabläufe haben, da eine durchgängige Prozessorientierung, ausgehend vom Kunden, wichtiger Bestandteil der KAIZEN-Philosophie ist.

Wird KAIZEN im Unternehmen gelebt, muss das Management durch Auditierung und feste Implementierung der Methodik sicherstellen, dass dies so bleibt und sich das Rad der Verbesserung immer weiter und nicht rückwärts dreht.

Nur wenn also das Management voll hinter KAIZEN steht und seinen Mitarbeitern vertrauensvoll Freiräume schafft sowie ihnen die Ängste vor Veränderungen nimmt, kann KAIZEN erfolgreich umgesetzt und durchgeführt werden.

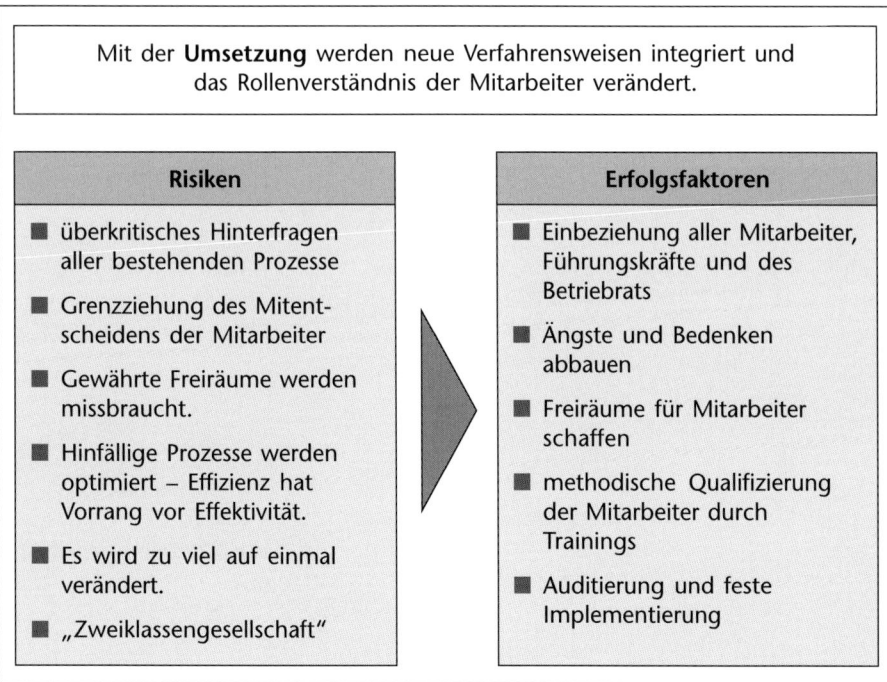

Abb. 13: Risiken und Erfolgsfaktoren von KAIZEN

**Literaturempfehlung**

*Binner, H. F.:* Prozessorientierte TQM – Umsetzung, München, 2002.

*Imai, M.:* KAIZEN, der Schlüssel zum Erfolg im Wettbewerb, München, 2002.

*Ohno, T.:* Toyota Production System, New York, 1988.

*Womack, J. P.; Jones, D.T.:* Lean Thinking, Frankfurt, 2004.

*Witt, J.; Witt, T.:* Der Kontinuierliche Verbesserungsprozess, Heidelberg, 2001.

## 7.1.7 Die »Wissenschaftliche Methode« für Verbesserungen im TPS

*von Helmuth Gienke*

Das Toyota Production System, auch als Lean Production, schlanke Produktion oder ähnlich bezeichnet, wird weltweit nachgeahmt. Selten erreichen die Derivate aber die Leistungsfähigkeit des TPS. Es ist also eine nähere Betrachtung der Komponenten wert, die selten übernommen werden.

Viele Kopien beschränken sich auf die Übernahme einzelner Methoden, meist KANBAN oder KAIZEN. Die allgemein akzeptierten Bausteine des TPS sind

**Warum bringen japanische Methoden weniger als erhofft?**

- KANBAN als Hilfsmittel zur Just-in-Time-Production, die den zeitlichen und mengenorientierten Aspekt der abnehmerorientierten Produktion betrifft,

- KAIZEN, das zur ständigen Anpassung an die jeweilige Situation anregt und als permanenter Prozess zu begreifen ist,

- Management-by-View, mit dem alle Abläufe so gestaltet werden, dass man Unregelmäßigkeiten durch Hinsehen erkennt,

- Poka Yoke (Narrensicherheit) mit der man alle Abläufe möglichst fehlersicher gestaltet,

- Quality Circle, die freiwillige Bereitschaft, im Team Abläufe zu verbessern,

- Jidoka, mit dem ein Vorgang gestoppt wird, wenn erkannt wird, dass er fehlerhaft abläuft.

Meist wird übersehen, dass zum Erfolg des Systems auch die Mitarbeit der Menschen gehört.

Ziel des Toyota Production Systems ist es, ein Produktionssystem zu schaffen, das mit geringstem Aufwand die Güter schafft, die der Verbraucher wünscht, oder anders gesagt, die optimale Produktion zu erreichen. Dieses Ziel ist natürlich in weiter Ferne, aber es ist etwas, das anzustreben ist. Den Fortschritt kann man messen an der Kundenzufriedenheit und den Kosten. Der Weg zu diesem Ziel ist nur erfolgreich, wenn alle Beteiligten auf dieses Ziel hinarbeiten.

**So bringt man den Menschen zur Mitarbeit**

Eines der Werkzeuge, die Einbindung der Menschen zu erreichen, ist die »Wissenschaftliche Methode (Scientific Method)« der Planung, Durchführung und Überprüfung von Änderungen. Der Name klingt hochtrabender als der Inhalt ist, wichtig ist aber die konsequente Anwendung des Ver-

fahrens. Die Methode wird allen Mitarbeitern bei Toyota vermittelt und deren Anwendung ist vorgeschrieben.

**Veränderungen systematisch realisieren**

Die Methode bietet ein systematisches Vorgehen bei der Realisierung von Veränderungen an, gleichgültig, ob es um die Beseitigung von Störungen, die Behebung von Fehlern oder Verbesserungen der Abläufe oder Produkte geht. Eine Ausgangsthese des Verfahrens ist, dass man keine Lösung finden kann, sondern eine Verbesserung, denn der Begriff »Lösung« impliziert etwas Statisches, was keinen Raum für Verbesserungen lässt.

Die einzelne Maßnahme zur Veränderung, also Verbesserung der Situation, wird als Experiment betrachtet. Die Durchführung dieser Experimente besteht aus folgenden Schritten:

**Was ist die Situation?**

- **Beschreibung des Ausgangszustandes**

Ausgangspunkt der Aktion ist die Analyse und klare Beschreibung der Ausgangssituation bis zum Detail. Bei einer Fehlerbehebung also soll, entgegen der Praxis in vielen Betrieben, ein Fehler nicht sofort behoben werden, sondern mit der Ursache-der-Ursache-Methode der eigentliche Grund für den Fehler bestimmt werden. Diese etwas umständlich anmutende Methode soll verhindern, dass durch Ad-hoc-Maßnahmen die Ausgangssituation so verändert wird, dass die eigentliche Ursache nicht mehr erkannt werden kann und dann Maßnahmen ausprobiert werden, die zeitraubend sind, ohne die Situation zu verbessern. Außerdem soll überprüfbar sein, ob die später definierte Maßnahme zum erwünschten Ergebnis führt und, wenn nicht, die Möglichkeit existiert, die Ausgangssituation wiederherzustellen.

**Die Ursachen finden**

- **Root Cause Analysis**

Der deutsche Begriff ist Ursache-der-Ursache-Methode, d.h. Ursachenverfolgung bis zur eigentlichen Ursache. Damit wird verhindert, dass ein vermeintlicher Fehler behoben wird, der aber seine Ursache in einem anderen Fehler hat.

Ein Beispiel: Bei einem Reifenhersteller war es üblich, dass Streifen, die beim Stapeln aneinander klebten, nach dem Walzen befeuchtet wurden. Diese Maßnahme war einfacher als alles andere, jedenfalls für den Arbeitsplatz an der Walze. Bei den nachfolgenden Arbeitsgängen wurden dann Maßnahmen ergriffen, Folgefehler zu beheben. Ursache dieser Störung war aber ein Fehler im Rezept der Kautschukmischung.

**Maßnahmen und deren Ergebnisse definieren**

- **Maßnahmen, möglichst mehrere, und deren erwartete Auswirkungen definieren**

Klar beschriebene Maßnahmen sollen erreichen, dass dokumentiert wird, welche Veränderungen vorgenommen werden sollen und klar und nachvollziehbar beschreiben, welche Auswirkungen die Maßnahme hat. Dabei sind die Auswirkungen nicht nur auf das eigentliche Objekt der Verbesserungen zu beschreiben, sondern auch weitere erwartete Auswirkungen

Damit ist die Basis gegeben, eine Maßnahme rückgängig zu machen, und ebenfalls zu analysieren, welche Maßnahme zum Erfolg beigetragen hat. Außerdem ist definiert, welche Nebenwirkungen erwartet werden.

- **Durchführung der einzelnen Maßnahmen**

Entsprechend der Definition aus der vorhergehenden Stufe sind die Maßnahmen durchzuführen. Muss von der Definition aus vorher übersehenen Gründen abgewichen werden, sind die vorhergehenden Stufen noch einmal zu durchlaufen. Das ist die Basis für eine gezielte Weiterentwicklung der Verfahren, entsprechend der Aussage, dass jede Veränderung verbesserungswürdig ist.

- **Analyse der Ergebnisse der Maßnahmen und eventuelle Korrektur**

Hat die Maßnahme gebracht, was man erwartet hat?

Es wird überprüft, ob die vorhergesehenen Ergebnisse eingetreten sind, wenn nicht, ist die Ursache für die Abweichung zu analysieren und die Prozedur zu wiederholen.

Um zu erreichen, dass diese Vorgehensweise eingehalten wird, sind einige Grundsätze eingeführt, zu deren Einhaltung jeder Mitarbeiter verpflichtet ist:

1. **Jede Aktivität ist klar zu definieren hinsichtlich Umfang, Inhalt, Reihenfolge, Zeitpunkt, Erwartung und Ergebnis. Selbst so einfache Vorgänge wie das Festziehen einer Schraube sind entsprechend zu dokumentieren.**

Vier Grundsätze zur Verbesserung

Der Sinn dieser Maßnahme ist, eine klare Situation zu schaffen, auf der aufgebaut werden kann. Dass die Schraube locker ist, kann ja eine andere Ursache haben, die zu weiteren Schäden führen kann. Daneben ist klarzustellen, ob diese Maßnahme Abhilfe schafft. Die Unterschiede zwischen Erwartung und Ergebnis sind ohne diese Dokumentation nicht ohne Weiteres ersichtlich. Der Vergleich hilft, die Prozesse und das Produkt besser zu verstehen, und schafft damit eine Basis für weitere Verbesserungen.

Standardisierte Aktivitäten verhindern, dass verschiedene Mitarbeiter unterschiedliche Aktionen durchführen, um zu versuchen, ein Problem zu lösen.

Diese Regel entspricht der »Wissenschaftlichen Methode«. Durch die Vorgehensweise, jede Aktion an den Erwartungen und den Ergebnissen zu messen, erfahren die Menschen, wie man durch die Überprüfung einer Annahme durch Aktionen bessere Lösungen erreicht. Diese Regel beinhaltet zwei Thesen: erstens, dass der Mitarbeiter fähig ist, eine Folge von Aktivitäten in einer definierten Reihenfolge durchzuführen und zweitens, dass diese Aktion zum erwarteten Erfolg führt.

Wenn das Ergebnis von den Erwartungen abweicht, ist eine dieser Thesen nicht zutreffend. Demzufolge müssen Modifikationen gemacht werden. Entweder muss der Mensch sein Verhalten ändern und die Regel einhal-

ten oder die Aktivität muss neu definiert und das Experiment erneut durchgeführt werden.

**Klare Verhältnisse**

**2. Jeder Kontakt zwischen Lieferanten und Abnehmer muss direkt sein und darf keine Zweifel zulassen, welche Ansprechpartner für Anfragen und Antworten zuständig sind.**

Diese Beziehung gilt nicht nur zwischen externen Lieferanten und Abnehmern, sondern auch für betriebsinterne Vorgänge. Zwischen dem Zulieferer und dem Abnehmer wird auch intern eine Lieferanten-Kunden-Beziehung geschaffen. Bei Toyota gibt es klare Beziehungen zwischen den einzelnen Arbeitsplätzen, besonders für die Weise, wie ein Mitarbeiter seine Anforderungen weitergeben kann und wie er um Hilfe bitten kann. Durch diese Prozeduren wird bestimmt,

- wie er seinen Bedarf äußert,
- wer die Teile oder die Unterstützung liefert,
- wie die Leistung (Teile oder Unterstützung) bereitgestellt wird,
- in welchem Zeitraum die Leistung bereitzustellen ist.

**Keine Unsicherheit im Betrieb**

Diese Vorgehensweise ist sehr effizient, denn es gibt keine Unsicherheit über die Zuständigkeit des Lieferanten und die Zusammenarbeit zwischen Lieferanten und Abnehmer (Wer hat was an wen, wie, womit und wann zu liefern?). Verschiedene Komponenten des Toyota Produktion Systems, wie Kan Ban, An Don (Signale durch farbige Lampen, Tafeln oder sonstige Anzeichen), und Management-by-View, unterstützen diese Art der Beziehungen.

**Für ein Problem, für das jeder zuständig ist, ist keiner zuständig**

Toyota liefert für diese Vorschrift eine klare und einleuchtende Begründung. Unklare Beziehungen machen ein Problem zu einem Problem eines jeden und damit für jeden zum Problem eines anderen.

Auch in dieser Regel ist die »Wissenschaftliche Methode« beachtet, denn durch jede Anwendung der Regeln über die Beziehungen kann der Mitarbeiter erproben, ob die Beziehungen den Anforderungen entsprechen. Jede Anwendung der Regel ist also schon ein Experiment. Außerdem kann er durch seine Denkweise erkennen, wo Verbesserungen möglich sind. Diese Verbesserungen sind natürlich entsprechend den Regeln der »Wissenschaftlichen Methode« durchzuführen, das heißt, zu spezifizieren, die Erwartungen zu definieren und das Verfahren zu erproben.

Wenn zum Beispiel ein Mitarbeiter Unterstützung benötigt und der Kollege ist nicht fähig, das Problem mit dem erwarteten Aufwand zu lösen, ergeben sich folgende Fragen:

- Ist die Anforderung klar definiert?
- Hat der in der Prozedur bestimmte Kollege die Kenntnis, das Problem zu lösen?

- Hat der Kollege zu viele Anforderungen zur gleichen Zeit und kann daher nicht in der erwarteten Zeit reagieren?

Die Antwort auf diese Fragen kann wiederum zu einem anderen Problem führen, das die eigentlich Ursache dafür ist, dass zu viele Anforderungen gestellt wurden.

Interessant ist, dass diese Regel auch verlangt, dass der Mitarbeiter sofort Hilfe anfordert, wenn ein Problem auftaucht. Üblich in den meisten Betrieben ist, dass er zuerst versucht, das Problem selbst zu lösen. Toyota gibt als Gegenargument an, dass der Mitarbeiter versucht, das Problem zu lösen, und dabei meist nur an Symptomen arbeitet und die eigentliche Ursache nicht erkannt wird. Der eigentliche Fehler kann erheblich mehr Schaden verursachen als der zusätzliche Aufwand, Hilfe anzufordern. Außerdem könnten die Maßnahmen des nicht auf diese Problembeseitigung spezialisierten Mitarbeiters die Schadensursache verdecken oder, noch schlimmer, den Schaden vergrößern.

### 3. Die Weitergabe jedes Produktes und jeder Dienstleistung an den Abnehmer muss direkt und einfach sein.

Toyota hat den gesamten Materialfluss so organisiert, dass die Wege einfach und übersichtlich sind. Das ist ein Ergebnis der Anwendung der »Wissenschaftlichen Methode« auf den Materialfluss. Die Dokumentation erfolgt nach den in Regel 2 definierten Grundsätzen.

Interessant ist, dass nicht verlangt ist, dass die Wege so kurz wie möglich sind, denn es kann durchaus Situationen geben, in denen der kürzeste Weg nicht der beste ist. Der Materialfluss wird also nicht mit dem Ziel kurzer Wege entworfen, sondern durch Anwendung der »Wissenschaftlichen Methode« und ständiger Verbesserung.

*Wenn eine These gut ist, wird das durch die »Wissenschaftliche Methode« bestätigt*

Wenn sich dabei herausstellt, dass der kürzeste Weg für die meisten Beziehungen der beste Weg ist, was meist der Fall ist, so steht das nicht im Widerspruch zu dieser Methode, aber es ist eben nicht Prämisse, sondern Ergebnis der »Wissenschaftlichen Methode«. Dieser Punkt ist sehr wichtig und es lohnt sich, ihn zu verinnerlichen.

*Kurze Wege im Materialfluss sind nicht Prämisse*

Außerdem ist die Erkenntnis wichtig, dass jede Stelle, die keine Beziehungen als Lieferant zu anderen Stellen hat, überflüssig ist. Sie bringt keine Leistung für den Kunden

*Jede Stelle muss Lieferant für mindestens einen Empfänger sein*

### 4. Jede Abweichung muss eine Verbesserung sein und in Übereinstimmung mit der »Scientific Method« durchgeführt werden. Wenn der Mitarbeiter die Methode nicht sicher beherrscht, wird er von einem erfahrenen Mitarbeiter unterstützt.

Toyota ist ein perfektes Beispiel für eine lernende Organisation, Modell für einen lernenden Organismus. Jeder Mitarbeiter ist angehalten und wird ausgebildet, Verbesserungsmöglichkeiten zu erkennen und zu realisieren. Alle vorgeschlagenen und alle durchgeführten Veränderungen und Pro-

blemlösungen müssen Verbesserungen sein und genau nach der »Wissenschaftlichen Methode« durchgeführt werden. Jedem Mitarbeiter wird durch seinen Teamleiter oder spezielle Instrukteure vermittelt, wie er ein Problem angeht. Die Instrukteure vermitteln dem Mitarbeiter nicht, wie er ein aktuelles Problem löst. Sie zeigen ihm nur durch iterative Fragefolgen, wie er eine Situation analysieren kann, wie er eine Lösungsmöglichkeit formuliert, wie er die Prognosen definiert, wie er die Realisierung bestimmt und wie er das Ergebnis mit den Prognosen vergleicht. Sie vermitteln ihm, dass er seine Arbeiten entsprechend den Regeln ausführt und Verbesserungen nach der »Wissenschaftlichen Methode« durchführt, weil alle andern Methoden nicht mehr sind als zufällige Anwendung der Grundsätze des »Versuch-und-Fehler-Systems«, ein Blindekuhspiel im Betrieb. Und das kann sich ein Betrieb eigentlich nicht leisten.

*Erfahrung darf nicht die Summe der Vorurteile sein*

Ein wichtiger Aspekt dieser Methode, wie bereits am Beispiel des Materialflusses der kurzen Wege erläutert, ist, dass die Instrukteure dem Mitarbeiter vermitteln, alle Grundsätze zu hinterfragen, denn solche auf Erfahrung basierenden Ansichten verbauen häufig den Weg zu besseren Lösungen. Dem Mitarbeiter wird vermittelt, dass er vielfach nicht den besten Weg findet, wenn er seine aus Erfahrung gebildeten Annahmen tief genug analysiert. Besonders wenn die Ergebnisse eines Experimentes von den Annahmen abweichen, muss untersucht werden, ob die Annahmen auf Vorurteilen oder auf Fakten beruhen.

Ein weiterer Grundsatz ist, dass die Änderungen mit Schritten definiert werden, die so klein wie möglich strukturiert werden. Wenn diese Schritte klein sind, können Fehler schneller korrigiert werden.

*Das Bessere ist der Feind des Guten*

Spear und Brown sind der Ansicht, dass aufgrund dieser Methode alle Werkzeuge des Toyota Production Systems entwickelt wurden. Diese Ansicht ist sicher nicht beweisbar, denn Dokumentation ist gerade in den frühen Jahren nicht die Stärke des Toyota Production Systems gewesen. Aus diesem Grunde sind die »theoretischen Grundlagen« des TPS und seiner Komponenten im Nachhinein meist in den westlichen Industrieländern entwickelt, nachdem man TPS kennen gelernt hat, waren aber in der Realität nicht Grundlagen des TPS.

Die Anwendung der Methode wäre aber ohne Zweifel eine gute Basis für die Entwicklung gewesen, was sie um so interessanter macht, denn sie ist damit auch Basis für weitere Entwicklungen.

### Literatur

*Steven J. Spear/H. Kent Bowen:* Decoding the DNA of the Toyota Production System, Harvard Business Review, September 1999.

## 7.2 Personalmanagement

### 7.2.1 Führung in der Matrixorganisation

*von Rainer Schleidt*

#### 7.2.1.1 Ausgangssituation

Dem Leiter des Produktionswerks in Westfalen platzte der Kragen. Die Einführung des neusten Produktes in die Produktion hatte beinahe sechs Monate benötigt. Und noch immer lief nicht alles reibungslos. Donnerstag würde er in der Zentrale Rechenschaft ablegen müssen. Nur, was sollte er sagen?

**Praxisbeispiel Produktionswerk**

Vielleicht, dass die Konstruktionsabteilung nicht rechtzeitig die notwendigen Unterlagen bereitgestellt hat, wie der Leiter der Arbeitsvorbereitung meint. Oder dass, wie der Leiter der Konstruktionsabteilung zu wissen glaubt, die Produktionsleitung die notwendigen Planungen nicht rechtzeitig angestoßen hat. Oder etwa, dass der Leiter des zuständigen Fertigungssegments nach eigenem Bekunden bereits in der Entwicklungsphase des neuen Produktes darauf hingewiesen hat, dass bei einem unveränderten Produktaufbau die Fertigung vor große Probleme gestellt würde. Und vielleicht könnte er noch erwähnen, dass bei aller gegenseitigen Schuldzuweisung sich seine Führungskräfte einig sind, das solche Probleme eben dazugehören, einkalkuliert werden müssen und daher eine Produktionseinführung »eben ihre Zeit braucht«.

**Gegenseitige Schuldzuweisungen**

Dieses Beispiel ist real, wenn auch bereits einige Jahre alt. Heute erfolgt die Einführung neuer Produkte, die zudem noch komplexer sind, als es die damaligen waren, in weniger als der halben Zeit. Allerdings war es ein harter und steiniger Weg bis zu diesem Erfolg.

Der Werksleiter hatte sich seinerzeit entschlossen, ab sofort jede Produkteinführung als Projekt zu definieren. Auch die Zentrale hatte er davon überzeugt, denn ihre Unterstützung war notwendig. Er wollte keine Projekte mit einem »Kümmerer« an der Spitze, der ohne echten Einfluss versuchte, die größten auftretenden Löcher zu stopfen. Er wollte einen machtvollen Projektleiter, der »seine« Produkteinführung mit aller Kraft vorantreibt und der auf ein verlässlich und verantwortungsvoll agierendes Team bauen kann.

**Projektarbeit als Ausweg**

Dies würde nur funktionieren, so war dem Werksleiter schnell klar, wenn er Projektarbeit in seinem Werk und darüber hinaus, wie z.B. in den Entwicklungsbereichen, fest institutionalisierte. Die »Alleinherrschaft« der Segment- und Abteilungsleiter musste abgelöst und durch eine Matrixorganisation ersetzt werden, bei der Projektleiter auf Zeit dem Linienmanagement »gleichgewichtig« gegenübergestellt werden.

## 7.2 Personalmanagement

Abbildung 1 zeigt das prinzipielle Organisationsschema.

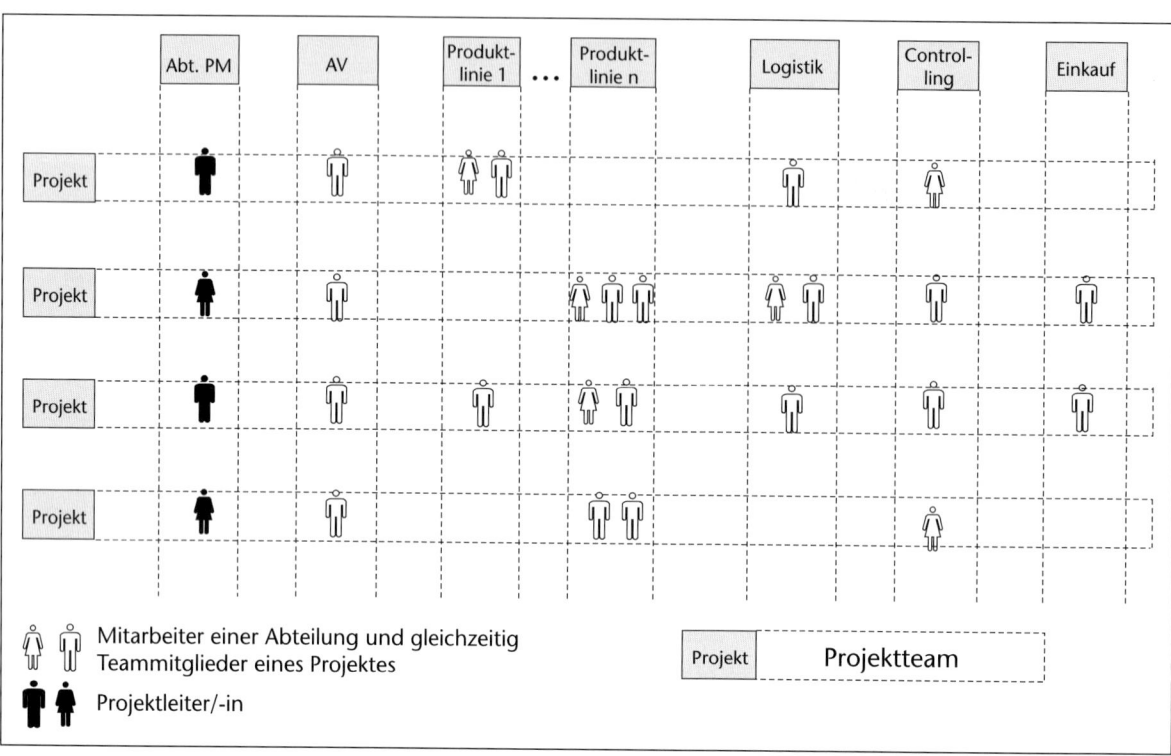

*Abb. 1: Matrixorganisation*

**Aufbau einer Matrixorganisation**

Mit dieser Umorganisation wurden nicht nur Projekte, sondern auch Konflikte im Werk selbst und in seinen angrenzenden Bereichen institutionalisiert. Organisationale Konflikte sind indes typisch für jede Form einer echten Matrixorganisation mit »Gewaltenteilung«. Und zwar gleichgültig, ob es sich – wie hier – um eine durch »Projekte« und »Linien« gebildete oder um eine aus anderen strukturgebenden Elementen konstruierte Matrix handelt. Aber können solche Konflikte denn wirklich sinnvoll, effektiv und effizient sein? Und wenn ja, unter welchen Bedingungen? Diese beiden Fragen sollen am Beispiel der Projekt-Linien-Matrix in den folgenden Abschnitten beantwortet werden.

### 7.2.1.2 Effizienzsteigerungen durch institutionalisierte Konflikte?

**Prinzip der Doppelunterstellung**

Zunächst ist zur Verdeutlichung des Begriffs der »institutionalisierten Konflikte« zu klären, wie diese entstehen und wie sie sich äußern: Konflikte entstehen in der Matrixorganisation zwangsläufig an den Matrixknoten. Doppelunterstellungen sind weder Führungskräfte noch für Mitarbeiter leicht zu handhaben. Nicht umsonst geht ein (alter militärischer) Führungsgrundsatz von der »Einheit der Weisung« aus.

**Folgen der Doppelunterstellung**

Die Mitarbeiter können Doppelunterstellungen in Loyalitätskonflikte bringen. Bei sich widersprechenden Vorstellungen ihrer beiden Führungskräfte müssen sie sich für eine der beiden (oder eine eigene) Sichten der Dinge entscheiden. Anderseits besteht die Gefahr, dass Mitarbeiter ihre Führungskräfte gegeneinander ausspielen, sich ihnen und der Arbeit entziehen mit dem Verweis auf die jeweils andere Seite.

Führungskräfte können ihr »Drohpotenzial«, ihre Macht ausspielen, die ihnen im Rahmen der Matrixorganisation zur Verfügung steht. So kann beispielsweise ein Abteilungsleiter die Personalbeurteilung als Druckinstrument einsetzen, um die Aufmerksamkeit und das Engagement seiner Mitarbeiter mehr auf seine Prioritäten als auf ein Projekt zu fokussieren. Heintel und Krainz (1988) schreiben: »Eine Matrixorganisation hat äußerst viele Facetten, die permanent durch ›dunkle Kräfte‹ ausgenutzt werden können.«

Wo liegt bei all diesen Problemen der potenzielle Gewinn einer Matrixorganisation? Der unmittelbarste Gewinn liegt in der Qualität der Entscheidungen. Eine Matrixorganisation zwingt die beteiligten »Funktionsträger« sich abzustimmen. Einseitige Interessen der Beteiligten werden ausbalanciert zugunsten einer differenzierteren Sichtweise der Dinge, die zumeist den komplexen Anforderungen an das »Gesamtsystem Unternehmen« besser gerecht wird. **Nutzen der Doppelunterstellung**

Der Leiter eines Fertigungssegments sieht sich zu Recht in der Pflicht, den reibungslosen Produktionsablauf sicherzustellen. Liefertreue und -qualität der zurzeit produzierten Teile haben für ihn höchste Priorität. Dazu braucht er alle seine Mitarbeiter, und insbesondere die Besten sorgen immer wieder dafür, dass bestehende Prozesse noch sicherer und effizienter werden und kleinere Probleme, die beinahe täglich auftreten, schnell behoben sind. **Beispiel**

Der Projektleiter für die neue Produktlinie sieht sich, ebenfalls zu Recht, in der Pflicht, die reibungslose und vor allem schnelle Produktionseinführung zu bewerkstelligen. Bestehende, eingespielte Prozesse können mit den »üblichen« Mitarbeitern und einigen Überstunden mehr gefahren werden. Die besten Leute sind gerade richtig, um das neue Produkt ans Laufen zu bringen.

Beide Sichtweisen sind ebenso berechtigt wie einseitig. Der Ausgleich dieser Standpunkte kann sinnvoll nur über einen offenen und bewussten Abstimmungsprozess zwischen den Beteiligten erfolgen.

Der mittelbare Gewinn aus dem beschriebenen Vorgehen ist mindestens ebenso hoch einzuschätzen. Er besteht in einer ständig wachsenden Aufmerksamkeit und Sensibilität für die formalen und informalen Abläufe und Spielregeln in der Organisation. Die Analyse und das Austragen von Konflikten schärft die Sinne aller Beteiligten für das Machbare und seine Voraussetzungen. Es schützt die Organisation gewissermaßen vor naiven Handlungen, z.B. vor der sinnlosen Suche nach Schuldigen im Falle von Problemen oder Fehlschlägen. Stattdessen werden Grundannahmen, Sichtweisen, Wechselwirkungen und Vernetzungen in den Vordergrund des Interesses gerückt und bessere Möglichkeiten zur Abstimmung zwischen den

## 7.2 Personalmanagement

Beteiligten innerhalb und außerhalb des Unternehmens gesucht und gefunden. Mit anderen Worten: Die Organisation lernt!

**Realisierung des Nutzens**

Diese Gewinne sind zunächst rein theoretisch. Nur wenn es gelingt, im Unternehmen (oder im betreffenden Unternehmensbereich) eine Kultur zu etablieren, die

- offene Kommunikation,
- wechselseitige Abstimmung und
- direktes Feedback

höher bewertet als beispielsweise (vor-)schnelle Einzelentscheidungen und einseitige Machtdemonstrationen, werden sie sich in der Praxis auch einstellen. Natürlich entsteht eine solche Kultur nicht von heute auf morgen. Sie muss wachsen, mit allen in der Wachstumsphase verbundenen Schwierigkeiten. Die Führungskräfte spielen dabei eine zentrale Rolle.

### 7.2.1.3 Die Rolle der Matrix-Führungskräfte

**Rollendefinitionen in der Matrixorganisation**

Kommen wir zurück zum eingangs beschriebenen, westfälischen Produktionswerk. Dort wurde die Rolle der Führungskräfte in der neuen Matrixprojektorganisation grob wie folgt definiert:

> **Praxisbeispiel Produktionswerk**
>
> Die Leiter der an Projekten beteiligten Abteilungen koordinieren den Einsatz ihrer Mitarbeiter so, dass sie den technischen Anforderungen und den wirtschaftlichen und terminlichen Zielen aller Projekte möglichst weitgehend gerecht werden können:
>
> - Sie schaffen Voraussetzungen, um den für Projektarbeit erforderlichen flexiblen Arbeitsablauf zu gewährleisten,
> - beraten und unterstützen den Projektleiter zum Erreichen eines Projektoptimums und
> - beraten und unterstützen die Projektteammitglieder bei der Bearbeitung der Arbeitspakete.
>
> Der Leiter einer am Projekt beteiligten Abteilung trägt die Fachverantwortung im Projekt:
>
> - Er ist verantwortlich für die technisch einwandfreie, termin- und kostengerechte Bearbeitung der von seinen Mitarbeitern übernommenen Arbeitspakete.
> - Er bestimmt, WER die einzelnen Arbeitspakete übernimmt und WIE sie fachlich unter Einhaltung des Zeit- und Kostenrahmens und der geforderten Qualität zu bearbeiten sind.

Und – da Projektleiter in der Matrixorganisation Führungskräfte sind: Der Projektleiter plant, überwacht und steuert das Projekt zur Erreichung der drei Projektzielkategorien vereinbarte Leistungen, Termine und wirtschaftliche Ergebnisse.

- Er beachtet dabei die Qualitätsanforderungen über die gesamte Bearbeitungszeit des Projektes und über alle beteiligten Bereiche hinweg.

- Insbesondere ist er verpflichtet, einen Projektstrukturplan zu erstellen und im Projektverlauf zu aktualisieren.

- Er leitet aktiv das Projektteam. Aktiv leiten heißt, er agiert vorausschauend und präventiv, anstatt lediglich auf anstehende Probleme oder auf Anforderung hin zu reagieren.

- Er koordiniert den projektbezogenen Informationsfluss.

- Er bestimmt WAS bis WANN im Rahmen der Projektbearbeitung zu erledigen ist.

- Er trägt die Verantwortung für eine sinnvolle und vollständige Aufgabendefinition und für die termingerechte Aufgabenkoordination bei gleichzeitiger Einhaltung der Kostenvorgaben.

- Er übernimmt die Projektverantwortung für das Gesamtergebnis und hat besonders die fachgebietsübergreifende Koordination zu bewirken.

Hier lässt sich das institutionalisierte Konfliktpotenzial gut erkennen. Bei sturer Anwendung der Regeln wären massive Konflikte unausweichlich. Trotz (oder gerade mit) dieser klaren Regelung im Hintergrund sind die Beteiligten aufgefordert, sich »zusammenzuraufen« und eine einvernehmliche Regelung zum Besten des Unternehmens zu generieren.

Sollte eine einvernehmliche Regelung unter den direkt Beteiligten ausnahmsweise nicht möglich sein, muss eine aus

**Projektaufsicht als letzte Instanz**

- dem Werksleiter,
- seinem Stellvertreter und
- dem kaufmännischen Leiter

im Werk bestehende Projektaufsicht entscheiden. Durch die beschriebene personelle Besetzung besitzt die Projektaufsicht weitreichende Entscheidungsbefugnisse, um diese Aufgabe wahrnehmen zu können.

Um von vornherein mehr Klarheit zu schaffen, haben Werksleitung und Führungskräfte frühzeitig zusammengesessen und eine etwas detailliertere Liste der Aufgaben-, Verantwortungs- und Befugnisteilung zwischen Linie und Projekt entwickelt.

**Aufgabenverteilung in der Matrixorganisation**

| | | Projektleiter | Leiter der Abteilungen und deren Mitarbeiter |
|---|---|---|---|
| | Planung | ■ Klärung der Projektaufgabenstellung bzw. des Vertragsinhalts (Zielsetzung, Bestimmung des Projektumfangs)<br>■ Prüfung des technischen, kommerziellen und terminlichen Gesamtkonzepts im Hinblick auf die Projektzielsetzung<br>■ Strukturierung des Projekts und Definition der Arbeitspakete<br>■ Planung und Abstimmung der Projekttermine, der Projektkosten und des Projektfortschritts<br>■ verbindliche Beauftragung der zu beteiligten Stellen mit den sie jeweils betreffenden Arbeitspaketen<br>■ Gestaltung der erforderlichen projektbezogenen Aufbau- und Ablauforganisation<br>■ Sicherstellung des projektbezogenen Informationsflusses<br>■ Leitung des Projektteams<br>■ Vertretung des Projekts nach innen und außen (z.B. gegenüber Kunden und Lieferanten) | ■ Mitarbeit und Mithilfe bei der Klärung der Aufgabenstellung und ihrer Realisierbarkeit sowie der Abstimmung von Arbeitspaketen<br>■ Einbringen von Erfahrungen aus früheren Projekten zur Arbeitsersparnis und Fehlervermeidung<br>■ Mitarbeit bei der Strukturierung des Projektes und bei der Definition der Arbeitspakete<br>■ fachliche Koordination verschiedener Projekte und dabei Lösen von Interessenkonflikten |
| | Durchführung | ■ Koordination des Projektablaufs<br>■ Beratung und Unterstützung der Leiter der Abteilungen und der Teammitglieder<br>■ Verfolgen (Überwachen u. Steuern) der Projekttermine, der Projektkosten und des Projektfortschritts<br>■ Anwendung der für Projektsteuerung verfügbaren Instrumente<br>■ frühzeitiges Erkennen von auftretenden Planabweichungen und Einleitung von Gegenmaßnahmen<br>■ Prüfung, Abstimmung und ggf. Einarbeitung von Änderungen und Nachträgen<br>■ Leitung des Projektteams<br>■ Einberufung und Leitung von Projektbesprechungen<br>■ Vertretung des Projekts nach innen und außen<br>■ Sicherstellung des projektbezogenen Informationsflusses<br>■ Bericht an Projektaufsicht, Leiter der Abteilungen und Teammitglieder | ■ termin-, fach- und kostengerechte Bearbeitung der Arbeitspakete<br>■ Beratung und Unterstützung des Projektleiters zum Erreichen eines Projektoptimums<br>■ wirkungsvoller und wirtschaftlicher Einsatz von Mitarbeitern, Produktionsmitteln und Knowhow<br>■ Einhaltung von projektorganisatorischen Regelungen<br>■ frühzeitiges Erkennen von auftretenden Planabweichungen, Mitwirkung bei der Analyse der Abweichungen, Prüfung und Einarbeitung evtl. notwendiger Änderungen<br>■ fachliche Koordination verschiedener Projekte, Lösen von Interessenkonflikten<br>■ Sicherstellen des arbeitspaketbezogenen Informationsflusses<br>■ rechtzeitige und vollständige Berichterstattung über die Arbeitspakete an den Projektleiter |

## Führung in der Matrixorganisation   7.2.1

**Verteilung der Befugnisse in der Matrixorganisation**

| | Projektleiter | Leiter von Abteilungen und deren Mitarbeiter |
|---|---|---|
| **Planung** | ■ Mitwirkung bei der Zieldefinition des Projekts<br>■ Recht auf Stellungnahme vor zu treffenden projektstrategischen Entscheidungen der Projektaufsicht<br>■ Aufteilung des Projektbudgets unter Beachtung firmeninterner Regelungen<br>■ Berechtigung zur verbindlichen Übertragung von Arbeitspaketen an projektbeteiligten Abteilungen<br>■ Vorschlagsrecht (ggf. Vetorecht) bei der Auswahl der Projektteammitglieder | ■ Mitwirkung bei der Zieldefinition der übernommenen Arbeitspakete<br>■ Recht auf Stellungnahme vor zu treffenden projektstrategischen Entscheidungen der Projektaufsicht<br>■ Festlegung der Mitarbeiter für die Bearbeitung der Arbeitspakete |
| **Durchführung** | ■ Verwendung des Projektbudgets unter Beachtung firmeninterner Regelungen<br>■ projektbezogenes Entscheidungsrecht: Lässt sich bei divergierenden Auffassungen nach eingehender Beratung keine einvernehmliche Lösung erreichen, so entscheidet zunächst der Projektleiter (ggf. ist die Projektaufsicht einzuschalten)<br>■ projektbezogenes Informationsrecht (Zugriffsberechtigung auf die projektbezogenen Informationen in den am Projekt beteiligten Abteilungen)<br>■ Berechtigung zur Prüfung von Projektteilergebnissen (Qualitätssicherungsfunktion)<br>■ Recht zur Einberufung und Leitung von Projektbesprechungen<br>■ Vortragsrecht bei Entscheidungsgremien und Projektaufsicht | ■ arbeitspaketbezogenes Entscheidungsrecht<br>■ arbeitspaketbezogenes Informationsrecht (Zugriffsberechtigung auf Informationen des Projektleiters, die sich auf das übernommene Arbeitspaket beziehen)<br>■ Freigabe von Arbeitspaketergebnissen<br>■ Vortragsrecht bei Entscheidungsgremien und Projektaufsicht |

### 7.2.1.4 Verhaltensimplikationen für die Mitarbeiter

Ein Mitarbeiter in der Produktion, der einem Projekt als Teammitglied zugeordnet ist, hat zwei »Chefs«. Deren Anforderungen können – zumindest aus der Sicht des Mitarbeiters – im Widerspruch zueinander stehen. So kann sowohl das Projekt als auch die Aufgabe in der Abteilung jeweils deutlich mehr als 50 % der verfügbaren Arbeitszeit beanspruchen. Der Mitarbeiter kann vielleicht darauf hoffen, darf sich aber nicht darauf verlassen und schon gar nicht darauf zurückziehen, dass seine beiden Führungskräfte, d.h. Abteilungsleiter und Projektleiter, diesen Widerspruch ohne Hinweis erkennen können und aus eigenem Antrieb beheben. So wie im folgenden Negativbeispiel soll es also nicht laufen.

**Grundsatz der Selbstverantwortung**

**Negativbeispiel**

Der Mitarbeiter der Abteilung XY arbeitet neben seinen üblichen Aufgaben in einem Projekt mit, dass 30 % seiner Arbeitszeit in Anspruch nimmt. Einige Aufgaben des Tagesgeschäftes konnte er an Kollegen übertragen, trotzdem fallen wöchentlich etwa fünf Mehrstunden an, die als Gleitzeit gutgeschrieben werden. Inzwischen haben sich auf dem Gleitzeitkonto des Mitarbeiters bereits 50 Stunden Arbeitszeitguthaben angesammelt. Seine Tätigkeit im Projekt wird in rund vier Wochen beendet sein, der Zieltermin kann mit etwas Anstrengung gehalten werden.

Zu diesem Zeitpunkt tritt der Abteilungsleiter an seinen Mitarbeiter heran und bittet ihn, eine dringende Aufgabe zu übernehmen, die in den nächsten drei Wochen etwa zehn Stunden Zeit pro Woche beanspruchen wird. Der Mitarbeiter weist seinen Abteilungsleiter darauf hin, dass er durch seine Aufgaben in der Abteilung und durch das Projekt bereits mehr als ausgelastet ist. Der Abteilungsleiter erklärt daraufhin, dass die neue Aufgabe absolute Priorität habe und das Projekt dann eben zurückstehen müsse. Der Mitarbeiter akzeptiert dies und teilt mit, dass man darüber aber auch den Projektleiter informieren müsse. Stillschweigend geht er davon aus, dass dies von seinem Abteilungsleiter übernommen wird.

Der Abteilungsleiter ist zufrieden, da der Mitarbeiter einer Verschiebung der Prioritäten zugestimmt hat. Wenn der Projektleiter etwas dagegen haben sollte, würde dieser sich schon bei ihm melden, wenn er durch seinen Mitarbeiter über die neuen Prioritäten informiert worden wäre.

Kurz vor dem geplanten Fertigstellungstermin der Arbeiten des Projektes findet die turnusmäßige Projektbesprechung statt. Der Projektleiter ist schockiert, als er hört, dass sein Mitarbeiter aus der Abteilung XY in den vergangenen drei Wochen kaum am Projekt gearbeitet hat und der ursprüngliche Termin für den Abschluss der Arbeiten nicht gehalten werden kann, sich gar um mindestens zwei Wochen verschiebt.

Die Thematik wird vom Projektleiter bis zur Werksleitung getragen, und es kommt zu einem Meeting, an dem der Werksleiter, der Abteilungsleiter des Mitarbeiters und der Projektleiter teilnehmen. Der Mitarbeiter selbst wurde nicht eingeladen. Stattdessen gab es ein Gespräch zwischen Mitarbeiter und Abteilungsleiter, in dem der Abteilungsleiter erkannte, dass es zwischen ihm und seinem Mitarbeiter offensichtlich ein Missverständnis gab.

Im Meeting selbst kann sich der Abteilungsleiter jedoch so weit rechtfertigen, dass man ihm keinen Vorwurf machen wollte. Schließlich – so die übereinstimmende Meinung – hatte es der Mitarbeiter beinahe sträflich versäumt, gegenüber seinem Abteilungsleiter und seinem Projektleiter die notwendige Transparenz über seine Arbeit und insbesondere seine Auslastungssituation herzustellen. Hat der Mann Angst, man könnte ihm in die Karten schauen? Oder hat er ein zwanghaftes Bedürfnis, alle Arbeiten an sich zu ziehen, auch wenn er diese gar nicht bewältigen kann? Wie auch immer, ein Mitarbeiter, der so wenig bereit und in der Lage ist, offen mit Informationen umzugehen, sollte nicht, wie ursprünglich geplant, übernächsten Monat in die nächsthöhere Tarifgruppe übernom-

men werden, auch wenn seine Arbeitsergebnisse ansonsten ganz in Ordnung waren.

Stellen Sie sich bitte als Leser zwei Fragen:

1. Wer hat hier Fehler gemacht?

**Zwei Fragen zur Verantwortungszuschreibung**

Der Abteilungsleiter? Richtig! Er hat sich darauf verlassen, dass sein Mitarbeiter schon alles regeln würde, hat Informationen weitergegeben, die – zumindest für den Mitarbeiter – nicht vollständig klar waren, und kein Feedback eingeholt, ob die Anweisungen in seinem Sinne verstanden worden sind. Außerdem hätte er selbst den Projektleiter über die Prioritätenverschiebung informieren müssen, ja er konnte und durfte sie ohne Rücksprachen gar nicht eigenmächtig vornehmen.

Der Projektleiter? Auch richtig! Er hat sich zu lange darauf verlassen, das alles seinen geplanten Gang geht, drei Wochen lang offensichtlich nicht den Fortschrittsgrad der betreffenden Arbeiten geprüft, vielleicht sogar überhaupt keinen Kontakt zum Mitarbeiter der Abteilung XY gehalten.

Der Mitarbeiter? Ebenfalls richtig! Er hat sich (nur) darauf verlassen, dass sein Abteilungsleiter schon weiß, was er da tut. Und – es erscheint zwar etwas ungerecht, ist aber letztlich Fakt – er hat keine Verantwortung für seine Arbeit übernommen.

2. Wer ist am Ende der Dumme? Richtig! Einzig und allein der Mitarbeiter.

Übertrieben? Dies war – leider – ein reales Beispiel. Jede der drei beteiligten Parteien hätte sich also anders verhalten können (oder müssen). Im Falle des Abteilungsleiters und des Projektleiters wurde oben schon dargestellt, was sie hätten tun müssen. Wie aber hätte sich der Mitarbeiter verhalten sollen? Er ist gefordert, selbst die Initiative zu ergreifen, um für ihn offensichtliche Widersprüche zu klären. Er darf sich nicht darauf verlassen, dass andere dies schon erkennen und regeln würden.

Wie selbstverantwortliches Verhalten unter Berücksichtigung verschiedener Eskalationsstufen aussehen kann, wird im Folgenden verdeutlicht:

**Selbstverantwortliches Verhalten**

1. Nachdem der Abteilungsleiter mit dem Wunsch der Prioritätenverschiebung an ihn herangetreten ist, erklärt der Mitarbeiter ihm, er werde die Konsequenzen für das Projekt überdenken und anschließend ein Gespräch mit dem Projektleiter darüber führen. Noch heute, spätestens aber morgen früh, könne er dann eine klare Antwort geben, ob (oder unter welchen Bedingungen) er die neue Aufgabe annehmen kann, so die Aussage zum Abteilungsleiter.

2. Falls das Gespräch zwischen Mitarbeiter und Projektleiter ergibt, dass der Projektleiter mit den aufgezeigten Konsequenzen und/oder den vom Mitarbeiter gemachten Vorschlägen zur Verhinderung von Terminverzug leben kann – wunderbar! Sein Abteilungsleiter wird sich freuen, denn nun kann er die wichtige Aufgabe übernehmen.

3. Falls die Konsequenzen für das Projekt nicht akzeptabel sind und keine anderen Lösungen gefunden werden können, bittet der Mitarbeiter den Projektleiter und den Abteilungsleiter um ein Gespräch zu dritt. Der Mitarbeiter wird seiner Verantwortung vollkommen gerecht, wenn er in diesem Gespräch konstruktiv mitwirkt.

4. Falls das Gespräch zu dritt dennoch keinen Lösungsansatz liefert, wird die Projektaufsicht bzw. die Werksleitung eingeschaltet mit der Bitte, hier die Prioritäten zu setzen. Dies unterliegt dann nicht mehr der Mitverantwortung des Mitarbeiters. Allerdings wird der letzte Schritt hoffentlich nicht die Regel, sondern die Ausnahme sein. Wahrscheinlich wird die Werksleitung konkrete Lösungsvorschläge im Sinne von unterschiedlichen Alternativen mit einer Gegenüberstellung der Vor- und Nachteile jeder Alternative erwarten. Bei deren Darstellung kann der Mitarbeiter als Informationsgeber gefordert sein.

Abschließend sei noch einmal betont, dass es natürlich auch anders – das heißt für den Mitarbeiter einfacher – laufen kann, wenn z.B. sein Abteilungsleiter sich gleich mit dem Projektleiter abstimmt. Aber – der Mitarbeiter darf sich eben nicht blind darauf verlassen. Es ist seine Arbeit im Projekt, um die es hier geht.

#### 7.2.1.5 Anforderungen an Führungskräfte und Mitarbeiter in der Matrixorganisation

**Anforderungen an die Zusammenarbeit**

Partnerschaftliche, bereichsübergreifende Zusammenarbeit und Kommunikation sind unabdingbare Grundlage für eine funktionierende Matrixorganisation. Eine partnerschaftliche Zusammenarbeit zwischen allen Beteiligten basiert auf gegenseitiger persönlicher Achtung und auf der Kenntnis und Anerkennung der jeweiligen unterschiedlichen Ziele und Aufgaben.

**Aufgaben der Abteilungsleiter**

Die Leiter einer an einem Projekt beteiligten Abteilung sind Partner des Projektleiters, indem sie die Bearbeitung der in ihre Abteilung übernommenen Arbeitspakete unterstützen, koordinieren und überwachen. Sie unterstützen den Projektleiter in seiner Koordinierungsaufgabe bezüglich des gesamten Projektes, z.B. durch frühzeitige und vollständige Informationsweitergabe (Informationsbringpflicht!) und eine offene Kommunikation mit den Leitern der anderen am Projekt beteiligten Abteilungen und deren Mitarbeiter. Sie erkennen an, dass der Projektleiter eine Führungsaufgabe wahrzunehmen hat, die sich auf diejenigen ihrer Mitarbeiter bezieht, die im jeweiligen Projekt tätig sind.

**Aufgaben der Teammitglieder**

Die Mitarbeiter einer Abteilung sind gleichzeitig Teammitglieder in Projekten. Sie bearbeiten einzelne Arbeitspakete verlässlich und unterstützen den Projektleiter in seiner Koordinierungsaufgabe bezüglich des gesamten Projektes, z.B. durch frühzeitige und vollständige Informationsweitergabe (Informationsbringpflicht!) und eine offene Kommunikation mit den Mitarbeitern der anderen am Projekt beteiligten Abteilungen. Sie sind somit Fachpartner für den Projektleiter, die Know-how, Qualifikation und Er-

fahrung in das Projekt einbringen und ihr eigenes Fachgebiet laufend beobachten und weiterentwickeln. Sie erkennen an, dass sie für die Zeit ihrer Mitarbeit im Projektteam zwei Vorgesetzte – den Leiter ihrer Abteilung und den Projektleiter – haben, die mit verteilten Befugnissen Führungsaufgaben wahrzunehmen haben.

**Aufgaben des Projektleiters**

Der Leiter eines Projektes unterstützt die Arbeit der Mitarbeiter (seiner Teammitglieder) und der Leiter der beteiligten Abteilungen, indem er die Umsetzung der Projektaufgabe in Arbeitspakete plant und koordiniert sowie frühzeitig und vollständig über auftretende Abweichungen und Änderungen informiert (Informationsbringpflicht!). Insbesondere klärt er auch über die Projektziele und den jeweiligen Projektstatus auf und stimmt notwendige Steuerungsmaßnahmen mit den Beteiligten ab. Die Projektleiter erkennen an, dass die Leiter der Abteilungen Führungsaufgaben bezüglich der Teammitglieder wahrzunehmen haben, die über den Zeit- und Zielhorizont eines einzelnen Projektes hinausgehen und daher mit den Projektzielen nicht immer im Einklang stehen können.

**Erforderliche Kompetenzen**

Um in einer Matrixorganisation effektiv arbeiten zu können, müssen die Mitarbeiter und insbesondere die Führungskräfte Kompetenzen mitbringen oder erwerben, die in einigen Punkten über die von Mitarbeitern in einfacher strukturierten Organisationsformen hinausgehen. In unserem westfälischen Produktionswerk wurden einige solcher Kompetenzen explizit definiert, um Mitarbeitern und Führungskräften Orientierung (z.B. hinsichtlich der Überprüfung mit dem eigenen Kompetenzprofil und eventueller gezielter Weiterbildung) zu ermöglichen:

---

**Fachliche Kompetenzen**

**Funktionsübergreifende Kenntnisse:**

Dies sind z.B. betriebswirtschaftliche Kenntnisse, wie das Wissen über den Aufbau und die Interpretation der Ergebnisse der Kostenrechnung. Erforderlich ist auch die Kenntnis des Qualitätssicherungssystems.

**Kenntnis der betrieblichen Zusammenhänge:**

Verlangt sind nicht nur Kenntnisse über die Organisation des Unternehmens, sondern auch die Fähigkeit zum praktischen Umgang mit der Organisation.

**Beherrschung der spezifischen Methoden und Instrumente des Projektmanagements:**

Dazu zählen z.B. die Projektstrukturierung, Terminplanungs- und Terminüberwachungsmethoden und die Verfahren zur Kostenplanung und -verfolgung. Hinzu kommen Kenntnisse bezüglich der Anwendung unterstützender Softwareprogramme.

**Erfahrung in der Anwendung allgemeiner Problemlösungstechniken:**

Maßstab ist, dass die erzielten Ergebnisse ein Optimum zwischen Kosten, Qualität und Terminen darstellen und das Projektergebnis direkt beeinflussen.

**Soziale Kompetenzen**

**Fähigkeit zu partnerschaftlicher und ergebnisorientierter Kommunikation:**

Dazu zählt z.B. die Bereitschaft zuzuhören und den Gesprächspartnern Wertschätzung entgegenzubringen, falls erforderlich aber gleichzeitig eine abweichende Auffassung mit Nachdruck vertreten zu können. Die Fähigkeit zur Gestaltung eines aktiven Informations- und Kommunikationsflusses im Team ist von entscheidender Bedeutung.

**Fähigkeit und Bereitschaft zur kooperativen Zusammenarbeit:**

Von besonderer Bedeutung für Mitarbeiter in der Matrixorganisation ist die Fähigkeit, die Meinungen aller Beteiligten anzuerkennen, sie aufzugreifen und zu einem tragfähigen Konsens (oder wenigstens Kompromiss) zusammenzuführen. Notwendig dazu ist z.B. die Offenheit bezüglich der eigenen Ziele und Absichten und die Bereitschaft, auf Menschen zuzugehen.

**Angemessenes Konfliktverhalten:**

Eine hohe Sensibilität bezüglich möglicher oder bereits bestehender Konflikte ist in der Matrixorganisation unumgänglich. Um zu guten Lösungen zu gelangen, ist es einerseits notwendig, Spielregeln zu definieren, um unnötige Konflikte zu vermeiden, andererseits müssen bestehende oder notwendige Konflikte ausgetragen und für Veränderungen genutzt werden.

**Persönliche Kompetenzen**

**Ich-Stärke und Rollenflexibilität:**

Arbeiten in der Matrixorganisation verlangt in besonderem Maße die Fähigkeit, die persönliche Selbstständigkeit und Durchsetzungskraft mit der notwendigen, situationsgerechten Anpassungsfähigkeit in Einklang zu bringen, ohne dabei Grundprinzipien des eigenen Handels aufgeben oder die jeweiligen Ziele aus den Augen zu verlieren.

**Arbeitsmotivation, Flexibilität und Ausdauer:**

Erforderlich ist die Bereitschaft zu hoher Leistung und Präzision. Kurzfristige Änderungen sollen akzeptiert und verarbeitet werden. Auch bei auftretenden Widersprüchen, Ablehnung und persönlichen Angriffen soll das Leistungsvermögen weitgehend konstant bleiben.

**Führungsmotivation und Zielstrebigkeit:**

Von Führungskräften der Linie und Projektleitern wird verlangt, dass sie die Initiative zur Koordinierung von Mitarbeiterteams und zur Strukturierung der zwischenmenschlichen Beziehungen aller Beteiligten ergreifen. Sie dürfen sich nicht aus ihrer Führungsrolle drängen lassen und schaffen sich die notwendigen Freiräume für ihr an ihren jeweiligen Zielen orientiertes Handeln.

### Literaturempfehlung

*Heintel, P; Krainz, E:* Projektmanagement – Eine Antwort auf die Hierarchiekrise? Wiesbaden 1988.

## 7.3 Produktionsanlagen

### 7.3.1 Poka Yoke

*von Rainer Kämpf*

#### 7.3.1.1 Ausgangsbasis

Der japanische Ausdruck Poka Yoke bezeichnet ein aus mehreren Elementen bestehendes Prinzip, welches technische Vorkehrungen und Einrichtungen zur Fehlervermeidung bzw. zur sofortigen Fehleraufdeckung umfasst. Es ist dabei besonders auf die unbeabsichtigten Fehler ausgerichtet, die den Menschen bei ihrer Mitwirkung innerhalb von Fertigungsprozessen unterlaufen können, und soll verhindern, dass aus einer unkorrekten Handlung ein Fehler am Produkt entsteht.

**Menschliche Fehler vermeiden**

Ausgangsbasis für Poka Yoke ist die Erkenntnis, dass kein Mensch und auch kein System in der Lage ist, unbeabsichtigte Fehler vollständig zu vermeiden. Bei Systemen, also Maschinen und Anlagen, können in der Regel Angaben über Fehler durch die Kenngröße »Mean Time Between Failure (MTBF)« oder »mittlerer Ausfallabstand« gemacht werden. Dagegen liegen Fehlhandlungen wie Unaufmerksamkeit, Auslassen, Vertauschen, Vergessen, falsch Ablesen, Fehlinterpretieren u.Ä., die durch Stress, belastende Umwelteinflüsse und schlechte Arbeitsbedingungen noch verstärkt werden können, in der Natur des Menschen und lassen sich trotz aller Bemühungen nicht mit Sicherheit ausschließen.

Das Poka-Yoke-Konzept mit Fehlerquellen-Inspektion findet vor allem in Fertigungsbetrieben Anwendung. Die personelle oder maschinelle Größe des Unternehmens ist sekundär. Poka Yoke wird, wenn es zu schnellen und umfassenden Ergebnissen gelangen will, im Rahmen von Qualitätszirkeln praktiziert. Gruppenarbeit dient somit als Hilfsmittel zur Erarbeitung von Poka Yoke, wie umgekehrt auch Poka Yoke die Gruppenarbeit verbessert.

**Anwendung in Fertigungsbetrieben**

Der Ausgangspunkt für die Entwicklung des Poka-Yoke-Systems mit Fehlerquellen-Inspektion lag für den Japaner Shingo, dem geistigen »Vater« dieses Konzepts, bei der statistischen Qualitätskontrolle (SQC) nach amerikanischem Typus. Im Jahre 1977 hatte Shingo die Entwicklung des Poka Yoke abgeschlossen.

Poka Yoke zielt auf den Einsatz von meist technischen Hilfsmitteln wie Einlegehilfen, Anschlägen, Zweiknopfbetrieb usw. Dabei kann bereits in der Konstruktion und in der Entwicklung durch konsequentes Einhalten der Regeln die Produktionsfreundlichkeit (Design for Manufacturing) entscheidend beeinflusst werden. Der Schwerpunkt im Prozessdesign liegt in der Arbeitsablauf- und Arbeitsplatzgestaltung, Schaffung einfacher Überwachungseinrichtungen und Vermeidung von Verwechslungen. Die Lösungen sind in der Regel kostengünstig und sofort einführbar. Gruppenarbeit begünstigt die Entwicklung solcher fertigungsbezogener Veränderungen.

**Das Ziel**

### 7.3.1.2 Fehlermanagement

**Fehlerquellen-Inspektion**

Um auch ein weiteres Auftreten von einmal entdeckten Fehlern ausschließen zu können, wird Poka Yoke in Verbindung mit einer Inspektionsmethode angewendet. Als besonders effektiv hat sich dabei die ebenfalls von Shingo entwickelte »Source Inspection« erwiesen. Diese Prüfmethode löst nicht nur Reaktionen auf Fehler aus, sondern deckt die Bedingungen auf, die Fehler hervorrufen. Wichtig ist, dass Rückmeldung und Abstellungsmaßnahmen innerhalb der Fehlhandlungsstufe erfolgen. So wird verhindert, dass aus einer Fehlhandlung ein Fehler entsteht.

Mit Hilfe von Poka Yoke wird nun durch meist einfache, aber wirkungsvolle Systeme dafür gesorgt, dass derartige Fehlhandlungen im Fertigungsprozess nicht zu Fehlern am Endprodukt führen bzw. nicht unentdeckt bleiben. Da von Poka Yoke sämtliche in einem Fertigungsprozess hergestellten Teile bzw. Produkte betroffen sind, kann man in diesem Zusammenhang auch von einer 100%- oder Vollprüfung sprechen.

Durch eine Kombination dieser Fehlerquellen-Inspektionen mit 100%-Prüfungen, Selbstprüfungen oder sukzessiven Prüfungen und unmittelbarer Rückmeldung mit Abstellungsmaßnahme kann ein Null-Fehler-QM-System etabliert werden. Durch Einsatz anforderungsgerechter Poka-Yoke-Einrichtungen ist es in vielen Fällen überhaupt erst möglich, das Ziel »Null Fehler« zu erreichen.

| Fehlerart \\ Menschliche Fehlhandlungen | Fahrlässigkeit | Missverständnis | Vergesslichkeit | Falscherkennung | Erfahrungsdefizite | Vorsatz (Sabotage) | Unaufmerksamkeit | Langsamkeit | Ablenkung | situative Überraschungseffekte |
|---|---|---|---|---|---|---|---|---|---|---|
| ausgelassene Arbeitsgänge | + | – | + | – | – | – | + | – | – | |
| Bearbeitungsfehler | + | + | – | – | + | + | + | + | + | |
| Einlege-/Einspannfehler | – | – | + | – | | – | + | – | – | |
| fehlende Teile | + | – | – | – | – | – | + | – | | |
| falsche Teile | + | + | + | + | + | + | + | | + | |
| Bearbeitung falscher Werkstücke | – | + | + | – | – | + | + | – | | |
| Falschhandlung (Bedienungsfehler) | | – | | | | | – | | – | + |
| Einstellfehler | – | – | – | + | – | + | – | – | – | – |
| Einrichtefehler | | – | | | | | + | | | + |
| ungeeignete Werkzeuge und Vorrichtungen | | – | | | | | + | | | – |

– schwache Beziehung   + starke Beziehung

*Abb. 1: Ursache-Wirkungs-Beziehungen*

In der praktischen Anwendung besteht ein Poka-Yoke-System aus den beiden Grundelementen

**Elemente**

- Initialisierungs- bzw. Auslösemechanismus und
- Regulierungsmechanismus.

Als drittes Element werden in der Sekundärliteratur noch die

- Detektionsmechanismen

unterschieden, die aber auch eine Art der Initialisierung darstellen. Hinzu kommen spezielle Vorkehrungen in Form von Gestaltungsmaßnahmen, die eine mögliche Fehlhandlung von vornherein ausschließen, wie z.B. Positionierstifte.

Bei richtiger Anwendung der Poka-Yoke-Methode wird die Beseitigung von Fehlern – nicht nachträglich, sondern im Vorfeld – möglich, während sich durch Anwendung rein statistischer Methoden die Fehlerrate nur verringern lässt.

Meist entstehen Fehler durch Fehlhandlungen der ausführenden Personen. Wenn sie sofort erkannt und (schon im Vorfeld) behoben werden, entstehen keine weiteren Aufwendungen oder Schäden.

**Fehlerursachen und -arten**

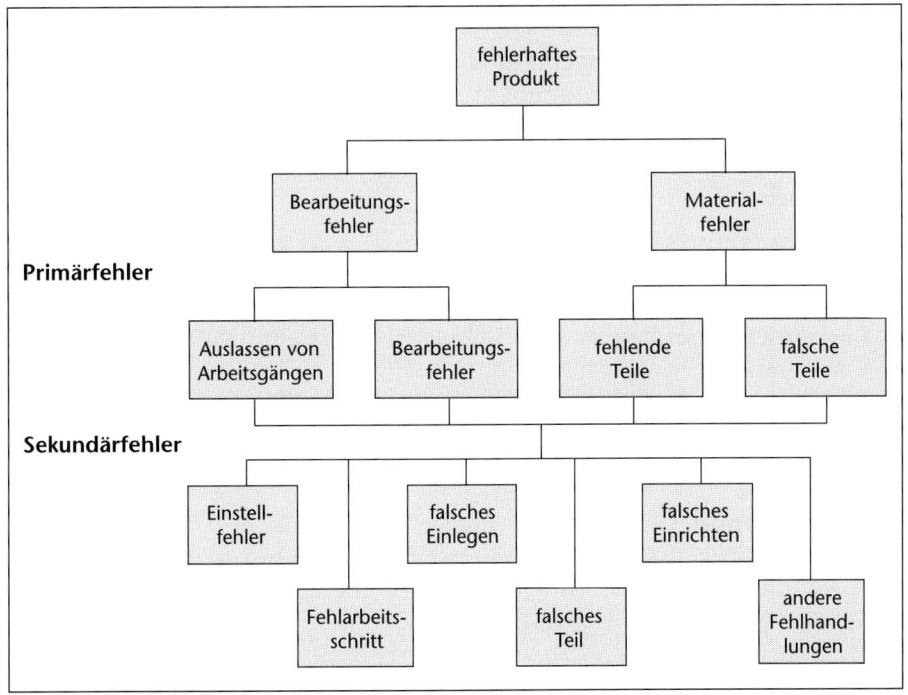

*Abb. 2: Menschliche Fehlhandlungen*

Menschliche Fehlhandlungen verursachen unterschiedliche Fehlerarten. Zu den »Primärfehlern« zählen:

- Auslassen von Arbeitsschritten
- Bearbeitungsfehler
- fehlende Teile
- falsche Teile

Zu den »Sekundärfehlern« zählen:

- Einstellfehler
- Fehlarbeitsschritt
- falsches Einlegen
- falsches Teil (Werkstück)
- falsches Einrichten
- andere Fehlhandlungen, z.B. unzureichende Vorbereitung von Werkzeugen und Vorrichtungen

Fehler werden in zwei Phasen erkannt:

- während ihrer Entstehung (quasi »in statu nascendi«) oder
- nach ihrer Entstehung (wenn das Teil bereits weiterverarbeitet ist)

Mit Poka-Yoke-Einrichtungen zur Unterbindung von Fehlern werden drei Grundfunktionen wahrgenommen:

- Abschalten
- Ausregeln
- Warnen (akustisch oder optisch)

Das Erkennen eines bevorstehenden Fehlerauftretens wird »Voraussage«, das Erkennen eines bereits aufgetretenen Fehlers »Entdeckung« genannt.

**Fehlererkennung** Die Auslöse- bzw. Initialisierungsmechanismen bestimmen die Art, wie ein Fehler im Fertigungsprozess erkannt wird. Im Einzelnen sind drei Methoden zu unterscheiden:

**Kontakt-Methode:** Unzulässige Abweichungen von der Arbeitsfolge, die zu Fehlhandlungen führen können, werden von Sensoren über geometrische Kenngrößen festgestellt. Je nach Art des Sensors kann der Kontakt berührend oder auch berührungslos sein.

**Fixwert-Methode:** Abweichungen oder Unregelmäßigkeiten im Verlauf des Fertigungsprozesses werden durch das Überprüfen des Erreichens einer bestimmten Anzahl von Teilarbeitsschritten erkannt. Die hierbei eingesetzten technischen Mittel sind meist sehr einfach, aber wirkungsvoll, wie z.B. mechanische Zähleinrichtungen.

**Schrittfolgenmethode:** Die Standardbewegungsabfolge eines Arbeitsprozesses wird erkannt und mit möglichst einfachen Hilfsmitteln auf Fehlhandlungen hin überprüft.

Wichtig ist, dass das Feedback einer Fehlhandlung die ausführenden Personen so schnell wie möglich erreicht, um die Wiederholung der entdeckten Fehlhandlung zu vermeiden. Dabei ist es unerheblich, wie die Entdeckung zustande kommt, ob sie vom Ausführenden entdeckt wird oder ob es bestimmte Abweichungsmuster gibt. Wichtig ist, dass bei Erkennen sofort gehandelt werden kann.

### 7.3.1.3 Regulierungsmechanismen

**Eingriffsmethode:** Beim Auftreten von Abweichungen oder Prozessunregelmäßigkeiten, die Fehler zur Folge haben können, wird die Maschine sofort abgeschaltet. Mit dem Fertigungsprozess verbundene Vorgänge wie Transportieren oder Spannen werden ebenfalls sofort unterbrochen. Dadurch werden Korrekturmaßnahmen und die Vermeidung von Wiederholungsfehlern möglich.

**Alarmmethode:** Hierzu zählen sämtliche Arten von optischen und/oder akustischen Signalen, die auf die Situation der entstehenden oder gerade entstandenen Fehlhandlung hinweisen.

Alles, was bereits in der Phase der Entstehung erkannt wird, hilft, Kosten zu vermeiden. Gruppen sind, wenn sie zu Selbststeuerungsprozessen fähig sind, prädestiniert, lange Wege zu vermeiden. Gruppen können Poka Yoke deshalb besonders effizient einsetzen.

**Fehler in Gruppen erkennen**

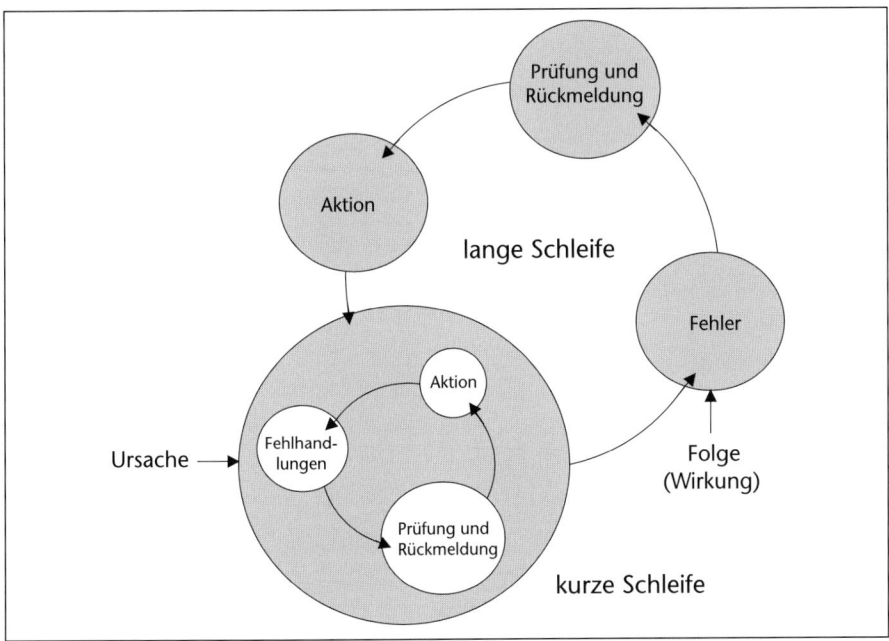

*Abb. 3: Fehlermanagement auf kurzem Wege*

**Literaturempfehlungen**

*Kamiske, G. F.; Brauer, J.-P.:* Qualitätsmanagement von A bis Z. München 1995.

*Shingo, S.:* Poka-yoke, Prinzip und Technik für eine Null-Fehler-Produktion. St. Gallen 1991.

*Hirano, H.:* Poka-yoke, 240 Tips für Null-Fehler-Programme. Landsberg 1992.

## 7.4 Prozesse

### 7.4.1 Wertstromdesign

*von Rainer Kämpf*

#### 7.4.1.1 Einleitung

Unter einem Wertstrom versteht man alle Aktivitäten (sowohl wertschöpfend als auch nicht wertschöpfend), die notwendig sind, um ein Produkt durch die Hauptflüsse zu bringen, die für jedes Produkt entscheidend sind:

- den Fertigungsstrom vom Rohmaterial bis in die Hände des Kunden und
- den Entwicklungsstrom vom Produktkonzept bis zum Produktionsstart.

*Was ist ein Wertstrom?*

Eines der wichtigsten Ziele neuer Produktionssysteme ist es, alle Prozesse im Wertstrom so miteinander zu verknüpfen, dass ein Fluss entsteht. Durch eine enge Verkettung der Prozesse im Wertstrom werden die Durchlaufzeiten verkürzt und gleichzeitig Fehler und Ausschuss verringert. Hierbei wird die Aufgabe der Steuerung einzelner Prozesse auf die Steuerung eines gesamten, effizienten und kundenorientierten Flusses verlagert. Eine Wertstromperspektive einzunehmen bedeutet aber zusätzlich, am Gesamtbild zu arbeiten, nicht nur an einzelnen Fertigungsprozessen. Betrachtet man den Weg vom Rohstoff bis in die Hände des Endkunden, dann wird man den Wertstrom eines Produkts über viele Firmen und noch mehr Produktionsstätten hinweg verfolgen müssen.

Die im Folgenden vorgestellte Methode des Wertstromdesigns nach Rother und Shook basiert zunächst darauf, den heutigen Fluss der Wertschöpfung von Wareneingang bis zum Versand eines Unternehmens schnell auf einer A3-Seite anschaulich abzubilden, einen verbesserten Soll-Zustand zu designen und auf Basis dieses Plans wesentlich rationeller einzugreifen als nur mit einzelnen, letztendlich nicht miteinander verbundenen Prozessverbesserungen. Einen Plan für den gesamten Wertstrom zu entwerfen ist ein fehlendes Glied in vielen Verbesserungsbemühungen. Zielsetzung muss es sein, einen Fluss mit einem hohen Grad an Wertschöpfung und kurzen Durchlaufzeiten aufzubauen. Dazu benötigt man eine Vision, wie dieser Fluss aussehen könnte. Die Methode des Wertstromdesigns unterstützt den Planer, diese Vision zu entwickeln und sich somit auf einen idealen oder zumindest verbesserten Zustand zu konzentrieren.

*Wertstromdesign – die operationale Methode zur Erfassung, Planung und Umsetzung effizienter Wertströme im Unternehmen*

#### 7.4.1.2 Durchführung des Wertstromdesigns

Nach der Festlegung auf eine Produktfamilie fängt man damit an, den Ist-Zustand anhand von Informationen, die man persönlich im Werk sammelt, darzustellen. Daraus gewinnt man die notwendigen Informationen zur Erstellung eines ersten, vielleicht noch etwas provisorischen Soll-Zustands. Der weitere Schritt besteht in der Vorbereitung und Durchführung eines Umsetzungsplans, der beschreibt, wie der Soll-Zustand erreicht werden soll.

Zu beachten ist, dass sich diese Aktivitäten überlappen. Während man den Ist-Zustand skizziert, entstehen vielleicht Ideen zum Soll-Zustand. Umgekehrt kann man beim Skizzieren der ersten Version des Soll-Zustandes auch auf Ist-Informationen stoßen, die bisher unberücksichtigt geblieben sind. Der Soll-Zustand wird sicher auch später, nachdem die Umsetzung begonnen hat, noch im Detail weiter verfeinert werden müssen.

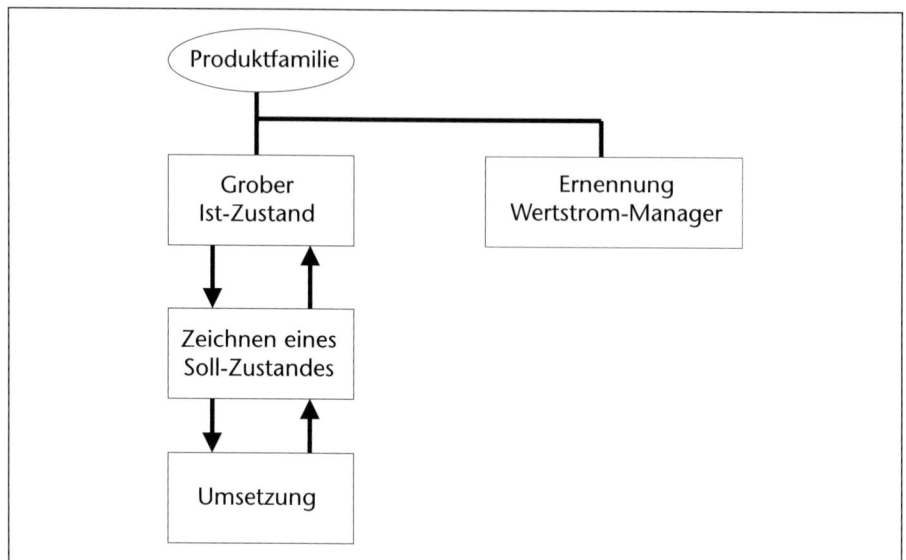

*Abb. 1: Ablauf der Wertstromdesign-Methode*

Das Wertstromdesign für eine Produktfamilie sollte vor Umsetzungsbeginn nicht zu viel Zeit in Anspruch nehmen. Nach den ersten Erfahrungen mit der Wertstromdesign-Methode sollte nach etwa zwei oder drei Tagen ein Soll-Zustand so weit gediehen sein, dass an irgendeinem Punkt im Wertstrom mit der Umsetzung begonnen werden kann. Die Feinabstimmung des Soll-Zustandes sollte mit fortschreitender Umsetzungserfahrung in Iterationszyklen gemacht werden. Wichtig ist auch, mit einem Soll-Zustand nicht zu weit in die Zukunft zu greifen. Bei einem Soll-Zustand, der nur in einigen Jahren zu erreichen wäre, verschwindet das Bestreben zu einer schnellstmöglichen Umsetzung.

**Schritt 1: Auswahl einer Produktfamilie**

*Beschränkung auf eine repräsentative Produktfamilie*

Alle Produktflüsse in einem Unternehmen zu erfassen ist für die Erstellung einer groben Ist-Analyse zu umfangreich, deshalb beschränkt man sich zunächst auf eine repräsentative Produktfamilie, für die alle Prozessschritte (Materialfluss und Informationsfluss) vom Wareneingang bis zum Versand im Unternehmen erfasst werden. Eine Produktfamilie ist eine Gruppe von Produkten, die ähnliche Verarbeitungsschritte und Maschinenausrüstungen im kunden- und produktspezifischen Teil des Wertstroms durchlaufen. In diesem Wertstromsegment werden normalerweise die Produkte für den externen Kunden fertig gestellt. Im Allgemeinen sollte man nicht versuchen, Produktfamilien nach Herstellungsschritten zu unterteilen, welche für viele Produktfamilien gleichermaßen zutreffen können (mehrfach verwendete Baugruppen und Halbfabrikate).

Festzuhalten ist, welche Produktfamilie ausgewählt wurde, welche Produkte zu dieser Familie gehören, welche Kunden wie viele dieser Produkte benötigen und wie oft sowie welche Nachfrageschwankungen zu erwarten sind.

**Schritt 2: Ernennung des »Wertstrom-Managers«**

Da Unternehmen meist nach Abteilungen und Funktionen aufgebaut sind, anstatt nach dem Fluss der wertschöpfenden Schritte, ist oftmals niemand für den gesamten Wertstrom verantwortlich. Deshalb ist es auch schwierig, im Unternehmen eine einzelne Person zu finden, die über den vollständigen Material- und Informationsfluss einer Produktfamilie (sämtliche Prozesse einschließlich der Produktionsplanung) Bescheid weiß. Ohne dieses Wissen bleiben Teile des Flusses jedoch dem Zufall überlassen. Das heißt, einzelne Fertigungsbereiche funktionieren zwar aus ihrer Sicht rationell und effizient, nicht aber aus Sicht des gesamten Wertstroms.

*Ein Wertstrom-Manager vereinigt Know-how, Befugnisse und Durchsetzungskompetenz für den Wertstromdesign-Prozess*

Um von dieser isolierten Betrachtungsweise wegzukommen, ist es notwendig, einer Person die Hauptverantwortung für das Verständnis des Wertstroms und dessen Verbesserung zu übertragen. Rother und Shook nennen diese Person einen »Wertstrom-Manager« und schlagen vor, ihn (oder sie) in dieser Rolle an die oberste Führungskraft im Unternehmen berichten zu lassen. Damit erhält diese Person die erforderlichen Befugnisse, um Veränderung auch wirklich umsetzen zu können.

---

**Anforderungsprofil eines Wertstrom-Managers (nach Rother/Shook):**

- berichtet an die ranghöchste Person im Werk über den Fortschritt bei der Einführung des Soll-Zustandes
- Person aus der Linie mit der Fähigkeit, Änderungen über Funktions- und Abteilungsgrenzen hinweg durchzusetzen
- leitet die Aufnahme des Ist-Zustands, die Planung des Soll-Zustands und die Erstellung eines Umsetzungsplans
- überwacht alle Aspekte der Umsetzung
- geht persönlich durch alle Bereiche, die vom Wertstrom durchlaufen werden, und prüft täglich oder wöchentlich den Fluss
- gibt der Umsetzung höchste Priorität
- überwacht die Einhaltung des Umsetzungsplans und führt regelmäßig Aktualisierungen des Soll-Zustandes durch (fortlaufende Verfeinerung des Soll-Zustandes basierend auf den Erfahrungen der Umsetzung)
- kommt aus der Praxis und ist ergebnisorientiert

---

*Abb. 2: Anforderungsprofil eines Wertstrom-Managers (nach Rother/Shook)*

### Schritt 3: Erfassen des Ist-Zustandes

**Von Hand mit dem Bleistift vorort den Ist-Zustand und alle relevanten Daten zeichnerisch erfassen**

Zielsetzung der Analyse des Ist-Zustandes ist es, ein über Funktionen und Abteilungen abgestimmtes und allgemein anerkanntes Abbild der aktuellen Situation des betrachteten Werkes bezogen auf die ausgewählte Produktfamilie zu erhalten. Dazu werden die Material- und Informationsflüsse für die betrachtete Produktfamilie skizziert. Mit Hilfe einer Reihe von Symbolen, die in Abbildung 3 aufgelistet sind, werden Prozesse und Flüsse dargestellt. Sobald der Gesamtfluss sichtbar wird, kann der Vergrößerungsfaktor erhöhen werden, bis jeder Einzelschritt innerhalb einer Prozesskategorie dargestellt ist, oder man verkleinert ihn, um den Wertstrom auch außerhalb des betrachteten Werkes über die Supply Chain zu erfassen.

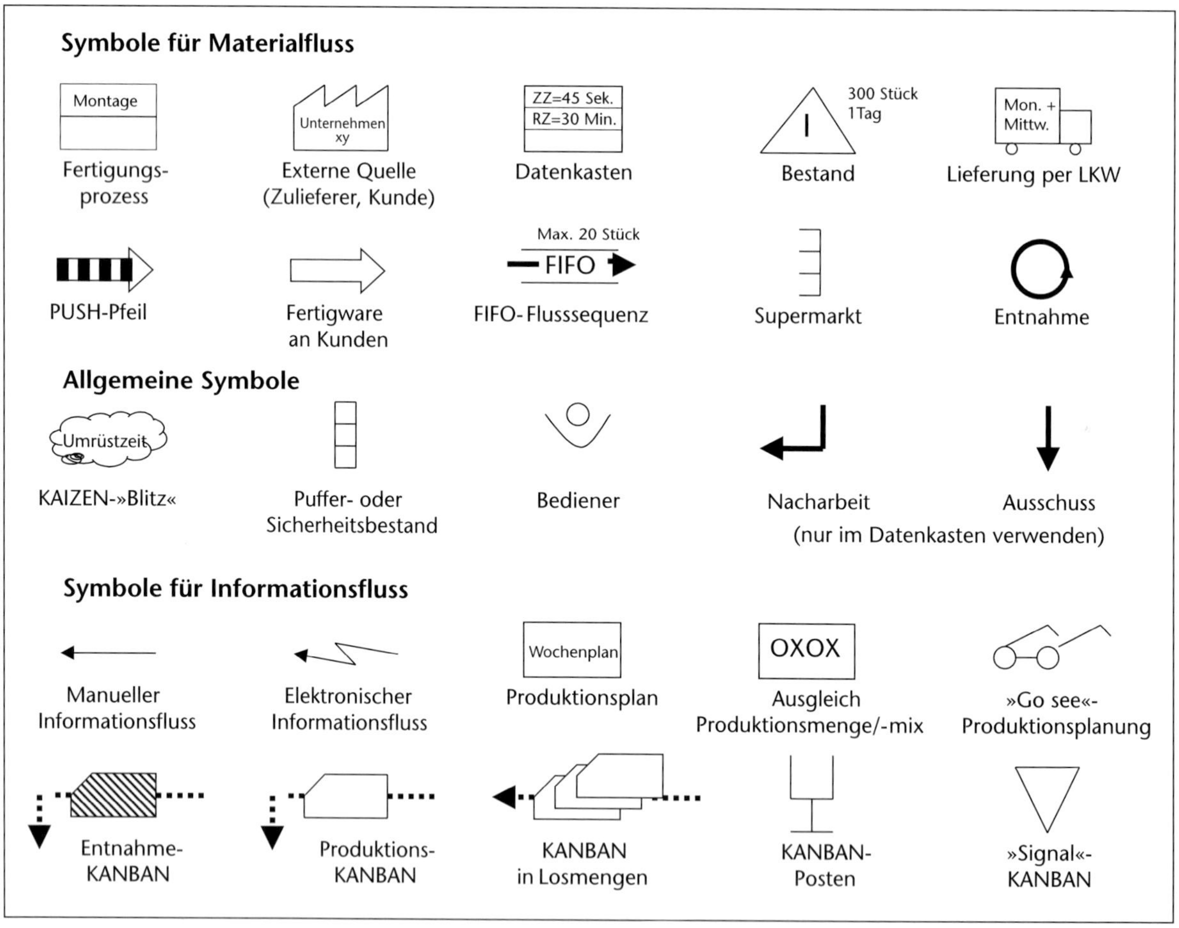
Symbole für Materialfluss
Montage
Fertigungs-prozess
Unternehmen xy
Externe Quelle (Zulieferer, Kunde)
ZZ=45 Sek.
RZ=30 Min.
Datenkasten
300 Stück
1Tag
Bestand
Mon. + Mittw.
Lieferung per LKW
PUSH-Pfeil
Fertigware an Kunden
Max. 20 Stück
FIFO
FIFO-Flusssequenz
Supermarkt
Entnahme
Allgemeine Symbole
Umrüstzeit
KAIZEN-»Blitz«
Puffer- oder Sicherheitsbestand
Bediener
Nacharbeit
Ausschuss
(nur im Datenkasten verwenden)
Symbole für Informationsfluss
Manueller Informationsfluss
Elektronischer Informationsfluss
Wochenplan
Produktionsplan
OXOX
Ausgleich Produktionsmenge/-mix
»Go see«-Produktionsplanung
Entnahme-KANBAN
Produktions-KANBAN
KANBAN in Losmengen
KANBAN-Posten
»Signal«-KANBAN

*Abb. 3: Symbole zum Zeichnen des Wertstromes (nach Rother/Shook)*

VII

Für die Durchführung geben Rother und Shook folgende Tipps:

- **Sammeln Sie stets Informationen zum Ist-Zustand, während Sie selbst die Wege von Material- und Informationsfluss zu Fuß verfolgen.**

- **Beginnen Sie mit einem Schnelldurchgang durch den vollständigen Wertstrom von Wareneingang bis zum Versand,** um eine Vorstellung vom Fluss und der Abfolge der Prozesse zu bekommen. Nach dem ersten Schnelldurchgang gehen Sie zurück, um an jedem Prozess Informationen zu sammeln.

- **Beginnen Sie beim Versand und gehen Sie flussaufwärts vor,** anstatt bei der Anlieferung zu starten und flussabwärts zu gehen. Auf diese Weise beginnen Sie mit den Prozessen, die den Kunden direkt betreffen und auch als »Schrittmacher« für die weiter flussaufwärts liegenden Prozesse dienen.

- **Nehmen Sie eine Stoppuhr und verlassen Sie sich nicht auf Standardzeiten oder Informationen, die Sie nicht persönlich beschafft haben.** Zahlen in einer Datei entsprechen selten der aktuellen Wirklichkeit. Daten in einer Datei geben einen Zustand wieder, als alles reibungslos funktionierte, z.B. die erste dreiminütige Umrüstung einer Gussform in diesem Jahr oder die erste Woche seit Produktionsbeginn, als kein Zeitdruck herrschte. Ihre Fähigkeit, sich einen Soll-Zustand vorstellen zu können, hängt davon ab, ob Sie selbst am Ort des Geschehens sind und inwieweit Abläufe nachvollziehbar bleiben. (Mögliche Ausnahmen von dieser Regel sind Daten über Maschinenzuverlässigkeit, Ausschuss- und Nacharbeitsraten und Rüstzeiten.)

- **Skizzieren Sie den gesamten Wertstrom selbst,** auch wenn mehrere Personen am Wertstromdesign beteiligt sind. Beim ersten Schritt des Wertstromdesigns geht es vor allem darum, den gesamten Fluss zu verstehen. Wenn verschiedene Fertigungssegmente von verschiedenen Personen skizziert werden, wird niemand das Ganze verstehen.

- **Zeichnen Sie immer von Hand mit Bleistift.** Machen Sie sich schon während des Werkdurchgangs eine grobe Skizze des Ist-Zustands und überarbeiten Sie diese später am selben Tag noch einmal – wieder von Hand und mit einem Bleistift. Geben Sie nicht der Versuchung nach, einen Computer zu benutzen. Das Zeichnen von Hand bedeutet, dass Sie es selbst machen können. Dieser Vorgang ist entscheidend für das Verständnis von Material- und Informationsfluss. Außerdem können Sie sich auf das Verstehen des Flusses konzentrieren, anstatt sich mit der Bedienung des Computers zu beschäftigen. Beim Wertstromdesign ist nicht die Skizze wichtig, sondern das Verstehen von Informations- und Materialfluss. Durch das wiederholte Überarbeiten Ihrer Zeichnungen von Hand verbessert sich Ihre Wertstromdesignfähigkeit. Halten Sie einen Radiergummi bereit.

## 7.4 Prozesse

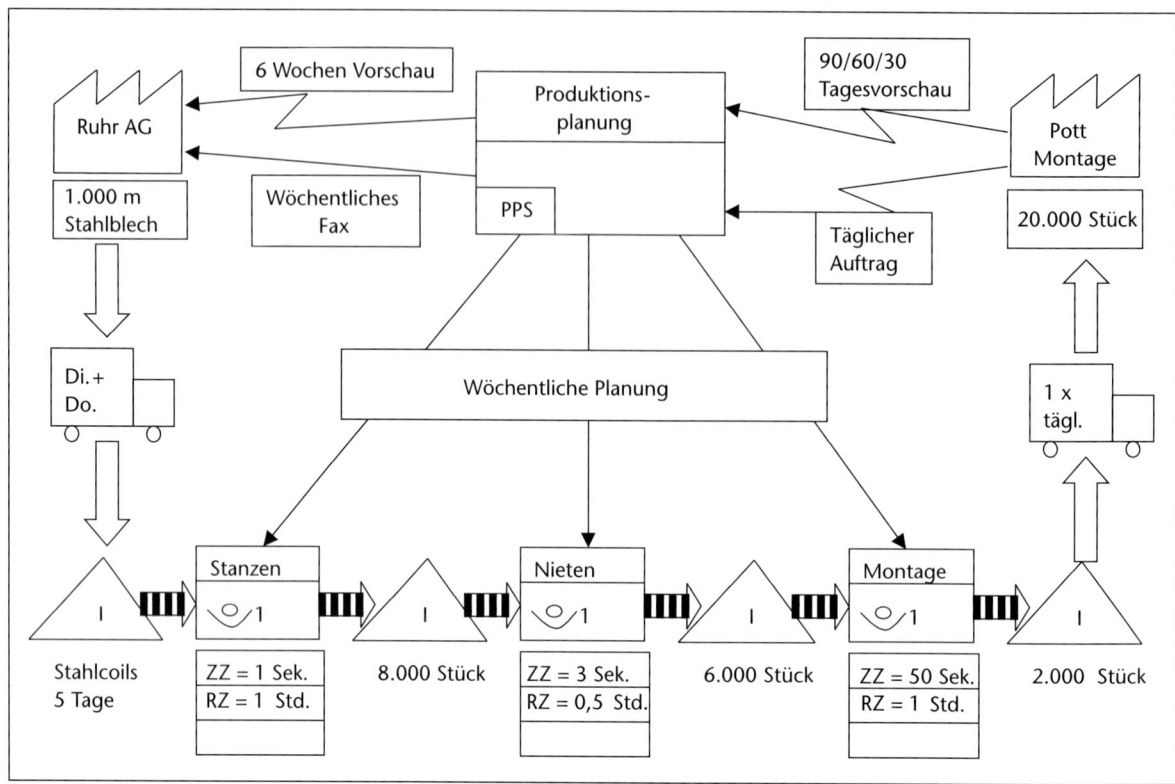

*Abb. 4: Beispielhafte Darstellung des Ist-Zustandes*

**Allgemein verständliche Symbolik erhöht die Kommunikation im Unternehmen und beschleunigt den Planungs- und Umsetzungsprozess**

Wertstromdesign beginnt immer mit dem Endkunden und seinen Anforderungen. Deshalb wird der Kunde in Abbildung 4 rechts oben mit einem Fabriksymbol (siehe Abb. 3) dargestellt. Seine Anforderungen z.B. hinsichtlich täglicher Abrufmengen werden in einem darunter gezeichneten Datenkasten gesammelt.

Der nächste Schritt besteht darin, die grundlegenden Produktionsprozesse abzubilden. Zur Darstellung eines Prozesses verwendet man einen Prozesskasten. Als Faustregel für die Darstellung von Wareneingang zu Versand gilt, dass ein Prozesskasten einen Prozess beschreibt, in dem Material fließt. Da die Ist-Zeichnung schnell unübersichtlich wird, wenn für jeden einzelnen Prozess-Schritt ein Prozesskasten gezeichnet wird, verwendet man den Prozesskasten, um einen ganzen Bereich des Matenalflusses zu beschreiben, idealerweise einen zusammenhängenden Fluss. Der Prozesskasten hört dort auf, wo Prozesse voneinander abgeschlossen sind und der Materialfluss zum Stehen kommt. Beispielsweise würde man einen Montageprozess mit mehreren angeschlossenen Arbeitsstationen als einen einzelnen Prozesskasten zeichnen, auch wenn sich zwischen den einzelnen Stationen einiges an Bestand befinden würde. Wenn jedoch ein Fertigungsprozess unabhängig vom nächsten Prozess flussabwärts durchgeführt wird, mit der Anhäufung von Bestand und der Materialweitergabe in Losen, dann würde man dafür zwei Prozesskästen verwenden.

Anlagen- oder prozessspezifische Daten aus der Ist-Anlyse werden in Datenkästen gesammelt, die direkt unter das zugehörende Prozesskasten-Symbol gezeichnet werden. Solche Prozessgrößen können beispielsweise sein:

- Zykluszeit
- Rüstzeit
- Maschinenzuverlässigkeit
- Losgröße
- Zahl der Mitarbeiter
- Zahl der Produktvarianten
- Behältergröße
- verfügbare Arbeitszeit
- Ausschuss-/Nacharbeitsrate

Dem Materialfluss des Produkts folgend, werden immer wieder Stellen vorkommen, an denen sich Bestand ansammelt. Es ist wichtig, diese Punkte in die Ist-Darstellung einzutragen, da man daran erkennen kann, wo der Fluss zum Stillstand kommt. Das hierzu verwendete Bestandssymbol in Form eines Dreiecks markiert diese Stellen und hält die aktuellen Bestandsmengen fest.

Zur Darstellung des Materialflusses werden breite Pfeile und Symbole für das jeweilige Transportmittel (z.B. LKW) verwendet. Ergänzt wird jeweils noch die Transportfrequenz.

Für den Informationsfluss verwendet man einen schmalen Pfeil. Diese Linie kann auch mit einem Blitz versehen sein, wenn die Informationen nicht auf Papier, sondern auf elektronischem Wege fließen. Die einzelnen Informationsflüsse werden jeweils mit einer kleinen Box beschrieben. Der Informationsfluss wird in der oberen Hälfte der Darstellung von rechts nach links eingezeichnet. Bitte achten Sie darauf, dass Bedarfsvorschau und erfolgte Bestellungen durch zwei separate Linien dargestellt werden, da es sich um verschiedene Informationsflüsse handelt.

Die Produktionsplanung und Steuerung wird durch einen Prozesskasten dargestellt, z.B. mit der Anmerkung, dass ein computergestütztes Produktionsplanungssystem (PPS) benutzt wird, um die Fertigungsprozesse im Werk zu steuern. Die Produktionsplanung und Steuerung sammelt Informationen vom Kunden und der Produktion, konsolidiert und verarbeitet diese und gibt für jeden Fertigungsprozess einen Wochenplan weiter, der darauf hinweist, was produziert werden soll und wann. Außerdem sendet die Produktionsplanung und Steuerung täglich einen Lieferplan an die Versandabteilung.

Das Skizzieren des Informationsflusses kann unter Umständen schwierig sein. Beispielsweise zählen in vielen Unternehmen die Produktionsleiter den Bestand und ändern dementsprechend die Termine. Solche Planungs-

verfahren werden im Rahmen des Wertstromdesign-Prozesses als »Go see«-Planung bezeichnet und durch das Brillensymbol dargestellt.

Es gibt Materialbewegungen, die vom Hersteller (»Push«), oder vom Kunden (»Pull«) ausgehen. »Push« bedeutet, dass ein Prozess ohne Rücksicht auf den tatsächlichen Bedarf des nachgeordneten Kundenprozesses etwas produziert und dieses Material vorausschiebt. Dieses Planungsverfahren ergibt sich normalerweise dann, wenn man nach einem festgelegten Produktionsplan fertigt, der auf Prognosen beruht, was der nächste Prozess in Zukunft brauchen wird. Es ist leider fast unmöglich, dies konsequent durchzuhalten, da sich Pläne ändern und die Produktion selten genau nach Plan verläuft. Wenn jeder Prozess seinen eigenen Plan hat, arbeitet er als »isolierte Insel«, abgekoppelt von jeglichen nachgeordneten Kunden. Jeder Prozess kann für sich optimale Losgrößen bestimmen und nach einem Rhythmus produzieren, der aus seiner Perspektive sinnvoll erscheint, ohne dabei aber den Gesamtwertstrom zu berücksichtigen. In dieser Situation tendieren die liefernden Prozesse dazu, Teile zu produzieren, die vom Kundenprozess zu diesem Zeitpunkt noch nicht benötigt werden, und diese Teile müssen gelagert werden. Diese Art von »Los-und-Push«-Fertigung macht die Einhaltung eines von Prozess zu Prozess gleichmäßig verlaufenden Arbeitsflusses – ein Kennzeichen für die effiziente Produktion – fast unmöglich. Das Symbol für eine Push-Bewegung von Material ist ein gestreifter Pfeil.

Betrachtet man Abbildung 4 insgesamt, so ist das Grundmuster der Wertstromanalyse zu erkennen. Der physische Fluss läuft in der unteren Hälfte der Darstellung von links nach rechts, während der Informationsfluss in der oberen Hälfte der Darstellung von rechts nach links orientiert ist. Durch Wertstromdesign wird der Wust von Ereignissen und Informationen, die normalerweise mit dem Werkslayout verbunden sind, plötzlich aus der Perspektive des produkteigenen Wertstroms und dessen Kunden verständlich. Mit den aus der Beobachtung gewonnenen und in der Zeichnung dokumentierten Daten kann der Ist-Zustand des Wertstroms zusammengefasst werden. Um daraus die Durchlaufzeit abzuleiten, wird unter den Prozesskästen und Bestandsdreiecken eine Zeitlinie gezeichnet. Sie beschreibt die Zeit, die ein Teil benötigt, um den Wertstrom vom Erhalt des Rohmaterials bis zur Lieferung an den Kunden zu durchlaufen.

### Schritt 4: Erstellen des Soll-Zustandes

*Wertstromdesign hilft, Verschwendung zu eliminieren*

Der Zweck des Wertstromdesigns ist es, Ursachen von Verschwendung aufzuzeigen und sie durch Umsetzung eines Soll-Zustandes zu eliminieren. Die folgenschwerste Ursache für Verschwendung in einem Unternehmen ist die Überproduktion, d.h. mehr, früher oder schneller zu produzieren, als es der nächste Prozess benötigt. Überproduktion verursacht alle möglichen Arten der Verschwendung, nicht nur in Form hoher Bestände und damit gebundenen Kapitals. Es sind zusätzliche Lagerflächen bereitzustellen, die Anzahl der Transporte erhöht sich, wozu Personal und Transportmittel notwendig sind. Überproduktion führt letztlich zu einer Mangelsi-

tuation, da die Prozesse damit beschäftigt sind, falsche Teile herzustellen. Ebenso verlängert sich die gesamte Durchlaufzeit, wodurch die Reaktionsfähigkeit auf geänderte Kundenanforderungen stark herabgesetzt wird. Bei der Konzeption des Soll-Zustands sollte deshalb – unter anderem – darauf geachtet werden, dass ein Prozess nur das herstellt, was der nächste Prozess benötigt und erst dann, wenn er es benötigt. Man versucht alle Prozesse vom Endkunden zurück zum Rohmaterial im Verbund zu sehen, in einem gleichmäßigen Fluss ohne Umwege, mit niedrigsten Durchlaufzeiten und Kosten sowie höchster Qualität. Dazu geben Rother und Shook folgende Handlungsleitlinien:

■ **Montage nach der Taktzeit**

Die Taktzeit gibt den Zeitraum an, in dem ein Produkt entsprechend den Verkaufszahlen fertig gestellt werden soll. Mit der Taktzeit soll versucht werden, die Geschwindigkeit des Montageprozesses mit der Verbrauchsgeschwindigkeit des Kunden zu synchronisieren. Montage nach Takt klingt einfach, erfordert aber zielgerichtete Anstrengungen, um

– schnelle Reaktionszeiten (innerhalb des Taktes) bei Problemen zu gewährleisten,
– Ursachen ungeplanter Stillstandszeiten zu eliminieren,
– die Rüstdauer bei Montageprozessen zu reduzieren.

**Handlungsleitlinien für die Konzeption des Soll-Zustandes**

■ **Entwicklung einer möglichst kontinuierlicher Fließfertigung**

Im Idealfall bedeutet kontinuierliche Fließfertigung, dass ein Teil produziert wird und direkt zum nächsten Prozessschritt geht. Das Symbol für eine Fließfertigung ist der Prozesskasten, er beschreibt aber in diesem Fall nicht einen einzelnen Fertigungsschritt, sondern ein in Fließfertigung organisiertes Wertstromsegment. Durch Überführung von Einzelprozessen aus dem Ist-Zustand in Fließfertigungssegmente wachsen deshalb separate Prozesskastensymbole zu einem gemeinsamen Symbol zusammen.

■ **Supermarkt-Pull-Systeme zur Produktionssteuerung, wo Fließfertigung nicht möglich ist**

Dort, wo eine Produktion in Losgrößen (ohne Fließfertigung) notwendig ist, erfolgt die Steuerung nicht mit Hilfe unabhängiger Produktionsplanungsverfahren, sondern durch die Verknüpfung des Prozesses mit seinem nachgelagerten Kunden durch ein supermarktbasiertes Pull-System.

Der Hauptzweck bei einem Pull-System zwischen zwei Wertstromsegmenten besteht in der Abgabe genauer Produktionsanweisungen an den vorgelagerten Prozess, ohne dabei einen Bedarf prognostizieren zu müssen. Es werden nur Verbrauche ersetzt, die aus einem direkten Kundenauftrag und der damit verbundenen Entnahme von Teilen resultieren.

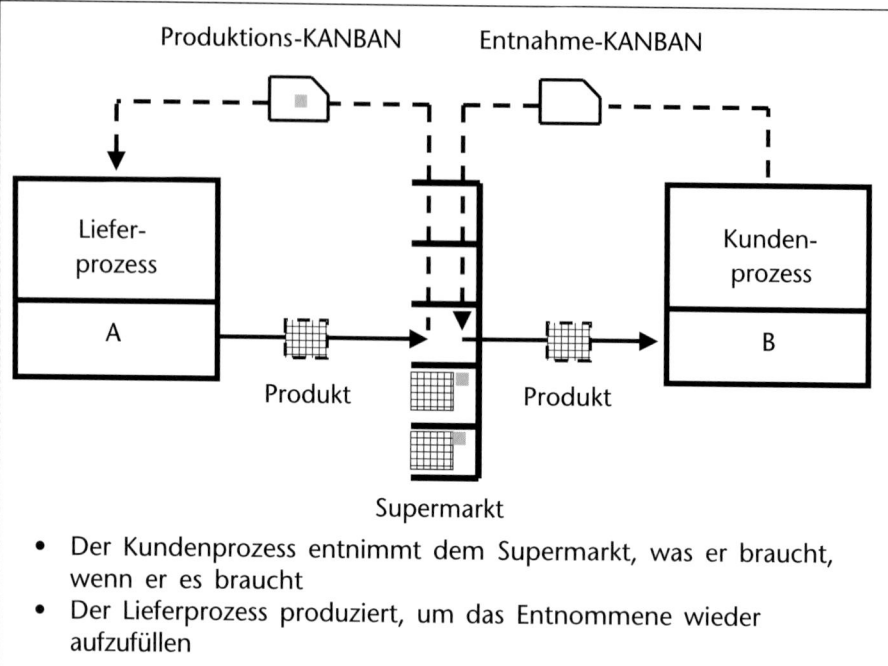

Abb. 5: *Supermarkt-Pull-System*

■ **Produktionsplanung nur möglichst wenigen Stellen im Wertstrom**

Planungspunkte markieren den Anfang eines »Schrittmacherprozesses«, der den Rhythmus aller vorgelagerten Prozesse bestimmt und außerdem festlegt, welche Elemente des Wertstroms Bestandteil der Durchlaufzeit vom Kundenauftrag bis zum Versand sind. Im Soll-Zustand ist der Schrittmacherprozess der Produktionsprozess, der durch die externen Kundenaufträge gesteuert wird.

■ **Produktmix über der verfügbaren Zeit ausgleichen**

Ein ausgeglichenes Produktmix zu fertigen heißt, die Produktion verschiedener Produkte gleichmäßig über einen bestimmten Zeitraum zu verteilen. Anstatt alle Produkte eines Typs gleichzeitig herzustellen, werden kleinere Losgrößen der verschiedenen Produkte abwechselnd hergestellt.

■ **Produktionsvolumen über der Zeit ausgleichen**

Der Aufbau eines gleichmäßigen Produktionsniveaus schafft einen vorhersehbaren Produktionsfluss, der Probleme rechtzeitig aufzeigt und schnelle Gegenmaßnahmen ermöglicht. Dazu werden in gleichmäßigen Arbeitszeitintervallen, die von der Taktzeit und der Behältergröße bestimmt werden, entsprechende Fertigwarenmengen entnommen (beispielsweise alle zehn Minuten ein Behälter). Diese Menge wird dann neu produziert, was in einem Pull-System die Nachbelieferung der jeweils vorgelagerten Prozesse auslöst (»taktgebundene Entnahme«).

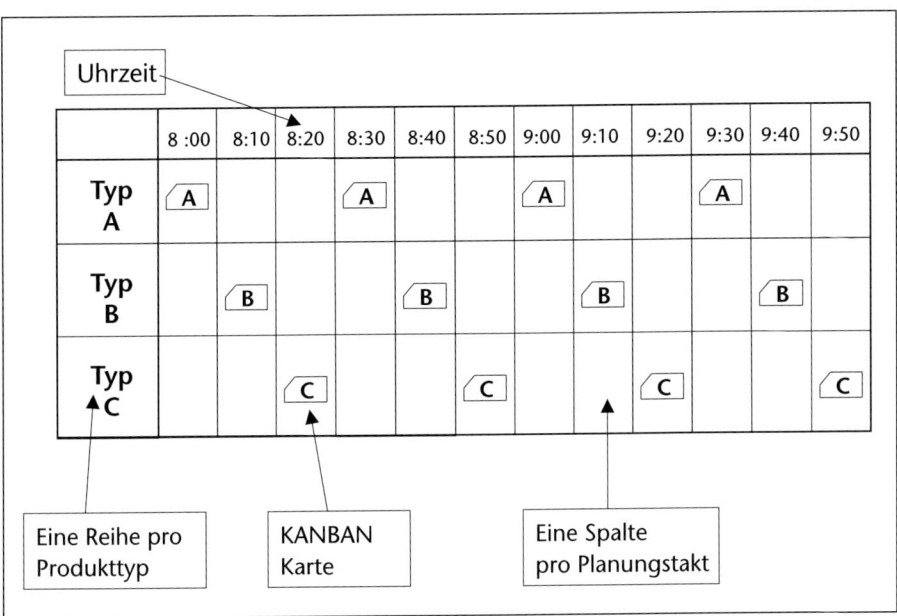

Abb. 6: *Produktionssteuerung durch Planungstakte und KANBAN-Karten (Taktgebundene Entnahme)*

Berücksichtigt man diese Handlungsleitlinien, dann können daraus resultierende Änderungen erst einmal mit Rotstift in die Darstellung des Ist-Zustandes eingetragen werden. Sobald sich daraus die ersten Soll-Vorstellungen entwickelt haben, kann mit der in Abbildung 3 dargestellten Symbolik ein Soll-Zustand gezeichnet werden.

### Schritt 5: Umsetzung des Soll-Zustandes

Das Wertstromdesign berücksichtigt den gesamten Fluss durch das Unternehmen. In den meisten Fällen wird es nicht möglich sein, den gesamten Soll-Zustand in einem Anlauf umzusetzen. Zu den Aufgaben des Wertstrom-Managers gehört in der Umsetzungsphase also auch die Aufteilung der Umsetzung in einzelne Schritte, denen jeweils ein Segment des Wertstromes (»Wertstromschleife«) zugeordnet wird. Die Reihenfolge der Bearbeitung dieser Schritte, die damit zu erreichenden Ziele sowie klar beschriebene Meilensteine, Termine und Verantwortlichkeiten werden in einem »Wertstromplan« zusammengefasst. In den einzelnen Wertstromschleifen werden die Verbesserungen meist wie folgt angegangen:

■ Entwickeln einer möglichst kontinuierlichen Fließfertigung

■ Einrichten eines Supermarkt-Pull-Systems zur Produktionssteuerung und Verknüpfung der Prozesse im Wertstrom

■ Einführen des Ausgleichs von Produktionsmix und/oder -volumen

**Wertstromplan als zentrales Element der Umsetzung und Fortschrittskontrolle**

## 7.4 Prozesse

- Praktizieren von KAIZEN, um Verschwendung in der Schleife weiterhin zu beseitigen und zu vermeiden (Losgrößen weiter reduzieren, Supermärkte verkleinern, Umfang von kontinuierlicher Fließfertigung erhöhen)

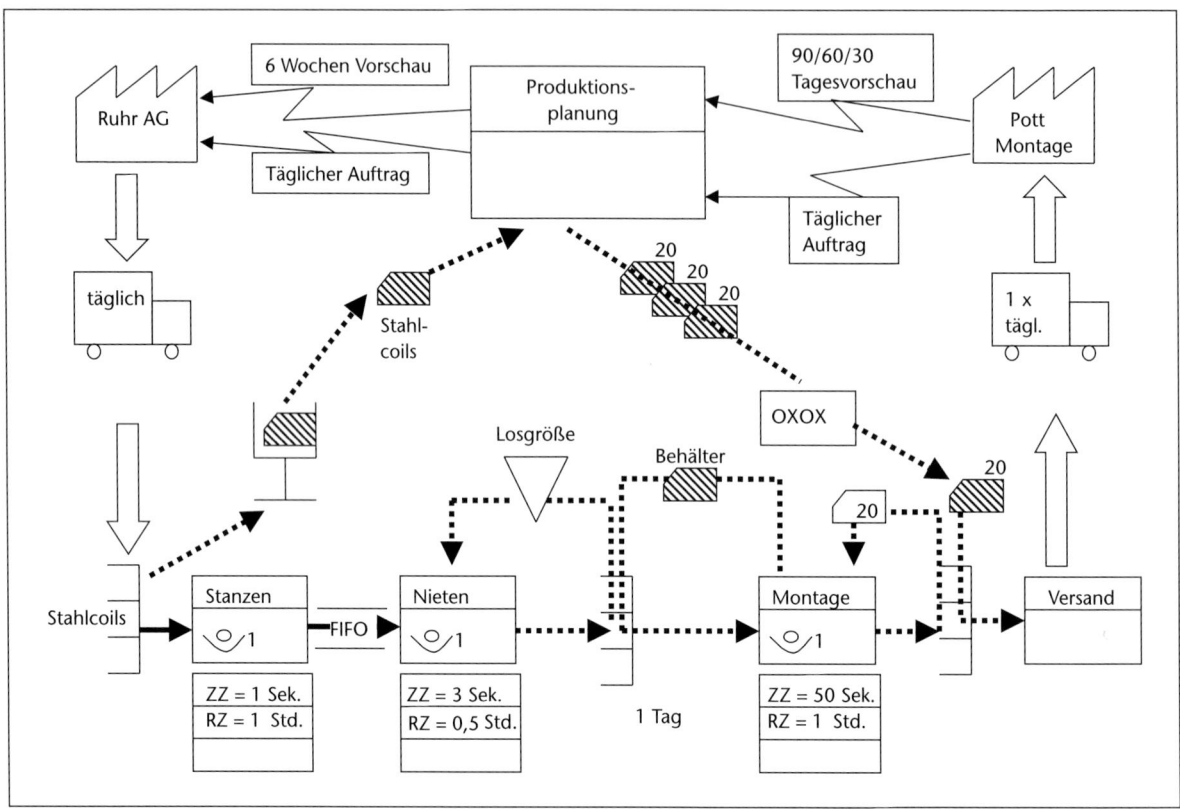

*Abb. 7: Beispielhafte Darstellung des Soll-Zustandes*

Man kann den Wertstromplan jährlich, vierteljährlich oder monatlich als wichtige Methode der Leistungsbeurteilung einsetzen. Dazu werden realistische Abschätzungen der aktuellen Fortschritte in den Wertstromplan eingetragen. Abweichungen werden rigoros in Frage gestellt und nur akzeptiert, wenn sich der Plan als nicht optimal herausstellt. Dadurch wird die notwendige Disziplin geschaffen, um Verbesserungen zu erzielen, aber auch die Fähigkeit, während der Umsetzung dazuzulernen.

**Literaturempfehlung**

*Rother, M.; Shook, J.*: Sehen Lernen – mit Wertstromdesign die Wertschöpfung erhöhen und Verschwendung beseitigen. LOG_X Verlag, Stuttgart 2000.

## 7.4.2 Kostenvorteile durch Prozessverbesserungen

*von Helmuth Gienke*

### 7.4.2.1 Vorgehen

Wertstromanalyse, Toyota Production System, Synchrone Produktion etc. – alles Begriffe, mit denen die Effizienz von Fertigungsunternehmen gesteigert werden soll. Nur ist die Frage: Was bringen Prozessveränderungen mit diesen Methoden?

In diesem Artikel wird ein Weg aufgezeigt, mit dem die Auswirkungen von solchen Prozessverbesserungen schon vor Projektstart abgeschätzt werden können. Und zwar im Hinblick auf die klassischen betriebswirtschaftlichen Kenngrößen wie Kapitalbindung, Bilanz und Gewinn- und Verlustrechnung.

**So bewerten Sie die Kostenauswirkungen**

Die richtige Vorgehensweise ist ein wesentlicher Erfolgsfaktor für eine hinreichend genaue Bewertung. Auf dem Weg werden weniger die theoretischen Daten aus den IT-Systemen genutzt als vielmehr die physischen Abläufe im Unternehmen betrachtet. In den drei Schritten, die durchlaufen werden, ist wichtig: Es steht immer der Gesamtprozess im Vordergrund! Jede einzelne Prozessveränderung wird aus Sicht der gesamten Wertschöpfungskette vom Rohstoff bis zum Endprodukt bewertet. So ist die Verbesserung der Produktivität in einer einzelnen Abteilung nur dann sinnvoll, wenn die Gesamtprozesskosten sinken.

Eine Prozessverbesserung wird anhand eines charakteristischen Produktes realisiert und bewertet. Mit dem charakteristischen Produkt durchläuft man folgende Schritte:

### Schritt 1: Erfassen des Ist-Zustandes

Für die Aufnahme des Ist-Prozesses bedient man sich einzelner Elemente aus dem Wertstromdesign (www.ebz-beratungszentrum.de/organisation/themen/wertstrom.htm). Hier geht man wie folgt vor:

**Fünf Schritte zur Ermittlung des Ist-Zustandes**

1. **Bestimmung des Umfeldes**
   Der aufzunehmende Prozess wird zu anderen Prozessen hin abgegrenzt, zum Beispiel zu Lieferanten und Kunden.

2. **Ermittlung der Anforderung an den Prozess**
   Hier betrachtet man, was von einem Prozess erwartet wird. Dies kann beispielsweise der Kundentakt sein, der Bedarf durch den Prozesspartner. Wesentlich ist auch die Häufigkeit, mit der das Ergebnis des Prozesses abgerufen wird.

### 3. Darstellung der Wertschöpfungskette
Die Prozesse der Wertschöpfungskette werden vom Ende bis zum Anfang analysiert und dargestellt. Man geht hier entgegen dem Materialfluss vor, also zum Beispiel vom Versand bis zum Wareneingang der Rohstoffe. Dabei werden alle Prozessschritte mit ihren Durchlaufzeiten aufgenommen. Hierbei ist unerheblich, ob der Prozessschritt wertschöpfend ist oder nicht. Bei »nicht wertschöpfenden« Aufgaben werden auch die Lagerbestände notiert.

### 4. Bestimmung der Prozessdaten
Die relevanten Daten, wie Zyklus-, Personal- und Rüstzeit werden zu den jeweiligen Prozessschritten aufgenommen. Diese Informationen sind wesentliche Bestandteile der späteren Bewertung.

### 5. Betrachtung des Informationsflusses
Hier erfolgt die Darstellung des für den Wertschöpfungsprozess notwendigen Informationsflusses. Zum notwendigen Informationsfluss gehören auch die Aufwände, um die notwendigen Prozessinformationen bereitzustellen.

Das Ergebnis des 1. Schrittes könnte folgende Abbildung des Wertstroms sein:

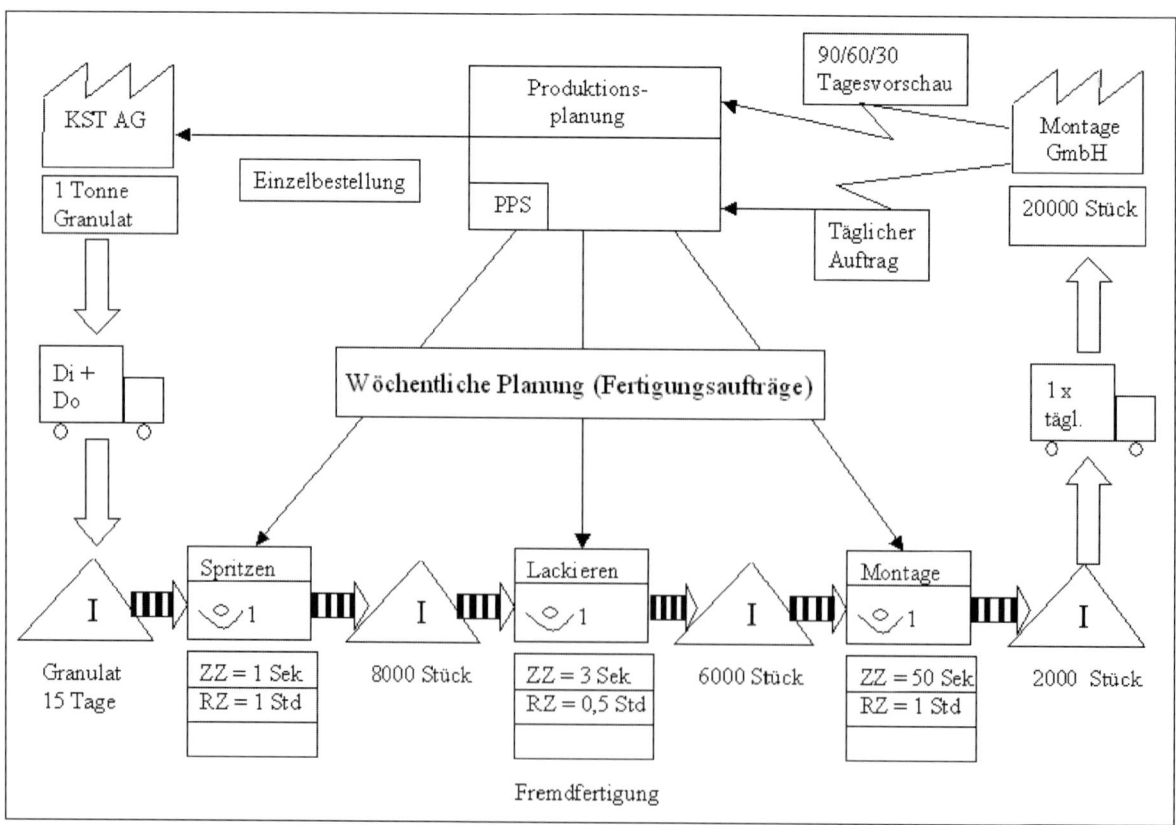

Abb. 1: Vereinfachte Abbildung des Fallbeispiels (Ist-Zustand)

## Schritt 2: Entwickeln des Soll-Zustandes

Zusammen mit den Fachleuten der einzelnen Unternehmensbereiche wird ein Soll-Konzept erstellt. Hierbei wird auf eine optimale Kombination der verschiedenen Methoden der Prozessgestaltung geachtet, um einen bestmöglichen Durchsatz im Unternehmen zu erreichen. Auf dem Weg zum Sollablauf steht folgende Frage immer im Mittelpunkt: Wie können wir die Information so fließen lassen, dass ein Prozess nur das herstellt, was der nächste Prozess benötigt und das nur zu dem Zeitpunkt, zu dem er es benötigt? Nachdem die Punkte 1 und 2 für den Sollprozess verifiziert sind, werden folgende Aufgaben durchgeführt:

- **Entwurf einer getakteten Prozesskette:**
  Es wird versucht, den gesamten Materialdurchlauf in einem Fluss abzuwickeln. Dazu werden – wo möglich – Prozessschritte zusammengefasst.

- **Definition der Entkopplungspunkte:**
  Prozesse, die physikalisch oder aufgrund von Prozessgegebenheiten nicht direkt miteinander verbunden werden können, werden entkoppelt. Dabei ist es wichtig, dass die bedarfsorientierte Materialweitergabe gewährleistet bleibt (Pull-Prinzip).

- **Taktzeit und Maßnahmen festlegen:**
  Die Prozesskette ist gemäß dem »Kundentakt« auszulegen. Bei diesem Vorgehen steht die Verbesserung der Gesamtproduktivität in der Prozesskette im Vordergrund. Maßnahmen können sein: Rüstzeitoptimierung und Eliminierung von Verschwendung in der Prozesskette.

- **Überarbeiten des Informationsflusses:**
  Die obigen Punkte führen oftmals zu einem veränderten Informationsfluss. Daher ist dieser neu zu definieren.

*Vier Schritte zum Soll*

Nach dem Erstellen des Soll-Zustandes lassen sich die Unterschiede zum Ist-Szenario deutlich erkennen (siehe Abb. 2).

Die Charakteristika im Soll-Zustand sind im Wesentlichen folgende Punkte:

- Es gibt ein Auftragsbearbeitungszentrum, das für die Steuerung vom Rohstoff bis zum Endprodukt verantwortlich ist.

- Es wird auf eine Pull-Steuerung umgestellt.

- Die Lieferantenkonsignation wird eingeführt.

*Das sind die wesentlichen Verbesserungen*

Für die anschließende Bewertung ist zu beachten, dass in diesem Fallbeispiel keine Verbesserungen in den einzelnen Produktionsschritten durchgeführt wurden! Die Veränderungen beziehen sich ausschließlich auf den Logistik- und Informationsfluss. In Teilbereichen wurde bewusst eine Verschlechterung des klassischen Produktionsverständnisses in Kauf genommen. So wurde das Rüsten um den Faktor drei erhöht, ohne die Rüstzeiten zu verkürzen. Genauso wurde der Lagerbestand vor der Endmontage

*Technische Verbesserungen sind nicht einmal berücksichtigt*

## 7.4 Prozesse

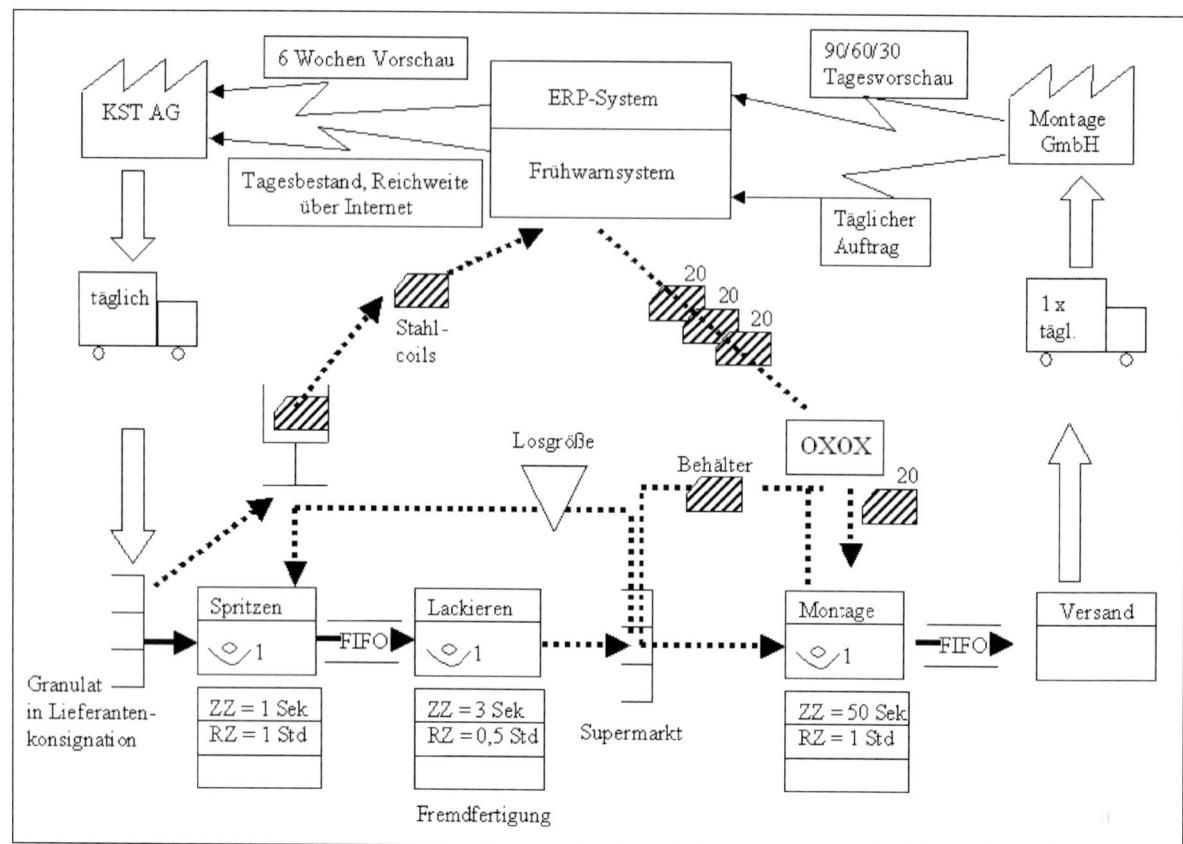

Abb. 2: Vereinfachte Abbildung des Fallbeispiels (Soll-Zustand)

erhöht um eine bedarfsorientierte Materialweitergabe über den Fremdfertigungsbetrieb.

**Schritt 3: Analyse der finanziellen Effekte der geplanten Maßnahmen**

Die Bewertung der beiden Zustände Ist und Soll erfolgt mithilfe einer ganzheitlichen Prozesskostenrechnung. Das bedeutet: Pro Prozessschritt werden der Kostentreiber und die Kostenbezugsgröße festgelegt. Über diese Größen wird jeder Prozessschritt aus der Wertstromaufnahme bewertet.

Am Beispiel der Montage ergibt sich folgende Rechnung für die Prozesskosten.

| Kosten-element | Aufgabe | Kosten-treiber | Anz. MA | Anz. Treiber | Anz. Minuten | Satz pro Minute | Kosten | Bemerkung |
|---|---|---|---|---|---|---|---|---|
| Information Montage | Planung und Steuerung | Vorgang | 1 | 1 | 15 | 1,17 € | 17,51 € | Stundensatz = 70 € |
| Montage | Bearbeiten Personal | Material | 4 | 1.200 | 0,283 | 0,67 € | 910,13 € | Stundensatz = 40 €, Zykluszeit = 17 Sek. |
| Montage | Bearbeiten Maschine | Material | 1 | 1.200 | 0,283 | 1,17 € | 396,31 € | Stundensatz Montage = 70 €, Zykluszeit = 17 Sek. |

Über spezifische Formeln können die Auswirkungen auf die Unternehmenskennzahlen wie interne Prozesskapitalbindung, Bilanz und Gewinn-Verlust-Rechnung bewertet werden.

Die Veränderungen beziehen sich ausschließlich auf den Logistik- und Informationsfluss. In Teilbereichen wurde bewusst eine Verschlechterung des klassischen Produktionsverständnisses in Kauf genommen. So wurde das Rüsten um den Faktor drei erhöht, ohne die Rüstzeiten zu verkürzen. Genauso wurde der Lagerbestand vor der Endmontage auf fünf Tage Durchlaufzeit erhöht, um eine bedarfsorientierte Materialweitergabe über den Fremdfertigungsbetrieb zu gewährleisten.

### 7.4.2.2 Fallbeispiel

#### Einleitung

Die ergebnisorientierte Prozessoptimierung (EPO) hat zum Ziel, Prozessveränderungen zu bewerten. Die Bewertung zeigt vor Realisierung des Projekts die möglichen Potenziale zur Kostensenkung auf und kann während des Projekts zum Monitoring der definierten Ziele verwendet werden. So ist die betriebliche Kostenrechnung in Veränderungsprojekte des Unternehmens jederzeit eingebunden und der Nutzen von Prozessoptimierungen entlang der Wertschöpfungskette sofort sichtbar.

*Und so sieht es in der Praxis aus*

Grundlage dieser Vorgehensweise ist erstens die Prozessaufnahme und die Soll-Prozessentwicklung, bei deren Darstellung man sich aus einzelnen Elementen des Wertstromdesigns bedient.

Zweitens erfolgt die Bewertung der Prozesse mit Teilen der Prozesskostenrechnung. Diese Bewertung ermöglicht es, bisher – durch Umlage gekennzeichnete – indirekte Kosten direkt dem Produkt zuzuordnen und somit Auswirkungen von Prozessveränderungen zu analysieren.

*So genannte indirekte Kosten werden direkt ermittelt*

Über das nachfolgende Fallbeispiel soll die EPO-Methode vorgestellt werden.

- **Darstellung des Ist-Wertstroms**
  In diesem Kapitel wird der Ist-Wertstrom mit den entsprechenden Prozesscharakteristika dargestellt.

- **Darstellung des Soll-Wertstroms**
  Der Soll-Wertstrom wird aus den Grundsätzen des Toyota Produktionssystems (TPS) entwickelt. Die charakteristischen Merkmale des Prozesses werden erläutert.

- **Bewertung der Ist-Soll-Prozesse**
  Zuerst werden die beiden Prozesse isoliert bewertet und anschließend die Ergebnisse gegenübergestellt.

- **Auswirkung auf die Finanzkennzahlen**
  Durch die Bewertung der Prozesse können auch die Auswirkungen auf

die Finanzkennzahlen des Unternehmens dargestellt werden und somit die ergebniswirksamen Potenziale der Prozessveränderung demonstriert werden.

**Darstellung des Ist-Wertstroms**

Das Ergebnis der Aufnahme des Ist-Wertstroms ist die Abbildung 1 »Ist-Wertstrom«. Hier werden alle Prozessschritte vom Wareneingang über die gesamte Wertschöpfungskette bis zur Lieferung an den Kunden dargestellt und zwar so, wie sie aktuell im Unternehmen durchgeführt werden. Die wichtigen Symbole bedeuten:

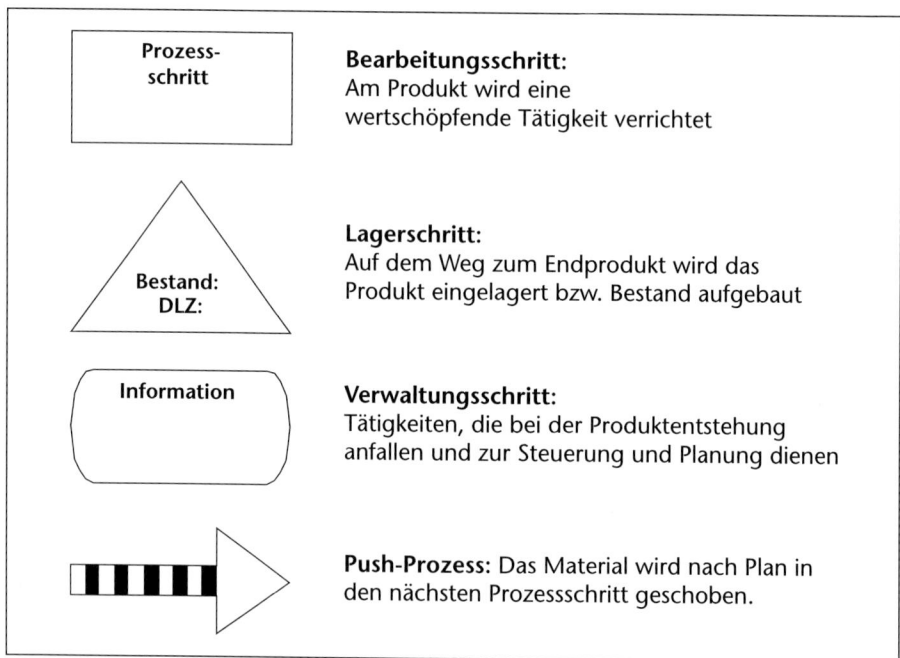

*Abb. 3: Bedeutung der Symbole im Ist-Wertstrom*

Ein wichtiges Element an der Darstellung ist die Berechnung der Durchlaufzeit, die wesentlich auf die Errechnung der Finanzkennzahlen Auswirkung hat.

Der Ist-Wertstrom ist nach klassischen Gesichtspunkten aufgebaut und besitzt folgende charakteristischen Merkmale:

*Das sind die Kriterien für den Beispielprozess*

- Es handelt sich um eine klassische Lagerproduktion mit Werkstättenfertigung.

- Die Losgrößen wurden über die wirtschaftliche Losgrößenrechnung festgelegt.

- Die Fertigung wird durchgängig über Fertigungsaufträge gesteuert.

- Die Lieferanten werden über Einzelbestellungen beauftragt.

- Der Vertrieb (Auftragsbearbeitung), die Produktion und der Einkauf (Beschaffung) sind klassisch getrennte Bereiche.

**Darstellung des Soll-Wertstroms**

Bei der Entwicklung des Soll-Prozesses steht folgende Frage immer im Mittelpunkt: Wie kann man die Information so fließen lassen, dass ein Prozess nur das herstellt, was der nächste Prozess benötigt und das nur zu dem Zeitpunkt, zu dem er es benötigt?

Im Fallbeispiel wurden dazu Methoden des Toyota Produktionssystems (TPS) verwendet. Als Vorgehensweise wurden nach Bearbeitung der Punkte 1 und 2 aus der Ist-Aufnahme die folgenden Schritte gewählt:

**Toyota ist eine Möglichkeit**

- **Entwurf einer getakteten Prozesskette:**
  Es wird versucht, den gesamten Materialdurchlauf in einem Fluss abzuwickeln. Dazu werden – wo möglich – Prozessschritte zusammengefasst.

- **Definition der Entkopplungspunkte:**
  Prozesse, die physikalisch oder aufgrund von Prozessgegebenheiten nicht direkt miteinander verbunden werden können, werden entkoppelt. Dabei ist es wichtig, dass die bedarfsorientierte Materialweitergabe gewährleistet bleibt (Pull-Prinzip).

- **Taktzeit und Maßnahmen festlegen:**
  Die Prozesskette ist gemäß dem »Kundentakt« auszulegen. Bei diesem Vorgehen steht die Verbesserung der Gesamtproduktivität in der Prozesskette im Vordergrund. Maßnahmen können sein: Rüstzeitoptimierung und Eliminierung von Verschwendung in der Prozesskette.

- **Überarbeiten des Informationsflusses:**
  Die obigen Punkte führen oftmals zu einem veränderten Informationsfluss. Daher ist dieser neu zu definieren.

Das Ergebnis dieser Soll-Definition ist der Prozess, der in Abbildung 2 »Soll-Wertstrom« dargestellt ist. Zusätzlich zu den Symbolen aus dem Ist-Wertstrom wurden noch folgende benutzt:

7.4 Prozesse

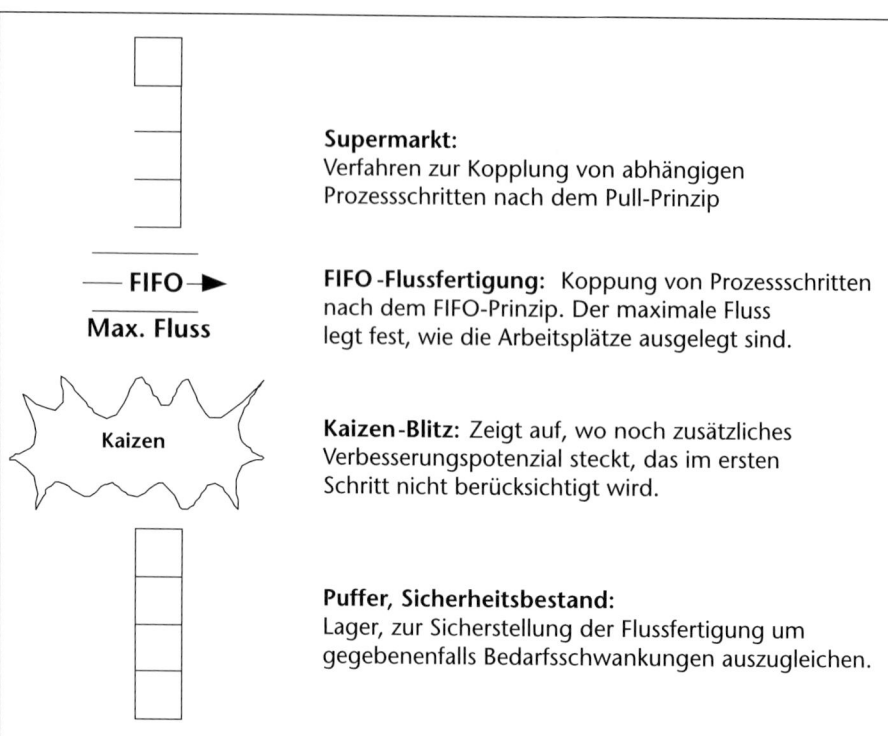

*Abb. 4: Zusätzlich verwendete Symbole*

Und hier noch einmal der Hinweis, dass in diesem Fallbeispiel keine Verbesserungen in den einzelnen Produktionsschritten durchgeführt wurden!

**Bewertung der Ist-Soll-Prozesse**

Die Bewertung der beiden Zustände Ist und Soll erfolgt mithilfe einer ganzheitlichen Prozesskostenrechnung. Das bedeutet: Pro Prozessschritt werden der Kostentreiber und die Kostenbezugsgröße festgelegt. Über diese Größen wird jeder Prozess-Schritt aus der Wertstromaufnahme bewertet.

In Anhang 1: Prozesskosten – Ist-Wertstrom und Anhang 2: Prozesskosten – Soll-Wertstrom ist die detaillierte Bewertung der beiden Wertströme sichtbar. Die einzelnen Spalten des Prozessaufnahmeblatts bedeuten:

| | |
|---|---|
| **Prozessschritt** | Bezeichnung des jeweiligen Bearbeitungs-, Lager- oder Verwaltungsschritt im Prozess |
| **Kostenart** | Art der Kosten, die auf den Prozessschritt wirken |
| **Kostentreiber** | Vorgang, durch den die Kosten verursacht werden |
| **Kostenbezugsgröße** | Maßeinheit, auf die ein Kostensatz pro Einheit (meistens Person oder Maschine) bezogen werden kann |

| | |
|---|---|
| Anz. Res. | Anzahl Ressourcen, die zur Leistungserstellung benötigt werden |
| Gesamtmenge | Menge, die durch den Prozessschritt fließt |
| DLZ/EPE | Durchlaufzeit, Einplanungseinheit (z.B. Zeitspanne Rüsten), die der Prozessschritt dauert |
| Logistikeinheit (LE) | Maßeinheit, in der ein Los entweder transportiert oder für das eine Bearbeitung stattfindet |
| Anzahl KBG pro LE | Anzahl der Maßeinheiten, die zur Bearbeitung einer Logistikeinheit benötigt werden |
| Preis pro KBG (Euro) | Preis in Euro, der für eine Maßeinheit (z.B. Minute) verrechnet wird |
| DLZ bis Verbau | Durchlaufzeit, die eine Kostenzeile bis zum Eintrittszeitpunkt in die nächste Produktionsstufe verbraucht |
| Zahlungsziel in Tagen | Zur Berechnung der Kapitalbindung muss noch das Zahlungsziel der externen Partner mit einbezogen werden. |
| Kosten pro Tag | Hier erfolgt die Basisrechnung für die Festlegung der Finanzkennzahlen. |
| Interne Prozesskapitalbindung | Berechnung der Kapitalbindung aus Kosten pro Tag multipliziert mit der Durchlaufzeit |
| Bilanz Umlaufvermögen | Berechnung der Auswirkungen auf die Aktivseite der Bilanz |
| G+V Betriebsaufwand Monat | Berechnung des Betriebsaufwands in der Gewinn- und Verlustrechnung |
| Bemerkung | Erläuterungen zur Festlegung der einzelnen Werte pro Kostenzeile |

Für das entwickelte Szenario ergibt sich:

- Die interne Prozesskapitalbindung nimmt um 58 % ab, was sich direkt auf die Liquidität im Unternehmen auswirkt.

- Das Umlaufvermögen der Vorräte in der Bilanz reduziert sich um 45 %. Dies wirkt sich auf den ROI (Return on Investment) des Unternehmens aus.

- Trotz der Verschlechterung der Produktivität im Kunststoffspritzguss reduziert sich der Betriebsaufwand in der Gewinn- und Verlustrechnung um 4 %. Und dies wirkt sich direkt auf den Gewinn im Unternehmen aus.

Fazit: Durch eine Bewertung der Prozessverbesserungen lässt sich der Nutzen im Unternehmen vor Projektbeginn in Euro und Cent feststellen. Unabdingbar ist dabei, dass immer der Gesamtprozess im Vordergrund steht – Teiloptima können sich für das Unternehmen auch negativ auswirken. Dies wird im verfügbaren Fallbeispiel ebenso deutlich!

| Kenngröße | Ist-Wertstrom | Soll-Wertstrom | Reduzierung in % |
|---|---|---|---|
| Interne Prozesskapitalbindung | 11.738,00 € | 4.852,38 € | 58,66 % |
| Bilanz Umlaufvermögen Vorräte | 11.088,00 € | 6.015,00 € | 45,70 % |
| G+V Betriebsaufwand pro Monat | 38.203,45 € | 36.673,66 € | 4,80 % |

**Noch einmal: Die Reduzierung entsteht ausschließlich aus den Veränderungen der Logistik- und Informationsprozesse! Es wurden in diesem Fallbeispiel bewusst keine Produktionskosten verändert.**

### Auswirkung auf die Finanzkennzahlen

*Der Vorteil wurde nur durch organisatorische Maßnahmen erreicht*

Die wesentliche und am schnellsten zu realisierende Auswirkung ist der Bezug von Prozessveränderungen zur Kapitalbindung! An dem Fallbeispiel könnte man diese um über 58 % senken. Gerade in Zeiten der veränderten Kreditvergabe durch das Basel II – Rating, könnte eine solche Liquiditätsverbesserung notwendige Investitionen ermöglichen.

Damit die weiteren Auswirkungen der Prozessveränderungen möglichst verständlich in den Unternehmenskennzahlen dargestellt werden können, ist hier das klassische DuPont- Kennzahlensystem verwendet. Dieses System besticht durch seine Einfachheit und kann so – mit wenig Aufwand – die Prozessveränderungen darstellen.

Das Fazit aus dem Fallbeispiel ist:

Durch die Reduzierung der Durchlaufzeiten und somit Veränderung der Logistik in einen Flussprozess lässt sich

- kurzfristig die Kapitalbindung drastisch reduzieren und somit liquide Mittel ohne Fremdfinanzierung im Unternehmen schaffen,

- der Gewinn für das charakteristische Produkt von 4,88 % auf 8,06 % erhöhen, ohne die zusätzlichen Potenziale in den einzelnen Produktionsschritten zu schöpfen,

- der ROI von 7,03 auf 13,6 erhöhen, was bedeutet: Die Gesamtkapitalrendite erhöht sich um 93 %!

Kostenvorteile durch Prozessverbesserungen 7.4.2

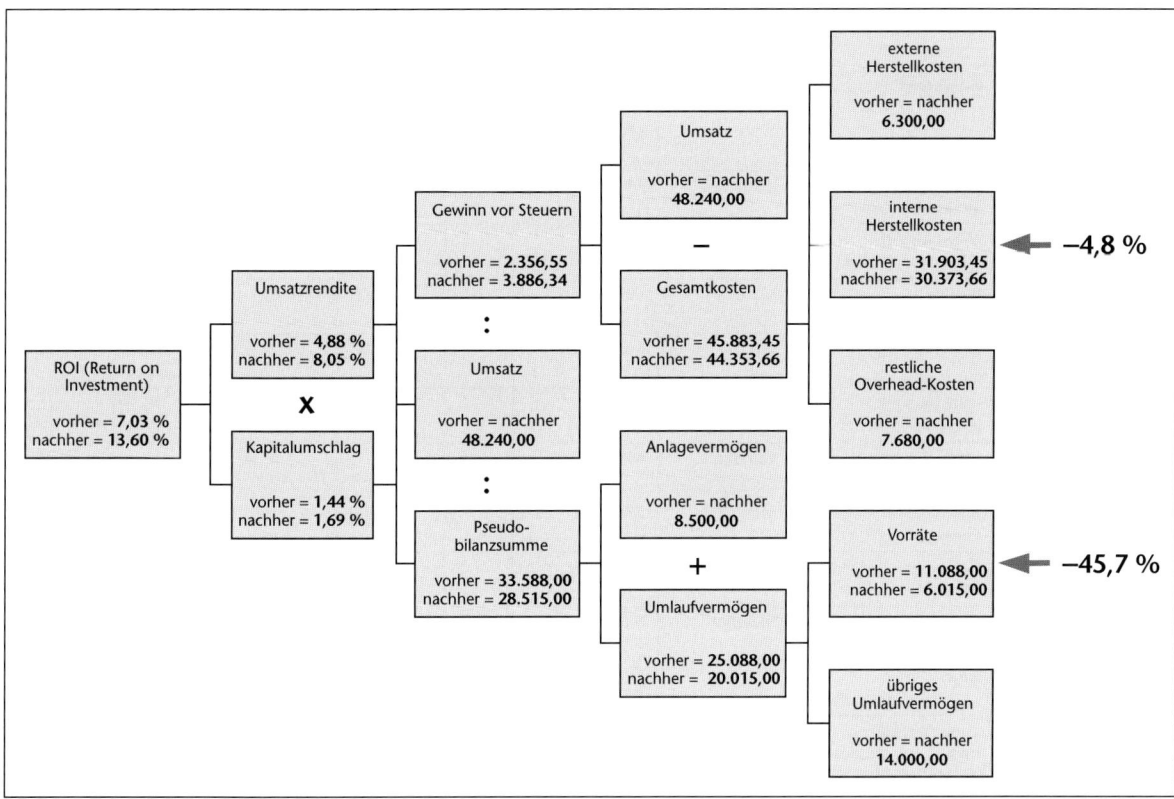

Abb. 5: Kennzahlensystem

## Anhang 1

| Prozess-schritt | Kostenart | Kosten-treiber | Kosten-bezugs-größe (KBG) | Anz. Res. | Gesamt-menge | DLZ/EPE | Logistik-einheit (LE) | Anzahl KBG pro LE |
|---|---|---|---|---|---|---|---|---|
| Information Versand | Planung und Steuerung | Vorgang | Minute | 1 | 1 | 1 | 1 | 30 |
| Versand | Logistik- und Informationskosten | Lieferung | Minute | 1 | 1.200 | 1 | 1.200 | 60 |
| Bestand Fertigteile | Bestands-kosten | Material | Stück | 1 | 2.400 | 2 | 1 | 1 |
| Bestand Fertigteile | Lagerhaltung | VPE | Kubikmeter | 1 | 2.400 | 1 | 300 | 0,09 |
| Bestand Fertigteile | Logistik- und Informationskosten | VPE | Minute | 1 | 2.400 | 2 | 300 | 5 |
| Information Montage | Planung und Steuerung | Vorgang | Minute | 1 | 1 | 1 | 1 | 15 |
| Montage | Bearbeiten Personal | Material | Minute | 4 | 1.200 | 1 | 1 | 0,283 |
| Montage | Bearbeiten Maschine | Material | Minute | 1 | 1.200 | 1 | 1 | 0,283 |
| Lager Bereitst. Montage Teil C | Bestandskosten | Material | Stück | 1 | 3.600 | 3 | 1 | 1 |
| Lager Bereitst. Montage Teil C | Lagerhaltung | VPE | Kubikmeter | 1 | 3.600 | 3 | 300 | 0,09 |
| Lager Bereitst. Montage Teil C | Logistik- und Informationskosten | VPE | Minute | 1 | 3.600 | 3 | 300 | 6 |
| Information Fremdfertigung | Planung und Steuerung | Vorgang | Minute | 1 | 1 | 1 | 1 | 25 |
| FF Fa. Kunz Teil C | Fremdfertigungs-kosten | Material | Stück | 1 | 6.000 | 5 | 1 | 1 |
| Bestand FF Teil C | Bestandskosten | Material | Stück | 1 | 6.000 | 5 | 1 | 1 |
| Versand FF Teil C | Logistik- und Informationskosten | Lieferung | Minute | 1 | 6.000 | 5 | 6.000 | 45 |
| Bestand Spritzguss Teil C | Bestandskosten | Material | Stück | 1 | 12.000 | 10 | 1 | 1 |
| Bestand Spritzguss Teil C | Lagerhaltung | VPE | Kubikmeter | 1 | 12.000 | 10 | 300 | 0,09 |
| Bestand Spritzguss Teil C | Logistik- und Informationskosten | VPE | Minute | 1 | 12.000 | 10 | 300 | 5 |
| Information Spritzguss | Planung und Steuerung | Vorgang | Minute | 1 | 1 | 1 | 1 | 15 |
| Spritzguss 1 Teil C | Bearbeiten Personal | Material | Minute | 0,5 | 18.000 | 15 | 1 | 0,016 |
| Spritzguss 1 Teil C | Bearbeiten Maschine | Material | Minute | 1 | 18.000 | 15 | 1 | 0,016 |
| Spritzguss 1 Teil C | Rüsten Personal | Fertigungs-los | Minute | 1 | 18.000 | 15 | 18.000 | 90 |
| Spritzguss 1 Teil C | Rüsten Maschine | Fertigungs-los | Minute | 1 | 18.000 | 15 | 18.000 | 60 |
| Lager Rohstoffe Teil C | Bestandskosten | Material | Kilogramm | 1 | 3.000 | 15 | 1 | 1 |
| Lager Rohstoffe Teil C | Lagerhaltung | VPE | Kubikmeter | 1 | 3.000 | 15 | 25 | 0,056 |
| Lager Rohstoffe Teil C | Logistik- und Informationskosten | VPE | Minute | 1 | 3.000 | 15 | 25 | 0,5 |

Kostenvorteile durch Prozessverbesserungen 7.4.2

| Preis pro KBG (€) | DLZ bis Verbau | Zahl.-ziel in Tagen | Kosten pro Tag/ Zeitp. (€) | interne Prozess-kapital-bindung | Bilanz Umlauf-vermögen | G+V Betriebs-aufwand Monat (€) | Anmerkung |
|---|---|---|---|---|---|---|---|
| 1,17 | 0 | 0 | 35,01 | 0,00 | | 700,20 | Stundensatz = 70 € |
| 0,83 | 0 | 0 | 49,80 | 0,00 | | 996,00 | Stundensatz = 50 € |
| 1,60 | 2 | 0 | 1920,00 | 3.840,00 | 3.840,00 | | Herstellkosten 1,60 € |
| 0,50 | 2 | 0 | 0,36 | 0,72 | | 7,20 | Volumen = L x B x H = 0,6 x 0,3 x 0,5 = 0,09 m³, Lagerkosten pro Kubikmeter = 0,50 € |
| 0,50 | 2 | 0 | 10,00 | 20,00 | | 200,00 | Stundensatz = 30 € |
| 1,17 | 0 | 0 | 17,51 | 0,00 | | 350,10 | Stundensatz = 70 € |
| 0,67 | 1 | 0 | 910,13 | 910,13 | | 18.202,56 | Stundensatz = 40 €, Zykluszeit = 17 Sekunden |
| 1,17 | 1 | 0 | 396,31 | 396,31 | | 7.926,26 | Stundensatz Montageeinheit = 70 €, Zykluszeit = 17 Sekunden |
| 0,25 | 4 | 0 | 300,00 | 1.200,00 | 900,00 | | Herstellkosten 0,25 € |
| 0,50 | 4 | 0 | 0,18 | 0,72 | | 3,60 | Volumen = L x B x H = 0,6 x 0,3 x 0,5 = 0,09 m³, Lagerkosten pro Kubikmeter = 0,50 € |
| 0,50 | 4 | 0 | 12,00 | 48,00 | | 240,00 | Stundensatz = 30 € |
| 1,17 | 0 | 0 | 29,18 | 0,00 | | 583,50 | Stundensatz = 70 € |
| 0,10 | 0 | 15 | 120,00 | -1.800,00 | | 2.400,00 | Fremdfertigungskosten pro Stück 0,10 €, Zahlungsziel 15 Arbeitstage |
| 0,11 | 5 | 0 | 132,00 | 660,00 | 660,00 | | Herstellkosten 0,11 € |
| 0,83 | 5 | 0 | 7,47 | 37,35 | | 149,40 | Stundensatz = 50 € |
| 0,11 | 10 | 0 | 132,00 | 1.320,00 | 1.320,00 | | Herstellkosten 0,11 € |
| 0,50 | 10 | 0 | 0,18 | 1,80 | | 3,60 | Volumen = L x B x H = 0,6 x 0,3 x 0,5 = 0,09 m³, Lagerkosten pro Kubikmeter = 0,50 € |
| 0,50 | 10 | 0 | 10,00 | 100,00 | | 200,00 | Stundensatz = 30 € |
| 1,17 | 0 | 0 | 17,51 | 0,00 | | 350,10 | Stundensatz = 70 € |
| 0,50 | 15 | 0 | 4,80 | 72,00 | | 96,00 | Stundensatz = 30 €, Zykluszeit = 2 Sekunden |
| 0,67 | 15 | 0 | 12,86 | 192,96 | | 257,28 | Stundensatz = 40 €, Zykluszeit = 2 Sekunden |
| 0,83 | 15 | 0 | 5,00 | 75,06 | | 100,08 | Stundensatz = 50 € |
| 0,67 | 15 | 0 | 2,68 | 40,20 | | 53,60 | Stundensatz Maschine = 40 € |
| 0,30 | 16 | 10 | 60,00 | 360,00 | 900,00 | 1.200,00 | KG-Preis 0,30 €, Zahlungsziel = Monatsende, also durchschn. 10 Arbeitstage |
| 0,50 | 16 | 0 | 0,22 | 3,58 | | 4,48 | Volumen = L x B x H = 0,7 x 0,4 x 0,2 = 0,056 m³, Lagerkosten pro Kubikmeter = 0,50 € |
| 0,50 | 16 | 0 | 2,00 | 32,00 | | 40,00 | Stundensatz = 30 € |

## Anhang 1 – Fortsetzung

| Prozess-schritt | Kostenart | Kosten-treiber | Kosten-bezugs-größe (KBG) | Anz. Res. | Gesamt-menge | DLZ/ EPE | Logistik-einheit (LE) | Anzahl KBG pro LE |
|---|---|---|---|---|---|---|---|---|
| Information Bestellwesen | Planung und Steuerung | Vorgang | Minute | 1 | 1 | 1 | 1 | 15 |
| Wareneingang Rohstoff Teil C | Logistik- und Informationskosten | Lieferung | Minute | 1 | 3.000 | 15 | 3.000 | 35 |
| Bestand Spritzguss Teil B | Bestandskosten | Material | Stück | 1 | 9.600 | 4 | 1 | 1 |
| Bestand Spritzguss Teil B | Lagerhaltung | VPE | Kubikmeter | 1 | 9.600 | 4 | 400 | 0,09 |
| Bestand Spritzguss Teil B | Logistik- und Informationskosten | VPE | Minute | 1 | 9.600 | 4 | 400 | 5 |
| Information Spritzguss | Planung und Steuerung | Vorgang | Minute | 1 | 1 | 1 | 1 | 20 |
| Spritzguss 1 Teil B | Bearbeiten Personal | Material | Minute | 0,5 | 36.000 | 15 | 1 | 0,025 |
| Spritzguss 1 Teil B | Bearbeiten Maschine | Material | Minute | 1 | 36.000 | 15 | 1 | 0,025 |
| Spritzguss 1 Teil B | Rüsten Personal | Fertigungs-los | Minute | 1 | 36.000 | 15 | 36.000 | 45 |
| Spritzguss 1 Teil B | Rüsten Maschine | Fertigungs-los | Minute | 1 | 36.000 | 15 | 36.000 | 45 |
| Lager Rohstoffe Teil B | Bestandskosten | Material | Kilogramm | 1 | 6.000 | 40 | 1 | 1 |
| Lager Rohstoffe Teil B | Lagerhaltung | VPE | Kubikmeter | 1 | 6.000 | 40 | 25 | 0,056 |
| Lager Rohstoffe Teil B | Logistik- und Informationskosten | VPE | Minute | 1 | 6.000 | 40 | 25 | 1 |
| Information Bestellwesen | Planung und Steuerung | Vorgang | Minute | 1 | 1 | 1 | 1 | 15 |
| Wareneingang Rohstoff Teil B | Logistik- und Informationskosten | Lieferung | Minute | 1 | 6.000 | 40 | 6.000 | 50 |
| **Ergebnis Ist-Wertstrom** | | | | | | | | |

## 7.4.2 Kostenvorteile durch Prozessverbesserungen

| Preis pro KBG (•) | DLZ bis Verbau | Zahl.-ziel in Tagen | Kosten pro Tag/Zeitp. (•) | interne Prozess-kapital-bindung | Bilanz Umlauf-vermögen | G+V Betriebs-aufwand Monat (•) | Anmerkung |
|---|---|---|---|---|---|---|---|
| 1,17 | 0 | 0 | 17,51 | 0,00 | | 350,10 | Stundensatz = 70 € |
| 0,83 | 16 | 0 | 1,94 | 30,99 | | 38,73 | Stundensatz = 50 € |
| 0,08 | 5 | 0 | 192,00 | 960,00 | 768,00 | | Herstellkosten 0,08 € |
| 0,50 | 5 | 0 | 0,27 | 1,35 | | 5,40 | Volumen = L x B x H = 0,6 x 0,3 x 0,5 = 0,09 m³, Lagerkosten pro Kubikmeter = 0,50 € |
| 0,50 | 5 | 0 | 15,00 | 75,00 | | 300,00 | Stundensatz = 30 € |
| 1,17 | 0 | 0 | 23,34 | 0,00 | | 466,80 | Stundensatz = 70 € |
| 0,50 | 15 | 0 | 15,00 | 225,00 | | 300,00 | Stundensatz = 30 €, Zykluszeit = 2 Sekunden |
| 0,67 | 15 | 0 | 40,20 | 603,00 | | 804,00 | Stundensatz = 40 €, Zykluszeit = 2 Sekunden |
| 0,83 | 15 | 0 | 2,50 | 37,53 | | 50,04 | Stundensatz = 50 € |
| 0,67 | 15 | 0 | 2,01 | 30,15 | | 40,20 | Stundensatz Maschine = 40 € |
| 0,45 | 41 | 10 | 67,50 | 2.092,50 | 2.700,00 | 1.350,00 | KG-Preis 0,45 €, Zahlungsziel = Monatsende, also durchschn. 10 Arbeitstage |
| 0,50 | 41 | 0 | 0,17 | 6,89 | | 3,36 | Volumen = L x B x H = 0,7 x 0,4 x 0,2 = 0,056 m³, Lagerkosten pro Kubikmeter = 0,50 € |
| 0,50 | 41 | 0 | 3,00 | 123,00 | | 60,00 | Stundensatz = 30 € |
| 1,17 | 0 | 0 | 17,51 | 0,00 | | 350,10 | Stundensatz = 70 € |
| 0,83 | 41 | 0 | 1,04 | 42,54 | | 20,75 | Stundensatz = 50 € |
| | | 4.586,17 | 11.738,78 | 11.088,00 | 38.203,45 | | |

## 7.4 Prozesse

## Anhang 2

| Prozess-schritt | Kostenart | Kosten-treiber | Kosten-bezugs-größe (KBG) | Anz. Res. | Gesamt-menge | DLZ/EPE | Logistik-einheit (LE) | Anzahl KBG pro LE |
|---|---|---|---|---|---|---|---|---|
| Information Allgemein | Planung und Steuerung Frühwarnsystem | Vorgang | Minute | 1 | 1 | 1 | 1 | 40 |
| Information Versand | Planung und Steuerung | Vorgang | Minute | 1 | 1 | 1 | 1 | 15 |
| Versand | Logistik- und Informationskosten | Lieferung | Minute | 1 | 1.200 | 1 | 1200 | 30 |
| S.-Bestand Fertigteile | Bestandskosten | Material | Stück | 1 | 1.200 | 1 | 1 | 1 |
| S.-Bestand Fertigteile | Lagerhaltung | VPE | Kubikmeter | 1 | 1.200 | 1 | 300 | 0,09 |
| S.-Bestand Fertigteile | Logistik- und Informationskosten | VPE | Minute | 1 | 1.200 | 5 | 300 | 5 |
| Information Montage | Planung und Steuerung | Vorgang | Minute | 1 | 1 | 1 | 1 | 20 |
| Montage | Logistik- und Informationskosten | Lieferung | Minute | 1 | 1.200 | 1 | 1.200 | 15 |
| Montage | Bearbeiten Personal | Material | Minute | 4 | 1.200 | 1 | 1 | 0,283 |
| Montage | Bearbeiten Maschine | Material | Minute | 1 | 1.200 | 1 | 1 | 0,283 |
| Lager Bereitst. Montage Teil C | Bestandskosten | Material | Stück | 1 | 6.000 | 5 | 1 | 1 |
| Lager Bereitst. Montage Teil C | Lagerhaltung | VPE | Kubikmeter | 1 | 6.000 | 5 | 300 | 0,09 |
| Lager Bereitst. Montage Teil C | Logistik- und Informationskosten | VPE | Minute | 1 | 6.000 | 5 | 300 | 6 |
| FF Fa. Kunz Teil C | Fremdfertigungs-kosten | Material | Stück | 1 | 6.000 | 5 | 1 | 1 |
| Bestand FF Teil C | Bestandskosten | Material | Stück | 1 | 6.000 | 5 | 1 | 1 |
| Versand FF Teil C | Logistik- und Informationskosten | Lieferung | Minute | 1 | 6000 | 5 | 6.000 | 45 |
| Spritzguss 1 Teil C | Bearbeiten Personal | Material | Minute | 0,5 | 6.000 | 5 | 1 | 0,016 |
| Spritzguss 1 Teil C | Bearbeiten Maschine | Material | Minute | 1 | 6.000 | 5 | 1 | 0,016 |
| Spritzguss 1 Teil C | Rüsten Personal | Fertigungslos | Minute | 1 | 6.000 | 5 | 6.000 | 90 |
| Spritzguss 1 Teil C | Rüsten Maschine | Fertigungslos | Minute | 1 | 6.000 | 5 | 6.000 | 60 |
| Spritzguss 1 Teil C | Entnahme Konsi | VPE | Minute | 1 | 1.000 | 5 | 25 | 0,5 |
| Spritzguss 1 Teil C | Rohstoffe | Material | Kilogramm | 1 | 1.000 | 5 | 1 | 1 |
| Bestand Spritzguss Teil B | Bestandskosten | Material | Stück | 1 | 12.000 | 5 | 1 | 1 |
| Bestand Spritzguss Teil B | Lagerhaltung | VPE | Kubikmeter | 1 | 12.000 | 5 | 400 | 0,09 |
| Bestand Spritzguss Teil B | Logistik- und Informationskosten | VPE | Minute | 1 | 12.000 | 5 | 400 | 5 |
| Spritzguss 1 Teil B | Bearbeiten Personal | Material | Minute | 0,5 | 12.000 | 5 | 1 | 0,025 |

## 7.4.2 Kostenvorteile durch Prozessverbesserungen

| Preis pro KBG (€) | DLZ bis Verbau | Zahl.-ziel in Tagen | Kosten pro Tag/ Zeitp. (€) | interne Prozess-kapital-bindung | Bilanz Umlauf-vermögen | G+V Betriebs-aufwand Monat (€) | Anmerkung |
|---|---|---|---|---|---|---|---|
| 1,17 | 0 | 0 | 46,68 | 0,00 | | 933,60 | Stundensatz = 70 € |
| 1,17 | 0 | 0 | 17,51 | 0,00 | | 350,10 | Stundensatz = 70 € |
| 0,83 | 0 | 0 | 24,90 | 0,00 | | 498,00 | Stundensatz = 50 € |
| 1,60 | 1 | 0 | 1.920,00 | 1.920,00 | 1.920,00 | | Herstellkosten 1,60 € |
| 0,50 | 1 | 0 | 0,18 | 0,18 | | 3,60 | Volumen = L x B x H = 0,6 x 0,3 x 0,5 = 0,09 m³, Lagerkosten pro Kubikmeter = 0,50 € |
| 0,50 | 1 | 0 | 2,00 | 2,00 | | 40,00 | Lagerumschlag 1x pro Woche, Stundensatz = 30 € |
| 1,17 | 0 | 0 | 23,34 | 0,00 | | 466,80 | Stundensatz = 70 € |
| 0,83 | 1 | 0 | 12,45 | 12,45 | | 249,00 | Stundensatz = 50 € Warenanhänger, Lieferschein anbringen |
| 0,67 | 1 | 0 | 910,13 | 910,13 | | 18.202,56 | Stundensatz = 40 €, Zykluszeit = 17 Sekunden |
| 1,17 | 1 | 0 | 396,31 | 396,31 | | 7.926,26 | Stundensatz Montageeinheit = 70 €, Zykluszeit = 17 Sekunden |
| 0,25 | 6 | 0 | 300,00 | 1.800,00 | 1.500,00 | | Herstellkosten 0,25 € |
| 0,50 | 6 | 0 | 0,18 | 1,08 | | 3,60 | Volumen = L x B x H = 0,6 x 0,3 x 0,5 = 0,09 m³, Lagerkosten pro Kubikmeter = 0,50 € |
| 0,50 | 6 | 0 | 12,00 | 72,00 | | 240,00 | Stundensatz = 30 € |
| 0,10 | 0 | 15 | 120,00 | -1.800,00 | | 2.400,00 | Fremdfertigungskosten pro Stück 0,10 €, Zahlungsziel 15 Arbeitstage |
| 0,11 | 5 | 0 | 132,00 | 660,00 | 660,00 | | Herstellkosten 0,11 € |
| 0,83 | 5 | 0 | 7,47 | 37,35 | | 149,40 | Stundensatz = 50 € |
| 0,50 | 5 | 0 | 4,80 | 24,00 | | 96,00 | Stundensatz = 30 €, Zykluszeit = 2 Sekunden |
| 0,67 | 5 | 0 | 12,86 | 64,32 | | 257,28 | Stundensatz = 40 €, Zykluszeit = 2 Sekunden |
| 0,83 | 5 | 0 | 15,01 | 75,06 | | 300,24 | Stundensatz = 50 € |
| 0,67 | 5 | 0 | 8,04 | 40,20 | | 160,80 | Stundensatz Maschine = 40 € |
| 0,50 | 5 | 0 | 2,00 | 10,00 | | 40,00 | Stundensatz = 30 € |
| 0,30 | 5 | 10 | 60,00 | -300,00 | 300,00 | 1.200,00 | KG-Preis 0,30 €, Zahlungsziel = Monatsende, also durchschn. 10 Arbeitstage |
| 0,08 | 6 | 0 | 192,00 | 1.152,00 | 960,00 | | Herstellkosten 0,08 € |
| 0,50 | 6 | 0 | 0,27 | 1,62 | | 5,40 | Volumen = L x B x H = 0,6 x 0,3 x 0,5 = 0,09 m³, Lagerkosten pro Kubikmeter = 0,50 € |
| 0,50 | 6 | 0 | 15,00 | 90,00 | | 300,00 | Stundensatz = 30 € |
| 0,50 | 5 | 0 | 15,00 | 75,00 | | 300,00 | Stundensatz = 30 €, Zykluszeit = 2 Sekunden |

## Anhang 2 – Fortsetzung

| Prozess-schritt | Kostenart | Kosten-treiber | Kosten-bezugs-größe (KBG) | Anz. Res. | Gesamt-menge | DLZ/EPE | Logistik-einheit (LE) | Anzahl KBG pro LE |
|---|---|---|---|---|---|---|---|---|
| Spritzguss 1 Teil B | Bearbeiten Maschine | Material | Minute | 1 | 12.000 | 5 | 1 | 0,025 |
| Spritzguss 1 Teil B | Rüsten Personal | Fertigungslos | Minute | 1 | 12.000 | 5 | 12.000 | 45 |
| Spritzguss 1 Teil B | Rüsten Maschine | Fertigungslos | Minute | 1 | 12.000 | 5 | 12.000 | 45 |
| Spritzguss 1 Teil C | Entnahme Konsi | VPE | Minute | 1 | 1.500 | 5 | 25 | 0,5 |
| Spritzguss 1 Teil C | Rohstoffe | Material | Kilogramm | 1 | 1.500 | 5 | 1 | 1 |
| Ergebnis Soll-Wertstrom | | | | | | | | |
| Ergebnis Ist-Wertstrom | | | | | | | | |
| Differenz absolut | | | | | | | | |
| Soll-Wertstrom prozentual vom Ist-Wertstrom | | | | | | | | |

## Kostenvorteile durch Prozessverbesserungen 7.4.2

| Preis pro KBG (€) | DLZ bis Verbau | Zahl.-ziel in Tagen | Kosten pro Tag/ Zeitp. (€) | interne Prozess-kapital-bindung | Bilanz Umlauf-vermögen | G+V Betriebs-aufwand Monat (€) | Anmerkung |
|---|---|---|---|---|---|---|---|
| 0,67 | 5 | 0 | 40,20 | 201,00 | | 804,00 | Stundensatz = 40 €, Zykluszeit = 2 Sekunden |
| 0,83 | 5 | 0 | 7,51 | 37,53 | | 150,12 | Stundensatz = 50 € |
| 0,67 | 5 | 0 | 6,03 | 30,15 | | 120,60 | Stundensatz Maschine = 40 € |
| 0,50 | 5 | 0 | 3,00 | 15,00 | | 60,00 | Stundensatz = 30 € |
| 0,45 | 5 | 10 | 135,00 | −675,00 | 675,00 | 2.700,00 | KG-Preis 0,45 €, Zahlungsziel = Monatsende, also durchschn. 10 Arbeitstage |
| | | | 4.852,38 | 6.015,00 | 36.673,66 | | |
| | | | 11.738,78 | 11.088,00 | 38.203,45 | | |
| | | | −6.886,40 | −5.073,00 | −1.529,78 | | |
| | | | 0,41 | 0,54 | 0,96 | | |

### 7.4.3 Eine Methode für Prozessanalyse und Prozessdesign

*von Andreas Borgert*

#### 7.4.3.1 Einführung

Das hier beschriebene Vorgehenskonzept wurde von der LOC-Team AG entwickelt. Die Grundmethodik wird auch in ähnlicher Form von anderen Beratungsunternehmen mit der einen oder anderen Variantenbildung eingesetzt. Allerdings wurde daraus ein umfassendes Vorgehenskonzept entwickelt, das sich durch starke Einbindung der Mitarbeiter auszeichnet.

*Die Mitarbeiter werden eingebunden*

Anfangs der 90er Jahre wurde mit verschiedenen Methoden experimentiert, immer mit der Zielsetzung, ein Vorgehen zu finden, mit dem es möglich ist, die jeweils betroffenen und an den Prozessen beteiligten Mitarbeiter in die Analyse und in das Redesign der Prozesse einzubinden und mitwirken zu lassen. Nur so ist gewährleistet, dass das Wissen dieser Mitarbeiter um die Schwachstellen und Probleme in den Prozessen und deren Erfahrung im täglichen Umgang damit in die Arbeit eingebracht wird. Die Chance, dass die dann daraus entwickelten optimierten Standard-Prozesse von diesen auch getragen werden, wächst damit stark. Die Nachhaltigkeit der Veränderung wird so erheblich gestärkt.

Der klassische Effekt heutiger Prozessdokumentationen, die durch Befragungen und logischer Strukturierung von Fachleuten erarbeitet wurden und als Prozesshandbuch ein hervorragendes Alibi für die Erfüllung diverser Qualitätsnormen abgeben, aber ansonsten unbeachtet im Schrank stehen, wird auf diese Weise vermieden.

*Die Betroffenen beteiligen*

Auch basiert das Vorgehen auf der Erfahrung, dass es wichtig ist, dass die am Prozess beteiligten Mitarbeiter lernen, den Gesamtzusammenhang ihrer Aktivitäten im Prozess zu verstehen, um sich so den Auswirkungen ihres Handelns in der weiteren Prozesskette bewusst zu werden. Dies bedeutet für die Auswahl der Methode, dass sie in der Lage sein muss, diesen Gesamtzusammenhang auch darstellen und präsent machen zu können.

*Die optimale Erfüllung der Unternehmensziele ist der Maßstab*

Die Organisationsgestaltung und damit auch die Gestaltung der Prozesse in einem Unternehmen hat der optimalen Erfüllung der Unternehmensziele zu dienen. Da diese einer dynamischen Entwicklung und auch den sich verändernden Umfeldbedingungen unterworfen sind, muss auch die Organisationsentwicklung in der Lage sein, sich dynamisch weiterzuentwickeln.

Daher ist es entscheidend, Methoden einzusetzen, die – nach einer gewissen Lernphase – von den Mitarbeitern selbst – ohne fremde Hilfe – angewendet werden können. D.h. die Methoden müssen einfach und leicht vermittelbar sein und von daher tauglich sein für den kontinuierlichen Veränderungsprozess.

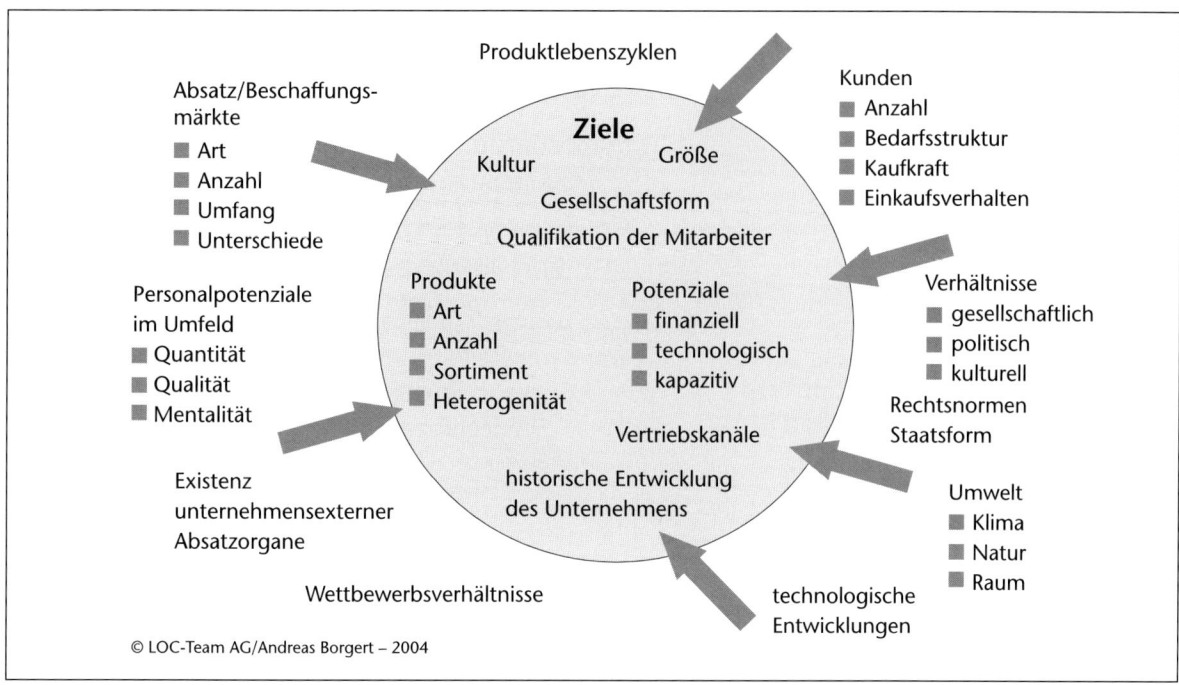

*Abb. 1: Externe und interne Einflussfaktoren der Organisation*

Das Ziel ist es, Hilfe zur Selbsthilfe zu leisten und die Mitarbeiter zu befähigen, die Standards (Standardprozesse) stetig weiterzuentwickeln, an neue Erkenntnisse anzupassen und zu stabilisieren, um damit die Nachhaltigkeit des Erfolges bei der Anwendung der Standards zu sichern.

Ab 1997 hat sich dann die im Folgenden beschriebene Vorgehensweise und Methodik als die herauskristallisiert, die diese Ansprüche am besten erfüllt. Im Laufe der vergangenen Jahre wurde sie dann ständig weiterentwickelt und zu einem sehr pragmatischen und praktikablen Instrument gemacht.

### 7.4.3.2 Elemente und Schritte beim methodischen Vorgehen

Der erste Schritt ist die

- **Erstellung einer Prozessübersicht**

für das Unternehmen, den Unternehmens- oder Funktionsbereich oder den zu analysierenden Gesamt- bzw. Hauptprozess (vgl. Kapitel 2). Mit der hierbei erarbeiteten Prozessstruktur wird auf der einen Seite der Gesamtzusammenhang gewahrt und auf der anderen Seite werden Schwerpunkte und Prioritäten für die weitere Analyse und das Redesign der Teilprozesse gesetzt.

**Einen Überblick verschaffen**

## 7.4 Prozesse

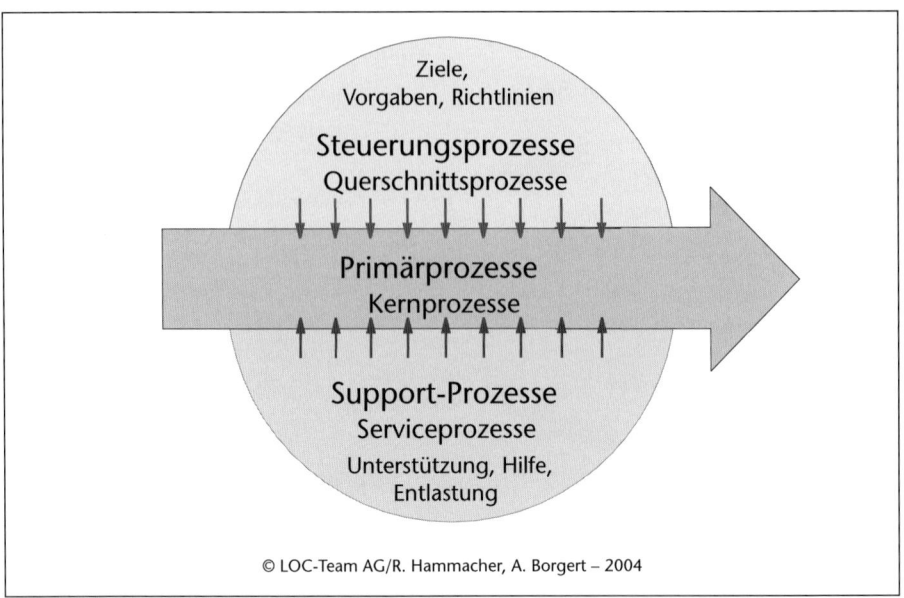

*Abb. 2: Typologie der Prozesse im Unternehmen – vereinfachte Darstellung*

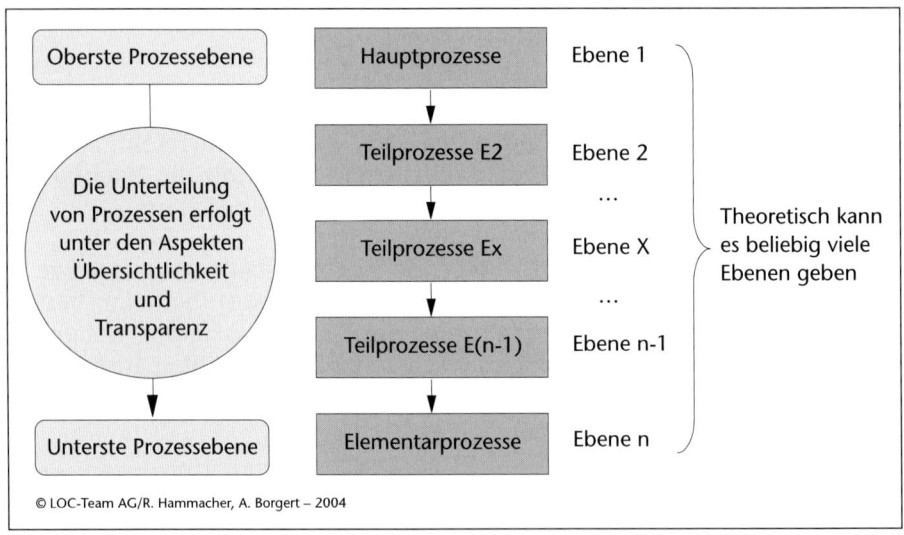

*Abb. 3: Hierarchiesierung von Prozessen*

Danach werden in

- einzelnen Prozessanalyse-/Prozessdesign-Workshops

**Den Prozess analysieren können**

die entsprechenden Teilprozesse gemeinsam mit den an diesen Prozessen beteiligten Mitarbeitern methodisch – mit dem im Kapitel 3 beschriebenen Verfahren – analysiert, Potenziale identifiziert und Optimierungsansätze bzw. -ideen entwickelt sowie die Methode zur Prozessvisualisierung an sich vermittelt.

Die Prozessoptimierung mit der Beschreibung/Visualisierung der neuen Sollprozesse erfolgt in der Regel in einer zweiten Workshopschleife, weil die Kenntnis der gesamten Prozesskette (über alle Teilprozesse) und ihrer Potenziale dafür Voraussetzung ist.

Bereits in den Analyse-Workshops werden auch erste Daten (Bearbeitungszeiten, Durchlaufzeiten etc.) erhoben, die zur Bewertung der Prozesskosten und der möglichen Einsparpotenziale dienen können. Sie bilden zusammen mit den visualisierten Prozessen die Basis für die

- **Erstellung der zugehörigen Prozess-Struktur-Matrix**

Mit dieser Matrix (vgl. Kapitel 4) ist das Team in der Lage, auf eine einfache Art und Weise eine Prozesskostenrechnung zu erstellen und die durch die Optimierung der Prozesse erreichbaren Potenziale – auch für alternative Lösungsansätze – nachzuweisen.

*Was kostet der Prozess?*

Die

- **Dokumentation der Prozesse**

sollte natürlich auch rechnergestützt erfolgen. Spätesten die visualisierten Sollprozesse – die dann, wenn sie umgesetzt sind, die neuen Ist-Prozesse sind – sollten für alle Anwender im Intranet des Unternehmens verfügbar sein. Dies ist auf eine einfache Art realisierbar.

### 7.4.3.3 Erstellung der Prozessübersicht

In diesem Schritt geht es darum, für das zu analysierende Unternehmen, den zu analysierenden Unternehmens- oder Funktionsbereich oder Gesamt- bzw. Hauptprozess eine Prozessübersicht zu erstellen. In einem Workshop wird mit den betroffenen Verantwortungsträgern/Führungskräften und Know-how-Trägern aus dem Unternehmen eine »Prozesslandkarte« erstellt, die alle Hauptprozesse mit den ihnen zugeordneten Teilprozessen widerspiegelt. Die Erfahrung hat gezeigt, dass es hinreichend genau ist, hier maximal drei Prozessebenen darzustellen.

*Übersicht verschafft eine »Landkarte«*

Dazu werden – in einer Moderation – zunächst alle Prozessnennungen gesammelt und geordnet bzw. zugordnet. Die Abgrenzung der Prozesse gegeneinander, die Schnittstellen zu anderen ggf. übergeordneten Prozessen erfolgt über die Festlegung der Starterereignisse – dies sind die Ereignisse (oder das Ereignis), durch das der jeweilige Prozess ausgelöst wird – und Endereignisse – dies sind die Ergebnisse (oder das Ergebnis), die der jeweilige Prozess hat und mit denen er in der Regel abgeschlossen ist.

*Die Landkarte wird schrittweise aufgebaut*

Das Startereignis eines Folgeprozesses muss dabei das Endereignis des dabei vorangehenden Prozesses sein, sonst fehlt ein Teil der Prozesskette oder es gibt eine nicht ganz logische Überschneidung.

*Die Vollständigkeit wird durch Plausibilitätsprüfungen gesichert*

## 7.4 Prozesse

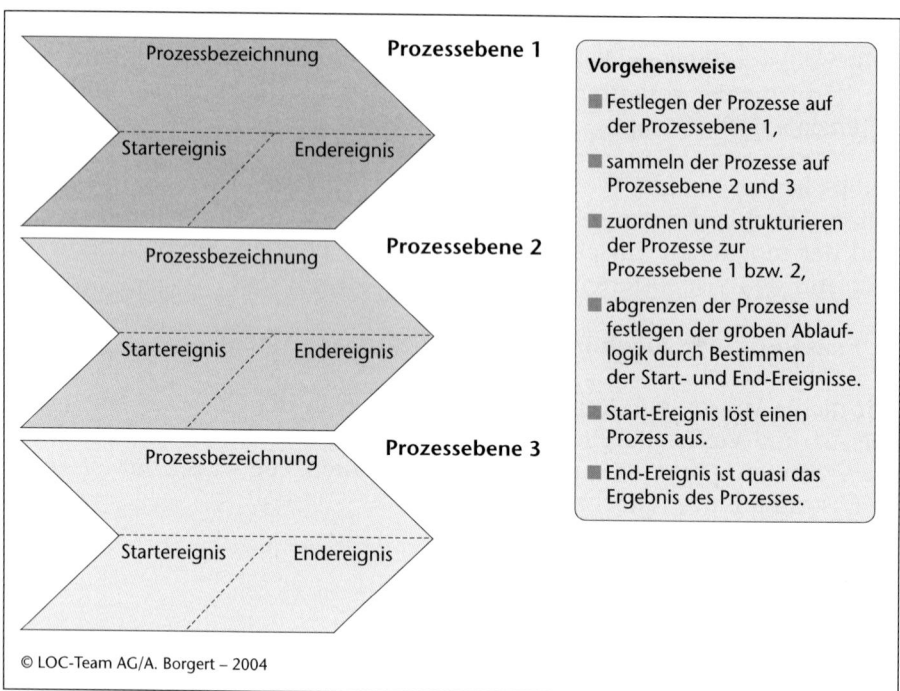

Abb. 4: Prozessübersicht: Kartenset und Vorgehensweise

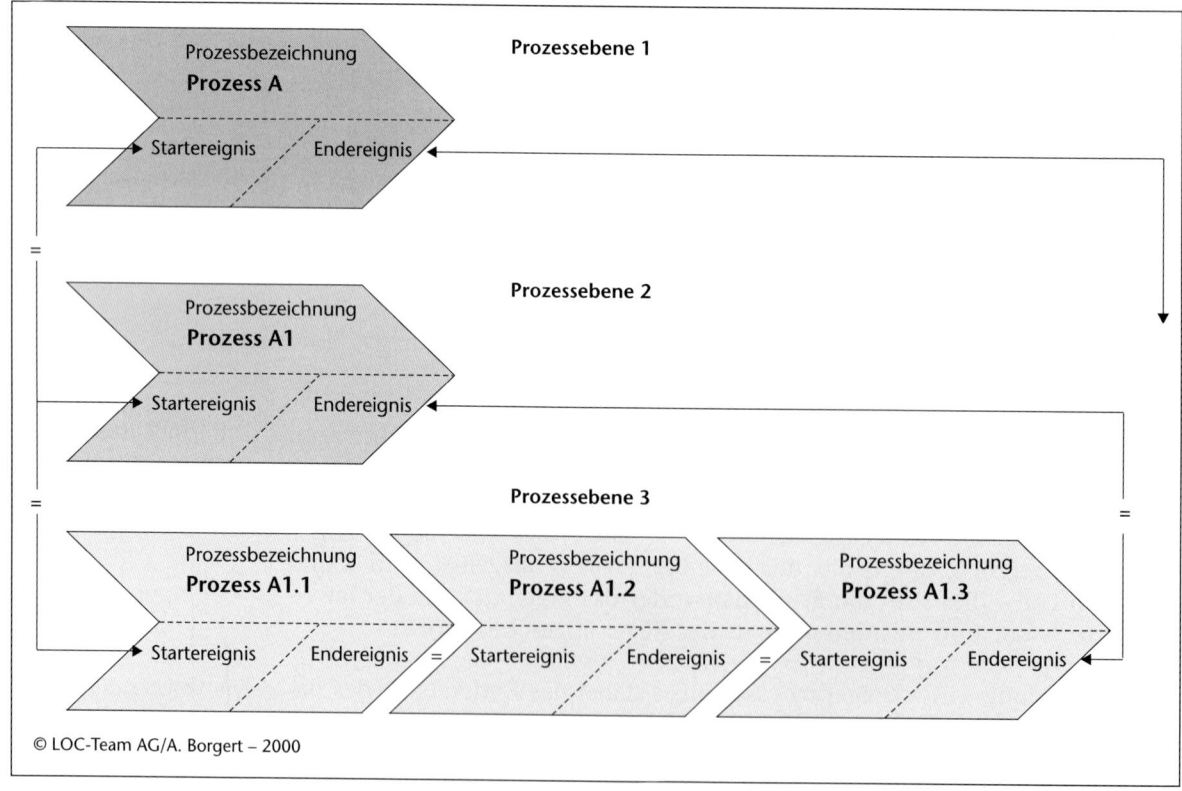

Abb. 5: Prozessübersicht: zur Logik von Start- und End-Ereignissen

In der so erarbeiteten Übersicht ist es nun möglich, die Prozesse/Teilprozesse zu kennzeichnen, bei denen man den größten Handlungsbedarf, die größten Potenziale vermutet oder die für das Unternehmen die größte Bedeutung und Wichtigkeit haben. Auf dieser Basis lassen sich dann für die weitere Arbeit in der Analyse oder im Prozessdesign Prioritäten festlegen und eine Planung für die weiteren Workshops und deren Teilnehmer entwickeln.

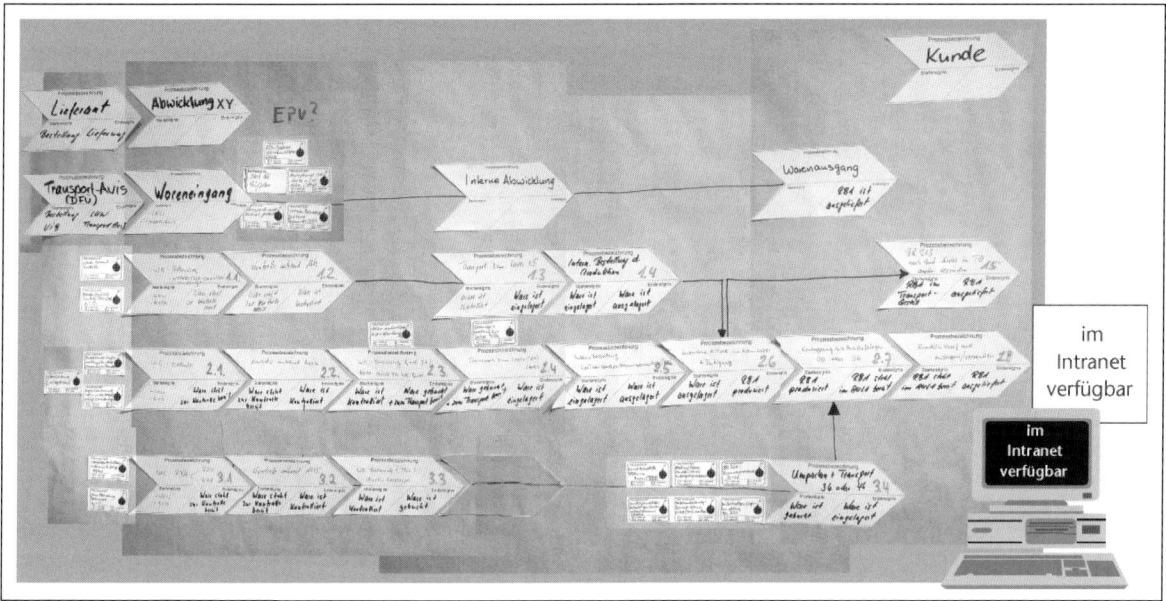

Abb. 6: Beispiel einer Prozessübersicht

Außerdem bildet die so erarbeitete Prozessübersicht auch – durch ihre Abbildung in einer entsprechenden Grafik im Rechner (z.B. mit Visio) – das übergeordnete Verzeichnis, über das man zu den detaillierteren Prozessbildern gelangt.

Allerdings wird dieses Bild sich im Laufe der Analyse weiterentwickeln und an gegebenenfalls neue Erkenntnisse anpassen müssen. So lange, bis auch hier die künftige Ist-Struktur abgebildet ist.

### 7.4.3.4 Prozessanalyse/Prozessdesign

Bei der Analyse und dem Design von Prozessen ist es wichtig, sich der vier Ebenen der Prozessgestaltung bewusst zu werden. Diese sind

**Vier Ebenen der Prozessgestaltung**

1. **die Logik/die zeitliche Abfolge** des Prozesses,
2. **die Arbeitsmittel**, d.h. eingesetzte Sachmittel und Informationen,
3. **der Mensch** mit seiner Kompetenz und Verantwortung,
4. **der Raum**, d.h. Ort, Entfernungen, Umfeld.

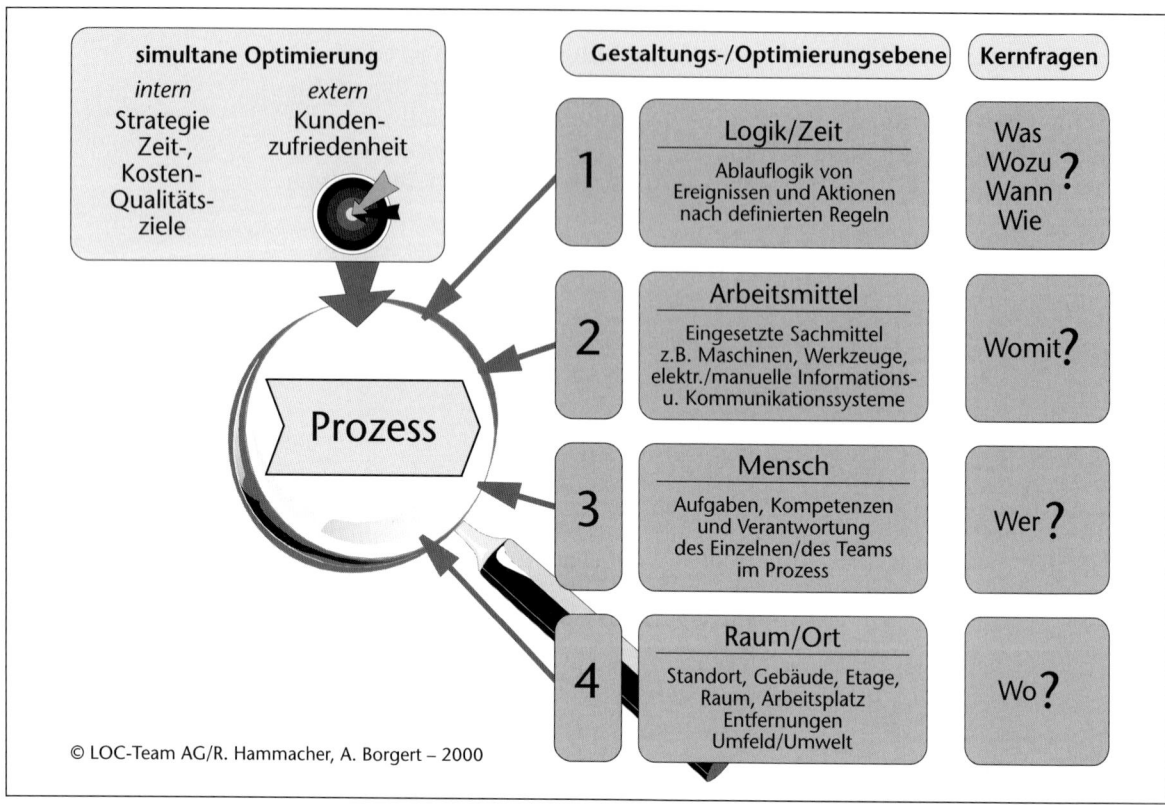

*Abb. 7: Die vier Ebenen der Prozessgestaltung*

Bei der Gestaltung von Prozessen sind immer alle vier Ebenen gleichzeitig zu beachten, denn sie beeinflussen sich gegenseitig.

Als Beispiel für diesen Zusammenhang kann uns die Aufführung eines Musikstückes durch ein Orchester in einer Konzerthalle dienen.

Die Partitur stellt mit ihrer Folge der Noten auf dem Papier die Logik und zeitliche Abfolge des Prozesses (Ebene 1) dar. Der Musiker (Ebene 3) ist mit seiner Kompetenz in der Lage, diese Partitur zu lesen und mit seinem Instrument (Ebene 2) wiederzugeben. Ein nicht so gut ausgebildeter und geübter Musiker würde einen anderen Klang oder gar Misstöne erzeugen, ein anderes Instrument würde ein anderes Klangbild erzeugen. Auch die räumliche Anordnung (Ebene 4) der Instrumente zueinander ergibt ein speziell gewünschtes Klangbild. Dabei spielt auch der Raum selbst eine Rolle. Das Konzert des gleichen Orchesters mit dem gleichen Stück klingt in einer Turnhalle anders als im Konzerthaus.

**Prozessketten visualisieren** Zur Visualisierung und Analyse der Prozesse wird die Methode der EPV = erweiterte Ereignisorientierte Prozessketten-Visualisierung eingesetzt. Sie deckt drei der vier Ebenen der Prozessgestaltung ab, die Ebene 1 der Prozesslogik, d.h. Steuerungssicht, die Ebene 2 der Arbeitsmittel, d.h. die Waren-, Material-, Betriebsmittelsicht sowie Daten- und Informationssicht und die Ebene 3 der Komponente Mensch durch die Organisationssicht. Die

Ebene 4, die räumliche Dimension, lässt sich hierbei nur durch ergänzende Beschreibungen und Kommentare darstellen.

Die Logik und Symbolik entsprechen der von ARIS und basieren auf Prof. Dr. Scheer. Die Methode wurde sinnvoll ergänzt und durch die eingesetzte Kärtchentechnik für Mitarbeiter im wahrsten Sinne des Wortes begreifbar gemacht. Wichtig ist die logische Folge von Ereignis und Aktivität bzw. Funktion. Dadurch wird das Prozessbild in messbare, d.h. bewertbare Prozesselemente strukturiert, die es uns dann ermöglichen, den Zeit- und Ressourcenverbrauch erkennbar und damit transparent zu machen und die Mittel auf der einen Seite wie auch Kompetenz und Verantwortung auf der anderen Seite klar zuzuordnen. Eine einfache Art der Prozesskostenrechnung wird damit ermöglicht (vgl. Prozess-Struktur-Matrix).

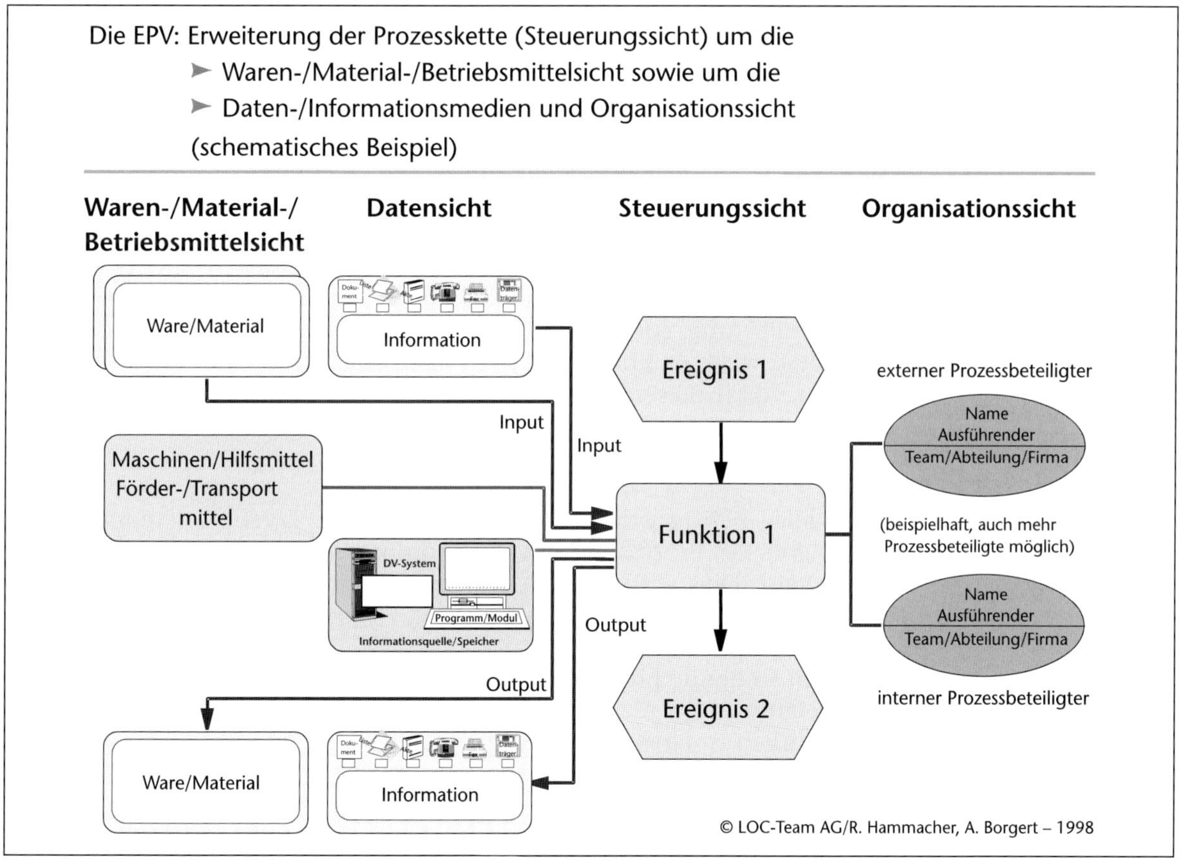

**Die Methode begreifbar machen**

*Abb. 8: Die EPV*

Unterstellen wir einmal, das obige Bild würde grob einen Wareneingangsprozess abbilden. Dann ist z.B. das auslösende Ereignis für den Prozess: »Ein Lkw ist im Wareneingang eingetroffen.« Erst dann und immer dann startet der Prozess. Der Lkw-Fahrer (extern, deshalb blaue Karte) übergibt die Papiere dem Mitarbeiter im Wareneingang (intern, deshalb gelbe Karte).

Durch die Zuordnung der beiden Kärtchen zur Funktion haben wir dargestellt, wer an diesem Prozessabschnitt, an dieser Aktivität beteiligt ist. Wir haben dadurch gleichzeitig eine Schnittstelle im Prozess dargestellt, d.h. einen Übergang der Verantwortung von einer Person auf eine andere, in diesem Fall von extern nach intern. Wir können jetzt fragen, ob die beteiligten Personen (d.h. hier der interne Mitarbeiter) auch die erforderlichen Kompetenzen hat, die beschriebene Funktion auszuführen, d.h. die fachlichen Fähigkeiten, z.B. Umgang mit dem DV-System oder aber auch die erforderliche Entscheidungskompetenz, z.B. den Lkw oder die Ware abzuweisen, wenn für die Ware auf dem Lkw keine Bestellung vorliegt. Hätte er das nicht, so würde sich z.B. nach einer solchen Prüfung ein neuer Ast des Prozesses mit z.B. einer Rückfrage bei Einkauf ergeben.

Der Lkw-Fahrer bringt auf der anderen Seite als Basis für eine solche Prüfung als Information den Lieferschein und auch Frachtpapiere mit. Mit dieser Information (Input) kann z.B. in einem DV-System geprüft werden, ob eine entsprechende Bestellung vorliegt oder Ähnliches. Der Lieferschein ist als Informationskärtchen dargestellt – wobei zusätzlich die Art des Informationsträgers, in diesem Fall als Dokument, angegeben werden kann. Das DV-System und der z.B. aufzurufende Menüpunkt im Programm lassen sich auf den entsprechenden Kärtchen darunter beschreiben.

Außerdem bringt der Lkw die Ware (Input) mit, die in einem weiteren Kärtchen symbolisiert wird. In der ausführenden Funktion könnte z.B. auch die Prüfung von Waren gegen Lieferschein erfolgen. Um die Ware abzuladen, wird als Mittel z.B. ein Gabelstapler oder Hubwagen erforderlich sein. Auch dieser lässt sich abbilden (Kärtchen unter der Ware), um dabei die Frage zu stellen, wie es denn mit der Eignung dieser Arbeitsmittel zur Ausführung der Funktion aussieht.

Wenn alles richtig gelaufen ist, dann wird als Ergebnis (ein mögliches Endereignis des Prozesses) die Ware ordnungsgemäß verbucht und vereinnahmt sein. Dies wird belegt durch z.B. einen Warenanhänger (Output-Information) an der betreffenden Ware.

Das oben stehende Bild ist natürlich zu grob, um all diese Prozessschritte, d.h. Ereignisse und Aktivitäten/Funktionen wiederzugeben. Aber das lässt sich natürlich in einem beliebigen Detaillierungsgrad darstellen, wie nachstehende Abbildung schematisch zeigt.

Soweit zur Prozessdarstellung und zur Logik der Methode. Genauso wichtig ist dabei die eingesetzte Kärtchentechnik. Das Prozessbild muss durch die Hände der beteiligten und betroffenen Mitarbeiter in deren Zusammenwirken und vor deren Augen entstehen. Erst dadurch wird es bewusst und begreifbar.

**Das Gesamtbild ermöglicht es, Details zu bearbeiten**

Dadurch, dass das Gesamtbild des Prozesses vor den Augen der Mitarbeiter und in der Diskussion mit ihnen entsteht, bleibt der Überblick und der Gesamtzusammenhang erhalten, auch wenn man sich über Details unterhält. Dies gilt für die Analyse, bei der die Kärtchen solange hin und

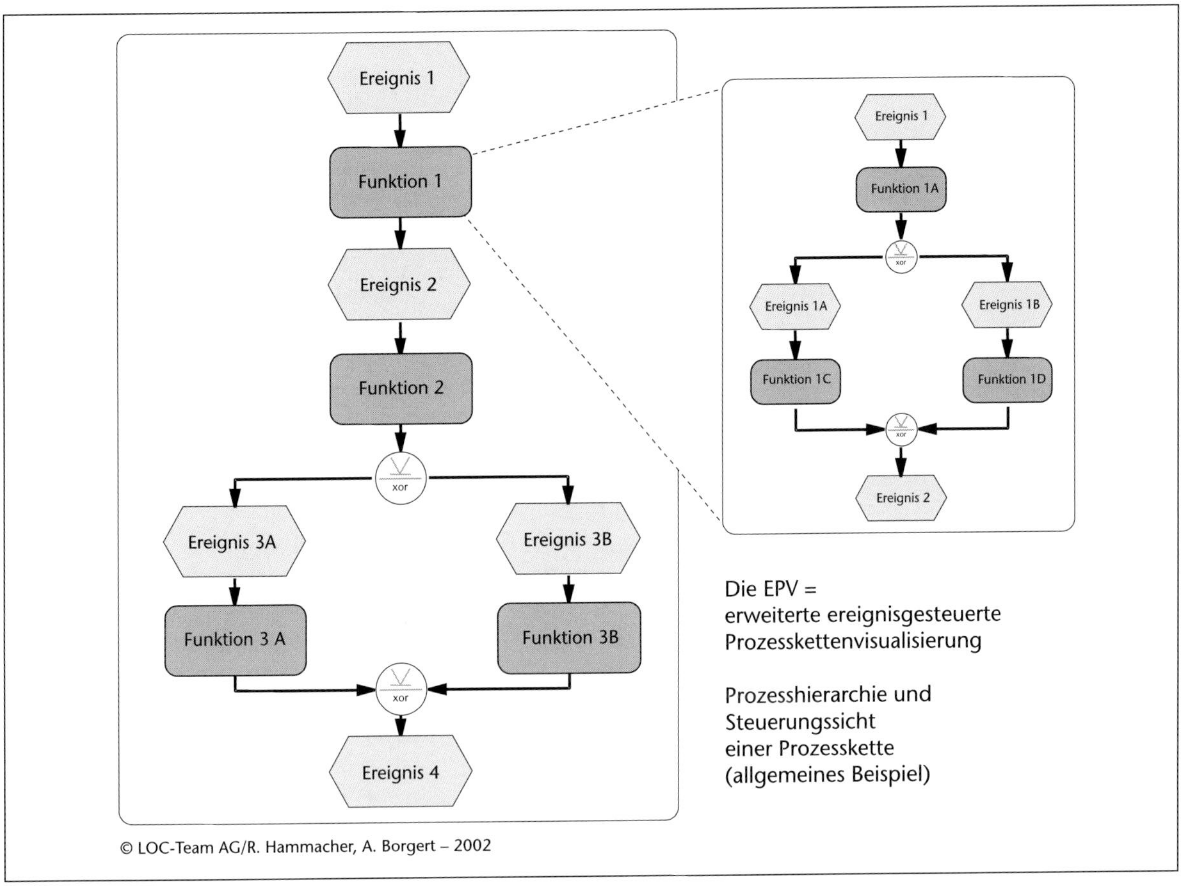

*Abb. 9: Prozesshierarchie und Steuerungssicht einer Prozesskette dargestellt mit der EPV*

her geschoben werden, bis das Bild die tatsächliche Realität wiedergibt (auch wenn es mehrere differenzierte Realitäten gibt) genauso für das Design, bei der der Endstand der Arbeit den vereinbarten zukünftigen Standard widerspiegelt. Dies gewährleistet die erforderlichen »Aha-Effekte« und das Verstehen bei den beteiligten Mitarbeitern und ist in dieser Form durch bloße Visualisierung im Rechner nicht möglich.

Dieses Verstehen des Gesamtzusammenhanges und der zwingenden Logik der Methode und des Erarbeitungsprozesses ist die Basis, auf der Prozessdisziplin wächst und später auch eingefordert werden kann.

**So wächst Prozessdisziplin**

Sie macht den teilnehmenden Mitarbeitern unmittelbar die Zusammenhänge bewusst. Logische Prozessbrüche, Umwege, Informationsdefizite werden sofort erkannt und Potenziale werden offensichtlich. Regelmäßig werden damit auch Ideen zur Prozessverbesserung generiert, die gesammelt werden und – wenn sinnvoll – in das Design der späteren Standardprozesse einfließen. Durch gezieltes Hinterfragen des prozesskundigen Beraters (Einbringen externen Know-hows) kann diese Ideenentwicklung forciert und gelenkt werden.

## 7.4 Prozesse

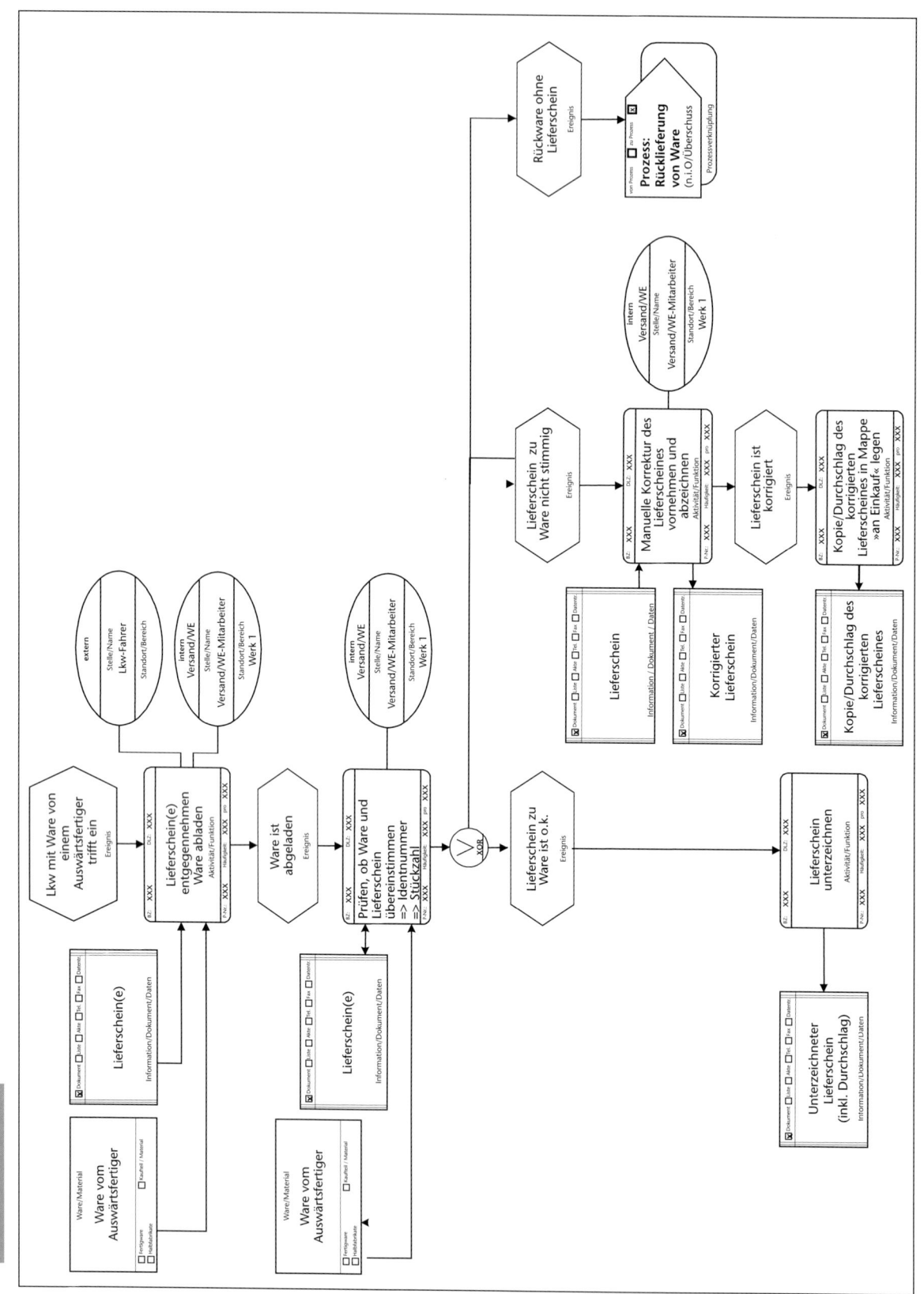

Abb. 10: Auszug aus einem Prozessbild (nicht optimiert)

Durch »Bombenkärtchen« oder Kärtchen für Hinweise, Fragen und Ideen können Schwachstellen und Probleme im Prozess gekennzeichnet, ergänzende Hinweise gegeben, offene Fragen vermerkt und Ideen zur Verbesserung eingebracht werden.

*Abb. 11: Prozessbeteiligte Mitarbeiter mit Begeisterung bei der Prozessanalyse*

Ein auf dieser Basis erstelltes Prozesshandbuch wird dann nur noch für die Mitarbeiter benötigt, die nicht dabei waren oder später geschult werden müssen.

### 7.4.3.5 Erstellen der Prozess-Struktur-Matrix (PSM)

Um zu einer quantitativen (monetären) Bewertung der Potenziale und möglichen Kosteneinsparung sowie zur Identifizierung der Best Practice zu kommen, ist es erforderlich, zu diesen Prozessen auch die entsprechenden Daten wie z.B. Prozesszeiten, Durchlaufzeiten, Liegezeiten, Mengengerüste, Bestände, Häufigkeiten bei Eintreten bestimmter Zustände (Fehler, Störungen, ...) etc. zu erheben.

**Und so bewertet man den Prozess**

Dies geschieht entweder im Prozess-Workshop direkt durch Schätzungen der am Prozess beteiligten Mitarbeiter – die Erfahrung hat gezeigt, dass dies häufig ausreichend genau ist, um Potenziale zu identifizieren und Prozessvergleiche anzustellen – oder durch Auswertung von im DV-System oder in anderen Datensammlungen (Aufschriebe) hinterlegten Daten.

Auf den Kärtchen für die Aktivitäten/Funktionen sind entsprechende Felder vorgegeben, um dort die Bearbeitungszeit, die Durchlaufzeit, das Mengengerüst und die Häufigkeit zu notieren.

Die so gewonnenen Daten werden zu den jeweiligen Prozessen in einer PSM = Prozess-Struktur-Matrix (EXCEL-Datei) hinterlegt. Dadurch lassen sich die Prozesszeiten und -kosten der Prozessketten insgesamt berechnen. Diese Bewertung ermöglicht dann auch einen objektiveren Prozessvergleich.

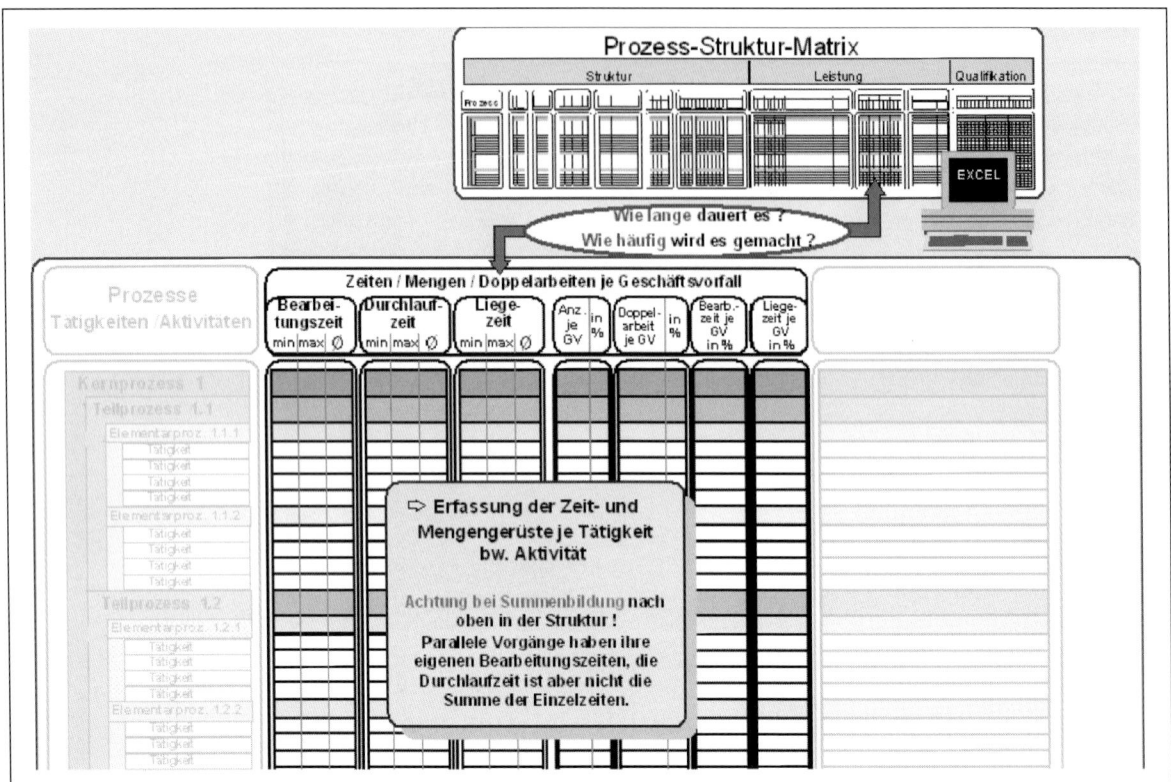

*Abb. 12: Die Prozess-Struktur-Matrix – Daten zur Leistung*

Bei der Berechnung ist darauf zu achten, dass bei parallelen Prozesssträngen mit einer Und-Verknüpfung die Bearbeitungszeiten aller Stränge addiert werden müssen, bei der Durchlaufzeit aber nur die Zeit des längsten Prozessstranges zählt.

**So werden Alternativen im Prozess bewertet**

Bei Oder-Verknüpfungen – z.B. Prüfungen mit verschiedenen Ergebnissen, die dann zu einer unterschiedlichen Weiterbearbeitung führen – gehen die Prozessstränge mit dem Anteil ihrer Bearbeitungszeit und auch Durchlaufzeit ein, welcher der Häufigkeit (in %) ihres Auftretens entspricht. Dieser Prozentsatz wird bei der Analyse bei der entsprechenden Verzweigung notiert (geschätzt oder aus z.B. Fehlerstatistiken ermittelt).

**Aber man kann noch mehr machen**

Eine Prozess-Struktur-Matrix kann natürlich noch andere Dinge leisten. So ist es z.B. möglich, durch die Eingabe von benutzten Datenfeldern (Namen der Datenfelder) zu den jeweiligen Aktivitäten/Funktionen möglich, durch eine Sortierung der Tabelle/Matrix die Aktivitäten zu identifizieren, in denen spezielle Datenfelder benutzt werden. Dies kann zur Identifizierung der Quellen-Information wie auch zur Definition von Lastenheften für eine mögliche Optimierung der DV-Unterstützung der analysierten Prozesse hilfreich sein.

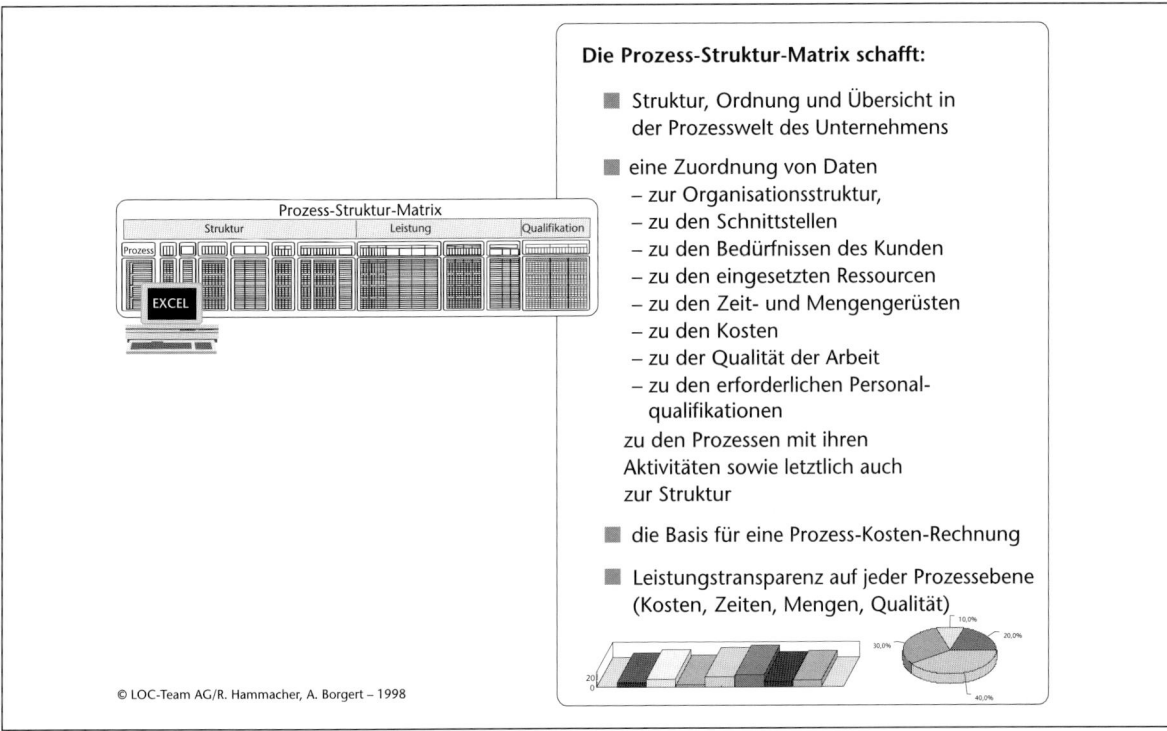

*Abb. 13: Die Prozess-Struktur-Matrix – Was kann sie leisten?*

Oder: Durch die Eingabe der Prozessbeteiligten können bei einer entsprechenden Sortierung die Stellenbilder der Mitarbeiter generiert oder überprüft werden.

### 7.4.3.6 Dokumentation der Prozesse

Eine Dokumentation der erarbeiten Soll- oder Standardprozess in einem DV-System ist natürlich sinnvoll und hilfreich, insbesondere dann, wenn über das Intranet des Unternehmens diese Prozessdarstellungen den Anwendern an jedem Ort verfügbar gemacht werden. Dabei sollte dann allerdings auch die Verknüpfung der Prozesse untereinander und mit den dabei benutzten Dokumenten realisiert werden.

**Die Prozesse dokumentieren für zukünftige Aufgaben**

Dies ist in zahlreichen Graphikprogrammen möglich. Für VISIO wurde eine entsprechende Arbeitsumgebung mit entsprechenden Shapes gestaltet, die eine einfache Eingabe und Darstellung ermöglicht. Über HTML-Links oder die Verkettung über PDF-Files ist es möglich, die Prozessketten miteinander und auch mit den verwendeten Dokumenten zu verknüpfen.

Es ist sogar möglich, aus der Prozessvisualisierung in die konkrete Anwendung zu verknüpfen. Ebenso können die Prozesse natürlich auch im ARIS-Tool gepflegt werden.

7.4 Prozesse

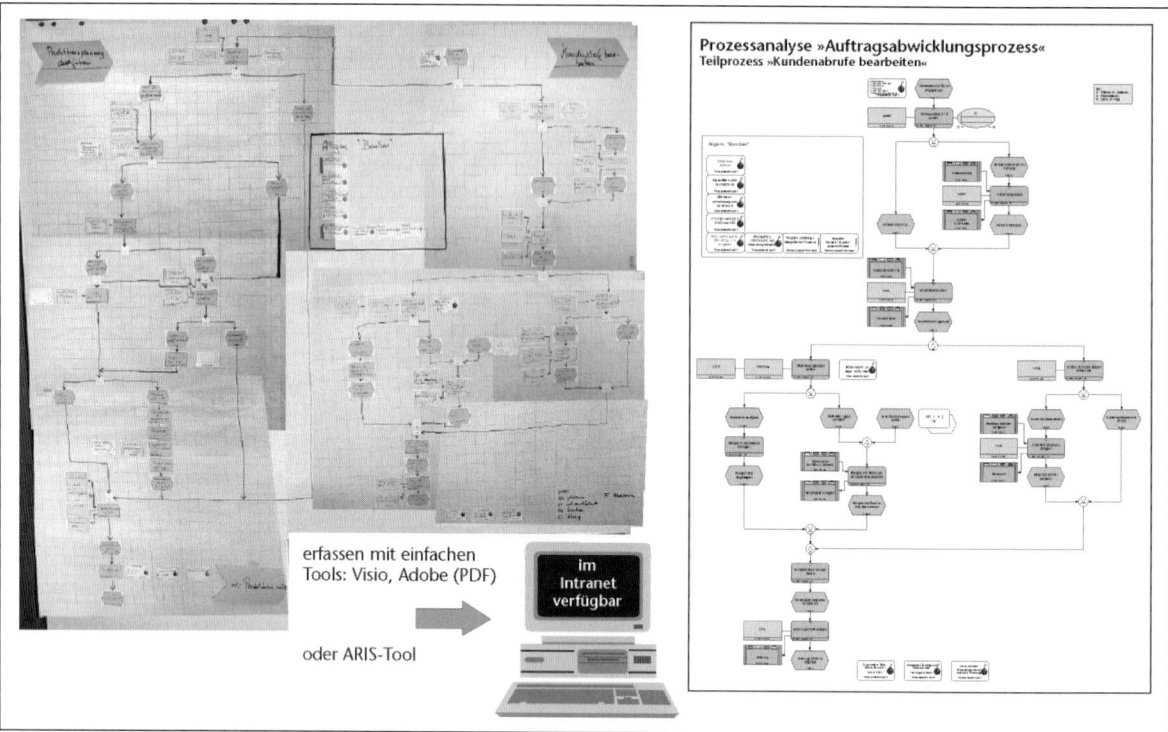

Abb. 14: Vom erarbeiteten Prozesschart zur Dokumentation im Rechner

Und damit sind wir beim eigentlichen Problem. Die Dokumentation der Prozesse macht – außer zum Zweck der Erfüllung der vorgegebenen Qualitätsnormen – nur dann Sinn, wenn diese auch gepflegt, d.h. bei erforderlichen Änderungen unverzüglich angepasst werden. Dies ist eigentlich nur zu erwarten, wenn es die Betroffenen selber tun, d.h. der betreffende Prozessverantwortliche hier seiner Verantwortung gerecht wird.

Dies bedeutet andererseits, dass die Pflege auf eine einfache Weise möglich sein muss. Deshalb wurde das Vorgehen und die Methodik so gestaltet, dass die Tools nach Abschluss eines entsprechenden Projektes den Mitarbeitern in die Hand gegeben werden können. Damit wird das Verfahren dem Anspruch gerecht, Hilfe zur Selbsthilfe zu leisten.

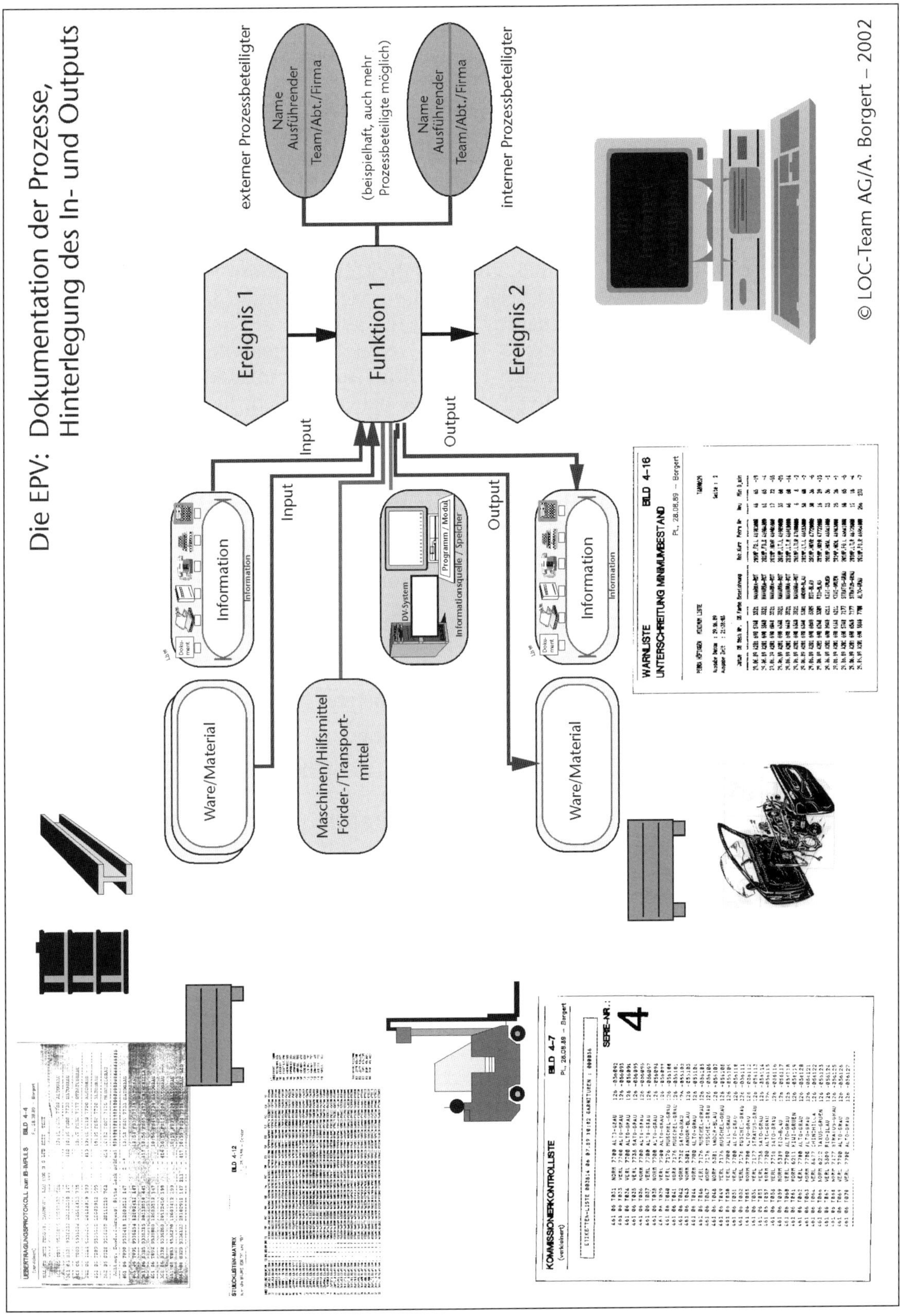

Eine Methode für Prozessanalyse und Prozessdesign 7.4.3

Abb. 15: Zur Vervollständigung der Dokumentation können Belege, Dokumente, Zeichnungen etc. hinter den Symbolen datentechnisch hinterlegt werden

## 7.5 Produktionsplanung und -steuerung

### 7.5.1 KANBAN

*von Helmuth Gienke*

#### 7.5.1.1 Was ist KANBAN?

**Ursprung**

Nach der Niederlage im pazifischen Krieg herrschte unter den Menschen in Japan der Eindruck vor, dass ihr Land ein Land mit knappen Ressourcen sei und deshalb Verschwendung vermieden werden müsse. Eine durch EDV gestützte Steuerung des Materialflusses gab es damals noch nicht. Unter diesem Aspekt ist KANBAN von Toyota entwickelt und 1962 eingeführt worden, um den Materialfluss in der Automontage bei möglichst geringer Nutzung der Ressourcen sicherzustellen. In der Folge hat es sich als ein hervorragendes Instrument erwiesen, die Verschwendung von Ressourcen zu verringern.

**Motive und Ziele**

Die Motive zur Beschäftigung mit dem Thema KANBAN sind vielfältig. Es gibt sachbezogene und emotionale Motive. Man kann die Motive nach diesen Kriterien klassifizieren, wenn man die Ziele definiert und feststellt, dass einem Motiv keine Ziele entsprechen. Sachbezogene Motive sind z.B.:

- Zwang zur Rationalisierung
- vereinfachte Steuerung für viele Anwendungen
- Abhängigkeiten werden dem Zulieferer klarer gezeigt
- KANBAN senkt die Lagerbestände
- der Bedarf, Schwachstellen im Materialfluss zu entdecken

Nach der Entscheidung, sich mit KANBAN zu beschäftigen, müssen die Ziele definiert (im eigentlichen Sinne aus den Unternehmenszielen abgeleitet) werden, die mit dieser Aktivität erreicht werden sollen. Diese Definition ist unter anderem erforderlich, um zu entscheiden, ob Maßnahmen zur Verbesserung der Abläufe sinnvoll sind oder nicht. Ziele müssen quantifiziert und die Zielgrößen messbar sein:

- Reduzierung der Durchlaufzeiten (z.B. auf x Tage)
- Bestandssenkung (z.B. auf x DM Lagerbestand)
- Verminderung von Ausschuss und Abfällen (z.B. um x %)
- Vereinfachung der Organisation (z.B. Senkung der Arbeitsschritte um x %)
- Steigerung der Flexibilität (z.B. Produktion innerhalb x Tage nach Bestellung)

KANBAN unterscheidet sich in wesentlichen Elementen von der allgemein üblichen zentralen Produktionsplanung und -steuerung, die in einem tayloristisch geprägten Umfeld entstanden ist. In der zentral organisierten Produktionsplanung und -steuerung werden alle planerischen und steuernden Aufgaben durch zentrale Stellen wahrgenommen.

**Definition**

Die Planung der zentralen PPS-Stelle erfolgt oft auf der Basis von Absatzprognosen. Ein wichtiges Ziel dabei ist, eine hohe Kapazitätsauslastung der Produktionsmittel zu erreichen. Das wiederum führt zu großen Losgrößen und langen Durchlaufzeiten. Hinzu kommt, dass durch die Trennung von Planung und Durchführung die Ergebnisse der PPS-Entscheidungen oft nicht mit den betrieblichen Realitäten bzw. mit den Kundenanforderungen übereinstimmen und es zu Fehlplanungen kommt. Den ausführenden Stellen wird die Möglichkeit zur eigenverantwortlichen Ausführung ihrer Tätigkeiten genommen, da sie diese nicht selbstständig planen und steuern können. Die komplexen Wechselbeziehungen zwischen den Elementen der PPS führen zu einem gewaltigen Koordinationsaufwand, der durch zentrale Funktionen in der Regel nicht mehr zu handhaben ist.

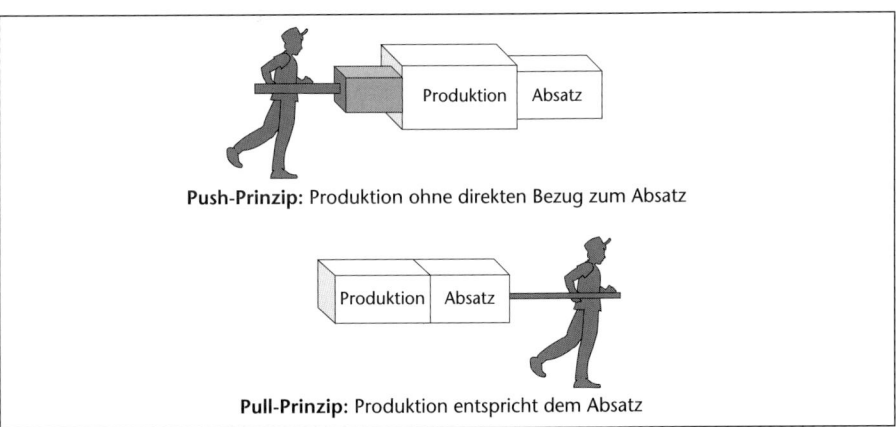

*Abb. 1: Push- und Pull-Prinzip*

Mit der zentralen PPS wird auch das Push-Prinzip verbunden. Dies bedeutet, dass ein Auftrag zentral in Teilaufträge zerlegt wird, um diese anschließend durch den Produktentstehungsprozess zu schieben. Die Aufnahme einer Tätigkeit geschieht also nicht selbstständig durch das Erkennen eines Bedarfes in einer nachfolgenden Produktionsstufe, sondern durch die Vorgabe einer Produktionsplanung von außen.

Der Grundsatz des KANBAN-Systems ist einfach: ein System, das – im Gegensatz zur traditionellen Methode, bei der Material an nachfolgende Arbeitsgänge weitergeleitet wird – den Transfer in umgekehrter Richtung durchführt. Der nachgelagerte Arbeitsgang entnimmt dabei bei einem vorgelagerten nur das gerade benötigte Teil in der benötigten Menge und zum benötigten Zeitpunkt (Just-in-time-Prinzip). Voraussetzung hierfür ist eine Vereinfachung der Kommunikation durch eindeutige Bezeichnung, was in welcher Menge benötigt wird.

## 7.5 Produktionsplanung und -steuerung

| Kennzeichen traditioneller PPS | Auswirkungen |
| --- | --- |
| ■ Zentralisierung<br>■ Trennung von Planung und Durchführung<br>■ kapazitätsorientiert<br>■ rückmeldeorientiert (BDE)<br>■ Funktionsorientierung mit großer Schnittstellenzahl<br>■ hohe Komplexität<br>■ hoher Steuerungsaufwand | ■ hohe Bestände (Produktion auf Lager)<br>■ lange Durchlaufzeiten und große Losgrößen<br>■ geringe Lieferfähigkeit<br>■ Verschwendung in Produktion und Ablauf<br>■ mangelnde Kundenorientierung<br>■ mangelnde Flexibilität |

*Abb. 2: Kennzeichen und Auswirkungen traditioneller PPS*

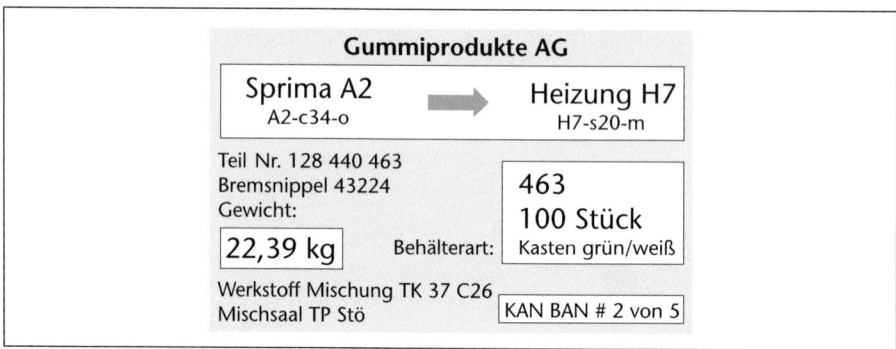

*Abb. 3: Muster eines KANBAN*

Wenn Material gebraucht wird (z.B. bei Unterschreitung eines Mindestbestands), dann und nur dann, wird der Zulieferer aufgefordert, neues Material anzuliefern. Diese Aufforderung wird durch einen KAN BAN (jap.: Karte, Zettel) erteilt, der grundsätzlich mit der Ware mit jedem Los transportiert wird und z.B. bei Anbruch des Loses zur neuen Anlieferung zurückgegeben wird. Es gelten strenge Regeln für die Fertigung, insbesondere der Grundsatz, dass nur gefertigt werden darf, wenn ein KANBAN zur Fertigung vorliegt, und dass nur einwandfreie Teile angeliefert werden dürfen. Damit wird die terminorientierte Steuerung herkömmlicher Methoden durch die bedarfsorientierte Steuerung ersetzt.

### 7.5.1.2 Arten des KANBAN

*Anpassung des Verfahrens*

Variationen aller Art sind möglich, weil das Verfahren den jeweiligen Umständen angepasst werden soll. Im Laufe der Anpassung an neue Anforderungen und der kontinuierlichen Verbesserung des Systems entstanden unterschiedliche KANBAN-Klassen. Die wichtigsten Arten sind:

■ **Material KANBAN (SHIKAKE KANBAN):** zur Herstellung und Bereitstellung von Material, der nach Anbruch eines Gebindes zurückgegeben wird.

- **Signal KANBAN (SHINGO KANBAN):** als Material KANBAN, der aber erst zurückgegeben wird, wenn vom Gebinde eine bestimmte Menge verbraucht ist.

- **Transport KANBAN (HIKITORI KANBAN):** als Aufforderung, ein bestimmtes Material von einem Lagerplatz auf einen Bereitstellungsplatz zu bringen.

- **Begrenzter KANBAN (GENTEI KANBAN):** als Material KANBAN, der nach einer bestimmten Fertigungsmenge ungültig ist.

In der Zwischenzeit gibt es – je nach Philosophie – eine Unzahl von Variationen. Eine wesentliche Ergänzung sind Stecktafeln, die eine weitere Komponente des Toyota Produktionssystems (auch Lean Production genannt) unterstützen, nämlich das Management by View. Die KANBAN werden mit einer definierten Anordnung in Laschen auf eine Tafel gesteckt, so dass man einen Überblick über den Materialfluss erhält und drohende Probleme schnell erkennt. Zur Reihenfolgebildung bei unüberwindlichen Rüstproblemen (zum Beispiel Gewebekalander in der Kautschuk- und Kunststoffindustrie) sind ähnliche Tafeln eingeführt. Auch ohne die Verwendung von Papier wird das KANBAN-Verfahren eingesetzt: Dies ist dann der Fall, wenn man zum Beispiel den Behälter selbst als KANBAN nutzen kann. Definierte Stellplätze für die Transportbehälter und ähnliche Maßnahmen des Management by View ermöglichen es, ohne großen Aufwand den Überblick über den Materialfluss zu erhalten.

### 7.5.1.3 Verschwendung

Die angestrebte Vermeidung von Verschwendung wird indirekt dadurch erreicht, dass mit KANBAN der Materialbestand fest bestimmt und dem jeweiligen Bedarf angepasst werden kann. Damit erhält man unter anderem ein Instrument, mit dem durch Senkung des Bestandes Störungen im Materialfluss aufgezeigt werden können. Wird dann vorübergehend der Bestand wieder erhöht, die Ursache für die Störung beseitigt und der Bestand wieder gesenkt, schafft man eine kontinuierliche Verbesserung des Materialflusses. Es gibt eine Menge von Störungsursachen, wie zum Beispiel:

*Vermeidung von Verschwendung*

- lange Rüstzeiten
- fehlerhafte Produktion
- ungleichmäßige Fertigungsgeschwindigkeit
- hoher Bearbeitungsaufwand
- geringe Kapazität
- unübersichtliche Reihenfolge usw.

Im Einzelnen ist abzuwägen, wie wirtschaftlich es ist, die Ursache zu beheben. Dabei hat sich gezeigt, dass erkannte Ursachen häufig mit verblüffend einfachen Maßnahmen beseitigt werden können. Wird nicht eingegriffen, steuert sich die Fertigung durch den KANBAN-Kreislauf selbst. Durch

diese Eigenschaften hat sich KANBAN auch in den Zeiten aufwendiger Enterprise Ressource Management Systeme bewährt und wird als Ergänzung, in besonderen Fällen sogar als einziges System, angewandt. Das Verfahren wird sowohl inner- als auch zwischenbetrieblich eingesetzt.

### 7.5.1.4 Einführung des KANBAN

**Voraussetzungen**

Über die Voraussetzungen zum Einsatz von KANBAN gibt es unterschiedliche Ansichten, die sich von den unterschiedlichen Zielen herleiten. Weitgehende Übereinstimmung herrscht darüber, dass es für eine Serienfertigung sehr geeignet ist. Über die Anwendbarkeit bei Variantenfertigung gibt es dagegen schon unterschiedliche Ansichten. Aber selbst bei Kleinlosen wird es sinnvoll genutzt, wenn man bereit ist, zur Verbesserung des Materialflusses Maßnahmen zu ergreifen. Man kann die Voraussetzungen für KANBAN als statisch einschätzen (vorhanden oder nicht vorhanden) oder mit seiner Einführung den Zwang herstellen, die Voraussetzungen zu schaffen und so zu bewirken, dass durch die erforderlichen Maßnahmen ein Fortschritt in den Fertigungsabläufen, also eine Annäherung an die Ziele, erreicht wird.

**Geänderte Abläufe bewirken neue Anforderungen**

Aus der wirtschaftlichen Anwendung von KANBAN ergeben sich aufgrund der geänderten Abläufe zwangsläufige Folgeforderungen. Die Erfüllung dieser Forderungen kann, wie erwähnt, ein Ziel des KANBAN-Einsatzes sein oder die Ziele unterstützen. Einigkeit besteht, dass

- flexible Produktionsmittel,
- kurze Rüstzeiten,
- fehlerfreie Lieferung,
- Akzeptanz von Leerlauf bei Mitarbeitern und Anlagen,
- Disziplin,
- Ursachenanalyse bei Störungen, danach schnelle Beseitigung der Störungen,
- Management by View,
- Pragmatismus,

für den erfolgreichen Einsatz des KANBAN sinnvoll sind. Weiterhin sind Absprachen intern zwischen den einzelnen Fertigungsstufen und besonders mit externen Zulieferern hilfreich, auch wenn sie sich im Grenzfall auf die Aussage konzentrieren kann, dass innerhalb einer bestimmten Frist das angeforderte Produkt in genau der bestellten Menge und einwandfreier Qualität auf einen definierten Platz zu stellen ist.

**Einführung des KANBAN-Verfahrens**

Sind im Unternehmen keine Erfahrungen mit KANBAN vorhanden, empfiehlt es sich, mit einem Pilotprojekt zu beginnen. Dies sollte einen Fertigungsbereich betreffen,

- der möglichst abgeschlossen ist,
- eine möglichst gleichmäßige Fertigungsauslastung hat,

- mindestens drei Fertigungsstufen umfasst und
- wenig unterschiedliche Zulieferer hat.

In diesem Bereich geht man in folgenden Schritten vor:

- Überprüfung der Losgrößen
- Überprüfung der Behälter und Transporteinrichtungen
- Bestimmung der Bestände zwischen den Arbeitsplätzen
- Aufbau des Modells

*Losgrößenbestimmung*

Die ideale Losgröße ist eins. In der Realität haben sich höhere Losgrößen durchgesetzt. Die Losgrößenbestimmung nach Andler liefert fast immer einen Wert, der wesentlich höher liegt als die tatsächlich wirtschaftliche Losgröße, da er unter anderem nicht berücksichtigt, dass es mehrere unterschiedliche Teile gibt, deren Reihenfolge den Rüstvorgang bestimmen, und für jede Produktvariante ein Puffer vorgehalten werden muss. So erzielt man beim Einsatz des andlerschen Verfahrens lediglich ein Suboptimum des betrachteten Auftrages, allerdings kein Optimum im gesamten Auftragsdurchlauf. Es gibt Verfahren, die das erwartete Teilespektrum berücksichtigen. Die einfachste, pragmatische Lösung bei der Einführung von KANBAN ist, die bestehenden Losgrößen zu übernehmen und nach und nach zu reduzieren. Das Gleiche gilt für die Transportbehälter und die Pufferbestände.

Zur Abschätzung der notwendigen Sicherheitsbestände ist die Wiederbeschaffungszeit zu ermitteln. Diese Wiederbeschaffungszeit wird um die Reaktions- und gegebenenfalls um die Transportzeit erweitert. Die Transportzeit sollte die wirkliche Dauer der Transporte berücksichtigen und nicht die klassische Übergangszeit zwischen den Arbeitsplätzen, die den Arbeitsvorrat mit umfasst.

*Liefersicherheit*

Zur Gewährleistung einer optimalen Liefersicherheit ist als zweiter Schritt der Bedarf zu ermitteln, der während der Wiederbeschaffungszeit auftritt. Dieser Bedarf entspricht dem zur Überbrückung der Wiederbeschaffungszeit benötigten Sicherheitsbestand, eventuell erweitert um Zuschläge für unvorhergesehene Ereignisse. Der erforderliche Bestand, dem die Zahl der KANBAN zugrunde gelegt wird, ergibt sich schließlich aus der Losgröße und dem Sicherheitsbestand.

*Ermittlung des optimalen Bestandes*

Es gibt noch weitere Verfahren zur Ermittlung des erforderlichen Bestandes, z.B.:

> Bestand = Bedarf [St./Std] x (Abnahmeintervall [Std./Los] + Transportzeit [Std.] + Fertigungszeit [Std./Los]) x Sicherheitszuschlag

Der Sicherheitszuschlag für eine gute Konfiguration geht gegen eins.

*Bestandssenkung*

Das Ziel ist meist, diesen Bestand zu senken. Dieses kann man dadurch erreichen, dass die Zahl der KANBAN im Verlauf der Nutzung des Verfahrens gesenkt wird. Entsprechend sollte man die Genauigkeit der Abschätzung dieser Parameter beurteilen. Zur Ermittlung der KANBAN-Zahl gilt eine einfache Formel:

> Anzahl = Erforderlicher Bestand / (Menge/Behälter)

Diese Formel führt häufig zu der fehlerhaften Annahme, dass der Behältergröße eine besondere Bedeutung zukommt.

**Einführung des KANBAN**

Nachdem das KANBAN-System definiert ist, erfolgt die eigentliche Einführung, die hier kurz geschildert wird. Der erste Schritt ist die Schulung der Mitarbeiter und die Definition eines Verantwortlichen für den Betrieb des Systems. Das Ziel dieser Schulung ist nicht nur die Beherrschung der KANBAN-Abläufe, sondern ebenso die aktive Einbindung der Mitarbeiter in den Entscheidungs- und Ideenfindungsprozess. Diese betrifft auch die Führungskräfte, die ihren Mitarbeitern weitgehende Vollmachten überlassen müssen. Der ideale Vorgesetzte hat nach diesem Modell beratende und nicht anweisende Funktion.

Danach sind die Schnittstellen zu anderen Bereichen und zu den bestehenden Informationssystemen einzurichten. Als nächster Schritt erfolgt die Gestaltung des Layouts, die Fahrwege, Stellplätze und Regalplätze, die Beschaffung der Sachmittel wie Behälter, Vorrichtungen zum Anbringen der KANBAN sowie die KANBAN-Gestaltung umfasst. Wenn alles so weit vorbereitet ist, müssen die Abwicklung des Altsystems abgewartet und anschließend die noch bestehenden Bestände umgepackt werden. Danach kann die Steuerung mit KANBAN erfolgen. Nicht vergessen werden darf die Beseitigung der mittels KANBAN erkannten Schwachstellen im Materialfluss.

### 7.5.1.5 Vorteile des KANBAN

**Änderungen bei Personen und Abläufen**

KANBAN bewirkt, wenn es nutzbringend angewandt wird, Änderungen im Verhalten der Menschen und in den Abläufen. Der Informationsfluss ändert sich gegenüber herkömmlichen Verfahren zur Fertigungssteuerung radikal. Es ist nicht mehr interessant, detailliert zu wissen, wann der Zulieferer das Vorprodukt bereitstellen wird, weil ein sehr kontinuierlicher Materialnachschub gewährleistet ist. Interessant ist vielmehr, wann der Abnehmer das von einem selbst gefertigte Teil benötigt. Damit wird das Bewusstsein geschärft, dass alle Aktivitäten auf den Kunden ausgerichtet sind. Ohne eine integrierte Datenerfassung hat die Bereichsleitung aber auch keinen Überblick, wie zuverlässig der einzelne Lieferant arbeitet – es sei denn, die Unterstützung durch ein ausgefeiltes Management by View ermöglicht das.

Betriebsaufträge mit Ressourcenbelegung und geplanten Terminen entfallen oder haben eine untergeordnete Bedeutung. Diese Eigenschaft unterstützt das erforderliche Umdenken. Nicht mehr der Ausstoß des Arbeitsplatzes ist Schwerpunkt der Aktivitäten (mit der Konsequenz, dass die Maschine nicht stehen darf), sondern ausschließlich die Bedarfsdeckung. Damit wird auch der Schwerpunkt der Lagerhaltung vom Fertigprodukt auf das Rohmaterial verschoben.

**Senkung der Rüstzeiten**

Zum Beginn der Einführung gibt es sicherlich Probleme mit zu langen Rüstzeiten, mit Störungen, die den Materialfluss bremsen, und andere,

nicht vorhersehbare Ereignisse. In dieser Phase besteht die Gefahr, das Projekt resigniert vorzeitig abzubrechen. Diese Phase erfordert erhöhte Aktivitäten und kann durch sorgfältige Planung reduziert werden, allerdings auch auf die Gefahr hin, dass dann die Vorteile des KANBAN nicht optimal ausgeschöpft werden, weil man einen stabilen Zustand erreicht hat.

Beim Anlauf und Auslauf von Produkten sind weitere Einzelheiten zu beachten. Mit einer hohen Fertigungstiefe ist eine lange Durchlaufzeit der KANBAN-Kette verbunden, bevor mit der Fertigung des ersten Teiles begonnen werden kann. Diese Phase sollte ebenso sorgfältig geplant werden. Andererseits besteht beim Auslauf eines Produktes die Gefahr, dass in allen Fertigungsstufen Restbestände in Höhe der KANBAN-Menge bleiben, die nicht mehr benötigt werden. Auch hier ist erforderlich, geeignete Maßnahmen vorzusehen.

Für diese und ähnliche Erscheinungen, die mit dem KANBAN-System verbunden sind, ist es sinnvoll, ein eigenes Controlling einzurichten, dass aus einem Team von Mitarbeitern besteht, die für den KANBAN-Betrieb verantwortlich sind. Sie überwachen unter anderem, ob die KANBAN-Regeln eingehalten werden (Produktion nur für den KANBAN, Abstellen der Transportbehälter an definierten Stellen usw.). Außerdem haben sie die Aufgabe, Schwachstellen zu erkennen und deren Ursachen zu beseitigen, Bestände, Durchlaufzeiten und Fehlmengen zu überwachen und gegebenenfalls zu korrigieren sowie kontinuierliche Verbesserungsmaßnahmen zu initiieren und zu unterstützen. Für diese Aufgaben ist ein geeignetes Informationssystem zu entwickeln oder anzupassen. Moderne KANBAN-Informationssysteme haben diese Funktionen bereits integriert.

**Steuerung des KANBAN**

Die Fertigung kleiner Mengen eines Produktes ist grundsätzlich möglich, bedingt aber den Einsatz gesonderter Organisationshilfen, beispielsweise den Begrenzten KANBAN, der nur so lange bedient wird, bis eine definierte Menge produziert ist. Änderungen des Produktes oder der Fertigungsverfahren erfordern bei KANBAN ohne gesonderte Unterstützung einen erheblichen Pflegeaufwand und eine gesonderte Überwachung des KANBAN-Kreislaufes. Auch diese Arbeiten können durch ein KANBAN-Informationssystem vereinfacht werden.

Die Integration bestehender Informationssysteme, wie Betriebsdatenerfasssung, Lohndatenerfassung, Bestandsführung, Qualitätswesen, Technisches Controlling und ähnlicher auf Datenerfassung beruhender Systeme, kann ohne KANBAN-Informationssysteme ebenfalls Probleme bringen, weil die Zwangsläufigkeit der Datenerfassung reduziert ist. Ebenso sind Kennzahlen nicht verfügbar, wenn nicht Datenerfassungssysteme einführt werden, die mit dem KANBAN-Systeme gekoppelt sind.

### Literaturempfehlungen

*Imai, M.:* KAIZEN. München 1992.

*Womack, J. P.:* Die zweite Revolution in der Autoindustrie. Frankfurt 1991.

### 7.5.2 Methoden der Kapazitätsplanung

*von Ute Mussbach-Winter*

#### 7.5.2.1 Einleitung

In diesem Kapitel wird eine Auswahl von Methoden zur Kapazitätsbelegung vorgestellt. Die Methoden, die in einem Produktionsbereich anzuwenden sind, um gute bzw. optimale Kapazitätsbelegungspläne zu erzeugen, hängen von

- den Zielen,
- den betrieblichen Rahmenbedingungen (Produktionsstruktur etc.) und
- den betrachteten Zeithorizonten

ab. Hinsichtlich des Zeithorizontes ist zu unterscheiden zwischen der Kapazitätsgrobplanung und der Kapazitätsfeinplanung, wie sie im Rahmen der Werkstattsteuerung vorgenommen wird. Die hier vorgestellten Methoden sind in erster Linie auf den Einsatz in der Kapazitätsfeinplanung ausgerichtet.

#### 7.5.2.2 Klassifizierungskriterien

Die Methoden zur Kapazitätsplanung lassen sich nach folgenden Kriterien unterscheiden:

- Einbeziehung des Kapazitätsangebots
- Startobjekt der Planung
- Anzahl parallel betrachteter Ressourcen
- Kapazitätsmessgröße

**Unterscheidungsmerkmale der Planungsmethoden**

- **Kriterium 1: Einbeziehung des Kapazitätsangebots**

  Dieses Kriterium gibt an, ob das verfügbare Kapazitätsangebot als limitierender Faktor bei der Kapazitätsbelegung Eingang findet oder nicht. Das Kriterium besitzt infolgedessen die Ausprägung

  - »nein«, wenn die Einlastung von Aufträgen gegen unbegrenzte Kapazität erfolgt und
  - »ja« bei Planung gegen ein begrenztes Kapazitätsangebot.

- **Kriterium 2: Startobjekt der Planung**

  Bei der Kapazitätsplanung kann entweder von den einzuplanenden Aufträgen und deren Kapazitätsbedarf ausgegangen werden, die auf freie Kapazitäten einzulasten sind, oder von den Ressourcen (Betriebsmittel

etc.) mit ihrem Kapazitätsangebot, für das Aufträge als Auslastung gesucht werden. Startobjekte der Kapazitätsbelegungsplanung sind daher entweder die einzulastenden Aufträge mit ihren Arbeitsgängen oder die verfügbaren Ressourcen.

- **Kriterium 3: Anzahl parallel betrachteter Ressourcen**

   Die Methoden zur Kapazitätsplanung unterscheiden sich im Hinblick auf die Anzahl der beim Planungsvorgang parallel verarbeitbaren Ressourcenarten. Die überwiegende Zahl der Kapazitätsplanungsmethoden ist darauf ausgelegt ausschließlich eine Ressourcenart bei der Planung zu berücksichtigen (z.B. Maschinen), und nur wenige sind in der Lage, mehrere Ressourcenarten parallel (z.B. Maschinen, Mitarbeiter und Werkzeuge) zu verarbeiten. Oftmals ist dies im betrieblichen Alltag jedoch erforderlich und zwar beispielsweise dann, wenn zur Ausführung eines bestimmten Auftrags außer der festgelegten Maschine noch ein Maschinenbediener mit einer spezifischen Qualifikation oder ein spezielles Werkzeug benötigt wird.

- **Kriterium 4: Kapazitätsmessgrößen**

   Kapazitätsangebot und Kapazitätsbedarf in einer festgelegten Periode werden in den meisten Fällen in Zeiteinheiten gemessen. Dabei wird angegeben, dass z.B. in einer Periode von einer Woche 80 Stunden zur Bearbeitung der vorliegenden Aufträge benötigt werden (Kapazitätsbedarf). Die Messung von Kapazitätsbedarf und Kapazitätsangebot in Zeiteinheiten ist für die überwiegende Zahl von Produktionsunternehmen die geeignete Maßeinheit. Dies liegt darin begründet, dass die kritische Größe bei der kapazitiven Einplanung von Aufträgen bzw. ihrer Arbeitsgänge meistens die verfügbaren/nutzbaren Arbeitsstunden der Maschine/Arbeitsplätze bzw. Mitarbeiter sind.

Darüber hinaus gibt es jedoch Produktionsunternehmen, in denen die Zeit als Messgröße für die Kapazitätsplanung nicht oder nur in Kombination mit anderen Messgrößen geeignet ist. Als Beispiel hierfür ist der Anlagenbau zu nennen. In Unternehmen dieser Branche stellt oftmals die verfügbare Produktionsfläche eine Restriktion bei der Auftragseinplanung und somit eine Messgröße für die Kapazitätsplanung dar. Weitere in der Praxis verwendete Kapazitätsmessgrößen sind Mengeneinheiten wie z.B. Stück, Gewichte oder Volumina.

### 7.5.2.3 Klassifizierungsschema

Die in den nachfolgenden Abschnitten beschriebenen Planungsmethoden erfüllen die obigen Klassifizierungskriterien in unterschiedlicher Weise. Abbildung 1 zeigt, welche Methoden welches Klassifizierungskriterium unterstützen.

In der Darstellung kommt zum Ausdruck, dass die meisten Kapazitätsplanungsmethoden auf die Einbeziehung einer Kapazitätsart, in der Regel

## 7.5 Produktionsplanung und -steuerung

**Klassifizierung von Kapazitätsplanungsmethoden**

| Methode \ Kriterien | Kapazitätsangebot | | Startobjekt der Planung | | parallel verarbeitbare Ressourcen | | Kapazitätsmessgröße | | |
|---|---|---|---|---|---|---|---|---|---|
| | unbegrenzt | begrenzt | Auftrag | Ressource | eine | mehrere | Zeit | Fläche | Mengen |
| Auftragsorientiert-serielle Planung | ● | ● | ● | | ● | | ● | | |
| Auftragsorientiert-parallele Planung | ● | ● | ● | | | ● | ● | | |
| Engpassorientierte Planung | | ● | ● | | ● | | ● | | |
| Betriebsmittelorientiert-parallele Planung | | ● | | ● | | ● | ● | | |
| Betriebsmittelorientiert-serielle Planung | | ● | | ● | ● | | ● | | ● |
| Mehrressourcen-Planung | ● | ● | | | | ● | ● | | |
| Flächenorientierte Termin- und Kapazitätsplanung | ● | ● | | ● | | ● | | ● | |

*Abb. 1: Klassifizierung von Kapazitätsplanungsmethoden*

die Maschinen- oder Arbeitsplatzkapazität, sowie die Verarbeitung der Kapazitätsmessgröße »Zeit« ausgerichtet sind. Dies entspricht auch den Anforderungen der meisten Produktionsunternehmen. Darüber hinaus unterscheiden sich die Methoden hinsichtlich der Einbeziehung des Kapazitätsangebots in die Planung. Die meisten der aufgelisteten Methoden führen eine Planung gegen ein begrenztes Kapazitätsangebot durch. Bei Methoden wie der auftragsorientiert-seriellen Planung kann hingegen sowohl gegen begrenzte als auch gegen unbegrenzte Kapazität gerechnet werden.

### 7.5.2.4 Beschreibung der einzelnen Kapazitätsplanungsmethoden

**Methode 1: Auftragsorientiert-serielle Planung**

*Ablauf* — Wird ein Auftrag nach dem anderen jeweils vollständig auf die benötigten Kapazitätseinheiten eingeplant, bezeichnet man dies als auftragsorientiert-serielle Abarbeitung der Aufträge. Ein neuer Auftrag kommt bei dieser Vorgehensweise erst dann zur Einplanung, wenn der aktuell betrachtete Auftrag mit seinen sämtlichen Arbeitsgängen vollständig auf die verfügbaren Kapazitäten eingelastet ist. Die Termine (periodengenaue Termine), zu denen die einzelnen Arbeitsgänge ausgeführt und somit auf die benötigten Kapazitäten eingelastet werden sollen, leiten sich aus einer vorgeschalteten Durchlaufterminierung ab. Diese kann als Vorwärts- oder Rückwärtsterminierung erfolgen.

*Vorwärtsterminierung* — Bei der Vorwärtsterminierung errechnet sich aus dem Startzeitpunkt eines Arbeitsgangs durch Addition der Arbeitsganglaufzeit direkt der späteste Endzeitpunkt dieses Arbeitsgangs ab. Dieser ist identisch mit dem frühesten Starttermin des als Nächstes einzuplanenden Arbeitsgangs.

**Rückwärts-terminierung**

Entsprechend lassen sich bei einer Rückwärtsterminierung aus dem spätesten Endzeitpunkt und der Arbeitsganglaufzeit der früheste Starttermin dieses Arbeitsgangs und damit der späteste Endtermin des vorhergehenden Arbeitsgangs bestimmen. Die tatsächliche Einlastung eines Arbeitsgangs erfolgt dann zwischen seinem frühesten Start- und seinem spätesten Endtermin. In dieser Zeitspanne muss irgendwann das benötigte Kapazitätskontingent zur Verfügung stehen.

Erstreckt sich die Laufzeit eines Arbeitsgangs über mehr als eine Zeitperiode, z.B. eine Schicht oder einen Tag, muss eine Festlegung getroffen werden, in welche Periode die durch einen Arbeitsgang hervorgerufene Belastung fallen soll. Häufig wird in solchen Fällen bei vorwärtsterminierten Aufträgen die Belastung in die Zeitperiode gelegt, in die der Starttermin fällt. Bei rückwärtsterminierten Aufträgen erfolgt die Belastung entsprechend in der Zeitperiode des spätesten Endtermins.

Für die belastete Zeitperiode wird geprüft, ob das Kapazitätsangebot zur Ausführung des aktuell betrachteten Arbeitsgangs ausreicht. Ist dies der Fall, wird der Arbeitsgang fest eingelastet. Reicht das Kapazitätsangebot in der betrachteten Zeitperiode nicht aus, wird geprüft, ob in einer späteren bzw. früheren Periode innerhalb der für den Arbeitsgang gültigen Zeitspanne zwischen frühestem Start- und spätestem Endtermin ausreichend Kapazität zur Verfügung steht. Konnte eine Zeitperiode mit ausreichendem Kapazitätsangebot gefunden werden, wird der Arbeitsgang dort eingelastet. Ansonsten muss versucht werden, durch Anwendung des Kapazitätsabgleichs den Kapazitätsengpass aufzulösen.

**Anwendung von Prioritätsregeln**

Auf die beschriebene Weise wird ein Auftrag nach dem anderen jeweils komplett eingelastet. Die Abarbeitungsreihenfolge der einzulastenden Aufträge kann z.B. mit Hilfe von Prioritätsregeln vorgenommen werden. Die Planung ist dann abgeschlossen, wenn alle vorliegenden Aufträge eingeplant oder die verfügbaren Kapazitäten vollständig belegt sind. In Abbildung 2 ist mittels einer schematischen Darstellung die Wirkungsweise dieser Abarbeitungsart aufgezeigt.

Mit dieser Abarbeitungsart lassen sich für die zu Beginn eines Planungsvorgangs eingeplanten Aufträge kurze Durchlaufzeiten erzielen. Die Durchlaufzeiten der zuletzt eingeplanten Aufträge hängen stark vom Kapazitätsangebot der benötigten Kapazitätseinheiten ab. Sind diese im Bedarfszeitraum bereits belegt, erhöht sich für diese Aufträge die Durchlaufzeit; in ungünstigen Fällen ist eine vollständige Einplanung infolge von Kapazitätsmangel nicht möglich.

## 7.5 Produktionsplanung und -steuerung

*Abb. 2: Prinzip der auftragsorientiert-seriellen Planung*

### Methode 2: Auftragsorientiert-parallele Planung

**Ablauf** Die auftragsorientiert-parallele Planung hebt auf eine gleichmäßige Abarbeitung der Aufträge ab. Sie lässt sich erzielen, wenn von allen Aufträgen jeweils ein Arbeitsgang eingeplant wird, bevor man in einer nächsten Runde jeweils den nächsten Arbeitsgang der vorliegenden Aufträge in Angriff nimmt (vgl. Abbildung 3). Diese Vorgehensweise wird als auftragsorientiert-parallel bezeichnet.

Das Verfahren stellt sich im Detail folgendermaßen dar: Der gesamte Planungshorizont wird – wie bei der auftragsorientiert-seriellen Planung – in einzelne Zeitperioden aufgeteilt, die dann nacheinander abgearbeitet werden. Dies geschieht im Normalfall von der Gegenwart ausgehend in Richtung Zukunft. Je Zeitperiode werden diejenigen Arbeitsgänge in die Planung einbezogen,

a) mit deren Einlastung in der Vorgängerperiode bereits begonnen wurde und die aufgrund einer entsprechenden Bearbeitungszeit nicht komplett in diese Zeitperiode eingelastet werden konnten (»angefangene Arbeitsgänge«),

b) deren Start- bzw. Endtermine (je nach Planungsrichtung) in die aktuell betrachtete Zeitperiode fallen,

c) die in der Vorgängerperiode wegen des Erreichens der Kapazitätsgrenze nicht eingelastet werden konnten.

**Sortierung nach Dringlichkeit** Die Arbeitsgänge, die in der aktuell betrachteten Zeitperiode zur Einlastung anstehen, werden nach ihrer Dringlichkeit sortiert. Bei der Einlastung wird mit dem dringlichsten Arbeitsgang begonnen.

Die Einlastung für eine Zeitperiode ist dann abgeschlossen, wenn

- entweder alle Arbeitsgänge eingelastet sind oder
- das Kapazitätsangebot ausgeschöpft ist.

Dann wird mit der Einlastung der Arbeitsgänge der nächsten Zeitperiode begonnen. Dieser Vorgang wird so lange wiederholt, bis der komplette Planungshorizont abgearbeitet ist.

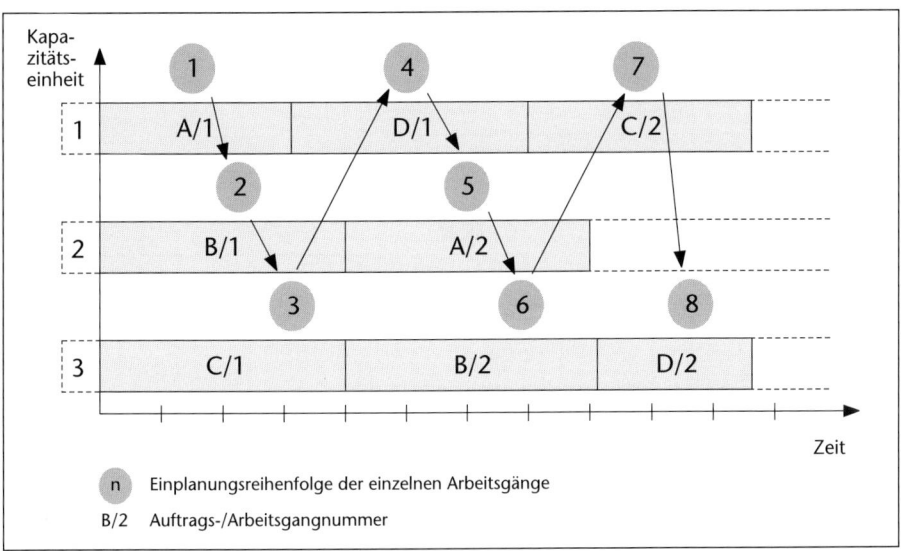

*Abb. 3: Prinzip der auftragsorientiert-parallelen Planung*

Die Durchlaufzeit eines Auftrages korreliert bei dieser Abarbeitungsart mit der Anzahl seiner Arbeitsgänge. Für Aufträge mit vielen Arbeitsgängen lassen sich somit schon vom Prinzip her keine minimalen Durchlaufzeiten erreichen, da pro Zeitperiode jeweils maximal ein Arbeitsgang eines Auftrags eingeplant werden kann. Eine zügige Einplanung von Eilaufträgen ist deshalb bei dieser Vorgehensweise nicht möglich.

### Methode 3: Betriebsmittelorientiert-serielle Planung

Entsprechend der auftragsorientierten Abarbeitung lässt sich auch die betriebsmittelorientierte Planung seriell und parallel durchführen. Bei der seriellen Planung wird eine Kapazitätseinheit (Betriebsmittel) nach der anderen vollständig über den gesamten Planungshorizont belegt. Der Planungshorizont ist dabei wieder in Zeitperioden unterteilt. Aus den Planungsergebnissen der aktuell betrachteten Kapazitätseinheit leiten sich die Termine für die weiteren, noch zu belegenden Kapazitätseinheiten ab (vgl. Abbildung 4). Die Stellung der einzelnen Kapazitätseinheiten in der Abarbeitungsrangfolge entspricht ihrer Stellung im Fertigungsablauf.

*Ablauf*

Diese Abarbeitungsform setzt jedoch voraus, dass zu Beginn der Belegung einer Kapazitätseinheit alle Bedarfe hierfür vorliegen. Die serielle Planung bietet die Möglichkeit, ausgewählte Kapazitätseinheiten (z.B. Engpasskapazitäten) bevorzugt zu belegen und eine Überlast auf Ausweichkapazitäten zu verlagern. Darüber hinaus erlaubt sie die Bildung von Chargen und Rüstreihenfolgen bei gleichzeitiger Erzielung optimierter Durchlaufzeiten.

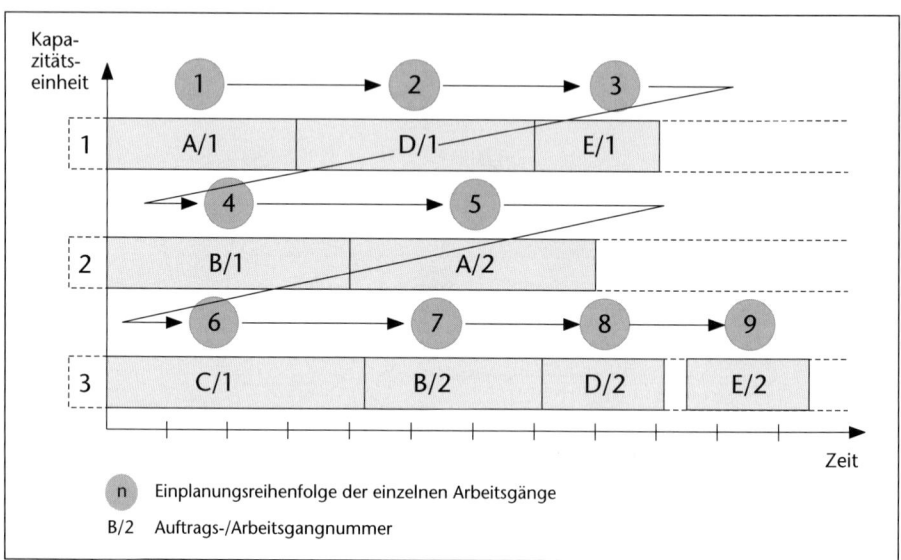

Abb. 4: *Prinzip der betriebsmittelorientiert-seriellen Planung*

### Methode 4: Betriebsmittelorientiert-parallele Planung

**Ablauf**  Im Gegensatz zur seriellen Planung wird bei der parallelen Planung eine Kapazitätseinheit nicht komplett über den Planungshorizont belegt. Der Wechsel zwischen den Kapazitätseinheiten findet jeweils nach definierten Ereignissen statt, z.B. nach der Abarbeitung einer Zeitperiode. Die Auswahl der als Nächstes zu betrachtenden Kapazitätseinheit erfolgt anhand vorgegebener Kriterien. Es kann dies z.B. die aktuelle Belegung einer Kapazitätseinheit (sinnvoll wäre es, als Nächstes jeweils das Betriebsmittel zu betrachten, das als Erstes frei wird) oder eine feste Reihenfolge der Kapazitätseinheiten sein.

Bei der parallelen Planung wächst die Belegung über den Planungshorizont an allen betrachteten Kapazitätseinheiten quasi gleichmäßig. Hierdurch wird eine ausgeglichene Belegung der einzelnen Einheiten erzielt, sofern das Auftragsspektrum entsprechend abgeglichen ist. Eine Chargenbildung, wie bei der seriellen Abarbeitung angesprochen, ist hier nur über feste Übergangszeiten möglich, die als Planungsspielraum für die Chargenbildung dienen. Dies bedeutet allerdings erhöhte Durchlaufzeiten.

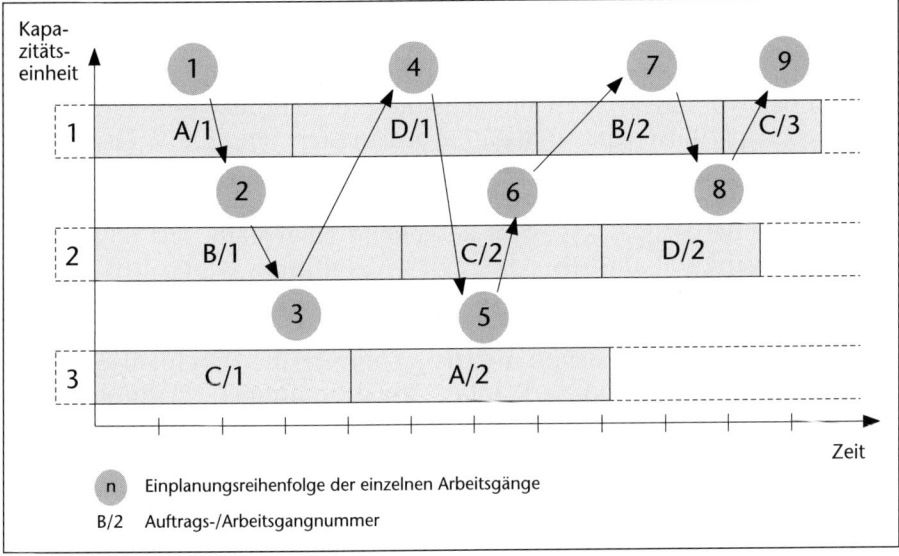

Abb. 5: *Prinzip der betriebsmittelorientiert-parallelen Planung*

Einen Vergleich der Eigenschaften der Methoden 1–4 finden Sie in Abbildung 6.

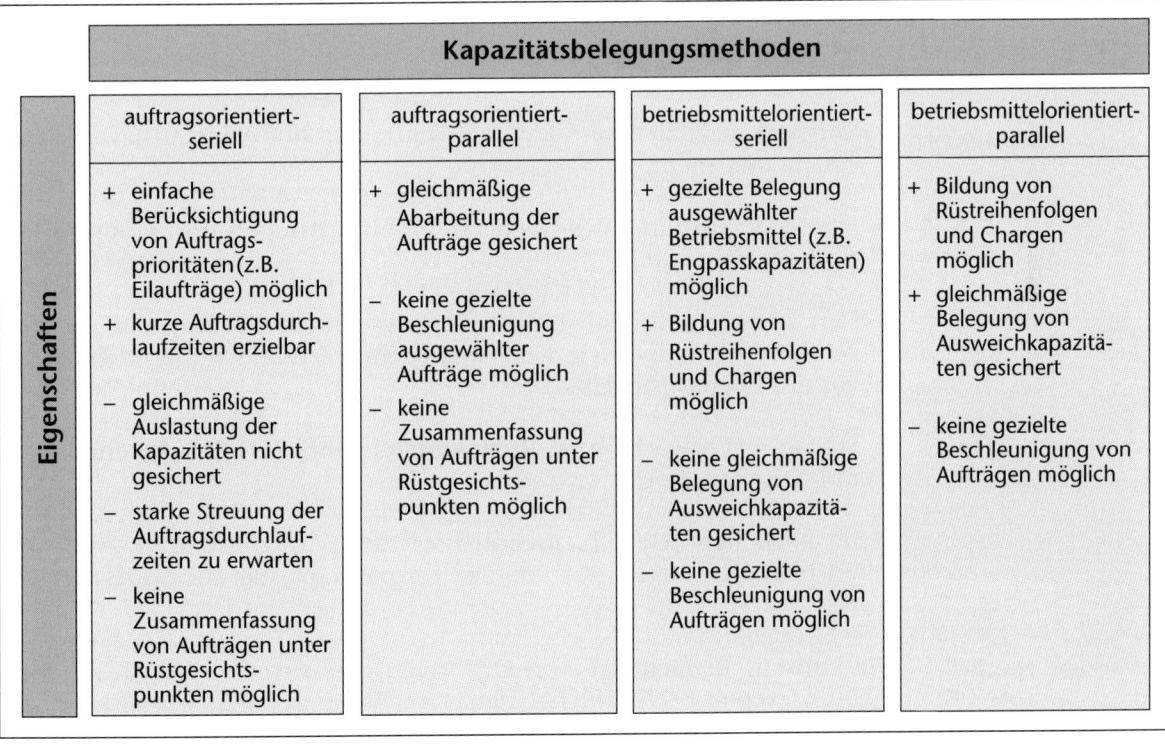

Abb. 6: *Kapazitätsbelegungsmethoden im Vergleich*

### Methode 5: Engpassorientierte Planung

Kapazitätsengpässe bestimmen die Durchlaufzeiten der Aufträge und den Bestand der Ware in Arbeit. Gelingt es der Produktionsplanung, die identifizierten Kapazitätsengpässe maximal auszulasten, sind die Voraussetzungen zur Erzielung kurzer Auftragsdurchlaufzeiten und niedriger Werkstattbestände gegeben. Bei der engpassorientierten Planung werden Aufträge deshalb von der Engpasskapazität ausgehend eingeplant. Die engpassorientierte Planung soll am Beispiel des OPT-Algorithmus (Optimized Production Technology) erläutert werden.

**Funktionsweise Optimized Production Technology**

Das OPT-Verfahren geht davon aus, dass Engpässe die Durchlaufzeiten der Aufträge und den Bestand an Ware in Arbeit bestimmen. Planungsziel ist es deshalb, die Engpasskapazitäten bestmöglich auszulasten und ausgehend davon die übrigen Kapazitäten im Produktionsprozess zu belegen (vgl. Abbildung 7). Dazu werden folgende Planungsschritte nacheinander durchgeführt:

- **Schritt 1: Auftragsnetz mit Minimallosen erzeugen und rückwärts terminieren**

  Ausgehend von den Kundenaufträgen werden über MRP minimale Produktionslose erzeugt. Für diese Lose erfolgt eine Rückwärtsterminierung ohne Kapazitätsgrenzen.

- **Schritt 2: Identifikation der Engpasskapazität**

  Engpasskapazitäten sind Kapazitätseinheiten mit einer Auslastung von 100 % und mehr.

- **Schritt 3: Aufteilen des Netzes in einen kritischen und einen unkritischen Teil**

  Den kritischen Bereich bilden die Engpasskapazität und der nachfolgende Fertigungsbereich. Den unkritischen Teil bilden die Arbeitsgänge vor der Engpasskapazität.

- **Schritt 4: Vorwärts- bzw. Rückwärtsterminieren des kritischen bzw. unkritischen Teils**

  Im kritischen Teil, d.h. in und nach der Engpasskapazität, wird vorwärts geplant, während vor der Engpasskapazität rückwärts geplant wird.

**Vor- und Nachteile der OPT**

Die kritische Betrachtung von OPT zeigt, dass sich mit der Anwendung dieser Methode beträchtliche Effekte in Bezug auf eine Verkürzung der Durchlaufzeiten sowie einer Senkung der Bestände erzielen lassen. Allerdings fehlt bei fehlenden Engpässen der Ansatzpunkt für die Optimierung. Des Weiteren ist durch die partielle Vorwärtsterminierung der Aufträge die Einhaltung vorgegebener Endtermine gefährdet.

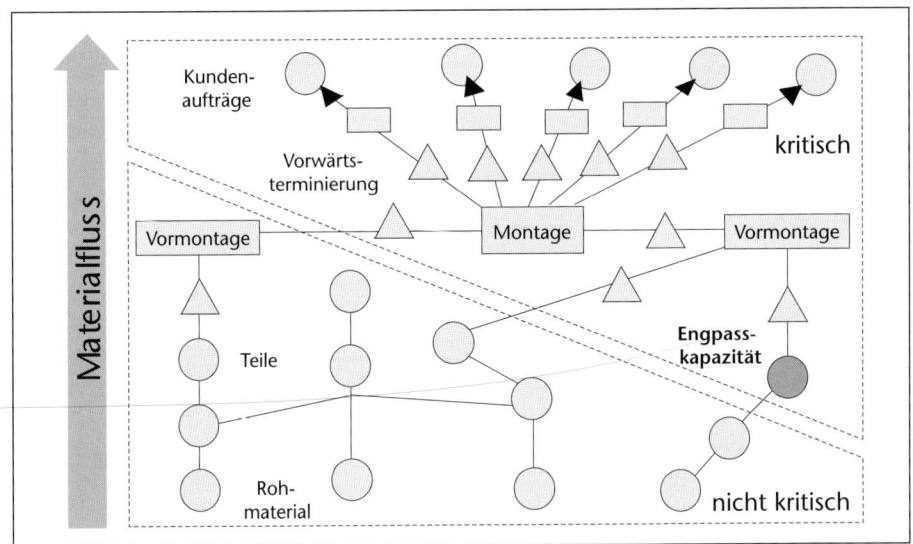

*Abb. 7: Das Prinzip der OPT*

### Methode 6: Mehrressourcen-Planung

Bei der Einplanung eines Auftrags bzw. seiner Arbeitsgänge wird nicht nur das Kapazitätsangebot einer Ressource (z.B. der Maschine), sondern das aller für den aktuell betrachteten Arbeitsgang notwendigen, kapazitätsrelevanten Ressourcen daraufhin geprüft, ob es zur Abdeckung des aktuellen Bedarfs ausreicht. Ist dies nicht der Fall, wird der einzuplanende Arbeitsgang so lange zeitlich und örtlich verschoben, bis das Kapazitätsangebot aller benötigten Ressourcen ausreichend ist oder das Ende des Planungshorizonts erreicht.

**Eigenschaften**

### Methode 7: Flächenorientierte Termin- und Kapazitätsplanung

Ziel der hier beschriebenen Vorgehensweise zur flächenorientierten Termin- und Kapazitätsplanung ist es, eine vorhandene Produktionsfläche bestmöglich für die Abarbeitung vorliegender Aufträge zu nutzen. Dabei soll eine beliebige örtliche Positionierung der Planungsobjekte auf der Produktionsfläche möglich sein, d.h. keine Positionierung auf vordefinierten Stellplätzen. Planungsobjekte können die zu produzierenden Enderzeugnisse (Endmontage) und deren Baugruppen (Vormontage) sowie zum Produktionsvorgang benötigte Betriebsmittel etc. sein.

**Ablauf**

Sämtliche Planungsobjekte sind durch einen beschreibbaren Flächenbedarf charakterisiert, der sich im Verlauf des Produktionsprozesses verändern kann. Projiziert man die räumliche Entwicklung der herzustellenden Erzeugnisse während des Produktionsprozesses senkrecht in die Ebene, ergeben sich zu unterschiedlichen Zeitpunkten unterschiedliche Grundrisse nach Form und Inhalt. Man erhält somit dreidimensionale Strukturen, die den Flächenbedarf im zeitlichen Verlauf der Producterstellung widerspiegeln und als Belegungssegmente bezeichnet werden (siehe Abbildung 8).

## 7.5 Produktionsplanung und -steuerung

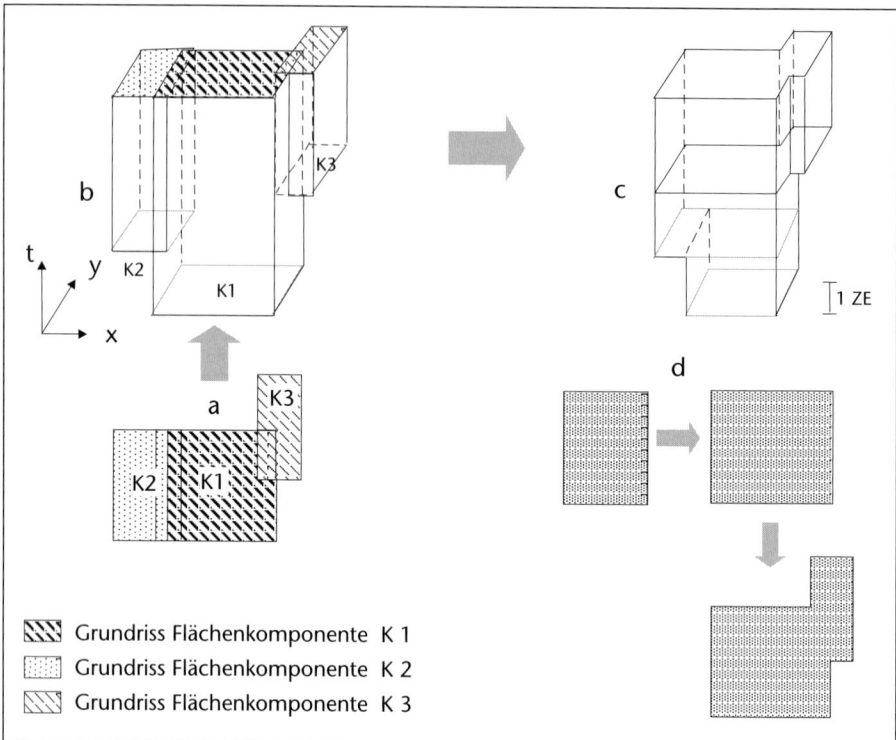

*Abb. 8: Grundmodell der räumlich-zeitlichen Entwicklung eines Planungsobjektes*

Durch die Festlegung der einzuplanenden Objekte werden der Objektvorrat und der Planungshorizont für einen Planungsvorgang ermittelt. Dies kann durch die Auswahl eines kompletten Auftrags oder Teile eines Auftrags geschehen. Die Neueinplanung aller ausgewählten Belegungsobjekte erfordert die Festlegung der Reihenfolge, in der die einzelnen Objekte eingeplant werden sollen. Als Reihenfolgekriterien werden hier üblicherweise die Flächeninhalte der Belegungssegmente oder ihrer umhüllenden Rechtecke (z.B. Sortierung nach absteigenden Flächeninhalten) sowie ihre Prioritäten herangezogen.

Bei der Einplanung eines Objektes P (vgl. Abbildung 9) auf die Produktionsfläche werden zunächst die für dieses Objekt relevanten eingeplanten Objekte $B_I$ und die markanten Zeitintervalle innerhalb des Planungshorizontes, in dem das Ereignis stattfindet, ermittelt.

Unter dem Aspekt der Maximierung der Flächennutzung wird versucht, die Objekte dicht zu packen, um dadurch möglichst große zusammenhängende Freiflächen für die Einplanung weiterer Objekte zu erhalten. Man verschiebt deshalb nun das Objekt P so, dass der erste Eckpunkt $E_P$ von Objekt P auf den ersten Eckpunkt $E_B$ von Objekt $B_I$ zu liegen kommt. Zusätzlich kann das Objekt P um verschiedene Winkel α gedreht werden. Mittels einer Kollisionsprüfung wird ermittelt, ob es sich bei der neu gefundenen Lage für P um eine zulässige Lage handelt oder nicht. Eine Kollision liegt dann vor, wenn es gemeinsame Flächenteile von P und $B_I$ gibt. Die einzuplanenden Objekte werden entsprechend ihrer Priorität auf diese

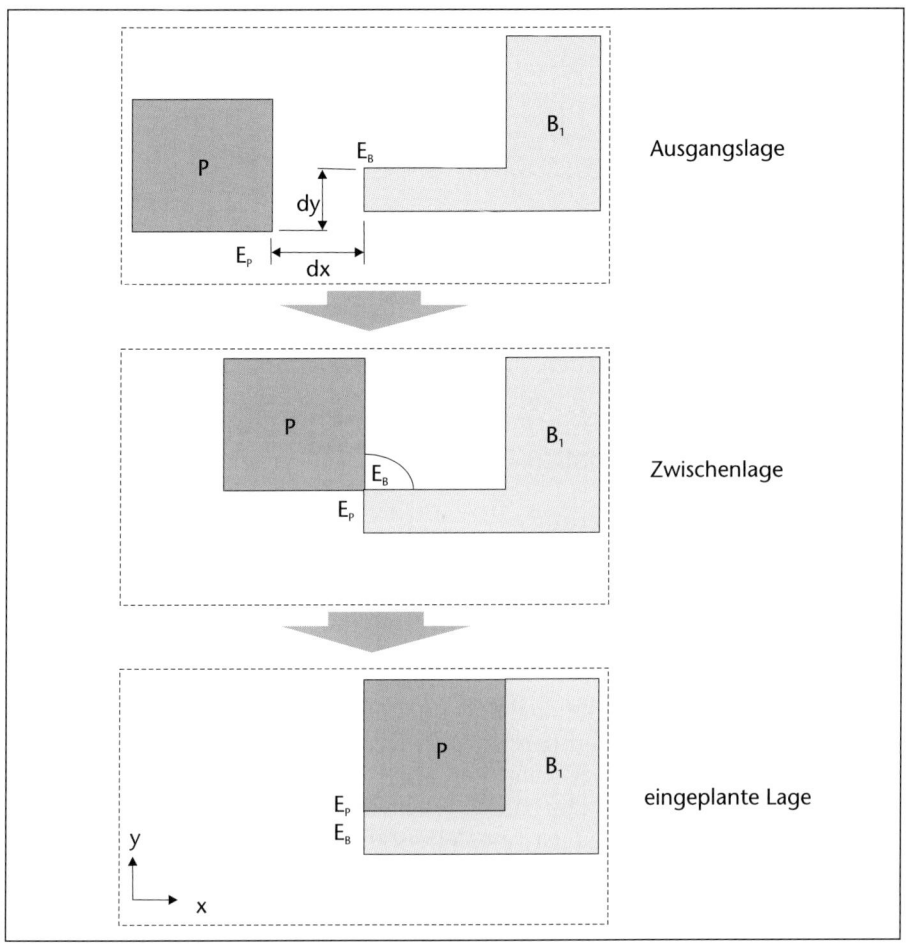

Abb. 9: *Vorgehensweise bei der Einplanung eines neuen Planungsobjektes*

Weise abgearbeitet. Der Planungsvorgang ist beendet, wenn entweder alle Objekte eingeplant sind oder die Flächenkapazität vollständig belegt ist.

**Literaturempfehlungen**

*Dangelmaier, W.; Warnecke, H.-J.:* Fertigungslenkung: Planung und Steuerung des Ablaufs der diskreten Fertigung. Berlin, Heidelberg, New York 1997.

*Reese, J.:* Kapazitätsbelegungsplanung. In: Handwörterbuch der Produktionswirtschaft. Stuttgart 1996, Seite 862–874.

*Schlauch, R.:* Flächenorientierte Termin- und Kapazitätsplanung bei innerbetrieblicher Baustellenfertigung. Berlin, Heidelberg, New York 1990.

*Schönsleben, P.:* Integrales Logistikmanagement: Planung und Steuerung von umfassenden Geschäftsprozessen. Berlin, Heidelberg, New York 2000.

### 7.5.3 Verfahren zur Losgrößenberechnung

*von Rainer Kämpf*

#### 7.5.3.1 Einführung

**Losgrößenberechnung zur Kosten- oder Durchlaufzeitminimierung**

Die Frage der Losgrößen kann prinzipiell unter zwei Gesichtspunkten behandelt werden:

- **Kostenminimierung:**
  Hier sind die fixen Kosten der Maschineneinrichtung (Auflagekosten) den variablen Lager- und Kapitalbindungskosten gegenüberzustellen. Zielsetzung ist die Ermittlung einer Losgröße, bei der die Summe der Kostenkomponenten minimiert ist.

- **Durchlaufzeitminimierung:**
  Hier ist die Frage, welche Losgröße am schnellsten durch die Produktion bewegt werden kann. Im Kontext der aktuellen Just-in-Time-Diskussionen gewinnen durchlaufzeitminimierte Losgrößen zunehmend an Bedeutung.

**Plausibilitätsbetrachtungen**

Das Auffinden von durchlaufzeitminimalen Losgrößen kann mit qualitativen Argumenten wie folgt beschrieben werden: Ist die Losgröße klein, so wird häufig gerüstet. Daher steigt der Anteil der Rüstzeiten an den Durchlaufzeiten. Ein schneller Durchlauf wird demnach durch Rüstzeiten behindert. Die Durchlaufzeit ist aber ebenfalls hoch, wenn das Los einen großen Umfang besitzt, weil dann viel Zeit für die Bearbeitung aufzuwenden ist. Zwischen beiden Extremen ist daher ein Minimum der Durchlaufzeit zu finden.

**Warteschlangenmodell der Werkstatt**

Jenseits dieser Plausibilitätsbetrachtungen ist auch in einem Warteschlangenmodell der Werkstatt, in dem anstelle von deterministischen Beziehungen der Materialfluss mit Stochastik beschrieben wird, eine durchlaufzeitminimale Losgröße herleitbar (Zäpfel 1989). Simulationsstudien von Werkstätten, die die Durchlaufzeiten für verschiedene Losgrößen mit warteschlangentheoretischen Modellansätzen berechnen, bestätigen die Existenz von durchlaufzeitminimalen Losgrößen (Zimmermann 1984/Häfner 1992).

**Der betriebswirtschaftliche Modellansatz**

Im Folgenden wird der klassische betriebswirtschaftliche Modellansatz behandelt und nach kostenminimalen Losgrößen gefragt. Gehen wir von der Zeitreihe der wöchentlich vorliegenden Netto-Sekundärbedarfe aus, so ist zu bedenken: Sollen mehrere Wochenbedarfe zu einem Fertigungsauftrag (zu einem »Los«) zusammengefasst, damit auf einmal produziert und während der Bündelungsfrist gelagert werden? Dann können mehrere Wochenbedarfe aus dem Lagervorrat befriedigt werden. Die Alternative besteht darin, die Wochenbedarfe nicht zusammenzufassen und jede Woche den Netto-Sekundärbedarf als Fertigungsauftrag neu zu vergeben.

Wöchentliche Fertigungsaufträge bedeuten keine oder bloß geringe Lagerkosten, dafür aber wöchentlich anfallende Auflagekosten für die Maschi-

neneinrichtung. Umgekehrt impliziert die Bildung großer, mehrere Wochenbedarfe zusammenfassender Lose höhere Lagerkosten, aber geringere Auflagekosten. Diese Kosten beinhalten

- die direkten Rüstkosten,
- die indirekten Rüstkosten, die bei Engpassmaschinen dadurch entstehen, dass sie nicht produktiv eingesetzt werden können, und
- die Kosten für den Maschinenanlauf.

Die Entscheidung der Losgrößenbildung tritt ebenfalls bei externen Beschaffungsaufträgen auf. Dabei sind als fixe Kosten die Bestellkosten den Lagerkosten gegenüberzustellen. Im Folgenden sollen vorrangig Losgrößenfragen für Fertigungsaufträge behandelt werden.

Die für die Bestimmung der Losgröße zur Verfügung stehenden Verfahren teilen sich in drei Gruppen ein:

**Einteilung der Losgrößenverfahren**

- Statische Losgrößenverfahren (siehe unter 7.5.3.2)
- Periodische Losgrößenverfahren (siehe unter 7.5.3.3)
- Optimierende Losgrößenverfahren (siehe unter 7.5.3.4)

### 7.5.3.2 Statische Losgrößenverfahren

Bei den statischen Losgrößenverfahren wird die Losgröße ausschließlich anhand von Mengenvorgaben aus dem jeweiligen Materialstammsatz gebildet. Es gibt drei unterschiedliche Kriterien, nach denen die Losgröße berechnet werden kann:

**Mengenvorgaben aus den Materialstammsätzen**

#### Kriterium 1: Exakte Losgröße

Bei der Unterdeckung eines Materials, für das das Kriterium der exakten Losgröße gilt, setzt das System genau die Unterdeckungsmenge (Bedarf minus verfügbaren Lagerbestand) als Losgröße in seine Berechnung ein. Zu dem entsprechenden Bedarfstermin ist dann der geplante Lagerbestand erreicht. Dieses Verfahren wird auch als Lot-for-Lot-Verfahren bezeichnet. Die Planung erfolgt tagesgenau. Dies bedeutet, dass Bedarfsmengen, die sich am gleichen Tag ergeben, zu einem Bestellvorschlag zusammengefasst werden und nicht für jeden Bedarf zum gleichen Termin ein Bestellvorschlag erzeugt wird.

**Lot-for-Lot-Verfahren**

#### Kriterium 2: Feste Losgröße

Eine feste Losgröße wählt man sinnvollerweise dann für ein Material, wenn technische Besonderheiten, wie z.B. Palettengröße oder Tankinhalte, dies erfordern. Bei der Unterdeckung eines Materials, für das das Kriterium der

**Auswahl bei technischen Besonderheiten**

## 7.5 Produktionsplanung und -steuerung

festen Losgröße gilt, übernimmt das System die im Materialstammsatz definierte feste Losgröße in seine Berechnung. Reicht die Menge einer festen Losgröße nicht aus, um die Unterdeckung zu beseitigen, so werden mehrere Lose in Höhe der festen Losgröße zum gleichen Termin eingeplant, bis keine Unterdeckung mehr vorliegt.

Im Falle der festen Losgröße kann man einen Schwellenwert festlegen, bei dessen Überschreitung ein Material mit einer Abbruchmeldung versehen wird, wenn zu einem Termin und zu einem Material zu viele Bestellvorschläge gebildet werden. Bei der festen Losgröße mit Splitting und Überlappung wird die feste Losgröße in Teilmengen unterteilt, die jedoch nicht gleichzeitig, sondern überlappend gefertigt werden.

### Kriterium 3: Auffüllen bis zum Höchstbestand

**Mit oder ohne Berücksichtigung externer Bedarfe**

Beim Losgrößenverfahren »Auffüllen bis zum Höchstbestand« entspricht die Losgröße, die das System in seine Berechnung einsetzt, der Differenz zwischen dem verfügbaren Lagerbestand und dem im Materialstammsatz definierten Höchstbestand. Das Losgrößenverfahren ist im Rahmen der verbrauchsgesteuerten Disposition nur für die Bestellpunktdisposition gültig. Die Losgröße wird je nach Art der Bestellpunktdisposition berechnet. Man unterscheidet

- **Bestellpunktdisposition ohne Berücksichtigung externer Bedarfe**
  Hier erstellt die Bedarfsplanung bei Unterdeckung einen Bestellvorschlag, dessen Bestellmenge der Differenz aus dem im Materialstamm definierten Höchstbestand und dem aktuellen Lagerbestand sowie den bereits vorhandenen festen Zugangselementen entspricht:

  > **Formel:**
  >
  > Höchstbestand
  > − aktueller Lagerbestand
  > − bereits vorhandene feste Zugangselemente
  > ─────────────────────────
  > = Losgröße

- **Bestellpunktdisposition mit Berücksichtigung externer Bedarfe**
  Hierbei werden zusätzliche Bedarfe mitberechnet; in Verbindung mit dem Losgrößenverfahren »Auffüllen bis zum Höchstbestand« versucht die Bedarfsplanung zwei Ziele zu verwirklichen:

  – Die Bedarfe müssen gedeckt sein.

  – Der festgelegte Höchstbestand darf nicht überschritten werden.

Die Bedarfstermine werden dabei nicht berücksichtigt; es wird die Summe aller Bedarfe berechnet. Die Berechnung der Losgrößen erfolgt in zwei Schritten mit zwei verschiedenen Formeln:

**Formel 1:**

   Höchstbestand

− aktueller Lagerbestand

− bereits vorhandene feste Zugangselemente

= Losgröße

**Formel 2:**

   Meldebestand

+ Summe Bedarfe (bzw. Summe Bedarfe in der Wiederbeschaffungszeit)

− aktueller Lagerbestand

− bereits vorhandene feste Zugangselemente

= Losgröße

### 7.5.3.3 Periodische Losgrößenverfahren

Bei den periodischen Losgrößenverfahren werden die Bedarfsmengen einer oder mehrerer Perioden zu einer Losgröße zusammengefasst. Die Anzahl der Perioden, die in einem Bestellvorschlag gebündelt werden sollen, können Sie beliebig festlegen. Man unterscheidet:

*Zusammenfassung mehrere Perioden zu einer Losgröße*

- **Tageslosgröße**
  Alle Bedarfsmengen innerhalb eines Tages oder einer frei wählbaren Anzahl von Tagen werden zu einer Losgröße zusammengefasst.

- **Wochenlosgröße**
  Alle Bedarfsmengen innerhalb einer Woche oder einer frei wählbaren Anzahl von Wochen werden zu einer Losgröße zusammengefasst.

- **Monatslosgröße**
  Alle Bedarfsmengen innerhalb eines Monats oder einer frei wählbaren Anzahl von Monaten werden zu einer Losgröße zusammengefasst.

- **Losgrößen nach flexiblen Periodenlängen analog zu Buchhaltungsperioden (Periodenlosgrößen)**
  Alle Bedarfsmengen innerhalb einer oder einer frei wählbaren Anzahl von flexibel definierbaren Perioden werden zu einer Losgröße zusammengefasst. Die Periodenlänge legen Sie analog zu den Buchhaltungsperioden fest. Diese Losgröße wird auch Periodenlosgröße genannt.

### 7.5.3.4 Optimierende Losgrößenverfahren

**Ermittlung des Kostenminimums zwischen losgrößenfixen und losgrößenvariablen Kosten**

Bei den optimierenden Losgrößenverfahren werden Bedarfsmengen mehrerer Perioden zu einer Losgröße zusammengefasst, wobei zwischen losgrößenfixen Kosten und Lagerhaltungskosten ein Kostenoptimum ermittelt wird. Die verschiedenen Optimierungsverfahren unterscheiden sich nur in der Art des Kostenminimums. Es gibt folgende Verfahren:

#### Verfahren 1: Andler'sche Losgröße

**Voraussetzung: gleichmäßiger Bedarf**

Sie unterliegt der Voraussetzung, dass ein gleichmäßiger Bedarf über das ganze Jahr vorliegt, so dass z.B. der Monatsbedarf gleich einem Zwölftel des Jahresbedarfes ist. Die Andler'sche Losgröße ist ein Optimierungsansatz mit dem Ziel, die Summe von Lagerkosten und Auflagekosten zu minimieren.

#### Verfahren 2: Stück-Perioden-Ausgleich

**Summe der Lagerkosten gleich den losgrößenfixen Kosten**

Das Verfahren des Stück-Perioden-Ausgleichs nutzt die Eigenschaft der klassischen Losgrößenformel, dass beim Kostenminimum die variablen Kosten (Lagerkosten) gleich den losgrößenfixen Kosten sind. Beim Stück-Perioden-Ausgleich fasst das System, ausgehend vom Unterdeckungstermin, aufeinander folgende Bedarfsmengen so lange zu einem Los zusammen, bis die Summe der Lagerkosten gleich den losgrößenfixen Kosten ist (Ausgleich zwischen mengenunabhängigen und mengen- und zeitabhängigen Kosten).

#### Verfahren 3: Verfahren der gleitenden wirtschaftlichen Losgröße

**Minimale Gesamtkosten pro Stück**

Bei der gleitenden wirtschaftlichen Losgröße fasst das System, ausgehend vom Unterdeckungstermin, aufeinander folgende Bedarfsmengen so lange zu einer Losgröße zusammen, bis die Gesamtkosten pro Stück ein Minimum bilden. Die Gesamtkosten sind die Summe aus losgrößenfixen Kosten und gesamten Lagerkosten.

#### Verfahren 4: Dynamische Losgrößenberechnung

**Von Periode zu Periode schwankender Bedarf**

Im Unterschied zur Andler'schen Losgröße, die einen konstanten Bedarf pro Periode annimmt, kann bei diesem Ansatz der Bedarf von Periode zu Periode schwanken. Es wird die dynamische Losgrößenberechnung eingesetzt (dynamisch = Einbeziehen der Zeitstruktur). Hierbei fasst das System, ausgehend vom Unterdeckungstermin, so lange Bedarfsmengen zu einem Los zusammen, bis die zusätzlich anfallenden Lagerkosten größer als die losgrößenfixen Kosten sind. Die Summe von Lagerkosten und Auflagekosten wird wie bei der Andler'schen Losgröße minimiert. Hierzu wurde das Verfahren von Wagner/Whitin entwickelt, das auf dem Prinzip der dynamischen Optimierung aufsetzt (Bellman'sches Optimalitätsprinzip).

Bei der dynamischen Losgrößenberechnung unter Kapazitätsbeschränkungen wird die Planung nicht mehr isoliert für ein Teil vorgenommen, sondern das gesamte Teilespektrum des Nettobedarfs betrachtet. Insbesondere werden die dabei auftretenden Kapazitätsbeschränkungen für Produktion und Lager beachtet.

**Verfahren 5: Losgrößenverfahren nach Groff und Silver/Meal**

Das Losgrößenverfahren nach Groff und Silver/Meal nutzt die Tatsache, dass nach der klassischen Losgrößenformel beim Kostenminimum zusätzlich anfallende Lagerkosten gleich der Losfixkostenersparnis sind. Zusätzliche Lagerkosten, die durch eine Erhöhung der Losgröße entstehen, werden daher der daraus resultierenden Losfixkostenersparnis gegenübergestellt.

*Zusätzlich anfallende Lagerkosten sind gleich der Losfixkostenersparnis*

Das System fasst dabei, ausgehend von einer bestimmten Periode, so lange Bedarfsmengen zu einem Los zusammen, bis der Anstieg der durchschnittlichen Lagerkosten pro Periode größer ist als die Verringerung der losgrößenfixen Kosten pro Periode.

**Verfahren 6: Die mehrstufige Losgrößenberechnung**

Im Unterschied zu den bisher aufgeführten Ansätzen, die die Losgrößenbildung einstufig ermitteln, ist die mehrstufige Losgrößenberechnung zu sehen. Einstufige Verfahren betrachten auf einer Dispositionsstufe die Nettobedarfe der eingehenden Teile unabhängig und isoliert voneinander. Kosteninformationen über die Planung auf untergeordneten Stufen bleiben unbeachtet. Die mehrstufigen Ansätze betrachten Kosteninformationen über mehrere Produktionsstufen hinweg.

*Betrachtung der Kosteninformationen über mehrere Produktionsstufen*

Die Zusammenfassung von Bedarfsmengen zu einer Losgröße kann durch zusätzliche Restriktionen im Materialstammsatz beeinflusst werden.

- Einerseits durch die Angabe von Grenzwerten (Mindestlosgröße, maximale Losgröße), die bei der Losgrößenberechnung berücksichtigt werden: Die Losgröße wird entweder auf die Mindestlosgröße aufgerundet, oder es wird eine Zusammenfassung über die maximale Losgröße hinaus verhindert.

- Andererseits durch die Angabe eines Rundungswertes, mit dem Sie erreichen, dass bei der Losgrößenberechnung die Losgröße das Vielfache einer Bestelleinheit umfasst (z.B. Palettengröße, wenn ausschließlich in ganzen Paletten angeliefert wird).

Beispielhaft werden nachfolgend zwei Verfahren zur Losgrößenbestimmung dargestellt.

### 7.5.3.5 Berechnung der Andler'schen Losgröße

Bei der Berechnung der Andler'schen Losgröße werden die Kosten in Produktion und Lagerung eines isolierten Teils in einer Produktionsstufe betrachtet. Das Ziel besteht in der Ermittlung einer Losgröße, die die Summe von Auflage- und Lagerkosten minimiert. Es gelten folgende Voraussetzungen:

**Voraussetzungen für die Berechnung**

- Der Bedarf ist konstant, bekannt und zugleich deterministisch. Betrachtet wird der Gesamtbedarf innerhalb eines Jahres.
- Die aggregierte Nachfrage pro Jahr sei $M$ (Jahresbedarfsmenge).
- Mit der Annahme einer konstanten Nachfrage ist gemeint, dass in jedem vergleichbaren Zeitintervall ein gleicher und konstanter Bedarf vorliegt.

- Bedarf pro Jahr         = $M$
- Bedarf pro Woche        = $M/52$
- Bedarf pro Tag          = $M/250$ (bei 250 Arbeitstagen)

Als Kostengrößen sind folgende Kostenbestandteile zu wählen:

- $K_V$ variable Kosten pro Mengeneinheit des zu fertigenden Teils
- $K_R$ fixe Kosten pro Rüstvorgang (Auflagekosten)
- $L$ Lagerhaltungskostensatz (in %) pro eingelagerter Mengeneinheit, pro Jahr und pro Einheit variabler Kosten

Zu unterscheiden sind die variablen Kosten, die bei der Fertigung pro Teil anfallen, und die fixen Rüstkosten, deren Größe unabhängig von der Größe des aufgelegten Loses ist. Der Lagerhaltungskostensatz $L$ fasst die Kosten der Lagerhaltung wie Raum-, Kapital-, Transport- und Personalkosten zusammen. Er bezieht sich auf die Gesamtperiode, hier auf ein Jahr. Zur Bestimmung der optimalen Losgröße $x$ muss die Summe von Lagerkosten und Auflagekosten minimiert werden.

**Fragestellung**

Das Entscheidungsproblem lautet wie folgt: Soll einmal im Jahr die Menge $x = M$ als Betriebsauftrag veranlasst werden oder soll 52-mal im Jahr der Wochenbedarf von $x = M/52$ oder arbeitstäglich der Tagesbedarf $x = M/250$ veranlasst werden? Oder umfasst der Betriebsauftrag eine Menge $x$, die dazwischenliegt?

Für die kostenoptimale Losgröße $x_0$ nach Andler ergibt sich damit folgender Ausdruck:

$$x_0 = \sqrt{\frac{2 \cdot M \cdot K_R}{K_V \cdot L}}$$

In dieser Formel wird für einen Lagerkostensatz $L$ von z.B. 5 % der Wert 0,05 eingesetzt. Der Formel können folgende Eigenschaften der optimalen Losgröße $x_0$ entnommen werden:

- Je wertvoller das Gut (hohes $K_V$) oder je teurer die Lagerung (großes $L$), desto kleiner wird die Losgröße $x_0$. Aus der Vervierfachung der variablen Kosten $K_V' = 4 \cdot K_V$ resultiert eine halbe optimale Losgröße $x_0$.

- Umgekehrt ist zu erkennen: Je höher die Auflagekosten sind, desto größer das Los. Vierfache Auflagekosten $K_R' = 4 \cdot K_R$ führen zur Verdoppelung der optimalen Losgröße $x_0$.

**Beispiel für eine Losgrößenbestimmung nach Andler:**

$K_V$ = 20 €       $K_R$ = 200 €
$L$ = 5 %         $M$ = 10.000 Stück

Damit ist

$$x_0 = \sqrt{\frac{2 \cdot 10.000 \cdot 200}{20 \cdot 0{,}05}} = 2.000 \, St$$

Die Andler'schen Losgrößenformel ist eine prinzipielle und stark vereinfachte Überlegung zum Ausgleich von gegenläufigen Kostenverläufen. Gegen die Andler'sche Losgrößenformel lässt sich Folgendes kritisch einwenden:

**Kritik an der Andler'schen Losgrößenformel**

- Die Voraussetzung des gleichmäßigen Bedarfs ist unrealistisch. Nachfrageschwankungen, wie etwa saisonale Schwankungen, sind zu berücksichtigen.

- Lagerkosten sind nicht über große Bereiche linear, sondern Sprungfunktionen, deren Sprünge dort auftreten, wo neue Lagerräume erschlossen werden müssen.

- Die Losgrößenoptimierung erfolgt nur einstufig ohne Koordination mit anderen Elementen des Netto-Sekundärbedarfs. Insbesondere werden keine Kapazitätsrestriktionen bei Maschinen und Lagerraum berücksichtigt. Für eine bessere Anpassung an die betrieblichen Gegebenheiten ist daher von der Annahme eines unbeschränkt zur Verfügung stehenden Lagerraums abzugehen. Sinnvoll ist dann eine Erweiterung um eine Kostengröße, welche den Spitzenbedarf an Lagerraum bei der Wiederauffüllung ausdrückt.

### 7.5.3.6 Losgrößenansatz bei einstufigem, variablem Bedarf

Dieser Ansatz geht nicht von einem Jahr aus, sondern von mehreren aufeinander folgenden kürzeren Perioden, etwa Wochen. Damit wird ein endlicher Zeithorizont angenommen. Was darauf folgt, bleibt ohne Beachtung. Die letzte betrachtete Periode wird als Horizont bezeichnet. Auf-

**Voraussetzungen für die Berechnung**

grund der Einbeziehung einer Zeitdimension gehört dieser Ansatz zu den mit »dynamischer Losgrößenberechnung« bezeichneten Verfahren. Der Bedarf kann – im Unterschied zu Andler – von Periode zu Periode unterschiedlich sein.

Als Beispiel sei ein Horizont von vier Wochen mit folgendem Bedarf gegeben:

| Woche | 1 | 2 | 3 | 4 |
|---|---|---|---|---|
| Menge (Stück) | 80 | 120 | 100 | 60 |

*Abb. 1: Wochenweiser Bedarfsverlauf*

Wie bei Andler werden folgende Größen angegeben:

- $K_R$ fixe Kosten für die Auflage eines Loses
- $K_V$ variable Kosten pro Stück und
- $L$ konstanter Lagerkostensatz für die Kosten der Lagerhaltung (der Lagerkostensatz $L$ bezieht sich hier auf eine Periode, also eine Woche)

**Fragestellung**  Die Fragestellung lautet: Wie soll der Bedarf der einzelnen Wochen zu Losen zusammengefasst werden? Jede Woche der Bedarf einer Woche, also 80 Stück, 120 Stück, 100 Stück oder 60 Stück? Oder jede zweite Woche der Bedarf für zwei Wochen unter Berücksichtigung der Lagerkosten? Oder einmal für alle vier Wochen, also ein Los von 360 Stück?

**Annahmen**  Ähnlich wie bei der Andler'schen Losgrößenberechnung sind folgende Annahmen zu treffen:

- Das Lager wird unmittelbar, ohne Zeitverzug und ohne Zusatzkosten wieder auf die jeweilige Losgröße aufgefüllt, sobald der Vorrat aufgebraucht ist.

- Das Los kann nur eine Zusammenfassung von Wochenbedarfen sein. Zwischengrößen sind nicht zulässig.

- Lose stehen zu Beginn der Periode zur Verfügung.

Wie die unterschiedlichen Wochenbedarfe zu Bestellungen gebündelt werden, hängt von den Daten ab:

- Sind die Lagerkosten hoch, wird nur das Wochenlos bestellt.

- Sind dagegen die Auflagekosten hoch, wird möglichst viel zu einem Los gebündelt.

**Dynamische Optimierung nach Bellman**  Zur optimalen Auswertung von Informationen über Lager- und Auflagekosten soll im Folgenden das Verfahren von Wagner/Whitin verwendet werden. Dieses Verfahren basiert auf dem Ansatz der dynamischen Optimierung mit dem Bellman'schen Optimalitätsprinzip: Wenn eine Bestellpolitik bis zur Endperiode (Horizont) die beste Politik sein soll, d.h. die geringsten Gesamtkosten verursacht, dann muss diese Politik auch in den vorhergehenden Perioden die beste gewesen sein. Das Optimum am Schluss kann nicht erreicht werden, wenn vorher Abweichungen auftreten.

**Verfahren von Wagner/Whitin**

Bei dem Verfahren von Wagner/Whitin werden die Zeitpunkte der Auflage eines Loses (Fertigungszeitpunkte) einem laufenden Planungshorizont, der die Losbündelung zum Ausdruck bringt, in einer Tabelle gegenübergestellt. In dieser Tabelle werden die jeweiligen alternativen Politiken, d.h. entweder die Perioden-Bedarfe als Wochenlose einzeln zu befriedigen oder zu Losen zu bündeln, aufgelistet und die kostengünstigste Alternative ausgewählt.

Das Verfahren wird anhand von Abbildung 2 erläutert. Darin ist die Bedarfsreihe 80, 120, 100, 60 Stück über vier Perioden gegeben. Als Kosten sind folgende Werte gegeben:

- $K_V$ = 30 €
- $K_R$ = 120 €
- $L$ = 3 %

In der Tabelle werden die Zeitpunkte der Fertigung den Zeitpunkten des Planungshorizonts gegenübergestellt. Begonnen wird mit dem Fertigungszeitpunkt $i = 1$. Nacheinander können die Planungszeitpunkte $j = 1, 2, 3, 4$ durchgegangen und dafür alternative Lose zusammenstellen werden.

| Bedarf | 80 | 120 | 100 | 60 |
|---|---|---|---|---|
| Planungsperiode j | 1 | 2 | 3 | 4 |
| Fertigungszeitpunkt i = 1 | 120 | 228 | 408 | 520 |
| Fertigungszeitpunkt i = 2 | | 240 | 330 | 438 |
| Fertigungszeitpunkt i = 3 | | | 348 | 402 |
| Fertigungszeitpunkt i = 4 | | | | 450 |
| Kostenminimum | 120 | 228 | 330 | 402 |

*Abb. 2: Verfahren nach Wagner/Whitin*

- Wird nun der Planungszeitpunkt $j = 1$ betrachtet, so ist das Los für die Fertigung zum Zeitpunkt 1 gleich dem Bedarf in Periode 1, also gleich 80 Stück. Kosten fallen dafür als Auflagekosten von 120 € an.

- Werden dagegen die Planungszeitpunkte $j = 2, 3$ oder $4$ betrachtet, so beträgt das Los für den Fertigungszeitpunkt $i = 1$ die Summen der Bedarfe bis zum Planungszeitpunkt $j$, also 200 Stück, 300 Stück oder 360 Stück. Die Lagerkosten entstehen dann wie folgt:

**Planungszeitpunkt $j = 2$**

- Die Menge von 120 wird eine Periode lang gelagert.
- Es entstehen Kosten wie folgt: $K = 1 \cdot 120 \cdot K_V \cdot L = 108$ €.
- **Kosten insgesamt = 120 € + 108 € = 228 €.**

**Planungszeitpunkt $j = 3$**

- Die Menge von 100 wird zwei Perioden lang gelagert.
- Kosten dafür zusätzlich = $2 \cdot 100 \cdot K_V \cdot L = 180$ €.
- **Kosten insgesamt = 120 € + 108 € + 180 € = 408 €.**

**Planungszeitpunkt $j = 4$**

- Die Menge von 60 wird drei Perioden lang gelagert.
- Kosten dafür zusätzlich = $3 \cdot 60 \cdot K_V \cdot L = 162$ €.
- **Kosten insgesamt = 120 € + 108 € + 180 € + 162 € = 570 €.**

Diese vier Politiken stehen für Fertigungsaufträge zum Fertigungszeitpunkt $i = 1$ grundsätzlich zur Auswahl. Wird zusätzlich zu diesen vier Politiken in Fertigungszeitpunkt $i = 2$ ein Fertigungsauftrag erteilt, so hat dieser Auftrag auf der günstigsten Politik der Vorgängerperiode zum Planungszeitpunkt $i = 1$ aufzusetzen, deren Kosten minimal sind und die mit $K_{min,1}$ bezeichnet werden. Da für diesen Zeitpunkt nur eine Politikalternative zur Verfügung steht, ist $K_{min,1} = 120$.

Im Fertigungszeitpunkt $i = 2$ sind wiederum alle Loskombinationen zur Zusammenfassung der Bedarfe durchzugehen: Bedarf für $j = 2$, also 120 Stück, für $j = 2$ und 3, also 220 Stück, für $j = 2, 3$ und 4, also 280 Stück. Für diese Bedarfe sind die Auflagekosten von 120 Stück und die jeweiligen Lagerkosten sowie die Kosten für die beste Politik des vorhergehenden Fertigungszeitpunkt $i = 1$ zusammenzufassen:

**Planungszeitpunkt $j = 2$**

- Die Menge von 120 wird produziert.
- Auflagekosten dafür = $K_R = 120$ €.
- **Kosten insgesamt = $K_{min,1} + 120 = 240$ €.**

**Planungszeitpunkt $j = 3$**

- Die Menge von 100 wird eine Periode lang gelagert.
- Kosten dafür zusätzlich = $1 \cdot 100 \cdot K_V \cdot L = 90$ €.
- **Kosten insgesamt** $K_{min,1} + 120$ € $+ 90$ € $= 330$ €.

**Planungszeitpunkt $j = 4$**

- Die Menge von 60 wird zwei Perioden lang gelagert.
- Kosten dafür zusätzlich = $2 \cdot 60 \cdot K_V \cdot L = 108$ €.
- **Kosten insgesamt** $K_{min,1} + 120$ € $+ 90$ € $+ 108$ € $= 438$ €.

Abbildung 2 stellt die Kosten für verschiedene Politiken zusammen. Informationen über die optimale Losauflagenpolitik sind aus den Daten des Horizonts zu erhalten. Hier ist nach der kostengünstigsten Alternative zu suchen. Diese ist dann das Kostenminimum für den gesamten Planungszeitraum. Die Losauflagenpolitiken der vorhergehenden Zeitpunkte sind durch Rückwärtsrekursion zu bestimmen. Dieses Verfahren wird in Abbildung 2 erläutert.

Die beste, d.h. kostenminimale Politik zum Endzeitpunkt $j = 4$ ist die Alternative mit den Kosten 402 €. Diese verweist auf den Fertigungszeitpunkt $i = 3$. Die Kosten von 402 € entstehen durch die Zusammenfassung des Bedarfs der Periode 3 und 4 zu einem Los von 160 Stück. Damit ist die optimale Politik für die Perioden 3 und 4 bereits gefunden.

*Kostenminimale Politik zum Endzeitpunkt j = 4*

Es folgt die Ermittlung der übrigen, d.h. weiter zurückliegenden Perioden. In der Planungsperiode $j = 2$ betragen die Kosten der besten Politik 228 €. Dieses Kostenminimum weist auf den Fertigungszeitpunkt $i = 1$ hin. Die Kosten sind durch Zusammenfassung der Perioden 1 und 2 entstanden. Dies bedeutet, dass der Bedarf der Perioden 1 und 2 zu einem optimalen Los von 200 Stück zusammenzufassen und dieses Los zum Zeitpunkt $i = 1$ zu fertigen ist.

## Literaturempfehlungen

*Grochla, E.:* Grundlagen der Materialwirtschaft. Wiesbaden 1990.

*Häfner, H.:* Ein Warteschlangenansatz zur integrierten Produktionsplanung. Heidelberg 1992.

*Silver, E.; Meal, H.:* A Heuristic for Selecting Lot-Size Quantities. In: Production and Inventory Management 1973.

*Vahrenkamp, R.:* Produktions- und Logistikmanagement. München 1996.

*Zäpfel, G.:* Taktisches Produktionsmanagement. Berlin 1989.

*Zimmermann, G.:* Ursachen, Möglichkeiten und Grenzen der Reduktion von Beständen durch Anwendung von KANBAN-Prinzipien. In: Wildemann, H.: Flexible Werkstattsteuerung durch Integration von KANBAN-Prinzipien. München 1984.

### 7.5.4 Wie viel KANBAN braucht man?

*von Helmuth Gienke*

Die KANBAN-Steuerung ist Bestandteil des Toyota Production System und daher ohne theoretische Basis als pragmatische Anwendung konzipiert. Trotzdem gibt es in diesem Ideengerüst eine Zielvorstellung. Der Grundgedanke ist, dass alles, was verbraucht wird, so schnell wie möglich ersetzt wird, um die Produktion sicherzustellen. Dass daneben noch die Forderung besteht, den Bestand in der Produktion und im Lager so gering wie möglich zu halten, ist nur scheinbar ein Widerspruch, da KANBAN die Möglichkeit bietet, die Ursachen für einen hohen Bestand sichtbar zu machen.

**Mit KANBAN den Bestand sehen**

Die Anforderung zum schnellen Ersatz verbrauchten Materials wird dadurch ausgelöst, dass der Verbraucher, also der weiterbearbeitende Arbeitsplatz, bei Anbruch eines Loses eine Nachricht an den Zulieferer gibt, dass ein bestimmtes Teil zu produzieren und bereitzustellen ist. Im Regelfall wird diese Nachricht als Zettel (jap. Kan Ban) weitergegeben, aber es ist durchaus möglich, auch eine elektronische Nachricht, in der klassischen Nachrichtentechnik als Telegramm bezeichnet, zu senden. Die Bandbreite geht so weit, dass sogar auf Rollbahnen Kugeln laufen, die durch ihre Größe definiert, bestimmte Arbeitsplätze ansteuern und durch die Farbe aussagen, welches Produkt zu liefern ist, also ein Ersatz des Zettels durch eine Kugel. Diese Methode ist aber nur sinnvoll, wenn man auf wenigen Arbeitsplätzen wenige Teile fertigt.

Eine wichtige Frage, die sich stellt, wenn man KANBAN einführt, ist, wie viel KANBAN für die einzelnen Produkte bereitzustellen sind.

**Bestand: ein Teil**

Die Anzahl ist wichtig, denn mit diesen KANBAN bestimmt man nach der Formel

$$\text{Bestand} = \text{Anzahl KANBAN} \cdot \text{Menge für einen KANBAN}$$

den Bestand an Teilen in der Fertigung.

Die Zielsetzung ist eindeutig:

Man will einen einzelnen KANBAN mit der Menge 1.

Es ist fraglich, ob ein Betrieb (außer im Anlagenbau) dieses Ziel jemals erreicht, auf keinen Fall jedoch bei Start einer KANBAN-Anwendung. Da liegt es nahe, den umgekehrten Weg zu gehen:

Anzahl KANBAN = Bestand bei der Einführung/Menge für einen KANBAN

*Abb. 1: KANBAN*

Die Menge für einen KANBAN ist zweckmäßig die Menge, die in einen Behälter passt, vorausgesetzt, die Losgröße zur Anlieferung an dem empfangenden Arbeitsplatz, also nicht unbedingt das Produktionslos, ist größer als das Fassungsvermögen der Behälter. Diese Erkenntnis hat häufig dazu geführt, dass dem mehr oder minder zufälligen Fassungsvermögen der Behälter eine besondere Bedeutung zugemessen wurde. Das ist aber nicht der Fall, weil eine Änderung der Behälterart auch die Menge der KANBAN beeinflusst, ohne dass wesentliche Veränderungen im Verhalten auftreten.

Um das Ziel »ein KANBAN« zu erreichen, kann man nun nach und nach die Zahl der KANBAN verringern, bis eine Störung eintritt. Man sucht die Ursache, erhöht die Zahl der KANBAN wieder, beseitigt die Ursache und fährt fort, die KANBAN-Zahl zu reduzieren. Irgendwann erreicht man den optimalen Zustand unter den bestehenden Verhältnissen.

**Mit KANBAN den Bestand steuern**

Dieses pragmatische Verfahren ist für einen systematisch und theoriebasiert vorgehenden Mitteleuropäer äußerst unbefriedigend, aber genau die Methode, mit der man in der japanischen Industrie die Teilebestände in Produktion und Lager auf das niedrige Niveau gesenkt hat. Die Anzahl der KANBAN und deren Entwicklung ist ein wichtiges Beurteilungskriterium für eine nach dem Toyota Production System und dessen Derivaten organisierten Einheit.

Nach wie vor ist aber der Ausgangspunkt, nämlich die Aussage des Bestandes und damit die Anzahl der KANBAN bei der Einführung, eine offene Frage, denn der zufällige Bestand an Teilen aufgrund einer nach

## 7.5 Produktionsplanung und -steuerung

ganz anderen Kriterien gesteuerten Fertigung ist nicht der optimale unter anderen Bedingungen der Steuerung.

Einer der wesentlichen Gründe für einen zu hohem Lagerbestand ist die Angst oder besser Vorsicht vor Materialmangel. Jedem Leiter einer Fertigungseinheit graust vor Materialmangel (»Chef, wir haben ein Problem, ich kann den Fußboden sehen«). Eine weitere Ursache sind zu hohe Losgrößen bei der Produktion, entweder zur Reduzierung von Rüstvorgängen oder aus technologischen Bedingungen, die hohe Menge zu produzieren. Diese Gründe führen zu einem mehr oder minder hohen, meist unerwünscht hohen aktuellen Bestand. Es muss also nach einer geeigneten Methode gesucht werden, die Anzahl der KANBAN bereits bei der Einführung besser zu bestimmen. An Angeboten für Formeln gibt es keinen Mangel.

**Die Originalformel**  Aus einem übersetzten Bericht, der anlässlich der Veröffentlichung des Toyota Production System auf der 4. Internationalen Konferenz für Produktionsforschung 1978 in Tokyo gehalten wurde, stammt die Formel:

$$y = (D \cdot (T_W + T_p) \cdot (1 + K)) / a$$

mit

y = Anzahl der KANBAN-Karten

D = Bedarf pro Zeiteinheit

$T_W$ = Wartezeit der KANBAN-Karte = Zeit zwischen Abgabe des KANBAN und Beginn der Produktion für diesen KANBAN

$T_p$ = Produktionszeit

a = Fassungsvermögen des Transportbehälters (nicht mehr als 10 % des täglichen Bedarfs)

K = Entscheidungsvariable (nicht über 10 %)

Der Bestand $B_p$ in der Produktion ist hierbei

$$B_p = (D \cdot (T_W + T_p) \cdot (1 + K))$$

Diese Formel wurde mir auch von einem anderen Betrieb genannt, wobei der Leiter des Industrial Engineering Department ausdrücklich sagte, dass diese Formel nur für die westlichen Besucher gilt, »weil die immer eine Formel haben wollen«. Auf das Problem der Zeit zwischen Abgabe des KANBAN und Beginn der Produktion für diesen KANBAN werden wir später eingehen. Interessant ist, dass in dieser Formel die Losgröße nur indirekt eingeht, nämlich in der Wartezeit verborgen als $T_N$ = Losgröße [Stck] / Bedarf [Stück / Zeiteinheit]. Die Wiederbeschaffungszeit ist in die Komponenten Wartezeit und Produktionszeit aufgegliedert. Diese Formel wird in leicht abgewandelter Form auch in der »Hütte« angegeben.

**Wenn Rüstzeiten sehr hoch sind**

Eine andere Formel, die ebenfalls von einem japanischen Unternehmen genannt wurde, lautet:

y = ((Produktion je Zeiteinheit / wirtschaftliche Wechselvorgangszeit) + Menge / Tag · Sicherheitskoeffizient) / Behälterinhalt

$B_p$ ist hierbei

(Produktion je Zeiteinheit / wirtschaftliche Wechselvorgangszeit) + Menge / Tag · Sicherheitskoeffizient

Diese Formel ist bestimmend für Vorgänge, bei denen nicht so sehr die Losgröße im Vordergrund steht, sondern Rüstzeiten, die so dominierend sind, dass man bei einer nach Aufwand wirtschaftlichen Rüstzeit unangemessene Lieferzeiten hat. Ein Beispiel sind Gewebekalander in der Kautschukindustrie.

**Eine vereinfachte Formel**

Eine dritte Formel lautet:

y = (KANBAN-Menge [Stück] + (Bedarf / Zeiteinheit [Stück / h] · Wiederbeschaffungszeit [ h ] + Sicherheitszuschlag [Stück]) / Behälterinhalt [Stück]

$B_p$ ist hierbei

(KANBAN-Menge [Stück] + (Bedarf / Zeiteinheit [Stück / h]) · Wiederbeschaffungszeit [h] + Sicherheitszuschlag [Stück]

Für diese Formel sind neben dem Sicherheitszuschlag zwei direkt beeinflussbare Werte bestimmend, nämlich die KANBAN-Menge und, als meist entscheidende Größe, die Wiederbeschaffungszeit. Die Formel wird in leicht abgewandelter Form auch von Wildemann angegeben.

Allen Formeln ist gemeinsam, dass sie im Grundsatz nach verschiedenen Verfahren einen erforderlichen Bestand in der Produktion definieren und dann mit dem Fassungsvermögen der Behälter die Behälterzahl ermitteln, die diesen Bestand aufnehmen können. Die bestimmende Größe ist aber immer der für erforderlich gehaltene Bestand. Eine einfache Berechnung dieses Bestandes ist nur selten möglich, weil hier ein komplexes Umfeld von Möglichkeiten und Anforderungen und die individuellen Ansichten der Bedarfsträger entscheidend sind. KANBAN gibt aber den Anreiz, die Umstände durch zielgerichtete Maßnahmen zu verbessern. Eine wesentliche Maßnahme ist es, die Rüstzeiten zu reduzieren und durch gezielte Abstimmung zwischen Aufträgen und Arbeitsplätzen den Auftragsmix zu optimieren.

**So steuert man den Materialfluss**

In diesem Sinn ist KANBAN ein wichtiges Instrument zur Verbesserung des Materialflusses. Um aber steuernd in die Randbedingungen einzugreifen, ist es erforderlich, die Einflüsse auf den unter den gegebenen Verhältnissen hinsichtlich Liefertreue und Produktionsverhältnissen akzeptablen Bestand zwischen zwei Arbeitsplätzen zu erkennen. Hierzu muss auf die

primären Ursachen (Ursache-der-Ursache-Methode) zurückgegangen werden, um nicht unrealistische Forderungen zu stellen.

Eine wichtige Größe ist hierbei der Zeitraum, der zwischen Rückgabe eines KANBAN an den Zulieferer und dem Eingang der Lieferung beim Empfänger liegt. Dieser Zeitraum wird meist als Wiederbeschaffungszeit definiert. Dass dieser Zeitraum in einem laufenden Betrieb variabel ist, liegt auf der Hand, wird aber meist ignoriert. Er wird von zwei Komponenten bestimmt, nämlich einmal der Produktionsdauer für das aktuelle Los und zum anderen dem Zeitraum, der sich beim Zulieferer zwischen der letzten Lieferung und dem Beginn der Fertigung ergibt. Dieser Zeitraum wird im fabrikinternen Geschehen durch die

- Auftragsstuktur (Auftragsvorrat, Produktionszeiten je Los, Rüstzeiten zwischen den einzelnen Aufträgen),
- Prioritäten,
- Störungen,
- eigenen Vorstellungen bei der Reihenfolgesteuerung,

beim Zulieferer bestimmt.

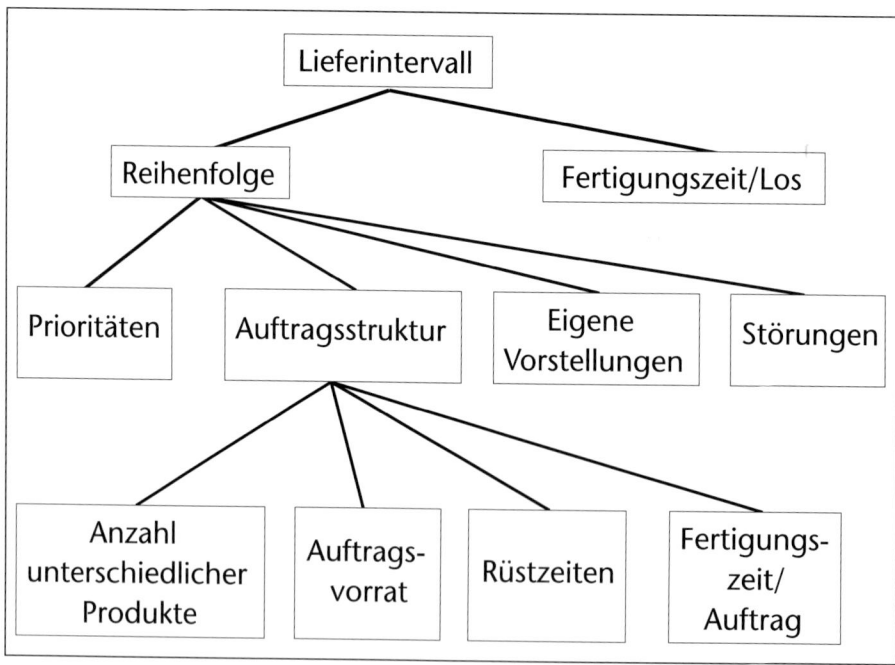

Abb. 2: *Einflussgrößen zum Lieferintervall*

Wenn fabrikübergreifende Zulieferung betrachtet werden soll, wird dieser Zeitraum hauptsächlich durch die Verträge bestimmt, in deren Gestaltung aber diese Faktoren ebenfalls einfließen – zumindest kalkuliert der Lieferant sie bei der Preisgestaltung und den Rahmenbedingungen mit ein. Bei der Betrachtung der unten stehenden Punkte muss man diesen Faktor immer berücksichtigen, zumal meist der Lieferant die betreffenden Punkte nicht klar ausspricht, weil sie vom Kunden leicht mit dem Hinweis, es sei das Problem des Lieferanten, abgewiesen werden.

Um eine möglichst kurze Wiederbeschaffungszeit und damit geringen Bestand zu erzielen, ist die erste Forderung, das Intervall zwischen zwei Lieferungen weitgehend konstant zu halten, wobei die eigentliche Produktionsdauer fast immer eine geringe Bedeutung für die Wiederbeschaffungszeit hat. Das mag überraschend klingen, aber bei näherer Betrachtung wird deutlich, dass die Wartezeit bis zum Start des Auftrages bedeutend größer ist. Wie erreicht man nun, dass die Lieferung gleichmäßig wird? Man muss die oben aufgeführten vier Größen beeinflussen.

Bei der Betrachtung der Komponenten sind die Störungen in erster Annäherung als nicht vom Materialfluss änderbar anzusehen, auch wenn die Reduzierung der Störungen natürlich immer ein Punkt erster Ordnung ist oder sein sollte. Das System KANBAN mit seinen rigorosen Forderungen nach Liefertermintreue unterstützt die Maßnahmen zusätzlich, aber die primäre Größe ist der Druck auf die Produktivität.

Wichtig sind die Definition der Prioritäten und die Kanalisierung der eigenen Vorstellungen des Zulieferers als individuell denkender Mensch. Wenn die Priorität für bestimmte Produkte zu hoch gesetzt wird, besteht die Gefahr, dass andere Produkte benachteiligt werden und dann die Prioritäten vernachlässigt und damit unwirksam werden, eine Entwicklung, die meist kontrapoduktiv ist. Damit ist auch das zweite Problem angeschnitten, nämlich der Einfluss der Vorstellungen des Menschen bei der Reihenfolgeplanung. Der Anlieferer als Person, also als Mechaniker, Leiter einer Organisationseinheit o.Ä., hat seine eigenen Ziele, die durch Sachzwänge oder aus seinen eigenen Vorstellungen gebildet werden. Es ist anzustreben, dass diese Ziele mit den Zielen des Abnehmers weitgehend identisch sind, trotzdem muss man sich bewusst sein, dass immer eine Differenz bleibt, die man nicht beseitigen kann und die auch erforderlich ist, um den Organismus Betrieb nicht stagnieren zu lassen.

Entscheidend ist die Auftragsstruktur mit den Komponenten

**Die Komponenten der Auftragsstruktur**

- Auftragsvorrat,
- Anzahl der unterschiedlichen Produkte,
- Rüstzeiten,
- Produktionszeit pro Auftrag.

Auch hier ist die Produktionszeit der einzelnen Aufträge bei gegebenem Auftragsvorrat meist ohne bedeutenden Einfluss, es sei denn, sie ist unverhältnismäßig lang.

Die Rüstzeit kann beeinflusst werden, indem man den Rüstaufwand je Rüstvorgang verringert oder den Produktmix derart ändert, dass durch die Auftragsreihenfolge die Zahl der Rüstvorgänge reduziert oder der Rüstaufwand durch die Nutzung von Teilefamilien verringert wird. Bekannte Maßnahmen sind eine Reihenfolgeplanung von hellen zu dunklen Teilen, um Reinigungsgänge zu vermeiden. Aber auch durch die Verwendung gleicher oder schnell zu ändernder Werkzeuge kann hier Einsparungspotenzial genutzt werden. Weiter kann man häufig die Fertigungsaufträge so strukturieren, dass bei einzelnen Maschinen die Rüstzeiten reduziert werden, während sich bei anderen nichts ändert.

**Rüstzeiten senken**

Der Rüstaufwand für den einzelnen Rüstvorgang ist auch wesentlich flexibler, als meist angenommen. Aus Japan kennen wir Ergebnisse, dass Rüstzeiten von mehreren Stunden durch geschickte Vorrichtungen auf Minuten gesenkt werden. Diese Erfahrung hat man auch in Deutschland mit gleichen Erfolgen gemacht. Seit langem wird auch angestrebt, die Rüstvorbereitungen so weit wie möglich ohne Einsatz der Produktionsmaschine vorzunehmen, beispielsweise durch standardisierte Werkzeugmagazine oder Vorwärmen von Formen in besonderen Vorrichtungen.

**Die Art der Produktion ist entscheidend**

Das Vorgehen beim Ändern der Zahl der unterschiedlichen Produkte ist abhängig von der Art der Produktion. Die Zahl der unterschiedlichen Produkte, die auf einem Arbeitsplatz gefertigt werden, beeinflusst nicht nur die Rüstzeiten, sondern ebenso durch die erworbene Erfahrung die Bearbeitungszeit und die Fehlerquote. Ausdruck dieses Zusammenhanges ist die Lernkurve, deren Bedeutung in der Rüstungsproduktion während des zweiten Weltkrieges erkannt wurde und die allgemein anerkannt ist. Aber auch um eine konstante Produktion zu erreichen, ist anzustreben, den Produktmix zu vereinfachen. Neben organisatorischen Maßnahmen kann durch konstruktive Maßnahmen bei den Produktvarianten, durch Mehrfachverwendung von Teilen und Bauelementen, dieses Ziel erreicht werden. Mit diesen Maßnahmen und durch bedarfsgerechte Produktion kann man den Auftragsvorrat verringern und damit den Bestand zwischen den Arbeitsplätzen oder, um das Thema noch einmal zu erwähnen, die Zahl der KANBAN.

### Literaturempfehlungen

*Eversheim, W./Schuh, G:* Hütte: Taschenbuch für Betriebsingenieure (Betriebshütte), Springer Verlag Berlin 1996

*Wildemann, H.:* KANBAN-Produktionssteuerung, TCW Transferzentrum Verlag, München 1998

## 7.5.5 Just-in-Time/Just-in-Sequence

*von Rainer Kämpf*

### 7.5.5.1 Begriffe

**Just-in-Time (JIT)** ist eine Produktions- und Logistikstrategie, bei der die Bedarfserfüllung zur richtigen Zeit, in der richtigen Qualität und Menge am richtigen Ort erfolgt. Mit Just-in-Time will man die kurzfristige Kapazitäts- und Materialbedarfsdisposition an die aktuelle Fertigungs- und Auftragslage anpassen. Dadurch erfolgt eine Produktion auf Abruf für alle Fertigungsstufen bis hin zu den Lieferanten, die organisatorisch, material- und informationsflusstechnisch einbezogen werden müssen.

**Just-in-Sequence (JIS)** wird oft als »weiterentwickelte Just-In-Time-Methode« bezeichnet. Just-in-Sequence meint nicht nur die Anlieferung der Teile am richtigen Ort, zur richtigen Zeit, sondern zusätzlich in der richtigen Reihenfolge. Kundenindividuelle Modulvarianten aus möglichst standardisierten Baugruppen bzw. Teilen sollen so spät wie möglich vormontiert und reihenfolgegenau ans Montageband geliefert werden. Die endgültige Bestellung erfolgt erst unmittelbar vor dem Einbau am Montageband. Der logistische Planungsaufwand ist bei Just-in-Sequence noch höher als bei Just-in-Time.

### 7.5.5.2 Entstehung und Entwicklung des JIT-Konzepts

Das JIT-Konzept stammt nicht wie fälschlicherweise angenommen aus Japan und existiert schon wesentlich länger als seit den 70er Jahren. Bereits zu Beginn des 20. Jahrhunderts erkannte Henry Ford die Vorteile einer bedarfssynchronen Beschaffung und dass »es sich nicht lohnt, sich über den augenblicklichen Bedarf hinaus einzudecken«. Gutenberg, der Erfinder des Buchdrucks, war ebenfalls der Ansicht, dass Lagerungen eigentlich nicht notwendig sind, wenn die Lieferungen stets pünktlich erfolgen. In den 70er Jahren wurde dieser Ansatz in Japan wieder aufgenommen und tauchte bei der Diskussion der japanischen Fertigungsmethoden in Europa auf. Japanische Autoren prägten den Begriff »Just-in-Time« und dieser fand Anwendung im Toyota Production System.

### 7.5.5.3 Bausteine des JIT-Konzepts

Das JIT-Konzept besteht im Wesentlichen aus drei Kernbausteinen:

**Integrierte Informationsverarbeitung**

Aufgrund der Ausrichtung des JIT-Konzepts auf die Optimierung des unternehmensinternen, aber auch des unternehmensübergreifenden Materialflusses werden Planungs- und Steuerungsmethoden benötigt, die eine Vereinfachung der Informations- und Koordinationsaufgaben ermöglichen.

## 7.5 Produktionsplanung und -steuerung

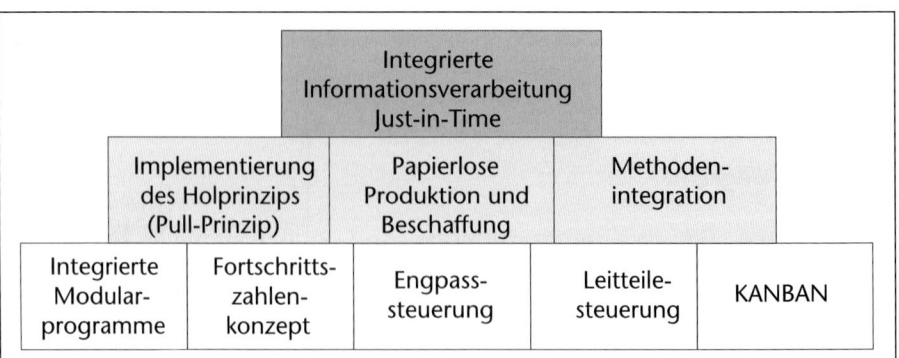

*Abb. 1: Integrierte Informationsverarbeitung (vgl. Wildemann)*

Die Basis hierfür bildet das »Supermarktprinzip«. Dabei entnimmt der Kunde die benötigte Ware aus dem Regal. Jede Entnahme wird erkannt und ruft eine Bestellung beim Lieferanten hervor. Grundlegende Elemente des Supermarktprinzips sind das Holprinzip, die papierlose/-arme Produktion und Beschaffung sowie die Methodenintegration.

Zur Realisierung des Supermarktprinzips ist es notwendig, selbst steuernde Regelkreise zu bilden, welche eine Synchronisierung zwischen dem Informations- und Materialfluss bewirken. Es entsteht eine verbrauchsgesteuerte Produktion, in welcher jeder Regelkreis autonom die benötigten Materialien bestellt. In diesem Zusammenhang drückt sich die Umkehrung der Bringschuld in die Holpflicht aus, denn jeder Regelkreis läuft an den gefüllten Regalen der vorgelagerten Stelle vorbei und entnimmt sich seinen Bedarf. Dadurch werden eine genaue Kapazitätsplanung, dezentrale Pufferlager in der Fertigung etc. notwendig, um leere Regale zu vermeiden. Die erforderlichen Bedarfsmengen werden in möglichst kleinen und konstanten Losgrößen nachproduziert bzw. beim Lieferanten bestellt. Der notwendige Impuls erfolgt durch einen Beleg am Transportbehälter (KANBAN-Karten) oder über elektronische Medien (papierlose/-arme Produktion und Beschaffung).

Die früher übliche zentrale Kontrolle wird in das Konzept der dezentralen Gruppenkontrolle umgewandelt. Jede nachfolgende, verbrauchende Stelle kontrolliert die Planeinhaltung der vorangehenden, produzierenden Stelle. Dabei werden alle wichtigen Aspekte, wie Menge, Qualität und Zeit, überprüft. Dieses Kontrollprinzip reduziert den Datenerfassungsaufwand, da nur noch jeder Regelkreis, nicht mehr jede produzierende/verbrauchende Einheit, kontrolliert wird (siehe Abb. 2).

Für die optimale Planung und Steuerung einer JIT-Produktion werden verschiedene Methoden kombiniert (Methodenintegration): das Fortschrittszahlenkonzept, die Engpass- und die Leitteilesteuerung sowie das KANBAN-System (siehe Abb. 3).

| |
|---|
| **Bausteine des JIT-Prinzips** |
| Integrierte Informationsverarbeitung |
| ... basierend auf dem **Supermarktprinzip** |
| ... **Verknüpfung** verschiedener Systeme |
| ■ integrative Informationsfluss- und **wertschöpfende Materialflussgestaltung** möglich |
| ■ **papierlose/-arme** Beschaffung und Produktion möglich |
| ■ mehr **Transparenz und Flexibilität** in der Produktion |

*Abb. 2: Merkmale der Integrierten Informationsverarbeitung*

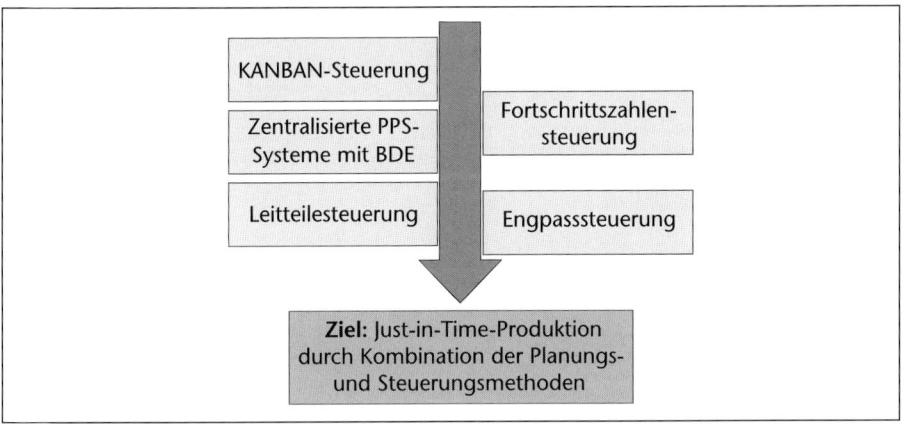

*Abb. 3: Planung und Steuerung einer JIT-Produktion*

Zwei Methoden werden im Folgenden kurz dargestellt.

a) Fortschrittzahlensystem

Bei diesem Konzept wird lediglich der Bedarf einer Planungsperiode kumuliert und in Abhängigkeit von der Zeit in einem Koordinatensystem abgetragen, wobei die Planwerte im Vergleich zu den Ist-Werten betrachtet werden. Dieses System ist ein Kontroll- und Planungsinstrument ohne verbindliche Dispositionsauflagen gegenüber dem Lieferanten.

b) KANBAN-Prinzip

Dieses Konzept ist darauf ausgerichtet, einen Rahmen abzustecken, in dem revolvierende Prozesse bei dezentraler Planung und Steuerung zur Steigerung der Reaktionsschnelligkeit und Aufwandsreduzierung ablaufen können. Ein Merkmal dieses Prinzips ist die Bildung selbst steuernder produkt- und verfahrensbezogener Regelkreise, welche das bereits oben erwähnte Holprinzip durch Verwendung von KANBANs realisieren. Beispiel für eine KANBAN-Steuerung: Die empfangene (nachgelagerte) Stelle stellt den Bedarf eines bestimmten Vorproduktes fest. Sie entnimmt aus einer Transport-KANBAN-Sammelbox einen Transport-

KANBAN und transportiert oder schickt diesen zusammen mit einem in der Größe genau definierten Standardbehälter zu der produzierenden (vorgelagerten) Stelle. Dort wird vom Pufferlager ein mit dem entsprechenden Vorprodukt gefüllter Standardbehälter (der gleichen Größe), der mit dem ProduktionsKANBAN versehen ist, entnommen. Der ProduktionsKANBAN wird gegen einen TransportKANBAN ausgetauscht und zusammen mit dem gefüllten Standardbehälter zu der empfangenden Stelle gebracht.

**Fertigungssegmentierung**

Ziel der Fertigungssegmentierung ist die Entflechtung von Kapazitäten und die Segmentierung in organisatorische Einheiten nach produkt- und technologiespezifischen Merkmalen. Dabei darf die Verwirklichung wettbewerbsfähiger Kosten, kurzer Lieferzeiten, hoher Flexibilität und Qualitätssicherheit nicht aus den Augen verloren werden. Unterstützt wird die Segmentierung durch Automatisierung, erhöhte Verfügbarkeit der Anlagen und erhöhte Personalflexibilität. Die Mitarbeiter eines Segments übernehmen die volle Verantwortung

- für ein Produkt oder eine Baugruppe, die in ihrem Segment gefertigt wird,
- für einen bestimmten Teil des Produktionsprozesses, der ihrem Segment zugeordnet ist.

Durch die Fertigungssegmentierung wird eine Verringerung der Arbeitsteilung angestrebt, d.h. Arbeitsgänge werden zusammengefasst und somit werden erweiterte Anforderungen an den Mitarbeiter gestellt. Des Weiteren werden diese neuen Einheiten als eigenständige Organisationseinheiten betrachtet, welchen sowohl eine Kostenverantwortung als auch eine dezentrale Entscheidungskompetenz zugesprochen wird. Dadurch trägt jeder einzelne Mitarbeiter nach der Segmentierung mehr Verantwortung als zuvor, d.h. der Handlungsspielraum eines jeden Einzelnen hat sich ausgeweitet. Somit kann sich der Einzelne, im Vergleich zur vorherigen Organisation, mehr entfalten und innerhalb eines Segmentes besteht auch die Möglichkeit der Job-Rotation. Die räumliche Konzentration der Betriebsmittel erleichtert ebenfalls die interne Kommunikation der Mitarbeiter. Aufgrund dieser Veränderungen ist von einer erhöhten Mitarbeitermotivation auszugehen. Die Qualitätskontrolle wird in die einzelnen Fertigungssegmente integriert und die Steigerung der Mitarbeitermotivation stellt beste Voraussetzungen für eine Wahrung des Qualitätsniveaus bzw. dessen Anhebung dar (siehe Abb. 4).

Bei einer Gliederung in Fertigungssegmente sind folgende Eckpunkte zu beachten:

- Flussoptimierung
- kleine Kapazitätsquerschnitte in jeder Fertigungsstufe

- räumliche Konzentration von Betriebsmitteln mit variablem Layout
- Komplettbearbeitung von Teilen und Baugruppen
- selbst steuernde Regelkreise
- Selbstkontrolle der Qualität bzw. statistische Prozesskontrolle

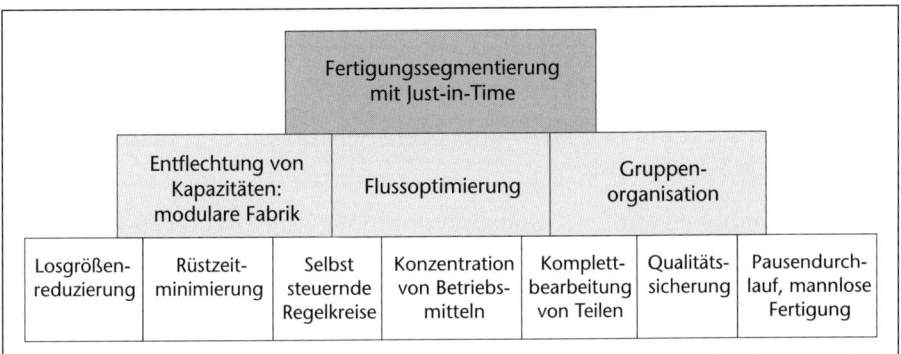

Abb. 4: Fertigungssegmentierung (vgl. Wildemann)

Um eine ungleichmäßige Produktion der einzelnen Segmente zu vermeiden, wird die Produktionsgeschwindigkeit in der gesamten Wertschöpfungskette auf dem gleichen Niveau gehalten werden. Für die Optimierung des Durchlaufs ist eine Produktion von Tageslosgrößen, die Reduzierung der Rüstzeiten sowie ein ständiger Informationsaustausch zwischen den einzelnen Segmenten erforderlich. Ebenfalls notwendig ist ein hoher Qualitätsstandard in der Produktion, die ständige Verfügbarkeit der Anlagen sowie ein hoher Qualifikationsgrad der Mitarbeiter.

| Bausteine des JIT-Prinzips |
|---|
| Fertigungssegmentierung |
| ... Bildung eigenständiger **Regelkreise** (Supermarktprinzip) |
| ... Fertigungsausrichtung **nach Produkten** |
| ■ **Strukturveränderung** der Wertschöpfungskette |
| ⇨ **Erfolgreiche Segmentierung, wenn** |
| ✓ einheitliche **Produktionsgeschwindigkeit** gewährleistet! |
| ✓ **Flussoptimierung** berücksichtigt! |
| ✓ **Qualitätskontrolle** integriert! |
| ✓ **selbst steuernde** Regelkreise gebildet! |

Abb. 5: Merkmale der Fertigungssegmentierung

### Produktionssynchrone Beschaffung

Oberstes Ziel der produktionssynchronen Beschaffung ist die Sicherung der Materialversorgung sowie die Gestaltung der Beziehung zwischen Lieferant und Hersteller. Diese Partnerschaft beruht auf fest vereinbarten

Rahmenverträgen, in denen die Materialversorgung und -abnahme geregelt ist. Im Einzelnen sind folgende Punkte Vertragsinhalt:

- Liefermenge, Lieferabruf, Liefertermin und Auswirkungen bei Verzug
- Qualität und Qualitätssicherung, Gewährleistung, Produkthaftung und Regelung von Rückrufaktionen
- Preise, Zahlungsbedingungen, Lieferkonditionen, Eigentumsübergang und deren flexible Gestaltung
- Weiterentwicklung der Sach- und Dienstleistungen und damit der verbundenen Schutzrechte
- Ausschöpfung erkannter Rationalisierungspotenziale und deren Bewertung

Die Umsetzung einer produktionssynchronen Beschaffung erfolgt in der Regel durch ein flexibles Abrufsystem. Der Lieferant erwartet dabei vom Hersteller regelmäßige Informationen über die Absatzmenge und die zu erwartenden Bestellungen. Er ist verantwortlich für die Qualitätsprüfung, d.h. im Wareneingang des Herstellers werden keine oder nur noch Stichprobenprüfungen der gelieferten Teile durchgeführt.

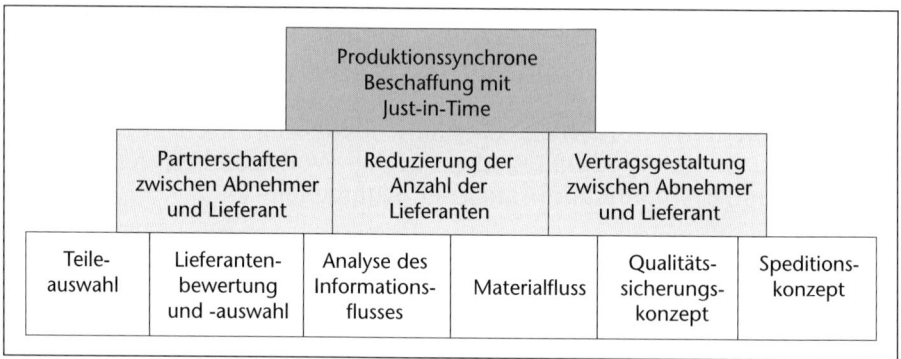

*Abb. 6: Produktionssynchrone Beschaffung (Wildemann)*

Die produktionssynchrone Beschaffung ermöglicht die Verkürzung der Durchlaufzeit, erfordert aber gleichzeitig das störungsfreie Funktionieren der physischen Materialversorgung, da bei Materialmangel nur für kurze Zeit auf Pufferbestände zurückgegriffen werden kann.

| **Bausteine des JIT-Prinzips** |
|---|
| Produktionssynchrone Beschaffung |
| ... Anlieferung der Materialien **bei Bedarf** |
| ■ **bestandsarme** Fertigung |
| ■ **intensive Bindung** zwischen Hersteller und Zulieferer |
| ■ hohes **Risiko** auf Seiten des Abnehmers |
| ⇨ **Ausfälle** werden sofort **erfolgswirksam**! |

*Abb. 7: Merkmale der produktionssynchronen Beschaffung*

### 7.5.5.4 Potenziale und Rahmenbedingungen des JIT-Konzepts

■ Just-in-Time bewirkt eine reduzierte Durchlaufzeit der Produktion, da alle benötigten Materialen zum Einsatzzeitpunkt angeliefert werden. Diese kurze Durchlaufzeit ist nötig, um trotz späten Auftragseingangs noch rechtzeitig fertigen und liefern zu können. Die Durchlaufzeiten reduzieren sich durch die mengen- und zeitgenaue Anlieferung des Materials zur Montage bis zu 60 %, was wiederum Kapazitäten freisetzt und die Produktivität um 20–30 % steigert. Die Effizienz der Produktion lässt sich an der Durchlauf- und Wiederbeschaffungszeit messen. Insgesamt wird der gesamte Wertschöpfungsprozess durch die Methoden des JIT-Konzepts beschleunigt.

■ Just-in-Time ermöglicht eine auftragsorientierte Fertigung, die auf individuelle Kundenwünsche flexibel und schnell reagieren kann. Die Fertigung in kleinen Losgrößen garantiert Fertigungsflexibilität. Lagerbestände werden erheblich verringert, Puffer vermieden und damit Lagerkosten bzw. Kapitalbindung reduziert.

■ Just-in-Time ermöglicht die Ausschöpfung eines hohen Qualitätspotenzials, da die Zulieferer eine Null-Fehler-Qualität garantieren müssen. Die Qualitätskontrolle ist hauptsächlich Aufgabe des Zulieferers, deshalb kann der Abnehmer seine Qualitätskosten zwischen 20–25 % senken.

■ Just-in-Time setzt ein hohes Qualitätsniveau und einen flexiblen Einsatz von Personal und Anlagen voraus. Dies resultiert in der Forderung nach hoher Mitarbeiterqualifikation und flexiblen Fertigungs- und Montagesystemen. Durch eine leistungsorientierte Bezahlung ist der Mitarbeiter motiviert, für den Unternehmenserfolg zu arbeiten.

■ Just-in-Time-Lieferungen sollen mengen- und zeitgenau mit höchster Genauigkeit direkt zur Produktion erfolgen. Diese kurzfristigen Lieferabrufe setzen eine hohe Flexibilität des Lieferanten voraus. Zwischen Lieferanten und Abnehmern bestehen Rahmenaufträge mit verbrauchsgesteuertem Abruf. Die Anlieferungszeitpunkte werden durch den Abnehmer vorgegeben. Die für beide Seiten zufrieden stellende Erfüllung dieser Aufträge setzt eine intensive Kommunikation sowie einen direkten Informationsaustausch zwischen Zulieferer und Abnehmer voraus. Arbeitet ein Abnehmer bevorzugt mit einem bestimmten Zulieferer, so ist es möglich, Sammelrechnungen zu erstellen. Dies vereinfacht die gesamte Auftragsabwicklung.

■ Just-in-Time-Konzepte führen zwangsweise zu einer Reduzierung der Lieferantenzahl. Es wird versucht, die Abhängigkeit von nur einem Zulieferer (»Single Sourcing«) zu vermeiden und mit zwei oder maximal drei Lieferanten (»Double/Triple Sourcing«) zusammenzuarbeiten.

### 7.5.5.5 Probleme bei der Anwendung und Umsetzung des JIT-Konzepts

- Die Umsetzung einer Just-in-Time-Fertigung bzw. -Anlieferung bringt einen hohen Implementierungs- und Koordinationsaufwand mit sich. Vor allem die kurzfristige Logistik- und Produktionsplanung, die als Service für den Endkunden angeboten wird, erfordert ein hohes Maß an Flexibilität und Schnelligkeit in der Produktion. Um die Umsetzung von Just-in-Sequence-Konzepten zu vereinfachen, hat man in der Automobilindustrie als Lösungsmöglichkeit die so genannte Perlenkette eingeführt. Die Aufträge werden – wie einzelne Perlen einer Kette – aufgereiht und ein paar Tage im Voraus geplant. Für jeden konkreten Kundenauftrag sind genügend Varianten vorhanden. Voraussetzung für die Verwirklichung des Perlenketten-Konzepts ist die Reduzierung der Zahl der Rohbau- und Außenlackvarianten.

- Bei Just-in-Time wird immer hervorgehoben, dass dadurch Lagerbestände und somit Kapitalbindung vermieden werden. Doch letztendlich werden diese Bestände nur auf die Straße oder Schiene verlagert. Diese Verlagerung verursacht eine erhebliche Umweltbelastung, auch wenn mittlerweile vermehrt das Transportmittel Schiene benutzt wird.

- Die Hersteller nutzen bei Just-in-Time-Belieferungen mehr und mehr die Kompetenzen der Lieferanten aus. Neben der Qualitätssicherung wurde außerdem die Entwicklung (F&E) auf die Zulieferbetriebe abgewälzt. Viele kleine Zulieferunternehmen sind schon jetzt nicht mehr diesen hohen Anforderungen gewachsen.

- Die Anforderung der Vermeidung von Qualitätsmängeln oder Produktionsausfällen setzt kleinere Zulieferunternehmen zunehmend unter Druck. Ebenso können sie mit den hohen Ansprüchen an die Reduzierung der Fertigungstiefe sowie die Lieferung von Komplettmodulen nicht mithalten.

- Die zur Umsetzung einer Just-in-Time-Fertigung oder -Belieferung notwendige Transparenz beim Zulieferer sowie beim Abnehmer ist nur selten ausreichend, da viele Unternehmen aus Gründen des Datenschutzes keine interne Daten weitergeben. Diese Unklarheit bzgl. produktionsrelevanter Daten ist einer der Gründe, warum die Liefertreue nicht immer garantiert werden kann. Die Abstimmung und Transparenz spielt bei Just-in-Sequence-Fertigung oder -Belieferung eine noch wesentlich größere Rolle, da der logistische Planungsaufwand gegenüber Just-in-Time um ein Vielfaches höher ist.

- Bei Just-in-Time-Systemen mit Zulieferprozessen in mehreren Ebenen treten erhebliche Zeit- und Informationsverluste auf. Daher versucht man durch eine internetbasierte Steuerung der Beschaffungslogistik (»E-Supply«) einen besseren, tagesaktuellen und transparenten Informationsaustausch zu gewährleisten. Ein weiterer positiver Aspekt von E-Supply ist die synchrone Auftragsabwicklung, so dass Engpässe schneller erkannt und effizienter behoben werden können.

**Vorteile des JIT-Prinzips, wie**

- Minimierung der **Lagerkosten**,
- geringere **Kapitalbindung**,
- Reduzierung der **Durchlaufzeiten**,
- hohe **Reagibilität** in Bezug auf Marktveränderungen

**erfordern eine Basis ...**

- ... 100 %ige Flexibilität der Mitarbeiter bezüglich Arbeitszeiten
  → Problem: Tarifverträge
- ... große Verhandlungsmacht gegenüber dem Lieferanten
- ... keine Einschränkungen bzw. Behinderungen auf Transportwegen (Verkehrsnetze, Infrastruktur)

*Abb. 8: Kritische Anmerkungen zum JIT-Konzept*

## Literaturempfehlungen

*Hartlieb, C.:* Konzeption eines unternehmensübergreifenden Schnittstellen-Controlling zur Realisierung einer Just-in-time-Wertschöpfungspartnerschaft, Lohfelden 1997

*Lackes, R.:* Just-in-Time-Produktion: Systemarchitektur – wissensbasierte Planungsunterstützung – Informationssysteme, Wiesbaden 1995

*Wildemann, H.:* Das Just-in-Time-Konzept, St. Gallen 1992

*Witte, H.:* Logistik, Wien 2001

*Zillig, U.:* Integratives Logistikmanagement in Unternehmensnetzwerken: Gestaltung interorganisatorischer Logistiksysteme für die Zulieferindustrie, Wiesbaden 2001

### 7.5.6 Fortschrittszahlen

*von Dietmar Lohr*

#### 7.5.6.1 Einsatzgebiet der Fortschrittszahlen

Der Markt, in dem sich Serienfertigungsunternehmen bewegen, erfordert ein kontinuierlich verbessertes Preis-Leistungs-Verhältnis. Die Firmen sind somit gezwungen, ihre Kosten drastisch zu senken und die Kapitalbindung zu verringern. Das heißt, durch den Zwang zur Reduzierung von Lagerbeständen muss die Serienproduktion am Bedarf ausgerichtet werden. Dies fällt den Serienfertigungsbetrieben besonders schwer, da sie sich darüber hinaus auf ein ständig veränderndes Abrufverhalten der Kunden einstellen müssen. Die einzige Chance besteht darin, dass alle am Wertschöpfungsprozess beteiligten Partner an den Unternehmenszielen ausgerichtet werden.

*Serienfertigungsunternehmen brauchen für ihre dezentrale Organisationsstrukturen geeignete Steuerungsmethoden*

Durch die Übertragung von mehr Handlungsspielraum, aber auch mehr Verantwortung in die Ausführungsebene, können komplexe Arbeitsinhalte von einzelnen Mitarbeitern bzw. Teams hinsichtlich Organisation und Ablauf autonom durchgeführt werden. Auf diesem Weg zur Bildung »fraktaler« Unternehmen entstehen dezentrale Produktionsbereiche, die klare und umsetzbare Zielvereinbarungen benötigen. Innerhalb dieser Zielvereinbarungen können die Mitarbeiter alle zur Durchführung der gestellten Produktionsaufgabe notwendigen Entscheidungen selbstständig treffen. Der dezentrale Produktionsbereich wird somit zum Unternehmen im Unternehmen mit verbesserter Reaktionsfähigkeit und weniger Koordinationsbedarf. Daher muss der Rechnereinsatz in den Unternehmen darauf abzielen, den Menschen nicht zu ersetzen, sondern seine Fähigkeiten zu verstärken.

#### 7.5.6.2 Zielsetzung für das Informationssystem

Solche dezentralen Organisationsstrukturen in der Serienfertigungsindustrie erfordern ein Umdenken im Umgang mit dem ERP-System (Enterprise Resource Planning). Die zentrale Disposition muss in diesem sehr dynamischen Umfeld die Funktion eines Frühwarnsystems übernehmen, das heißt: weg von der konkreten Einplanung einzelner Maschinen, hin zur gesamtheitlichen Überwachung und Steuerung des Fertigungsprozesses vom Rohstoff bis zum Endprodukt. Die Steuerung, wann genau mit der Bearbeitung eines Teiles begonnen wird, obliegt dabei den einzelnen Segmenten selbst. Um trotzdem möglichst ohne Lagerbestand auszukommen, lautet die Forderung: Die einzelnen Produktionsbereiche sollen sich am Bedarf des Verursachers orientieren. Und das bedeutet letztlich: direkt am Kundenauftrag.

*Welche Anforderungen soll ein ERP-System beim Serienfertiger abdecken?*

Zur Unterstützung dieser Aufgaben werden flexible Informationssysteme benötigt, deren Datenbasis möglichst immer aktuell und aussagekräftig sind; langwierige Planungsläufe werden zum Verhängnis für jene Organisationsformen. Das heißt, schnelle Datenweitergabe ist gefordert. Für diese Art der Organisation steht immer im Mittelpunkt, ob eine Sache bis zu einem bestimmten Zeitpunkt erledigt werden kann bzw. wird.

Das System sollte also jederzeit bei folgenden Fragestellungen unterstützen:

- Welche Abweichungen bestehen zwischen aktuellem Bedarf und derzeitigem Planungstand in den einzelnen Produktionsabteilungen? Hier ist es beispielsweise wichtig zu erfahren, wie hoch die absolute Abweichung ist, wie viel Prozent eine Abweichung umfasst oder wie lange eine Differenz andauert.

- Wurden die Ablieferteremine eingehalten? Ist eine Rückstands- oder Vorlaufsituation eingetreten? Wie lange dauert die Vorlaufsituation an? Können aus der Abliefersituation in Zukunft Engpässe entstehen, und wo sind diese Engpässe zu erwarten?

- Überschreiten bestehende Bedarfsanforderungen die kapazitiven Schrankenwerte einzelner Produktionsbereiche? Um eventuellen Engpässen rechtzeitig entgegen zu steuern ist es hier ebenfalls notwendig zu wissen, wie hoch die absolute Differenz ist, wieviel Prozent die Über- bzw. Unterlastung umfasst und wie lange die Abweichung andauert.

- Kann ein Zusatzbedarf grundsätzlich bis zu einem bestimmten Zeitpunkt befriedigt werden? Um diese Frage zu beantworten muss der Anwender Einblick darüber erhalten, auf welcher Fertigungsstufe Engpässe auftreten können.

### 7.5.6.3 Abgrenzung zu bestehenden Steuerungskonzepten

Wie steht es um die ERP-Systeme, mit denen heute die notwendigen Informationen ausgetauscht werden?

**MRP (Material Requirement Planning)**

Die heute verbreiteten Anwendungssysteme arbeiten in der Serienfertigung meistens mit dem klassischen MRP-Ansatz. Dieses Steuerungskonzept geht grundsätzlich von einem zentralen und detaillierten Produktionsplan aus, der nach mehreren Arbeitsschritten – teilweise auch die Reservierung von Vormaterial – in so genannte Fertigungsaufträge gebunden wird. Fertigungsaufträge sind dadurch charakterisiert, dass jeweils ein diskretes Termin-/Mengenpaar festgeschrieben wird. Doch in dezentralen Organisationsstrukturen, in denen jeder Regelkreis selbstverantwortlich steuert, ist der zentrale Produktionsplan nicht gewünscht. Die konkreten Bedarfszahlen müssen direkt an die einzelnen Regelkreise gemeldet werden, damit die Verantwortlichen, falls notwendig, sie dort mit der bisherigen Planung vergleichen können. Wichtig ist es auch, dass das gesamte Bedarfsraster pro Verursacher sichtbar wird. Denn über diskrete Fertigungsaufträge ist der Bedarfsverlauf entlang der Zeitachse kaum darstellbar. Die Steuerung

vor Ort funktioniert in einem MRP-System nach dem Bring-Prinzip (Steuerimpuls durch die vorgelagerte Fertigungsstufe). Soll ein Unternehmen jedoch am Bedarf ausgerichtet werden, dann verhalten sich die einzelnen Produktionsstätten wie Kunden und Lieferanten. Dieses Hol-Prinzip (Steuerimpuls durch die nachgelagerte Fertigungsstufe) kann mit der Steuerungsphilosophie nicht abgebildet werden.

**Bei MRP-Steuerung ist zuviel Dispositionsaufwand notwendig**

Im Inneren eines MRP-Systems, also bei der Materialdisposition, wird auf jeder Fertigungsstufe jeweils bis zum Nettobedarf aufgelöst. Die Formel

Nettobedarf = Bruttobedarf − Lagerbestand − geplante Lagerzugänge

bietet zwar im Moment der Auflösung aussagekräftige Informationen, reagiert aber bei Veränderung der Eingangsparameter völlig inflexibel. Zum Beispiel können Lagerzu- und -abgänge nur über die Neuberechnung der Bedarfssituation eingearbeitet werden. Eine dynamische Bedarfsregulierung im Augenblick der Buchung ist nicht möglich. Das heißt, je häufiger die Parameter geändert werden, desto ungenauer werden die Informationen. In einer bedarfsorientierten Serienfertigung kann das zu fehlender Transparenz führen!

### Kanban

**Kanban alleine ist zu wenig vorausschauend**

Soll jeder Verbraucherort direkt an seinen Lieferanten den Bedarf signalisieren und damit das Material abziehen, so verwendet man heute gerne die Kanban-Steuerung. Diese aus Japan importierte Steuerungsform unterstützt eine dezentrale Organisation idealtypisch, da sie auf dem gewünschten Hol-Prinzip aufsetzt. Das Verfahren setzt keine zentrale Fertigungssteuerung voraus, die den einzelnen Abteilungen vorgibt, welche Stückzahlen zu produzieren sind. Hingegen wird hier vom Abnehmer im Bedarfsfall an den Lieferanten eine standardisierte Karte in der Regel zusammen mit dem Ladungsträger geschickt, so dass der Lieferant erkennt, dass er unmittelbar eine bestimmte Menge zu liefern hat.

Dieser effiziente Ansatz zur Steuerung einer Serienproduktion hat jedoch einen gravierenden Nachteil: Häufige Bedarfsschwankungen können bei Kanban nur über Lagerbestand ausgeglichen werden. Kanban justiert Bedarfsanpassungen nur über die Frequenz der Kartenrückgabe, da jeder Kanban-Auftrag auf eine bestimmte Stückzahl lautet. Von außen können zwar bei Bedarfserhöhungen vorausschauend zusätzliche Kanbankarten eingesteuert werden, aber diese müssen bei Bedarfsreduzierungen auch wieder aus dem Kreislauf entfernt werden. Der unbeliebte Lagerbestand und der zusätzliche Verwaltungsaufwand mindern, unter obigen Rahmenbedingungen, die Effizienz des Ansatzes enorm.

## 7.5.6.4 Funktionsweise der Fortschrittszahlen

Genau da setzt das Fortschrittszahlenkonzept an. Fortschrittszahlen (FZ) wurden ursprünglich bei der Kommunikation zwischen Automobilhersteller und -zulieferer eingesetzt. Die Auftragsfortschrittszahl des Zulieferers beinhaltet hier beispielsweise pro Termin-/Mengenpaar die Summe der Auftragsmengen, die ab einem definierten Jahresanfang aufgelaufen ist. Wird dieses Verfahren mit weiteren signifikanten Größen, wie Lieferungen durchgeführt, so erhält man eine transparente Darstellung der Vorlauf-/Rückstandssituation bei dem in der Automobilindustrie typischen Lieferabrufgeschäft.

**Fortschrittszahlen werden in der Automobilindustrie verwendet**

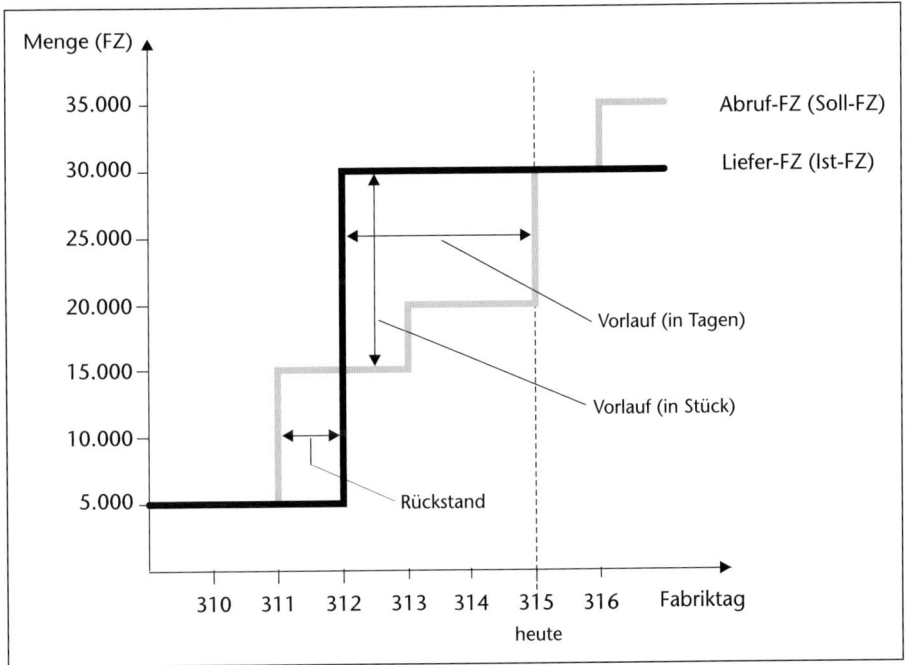

*Abb. 1: Fortschrittszahlen in der Auftragsbearbeitung*

### Voraussetzungen für eine gesamtheitliche Steuerung

In heutigen ERP-Systemen wird oftmals auf die klassische Trennung zwischen Stückliste und Arbeitsplan vertraut. Durch den Zwang der Zulieferindustrie, die Fremdfertiger und Lieferanten enger an den Produktionsprozess zu binden, ist es jedoch erforderlich, den Gesamtprozess logistisch einheitlich abzubilden.

Durch die starre Trennung zwischen Arbeit und Material geht teilweise die Übersicht verloren. Ist zum Beispiel die Fremdfertigung im Arbeitsgang versteckt, so ist es auf keinen Fall möglich, diese über dieselben Informationsmasken darzustellen wie das Material, das zu einem Prozessschritt benötigt wird. Letztendlich aber entscheiden alle Faktoren über den Erfolg von logistischen Fertigungsprozessen. Deshalb müssen Stückliste und Arbeitsplan in eine Prozessabbildung überführt werden.

**Prozessmodell statt Stückliste – Arbeitsplan getrennt**

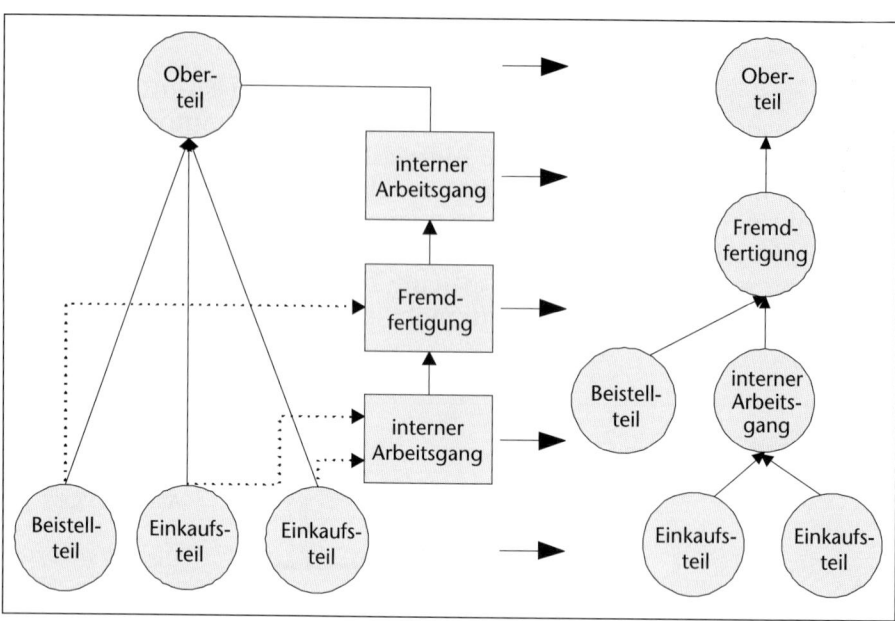

*Abb. 2: Prozessabbildung*

Die Knotenpunkte des Prozesses sind die Prozesselemente. Abgrenzungskriterien werden durch den logistischen Fluss bestimmt und können klassische Teile genauso wie abgeschlossene Arbeitspakete sein. Der Feinheitsgrad muss im Einzelfall festgelegt werden.

**Wirkungsweise von Fortschrittszahlen**

*Die Fortschrittszahl verbindet diskrete Mengeninformationen mit der Zeitachse*

Die Fortschrittszahl basiert auf der FIFO-Strategie (first in first out). Bei der FIFO-Strategie handelt es sich um eine Form der Lagersteuerung. Bei einer Auslagerung soll hier immer der zeitlich älteste Lagerbestand berücksichtigt werden. Die Fortschrittszahl ist somit eine Kennzahl, die diskrete Mengeninformationen mit der Zeitachse verbindet.

In solch einem Umfeld kann – im Gegensatz zur Steuerung über diskrete Fertigungsaufträge – das komplette Termin-/Mengenraster pro Teil an das Fertigungssegment übergeben werden., So kann der Verantwortliche zukünftige Engpässe vorausschauend meistern. Die Fortschrittszahl eignet sich darüber hinaus ausgezeichnet für eine dezentrale Organisation, da sie ebenso wie der Kanban-Ansatz nach dem Hol-Prinzip arbeitet und zusätzlich vorausschauend die Anforderungen darstellt.

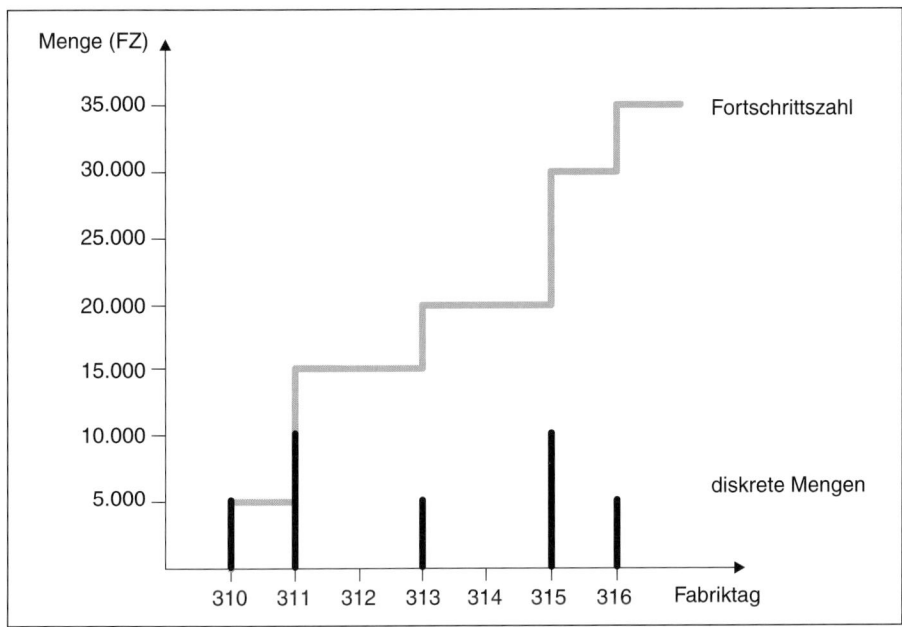

Abb. 3: *Diskrete Mengeninformation mit der Zeitachse verbunden*

### 7.5.6.5 Abgleich der Fortschrittszahlen-Regelkreise

Sollen Fortschrittszahlen für die gesamte logistische Steuerung eines Unternehmens, vom Rohstoff bis zum Endprodukt, eingesetzt werden, so sind pro Prozessstufe verschiedene FZ-Regelkreise einzuführen.

Die einzelnen Kreisläufe sind unabhängig voneinander und gleichen sich intern selbst aus. Der zentrale Regelkreis Materialwirtschaft stellt die Gesamtsicht pro Prozesselement dar und ist den Regelkreisen Produktion, Fremdfertigung und Einkauf hierarchisch übergeordnet. Er ist auch für den Austausch der Informationen über die einzelnen Prozessstufen hinweg verantwortlich. Die Regelkreise Produktion, Fremdfertigung oder Einkauf übernehmen – je nachdem, ob ein Teil eigengefertigt, fremdgefertigt oder eingekauft wird – die Steuerung mit dem jeweiligen Verantwortungsbereich. Durch den Vergleich zwischen Soll-Fortschrittszahl und Ist-Fortschrittszahl kann dabei jederzeit der aktuell offene Bedarf angezeigt werden.

Jedoch ist es zwingend erforderlich, dass die einzelnen FZ-Regelkreise auf demselben Stand der Information sind. Ist dies der Fall, so können die offenen Termin-/Mengenpaare zwischen den Regelkreisen bequem ausgetauscht werden. Das Gesamtsystem kann immer aktuelle Informationen liefern, und zwar über alle Produktionsstufen hinweg.

**Die FZ-Regelkreise brauchen abgestimmte Aufsetzpunkte**

Wie erfolgt der Fortschrittszahlenabgleich in diesem Szenario? Die Ausgangsbasen der jeweiligen Regelkreise müssen synchronisiert sein. Dies geschieht über die Ist-Fortschrittszahlen. Anhand des nachfolgenden Beispiels lässt sich der Sachverhalt geschickt erklären. Exemplarisch wird angenommen, dass ein Produkt auf der einen Seite selbst produziert und auf der anderen Seite zum Ausgleich von Kapazitätsspitzen fremdgefertigt

## 7.5 Produktionsplanung und -steuerung

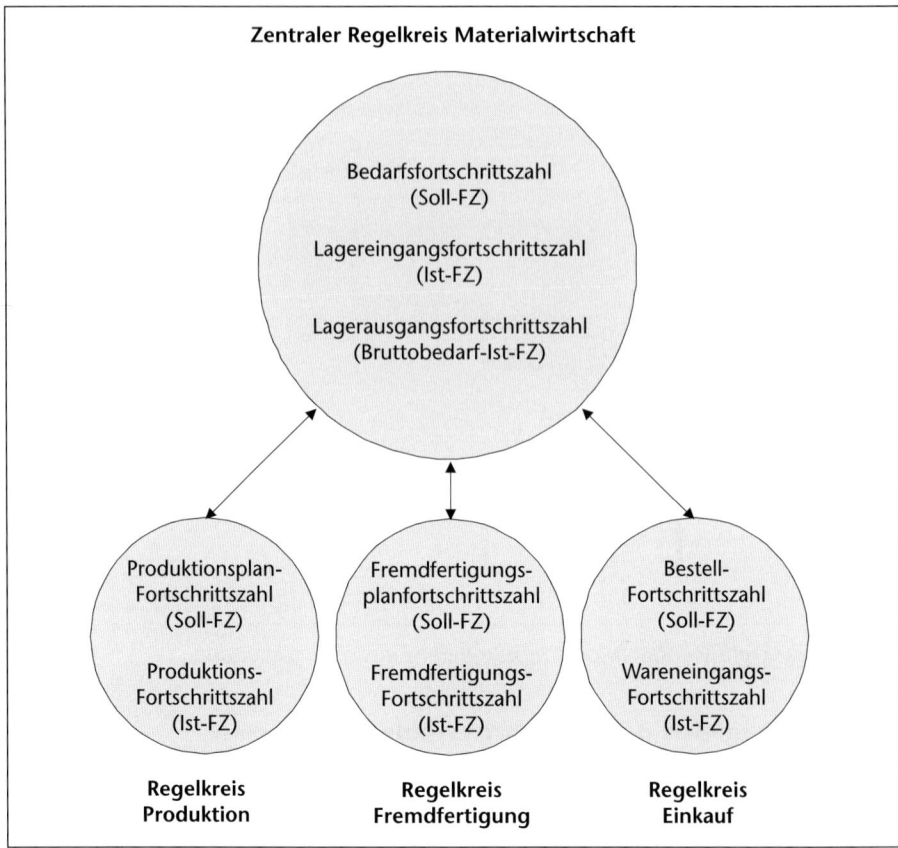

*Abb. 4: Fortschrittszahlen-Regelkreise*

wird. In diesem Umfeld wirken zwei Rückmeldungen, eine aus der Fremdfertigung und eine aus der eigenen Produktion.

**Ausgangssituation**

*Zentraler Regelkreis Materialwirtschaft*

Lagerausgangsfortschrittszahl = Null
Lagereingangsfortschrittszahl = 1.500 Stück

Am Rande betrachtet: Der Lagerbestand ist 1.500 Stück, nämlich Lagereingangsfortschrittszahl minus Lagerausgangsfortschrittszahl.

Termin-/Mengenpaare:

| Fabriktag | Planmenge | Fortschrittszahl |
|---|---|---|
| 310 | 1.000 | 2.500 |
| 312 | 500 | 3.000 |
| 314 | 1.000 | 4.000 |
| 315 | 500 | 4.500 |

*Regelkreis Produktion*

Als Rahmenbedingung wird angenommen, dass aufgrund der Auslastung an den einzelnen Tagen jeweils 500 Stück produziert werden können und die zusätzlichen Mengen in die Fremdfertigung gehen.

Produktionsfortschrittszahl = 1.000 Stück

Das bedeutet, nach Übergabe der Termin-/Mengenpaare entsteht folgender Fortschrittszahlenverlauf:

| Fabriktag | Planmenge | Fortschrittszahl |
|---|---|---|
| 310 | 500 | 1.500 |
| 312 | 500 | 2.000 |
| 314 | 500 | 2.500 |
| 315 | 500 | 3.000 |

*Regelkreis Fremdfertigung*

Fremdfertigungsfortschrittszahl = 500 Stück

Für das Termin-/Mengenraster folgt:

| Fabriktag | Planmenge | Fortschrittszahl |
|---|---|---|
| 310 | 500 | 1.000 |
| 314 | 500 | 1.500 |

Grafisch dargestellt ergibt sich folgendes Bild:

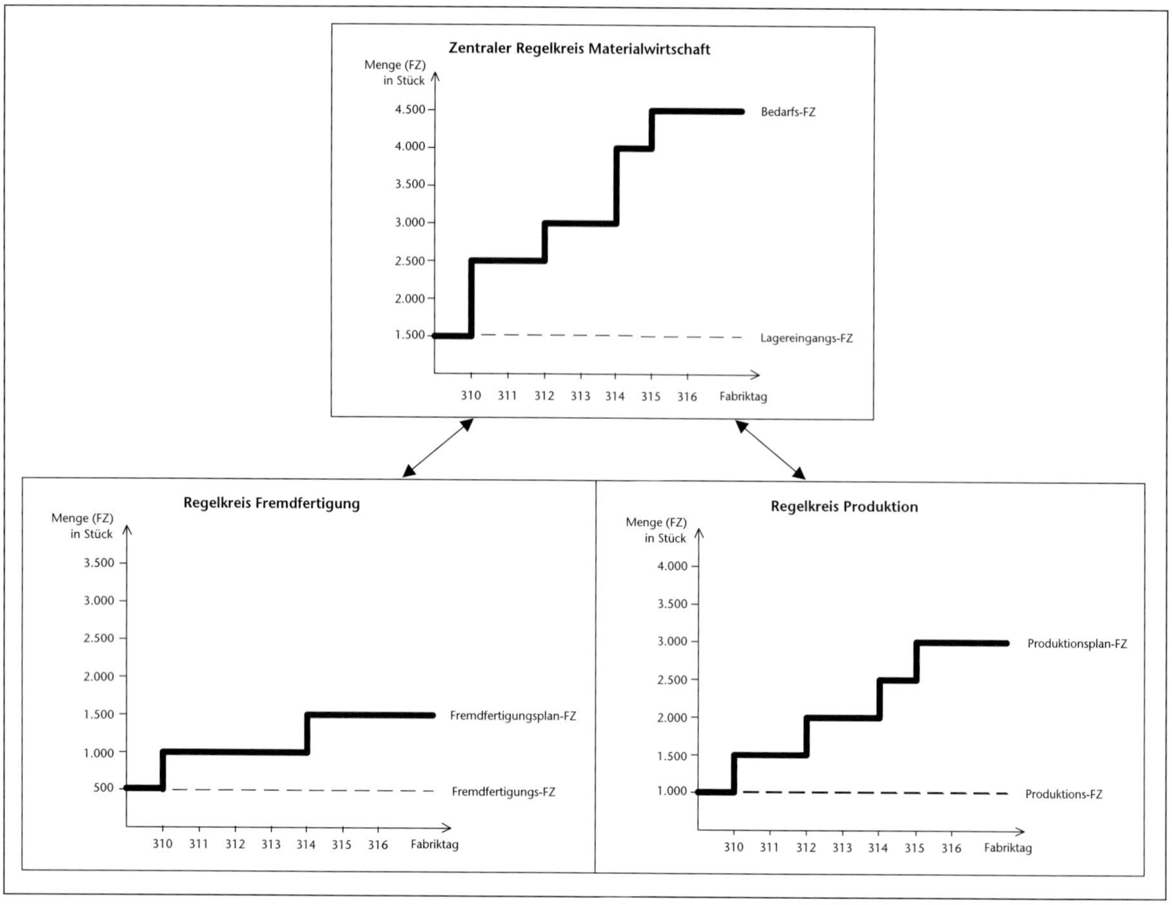

## 7.5 Produktionsplanung und -steuerung

*Abb. 5: Ausgangssituation der Regelkreissteuerung*

Die Ausgangssituation besagt:

In der Fremdfertigung sind zum Fabriktag 310 500 Stück offen. Und im Regelkreis Produktion gilt dasselbe. Somit weist der zentrale Regelkreis Materialwirtschaft eine offene Menge von 1.000 Stück aus.

### Rückmeldung Fremdfertigung

**In FZ-Regelkreise ist jederzeit Brutto- und Nettobedarf sichtbar!**

Aus der Fremdfertigung werden 500 Stück pünktlich zum Fabriktag 310 geliefert. Abbildung 6 stellt das daraus entstandene Fortschrittszahlengefüge dar.

Der Regelkreis Fremdfertigung ist korrekt aktualisiert, denn der nächste offene Bedarfstermin ist am Termin 314. Der zentrale Regelkreis Materialwirtschaft weist noch eine offene Menge von 500 Stück am Fabriktag 310 aus, und man erkennt sofort, dass hier noch die Rückmeldung aus der Produktion fehlt.

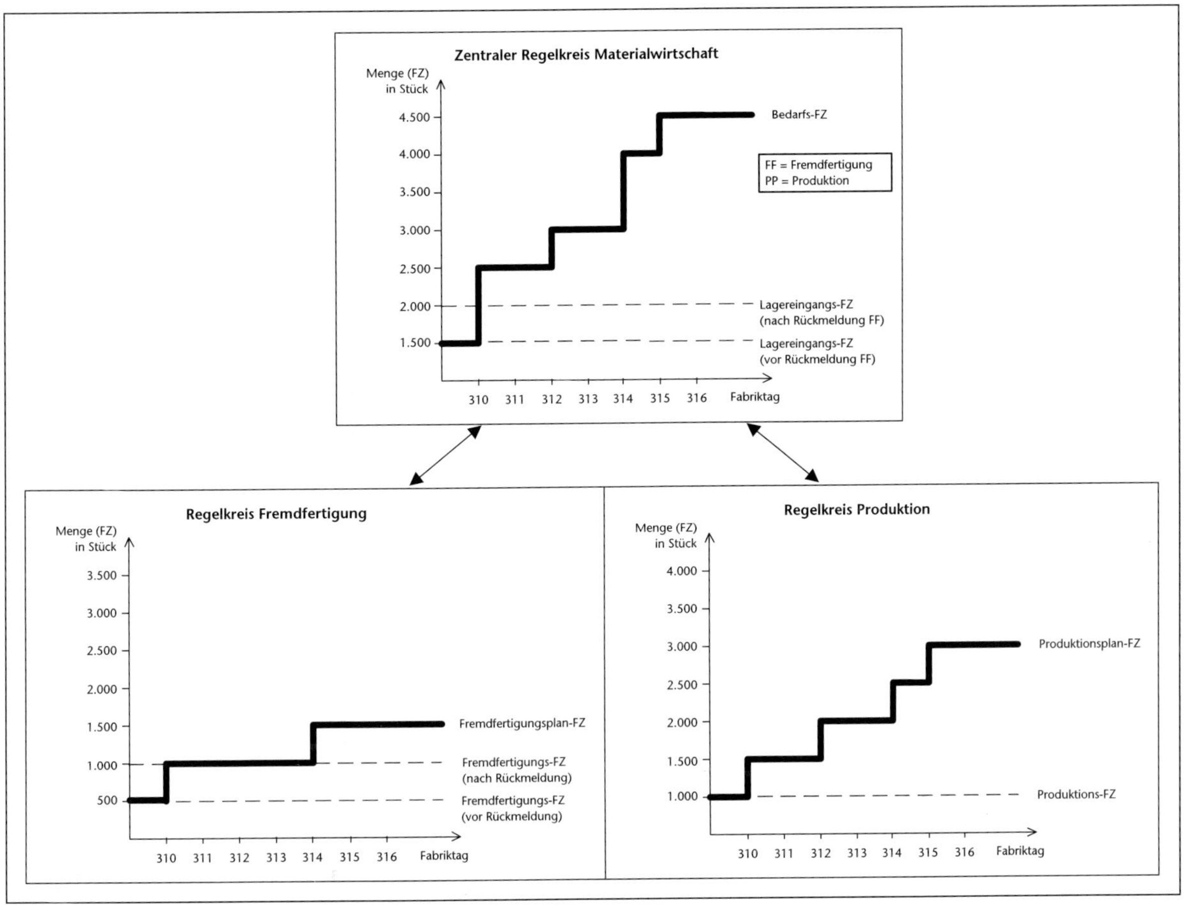

*Abb. 6: Rückmeldung von 500 Stück aus der Fremdfertigung*

**Rückmeldung Produktion**

Aus der eigenen Produktion werden nur 250 Stück zum Fabriktag 310 abgeliefert. Die Regelkreise werden wie in Abbbildung 7 dargestellt aktualisiert.

Im Regelkreis Produktion erkennt man sofort, dass 250 Stück fertig gemeldet sind, und dass deshalb noch 250 Stück fehlen. Im zentralen Regelkreis Materialwirtschaft wird durch die Erhöhung der Lagereingangsfortschrittszahl ebenfalls ein korrektes Ergebnis ausgewiesen. Sogar den aktuellen Lagerbestand kann man über die Fortschrittszahlen errechnen: Lagereingangsfortschrittszahl minus Lagerausgangsfortschrittszahl.

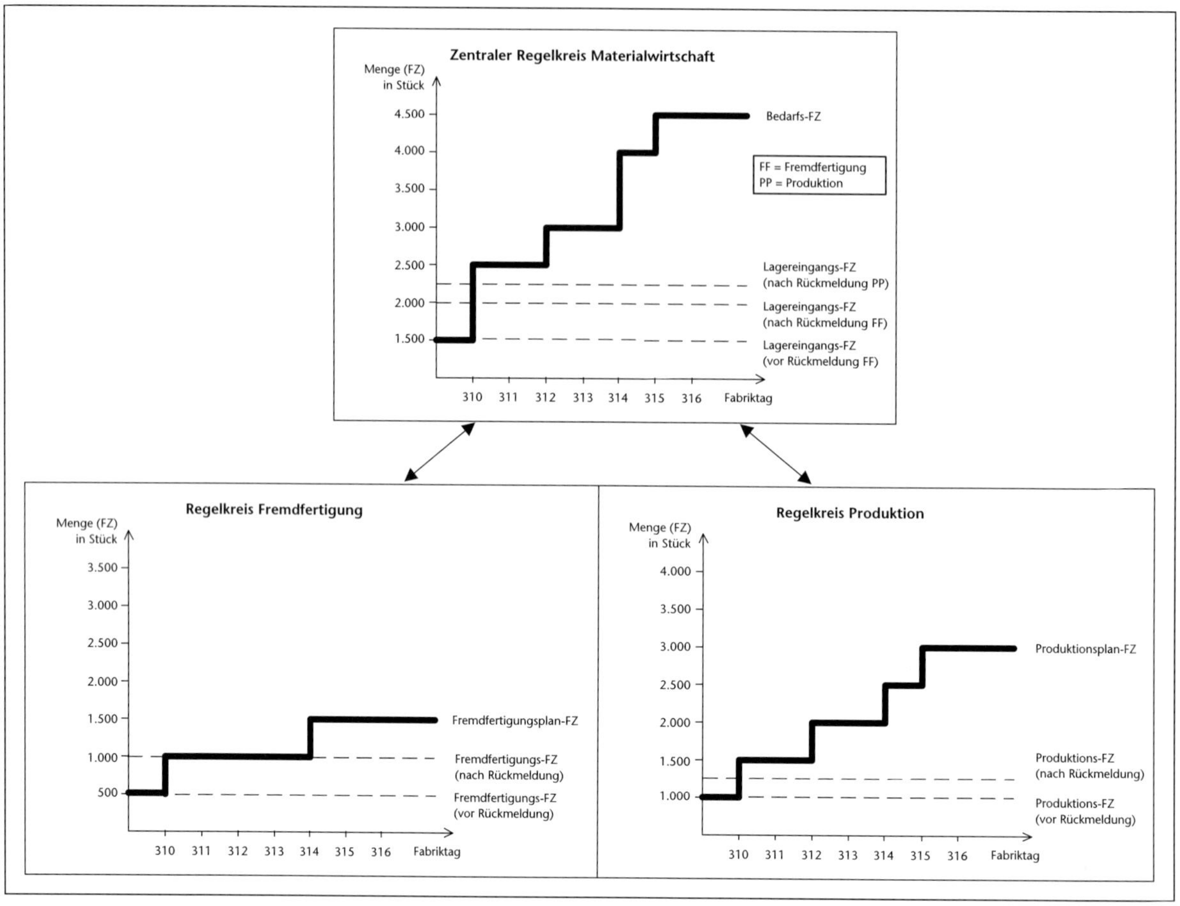

## 7.5 Produktionsplanung und -steuerung

*Abb. 7: Rückmeldung von 250 Stück aus der Produktion*

### 7.5.6.6 Nutzen von Fortschrittszahlen

**Warum Fortschrittszahlen statt MRP-Steuerung?**

Mithilfe der Wirkungsweise von Fortschrittszahlen können klassische ERP-Systeme ideal um Planungs- und Steuerungsfunktionen ergänzt werden, die eine bedarfsorientierte Serienfertigung effizient unterstützen. Herrscht im Unternehmen die Lager- und Steuerungsstrategie »first in first out« (FIFO) vor, so kommen über die Verwendung von Fortschrittszahlen folgende Leistungsmerkmale zum Tragen:

- Die Fortschrittszahl verbindet diskrete Mengenangaben mit der Zeitachse, somit kann jederzeit der Verlauf von Bedarf und Deckung dargestellt werden.

- Durch die Einbeziehung von Erfahrungswerten (Kapazitätsschranken) kann in einem Fortschrittszahlensystem neben der Verantwortung auch die Leistungsgrenze der einzelnen selbstverantwortlichen Produktionsbereiche dynamisch visualisiert werden.

- Durch den Soll-Ist-Vergleich zweier bedingender Fortschrittszahlenreihen können, unter Berücksichtigung der Komponente Zeit, absolute und relative Differenzinformationen gewonnen werden.

*Absolute Kenngrößen:*
- Über-/Unterdeckung in Mengeneinheiten (z.B. Stück)
- Über-/Unterdeckung in Zeiteinheiten (z.B. Tage)

*Relative Kenngrößen:*
- Über-/Unterdeckung in Prozent (über die Zeitachse gewichtet)

- Mithilfe von regelmäßig durchgeführten Soll-Ist-Vergleichen zur Überwachung der einzelnen Produktionsbereiche, kann über Fortschrittszahlen die Liefertreue bewertet werden. Zum Beispiel lässt sich dann einfach feststellen, wann ein eventueller entstandener Rückstand abgearbeitet wurde.

- Hohe Transparenz der Bedarfssituation, da jederzeit der Brutto- und Nettobedarf verfügbar ist.

- Außerordentliche Aktualität des Bearbeitungsstandes im Unternehmen, da in einer Fortschrittszahlendisposition nicht jeweils eine Nettorechnung notwendig ist, um die ausstehenden, d.h. noch zu liefernden Mengen zu ermitteln.

- Schneller Informationsfluss über alle Produktionsstufen ist gewährleistet, da die einzelnen Fortschrittszahlen-Regelkreise immer auf dem aktuellen Stand der Information sind.

### 7.5.6.7 Fortschrittszahlen in einer ERP-Anwendung

Die Leistungsmerkmale der Fortschrittszahlen können in ERP-Anwendungen verwirklicht werden. Hier steht weniger die technische Realisierung im Mittelpunkt, sondern es wird auf die betriebswirtschaftlichen Abläufe und Funktionen Wert gelegt. Diese Abläufe und Funktionen zeigen beispielhaft die Möglichkeiten mit Fortschrittszahlen auf:

Für das weitere Verständnis wesentlich, sollen hier zwei Begriffe erläutert werden:

**Wie sieht eine Fortschrittszahlenanwendung in der Praxis aus?**

- **Prozesselement**
  In dezentralen Produktionsstrukturen gilt es, den logistischen Fluss gesamtheitlich darzustellen. Bei Prozesselementen handelt es sich um Arbeitspakete oder Teile, die im Unternehmen selbst oder auswärts erstellt werden.

- **Kapazitätseinheit**
  Die Kapazitätseinheit ist der Produktionsbereich, der für die Erstellung des Erzeugnisses verantwortlich ist. Dabei kann es sich um einen Lieferanten, Fremdfertiger oder einen eigenen Produktionsbereich handeln.

Somit können alle am Produktionsprozess beteiligten Partner einheitlich geplant und gesteuert werden.

Das System FLIS (Fortschrittszahlen Logistik Informations- und Steuerungssystem) besteht aus den Bausteinen Frühwarnsystem, Planung und Steuerung. In Abbildung 8 ist der Gesamtaufbau dargestellt.

In einer bedarfsorientierten Serienfertigung steht immer die Frage im Mittelpunkt: Welches sind die kritischen Faktoren, die den zielorientierten Gesamtprozess gefährden? Diese Faktoren können mittels Frühwarnsystem überwacht werden. Durch die simultane Planung von Material und Kapazitäten über Fortschrittszahlen steht jederzeit der aktuelle Bedarfs- und Bearbeitungsstand zur Verfügung. Die Komponente ist in die Bereiche Kapazität, Bedarf, Deckung und Simulation unterteilt. Im Bereich Kapazität erkennt man, über alle Kapazitätseinheiten hinweg, eine eventuelle Kapazitätsunter- bzw. -überdeckung. Die Bedarfsüberwachung zeigt die Abweichungen, Bedarf mit bestehendem Plan, auf. Dabei wird ebenso, wie der manuelle Plan, der automatisch generierte Plan verglichen, denn durch die Dispositionsparameter (wie z.B. Festschreibungszeitraum) können auch hier kritische Faktoren entstehen. Die Deckungsüberwachung zeigt an, ob die einzelnen Kapazitätseinheiten, wie geplant, die Mengen zurückmelden. Denn der beste Plan ist hinfällig, wenn er nicht eingehalten wird.

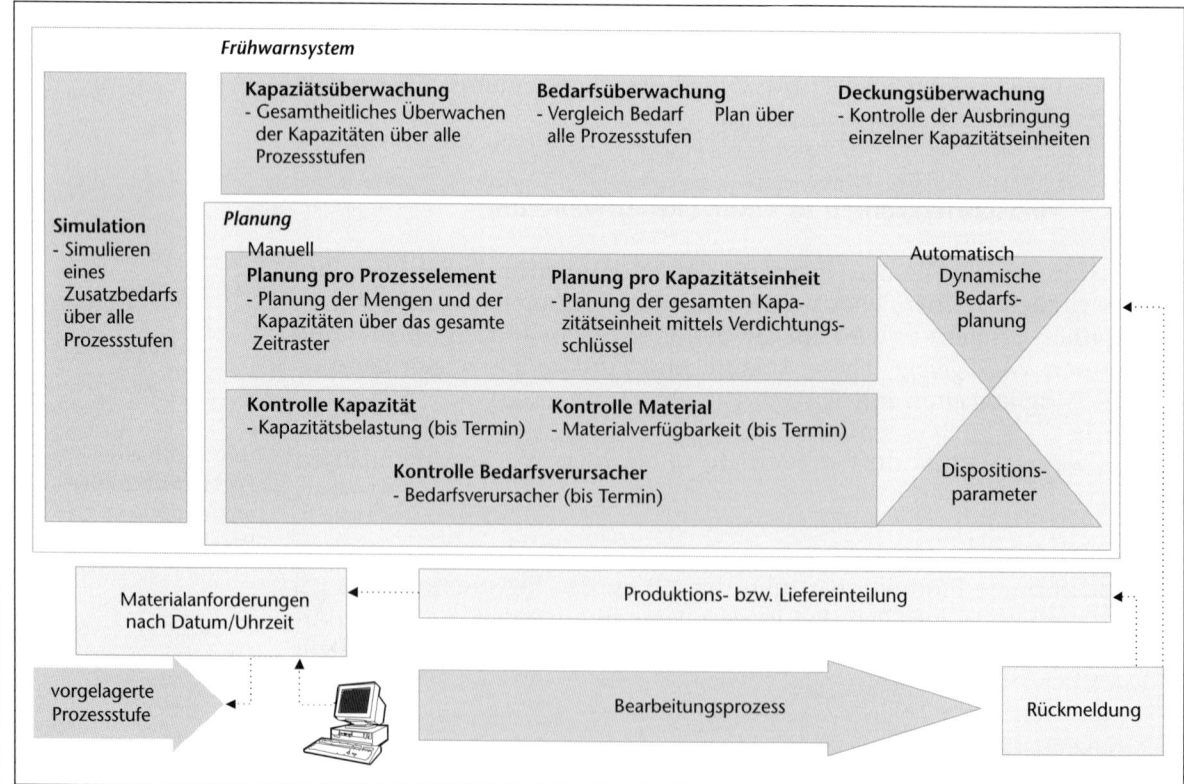

*Abb. 8: FLIS Fortschrittszahlen Logistik Informations- und Steuerungssystem*

Ergänzt wird das Frühwarnsystem durch eine dialogorientierte Simulation. Hier kann über alle Prozessstufen hinweg überprüft werden, ob ein Zusatzbedarf bis zu einem bestimmten Zeitpunkt gefertigt werden kann oder nicht.

Soll die Planung auf einer bestimmten Prozessstufe manuell erfolgen oder wird eine automatische Planung manuell überarbeitet, dann stehen verschiedene Planungsmöglichkeiten zur Verfügung. Es kann auf der einen Seite ein Prozesselement isoliert oder auf der anderen Seite eine komplette Kapazitätseinheit beplant werden. Wird ein einzelnes Prozesselement manuell geplant, so kann der Anwender zwischen einer Planung über den Bedarf oder die Kapazität auswählen. Bei der Planung einer gesamten Kapazitätseinheit erfolgt die Planung gleichzeitig über Bedarf und Kapazität. Dabei gibt der Benutzer mittels eines variablen Verdichtungsschlüssels ein Periodenraster vor, über das er plant. Die Planung über die Kapazitätseinheit wird vorwiegend zur kurzfristigen Planung verwendet und ergänzt die automatische Bedarfsplanung in dem Fall, in dem ein einzelner Verantwortungsbereich seinen Dispositionsspielraum ausnutzen möchte.

Die manuelle Planung wird ergänzt durch drei Kontrollfunktionen: Kapazitätsauslastung, Materialverfügbarkeit und Anzeige Bedarfsverursacher. Die Kapazitätsauslastung und die Materialverfügbarkeit unterstützt den Anwender bei der Realisierung der Bedarfsanforderungen. Ist jedoch eine Bedarfsanforderung absolut nicht abzuwickeln, so hat er über die Anzeige Bedarfsverursacher eine Möglichkeit, Prioritäten zu setzen und kann evtl. den Bedarf vernachlässigen, bei dem am wenigsten Schwierigkeiten auftreten.

Die Produktions- und Liefereinteilung stellt das Ergebnis der Planung dar. Mittels des Systems Materialanforderungen kann jeder Verantwortungsbereich bei den entsprechenden vorgelagerten Stellen seine Bedarfe an Vormaterial zeitgenau bestellen. Bei diesem Modul handelt es sich um ein untergelagertes Meldemodul, das zwar aus der Produktions- und Liefereinteilung automatisch gespeist werden kann, aber vorwiegend, direkt aus der Bearbeitungssituation, durch Bildschirmeingabe aktiviert wird.

### 7.5.6.8 Frühwarnsystem

Mittels Frühwarnsystem kann der gesamte logistische Fluss innerhalb der Wertschöpfungskette überwacht werden. Die verfügbaren Funktionen sind in die Komponenten Kapazität, Bedarf und Deckung aufgeteilt.

Dies ist notwendig, da aus allen diesen Gesichtspunkten Schwierigkeiten für den Gesamtprozess entstehen können. Ergänzt wird das Frühwarnsystem um die Komponente Simulation. Damit lassen sich neue Bedarfsanforderungen vor der Einplanung auf Machbarkeit und Verfügbarkeit entlang der gesamten Prozesskette prüfen.

**Die Disposition im Unternehmen arbeitet mehr als Frühwarnsystem, weniger als ausführende Abteilung**

## 7.5 Produktionsplanung und -steuerung

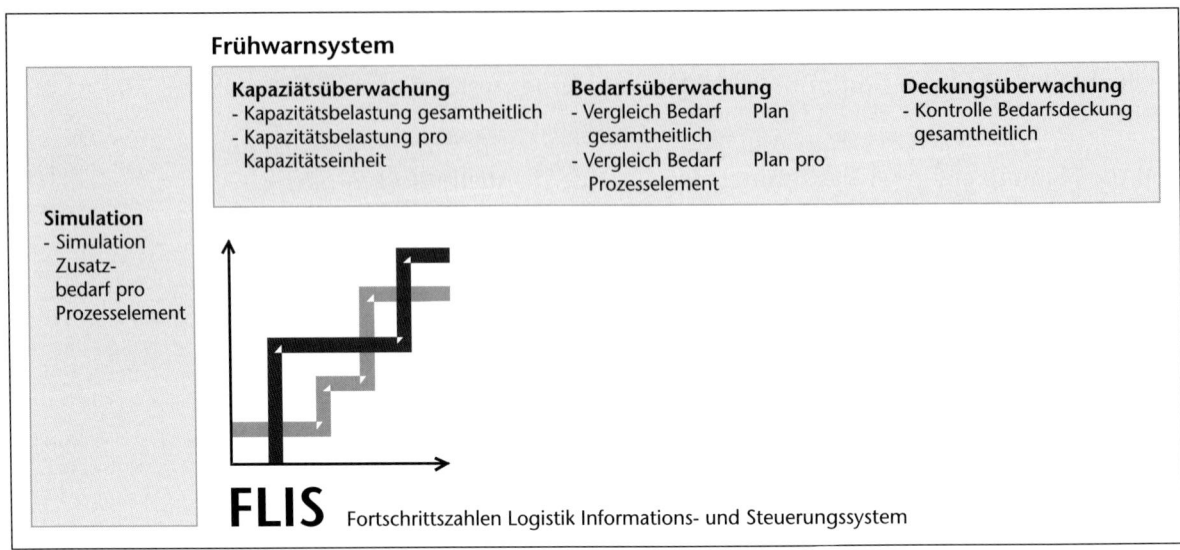

Abb. 9: Komponenten des Moduls Frühwarnsystem

### Kapazitätsüberwachung

Die Kapazitätsüberwachung bietet zum einen den gesamtheitlichen Überblick über die Belastung aller Kapazitätseinheiten und zum anderen den Kapazitätsverlauf innerhalb einer Kapazitätseinheit.

*Kapazitätsauslastung gesamtheitlich*

**Kapazitätsauslastung über alle Bereiche immer aktuell**

Die Kapazitätsauslastung wird in dem System ebenfalls, wie die Mengen, über Fortschrittszahlen berechnet. Dabei ist die Einheit Stunden. Diese Betrachtungsweise ermöglicht es dem Anwender jederzeit einen transparenten Überblick über die benötigte Gesamtkapazität bis zu einem bestimmten Zeitpunkt zu erhalten. Außerdem sind diese Informationen immer aktuell, da bei der Rückmeldung von Prozesselementen immer die Belastungsfortschrittszahl aktualisiert wird, und diese Aufsetzfortschrittszahl wird bei jedem Aufruf der Transaktion »Kapazitätsbelastung gesamtheitlich« mit der jeweiligen Belastungsplanfortschrittszahl eines Prozesselementes verrechnet.

In der Transaktion selbst wird in der Tabelle jede Erhöhung der Belastungsplanfortschrittszahl einer Kapazitätseinheit ausgewertet (s. Abb. 10).

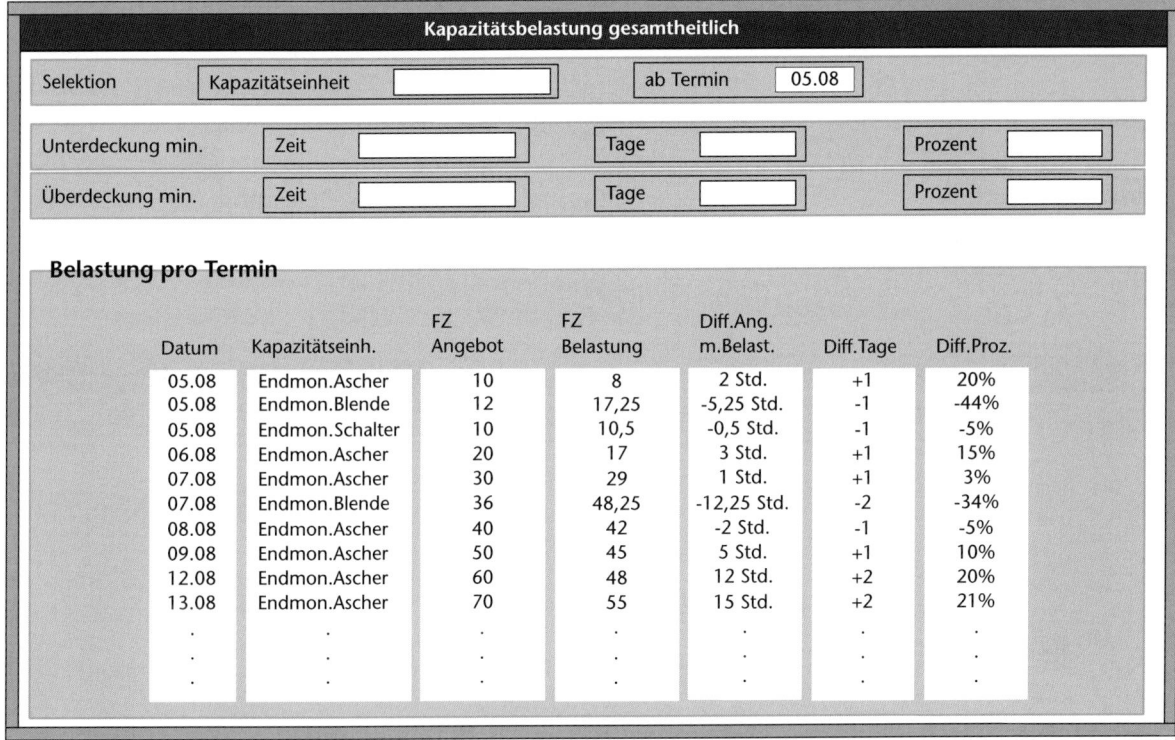

*Abb. 10: Maske »Kapazitätsbelastung gesamtheitlich«*

Die Selektion der Informationsbasis kann beispielsweise über die Kapazitätseinheit und das »ab Datum« ausgeführt werden.

Diese Informationsbasis kann weiter über die Auswertungsmöglichkeiten von Fortschrittszahlen eingeschränkt werden. Es stehen relative und absolute Differenzinformationen zur Verfügung, die nach Unter- und Überdeckung unterschieden werden.

- **Absolute Differenz**

    Zeit: Wie viel Stunden umfasst die Unter- bzw. Überdeckung? Die Auswertungsbasis ist das Kapazitätsangebot.

    Tage: Wie lange dauert die Differenz an? Es wird der Schnittpunkt mit der jeweils anderen Fortschrittszahlenkurve als Basis genommen.

- **Relative Differenz**

    Prozent: Wie viel Prozent umfasst die Über- bzw. Unterdeckung? Ausgangsbasis für diese Information sind die beiden FZ-Kurven, die um den Aufsetzpunkt reduziert werden. Dadurch ist diese Information entlang der Zeitachse gewichtet, was den Vorteil hat, dass kurzfristige Änderungen höher bewertet werden als langfristige. (In einer bedarfsorientierten Serienfertigung treten hier sowieso noch Änderungen auf.)

## 7.5 Produktionsplanung und -steuerung

In der Tabelle werden die über Selektion und Einschränkung Unter- bzw. Überdeckung ausgewählten Daten angezeigt. Die Spaltenfelder entsprechen den obigen Auswahlkriterien.

*Kapazitätsbelastung pro Kapazitätseinheit*

**Kapazitätsauslastung als Fortschrittszahlenvergleich**

Soll der Verlauf von Kapazitätsangebot und -belastung für eine Kapazitätseinheit detailliert betrachtet werden, so steht die Maske »Kapazitätsbelastung pro Kapazitätseinheit« zur Verfügung. Hier werden die beiden FZ-Kurven grafisch verglichen.

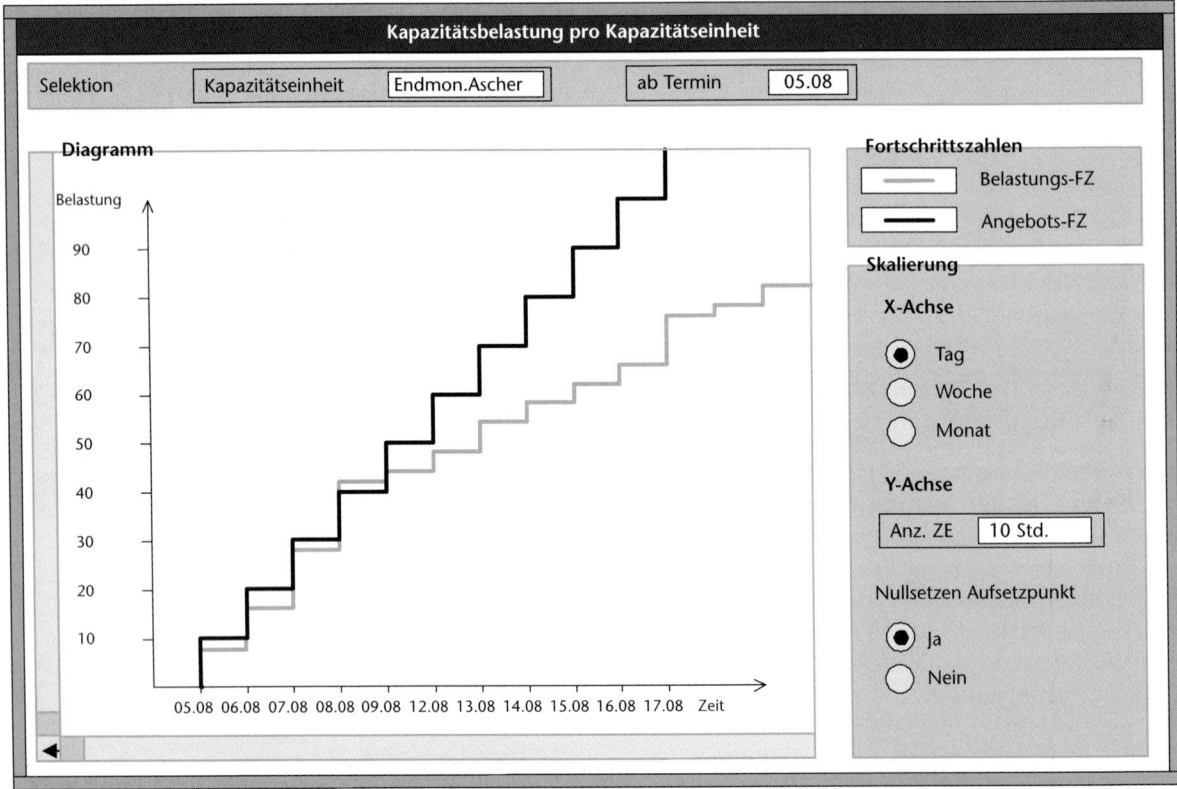

*Abb. 11: Kapazitätsbelastung pro Kapazitätseinheit*

Über die Skalierung kann der Anwender seine gewünschte Sichtweise über die beiden Fortschrittszahlenkurven einstellen. Die Nullsetzung des Aufsetzpunktes ermöglicht es, die Anzeige immer ab dem aktuellen Stand anzuzeigen. Denn, oftmals ist es völlig uninteressant, dass die Belastungs-FZ seit der letzten Nullsetzung auf einen Wert von beispielsweise 3.567 Stunden aufgelaufen ist.

Wünscht der Benutzer zu einer Abweichung detaillierte Informationen, so kann er durch einfachen Mausklick auf einer der beiden Fortschrittszahlenkurven das Fenster »Kapazitätsbelastung Detail« aufblenden.

Bei genauem Betrachten stellt man fest, dass es sich dabei um die Informationen einer Tabellenzeile aus der Transaktion »Kapazitätsbelastung gesamtheitlich« handelt.

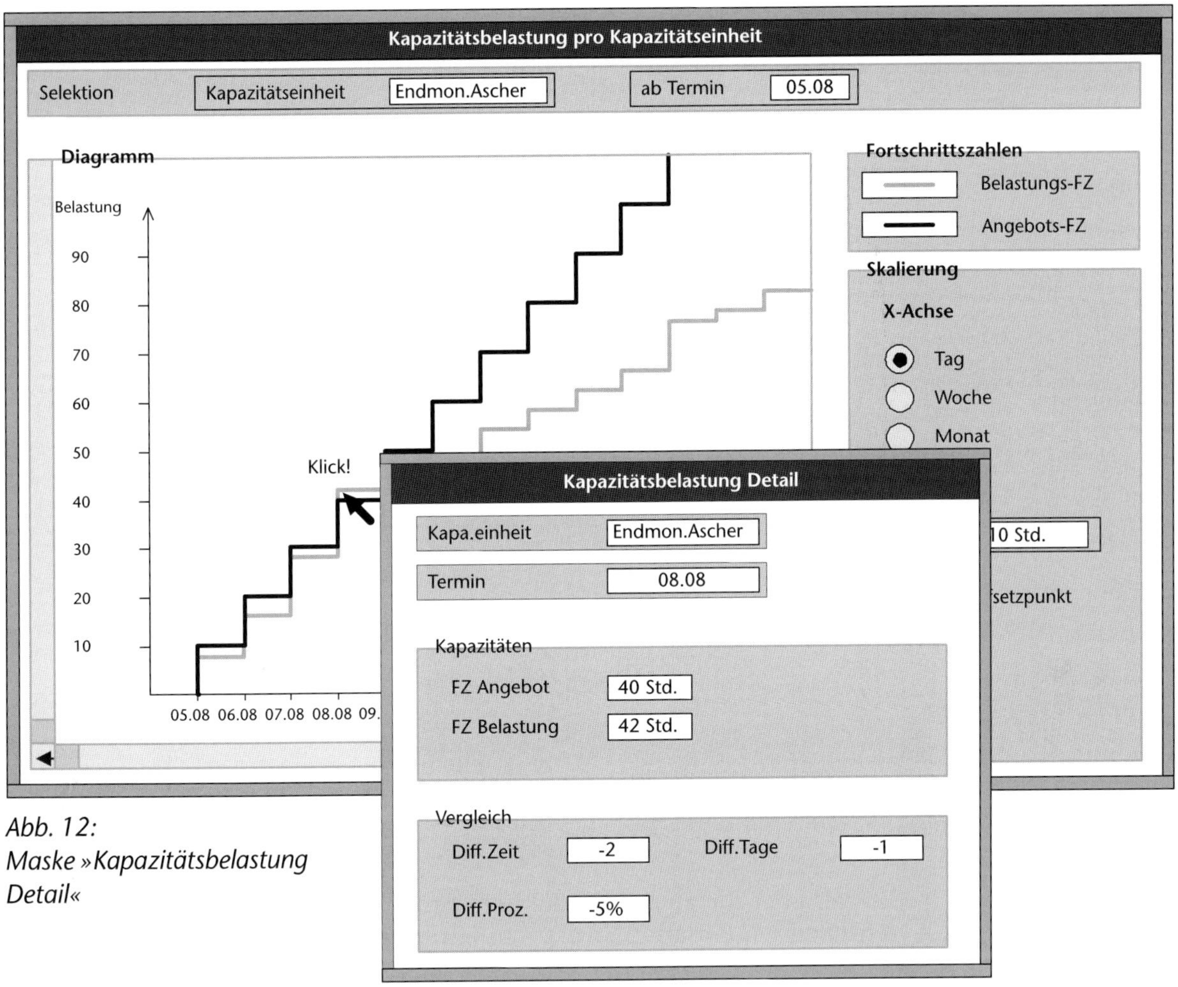

*Abb. 12:*
*Maske »Kapazitätsbelastung Detail«*

## Bedarfsüberwachung

Mit der Bedarfsüberwachung besteht die Möglichkeit, die aktuellen Bedarfsanforderungen mit dem bestehenden Plan zu vergleichen. Mit dieser Überwachungsfunktion werden auch automatisch erstellte Pläne mit dem Bedarf gegenübergestellt, da durch die Restriktion von Dispositionsparametern (z.B. Festschreibungszeitraum) genauso Abweichungen auftreten können.

*Vergleich Bedarf ↔ Plan gesamtheitlich*

Der Einstieg in diese Transaktion bietet dem Anwender einen Überblick, wie stark ein Plan vom Bedarf abweicht, und das über alle Prozessstufen hinweg. Wichtig ist zum Beispiel, die Problemstellen herauszufiltern, bei denen der Bedarf nicht gedeckt ist.

**Bedarfs-, Plan- und Ist-Zahlen sind jederzeit aktuell**

Über einen variablen Selektionsteil kann die Informationsbasis eingeschränkt werden. Da es sich bei Kapazitätseinheiten um Lieferanten, Fremd-

## 7.5 Produktionsplanung und -steuerung

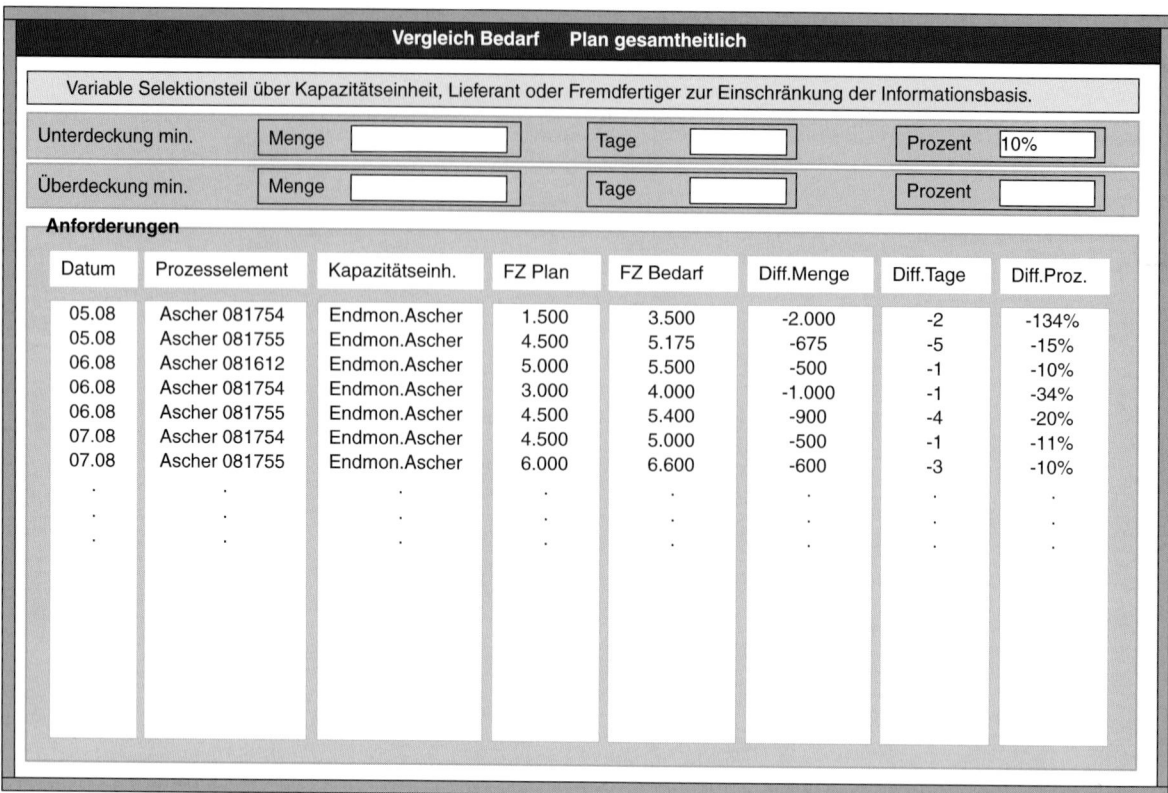

*Abb. 13: Vergleich Bedarf ↔ Plan gesamtheitlich*

fertiger oder die eigene Produktion handelt, können hier optimal die dezentralen Organisationsstrukturen kontrolliert werden.

Ebenso wie bei der Kapazität ist die weitere Einschränkung über Unter- und Überdeckung möglich. Hat man zum Beispiel die Nachricht, dass für einen Produktionsbereich in den Stammdaten ein Sicherheitsvorlauf von einem Tag verankert ist, so interessieren letztendlich nur die Abweichungen, die größer als dieser eine Tag sind. Alles andere muss der Bereich selbst erledigen.

Was in der Tabelle auffällt, ist die Mengendarstellung. Hier werden über den Fortschrittszahlenansatz nur die kumulierten offenen Plan- bzw. Bedarfsmengen dargestellt, die bis zu einem bestimmten Termin aufgelaufen sind. Der jeweilige Termin ergibt sich aufgrund der Veränderung einer der beiden Vergleichskurven. Über die kumulierte Sichtweise, die immer automatisch aktualisiert wird, kann sich der Anwender jederzeit ein Bild machen, ob eine Kapazitätseinheit die erforderlichen Mengen ausbringen wird oder nicht.

Wird über diese Maske ein Problemteil erkannt, so kann das Teil mit der folgenden Maske detailliert betrachtet werden.

*Vergleich Bedarf ↔ Plan pro Prozesselement*

In der Maske wird der Bedarfs- und Planungsverlauf eines Prozesselementes konkret dargestellt. Die grafische Form bietet dem Benutzer eine hervorragende Möglichkeit schnell und übersichtlich die Abweichungen zu erkennen.

**Die zeitliche Komponente wird beim Vergleich immer berücksichtigt**

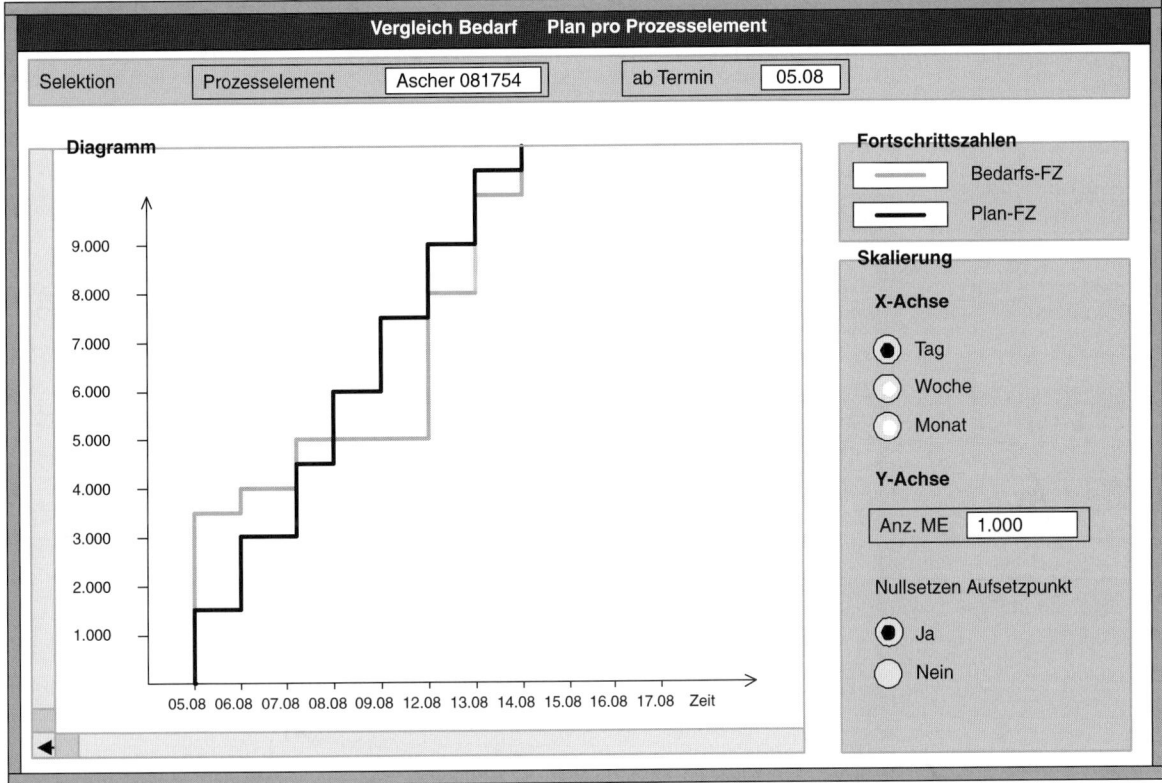

Abb. 14: *Vergleich Bedarf ↔ Plan pro Prozesselement*

Die Skalierung der Grafik ist ähnlich, wie bei der Auswertung Kapazitätsdetail beschrieben, einstellbar. Jedoch handelt es sich bei der Anzahl Mengeneinheiten um Größen wie Stück, Kilogramm, etc. Auch hier ist der Zugriff auf Detailinformationen durch einfaches Anklicken einer der beiden Fortschrittszahlenkurven möglich.

Die Detailinformationen entsprechen einer Zeile aus der Maske »Vergleich Bedarf ↔ Plan gesamtheitlich«.

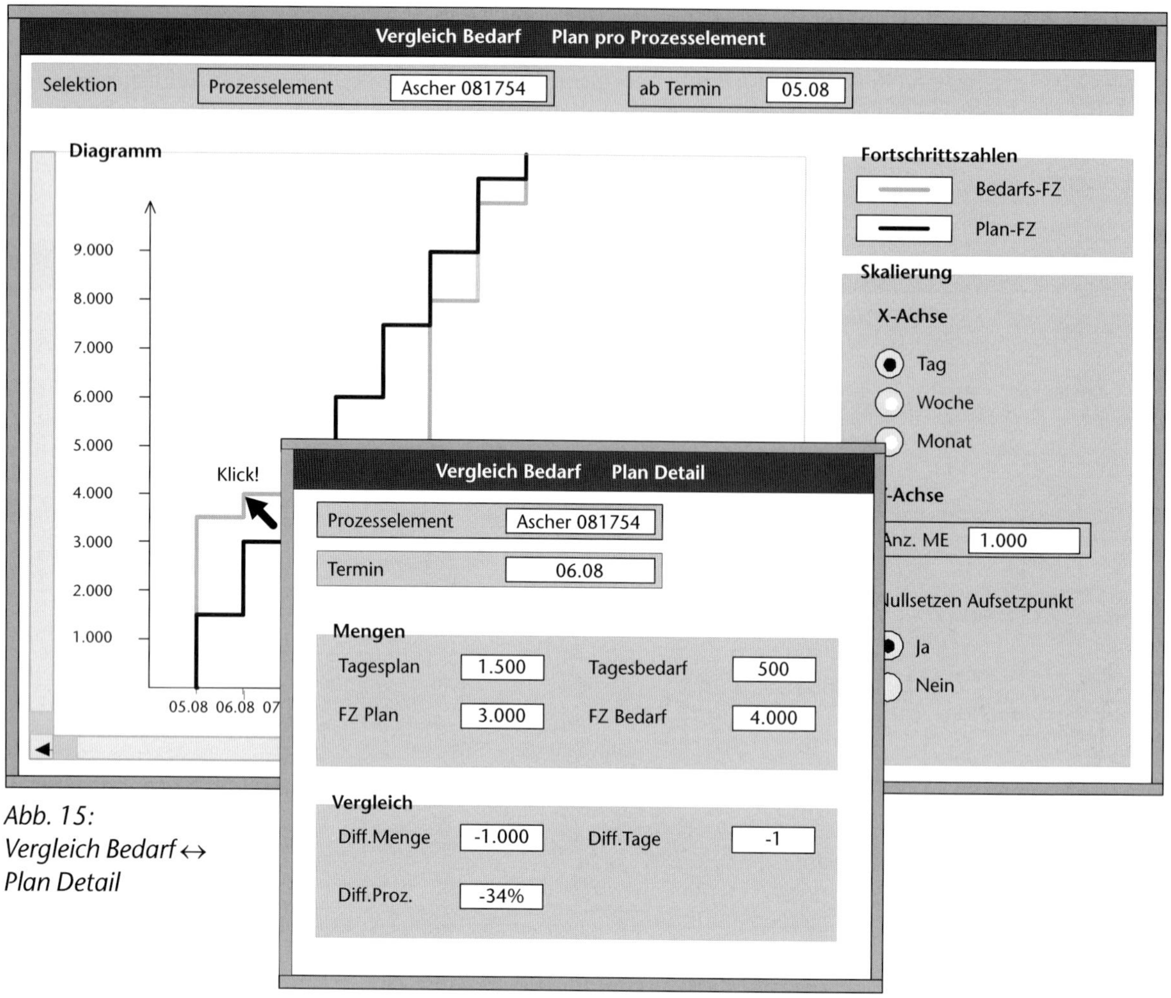

## 7.5 Produktionsplanung und -steuerung

*Abb. 15:*
*Vergleich Bedarf ↔*
*Plan Detail*

### Deckungsüberwachung

Ein Prozess kann nicht nur deshalb fehlschlagen, weil der Bedarf vom Plan abweicht, sondern auch infolgedessen, dass die einzelnen dezentralen Produktionsbereiche nicht die geforderte Mengen ausbringen. Der beste Plan ist zum Scheitern verurteilt, wenn er nicht eingehalten wird. Dies kann über die Deckungsüberwachung kontrolliert werden.

*Kontrolle Bedarfsdeckung gesamtheitlich*

Die Maske »Kontrolle Bedarfsdeckung gesamtheitlich« zeigt für alle Prozesselemente den Rückmeldestatus an.

Über den variablen Selektionsteil kann die Informationsbasis eingeschränkt werden. Hier ist es ebenso wie in allen anderen Überwachungsmasken möglich, eine weitere Einschränkung mittels Unter- und Überdeckung durchzuführen.

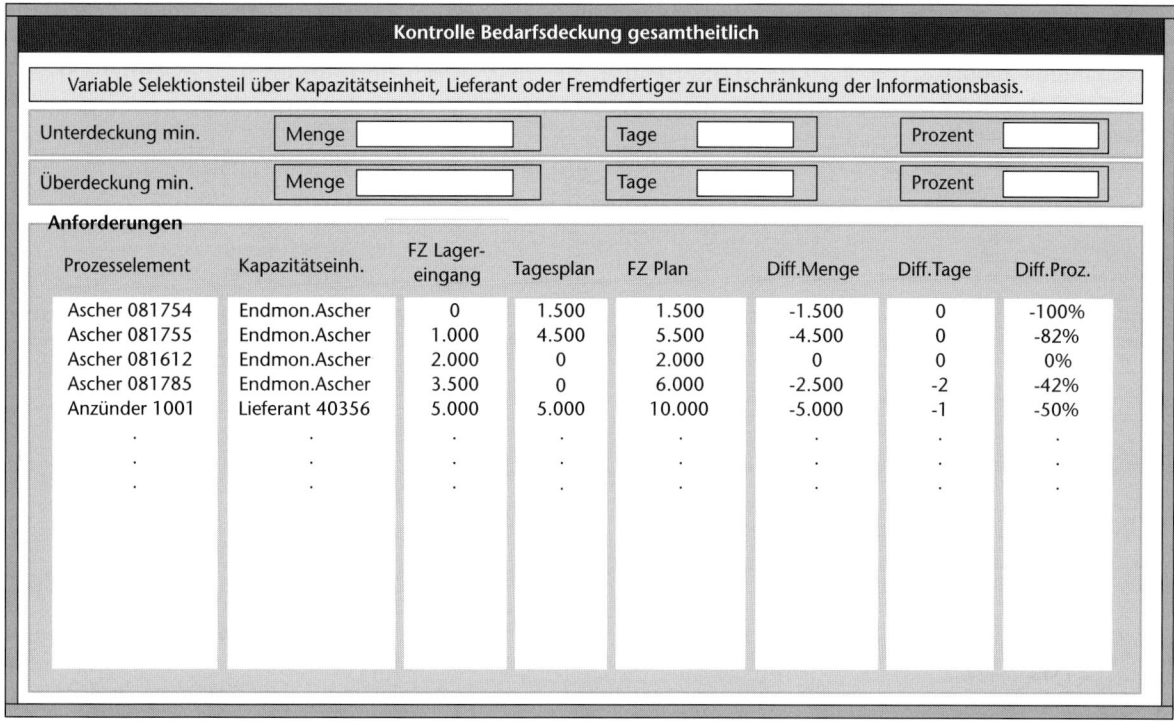

Abb. 16: Maske »Kontrolle Bedarfsdeckung gesamtheitlich«

Die Tabelle geht immer vom aktuellen Planungsstand aus. Die Aufsetzfortschrittszahl ist dabei die Basis für alle Zahlwerte. Besonders hervorzuheben sind die Felder

- kumulierter Lagerzugang,
- Tagesplan und
- FZ Plan.

**Die Kontrolle der Bedarfsdeckung ist ein ganz wesentlicher Faktor**

Aus diesen Feldern können ganz wesentliche Informationen gewonnen werden.

Wenn ein Anwender z.B. um neun Uhr morgens in die Deckungsüberwachung einsteigt, und er eine Kapazitätseinheit kontrollieren möchte, dann ist es relativ unwahrscheinlich, dass die Tagesplan-Mengen schon produziert, geschweige denn zurückgemeldet sind. Vergleicht er die Differenzmenge mit dem aktuellen Tagesplan, so erkennt er sofort, ob hier weitere Mengen (außer Tagesplan) fehlen. Erst dann gilt es zu handeln.

### Simulation

Eine sehr schöne Möglichkeit, die gerade die Anwendung von Fortschrittszahlen bietet, ist die durchgängige Simulation von Bedarfsanforderungen über die gesamte Prozesskette, und zwar im Dialog.

## 7.5 Produktionsplanung und -steuerung

*Simulation Zusatzbedarf pro Prozesselement*

**Durchgängige Simulation vom Rohstoff bis zum Endprodukt ist eine Spezialität von Fortschrittszahlen**

Die Einsatzmöglichkeiten der dialogorientierten Simulation kann anhand eines Beispiels hergeleitet werden. Nehmen wir einmal an, es meldet sich ein Kunde am Telefon. Er möchte von einem bestimmten Teil kurzfristig eine Zusatzlieferung von 1.000 Stück. Mithilfe der nachfolgenden Maske ist es denkbar, dass man ihm sofort antworten kann, ob diese Anforderung grundsätzlich realisierbar ist.

### Simulation Zusatzbedarf pro Prozesselement

| Selektion | Prozesselement | Schalter 083709 | bis Termin | 06.08 | Zusatzbedarf | 1.000 |
|---|---|---|---|---|---|---|

**bestehende Mengenplanung Prozesselement (bis Termin)**

| FZ Plan | 500 | FZ Bedarf | 0 | Diff.Plan m.Bedarf | 500 |
|---|---|---|---|---|---|
| Diff.Tage | 2 | Diff.Prozent | 2% | | |

**bestehende Kapazitätsplanung Prozesselement (bis Termin)**

| Kapazitätseinheit | Endmon.Schalter | Zusatzbelast.brutto | 2 Std. | Zusatzbelast.netto | 1 Std. |
|---|---|---|---|---|---|
| FZ Angebot | 20 Std. | FZ Belastung | 18,75 Std. | Diff.Ang. m.Belast. | 1,25 Std. |
| Diff.Tage | 1 | Diff.Prozent | 6% | | |

**Einzelverfügbarkeit**

| Stufe | Prozesselement | Brutto-zusatz-bedarf | Netto-zusatz-bedarf | bisher gepl. Bedarf | Lager-best. | gepl. Lager-zugang | spät. gepl.Zug.-datum | gepl. Lager-bestand | Diff.gepl. Bestand m.Bedarf |
|---|---|---|---|---|---|---|---|---|---|
| -1 | FF 021519 | 1.000 Stk. | 500 Stk. | 1.250 | 700 | 750 | 05.08 | 1.450 | 200 |
| --2 | Sockel 052897 | 1.000 Stk. | 300 Stk. | 2.000 | 2.450 | 0 | | 2.450 | 450 |
| ---3 | Kunstoff 9870 | 90 Kg. | 0 Kg. | 810 | 4.500 | 0 | | 4.500 | 3.690 |
| ---3 | Einsatz 1798 | 2.000 Stk. | 0 Stk. | 42.370 | 50.000 | 50.000 | 02.08 | 100.000 | 57.630 |
| --2 | Wippe 1001 | 1.000 Stk. | 300 Stk. | 3.200 | 3.000 | 1.000 | 06.08 | 4.000 | 800 |
| -1 | Kabel 1403 | 1.000 Stk. | 500 Stk. | 500 | 1.000 | 0 | | 1.000 | 500 |
| -1 | Klemmen 1602 | 3.000 Stk. | 1.500 Stk. | 34.200 | 38.000 | 50.000 | 05.08 | 88.000 | 53.800 |

*Abb. 17: Maske »Simulation Zusatzbedarf pro Prozesselement«*

Im oberen Teil der Maske ist der Planungsstand des gewünschten Teils dargestellt. Wurde bisher, beispielsweise aus Sicherheitsgründen, zuviel geplant, so kann diese Menge grundsätzlich zur Abdeckung des Zusatzbedarfs verwendet werden.

In der Tabelle »Einzelverfügbarkeit der Unterteile« wird deshalb zwischen Brutto- und Nettozusatzbedarf unterschieden. Der Bruttobedarf stellt dabei die für eine gesamte Neuproduktion notwendigen Mengen über alle Prozessstufen dar. Beim Nettozusatzbedarf werden immer die Überschussmengen pro Prozessstufe verrechnet. Durch den Vergleich der hellgrau unterlegten Spalten kann man leicht erkennen, ob die notwendigen Unterteile zur Produktion des erforderlichen Endproduktes vorhanden sind oder nicht. In obigem Beispiel ist bei dem Prozesselement »FF 021519« mit Schwierigkeiten zu rechnen. Es fehlen aufgrund des Planungsstandes auf jeden Fall 300 Stück. Kann diese Zusatzmenge dort noch produziert werden, so wäre die Auslieferung gesichert, da das entsprechende Unterteil von »FF 021519« ausreichend frei verfügbar ist und die Endmontage Ascher über genügend Kapazitäten verfügt.

### 7.5.6.9 Planung

Die Planung überführt die Bedarfsanforderungen in konkrete Zielvereinbarungen. Die Planung kann manuell oder automatisch erfolgen. Je nach Wunsch ist die manuelle Planung, die genau ein Prozesselement oder eine Kapazitätseinheit umfasst, zentral oder dezentral durchführbar. Die Leistungsgrenzen oder Schwellenwerte, gegen die geplant wird, werden von den dezentralen Kapazitätseinheiten vorgegeben. Die Kontrollfunktionen ergänzen die manuelle Planung. Dadurch ist erkennbar, welche Auswirkungen die Planung auf vorgelagerte bzw. nachgelagerte Kapazitätseinheiten hat.

*Leistungs- bzw. Schwellenwerte sorgen für die Planung gegen begrenzte Kapazität*

Ein mögliches Planungsszenario ist: Kunststoffspritzen. Grundsätzlich kann die Planung dieser Prozessstufe automatisch erfolgen. Die Bedarfe an Unterteilen wird in diesem Fall automatisch weitergegeben. Das besondere an dieser Produktion ist, es entstehen Anfahrtkosten, wenn ein neues Teil produziert wird. Deshalb gilt es hier, diese Rüstkosten in einem bestimmten Zeitfenster zu optimieren.

Wie wird vorgegangen? Ist das Zeitfenster beispielsweise drei Tage, so wird dies als Dispositionsspielraum auf der Kapazitätseinheit »Kunststoffspritzen« angelegt. Bei der automatischen Planung wird dieser Dispositionsspielraum für alle Unterteile berücksichtigt, und die Bedarfsanforderungen

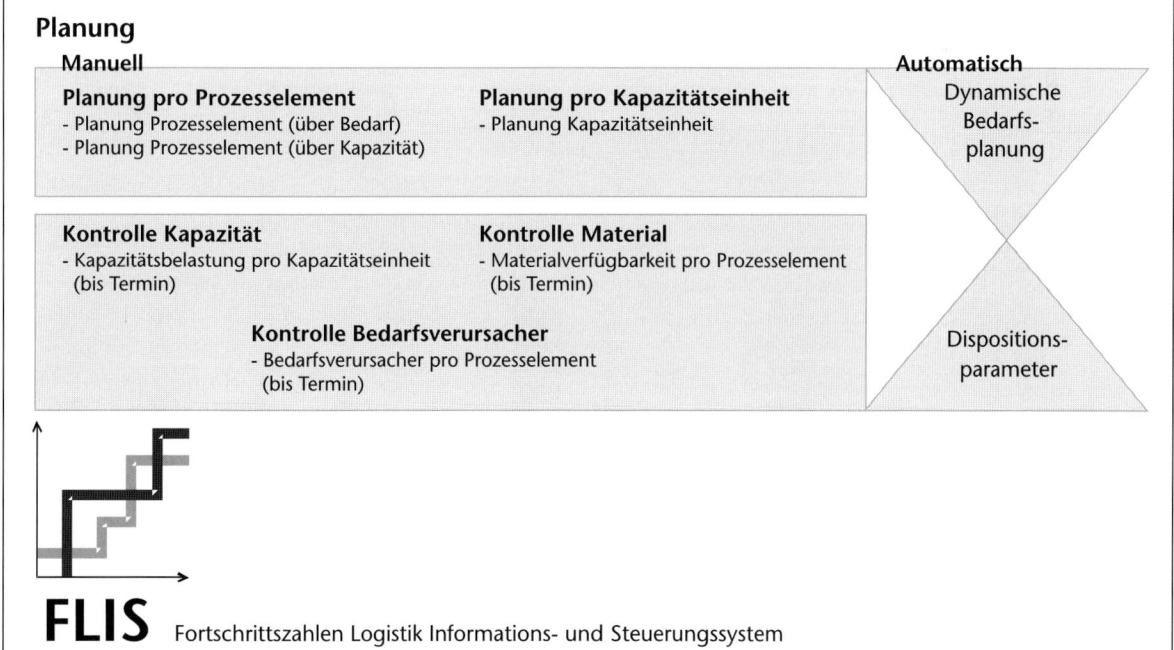

*Abb. 18: FLIS Planung*

## 7.5 Produktionsplanung und -steuerung

in der Kapazitätseinheit »Kunststoffspritzen« entsprechend den Bedarfsterminen abgestellt. Jetzt kann sich die Kapazitätseinheit innerhalb der Grenze von drei Tagen selbst planen, ohne auf vorgelagerte Produktionsstufen Rücksicht zu nehmen. Die Planung bzw. die Zusammenfassung zu rüstoptimalen Losen erfolgt über die Transaktion »Planung Kapazitätseinheit«. Tritt eine Verletzung der Dispositionsparameter (z.B. drei Tage Dispositionsspielraum) ein, so meldet sich das System mit der Aufforderung zur Bedarfsweitergabe.

### Manuelle Planung

*Die Planung kann entweder über Bedarf-Verfügbarkeit oder/und über Kapazität erfolgen*

Die manuelle Planung kann je Prozesselement stattfinden oder auch über eine gesamte Kapazitätseinheit ausgeführt werden. Die Planung wird ergänzt um so genannte Kontrollfunktionen. Mithilfe dieser Informationen erhält der Anwender einen Überblick, ob notwendige Kapazitäten bzw. Materialien für den Prozess zur Verfügung stehen. Bei Schwierigkeiten kann über die Bedarfsverursacher Prioritäten gesetzt werden.

*Planung Prozesselement (über Bedarf)*

In der Planung Prozesselement (über Bedarf) werden alle Änderungen der Bedarfsfortschrittszahl und der jeweiligen Planfortschrittszahl (Fremdfertigungs-FZ, Bestell-FZ oder Produktions-FZ) dargestellt. Mit den Differenzinformationen, die bei jeder Änderung im System aktualisiert werden, kann der Anwender eine bedarfsgerechte Planung vornehmen.

**Planung Prozesselement (über Bedarf)**

| Selektion | Prozesselement | Ascher 081754 | ab Termin | 05.08 |

**Dispositionsparameter**

| Kapazitätseinheit | Endmon. Ascher | Dispo.spielraum | 1 Tag | Losgröße | 500 |
| Kapa.-ang.pro Tag | 10 Stunden | Ausstoß pro Std. | 500 | Mind.Menge | 1.500 |
| | | Faktor Mehrfach | 1 | Festschr.Zeitraum | 0 |

**Anforderungen**

| Datum | Tagesplan | FZ Plan | Tagesbedarf | FZ Bedarf | Diff.Plan m. Bedarf | Diff.Tage | Diff.Proz. |
|---|---|---|---|---|---|---|---|
| 05.08 | 1.500 | 1.500 | 3.500 | 3.500 | -2.000 | -2 | -134% |
| 06.08 | 1.500 | 3.000 | 500 | 4.000 | -1.000 | -1 | -34% |
| 07.08 | 1.500 | 4.500 | 1.000 | 5.000 | -500 | -1 | -11% |
| 08.08 | 1.500 | 6.000 | 0 | 5.000 | 1.000 | +2 | 17% |
| 09.08 | 1.500 | 7.500 | 0 | 5.000 | 2.500 | +1 | 34% |
| 12.08 | 1.500 | 9.000 | 3.000 | 8.000 | 1.000 | +1 | 11% |
| 13.08 | 1.500 | 10.500 | 2.000 | 10.000 | 500 | +1 | 5% |
| . | . | . | . | . | . | . | . |

*Abb. 19: Maske »Planung Prozesselement (über Bedarf)«*

Über die Selektion wird das Prozesselement ausgewählt und über »ab Termin« das Datum, ab dem die Anzeige erfolgen soll. Im oberen Bildschirmteil werden die Dispositionsparameter aus den Stammdaten eingespielt. Der Plan kann über eine Funktion direkt aus dem Bedarf generiert werden. Für die Generierung werden die Dispositionsparameter zu Grunde gelegt. Diese sind in der Transaktion änderbar und haben temporär Auswirkung auf eine Plangenerierung.

In der Tabelle werden alle Termin-/Mengenpaare angezeigt, für die eine Veränderung einer der beiden Kurven festgestellt wird. Bei Änderung der Eingabespalte Tagesplan wird die Tabelle aktualisiert. Durch die Reichweitenanzeige mittels Fortschrittszahlen können dabei Veränderungen immer mit den gesamten Auswirkungen auf das Termin-/Mengenraster dargestellt werden. Die hellgrau unterlegten Spalten bieten die Hauptinformation, mithilfe derer die Abweichungen festgestellt werden.

*Planung Prozesselement (über Kapazität)*

Bei der Planung Prozesselement (über Kapazität) steht neben den Planinformationen die Kapazitätsbelastung im Mittelpunkt. Selektion und Dispositionsparameter haben dieselbe Auswirkung wie in Maske »Planung Prozesselement (über Bedarf)«.

### Planung Prozesselement (über Kapazität)

| Selektion | Prozesselement | Ascher 081754 | ab Termin | 05.08 |
|---|---|---|---|---|

**Dispositionsparameter**

| Kapaziätseinheit | Endmon. Ascher | Dispo.spielraum | 1 Tag | Losgröße | 500 |
|---|---|---|---|---|---|
| Kapa.-ang.pro Tag | 10 Stunden | Ausstoß pro Std. | 500 | Mind.Menge | 1.500 |
| | | Faktor Mehrfach | 1 | Festschr.Zeitraum | 0 |

**Anforderungen**

| Datum | Tagesplan | FZ Plan | Diff. Plan m. Bedarf | FZ Belastung | FZ Belast. Kapa.einh. | Diff.Ang. m.Belast. | Diff.Tage | Diff.Proz. |
|---|---|---|---|---|---|---|---|---|
| 05.08 | 1.500 | 1.500 | -2.000 | 3 Std. | 8 Std. | 2 Std. | +1 | 20% |
| 06.08 | 1.500 | 3.000 | -1.000 | 6 Std. | 17 Std. | 3 Std. | +1 | 15% |
| 07.08 | 1.500 | 4.500 | -500 | 9 Std. | 29 Std. | 1 Std. | +1 | 3% |
| 08.08 | 1.500 | 6.000 | 1.000 | 12 Std. | 42 Std. | -2 Std. | -1 | -5% |
| 09.08 | 1.500 | 7.500 | 2.500 | 15 Std. | 45 Std. | 5 Std. | +1 | 10% |
| 12.08 | 1.500 | 9.000 | 1.000 | 18 Std. | 48 Std. | 12 Std. | +2 | 20% |
| 13.08 | 1.500 | 10.500 | 500 | 21 Std. | 55 Std. | 15 Std. | +2 | 21% |

*Abb. 20: Planung Prozesselement (über Kapazität)*

Neben den Planspalten aus der Maske »Planung Prozesselement (über Bedarf)« findet man noch die wesentliche Unter- bzw. Überdeckungsinformation, nämlich die Spalte »Differenz Plan mit Bedarf«. Gleichzeitig zu diesen Daten sind die Informationen zur Belastung eingespielt:

- die FZ Belastung des Prozesselements,
- die FZ Belastung gesamte Kapazitätseinheit,
- die Differenz Kapazitätsangebot mit -belastung,
- die Differenz in Tagen und
- die Differenz in Prozent.

Auch hier handelt es sich um eine Anzeige mittels Fortschrittszahlen. Sie ermöglicht bei einer Mengenänderung in der Eingabespalte Tagesplan eine automatische Aktualisierung für das gesamte Mengen-/Terminraster.

*Planung Kapazitätseinheit*

Die Planung der gesamten Kapazitätseinheit wird eher im kurzfristigen Zeitraum verwendet. Die Unterteile werden bei diesem Verfahren vorwiegend automatisch geplant. Für diesen Zweck steht das automatische Planungsverfahren in FLIS zur Verfügung. Bei der kurzfristigen Planung über die Transaktion »Planung Kapazitätseinheit« steht mehr die Kapazitätsauslastung im Vordergrund, wobei die Reihenfolge der Prozesselemente in

| Planung Kapazitätseinheit | | | | | | | |
|---|---|---|---|---|---|---|---|
| Selektion | Kapazitätseinheit | Endmon. Ascher | | ab Termin | 05.08 | Verdicht.schl. | Tag |
| Periode | | | Rückstand | 05.08 | 06.08 | 07.08 | Vorschau |
| **Kapazität** | | | | | | | |
| FZ Angebot | | | 0 | 10 | 20 | 30 | 50 |
| FZ Belastung | | | 2,17 | 8 | 17 | 29 | 45 |
| Diff.Ang.m.Belast. | | | -2,17 | 2 | 3 | 1 | 5 |
| **Anforderungen** | | | | | | | |
| Prozesselement | Ascher 081754 | Tagesplan | 0 | 1.500 | 1.500 | 1.500 | 3.000 |
| Ausstoß p.Std. | 500 Stk. | Tagesbedarf | 0 | 3.500 | 500 | 1.000 | 0 |
| Faktor Mehrfach | 1 | Diff.FZ | 0 | -2.000 | -1.000 | -500 | 2.500 |
| Prozesselement | Ascher 081755 | Tagesplan | 1.000 | 1.500 | 2.000 | 3.000 | 3.000 |
| Ausstoß p.Std. | 1.500 Stk. | Tagesbedarf | 2.000 | 1.400 | 2.000 | 2.000 | 3.000 |
| Faktor Mehrfach | 1 | Diff.FZ | -1.000 | -900 | -900 | 100 | 100 |
| Prozesselement | Ascher 081876 | Tagesplan | 3.000 | 3.000 | 4.000 | 2.000 | 4.000 |
| Ausstoß p.Std. | 2.000 Stk. | Tagesbedarf | 2.000 | 0 | 4.500 | 4.000 | 5.000 |
| Faktor Mehrfach | 1 | Diff.FZ | 1.000 | 4.000 | 3.500 | 1.500 | 500 |
| | | | ... | ... | ... | ... | ... |

*Abb. 21: Maske »Planung Kapazitätseinheit«*

der Tabellenanzeige über weitere Sortiermöglichkeiten ausgewählt werden kann. Sind beispielsweise in den Stammdaten Abarbeitungsprioritäten für die einzelnen Prozesselemente hinterlegt (z.B. nach dem Gesichtspunkt Rüstoptimierung), dann erfolgt die Anzeige gemäß dieser Reihenfolge.

Die Besonderheit in der Selektion ist der Verdichtungsschlüssel. Dieser Schlüssel steuert die Periodenanzeige. Wenn hier zum Beispiel »Tag« eingestellt ist, dann werden »ab Termin« die nächsten drei Tage angezeigt. Alles was davor an offenen Plan- bzw. Bedarfsdaten vorhanden ist, wird in der Spalte Rückstand dargestellt. Die Spalte »Vorschau« ist ebenfalls über den Verdichtungsschlüssel parametrierbar. In obigem Beispiel ist es der Wochenrest der Vorwoche.

Über den Fortschrittszahlenansatz wird im Abschnitt »Kapazität pro Periode« das Angebot und die Belastung angezeigt. Über die Differenz ist jederzeit ersichtlich, wie viel Kapazität bis zu jedem Termin verfügbar ist. Die Aktualisierung der Anzeige wird mit jeder Veränderung in der Tabelle durchgeführt.

Im Abschnitt »Anforderungen« stehen in der Tabelle pro Prozesselement folgende Zeilen zur Verfügung:

- **Tagesplan, -bedarf**
  Diskrete Mengeninformation zu jeder Periode. Diese Angaben werden immer mit der aktuellen Deckungssituation verrechnet, denn im Hintergrund arbeiten Fortschrittszahlen.

- **Diff. FZ**
  Die Differenz zwischen Plan und Bedarf wird über Fortschrittszahlen ermittelt. Diese wesentliche Information zeigt immer den Verlauf zwischen Bedarf und Planung an.

In den Spalten »Rückstand« bzw. »Vorschau« werden die Mengen in der Periode kumuliert.

### Automatische Planung

Die automatische Planung bzw. die gesamte Materialdisposition ist auf Basis der Fortschrittszahlenlogik realisiert. Durch diese Art der Auflösung ist auf jeder Prozessstufe immer der Bruttobedarf, der Bedarf abzüglich des Lagerbestands und der Bedarf um Lagerbestand plus geplante Lagerzugänge verfügbar. Diese aussagekräftige Bedarfsauflösung bietet darüber hinaus den Vorteil, dass sie mit verhältnismäßig wenigen Datenzugriffen auskommt.

**Die automatische Planung kennt verschiedene Parameter**

Die Plangenerierung wird über verschiedene Dispositionsparameter gesteuert. Diese sind:

## 7.5 Produktionsplanung und -steuerung

*Losgröße*

Die Losgröße (Sprungmenge) beinhaltet den Wert, um den die Bedarfsmenge angepasst wird. Nachfolgendes Beispiel geht von einer Losgröße von 500 Stück. aus.

| Fabriktag | Bedarf | Bedarfs-FZ | Plan | Plan-FZ |
|---|---|---|---|---|
| 310 | 490 | 490 | 500 | 500 |
| 312 | 780 | 1.270 | 1.000 | 1.500 |
| 314 | 200 | 1.470 | 0 | 1.500 |
| 315 | 1.620 | 3.090 | 2.000 | 3.500 |

*Mindestmenge*

Die Mindestmenge umfasst den Wert, der mindestens zu einem Termin gefertigt oder bestellt werden muss (die Festlegung kann aufgrund von optimalen Rüstlosen erfolgen). In obigem Beispiel bedeutet das bei Festlegung einer Mindestmenge von 1.000 Stück:

| Fabriktag | Bedarf | Bedarfs-FZ | Plan | Plan-FZ |
|---|---|---|---|---|
| 310 | 490 | 490 | 1.000 | 1.000 |
| 312 | 780 | 1.270 | 1.000 | 2.000 |
| 314 | 200 | 1.470 | 0 | 2.000 |
| 315 | 1.620 | 3.090 | 1.500 | 3.500 |

Es ist zu überlegen, ob eine Maximalmenge sinnvoll einsetzbar ist.

*Festschreibungszeitraum*

Der Festschreibungszeitraum – auch Wiederbeschaffungszeit genannt – ist die Zeitspanne, innerhalb der eine Kapazitätseinheit normalerweise nicht auf Bedarfsänderungen reagieren kann. Bei der automatischen Planung werden eventuelle Änderungen auf den ersten Arbeitstag nach diesem Festschreibungszeitraum gesetzt.

*Verdichtungsschlüssel*

Sollen Bedarfstermine bei der automatischen Planung zusammengefasst werden, z.B. wird die Stanzerei in Wochenlosen gefahren, so kann ein Verdichtungsschlüssel vorgegeben werden. Die Vorlaufzeitberechnung oder Auslösung der Unterbedarfe setzt dann jeweils zu Beginn der Periode an und die Kapazitätseinlastung am Ende der Periode.

*Dispositionsspielraum*

Der Dispositionsspielraum beschreibt den Freiheitsgrad einer einzelnen Kapazitätseinheit. Innerhalb dieses Zeitraumes können die Fertigstellungstermine vorverlegt oder zusammengefasst werden, und es ist trotzdem sichergestellt, dass das Untermaterial rechtzeitig produziert ist. Bei der Materialdisposition wird der Dispositionsspielraum als Vorlaufzeit interpretiert.

**Kontrolle Planung**

Nach einer manuellen Planung kann über die Kontrollfunktionen geprüft werden, ob die notwendigen Untermaterialien verfügbar und die Kapazitäten vorhanden sind. Ergänzt werden diese Funktionen um eine Sicht auf die Bedarfsverursacher, die dann interessant wird, wenn ein Plan nicht durchführbar ist und Prioritäten gesetzt werden müssen.

*Mit Fortschrittszahlen kann der Erfüllungsgrad einer Planung jederzeit überprüft werden*

*Kapazitätsbelastung pro Kapazitätseinheit (bis Termin)*

Tritt während der manuellen Planung die Schwierigkeit auf, dass die Kapazität zur Erstellung eines Produktes knapp wird, so kann zum entsprechenden Termin die gesamte verbrauchte Kapazität in der Kapazitätseinheit angezeigt werden.

Auch in dieser Anzeige wird zusätzlich zum Plan auch der Bedarf kapazitiv betrachtet, damit jederzeit ersichtlich ist, ob die Kapazitäten zur Befriedigung der Bedarfsanforderungen ausreicht oder nicht. Die Selektion erfolgt über Kapazitätseinheit und bis Termin. Im Abschnitt »Gesamtbelastung« wird ersichtlich, ob das bis dorthin verfügbare Kapazitätsangebot zur Deckung von Plan und Bedarf ausreicht.

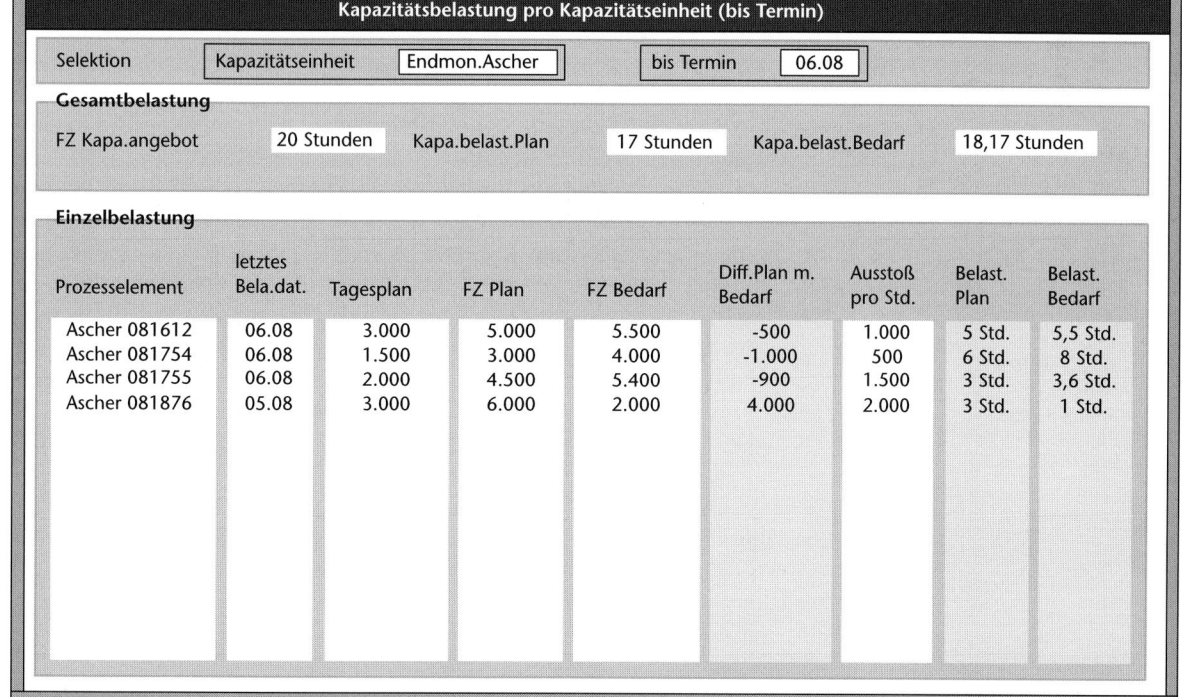

*Abb. 22: Kapazitätsbelastung pro Kapazitätseinheit (bis Termin)*

## 7.5 Produktionsplanung und -steuerung

Im Abschnitt »Einzelbelastung« werden alle Prozesselemente dargestellt, die eine Kapazitätsbelastung auslösen. Über das letzte Belastungsdatum können so genannte »Leichen« herausgefiltert werden. Das sind solche Teile, die schon lange überfällig sind, und bei denen man davon ausgehen kann, dass sie zu dem Zeitpunkt nicht mehr gefertigt werden. In der Spalte »Tagesplan« wird die Menge ausgewiesen, die zu dem letzten Belastungsdatum geplant ist. Über die Spalte »FZ Plan« und »FZ Bedarf« erkennt man die insgesamt offenen Plan- und Bedarfsmengen, die bis zu dem Zeitpunkt aufgelaufen sind. Außer der »Differenz Plan mit Bedarf« wird über den Ausstoß pro Stunde und den Faktor »Mehrfachbelegung« die Belastung der offenen Plan- und Bedarfsanforderungen ausgewiesen.

*Materialverfügbarkeit pro Prozesselement (bis Termin)*

Spätestens wenn eine automatische Planung manuell überarbeitet wird und es zur Verletzung der Dispositionsgrenzen (verursacht durch die Dispositionsparmter) kommt, ist es notwendig, die Materialverfügbarkeit zu prüfen. Denn ist diese nicht gewährleistet, so ist eine Bedarfsauflösung auf die Unterteile erforderlich.

Als Selektion ist das Prozesselement vorgesehen, dessen Vormaterialien geprüft werden sollen. Über die Sicht »bis Termin« kann die Frage beantwortet werden, ob alle Materialien zur Befriedigung des Bedarfs- bzw. Plans zur Verfügung stehen.

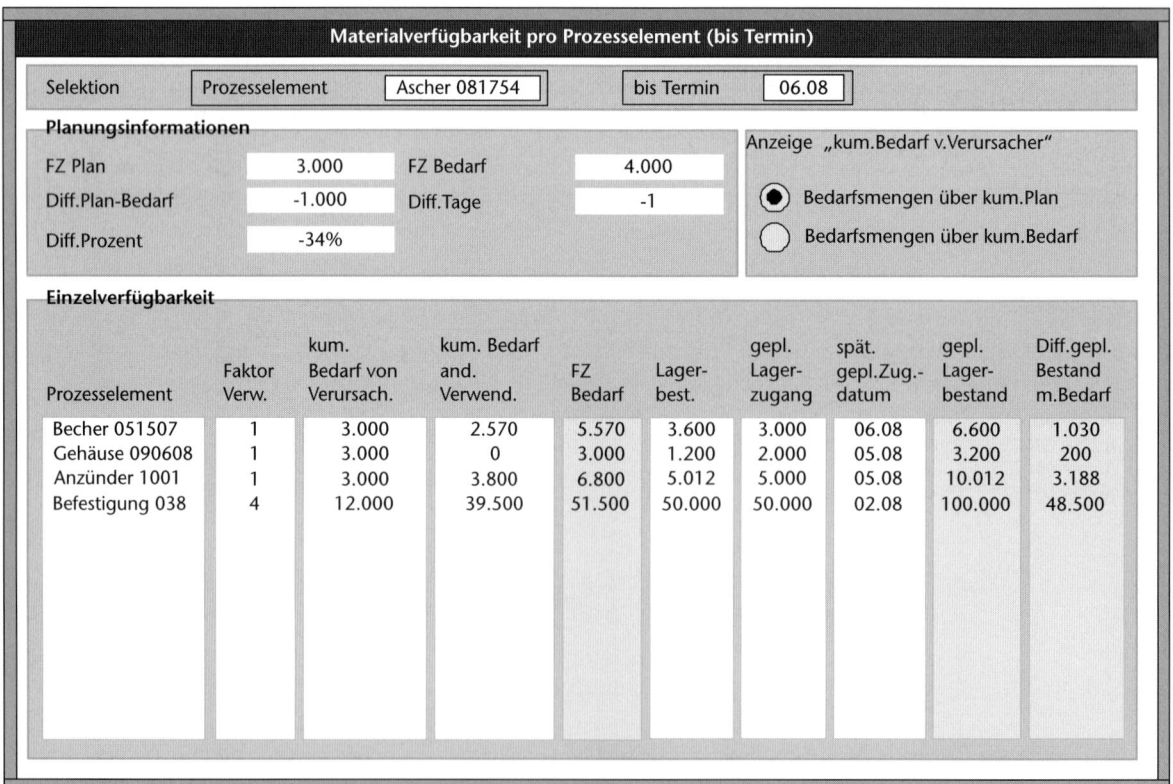

*Abb. 23: Materialverfügbarkeit pro Prozesselement (bis Termin)*

Ob über den Bedarf oder den Plan geprüft werden soll, lässt sich im rechten Teil der Maske einstellen. Außer dem Abschnitt Planungsinformationen des selektierten Prozesselementes gibt es noch den Abschnitt Einzelverfügbarkeit.

Hier werden alle untergelagerten Prozesselemente dargestellt. Neben dem Bedarf, der durch den Verursacher ausgelöst wurde, sieht man den Bedarf, der an das jeweilige Prozesselement durch andere Verwender übergeben wurde. Die Fortschrittszahl Bedarf, die bis zu dem jeweiligen Termin aufgelaufen ist muss gedeckt sein, ansonsten ist mit Schwierigkeiten zu rechnen. Man erkennt sofort, was von dem Bedarf über das Lager abgedeckt ist, und was als geplanter Lagerzugang erwartet wird. Das letzte geplante Zugangsdatum signalisiert, ob eine geplante Lieferung nicht schon längst überfällig ist. In solchen Fällen ist größte Vorsicht geboten.

Der geplante Bestand, also Lagerbestand und geplanter Lagerzugang, und die »Differenzanzeige geplanter Bestand mit FZ Bedarf« weisen eine Unter- bzw. Überdeckung sofort aus.

*Bedarfsverursacher pro Prozesselement (bis Termin)*

Können Bedarfsanforderungen auf einer Prozessstufe nicht befriedigt werden, so kann über das Programm »Bedarfsverursacher pro Prozesselement (bis Termin)« verifiziert werden, ob möglicherweise eine Belieferung später stattfinden kann, als bisher gewünscht.

**Bedarfsverursacher jederzeit ersichtlich**

Dazu wird im Selektionsteil das zu betrachtende Prozesselement und der Bis-Termin angegeben. Alle Dispositionsparameter sind im oberen Teil sichtbar. Rechts neben der Tabelle stehen die Gesamtanforderungen bzw. die Gesamtkapazität für das entsprechende Prozesselement. Es handelt sich bei diesen Informationen jeweils um die Daten einer Bildschirmzeile aus den Programmen »Planung Prozesselement (über Bedarf)« und »Planung Prozesselement (über Kapazität)«.

Im Abschnitt »Einzelanforderungen« steht neben dem Bedarfsverursacher das letzte Verursacherdatum. In Kombination mit dem Feld »Dispositionsspielraum« lassen sich geschickte Schlussfolgerungen ziehen. Zum Beispiel steht in der Zeile 2, Ascher 081785 der Endetermin auf 2. August. Durch den Dispositionsspielraum von fünf Tagen ist es möglich, falls dieser nicht ausgenutzt wird, die nachgelagerte Kapazitätseinheit erst am 9. August zu beliefern. Im Feld »Bedarfsmenge« wird die gesamte Verursachermenge angezeigt.

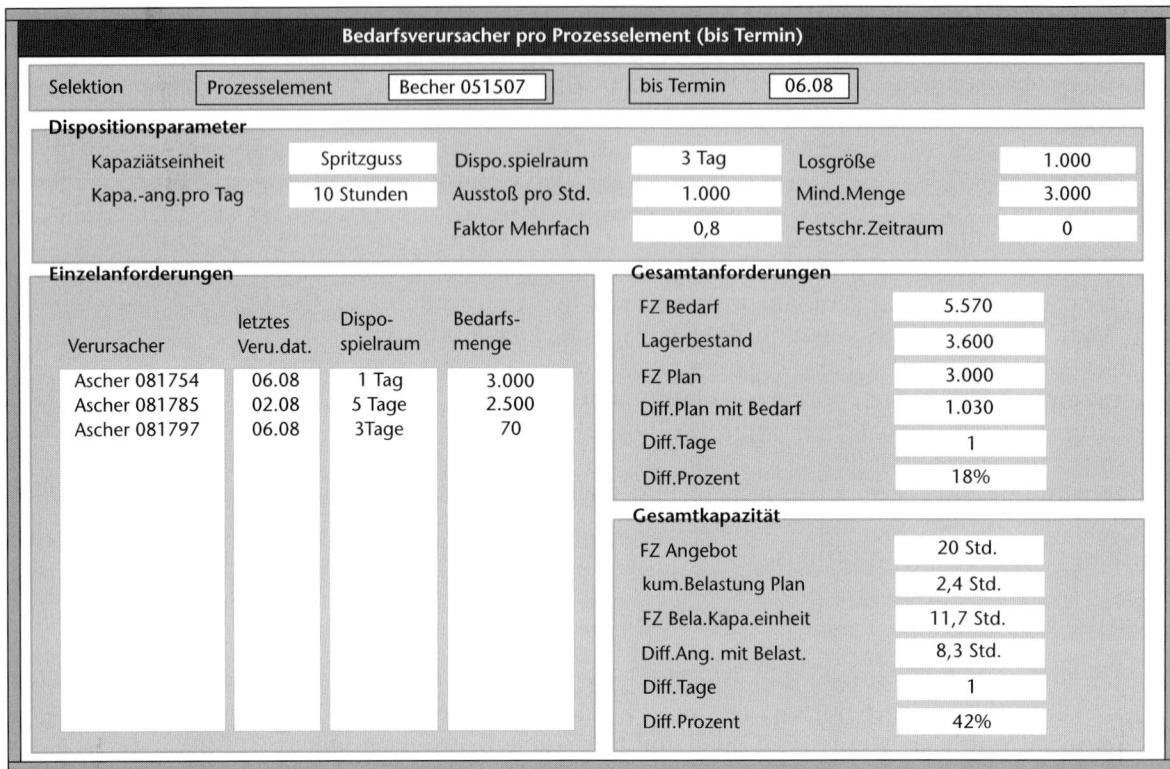

*Abb. 24: Bedarfsverursacher pro Prozesselement (bis Termin)*

### 7.5.6.10 Materialanforderungen nach Datum/Uhrzeit

Die Materialien müssen schlussendlich bei den vorgelagerten Kapazitätseinheiten bedarfsgerecht abgerufen werden, das heißt, das Vormaterial muss rechtzeitig zum Start der Produktion bereitgestellt sein. Dazu soll eine Art Briefkastenfunktion dienen. Zwar kann man die Bestückung des Briefkastens theoretisch automatisch ausführen, aber das macht wenig Sinn, da die Endeterminsteuerung mit Dispositionsspielraum kaum die zuverlässige Startterminberechnung zulässt. Deshalb gibt der Anwender den geplanten Start mit Datum, Uhrzeit und Menge für das zu fertigende Produkt ein. Nach einstufiger Stücklistenauflösung steht in den Materialanforderungen der vorgelagerten Kapazitätseinheit die notwendige Menge des Vormaterials.

### Materialanforderungen

Der Materialverantwortliche einer Kapazitätseinheit erkennt über den Bildschirm, an wen er wann welche Prozesselemente liefern soll.

Der Anwender gibt im Selektionsteil seine Kapazitätseinheit an und sieht in der Tabelle die Einzelanforderungen, die er abzuliefern hat.

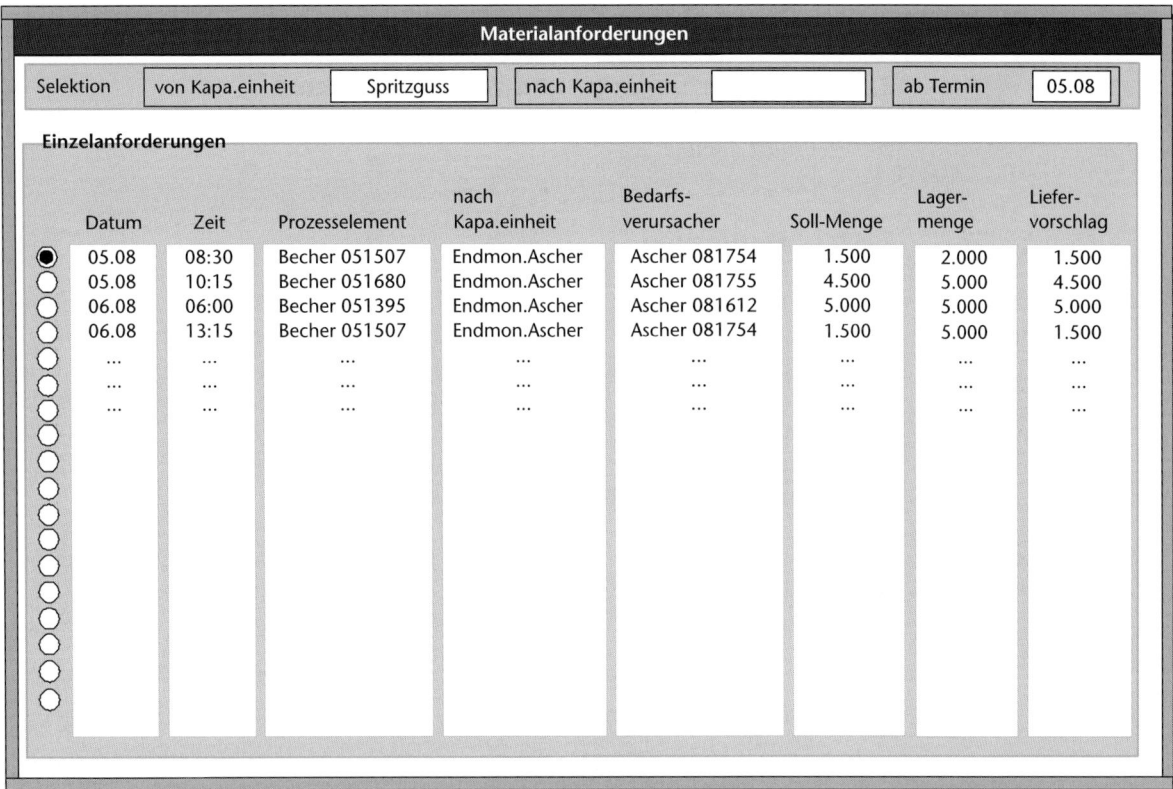

*Abb. 25: Materialanforderungen*

Über das Datum, die Uhrzeit, nach Kapazitätseinheit und Bedarfsverursacher ist die Verwendung hinreichend dokumentiert. Die Soll-Menge entspricht der geforderten Einsatzmenge aus der nachgelagerten Kapazitätseinheit. Die Lagermenge ist die verfügbare Menge in der Kapazitätseinheit, und der Liefervorschlag errechnet sich aus Sollmenge und Lagermenge. Dabei kann die Menge geändert werden.

## 7.6 Produktionscontrolling

### 7.6.1 Zielverfolgungs- und Zielanreizsysteme

*von Helmuth Gienke*

#### 7.6.1.1 Einführung

**Mit Unternehmenszielen zum Erfolg**

Ein Unternehmen hat Erfolg, wenn die Unternehmensziele erreicht sind. Alle Aktivitäten im Unternehmen müssen darum auf die Unternehmensziele gerichtet sein. Jedem Topmanager ist aber auch die Schwierigkeit bekannt, die Ziele des Unternehmens den Mitarbeitern so zu vermitteln, dass sinnvolle Aktionen daraus abgeleitet werden können. Zielmanagement ist darum ein wesentlicher Bestandteil eines ganzheitlichen Erfolgsmanagements (TSM/Total Success Management).

**Von Unternehmenszielen zu persönlichen Zielen**

Die Unternehmensziele müssen zunächst für den einzelnen Mitarbeiter in persönliche Ziele umgesetzt werden. Diese persönlichen Ziele müssen von den Mitarbeitern akzeptiert sein und ihnen als Leitlinie für Entscheidungen und Aktionen dienen. Dies erfordert drei Voraussetzungen:

- Akzeptanz der Unternehmensziele, die auf eigene Ziele heruntergebrochen sind, einschließlich der erforderlichen Zielverfolgungssysteme, die es jedem einzelnen Mitarbeiter erlauben, nachzuvollziehen, wieweit er und sein Team die eigenen Ziele erreicht haben

- Zielanreizsysteme, die den Mitarbeiter dazu anreizen, sich im Zweifelsfall im Sinne der Unternehmensziele zu entscheiden

- eine Informationskultur, die zur Zusammenarbeit der einzelnen Mitarbeiter und Teams bei der Zielorientierung beiträgt

**Komponenten des Zielmanagements**

Das Zielmanagement besteht darum aus drei Komponenten:

- Mit den Komponenten **Zielvereinbarung** und **Zielverankerung** werden akzeptable Ziele definiert und unerreichbare Ziele schnell und sicher erkannt.

- Die **Zielverfolgung** zeigt den Mitarbeitern und dem Management den Erfolg der Aktivitäten.

- Das **Zielanreizsystem** motiviert alle Mitarbeiter, ihren Teil in Zusammenarbeit mit den anderen Mitarbeitern zur Zielerreichung beizutragen.

**Zielverfolgungssystem**

Das Zielverfolgungssystem hat die Aufgabe, mehrere teils gegeneinander wirkende Ziele gleichzeitig zu verfolgen und den Mitarbeitern zu ermöglichen, ihre Aktivitäten so zu bestimmen, dass die Ziele optimal erfüllt werden. Dazu werden diese Ziele gewichtet und vergleichbar gemacht, indem für die einzelnen Ziele Budgets erstellt werden, für die auftragsab-

hängige Gutschriften und – je nach Abweichung von den Zielen – Belastungen erfolgen.

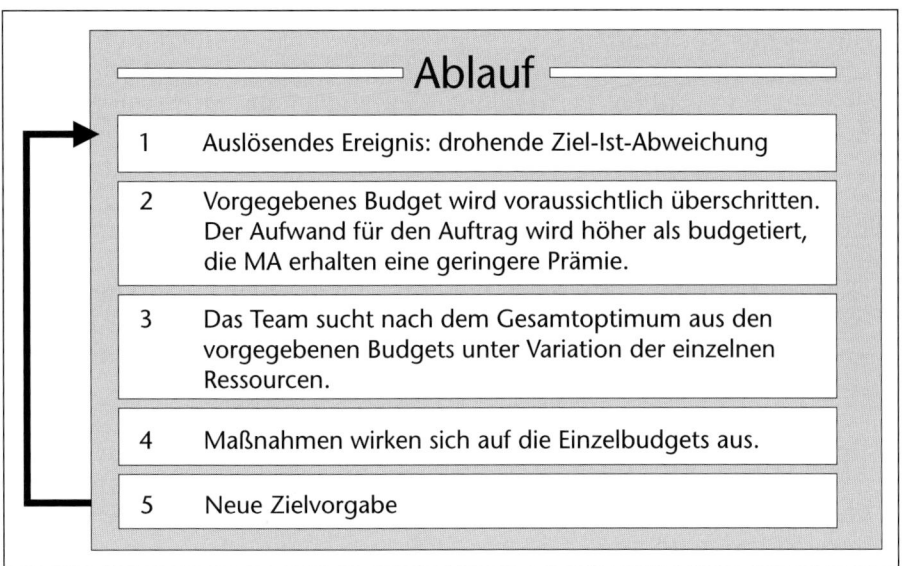

Abb. 1: Ablauf des Zielverfolgungssystems

Zweck des Zielverfolgungssystem ist es, durch Prämien die Aktivitäten der Mitarbeiter auf die Unternehmensziele zu lenken. Die Prämien müssen auf der einen Seite attraktiv genug sein, um erhebliche Fortschritte in der Produktivität und der Wettbewerbsfähigkeit zu erzielen (Hammer und Champy sprechen von Verbesserungen in Größenordnungen, die anzustreben sind), auf der anderen Seite müssen sie finanziert werden und dürfen darum nicht höher sein als die angestrebten Vorteile. Die Prämien sind als Kostenart in den Personalkosten oder als gesonderte Kosten in der Kostenrechnung zu berücksichtigen. Die Gesamtkostensituation sieht dann wie folgt aus:

**Attraktivität des Zielanreizes**

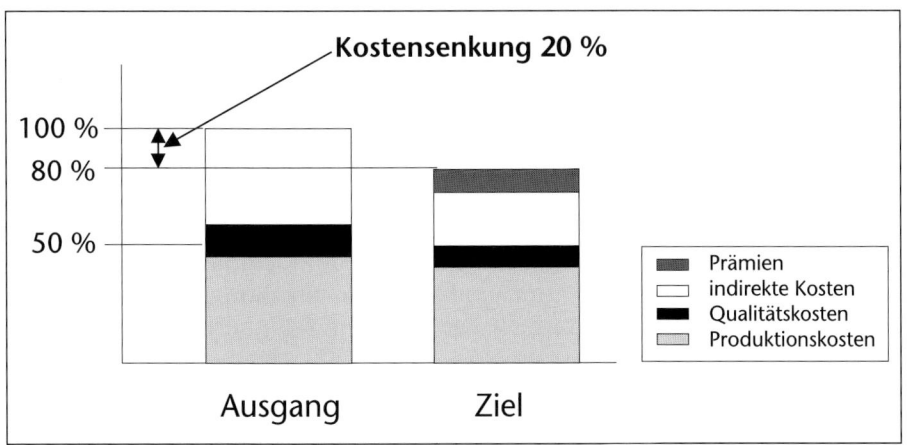

Abb. 2: Quelle der Prämien

Zum Zielanreiz werden die Salden direkt und anschaulich in Prämien umgerechnet. Um das Verfahren anschaulicher zu machen, kann man anstelle neutraler Punkte auch Währungsbeträge vergeben und die Prämien direkt darstellen. Die Budgets in den einzelnen Währungen können identisch mit Kostenarten sein, solange keine Ziele verfolgt werden, die unabhängig vom Rechnungswesen sind. Für solche schwer bewertbaren Ziele werden sowohl bei Verwendung von Punkten als auch von Währungen Umrechnungsfaktoren definiert, die es ermöglichen, sie gemeinsam mit den Kostenzielen entsprechend der jeweiligen Gewichtung zu steuern.

**Voraussetzungen für die Anwendung**

Für die Anwendung des Verfahrens bedarf es einiger Voraussetzungen:

- Teamarbeit muss vorhanden sein und funktionieren, das heißt, die Selbststeuerung und Selbstoptimierung ist Grundsatz der Führungskultur. Dieses ist Voraussetzung für die weiter gehende Autonomie des Teams.

- Teams bekommen Budgets zugeteilt, das heißt, sie dürfen nach eigener Verantwortung im Rahmen dieser Budgets wirtschaften und ihre Arbeit durchführen. Dies ist die höchste Form der Teamautonomie, eine »factory in the factory«.

- Die Mitarbeiter der Teams sind oder werden in Managementverhaltensweisen geschult.

**Mitarbeiterqualifikation**

Sowohl die Kultur der Teamarbeit als auch die Philosophie des Systems stellen relativ hohe Anforderungen an die dispositiven Fähigkeiten und die Fähigkeit zum vernetzten Denken. Empfohlen wird eine Zusatzausbildung in

- Kommunikation,
- Konfliktbewältigung,
- Betriebswirtschaft/Kostenrechnung und
- Managementverhalten.

**Budgets – nur die Zielerfüllung zählt**

Teams werden hinsichtlich ihres Erfolg nur an den Zielpunkten gemessen. Zu diesem Zweck werden die Zielpunktbudgets eingerichtet, deren Saldo die Differenz zwischen Zielen und Zielerfüllung wiedergeben. Budgets sind Kontokorrentkonten für Zielpunkte, die sich aus den Messgrößen der Ziele durch Umrechnung in Punkte ergeben. Die Zugänge werden zielabhängig entweder direkt verbucht oder aus den einzelnen Teamaufträgen gutgeschrieben. Die Abgänge können zum einen umgerechneten Kostenbelastungen aufgrund von Aktivitäten und dem damit verbundenen Ressourcenverbrauch entstammen, zum anderen dem Erfüllungsgrad der Bedingungen, an die jeweils Punktbeiträge aus den Teamaufträgen gebunden sind.

**Unbedingte und bedingte Beiträge**

Die Punktbeiträge aus den einzelnen Teamaufträgen können unbedingte und bedingte Beiträge sein.

- Unbedingte Beiträge sind aufgrund einer Vorkalkulation ermittelt und für den geplanten Ressourcenverbrauch fest bereitgestellt. Sie müssen entweder den direkten Auftragskosten entsprechen oder können, wie zum Beispiel Instandhaltungsbudgets, aus indirekten Aufwendungen resultieren. Einheitlich ist, dass diese Beiträge im weitesten Sinne beschäftigungsabhängig sein müssen.

- Bedingte Beiträge sind von der Einhaltung gewisser Limits abhängig. Das können zum Beispiel Abfallraten oder Termine sein, die einzuhalten sind. Die Umrechnungsformel kann auftrags- oder teamspezifisch sein.

Analog gilt für die Belastungen, dass sie verbrauchsabhängig oder an Bedingungen gebunden sind, wobei der Verbrauch den einzelnen Aufträgen zugeordnet oder auftragsneutral verbucht werden kann. Es ist möglich, aus einem Auftrag einen festen Zugang und aus dem gleichen Auftrag einen Abgang in Abhängigkeit von Größen wie Terminüber- bzw. -unterschreitung oder Abfallmengen-Budget zu erhalten. Die Werte der Bezugsgrößen, wie Termine und Fehlermengen, müssen entweder manuell eingegeben oder von anderen Systemen bereitgestellt werden.

**Lösung von Zielkonflikten**

Durch dieses Verfahren ist es möglich, Zielkonflikte in einer Einheit zu messen und zu beurteilen. Diese Einheit können zum Beispiel neutrale Punkte sein. Sinnvoller ist es aber, eine Geldeinheit zu wählen, also zum Beispiel Euro, weil damit das Verfahren anschaulicher und akzeptabler wird.

An einem Rechenbeispiel wird die Methode mit Zahlen unterlegt:

### Rechenbeispiel

| | |
|---|---|
| Die Qualitätskosten betragen zurzeit: | 120.000 €/Monat |
| **Als Prämie werden 40 % der Einsparungen ausgelobt.** | |
| Das Ziel sind Qualitätskosten von: | 80.000 €/Monat |
| Der Saldo des Punktekontos beträgt bei Zielerreichung: | 100 Punkte |
| Die Prämie beträgt bei Erreichung des Zieles: | 160 €/Punke |
| Damit ergibt sich eine Prämie von: | 16.000 €/Monat |
| **Die Einsparung beträgt:** | **24.000 €/Monat** |

Ein weiterer Vorteil liegt darin, dass das Unternehmen wettbewerbsfähiger ist, also damit ein höherer Deckungsbeitrag erwirtschaftet werden kann.

**Transparenz von Zielkonflikten**

Zur Steuerung über Prämien gehört auch, dass die einzelnen Prämien miteinander konkurrieren, um Zielkonflikte durch Bewertung entscheidbar zu machen. Prämien können sich kompensieren, das bedeutet, dass eine Prämie auch negativ sein kann, in Summe über alle Prämien darf allerdings keine Belastung des Mitarbeiters durch einen Malus auf den Tariflohn entstehen.

### 7.6.1.2 Anforderungen an das System

**Förderung der Selbstorganisation**

Das Ziel des Zielverfolgungssystems ist die Förderung der Selbstorganisation von produzierenden Teams in Fertigungsunternehmen. Wie oben ausgeführt, sollen sich die Teamziele an den globalen Unternehmenszielen orientieren. Zur Auswahl von Maßnahmen, die die Zielerreichung unterstützen, werden den Teams Budgets zur Verfügung gestellt, mit denen alle Zielvorgaben in einheitliche Größen umgerechnet werden.

**Mehrdimensionales Zielverfolgungssystem**

Grundlage ist ein mehrdimensionales Zielverfolgungssystem, das die Zielerreichung der Teams lenken soll. Durch unterschiedliche Budgets und die Entscheidungsfreiheit über die Verwendung der Budgets werden die Potenziale der Mitarbeiter auf die optimale Auftragsdurchführung gelenkt.

**Strukturierte Budgets**

Vor der Bearbeitung eines Teamauftrags müssen für die Fertigungsteams die jeweiligen Budgets eingerichtet sein, die aus mehreren Teilbudgets bestehen können. Die Struktur der einzelnen Budgets kann für die einzelnen Teams unterschiedlich sein. Eine Dynamisierung von Zielvorgaben unter Einbeziehung der aktuellen Fertigungssituation und der globalen Unternehmensziele erfordert die Abkehr von statischen Vorgaben.

**Konten als Form des Zielanreizes**

Die Budgets werden in Form von Konten geführt, in denen Zugänge (Gutschriften) den Abgängen (Belastungen) gegenübergestellt und auf Anforderung saldiert werden. Das Team erhält seine Vorgaben durch Teamaufträge, die Beiträge zu den einzelnen Budgets liefern. Diese Beiträge können feste Beiträge sein oder an Bedingungen geknüpft, beispielsweise Termineinhaltung, Qualitätsanforderungen u.Ä. Aus den Beiträgen werden zu den Fälligkeitsterminen die Budgetbewegungen (Zugänge und Abgänge) ermittelt. Die Budgetbewegungen sind ausschließlich monetär bewertet. Den Zugängen sind Belastungen durch Verbrauch von Ressourcen und durch Überschreitung bzw. Unterschreitungen der Bedingungen für die Budgetbeiträge entgegengestellt. Diese Budgetbeiträge repräsentieren die Ziele und bilden für das Team das Zielsystem.

Ausgangspunkt sind die teamexternen, zentralen Planungsvorgaben (Fertigungssteuerung, Vorkalkulation usw.), aus denen sich die Gesamtheit der Teamauftragsbeiträge ergibt. Die Daten werden in Budgets geführt, die eine Belastungs- und Entlastungsspalte haben.

**Guthaben auf dem Konto = Verbesserung für den Betrieb**

Jedes Guthaben eines Teams auf den Budgetkonten, entweder am Ende eines Auftrags bei auftragsbezogenen Budgets oder am Ende eines bestimmten Zeitraums bei zeitraumbezogenen Budgets, bedeutet eine Kostensenkung oder sonstige Verbesserung der Wettbewerbsfähigkeit. Entsprechendes gilt für negative Bilanzen bei Budgetkonten. Werden Budgets nicht ausgeschöpft, partizipiert das Team in Form von Prämien, deren Verhältnis zum Budgetkonto vorher fallweise bestimmt wird. Wird das Budgetkonto überzogen, wird auch das Prämienkonto belastet. Am Ende einer Verrechnungsperiode wird (nach der Prämienausschüttung) das Prämienkonto wieder auf null gesetzt.

Aus den saldierten Budgetkonten können Prämien für die Teammitglieder ermittelt werden, die je nach Ergebnis des Saldos positiv oder negativ sein können. Aus den Budgetsalden können Prämienbeiträge ermittelt werden, die in Summe als Prämie ausgeschüttet werden. Die einzelnen Prämienbeiträge können negativ sein, doch sollten aus tarifrechtlichen und psychologischen Gründen nur positive Summen als Prämie ausgeschüttet werden. Nach der Prämienermittlung werden die Salden im Allgemeinen auf null gesetzt.

**Prämienermittlung**

Die Budgetbeiträge, Formeln und Stammdaten können angezeigt werden. Die Darstellung erfolgt in numerischen Übersichten und grafischen Darstellungen als Projektplan. Zur Steuerung sind Online-Anzeigen und -Simulationsfunktionen erforderlich. Mit Simulationsfunktionen können die Auswirkungen von alternativen Maßnahmen auf die Budgetentwicklung analysiert werden. Hierzu werden die Parameter, wie zum Beispiel Termine oder zusätzliche Aktivitäten, variiert.

**Visualisierung**

Die Kommunikation mit benachbarten Teams zur Abstimmung kann durch gezielten Zugriff auf selektierte Daten des jeweils anderen Teams erfolgen. Die innerbetriebliche Abstimmung zur Terminsituation und zum Leistungsaustausch wird durch ein Kommunikationssystem erleichtert. Die Daten müssen der zentralen Planung und den Kostensystemen online oder im Stapel zur Verfügung gestellt werden können.

**Kommunikation**

Die Budgetbeiträge bzw. deren Basis können über eine Standardschnittstelle entweder direkt aus anderen Systemen übernommen oder über Tastatur eigenständig eingegeben werden. Die automatische Übernahme der Daten sowie die manuelle Eingabe erfolgen in gesonderten Modulen.

**Schnittstellen zu anderen Systemen**

### 7.6.1.3 Fallbeispiele

Bei den unten beschriebenen Fallbeispielen wird folgende Ausgangssituation zugrunde gelegt: Dem Team »Großdrehteile« werden von der zentralen Fertigungsplanung/-koordination Rahmentermine für die Anlieferung bzw. Ablieferung von Bauteilen, Baugruppen bzw. Führungsteilen vorgegeben. Das Team übernimmt die Feinplanung des Produktionsablaufs, der Produktionsplanung, des Arbeitsbeginns und der Materialplanung und -beschaffung.

**Beschreibung der Ausgangssituation**

| Teamauftrags-ID | Starttermin | Liefertermin | Zeitraum |
|---|---|---|---|
| A 123 | 27.02.00 | 30.03.00 | 24 Tage |
| A 245 | 03.03.00 | 29.03.00 | 18 Tage |
| A 678 | 28.02.00 | 26.04.00 | 42 Tage |
| A 901 | 25.02.00 | 17.04.00 | 32 Tage |
| ... | | | |

*Abb. 3: Beispiel für zentral vorgegebene Planungsdaten*

Das Team hat jährlich 1.000.000 € Personalkosten, 100 Aufträge /Jahr und 200.000 € Nacharbeitskosten. Außerdem sind die Aufträge im Schnitt drei Tage zu spät fertig. Ziel ist es, die Personalkosten um 10 % (= 100.000 €) zu senken, den Nacharbeitsaufwand um 120.000 € auf 80.000 € und die Terminüberschreitungen zu beseitigen. Alle Ziele haben die gleiche Gewichtung. Die Prämie an die Mitarbeiter soll, wenn die Ziele erreicht sind, 30.000 €/Jahr betragen.

Im Zielverfolgungssystem werden hierfür drei Budgets eingerichtet, für die jeweils entsprechend der Gleichwertigkeit 10.000 Punkte als Saldo angestrebt werden. Damit ergeben sich folgende Bewertungsfaktoren:

| | |
|---|---|
| Für die Personalkosten: | 100 Punkte/1.000 € |
| Für die Nacharbeit: | 83 Punkte/1.000 € |
| Für Terminüberschreitungen: | Gutschrift von 100 Punkten je Auftrag |
| | Belastung von 33 Punkten je Tag Verzögerung |

Diese Punkte werden bei Auftragsende entsprechend der Vorkalkulation gutgeschrieben.

**Beispiel Terminverzug**

Die Auftragsfortschrittkontrolle bzw. die BDE im Team »Großdrehteile« signalisiert einen Terminrückstand beim Auftrag A 901 um zehn Tage. Der Terminverzug eines Auftrags bewirkt bei einem spezifischen Abgang von 33 Punkte je Tag Terminverzug 330 Punkte Belastung für das Terminbudget des Teams. Das Team muss die bestehende Fertigungsplanung für den betroffenen Auftrag kurzfristig ändern, um einen Prämienverlust zu vermeiden. Denkbare Handlungsalternativen wären z.B.:

- Überstunden
- zusätzliche Arbeitskräfte (»Leiharbeiter« aus anderen Teams)
- Umschichtung der Auftragsfolge/Kapazitäten
- Zurückstellung eingeplanter Wartungsarbeiten
- Terminänderungen von Rüstarbeiten usw.

Die Budgetsalden sehen am 29.02.00 wie folgt aus:

| Personalkosten | Summe Zugänge Punkte | Summe Abgänge Punkte | Saldo Punkte |
|---|---|---|---|
| | 16.000 | 14.600 | 1.400 |

| Nacharbeit | Summe Zugänge Punkte | Summe Abgänge Punkte | Saldo Punkte |
|---|---|---|---|
| | 13.280 | 10.600 | 2.680 |

| Terminüberschreitung | Summe Zugänge Punkte | Summe Abgänge Punkte | Saldo Punkte |
|---|---|---|---|
| | 2.000 | 1.230 | 770 |

| **Gesamt** | **Summe Zugänge Punkte** | **Summe Abgänge Punkte** | **Saldo Punkte** |
|---|---|---|---|
| | 31.280 | 26.430 | 4.850 |

*Abb. 4: Budgetsalden am 29.02.00*

Jede Handlungsalternative hat, abgesehen von der Verbesserung der Terminsituation für den Auftrag A 901, natürlich auch Auswirkungen auf die anderen anstehenden Aufträge. Überstunden und zusätzliche Arbeitskräfte kosten Geld und belasten das Budget für Arbeitskräfte. Umschichtungen der Auftragsfolge/Kapazitäten können zu einem Terminverzug anderer Aufträge führen. Dabei kann es sich auch um Aufträge handeln, deren Terminverzug teurer ist als beim Auftrag A 901 und zu einer höheren Belastung des Prämienkontos führen. Die Zurückstellung von Wartungsarbeiten führt unter Umständen zu einem Maschinenausfall oder einer Qualitätsminderung.

Die Handlungsalternativen, die mit Kosten bzw. mit Auswirkungen auf die Terminplanung verbunden sind, können im Entscheidungshilfe-Modul simuliert werden. Dem Team werden aufgezeigt:

**Aufzeigen der Auswirkungen von Aktionen**

- die Auswirkungen auf das Prämienkonto
- der Einfluss der Maßnahme auf andere Budgetkonten
- die Änderung der Terminsituation für die anstehenden Aufträge

Im Beispiel werden folgende Handlungsalternativen mit dem Entscheidungshilfe-Modul bewertet:

1. Für den Auftrag A 901 arbeiten zwei Mann eine Schicht zusätzlich: 1.280 € Personalkosten, andere Arbeitsgänge werden ohne Auswirkungen auf den Termin verschoben.

2. Auftrag A 901 vorziehen: Aufträge A 245 und A 678 verspäten sich um jeweils vier Tage.

Die Simulation liefert folgende Ergebnisse:

| **Personalkosten** | Summe Zugänge Punkte | Summe Abgänge Punkte | Saldo Punkte |
|---|---|---|---|
| | 16.000 | 14.600 | 1.400 |

| **Nacharbeit** | Summe Zugänge Punkte | Summe Abgänge Punkte | Saldo Punkte |
|---|---|---|---|
| | 13.280 | 10.600 | 2.680 |

| **Terminüberschreitung** | Summe Zugänge Punkte | Summe Abgänge Punkte | Saldo Punkte |
|---|---|---|---|
| | 2.000 | 1.230 | 770 |
| **Auftrag 901** | | 330 | |
| | 2.000 | 1.560 | 440 |

| **Gesamt** | Summe Zugänge Punkte | Summe Abgänge Punkte | Saldo Punkte |
|---|---|---|---|
| | 31.280 | 26.430 | 4.850 |
| **Auftrag 901** | | 330 | |
| | 31.280 | 26.760 | 4.520 |

*Abb. 5: Alternative 1 – keine Aktivitäten*

| Personalkosten | Summe Zugänge Punkte | Summe Abgänge Punkte | Saldo Punkte |
|---|---|---|---|
|  | 16.000 | 14.600 | 1.400 |
| Maßnahmen |  | 128 |  |
|  | 2.000 | 14.728 | 1.272 |

| Gesamt | Summe Zugänge Punkte | Summe Abgänge Punkte | Saldo Punkte |
|---|---|---|---|
| ohne Maßnahme | 31.280 | 26.430 | 4.850 |
| Maßnahme |  | 128 |  |
| mit Maßnahme | 31.280 | 26.558 | 4.722 |

Abb. 6: *Alternative 2 – zwei Mann eine Schicht zusätzlich (1.280 € Personalkosten)*

| Terminüberschreitung | Summe Zugänge Punkte | Summe Abgänge Punkte | Saldo Punkte |
|---|---|---|---|
|  | 2.000 | 1.230 | 770 |
| 2 Aufträge |  | 264 |  |
|  | 2.000 | 1.494 | 506 |

| Gesamt | Summe Zugänge Punkte | Summe Abgänge Punkte | Saldo Punkte |
|---|---|---|---|
|  | 31.280 | 26.430 | 4.850 |
| 2 Aufträge |  | 264 |  |
|  | 31.280 | 26.694 | 4.586 |

Abb. 7: *Alternative 3 – Auftrag vorziehen, zwei Aufträge verspäten sich um jeweils vier Tage*

Es ergibt sich folgendes Bild:

- Alternative 1:     4.520 Punkte
- **Alternative 2:     4.722 Punkte**
- Alternative 3:     4.586 Punkte

Basierend auf diesen Informationen entscheidet sich das Team für die Alternative 2, da sie den größten Budgetüberschuss ergibt.

#### 7.6.1.4 Simulationsparameter

**Darstellung der Ziele als Budgetwerte**

Die Ziele des Betriebes werden durch Budgetwerte dargestellt. Diese Budgetwerte leiten sich von direkt messbaren Größen, den direkten Messgrößen, ab. Durch Umrechnung werden daraus Beträge ermittelt, die als Zu- und Abgänge in die Budgetkonten eingehen. Vor der Übernahme eines Zieles in das Zielverfolgungssystem muss sichergestellt werden, dass diese Messgrößen verfügbar sind – entweder durch direkte Übernahme aus einem bestehenden System oder durch manuelle Eingabe als Ausweichmöglichkeit. Ist diese Messgröße nicht verfügbar, kann das Ziel nicht in das Zielverfolgungssystem aufgenommen werden.

**Messgrößen: allgemein verständliche Werte**

Die Messgrößen sind allgemein verständliche Werte, die aus verschiedenen Quellen, zum Beispiel Kostenrechnung, Kalkulation, Qualitätsstatistik usw., herangezogen werden. Die Ziele können sich in Größen ausdrücken, die nicht unmittelbar bewertbar sind. Demgemäß unterscheiden wir

- Kostenziele,
- leicht quantifizierbare oder bewertbare Ziele und
- schwer quantifizierbare oder bewertbare Ziele.

Einfach quantifizierbare Ziele sind Ziele, für die sich bezüglich des zugrunde liegenden Mengenansatzes (Mengengerüst) verhältnismäßig leicht Ziele definieren lassen. Insgesamt gesehen sind diese Ziele durch einfache Größen zu beschreiben. Lassen sie sich auch noch durch monetäre Größen, also in Euro, bewerten, handelt es sich um leicht bewertbare Ziele. Bei schwer bewertbaren Zielen handelt es sich um Effekte, die sich erst aus Umrechnungen und meist auch über betriebswirtschaftlich wenig fundierte Annahmen und Schätzungen ergeben, etwa die Qualifikation der Mitarbeiter oder die Arbeitstiefe.

**Ermittlung von Hilfsgrößen zur Quantifizierung**

Für die Quantifizierung dieser Ziele sind Hilfsgrößen zu ermitteln, die teilweise sogar durch eine subjektive Einschätzung bestimmt werden. Diese Ziele können aber wichtig für die Wettbewerbsfähigkeit eines Unternehmens sein. Zur Budgetbildung sind diese Ziele, besonders wenn sie monetär bewertet sind, in Punkte umzurechnen. Dazu werden Umrechnungsfaktoren gebildet, die durch die Formel Messgröße x Faktor gekennzeichnet sind.

| Ziele | | direkte Messgrößen | Umrechnung |
|---|---|---|---|
| **A** | **Kostenziele** | | |
| A.1 | Produktivität erhöhen | Aufwand (in €) entsprechend Vorkalkulation | Punkte/€ |
| | | Aufwand (in € oder Stunden)/Umsatz (in €) | Punkte/€ |
| A.2 | Fertigungskosten senken | Fertigungskosten (in €) entsprechend Vorkalkulation | Punkte/€ |
| A.3 | Materialkosten senken | Materialkosten (in €) entsprechend Vorkalkulation | Punkte/€ |
| A.4 | Maschinenkosten senken | Maschinenkosten (in €)/Stunde | Punkte/€ |

*Abb. 8: Kostenziele*

| Ziele | direkte Messgrößen | Umrechnung |
|---|---|---|
| **B Auftragsbezogene, leicht quantifizierbare Ziele** | | |
| B.1 Qualität | Fehler (Stück) je Anzahl Produkte (Stück) | Punkte/Σ (€ je Stück) |
| | Anzahl Reklamationen (Stück) der Kunden | Punkte/Σ (€ je Stück) |
| | Anzahl Reklamationen (Stück) der QC | Punkte/Σ (€ je Stück) |
| B.2 Termintreue | Tage Verzug | Punkte/Tag |
| | Tage Verzug x Kosten (in €) | €/(Tag x €) |
| | (Tage Verzug x Kosten [in €]) aufgeholt | €/(Tag x €) |

*Abb. 9: Auftragsbezogene, leicht quantifizierbare Ziele*

| Ziele | direkte Messgrößen | Umrechnung |
|---|---|---|
| **C Auftragsneutrale, leicht bewertbare Ziele** | | |
| C.1 Ergebnisverbesserung | Ergebnis (in €) je Abrechnungsperiode | Punkte/€ |
| C.2 Umsatzsteigerung | Umsatz (in €) je Abrechnungsperiode | Punkte/€ |
| C.3 Bestandssenkung | Bestandswert (in €) pro Umsatz (in €) je Periode | Punkte/€ |
| | Bestandswert (in €) | Punkte/€ |
| | Bestandswert (in €) pro Wertschöpfung (in €) je Periode | Punkte/€ |
| C.4 Betriebsstoffverbrauch senken (nach Art, z.B. Schmierstoffe, Werkzeuge, Maschinen, Reparaturen) | Verbrauch (in €) je Periode | Punkte/€ |
| | Verbrauch (in €) je Umsatz | Punkte/€ |
| | Verbrauch (in €) je Fertigungsstunde | Punkte/€ |
| | Verbrauch (in €) je Einheit Wertschöpfung (in €) | Punkte/€ |

*Abb. 10: Auftragsneutrale, leicht bewertbare Ziele*

## 7.6 Produktionscontrolling

| Ziele | direkte Messgrößen | Umrechnung |
|---|---|---|
| **D Auftragsneutrale, leicht quantifizierbare Ziele** | | |
| D.1 Durchlaufzeiten reduzieren | Std. je Auftrag | Punkte/Std. |
| | Std. je Auftragswert (in €) | Punkte/(€ x Std.) |
| D.2 Fehlzeiten senken | Durchschnittliche Fehlzeit (Std.) je Mitarbeiter | Punkte/Std. |
| D.3 Rüstaufwand senken | Std. je Rüstvorgang (Stück) | Punkte/Std. |
| | Rüstvorgänge (Stück)/Periode | Punkte/Stück |
| | Rüstkosten (in €) je Periode | Punkte/€ |
| D.4 Flächenbedarf senken | m² | Punkte/m² |
| | m² je Mitarbeiter | Punkte/m² |
| | m² je Arbeitsplatz | Punkte/m² |
| | m² je Umsatz | Punkte/m² |
| D.5 Ausfallzeit senken (nach Art, z.B. Werkzeuge, Maschinen, Reparaturen) | Ausfallzeit/Periode | Punkte/Std. |
| | Ausfallzeit je Betriebsstunden | Punkte/Std. |
| | Ausfallzeit je Wertschöpfung (€) | Punkte/Std. |

*Abb. 11: Auftragsneutrale, leicht quantifizierbare Ziele*

| Ziele | direkte Messgrößen | Umrechnung |
|---|---|---|
| **E Auftragsneutrale, schwerer bewertbare Ziele** | | |
| E.1 Erweiterung Arbeitsinhalte | Anzahl Arbeitsplatzeinsätze (Stück) je MA | Punkte/Stück |
| E.2 Qualifikation verbessern | mögliche Arbeitsplätze (Stück) je MA | Punkte/Stück |
| | mögliche Punkte aus einem Qualifizierungskatalog | Punkte/Punkt |
| E.3 Produktionsflexibilität erhöhen | x Tage vor Beginn kostenneutrale Änderung | Punkte/Tag |
| E.4 Zeitflexibilität | Streuung der Anwesenheit (Std./Tag Anwesenheit) | Punkte/(Std/Tag) |
| E.5 Kontinuierliche Verbesserung | Anzahl Vorschläge (Stück) je Mitarbeiter/Periode/Gruppe | Punkte/Stück |
| | Anzahl angenommener Vorschläge (Stück) je Mitarbeiter und Periode | Punkte/Stück |
| | Wert der angenommenen Vorschläge (in €) | Punkte/€ |
| E.6 Arbeitsverdichtung | Arbeitsgänge (Stück) je Produkt | Punkte/Stück |
| E.7 Arbeitszufriedenheit verbessern | subjektive Fremdeinschätzung | Punkte/Pkt. |
| E.8 Kommunikation verbessern | subjektive Fremdeinschätzung | Punkte/Pkt. |
| E.9 Motivation verbessern | subjektive Fremdeinschätzung | Punkte/Pkt. |

*Abb. 12: Auftragsneutrale, schwerer bewertbare Ziele*

**Einbindung der indirekten Bereiche**

Um mit dem System einen ganzheitlichen Ansatz zu verwirklichen, ist es unbedingt notwendig, die indirekten Bereiche (Vertrieb, Marketing, Konstruktion, AV, F&E) einzubeziehen und sie am Prämiensystem partizipieren zu lassen. Dabei werden folgende Ziele angestrebt:

- Akquisition lukrativer Aufträge (Vertrieb)
- Gestaltung innovativer Produkte nach Kundenbedürfnissen (Marketing, Konstruktion, Vertrieb, F&E)
- optimale Produktionsplanung bzw. Auftragssteuerung (AV)
- Senkung der Fixkosten (alle Bereiche)
- Verbesserung der Kommunikation zwischen direkten und indirekten Bereichen
- Senken der Durchlaufzeit und Lagerkosten

**Prämiensystem**

Dieses Ziel kann durch folgendes Prämiensystem erreicht werden: Vom Preis, der für einen Auftrag am Markt erzielt werden kann, werden

- ein Gewinnanteil,
- die Materialkosten,
- die Produktionskosten und
- ein Prämienanteil

abgezogen. Der restliche Betrag dient zur Deckung der Fixkosten. Wenn die Summe der Restbeträge für einen bestimmten Zeitraum (je nach Durchlaufzeit Monat, Quartal oder Jahr) die Fixkosten im selben Zeitraum übersteigt, können die indirekten Bereiche Prämien aus dem Überschuss erhalten. Die Parameter müssen so eingestellt werden, dass nur bestimmte Obergrenzen erreicht werden dürfen, da ansonsten der ganze Gewinn abgeschöpft wird. Der Prämienanteil, der abgezogen wurde, kann benutzt werden, um beispielsweise Prämien für die Unterschreitung der Rahmentermine zu bezahlen. Damit wird also eine Verbesserung honoriert, die für den Betrieb erst in Zukunft Vorteile bringt (kürzere Durchlaufzeiten können kalkuliert werden).

---

**Prämiensystem**

    Marktpreis
- Gewinnanteil
- Materialkosten
- Prämienanteil
- Produktionskosten

    Restbetrag

Ziel: $\Sigma$ Restbeträge (t) > Fixkosten (t)

Man geht davon aus, dass die Fixkosten im Verlauf der Zeit weitgehend konstant sind. Die Restbeträge der einzelnen Aufträge werden den Zeitperioden zugeordnet, in denen sie bilanzmäßig wirksam werden (die Höhe der Fläche repräsentiert den Wert des Restbetrags, die Länge den Zeitraum, in dem der Auftrag abgearbeitet wird). Die Summe der Restbeträge im betrachteten Zeitraum muss nun die Summe der Fixkosten im selben Zeitabschnitt überschreiten, damit Prämien für die indirekten Bereiche fällig werden. Je größer der Restbetrag ist, den die einzelnen Aufträge erzielen, desto schneller wird die Fixkostenlinie überschritten.

**Auswirkungen auf die indirekten Bereiche**

### Vertrieb

- Der Vertrieb muss Aufträge akquirieren, die einen möglichst hohen Restbetrag ergeben. Es zählt also die Qualität eines Auftrags und nicht die Quantität.

- Die Wahrscheinlichkeit von Prämien für den Vertrieb steigt, wenn er intensiv mit der Produktionsplanung (Terminsituation) und der Marketingabteilung (schnelle Weitergabe von Kundenwünschen, kurze Reaktionszeit, wieder lukrative Aufträge) zusammenarbeitet.

### Marketing

- Der Beitrag der Marketingabteilung zur Verbesserung der Prämiensituation besteht in der Bemühung, attraktive Produkte von hoher Qualität in Zusammenarbeit mit Konstruktion und F&E zu konzipieren.

- Das Niveau der Marketingaktivitäten trägt entscheidend zur Auftragssituation des Unternehmens bei.

### AV/Zentrale Produktionssteuerung

- Je schneller Aufträge durch die Produktion geschleust werden, desto früher trägt der Restbetrag zur Deckung der Fixkosten bei und kann der nächste Auftrag eingelastet werden.

- Hauptansatzpunkt ist dabei die Vermeidung von langen Liegezeiten und Produktionswegen. Dadurch werden gleichzeitig die Lagerkosten und die Durchlaufzeiten gesenkt.

### Konstruktion/F&E

- Konstruktion und F&E können beispielsweise im Bereich der Materialkosten und Vereinfachung von Montagevorgängen zur Prämienrealisierung beitragen.

- Je günstiger die Material- und Produktionskosten, desto größer der Restbetrag.

**Alle Bereiche**

- Jeder Bereich kann durch Verbesserungsvorschläge zur Senkung der Gemeinkosten (z.B. Energieeinsparung, Recycling/Müllkosten etc.) die Schwelle, ab der Prämien bezahlt werden, absenken.

- Durch Intensivierung der Kommunikation zwischen allen Bereichen können bereichsübergreifend und interdisziplinär neue Lösungen zur Verbesserung der Kosten-, Auftrags- und Produktionsablaufsituation gefunden werden.

### 7.6.1.5 Methoden der Formelvorgabe

Ziele werden bevorzugt zwischen den Beteiligten vereinbart, alternativ werden sie vom Vorgesetzten vorgegeben. Ziele werden über Formeln und deren Koeffizienten in Budgetwerte transferiert. Die Anpassung an geänderte Ziele erfolgt über die Änderung der Ausgangswerte (Kalkulation oder Termin u.Ä.) oder über die Änderung der Budgetfaktoren.

*Ableitung der Budgetwerte*

Zu jedem Teamauftrag gibt es eine Menge von Beiträgen zu den einzelnen Budgets. Diese Beiträge werden von dem System mitgeliefert, das die Teamaufträge erstellt, oder manuell dem Teamauftrag hinzugefügt. Für Kostenziele kann der Teamauftrag Budgetbeiträge haben, die sich aus der Vorkalkulation ergeben und deren Einhaltung oder Unterschreitung direkt überprüfbar ist. Gutschriften erfolgen aus den Aufträgen, Belastungen ergeben sich aus der eigenen Kostenrechnung. Fremdleistungen, auch von anderen Fraktalen aus dem gleichen Betrieb, werden direkt belastet.

Bei den übrigen Komponenten kann die Gutschrift teilweise von Bedingungen abhängig gemacht werden. Die Bedingungen sind in der Liste enthalten und werden zum Beispiel formuliert als

*Abhängigkeit der Gutschrift von Bedingungen*

- Terminüberschreitungen, die sich in Abbuchungen vom Prämienkonto auswirken und die nach einer Formel ermittelt werden (z.B. Abweichung in Tagen multipliziert mit dem Auftragswert multipliziert mit einem Faktor),

- Reklamationen, die sich ebenfalls in Abbuchungen auswirken (z.B. Anzahl der Reklamationen multipliziert mit einem Faktor).

Die Ermittlung der Budgetbeiträge erfolgt durch Formeln, die aufgrund der Daten aus dem Teamauftrag die Beiträge ergeben. Die Umrechnungsfaktoren repräsentieren die Rangfolge der Zielgewichtung, um für wichtige Ziele auch die höchsten Anreize zu erhalten. Wie in der klassischen Zielvereinbarung muss die Menge der Ziele überschaubar sein. Auch sollte der Aufwand für die Bereitstellung der erforderlichen Daten im Zielschema berücksichtigt werden.

Ausgangsbasis ist die Definition und Quantifizierung der Ziele aufgrund der aktuellen Situation, die durch kennzeichnende Größen beschrieben

## 7.6 Produktionscontrolling

**Beschreibung der Ziele durch kennzeichnende Größen**

wird. Diese kennzeichnenden Größen sind Daten, die entweder durch die Zielsetzung beeinflusst werden oder Rahmenbedingungen setzen. Zur Erreichung der Ziele werden entsprechende Budgets eingerichtet. Danach wird definiert, welche Prämien ausgeschüttet werden sollen, wenn die Ziele erreicht wurden. Diese Prämien werden aufgrund der Gewichtung der Ziele auf die einzelnen Budgets verteilt.

Im nächsten Schritt wird, soweit das möglich ist, ermittelt, welche wirtschaftlichen Vorteile die einzelnen Ziele erwarten lassen. Für reine Kostenziele ist das einfach, bei anderen Zielen ist es nur angenähert möglich. Entsprechend dieser Daten werden die Umrechnungsformeln und deren Parameter für die Budgetwerte definiert. Danach werden die Umrechnungsfaktoren für die Budgetsalden in Prämien bestimmt. Die Formeln müssen so ausgelegt sein, dass der Saldo bei unverändertem Zustand null ist, bei Zielerreichung die vorgesehene Punktzahl beträgt.

**Anwendungsfall**

Um das Verfahren zu erläutern, wird im Musterteam »Großdrehteile« unterstellt, dass die Personalkosten 1 Mio. € bei 100 Aufträgen betragen. Die Durchlaufzeit eines Auftrages beträgt im Schnitt etwa 30 Tage. Die Aufträge werden meist termintreu geliefert, aber die Aufträge mit Herstellkosten von 2 Mio. € sind im Schnitt um zehn Tage verzögert. Beschäftigt sind zehn Mitarbeiter mit Bruttobezügen von durchschnittlich 60.000 € und Personalkosten von 100.000 € je Mitarbeiter und Jahr. Es gibt jährlich etwa 20 Reklamationen von Kunden.

Beispielhaft wurde folgende Zielrangliste aufgebaut:

| 1. Senkung der Personalkosten | um 10 % | Wichtung 40 % |
|---|---|---|
| 2. Termintreue | keine Überschreitungen | Wichtung 20 % |
| 3. Senkung der Reklamationen | auf 3 im Jahr | Wichtung 20 % |
| 4. Senkung der Durchlaufzeit | um 10 % | Wichtung 20 % |

*Abb. 13: Zielrangliste*

Die Prämien müssen einen Anreiz darstellen, also in einer beachtlichen Größenordnung liegen. Die Größenordnung muss den Verbesserungen entsprechen. Die einzelnen Budgetbeiträge müssen entsprechend der Wichtung in der Zielrangliste im ausgeglichenem Verhältnis stehen. Die Gesamtprämie sollte etwa 4.500–5.500 €/Mitarbeiter und Jahr betragen, bei zehn Mitarbeitern also etwa 50.000 €. Das ist für europäische Verhältnisse nicht unbeträchtlich, auch wenn außerhalb Europas teilweise wesentlich höhere Lohnanteile erfolgsabhängig sind. Hierfür wird ein Budgetsaldo von 50.000 Punkten angestrebt.

**Kostensenkung**

Die Kostensenkung würde bei Personalkosten von 1 Mio. €/Jahr etwa 100.000 €/Jahr bringen. Da die Wichtung 40 % beträgt, sollten aus diesem Budget bei Zielerreichung 20.000 Punkte ausgeschüttet werden, was bei 100.000 € Minderkosten gegenüber der Kalkulation bedeuten würde. Die Minderkosten werden also mit einem Punkt je 5 € bewertet.

1068

Die Terminüberschreitungen betragen, wenn sie mit den Herstellkosten bewertet werden, 20 Mio. € x Tage. Sie sollen auf null gesenkt werden, wofür 10.000 Punkte im Saldo des Budgets stehen sollen. Je 2.000 € x Tag Terminüberschreitung ist also ein Punkt zu belasten, wofür entsprechend den Herstellkosten der Fertigungsaufträge (10 Mio. €) je 1.000 € jeweils 1,0 Punkt (also 10.000 Punkte) gutgeschrieben wird. Die übrigen Komponenten werden analog ermittelt. Die folgende Tabelle zeigt beispielhaft eine Budgetkonfiguration für diese Ziele:

*Termintreue*

| Ziel | %-Wichtung | Punkte | Messgröße | Ausgangswert | Differenz | Budgetzugangsformel | Belastungsformel |
|---|---|---|---|---|---|---|---|
| Kostensenkung | 40 | 20.000 | Fertigungskosten | 1 Mio. € | 100.000 € | $0{,}2 \times PK_{kalk}$ | $0{,}2 \times PK_{ist}$ |
| Termintreue | 20 | 10.000 | HK x Tage Verzug | 20 Mio. € x Tage | 20 Mio. € x Tage | je Auftrag 1 Punkt je 1.000 € $HK_{kalk}$ | je Tag Verzug 0,5 Punkt je 1.000 € $HK_{kalk}$ |
| Reklamationen senken | 20 | 10.000 | Anzahl | 20 Reklamationen | 17 Reklamationen | 118 Punkte je Auftrag | 590 Punkte je Reklamation |
| Durchlaufzeit senken | 20 | 10.000 | HK x Tage | | 3 Mio. € x Tage | 10.000 Punkte Gutschrift, verteilt auf die Abrechnungsperiode | $0{,}00333 \times HK_{Auftrag} \times$ verspätete Tage |

*Abb. 14: Budgetkonfiguration (Beispiel)*

Die dynamische Zielanpassung erfolgt durch Anpassung der Parameter zur Ermittlung der Budgetbeiträge. Die Mitarbeiter sollen dabei vom erreichten Standard profitieren. Da die Zielgewichtung sich aber ändern kann, besteht die Gefahr, dass die alten Ansätze nicht mehr stimmen und damit zur Bestandssicherung nicht die aktuellen Ziele verfolgt werden. Darum sollte diese Anpassung außerhalb des Budgetsystems geschehen, etwa durch Erfolgsbeteiligung.

**Dynamische Zielanpassung**

Nachdem die Reklamationsrate auf drei Reklamationen pro Jahr gesenkt wurde, wird im nächsten Schritt angestrebt, sie weiter auf zwei Reklamationen zu senken. Dabei soll der anzustrebende Budgetsaldo auf den halben Wert gesenkt werden, entsprechend der nun reduzierten Bedeutung der Maßnahme. Damit ergibt sich folgendes Bild: Bei drei Reklamationen soll der Budgetsaldo null sein, bei zwei Reklamationen 5.000 Punkte. Damit wird eine Reklamation mit 5.000 Punkten bewertet. Das Team bekommt 15.000 Punkte gutgeschrieben, der Budgetsaldo wird auf 5.000 Punkte begrenzt.

### Drei Reklamationen

- Gutschrift: 15.000 Punkte
- Belastung: 3 x 150.000 € = 15.000 Punkte
- Saldo: 0 Punkte

### Zwei Reklamationen:

- Gutschrift: 15.000 Punkte
- Belastung: 2 x 5.000 Punkte = 10.000 Punkte
- Saldo: 5.000 Punkte

Bei einem gesamten angestrebten Budgetwert von 50.000 Punkten hat jede Terminüberschreitung einen erheblichen Einfluss. Dies unterstützt die Anstrengungen, den jetzigen Qualitätsstandard bei der Termineinhaltung nicht zu vernachlässigen.

## 7.6.2 Balanced Scorecard (BSC)

*von Rainer Kämpf*

### 7.6.2.1 Einführung

»Multikriterielles, ausgewogenes Kennzahlensystem – und damit Zielsystem –, das in einem Managementprozess zur Implementierung, Steuerung und Kontrolle (Controlling) der Strategie eingesetzt werden kann. Die BSC enthält wesentliche Kennzahlen, die den ›ganzheitlichen‹ Erfolg aus strategischer, aber auch auf operativer Ebene abbilden und sichern« (vgl. Boston Consulting Group – BCG).

**Kurzdefinition der Balanced Scorecard**

Seit der Veröffentlichung des ersten Artikels im Harvard Business Review 1992 findet das Konzept der Balanced Scorecard, entwickelt von den beiden Harvard-Professoren Kaplan und Norton, in den USA und auch in Deutschland starke Beachtung.

**Die Idee der Balanced Scorecard**

Im Unterschied zu den klassischen Steuerungssystemen berücksichtigt die Balanced Scorecard nicht nur finanzielle Kennzahlen, sondern auch operationale Zielgrößen.

Diese umfassen nicht nur nachlaufende Ergebnisgrößen, sondern auch vorlaufende Indikatoren. Alle Kennzahlen sind durch verschiedene Handlungen des Unternehmens beeinflussbar und unmittelbar mit dem Unternehmenserfolg verbunden.

Insgesamt ist zu sagen, dass die Balanced Scorecard dazu dient, die jeweilige Strategie an bestimmte Kennzahlen zu knüpfen. Dies erleichtert nicht nur die richtige Strategiefindung, sondern garantiert auch den Konsens aller strategischen Ziele. Dadurch, dass die gesamte Strategie auf alle einzelnen Handlungsträger heruntergebrochen und verteilt wird, wird eine einheitliche Zielausrichtung aller Unternehmenshandlungen gefördert und eine Verknüpfung der Ressourcenallokationen mit der jeweiligen Unternehmensstrategie gewährleistet. Die Balanced Scorecard dient somit als Kommunikationsmittel und ist eng an »weiche treibende Faktoren« wie Weiterbildungs- und Kommunikationsprogramme geknüpft.

Weiterhin können diverse Anreizsysteme direkt nach ihren Vorgaben ausgerichtet werden.

Das bedeutet, dass die Balanced Scorecard auch als »strategisches Feedback« fungiert, da durch die einfache Messbarkeit aller Zielgrößen eine unmittelbare Erfolgsermittlung möglich ist. Dieses Feedback kann zu kollektivem Lernen führen; das heißt, dass man feststellen kann, welche treibenden Faktoren mit welcher zeitlichen Verzögerung welchen Erfolg bringen.

Durch kontinuierliche Datenanalyse kann man auch die sich schnell ändernden Rahmenbedingungen rascher erfassen und die Strategie diesen dann unverzüglich anpassen, so dass die Formulierung neuer Initiativen

und auch die Neuallokation der Ressourcen rechtzeitig erfolgen kann und somit eine permanente Validierung und Anpassung der Strategie an die jeweilig veränderten Rahmenbedingungen gewährleistet ist.

### 7.6.2.2 Charakteristika der Balanced Scorecard

*Mit der BSC-Methode von der Vision über Strategien und Kennzahlen zur erfolgreichen Umsetzung*

Die Balanced Scorecard, als Managementmethode, setzt voraus, dass das Unternehmen eine bestimmte Vision oder auch Mission vor Augen hat und zu ihrer Umsetzung bereits eine vernünftige Strategie entwickelt hat. Diese Strategie wird dann in einzelne Unterziele und die jeweils dazugehörigen Kennzahlen übersetzt. Diese Kennzahlen lassen sich dabei den vier folgenden Perspektiven zuordnen, zwischen denen – mehr oder weniger ausgeprägt – Ursache-Wirkungs-Zusammenhänge bestehen:

*Die vier Kennzahlenperspektiven der BSC*

- die wirtschaftliche/finanzielle Perspektive
- die Kundenperspektive
- die interne Prozessperspektive
- die Lern- und Entwicklungsperspektive

Die sich aus diesen vier Perspektiven ergebenden Kennzahlen dienen somit dazu, die Vision und Strategie bis auf eine für alle Mitarbeiter handlungsrelevante Ebene herunterzubrechen und ihnen somit ihren jeweiligen Standpunkt bzw. Fortschritt innerhalb eines langfristigen Planes zu verdeutlichen. Dies schafft ein gemeinsames Modell des gesamten Unternehmens und hält durch die zu entwickelnden Kennzahlen eine Balance

- einerseits zwischen extern orientierten Messgrößen für Anteilseigner/Teilhaber und Kunden und internen Messgrößen für kritische Geschäftsprozesse, Innovation, Lernen und Wachstum,

- andererseits zwischen Messgrößen der Ergebnisse vergangener Tätigkeiten und den Kennzahlen, welche zukünftige Leistungen antreiben sollen (vgl. Kaplan, Norton).

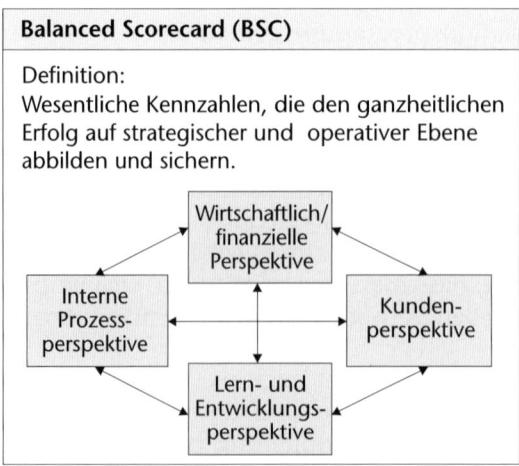

Abb. 1: Die vier Perspektiven der Balanced Scorecard

## I Die wirtschaftlich/finanzielle Perspektive

Das Ziel eines jeden Unternehmens ist es, seinen Wert zu steigern, indem es Gewinne verbucht. Denn ohne Gewinn bzw. Rentabilität ist ein Unternehmen nicht handlungs- und somit existenzfähig.

Das geeignete Maß für den betrieblichen Erfolg ist somit monetärer Art. Anhand der Finanzen lässt sich leicht überprüfen, ob die Implementierung einer Strategie zur Ergebnisverbesserung beiträgt. Kennzahlen der finanziellen Perspektive sind z.B. die Eigenkapitalrendite oder der Economic Added Value.

**Die wirtschaftlich/finanzielle Perspektive betrachtet die vollbrachte finanzielle Leistung und dient zur Optimierung der übrigen drei Perspektiven**

Die finanziellen Kennzahlen definieren zum einen die vollbrachte finanzielle Leistung, zum anderen ist ihre Optimierung das Endziel für alle anderen Faktoren der Balanced Scorecard. Nur wenn eine Optimierung der Kennzahlen der anderen Perspektiven, also die der Kunden-, der Prozess- und der Lern- und Entwicklungsperspektive sich positiv auf die finanziellen Kennzahlen auswirkt, ist diese auch tatsächlich erwünscht und sinnvoll. Das bedeutet, dass zwischen den drei letzteren Perspektiven und der finanziellen Perspektive grundsätzlich eine Ursache-Wirkungs-Beziehung bestehen muss.

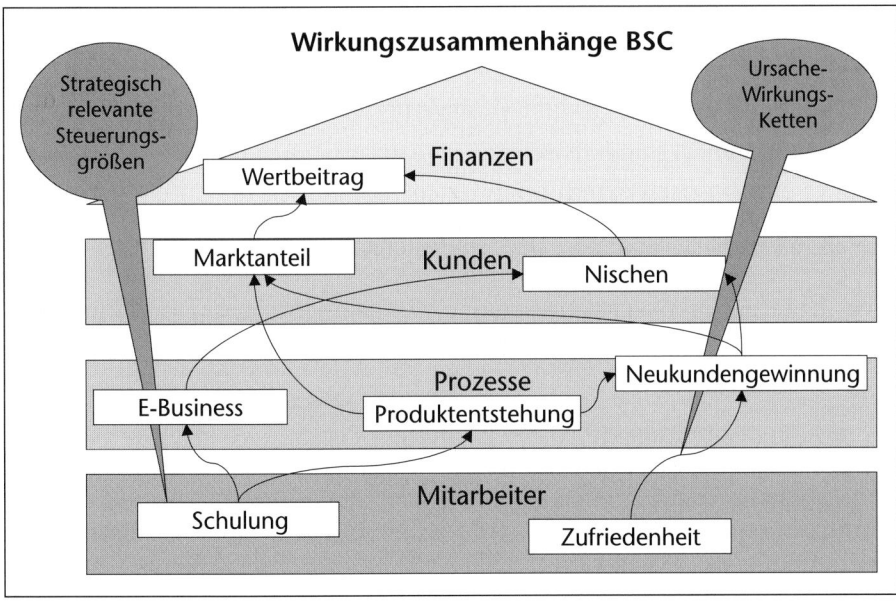

**Ursache-Wirkungs-Beziehung zwischen der finanziellen Perspektive und den übrigen drei Perspektiven**

*Abb. 2: Ursache-Wirkungs-Beziehungen*

Die langfristigen finanzwirtschaftlichen Ziele, die an erster Stelle stehen, müssen folglich mit dem notwendigen Handlungsablauf für Kunden, internen Prozessen und schließlich mit Mitarbeitern und Systemen zur Erreichung der langfristigen ökonomischen Leistung verbunden werden.

## 7.6 Produktionscontrolling

**Finanzwirtschaftliche Ziele unterscheiden sich nach Phase der Unternehmensentwicklung**

Je nach Phase, in welcher das Unternehmen sich befindet, können sich die finanzwirtschaftlichen Ziele stark unterscheiden. Man kann die folgenden Phasen betrachten:

- Wachstum
  Anfangsphase des Lebenszyklus. Entwicklung und Förderung neuer Produkte und Dienstleistungen erfordern beachtliche Ressourcen. Umsatzwachstum in neuen Märkten und mit neuen Produkten, Dienstleistungen und Kunden steht im Vordergrund.

- Reife
  Der Marktanteil wird weiter ausgebaut, mindestens aber gehalten. Der Fokus liegt auf der Überbrückung von Engpässen, Kapazitätserweiterungen und kontinuierlicher Verbesserung. Dies alles unter Bedingungen hoher Rentabilität.

- Ernte
  Hier steht die Erwirtschaftung einer exzellenten Rendite aus dem verfügbaren Kapital im Vordergrund. Es gibt kaum noch Ausgaben für Forschung und Entwicklung oder Kapazitätsausweitungen.

**Finanzwirtschaftliche Themenstellungen für alle Phasen der Unternehmensentwicklung**

Für jede dieser drei Phasen gibt es drei der jeweiligen Geschäftsstrategie zugrunde liegenden finanzwirtschaftlichen Themen:

- Ertragswachstum und -mix
- Kostensenkung und Produktivitätsverbesserung
- Nutzung von Vermögenswerten/Investitionsstrategie

In Abbildung 3 werden aus diesen Themen abgeleitete finanzwirtschaftliche Ziele den verschiedenen Unternehmensphasen zugeordnet.

Viele Unternehmen verwenden auch Kennzahlen für das Risikomanagement, beispielsweise die Verringerung der Differenz zwischen Prognosen und Ist-Ergebnis.

Bei der Repräsentation der wirtschaftlichen Perspektive in einer Balanced Scorecard ist darauf zu achten, dass Indikatoren, die den Stand des Unternehmens in traditionellen Reporting-Größen anzeigen, wie z.B. der ROI (Return on Investment), gemischt werden mit Indikatoren, die auf eine Beschreibung des Marktwertes zielen, wie z.B. der ROCE (Return on Capital employed), und damit eher das Potenzial der Firma für die Zukunft im Visier haben. Insofern lässt sich der Shareholder-Value-Ansatz integrieren, als Korrektiv für eine zu sehr am Buchwert des Unternehmens orientierte Betrachtung.

| Ertragswachstum und -mix | | |
|---|---|---|
| Wachstumsphase | Reifephase | Erntephase |
| Hohe Umsatzwachstumsrate und hoher Marktanteil pro Zielregion, Zielmarkt und Zielkundenkategorie | | |
| Gänzlich neue Produkte und Dienstleistungen, messbar durch den jeweiligen Prozentsatz der Erträge | Neue Anwendungsgebiete für bereits bestehende Produkte, messbar durch den Umsatz in diesen Gebieten. Absatz existierender Produkte an neue Kunden und Märkte | |
| | Rentabilität von Produkten, Dienstleistungen und Kunden steigern. Prozentualen Anteil unrentabler Produkte, Kundenreklamationen senken | |
| | Steigerung des Kooperationsertrags über Geschäftseinheiten hinweg (neue Formen von Zusammenarbeit) | |
| | | Anheben der Preise für Produkte, Dienstleistungen und Kunden, wo die Erträge die Kosten nicht decken |

| Kostensenkung und Produktivitätsverbesserung | | |
|---|---|---|
| Wachstumsphase | Reifephase | Erntephase |
| Steigerung des Ertrags pro Mitarbeiter; Konzentration auf Produkte und Dienstleistungen mit größerer Wertschöpfung. Kostensenkungsstrategien v.a. durch Automatisierung und Standardisierung von Prozessen stehen meist noch im Widerspruch zur Flexibilität von Kundenwünschen und Dienstleistungen in neuen Marktsegmenten. | Senkung der Einheitskosten für den Output: Steigerung der Rentabilität, verbesserter Return on Investment, Erreichung eines wettbewerbsfähigeren Kostenniveaus, Kontrolle der Gemeinkosten | |
| | Verbesserung der Kommunikationskanäle; Ermutigung von Kunden und Zulieferern, kostspielige manuelle Abläufe durch kostengünstigere elektronische Transaktionsmöglichkeiten zu ersetzen | |
| | Senkung der allgemeinen Vertriebs- und Verwaltungskosten | |

| Vermögensverwendung und Innovationsstrategie | | |
|---|---|---|
| Wachstumsphase | Reifephase | Erntephase |
| Hohe Investitionen (Prozentanteil am Umsatz) Hoher Forschungs- und Entwicklungsanteil | | |
| | Günstiger Cash-to-Cash-Zyklus (Lagerdauer − Umschlagsdauer von Forderungen + Umschlagsdauer von Verbindlichkeiten → höhere Effizienz des Working Capital Managements) | |
| | Verbesserung des Nettoumlaufvermögens; insbesondere bei langen Produktionszyklen Durchsetzung von zeitigen Fortschrittszahlen für bereits geleistete Arbeiten | |
| | Steigerung des Return on Capital Employed (ROCE) pro Hauptvermögenskategorien | |
| | Hohe Anlagennutzungsrate | |
| | | Amortisation |
| | | Durchsatz |

*Abb. 3: Finanzwirtschaftliche Ziele in den verschiedenen Unternehmensphasen (vgl. Kaplan, Norton)*

## II Die Kundenperspektive

*Die Kundenperspektive dient der Erfassung und Beeinflussung der Kundenbedürfnisse*

Gewinn erzielt ein Unternehmen, indem es Produkte oder Dienstleistungen her- bzw. bereitstellt und diese dann an seine Kunden verkauft. Ohne Kunden ist ein Unternehmen demzufolge auch ohne Einkommen und somit nicht überlebensfähig. Aufgrund dieser Abhängigkeit ist es oberstes Ziel eines jeden Unternehmens, seine Kunden zu halten bzw. neue Kunden zu gewinnen.

Im Mittelpunkt der Kundenperspektive steht die Erfassung und die Beeinflussung der Kundenbedürfnisse. Begriffe wie *Customer Relationship Management (CRM), Relationship Marketing* und Konzepte wie *Kundenzufriedenheits- und Kundenbindungsprogramme* kennzeichnen die vielfältigen Anstrengungen der Unternehmen auf diesem Feld.

Gerade unter dem Aspekt der gestiegenen Wettbewerbsintensität und der sich daraus ergebenden zunehmenden Schnelligkeit im Marktprozess ist es offensichtlich, dass das traditionelle Muster der Produktentwicklung und Kundenbedienung sich so nicht fortsetzen kann.

Stattdessen geht es heutzutage eher darum, dass Wissen und die Wünsche der Kunden bei der Produktentwicklung mit einzubeziehen (Quality Function Deployment, QFD).

Wichtig ist es, die Kunden- und Marktsegmente zu bestimmen, in denen das Unternehmen konkurrenzfähig sein soll. Denn wenn man versucht, jeden Kundentyp bzw. jedes Marktsegment zu befriedigen, kann dies nur in unzureichendem Maß geschehen und letztendlich kann niemand zufrieden gestellt werden.

*Strategieformulierung aufgrund durchgeführter Marktanalyse und -bewertung der verschiedenen Markt- und Kundensegmente sowie der Kundenwünsche als Basis für BSC*

Um diesen Fehler von vorneherein zu vermeiden, ist ein strukturiertes Vorgehen erforderlich. Deswegen wird von Balanced Scorecard an erster Stelle der Prozess der Strategieformulierung vorausgesetzt. Dieser geschieht mit Hilfe einer gründlichen Marktanalyse und -bewertung der verschiedenen Markt- oder Kundensegmente und natürlich der Kundenwünsche in Bezug auf:

- Preis
- Qualität
- Funktionalität
- Image
- Service

Außerdem ist zu beachten, dass, neben dem immer noch wichtigen Preis der Ware oder Dienstleistung, die Fähigkeit, innovativere und kosteneffektivere Ansätze anzubieten, an Bedeutung gewinnt.

Erst wenn ein Unternehmen seine Zielsegmente auf dem Markt identifiziert hat, kann es damit anfangen, Ziele und Kennzahlen für diese festzulegen. Diese lassen sich in eine Kernkennzahlengruppe (Grundkennzah-

len) und Kennziffern, die auf das Wertangebot für die Kunden bezogenen sind, unterteilen.

## Grundkennzahlen

- **Marktanteil:** Umfang eines Geschäfts in einem gegebenen Markt (Anzahl der Kunden, Umsätze, ausgegebene Beträge, verkaufte Einheiten ...). Rückgriff auf Schätzungen über die Marktgröße, Messung des Anteils an den Geschäften dieser Kunden.

    *Kennzahlenbestimmung für identifizierte Zielsegmente auf dem Markt*

- **Kundenakquisition:** Ausmaß, in dem eine Geschäftseinheit neue Kunden anlockt oder gewinnt (in absoluten oder relativen Zahlen). Mögliche Messzahlen auch Anteil der neuen Kunden geteilt durch die Anzahl der aussichtsreichen Aufträge. Marketingkosten pro hinzugewonnenem Kunden. Erlöse von neuen Kunden pro in Marketing investierte Geldeinheit usw.

- **Kundentreue:** Ausmaß über die Dauerhaftigkeit der Beziehungen, die eine Geschäftseinheit zu ihren Kunden erhält oder gewinnt. Wachstum des Geschäftes mit neuen Kunden.

- **Kundenzufriedenheit:** Zufriedenheitsgrad der Kunden vor dem Hintergrund spezifischer Leistungskriterien innerhalb der Wertvorgaben durch die strategische Planung des Unternehmens. Regelmäßige Umfragen über die Kundenzufriedenheit (Fragebögen, Telefon- oder persönliche Interviews).

- **Kundenrentabilität:** Nettogewinn, der mit einem Kunden oder in einem Marktsegment erzielt wurde unter Berücksichtigung der dafür entstandenen einmaligen Ausgaben. Messen mit Methoden des Activity Based Costings.

Prinzipiell ist zu sagen, dass die vielleicht wichtigste Kennzifferngruppe die der Kundenzufriedenheit ist. Allerdings reicht es heute nicht mehr aus, sich auf eine normale Kundenzufriedenheit zu verlassen. Vielmehr müssen Kunden ihre Kauferfahrung als höchst zufrieden stellend erleben, damit ein Unternehmen auf ein wiederholtes Kaufverhalten hoffen kann.

Zufriedene Kunden sind aber noch nicht unbedingt rentable Kunden, was einen möglichen Zielkonflikt zur Folge haben kann. Deshalb sind Kundenrentabilitätskennzahlen, die zeigen, dass bestimmte Zielkunden möglicherweise unrentabel sind, für ein Unternehmen von großem Interesse.

## Kennzahlen für Wertangebote

Wertangebote an die Kunden umfassen all diejenigen Aspekte, welche die Lieferfirmen durch ihre Produkte und Dienstleistungen anbieten, um bei den Zielkunden Treue und Zufriedenheit zu erreichen. Sie variieren stark

*Wertangebot an Kunden: alle Aspekte, die bei den Zielkunden Treue und Zufriedenheit erreichen*

7.6 Produktionscontrolling

von Branche zu Branche und auch in den verschiedenen Marktsegmenten einer Branche. Dennoch lassen sich sich wiederholende Eigenschaften beobachten, welche folgende Punkte betreffen:

- Produkt- und Serviceeigenschaften
- Kundenbeziehungen
- Image und Reputation

Während Produkt- und Serviceeigenschaften hauptsächlich die Funktionalität des Produktes beschreiben, geht es bei den Kundenbeziehungen um die Lieferung an den Kunden inklusive Reaktions- und Lieferzeiten und um die Zufriedenheit des Kunden. Auch hier sind die Besonderheiten der Branche und des Umfeldes von entscheidender Bedeutung. Image und Reputation sind immaterielle Faktoren, die ein Unternehmen für seine Kunden attraktiv machen (vgl. Kaplan, Norton).

### III Die interne Prozessperspektive

*Die interne Prozessperspektive soll sicherstellen, dass die internen Unternehmensprozesse optimal ablaufen*

Kunden, die die finanzielle Grundlage eines jeden Unternehmens bilden, werden in der Regel nur durch exzellente Produkte zufrieden gestellt und an das Unternehmen gebunden. Um aber exzellente Produkte herzustellen, müssen die internen Unternehmensprozesse optimal ablaufen, damit die Produkte jeweils auf dem neusten Stand und von hoher Qualität sind. Des Weiteren fordert der Kunde besonders heute, wo viele Firmen Produkte zu ähnlicher Qualität und vergleichbarem Preis anbieten, ein hohs Maß an Serviceleistungen, die auch einen Teil der internen Prozessperspektive bilden.

Die traditionellen Performance-Measurement-Systeme der Unternehmen konzentrierten sich auf die Verbesserung der internen Betriebsprozesse, wobei Messgrößen wie Qualitäts-, Ausbeute-, Durchlauf- und Zykluskennzahlen im Mittelpunkt standen. Die Balanced-Scorecard-Methode hingegen umfasst das Management der vollständigen Wertschöpfungskette mit Schwerpunkt auf dem Innovationsprozess, dem Betriebsprozess und dem Serviceprozess.

### Der Innovationsprozess

*BSC-Methode berücksichtigt die vollständige Wertschöpfungskette (Innovationsprozess, Betriebsprozess, Serviceprozess)*

Der Innovationsprozess befasst sich mit der Identifizierung der aktuellen und zukünftigen Kundenwünsche und der Entwicklung neuer Lösungen für eben diese Wünsche. Er stellt den langen Prozess der Wertschöpfung dar, in dem die Unternehmen sich bemühen müssen, neue Kunden sowie aufkommende und latente Kundenwünsche zunächst zu identifizieren und dann zu befriedigen.

Der Innovationsprozess lässt sich in zwei Phasen unterteilen:

- **Marktidentifizierung:** Ermittlung der Marktgröße, der Besonderheiten der Kundenwünsche und der preislichen Eckpunkte für die Zielprodukte oder -dienstleistungen mit Methoden der Marktforschung.

- **Schaffung des Produktions- und Dienstleistungsangebots:** Hier geht es um die Aufgaben der Entwicklung neuer Produkte bzw. Dienstleistungen, der Ausnutzung vorhandener Technologien für diese Innovationen und der gezielten Platzierung auf dem Markt. Typische Kennzahlen sind dabei:

    - Prozentzahl des Umsatzes aus neuen Produkten
    - Einführung neuer Produkte im Vergleich zur Konkurrenz
    - Zeitspanne bis zur Entwicklung der nächsten Produktgeneration
    - Verhältnis des Betriebsgewinns zu den Gesamtentwicklungskosten für eine (Fünf-Jahres-)Periode.

### Der Betriebsprozess

Hier handelt es sich um die kurze Zeitperiode innerhalb der Wertschöpfung, bei der es darum geht, den Verkauf existierender Produkte und Dienstleistungen an existierende Kunden zu optimieren.

### Der Serviceprozess

Hier geht es um zusätzliche Serviceleistungen, die dem Kunden zusammen mit dem Produkt oder der Dienstleistung angeboten werden.

## IV Die Lern- und Enwicklungsperspektive

Wie bereits erwähnt, benötigt ein Unternehmen optimale Prozessketten, um exzellente Produkte herzustellen, die die Kunden an das Unternehmen binden sollen. Damit aber Prozesse optimal ablaufen, sind motivierte, ständig fortgebildete Mitarbeiter erforderlich. Besonders heute, im Wissens- und Informationszeitalter, sind gute Mitarbeiter, die zu einem Wissensvorsprung gegenüber der Konkurrenz beitragen, unerlässlich.

*Die Lern- und Entwicklungsperpektive berücksichtigt die Optimierung einer lernenden und wachsenden Organisation*

Die Lern- und Enwicklungsperspektive berücksichtigt also im Wesentlichen die lernende und wachsende Organisation, die heutzutage nötig ist, um den immer schärfer werdenden Wettbewerbsbedingungen standhalten zu können. Diese Perspektive ist besonders wichtig, da sie viel mehr als die anderen Perspektiven auf die Zukunft ausgerichtet ist und im Wesentlichen die Infrastruktur beschreibt, die notwendig ist, um die Ziele der ersten drei Perspektiven zu erreichen. Zwar sind die Aufwendungen der Lern- und Entwicklungsperspektive aus Sicht des Rechnungswesen Periodenkosten, deren Kürzung schnelle finanzielle Erfolge bringt, doch gravierende Schäden, die sich allerdings erst in der Zukunft zeigen, sind bei einer Kürzung der Investitionen in diesem Sektor vorprogrammiert.

Der Betrachtungsraum der Lern- und Entwicklungsperspektive konzentriert sich hauptsächlich auf Innovationen zur Förderung der Potenziale von Mitarbeitern, Systemen und Organisationsprozessen. Im Folgenden werden hierzu einige Beispiele zur Verdeutlichung gegeben.

### Mitarbeiterpotenziale

Das Informationszeitalter bedeutet das Ende des Taylorismus. In der heutigen Wettbewerbssituation kann auf das Wissen des einzelnen Mitarbeiters nicht mehr verzichtet werden, da jeder Verbesserungsvorschlag einen entscheidenden Wettbewerbsvorteil darstellen kann. Hierbei sollte besonderer Wert auf Verbesserungsideen von Mitarbeitern der Basis gelegt werden, da diese in der Regel über Prozesse und Leistungen in Bezug auf den Kunden am besten Bescheid wissen. Messgrößen für das Mitarbeiterpotenzial sind z.B. Mitarbeiterzufriedenheit, Personaltreue und Mitarbeiterproduktivität, wobei der Mitarbeiterzufriedenheit die Rolle des treibenden Faktors der beiden anderen Kennzahlen zugewiesen wird. Um die Mitarbeiterzufriedenheit zu gewährleisten, sind kontinuierliche und umfangreiche Weiterbildungsprogramme erforderlich sowie eine Optimierung der beiden folgenden Kategorien.

### Potenziale von Informationssystemen

Mitarbeitermotivation und -fähigkeiten sind notwendige, aber keineswegs ausreichende Bedingungen für den Unternehmenserfolg. Ohne umfassende und jederzeit abrufbare Informationen über Kunden, interne Prozesse und finanzielle Konsequenzen ihres Handelns ist auf lange Sicht ein erfolgsorientiertes Handeln der Mitarbeiter nicht möglich.

Eine Kennzahl könnte z.B. die strategische Informationsdeckungs-Kennziffer (information coverage ratio) sein, die das Verhältnis von erhältlichen Informationen zu strategisch erwünschtem Informationsbedarf ausdrückt.

### Motivation, Empowerment und Zielausrichtung

Hier geht es um die Freiheit, eigene Entscheidungen zu treffen und selbstständig zu handeln.

Für die individuelle und unternehmensweite Zielausrichtung ist es wichtig, dass die Mitarbeiter mit den BSC-Zielen konform gehen (vgl. Kaplan, Norton).

Kaplan und Norton räumen selbst ein, dass es – im Vergleich zu den anderen drei BSC-Perspektiven – relativ wenig Beispiele für unternehmensspezifische Kennzahlen gibt, die die Lern- und Entwicklungsperspektive beschreiben. Allerdings finden sie es sehr enttäuschend, dass die meisten Unternehmen nicht einmal den Versuch unternehmen, Kennziffern für Mitarbeiterfähigkeiten, strategische Informationsversorgung und Zielausrichtung zu entwickeln. Sie schlagen ein provisorisches Verfahren vor, um die Lücke zu füllen, bis spezifischere Kennzahlen entwickelt sind.

### 7.6.2.3 Ziele der Balanced-Scorecard-Einführung

Wenn man die Entwicklung der Arbeiten von Kaplan und Norton betrachtet, dann stellt man fest, dass für die beiden Harvard-Professoren am Anfang ihrer konzeptionellen Arbeit die Kritik an den klassischen finanziellen Kennzahlensystemen im Vordergrund stand. Sehr schnell wurde jedoch von ihnen erkannt, dass das eigentlich zu lösende Problem die Überbrückung der Kluft zwischen Strategiefindung und Strategieumsetzung ist. Der Einsatz der Balanced Scorecard, die ein Konzept für ein Managementsystem darstellt, erlaubt es nach Kaplan/Norton, vier kritische Managementprozesse zu meistern:

*BSC als Instrument und Methode zur Überbrückung der Kluft zwischen Strategiefindung und Strategieumsetzung*

- Klärung und Herunterbrechen von Visionen und Strategien
- Kommunikation und Verknüpfung von strategischen Zielen und Maßnahmen
- Planung, Festlegung von Zielen und Abstimmung strategischer Initiativen
- Feedback zur Überprüfung der Zielerreichung und zum Initiieren von Lernprozessen

Als Gründe für die Einführung der Balanced Scorecard werden in der Literatur folgende Aspekte angeführt:

*Gründe für die Einführung der Balanced Scorecard*

- **Kritik an den klassischen Kennzahlensystemen**

  Die klassischen Kennzahlengrößen beschäftigen sich hauptsächlich mit den monetären und datenbasierenden Steuerungskennzahlen der Unternehmen. »The financial measures tell some, but not all, of the story about past actions and they fail to provide adequate guidance for the actions to be taken today and the day after to create future financial value« (vgl. Kaplan/Norton). Die Beschränkung auf Gewinngrößen liefert ein eindeutiges, einfaches Ziel, erfordert aber vom Management, alle Handlungen in ihren kurz- und langfristigen Wirkungen auf den Gewinn abschätzen zu können.

  Aber auch wenn das Unternehmen seine Kennzahlensysteme zur Unternehmenssteuerung auf nichtmonetäre Steuerungsgrößen basiert, besteht die Gefahr, dass aufgrund der Komplexität und der fehlenden Möglichkeit, die einzelnen Steuerungsgrößen in ihrer Bedeutung ge-

geneinander aufwiegen zu können, zu viele ungewichtete Kennzahlen nebeneinander entstehen und der Gesamtzusammenhang verloren geht.

■ **Probleme bei der Strategieumsetzung: die Lücke zwischen strategischer Planung und operativer Umsetzung**

Nach Kaplan/Norton wurden vier Hindernisse bei der Strategieumsetzung identifiziert:

- »**The Vision Barrier**«: Strategien lassen sich nicht in konkrete Steuerungsgrößen übersetzen und bleiben deshalb unverstanden.

- »**The People Barrier**«: Strategien lassen sich nicht mit den Zielvorgaben und Incentives einzelner Mitarbeiter bzw. Abteilungen verknüpfen.

- »**The Resource Barrier**«: Es gibt keine Verbindung zwischen Strategie und operativer Planung bzw. Budgetierung.

- »**The Management Barrier**«: Es finden nur operative Kontrollen anstelle strategischer Kontrollen statt.

Hier gehen die Meinungen vom englischen Konzept von Kaplan/Norton und dem deutschen Konzept von Weber/Schäfer auseinander. Kaplan/Norton sehen das Hauptproblem im Mangel, gefundene Strategien durch- und umzusetzen. Bei Weber/Schäfer geht es eher darum, Strategien zu entwickeln. Die Strategieumsetzung geht dabei zumindest Hand in Hand mit der Strategieentwicklung.

■ **Verbesserung des Informationsinstruments**

Das Berichtswesen vieler Unternehmen basiert auf einem stark rechnungswesendominiertem Reporting. In diesen Unternehmen ist das Management nicht in der Lage mit dem vorhandenen Berichtswesen Entscheidungen für die Unternehmenssteuerung zu treffen oder ein aussagekräftiges Feedback zu bekommen. Meist stammten die Informationen aus dem operativen Controlling. Sie wurden in der Hoffnung aggregiert, sich auf diesem Wege in Führungsinformationen zu verwandeln. Das Ergebnis waren umfangreiche, häufig unübersichtliche Informationen aus dem internen Rechnungswesen ohne nennenswerte Steuerungsrelevanz.

■ **Zu starke Formalisierung des Planungsprozesses**

In vielen Unternehmen ist es ein wichtiges Anliegen, den Planungsprozess zu beschleunigen und zu vereinfachen. Ein Weg wird darin gesehen, statt detaillierter Pläne Schlüsselindikatoren als Vorgabe- bzw. Steuerungsgrößen zu verwenden.

- **Mangelnde Einbindung dezentraler Führungskräfte in den Prozess der strategischen Planung**

Immer wieder ist festzustellen, dass in den Unternehmen das Management sehr unterschiedliche Auffassungen über die Interpretation der Strategie hat bzw. dass schlicht keine ausreichende inhaltliche Basis für eine Strategieumsetzung existiert. Mit der Einbindung dezentraler Führungskräfte werden unterschiedliche Interessen in den Planungsprozess einfließen und eine breite Basis zur Umsetzung der erarbeitenden Ergebnisse geschaffen.

### 7.6.2.4 Implementierungsprozess der Balanced Scorecard

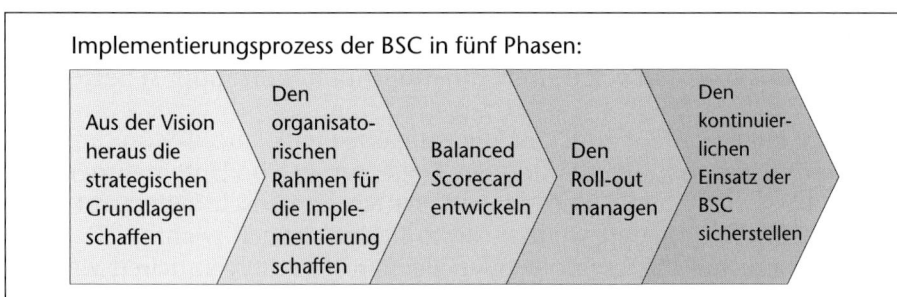

Die fünf Phasen zur Einführung der Balanced Scorecard

*Abb. 4: Implementierungsprozess der Balanced Scorecard (vgl. Kaplan/Norton)*

**Phase 1:
Aus der Vision heraus die strategischen Grundlagen schaffen**

Die Balanced Scorecard ist zunächst ein Konzept zur Umsetzung von vorhandenen Strategien, nicht zur Entwicklung grundsätzlich neuer Strategien. Deswegen muss immer zuerst ein einheitliches Verständnis über die strategischen Grundlagen im Topmanagement bestehen. Sind diese Grundlagen nicht geklärt, müssen Restarbeiten der Strategieentwicklung erst gemacht werden, bevor die Balanced Scorecard aufgebaut wird, da die Versäumnisse bei der Strategiefindung die Einführung der BSC erschweren.

Visionen und strategische Grundlagen als Basis einer BSC-Implementierung

Bei den strategischen Grundlagen werden die Schwerpunkte auf folgende Aspekte gelegt:

- Voraussetzungen überprüfen
- strategische Stoßrichtung festlegen (z.B. Marktoffensive in Osteuropa)
- BSC in die Strategieentwicklung integrieren

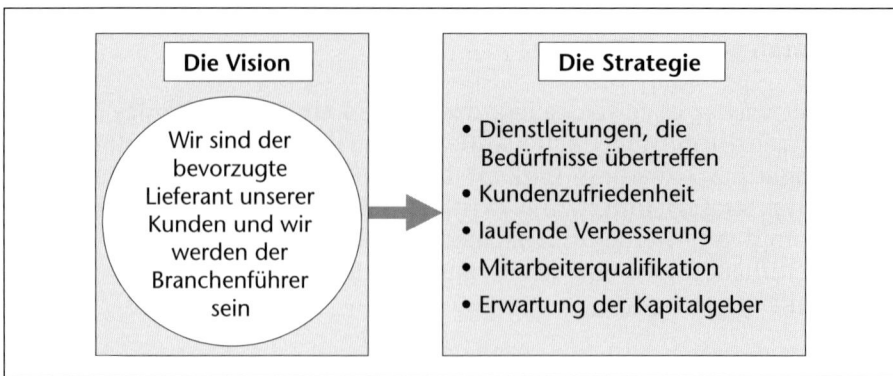

*Abb. 5: Beispiel einer Vision und Strategie für das Unternehmen xyz*

**Phase 2:**
**Den organisatorischen Rahmen für die Implementierung schaffen**

*Auswahl der Unternehmenseinheiten für die BSC-Implementierung*

In dieser Phase besteht zunächst die Aufgabe, die Balanced-Scorecard-Ebenen festzulegen, d.h. die Klärung der Frage, für welche Unternehmenseinheiten BSCs entstehen sollen. Je mehr Unternehmenseinheiten mit einer BSC strategisch gesteuert werden, desto besser können wichtige Ziele der oberen Ebene auf die nachfolgenden Ebenen heruntergebrochen werden.

*Die Einführung der BSC ist Chefsache*

Es ist von Anfang an von herausragender Bedeutung, dass dem Topmanagement der Geschäftseinheit, für die die BSC entstehen soll, die richtige Rolle im weiteren Prozess zugewiesen wird. Als Grundsatz gilt: »Strategie ist Chefsache!« Die BSC ist nichts anderes als eine Managementstrategie und folglich ist die BSC-Entwicklung ohne intensive Mitwirkung des Topmanagements nicht möglich. Konkret bedeutet dies, dass das Topmanagement – als interdisziplinäres Managementteam – in den weiteren Schritten zumindest in den Schlüsselworkshops zur Auswahl der strategischen Ziele, Messgrößen- und Zielwertbestimmung bis zum Aktionsprogramm intensiv eingebunden ist.

*Integration der BSC-Implementierung in die Unternehmenslandschaft*

Zu Beginn der BSC-Einführung sollte ein weiterer Schwerpunkt auf die sorgsame Integration des Projekts in die »Unternehmenslandschaft« gelegt werden. Man muss vor allem die betroffenen Mitarbeiter über Balanced Scorecard informieren und sie überzeugen, dass das Konzept BSC einen Mehrwert für das Unternehmen bringt.

Unabhängig von der Ausgestaltung der Balanced Scorecard im gesamten Unternehmen ist es wichtig, ganz am Anfang die Frage nach einem Pilotprojekt zu klären. Mit einem Pilotprojekt der zweiten oder dritten Führungsebene lässt sich die Zweckmäßigkeit des Konzeptes generell testen und letztlich bei einem Roll-out eine vorzeigbare Erfolgsstory präsentieren.

*Unternehmensindividuelle Schwerpunktbildung bei der Perspektivenauswahl*

Eine letzte wichtige Aktion in der Schaffung des organisatorischen Rahmens für die Implementierung ist die Auswahl der Perspektiven. In der Mehrzahl der Fälle im deutschen Sprachraum kommen die an Kaplan/Norton angelehnten Perspektiven Finanzen, Kunden, interne Prozesse, Mitarbeiter-, Lern- und Entwicklungspotenziale zur Anwendung.

Die Perspektiven sind in hohem Maße verständlich und decken alle wesentlichen Belange ab. Mit zunehmender Verbreitung und Akzeptanz wächst das Selbstbewusstsein zu veränderter Perspektivenwahl. So formuliert die Deutsche Bank in ihrem Geschäftsbericht 1998 die Perspektiven als einen »Vierklang« aus Shareholder, Kunden, Mitarbeitern und Gesellschaft. Ein Unternehmen der Elektroindustrie wählte statt der Prozessperspektive die Perspektiven Qualität und Innovation, um diese Schwerpunkte noch deutlicher hervorzuheben. Ein Energieversorger ging einen noch eigenständigeren Weg mit den Perspektiven Sicherheit, Umfeld/Image von Kernenergie, Profitabilität, Prozesse und Human Resource. In einem renommierten Großhandelsunternehmen wird der besonderen Bedeutung der Lieferanten durch eine eigene Perspektive Rechnung getragen.

Es gibt nicht die universell richtigen Perspektiven, sondern die individuell zweckmäßigen unter dem Gesichtspunkt, welche Schwerpunktsetzung bereits bei der Perspektivenwahl kommuniziert werden soll.

## Phase 3:
## Eine Balanced Scorecard entwickeln

In dieser Phase erfolgt die eigentliche Entwicklung der Balanced Scorecard für die betroffene Einheit. Dies kann ein Gesamtunternehmen sein, eine Division, eine Geschäftseinheit oder eine Abteilung/Gruppe.

**Entwicklung der BSC für die ausgewählte Unternehmenseinheit**

■ **Konkretisierung der strategischen Ziele**

Bei der Konkretisierung der strategischen Ziele werden Ziele aus der Strategie abgeleitet, selektiert und den Balanced-Scorecard-Perspektiven zugeordnet.

**Ableitung von Zielen aus den gegebenen Strategien im Team**

Die Ableitung der strategischen Ziele hat die höchste Bedeutung. Denn auch die besten Messgrößen werden nicht viel nutzen, wenn die zugrunde liegenden Ziele die Strategie nicht richtig beschreiben.

Beim Selektionsprozess werden die vom Team ausgearbeiteten Ziele der Finanz-, Kunden-, Prozess- und Lern- und Entwicklungsperspektive hinsichtlich ihres Potenzials zur Umsetzung der Strategie in Frage gestellt. Dabei könnten folgende Kriterien herangezogen werden:

– strategische Bedeutung (Realisierung eines Wettbewerbsvorteils)

– hohes Verbesserungspotenzial (Verfolgung immer höherer und ehrgeizigerer Ziele)

– Messbarkeit (Veränderung aufgrund der Zielerreichung sollte quantifizierbar sein)

– Umsetzbarkeit (z.B. mit Nutzung der vorhandenen Ressourcen)

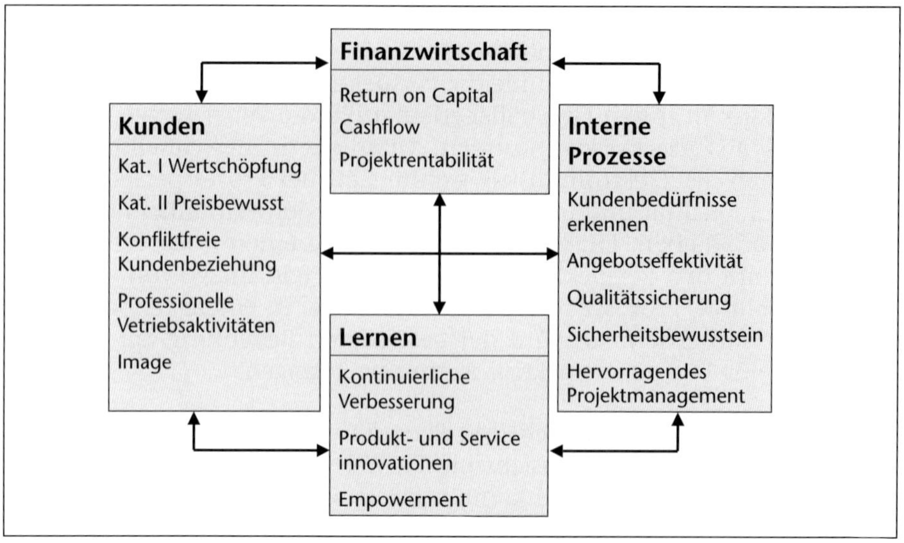

## 7.6 Produktionscontrolling

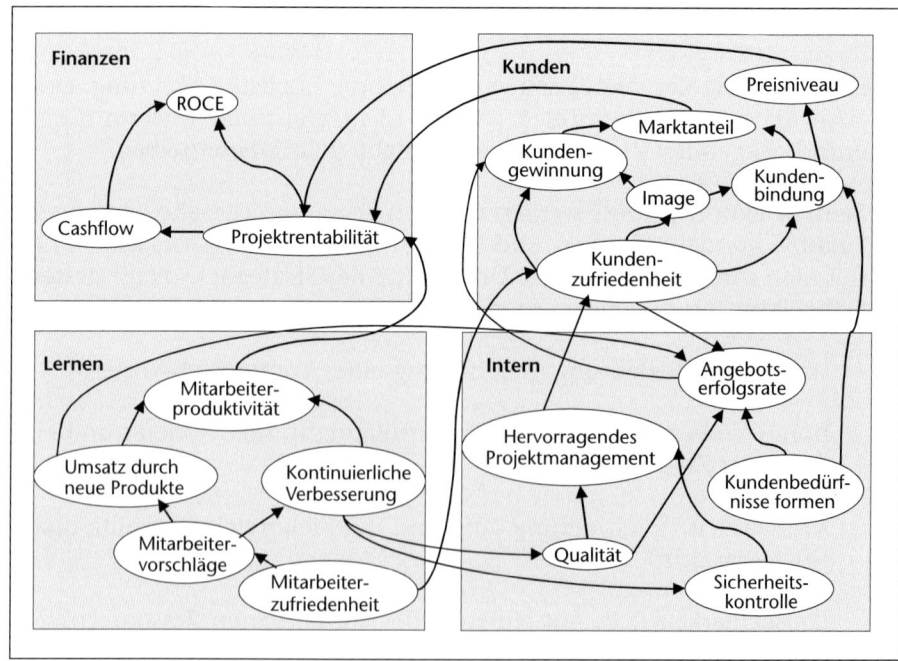

Abb. 6: Beispiel für strategische Ziele des Unternehmens xyz

■ **Verknüpfung der strategischen Ziele durch Ursache-Wirkungs-Ketten**

**Erkennen der Kausalitäten der Strategien und Ziele durch den Aufbau von Ursache-Wirkungs-Ketten**

Ursache-Wirkungs-Ketten spiegeln die Kausalität der Strategie wider. Im Schritt der Verknüpfung der strategischen Ziele ergeben sich häufig nochmals Veränderungen dieser Ziele selbst, denn durch Ursache-Wirkungs-Kette werden Beziehungen unter den Zielen transparenter. Ziele der verschiedenen Perspektiven (ausgehend von der Lern- über die Prozess- und Kundenperspektive bis hin zur Finanzperspektive) müssen im

Abb. 7: Beispiel für die Ursache-Wirkungs-Kette im Unternehmens xyz

BSC-Konzept aufeinander aufbauen und sollen letztlich dem Erreichen der finanziellen Ziele dienen.

Erst durch die Ursache-Wirkungs-Beziehungen wird aus einer Ansammlung strategischer Ziele ein Konzept, das die gewünschten Veränderungen und die angepeilten Schwerpunkte beschreibt.

- **Auswahl der Messgrößen**

Das herausragende Kriterium bei der Messgrößenauswahl ist, ob durch die Messgröße das Verhalten der Betroffenen in die strategisch gewünschte Richtung gelenkt wird. Weitere Anforderungen an Messgrößen sind, dass an ihnen das Erreichen des formulierten Ziels, also der Output, abgelesen werden kann. Selbstverständlich muss außerdem der Aufwand der Messgrößenerhebung in vernünftiger Relation zum Nutzen stehen.

*Messgrößen machen die Ziele quantifizierbar und damit die Zielerreichung nachvollziehbar*

- Die Hauptkennzahlen der finanziellen Perspektiven zeigen, ob die Implementierung der Strategie zur Ergebnisbesserung beiträgt. Sie definieren aber nicht nur die finanzielle Leistung, sondern sind auch Endziele für die anderen Perspektiven der Balanced Scorecard. Dies könnten zum Beispiel folgende Kennzahlen sein: Eigenkapitalrendite oder EVA, Wirtschaftlichkeit, Umsatzwachstum.

- Die Kundenperspektive reflektiert die strategischen Ziele des Unternehmens in Bezug auf die Kunden- und Marktsegmente, auf denen das Unternehmen konkurrieren möchte. Dies könnten zum Beispiel folgende Kennzahlen sein: Marktanteil, Kundenakquisition, Kundenrentabilität oder Kundenzufriedenheit.

- Folgende Kennzahlen könnten Ziele der internen Prozesse quantifizierbar machen: Personalkosten in Prozent vom Umsatz oder Synergiebericht, Kerntechnologiequote.

- Die Kennzahlen der Lern- und Entwicklungsperspektive beschreiben die Infrastruktur, die notwendig ist, um die Ziele der ersten drei Perspektiven zu erreichen, dabei werden drei Hauptkategorien unterschieden: Qualifizierung der Mitarbeiter, Leistungsfähigkeit der Informationssysteme sowie Motivation, Loyalität und Zielausrichtung der Mitarbeiter.

## 7.6 Produktionscontrolling

|  | Strategische Ziele | Messgrößen |
|---|---|---|
| Finanzell | ■ Return on Capital<br>■ Cashflow<br>■ Projektrentabilität | ■ Return on Capital Employed (ROCE)<br>■ Cashflow<br>■ Projektrentabilität |
| Kunden | ■ Wertschöpfung (Kategorie I Kunde)<br>■ konfliktfreie Kundenbeziehung<br>■ professionelle Vertriebsaktivitäten<br>■ Image<br>■ wettbewerbsfähiger Preis (Kategorie II) | ■ Umfrage bezüglich Image bei Kunden/ Kundeneinstufung<br>■ Kundenzufriedenheit-Projektnutzenindex<br>■ Marktanteil, Kundengewinnung<br>■ Umfrage bei Kunden<br>■ Preisindex (Kategorie II Kunden) |
| Intern | ■ Erkennen der Kundenbedürfnisse<br>■ Angebotseffektivität<br>■ Qualitätsicherung<br>■ Sicherheitsbewusstsein<br>■ herrvoragendes Projektmanagement | ■ mit Kunden verbrachte Zeit, Kundenumfrage<br>■ Angebotserfolgsrate/Kosten je Angebot<br>■ Anzahl Reklamationen, Schnelligkeit/Zuverlässigkeit bei Reklamationsbearbeitung, Produktsicherheit, Umfang bei Nacharbeiten<br>■ Sicherheitsspannkontrolle, Kennziffer für Bausicherheit<br>■ Effektivität der Projektdurchführung |
| Lernen | ■ kontinuierliche Verbesserung<br>■ Produkt-/Serviceinnovationen<br>■ Empowerment | ■ Veränderungsrate, Verbesserungsrate, Produktivität und Umsatz je Mitarbeiter<br>■ Umsatzanteil neuer Produkte<br>■ Mitarbeiterzufriedenheit, Personaltreue, Entscheidungsspielraum der Mitarbeiter, implementierte Mitarbeitervorschläge |

*Abb. 8: Beispiel für Messgrößen im Unternehmen xyz*

■ **Festlegung der Zielwerte**

*Ziele sollen anspruchsvoll, ehrgeizig und glaubhaft erreichbar sein*

Die Zielwerte sollen anspruchsvoll, ehrgeizig und glaubhaft erreichbar sein. Es ist aus Shareholdersicht erforderlich, dass die Ziele besonders herausfordernd sind.

Quellen für die Zielwerte sind Benchmarks, Ergebnisse aus Kunden- und Mitarbeiterbefragungen, Vergangenheitsdaten oder die unternehmerische Einschätzung.

Je nach Branche und Art des Ziels liegt das Datum der Zielerreichung bei ein bis fünf Jahren. Geht das Datum der Zielerreichung über den Jahreszeitraum hinaus, sollten jährliche Etappenziele bestimmt werden.

Da das Erreichen von Zielen in der Mitarbeiter/Potenzialperspektive und in der Prozessperspektive häufig eine Voraussetzung ist, um die Kunden- und Shareholdererwartung zu erfüllen, sind Ziele in diesen Perspektiven häufig kurzfristiger terminiert.

■ **Bestimmung der strategischen Aktionsprogramme**

Im letzten Schritt dieser Phase werden die Maßnahmen und Projekte bestimmt, die dazu führen sollen, dass die Zielwerte erreicht werden. Die bereits laufenden Projekte müssen den strategischen Zielen zugeordnet werden. Bei den Projekten, die nicht zur Erreichung der Ziele beitragen und keinen gesetzlichen oder anderen besonderen Vorgaben untergeordnet sind, muss Ressourcenverknappung oder sogar Projektabbruch diskutiert werden.

*Festlegung der Maßnahmen und Projekte sowie Zuordnung der dazu notwendigen Ressourcen*

Nachdem die Balanced Scorecard in das Managementsystem eingebunden ist, sorgt sie für ein Filtrieren der Genehmigung von Projektanträgen und somit für eine strategische Ressourcenallokation.

Balance in der Balanced Scorecard heißt auch, machbare Ziele festzulegen. In der Phase der Festlegung der Aktionsprogramme kommt es immer wieder vor, dass die Ressourcen nicht ausreichen, um zuvor euphorisch formulierte Zielwerte zu erreichen. Nachbessern bei den Zielwerten oder gar bei der Strategie kann die Folge sein. Als Beispiel für eine strategische Aktion könnte bei der Lern- und Entwicklungsperspektive die Einführung der Mitarbeiterbefragung oder Rekrutierungsoffensive (z.B. Partnerschaft mit einer Universität) sein.

**Phase 4:
Den Roll-out managen**

■ **Unternehmensweite Einführung**

In dieser Phase wird das Vorgehen aus der Phase 3 bei mehreren Organisationseinheiten oder sogar unternehmensweit eingeführt. Damit profitiert man vom einheitlichen Strategieverständnis und vom Monitoring an vielen Schnittstellen im Unternehmen.

*Parallele oder unternehmensweite Einführung der BSC schafft Synergien*

■ **Vertikale Zielintegration**

Um eine Qualitätsverbesserung der strategischen Steuerung in allen involvierten Organisationseinheiten zu erreichen, werden Ziele und strategischen Aktionen aus organisatorisch übergeordneten Einheiten auf untergeordnete Organisationseinheiten heruntergebrochen. Damit werden die strategischen Ziele besser unterstützt und schneller erreicht.

*Herunterbrechen der Ziele für die einzelnen Unternehmensebenen erhöht die Akzeptanz und beschleunigt die Umsetzung*

### ■ Horizontale Zielintegration

**BSC zur Abstimmung von Zielen und Aktionen organisatorisch nebeneinander stehender Einheiten**

Ziele und strategische Aktionen organisatorisch nebeneinander stehender Einheiten können durch das Kommunikationsmedium Balanced Scorecard aufeinander abgestimmt werden.

**Phase 5:**
**Den kontinuierlichen Einsatz der Balanced Scorecard sicherstellen**

**Einbindung der Balanced Scorecard in das Controlling stellt die konsequente Umsetzung der strategischen Aktionen sicher und berücksichtigt strategische Ziele und Maßnahmen aus der BSC in der operativen Planung**

Um dauerhaft die Realisierung der in der BSC formulierten Strategie zu gewährleisten, muss die BSC in der Phase 5, nach dem Erarbeiten von strategischen Zielen, Ursache-Wirkungs-Ketten, Messgrößen, Zielwerten und strategischen Aktionen in den hervorgegangenen Phasen, in das Management- und Steuerungssystem eingebunden werden.

Die Schwierigkeit besteht darin, dass die Architektur der Strategie – und somit der BSC – i.d.R. nicht kompatibel zur Architektur des existierenden Managementsystems ist. Das Managementsystem ist nach der hierarchischen Struktur aufgebaut. Die Inhalte der BSC hingegen sprechen üblicherweise mehrere Organisationseinheiten an, so z.B. typische Ziele wie »Beratungsqualität verbessern« oder »Innovationsprozess beschleunigen«. Die Zuordnung von Verantwortlichkeiten für BSC-Ziele ist nicht einfach aus dem Organigramm ableitbar. Zudem sind die Führungs-, Planungs-, Berichts- und Rechnungswesensysteme zumeist ausschließlich an der bestehenden Organisationsstruktur ausgerichtet.

Deswegen ist zur Einbindung der Balanced Scorecard ein Controlling notwendig, das die konsequente Umsetzung der strategischen Aktionen aus der BSC überprüft. Außerdem müssen die strategischen Ziele und Maßnahmen aus der BSC in der operativen Planung und Budgetierung berücksichtigt, sowie in das Berichtswesen und in die Mitarbeiterführung integriert werden.

Durch die Implementierung von Balanced Scorecard ergeben sich neue Weiterentwicklungen des DV-gestützten Managementinformationssystems. Die Messgrößen bzw. Kennzahlen sollen mit den Datenbanken und Informationssystemen verknüpft werden, um die Balanced Scorecard der ganzen Organisation zu vermitteln. Als Ergebnis dieses Prozesses könnte ein neues Informationssystem entwickelt werden, das die Größen auf der oberen Ebene der Geschäftseinheit mit den Kennzahlen der Produktion und standortspezifischen operativen Kennzahlen verbindet.

Das Konzept der Balanced Scorecard hat außerdem enge Schnittstellen zum unternehmenswertorientierten Management zum Target Costing und zum Excellence-Modell der EFQM. BSC ergänzt diese Konzepte zum Teil, besitzt aber auch Überschneidungen mit diesen.

Mit Anschluss der Phase 5 wirkt die BSC als integriertes Managementsystem im Unternehmen (anstatt nur als Measurementansatz zu dienen).

**Literaturempfehlungen**

*Kaplan, R. S./Norton, D. P.:* The Balanced Scorecard translating Strategy into Action, Boston, 1996.

*Kaplan, R. S./Norton, D. P.:* Putting the Balanced Scorecard to work, in: Harvard Business Review, Vol. 71, Issue 5, 1995.

*Friedag, H. R./Schmidt, W.:* Balanced Scorecard – mehr als ein Kennzahlensystem, Freiburg, 1999.

*Horvath, P. & Partner:* Balanced Scorecard umsetzen, Stuttgart, 2000.

*Weber, J./Schäfer, U.:* Balanced Scorecard, Band 8 der Schriftenreihe »Advanced Controlling«, Vallendar, 1998.

### 7.6.3 Zielfindung und Zielverankerung

*von Helmuth Gienke und Rainer Kämpf*

#### 7.6.3.1 Visionen, Ziele und Zielsysteme im Unternehmen

**Ziele stellen Visionen dar**

Eine Unternehmensvision ist eine unternehmensspezifische generelle Leitidee in verschiedenen Dimensionen mit szenarischem Ziel- und Orientierungscharakter. Mit einem klaren Realitätsbezug stellt sie ein in der Gegenwart verankertes und in der Zukunft liegendes konkretes Bild des Unternehmens und dessen Märkte, Produkte sowie Kultur dar. Durch das bewusste Vorleben des Managements füllt die Unternehmensvision eine sowohl intern als auch extern sinngebende und bindende Funktion und bündelt die Energie der Unternehmensmitglieder auf ein gemeinsames Ziel. Die Vision hat also eine Sinngebungs-, Koordinations-, Orientierungs- und vor allem eine Motivationsfunktion. Sie stellt damit die notwendige Basis für jedes Ziel im Unternehmen dar.

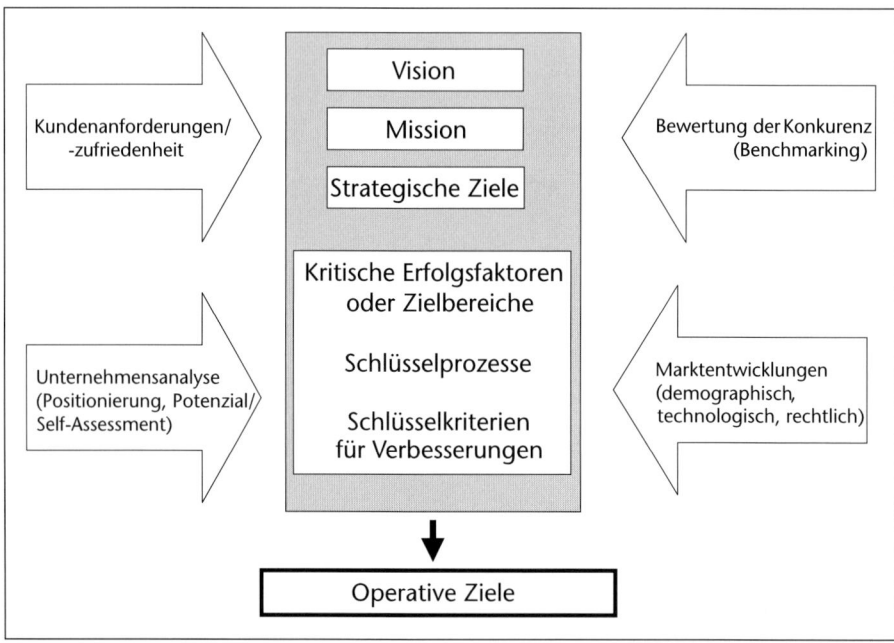

*Abb. 1: Verfahren der Zielableitung*

Ein Ziel ist ein gedanklich vorweggenommener Soll-Zustand, der in der Zukunft liegt, real sein soll, bewusst gewählt wird, dessen Erreichen wünschenswert ist und der nur durch Handlung erreicht werden kann. Es ist notwendig, Ziele zu quantifizieren, denn nur so können der Grad der Zielerreichung überprüft, Abweichungen erkannt und Prozesse zu deren Behebung initiiert werden.

Ziele haben eine Motivationsfunktion, denn nur durch identifizierte Ziele kann es Erfolge und durch diese Anerkennung geben. Neben der Motivationsfunktion haben Ziele aber auch noch eine Orientierungsfunktion. Das Erreichen eines unbekannten Ziels ist fraglich, da Abweichungen nicht korrigiert werden können, wenn nicht bekannt ist, was eine Abweichung darstellt. Auch ist die Koordination der einzelnen Aktivitäten ohne explizites Ziel fast unmöglich.

**Ziele dienen der Orientierung**

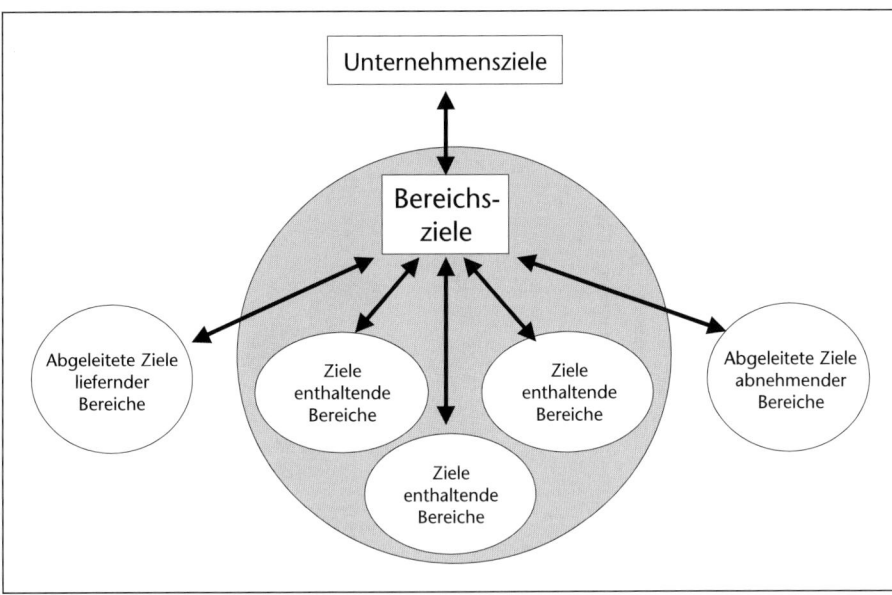

*Abb. 2: Zielhierarchie*

Ziele können neben den klassischen Zielen wie Produktivität, Qualität und Service viele Aspekte der Unternehmensführung betreffen, z.B. Vermeidung zusätzlicher Werksflächen trotz steigenden Umsatzes, höhere Flexibilität, um den wechselnden Anforderungen des Marktes zu entsprechen.

Alle Ziele im Unternehmen werden direkt oder indirekt aus der Unternehmensvision abgeleitet. In der obersten Ebene dieses Zielsystems werden vom Management Unternehmensziele formuliert, die dann in Bereichs- oder Abteilungsziele detailliert werden, um letztlich zu individuellen Zielvorgaben für einzelne Teams oder Mitarbeiter zu gelangen. Somit entsteht ein hierarchisches System zusammenhängender Ziele, das entsprechend der Aufbauorganisation im Unternehmen strukturiert ist. Die Durchgängigkeit des Zielsystems entspricht der Durchgängigkeit der Unternehmensprozesse. Diese Forderung gilt auch für die Aktualisierungen und Anpassungen. Somit erlangt die ständige Überwachung und Anpassung des Zielsystems die gleiche Bedeutung wie kontinuierliche Optimierung der Unternehmensprozesse.

**Vom Unternehmensziel zu Zielen der Mitarbeiter**

### 7.6.3.2 Zielfindung

**Ziele nicht nur vorgeben**

Ausgehend von der Grundlage unternehmensspezifischer Visionen und Leitbilder sowie den daraus abgeleiteten Strategien zu ihrer Operationalisierung werden Zielsetzungen für die Neuorientierung der Organisation und Prozesse im Unternehmen wesentlich durch soziopsychologische und wirtschaftlich-finanzielle Aspekte geprägt. Die Formulierung dieser Unternehmensziele wird im Rahmen von Workshops gemeinsam erarbeitet, bewertet und verabschiedet. Dazu sollten die Geschäftsführung sowie die Verantwortlichen aus den betroffenen Fachbereichen einbezogen werden.

*Abb. 3: Zusammensetzung der Zielfindungsrunde*

Die Moderation des Workshops sowie die Ausarbeitung der anzuwendenden Methoden zur Zielfindung sollten von einem externen Moderator übernommen werden. Die Hinzunahme externen Moderations-Know-hows erfordert auf Seiten des Moderators zwei grundsätzliche Fähigkeiten: Erstens muss die methodische Basis zur objektivierenden Darstellung von Zielkonflikten gegeben sein, zweitens muss der Moderator in der Lage sein, mögliche Konflikte in der Formulierungsphase der Unternehmensziele zu antizipieren.

Was die praktische Durchführung von Zielformulierungen auf Unternehmensebene betrifft, so haben sich die Methoden des logical framework und die gerichtete Diskussion anhand der Metaplan-Workshop-Methode als ausreichend problemadäquat erwiesen. Auf Seiten des Moderators ist die Vorbereitung der jeweiligen Managementmeetings unter Zuhilfenahme existierender Dokumente zu strategischen Stoßrichtungen hilfreich.

# Zielfindung und Zielverankerung 7.6.3

Wichtig ist, dass die Ziele realistische und keine Pseudoziele sind, also keine Ziele, die eigentlich nur Werkzeuge zur eigenen Zielerreichung sind, wie zum Beispiel das klassische Pseudoziel »Transparenz«. Mit der Transparenz, also dem Überblick über das Geschehen im betrachteten Bereich, will man Ziele wie Einsatz der Mitarbeiter, schnelle Durchlaufzeiten etc. erreichen, die also die eigentlichen Ziele darstellen. Der Sinn eines Unternehmens ist der wirtschaftliche Erfolg, der durch Maßnahmen erreicht wird, die sich an diesem Ziel orientieren.

**Ziele müssen realistisch sein**

## Beispiel

An einem Beispiel sei das generelle Vorgehen erläutert. Ein Betrieb, der Blechgehäuse herstellt, erwartet eine Umsatzsteigerung von 30 %, wenn es ihm gelingt, die Kosten zu senken und die Lieferzeiten zu verkürzen.

| Ist-Zustand | Ziel | Differenz |
|---|---|---|
| Umsatz: 10.000.000 Euro | Umsatz: 13.000.000 Euro | + 3 Mio. |
| Mitarbeiter: 100 | Mitarbeiter: 100 | +/− 0 |
| Personalkostenanteil: 40 % (4.000.000 Euro) | Personalkostenanteil: 30 % (3.900.000 Euro) | − 25 % |
| ⌀ Durchlaufzeit: 10 Wochen/Auftrag | ⌀ Durchlaufzeit: 7 Wochen/Auftrag | − 30 % |

Der Betrieb hat vier Bereiche:

- Bereitstellung und Zuschnitt
- Biegen und Stanzen
- Montage
- Verwaltung und Dienstleistungen

Die Bereiche werden durch folgende, von den obigen Werten abgeleitete Kennzahlen beschrieben:

| Bereitstellung und Zuschnitt | Biegen und Stanzen | Montage | Verwaltung und Dienstleistungen |
|---|---|---|---|
| Mitarbeiter: 20 | Mitarbeiter: 20 | Mitarbeiter: 40 | Mitarbeiter: 20 |
| Personalkosten: 600.000 Euro | Personalkosten: 600.000 Euro | Personalkosten: 1.600.000 Euro | Personalkosten: 1.200.000 Euro |
| ⌀ Durchlaufzeit: 2 Wochen/Auftrag | ⌀ Durchlaufzeit: 2 Wochen/Auftrag | ⌀ Durchlaufzeit: 4 Wochen/Auftrag | ⌀ Durchlaufzeit: 2 Wochen/Auftrag |

Aus technischen Gründen ist es nicht möglich, Zuschnitt und Stanzen zusammenzufassen.

Eine Zielfindungssitzung mit Einsatz von Brainstorming führte zu folgendem Maßnahmenkatalog:

- Im Bereich Bereitstellung und Zuschnitt kann durch bessere Steuerung die Durchlaufzeit gesenkt werden. Durch verbesserte Anlagen (Spannhilfen) und vereinfachte Einrichtung können Einsparungen erzielt werden.
- Der Bereich Biegen und Stanzen kann durch bessere Durchlaufsteuerung die Lagerzeiten verkürzen. Durch verbesserte Anlagen kann der Aufwand hier gesenkt werden.
- Der Bereich Montage kann durch präziseren Schnitt und mehr Vorarbeit im Bereich Biegen und Stanzen Anpassungen vermeiden und dadurch die Montagezeit erheblich senken.
- Im Bereich Verwaltung und Dienstleistungen kann durch vereinfachte Abläufe und Hilfsmittel bei der Auftragsadministration der Aufwand nahezu halbiert werden.

Mit diesen Maßnahmen wird die Arbeit zum Teil vom Bereich Montage in den Bereich Biegen und Stanzen verlagert.

Als Ergebnis dieser Arbeiten ergeben sich folgende Zieldarstellungen:

Für den Bereich **Bereitstellung und Zuschnitt**

| Ist-Zustand | Ziel | Differenz |
|---|---|---|
| Mitarbeiter: 20 | Mitarbeiter: 22 | + 2 |
| Personalkosten: 600.000 Euro | Personalkosten: 700.000 Euro | + 100 000 Euro |
| ⌀ Durchlaufzeit: 2 Wochen/Auftrag | ⌀ Durchlaufzeit: 1 Woche/Auftrag | − 1 Woche/Auftrag |

Für den Bereich **Biegen und Stanzen**

| Ist-Zustand | Ziel | Differenz |
|---|---|---|
| Mitarbeiter: 20 | Mitarbeiter: 25 | + 5 |
| Personalkosten: 600.000 Euro | Personalkosten: 800.000 Euro | + 200.000 Euro |
| ⌀ Durchlaufzeit: 2 Wochen/Auftrag | ⌀ Durchlaufzeit: 2 Wochen/Auftrag | +/− 0 |

Für den Bereich **Montage**

| Ist-Zustand | Ziel | Differenz |
|---|---|---|
| Mitarbeiter: 40 | Mitarbeiter: 35 | − 5 |
| Personalkosten: 1.600.000 Euro | Personalkosten: 1.400.000 Euro | − 200.000 Euro |
| ⌀ Durchlaufzeit: 4 Wochen/Auftrag | ⌀ Durchlaufzeit: 2,5 Wochen/Auftrag | + 1,5 Wochen/Auftrag |

Für den Bereich **Verwaltung und Dienstleistung**

| Ist-Zustand | Ziel | Differenz |
|---|---|---|
| Mitarbeiter: 20 | Mitarbeiter: 14 | – 4 |
| Personalkosten: 1.200.000 Euro | Personalkosten: 1.000.000 Euro | – 200.000 Euro |
| ⌀ Durchlaufzeit: 2 Wochen/Auftrag | ⌀ Durchlaufzeit: 1 Woche/Auftrag | – 1 Wochen/Auftrag |

### Ergebnisdarstellung

Ergebnis des Workshops ist eine Dokumentation des gemeinsam erarbeiteten Zielsystems, die an alle Beteiligten des Workshops sowie an alle Führungskräfte im Unternehmen verteilt werden sollte. Außerdem stellt die Geschäftsführung die erarbeiteten Unternehmensziele im Rahmen einer Betriebsversammlung oder durch Veröffentlichung in betriebseigenen Publikationsorganen allen Mitarbeiter vor. Durch zusätzliche Erläuterungen und Diskussionen der Mitarbeiter mit ihren Führungskräften erhält jeder Mitarbeiter Auskunft über Sinn und Zweck der neuen Zielsetzungen sowie über deren mögliche Bedeutung für seine tägliche Arbeit.

*Ergebnis ist ein Zielsystem*

Wie bereits angedeutet, ist die Umsetzungsinstanz für die strategischen Ziele des Gesamtunternehmens in den Abteilungen und Teams verankert. Zudem finden sich im gesamten Zielsystem quantifizierte und nicht quantifizierte Ziele nebeneinander. Verantwortlich für diese »Mischung« war die Regel, Unternehmensziele auf der Ebene zu quantifizieren, auf der dies am leichtesten möglich ist. Die Aufspaltung und Quantifizierung der Unternehmensziele in die zugehörenden Abteilungs-/Teamziele muss als komplexe Aufgabe bezeichnet werden.

*Jeder leistet einen Beitrag zur Zielerfüllung*

Grundsätzlich leisten alle Unternehmenseinheiten einen Beitrag zur Erfüllung der übergeordneten Unternehmensziele, mithin müssten zu jedem Unternehmensziel die jeweiligen Abteilungs-/Teamziele formuliert werden. Dies wird in der Praxis nicht generell zutreffen, da manche Unternehmenseinheiten keine oder nur sehr geringe Beeinflussungsmöglichkeiten für spezifische Unternehmensziele haben. Die Durchführung der aufgezeigten Schritte wird methodisch durch eine Reihe von Zielfindungsworkshops unterstützt, die von einem externen Moderator vorbereitet und durchgeführt werden. Am Ende der Zielformulierung für die Funktionsbereiche steht ein Rückkopplungsmechanismus mit den zuständigen Vorgesetzten, um die Zielidentifikation zu erhöhen.

*Beseitigung von Zielkonflikten*

Während die Zielfindungsworkshops bis zu diesem Zeitpunkt noch isoliert innerhalb der Unternehmenseinheiten durchgeführt werden können, erfordern die nachfolgenden Schritte ein übergeordnetes Arbeiten. Hierbei geht es um die Beseitigung von Zielkonflikten zwischen den beteiligten Abteilungen/Teams. Die klassischen Zielkonflikte zwischen Produktion und Vertrieb beispielsweise sind hier ebenso zu nennen wie die Konkurrenz

um Mittel für zu realisierende Investitionen vor dem Hintergrund der zu erreichenden Kapitalverzinsung und der anzustrebenden Kapitalstruktur.

Auf dieser Ebene ist ein besonderer Schritt zur Lösung existierender Zielkonflikte notwendig. Mit Hilfe der verschiedenen Methoden der Cross-Impact-Analyse können diese Zielkonflikte aufgezeigt und handhabbar gemacht werden. Die Abteilungs-/Teamziele werden in einer Matrix zur Darstellung der Beeinflussung einander gegenübergestellt und Feld für Feld diskutiert, welche gegenseitigen Einflüsse die unterschiedlichen Ziele haben.

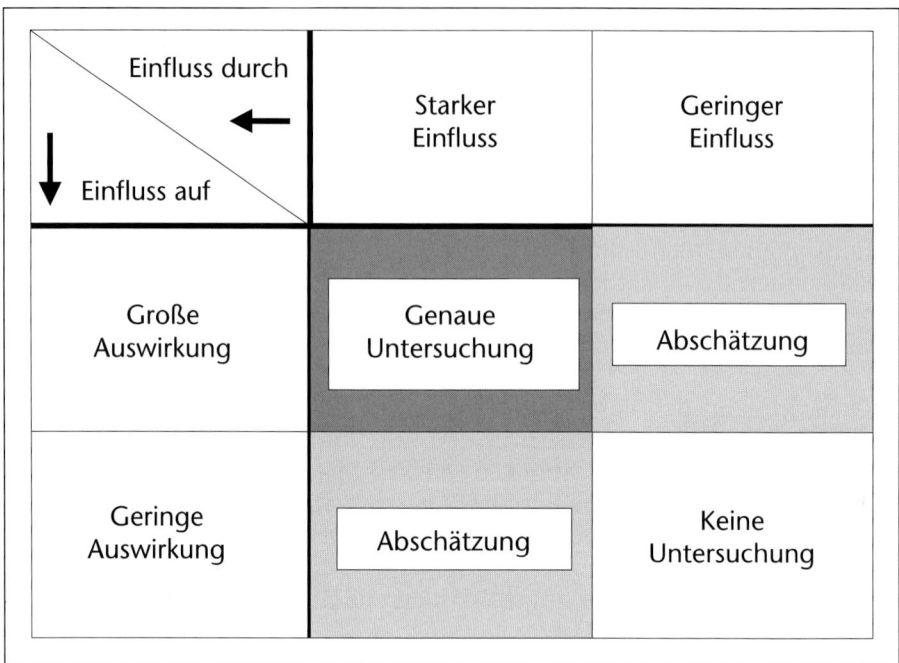

*Abb. 4: Cross-Impact-Verfahren*

Die Ergebnisse der Cross-Impact-Analyse sind zunächst qualitativer Natur: Einzelne Zellen können als unproblematisch ausgesondert werden und bedürfen kaum einer Diskussion. Andere Zellen stellen ausschließende Zielbeziehungen dar und müssen einem Priorisierungs- und Auswahlprozess unterzogen werden. Wie die praktischen Erfahrungen gezeigt haben, verweisen derartige Konflikte in der Zielformulierung auf die strategischen Alternativen der Zielerreichung und müssen methodisch unterstützt angegangen werden. Durch die Simulation verschiedener Handlungsszenarien und ihrer Auswirkungen auf die Zielerreichung kann eine Konfliktlösung herbeigeführt werden. Die Alternative mit der höchsten Zielerreichung für das übergeordnete Unternehmensziel ist zu präferieren und die Abteilungs-/Teamziele sind entsprechend anzugleichen.

### 7.6.3.3 Zielverankerung

Strategien und Ziele auf Managementebene sind für die Mitarbeiter des Unternehmens kaum fassbar. Soweit sie im Unternehmen publik gemacht werden, sind sie verschlüsselt, nicht verständlich formuliert, auf das gesamte Unternehmen bezogen, und vor allem fehlt der direkte Bezug zum Aufgabenfeld des Mitarbeiters. Ohne diesen Bezug beeinflussen die Ziele das direkte Aufgabenfeld der Mitarbeiter nur in geringem Maße oder gar nicht.

Um das Prinzip der Zielorientierung bis auf die Mitarbeiterebene zu verankern, ist es jedoch notwendig, ein Unternehmenszielsystem aufzubauen, das über die Hierarchiestufen hinweg die Unternehmensziele herunterbricht, klar definiert, konkretisiert und in direkt beeinflussbare Größen umsetzt.

*Ziele werden verankert*

Das Sichtbarmachen und die Vermittlung der Ziele sowie das direkte »Arbeiten mit Zielen« ist der erste bedeutende Schritt zur Aktivierung der Mitarbeiter. Deren persönliche Organisationsfähigkeit und Kreativität initiieren einen kontinuierlichen Verbesserungsprozess.

Um dies zu erreichen, muss das Zielsystem einigen methodischen Anforderungen genügen:

- **Ziele müssen messbar sein**

  Die Ziele, die auf die jeweiligen Bereiche heruntergebrochen werden, müssen, um sie verständlich zu machen, klar definiert sein und in erster Linie aus dem Betriebsgeschehen heraus messbar sein. Für nicht messbare Ziele ist eine Rückkopplung über die Zielerreichung nicht möglich, das heißt, der Erfolg durchgeführter Maßnahmen und Aktivitäten ist in diesen Zielbereichen nicht ermittelbar.

- **Beeinflussbarkeit**

  Sind Ziele für die jeweiligen Bereiche so definiert, dass sie durch den Bereich selbst nicht beeinflussbar sind, werden diese nur passiv zur Kenntnis genommen. Es gilt, diese Ziele so weit aufzusplitten, dass die Aktivitäten der Mitarbeiter in der Zielerreichung sichtbar werden und nachvollziehbar sind.

- **Aktuelle Ergebnisrückführung**

  Auswirkungen von durchgeführten Maßnahmen müssen über schnelle Rückkopplungsschleifen an den ausführenden Bereich weitergegeben werden, um den Erfolg dieser Maßnahme zu bewerten und zu beurteilen.

- **Transparenz der Ziele**

  Die Ziele müssen für die Mitarbeiter transparent sein, um Wirkungsmechanismen zwischen Prozessen, Schwachstellen, ihren Ursachen, zu ergreifenden Maßnahmen und deren Auswirkungen zu erkennen.

- **Veranschaulichung der Zielerreichung**

  Sowohl der zu erreichende Zielwert als auch die aktuelle Zielerreichung müssen in leicht lesbarer und verständlicher Form angezeigt werden.

Diese methodischen Anforderungen führen in ihrer Umsetzung direkt auf die Elemente des Zielsystems:

- **Zuordnung von Kennzahlen zu Zielen**

  Aus der Definition der Ziele sind Kennzahlen abzuleiten. Über verschiedene Hierarchieebenen können Kennzahlen durchaus anders definiert sein, auf gleicher Ebene ist eine durchgängig gleiche Definition beizubehalten.

- **Benennung eines Verantwortlichen**

  Um die Ziele nicht frei im Raum stehen zu lassen, ist es notwendig, eine Person des Bereichs, meist den Abteilungsleiter oder Teamsprecher, als Verantwortlichen zu benennen, der nach außen hin die Zielerreichung verantwortet und intern dafür sorgt, dass durch alle Mitarbeiter entsprechende Maßnahmen zur Verbesserung gefunden und umgesetzt werden.

- **Festlegung eines Zielwertes**

  Für die zu einem Ziel gehörende Kennzahl ist ein Zielwert festzulegen, der als Messlatte für den entsprechenden Bereich gilt. Diese Zielwertfestlegung erfolgt im Rahmen des Zielfindungsprozesses zwischen Vorgesetzten und Verantwortlichen bzw. dem Bereich selbst. Argumente beider Seiten führen einerseits zu einem erreichbaren Zielwert, andererseits wird damit die Akzeptanz bei den Mitarbeitern gesteigert. Neue Anstöße zur Verbesserung werden hierbei von außen eingebracht und intern weiterverfolgt.

- **Festlegung des Zeitraums**

  Um die Ergebniskontrolle zu ermöglichen, ist der Zeitraum bis zur Zielerreichung vorzugeben.

- **Grafische Visualisierung**

  Nach der eigentlichen Berechnung der aktuellen Kennzahlenwerte sind die Ergebnisse leicht lesbar darzustellen. Zeitliche Entwicklungen der Kennzahlen müssen erkennbar sein.

- **Dynamik**

  Das Unternehmen stellt sich einer turbulenten Umwelt mit sich ständig ändernden Anforderungen. Diese Anforderungen müssen sich im Unternehmenszielsystem widerspiegeln.

Die lokalen Ziele werden den Bereichen nicht aufgezwungen, sondern in einem Abstimmungsprozess gemeinsam ermittelt. Dadurch wird eine optimale Unterstützung des Unternehmenszielsystems durch die lokalen Zielsysteme erreicht und sichergestellt, dass das Unternehmen durchgängig auf allen Ebenen zielorientiert ausgerichtet ist. Jeder einzelne Mitarbeiter kann somit seinen Beitrag zum Unternehmenserfolg leisten. Die Folge ist eine verstärkte Identifikation mit »seinem« Unternehmen und »seinem« Bereich und dadurch auch eine stark verbesserte Motivation.

Die lokalen Zielsysteme müssen hinsichtlich der Gewichtung keinesfalls mit dem übergeordneten Unternehmenszielsystem identisch sein, es ist jedoch sicherzustellen, dass sie ihm nicht entgegenwirken.

**Ziele können motivieren**

Je prozessnäher die Aufgabe ist, desto konkreter muss das Zielsystem sein. Die Zielsysteme stellen jedoch keine festgelegte Steuergröße dar, sondern müssen an geänderte Situationen jeweils neu angepasst werden. Um die bereichsinternen Ziele und die zur Zielerreichung eingeleiteten Maßnahmen sowohl für die Mitarbeiter als auch nach außen zu visualisieren, wird in den jeweiligen Abteilungen/Teams eine Zieltafel aufgestellt. Dabei werden sowohl das Unternehmenszielsystem dargestellt und erläutert als auch die Unterziele des Bereichs inklusive der Gewichtung und den entsprechenden Maßnahmen visualisiert. Die Zieltafel wurde gemeinsam mit den Abteilungs-/Teamleitern und -koordinatoren erarbeitet.

Beim Umgang miteinander müssen einige Verhaltensregeln beachtet werden, um effizient mit den Bewegungsräumen umzugehen, die sich jedem Mitarbeiter durch die Vorgabe von Zielen eröffnen. Die nachfolgend genannten Regeln spiegeln dabei die Erfahrungen während der Realisierungsphase wider:

- Der Abteilungs-/Teamleiter kann zur Lösung von Problemen oder bei Vorschlägen zur Verbesserung von Arbeitsabläufen Besprechungen einberufen. Der Bereich kann dabei Einladungen aussprechen, auch an Personen außerhalb des eigenen Bereichs (auch über Hierarchiegrenzen hinweg).

- Vor Gesprächsrunden wird eine Tagesordnung aufgestellt. Nach einem stattgefundenen Gespräch wird ein Ergebnisprotokoll angefertigt.

- Die Gesprächsrunden innerhalb des eigenen Bereichs und auch zwischen den Bereichen sollen stets zielgerichtet durchgeführt werden. Der Gesprächsaufwand muss dem erwarteten Nutzen angemessen sein.

- In Gesprächsrunden können bindende Entscheidungen getroffen werden, sofern von allen Bereichen, die von der Entscheidung betroffen sind, Vertreter anwesend sind. Für die entsprechenden Vertreter besteht Anwesenheitspflicht, damit eine Entscheidungsfindung möglich wird. Je nach Problemstellung sind dabei verschiedene Hierarchiestufen zu berücksichtigen.

- Entscheidungen müssen von allen Beteiligten getragen werden. Ist eine einstimmige Einigung auch nach der zweiten Gesprächsrunde zu die-

sem Thema nicht zu erreichen, so muss die übergeordnete Entscheidungs-/Hierarchieebene eine Entscheidung herbeiführen.

- Die Gespräche werden grundsätzlich vor Ort durchgeführt.

- Für jeden Mitarbeiter muss das anstehende Tagesgeschäft sichtbar sein. Durch Nebenzeiten (z.B. Gespräche) darf das Tagesgeschäft nicht nachhaltig negativ beeinträchtigt werden.

- Die Bereiche können Umstrukturierungen innerhalb des eigenen Bereichs veranlassen, sofern die neue Struktur einen optimierten Arbeitsablauf darstellt. Zur übergeordneten Ebene besteht bei grundlegenden Umstrukturierungen Informationspflicht.

- Die Organisationsform innerhalb eines Bereichs ist vom Bereich selbst frei wählbar. Wo gewollt, können Gruppen gebildet und Gruppensprecher gewählt werden. Diese Form ist jedoch nicht bindend.

- Innerhalb der aufgezeigten Regeln, Grundsätze und Aufgaben kann sich der Bereich frei bewegen.

**Literaturempfehlungen**

*Bullinger, H.-J.; Warnecke, H.-J.:* Neue Organisationsformen im Unternehmen. Berlin 1996.

*Reising, W.:* Verantwortung als Ordnungskriterium zur Bildung von Produktionsstrukturen. Diss. Universität Magdeburg 1997. (ISBN 3-00-002737-8).

*Warnecke, H.-J.:* Aufbruch im fraktalen Unternehmen. Berlin 1995.

## 7.7 Qualitätsmanagement

### 7.7.1 Quality Function Deployment (QFD)

*von Rainer Kämpf*

#### 7.7.1.1 Definition und Ablauf des QFD

Das Quality Function Deployment (QFD) ist eine Methode zur systematischen Planung der Qualität eines Zielproduktes, ausgehend von kunden- und marktseitigen Qualitätsanforderungen. Darüber hinaus werden Anforderungen an die zur Herstellung des Zielproduktes notwendigen Produktionsprozesse und Qualitätssicherungsmaßnahmen abgeleitet. Die Maxime des QFD lautet, dass bei qualitätsrelevanten Entscheidungen der Stimme des Kunden stets Vorrang einzuräumen ist.

*QFD – systematische Planung der Qualität eines Zielproduktes*

Die ursprünglich in Japan entwickelte Methode wurde in den 80er Jahren durch mehrere Joint Ventures von Amerikanern und Japanern in der US-amerikanischen Automobilindustrie eingeführt. Wie in den USA wird die QFD-Methode auch in Europa zunehmend im Rahmen der Qualitätsplanung eingesetzt. Wegen des umfassenden Ansatzes ist die Mitwirkung der verschiedenen betroffenen Unternehmensbereiche im Rahmen von Arbeitsgruppen eine unabdingbare Voraussetzung für den erfolgreichen Einsatz des Quality Function Deployments. Dies gilt in besonderem Maße für die bereichsübergreifende Anforderungsumsetzung. Nur durch Kooperation traditionell separater Arbeitsbereiche lässt sich die notwendige Akzeptanz gegenüber den Planungsergebnissen erzielen.

*Mitwirkung aller betroffenen Unternehmensbereiche*

Zentrale Bedingung des Quality Function Deployments ist eine konsequente Kundenorientierung des Gesamtunternehmens und seiner Teilbereiche. Darüber hinaus müssen in ausreichendem Umfang Informationen über die Qualitätsanforderungen der Kunden verfügbar sein.

*Konsequente Kundenorientierung als zentrale Bedingung des QFD*

Bis heute existiert keine umfassende und einheitliche Definition der Methode des Quality Function Deployments. So liegt insbesondere keine entsprechende Norm der bekannten Organisationen vor. Es gibt vielmehr unterschiedliche methodische Varianten und Entwicklungstendenzen. Die gegenwärtig vorherrschende Anwendungspraxis in den USA und Europa orientiert sich an der durch das Institut der Amerikanischen Zulieferindustrie (American Supplier Institute, ASI) formalisierten Vorgehensweise.

Die QFD-Methode nach ASI gliedert sich in die folgenden vier Phasen.

*Phasen des QFD nach ASI*

- **Phase 1: Produktplanung**
  Erfassung kunden- und marktseitiger Qualitätsanforderungen (Kundenforderungen) und Ableitung lösungsneutraler Qualitätsanforderungen an die Konstruktion (Konstruktionsanforderungen).

- **Phase 2: Teileplanung**
  Ausgehend von den Qualitätsanforderungen an die Konstruktion werden Konstruktionskonzepte sowie Qualitätsanforderungen an Teilsysteme und Bauteile (Teileanforderungen) abgeleitet.

- **Phase 3: Prozessplanung**
  Hier werden ausgehend von den Qualitätsanforderungen an die Teile Produktionskonzepte und -prozesse ausgewählt sowie die Prozessparameter festgelegt.

- **Phase 4: Produktionsplanung**
  Abschließend werden ausgehend von den Produktionsprozessen Qualitätssicherungsmaßnahmen abgeleitet und die Parameter der Maßnahmen festgelegt.

*Produktplanungstafeln als zentrale Elemente des QFD*

Zentrales Element der QFD-Methode ist die Erstellung von Planungstafeln zur Darstellung der Zusammenhänge zwischen den Qualitätsplanungsinformationen der verschiedenen Arbeitsbereiche. Dies sind im Einzelnen

- die »Produktplanungstafel« (»Haus der Qualität – House of Quality«),
- die »Teileplanungstafel«,
- die »Prozessplanungstafel« und
- die »Produktionsplanungstafel«.

Das Quality Function Deployment weist eine hohe Verflechtung mit bereichsspezifischen Arbeitstechniken auf. So werden in der ersten, zweiten, dritten und vierten Phase schwerpunktmäßig Techniken aus den Bereichen Marketing, Konstruktionstechnik, Produktionsplanung bzw. Qualitätsmanagement integriert.

*Die Begriffe Merkmal, Sollwert und Anforderung*

Im Rahmen der QFD-Methode werden häufig die Begriffe Merkmal, Sollwert und Anforderung verwendet. Hier steht der Begriff Merkmal für eine variable Stellgröße und ist damit ein freier Parameter. Ein Beispiel für ein Merkmal ist die maximale Leistung eines Antriebs. Eine Anforderung ist demgegenüber ein Merkmal zusammen mit einem quantitativen oder qualitativen Sollwert, z.B. maximale Antriebsleistung von 50 kW.

*Papier- und computergestützte Hilfsmittel*

Zur Unterstützung der QFD-Methode sind zur Informationsverwaltung und Dokumentation eine Reihe geeigneter Werkzeuge bereitzustellen. Als papierbasierte Hilfsmittel werden Karteikarten, selbstklebende Zettel sowie Stell- und Pinnwände verwendet. Als computergestützte Hilfsmittel sind PC-Softwarepakete für die Erstellung von QFD-Tafeln erhältlich, die das Editieren und Plotten ermöglichen und bestimmte Funktionen zur Analyse von QFD-Matrizen bereitstellen.

Im Folgenden wird näher auf die Erstellung der Produktplanungstafel (»Haus der Qualität – House of Quality«) eingegangen.

## 7.7.1.2 Erstellung der Produktplanungstafel (Haus der Qualität – House of Quality)

Der Bau des Hauses der Qualität (siehe Abbildung 1) ist in acht Grundschritten durchzuführen. Diese Schritte werden anschließend beschrieben.

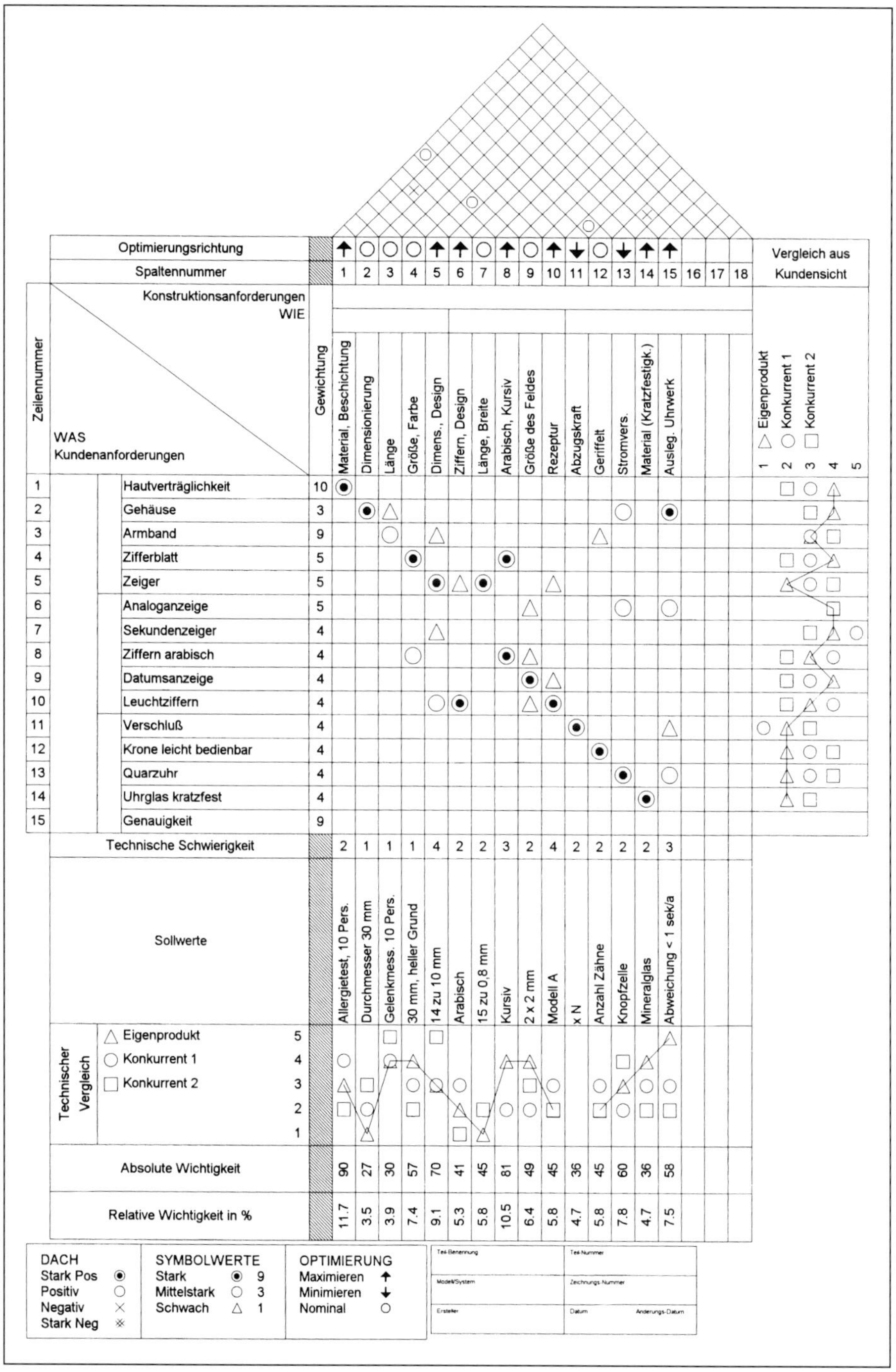

*Abb. 1: Haus der Qualität – House of Quality*

### Schritt 1: Bewertung der Kundenanforderungen

**Strukturierung der Kundenanforderungen**

Im ersten Schritt geht es darum, die Aussagen des Kunden zu interpretieren und zu strukturieren, bevor diese Aussagen als Kundenanforderung in das Haus eingetragen werden. Die Strukturierung der interpretierten Kundenanforderungen in Ebenen verschiedener Informationsstufen (Baumstruktur) ist wegen des sonst unübersichtlichen Detaillierungsgrads unbedingt notwendig. Die Strukturierung dient außerdem dazu, das Niveau der Aussagen, die weiterverarbeitet werden, anzugleichen. Im anderen Falle könnten Aussagen, die zu einer höheren Ebene gehören, ein verzerrtes Bild in der weiteren Bearbeitung bringen.

**Gewichtung der Kundenanforderungen**

Der paarweise Vergleich eignet sich hervorragend für die Gewichtung der Kundenanforderungen. Hierbei werden jeweils nur zwei Anforderungen oder Einflussgrößen miteinander verglichen. Der paarweise Vergleich läuft folgendermaßen ab:

1. Tragen Sie senkrecht und waagerecht die Kundenanforderungen gleicher Reihenfolge ein.

2. Fragen Sie waagerecht beginnend: Ist die erste Forderung, verglichen mit der ersten senkrechten Forderung (bzw. zweiten, denn die erste ist die Wiederholung der ersten waagerechten),

   a) wichtiger         = 2
   b) gleich wichtig    = 1
   c) unwichtiger       = 0

3. Vergleichen Sie in gleicher Weise alle Forderungen miteinander.

4. Senkrecht beginnend fragen Sie: Ist die erste Forderung, verglichen mit der ersten (bzw. zweiten, denn die erste ist die Wiederholung der ersten waagerechten), senkrechten Forderung

   a) wichtiger         = 2
   b) gleich wichtig    = 1
   c) unwichtiger       = 0

5. Bilden Sie waagerechte Quersummen (Q).

6. Ermitteln Sie Prioritäten. Priorität ergibt sich aus $Q \cdot 10/Q\ max$.

7. Tragen Sie die endgültige Gewichtung in das Haus der Qualität ein.

### Schritt 2: Wettbewerbsvergleich durch Kunden

Ziel dieses Vergleichs ist es, die einzelnen Kundenanforderungen hinsichtlich ihrer Erfüllung aus Sicht des Kunden zu ermitteln. Die Kernfrage des Wettbewerbsvergleichs lautet: Wie gut oder schlecht schneidet das Produktkonzept im Vergleich mit der Konkurrenz oder dem derzeitigen Produkt in den einzelnen Kundenerwartungen ab?

Die Vorgehensweise beim Wettbewerbsvergleich aus Kundensicht umfasst folgende Punkte: Zuerst müssen die zu beurteilenden Produkte definiert werden. In der Regel reichen zwei Wettbewerberprodukte (Best in Class) für diese Art von Vergleich aus. Diese Produkte müssen dann hinsichtlich der einzelnen Kundenanforderungen, im Idealfall vom Kunden, beurteilt werden. Um den Grad der Erfüllung der jeweiligen Kundenerwartungen ablesen zu können, hat sich eine 5er-Skalierung bewährt. Die »5« steht dann für den höchsten Grad der Erfüllung, die »1« für die niedrigste Erfüllung. Für den Eintrag in das Haus der Qualität werden bestimmte Symbole für die zu vergleichenden Produkte verwendet (siehe Abbildung 1).

*Skalierte Beurteilung aus Kundensicht*

### Schritt 3: Erarbeitung der konstruktiven Auslegungsanforderungen bzw. Produktmerkmale aus den Kundenanforderungen

In diesem Schritt geht es darum, die Anforderungen des Kunden in eine technische Sprache zu übersetzen, es sind also diejenigen technischen Konstruktionsmerkmale, Produktmerkmale oder Auslegungsanforderungen zu erarbeiten, die wahrscheinlich eines oder mehrere kundenwichtige Merkmale beeinflussen. Das zu entwickelnde Produkt sollte durch messbare Merkmale beschrieben werden. Das heißt, alle Kundenanforderungen müssen einzeln in messbare Produktmerkmale umformuliert bzw. -definiert werden.

*Übersetzung der Anforderungen in Produktmerkmale*

Wichtig hierbei ist, dass in der ersten Phase die Produktmerkmale möglichst lösungsneutral gewählt werden, damit dem Team viele Möglichkeiten zur Realisierung bleiben.

### Schritt 4: Ermittlung der Korrelationen zwischen den Kundenanforderungen und den Produktmerkmalen

Im Zentrum des Hauses der Qualität befindet sich die Beziehungs- oder Korrelationsmatrix. Sie liefert Angaben darüber, wie stark jedes der technischen Merkmale jede Kundenanforderung beeinflusst. Die jeweilige Beziehungsstärke der Merkmale zueinander werden durch Zahlen oder Symbole dargestellt. Es gelten folgende Definitionen:

*Symbole zur Darstellung der Beziehungsstärke*

| Symbol | Definition | Wertzahl |
|---|---|---|
| Dreieck | schwacher Zusammenhang | 1 |
| Kreis | mittlerer Zusammenhang | 3 |
| Vollkreis | starker Zusammenhang | 9 |

Die hier gewählte 9-3-1-Gewichtung ergibt bei der späteren Berechnung einen deutlichen Unterschied zwischen wichtigen und weniger wichtigen Daten bzw. Merkmalen. Unabhängig vom Wichtungssystem muss die Frage zur Klärung der Beziehungen lauten: Wie stark ist der Einfluss dieses Produktmerkmals auf die Erfüllung der Kundenforderungen?

### Schritt 5: Ermittlung der kundenorientierten, technischen Bedeutung der einzelnen Produktmerkmale

**Ermittlung technischer Schwierigkeiten**

Diese ergänzenden Hinweise geben Aufschlüsse darüber, ob aus Sicht der Fachleute Schwierigkeiten bei der Umsetzung der Produktmerkmale erwartet werden. Der Schwierigkeitsgrad wird in Zahlen von 1 = problemlos bis 5 = sehr schwierig ausgedrückt.

**Wettbewerbsvergleich aus interner Sicht**

Der in der Regel intern durchgeführte technische Wettbewerbsvergleich ist ein objektives Vergleichsverfahren, um im Vergleich zu Konkurrenz- oder Eigenprodukten den Standort des zu entwickelnden Produktes, bezogen auf die einzelnen Merkmale, zu ermitteln. Die 5er-Skalierung des Wettbewerbsvergleichs aus Kundensicht empfiehlt sich auch hier.

**Technische Bedeutung absolut und relativ berechnen**

Die Multiplikation der einzelnen Beziehungsstärken (1, 3 oder 9) mit der Gewichtung der Kundenforderungen und der anschließenden senkrechten Addition liefert Werte, die die kundenorientierte technische Bedeutung der einzelnen Produktmerkmale ausdrückt. Neben der absoluten Darstellung werden zur Unterstützung die relativen prozentualen Werte berechnet. Gemäß dieser Prioritätenliste sind dann Aktivitäten auf die entsprechenden Produktmerkmale einzuleiten.

### Schritt 6: Festlegung von Sollwerten und Optimierungsrichtung

**Quantifizierte Festlegung der Sollwerte**

Zielsetzung ist es, den qualitativen Produktmerkmalen eine messbare Spezifikation zuzuordnen, um möglichst exakte Zielwerte für die Produktentwicklung festzulegen. Die Sollwerte bzw. -vorgaben sollten parallel mit den Produktmerkmalen festgelegt werden, sofern sie bekannt sind.

**Festlegung der Optimierungsrichtung**

In die Zeile über den Produktmerkmalen werden die Optimierungsrichtungen eingetragen. Aufwärts zeigende Pfeile signalisieren, dass das Merkmal maximiert, abwärts weisende Pfeile, dass das Merkmal minimiert werden soll. Bei bestimmten konstruktiven Merkmalen gilt es, ein definiertes Ziel zu erfüllen (z.B. eine gesetzliche Vorschrift). Hierfür wird als Symbol ein Kreis eingetragen.

### Schritt 7: Ermittlung der Korrelationen zwischen den Produktmerkmalen

**Symbole zur Darstellung der Korrelationsstärke**

Die dreieckige Korrelationsmatrix dient zur Ermittlung der Beziehungen der Produktmerkmale untereinander. Sie wird als Dach des Hauses der Qualität bezeichnet. Ist diese Matrix ausgefüllt worden, lässt sich ableiten, welche Produktmerkmale sich gegenseitig unterstützen und welche miteinander in Konflikt stehen. Auch hier werden Symbole für die Beschreibung der Korrelationsstärke verwendet. Die allgemein verwendeten Symbole sind:

- **Doppelkreis**   stark positive Korrelation
- **Kreis**   positive Korrelation
- **Kreuz**   negative Korrelation
- **Doppelkreuz**   stark negative Korrelation

### Schritt 8: Analyse des Hauses der Qualität

Nachdem das Haus der Qualität erstellt wurde, ist es zweckmäßig, eine Analyse durchzuführen. Das Haus der Qualität nach der ersten Phase liefert viele wertvolle Informationen, wie z.B.:

- Darstellung der Kundenanforderungen
- Strukturierung der Kundenanforderungen
- Definition von Produktmerkmalen
- Zusammenhänge zwischen Kundenforderungen und Produktmerkmalen
- Konflikte werden sichtbar
- Standortbestimmung zum Wettbewerb

Als Hinweise für die eigentliche Analyse dienen unter anderem folgende Stichworte:

- Leere Zeilen bzw. nur schwache Zusammenhänge deuten auf fehlende Übersetzung einzelner Kundenforderungen hin.

- Leere Spalten bzw. nur schwache Zusammenhänge zeigen auf, dass Produktmerkmale unnötig oder Basis- bzw. Begeisterungsmerkmale eingeplant wurden.

Nach Klärung der oben aufgeführten Punkte erfolgt der Einstieg in die zweite Phase des QFD-Prozesses.

### Literaturempfehlung

*Pfeifer, T.:* Praxishandbuch Qualitätsmanagement. München 1996.

### 7.7.2 Fehlermöglichkeits- und Einfluss-Analyse (FMEA)

*von Rainer Kämpf*

#### 7.7.2.1 Was versteht man unter Fehlermöglichkeits- und Einfluss-Analyse?

**Vermeidung von Fehlern in der Planungsphase**

Selbst in Unternehmen, die schon jahrelange Erfahrung mit bestimmten Prozessen haben, treten in neuen oder geänderten Fertigungslinien immer wieder Fehler auf. Der überwiegende Teil dieser Fehler wird in der Planung verursacht, z.B. durch Vernachlässigung scheinbar unwichtiger Prozessschritte. Zur Vermeidung derartiger Fehler kann wirkungsvoll die Prozess-FMEA eingesetzt werden. Die Prozess-FMEA betrachtet einen (geplanten) Fertigungsprozess, aber auch für die Optimierung bestehender Prozesse ist die Prozess-FMEA ausgesprochen gut geeignet. Die Auslegung des Fertigungsprozesses wird daraufhin überprüft, ob eine Herstellung des Produktes entsprechend der konstruktiven Spezifikation gewährleistet ist. Hierbei werden potenzielle Schwachstellen in der Spezifikation jedoch nicht betrachtet. Dies geschieht mit Hilfe der Konstruktions-FMEA.

Die Durchführung der FMEA erfolgt mit Hilfe des Formblatts »Fehlermöglichkeits- und Einfluss-Analyse«, das vom VDA als Ergebnis einer Gemeinschaftsarbeit herausgegeben wurde (siehe Abbildung 2). Dieses Formular dient weniger zur direkten Arbeit, als eher zur Dokumentation der Analyseergebnisse.

#### 7.7.2.2 Systematische Vorbereitung und Einstieg

Nachdem die Entscheidung über die zu analysierenden Umfänge gefallen ist, sollte der FMEA-Projektleiter in Abstimmung mit dem Koordinator die nötigen Unterlagen zusammenstellen. Diesem Schritt kommt eine große Bedeutung zu, denn durch eine sorgfältige Planung und Vorbereitung der FMEA-Gesprächsrunden können Systeme, Konstruktionen und Prozesse effektiv analysiert werden.

**System-FMEA zur Bestimmung des Analyseumfangs**

Nachdem alle das Projekt betreffenden Informationen und Unterlagen zusammengestellt sind, beginnt die eigentliche FMEA-Arbeit des Teams. Als Erstes muss sich das Team einen Überblick über den zu analysierenden Umfang verschaffen. Hierzu dient die so genannte System-FMEA. In ihr werden frühzeitig

- Haupt- und Nebenfunktionen,
- Schnittstellen und
- mögliche Störeinflüsse

betrachtet, die auf das System einwirken (könnten). Ziel der System-FMEA ist es, dem Team mit relativ geringem Aufwand einen schnellen Überblick über Stärken und Schwächen zum jeweiligen Umfang zu verschaffen. So

können gravierende Mängel im System entdeckt und konzeptionelle Änderungen frühzeitig eingeleitet werden. Durch diese Betrachtung wird außerdem der Umfang für die Konstruktions-FMEA auf die wirklich wichtigen Punkte reduziert. Die System-FMEA dient also zunächst der Eingrenzung des Analyseumfanges und ist zugleich die Vorstufe zur Konstruktions-FMEA.

Die Techniken, die hier zum Einsatz kommen, sind Funktionsanalysen oder Funktionselemente-Auswahlhilfen. Sie dienen zur Beantwortung der folgenden Fragen:

**Funktionsanalysen, Funktionselemente-Auswahlhilfen**

- Werden die Funktionen erfüllt?
- Welche möglichen Fehlerarten, -auswirkungen und -ursachen sind bereits am System erkennbar?
- Gibt es schon konstruktive Lösungsansätze?
- Wie ist der Stand der Versuche?
- Wo ist der Analyseumfang begrenzt und welche Schnittstelleneinflüsse liegen vor?
- Gibt es Toleranz-, Platz-, Verbindungs- oder Fügeprobleme zu den benachbarten Bauteilen?
- Welchen Belastungen (auch Extremfälle) oder Störeinflüssen ist das System ausgesetzt?

Zur Verdeutlichung der oft sehr komplexen Zusammenhänge hat es sich in der Praxis bewährt, die Systeme graphisch abzubilden. Dazu wird das System als so genannte Black Box dargestellt, und die Elemente werden funktionell abgebildet. Dies hat zum Ziel, die Wirkungsweise des Systems bzw. das Zusammenwirken der einzelnen Elemente oder Komponenten aufzuzeigen, zu beschreiben und den betroffenen Funktionen zuzuordnen.

**Graphische Abbildungen zur Verdeutlichung komplexer Zusammenhänge**

In einem nächsten Schritt ist es zweckmäßig, die einzelnen Funktionen getrennt zu betrachten. Dies hat den Vorteil, dass alle Komponenten dargestellt werden, die einen Beitrag zur Funktionserfüllung liefern, und so aufgezeigt wird, welche Elemente zuverlässig funktionieren müssen und welche ausfallen dürfen (Redundanzen). Besonderes Augenmerk sollte auf die Randbedingungen gerichtet werden:

- Befestigung
- Zu- und Ableitung von Energie und Kräften
- Vibrationen
- Temperatureinflüsse etc.

Diese Art der Darstellung wird Funktions-Blockdiagramm genannt.

## 7.7 Qualitätsmanagement

**Ermittlung von Betriebs- und Komponentenparametern**

Ergänzend zu den graphischen Darstellungen sollten Stoffsammlungen zu den jeweiligen Funktionen geführt werden, um alle zusätzlichen Informationen zu dokumentieren. In diesen Stoffsammlungen werden den einzelnen Elementen bzw. Komponenten alle Einflussgrößen zugeordnet, die sich aus der Werkstoffwahl, Verarbeitung und Dimensionierung (Komponentenparameter) und den wirksamen Belastungskenngrößen (Betriebsparameter) ergeben. Einige typische Komponenten- und Betriebsparameter sind in Abbildung 1 aufgeführt.

---

**Komponentenparameter**

- verwendete oder geplante Werkstoffe mit dem jeweiligen beanspruchungsspezifischen Verhalten (Festigkeit, Gefüge, Alterungsbeständigkeit, Korrosion etc.)
- Verarbeitung des Systems
- potenzielle Störeinflüsse wie Ausschnitte, Kerben, Verjüngungen, Querschnittsübergänge etc.

**Betriebsparameter**

- maximal zu übertragende Drehmomente
- maximale Drehzahlen oder Geschwindigkeiten
- Einsatzzeiten, Betriebsdauer, Betätigungen etc.

---

*Abb. 1: Typische Komponenten- und Betriebsparameter*

**Ermittlung der Einflussparameter**

Neben diesen Parametern ist es unbedingt erforderlich, auch die Einflussparameter zu ermitteln, die nur bei bestimmten Einsatz- oder Prozessbedingungen auftreten können:

- hohe bzw. niedrige Temperaturen
- Trockenheit und Feuchtigkeit
- mechanische Schwingungen und Stöße
- Staub, Sand und Salz
- Störspannungen
- UV-Strahlungen
- Reinigungsmittel, Öle, Fette, Säuren

Aus dem so definierten System lässt sich nun der Projektplan ableiten. In ihm werden die zu analysierenden Umfänge mit Termin, Ort, Zeit und benötigten Teammitgliedern festgelegt. Damit sollen kleine, problemspezifische Teamzusammensetzungen zur effektiven FMEA-Arbeit gewährleistet werden.

### 7.7.2.3 Das FMEA-Formular

**Das FMEA-Formular zur Unterstützung und Dokumentation des Projektablaufs**

Das FMEA-Formular ist in insgesamt 18 Spalten aufgeteilt. Dabei bilden die einzelnen Zellen eine Baumstruktur, d.h., zu einem System/Merkmal oder einer Arbeitsfolge gehören eine oder mehrere Fehlerarten, die wieder-

# Fehlermöglichkeits- und Einfluss-Analyse (FMEA) 7.7.2

| System/Merkmale | Fehlerart-Nr. | mögliche Fehler (Fehlerart) | (Auswirkung) | D | (Ursache) | derzeitiger Zustand Kontrollmaßnahme(n) | Auftreten | Bedeutung | Entdeckung | RPZ | empfohlene Abstellmaßnahme | Verantwortlichkeit | verbesserter Zustand getroffene Maßnahmen | Auftreten | Bedeutung | Entdeckung | RPZ |
|---|---|---|---|---|---|---|---|---|---|---|---|---|---|---|---|---|---|
| Dimensionierung für Zeiger | 1 | Zeiger zu lang | – Falschanzeige | N | 1.1 Dimensionierung n.i.O. | keine | 2 | 8 | 8 | 128 | 1.1 Toleranzuntersuchung | Entw. H. Meier | 1.1 wird umgesetzt | 1 | 8 | 2 | 16 |
| | | | | | 1.2 Materialwahl n.i.O. | keine | 10 | 8 | 4 | 320 | 1.2 Versuchsmethodik | | | | | | |
| | 2 | Zeiger zu kurz | – Falschanzeige | N | 2.1 Dimensionierung n.i.O. | keine | 3 | 8 | 8 | 192 | 2.1 Toleranzuntersuchung | Entw. H. Meier | 2.1 wird umgesetzt | 1 | 8 | 2 | 16 |
| | 3 | Zeiger bricht | – Fehlfunktion – Ausschuss | N | 3.1 Materialwahl n.i.O. | keine | 6 | 8 | 6 | 288 | 3.1 Versuchsmethodik | Versuch H. Groß | 3.1 wird durchgeführt | | | | |
| | 4 | Material korrodiert | – schlechte Optik | N | 4.1 Oberflächenschutz nicht ausreichend | keine | 10 | 8 | 3 | 240 | 4.1 Test mit definierten Medien durchführen | Versuch H. Groß | 4.1 Material wird modifiziert | 1 | 8 | 1 | 8 |
| Auslegung Gehäuse | 5 | Hauptverträglichkeit nicht gegeben | – Allergien | N | 5.1 Material bzw. Oberflächenschutz nicht getestet | keine | 3 | 9 | 3 | 81 | 5.1 Versuchsreihe mit verschiedenen Personen durchführen | Entw. H. Neuke | | | | | |
| | 6 | Eigengewicht zu hoch | – Komforteinbuße | N | 6.1 Gesamtgewicht der Komponenten nicht betrachtet | keine | 10 | 5 | 9 | 450 | 6.1 Gewichtsreduzierung durch Analyse der Komponenten | Entw. H. Lose | | | | | |
| Auslegung Armband | 7 | Verschluss nicht tragesicher | – Verlust der Uhr | N | 7.1 Verschlusskräfte zu niedrig | keine | 10 | 4 | 8 | 320 | 7.1 Abzugskräfte durch Flanschwinkeländerung erhöhen | Entw. H. Klee | 7.1 Winkel wird um 1 Grad verkleinert | 2 | 4 | 3 | 24 |
| Auslegung Uhrglas | 8 | Glas nicht kratzsicher | – Optik n.i.O. | N | 8.1 Rezeptur nicht optimal | keine | 10 | 4 | 8 | 320 | 8.1 Optimale Zusammensetzung durch Versuch ermitteln | Entw. H. Grau | 8.1 wird durchgeführt | | | | |

*Abb. 2: FMEA-Formular einer Konstruktions-FMEA*

um eine oder mehrere potenzielle Fehlerursachen mit den zugehörigen Bewertungszellen beinhalten können.

Im Folgenden werden die jeweiligen Spalteninhalte erläutert.

**Stammdaten**

*Daten der zu analysierenden Produkte oder Prozesse*

In der Kopfleiste des Formulars sind alle Daten entsprechend den jeweiligen zu analysierenden Produkten oder Prozessen einzutragen. Aus diesen Daten müssen der Analyseumfang (System, Baugruppe, Komponente, Prozess-, Arbeitsfolge usw.) sowie die Schnittstellendefinitionen zu anderen FMEAs deutlich hervorgehen.

**Spalte 1: Systeme/Merkmale/Arbeitsfolgen**

Bei einer Konstruktions-FMEA werden in diese Spalten die Funktionselemente mit entsprechenden Skizzen eingetragen. Nach Möglichkeit sollten in den Skizzen die potenziellen Fehlerorte gekennzeichnet werden. Beispiele für Systeme oder Merkmale sind:

- Verbindungen (Löten, Schweißen, Kleben, Schrauben, Nieten)
- Sollbruchstellen
- Rezeptur eines Kunststoffes

*Arbeitsfolgen als roter Faden bei der Prozess-FMEA*

Im Falle einer Prozess-FMEA finden sich hier die zu untersuchenden Fertigungs- oder Montagearbeitsgänge wieder. Günstig ist, wenn ein vorläufiger Prozessablauf mit den einzelnen Arbeitsfolgen oder Arbeitsoperationen vorliegt. Er kann als roter Faden für die Prozess-FMEA dienen. Beispiele für Arbeitsfolgen (AFO) sind:

- AFO 10:  Schraubverbindung herstellen
- AFO 20:  Materialtransport
- AFO 30:  Schweißverbindung herstellen
- AFO 40:  Lötverbindung herstellen
- AFO 50:  Leiterplatte montieren

**Spalte 2: Fehlerart-Nummer**

In dieser Spalte wird eine Durchnummerierung aller Fehlerarten eines Systems/Merkmals bzw. einer Arbeitsfolge vorgenommen. Diese dient nur der besseren Übersicht und als Möglichkeit zur Bezugnahme auf einzelne Punkte.

## Spalte 3: Potenzielle Fehler

Jeder potenziell auftretende Fehler ist aufzuführen, wobei man davon ausgeht, dass ein Fehler auftreten kann, aber nicht unbedingt auftreten wird. Fehler sollten grundsätzlich durch physikalische Ausdrücke beschrieben werden, nicht als Fehlerfolgen, die der »Kunde« erfährt. Typische Fehler, die in einer Konstruktions- bzw. Prozess-FMEA gefunden werden, sind in Abbildung 3 aufgelistet. Die Fehleransprache bei Konstruktions- und Prozess-FMEA ist aufgrund ihrer Wechselbeziehungen zueinander ähnlich.

**Fehler können auftreten, müssen aber nicht**

| Typische Fehlerfälle, resultierend aus Konstruktionsfehlern | |
|---|---|
| ■ Ermüdung | ■ Vibrationen |
| ■ eingefallen | ■ Korrosion |
| ■ gebrochen | ■ agressive Medien |
| ■ deformiert | ■ Leistungsabfall |
| ■ verschlissen | ■ Optik nicht in Ordnung |
| ■ gerissen | ■ Haptik nicht in Ordnung |
| **Typische Fehlerfälle, resultierend aus Prozessfehlern** | |
| ■ Werkzeug nicht in Ordnung | ■ Verschleiß an Werkzeug |
| ■ Prozess nicht fähig/stabil | ■ Instandhaltungs- oder Wartungsplan fehlt |
| ■ Montagefehler | ■ Zugänglichkeit nicht ausreichend |
| ■ erschwerte Handhabung | ■ Verbindung nicht in Ordnung (Schraub-, Löt-, Schweiß-, Klebeverbindung) |
| ■ Arbeitsanweisung nicht deutlich | |
| ■ Verwechselungsgefahr | ■ Markierung fehlt |
| ■ Gratbildung | ■ Verschmutzung |
| ■ Abdichtung nicht in Ordnung | |

*Abb. 3: Typische Fehlerfälle aus Konstruktion bzw. Prozess*

## Spalte 4: Potenzielle Folgen des Fehlers

Wenn ein potenzieller Fehler ermittelt wurde, geht man nun davon aus, dass der Fehler auch aufgetreten ist. Die Fehlerfolgen werden so dargestellt, wie sich der Fehler am System, Produkt oder bei der Montage auswirkt. Es wird jeweils die funktionale Folge für den »Kunden« bzw. die nachfolgende Arbeitsfolge angegeben. Ein Kunde ist bei der System- und Konstruktions-FMEA stets der Endbenutzer (externer Kunde). Bei der Prozess-FMEA ist der Kunde der nächste Arbeitsgang, bei dem der Fehler zu Störungen der Weiterverarbeitung führen wird. Im ungünstigsten Fall ist der Kunde auch hier der Endabnehmer, wenn der Fehler im Unternehmen nicht entdeckt wurde. Die Folgen oder Auswirkungen von potenziellen Fehlern können recht unterschiedlich sein. Ausschlaggebend ist hierbei, wie der Kunde bzw. Anwender die Folgen empfindet.

**Ermittelte Fehler treten auch auf**

> **Folgen oder Auswirkungen von potenziellen Fehlern**
>
> - Undichtigkeit
> - Korrosion
> - Unfallgefahr
> - Imageverlust
> - Explosionsgefahr
> - Garantiekosten
> - übermäßiger Verbrauch
> - Liegenbleiben
> - Geräusche
> - schlechte Optik/Haptik/Akustik
> - Versorgungsengpass/Transportstörung
> - Anlagenstörung/Anlagenstillstand
> - Nacharbeit/Ausschuss
> - Funktion nicht in Ordnung/Funktionsstörung
> - Wertverlust
> - Dämpfe/Gase

*Abb. 4: Folgen oder Auswirkungen von Fehlern in Konstruktion oder Prozess*

### Spalte 5: Dokumentationspflicht

Sind durch einen potenziellen Fehler gesetzliche Vorschriften betroffen, so muss in dieser Spalte zur Kennzeichnung des dokumentationspflichtigen Teils unter Angabe der entsprechenden Vorschrift ein »D« oder »S« eingetragen werden, ansonsten ein »N«.

### Spalte 6: Potenzielle Fehlerursachen

**Vollständige Ermittlung der Ursachen**

Hier werden jedem Fehler sämtliche denkbaren Fehlerursachen zugeordnet. Es sind folglich alle Gründe aufzuführen, die zum betreffenden Fehler führen könnten. Beispiele sind in Abbildung 5 aufgelistet.

> **Potenzielle Fehlerursachen**
>
> - Konstruktionsfehler
> - Ermüdungsbruch
> - mangelnde Festigkeit
> - unzureichende Schmierung
> - mangelnde Achtsamkeit
> - Teile verwechselt
> - Toleranzen nicht ausreichend
> - Zugänglichkeit nicht ausreichend
> - Überlastung/Überhitzung
> - Mischungsverhältnis nicht in Ordnung
> - Werkstoff-, Materialfehler, Porosität
> - Berechnungs-, Auslegungsfehler
> - Justagefehler
> - Montagefehler
> - Verpackungs-, Transportschaden
> - Teile vertauscht
> - Werkzeugverschleiß
> - Verschmutzung
> - zu hohe Temperatur

*Abb. 5: Potenzielle Fehlerursachen*

Bei der Durchführung einer Konstruktions-FMEA wird das Fertigungs- bzw. Herstellverfahren sowie der geplante Montageablauf in die Ursachenermittlung einbezogen.

### Spalte 7: Vorgesehene Verhütungs- und Prüfmaßnahmen

Es werden hier zunächst diejenigen Fehlerverhütungs- oder Prüfmaßnahmen aufgelistet, die bereits für gleiche oder ähnliche Konstruktionen bzw. Prozesse eingesetzt werden und die dazu dienen können, Fehlerursachen und die daraus folgenden Fehler zu entdecken. Für Neuentwicklungen werden die geplanten Verhütungs- oder Prüfmaßnahmen herangezogen. Beispiele für diese Maßnahmen sind in Abbildung 6 aufgeführt.

| Fehlerverhütungs- bzw. Prüfmaßnahmen für Konstruktionsfehler | |
|---|---|
| ■ Dauerversuch | ■ Vorschriften, Lieferbedingungen, Verpackungsvorgaben |
| ■ Endproben | |
| ■ Simulationen | ■ Finite-Elemente-(FEM-)Berechnungen |
| ■ Design Review | ■ Mold-Flow-Simulationen |
| ■ Prüfvorschriften | ■ Toleranzberechnungen |
| ■ Arbeitsanweisung überprüfen | |
| **Fehlerverhütungs- bzw. Prüfmaßnahmen für Prozessfehler** | |
| ■ Werker ausbilden | ■ Vorrichtungen, Maschinen und Anlagen regelmäßig reinigen |
| ■ 100 %-Sichtprüfung | |
| ■ Fertigungsplan ergänzen | ■ Statistical Process Control (SPC) |
| ■ Stichprobenpläne | ■ Vorserienfertigung einplanen |
| ■ Prüfautomat vorsehen | ■ akustische Prozessüberwachung |
| ■ Prüfmittelüberwachung | ■ optoelektronische Prozessregelung |

*Abb. 6: Fehlerverhütungs- bzw. Prüfmaßnahmen für Konstruktions- und Prozessfehler*

### Spalte 8: Auftrittswahrscheinlichkeit einer Fehlerursache (derzeitiger Zustand)

Hier wird die Wahrscheinlichkeit für das Auftreten der Fehlerursache nach einer von Skala 1 bis 10 geschätzt (1 = es tritt nahezu kein Fehler auf, 10 = der Fehler tritt immer auf). Diese Auftrittshäufigkeit wird unabhängig von den Folgen und der Entdeckbarkeit des Fehlers bewertet.

*Fehlerhäufigkeit in Konstruktion und Prozess*

### Spalte 9: Bedeutung eines Fehlers (derzeitiger Zustand)

Analog zur Auftrittshäufigkeit wird die Bedeutung der Folgen eines Fehlers für den Kunden ebenfalls auf einer Skala von 1 bis 10 bewertet. Bei D-Merkmalen ist die Bedeutung immer 10. Da sich die Bedeutung, die einem Fehler beigemessen wird, nur an seinen Folgen orientiert, erhalten alle möglichen Fehlerursachen mit gleichen Folgen auch dieselbe Bewertung.

## 7.7 Qualitätsmanagement

| Bewertung | Häufigkeit | Erläuterung |
|---|---|---|
| 1 | gegen 0 | **unwahrscheinlich**<br>Es ist unwahrscheinlich, dass ein Fehler auftritt. |
| 2 | 0 bis 1/20.000<br>0,000 % | **sehr gering**<br>Konstruktion entspricht generell früheren Entwürfen, für die verhältnismäßig geringe Fehlerzahlen gemeldet wurden. |
| 3 | < 1/20.000<br>< 0,005 % | **sehr gering**<br>Konstruktion entspricht generell früheren Entwürfen, für die verhältnismäßig geringe Fehlerzahlen gemeldet wurden. |
| 4 | 1/10.000 bis 1/2.000<br>< 0,05 % | **gering**<br>Konstruktion entspricht generell früheren Entwürfen, bei denen gelegentlich, aber nicht in größerem Maße, Fehler auftraten. |
| 5 | 1/2.000 bis 1/1.000<br>< 0,1 % | **gering**<br>Konstruktion entspricht generell früheren Entwürfen, bei denen gelegentlich, aber nicht in größerem Maße, Fehler auftraten. |
| 6 | 1/1.000 bis 1/200<br>< 0,5 % | **gering**<br>Konstruktion entspricht generell früheren Entwürfen, bei denen gelegentlich, aber nicht in größerem Maße, Fehler auftraten. |
| 7 | 1/200 bis 1/100<br>< 1 % | **mäßig**<br>Konstruktion entspricht generell Entwürfen, die in der Vergangenheit immer wieder Schwierigkeiten verursachten. |
| 8 | 1/100 bis 1/20<br>< 5 % | **mäßig**<br>Konstruktion entspricht generell Entwürfen, die in der Vergangenheit immer wieder Schwierigkeiten verursachten. |
| 9 | 1/20 bis 1/10<br>< 10 % | **hoch**<br>Es ist nahezu sicher, dass Fehler in größerem Umfang auftreten werden. |
| 10 | 1/2<br>< 50 % | **hoch**<br>Es ist nahezu sicher, dass Fehler in größerem Umfang auftreten werden. |

*Abb. 7: Wahrscheinlichkeit des Auftretens einer Fehlerursache im Konstruktionsbereich*

## Fehlermöglichkeits- und Einfluss-Analyse (FMEA) 7.7.2

| Bewertung | Häufigkeit | Erläuterung |
|---|---|---|
| 1 | gegen 0 | **unwahrscheinlich**<br>Es ist unwahrscheinlich, dass ein Fehler auftritt. |
| 2 | 0 bis 1/20.000<br>0,000 % | **sehr gering**<br>Die Prozessfähigkeit liegt mit $\bar{x} \pm 4\,\sigma$ innerhalb der Spezifikationsgrenzen bzw. der Fehleranteil bei < 1/20.000. |
| 3 | < 1/20.000<br>< 0,005 % | **sehr gering**<br>Die Prozessfähigkeit liegt mit $\bar{x} \pm 3\,\sigma$ innerhalb der Spezifikationsgrenzen bzw. der Fehleranteil bei < 1/20.000 bis 1/2.000. |
| 4–6 | < 1/200<br>< 0,5 %<br><br>1/1.000 bis 1/200. | **gering**<br>Mit früheren Fertigungsverfahren vergleichbar, die gelegentlich – jedoch nicht in einem wesentlichen Umfang – Fehler aufweisen. Der Prozess ist beherrscht, die Prozessfähigkeit liegt mit $\bar{x} \pm 2{,}5\,\sigma$ innerhalb der Spezifikationsgrenzen bzw. der Fehleranteil bei |
| 7–8 | < 1/50<br>< 2 % | **mäßig**<br>Mit früheren Fertigungsverfahren vergleichbar, die oft zu Fehlern führten. Der Prozess ist beherrscht, die Prozessfähigkeit liegt mit $\bar{x} \pm 2{,}5\,\sigma$ innerhalb der Spezifikationsgrenzen bzw. der Fehleranteil bei 1/100 bis 1/50. |
| 9–10 | ≤ 1/2<br>≤ 50 % | **hoch**<br>Es ist nahezu sicher, dass Fehler in größerem Umfang auftreten werden. Der Fehleranteil liegt bei 1/10 bis 1/2. |

*Abb. 8: Wahrscheinlichkeit des Auftretens einer Fehlerursache im Prozess*

| Bewertung | Erläuterung |
|---|---|
| 1 | **unwahrscheinlich**<br>Es ist unwahrscheinlich, dass der Fehler irgendeine wahrnehmbare Auswirkung auf das Verhalten des Produkts oder Systems haben könnte. Der Kunde wird den Fehler wahrscheinlich nicht bemerken. |
| 2–3 | **geringfügig**<br>Der Fehler ist unbedeutend, und der Kunde wird nur geringfügig belästigt. De Kunde wird wahrscheinlich nur eine geringfügige Beeinträchtigung des Produkts oder Systems bemerken. |
| 4–6 | **mittelschwerer Fehler**<br>Mittelschwerer Fehler, der Unzufriedenheit beim Kunden auslöst. Der Kunde fühlt sich durch den Fehler belästigt oder ist verärgert. Der Kunde wird Beeinträchtigungen des Produkts oder Systems bemerken. Mittelschwere Fehler sind z.B. Lautsprecher brummt, hohe Pedalbetätigungskräfte usw. |
| 7–8 | **schwerer Fehler**<br>Schwerer Fehler löst Verärgerung beim Kunden aufgrund des Fehlers aus, z.B. ein nicht fahrbereites Fahrzeug oder nicht funktionierende Teile der Ausstattung (Radio, Tacho usw.). Die Gebrauchssicherheit oder eine Nichtübereinstimmung mit den Gesetzen ist hier nicht angesprochen. |
| 9–10 | **äußerst schwerwiegender Fehler**<br>Äußerst schwerwiegender Fehler, der zum »Liegenbleiben« führt oder möglicherweise die Sicherheit und/oder die Einhaltung gesetzlicher Vorschriften beeinträchtigt. |

*Abb. 9: Bewertung der Bedeutung eines Fehlers*

## Spalte 10: Entdeckungswahrscheinlichkeit eines Fehlers (derzeitiger Zustand)

**Bewertung der Wirksamkeit von Prüfmaßnahmen**

Die Wahrscheinlichkeit, einen Fehler zu entdecken, bevor das Produkt den Kunden erreicht hat, wird ebenfalls auf einer zehn Punkte umfassenden Skala bewertet. Man geht davon aus, dass der Fehler aufgetreten ist, und bewertet die Wirksamkeit aller Prüfmaßnahmen, die zur Entdeckung des Fehlers innerhalb des Unternehmens führen können.

| Bewertung | Erläuterung |
|---|---|
| 1 | **hoch** <br> Funktioneller Fehler, der bei den nachfolgenden Arbeitsgängen bemerkt wird (z.B. Lenkrad fehlt). Die Wahrscheinlichkeit des Entdeckens liegt bei > 99,99 %. |
| 2–5 | **mäßig** <br> Augenscheinliches Fehlermerkmal (z.B. Türgriff fehlt). Automatische 100 %-Prüfung eines einfachen Merkmals (z.B. Vorhandensein einer Bohrung). Die Wahrscheinlichkeit des Entdeckens ist mindestens 99,7 %. |
| 6–8 | **gering** <br> Leicht zu erkennendes Fehlermerkmal (z.B. fehlerhafte Steckverbindung bei 100 %-Funktionsprüfung). Automatische 100 %-Prüfung eines messbaren Merkmals (z.B. Durchmesser). Die Wahrscheinlichkeit des Entdeckens ist mindestens 98 %. |
| 9 | **sehr gering** <br> Nicht leicht zu erkennendes Fehlermerkmal (z.B. Kabelverbindung nur teilweise gesteckt). Visuelle oder manuelle 100 %-Prüfung. Die Wahrscheinlichkeit des Entdecken ist > 90 %. |
| 10 | **unwahrscheinlich** <br> Das Merkmal wird nicht geprüft bzw. kann nicht geprüft werden. Verdeckter Fehler, der in Fertigung oder Montage nicht erkannt wird (z.B. Fehler betrifft die Lebensdauer des Teils). |

*Abb. 10: Bewertung der Entdeckungswahrscheinlichkeit eines Fehlers*

## Spalte 11: Risiko-Prioritätszahl (RPZ)

**Gradmesser für die Dringlichkeit einzuleitender Maßnahmen**

Für alle Fehlerursachen ist die Risiko-Prioritätszahl durch Multiplikation der Bewertungspunkte für Auftreten, Bedeutung und Entdeckbarkeit zu errechnen.

$$RPZ = A \cdot B \cdot E$$

Die RPZ drückt das Gesamtrisiko eines Fehlers aus. Sie kann als Gradmesser für die Dringlichkeit einzuleitender Maßnahmen bezogen auf die einzelnen Fehlerursachen gelten. Ein allgemein gültiger kritischer Schwellenwert für die RPZ sollte nicht definiert werden, da diese errechneten Werte zum großen Teil aus subjektiven Beurteilungen entstanden sind.

## Spalte 12: Empfohlene Abstellmaßnahmen

**Fehlervermeidung statt Fehlerverhütung**

Dieser Schritt beim Durchführen einer FMEA bereitet den Erfolg vor, indem definierte Abstellmaßnahmen erarbeitet, bewertet und zur Umsetzung vorgeschlagen werden. Grundsätzlich sollen bei der Festlegung fehlerver-

meidende Maßnahmen den im Allgemeinen kostenintensiveren fehlerverhütenden Handlungen vorgezogen werden. Nicht immer ist es möglich oder zweckmäßig (technisch nicht realisierbar oder zu teuer), eine Fehlerursache vollständig zu eliminieren. Bei der Auswahl der Abstellmaßnahmen ergibt sich daraus eine Rangfolge der Maßnahmen:

1. konstruktive Änderungen
2. Prozessänderung
3. Optimierung des Qualitätssystems

Abbildung 11 gibt Beispiele für mögliche Abstellmaßnahmen.

**Beispiele für mögliche Abstellmaßnahmen**

- Lötverbindung
- Radien ändern
- Wartungsplan erstellen
- Dimensionierung ändern
- Werkstoff neu festlegen
- 100%-Sichtprüfung
- Arbeitsplatz optimieren
- Instandhaltungsplan definieren
- Reinigungsintervalle festlegen
- Teile farbig auslegen
- Schrauber regelmäßig prüfen
- Prüfmittel überprüfen
- Toleranzberechnung durchführen
- Dauerversuche durchführen
- Arbeitsanweisungen erstellen
- Rezeptur überprüfen
- Montagereihenfolge ändern
- Markierung vorsehen
- problemorientierte Werkerunterweisung
- Statistical Process Control (SPC) einführen
- »In Ordnung«-Quittierung an Anlage vorsehen
- verwechslungssichere Auslegung der Maschine
- Prozessoptimierung mit Versuchsmethodiken durchführen

*Abb. 11: Beispiele für mögliche Abstellmaßnahmen*

### Spalte 13: Zuständigkeiten/Verantwortlichkeit

Die Verantwortung für das Einleiten gezielter Abstellmaßnahmen liegt bei den in Spalte 13 aufgeführten Personen oder Abteilungen. Zur Beurteilung der Eignung von Abstellmaßnahmen ist ein Formblatt hilfreich.

### Spalte 14 bis 18: Verbesserter Zustand

Diese Spalten knüpfen inhaltlich an die Spalten 7 bis 11 und deren Erläuterungen an. Sinn und Zweck der FMEA sind letztlich wirksame Maßnahmen zur Ausschaltung oder zumindest Verminderung von Fehlermöglichkeiten. Die in Spalte 12 eingetragenen empfohlenen Abstellmaßnahmen sind die ausschlaggebenden Wegweiser. Mit der Auswahl und Durchführung geeigneter Maßnahmen, die in Spalte 14 zu dokumentieren sind, wird das Ergebnis der Analyse durch die in Spalte 13 (Verantwortlichkeit) anzuführenden Abteilungen oder Personen umgesetzt.

**Überprüfung der Wirksamkeit von Maßnahmen**

Die Wirksamkeit der zum Einsatz kommenden Maßnahmen wird für alle Fehlerursachen durch analoge Neubewertung von Spalte 8 (Auftrittswahrscheinlichkeit einer Fehlerursache), Spalte 9 (Bedeutung eines Fehlers), Spalte 10 (Entdeckungswahrscheinlichkeit) und Spalte 11 (RPZ – Risiko-Prioritätszahl) ermittelt.

**Literaturempfehlung**

*Pfeifer, T.*: Praxishandbuch Qualitätsmanagement. München 1996.

### 7.7.3 European Quality Award (EQA)

*von Rainer Kämpf*

#### 7.7.3.1 Ablauf des Verfahrens

Der European Quality Award (EQA) wurde im Jahre 1992 auf Initiative der European Foundation of Quality Management (EFQM) mit der Unterstützung der European Organization of Quality (EOQ) und der Europäischen Kommission gegründet. Er wird jährlich an die europäischen Organisationen mit dem effizientesten Qualitätsmanagementsystem verliehen – das erste Mal am 15.10.1992 von König Juan Carlos I. von Spanien im Rahmen des EFQM-Qualitätsmanagementforums. Seine Ziele sind die Würdigung und Auszeichnung der Leistungen von Organisationen, die sich besonders für die Förderung der Qualität engagiert haben, und dies nach einer Bewertung auf Basis der Kriterien des EFQM-Modells dokumentiert haben.

Um den Preis können sich europäische Unternehmen oder Tochtergesellschaften bzw. Geschäftsbereiche nichteuropäischer Unternehmen in Europa in folgenden Kategorien bewerben:

*Teilnehmer*

- große Unternehmen
- Organisationen des Öffentlichen Dienstes
- kleine und mittlere Unternehmen (mit weniger als 250 Mitarbeitern)

Das Bewerbungsverfahren vollzieht sich in folgenden Schritten:

*Bewerbungsverfahren*

- Einreichen der Bewerbungsunterlagen (Formblätter mit Selbstbewertung: 75 Seiten für große Firmen und Organisationen des Öffentlichen Dienstes, 35 Seiten für kleine und mittlere Unternehmen)
- Bewertung der eingereichten Unterlagen durch Teams von vier bis acht speziell geschulten, erfahrenen Assessoren aus Wirtschaft und Forschung
- Auswahl der Finalisten durch die Jury (Mitglieder aus Wirtschaft und Forschung)
- Überprüfung (Vorortbesuch) der Finalisten durch Assessorenteams, um Unklarheiten zu beseitigen und die Bewertung zu ergänzen
- Bestimmung des Gewinners durch die Jury anhand der Befunde der bewertenden Teams

Jeder Bewerber erhält einen Feedbackbericht des bewertenden Assessorenteams, bestehend aus

*Selbstbewertung und Benchmarks auf der Basis des Feedbackberichts*

- einer Beurteilung der Organisation einschließlich Punktebewertung für die verschiedenen Kriterien und

- einem Vergleich mit den durchschnittlichen Punktzahlen der anderen Bewerber.

Dadurch ist ein Vergleich mit den anderen Bewerbern und eine Überarbeitung der erstellten Selbstbewertung durch den Bewerber mit dem Ziel einer weiteren zukünftigen Verbesserung möglich.

> »Die Selbstbewertung zwingt Sie dazu, alles im Unternehmen zu beurteilen, genau festzustellen, wo Sie die Schwachstellen haben, und sie bietet Ihnen die Möglichkeit, diese Fehler anzugehen.«
>
> Bernard Fournier, CEO von Rank Xerox Europe

#### 7.7.3.2 Das EFQM-Modell und seine Kriterien

*Ziel: Erreichung von Business Excellence*

Bevor das EFQM-Modell beschrieben wird, sollen die dem Modell zu Grunde liegenden Gedanken zur Erreichung von Business Excellence kurz beschrieben werden:

- **Führung:** Das Management bestimmt und entwickelt die Kultur der Organisation und lenkt die Ressourcen und Anstrengungen hin zur Exzellenz.

- **Politik und Strategie** werden in der Organisation erarbeitet und vollständig umgesetzt, alle Tätigkeiten in der Organisation beruhen darauf; sie beeinflussen die Tätigkeiten aller Mitarbeiter und steuern ihr Verhalten.

- **Mitarbeiterorientierung, -beteiligung:** Das volle Potenzial der Mitarbeiter wird durch die Kultur der Verantwortungsübertragung und durch Vertrauen freigesetzt. Kommunikation und Mitwirkung werden unterstützt durch Lernen und Weiterentwicklung der Fähigkeiten mit dem Ziel der **Mitarbeiterzufriedenheit**.

- **Prozesse:** Alle Tätigkeiten in der Organisation werden zu Prozessabläufen zusammengefasst, die von allen Mitarbeitern verstanden und umgesetzt werden sollen. Verbesserungsvorschläge werden schnell und zielorientiert umgesetzt. Fakten, Informationen und Messgrößen, die den Grad der Zielerreichung dokumentieren, sind die Basis für die Arbeit der Mitarbeiter und des Managements.

- **Kundenorientierung:** Der Kunde ist der Richter über die Produkt- oder Dienstleistungsqualität, deshalb ist es so wichtig, ihn und seine Bedürfnisse, Anforderungen in den Mittelpunkt der Prozesse und aller Aktivitäten zu setzen. Das Ziel ist die vollständige **Kundenzufriedenheit**.

- **Gesellschaftliche Verantwortung/Image:** Die Organisation und ihre Mitarbeiter sollen sich ethisch einwandfrei verhalten und sich bemü-

hen, die Anforderungen von Gesetzen und Vorschriften zu erfüllen bzw. zu übertreffen.

- **Geschäftsergebnisse/Ergebnisorientierung:** Die überlegenen Prozesse und die Zufriedenheit der Partner (Kunden, Mitarbeiter, Lieferanten, Aktionäre, Gesellschaft) bestimmen den dauerhaften Erfolg der Organisation.

- Eine hervorragende **Partnerschaft mit den Lieferanten**, die auf Vertrauen und einer guten Integration basiert, führt zur gegenseitigen Zufriedenheit und erlaubt Verbesserungen.

- **Kontinuierliche Verbesserungen und Innovationen** sind durch ständiges Lernen und neue Methoden wie Benchmarking möglich, das bedeutet: ohne Einschränkungen in sämtlichen Bereichen Neues vorschlagen.

Das EFQM-Modell beruht auf der TQM-Philosophie beschreibt ein umfassendes Managementkonzept, das in den Organisationen vorhanden sein muss, wenn sie Business Excellence erreichen wollen. Dies wird durch

**EFQM-Modell beschreibt umfassendes Managementkonzept**

- eine gute Führung – die auf einer angepassten Politik und Strategie beruht,
- die Ausrichtung auf den Mitarbeiter (Mitarbeiterorientierung) und
- eine gute Steuerung der Ressourcen und Prozesse,

bewirkt, mit dem Zweck, über Mitarbeiter- und Kundenzufriedenheit sowohl positive Auswirkungen für die Gesellschaft (Gesellschaftliche Verantwortung, Image) wie auch herausragende Geschäftsergebnisse zu erzielen.

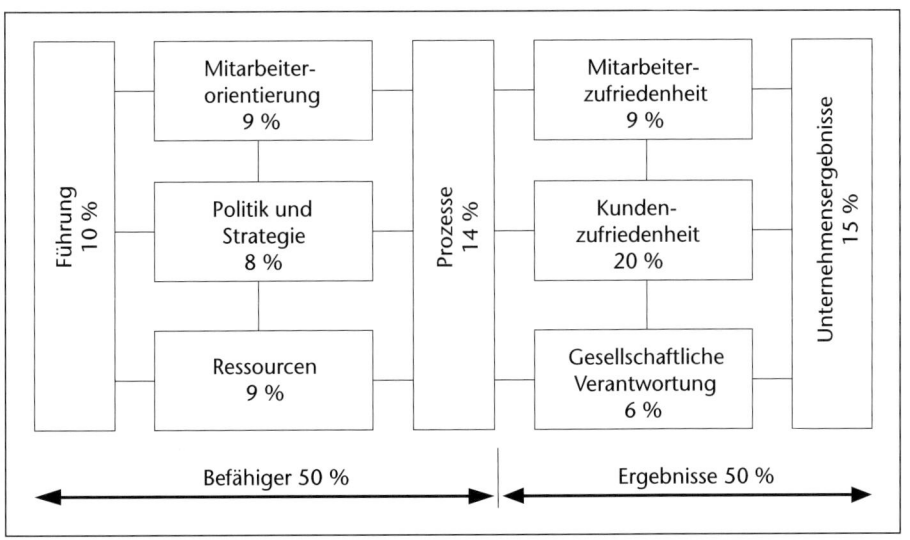

*Abb. 1: Das EFQM-Modell*

## 7.7 Qualitätsmanagement

**Kategorien des EFQM-Modells**

Das Modell umfasst zwei Kategorien:

- **Befähiger:** Mittel, die bestimmen »wie die Ergebnisse erzielt werden, wie die Organisation ihre Hauptaktivitäten ausführt (Art und Weise)«,

- **Ergebnisse:** bezeichnen, »was tatsächlich erzielt wurde«.

### 7.7.3.3 Bewertungs- und Notierungsverfahren im Rahmen des EQA

**Punkteskala zur Bewertung**

Das Bewertungsverfahren für Assessoren und Jury basiert auf einer Punkteskala von 0 bis 1.000 möglichen Punkten, die sich auf die verschiedenen Kriterien aufteilen. In den Kategorien Befähiger und Ergebnisse können jeweils maximal 500 Punkte vergeben werden, wobei die Punkte so zu vergeben sind, dass die Assessoren

- bei den Befähigern das Vorgehen und die Umsetzung und
- bei den Ergebnissen die Güte und den Umfang

der dargestellten Ergebnisse bewerten.

**Befähiger: Bewertung des Vorgehens und der Umsetzung**

**1 Führung** (10 % entspricht 100 Punkten)

> »... wie das Führungsteam eine Kultur des umfassenden Qualitätsmanagements für eine kontinuierliche Verbesserung inspiriert, initiiert, unterstützt und fördert.«

Es wird bewertet (ist nachzuweisen), wie Führungskräfte:

1a   ihr Engagement für diese Kultur sichtbar unter Beweis stellen

1b   die Verbesserung und die Mitwirkung durch Gewährleistung von geeigneten Ressourcen, Hilfe und Unterstützung fördern

1c   sich bei Kunden, Lieferanten und externen Organisationen engagieren

1d   die Anstrengungen und Erfolge der Mitarbeiter (Einzelpersonen und Teams) rechtzeitig anerkennen und würdigen

**2 Politik und Strategie** (8 % entspricht 80 Punkten)

> »... wie die Organisation Politik und Strategie formuliert, überprüft und sie in Pläne und Maßnahmen umsetzt.«

Es wird bewertet (ist nachzuweisen), wie Politik und Strategie:

2 a   auf angemessenen, relevanten und ausführlichen Informationen beruhen

2 b  entwickelt und realisiert werden

2 c  intern und extern kommuniziert und eingeführt werden

2 d  regelmäßig aktualisiert und verbessert werden

**3  Mitarbeiterorientierung** (9 % entspricht 90 Punkten)

> »... wie die Organisation das gesamte Potenzial ihrer Mitarbeiter freisetzt, um ihre Geschäftstätigkeit ständig zu verbessern.«

Es wird bewertet (ist nachzuweisen), wie:

3 a  Mitarbeiterressourcen geplant und verbessert werden

3 b  die Kompetenzen und Fähigkeiten der Mitarbeiter erhalten und weiterentwickelt werden

3 c  die Mitarbeiter und Teams Ziele vereinbaren und die Leistungen ständig überprüfen

3 d  die Beteiligung aller Mitarbeiter gefördert wird, wie weit sie autorisiert sind, selbst zu handeln und ob ihre Leistungen anerkannt werden

3 e  eine wirksame Kommunikation, ein effektiver Dialog zwischen den Mitarbeitern und der Organisation (horizontal und vertikal) erreicht wird

3 f  die Organisation für ihre Mitarbeiter sorgt

**4  Ressourcen** (9 % entspricht 90 Punkten)

> »... wie die Organisation die Ressourcen effektiv und effizient einsetzt und steuert, um die Unternehmenspolitik und -strategie zu unterstützen.«

Es wird bewertet (ist nachzuweisen), wie die Organisation:

4 a  ihre finanziellen Ressourcen steuert

4 b  ihre Informationsressourcen einsetzt

4 c  ihre Beziehungen zu Lieferanten handhabt und wie sie Material bewirtschaftet

4 d  Gebäude, Einrichtungen, Ausrüstungsgüter und anderes Anlagevermögen bewirtschaftet

4 e  Technologie und geistiges Eigentum anwendet, verwendet

**5 Prozesse** (14 % entspricht 140 Punkten)

> »... wie die Organisation ihre Prozesse identifiziert, erkennt, führt, überprüft und verbessert, gegebenenfalls verändert, um eine ständige Zuverlässigkeit und Verbesserung zu gewährleisten.«

Es wird bewertet (es ist nachzuweisen) wie:

5 a die für den Geschäftserfolg wesentlichen Prozesse identifiziert werden

5 b die Organisation ihre Prozesse führt, steuert, behandelt

5 c die Prozesse überprüft und Ziele für Verbesserungen gesetzt werden

5 d die Prozesse durch Innovation und Kreativität verbessert können und werden, und wie die Organisation sie fördert

5 e die Prozesse geändert werden, und der Nutzen der Änderungen bewertet wird

*Ergebnisse: Bewertung der Güte und des Umfangs der dargestellten Ergebnisse*

**6 Kundenzufriedenheit** (20 % entspricht 200 Punkten)

> »... was die Organisation im Hinblick auf die Zufriedenheit ihrer externen Kunden leistet.«

Hier wird bewertet (ist nachzuweisen):

6 a die Beurteilung der Kunden bezüglich der Produkte, Dienstleistungen und Kundenbeziehungen der Organisation: Sind sie wirklich völlig zufrieden?

6 b. die Entwicklung zusätzlicher Messgrößen, die die Zufriedenheit ihrer Kunden beschreibt, darstellt

**7 Mitarbeiterzufriedenheit** (9 % entspricht 90 Punkten)

> »... was die Organisation durchführt, um ihre Mitarbeiter zufrieden zu stellen, was sie im Hinblick auf ihre Zufriedenheit leistet.«

Hier wird bewertet:

7 a die Beurteilung der Organisation aus Sicht der Mitarbeiter: Fühlen sie sich wohl, einbezogen und motiviert?

7 b die Entwicklung zusätzlicher Messgrößen, die sich auf die Zufriedenheit der Mitarbeiter mit der Organisation beziehen

8    **Gesellschaftliche Verantwortung/Image** (6 % entspricht 60 Punkten)

> »... was die Organisation bezüglich der Erfüllung der Wünsche und Erwartungen der lokalen, nationalen und internationalen Gemeinschaft insgesamt leistet. Dazu gehört die Bewertung der Gemeinschaft bezüglich der Einstellung der Organisation zur Umwelt, Lebensqualität und Erhaltung der globalen Ressourcen, sowie die unternehmensinternen Maßnahmen in diesem Zusammenhang und die Beziehungen zu Behörden und Körperschaften, die ihre Geschäftstätigkeiten beeinflussen oder regulieren.«

Hier wird bewertet:

8 a   wie die Gesellschaft die Organisation beurteilt, wie sie die Auswirkungen ihrer Tätigkeiten auf dem Umfeld wahrnimmt

8 b   die Entwicklung zusätzlicher Messgrößen, die die Zufriedenheit der Gesellschaft im Hinblick auf die Organisation beschreiben

9    **Geschäftsergebnisse** (15 % entspricht 150 Punkten)

> »... was die Organisation bezüglich ihrer geplanten Geschäftsziele und der Erfüllung der Bedürfnisse und Erwartungen aller finanziell oder anderweitig an der Organisation Beteiligten erreicht.«

Hier wird bewertet:

9 a   die finanziellen Messgrößen für die Leistungen der Organisation

9 b   die zusätzlichen Messgrößen (nicht finanziell) für die Leistungen der Organisation

Für die Bewertung ist das Notierungsverfahren ist Form der Blue Card beschrieben. Bezüglich der Befähiger notieren die Assessoren für jedes Kriterium zwei Bestimmungsgrößen in Prozentsätzen:

**Notierungsverfahren Blue Card – Befähiger**

- die Exzellenz des Vorgehens (degree of excellence of the approach) und

- die Umsetzung des Vorgehens (degree of deployment of the approach),

die jeweils in fünf Levels bewertet sind.

- **Level 1 – 0 %:** Approach erzeugt keine Wertschöpfung und es existiert keine effektive Umsetzung (deployment).

- **Level 2 – 25 %:** Approach zeigt erste Wirkungen, bei der Umsetzung (deployment) ist ca. 1/4 des möglichen Potenzials ausgeschöpft worden.

- **Level 3 – 50 %:** Approach ist relevant, bei der Umsetzung (deployment) ist die Hälfte des Potenzials ausgenutzt worden.

- **Level 4 – 75 %:** Es existieren Beweise für Verbesserungen, bei der Umsetzung (deployment) wurde 3/4 des Potenzials ausgenutzt.

- **Level 5 – 100 %:** Es ist vollkommen in die tägliche Arbeit integriert und als Modell für andere Organisationen übertragbar, bei der Umsetzung (deployment) wurde das gesamte ganze Potenzial ausgeschöpft.

*Notierungsverfahren Blue Card – Ergebnisse*

Für die Ergebnisse beruht die Bewertung auf dem gleichen Notierungssystem, die Bestimmungsgrößen sind hierbei

- der Exzellenzgrad der Ergebnisse (degree of excellence of the results of the company) und

- der Umfang dieser Ergebnisse (scope of those results).

Die Unternehmen müssen jedes Kriterium vollkommen rechtfertigen, Relationen zwischen Befähigern und Ergebnissen müssen existieren und nachweisbar sein und in eine Gesamtstrategie des Unternehmens eingebunden sein. Wenn ein Prozess als »sehr wichtig« in den Befähiger-Kriterien erscheint, müssen die verbundenen Ergebnisse in den Ergebnisse-Kriterien nachweisbar sein, damit die Assessoren »das Verhältnis von Ursache und Wirkung« bewerten können.

Vergleiche zwischen den »internen Zielen« und »Ergebnissen« eines Unternehmens und denen seiner Wettbewerber bzw. denen der besten Organisationen der Kategorie zählen ebenfalls zum Umfang der Bewertung. Diese Vergleiche ergeben wichtige Informationen für die langfristige strategische Ausrichtung und das Handeln des Unternehmens und führen durch ständige Selbstbewertung und Leistungssteigerung zu kontinuierlicher Verbesserung. Die bisherigen Gewinner haben im Rahmen dieser Bewertung zwischen 700 und 750 Punkte erreicht.

### Literaturempfehlungen

*European Foundation of Quality Management (Hrsg.):* Die Leistung steigern mit dem EFQM-Modell für Business Excellence. Brüssel, o.J.

*Westerbusch, R.:* Qualitätsmanagementsysteme. Braunschweig 1998.

### Internetadressen

www.deming.de (Website zu EFQM, ISO 9000, Deming etc.)

www.efqm.org/new_website (Website der EFQM, Brüssel)

www.tqm-online.de/efqm-mod.htm (Website mit weiterführenden Links)

## 7.7.4 ISO-9000-Normen in der Praxis

*vor Rainer Kämpf*

### 7.7.4.1 Grundlagen und Anwendungsfelder der ISO-9000-Normen

Die ISO-9000-Normen sind die Grundlage eines Qualitätsmanagementsystems, das dazu dient, die Qualität eines Produktes oder einer Leistung über die gesamte Wertschöpfungskette zu sichern. ISO-9000-Normen gelten für vier Hauptprodukt- und Branchenkategorien:

- Hardware
- Software
- verfahrenstechnische Produkte
- Dienstleistungen

**Sicherung der Qualität über die gesamte Wertschöpfungskette**

Anwendungsfelder dieser Normen sind:

- Industrie
- Entwicklung
- Fertigung
- verfahrenstechnischen Produkte

Die Forderungen und Zielsetzungen sind grundsätzlich gleich, die ISO-9000-Normen passen sich aber den einzelnen Bereichen durch technische Spezifikationen an. Im Automobilbereich spricht man beispielsweise von der ISO-9000/TS 16 949, wobei TS steht für technische Spezifikation steht. Für den Dienstleistungsbereich wurde eine zusätzliche Norm entwickelt, die ISO 9004-2, die zur Erklärung der QM-Darlegungsmodelle ISO-9001 bis 9003 im Dienstleistungsbereich dient. Sie wurde nahezu unverändert als nationale Norm von 58 Ländern übernommen, wie z.B. von den EU- und EFTA-Ländern, den USA, Kanada und Japan.

**Anpassung durch technische Spezifikationen**

Die ISO-9000-Reihe setzt sich aus fünf Qualitätssicherungsnormen zusammen, die ein (für alle Branchen) allgemein gültiges und freiwillig anwendbares Qualitätssicherungskonzept anbieten. Anders ausgedrückt ist die ISO-9000-Reihe eine Art Zielsetzung, durch die ein Qualitätsmanagementsystem erreicht werden soll. Diese Normen decken somit alle Phasen des Lebenszyklus eines Produktes ab.

### 7.7.4.2 Erläuterung der fünf ISO-9000-Normen

Die ISO-9000-Normen sind nicht zusammenhängend, sie wurden als getrennte Dokumente veröffentlicht.

## 7.7 Qualitätsmanagement

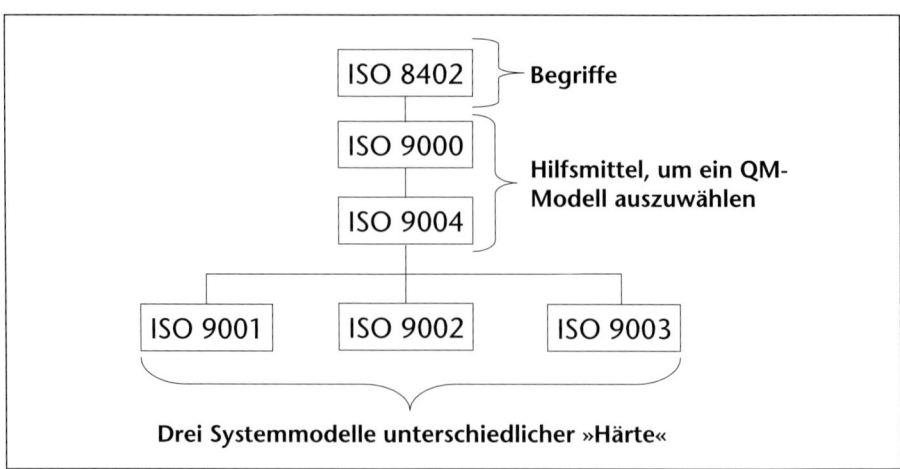

*Abb. 1: Struktur der ISO-9000-Normenreihe*

### ISO 8402

**Begriffserläuterungen der anderen Normen**

Diese Norm wurde unter dem Titel »Qualitätsbegriffe« veröffentlicht. Sie definiert die Begriffe, die von den anderen Normen benutzt werden, wie z.B. Qualität, Fehler oder Spezifikation.

### ISO 9000

**Hilfsmittel für die Wahl der richtigen Norm**

Sie wurde 1987 veröffentlicht. Ihr Titel lautet »Normen zum Qualitätsmanagement und zur Darlegung von Qualitätsmanagementsystemen, Leitfaden zur Auswahl und Anwendung«. Sie erläutert grundlegende Richtlinien sowie Einsatz und Zweck von QM-Konzepten – es handelt sich also um eine Art Übersicht. Sie umfasst weiterhin Leitfäden für die Auswahl und Anwendung eines für ein bestimmtes Produkt oder eine bestimmte Dienstleistung geeigneten QM-Darlegungsmodells. Man kann somit diese Norm als eine Art Hilfsmittel für die Wahl der richtigen Norm betrachten. Die ISO-9000-Norm erlaubt auch, gewisse QM-Elemente wegzulassen oder hinzuzufügen, so dass sie für jedes Produkt und für jede Dienstleistung anwendbar wird.

### ISO 9001

**Abdeckung des gesamten Produktlebenszyklus**

Sie gehört zur ISO-9000-Reihe und trägt den Titel »Qualitätsmanagementsysteme – Modell zur Qualitätsicherung/QM-Darlegung in Design, Entwicklung, Produktion, Montage und Wartung«. Die ISO 9001 ist die umfassendste der drei Normen (ISO 9001, 9002, 9003), da sie ein QM-Darlegungsmodell enthält, das von Entwicklung und Design bis zum Kundendienst geht. Sie deckt somit alle Phasen des Produktlebenszyklus ab. Das QM-Darlegungsmodell umfasst 20 QM-Elemente bzw. -Forderungen. Die ISO-9001 betrifft Unternehmen, die eine Übereinstimmung mit spezifizierten Anforderungen über alle Stufen nachweisen wollen.

## ISO 9002

Der Titel der ISO 9002 lautet »Qualitätsmanagementsysteme – Modell zur Qualitätssicherung/QM-Darlegung in Produktion, Montage und Wartung«. Diese Norm enthält ein QM-Element weniger, die Designlenkung fehlt. Sie kommt also zum Einsatz, wenn das Design schon festgestellt wurde. Die Entwicklungsphase wird hier nicht überprüft und das betroffene Unternehmen kümmert sich in diesem Fall nur um Produktion und Kundendienst.

*Keine Berücksichtigung der Entwicklungsphase*

## ISO 9003

Die ISO 9003 trägt die vollständige Bezeichnung »Qualitätsmanagementsysteme – Modell zur Qualitätssicherung/QM-Darlegung bei der Endprüfung«. Es handelt sich hier um die Norm, die die geringste Zahl an Qualitätselementen hat und Unternehmen betrifft, die ein Produkt nur auf Basis einer erfolgreichen positiven Endprüfung akzeptieren und keine Produktveredelungsverfahren einsetzen wollen (z.B. Hardware, Testlaboratorien).

*Kein Einsatz von Produktveredelungsverfahren*

## ISO 9004

Die ISO 9004 ist auch bekannt unter dem Namen »Qualitätsmanagement und Elemente eines QM-Systems – Leitfaden«. Sie gliedert sich in zwei Teile:

- der erste Teil ist ein allgemeiner Leitfaden über die ISO-9000-Reihe,
- der zweite Teil betrifft nur den Dienstleistungsbereich.

Sie ist somit ein internes Hilfsmittel zur Auswahl der anderen ISO-9000-Normen und weder eine Leitlinie für die Darlegungsmodelle der ISO-Normen 9001 bis 9003 noch ein Darlegungsmodell für ein Qualitätsaudit.

*Internes Hilfsmittel zur Auswahl anderer ISO-9000-Normen*

### 7.7.4.3 Die QM-Elemente der ISO-9000-Norm

Die ISO-9000-Normen werden regelmäßig überprüft und ergänzt. Wenn eine Ergänzung erfolgt, spricht man von einer Revision. Die erste Revision der ISO-9000-Reihe wurde 1994 veröffentlicht, die zweite 2000. Der Übergangszeitraum wird bis 2003 dauern.

In diesem Abschnitt werden die QM-Elemente der ISO 9001:1994-Norm aufgelistet und teilweise beschrieben (siehe Teil 4 der ISO-9001-Norm »Forderungen an die Qualitätssicherung/QM-Darlegung«).

*QM-Elemente der ISO 9001:1994*

| Nr. | Forderung an die Qualitätssicherung |
|---|---|
| 4.1 | Verantwortung der Leitung |
| 4.2 | Qualitätsmanagementsystem |
| 4.3 | Vertragsprüfung |
| 4.4 | Designlenkung |
| 4.5 | Lenkung der Dokumente und Daten |
| 4.6 | Beschaffung |
| 4.7 | Lenkung der vom Kunden beigestellten Produkte |
| 4.8 | Kennzeichnung und Rückverfolgbarkeit von Produkten |
| 4.9 | Prozesslenkung |
| 4.10 | Prüfungen |
| 4.11 | Prüfmittelüberwachung |
| 4.12 | Prüfstatus |
| 4.13 | Lenkung fehlerhafter Produkte |
| 4.14 | Korrektur und Vorbeugungsmaßnahmen |
| 4.15 | Handhabung, Lagerung, Verpackung, Konservierung und Versand |
| 4.16 | Lenkung von Qualitätsaufzeichnungen |
| 4.17 | Interne Qualitätsaudits |
| 4.18 | Schulung |
| 4.19 | Wartung |
| 4.20 | Statistische Methoden |

*Abb. 2: QM-Elemente der ISO-9001:1994*

**QM-Elemente der ISO 9001:2000**

Die zweite Revision der ISO-9000-Norm wurde 2000 veröffentlicht. Nachfolgend sind die wesentlichen Änderungen und Ziele der Revision aufgeführt.

- Ein Begriff tritt erstmals auf: »Kundenzufriedenheit«. Diese ist jetzt das Hauptziel der Norm. Der Prozess, das komplette Verfahren und die Organisation müssen zu diesem Zweck handeln.

- Der Kunde ist aber nicht der einzige Input. Vielmehr müssen die Unternehmen auch die anderen interessierten Parteien betrachten, wie z.B. Gemeinschaften.

- Eine der größten Änderungen ist das Verschwinden der ISO-9002 und -9003-Normen und der Ersatz der ISO-9001:1994-Norm. Die ISO-9000-Norm wird noch prozessorientierter werden. Ein Beweis dafür ist, dass die Auditierung entlang der Prozesskette und nicht entlang der Abteilungsstruktur durchgeführt wird. Deshalb sind die spezifischen Modelle der ISO-9001- bis -9003-Normen überflüssig geworden.

- Die Begriffe wurden vereinfacht und besser definiert.

- Die ISO-9001 enthält nur noch 8 anstatt 20 Punkte.

| Nr. | Titel |
|---|---|
| 1 | Anwendungsbereich |
| 2 | Normative Verweisung |
| 3 | Begriffe |
| 4 | Qualitätsmanagementsystem |
| 5 | Verantwortung der Leitung |
| 6 | Management von Ressourcen |
| 7 | Produktrealisierung |
| 8 | Messung, Analyse und Verbesserung |

*Abb. 3: QM-Elemente der ISO-9001:2000*

Die neuen ISO-9001-Anforderungen an die Organisation sind also folgende:

- Alle erforderlichen Prozesse müssen im QM-System definiert sein.
- Die Wechselwirkungen und Abfolge der Prozesse muss festgelegt sein.
- Die Kriterien und Methoden für ein wirksames Durchführen und Lenken der Prozesse müssen festgelegt sein.
- Die Verfügbarkeit von Ressourcen und Informationen, die zur Durchführung und Überwachung der Prozesse nötig sind, muss sichergestellt werden.
- Die Prozesse müssen überwacht, gemessen und analysiert werden.
- Es müssen Maßnahmen getroffen werden, um die geplanten Ergebnisse sowie die ständige Verbesserung dieser Prozesse zu erreichen.
- Die Prozesse müssen so festgelegt werden, dass jeder Prozess und das System der Prozesse überschaubar bleiben und alle wesentlichen Prozesse erfasst werden.

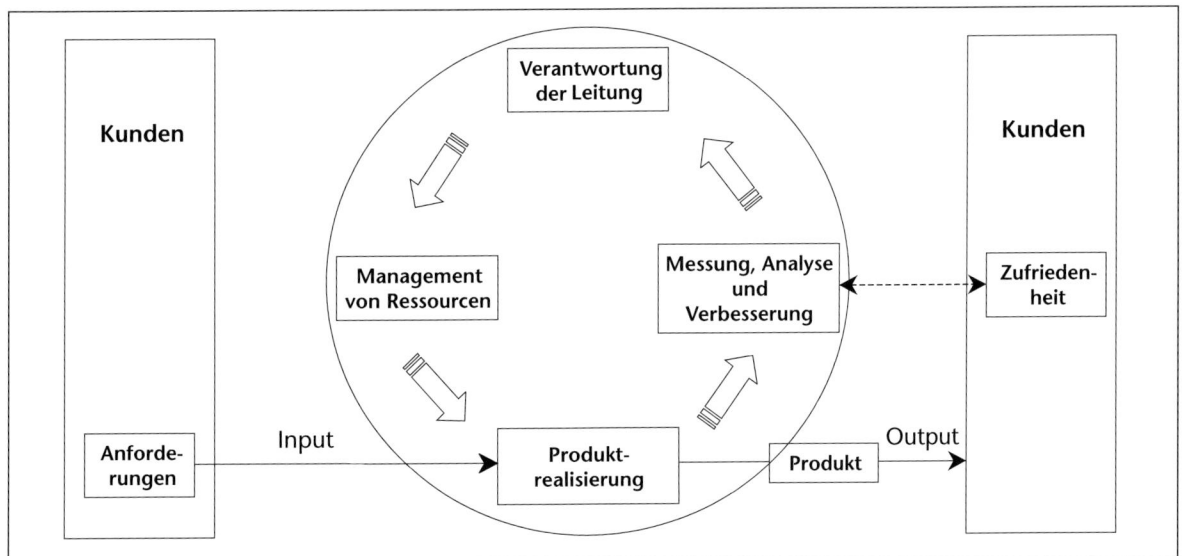

*Abb. 4: Ständige Verbesserung des QM-Systems mit ISO 9001:2000*

### 7.7.4.4 Einführung eines ISO-9000-QM-Systems

**Schritt 1: Bildung eines ISO-9000-Teams**

Das ISO-9000-Team sollte sich

- aus einem Mitglied der Geschäftsführung und
- den Verantwortlichen für die Bereiche Marketing, Konstruktion, Fertigung, Montage, Qualitätssicherung und Einkauf

zusammensetzen. Zusätzlich muss ein ISO-9000-Koordinator zur Organisation, Leitung und Koordination des Einführungsverfahrens bestimmt werden. Das Team entwickelt einen Meilensteinplan auf der Basis der Forderungen an die Elemente eines QM-Systems, die in den ISO-9001 bis 9003-Normen enthalten sind. Dieser Plan enthält

- die Liste der QM-Elementforderungen einschließlich der für ihre Durchführung verantwortlichen Mitarbeiter,
- den Zeitplan für die Planung und Realisierung der QM-Elemente sowie
- die Termine für die Zeitpunkte der Fortschrittsbesprechungen.

**Schritt 2: Sensibilisierung und Schulung der teilnehmenden Mitarbeiter**

Das ISO-Team soll

- die Forderungen der Norm sowie
- Aufbau,
- Aufgaben,
- Inhalte und
- Umsetzungsmöglichkeiten von einem QM-System

kennen. Diese sind mit den Zielsetzungen des Unternehmens und den bestehenden Verfahren und Abläufen im Qualitätswesen abzustimmen. Dazu sind Seminare und Workshops notwendig, um einen einheitlichen Wissensstand innerhalb des Teams sicherzustellen.

**Schritt 3: Erstellung des QM-Handbuchs**

Im QM-Handbuch werden alle für das vorgegebene QM-System wichtigen Informationen gesammelt.

**Schritt 4: Schulung der Mitarbeiter für die Einführung, Aufrechterhaltung des QM-Systems**

Das Verständnis der Mitarbeiter für Ziele und Funktionsweise des vorgegebenen QM-Systems ist eine wichtige Voraussetzung für die Effizienz dieses Systems. In diesem Zusammenhang sind die ISO-Teammitglieder Kontaktpersonen für ihre Bereiche.

**Schritt 5: Internes Audit**

Der ISO-Koordinator führt ein internes QM-Systemaudit durch, um zu prüfen, ob die QM-Elementforderungen des eingesetzten QM-Systems eingehalten werden. Als Basis-Checkliste gelten die unterstützenden Dokumente (z.B. Formatblätter, Prüfberichte).

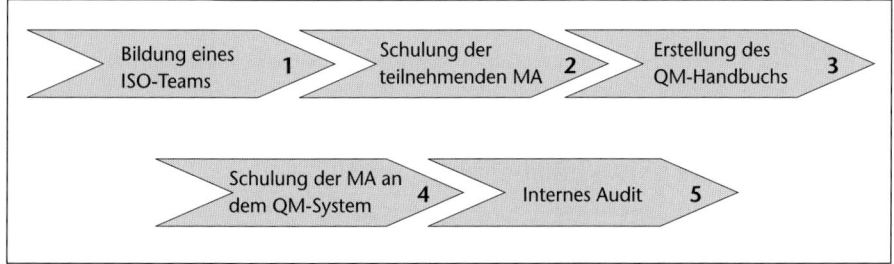

Abb. 5: Einführungsschritte der ISO 9000

#### 7.7.4.5 Das QM-Handbuch

Nach ISO 8402 ist ein Qualitätsmanagement-Handbuch ein Dokument, in dem die Qualitätspolitik dargelegt und das QM-System einer Organisation beschrieben ist. Die ISO-9000-Reihe verlangt eine Dokumentation des QM-Systems in Form eines Handbuchs. Es kann auf Papier ausgedruckt oder auf einer Diskette (Hardcopy) gespeichert werden. Nach ISO-9004 ist der Hauptzweck eines QM-Handbuchs folgender:

**Definition, Funktionen und Ziele**

- Es legt eine grobe Struktur des QM-Systems fest.

- Gleichzeitig dient es als ständige Referenz bei der Verwirklichung und Aufrechterhaltung dieses Systems und sollte deshalb lesbar und klar formuliert sein (Handbuch).

- Im Rahmen der Auditierung bildet das QM-Handbuch den Grundstein für das Bewertungs- und Zertifizierungsaudit.

Die Funktionen, Ziele und Aufgaben des QM-Handbuchs können wie folgt zusammengefasst werden:

- Darlegung des QM-Systems

- schriftliche Formulierung der Qualitätsverfahrensanweisungen zur Realisierung und Aufrechterhaltung des QM-Systems

- Beschreibung der Beziehungen zwischen den Fachbereichen

- Festlegung der Zuständigkeiten und Verantwortlichkeiten

- Nachweis des praktizierten QM-Systems

Ein Handbuch besteht aus

**Inhalt des QM-Handbuchs**

- einer kurzen Beschreibung des Unternehmens, d.h. Geschichte und Aktivitäten des Betriebes (Produkte oder Dienstleistungen), sowie den Zielsetzungen für das QM-System. Diese Zielsetzungen sind in der Regel die ISO-9000-Forderungen;

- einer Liste und Erläuterung der Begriffe, die im Handbuch verwendet werden;

- einer Beschreibung der QM-Elemente aus der ausgewählten ISO-9000-Norm sowie einer Beschreibung des QM-Verfahrens, mit dem das Unternehmen die Konformität erreichen will;

- weiteren Dokumenten, wie z.B. Bestellungen, Prüfberichten, Arbeitsanweisungen, Verfahrenskontrollen und Qualitätsplänen.

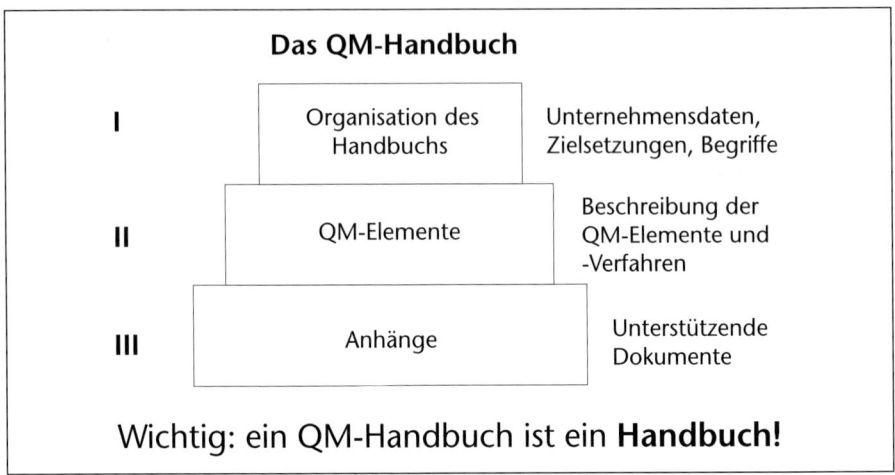

Abb. 6: Inhalt und Struktur des QM-Handbuchs

### 7.7.4.6 Zertifizierung und Registrierung

**Definition und Voraussetzungen**

Nach EN 45011 ist die Zertifizierung der Konformität eine Maßnahme durch einen unparteiischen Dritten, die aufzeigt, dass

- angemessenes Vertrauen besteht,
- ein ordnungsgemäß bezeichnetes Erzeugnis, Verfahren oder eine ordnungsgemäß bezeichnete Dienstleistung in Übereinstimmung mit einer bestimmten Norm oder einem bestimmten anderen normativen Dokument ist.

**Bewertungsverfahren**

Anders gesagt ist die Zertifizierung die Bestätigung der Übereinstimmung mit einer Norm oder vereinbarten Vorgabe durch eine unabhängige Organisation. Man unterscheidet folgende Bewertungsverfahren:

**Interne Bewertung/internes Audit:**
Dabei handelt es sich um eine Bewertung, die von einem QM-Leiter oder einem Vertreter des Managements durchgeführt wird. Er überprüft die Übereinstimmung des Unternehmenssystems mit dem QM-System nach ISO 9001 bis 9003. Die Konformität mit der Norm wird intern bestätigt.

## QM-Bewertung durch den Auftraggeber:
Der Kunde oder eine Person im Auftrag des Kunden übernimmt die Auditierung des QM-Systems und bestätigt, dass es mit den ISO-9000-Forderungen übereinstimmt. Der Kunde kann seine eigene Zulassung für den Lieferanten ausstellen.

## QM-Zertifizierung und -registrierung durch unabhängige Dritte:
Ein unabhängiges akkreditiertes Zertifizierungsunternehmen führt im Auftrag des Lieferanten die Auditierung des QM-Systems auf der Grundlage der entsprechenden ISO-9000-Nachweisstufe durch.

Wenn das QM-System konform ist, wird ein Konformitätszertifikat erstellt und das Unternehmen im Register der ISO-9000-zertifizierten Firmen eingetragen. Um die ISO-9000-Zertifizierung zu erhalten, muss die Auditierung unbedingt durch eine akkreditierte Organisation erfolgen. Die anderen Auditformen führen nicht zur offiziellen Zertifizierung. Die akkreditierten Organisationen können ein Unternehmen nach den ISO-9000-Normen innerhalb ihrer akkreditierten Branchen zertifizieren. Dabei erhält jede Branche eine ihr zugeordnete Nummer: 1 für die Landwirtschaft, 21 für die Luft- und Raumfahrzeuge oder 25 für die Elektrizitätsversorgung. Beispiele für akkreditierte Zertifizierungsorganisationen sind

**Offizielle Zertifizierung nur über akkreditierte Organisationen**

- DEKRA Certification,
- TÜV oder
- die Deutsche Aerospace AG.

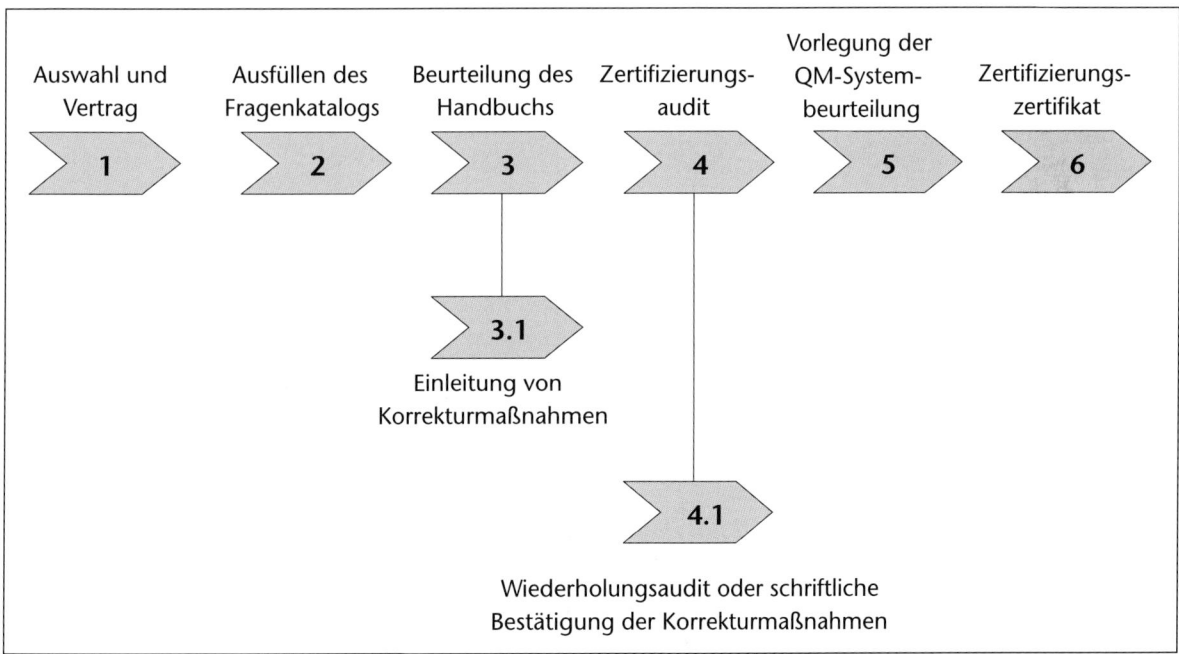

Abb. 7: Ablauf der Zertifizierung

**Beschreibung des Zertifizierungsverfahrens**

Das Zertifizierungsverfahren gliedert sich in neun Schritte:

1. Auswahl des Zertifizierungsunternehmens und Vertragsvereinbarung
2. Ausfüllen und Rücksendung des QM-System-Fragenkatalogs
3. Beurteilung des QM-Handbuchs durch das Zertifizierungsunternehmen
4. bei Änderungen: Einleiten entsprechender Maßnahmen und Rücksendung des korrigierten QM-Handbuchs
5. mögliches Voraudit – für die Zertifizierung nicht erforderlich
6. Durchführung des Zertifizierungsaudits
7. schriftliche QM-Systembeurteilung durch das Zertifizierungsunternehmen
8. bei gescheitertem Audit: Einleiten von Korrekturmaßnahmen, danach Wiederholungsaudit oder schriftliche Bestätigung der Korrekturmaßnahmen, wenn ein Wiederholungsaudit nicht erforderlich ist
9. bei erfolgreichem Audit: Ausstellung der Zertifizierungsurkunde durch das Zertifizierungsunternehmen

Nach der Zertifizierung erfolgen regelmäßige Überwachungsaudits. Außerdem muss im dritten Jahr nach der Zertifizierung ein Verlängerungs- oder Erneuerungsaudit (Re-Audit) des QM-Systems duchgeführt werden. Wenn das Re-Audit erfolgreich ist, erhält das Unternehmen eine Verlängerung der Registrierung für weitere drei Jahre.

### Literaturempfehlungen

*Gumpp, G.B.; Wallisch, F.:* ISO 9000 entschlüsselt. Landesberg 1996.

*Rothery, B.:* Der Leitfaden zur ISO 9000. München 1994.

*Peach, R.W.:* The ISO 9000 Handbook 3rd Edition. New York 1997.

### Internetadressen

www.deming.de (Website zu TQM, ISO 9000, Deming etc.)

www.iso.ch (Website der ISO)

## 7.7.5 Six Sigma: Ein Weg zur Verbesserung der Produkt- und Prozessqualität

*von Lothar Aldinger*

### 7.7.5.1 Einleitung

Eine Reihe von Management-Methoden erreichte und erreicht immer noch die Chefetagen vieler deutscher Unternehmer. Sei es Lean Manufacturing, Management by Objectives oder Total Quality Management – alle Ansätze versprechen Erfolg. Zumindest Kongresse lassen sich füllen und Unternehmensberater beschäftigen. In dieser Welt der neuen Ideen hält sich jedoch ein Ansatz sehr hartnäckig und gewinnt immer mehr Anhänger: Six Sigma.

**Erfolgsgarant Six Sigma**

Six Sigma war das Schlagwort, unter dem Motorola seine Produktqualität, seine Prozessqualität und seine Unternehmensergebnisse systematisch und nachhaltig verbessert hat. Und dies schon 1987. Als 1995 General Electric Six Sigma als Wunderwaffe zur Optimierung seiner Geschäftsprozesse entdeckt hatte und in den Folgejahren Kosteneinsparungen in Milliarden US$ realisieren konnte, waren alle Zweifel beseitigt. Six Sigma ist ein Erfolg versprechender und nach Meinung der Six-Sigma-Trainer ein Erfolg garantierender Ansatz, um Produktfehler nachhaltig zu reduzieren, um die Prozessqualität durchschlagend zu verbessern und schließlich den Unternehmenswert zu erhöhen.

Was ist nun Six Sigma? Im Folgenden soll zum besseren Verständnis die Historie von Six Sigma kurz gestreift werden und anschließend die These »Six Sigma ist mehr als eine Sammlung von Methoden« erläutert und untermauert werden.

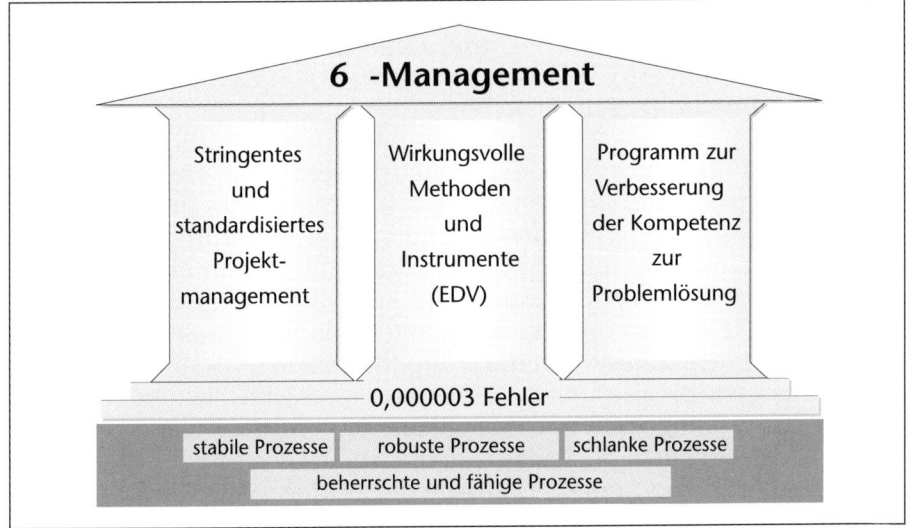

*Abb. 1: Six Sigma – mehr als eine Sammlung von Methoden*

### 7.7.5.2 Historie

In vielen Veröffentlichungen wird auf die Erfolge von Motorola und anderer Pioniere auf dem Gebiet von Six Sigma verwiesen. Deshalb soll hier nur ein kurzer Abriss der Geschichte ausreichen.

*Mit Six Sigma zu interner und externer Anerkennung*

Veränderungen in großen Unternehmenssystemen oder die flächendeckende Einführung neuer Ideen findet vor allem dann spürbar statt, wenn das Unternehmen massivem Druck von außen ausgeliefert ist, d.h. um sein Überleben kämpft, oder wenn die oberste Führung von einer Idee vollkommen überzeugt ist und diese als zentralen Stellhebel für den Unternehmenserfolg ansieht. Wenn beide Voraussetzungen zutreffen, haben neue Ideen und tief greifende Veränderungen besonders gute Chancen auf Erfolg. Erfolgreiche Programme finden dann auch Nachahmer. Das Jahr 1985 belegte im Vergleich zu den Konkurrenten schlechte Produktqualität bei Motorola und führte zu einer Qualitätsoffensive, die eine deutliche Reduzierung der Fehler bei den ausgelieferten Produkten erzielte. Da dies aber nicht durch intensiveres Prüfen, sondern durch eine systematische Verbesserung der Prozesse erreicht wurde, spiegelten sich die positiven Entwicklungen auch in der ganzheitlichen Betrachtung des Unternehmens wider. Und so erhielt Motorola bereits 1988 den Malcom Baldrige Award, der Motorola in die Top-Performance-Unternehmen einreihte.

Bei den vielfältigen Bemühungen, über die Prozessqualität die Produktqualität zu verbessern, wurde die Vorgehensweise optimiert und unter dem Titel Six Sigma Quality Program bekannt gemacht. Die Ziele waren sehr ehrgeizig: So sollte die Fehlerzahl um 90 % in zwei Jahren reduziert werden. Eine weitere Reduzierung der Fehler auf nur 1 % der ursprünglichen Fehlerrate sollte dann in zwei weiteren Jahren erreicht werden und schließlich sollte die Fehlerrate von 3,4 ppm im darauf folgenden Jahr (1992) möglich gemacht werden.

Die Erfolge von Motorola überzeugten vor allem in den USA andere Großunternehmen wie z.B. IBM, DEC und General Electric. 1994 startete GE seine Six-Sigma-Offensive und konnte innerhalb von zwei Jahren 3,2 Mrd. US\$ Kosteneinsparung realisieren.

Es zeigte sich aber auch, dass die großen Erfolge nicht ohne sorgfältige Vorbereitung und stringente Steuerung der Six-Sigma-Progamme machbar waren. Die Vorbereitung bestand zu einem großen Teil in der Schulung von Mitarbeitern und Führungskräften, Problemlösungen effizienter und effektiver zu gestalten. So investierte GE 450 Mio. US\$ in die Six-Sigma-Aktivitäten. Die Investitionen erhalten automatisch bei dieser Größenordnung viel Aufmerksamkeit durch das Top-Management. Somit besteht ein großes Interesse, die gestarteten Verbesserungsprojekte zielführend abzuwickeln und termingerecht nachhaltige und kostenreduzierende Lösungen für drängende Probleme zu finden. Erfolgreich abgeschlossene Projekte ziehen andere nach und führen bei anhaltendem Interesse des Managements zu einer Kette vieler Verbesserungsprojekte.

## Six Sigma: Ein Weg zur Verbesserung der Produkt- und Prozessqualität 7.7.5

> **Was ist Six Sigma und was sind die Besonderheiten von Six Sigma?**
>
> **Historie**
>
> - Das Six-Sigma-Programm wurde 1987 bei Motorola gestartet.
> - 1994 startete General Electric sein Six-Sigma-Programm: in 1999 2 Mrd. US$ Einsparungen.
> - 1999 erste Überlegungen bei DCAG zu Six Sigma
>
> **Beschreibung**
>
> - Das Six-Sigma-Programm ist eine Folge von Verbesserungsprojekten.
> - Six-Sigma-Projekte unterliegen einer stringent anzuwendenden Methodik (Definieren, Messen, Analysieren, Verbessern, Überprüfen).
> - Six-Sigma-Projekte verwenden viele der bekannten QM-Methoden.
> - Six-Sigma strebt eine Prozessstabilität von weniger als 3,4 Fehler bei 1 Mio. Möglichkeiten an (ergibt Kostenreduktion, Umsatzerhöhung, Kundenzufriedenheit/Qualitätsverbesserung).
>
> **Voraussetzungen**
>
> - Six Sigma baut auf Management-Attention und ist ein top-down-getriebener Prozess (Management-beauftragt).
> - Six-Sigma-Projekte verlangen speziell ausgebildete Projektleiter (vier Wochen Training = Black Belts).
> - Six-Sigma-Projektleiter (Black Belt) müssen mit ihrem Projektteam (Mitarbeiter der Fachbereiche) innerhalb von drei Monaten die Projekte abwickeln und die Verbesserungen in Höhe von ca. 100.000 Euro dem Management nachweisen.

*Abb. 2: Historie und Kurzbeschreibung von Six Sigma*

Ein Problem war die Beschreibung der wesentlichen Elemente, die ein Six-Sigma-Program ausmachen. Auch wurde immer wieder gefragt: Was ist neu? Was ist anders? Deshalb war ein Vergleich mit anderen Aktivitäten und Programmen immer wieder wichtig. Vor allem wenn ein Unternehmen schon vielfältige mehr oder weniger erfolgreiche Projekte abgewickelt hat bzw. in der Bearbeitung hatte, war es notwendig, zuerst einmal Six Sigma in die bestehende Unternehmenswelt mit ihren bereits existierenden Aktivitäten und Programmen einsortieren zu können. Der Begriff Six Sigma musste erläutert werden.

Der Begriff stammt aus der Welt der Statistik. Für die sehr hohen Ansprüche an die Fertigungsgenauigkeit (Maßgenauigkeit) einer Anlage wird die Forderung erhoben, dass die oberen und unteren Grenzwerte jeweils sechsmal größer sind als die Standardabweichung eines Produktionsprozesses, dessen gemessene Mittelwerte identisch sind mit der Maßforderung (statistischer Erwartungswert). Dies würde bedeuten, dass nur 0,002 ppm außerhalb der Fertigungstoleranz liegen. Geht man davon aus, dass die gemessenen Mittelwerte eines Prozesses selbst um ca. 1,5 Sigma streuen können, so ergibt dies immer noch eine zu erwartende Fehlerrate von maximal 3,4 ppm.

**Six Sigma steht für eine sehr kleine Fehlerrate**

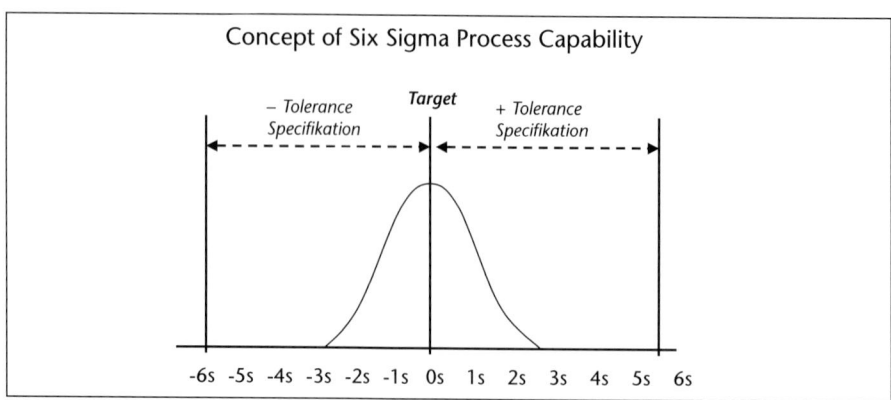

Abb. 3: Six Sigma und untere/obere Grenzwerte

Nachdem aber viele Prozesse wie z.B. Montageprozesse keine messbaren (quantitativen) Ergebnisse haben, sondern Ergebnisse mit i.o.- bzw. n.i.o-Aussagen ausweisen, sind Tafeln erstellt worden, die eine Umrechnung von statistischen Werten in Fehleranteile (ppm) darstellen.

### Umrechnungstabelle zwischen Sigma-Einheiten und den entsprechenden Fehleranteilen

| Sigma | Fehleranteil in PPM bzw. DPMO | Ausbeute % | Sigma | Fehleranteil in PPM bzw. DPMO | Ausbeute % |
|---|---|---|---|---|---|
| 1,5 | 501350 | 49,8650 | 4,0 | 6210 | 99,3790 |
| 1,6 | 461140 | 53,8860 | 4,1 | 4661 | 99,5339 |
| 1,7 | 421428 | 57,8572 | 4,2 | 3467 | 99,6533 |
| 1,8 | 382572 | 61,7428 | 4,3 | 2555 | 99,7445 |
| 1,9 | 344915 | 65,5085 | 4,4 | 1866 | 99,8134 |
| 2,0 | 308770 | 69,1230 | 4,5 | 1350 | 99,8650 |
| 2,1 | 274412 | 72,5588 | 4,6 | 968 | 99,9032 |
| 2,2 | 242071 | 75,7929 | 4,7 | 687 | 99,9313 |
| 2,3 | 211928 | 78,8072 | 4,8 | 483 | 99,9517 |
| 2,4 | 184108 | 81,5892 | 4,9 | 337 | 99,9663 |
| 2,5 | 158687 | 84,1313 | 5,0 | 233 | 99,9767 |
| 2,6 | 135687 | 86,4313 | 5,1 | 159 | 99,9841 |
| 2,7 | 115083 | 88,4917 | 5,2 | 108 | 99,9892 |
| 2,8 | 96809 | 90,3191 | 5,3 | 72 | 99,9928 |
| 2,9 | 80762 | 91,9238 | 5,4 | 48 | 99,9952 |
| 3,0 | 66811 | 93,3189 | 5,5 | 32 | 99,9968 |
| 3,1 | 54801 | 94,5199 | 5,6 | 21 | 99,9979 |
| 3,2 | 44567 | 95,5433 | 5,7 | 13 | 99,9987 |
| 3,3 | 35931 | 96,4069 | 5,8 | 8,5 | 99,9991 |
| 3,4 | 28717 | 97,1283 | 5,9 | 5,4 | 99,9995 |
| 3,5 | 22750 | 97,7250 | 6,0 | 3,4 | 99,9997 |
| 3,6 | 17865 | 98,2135 | | | |
| 3,7 | 13903 | 98,6097 | | | |
| 3,8 | 10724 | 98,9276 | | | |
| 3,9 | 8198 | 99,1802 | | | |

Abweichungen des Erwartungswertes um 1,5 σ von der Toleranzmitte sind berücksichtigt

Abb. 4: Umrechnung von Six Sigma in ppm

### 7.7.5.3 Einordnen

Um Six Sigma in bestehende Aktivitäten und Programme eines Unternehmens einordnen zu können, muss zuerst einmal die Grundphilosophie von Six Sigma mit der vorherrschenden Unternehmenskultur verglichen werden.

Die Grundphilosophie von Six Sigma drückt sich in wenigen, aber immer wieder zitierten Voraussetzungen für den Erfolg von Six-Sigma-Kampagnen aus:

**Bei Six Sigma beauftragt das Management Experten mit einer bestimmten Methode, schwierige Probleme zu lösen**

- Six Sigma ist eine vom Management top-down-getriebene Aktivitätenfolge mit einer Vielzahl von Projekten zur Verbesserung der Prozessqualität, die gute Produktqualität und Unternehmenserfolge hervorbringen.

- Six Sigma verlangt nach professionellen Problemlösern, die anspruchsvolle Instrumente und Methoden beherrschen.

- Six Sigma unterliegt einer stringenten Erfolgskontrolle in allen Phasen eines Projektes.

- Six Sigma arbeitet mit präzisen und belegbaren Zahlen, Daten und Fakten.

Die Verpflichtung zu einem vom Management getriebenen Programm zur Verbesserung der Prozessqualität unterstützt die Forderungen einer ISO 9000/TS 16949, die eine regelmäßige Überprüfung von Prozessen hinsichtlich ihrer Effektivität und Effizienz vorsieht.

**Getriebener Prozess**

Diese Forderung bedeutet aber auch, dass in einem Unternehmen von der Firmenleitung mehr Aufmerksamkeit der grundlegenden und tiefer gehenden Beseitigung von Problemen und Problemursachen geschenkt wird. Das gibt ein klares Signal, oberflächlichen Betrachtungen, die zwar schnell erste Erfolge erzielen können, weniger Aufmerksamkeit zu schenken als den Bemühungen, die mit mehrmonatigem Aufwand in die Tiefe einer Problematik gehen und die Problemursachen bei der Wurzel packen. Die Quick-Win-Mentalität in Zeiten der quartalsweisen Betrachtung des Shareholder Values verleitet eher dazu, nur Symptome zu bekämpfen. Somit macht sich mit Six Sigma eine Kultur und Unternehmensphilosophie breit, die sorgfältige Arbeit höher einstuft als oberflächlichen Aktionismus und die anstelle von einzelnen Produktproblemen die zugrunde liegenden Prozessprobleme angeht. Diese Art des Fehlermanagements beinhaltet automatisch die oft geforderte, aber dennoch häufig vernachlässigte Prävention.

**Six-Sigma-Kultur fördert die Prävention**

Es zeigt sich, dass die erfolgreichen Unternehmen viel dafür getan haben, ihre Mitarbeiter zu ertüchtigen, mit Problemen professionell umzugehen. Professionell steht hierbei für qualifiziert und engagiert. Deshalb wurden potenzielle Nachwuchskräfte für Führungsaufgaben in den Methoden und Instrumenten des Six Sigma intensiv und ausführlich geschult.

## 7.7 Qualitätsmanagement

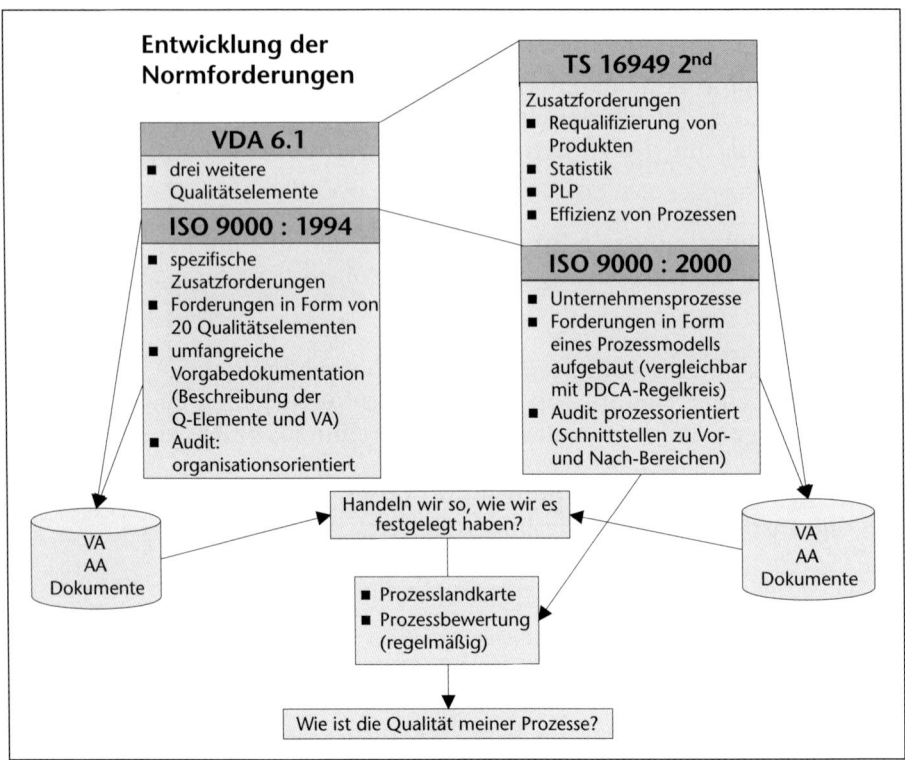

*Abb. 5: ISO-Forderung*

Die viermal fünftägige Schulung zum so genannten Black Belt und die zweiwöchige Schulung zum Green Belt werden in der Industrie und bei Schulungsinstituten inzwischen als Standard betrachtet.

Nach Abschluss der Schulung soll eine Prüfung und ein erfolgreich abgeschlossenes Projekt nachweisen, dass das Gelernte verstanden und im betrieblichen Alltag erfolgreich angewendet werden kann. Eine Prüfung durch eine akkreditierte Stelle verleiht den Prüfungsergebnissen mehr Qualität und Anerkennung und schützt den Missbrauch von Begriffen.

*Six Sigma: Zuverlässige Projektarbeit ergibt zuverlässige Prozesse*

Ein weiterer Erfolgsbaustein ist das ungewöhnlich strenge und stringente Projektcontrolling. Es gibt ausreichend Beispiele von effizienten und effektiven Projektleitungen, die nichts dem Zufall überließen, sondern sehr genau zu wichtigen Eckterminen die Arbeitsergebnisse ihrer Projektgruppe überprüften. Six Sigma geht hier noch einen Schritt weiter und überprüft, ob die für einen Projektabschnitt vorgesehenen Arbeitsmethoden richtig angewandt wurden. Erst wenn die einzelnen Arbeitsschritte in der vorgegebenen Reihenfolge erfolgreich angewandt worden sind, kann in die nächste Projektphase eingetreten werden. Diese methodisch enge Vorgehensweise soll ein allgemein übliches Problem vermeiden: Es soll sichergestellt werden, dass sorgfältig analysiert und bewertet wird, bevor Lösungsalternativen entwickelt und ein Lösungsweg verabschiedet wird. Häufig wird im betrieblichen Alltag unter dem herrschenden Termindruck eine nur oberflächliche Analyse durchgeführt und vorschnell eine Entscheidung getroffen. Solche Sofortmaßnahmen haben ihre Berechtigung, wenn es darum geht, über Sofortmaßnahmen die Auslieferung von schlechten Produkten zu verhindern. Doch häufig adressieren die Sofortmaßnahmen die eigentliche Problemursache nicht. Es werden Symptome bekämpft, aber keine Ursachenbereinigung durchgeführt.

**Auftraggeber/Champion**
- Projektauftrag definieren/festlegen
- Projektfortschritt überwachen und steuern
- Maßnahmenentscheidungen treffen
- Projektergebnis bewerten und Projektgruppe entlasten

**Black Belts**
- Leitung des Six-Sigma-Projekts
- Methoden zur Projektbearbeitung auswählen und strukturieren
- Arbeitsschritte festlegen und überwachen
- Statistische Berechnungen durchführen
- Analyseergebnisse bewerten und Schlussfolgerungen ableiten
- Regelmäßige Berichterstattung zum Auftraggeber

**Green Belts**
- Arbeitsgruppen zur Projektbearbeitung moderieren
- Daten erheben und auswerten
- Arbeitsergebnisse dokumentieren und abstimmen
- Analysemethoden anwenden und Analyse durchführen
- Lösungsideen ermitteln
- Maßnahmenumsetzung controllen

*Abb. 6: Qualifikationsprogramme/Titel*

Deshalb verwenden die Six-Sigma-Projektleiter sehr stringent Projekt-Checklisten zur Überprüfung des Projektfortschrittes und zur Steuerung der Projektaktivitäten.

Ein weiterer wichtiger Gesichtspunkt, der über den Erfolg von Six-Sigma-Offensiven entscheidet, ist die Auswahl von geeigneten Themen für die Six-Sigma-Projekte. Die Eignung von Themenstellungen zu Six-Sigma-Projekten leitet sich ab aus:

1. Mächtigkeit bzw. Fähigkeit der Methodik, komplexe Probleme zu lösen
2. Erwarteter Nutzen im Vergleich zum zu betreibenden Aufwand
3. Priorität der Problemstellung

Die Methodik von Six Sigma beinhaltet einige der bekanntesten Methoden zur Problemlösung. Dennoch unterscheidet sich ein Six-Sigma-Projekt dadurch, dass es nicht immer nur eine der bekannten Methoden anwendet, sondern durch seine stringente Vorgehensweise immer mehrere der bekannten Methoden benutzt.

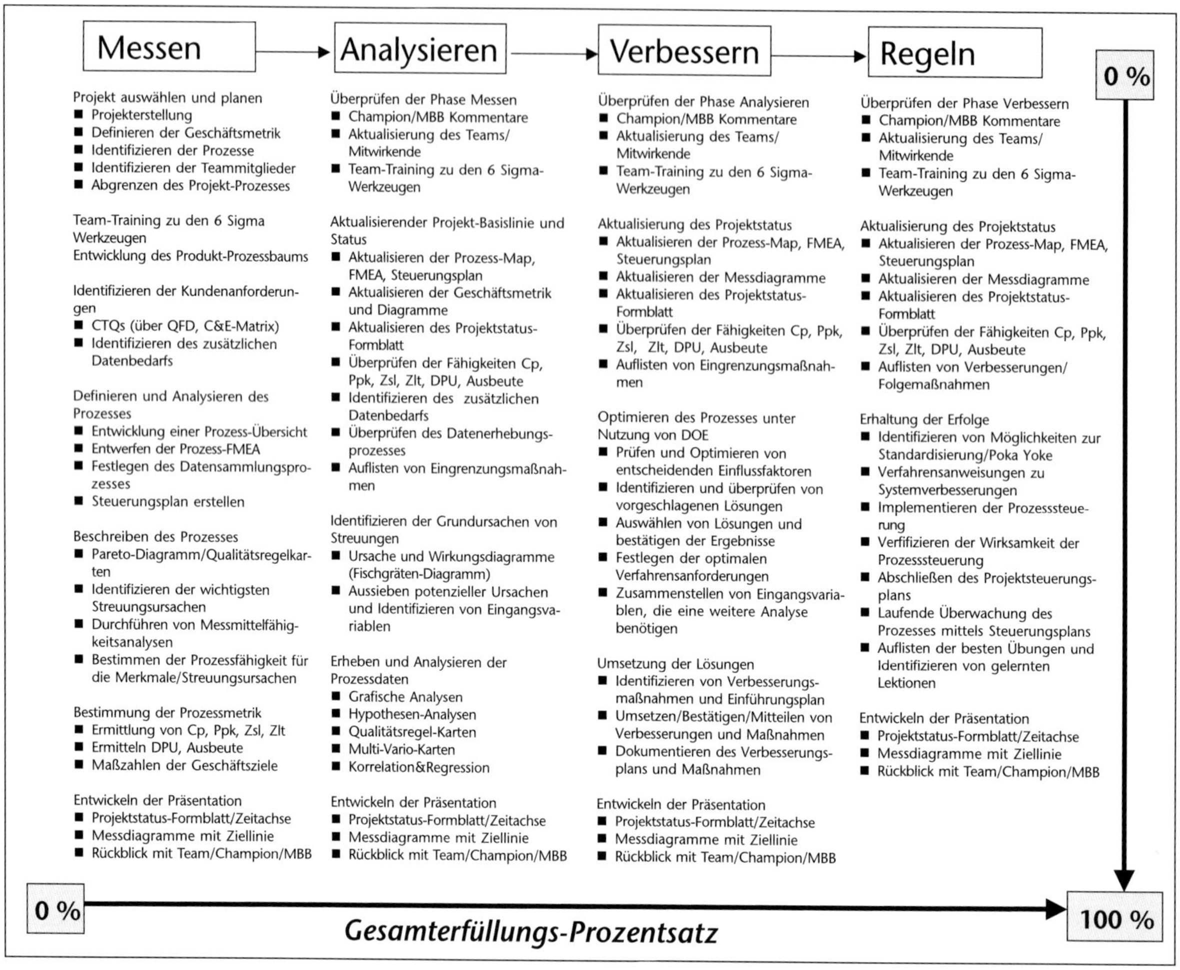

## 7.7 Qualitätsmanagement

Abb. 7: Six-Sigma-Projekt-Scorecard (TEQ-Chemnitz)

Das bedeutet, dass sich die im Qualitätsmanagement bekannten Methoden in Six-Sigma-Projekten wiederfinden. Durch ihre Kombination erhalten sie aber in Summe mehr Effektivität. Das bedeutet, dass die einzelnen Methoden nicht die Leistungsfähigkeit erreichen wie deren zweckmäßige Kombination in einem Six-Sigma-Projekt.

**Six-Sigma-Methoden ab 100.000 Euro Einsparungspotenzial**

Wenn nun die Kombination der Methoden eine Leistungssteigerung bedeutet, liegt der Schluss nahe, alle Probleme mit dieser effektiveren Methode anzugehen. Die Kombination von Methoden hat allerdings den Nachteil, dass die Kombination auch einen höheren Kapazitätsbedarf hat als die einzelnen Methoden. Die Methodenkombination wird auch nur noch von einer geringeren Anzahl von Six-Sigma-Experten beherrscht, so dass sich die Frage spätestens hier stellt, welche Themen aus der Vielzahl der offenen Probleme mit Six Sigma anzugehen sind. Eine einfache Schlussfolgerung ist, nur die Themenstellungen einer Six-Sigma-Bearbeitung zu unterziehen, bei denen die einfachen Methoden nicht ausreichen, die Prozessqualität nachhaltig zu verbessern, und bei denen Einsparpotenziale bestehen, die deutlich den Aufwand eines Six-Sigma-Projektes überschreiten. Als Kenngröße dient, dass bei einer Projektlaufzeit von ca. drei Monaten 100.000 Euro eingespart werden können.

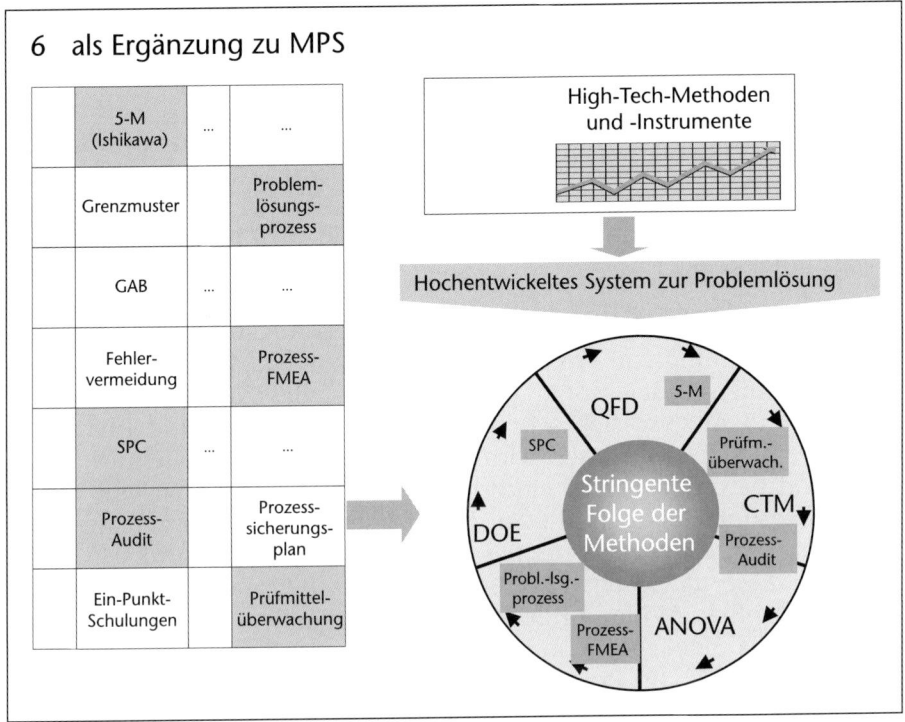

Abb. 8: Six Sigma versus andere Methoden

#### 7.7.5.4 Verstehen

In diesem Kapitel soll ein Grundverständnis für Six Sigma entstehen. Der Kerngedanke, der hinter Six Sigma steckt, ist hierbei mehr von Bedeutung als technische oder methodische Einzelheiten.

**Fünfteiliger Regelkreis**

In der Literatur sind spätestens seit den Veröffentlichungen von Deming Regelkreise zur Verbesserung der Qualität bekannte Methoden. Allerdings spricht man üblicherweise von einem vierteiligen Regelkreis, dem so genannten PDCA-Regelkreis. Herbei steht das

P für Plan,
D für Do,
C für Control und
A für Act.

In der Six-Sigma-Welt ist der Regelkreis anders und etwas feiner eingeteilt. Er heißt auch DMAIC-Regelkreis. Hierbei bedeutet

D = Define,
M = Measure,
A = Analyse,
I = Implement und
C = Control

Der DMAIC-Regelkreis ist somit stärker auf den Problemlösungsprozess fokussiert als der PDCA, der eher die operative Überwachung und Kontrolle eines Prozesses beschreibt. Beide Betrachtungsweisen können alternativ Anwendung finden. In einem Six-Sigma-Projekt wird jedoch der DMAIC-Ansatz unterstellt.

**Six Sigma benutzt Statistik zur Überprüfung der Daten**

Der DMAIC-Ansatz spiegelt auch das besondere Augenmerk auf die sorgfältige Vorbereitung von Problemlösungen und die nachhaltige Abstellung von Problemen wider. Konkret bedeutet dies, dass die Phasen Define, Measure und Analyse sich sehr stak mit Zahlen, Daten und Fakten beschäftigen. In diesen Phasen wird das Datenmaterial eingehendst untersucht und bewertet. Hierzu sind die statistischen Methoden von großer Hilfe. Aufgrund dieser Methoden haftet allerdings dem Six Sigma auch der Ruf an, ein etwas theoretisches und abstraktes Vorgehen zu sein. Black Belts, die diese statistischen Methoden beherrschen müssen, erleben hier auch die größten Widerstände bei der Implementierung von Six-Sigma-Projekten. Six Sigma kann so leicht in den Verruf geraten, nichts anders zu sein als Statistik für Problemlösungen, die mit gesundem Menschenverstand auch ohne mathematischen Zauber lösbar sind. Dies trifft keinesfalls den Kern der Six-Sigma-Aktivitäten. Allerdings legt ein Six-Sigma-Pro-

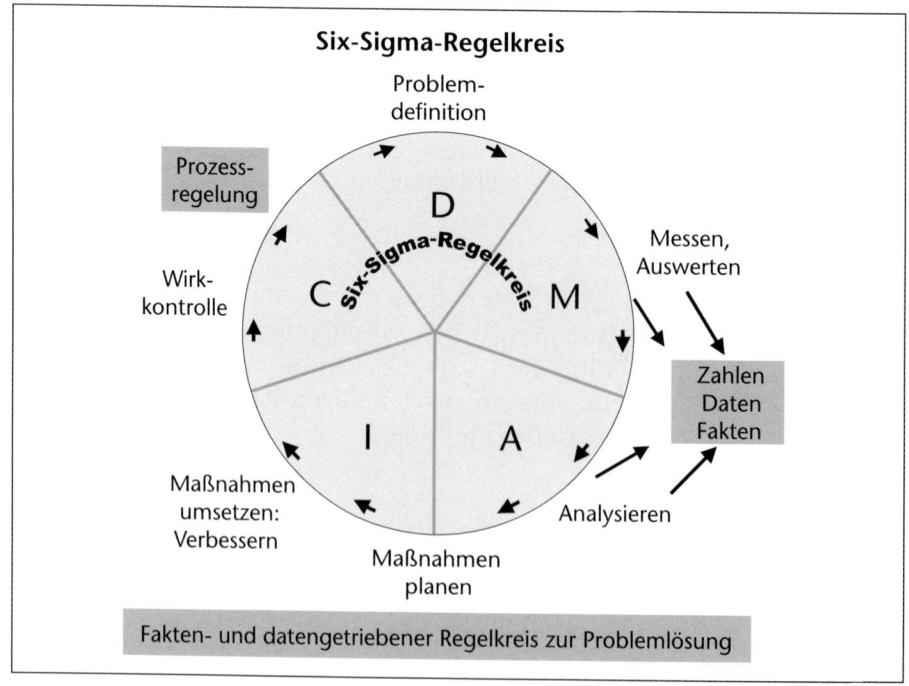

*Abb. 9: DMAIC-Regelkreis bei Six-Sigma-Projekten*

jektleiter großen Wert auf zuverlässiges und belastbares Datenmaterial. Und die Statistik ist nun einmal das Instrumentatrium, mit dem man die Qualität von Daten und Aussagen gut überprüfen kann.

Nachdem der Umgang mit Statistik gelernt worden ist, erkennen die Black Belts auch ganz schnell, wie häufig so genannte harte Zahlen, Daten und Fakten in Wirklichkeit eher Schätzungen und Meinungen bilden als eine genaue Beschreibung der Problemsituation. Deshalb kann man mit Recht sagen, dass Six-Sigma-Projekte großen Wert auf gutes Datenmaterial legen und weniger von Mutmaßungen als von Fakten getrieben werden.

Six-Sigma-Projekte sind dann erst wirklich abgeschlossen, wenn nicht nur der Prozess verbessert ist, sondern, wenn ein Controlling implementiert ist, das erkennt, wann der Prozess eine erneute Korrektur braucht oder instabil zu werden beginnt. Deshalb hat die letzte Phase des Controll eine besondere Bedeutung. Es werden hier also Themen diskutiert, die zu einer laufenden Projektüberwachung der Prozesse führen.

### Details zu Phase I – Definieren

Im betrieblichen Alltag erteilen Vorgesetzte häufig Aufträge. Und somit könnte man annehmen, dass die Beauftragung von Mitarbeitern ein hervorragend funktionierender Ablauf sein müsste. Doch leider sind sich die Mitarbeiter häufig sich nicht genau im Klaren, was der Vorgesetzte möchte. Bei Nachfragen entsteht immer wieder die Situation, dass der unter Zeitdruck stehende Chef sich nicht die Zeit nimmt, Einzelheiten des Problems bzw. Auftrages wesentlich detaillierter zu erklären, und es eher dem Mitarbeiter selbst überlässt, sich ein genaueres Bild von der Situation zu machen. Entsprechende Managementliteratur nimmt sich des Themas an und verlangt z.B., dass bei einer Auftragsvergabe das Problem, die Ziele, eventuell die Vorgehensweise und ein Bewertungsmaßstab mit dem Mitarbeiter durchzusprechen sind.

**Six Sigma verlangt vom Management eine genaue Auftragsbeschreibung**

Da diesen Grundsätzen nicht immer Folge geleistet wird, gibt es immer wieder Pannen, unzufriedene Chefs und unzufriedene Mitarbeiter.

Bei Six-Sigma-Projekten steht deshalb auch im ersten Schritt der Problemlösung das Definieren des Problems bzw. der Aufgabe. Über die allgemeine Angaben in der Managementliteratur zur Auftrags- und Problemdefinition verlangt Six Sigma eine detaillierte Erfassung von Zahlen, Daten, Fakten und weiteren Informationen. Folgende Sachverhalte müssen vor Beginn eines Six-Sigma-Projektes festgelegt werden:

1. Auftraggeber beschreibt Problem:
    - Welcher Prozess ist von dem Problem betroffen?
    - Seit wann bestehen die Probleme?
    - Was läuft falsch?

- Wie kann man das Problem bzw. den problematischen Prozessabschnitt abgrenzen?
- Wie kann die quantitative Ausprägung des Problems beschrieben werden (z.B. Fehlerrate pro Tag, maßliche Schwankungen …)?
- Was wurde gemessen, was kann gemessen werden?
- Welche Bedeutung hat das Problem für das Unternehmen bzw. welche Priorität soll dem Projekt eingeräumt werden?

2. Auftraggeber legt fest, welche Ziele zu erreichen sind:

Ziele können in der quantitativen Festlegung z.B. einer maximal zulässigen Fehlerrate bestehen. Allerdings wird vor einer eingehenden Analyse kaum ein Auftraggeber in der Lage sein, einen belastbaren Zielwert vorzugeben (erreichbares Ziel). Deshalb genügt es, an dieser Stelle vom Auftraggeber zu erfahren, was verbessert, reduziert, optimiert etc. werden soll. Erst nach weiteren Analysen durch den Projektleiter können für diesen Sachverhalt präzisere Ziele formuliert werden.

3. Projektleiter ermittelt oder erhält vom Auftraggeber die ersten Kennzahlen, die das Problem genauer beschreiben und bewerten lassen:

Hierzu muss der Projektleiter den kritischen Prozess hinsichtlich seiner Kenngrößen zuerst einmal aufnehmen und auswerten. Häufig stellt man fest, dass viel Zahlenmaterial vorliegt, jedoch die Daten, die für das Problem relevant sind, veraltet sind, nie richtig erfasst worden sind, oder dass der Datenerfassungsaufwand sehr groß oder der Messvorgang z.B. technisch sehr schwierig sein kann.

4. Projektleiter ermittelt in einer ersten Analyse, welche Ziele aus seiner Sicht erreichbar sind und welche Einsparpotenziale zu erwarten sind:

Das technische Problem drückt sich häufig in Qualitäts- oder Stückzahlproblemen aus. Auch Terminschwierigkeiten, das Einhalten von Sollterminen oder Soll-Durchlaufzeiten lösen Six-Sigma-Projekte aus. Es ist in einem Six-Sigma-Projekt aber auch der Aufwand-Nutzen-Aspekt zu betrachten. Deshalb sollte der Projektleiter auch ein potenzielles finanzielles Einsparvolumen ermitteln.

5. Projektleiter und Auftraggeber vereinbaren, welche weiteren Daten zu erfassen bzw. zu ermitteln sind:

Six-Sigma-Projekte bauen auf belastbaren Zahlen, Daten und Fakten auf. Da häufig an dieser Stelle in der Vergangenheit eher oberflächlich gearbeitet wurde, muss jetzt eine saubere Datenbasis erzeugt werden. Dies ist in der Regel mit Kosten und einer personellen Belastung des Untersuchungsberichtes verbunden. Deshalb sollte sorgfältig abgewogen werden, welche Daten zu erfassen sind und wie dies möglichst kostengünstig erfolgen kann.

6. Der Auftraggeber benennt aus seinem Bereich die Ansprechpartner und die Projektmitarbeiter für den Projektleiter:

In einem Six-Sigma-Projekt ist nicht zu erwarten, dass der Projektleiter der Fachexperte für diese Problem ist. Deshalb braucht er von Experten und Betroffenen aktive Unterstützung. Dies bedeutet in der Praxis, dass der Auftraggeber sicherstellen muss, dass für mehrere Stunden in der Woche der Projektleiter auf die Experten und Betroffenen zugreifen kann.

7. Der Projektleiter stimmt mit dem Auftraggeber einen groben Projektterminplan ab:

Der Wunsch eines jeden Auftraggebers ist es, sein Problem sofort und umfassend geklärt zu bekommen. Dem steht die Komplexität des Problems gegenüber. Der Projektleiter muss nach seinen ersten Gesprächen und Analysen einen auf seinen Erfahrungen aufbauenden realistischen Terminplan vorschlagen. Hierbei kann es durchaus auch geschehen, dass ein Auftrag in zwei aufeinander folgende Themen zergliedert werden muss. Wichtig ist dabei, dass der Auftraggeber sich mit diesem Terminplan identifiziert, da er selbst im Sinne eines Controllings in die Arbeiten miteinbezogen wird.

- Auswertung von Fehlerstatistiken, Reklamationen, Benchmark-Ergebnissen, Ergebnissen interner Audits
- Anstoß für ein Six-Sigma-Projekt durch die Leitung
- Definition des Six-Sigma-Projektes
- Benennung des Champions, der Black Belts sowie der Teammitglieder
- Festlegung der Leistungs- und Verbesserungsziele
- Festlegung des Abschlusstermins und der Meilensteine
- → **Verbesserungsprojekt starten**

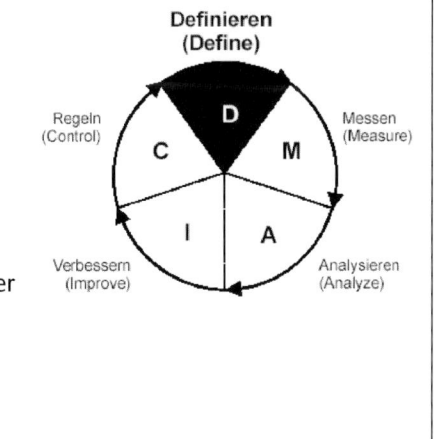

*Abb. 10: Phase I – Definieren*

### Details zu Phase II – Messen

In dem Projektabschnitt »Messen« geht es darum, belastbare Daten zu ermitteln, die zum einen darstellen, welche Qualität die Prozesse haben und wie die später beschlossenen Maßnahmen das Problem reduzieren. Dies erfordert eine Reihe von vorbereitenden Arbeiten:

1. Der dem Problem zuordenbare Prozess muss detailliert beschrieben werden.

2. Für die einzelnen Prozessabschnitte werden die Einflüsse auf die Prozesse ermittelt.

3. Für die Prozesse wird ermittelt, welche negativen und positiven Prozessergebnisse entstehen können.

4. Für die Prozessfehler (negativen Prozessergebnisse) wird ermittelt, welche möglichen Ursachen bestehen.

5. Für die möglichen Fehlerursachen wird überprüft, wie bedeutend der entstehende Fehler ist, wie hoch die Wahrscheinlichkeit des Auftretens der Fehlerursache ist und wie leicht das Problem entdeckt werden kann.

6. Schließlich werden Daten erfasst, die kritische Einflussgrößen und Prozessergebnisse genauer beschreiben.

Zu 1.:

Ein Prozess ist die Folge von Aktivitäten, die einen Input erhalten, die den Input transformieren und einen Output erzeugen. Ein guter Prozess wandelt seinen Input zuverlässig in den gewünschten Output.

**Klarheit über den zu optimierenden Prozess ist unbedingt notwendig**

Im ersten Schritt ist deshalb aufzuzeigen, welche Prozessschritte mit ihrem spezifischen Input welchen Output zu erzeugen haben. Ziel dieser Aktivitäten ist es, Klarheit zu erhalten, wie der wirkliche Prozess aussieht. Dabei ist es unwesentlich, wie der Soll-Prozess aussieht oder wie er sein sollte. Einzig und allein zählt, was die aktuelle Ist-Analyse des Projektteams feststellt.

Als Dokumentationsmittel dienen Flussdiagramme mit eindeutigen Symbolen zur grafischen Darstellung der Prozessaktivitäten, den Eingangs- und Ausgangsgrößen.

Zu 2.:

Im zweiten Schritt steht die systematische Überprüfung der Einflussgrößen auf die einzelnen Prozessschritte im Mittelpunkt. Hierbei gilt es, bei jedem Prozessschritt zu ermitteln, welche Parameter einen Einfluss auf den Prozess haben und welches die kritischen Parameter sind. Kritische Parameter sind diejenigen, die sich sehr stark auf den Prozess auswirken. In den so genannten Critical-to-Matrizen können diese Erkenntnisse übersichtlich dargestellt werden.

Zu 3. und 4.:

Im dritten und vierten Schritt werden mögliche Fehler bzw. fehlerhafte Ergebnisse der einzelnen Prozessschritte aufgezeigt und hinsichtlich der möglichen Ursachen vertieft analysiert. Hier finden die Ursache-Wirkungs-Diagramme – oder auch häufig Ishikawa-Diagramme genannt – Anwendung.

Zu 5.:

Als Nächstes werden die in der Stufe 4 ermittelten Fehlerursachen systematisch bewertet. Diese systematische Bewertung hat zum Ziel, herauszufinden, welche möglichen Fehlerursachen eine hohe Auftretenswahrscheinlichkeit haben, wie stark die Folge der Fehler ist und wie leicht Fehler entdeckt und abgefangen werden. Hierzu stellt die Fehlermöglichkeits- und -einflussanalyse (FMEA) ein leistungsfähiges Instrument dar.

Zu 6.:

Bei den oben beschriebenen Aktivitäten stellt das Projektteam häufig fest, dass kritische Einflussgrößen existieren und diese in der Vergangenheit wenig systematisch kontrolliert wurden. Deshalb legt in dieser Projektphase das Projektteam fest, welche weiteren Prozessdaten systematisch zu erfassen und auszuwerten sind.

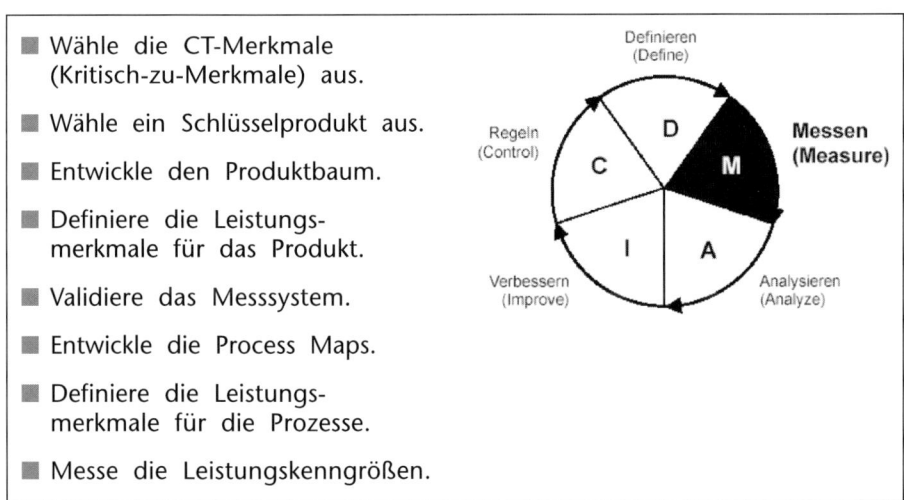

*Abb. 11: Phase II – Messen*

### Details zu Phase III – Analysieren

In dieser Phase geht es vor allem darum, die gewonnenen Erkenntnisse stringent auszuwerten. Die Vielzahl der Informationen muss hinsichtlich ihrer Belastbarkeit und Bedeutung bzw. Signifikanz für die Prozessqualität untersucht werden. An dieser Stelle treten jetzt die vielen statistischen Methoden in der Vordergrund, die den Six-Sigma-Projekten ihre besondere Stellung bei den Problemlösungsmethoden verschafft haben. Diese Methoden liefern Erkenntnisse über die wahren Einflussgrößen auf den Prozess und deren quantitative Ausprägung.

**Statistik für die Datenanalyse ist zwingend notwendig**

Zuerst einmal gilt es aus der Vielzahl der Einflussfaktoren bzw. möglichen Fehlerursachen diejenigen herauszufiltern, die den stärksten Einfluss auf das Prozessergebnis haben. Die bekannte Pareto-Analyse hilft hier weiter. Das Ergebnis der Pareto-Analyse gibt Hinweise darauf welches die wichtigsten Fehler und Einflüsse sind. Sollte sich hierbei herausstellen, dass für eine genauere Analyse Daten fehlen, ergibt sich auch in dieser Phase des Projektes die Notwendigkeit, weitere Daten zu erfassen und auszuwerten.

In dieser Phase geht es darum, zu ermitteln, welche Kennwerte die Qualität des Prozesses und seine Verbesserungen am besten beschreiben.

Die Prozessqualität lässt sich durch die Parameter Effizienz (z.B. Kosten pro Output-Einheit), Qualität (z.B. Fehlerrate) und Stückzahl pro Zeiteinheit (oder alternativ über Termintreue/Durchlaufzeit) beschreiben.

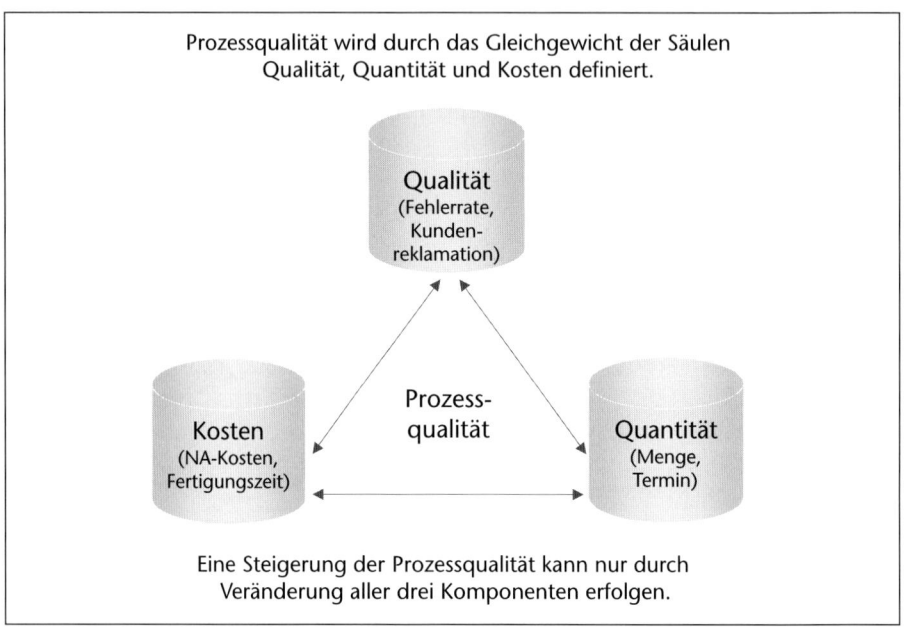

*Abb. 12: Prozessqualität*

Bei Six Sigma wird häufig die Prozessausbeute als Prozesskenngröße betrachtet. Die Ausbeute ist nichts anderes als der Anteil der i.o.-Produkte am Ende des Prozesses. Zur Berechnung der Gesamtausbeute eines Prozesses gibt es genaue Rechenvorschriften.

Hier taucht für den unerfahrenen Anwender von Six Sigma zum ersten Mal das Problem mit Statistiken auf.

**Statistische Grundbegriffe: Binominal-, Posion- und Normalverteilung**

1. Für Prozesse, bei denen die Fehlerrate in Anteil von fehlerhaften Einheiten in der Gesamt-Output-Menge ausgedrückt wird, gelten die mathematischen Formeln der Binominalverteilung.

2. Für Prozesse, bei denen die Fehlerrate in Fehler pro Output-Einheit dargestellt wird, gelten die Gesetzmäßigkeiten der Poison-Verteilung.

3. Probleme, bei denen die Fehler sich durch eine messbare Abweichung von der Soll-Größe beschreiben lassen, sind mit den Methoden der Normalverteilung zu analysieren.

Für die Binominal-, Posion- und Normalverteilung erhalten die Six-Sigma-Experten eine fundierte statistische Ausbildung, die sie befähigt, sich detaillierter mit Systemen auseinander zu setzen, die diesen mathematischen Modellen genügen. Weitere Verteilungsformen werden wenig in der Six-Sigma-Praxis angewendet.

Bei den statistischen Betrachtungen spielt die Streuung der Prozesse eine große Rolle. Die Standardabweichung Sigma vom Soll-Wert ist ein wichtiger Parameter.

Nachdem statistische Berechnungen nicht immer einfach und unkompliziert sind, sind auf dem Markt eine Reihe von statistischen Hilfsmitteln erwerbbar. Es zeigt sich in der Praxis jedoch, dass statistische Grundkenntnisse nicht ausreichend sind, um die leistungsfähigen EDV-Tools zu bedienen. Hier ist eine intensive Schulung für diese EDV-Systeme angesagt. In den USA wenden die Six-Sigma-Experten das EDV-System Minitab an. Die Anwendung von Minitab verlangt gute Grundlagenkenntnisse von Statistik und ist aufgrund der Bedieneroberfläche, Bedienerführung und der Vielzahl von Funktionen und einstellbaren Parameter nicht ohne weitere Schulung problemlos bedienbar. Dementsprechend wird in der Six-Sigma-Ausbildung ein nicht unerheblicher Anteil der Zeit damit verbracht, sich intensiv mit dem Six-Sigma-EDV-System auseinander zu setzen.

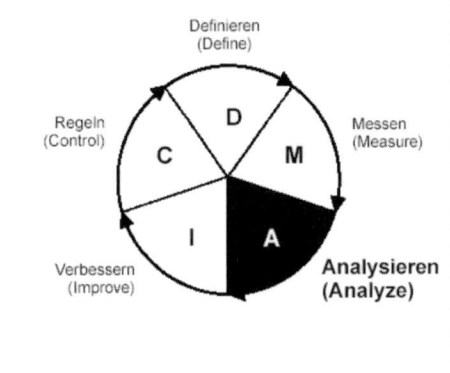

*Abb. 13: Phase III – Analysieren*

### Details zu Phase IV – Verbessern

In Phase III »Analysieren eines Six-Sigma-Projektes« finden statistische Methoden massiv Eingang in die Projektarbeit. In Phase IV »Verbessern« wird aufbauend auf den vorherigen Ergebnissen weitergearbeitet und es werden weitere mathematische Methoden eingeführt.

**Versuchsplanung (DoE) eine wichtige Methode**

Eine wichtige Methode ist die Versuchsplanung. Nach sorgfältiger Planung und Vorbereitung können dann zielführende Betriebsversuche bei einem minimalen Kostenniveau stattfinden. Betriebsversuche sollen herausfinden, ob eine Verbesserungsmaßnahme den gewünschten Erfolg bringt, bevor die Idee flächendeckend umgesetzt wird.

Problematisch ist hierbei, dass Betriebsversuche sehr teuer sein können, und dass deshalb im Vorfeld abgeklärt sein muss, ob der Verbesserungsvorschlag auch vielversprechend ist. Da ein Prozess und seine Ergebnisse durch viele Parameter und Einflussgrößen bestimmt werden, ist es sehr schwierig, ohne sorgfältige Versuchsplanung vorab eine zielführende Parameterkonstellation zu ermitteln, die eine deutliche Prozessverbesserung erwarten lässt.

Die Methoden der Versuchsplanung (Design of Experiment – DoE) helfen, mittels mathematischer Methoden das Verhalten des Prozesses in einem Modell darzustellen und davon abgeleitet rechnerisch Prozess- und Parameteroptimierungen zu ermitteln. Die Umsetzung dieser theoretischen Ergebnisse in einen Versuchsaufbau oder Betriebsversuch führt dann zu einem Test der Idee in der realen Welt. Bestätigt der Betriebsversuch die berechneten Ergebnisse, so hat man ein mathematisches Modell von dem realen System, das für die zu bearbeitenden Probleme geeignet ist. Mit Hilfe des Modells lassen sich nun weitere Optimierungen berechnen, die dann zu nachhaltigen Verbesserungen der realen Prozessen führen.

Um eine optimale Prozesseinstellung zu erhalten, beträgt die Zahl der theoretisch durchzuführenden Versuche bei zwei Parametern bereits vier. Bei vier Parametern liegt die Anzahl der Versuche bereist bei 128. Diese Aussage gilt aber nur im Zusammenhang mit Parametern, die nur zwei Werte annehmen können. Können die Prozessparameter viele Zwischenwerte annehmen, explodiert die Anzahl der denkbaren theoretischen Betriebsversuche.

Setzt man lineare Verhaltensweisen bzw. Einflüsse der Parameter auf die Prozessergebnisse voraus, so kann auch ein lineares Modell Anwendung finden, bei dem nur die Extremwerte der Parameter betrachtet werden.

In dem EDV-System Minitab wird der Six-Sigma-Experte bei der Durchführung seiner Versuchsplanung in mehreren Phasen seiner Arbeit unterstützt:

**Modellierung in der Versuchsplanung**

1. Bestimmung der Anzahl der durchzuführenden Betriebsversuche
2. Bestimmung der Min-/Max-Versuchsparameter
3. Durchführung der Versuche und Messung der Ergebnisse
4. Auswertung der Messergebnisse hinsichtlich
    - Signifikanz der Prozessparameter
    - der wechselseitigen Einflüsse der Prozessparameter
    - der Richtigkeit des mathematischen Modells

5. Ableitung der exakten Wechselwirkung der Parameter und des Prozessergebnisses aus den Parameterkonstellationen und Versuchsergebnissen (exaktes mathematisches Modell)

6. Test des gewonnenen Modells durch Eingabe von Beispielen für die Parametereinstellung, Berechnung des zu erwartenden Prozessergebnisses und Vergleich des Rechenergebnisses mit einem neuen Betriebsversuch, der die willkürlich gewählte Parameterkonstellation widerspiegelt und ein reales Prozessergebnis erzeugt

7. Bei positivem Test Übernahme des Modells zur Prozessbeschreibung und -steuerung

8. Bei negativem Ergebnis Wiederholung des Versuchsplanung und -durchführung

Nach Abschluss dieser Arbeiten geht es nun darum, die gewonnenen Erkenntnisse zur Prozessverbesserung in der betrieblichen Praxis zu verankern. Hierzu muss sichergestellt werden, dass nicht nur unter Aufsicht oder unter Laborbedingungen die guten Prozessergebnisse erhalten werden. Deshalb müssen die Korrekturmaßnahmen mit dem Prozesseigner abgestimmt und ordnungsgemäß eingeführt werden. Entsprechende Überprüfung der termingerechten und inhaltlich richtigen Prozessoptimierung sollte automatisch erfolgen. Hierbei geht es nicht um Misstrauen, sondern um ein ordnungsgemäßes Schließen eines Regelkreises zur Problemlösung. Hierzu gehört es auch, dass z.B. nach Produktionsumstellung die Wirksamkeit der Maßnahmen überprüft wird.

**Richtigkeit und Wirksamkeit des Modells überprüfen**

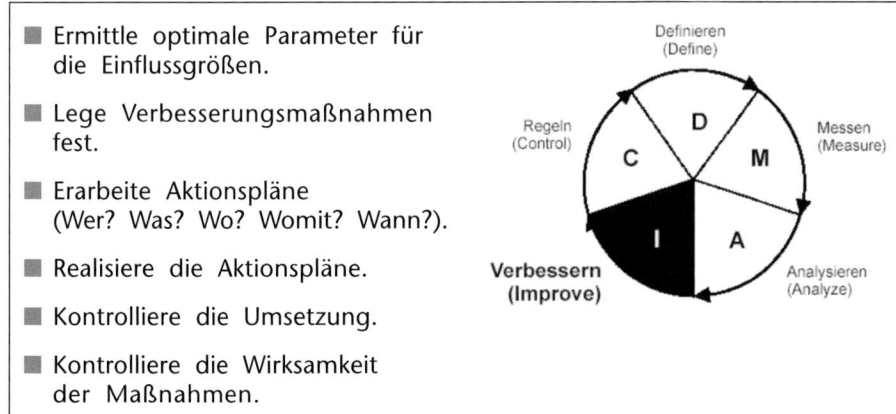

- Ermittle optimale Parameter für die Einflussgrößen.
- Lege Verbesserungsmaßnahmen fest.
- Erarbeite Aktionspläne (Wer? Was? Wo? Womit? Wann?).
- Realisiere die Aktionspläne.
- Kontrolliere die Umsetzung.
- Kontrolliere die Wirksamkeit der Maßnahmen.

*Abb. 14: Phase IV – Verbessern*

### Details zu Phase V – Regeln

Nachdem ein Prozess verbessert worden ist, erlebt man immer wieder, dass nach einiger Zeit wieder Probleme auftreten. Grund hierfür kann sein, dass die neuen Parameter des Prozesses nicht stringent eingehalten werden. Es kann aber auch sein, dass sich Rahmenbedingungen für den Prozess geändert haben, die im ersten Ansatz zur Verbesserung des Prozesses als stabil angesehen wurden.

7.7 Qualitätsmanagement

- Definiere das Regelsystem.
- Validiere das Regelsystem.
- Implementiere das Regelsystem.
- Auditiere das Regelsystem.
- Überwache die Leistungskenngrößen.

*Abb. 15: Phase V – Regeln*

Um vor solchen Überraschungen geschützt zu sein, endet ein Six-Sigma-Projekt erst dann, wenn für den verbesserten Prozess ein System implementiert wird, das systematisch die Prozessqualität überwacht. Beim Verletzen von zu wählenden Toleranzen erfolgt eine sofortige Überprüfung der Prozessparameter.

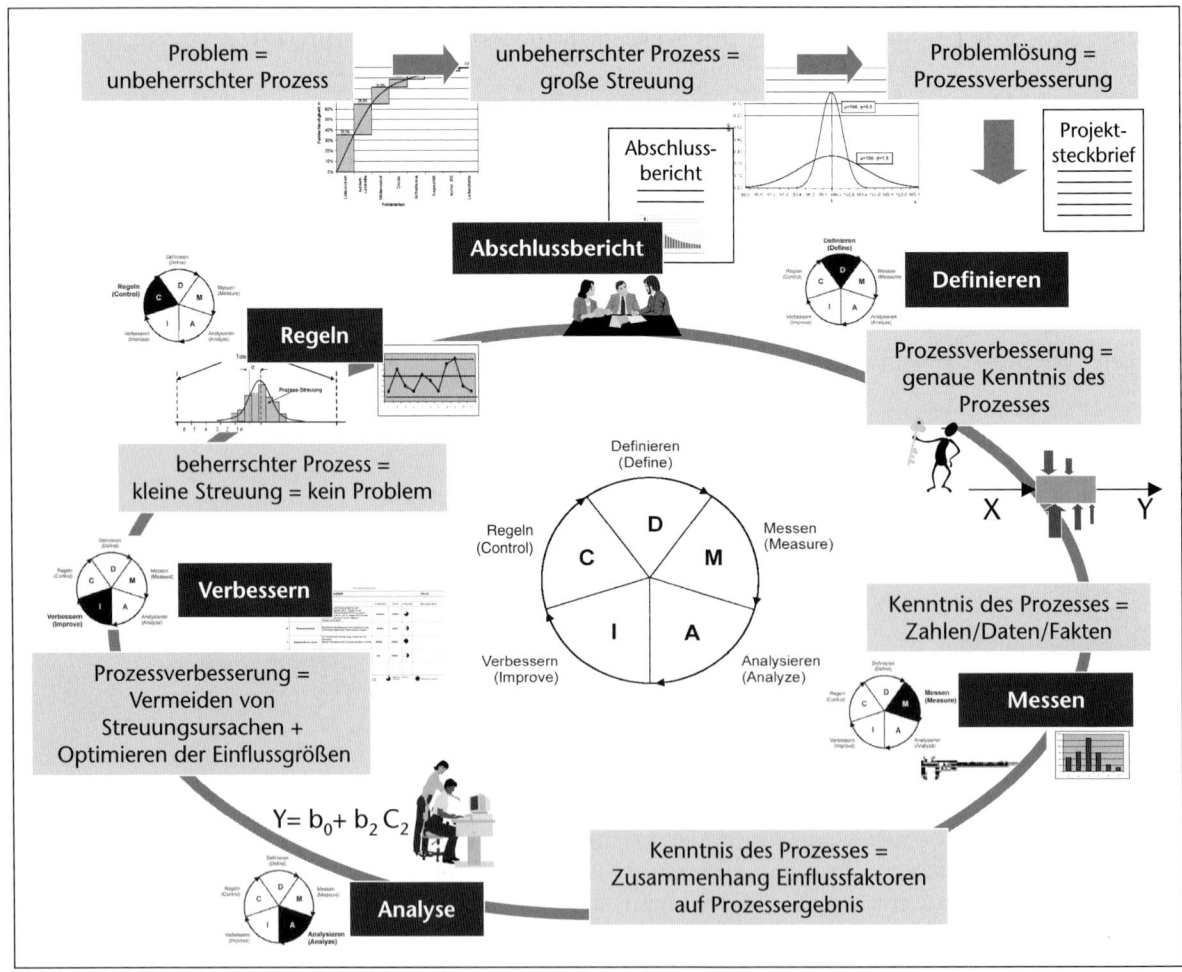

*Abb. 16: Zusammenspiel der fünf Phasen*

1160

## Zusammenspiel der Phasen

Betrachtet man die einzelnen Phasen im Detail, so kann es leicht geschehen, dass die Zusammenhänge verloren gehen. Wichtig ist zu erkennen, wie die einzelnen Elemente ineinander greifen. Bei Six Sigma besteht der Vorteil einer stringenten Folge der Methodenanwendung. Dies erlaubt den Projektmitglieder sich voll und ganz auf die aktuellen Aufgaben zu konzentrieren. Es besteht keine Notwendigkeit sich immer wieder neue Gedanken zu machen, wie die nächsten Projektschritte aussehen. Der Projektleitfaden führt das Team Schritt für Schritt durch die einzelnen Phasen und den dabei anzuwendenden Methoden.

## Methodenvergleich (bekannte Methoden der Qualitätssicherung versus Six-Sigma-Methoden

### Übersicht

Die vielen Methoden, die bei Six Sigma zum Einsatz kommen, sind bei der ersten Sichtung sehr zahlreich und eher unüberschaulich. Bei näherem Hinsehen ist jedoch zu erkennen, dass es sich hierbei um Methoden

**Six Sigma wendet bekannte Methoden an**

| | Definieren | Messen | Analysieren | Verbessern | Regeln |
|---|---|---|---|---|---|
| Benchmarking | ✓ | | ✓ | | |
| Quality Function Deployment QFD | ✓ | | | | |
| Pareto-Analyse | ✓ | ✓ | | | |
| Flussdiagramme | | ✓ | | | ✓ |
| Process Maps | | ✓ | | | |
| Messsystemfähigkeit | | ✓ | | | |
| Statistische Tests | | | ✓ | | |
| Korrelationsanalyse | | | ✓ | | |
| Regressionsanalyse | | | ✓ | ✓ | |
| ANOVA | | | ✓ | ✓ | |
| Ishikawa-Diagramme | | | ✓ | | |
| FMEA | | | ✓ | | |
| Tolerance Design | | | ✓ | ✓ | |
| Statistische Versuchsplanung DoE | | | ✓ | ✓ | |
| Histogramme | | | ✓ | | ✓ |
| Multi-Vari-Bild | | | ✓ | ✓ | |
| Poka Yoke | | | ✓ | ✓ | |
| Technologische Schwerpunktkoeffizienten | | | ✓ | ✓ | |
| Prüfpläne | | | | | ✓ |
| SPC | | | | | ✓ |

*Abb. 17: Methodenübersicht*

handelt, die zumindest in ihren Gurndzügen bekannt sind. Six Sigma wendet bekannte, aber selten beherrschte Methoden an. Dies reicht natürlich nicht aus, um sie zielführend anwenden zu können. Hier muss eine entsprechende Schulung den sicheren Umgang mit diesen Methoden vorantreiben. Jedoch kann man erkennen, dass es sich in der Praxis um sehr wohl bekannte und angewandte Methoden handelt. Bei Six Sigma kommt als Besonderheit hinzu, dass sie alle Anwendung finden, und dies in einer ganz bestimmten Reihenfolge. Die vorstehende Abbildung 17 gibt einen Überblick über die wichtigsten Methoden, von denen einige im Folgenden herausgegriffen und genauer erläutert werden.

**Erläuterung der wichtigsten Six-Sigma-Methoden**

Bei der Erläuterung der wichtigsten Six-Sigma-Methoden liegt die stringente Methodenfolge zugrunde. Die Überprüfung der Datenqualität, der Modellqualität und der Zuverlässlichkeit der Einstellparamter mittels statistischer Verfahren wird hier nicht betrachtet.

a) Prozessmapping

*Prozessbeschreibung anforderungsgerecht wählen*

Im ersten Schritt stellt das Projektteam für den zu untersuchenden Prozessbereich den Material- und Informationsfluss dar. Hierzu kann man sich unterschiedlicher Instrumentarien bedienen. Angefangen von einfachen handschriftlichen Darstellungen bis hin zu EDV-unterstützten Vorgehensweisen ist alles zulässig. Allerdings hat eine EDV-technische Lösung den Vorteil, dass das erzeugte Prozessabbild für weitere Aufgabenstellungen verwendet werden kann. So kann eine Simulation des Prozesses bei geänderten Parametern Hinweise auf Schwachstellen oder Optimierungsmöglichkeiten geben. Die nachfolgende Möglichkeit einer Simulation macht es erforderlich, die Prozessparameter vollständig und genau in die EDV-Systeme einzugeben.

Bei der manuellen Prozessbeschreibung reichen Texte aus, die bei einer formalen Überprüfung durch die EDV zu Fehlern führen würden. Das heißt, dass die manuellen Problembeschreibungen formal nicht oder nur wenig überprüft werden und deshalb tendenziell ungenauer sind. Die notwendige Genauigkeit der Prozessbeschreibung ergibt sich z.T. erst im Laufe des Projektes. Bei EDV-technischen Lösungen, die mit einer Simulation verknüpft sind, muss in der Regel von Anbeginn an ein hoher Modellierungsaufwand betrieben werden.

Die manuell erstellten Prozessbeschreibungen erhalten Ergänzungen, die beschreiben,

- welche Einflussgrößen bestehen,
- welche Einflussgrößen besonders kritisch sind und
- welche möglichen Störgrößen bestehen.

Diese Ergänzungen und die Prozessdarstellung bilden das Prozessmapping.

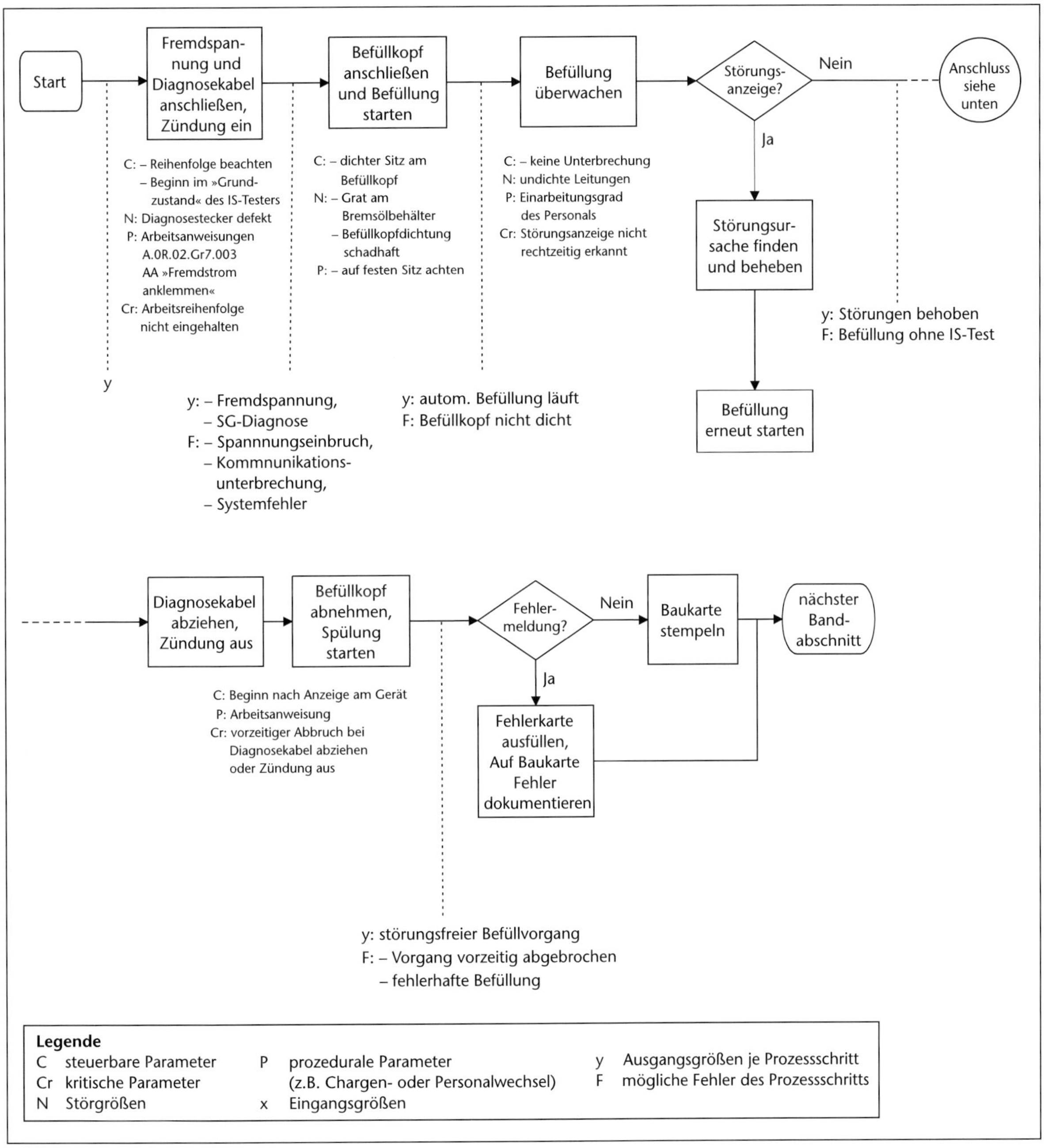

*Abb. 18: Prozessmapping*

b) QFD

Wenn wir die Qualität von Produkten und Prozessen beurteilen, laufen wir immer wieder Gefahr, unsere persönlichen Ansichten zu verallgemeinern und die eigentlichen Kundenwünsche zu übersehen. Deshalb ist dieser Fehler schon bei der Festschreibung der qualitativen Anforderungen an ein Produkt oder an einen Prozess zu vermeiden.

**QFD – ein einfache und wirkungsvolle Methode**

## 7.7 Qualitätsmanagement

Hierfür gibt die Methode des Quality Function Deployment (QFD). Diese Methode soll sicherstellen, dass systematisch die Anforderungen der Kunden in die Arbeiten einfließen. Die Anforderungen werden gewichtet und verglichen mit bestehenden Stärken und Schwächen. Hierbei fließen auch Gesichtspunkte wie eigene technische Möglichkeiten, Position der Konkurrenz usw. ein.

Zur Erleichterung der Arbeit mit QFD sind spezielle Abläufe und dazu passende Formblätter entwickelt worden.

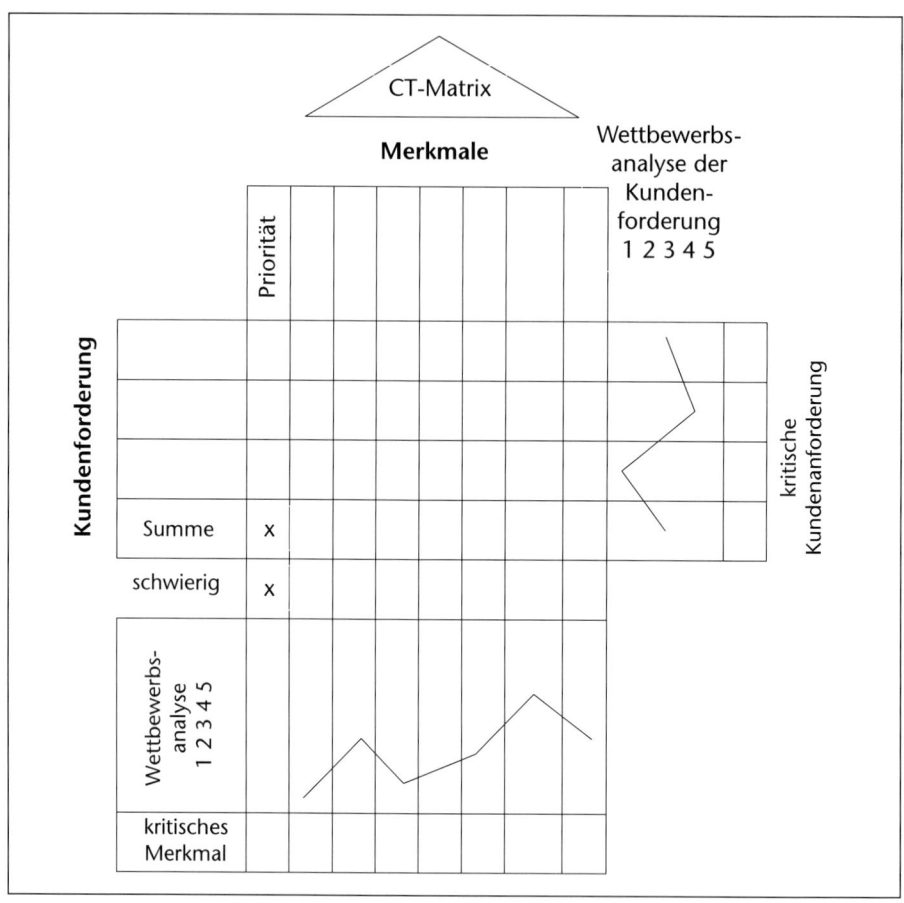

*Abb. 19: Vereinfachtes Formblatt QFD*

c) Ishikawa

Häufig leiden Problemlösungsprozesse darunter, dass eine Problemursache entdeckt wird und sofort Maßnahmen ergriffen werden, ohne zuvor andere Problemursachen, die weitaus bedeutender sein können, zu betrachten.

Manchmal werden die Problemursachen auch nur dort gesucht, wo früher Probleme bestanden oder wo man ein gutes Verständnis für die Wechselwirkung der Einfluss- und Störgrößen hat.

### Six Sigma: Ein Weg zur Verbesserung der Produkt- und Prozessqualität 7.7.5

Mit Hilfe der einfachen Ursache-Wirkungs-Diagramme – auch Ishikawa-Diagramme genannt – kommt eine systematische Vorgehensweise in den beruflichen Alltag, die einfach anwendbar ist und ein deutliches Mehr an umfassender Problembetrachtung zur Folge hat.

**Ursache-Wirkungs-Diagramme helfen auch bei der Prävention von Fehlern**

Es hat sich herausgestellt, fünf oder sechs Fehlerursachenklassen zu unterscheiden. Man spricht von 5M oder 6M. M steht für:

- Mensch
- Maschine
- Material
- Methode
- Mitwelt (Umfeld)
- (Management (Organisation/Führung und Kommunikation))

Ausgehend von der Prozessstörung oder dem Problem gilt es nun zu ermitteln, welche Fehlerursachen für das Problem verantwortlich sind. Dabei kann es mehrere potenzielle Störungsursachen geben, die durchaus gleichzeitig auftreten können und unterschiedliche Bedeutung haben.

Bei der Arbeit mit dieser Problemanalysemethode hilft ein Ishikawa-Formblatt, das sowohl rein manuell als auch durch EDV-unterstützte Erfassungs- und Dokumentationssysteme ausgefüllt werden kann.

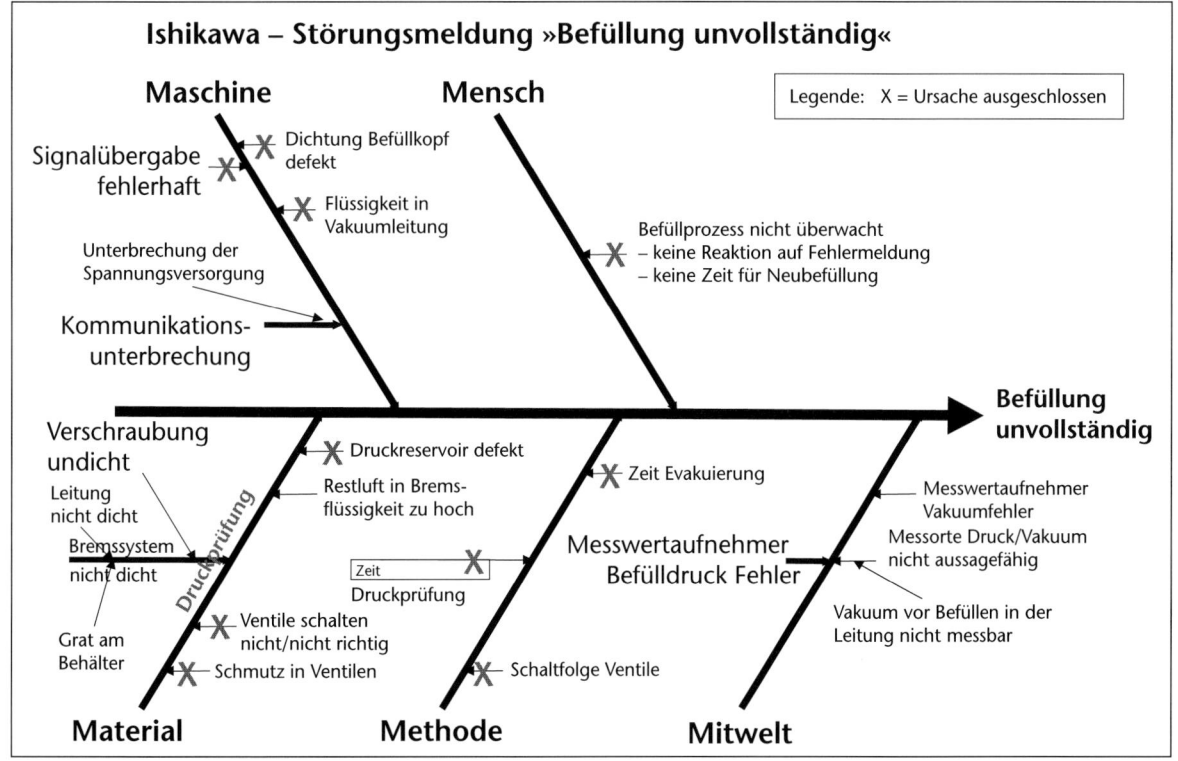

*Abb. 20: Beispiel für ein Ishikawa-Diagramm*

Neben den Hauptursachen werden in den Formblätter die tiefer liegenden Probleme erfasst. Schließlich liegen sehr detaillierte Ursache-Wirkungs-Diagramme vor. Bei der damit erreichten Detaillierung kann man mehr und mehr ausschließen, wichtige Einflussgrößen übersehen zu haben. Aber eine Garantie, dass tatsächlich alle relevanten Problemursachen ermittelt und betrachtet wurden, kann auch diese Methode nicht abgeben.

d) FMEA

Die gefundenen möglichen Fehlerursachen sind oft sehr zahlreich. Hier stellt sich nun die Aufgabe, aus den möglichen Fehlerursachen diejenigen herauszufiltern, die wesentlich sind. Für diese Fehlerursachen sind dann wirkungsvolle Korrekturmaßnahmen zu entwickeln. Die Entwicklung von Korrektur- und präventiven Maßnahmen für alle möglichen Fehlerursachen ist wirtschaftlich nicht mehr vertretbar.

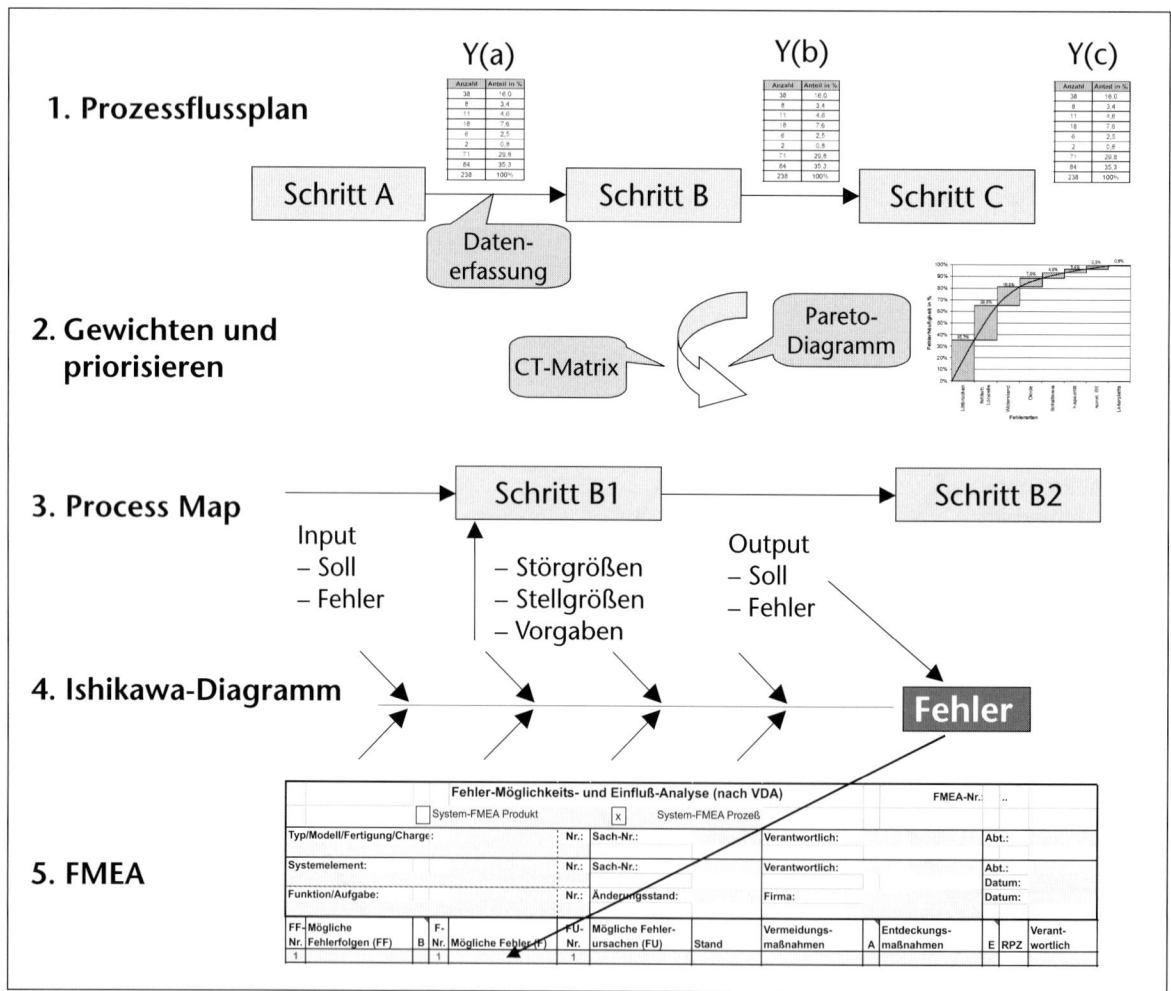

Abb. 21: FMEA-Ablauf

Die FMEA erfüllt hauptsächlich folgende Zwecke:

- Systematische Bewertung der in Ishikawa-Diagrammen gefundenen Fehlerursachen.
- Unübersichtliche Vielzahl von möglichen Fehlerursachen reduzieren. Diese können systematisch bewertet und gewichtet (priorisiert) werden.
- Risikobegrenzung erarbeiten und adressieren.

De Vorgehensweise sieht im Einzelnen wie folgt aus:

- Die Fehlermöglichkeiten der zu betrachtenden Prozessschritte sind analysiert oder bekannt (z.B. aus der Process Map oder dem Ishikawa-Diagramm).
- Der im Ishikawa-Diagramm ganz rechts beschriebene Fehler wird in das FMEA Feld »Mögliche Fehler« übertragen. Die unter den 6M aufgeführten Ursachen werden entsprechend in das Feld »Mögliche Fehlerursachen« übertragen und ggf. ergänzt.
- Für die Fehlerursachen werden die im bestehenden System existierenden Vermeidungs- und Entdeckungsmaßnahmen beschrieben.
- Die Bewertung der Fehlerfolgen, Vermeidungs- und Entdeckungsmaßnahmen bezieht sich zunächst auf das bestehende System.
- In weiteren Schritten werden Vermeidungs- und/oder Entdeckungsmaßnahmen benannt, die das Auftreten des Fehlers vermeiden. Diese Maßnahmen werden ebenfalls bewertet, um die Verbesserung des Risikos quantifizieren zu können.

### FMEA – Fehler-Möglichkeits- und Einfluss-Analyse

zur systematischen Bewertung der in Ishikawa-Diagrammen gefundenen Fehlerursachen.

Der im Ishikawa-Diagramm ganz rechts beschriebene Fehler wird in das FMEA-Feld »Mögliche Fehler« übertragen. Die unter den 5(6)M aufgeführten Ursachen werden entsprechend in das Feld »Mögliche Fehlerursachen« übertragen.

| Nr. | Mögliche Fehlerfolgen (FF) | B | Mögliche Fehler (F) | Mögliche Fehlerursachen (FU) | A | Entdeckungsmaßnahmen zurzeit (Prüfungen) | E | RPZ | Verbesserungsmaßnahmen |
|---|---|---|---|---|---|---|---|---|---|
| | Reklamation Kunde | 10 | Nicht alle Fehler | Prüfpunkt fehlt in Checkliste | 2 | | 10 | 200 | |
| | | | | | | | | | |

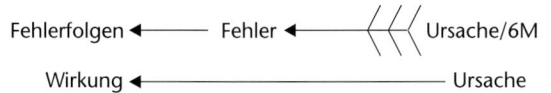

Abb. 22: Formblatt FMEA

e) DOE

Die Versuchsplanung (DOE) gehört zu den mächtigsten Instrumentarien bei Six Sigma. Es gibt dabei folgende Aspekte zu beachten:

**Schritte zur Durchführung DOE**

1. Optimierungsaufgabe definieren.
2. Prüf- bzw. Messmethode für Zielgrößen festlegen.
3. Wichtige Einflussfaktoren ermitteln.
4. Prüf- bzw. Messmethode für Stellgrößen festlegen.
5. Praktische Niveaus (hoch/niedrig) für Stellgrößen festlegen.
7. Durchführung Versuch.
8. Auswertung Versuch/Modellbildung/Parameteroptimierung.
9. Bestätigungsversuch durchführen.

**Vorbereitung von Messungen/Versuchen**

1. Was soll nachgewiesen werden? Daraus resultierend: Zu untersuchende Einheiten und Merkmale festlegen.
2. Einheitliche Rahmen- bzw. Umweltbedingungen sicherstellen, d.h. möglichst vergleichbare Bedingungen schaffen.
3. Messsystem bestimmen und Eignung sicherstellen. Gegebenenfalls Messunsicherheit bestimmen.
4. Möglichst den Einfluss von Faktoren, die nicht untersucht werden sollen, ausschließen.
5. Stichprobenzahl festlegen.
6. Genauen Ablauf der Messungen der Versuche beschreiben (Versuchsanweisung) und Teilnehmer unterweisen.
7. Dokumentation der Ergebnisse (Protokoll) vorbereiten.
8. Teilnehmer bestimmen und Untersuchungszeitraum (Datum) im Team festlegen.

**Durchführung und Auswertung von Messungen/Versuchen**

1. Rechtzeitige Information der beteiligten/betroffenen Meistereien, Teamleiter, der Planung und gegebenenfalls des Betriebsrates (Zeitmessungen/Prüferfähigkeit etc.).
2. Ungewollte Schwankungen/Streuungen durch den Einsatz verschiedener Prüfmittel und verschiedener Prüfer vermeiden.
3. Genaue/vollständige Dokumentation der Ergebnisse.

4. Auswertung der Ergebnisse mit Hilfe der statistischen Werkzeuge, wie z.B. statistische Tests, Korrelation, Regression, ANOVA.

5. Dokumentation der Durchführung, der Ergebnisse und der Schlussfolgerung in einem Versuchsbericht.

Die Ergebnisse einer DOE lassen sich in Form von Tabellen darstellen. Im folgenden Beispiel wurde ermittelt, welche Veränderungen von Scharnieren, Schlössern und sonstigen Einstellungen welchen Einfluss auf die Türschließkräfte eines Pkws haben.

| Einflüsse von Einstellparametern auf Türschließkräfte | | | | | | | | | |
|---|---|---|---|---|---|---|---|---|---|
| Nr. | Tür oben Tiefe | Tür unten Tiefe | Tür beide Höhe | Karosse beide in X (Spalt oben/unten) | Schließkraft Vorspannung | Schließkraft gemessen 1 | Schließkraft gemessen 2 | Differenz Federkraft (N) | Datum |
| 1 | 20,0 | 63,0 | 6,5 | 3,5/3,0 | 45 | 111 | 111 | 66 | 20.11.2003 |
| 2 | 20,0 | 63,0 | 6,5 | 4,0/4,0 | 49 | 82 | 82 | 33 | 20.11.2003 |
| 3 | 20,0 | 63,0 | 7,0 | 3,5/3,0 | 50 | 89 | 89 | 39 | 20.11.2003 |
| 4 | 20,0 | 63,0 | 7,0 | 4,0/4,0 | 49 | 83 | 83 | 34 | 20.11.2003 |
| 5 | 20,0 | 61,5 | 6,5 | 3,5/3,0 | 48 | 84 | 84 | 36 | 21.11.2003 |
| 6 | 20,0 | 61,5 | 6,5 | 4,0/4,0 | 47 | 77 | 77 | 30 | 21.11.2003 |
| 7 | 20,0 | 61,5 | 7,0 | 4,0/4,0 | 48 | 77 | 77 | 29 | 21.11.2003 |
| 8 | 20,0 | 61,5 | 7,0 | 3,5/3,0 | 47 | 84 | 84 | 37 | 21.11.2003 |
| 9 | 19,0 | 63,0 | 6,5 | 4,0/4,0 | 49 | 89 | 89 | 40 | 20.11.2003 |
| 10 | 19,0 | 63,0 | 6,5 | 3,5/3,0 | 49 | 93 | 93 | 44 | 20.11.2003 |
| 11 | 19,0 | 63,0 | 7,0 | 4,0/4,0 | 49 | 94 | 94 | 45 | 20.11.2003 |
| 12 | 19,0 | 63,0 | 7,0 | 3,5/3,0 | 48 | 94 | 94 | 46 | 20.11.2003 |
| 13 | 19,0 | 61,5 | 6,5 | 4,0/4,0 | 47 | 76 | 76 | 29 | 21.11.2003 |
| 14 | 19,0 | 61,5 | 6,5 | 3,5/3,0 | 47 | 110 | 110 | 63 | 21.11.2003 |
| 15 | 19,0 | 61,5 | 7,0 | 4,0/4,0 | 48 | 80 | 80 | 32 | 21.11.2003 |
| 16 | 19,0 | 61,5 | 7,0 | 3,5/3,0 | 48 | 86 | 86 | 38 | 21.11.2003 |
| 17 | 19,5 | 62,3 | 6,8 | 3,75/3,0 | 49 | 85 | 85 | 36 | 21.11.2003 |

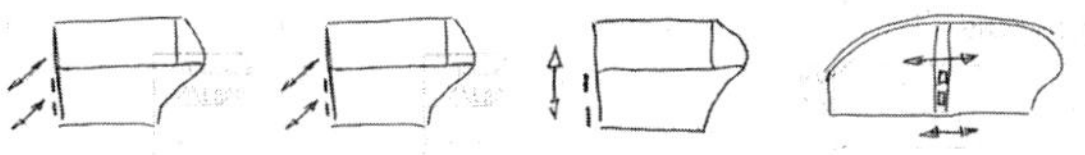

Abb. 23: DOE Türschließkräfte

Die statistisch-mathematische Auswertung erlaubt danach, die Einflussgrößen in Relation zur ihrer Wirkung auf die Prozessergebnisse darzustellen. Setzt man ein lineares Modell voraus, so sind in einer grafischen Darstellung Linien sichtbar, die geradlinig die Min- und Max-Werte der Parameter und die Prozessergebnisse verbinden.

## 7.7 Qualitätsmanagement

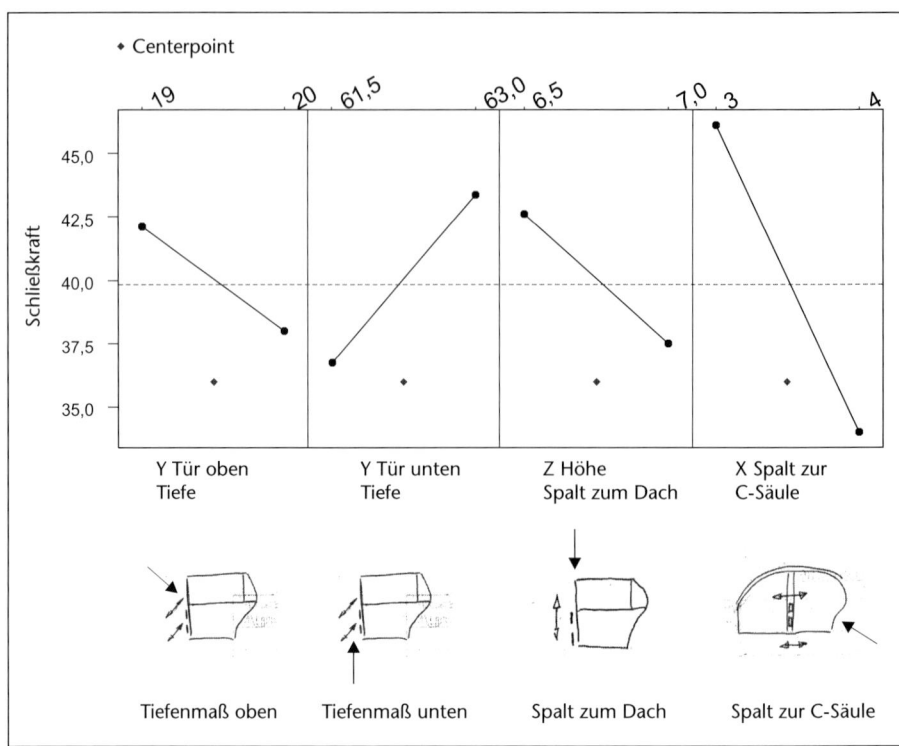

*Abb. 24: Hauptwirkungen*

Die Anwendung von Statistik-EDV-Systemen wie z.B. Mintab erlaubt den Experten dann, optimale Prozessparameter zu finden. Hierbei besteht das Problem darin, dass die Prozessparameter ganz unterschiedlich die Prozessergebnisse beeinflussen: Zum Teil bestehen starke Einflüsse, zum Teil sind die Einflüsse umgekehrt proportional.

Mit Hilfe der Software lassen sich verschiedene Parametereinstellung simulieren und so eine optimale Kombination ermitteln.

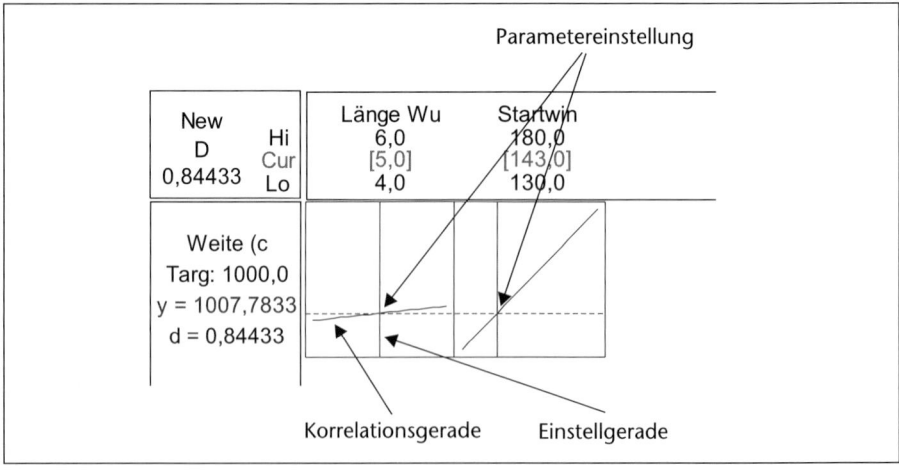

*Abb. 25: Parameteroptimierung*

f) QRK

Wenn alle Analysen abgeschlossenen und Maßnahmen zur Problemlösung bekannt und umgesetzt sind, kommen jetzt in einem Six-Sigma-Projekt die Maßnahmen an die Reihe, die dazu dienen, die erreichten Ergebnisse langfristig abzusichern.

Der Ansatz hierbei ist, dass der neue Prozess ab sofort hinsichtlich seiner Parameter laufend überwacht wird. Diese Vorgehenswiese ist im Bereich des Qualitätsmanagements und der Qualitätssicherung auch im Einsatz. Es handelt sich hierbei um die Qualitätsregelkarten. Die Qualitätsregelkarten müssen für die aktuelle Problemstellung geeignet sein. Deshalb gibt es für Prozesse mit diskreten und stetigen Merkmalen unterschiedliche Qualitätsregelkarten. Mit diesen Qualitätsregelkarten wird schon seit vielen Jahren gearbeitet, zum Teil in vereinfachter Form. Auf jeden Fall ist es aber für Qualitätsregelkarten wichtig, neben den aktuellen Qualitätsständen die obere und untere Eingriffsgrenze auszuweisen. Die exakte Ermittlung dieser Eingriffsgrenzen erfolgt ebenfalls mit Hilfe statistischer Methoden. In der betrieblichen Praxis können solche Eingriffsgrenzen aber auch von Experten pragmatisch bestimmt werden.

**Qualitätsregelkarten finden bei Six Sigma starke Anwendung**

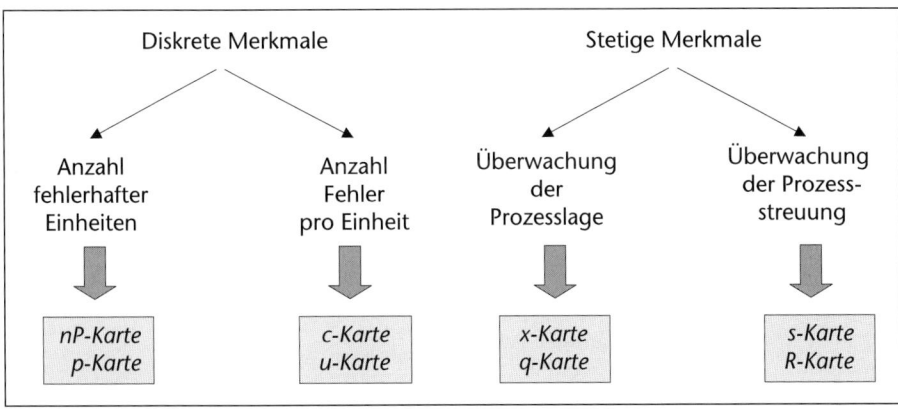

*Abb. 26: Systematik der Qualitätsregelkarten (QRK)*

### 7.7.5.5 Unterstützen

Eine neu eingeführte Methode oder ein neues Programm zur Verbesserung der Qualität oder Wirtschaftlichkeit kann nur dann erfolgreich sein, wenn sie beim Top-Management beginnend auf breiter Front im Unternehmen unterstützt wird.

Im Falle von Six Sigma bedeutet dies, dass Führungskräfte, Mitarbeiter und Spezialisten Six Sigma als Unterstützung für ihre Problemlösungen ansehen. Allerdings wäre es falsch, alle Probleme an Six-Sigma-Experten zu Bearbeitung abzuschieben.

**Top-Management treibt Six Sigma**

Da Six Sigma ein mächtiges Instrumentarium darstellt, liegt natürlich der Gedanke nahe, die eigenen mit Bordmitteln lösbaren Probleme abzugeben. Dies würde aus Gesichtspunkten der Projektkosten, aber auch aus Sicht der Verantwortlichkeiten des Prozesseigners falsche Signale setzen. Deshalb ist es sinnvoll, neben Six-Sigma-Methoden auch andere Vorgehensweisen als Problemlösungstools im Unternehmen zu verankern. Hierbei haben Führungskräfte und Mitarbeiter die Aufgabe, Prozesse zu überprüfen und zu verbessern. Experten können dann bei komplexeren Problemen hinzugezogen werden. Hierbei gibt es für die Experten aber nicht nur Six Sigma als Problemlösungsprozess, sondern auch einfache Prozessanalysen oder Audits bilden für weniger komplexe Probleme bedenkenswerte Alternativen.

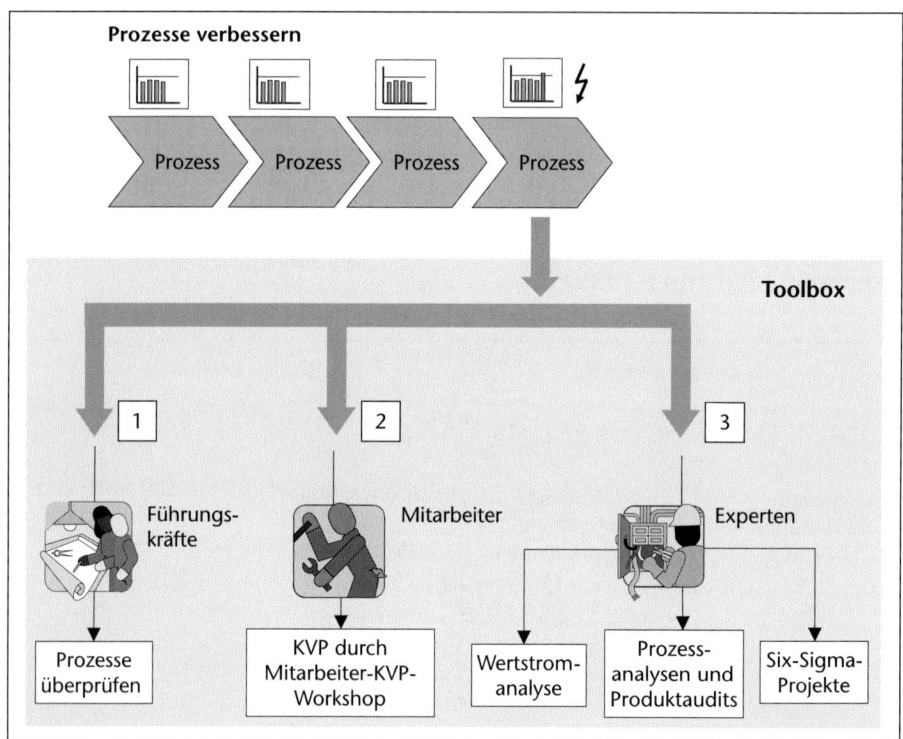

*Abb. 27: Toolbox*

**Six Sigma basiert auf einer Kultur der regelmäßigen Verbesserung durch Führungskräfte und Mitarbeiter**

Da Six Sigma viel mit Prozessqualität zu tun hat, stellt sich hier auch die Frage, ob und wie ein Prozessmanagement explizit einzuführen ist.

Die Frage nach einem Prozessmanagement unterstellt, dass im Unternehmen bereits einiges an Grundverständnis zum Thema Prozessqualität und -verantwortlichkeit vorliegt. Davon kann jedoch nicht grundsätzlich ausgegangen werden.

Six Sigma findet dann gute Chancen, erfolgreich unterstützt und implementiert zu werden, wenn

- Fragen wie Pflichten des Prozesseigners geklärt sind,
- Anstrengungen bestehen, die Prozesse zu stabilisieren, und
- sukzessive die Qualität und Kosten zu verbessern.

Wenn dann Prävention in der betrieblichen Praxis anerkannt ist und echte Wertschätzung erfährt, findet man für eine erfolgreiche Umsetzung von Six Sigma gute Voraussetzungen.

Noch bessere Voraussetzungen bestehen, wenn das Unternehmen Qualität, Kosten, Betriebs-/Arbeitsplatzsicherheit und Umweltschutz als gleichwertige, ineinander greifende Unternehmensziele ansieht. Falls ein Unternehmen Reengineering-Aktivitäten unterstützt, wird Six Sigma gute unternehmenskulturelle Rahmenbedingungen vorfinden.

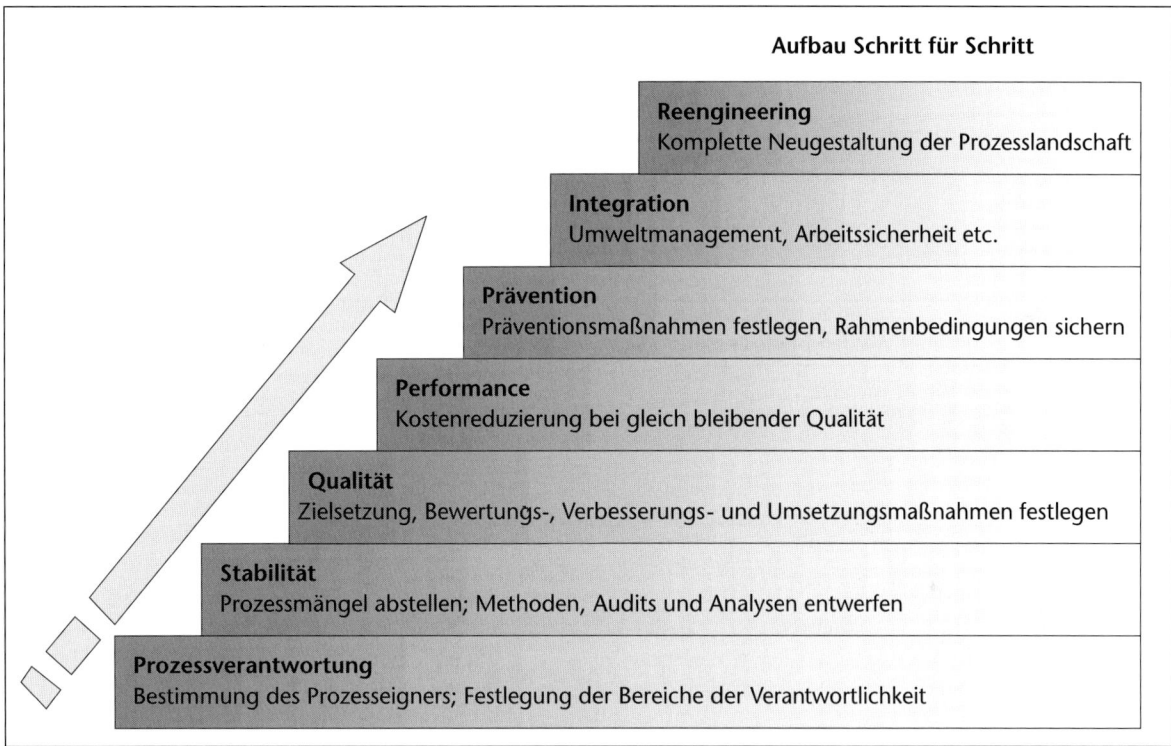

*Abb. 28: Ausbaustufen*

#### 7.7.5.6 Einführen und Anwenden

Ausgangssituation

In allen Unternehmen treten Probleme auf, die dann zu lösen sind. Hierbei haben die Unternehmen jedoch unterschiedliche Vorgehensweisen und Prozesse zur Problemlösung implementiert. Die Einführung von Six Sigma kann nicht bei null beginnend aufsetzen, sondern muss sich in die bestehende Kultur der Problemlösung einfügen.

**Six Sigma muss Teil der Unternehmenskultur sein**

Ein Modell der Problemlösung besteht darin, dass bei nicht mehr einfach lösbaren Problemen Experten beauftragt werden. Die Auftraggeber sind die Führungskräfte auf Meister-, Teamleiter- oder Abteilungsleiterebene. Eine Führungskraft vergibt einen Auftrag dann, wenn sie zur Überzeugung gelangt ist, ohne Unterstützung nicht mehr weiterzukommen.

## 7.7 Qualitätsmanagement

In diesem Modell kann es nun geschehen, dass ein Auftraggeber sehr schnell schon bei kleinen Problemen nach externem Support verlangt. Eine andere Führungskraft greift erst dann auf Unterstützung zurück, wenn ein Problem schon sehr lange erfolglos bearbeitet wird und bereits große Ausmaße angenommen hat. Also erfolgt eine Beauftragung erst dann, wenn Probleme als wirklich für Außenstehende sichtbar störend in Erscheinung treten. Somit sind in dem zweiten Fall Problemlösungen, die frühzeitig bei noch kleinen Unzulänglichkeiten eingeleitet werden, eher die Ausnahme.

Die Priorität der Aufträge richtet sich nicht selten nach der Hierarchie des Auftraggebers. Es bedarf hier zumindest eines neuen organisatorischen Ansatzes.

Dieser besteht darin, die Beauftragung der Experten zur Problemlösung zu systematisieren. Hierzu brauchen die Auftraggeber die Übersicht, welche Probleme für die Expertenbearbeitung anstehen. Bei der Durchsicht der anstehenden Probleme ist automatisch eine Plattform geschaffen auch po-

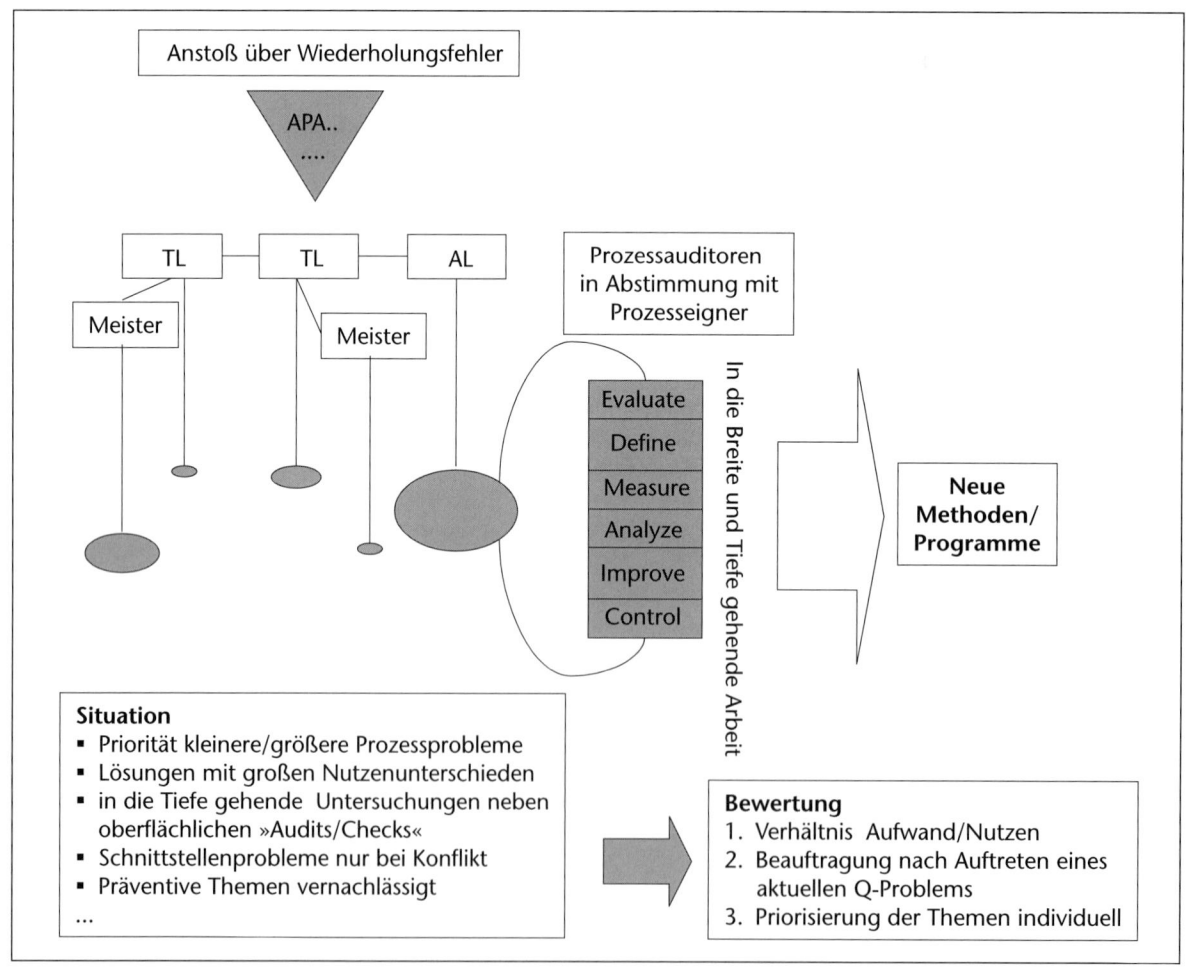

*Abb. 29: Nachhaltige Fehlerreduzierung*

tenzielle Problemfelder zu besprechen. Das Besprechen der potenziellen Problemfelder sowie die Bearbeitung bzw. Absicherung und Stabilisierung dieser Prozesse ist eine präventive Maßnahme.

Als Steuergröße für die Priorisierung können aktuelle Kenngrößen zur Prozessqualität wie z.B. Fehlerrate, Nacharbeitskosten, Produktionsunterbrechungen usw. dienen. Auch Ergebnisse von Audits können in diese Priorisierung einfließen.

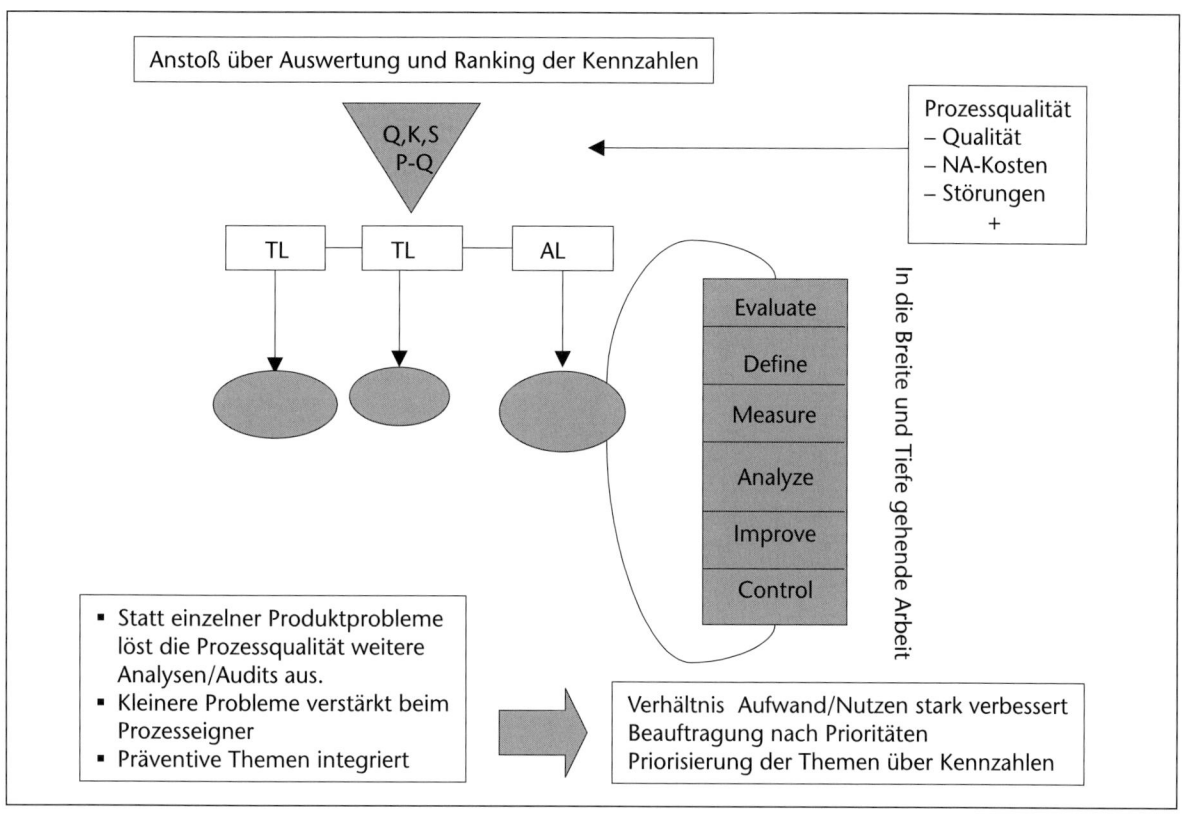

*Abb. 30: Nachhaltige und präventive Fehlerreduzierung*

**Prozessqualität/Prozesskennzahl**

Six Sigma zielt auf die nachhaltige Verbesserung der Prozesse ab. Dies äußert sich in besserer Produktqualität und Herstellkosten, da Nacharbeit und sonstige Qualitätskosten (wie z.B. auch Garantiekosten, Servicekosten usw.) vermieden werden. Prozesse mit Six-Sigma-Qualität erzeugen zuverlässig die guten Produkte, wie wir sie haben wollen. Zuverlässige Produkte erzeugen bedeutet auch gute und stabile Prozesse zu haben. Wenn wir von guten, zuverlässigen und stabilen Prozessen sprechen, sprechen wir auch von Prozessen, die Produkte zu den geplanten Terminen und zu den gewünschten Mengen abliefern. Somit ist die Prozessqualität eine Größe, in der sich Produktqualität, Nacharbeits- bzw. Qualitätsmehrkosten sowie Termin- und Mengentreue widerspiegeln.

**Gute Prozesse liefern gute Qualität zu geringen Kosten in geforderter Menge und Terminstellung**

An dieser Stelle erhebt sich die Frage, ob die Nacharbeits- und Qualitätskosten die relevanten Kosten sind, die in die Beurteilung der Prozessqualität mit einfließen sollen. Sollte nicht anstelle dieser Qualitätskosten der Vergleich der bestehenden Kosten mit den theoretisch denkbaren minimalen Kosten bzw. der Vergleich mit Benchmarkergebnissen dienen?

Diese Frage stellt sich ganz bestimmt, wenn wir neue Prozesse planen. Haben wir jedoch Prozesse bereits implementiert, die nach unterschiedlichen Gesichtspunkten betrachtet als optimal machbar eingestuft sind, so geht es nun darum, alle Abweichungen vom geplanten Soll als Verschwendung einzustufen und als Ausdruck mangelnder Prozessqualität zu betrachten.

Angesichts der betriebswirtschaftlichen Möglichkeiten und Notwendigkeiten kann mit den in einem Unternehmen erfassten Qualitätskosten ausreichend genau der Kostenaspekt der Prozessqualität zur Geltung gebracht werden.

**Kombination Prozesskennzahl mit Six Sigma**

*Das Management muss Prozesse auswählen können*

Die Prozessqualität lässt sich also durch die drei Größen Qualität, Quantität/Termintreue und Kosten beschreiben. Nach dem Six-Sigma-Verständnis soll das Management einen Top-down-getriebenen Prozess implementieren. In diesem Prozess stellt das Management fest, welches die Prozesse sind, die das höchste Augenmerk erhalten sollen. Die Prozesskennzahlen der einzelnen Prozesse sind hier hilfreiche Größen zur Priorisierung des Handlungsbedarfes. Es taucht hierbei das Problem auf, dass z.B. ein manueller Verpackungsprozess im Vergleich zu einem automatisierten Schweißprozess ganz anderen Störgrößen unterliegt. Deshalb macht es Sinn für das Management, zur Auswahl von Prozessen für Six-Sigma-Projekte die Prozesse zu normieren.

Die Normierung braucht eine allgemein gültige Normierungsbasis. Führt man sich vor Augen, welche unterschiedlichen Prozesse es gibt und welche drei grundverschiedenen Begriffe zur Bestimmung der Prozessqualität herangezogen werden, werden exakte wissenschaftliche Lösungen nicht so einfach zu finden sein.

Da die Six-Sigma-Projekte dem Management dienen, die gestiegenen Unternehmensziele besser zu erreichen, ist die Verknüpfung der Kennzahl zur Prozessqualität mit den Unternehmenszielen nahe liegend.

Deshalb kann dieser pragmatische Ansatz, die Kennzahlen der einzelnen Prozesse mit den dort gültigen operativen Unternehmenszielen zu verknüpfen, aus dieser Problematik helfen.

Konkret bedeutet dies, dass z.B. die Kennzahl Qualität des Prozesses mit den in den Zielvereinbarungen verankerten Qualitätszielen zu vergleichen ist. Damit werden die Größen aus den Zielvereinbarungen zu Normierungs-

faktoren, und das Management kann erkennen, wo welche Prozesse nicht seine Erwartungen erfüllen.

Die Normierung kann dann – um allgemein verständlich zu sein – ein einfaches Schulnotensystem verwenden. Hierbei würde das Erreichen der in der Zielvereinbarung festgelegten Ziele ein »befriedigend« ergeben.

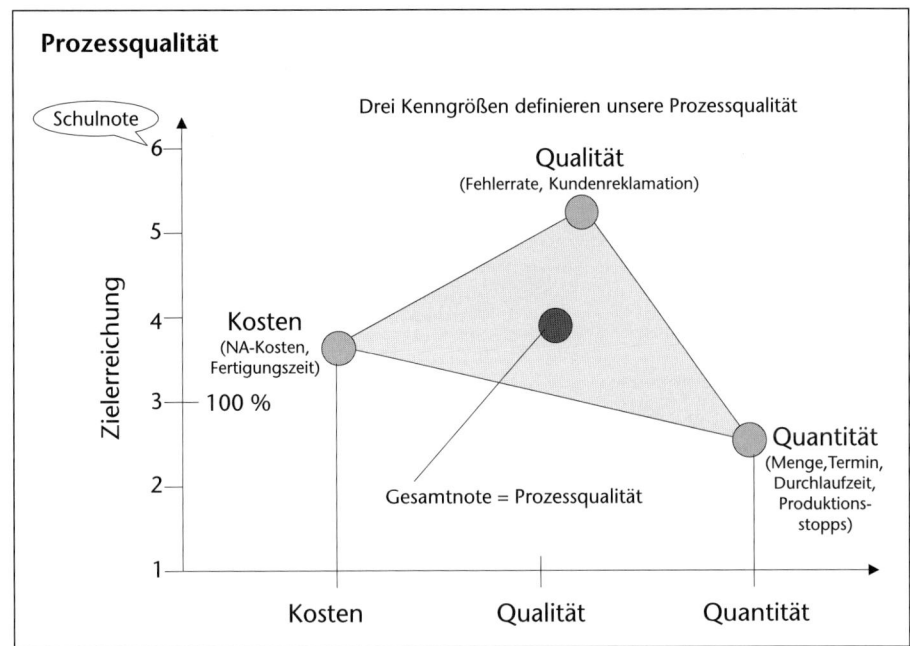

Abb. 31: Normierte Prozesskennzahl

### Six-Sigma-Gremien

Es wird bei Six-Sigma-Programmen oder -Offensiven immer wieder darauf hingewiesen, dass es sich um einen Management-getriebenen Prozess handelt. Wenn das Management einen Prozess treiben soll, dann benötigt es eine organisatorische Plattform. Organisatorische Plattformen können Regeltermine sein, zu denen sich verantwortliche Personen oder hochrangig besetzte Gremien treffen.

Bei größeren Unternehmen bietet es sich an, ein Gremium aus Top-Managern ins Leben zu rufen, die sich regelmäßig mit der Prozessqualität des Unternehmens auseinander setzen. Um bei den überladenen Terminkalendern des Managements zielführende und effiziente Besprechungsrunden zu haben, bedarf es professioneller Vorbereitung und Aufbereitung der Themen.

Die Vorbereitung der Top-Management-Treffen kann in der Form erfolgen, dass Experten und Vertreter der unterschiedlichen Unternehmensbereiche sich z.B. alle zwei Wochen treffen.

**Das Management braucht einen Expertenkreis zur Vorbereitung der Prozessreviews und zum Projektcontrolling**

Bei der 14-tägigen Vorbereitungsbesprechung vergleichen die Prozesseigner und die Experten z.B. unter der Moderation durch Vertreter des Qualitätsmanagements die Prozesskennzahlen und betrachten weitere Informationen, die auf mangelhafte Prozesse schließen lassen. Nach Sichtung des Datenmaterials kann die Gruppe entscheiden, welcher Prozess Handlungsbedarf aufweist. Darüber hinaus kann dieses Team mit seinem Expertenwissen auch erkennen, welche Methoden zur Verbesserung der Prozesse adäquat sind. Nicht immer bedarf es eines Six-Sigma-Projektes, um Probleme zu beseitigen. Häufig reichen andere Methoden aus, um die ersten deutlichen Fortschritte zu machen. Dies schont auch die Ressourcen der knappen Six-Sigma-Experten.

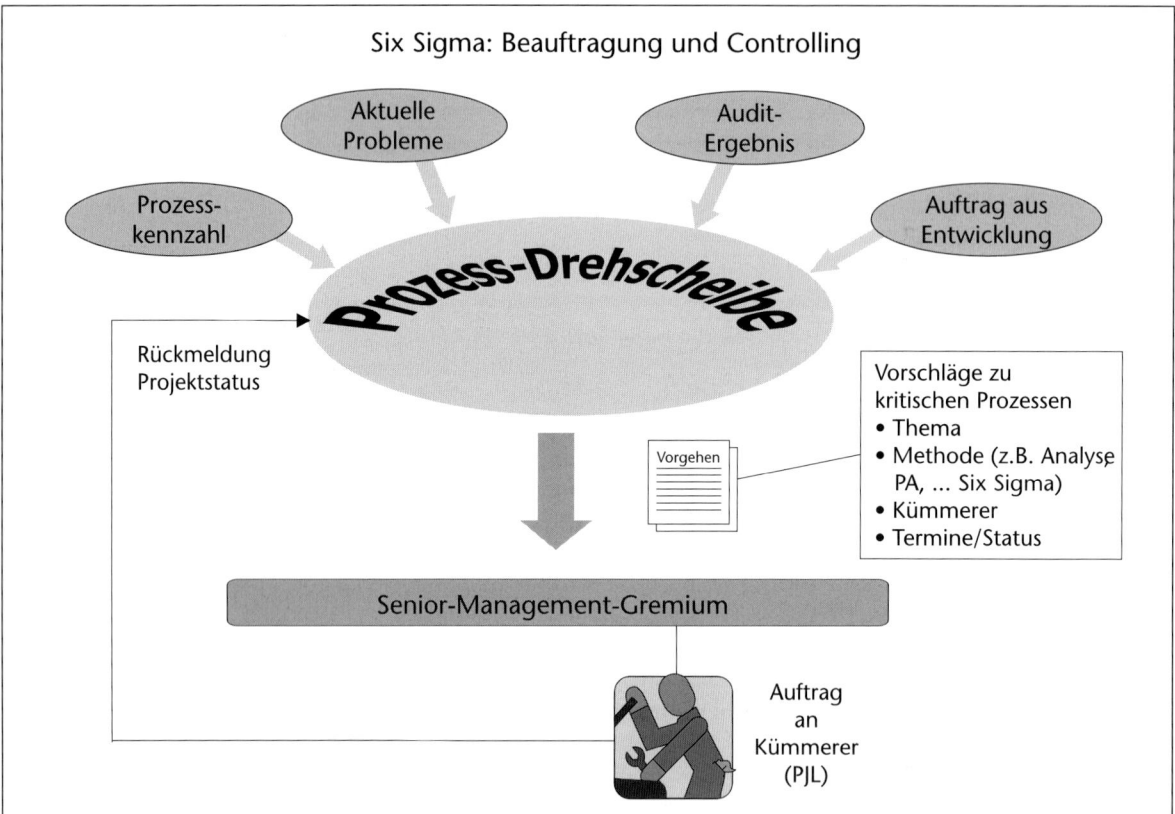

Abb. 32: Prozessdrehscheibe

#### 7.7.5.7 Fazit

Unsere Mitarbeiter und unsere Prozesse sind der Schlüssel zum Erfolg. Six Sigma ist die Antwort auf die Frage, wie wir unsere Prozesse verbessern können. Gute Prozesse wirken sich auch auf die Moral der Belegschaft aus, die viel lieber klare und geordnete Abläufe haben möchte. Prozesse, die uns immer wieder böse überraschen, demoralisieren die Mannschaft.

### Six Sigma: Ein Weg zur Verbesserung der Produkt- und Prozessqualität 7.7.5

Leider sind unsere Prozesse weit entfernt von idealen Prozessen. Oder wie sonst lassen sich die Kundenreklamationen, Garantiekosten und unsere hohe interne Nacharbeit erklären?

Six Sigma gibt uns Instrumente, mit denen wir Prozesse, die tendenziell Abweichungen nach oben und unten oder starke Schwankungen oder Instabilitäten aufweisen, um die Sollwerte herum stabilisieren, so dass sie eine geringe Streuung bei der Zielerreichung aufweisen.

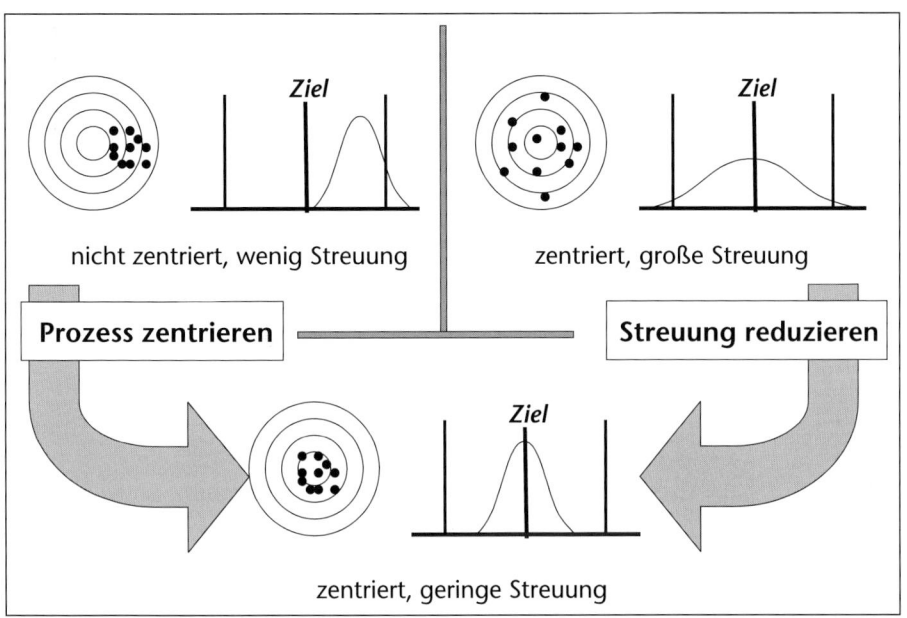

Abb. 33: Der Weg zu zentrierten und stabilen Prozessen

Es gibt aber auch andere und bewährte Methoden, Prozesse zu verbessern. Das Management muss entscheiden, wann welche Methode zum Einsatz kommt. Die Verlockung, alle Probleme mit Six Sigma lösen zu wollen, scheitert an den für Six Sigma benötigten Ressourcen. Deshalb bietet es sich an, bei der Prozessverbesserung zuerst einmal mit einfachen Methoden die ersten Resultate zu erzielen. Danach können dann immer komplexere Methoden Anwendung finden.

Diese Vorgehensweise stellt sicher, dass dort, wo der Prozesseigner mit seinen eigenen Instrumentarien zur Problemlösung noch zurechtkommt, er sein Problem nicht sofort an externe Experten delegiert. Denn in einer Kultur der kontinuierlichen Verbesserung ist das Gefühl für die Verantwortung des Prozesseigners für die Qualität seiner Produkte und seiner Prozesse einschließlich der kontinuierlichen Verbesserung sehr wichtig.

**Der Prozesseigner muss das Six-Sigma-Prgramm treiben**

Wenn aber die Prozesseigner an einem Punkt angelangt sind, an dem Six-Sigma-Projekte sinnvoll sind, muss auch akzeptiert werden, dass solche Projekte nach einer stringenten Methode abgewickelt werden.

1179

## 7.7 Qualitätsmanagement

*Abb. 34: Grenzen der Methodenanwendung*

**Six Sigma kennt fünf Schritte zur Problemlösung**

Die fünf wichtigsten Schritte bei der Prozess- und Produktverbesserung sind auf den folgenden Darstellungen übersichtlich zusammengefasst. Wichtig bleibt hier nur zu sagen, dass die Schritte 1 bis 4 zur sorgfältigen Analyse des Problems benötigt werden. Ein Verkürzen oder gar Auslassen einzelner Schritte, um auf diese Weise schneller ans Ziel zu kommen, steht im Widerspruch zu dem Grundgedanken von Six Sigma.

Häufig führen die der Six-Sigma-Philosophie widersprechenden Schnellschüsse zu kurzfristigen ersten Erfolgen. Aber das vollständige Abstellen von Fehlern bzw. die Stabilisierung von Prozessen auf einem hohen Niveau – dem Six-Sigma-Niveau – findet dann nicht mehr statt. Früher oder später gibt es dann erneut Aktivitäten, das Problem abzustellen. Dies führt letztendlich zu einem Mehraufwand und zusätzlichen Nacharbeitskosten bzw. Qualitätskosten, die schon längst eliminiert sein könnten. In den ersten drei Schritten werden sehr einfache Methoden angewandt.

In den nächsten Schritten beginnt mit den FMEAs die Anwendung von schwierigeren Methoden. Wenn dann die statistischen Methoden Anwendung finden, wird eine Schulung der Mitarbeiter zu den Six-Sigma-Werkzeugen unumgänglich.

Die Begriffe von Green Belt und Black Belt sollen zum Ausdruck bringen, dass ab einer gewissen Ebene den Mitarbeitern meisterliche Leistungen abverlangt werden, die nur nach harter Erarbeitung dieser Methoden möglich sind. In der Vorstufe können Green Belts schon viel verbessern. Letztendlich werden dann doch professionelle Problemlöser gebraucht. Diese müssen nicht alle Probleme selbst lösen, aber andere anleiten, die die Six-Sigma-Methoden nur oberflächlich kennen.

1. **Prozessflussplan produktbezogen erstellen**

   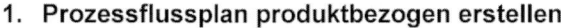

2. **Process Mapping für die wichtigsten Prozessstufen durchführen**

   Y: die qualitätsgerechten und nichtqualitätsgerechten Prozessergebnisse

   ⇒ Auswahl der wichtigsten nichtqualitätsgerechten Prozessergebnisse an Hand von Pareto-Analysen

3. **Erstellen von Ishikawa-Diagrammen für die wichtigsten nichtqualitätsgerechten Prozessergebnisse**

   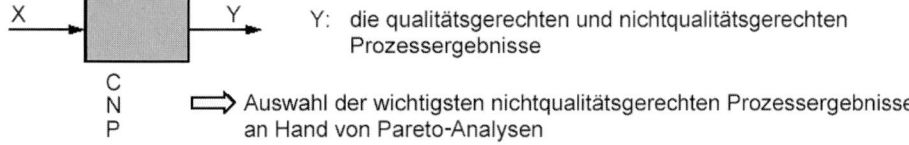

Abb. 35: Die Schritte 1 bis 3 zur Prozessverbesserung

4. **FMEAs durchführen für Produkte und Prozesse**

   Fehlerart
   ⇩                  } aus dem Ishikawa-Diagramm
   Fehlerursachen

   Fehlermöglichkeiten gewichten und priorisieren

   Maßnahmen festlegen

   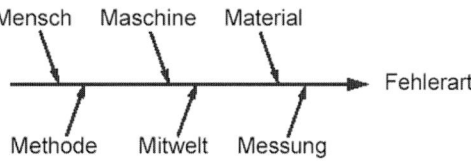

5. **Korrekturmaßnahmen umsetzen und Wirksamkeit prüfen**

Abb. 36: Die Schritte 4 und 5 zur Prozessverbesserung

## 7.7 Qualitätsmanagement

Six Sigma verschweigt nicht, dass das Top-Management für ein erfolgreiches Vorgehen benötigt wird. Methoden und Instrumente sind nur die eine Seite der Maßnahmen zur Prozessverbesserung. Instrumente erreichen nur die Ergebnisse, die die Anwender diesen Instrumentarien eröffnen. Deshalb ist die aktive Einbindung des Top-Managements nicht dem Zufall zu überlassen, sondern zu gestalten. Hierzu können Experten in Vorgesprächen (Runder Tisch, Drehscheibe, ...) das Datenmaterial aufbereiten. Dennoch muss das Management anhand von Kosten-, Qualitätsinformationen und z.B. Informationen zur Prozessstörung entscheiden, welche Themen Management-Attention erhalten sollen. Diese sind dann auch für ein Six-Sigma-Projekt geeignet.

In großen Unternehmen oder Werken bietet es sich an, bereichsspezifische und bereichsübergreifende Themen von entsprechenden Managementkreisen steuern zu lassen.

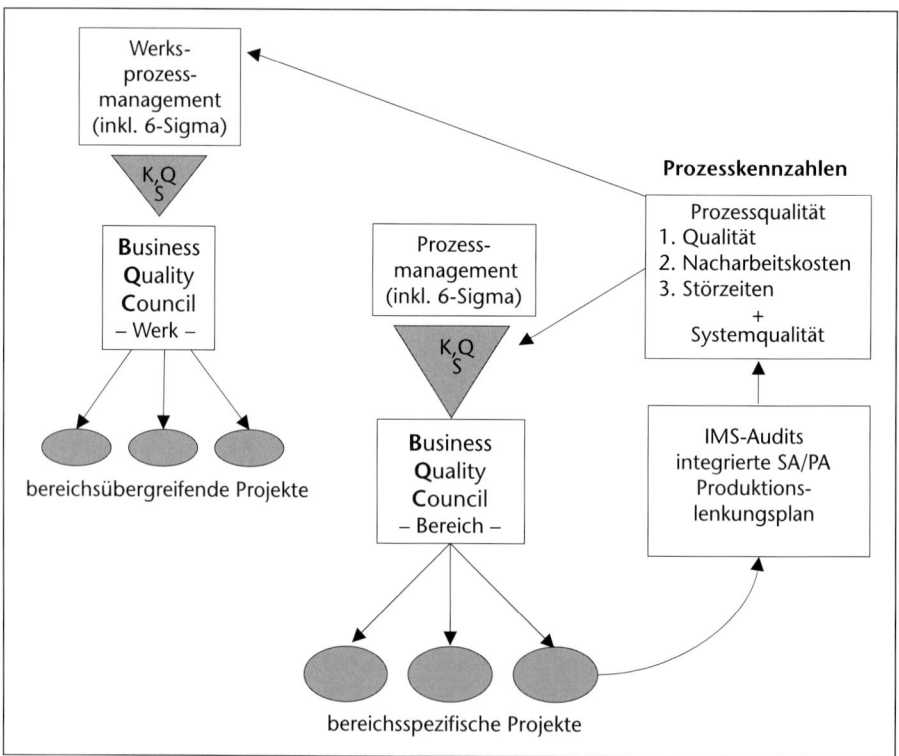

*Abb. 37: Organisation des Prozessmanagements*

**Six Sigma bedeutet professionelles Problemlösen**

Schließlich bleibt nur noch zu sagen, dass Six Sigma ein Zusammenspiel von modernen Methoden und Instrumenten darstellt, das in der Hand von hoch qualifizierten Mitarbeitern und Führungskräften durch ein stringentes Top-down-getriebenes Projektcontrolling große Erfolge verspricht.

Die Vorbereitung von Six Sigma verlangt ein Investment in die Mitarbeiter und Führungskräfte. Die aufwendigen mehrwöchigen Schulungen durch spezielle Experten (z.B. Master Black Belt) geben aber ein über Six Sigma hinausgehendes Verständnis für Problemlösungen.

Die Erfolge vieler Unternehmen zeigen, dass am Ende der Bemühungen fähige und beherrschte Prozesse kein Zufall sind, sondern Ergebnis professioneller Arbeit.

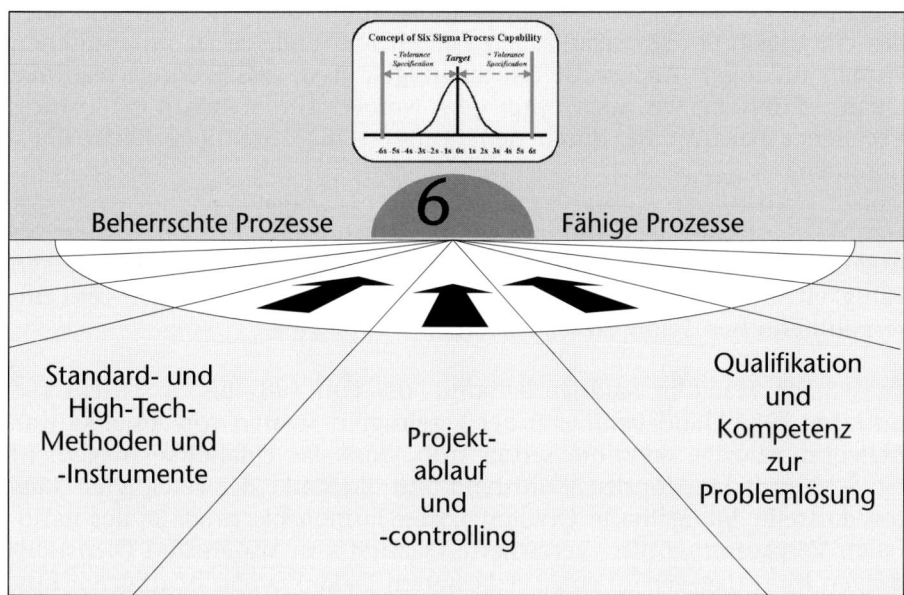

*Abb. 38: Six-Sigma-Fazit*

**Literatur**

*Prof. Morgenstern:* TEQ, Chemnitz: Schulungsunterlagen

Six Sigma Black Belt Kurs

### 7.7.6 Malcolm Baldrige National Quality Award

*von Rainer Kämpf*

#### 7.7.6.1 Entstehung und Geschichte

**Baldrige National Quality Program – The Standard of Business Excellence**

Angesichts der ständig zunehmenden Konkurrenz und der Erkenntnis, dass das Wachstum der amerikanischen Firmen im Vergleich zu ausländischen Firmen niedriger war, wurde am 20. August 1987 das Baldrige National Quality Program, das auch unter dem Namen The Standard of Business Excellence bekannt ist, durch den Kongress ins öffentliche Recht übernommen.

**Malcolm Baldrige National Quality Award (MBNQA) für die Umsetzung herausragender Qualität, umfassenden Kundennutzens und unternehmerischen Erfolgs**

Der Malcolm Baldrige National Quality Award (MBNQA), der seitdem als Auszeichnung an Organisationen verliehen wird, orientiert sich an deren Fähigkeit, herausragende Qualität, umfassenden Kundennutzen und unternehmerischen Erfolg zu realisieren.

Er ist nach Malcolm Baldrige benannt, der von 1981 bis zu seinem Tod im Jahre 1987 Handelsminister der Vereinigten Staaten von Amerika war. Malcolm Baldrige erkannte schon früh, dass das Qualitätsmanagement ein Schlüsselfaktor für den Wohlstand und die Stärke der Vereinigten Staaten darstellt. Mangelhafte Qualität kostet Firmen bis zu 20 % der nationalen Verkaufseinkünfte. Verbesserte Qualität von Waren und Dienstleistungen führt dagegen zu einer verbesserten Produktivität, niedrigeren Kosten und einer ansteigenden Rentabilität.

Malcolm Baldrige hatte deswegen großes Interesse daran, ein Gesetz zur Verbesserung der Qualität einzuführen. Als Erinnerung und Anerkennung für seine Mitarbeit an den ersten Entwürfen für dieses Programm benannte der Kongress die Auszeichnung nach ihm.

#### 7.7.6.2 Organisation

**Kooperation von staatlichen Einrichtungen und industriellen Anwendern sichert Aktualität, Praxisbezug und kontinuierliche Finanzierung**

Die Organisation des Malcolm Baldrige National Quality Program ist folgendermaßen aufgebaut:

Die Foundation for the Malcolm Baldrige National Quality Award stellt die finanziellen Mittel für die Unterstützung des Baldrige-Programms zur Verfügung und verwaltet die Stiftungsgelder.

Im Zentrum steht das National Institute of Standards and Technology (NIST), eine Agentur des Handelsministeriums für technologische Verwaltung, die mit dem privaten Sektor zusammenarbeitet. NIST verwaltet das Baldrige-Programm.

Des Weiteren steht die American Society for Quality (ASQ) unter Vertrag mit NIST und assistiert bei der Administration des Baldrige-Programms.

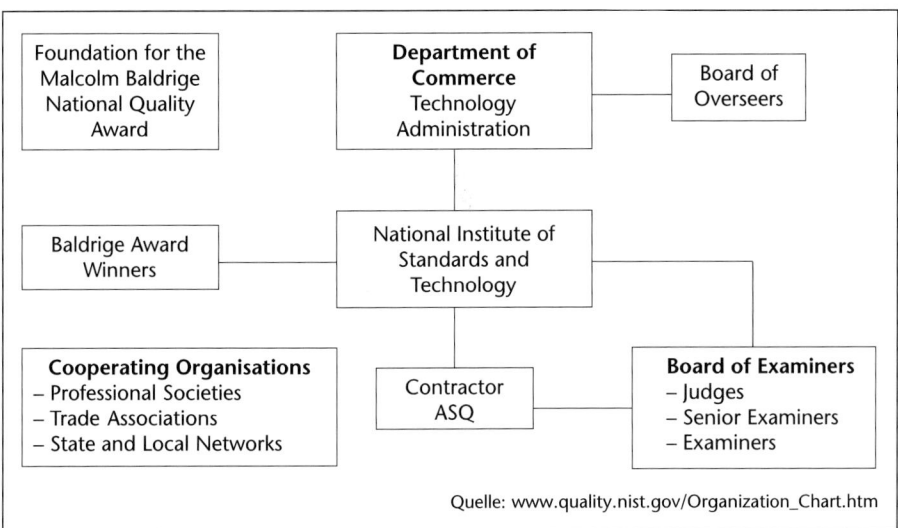

*Abb. 1: Malcolm Baldrige Award Organization Chart*

Die Prüfer bewerten die Bewerber und bereiten deren Feedbacks vor. Sie sind Experten aus führenden US-Firmen sowie aus dem Gesundheits- und Bildungsbereich.

Die Jury besteht aus einem Teil dieser Prüfer und legt die Award-Bewerber fest, die schließlich besucht und geprüft werden. Sie empfiehlt außerdem die Gewinner des Awards. Die Mitglieder der Jury werden durch das Secretary of Commerce aus allen Bereichen der US-Wirtschaft zusammengesucht. Eine Auswahl an Aufsehern, ebenfalls durch das Secretary of Commerce zusammengestellt, berät das Department of Commerce. Diese sind Führungskräfte aus allen Sektoren der US-Wirtschaft.

Auch Gewinner des Baldrige Awards können an der Prüfung von Organisationen beteiligt sein. Die Organisation muss dafür einen ihrer Angestellten für das Prüfungskomitee empfehlen.

Außerdem wird das Programm durch Organisationen unterstützt, die mit dem Malcolm Baldrige National Quality Program kooperieren. Dazu gehören Handelsverbindungen sowie staatliche und lokale Netzwerke.

Alle Bewerber, die sich für den Baldrige Award bewerben, werden einem harten Prüfungsprozess unterzogen, der 300 bis 1.000 Stunden für Außeninspektionen beanspruchen kann. Die Bewerber, die in die letzte Runde kommen, werden von Untersuchungsteams besucht, um Fragen zu klären und Informationen zu überprüfen. Alle Bewerbungen werden durch ein unabhängiges Gremium, hauptsächlich aus dem privaten Sektor, inspiziert. Jeder Bewerber erhält außerdem einen Bericht, der Stärken und Möglichkeiten zur Verbesserung aufzeigt.

Das jährliche Regierungsinvestment von 5 Mio. Dollar wird durch einen Beitrag von über 100 Mio. Dollar aus dem privaten Sektor, vom Staat und aus lokalen Organisationen verstärkt. Diese Summe beinhaltet außerdem 10 Mio. Dollar aus der privaten Industrie und soll helfen, das Programm, die Anstrengung und die Zeit der Hunderten von Freiwilligen, die hauptsächlich aus dem privaten Sektor kommen, zu finanzieren.

### 7.7.6.3 Voraussetzung und Anforderungen

Damit sich eine Firma für den Award bewerben kann, muss sie verschiedene Voraussetzungen erfüllen, die im Folgenden vorgestellt werden.

a) Bewerbungsgebühr

**Bewerbungsgebühr 500 bis 5.000 Dollar**

Eine dieser Voraussetzungen ist es, dass der Bewerber eine Bewerbungsgebühr bezahlen muss, die bei großen Organisationen mit Gewinnabsichten bis zu 5.000 Dollar betragen kann, für Institutionen im Ausbildungsbereich 500 Dollar. Obwohl der Staat jährlich Stiftungsgelder in Höhe von 5 Mio. Dollar bereitstellt, werden die Bewerbungskosten dennoch erhoben, um anfallende Kosten für die Bearbeitung der Bewerbungen und Erstellung der Feedbackberichte zu decken.

b) Hauptniederlassung in den USA

**Hauptniederlassung in USA**

Organisationen, die sich für den Award bewerben, müssen keine amerikanischen Organisationen sein, sie müssen aber ihre Hauptniederlassung in den Vereinigten Staaten haben. Sie können entweder aus dem privaten oder öffentlichen Sektor kommen. Dazu gehören

- Ausbildungsinstitute und Firmen, die Ausbildungsleistungen für Studenten in den Vereinigten Staaten anbieten,
- Organisationen aus dem Gesundheitswesen, die in den Vereinigten Staaten ihre Hauptniederlassung haben und hauptsächlich medizinische, chirurgische oder andere gesundheitsfördernde Dienstleistungen direkt für die Menschen anbieten.

c) Veröffentlichung der Ergebnisse

**Informationspflicht der Gewinner über Vorgehen, Ergebnisse und Erfahrungen**

Von den Gewinnern eines Awards wird erwartet, dass sie andere Organisationen über die Vorteile, den Rahmen und die Kriterien des Awards unterrichten und ihre Ergebnisse und Strategien an andere Organisationen weitergeben. Die Gewinner müssen außerdem der jährlichen Einladung zu einer Konferenz des Malcolm Baldrige National Quality Program nachkommen, um Interessenten grundlegende Informationen zur Verfügung zu stellen, und um Anfragen der Medien zu beantworten.

Bis heute haben die Award-Gewinner mehr als 30.000 Präsentationen über das Baldrige National Quality Program gehalten und damit Tausende von Firmen erreicht. Dadurch war und ist es möglich, Informationen mit Hunderten von Firmen aus den Bereichen der Ausbildung, des Gesundheitswesens und des Regierungsbüros zu teilen. Ihre Erfahrungen und In-

formationsveranstaltungen haben viele andere Firmen aus allen Bereichen der US-Wirtschaft ermutigt, ihre eigene Leistung zu untersuchen und zu verbessern.

Im Jahre 2002 wurden 49 Bewerbungen für den Malcolm Baldrige Award eingereicht.

### 7.7.6.4 Kategorien und Bewertungskriterien

Bis zu drei Awards werden jährlich in fünf verschiedenen Kategorien verliehen:

- Herstellung
- Dienstleistung
- Kleinbetriebe
- Ausbildung
- Gesundheitswesen

*Bewerbung in fünf Kategorien*

Die beiden Kategorien Ausbildung und Gesundheitswesen wurden im Jahre 1999 ergänzt. Viele Organisationen aus dem Ausbildungsbereich und dem Gesundheitswesen wenden seitdem erfolgreich die Baldrige-Kriterien an.

Der Award wird nicht für spezielle Produkte oder Dienstleistungen verliehen, sondern das Ziel der Verleihung soll die Differenzierung von Unternehmen zur Erhöhung ihrer Wettbewerbsfähigkeit gegenüber ihren Konkurrenten sein.

Sieben verschiedene Bereiche, auch bekannt als die Baldrige-Kriterien, werden von den Prüfern untersucht und ausgewertet. Die Fähigkeit des Unternehmens, inwiefern es herausragende Qualität, umfassenden Kundennutzen und unternehmerischen Erfolg realisiert, steht bei der Prüfung im Mittelpunkt.

*Bewertung in sieben Bereichen (Baldrige-Kriterien)*

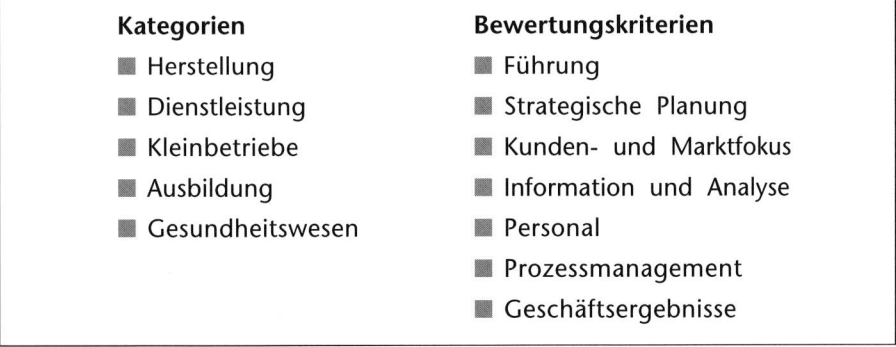

*Abb. 2: Kategorien und Bewertungskriterien des MBNQA*

Im Folgenden soll auf die Punkteverteilung und deren Kriterien in den verschiedenen Bereichen eingegangen werden.

### a) Führung

In dieser Kategorie wird untersucht, inwieweit Führungskräfte Werte, Richtungen und Leistungserwartungen ansprechen und vermitteln. Eine weitere Rolle spielt der Fokus auf Kunden und andere Stakeholders, Innovation und Lernen. Es wird des Weiteren beurteilt, wie gut das Unternehmen seine Verantwortung gegenüber der Öffentlichkeit wahrnimmt und seine Großkunden unterstützt. Insgesamt können in dieser Kategorie 120 Punkte vergeben werden:

| | |
|---|---|
| Führung: | 80 Punkte |
| Verantwortung gegenüber der Öffentlichkeit und der Gemeinschaft: | 40 Punkte |

### b) Strategische Planung

Die Kategorie der Strategischen Planung untersucht die Entwicklung von strategischen Zielen und Umsetzungspläne für das Unternehmen und wie der Fortschritt gemessen wird. Insgesamt können 85 Punkte erreicht werden:

| | |
|---|---|
| Strategische Entwicklung: | 40 Punkte |
| Strategischer Einsatz: | 45 Punkte |

### c) Kunden- und Marktfokus

Diese Kategorie bewertet, wie die Organisation Anforderungen und Erwartungen erkennt und welchen Stellenwert die Kunden und der Markt im Unternehmen einnehmen. Außerdem wird der Aufbau der Kundenbeziehung untersucht und die Schlüsselfaktoren festgelegt, die zu Kundenakquisition, Firmenexpansion, Kundenzufriedenheit und deren Erhaltung führen. Für diese Kategorie können bis zu 85 Punkte erreicht werden:

| | |
|---|---|
| Wissen über die Kundschaft und den Markt: | 40 Punkte |
| Kundenbeziehungen und Kundenzufriedenheit: | 45 Punkte |

### d) Information und Analyse

Diese Kategorie bewertet das Informationsmanagement und wie dessen Leistung gemessen wird. Außerdem wird untersucht, wie das Unternehmen Leistungs- und Informationsdaten analysiert. Insgesamt können für den Bereich Information und Analyse 90 Punkte erreicht werden:

| | |
|---|---|
| Messung und Analyse der Leistung des Unternehmens: | 50 Punkte |
| Informationsmanagement: | 40 Punkte |

e) **Personal**

Diese Kategorie bewertet, wie das Unternehmen seine Mitarbeiter motiviert und dabei unterstützt, ihr volles Potenzial in Bezug auf die umfassenden Ziele und Handlungspläne des Unternehmens zu entwickeln und zu gebrauchen. Des Weiteren werden die Bemühungen des Unternehmens bewertet, wie eine gute Arbeitsatmosphäre für die Mitarbeiter aufgebaut und erhalten wird. Ziel soll hierbei nicht nur personelles und unternehmerisches Wachstum sein, sondern auch das Erreichen von hervorragender Qualität. Insgesamt können in diesem Bereich 85 Punkte erreicht werden:

| | |
|---|---|
| Arbeitssystem: | 35 Punkte |
| Ausbildung, Weiterbildung und Entwicklung der Angestellten innerhalb des Unternehmens: | 25 Punkte |
| Zufriedenheit und Wohlbefinden der Angestellten: | 25 Punkte |

f) **Prozessmanagement**

In dieser Kategorie werden die unternehmerischen Schlüsselfaktoren des Prozessmanagements bewertet. Dazu gehören unter anderem kundenorientiertes Design, Belieferung in der Produktion und im Service, Hauptbereiche und Unterstützung der Prozesse. Diese Kategorie umfasst alle entscheidenden Prozesse und Arbeitseinheiten. Erreicht werden können bis zu 85 Punkte:

| | |
|---|---|
| Dienstleistungs- und Produktionsprozesse: | 45 Punkte |
| Geschäftsprozesse: | 25 Punkte |
| Hilfsprozesse: | 15 Punkte |

g) **Geschäftsergebnisse**

Diese Kategorie bewertet die Unternehmensleistung und Verbesserungen in den Hauptbereichen des Unternehmens. Die Schlüsselbereiche sind Kundenzufriedenheit, Produkt und Serviceleistung, finanzielle Leistung, sowie Ergebnisse von Leistungen im Personal- und Organisationsbereich. Schließlich werden die Leistungsebenen mit denen der Konkurrenz verglichen. Erreicht werden können 450 Punkte. Die Punkteverteilung ist wie folgt:

| | |
|---|---|
| Kundenorientierte Ergebnisse: | 125 Punkte |
| Ergebnisse im Finanz- und Marktbereich: | 125 Punkte |
| Ergebnisse im Personalbereich: | 80 Punkte |
| Ergebnisse der Organisationseffizienz: | 120 Punkte |

|  | 1. Kriterium | 2. Kriterium | 3. Kriterium | Punkte |
|---|---|---|---|---|
| Führung | Führung:<br>40 Punkte | Verantwortung:<br>80 Punkte |  | 120 |
| Strategische Planung | Strat. Entwicklung:<br>40 Punkte | Strat. Einsatz:<br>45 Punkte |  | 85 |
| Kunden- und Marktfokus | Wissen über Kunden/Markt:<br>40 Punkte | Kundenzufriedenheit:<br>45 Punkte |  | 85 |
| Information und Analyse | Messung und Analyse der Unternehmensleistung:<br>50 Punkte | Informations-<br>management:<br>40 Punkte |  | 90 |
| Personal | Ausbildung/Weiterbildung der Angestellten:<br>35 Punkte | Arbeitssystem:<br>25 Punkte | Zufriedenheit der Angestellten:<br>25 Punkte | 85 |
| Prozess-<br>management | Dienstleitungs- und Produktionsprozesse:<br>45 Punkte | Geschäftsprozesse:<br>25 Punkte | Hilfsprozesse:<br>15 Punkte | 85 |
| Geschäfts-<br>ergebnisse | Kundenorient. Ergebnisse:<br>125 Punkte | Markt- und Finanzbereich:<br>125 Punkte | Personalbereich und Organisationseffizienz:<br>200 Punkte | 450 |
| **Gesamtpunktzahl** |  |  |  | **1.000** |

*Abb. 3: Punktesystem des MBNQA*

### 7.7.6.5 Gewinner des Awards

Seit 1988 haben 49 Organisationen einen Malcolm Baldrige Award erhalten. Dieser wurde ihnen durch den Präsidenten der Vereinigten Staaten von Amerika überreicht. Zu den Gewinnern eines Malcolm Baldrige National Quality Award im Jahr 2003 gehören unter anderen folgende Firmen:

- Herstellung: Medrad
- Dienstleistung: Boeing Aerospace Support
- Ausbildung: Community Consolidated School District 15
- Gesundheitswesen: Saint Luke's Hospital of Kansas City
- Kleinbetriebe: Stoner

Die Baldrige-Bewerber, die keinen Award gewonnen haben, erhalten einen ausführlichen Bericht, der auf ihre Stärken und Schwächen aufmerksam macht. Somit haben diese Organisationen die Möglichkeit, in den bewerteten Bereichen Verbesserungen vorzunehmen.

Im Folgenden soll auf das Unternehmen Motorola eingegangen werden, das den Malcolm Baldrige Award zwei Mal erhalten hat.

**Preisträger Motorola**

Motorola wurde vor 75 Jahren gegründet und gehört zu den international führenden Technologieunternehmen mit den Schwerpunkten Mobilkommunikmation, Breitband und Kfz-Telematik. Im Jahre 2003 betrug der Umsatz 27,1 Mrd. Dollar.

Motorola erhielt seinen ersten Award 1988, ein zweiter Award wurde ihm im Jahr 2002 für den Commercial, Government and Industrial Solutions Sector (CGISS) verliehen. Beide Awards erhielt Motorola in der Kategorie »Herstellung«. Folgende Punkte haben die Jury überzeugt:

- CGISS ist führender Anbieter von Funkkommunikations- und Informationslösungen mit mehr als 65 Jahren Erfahrung bei der Erfüllung von kritischen Aufträgen der öffentlichen Sicherheit, Regierung und Firmenkunden weltweit. Der Sektor bietet ein ausgedehntes Portfolio an Lösungen, um die wachsenden öffentlichen Sicherheitsbedürfnisse erfüllen zu können.

- CGISS erreichte 550 Punkte für die besten Business-Management-Praktiken und weitere 450 Punkte für die aktuellen Leistungsergebnisse.

Die Baldrige-Kriterien identifizierten viele Gründe, warum sich weltweit immer mehr Kunden an Motorola CGISS wenden:

- CGISS ist weltweiter Anbieter mit einer starken finanziellen Leistung.

- Bester Anbieter in seinem Bereich mit Qualitätsratings, die 21 % höher als bei den stärksten zehn Konkurrenten sind.

- Kunden und Stakeholders werden bei der Entwicklung, Implementierung und dem Design von Produkten und Dienstleistungen miteinbezogen.

- Im Corporate Social Responsability Report belegte Motorola Platz sechs in Geschäftsethik.

- Extensiver und langfristiger Umgang mit Kunden und Industrie sowie Engagement in Kundenbenutzergruppen.

- Der erste Teilnehmer überhaupt des OHSA Voluntary Protection Program mit null zu korrigierenden Punkten. VPP STAR Anerkennung.

Auch die folgenden Zahlen sprechen für sich:

- Die Angestelltenproduktivität, gemessen an Verkäufen pro Angestellten, stieg um 32 % gegenüber der Periode zwischen 1999–2002.

- Über die letzten drei Jahre stieg die Kundenzufriedenheit und Empfehlungsquote um 88 %.

- Seit 1999 hatte CGISS eine 7 %ige Einkommenserhöhung gegenüber dem negativen Durchschnitt in der Telekommunikationsbranche.

- CGISS recycelt 57 % seines Sondermülls und hat seit 1996 seine Emissionen um 88 % gesenkt.

### 7.7.6.6 Resümee

Der Baldrige Award und seine Kriterien werden inzwischen nicht nur in den USA, sondern auch international anerkannt und geschätzt. Es gibt in vielen europäischen Ländern nationale Qualitätspreise, die auf dem Modell des Malcolm Baldrige Award basieren.

Der Deming Prize und der European Quality Award sind neben dem Malcolm Baldrige Award die international angesehensten Auszeichnungen. Im Vergleich zum Malcolm Baldrige Award liegt beim European Quality Award die Gewichtung jedoch bei den Resultaten anstatt bei den Aktivitäten. Kritiker sehen darin den Nachteil des Malcolm Baldrige Awards.

Trotzdem bietet das Malcolm Baldrige National Quality Program viele Vorteile:

- Durch die Teilnahmerichtlinien erhält jeder Teilnehmer eine Orientierungshilfe, um den aktuellen Qualitätsstand zu bewerten und Leitlinien für erfolgreiche Qualitätsstrategien abzuleiten. Im optimalen Fall resultieren hieraus Qualitäts- und Produktivitätssteigerungen, größere Kunden- und Mitarbeiterzufriedenheit, höhere Marktanteile und eine Verbesserung der Gewinnsituation.

- Jeder Bewerber erhält einen ausführlichen Feedbackbericht. Dies wiegt die in Kapitel 7.7.6.3 angesprochenen Bewerbungskosten auf.

- Die Award-Gewinner profitieren nicht nur von einem verbesserten Ansehen, sondern auch davon, dass sie eigene Angestellte für das Prüfungskomitee des Awards im nächsten Jahr empfehlen können. Diese untersuchen dann mit den anderen Prüfern die Bewerber des folgenden Jahres.

- Die Award-Gewinner informieren andere Organisationen über das Programm und ihre Strategien. Dadurch entsteht mehr Transparenz. Viele Organisationen profitieren somit von den Erfahrungen der Malcolm-Baldrige-Award-Gewinner, indem sie ihre eigene Strategie überdenken und verbessern.

Dass sich eine Bewerbung für das Malcolm Baldrige National Quality Program immer als sinnvoll erweist, erklärt Bob Barnett, President and Chief Executive Officer von CGISS, folgendermaßen: »Der Beurteilungsprozess bietet eine hervorragende Möglichkeit, nicht nur die eigene Leistung mit der von anderen Firmen zu vergleichen, sondern auch Fehler zu identifizieren, damit Verbesserungen durchgeführt werden können.«

### Literaturempfehlungen

*National Institute of Standards and Technology (NIST):* www.quality.nist.gov/

*Motorola Commercial, Government and Industrial Solutions Sector (CGISS):*
   www.motorola.com/cgiss

*Technische Universität München, Bayrischer Qualitätspreis:*
   www.nordpol.bwl.wiso.tu_muenchen.de/webseiten/bqp/fp8_inhalt.htm

## 7.7.7 Six Sigma in der Logistik

*von Lothar Aldinger*

### 7.7.7.1 Einleitung

Six Sigma gewinnt in den USA und auch in Deutschland immer mehr Aufmerksamkeit. Die Erfolge von Motorola und General Electric führten zuerst in den USA und dann in Europa zu einer Verbreitung dieser Methode.

In einer Befragung von Rigby und Bilodeau in 2005 wurden ca. 1.000 Unternehmen weltweit zu Six Sigma befragt. Die Ergebnisse zeigen: 49 % der größeren Unternehmen verwenden Six Sigma.

Die positive Resonanz lässt sich zum Teil durch die positiven Ergebnisse bekannter und großer Unternehmen erklären, zum Teil beruht er jedoch auf der Integration bekannter Methoden, wie z.B. klassischer Methoden des Qualitätsmanagements, Reengineerings und der Business-Transformation. Die Botschaft, mit vielen und überschaubaren Verbesserungsprojekten einen Durchbruch bei der Qualitäts- und Kostensituation zu erzielen, ist allzu verlockend. Entsprechend hat sich eine Nachfrage nach dieser Methode boomartig entwickelt.

**Guter Ruf von Six Sigma hat eine solide Basis**

Auch bei kleineren Unternehmen mit weniger als 250 Mitarbeitern zeigte eine britische Studie von Antony, Kumar und Madu schon eine voranschreitende Verbreitung von Six Sigma. Demnach hatten bereits 27 % der befragten Kleinunternehmen mit Six Sigma zu tun. Dies resultiert auch zum Teil aus dem Druck der Kunden dieser Unternehmen, die Lieferqualität und -zuverlässigkeit zu erhöhen. Hierbei legen einige Firmen den Lieferanten sogar nahe, Six Sigma einzuführen (Schmieder, FH Köln, QZ 5/2006). Es zeigt sich auch, dass ab einer Unternehmensgröße von 50 Mitarbeitern mehr und mehr Six Sigma-Konzepte Anwendung finden können. Bei kleineren Unternehmen sind zumindest einige der in Six Sigma zusammengefassten Methoden relevant (z.B. FMEA, Processmapping/Wertstromanalyse, Ishikawa ...) und haben sich bewährt.

**Zweckmäßige Module zur Prozessverbesserung von Six Sigma für kleinere Unternehmen**

Aber diese Six Sigma-Methoden sind offensichtlich nur mit speziell trainierten und hochqualifizierten Experten und Mitarbeitern einsetzbar. Woher kommen nun diese Experten, die Titel wie Greenbelt und Blackbelt tragen?

Six Sigma-Institute bieten entsprechende Qualifizierungsmaßnahmen an. Die Qualifizierungsmaßnahmen sind sehr kostspielig, aber bei den angekündigten Erlösen stellen sie für viele Unternehmen eine gute Investition dar.

Somit bildet man mehr und mehr Six Sigma-Experten aus. Diese Experten und deren Ausbildung rechnen sich aber nur dann, wenn entsprechende Themen bzw. Aufträge gefunden werden, bei denen sich nicht nur die

Ausbildung, sondern auch die Projektarbeit lohnt. Ein typisches Six Sigma-Projekt dauert ca. drei Monate (und z.T. auch wesentlich länger) und bindet nicht nur den Six Sigma-Experten, sondern auch Kollegen, die aus dem zu optimierenden Bereich kommen.

*Einsparpotenziale durch Six Sigma oft höher als auf den ersten Blick ersichtlich*

Solche lohnenden Aufträge werden sicherlich in den Produktionsbereichen und dort vor allem in der Teilefertigung gefunden. Die meisten Unternehmen arbeiten nach Schätzung der Six Sigma-Experten mit einer Prozessqualität, die ca. 20–25 % mehr Kosten verursacht als die Unternehmen, die eine Six Sigma-Optimierung erfahren haben.

Laut Rehbehn/Yurdakul (»Mit Six Sigma zu Business Excellence«) sind diese Kosten in unseren Buchhaltungs- und Finanzsystemen nur zu einem Drittel sichtbar. Eine Six Sigma-Optimierung bedeutet, dass die Prozesse weniger als 4 Fehler bei einer Million Fehlermöglichkeiten aufweisen und die Fehlleistungskosten weniger als 1 % des Umsatzes ausmachen.

| Sigma Niveau | Unternehmensreife | Fehlleistungskosten |
|---|---|---|
| 2 | nicht wettbewerbsfähig Qualität durch Prüfen | mehr als die Hälfte der Arbeiten sind Reparaturleistungen |
| 3 | langfristig nicht wettbewerbsfähig | 25–40 % des Umsatzes |
| 4 | durchschnittliches Unternehmen Nachweis der Prozessfähigkeit | 15–25 % des Umsatzes |
| 5 | gutes Unternehmen partielle Top-Performance | 5–15 % des Umsatzes |
| 6 | Weltklasse | < 1 % des Umsatzes |

*Abb. 1: Fehlleistungskosten (Yurdakul) in Abhängigkeit von der Prozessqualität*

Diese Erfolge in der Produktion haben auch für die Dienstleistungsbereiche Signalwirkung. In einer Fachzeitschrift für Finanzexperten (FIN.KOM-Magazin für Financial Innovation) wurde in 2005 ein Artikel mit der Überschrift »Six Sigma auf dem Siegeszug – Ein Konzept erobert die Finanzwelt« veröffentlicht. Moormann, Professor für Bankbetriebslehre an der Hochschule für Bankwirtschaft (hfb) behauptet, Finanzdienstleister, die international eine Rolle spielen wollen, kommen an Six Sigma nicht vorbei. Finanzdienstleister haben keine andere Wahl, als die industriellen Konzepte zur Produktivitätssteigerung anzuwenden.

*Six Sigma-Projekte lohnen sich in Produktions- und Dienstleistungsbereichen*

Wenn in Produktionsbereichen und in Finanzbereichen Six Sigma Anwendung findet, so ist offensichtlich, dass einer flächendeckenden Anwendung von Six Sigma in allen Unternehmensbereichen nichts im Wege steht.

Im Folgenden soll ein Beispiel aus der Logistik das Potenzial von Six Sigma beleuchten. Bei diesem Beispiel wurde bewusst ein Bereich der Logistik ausgewählt, der oberflächlich betrachtet wenig mit Prozessqualität zu tun hat.

### 7.7.7.2 Grundprinzipien von Six Sigma

Der Begriff »Six Sigma« stammt aus der Mathematik. Der Sigma-Wert beschreibt, wie stark ein Prozessergebnis von seinem Soll-Ergebnis abweicht. Sigma schreibt die Prozessstreuung. Ein hoher Sigma-Wert bedeutet eine hohe Prozessstreuung und ist somit ein Indikator für eine schlechte Prozessqualität. Die Wertung, was noch gut und was schlecht ist, leitet sich aus den von einem Produkt geforderten Toleranzen ab. Ist der gemessene Sigma-Wert nur ein Sechstel der zulässigen Toleranz, so spricht man von einem Prozess, der Six Sigma-Qualität hat. Ist die Toleranz sechsmal größer als die tatsächliche Prozessstreuung, so ergibt sich aufgrund statistischer Berechnungen, dass bei einer Million Teile weniger als vier defekt sind. Somit haben wir einen sehr stabilen und zuverlässigen Prozess. Diese Idee der Prozessstabiltät und -zuverlässlichkeit lässt sich auch auf Dienstleistungsprozesse übertragen. Dort geht es dann weniger um messbare geometrische Differenzen zwischen Ist und Soll, sondern vielmehr um eine termingerechte und inhaltlich einwandfreie Erfüllung einer Aufgabe bzw. Dienstleistung.

*Six Sigma zielt auf stabile Prozesse ab*

Bei der Bearbeitung von Problemen oder bei der Verbesserung von Prozessen versucht der Leiter eines Six Sigma-Projektes zuerst einmal, den Prozess zu beschreiben. Die statistische Auswertung von vorliegenden Prozessdaten ergibt die ersten Aufschlüsse über die Prozessqualität und ersetzt individuelle Bewertungen durch belastbare Zahlen, Daten und Fakten. Danach erfasst er umfassend die Einflüsse auf den Prozess. Diese Einflüsse werden quantifiziert, so dass man erkennen kann, wie stark die einzelnen Parameter den Prozess und sein Ergebnis wirklich beeinflussen. Hierbei stellt man immer wieder fest: Subjektive Einschätzungen der Bedeutung der Einflussgrößen auf das Prozessgeschehen und damit die Prozessqualität weichen mitunter stark von den Ergebnissen einer systematischen und auf belastbaren Daten und Fakten beruhenden Analyse ab.

*Six Sigma legt Wert auf den Nachweis der Belastbarkeit der verwendeten Zahlen, Daten und Fakten*

Nach der umfassenden Analyse ist bekannt, welches die wichtigsten Stellhebel sind, um den Prozess nachhaltig zu verbessern. Der Projektleiter erhält somit die Sicherheit, bei den Verbesserungsmaßnahmen diejenigen anzugehen, die am meisten Wirkung zeigen werden.

Die Arbeit in einem Six Sigma-Projekt folgt einer stringenten Vorgehensweise. Dies ist besonders in einer auf sehr schnelle Ergebnisse ausgerichtete Kultur wichtig. Häufig werden bei aufgetretenen Problemen die so genannten Sofortmaßnahmen beschlossen, die dafür sorgen, dass der Kunde von dem Fehler nichts bemerkt. Die Ursache des Problems ist damit jedoch nicht zwangsläufig beseitigt. Somit ist anstelle einer Prozessverbesserung eine Verteuerung des Produktions- und Dienstleistungsprozesses entstanden. Die nachhaltige Verbesserung eines Prozesses verlangt bei kom-

*Nachhaltige Prozessverbesserung und Fehlerreduzierung durch stringent durchlaufenen Six Sigma-Regelkreis (DMAIC)*

plexeren Prozessen aber Zeit für tiefer gehende Analysen und Datenauswertungen. Die Lösungsvorschläge sollten auch vor der Einführung hinsichtlich ihrer Zweckmäßigkeit und Relevanz für das abzustellende Problem geprüft sein. Denn oft werden schnelle Lösungen angeboten, die dann mehrfache Nachbesserung verlangen. Deshalb schreibt ein Projektleitfaden explizit die einzuhaltenden Projektmeilensteine und -tätigkeiten vor. Dies bremst anfänglich die Projektarbeit, jedoch steht am Ende eines jeden Projektabschnittes ein belastbares Ergebnis, auf dem die weiteren Projektarbeiten aufbauen können. Der DMAIC-Regelkreis ist das Synonym für diese stringente Vorgehensweise.

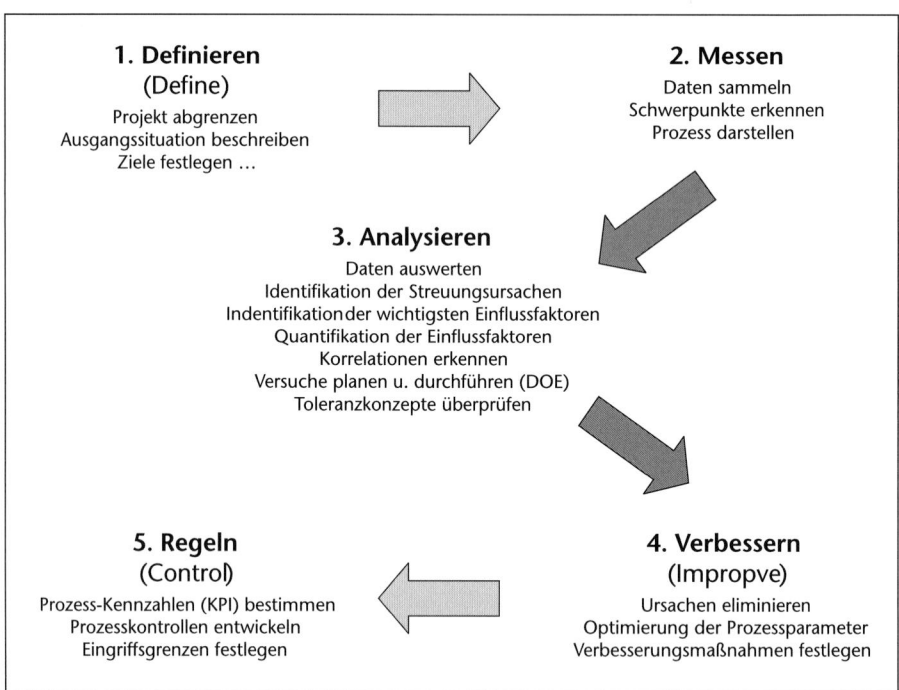

*Abb. 2: DMAIC-Regelkreis*

**Erreichte Prozessverbesserungen durch Six Sigma halten**

Abschließend ist es Aufgabe des Projektleiters, sich zu überlegen, wie die erreichten Ergebnisse aufrecht erhalten werden können, wenn die Prozessverbesserungen eingeführt worden sind und die Projektarbeit beendet ist. Hierzu entwickelt das Six Sigma-Projekt Vorschläge für eine systematische Überwachung des Prozesses. Hiermit soll vermieden werden, dass sich allmählich einschleichende Unregelmäßigkeiten oder Prozessschwächen unbemerkt aufbauen können. In der Welt der Teilefertigung gibt es schon sehr lange die Methoden der Statistischen Prozesskontrolle (SPC). Die Philosophie von Regelkarten mit Eingriffsgrenzen lässt sich auch auf Dienstleistungsprozesse übertragen.

### 7.7.7.3 Logistik – eine Bündelung wichtiger Kernprozesse des Unternehmens

Wenn man mit dem Gedankengut von Six Sigma die Logistik betrachtet, so gliedert sich die Logistik in eine Vielzahl von Prozessen, die in Form eines komplexen Systems miteinander verknüpft sind. Hier wird die Six Sigma-Forderung nach sehr zuverlässigen Prozessen zur absoluten Notwendigkeit, denn wenn ein Prozess fehlerhaft oder unzuverlässig ist, ist das gesamte Logistik-System selbst in seinen feinsten Verästelungen von dem Problem betroffen.

Die Bedeutung einer hohen Prozessstabilität in der Logistik besteht darin, die Zuverlässigkeit der Materialbereitstellung, des Materialabtransportes und die der Informationsbereitstellung auf höchstem Niveau sicherzustellen.

**Logistik muss den Informations- und Materialfluss auf höchstem Niveau sicherstellen**

In der Logistik kann man
- Versand,
- Verpackung,
- Programmplanung,
- Beschaffung,
- Disposition,
- Auftragsplanung,
- Kommissionierung,
- Lagerhaltung,
- ...

als Teilprozesse ansehen.

Ziel ist es, die von den internen und externen Kunden an die Logistik gestellten Anforderungen kostengünstig und störungsfrei abzuwickeln. Ein weiteres Ziel ist es, die Aufgaben schnell abzuwickeln und auf kritische Ereignisse und Überraschungen zügig zu reagieren. Für diese Aufgabenabwicklung nutzt die Logistik spezielle EDV-Systeme, die die Abläufe genau vorgeben. Dennoch gibt es immer wieder Fehler:

- fehlende Teile,
- falsche Anlieferorte,
- falsche Verpackung,
- zu frühe Anlieferung,
- zusätzlicher Transportaufwand,
- ...

Hinter diesen Fehlern verbergen sich Prozessprobleme. Nachdem die Logistik für ihre Arbeit eine starke EDV-Unterstützung entwickelt hat, ist das Denken in Abläufen und Prozessen sehr stark ausgeprägt. Dennoch weisen die Prozesse Fehler auf. Hierbei handelt es sich in der Regel aber nicht

um ablauflogische Fehler innerhalb eines Prozesses bei den Standardanwendungen, sondern um Ausführungsfehler. Ausnahmesituationen, für die keine EDV-gestützten Abläufe entwickelt worden sind, sollen hier ausgeklammert werden. Das bedeutet, dass Störungen im Prozess oder externe Störungen zu Prozessinstabilitäten führen.

**Trotz hoher EDV-Durchdringung Prozessprobleme**

Solche Prozessinstabilitäten oder »Prozessstreuungen« sind typische Anwendungsfälle von Six Sigma.

Um die flächendeckende Anwendbarkeit von Six Sigma in der Logistik unter Beweis zu stellen, soll ein Beispiel ausgewählt werden, welches nicht unbedingt sofort als typischer Anwendungsfall ins Auge springt. Es handelt sich hierbei um den Prozess der Produktions- und Logistik-Stücklistenverwaltung. In dieser Stücklistenverwaltung wird der zu erzeugende Produktzustand und seine bekannten Änderungen mit Änderungsterminen dargestellt. Ergänzt wird die aus der Konstruktion oder Entwicklung stammende Stückliste um logistische und produktionstechnische Informationen, wie z.B. Verbrauchsort, Materialbereitstellungsform usw.

### Dokumentation und Einsatzsteuerung (Definieren)

Die Dokumentation in der Logistik übernimmt von der Konstruktion/Entwicklung die technischen Informationen für ein Teil. Diese Informationen bestehen aus Sachnummer, Zeichnung, Material und Verwendung des Teils in übergeordneten Zusammenbauten. Stellt das Teil selbst einen Zusammenbau dar, benötigt man Informationen über die verwendeten Unterteile.

Die Logistik muss diese Informationen überprüfen, um sicherzustellen, dass die Bedarfsermittlung auf Basis einer vollständigen und richtigen Dokumentation erfolgt. Der ermittelte Bedarf wird dann in Bestellaufträge umgerechnet und an die relevanten Lieferanten geleitet. Da dies hoch automatisiert ablaufen soll, müssen von der Logistik entsprechende Stammdaten für die Teile und Zusammenbauten angelegt werden.

Erfolgt nun z.B. eine konstruktive Anpassung, so muss die Logistik ermitteln, wann dieser neue technische Sachverhalt zum Tragen kommt. Da die technische Veränderung nur möglich ist, wenn die neuen Teile produziert, Anlagen umgestellt sind usw., muss ermittelt werden, wann welche Aktivitäten hierzu erfolgen können und abgeschlossen sein müssen. In der so genannten Einsatzsteuerung wird durch Abfrage der entsprechenden Fachbereiche, wie z.B. Fabrik-, Anlagen- und Prozessplanung, der Disposition, des Qualitätsmanagements und weiterer Experten ermittelt, wann frühestens das neue Teil eingesetzt werden kann.

Nach Festlegung des Einsatztermins starten die weiteren Aktivitäten zur Vorbereitung der Umstellung in den Fachbereichen. Da trotz sorgfältiger Planung Probleme auftreten können, die den abgestimmten Einsatz gefährden können, bedarf es einer stringenten Überwachung der vielfältigen Aktivitäten in der Folgezeit.

Dies ist, rein logisch betrachtet, ein einfacher Prozess. Wenn er aber schief läuft, kann dies zu Produktionsstopps führen. Bei Großserienfertigung bedeutet dies große Stückzahleinbußen und hohe Kosten. Somit besteht eine dringende Notwendigkeit, die Einsatzsteuerung als extrem zuverlässigen bzw. stabilen Prozess zu gestalten und zu etablieren.

**Einsatzsteuerung muss sehr zuverlässig sein**

Da es trotz sorgfältiger Prozessgestaltung und individueller sorgfältiger Vorbereitung immer wieder zu Pannen kommen kann und kommt, die selbst bei einem nüchtern betrachtet geringen prozentualen Anteil starke emotionale Reaktionen hervorrufen, soll im Folgenden aufgezeigt werden, wie durch Six Sigma eine Prozessverbesserung erzielt werden kann.

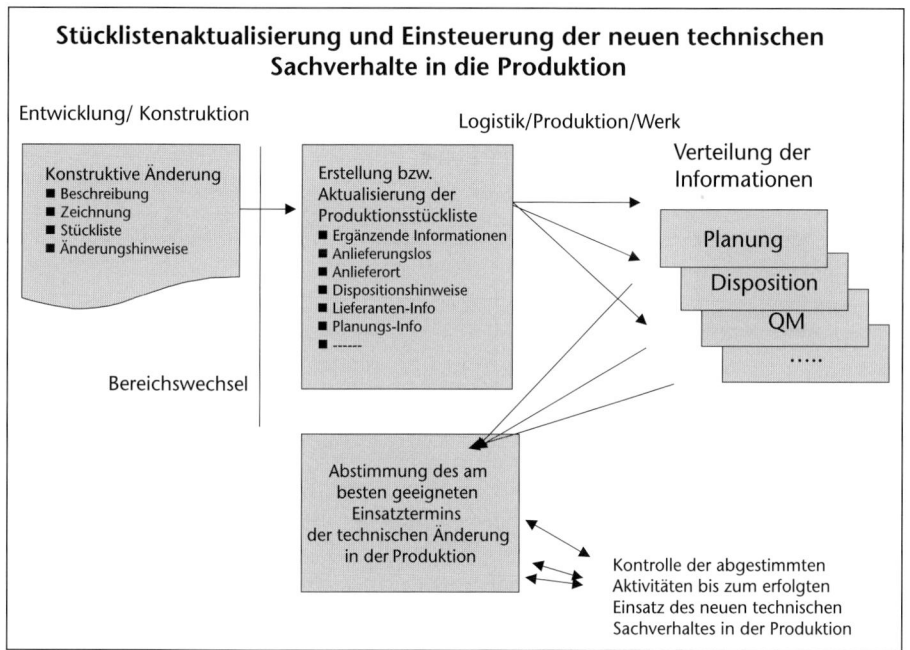

*Abb. 3: Grundfunktionen der Dokumentation und des Änderungswesens*

### Messen/Beschreiben

In der ersten Analyse-Phase wird zuerst einmal der grob beschriebene Prozess weiter detailliert. Hierzu dient das Prozessmapping.

In einem ersten Schritt wird der komplexe Zusammenhang erfasst. Hierbei geht man nicht auf die Detailebene, sondern die Projektgruppe – bestehend aus den Six Sigma-Experten und erfahrenen Mitarbeitern und Experten aus dem Fachbereich Logistik – beschreibt die Wechselbeziehungen der einzelnen Teilprozesse. Bei dieser Arbeit muss das Team einen Weg finden, der auf der einen Seite eine zu detaillierte Darstellung und auf der anderen Seite eine zu grobe Übersicht vermeidet. Als Faustformel könnten maximal drei DIN A4-Seiten angesehen werden. Braucht man mehr Platz für die Gesamtdarstellung des zu untersuchenden Prozesses, ist man

### 7.7 Qualitätsmanagement

auf einer zu detaillierten Ebene. In dem Beispiel wird auf einer Seite eine Übersicht über den Gesamtprozess mit seinen Teilprozessen gegeben. Für jeden Teilprozess gibt es dann wieder einzelne Darstellungen, die aber unabhängig voneinander betrachtet werden können.

**Von grober Übersichtsdarstellung punktuell ins Detail**

Bei diesem Projektschritt entsteht auch eine Übersicht über die Schnittstellen. Besonders dann, wenn ein komplexer Prozess mehrere Prozesseigner kennt, ist diese Schnittstellenbetrachtung von hoher Bedeutung.

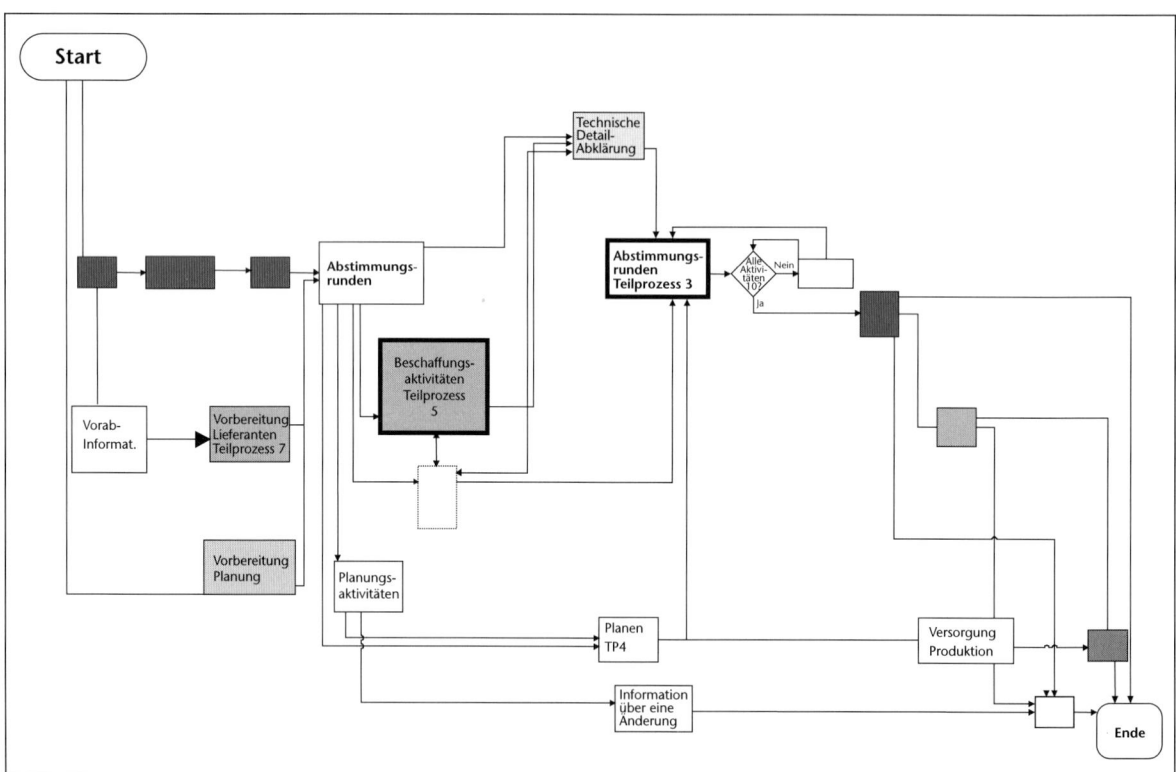

*Abb. 4: Prinzipielles Beispiel für Prozessmapping*

Im nächsten Schritt des Prozessmappings wird jeder Teilprozess weiter untersucht. Ziel der Untersuchung ist es, herauszufinden, welche Parameter den Teilprozess maßgeblich steuern und beeinflussen. Diese Parameter sind geplante Stellgrößen des Prozesses. Daneben gibt es aber auch Störeinflüsse, die zwar nicht geplant waren und die aber hier explizit betrachtet werden müssen.

Diese Arbeit soll zum einem Transparenz über die Prozessabläufe, die Schnittstellen und die Prozessparameter schaffen, aber auch zum anderen die Frage beantworten, welche Einflüsse und Prozessinputs das Prozessergebnis und somit die Prozessqualität bestimmen. Die auf einen Prozess einwirkenden Größen müssen für die weiteren Schritte der Problemlösung bekannt sein.

Bei Six Sigma klassifiziert man diese Größen nach:

- steuerbaren Prozessparametern und
- Störgrößen.

**Explizite Betrachtung der Einflüsse auf den Prozessablauf**

Mit den steuerbaren Prozessparametern kann der Prozesseigner auf den Prozess einwirken und das Prozessergebnis beeinflussen. Allerdings muss in dem Prozessmapping eine erste Untersuchung stattfinden, welche Prozessparameter den Prozess stark beeinflussen und welche nicht. Die Prozessparameter, die den Prozess stark beeinflussen, muss der Prozesseigner unbedingt gezielt kontrollieren können. Somit liefert das Prozessmapping Hinweise auf die weiteren Untersuchungsschwerpunkte.

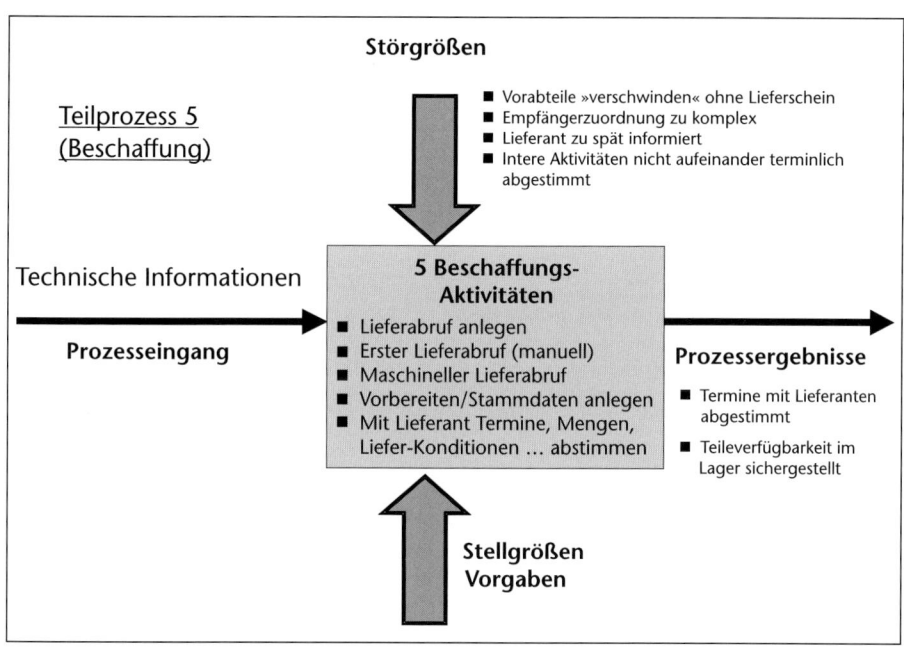

*Abb. 5: Parameter eines Teilprozesses (Prozessmapping)*

Die Qualität dieser Arbeit hängt stark von der Sachkenntnis der Experten aus dem Fachbereich ab. Sie müssen mit den Abläufen sehr gut vertraut sein und die Details kennen. Aufgrund der starken Durchdringung der Arbeitsabläufe in der Logistik mit EDV-Systemen müssen die Experten aus dem Fachbereich auch noch die EDV-Systeme und deren Wirkungsweise im Detail kennen. Da EDV-Systeme häufig sehr komplex sind, verschiedenen Release-Anpassungen unterworfen worden sind und dann noch anwenderspezifische Detailanpassungen erhalten haben, stellt diese Phase der Arbeit die höchsten Anforderungen an die Vertreter der Fachbereiche. Der Blackbelt-Projektleiter beherrscht zwar die Methodik des Prozessmappings, jedoch ist er darauf angewiesen, von dem Fachbereich die innere Logik der Funktionsabläufe zu erfahren.

## 7.7 Qualitätsmanagement

**Fachliche Kompetenz der Projektmitglieder wichtig für die Beschreibung der Ist-Prozesse**

Alternativ müsste er im Detail eine sehr aufwendige Prozessaufnahme und -dokumentation machen. Dieser Aufwand ist jedoch sehr hoch. Die Beschreibung aller Prozesse bis ins Detail durch einen fachfremden Systemanalytiker erfordert neben dem hohen Aufwand für die erneute Dokumentation der bestehenden Ist-Abläufe eine detaillierte Prozesslandkarte. Trotzdem würde hier immer noch der Support des Fachbereiches benötigt werden, da die durch den Systemanalytiker erfassten Abläufe verifiziert werden müssen.

**Identifikation der Problemursachen gibt Hinweise auf Lösungsansätze**

Wenn das Prozessmapping abgeschlossen ist, beginnt die Arbeit der Ermittlung der Problemursachen. Hier wird nach Ursachen von Störgrößen gefragt. Hier wird auch quantifiziert, wie stark sich Parameter und Störgrößen auf den Prozess auswirken.

Die Identifikation von Ursachen für Störungen erfolgt über die hinlänglich bekannte Methode der Ursache-Wirkungs-Darstellung mithilfe der Ishikawa-Diagramme.

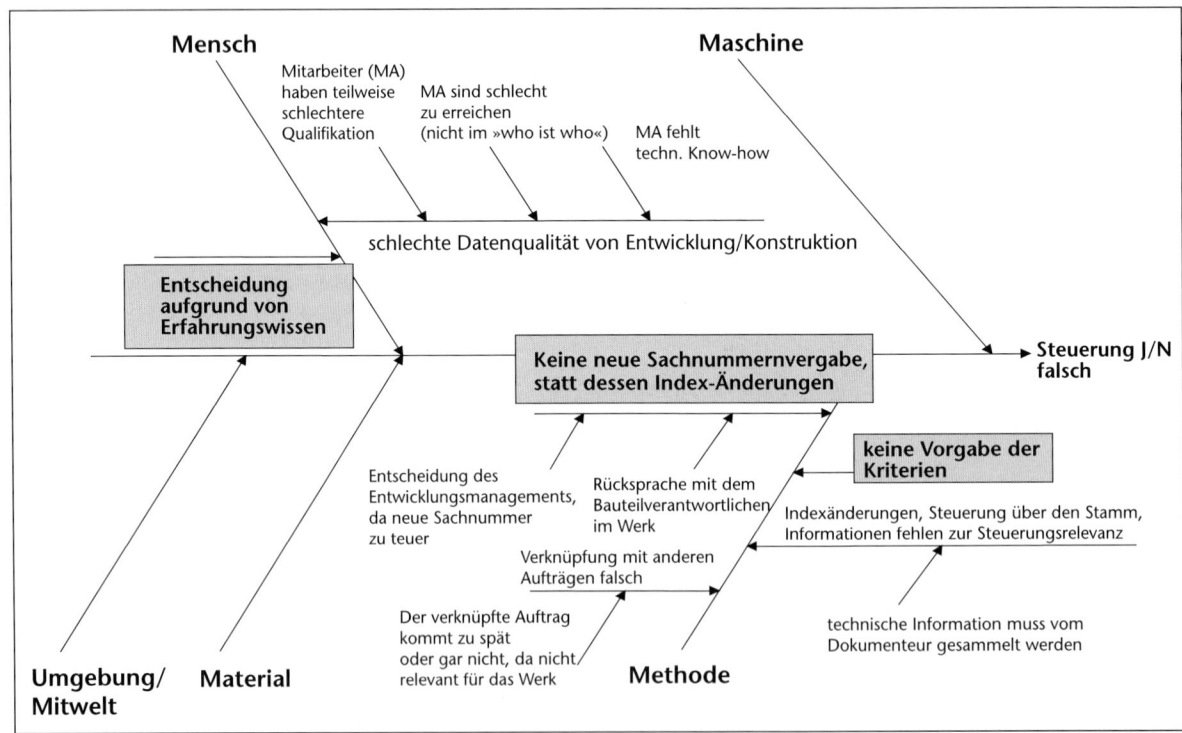

*Abb. 6: Beispiel für eine Detail-Analyse in Ishikawa-Darstellung (Technische Änderung zu steuern)*

### Analysieren

Nachdem in der vorausgegangenen Arbeit die Prozesslandkarte mit den vielzähligen Schnittstellen und die Einflussgrößen auf die Teilprozesse ermittelt und nach ihrer Bedeutung klassifiziert worden sind, erfolgt in der nächsten Projektphase zum einen die Überprüfung dieser Ergebnisse und zum andern eine Quantifizierung der Einflüsse. Das heißt, es wird danach gefragt, wie sich die Stärke eines Einflussparameters in Zahlen ausdrücken lässt.

In dieser Analysephase kennt der Six Sigma-Experte eine Reihe von Methoden zur Datenanalyse, z.B.:

- Prozessfähigkeitsuntersuchungen,
- Korrelationsuntersuchungen,
- Regressionsanalyse,
- Analyse der Vertrauensbereiche,
- Analyse der Variationen,
- Hypothesentest,
- Statistische Versuchsplanung (DOE),
- Toleranz-Analysen.

Die Übersicht lässt erkennen, dass jetzt statistische Methoden zur Anwendung kommen, die für Nichtmathematiker durchaus den Ruf von anspruchsvollen Methoden haben können.

**Störungsursachen werden mithilfe der Mathematik untersucht**

Bei der Beurteilung des Gewichtes eines Einflussfaktors auf die Prozessleistung führen subjektive Abschätzungen leicht zu Fehlschlüssen. So werden Störungen, die zufällig von Einzelpersonen als gravierend erlebt worden sind, überproportional hoch eingestuft. Wenn man jedoch genauer hinschaut, merkt man, dass diese Störungen nur äußerst selten vorkommen. Und wenn sie vorkommen, werden sie schnell und zuverlässig erkannt. Für diese schnell erkennbaren Störungen gibt es dann häufig auch bekannte Gegenmaßnahmen.

Eine Gruppe anderer Störungen sind jedoch sehr viel häufiger: Es handelt sich hierbei um die vielen kleinen Störungen, die im täglichen Arbeitsablauf immer wieder zu kleinen Zusatzarbeiten führen. Sie sind für das Top-Management aber nicht sichtbar und erhalten auch keine Top-Priorität, da die Mitarbeiter diese Störungen kontinuierlich abfangen. Z.T. werden diese Störungen nicht mehr als Störung betrachtet, sondern sind normaler Betriebsablauf. Somit ist es sehr wichtig, das Störaufkommen genauer zu untersuchen und belastbare Zahlen, Daten und Fakten aufzubereiten. Auf Basis dieser Daten kann dann letztendlich entschieden werden, welche Einflüsse auf den Prozess bzw. seine Teilprozesse ausschlaggebend für die Prozessleistung sind.

Nachdem die einzelnen Parameter genauer untersucht worden sind, erfolgt nun eine Bewertung hinsichtlich der Priorität. Hier helfen Korrelations- und Regressionsrechnungen. Sie zeigen auf, welche Abhängigkeiten zwischen den verschiedenen Einflussgrößen und den Prozessergebnissen bestehen.

## 7.7 Qualitätsmanagement

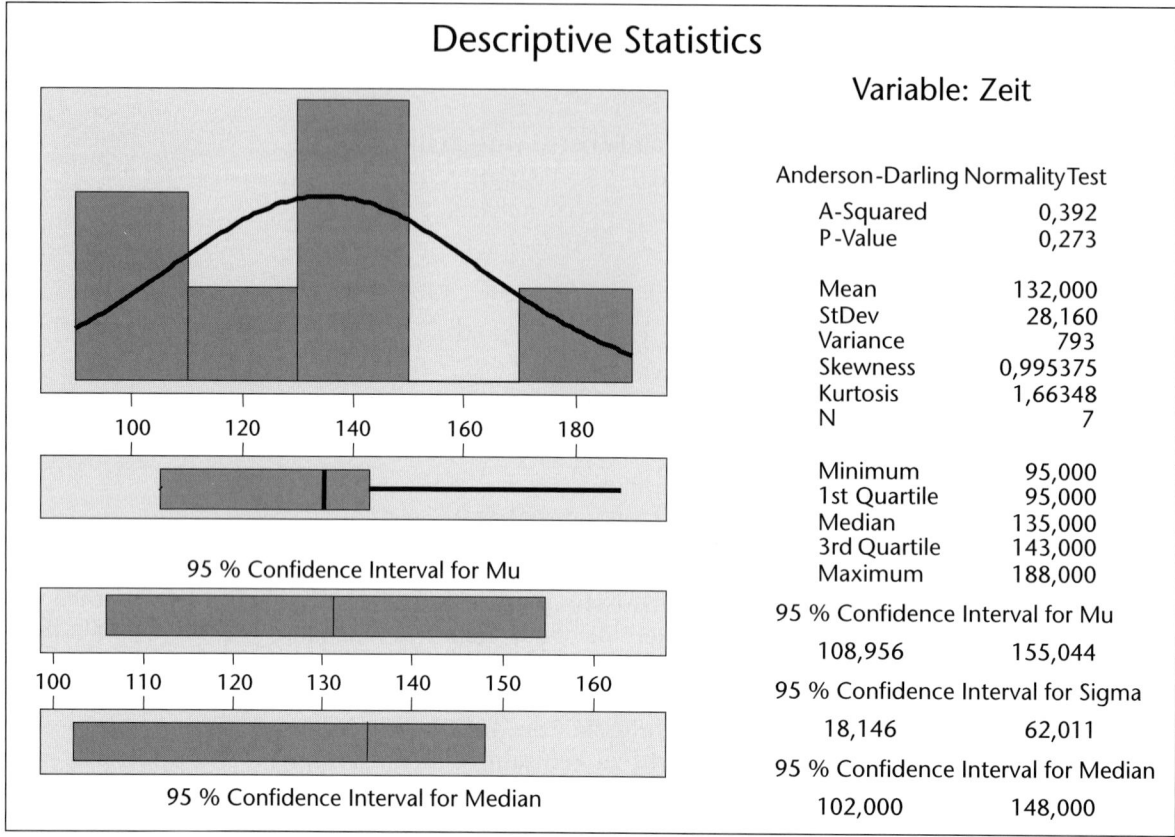

Abb. 7: Beispiel für den EDV-Ausdruck (Minitab) zur Darstellung der Häufigkeit für eine Störungsursache

**Statistische Versuchsplanung (DOE) bildet für Projektleiter ein leistungsfähiges Analyse-Instrument**

Sollten solche Untersuchungen keine aussagekräftige Ergebnisse liefern, weil z.B. signifikante Effekte der betrachteten Einflussgrößen außerhalb des Untersuchungsbereiches liegen oder weil die gegenseitigen und wechselseitigen Abhängigkeiten der Einflussfaktoren die Korrelations- und Regressionsuntersuchungen erschweren bzw. verfälschen, bietet Six Sigma jetzt die statistische Versuchplanung (DOE = Design of Experiment) an. Mit dieser Versuchplanung soll auf effiziente Art und Weise der Zusammenhang zwischen den verschiedenen Einflussfaktoren ermittelt werden.

Bei der Versuchstrategie Try and Error werden viele Faktoren zur gleichen Zeit verändert. Wenn sich der Erfolg eingestellt hat, ist man mit dem Ergebnis zufrieden, ohne wirklich genau zu wissen, was die entscheidende Verbesserung war.

Bei einer sorgfältigeren Versuchsgestaltung wird zu einem Zeitpunkt immer nur ein Parameter verändert (Shainin). Die Veränderungen im Prozess sind eindeutig dem geänderten Parameter zuordenbar. Allerdings verlangt diese Vorgehensweise sehr viele Versuche. Besonders dann, wenn die Einflussparameter sich gegenseitig beeinflussen, kommt diese Vorgehensweise an ihre Grenze.

Als effizienteste und zugleich effektivste Vorgehensweise hat sich die statistische Versuchsplanung herausgestellt. Diese Versuchsplanung reduziert die Zahl der notwendigen Versuche auf ein Mindestmaß, das allerdings nicht unterschritten werden darf.

Diese Methode, die auch unter dem Namen DOE (Design of Experiment) bekannt wurde, verlangt ein bestimmtes Expertenwissen, mit dem die Versuche geplant werden. Dieses Expertenwissen haben die Six Sigma-Blackbelts.

Für unser Beispiel der Dokumentation und Einsatzsteuerung sind diese Überlegungen nicht notwendig, da hier eine Analyse deutlich zeigen kann, welche Parameter den größten Einfluss auf das Prozessergebnis haben.

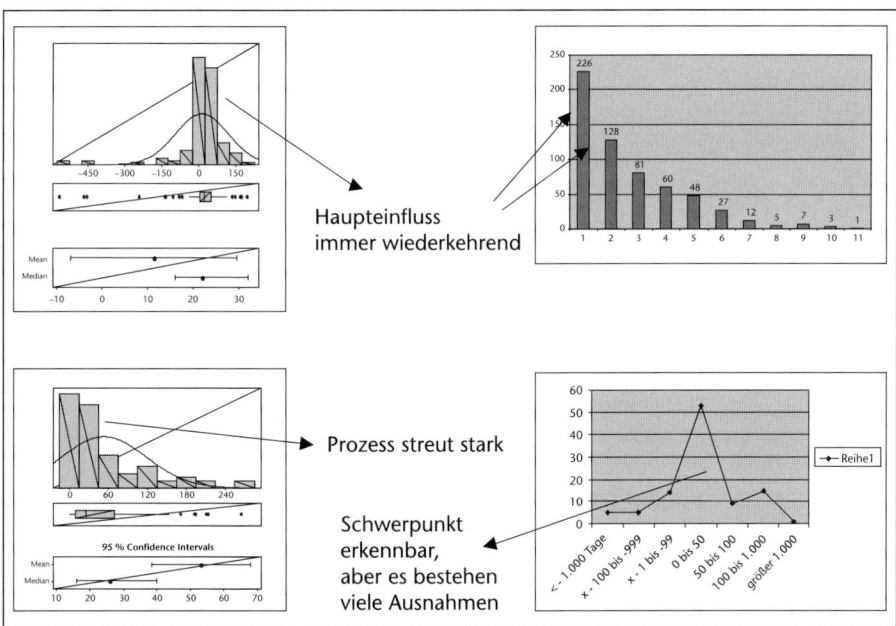

*Abb. 8: Bewertung der Ursachen für Prozessstörungen*

Trotz aller Detailanalysen und Ergebnisse muss bei komplexen Prozessen oder Systemen aus wirtschaftlichen Gründen nochmals weiter innerhalb der möglichen Problemursachen selektiert werden, um die Themen herauszufiltern, die für die weitere Arbeit relevant sind. Dahinter steckt die einfache Frage nach dem Aufwand für eine Maßnahmenumsetzung. Z.B. gibt es Themenbereiche, die die Zusammenarbeit von Bereichen betreffen. Sicher kann die entsprechende Schnittstelle hinsichtlich ihrer Störungen und Fehlerhäufigkeiten erfasst und beschrieben werden. Und sicherlich gelingt es auch, die Einflussparameter zu quantifizieren und zu priorisieren. Jedoch hat eine Verbesserung in diesen Bereichen auch eine politische Dimension. So können die unterschiedlichen Zielsetzungen der Bereiche oder die jeweiligen Prioritäten dazu führen, dass eine Optimierung

**Six Sigma ist kein Ersatz für politische oder strategische Entscheidungen**

dieser Schnittstelle für einen Fachbereich von hoher Bedeutung ist, für die anderen Fachbereiche aber kontraproduktiv wäre. Deshalb ist ein lokales Optimum aus Sicht des einen Fachbereiches dringend, aber als eine Konzeption für alle anderen Bereich nicht akzeptabel. Deshalb sind die gewonnenen Erkenntnisse aus der Analyse für die Führungskräfte in verständlicher Form zusammenzufassen und dort zu diskutieren bzw. die entsprechenden Entscheidungen zu treffen.

| Fehler | Abhilfe |
|---|---|
| 1. Technische Info kommt unvollständig ins Werk | Qualitätsvereinbarungen einführen |
| 2. Redundante Informationsbeschaffung | Technische Information nur von einer Abteilung zu beschaffen und an alle zu kommunizieren in Form einer Regelkommunikation |
| 3. Einsatz steuern ja/nein nicht einheitlich geregelt | Kriterienkatalog gemeinsam besprechen |
| 4. MA-Qualifizierung nicht flächendeckend vorhanden | Schulungskonzept erarbeiten |
| 5. Abstimmungsrunden nicht immer kompetent/effizient | Abstimmungsrunden neu organisieren |
| 6. Eskalation individuell, i.d.R. nach Auftreten des Fehlers | Eskalationsprinzip regeln und dokumentieren (Einführen der Bringschuld-Philosophie) |
| 7. Keine Key Performance Indikatoren (KPI) Gesamtprozess | KPI für den Gesamtprozess einführen |
| 8. Keine Beschreibung für den Gesamtprozess vorhanden | Arbeitsanweisung erarbeiten |
| 9. Schnittstellen zwischen benachbarten Bereichen nicht beschrieben | QV Qualitätsvereinbarungen zwischen den Bereichen im Werk und Entwicklung einführen |

*Abb. 9: Zusammenfassung der Fehlerquellen und Möglichkeiten zur Fehlerbehebung*

Ausgehend von diesen Zusammenfassungen muss das Projektteam die Handlungsprioritäten herausarbeiten. Dazu werden die wichtigsten Schwachstellen herangezogen und als Bereich mit Handlungsbedarf ausgewiesen.

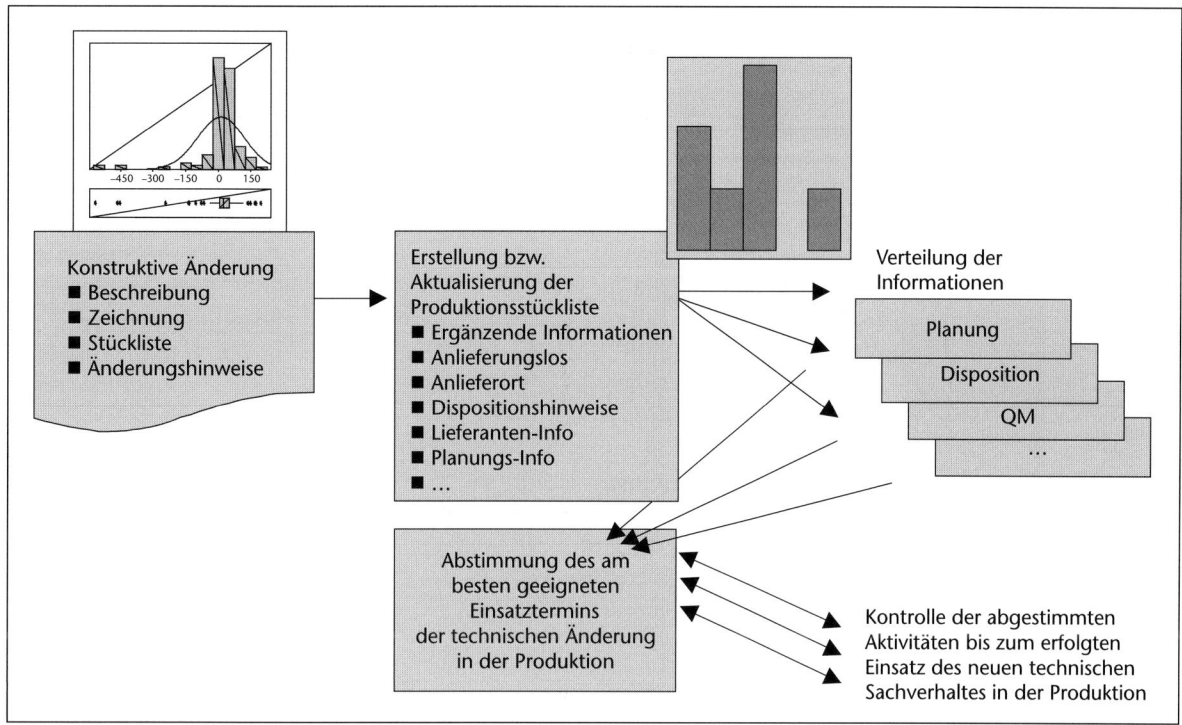

*Abb. 10: Übersicht über die Schwachstellen und erkannte Handlungsschwerpunkte*

**Verbesserungen**

Ausgehend von den Handlungsfeldern können jetzt Maßnahmen ermittelt werden.

Die Maßnahmen, die als Korrektur für den Prozess in Frage kommen, werden aus den Schwachstellen und ermittelten Störgrößen abgeleitet. Hier bieten sich verschiedene Methoden an. Neben den bekannten Methoden zur Ursachenidentifikation und zur weiteren Ideenfindung (Brainstroming, laterales Denken nach de Bono usw.) gibt es aufwendigere Methoden.

Hier fängt man mit dem Vergleich von guten und schlechten Prozessergebnissen an und vergleicht, was die Unterschiede im Ablauf oder bei den Eingangsgrößen war. Es gibt auch die Möglichkeit, einen Parameter zu ändern und die anderen festzuhalten. Verbessert sich das Ergebnis, so hat man einen Hinweis auf eine Verbesserungsmaßnahme. Shainin hat hier eine pragmatische Vorgehensweise entwickelt. Darüber hinaus gibt es aber auch noch die statistische Versuchsplanung, die nicht nur die Einflussgrößen identifiziert, sondern auch ermittelt, wie z.B. Prozessparameter einzustellen sind, um eine nachhaltige Prozessverbesserung zu erhalten.

## 7.7 Qualitätsmanagement

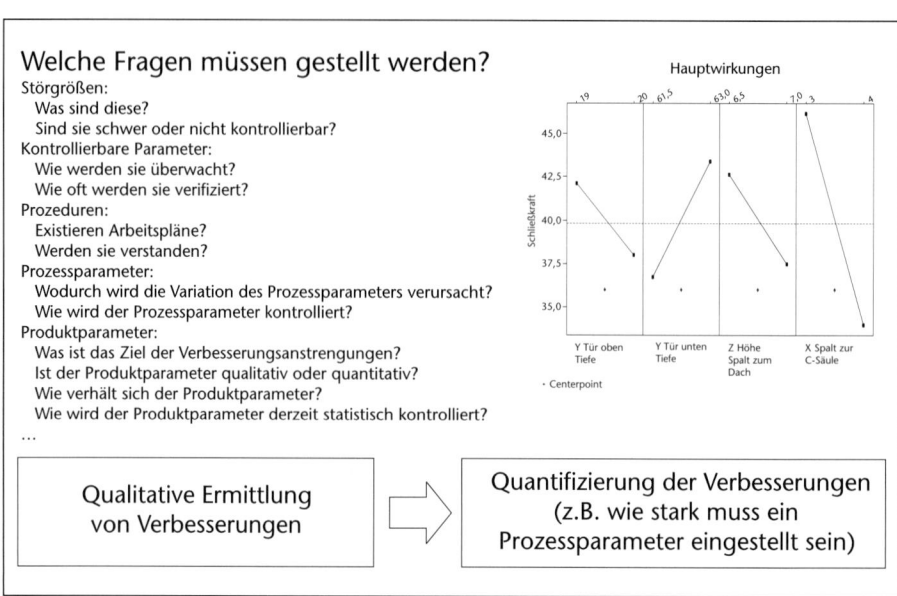

*Abb. 11: Entwicklung von Verbesserungen*

**Zur Risikoreduzierung Simulationen/Pilotanwendungen vor Umsetzung eines Neukonzeptes empfehlenswert**

Bevor jedoch die Maßnahmen umgesetzt werden, ist es empfehlenswert, die Zweckmäßigkeit der Maßnahmen zu Prüfen, das heißt, vorab danach zu fragen, ob der Prozess mit diesen Maßnahmen die gewünschte Qualität erreicht. Hier bietet es sich an, mit den geänderten Parametern

- eine Simulation,
- einen Test oder
- Pilotversuch

zu starten. In dieser Phase können auch die FMEA in Betracht gezogen werden. Eine Betrachtung der Risiken bzw. Restrisiken hilft bei der späteren Umstellung, die notwendigen Überwachungs- und Reaktionspläne zu etablieren.

Werden Versuche mit den neuen Parametern durchgeführt, ist natürlich jetzt auch zu überprüfen, ob die Verbesserungen der Prozessergebnisse wirklich auf die Prozessveränderungen zurückzuführen sind oder ob die Ergebnisse im Rahmen der bestehenden Streuung liegen.

Hier gibt es wieder statistische Methoden. Der so genannte Hypothesentest gibt Aufschluss über die Belastbarkeit der Aussagen zu den Prozessverbesserungen. Man kann überprüfen, ob sich die Streuung des Prozesses verbessert oder ob die durchschnittliche Prozessqualität sich verändert hat.

Besondern bei Veränderungen der Abläufe in Dienstleistungsbereichen soll an dieser Stelle auch nicht verschwiegen werden, dass der Aufwand zur Erstellung eines aussagekräftigen Simulationsmodells trotz modernster EDV sehr hoch sein kann.

Bei Veränderungen komplexer organisatorischer Abläufe ist ein Pilot-Betrieb ratsam. Ein Grund liegt darin, dass in die Projektarbeit aus den Fachbereichen nur einzelne Vertreter einbezogen werden konnten. Leider muss man immer wieder feststellen, dass diese Vertreter vor allem bei komplexen Systemen Lücken in ihrem Wissen haben bzw. in ihrer Abstimmung mit ihrem Fachbereich unvollständig waren. Deshalb können die Prozessbeschreibungen unvollständig und die Schnittstellen mangelhaft beschrieben sein. Diese Probleme sind in der Analyse auch nicht aufgefallen, da die vorhandenen Informationen nur auf Schlüssigkeit, aber nicht auf Vollständigkeit geprüft werden können.

**Risiko durch Wissenslücken der Vertreter der Fachbereiche**

Konkret bedeutet dies, dass ein Teilprozess einen Output hat, der für einen nicht betrachteten Folgeprozess wesentlich sein kann. Bei der Optimierung des Systems mit seinen Teilprozessen ist aber dieser Folgeprozess nicht betrachtet worden. Somit wurde ein Optimum erzeugt bzw. eine Verbesserung für einen zu eng abgegrenzten Prozessbereich vorgenommen.

Im betrieblichen Alltag werden aber die ausgeklammerten Bereiche diese Schnittstellenveränderung nicht ohne Weiteres akzeptieren. Um nun eine entsprechende Akzeptanz für die Verbesserungen zu erzielen bzw. die unbearbeiteten offenen Themen aufgreifen zu können, bietet die Pilotisierung eine Lösung an.

Die Projektgruppe hat diesen Pilotbetrieb zu begleiten. Treten unerwartete Probleme auf, so können diese schnell bearbeitet werden. Dies scheint ein aufwendiges Vorgehen zu sein. Interessanterweise führt diese Vorgehensweise dazu, dass alle betroffenen Mitarbeiter und nicht nur ihre Vertreter nun in die Prozessverbesserung einbezogen werden können und so eine höhere Akzeptanz der Neukonzeption erreicht wird.

Allerdings darf sich dieser Ansatz der Mitarbeitereinbeziehung nicht kontraproduktiv gestalten, indem alle erarbeiteten Konzepte grundsätzlich in Frage gestellt werden können. Da die Vertreter der Fachbereiche einen nach langen Diskussionen abgestimmten Kompromiss zwischen verschiedenen Interessenlagen erreicht und somit eine tragfähige Konzeption erarbeitet haben, sind zumindest die Grundsätze der neuen Abläufe festgeschrieben. An diesen fundamentalen Themen kann nun nicht mehr gerüttelt werden. Dies würde zu einer erneuten, alle Mitarbeiter einzubeziehenden Projektarbeit führen, deren Aufwand durch die Kommunikations- und Entscheidungskomplexität nicht mehr wirtschaftlich vertretbar wäre.

**Flächendeckende Einbindung der Mitarbeiter kein Aufruf zur Neukonzeption**

Nur wenn sehr gewichtige Probleme auftreten, muss nachgebessert werden. Somit sollte sich die Prozessverbesserung auf Detailoptimierungen bzw. Ergänzungen der offenen Themen beschränken.

## 7.7 Qualitätsmanagement

*Abb. 12: Kommunikations- und Partizipationsprozess bei komplexen Prozessveränderungen*

Hätte man zu einem früheren Stadium der Projektarbeit bereits versucht, möglichst alle Mitarbeiter in die Projektarbeit einzubinden, dann wäre die Projektarbeit von Anfang an nicht mehr organisierbar gewesen bzw. die Einbindung aller Mitarbeiter hätte die normale operative Tätigkeit zum Stillstand gebracht. Wichtiges Ergebnis dieser Vorgehensweise ist somit das allgemeine Verständnis und die Akzeptanz für die Prozessveränderungen.

In unserem konkreten Beispiel beinhaltet die Lösung folgende Elemente:

- Firewall,
- Priorisierung der zuerst zu behandelnden Sachverhalte,
- Konsolidierung und straffe Organisation der Kommunikationsprozesse,
- Parallelisierung von ursprünglich sequenziellen Prozessen,
- Differenzierung von planenden und durchführenden Prozessen,
- detaillierte Meilensteinplanung und Überwachung aller Arbeiten,
- Eskalationsprinzip bei Verletzung der Meilensteine,
- kennzahlengesteuerte Überwachung des gesamten Prozesses.

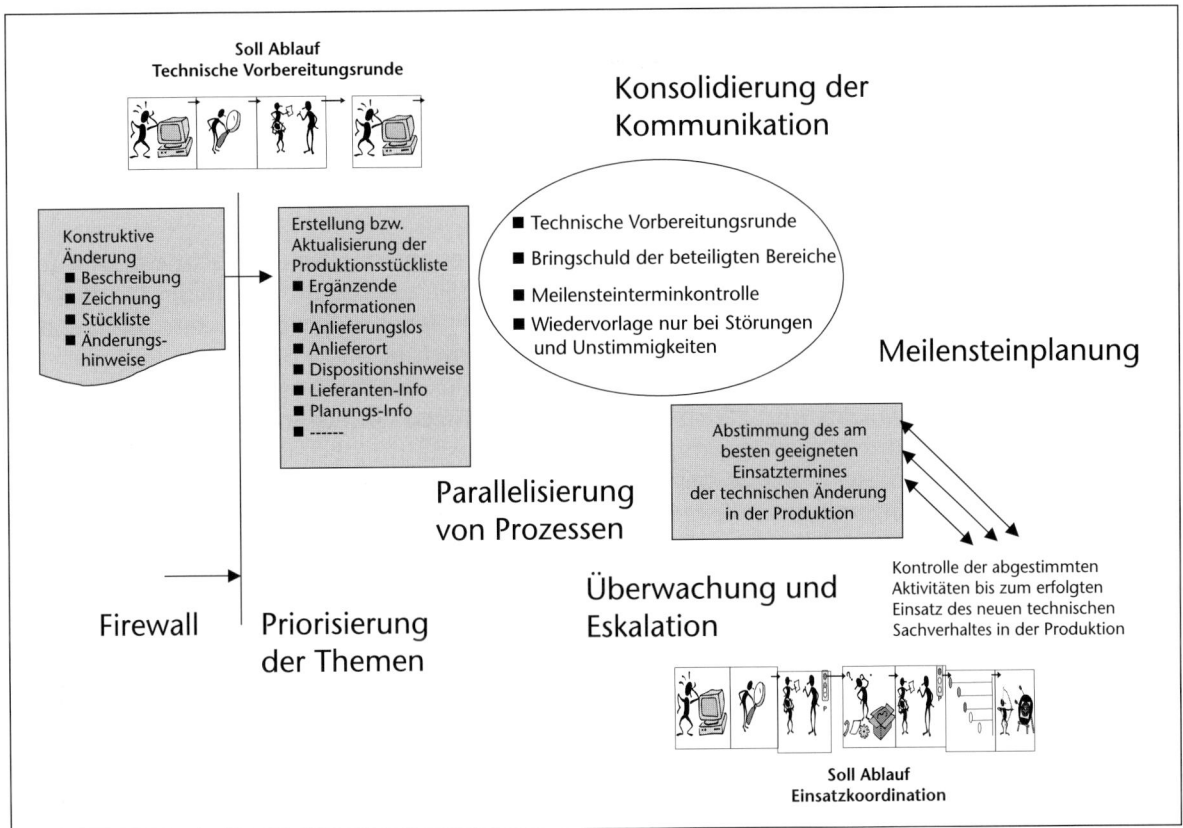

*Abb. 13: Veränderungen in der Prozesslandschaft*

Die Firewall bezieht sich darauf, Probleme, die von vorgelagerten Bereichen in den Prozess hineingetragen werden, zu identifizieren, an den Verursacher zurück zu melden und korrigierte Inputs zu erhalten. Dieser Ablauf ist allerdings nur dann möglich, wenn eine entsprechende Vereinbarung zwischen den Bereichen getroffen wurde. Dies bedeutet in unserem Beispiel der Dokumentation in der Logistik, dass zwischen Logistik-Leitung und Leitung der Entwicklung sogenannte Leistungsvereinbarungen verabschiedet worden sind. Anstelle des Begriffes Leistungsvereinbarungen verwendet man auch noch die Begriffe Dienstleistungsvereinbarungen oder Qualitätsvereinbarungen.

**Qualitätsvereinbarungen sind Teil einer Firewall zwischen Dienstleistern**

### Umsetzung

In der Pilotphase wurden mit den neuen Abläufen Erfahrungen gesammelt. Diese Erfahrungen haben gezeigt,

- wo Lücken in der Konzeption waren,
- wo Logik-Fehler bestanden,
- wo Schnittstellen nicht betrachtet wurden,

- wo Schnittstellen unzureichend analysiert wurden und
- wo vor allem angrenzende Bereiche mit den Veränderungen Probleme haben, aber
- wie gut die neuen Prozesse bzw.
- wo und wie stark die Verbesserungen sind.

**Six Sigma findet auf der politischen Ebene seine Grenzen**

Neben dieser sachlichen Ebene gibt es aber weiterhin die in einer Projektarbeit schwer behandelbare politische und emotionale Ebene. Darunter ist zu verstehen, dass die Projektarbeit sich an Zahlen, Daten, Fakten und der Logik von Prozessabläufen ausgerichtet hat. Komplexere Systeme sind z.T. auch deshalb so komplex, weil die verschiedenen Fachbereiche in die Abläufe und EDV-Systeme Optimierungen einfließen lassen, die speziell auf ihre Bedürfnisse und Interessen abgestimmt sind. Bei einer Neugestaltung dieser Prozesse bestehen zum einen Ängste, liebgewonnene und für den eigenen Bereich optimale Abläufe zu verlieren, zum anderen wird befürchtet, die neue Komplexität nicht mehr zu beherrschen. Bei einer konservativen Grundhaltung möchte man sich auch nicht dem Risiko von Veränderungen aussetzen. Somit besteht durchaus ein Interessenkonflikt. Zwar wurden die Fachbereiche durch Experten vertreten, jedoch fühlen sich dennoch die einzelnen Personen in den Fachbereichen von den Änderungen erst dann richtig betroffen, wenn diese zum ersten Mal erlebt werden. Hier gilt es, diese Mitarbeiter in die Arbeit einzubinden.

Zuerst muss für alle Betroffenen klar werden, welche Veränderungen anstehen und was diese bedeuten. Eine entsprechende Information und Schulung ist unabdingbar. Für diese Schulung sind aber hohe Anforderungen zu stellen: Die in EDV-Systemen und neu gestalteten Prozessen abgebildete reale Welt kann nicht in ihrer ganzen Komplexität ohne sehr hohe Kostenaufwendungen erfasst sein. Es muss immer davon ausgegangen werden, dass die neu gestalteten Prozesse den Regelfall und seine bekannten Derivate abdeckt. Seltene Sonderfälle oder besondere Rahmenbedingungen können auftreten, sind aber in ihrer Mannigfaltigkeit in einem Prozesskonzept nicht mehr wirtschaftlich darstellbar.

Hier bedarf es Regelungen, die nicht mehr EDV-Unterstützung erhalten. Es gibt die Alternativen, einer genauen vorab festgelegten organisatorischen Regelung, der dann notwendigen Abläufe und Entscheidungen oder einer situationsbezogenen Ad-hoc-Regelung zwischen den betroffenen Bereichen. Die Vorab-Regelungen aller Eventualitäten gestalten sich sehr aufwendig. Dieser Aufwand lässt sich nur dann rechtfertigen, wenn klare Verantwortlichkeitsregelungen aus gesetzlichen Gründen abgeleitet werden oder aus Gründen von bestehenden Konflikten, die eine Ad-hoc-Regelung durch die betroffenen Bereiche als unwahrscheinlich oder unmöglich erscheinen lassen.

Somit spielt die aktuelle Unternehmenskonstellation und -kultur eine Rolle bei der Frage, ob alles im Detail vorab geregelt sein muss, oder ob die Kollegen miteinander die Ausnahmen kooperativ behandeln können. Die Komplexität des beschriebenen Systems steigt somit überproportional an,

wenn ein hoher Regelungsbedarf zwischen den einzelnen Elementen eines Systems notwendig ist.

Begleitend zur Schulung müssen die neuen Arbeitsabläufe nicht nur beschrieben, sondern auch zertifizierungsgerecht dokumentiert sein.

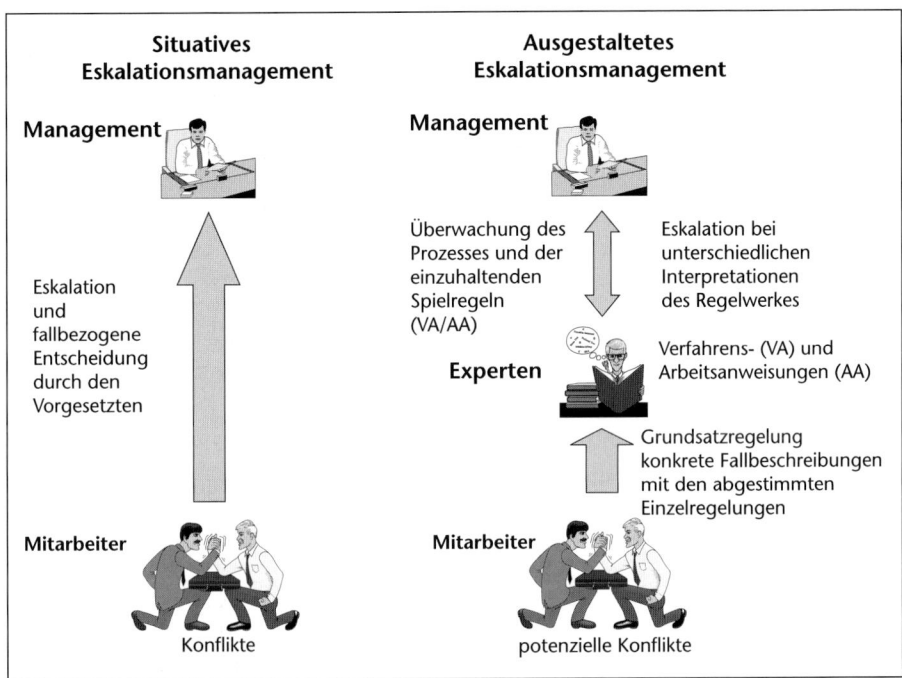

*Abb. 14: Management-Einbindung*

### Prozesscontrolling (KPI)

Ein wichtiges Element des DMAIC-Regelkeises ist die Prozesskontrolle. Hierbei besteht die Grundidee, den neuen oder verbesserten Prozess nach seiner Umsetzung bzw. Implementierung laufend zu überwachen. Diese Überwachung hat das Ziel, ständig zu überprüfen, ob die gewünschte Prozessstabilität in der realen Umgebung aufrechterhalten werden kann. Es können zum einen neue und unerwartete Störungen auftreten, die die neuen Abläufe erschweren, und zum anderen führen interne Probleme dazu, dass das System nicht so wie geplant seine Aufgaben erfüllt.

**Six Sigma betrachtet die Zeit nach Implementierung eines neuen Konzeptes**

Besonders dann, wenn diese Störungen nicht permanent sind oder wenn es sich um kleinere sich allmählich aufbauende Störungen handelt, hat man für die Steuerung von Anlagen die Statistische Prozesskontrolle (SPC) entwickelt.

Dieser Ansatz ist von der Grundidee her auf die administrativen Prozesse bzw. Dienstleistungsbereiche übertragbar. Hier gibt es aber andere Begriffe. Kenngrößen wie Key Performance Indicators (KPI) sind hier relevant. Für die neu gestalteten oder verbesserten Prozesse sollte spätestens jetzt ermittelt werden, welche Kenngrößen Hinweise auf Prozesstörungen geben, bevor diese Störungen zu für den Kunden bemerkbaren Problemen führen.

Die Kenngrößen sollen aber auch Hinweise geben, wie es um interne Probleme steht und ob hier Tendenzen erkennbar sind, die – mittel- und langfristig fortgesetzt – eine massive Störung des Prozesses bewirken können.

**Prozessüberwachung sollte keine neuen Kenngrößen verwenden**

Im Bereich der Logistik gibt es eine Vielzahl von Kenngrößen. Wahrscheinlich gibt es für das Prozesscontrolling die relevante Kenngröße bereits schon. Deshalb wird in einem Bereich wie der Logistik der Augenmerk mehr darauf zu richten sein, die richtigen Kenngrößen auszuwählen.

Die Kenngrößen, die die Qualität des Prozesses beschreiben, sind von Interesse. Zum einen steht das Ergebnis, so wie der Kunde die Dienstleistung erlebt, im Mittelpunkt. Bei der Dokumentation bedeutet es die fehlerfreie Beschreibung des Produktes wie es sich jetzt, in der Zukunft und in der Vergangenheit zusammensetzt. Der zeitliche Aspekt der Veränderungen einer Produktstruktur wird durch die Änderungstermine für Teile und Verwendungen abgebildet.

Neben der Richtigkeit der Stückliste (Produktstruktur) gibt es einen äußerst wichtigen organisatorischen Aspekt: Bei einer Veränderung einer Produktstruktur müssen für diesen Zeitpunkt der Realisierung Anlagenumstellungen, Materialumstellung, Veränderungen von Belieferungskonzepten und eine Reihe von weiteren Themenfeldern so organisiert sein, dass sie inhaltlich und zeitlich aufeinander abgestimmt und abgewickelt werden. Im Endeffekt heißt das nichts anderes, als dass die Umstellungen ohne Probleme für Produktion und Lieferant ablaufen. Somit sind Produktions- und Lieferstörungen ein weiteres Qualitätskennzeichen.

Diese kundenorientierten Kennzahlen reichen aber nicht aus, um die Prozessqualität umfassend beurteilen zu können. Eine weitere Größe ist der mit dem Prozess verbundene Aufwand. Der Aufwand kann nicht als absolute Größe herangezogen werden. Denn komplexe und umfassende Prozesse sind aufwendiger als kleine und wenig vernetzte Abläufe. Deshalb muss der betriebene Aufwand im Verhältnis zu einer Zielgröße stehen. Diese Zielgröße kann ein theoretisch ermittelter Idealwert sein. Aber gerade bei Dienstleistungsprozessen sind solche Werte nur schwer ermittelbar. Denn wie sieht der ideale Prozess aus? Deshalb bietet es sich an, sich mit anderen zu vergleichen. Leider gibt auch bei den Benchmarkvergleichen weit weniger geeignetes Datenmaterial für Dienstleistungsprozesse als für Produktionsprozesse. Ein Grund liegt in der Schwierigkeit, kognitive Tätigkeiten quantitativ beurteilen zu können.

Es bietet sich schließlich an, die aktuelle Kostensituation mit den budgetierten Zielen zu vergleichen. Hier besteht nun das Problem in dem Anspannungsgrad für die einzelnen Bereiche. In der betrieblichen Praxis werden Ziele gerne aus der Vergangenheit abgeleitet. Dabei wird eher subjektiv der Anspannungsgrad abgeschätzt. Um letztendlich auch diese Un-

wägbarkeiten auszuschließen, bietet sich als einfachste Lösung an, die Aufwandsentwicklung über die Zeit zu verfolgen. Damit ist auch jedem absoluten Vergleich zwischen den Bereichen der Boden entzogen. Der Vergleich reduziert sich dann nur noch auf eine Trendaussage bzw. die Entwicklung der Prozessqualität.

Um die Prozesse ganzheitlich beurteilen zu können, fehlt neben der ergebnisbezogenen Qualität und den aufwandsbezogenen Kosten eine zeitliche Dimension. Hierbei geht es darum, wie schnell eine Dienstleistung erbracht wird. Unter Schnelligkeit wird zum einen die benötigte Zeitspanne für die Aufgabenabwicklung (entspricht der Durchlaufzeit) und zum anderen die Reaktionsschnelligkeit (entspricht der Totzeit eines Regelsystem) verstanden.

Für die Dokumentation und Einsatzsteuerung wäre es die Zeit, die benötigt wird von dem Eingang der konstruktiven Änderung in den Dokumentationsbereich bis zum Zeitpunkt, in dem eine konstruktive Änderung mit ihren Konsequenzen im Werk kommuniziert werden kann.

Diese drei Kenngrößen beschreiben gemeinsam die Prozessqualität.

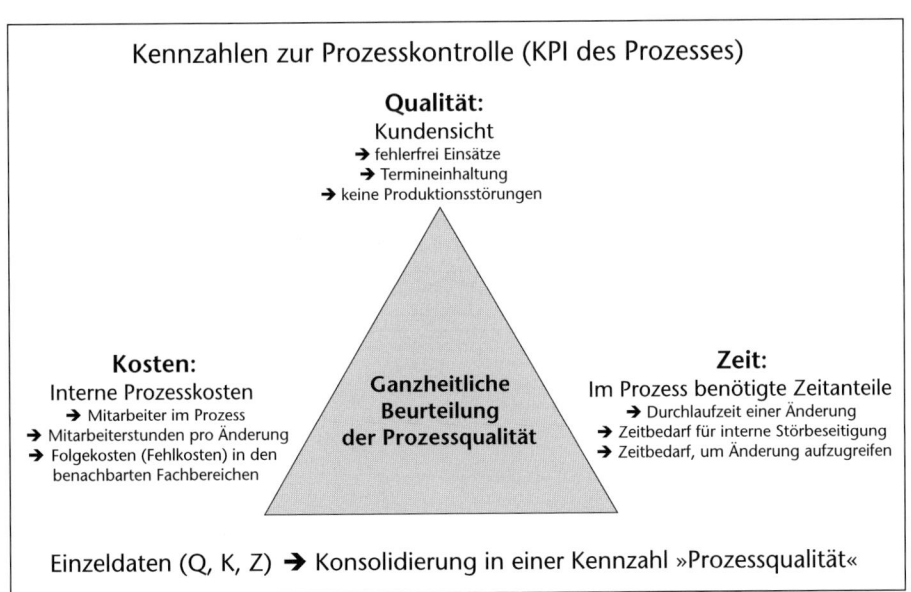

*Abb. 15: Dreiteilige Prozesskennzahl*

Für jede dieser Kenngrößen definiert das Management »Eingriffsgrenzen«, bei deren Überschreitung der Prozess erneut systematisch überprüft wird. Alternativ hierzu schaut sich das Management regelmäßig die Prozesskennzahlen an. In der Regel erfolgt dies bei Dienstleistungsprozessen einmal im Monat. Diese periodische Überprüfung hat den Vorteil eines leichter zu organisierenden Verbesserungsprozesses, da das Management zu einem gemeinsamen Zeitpunkt alle Prozesse betrachtet und Aufträge zur Prozessverbesserung gut abgestimmt erteilen kann. Der Nachteil ist eine eventuell

**Prozesskennzahlen bilden für Six Sigma die Basis des Prozesscontrollings**

späte Reaktion auf problematische Trends. Letztendlich hängt die Entscheidung über die weitere Vorgehensweise von den betrieblichen Gegebenheiten ab. Im Falle der Dokumentation kann ein regelmäßiges Prozessreview vertreten werden, da operative Störungen mit Sofortmaßnahmen schnell behoben werden müssen und die Prozessstörungen sich dann vor allem in ansteigenden Prozesskosten widerspiegeln. Die Kostenentwicklung wird aber in der Regel nur monatlich vom Rechnungswesen erfasst.

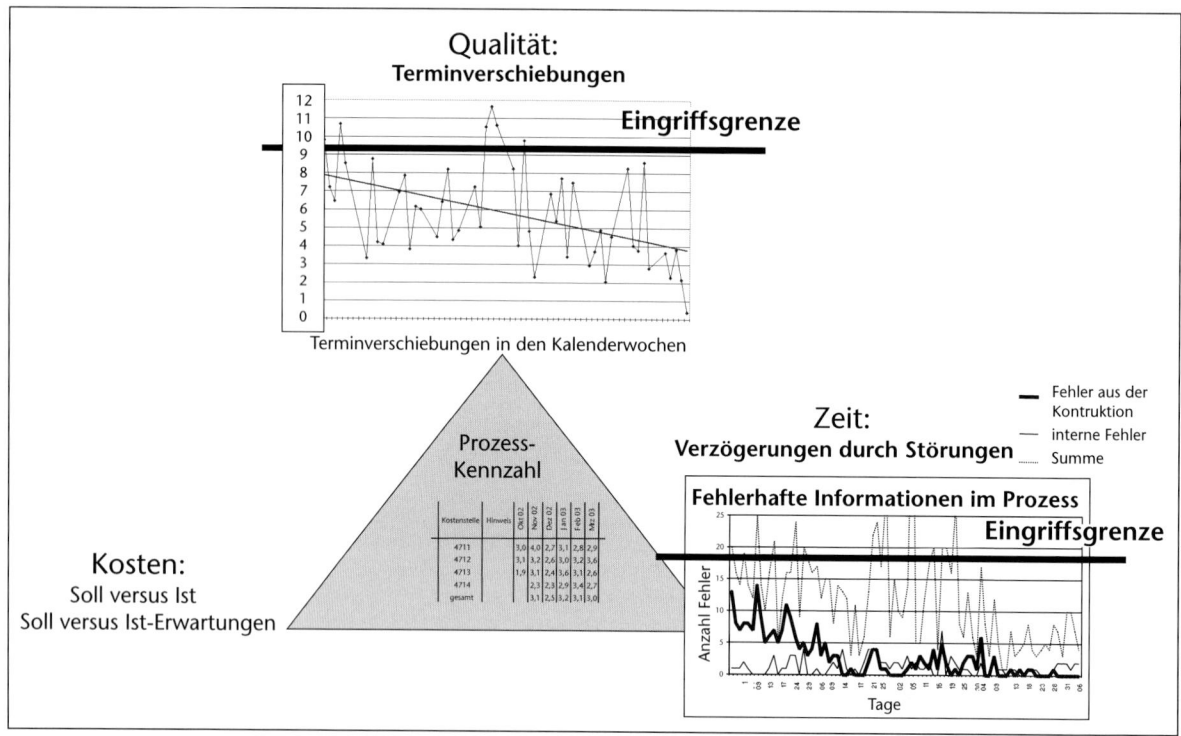

*Abb. 16: Prozesskennzahlen und Eingriffsgrenzen*

#### 7.7.7.4 Erkenntnisse

**Six Sigma und Mitarbeitereinbindung: wichtige Instrumente zur Verbesserung von Dienstleistungsprozessen**

Die Verbesserung der Dokumentation und Einsatzsteuerung mithilfe der Six Sigma-Methoden zeichnet sich dadurch aus, dass die Prozesse umfassend erfasst und dokumentiert werden. Hierbei werden nicht nur die logischen Abläufe festgehalten, sondern auch die Störgrößen auf die Prozesse. Diese Störgrößen werden im betrieblichen Alltag unterschiedlich wahrgenommen. Einige Störungen treten nicht so häufig auf, sind jedoch gut beobachtbar und deshalb in dem Meinungsbild der Mitarbeiter und Führungskräfte sehr präsent. Jedoch zeigen erst statistisch abgesicherte Analysen die wahre Bedeutung der Störgrößen. Bedeutende Störgrößen müssen abgeblockt oder gemanagt werden. Deshalb konzentriert man sich in der Folgearbeit darauf, die Ursachen die Störungen zu ermitteln und Abstellmaßnahmen für die wichtigsten Störursachen zu entwickeln. Wenn dann die neuen Konzepte vorliegen, kann mit der Umsetzung begonnen werden.

In dieser Phase der Umsetzung spielt die Einbeziehung der Mitarbeiter eine wichtige Rolle. Deshalb ist zu überlegen, ob die von einer Spezialistengruppe entwickelte Lösung nicht in Form von umfangreichen Schulungen mit Fallunterscheidungen und Szenarien den Mitarbeitern zu vermitteln ist. Hier muss auch Offenheit bestehen, berechtige Einwände zu akzeptieren und Antworten zu finden.

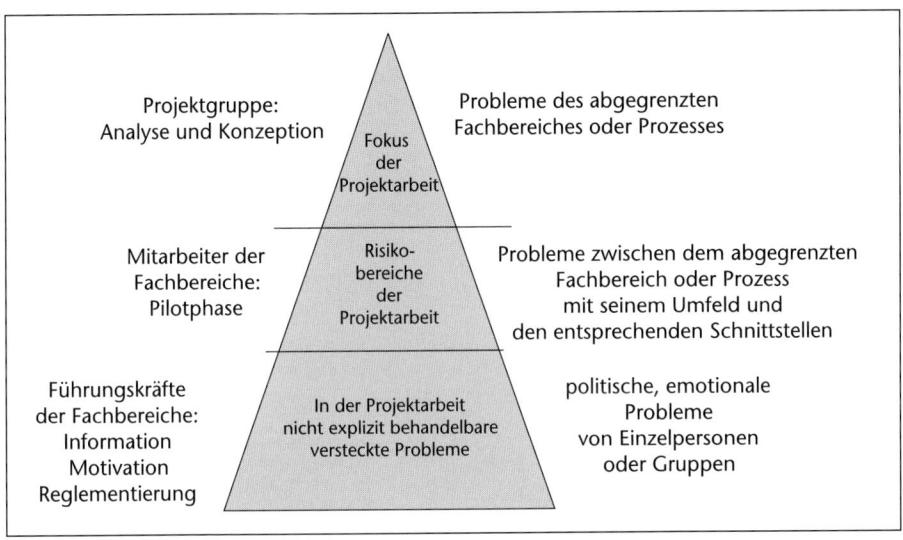

*Abb. 17: Problemebenen*

Zu überlegen ist auch, dass der Eingriff in komplexe Abläufe und Systeme kaum vollständig abgesichert werden kann. Zum einen sind Systeme von verschiedenen Experten entwickelt worden, deren Wissen nicht mehr abgreifbar ist, zum anderen werden Annahmen nach bestem Wissen und Gewissen getroffen, die unvollständig oder auch falsch waren, ohne dass eine Verifizierung möglich war. Also bleibt nichts anderes übrig, als einen Pilotbetrieb durchzuführen, der weitere Erkenntnisse zu den veränderten Prozessen inkl. der Schnittstellen zu den anderen und nicht veränderten (in der Regel auch nicht vertieft analysierten) Altprozessen liefern soll.

Nach Auswertung der Pilotphase erfolgen die Modifikationen und Anpassungen. Jetzt werden auch die Key Performance Indikatoren zur Messung und Überwachung der Prozessqualität einschließlich der Eingriffsgrenzen festgelegt. Dies entspricht dem fünften Element des DMAIC-Six-Sigma-Regelkreises.

### 7.7.7.5 Zusammenfassung

Mit Hilfe von Six Sigma-Methoden lassen sich auch Dienstleistungsprozesse zielgerichtet verbessern. Nicht alle Methoden der Six Sigma Toolbox kommen zum Einsatz, jedoch ändert dies nichts an dem Grundgedanken von sauberen und detaillierten Analysen, die Ausgangspunkt für die Identifikation der wichtigsten Störgrößen sind. Es gilt diese zu eliminieren und so den Prozess zu stabilisieren. Auch der Gedanke des Prozesscontrollings für Dienstleistungsprozesse ist für das Management von Vorteil.

**Methoden von Six Sigma sind Gewinn bringend**

Six Sigma ersetzt aber nicht die bei solchen Veränderungsprozessen notwendige Führungsarbeit. Neben dem Informieren und Schulen muss das Management die Mitarbeiter und nicht nur Experten in die Entwicklung der Konzepte einbinden. Letztendlich ist die Akzeptanz der neuen Abläufe entscheidend für die Qualität der Dienstleistungsprozesse. Im Gegensatz zu technischen Prozessen ist der Mensch der entscheidende Einflussfaktor, der keine Störung sein sollte, sondern Störungen abfangen muss.

# Stichwortverzeichnis

## A
ABC-Analyse 210, 374
Abfallbeseitigung 429
Ablauforganisation 41, 49, 96, 477, 690
Ablieferungstermin 669
Abnutzungsgradüberwachung 501
Abnutzungsverhalten 696
Abnutzungsvorrat 444
Absatzplanung 601
Absatzprognosen 552
Absatzstrategie 551
Abwasserbeseitigung 346
Abweichungsanalyse 792
Abwicklungsprozess 15
Aktives Ideenmanagement (AIM) 849
Allianzen, strategische 149
Amortisationszeitpunkt 503
Anbietermarkt 93
Andler 81
An Don 902
Anerkennung 288
Anforderungen 252, 907
Anforderungskatalog 687 f.
Anforderungsprofil 253
Angebotserstellung 582
Anlage, gezielte 334
Anlagenbau 688, 808
Anlagenkomplexität 436
Anlernkosten 347
Anpassung des Kapazitätsbedarfs 591
Arbeitsablauf 83, 1213
Arbeitsamt 257
Arbeitsanalyse 49
Arbeitsanweisungen 493
Arbeitsfortschritt 83
Arbeitsgang 666, 678, 811
Arbeitsgruppen, tayloristische 108
Arbeitskräfte 344, 347
Arbeitsmotivation 282
Arbeitsorganisation 52
Arbeitsplan 495, 676
Arbeitsplangeneratoren 687
Arbeitsplatz 664, 676 f., 803
Arbeitsplatzflächen 359
Arbeitsproduktivität 793, 812
Arbeitssynthese 49
Arbeitsteilung 59, 88
Arbeitsvorgang 676 ff., 752 ff.
Arbeitsvorgangsfolge 678
Arbeitsvorrat 668, 732, 803
Arbeitszeit 811
Arbeitszeitbeginn 752
Arbeitszeitende 752
Artikel, repräsentativer 371

Aufbauorganisation 41 ff.
Aufgabenanalyse 44
Aufgabenorientierung 282
Aufgabensynthese 44
Auflösungsstufen 671
Auftragsdaten 727
Auftragsdurchlauf 727
Auftragsfertigung 662
Auftragsmanagement 182
Auftragsnummer 681
Auftragsschwankungen 437
Auftragsvorrat 664
Auftragszuordnung 494
Ausbildung 693
Ausfallverhalten 503
Ausführungsplanung 11, 334
Ausführungsstand 499
Ausnutzung der Produktionsanlagen 664
Ausschuss 812
Ausschusskosten 74, 216
Ausweichteil 685
Auswertungswerkzeuge 504
Automatisierung 72, 1012
– flexible 72
Automatisierungsgrad 71
Autonome Arbeitsgruppen und Inseln 108
Autonome Fertigungsinsel 80
Autonomie 132

## B
Balanced Scorecard (BSC) 22, 819, 1071
Basisdaten 689, 695
Baufläche 357
Bauform 366
Baugruppe 556 f., 672 f., 676
Baugruppenebenen 672
Baukasten 671
Baukastenstruktur 561
Baukastenstückliste 672 ff.
Baukosten 362
Baustellenfertigung 58
Baustufen 355
BDE-Terminal 500
Bearbeitungsverfahren 667
Bearbeitungsvorgang 71
Bearbeitungszelle, flexible 79
Bearbeitungszentrum 77, 667
Bebauung 364
Bebauungsplanung 354, 366
Bebauungsvorschriften 346
Bedarf 551, 563, 662, 666, 677, 685, 798, 970, 1004, 1019, 1031, 1035, 1044
Bedarfsermittlung 723, 737
– heuristische 29

- programmgesteuerte 29
- verbrauchsorientierte 29

Bedarfsprognose 564
Bedarfsrechnung 671
Bedienpersonal 475
Benchmarking 854
- funktionales 854
- internes 854
- wettbewerbsbezogenes 854

Benchmarking-Lücke 855
Benchmarking-Partner 855
Bereitstellungsplanung 26
Beschaffung 41, 203, 685, 1197
Beschaffungskosten 204, 682
Beschaffungslogistik 798
Beschaffungsmarktforschung 206
Beschaffungsstrategie 206
Best (Matched) Fit 184
Bestand 285, 973, 1002 ff., 1049
Bestandsanalyse 564
Bestandsführung 685, 723, 977
Bestandsplanung 677
Bestandssenkung 970, 1063
Bestellkosten 683
Bestellmenge 683
- optimale 683

Bestellpunkt 494
Bestellung 685
Betriebliche Navigation 123
betriebliches Vorschlagswesen (BVW) 15, 849
Betriebsdatenerfassung 76, 687, 753
Betriebsmittel 21, 23, 494, 668, 676
Betriebsmittelaufstellplanung 334
Betriebsorganisation 23
Betriebsprozess 1078
Betriebszustände 773
Beurteilen 286, 309
Beurteilungsfehler 325
Beurteilungskriterien 320 f.
Beurteilungsprozess 296
Beurteilungsskalen 323
Beurteilungssystem 321
Beurteilungsverfahren 250
Bewerberinterviews 371, 377
Bewerbermanagement 253
Bewerberverwaltung 251, 264
Bewerbungseingang 253
Bewertungsunterlagen 253, 262, 264
Beziehungsebene 282
Beziehungsstrukturen 556
Bildungsbedarf 299
Bildungsbedarfsanalyse 298
Bildungsbedarfserhebung 300
Bildungsbudget 301
Bildungsplanung 301
Binnenschifffahrt 389
Blocklager 400

Bodenlager 400
Bodenstruktur 346
Bottom-up-Planung 10
Bruttofläche 358, 360
Buchungsintervall 754
Buchungslogik 754
Budget 1052 ff.
Bulletin-Board-Systeme 882
Business Driver 827
Business Process Reengineering (BPR) 15

C

Change Agents 248
Clusteranalyse 12
CNC-Bearbeitungsmaschinen 86
CNC-Maschinen 75
CNC-Steuerung 76 f.
Coach 115
Coaching 304
Computer Based Training (CBT) 306
Computer Supported Cooperative Work (CSCW) 881
Controlling 125
- technisches 784, 794, 798, 804, 977

Controlling-Systematik 447
Cost Reengineering 151
Cross-Impact-Analyse 1098
Custom Fit 184
Customization 183
Customizing 179, 699

D

DAPV 477
Data Warehouse 888
Date Mining 881
Datenaufbereitung 700
Datenerfassung 663, 748
Datenerhebung 456
Datenmengen 504
Datenqualität 504
Datenübernahme 705
Delegation 292
Denken, eigenverantwortlich 289
Diagnosedienste 507
Dienstleistungsprozess 1217
Dienstleistungsvereinbarungen 1211
diskontinuierliche Zeitabbildung 552
Disposition 672, 685, 1198
- auftragsbezogene 685
- bedarfsbezogene 685
- bestandsbezogene 685

Dispositionsarten 685
Dispositionsstufen 672 f., 675
Distributionslogistik 798
DMAIC-Regelkeises 1213
DNC 687
DNC-Rechner 75

DOE 1203
Doppelunterstellung 906
Durchführungsplanung 26
Durchführungsstrecke 477
Durchlaufterminierung 584
Durchlaufzeit 53, 553, 572, 576, 664, 803, 977, 1068 ff.
– Reduzierung 597
Durchsetzungssystem 110

**E**
EAI-Software-Tools 715
Echtbetrieb, Übergang 700
EFQM 860
EFQM-Modell 1124
EFQM-Self-Assessment 861
Eigenaufträge 458
Eigenfertigung 685
Eiji Toyoda 97
Einführung 695
– abteilungsweise 691
– funktionale 691
Einführungsdauer 694
Eingriffsgrenzen 1215
Einkauf 203, 214, 663
Einmalfertigung 56
Einrichtung, gezielte 334
Einschub-Regallager 408
Einsparpotenzial 1194
Einstellungen 279
Einzelaufträge 498
Einzelfertigung 173, 186, 681
Einzelrückmeldung 499
Emissionen 356
Empowerment 1080
Energiefluss 355
Energieversorgung 344, 350
Enterprise-Application-Integration-Software-Tools 715
Entlohnung 320
Entwicklung 677
Equipment 440
Erfassung
– projektneutraler Daten 769
– über die digitale I/O-Ebene 779
– über Feldbus 779
– über OPC 780
– von Auftragsdaten 769
– von Personalzeiten 769
Erfassungsstationen 750, 753, 769
Erfassungssysteme 748
Ergebnisrückführung 124
Ergebnisüberprüfung 698
ERP 561, 572 ff., 663, 723 ff., 730, 736, 740, 1028
ERP-System 566, 723 ff., 731 ff., 1018
Erschließung 344
– verkehrstechnische 350

Erzeugnisgliederung 671
Erzeugnisstruktur 671 f., 682

**F**
Fabrik, vitale 338
Fabrikanlage 336, 354
Fabrikgelände 351
Fabrikplanung 334, 341
Fachboden-Regallager 403
Fehlbestand 685
Fehler 916
– menschliche 917
Fehlerarten 920
Fehlerbehebung 696, 900
Fehlererkennung 920
Fehlermanagement 918
Fehlermöglichkeits- und Einfluss-Analyse (FMEA) 1110
Fehlerraten 449
Fehlervermeidung 917
Fehlhandlungen 919
Fehlzeiten 892
Fernlehrgänge 306
Fertigung 556, 667, 676
– rechnerunterstützte 76
– Strukturierung 334
Fertigungsablauf 671
Fertigungsart 56
Fertigungsform 56, 58
Fertigungsfortschritt 76
Fertigungshilfsmittel 677
Fertigungsinseln 80, 96
Fertigungskosten 446
Fertigungsmaschine 71
Fertigungsmittel 22
Fertigungsplan 561, 678, 680
Fertigungsplanung 214, 677
Fertigungsprozesse 668
Fertigungssegmentierung 1012
Fertigungssteuerung 80 f., 129, 573, 666 f., 669, 677, 687, 690, 693, 1020, 1056
Fertigungssteuerungssysteme
– kurzfristige 666
– mittelfristige 666
Fertigungsstruktur 682
Fertigungsstufen 671
Fertigungsstunden 797
Fertigungssystem 81, 84
– flexibles 86
Fertigungstechnik 76
Fertigungstiefe 662
Fertigungsverfahren 71, 336
Fertigungsvorgänge 74, 86, 668, 670
Fertigungszeit 668
Fertigungszellen 75
– flexible 78 f.
Fertigungszentren 666

Fertigwarenlager 360
Feuerversicherungswert 454
Feuerwehr-Strategie 444
FIFO-Strategie 1022
Finanzplanung 26
Firewall 1211
Flächenbedarf 35 ff.
Flächenbedarfsermittlung 358
Flächenberechnung 360
Flächenermittlung 356
Flächengliederung 356, 361
Flächennutzungsplan 357
Flächenstruktur 85
Fließfertigung 61, 81
Fließprinzip 61
Flurförderzeuge 304
FMEA (Fehlermöglichkeits- und Einflussanalyse) 1208
Folgekosten 216
Förderhilfsmittel 398
Fördersystem 366
Forschung und Entwicklung 41
Fortschrittszahlen 667, 1018 ff.,
Fortschrittzahlensystem 1028
Fraktale 118 ff.,
Fraktale Fabrik 98, 118 ff., 338, 664
Fraktale Organisation 10, 118, 181
Fraktale Unternehmen 119, 129 ff., 338
Freigabelogik 755, 768
Fremdaufträge 498
Fremdfertigung 1025
Fremdleistungskosten 473
Frühwarnsystem 1030
Führen, situatives 281
Führung 250, 790 f.
Führungsgrundsätze 250
Führungskreislauf 485
Führungsstil 282
Funktionsdiagramm 47
Funktionsflächen 358, 361
Funktionsintegration 508

**G**
Garantiezeit 494
Gebäudeabmessungen 366
Geländeeigenschaften 346
Geländegröße 346
Genauigkeit des Zeitrasters 554
Generalbebauungsplan 346, 354 ff.
Gesamtgeschossfläche 358 ff.
Geschäftserfolg 132
Geschäftsprozesse 14, 712
– Optimierung 713
Geschossflächenzahl 354, 367
Gewerbegebiete 357
Gewerke 494
Gleisanschluss 343

Globalisierung 203
Global Best Practices 874
global sourcing 182
Gozintograph 557
Grobplanung 667
Groupware 881
Grundfläche 349
Grundflächenzahl 349, 367
Grundkennzahlen 1077
Grundstücke 342
Grundstücksfläche 352, 357, 362
Grundstückssuche 343
Grundwasserstand 349
Gruppe 142
Gruppenarbeit 9, 96, 105, 128 ff., 338, 756
Gruppenfertigung 58, 81

**H**
Hallenbau 364
Handeln, eigenverantwortlich 289
Handhabungssysteme 84
Handschriftenerkennung 507
Hauptbaugruppe 763
Hauptprozess 14
Hauptzeit 83
Haus der Qualität – House of Quality 1104
Hebezeuge 396
Herstellkosten 795
Herstellung 551
Hierarchiestufen 14
Hypothesentest 1208

**I**
Idealplan 355
Identnummer 676
Immissionen 356
Inbetriebnahme neuer Anlagen 430
Inbetriebnahme von ERP-Systemen 717
Individualschulungen 709
Industriegebiet 349
Inflationsrate 453
Information 22
Informationsbringpflicht 915
Informationsflussbeziehungen 346
Informationsschulungen 709
Informationssystem 690
Informationstransparenz 493
Innovation 220, 893
Innovationsprozess 1078
Innovationsrate 454
Innovationszeit 53
Inselfertigung 59
Inspektion 438
Instandhaltung 436, 438, 444, 477
– Dilemma 460
– Konzepte 473
Instandhaltungsbudget 460

Instandhaltungskosten 462
Instandhaltungskostenrate 453
Instandhaltungobjekt 440
Instandhaltungspersonal 489
Instandhaltungsplanungssysteme 481
Instandhaltungsprogramm 460, 462
Instandsetzung 438
Intangible Assets 814
Integrierte Systeme 505
Interimsmanagement 257
Intervallwert 496
Interviewleitfaden 375
Investitionen 139, 353
Investitionsplan 367
IPS-System 467, 471
Ishikawa-Diagramm 1202
ISO-9000-Normen 54, 1131

**J**
Jidoka 101, 899
Johari-Fenster 318
Just-in-sequence (JIS) 1009
Just-in-time (JIT) 100, 218, 798, 1009
Just-in-time-Produktion 664

**K**
KAIZEN 15, 99, 105, 858, 884, 899
Kalkulation 671, 677, 689, 1068
Kanalisation 346
KANBAN 99, 663, 667, 798, 885, 899, 971, 1002 ff., 1020
– Arten 973
– Einführung 974
– Karten 1010
– Prinzip 1011
– Vorteile 977
Kapazität 554, 662, 668, 695, 805, 1041 ff.
Kapazitäts- und Baugruppenstrukturen 695
Kapazitätsangebot 978
Kapazitätsangebotsplanung 589
Kapazitätsauslastung 49, 565, 689, 694, 725, 793, 1032
Kapazitätsbedarf 979
Kapazitätsbedarfsplanung 588
Kapazitätsbelastung 1047
Kapazitätsengpässe 695
Kapazitätsplanung 23, 498, 978
– auftragsorientiert-parallel 982
– auftragsorientiert-seriell 980
– betriebsmittelorientiert-parallel 984
– betriebsmittelorientiert-seriell 983
– engpassorientiert 986
– flächenorientiert 987
– Methoden 978
Kapazitätsterminierung 585
Kapital 21
Kapitaldienst 353

Käufermarkt 93
Kaufpreis 353
Kennwort 688
Kennzahlen 787, 807, 812, 1100 f.
– Anforderungen 790
– Beispiele 787
– Definition 788
– Elemente 787
– Klassifizierung 788
– kostenbezogene 799
– Wirkungsbereich 789
– Zielorientierung 788
Kennzahlenbildung 787
Kennzahlensystem 790, 793, 799, 821
Kernkompetenzen 18
Key User 701
Klassifizierungsnummer 495
Klassifizierungssystem 681
Kleinserienfertigung 56, 662
Klima 345, 348, 350
Know-how-Bündelung 474
Know-how-Transfer 221
kombinierter Transport 392
Kommunikation 287, 910, 1065
– symbolische 288
Kompetenzbereiche 256
Kompetenzen 915
Komplexes Objekt 441
Konferenzsysteme 882
Konflikte 906
– institutionalisieren 906
Konstruktion 560, 675, 677 f., 1065
Konstruktionsfläche 358, 360
Kontinuierlicher Verbesserungsprozess (KVP) 105, 858, 884
kontinuierliche Verbesserung 1064
kontinuierliche Zeitmenge 554
Kosten 51, 444, 682, 694, 725, 795, 1053
Kostenanalysen 494
Kosteneinsparung 51
Kostenkalkulation 675
Kosten-/Preisführerschaft 26
Kostenrechnung 1054
Kostenreduzierung 740
Kostensenkung 686, 1056
Kostenstellen 668
Kostenvergleich 353
Kostenzuordnung 494
Kragarmregallager 407
Kritikgespräche 289
Kritisieren 286
Kunden 665, 809, 891
Kundenanforderungen 663
Kundenakquisition 1077
Kundenauftrag 668
Kundendienst 440
Kundenrentabilität 1077

Kundentreue 1077
Kundenwunsch 563
Kundenzufriedenheit 892, 1077
KV 883
KVP-Module 860

**L**
Lager 663, 671
- automatisierte 410
- manuelle 410
- mechanisierte 410
Lagerarten 400
Lagerbestand 566, 686, 789, 970, 1004
Lagereingang 665
Lagerflächen 361
Lagerhaltungskosten 684
Lagerkosten 683, 1066
Lagermenge 494
Lagersysteme 400
Lagertechnik 400
Lagerung
- dynamische 403
- statische 403
Lean Management 891
Lean Production 129 ff., 338, 664, 899, 973
Lean-Gruppe 109
- und Inseln 108
Legitimationssystem 110
Lehrgänge 305
Lehr- und Lernphasen 311
Leistungsarchitektur 185
Leistungsbeurteilung 321
Leistungsbewertung 889
Leistungserstellungsprozesse 185
Leistungsindex Instandhaltung 446
Leistungskennzahlen 802
Leistungstreiber 831
Leistungszusammenhang 46
Leitstände 669 f.
Leiterstruktur 85
Leitrechner 75
Lenkungsinstrument 791
Lernende Organisation 823
Lerngruppen 107
Lernprozess 311
Lerntypen 312
Lernziele 310
Lieferanten 203, 685
Lieferantenanalyse 206
Lieferantenaudit 224
Lieferantenauswahl 208
Lieferantenbewertung 212
Lieferantencontrolling 208
Lieferantenidentifikation 206
Lieferanten-Kunden-Beziehung 902
Lieferantenmanagement 204, 206
Lieferbereitschaft 663

Lieferfrist 563
Lieferqualität 207
Liefertermine 204, 552, 668 f.
Liefertreue 1005
Lieferungen, termintreue 686
Lieferzeiten 218, 552, 563, 663
Lieferzuverlässigkeit 217
Linienfertigung 58
Linienstruktur 85
Logistik 787, 798, 1195
- physische 800
Logistikkonzept 336
Logistik-Kosten 664
Logistische Kette 557, 567
Lohnabrechnung 499, 677
Lohnart 677
Lohndatenerfassung 977
Lohngruppe 676 f.
Lohnkosten 795
Losfertigung 81
Losgröße 570, 677, 683 f., 72, 805, 975, 990, 1003 f.
- Andlersche 683 f., 994
- eins 103, 664
- optimale 683
Losgrößenberechnung 683, 990
Losgrößenproblematik 482
Losgrößenverfahren
- optimierende 994
- periodische 993
- statische 991
Loyalitätskonflikte 906
Luftfrachttransport 390

**M**
Make-or-buy 205
Management
- normatives 6
- operatives 6
- strategisches 6
Management by Objectives 126, 820
Management by View 99, 102, 127, 669, 899, 973 ff.
Manufactoring Execution Systems (MES) 749
Manufactoring on Demand 176
Marktzugang 21
Maschinenauslastung 81
Maschinendatenerfassung (MDE) 76, 501
- auftragsbezogene 783
- auftragsneutrale 782
- automatische 777
- Erwartungen 782
- manuelle 775
Maschinenkosten 796
Maschinenstörungen 774
Maschinenzustand 475
Mass Customization 183

Mass Production 183
Massenfertigung 57
Material 21 ff., 663, 666, 668, 676, 679, 1002
Materialbedarf 678
Materialbestand 575, 664, 804 f.
Materialdaten 680
Materialfluss 81, 103, 354 f., 363, 369, 575, 690, 803, 903 f., 970, 973 f., 1007
– innerbetrieblicher 375
– Kennzahlen 803
– qualitativer 374
– quantitativer 374
Materialflussanalyse 369
– Ergebnisdarstellung 377
Materialflussbeziehungen 346
Materialflussdarstellung 378
Materialflussplanung 334
Materialflussstruktur 378
Materialflussstufen 369
Materialflusssystem 664
Materialkosten 206, 796 f.
Material Requirement Planning 1019
Materialstrukturen 559
Materialverbrauch 798
Materialverfügbarkeit 1031, 1048
Materialversorgung 675
Materialwirtschaft 23, 493, 556, 793
Matrixorganisation 905
Mechanisierung 71
Medienversorgung 359
Mehrgeschossbau 360
Mehrmaschinenbedienung 756
Mehrmaschinensysteme 82
Mehrpersonenbedienung 756
Mehrressourcen-Planung 980
Mengeneinheit 676, 685
Mengengrößen 789
Mengenstückliste 561
Mengenübersicht 671, 674
Mengenübersichtsstückliste 672 f.
Mensch-Maschine-Kommunikation 506
Messaging-Systeme 882
Messeinrichtung 477
Messgrößen 1087
Messgrößenauswahl 1087
Mindestbestand 685
Mindestmenge 683, 685
Mitarbeiter 42, 175, 811, 1064
– Reifegrad 283
Mitarbeiterbefragungen 318
Mitarbeiterbeurteilung 295, 318 f.
Mitarbeitergespräch 319
Mitarbeitermotivation 129, 761, 771, 810
Mitarbeiterorientierung 101, 282
Mitarbeiterpotenziale 1080
Mitarbeiterschulung 502
Mitarbeiterzufriedenheit 284, 891

MIT-Studie 97, 884
Mittenterminierung 585
Moderation 273
Monitoring 784
Montage 560
Motivation 292, 792, 809, 1064, 1101
Motivationssystem 110
MRPII 663
MTBF 449
MTTR 449
Muda 884
Multimedia 507
Multimoment-Verfahren 376
Multiple Sourcing 205

**N**
Narrensicherheit 99
Navigation 128
NC-Maschine 74
NC-Programm 74
Nebenfläche 360, 362
Nebenfunktionen 72
Nettozeit 749
Null-Fehler-Prinzip 891
Nummi 100
Nutzenvorrat 459, 469
Nutzungsarten 357
Nutzungszeit 494
Nutzwertanalyse 12, 353

**O**
Objektklassifizierungsnummer 495
Obligos 447
Offline-Erfassungsstationen 757, 770
One-Piece-Flow 179
Online-Erfassungsstationen 757, 770
Optimierungsrechnungen 26
OPT-Verfahren 986
Organisation 41, 45, 339, 690 f.
– virtuelle 149
Organisationseinheiten 41, 43, 690
– autonome 96
Organisationsentwicklung 298
Organisationsform 339, 755, 769
– mitarbeiterorientierte 88
Organisationsplan 47
Organisationsprinzipien 23
Organisationsstörung 774
Organisationsstruktur 43
Outsourcing 204

**P**
Palettencodierung 73
Paletten-Hochregallager 405
Paletten-Regallager 404
Palettenspeichersysteme 73
Paternoster-Regallager 410

Pausen 753
Performance-Measurement-Systeme 818
Performance-Kennzahlen 449
Personal 21 ff.
Personalanzeigen 257, 262
Personalbedarfsermittlung 24
Personalbeschaffung 24
Personaleinsatz 24
Personaleinstellung 41
Personaleinteilung 498
Personalentwicklung 297 f.
Personalfluss 354
Personalmarketing 258
Personalplanung 24
Personalqualifikation 24
Personalstundenpotenziale 498
Personalsuche 262
Personalverwaltung 247
Personalzeiterfassungssysteme 749
Personalzeitsysteme, bewertende 749
Pilot-Betrieb 1209, 1217
Pilottraining 309
Planrichtdaten 343
Planbudgets 501
Plankosten 447
Planstundenvorgaben 501
Planungsalgorithmus 666
Planungsgenauigkeit 669
Planungshorizont 663
Planungssystem 686
Planungsteams 107
Planungsworkshop 865
Plausibilitätskontrollen 757
Poka Yoke 99, 899, 917
PPS 561, 573, 668, 686, 971
- Ziele 685
PPS-Ebene 667
PPS-System 667 ff., 682, 686 ff., 805
Prämien 1053 ff.
Prävention 445
Präventive Maßnahmen 438
Primärbedarf 566
Prioritäten 569, 665, 669, 686
Problemanalyse 790
Problemfindungsworkshop 866
Problemursache 1205
Produktarchitektur 185
Produkte 681
- modulare 129
Produktentwicklungsprozess 53
Produktion 41, 206, 665, 676, 691, 800
- abnehmerorientierte 98
- fehlerfreie 98
- optimale 98
- Schlanke 97, 105, 339, 898
Produktionsanlagenplanung 333 ff.
Produktionsart 687

Produktionscontrolling
- Instrumente 745
Produktionsdaten 680
Produktionsdisponenten 482
Produktionsfaktoren 551
Produktionsflächen 358
Produktionsfluss 146
Produktionsgruppe 486
Produktionskapazität 336
Produktionskennzahlen 787
Produktionskonzept
- wandlungsfähiges 181
Produktionskosten 53, 664, 695
Produktionsleiter 663
Produktionslogistik 798
Produktionsmethoden 139, 347
Produktionsmittel 554, 686
Produktionsmöglichkeiten 551
Produktionsnetzwerk 182
Produktionsorganisation 338
Produktionsphilosophien 139
Produktionsplan 566, 1019
Produktionsplanung 551, 553, 556, 567, 1065
Produktionsplanung und -steuerung (PPS) 551, 671
- Ziel 551
Produktionsplanungs- und -steuerungssystem 667
Produktionsprogramm 366, 551, 579
Produktionsprogrammplanung 579, 677
Produktionsprozess 687, 787
Produktionssteuerung 556, 662 ff., 667, 1066
Produktionssteuerungssystem 664
Produktionssynchrone Beschaffung 1014
Produktionsverfahren 128, 551
Produktivität 86, 794 ff., 892, 1093
Produkt-Markt-Strategie 26
Produktplanungstafel 1104
Produktqualität 808
Produktsegmentierung 28
Produktverbesserung 883
Profitcenter 14
Programmanpassung 700
Programmierung, werkstattorientierte 75
Projektarbeit 905
Projektaufsicht 909
Projektdatenerfassung 763
Projektgruppen 107
Projektleiter 705, 1204
Projektlenkungsausschuss 708
Projekt-Linien-Matrix 906
Projektmanagement 702, 704
Projektorganisation 705
Projektplan 703
Projektstruktur 763
Projektteam 707
- Aufbau 707
- Aufgaben 707
- Schulung 709

Projektvorbereitung 703
Projektziel 704
Prozess 14, 41, 43, 145
Prozessabläufe 1200
Prozessanalyse 16
Prozessdaten 774
– analoge 775
– digitale 774
Prozessgestaltung 1198
Prozessidentifikation 16
Prozesskette 180, 798
– robuste 108
Prozesskontrolle 1213
Prozesskosten 795
Prozessoptimierung 16
Prozessorientierung 120, 891
Prozessorleistungen 506
Prozessportfolio 17
Prozessqualität 1194, 1200, 1214
Prozessstabilität 1197, 1213
Prozesssteuerungssystem 687
Prozessverbesserung 1193, 1199
Pseudoteile 680
PTCA-Kreis 894
Pufferstrecken 450
Punktfertigung 58

**Q**
Qualifikation 45
Qualifikationsbedarf 489
Qualifizierungsmaßnahmen 1193
Qualität 55, 208, 563, 690, 694, 725, 807, 1066, 1093, 1215
Qualitätsaudit 224
Qualitätskontrolle 79
Qualitätsmanagement 314, 1193
– -Handbuch 1137
Qualitätsmanagementsystem 54
Qualitätsrichtlinien 210
Qualitätssicherung 73, 129, 675, 677
Qualitätssicherungshandbuch 225
Qualitätssicherungssystem 225
Qualitätssteuerung 339
Qualitätsvereinbarungen 1211
Qualitätswesen 808, 977
Qualitätszirkel 107
Quality Circle 99 f., 898
Quality Function Deployment (QFD) 1076, 1103

**R**
Rahmenzeit 752
Raster 361 f.
Rastermaße 361, 363
Rasternetz 362
Rastersysteme 362
Realisierungsplanung 121
Realplan 355

Redundanz 442
– an Information 509
Referenzmethode 580
Regallager 400
Regelkreis
– selbst steuernder 1011
Regelkreissystematik 481
Reihenfertigung 60
Reihenfolgeplanung 593, 668 f.
Rekrutierung 249
Rekrutierungsprozess 262
Rentabilität 341, 353
Repräsentativmethode 580
Ressourcen 21, 551, 553, 666 f., 677, 682, 687, 727, 812
– Beschaffung 23
– Einsatzplanung 23
– Nutzung 22
– Planung 23
Ressourcenbedarf 567
Ressourcenplanung 498
Ringstruktur 85
Risiko-Prioritätszahl (RPZ) 1120
Rohrleitungstransport 393
Rohstofflager 360
Root Cause Analysis 900
Rückmeldung 664, 682, 733, 736
Rückwärtsterminierung 585
Rundtakttischmaschinen 82
Rüstkosten 683, 805
Rüstvorgänge 98, 662, 792
Rüstzeiten 104, 678, 797, 976 f., 1005

**S**
Sachebene 287
Sammelarbeitsgänge 756
Sammelaufträge 498
Sammelrückmeldung 500
Schienenverkehr 382
Schlüsselbegriff 495
Schnittstellen 691, 708
Schubprinzip 99
Schulung der Endanwender 700
Schüttgutmaterial 685
Schwachstellenanalyse 502
Scientific Method 899
Scorecard-Perspektiven 828
Seegütertransport 387
Segmentierung 9
Sekundärbedarf 551
Selbstähnlichkeit 118, 128
Selbstkontrolle 105, 1013
Selbstoptimierung 119
Selbstorganisation 119, 122, 128
Selbststeuerung 105
Selbstverantwortliches Verhalten 913
Selbstverantwortung 911

Self-Assessment 860
Self-Fulfilling-Prophecy 280
Seminare 305, 315
- offene 305
Sensitivitätsanalyse 12
Stückliste 192, 671 ff., 1021
Serienfertigung 80, 83, 1028
Serienproduktion 1018
Service 801, 1093
Servicegrad 207
Serviceprozess 1079
Servicequalität 807
Servicetechnikereinsatz 475
Shainin 1207
Sicherheitsvorschriften 498
Simulation 12, 1030, 1039
Single Sourcing 205
Six Sigma 1193 ff., 1215 ff.
Soll-Struktur 11
Sozialflächen 358, 360
SPC 1196, 1213
Spracherkennung 507
St.-Galler-Management-Konzept 6
Stammdaten 680, 682, 689, 694, 726 ff., 735
Stammsätze 685
Standardschulungen 709
Standort 333, 341 f., 352
Standortbedingungen 343
Standortfaktoren 342 f., 352
Standortplanung 341
Standortwahl 341 ff.
Stapler 395
Start-Start-Logik 754, 768
Start-Stop-Logik 754, 768
Stellen, unternehmensexterne 552
Stellenanzeige 257 f.
Stellenbeschreibung 48, 254, 275
Stetigförderer 394
Steuerung 662 f., 669, 691, 695, 1004
Steuerung der Bearbeitung 72
Störungen 662, 666, 668, 746, 1216
Störgrößen 477
Störungsursache 1204
Straßenanschluss 344
Straßengüterverkehr 383
Strategie 121, 827
Strategieentwicklung 16
Strategische Geschäftsfelder 28
Struktur 671
Strukturbildung 63
Struktureinheiten 9, 63
Strukturgenerierung 12
Strukturierung 63
- produktorientierte 63
Strukturierungsprinzipien 66
Strukturierungsprozess 9
Strukturkonzepte 11 f.

Strukturplanung 10, 63
Strukturprozess 9
Strukturstückliste 672 ff.
Strukturverbindungen 680
Stückliste 560, 671 ff., 689, 720, 735, 1214
- Auflösung 675
Stücklistenformen 672 f.
Stücklisten-Nummer 681
Stücklistenverwaltung 1198
Stücklistenverwendung 674
Stückzahl 683
Stückzeit 677
Stufenplan 691
Style Customization 184
Supermarktprinzip 1010
Supply Chain Management 203, 551
Systemauswahl 502
Systemimplementierung 701, 709
Systemmonitoring 721
Systemoptimierung 721

T
Taiichi Ohno 97, 883
Takttischmaschinen 82
Task-forces 107
Tätigkeitsbeschreibungen 497
Tauschkomponenten 442
Taylorismus 89, 100, 338
tayloristisches Prinzip 52, 80
Team 99 ff., 144, 1052 ff.
Teamarbeit 891, 1054
Teamentwicklung 298
Teamorientierung 101
Team-teaching 316
Team Work Management 107
Technische Indikatoren 449
Teilautonome Arbeitsgruppen und Inseln 108
TTeiledisposition 672
Teilefamilie 80
Teilefertigung 1195
Teilemenge 683
Teilenummer 680, 685
- identifizierende 680
- klassifizierende 680
- sprechende 681
Teilestamm 684, 723
Teileverwendung 671, 673
Teileverwendungsnachweis 672 f.
Teilprojekt 763
Telefoninterviews 273
Termine 563, 665, 667, 690, 695, 725, 727
Terminierungsverfahren 584
Termintreue 572, 576, 665, 686, 690, 694, 725, 734, 805, 809, 1063, 1069
Terminüberschreitung 686, 1056
Terminunterschreitung 1056
Terminverzögerung 666

Top-down-Planung 10
Total Quality Management (TQM) 552, 883, 890
Toyota 883
Toyota Production System 97, 129, 899, 904, 935, 1002, 1009
Trainer 315
Trainerauswahl 308
Trainerbriefing 309
Trainerprofil 308
Trainingsdesign 314
Train-the-Trainer-Konzept 701
Transaktionskosten 151
Transferlücke 317
Transfersicherung 317
Transferstraßen, flexible 83
Transferunterstützung 299, 313
Transformation 16
Transformationsprozess 880
Transparenz 664, 686, 1095
Transport 798
Transportablauf 367
Transportkosten 334, 353, 355
Transportkostenrechnung 342
Transportorganisation 366
Transportsysteme 382
- außerbetriebliche 382
- innerbetriebliche 382, 393
Try and Error 1204

**U**
Übergangszeit 597, 803
Überproduktion 887
Überwachungssystem 762
Umfeld, kulturelles 345
Umlauf-Regallager 409
Umstellungsstrategie 706
Unique Selling Position (USP) 26
Universalbau 364
Universalmaschinen 81
Unstetigförderer 394
Untergruppen 672
Unternehmen, virtuelle 338
Unternehmensentwicklung, kontinuierliche 123
Unternehmenserfolg 42, 1101
Unternehmenskultur 129 ff.
Unternehmensprozess 14
Unternehmensstrategie 205
Unternehmensziele 336, 341, 609, 799, 810, 816, 1052, 1093, 1097
Unternehmenszielsystem 1099
Ursache-der-Ursache-Methode 900
Ursachenanalyse 790
Ursache-Wirkungs-Beziehung 1073
Ursache-Wirkungs-Ketten 836, 1090

**V**
Varianten 561, 671

Variantenfertigung 186
Variantengenerator 561
Variantenzahl 334
Varietät 185
Verantwortung 292
Verantwortungszuschreibung 913
Verbesserungen 899 ff., 1207
Verbesserungsmaßnahmen 1195
Verbesserungmöglichkeiten 903
Verbesserungsprozess 1215
- kontinuierlicher 15, 105
Verbesserung von Prozessen 1195
Verfahren, tayloristisches 663
Verfügbarkeit 459, 569, 812
Verfügbarkeitsanforderungen 442
Verkaufsworkshop 867
Verkehrsanbindung 367
Verkehrsflächen 361
Verkehrslage 342, 344
Verkehrsnetze 346, 356
Verkehrswege 356
Verrichtung 44, 663, 811
Verrichtungskosten 795
Verrichtungsprinzip 58
Versand 360, 560, 665, 1197
Verschiebe-Regallager 408
Verschwendung 100 f., 551, 970
Verschwendung (Muda) 97, 885
Versorgungssicherheit 204
Vertical Value Chain 148
Verwaltung 23
Verwaltungsfläche 359
Vision 824, 1092
Visualisierung 124, 126, 142
Vital Enterprise 98
Vitalität 119
Vorbereitung 129
Vorgabezeit 676
Vorgangsfolge 676
Vorkalkulation 1055
Vorrechnerlösung 749, 751
Vorrichtungen 554, 666 f.
Vorstellungsgespräch 273
Vorwärtsterminierung 584

**W**
Wabenregallager 406
Wahrnehmung 247
Wahrnehmungsfilter 247
Warenannahme 360
Wartezeiten 662
Wartung 438
Wartungssystematik 480
Wasserversorgung 345, 350
Wasserweg 346
Web-Content-Management 878
Wegezeit 752

Wegezeitminimierung 494
Werkbankfertigung 58
Werksaufträge 805
Werkstatt 666, 687
Werkstattaufträge 669
Werkstattfertigung 58, 81
Werkstattsteuerung 667 f.
Werkstattsteuerungssysteme 670, 687
Werkstattzirkel 107
Werkstück 76, 81, 666 f.
Werkstückbereitstellung 73
Werkstückhandhabungssystem 73
Werkstückwechsel 77
Werkzeug 76, 79, 84, 554, 666 f., 679
Werkzeugaufnahmesysteme 72
Werkzeugcodierung 72
Werkzeugspeicher 72
Werkzeugspeichersysteme 73
Werkzeugsystem 73
Werkzeugverwaltungssystem 687
Werkzeugvoreinstellung 72, 86
Werkzeugwechsel 77
Werkzeugswechseleinrichtungen 73
Wertanalyse 27
Wertanalysegruppen 107
Wertgrößen 789
Wertschätzung 288
Wertschöpfende Tätigkeiten 887
Wertschöpfung 14, 52
Wertschöpfungsketten 203
Wertstromanalyse 1193
Wertvorstellungen 279
Wettbewerbsfähigkeit 130, 208, 220, 892, 1062
Wettbewerbsvorteil 203, 889
Wiederbeschaffungszeit 975, 1004 ff., 1015
Wiederholteile 681
Wirtschaftlichkeit von ERP-Systemen 572 ff.
Wirtschaftlichkeitsrechnung 466
Wissen 869
Wissensbewahrung 875
Wissensbewertung 876
Wissenschaftliche Methode 899 ff.
Wissensentwicklung 874
Wissenserwerb 874
Wissensidentifikation 874
Wissenslandkarten 877
Wissensmanagement 868
Wissensnutzung 876
Wissensverteilung 875
Wissensziele 875
Workflow-Management-Systeme 882
Workgroup 882
Workshop
- Arten 865
- Planung 863
- zur Risikoanalyse 866
- zur Strategieentwicklung 866

## Z

Zeichnungsnummer 676
Zeit 22, 668
- produktive 767
- unproduktive 767
Zeitarbeit 257
Zeiteinheit 668
Zeitgrößen 789
Zeitmengenbuchung 766
Zeitmodell 554
Zeitpunktbuchung 750, 754, 766
Zeitraster 554, 668
Zeitraumbuchung 754, 767
Zeitvorgaben 695
Zeitwirtschaft 24
Zellenfertigung 59
Zentrale Leittechnik (ZLT) 501
Zero Defect 98
Zertifizierung 225, 1138
Zeugnis 268
Zeugnissprache 268
Zielabwägung 664
Zielabweichung 291
Zielausrichtung 1080
Zieldefinition 128, 811
Ziele 128 ff., 137, 140, 572, 662 f., 690, 724, 890, 1052 ff., 1092
- kontrollieren 289
- vereinbaren 289
Zielerfüllung 1054
Zielerreichung 131 f., 798, 1090, 1099 f.
Zielfindung 724
Zielfindungsmechanismen 134
Zielfindungsprozess 128
Zielformulierung 1094, 1097
Zielgewichtung 664
Zielgrößen 800
Zielgruppe 310
Zielkonflikte 663 f., 1055
Zielmanagement 1052
Zielmanagementsysteme 665
Zielorientierung 119, 137, 788, 1099
Zielplanung 11
Zielsystem 131 f., 799, 1092 ff.
Zielverankerung 1052, 1099
Zielvereinbarung 131, 662, 1041, 1052
Zielvereinbarungsgespräch 290 f.
Zielverfolgung 131, 664, 808
Zielverfolgungsmechanismen 134
Zielverfolgungssystem 132, 1052, 1056, 1062
Zielvorgabe 794, 1093
Zuführteile 567
Zugprinzip 99
Zuhören 286 f.
Zulieferunternehmen 210
Zwischenlager 360
Zyklussteuerung für geplante Maßnahmen 493

# HANSER

# Prägnant und praxisnah!

Abele/Kluge/Näher
**Handbuch Globale Produktion**
460 Seiten. 220 farbige Abbildungen.
ISBN 3-446-40610-7

Das Handbuch Globale Produktion beschreibt theoretisch fundiert und praxisnah die wesentlichen Aspekte globaler Produktionsnetzwerke. Dargestellt wird, wie die Möglichkeiten globaler Produktion die Wettbewerbssituation verändern und wie Unternehmen darauf reagieren sollten. Das Buch gibt praktische Hinweise zum Entscheidungsprozess bei der internationalen Standortwahl, zum Aufbau neuer Werke und zum Management eines Netzes internationaler Produktions- und Zuliefererstandorte. Abgerundet wird diese Darstellung durch eine Diskussion der volkswirtschaftlichen Auswirkungen der Globalisierung.

Mehr Informationen zu diesem Buch und zu unserem Programm unter **www.hanser.de/wirtschaft**

# HANSER

# Simulationsstudien sicher beauftragen.

Kühn
**Digitale Fabrik**
494 Seiten. 136 Abb. Mit CD.
ISBN 3-446-40619-0

»Digitale Fabrik« bedeutet Simulation von Produktionslogistik und Produktionsprozessen. Mithilfe von Fabriksimulation ist es möglich, sehr frühzeitig und ohne Risiko verschiedene Szenarien durchzutesten, eventuell zu erwartende Engpässe vorab zu erkennen sowie Steuerungsstrategien vorab zu testen und zu optimieren.

Das Buch zeigt Ihnen, wie Sie Simulationsprojekte kompetent beauftragen und betreuen. Die praktische Durchführung wird von der Beauftragung, über den Ablauf und das Controlling von Simulationsstudien bis hin zur Auswertung und Übertragung der Simulationsergebnisse in die Praxis dargestellt. Mit diesem Buch können Firmen viel Geld einsparen – denn falsche oder fehlerhafte Simulationsstudien sind extrem teuer.

Mehr Informationen zu diesem Buch und zu unserem Programm unter **www.hanser.de/technik**

# HANSER

# So wählen Sie die richtige Technologie aus!

Zäh
**Wirtschaftliche Fertigung mit Rapid-Technologien**
272 Seiten. 134 Abb. 13 Tab.
ISBN 3-446-22854-3

Generative Fertigungsverfahren, bei denen das gewünschte Produkt durch schichtweises Hinzufügen von Material aufgebaut wird, zählen zu den Rapid-Technologien.

Dieses Buch bietet den schnellen Einstieg in die Vielfalt der Verfahren und Applikationen. Dabei vermittelt es die Einsatzmöglichkeiten, Kostenaspekte und Problemfelder der einzelnen Anlagen und Technologien anhand praktischer Beispiele. Schließlich wird dem Leser eine Vorgehensweise an die Hand gegeben, die ihn bei der Auswahl der richtigen Technologie für seine Aufgabenstellung unterstützt.

Mehr Informationen zu diesem Buch und zu unserem Programm unter **www.hanser.de/technik**

# HANSER

# Qualität im Griff!

Jahn/Braun
**Praxisleitfaden Qualität**
688 Seiten. 270 Abb. 270 Tab.
Mit Beispieldaten im Internet.
ISBN 3-446-40616-6

Die Produktqualität ist eine Grundvoraussetzung für den Unternehmenserfolg. Die Qualitätssicherung beschäftigt sich dabei mit der Beschaffung und Auswertung qualitätsbezogener Daten. Das Hauptinstrument für eine sinnvolle Datenauswertung ist die Statistik.

Der Autor bedient sich der sogenannten multivariaten Statistik, die nicht von einer linearen Ursache-Wirkungs-Kette ausgeht, sondern von einer Vernetzung vieler Einflussparameter. Um dem Leser die Methodik nahe zu bringen, verwendet der Autor 150 reale Beispiele aus verschiedenen Branchen. Diese zeigen, wie in der Angebotsphase, der Konstruktion, der Fertigung und der Produktnutzung die statistischen Verfahren zur Aufdeckung von Qualitätsproblemen eingesetzt werden können.

Mehr Informationen zu diesem Buch und zu unserem
Programm unter **www.hanser.de/technik**